新路

動盪時代下的堅持——記《新路》周刊

陳正茂（北台灣科學技術學院通識教育中心教授）

一、前言——「中國社會經濟研究會」之成立

民國三十七年三月一日，正當國、共內戰方酣之際，一群以清華大學教授為班底的華北學術界領袖，在古都北平成立了一個團體，名為「中國社會經濟研究會」。蔣碩傑言，那是一個超然獨立的團體。（註1）該會頗類似英國「費邊社」的組織，會員最多時有五十餘人，絕大部分是學界中人，也有少數資本家，以個人名義加入。（註2）「中國社會經濟研究會」於成立大會上，曾選出理事十一人，分別是王崇植、吳景超、周炳琳、孫越崎、陶孟和、樓邦彥、劉大中、潘光旦、錢昌照、錢端升和蕭乾；監事則有三人，係邵力子、吳蘊初和童冠賢，而機關刊物即為《新路》周刊。（註3）

「中國社會經濟研究會」成立之目的，是企圖對統一後的建國工作有所準備，抱著一腔愛國赤誠，期待著建立一個富裕強大的祖國，不再遭受內部的紛擾、與強鄰的侵略。（註4）為此目標，「中國社會經濟研究會」在三月二日的會員大會中，對於中國的政治、外交、經濟、社會各問題，曾提出三十二條主張，分成四項，主要觀點如下：

（甲）、在政治方面：我們主張是政治制度化，制度民主化，民主社會化。法治必須代替人治，因制擇人，而不因人設制，執法與制法並重，憲政尤重於憲法。軍隊屬於國家，軍人不得干涉政治。民主制度必基於政黨組織之運用。國內應有

並立的政黨，互相批評與監督，並各致力於爭取民意的支持。政黨不得假借任何口實，施用暴力壓迫異己，民意的最後表現為選舉，政權的轉移，應視選舉的結果而定。民主政治，不應只重形式，並應注重行政對於大眾所發生的實惠。我們所要的民主政治，應保障人民基本自由與權利，務使免於恐懼，免於匱乏，免除壓迫，免於剝削。

（乙）、在外交方面：我們主張要積極進行睦鄰政策，建樹獨立的外交。反對種族歧視，支援弱小民族，尊重其獨立意識。反對以戰爭為國家政策的工具。國際糾紛，應依據正義及國際法之原則，以和平方式解決。同時擁護健全的國際組織，使其成為真正解決國際衝突的機構。

（丙）、在經濟方面：我們主張國家應籌劃妥善方法，負責發展國家資源，實現全民就業，促成公平分配，提高生活水準。國家應運用各種合理的政策，積極促進我國經濟的現代化與工業化。全國土地，以全部收歸國有為最終目標。第一步應即規定私人農地的最高限度，超過此限度者，應立即收歸國有。對於原來地主，給以長期債券，以為補償，收歸國有的農地，或租與自耕農，或集體經營，視情形而定。市地應立即收歸國有，並酌予補償。凡獨佔性及關鍵性之工鑛交通事業，原則上應由國家經營。金融事業，應由國家經營。第一步應將國家銀行之私人股本立即收回，並簡化及統一其機構。國家賦稅政策，應以平均私人財富，創造國家資本，促進資源開發，維持經濟繁榮，及達成社會安全為目標。

（丁）、在社會及其他方面：我們主張要充實教育經費，擴大教育機會，並限期完成普遍的國民義務教育。此外，強調教育應著重個性的自由發展，健全人格培植；反對男女歧視，在法律前受教機會平等。在勞工方面，國家應制定勞工福利法，參照我國經濟情形，規定最低工資，最高工時，並對勞工工作環境安全予以保障。在社會福利方面，推行各種社會安全制度，使人民在疾病、失業、老年、殘廢等狀況下，不受貧困之威脅。更先進的是，該團體尚主張推行義務醫藥制度，使人民在保健的機會上漸趨平等。尤其甚者為國家應負責傳播節育知識，在不使品質下降的條件下，減少生育，以緩和中國的人口壓力。（註5）

二、《新路》的發刊與言論立場

有關《新路》周刊創辦經緯，錢昌照似乎是主要的催生者。據錢昌照晚年回憶說：「有一次我到北平，在清華大學住了兩天，一天在吳景超家，一天在劉大中家。朋友們聚在一起，談到想辦一個雜誌，批評時政，對國民黨和共產黨都批評。雜誌的名字，就叫『新路』，是我提的。我們還決定在北平找所較大的房子，買些參考書籍，在北平的朋友可以在那裡討論問題；從南方來的朋友可以住在那裡。後來我們看中了一所房子，就在東直門大街。」（註6）

錢氏回憶所言不虛，當年也是《新路》周刊臺柱的劉大中去世後，同為《新路》作者群之一的蔣碩傑，在追悼文中亦提及「那時北大和清華有一個聯合研討會，每月舉行一次討論學術或經濟現狀及政策等問題，因此時常聽到他的讜論。我們又同時為『經濟評論』撰寫文章，交換意見的機會很多。不久錢乙藜（昌照）先生（時任資源委員會副主任委員）揚言願出資辦一獨立性的雜誌。（註7）他和大中在美就相識，又知道他現在在經濟學界的名望，所以就央請大中作主編。乙藜先生早年一從英國留學歸來，即擔任政府要職，不久就膺任資源委員會這麼重要機構的副首長。但是勝利之後不知何故變得很消極，竟想要以社會賢達自居，所以來北平聯絡學術界人士，成立一個超然獨立的團體。這雜誌命名為『新路』，以示在『國』『共』之外，開闢一條新出路的意思。」

蔣碩傑說，「這雜誌的經費究竟是他私人荷包所出，還是資源委員會的公款，我到現在還不大明白。不過大中主編這雜誌，完全是以公正的學術態度來評論時事，並以提出建設性的方案為目標，決未刊出一篇惡意的漫罵，或煽動性的鼓吹。這雜誌成為北平教授們討論經濟問題的論壇，大中和我都是它的基本投稿者，過從也因此日密。這一段在北平教書和辦雜誌的時期，是大中兄自認為一生中最痛快的時期。」（註8）

所以說，《新路》之創刊，完全是錢昌照一人募款籌劃，應該是不錯的。胡適的日記，也為我們證明了這點。民國三十七年一月二十四日，胡適在日記中寫到：「吳景超來談，他說，錢昌照拿出錢來，請他們辦一個刊物。要吳半農主編，景超任社會，劉大中任經濟，錢端升任政治，蕭乾任文藝。」（註9）

此日記中提到的蕭乾任文藝一事，最後事情起了變化，據蕭乾在自己回憶錄《未帶地圖的旅人》書中談到：「朋友姚念慶告訴我，北平幾家大學的教授們計劃出一份刊物，內定由清華大學教授吳景超主編，錢端升主持政治欄、劉大中主持經濟欄。那裏正在物色一個編國際問題及文藝的。他認為我最合適不過了。我思忖，不妨走上一年半載再回滬。於是，就同意了。刊物後來定名《新路》。但是沒等刊物面世，我由於受到復旦同學及楊剛的勸告，就堅決辭了。事實是：一、刊物封面上寫明係吳景超主編。二、我最後並沒有去北平，仍留在上海《大公報》，也依然兼著復旦教職。這是當時有目共睹的。」（註10）

另大陸研究中國自由主義知識群的廈門大學教授謝泳，在〈社會學家吳景超的學術道路〉一文中也提到，「中國社會經濟研究會」和辦《新路》的錢，應該是錢昌照去籌募的。基本上，錢氏任職的資源委員會出了些錢，宋子文也出資若干，但宋氏可能不知道辦刊物之事。（註11）唯謝氏所言宋子文也出錢，不知何所本？但錢昌照應該是大家一致承認的。（註12）

基本上，作為「中國社會經濟研究會」之機關刊物，《新路》在〈發刊詞〉中，即嚴正表明其言論立場為：「我們這個刊物，是中國社會經濟研究會主辦的。中國社會經濟研究會，是本年（按：即民國三十七年）三月一日正式成立的，在三月二日的會員大會中，對於中國的政治、外交、經濟、社會各問題，曾通過主張三十二條。這三十二條主張，表示我們一批朋友對於幾個重要問題的基本看法。我們所以作這種主張的理論根據，以及實現這些主張的辦法，乃是本刊以後所要討論的。」但是，「新路周刊社」也特別強調，「中國社會經濟研究會」並非政黨組織，三十二條主張也不是黨綱，而是在一個憲政社會裡，知識份子關心國是，提出主張建言，是件極普通正常之事。

「新路周刊社」進而說明，他們確實是無黨無派，也不附屬任何政黨，但那一個政黨，採納了他們的意見，他們就表同情於那一個政黨，這也是在憲政之下，一般公民對於政黨所應採取的態度。身為國家的一個公民，對於每一問題，公開提出自己的看法，不但是盡公民的義務；也是做公民的權利。該社聲明，在我國將來真正行憲之際，任何人的選票，會投給那一黨候選人，端視那一黨採納他們的看法。所以一個團體，把自己的主張說出來，同時又說明自己不是政黨，也是再自然不過的事。

其次，關於所提的三十二條主張，《新路》強調，乃是我們以後討論中國各種問題的出發點，並非大家意見的最後總結。之所以先提出主張，是讓以後討論有所附麗，不致空談無補，漫無邊際。尤其社會變動極快，所以提出之主張和辦法，也要與時適應，不能固執不變。我們對於目前的重要問題，一定要虛心研究，從事實中求結論；而且還要不斷的從新的事實中，來試驗我們所作結論的正確性。

為怕遭到外界誤解，《新路》重申，他們並非頑固衛道之士，也不會擺出包辦真理的姿態，凡是他們所提之理論與事實，倘別人能以相反之理論與事實批駁之，他們都願意誠懇虛心與之相商。總之，提高討論水準，以理論應付理論，以事實反駁事實，以科學方法，攻擊盲從偏見，這是本刊創刊之所願。畢竟，思維矛盾的揭露，以及對立意見的衝突，是發現社會真理的最佳方法。但假如以謾罵來對付我們，則不與計較，隨之起舞。若更進一步以武力相要脅壓迫，要我們改變主張，我們這班剛毅之士，是不會輕易就範的。

最後，該刊說到，在萬方多難的今日，我們深感「天下興亡，匹夫有責」，所以才發行本刊。想以大家的智慧，來探索中國的前途。探索的方法、角度，個人容有不同意見；但動機，大家則一致。即對於國家社會的各種事實與問題，想瞭解得更清楚。我們的態度也是一樣，就是，刊物儘管由團體辦理，但文責自付。我們相信只有如此，才能腳踏實地，不草率將事。我們希望國人，也以同樣動機與態度，給我們道義上、精神上的支持協助，使我們的工作，可以發揮最大的效用。（註13）感時憂國、理性務實、言之有物的發刊旨趣，於此清楚的向讀者說明出來。

三、《新路》周刊之內容

《新路》周刊的內容，非常豐富多元，其中以「短評」和「專論」二欄，是最精彩的部分，抨擊力道也是最犀利的。「短評」中的幾篇文章如〈從新閣難產說起〉（一卷五期）、〈民青兩黨可以休矣〉（ 一卷五期）、〈司徒大使的聲明〉（一卷六期）、〈中美友誼的考驗〉（一卷六期）、〈新閣的施政方針〉（一卷七期）、〈和平不限於對外〉（一卷八期）、〈絕望中的殘忍〉（一卷九期）、〈誰是物價漲風的罪魁禍首〉（一卷九期）、〈職業學生的尊號不要輕易授人〉（一卷十期）、〈文過飾非，殘民以逞，莫此為甚〉（二卷二期）、〈乾脆重彈舊調，取消偽裝的憲政吧！〉（二卷二期）、〈立法委員的隨聲附和〉（二卷三期）、〈到了乞求的地步，就可不拘泥形式了！〉（二卷三期）、〈救不救「一不能控制其自己人民信仰與效忠的政權」？〉（二卷四期）、〈總統夫人也說話了〉（二卷四期）、〈從英美撤僑說起〉（二卷四期）、〈經濟危機已不是經濟措施所能解除的了！〉（二卷五期）等文。對彼時執政的國府當局，在政治、外交、教育、社會、國共關係等方方面面，都提出非常嚴厲的批判。

「專論」中的文章，最大特色為作者群，基本上，相當多是當時華北的學術界領袖，其中尤以清華大學的教授為主。他們的文章是專業與批評兼具，除切中時弊外，也提出建言或解決之方。如樓邦彥，〈當前中國的行憲問題〉（一卷一期）、劉大中，〈準備金多了有什麼用〉（一卷一期）、谷春帆，〈如何研究中國經濟問題〉（一卷一期）、蔣碩傑，〈經濟制度之選擇〉（一卷三期）、葉景莘，〈如何肅清貪污〉（一卷五期）、胡慶鈞，〈皇權，紳權，民權〉（一卷七期）、龔祥瑞，〈政府制度化與政治統一的基礎〉（一卷八期）、滕茂桐，〈公款，國家銀行，與物價漲風〉（一卷九期）、喻淦郕，〈我國銀行的罪惡〉（一卷九期）、趙守愚，〈舊話重提財產稅〉（一卷十期）、周炳琳，〈施與受施——論美援協定〉（一卷十期）、馬逢華，〈社會主義下的生產效率〉（一卷十一期）、龔祥瑞，〈政治責任與蔣總統的錯覺〉（二卷一期）、粟寄滄，〈從法幣的崩潰看金圓券的前途〉（二卷一期）、吳景超，〈資本形成的途徑〉（二卷二期）、楊人楩，〈教育的濫用〉（二卷三期）、樓邦彥，〈華萊士悲劇的時代意義〉（二卷三期）、龔祥瑞，〈政治責任與責任政治〉（二卷四期）、樓邦彥，〈這究竟是什麼政府？〉（二卷五期）等。對當時政府諸多沈疴，如政治、經濟等議題，提出專業探討與撻伐，頗具深度。

當然，綜觀整個《新路》周刊內容，最具份量和影響力的，仍屬「論壇」部份。《新路》當年設計幾個國人最迫切想要探討的專題，如〈論耕者有其田及有田之後〉（一卷二期）、〈論我國今後的人口政策〉（一卷五期）、〈中國工業化的資本問題〉（一卷七期）、〈論教育的更張〉（一卷十期）、〈政治民主與經濟民主〉（一卷十三期）、〈論公務員的法律地位與政治權利〉（一卷十七期）、〈論經濟自由〉（一卷二十一期）、〈新幣制的善後〉（一卷二十三期）、〈混合制度與計劃制度中間的選擇〉（二卷五期）等。這些專題參與討論的有吳景超、徐毓枏、戴世光、陳振漢、韓德章、陳達、趙守愚、吳澤霖、劉大中、丁忱、谷春帆、汪馥蓀、蔣碩傑、潘光旦、朱光潛、邱椿、周先庚、樊際昌、蕭乾、翁獨健、芮沐、趙德潔等華北學術、教育界領袖。他們均是學有專精的一時之選，針對彼時諸多亟需興革改進問題，除有所指責外，也提供不少意見給當局作參考。

值得一提的是，該刊還設計不少新的體例，如「辯論」、「我們的意見」、「經濟學識淺談」「美國大選特輯」、「新金圓券特輯」、「蘇聯經濟特輯」等。「我們的意見」一欄，是由《新路》作者群，針對如〈還我言論自由〉、〈忠告美國政府〉、〈一個解決大學畢業生失業問題的具體建議〉、〈經濟行政應即公開〉、〈穩定新幣值的有效措施〉、〈制裁獨佔的立法〉等特殊或及時發生的事件，代表該刊立場發言外，其餘欄目均是對外公開，且以外稿居多。而外稿特點是，拋出議題與之論辯，故「辯論」欄每每是兩位作者並列而互相辯駁，《新路》則扮演提供雙方論辯溝通、交換意見看法的一個平臺。

此外尚有「短評」、「文藝」、「通訊」、「書評」、「讀者來書」等欄，其中「文藝」欄頗具特色，也網羅不少名家撰稿，如蕭乾、楊振聲、沈從文、馮至、艾蕪、汪曾祺等。在朱自清逝世後，該欄曾闢追悼號以紀念之。在「通訊」欄部分，則類似新聞報導，將彼時在國、共內戰下，全國各地的苦況，詳實呈現國人面前。

這些「通訊」對國、共雙方均有所指責，但對國府當局的批判尤烈。（註14）

四、《新路》的主張——以吳景超理論為例

基本上，四〇年代末部分自由主義知識份子，對中國政治社會經濟問題認識的言論，《新路》是頗具代表性的。可惜「中國社會經濟研究會」和它所屬的《新路》雜誌，在以往的研究中，幾乎完全闕如。然從學術的角度觀察，當時這些教授對中國社會、經濟問題的看法，其實是相當深刻的，若以學術角度來評價，吳景超等人他們當年的建議，對現代中國的發展仍有其參考啟示作用。

茲以《新路》最重要靈魂人物之一的吳景超為例，說明彼輩當年對中國政經問題的看法。至於何以要以吳氏為例，原因是，吳氏可說是《新路》作家群中最具代表性者。誠如謝泳所說的，《新路》周刊主要由吳景超負責，他在四〇年代末，

對中國社會問題主要分析和批評，都集中在這本雜誌上。《新路》每期設一個專題討論，由一個人主講，然後大家發表不同意見，參加者以當時清華大學社會學系的教授為主。吳景超是一個主要參加者。《新路》周刊的作者群，最關心的是中國今後發展所應該走什麼樣的道路，應該避免什麼問題，為此他們奉獻了作為知識份子應有的感時憂國之使命感。（註15）

吳景超在《新路》周刊發表的文章，主要集中在經濟議題上，如針對當局那時提出的「耕者有其田」政策以解決土地分配問題。吳景超以為，耕者有其田若只是變動生產關係，而不變動生產力是不夠的，而如何變動農業中的生產力，土地國有與農業機械化是必要的步驟，重點是如何做到農業機械化後的收穫如何分配問題，這才是根本的改革。（註16）吳景超此文是作為《新路》周刊專題討論的一篇主要發言刊出的，參與討論的有清華大學教授徐毓枬、戴世光、陳振漢、韓德章等人。他們基本上均贊同吳景超的論點，可見當時中國知識份子對中國的農村問題和土地制度，都有他們自己的認識與看法。

至於在對待地主階級方面，吳景超顯然不怎麼認同共產黨打倒土豪劣紳，清算鬥爭的主張。他以為「一個階級假如他在生產過程中，有其貢獻，那麼消滅他是不公平的。同時，我們還要看我們所採用的方法，是否合理。地主階級，雖然已失其功能，但他們乃是社會制度的產物，社會對於他們地位的形成，也要負一部分責任。因此，我們不可以為其人是地主，便要驅逐他，或者殺掉他。我們應當給他一個機會，使他可以從一個不生產者，變為一個生產者。」（註17）

此外，有關「中國工業化的資本問題」，《新路》上也討論過，主講者也是吳景超，參與討論的清華教授有丁忱、谷春帆、汪馥蓀、劉大中、蔣碩傑。這批《新路》學者群，咸認為在工業化過程中，培植人才是重要的一環，因此而增加投資也是必要的，人才是無形的資本，此資本也須花有形的錢，才可培植出來。（註18）在用人方面，劉大中認為：「任何一個國有或私有企業，不得在任何一個企業內，享有絕對的獨占權。」（註19）吳景超也進一步說明，政府不得干涉各企業的用人權，即使所有的企業，都由國營，也是如此，我們不必仿傚蘇聯，那種大權獨攬的辦法。他以為「用人權的分散而不集中，不但是經濟民主的主要條件，也是政治民主的重要條件。這一點做到了，那麼某項企業，即使由國家單獨經營，對於人民就業的選擇，並無妨礙。（註20）

特別探討的是，在四〇年代末期，對知識份子來說，中國今後要走什麼樣的道路？是一重要抉擇。彼時有不少知識份子，對蘇聯的計劃經濟與社會公平有所期待與好感，但對蘇聯缺少個人自由的現實也不無疑慮。吳景超在〈論經濟自由〉文中就談過這個問題，他說經濟自由，美國優於蘇聯，這與私有或公有財產關係不大，而與計劃經濟關係卻很大。吳景超認為，社會主義與經濟自由並不衝突，在戰爭的特殊時候是可以犧牲經濟自由，但在太平時期，就不應當了。對於社會主義的看法，吳氏認為它是人類崇高的理想，但經濟自由也是人類輝煌的成績，如何兼而有之，才是個大問題。（註21）

基本上，他期望經濟自由與計劃經濟同時兼得，但他把經濟自由看得比計劃經濟重要。吳景超以蘇聯的生活程度為例，說到蘇聯豐富之資源及較公平的分配制度，蘇聯人民的生活程度應該較好才是，但過去蘇聯人民的生活程度之所以沒有預期的高，除了戰爭和備戰原因外，強迫儲蓄累積資本，發展重工業，沒有擴大消費市場亦是主因。換言之，即缺少經濟自由之故也。

是以吳景超言：「以後蘇聯人民如想提高生活程度，使社會主義真能對於人民的享受有所貢獻，則蘇聯的政府及人民，必須努力與他國合作，創造一個和平的國際環境。」所以吳景超對蘇聯社會主義計劃經濟持保留態度的說：「現在推行社會主義的蘇聯，是採取計劃經濟的，但我們不能由此推論，將來所有實行社會主義的國家，也必須採取計劃經濟。」（註22）

在〈社會主義與計劃經濟是可以分開的〉一文中，吳景超強調，他一向的看法是，社會主義可以使我們經濟平等，而計劃經濟則剝奪消費者的自由。只有社會主義與價格機構一同運用，我們才可以自由與平等兼而有之。計劃經濟限制人民的自由，凡是實行計劃經濟的國家，不管他奉行什麼主義，都難免侵犯人民的自由，因此損傷了他的福利。實行計劃經濟的國家，必須要集中控制，必然把生產因素的支配權，控制在少數人之手。萬一少數人濫用其權威，逞其私慾來支配生產因素，則其對於民眾之禍害，真是不可勝言。人類不要輕易放棄自由，到今天為止，我們還沒有看到一個制度，其保護人民消費自由的能力，勝過價格機構。所以我不願意看到社會主義與計劃經濟聯姻，而願意他與價格機構百年偕老。（註23）

對於現代資本主義的發展，吳氏亟具世界眼光，他對於利用外資，讓外人在中國設廠都有非常清楚的看法，有些認識，遠比我們今天深刻。在〈論外人在華設廠〉文中提到：「在不平等條約取消之後，外人在華設廠，便是利多害少。我們決不可把外人在華設廠一事，與其他外人在中國享受的不平等特權，等量齊觀。」針對外人在華設廠，會衝擊到民族工業問題，吳氏以為我們應當認清，現代中國所最需要的，是趕快工業化問題，要趕快的把新式生產事業，在中國境內樹立起來，至於在中國境內樹立的工廠，是中國籍還是外國籍，乃是不大重要的問題。（註24）此外，在縮短貧富差離方面，吳氏以為縮短貧富距離的主要辦法是，制定最低工資發展社會福利，用所得稅和遺產稅的辦法。（註25）

總之，以吳景超為首的《新路》作者群，之所以對中國當時政經社會等面向，有如此深刻的瞭解與體悟，大陸學者謝泳以為，和其學術背景甚有關係。基本上，《新路》周刊是錢昌照一手成立的，而錢昌照又是「資源委員會」的副主委，是以《新路》和「資源委員會」也頗有淵源。故謝泳說到：研究中國現代知識份子，需要對當年資源委員會成員的思想和教育背景給予注意。資源委員會那些成員後來多數成了四〇年代著名的《新路》雜誌的參與者。因為這些人不同於一般的自由主義知識份子，他們多數人是經濟學家和工程師，是做實際工作的。他們的重要性，不體現在政治思想上，而體現在經濟思想上。

資源委員會的主要成員是以留英的學生為主的，他們多數出於倫敦政治經濟學院，很多人就是四〇年代對中國自由主義知識份子以重大影響的拉斯基的學生。他們經濟思想的一個主要的特點，就是對於計劃經濟都有好感。在當年的自由主義知識份子當中，作為一個團體集中留下來的，就是資源委員會。他的主要成員的政治選擇，也許與他們對計劃經濟和對蘇聯經濟的好感有關，這可能就是他們致命的弱點。（註26）謝氏看法，基本上是相當深入且正確的，筆者亦依此說。

五、結論——《新路》之結束

《新路》周刊於民國三十七年五月十五日創刊於北平，發行至是年十二月十八日停刊，共出刊二卷六期。該周刊是「中國社會經濟研究會」的機關刊物，作者群陣容堅強，網羅不少華北學術界領袖，如吳景超、潘光旦、劉大中、蔣碩傑、樓邦彥、邵循正、邢慕寰、周炳琳、蕭乾、汪曾祺、楊振聲等。刊物最大特色為，贊成和反對馬列主義的文章均可同時發表。

換言之，即對國、共兩黨，均持批判立場，它一面罵蔣介石和國民黨，對共產黨及共產主義亦持懷疑態度。因標榜言論不偏不倚、中立客觀之旨趣，在國、共劍拔弩張，非紅即白的時代，其不受歡迎，遭左右兩方夾擊之情形自可預料。易言之，保守與激進兩方面都對它不滿。國民黨先是嚴重警告，橫施壓力，最後乾脆勒令其停刊。(註27)

關於此事，錢昌照曾回憶道：「我在辭職後出國前的一個階段裡，在北平創辦了一份走中間路線的刊物《新路》，由周炳琳、吳景超等執筆。因社論中多次抨擊蔣介石獨裁誤國，一度被社會局勒令停刊，復刊後的社論指責蔣介石更為嚴厲。後該刊終於在各方壓力下宣布停刊。辦了這個刊物，進步人士乃至共產黨人指責它阻撓革命，而國民黨方面認為是反『革命』言論。蔣介石得知是我辦的，更是怒不可遏。他對陳布雷說：『錢昌照是叛徒！』陳布雷找了我秘談，勸我早點出國。」(註28)

在共產黨這邊，對《新路》也是抱持否定態度的，據《錢昌照回憶錄》言：「一九四九年我來到北平，周恩來對我提起這件事。他說：那時《新路》這個刊物的論調沖淡了共產黨的宣傳，所以要組織力量去批判。如果是早三年辦這個刊物，應該算是進步的，到現在辦也還可以，就是那個時候辦不適宜。」(註29)此即所謂理想與現實的衝突，針對《新路》周刊在動盪時代的堅持，其直言敢言，不作左右袒的言論立場，不見容於國、共當局，其被迫停刊的下場是可想而知的。尤其它又是以華北高級知識份子為主體的刊物，在社會上的影響力自然不容小覷，故其批評言論也自為朝野雙方所重視。基本上，《新路》周刊為一帶有自由主義色彩的刊物，和儲安平主編的《觀察》，可說是當時期刊界的雙璧。(註30)

而論其影響，謝泳的評論頗為中肯，他說：「一九四九年前，對於中國經濟和世界經濟真正做過深入研究的，就是以吳景超為代表的一批社會學家，我們過去總是批評知識份子不了解中國的國情，其實他們對中國社會的了解，實際上是非常深刻的。」一九四九年後，掌握中國經濟發展的那些人，如陳雲、薄一波、李富春等人，根本不了解現代經濟；即便是中共的經濟學家如沈志遠、許滌新、孫冶方、薛暮橋等人，對於現代西方經濟之了解，也根本無法與《新路》周刊作者群相提並論，惜這些社會、經濟學家，在新政權下，已英雄無用武之地，毫無用處了。(註31)

謝泳接著感慨道：「半個世紀前，他們所努力奮鬥爭取的一切，並沒有隨著時間的推移而有所進步，單從言論自由和民間報刊的生長情況看，他們再也沒有能像當年那樣從容地議論國事，據理力爭，公開坦率表達自己思想的機會了，這是何等悲哀啊，作為年輕的一代，對於我的前輩們在國家危機關頭所發出的真正知識份子的聲音，我除了表示敬意外還能再做些什麼呢！我要做的就是將他們當年的經歷和言論告訴更年輕的一代，你們今天所努力思考和爭取的一切，你們的前輩在半個多世紀前已經都做過了，其思想的深刻、全面和產生的影響遠在今天我們的口號之上，現在我以晚輩的名義，請求那些健在的前輩將當年的歷史和經歷如實公正地告訴年青的一代，讓自由主義的理想再以血的代價積累幾十年，以換得一個新世界的到來。」（註32）誠哉斯言，這是一個嚮往自由主義的大陸知識份子，在向過去的自由主義者招魂，也期盼自由主義能在重臨神州大地。謝泳感嘆《新路》作家群的「無用武之地」，其實不也是自五四以降，中國知識份子在動盪時代中，政治抉擇的無奈悲劇。

總之，《新路》周刊可說是大陸淪陷前，自由主義知識份子最具代表性的刊物之一，也是華北知識菁英對國是的言論喉舌。筆者承青年黨忘年交黃欣周先生惠贈合訂本《新路》周刊（惜缺二卷六期，最後一期），今委由秀威資訊科技股份有限公司掃瞄景印出版，相信對國內學術界研究四〇年代末，自由主義知識份子的思想主張，當甚有裨益也。

註釋

註1：蔣碩傑，〈劉大中、戢亞昭伉儷逝世週年之追憶〉，見吳惠林策劃，《蔣碩傑先生悼念錄》（台北：遠流版，一九九五年九月初版），頁一九三。

註2：〈讀者來信〉《觀察》第四卷第四期，頁二。

註3：謝泳，〈社會學家吳景超的學術道路〉，《傳記文學》第八十一卷第五期（民國九十一年十一月），頁三五。

註4：李樹青，〈紀念傑出的社會學家吳景超先生〉，《傳記文學》第四十六卷第一期（民國七十四年元月），頁七二。

註5：〈中國社會經濟研究會的初步主張〉，《新路》一卷一期（附錄）（民國三十七年五月十五日），頁二四。

註6：錢昌照，《錢昌照回憶錄》（北京：中國文史出版社，一九八八年九月），頁一九。

註7：蔣碩傑此說有誤，民國三十五年五月，中樞還都南京，行政院改組，資源委員會改隸行政院，成為院屬之一級單位，編制擴大，昌照以積功升任為主任委員，孫越崎為副主任委員。〈錢昌照〉，劉紹唐主編，《民國人物小傳》第二輯第十七冊（台北：傳記文學出版社出版，民國八十五年十月出版），頁四一八。

註8：蔣碩傑，〈劉大中、戢亞昭伉儷逝世週年之追憶〉，同註1，頁一九三。

註9：〈胡適日記〉（一九四八年一月二十四日），曹伯言整理，《胡適日記全集》第八冊，（台北：聯經版，二〇〇四年五月初版），頁三五一。另有一說為《新路》周刊的班底是：周炳琳總負責，經濟編輯是劉大中，政治編輯為錢端升和樓邦彥，文藝編輯則由蕭乾擔任。謝泳，〈社會學家吳景超的學術道路〉，同註3，頁三五、三六。

註10：蕭乾，《未帶地圖的旅人——蕭乾回憶錄》（香港：香江出版公司出版，一九八八年十一月一版），頁二六九。

註11：謝泳，〈社會學家吳景超的學術道路〉，同註3，頁三五。

註12：錢昌照與宋子文關係匪淺，據曾任資源委員會主任秘書的沈怡說到：錢昌照做到資源委員會主任委員。「俗氣一點的說法，已是部長特任階級的地位，他自己也隱隱然以此自得，及至翁（翁詠霓）先生已被他利用得差不多，他又送秋波於宋子文失意之際，巨眼識英雄，兩人成了莫逆，也可以說是國府秘書時期，得膺白姐丈之助，又於國防設計委員會時期，受翁先生之撐腰，到了資源委員會時期，得力於宋子文的支持不小，宋其時掌握國家財政，同時又為中國銀行董事長，乙藜這種地方確是有他的一手。」以錢、宋之密切，宋贊助經費是完全有可能的。沈怡，《沈怡自述》（台北：傳記文學出版社出版，民國七十四年六月初版），頁一八八。

註13：〈發刊詞〉《新路》一卷一期（民國三十七年五月十五日），頁二。

註14：見〈新路周刊第一卷合訂本上、下冊目錄索引〉；及第二卷各期封面。

註15：謝泳，〈社會學家吳景超的學術道路〉，同註3，頁三六。

註16：吳景超，〈論耕者有其田及有田之後〉，《新路》一卷二期（民國三十七年五月二十二日），頁三、九。

註17：吳景超，〈中國工業化的資本問題〉，《新路》一卷七期（民國三十七年六月二十六日），頁八、九。

註18：吳景超，〈中國工業化的資本問題〉，同上註。

註19：劉大中，〈經濟行政應即公開〉，《新路》一卷十五期（民國三十七年八月二十一日），頁三。

註20：吳景超，〈私有財產與公有財產〉，《新路》一卷十五期（民國三十七年八月二十一日），頁六。

註21：吳景超，〈論經濟自由〉，《新路》一卷二十一期（民國三十七年十月二日），頁四。

註22：吳景超，〈蘇聯的生活程度〉，《新路》二卷四期（民國三十七年十二月四日），頁一八。

註23：吳景超，〈社會主義與計劃經濟是可以分開的〉，《新路》二卷五期（民國三十七年十二月十一日），頁九。

註24：吳景超，〈論外人在華設廠〉，《新經濟半月刊》第八卷第一期，轉引自《中國資產階級右派經濟言論批判參考資料》（北京：中國人民大學出版），頁一八、二一。

註25：吳景超，〈縮短貧富的距離〉，《世紀評論》二卷三期（一九四七年），轉引自《中國資產階級右派經濟言論批判參考資料》，同上註，頁二八。

註26：謝泳，〈社會學家吳景超的學術道路〉，同註3，頁二七。

註27：國府當局對《新路》周刊給予關切和警告，然知識份子只問是非不懼死生的風骨，在《新路》上仍可一覽無遺的看到。在〈本刊對于「嚴重警告」的答覆〉，《新路》二卷一期（民國三十七年十一月十三日）文中，《新路》以是其所是，非其所非，不諂媚，不趨俗的嚴正立場來回應當局。

註28：錢昌照，《錢昌照回憶錄》，同註6，頁一九。

註29：錢昌照，《錢昌照回憶錄》，同上註，頁一九。

註30：謝泳說，「與《觀察》比較起來，《新路》顯得更專業化一些，尤其偏重於經濟和社會問題，但這兩個刊物除了內在精神上有相近的一面外，在刊物形式本身上也有相似的地方。」、「《新路》與《觀察》並沒有什麼直接的聯繫，將兩個幾乎同時期出現的刊物聯在一起，是從他們內在精神上的一致性著眼的。與《觀察》比較起來，《新路》的命運更引人深思。」謝泳，〈《新路》與《觀察》〉，見其著，《逝去的年代——中國自由知識分子的命運》（北京：文化藝術出版社出版，一九九九年一月一版），頁三五八、三六五。

註31：謝泳，〈社會學家吳景超的學術道路〉，同註3，頁三九。

註32：《逝去的年代——中國自由知識分子的命運》，同註30，頁三六七、三六八。

新路周刊　第一卷合訂本　上冊

新路周刊　第一卷合訂本　下冊

新路周刊 第二卷合訂本

新路

周刊

第一卷　合訂本

上冊

—自一期至十二期—

中國社會經濟研究會發行

三十七年五月十五日創刊

新路周刊第一卷合訂本上冊目錄索引

（自一期至十二期）

經濟學識淺談

通訊

文藝

書評

讀者來書

新路

周刊

【創刊號】

第一卷 第一期

CASER THE NEW ROAD

中國社會經濟研究會發行

三十七年五月十五日出版

發刊詞

我們這個刊物，是中國社會經濟研究會主辦的。中國社會經濟研究會，是本年三月一日正式成立的，在三月二日的會員大會中，對於中國的政治，外交，經濟，社會各問題，曾通過主張三十二條。（見本刊本期附錄）

這三十二條主張，表示我們一批朋友對於幾個重要問題的基本看法。我們所以作這種主張的理論根據，以及實現這些主張的辦法，乃是本刊以後所要討論的。

在此，我們要鄭重聲明的一點，就是中國社會經濟研究會，並非一個政黨的組織，所以這三十二條也並非黨綱。在一個天下不歸於楊，則歸於墨的社會裡，一個團體，對於社會上許多重要的問題，有所主張，而又聲明其組織並非政黨，自然會引起許多人的懷疑。但是在憲政的社會裡，這是一件極其普通的事。有人統計，在華盛頓想以他們的主張來影響國會的團體，起碼有五百個，但是他們確乎是無黨無派，並不附屬於任何政黨，那一個政黨的辦法，採納了他們的意見，他們就表同情於那一個政黨。這是在憲政之下，一般公民對於政黨所應採取的態度。我們以爲：在眞正的憲政之下，政黨的組織與活動，是必要的，但是從事政黨的活動，是一種專門的工作，不必每一個人都要參加，正如每一個人不必都去當醫生，作律師一樣。可是我們每一個人都是國家的一個公民，對於每一問題，自然有我們的看法。把這種看法公開的說出來，是做公民的義務，也是做公民的權利。在我國將來眞正實行憲政的時候，任何人的選舉票，前途究屬投那一黨的候選員，就要看那一黨採納了他的看法。所以一個團體，把自己的主張說出來，同時又說明自己不是政黨，實在是極爲自然，極爲合理的一種舉動。

其次，我們要說明的，就是我們所提出的三十二點，乃是我們以後討論中國各種問題的出發點，但不能看作我們大家所有意見的最後結晶。把我們的主張先寫出來，以後的討論才有所附麗，才不致空談無補，才不致漫無邊際。我們承認：社會是時刻在變動的，因而適應這些變動的主張與辦法，也不能固執不變。只有頑固的衛道者，以及偏執的宗教徒，才會死守他們的陳說與教條。我們對於目前的重要問題，一定要去虛心研究，想從事實中求得結論，而且還要不斷的從新的事實中，來試驗我們所作結論的正確性。我們自己不敢說是看到眞理的全面，因而並不擺出包辦眞理的面孔，凡是我們所提出的理論與事實，假如別人能以相反的理論與事實來批評我們的，我們都願意誠懇的，虛懷的與他商討。有人認爲：思維矛盾的揭露，以及對立意見的衝突，是發現社會眞理的最好方法。這是對的。我們願意在本刊中，提高討論的水準，以理論應付理論，以事實反駁事實，以科學方法，攻擊盲從偏見。但是我們這一班人，都不以罵人見長，所以凡是以謾罵來對付我們的，我們只有藏拙，不與計較。同時我們這一班人，也以剛毅自矢，凡想以武力來壓迫我們，要我們改變主張的，我們也決不低頭就範。

在萬方多難的今日，我們深感天下興亡，匹夫有責，所以發行本刊，想以大家的智慧，來探索中國的前途。探索的方法，角度，容有不同，並且可以不同到一個程度，可以和我們三十二條的初步主張牴觸；我們自己中間也一樣的可以彼此質難，互相辯駁，但我們相信我們的動機是相同的，就是對於國家社會的種種事實與問題，想瞭解得更清楚，我們的態度也是一樣的，就是，刊物儘管由團體辦理，每一句的責任還是由每一個人自己負擔。我們相信只有如此，我們才能脚踏實地，不草率將事。我們希望全國人士，本同樣的動機與態度，給我們以道義上，精神上的各種協助，使我們的工作，可以發生最大的效用。

○○辯論○○

我們闢這一欄的目的，是想利用這個刊物的一部份篇幅，把一個問題的正反兩面，一齊都排列出來，讓讀者可以根據兩方面的意見，下他自己的結論。這是與宣傳處于對立的工作，因爲宣傳是只替一方面說話的。在學校中開辯論會的時候，參加的兩方，或正或反，每以抽籤決定。我們這一欄的作者，有時也要用這種辦法來決定。因此，作者所發表的意見，不一定能代表他個人的意見，這是本欄的文章所以採用筆名發表的原因。

編者識

關于美國經濟制度

一 我欣賞美國的經濟制度

慕眞

我欣賞美國的經濟制度，第一因爲他的生產效率高。無論在農業，礦業，工業，或者交通業中，每一個工人的生產能力，超過任何其他國家的工人。根據一九四七年的統計，美國的煤礦工人，每天可產煤五·二四噸，英國工人，每天只能產一·一〇噸，其餘如荷蘭、德國、法國、比國的工人，每天只能產煤一噸以下。美國的生產機構，從橫的方面看，他的效率沒有那一個國家比得上他；從直的方面看，他是常在進步的，常以今年的成績，打破去年的成績。以農業的生產來說，如以一九一〇年爲基期，其生產指數等於一百，一九四四年的生產指數，便等於一百九十八，幾乎加了一倍。我們再看美國工人在每一點鐘的時間內所生產的價值，如以一九四〇年的物價來表示他，則在一八五〇年爲一角七分，一九〇〇年爲三角五分，一九四〇年爲七角四分，一九四四年爲七角九分。這種高的生產效率，奠定了美國繁榮的物質基礎。

第二，美國的經濟制度，是一個分權的經濟制度，而不是一個集權的經濟制度，這是人民經濟自由的最好保證。凡是權力，不問他是政治權也好，經濟權也好，教育權也好，假如有集中或獨佔的現象，對於人民的自由，是最大的威脅。美國的生產單位，據第二次大戰前的調查，約在一千萬個至一千二百萬個之間。在這種經濟權分散的情形之下，任何一個資本家，不管他的勢力多大，也不能控制一個人的飯碗。在甲處工作，如感到不滿意，可以轉換到乙處工作，沒有人可以强迫他。美國人的選擇職業，因而是自由的，他不受別人的調度，不受他人的支配。還有一點，就是美國的生產單位，既然如此衆多，而且各自爲政，所以生產的計劃，並不受一個中央權力機構的指揮。生產的進行，完全受價格機構的影響，生產者視價格的漲落，計算利潤的大小，而決定生產的途徑及數量。所以美國的生產機構，可以說是爲消費者所支配，他的要求，是決定生產的動力。從這一個觀點看去，美國的經濟制度，可以說是最民主的，不像某種國家，把生產計劃，交給少數人去決定，因而生產出來的物資，不一定能够滿足消費者的需要。

第三，美國的經濟制度，在分配方面，也是漸趨公平。普通的人，不明瞭美國的經濟實況，以爲在分配的過程中，資本家可以大權獨攬，爲所欲爲這是這個錯誤的觀念。美國的工人，是有組織的。工人的工資，不是由資本家單獨的決定，而是由工人團體，以團體契約的方式，來與資本家洽商而定的。美國的公司，每年營業的賬目，是要公開的，假如年終的贏利太多，利潤超過了普通的水準，資本家是不能獨佔的，因爲工會可以要求加增工資，將公司的贏利，分得一部份。我們可以舉出好些數字，證明在分配的過程中，工人有漸佔上風之勢。譬如在一九二九年，美國人民的勞務收入，爲五百二十四億元，到了一九四四年，此項收入，增至一千零十七億元，幾乎加了一倍，而財產收入，在一九二九年，爲一百五十三億，到了一九四四年，只有一百四十七億，不但沒有加增，而且還略減少。工會的組織，是美國保證公平分配的第一道防線。第二道防線，是政府的最低工資律及所得稅律。最低工資律，保證人民的生活水準，不致跌到貧窮線以下；所得稅律，可以防止富人，過一種奢侈的生活。這是美國的經濟制度，於維護經濟自由之外，還在企圖實現經濟平等的辦法。

第四，美國的經濟制度，使人民獲得世界上一個最高的生活程度。生活程度，是我們批評一個經濟制度的最好標準。假如一個國家，只會宣傳他的經濟制度，如何比別人的優越，但是在他們所謂的優越經濟制度之下，只能給人民過一種貧苦的生活，那麽不是宣傳有毛病，就是制度本身有毛病。美國工人生活程度之高，可以從好幾方面去說明。第一，我們可以把他每年的收入，與別個國家的工人來比較。譬如美國有最低工資律，別國也有最低工資律。我們可以比較一下，美國工人的最低工資，是否高于別國工人的最低工資。我們也可以比較各業中工人的平均工資，看美國工人的平均所得，是否超過別國的工人。無論那一國，假如他的貨幣，對于美金，有一個市場上公開的匯率，這種比較，是很容易舉行的。其次，我們還可以比較各國工資所能換得到的物質享受。譬如美國在一九四四年，製造業的工人，平均每星期的工資，爲四十九元三角七分，當年麵包的價格，爲二角一公斤。每一星期的工人所得，可以換取二百四十六公斤的麵包。別個國家的工人，一星期的所得，可以換取多少麵包？再次，我們都知道，一個人的生活程度，與他在食品上支出的百分數有關。凡是一個人的支出在食品上的百分數愈高的，其生活程度也愈低。美國都市工人，根據一九三四至三六年的統計，在食物上的支出，只佔總支出百分之三三點五，表示他們在解決了吃飯問題之後，還有很多的錢，用在別的方面。別的國家，如中國，工人的收入，大部份要花在吃飯上面，解決了吃飯問題之後，所餘無幾，因而別的享受，也就談不到了。

第五，美國的經濟制度，應變的能力頗大。在平時，這個制度，可以集中力量于生活程度的提高；在戰時，可以改變方向，集中力量于作戰物資的增產。提高生活程度，是平時的工作，而生產作戰物資，乃是應變的工作。在平時，美國的生產機構，并不從事于作戰物資的生產。政府雖然也有兵工廠，但其生產的能力，只能滿足作戰需要的百分之十。可是一旦戰爭爆發，美國的工廠，可以在最短的時間內，從消費物資的生產，改爲作戰物資的生產。在第二次大戰期內，此種應變能力的偉大，已經得到充分的證明。這個經濟制度，用以提高生活程度，可以使人民的生活程度，達到最高峯；用以鞏固國防，可以使國家作戰的力量，爲任何强國所不及。他不但可以作戰的物資，來配備自己的軍隊，而且還可以產生剩餘，經過租借的方式，供給同盟的國家。這種能文能武，能和平也能戰鬬的經濟制度，是極適應于二十世紀的國際環境的。

第六，美國的經濟制度，在國際方面，是採取合作方針的。他不孤立，對于別國的休戚，并不採取不聞不問的態度。他發展到現在這個地步，已經有能力使自己繁榮之後，還有餘力來協助別國的繁榮。生產落後的國家，需要新式生產的設備，來加增他們的生產力量。這種需要，現在只有美國能够大量的供給。別的先進國家，或因大戰受創太深，或因國內生產的力量，只能用于復興本國的工作，對于生產落後的國家，都有愛莫能助之感。美國深信一國的繁榮，與世界的繁榮不可分，所以他的經濟政策，是要用他的龐大生產力量，來提高落後國家的生產水準。等到這些國家的經濟發達了，國際貿易的總量加增了，美國的國內經濟，可以因爲這些刺激而更趨活躍。有人以爲美國這種作風，完全是出于自私的動機，我們不能否認美國的對外經濟政策，沒有自私的因素，但是我們也得承認，美國這種政策，是利己而且利人的。如專爲自己打算，美國的繁榮，并不像英法比荷等國，是可以建築在國內的市場之上的。在一九二九年，英國的進口貿易，等於全國收益百分之二十五，出口貿易，等於全國收益百分之十七。同年美國的進口貿易，只等于全國收益百分之五，出口貿易，只等於全國收益百分之六。由此可見國外市場，對于美國的繁榮，并不居於一個決定性的地位。他的貨物如不出口，對於本國的損失頗小，而對于那些需要復興或建設的國家，則損失甚大。美國基于他本身的利害，同時也顧到別國的利害，所以在聯合國的機構中，他極力促成許多經濟合作的國際組織，如聯合國善後救濟總署，國際復興發展銀行，聯合國食糧暨農業組織，國際貨幣基金，國際勞工組織，國際貿易組織。這些機構的樹立，對于美國是有利的，對于別國也一樣的有利。這種合作，也許是世界大同的開始罷。凡是愛好和平的人，都是這樣期望着的。

卅七，五月六日。

二　我厭惡美國的經濟制度

卓　仁

討論美國經濟結構的優劣時，必須先規定一個時期，而且應當同時着眼於它對於當前世界整個經濟形態的關係。美國現有的經濟結構是從它的歷史裡發展出來的，它的基本原則在早年已經定形，可以說是對於它拓殖時代的一種適應，所以如果以當年的情形來看，它的結構自有它的長處，問題是在美國現有的處境已經不似當年，適合於當年的經濟原則，在現在是否還能適合？所謂「適合」還得加以說明，適合可以有兩層意義，一是從人和資源的關係說，凡是能有效發展資源的可以說適合。二是從人和人的關係說，凡是能有效的促進人和人的合作的可以說適合。有了這兩個基本標準，我們才能去批評美國經濟中現行的原則的優劣了。

美國經濟結構的基本原則之一就是私人企業的自由競爭。在資本主義的早期配上了美國這個資源豐富的新大陸，各個人可以憑藉自已的能力才幹去開發資源，自由競爭正是一個激發各個人努力的力量。美國的傳統信念是不要政府去干涉私人的企業。美國資源開發得這樣快，不能不有一部分歸功於這放任的經濟。但是資本主義發展到後期，企業家從合併和協議方式中，把自由競爭的原意消滅了，形成了獨占性的大企業。這時他們所謂「自由」和「放任」不是積極性的企業自由，而是消極性的排除政治的干涉，使獨占事業保持獨占的自由。獨占企業爲了保持個別企業的贏利，控制了生產。譬如目前的鋼鐵業，因爲企業家不願增加生產，以致其他生產事業同時受到限制，成了開發資源的「瓶口」。這是說，私人企業的自由競爭原則，在新處境中已喪失了它早年的作用，而成了阻礙資源開發的力量了。

在消費者的公民不通過政治去控制國家資源開發的計畫的美國經濟中，生產是決定於私人企業的贏利動機，資本累積，不斷的再生產，生產結果不能普遍的分散到消費者手裡，於是構成生產過剩，使不景氣成爲不能有效避免的周期病。失業威脅下的勞工不能不以集體行動以求自保，於是在社會中分裂成勞資對立的形態，減少了社會的合作程度。罷工，怠工等一類經常的勞資衝突又加上了一種開發資源的阻力。

我們得承認美國已經部分的放棄了政治不干涉經濟的傳統，尤其是在經濟危機將臨，及已屆，的時候，這個傳統的原則不能不退讓。但是我們並不能因爲曾經退讓過而說美國經濟已經變質，因爲祇要危機一旦過去了，傳統原則又開始抬頭。如果美國能斷然把這原則放棄，我們也祇能說這是美國經濟的傳統原則失敗的證據。以目前來說，離開放棄這原則的時候還遠。我雖則傾向於美國也會有一天接受社會主義的推想，但並不敢承認過去羅斯福時代的新政那一類的設施是永久性的修改。

現在的趨勢是美國爲了要維持它國內的放任或「自由」原則，避免從這結構中常存的不景氣的威脅，企圖能造成一個美國貨物可以「自由」輸出的國際經濟，以致進了一步要防止別國經濟的社會化。它一貫的反對各國間單邊貿易，使國際市場保持其自由和開放的形式。這一種企圖牽涉到了它對國際政治的積極性，積極到不惜採取各種方式的干涉行爲。

如果世界各國工業化的程度相等，資源分配得平均，多邊的國際貿易自然有它的長處，但是事實上，在這次戰後世界工業生產力的懸殊，不但沒有減少，而且已經加得很深。一個自由和開放的國際市場，將會引起更加不平均的經濟發展。英國的閃避美國的開放要求就是出於這種顧忌。在一個爲了不同的原因，世界上很多國家已經進入社會主義的計畫經濟的時代，美國憑它現有的經濟力量一方面固執的對內要保持私人自由企業的資本主義，另一方面又要壓迫其他各國停止或避免社會主義的計畫，結果不但不易安定世界經濟，而且會因之而引起政治的糾紛，而使世界經濟遭受打擊，甚至毀滅。所以從整個世界經濟的局面來看，美國的固執是不幸的，也可以說，美國經濟所維持的原則，對於今後世界是有害的，因爲它可能促使整個人類的經濟破產。

三　答卓仁

慕　眞

卓仁先生批評美國的自由經濟，以爲美國的經濟制度，有好幾個缺點。

第一，美國的經濟制度，不能充分利用資源。「譬如他目前的鋼鐵業，因爲企業家不願增加生產，以致其他生產事業同時受到限制。」這是一種主觀的判斷。我們都知道，一個國家，是否已曾充分利用資源，要看人民是否充分就業。美國現在就業的人數，在六千萬以上，誰都不能否認美國現在確已達到全民就業的境界。在這種情形之下，鋼業的產量，自然受需求的支配。假如人民對于鋼鐵的需要，果眞超過鋼鐵業的供給，那麽鋼鐵價格必然上漲，鋼鐵廠有利可圖，自然會在別的實等中以高工資吸取勞力，因而鋼鐵是會增產的。美國的鋼鐵公司，每年產量在一百萬噸以上的，在第二次大戰以前，便有九家，沒有一家可以因爲不願加增生產，而能使所有鋼鐵公司都減產的。

其次，美國的獨占資本，常爲世人所詬病，但嚴格的講起來，美國除開製鋁公司以外，沒有一門實業，是在獨占的狀態下生產的。有好些重要的實業，在獨占的競爭之下生產，則是事實，如屠宰，汽車，橡皮胎，農業機械等工業，有百分之五十以上的生產，爲四個公司所控制。但是獨占並不一定是壞事。郵政是獨占的，我們並沒有看見人出來主張，要把郵政交給若干機關來經營。獨占每能使生產合理化，因而減低成本，因而減輕消費者的擔負。美國雖然有好些事業，處于類似獨占的狀況之下，但因政府管制有辦法，所以至今還沒有人能夠指出，上面所舉的那些事業，其獲利之厚，是超過別種工業的。即以製鋁公司而言，在完全的獨占狀況之下，自一八九〇年至一九二九年之間，鋁價下降了百分之十二，鋁的產量，從三十噸增至十萬三千四百噸。由此可見獨占並不一定高抬價格，更不一定減少生產。

第三，關于失業問題。美國在過去一百餘年之內，不景氣的確成爲不能有效避免的周期病。這樣的一個毛病，過去曾使許多名醫都束手無策，好在這並非一個不治之症，像若干鄉下人發瘧疾一樣，寒熱來時，誠然痛苦，但不久也就霍然，健康居然恢復。在奎寧丸沒有發明的時候，這個毛病是沒有法子醫的，但是在最近期內，歐美有好些國家，對於失業的病症，似乎已找到了奎寧丸。他們都知道，在失業的象徵出來的時候，由政府出來領導，加增社會上的投資與消費，便可使失業鬼跑開。美國在一九四六年通過的就業法，就是爲醫治失業之症而預先籌備的奎寧丸。我們有理由可以相信，假如凱恩斯等對於就業理論的分析是對的，假如美國政府根據這個理論而產生的就業法案，可以無阻礙的運用，則失業是可以防止的，正如瘧疾可以防止一樣。至於罷工怠工等手段，乃是自由的國家中，自由結合的勞工，用以提高其生活程度的一種手段。在獨裁的國家中，勞工是不許罷工或怠工的，但這並不足證明這些國家中，勞工對於生活程度已曾滿意，而只證明人民的一種用以保護自己的自由，又遭剝奪了。

最後，我對於卓仁先生關於美國國際經濟政策的批評，認爲是一種不健全的看法。國際貿易，互通有無，是提高全世界人民生活程度的最好辦法。假如美國也學某種國家一樣，在經濟上求自給自足，不與別國自由往來，那麼受損失的不是美國，而是世界上別的國家。譬如美國在幾年以前，忽然退出聯合國善後救濟組織，試問全世界上的災民，靠誰來救濟？即以中國來說，我恐怕廣西湖南等省，便會發生大荒災，而有幾百萬人要餓死。又如美國忽然決定不把工業品運往外國，試問世界上那些農業國家，如想走上工業化的途徑，到什麼地方去購買機器？美國的經濟合作政策，不完全是爲自己打算的，確有利他的因素存在。美國是一個資本主義的國家，但他並不強迫別的國家，也要走上資本主義的路。他珍重自己的制度，但也能容忍別人的制度。他可以與走上社會主義的英國合作，也可以與想要走上三民主義的中國合作。他所不能合作的，乃是那些自以爲是而要强迫別的國家去跟他走的國家。假如別的國家，想以成績來與美國競爭，美國是不怕的；美國只怕那些派出第五縱隊，在暗中拆他的台的國家。我深信任何國家，只要正式的經過多數人民的同意，應有自由推行任何經濟制度。美國的一套，也許不是最好的，但一直到現在，還沒有一個國家，能夠以成績來證明他的那一套，在提高人民生活程度的功能上，比美國的辦法更爲高明。假如有一天，別人的那一套，的確證明是比美國高明了，那麽，美國是一個民主的國家，我看沒有一個力量，可以阻止他去採用另外的那一套的。

四　答慕眞

卓　仁

慕眞先生列舉數字證明美國工人的生產能力比較任何其他國家爲高，美國生產機構的效率也比任何其他國家爲高。表面上看去自是無可否認的事實。但是造成這事實的有很多因素，經濟制度不過是其中的一個。我們如果要比較不同經濟制度的效率，就得先把其他因素除去。譬如說，一個資源豐富，得天獨厚的國家，不論它採取什麼經濟制度，它生產結果和生產效率必然的超過一個地處荒漠的貧乏國家。美國在資源上，確是比其他國家强，所以我希望慕眞先生能以資源相同的國家去相比，否則慕貞先生所欣賞的將不是美國的經濟制度，而是美國豐富的資源了。羨慕美國資源我想是人同此情的。

講到資源和經濟制度的關係，我們要注意的是那一種經濟制度最能有效的加以開發。這裡就需要一點關於經濟制度性質的分析了。我們得發現每一種經濟制度對於利用和開發資源的限度，譬如說我用奴隸生產的經濟制度，生產者的工作動機，他們消費水準等是阻礙利用和開發資源的因素。在資本主義這些因素改變了沒有？改變了多少程度？這種分析可以有助於我們的比較。

如果我們滿足於很多因素所造成的具體事實，不論這些事實，用多少正確的數字來表示，並不足以說明一個經濟制度在利用資源的能力强到什麼程度。慕眞先生所提出他所羨慕，而且欣賞的美國經濟制度的性質，第一點是「自由」。他所特別注重的是選擇職業的自由，因爲美國人可以「不受別人的調度，不受他人的支配。」事實上是否如是？

職業自由還有兩層可說：一層是法律上的自由，另一層是事實上的自由。第一層還得從廣義說，一切利用公共權力來限制個人選擇職業的例子都得歸入沒有法律上自由的一類裡。在美國有沒有這種不自由的情形。我的回答是有的，甚至可以說比中國多得多。美國人口十分之一的黑人並沒有法律上的選擇職業的自由。除非慕眞先生和美國白人一般認爲黑人不能算作百分之百的美國人，我想這些人的不自由是應當記住的。憲法上雖則規定黑人有和白人所同的公民權利，但是各州的立法中却有歧視，更重要的是習慣法，黑人能選擇職業是有限得很。當然慕眞先生可以說，黑人在他能選擇的職業有選擇的自由，在當苦力和當樂師之間可以有選擇的自由，如果這也算自由，除了囚犯和奴隸之外，沒有這種自由的人也太少了，因之也不值得人欣賞了。

另一方面是事實上有沒有選擇的機會。所謂自由必須有機會，你不喜歡某項職業就可以換一項職業。慕眞先生也許可以從勞工流動率的數字上去證明美國工人轉業機會較多。（轉業容易是否指這個經濟制度高明是另一問題。）但是美國工人的轉業是否係表示挑選更喜歡的職業呢？還是一個廠裡把他開除了，又另外找一個廠去做工呢？美國工人對於失業的恐怖是很深的，他們會自動的放棄一個職業麼？這些問題我希望慕眞先生去調查一下。我記得英國有一句格言「叫化是沒有選擇的。」一個失業的人是談不到職業自由的。

如果慕眞先生單單欣賞美國工人沒有人强迫他們進入那個工廠去做工，（祇有被人强迫不許進入那個工廠，例如華工，和黑工）更可以欣賞無疑是我們自己的中國了。

慕眞先生心底裡欣賞的「自由」還是在美國經濟中沒有「生產的計畫，並不受一個中央權力機構的指揮。」他認爲由於價格機構來決定生產的經濟制度就表示這制度的最後決定者是消費者，所以是「最民主的」。這段話裡面牽涉的問題更多，我想決不是三言兩句可以討論得了。我想指出的是以價格來反應消費者的意志祇存在於完全自由競爭的場合，而美國在今天離開這場合的距離已經很遠了。慕眞先生對於經濟集權深有反感。我並不批評他的反感，這是他的「自由」。我想問的是在企業龐大之後，每一重要的生產事業被少數獨占資本所壟斷之後，是否也同樣發生了寡頭的集權事實。在一個以政治權力來控制生產計畫的經濟體系，消費者還可以利用政治民主來參預及監督這計畫的集權中央；在一個寡頭企業家所壟斷下的經濟集權，消費者是否更難加以控制？所謂「民主」離不了「責任」觀念。一個不向消費者負責的獨占權力怎能說是民主呢？我希望慕眞先生有機會能在這些問題再申說一下。

最後應該提出來討論的是美國經濟制度和世界政治及經濟的關係。也許在這一點上，我和慕眞先生的看法距離最遠。說起來也和我們的切身問題更接近。我在正文中已發揮過我和慕眞先生相反的看法。我在這裡所想指出的是，美國的經濟出口貿易固然祇占全國收益的百分之六，但是這百分之六的生產却是極重要的，因爲如果這一部的出產無法輸出，可以引起失業，失業再引起國內市場的縮緊，因而成爲不景氣的導火線。單在數字上看也許看不出它的嚴重性。因爲如果美國想設法把這輸出工業改變爲內銷工業還是可能的，但是要在一個孤島上去維持一個不致於受周期性經濟危機所打擊的經濟，他們必須加入若干和傳統自由經濟不相合的原則。換一句話說，他們不能維持現有的經濟制度了。

我並不是主張美國在經濟上退回去，不要管別個大陸上的事。慕眞先生所提出來的國際合作原則是任何人所歡迎的。我所懷疑的是如果美國要維持它自己現有的經濟制度，它對外必須爭取一個國際自由市場，自由經濟制度不易在一個國家的界限裡孤立起來的。這個强項的經濟勢力衝入已經走上社會主義計畫經濟的世界，自難免發生衝突，慕眞先生所說的「國際合作」，在事實上已經成了「國際壁壘」。

於是最後的問題也無法避免，在其他國家的立場說，接受美國的自由經濟容易發展他們的經濟呢？還是接受社會主義計畫經濟容易？如果答案是屬於後者，爲了美國着想，他們如果也改變他們的經濟制度，走上社會主義的道路，對於他們有沒有損害呢？我希望慕眞先生設想一下，如果以美國的資源，技術，和工業經驗，一旦接受社會主義，他們的生產率，他們的生活程度，他們的分配公平性，是否更能提高？慕眞先生所怕的「集權」，是否能在美國政治民主方式中得到解決？權是總要集的，在社會生活日漸複雜中，人們不可以不加深接受社會的控制，問題是在所集的權是否向人民負責。我並不像慕眞先生一般欣賞抽象的自由，所以覺得祇要社會權力保持向人民負責的條件，集權並不是可怕的。

專論

當前中國的行憲問題

樓邦彥

當前中國的行憲問題，其關鍵並不在政府有沒有行憲的決心，而在今天的客觀環境是否適宜於行憲。

掌握政權者的決心，不足以確定那一政權的存在價值，因爲決心祇是一種意志而已，正好像掌握政權者的善良動機與完美理想不能辯護那一政權的存在理由一樣，因爲動機與理想最多也不過是一種意思的表示而已。決心，動機，理想……等意志或意思表示，不應是人民評估政權的最後標準；祇有決心，動機，理想等意志或意思表示的實施後果，才應是人民衡量政權的最好尺度。此所以我們對於目前政府的看法與態度，並不取決於它的行憲決心，治國動機，或施政理想；我們此刻所最關心的，乃是在今天這混亂局面下，頒布憲典與實施憲政對於我們的實際生活究竟有何裨益，政府的這樣做法是否等於自欺欺人的妄想。

在理論上說，行憲的目的無疑地是要把一國的政權建築在民意的基礎之上，但是我們的政府儘管頒布憲典並宣告行憲，我們今天所能看到的還是民意不斷在被壟斷，以及太平可以在短期間被粉飾起來。政府顯然是爲了要鞏固其岌岌可危的政權，乃不能不在表面上迎合潮流，不能不顧到當前的事實去獻媚討好於某些外國，這是今日行憲局面之由來。在人民的那方面，他們一直在遭遇着自由與生存直接間接的被剝奪，此種危運與不幸是武力黨爭的必然結果，祇要武力黨爭依舊繼續，行憲非但沒有予他們以任何刺激，因行憲所附帶產生的各種罪惡反而增加了他們的煩惱。不說別的，各地各階層的人民那樣淡然漠視南京的那種熱烘烘的場面，當然絕非偶然之事，而是一個莫大的諷刺。

憲典與憲政是不同的兩回事情，這是最普通不過的政治常識，但是一向爲不少人所忽視。憲典是一個國家的某一種具體的法律文書，用來規定其基本國家組織的。大體上說，它的制定與修正程序異於其他法則，它的法律效力也高於其他法則。去年元旦國民政府明令公布的「中華民國憲法」就是目前中國的憲典。一個有組織的國家一定具有各種關於基本國家組織的法則，憲典往往是這些法則中的一種，憲法 (constitutional law) 是這些法則的總稱，但憲典並非構成一國憲法的必要因素，英國法制卽爲最顯著的一個例子。憲政 (constitutionalism 或 contitutional government) 是基本國家組織動態的某一種形式的表現，它有兩個基本假定，一是「民主」的假定，假定人民爲國家政治的主體，一是「法治」的假定，假定政府權力爲一種有限制的權力。基於此種認識，我們可以歸納而得憲典與憲政關係的四種不同典型：

(一) 有憲典而實施憲政，
(二) 有憲典而不實施憲政，
(三) 無憲典而實施憲政，
(四) 無憲典而不實施憲政。

美國可以代表第一個典型，因爲它既有憲典，同時在某一個程度上，憲政也的確可以說是粗具規模。戰前的日本可以代表第二個典型，因爲它雖有憲典，但它的那種超制度的天皇地位與軍人干政的現象，却致使它拋棄了憲政的目標。英國可以代表第三個典型，並且說不定是唯一的一個例子，因爲它雖一向沒有憲典，但從各方面觀察，却是一個標準的實施憲政的國家。戰前的德國可以代表第四個典型，自從希特勒建立獨裁的政權以後，他一方面撕毀了威瑪憲典，另一方面又拔除了憲政的基礎。

以上是說明了憲典與憲政兩者是並不發生必然的關係的：憲典的頒布不一定當然地促成憲政的實施，同樣的，憲政的實施也不一定非頒布憲典不可。固然今日無憲典而實施憲政的國家，除英國以外尚無其他例子，這並不是說我們就可以過分重視憲典的形式，因爲憲典的功用究竟是有其限度的。要實施憲政，在頒布憲典以外，尙須其他更實際的努力。不幸的，我們的政府却偏以頒布憲典的形式來作民主的標榜；事實上，一紙憲典不但不能救治，且又遮蓋不了，遍地的罪惡。不久以前，美國紐約時報（The New York Times）發表了一篇以「中國在轉變中」爲題的社論，讀了實令人十二分失望。那篇社論的主旨是在說明中國第一部民主憲典業已頒布施行，因爲這是首次在基本法內規定主權屬於國民全體的原則，中國正在進行着把封建的專制典型轉變爲近代的民主典型的艱難步驟，使得五千年來從來沒有過民主憲政政府可以逐步建立起來。除非這是一種政治性的爲中國粉飾太平的論調，要不然，不是沒有弄淸楚我們的三四十年的制憲史，就是錯誤地把頒布憲典實施憲政混爲一談。從中國幾十年的制憲史上看，以基本法來規定主權屬於國民全體的原則，這並非初次。我們大家所期待的不是含有民主條款的憲典本身，乃是過於白紙上黑字的憲典的表現某種基本國家組織動態的憲政。直至今天，在我們的制憲史上雖又增添了簇新的一頁，但是像過去的經驗一樣，我們多半還是期望不到絲毫憲政的迹象。我們一方面固不以美國人的無聊捧場爲然，同時却更堅定地相信政府的假藉頒布憲典而別有用心的企圖。這企圖恐究竟仍是妄想，而幻滅是妄想的必然結局。我們相信大多數人的政治意識是淸醒的，他們從未把舉行大選，召開國大……等熱鬧玩藝看作嚴謹的正經事。看得遠些，這未嘗不是顯示了國家前途的一線生機，看得近些，這正是政府所以頹喪的根本原因。

抑又有進者，政府的造成今天的行憲局面恐尙有另一種企圖，那就是想冲淡當前混亂狀態的嚴重性。當前的混亂狀態，原因既複雜，性質亦微妙。觀乎目前的軍事態勢，及其所產生的經濟與社會的後果，人人都在受着不同性質的壓迫，行憲又如何能冲淡得了混亂狀態的嚴重性呢？我在另一處曾經說過，行憲的一齣戲儘管又演出了，政府所感到的苦惱仍將與日俱增，並且苦惱者「依舊是今天這班達官要員，祇是換上了新的外套，增加了些陪襯嘍囉而已」。（見我的「如何能粉飾得了太平？」一文，載「觀察」四卷五期）

在理論上講，一面有混亂狀態的存在，一面還要開始實施憲政，確實是一種徒然而落空的努力。徒然的，因爲既有混亂狀態的存在，卽使退一萬步假定政府確有實施憲政的決心，其結果是必無成就；落空的，因爲卽使把一切實際的憲政場面都安排好了，混亂狀態的演變仍舊可能是不堪設想。

政府的焦急，亦極顯然。自從去年元旦公布了新「憲法」以後，卽着手組織國民青三黨的聯合政府，跟着又頒行了「動員戡亂完成憲政實施綱要」，其目的在「厲行全國總動員，以戡平共匪叛亂，掃除民主障礙，如期實行憲政」。就這個「綱要」的精神說，政府必須藉「厲行全國總動員」爲手段，來「戡平共匪叛亂，掃除民主障礙」，庶幾憲政得能如期實行；否則，在邏輯上，共匪叛亂一天不能戡平，民主障礙就一天沒有掃除，憲政也就無以如期實行。但倘使不「如期實行憲政」的話，既有失政府的威信，且又影響所有業已安排好了的場面，於是行憲的國民大會終於在三月二十九日召開了。同時，一個很實際的問題跟着又發生了，假若在表面上不得不遵守新「憲法」[illegible]定，則總統的權力自不免要受相當的牽制，而假若用修憲的方法來加强總統的權力，則又有多方面顧忌，結果是採取了一個變通的辦法，通過了所謂「動員戡亂時期臨時條款」，賦與總統在動員戡亂時期不受新「憲法」任何約束的緊急處分權。這無異是在施行新「憲法」之始，卽行宣告暫不適用新「憲法」的規定，此豈非一手頒布了憲典，另一手馬上又把它撕毀了麼？王世杰說得很率直，通過臨時條款「並不表示對未來總統絕對信任，事實上是因爲如果沒有這條款，沒有人能够戡亂」（見四月十九日天津大公報）。換言之，如果不通過這樣一個把新「憲法」改頭換面的臨時條款，原來的新「憲法」是絕對有礙於動員戡亂的，這等於替我們說明了一面戡亂一面行憲的矛盾。政府原是想以行憲來冲淡當前混亂狀態的嚴重性的，今臨時條款既經通過，這嚴重的狀態就取得了「合法」的根據與「民意」的支持。

總之，無論是妄想以頒布一部冠冕堂皇的憲典權充憲政的實施，或是企圖以行憲轉移人民的目標，兩者是都十足顯示出政府的悲哀，這悲哀又替人民引來了苦惱與失望。

卅七年四月廿八日北平

準備金多了有什麼用？

劉大中

財政部長俞鴻鈞氏四月十四日向國民代表大會報告目前我國財政狀況；關於金融貨幣方面，曾作下列聲述：

「…截至上月底止，法幣發行數額總共尚不及七十萬億元，政府除保有外滙、黃金、白銀共值約美金二億九千萬元外，最近已擬有出售國營事業資產充實法幣準備辦法，……總計價值四億美元，……作爲法幣準備金之一部分，……深信從此法幣得有最穩確之基金以充準備之後，其價值必自相當穩定，物價亦可藉以平抑」。

這種荒謬的說法，從一個經濟學人的立場來看，簡直不值一駁。不過這是政府實際負財政責任的人所提出來的正式報告。政府並且還要利用這種增加準備金的辦法去穩定幣值，妄想「物價亦可藉以平抑」。這樣一來，民生將因之而受很大的影響。我們不能不費一點筆墨，加以嚴正的駁斥。

幣值是否穩定，只有一個簡單到萬分的測驗方法。假如在這個星期一的時候，一萬塊錢可以買四兩麵(或是某數量的其他物品)。到了下星期一，如果一萬塊錢仍然可以買四兩麵，幣值在這個星期內就算穩定；若是只能買二兩麵了，幣值就跌落了一半。在這個星期內，政府所存的準備金，也許增加了一倍，甚或是一萬倍。但是這與人民可以說是風馬牛不相干——一萬塊錢仍只能買二兩麵，幣值還是跌落了一半。在我們現行的貨幣制度之下，準備金的增加或減少，與幣值的高低以及人民對於法幣的信任心，並不能發生直接關係。最近國民大會通過的「動員戡亂時期臨時條款」，更保險使準備金和幣值在戰事推進期內絕對不發生關係(「總統在動員戡亂時期，爲…應付財政經濟上重大變故，得經行政院之通過，爲緊急處分，不受憲法第四十三條所規定之程序限制」)。這也許就是這個「臨時條款」的妙用之一。

黃澄澄的準備金(財政當局所發表的準備金數量，除本來就是黃澄澄的一部份外，其餘的也是用一種黃澄澄的單位去計算的，這種單位也就是政府三令五申不許人民用作貿易計算單位的)，確曾有過其「黃金時代」。在大學二年級所念的貨幣銀行學中，我們不是都讀過準備金的重要嗎？可惜的是，時代已經變了。金本位以及變象的金本位的「黃金時代」，早已是歷史上的陳跡了。不但是早已過去了，並且甚至於是翻過來了。在現況之下，可能是準備金減低，幣值反而可以得到暫時的穩定（政府若把所有的美金準備金，全換了糧食進口，人民多少還可以佔一點光）。

在金本位盛行的時候，準備金對於幣值的確有些控制的力量。理由不外下列數種：

(一)人民對於紙幣若是不信任的時候，他可以請求兌現(請領黃金)。政府的準備金若是足的話，兌現可以辦的到。人民在拿到一些黃金以後，信任心往往已可恢復。要求兌現的因之由多而少，由少而無，問題就可以解決了。

(二)有的時候，紙幣發行的太多了。同時，物資的供給不能同等增加，甚或減少。政府就算有百分之百的準備金，把所有的紙幣都兌了現，每兩黃金在國內所能買到的物資還是那樣少，幣值仍是不能提高。政府甚或有百分之三、四百的準備金(我們的政府就曾這樣自豪的說)，能夠把全數紙幣兌現而有餘。政府若眞是一高興把所有的準備金都發出來給人民，而人民可能購到的物資總數還是那樣少，每兩黃金所能購到的物資反而要因黃金流通總數增多而更減少，幣值不但不能提高，反而要因之而再減低。但是在金本位制度下，這種情形是不會有的。人民兌現得來的黃金，是可以自由運到國外去買物資的。人民因爲有兌現和運金國外購買物資的自由，所以國內的通貨會因運金國外而減少（假如政府不陸續再狂發鈔票的話），物資却可因進口而加多，物價自會減低，幣值也自然就會提高。人民對於貨幣的信任心也就可以恢復了。

(三)當幣值開始猛烈跌落、人心將要動搖而可能開始要求兌現的時候，政府若眞是在誠實的、負責的實行金本位，就會照例收縮通貨和信用，自動矯正這種不正常的狀態。事實上，當幣值跌落的時候，國際收支必會逆轉，黃金必會出口（或是損失外滙），政府爲保持法定的通貨與黃金（或外滙）數量的比例，也只能收縮通貨和信用，幣值自然也就可趨於穩定。

我們並不是在這裡贊成金本位。更不是在這裡主張政府應在此時採用金本位。事實上，我們現在不但不能（並且不應）採用金本位，就是銀本位也不應採用（我們的政府卻可能正在考慮採用類似銀本位的制度）。我們只是說，在不折不扣的金本位制度下，或是在稍有折扣而仍不失要義的變象金本位制度下，因爲有上述三項理由，準備金確是幣值的一重保障。

但是我們的政府能作到上面所開的三個條件嗎（兌現、自由運金國外、自動收縮通貨和信用）？在現在的情況下，不但我們說政府作不到，政府自己也沒有說能作得到。從經驗中我們知道，政府說能作到的事，不一定能作到；沒有說能作到的事，怕是絕對的作不到了。旣然作不到，準備金多了有什麼用？

這一點簡單的道理，我們的政府可能也懂得。財政當局的樂觀報告，可能只是爲安慰這些熱心捧場的國大代表。但是人民有權利要求政府說實話，要求政府切實保障大多數人民的購買力。

人人知道，幣値的跌落是因爲物資的減少，和通貨數量與流轉速率的增加。政府要推行「國策」，所以物資只可一天天的減少。政府又說通貨數量增加的不算多，只有區區的五萬倍（從民二十六年的十四億到現在的不到七十萬億）！但是我們能不能把這些「區區」之數用財產稅和高度累進所得稅收一些回來？流轉速率的加快，是通貨數量「區區」增加的直接後果。「無隔宿之糧」的人民，拚着血汗掙得一些鈔票之後，他們有權立刻把鈔票花掉，他們沒有第二個方法保障自己。政府若覺得他們的「心理」不健全，那麼全國絕對大多數的人民（全是「無隔宿之糧」的）事實上只有在不健全的心理下才能有一日之糧！另外許多有「億萬年之糧的人，卻在利用銀行機構加快通貨的流通（上年十月份上海商業行莊存款流動的速率是每月四十七次，現在當更有增加），政府卻並沒有什麼有效的辦法去制止。在這種情形下無怪人民很容易受「妖言」的「蠱惑」，覺得法幣的基礎多少有些不太健全！對於徵收財產稅和高度累進所得稅，政府沒有誠意去辦。對於限制奸商利用銀行機構去作囤積和投機生意，政府拿不出有效的方法去辦。對於在現況下毫無用處的準備金，卻大吹大擂的去作紙面上的增加。難怪人民對於法幣的信心無法提高！

我們對於這種增加準備金以圖鞏固幣值的辦法，也並不是全無贊許之意。爲穩定幣值，政府已經想到變賣國有資產這最後的一着了。在這些資產中，有的是頗能替政府賺一些錢的。在過去一兩年中，政府曾靠着中紡公司的收入而少發行了不少鈔票。政府越賣這種資產，以後的收入越少，就越有再賣資產的必要。賣來賣去總有賣光的一天。到那時候，政府也許眞要徵用豪門資本了。所以天下有百弊的事，可能也有一利。但是我們也不可太樂觀。誰能保險這些國有資產不先賣到豪門的手中去呢？

從「牛郎織女」看中國社會

全慰天

一

我小時常聽祖母講牛郎織女的故事。暑天的黃昏，祖母陪着我在屋前曬穀場上納涼，一面用棕團扇爲我打蚊子，一面說故事給我聽。牛郎織女的故事即是常說到的一個。她有時甚至指示我：那是天河？牛郎星在那裏？織女星又在那裏？我那時對這故事已分外感覺興趣。由於非常相信這故事的眞實性，每到七月七日晚上，常想等到夜闌人盡，看牛郎織女是否眞的相會？怎樣走鵲橋渡河去相會？可是不久我就入睡，空留得第二天早上醒來時的懊悔。這是我幼年最美的一段回憶。我想想生活與自然發生極密切關係的中國鄉村中人，或在鄉村中生長的城裏人，總不會沒有這同樣經驗的。

這故事，或者說它是神話，不單普遍流行於現代的中國鄉村中，歷代民間均有它的存在。它的足跡佈滿了過去和現在的中國社會。遠在周代，詩經小雅的大東一章中，卽有「維天有漢，監亦有光；跂彼織女，終日七襄；雖則七襄，不成報章」一段。可見全部故事卽從此時有了端倪。後來古詩十九首的迢迢牽牛星，曹子建的九詠，謝惠連的七月七日夜詠牛女，雖然都只是一種詩人的詠歎，但至少顯示了這故事在當時社會中存在的事實。風俗記與荊楚歲時記二書描述得比較確切：

「織女七夕當渡河。使鵲爲橋。相傳七日鵲首無故皆髡，因爲梁以渡織女故也」（風俗記）。

「天河之東有織女，天帝之子也；年年織杼勞役，織成雲錦天衣。天帝憐其獨處，許嫁河西牽牛郎。嫁後遂廢織。天帝怒，責令歸河東，使一年一度相會」（荊楚歲時記）。

這與現代民間所傳說的牛郎織女的故事，大致是相彷彿的。祖母當年所告訴我的，好像就是如此。

一個社會所流行的故事或神話，必然反映出這一社會的現實。近代許多人類學家關於初民社會的研究，卽證明了這一句話的眞確性。反過來說，一個社會的現實，也可以從它流行的故事或神話看出來。然則牛郎織女的故事反映了中國社會的什麼呢？我們從這故事中所看到的中國社會的現實是怎樣的呢？下文卽想對這問題略加討論。

二

德國社會學家 Müller-lyer 認爲在人類社會演化過程中，最初有男女間的分工，漸次有男子間的分工，工業革命後，女子間的分工也出現了。一般說，中國社會中尙只有男女間的分工。大概男子耕種田地；女子紡織而外，兼治燒飯、洗衣、餵猪、養鷄等工作。所謂「男治外，女治內」的原則，大半導源於這種兩性間分工的基本事實。社會中的男子固然也有士、農、工、商等職業之分化，但士、工、商三種人究竟是少數。在全人口中，農民約占百分之七十五，甚至百分之八十。如果我們遇見一個陌生的鄉下老百姓，不經介紹，卽認定他是農人，大致是不會錯誤到那裏去的。並且在比較少數的士、工、商三種人中，除了極少數士人眞是「四體不勤，五谷不分」之外，其餘如木匠、瓦匠、裁縫以及一般小本商人，也大多是兼營農業的。他們在農閒時固然各操一門特殊技藝，賴以營生，但農忙時則幫同揷秧或割谷。這種情形在中國內地各省的農村中尤爲普遍。一般人認定中國是農業國家，中國社會是農業社會，並不是偶然的。至於女子，焦仲卿妻未嫁之先，就得「十三學織布，十四學裁衣」，嫁後更是「鷄鳴入機織，夜夜不得息，三日斷一匹，四日五丈餘」。木蘭代父從軍前也曾「當戶織」，等到爺娘不聞「唧唧復唧唧」的「織杼聲」，才發覺女兒有了心事。凡是生長在中國鄉間的舊式女子，那一個不善於紡織呢？在她們之間，更找不到絲毫職業分化的跡象。

一般男子除了靠自己勞力耕種而外，其所利用的獸力就是牛。耕田要牛，拉磨也要牛，牛是他們生活的主要生產力。我們在農村所常見的，就是每個農家門前禾場邊的矮樁上繫着一頭肥大的牛。他們愛牛甚至勝過自己的生命。所以我們不妨說，中國男子大半是農夫，這些農夫全部是「牛郎」。他們的妻子，則因農地過小，每年收穫不能維持一家人食用，爲了在經濟上減輕丈夫的重擔，故全家需用的衣服，大半由她們親手紡織。如此一則可以補足家用，一則可以避免商人從中剝削。紡織原是機器工業不發達時代的中國農家主要副業之一，操持這副業的主要責任就在每個女子的肩上。現代鄉下的每一個農家也許不一定都有織布機，但紡紗車却是必備的，有的人家甚至還不止一架。現代農村中的紡紗車至少和耕牛同樣普遍。中國男子既是「牛郎」，中國婦女難道不是「織女」麼？所不同的是，神化了的織女星除紡織而外，似乎沒聽說還要兼治洗衣、燒飯、餵猪、養雞等工作而已。

如上述，牛郎和織女原是存在於人間，具體的說，中國現實社會中。而且牛郎和織女的數目是很多的。而中國人偏要把他們引渡上天，由很多對牛郞織女化爲一對牛郎織女，由黃河長江流域遷居銀河兩岸，這是否出諸人性的幽默呢？

三

人類基本生活除吃飯穿衣之外，還需要性的滿足。異性間的感情生活，似乎僅次於衣食的重要性。牛郎耕種，織女紡織，衣食兩方面的生活總算有了交代。留下的便是牛郎和織女間感情如何調協的問題。

中國人對付這問題的方法的原則就是一個「節」字。怎樣「節」呢？則是詩經所謂「發乎情，止乎禮」；荀子所謂「男女之合，夫婦之分」。一面允許夫婦「發乎情」，有「男女之合」；但一面更重視「止乎禮」有「夫婦之分」。

上述原則也反映於牛郎織女故事中。荊楚歲時記說：「嫁後遂廢織」。新婚的牛郎織女嬉嬉哈哈的調情，甚而至於牛郎因此而廢耕，織女因此而「廢織」，整天只在愛情的深海裏銷磨日子，原是「發乎情」，「男女之合」，人性所當然的。不過長此下去，兩人間可能由親而膩，由膩而恨，當初的感情誰保得住一定能維持久遠呢？感情波動太無凴，愛固然是情，恨亦復是情；「物極必反」，「樂極生悲」一類原則在這一方面是非常靈驗的。並且，男廢耕，女廢織，生計也堪虞。爲避免此種弊害的發生，「天帝」乃「責令織女歸河東」，使牛郎織女分居銀河東西兩岸，長時期「盈盈一水間，脉脉不得語」，但各自從事其正當的職業。這就是「止乎禮」，「夫婦之分」。從此牛郎織女在一年三百六十五天中，三百六十四天是「夫婦之分」，只有「七月七日」一天是「男女之合」。「天帝」視「夫婦之分」重於「男女之合」的意旨，很明顯的見於這死板板的規定中。無疑的，這故事不但是反映了中國社會中夫婦相處之道，回頭又變成了中國社會中夫婦相處之道的一個準則。所謂「天帝」的意旨原即是社會的意旨。

中國老百姓對於「上床夫妻下床客」與「相敬如賓」的道理莫不體味得非常深刻。他們看不慣男女掛着手臂在路上行走，夫婦在人前談笑也認爲有些害羞。他們雖不反對夫婦之間的感情「如魚得水」，但總須有一個，而且比較遠的，距離。夫婦對待的態度不是「親」，而是「敬」，而且要「敬如賓」。湖南老百姓普通稱妻子爲「堂客」，把堂中之客與主人正當相處的態度搬到夫婦的關係上來，由此可見一斑。他們是如此看法，也是如此行爲。鄉下夫婦在一起很少話說，甚至很少在一起。男的沒事，就喝茶抽煙，在茶館中領受忙裏的閒暇。女的在村子裏也有她要好的張大嫂，李大媽，常偷閒坐在一起說長道短，很有趣味似的。他們的感情生活並不一定在夫婦之間求得滿足。至於一般士、工、商等三種人，或因求名，或因謀利而外出時，通常是把自已妻子留在家裏侍奉父母的。每隔相當期間歸省一次，夫婦才得見面；這尤其類似牛郎織女「七月七日」的相會。中國社會中一般夫婦的關係，正切合牛郎織女間的關係；至少二者在精神上是非常一致的。

但這種節制夫婦感情的法則却並不妨害夫婦間正當情誼的建立。「久別當新婚」，惟其有「夫婦之分」，才能「有男女之合」。牛郎織女雖然只一年會面一次，但這一面的歡樂勝似人間三百六十五面的歡樂。我們能說這種平日淡然相處的中國夫婦之間完全沒有感情麼？不；至少不易見到他們因感情破裂而離婚的事實。有人說：中國文化是以家族爲本位的。家庭的主要基礎繫於夫婦正常關係。如果夫婦間沒有適當的情誼，則勢必常發生離婚的悲劇，則勢必造成家庭的解組，則勢必動搖以家族爲本位的中國文化。這一連貫事實的出現，原是可想而知的。然而事不出此，中國家族始終是一個堅强的組織，中國文化也居然綿延到而今。這並非偶然。原因在那裏？牛郎織女的故事似乎給予了一個重要的啓示。

四

我們從牛郎織女的故事中看出了中國社會的兩個特徵：（一）普遍的男女間的分工，男子耕種，女子紡織；（二）重視夫婦隔離之道，男女有合，尤應有夫婦之分。孟子曰：「食色，性也」，任何一個社會也均有「食、色」兩方面的現實。我們根據前一特徵了解中國社會「食」一方面的現實，後一特徵了解中國社會「色」一方面的現實，大致是不會錯誤到那裏去的。

這兩個特徵同時存在於中國社會中也並不是偶然的。中國人民普遍靠有生能力生產，無生能力很少運用。換言之，他們只賴自已人力或獸力而工作，用煤或油所發動的機器去生產的方法，幾乎全不知道。他們的生產力或生產率遠不及西洋各工業社會。此種農業社會中，「一夫不耕，或失之飢；一女不織，或失之寒」，乃是必然的現象。由於暖衣飽食比性的滿足尤爲首要，故中國人民大部份精力耗費在耕種與紡織雙重工作上面，而很少閒情逸致來講求「男女之合」，正是情理之常。西洋人民受機器生產力之賜，不必整天爲衣食發愁，自然穿得暖暖的，吃得飽飽的，故有餘力以談情愛。他們夫婦時常在一起嬉嬉哈哈，同看戲，同跳舞，同旅行，同赴宴會。這情形在中國社會中是不會，也千萬不可能，有的。有人說：中國農業文化是食的文化，(food culture) 西洋工業文化是性的文化 (Sex Culture)，並非完全沒有道理。所以我們不妨說：惟因中國是由牛郎織女所組成的社會，故其中所流行的夫婦正常關係也必然是牛郎織女式的。凡是牛郎織女都不能不講求夫婦隔離之道，否則不但觸怒「天帝」，而且飢寒以死。

除上述兩個特徵之外，當然還可以勉强數出中國社會的許多其他特徵。如安土重遷，崇信儒家思想，自然科學不發達，沒有民族國家觀念等，都曾被認爲是中國民族特性或社會特徵。但那些特徵都不及此二者最基本，最普遍，也不是從中國社會中所普遍流行的牛郎織女故事中所可直接看到的，故本文不俱論列。

目前中國社會正在加速度演變過程中。演變帶來了混亂。明天的中國社會是什麼樣子？沒有人能够預言。但其不同於過去與現在的中國社會，却是必然的。一個社會所普遍流行的故事或神話反映當時的社會現實，將來中國社會改觀了，現有的牛郎織女故事也可能在民間消滅。再過一百年後，中國鄉下小孩子是否還會聽到他們的祖母講牛郎織女的故事呢？我很懷疑。

通訊

民主在清華園

——清華園通訊——

本刊特約記者

假如說數十年來中國有些兒進步的話，清華園該是這進步的一個苗頭。在它的保姆手中撫育的傳統最熱誠，最寬大。它吸收西洋文明的進步因素：最快，也最便利。同時，數十年、尤其是「一二、一」以來的學生運動中給予它充份民主的實習。它幾乎像一座溫房，讓民主的幼苗在這冰冷凶殺的世界上，慢慢地滋長。從五四到今天，這一顆民主幼苗，由弱小到茁壯，敢說它是向着希望，推動着苦難中國的新生。

恕我要用許多瑣碎的事實來說明清華園內的民主。這些事實不完全依照着發生的時序，然而唯有這些事實才配做民主生活的證人。

（一）觀其制度，必先觀其人

清華園的師生差不多都是熱愛民主的。教授們：不知用「民主」做過多少次文章的題目，演講過多少遍「民主」的思想。例如「教授治校」的制度，就奠立了民主的楷模；不但學校的校務因之蒙受「民主」的益處，學生們也因之得到自由發展的機會。正不知中國今日有多少學校的民主風氣就是被那些頑固，偏執的爲人師者所摧殘了呢？而清華園幸有開明師長的愛護，乃能使「民主」在這兒成爲一個道德的綱目。但欲觀其制度，必先觀其人。現在先說明「清華人」民主生活，或可幫助瞭解團體的民主。

這裏的人是忍不住現實的苦悶。他們要唱，要舞，要把對於現實的憤怒發洩出來，請聽這一支最流行的茶館小調。

『晚風吹來天氣燥啊！東街的茶館眞熱鬧，樓上樓下客滿座啊，茶房開水叫聲高。杯子碗兒丁丁噹噹，丁丁噹噹響呀！瓜子殼兒劈唎叭啦，劈唎叭啦滿地拋啊，有的談天有的吵，有的苦惱有的笑。有的談國事來，有的就發牢騷。只有那茶館的老板胆子小，走上前來細聲細語說得妙，細語說得妙！諸位先生生意承關照，國事的意見千萬少發表，談起了國事容易發牢騷啊。引起了麻煩，你我都糟糕，說不定一個命令，你的差事就撤掉，我這小小的茶館貼上大封條。撤掉了你的差事不要緊囉，還要請你坐監牢。最好是今天天氣哈哈哈哈，喝完了茶回家去睡一個悶頭覺，去睡一個悶頭覺唔。哈哈哈哈，哈哈哈哈滿座大笑，老板說話太蹊蹺，悶頭覺，睡夠了，愈睡愈糊塗呀，愈睡愈苦惱，倒不如乾脆大家痛痛快快的說清楚，把那些壓迫我們，剝削我們不讓我們自由講話的混蛋從根剷掉。』

這不是一支反抗言論不自由的申訴嗎？唱這樣歌的人是多麼迫切的期待整個社會走向民主啊！

他們的詩，是爲人民的；用民間生活做詩的內容，鄉俚野語做詩的詞句。畫要畫人間的苦難相，刻也要刻人民的痛苦痕。也只有這樣對人民的熱望，才構成民主堅實的基礎。

當然這種表面的同情是不够的；清華的同學又爲三百多工友們開辦了工友夜校，敎他們讀書；又爲在農田上耕耘的老農，組織了醫療隊，診治他們的疾病，還有八百多個農民的子女參加了同學們主辦的識字班。寒假的時候，四百多位同學進城去，分赴四區開設寒假補習班，義務地爲中學同學補習，告訴他們大學裏考試的經驗，生活中學習的知識，這樣努力地幫助各方需要幫助的人們。同時也毫不放鬆對於自己的學習。例如有公開的討論會，研究會，研究各人有興趣的問題。有兩個圖書館是讀書的好地方，一個是學校設立的，藏書之富，在此不必介紹。另外一個『一二一圖書館』，爲紀念閗一多先生而建立的，在這裏，有看「非禁書」的自由，也有看「禁書」的自由，清華園的民主就表現在這種充分的自由上。同學們也各各相信：「非禁書」的毒素逃不掉他們的觀察，「禁書」的「毒素」也害不了他們。把書入於被禁之列，對於他們是多餘的，也是不智的。

這種獨立的判斷並不包含剛愎武斷的性格。所以每當任何事件發生的時候，同學總要先去訪問先生。師長們的意見常是被同學考慮接受的。因此敎授的指責免除了許多同學的錯誤。同時，在清華學生也可以很坦白地訴說他們對於師長的意見，例如一篇批評費孝通先生的文章，和費先生自己的文章，同時在一本清華旬刊發表。這豈不是淸華民主堡壘最可以驕傲的事實嗎？唯其有這樣公開批評的大量，清華園才可以舉辦『社會主義與資本主義的辯論會』，才可以把世界的思想糾紛拿到清華園來討論。

（二）一千人有一千張嘴巴

輿論（主要的是壁報和民主牆）更值得注意。清華的壁報種類很多，經常出版的至少有四五十個，壁報的編者有的是專門爲出版壁報的社團，有的是系級或有其他工作的社團。前者主要工作是評論國內外的時事，或批評清華園內事件。後者主要的是介紹各社團活動的情形。

壁報是清華的觸角，它最敏感，常常供給許多可資參考的事實，每當一個新的事件來臨的時候，壁報就是群衆的號角。總是首先把問題提出來，用大字報貼在民主牆上。他們所提的問題，常常是大家共同的問題。因此，民主牆上馬上五色繽紛。平時，民主牆上貼滿了的聲明、啓事、通告、質問、建議、批駁、更正，到了新事件發生後，馬上出現的是長篇大論、小字文章；就發表者而言，用私人學號者有之，用系級學會者有之，用社團名義者亦有之，每個同學只要想說，就可以自由的說。縱談天下大事，可以；吹毛求疵也可以。言辭激烈可以，態度溫和也可以。無論觀點偏左或是偏右，只要不干犯別人，都可以自由說。說由說者說，看由看者看。無論大事小事，評論者決不放過。小事如系級是否可以直接向電影小組購票要爭論，大事像于子三事件是否應該游行也要爭論。輿論的紛亂，正足以造成行動的一致。因此，同學們是不肯放棄發表意見的機會的，一千人有一千張嘴巴。清華園大事方息，小事又起。民主牆上張貼的紙積厚一寸，並不足奇。這就是清華園民主的教室，氣候的晴雨表啊！

輿論並非空論，每次輿論成熟的時候，也就是大家行動的開始。當民主牆議論趨於一致的時候，自治會代表會的決議，也常不離乎民主牆上的主張。例如最近代表會決議支援致職員罷教工友罷工之後，同學們便紛紛動員起來，接替工友的工作。地質系同學來掃地，航空系同學管理鍋爐，電機系來管理電燈電話，機械系來管水電，外文系來翻譯宣傳文件，中文哲史等系擔任起草編輯，化工系管理畜牧場，社會系要打掃廁所。只有這樣通力合作，來支持大家的決議才算是眞民主啊！最有趣的是「午敘會」，全體同學都來開會，工友和先生也來參加。主席團擬定了討論的議程，讓全體同學按系級單位分別討論。每一個問題給與相當時間，例如討論「反飢餓反迫害運動，我們得到什麼教訓？」各系同學就把各人的意見說出來，記錄下來，修正一遍，送給主席團，作最後的綜合。討論之後，每一個單位還有一次向全體同學宣佈他們討論結果的機會，作一次系級意見的比賽，這樣供給主席團一個良好的決策根據。

工作結束的時候，往往開一次同樣形式的檢討會，由這樣廣泛熱烈的討論中，才能知道同學們對於各部門工作的批評。大家都毫不客氣的指責和獎勵。根據這樣的討論所得到的決定，是完全民主的。

（三）制度與競選

民主不僅是一種表現在生活上的精神，同時也是一個表現在組織上的制度。清華的自治會，由立法與執行兩機關組成，同時，向全體同學負責。全體同學的全體會員大會，雖是最高權力機關，但在沒有重大事情的時候不開會，把權力交給代表會。代表會由各系級分別選出，每二十人選出一人，一年級新生在第一學期沒有被選舉權。代表會負責代表同學的監督理事會，審查理事會工作計劃，預算和檢討其工作的缺點。理事會則由全體同學總投票，決定人選，誰能得大多數同學擁護，誰就是同學公僕，因此競選理事是清華最緊張的一幕。

所以我必須把自治會選舉的方式多寫幾句。這是民主實習的主要工作。沒有健全的選舉不會選出健全的理事，沒有健全的理事，不會產生健全的理事會。現在有些地方也正在大辦選舉，但是他們的方式與清華的選舉頗有不同。我想，假如他們看了這一篇文章，是不是也想向清華學習一次呢？

選舉委員會宣佈選舉日程以後，民主牆上一寸的面積都變成寶貴的了。最先貼出來的是毫無介紹的名字，是爲先給選民一個印象。最初張貼的名字，一個比一個寫得大，一個比一個貼得高，越來越醒目。接着出顯了各種的「特刊」，介紹候選人的履歷，一個候選人有十幾項名銜並不稀奇，有的介紹候選人考試的成績，有的集體介紹其工作能力，有的畫大幅肖像，張掛各處，有的用旗子，布條到處宣傳。甚至有編競選歌，以收普及之效。不要忙，接着五十人簽署聯名推薦和海報貼出來了；緊跟着一百人，二百人聯名推薦也貼出來了。

競選最熱烈的那幾天，整個清華園，到處貼着毛筆寫的、油印的、木刻的標語和肖像。

吃飯的時候，飯廳裡走來一隊競選團，打着旗子，唱着競選歌，一個人站起來介紹候選人本領和功績，博得許多同學的掌聲。有的人就利用擴音器向飯廳廣播。

最引同學注意的，還是競選演說。例如這次就有一位同學的清華園華萊士號召競選。選民能够不由宣傳，廣告中認識候選人，而是親耳聽見候選人的政治理想和政綱。

最後有一個競選晚會，晚會上有各種的肖像，對聯；大大小小的特刊、海報，掛滿了禮堂，首先由華北學聯的代表致賀辭，接着是競選演說。一位化四的女同學說：『因爲我是大四，所以希望各位同學千萬讓我有一個最後的機會來爲大家服務。』同時她接上說：『我願意盡力加强清華園內男女同學的感情聯繫，但必須對男同學特別聲明一點，這並不是替你們介紹女朋友的意思，這是要靠你們自己去競選的。』說完滿堂哄笑。

接着「民間歌舞社」表演「狀元及第」。又有×××競選團的工作報告，報告競選經費的來源。

我們在這裏所願意强調的，就是清華競選理事的，不是謙讓的，更不是虛僞的，他們的口號是：『從同學中來，回到同學裡去。』

我們不惜用大部份篇幅來敘述清華園的選舉，是值得的。唯有讓選民切切實實看清候選人的政綱和主張，聽到各方面的介紹和批評，才能「選賢與能」，像這樣選出來的人決不是，也決不能，被某種黨派所操縱的。

最近理事選舉揭曉以後，清華園投票的人數只佔百分之八十弱。二千多同學中，不熱心大家事情的，還有百分之二十呢？

新理事走馬上任以後，他們第一件事就是徵求同學對於過去理事會各部門工作的意見和批評。接上就發表工作計劃，工作原則，提交代表會審查。經過全體代表細心的審查，做了一些輕微的修正後，就通過了。新理事上任不久，他們的競選時預開的支票已經有不少兌現了。

（四）是現實的諷刺嗎

按我們題目的意思，是想敘述民主精神在清華園穿着怎麼樣的外衣，本無意誇耀這外衣多麼美麗或是多麼進步。但無可否認的，這種民主生活是值得學習的；至少社會上不必對宅作一些不必要的誤會；這種誤會常常發生於一般沒有機會又沒有能力去嘗試這種生活的人。在這樣的時代，但願清華園的民主不是一個奇蹟，不是一個現實的諷刺。讀者更不必當宅是一個幻境，從這條路走上的人，必將靠近一個新的社會的。

鄂南農村

——武昌通訊——

本刊特約記者

一個社會的結構，愈是到了變動的時候，愈是給一般冒險家一個容易發財的機會，而同時，也是一般平民大衆到了無法生活的時候。湖北東部的一個縣份，距離省會（武昌）直線距離還不到二百公里，而其社會所表現出來的現象，更把這個對照顯得益爲分明。

「現洋」與「放谷賬」

這個曾經淪陷七年的小縣份，在敵僞時期，農民的生活，本已陷於水深火熱之中，及至勝利以後，人們雖曾有過一段美麗的遠景，然而，這遠景却不久便被無情的事實所幻滅了。首先，二百比一的僞幣，在勝利以後，人民的原有貨幣，却已無形中成了廢紙。在「接收」尚未到來以前，市場的流通，幾乎成了「眞空」。人民在「生存」第一的逼迫之下，便不得不以忍痛的心情拿出了不知積存過若干年的「銀洋」。一直到現在爲止，法幣的數目，雖然在市場上比以前有了無比的增加，然而，銀洋的流通，却依然佔着優勢。在開始的時候，銀洋的流通，是按照法幣的標準，譬如說，當銀洋每塊是法幣四百的時候，買一萬元的貨物，則折合二十五元銀洋。而於今，法幣的流通，則是反過來以銀洋爲標準。縣城的房租是以銀洋爲標準，土地的「現」租，也是以銀洋爲標準，一般商場上的交易，人們在心目中也早已有了這個標準，物價變動的是法幣的比例，而不是他們的「銀」本位。目前，甚至於行「賄」，也不能不用銀本位。前些時，我們一個遠房的同族，爲了一場「官司」託縣城的一位年青紳士去說人情，剛祇這位紳士的「運動費」，就已化去了兩只金戒指與一百現洋，自然，在司法官面前的生活費用，當還遠不止這個數目。在這裡，我要向讀者說明的就是：這些銀洋的使用，並不是出於一般人民的富有，或者從此就認爲今天的農村並不窮困。相反的，這概表現了這個社會的危機的充分暴露。誰都知道，銀洋是中國老百姓幾千年來血汗的結晶，中國人富於貯蓄的個性，是早已聞名於世的。而我們這個縣城，由於地理環境的優越，一向是比較富裕的。境內湖沼交錯，大部份的土地靠近長江，農產品幾乎應有盡有，主要的是：米，棉花，芝蔴，貯麻，麥，豆等。而根據近年來的調查，境內的「煤」，亦略有分佈。故歷年以來，人民的生活，祇要天災人禍不太頻仍，總還是過得去的。有時人民自然也還有點積蓄，可是，由於土地面積的有限，於是這積蓄便大都集中於「銀洋」上了！於今，這積蓄自然是全部被「城」裡的人。（當然是少數呵！）刮了去。可是，人民在多不勝舉的「捐」「稅」之下，窮困的結果，便不得不向高利貸者伸出了求援的手，在法幣信用日益跌落的過程中，高利貸者爲保護其幣值起見，多以銀洋爲借還的標準，現在，借用一百銀洋，一個月後最高有還到一百卅元的事情，這是多麼駭人所聞的事件。痛心的是：借款的主要原因，大部份除了是爲了春耕，播種等事件而外，有時竟用之於訴訟，打官司等上面去。自然，農民們爲了償付不起其欠債，有時自然也以土地作抵押的。不過，目前更爲流行的一種借貸方式，便是「賣靑苗」。即在青黃不接之際，農民們將自己的農作物，預爲賣出。其賣價僅及付款時的二分之一左右，現在雖正是淸明節季，但農作物的收獲，尚沒有預期的把握。故目前此種靑苗綫的市場，還沒有完全出現。據估計；目前谷子每石的價格是壹百萬元左右，而議擬中的谷賬，大約不出每石六拾萬元，等到新谷登場時，自然更不止這個價格。所以，爲時不及兩月，而獲利却在兩倍以上。這在我們鄉下，就叫做「放谷賬」。與這個情形相類似的尙有「芝蔴賬」、「棉花賬」等不一而是。這雖是一種高利貸的剝削，然而，事實上，能夠到得手的人家，並不算多數。所以，農民的窮困，實在可以說是到了空前的程度。即使是豐年吧，除去了這些欠債以外，實在不能再有什麼存貯。有的甚至於全年的收成，都已被人「預約」一空。就在「赤貧」之下，人民的負擔，不僅並未減輕，而名目繁多的捐稅，比起「戰」時或「戰」前，都有了無比的增加。徵實之外，有時還得徵購徵借，老實說，沒有特殊勢力的小地主，也並不怎麼好過。政府每一個美好的法令，都成了剝削人民的工具。譬如說，除了數不淸的正稅之外，還有地方的教育費，就是用以興辦縣立中學與各保保國民學校的；這項費用，一般農民既負擔不起，而其子弟們，實在說來，也沒有上學的興趣。

總之，雖然在這並未波及內戰烽火的縣份，人民生活窮困的程度，實在是已到了空前的境地。

窒息了的正當商業

再看縣城的一般商人，並都遠不如前。資本小一點的，主要的是靠「折息」過日子。在上面所曾經提到過的「銀」本位之下，這種折息的債務，實在是非一般貨品的漲價所能趕得上的，所以，倒閉的情形，是時常發生的。至於，資本大一點的商人，如果沒有特殊勢力做後台的話，也難免不走上日趨衰落之途。除了數不淸的從保甲那裡攤派出來的捐稅之外，主要的還有貨物稅，印花稅，進口稅等不一而足。而最麻煩的是最後一種捐稅，沒有定額，當貨物從漢口運到岸上時，憑稅局老爺們的靈感，隨便規定一個納稅的標準，說多少就是多少。自然，有勢力與有來頭的不在這個範圍以內。而最近，除了這些捐稅之外，還加上了一些新的無妄之災。那便是新近成立的「合作社」與「縣銀行」。合作社是由省政府發下來的一筆資本與從各商家攤派而來的款項開設的，這個社的社務，表面上是有理監事的選舉，而實際上則是由少數人所包辦操縱。凡是這個社所經營的業務，如鹽，煤油等，其他的商人是不准經營的。至於他們所根據的法令，那祇有天曉得。自然，他們是用不着納任何捐稅的。另外一個「縣銀行」，說起來應該是用以活動地方金融的，而其實却成了少數人的特權。首先，資本的收集，大部份是從各商家那兒攤派來的。「不出不行，這是政府規定的組織。」老實一點的商人，在這種脅迫之下，也就祇好乖乖的拿出了自己的資本。可憐，在物價如此高漲之下，拿出法的數額，經過了一年或半載以後，所淨得的利息，往往即成了一種諷刺與近乎開玩笑的意味了！而相反的，這批少數把握縣銀行的人物，却可大爲利用這批資本來坐以發財了！據說，這位本來擔當窮困而又什麼都不懂的「行長」，在一年之內，居然發了近百億的財了！這個數目，在這個小小的縣城裡，實在是相當可觀。難怪這位行長今年過陰曆年時，請起春客來，一下就是五六十棹了！（酒席是從館子包的，每棹約九十萬元），「朱門酒肉臭，路有凍死骨」，這是何等諷刺的對照！

亂世出英雄

要是說抗戰「勝利」以後，我們這個縣城完全沒有變動，那也並不盡然。譬如說，原來一般老讀書人當紳士的，於今由於「附逆嫌疑」的關係，却換上一批年青的「少年班」。這批朋友，包括抗戰後解甲歸來的在鄉軍人與一般「地下工作者」，政府爲了崇德報功，便不得不設法來安插他們。據說這些勇士們一回來以後，便集合了十來位志同道合的朋友，開了一次談話會，自然，這就分妥了各人的勢力範圍而向縣政府提出了「合理」的要求。即使有一兩位偶而失意，但有了做官的朋友，不也就自然的成功爲有力的紳士了嗎？自然，由有這些先生們在敵僞時代曾經努力「抗戰」的結果，也就沒有一位不被耽誤而能讀完高中的。甚至於有一兩位連小學都沒有讀過，然而，那又有什麼關係呢？至於那些大學畢業回來的人物，由於他們「不懂世故」，找不到事情，還不是活該的嗎？記得我們這次「復員」回來的五個大學畢業生（三個西南聯大的，一個東北大學的，一個中央大學的），原本頗有在故鄉大展一下宏圖的雄心，可是，結果看看局面，竟無插足之地，當然，有很多位置，儘管可以「發財」，而這些人畢竟還有點「清高」之感，是頗不屑與鬧的。事實上在那樣一個環境下，要想跟他們不合作而能做好一點事，那也是決不可能的。聯大畢業的一位某君，曾主持過縣立初級中學一個時期，後來由於地方勢力「保送」學生的不遂，而終於使這位先生不得不掛冠而去。現在，這個縣中的負責人，還是前任校長。而某君却祇能流落在漢口。徘徊於武昌而竟告失業。其他的幾位同學，自然都有多少相同的命運。有兩位據說擁擠在京滬一帶，有一位甚至連信息也沒有了！難怪我們的家長與親戚們說：「早知道你們如此無用，眞不該送你們讀大學呵！」苦笑之餘，我們這批「無用」的人，還有何話可說呢？信哉！亂世出英雄！

瑞典觀感

本刊特約記者

這是我第二次來北歐。然而上一次的旅行，我把大部份的時間花在丹麥去了。這一次我全部的時間則花在瑞典。英國自從去年九月間經濟恐慌發生以來，即不准居民帶貨幣出境。我雖然身邊一錢莫名，但因了瑞典朋友的愛客，我得在瑞典住六個多星期，遊四個大都市，看好多個鄉村。同時因這次我的瑞典文講得辭可達意，因之除了接觸一些藝術家與政客外，還可與一般平民談些閒天。我的印象，如果用一句話概括起來，那就是：『我喜歡這個國家。』

瑞典的面積，跟法國差不多大，但人口則只有六百多萬，換一句話說，上海的人口幾乎等于瑞典全國的人口。這原因是：瑞典可耕的土地不過只全面積百分之十，其餘的土地大多數是森林和礦山。在瑞典沒有工業化以前，人民的生活水準低，衆人經常移居到美國去。但自從第一次大戰後（瑞典中立），牠即很快地工業化起來。人民的教育程度也同樣地被提高了。因之一般人都節制生育，人口得以保持平衡。因爲人口不多，國內的礦產又豐富，瑞典的一切事都好辦。在政治，文化，經濟生活方面，瑞典在世界上保持最高的水準。

到瑞典來的第一個觀感即：街頭貨品豐富，各物應有盡有；飲食分外地好；人民面色豐潤，身材高大；道路清潔。凡遊拉丁民族國家（甚至於英國）的人，不免要認爲瑞典爲世上天堂，其人民必非常富有。但這遊客如跟瑞典人住一個適當時期，便會發現瑞典人並不富有。這原因是：瑞典爲西歐的一個社會主義國家，大的工業全爲國有，人民無發財的機會；同時所得稅重，人民無債蓄大量財富的可能。

瑞典百分之八十以上的人口爲「中產階級」，即所謂「小布爾喬亞」是也；百分之二十的人口爲「上中產階級」。工人，農人，店員及國會議員等，屬於前一階級。小學，中學，大學教員，馳名的醫生和律師，銀行經理，大商店老板等屬於後一階級。前一階級的人的收入，每年約由三百鎊到六七百鎊；後一階級的收入每年約由一千鎊到兩千五百鎊。但一般人的享受都很舒服，而生話却沒有奢華的表現，也沒有此可能。這原因就是因爲政府所辦的公共事業好，如交通，學校，醫院等都是很便宜的。小孩子在沒有達到十七歲以前，每年都有政府津貼。老人每年也從政府領到足够生活的養老金。在這種制度下，當乞丐是違法的。因之一般人看起來衣冠都很整齊，社會的秩序也極安定。在公共的場所或車站，東西可以隨便放而沒有人拿去。在鄉間沒有什麼人在晚上鎖起大門睡覺。孔夫子說的衣食足而後知禮義，大概就是這個意思。我記得小時在中學念黨義時，讀到孫中山先生所引的「禮運篇」，總覺得「大道之行也」是一個太高的理想。那知這「理想」，在這兒是鄉公所裏的小職員所應有的起碼常識。我們如果還把牠高唱入雲，認爲是一個了不起的政治哲學，則不免要見笑大方了。據我個人的觀察，要實現這個「理想」並不難。主要地是經濟民主化，有計劃，有辦法。然而先決的條件，則必須政治淸明和民主化。

瑞典雖地在波羅底海邊，與蘇聯隔芬蘭對峙，但瑞典人的性格及文字則與德國相近。德國人沉着，實幹快幹，硬幹，瑞典人也有這種精神。瑞典人所不同的是他們有長期的議會民主制度的教養，沒有民族的誇大狂。他們最幸運的是在上一個世紀，他們沒有趁火打劫地掙殖民地，以致沒有被轉入帝國主義鬭爭的漩渦。但他們却利用上一世紀科學發明的成就，來提高了國內人民的生活。同時因爲避免了兩次的大戰，他們可能省下大量的軍費來提高人民的教育程度。

教育在瑞典之發達，世界上恐無其他的國家可以比得上。中小學教員的待遇，恐怕在世界上也最高。當我住在瑞典的第三大都市馬爾莫（Malrms）過聖誕時，我的主人即爲一個中學教員。他在中學已經教了二十年書，却只換了一個學校。而這次調換，還是由政府命令的。如果他再想調換學校，他得請求政府，由瑞典的皇帝親筆簽字批准才成。由此可見瑞典對於中學敎育的重視。他每年的薪水跟劍橋及牛津大學名教授的薪水相等。而他的薪水並非是從學校的出納股支取，却是憑他的摺子到政府辦的郵政預金局領取。換一句話說，瑞典的公立學校當局，只辦教育行政，不弄經濟事項。

中學教員的待遇既如此好，很明顯地，當一個中學教員在瑞典都不容易，第一，他須有碩士的學位。之後他得試敎一年，由三位老敎員試聽，認爲合格後才得被正式任命爲敎員。此後他的生活安定，一生卽以敎書爲業了。由此可知，瑞典的中等敎育發達，却並非偶然。

瑞典政府近十年來。一直是由工黨當權。我在瑞京斯托克霍爾姆時，曾在國會的下議院內去旁聽了一小時。議員中有五分之一爲女人，他們大多數都是過去各種工會裏面當書記之流的人物，表面看起却並沒有什麼了不起的地方。但無疑地，他們的政治經驗非常豐富，這一點可以從他們內政與外交方面的設施看得出來。在蘇芬戰爭的時候，瑞典有頗嚴重的納粹運動，但政府很快地就把牠根除了。在外交方面，瑞典因爲處在蘇聯和西歐國家的中間，地位非常困難；而且國家小，人口少，經不起一個戰爭；所以瑞典始終是小心翼翼地爭取中立的地位。比如，當美國國務卿提倡援歐計劃時，瑞典卽全部擁護，因爲這在經濟方面對瑞典有利。但當英國外相及邱吉爾最近倡議建立西歐集團時，瑞典卽明白表示不參加，因爲這帶有軍事的冒險性和反蘇聯的嫌疑。

瑞典與俄國可說是互有宿怨。過去瑞典曾派兵遠征過俄國。而沙皇，因爲想突出波羅底海而獲取可以直達大西洋的海口，也時常在打主意征服瑞典。此外隣邦芬蘭有一個時期曾屬於瑞典（至今芬蘭尚有一部份人口講瑞典話，在文化方面屬於瑞典的傳統，）現在又落到俄國的勢力範圍內去了。瑞典對於蘇聯當然免不了有些害怕，起脣亡齒寒的疑懼。此外瑞典與蘇聯尚有一個思想之爭。這兩個國家同是社會主義的國家，但瑞典的社會主義是建立在高度的工業化，高度的人民敎育基礎上面，而蘇聯的社會主義是建築在解放了的農奴的集體農場上面。瑞典全國已經是電氣化了，比建立在用煤的英國工業，還進步了起碼十年以上，比蘇聯的工業，當然是更進步得多，因之瑞典工人與農人的生活享受比蘇聯的工農爲高。在原則上，瑞典有許多工人相信共產主義，但在事實上，他們決不願過蘇聯工人同樣水準的生活。這是一個矛盾。這矛盾決定了瑞典社會主義的自私性保守性，但這矛盾也使我們看出，社會主義雖然是一個世界性的主義。但牠也受各個民族國家特殊環境的限制。換一句話說，各個獨立的民族國家，有牠獨立物質條件，和獨立的問題要求解決，因之也應有牠獨立的內政外交的國策，來適應牠獨立的社會主義。社會主義固然有牠的世界性，但牠的民族性比什麼都重要。

因爲人口少，在文化活動方面，當然沒有大量的人。作家，藝術家，音樂家以及記者等，數目極爲有限。當我在瑞京時，我的「賣文經紀人」爲我開了一個記者招待會，瑞京的幾個編者和作家都到了，但一共不過二十人。所稀奇的是，瑞典的報紙，及出版的書籍特別多，而且銷路並不比在英國的爲少。但仔細分析一下，大多數的出版物差不多都是翻譯。世界各國文學的翻譯，此間差不都可以看得到，連林語堂的書籍及老舍的「駱駝祥子」包括在內。瑞典報紙上的消息也比英國的報紙所登載的爲多。我在此六星期，就見到四長篇關於中國的特約通信。關於瀋陽的消息，瑞典的報紙及無線電差不多每天都有報告。這在英國是不容易見到的，這原因我想是：（一）瑞典的紙多，（二）瑞典的國家小，國內的新聞有限，（三）人民的敎育程度高，對世界的興趣濃。

在這兒，物質生活跟美國差不多，但精神生活則完全兩樣。瑞典人不喜歡講話，拘謹，禮節多。在英國住慣了的人，頗覺得瑞典人的拘泥有些多餘和好笑。但瑞典人非常愛客，尤其是外國人。可是他們用錢却非常謹愼。在家庭內，夫妻兒女間的經濟都是界限很分明的。這道理是：瑞典的社會有秩序，一切事業及職業的收入有限制，人民無發橫財的機會，非謹愼不可，此外家庭內各人的經濟分明，大家不互相倚賴，各人的擔負有限。如此貪汚既不可能，而也沒有貪汚之必要。因之瑞典人（在這一點，英國人也相同）對人與人之間的概念，跟我們中國人的傳統概念完全兩樣。我記得有一個記者問我說，在中國過年或過節時，要人們常豪爽地用金錢賞給下屬，或送給死去了的朋友的家屬作爲「葬儀」（這一點在我們認爲是美德，是中國故有道德之表現，因此我們的報紙及通訊宣傳機關，也就大量地表揚！）那麼這些要人們的薪水究竟有多大呢？他的結論是：我們的濶人們一定有不正當的方法撈錢，否則決不能如此擺濶。由此可見，我們的宣傳刊物登載這樣一則小新聞，立刻就抵消了數十篇關於中國民主化的文章。

我這次在瑞典身邊未帶一文，從這一家吃到另一家，從這一地宿到另一地，除了瑞典的國家廣播電台給了我一點廣播稿費作零用外，我全是由朋友來幫忙。因此我對瑞典人發生了濃厚的情感。現在臨別在卽，我不禁有點中國人所慣有的感傷情緒。這使我記起了十多年前與我用世界語通信的一位瑞典小姐。我在東京時，因寫文章不幸，被日本警察打入牢獄，她的地址也因此遺落。但我尚未忘記她的名字，因此我寫了一封信給她。幸瑞典國家小，郵差居然找到了她。第二天我還睡在床上時，就接到她打來一個電話。我雖然用世界語寫了兩部小說，這十年來，我却把牠忘得精光。她因了戰爭起，也對「人類」失望而忘了這個語言。我們在電話上支吾了好久，才互相了解。她現在已經結了婚，成了家庭主婦了。她做夢也不曾想到，我居然能到她這個在北極圈的國度裡來。她以爲我早被戰爭消滅了，人生眞有點像夢。我接完電話後，不禁笑了起來。

現在我又回到瑞典極南部的那個城市馬爾莫來了。我住房的窗子俯視着分開瑞典與丹麥之間的北海海峽。我可以隱隱地瞭望到彼岸的丹麥京城哥本海格。我去年在那兒住了一個值得紀念的夏天。在那兒我遺下一大批的丹麥朋友，我只須乘四十分鐘的渡船就可以去拜望他們。但因爲簽照等種種手續的限制，我無法如願以償。歐洲是如此樣小，而國境却如此頻繁，硬把人類分開成爲種種不同的集團。像這樣，我眞懷疑，世界和平什麼時候可以實現？

一九四八年二月於瑞典

文藝

柏林那趟

蕭乾

一

我對自己性命沒有太擔心過，可是由福蘭克福到柏林的途中，我不知說了多少遍『完了，這回可眞完了！』

由巴黎出發，一架C46型的運輸機，祇有我和兩個異常沉默的美國軍官。（路上我納悶着）他們是受了長官申斥，還是口吃，還是負有機密使命呢？這是距德國投降剛兩個月光景，我趕去採訪波茨坦會議。一路上機身都浮在灰雲層之上。偶爾雲隙矇矓透出些地面，不是鐵道的殘肢斷臂，便是變成了破磚堆的村鎭。馬恩河，薩爾河，一條條蛇般爬過；在蓊鬱的森林土丘中，邁因河出現了。飛機在這哥德故鄉的山谷上空盤旋了一匝，便着了地。福蘭克府！

馬達還在擺動着，機門便爲人敲開了，由窗口一望，地面上蠕動着，斷嚷着一大片草綠。一個把鋼盔歪到後腦杓的下尉用雙手捲成筒形，對準了機首的駕駛人嚷：『嘛都裝下了罷？』我再端詳一下那片草綠：四十個人總有；而且個個背上是行囊。心裏想，僅僅四十頂鋼盔就够受！怎麼想，駕駛人或者稱一稱重量，或者（照東方辦法）把人數折半罷！不。駕駛人大約做了個手勢，於是，四十個嶄旅客就全副行套蜂湧而上了。所有長條座位佔滿了後，中間又塞了兩排。我想到安南的四等車廂，我想到上海的電車。我也想到以科學精確性聞名的美國。

油在加，人在擠。起飛時，地面再不如巴黎那麼滑動了。翅膀擺着，機身搖撼着，好像我還聽到馬達報怨似地喘息，然而機中的草綠GI們嚼着膠糖談笑着——比較着萊茵省與布魯塞爾姑娘的價格和品質，也誇說着各人「解放」的成績。飛機一降一昇地，摩托在苦撐着。機翼下是無際的森林。我的頭埋在草綠的縫中，想着我們是跌在美區還是蘇區的德國。然而那時一陣火燄，人成了焦柴，那還又有什麼分別了呢？

一小時光景，作爲美蘇分界的艾勒伯河以蜿蜒的姿態出現了。在東北的天際，便是柏林。這思想的不斷呈現，對我自已是莫大的安慰，我開始打算起到了柏林應如何如何，雖然心坎上也還隱着一個假設：如果今天飛機不因過重而失事的話。

不必隱瞞讀者，飛機沒出事，不然，三年以後我就不會在上海江灣寫這回憶了。柏林，這中歐暴君的王座這神經與血肉戰爭的核心，這祕密武器的製造廠，這聯軍千百轟炸機的目標，這柏林，出現在機翼下了。這一片，像垃圾坑，那一片，像掏過蜜的蜂巢。躺在地面上的，眞是一具千孔百瘡的龐大屍身。

田波霍夫機場，這曾經匝送過多少效忠的傀儡，多少軸心奸雄，經歷過多少歷史性的大事的起落場，如今是在四國共管下了。指揮塔上飄着蘇美英法的國旗，牆上殘舊的德文標語上，已塗起嶄新的俄文。

二

因爲我的隨軍記者證是美軍總部發的，下了飛機，便被一輛吉普載往美佔領軍的聯絡官辦事處（PRO＝Public Relations Officer）。這是怎樣個國都呵，一條近兩英哩的街道，（波茨坦街）？殘斷的牆，焦黯的磚，磚堆叢中，是臉上充滿沮喪和恐懼的人。街道上稀疏的婦孺，一個個提了隻口袋或籃子，用賊般的眼睛四下瞭望，（殘餘的店舖也都關了門）顯然是在覓食。

在巴黎，美軍的雪白麵包和本地人木屑麵包比起來，已是天上人間了；這裏，豐食與飢餓之外，還有自由與奴役的對照，一到了PRO，便拿到配給處（P. X.＝Post Exchange）的執照：巧克力糖十包，香煙兩條，刮鬍子刀一打，白酒 Gin 半瓶，威士忌一瓶。聯絡官給我個地名，說：記者先生們，你們今夜將睡在柏林唯一沒有捱過炸的一塊乾土了——戕林多爾夫。

像倫敦的韓姆斯特草原，像巴黎的布崙森林，戕林多爾夫也是個大都市裏理想的住區：寬大的街道，幽鬱的樹林，書舖咖啡館，飯店，雖然有的關了門，有的爲盟軍徵用，處處却都是往時閒逸舒服的痕迹　我住的正是一個中產住家。主人被擠到從前僕房裏，我們穿了大皮靴在華麗的地板上走來走去。

是在毛廁裏，我碰到一個胆怯得面無表情的德國人。那正是我們的主人。問他一向做什麼職業，他一味支吾。向我討了枝香煙，點起來，噴着，說，呵，美國香煙，駱駝香煙！他羞怯怯地又伸出手來，問我可不可以送給他太太一枝。

剛想打行李，一個十三四歲肩上披了金黃頭髮的小女孩由門口探進頭來。一聲「請」，她咚咚咚走到我跟前，胸前捧了一幅還未乾的水彩。

『這是媽媽畫的，萬湖！』她舉給我看。『媽媽問，這個你看值多少根香煙？駱駝香煙？』

我匝了夕陽端看，湖上是白帆船，遠樹叢中是些屋頂。色着得淡濃得體，筆致也疏朗可喜，女孩指着屋頂說．『那就是波茨坦的無憂宮。爸爸說，我的命運就將在那裏決定。』

我給了她一包香煙，要她把水彩拿回去，謝謝她的媽媽，並且說，多少枝駱駝香煙也不够買一件藝術品的。

夜間，蚊子不斷來襲，我想着也許是萬湖上來的。

三

沒有比一個曾經到過天津的人再能欣賞柏林的了：吉普剛走一英哩，面前一個白木牌：『君已離美界』。果然，前面不見了戴白盔的美憲和德警了。指揮交通的都是廿歲左右的蘇聯女警察。黃咔嘰的制服綠領帶，一個個短而豐滿得富彈性。她們兩手各拿紅綠二旗。如果南北放行，紅旗便九十度直指東西，車由交通崗前馳過，她還能在紅綠旗外又添出一隻手來，敬個禮。又英武又威風，又敏捷，軍帽下露着一撮海髮，閃爍着斯拉夫的亮眼睛。「健康的美」，吉普馳過去。和第一個想頭。還想到了第四十一」中的那位女英雄，祇不曉得交通警下了班也罵「媽的」不。

來是爲採訪波茨坦。我的日程是上午去看僑胞和同學，下午去看看波茨坦。看僑胞自然先得去枯福深達姆的大使館。

對柏林城的印象嗎？大得怕人！由英美蘇區分界的博蘭登堡門沿了動物園直到英佔領軍司令部的阿多爾夫樓，吉普一直在可以六七輛平行的寬敞馬路上騁馳。動物園的樹就如噩夢裏的骷髏一樣，都炸得缺肢短腿。紀念征法的紀念碑上，已諷刺地飄起了三色旗。柏林的街，比皇家派頭的北平西長安街，比巴黎的Champs-Elysées，比華盛頓國會前街道都寬，都長，然而是怎樣單調，怎樣拙笨的寬長！所有樓房都那麼四四方方的大塊頭，而且差不多是一片灰色。倒是炸彈在平線上給描出參差凸凹來。

在大使館見到困於敵陣六七年的同學，那愉快是不用說的。說着怎樣逃飛機（我用倫敦那邊的經驗來比較對照着，）怎樣被納粹不時搜查，動不動就問『你是南京的中國人，還是重慶的中國人？』（有一回，一個已經拿到配給的中國同學，祇爲了一片赤忠，說是「重慶的」，配給又被納粹反徒由家中硬奪回。）上下打量着這屋頂中過一隻炮彈的三層樓，僞大使（王揖唐的兒子）已逃往西班牙了，滿地狼藉是汪記的僞護照——靑天白日旗上斜掛着一塊象徵王道的鵝黃。

坐下來大家談過去，談未來。『希特勒這小子有一手，柏林的電車開到最後一天。』『柏林的地道車太淺，中彈就通。中國要做地道車可得做深點。』『納粹這羣壞透了，可是德國人民還是好的，特別開公寓的下等階級。對中國人眞好！』『我的家嗎？誰知道他們在那裏？』『教育部得想想點辦法罷！我學的是醫，他是電氣工程。我們回去有用，這裏天天時間都用來找吃的了。』『你看，密斯特蕭，國共這回可以和了罷？』『和了多好！我說，黃浦江一定得有座橋。這麼多年了！他媽的，誰的政府也好，我一定去修，當小工也幹。』

咖啡其實大半是木屑，但是喝來興奮。十八張，二十三張，三十張臉（門一開就添一張）張張掛的是興奮，是對祖國的眷戀，想念。大家談着香港的收回，談着台灣海南的開發，談着德國，連納粹的德國，也有些什麼可取的，（如對孕婦的優待接濟）。一個河南同學頓了頓脚說：『除了秘密警察和集中營，德國還有可學習的，譬如——』這時另一位插嘴說，『秘密警察和集中營祇是手段，祇是症候；目的呢？病因的？是維持老希的寶座呀！德國效率高，這是實情，但如果根本動機壞了，效率愈高，罪惡必愈大。我看我們要工業化，要計劃經濟，我們可以另外幹，不必再學老希的乖！』

話由僞組織轉到日本時，有人提議去日本大使館走一遭，說我穿了軍裝，進去是不成問題的。于是，在兩位同學嚮導下，我們便馳往動物園去了。

英美的轟炸機多有眼睛！把他們自己的使館炸個平，中國的中了一彈，日本鵝黃色的館址除了三樓屋頂一個窟窿外，在一片廢墟叢中，也說得起完整無缺了——有之，是聯軍的『解放』。這裏一個保險櫃啓開了，那裏一隻照像機祇剩了盒子。能開開或撬開的抽屜，都光光了，沒價値的物件拋個滿地。價値原是相對的。日使的通行證，和家庭照片，說不定還有妻子的紀念品，也算是「無價値的」垃圾。）令人欽佩的是使館的藏書。在接待外賓的二樓，是曾經譯爲日文的所有德國文學，藝術，自然與社會科學的著作，使一個德國人見了便因日人之愛文化，懂文化，而生了交情（中國駐英大使館可有一部林琴南，嚴復？更不用提近人的譯作！）所有著作都是牛皮精裝的。在對內工作的三樓，也有三間打通了的藏書室，那是怎樣不同的內容！不但沒有了牛皮裝，有時甚而是報紙的草稿。那裏藏的是全德的地圖，全德工廠的調查，是新發明的探刺，是種種秘密的報告！愼密地分類，包裝着。

這時，三樓正有人用錘子敲保險櫃。同學說，有些保險櫃是預先放好炸彈的，人眞要錢不要命！于是，我們便匆匆走開了。

四

波茨坦在柏林的西南，大約四五哩的光景。城因爲很小，挨炸的程度照比例說，好像不在柏林以下。柏林去波茨坦，可說是由廢墟進入廢墟，祇是二墟之間，不倫不類地橫着一段湖沼的野景。那便是萬湖和哈威河。稀疏的遠樹，靜止的湖面，一如小女孩給我的看那幅水彩。天邊這時斜掛了一抹灰雲。

穿行着波茨坦的荒凉街道，還着斯拉夫女警的敬禮，我思憶起費德里克大帝的當年。滿想這麼可以衝入無憂宮去，像沃爾泰一樣與巨頭的先鋒促膝談談心，不料離宮門還好遠，（僅僅望到一座雕樓的屋角）戍兵便把我們攔住了。掏記者證，拿片子，怎樣也不成。戍兵並且說，從明天起，連波茨坦城周圍三哩也不許進出了。失望之餘，我好好盯了那屋角一眼。那是我唯一的眼波茨坦。

當德國的主婦們滿街逡巡着食物的時候，我們這近五十個記者，由英，法，美，比，荷，華等等不同角落跑來的記者，便開始獵取「巨頭」們的新聞了。有人在飛機場上守候了一個禮拜，居然一天看見戴頂草帽的杜魯門由飛機上跳下來。又有在蘇區一個街口逢到邱吉爾及其女兒瑪麗，正在叨了雪茄，走踏轟炸的殘跡。這離開會僅僅一天了，斯太林還沒有踪跡。有人說他已來了。又有人證明沒有，因爲通到東德的火車兩旁還隔數碼即是哨兵，沿鐵道的住宅還不許開窗口。

終于，一天早晨，在聯絡官的招待會席上，他宣布『昨天杜魯門總統與斯太林共進晚餐。菜單子是：冷葷，甲魚湯，煎魚，烤鷄，甜菜是　　　　』于是，大家便一一記下來，各趕到電訊公司那裏哌哌哌拍出去。誰知所謂波茨坦採訪，此後便以那天爲典型了。第二天是『昨天斯太林請邱吉爾艾德衣吃飯，飯後喝黑咖啡』。此外又報告些有趣的數目字．無憂宮裏爲巨頭隨員們設了個百貨商店，以省得他們奔走。該店備有巴黎香水若干瓶，玻璃絲襪若干若干雙　　　　』。

終于，一個倫敦晚報記者悶鬱得忍不住了。他發了一個批評美國聯絡官的電報，說這種「情報」眞是荒謬絕倫。第二天聯絡官紅漲了臉走進來。把要宣讀的「新聞」往桌上一攢，雙手在胸前蟠起，便向「諸位記者，你們還要不要這個招待會？』大家莫明其妙。聯絡官說，『你們中間有人批評了我。好，你們去採新聞好了，你們連波茨坦的空氣也吸不着。這個你們是知道的！』座中有人站起來問他指誰說的。那個倫敦記者馬上站起來承認了，並且說他不相信世界有心人士，在這樣重大的日子，想知道杜魯門吃些什麼甜菜，或斯太林買幾雙玻璃襪子！他不知道有些報紙——特別美國報紙，要的正是那個。

這場紛爭的勝利當然是屬於聯絡官了。波茨坦是爲銅牆鐵壁擋起，他多多少少是個眼線呀！僅於昨天邱斯喝黑咖啡的事也還可以知道會議並未破裂。于是那以後記者們一面由推測編造着新聞，一面便聽憑那位聯絡官的擺佈了。

在這無聊時際，我溜出去做了些關于軍事政府和德政黨的採訪。（見當時的大公報）也在著名的威廉街蟠桓了大半天。那是德國的唐寧街，在蘇佔領區裏。那裏戈倍爾博士製造過謠言，希姆萊散播過恐怖，希特勒一幕幕扮演過歐洲新秩序。如今，戈博士的宣傳部已成爲一堆爛磚了。一個說幾句英語的德國人站在磚堆前招徠着做嚮導。代價是幾根香烟。他能在爛磚裏指出那裏是好好貴族的辦公室，那裏是黨員總登記處。

威廉街最吸引人的自然是希特勒起居辦公以至自殺的Chancery，也是這條街比較完整的一座樓。如今已變成爲紀念品的尋獵場。希特勒客廳中間那座千盞燈Chandelier因轟炸震動而跌下來了。那就如道旁一棵果樹，誰經過便擰下個燈泡。至於獎章尤是獵取的目標。空軍的高射炮手的，生過十個孩子的，（「德意志之母」）有功於黨的，銅的，銀的，一個個卍字之上是隻張開翅膀的鷹。有人在希的床上解了個手，又有人在壁爐前他那半身銅像的臉上塗了些灰，尷尬的臉上還凸着那雙怒眼，瞪着周圍狼藉的一切。

在一個通着地窖的入口，站着一個蘇聯戍兵。倚了槍，茫然地眨着灰藍的眼睛。由肩章他知道了我是中國人後，便熱烈地在我胳臂上抓了一把，然後向那黑洞洞鄙夷地指了指，用毛葺葺的手背在脖頸上作了個自殺的姿勢，說：

『阿多爾夫。希特勒！』

書評

婚姻向何處去？

吳景超

生育制度　費孝通著　上海商務印書館發行　民國三十六年九月初版　二百頁

生育制度，是費孝通先生於抗戰期內在西南聯合大學及雲南大學開授的一個學程。他在這個學程中的講稿，在六七年中，不斷的補充修正，於抗戰勝利後才行付印。費先生的書，我讀了已經不少，但這一本書，無疑的是後來居上，在他所有的社會學著作中，要算最有貢獻的一本。就在中國的社會學界中，過去二十年內，雖然不斷的有新書問世，費先生這一本書，內容的豐富，見解的深刻，很少有幾本書可以與他站在同一水準之上的。潘光旦先生在本書的長序中曾說：「本書的條理的暢達軒豁，剖析的鞭辟人裏，萬變而不離功能論的立場，章法井然，一氣貫串，未始不是一家言的精神的充分表示」，我對於這種欣賞的話，完全同意。現在願借這個介紹本書的機會，提出書中幾個重要問題來，與費先生及讀者商榷。

（一）婚姻的基礎及功能

談到婚姻制度，一般人的心目中，總以為婚姻是為滿足性生活而設立的，他的基礎，是建築在古人所謂「食色性也」的色字上面。但是作者的看法與此不同。他說：「人類性慾的滿足，即使沒有求偶，婚姻，和家庭，同樣是可以得到的。」（頁三）「在很多人民中，兩性關係，並不以婚姻始，也並不限於夫婦之間，而同時值得我們注意的，是夫婦之外的性生活，無論如何自由，並不會引起婚姻關係的混亂。這使我們覺得婚姻關係和兩性關係並沒有絕對的聯繫，因之，我們似乎不應把限制兩性關係，視作婚姻的基本意義。」（頁三十）「單靠性的衝動，和男女的私情，並不足以建立起長久合作撫育子女的關係來的。若婚姻的意義不過是男女的結合，或是兩性關係的確立，則婚姻不但是一件人間的私事，而且不必有很多人為這事加以籌備了。可是在任何地方一個男子或女子要得到一個配偶，沒有不經過一番社會規定的手續。」（頁三五）這幾段話，說明婚姻制度的產生與維持，並非專為滿足人類性生活的要求。兩性間如只為着要得到性生活的滿足；可以不必有婚姻制度。

許多社會學者，都是這樣看法的。像孫末楠與凱勒（Sumner and Keller）的說法一樣，作者頗看重婚姻的經濟基礎。婚姻是人類分工合作的最基本的單位。「人們好像是任何差別都能利用來作分工基礎的，年齡，性別，皮膚的顏色，鼻子的高度，甚至各種病態，都可利用。性別可說是用得最普遍的差別了。以現在為止，人類還沒有造出過一個社會結構，不是把男女的性別，作為社會分工的基礎的。」（頁二五—二六）

作者雖然看重婚姻的經濟基礎，但他並不像若干社會學者一樣，把婚姻看作一個經濟的組織。分工合作，是婚姻的一種功能，但並非主要的功能。婚姻的主要功能，是在以永久共處的方式，來共同擔負撫育子女的責任。作者對於這一點，在本書中曾三番五次的說明。他以為：「我們與其說：因為兩性的愛好，所以願意共同撫育兒女，倒不如說，因為要共同撫育兒女，兩性間需要有能持久的感情關聯。」（頁二五）「每一個社會所容許出生的孩子，必須能得到有人撫育他的保證。所以在孩子出生之前，撫育團體必須先已組成。男女相約共同擔負他們所生孩子的撫育，就是婚姻。」（頁三〇）「人間所以有夫婦的結合，無非是為了要使孩子們能得到適當的撫育。」（頁四十）「婚姻是人為的確立雙系撫育的手段。撫育既是不可避免，所以人類的問題，是怎樣可以最有效的撫育。婚姻的方式，就依這標準來決定的。」（頁七五）

這種說法，特別注重婚姻的家庭基礎。人類婚姻史的作者衞司脫麥克，（E. Westermarck）早就提供這個意見，可是因為這種看法，與常識的看法不大相同，所以不能為一般人民所採納。但是從學理方面看去，這種主張，實在是顛撲不破的。中國過去的婚姻，是由父母之命與媒妁之言而成立的，從受過新式教育的人看來，不大合乎理性，但如把婚姻看作滿足性生活，經濟，及撫育子女三種功能的混合制度，那麼中國過去的婚姻是極其合理的。只有把一種新的功能，即感情生活的滿足，也放進婚姻制度中去，然後中國過去的辦法，才似乎是不合理。但是滿足感情生活的功能，很少有幾個社會，認為應由婚姻制度來擔負。現在的人，把他看作婚姻制度的中心功能，是使婚姻不能穩定的主要原因。關於這一點，我們留到下面再談。

（二）生育制度的功能及性質

我對於作者講婚姻的部份，大體上是同意的。對於講家庭的部份，有好些地方，我們的觀點，就有點出入了。作者對於生育制度的功能，據我的了解，是偏重於經濟的解釋，而且是站在社會的觀點去分析。他說：「社會分工結構，靠着人發生作用，可是人不能永遠生存的。他不久就要死去。當然，從個人的立場看，他一死之後，正可以不必管天下興亡了，正是吹皺一池春水，干卿底事。他死後社會結構發生什麼困難，他大可不必過問。可是在他未死之前，若是別人一批一批的死去，社會分工合作的完整性，不能維持時，他的生活就會發生困難。這些活着的人，却不能不關心別人的死亡。他們要維持自己的生活，必須保持社會的完整性。他們既不能強人不死，或是約定在同一社區裡生活的人一齊死，就不能不把死亡給予社會完整的威脅加以免除。這裡才發生了生育制度。」（頁十八）

在二十世紀分工已極細密的社會裡，這種說法是很有道理的，任何一個公民，如要維持自己的生活，必須保持社會的完整性。但在初民社會之中，在歷史上很多國家的社會裡，很多人所關心的，不是社會的完整性，而是個別家庭的連續性。家庭是分工合作的單位。在一個家庭之中，不但有兩性的分工合作，而且有世代的分工合作。這種經濟單位的自給自足性，是很高的。在這個家庭裡，每一個人所最關心的，不是社會上任何個人的死亡，而是家庭份子的死亡，中國社會中流行着一句俗語，就是「養子防老」。養兒子的作用，等於近代工業社會中的老年保險。「老年喪子」對於老年人的威脅，等於工業社會中保險公司的破產。從個人的觀點去看，不從社會的觀點去看，撫育子女，實可收維持老年生活的功效。個人所以需要生育制度，就是因為「老」與「死」不是同時在人類的經驗中出現的。老的經濟意義，就是喪失了工作的能力，而死的意義，則是喪失了生命。在已老未死的一階段中，老年人需要侍養，家庭是老年人得到侍養的一個最可靠的保障。在工業革命以前，還沒有一個機構，可以代替這個功能的。所以從個人的立場去看，從免除老年生活上的威脅去看，也會發生生育制度。我所以要如此說，是要強調生育制度的產生，乃是合乎個人的私願的，而不是全由社會安排出來的。

因為有這點看法的不同，所以我就不能同意于作者的損己利人的生育論。（頁十二—十五）作者說：「生育既是一件損己利人的事，若是社會不把這件事作為通盤性的責任，社會完整也就缺乏了保障。誰不顧把這責任讓別人去擔負，自己優哉遊哉的逍遙于為子女做犬馬的劬勞之外？」（頁一七二）作者又舉了一個極為有趣的例，說明社會督促這班優哉遊哉的聰明人生子女。「在雲南呈貢的一個村子裡，每年有一個聚會，凡是結了婚不生孩子的要罰酒敬神，若是罰了還不生效力，就得把不盡責的男子，按在地下打屁股。結婚不是私事，生孩子也是一項社會分子的天職。」（頁一七三）假如生育真是一件損己利人的事，恐怕不但呈貢的人，得按在地下打屁股，大約全國任何縣份的人民，都有挨打的可能。但是在別的地方，很少聽到有採用這種辦法的必要。反是，送子觀音寶座前的香火，倒是在很多鄉下都可以看到的。假如人們必須經社會的督促，才肯負起生育子女的責任，為什麼有這樣多的善男信女，乞靈于觀音大士之前？

假如照我上面所說，生育子女的人，有他那種自私的，經濟的打算，那麼生育制度的存在，豈非得到一個更為合理的解釋？除了經濟的原素以外，我們也不可忽略宗教原素，在生育制度中，過去也曾發生過很大的影響，而使種族的綿續，得到更穩固的保障。現在還有許多許多的人，相信死後的靈魂，需要子孫的祭祀，然後才可保證在另外一個世界，不過凍餒的生活。假如一個人在死去時沒有生育子孫，他就變成一個「若敖氏之鬼」，也就是一個餓鬼。不但他自己挨餓，連累了他的祖宗，也會挨餓，所以「不孝有三，無後為大」。經濟的動機與宗教的動機，都可以使大多數的人，把生育子女，看作一種利己而非損己的工作。人種所以能够蕃衍到今日，這是重要的原因。

三　婚姻與家庭向何處去？

二十世紀是一個變動的大時代，一切都在變動，婚姻與家庭自非例外。

我們在上面已經說過，婚姻的基礎在家庭，所以我們先從家庭說起。作者在本書結尾時曾說：「家庭雖則也是曾吸收了很多政治，經濟，宗教等功能，但是他有一個基本的撫育作用守得住，雖則其他功能已經逐步移了出去，他還是能存在」。（頁一九九）可是我們看到生產發達的國家中，這個撫育的功能，已有為政府逐漸取而代之之勢。以生育子女的責任而言，過去可以說是完全放在父母的身上，現在則政府也插足來分擔這種責任了。法國政府，在一八六〇年，就開始對于國內的某些階級，發給子女津貼。英國新的社會保險制度，對于做母親的，在生育的時候，給以四磅的津貼。從生第二個子女起，每個子女，每星期可得津貼五先令，蘇聯對于做母親的，從生第四個子女起，便給獎金。那些沒有結婚便生子女的，從生第一個子女起，便由國家發給津貼，而且可以領到子女已經長大到十二歲的時候為止。這是講撫育這一段，政府分擔家庭責任的情形。至于老年那一段，政府也同樣的挺身負責。在英國，男子過了六十五，女子過了六十，便可領到養老金，如單身的可以得二十先令一星期，偕老的可以得到三十五先令一星期。別的工業國家，也有類似的辦法。關于社會性的撫養，即關于子女行為習慣上的教導，在許多國家中，教育制度的重要性，已經超過了家庭，老師已取父母的地位而代之。這種趨勢，如繼續發展下去，是否可以發生一種局面，就是那些生了子女的母親（特別是那些在社會上有職業的母親），當他離開醫院產科的時候，便把孩子留給國家的撫養機關教養，而自己則單獨的回到寓所？撫育制度，發展達這一個地步，家庭是否還有存在的必要？

作者似乎不相信有這一個可能。他說：「社會共同來經營集體撫育的方式，為了些我們還不太明白的理由，好像還不太成功。在撫育作用採取集體負責的原則，在現代社會裡，祗有部份的實行，好像現有的學校，但也祗限于撫育作用的極小及後來的部份。」（頁二八—二九）可是我們如放眼看一下某些社會裡，一個生下來的小孩，在幾個月的時候，白天總是住在托兒所裡，稍長則入幼稚園，入小學中學，青年時期，可能完全離開他的父母，在大學中過上四年至六七年的生活。在他加入社會之前，這樣的一個人，是花在家庭中的時間多呢，是花在別的社會機構中的時間多？他所得的撫養，是來自家庭中的佔大部份呢，還是來自別的機構中的佔大部份？仔細的計算一下，我們不得不承認，家庭已逐漸的把他的撫育功能，移給別的社會機構了婚姻的一個重要基礎，既然是家庭，則家庭變動，必能的影響到婚姻。這種影響，已在許多地方表示出來。在初民社會中，不結婚的男女是例外，而這一類的人，在近代社會中常見，此其一。結婚之後，不生子女的，逐漸加多，此其二。婚姻以外的生育，所謂私生子，在許多國家中，已成爲一種很普遍的現象，此其三。由于禁止幼工律，及老年保險律，子女已失其經濟的價値，因而生育子女的願望，逐漸降低，此種願望的降低，輔以節育方法的普及，使許多國家的生育率，在過去一百年內，有每況愈下之勢，此其四。也許由于節育方法的利用，還沒有吞一粒丸藥那樣方便，也許眞如衞司脫麥克或麥克獨（W. McDougall）輩所說，人類有愛好子女的天性，所以生育就是在經濟發達的國家中，也還未斷絕。但是婚姻與生育，在若干人的心目中，是可以分開的，則是事實。假如像作者在書中所說：「婚姻是社會爲孩子們確定父母的手段，從婚姻裡結成的夫婦關係，是從親子關係上發生的」，（頁三十）那麼不預備生育子女的婚姻，其穩定性是大可懷疑了。事實已經證明，沒有子女的婚姻，其分離的可能性，三四倍于有子女的婚姻。

婚姻的經濟基礎，也在風雨飄搖之中。在初民社會以及農業社會中，不管是男獵女耕，或男耕女織，夫妻分工合作的關係，是很密切的。在這種合作的情形之下，雙方如有一方離開這個經濟單位，生活就受威脅。這種休戚相共的經濟關係，把婚姻結固得如膠似漆。但在近代的社會中，家庭已經不是一個生產單位。男女合作的對象，已經不是夫或妻，而是整個的社會。起初是男的漸漸脫離了家庭，加入社會的生產，其後，女的也步男子的後塵，參加社會中的生產。起初是生產功能脫離了家庭，逐漸的消費功能也脫離了家庭了。起初是家庭只有一本賬簿，逐漸的夫或妻在銀行中各人有各人的戶頭。這種在經濟生活上已經脫離關係的夫妻，想維持長久的關係，是困難的。事實已經證明，在都市中的婚姻，其分離的可能性，大於鄉村，就是因爲在都市中，婚姻首先擺脫了經濟的意義。

婚姻如失去家庭及經濟的基礎，專靠性的關係來維持，是極其困難的。人類的性關係，最近才有人開始作科學的研究，但在這個園地之中，我們的知識是有限的。漢米頓，(G. V. Hamilton) 台維斯，(K. B. Davis) 廸克孫與畢姆，(R. L. Dickinson and L. Beam) 其所研究的對象，少的只有幾百人，多的也不過二千餘人。最近印第安那大學的金瑟教授（A. C. Kinsey）及其同事，在國家研究委員會的鼓勵及羅氏基金的協助之下，才發願於二十年之內，調查十萬個男女及青年的性生活。現在爲止，他已調查過一萬二千人的性生活。根據初步的報告，美國十二歲的男孩，已有百分之五，有過性的經驗。十三歲的男孩，七人中有一個人，已有此種經驗。二十歲以下的男子，有百分之七十三，在結婚以前，即有性的經驗。此種習慣，與教育程度似有關係。小學未畢業的男子，有百分之九十八，在結婚以前，即有性的經驗。受過中學教育的，婚前有性經驗者，即降至百分之八十四；受過大學教育的，婚前有性經驗者，更降至百分之六十七。結婚之後，在婚姻關係以外滿足性生活的男子，在百分之三十至百分之四十五之間。這些統計，似乎證實了作者的理論，即「在很多人民中，兩性關係，並不以婚姻始，也不限於夫婦之間。」（頁三十）

在婚姻的三個基礎，都開始呈現動搖的時候，近代的男女，於是想把婚姻關係，建築於一個新的基礎之上，此新的基礎，即俗所謂戀愛，其功能即在滿足感情生活。何謂戀愛？作者曾請教過一位美國的太太，怎樣去形容戀愛的境界，她說．「世界上的一切都好像不在念，連自己也在內，祇有他。」（頁六四）作者根據這個定義下一推論說：「這個形容若是正確的，則可以說戀愛和考慮正是相反的。因之，我們若讓青年人自主擇偶，以戀愛來代替考慮，婚姻能否美滿，似乎很成問題了。」（頁六四）其實，事實已經證明，如把婚姻建築在戀愛的基礎之上，這種婚姻是極不穩定的。好萊塢的婚姻，都是建築在戀愛的沙灘上的，他們最後的歸宿，好像都在銳浪（Reno）離婚市。

家庭在變，婚姻也在變，將來會變成什麼樣子，誰都不能預言。但作爲一種制度看，他正如私有財產制度一樣，好些人以爲他是永存的，那知在轉眼之間，他已變了花樣了。

本刊編輯部啓事

（1）本刊暫闢專論，通訊，文藝，辯論，論壇，我們的意見，書評，讀者通訊等欄，每欄均歡迎投稿。

（2）本刊對於通訊一欄，想盡量充實，希望各地讀者合作，從全國各地，給我們以該處政治，經濟，軍事，社會各方面事實的報導。每篇通訊，以二千字至四千字爲合式，特別歡迎瀋陽，長春，天津，西安，開封，蘭州，廸化，濟南，青島，上海，南京，杭州，南昌，九江，贛州，蕪湖，安慶，蚌埠，漢口，宜昌，重慶，成都，貴陽，昆明，梧州，柳州，廣州，長沙，衡陽，香港，台北等地讀者賜稿。

（3）決定採用之稿，立即寄奉稿費。稿費按戰前幣值計算，每千字自貳元至貳元五角，依主計處每月公佈的各地生活指數計算。

（4）本刊各欄，除專論，論壇，及我們的意見，一律用眞姓名發表外，其餘用眞姓名或筆名，聽作者自便。但文責一律由作者自負，作者並須以眞姓名通知本刊。

附錄

中國社會經濟研究會的初步主張

（甲）政治方面

（一）我們的基本政治主張，是政治制度化，制度民主化，民主社會化。（二）法治必須代替人治，因制擇人，而不因人設制，執法與制法並重，憲政尤重於憲法。（三）公務機關，其於法定職權內，應有其獨立地位，並對人民負法律責任。（四）文官制度必須確立，除政務官外公務機關人員不得作政治活動。（五）軍隊屬於國家，以防衞國家爲職務，軍人不得干涉政治。軍人從政，應先放棄軍人身份。（六）民主制度必基於政黨組織之運用。國內應有並立的政黨，互相批評與監督，並各致力於爭取民意的支持。政黨不得假借任何口實，施用暴力壓迫異己，民意的最後表現爲選舉，政權的轉移，應視選舉的結果而定。（七）選舉應以區域爲單位，人民所選舉的代表，負責行使政權。（八）地方自治之基本原則，應由憲法加以保障。凡地方自治事項，中央僅能在法定範圍內行使中央監督權。（九）民主政治，不應只重形式，並應注重行政對於大衆所發生的實惠。我們所要的民主政治，應保障人民基本自由與權利，務使免於恐懼，免於匱乏，免於壓迫，免於剝削。

（乙）外交方面

（十）我們主張以內政的協調，謀外交的協調。（十一）積極推行睦鄰政策，建樹獨立的對外國策。十（二）反對種族岐視，支援弱小民族，尊重其獨立意識。（十三）反對以戰爭爲國家政策的工具。國際糾紛，應依據正義及國際法之原則，以和平方式解決，我們贊成裁減軍備，並樹立國際管制制度，同時擁護健全的國際組織，使其成爲眞正解決國際衝突的機構。（十四）贊成國際經濟文化合作，及國際經濟文化機構的樹立。（十五）反對任何政府或集團操縱言論，從而造成國際間宣傳攻勢，妨礙國際和平。

（丙）經濟方面

（十六）我們主張國家應籌劃妥善方法，負責發展國家資源，實現全民就業，促成公平分配，提高生活水準。（十七）國家應運用各種合理的政策，積極促進我國經濟的現代化與工業化。（十八）全國土地，以全部收歸國有爲最終目標。第一步應即規定私人農地的最高限度，超過此限度者，應立即收歸國有。對於原來地主，給以長期債券，以爲補償，收歸國有的農地，或租與自耕農，或集體經營，視情形而定。市地應立即收歸國有，並酌予補償。（十九）農業之生產經營及農民生活，應運用國家力量輔助其改進。（二十）凡獨佔性及關鍵性之工鑛交通事業，原則上應由國家經營。（二十一）金融事業，應由國家經營。第一步應將國家銀行之私人股本立即收回，並簡化及統一其機構。（二十二）國營事業，應以資源之充分與合理運用及謀全民之最大福利，爲其經營方針。（二十三）國家賦稅政策，應以平均私人財富，創造國家資本，促進資源開發，維持經濟繁榮，及達成社會安全爲目標。（二十四）國家對外貿易政策，應配合國內經濟及其他生活方面之需要。（二十五）歡迎不帶政治作用而能配合我國經濟政策的國外投資，在互惠的條件下，參加我國經濟建設。

（丁）社會及其他方面

（二十六）充實教育經費，擴大教育機會，並限期完成普遍的國民義務教育，使人民在發展才能的機會上趨於平等。（二十七）教育應着重個性的自由發展，健全人格的培植，獨立判斷能力與正義感的養成，及服務精神的提倡，青年學生從事自動而公開的政治與社會活動，應予以贊助。（二十八）我們反對一切岐視男女的辦法，在法律前，及受教育就業等機會上，男女應絕對平等。（二十九）國家應即制定現代化的攸關勞工福利之立法。參照我國經濟情形，規定最低工資，最高工時，並對勞作環境的安全予以保障。（三十）推行社會安全各種制度，使人民在疾病，失業，老年，殘廢等狀況下，不受貧困的威脅。（三十一）擴充醫藥衞生設備，並逐漸推行義務醫藥制度，使人民在保健的機會上趨於平等。（三十二）在推廣醫藥衞生設備，以減低人口死亡率政策之下，國家應同時使醫藥衞生人員，負責傳播節育知識，在不使品質下降之條件下，減少生育，俾中國人口壓力，不致加增。國家並應進而謀人口數量與就業機會的調整，使生活水準，可以逐漸提高。

新路 周刊

第一卷第二期

中國社會經濟研究會發行

三十七年五月二十二日出版

○○論壇○○

論耕者有其田及有田之後

吳景超

(甲) 本文

一 耕者如何能夠有其田

在十幾年以前，我曾在清華學報裡，發表過一篇論文，題爲「從佃戶到自耕農」。在那篇文章中，我曾作下列的結論：

（1）佃戶是鄉村中一個被壓迫的階級，我們如要爲他們謀福利，當設法使他們成爲自耕農。

（2）美國的佃戶，有許多靠自己的力量，便升爲自耕農的，但中美的情形，相差太遠，中國的佃戶，如無外力的幫助，很難改變他們的身份。

（3）丹麥以政府的力量，幫助農民購地，結果使國內佃戶的百分數，從百分之四十二，降低到百分之十，此舉中國頗可效法。

（4）中國如實行丹麥的政策，有三點仍須注意。第一、政府應效法愛爾蘭減租的辦法，使地主肯將土地出售。第二、應以東歐各國的成例爲鑒，由政府以公平的方法，規定土地的價格，俾地主不致居奇。第三、購買土地所需之款，應由政府全部借給農民。至於此種款項之來源，或由政府舉債，或發給地主以土地債券均可。政府借給佃戶購地之款，利息應低，可由佃戶將本息於若干年內攤還，其數目之多少，以不加重佃戶負擔爲原則。

十餘年的光陰，忽忽的過去了。佃戶的地位，似乎沒有什麼改良。抗戰勝利以後，國內各方面的人士，對於這個問題發生興趣的人，逐漸的多起來，土地改革的方案，我們也看到不少。根據各方面的意見，我願意對我上面所述的第四點，便是如何使耕者有其田的步驟，作以下的修正。

（1）佃戶的租額，應照土地法上的規定，以千分之三百七十五計算。

（2）地價應規定爲現租額的七倍，由佃戶分七年交納，取得土地所有權。

（3）在佃戶尚在清償地價的時期內，田賦仍由原土地所有人交納，佃戶同時不向地主另交地租。

這個辦法的好處，就是在清償地價的時期內，佃戶與地主之間，地主與政府之間，所有的支出與收入，都沒有變更，所以社會上一點騷擾也不會引起。可是地主與佃戶心裡都很明白，七年之後，土地的所有權，便要轉移了，地主可以從容的另謀生路，不致張皇失措，佃戶想到不久擔負便要減輕，心中必定感到很大的安慰。

此種改革，一方面可以提高佃戶的生活程度，另一方面，可以消滅一個在生產過程中已無功能的地主階級，使他們另謀生計，由不生產者變爲生產者，所以對於整個的社會，是有利的。

二　只變動生產關係而不變動生產力不能算是根本的改革

中國佃戶的百分數，根據南京金陵大學卜凱等的調查，張心一先生的估計，以及中央農業實驗所的調查，都不算是很高。概括的說，中國的佃戶，在農民中，只佔百分之三十左右。假如上面所提的辦法實現，那麼七年之後，這些佃戶，便都變爲自耕農了。

自耕農的生活程度，是否比佃戶高得很多？中國全國的農民，假如都是自耕農，農村中是否便會繁榮？凡是在鄉村中住過的人，或者在鄉村中做過調查的人，或者有親戚朋友在鄉村中當自耕農的人，對於上列的問題，恐怕不會給一個肯定的答覆。中國的自耕農，現在的生活是苦的，以前也是苦的。假如農村中的生產力沒有重大的變更，他很難希望脫離貧苦的日子。在二千多年以前，就有人描寫過中國自耕農的生活。漢書食貨志記載李悝治魏時的自耕農生活如下：

「今一夫挾五口，治田百畮，歲收畮一石半，爲粟百五十石。除十一之稅十五石，餘百三十五石。食，人月一石半，五人終歲爲粟九十石，餘有四十五石。石三十(錢)，爲錢千三百五十。除社閭嘗新春秋之祠，用錢三百，餘千五十。衣，人率用錢三百，五人終歲用千五百，不足四百五十。不幸疾病死喪之費，及上賦斂，又未與此，此農夫所以常困。」

現在的自耕農，與李悝時代的自耕農，其生活程度有何差異？他一年收穫所得，除了交稅，祭祀，衣食等的花費之外，是否還有很多的剩餘？我們只要放眼觀察一下，就知道二千餘年以來，自耕農的生活，實在是沒有進步，沒有可以值得羨慕的。

這種生活，在生產力沒有變更的時候，是沒有什麼好的辦法，把他加以改進的。中國古代的仁君，最多只能做到薄賦斂。薄賦斂的結果，也只能使這些自耕農生活不致惡化而已。這雖然在中國的歷史上，已經是難能而可貴，但是這種典型的中國自耕農生活，如與近代文明國家的自耕農生活相比，相去實有天壤之別。

近代文明國家的自耕農生活程度，所以能够上升的原因，就是因爲他們把握着新的生產力。曳引機及其他新式農業機械，是新的生產力的象徵。有了這種新的生產力，一個農夫，可以耕種的田地，便擴充了若干倍。我們用人力與獸力來耕種，所以每一個農夫，只能耕種三或四英畝的土地。但是已經採用或局部採用了機械耕種的國家，農民所能耕種的面積便擴大了，如德國的平均農場爲二十二英畝，瑞典爲二十五英畝，丹麥爲四十英畝，美國爲一百七十四英畝。在這樣大的農場上，收穫自然非小農場所可比。因此這些國家的農民，以其收穫所得，除了交稅，除了滿足衣食住的需要之外，還有剩餘，可以作教育，醫藥衛生，娛樂，旅行，交際，慈善事業及儲蓄之用。他們生活程度之所以提高，因爲他們有大農場，用機器耕種，每人的收穫量豐富的緣故。

三　如何變動農業中的生產力

我們爲想提高中國農民的生活程度，使其可以與文明國家的農民相比擬，非變更他們的生產工具不可。

可是在過去二三十年之內，提倡中國農村改革的人，很少在這個問題上用心思的。只有這次抗戰勝利之後，善後救濟總署的主持者，才大膽的在農業機械化一問題上，作初步的嘗試。現在有好些省份，如河南，浙江，湖北等省，都得到了一些曳引機，作開墾荒地的工作。我於一九四六年的十一月，曾到過湖北京山縣的羅漢寺，參觀那兒合作農場上曳引機的工作。我同農場上的技術人員談話，知道羅漢寺一帶的土地，在抗戰期內，已有六七年沒有耕種過了。野草的根，入土很深，如用牛耕，每日只能犂地二畝，但用曳引機，每日可以犂地約一百畝。因爲機器的效率高，所以京山合作農場，開墾二萬華畝荒地，共擬招收四百家農戶，每戶可以分得農田五十畝。五十畝這個數目，比較長江一帶的平均農場面積，至少要大二倍以上。所以將來合作農場上的農民，其生活程度，一定可以比普通農民要高些，這是可以想像得到的。

京山農場，是在荒地上建築起來的，所以沒有地權的問題。在人煙稠密的地方，如欲推行農業機械化，許多困難的問題便發生了。

第一、農業機械化之後，需要農戶的數目便減少了，這些多餘的農戶，安揷到什麼地方去？

第二、細碎的農場，像目前中國鄉村中所呈現的，並不適於機械的使用。爲使曳引機可以發揮其作用起見，現在的農場，應當如何合併？

第三、假定農場已合併了，參加工作的人，其土地權的收穫及其個人工作的收穫，如何計算？

這幾個問題，在理論上都是需要解決的。解決了這些問題，然後中國的農業機械化，才可以實現。

四　農業機械化的步驟

我們先討論第一個問題。

農業機械化的一個目標，就是要提高農民的生產效率，以少數的農民，來耕種中國的已耕地。在已耕地並不減少而農民數目減少的條件下，每一農民的收穫量，自然增加，因而他的收入，他的購買力，他的生活程度，也就自然隨之而提高。所以曳引機到了農村，引起一部份人民的離村，乃是我們所想達到的目標，不必驚奇。我們所要考慮的，乃是這些剩餘的農民，應當安揷在什麼地方。我們的答案，是把他們安揷到別的職業裡。因此，農業機械化，應當與中國現代化或工業化同時進行。我們應當計劃，假如在下一年內，新興的工業，鑛業，交通業，運輸業，以及其他的職業中，需要若干人力，我們便以等於這些人力的曳引機，送到農村中，去換出農民來。這樣的辦，農村中的生產力不會減少，因而到別的職業中去的人民，在糧食上也不會發生問題，可是在別的職業中，因爲這批生力軍加入了，生產便會加增，事業得以發展，結果一定可以使全國的收益加增。這個辦法，並無新穎之處，歐美與蘇聯，在現代化的過程中，人口的移動，都是從農業轉到別的職業，我們不過採用他人已經走過的途徑而已。

我們在此要特別指出的，就是這兒所提出的農業機械化辦法，乃是一種漸進的辦法，由局部的機械化，以至全部機械化的辦法。我們所以不主張農業立刻全部機械化的原故，一因曳引機不是一下就可以造得出許多部的，但是如欲中國的農業全部機械化，大約需要二百五十萬部左右的曳引機，其他的機械還未計算在內。這一大筆資本，不是短時期內可以創造出來的。其次，即使我們能够弄得到這麼多的曳引機，我們也不應馬上採取全部機械化的辦法，因爲如採用這種辦法，馬上就會發生大規模的失業問題。根據別個國家的經驗，農業以外的職業，吸收人口的能力，在短時期內，是有一定限度的。原因是就業機會的產生，由於資本的加增，而資本的加增，無論是利用外資，或自己積蓄，都不是想要多少就有多少的事。每一種實業中，不加增資本，而加增就業的機會，只有在降低生產效率一個條件下可以達到，而降低生產效率，是與社會進化背道而馳的，爲我們所不願意採取。美國自一九一〇年至一九三〇年，農業以外的就業人口，從二千五百七十萬人，加至三千八百三十萬人。在二十年之內，加了一千二百五十萬人，平均每年只加六十餘萬人。蘇聯自一九二六年至一九三九年，工人及僱員的總數，除開就業於農林漁業的不計外，從八百三十萬人，加至二千四百六十餘萬人。在十三年之內，加了一千六百二十餘萬人，平均每年增加一百二十五萬人。假定我們的工業化，其速度可與蘇聯相比，也就是說，假定我們每年可以從農業中提出一百二十五萬人，參加別種職業的生產，那麼我們每年送到農村去的曳引機，最好每年只能代替一百二十五萬人的工作。多造曳引機，只有使工農的就業人數失調，不是妥當的辦法。蘇聯在推行集體農場時，沒有顧到這一點，以致曳引機到了農場之後，一部份的農民，無法安揷，結果只好打破社會主義的信條，對於加入集體農場的農戶，每戶分配私有農場一英畝左右，以便他們可以充分利用其閒暇。在集體農場上是用新的生產力，而在私有小農場上，還是利用舊的生產力，即人力及獸力。由此可見農業全部機械化，不是短時期內可以完成的，我們因此應當作長時期的打算。

五　土地國有與農業機械化

我們現在可以討論本文第三節內所提出的第二個問題，就是農場的合併問題。

目前我們這種小農場制度，阻礙了新生產力的使用，是很爲顯明的。我們如欲利用曳引機來耕種，非劃除現在田畝間的經界不可。如何使這個目標實現，同時又使農民肯自動的來贊助這種運動，乃是我們所要討論的問題。

我們現在假定以七年的時間，來完成耕者有其田的工作。在七年之內，現代化所需的勞力，由現在都市中的遊民或鄉村中無地的僱農來供給。七年之後的第一年，中國農業以外的實業，假定可以吸收一百二十五萬人。此項勞力，應當用什麼方法來吸收呢？

爲討論的方便起見，我們假定此一百二十五萬人，將平均分配於一百個都市的新興事業之中，於是每一都市，應向其附近農村吸收一萬二千五百人。爲使這個目標易於達到，政府有幾件事，是要事先妥爲籌劃的。所應籌劃的第一點，就是要製造或購買若干曳引機，使其所產生的能力，等於一百二十五萬人。第二、政府應在一百個都市的附近，興辦合作農場。在合作農場之上，是用曳引機耕種的。每一都市，旣要向附近的農村吸收一萬二千五百人，以每一農戶平均有工作人口二點五計算，等於五千農戶。此五千農戶，也就是要轉業的農戶。政府於興辦合作農場，圈定農場範圍之後，應以保證轉業後之所得，不會減於過去五年平均所得之條件下，勸導合作農場中一部份的農民轉業。轉業之農民，其土地移轉給政府，政府所付的地價，也是等於地租七倍的債券，分七年付淸。轉業的農民，一方面得到政府的保證，在新的職業中，其所得不下於過去五年的平均數，另外還可坐食地租七年之利，所以他們應當是贊成這種辦法的。

此五千農戶轉業之後，合作農場上的勞力，大爲減少，但因有曳引機的替代，所以生產力並未減低。這些加入合作農場的農戶，我們假定他們都是自耕農，但其田畝之多寡是不等的。政府對於他們的參加，只附一個條件，就是所有的土地，都要以債券收歸國有。政府於七年之內，付以等於地租七倍的地價。所以合作農場成立七年之後，農場上的土地，便由私有移轉爲國有了。合作農場成立前的七年，是土地由地主轉入自耕農手中的時期；合作農場成立後的七年，是土地由自耕農手中轉爲國有時期。合作農場的推廣，也就是國有土地的推廣。等到農業機械化全面達到了，所有的農地，也都變爲國有了。這是利用生產力來變更生產關係的辦法。可是加入合作農場的自耕農，是否可以贊成這種辦法呢？我們的推想，假如合作農場的辦法，對於他們有利，他們是會贊成的。而有利與否，要看合作農場上的收穫如何分配以爲定。

六　農業機械化之後的收穫如何分配

我們現在可以討論本文第三節內所提出的第三個問題了。

我們理想中的合作農場，是由參加農場工作的自耕農的土地，與五千戶轉業農民的土地合併而成的。這樣的一個農場，其土地面積，如平均分配於參加農場工作的自耕農，則每一農戶的所得，可能比他參加合作農場以前的土地面積大好幾倍，這是我們最要記着的一點。但是因爲有曳引機幫助耕種，所以土地面積雖然大了好幾倍，這些農民也照顧得來。他們耕種的所得，在合作農場成立後的七年內，因爲土地權還未完全移與國家，所以要照常納稅，也許是等於收入的百分之十。另外我們假定曳引機是要租金的，此項租金，也等於收入的百分之十。餘下來的部份，除提出若干公積金外，其餘的在七年之內，一概照自耕農參加合作農場時所貢獻畝數的多寡分配。今有甲乙二自耕農於此，甲在參加時有田三十畝，乙在參加時有田二十畝，那麼乙的所得，應爲甲的所得的三分之二。在此七年之內，轉業農民五千戶的所得，由政府代收。政府於收到此五千戶農民原有土地上分配得到的實物或代金後，以百分之三七點五，付與轉業農民，作爲轉業農民應得的地價。餘下來的百分之六二點五的實物或代金，政府卽用以收回自耕農的土地。自耕農在每一年內所應得的地價，等於一年的地租，如是者七年，自耕農的土地，便爲國家所有。

在合作農場辦理以後的七年之內，自耕農的收穫，除了本人土地上的收穫外，另外還加上百分之三七點五的地價所得，所以他的收穫是加增了。他的支出，表面上似乎加了一項，卽曳引機的租金，但是如無曳引機，他得買牛或者僱用人力，此項支出，照浙江省試用曳引機的計算，可能大於曳引機的租金。收支相抵，他是有利可圖的。七年之後，所有合作農場上的土地，都爲國有了。政府對於這個農場，或者收租，或者把自耕農一律當爲國家農場的僱員看待，一律付給薪資。無論是採那一種辦法，對於農民都是有利的。因爲農場的面積較前擴大了，所以自耕農而使變爲國家的佃戶，其所得也會超過他在自耕農時代的所得。試舉一例說明此點。假定在自耕農時代，某甲有田二十畝，每畝收穫谷物三擔，共爲六十擔，除去田賦十分之一約爲六擔外，餘下的爲五十四擔。加入合作農場之後，因爲有轉業農民留下的土地，每一合作農戶分配得到的土地，一定要大好幾倍。現在假定只大三倍，又假定每畝的收穫量亦如前，共爲一百八十擔。除去向國家納租百分之三七點五應爲六七點五擔外，尚餘一一二點五擔。他的收入，比在自耕農時代還多，所以他的生活程度也會好轉，這都是新生產力所造成的結果。

七　結　論

我們所提出的土地改革計劃，不但是生產關係的改革，也是生產力的改革，似乎比主張耕者有其田的人，更進一步。這種計劃的實行辦法，尙待詳細的規劃，理論上也許有若干點，還要修正。這樣一個大問題，我們不敢說是看得已經十分周到，希望國內對於這個問題有興趣的人士，共同加以研討。

四月七日，淸華園。

（乙）討論

一

徐毓枬

據我了解，這個計劃之重心祇是兩點：

（一）在七年以內，解決地權問題，消滅地主與佃戶二階級，使全國從事農業者都變爲自耕農。

（二）然後視國家工業上人口之需要，逐漸舉辦合作農場，利用新式農具，讓一部份人轉業。合作農場成立後七年之內，自耕農又喪失其地權，地權屬於國家。

對此計劃，我願作以下批評：

（一）這個計劃不區分大地主與小地主，祇要是地主，其地權皆將被消滅。我不明白爲什麼地主階級特別成爲攻擊對象。今日鉅富收入之主要來源，怕不是地租而是投機利潤或利用政治勢力之榨取：今日鉅富財產之主要形態，也不是土地，而是外匯、黃金、股票。不從這些鉅富入手，而從這些地主着眼，因而累及無辜小地主，實在不能算公平。

（二）我不明白這個計劃用意何在，如果是：

（a）政治的，解決農民土地荒心理，使他們安心務農，那末到了耕者有其田以後便應終止。現在這個計劃是先給佃戶田，然後再把田收爲國有，讓佃戶們空喜歡一場！是否有玩弄手段之嫌？

（b）如果目的僅把土地收歸國有，辦理合作農場，則又似乎不必「一番工作兩番做」。國家祇須視工業上人口之需要，逐漸圈地辦理合作農場，把地權收歸國有。此時可分爲三種情形：（1）所圈地全是地主的，則讓一部份佃戶轉業。如果留在合作農場上之原佃戶，加上新式農具，可以維持原產量（這是這個計劃之基本假設），則在此產量之中，提出百分之三七・五，補償地主，如是者七年。其剩餘的產量，則作爲農場勞働者（卽原來的佃戶）之工資，也許政府還可以剩餘一部份。（2）如果所圈地全是自耕農的，則讓一部份自耕農轉業。在全部產量中，提出百分之三七・五，依土地大小分配於所有—轉業與未轉業的—自耕農。其剩餘產量，則依土地大小分配於未轉業的自耕農。如是者七年，其後地權都屬於國家，此農場上卽無自耕農，祇有工資勞働者。（3）如果所圈土地，一部份屬於地主，一部份屬於自耕農，處理原則亦甚簡單：讓一部份人轉業；提出全部產量之百分之三七・五，作爲收買地權之用；其剩餘產量則按參加面積，分配於各戶，其屬於地主者，卽作爲政府之收入，爲支付未轉業佃戶之工資。

（三）我們又要進一步問：土地收歸國有之目的又何在？據我從本計劃看，似乎又祇有兩種：

（a）消除地權之不平均，我的批評是「不必一番工作兩番做」，並提出一個較簡單的辦法，見前（二）（b）。

（b）使得留在農業中工作的人員，其收入增加，因之其生活程度可提高。若僅爲此目的，則不必牽涉地權問題。國家祇須圈定土地，强迫實行合作農場制，並令一部份人轉業。佃戶應儘先轉業，自耕農轉業時，其土地由其他參加合作農場者承購，所得產量則依土地大小而分配。國家再以徵稅方式，補償農具之費用。我覺得利潤動機還未可一概抹殺，用 bonus wages 制，就增加產量一點而論，怕還不如私有財產制。

總之，我覺得這個計劃顧慮（或想取悅 please）的方面太多，因之專從每一方面看，都不能令人完全感到滿意。我的批評可歸納爲三點：（一）不公平，（二）要消除地權則不必經兩次手續，（三）要提高生活程度則不必牽涉地權問題。

最後，爲對原作者公允，並不讓讀者有「此計劃一無是處」這種錯誤印像起見，我雖然有以上批評，但還覺得到現在爲止，這個計劃還是最切實，穩健，周詳的。

二

戴世光

景超先生的文章讀過之後，我在原則上對其中心意見是完全同意的。簡單的說，原文的中心意見有兩點：第一點主張土地國有，第二點主張農業機械化。前者是爲了改革生產關係，强制的使不勞而獲的地主們改業參加生產；後者是爲了改進農業的生產力，使農業逐漸爲工業化。這兩層在原則上我沒有異議，可以不必作補充的討論。卽就原文的內容而言，似乎也認爲原則上沒有什麼問題，而問題却在方案方面或者在計劃方面。這一層由原文的主要部份全用在討論如何設計，如何運用，如何逐步完成預定的步驟等，即可證明。因此，我願就計劃方面提出兩點意見，以資討論。

（一）為什麼不直接將土地收購歸為國有；而採取土地由地主轉入自耕農手中，再將土地由自耕農手中轉為國有的辦法？在沒有討論這個問題的利弊以前，我們須先說明下列兩點：第一，在計劃上我們不能假定依舊維持「民可使由之，不可使知之」的態度。計劃中的程序既然分為先後兩個七年的階段，一共不過才十四年，國家自然應該明白的公告，使農民不分地主或者佃農全須理解土地改革的實施步驟。第二，全面計劃的推動必須具有強制性。例如在開始的時候要地主計劃着另謀生路，於七年後將取消其土地的所有權，並於七年內照樣繳納地稅，這是須要由國家以法律強制執行的。再例如所謂「勸導」合作農場中的一部份農民轉業，以素來安土重遷的農民性情和着重生活實際的習慣，對轉業也須具有強制性。由於第一點說明，佃農自然會為其本身的經濟利益，作一個長期的打算。最初七年佃農須以地租清償地價，七年後雖成為自耕農，但不論被勸導轉業或者參加合作農場，都僅能在七年中收回地租七倍的地價。土地所有權的問題，佃農將對之毫無興趣。結果，一者影響佃農（也包括自耕農）對土地的愛惜和培殖；一者增加行政上的手續。由於前列第二點的說明，可見土地改革的實施必須具有強制性（強制性問題並不因方法的緩急而有區別。）既然如此，何不直接分七年或十四年，按地租七倍的地價，以債券收地主和自耕農的土地歸為國有？

（二）轉業農戶人口離開農村，並不能減少農業人口，間接的不會改善農民的生活程度。原文中的計劃，每年由農業人口中提出一百二十五萬勞働者，並以每一農戶平均有工作人口二點五計算，共提出五十萬農戶。我暫以平均每農戶五口為準，則轉業的總人口為二百五十萬。根據目下我國人口總數吸農業人口比例的估計，共應有農業人口三億五千萬人。每年被勸導轉業不過佔農業人口的百分之點七，（亦即千分之七）。以上還是靜止人口的看法，實則，以我國人口的動態情形而言，苟予以安定休養生息的機會，則每年的自然增加率將不止千分之十。增減之下，農業人口並不能因實施轉業計劃而減少的。若按原文假定合作農場的土地面積較自耕農原耕種的面積大至三倍的說法，則劃入合作農場的自耕農戶僅為原有農戶的千分之二左右。如果圈入合作農場的範圍包括的較廣，則所增加的土地面積就極為有限。再就農業機械化而論，農業生產中運用機械也只能提高每單位勞工的生產效率，並不能顯著的增加每單位土地面積的生產。所以，按原文計劃的轉業辦法，既不能減少農業人口；復因轉業的比數太小，平均農戶所耕植的土地面積難以加多，結果，農民的生活程度並不能顯著的提高的。根據上列的分析，為了都市工業的發展，需要增加勞力，農村人口轉業是必須的；但是，為了擴大農場，農業機械化和提高農民生活程度，僅以轉業為主要計劃，却是不夠的。

以上兩點意見，或以為過於偏重計劃方面的問題，實則原文的主要性質如此，尚希著者予以指正。

三

陳振漢

景超先生現在所提出的還是一個初步的原則上的方案；我僅就下列三點，來和大家簡單討論：

（一）我們如果要靠農業機械化來減少農民人數，提高他的生產效率和生活水準，農業以外的產業活動不特應能完全吸收農村中為機械所排斥的剩餘勞力，使農業人口相對的減少；而且應能吸收農村中由於人口自然增殖所增加的人力，使農業人口逐年絕對的減少。換句話說，我們要推進農業機械化，而不使農民失業問題更加嚴重，一定要使得每年裡面離村人口所占全體農民的比率，大於農業人口的自然增殖率。景超先生假定在七年以後我們進行與蘇聯五年計劃以來相等速度的工業化，因工商業的進展，新建設的「都市」每年能夠多容納一百二十五萬人，那末只要每年因農業的機械化所促成的離村農民，不超過這個數目，即不至有農民因農業機械化而失業。這樣即可達到「已耕地並不減少而農民數目減少的條件」，每一農民的收穫量與生活水準可以增加。私意以為在景超先生所假設的情形下，我們只能說農業機械化本身不至於造成農民失業，至於要達到減少整個農民數目，增加生產效率的目的，一定得工業化達到一個速率，使得工商業活動每年所能吸收的農業人口，（同時如果農民原來已經充分就業，）也就是每年機械所替代的農民數目，超過每年農業人口的自然增加率。如果中國現在的農民是三億，照景超先生的假定，每年用曳引機替代其中的一百二十五萬，每年所減少的不過全部農民的百分之〇・四，中國人口自然增殖的確切狀況，恐怕少人知道。Colin clark曾根據金陵大學卜凱等的調查，估計中國人口平時的每年增殖率為百分之一。即使假定增殖率為百分之〇・五，如以每年百分之〇・四的速率替代，仍無法使農民數字絕對的減少。在國民收入增加以後，增殖率可以逐漸減低，但隨着人口的自然增殖，一百二十五萬人所佔全部農民的比率也更微細。

（二）景超先生所提出的方案，主旨在以農業機械化來變動「農業中的生產力」，他所憧憬的中國未來農業似乎是普遍應用曳引機的大規模耕殖農場，機械化農場依據技術與經濟需要，得有最低限度的規模，因此景超先生主張合併現在的細碎小農場，剷除田畝間的經界。不過這種耕種方式不但須具備經濟條件（資本與勞力的相對供給數量），而且需有技術與地理條件。在技術條件上最便於利用曳引機收穫機或複用機（combine）的是旱作（dry farming），許多作物的種植，如水稻蔬果，是很難或甚至無法利用機械的，在地理條件上曳引機的最有效的利用是在土質均勻施種簡易的大平原或草原，尤其適宜於開墾這類荒地，拿俄國的農業機械化經驗來作例子，在各種農業生產裡面，集體耕作與機械化比較具成效的，只是穀物種植，在畜牧方面結果很壞，在蔬果栽培，則根本尚未怎樣嘗試。就地理區域來說，在歐俄境內機械化最有貢獻的是在南俄草原烏克蘭與西部西比利亞。烏克蘭土壤肥沃，只需耕種以時，不施任何肥料便可坐待收穫。至於開闢草萊，也與景超先生所視察過的京山羅漢寺一樣，是曳引機與複用機械最能用武之地，然而就是在這樣有利的地理環境下，直至第二個五年計劃當中，機械耕種在俄國尚未能若何提高每畝耕地的產量。在中國荒地已經很少，與俄國同樣適宜於利用機械的土地為量恐也不多，大概只有在東北比較最適宜於機械耕作，此外是在西北與黃淮流域麥作區域，但這些地帶最多恐不過佔全國可耕地的五分之三。

當然這不是說在江南水稻地區以及其他不甚適合於機械耕作的區域，農業生產技術已無可改進無可用資本替代人工的餘地。肥料種籽的改良，水利建設的推廣與電力灌溉的試用，這些把農業資本化以提高勞工生產效率的辦法，全國各地應綽有施用的餘地。私意只是以為蘇俄式的機械化集體農場在中國所能推行的範圍未必很廣。

（三）無論何種方式的農業投資，在中國需要立刻推行與否，比較主要的考慮，還是在今後工業化過程中，資本供給是否充足，使得在工業建設以外，復有餘力顧及農業方面。將來的實際情形此時姑且不談，景超先生本文的主旨也只在就農業改革談農業改革，私意終以為如就提高全民的生產效率着眼，在今後相當期間內，工業投資要比農業投資為重要，中國的耕農並不是單純的勞工，而是熟練勞工；他們的耕種效能與稼穡經驗，實際是生產資本。中國的工業化工作暫時恐怕只能做到吸收農村中的剩餘勞力與增殖人口，消除隱蔽失業，不能即作全盤以機械替代充份利用着的人力的打算。

四　韓德章

吳先生特別指明變更生產關係應顧到變更生產力，這一點，十分值得重視。因為在生產效率低微之情況下，單靠調整生產關係是無濟於事的。關於農業機械化的實施，筆者認為有下列四點，可以商榷：（一）農業區位與工業區位，各有其形成的因素存在，不必一致，因此新興工業儘可以向一百個都市集中，而機械化的農業生產中心，仍可設置於遠離都市的地帶，甚至散在東北，陝甘寧青康等邊陲。農業地帶與工業中心靠鐵路運輸取得聯繫。（二）機械化的農業——指用曳引機與收穫打禾兩用機的大規模與高速度生產而言——只適於專業化與商業化的粗放經營，在人口較密的國家，稍受限制。所以在推行農業機械化時，要顧到各別農業地帶之自然環境，作物制度，人口密度，農產品市場等等條件，各別地帶不能一概而論。（三）為實施農業機械化，應竭力設法發展鋼鐵工業與機械工業，同時開發西北油田，並發展鍊油工業，以求耕具與液體燃料之自給。（四）新生產制度實施之際，農產品之分配制度亦需要有合理的調整，一切農產品之檢驗，分級，整理，加工，包裝，倉儲，運銷等，均應有統一的控制，消除中間商人之剝削，其意義與消滅地主階級，一樣重大。此外農業機械化的社會的影響，亦值得注意，農民因機械化而節餘的人力，不只可以轉業為從事次級產業之用，節餘的時間勞力，還可以用於教育，衛生，社交，娛樂，政治活動……，農業機械化不只改善農村經濟，同時還靠他來改造農村社會。

（丙）總答復

吳景超

我寫完「論耕者有其田及有田之後」，送給一些朋友去批評，承徐毓枬，戴世光，陳振漢，韓德章諸先生把他們的意見寫出來給我，讀後非常感激。韓德章先生的四點意見，及陳振漢先生的第二點意見，全是補充性質，不必答復。其餘各位先生所提出來的意見，我綜合答復如下：

（一）消滅地主階級，是否公平？

公平的觀念，歷代常有變更，來屬於「價值」範疇，不能像科學原理的可以用事實證明。我個人的看法，以爲一個階級，假如他在生產過程中，有其貢獻，那麼消滅他是不公平的。假如他在生產過程中，並無貢獻，只過一種寄生的生活，那麼消滅他是公平的。同時，我們還要看我們所採用的方法，是否合理。地主階級，雖然已失其功能，但他們乃是社會制度的產物，社會對於他們地位的形成，也要負一部份責任。因此，我們不可以爲某人是地主，便要驅逐他，或者殺掉他。我們應當給他一個機會，使他可以從一個不生產者，變爲一個生產者。這就是我們提議以七年的時間，來消滅這個階級的理由。我的文章，是談土地問題時，在此範圍之內，自然不必牽涉到別的不勞而獲的階級。徐先生說我的文章中不攻擊別的鉅富，爲不公平，其實此乃爲題目所限制。別的問題，應當在別的題目下討論。

（二）一番工作爲什麼要兩番做？

徐先生及戴先生都提出一點來質問我，那就是：爲什麼不直接將土地收歸國有，而要分作兩段辦理。他們兩個人既然都提出同樣的問題來，顯然是我沒有把我的意思說得清楚，其實我的意思是很簡單的：我所以要分作兩段做，因爲是要解決兩個不同的問題。第一個是生產關係問題，這是可以全國同時解決的，可以在七年之內到處解決的。解決之後，全國便沒有地主，也沒有佃戶，而只有自耕農。地主剝削佃戶的事實，在七年之後，可以完全不存在。第二個問題乃是生產力問題，這不是短時期內可以解決的，我們要逐步的推進，須要比較長久的時間。

在我的文章中，我曾提議，在全國農民都成爲自耕農之後，我們卽可開始農業機械化的工作，第一年由農村中吸收一百二十五萬人，令其轉入別的職業。此一百二十五萬人，假定等於五十萬農戶，中國目前大約有農戶六千萬，那麼五十萬農戶，不過總農戶一百二十分之一而已。所以在我們開始改良農村生產力的第一年，只有很少數的農戶要轉業，也只有很少數的農戶要加入合作農場，因此也只有很少數的土地，要收歸國有。以後機械化的範圍逐漸擴大，國有土地的面積也就逐漸加增。

這兩種工作所需的時間既然不同，自然不能在同時內完成的。

如照徐先生所提出的辦法，國家祗須視工業人口上之需要，逐漸圈地，辦理合作農場，把地權收歸國有，那麼我要問：在合作農場以外的佃戶，是否讓其依舊向地主納租呢？假如徐先生的意思，是在合作農場沒有推行之前，地主與佃戶的關係依舊，那正是我所反對的。我以爲生產關係的規定，是法律方面的事，只要輿論贊同，或行政者有此勇氣，則變更法律，不過是議會中舉手之勞，實在是很容易的。而生產力的變更，却不可一蹴而幾。我們不能因爲後者推動得慢，而把前者也擱下來。

同樣的，我以爲戴先生所謂佃戶因爲土地有兩次改革，因而對土地所有權問題不發生興趣，也是過慮。他以爲佃農變成自耕農以後，一定要被勸導轉業，或參加合作農場。其實是不然的。如上面統計所表示，只有少數的佃戶，在成爲自耕農之後，是馬上又要走到轉業或參加合作農場之路的。大部份的佃戶，在成爲自耕農之後，因爲農業機械化遲緩的緣故，是要花很長的一段時間，也許是終身要在他自巳的農場上耕作的。但是他的收穫，沒有地主向他要租，這是使他的生活程度，卽使沒有機械化，也可以略爲提高的一個因素，所以徐先生謂要提高生活程度，不必牽涉地權之說，我不同意。難道一個交租的農夫，和不交租的農夫，中間就沒有一點分別嗎？

（三）農業機械化與人口問題

戴世光先生及陳振漢先生，都提到人口問題。他們一方面看到農業機械後轉業人數的有限，一方面看到我國人口自然加增率之高，因而懷疑：卽使轉業者每年有一百二十五萬人，農民的生活程度，是否可以提高。我對於這個看法，極表同情。我在沒有寫這篇文章以前，腦海中原來另有一個題目，名爲「三管齊下的經濟建設」，說明農業機械化，工業化，及節制人口，應當同時辦理，才可以收提高生活程度之效。後來覺得人口問題牽涉太廣，有另外寫文章說明之必要，所以在這篇文章中，便沒有提。其實我很同意陳戴二先生的看法，認爲如鄉村中移出的人數，不能超過增殖的人數，那麼生活程度是很難提高的。可是我也要說明一點，就是中國人口，在目前那種高的自然加增率之下，如不立卽推行工業化及農業機械化，則農民的生活程度，有更趨於惡化之虞。農業機械化，雖然不是提高農民生活程度唯一的因素，却是許多因素中，一個很重要的因素。

專論

邊沁（Jeremy Bentham）二百年祭

潘光旦

在人類的思想史裏，英國民族是有很高的地位的。負責造成此種地位的人雖不一而足，主要的不外下列幾個大師，說來都是很耳熟的：倍根，霍布斯、洛克、柏克雷、休姆、邊沁、穆勒、布拉特雷、羅素。至少在很大一部分的英國人的眼光裏，他們構成了英國思想的傳統。傳統中計凡九人，大抵前六人的地位是確定了的，後三人，特別是後二人，則時代太近，甚或屬於當代，一時還未有定論。有定論的六人之中的最後一人，是邊沁，他一面繼承前五人的遺緒，一面也自有他特獨的貢獻。有人更認爲最能自闢蹊徑而不蹈襲前人的是他。

邊沁生於一七四八年二月十五日（淸乾隆十三年戊辰），距今適爲二百年。用普通的眼光看，他是一個不太正常的人，他的大部分的作品，除了少數肯鑽研的專家而外，是很不容易閱讀而理解的。不過近年以來，由於這一類專家的努力，特別是美國哥侖比亞大學教授霭弗端脫（C.W. Everett）的一番工夫，我們所能瞭解的邊沁，比以前要見得正常多了。例如，我們現在知道，在他青年時代，他曾經很熱烈的愛上一個女子，同時却也明白，除非他經濟上能自立，肯放棄那一分遺產，議婚是不可能的，因爲老父母必不贊同。他早年曾寫過一篇『關於政治的片段』，到此他又寫了一個續篇，爲的是好賺些稿費，作爲經濟獨立的初步。不過到目前爲止，我們要欣賞邊沁的人品，我們還有待於一部編寫得更精到的傳記，能把所有的作品，包括全部信扎在內，細讀一過，消化一番，將所有的精要網羅進去；否則還是徒然；最初替他整編遺著的波瑞因（Bowring）所下的工夫，評論家認爲就太差，還須重來。

普通提到邊沁的文字都說他是一個法理學的作家。這雖把邊沁看窄了，但不能算錯。據說在他青年時代，他就自問有沒有『立法的天才』，而得到了一個有些『受寵若驚而却還肯定的答覆』。後來的歷史充分證明他這一種自許與自信是對的，後來在這領域裏的作家也一致公認他有充沛的才具。他是一個法律改造家，其地位之高與成就之大在英國史裏實首屈一指，也是一般人與同行所公認的事實。他提出了一個社會分析的方法，這在一部分人雖認爲在哲學基礎上不無問題，却有一個很大的好處，就是教當時一班保守以至於死硬的政客，財閥、與商人覺得許多改革的方案是行得通的。立法的才具也就是制作的才具，如果歷史的傳說可信，也就是摩西周公一類人物所表示的才具，所不同的是邊沁僅有其德而無其位罷了。不過在英國的社會裏，絕對『無其位』的話是不能說的，因爲人人可以發言，可以作主張，可以爭取從遊的人。邊沁在這方面的能力也特强，他的人緣，他的號召力，都要超人一等，因而他終於形成一個學派，而凡屬及門的人，於拳拳服膺之餘，都感覺到一番道義上的責任，非把主張見諸深切著明的行事不可。而要做到這一點，又勢不能不對現狀，對傳統權益的擁有者，如教會、法庭、律師集團，文官閥閱，政府及其各個部門，作一番强有力的抨擊。這在邊沁也優爲之，把問題的癥結與阻礙的主力看準以後，他往往眞名實姓的加以指斥，愈是豪强權貴，他指斥得愈嚴厲，決不側擊旁敲而是當僧罵禿。於此可見雖無其位，一個有志力的人一樣的可以供給改革的動力，促成改革的實施。這種作風，即在今日的英美，還是難能可貴，何況當日。最近報載美國有名塞德斯的寫了一本『一千個美國人』，把名爲民主實則寡頭統治的局面盡量的揭發出來，顯然也是這一路的作風，不過比起邊沁來，已遲到百年以外了。至於中國，則『四大家族』一類的作品，作者既不便具名，行銷又勢須祕密，更自鄶而下了。邊沁於一八三二年謝世，英國工業革命後的社會革新運動，特別是所謂社會立法運動也就在他謝世前不多幾年之內開始，兩者之間顯而易見的很有幾分密切的關係。

邊沁原是一個堅强的保守黨員，而據他自己的解釋，他的所以變爲一個激烈的改革派，是由於一個自認爲驚奇的發見，就是，爲了一己的權益起見，豪强之輩，明知眼前種種無非錯誤，也未嘗不準備着讓它們繼續下去，濱然無動於中。邊沁認爲這樣一個態度是絕對要不得的。第一、它是不仁，而他自己又是同情心極發達的一個人。第二、它是不義，即經不起理性的盤駁。邊沁寫作了五六十年，所不斷的詔示當代人士的有極重要的一點，就是，如果我們對於理性的必須遵從，一旦加以否認，加以放棄，結果必然是社會的混沌，人類的淪亡。他雖看到美國的獨立革命與法國第一第二兩次的階級革命，他的心地却始終保守鎮靜，因爲理性打頭就告訴他一個極簡單的事實，就是，世間沒有不痛苦的動亂，民衆暴動勢必附帶着民衆的受罪。從社會生活的需要看，他認爲安全總是第一。同時，他也堅持，在這安全之局的企求裏，每一個人得算一個，不應少於一個，也不應多於一個，因爲歸根結柢，就絕大多數的人口說，對於一己的利害，每一個人總是自有權衡，別人的越俎代謀是表面的，强制的，暫時的。

邊沁所有興革的議論，都從這樣一個情與理，羣與己，的力求協調的立場出發。他所努力的方向正是不一而足。他想教法律合理化。他想改造議會，改造監獄；樹立通國的教育；杜防教會在精神方面的暴虐；組織一個更有效力的文官制度；要教人瞭解，新聞報導的眞實與報導的自由是同樣的重要。他要改革刑法，使刑與罪銖兩相稱；要整頓稅制，使人民所納的每一辨士有一個交代，有一分實惠，而不是給官員們一個便利，得以飽私囊，發乾薪，養死士，設駢枝的機關，爲舖張而浪費。他對於英國的屬地或殖民地，很早就有一個自治領的看法，其爲得風氣之先者，約模也有一百年。他對於立法機構應如何進行，行政部門應如何建置運用，也有不少深遠的建議。總之，我們對邊沁畢生的文章學術，越是作進一步的探討，便越見得他的包羅之廣，方面之多，與造詣之既深且切，也就越感覺到驚奇，何以天壤間會有這樣一個器識宏遠的人。英國自新憲運動（The Chartist Movement，一八三六—一八四八）解體以後，論者謂社會民主政治或民主社會主義在理智方面的發展不得不以邊沁爲最較重要的一個泉源，從而挹取其活力與靈感，是很對的。

有人批評邊沁，認爲他缺乏歷史的意識。馬克斯也曾加以揶揄，認爲在一個通國是唯利是圖的掌櫃的國家，有到這樣一個哲學家，是再配稱沒有的。我們認爲這兩個譏評都近乎無的放矢。不錯，政治的功利主義是講因時乘勢的，是講便利與權宜的，如果在某一問題的決策上，歷史是權宜的一部分，功利主義者自然一樣的要照顧到。邊沁有靈，在此很可能的會對批評者說，**我們決不是不要歷史，我們所不能苟同的是，動不動乞靈到歷史，動不動以歷史爲藉口，來阻礙以至於打消一種應有的改革，動不動說某一制度或某**一原則，是如何如何的古老，如何如何的顚撲不破，從而禁止任何顚撲的嘗試。至於馬克斯的嘲笑事實上是相當於今日以今度古的進步分子，明知孔子對於康熙字典裏的字，決不會每一個都認識，因而加以冷譏熱諷，認爲於聖人的資格有虧。說邊沁是一個配合掌櫃的胃口的哲學家，就等於說他夠不上成爲一個馬克斯派的社會主義者，但我們應該記得邊沁歿於一八三二年，那時候馬克斯還只有十四歲，正在童年，儘管成熟得早，他自己也還沒有成爲一個社會主義者，而『共產黨宣言』的發表又在此以後十有六年，以數十年後流行的見解來準繩與責備數十年前的人，也未免過於一相情願了。又何況邊沁的見解，有如上述的種種，又未必爲小資產階級的意識所限制呢？

實際上邊沁自己便屬於激進一派。當時的戰爭氣氛與革命運動原已迫使一切比較鄭重的改革的努力成爲地下化，而眞正能公開的爭取，能形成一套理論而覓取一些應付的方法的，就沒有幾個人，有之，而比較最有貢獻的還是邊沁。同時，我們也不能忘記，邊沁所設計的種種下手方法，成就所及，所裨益的，遠不止中產階級。他的激進主義的一大目的與一大力量，就在對社會上的種種罪惡，作一番澈底的搜檢，對一切特權，一切不勞之獲，無功之祿，一切與社會功能不相呼應的個人的享受，逐一加以不留餘地的揭發與抨擊。他的對象顯然是大部分的資產階級中人，和馬克斯所諷刺的恰好相反。

× × × ×

邊沁生辰的二百年祭，在英國報章上自有過一番熱鬧。上文云云，便是此種紀念的議論的一部分，而也是我們所能同意的一部分。許多議論之中，最能引人注目的是拉斯基教授在二月二十一日『新政治家與民族』中所發表的那一篇，因爲他最能把邊沁的文章抱負和目前的局勢聯繫了說。所以上文的討論裏，也以拉氏的見解爲多。

不過有一層是這些紀念文字完全挂漏了的，就是邊沁的擬制學說（the theory of fiction）。甚麼是擬制？論語上說，祭如在，祭神如神在，『如在』就是『擬制』。明知其無，而假定爲有，而此種假定的有在生活上和實際的有一樣的可以發生影響，在行爲上一樣可以引起反應，就是擬制。邊沁在學術上曾經特別致力而有所發明的以兩種科目爲最重要，一是法律，上文已加論及，又一是字義之學（semantics）擬制的學說，牽涉到的科目雖多，也以此兩種最有關係。擬制的由來要向語言與文字的發展裏尋找，而擬制的運用則見於文字詩歌，見於宗教，見於法律，而以英國法律中爲獨多。

邊沁認爲擬制是少不得的，人與人交談便隨時隨地用到擬制，否則話就說不下去。但也不宜太多，我們對它的接受更不宜太認眞。『像煞有介事』在生活中是有地位的，但不宜太過『像煞有介事』，否則便迹近欺騙。在宗教，法律，政治的領域裏，文化逐漸進展，民智逐漸開通，擬制的重要性也勢必逐漸減少，至於不再有任何用處。他說：『爲了達成一個目的或引起一種影響，邏輯家所瞭解而並非自創的種種擬制是有用的，但除了供給談話與交換思想的便利而外，並沒有更大的意義。詩人，無論其作歷史性的寓言或戲劇性的寓言，也不時用到擬制，其性質完全屬於虛僞與矯飾一途，其目的又無非自娛娛人，間或也有志在激發，使讀者的行動，趨向於某一途徑，某一目標。至於教士，律師（大約包括政客在內），無論其運用擬制時採取何種方式，何種花樣，其用意是更顯然的在達成某種目的，激起某種影響，或目的與影響兼而有之，而此種目的與影響又無非使人入其彀中，即先之以欺騙，繼之以控制，而控制的結果，總是權益歸於已，而義務勞役歸於人。……（Ogden 編，邊沁擬制論，頁十八）。

邊沁又認爲在政治與法律的領域裏，擬制的地位前途必歸於消失。他舉了一個很重要的例子，就是廬騷的民約論。他說：『這個和其它的擬制，在從前可能一度有過它們的用處。我並不否認，在當時的情勢之下，可能有過一些政治的工作，一些有用的工作，因此而得以完成，甚至於無此擬制的工具，便不克完成。不過我以爲擬制的季候現在是過去了。以前被人容忍而接受的種種擬制，今日之下，如果再有人運用，不免要被人詛呪，被人辱罵，認爲是一種侵陵，一番橫逆，非愚妄之輩，決不出此。如果有人想創用一些新的擬制，那更可以構成一種罪行；近頃所已被人鼓吹而傳播的種種擬制，用處雖沒有，而其所招致的危害，則已所在而是，就政治的審辨力而論，學術的普遍推廣已把全部的人類提升到一個水平之上，至少也要比前代平衡的多；個人之間的情形亦復如此，流品雖復不齊，却也不再有人高高在上，得以肆無忌憚的運用此種工具，從而專作損人利已的勾當』（同前引書，頁一二二）。

邊沁這兩段話是値得再加思索的。第一段所論是事實，但失諸過火。說詩人存心矯飾，教士與政客存心欺騙，是過火的。一則此種分子雖有，並且可能不在少數，我們却不能說凡屬運用擬制的宗教政治人物全都居心叵測。再則創制與運用擬制的人雖不少，接受與欣賞擬制的人自是更多；唯其有幾分可供欣賞受用之處，種種擬制才能維持得如是其久；完全把接受的人看作愚蠢受播弄，遭麻醉，於情理總若大有未順。第二段則又失諸過於樂觀。擬制論的最後寫成，大抵在一八一三至一八一五年之間，自此以降，至於今日，一百三十年之間，政治擬制在西洋的此興彼替，也眞不知有多少了，即邊沁在日所曾親歷的一部分的擬制，壽命延長，至今維持原狀，或變相而始終健在的亦復不乏其例。爲了這些擬制，百餘年來的文明人類還經歷過不少次的革命，戰爭，以至於兩番的大屠殺。由此可知問題大概不在擬制的存在；在政治的生活裏，與語言文字生活一樣，擬制也還是有它的地位。

理想，計劃，索瑞爾（Sorel）所說的『一個未來的圖樣』都是擬制，明知其與事實不符，甚至於不可能成爲事實，但依然是政治生活應有的一個部分。即如自由平等一類的擬制，事實上是沒有的，也是永遠不會有的，但由於前者的追求，大家得以少受一些壓迫，多得一些發展，由於後者，得以多獲取一些機會的供給，與待遇的公道。問題却在擬制的硬化，在人對於擬制的態度過分認眞，使工具變成了目的，參考變成了對象，約言之，擬制變成了教條。

不過話得說回來。擬制的硬化又怎樣來的呢？這其間的因緣固然很多，比較有力的一個可能就在後來的人沒有能理會邊沁的這一番提撕警覺。邊沁的擬制論是受人遺忘了的，並且遺忘得一乾二淨。奧格登(C. K. Ogden)在一九三二年編印他這部分學說的時候，在引論裏特別列上一節，叫『一世紀的遺忘』；百年之中，替邊沁作傳，或編印其遺著，或繼承其學院的人，有如穆勒，波瑞因，杜宇蒙（Dumont），阿勒費（Halevy），以至於上文曾一度引到的靄弗瑞脫，竟沒有一個注意到這一部分的。這次拉斯基在他的紀念文章裏，也竟沒有提到隻字。唯其受了遺忘，人們才忽略了眞實與擬制的分別，才以假作眞，才不提防擬制的硬化，才不理會擬制之與教條，其間相去不能以寸，才使近代的政治，日漸蛻變爲宗教而不自知，才替國際與國內集團之間的紛爭角逐，平添了一個古所未有的强有力的支點！

我認爲我們在今日紀念邊沁，所應特別紀念的便是他這一番擬制論，其它都還是支節。他的過火，十九世紀末年以來，已有人於無形之中加以糾正，例如法國的梵亨兀爾（Vaihinger）與英國的靄理士（Ellis），我說無形，因爲他們也不大知道邊沁有此一部分的學說。他的樂觀，百年來的史實也已經加以反證。不過他所給我們的一番審別，一番警惕，將永遠存在，求得舍失，責任便是我們的了。

如何研究中國經濟問題

谷春帆

我們要想研究中國問題，要想草擬一幅建設新中國的藍圖。一部二十四史，談何容易，從何處入手？

自有中國以來，就有中國問題，就有人用心研究。說近一些，從戊戌變法，辛亥革命，國民軍北伐，抗日以來，處處是問題，日日有問題。有多少志士仁人，研究過，創說過，奮鬬過。到如今四五十年，誰曾研究透了，誰能草擬一幅新中國的理想圖案？問題的本身，隨着時代在變。等不到你徹底研究，却不能不逼得你先來個解決。所以我們四五十年來，天天只在問題中混過去，也天天在解決問題——或是說天天讓問題來解決我們。當然我們天天也在研究，可是從沒有研究出一套結果來。究竟我們向來如何研究，用什麼方法，有沒有改良必要？

研究方法，大體說來，不外乎收集資料，經過思慮考索而後得出自已的意見。資料的來源或從本人親身經驗，或從別人口說或筆記下來。說廣泛一些，我們平日做人做事，耳聞目見，看報讀書，對我們俱留下一些影像，也用不到我們如何特別用心思慮，自然會使我們得到若干見解，在茶餘酒後，儘可以幫助我們對中國問題，發揮主張，說長道短。旁邊人一樣也會恭維說，高見高見，領敎領敎。這是最普通的研究中國問題方法之一。自然有些人馬虎些，有些人認眞些。所謂認眞研究中國問題的人，大體上也無非是多看些雜誌，多剪些報，分門別類列些索引。約集朋友多開些座談會。或是出些期刊，邀約些寫文章的人來投稿。今天某先生寫篇土地問題，明天某先生寫篇政治問題，或許出本專號，出本彙刊，出本年鑑。問題也在此，資料也在此，解答也在此。一切任之讀者。南轅北轍的主張。指東話西的文章。不管他是不是成一系統。大則上天下地的海話，小則一字一句的推敲，只要是中國問題，也不管他有無連繫。同一問題今天討論主張東，明天寫文主張西，也不管矛盾重複。甚至可以不問事實，不管統計調查，信口開河，寫出文章。如此等等即是我們向來辦刊物、開座談會，討論中國問題的一般方式。無怪討論不出結果，甚至中國究竟有些什麼問題，恐怕也討論不出來。只是出出悶氣出出風頭而已。

研究方法，本來逃不出博問强記愼思明辯這些老說法。但博强愼明這些形容詞却狠可注意。我是注意經濟問題的。姑以經濟問題爲例。要研究中國經濟問題至少有好幾點在方法上要做到：

第一：中國經濟上究竟有些什麼問題？在個人研究時，各人興趣不同，能力有限，也許只能注意到一二問題。但假使要澈底研究中國問題，其勢必須要有一個高瞻遠矚的人，能夠綜攬全局，將中國全部經濟問題，有系統地開列出來。非但如此，經濟問題只是整個中國問題之一節。綜攬全盤中國經濟問題時，還不能不顧及其他問題。所以最理想的研究方法，必得先有一個人，仔細考慮過整個中國問題，開出大綱，然後其中經濟部門的問題方可着手考慮。否則經濟政治社會各方面各想各的問題，狠可能經濟問題朝自由主義走，政治問題朝獨裁主義走，社會問題朝共產主義走，結果無法湊在一起。所以研究中國經濟問題的第一步，先要有系統地假定中國整個問題的輪廓，然後再仔細考慮而定出中國經濟問題的大綱。研究問題的第一步，先要提出問題。假使這個研究是有系統有計劃的，則這些問題亦必須有計劃有系統地提出。而不是隨便拉人寫寫文章湊湊篇幅了事。

以一個人的智識能力來出題目，當然狠不完全也狠多錯誤的。但是無妨。這僅是拋磚引玉的第一步，如何修正，留待以後再說。

第二：要研究中國問題必須要根據實地的資料。但資料的搜集，整理，計算，至少從經濟問題說，是超乎個人能力以上的。個人研究，可以就興趣所及，一鱗半爪，也可以徵集許多秘方奇聞，但是現代經濟的研究，已經遠超乎這個階段。美國之國民經濟研究所研究國民收益與商業循環皆集數十專家之精力，二十餘年之功夫，絡續方有所得。其他公私研究機關林立，任何一個問題，皆須許多人合力研究。基層工作如統計資料之調查，分析，計算，報紙索引之編集，實地訪問，通訊測驗，這種種工作，均爲正確研究正確解答問題之前奏。諸如人口分配，土地狀況，資本蓄積，國民收益，國際收支，財政通貨，信用機構，這種種資料，有些可作數量上的分析，有些只能作性質上的分析，縱不能弄得一淸二楚，至少也要大段上事實明白。對於中國經濟問題方能明白解答。事實上今日許多不同的主張，恐怕很大一部份是由於彼此看到不同的事實而發生。假使事實弄明白，則主張接近的希望要大得多。所以根據問題的範圍，收集不同的事實與資料來證明問題的本質，是必要的步驟。這應當是一種集體工作。

第三：要徵集別種專家的合作。現代問題錯綜複雜之至。現代智識又細膩專門之至。用現代醫院來比，一個病人，送進醫院，可以經過十幾部門，而不能診斷其何病。一個問題，在經濟學者手裏是經濟問題，在政治家手裡，便是政治問題，在心理學者手裡狠可能成爲心理問題。例如通貨膨漲幣制改革這些問題，在表面上無疑是經濟問題。但其中牽涉到狠大的政治因素與心理因素。從經濟學觀點認爲應當的辦法，在政治上在心理上不一定認爲應當。所以有了問題，有了資料，事實已經明白，看法却儘可不同。旣然各有專門，便應當集合許多專家的意見，共同來謀解決。至少在各專門的範圍內，必須得尊重專門意見。經濟本門之內，現在學科的分析已經很細密。專學財政的人，不一定懂得經濟地理，而專學工業經濟的人，也不一定研究人事管理。但其中關係却往往非常密切。所以在經濟問題與其他方面牽涉時，要其他專家合作，在經濟問題本身以內，也需要各種經濟學者合作。我曾經個人大胆設計中國工業化，深知其痛苦，結果只是一個人信口開河而已。有一次寫文提到幾秒鐘內電可以繞世界一週，後來一位工程家向我笑說，你的電太慢了。小小一些常識，亦可錯誤。何況要研究解決整個中國經濟問題。這必然要有各種專家集體努力的。

第四：要研究一個問題必須虛心無成見。提出題目的人，無非從其本人假定出發。也許錯誤。所以必須要公開集中針對問題來討論。尤其需要反對意見的駁難。在經濟學者中間，對於問題，三個人往往有四種主張，其中一個人有兩種主張。外國經濟學者尙以此自嘲。經濟學是新興科學。雖然朝着 exact science 方向走，還差得遠。經濟問題之研究解答，不能全靠學理。其中常識的成份很大。因此不同的主張各人可以言之成理。惟有經過公開的以及集中的論辯，才能見得到相對的眞理或多數人的意見。根據這種意見與理性，原來的問題，可以得到解答，或可以修正，或竟可以取消。而新的問題，更專門更細密的問題，也可以在討論中提出。不獨問題的本質會得變更，問題的範圍也會得變更。這一切討論自然全應以事實爲根據。因此問題只顧討論，只顧分析，對於事實也一定會得只顧接近。

並且問題是有時間性的。時間變遷，事實環境變換，問題的本身亦變。所以只有繼續不斷用事實作根據來分析正反各方面的意見，才能對於一個問題有比較滿意的解答。必須每個問題有比較滿意的解答（在整個系統以內），我們方才能夠希望粗粗有一個新中國的理想輪廓。

從上面這些步驟說來。研究中國經濟問題必須是一種集體工作。簡直可以有一個中國經濟問題研究所之類。有許多研究員職員，搜集各種事實資料。推定一個人想出一套假命題。推定許多專家各人分認一個題目去研究。其研究報告先經過其他專家無憐惜無顧忌的批評。加以修改。加以駁難。然後將研究報告，所根據的事實資料，別人討論的意見，彙總公布，徵求全國人士，針對這一問題，提出正反方面的事實與意見。搜集彙總起來，經過相當時期，再將原意見，修正，取消或加强。甚至連原問題也修正改變。然後再公布一第二次報告。再經過相當時期的討論，再來第三次報告。如此做去，庶幾每個問題，可以隨時代之變遷，依事實爲根據，有一個最近的解決方案。

在着手討論之前，還有若干先決問題。

第一：是原則先要確定，例如政治理想，經濟思想等等。思想不同的人，住在兩個世界裏，難得投機的。但思想之不同，往往由於事實認識之不同，平素修養之不同。並非一成不變之事。故一面要先有政治信仰經濟思想方能提得出問題，而一面也可以在討論中間修正信仰思想的錯誤（假如是錯誤的）。

第二：討論着眼點總有個長期短期的看法。若一個人從長期立論，另一人從短期立論。問題雖同，性質全非，一輩子不會同意。這一點也先得分明白。

第三：討論以前總得有若干假定的條件。假定世界大戰發生不發生，中國統一不統一，甚至彗星碰不碰地球之類。假定前提之不同是許多爭執的起因。

第四：一切問題總有個先後緩急。在經濟範圍以內，還是先解決土地問題，還是先工業化，諸如此類，雞生蛋，蛋生雞，開頭時總得有個假定。

我生有涯而知也無涯。也許這樣研究也得不出結果。也許不等你有結果，原子彈已經下來了。但是至少比酒後茶餘聊天等原子彈降臨較認眞些，較像一個研究。

◎ ◎ ◎ ◎ ◎

潛能與領導

龔祥瑞

一

人都秉賦着無限的潛在的才能。這是一個比目前普遍流行的奴才主義更爲適合人性的原理。本文的宗旨卽在檢討這個原理所啓示的「個人的尊嚴」與「創造性的領導」。

二

現在許多人都缺乏抱負。他們妄自菲薄，喪失了一切應付危機的本能。缺乏這種人性原是與懶惰相伴而來的。

他們自暴自棄，不肯付成功的代價，因而天賦的才能永遠不能發展。他們怕負責，他們需要別人的保護，他們也甘心情願把自己出賣給一個大人物，不惜做他的「幹部」，他們甚至持有二等奴才比三等奴才更爲光榮的見解。這種自尊心與自信心的喪失是進步最大的障礙。

我們必須要有勇氣承認每個人都具有無限的潛能。我們必須明白那些自傲的人物和退休告老的人們一樣，都可能創造偉大的事業。我們也必須認識人人都可能做得比目前更爲出色。

同時，現在的領導人物多數是不合時代的。他們只知道幾個成名的人物，未能激發別人被埋沒的潛能。他們多不能透視將來的可能性和人的可能的發展。若干領導人物並且不許人才的立足。惟恐在比較之下減削了他們自己的偉大。惟恐在陽光之下顯出了他們自己的黯淡。惟恐在雄才大略之下暴露了他們自己的渺小。因此，我們看到了黑暗的一面。到處是排擠，懷疑、妒忌、事事是防備，限制，集權。今日的領導人物，除了少數現代化的行政家之外都不要人才，只要奴才與庸才；不許人才的發展，只許庸才的晋升。因爲「無能」對於今日的領導地位最無刺激，最保險，最可靠。

三

人賦有潛在的才能，在充分的機會之下是可能無限發展的。

有人說，一個人的身體每隔七年前後完全不同。事實上沒有人在七年之後是與七年之前完全相同的。姑且不談身體是否七年一變，人的心神狀態確不是固定不變的。人在遇到危急的時候往往能夠產生以前所未曾表現的能力。許多人有此種經驗。這種變化的全部決定一個人的本質。這種現象謂之「生長」。

生長不過表示一種例行的過程，而發展一個人潛伏的才能卻是一種特變，一種奇蹟。人的發展就時間與範圍而言，往往是最具革命性的。遇到危機，人會立刻自動去應付。如果他應付得恰到好處，那麼他便從此高出一籌，從此經常地生長起來了。如果他給環境克服了，也許從此便一蹶不振，永遠不能抵抗這一次失敗所受的打擊。我們可以看看從外國回來的留學生，有的生長了，有的枯萎了，個人永遠的根本地改變了。這種變化是異國給予他們的刺激所促成的。這種機會不多，幸而在本國所產生的刺激同樣能夠把那潛伏的能力正當的激發出來。

我們可以拿一塊煤做個比喻，來說明人賦有潛伏能力的原理。這塊煤可能永遠沒有開採出來，換言之，就是永遠埋藏在地下。

這好像一個足球隊員，永遠做預備員，雖到最終一場還沒有參加比賽的機會。天下有多少埋沒的人才，也正是如此不被人知道。而這種被埋沒的人才，無疑的是大多數。

這塊煤可能被開採出來了，但在運輸途中給碰碎了，落在公路旁邊，成了灰燼，正好像一種人被排擠而浪費永遠不得發展其專長一樣。

這塊煤可能運到了目的地，在爐中燃燒，變成了熱，正好像一般的人，他們平平常常過日子，沒有什麼出色的地方，但是他們對於社會的生計，倒是完全必需的。

這塊煤也可能經過化學的過程，變成了人造橡皮。他永遠是塊橡皮，不能再變成其他的東西了。這又好像專門人才經過專門特別的訓練，發展了專長。說他們是工程師、醫師、教師吧，總而言之，他們是專家，要是沒有他們，他們的事務便沒有人做了。

最後，這塊煤可能經過高度的熱力，高度的壓力，變成了金鋼鑽，萬物中最貴重的東西。這樣的煤在人類中就是天才。人發展成了天才，自然是人類中的至寶。一塊煤並沒有價值，煤的價值基於他的性質的改造。人也是如此。

煤最初是相同的。後來因爲各有各的變化便會大大不同。人在開始時是一樣的，但是後來卻走了不同的道路，得到不同的發展。一個人的歷史和他所給予社會的貢獻，就是他天賦才能發展的全部歷程。

我們的比喻還可以再進一步，譬如，各種開採出來的煤，素質有好壞，因此他的用途要受原始素質的限制。人也是一樣，天賦各有厚薄；所以他的發展也要受天賦的影響。但是人人均有天賦及可展之才，在未發展之前沒有人知道他的程度，因此，天賦的假定不能限制人才的發展。

大衛王 (King David)曾用綺麗的詞句向上帝崇揚人的潛在的本質：

「人就是你所看見的人之子，你把他看做僅僅次於天使，給他戴上榮耀與體面的冠冕，你要他支配你手中的事物，又把萬物放在他的腳下」！

這個概念與政客所謂「平凡人」是完全不同的。在政客的眼中人不過是羊群之一頭而已。但是現代的行政家卻知道人所秉賦的才能遠超過我們平時對他所估計的；也超過同時代的人對他所估計的才能。

威廉傑姆斯 (William James) 曾經說：

「人實在生存在他所受的限制之內，他具有多種的能力，這些能力，是他經常不用的，他在最高的限度下面用力，在最適當的情況下面持躬」。

歷史告訴我們大衛王與威廉傑姆斯的話是正確的，人不過僅僅次於天使而已。

阿伯刺罕林肯 (Abraham Lincoln) 是一個鄉村的律師，鄉村律師的林肯是不平凡的，他發展了他的潛在的才能，成了美國歷任總統中最偉大的總統。福特 (Henry Ford)本是一個農夫。福特是不平凡的，他在危機與刺激的鍛鍊中成了美國最大的實業家。凱特林 (Charles F. Kattering) 也是農夫出身，卻具有潛在的工程方面的天才，終於執世界技術工程界的牛耳，美國元勳華盛頓原是一位住在鄉間的好好先生，這位先生也是不平凡的。

如果沒有發展潛在的才能的機會，袞袞諸公不也是無聲無臭地進入了坟墓！如果凱撒拿破崙愛廸生之流，生於印度，而不幸又屬於那個「不可接觸的階級」，現在怕就沒有人知道他們。天下究竟有多少天才，因爲沒有發展的機會，空手走進坟墓，是沒有人知道的，但其爲數極大則是毫無疑問。由此可見機會的重要了。

四

那麼如何發展無限的潛能呢？發展潛能的第一個途逕，就是自由——機會自由。自由就是負責。自由就是機會。自由就是每一個人在世界上立足發展的起點。沒有一個自由人會侵犯別人潛能的發展，也沒有一個自由人在自己的潛能的發展受侵犯時而吝惜一戰。這是發展人才的基本原理。基於這個基本的原理，我們應該承認個人的尊嚴，給個人以自由。對於自由人我們用不着注意外在的紀律。自律 (Self- Discipline) 以外，再沒有一種紀律能夠控制得住一個人的責任感。英美人和一切民主自由的制度，所以成功的原因就是他們相信自律的力量要比任何紀律的力量大。德國人和一切集權的制度所以失敗的原因也就在於相信自律以外其他紀律的力量。

這幾年來我們受軍訓的影響太深了。軍事管理的原理與這裡所宣示的原理是完全相反的。軍事管理把人看做一律，除了高矮之外幾乎不承認還有其他個性的存在。被管理的人不僅穿上一色的制服，並且須要受一致的外在的紀律的約束。因此他們失去了一部份寶貴的人性。軍事管理及其類似的制度絕對不是一種發展人才的途徑。在軍事管理中權力比什麼都重要。個人的才智是不容許發展的。要是整個的世界都採取軍隊的組織，那麼除了軍官的口令與兵士的步聲以外便沒有人的聲音；在草綠色與深灰色以外便沒有其他的顏色，在服從與鎗決之外便沒有其他的紀錄；除了大元帥以外便沒有其他的天才，這樣的世界將是一個怎樣可怕的世界？所以，學校機關和工廠實在不應該允許具有無限的潛能的人們去過這種不合人性，永遠沒有進步的奴隸的生活。

奴隸的工作與自由人的工作是相同的，但他們對於工作的反應是完全不同的。奴隸永遠爲主人而工作。他的工作永遠不被人重視，也永遠沒有酬報，所以奴隸的工作永遠沒有效率，奴隸的世界永遠沒有進步。奴隸的唯一出路是逃避他的奴役；所以奴隸的工作需要鞭策，需要外來的紀律加以約束。自由人則不然，他是爲自己而工作，他的成績是他自己的歷史的記錄；所以自由人的工作不需要鞭策。雖然如此，但他的工作效率卻遠高於任何時代的奴隸的工作效率。

五

發展人才的第二個途徑，便是正確領導。領導者的責任在激發別人的潛能，使被領導者相互合作以求工作順利的完成。因此他須要時時注意有沒有人在追隨他。他不獨攬大權，也不一意孤行。

新的領導方式不是把持，把持與領導是兩件完全不同的方式。領導是從下層獲取優異的意見，利用集體的經驗，再加上領導者自己有限的觀點來決定工作的方向。

新的領導者承認進步是無限制的。他會時時警惕自己。惟恐目前所想的與所做的是錯誤的。如果進步遲緩，他應該認爲是由於領導的失敗，是由於他自己對於遠景缺乏一種明晰的了解。

新的領導者承認他的所遇到的人並不是一律的，所以關於人的管理，除了應用幾種基本的制度之外採用各種各樣的方法。

新的領導者承認他的管理與被管理人之間有一條鴻溝。他必須設法聯絡，避免一切的「內戰」。

新的領導者採用鼓舞的制度，絕對不以工作破壞工作，以頭腦破壞頭腦。

新的領導者把每個人當作一個人，承認他是組織的一員，也承認他的努力是整個事業所不可缺的一部份。

在新的領導方式之下每個人會覺得在一個計畫中他所盡的本分是有價值的，而計畫的完成，乃是基於他的才能的使用。

在新的領導方式之下每個人會認識整個事業與計畫的最終目的，如果最終目的是爲了增進文明，那麼他立刻就會了解他的生和他的死已經有了意義。人的工作效率惟有在這種「自我」的滿足之後纔能增進。總而言之，新的領導包括人的偉大性的了解和這種偉大性的啓發。這裡所宣示的原則雖是簡單的，但收獲却是可觀的。

六

人往往被他所處的時代估計得過低，喪失了與生俱來的尊嚴。因此，人們期待着新的領導！

從美蘇換文說起

吳允曾

本月十一日莫斯科廣播了美大使史密斯將軍和蘇外長的換文，爲各國報紙製造了頭條新聞。史密斯原函說明四點：（1）馬歇爾計劃之目的在援助西歐經濟復興，並無侵害蘇聯之企圖。（2）目前爲蘇聯所反對之若干美國政策乃係不得已者，若蘇聯不再支持歐洲共黨以不合法手段攫取政權，則美國亦可改變其政策。（3）美國之外交政策決不致因總統改選而改變，同時共黨所宣傳之經濟危機卽使到來，也不致影響美國工業實力。（4）美國隨時準備與蘇聯商談，以改善兩國關係。莫洛托夫的覆文則除對美國之指摘有所辯解外，肯定的說蘇聯「對於爲解決現存於吾人間之歧見而進行討論的建議，表示同意。」

這兩件備忘錄在全世界引起了很大的反響和揣測。但十三日馬歇爾發表聲明說，美國目前無意與蘇聯舉行兩國會談，蘇聯爲欲解決問題應通過現有國際機構進行云云，則美蘇直接談判又似乎一時不會舉行。可是這次換文仍是外交史上一重大事件。而欲確定其意義，則有回顧年來美國整個外交政策的必要。

在此次戰後，蘇聯的政策是與已往一貫的，而美國對蘇政策却自一九四六年春巴黎四外長會議，逐漸變了。這便是所謂「堅定而忍耐」政策的開始。一九四七年三月十二日杜魯門向國會提出他那有名的援助希土咨文。公開地說，美國的政策就在於抵抗共產主義的擴張，從此出現了所謂「杜魯門主義」。去年兩次外長會議無結果而散。歐洲顯明地分成了兩半。近來更出現了西歐五國軍事聯盟。東西陣營，劍拔弩張達於極點。但美國杜魯門政府對蘇的政策實是由對抗以求妥協，這由最近換文一事可得到部分的證明。

美國對蘇政策最好的說明，是包含在去年七月外交季刊上X君所撰「蘇聯行爲的根源」一文中。此文發表後，美聯社就指出X君乃國務院高級官員凱南之化名，未曾見他否認，所以我們可以確定爲凱南手筆。凱南精通俄文，曾在莫斯科美使館中任職五年。現任美國務院政策設計委員會主任委員，擔任對蘇政策的設計。所以他那篇文章是可以看作對美國人民的權威說明的。

根據凱南的意見，蘇聯有下列幾個特點：（1）蘇聯猜忌異常，對西方國家根本敵視，一時不易與之澈底合作。且在本質上是要向外擴張的，苟非遭遇阻礙，不會自動停止（2）但因蘇聯對共產主義自信極深，深信終必能以其道易天下，所以並不急於發動世界革命。在擴張過程中如遇到有力的阻礙，牠便會停止，而不會引起戰爭。（3）假如西方國家在蘇聯週圍築起堤防，以阻撓其擴張，則結果將爲蘇聯態度的軟化。

以上對蘇聯的分析是否正確是另一問題，而美國所實行的「邊緣範圍政策」（Policy of Peripheral Containment）以及馬歇爾計劃却似乎完全是以上述的分析爲根據的。這項政策的要點，是認爲目前在重要問題上，不易與蘇聯獲致協議，西方諸國需要在軍事政治經濟各方面築成壁壘，阻止蘇聯的擴張，蘇聯在擴張受阻後，反而可能態度轉爲緩和，屆時遂可以與蘇聯解決一切懸案。

去年七月路透社駐華盛頓記者蘭金（Rankin）曾撰一文，說美對蘇範圍政策可分三個階段，第一個階段是軍事的，第二個階段是經濟的，第三個階段却是成立妥協。這是很正確的分析。詳言之，第一個階段是在蘇聯週圍的若干戰略地點，直接築成軍事力量的堤防，這些戰略地點大致是希臘，土耳其，伊朗，西德，南韓。除去西德南韓本有美佔領軍外，美國所以要軍事援希和向土耳其伊朗派遣軍事代表團，其作用即在於此。第二階段是在西歐穩定金融，消除貧困，築成經濟堤防，使其共產主義不易滲入或滋長。第三階段是待蘇聯態度軟化後，與之妥協以解決一切懸案。我們在上述的三階段中，當可以清楚地看到了杜魯門主義與馬歇爾計劃的輪廓，和最近美蘇換文的意義。

但最近美蘇在莫斯科的密談僅祇是一個開端。前途依然困難重重，我們不能作過早的樂觀推測。馬歇爾在三月間曾宣稱，歐洲一切懸案，要等援歐計劃發生效果後始能着手解決。爲此則目前顯然爲時尚早。然則美國爲何在現在即着手試探呢？這大概又是「大選年」的花樣。目前美國有許多被戰爭嚇怕了的人民可能要投華萊士的票。最近羅斯福夫人曾說，人民需要和平，能保證給他們和平的人，便可以多得票。美政府在目前即開始試探的原因可能是爲了拉回一部分票。至於馬歇爾在十三日記者招待會中所表示的退縮態度，則或許因爲蘇聯過早地宣佈了這項消息，引起英法的驚訝，使美政府頗感困難。

至於蘇聯目前的態度，一部分要看蘇聯對美國大選結果的估計而定。假如蘇聯認爲民主黨蟬聯機會極少，而明年入主白宮的將是極右的塔虎脫，或曾一度主張與蘇成立諒解的史塔森，則蘇聯不會在目前解決問題，而將拖延下去。因爲就蘇聯看來，美國對內極右的人執政將招來經濟恐慌，較開明的人上台則條件可能較優，均以等等看爲合算也。史密斯大使所說，美國外交政策不會因大選而改變，以及經濟危機無大影響的兩點，是對於蘇聯對美估計一針見血的話。因爲年來蘇聯之所以不肯讓步的原因，即在於此。但美國需以事實說明以上兩點，否則克里姆林宮中諸人仍未必肯信。所以目前的國際陰霾未必即能開朗，過早的樂觀是要失望的。

五月十五日於燕大鏡春園

本刊編輯部啓事

（1）本刊暫闢專論，通訊，文藝，辯論，論壇，我們的意見，書評，讀者來書等欄，每欄均歡迎投稿。

（2）本刊對於通訊一欄，想盡量充實，希望各地讀者合作，從全國各地，給我們以該處政治，經濟，軍事，社會各方面事實的報導。每篇通訊，以二千字至四千字爲合式，特別歡迎瀋陽，長春，天津，西安，開封，蘭州，廸化，濟南，青島，上海，南京，杭州，南昌，九江，贛州，蕪湖，安慶，蚌埠，漢口，宜昌，重慶，成都，貴陽，昆明，梧州，柳州，廣州，長沙，衡陽，香港，台北等地讀者賜稿。

（3）決定採用之稿，立即寄奉稿費。稿費按戰前幣值計算，每千字自貳元至貳元五角，依主計處每月公佈的各地生活指數計算。

（4）本刊各欄，除專論，論壇，及我們的意見，一律用眞姓名發表外，其餘用眞姓名或筆名，聽作者自便。但文責一律由作者自負，作者並須以眞姓名通知本刊。

通訊

動蕩中的長春市（長春通訊）

葉　舟

長春是國軍控制下最北的據點；過去曾是敵偽統制十四年的偽都，設計相當的新穎，建設也很宏壯；敵偽時曾自詡爲世界第二公園都市；但自從勝利接收一來，已經大改舊觀了！

長春是多難的；幾次受着炮火的洗禮，很華麗的建築有的是滿帶着槍炮摧毀的痕跡，若說是「千瘡百痍」，自然是很適當；可是我覺得用「千瘡百痍」來形容整個的長春市，一定更來得確切點。

壯麗的大廈，許多已經是缺少了門窗；而這些新式的門窗，却被人安排在自勝利以來，如雨後春筍的新建小土房或木板房上去了。看起來自然是不相稱，常有人談到我們民族性的自私，把公有的大好建築，破壞得體無完膚；把公產變成了私產。但是，也有人在質問，接收兩年多來，所有的敵偽建築，有沒有一個合理的處理辦法呢？

長春有十幾所公園，街頭綠樹成蔭，的確是配稱爲公園都市。可惜的樹木日見減少了！軍事的需用增加，使着建築物的木料與林木都成了這些工事的唯一材料來源。

去年十月間吉長鐵路中斷後，煤炭電力的來源全部斷絕了。長春變成了黑暗的都市，變成了燃料荒的冷城。市內的炊食取煖，除了少數機關僅存的一些餘煤外，大部份依靠木料來維持。這是生活上的最低的要求。於是拆房子砍樹木，變成了無法禁止的必然性。多少年來埋藏在地下的煤炭渣滓，竟也時來運轉變成了燃料市場的寵兒，每日街頭推車叫賣的到處皆有，失業的老幼婦孺，成千的散在幾處煤灰場上，來發掘這幾年前廢棄的渣滓。

自來水，煤氣，電車，電燈等全部入睡了。大小四百多家的工廠，也統統緊關了大門；機器生了銹，材料也都變成了無用的棄品，失業後的工人，無精打彩的從工廠裏走出來。但是到那裏去呢？只有徘徊在街頭，尋找一點維持水平線以下生活的路子。於是攤販增多了，掮客也在任何的角落裏活動着。正式的店舖，爲了逃避納稅的擔負也紛紛的化整爲零，大開後門方便方便。自然政府的稅收減少了，而多財善賈無孔不入的商人，却仍舊是眉笑顏開的生財有道，飢餓與淫侈仍在相反的方向賽跑着。

三月中旬，吉林撤守了，長春就變成了最突出的一個孤島。自然，長春又多添了十多萬的生力軍民。但是長春的人心，却隨着吉林來長人數的增加而浮動了。謠言當然很多，自然是有人在故意的製造恐慌。一方面多愁善感的人們，也失去了自信的主見。走啊！逃啊！怎麼辦哪！成了見面的口頭語。破爛攤越來越多，除了一些指定的破爛交易市場外，街頭巷尾，到處都在五光十色的陳列着。自己珍貴的衣料鋼琴，以至破桶舊缸，都成了交易的貨品。賣貨的可能比看貨的人多，而看貨的人多，却很少是眞正的主顧。嚷着要走的人很多，爲了離開長春而活動的人也很多。但是想離開長春，只有兩個辦法：一個是化裝徒步經過共區走向瀋陽。雖然，這區區的三百公里，可是在受過科學文明交通便利的人們看來，大有像唐僧西天取經的那麼艱難。另一個辦法，只有從天空裏飛出去，但是飛機並不那麼方便，於是黑市飛票却成了公開的秘密，前幾天國大代表一批剛坐上飛機起飛的時候，砲彈來開玩笑，飛機受了傷，代表吃了一場實驚。

但是到任不久手握軍政大權的鄭洞國主席和長春市長尙傳道氏，却很勇敢的擔起了這維護長春的艱難沈重擔子。爲了保衛長春，爲了搶糧，爲了春耕，國軍是在積極的四外推進着。據說現在長市周圍的五十里內，竟然沒有大股共軍的竄擾。

這八十萬軍民麕集的都市裏。糧食問題非常嚴重，大米白麵自然不是一般公教人員及軍民所敢問津的，於是高粱米大豆粉變成了一般市民的主食。窮苦一點的人，只有把豆餅拿來果腹。生活的窘迫成了普通性。可是必需品强力的管制，使物價的波動減少了多次的洶濤。在同一個時間裏，瀋陽高粱米要一萬多流通券一斤，長春却只在三千元左右。

自來水沒有了，政府和人民普遍的挖掘土井。電車，公共汽車，最近也在極困難的條件下恢復了。數量雖然少得可憐，究竟爲這塊出了圈子的星島增添了一點生氣。

過去在科學文明所支持着的長春，已經恢復了十八世紀前的景像；豆油燈是機關家庭晚間的唯一照明設備，洋房子搭起了土炕來代替鋼絲床。機關裏職員們大都帶着一支旱烟斗吱吱的吸着關東葉子。市府命令着全體市民開墾市區內的空地，庭前院後，也要種上菜蔬，馬路兩旁的草坪綠地，將成農田。是的，長春市已經在農村化了。

× × ×

關於捷克政變（美國通訊）

本刊特約記者

（一） 多難的樂園

捷克斯拉法克位於歐洲中部，是一塊東西長約六百英里的狹長地帶，面積共四九三七三方英里。這裏有煤，鐵，鈾等豐富的鑛藏。藍色的多腦河與莫爾道河從美麗的農場旁邊流過。和東歐各小國比較起來，它是首屈一指的工業國，如軍火、機器、化學工藝品、啤酒等均甚有名於世。人口共一千二百三十萬，他們的文化程度像工業一樣發達。無論在世界美術、詩歌、音樂，文學或政治科學等的領域內，均佔重要地位。無論從那一方面看，它都不失爲差可人意的人間樂園。

這地方原本屬於舊奧匈帝國版圖。捷克共和國是第一次世界大戰後的產兒，算年紀才三十歲。共和國首任大總統是湯姆斯，馬薩銳克（Thomas Masaryk），一位美國威爾遜總統的老友。

九年以前，英、法、三國莫尼黑會議首先帶給了捷克人民的災難。那時湯姆斯、馬薩銳克已經辭世一年，由他的至友兼同志愛德華，貝利斯（Eduard Benes）繼任大總統。貝氏處於三强壓力之下，不得不受迫出走莫斯科，留下了希魔掌握下的傀儡政府。德軍進境之日，捷人開始哭泣了。這傀儡政府的猴戲一玩就是六年。

德國統治時期，常遭遇到捷克人民游擊隊的反抗。希特勒曾因此殺了二十五萬捷克人民，約占全人口百分之二。捷克共產黨員現共約一百二十五萬，占全人口十分之一，比例高於蘇聯，主要是這時期在苦難中成長起來的。希特勒的屠刀並未達到預期的成果。

美蘇軍隊把捷克人民從希魔鐵蹄之下解放出來是三年前的事。紅軍先進入，幾乎佔領了捷克全境。只剩西端一隅留給「老美」佔領。兩國軍隊均於同年撤回，由莫斯科捷克流亡政府回國領導，組織各黨派聯合政府。除了曾與納粹合作的政黨被認非法的以外，均或多或少在聯合政府中佔有相當職位。這本可視爲捷克人民重建理想國的開始，無奈又遭受了一次政變的挫折。樂園裏並非只有快樂，沒有痛苦。

（二） 鐵幕上不能有窗戶

捷克政變發生在美蘇爭霸的關係上。美蘇各代表一套不同的社會制度，於第二次世界大戰結束後，互相猜疑，大打冷仗。其主要鬬法的場合，與其說是亞洲，毋寧說是歐洲。當東歐的南斯拉夫、羅馬尼亞、亞爾巴尼亞、匈牙利、保加利亞、波蘭等小國次第變爲蘇聯衛星國時，美國則極力以其財力爭取西歐英丹、法、荷、比等國，甚至連與希墨一鼻孔出氣的西班牙弗朗哥政權，也幾乎可以分得美國救濟的一杯羹。政變前的捷克政府處於兩大壁壘之間，既不左，又不右，自然好像「鐵幕上的窗戶」。

捷克政府一九四六年五月全國大選的結果，共產黨員在三百個議員的巴力門中占有一一四席，國家社會黨五五席，人民黨四七席，斯拉夫民主黨四三席，捷克社會民主黨三七席，其他四席。其中捷克社會民主黨與共產黨較爲接近，二者加上才在議會總票數中占百分之五十二。在克林姆宮眼底，這力量並不能完全制服非共產黨的勢力，使捷克聯合政府隨着他的意志行動。從這窗戶裏不時可以吹入由美國東來的風，影響蘇聯及其衛星國的安全感。

西歐馬歇爾計劃背後的美元，更加重了捷克政府向右轉的形勢，捷克政變前數星期內，其右派黨報即大叫：「我們要參加馬歇爾計劃」。共產黨單以議會中一一四票的力量，難於阻止這一趨勢。據一般估計，馬歇爾計劃或將使共產黨在今年五月的第二次大選中，連一一四票的力量也會失去一部份，落到非共產黨的手裏。共產黨對這一可能結果愈有信念，則只有乘機來一次政變，乾脆把這向西的窗戶關上。本來鐵幕上就不容許有窗戶，有了便會失去鐵幕的功能。

（三） 政變前奏曲

遠在這次聯合政府成立時，即有所謂民族委員會的組織，在村、區、省各級地方政府中起着主導作用。這會是由各黨派代表組成的。不過共產黨代表大多在會中擔負社會安全或警務主要責任。這第一屆內閣中的內政部長也是共產黨員，他掌管全國警政。由此可見實際武力均在共產黨手裏。這次政變的基石早就從此打了埋伏。

隨後工會大聯盟也在政府同意之下成立起來。從此即有工廠與商業機關的工人代表到捷克首都布拉格來，向政府請求將捷克大部企業收歸國有。假如私人企業家有過分管制的事實，則工人在工會大聯盟主席指揮之下，實行罷工。政府的決議因此不一定能夠實行。另外有青年先鋒隊，更無異於共產黨的宣傳機構。

政府新聞部的共產黨員，盡可能使用國家無線電，作爲共產黨的宣傳。這宣傳常與政府消息混雜在一起。去年春天，共產黨並宣稱：「斯拉夫民主黨某些分子與以前德國傀儡政府有極密切關係。假如另一次大戰爆發時，這些分子難免不使新共和國陷於分裂」。這正攻擊着非共產黨方面的弱點。

在攻擊斯拉夫民主黨的煙幕下，內政部長洛塞克（Vaclav Nosek）又以命令撤換各級警官多人。把非共產黨的撤職，代之以共產黨員，一個又一個。最後，有百分之八十警官是共產黨員。

上述事實證明了捷克政變早已在其國內伏下引線。捷克政變固不必有待於外力的激發。

（四）在暴風雨中

今年一月二十三日，司法部長，一位國家社會黨的黨員，在內閣的機密會議上，指責內政部長洛塞克擅用職權以建立一種情況，企圖推翻非共產黨的地位。這控訴好比一顆炸彈，驚動了布拉格的政治界。各人都在被煽動，也都在沸騰。暴風雨開始來臨。

就在這前不久，各政黨均在假想本年大選的時期，四月好還是五月好，而共產黨則突然以其工會大聯盟為喉舌，提出先完成憲法的要求。農業部長，一位共產黨黨員，也隨卽主張先實行第二次土地改革，然後選舉。這一套事實也是司法部長控訴的起因之一部份。

二月十三是星期五。捷克非共產黨人名此日為「黑星期五」（Black Friday）。因為這是捷克民主政治死亡的一天。這一天除了共產黨閣員，所有內閣閣員，包括與共產黨一致行動的社會民主黨閣員在內，正式要求內政部長收回任用共產黨員充當警務要職的成命。可是洛塞克剛好這時病了，沒有出席內閣會議，有所答覆。

七天之後，另一內閣會議被召集時，國家社會黨、人民黨、斯拉夫民主黨共十二位閣員事先向首相高特瓦德（Klement Gottwald）嚴正表示：「假如我們要求內政部長收回成命的意見得不到保證，將不參加內閣會議」。可是內政部長依然沒有回答一個字。於是這十二位閣員便辭職了。留下的閣員只有社會民主黨兩人，共產黨九人。非共產黨閣員辭職的意思是想因此使內閣解體，逼着高特瓦德首相不得引退，卽刻有一個全國大選。

可是這一位共產黨領袖兼內閣首相的高特瓦德對此並不感到威脅。他是農民的兒子，曾參加遊擊隊反抗納粹，現年才五十一歲。矮胖幹練，黑髮濃眼，煙斗常掛在右嘴口上，活像斯大林。他於第二天上午出現在布拉格十萬群衆之前時，一點不顯得胆怯與苦悶。他勇敢的宣稱：「這十二位閣員的離職是受了外國的指使」。並要求總統貝利斯給予他重組一新的「人民政府」的權力。

貝利斯總統的遲疑引起了二月二十二日勞工大聯盟的組織。勞工領袖宣言誓為首相高特瓦德後盾。高特瓦德又組成了行動委員會，於危機中執行他的命令。

第二天星期一，警察手執來福槍巡邏於布拉格街頭。有二十個警兵並佔領了國家社會黨總部，把機關槍架立在門外。捷克國境四周也被警兵封鎖，反對者逃不出去，外國人也沒法進來。

二十四日起，行動委員會正式開始行動。首先他們淸除已離職閣員的各部，並令警兵站立在每一國家機關前守衛。許多工廠經理被撤職，由共產黨員遞補。布拉格已有六百年歷史的查理士大學中，有三十位教授失去了職位。

二十五日是星期三，這次政變雖剛進入第六天，但已獲得了勝利。是日早起，所有政府各部，各重要交通線，各工業區域，已完全歸入共產黨掌握之下。行動委員會佔據了各反對黨的報館，反對黨的報章或雜誌無形入於沉寂。也就在這一天上午，勞工大聯盟正式宣佈：「假如總統不答允高特瓦德首相組織人民政府的要求，全國總罷工將要開始」。

同日下午，布拉格的溫塞士拉斯廣場上，充滿了手執紅旗，身佩刀劍的人民。巡邏的武裝警兵，不時在街上通過。貝利斯總統原定今日向全國廣播，因之沒有舉行。首相高特瓦德在此情形下，到古海拉德克里堡（Hradcany Castle）去再見貝利斯總統。四點三十分，他帶着高興回到溫塞士拉斯廣場，向沸騰着的民衆前宣佈：「貝利斯總統已接受了人民的意志」。接着是一遍歡呼。

六十三歲的貝利斯自然不願他與湯姆斯、馬薩銳克所手創的捷克民主政體被吞噬。他在一九三六年馬薩銳克的葬禮中曾禱告說：「總統！救星！我們將對於你所給予的遺業，永遠保持虔誠」。他沒有完成這一諾言。原因是他更「不願國家分裂，把自已參與人民中從事內戰」。

新閣員中，有十二位共產黨員，其中九人已有了年紀；七位非共產黨員；屬於無黨派的只有兩人。這兩人中有一位是湯姆斯、馬薩銳克的兒子詹巴、馬薩銳克(Jan Masaryk)，因為「馬薩銳克」這個名字很受捷克人民歡迎。

又是星期五，總統貝利斯於新內閣中宣誓之後，首相高特瓦德向他致敬說：「我們眞誠感激你，你幫助了人民與新民主政治的勝利」。

（五）不吉利的教訓

總統貝利斯由紅軍護送回國之初，卽於捷克東境哥西克（Kosice）地方召集全國各黨派會商，決定在經濟方面實行與蘇聯接近的社會主義政策，國營事業規定占百分之六十五，其餘允由私人資本經營；在政治方面由全國選舉以產生新議會與內閣，原則上各黨派均有同等參政資格與機會。換言之，希望從共產主義與民主政治的合作實驗中，重建捷克人民的幸福與樂園。由於捷克自然文化背境的優越，民主政治習慣的深厚，這實驗的成功希望，至少應較在其他地方為大。而竟然在短期的政變過程中被毀滅了。捷人這次復國時所理想的伊登園，證明了原不過是一場幻夢。

不過捷克人民雖未能完成共產主義與民主政治合作的理想實驗，而發生了本年二月的政變，但在這次大政變中，沒有看見流一滴血，沒有聽到放一次槍，總是不幸中之萬幸。更可悲的是有些國家的人民連這一點好處都不能領受。

捷克這次共產主義與民主政治合作的實驗之失敗，固然密切關係捷克人民現在及其未來的命運，而對於全世界各國人民的教訓意義也是非常重大的。處今世變亂之際，我懷疑人類有限的智慧，是否够資格走這一條理想道路。

文藝

隱士

城北

雄偉的太行山麓蜿蜒到北平近郊變得玲瓏些的群山，叫西山山脉，下面却滿是可燃熊熊之火的煤田。所謂有帝王之氣的青龍山，高度也不過比海水高出千尺左右，更接近城市曾爲那一人享樂的萬壽山，被比作龍虎鬬中的一顆綉球，小得自然更可憐，而那隻虎便是玉泉山，蹲在青龍橋的一旁，像隻慣於搖尾乞憐的哈叭狗。山光需要水色，那曾爲宮廷玩要的海軍基地昆明湖，一片亮晶晶的大水池恰好成一個歷史恥辱的紀念章。這裡記述這角落中的一件事。

龍旗雖成爲落伍東西，一切的利益仍是屬於少數人的。皇帝一個人單獨享樂的世紀雖是過去了，但不論春夏秋冬，這山脚下的大千世界風物仍然與蓬門敗戶中的居民無緣。且不必說那些給後起的若干新皇帝享受的樓台殿閣及風花雪月，就連死去的骸骨都各自雄據着一個用顏色磚瓦組成的小圈子，與生產者爭奪耕地，這包括着明朝留下的老官墳，清朝留下的勳臣公主墳，民國以來的各種新貴墓地。至於假公濟私爲顯貴强佔的別墅或園莊，自然更加濃裝淡抹，顯示豪華。當春花滿地時候，城市來的游春者，也從無顧及伴着春花的春荒，及遍地上的野菜挖掘者；當大雪紛飛時候，已得温暖者也從未顧慮到枯枝敗葉下的飢與寒。

西山山脚下這片地帶是個歷史的展覽會。從遼金元明清以至現代，花開了又落，建設了又破壞，那一種人都可能在這裡找到憑弔的對象。青龍山曾逢盛世，上面修了五個拉薩式的昭廟，以一片金黃迎接朝陽，如今香山寺旁的達賴行宮變爲青年軍營盤，而這盤繞半山的五大昭廟都失掉屋頂，但風雨却仍然撼不動那些半截的屋基。環山的老樹却消失了，一顆顆草籽在石縫中因獲得溼氣萌發了，於是一年年就又延續若干新生命，使禿山遠看起來不失青色。以團城爲中心，四周原是八旗子弟兵的營盤，沿山還有教戰的堡壘及寄托精神的廟宇，除了一二私人花園，如今大半坍塌，滿地都是荊棘。過青龍橋，穿過一個鑲紅旗的營盤，只剩了一個大門的痕跡，裡面的房屋找不出幾家完整，不纏足的老媽在田中耕作，男人們却在市上擺個小攤子，有的還不肯剪掉那個花白的小辮子，却又像羞於見人們的，盤在頂上，還扣上一層破氈帽。那三百年的歷史，也就隱藏在那殘存的煩惱青絲內。

天災人禍把老百姓口袋裡的刮得乾乾淨淨，而窮得不能生活的人又把地表皮刮得乾乾淨淨。滿山古樹不知從什麼時候消失了，從民元起就在那裡造林，到今天看起來像癬疥，有點星星點點的松柏。民國四年成立林場苗圃，好像幾十年一直在遺光寺內隱居遁世，到這次復員以後才算裝上電燈，接通電話，算是把城市的文明擴張到青龍的腹心內。遺光寺是城內粘花寺的下院，秋收時派人下來收租，佛像寂寞地存在，却也沒有晨鐘暮鼓。青龍的一部分名叫紅山口，美國兵試礮，把半山腰打了個稀爛，像是對生產者示威似的。去年夏天，幾個拾礮彈皮的小孩子，被未爆炸彈炸傷了，這就是作爲干涉者的遺愛。

西山山脉最接近城市的這個青龍山麓，是否爲皇帝時代的禁地，無人知道，但這裡的建築都是較新的，在到温泉寺去的車路上，有一家好佛的王姓，獨資蓋了一個寶藏寺，但最上層却是西式樓房，玻璃閃閃發光，土人們說這位善士是外國洋行的買辦，一方面爲外國人找個避署的地方，一方面爲自已作懺悔修來生的善緣。所謂「三定京師」的土地老人江朝宗的墳墓，便在寺廟的一旁，小面積的林木已生長起來，而對山的山神廟却是荒涼的，時代變了，失勢的山主敵不過封建因襲的豪門。

小小的風景區就是所謂董四墓棗林地帶，那個是董四，地方人已不可考，也許就是東四墓，因爲這裡頗有幾個明朝的大墳，像被踢出明陵範圍的景帝陵，龍池旁的御馬監黃新的大墳，兒在樂家墳園內的無名大墳，還有幾塊看不清的墓碑，但墳已不知其所在。今天的出名，則是因爲生長一種大棗，清甜香脆，但棗樹却也並不像靈寶似的成爲叢林，仍是每家有幾株，作爲副業經營。那酸棗樹則長得遍地，到處在牽扯過路人的衣裳，似對於不常來的稀客有些戀戀。

棗樹叢中有兩個較大的園林，一個是樂家花園，一個是金家花園。樂家花園是同仁堂藥店主人的墓地。康熙時代太醫院吏目，樂尊育創造起一個全國知名的大企業；但因爲子孫衆多，事業獨立，各人也就幹各人的事業。墳地雖然還有整理，但園林已全破壞。幾個看房子的人說，多年已沒有人來，領點飯錢也不夠吃飯的，只有利用園中空地來種點莊稼，補生活的不足。再過幾年不修，這片亭台都有塌陷的可能。而金家花園原是江西巡撫德曉峯所蓋的退省處所，抗戰以前，轉售給金家，而這新主人也只來過一次，就遇到大戰開始。樂家及金家這兩所花園都成爲日本在西山一帶建築工事的工人寄宿舍。金家花園有三個大院落，同樣是年久失修，隨時也都有倒塌的危險。

香山寺一帶，所有的別墅，三年來舊主人不敢來，新主人不願來，過路的愛侶們不敢去住。八大處距市區更遠，所有的別墅也更空洞少人，因之更爲荒涼。青龍山的這點淒涼哀怨，當然也在想像中。但歷史不全是走直線，青龍橋畔隱居的藝人程硯秋，他却決定入山再深一步，便以很公道的價格從金家手裡買過來這個破蔽塵封的巨宅，又花了不少的錢作全盤修理，在全面凋蔽中，這裡能有這點昇平，却也成爲一時異像，這件事轟動了這片小山窩。程硯秋在這橋畔土地上一住十年，躬耕灌園，捨茶送藥，已然是一方的紳士了。

程硯秋從春天起就開始布置這個新的園莊。他向隣人森林試驗場討來北方最名貴的白皮松，他從城內運來大株的海棠樹。木匠，磚瓦匠及裱糊匠人從不同的角落起請來從事裝修，一車車的傢俱從不同的處所拉來，從夏天的籐椅到多天的煤爐子，無不應有盡有，這位想要退休的藝人在四月中尙穿着黑布棉袍，和兩隻都要張開眼睛的布鞋，在那裡走東走西，指揮個不停，當他搬進那修好的第一個院落時，他就在大門外金家花園的小木牌上，貼了一個新字條，在白紙上用墨筆很工整地寫着：

「今嘉花園。」

這是不是說明新來的園莊主人的胸襟呢？昨天的凋敝過去了，今後的嘉日來到了。他自已對隣人說，「這些年來大家就這麼叫慣了，又何必不還叫下去，又何必多改呢？」這似乎是說，前天是鐵巡撫的，昨天是金大人的，今天是程硯秋的，再過幾十年，又誰知道這園林又有什麼變化？我來了，我盡我的心力把他修得比昨天好一點，明天的事不必管，也管不了。程硯秋把一切的布置作得恰如他的身分，書桌上滿是演戲時代的舊照片，但在書櫥中却全是耕稼之學，有一幅大的合影，不知道是否羅癭公的遺像，程硯秋爲了紀念他的提携者，每年清明從不忘爲這老人的墳頭上添土，地方紳士們却在加高了聲音傳送着這點人生中的溫暖。

這位園莊主人也有其豪華的一面，那就是爲了開展新園林的一角，爲了收入一家小地主的一畝多地，却花了其他地方的二十五畝地作爲代價，那小地主還有些不情願，經過中人說合，才算勉强簽了約，把大門都改變了位置。玉泉山四週的水田貴到用白契出售都要黃金一兩一畝，而這一畝與二十五畝的交換，在泥腿子們都無不感到驚愕。這片新園進園子來的土地，其目的是想修個網球場或游泳地，而代價却够佃戶一生的奔波。附近的園莊主人必然要都感到遜色。

樂家花園中看園人都不免去看看風光。回來數一數從樂大老爺到第十四老爺的事蹟，雖然，有四個小主人去出洋，而程家的長公子也到瑞士去學工程，民初時候，樂達義當與柄湘作警察廳長時的督察長，有權有勢，最爲顯貴，可是到今天說，一切也過去了。

程實秋有其理財的本領，他從未過份迷戀聲色狗馬。他胖得不像他所扮演的角色，但却並未忘情於他的本行。幾把好胡琴掛在進門的穿衣架上，那「青霜劍」仍在壁端高懸。下邊還有一個用泥丸的彈弓，他說他每天早晨黎明卽起，就走上大昭廟的山頭，旣歌且舞，全身都出大汗。到了山腰，在三十年造成的油松林中，遙望玉泉山之虎，與萬壽山之球，而自己足下踏着的是青龍山腰，不禁仰天一聲長嘯。大自然物質上，他面對着是多少歷史上的滄桑，影響了這個人的精神氣質，他似不甚貪戀那煙霧籠罩的北平古城，更不想奔走那紅塵十丈的上海火海。他似在要隱居一個時候，看局而變幻。

但他却並不是消極的，仍在隨時隨地留心社會的事件。平劇有新舊之爭時，他特別到城內建國東堂看焦菊隱主持的「桃花扇」，淸華園因罷課停擺時他頗以能參加教授們的聯誼會爲榮。由莎士比亞的鑄情記改編的新平劇演出時候，他說：「新的總是比舊的好，我們戲劇界有許多地方非改革不可，只有改革才能有進步。他們上次演桃花扇的時候，我是特地趕到城裡去看的。」

當他們一行人從歐洲回國以後，就拿中和戲院爲試驗劇院想對平劇作一些局部的改革，自信決不保守。他說我常看看外國電影，看看別人的藝術。據說御碑亭中一幕避雨的表情，他就對着鏡子練了有三年之久。最近爲了一些年青劇人參加新平劇運動，各園的經勵科便拒絕他們搭班，同時又發現這類人有侮辱女伶的行爲。程硯秋對此表示意見道：自已能够站得住，也就不怕他們。特別是一些坤角，爲了怕站不住，要人帮忙，於是就不免吃了他們的虧。

「平劇非有改良」，他說「也就不容易站住，我主張新，愈新愈好。」聽到這些話，却不像位隱士的口吻。他又說謝壽康爲聯合國文敎組織搜集戲劇材料，還有余上沅也在內，可能是對話劇更注意一點。但平劇也到了非改革不可的時候，他自已也並不想逃避置身事外。聽這話時，給人一種感想，中國環境是如此，西山景色如此，面前的人物身世又如此，這麼複雜的顏色塗成迷彩中，宛如在中古的廢墟上，聽白頭宮女說天寶遺事，在淸涼區域自有一種淸凉來恢復神經的正常。而進一步的改造的具體內容是什麼，仍是十分渺茫。

現實却是端端正正擺在青龍山的腦門上，那裡構築成一個高大的堡壘，武裝的人們日夜在那裡逡巡，有事沒事到夜晚要放幾槍來示威，山脚下的土路上，整日是運糧運料的大車，在近郊構築新工事，成年的大樹要斫伐二萬根去供用：自然會有一些人家，繳不出木頭，便要繳出房樑，不僅得不到添補反而要把已成的折碎，這就是使原來的窮困更加加深，而原來奢侈的更可以奢侈一些。

到處的破敝並不足以使豪華觸目驚心，有一天，窮困像瘟疫散漫開來，很少有的例外，不是毀滅與幻滅。不論那個隱士，當他與罷歸來，偶而仰觀一下天色，正是——山雨欲來風滿樓。

讀者來書

一個青年的共鳴

編輯先生：

在報紙上看見了貴會的成立和工作內容卅二條以後，令人心裡感到無限的興奮和愉快。在目前中國這種混亂騷動的局面下，沒有一個老百姓不感到饑餓與痛苦，也沒有一個有良心的人不感到苦悶。作爲人民代言人的知識份子，雖然曾勇敢地大聲呼喊，努力地在爲中國尋找出路，然而由於缺乏聯繫，組織散漫，不但未能發揮一點力量，反而受到環境的壓迫，連一言一語都被窒息得說不出來。貴會產生於此時，不能不使所有的知識份子振奮（儘管先生否認這是知識份子的大團結），這的確是從苦悶，從黑暗裡放射出的一道明朗的光。我謹以一個青年，一個中國人民的資格，向貴會致最崇高的敬意。

現在的世界正趨向於兩極化，一方面由於資本主義發展的結果，造成貧富極端懸殊的現象，少數人掌握經濟大權，控制着大多數人的生活，而且正企圖以這種經濟優勢支配世界政治。另一方面是犧牲了人民的一切自由與權利，用殘暴的方法，來達成經濟平等的目的，而且爲防止資本主義的控制世界而不惜要求自己來控制世界，以致造成整個世界的混亂與不安。中國受這種勢力的影響，再加上我們特殊的國情，於是更顯得壁壘森嚴，鬬爭激烈，而處在這二大勢力之間的廣大人民是愈覺得痛苦和苦悶了。過去有所謂「第三方面」和「中間路線」口號的提出，然而這祇是意味籠統目的曖昧的名詞，宅好像是兩個正在鬬爭集團之外的另一個準備參加鬬爭的集團，又像是僅僅想和緩兩鬬爭集團的一種主張。其目的既不顯明，當然也不能代表大部人民的要求。我覺得現在的知識份子，應該有一個適合時代的中心思想，一種符合人民要求的堅决的共同主張。然後以這爲標準來批判一切，選擇一切，一般說來，在大多數人都餓着肚皮的今天「免於匱乏」大約是全體人民一致迫切的要求，因此「經濟平等」和「增產」是解决一切問題的根本。其次，經濟與政治是密切不可分的，唯經濟上平等才能產生政治上的民主，而政治的民主又能保障經濟的平等。經濟政治之民主與否，又繫於國家之地位。因之「經濟平等」，「政治民主」和「國家獨立」三者，同成爲這個時代的要求。詳細的看了貴會的工作信條卅二條後，對宅的精神深爲佩服。宅在政治主張法治，重視政黨政治，在外交上以獨立的國策謀和他國合作，經濟方面强調計劃經濟，這正吻合這個時代的要求。尤其在教育方面着重個性的自由發展，健全人格之培植，使我們非常感動。本來，教育之目的，借用潘光旦先生的話來說，不外是使「你能控制你自己和你因生活而發出的種種企求和慾念，使所求與所得不致於逾量，過火，轉而使你自己被宅們所束縛控制」。而這種不受束縛控制，就是個性的自由和人格的健全，這是一切自由平等的基礎。可是我們負責教育的人都忽畧了這一點，以致數十年來，教育全盤失敗。貴會現在提出這一意見，其意義實在是非常重大。

貴會的主張；我相信，是一般知識份子的共同主張，而貴會的成立更是給所有知識份子的精神上的一個最大鼓勵。目前中國局勢是要一般有良心知識份子來澄清的，也唯有有良心的知識份子團結起來才能澄清這個局勢，因此，我一方面祝福貴會的成長發展，一方面更希望貴會能積極地號召和領導知識份子，以使在有機的結合下發生力量。我是中央大學一個讀經濟的學生，雖然對各種事物還懂的不多，然而並沒有敢絲毫的放鬆學習和對於國家前途的關切。在報紙上看到貴會的消息，便忍不住內心的喜悅來向先生祝福，還請原諒我的冒昧。

何鍾斌三月二十日

新路周刊

發行者：中國社會經濟研究會
編輯部：電話四局〇八五九號
經理部：電話四局〇六九三號
北平東直門大街九十八號
上海辦事處：
電話四二二五五—五一號
上海黃浦路十七號五一室
代售處：全國各大書局
訂銷辦法：
一、本刊歡迎直接定閱及經售批銷一律八折優待郵費外加外埠特約總經售辦法另議
二、在預定期間不受中途刊費加價之影響
三、本刊每逢星期六出版批銷戶提前一日發貨每期十本起碼
四、寄遞方法請來函說明
五、本刊售價暫定零售每冊三萬元預定三個月如下表：

（三個月）

平寄：三十萬元
掛號：四十二萬元
航平：四十六萬元
航掛：五十八萬元
國外：半年美金四元

六、本刊定每星期六在北平出版上海航空版展延兩日發行凡華北區定戶請向北平本刊經理部洽定其他各區請向本刊上海辦事處洽定

本期定價三萬元

新路 周刊

第一卷 第三期

三十七年五月二十九日出版

我們闢這一欄的目的，是想利用這個刊物的一部份篇幅，把一個問題的正反兩面，一齊都排列出來，讓讀者可以根據兩方面的意見，下他自己的結論。這是與宣傳處于對立的工作，因爲宣傳是只替一方面說話的。在學校中開辯論會的時候，參加的兩方，或正或反，每以抽籤決定。我們這一欄的作者，有時也要用這種辦法來決定。因此，作者所發表的意見，不一定能代表他個人的意見，這是本欄的文章所以採用筆名發表的原因。

編者識

○○辯論○○

蘇聯是否民主？

一　蘇聯是眞正民主的國家

蜀人

假若我們以現在英美式的民主制度，以資本主義經濟爲基礎資產階級爲中心的民主制度，作爲衡量民主的絕對標準，那麼今日的蘇聯便不能算是一個民主的國家，因爲蘇聯已經推翻了資本主義的經濟制度，打倒了資產階級的壟斷政權。假若我們對於民主這一觀念有了澈底的瞭解，不拘泥於方式形態的爭辯而注重它的基本精神與眞正內容，不把民主範圍的擴展加以限制而把全民的合理社會經濟生活作爲民主精神具體表現的對像，那麼今日的蘇聯不只可以算是民主的，而且可以說是眞正民主或是最民主的，因爲蘇聯是現在世界上惟一沒有剝削階級和人人得到應享權利的實現與保證的國家。民主的內容與範圍是隨着歷史發展進步的，希臘時代的民主與十八世紀下半期美國革命（一七七六）和法國革命（一七八九）以後所形成的以資產階級爲中心的民主不同，資產階級的民主在這將近二百年中也經過幾番演變和推進。目前蘇聯的社會主義民主是最進步的，同時也是歷史演化的必然結果。

蘇聯民主的最大進步是全民在經濟基礎上的絕對平等與這種平等的具體保證和實現。蘇聯因爲實行廢除生產工具與生產資料的私有制，已經做到消滅人對人的剝削。同時也因爲保障人民的勞動權，已經達到全民就業的境地。這是大家所公認的事實。但是有人以爲這只是「經濟的民主」，蘇聯的政治並不民主。此種看法實在是似是而非的，是一種基本的錯誤。請問經濟與政治是如何分得開的，那一種政治是可以離開經濟而獨立的，經濟不民主如何能實現眞正的政治民主。美國是今日自稱也同時被稱爲世界上政治最民主的國家，但是知道內幕的人都瞭解美國的兩大政黨——民主黨和共和黨——背後是什麽勢力，所代表的是什麽階級利益。美國一般的選民自以爲有選舉自由，實際上他們何曾跳出獨佔資本家華爾街大亨的掌心。民主是整體的，而這整體的基礎是經濟，有了經濟的平等，然後才有眞正的民主，反之則是假民主。蘇聯因爲達到經濟的平等，所以蘇聯是一個能實現眞正民主的國家。我們試把目前蘇聯的憲典第十章第一百十八條至一百三十三條所規定的「公民之基本權利及義務」與那些自命正牌民主國家的憲典比較一下，我們不難看出到底誰是民主。

蘇聯民主的另一特點是民族的絕對平等。蘇聯境內絕沒有民族歧視的現象，憲典上也有明文規定。關於這一點可以說是蘇聯革命以來最大的成功，不獨使蘇聯國內得到精誠的團結，也爲未來世界人類的和平幸福闢了一條康莊大道。今天世界上大多數的國家都不是民族單純的，都沒有達到像蘇聯那樣民族平等的標準。自命爲領導世界民主國家的美國便是一個典型的例子。美國人對於有色人種的歧視，對於黑人的壓迫不平等待遇，廣泛的種族優越感，拉下了美國以民主號召世界的假面具，暴露了美國的高唱民主的別具肺腑。蘇聯的民族民主精神已經奠立了實現世界眞正民主的基石。

蘇聯的民主還有一種基本精神，那就是蘇聯的民主是穩定的，實踐的，進步的。蘇聯所實行的是民主集中制，所以在行動方面效率特別高，能夠達到穩定的目的，絕沒有資本主義民主的浪費與動搖。蘇聯的民主是理論與事實相配合的，沒有故唱高調而不實踐的毛病。同時蘇聯的民主是隨着客觀現實條件而進步的，我們縱觀這三十年間蘇聯在實現民主方面的步步進展，我們比較一九一八年一九二四年一九三六年各項所頒佈的蘇聯憲典與一九四四年的修改，使我們相信蘇聯的民主是一步一步前進改善的，更使我們相信，以蘇聯現在的民主基礎，將來一定可以實現全人類的理想民主生活。

二　蘇聯不是民主的國家

惠　君

我們在討論蘇聯是否民主之先，應當先把蘇聯政治制度中的幾個基本概念弄清楚。這幾個基本概念，就是「國家」，「無產階級專政」，及「黨」。在解釋這些概念的時候，我們最好引用蘇聯的正統說法，否則批評蘇聯的政治制度，便有「曲解」，「誤解」，或「無的放矢」的可能。因此，我們在此所介紹的蘇聯政治制度，乃是列寧，斯大林等人口中所說出來的。他們的威權，是共產黨徒所一致承認的。

第一、何謂國家？「國家是統治階級運用來鎮壓其階級敵人反抗的機器」。

其次，何謂無產階級專政？「簡而言之，無產階級專政，是無產階級對資產階級的統治，不受法律所限制，而以强力爲倚據，並得到被剝削勞動群衆底同情和擁護」。「無產階級專政不能是完全的民主，不能是供一切人享受，旣供富人享受，又供貧民享受的民主；無產階級專政，應當是新式的民主國家，卽是供無產者和一般窮人享受的民主國家；應當是新式的專政國家，卽是爲反對資產階級而施行專政的國家」。

最後，也是最重要的，就是何謂黨？何謂共產黨？共產黨的特點，可以下面的幾段話來說明。

「黨首先就是工人階級底先進部隊，黨是工人階級底政治領袖。工人階級沒有革命黨，就等於軍隊沒有司令部。黨是無產階級底戰鬥司令部」。

「黨是無產階級手中的工具。當無產階級還沒有爭得專政時，便運用他來爭得專政。而在無產階級已爭得專政時，便運用他來鞏固並擴大專政」。

「黨是意志底統一，不容有派別組織存在。——當意志鬥爭已經終結，批評已經完結，決議已經通過後，全體黨員意志底統一和行動底統一，便是爲保證黨內統一和黨內鐵的紀律所絕對必要的條件。因此，列寧就以無條件立刻開除黨籍相威脅，來要求完全消滅任何派別組織活動，並立刻解散所有一切根據這個或那個政綱形成的集團」。

「無產階級專政體系中的領導者是一個黨，卽無產階級黨，卽共產黨。這個黨是不和其他政黨瓜分領導權，而且不能和其他政黨瓜分領導權的。」

「在無產階級專政國家裡，有一件事實要算是黨領導作用底最高表現，卽我們的蘇維埃組織，或其他群衆組織，非有黨底領導指示，便不會決定任何一個重要政治問題或組織問題。」

以上這一些話，說明了在蘇聯這個國家裡面，共產黨的性質，共產黨與無產階級的關係，無產階級與國家的關係。

我們以爲蘇聯不是民主，第一就是因爲黨與民衆之間，沒有樹立一種民主關係。在任何的國家內，黨是一個少數集團。在英美如此，在蘇聯也是如此。少數的集團，所以能夠統治全國，共道德的基礎，就是黨是爲民衆謀福利的，而且是得到人民同意而推行政令的。無論什麼政黨，他所提出的口號，他所定下的政綱，都會說是爲民衆謀福利的。但他的政綱，是否眞能爲民衆謀福利，並非黨的領袖說了就算，也非黨員一致喊出就算，而應該並且必須由民衆自己來決定。假如一個政黨，能夠把握政權與否，是要看民衆是否肯信任他，是否肯選舉他，那麼這個政黨與民衆之間，是樹立了民主關係的。民衆可以讓他上台，也可請他下台。民衆可以讓他在朝，也可逼他在野。在這種辦法之下，政治才可說是民主的，因爲政黨受制於民衆。蘇聯的情形，並非如此。在蘇聯，憲法上規定只允許一個黨存在，那就是共產黨。共產黨只有幾百萬人，但他們自稱爲將近二億人的政治領袖，時時刻刻處於領導的地位。他假如是爲民衆謀福利的，固然是他在朝；他卽使不是爲民衆謀福利的，也還是他在朝。共產黨在蘇聯，是永遠也不會在野的。也許有人說；

共產黨在蘇聯執政，也是經過選舉的手續而獲得的。斯大林不是常常舉出數字，說明蘇維埃政權，得到百分之九十九以上選民的擁護嗎？誠然，蘇聯的公民，是有選舉權的，但這種選舉，是一種形式並無民主的內容，因此也就無法使蘇聯的公民，與蘇聯的共產黨，樹立一種民主關係。在別的國家中，公民是有選擇的。英國的公民，可以投保守黨的票，也可以投工黨的票，所以英國的工黨執政，可以說是由民衆擁護出來的。美國的公民，可以投民主黨的票，也可以投共和黨的票，在下次大選中，他還可以投第三黨的票。誰所得的票數多，誰就當權。當權的人，是要對民衆負責的。在英國每隔五年，在美國每隔四年，民衆對於當政的人，有一次批評，檢討，及選擇的機會。在蘇聯，人民是沒有這種選擇機會的。他的選舉票，是不發生去取作用的。他選共產黨，固然是共產黨上台。他不選共產黨，又有什麼別人可選呢？假如他痛恨共產黨，這種心理又有什麼方法表示呢？又有什麼辦法，使他的厭惡在政治上發生效力呢？這一切，在蘇聯都是不可能的。共產黨的政權，可以離開人民的意志而存在！可以不爲人民的意志所左右。

蘇聯政治度制不民主的第二點表示，就是他不能以理智的方法，來解決國內意見紛岐的問題。英國有一位政治家曾說過，我們對于政治的目的，意見是很容易相同的，但是達到這些目的的方法，則各人有各人的主張。這種情形在資本主義的國家中，固然如此，在社會主義的國家中，亦復如此。英美等國家中，解決意見紛岐的方法，便是容許不同的政黨存在。英美的政黨，并非代表階級，而是代表政策。假如英國的保守黨，是代表資產階級的，是不關心別個階級的福利的，那麼保守黨在英國永遠也不會上台，因爲資產階級究竟是少數。因此，在英美等國家中，每一政黨，決不能只替一個階級說話。他們所提出的政綱，只是對于若干問題，提出一些解決的辦法。假如兩黨在某一個問題上，政策是相同的，那麼就相互約定，不在這個問題上來競選。譬如美國的兩個大黨，要把外交政策從競選的問題中除開，就是于事先告訴選民，他們無論是誰登台，外交總是那一套，選民可以在別種立場上來選擇他們。競選的結果，假如甲黨勝利了，乙黨并不必放棄他的政策。他還可以繼續宣傳他的主張，以理智來說服選民，使選民相信他的主張，雖然失敗了，但還是對的。在這種情形之下，今天的少數，可以變成明天的多數。多數黨既不對少數黨加以壓迫，少數黨也無轉入地下工作的必要。在蘇聯，因爲黨是意志底統一，在黨的路線已經決定之後，不容有派別組織存在，所以少數的意見，每每爲多數所壓迫，少數人的意見，無發表的自由。但是人性并非那樣容易放棄自已所信仰的眞理的。所以共產黨雖然要求意見的清一色，終以違背人性之故，無法實現這種理想。在理想與現實相衝突的時候，黨只好離開理性的立場，而以武力爲倚據，來消滅一切反對「黨路線」的個人與集團。遠在一九二六至一九二七年的時期，在列寧棄世還沒有多久，斯大林就稱季諾維也夫，托洛斯基爲反對派。其後，反對派不只一個了。有所謂右傾的機會主義，又有所謂冒險的左傾主義。這些所謂右傾左傾的人，大多數是列寧的老同志，曾爲革命而出生入死的人。假如在民主的國家內，這些意見的差異，是很容易解決的。左傾的托洛斯基，可以自成一黨。右傾的布哈林，也可以自成一黨。自以爲不左傾也不右傾而走中間路線的斯大林，也可自成一黨。各人把各人的意見公開的說出來，讓人民來批評。也許蘇聯的公民是多數贊成斯大林的，那麼斯大林就可以當權，但他不能要托洛斯基與布哈林都不說話。民主的國家裡，言論的自由，是不能剝奪的。也許托洛斯基可以說服選民，使人民信服他的辦法，那麼下一次選舉，托洛斯基便可上台，而斯大林順從人民的公意，擺脫他的政權。可是斯大林并不走這一條民主的路。他所走的，乃是列寧傳給他的獨裁之路。凡是反對他的人，不是被放逐，就是遭殺戮，或者送入集中營。清黨的工作，不斷的進行着。反對他的，清算了一批，又有一批。一九三九年三月十日，在第十八次黨代表大會上他列舉那些被他清算的人，有托洛斯基，季諾維也夫，加米涅夫，雅基爾，屠哈切夫斯基，羅津果里茨，烏波列維奇，李可夫，布哈林。凡是讀過俄國史的人，都知道這一些人，有的是軍事領袖，有的是理論家，有的是政治家，但斯大林却稱這些與他共過患難，做過多年老朋友的人爲間諜，爲兇手，爲暴徒，爲暗害者。說他們替外國偵探機關務服；受傭爲間諜，并擔任幫助蘇聯底敵人，來分裂蘇聯，來使蘇聯恢復資本主義的奴隸制度。這令我們想到中國的一句古話，「欲加之罪，何患無辭」了。假如蘇聯一天不能容忍不同意見的存在，就不會有一天放棄清黨的工作。但以清黨的手段，來達到意見一致的目標，是否還可算作民主？

最後，我們要特別的指出一點，就是蘇聯這個獨裁的國家，比歷史上任何一種獨裁都更不民主。在歷史上，任何一個獨裁者的統治之下，人民還有一個選擇，那就是革命。革命是人民在暴力統治下，反對政府的一個基本的自由。在蘇聯，與第二次大戰前的德國與意大利一樣，國家集權已經到了一個地步，人民根本沒有革命的可能。納粹的德國，與法西斯的意大利，假如沒有外來的力量推倒他，國內的人民，對于這個政權，只有忍受，沒有別的出路。在別的國家中，政府當然也握有龐大的權力。但蘇聯，除了這些普通的政治權力之外，還有任何一個別的政府所沒有享受的經濟集中權，與秘密警察暗中窺探人民行動言論的特務權。在蘇聯政府是唯一的僱主，誰反對政府，誰就不必想吃飯。好些人民，爲了自已以及家庭經濟上的顧慮，決不敢對於政府作不利的批評。而且秘密警察，到處都是，誰能擔保他的鄰居朋友，甚至于家人，不是政府的間諜？所以一個蘇聯的公民，無論他到什麼地方，都有十目所視，十手所指之感。在這種監視之下，誰還敢出來發反對政府的言論，作反對政府的組織，大多數的人，自然都取明哲保身的辦法，擺出僞善者的面孔，不管心中如何思想，只要黨有指示，總是舉手贊成，大喊烏啦，斯大林同志萬歲！那些硬骨頭，不甘屈服的人，遲早總會進入集中營的。現在集中營的人，假如有一天都放出來，是可以組織成爲一支聲勢浩大的軍隊，但集中營的政治犯，手無寸鐵，而且在嚴密的監視之下，是無法揭竿而起的。

因此，我說蘇聯的政治，是最不民主的，因爲他把人民保衛自己的最後壁壘——革命——，也都摧毀了。

三答惠君

蜀人

惠君先生在「蘇聯不是民主的國家」正文中，提出了三種理由，認爲蘇聯不是民主的國家。第一，蘇聯的黨與民衆之間，沒有樹立一種民主關係。第二，蘇聯不能以理智的方法，來解決國內意見紛歧的問題。第三，蘇聯的獨裁，蘇聯的嚴密監視制度，摧毀了人民保衛自己的最後壁壘——革命。我認爲這三種理由都不能成立，都犯了我在我的正文中所提到的，以英美式的民主制度作爲衡量民主絕對標準的毛病，都是只重形式而忽略基本內容。下面是我對於惠君先生三種理由的答辯。

要判明蘇聯的黨與民衆之間，是否有一種民主關係，我們先要認識今日蘇聯的黨與民衆的本質。蘇聯的共產黨是根據馬克思列寧的基本理論，以革命手段取得政權，以無產階級專政的過程，達到實現沒有剝削階級的社會的政黨。它代表了，而且以具體事實保證了，所有勞動民衆的福利。蘇聯的民衆，經過這三十年不斷前進的革命洗練，已經把剝削階級不勞而獲的地主資本家清除出去，所有民衆都已經是勞力或勞心的勞動者。這樣的政黨與這樣的民衆之間是不會「設有樹立一種民主關係」的。惠君先生以爲政黨「並非代表階級，而是代表政策的」，這只是一種表面的看法。政策是根據利益而產生的，而利益，在嚴格分析之下，一定可以找出它的階級，或以某一階級爲中心加上附屬寄生份子所形成的集團的背景。政策儘管有出入，但是政策絕對不會違背階級的基本利益的。我們試一細察當前世界上各國的政黨，尤其是多黨國家的政黨，我們實在找不出這種關係的不存在。惠君先生以爲政黨只是代表政策，大概心目中是以美國的民主與共和兩大政黨爲標準，其實這適足以證明今日美國的兩大政黨所代表的利益完全相同，都是代表大資本家與旣得權益階級的利益，所以看起來就只有政策的不同而已，因此好像政黨所代表的只是政策，而不是階級的利益。這實在是錯誤的看法。

惠君先生在檢討蘇聯的黨與民衆之間是否有一種民主關係時，特別强調政黨自由競選的重要，認爲蘇聯因爲只有一黨，選民沒有選擇政黨的機會，所以蘇聯的黨與民衆之間沒有樹立一種民主的關係。這種論斷是有問題的。假若我們承認蘇聯是勞動者的沒有階級的社會主義國家，承認蘇聯的共產黨是勞動者的政黨，那麼蘇聯就無須再有其他政黨，勞動者也無須要求或組織其他政黨。所以我們要批判蘇聯是否民主，我們不應該也不須要以英美的方式來做標準，我們要從蘇聯的本質來看到底她是否民主。我們從一九三六年所頒佈的蘇聯憲典中，可以看出蘇聯已經從無產階級專政的階級進展到實行社會主義的民主。憲典中關於選舉代表方面明文規定，「凡年滿十八歲之蘇聯公民，不分人種及民族，不分信仰，不分教育程度，不問居住期限，不問社會出身，財產狀況，以及過去活動如何，皆有選舉權及被選舉權，惟患精神病及由法院判決褫奪選舉權者除外」（第一百三十五條）。同時對於選舉的方式也定爲「由選民按普遍平等直接選舉制，用祕密投票法選舉之」（第一百三十四條）。並且「如遇有用强迫手段，欺騙方式，威嚇或收買，而阻撓蘇聯公民自由執行其權利，以選舉或被選舉入蘇聯最高蘇維埃之情事發生，則不論何人，均加以嚴懲，而得褫奪其自由直至兩年」（蘇聯最高蘇維埃選舉條例第一百零九條）。這種選舉我們不能說是不民主的，不自由的。我們從蘇聯的憲典中找不出共產黨員有何特權，有何特別優待。我們未曾聽到蘇聯憲典頒佈以後，有何違憲的事實。或者有人說，蘇聯的憲典雖善，但是選舉的結果，總是黨員佔絕大多數，這一定是受共產黨的統制。我們固然不能否認領導革命解放民衆的蘇聯共產黨的影響力量，但是共產黨員的被提爲候選人與當選，不是由於黨的「圈定」，而是由於黨員平日的努力工作與爲民衆謀福利的具體事實表現。黨員也是公民，受民衆的愛戴，被選有何不民主。這樣看來，我們沒有理由說，蘇聯的黨與民衆之間，沒有一種民主關係。

其次，惠君先生認爲蘇聯不能以理智的方法，來解決國內意見紛歧的問題，是蘇聯政治制度不民主的表現。惠君先生所指的是蘇聯歷次的清黨舉動。這是蘇聯共產黨的黨內問題，內幕極爲複雜，我們若要弄清頭緒，必須把蘇聯共產黨的歷史和革命以後蘇聯國內外的演變發展，加以詳細分析。這恐怕不是本文所做得到的。但是我們知道蘇聯共產黨的革命運動是歷史上最大最澈底的革命，因此它所遭遇的困難也最大，所面對的敵人也最兇，在此種情勢之下，蘇聯共產黨若要達到革命成功的目的，絕對不能允許革命力量的分散，不能讓分散力量的反對勢力的存在，更不能讓推翻革命的陰謀的發展，蘇聯黨內意見紛歧的解決是經過黨的最高機關的決定的，至於黨員的被清除，被處分，都曾經過法庭審判和證據的證明。惠君先生似乎以爲老黨員或是黨的元勳是不會變節的，不會有陰謀的。這一點似乎我們不能那麼肯定的說。汪精衛不是中國國民黨的元勳之一嗎？不是孫中山先生最早的同志之一嗎？汪精衛今天是什麼人？總之，蘇聯共產黨的清黨問題是一個極複雜的問題，我們不能以之作爲蘇聯不是民主的理由。

最後，惠君先生還替「革命」擔心，認爲蘇聯的獨裁，蘇聯的嚴密監視制度，會把人民保衛自己的最後壁壘——革命——摧毀了。關於這一點，我覺得惠君先生可以不用擔心。革命的會否發生，完全看社會上有否不平現像的出現，有否剝削者與被剝削者的形成。假若蘇聯的共產黨能夠不違背他們的最高理想，絕對是勞動者的代表，絕對爲全民謀福利，革命是不會發生的假若蘇聯的共產黨變了質，變爲壓迫者剝削者，那嚴密的監視是不會有效力的，最少不會有永久的效力的。俄國革命以前，帝俄政府的特務警察不是嚴密到萬分，兇狠到萬分嗎？但是今天帝俄在那裏，所以我說，惠君先生對於人民保衛自己最後壁壘的革命，可以放心了。

我以爲我們若是從蘇聯今日的社會經濟基礎，來評判蘇聯，我們可以說，蘇聯已經是一個眞正民主的國家。同時，更重要的，我們應該從這三十年來蘇聯演變發展的歷史過程去了解它，不應該斷取其中一階段，作爲決定蘇聯性質的唯一標準。

四答蜀人

惠君

蜀人先生以爲蘇聯是最民主的國家，因爲「蘇聯是現在世界上惟一沒有剝削階級和人人得到應享權利的實現與保證的國家。」我們首先要問的，就是蘇聯的集中營內，那些被壓迫着做苦工的人，是不是一個被剝削的階級？集中營內的政治犯人，數目到底有多少，蘇聯的政府始終沒有公布過，而且他也不允許任何外國人到集中營去參觀，所以外間對於集中營的人數，其估計相差得很多。如里昂(Eugene Lyons)說有六百萬，達林(David J. Dallin)說有一千萬，懷特(W.L. white) 說有一千四百萬，克拿靑柯 (Victor Kravchenko) 說有一千八百萬至二千萬。達林在比較了各種估計之後，曾作如下的判斷：「蘇聯的强迫勞動工人，可能等於南斯拉夫，或捷克，或阿根廷全部人口的總數。至少他不會少於澳大利亞的人口。蘇聯的强迫勞動工人，決不會少於，也許會超過，工業中的自由勞動人口。」我們在沒有聽到蘇聯政府的公報以前，暫時對於强迫勞動工人的數目，不下判斷。我們在此只想指出這一個被剝削階級存在的事實。他們的勞動，是得不到應得的報酬的，換句話說，他們是一個類似奴隸的被剝削階級。

至於說到蘇聯公民所享受的權利，在蘇聯憲法中，自然是很冠冕堂皇的，凡是別個國家中公民所享受的權利，蘇聯公民也可享受。但這只是形式的。以與民主最有關係的言論自由來說，蘇聯的公民，能否寫一篇文章，在眞理報上，或者其他任何報章上發表，反對共產黨，反對斯大林？不，這是不可能的。所有的出版機關，均在政府的控制之下，這一類的文章，沒有人敢寫，卽使寫出，也沒有人敢登。

蜀人先生又說：蘇聯因爲達到經濟的平等，所以蘇聯是一個能實現眞正民主的國家。根據這個邏輯，經濟平等與政治民主有必然的連繫性，有必然的不可分離性，但是我們實在不了解這種邏輯的根據。我們只知道，在世界上各種社會裡，一種經濟狀況，可以與許多不同的政治狀況連繫起來，可以與許多不同的宗教狀況連繫起來，可以與許多不同的家庭狀況連繫起來。在初民社會中，經濟平等，可以與專權的首領制相聯繫，也可與民主的合議制相聯繫。在理想的園地裡，經濟平等與政治民主是可以聯繫在一起的，但須經過不同的努力，並非得到甲便必然的得到乙。在蘇聯，事實上告訴我們，他們在經濟上是平等了（照列寧與斯大林解釋，卽國內沒有資產階級的存在爲平等，並非一般人所謂收入相同爲平等），但政治上離開民主還遠得很。

關於民族平等一點，任何一個近代國家的憲典，都有此規定，不足爲奇。中國的憲法上，也有民族平等的規定，而且對於一個少數民族，還讓他獨立了。但如以此爲據，就說中國是最民主的國家，豈非笑話。美國人對於黑人的歧視，乃是美國民主制度中的汚點，但這並不足反映蘇聯的特別民主，因爲民族平等一點，不是政治民主的中心問題，而且在大多數的國家中，都已做到了。

最後，蜀人先生還提出幾個形容詞，來描寫蘇聯的民主，卽是「穩定的」，「實踐的」，「進步的」，「效率特別高」。蘇聯的民主，是否穩定，要看他把特務制度 (M.V.D. and M.G.B.) 取消之後的情形如何，假如這一天可以來到。現在，在集中營的陰影之下，在槍口的威脅之下，誠然是穩定的。至於「實踐的」與「進步的」兩個形容詞，太於寬泛，在內容未固定以前，難於討論。惟有「效率特別高」一點，頗有趣味，我看到這個名詞，便想到斯大林在第十七次黨代表大會作總報告時，說了以下幾句代替結論的話：

「同志們，代表大會上的討論表明了，我們的黨的領導者們的觀點，可以說在黨政策所有一切問題上的觀點，都是完全一致。你們知道，對於工作總結報告是沒有提出過任何異議的。於是就表明了，我們黨隊伍無論在思想政治方面或組織方面都是異常團結一致。既然這樣，試問還有做結論的必要麼？我認爲是沒有必要的。所以，就請你們恕我不做結論吧。」

「完全一致」，「沒有提出任何異議，」「異常團結一致」，自然會「效率特別高」。民主國家中，就因爲意見決不能完全一致，決不會沒有人提出異議，於是討論，批評，修正，表決，這許多麻煩的手續，是使民主國家中立法的效率不高一個重要原因。斯大林的報告，作於一九三四年一月二十六日，不久我們就聽到蘇聯的大淸黨，黨員的人數，在一九三三年，還有三百萬人。到了一九三九年，只餘一百五十八萬人了。到此我們才恍然大悟，所謂「沒有提出任何異議」只是心有異議而口頭沒有提出罷了。假如蘇聯不採取蜀人先生所謂的民主集中制，不一定去求效率特別高，讓人家自由發表不同的意見，相反的意見，那麼斯大林在報告之後，也許要花足時間，來做結論罷？這誠然是多費時間，似乎減低了效率，但這却是民主政治存在的必需條件。

專論

經濟制度之選擇

蔣碩傑

在目前的政治空氣中討論選擇經濟制度的問題可能遇着兩種的障礙。第一，據有些人的看法，經濟制度的演變自有它的宿定的必然的途徑，並非可以由人選擇的。這種的宿命論者自然要將我們的討論嗤爲徒勞無益的庸人自擾了。第二，各種不同的經濟制度對許多的人都是附有强烈的感情作用的。甚至在有些人，出主入奴的情感幾乎完全代替了他們的理智判斷。一提起社會主義或共產主義立刻會使他們起洪水猛獸的反感，或者一提起資本主義或自由主義就會使他們作反動貪婪卑鄙的聯想。野心的政客更利用這種主義及標語對一般人的情感上的魔力，煽起人類相互的仇視和鬥爭。於是一討論經濟制度立卽會引起一番不由人分說的互駡，馴至使以理智的態度商討經濟制度的選擇幾至不可能。

我們承認歷史演變的大致的趨勢是受生產方法進化的影響的，但是我們並不認爲經濟制度的一切內容形式都是宿定的。我們應該有以現代社會科學的智識，按照我們的理想，來籌劃及安排我們的經濟制度的能力。所以我們認爲這問題的討論並非毫無益處的。

我們認爲附着於各種經濟制度或主義的情感，多半是由於誤認主義或制度本身就是我們最後的目的，而忘却各種主義制度都不過是達成最終理想的手段而起的。假使我們能認清主義及制度的工具性，同時以互求諒解的態度努力在最終的理想上獲取意見的一致，那麼我們就可以用冷靜的理智來討論經濟制度的抉擇了。

固然我們的理想未必盡同，但是我們希冀於各種經濟制度的經濟目標，如果以明確的方式表現出來，應該可以被大多數的公正人士所接受的。我想合理的經濟制度應該企圖達成的經濟目標可以大致列爲三項：

（1）合理的經濟制度應能使社會中之生產因素都能被充分利用，而各配置於其生產能力最大之處，並且使社會各份子各盡其自顧之最大努力從事於生產。卽在不施强迫之條件下，使社會之總生產達到其最高水準。

（2）使社會總生產之分配儘可能趨於平均，俾使社會所有人士自一定的總生產中所能獲得之滿足之總和臻於最大。此項目標或需稍加解釋。經濟學中之所謂效用漸減原則告訴我們，倘使一人的收入逐漸增加，則每增加一單位之收入所能給他的滿足必將逐漸減少。假使我們認爲社會中每一公民都有平等的地位與同等的享受能力，那麼我們可以斷言同一單位的收入其可能授予富人的滿足必較其能授與窮人者爲少。本此，假使我們使全社會總收入之分配更趨於平均，就可以使用一總收入產生更大之滿足之總和。

（3）合理的經濟制度應能使所生產之商品之種類及數量，能符合一般消費者之需求及愛好，亦卽將生產因素如此配佈於各種生産事業中，使其所生產之商品恰爲其可能生產之最爲一般人民所需求者，俾使社會自一定之總生產能力上，及在一定之所得分配方式下，獲得最大之滿足之總和。

這三項的目標我想大多數開明的人士都不難同意。那麼我們卽可以此三項目標作選擇經濟制度之標準：經濟制度之優劣應就其達成此三項目標之效率加以判斷。不過我們應事先指出這三項目標可能有互相衝突之處，譬如第二項所得之平均分配可能與第一項提高生產至最高水準相牴觸。因此最合理的經濟制度只能在這三項目標中求一合理的調和與妥協。調和與妥協自然脫不了主觀的成分，那麼經濟制度的選擇也不能純粹是客觀的了。但是我們仍然應該以冷靜的科學眼光，來檢討各種經濟制度達成這三種目標的效率，作爲討論經濟的選擇的基礎。

我們試先檢討所謂自由主義的經濟制度。現在普通的看法是認爲自由主義在過去固然有促進經濟進步的不可磨滅的功蹟，但是它已不適合現代的生產技術，故反有成爲經濟進步的桎梏的傾向。但是自由主義的經濟學家並不承認自由企業制度已經失敗，他們認爲自由主義的經濟制度尙未被眞正嘗試他們所推崇的制度是一種完全競爭的自由企業制度。這種制度可是在任何一國都不存在，也很可能將來永無實現希望。

不過他們理想中的完全競爭的自由企業制度，確是達成前述第一及第三兩項目標效率極高的制度。因為在完全競爭之下，每一生產單位決不能壟斷某種商品之供給，操縱其價格以獲獨占性之利潤。故必需極力迎合消費者之需求，並以最低廉之生產方法，生產其可能獲利之最大的產量（即使其邊際生產成本與其出品之售價相等並使各生產因素之邊際生產量之價值皆與其價格相等為止）。倘企業家人人如此努力，則各種生產因素自然分佈於其最能滿足社會需求之處，一若有「不可見之巨手」冥冥中為之引導。因為各生產因素均能自由轉移職業，故必趨向報酬最高之處，而報酬最高之處亦即其對生產之貢獻為一般消費者估價最高之處的緣故。所以在理想的自由企業制度之下，商品之生產與生產因素之配置係決定於消費者之需求與選擇。此種情形經濟學者呼之為消費者之主權 Consumers' sovereignty，以喻決定生產因素。配佈之最後主權在於消費者。並且這制度可以利用人類最强的本能之一的自利本能，驅使社會各份子努力於生產及改進其方法。此種自利本能之利用及個人進取精神之發揮，實為西方各國工業革命以來生產進步之一大動力，是不容否認的事實。馬克思在共產黨宣言中也曾對自由企業制度過去的成績加以熱烈讚賞。不過最理想的自由企業制度在提高生產一點上也可能有一嚴重的缺陷，即自由價格機構可能無力使社會之儲蓄傾向與投資保持一種必需的關係，以不斷的產生足夠的有效需要，來維持各種生產因素的充分利用。因此常易發生失業的現象。這自然是極大的浪費，同時又不免使失業者蒙受莫大的苦痛。但是這不是不可補救的缺陷。現代的經濟學對失業之原因已有明確的認識，對失業之防止及消滅也自有定論。只要政府能隨時以不與私人企業衝突的公共投資來彌補私人投資的不足，自由主義社會中之失業不是無法消弭的。

至於所得分配一項，則自由企業制度距我們的目標甚遠。在這制度下，善於經營者或其特殊技能適為一般人之所殷切需求者，其收入必超過常人。並且財產的私有，與子孫相傳的制度，更使富者享受一種不勞而獲的收入。故有使富者財產日益累積，所得分配日益不均之弊。而購買力分配之不均，自然造成生產因素之配佈，偏重富人奢侈欲望的滿足，而忽略窮人基本生活必需品之生產之畸性狀態。因此深為人所詬病，但是在一定範圍以內，財產及所得的不平均，也可以運用賦稅政策及社會保險制度加以匡正的。

自由企業制度之最大之弱點，在現代的生產技術的發展有使自由主義者理想中的完全競爭的生產組織無法成立之傾向。事實上各資本主義國家之經濟制度與完全競爭之自由主義無不大有徑庭。這是因為完全競爭需要每一產業中都有多數的互相競爭的生產單位。但是在有些產業中，現代的生產技術，每需要大規模的生產。生產規模既日益增大，則每一工業中互相競爭之企業單位自然不多，每一單位於是可能有操縱價格之能力，形成寡占 Oligopoly 的局勢。並且競爭者既少，自然容易聯合成為「卡太兒」或「托拉斯」之類的組織，造成獨占的地位，限制生產，提高價格，以獲取獨占的利潤。因此與第一及第三兩目標俱相違背。並且獨占利潤的存在更有加强所得分配不平均的傾向。因此無論自由主義者，抑社會主義者，對獨占式的資本主義沒有不認為不當的。

大規模之生產既使完全競爭之條件無法成立，而所得之不均與財產之集中更使社會分裂為固着的階級，造成階級間的鬪爭，所以有根本推翻自由企業制度而代之以社會主義制度的主張。社會主義的涵義究竟為何，論者亦頗不一致。但是普通的定義，係指一切生產工具盡歸國有，而同時採取集體的計劃經濟之制度。其實在理論上，這兩個條件並不必需同時存在。我們姑先就集體計劃的社會主義討論。

在這種經濟制度之下，所得之平均分配的目標自然比較容易接近。但是所得之分配不可不顧及其對於生產之影響。嚴格的平均分配制度對於生產不免有不良之影響。因為這種分配制度將完全不能利用人類自利的本能來刺戟人之努力工作。因為即令人用心或出力過人，其所得報酬亦與人無異，自然難免使人無心銳意求進，於是容易養成敷衍將就的心理。生產效率必將因此減退，技術之改進更將因此滯緩。所以實行社會主義的國家，如蘇聯當初雖曾以「各盡其所能，各取其所需」為標榜，但是現在其國內各級工作人員之收入並不均等。據 Abram Bergson 氏所著之 The Structure of Soviet Wages 書中的統計比較，蘇聯工業中薪資之不均程度與同等技術水準之美國工業中薪資之不均程度相差無幾。此種比較還不包括蘇聯國內貨幣薪資以外的特殊配給配售等等之特權及獎金之類。足見勞作所得的均等即使在社會主義制度下亦確有困難的。

至於在社會主義之下不勞而獲的所得，是否能完全消滅，尚需視國家徵取私有之生產工具時採取何種補償而定。假使國家以價值相等的公債作為補償，如英國政府所採取的社會化政策，則不勞而獲的所得依然存在，並且生產工具的國有也並不能改善所得的分配。假使國家無補償的方法沒收私人的生產工具，或僅與以部分的補償，則國家等於一面推行生產事業之社會化，一面舉行一種局部的財產捐。那麼在社會化以後生產工具所產生的所得可以全部或一部歸於國家。這一部的國民所得，政府就可以用來分配於一般人民，或以之舉辦種種社會福利設施。那麼社會總所得的分配自然可以較爲平均了。所以社會主義之下，所得的分配是否較自由主義之下更爲平均，需視政府執行產業社會化時，對私有之生產工具採取何種補償政策，即是否同時執行一種財產捐而定。

試再就第一項目標（即使生產臻於最高水準）討論社會主義經濟制度的效率。我們首先可以指出，集體計劃經濟制度對於失業及經濟恐慌之消除，當可較自由企業制度爲有效。這是不必費許多解釋的。但是在集體計劃的社會主義之下，生產經營之效率如何就待考究了。因爲在自由企業制度下驅使經營生產事業者努力提高效率的自利動機不復存在，而在集體計劃經濟之下，層層機關之管制，請示與批示之公文往返，更容易造成生產事業的官僚化。所以經營效率比較自由企業制度減低是很可能的。並且生產因素既然由中央計劃當局用配給方法分配於各生產單位，則各生產因素未必能分佈於其邊際生產力最高之生產機構內。故生產效率更有低落之可能。

但是集體計劃的社會主義經濟制度的最大弱點還是在達成前述第三項目標的困難。合理的經濟制度應該使生產符合一般人民之愛好與需求。以經濟學的術語來說，就是要使消費者對任何一種商品的邊際估價都和該商品之邊際社會成本相等。在自由企業制度之下，這問題可以由商品與生產因素之自由市場中之價格機構，與完全競爭的生產制度，自動的獲得解決。但是假使中央計劃當局要以統盤的經濟計劃來決定各種商品的種類及產量，以及生產元素的配佈，則消費者對商品之邊際估價決難與其邊際社會成本相等。因爲中央計劃機關即令認眞爲民衆福利着想，亦無法獲知數千萬數萬萬人民對各種商品之不同的需求程度，亦無法得知所有之生產因素，在不同的生產單位中可能發揮之生產力。所以集體經濟計劃中的規定之各種商品之生產量及生產因素之配佈，不免是計劃當局武斷的決定。武斷的集體計劃既然代替了消費者自由的選擇來決定一切的生產，則消費者之主權不啻被侵犯剝奪。近年來經濟學界對社會主義之論爭均以此問題爲焦點，但是今日我國之侈言計劃經濟之論客，似乎仍多昧於此義，所以我們需要特別加以强調。

從前面的討論我們可知以集體計劃的社會主義與完全競爭的自由主義相比較，就所得之平均分配的目標而論，前者視社會化時所採取之補償政策如何可能居優勢。就提高生產至最高水準而論，則優劣互見，前者可能略遜於後者。就使生產因素之配佈與一般人民之自由選擇相符而論則前者顯然居劣勢。但是以社會主義與理想的自由主義相較是沒有多大的實際意義的。因爲理想的自由主義在現代的生產技術之下究竟無法成立。大規模的生產必然造成獨占或寡占的形勢。以獨占性的資本主義與社會主義相較，後者當然占絕對優勢了。但是我們不能就此囫圇吞棗的接收集體計劃的社會主義經濟。因爲前面的討論告訴我們，雖然從所得之平均分配的目標着想，我們應選擇生產工具國有，取消不勞而獲之所得的社會主義。但是從使生產符合一般人民之需求及提高生產效率的目標着想，我們應該選擇一種類似完全競爭的自由主義。所以我們應該探討的途徑，是如何使社會主義兼而有理想中的自由主義的優點。從我們前面的討論看來，通俗的社會主義制度在生產方面的缺陷，實在大都由於要想用中央集權的集體計劃來代替個人的自由選擇而起的。其實集體計劃經濟並非社會主義必需的附隨條件。生產工具的國有並不需要所有的生產機構都由一中央計劃當局統一經營管理；亦不需要各種商品之產量，各種生產因素（勞工、原料、工具及機械）在各生產機構之配置，甚至消費品之如何分配於全體人民，都一一由一通盤之生產計劃來規定。社會主義的經濟，儘可採用一種分權的經濟制度，而使之兼有完全競爭的自由主義之長處。

本來理想的自由主義，所以有使生產因素達到最適度的配置的原因，是在一面使人人有購買其所需求之商品及選擇與其習性相近而報酬最佳職業之自由，同時使生產事業之經營者，各爲其自己的利潤，人人努力使其邊際生產成本等于其出品之售價，並使其所購用之各種生產因素之邊際生產量之價值，各與其市場價格相等。這些條件我們依然可以使之存在於社會主義的經濟制度中，即令大規模的生產技術已使完全競爭不能成立。只要一切生產事業社會化後政府繼續維持消費品及生產因素之自由市場，同時訓令各國營生產單位，各自嚴格的遵守完全競爭下的生產原則經營其生產。（即使其所購用之各種生產因素之邊際生產量之價值，各與其市場價格相等，並使其邊際生產成本與其出品在自由市場上之價格相等），則生產因素之配佈，及各種商品之生產亦自能符合一般消費者之願望，同時並達到最大之效率。中央經濟機構之任務，在消極方面，只需限於監視各生產單位是否忠實遵守使價格等於邊際成本的原則，及消除消費品及生產因素市場中任何操縱價格之獨占團體之發生。在積極方面，則爲計劃及執行比較目標遠大而廣汎之資源及建設，其影響所及有非個別的生產單位所能顧及者，以及不可劃分之大規模的投資建設（以其不可劃分故不能應用前述邊際成本等價格之原則）。這種分權的生產組織同時也是預防社會主義下生產事業之過分的官僚化的唯一辦法。

但是在這種可以稱爲「自由競爭的社會主義」經濟制度下，各人勞作所得的分配是不能絕對平均的。因爲各生產因素的報酬仍舊由自由市場來決定，那麼各生產因素（包括勞工）的報酬自然有與其對生產之邊際貢獻相等之傾向。因此能力不等的生產因素，其報酬亦不相等。這樣產生的勞作所得的不均，實在是維持生產效率所必需的犧牲。

但是勞作收入之不均程度，　可以利用國有生產工具之收入，國營事業的盈利，以及賦稅收入等等，設法減消。譬如社會主義的政府可以利用前述的種種國家收入，給勞作收入過低的人一種生活津貼，或免費供給種種的社會福利設施，俾使人人至少可以享受一最低的合乎人類尊嚴的生活水準。這樣我們可以在提高生產效率與消除經濟不平等之間，求得一合理的妥協。

以上是我們以福利經濟學的原則來討論經濟制度所得的結論。單從經濟福利着眼，我們將來應採取的途徑似乎應當是一種自由競爭的社會主義。但是經濟制度的選擇不能單從經濟的觀點來討論，其他方面的聯帶影響必需同時加以愼重的考慮，始能作最後的抉擇。其中尤其以政治與經濟的相互關係最爲重要。因爲政治方面的不良反應，有使一經濟制度完全變質的可能。所以我們願再占一些篇幅，　就政治方面的反應，　對經濟制度的選擇，　再稍加討論。

現在國內頗流行「一種看法，卽經濟的平等重於政治的民主，意思似乎說，社會主義與民主主義之間，我們可以取其一而捨其二。這種看法是非常危險的。我們絕不能有了社會主義的經濟制度就放棄民主的政治制度。相反的，我們如果採取了社會主義之後，將更需要有個可靠的民主政體。因爲在社會主義的經濟制度（尤其集體計劃式的）之下，政府對人民之統制權利深入人民生活之各方面。這樣龐大的統制權力倘使落在不民主的統治者的手中，豈不較採取自由放任態度的專制政府更爲可怕。我們只要看看這次大戰前後的全體主義的極權國家，就可以得一明鑒。所以我們在社會主義經濟制度之下更需加意保護民主的政治制度。不但如此，我們還得進一步檢討社會主義經濟制度本身對民主政治的維護，有無不良的影響。

在全面的社會主義之下，生產事業盡屬國營，全國的就業人員，除極少數自由職業者外，盡屬政府之公務員或雇員。有野心的政府卽可利用之以控制全國人事之黜陟。在集體的計劃經濟之下，則一切商品之生產與分配以及生產因素之配佈，更無不在政府統制之下。如此龐大的權力如何能防止其不被濫用？英儒艾克敦 Lord acton 嘗謂：「權力必使人腐敗，絕對的權力絕對使人腐敗」。然則社會主義下政府之經濟統制大權，能不使統制當局腐化否？這是決定經濟制度時必需愼重考慮的大問題。固然我們可以說在民主政治之下，反對黨的批評與監督，及數年一度之普選，可以使當權政府不敢不爲民衆的福利行施其職權，否則在下屆普選時必將喪失其政權。但是這種看法實在過於膚淺。因爲問題的核心是在全面的社會主義之下，政府至少可以控制全國的就業機會。在朝黨難免不利用其黜陟之權排斥異己，使反對者在本國內無容身之地。在這種人事控制之下反對黨自然難以立足。民主政治縱令不完全消滅亦將徒具虛名而已。我們放眼看看所有過去及現在實行全面的社會主義或集體統制經濟的國家，何以都沒有健全的反對黨存在，就可以明瞭這決不是偶然的現象。健全的反對黨的存在，亦卽民主政治的存在，需要人民在政府所控制的機關之外，另有謀生及發展之途徑。英美兩國民主空氣之濃厚，及民主政治的成功，卽因在自由企業經濟之下，人民在政府之外，有充分的安身立命獲取榮譽與地位之機會。而我國數千年來專制君主控制百姓的傳統的法寶，　也就是使人民除經由政府而外，　別無光耀祖宗博取功名的門徑。

所以我們爲着保障民主政治的存續，似乎應當保存相當部分的私人企業。本來我們主張將私人企業社會化的主要理由，是大規模的生產技術使完全競爭在有些工業中無法成立，因此我們社會化的目標，應該限於市場環境及生產技術必然造成獨占或寡占的形勢的工業。至於生產規模較小互相競爭的生產單位甚多的工業，我們應該儘可能維護完全競爭的環境，而繼續使之由私人經營。至於這些自由競爭的私營工業中，生產工具的私有所產生的不勞而獲的收入及分配之不均，我們寧用所得稅資本捐及遺產稅等加以減削，不必將生產工具一概收歸國有，使之一律變爲國營。這種容許自由競爭的私人企業，與遵照完全競爭的生產原則的國營企業並存的經濟制度，也許是經濟福利及政治安全兩方面來看最合理的經濟制度了。

× × ×

選擇和犧牲

王傳綸

有人說：『經濟平等和政治自由是不可兼的；蘇聯選擇了平等，美國選擇了自由。』從這話讓人想起了好幾個問題：

第一、這兩個是不是不可兼的？假如不可兼，那爲什麼？

第二、我們國家是不是也要選擇一個？要選的話，選那一個？

所謂經濟平等是財富和所得之相等，這是可能的。絕對的政治自由祇存在於兩種境界：一是當個人意志是最高的力量，那就沒有社會，沒有國家；這幾乎是不可能的。另一種是政府，但是個人意志在政府裏佔絕對相同的重量。這在某種條件之下，是可以成功的。

一　自由和平等若不可兼，也只是環境上的，不是邏輯上的。

現在說：政治自由和經濟平等，是否可兼？提起這問題，就想到孟子的話：『魚與熊掌，不可得兼。』這可能有兩個原因：一是孟子錢太少，買了魚，就買不起熊掌；二是此二者有相剋之理，如同獅虎共籠（當然不是指馬戲團所有的），參商並耀，其間有必然的矛盾，必不能成功的。

前者是境遇上的不可兼；環境變易，說不定就可兼一點。並且，魚和熊掌，假如可以稱兩稱錢地零賣，大概隨時隨地，大家都可以兼一點。後者是邏輯上的不可兼；這纔是沒有辦法的！即使海枯石爛，不論天南地北，這兩個是沒有辦法共存的了。

設想有這麼一個國家，人民已有了政治自由，現在又有一種力量——不論來自國內或國外——把全國人民的所得和財富都給平了；或者另外有個國家，人民已享受了經濟平等，現在又成立了一個政府——不管它怎樣會成立的——人民在這政府裏可以確實地，自由地，同樣重要地投一票決定國家大計。這兩種假想似乎都是可能的。經濟平等和政治自由似乎並沒有邏輯上的不可兼性。

信服不可兼論者或者會說：在一個已經有了政治自由的國家內，並沒有一種自發的，內在的力量使人民再有經濟平等；一個已經有經濟平等的國家之統治者可能不願意開放他的治權。他們又說，即使有那一天，二者都得到了，這一天也就十分地短，將產生一種破壞的力量，不毀了平等，就毀了自由。先不說這些話對不對，有理沒理。算是對了，那這兩個確是不可兼了；但是這種『不可兼』是境遇上的。如同我祇有這麼一點錢，買了魚，就不可能買熊掌；有人借錢給我，胡里胡塗兩樣都買了，再一想，祇得把一樣賣了，還了帳。

二　從自由到平等——環境上的不可兼頗難克服

再看這『不可兼』之境遇是否不可避免的？會改變否？能改進否？這裏，我又想舉一個例。一個國家，三個人民，兩個是窮的，一個是富的。按照政治自由之原則成立政府，大家有絕對等重的政權，投票決定有關財富所得的事。有兩個可能的結果發生：（甲）把富的一個之財富所得減少到和窮的一般；（乙）把他的減到比原來窮的還要窮。

爲比較那一個可能的機會多，我們需要幾個頗爲近情的假定。假定少數得服從多數，這在有政治自由的社會裏似乎是有强制性的。又假定人容易有壞方向的偏誤，易於失之過猛，不會失之過寬。祇因爲富人之財富所得給瓜分了，是窮人們的快樂，而快樂是愈多愈好的，所以（乙）出現的機會比（甲）要多。在政治自由裏求經濟平等，自於「自私」被自由制度化了，『平等』像鐘擺的低點，只有片刻的經過，沒有永恒的留住，而形成了一種新的不平等——兩個富人一個窮人的國家。這種經濟的不平等是穩定的。新富人們的利益得以合法化了，他們用半公半私，又公又私的方法保住他們的權利。這情形下的新窮人祇能等待，祇能繁殖，祇能教化，在政治自由裏指望多數之來臨。他甚至於不能用革命，用暴力來保護他合宜的生存，因爲他們的人數少。

回到開頭的例子——兩個窮人一個富人的國家。人多少有點盲目，有點自私，往往屈于威，失于誘，富人正不缺少這種小威和小惠。何況又有宣傳，又有說謊，有了空諾，又有輕信。這些給眼光本來不利的人又帶上付加黑的墨鏡，結果是富人有特權，少數人統治。你也許說這不是眞正的政治自由，然而鑒于現實中這類例子之多，我祇能多少隨着社會科學者之說法，『程度上的差別不是眞差別』，而以爲這種國家至少仍舊維持了政治自由之形式。但是，平等却隨自由實質之折扣而俱逝，不可復返；要返的話，祇能跟美國麥帥似的，刺刀前導，鮮血敷路，犧牲成爲不可避免的了。

所以，有了自由（也許祇是形式的）的國家不容易得到平等，其故有二：一蔽于慾，再蔽于愚。前者是人類性格之一部，或不易于轉移。後者是環境，也許易于解脫，但至少暫時是致命的。

三　從平等到自由——環境上的困難較易克服

有了平等，再要自由，問題主要地不僅是在取得的自由是否易于保持，且在平等如何善後。從不平等到平等，少不了犧牲。『鬪爭』『清算』之故事，衆所熟聞。犧牲必須强迫，就得借重權力，而權力必須要有行使的人。權力可以當作工具，造成經濟上特殊地位；也可以看作目的，行使權力本身就是一種享受。假如是前者，則平等尙未成功，祇是把財富所得之分配改動一下，換了湯，沒有換藥，不在本題討論之內。假如是後者，則平等雖然成功，自由却很渺茫，到底不免是一種跛行的制度。這少數人的「慾」，可能使平等後無自由。這少數人若再能用宣傳和「敎育」做工具，則多數人的「愚」可能使自由遲遲不來。

除非邀天之幸，隨平等之後而來的，不是『寡頭』，不是集權，而是一個全民的民主政府，那麼，這國家又有了自由。當然民間不乏野心家，想白手起家，有迷戀骸骨者，要恢復舊業，但是他們本錢少了，難於在政府裏騙得特權，別人的抵抗力增加了，政治自由被破壞的機會也少一點。

由平等到自由，如同由自由到平等，所蔽也有二：一蔽于愚，再蔽于慾。但是就『愚』說，這少嚴重點，因爲缺少了『客觀經濟基礎』。就『慾』說，也不同；由平等到自由，是極少數人的慾在阻碍，由自由到平等，是多數人的慾在作祟；前者强，後者廣，很難于定高下。

必竟也得定個高下。淸心寡慾，全靠道德修養，這在多數人是如此，少數人也是如此。但是，平凡是『大衆』之同義詞，『非凡』向來指少數人。反過來說，在這極少數人中，可能指望着公平，寡慾，理性之全部或部份的實現。你也許說這近乎買獎劵，中了最好，不中豈不糟糕，我也覺得如此。幸而近代政治還有一個法寶——政黨制度。黨，介乎個人與全體之間，避免了個別之矛盾，表達了團體之利益。他假如是有力量的，大概祇能代表一階級之經濟利益，而內部必得照政治自由之原則所組成。是以建立平等之權力雖由極少數人在行使，却由一大群人在有效力監督。並且平等之措施日漸擴大這一階級之範疇，假以時日，除了迷戀往昔者，階級利益與全民利益相一致，黨與國相疊合。這時候，平等下的自由就潛默地達到了。

從不平等到平等，其間不能不有犧牲，也許是慘酷的犧牲。有人說，這是不必要的。我懷疑這話和經濟平等是否相容。倒不如老實說，祇要自由，不要平等，因爲平等帶來犧牲，而犧牲是不利的，不人道的。假如大家都這樣相信，這篇文章不免多餘。幸而有些人——大概是不够勇敢，不够坦白的一群——說：平等的社會不容個人進取之精神充分活動，因此推進社會，缺少動力。這猶如說：『熊掌好，魚也不壞，不過魚是腥的，所以吃熊掌吧！』還有機會給人辯白一下：『我的魚可不腥』。或者說：魚雖腥，熊掌也有毛病。』總之，選擇還是有意義的。

提起這個，牽涉到整個資本主義和社會主義之論辯，這裏不談。不過我覺得攻擊愈兇，防禦反而愈易，因爲卽使上面的批評是對的，我們別忘了『程度上的差別不是眞差別』；假如，舉例說，財富必需平等，所得可以不平等，這種制度也叫經濟平等，那麼個人進取心這套攻擊豈不失了一個重要的對象。

四　假如可兼，用什麼方式？

現在，你也許覺得對『不可兼』之理由略有所感，而以爲要兼的話，也會選擇一種方式。且慢！許多處尙未考慮；我祇能舉出一種——關于平等方面的——以供參考。

經濟制度是動態的，就是說，必得考慮時間之因素。進步的『平』是上上，但是呆住的『平』和進步的『非平』就不易區別中下。譬如有個國家，耕田分配，極不平均，人民生活，又極困乏。假如把田給均分了，大家生活可以改善，但是比生存基準高不了多少；因此收入全供消費，沒有節儲。又設耕田若不均分，這種不平等的分配仍舊維持，則窮人仍窮，但有錢人却有節儲。節儲使投資可能，而資本積聚是工業化，提高生活水準之動力。前者是穩定的『平』，但是悲慘的。後者是進步的『非平』，不公平的，但是窮人經常地分得餘瀝。這是一套選擇：究竟是犧牲了理想，遷就實惠，還是犧牲了實惠而遷就理想。

幸而，我們不必作如此重大的抉擇。繼續前例，政府可以均平耕田，但是均平來的，收歸國有。國家儘可在國有部份中謀些積蓄。如是則平等有了，進步也可能有了。爲防制普遍的短視，爲爭取時間，就前例看，先平等，後自由，更有根據。

假如有國家甲：人民不愚，不過慾，生活很好，財富所得之分配就質和量看，相差均不遠殊，則很容易兼有平等和自由。但是在此二途中，他們應該先要自由，後得平等；這比較安逸，少點危險。

國家乙：人民已經多少享受了一點自由，也多少減少了一點不平等。他們似乎應該繼續走這條路，以教育來減少受愚，以政黨來加强民主。當自由之實質完滿，平等之果實也將成熟。

國家丙：人民已經有了平等，但是這建立『平等』的權力仍舊留在少數人手裏，祇希望這少數人勇于克己，還政于民。同時，政黨之基礎也應擴大，以政黨之專政代替少數人之專政，以黨質之變化，來達到全民自由。

國家丁：由于環境，人民困于愚，既沒有自由，又沒有平等。人民困于窮，爲政首要，厥在裕民。他們不能一蹴而得平等和自由，考慮時間，考慮難易，不得不先求平等。窮人階級之利益必須超過一切，這階級必須統治全體。以統治者少數人謀國之忠來有效地領導，以這階級份子日進的識見來監督，免其隕越。這樣，結果或在不遠。

我願意提醒大家，選擇是必需的，犧牲是不免的。選擇什麼？犧牲什麼？得看地，時等因素。要爲中國選擇一條路，得先了解中國。

三十七年五月七日

× × ×

政府怎樣替「特種刑事法庭」辯護

芮沐

不幸得很，憲法施行的同時，政府復推行了「戡亂」的措施。在立法手續上，先則頒布了「戡亂時期危害國家緊急治罪條例」，繼又頒布了「特種刑事法庭組織條例」與「特種刑事法庭審判條例」。這類特刑庭現已在各地設立了，且亦已開始審判關於這方面的罪犯。普通法院原有類似的案件的，因欲脫卸責任，也不顧違反刑法，違反憲法，都趕忙着把條例頒布前已繫屬的案件移送到特刑庭去。

看了這種現象，不禁使人連想到歐西中古時代爲統一宗教剷除異端而設立的「聖庭」Saint Office of Inquisition「聖庭」對於人類文化的反面成績又深厚又普遍，凡讀過西洋史的人，恐沒有不知其影響的。當時思想自由是沒有了。人們爲懼怕被焚殺，被視爲具有妖術的魔祝，彼此懷着鬼胎。猜疑與仇恨代替了一切光明的行動；結果造成了當時社會的愚蠢與虛僞。這類影響今天在二十世紀的西洋社會各階層中有時還能看得出來。設置這種法庭說來眞容易，執政者—不論是教主或國王—祇要應用其固有的威權，可以不費吹灰之力爲之成立，但成立以後，再欲推翻這反動的後果，却需要多少的革命精血！後世的寃孽須歸罪於這無獨有偶的「聖庭」者還多着呢。

法國實際問題高等研究院教授 P. D. Alphandery 對於中世紀的「聖庭」有這樣一段記載，我們不妨把它節譯出來。他說：『教主欽派的法官審理異端，起初是旅行各地。凡到一個地方，他們訓告民衆，要他們懺悔，並供認出所認識的異教人來。悔過與供認者可給予很輕微而祕密的懲罰，否則就難逃處死或長期的拘禁。在法國，這些「聖庭」的審問者受法國國王的津貼，路易第八資助最多。但審問者完全是由教主一人任命與裁撤的，大事且由當地傳道的人中遴選出來。他們審問案子，裁量的權是絕對的大。他們處刑，又通常須與當地士紳商量。保護人民的律師雖向他們要求准予閱卷及有關的證據，但沒一個不被駁回。被告或其代理人原則上雖有協助推進程序的機會，但機會等于虛設。至於程序，許多部份完全與常法異殊。審判程序與其說是審斷個別的罪，毋寧是在斷處犯人們的觀念趨向。這種審問一些不受普通程序的約束。聖庭法官隨時可以傳提人犯，隨時可以拘禁人犯。被告者都推定是有罪的，偶或不到場也就視爲犯人自白。被告人可有證人，但被告不得有證人。被告且不知何人在告他，更不知審問者對所告發的根據予以何種評價。無賴，村童，酒徒，娼妓一律都來做證人。這類程序顯又非建於雙方平等爭訟的原則上。任何律師的出庭就被視爲協助異端。審問經過有時可以拖延到很長的時日。程序隨時開閉，也隨時停止，停了又重復進行，目的祇在儘量逼令被告自白，並招認出更多的同道來。經過「聖庭」審問的人從未見有一個是無罪被釋放的。……』

這段叙述，若用作描寫目前政府所設立的特種刑庭也還不失其爲恰當，特刑庭的將來恐也就是這樣的情況。奇怪的是，政府要攻擊異端，難道普通法庭普通程序尚不足用以處人以罪嗎？普通法院有什麼神祕的力量使政府認爲它不能達其預定的目的，而非設立特刑庭不可呢？我們認爲普通法院顯已是一個很有效力而且靈便的機構，說它不能治人之罪是不確的。但普通法院也確有許多保障人犯的措施，特刑庭之設立無疑是在規避這些政府認爲給予

人民太大的保障！

但我們也可爲政府設法辯護。據我們揣測，政府的藉口或可有兩個：一是政治的，一是法律的。

那個政治的藉口是：特刑庭之設立是專爲對付叛黨。立法院孫科就曾這樣表示。但眞正的講，戡亂時期危害民國緊急治罪條例規定的範圍廣大無比。試舉一例，該條例第五條第十款說：「意圖妨害戡亂擾亂治安或擾亂金融者」，處死刑，無期徒刑，或十年以上有期徒刑。但是不談擾亂治安而先就擾亂金融言。固也，憑某種觀點，擾亂金融的行爲不能說對戡亂不發生重大關係，但對於全國人民生計言，則這當更是使人痛心疾首的事。我們惟冀這輩人能得到他們應得的懲罰，但在擾亂金融的罪裡難道尙有分爲「意圖」妨害戡亂或無「意圖」妨害戡亂的必要嗎？設若戡亂是對的，任何種擾亂金融的行動自然也是妨害戡亂的。這樣講，一切擾亂金融的事勢將都交給特刑庭審判。我們雖對貪官汚吏奸宄商人之擾亂經濟比擾亂治安還看得重，但將其全部交於不正常的特刑庭處斷，我們仍不信其爲合法。而且，所謂「意圖」妨害戡亂將來原屬特刑庭自由判斷的範圍。除非我們能把犯人的頭腦剖開以備詢問，不然，倖就其行動外表看，發一張傳單固可說是妨害戡亂，街上唱着，散着步也無不可認爲有此「意圖」，更無論罷課，罷工，罷教，舞潮了。縱令我們不問對付共黨有無設立特刑庭的必要，與設立之後是否即能收戡亂效力，即倖就特刑庭是否專對共黨設立之一端論，每個人都已在發生疑問。在未用周詳的程序審斷一案的眞情之前，居然能斷定某人是叛亂，某人是共黨，其誇大與自信也可說是十分過分了。無怪有人指出特刑庭之設立，防止戡亂是名，實行警察政治是實。

爲特刑庭第二個辯護是憲法第二十三條的規定。該規定說：「以上各條列舉之自由權利，除爲妨害他人自由，避免緊急危難，維持社會秩序，或增進公共利益所必要者外，不得以法律限制之……。」特刑庭既是立法院按正式程序設立的法院，我們就不應有所指摘，因這已不是違法的了。但治國圖天下，技巧上恐未便如此簡單。依憲法原理，司法權與立法權雖似專爲控制行政而分立，然萬一立法權與行政權發生連絡——這點在新政府下眼見即將實現——，而用法律與命令的方式做一切危害人民基權的行動，人民是否就無從抗議？說直截一些，憲法內設立人民權利一章，顯非專爲對付行政一項，司法權與立法權同時當也受其限制。行政人員因不得將人民任意逮捕拘禁，或用其他禁止或命令的手段使其做不願或不應做的事，但司法人員也不應爲廣袤的違法審斷，立法機關更不應訂立剝奪人權的立法。這些基本權利，每一個有良知的人都知是超出任何執政者支配範圍以外的權利。我們不實行民主則已，若要行憲，則這些權利應是至高無上，神聖不可侵犯的保障。站在民衆的立場，我們必須喚醒政府，使它瞭解這種缺乏明顯意志的行動於政治前途是祇有妨害，一無好處的。憲法有它固有的邏輯，任何逃避或掩飾的手段都須予以糾正。特種刑庭的設置就是這種行動中的一個。

美國最高法院關於保障人民權利的事有頗負盛名的判例幾個，我們拿來可做借鏡。一八五五年 Murray V. Hobokey 案中，一個稅務人員因未將收得稅額完全交淸，國會即通過法案，用某種程序將其財產沒收。這沒收的程序無疑是合法的，但是否爲「應有的程序」Due Process of Law？人民這樣問。美最高法院回答說：「法律規定表面視之，祇要求各種程序依法成立，依法的也即是合法的；因此立法權似未受限制。本案沒收的命令既經國會通過，就也不能否認其爲合法。但這是否爲應有的程序」？立法權顯然不能隨意設立自以爲佳的程序，第十四條修正案之規定（Fourteenth Amendment）非但約束行政權，也同樣拘束立法權，我們不能解釋它有將任何程序化爲「應有程序」之自由」。再在 Hurtodo V. California 案中，審判程序應否用陪審官一點發生問題，美最高法院又謂「在我國成文憲法是公認爲保障人民權利與自由而限制代表人民的政府之侵害的必要典文。英國大憲章 Magna Corta 的原理已悉數錄入我權利保障書內（Bill of Rights）。這些保障一切政府力的限制；立法的，行政的，司法的，都無例外……。」另一個著名的判例是一九〇五年的 Lochner V. New York。美最高法院在此更認紐約州諸處麵包房工人工作時間一個法律爲違憲。法官 Peckham說：「邦政府的行政警察權（Police Power）必須有限制殆無疑問，第十四條修正案不可使之等於虛設。否則立法者可任意認法律爲保護人民的道德，康健與安全，就此毫無其他正當理由將一切法律作爲合法。警察權之行政將成爲隨意侵害的良好藉口。邦政府的權力事實上即將不受任何憲法的限制。但依我們看，每一案中我們得問這警察權是否使得公正，合乎情理，而且適當。我們得問它是否不近人情地，不必要地或專擅地將人民的權利與自由剪削……。」美最高法院就這一方面的宣示判例尙多，無從盡舉。若祇提其名，則關於保障言論自由與集會團體自由的，例如有 De Jonge V. Oregon; Herdon V. Lowry 等案；關於宗教信仰自由的有 Hamilton V. university of California; Pierce V. Society of Sisters 等案；關於被告有辯護人權利與自由的有 Moore V. Duply 的案子。

在這些例子裡，違反人民權利的立法，雖經合法程序而成立，但都被認爲違憲。在法律技巧上，美判例的內容因沒有這樣單純，但其理想所趨是很明顯的。我們既將人家的憲法抄襲來，何不也把人家憲法的解釋同樣地研究一番呢！

顯然特刑庭的問題，不僅是單純的特刑庭問題。這裡面牽涉到我們全民族能否進入於上層政治水準的辯析，這裡面廣泛地影響到我們整個民族的信心與希望。中國自從接受世界文化一百年來，歷經外侮內亂，長時間都在考驗我們有否自趨於高尙政治境地的力量。特刑庭之設立，決不像孫科所說，竟是國民生死存亡的關鍵。據我們看，這是又一度證明中國人易於被傳統的麻木，頹唐，無公所克服，而終於接受了這中古式的把戲。

通訊

內戰局勢可能的發展

——南京通訊——

本刊特約記者

南京國大召開期間，共軍的春季攻勢，似已告一段落。時序現已步入五月，宣傳中的「共軍夏季攻勢」，將做怎樣的展開，引起了關心戰局的人們不少的疑問。這些疑問是不容易解答的，因爲軍事是瞬息萬變的，就是負責指揮作戰的人，也難以將對方進軍的箭頭，判斷得把握得很牢實。而且每一個作戰計劃多半都有他的第二個乃至第三個腹案，在戰事的進行中，預定計劃恒常有變化與修正。再者，作戰的雙方對於「保密工作」都十分重視，中立的旁觀者難以獲得含有宣傳性以外的具體資料。不過宣傳中也難免有些欲蓋彌彰的地方。保密的鐵幕有時也會有些漏洞。從某些縫隙中諦聽弦外之音，也未始沒有一個梗概的趨向可尋。

東北共軍會進關嗎？

乍暖還寒最難將息的時候，共軍在關內各地先後發動了攻勢，如蘇北益林之戰，豫西洛陽之戰，山東昌維之戰，陝西宜川之戰，平綏路的察南雁北之戰，和最近陝西寶鷄之戰以及豫陝鄂邊境上宛西之戰。獨有東北，共軍在七次攻勢以後，因爲凍開路濘，始終沉寂，一直到現在才稍露靜極思動的現象。一個月以前東北共軍就宣稱第二線兵團已訓練完成，誓師開往前線，他的東北第二線兵團，據一般估計當在十五萬至二十萬的數目。共軍原來就佔優勢，再加上第二線兵團的開赴前線，那沉寂後的東北風暴，恐怕要比關內共軍春季攻勢來得還兇猛些。他將怎樣運用他的優勢呢？值得研究。

過去共軍在東北的七次攻勢，多施行越點攻擊，不過一次比一次兇猛，一次比一次向南，在永吉四平國軍沒有撤守的時候，東北國軍就已經被共軍肢解了。現在共軍如果還繼續使用越點攻擊，以大吃小的戰法，那他就一定要分兵入關，切斷北寧線，使瀋陽變做長春，使錦州變做瀋陽。這種看法，是根據過去共軍慣用的戰術演繹而來的。但是現在東北的情勢和去年大大的不同了，共軍是否還是用老辦法，頗成疑問。

共方曾經宣稱，「今年要打下瀋陽做爲反攻總基地」。東北國軍要固守三點——長春、瀋陽、錦州、兩港——秦皇島、葫蘆港、一線——北寧、一面——遼西、以待援反攻。東北全面大戰正在醞釀，將來熱河的爭奪亦將成爲東北的主要副戰場。

錦瀋間的聯絡，以國軍現在增援的兵力，不見得有打通的可能，就是打通後恐怕還沒有方法控制。永吉四平撤守後的長春，已陷於絕對的孤立，無法救援。國軍並不是不像再演一次遠東大陸上的第二次敦克爾克，（國軍自譽永吉之撤退爲遠東大陸的敦克爾克）成問題的是從長春到瀋陽，比較從永吉到長春的路，更遙遠更艱難了。可是那個孤島上，還有很多杜聿明全盛時，準備用以進攻北滿的大量重要軍事物資，那些物資國軍攜帶着是累贅，共軍在一旁也看着眼紅。東北行轅副主任羅卓英，過平南去時說「共軍七次攻勢與以往各次攻勢的不同，就是共軍有了充足的砲火，並能大量集中使用兵力。」這是說共軍已經有了攻佔大據點能力，他在東北可能擇肥而噬，對準要害來進攻，瀋陽不成問題的是他進攻的目標，攻瀋以前先拔除長春那個孤立據點，也未嘗沒有可能。因爲打長春可以做攻瀋陽的演習，初上前線的第二線兵團，如果使用牠打下長春，也可以給新兵們一點「甜頭吃」，是最現實的鼓舞士氣辦法 就是打不下長春來，也算做了一次攻堅演習，反正孤立在那裏的國軍沒奈他何。如果能以把長春拿下來，既可省掉監視長春的一部兵力，又開闢出一條從北滿向南進攻瀋陽的一條捷徑。免得在鐵路運輸上，西繞洮南遼源通遼彰武，東繞永吉梅河口。長春在國軍又是一種負擔，而在共軍的後方補給與交通運輸上却有很大的價值。

陸軍軍官學校校長關麟徵，到東北視察後回來說：「共軍主力是不會進關的，打人得用拳頭，如果他分兵入關，那就是犯了使用五指戰術的錯誤」根據他的看法與判斷，似乎是說東北共軍不會繼續使用越點攻擊的戰術，跨進長城來；而是以主力攻擊長春、瀋陽、錦州。內如果有戰事也是牽扯性的。不過東北與華北在目前是關富有依存性的，有東北才能掩護華北，有華北才能支援東北，東北華北事實上已經成爲一個戰場，看衛立煌與林彪，范漢傑與李運昌，傅作義與聶榮臻，怎樣週旋吧！

六個月能肅清華中嗎？

黃河以南，長江以北，津浦路以西，潼關及武當山大巴山以東地區，將是國軍在夏季作戰中的主要地區，因爲蔣主席在國大施政報告中，曾經說要在三個月至六個月的時間內肅清黃河以南，長江以北。

華中地區平原與山地交錯，幾個主要的山地如大別山伏牛山，桐柏山以至大洪山都在共軍的控制中，共軍戰略上的入川或渡江，都要看華中情勢的變化。中原自古爲兵家必爭之區，在今天不僅是必爭，而且是決生死的地帶。大別山在形勢上，東面威脅京滬，西面威脅漢皐，具有遮斷津浦平漢兩路及長江交通的便利。白崇禧全力進剿大別山的結果，劉陳主力雖已大部遠颺，而大別山經過一番播種、肅清已不容易。所以國軍始終不敢對大別山掉以輕心，現在還用十個師左右的兵力戍在大別的週邊。

大別山北豫皖邊境上的黃泛區，那里所謂土共魏鳳樓金紹山等活動的地區，實力談不上多末大，國軍以遠征有名機械化部隊之母的第五軍在那裏遊弋，用以東面掩護津浦，北面警戒隴海，以策應徐州及開封兩某地。用快迅活動，熾烈火力，集中使用兵力，封鎖戰地消息等方法，來做大部隊的游擊。還不失爲徐汴間的一個大的安定力量。

洛陽的易手，是豫西及晉豫陝邊境上的一個大變化，因爲這樣共軍黃河南北的走廊是空前壯濶了，而且晉豫陝的力量緊密的滙合起來，在胡宗南無暇東顧的時候，豫西及中原形勢是沒有方法扭轉的。鄭州孤立的形勢，只有等待東南西面的支援。從潼關沿豫陝邊境山地往南，一直到宛西，只剩了宛團隊控制着的宛西四縣。作爲豫陝鄂邊境上的堡壘，隔斷着共軍由中原入陝入川的大道。現在共軍又已集中了五六萬人，來四面圍攻這座堡壘，南陽和老河口的國軍似已救援不及。南陽的張軫老河口的康澤爲了救援宛西，使得南陽和老河口都岌岌可危了。這個危險情勢，將怎樣挽救呢？再往南江漢地區，是潘文華和霍揆彰的防地，沙市附近也不寧靜。江西剿共時期以帶別動隊出名的康澤，能否扼守襄樊，使新別動總隊——人民服務隊發生效用，福將霍揆彰帶慣了正規軍的，是否能以運用地方團隊，關係整個華中及江漢間的戰局甚大。因爲那並不像大別山區有那末多重兵。

平漢路沒有舖軌以前，中國古代南北用兵，多是從伊洛經南陽到襄樊，楔入荊湘。共軍顯然還是走的這條老路。國軍要想肅清華中，當然是利用平漢隴海兩路，以徐州做追擊基地，以武漢做堵擊基地。先平原後山地，設法使平漢、隴海、津浦及長江能以達成四邊循環，然後力量可以集中活用，一步步的向山地進逼。但這如意算盤能否實現呢？共軍一定還是以破壞交通，搗毀國軍指揮系統，來抵制國軍的反擊。一方面自西向東增加壓力，另一方面以蘇魯的活動來策應，更重要還是繼續開闢新的戰場，總之，要用去所有的力量，來打破國軍三個月至六個月肅清華中的計劃。因爲在目前全國各戰場上，除了華中以外，沒有聽到國軍有什麼所謂反攻計劃，多是被動的應付。可是現在國大開會已經過去了一個多月了，華中局勢還看不出國軍有利的跡象。一切問題只有等待着時間來答覆。

西北風暴過去了沒有？

西邊來的壓力，足以影響華中戰局，前已談過。很早就有人做過打趣的估計，內戰的長期化，會出現「一馬占山，二馬占海，山海關前一場惡戰」的民族悲劇。所謂山海關，當然不是單指的長城東端的榆關，那是一邊傍水，一邊靠山，山海之間一切要隘。台灣警備副總司令鈕先銘也說：「抗日上山，剿匪傍海，台灣將成爲戡亂的主要基地」。

國軍既注意爭取沿海，共軍絕不輕於放棄山地，這是內戰長期化的理由，也是內戰過程中由消耗而相持的必經階段。這個相持的階段一旦過去，戰局是要有急劇變化的。在離海較遠的西北地區，政府多年來下大本錢扶植胡宗南做爲「防共長城」，但是從攻佔延安到退出延安這一年多的時間內，晉南沒有了，豫西沒有了，關中漢中也陷於艱難應付的境地，這個西北防共長城的垮陷，是西北上重大的變化。

中共中央直接領導的部隊，在裝備上不如東北共軍，行動上沒有劉伯承那樣的「衝勁」，但是因爲政治教育的成就，其堅韌也非常可觀。在宜川一役以後，士氣更加提高了，於是在上月沿甘陝邊境，突過涇河，切斷西蘭公路及隴海西段，攻入寶鷄，使涇渭之間廣大地區，一時完全被他控制了。這個西北的大風暴，不但震動了關中漢中，使得四川也爲之不安了，甘肅新疆都成斷了紘的風箏。現在政府方面消息一再宣佈隴東大捷，馬步芳的兒子馬繼援成了西北上的「紅人」，反倒使得胡宗南祝紹周黯然失色。

彭德懷的部隊已經退過馬欄了，中央社說他五六萬衆，只剩了一萬五千人左右。並且說彭德懷坐騎伏誅，彭本人生死不明，果此，西北風暴應當是已經過去。但是西北複雜的情勢，很適合於共軍的生存，政府把寧夏青海的回教部隊，看做挽救危唐的李克用，將來西北的軍權交給誰呢？宣傳很久的西北剿匪機構，到現在還沒有方法成立，昆仲弟兄之間尚且魚肉火併，希望他們團結一致，可能嗎？純建封軍隊的頑强，那雖則是事實，統一運用起來，却大傷腦筋。更可注意的是南人在陝甘的貪污統制，在民間留有不少的仇恨，趙壽山能以勝任愉快的作帶路工作，寶鷄兩個保安團臨陣起變，都是利用了多年來積累在民間的夙怨。因此西北風暴雖然暫時過去，誰也不能保證他不再來。

入川？渡江？

從華中的角逐與西北的風暴，教人很直接的想到共軍是準備入川呢還是渡江呢？這問題老早就被人注意着。渡江在什麼時機？入川有什麼作用？兩者何先何後？什麼是共軍主要的企圖？那裡是政府抗拒的要地？

據說在共區裡有個最普遍的口號就是「打到南京去，活捉×××」，當然，共軍要爲直接了當的顚覆南京政府，京滬自爲主要進攻目標，所以渡江下游重於中上游。但是主張「抗日入山，戡亂傍海」的政府，對生命所繫的京滬是要全力戍備的，絕不輕於將政治重心移到港穗去。而且眞的攫取京滬時，是不是會有北伐時的「五三慘案」發生呢？這也不能不考慮。長江下游和蘇北的戰事，國大會後的沉寂，不是沒有理由的。

中美經濟的接合，是以粵漢路爲軸，拿浙贛路和湘桂路向左右伸展，貫通東南西南，囊括珠江長江流域。共軍第二個渡江進攻目標可能爲粵漢路，這就是說在長江中游渡江，東邊進入湘鄂贛邊境上的幕阜山，西面進入湘鄂邊境上的江湖之間的湖沼地帶，再與五岑山脈南北的零星共軍呼應，破壞珠江長江間的南北交通幹線。這樣在經濟上的意義更重於京滬。

入川可以避難就易，因爲國軍在川防務空虛，而要盡力守備沿海。同時也不至於妨害外國「權益」，重演「五三慘案」。不過在經濟政治上的影響遠不如渡江。然而在向西南的發展上有他的價值。

前面我們已經說過，「每一個作戰計劃，多半是有他的第二個乃至第三個腹案。在戰事的進行中，預定計劃恒常有變化與修正。」渡江與入川或許均在共軍的戰略計劃中。但是大的戰略行動須具備先決條件，除了力量的對比外，還要看長江北岸及漢中的變化。渡江有待於江北基地的成熟與江南接應部隊的發展，入川有待於漢中的變化及川中潛力的成長。目前豫鄂川陝邊境上的變化，對於共軍中游渡江及入川的行動，是一刀兩刄的有利發展。

苦難還有多久？

長期的內戰已經眞正到了民不聊生的地步。兩年多的死傷與破壞，已經超過了八年的抗日戰爭。人民苦難的日子何時終止？每一個人都在關心着。以戰爭的常情論，越到最後越慘酷，以目前經濟情勢看，這個戰爭結束之期已經不遠，美援是解救不了什麽的。不幸的很，還有人對美援抱着一種自己也不敢相信的萬一希望。到九十月間美援就會有最後的評價。國共軍事力量兩年以來的消長，是有目共覩的，政府今後無論在軍事上政治上都要培植地方力量，所謂地方力量是什麽性質，不問可知。這種力量表面上看是頑强的，但是內在的落伍性只能敎他的頑强停滯在某種階段上，而不能無止境的壯大。因此效用也非常有限。更有人卑劣的不能語人的希望將中國內戰拖長到第三次世界大戰爆發，還想能以像二次世界大戰似沾點光。可惜時機不再，中國內戰絕拖不到第三次世界大戰的時候。我們祈禱抗日戰爭是中國對外的最後一次戰爭，而這次內戰也是最後的一次內戰。這次戰爭最後的結束恐怕不是軍事的，加速戰爭結束的還是經濟與政治。

（五月十四日）

長春・瀋陽・錦州

—東北通訊—

本刊特約記者

三月中旬以後，共軍纔結束了七次攻勢，東北連受七次創傷，局面日非。長春在半年前已經成爲死眼，國軍只守着市區。瀋陽外圍還有撫順，新民，鐵嶺，本溪四個縣城，半徑不出二百華里，對外交通全賴空運。錦州往東一直到新民三百里的途中，全被共軍佔領，往西錦西，興城，綏中三縣是東北國軍最後方的幾個據點。今天報紙上所謂的東北，包括瀋陽，長春，錦州，新民，撫順，本溪，鐵嶺，遼中，義縣，錦西，綏中，興城等十二個不完全的縣市，而且是不能聯成面的孤點。本月十三日共軍又佔領了錦楡間的高嶺前衞兩個車站，國軍所控制的東北完全與關內隔絕。

長春：三個月以前國軍在吉林堅守着永吉長春兩據點，永吉是三月八日深夜撤退的，國軍的目的是集中兵力於長春。可是撤退前的準備工作不够，彈藥大部份沒有運出，守永吉的六十軍補充的地方新兵，在往長春撤退的三天三夜時間內，跑掉了四五千人，佔全部士兵三分之一强，不能說不是損失。永吉的部隊退到長春後，因爲沒有彈藥，人數又不足，並不能增加長春防務的力量，只好等待瀋陽外圍情勢好轉，國軍北上援救，所以一直採守勢。打仗是要抓捕機會的，三月十三日共軍又佔領了長瀋間的四平，長春立刻變成吃不進去，吐不出來的一塊鯁骨。永吉的放棄，四平的不守，使長春軍民都失去了信心。然而想退已經不容易了，過去四平在國軍佔領的時候，若想從長春撤退還能在四平站脚，今天再想撤退，必須一口氣跑出五百里纔能到瀋陽，而沿途已被共軍大兵盤踞，守長春的新七與六十兩軍，不僅掩護不了撤退的軍民，恐怕自身也難保，長春孤城只好守下去。政府爲了安定軍民信心，調派鄭洞國以行轅副主任的身份代理吉林主席，坐鎭長春。長春國軍僅能防守三十里以內的市區，近來共軍時常向週邊攻擾，以長射的重砲轟擊大房身機場，惟一的空運交通隨時受脅威，彈藥的運輸非常困難，市內無煤無電，人民更無柴燒。過了夏天，瀋陽國軍仍不能北上救援，長春將無法再守下去。零下四十度的冬天，軍民無法取煖，若長春依然屹立不動，那眞是守軍的奇蹟，所以共軍是不會攻長春的，必等待冬天的到來。

瀋陽：比較長春稍好的是週圍還有四個縣，有撫順本溪兩煤礦供應市內燃料，軍隊也比較多，可是因爲佔領的面積廣，與長春一樣的不能採攻勢，所不同於長春的是食糧恐慌，長春市內僅三十幾萬人口，瀋陽則超過一百五十萬，「大亂住城，小亂住鄉」，瀋陽附近的難民雲集市內，產糧與存糧早已不及供應，糧荒現象日趨嚴重。瀋陽是今日東北的心臟，糧荒是心臟的一大病症。南糧北運雖然開始，但限於空運的薄弱能力，遠水不解近渴。東北物調局在上海訂購的五十萬袋麪粉，已經運到瀋陽的不及十萬袋，全部運至瀋陽，要等到明年的六月。五十萬袋麪僅足五萬人一個月的食用，東北國軍三十萬大兵苦無米麪，每人每月廿六斤高糧米，還得摻入三斤大豆，平瀋路若不能打通，秋後的軍糧也許得摻入一半大豆。目前瀋陽高糧米每斤法幣四十萬元，大米超過五十萬元，麪粉每袋兩千多萬，每月收入兩三千萬法幣的公敎人員，只能買到四五十斤高糧米，有兩口之家的多以豆餅，豆渣，豆麪爲主食。窮困飢餓，逼死多少人，也逼得許多好人走上了壞路，瀋陽的市內搶殺刼奪案件天天有，騷亂的範圍在擴張，飢餓足以搖動整個瀋陽。

穀雨過後，瀋陽附近農村多未耕種，百里方圓內野草橫生，農村沒有壯丁，缺乏畜力，種籽吃光。東北的農民被壓在抓丁抓馬抓車徵糧徵草徵伕的擔子下，站也站不起來。春耕荒度，註定秋後必有大飢饉。雖然東北行轅已經撥出四百億流通券，但農村的復甦，不單是幾張鈔票所能解決的，況且這點錢不足杯水。瀋陽更艱苦局面是在秋後，軍民要突破大飢餓的難關。所以共軍是不會急於攻取瀋陽的，用重兵在外圍圍困，等飢餓去襲擊瀋陽。

錦州：這裡是瀋陽的後面，軍火食糧運到葫芦島，轉火車運至錦州集中，再裝飛機空運瀋陽長春。國軍於七次被攻的時候，很想確保兩港—營口葫芦島，兩線—平瀋營，結果只剩一港—葫芦島。依照目前的軍事形勢，遼西是非常重要的，尤其是錦州的機場與葫芦島的港口，雖然東北沒有任何出產品還能外運，錦芦兩地却能運進一些物資，支持東北作戰。前面說過共軍不會急於攻取瀋陽長春，除因瀋長是孤城以外，還因爲有國軍的主力在防守，共軍一定不會找到主力打硬戰。那麼遼西可能是共軍次一個攻勢的目標，理由何在？遼西走廊從新民到榆關七百里，緊靠着熱東的邊緣，李運旺的部隊向以熱遼邊前爲基地，七百里的遼西走廊除了錦榆間的鐵路線以外，早被李運昌所掌握。如果能把遼西全部佔領，錦葫兩地失去作用後，瀋長空運的補給基地將由平津起飛，東北環境將更窒息，共軍的企圖是等待東北國軍自生自滅，挽救東北要看政府能拿出多少力量，關內能給東北多少支持。

（四月十六日）

故都初夏

—北平通訊—

本刊特約記者

時序雖已進入了初夏，而生活在古城的人們，却並沒有像國大女代表們那樣敏感的換上了夏裝。白鞋輕紗的女士，街頭上也並不多見；早晚站在電車上的查票員，却還依然穿上了那破爛得大洞小口的藍色棉大衣。往年，北平的季節氣候，總算是相當準確的。而今年，立夏（五月八日）的那天，却是陰沉欲雨。伴隨這個大自然現象以俱來的，是壓在人們心頭上的生活暗影。

× × × ×

首先，五月以來的物價狂漲，便使大多數人震驚得喘不過氣來。不僅小市民爲這個問題而鬧得恐慌失色，卽連何思源市長於市場混亂到了極點的十二日，也不得不開始焦急起來。「這是不是經濟崩潰的信號？長久下去，是不是會蹈上馬克的命運？」人們心頭上大都浮上了這樣的陰影，而通貨流通的速度，也自然更因之而增加起來。從五月初到十三號，時間不過半月，物價就漲了快到一倍，雖然政府有了平價配麵，但通粉與兵船粉却上漲了百分之九十左右，小站稻的價格，在這十來天之內，也從每斤四萬漲到了七萬。有關民食至巨的玉米麵，也經二萬三漲到了四萬五，這說明了物資來源的充裕，仍然抵不過高速度的通貨膨脹，照理說，政府的平價配麵，應該可以受到老百姓的普遍歡迎。然而，四月已經過完，而配售店門前的生意，却並不見得踴躍，原因是，北平一般中下級的市民的主要食糧，通常都是做窩窩頭的雜糧，如玉米小米等，四月份的平均價格，不過兩萬二千左右，至於每斤四萬四千四百的平價麵，雖比市面上要便宜一點，但與雜糧相比，却要高出一倍左右。加以人民普遍的貧窮，以一日做工之所得，殊難一次去購買十五天的糧食。這情形，一直到了五月初旬，由於麵價的不斷飛漲，這才使配售有了轉機。等到麵價快要迫近三百萬大關時，這才開始擠破了三家配售店的大門。及到原定購買期截止的前一天，便演出了各種緊張熱烈的驚險鏡頭。在八號那天，崇內大街企業公司的「示範」配售店，爲了減輕購買者的爭先恐後的壓力，曾想出辦法來先行發出私製的預售券，以便日後可以憑這個券來登記購買，但由於購買者擔心這們預售券有限，便都一擁而上，結果還是不能按秩序發下，而不得不來一個「天女散花」，把大把的預售掛號券往人堆頻一扔，結果自然是亂嚷亂哭，而問題也依然是不能解決。十號就要到臨，而許多人依然沒有購買到麵，看秩序的擁擠，勢有不得不延長的必要。「民以食爲大」，生活應該是最現實的，在人民的這種壓力之下，民食調配委員會這才不得不決定「四月配粉期限延長五天。」到目前爲止，四月份的平價麵粉，是否可以全部賣出，我們尙無法估計，卽使能够全部賣出，也要請讀者們千萬不要天眞到認爲：「全北平市的人民，在這個月內，大約都可以吃到十五天的白麵了吧!?」事實盍有不然者在：平價麵的配售，雖完全根據於戶口，而購買時則是「認票不認人」。貧苦的居民無力一次購買這個白麵，便在「差價」之下賺一點錢將購買證轉讓給商人。自然，商人們在轉手之間所獲利潤，是要遠超過這個差價的。根據五月十一日平民日報的估計，「賣票的貧民受惠是三萬元到四萬元」；再據北平日報的消息，北大三院住宿同學，雖於麵價已經高漲的十二號始將購買證賣出，每票也不過十萬元。而五月十三日的行情，配粉等於本地的一號麵，每斤市價是八萬陸千三百餘元，配售價爲每斤四萬四千四百元，每斤差價達四萬二千餘元，每票十五斤的差價是六十二萬八千餘元。轉手之間。商人卽可從中獲利達五十餘萬元之巨。自然，商人是經過了買賣的手續而於「法」有據的。在這裡，我們似乎很明顯的可以看出：配售麵卽使能够全部賣出，主要的還恐怕不得不歸功於「差價」中間之有利可圖吧！

× × × ×

生活在故都的人們，除了在物價的壓迫之外，對於戰事的關懷，自然也並不亞於其他各地受苦受難的中國人民，在共軍高唱「五月進關」「五月攻勢」的宣傳戰之前，人民首先所關懷的便是東北戰局的發展。「無東北卽無華北」，以「華北支持東北」，這是政府一再所宣稱的策略。可是東北的局面怎樣呢？從立夏的那一天起，報紙上就載出了共軍在東北「蠢動」的消息，而趙家驤，廖耀湘，羅右倫等人之奔波京瀋半地帶，更可以嗅出局勢之嚴重的氣味來。在傳，楚的兩度歡宴之後，這三位將軍便被記者們包圍了而提出了有關東北軍事局勢的問題。據新民報所載，那次的訪問與回答，是相當之奧妙的。玆整理摘錄於後.

（一）「外傳中央將增援東北新軍十七個師及飛機百五十架至二百五十架，確否？」

廖耀湘回答說．「希望如此。」

趙家驤回答說：「這問題我們無法向諸位證實。」

（二）「匪軍宣傳的五月攻勢如何？」

廖答：「現在已經是五月了」！

「那麼後兩句怎麼樣？」

廖表示：「很有可能！」

（三）「究竟匪軍將要攻擊長，瀋，錦三大據點那一地帶？」

趙答：「這個問題很難判斷　譬如判斷正確了，予敵人一個警覺，錯誤了實在貽笑大方。」

從上面這段談話中，可知共軍今後在東北軍事行動的重點是很難捉摸的。筆者對於軍事，尤屬外行，自不敢妄加揣測。惟從最近幾大報紙上所載消息看來，也似不難窺其端倪。如『匪對長春瀋陽開始試探性襲擊，』『東北各地共匪蠢動形勢已顯露，戰局重心似在熱遼地區，唯主力戰前，遼陽四周將有戰事。』『此間匪以二十萬兵力，揚言攻長春之宣傳又起。據悉：現據松北之匪已有顯著向長市移近模樣，長市周邊已發現不明番號之匪軍，除二十萬兵力外並附有大炮二十門。』以上這些消息，都是平明日報東北來電。見五月七日所載。另於五月十日平明日報上復載有這樣的消息：「共匪在遼北遼西展開五月攻勢」綜合這些消息的報導，似乎可以看出共軍這次在東北的五月攻勢是全面的，面對這個攻勢，政府的佈置如何，事關軍事機密，我們是無法知道的。從報紙上可以看到的是：「今後將加强空運並打通陸路交通線　首先澄清遼西走廊，用華北力量支持遼西，以遼西支持瀋陽。」（平明日報，五月十日）從這裡也許就可以看出奉衞立煌總司令指示而來的趙家驤廖耀湘與傅作義商談東北華北聯防問題的端倪了，然而，困難的是．傅作義的本錢有限，他雖可使華北維持小康的局面，確已煞費苦心，欲經這裡再抽調大軍出關，無疑的是自抓漏底，非傅將軍之不爲也，實不能也，在這種情形下，中央既感調兵之不可能，復不能不積極的有所作爲，於是便不得不在空軍上想辦法。這也許是平明日報五月十一是用二號字刊載下列第一段消息的由來吧，那消息是：

（本報南京十日下午十二時五十分專電）：據悉．政府決以大部空軍增援華北，益將以華北爲空軍主要基地，對東北共匪予殲減打擊。

東北局勢發展的前途，似乎尚無人敢加預測。欲知後事如何，還是請聽下回分解吧!?但不管怎樣．生活在故都的人們，却並沒有因爲這裡的表面安靜而忘懷於東北了的。因爲．萬一東北局勢惡化下來，緊接着的必是「入關」，古城雖然並不一定會遭受「淪陷」的浩刦，那麼「圍城」起來，却並不是不可能的吧，等到海路交通一旦斷絕、物價的重壓，恐怕不是現在所可想像的吧!?有錢買不到東西，長春等地不是很明顯的例證嗎？生活在本已喘不過氣來的境遇之下，却還要擔心着未來更可怕的苦難，這眞是人世間極大的悲劇了！人們在過一日算一日的心情之下，也自有其打算。據說今年頤和園遊人之盛，在淸明前後的那兩天，是達到了空前的記錄的，在北平通至頤和園的一個小鎭—海淀—上，就在淸明那天由於汽車過多而使交通阻塞者前後達二小時之久，至於沿途的車輛行人，自然更是絡繹不絕了！這盛況的心理背景，比起今年上海去杭州的遊人之盛來，也許是同出於一轍吧？

×　×　×　×

生活在這文化城的人們，當這榴花照眼的初夏季節到來時，自然容易使人聯想起去年的學運。人們都說「五月」有「五月熱」，靑年人最容易衝動，何況又逢着這特別的多事之初呢？的確在五月行將到來時，地方當局與學校當局事實上是都相當緊張的。起先是外面有了謠傳．說陳雪屛來平以後曾與吳鑄人商量過，要如何如何的打擊學運，並且組織過一個淸共委員會，專門對付某些方面的幾位教授云云，這便是九十餘位教授同吳鑄人在報上的論戰「鬧一多事件第二」杯弓蛇影了，更使人不安的是「五，一」那天的謠傳。起先自然是風傳地方當局說是「五，一」那天將有人要暴動，於是便打算發動一個二十萬人的隊伍，來搗毀「解放區」（意卽指北大淸華等校），這些雖都是些令人不可相信的謠言，可是在這多事苦難的當兒，人們的神經，本已極其脆弱，何況前兩天還出過一些事件呢？於是住在城內的北大同學，固然極其緊張的作了一些「萬一」的預備，而遠在鄉下的淸華園的學生自治會，也不得不作了一些緊急的措施。結果那天北大方面總算是安靜渡過，而淸華則發生了這樣的一個揷曲．到了下午五點鐘左右時，園內校門口却來了一大群穿制服的靑年軍，一時同學緊張之下，便請褚訓導長出去交涉，後來褚先生坐在沿溪的石橙上，一直等到隊伍離開園門以後，才算是鬆了一口氣，後來，打聽，據說這批靑年軍是從天津來在淸華園火車站下車之後，預備在園內整隊歸營的。但那天總算是平安渡過去了！接連着的「五，四」等節日，也都在人們的躭心下渡過。人們的心情已經够緊張，脆弱了！實在是再也經不住了刺激呵！

在幾個大學裡，今年比往年更明顯的是：四年級同學的苦悶。在學校裡，生活雖然艱苦，公費總還可勉强溫飽。一旦畢業以後，面對戰亂混沌的大局，誰也不敢想像未來的「出路」。記得去年暑假同學畢業時，工作雖然困難，還有可以下脚之處，而工學院學生的出路，在去年的淸華大學裡，據說每人就有四，五個選擇的機會，而今年，「預約」的時間雖已到來，生意却一點也不興隆。去年淸華一過校慶（四月廿九日）以後，向工學院各系徵求人才的函件，就接踵而來，而今年的校慶已過了十多天，還沒有開始的跡象，原因很簡單：東北下來的人已經够多，地方的安揷却已到了飽和的程度，再加以大學畢業生之生產「過剩」，而相對的地盤却逐漸減少，自然也就發生「工作」的問題了！這是以素來工作不成問題的淸華工學院畢業生而論，至於其他各院系的畢業學生的出路，那便更不堪設想了！事實上去年還有許多的文法理各學院的學生，至今尚未找到工作。那麼今年的問題之嚴重，也就不言而喻了！生活是最現實的，當局們，想到過這些問題沒有？

×　×　×　×

在北平，每年的夏天是要比南方舒服得多的，尤其是每當初夏季節，更令人有一種輕鬆遼闊之感，但願生活在故都的人們，今年也同往年一樣吧，

本刊編輯部啓事

（1）本刊暫闢專論，通訊，文藝，辯論，論壇，我們的意見，書評，讀者來書等欄，每欄均歡迎投稿。

（2）本刊對於通訊一欄，想盡量充實，希望各地讀者合作，從全國各地，給我們以該處政治，經濟，軍事，社會各方面事實的報導。每篇通訊，以二千字至四千字爲合式，特別歡迎瀋陽，長春，天津，西安，開封，蘭州，廸化，濟南，青島，上海，南京，杭州，南昌，九江，贛州，蕪湖，安慶，蚌埠，漢口，宜昌，重慶，成都，貴陽，昆明，梧州，柳州，廣州，長沙，衡陽，香港，台北等地讀者賜稿。

（3）決定採用之稿，立卽寄奉稿費。稿費按戰前幣値計算，每千字自貳元至貳元五角，依主計處每月公佈的各地生活指數計算。

（4）本刊各欄，除專論，論壇，及我們的意見，一律用眞姓名發表外，其餘用眞姓名或筆名，聽作者自便。但文責一律由作者自負，作者並須以眞姓名通知本刊。

文藝

影子

牧野

> 鳥的美麗是羽毛，
> 人的美麗是智慧。
> ——高爾基

原先我服務過的那個機關，是在郊外離城有三里多路的一座孤立的大廟裏。廟子的工程不能算小，前大殿後大殿接連有幾節院子，除了兩廊的廂房之外，還有一些專供居住的房屋。不過，廟宇是專爲菩薩建築的。所以，那些輩數高的，地位尊貴的，四五個貼金塗彩的泥巴，就要一年四季地從白天到夜晚從夜晚到白天從也不動一動身兒地一直佔着很寬敞的地方。再加上老道和小老道們所佔去的臥室，以及這廟子上的倉房和專爲招待貴賓的客廳等等，所匀給我們機關的房屋實在够緊狹的了——本來這廟宇就不是爲我們的機關建築的啊！

我們四十多位同事，就在這廟子里辦公，幷且有二十多位同事的眷屬，也都在這廟子裏一家一間的擠着住。因此，一天到晚大家抬抬頭，看見的都是這幾個面熟的人。也就因爲這一點，我們這個生活圈子里無形中有了一種特別的風氣；那就是下了班無事無非的，誰也不高興跑上幾里地進城去溜一趟回來還得摸黑路；幾幾乎是每天，一吃過晚飯，說不定是擠在誰家屋子里，從天南地北到中外古今，甚至連誰家買虧了雞蛋等等這類無聊的閒話，常常會扯到三更或二更以後。可是有些同事尤其是有些太太們，倒不喜歡這一種乾吹。然而喜歡什麼呢？唯一的就是中國的「國粹」麻將牌了。

把麻將棹子擺在辦公室還不好意思，自然是在私人屋子里打，但是次數最多的，我覺得該算是我隔壁韓組長的家里——固然常常有幾場同時也在別家屋里打，可是我所知道的，十天之中至少有七八個晚上，韓家屋子里總要嘩啦嘩啦地響到十二點左右。這原因大概是韓組長家是適合於打牌的條件．第一，我們這位綽號「平光鏡」的韓組長不大有脾氣；第二，他家裏沒有小孩子吵鬧；第三，他們夫妻倆都有愛摸幾圈的嗜好；第四，說來好像不算是條件，事實上又不能否認不是個原因，這一位讀過大學沒有畢業的韓太太，人旣精明，又會講話，而且像貌也生長得漂亮——這是同事們一致公認的。提到漂亮二字，本來就不容易解釋，比如有人說林黛玉型的美人是病態，也有人說現在的一般「摩登」簡直像野狸貓，還有人講窈窕是漂亮，另有人倒說豐潤才美麗；總而言之，還是宋玉講的高明些，不是嗎？「增之一分則太長，減之一分則太短，敷粉則太白，施朱則太赤。」自然，對韓太太不能够這麼去形容，但是，只要你同她談談話，她那一雙深得好似沒有底的眼睛，從來都是笑迷迷地，决不會給你一個不好的印象。

說到這里，我有意聲明一句，不然或許會讓人聯想到醜惡上？就以我這個鄰居所旣得的，到韓組長屋里打麻將的那些同事，不是消磨時間的就是存心想贏幾個。何況韓太太每每碰見同事們，總是甜蜜蜜地笑着說：「怎麼樣？今晚上有興緻沒有？八圈吧？」

雖然我和韓組長住隔壁，但是他家中的「築城之戰」，我從來沒有參加過一次。我决不是在這裏標榜自己不賭博的好行爲，我確實沒有這一份興趣和習慣。不過，到隔壁看幾圈倒是常有的。因此，我才曉得韓太太對於麻將牌原是一把能手！每次我去看，總見她在贏錢，難得看見她輸過。

有一次我站在韓太太的背後，不聲也不響，悄悄地我要看看她怎樣去做牌。她那一雙嫩白的小手，揭張出張不但敏捷，而確實非常的靈巧。然而看了一陣，我却感覺出她有一種特別的習慣．她常常不等上家打出牌來，早把下一張掀開來偸看看，甚至她還揭到手裏拳回來。這不免有點偸佔小便宜。沒有隔多久，我忽然發現她一個更不光彩的動作．這一回她跟着上家的手揭回來的是一張紅中——我確實看見是一張紅中，等到上家打出一張八萬的時候，偏巧對門叫「碰！」韓太太就連忙——非常巧妙地揑起另一張用不着的送到了牌的原位置。我再看看她面前擺着的牌，呵！原來她已經有了兩張紅中了。我不禁地搖搖頭，我悄悄地往後退一步，可是我幷沒有走開。僅僅只隔兩牌功夫，我又發覺她一手把戲．我看她手心里偸偸地扣着一張牌，換來換去地老是把那隻暗扣牌的手藏在棹子底下。這是爲什麼呢？我暗中數一數她門前擺的牌，十三張一張也不少。我恍然明白了：難怪她常常贏錢，原來她有這一手！

從此，我再也沒有到韓組長屋里去看打麻將。事實上我也沒有隔多久，就離開那個大廟子轉到另一個機關去幹事了。

有一天，我在大街上忽然碰見韓組長夫妻倆——韓組長穿得整整齊齊的韓太太也打扮得漂漂亮亮——彼此都帶着一種高貴的樣子迎面走過來。半年多不見了——總算是同事一場，我們就站在人行道上寒喧起來；尤其是韓太太一見面非常親熱的樣子，對我談談這，講講那，並且告許我許多關於老同事們的情形。韓太太好像一點也沒有改變，還是從前那樣子：一雙深得好像沒有底的眼睛，對人講話的時候，依然甜蜜蜜地笑着。然而——連我自己也不知爲什麼，她那種巧妙地偸底換張和暗地多扣一張牌的那些影子，我老覺得在她面孔上一直地跳躍着。

一九四八，四，一四，夜，於川西山脚下一村中。

本期定價三萬元

新路

周刊

第一卷第四期

中國社會經濟研究會發行

三十七年六月五日出版

我們的意見

還我言論自由

在行憲和選舉鬧得正熱鬧的時候，我們在報上看到下列四項與言論自由有關的紀載；

（一）滬市府奉內政部命令，取消「國訊週刊」的登記證，並勒令停刊，理由據說是爲了「該刊近來所載文字多對政府不利，並爲共方宣傳」。「世界知識」週刊受了警告，因爲該刊「經常攻擊友邦美國，挑撥國際感情」。「時與文」週刊也受到警告，理由是該週刊對政府「肆意攻擊」。（見大公報四月八日天津版）。

（二）國立南開大學經濟研究所出版的經濟週刊（附登天津大公報），本登有北京大學教授樊弘所著的「孫中山與馬克思」一文。在四月七日所出的第二十四期上，先發表了一半，但是後一半却因爲「某種原因」未能續刊（見該週刊第二十五期編後語，大公報四月十四日天津版）。

（三）在上海大公報所招集的出版業座談會上，有一位與會人曾有下列意見發表；「目下出版界最大障碍，莫過於言論出版沒有自由，依法登記的書刊，隨時會遇到各地當局的沒收處分，以至蘇州的書店爲了避免意外損失，只能賣綫裝書」。（見大公報四月二十三日天津版）。

（四）「太平洋」雜誌因故「奉令」停刊，並不准出最後一次的「休刊號」。（見五月三日北平世界日報的廣告版）。

我們並不經常閱讀上面所提到的各種雜誌，所以我們不知道所謂「對政府不利」和對政府「肆意攻擊」指的是什麼。但是「世界知識」週刊居然因爲攻擊美國而受到了警告。一個堂堂國立大學所編的一個學術性週刊，居然不能刊完一位國立大學教授所著的一篇學術性的文字。我們的言論自由在什麼地方？在這種情形下，內政部長居然在國民大會報告說：「勝利以來，內政部對於言論自由一點已充分予以辦到」。這豈非是自欺欺人？

劉大中 趙人傳 徐毓枏 戴世光 潘光旦 吳景超

言論自由是人民的基本權利。對於我們在教育界和文化界服務的人，這種自由尤其重要。如果沒有這種自由，我們就不能對社會盡我們推進文化和教育青年的責任。我們如果不爭取言論上不折不扣的絕對自由，我們不但對不起自己，並且對不起社會。

言論自由是人民神聖權利之一。這個道理太淺顯了。但是政府似乎仍然並未明瞭，或是明知而故犯。我們在向政府提出兩個要求以前，只得再把言論自由的要義重複的申說一下。

言論自由是文化進展的推動力，這是歷史明明白白告訴我們的事實，可以不必細談。我們願意特別提出的是，在國民確實能夠享受言論自由的時候，一個壞的政府如果不能變好，至少也可以不再變得更壞。

政府雖然不過是人民的奴僕，但是因爲它掌有種種權力，往往有利用這種威權迫害人民的機會。無論政府主持人的本性是好是壞，只有在人民時時刻刻毫無顧忌，毫不姑息的監督，鞭策之下，才會不養成濫用威權的習慣。一個有濫用威權習慣的政府，只有在人民享有言論自由的時候，才能把這壞習慣戒除。歷史告訴我們，沒有一個有這種壞習慣的政府能夠存在得久的。世界上絕無想限制人民言論自由的民主政府；民主政府也只能在不折不扣的言論自由下才能眞正爲人民謀福利。

政府也曾三番兩次說要保障言論自由，我們以君子之心度人，希望政府不是在欺騙人民。同時，我們也有權要求政府證明保障言論自由的誠意，立刻去辦下列兩件事：

（一）檢討過去限制言論自由的行爲，把所有一切違背憲政精神的停刊和警告案件，一一平反。

（二）依法嚴懲過去濫用職權壓迫言論自由的官吏。

專論

日本賠償問題的總檢討

吳鐸

日本投降已經兩年零八個月了，因爲國際局勢的混沌，不但整個對日和約迄無簽定之望，卽連賠償問題——包含着如何迅速重建受害盟國這一緊急問題在內——雖經盟國再三商討，竟也一直沒有澈底解決。不但如此，由於時局推移和美國對日態度的逐漸轉變，卽連已經着手執行的臨時賠償工作也日趨遲緩而有停滯之虞。同時，援日復興的論調反而高唱入雲，鑼鼓愈打愈緊。時至今日，曾被世人一致憎恨的破壞世界文明的侵略魔手不但已無切除之憂，反倒時常受到珍惜，惟恐傷及它的筋骨，不能留待他日之用。而被這隻魔手所破壞了的國家如何可以得到合理的賠償，使他們無辜被害的人民早些出水火而登袵席，倒被漸漸地遺忘了。我國抗戰最久，被禍最烈，國人對此反常現象自然一致憤慨，但對如何打開這一僵局，各人的看法不盡相同。

有些人太悲觀了，以爲美國防蘇援日的政策顯已決定，並在着着實行，我國縱使據理力爭，也必回天無術。有些人太保守也太短視了，以爲大批賠償的生產設備到手後，自運輸回國起，至重新裝建，從事生產止，時間甚長，費錢太多，在我國目前民窮財盡的極端困難下，負擔太大，不如聽天由命，隨遇而安。有些人也太樂觀，太不顧實際了，他們除提出其他嚴峻的條件外，還建議提高我國分配比額。不知賠償問題之所以僵持不決，原因固不止一端。但一面滿天討價，一面就地還錢，却是一個主要的癥結。現在如再抬高討價，買賣如何講得成？我們對於目前內外現實局勢，經過一番仔細檢討後，對於本問題另有一種不同的看法。我們以爲：（一）現在日本賠償物資拆遷工作雖已開始，且已有一部份陸續運至國內，但這些僅係我國所應得和所可能得到的一小部份，其餘正待我們再接再厲，努力爭取，當此時機緊迫，稍縱卽逝，切不可固步自封，放棄權利。（二）在於我不利的國際形勢下，這批應當爭取的東西，我國如能顧到實際情勢，採取現實方針，靈活應付，不難在盟國間覓獲折衷方案，公平分配，迅付實施。（三）各類賠償物資全部到手後，苟能互相配合，善爲利用，其本身大致是可以自給自足的，在目前財政上不致增加太大的負擔。茲將這幾點意見闡述如後。

（一）

日本賠償的範圍和數量雖經華府遠東委員會經年累月地商討，迄無最後決定。但是無論如何，我們總可以繪出一個極粗略的輪廓罷。這範圍至少應包括（一）國內工業設備，（二）金銀珠寶，（三）生產品。這些早應逐一提供賠償了，徒因國際局勢僵持，便都凍結不開。祇有國內工業設備一項，自美政府於去年四月根據遠東委員會組織條款第三項第四段之規定，採取單獨行動，頒發臨時指令，授權東京盟軍總部先將百分之三十分給中、英、荷、菲四個受日侵害最烈的國家（中國應得百分之十五，其餘各得百分之五），賠償工作才進入實施階段。日本國內工業設備約可分爲（一）海陸軍兵工廠（包括民營軍需工廠在內），（二）飛機製造，（三）造船，（四）工具機製造，（五）輕金屬，（六）化工（包括酸、碱、人造汽油、人造橡膠四類），（七）鋼鐵，（八）鋼珠軸承等八類。盟總公布可以提供賠償的各類工廠最初有一千有零，其後，屢次變更，減至八百餘個。現已着手分配拆遷的祇限於兵工廠一類，依照百分之三十推算，提出十七個兵工廠，予以處理。此項拆卸下來的賠償設備分爲計件機器和整套設備兩種。計件機器包括工具機，二級金屬成形設備及試驗設備等，共約二萬件。我國分得九，二九七件，約重四萬噸，據盟總照一九三九年價值估計，共值五七，八〇〇，〇〇〇日圓。當時日圓與美金的滙率爲三比一，依此折合，共值美金一九，二六〇，〇〇〇元。

盟總執行賠償工作，因手續甚繁，態度也欠積極，故進行相當遲緩。美政府臨時指令於去年四月頒發，盟總則拖延到去年年底，經我國代表努力催促，才採取積極行動。本年一月二十二日，我國海康號輪船首次將賠償機器運到上海，是爲盟國輪船載運賠償物資離日的第一艘。自是陸續裝運，截至最近止，我國已將分得的計件機器九，三九七件，除一，六九八件因其品質窳劣，決定拒絕接收外，已運回過半，其餘六月底前可望運淸。可是我們切莫忘記：所有這些機器僅係從十七個兵工廠拆卸下來的計件機器，尙有整套設備，正在協商分配中。兵工廠以外的國內工業設備尙有飛機製造，造船，工具機製造、輕金屬、化工、鋼鐵、鋼珠軸承等，估計先期拆遷的總數約共重七十五萬公噸，共值美金三億元（依照一九三九年日圓滙率折合，下仿此），未分配的部份應如何迅速分配拆遷，迄無正式消息。先期拆遷的設備僅占全部可供賠償的數量百分之三十，其目的在扶助被日損害最烈的幾個國家迅速恢復其生產，事屬救急，進行尚且如此遲緩，其餘百分之七十如何執行賠償，因牽連的問題太複雜，一時自更不易積極推動。至於工業設備以外，至少尚應有金銀珠寶，和生產品，何時賠償，如何賠償，更加渺茫了。我國抗戰八年，損失奇重。現在戰爭已經結束將近三年，卽自美國頒發先期拆遷臨時指令之日算起，也已整整一年了。然而今日我國所已拿到手的賠償品尚僅幾千件機器，若和我國所受的損失相比，何異九牛之一毛！以往的毛病是遲緩，在此國際局勢劇激演變的時代，將來可能由遲緩變成停滯。因此，在外交上如何督促賠償工作迅速執行，趕快爭取我國所應得的權利，以免遭受過重的犧牲，這是我們今日一大課題，非全國一致努力於此不可。

（二）

戰事雖已結束，但因美蘇對立，國際形勢惡化，對日和會迄未開成，賠償問題自難痛快解決。遠東委員會想將這一問題在和約未簽定之先提前商決。美國對此最初也確甚熱心贊助。可是由於日本國外資產是否算作賠償曾引起盟國間激烈的爭議，各國分配比額也爭論未定，所以自一九四六年五月以後，遠東委員會雖曾就各種主要工業陸續通過臨時賠償方案，但始終未能執行。美政府不得已乃於去年四月發出先期拆遷臨時指令，賠償工作才局部地開始執行。這些經過，凡稍留心時事者想都知之已稔，本文毋須細述。這裏所應提請讀者注意者，卽時至今日，遠東委員會關於賠償問題的僵局依然如故，而因一年來國際局勢的變遷，以前曾竭力促成先期拆遷的美國，其對日態度已逐漸改變，對於日本賠償問題已不再那樣嚴格而積極了。

爲決定日本賠償範圍和數額，美國自一九四五年以來，曾迭次派人到日調查經濟情形，以備確定日本爲維持平時生活所必需保留的工業水準。從歷次調查報告所建議的工業水準之逐次提高，很可看出美國對日態度的演變。首次被派到日的是鮑萊。鮑萊於一九四五年十一月奉杜魯門總統之命赴日調查。十二月，鮑萊返美，向總統提出臨時報告，翌年五月中旬，再率專家多人前來遠東調查，十一月十二日提出最後報告，主張直接與戰爭有關之工業，卽陸海軍兵工廠，飛機製造廠與民營軍需工廠應全部提充賠償，此外並提出間接與戰爭有關之工業十種，分別建議應該保留和應供賠償的數量。不久，遠東委員會便參照鮑萊之意見於一九四六年五月以後，陸續提出直接間接與戰爭有關之工業，成立臨時賠償方案。是時美政府已先於四月間頒發先期拆遷臨時指令，這正是美國對日態度最爲積極的時候，詎意鮑萊報告及遠東委員會臨時賠償方案發表後，國際局勢日趨惡化，美蘇對立日益尖銳，美國軍部遂於一九四七年二月派斯揣克技術調查團赴日，估價日本賠償物資並重新調查日本所需保留的工業水準。七月，再派海外顧問公司來日調查。這一公司仍以斯揣克爲首領，今年二月，根據其調查所得，發表了舉世矚目的所謂斯揣克報告。一年來美國對日態度的大爲放寬很可從這報告及在這報告發表前後所發生的一些其他事實充份反映出來。

斯揣克報告分兩部份。第一部份卽A組報告，係根據美國國務、陸軍、海軍三部綜合委員會所擬定的日本平時工業水準，而擬定賠償及保留數量。二十種工業中，除曹達灰，人造石油，煉油，及儲油設備四種估計尙不足日本平時經濟所需，不擬提充賠償外，其餘十六種中，計有人造橡膠、鋁、鎂等三種全數提充賠償。生鐵、鋼塊、壓鋼、硫酸、硝酸、電解苛性曹達、工具機製造、鋼珠軸承、火力發電、商船、造船、修船、鋁還原等十三種一部份提充賠償。所有提供賠償的工業設備均經確定數量，並予估價，全部共值日幣（照日幣一九三九年幣值計算下仿此。）九九〇，〇三三，〇〇〇元。日本主要軍需設備計值日幣一，四七五，八八五，〇〇〇元，應全數提供賠償。兩者合計，日本全部賠償設備應值日幣二，四六五，九二〇，〇〇〇元。

第二部份卽B組報告，係根據海外顧問公司自己所擬定的日本保留工業水準而擬定賠償及保留數量，並予以估價。遠東委員會曾於去年四月決定以一九三〇—三四年的生活水準爲日本人民應有的生活水準，但於日本應有的工業水準，迄未決定。第二部報告擬定工業水準時係以一九五三年爲目標年，武斷地假定這一年的日本人口要較一九三〇—三四年增加百分之三十，復因日本已喪失其全部殖民地，糧食原料俱感不足，須從工業生產品之輸出以平衡其糧食和原料的輸入所引致之貿易上的逆差，故爲使日本人民在一九五三年能達到一九三〇—三四年之生活水準起見，主張其工業生產力須超過一九三七年。根據這一目標所擬定的可供賠償的工業設備僅有硝酸、人造橡膠、造船、鋁、鎂及鉛製造等少數的幾種，其總值僅爲日幣一七二，二六九，〇〇〇元，合之主要軍需工業一，四七五，八八七，〇〇〇元，全部賠償工業設備僅共值一，六四八，一五六，〇〇〇元。這不但較之鮑萊報告及遠東委員會臨時方案相差懸殊，卽較之美國國務、陸軍、海軍三部綜合委員會所擬定的標準，也減少了百分之三十三。如除開主要軍需工業不計，而單以其他工業而論，則減少了百分之八二·六。尤其令人詫異的：民營軍需工業和飛機製造廠明明與戰爭武器直接有關，第一部份竟也主張保留其一部份。總之，斯揣克報告，正如其在篇首所聲明，其目的在復興日本，故其建議對於受害國家生命財產損失的賠償以及對於日本的懲罰都顯未顧到，第二部份尤其如此。設竟以此爲解決賠償問題的根據，我國固然絕對不應接受，其他各國恐亦多數不能贊同。

在斯揣克報告未發表前，盟總經濟科學組已於去年十月擬訂「日本經濟復興六年計劃」，主張以一九三〇—三四年之平均生產量爲一〇〇%，而以日本工業生產量自一九四八年到一九五三年逐漸達到一三五%爲目標。日本政府隨卽於本年一月由經濟安定本部擬訂「經濟復興五年計劃」，亦以一九三〇—三四年平均生產量爲一〇〇%，而主張於一九五三年達到一三〇%。

斯揣克報告在美發表五項摘要後，美國隨即派遣陸軍次長德萊勃率領專家多人於三月十八日赴日，與盟總商洽日本經濟復興，並聽取日本政府意見。在其留日期間，斯揣克報告內容逐日在美發表，德萊勃，則在日迭次發表同意斯揣克報告之主張。德萊勃於四月二日離日返美，當日據接近德氏調查團者揣測，其調查報告將包括十六點，其主要目的在援助日本復興，使日本成爲「遠東的工廠」。日本自身苟有能力發展其工業，將不限制其工業水準。爲達到此等目的，主張美政府至少須以五億美元援日。四月七日，德萊勃在美發表談話，果然明白宣布援日的必要和急切，並提出種種具體意見。他認爲復興日本毋須六年或五年，可和援歐方案一樣，於四年內完成，第一年美國須以一億五千萬美元援日。關於賠償問題，他主張迅速解決，以使日本確知可以保留多少工業設備而安心從事復興工作。他主張不必再向日本索取更多的賠償了。他同意斯揣克報告的意見，除去顯然的軍事工業外，不贊成再拆遷什麽工業設備。他並稱美國已決計放棄有關排除日本產業集中及放逐舊財閥的若干意見。

綜觀自鮑萊第一次赴日調查以迄最近斯揣克報告的發表和接二連三的援日復興計劃的產生，爲時不過二年，美國對日態度顯然有了極大的轉變，尤以最近一年來爲甚。到了今天，只有援日復興的論調揚溢盈耳，美國人心裏那裏還再想到賠償問題？如果想到，那是爲了它多少要成爲日本復興工作的一點小障礙，因爲這一問題如不作最後解決，日本對於究能保留若干工業設備，多少有些放心不下。至於日本掠奪隣國多年，如何削減他從掠奪而累積起來的財富，一面以示懲罰，一面使被害的國家得到合理的賠償，他們已不再嚴重考慮了。

美國態度如此，外交坫壇上的情形如何呢？遠東委員會對於日本賠償範圍與數量至今依舊不能得到協議。各國間分配比額也依舊不能得到協議。一言以蔽之，僵局如故。這一僵局除了替日本造機會，使得在保留工業上造成許多既成事實外，對於一般盟國可謂有損無益。這雲譎波譎的國際局勢太不可靠了。賠償物資拿到手才能算數。在不能到手之前，儘自在空虛的數字上爭論，却眼睜睜看着可以提供賠償的實物被左一個調查團，右一個調查團一次一次地議減，而無可奈何。這樣地爭下去，似乎太不彀現實了。至於東京方面，盟總本爲執行機構，政策的決定無與其事，可是在作精神和效率上也不能不受這一僵持局面的影響，而逐漸鬆懈下來。先期拆遷進行遲緩便是自然的結果。中、英、荷、菲各可從先期拆遷得到一些東西，還可勉强打起精神來，其他盟國如坎、紐、澳、蘇、法等雖各有代表駐日，但眼前一點東西拿不到，非俟賠償問題作進一步解決是不能感到很大的興趣的。這種鬆懈拖延的局面也只有日本可以認爲有利，盟國方面，除美國外，大約都不耐煩了罷。

我國被日侵害最烈，所期待於賠償物資者也最殷，所以我國應當首先努力打破此一僵局。努力的方向應着重於在華府遠東委員會各盟國間求取協調。自戰爭結束到現在時間已經過去兩年多了，世界局勢已經變遷很多，將來如何，更難逆料。我們不應徒然憤慨，徒然憂慮，我們應當以快刀斬亂麻的姿態，運用冷靜的頭腦，參酌國際現局，採取現實方針，迅速提出切實而較易妥協的方案，以求取盟國間的協議，俾得打破現局，而免將來每況愈下，不堪收拾。因此，我們認爲左列幾項主張頗有提供採納的價值。

（一）關於賠償範圍和數量問題，應即積極活動，促使遠東委員會各會員折衷意見迅速確定日本工業水準，然後照此水準，將超過的各種工業設備公布提供賠償，或至少先將鋼鐵、造船等幾種重要工業如此辦理。並將供賠償設備一一確定數量，指定廠名，以便立即分配拆遷，不再變動，軍事工業以及飛機製造業自應全數賠償，不予保留。

（二）各盟國分配比額問題應力謀致妥協方案。我國要求分得賠償品百分之四十，本非過份，但爲促成賠償迅速解決而免長久僵持，各國俱陷於不利，似可酌量自動減少，並請其他各國互相讓步，以謀協調。

（三）如第（二）項不能成功，不妨退而求其次，將先期拆遷的範圍自百分之三十酌予擴大，分配的國家也不必再限於現在的四國。換言之，賠償物品除酌留一小部分等待最後商定分配比額時再行分配外，其餘不妨訂一臨時比額，儘量提前分配各國，以免久懸。

（四）工業設備而外，金銀珠寶，生產品如何賠償亦應迅定辦法，立付實施。

總之，賠償一事是日本發動戰爭應受的懲罰，也是受戰爭損害的盟國應得的權利。各國對此看法一致，在執行細節上自應努力覓取協議，迅速實行。復興日本經濟，以謀遠東長久的安定，儘管有此必要，但與賠償究屬兩事。一是清算前帳，一是預謀將來，如有人別有懷抱，故意將二者混爲一談，**藉以投機取巧，我們這些尙在索償的債主自應協力擊滅這一妄舉。**

（三）

截至現在爲止，**賠償之實施尙僅限於工業設備。日本以**工業設備提供賠償，其責任祇限於拆遷、包裝、和運至日本港口。其自日本港口如何運至受償國以及如何將它們裝置起來，重新生產，這都由受償國自行負責辦理。我國經濟情形欠佳，要將應得的工業設備都運至國內重建起來，目前在經濟上所增加的負擔的確很大。因此，我們對於金銀珠寶和生產品的提供賠償必須同時作急迫的要求。我們不必期望得到了這兩類賠償，便可完全解除我們的負擔，但這兩類賠償與工業設備恰如鼎足，倘能互相配合，善加利用，必能部份地紓解我們的困難，這是無可置疑的。

日本的金銀珠寶在原則上是應當繳交盟總保管以待提充賠償的。根據盟總去年九月的報告，盟總所保管的黃金，白金和銀共值美金二五七，五五八，**○五二元，現在此數諒無多大變動。此外，日本所保有的黃金，白金和銀**

為數則亦甚多。至盟總所保管的珠鑽寶石價值亦必可觀。總之，日本可供賠償的金銀珠寶等物共值若干現雖不易確定，但如以盟總所公布的數字加倍估計，即共值美金五億元左右，當離事實不遠。這些貴重物品始終尚未計劃分配給盟國，可是盟總去年八月十五日核准設立的日本進出口貿易週轉金美金一三七，〇〇〇，〇〇〇元却是取給於此。我國自然更有權催促這些貴重物品提充賠償而加以運用了。

至於生產品提充賠償，這一原則早經遠東委員會決定，遲早必應付諸實施。我國經濟困難，事實上只非力促其實施不可，惟須注意者有二：（1）確定日本保留工業設備的數量時仍應從嚴，不得過份放寬尺度，使日本藉口生產品賠償，暗中培養其作戰潛力；（2）凡屬飛機工廠，海陸軍兵工廠，民營軍需工廠以及隨時可以改變為製造軍火的工廠一律不得藉口保留，其已決定全部拆遷的其他工廠業設備如輕金屬，人造橡膠，等更應立即拆遷，不得保留。

關於我國應如何利用日本賠償的生產品，以與國內經濟建設工作配合起來，頭緒較繁，非詳細計劃不可。本文限於篇幅，不擬詳論，但祖略言之，此類賠償品至少可充左列三個用途：

一、我國接收的賠償工業設備，其殘缺部份立須補充，將來的配件亦須陸續添置。這些補充添置的設備配件目前大部須購自國外，故都不妨取自日本。不過日本缺乏煤、鹽、等必需的原料，我國不得不暫時以此等原料供給日本，而將其價值自賠償的生產品價值中扣除之。這並非承認「工業日本，原料中國」的謬說，這不過是為供應我國戰後急需及為推動賠償工作的一種臨時辦法，決不致影響我國工業化的邁進。

二、我國國內原有的工礦交通事業，其所需自國外輸入的補充器材也不妨一部份取自日本。尤其自敵偽接收的工礦交通事業，其設備多為日本所製，更不妨如此辦理。為取得此項賠償品，我國自然也須供給一部份原料。

三、我國物資缺乏，通貨膨漲，為穩定經濟，平抑物價起見，不妨由日本賠償的生產品中吸收若干消費物資。日本所產海產和罐頭確屬過剩，且無須輸入原料；戰前輸入我國甚多，現在不妨准其輸入若干。棉毛紡織品、人造絲、以及玻璃、木材、陶器、紙張等，在不妨礙國內工業發展的條件下也都不妨輸入。如以一定價值的此類生產品分年輸入我國，由政府統籌出售，以收縮通貨，平抑物價，對於穩定我國經濟，是有益無損的。

以上（一）（二）兩項可以節省我國外滙的支出，（三）項則可積極增加國庫收入，以收縮通貨，平抑物價。這幾項生產品賠償總值能達若干，一面須視我國自己的計劃如何，一面須視爭取結果如何始能確定，此時自難逆料。所可斷言者，這類賠償品的利用對於裝建賠償工業設備所需資金之籌措以及對於我國整個的戰後經濟建設皆當有莫大的幫助。總之，在賠償物資中，工業設備，金銀珠寶及生產品恰如三足鼎立，缺一不可，我們必須同時爭取，配合利用，而不應有所偏廢。

※ ※ ※

簡括言之，在第二次世界大戰中，我國作戰最久，犧牲最烈，戰後瘡痍滿目，無論自懲處發動戰爭者之眼光視之，或自復興中國，以加强遠東安定力之眼光視之，我們有待於日本賠償者皆最殷切。目前賠償工作進行太緩，太不澈底，我國在外交上自應據理力爭，但為顧及國際局勢變化莫測，我們應立即採取現實方針，打開僵局，使賠償工作迅速執行，以免夜長夢多，將來愈感棘手。對於賠償範圍和數量以及各國分配比額，大處固應力爭，不宜過份遷就，小處却不妨顧及實際，酌量讓步，以謀妥協。至於各類賠償物品應如何同時爭取，並互相配合，以盡其用，尤須迅速詳細計劃，藉便推動。

財產與國家

——近代政治思想一種特徵——

吳恩裕

我們祇看到馬克斯認為國家是階級鬬爭的武器，是經濟上佔優勢的階級壓迫另一階級的工具，是保護私有財產的機構等等意見，很難立即置信。十年前，我在倫敦初讀到他在 Die deutsche Ideologie 中所言：『近代各國的作者，都認為：國家的存在是為了私有財產。』一語，也感覺不見得有充分的根據。可是，當我們熟悉一些歷史事實之後，便可知國家的階級性似乎是顯然的。我們再仔細研究近代史，更可知：近代國家，特別是工業革命後的國家，確是一個保護私有財產的階級鬬爭的工具。

關於上引馬克斯『近代各國的作者都認為：國家的存在是為了私產。』一語，五六年來，我不斷地搜集材料，企圖拿出「證據」來證實或否證它。最後我發現：馬克斯的話是有根據的，近代思想家的確有這種看法；不過，有的是明白地講出來，有的則祇是隱隱約約地有這種意思而已。本文就要舉出自馬開維里（Machiavelli 1469—1527）以來主要政治思想家對於財產與國家的看法。我徵引的材料是否即是馬克斯據以推斷：『近代各國學者都認為國家的存在是為了私有財產』的根據，我們不敢斷定；但是，我們舉出了這些證據之後，確可以證實馬克斯那句話，却是沒有問題的。如果人們承認：解決現代實際問題仍然得針對着馬克斯所謂『國家的存在是爲了私有財產』這個大前題，那麼，本文所述也許不無一點實際的意義。關於這個問題，我還要寫一篇較長的文章，所以在這裡我祇簡單地提出一些證據或材料。

馬開維里有勸告統治者保護人民私產的意見。就這一點說，他是近代西洋政治思想史上，第一個意識到財產重要的人。他認爲：人性是自私的，在這自私的核心，就是爲了保持自我(self-preservation)。保持自我必需生活資料，生活資料的取得與堆積，就是私人的財產。所以私產和保存自我是不可分離的；沒有它，就無以爲生，亦即不能夠生存。因爲馬開維里認爲私產這樣重要，所以他在他的「覇術」一書中，才再三致意地警告統治者說：人們若應該殺，殺之可也；可千萬別動他們的財產！因爲在他看來，『人們易於忘掉殺父之仇，而不能饒恕旁人刦奪他的財產』。在一個絕對的自私者看來：對於殺父之仇，雖然可以有『不共戴天』的感覺，但這種感覺却不如危及「自身」的存在，更爲重要。因此統治者必須尊重、保護人民的私產，猶如尊重，保護他們的生命一樣；而絕對不能侵害它。馬開維里這看法雖然很單純，却奠定了後此政治思想的基礎。因此由馬開維里到盧梭(Rousseau)，重要的思想家，幾乎都承認：國家是、並且應該、保護私有財產的。

在布丹(Bodin 1530—1596)這種傾向更爲明顯，並且在主權(sovereignty)和財產權利的對比或衝突中，又可以看出財產的力量有多麼大！這使我們想到拉斯基教授(Prof. H.J. Laski)在「近代國家中之權力」(Authority in the Modern State)一書中所言：『政治權力永遠是經濟力量的侍婢』，實在是不易的眞理。布丹首倡絕對主權之說，認爲主權是統治萬民的最高力量，是法律的源泉而不受法律的限制。國家之所以成爲國家，就因爲它具有這種主權。可是，這種至高無上權力的主權，對於人民的財產，却不能隨便侵犯；不但不能隨便侵犯，而且關於財產的重要事項，如收稅等，還必須得到富人的同意，始能施行。他又認爲財產爲家庭所不可少的特質，家庭是個獨立的單位，有處置財產的權力。這樣一來，主權固然是絕對的權力，但至少在處置財產一方面說，家庭也是一種絕對的權力。這是布丹政治思想中一大矛盾，而這矛盾正顯示着：近代國家根本是建築在財產關係上面的，它受財產的支配，却不能支配財產！布丹認識這種情形，但他却未得到合理的解釋。

到了霍布士(Hobbes 1588—1679)認爲政治社會的成立是爲了獲得安全(security)，因爲在「自然狀態」(state of nature)之中，人們因本性自私自利，所以互相攻殺，一切沒有保障。所謂「安全」是爲了什麼東西的安全呢？爲了個人生命及維持生命必需物的安全。「維持生命必需物」就正是財產。可見霍布士骨子裡也承認：國家的最重要的目的之一，就是在於保護私人的財產。在近代政治思想中，正式宣佈國家目的乃是爲了保護個人及其私產(霍布士所謂「個人的所有物」)，以霍布士爲第一人。這也並沒有什麼稀奇的：這是近代國家所實踐着的事實，霍布士不過把它說出來罷了。如果我們再想到：霍布士既主張國家是保護個人及私產安全的工具却又堅決地否認革命的權利，那就更有深長的意義了。

霍布士雖然是近代第一個說明國家是保障個人及財產安全的，但他並未十分淸楚地說出「財產」的字樣。眞正明明白白討論財產問題，然後又確切肯定地說政治社會中政府的目的就祇是爲了保護私有財產的，乃是洛克(Locke 1632—1704)。他在他的「政府論」中承認政府目的是爲了保障個人財產安全的地方，不下十餘處之多！然而洛克却和以前的學者，在說明財產與國家的關係一點上，有着顯然的不同。馬開維里、布丹、霍布士雖然都承認財產在近代國家中地位的重要，但是他們對於財產的性質，並沒有明確的認識。照馬開維里的看法，財產既爲個人所有，而個人又非有財產無以維生，那麼，國家就必須保護它，絕對不能隨便侵害它。至於『爲什麼財產就爲個人所有？』這個問題，他並不發生。布丹、霍布士對於財產的起源及根據，也沒有解釋。

洛克則不然，他在他的「政府論」一書中，有一章專論「財產」。他提供了勞動財產學說(Labour Theory of Property)。他認爲不但個人的身體絕對是自己的，個人的勞動及其工作也絕對是自己的。就正因爲這些都是自己的，所以洛克又有一個驚人的推論：個人的勞動產果也應該是自己的！因爲什麼呢？因爲在那產果中，你已經把你自己的勞動加進去了。在洛克看來，任何東西，祇要你加進你的勞動去，那東西便應該算是你的財產了。「加進了自己勞動便算是自己的」，這說得通麼？解答這個問題，我們便不能不提到洛克另一個假定，即他的勞動價值說(Labour Theory of Value)。按着這種說法：上帝本來是把萬有給大家的，必須加上勞動它們才有價值；否則它們如果不是沒有價值，就至多有十分之一的價值而已。價值既絕大半由於勞動，所以勞動所有者一經把自己的勞動加入一種自然的事物中去，那東西就應該是他的財產了。

有了這種對於財產的看法，洛克才理直氣壯地一再宣稱：『政府的存在是爲了保護財產！』而他所謂財產，當然是指的私有財產。

盧梭(Rousseau 1717—1778)本來也是一個替資產階級辯護的人。他曾經說過：在一個國家，如果是有財產的人執政，這才算是個眞正的文明的政治社會；但倘若是貧民當政，這個社會便可謂又走回自然狀態中去了。這偏見該多麼大！我們可以說：洛克雖然那樣堅決地宣布政府的目的是爲了保護財產的，但是在他這句話中，還看不出顯然的階級敵對和鬬爭的偏見。盧梭這句話就充分地表示階級敵愾的意味了。

然而盧梭終於是法國革命前夕的大思想家，他縱然有很深的階級偏見，他却不能抹殺事實。那事實就是：在近代國家中，因爲貧富的懸殊，已經把國家弄得不得安寧的狀態了。因此，他最後有很現實地希望：在一個國家中最好能取消大富極貧的不均現象，希望一國家中的富者別富到能購買旁「人」的程度，貧者別貧到不得不出賣自己的程度。他認爲：祇有這樣，政治才能安定。這倒大有改良主義者的味道了。

綜觀上述，可見：馬克斯那句話：『近代各國的學者都認爲：國家的存在是爲了私有財產。』乃是有根據的看法。也可見：大家都認識近代國家就是這樣一個東西。我們當今奢談改進之士，似乎必須先把近代國家這種特質認識淸楚，然後才能計劃出、擬議出、對症下藥的醫治時病的藥方。

經濟學識淺談

經濟問題在現代社會中的重要性，無論對世界對國家或對個人，都有凌駕一切其他而上的趨勢。一般人民對經濟學的興趣，因此也逐漸提高。但是經濟學本身却一天比一天專門化了。不是專門研究經濟學的人，往往無法略知近代經濟學的概要，因而很難從學識中求得一種對現實問題應抱的態度。尤其是一般青年學子，本門的功課已是忙不過來，但是因爲對經濟問題有很大很迫切的興趣，所以只有避難就易，從幾本標語式口號式的小册子中找出路。我們認爲這是一種不健康的現象。假如有一天我國眞能走上民主的大路，人民對於經濟問題認識的深淺和正確與否，將是我們民主政體能否成功的一個大關鍵。

我們本着這種看法，想藉「新路」作一個試驗，把近代經濟學的主要部門，作一個深入淺出的有系統的介紹。在內容方面，我們不避艱難；在解釋和行文方面，則極力避免專門的名詞和技術。但是經濟學究竟不是一門簡單的學問。本欄的文字雖都是「淺談」，一般讀者仍須耐心細讀，才能完全明瞭。

「經濟學識淺談」這一欄，雖是爲一般讀者而作，但是希望對於正式研究經濟學的青年，也能有所裨益。這只不過是一個試驗，無論在選題，內容，或講解方面，我們都沒有什麼經驗，希望經濟學同道隨時指教，更希望他們能參加這個試驗。一般讀者對於這欄的意見，我們更是歡迎，更是重視。這一欄以後是否繼續，將完全看讀者的反應而定。

社會主義下的生產政策

劉大中

現在談社會主義的人，多半只偏重所謂「分配」問題，認爲社會主義最大的優點，就是在分配方面的公平。這原是一個很自然的現象。社會主義思潮的興起，本是發源於一般人對於當時分配制度的不滿。在資本主義制度之下，整個社會的生產所得，未見得能很公平的「分配」給大多數參與生產的人民。大家的注意力，因此都集中在這個「分配」問題上，對於生產方面，反而忽略了。

其實，生產問題的重要性，絕不在分配問題以下。我們在評判資本主義與社會主義的優劣時，尤其不能忽略生產方面。產品的數量若是不夠多，所產的物品若是不能適合人民的需要，分配就是異常公允，每人仍是分不到多少，所分到的也不能使人滿意。

近代經濟學對於社會主義下的生產政策，已經有許多很有價值的貢獻。我們擬在此作一個有系統的介紹。爲便於解釋起見，我們在第一節中假設了一個社會主義國家的小模型；然後在以下各節中，利用這個小模型，用數字舉例，說明生產政策的各項中心原則。這些原則，有的說明各種生產因素應當如何配合，有的講解產量應如何決定，有的說明價格應當如何決定。（各原則的原文，見第五節第一段）。它們的內容極具體，極確定。當這些個原則都已作到了的時候，全國人民的物質享受就已達最高可能的限度，全國的資源就已在最合理的方式下充分利用，國家的生產政策就已達到以全民福利爲目標的境界。

第一節　一個社會主義國家的小模型

我們這個小模型，只是爲解釋生產問題而設的。一個社會主義的國家，除去生產部門以外，本還有許多其他的特徵。但是凡與解釋生產原則無關的部份，我們都略去不談。同時我們把這個模型的生產部份也極力簡化，以便用數字舉例說明。我們不要以這個小模型過於簡單而不屑研究。它確有幫助我們解釋各項生產原則中心要義的能力。

這個小模型的主要輪廓，可以由下列問題的答案中看出。

（甲）它有什麼資源？

答：有二十畝田。另外有五十個國民，每人都必須工作，所以這個國家共有五十個工人。用不着說，這二十畝田屬於全體國民，而不屬於任何私人。

（乙）它製造些什麼成品？

答：只製造米和麵兩種成品。

（丙）它爲什麼目的而生產？

答：這個國家的生產，是以謀求五十個國民全體的福利爲目的。換言之它的生產活動，不是爲任何人謀求利潤，而是爲使每一個國民的物資享受（對於米，麵需求的滿足），都達最高可能的限度。

（丁）它的經濟活動，用什麼作媒介，以什麼爲標準？

答：用貨幣作媒介，以價格爲標準。貨幣可以省去以物易物的麻煩。價格是決定成品產量，和權衡消費支出的準繩，是謀求資源合理應用不可缺少的指南針（關於這一點，下文中有詳細的解釋）。貨幣和價格並不是資本主義社會的特徵，而是在近代任何有組織的經濟體系中所必有的現象。

（戊）貨幣怎樣分配？怎樣流通？

答：每一國民手中所有的貨幣數量，就代表他對於成品（米和麵）的購買能力。每個人購買能力的高低，是由這個國家的分配制度所決定的。上文已經說過，本文的目的只是在解釋生產政策的中心原則；對於分配問題，我們不擬討論。在本文中，我們假定分配問題已經很公平的解決了。一個最簡單的辦法（但不是唯一的辦法也不一定是最好的辦法），就是每人都有相同的購買力。換一句話，每人手中所有的貨幣數量都相等。每人可以用他所有的錢，根據市場上米和麵的價格，參酌他對於米麵喜好程度的比較，來決定他所要購買的米麵數量。

主管米、麵產銷的機構，就可以用它們出賣米麵所收到的錢，參酌市場上米麵的價格、工資的高低、和地租的大小，來決定他們應當僱用的工人和田畝數目。

米麵的價格，工資的高低，以及地租的大小，都是由一個主管制定價格的機構來決定的。工資自然就是工人的所得。在我們這個社會主義國家的模型內，土地是歸國民所共有的。所以地租的所得，也應由全體國民分有（究應如何分配給每一個國民，不在本文討論範圍之內）。每個國民的工資和地租收入，就是他的所得，也就是他明年購買米麵的能力。貨幣就按着這種程序，在國民和米、麵的產銷機構間流通。

（己）各種機構怎樣組織？

答：在（戊）段中，有三個組織出現：（一）主管米的生產和銷售的機構；（二）主管麵的生產和銷售的機構；（三）主管制定價格的機構。

這三箇機構怎樣組織，與我們的中心問題並沒有關係。最簡單的辦法，莫如由國民票選三箇委員會，或是三個人，來分別主持。主要的是：米的產銷機構，在決定工人和田畝的僱用數量和米的產量的時候，必須遵守（辛）、（辰）兩段中所列的原則。麵的產銷機構，自然也必須遵守相同的原則。主管制定價格的機構，在決定米、麵的價格以及地租和工資的高低時，必須遵守相同的原則。工資的高低時，必須遵守（庚）段中關於制定價格的原則。

（庚）價格怎樣決定？

答：主管制定價格的機構，有四種不同的價格須要決定：（一）米的價格；（二）麵的價格；（三）工資；（四）地租。它在制定價格的時候，必須遵守下面這個原則：

決定價格的原則：所定價格，必須要使需求數量，恰好等於供給數量。

換一句話說：假如米的價錢是每斗一元的時候，人民一共需要五十斗米，而主管的機構只肯生產四十斗，這個米價就定得太低了。若是把米價提高到一元二角，人民對米的需要因之從五十斗降低到四十五斗，產量却因之從四十斗提高到四十五斗，米的需求量就恰好等於米的供給數量。每斗一元二角的米價，就是主管制定價格機構所應公佈的價格。

再舉一個例。假如當地租是每畝年租三元的時候，主管產銷米、麵的機構，一共只肯用十六畝田，而這個國家一共有二十畝田（見問題(甲)），這個地租就定得太高了。若把地租減低到每畝年租二元，主管米、麵的機構恰好需用二十畝田，這個價格就正符合我們的定價原則。

決定麵價和工資的原則，與決定米價和地租的原則相同。

主管制定價格的機構，必須永遠遵守這項定價原則，無權加以變更。主管的人只能根據經驗和學識，來估計、猜度這些能使供求恰好相等的價格。當供過於求的時候，有一部份成品（米、麵）或是資源（人力、田畝）就被廢棄而未能利用。當求過於供的時候，人民的某種需求就未能滿足。主管價格機構的責任，就在使這些不合理的現象，儘可能的不發生或是少發生；或是在發生以後，儘速的把它矯正過來。主管人的效率，也就可從這些不合理的現象發生的次數和程度中來判斷。

（辛）工人和田畝應行僱用的數目，怎樣決定？

答：工資和地租的高低，已經由主管價格的機構，根據（庚）款中的原則，公佈出來了。我們現在先假設米的產量已經決定（這個產量應怎樣決定，我們留在（辰）段中討論）。主管米的機構，究竟應當僱用多少工人，租用多少田畝呢？

假設米的產量，決定應是一百斗。我們所要付出的工資和地租的總數，就是產生這一百斗米的成本。無疑的，我們要想法子使這成本減低到無可再低的數目。成本最低，意思就是說，爲產生一百斗米所用的人工和田畝數目最少，也就是說節省出來的人工和田畝數量最多，這些節省出來人工和田畝，就可以用去產生麵粉。所要生產的一百斗米，數量不變；但是因爲減低成本的緣故，麵粉的產量可以因之而增，全體國民的物資享受也就可以增加。所以無論米的產量應是多少，我們總要想盡法子，使這個產量的成本，減低到無可再減的程度。因此，我們的第一個生產原則（也是各原則中最簡單的一個）成立如下：

第一個生產原則：主管任何物品的產銷機構，必須減低該物品任何產量的成本，到最低可能的限度。

我們究竟僱用多少工人，租用多少畝田，才能使一百斗的成本，減到無可再減的數目呢？

這是本文主題的一部份，我們在第二節中詳細討論。在這裡，我們只能把第二節中的結論，很簡單的寫出，使讀者在這個時候，對本文能有一個全面認識。

第二個生產原則：爲達到第一個生產原則中所列的目標，各主管機構所用各種生產因素（工人和田畝）的數量，必須使各因素「增產能力」（註一）的比例，恰好等於各該因素價格（工資和地租）的比例。

什麼是「增產能加」，「增產能力」怎樣隨生產因素的僱用數量而變更，爲什麼第二個原則能減低任何產量的成本到最低可能的地步，讀者看完第二節後就可以完全明白了。

（辰）產量怎樣決定？

答：上段中所提出的第二個生產原則，能使我們把任何產量的成本減少到最低可能的限度。但是產量的大小究竟應當怎樣決定呢？這是生產政策的中心問題，我們現在先把答案寫出：

第三個生產原則：任何物品的生產，應當擴充到「成本增加數」（註二）與價格相等的數量。

米和麵的產量，都應當擴充到這個程度。至於什麼是「成本增加數」，它怎樣隨產量變動，我們都留在本文的第三節中詳細討論。

（巳）各項生產原則能使我們達到什麼目標？

答：這些生產原則的樹立，都是爲達到社會主義的生產目標：「全體國民的物質享受，都達最高可能的限度」。我們先在第四節中，解釋人民怎樣分配他們的消費支出，用以滿足他們物質上的需求。然後在第五節中證明，當各項原則都已作到的時候，全體國民的物質享受，就都已達最高可能的限度，全國資源就都已在最合理方式下充分利用。這個目標，實際上也就是社會主義生產政策的經濟意義。

第二節　怎樣減低成本到最低的限度

假定我們應當生產一百斗米（爲什麼應當生產一百斗米，我們在第三節中解釋）。根據上節（辛）段中提出的第一個生產原則，主管米的機構，必須減低一百斗米的成本，到無可再低的地步。我們必須用什麼方法才能作到這個目標呢？這個方法其實是並不複雜的。我們現在用數字舉例，說明這個方法。

從他過去的經驗和他對於農業的專門知識中，主管米的人知道，用30個工人去耕5畝田，約略可以得到一百斗米。若是他只能用25個工人的話，他仍然可以得到一百斗米，不過田數必須增加到6畝。假如工人數目再行減少，田畝的數目就必須再增加，否則一百斗米就得不到了。我們現在把這些能夠得到一百斗的工人和田畝的假定數目，列在下面的表內：

第一表

可能耕得一百斗米的工人和田畝配合數目

	田（畝數）	工人（人數）
第一種配合方式	5	30
第二種	6	25
第三種	7	21
第四種	8	18
第五種	9	16
第六種	10	15

這六種配合的方法，都可以得到一百斗米。我們究竟應當那一種呢？這很簡單：我們應當選擇成本最低的那一種。

假設價格制定機構所公佈的工資是每人一元，地租是每畝二元。這六種配合方式的成本，可以很容易的算出來。以第一種爲例：用田5畝，每畝租金是2元，租金總數是10元；用工人30個，每人1元，工資總數是30元；總成本（每兩項之和）是40元。其餘各種，可以類推如上表：

第二表

各種配合方式的成本

	畝　$		人　$		成本
第一種：	(5×2)	+	(30×1)	=	$40
第二種：	(6×2)	+	(25×1)	=	37
第三種：	(7×2)	+	(21×1)	=	35
第四種：	(8×2)	+	(18×1)	=	34
第五種：	(9×2)	+	(16×1)	=	34
第六種：	(10×2)	+	(15×1)	=	35

我們現在從第一種配合方式起始比較。當我們增加田畝，減少工人的時候，成本自40元減至37元，又減至35元，再減至34元（第四種配合方式）。以後再增加田畝數量，同時減少工人數目，成本就不能再減低了（第五種仍是34元）。若再繼續變動下去，成本反而要增高（第六種增爲35元）。從第二表中，我們可以很清楚的看出來，爲生產一百斗米，8畝田和18個工人是成本最低的配合方式（第四種）。（註三）

以上是機械式的舉例說明。我們有兩點應當解釋：（一）第一和第二表中的數字。自然都是假設的。它們能不能隨便假設，還是有一個一定的規律？（二）第四種方式是成本最低配合的數量。這是偶然的，還是有理由的？我們現在分開來解釋這兩個問題。

註一　用經濟學的專門名詞來說，「增產能力」就是「邊際產率」（Marginal productivity）。

註二　用經濟學的專門名詞來說，「成本增加數」就是「邊際成本」（Marginal cost）

註三　在第二表中，第四和第五種配合方式的成本，都是最低的成本。這是因爲我們爲便於行文，把畝數的變動，只限於整數的緣故。實際上成本最低的配合方式，應在第四種和第五種之間。

先談第一個問題。第一和第二表中的數字，雖然是隨便假設的，但是却也有一種一定的規律。我們現在比較這六種方式。畝數的增加，每次都是相同的（一畝）。但是，爲求米的產量不變（一百斗米），我們能夠減少的人數却是越來越少了（從第一種方式到第二種，人數減少5個；從第二種到第三種，人數減少4箇；從第三種到第四種，人數減少了3個……）。畝數每次增加的數量不變，工人每次減少的數目却越來越少。這並不是偶然的，而是有必然性的。一箇工人所能顧到的面積，雖然可大可小；但是面積增加的太大了，他對於每方尺能下的工夫，勢必要減少。我們雖然在一定的限度內，可以一方面增加畝數，一方面減少人數，而使收獲數量不變。但是在這種「以田代工」的程序中，每畝田的重要性，因畝數增加而減少；每一工人的重要性，却因人數減少而增加。所以當畝數同等增加的時候，工人減少的數目却必須越來越小，否則我們就無法維持產量不變。這就是經濟學中極重要的「產率漸減」定律（Law of diminishing returns）。第二表中的數字可以更改，但是更改後的數字仍須符合這種規律。

現在我們回答第二個問題。當工資是每人一元，地租是每畝二元，而各種配合方式又是如第二表中所列的時候，成本最低的配合方式一定是8畝田和18箇工人（第四種）。這是有道理的，而不是偶然的。這個道理我們可以由第二表的經濟意義中看出來。

我們試把第三種方式與第四種比較。田數由7畝增至8畝，人數由21箇減至18個，但是米的產量不變。所以我們知道，增加一畝田所能增產的米，必與減少三人所減產的米，數量相同；否則米的產量不會不變。換一句話說，當田數是7畝，人數是21個的時候，一畝田的「增產能力」，與三個人的減產能力（反過來看，也就是這三個人的增產能力），數量相同。我們假定這兩箇數量都是6斗（用其他數字作例也可，但這兩種「增產能力」必須相等）。每畝田的增產能力是6斗。每個人的增產能力是2斗（6斗被3除）。每畝增產能力與每人增產能力的比例，是6比2（等於3），大於地租與工資的比例（二元比一元，等於2）。我們可以把這種關係，用下列的比例式寫出。

$$\frac{每畝增產能力}{每人增產能力}=\frac{6斗}{2斗}=3\underset{(大於)}{>}\frac{每畝租金}{每人工資}=\frac{2元}{1元}=2\cdots\cdots（第一比例式）$$

再換一種說法。多花2元租金，可以得6斗米，每元可得3斗米；但是多花一元工資，却只可以得2斗米，如下式（下式可以很容易的從第一比例式中求出來）：

$$增用一元租金所能得的米=\frac{每畝增產能力}{每畝租金}=\frac{6斗}{2元}=3斗/元$$

$$>增用一元工資所能得的米=\frac{每人增產能力}{每人工資}=\frac{2斗}{1元}=2斗/元 \cdots\cdots（第二比例式）$$

在這種情形下，我們自然要減少工資支出（減少所僱工人數目），增加地租支出（增加所租畝數）。我們可以減僱三位工人，工資支出減少3元，米的產量減少6斗；然後用2元去多租一畝田，補足這6斗米，而成本却減少了一元。我們現在得到了一個結論（參閱第一個比例式）：當每畝田的增產能力與每個人的增產能力的比例，大於地租與工資的比例時，我們就應增田減人，藉以減低成本。換言之，我們應當放棄第三種配合方式，而用第四種。

我們再把第四種方式與第五種（參閱第二表）用同樣方法來比較。田數由8畝增加到9畝，人數由18人減到16人，而米的產量不變。所以我們知道一畝田的增產能力，必與兩個人的減產能力（反過來看，也就是這兩個人的增產能力）相等，否則米的產量不會不變。我們假定一畝田的增產能力是4斗；兩個人的增產能力自然也是4斗（或是每人2斗），（註四）如下式：

$$\frac{每畝增產能力}{每人增產能力}=\frac{4斗}{2斗}=2=\frac{每畝租金}{每人工資}=\frac{2元}{1元}=2\cdots\cdots（第三比例式）$$

每畝增產能力與每人增產能力的比例，恰好與地租和工資的比例相等。在這種情形之下，假如我們減僱兩位工人（節省工資支出2元），米的產量減少4斗；然後增租一畝田（增加地租支出2元），補足這4斗米。產量固然不變，成本却也不能再行減少。在第四種方式下，成本已經減低到無可再低的地步了。現在我們知道，當每畝田和每個人增產能力的比例，剛好等於每畝地租和每人工資的比例時，成本就已減少到最低可能的限度。我們的第二個生產原則現在成立如下：

第二個生產原則：爲達到第一個生產原則中所列的目標（使成本減到最低可能的限度），主管生產機構所用的田畝和工人數目，必須能使田畝和工人這兩種生產因素「增產能力」的比例，恰好等於每畝地租每人工資的比例。

第四種配合方式（8畝田，18個工人）恰好符合這第二個原則；所以採用第四種方式所需的成本（34元見第二表），就是產生一百斗米最低可能的成本。

用同樣的方法，我們可以把其他產量的最低成本都求出來。爲下節中的需要，我們假設生產97斗到103斗米的最低成本，如下表中的數字：

第三表　各種產量的最低成本

米的產量	最低成本
97	32.8
98	33.1
99	33.5
100	34.0
101	34.6
102	25.3
103	36.1

表中所假設的數字，表示最低成本隨產量增加（Increasing cost），在農業生產中，這是比較普遍的情形。

第三節　怎樣決定成品的產量

在產量決定以後，我們可以按上節中所解釋的第二個生產原則，去決定

註四　我們不一定要假設是4斗；其他的數字也可以。但是無論假設什麼數字，這兩種增產能力必須相等。

田畝和工人的配合數量，去計算最低可能的成本。再回到我們所舉的數字。為生產一百斗米，我們應當租8畝田，僱18位工人。用這種配合的數量，成本就可以減到最低可能的34元。

我們為什麼要生產一百斗米呢？在社會主義的經濟體系下，一種物品的產量，是不是可以隨便決定，還是必須根據一個固定的原則？我們的答案是：必須按一個固定的原則來決定。本節的主要目的，就是在解釋這個決定產量的原則。

為決定一種物品的產量，我們必須比較這種物品的成本和價格。再用米來舉例。在上節末尾的第三表中，各種產量的最低成本，都已列出。生產97斗米的最低成本是32.8元；98斗是33.1元。當產量從97斗增加到98斗的時候，最低成本增加了0.3元（33.1—32.8=0.3 $）。這個「成本增加數」，是決定產量的一個主要因素。我們現在把從97斗到103斗，每增一斗的「成本增加數」，都列入第四表：

第四表

各種產量的「成本增加數」

米的產量（斗）	成本增加數
97	
	+0.3
98	
	+0.4
99	
	+0.5
100	
	+0.6
101	
	+0.7
102	
	+0.8
103	

假使主管價格機構所定的米價是每斗0.5元。我們現在把這個價格來和「成本增加數」比較。每斗0.5元的價格，恰好與從99斗增加到100斗的「成本增加」數相等。為使全體國民物質享受的滿意程度，都達到最高可能的限度，我們應根據下列的第三個生產原則，把米的產量定為一百斗。我們現在先把這個原則寫出。然後再解釋「成本增加數」與各生產因素的「增產能力」有什麼關係。在說明這種關係以後，我們就可以在第五節（各項生產原則的經濟意義）中解釋，為什麼這種決定產量的方法（第三個生產原則），能使全體國民物質享受的滿意程度，都達最高可能的限度。

第三個生產原則：產量應當擴充到「成本增加數」與價格相等的數量。

我們現在解釋「成本增加數」與各因素「增產能力」的關係。當產量增加的時候，成本也增加了。成本增加的數值，自然等於因增加產量而多付的工資與地租之和：

成本增加數＝工資增加數＋地租增加數

再推進一步。工資增加數自然等於增用的工人數乘每人工資。地租增加數自然等於增用的地畝數乘每畝地租。

$$\therefore \text{成本增加數}=(\text{工人增加數})\times(\text{每人工資})+(\text{田畝增加數})(\text{每畝地租}) \quad \cdots\cdots(\text{第一等式})$$

我們把這個等式先放在此處，暫時回到上節中去，看看這個等式中的每人工資和每地畝租兩項，與這兩種生產因素的「增產能力」，有什麼關係。從這種關係中，我們就可以找到「成本增加數」與「增產能力」的關係了。

從上節的第（三）比例式中，我們知道，當成本減到最低數值的時候，每畝田和每一工人「增產能力」的比例，恰好與每畝地租與每人工資的比例相等（括弧中的數字，是米的產量為一百斗時的例）：

$$\frac{\text{每畝增產能力}(4\text{斗})}{\text{每人增產能力}(2\text{斗})}=2=\frac{\text{每畝租金}(2\text{元})}{\text{每人工資}(1\text{元})}$$

這個比例式可以換寫成下列形式：

$$\frac{\text{每畝租金}(2\text{元})}{\text{每畝增產能力}(4\text{斗})}=0.5\ \text{元}/\text{斗}=\frac{\text{每人工資}(1\text{元})}{\text{每人增產能力}(2\text{斗})} \quad \cdots\cdots(\text{第二等式})$$

每畝租金與每畝增產能力的比例恰好與每人工資與每人增產能力的比例相等。假使我們稱這箇比例數值（例中為0.5）為「比例甲」。從第二等式，我們知道：

$$\underset{(\text{例中為}2\text{元})}{\text{每畝租金}}=\underset{(\text{例中為}0.5)}{\text{「比例甲」}}\times\underset{(\text{例中為}4\text{斗})}{\text{每畝增產能力}}$$

$$\underset{(\text{例中為}1\text{元})}{\text{每人工資}}=\underset{(\text{例中為}0.5)}{\text{「比例甲」}}\times\underset{(\text{例中為}2\text{斗})}{\text{每人增產能力}}$$

我們現在把這兩種關係，代到第一等式裡面去：

$$\begin{aligned}\text{成本增加數}&=(\text{工人增加數})(\text{「比例甲」})(\text{每人增產能力})\\&\quad+(\text{田畝增加數})(\text{「比例甲」})(\text{每畝增產能力})\\&=\text{「比例甲」}\{(\text{工人增加數})(\text{每人增產能力})\\&\quad+(\text{田畝增加數})(\text{每畝增產能力})\}\end{aligned} \quad \cdots\cdots(\text{第三等式})$$

我們現在看這個等式的後半部。工人增加數乘每人增產能力自然等於產量因多用工人而增加的數量。田畝增加數乘每畝增產能力，自然等於產量因多用地畝而增加的數量。這兩項之和，代表產量因多用工人和田畝而增加的總數。這個等式前半部的「成本增加數」，是指產量每增一斗，成本增加多少而言（看本節第四表）。所以此處產量因多用工人和田畝而增加的數量，必是一斗（第三等式大括弧中的數值等於一）。第三等式因之變成下列形式：

$$\text{成本增加數}=\text{比例甲} \quad \cdots\cdots(\text{第四等式})$$

從「比例甲」的定義（見第二等式）我們知道（下式各括弧中的數字，是為生產一百斗米所舉的例，在以前各式中都已出現過）：

$$\text{米的「成本增加數」}(0.5\ \text{元}/\text{斗})=\frac{\text{每畝租金}(2\text{元})}{\text{每畝增產能力}(4\text{斗})} \quad \cdots\cdots(\text{第五等式})$$

$$=\frac{\text{每人工資}(1\text{元})}{\text{每人增產能力}(2\text{斗})} \quad \cdots\cdots(\text{第六等式})$$

當第一和第二個生產原則作到了的時候（當田畝和工人配合的數量，已使成本減低到最低可能的限度時），「成本增加數」與田畝和工人「增產能力」的關係，可以用上列兩式表示出來。在第五節中，我們就要用這兩個式子，去解釋各項生產原則的經濟意義。

同樣的，我們可以假設，當麵的生產也已符合第一和第二生產原則的時候，「成本增加數」和「增產能力」的關係如第七和第八等式（註五）。這兩個式子，也是我們在第五節中所要用的。

$$\text{麵的「成本增加數」}(1\text{元/斤})=\frac{\text{每畝租金}(2\text{元})}{\text{每畝增產能力}(2\text{斤})}\quad\cdots\cdots\cdots(\text{第七等式})$$

$$=\frac{\text{每人工資}(1\text{元})}{\text{每人增產能力}(1\text{斤})}\quad\cdots\cdots\cdots(\text{第八等式})$$

第四節　人民消費支出的分配

在討論第一節中問題（丁）的時候，我們曾說：「價格是決定成品產量和權衡消費支出的準繩，是謀求資源合理應用不可缺少的指南針」。關於價格與產量的關係，我們已在第二和第三生產原則中解釋清楚了。（註六）。我們現在用數字舉例，說明我們這個社會主義小模型中的人民，如何用價格作準繩，來分配他們的消費支出，使他們物質享受的滿意程度，達到最高可能的限度。在最後一節中，我們再把這些原則合在一起，說明它們的經濟意義。那時候我們就會知道，假若我們要謀求資源的合理應用，我們就必須根據這些原則，來制定生產政策。

假如某一國民有十塊錢。米的價格是每斗 0.5 元。麵的價格是每斤 1 元。一元錢可以買兩斗米，或是一斤麵。他一共應當買多少錢的米和多少錢的麵呢？他對米、麵的喜好程度自然不會完全相同。假定兩斗米能給他物質享受上的滿意程度，在一斤麵以上。因此他先決定用一元錢買兩斗米而不買麵。但是在他已經有兩斗米以後，米對他的重要性和吸引力（能給他的滿意程度）因之而減。在這個時候，一斤麵對他的吸引力，或許較再多有兩斗米爲高，因此他決定用他的第二元錢去買麵而不買米。他繼續用這種比較的方法去計劃他的消費支出，使他物質享受的滿意程度，達到最高可能的限度。

假使他用這種方法去分配他十塊錢的消費支出。他最後的決定是買8斗米（共4元）和6斤麵（共6元）。在這個時候，他再多買一斗米或多買一斤麵所能給他滿意程度的比例，一定和米價和麵價相等，如下式：

$$\frac{\text{再多有一斗米的滿意程度}}{\text{再多有一斤麵的滿意程度}}=\frac{\text{每斗米的價格}}{\text{每斤麵的價格}}\quad\cdots\cdots\cdots(\text{第九等式})$$

這乍一看，似乎有點奇特。爲什麼在我們的消費計劃決定了的時候，這種比例相等的關係一定會存在呢？在說破了以後，這種原理實在是極爲簡單。第九比例式可以換寫爲下列形式：

$$\frac{\text{增有一斗米的滿意程度}}{\text{每斗米價}}=\frac{\text{增有一斤麵的滿意程度}}{\text{每斤麵價}}\quad\cdots\cdots\cdots(\text{第十等式})$$

我們再用數字舉例說明。米價是每斗 0.5 元。麵價是每斤 1 元。假設增有一斗米的滿意程度與增有一斤麵的滿意程度的比例，是1 比2 。第十等式可以寫作：

$$\frac{\text{增有一斗米的滿意程度}\ (1)}{\text{每斗米價}\ (0.5)}=2=\frac{\text{增有一斤麵的滿意程度}\ (2)}{\text{每斤麵價}\ (1)}\quad\cdots\cdots\cdots(\text{第十一等式})$$

再換一種說法：

$$\left\{\begin{array}{l}\text{最後一元消費支出}\\ \text{，若用去買米，所}\\ \text{能得到的滿意程度}\end{array}\right\}=2=\left\{\begin{array}{l}\text{最後一元消費支出}\\ \text{，若用去買麵，所}\\ \text{能得到的滿意程度}\end{array}\right\}\quad\cdots\cdots\cdots(\text{第十二等式})$$

假若在這個時候，我們所買的米是8斗，所買的麵是6斤，我們再沒有理由去變更我們消費支出的分配了。因爲假如我們少買一元錢的米，我們所損失的滿意程度是2。我們若用省出來的這元錢去買麵，我們所能增加的滿意程度仍不過是2。滿意程度的總數並不能因改變支出分配而再有增加。所以這種消費支出的分配方式，已經使我們物質享受的滿意程度，達到最高可能的限度了。反過來說，假如這個方程式的兩邊不相等，例如：

$$\left\{\begin{array}{l}\text{最後一元消費支出}\\ \text{，若用去買米，所}\\ \text{能得到的滿意程度}\end{array}\right\}=1.5\underset{(\text{小於})}{<}3=\left\{\begin{array}{l}\text{最後一元消費支出}\\ \text{，若用去買麵，所}\\ \text{能得到的滿意程度}\end{array}\right\}$$

在這個時候，我們若少買一元錢的米，多買一元錢的麵，我們的滿意程度可以增加1.5（=3-1.5）。我們一定就會少買米而多買麵。米對我們的重要性因數量減少而增加，麵對我們的重要性因數量增加而減少，直到方程式的兩邊又復相等的時候，我們的滿意程度無法再能增加，我們消費支出的分配也就決定了。

我們的消費支出原則，因此成立如下：

人民決定消費支出的原則：爲使每人物質享受的滿意程度，抑達最高可能的限度，每人所買各種產品（米、麵）的數量，應使再增購一單位產品（一斗米或一斤麵）所能得到的滿意程度的比例，恰好等於各該產品（米、麵）價格的比例。

這個原則是用不着任何機構來勸告人民接受的。我們在考慮自己的消費支出的時候，不知不覺的就會在執行這個原則，時時在使這兩個比例相等。因爲當這兩個比例不等的時候，我們自然會自動的來變更米麵的消費數量，直到這兩個比例業已相等，滿意程度無法再增加爲止。

第五節　各項生產原則的經濟意義

本文中一共解釋了五個原則，我們現在把它們列在一起如下：

決定價格的原則：所定價格，必須要使需求數量，恰好等於供給數量。（見第一節（庚）段）。

註五　我們雖然可以隨便假設式中的數字，但是它們必須要能使等式的兩邊相等，否則第一和第二生產原則，就未能符合。

註六　第二原則中的工資和地租，也都是價格。

第一個生產原則：主管任何物品的產銷機構，必須減低該物品任何產量的成本，到最低可能的限度。（見第一節（辛）段及第二節）。

第二個生產原則：爲達到第一個原則中所列的目標，各主管機構所用各種生產因素的數量，必須使各因素「增產能力」的比例，恰好等於各該因素價格的比例。（見第一節（辛）段及第二節）。

第三個生產原則：任何物品的生產，應當擴充到「成本增加數」與價格相等的數量。（見第一節（辰）段及第三節）。

人民決定消費支出的原則：每人所買各種物品的數量，應使再增購一單位各該物品所能得的滿意程度的比例，恰好等於各該物品價格的比例。（見第四節）。

在本文前言的最末一段中，我們曾說：「當這些原則都已作到了的時候，全國人民的物質享受就已達到最高可能的限度，全國的資源就已在最合理的方式下充分利用，國家的生產政策就已達到以全民福利爲目標的境界。」我們現在要證明這個結論的正確。

當「決定物價的原則」已經作到了的時候，各種資源的需求與供給都已相等。用我們的小模型來舉例，這個國家所有的二十畝田和五十個工人都已爲生產目的而僱用。在這種情形下，全國的資源自然都已「充分利用」了。利用雖已充分，但是否「合理」呢？我們現在可以很簡單的證明，當所有的生產和消費原則都已作到的時候，人民物質享受的滿意程度絕不能因生產因素分配方式的變更而再有增加，所以全國的資源就都已最合理的應用了。

現在再用我們的小模型爲例。

從第三節第五等式和第七等式中，我們知道，當米、麵的生產都已符合了第一和第二生產原則的時候，下列關係一定存在：

$$\text{米的「成本增加數」}(0.5\text{元/斗}) = \frac{\text{每畝租金}(2\text{元})}{\text{每畝增產米的能力}(4\text{斗})}$$

$$\text{麵的「成本增加數」}(1\text{元/斤}) = \frac{\text{每畝租金}(2\text{元})}{\text{每畝增產麵的能力}(2\text{斤})}$$

同時，當第三生產原則作到了的時候，米、麵的價格恰應等於米、麵的「成本增加數」，所以也必等於前面兩個方程式的後半部，如下列：

$$\text{米的價格}(0.5\text{元/斗}) = \frac{\text{每畝租金}(2\text{元})}{\text{每畝增產米的能力}(4\text{斗})}$$

$$\text{麵的價格}(1\text{元/斤}) = \frac{\text{每畝租金}(2\text{元})}{\text{每畝增產麵的能力}(2\text{斤})}$$

我們現在用上面第二個等式去除第一個等式：

$$\frac{\text{米價}(0.5\text{元/斗})}{\text{麵價}(1\text{元/斤})} = \frac{\dfrac{\text{每畝租金}(2\text{元})}{\text{每畝增產米的能力}(4\text{斗})}}{\dfrac{\text{每畝租金}(2\text{元})}{\text{每畝增產麵的能力}(2\text{斤})}}$$

$$\frac{\text{米價}(0.5\text{元/斗})}{\text{麵價}(1/\text{元斤})} = \frac{\text{每畝增產麵的能力}(2\text{斤})}{\text{每畝增產米的能力}(4\text{斗})} \text{：（第十三等式）}$$

現在我們知道，當三個生產原則都已作到的時候，米、麵價格的比例恰好等於每畝地增產米、麵能力的比例。從第四節第十一等式中我們又知道，當某一個國民的消費支出已經符合了我們所提出的消費原則時，米麵價格的比例恰好等於再多有一斗米或一斤麵所能給予這個國民的滿意程度的比例，如下列：

$$\frac{\text{米價}(0.5\text{元/斗})}{\text{麵價}(1\text{元/斤})} = \frac{\text{再多有一斗米的滿意程度}(1)}{\text{再多有一斤麵的滿意程度}(2)}$$

我們把上面這個等式和本節第十三等式比較，可以得到下列關係：

$$\frac{\text{每畝增產麵的能力}(2\text{斤})}{\text{每畝增產米的能力}(4\text{斗})} = \frac{\text{再多有一斗米的滿意程度}(1)}{\text{再多有一斤麵的滿意程度}(2)} \text{．（第十四等式）}$$

這個等式可以換寫成下列形式：

$$\underset{(2)}{\left(\text{每畝增產麵的能力}\right)} \times \underset{(2)}{\left(\text{再多有一斤麵的滿意程度}\right)} = \underset{(4)}{\left(\text{每畝增產米的能力}\right)} \times \underset{(1)}{\left(\text{再多有一斗米的滿意程度}\right)} \text{．（第十五等式）}$$

上面這個等式的意思是說，當各項生產和消費原則都已作到的時候，一畝地若用去產麵，可以增加麵的產量2斤，共可給某一國民四個單位的滿意程度；同樣的，這畝地若是用去產米，可以產米四斗，也可以給這個國民四個單位的滿意程度。所以當田畝已照我們的生產原則分配到米、麵的生產以後，（假設是八畝地用去種米，十二畝地用去種麥），每畝地所能給某一國民的滿意程度，無論是種米或是種麥，都是相等。其他國民的消費支出若也是按我們的原則分配的，這兩種滿意程度自然也是一樣。在這種情形下，我們把種米的田地減少一畝，而用這一畝地去種麥（用七畝地去種米，十三畝地去種麥），人民的滿意程度並不能有任何增加。所以八畝地種米、十二畝地種麥的分配方法，是使人民物質享受達到最高可能限度的分配方法，也就是最合理的分配方法。這種分配方法也就是我們運用各項生產原則所得的結果。

若是田畝的分配未能按我們的原則去決定，一畝地用去種米所能給予人民的滿意程度，必不會與種麥所能給予人民的滿意程度相等。這種田畝分配的方式是不合理的。因爲假若種米的滿意程度比種麥大，種麥的田地就應減少一畝，種米的田地就應增加一畝。人民物質享受上的滿意程度會因田畝分配方式的更改而有增加。這種更改應當繼續——種米的田畝數陸續增多，種麥的陸續減少。在這種更改的過程中，每畝田增產米的能力會因種米畝數的增加而減少，人民需求米的迫切性會因米的供給加多而減低；同時每畝田增產麥的能力會因種麥畝數的減少而增加，人民需求麵的迫切性會因麵的供給減少而增高。到最後，一畝地用去種米所能給予人民的滿意程度，終會與種麥所能給予人民的滿意程度相等。這就是第十四或第十五等式所表示的情形；換言之，也就是當所有的生產和消費原則都已作到後所必有的情形。到了這個時候，田畝的分配已達最合理的境界，因爲任何其他的分配方式都不能使人民物質享受的滿意程度再有任何增加了。

人工的分配與田地完全相同。當所有的生產和消費原則都已作到的時候，下列關係一定存在（這兩個等式可以從第三節第六和第八等式，第四節第十一等式以及米、麵的價格與米、麵的「成本增加數」相等這幾個關係中求得）：

$$\frac{\text{每人增產麵的能力（1斤）}}{\text{每人增產米的能力（2斗）}}=\frac{\text{再多有一斗米的滿意程度（1）}}{\text{再多有一斤麵的滿意程度（2）}}\quad\text{……（第十六等式）}$$

$$\left(\begin{array}{c}\text{每人增產}\\\text{麵的能力}\\\text{（1斤）}\end{array}\right)\times\left(\begin{array}{c}\text{再多有一斤麵}\\\text{的滿意程度}\\\text{（2）}\end{array}\right)=\left(\begin{array}{c}\text{每人增產}\\\text{米的能力}\\\text{（2斗）}\end{array}\right)\times\left(\begin{array}{c}\text{再多有一斗米}\\\text{的滿意程度}\\\text{（1）}\end{array}\right)$$

在這種情形下，人工的分配也已達最合理的境界。人民物質享受的滿意程度絕不能再因產米或產麵工人數目的變更而再有任何增加了。

第六節　結語——許多的新問題

按我們的看法，任何經濟體系的最後目的，只是在謀求全體國民物質福利的增加。自然，物質福利不過是人類生活和文化中的一部門；但是其他方面的進展（如道德、藝術、體育等）是其他活動和努力的目標。在經濟方面，我們不能找到比謀求全民物質福利更高超的目標。

在一個實行社會主義的國家內，假如本文中所提出的定價、生產、和消費原則都能作到的話，全國的資源就都已在最合理的方式下充分利用，每一國民的物質福利就都已達最高的限度。這個限度並不是不能再有增加，不過我們只能在覓求和開發新資源、和發明新生產技術各方面去着手。在已有的資源和已知的生產技術範圍中，最高可能的限度已經達到，不能再有任何增加了。

社會主義下的生產制度既然能使全民的物質福利達到最高可能的限度，**我們是不是就能說社會主義是最好的經濟制度呢？我們如要想得到一個客觀的冷靜的結論，必須先要研究下列問題：**

（一）本文所描寫的境界，可以說是社會主義在生產方面的理想境界。在一個現實的社會主義國家中，這些原則是不是都能一一的盡如理想的辦到？假如有困難的話，什麼困難是必然性的？什麼是人爲的？人爲的困難應如何解除？

（二）從經濟理論上講，一個資本主義國家的生產制度，在最合理想的境界中，也能使全民物質福利達到最高可能的水準。這個最合理想的境界，一言以蔽之，就是不折不扣的「完全性的競爭」（Perfect competition）。在現實中，這個理想境界是絕對無法兌現的。辦不到的理由，有的是必然性的，有的是人爲的。以後有機會的時候，我們想要在本欄中從詳討論一下「資本主義下的生產制度」。我們現在的問題是，在現實狀況中，究竟是社會主義還是資本主義能使生產制度接近我們的理想？

（三）我們方才說，在最合理想的境界中，資本主義下的生產制度能和社會主義一樣的達到全民物質福利最高的限度。在本文中，我們會假設分配問題已經很公平的解決了。從生產方面來比較這兩種制度所能給予人民的物質福利，我們必須先假設兩方面的分配方式相同，否則這種比較即無確切的意義。現在各主要的資本主義國家也都在努力使分配制度逐漸公平化、合理化。但是在資本主義的大前提下，這種公平化、合理化的最高程度，能與社會主義下的分配制度來相比嗎？這自然是一個極重要的問題。

（四）在本文中，我們會累次用到「增產能力」這個名詞，這也就是生產因素的效率問題。在效率相同的時候，兩種制度在最合理想的境界中，能得到同樣的效果。但是各種生產因素的效率，在這兩種制度下（在理想的境界和在現實狀態中），是否能相同呢？

（五）新資源的覓求與開發，和新技術的發明與施用，究竟是在那一種制度下能夠得到最大的鼓勵？

（六）以上各項問題的研究，可能使我們從經濟方面比較兩種制度，得到一個結論。但是經濟和政治的關係太密切了。這兩種經濟制度在政治上有什麼必要的條件？對於政治上有什麼影響？這些條件和影響是不是能符合我們在政治方面的理想？

在這篇「淺談」內，我們不能對於這些問題有任何貢獻或結論。希望中**國社會經濟研究會的同人和「新路」的讀者能熱烈的參加討論。**

五月四日於清華園

通訊

金鈔單幫（上海通訊）

仲皋

在這戰雲迷漫的國度裏，上海可稱第一樂土，每天幾條柏油馬路上，最新式的汽車排成一字長蛇陣，燃着寶貴外滙換得來的汽油，茶樓、酒館、戲院、電影院，都有擠不動的食客與觀衆，店堂裏有的是西裝、衣料、化裝品，誰不說這是天堂！自然，另一角度裏，有掙扎在生活線上的人們，但是誰讓你做窮公務員，窮教員，穿了一件長衫，多念了幾本破書，靠筆桿和粉筆吃飯，沒有把良心染一染黑，受罪是活該！常聽常上海人口中的豪語，不怕物價漲，愈漲愈有活路，米到了六百萬元一擔，沒有看見人吃雜粮；不怕政府管制嚴，愈管制愈有漏洞，正給有路的人造機會，反正拖定了一個原則：「政府沒有辦法」，沒有辦法就得漲，一漲就是撈摸的機會，所以上海市場上不叫「漲」，叫「好」，今天金鈔好了，明天物價好了，金鈔和物價好，自然也有所謂好消息，好消息是什麼？例如：「中央銀行的金條已經快拋完了」，「政府外滙空竭」，「外滙基準價調登」，「瀋陽吃緊，華北黃金南流」等等外，試問上面一連串的所謂好消息，其危害國家民族，已到了什麼程度，而上海人借着牠做抬高金鈔物價的工具，難怪上海人有資格坐汽車、住洋房、吃酒、聽戲，這是他們的福氣。

剿匪不與上海人相干，自有老百姓上前線去拚命，抽壯丁，徵粮食，捐重稅，也抽不到，徵不到，捐不到上海人——尤其是闊人——的頭上，眞是天之驕子，你說政府不明瞭這情形嗎？不，政府是十分的明瞭，並且還帶着幾分畏妬之意，所以什麼「輸出入管制」「緊急措置」「金融管理」都是針對着上海人而發，但祇有千年做賊，沒有千年防賊，管制的愈嚴，愈有漏洞，祇是給有路的人造機會，上海人自豪的說：日本人佔領上海的時候，總算是管制嚴密，雷厲風行，結果從三島運來拋售的幾萬噸金條，還不是讓上海人整個吞進去，來個照單全收，便宜了多少發國難財的人，而日本人用金條換得來的物資，還是搬不回去，放在倉庫裏，留給另外一班幸運兒發一票勝利財，於是增長了上海人的信念，認爲小鬼的管制都管不住我們，何況自己的政府。不識相的貝祖詒，硬要拋金條來抽緊法幣，壓平物價，你不想想上海人的胃納是如何的強健，還不是給你吞光，而物價照樣壓不平，最後犧牲了楊安仁，坐幾年監獄。

先說輸出入管制。進口方面把貨品分成「限額進口」「審核進口」「暫停進口」和「不准進口」四類。輸管會是比較前進的機關，執行的很認眞，把進口縮緊到省無可省，大約每月祇有一千餘萬美元，上海人知道此路不通，索性就走私，大規模的甚至武裝起來，把海關緝私人員打的不敢向前，結果什麼都走私進來了，關稅也省了。請看禁止進口的衣料化裝品，暫停進口的香煙手錢，到現在還充斥市上，政府又預備消極抵抗，從本年七月起，市面上不准出賣禁止進口的貨品，結果自然又是造成黑市，和給提黑市的人諜出路而已！至於出口，走私的問題更嚴重了，非但關稅走漏，央行得不到絲毫外滙，反而便宜了香港和澳門，給他們去平衡外滙收支去了。

談到金鈔，這是上海人，心目中的本位，訂算資產，買賣貨品，以至於買伴房，地皮，汽車和頂房子都用牠們做本位，政府雖三令五申的禁止，上海人給牠個相應不理，金管局，警備部，警察局和憲兵隊每天都在抄，但抄者自抄，做者自做，行市一天比一天「好」上去。至於滙票，其功用除與金鈔相同外，並且是走私者所需要的籌碼，牠的來源是僑滙和出口走私換得來的外滙，等到買成洋貨，又走私回來了，如此循環不息，央行和海關祇好乾瞪眼。

辦工廠也有可笑的矛盾，照理從輸管會得來的工業限額，是政府供給外滙，原料進價較賺——有相差到十倍八倍的——其製成品應當便宜，然而老板的算盤是打進不打出的，仍然是照黑市原料價格計算成本。政府扶植工業的好意，徒然使老板們發財，這還不算希奇，有時製成品實銷不住，或正在跌價的時候，索性就把政府配給的原料照黑市價格出售，做做販賣商的生意，老板們賺錢第一，「生產」這個口號，是在爭取原料配額時用的，一經爭到手，誰管生產不生產。

還有一種賺古未有的營業，就是金鈔和法幣的單幫，「單幫」這個名詞，是敵僞時期對於一切民生必需品管制最嚴的時候，禁止物資交流，一班小市民，利用單身旅客可以帶少數的米，油、綢、布、鷄、魚、鴨、肉之類，往來於鄉村與都市之間，以血汗與精神換取養生之資，尙不失商業上以有易無的道理，其困苦之情，尤堪濟潤。金鈔與法幣的單幫則不然。以黃金爲例，如果香港的價格是八〇，上海是一〇〇，平津是一二〇，那麼從香港運到上海，上海運到平津，都可以獲致很大的利益，從平津回上海時候則運法幣，自然，這種生意是違法的，但他們靠有力者爲之掩護或包運，在天上飛來飛去，可憐賣貴的飛機和汽油，替他們運輸對於國計民生兩有損害的金鈔，所以說管制由你管制，上海人自有路道，將柰我何？

（五月二十日）

瑞士風光（日內瓦通訊）

陳達

瑞士人的富庶

日內瓦是我舊遊之地，記得一九三六年，當我遊歷歐洲時，曾在此風景幽雅生活高貴的市裏，短住過旬日。幾乎十二年之後而今又來了，我自然有些感觸。

世界第二次大戰剛才結束，在西歐的各交戰國，大致受了通貨膨漲及物價高昂之苦。那裏一般的人民，正在向不安定的生活掙扎着。惟瑞士很幸運的逃避了兩次世界大戰。正如這次旅行時，有一位同坐飛機的旅客（他是菲律濱駐歐洲某國的大使）稱瑞士爲「專門的中立者」。這個名詞，多少含着諷刺的意味。暗指瑞士人慣常以中立的手段，來拉攏各交戰國的生意，從中得大宗利益。瑞士的人民享受了和平的成果，卻是鐵的事實。有人說，目前的歐洲人，因甫經戰亂，窮者甚多。惟瑞士的財富，較戰前加增若干倍。如果房屋內部的裝飾，有採用金子的俗風的話、有許多人相信，依瑞士人的財力。簡直可以用金子來砌牆。

我此次到了日內瓦之後，眼見旅館餐廳電影院，熱鬧倍於戰前，物價比戰前高至數倍。參加國際會議者，欣慕阿爾伯斯山或日內瓦湖而來旅行者人數衆多，今勝於昔。我是應國際勞工局之約，來參加一個專家會議，以公約實施的討論爲中心問題；由通貨膨漲最劇烈的中國，來到人民安居樂業及物價極其昂貴的日內瓦。所感覺到的差別，有許多方面只可以心領神會而難以言語形容的了。

瑞士的中立問題

假如第三次世界大戰一旦來臨，瑞士能否仍守中立是有問題的。無疑的瑞士人願意維持中立，但他國是否允許，卻是一個疑問，因有些野心國家，要想利用瑞士的電力，並封奪它的財富。

瑞士是一個小國，總人口不過四百萬。在以往的六百年裏，國境的四周俱是強有力的國家，但依據歷史的傳統，瑞士居然能夠維持中立。瑞士的人口是極複雜的，有條頓人，拉丁人，耶教新派及天主教徒。以語言論，其人民或說德語，或說法語，或說意大利語，文字與語言是不統一的。但自十六世紀以來，瑞士因地理的環境及人口的性質，確能保守中立，雖在這些世紀中，歐洲業已經過了幾次戰爭的。僅法國革命時，其中立的地位曾經一度被破壞，其餘時間，瑞士從未捲入戰爭的旋渦。但如於最近的將來，像有些人所恐懼的，以爲世界第三次大戰將要發動。在那時候，瑞士能否仍舊維持中立，沒有人能夠保證的。

瑞士對於世界的貢獻

瑞士的立國精神，由國際勞工局門首的石像最能反映出來。該局門前有女石像二。其一有石刻曰 "La Paix" don de la Suisse 另一石刻曰 "La Justice" don de la Suisse

瑞士的二大貢獻爲和平與公平。所謂和平，因其不參加世界大戰者已經兩次。且於最近數百年來，亦未加入歐陸的大小戰爭，並不斷的向世界和平這個方向去努力。所謂公平，瑞士向來提倡民主，在其國內，以減少階級間的衝突爲能事；在各國間，亦盡力鼓吹給予並擴充階級間的自由與權利，尤其是對於中層及下層社會的人民。

日內瓦市中所見

在本屆世界大戰，瑞士雖未參加，但亦蒙受戰爭的惡劣影響，例如食品的配給。我到日內瓦市的第一個星期，每人尙用麵包票。入飯館時，每人每餐所用的麵包，是有限制的。此種限制，自四月一日起才被取消。

日內瓦市有整潔而幽閒的茶館，任憑顧客飲茶，或咖啡，或吃點心。座位舒適，陳設簡樸。有一日的下午，我獨自坐在茶館內，隔壁桌子來了一對中年夫婦，兩人所用的點心飲料，共費三佛郎半，尙用紙包着點心兩件，帶回家中。我對自已說：「這是典型農村人物，他們是將生丁姆積聚起來，對於自已作未兩的綢繆，替國家奠定經濟與社會基礎的無名英雄」。這些茶館是一般人的俱樂部，可以會客，可以談心，可以消遣，但任何人用不着耗費大量的金錢。

日內瓦市的文化事業

日內瓦市維持高度的文化水準。大學分若干院系，分授自然科學，人文科學，神學，法律學，及社會科學等。國際關係研究院，尤有崇高的學術地位。校旁有自然歷史博物館，關於鑛物部份，非但陳列標本，且將鑛石照相，呈現各種美麗顏色，如X光然，稱爲 mineral fluorescents 此館爲紀念館長 Maurice Bedot (1891—1927) 而創立，所陳列的物品，俱達很高的科學標準。

我滯留於日內瓦時，適值美術學院的二百周年紀念會。如此一個小市，有如此久長的美術學院，怎能叫我不肅然起敬。會期爲自四月三日至二八日，雖所展覽者有很多是專門作品，但由此亦可窺測西方藝術演化的輪廓。

日內瓦湖

湖中有許多鳥類，很自由的飛來飛去。天鵝可稱傾大無朋的白鳥，振翅翺翔於湖濱，晚間宿於湖旁的石屋內。飛時兩翼有聲，離人八十碼處尙淸晰可聞。每鳥重逾二十鎊，有人告訴我，此鳥的數目逐漸減少，不久或有減種之患，因此歐美各國俱禁人狩獵。戰前我曾在北平頤和園昆明湖中，以鳥鎗擊中一鳥。如今在日內瓦湖畔，追憶以前的經驗，自然更細心研究此美麗的大鳥。海鷗成羣，多至不可計數。水胡廬嘴尖似鳥，鴨趾有皮毗連似鴨，時常入水捉小魚或蝦，遠處聽其叫聲，知其結隊而來，不避遊人。

最簡單的遊船爲獨木舟，因天氣稍冷，划船者尙不多。汽艇有船塢，爲富人娛樂之所。一般的羣衆，利用平底淺水輪，夏日納涼，乘此船環湖一周，爲最快心之事。

湖中有數處，石堤突出於湖內，遠至一百碼或以上。有人持釣竿下釣，竿長六米突，用玻璃絲作絃，價約十五法郎。釣魚人常以蚯蚓爲餌。某星期日晨，湖邊遇一釣者，我用法語問曰「君說英語乎？」答曰：「否，僅說德語。」余等即用德語問答。余曰「湖水澄淸，卽深至一丈處，一望見底，用蚯蚓爲餌，是否適宜？」答曰「此物容易吸引魚類」余亦喜用蚯蚓爲餌，但信心決不如此君之高。余見其帶一鉛盒，啓而視之，有無數蛆蟲，在木屑堆裏，蠕蠕爬動。釣魚人往往至肉舖買得牛肉，放於屋內一個角落裏，任憑蒼蠅爭食，不久即生肉蛆，用作爲餌。有人曾於一小時內得白魚一公斤，每尾約三寸。運氣不佳者每小時僅得三四尾而已。我們的談話忽然轉到時局。余曰「君以爲世界第三次大戰將要來臨乎？」答曰「然，我相信德國人必很熱烈的參加，因他們對於目前的世界大局全部失望，頗想抓住翻身的機會。不但如此，我以爲希德勒尙在人世，他可以再任領袖。」我對自己說，不久的將來，世界是否將再遭遇戰爭的浩刼，各人可以有不同的見解。至於有人相信希廳尙在人世，那必是一種幻想。

國際勞工局公約實施委員會

依照國際勞工組織修正憲章第二十二條，凡來員對於已批准的國際勞工公約，應每年將實施情形，報告國際勞工局，轉交公約實施委員來審查。今年四月一日至十日該會在日內瓦舉行第十八屆會議。截至本年三月止，有些會員國業已批准公約多種，但亦有批准甚少者。最少者僅批准公約一種如澳大利亞及利比亞，而北美合衆國亦僅批准三種。但有十五國其所批准的公約，俱較中國爲多，即智利（三十四種），比利時（三十種）布爾加利亞（二十九種）法蘭西（二十七種）聯合王國（二十七種）哀斯蘭（二十六種）古巴（二十五種）意大利（二十種）丹麥（十八種）奧地利（十七種）芬蘭（十七種）匈牙利（十六種）捷克（十五種）印度（十四種）。中國已批准十三種並已施行。此外尙批准一種，但尙未在任何會員國施行，有些會員國雖已批准公約，但未將實施情形報告國際勞工局。其最受委員會指摘者爲南美哥倫比亞。該國雖已批准公約二十四種，但自一九三三年以來，未向國際勞工局報告實施情形。反之，有些國家有極詳盡的報告，最受委員會稱道者有奧地利，聯合王國，盧森堡，新西蘭，波蘭及瑞士。有十九國的報告，包括所批准公約的全部，內中包括中國。有不少的國家，因各種理由，遭遇實施的困難，特別是世界大戰結束後，尙未恢復戰前的常態。至於中國的實施困難，有一部份是與世界的大局有關，另一部份係受國內的政治經濟及社會的影響，例如戰事的蔓延，通貨的漲澎，及工商業的緊縮等。此外尙有技術上的限制，爲檢查制度的不健全，及檢查人員的不敷應用等。至於其他困難，又爲我國走上現代化的路徑上所不可避免者，例如就所批准的公約言，有四種係以工人的年齡爲基礎的。但我國尙無全國性的人口普查及人事登記，因此尙無認眞實施的可能，抗戰以前，我國開明的雇主及大

規模的現代化工廠，業已採用合理的權宜措施。近來社會部廠鑛檢查處，開始測量上海及無錫的工業兒童，準備由體重及高度來斷定兒童的健康程度，作爲准許人工廠工作的基礎。

會場側影

余生平對於文字，似乎有一種偏見。余以爲文字取其足以達意而止。除文字學家而外，任何人對於文字不應該講美麗，亦不應在字句間過分的講究潤色。凡是一篇述作，務須內容眞實，文字貴能傳達眞實的內容，不求其他。此次在會議場中，對於上述的見解，似有修正的必要。有一日聽巴黎大學法學教授，滔滔不絕的批評某種報告的法文譯本，他整整費了一小時的工夫，肆意攻擊文字的欠妥。不久有一位大理院院長及前任理事院理事長亦參加辯論。這完全是咬文嚼字的工作，我雖未完全同意他們的見解，但亦認爲不恰當的文字，有時不能宣達作者的意思，有時把所要表揚的意義弄錯了，那是要不得的文字。

有人提議，不准南美若干國投票，因他們屢次不向勞工局寄報告來，申述公約實施的情形。這種不履行合同的行爲，他們以爲應該和不向國際勞工組織繳納會費，受一樣的懲罰。但經考慮後，認爲南美諸國，在國際會議的場合，有遇事結成團體的趨勢。這種提議，可以逼迫他們採一致的行動，增加國際之間合作的困難。

有一日討論殖民地的社會政策，但關於本問題的書面報告未曾引用殖民地字樣。因爲目前很少有人公開贊成帝國主義，同時亦有許多人避免殖民地這個名詞。擬稿人爰用非自主區域（non-metropolitanarea）來替代殖民地。

委員會認爲有些政府的報告是官樣文章，對於公約實施的情形，所敘述的不夠詳實，但委員會又不肯明白指出報告中的弱點，所怕的是傷會員國的感情，這樣一來，擬報告的起草員，對於措詞卻十分爲難了。

新聞自由會議

我很抱怨，因爲要參加十天的討論，認爲冗長而乏味。但後來遇着幾位新聞自由會議的朋友們，聽說他們要開三星期的長會，我對於會期的問題，也就默默無言了。老友張仲述兄自紐約來參加，馬星野君自謂從前肄業淸華時，曾在我班上聽講，他們都不是陌生人。據他們告訴我的這次會議有相當的重要性，因其討論基本問題，特別是下列各端：（1）新聞記者應有行動的自由。如果已得所在國的允許的話，他爲採訪新聞，應不受任何拘束。（2）新聞應有寬廣的範圍，要包括歷史文化及教育各部門。中國代表團，這種意見，爲美國及蘇聯所一致擁護。這是很難得的，因兩國對於其他的議題，彼此往往提出相反的意見。（3）對於新聞的傳播，在新聞事業尙未充分發展的國家，應採取扶助的態度。

文藝

論光明面人物的描寫

公盾

在文藝創作中，如阿Q，華威先生等代表病態社會人物造像的作品，數量較多，刻畫成功的也不少；可是，對於善良，進步代表光明面人物的描寫，如屠格涅夫「父與子」中的巴涉洛夫、「前夜」中的伊林娜，殷涉洛夫；高爾基「母親」中的伯惠爾、綏拉菲摩維支「鐵流」中的郭如鶴；齊同「新代生」中的陳學海，巴金「家」中的覺慧，「滅亡」中的杜大心，曹禺「蛻變」中的梁專員與丁大夫，「北京人」中北京人與袁園；茅盾「清明前後」中的黃夢英，「腐蝕」中的小昭，K與萍為數既寥寥，刻劃特別成功的也不多。

大概因為我們現實社會黑暗面大過光明面的原故吧，生活在這樣環境中的作家，日常所接觸到的，什九是黑暗面的病態人物，對于他們，有入微的觀察，深沉的憎惡，所以作品中表現出來的，是那麼具體，那麼生動。可是，涉到現實社會中光明面的人物，大概他們在黑暗彌漫中，被壓抑得透不出氣來，作家難于從生活的小圈子中見到他們，憑自己腦子的幻構，創造出來的光明面的人物，遂呈現出了那麼浮光掠影，蒼白無力，缺乏現實環境的血肉。如夏衍在創作家中，不能不算是善于攝取新型人物的，像「自由魄」裏的秋瑾，「上海屋簷下」裏的匡復，「心防」裏的劉浩如，「愁城記」裏的李彥雲：他們都是帶有強烈的正義感，和戰鬪的精神的光明面人物。然而他們大半是從舊社會中長大起來而反叛的中年人，舊社會的教養規定下了秋瑾的個人英雄主義，劉浩如的偏激，匡復的傷感：教他們帶着濃重的悲劇的性格，缺少樂觀氣質，背起舊時代的重擔在苦鬪着，作者這些人物的造像是成功的；但當作者一涉到新的一代的青年，如「一年間」裏的俞志華們時，他們的形象與個性就顯得模糊不清，浮光掠影了。

黑暗面的人物，如阿Q華威先生陳國瑞先生的一群……等，代表着落伍，倒退、扭轉歷史車輪後退的一群。在新社會的建立中，作家用藝術形象，把這些阻擋歷史前進人物的嘴臉描刻出來，顯示給廣大人民，喚起人民改正的警醒，叫人民檢驗一下，在自己的身上是否有這些病態人物的血份，自己的周圍，是否生活有這些病態人物，而集中起力量，對着每一顆病菌鬪爭，加速黑暗勢力的滅亡，這功績是不可滅沒的。

然而作家的任務不能只此為止。新寫實主義作家，不但要批評舊時代，主要的還要從舊時代的廢墟上，建立起嶄新的社會。因此新作家不止要咀咒陳舊，倒退與落伍，更主要的是要歌頌光明，新生與進步。在光明的地方有無數從鬪爭中長成的人物，在魑魅魍魎的黑暗角落，也不乏有堅強韌性的鬪士，作家應當寫下代表進步的一群，寫下黑暗裏的火苗，他們正是代表着人類的新生與希望，他們是歷史的核心，是千千萬萬爭自由人民的典範，他們的存在，才使我們對快樂自由的遠景，增加下不少的信心。

光明進步的人物，不能超乎社會存在。他們是從社會的泥土中長大起來的，因此，這些人物不是神仙，而是凡人。革命者不是粗暴。不堪不通人情的闖禍者，相反，他們有着人類共通的人性。屠格涅夫「前夜」裏伊林娜，那麼殷切而熱烈地愛上了殷涉洛夫，當殷涉洛夫在回鄉途中不幸賚志而逝時，她是何等的悲傷，終於又鼓起勇氣踏着愛人的未完成事業前進，為保加利亞的革命工作獻身。

光明面的人物一樣有憎有愛，有光有熱，把代表光明面的人物寫成超人或神仙，反變成四不像的紙人紙馬了。然而，光明面人物，也有不同於凡人之處，他們有更崇高熱烈愛人類的感情，他們懂得堅強，韌性的戰鬪，肅清個人主義的傷感，把人類的利益，超過個人或家庭的利益、把眞理當做利劍，不惜與黑暗勢力短兵相鬪，魯迅先生是一個現實的例子。

代表光明面的人物，不是高高地居于人民之上，而是生活在人民之中；離開了人民，脫離了群衆，便毫無作為。得不到人民的擁護，便不能成就任何事業。可是，不少文藝作家，往往在他的作品中，強調了新型人物的作為，把他寫成「包公式」的人物，反而不着邊際地把人物懸空了。曹禺的「蛻變」已夠動人，可是當我們靜下心來，細心察看代表光明面的人物梁專員與丁大夫時，不禁使我們發生懷疑，而感到了作者對主人翁的刻劃不夠健全，作者祇是以梁公仰個人為中心，靠個人大刀濶斧使舊世界「蛻變」，這裏看不見下層的群衆，傷兵的力量。在陰霾密佈的境域中，還一二個人的力量，是否有如許成就，實大成問題。作者過於珍愛自己的人物，而把人物從現實中懸空了，使他成為了「圖式觀念化的人物」，事實上，「在新的社會中，大衆成為社會的主人公，個人的支配的力量不是決定因素。然而在集體中，個人卻可以最大限度的創造力來幫助集團，表現自己。他們每一個都具有充分的條件來這樣做，而且必需這樣做」。（黃纒）「鐵流」裏的郭如鶴是最好的例子，「鐵流」作者曾自白道，「郭如鶴是英雄」，也不是英雄，因為如果群衆不把他作成自己的領袖，如果群衆不注入他以主意，那麼郭如鶴是一個最平常的人，但是同時他也是一個英雄，因為群衆不但注入他以主意，而且追隨着他，服從他，好似服從領袖一般　如果你要由他手裏把群衆奪過來，他就完全成了最平常的人了」。

因此在任何地方，任何國度，人民的聲音，要成為暗夜的光，尤其是多苦多難的時代，新的英雄應當是最能傾聽人民的聲音，服從人民的意志，為千千萬萬敲碎鎖鍊從泥沼中蠕轉走向光明的人民及其事業而鞠躬盡瘁的人。偉大作家的筆尖是要尋找他們，指向他們，並刻繪下他們的藝術典型的形象。

新型的人物，自不是一蹴而就，而是從千錘百鍊中誕生。一個人成長的道路，往往不是走直線，而是繞着曲線，從不斷挫折，矛盾中走向光明。鋼鐵是怎樣鍊成的，新型的人物，也要經過千錘百鍊而成長的。高爾基「母」中的母親，首先祇有那麼單純的母愛，但她從兒子的命運中了解了他的事業，從兒子的苦難中，使她們認識兒子的工作是如何崇高而偉大，以致當兒子受難日子到臨時，她竟能繼承他的崗位獻身給偉大的工作，她堅強起來了，老太婆的口中竟喊出了——

「兄弟們！我們時代已經到來了，我們要咀咒這充滿了貪婪，仇恨和黑暗的生活，在這生活中，民衆是被蹂躪了，在這生活中，我們是沒有立足地的，我們是不當人待遇的。」

讀着「鐵流」時，我們可以看出，「游擊隊和難民開始行動時是一種人，可是到達日子的時候，就不像原來的樣子了。」作者寫出群衆們鬪爭成長的過程，在曲折生活的泥床中，從散漫走向集體，從愚昧走向光明，是十分成功的。

屠格涅夫的「前夜」發表之後，大批評家杜勃洛柳蒲夫寫道，「不管我們的生活如何壞，可是在這裏面已顯露出了如伊林娜這種人物的可能性，而且已為藝術意識所吸收，在文學中形成一種典型。伊娜林—這是一個理想的人物，但她特性為我們所熟知，我們瞭解她，同情她。這甚麼意思呢？這是說，她的性格的基礎是在于受難者與被擯棄者的愛情，為善的願望（不倦地尋求如何為善的指導者）—這一切終究在我們社會的最好一部分裏面感覺到。此種感覺這樣強烈而接近着現實，以致宅不能和過去一樣地不是為燦爛的而為無用的聰明與天才，不是為正直的甚至良善寬大的美德，而為冷酷的心胸所可誘惑的。為了滿足我們的感覺與渴望更需要如殷涉夫這樣的人。」

在轉變中的舊社會，是多麼迫切地需要這樣新的英雄底來臨啊。

偉大的作家，總是在時代前頭為我們在這些年青一代的行列中攝取出了他們的形象。高爾基曾留給我們許多可歌可泣的戰士底形象如伯惠爾們。他們是那麼英勇地懷着大無畏的精神，在真理與正義的旗幟下，毫無畏懼地為人民服役；卡達也夫的「我是勞動人民的兒子」中的弗羅沙，他們不但爭取合理的生活，而且在爭取人生應有的幸福—戀愛；奧夫特夫斯基的「鋼鐵是怎樣鍊成的」中的保爾，也是一個與人民命運緊緊地聯在一起的新的英雄，他的英勇代表着爭自由人民的英勇，他的特性是覺醒了的人民的特性，他是平凡的人又是英雄—大胆，勇敢，不屈不撓，韌性的戰鬥，把一生貢獻給人類。

這些是新社會誕生中新人物的典型，這是爭自由，爭民主的廣大人群的示範。作家最神聖的任務，就是給我們貢獻出這些最具有積極性的英雄們真實的性格與具體的典型的形象。

今天，獨立、自由，民主的新中國已在誕生，千千萬萬光明人物已在戰鬥中成長，在各個黑暗的角隅中如春草般地茁長起來。

痛苦多難的時代，使我們年青的一代，已在火燄與狂飆中鍛鍊了自己的性格。他們頑强不息地為爭取民主而受盡人間的苦難，他們在貧窮，困苦與迫害中彼此關照溫暖，讓年青的心結成鐵的洪流，一個跟着一個，大水大火也不能掩沒，或燒毀了他們。他們是勇者，但却不是個人主義的英雄，他們把命運結合在人民的命運上，却非盲目或是投機主義者。他們充滿着信心與朝氣，用不可抑止的年青人的精力，永遠樂觀地站在時代的尖端，為人民吶喊，負着歷史重擔進入光明的閘門。他們依從着新的生活體驗，有着新的見地與新的人生觀，按照新的觀念去工作，結交，戀愛　配合着人民的情緒。然而在千萬新青年的誕生中，我們僅僅在齊同的「新生代」等創作中見到他們初期的影子，在文藝的陣地中，似乎還沒有作家去反映他們。或是把他們的形象反映得太模糊了。

正如高爾基給契訶夫的信中的叫喊一樣，我們也要向作家們請求着！

「我們需要英雄的東西，而這時代是到來了，這是絕對需要的，今日的文學必須開始使生活光明起來」（高爾基語）

爭取民族解放的英雄，爭取民主自由的戰士，時代的號手，覺醒了的人民大衆，沉默無聲埋頭苦幹的工作者，呻吟在血泊又掙扎起來作戰的鬥士　已到處可見，有了他們，使我們相信中國還有希望，黑暗的盡頭有陽光，光明是要到來的。

觀察他們，熱愛他們，擁抱他們吧。拿起我們的筆，寫出新生光明面的人物，寫出他們的生活，思想與事業，寫出人類的前途與希望。

一九四八，五，二十，于駱駝園

書評

「全面戰爭與美國憲法」

樓邦彥

"Total War and the Constitution", by Edward S. Corwin, Alfred A. Knopf, New York, 1947 Pp. xiii + 182 + vi.

本書是新近出版關於美國憲法的一本專著，作者柯溫是美國普林斯頓大學的法學教授，他是一位極負盛名的公法學者。本書內容是根據一九四六年作者在密西根大學所作的系統講演，所以本書開首附有密西根大學法律學院院長史丹森（E. Blythe Stason）的一篇短的引言為之介紹，「本書為一位憲法史，政府，與政治理論的名家所著，是對於當前大家關心的事象的權威解釋」。

本書共包含五章．

（一）戰爭前的戰爭，

（二）全面戰爭對於聯邦政府權力與組織的影響；

（三）戰爭對於憲法權利的影響；

（四）全面和平與憲法；

（五）戰後憲法。

單就這五章的題目觀察，已可預見本書的梗概。本書不止是對於美國憲法下的戰爭權的分析，而實在是指出了美國憲法觀念的演變與動向。這裡有許多事實，這裡也有許多解釋，事實總是事實，解釋或有出入，讓我們來看看柯溫在本書內所發揮的見解。

全面戰爭的「全面」不單是指目的與方法的全面，而是指「功能的全面」（"functional totality"），這就是說，所有的人力與社會力，基於政治的指揮，參與戰爭的努力，所謂人力與社會力包括科學的，機械的，商務的，經濟的，道德的，文學藝術的，以及心理的。作者所要論及的是這樣性質的全面戰爭對於美國憲法的影響，全面戰爭不僅包括二次世界大戰，並且在某一個程度上又包括初次世界大戰與南北戰爭。

美國的參與二次世界大戰可以分為兩個時期，一是在珍珠港被襲以前，一是在珍珠港被襲以後，前一時期就是作者在第一章內所討論的「戰爭前的戰爭」。這就是說，美國在珍珠港被襲以前，實際上即已參與戰爭，因為自從羅斯福總統宣布美國為「民主國家的火藥庫」以後，美國即從「中立地位」一變而為「非交戰地位」。在那個時期內，總統充分運用了憲典所賦與總統的權力，一種是廣義的行政權，另一種是有伸縮性的統帥權。行政權的範圍一向就是理論上爭執的焦點。就外交關係一點說，早在美國立國之初，即有漢密爾登(Hamilton)與麥迪生（Madison）所代表的兩派主張　漢密爾登認為總統的行政權應該包括相同於英王在外交方面的權力，麥迪生則覺得這是不可能的，因為根據憲典和戰權既屬於國會，國會也就掌握了決定基本外交政策的權力，於是在外交方面，總統的權力多半祇限於工具性質方面的。但是歷史業已證實，儘管憲典上的和戰權是屬於國會，總統由於各種便利與實際情勢，却成為了決定美國外交政策的唯一最重要的淵源。其次，統帥權也是很具有伸縮性的。在早年的時候，一般的解釋似乎祇是當戰爭狀態經國會的宣告而存在時，總統才得行使憲典所賦與的統帥權，統帥權祇是在戰爭期間所行使的狹義的戰爭權力。但是作者指出了在早年時的兩個事實，一是國會於一八〇七年以法律授權總統利用武裝部隊為「執行法律，戡平叛亂，並抵禦侵略」，一是自從哲斐遜總統以後，總統往往不經國會的同意，派遣軍隊前往外國為保護僑民的利益。到了林肯總統的時候，統帥權又有了更廣泛的運用，林肯把統帥權與憲典所賦與總統的監督法律之執行權連在一起，而稱之為「戰爭權」，來辯護他在南北戰爭時的行為的合法性。所以儘管在理論上怎樣說，事實，尤其在南北戰爭的時候，都證明總統可以充分運用其權力來應付緊急危難，或造成各種既成事實，而使國會不得不加以追認。羅斯福在「戰爭前的戰爭」也儘量發揮了總統的主動地位，作者認為以租借法案的制定為分界線，總統的主動地位採取了兩種不同方式在租借法案制定以前，總統承認國會的權力，而不斷爭取其支持，在租借法案制定以後，總統即根據憲典所賦

內政部登記證京警平字第二三三四號

與的行政權與統帥權採取直接的行動，藉以造成各種既成事實。在作者看來，要不是日本掀起了太平洋戰爭，總統的那樣做法必會引起很嚴重的憲法危機。

本書第二章討論到全面戰爭對於聯邦政府權力與組織的影響。儘管在奉行分權原則的美國，遇到有戰爭的威脅或戰爭發生的時候，國會也不得不將龐大的權力授與總統行使，這就引起了所謂立法權的授與問題。在兩次大戰時，總統皆獲得很大的授權。作者認爲即使有戰爭的存在，憲典並不因此失去了恢復平衡的能力，他說這話的動機是在辯護國會於一九三九年所創下的一個先例。根據憲典，國會的任何決議若必須經兩院的同意，應由總統加以批准始能發生效力，但是國會於一九三九年制定了好幾個法律各授與總統相當的權力，却同時規定國會得隨時以「共同決議」（concurrent resolution）廢止業經授與總統的權力，此項決議毋須乎總統的批准即能發生效力。有些學者例如懷德（Leonard D. White）認爲此種「共同決議」的辦法是違憲的，柯溫則不以此爲然，他認爲國會既得自由地或附有條件地授權，它當然也可以停止授權的繼續，授權的限度是在不放棄權力，是則惟有在毋須乎總統批准的條件下以「共同決議」廢止業經授與總統的權力，才可能使國會不致放棄其本身的權力。

除掉國會的授權以前，總統的自由裁量權也可以基於憲典所賦與的行政權與統帥權。在這一次世界大戰期間，羅斯福據此而處理嚴重的罷工問題，設立不少法律所未規定的機構，並規定各種「行政制裁」（即基於行政命令的罰則）；這些都是憲法上極其微妙的問題，最高法院却以判決加以支持。尤其可以引起爭執的是一九四二年九月七日羅斯福向國會提出的咨文，在這個咨文內，總統宣稱國會必須立即廢止某些法律，要不然，他爲情勢所迫，將根據戰時統帥權負全責而直接行動。這確實是一個了不起的舉措，總統不但藐視國會制定的法律，且又違背憲典所規定總統與國會權力劃分的原則。柯溫非常重視二次大戰時的這些先例對於日後美國憲法動向的影響。

關於戰爭對於個人自由權利的影響，在美國是一向存在着一種絕對的憲法理論。這絕對的憲法理論又有兩個極端的看法，一是個人自由權利因戰爭而全部停止，一是個人自由權利不因戰爭而受絲毫影響。柯溫在本書第三章內舉出了好多兩次大戰中的事例與法院判決，說明關於戰爭對於個人自由權利的影響一點，已由絕對的憲法理論一變而爲相對的憲法理論。這就是說，憲典所保障的個人自由權利並不因戰爭而當然停止，其被停止的程度胥視戰爭的客觀情形而爲定，究竟客觀的情形是否需要停止某些個人自由權利，理論上當由總統與國會加以決定，但受法院的控制，事實上在戰爭期間，法院是絕不表示異議的。

第四章「全面和平與憲法」分別討論參議院如何批准聯合國憲章，以及從憲法的觀點美國如何因聯合國憲章而負擔起國際的義務。

最後，第五章「戰後憲法」可以說是全書的結論。作者用歷史上的事例，證實戰時憲法是一件事情，平時憲法又是一件事情；哲斐遜也曾經說過，「平時人民期望於他們的代表，戰時人民僅期望於行政機關」，這是再也正確不過的一句名言。作者又指出了在新政（New Deal）以前的美國平時憲法的三大原則：（一）雙重的聯邦主義，（二）分權學說，（三）法院控制；這三大原則，到了今天，業已發生很大的變遷。

先說雙重的聯邦主義。這就是指在美國的聯邦制度之下，聯邦與各邦分別行使憲典所規定的管轄權，各自享有主權，萬一有爭執時，由法院加以裁定。但是今天任何性質的聯邦主義已不復能阻止聯邦政府的集權趨勢，在內政方面是如此，在外交方面尤其是如此。

其次，分權學說。根據美國憲典，立法，行政，司法等三種權力分屬於國會，總統與法院，三者在憲法上是平等而獨立的。今天由於政府活動三方面的發展，分權學說早已發生動搖：第一是總統在立法方面採取主動地位，第二是國會授權總統立法，第三是國會授權新型的獨立行政機構行使立法，行政，司法等三種權力。

最後，法院控制。美國法院一向具有一種憲法上的功能，以解譯憲典爲手段來限制政府的權力，但是近年來法院總是以極謹慎的態度來運用這個武器，尤其在戰爭的時候。有些最高法院的法官，例如Justice Frankfurter，竟率直地認爲法院控制本身是人民政府的一種限制，這自然絕非過張其辭。

柯溫此書材料豐富，敍述不厭其詳，的確是一本值得參考的美國憲法專著。作者藉分析戰爭權來闡述美國憲法的發展，強調美國政治制度的適應性。一般讀者往往在過於籠統的教科書中獲得一個不甚正確的印象，以爲美國憲法是「剛性憲法」，它的國家組合方式是聯邦制度；它的政府組織中則是三權分立，於是美國政治制度就難以適應環境的需要了。其實，自從南北戰爭以來，美國無異存在着兩套憲法，一套是平時的憲法，另一套是戰時的憲法；不寧惟是，這兩套憲法本身也並不是呆板而不靈活的，在不同的環境內不斷地在適應。雖然如此，要沒有法治憲政的傳統，適應可能會產生很多流弊，這流弊在美國之所以能夠到達很低的程度，當然是由於它的一段憲政的歷史。我們儘管對於美國的種族歧視，資本主義，或對外政策等保留批評的意見，却不能不認識美國憲法的適應性或特質。最後尚有一點，我們自己尤應有所警惕，那就是行政機關權力的擴大固然是一種時代的趨勢，但是此種趨勢在有些地方可以解決問題，在另外些地方却可能增加問題。制度是絕不可能憑空建立起來的，它的功能的發揮有賴於各種合適的客觀場合。

卅七年五月二十日北平

本刊編輯部啓事

（1）本刊暫闢專論，通訊，文藝，辯論，論壇，我們的意見，書評，讀者來書等欄，**每欄均歡迎投稿。**

（2）本刊對於通訊一欄，想盡量充實，希望各地讀者合作，從全國各地，給我們以該處政治，經濟，軍事，社會各方面事實的報導。每篇通訊，以二千字至四千字爲合式，特別歡迎瀋陽，長春，天津，西安，開封，蘭州，迪化，濟南，青島，上海，南京，杭州，南昌，九江，贛州，蕪湖，安慶，蚌埠，漢口，宜昌，重慶，成都，貴陽，昆明，梧州，柳州，廣州，長沙，衡陽，香港，台北等地讀者賜稿。

（3）決定採用之稿，立即寄奉稿費。稿費按戰前幣值計算，每千字自貳元五角至三元，依主計處每月公佈的各地生活指數計算。

（4）本刊各欄，除專論，論壇，及我們的意見，一律用眞姓名發表外，其餘用眞姓名或筆名，聽作者自便。但文責一律由作者自負，作者並須以眞姓名見告。

（5）來稿請直接寄北平東直門大街九十八號本刊編輯部。上海辦事處，專辦發行工作，不收稿件。

新路周刊

編行者：中國社會經濟研究會
編輯部：電話四局〇八五九號
經理部：電話四局〇六九三號
北平東直門大街九十八號
上海辦事處：
電話四二二五五—五一號
上海黃浦路十七號五一一室
代售處：全國各大書局
訂銷辦法：
一、本刊歡迎直接定閱及經售批銷一律八折優待郵費外加外埠特約經售辦法另議
二、在預定期間不受中途刊費加價之影響
三、本刊每逢星期六出版批銷戶提前一日發貨每期十本起碼
四、寄遞方法請來函說明
五、本刊售價暫定零售每冊四萬元預定三個月八折優待加郵費如下表：

（三個月）
平寄：四十萬元
掛號：五十二萬元
航平：五十七萬元
航掛：七十萬元
國外：半年美金四元

六、本刊定每星期六在北平出版上海航空版展延兩日發行凡華北區定戶請向北平本刊經理部洽定其他各區請向本刊上海辦事處洽定

本期定價四萬元

新路

周刊

第一卷第五期

CASER THE NEW ROAD

中國社會經濟研究會發行

民國三十七年六月二十日出版

短評

從新閣難產說起

在漫天烽火中行憲，明眼人固知此非行憲之可貴，實爲「正統」之必爭。好戲逐一演出，全是鬧家務，論者謂「新朝」方在創立，便已宣告它確是衰老了。顧慮和遲鈍隨衰老以俱來，這在新閣的難產尤表露得明顯。

行憲後首任行政院院長人選，一位政府大員說過或將出自「冷門」，竟被他說中了。在戰火蔓延中，從「冷門」裏拉出翁文灝氏來，我們不知道是否早已有人從「太平門」溜走了。大概因爲翁氏尚負有一部分人的人望，「冷門」既令「當衙」，這些「喁喁望治」的便也寄以同情和期望。詎知這個江山活力已消，翁氏身處小天下中，僕僕京滬，終衡不出早已設下的藩離。於是焦慮之餘，對現實十足俯首了，以沉重的心情和遲鈍的脚步，仰仗張閣任內幾位舊人，勉强組成新閣，出而與世人相見。

完全用新人，這許是唱高調。但何以舊人似乎也都不熱心參加？舊人中不乏有能力，操守亦大致不差之士，這些人要是生在循民主軌道以從政的國家，有機會發展其才能，可能都是閣揆之選，如今從政了許多年，絕少建樹，而且時常碰壁。我們爲他們叫屈，並願追問其故何在？一個回答，牽涉到大樹下面只能長草不能長樹那個故事。陽光雨露全被一棵大樹佔享，在它掩蓋之下縱然在旁邊長出或移植來幾株，也必定是矮材。按生物成長的道理來說，器官組織若長久不去用它，便要失去其本能作用。多少年來從政的人物中不是沒有好人，但曲意承旨（建議國大通過臨時條款，授權總統違憲，是最近的一個例子），自己不作主張者居多，這不是由於先天不足，乃是由於移植在大樹之旁，雖得庇蔭，免受暴風摧折，實則生意已大受戕害矣。

行憲後之行政院號稱責任內閣，照理應付予責任。即在大樹本身，也得作續生命，保江山的打算，難道不可稍稍自斂，在樹巔樹枝間開些天窗，讓瘦樹矮樹同沾些陽光雨露，因之也歷練歷練禁受暴風雨的本領使蔚成大材麼？　（敏）

民青兩黨可以休矣！

一年多以來，我們不願想像民青兩黨在想甚麼，在要甚麼，在幹甚麼。我們無心欺弱，但一提到了它們，總是不期然而然的會興啼笑皆非之感。方今立法院業已開幕，行政院亦已組成，青年黨先允入閣，迨閣員名單明令公表後，復去電否認。面對此民社黨的猶豫未決及青年黨的反覆無常，在國民黨固然是傷腦筋，在老百姓也像是在看丑角戲，裝腔作態，爲之捧腹。

在表面上，目前的關鍵所在似乎祇是在立委名額的爭執上。民青兩黨五月上旬曾聯合聲明不參加立法院，而且在聲明中這樣說：「此次立委選舉之選票，未到人民手中，爲盡人共知共見，此乃國民黨當局欲以不合理不合法所造成之事實，排斥青民兩黨。青民兩黨對於此種一黨包辦之立院，自將無法參加。」包辦一端，誠是盡人共知共見的事實，我們揣想民青兩黨必比老百姓更知道內情。然而在今日以前它們一直是興高采烈地與國民黨共同制憲並參加所謂行憲的國大，可見它們的目的祇是在幫同作孽，混水摸魚。現在作此聲明，不過是天眞地流露了氣憤話而已，歸根無疑又是討價還價的勾當。在國民黨，爲了民主的場面可以擺得像樣些，固也落得送個人情，作爲代價。終因副總統選舉時民青兩黨錯在太不聽話，乃有今日故意留難的結局。

雖然「現在棺材已釘了板」（張君勱語），相信國民黨最後仍是有辦法讓民青兩黨欣然地被釘入同一口棺材裏去的。嗚呼，民青兩黨可以休矣！　（木）

卡寶德的謬論

美國駐滬總領事卡寶德氏於最近一個月內，以總領事的地位，在三種不同的場合，對於美國政府扶植日本問題連續發表演說，極力爲美國政策辯護，此種作法顯得新穎。但不幸，卡氏辯護的論點並無新穎之處。他不能證明美國政府現行政策是遵循林肯的原則和自由的傳統，相反的他只描現出美國政府在當前强權政治的世界中扮演着什麼角色。儘管如何辯護，辯護者總不能掩飾美國現行政策的主要意義——經濟復興日本，軍事武裝日本，以建立遠東反共防蘇的大本營。

事實勝於雄辯。强詞奪理尚嫌不足，在辭窮的時候，卡氏竟逸出辯論的範圍，在其第三次演說中發出了謬論。藉着美國陣亡英雄紀念節（五月三十日）的機會，卡氏說：『於是我們必須以深刻的悲戚之感，指出今日以另一節目的關係而發生的集會遊行』。『中國的學生今日本極可以和我們一起在這裡的，不幸却爲另一暴戾政治的惡毒宣傳所引導而誤入歧途，而去參加反美集會遊行。他們的領袖來自一個大部份由美國捐款支持的規模宏大的大學』他又說：『許多人對於靠了美國人的捐款的恩惠而獲得教育，靠了美國農民的勞力和美國納稅人的慷慨而獲得食物的學生，而作對美國惡意誹謗的說法，一定會激烈加以駁斥，他們（按：當係指美國人）有一種感情衝動的要求，就是說我們應該停止我們援助計劃，讓中國自己來處理一切』。

依靠美國的恩惠和慷慨是中國人民的不幸，因爲恩惠和慷慨而遭受斥責更是中國人民的恥辱。但是，卡氏忘記了，美國捐款支持的大學學生還是中國學生；他忘記了，他所駐在的國家是獨立自主的國家，不是美國的殖民地；他也忘記了他自己的地位，要以威脅的口吻干涉中國學生的行動。在任何獨立自主的國家裡還未曾看到過一個外國總領事發出這樣的謬論。　（明）

論壇

論我國今後的人口政策

戴世光

（甲）本文

世界上的主人是人。在地球上，人的總數約爲二十萬萬；他們分佈在各洲，各國，各地，生活的方式容或不同，而要求舒適幸福生活的意志則是一樣的。他們參加各種活動，努力的去征服自然；研究宇宙間現象的變化；解決人與人之間和人與自然之間的種種問題。他們注意的方面非常的多而廣，但對於人類自己却常以爲它是「已成事實」，所注意的多偏限於這種事實的描寫；由於惰性反而常常的不把人類看作客觀的前提來研究。我們人認爲：對於這已成事實的過份强調是一種偏見。科學首重客觀，我個研究一切問題，必須跳出圈子以外；在圈子內的人也好，物也好，全應該屬於我們研究的對象的。我們發現自然界的道理，我們曾進而爲人類幸福去控制自然；同樣的，我們也應該在發現社會現象（包括自己和與之共同生活的人）的道理之後，爲人類幸福對人類本身予以控制。本文的目的卽爲討論這「已成事實」和將來的「必然事實」對人類自己產生的影響。尤其着重在我國「已成事實」的人口與其生活程度的關係，進而爲我們人民的幸福建議可能運用的控制。

（一）人口政策的性質

舉凡因人口現象而發生的問題，通稱之爲「人口問題」，例如人口數量，性比例，年齡分配，婚姻，職業，優生，出生與死亡等問題，都包括在內。一般所謂「人口政策」卽指解決上列所提出的各種問題的原則和方法。同時由「政策」一詞，可見不僅與時間空間有關，而且具有以人爲力量控制的意義。但是，就此「人口政策」所包括的範圍而言，未免過於籠統廣泛。這由於人口問題非常複雜，影響非常之廣，我們似乎不必將所有與人口問題有關的原則和方法都稱之爲「人口政策」。因之，筆者在本文中所提出的「人口政策」是指一種爲人類幸福對人口的數量與品質，加以控制約束的基本原則。

首先，我們須說明人口數量與人口品質問題的性質。這個問題是以國家爲立場，根據需要，去考慮一個國家的人口數量應該增加，還是應該減少；人口品質的優劣是任其自然蕃殖，還是加以控制。由於立場和需要的不同，因爲答案也是因時因地而異的。對於人口品質問題，主要關鍵在於環境和遺傳；一般說來，都能同意「改良環境，提倡優生」的原則，以求人口品質的改善。對於人口數量問題，則意見出入甚大，所以在本文中將以討論人口數量問題爲主，人口品質問題則不再予以論列了。

歐美各國過去在人口政策中對人口數量問題常列爲國策的一部份。例如美國在一八八二年起，通過華工法，禁止華工入境，這是屬於避免人口增加的政策。再如德國和意大利在第二次大戰前，爲了侵略其他的國家，需要擴充軍力人力，因而奬勵生育，這是屬於增加人口數量的政策。我國過去對於人口數量問題，普通多不能理解其重要性，根本無政策可言。延至最近，才漸漸有人提出討論，不過，看法分歧，各有完全不相同的主張。歸納下來，主張增加人口者較多，主張少生少死維持過去我國的自然增加率者次之，主張減少人口的最少；甚焉者且認爲減少人口論爲大逆不道，荒謬絕倫的意見。

（二）由經濟觀點論人口數量

英國的馬爾薩斯在十八世紀末年發表他的人口論，十九世紀末年，康瀾(Cannan) 建樹他的人口學說，（卽後來卡桑德 (Carr-Saunders)所稱的「適中人口論」）都是對於人口數量提出他們所研究的結論。他們主要的貢獻在於認爲人口數量問題屬於經濟問題，同時都着重在生活資料與人口數量多少的關係。康氏在他的經濟學綱要中，表示他的看法最爲明顯。他說：「唯一實在的人口法則，就是這樣：在任何一個時期，在一定的面積土地上，運用而能適合獲得產業的最大生產力的勞力數量是一定的。假設（這種假設在短期間幾乎完全正確）在一定區域行使的勞力總量的增減，全因該區域人口的增減而定，則人口法則可以說是：在任何一個時期，在一定面積土地存在，而能適合於獲得產業最大生產力的人口數量是一定的。」據此，足見對人口數量問題的正確看法是由經濟着眼。爲了幸福的生活是人類最終的目標，我們必須就經濟觀點來分析討論人口數量的影響。馬氏和康氏等的主要貢獻卽在於說明人口數量與經濟生活的關係，尤以康氏的「適中人口論」更爲完妥，他强調的指出：在時，地及客觀的因素下，人口數量應該適應的覓得一個飽和的境界。

按理，爲了增進人類幸福，改善經濟生活，增加生產爲必有的行爲。就生產的要素來看，扼要的可以分爲三項，卽自然●資源，資本，和勞力。自然資源指可以爲人利用的土地，礦屬的儲藏，和水力等自然對生產的供應。這個要素本身是有限度的，此處所謂限度，一方面指地域面積固定，（除非侵略旁的國家擴大疆域）；一方面指自然資源的性質難以改變，（例如沙漠不能改爲水田，高山峻嶺不宜農作）。資本通常指人生產的財富，嚴格的說，應指有用於生產的資本貨物，或爲糧食木料，或爲機器工具，可以直接的或間接的增加生產效率的物品。至於資本要素的來源，主要須依靠人民本身的儲蓄，繼續不斷累積的結果。勞力，自然資源和資本都爲生產的基本要素，缺一不可；而且三者在數量上，在性質上、還要有適度的配合，某一個要素過多或過少，都會發生不良的影響或生產減退的情形。因此，在任何一個國家內，假使勞力的供給不成問題，它的生產狀況仍會受到兩種限制：一種是自然資源的限制，以供給人類生活資料的農業而論，卽設資本充裕，也不能將一畝的收穫增多到兩畝的收穫，因爲資本固然能節省勞力，提高生產的效率，但不能憑空的增加生產；一種是資本缺乏的限制，資本過少，會使已有的資源不能充分的利用，大部依靠勞力直接生產，效率甚低，而且許多必須具備資本工具不可的生產（例如石油）僅賴勞力，則雖有豐富的資源，結果仍不免「貨棄於地」，難以產生經濟的價值。

勞力要素却與前二者的性質略有區別，勞力一方面參加生產，一方面也是生產物資的消費者。各區域中的人口過少，勞力的供應自感不足；若人口數量太多，卽設可以不參加生產，避免勞力過剩，但是不能限制不參加生產的人口不消費，或者少消費。所以，勞力不足，僅影響全體的總收益，却不會減少每個人口的平均收益；人口過多，則受資本和自然資源的限制，逾度的供給勞力，並不能比例的增加全體總收益。但全體人口則必須生存，必須維持最低限度的消費，結果，因需求關係影響生產的性質尙爲餘事，最重要的是使每個人口的平均收益減少。本來，生產並不是經濟活動的目的，而係一種手段；消費才是眞正的目標。因此，勞力過剩的問題遠比勞力不足爲嚴重。當一個區域人口過多時，必須減少每個人口的平均收益，壓低一般人口的生活程度；不僅如此，假使在資本尙未充裕時，人口卽已增殖到過多的地步，則消費愈大，生活的剩餘愈小，因之資本積蓄的來源斂少，結果連對有限的自然資源全難以達到充分利用的境界。所以，爲了提高生產也就是爲了增加消費，人口的多少必須配合資本和自然資源，非尋得一個適中的數量不可。尤其是生活程度低，生產力弱，資本缺乏的區域，人口數量過多的問題更爲嚴重。

根據上列的討論，我們可以獲得下列的結論：（一）如果一個國家（或一個區域）面積廣濶，資源豐富，並已具有近代工業基礎，而人口密度稀少，則應增加人口，以增加勞力。這樣可以充分的利用自然資源，使資本累積的速度加快，總生產力提高。（二）如果一個國家已具有高度的工業水準，自然資源業已被充分利用，則最好使人口數量靜止，至少人口數量的增加須與生產力的增加配合，否則生活程度就有降低的危險。（三）如果一個國家土地貧瘠，資源有限，工業基礎薄弱，但人口密度業已適中，則可以採兩種途徑：或者制止人口數量的增加，集中經濟力量在現代化及工業化的工作上；或者勵行生活節約，減低生活程度，以求資本累積的加速，等到工業達到相當水準之後，再逐漸改善生活。（四）如果一個國家的自然資源與工業水準與第三類相同，而人口密度業已很高，生活程度又低，則除去應該集中力量在工業建設以外，必須同時減少人口數量不可。

（三）我國人口與資源

人口數量與經濟生產的關係既如前節所論，現在我們再來分析我國的人口數量與資源的情形，進而研究我國現狀究竟與前列的四種結論中的那一種的前提相同。由各結論中，我們不難指出關係經濟生活的生產問題的，計有四種互相影響的因素，卽人口，資源，生活程度，和工業水準，（工業水準卽可以衡量資本形成的數量。）據估計，戰前的國民所得平均每人每年不過是六十元左右，每人平均的消費值約爲五十六七元，這足以說明我們低微的生活程度。在另外一方面，全國人口百分之八十依賴農業而生活；同時據估計全國人口每人平均分到的資本約值七英磅，僅爲英國者五十分之一，可見我國工業水準之低，和資本缺乏的程度。這兩種因素的貧乏爲共同承認的事實，我們可以不必從詳討論。以下我們將着重分析爲一般所忽視的人口數量和資源現狀。

首先，就我國可耕地與人口數量來看，據陳長蘅氏的估計，平均每國民最多僅能分攤到可耕地七華畝，（按三十一萬萬華畝的可耕地和四萬萬五千萬人口來計算）。依照美國伊士特(East)教授所定「每人需用十五華畝的田地來維持生活的標準」，則我國人口至少應減低到現在的二分之一；如果我們希望我國國民能有生產的剩餘，以為累積資本之用，則人口還應該再減少些。其次，我們再分析我國的農村人口，我國農業人口約有三萬萬五千萬左右，以此人口數與已耕地來比較，平均每農戶所耕種的田地僅佔二十華畝，（計為美國農戶平均耕種面積的四十分之一），結果人多田少，農民只得把所有的田地全用來種植糧食作物，收割之後，僅能勉強的求得一飽而已，其生活程度實不能，也不應該再降低。我們試想：大部份農民在僅求一飽的情形下，如何能有生產剩餘？我國百分之八十的人民如此，我們又如何能希望大量的累積資本，提高國民的生產能力？最後，我們再試以我國的人口和資源與美國者作一個對照的比較，大致的說，我國的人口是美國者的三倍半；可耕地美國比我國多百分之四十，稻麥的產量我國是美國的兩倍強；其他重要資源，如棉花，羊毛，煤藏，鐵藏及沖藏等，少者美國是我國的四倍（如同美毛產量），廿五倍（如同油藏量），多的到七十倍（如同鐵藏量），全是我國者少於美國，其差別的懸殊實在極為明顯。由資源方面來看我國的人口數量，我們也會發現我們的人口在比例上是太多。由資源而推論我們經濟發展的前途，我們相信我國即使維持現有的人口數量，也永遠沒有追上美國富力的可能，我國的富強程度將永遠次於美國。退一步僅就稻麥產量與人口數量而言，也可以看出我國之所以要生產多量的稻麥，實係由於人口過庶的關係；而且應該注意我國與美國的兩種倍數並不相等，人口倍數高於稻麥產量的倍數，這表示我們每人能分配的稻麥量相對的少。不僅如此，由於田地有限，遂致影響到經濟作物生產的缺乏，間接的影響到工業方面所需用的原料不夠。這在美國的情形就完全不同，他們的農夫多能在種植稻麥之外，種植經濟作物，並用以換取工業品來維持較高的生活程度；同時國家還可以多餘的稻麥出口，向其他的國家換取他自己不生產而為工業上所必需的原料。

就上列事實，我們可以發現我國現狀實與第四種結論中的前提相近。所以，我們願意鄭重的提出我們的意見，我國的人口必須減少，僅求人口數量靜止，經濟依然是沒有前途的。

（四）工業化，社會改革，和減少人口。

目前有許多朋友認為：我國經濟的癥結不在人口數量方面，應由工業化和社會改革入手。這種看法對於人口數量沒有意見，等於採取放任主義。實則中國的經濟問題必須「三管齊下」，即工業化，社會改革，和減少人口。前兩者僅為必須，但是絕對不夠，這可以分作幾層來看。

第一，專注重工業化是不夠的。我們先要問：「資本從那裡來」？根據三節首段所提出的資料，國民所得超出消費，勉強的可以認為每人每年有三元到四元的投資，實則這種情形並非常態，每每消費值反要超出所得值。（以後者言，對已有的資本等於一種消耗。即使社會安定，工業技術與人才全沒有問題，為了獲得實現現代工業建設所需的資本，也幾乎是不可能的事。除非我們能減輕人口的壓力，方能使所需的工業資本相對的減少，資本的累積加速，在減少人口之後，生活程度也可以略為提高，不必因強制的儲蓄而使人民生活繼續的逗留在飢餓線上。其次，假使初步的工業化得以勉強的實現，工業方面所能容納的勞力數量與農業中所剩餘的人力相差仍極懸殊。美國可耕地比我國者多百分之四十，而我國的農業人口則約為美國農民人數的十三倍。即設由農業中使一半人口轉業到工業方面，我國的農民人數仍為美國者七倍，而工業工人將為美國者四倍強。這說明農民轉業以後的人力分配，人口仍嫌過多；僅靠初步的工業和集約耕種的農業依然不能維持這樣龐大的人口的，一般人民的生活程度仍難望改善。

第二，專注重社會改革也是不夠的。我國許多人常過份重視「不患貧而患不均」的教條，其實，如果貧的問題不解決，只管分配得極為平均，但對增進人類幸福的最終目標仍無補益，工業化的資本來源仍無着落。財富平均之後，我們相信生活程度可能略微改善，而對資本的積蓄卻會更為遲緩。所以，社會改革固然是必須，但是不夠。我國的問題是「既患貧且患不均」。貧的問題由於人口過剩，因此，必須減少人口以促進工業化；經濟有了出路，社會改革才更有意義。

第三，對於人口採放任政策會使人口的壓力更大。這是說：假定在外債的支持下，初步工業化得以實現，同時自己也完成了社會改革的工作，則人民生活自然較為安定；可是安定的生活會使人口數量的增加更為迅速。以目下我國的人口自然增加率而言，（指在沒有戰爭的區域），人民雖不斷的受飢餓，疾病，衣住簡陋的侵害，平均每年每千人尚且增七人左右。如果生活安定，死亡率必然減低，自然增加率會立即提高。自然增加率只要提高到千分之十，（原來出生率據筆者估計為四十五，死亡率為三十八；只要死亡率降低至三十五，自然增加率即等於千分之十），則在七十年中我國人口即將增加一倍，可以高達九萬萬的人口總數。那時除非生產技術有奇蹟發現，否則，生活程度必然又將降低的。

根據以上的分析，所以我們認為僅主張工業化和社會改革是不夠的，何況工業化本身又受人口過剩的壓力，成為惡性的循環。我們必須「釜底抽薪」減少人口，我國的經濟發展才有出路，人民生活程度才能真正的提高。

（五）減少人口政策的計劃及其實施方案

減少人口的原則如能成為國家基本國策，唯一的方法自然是節制生育。在節制生育的原則和方法上，有兩點須加以論列：第一，我們希望我國人口按什麼速率減低，和人口總數減低到什麼理想數量。據筆者估計，初施節制生育辦法時，阻力必定甚大，只能希望做到千分之五的自然降低率。當生活逐漸安定時，死亡率必然漸漸減低，生育節制的範圍和程度也要逐漸擴大並且加强，否則，連千分之五的自然降低率都不容易維持的。因爲才開始的時候死亡率爲三十八，只要壓低出生率等於三十三就可以了。等到死亡率降低至三十五時，生育率則須降低至三十，不如此不能維持千分之五的自然降低率。關於人口總數的理想數量，我們認爲推算甚難，因爲資本積蓄，工業化的進度，自然資源和生活程度幾個重要因素都不容易用數字正確的表示；卽設粗略的列爲數字，仍無從歸納的或演譯的獲得幾個因素間的函數關係。我國最近的人口總數只能暫以美國和蘇聯現下的人口數爲準。美蘇兩國的面積或與我國者相近，或大於我國；資源均比我國的爲豐富；工業基礎也遠比我國的爲好，我們沒有理由要維持遠超過美蘇兩國的人口數量。因此，筆者認爲我國人口應減少到兩億，換言之，以兩萬萬人口爲最近將來減少人口的理想目標。以千分之五的自然降低率言，由目下四萬萬五千萬的人口數約須一百六十三年始可減至兩萬萬人口。如果認爲一百六十餘年的時限太長，則必須加大自然降低率。假使自然降低率可以達到千分之十，則時限上可以縮短到八十一年。八十年的期限我們不否認要比一百六十年爲理想，不過在事實上恐怕過份降低生育率是一件極不容易作得到的事情。

第二，推進生育節制的方案。爲了促成生育節制運動的成效，人口政策的計劃須擴大到其他方面。在計劃中，應該至少包括下列各點：（一）特別着重農村中的節育運動，因爲農村中的生育率較高，生活比較更艱苦，而阻力却最大，所以，整個節育計劃應以農村爲重心。（二）實施教育，衛生，節育聯合推進的制度。具體的說，地方教員和醫生須共同負起推進節育運動的責任，教員擔任傳播節育的意義和知識；醫生負責節育的技術問題，我們之所以要三方面聯合推進，是由於教員和醫生容易受地方人士的尊敬，而且與農民接觸的機會比較多的原故。（三）國家對節育方案的執行須具有相當的强制性。合理的辦法須由兩方面入手：一方面規定凡已經有兩個嬰兒的父母必須到醫院受永久節育的手術；一方面規定如有第三個嬰兒出生，在該嬰兒一歲後，卽須交與托兒所由國家輔養。後者的用意係消極的爲了減低該家庭的經濟負擔；積極的使之失去傳統思想下對子女的希望。（四）普遍的實施老年恤金制度或設立老人院，庶免「養兒防老」的顧慮，和解除老年無依的寂苦。以上四者均爲擬定節育計劃本身的要點，其他方面須與此計畫互相配合的措施尚多，大部份均與社會改革有關，我們在本文中可以不必加以論列了。

（六）結語

最後我們引卡佛教授（Carver）的名言：「爲什麼不阻止由上天遷入的移民呢？」作結語。假使有上帝的話，上帝固然不斷的送人類到世界上來，但是，我想上帝同時還希望送來的人能夠好好的生活。不然的話，上帝又何必送過多的人來受罪呢？我們所有的努力應該爲人類生存的意義作打算，我們沒有理由要生殖許多人口而使之享受非人的生活；與其多生育人口，任其因飢餓而死，荒旱而死，貧弱無力維持健康而死，何不少生？少生育並不是罪惡，生育而使之早夭或取非人生活才是罪惡，今後下幾代的幸福端視我們明智的抉擇如何了。

（乙）討論

（一）

陳達

戴先生認爲我國今後的人口政策，要同時注重三件大事：卽工業化，社會改革，及減少人口。關於減少人口一端，戴先生主張採用生育節制。我對於前述的意見，在原則上表示贊成，但在若干方面，却有不同的見解，特別是關於推行生育節制的方法，及其對於我國人口，可能發展的影響，今簡論於後：

我國既無大規模的遷民與徙民運動，所以人口自然增加的主要來源，只在生育率與死亡率（包括嬰兒死亡率）的差數。爲求增加中華民族的經濟與社會利益，我們必須先要降低生育率及降低死亡率。生育率如何可以降低？大致不外下列各端：人民生活程度的提高，教育的普及與提高。至於死亡率的減低，我們必須仰賴醫藥衛生的普遍，社會環境的改善與人民教育的普及。不過對於降低生育率與死亡率最能發生直接影響者實推生育節制。所以基本問題，我們實應討論生育節制如何可在中國普遍的施行。生育節制與我國的民風，根本是有抵觸的。一直至最近若干方面尚有反對節育的言論。當抗戰期間，在社會部所主持的人口政策委員會，幾次有人提出關於本問題的討論，但未得結論。迨民國三十四年五月十七日國民黨第六次全國代表大會，才通過贊成節育的議案。依法律言，我國的國策，已由無限制的獎勵生育，轉變爲用理智的減少人口，驟視之，社會改良家似乎可以大膽的展開節育運動，使全國人民逐漸得到節育的利益，按事實，節育是一件複雜的事情，與人民的習尚有密切的關係，要在我國普遍的通行，尚須稍待時日。關於推行節育，我們應特別注意下列各點：

（一）眞理的傳播　我們應該把節育的眞實意義，向廣大民衆逐漸的傳播。以一般的情形論，贊成節育者僅得些組淺的知識。至於反對節育者又往往以一些誤解或不眞實的資料爲根據。只有少數的社會科學者，確實明瞭節育的理論與實際。如此節育的眞實意義，不能於短期內向全國傳播。爲求穩紮穩打，我們必須充分利用學校，圖書館（特別民衆圖書館）及舉行公開演講，座談會，辯論會及發行小冊子等。

（二）國立節育機關　請求衛生部，把節育列爲公衆衛生的要目之一，由政府普徧設立並維持節育機關，庶幾可於適當期間之內，使節育知識傳播於全國。此種建議，實際採取荷蘭的精神，因當十九世紀末年，荷蘭卽依賴政府的力量，推行節育於全國各地。

（三）節育指導所　節育知識的傳授是技術的工作，應由節育指導所擔任之。指導所的設立，必須由市鎭開始，因市鎭人口，大致有較高的文化水準。他們比較容易接受新的知識，及革除舊的習慣。一俟市鎭節育指導所有了基礎，再向鄉村去推動。抗戰以前的五六年，有些朋友們和我，組織北平節育指導所，頭兩年的節育者，大多數爲敎育界及知識較高經濟較佳者。按理說，他們不應該節育，但因爲他們比旁人先得到消息，因此先來嘗試，自第三年起，中下階級，勞工與農夫，逐漸有來訪問者。歐美與海洋洲，對於節育的推廣，有同樣的經驗，卽市鎭而鄉村，自中上階級而漸及於下層社會。

（四）合　作　近年來我國正在積極發展衞生事業，普徧設立衞生院（省會）及衞生所（縣市）等。節育指導所應與之密切合作。此外凡醫師，護士，助產婦，社會工作者對於本問題有興趣並有經驗者，亦應與之合作。

（五）節育對於人口的影響　節育對於減少人口的影響，是一般所知道的，但節育亦可以提高人口的品質。誠然，節育者減少兒女以後，兒女的天賦並未因之提高，但父母對於兒女的撫養，兒女個性的發展，及人格的培養等，必因人數的減少而得着更有利更適宜的機會。這些兒童長成之後，必爲更完善有用的公民。照這樣一點觀察，節育與優生學是同一旨趣的，雖然節育者僅注意社會環境的改良，來提高人口品質，因他們對於品質的了解，是廣義的不是狹義的。

（二）

趙守愚

「有人此有土，有土此有財」，人愈多，財愈豐，我國的人口數量的基本認識，便是根據此念，與西方十七八世紀，政治算術家和重農學派，認人口多寡爲財富豐嗇之部分根據，是遙相符合的，這可說是從經濟方面，依傳統的觀念，而認識人口數量。從政治方面看，有了組織，便需武力維護，武力之强弱，自然看執干戈的人數，這便是古今中外一律的着重壯丁，甚至爲確定壯丁數目而實行人口普查，都希望人口愈多，則抽取壯丁的數目愈大，這種的政治立場而觀察人口數量，直到如今，雖然盛行着機械化的精兵主義，亦未減弱對於人口繁庶所由發生的安全感，力量感。

就個人說，我們對於人口的傳統着重數量並希望其繼續增加，亦另有其經濟的和社會的背境。我們生活，歷來依賴農業，而農業生產的方式和工具，比較工業林鑛商業等，其改進最爲遲緩，最不澈底，機器甚至牛馬，所能幫助農產的，幾乎在某種環境下，人莫不優爲之，有時且不得不爲之，這對於人的數量，自然發生莫大的興趣，因此每個農戶，對其人口多寡，尤其男丁數目，或爲他的家族盛衰的關鍵。我們的宗法社會，以無後爲最不孝，以多男子爲三祝之尤，這些觀念，直到如今，便是在知識階級中，還是爲人津津樂道的。在古代社會世族統治之下，有人而多，自然認爲綿延權力所不可或缺，但此種人多爲榮的觀念，如此根深蔕固，廣泛久遠，頗可疑其與農業生產方式有關。

假如上述各點合理的話，我們對於戴先生分析人口數量的經濟涵義，以及人口數量（尤其農民數量）必須控制的卓見，自然完全贊同，祇是對於政策和實施方案與數量的先後多少，還有商酌餘地。我們知道在近代經濟發展中，必須拉長生產程序及時間，減輕人在生產因素的配合中所佔的分量，而後人的生活程度，方有眞正的改進，換言之生產必須機械化，增加資本的份量，減少人力的使用，農業亦非例外。要使農民不計較人口多寡，不急急結婚生兒，必須在農作的過程中，能有代替人力的工具。這便非農場機械化不可，要使農場機械化，便非澈底採取集體農場制，或大量有示範性的國有大農場制不可。我們要是不集中力量於改革農場制度和工作方式，而欲求人口所由產生的農民，經勸誘或强制方法，使他們不早婚少生育，定將遭遇農民有意識或下意識的抵制，而使一切減輕人口壓力的企圖，歸於泡影。至於機械化必須先有大量資本，而在飢餓線邊緣掙扎的絕大部份農民，無資本累積的可能，此種惡性循環，如何擊破，談工業化者，自有其妙計，此不具論。

戴先生援引美蘇的經濟標準，認爲我國人口，應當減低至二億，方爲理想的人數，就此立論，自屬正確，但如將標準降低，或許「理想」人口可以提高些，就歷史和事實講，亦非將標準降低不可，世界上民族，除幾種海洋洲的野蠻和幾種美洲的印地安人，有滅種的趨勢甚至實現外，具高度文化有意無意去控制生殖的，如法國新干丁納維亞諸國，亦僅僅使其人數停滯，或自然增加率趨於極小。以英國人的智慧，從一八九〇年以後，由於初婚和初產年齡的提高，初產和結婚年距的加長所表現的有意無意控制，而其出生率到一九三三年，亦僅自千分之三十下降至千分之十四。如果眞個按戴先生所說，我們的人口自每年自然增加率千分之七，變爲自然減低率千分之五，以求人口總數逐漸跌落至二億之數，卽使死亡率不變，對於出生率的壓迫，將爲如何可怕的生育數量的限制與下跌！個人意見，以爲這四萬萬人口的重擔，早已成爲社會經濟和政治無進步的根源，但就經濟環境說，無論是現在或將來，現實或理想，澈底變革或輕微修改，沒有很大希望可與美蘇比美，我們祇可求人數停滯，這已煞費氣力，再從改革農產制度看看這巍巍的「人峯，究竟可以削去幾許峯尖！

（三）

吳澤霖

戴世光先生這篇文章的中心思想在指出：（一）中國的人口數量已遠超過了飽和點。（二）爲了要促進中國的工業化和社會改革，必須設法減少人口。（三）減少人口必須由國家來通盤計劃，尤應推進生育節制的方案。這些原則，我個人完全贊同。在提倡生育節制這一點上，我尙有一些意見來補充。

在一個工業化的國家「人民的生活享受日益提高，女子教育逐漸普遍，生育節制是極易推廣的。在這種社會經濟制度下，個人享樂變成工作努力的目標。子女繞膝的大家庭，變爲一種累贅，既妨碍他們的經濟享受，又束縛他們的自由活動。青年夫婦們都渴望獲得節育智識，轉相傳授，傳播極速。儘管政府方面不予同情或竟明令禁止，仍無法阻止這種暗流的泛濫。節育宣傳家如栢蘭德拉夫(Bradlaugh)貝桑德(Besant)山額夫人等都受過政府的干涉，法律的制裁。努爾頓 (Knowlton) 歐文 (Owen) 阿爾伯德 (Albutt) 等所著的節育指導書籍，政府都曾嚴禁刊行。但事實怎樣呢？這些人到處受人歡迎。節育書刊，據估計於一八七九年至一八九一年間約銷二百萬册•一九一八年至一九二七年間共銷售六百萬至八百萬册。第一次歐戰結束後，法德二國尤希望積極擴充人口，嚴禁節育，鼓勵生產，但二國的出生率照樣的逐年遞減，並未收到人口劇增的效果。荷蘭是政府公開鼓勵節育的一個國家，但荷蘭人口的出生率並不比週圍國家的出生率爲低。這就是說，荷蘭週圍的國家雖然並不提倡國人節制生育，但人民還是自動的實行節育。由此可知，一個國家的生產方式改變了，生活程度提高了，教育施設普遍了以後，縮小家庭，減少生育，自然而然會變成風尙，用不着政府來努力提倡的。

中國今日的工業化尙在幼稚時期。大多數的人仍集中在農村裡。生活程度低得可憐，新智識更無緣接獲，同時，傳統思想的約束力却大到不可想像的程度。在這種社會裡，政府如果出來違背了多福多壽多男子的信條，勸導他們少生子女，他們那裡會懂得其所以然。尤其生育是女子份內的事，女子在維護社會的傳統上，向最頑固。要教他們來嘗試祖宗三代所不做的事，那一定會遇到不可想像的阻力。從前解放天足運動就是足資參考的一個例子。按理講，禁止纏足，可以減少痛苦，行動便利，應當天經地義的可以順利進行，但在前清曾嘗試幾次，一再失敗。一直到最後一次，足足費了五十年的努力，才普遍的收了效果。其中最大的阻力反而是女子們自已的反對，自已不願改革。放足運動尙如此，節育運動的困難更可想而知，因爲節制生育，一方面可能威脅脈息相承的祖嗣聯續，一方面又牽涉到更切身的私事，有關諱莫如深的性行爲。所以一定會遭遇到男女雙方的反對，要克服這種雙料的阻力，當然是一件難而又難的事。

根據以上的分析我們可以看出，節育運動在中國，第一步還不在技術上的傳授或醫藥上的設備，而在心理上的改變和傳統思想的解放。這種態度上的轉移，決不能靠法令公文所能奏效，也不是政府機關立刻所能左右。我們必須應用澈底的社會教育，微妙的宣傳技術，使城鄉大衆都能瞭解生育不是個人的私事，十足的可以影響國家社會的福利。國家可以也是應當來指示我們，甚而可以來干涉我們，非得這方面的教育和宣傳有了相當的成功，節育運動才有推行收效的可能。

中國等不及到工業化後，才來提倡節育運動。我們應當立刻開始。但據我所知道的，政府當局是一向主張繁衍人口的。這是第一道難關，我們首先應當打破，務必先使在位者獲得準確的瞭解。然後才談得到發動普遍的節育運動。事關基本國策的釐訂，新路週刊提出這個問題來供給大家公開討論，希望能夠獲得較爲一致的結論，這是値得讚揚的。

（四） 劉大中

我對於世光先生所用的分析方法，所得的主要結論，和所建議的方案，完全同意。下面所提出來的一點，只是技術方面的一個補充討論。

在第（五）節（減少人口政策的計劃及其實施方案）第一段中，世光先生說：「關於人口總數的理想數量，我們認爲推算甚難，因爲資本積蓄，工業化的進度，自然資源和生活程度幾個重要因素，都不容易用數字正確的表示，卽使粗略的列爲數字，仍無從歸納的或演繹的獲得幾個因素間的函數關係。」

這可能是一種過於悲觀的看法。爲決定最理想的人口數量（能使生活程度達到最高可能限度的人口數量），我們需要下列各種統計數字：（一）若干年來的全國總產值(卽全國收益)；(二)資本總值及若干年來的每年來新投資數值；（三）若干年來的消費總值；（四）若干年來的物價指數；（五）若干年來的人口數目。這些統計數字，在各經濟程度發展較高的國家，是多已具備的。我國將來也可慢慢搜集編製。

除此之外我們需要兩箇函數關係和三箇恒等式 (Identities)：（一）各年全國總產值（以物價指數貶折後）與人口及各年投資總值（以物價指數貶折後）間的函數關係（工業技術的進展和自然資源的供給已自然的被這函數包括在內）；（二）各年消費總值（以物價指數貶折後）與人口及貶折後的總生產值間的函數關係；（三）第一恒等式：某年投資値等於上年投資値加本年新投資值；（四）第二恒等式：本年新投資等於本年總產値減本年消費值；（五）第三恒等式；每人產値（可用以代表生活程度）等於全國總値被人口數量除。

許多國家的第一個函數關係，已被學者算出；最著名的是P.H. Douglas所算的美國函數。第二箇函數關係比較容易算，也比較普通。計算這兩個函數，在技術上容有困難，但都是可以克服的。其他三個恒等式，在計算上，並無困難。

有了這些數字和函數關係之後，計算最合理想的人口數量，是一件相當簡單的事（用微分求最高數値法），這我想世光先生是會完全同意的。爲滿足個人的好奇心，筆者曾用普通的函數關係計算了一下。詳細的算法，過於專門，不宜在「新路」上發表；所得的結果，不用數學公式也難寫出，我們如果假設政府能使人民的消費水準固定在某一程度，結果就簡單了許多，可以用文字簡單的寫出如下．

$$最合理想的人口數目=\frac{資本總值}{(每人消費數值－人工的邊際生產率)資本的邊際生產率}$$

最後，筆者想替數理經濟學說兩句話。經濟學不過是研究各經濟變數間的相互關係，這些關係對於人類物質生活的影響，以及如何改善這些影響的一門學問，這些關係的實際情形是從統計數字中顯示出來的。不用數學和統計學（也是數學之一種）的方法，這些關係是無從研究的。主要的經濟關係爲數不少，不用數學方法，人的腦筋是很難用去應付的；準確的結論（把各種關係都包括在內的結論）也是難得到的。世光先生是我國有數的統計學家，我希望他能提倡這種學問，而不要抱過於悲觀的看法。

（五） 吳景超

戴世光先生對於中國人口問題的看法，我與他完全同意。第五節中所提出的節育方案，其中第三點我認爲可以修正。戴先生既已主張凡已經有兩個嬰兒的父母，必須到醫院受永久節育的手術（這種手術，對於性生活，並無絲毫影響），則自然沒有第三個兒出來，所以第三個嬰兒交與國家撫養一節，可以删除。我認爲在最近的將來，國家沒有能力來擔負這一個責任。假如國家眞來擔負這個責任，反有助長生育率的影響。爲釜底抽薪計，不如實行强迫敎育，（從五歲起至十五歲止，如英國，更進而至十八歲止，如美國的若干州）使父母不能剝削子女的勞動力，使年青的子女，只是父母的擔負，而不成爲父母的財源。英國於一八七〇年通過强迫敎育律後，國內的生育率卽開始下降可以爲鑒。

此外我想還要補充一點，就是現在主張不要減少中國人口的人，都要我們把目光放在改良生產，改良分配方面。我們應很明白的說明：我們的立場，與他們不同的，只是我們手中除了他們的兩件法寶之外，還有第三件法寶，就是減少人口。我們並不如他們所說，手中只拿着一件法寶，只是想從減少人口方面下工夫。換句話說：我們與他們不同的，只是他們有兩套辦法，而我們則有三套辦法。也許他們以爲兩套辦法就夠了，那麼我們無妨出幾個問題來請敎他們。第一、根據克拉克（Colin Clark）的計算，凡是用新式生產方法，應用到農業上面的，只要利用百分之十五的就業人口，就可以使全國人民，達到最高的營養水準。以此爲準，假定中國的就業人口有二億人，（就業人口,在世界各國,常在人口總數百分之五十以下）那麼只要有三千萬人在農業中就够了。餘下來的一億七千萬人，我們能把他安排在那一些職業中，使他們可以在這些職業中，用最新式的生產方法，達到最高的生產效率，得到最高的生活程度？我想，只要這些反對減少人口的人，肯靜靜的坐下來，拿起鋼筆或鉛筆來，根據我國已有的資源材料，參考別個國家每一職業中的就業人數，細細的計算一下就會知道這是一個難於解答的問題。假如他所要安排的，不是一億七千萬人，而是七千萬人，他的困難，就會減少許多。其次，對於那些特別注重分配問題的人，我們也可以請他記到湯納敎授（R. H. Tawney）的名句，就是把希馬拉亞山剷平了，把這些泥土平均分配給全球的陸地，不能使陸地增高幾寸。其所以然，是因爲陸地太大。中國的全國收益，卽使加增兩倍至三倍，但如分配的家庭有八千萬戶，每戶的平均所得是有限的，但如分配的家庭從八千萬戶減至四千萬戶，那麼全國的收益而使只增三倍，每戶的平均所得，可以增加六倍。這條提高生活程度的捷徑，有不少的家庭在實行着。在鄉下，我們常看到五房分家，假如長房有五個兒子，而其餘各房只有一個兒子到了第三代，長房的生活程度，就會跌到其餘各房的生活程度之下。這類常見的事實，可惜有一些人，談到全國收益的分配時，就完全把他忘記了。

（丙）總答覆 戴世光

筆者寫完了「論我國今後的人口政策」一文以後，承許多位先生予以批評和補充，筆者非常感激。同時在寫完本文之後，又讀到粟寄滄先生在世界日報的專論欄發表「減少人口可以解決中國的經濟問題嗎？」的文章（見五月二十九日和三十日世界日報）。讀後，知到粟先生對於「爲了解決中國經濟問題必須着重我國人口數量過多的影響」是不同意的，筆者非常高興，因爲爭論愈多，愈能接近解決問題的眞理。本文既已寫好，當時也想送給粟先生指正，可惜時間倉猝，粟先生來不及參加討論，筆者深以爲憾。不巧，給予批評的幾位先生大致的在原則上全能同意本文的意見；如此，只好希望將來再有擴大討論的機會了。現在容筆者對五位先生（另加上粟先生）的指正，綜合的提出我個人的意見如左。

（一）「三管齊下」的人口革命

在本文中，筆者卽曾提出「三管齊下」的意見，認爲：爲了解決我國的經濟問題必須減少人口，工業化，和社會改革三方面同時並進。就目前我國的經濟基礎和社會環境來看，不論在三方面的那一方面推進工作，都是非常艱巨而阻力甚大的；他們本身全具有强制變革的性質。在英國工業革命的初期對於以機器工業代替手工業的阻力又何嘗不大呢？因此，爲了着重這種工作的重要性，我們不妨稱之爲「人口革命」，與工業革命，社會革命列爲我國三種必須變革的基本國策。普通過份重視後兩種變革而忽視我國人口太多的特殊現象，這是不對的，也係筆者之所以要强調減少人口這一點的緣故。吳景超先生對「三管齊下」提出補充的意見，我完全同意，陳達，吳澤霖，趙守愚三先生在原則上都同意節制生育減少人口的原則；同時却全提出認爲社會阻力太大的意見，須注意宣傳的工作。社會阻力是事實，我不能否認，但是，我們不能「因噎廢食」；所以，我稱之爲「三管齊下」的人口革命，我們必須强制變革。

(二)工業化與減少人口

趙守愚先生認爲等到農業機械化時，方能比較容易推進減少人口的政策；吳澤霖先生也認爲工業化之後，節育運動反倒自然的會擴大。僅就此種關係而言，我也承認：近來歐美人民的節制生育是一種事實體驗的結果，發展頗爲自然，而且是自動的。但是，在我國如果使人民自覺的由生活中體驗到這種需要必須等到工業化，人民生活程度和知識普遍提高之後，那希望就非常渺茫了。因爲，資本累積和人口過剩是一個惡性循環；而且在性質上我國與歐美者也有不同之處；歐美人民是爲了維持已經獲得的較高的生活程度，而我們却是爲了改善過低的生活程度。在我國，可以說百分之八九十的人民對資本的概念是非常模糊的，如果希望人民憑空的來推想節育與工業化及提高生活程度的關係，幾乎是不可能的事。原文的分析在指明：人口過剩是因，而資本積蓄困難是果；所以至少必須同時推進節育運動和工業建設不可，否則，工業化的阻礙遠爲嚴重。

(三)理想的人口數量

對於原文中我國減少人口的理想人口數量，趙守愚劉大中兩先生均分別的提出意見。趙先生認爲不必以美蘇兩個的情形爲準，一方面認爲標準不必太高；一方面認爲社會阻力太大，過剩人口的重擔業已壓在我們四萬萬人口自己的肩上。關於後者，筆者業已在（一）段中提出意見；對於前者，筆者之所以要與美蘇比較，是因爲自然資源條件的關係，同時又爲了我們所希望的生活程度和國家的經濟力量應達到一個幸福，現代化和足以自立的地步。而且節制生育運動既然必須强制的實施，只要能開始，就不妨在國策中繼續推進，以期接近適中的人口數目。

劉大中先生所提出是推算人口數量的技術問題，筆者對之極有興趣而且也曾作過此種企圖。不過，就對本文的目的而言，劉先生所提出的推算方法，我認爲：其重要性係在於以之闡明資源，生產，消費，投資與勞力數量的相互關係。若爲了目下估計我國今後在人口政策中所決定的人口數量，則在應用上至少有兩點困難：第一，爲了確定幾個變數間的函數關係，至少須具有一二十年以上的統計資料，這一層在我國幾乎是不可能的事情。第二，即設粗略的估計的獲得此種數字，我們據之而歸納的得到此種函數，我們依然不好應用。因爲，根據函數推算的條件爲必須維持客觀因素的純一性，而我國過去的種種和我們希望三方面變革後的種種迥乎不同的。但願我國的現代化和三方面的變革能自今日始，則二十年後，我們可以據之來獲得更科學的答案了。

(四)節育計劃的實施

陳達吳景超兩先生都對生育節制計劃提出修正意見。陳先生提出眞理傳播，設立節育機關和節育指導所，並以合作方式推進節育運動等方法，我全能同意；與我提出辦法區別係在於爲了變革是否須要對方案具有强制性的一點上。我個人以爲：卽以三種變革中的工業化和社會改革而言，如果缺乏約束性和强制性，恐怕也不容易收到成效的。我國政治，社會，經濟的改革運動將近四十年，今日的成效如此，何嘗不是委曲求全的結果呢？

吳先生認爲：「第三個嬰兒由國家輔養」一層可以删除。我只同意此種辦法經過一個時期以後可以不要，但在開始推進節育運動的初期，仍須用之以爲補充的辦法；因爲，它是爲了處理第一項節育計劃的執行未能完全普遍的過渡期間，生育了第三個嬰兒的問題。至於强迫敎育對於生育率降低的影響，還是間接的，直接的能改正宗法觀念和「財源」希望，恐怕還是在出生後，卽使之與父母脫離關係爲有效吧？

(五)附答「減少人口可以解決中國的經濟問題嗎」一文

最後我願就粟寄滄先生的專論提出意見：第一，馬爾薩斯對於着重人口與生活資料關係的貢獻，我們站在純學術的立場不應該對之一筆抹殺；正如同我們不主張用原子彈作爲殘殺人類的工具，但不反對原子能是一樣的。第二，我們唯其反對任人民餓死，窮死，病死，所以才主張節制生育。如果對人口數量採取放任政策，對工業資本來源未作答案，貧的問題不解決，豈不是等於任上列苦難現象繼續發展嗎？第三，減少人口並不是唯一的原則，我們始終是爲了資本積蓄較易，生活程度比較可以提高，才主張節制生育。這一層在本文中第四段已明言之，不巧，此文未曾發表在前，否則，粟先生就不會有這種誤解了。

專論

聯合國：美國的犧牲品

蕭乾

戰爭的情緒永遠鼓勵一個危險的傾向，便是問題的簡單化。納粹和日本黷武者毋台以前，對未來世界誰不曾懷着燦爛的幻想，直以爲戰鼓一息，和平的甜果便將捧到我們跟前。回想起來，那幻想並非渺無根據。羅邱二位開羅一見後，不是向世界宣誓，絕不要土地嗎？（然而太平洋一千五百個島嶼便如鯽魚般吞入美國大腹裏去了。）不是說絕對尊重信仰自由嗎？（然而連荷萊塢翩翩小生羅伯特泰勒也被傳到華盛頓去受審了。）大家那時都把問題看得太簡單。然而在作爲戰後世界和平序幕的舊金山會議席上，不祥的跡象便已充分露出了。

『兩千年前，當世界文明在羅馬帝國的法律與軍隊支持下時，一個人最可傲的話是：我是羅馬公民。一世紀前，當世界爲大英帝國所控制時，英國人民由地球四方嚷着，我是英國子民。如今，在二十世紀的中葉，歷史以最動人的口氣說了：我是美國人。』魯斯先生的「時代週刊」（本年五月十日）拍了胸脯說。由三年來的事實看，魯斯先生不露骨地這樣說，我們也明瞭這是『美洲世紀』。在舊金山，爲了主席問題，爲了阿根廷的入會，爲了多麼芝蔴大的糾紛，『美洲團結』的陣容已長蛇一字擺出來了。

從聯合國落地那天起，一直鬧着那抽象，純法理的否決權問題。乾脆說，聯合國的根本成敗問題，距否決權曷止十萬八千里。誰都知道否決權原是美國動議的。羅斯福最初動機除了爭取蘇聯合作以外，還有應付美國國會在。戰後的歐洲馴順到怎樣程度，美國三年前並不知道；由美國對剛上台後的工黨之英國看，華盛頓對西歐也不放心。威爾遜的教訓太慘又太深刻了。藉否決權的建立，羅斯福不啻對國會做了最可靠的保障。即是說，任何的事情，美國國會不首肯的，即使舉世願意也無法辦成。有這保障，美國國會放了心。但國際的演變證明羅斯福一舉是杞天之憂。除了東歐數國以外，其他四十餘國都逐漸放棄「中立」改投美國的票了，單就無足輕重的會籍問題論，從一九四六年至去年九月，共有十七國請求，除了阿富汗，冰島，巴基斯坦，暹羅，瑞典，耶門六國順利通過外，其餘有英美特別支持的葡，愛等國經蘇聯否決了，而蘇聯所提的阿爾巴尼亞，外蒙，保，羅，芬，匈等六國，美國不需使用否決權即被大多數推翻了。這是說，憑蘇聯多麼傻，（而實際上它一點也不傻，）也不會在沒有否決權的情形下留在聯合國裏。因此，美國政客用廢除或修改否決權來窘蘇聯不足爲奇，而跟了吶喊的嘍囉卻應亦明白這不是政治理論的辯論，而是地球性的和平需不需要蘇聯參加的問題。美國連極右翼的政界元老如范登堡，塔孚特，祇要知內情的，都不贊成在否決權上作文章。他們甚而也清楚和平的關鍵不在這程序問題上。由小型大會的一無成就看，否決權取消了於事還是無補。

爲聯合國送終的確還早，對於賴伊秘書長最近仍堅持聯合國爲世界和平的唯一機構也無需否認。問題是聯合國在今日還有什麼尊嚴，有什麼作用？一個癱子還可以誇說四肢完整，標本室裏的獅虎一樣是怒視眈眈的。前者的神經與四肢已斷了流，而後者擺的徒然是架子，是裝飾。

怎樣才能使聯合國有尊嚴，有作用？或者說，聯合國的生命怎樣喪失的呢？這實在是追究到聯合國本來的理想了。當前聯合國的組織也正是根據那理想而設的：（一）安全理事會當初本不是爲了袒護征印尼的荷蘭，征安南的法國，或扶持希臘皇室而設的。它的最初使命是防範及制止國際上的侵略行爲。（二）託治理事會是要把世界各殖民地在國際監督之下，過渡到「民族自決」的境地。（三）社會經濟理事會是爲了滌除人類的不健康與不平等。單就這三個理事會而論，聯合國發揮了怎樣作用，謀求了幾許進步呢？

由亞洲人看，聯合國頂糟糕頂令人失望的是託治。託治的原意是改變殖民地的地位，既不是改變名稱，更不是轉手而已。這裡是美國有史以來最大的機會。它可藉其威望强迫英法比荷對其剝削了一兩世紀的殖民地由放鬆以至最終的放棄，從而贏得舉世被壓迫民族的愛戴擁護。而就過去美國門戶開放的傳統說，這與國策絲毫也不違反。以筋疲力盡的英法比荷狼狽情狀論，有美國的壓迫，加以戰後世界道義的聲援，他們是不敢不就範的。那宗政治收獲有多大！然而美國沒那眼光氣度。何以呢？因爲它自己正垂涎着日本統治的馬利安那，馬紹爾，加羅林那諸島。

去年二月，美國宣布兼併日本統治島嶼那一天，是人類一個黑暗的日子，那陰影特別壓在聯合國身上。三年前在舊金山討論託治問題時，美國便下了第一着棋子——他們堅持殖民地要分二種，一爲普通殖民地，應受聯合國監督，一爲『防禦區』，聯合國不得過問。那提議自私露骨得連殖民國家都不服氣。果然，美國對日本託治島嶼的期望不止是託治，而是『成爲美國完整之一部」，拒絕了『促進居民自治或獨立』（祇留「自治」字樣，）又不許『安全理事會有權更改或終止託管協定』。這『永久託管』正是不折不扣的十九世紀殖民主義，而且不像僞善的英法殖民主義，其中並未提「開發文化」「宣布宗教」等佔領理由。

有了這個顯赫的例子在前，誰相信南非會退還前德國殖民地！世界旣是如此老樣世界，英法比荷如果放手自已的殖民地，才是白痴！

『託治』的安排在國際實力均衡上關係雖大，更重大的却是其精神意義。因爲美國把基地擴張看得遠重於剷除人類間的不平，於是，白種人欺凌落伍的有色人種的天經地義便又得到了承認。對於荷印問題，法國悍然拒絕國際干涉，並對聯合國調停決議施否決權。至於種族歧視，人權委員會美國代表羅斯福夫人根本認爲是『法律責任，與人權無涉』因此，擁有六十種歧視黑人法令的南非，竟否認有歧視行爲，理由是『南非對人權並無書面說明。』結果，行屍走肉的聯合國作了一個響亮有力的決案：『限令南非設法終止種族偏見，並具報結果！』

這樣，國際衙門的派頭擺足了，南非的掘金者也得了救。

聯合國之所以爲「聯合」國，在於通過它，國際間的一切可以通盤籌劃。然而遠在聯總結束以前，美國的救濟工作便不由聯合國經手了。聯總的第一原則是救濟不涉及政治，美國獨管的救濟事業第一宗（希土援助）卽政治以外，還帶了十足的硫磺氣味。希土，馬歇爾計劃，西歐聯盟，以至有一天美歐的防守協定，是一步緊似一步的戰爭進行曲，也是聯合國本身的葬曲。至於美國在西德及日本的動靜，尤表露出成功湖之多餘。三月間，爲了强權政治——特別爲了義大利大選，一週間出爾反爾地變了三次卦，（的港，北非殖民地及巴勒士坦），更說明它怎樣拿聯合國這個運轉自如的組織來兒戲，而且花樣多得連西歐夥計們都莫明其妙了。

一個巴掌拍不響。在美蘇對立中，我沒意思說蘇聯是無疵的。國際行爲是互爲因果的。美蘇間的是非，是另一篇文章了，但拆聯合國台的責任，我認爲美國負的遠多於蘇聯。關於託治，關於種族平等，蘇聯的立場是亞非兩洲土人的立場，是正義的立場。一個國際組織失却了正義立場，那便有若無，實若虛了。

聯合國正是這樣一隻肥皂泡。

五月二十七日・上海

杜魯門主義與美國對日政策

汪　瑄

自從去年三月十二日杜魯門總統發表其援希土咨文以來，美國在其對日政策上已逐漸發生了一大轉變。這個轉變可以說是杜魯門主義對於遠東的適用，在杜魯門主義發表以前美國對日佔領政策是以波茨坦宣言及遠東委員會的決議爲根據，換言之，卽以日本的完全解除武裝及政治的經濟的民主化爲其指導原則；而在杜魯門主義發表以後，這些原則雖未根本放棄，但其在對日管制上所居之主要地位則爲杜魯門主義的防共反蘇原則所替代。最近一年來美國對日本問題所表示之態度及其在日本之各項措施，充分地表示出美國對日政策上的這一質的轉變。在我們進一步檢討轉變中的美國對日政策以前，玆先就其客觀背景作一番簡單的探討。

（一）

我們都知道美國在其對歐洲關係上有一個傳統的政策卽孤立主義。孤立主義濫觴於美國第一位總統華盛頓的告別宣言，差不多與美國立國有同樣悠久的歷史；可是經過兩次大戰的慘痛經驗，在羅斯福總統的領導之下，美國毅然地拋棄了這個傳統的傾向，而走向集體安全與國際合作。美國的積極參加聯合國，及其主張以强國一致之原則爲奠定國際和平及維護世界安全之基礎，均充分表示美國已揚棄其舊的孤立主義而走向國際合作之途。

然而强國一致的美夢却因戰後二年來國際情勢的急劇發展而變成幻影了。美蘇間觀念的及利益的衝突之日形尖銳化及諸多戰後問題的僵持，使建立在强國一致原則上的聯合國組織發生了根本的動搖。在蘇聯勢力逐漸向東歐近東及中東伸展中，杜魯門總統，於民主共和兩大政黨的贊助下，終於去年三月十二日宣布了緊急援助希土的計劃，並强調以經濟的及軍事的力量遏止蘇聯勢力之擴展。三個月以後馬歇爾國務卿更宣布了大規模援歐的計劃，卽以經濟的援助爲防止歐洲共產主義之蔓延及蘇聯勢力擴張的手段。自此美蘇間裂痕更深，東西壁壘形成。

杜魯門主義的宣布可以說是美國放棄其與蘇和協的希望而決心採取防共反蘇的政策，同時也是美國對强國一致原則之放棄而爲美國近年來所走國際合作路線之一大修正。在兩黨協同之下，杜魯門對內採取了防止共產主義的新措施；對外則從事反蘇陣線之建立。自其手段言，杜魯門主義是一種隔離（Quarantine）政策，與一九三七年羅斯福總統對法西斯國家所採的政策近似；自其效果言，又可以說是一種壁壘政策。

（二）

在美國對外關係的急劇變化中，其對外之具體政策都受到重大的修正。美國對日政策自然也不能例外。美國對日政策的轉變首先可以從其對召開對日和會的態度上可以看出。美國雖未正式主張修改聯合國憲章，取消列强的否決權，但其對於對日和約問題則堅決表示反對否決權之適用。這可以說是美國放棄强國一致原則之明證。不僅此也，在對德問題未獲解決前，美國更無意召開對日和會，而給蘇聯及其他國家以置喙之機會。再看看美國年來在日本之措施，如對於戰犯之寬大，對於整肅問題的鬆弛，對於解散財閥工作之停頓，對於日本保守政黨之支持，以及甚囂塵上的經濟援助及提高日本工業水準的計劃，均充分說明美國對日政策已由管制變為扶持。固然，我們不能說美國存心要使日本軍國主義復活，但『保證日本不再成為世界和平及安全之威脅』之同盟國對日之基本政策，在防共反蘇的杜魯門主義之下，已失去其極端之重要性了。根據近數月來的情形，美國的注意力顯已由日本政治的經濟的民主化程序，轉移到日本經濟的恢復及工業的再建。依照先後公布的『斯揣克計劃』及『德雷柏計劃』，日本的工業水準將一反遠東委員會所通過之『鮑萊計劃』而被提高至一九三四——三五年的水準，且必要時可更為提高，以便使日本眞正成為『亞洲的工廠』；戰爭工業設備可不予全部拆除；賠償額將減至最低限度。在『德雷柏』計劃之下，日本中國朝鮮將在經濟上形成一個布洛克，而以中國及朝鮮的原料供應日本高度發展的工業。因為『斯揣克計劃』曾提出遠東委員會而未獲通過，『德雷柏計劃』可能不提出遠東委員會而由美國單獨的片面的執行。在這種積極扶日聲中自然已經聽不到如何管制日本的論調了。

（三）

由上述最近一年來美國對日的措施看來，很顯然地，支配美國對日政策的已不復是波茨坦宣言及遠東委員會通過的原則，而是以防共反蘇為骨幹的杜魯門主義。我們如作進一步的分析則可以知道杜魯門主義的對日政策可有幾個因素：在經濟方面，內可以安定日本社會經濟而防止赤化，外可以發展美日商業，並憑日本之經濟力以加强對於亞洲大陸的控制。在政治及戰略方面，鑒於中國及朝鮮局勢之惡化，加强對日本之掌握並增强日本之力量，可以遙制大陸而鞏固美國在遠東之地位，及謀遠東均勢之維持。所以美國政策消極的為防共防蘇，積極的則為鞏固其在遠東之戰略的地位。美國積極重建日本之政策顯然將影響到遠東其他國家之利益，而五十年來遭受日本不斷侵略的中國可能受到的影響最大。『斯揣克計劃』已遭受遠東委員會其他國家的反對，變本加厲的『德雷柏計劃』之不能為遠東其他各國所接受為必然之事。

（四）

我們對於杜魯門主義之對日政策有幾點意見；第一，我們在原則上不反對日本之經濟復興，但必須伴隨澈底的政治上經濟上的改革，以『保證日本不再成為世界和平及安全之威脅』。第二，我們反對將日本工業水準提得過高，以致影響遠東其他國家經濟之發展。關於日本應維持之工業水準及應負擔之賠償額應根據遠東委員會的決議，並應速召開對日和會以擬訂合理之標準。對於這些問題我們反對由美國單獨的片面的執行。中國過去所受日本經濟的軍事的侵略創痛猶新，我們希望美國在推行其本國利益時，同時顧及其他國家的利益；並且希望不要忽視日本統治階級的陰險與狡猾，而認為日本的民主化已經可以滿意了。我相信受過近百年軍國主義薫陶的日本人，一有機會仍將使軍國主義復活而實行對外侵略。我曾看到過一個美國人的報導，說日本人自蘇聯地區被釋回日，美國人問他們的感想，日本人說：『蘇聯每日向我們宣傳，我們為了想早日被釋，所以都裝得很能接受的樣子，但當我們離開蘇聯時，我們就把這些宣傳一古腦兒放在碼頭上了』。我願忠告負執行佔領責任的美國朋友：切勿輕信日本人的誠意，當你們認為滿意而回國去時，小心他們會把你的話一古腦兒捆在你的行李捲裡，讓你自己又帶了同去。

如何肅清貪污？

葉景華

全國輿論一致要求的肅清貪污，現在似乎大家聽慣了已不以為奇了，實則這是一個極其嚴重的政治形勢；甚而至於國際間亦指責我國政府貪污無能，例如美國人士關於援華的議論即公然言之，這在國家又是何等重大的恥辱？政府當局亦曾經許過一個肅清貪污的願，這亦不過如「節制資本，平均地權」的好名詞一樣的動聽罷了。或者那一班發國難財與勝利財的人物已到了守成的時期，「渾水裏撈魚」亦撈得差不多了，因此現在的貪風比緊接勝利前後的時候，稍稍的收斂？但這一點點的分別，對於距離貪污肅清的遙遠途程，簡直沒有絲毫的影響。平心而論，我國的官吏當然不全是貪污的，而且還有一班可敬的公務員，在困苦的生活與艱難的環境裏，不但清廉自矢，更能努力盡職。這班模範人員大都是曾受現代高等教育而以專門職業的榮譽為重的，或舊學素有根抵，或生性耿介，而崇奉舊道德的。至於大多數的公務員祇是領得微簿的薪津以與飛騰的物價奮鬬，根本就得不著官場的所謂「好處」而無貪污之可言。但一個政府裡祇要少數掌握財權管理物資的人侵蝕公款，剋扣糧餉，或利用職權，假公濟私，這個政府便成了一所樑柱腐爛的大厦，何況這類貪官污吏為數非少。一國的行政以財務與人事為兩大柱石，財務不清明，人事自然混雜，所以肅清貪污是革新政治的第一要著。

肅清貪污的方法，大家以為在「打老虎」。「老虎」當然該打，否則紀綱何在，效尤者何限？但「打老虎」以外還得有別的辦法。歷來懲貪最嚴的莫過於明太祖。趙翼廿二史箚記卷四重懲貪吏條說：

「明祖嚴於吏治，貪酷者許民赴京陳訴；贓至六十兩以上者梟首示衆，仍剝皮實草。——官府公座旁各懸一剝皮實草之袋，使之觸目驚心。」明史循吏傳說：「洪武以來，吏治澄淸者百餘年」。這當是「剝皮實草」的功效；但明初「吏治澄淸」決沒有到百餘年。成祖永樂十九年距太祖平滇統一祇三十九年而鄒緝上書說：

「貪官汚吏徧布內外，……虐取苛求，初無限量。」

貪風如此之甚，必定早已開端。蓋人治的功效必難持久，永久的澄淸必賴法治。嚴刑懲貪，祇是治標，標本兼治，還在制度；所以建立完備的財務行政制度是肅淸貪汚的根本辦法。

完備的財務行政制度包括國庫，預算，決算，審計等項。國民政府以前國庫制度沒有確立，公款由經管人員隨意存放，弊病甚大。民國二十二年，國民政府訂定「中央各機關經管收支款項由國庫統一處理辦法」，並於中央銀行設國庫局，這是國庫制度的一個大進步。但中國交通兩銀行以官商合辦的性質亦得經理公款。這兩行的官服占全數股本的五分之一，餘爲商股，然則其經理公款的利益大部份雖未必全歸於豪門資本，亦都歸於私人，更說不到涓滴歸公。農民銀行亦是如此，雖然農貸的利益亦是農民所享受的。我們之所以主張應將國家銀行私人股本立即收回，即是爲此。至於國庫項款的支付是不是完全遵照預算的規定亦是一個問題。前北京政府祇在民國二年，三年，五年，八年，各編製過預算。國民政府在抗戰前祇於民國二十年，二十三年，各編製預算案一次；勝利以後，三十五年度與三十六年度預算案皆經提出，但實際支出是遠過於預算案所定數目，而並未聞有追加預算提請立法院通過。然則預算案的勝於一紙具文者究竟有多少？以上所說國庫與預算兩項制度，漏洞頗多，其中大有問題。新立法院對於會計制度務須特別注意。而將這些漏洞堵塞以防止一大群的老鼠去偷油。

有預算而無決算，則預算案的如何執行，更不可得而考。民國以來，始終沒有一個總決算書。民國二十四年財政部所編財政年鑑（頁一〇五）說：

「蓋決算以實際收支爲根據，必將全國軍事，政治完全統一，各級機關咸能奉行中央歲計，會計，審計法令，依時造報，方能有完整之望也」。

全國不統一確是使全國總預算無從編製的一個原因，但直轄於中央的各機關與軍隊是不是都以其主管的收支編成決算送與各該主管部？據財政年鑑（頁一五〇），抗戰以前，國民政府各部院會彙集主管收支，編成第二級決算送達財政部者惟十七年度有衛生，教育，交通等類；十八年度有交通一類而已。勝利以來，不知財政部收到各機關的第二級決算有幾類。號稱民國者已三十七年，花費民財不知有多少，更不知比民國以前加多少倍，而至今沒有報過一回賬，甚而至於總賬房的賬簿都不完全，這是什麼民國？新憲法第六條規定：

「行政院於會計年度結束後四個月內應提出決算於監察院」。

民國十七年四月十九日國民政府令公布的審計法施行細則第九條規定「財政部。應於年度經過後六個月內」編成總決算送審計院審查。新憲法改「六個月內」爲「四個月內」，足見起草人對於提出決算的重視，但問題不在這兩個月的分別，四月的時間或者亦太促，問題是在提出不提出。現在旣稱行憲，監察院對於本年度的決算，務必要行政院如期提出。國家未統一以前行政院編不出全國總決算，亦須將政令所及各機關各區域的收支編成決算，儘量提出，以便審查，而監察院對於若干部份決算的未能編成，亦須追問理由督促續編。

新憲法第十九條規定預算案提出於立法院，而第六十條規定決算提出於監察院者，因爲審計權是屬於監察院的。按照憲法第一五條的規定：

「審計長應於行政院提出決算後三個月內，依法完全其審核，並提出審核報告於立法院」。

但審計長除審核決算外，有沒有其他重要職權，憲法並沒有規定。民國二年，前北京政府因爲善後借款的條件，纔設立一個審計院。那時有所謂事前監督與事後監督之說：以爲監督何必重複，祇要事後監督即夠了。這是袁世凱玩的把戲。實則事前纔能監督，事後祇能稽核賬目；而造報銷是向來中國官場擅長的專門技術，圖章單據，因應咸宜，幾筆賬上差他幾分幾厘，使稽核人得以指摘改正以銷他的差使，事情就完了。所以從前的審計院是等於虛設。國民政府十七年頒行的審計法第一條規定：

「凡主管財政機關之支付命令須先經審計院核准。支付命令與預算案或支出案不符時，審計院應拒絕之。」

這個審計院的職權比審核決算還更重要，十七年審計法如此規定是財務行政制度裡的一個大進步。新憲法對於這個職權何以漏而不提，將來祇好在監察院組織法新審計法裡補救 。但以前審計院並不能完全行使這個所謂事前監督的職權，尤以對於支出最鉅的軍費爲然。如果實際支出遠過於預算案所列而又沒有經立法機關通過的追加預算案，不知審計長對於大部份的國庫支出，有何根據可以准駁？如果審計長駁了，他的地位又將如何？英國的審計長 Comptroller and Audito General 是與法官享同等保障的終身職，經兩院提議纔得罷免，所以他能維持其獨立的地位。新憲法祇有第一〇四條規定審計長「由總統提名經立法院同意任命之」而沒有規定其如何罷免。憲法第八十一條對於法官規定「非受刑事或懲戒處分，或禁治產之宣告，不得免職，」審計長應如法官的獨立，何以對他沒有同樣的規定？這個缺點亦必須在監察院組織法裡或審計法裡補救。

審計長的核准支付與審查決算祇是統制財務行政的一方面，其審核決算的報告還須由立法院審查。英國衆議院設有一個常任的審核委員會 Public Account Committee 照例在反對黨中選一主席，其惟一的職權爲對於一切有疑問的收支，加以審核報告。美國 William T. Willoughby 韋羅貝教授所領導的調查英國財務行政的報告 The Financial Administration of Great

Britain（頁二三〇）論這個審核委員會說：

「這個委員會不但對於浪費的及未經核准的支出，並且對於管理方法的不合宜，或者比衆議院本身更能加以有效的節制。」

由此可見英國衆議院的審核委員會對於監督財務行政的重要。憲法第六十三條列出立法院議決預算案的職權而未提及對於決算的審核權，想是因爲這是對於審計長的報告應有的職權，不必明列。立法院應選通曉財政及長於稽核的立法委員若干人組織一個常任的審核委員會，雖然不必以反對黨的黨員充任主席，最好亦以非政府黨或無黨無派的立法委員來充任。審計長報告其審核決算的結果應特別提出任何可疑之點，而審核委員會對之應詳細調查而再加以審核。立法院與監察院如此合作，則對於糾正財務行政的弊端，應可更有效力。

監察院立法院對於財務行政的弊端，祇能糾正於事後，不能防範於事前。審計長對於支付雖有准駁之權，而對於按照預算領去的公款，不能隨時考核其是否使用合法，或有無糜費。這是一個重大問題，因爲建築的偷工減料，物資的任意浪費，或購買舞弊；以及吃空額，扣糧餉，都是常有的弊病。憲法第九十六條雖然規定監察院「得調查各部會院一切設施，注意其是否違法或失職」，但監察院對於行政院各機關，究隔一層，而祇能選擇幾處，或於有所風聞的時候去調查，不能擔任經常考核的任務。這個任務原屬於財政部的會計司，民國二十年，國民政府設立一個直接隸屬的主計處，內分歲計，會計，統計三局，專掌中央總會計的職權。新憲法施行後，主計處改爲主計部，隸屬於行政院。這個主計部是行政院統制財務行政的總機關，既與普通財務行政分開，其職務又爲專門技術的性質，其部長不應作爲政客的傳舍，而應選有德望的會計或統計專家充任，不隨行政院長進退，或如審計長之例，須經立法院同意而任命之。如此則主計部長可在行政院長之下，以獨立的地位，積久的經驗，專門的技術，經常考核各部院會的財務行政，如發現不合法的與浪費的支出，可以隨時糾正。這個行政院的主計部與監察院的審計長以及立法院的審核委員會由三方面來監督財務行政，更有監察委員的調查與糾舉或彈劾，再加以改善公務人員的待遇並保障其地位與生活的安定，制度可稱完備，祇要澈底實行，財務行政的弊病可以逐漸清除。

以上所說的是監督中央財務的方法，但歷來貪污風氣的流行在地方比在中央更甚，這是因爲賦稅大部在地方徵收，地方稅又較爲散漫瑣碎而較難稽考；並且中央爲全國及國際視線所集，當局者不能完全不顧顏面，而地方的事情大抵祇有本地人關懷，易爲全國輿論所忽視，不肖的官吏又可在「天高皇帝遠」的情形下，與土豪劣紳互相勾結，任意胡爲。因此對於地方財政的監督更應加緊。省議會對於省財政的監督，當然是責無旁貸；但稽核財政需要專門的才能，各省議會不妨延聘專家參加財務稽核委員會以加强稽核的效能。地方人士的議會經驗雖或較差，而對於切身利害所關，監督或較認眞。同時省雖自治，中央亦可以監督其財政。據 Percy Ashley 艾胥來的 Local and Central Goverment「地方與中央政府」（頁三五三—三六五），地方自治的老家英國有一個地方政務部 Local Goverment Board 每年或每半年派審計員稽核各地方政府的賬目；他們有權駁斥不合法或不正當的支出而轉加其負擔於地方當局的個人；但地方當局可以上訴於地方政務部或高等法院。地方的稅率，地方政務部可以限制之；地方公債及其條件須經地方政務部核准。法國各地方政府每年須編製預算，呈請州政府或內政部核准；凡大城市的預算都須直接送內政部。地方政府的賬目於每年終由中央政府審核之。每年中央政府預算案對於地方政府在中央直接稅上所加的附加稅率常限定其最高率。美國各州對於下級地方政府的財政沒有行政的統制，但各州憲法有限制地方稅率與負債限度條文。由以上各國的成例可見中央對於地方財政的監督並不妨碍其自治而所以防止地方的浪費與重稅。按新憲法第九十七條的規定，監察院對於中央及地方公務人員認爲有失職或違法情事，都得提出糾舉或彈劾案，是監察院對於地方政府亦有監察的職務。這個職務當然包括對於地方財務的監察，因爲這是最容易有失職或違法情事的地方。監察院對於各省應派常駐或輪班的監察委員率領審計員去稽核賬目，猶如審計長的審核中央決算，而與省議會的審核委員會共同防止或糾舉省財政的弊端。縣財政更須人民自己監督。縣長是親民之官，親民就是親地皮而可以大刮之，加上一班縣政府的爪牙與地方的土豪，其弊端的清除眞是難乎其難。這即是歷來的吏胥問題。時論多指責當局辦理貪污案件「祇打蒼蠅，不打老虎。」然「不打老虎」，者「是不爲也，非不能也」，一旦有爲者起，打光亦非甚難，因爲「老虎」之數究屬有限。至於蒼蠅，拍幾個雖是容易，而遍地都是，如何肅清？除非當地人民本身發揮 D.D.T. 的效能，肅清蒼蠅是不可能的。但經過二十年的訓政，人民既沒有受過地方自治的訓練，地方自治的完成不知道在何年何月，未完成時，祇好由省政府監督縣政府的財政，由省議會注意各地方人民的疾苦，或者當地人民對於「切膚之痛」不至於「如秦人視越人的肥瘠。」

肅清貪污須標本兼治，「打老虎」，「打蒼蠅」須與建立制度，促進自治，同時並行。但貪污盛行亦是社會風氣的反映。賈誼「時變篇」說：

「今世貴空爵而賤良，俗靡而尊姦；富民不爲姦而貧，爲里罵；廉吏釋官而歸，爲邑笑。」

這個兩千一百多年以前風氣到現在不是一樣的流行嗎？現在如英美等國的官吏有侵吞公款，被人發覺者，他必爲社會所不容。但在我們的社會裡，假公濟私，做官發財，而團團成富家翁，誰不羨慕，誰不逢迎，簡直使他應接不暇，他又何樂而不爲？所以現在要肅清貪污，不應專責政府，社會亦得移風易俗。如犯貪污者進入人叢裡，到處討沒趣，羞得無地自容，那纔可以有弊絕風清的一日。現在要做到這個地步，路程還遠，但知識份子應該做開路先鋒，對於貪官污吏，雖沒有武松的拳頭，亦應有阮藉的白眼；尤其不可向來路不明的財神告幫而這邊拉去當董事長，那邊拉去做名譽校長。

通訊

翁內閣組成的前因與後果

—南京通訊—

本刊特約記者

今年眞是我們中國的多事之年，居住在這個多事之地的首都人民，這些時也眞看够了不少的熱鬧把戲。差一點沒有鬧出人命案來的國大，才閉會不久，緊接着的便是立法院的召集。正副院長的選擧，雖然趕不上副總統的轟轟烈烈，但却也並不缺少緊張的場面。近半月來，人們的興趣，又都集中在新閣的人選上。政治上的風雲變化，在這行憲後新內閣的組成上，眞使人看了有「嘆觀止矣」之感。首先，我預備向讀者報告的是——：

張群，何應欽爲什麼辭不就命？

讀者總還依稀記得，當立法院尚未選擧出正副院長之前，當局對於行憲後的第二屆行政院長，是頗屬意於張群的。報紙上甚至於還傳出了各部會人選的大致內定等等。自然，這個決定對於國民黨中的C.C.派是極爲不利的。可是，當時南京反陳的情緒非常濃厚，C.C.派爲了爭取在副院長選擧時政學系的幫忙，便不敢公然出來有所反對了！這一着棋果然有了妙用，張群爲了討好以後的立法院的多數派系起見，便曾囑咐過川籍立委李肇甫（伯申）出來爲陳幫忙，正當有人極力反對陳立夫當選副院長的當兒，李伯申便在某大銀行的樓上宴請川康，渝三地的立委，藉以爲陳拉票。及陳得以當選，張群以爲這次助選有功，C.C.大約是不致出來爲難的。誰知「政治」上的把戲，却沒有像普通人情上的那樣靠得住。在總統就職前的兩天，立法院傳出了「反張」的意向，特別是對於「同意權」的行使，據說簡直是專門用以來對付張群的；這不僅出乎張的意外，就連當局也不得不感到恐慌，因爲張是他已預備好了的一張王牌，萬一無效，又那裡去找適當的新人選呢？於是總統在廿日上午十時半就職以後，便立即於中午宴請全體的立法委員，弦外之音自然是在替張疏通，特別是對「同意權」問題加以殷切的關照，希望能够通過「丁案」。席間並且這樣的强調說：「如果約束太甚，將無人願做行政院長。現在行憲，但不可違憲。」可是下午三時立院開會的結果，却仍依然通過了乙案。其中的主要點是：「全院委員會議如認爲必需，得由本院咨請總統通知所提人提施政意見。」

自從這個乙案通過以後，不僅張群認爲這簡直是「開我的玩笑」，就連最高當局也感到有點尷尬，聽說爲此還把陳立夫叫來罵了一頓，這便是陳立夫出國去出席什麼道德會之類的由來！問題發展到當天晚上的時候，實在緊張極了，據說到了午夜一時，蔣總統還沒有決定提名人選。在宮邸幾度召集會議之後，便有人提出了何應欽。當大晚上，張群還相信以領袖的權威，大約是可以替他排難解紛而無問題的；及至張何之間的選擇要在廿一日上午十時議國民黨籍的立委來擧行假投票才能決定時，張群便知道已經絕望。於是便在投票前的半小時（九時半）乘中航機離京飛渝「省親」去了！假投票的結果，這是讀者都知道的，何得了空前的勝利。

何應欽爲什麼獲得這樣空前的勝利呢？據熟悉內幕的人士談：國民黨內某實力派系的人物，雖然打跨了張群，但却抬不出一個像樣的人來，假如何氏能够組閣的話，大部分閣員的位置，是可以由他們一手包辦的。所以，何雖於廿一日中午到午夜，廿二日整日堅辭，而勸駕的人士，依然是絡繹不絕。其中最奧妙的，自然是陳果夫之一再上門勸駕的殷勤了！

然則，何應欽又爲什麼辭不就命呢？說來話長；但何氏之身爲軍人，却未始不是一個主要的原因，因爲：萬一何氏組閣的話，請讀者想一想那還成何體統？總統副總統統都是軍人，再加上行政院長也是軍人，這怎麼能在國際上交代得下去？所以，自始至終，**最高當局對於這件事是相當冷淡的，**這從廿一，廿二號兩天（正是孫陳一再勸駕之時）總統從未召見何氏，而何氏亦未晉謁的事實來看，是不難窺出其端倪的。同時，在廿二號的淸晨，王寵惠氏也就奉召來京，如果當局屬意何氏的話，也就用不着從老遠的把這位法學博士請來在憲法上引經據典了！

據說，何氏本人之不願接受提名，也是自有其理由的：

①**政治上的困難。**自已沒有經驗，也無可靠的幹部，如果要做院長，就得辭去國防部長，這反而還失去了一個「實權」的位置，是頗不划算的。

②**人事上的困難。**共產黨不算，國民黨黨外就有兩黨，而最麻煩的是黨內還有六派。再加上所謂南北的地域觀念，應付起來眞是談何容易？

③**經濟上的困難。**宋子文在任時，美金一項就有十億之多，張群上台時，據說國庫也還有四億之數，現在能不能拿出這個數目來？

有了這些困難，何氏便不得不一再堅辭而去湯山打獵去了！事態發展到廿三號爲止，政治上的行情眞是變動得太決了，張群既不能被提名，而何氏又力辭不就，於是總統將自兼院長或者辭去總統專兼院長的傳說，也就傳遍了整個的首都。這眞不能怪人們的神經過敏，從實來看，當可以知道局勢是到了如何嚴重的程度。甚至於某一位外籍記者在報導這一些情勢後，還發出了這樣的一個結話：「蔣介石將軍在其新政府之組閣中，竟遇到了其執政廿年來第一次人事上的困難。」情勢僵持下去，總統府三點鐘開了一次會，沒有結果，八點半又開了一次會，據說才決定了放棄何氏組閣的提名。而究竟提名何人，京中還是傳說紛紜，有的說胡適，傅斯年，王世杰，等都有可能。在廿三號的晚上，翁氏尚未正式決定提名以前，據說政府的黨政軍的要人們，簡直緊張得透不過氣來。一直到了午夜一時左右，據說才正式決定以翁文灝爲行憲後第一屆行政院院長的提名人。提名以後，還得要在立法院通過才行，於是在二十四號的那大上午，當局便親自主持了一次國民黨的中常會，午後又召集了國民黨黨籍立委來擧行談話，據說這一次主人的態度是非常溫和而謙虛的，果然，疏通的結果，不僅同意票獲得了絕大多數，甚至連「乙案」所規定的「提請報告施政」的手續，也得到了大多數立委的同**意而免去。**

時勢造英雄

翁文灝之得以於此時受命組閣，分析起來，也實在並不是一件太偶然的事。

第一、國際上的人緣相當好。我們目前政府的外交政策，說穿了，祇有一句話，那便是：如何獲得美國政府的援助。在這個大前提之下，行政方面的首長，自以能夠獲得美國人的好感為原則。讀者如不健忘的話，總還能依稀記得；正當總統就職前夕（五月十九日），華府曾以「希望」方式，提出了我執行美援人選應俱備三個條件：①與美國有友誼。②非官僚。③能實際工作。果然，當翁氏一經提名為行政院長的消息傳到華府以後，美國最有力的新聞電訊社，便發出了這樣的讚美：

〔合衆社華盛頓二十四日電〕此間官方及外交界人士對蔣總統提名翁文灝出長行政院一事，反響極為良好。一致認為翁氏倘能取得適當的權限，則處理政院事務當能勝任愉快。此間官方人士都知道翁氏是一「經濟自由主義者」。凡與翁氏相識的美國與別國官吏對他的印象都很佳。外交界的印象認為翁氏具有工程與經濟的學識，日後與美方官員共同處理美國援華計劃必能勝任，蔣總統提名他為行政院長，一半諒亦着眼於此。」

讀者如把這一段消息與上文所述的三條件對照起來，當可看出此中道理了！

第二、翁氏沒有太濃厚的派系色彩。他雖與政學系不無關係，但却不是任何派系的核心人物，這在大家相持不下的時候，却未始不是一張緩衝的王牌。他除了和胡適一樣具有「自由色彩」的號召之外，以其十餘年來的宦海生涯，總算還不致跟我們這個傳統的官僚政治脫節得格格不入。

第三、翁氏跟民青兩黨還比較的合得來。這從翁氏組閣的消息一經傳出後，青年黨曾琦所說的「翁氏組閣，予甚欣慰」等消息看來，是不難證實的。

第四，人心思變，也未始不是一個翁氏組閣的有力因素。既然大家都在喊非變不可，那末總得在一般人的想像之外找出一個人來，才算是合適。

時勢造英雄，有了以上諸種條件的配合，要說翁氏完全出自「冷門」，那也未必吧？在這裡，筆者願意提供兩則資料於下，讓讀者諸君自己去參考參考。

①翁氏於國大閉幕後，五月一日，二日，三日幾天中曾從南京飛到北平去過，所接近的人士，傳說都是一些學者教授，有人曾問他此行是否與組閣有關，而他却說是為協和開董事會而來。但後來胡適博士也曾證實那時中央即已決定他也是未來行政院長提名人之一。

②約摸半月以前，吳鼎昌在無錫遊山玩水之際，也曾說過：「將來行政院長的人選，也說不定會出冷門。」

翁內閣走向那裡去？

現在，翁內閣人選的名單，總算已經勉强公佈。果然，不出我們所料，這些新貴依然出不了舊要。甚至於連翁原來在夾袋中最靠得住的蔣廷黻，也在美國不肯回來。顧孟餘副院長的任命雖已公佈，但到開第一次院務會議時為止，却依然沒有晋京。民社黨以條件沒有講妥（這條件我們不知道是不是和張嘉璈的投閒置散有關？），目前尚無參加的跡象，青年黨也正在忸怩作態。看陣容，是使我們老百姓的失望多於希望的。寫到這裡，記者應該申明的就是：我並沒有意思說民青兩黨如不參加內閣，政府就缺少了人才。而是在用以指出目前處境的困難，並沒有因為翁內閣的出現而稍趨緩和。政府目前特別應該提醒的是：今後如果不能把以往的腐化作風與制度來加以澈底改革的話，則政績上，是不可能有什麼奇蹟出現的。

的確，「翁內閣走向哪裡去？」這將是我們人民對政府最後的一次考驗與信任了！在政治上，翁內閣是打算還就環境而因循於傳統的官僚作風來做一個「鄉愿」的好人，抑還是想眞正為我們老百姓做出一點有益的事業呢？在經濟上，翁內閣是準備仍效忠于官僚資本以為極少數人的剝削，抑還是想澈底的為我們貧苦而又佔絕大多數的中國農民的起碼幸福着想呢？在政策上，翁內閣是徘徊於中央一隅與城市的表面繁榮，抑還是踏實地兼顧於農村的疾苦與一般的地方政權呢？人心思變，時代在動盪中，面對這麼一個空前未有的歷史變局，我們要看看這位「學者」出身的翁氏，是否能肩擔得起這時代的重任？

在城與鄉的對立下

—保定通訊—

本刊特約記者

一

城與鄉的對立是一天比一天的鮮明了，雖然不是用刀來切成的豆腐塊，但由於既得利益的分割，至少壁壘分明，這就是各方所承認的，這是一個思想的鬥爭，這是一個長期的鬥爭，就是同一個營陣之內，由於認識的不同，出身的不同，及所屬利益的不同，隨時隨地潛伏着本營陣的敵人。鄉為鄉的利益而不斷地淸算，城為城的利益，又何嘗不是也在淸算，只是手段不同，方法不同而所得的結果也不同。

鄉的既得利益者已然作到「這個戰事是為我們自己的戰爭，」而城的既得利益者目前也明白了「這個戰爭是我們自己的戰爭，」在整個的文化系體上，當然是後者優於前者，可是歷史傳統上，前者却每每是創造者，食其果者却每為後者，這種慣於奴役別人的人，一旦失了奴隸，多成為心有餘而力不足的現象，而被奴役者，一旦自由的時候也不免有多少越軌行為，難以自制。

一方面運使其四千年來的統治的技術與優越，一方面是利用其傳統的仇恨結晶及新生的創

城有城的物質與精神的補給線，鄉有鄉的物質與精神的補給線，一個來自天空與海洋，一個來自地上與地下。在混戰之交中，天空與海洋的產物補給了夢想不到的土包子，而全付美式裝備的武裝在東北龍城中也只能吃高粱米。政治，經濟，文化，在短兵相接的時候，各成為一片虹彩，這時代之果，是人類史中稀有的痛苦場面。

城與鄉是就其所代表的經濟利益而言，有些時候，既得利益所有者變，城也就變為鄉，鄉又變為城了。

二

城與鄉的對立中，城一向是對不起鄉的。鄉養着城，却每每為城所漠視，城脚下到處是故事。

永定河本有其應走的軌道，為了保存城市而築堤。堤決了，沒有人管，如平津鐵路線兩旁年年總是一片大水，這就是永定河在一個小鎮叫梁各莊的，決了口子的結果。這個口子決了九年之久，而水災成績就擺在城市統治者的眼前，漠然無動於中。這在民國二十九年潰決，有一百四十丈寬的口子，使黃水橫灌安次，武清，永淸三縣，決口地點在安次與大興的交界處，但是大興

不管，安大不管，受災的武淸與永淸不管，主持水利的人們甚至於這樣說：

「讓那些低地自然可以淤積起來，讓那些城地因此可以得到沖刷，讓這黃水每天到决口流去，不至於流經海河，別讓那河的淤積更高了。」

城市的人却忘記了已然九年時光，雖然滄海未必變爲桑田，但有些低地早已淤高，人力不能控水，生產毫無把握，而且夏初水就到了，秋涼還不退去，一天一天地蔓延，有從三縣竄擾到六縣的可能。這些失了生產的田畝，可能仍要照繳出賦租稅，出錢又出力。

汎區邊沿上，也不是沒有代言人，北平市參議會議長許惠東是武淸縣的，天津市長杜建時是楊村鎭的，一位「民之喉舌，」一位是「民之父母」，他們對脚底下的年年洪水，從沒響過一聲。

三

鄉村的一切都是服務於城市的。北平近郊的風景區都爲大小的城市人所霸佔了，不僅是人間的，而且霸到神的廟宇。北戴河的別墅主人是不納糧的，維持這風景區的是享受不到風景區任何幸福的漁民。唐山的負擔是出在礦工身上，塘沽的支撑則賴苦力和漁民。

有人說永定河汎區像平津保三角地帶裡蔓延到六個縣份的白洋淀，那東淀西淀和南淀的一片水鄉，也許將爲梁各莊水災之後的縮影，但這個大淸河與府河之間的蓄水湖，却全由地勢形成，這裡豐產蘆葦，小麥，水產及魚類。但由這裡的豐產造成了幾位大人物——前河北省府主席孫連仲，祕書長張愛松，建設廳長時得霖，財政廳長施奎齡等都是水邊的雄縣人，河北臨參會議長劉瑤章是水邊的安新人，他們對於日趨萎縮的白洋淀四週又關心了些什麼，建設了什麼？有了政治力量之下又有什麼表現？

這三角地帶在三十六年四月及十月曾爲傅作義騎兵一再掃蕩過，地方的治安由李文的大軍坐鎭已獲粗安。日本人時代爲了需要河北以二黑（煤鐵）二白（毛棉）來哺乳本國，把白洋淀的兩端接通了，成爲保定到天津的運河，送棉花及農產到都市，就算爲了軍事的原故，這一條水路也更有其價値，爲自身爲別人，不論爲城爲鄉，這個區域的農田水利是很重要的，可是我們眼看着這個身邊的資源萎縮了。

孫連仲從保定回來時候，曾過他的故鄉雄縣一行，他回來會找北平研究院動物研究所張所長，希望恢復養魚，他說：

「小時候到處都跳着長一尺以上的大魚，如今連水都不多了。」

這豈不是從豐饒到枯竭後的滄桑之感。

四

一個公式通用了四千年，不有太大的錯誤，就是法律偏愛城市。卽便下鄉，也是爲既得利益者服務。

北平的城圈以外土地，千年來不知彼多少看不出的淚水浸透過幾次了。今天西郊有白契無紅契的旗地，那時一定是武裝佔領，武裝耕作。到今大水田値一兩金子一畝，沒有紅契的保障，仍然彼新貴們競購。玉泉山及頤和園有千畝官產，不知怎樣轉移到大地主的手中去了，他們從不如時如數來繳租，而且管理員還奈他不得。以至頤和園管理所所長說：「如果我們能够收到了我們應得的租子，本園的開支便可以維持了。」然而，這是不可能的，小小的官兒你難道不要你的烏紗了麼？

南郊是大興縣屬的南苑飛機場地帶，四週是棉麥和菜地，因爲水平面很低，只要鑿下一丈去就可以有水。聽聽這地帶的村名如「舊宮」「廡殿」及「鹿圈」等，便可知道一度曾爲天子使用過，至今未離開他的影響。過去的已過去了。新起的城市貴族來接收了所有，利用着政治力量，官地可以拍賣，然後由私人瓜分，交給佃戶，至於地畝究竟是個什麼樣兒，在城地主也根本不需要知道。因爲在這個勢力下，他只有收入，不需要支出，所有地方的負擔由中小戶都替他們分擔了。又在官官相衞之下，大老官都隱藏在某某堂的外衣之下，狐狸却露不出尾巴。

但在這個「有錢者旣不出力又不出錢」的局面下，紙包火的局面却是不會延長了。這些幾十頃的大地主不在地時，由重重剝削之下的二地主或三地主來主持。佃戶們比牛馬不如的種地，交租，當兵服役。去年每畝地平均生產玉米七十斤，但各種負擔到了五十斤以上。計田賦徵實出玉米十八斤半，公平負擔每畝六斤半，鄉自治捐款每季爲玉米二斤，此外有新兵費，過境費，代役費及五十畝大戶出槍一枝變爲五十畝各戶拚出一枝。那位區長先生談：

「鹿圈鄉四萬畝地，有一半在本鄉是沒有名字的。當我們去問他們時候都說，什麼大不了的事我自會找你們縣長去談，我們縣長都不敢得罪他們，我們又怎敢非逼他們不可。」

二萬畝田地的主人爲自己出負擔不算，還爲另外二萬畝代付一切，這就是「公平負擔」。誰也贊成不再敲骨榨油，而要向大戶割脂肪，可是當劉瑤章議長巡視各縣，證實到處的地主不單逃避兵役捐之外，連本身應繳的田賦都拒納。執政者爲了安定區的安定，却不肯開刀。

這也就是在城中的豪門特捐，變來變去成爲救濟特捐的理由。

五

農業國家誰都知道有一件頂重要的事就是「不違農時」，只有戰爭却不顧一切，要求老百姓把一切貢獻於戰爭，却忘記了他們的一切活動都不能脫離鄉村與人民的供養。

大地荒蕪着，春雨貴如油，正在大如人願地落着。田隴中的泥土散佈着誘人的香氣，肥料在那裡醱酵，一切都到了迫不及待的時候。徵兵了，徵捐了，飛機場四週的工事壕溝因落雨而坍了，一切都要人去修，而地表下一丈就到了水平面，民夫們從冬天起就半身浸在水裡，怎奈土性不能變更，成千的人在那裡掘，堵，培，可是並不是爲了生產與播種。

最吃力的却是繁星一般的碉堡，在堡壘的周圍要修築鹿砦，這一圈兒工壕深了不是，淺了也不是，這個排長叫加深一尺，那個上士又叫減低五寸。於是老百姓不能忍耐，那些有槍的自衞隊們到底性子急，於是便舉起槍來，說道：

「你們有個準樣兒沒有，不然，我就和你拚了」。

好說歹說才算把這對持局面鬆弛下來，農夫們因此可以暫時收工來補種自己的春禾。說起種地來，又叫人起了心痛的事，就是三十一年時，日本人爲了飛機場在那圈外再圈了五千畝地作了油糧庫，這都是最好的水澆地，被圈上一重鐵絲網，從此就荒蕪起來，一直過了七年，就任他荒蕪着，從沒有人加以注意，在飛機上下視，也許還以爲雜草是麥子。

政府高唱屯墾，力倡增產，可是與其把難民們送到濱海的茶淀車糧城，又何不就先向佔用機關收回這塊土地，讓在脚底下的荒田可以復興，再退一步說，取消了那周圍的鐵絲網，附近的老百姓就决不肯眼巴巴地讓他閒着長草。

如今這五千畝地的外圍鐵絲網仍然是通電的，牛羊都吃過虧也不敢去碰，今年春天，有一位想盡法子求死的女人，她想不到那麼痛快，只去摸了一下電網，便立刻結束了她的生命。這個痛苦的回憶，烙印在每個需要土地的農民心裡。

深各莊的決加流了九年，沒有城市的人去管他；飛機場邊的舊油糧庫，地主們對那裡已然死了心，便從不會引起他們重作生產的希望。一切都是為了城市的人，何嘗分過一點閒心給鄉村？

六

鄉村已然控制城市，鄉村今天已在為自己的需要而創造城市，已有了一套方式。城市不放棄鄉村，城市今天要按着自己的需要來創造鄉村，也有了一套辦法。

鄉村創造的城市，與城市扶植的鄉村，為了兩種的既得利益而奮鬥下去，在這個運動的過程中，就是要分裂了中間層，分別到兩個相反的方向，每一方面都要爭取大多數。

緊張驚險的南京學潮（南京通訊）

燕然

一 多事的五月

多事的五月，是青年們最活躍最興奮的季節，也是一部分人認為最「頭痛」的季節；歷年如此，今年也不例外。

因為今年是「行憲年」，所以今年的五月，也似乎因為行憲而特別熱烈。五月一日國民大會閉幕以後，緊接着便是立法院會議，立法院正副院長的爭奪戰，和行政院長的幕後逐鹿。這一連串的鬧劇，至正副總統就職時達最高潮，而湊巧正副總統就職的那天，正是「五·二〇」的周年紀念日，正是南京學生活動到最高潮的時候。這兩個高潮碰在一起，便在首都鬱悶的天空中，爆發了「五二〇」事件的鬱雷。

政府行憲的目的，有人說與爭取美援有關，但主要的自然在爭取民心。可是國大召開的結果，卻暴露了更多的弱點和離心力，更增強了人民的失望。就南京的學生來說吧，對於政府一連串的粉飾作法根本不發生興趣，只在自己的天地裡紀念「五四」，在「五四」的一連串的活動之後，又接着紀念「五·二〇。」

二 軒然大波

「五·二〇」紀念大會，原定五月二十日舉行，可是當天下雨，便決定順延一日。

五月二十一日的第一個紀念活動，便是在丁家橋舉行漫畫展覽，大約是因為內容過於諷刺，使一些人認為「荒謬難堪，」下午便有不明身份的青年，約四十人衝進展覽場，把全部漫畫撕毀，然後呼嘯而去。

晚上七時，在四牌樓中大操場舉行「紀念晚會，」到各校學生和附近市民約四五千人。晚會開始後，首先靜默一分鐘，向被難同學誌哀。接着主席報告紀念「五·二〇」的意義和朗誦大會宣言；並請去年五月二十日受傷的同學致詞，和張西曼教授講演；最後上海交通大學代表獻錦旗，錦旗上書「攜手走向光明，」交大代表並致詞，除代表上海學生向去年受傷同學致敬外，希望「全國同學團結起來。」全體高呼口號後，紀念儀式便告完成，立即開始表演游藝節目。

第一個節目是「歌聯」百餘人合唱「精誠團結，」「青年在怒吼！」和「凶手，你逃不了！」合唱之後，由劇聯表演活報劇「典型猶在。」全劇共分三幕，是描寫「袁世凱」的。內容也和漫畫展覽一樣，很富刺激性。九點三刻，正表演到第二幕的時候，忽然在西角上發生一陣騷動，約有二十個學生，突破觀衆的圈，衝進會場，把掛汽燈和支持電燈的架子折亂推倒，汽燈落地打碎，電燈也完全熄滅，全場陷於極端混亂的狀態。目的達到，便趁混亂逃走，這時多數同學群起搜捉，捉到兩個人。一名倪郁文，十九歲，江蘇揚州人，是市立中學高二學生。一名朱治民，也是市立四中的學生，約二十歲，是江蘇鹽城人。在他們身上搜出五百十一萬元支票一張，市立四中學生和××聯合委員會圖記一顆，還有學生證，初中畢業證書，和××團團證一枚。當即把二人挾持繞場一周，然後送到校警室看管。

騷亂共約三十分鐘，秩序恢復後，游藝繼續進行。並由劇專學生立即編就一個活報劇：「分審××。」散會後主席團臨時決定：（一）二十二日全體罷課一天，以表抗議。（二）二十二日晚上在金大舉行大團結晚會。（三）籌備組織南京學生聯防。

散會以後金陵大學學生孫桂筠斬亮二人由中大回金大，經過中山路被一羣不明身份的人圍毆，攜帶的照像架也告遺失，毆後同被架走。另有中央大學學生廖景亞，李素誠二人，也在散會後秘密失踪了。

中大和金大學生聽說有同學被捕，五月二十二日上午先後集結幾百人到中山路把青年部包圍，營救被捕同學。大家情緒很激昂，要求立即無條件釋放被捕同學，並嚴懲凶手，賠償損失，保證以後不發生類似事件。由青年部的幾位秘書接見學生代表，謂青年部無權捕人，也從來沒有捕人，逮捕學生的大約是治安機關。然後由金大訓導長范謙忠，中大訓導長沙學俊分別向衛戍部交涉，均保釋回校。包圍青年部的學生見目的已達，分別返校。途中呼口號：「打倒中國『×』民黨！」並做「打倒列强」的老調子，編唱：「打倒××，打倒××，要垮合！要垮合！」最後並宣誓實行各校學生大聯防，決定再罷課三天。

三 插曲

首都的報紙大半是官方和半官方的，對於這次事情的經過的報導，除一兩家報紙外，完全採用中央社的電訊，認為這些糾紛都是少數職業學生引起的。紀念晚會的糾紛是因為「羣情憤激，以致引起衝突。」晚會上彼捉的學生朱治民還投函各報，內稱：「前大晚上，我陪同學，到四牌樓會場上參觀「五、二〇」紀念晚會，在九時後，因為他們演講詞和劇情裏肆意誣毀政府，侮辱元首，他們是替共匪掩飾罪惡，一時羣情激憤，秩序極為混亂，當時我被擠在中間包圍層中，他們不分皂白，把我綁起來，當作「暴徒」，誣我破壞他們的晚會，我是四中高一的學生，我那有力量「破壞」？但他們不容我分辯，在一辟吆喝之下，於是中大職業學生便蜂湧而上，用火把，木棍拷打，一直到我不省人事為止，這時他們便搜索全身，計被搜去身份證、學生證、初中畢業證書、南京市第四中學購食委員會圖章一聯，還有復和醬園向我們購委會提款五百一十萬元的通知單，他們便藉口說這是××津貼我的證據，在他們勢力之下我是絕對不好分辯，況且他們為要擴大事態，並且要借此為題鼓動學潮，便把我送中大校警室，想逼我口供，我貧在無事可供，僅僅請他們把我放回去，他們見計不售，在正義的讀責下送到衛戍司令部，我舍了一腔穿屈無處伸訴，只好隨他們罷佈了。」

最後辟明他是，「一個純潔的青年，」而「竟遭受這種冤屈，」因此「呼籲社會人士主持正義。」中央日報還把他的照片刊了出來。

五月二十四日，還有幾百市立四中的學生結隊到中大，為朱治民受傷向中大抗議，並向中大代理校長戚壽南請願。後經市立四中的校長王文新趕到，費了許多唇舌才勸了回去，幸未發生意外事件。

四 尾聲

中大，金大，金女大等校，除決定自二十二日起罷課三天外，並實行「一傳十」宣傳運動，決定二十三日在金大舉行「團結晚會。」政府對付的辦法非常簡單，便是「決不姑息！」教部對中大金大的指示是：「對此少數違法越軌份子，不能再予姑息，應違即制止，嚴予處辦。並查明為首學生，開除學籍，以肅學風。」儆戒總司令部也電中大，金大兩校，請制止兩校學生「勿觸犯法令，妨礙治安，並貽誤學業。」並稱：「如乃輩自甘暴戾，定將依法辦理，毫不寬貸。」

中大金大接到電示以後，兩校負責人便分別勸阻，兩校院系聯合會當即決定接受校方勸導，停止學行「團結晚會，」並於二十四日罷課期滿後，二十五日正式復課。

從表面上看來，這一連串的風波，將隨着多事的五月的完結而告一段落。可是實際上問題並沒有解決，許多青年的心理，都在劇烈的轉變着，政府和青年的距離，在愈來愈遠。筆者曾經訪問過許多思想溫和的大學生，他們都表示已經不再對現狀存什麼希望。談到政府對付青年的手段，他們認為：「就是原子彈也不能阻止心理的轉變，如果不在根本上設法爭取青年，一切手段都是徒勞的。」

（五月二十五日）

文藝

老鄉親

——江行雜記——

艾蕪

船過漢口，我住的三等艙里，便另換了一批客人。他們大約是一家商號上的職員，回到沙市去過年的。講起話來，同四川話差不多，只是裏面夾雜不少的「麼事」，和一些特殊的字眼，像把「熱」稱爲「耐」之類。他們顯然不是小職員，彼此之間，都是「先生，先生」地稱呼。在我們對面鋪上，一個喊做龔先生的中年人，他的墊毡上，偕加有一層狐皮。我帶在船上看的一本詩經，他也有時拿去讀讀。

他們喜歡隨便取用別個生人的茶杯洋火，並不打個招呼。這頗引起我的兩位同伴的的討厭，暗地里皺起眉頭。我明白，這不是由於吝嗇，而是怪他們太沒禮貌。他們最愛隨地吐痰，明明有痰盂擺起，都怕走幾步路或下一下床的麻煩。屋子裏開着對面鋪，中間只空出一小條巷道，僅可以走過人，行李都擺不下。就在這樣窄窄的地板上，到處點綴起口痰，而坐在床鋪上過日子的人，眼睛簡直無法避開，眞是心里怪難受的。我幾次開門出去，想在船欄邊上站站，都爲江上狂吹的風雪趕了進來。請他們不要吐在地板上，但他們只到痰盂邊上去個次把，隨又忘記了。你自己都不好意思，每次招呼他們講衞生，只有對他行下注目禮而已。他們感覺到你在注意，就用鞋底把痰擦掉。有的就不管三七二十一，吐了就仍舊睡他的，或者悠悠然吃他的煙。到了晚上，沒有人行注目禮了，他們就更加吐得放肆，地板上的痰，多得來可以滑得倒過路的人。我的斜對面鋪上，一位姓周的，白天納頭睏覺，晚上則一個人坐起來，算賬，數鈔票，一面則吸煙，咳嗽，吐痰，地板上可觀的成績，以他吐的爲最多。

我漸漸知道他們是湖北麻城人，和我七八代前的祖先，正是極親的小同鄉。他們在漢口沙市一帶做生意，離開麻城已經很久了。但他們對於麻城，仍是十分熟悉的，那兒光濯濯的童山，出產棉花的田野，以及一些窮苦的村落人家，都能生動地給我一些印象。這個曾經爲我前代祖先耕種過的老地方，一時頗爲親切地吸引着我了，我很想有機會能去巡禮一次，覺得這像回那生長我的四川的家鄉，一樣地有興味似的。我便問他們去麻城的路，好不好走，現在路上清不清靜。他們便告訴我，去那里的公路，業已破壞，不容易走去。談話當然就得涉及戰事以至國事了，於是他們都機警地沉默下來。吃煙的便抽出香煙，到別一個人那里去借火；不吃煙的，也作聲咳嗽起來準備到什麼地方去吐一下。顯然他們的嘴巴，也並不是全像吐痰那樣肆無忌憚的。

有一次，談到漢口的洋貨，較之上海便宜，係由於香港那面打粵漢路走私進來，麻城人的龔先生便羨慕香港起來，說是過年以後，也想到那邊去買點貨，並問到那邊的生活情形，是不是與個個人都要穿起筆挺的西裝。他在這麼問的時候，自然有些興奮，甚至忘乎其境了，口里的痰，便拔搭一聲，吐在我的鞋子邊上。我同他談了一會，便不經意似地說道：

「香港那地方，有一點頂不自由。」

「麼事？」

「就是不能隨地吐痰？」

他剛好又有痰吐出，便立刻走到痰盂那里去吐了，而他轉身過來的臉子，却是通紅的，頗爲不好意思，顯然他以爲我在諷刺他了。我便把報上看來的新聞告訴他，有個中國人從九龍搭輪渡到香港，隨便吐了一口痰，偕不是吐在船板上，只是吐在海面上，也給同船的外國人拉到警察局去，到後來罰了十元港幣，才放了出來。我自然講的很認眞，並說明外國人是一向很注重公共衞生的。也相信了，偕驚異地說：

「喲，依黑市算來，那不是罰了三十萬麼？咳，一口痰？」

「所以那里是頂不自由的了！」我禁不住詼諧地說。

麻城人的龔先生，便搔搔頭，微笑着，搭訕地說：

只要與大家都不亂吐，哪個偕那個喃！人到一個地方，總容易學乖的？」

我心里不禁暗暗地想想：容易學乖，善於適合環境，這就是中國人的長處麼？古舊的中國，老是遠遠地落在別個國家的後面，可就是受這種長處的賜予嗎？

本刊編輯部啓事

（1）本刊暫闢短評，專論，辯論，論壇，通訊，文藝，我們的意見，書評，讀者來書等欄，**每欄均歡迎投稿。**

（2）本刊對於通訊一欄，想盡量充實，希望各地讀者合作，從全國各地，給我們以該處政治，經濟，軍事，社會各方面事實的報導。每篇通訊，以二千字至四千字爲合式，特別歡迎瀋陽，長春，天津，西安，開封，蘭州，廸化，濟南，靑島，上海，南京，杭州，南昌，九江，贛州，蕪湖，安慶，蚌埠，漢口，宜昌，重慶，成都，貴陽，昆明，梧州，柳州，廣州，長沙，衡陽，香港，台北等地讀者賜稿。

（3）決定採用之稿，立即寄奉稿費。稿費按戰前幣值計算，每千字自貳元五角至三元，依主計處每月公佈的各地生活指數計算。

（4）本刊各欄，除專論，論壇，及我們的意見，一律用眞姓名發表外，其餘用眞姓名或筆名，聽作者自便。但文責一律由作者自負，作者並須以眞姓名見告。

（5）來稿請直接寄北平東直門大街九十八號本刊編輯部。上海辦事處，專辦發行工作，不收稿件。

內政部登記證京警字第二三四號

本期定價四萬元

新路 周刊

第一卷第六期

CASER THE NEW ROAD

辯論 專論 通訊

短評
(一)司徒大使的聲明 (二)中美友誼的考驗
(三)從政變到貝奈斯辭職 (四)預備上幾課?

用和平方法能否實現社會主義
(一)用和平方法能實現社會主義 烱章
(二)用和平方法不能實現社會主義 負生
(三)答負生
(四)答烱章

論一元化 呂克難

訓練服務和研究 林耀華

城鄉關係:敵乎?友乎? 袁方

一二九的重演(北平通訊) 本刊特約記者

人民過這樣的日子(華北通訊) 本刊特約記者

中央大學的教授們(南京通訊) 本刊讀者投書

文藝:哀念 李蕤

書評:方生未死之間 似彭

中國社會經濟研究會發行

民國三十七年六月十九日出版

短評

司徒大使的聲明

本月四日，美國駐華大使司徒雷登博士，鑒於最近中國反對美國扶植日本政策運動的發展，發表了一篇帶有警告性和恫嚇性的書面聲明。這聲明引起了各方面的注意與驚訝，激動了愛國青年的憤慨與抗議，使反對扶日政策的情緒更加强烈，反對扶日政策的决心更爲堅定。

司徒大使聲明中關於爲美國政策辯護的部份，我們無庸在這裡多說，事實勝於雄辯，近來美國對日本的步步放鬆，處處容縱，使日本恢復軍備與經濟侵略的可能性天天增加，絕不是巧詞强辯所能遮掩的。但是我們覺得這沒有什麼奇怪，因爲替本國政府辯護，甚而說謊，本來是做大使的份內事。最使我們驚奇的是司徒大使對於此次運動發起的動機和背景的看法，與聲明中所謂「準備承受行動之結果」的恫嚇。關於動機和背景，司徒大使沒有明確指出，他只說他「曾援有關於此種來源與用意之各種不同報告」，可見司徒大使認爲此次運動的來源與用意是非常的複雜，不是以所謂「職業學生」的煽動所能解釋的。關於恫嚇性的「後果」，司徒大使在回答記者詢問時，說明指的是「有碍援華」。那麼，這種恫嚇可能發生效果的對象，一定是不反對美援，歡迎美援，求乞美援方面的人士。同時也可以說，司徒大使心目中，此次發動反扶日運動的主角是屬於這一類的人物。不然的話，對於素來反對美援，認爲目前方式的美援是助長內戰的人，這種恫嚇豈非正中下懷。

我們願意正告司徒大使，中國受了五十年日本的侵略壓迫，經過八年的抗戰犧牲，中國人是不會忘記的。反對美國扶植日本政策的運動，儘管有人從中利用，這運動本身是純潔愛國精神的表現，沒有人可以隨便加以侮蔑干涉的。我們更要正告司徒大使，違反人民意願的「外援」，危害人民利益的「外援」不能作爲要挾人民的法實，一個眞正代表人民利益的政府絕不敢，也不會被允許，以外援作爲危害本國成全他國政策的交換品。（謹）

中美友誼的考驗

國與國之間，正如同個人與個人之間，眞摯的友誼勝過建立在利害關係上的交情。基於利害關係上的交情，假使不能進步到具有道義的成份之交，利害關係一變，那份交情可以頓時消滅。成了道義之交後，假使不幸而發生劇烈的利害衝突，友誼可能爲之動搖，但有摯情的朋友間，憑一個忠字可以事先防止鬧成僵局，憑一個恕字可以事後不讓局面惡化，往往終保全了友誼。

中美間傳統的友誼，除非有人存心硬要將它塗得漆黑，說它骨子裏浸透了利的貪圖，我們想，不能不承認它含有很高程度的道義成份。中美國力不相等，最知道領受這份道義的，珍惜這份道義的，自然還是中國人民。中日戰起，美國有心支援中國，然不肯放膽做去，要等珍珠港之變發生，並肩作戰之局始趨確定。對於美國這樣瞻顧遲疑，中國人民未嘗苛責，這是因爲中國人民相信美國政府和人民不至賣友，遂爾甯願想到人家的困難，而曲予原諒。雅爾達密約爲中蘇訂約先作了一番擺布，中國人民負着沉重的心情，知道了有此密約之後，對於美國這樣做，未嘗怒目相視，這是因爲中國人民相信故羅斯福總統是一位眞摯的中國的友人，遂爾甯願想到他的苦衷，而曲予原諒。爲企圖打開國共兩黨間的僵局，馬歇爾特使來華，居間作成政治協商，中國人民深爲感動。對其自重慶到了南京之後，八次冒暑上廬山，尤致同情。俟其失敗而行，發布臨別之言，中國人民對於他的未能完成其調人之使命甚覺遺憾，然認爲這位諍友究屬難得，凡其所言究屬爲中國人民自己所欲言者。中國政府對馬歇爾冷酷，中國人民則寄予無限同情，此節美國朋友必深知之。

美國朋友應該認識，中國對美國之友誼，蓋植在中國人民之中，美國之在中國之博得中國人民的好感，蓋由於中國人民以爲美國對中國向肯作正義的聲援，尚未發現過自己先有一個利害之存心，爲求推行其政策，至不惜忽視中國人民之利益，有如今日在扶植日本一事上之所爲。

中國人民這份信賴，是否將被證明是錯信錯賴了呢？現在受考驗的應該是美國朋友。（敏）

從政變到貝奈斯辭職

捷克總統貝奈斯於六月七日在新憲法頒布之前二十四小時辭職。倫敦人士覺得貝奈斯的行動是共黨二月政變的邏輯上的結果。我們想，這個看法誰都可以同意。普拉格八日電訊並報告貝奈斯在辭職信中向全國發致下面的祝福詞：「讓所有人在容忍，愛和寬恕之中生活與工作，讓別人有自由，而且享受他們自己的自由。」三個多月來緘默的貝奈斯終于發出沉痛的臨別贈言而悄然卸去其仔肩了！

捷克二月政變本身，已夠戲劇性的了。若再予襯托上斯拉夫種族性，地理環境及歷史傳統，異族侵併及建國復國，思想衝突及權力政治之劃分歐洲成兩大壁壘，以之爲近景，遠景及較遠景，它是一部好劇本的題材。此一戲劇如寫成而當得起成功之譽，將是一部嚴肅的神聖的可歌可泣的史詩劇。

世人之論捷克政變，歸納起來，不出兩點。其一，謂幸頗有此一幕感動了西歐與美洲之警覺，西歐之團結遂因之立刻加强，美國之經濟援歐遂得順利通過於國會而立付實施。乃至意大利四月選舉中共黨之未能制勝，與東西兩壁壘間之所短只有戰爭而近來情勢似乎反趨緩和，亦有人認爲係拜捷克政變之賜。是蓋西歐與美國着眼于世界政治趨向者所作之評論。另一方面，則注重其在思想上之襲擊力，說它震破了「中間路線」，「東西橋梁」及其它類乎此之妄想，而加速了截然只有左右，不屬左便屬右之傾向。誠然，有多少人爲之困惑？有多少人爲之煩惱？政變初期小馬薩里克之自殺，今日貝奈斯之在新法頒布前辭總統職，促成之者何嘗不是此困惑與憤惱？

我們認爲這種看法，就其事之嚴肅性言，未免失之膚淺。若肯從領會悲劇意的心情去看，當可覺察出此中蓋有殉道之精神在，甯願人類極端珍貴之。（民）

預備上幾課？

在六月四日翁院長招待立委的茶會中，有幾位新聞記者問新任財政部長王雲五，在他五日就職以後，是否將有新政發表。王氏滿臉笑容答稱：「我對於這件事是外行，還得學習學習。明天是我開始去上課的日子。」

政務官本不一定要專家去充任。在政治上軌道的國家，政務官往往都不是該管範圍內的專家，對於本部事務的技術方面，多半不一定能澈底明瞭。這種國家的政務所以能仍舊有效推進的原因，有下列兩端：（一）各部內有眞正是專家的公務員，這些事務官並不與政務官同進退，對於本管的事務有經驗有研究。關於技術方面的事情，這些公務員必作主張，政務官對於他們的主張也必然尊重。（二）政務官對於本部的事務，雖非專家，但一定有興趣，有大的見解，有一些主張和抱負要見諸實施。

我國的財政部對於這兩個條件都不能符合。部中的主要員司有一大半是「科班出身」（多年寫等因奉此、照「諭」辦稟而爬上來的），對於財政並無專門的研究。在這種情形下，財政部長如再無關於財政方面學識與經驗，則將如何是好？我們從來沒有聽見過王雲五先生對於財政方面有過什麼大的見解，有什麼主張和抱負。同時，他本來不想就，而是經總統「曉以大義」然後勉强出來的；可見他對於財政並沒有什麼興趣。沒有抱負和興趣，如何能把事辦好？

我們相信王氏在說他自己是「外行」，「明天開始去上課」等話時，他並不是在客氣；他若眞是在說客氣話他就缺乏自知之明了。我們也相信他並不是在高興之餘說兩句俏皮話，要要幽默；對於財政這一件事，人民實實在在的再無心情欣賞幽默了。

我們對於王氏並無惡感。他在加入政府以後，雖並無建樹（誰有建樹？），但也並無劣跡，同時他究竟還是在文化方面有過一些貢獻的人。很可能的，他甚或比由姻親擔任的內賬房式的財政部長，或是由純粹官僚擔任的外賬房式的財政部長，還要好一些。但是在這種時候，派一個並非純粹新人，而是一個十足外行的人，來擔任這與全國人民休戚相關的財政部長，實在是近乎兒戲。

王部長趕緊多上幾課吧！時間可能不太富裕了。人民在抽緊了腰帶等你畢業：（汝）

○○辯論○○

用和平方法能否實現社會主義？

一 用和平方法能實現社會主義

炳章

我們都假定社會主義包含私有財產制度的廢止，我還是認爲不訴諸武力的革命照樣能實現社會主義。顯然地，我們祇是就原則上作檢討，我們不打算對於業已用武力革命完成實現社會主義的國家加以推崇或批評，我們也不打算對於正在用武力革命或正在用和平方法期能實現社會主義的國家論斷其得失。今試從三方面來發揮我認爲用和平方法能實現社會主義的看法。

第一，認爲用和平方法能實現社會主義，並非否認用武力革命實現社會主義的可能性，也並非否認革命爲人民的神聖權利。用武力革命可能實現社會主義，已有具體國家的事實——俄國革命——可以證實，我們毋庸置辯，我祇是企圖說明，卽使不訴諸武力的革命也照樣能實現社會主義。此其一。革命是人民的神聖權利，我們認爲用和平方法能實現社會主義，並沒有否認人民的這個神聖權利。在法律秩序之下，革命固然是一種違法行動，但它無疑是一個超越法律的政治問題，祇要我們承認政府對於人民的要求是有限度的，或人民對於政府的忠誠是有條件的，我們必須爲人民保留於必要時可以拿出來行使的神聖權利。然而我們儘管主張革命的權利不可剝奪，它總是一種最後的手段；我們一方面作如是觀，另一方面仍可堅持用和平方法去實現社會主義。此其二。

第二，與武力相對的是理性，人類歷史的演變到現在的階段，理性已被公認爲我們所應努力建立的政治的基礎。人類的理性特質正是人類的驕傲，發揮理性在政治中的支配力量正是我們每一個人的時代使命。反理性的行爲之表現於國內政治者是叛亂或革命，反理性的行爲之表現於國際政治者是戰爭。這些都是政治上的不正常現象，因爲它們的發生，皆由於人們有運用和平手段的機會而不運用，或有合理的辦法存在而人們不使其有被採納的可能。然而我們絕非無條件地爲國內或國際的現狀辯護，因爲我們並無一個概念中的國內秩序或國際和平，我們也決不以爲革命或戰爭本身有好壞，其本身包含是非。我們祇計較在特殊的客觀場合下，國內秩序有無存在的理由，或値得不値得維護；同樣的，我們也祇計較在特殊的客觀場合下，國際和平有無存在的理由，或値得不値得保持。祇要我們還覺得理性[illegible]應該不斷發揚光大的一個特質，我們就應該使它在人類生活的各方面都[illegible]其應得的地位。若就人類的政治生活方面來說，當理性爲人民所尊重時，他們決不會毫不加思索地施用暴力來應付明明用合理辦法卽能迎刃而解的問題。我們對於用何種方法實現包含廢止私有財產制度的社會主義的看法，亦復如此。除非理性已全部被抹煞，除非統治關係已廢棄了理性而以迫害恐怖爲基礎，在那種情形之下，革命是唯一的解放途徑，否則我們不應該停止對於理性的追求。卽使是廢止私有財產制度，實現社會主義，而所需要的時間或許會長些，所遭遇的困難也或許要多些，我們不能因此放棄了基於理性的和平方法。這就是說，假如我們的目標是實現社會主義，而擺在我們面前的有兩條都可以到達這目標的路，一條是理性的路，它是一條崎嶇的遠路，一條是反理性的路，它是一條平坦的捷徑，我們的選擇應該是第一條路，而不是第二條路。何以呢？其理甚明，我們的理想既在建立政治的理性基礎，我們當然希望基於理性的策動而實現的社會主義。

第三，爲要使社會主義實現後能夠持久起見，採取和平方法較之訴諸武力革命實勝一籌。這裡我們又能夠看到理性對於政治的莫大貢獻。政治上的和平方法包含說服，自由的選擇，與同意，它們都是理性在政治上的表現。反之，革命則包含殘殺，恐怖，與强制，其結果必然是憤怒與仇恨。所以如果訴諸武力革命，而用殘殺，恐怖，與强制來實現社會主義，我們承認革命可以成功，可是革命後的那幅景象却是不甚愉快的。因爲在廢止了私有財產制度以後，有階級的社會一變而爲無階級的社會，大部份翻了身，但他們好像只是做了一場夢，感覺痛快，而不知究竟；至於另一部份人，也正因爲不知事情的究竟，他們沒有機會能把觀念立刻改變過來，於是心中充滿着憤怒與仇恨。爲了一般人都莫明事情的究竟，同時又因爲要不是求痛快，就是憤怒或仇恨，結果是在用了殘殺，恐怖，與强制贏得了革命的成功以後，不能不繼續地沿用殘殺，恐怖，與强制去維持新建立的社會秩序。這是理性在政治上被抹煞後的必然結局，也正是新社會秩序始終在風雨飄搖中，以及把四週所有的人們視作敵人的根本原因。相反的，如果採取和平方法，而用說服，自由的選擇，與同意來實現社會主義，經歷當然要艱難得多，目標最後總會達到，而結果却一定十分圓滿的。因爲私有財產制度儘管廢止了，有階級的社會也儘管一變而爲無階級的社會了，那些翻了身的大部份人並不以一種不健全的痛快心理來承受新的社會地位，他們理智地認爲社會主義制度值得維護；至於另一部份人，也正因爲理智地認爲社會主義制度值得維護，他們被說服而忍受，他們獲得充分的機會與充裕的時間把舊觀念完全改變過來，沒有仇恨，也不憤怒。爲了一般人都是基於理性被說服，自由地選擇而同意致全力維護社會主義制度，新建的社會秩序就用不着殘殺，恐怖，與强制去維持，它不但可以持久，且又能在正常的，理智的，與和平的狀態下逐步跟着時代前進。

我的結論是：我們雖不否認人民於必要時得行使[illegible]的神聖權利，我們還是不應該放棄理性得能克服一切困難的信心。我們爲了愛護我們所要求實現的社會主義，所以主張儘可能先考慮如何配合客觀的環境，用和平方法來達到目的。

二　用和平方法不能實現社會主義

貧　生

社會主義這個名詞有許多不同的定義。但我們現在用這名詞，大體是指：一種根本取消私有財產，澈底施行計劃經濟的社會。

因爲取消了私產，所以：不再有貧富不均的現象，因而就實現了社會經濟上的平等；有了這種平等，才又會實現眞正的自由。又因爲澈底實行了計劃經濟，所以：不再有社會生產的無政府狀態，因而可以根絕失業，並且使供求呼應。凡此種種，都是社會主義必然的結果。

如果以這樣的社會主義爲一理想，爲我們人類社會經濟發展所趨赴的目標，我認爲凡是沒有特殊偏見的開明人士，都是會贊同的。爭論的焦點乃在：用什麼手段來達到這個目標？

有人提出來强力的手段（如馬克斯派社會主義），主張由無產階級用階級鬥爭强力的手段，奪取資產階級所掌握的政權，然後實行無產階級專政，來推行取消私產，計劃經濟等措施。又有人（如英國的費邊社會主義派）認爲：上述社會主義的目標固然很好，但不贊成强力革命的手段；他們主張用和平的方法實現社會主義。

二次大戰以後，英國工黨政府就在實行着費邊社會主義的主張。因爲戰後英國的經濟極度艱難，一般英國人民都深知：英國能否從這艱難的局面中掙扎出來，繫乎未來的國運，所以工黨政府把有些企業國有國營的措施，才受輿論所支持，才被資本家所隱忍。然而，這件事實却激動了「和平轉變」(peaceful change) 論者。他們想：用和平的方法是可以達到社會主義的！英國人很可能用議會這個萬能的機構以社會主義的立法 (socialistic legislation)，來把整個英國社會變成爲一個社會主義的社會！

固然，在這「和平的方法」的背面，蘊藏着如許悲天憫人避免犧牲的善意，但我總認爲：假如取消私產制度乃是社會主義一個最基本的條件的話，則用和平的方法終於是不能實現社會主義的。欲達到社會主義的目標，亦即欲取消私產，非用强力不可。讓我說說我的理由。

（一）我們得先問：取消誰的私產？私產是個籠統的概念，版稅、發明權、利潤、租稅等都是私產，究竟取消那一種、那幾種、或者全取消呢？這個問題很有爭辯的餘地，我們姑且不談。我們爲了本文的目的，姑且以利潤 (profit) 和租稅 (rent) 爲私產，因此所謂取消私產，就是取消資本家（又稱資產階級，下同）和地主的私產。

（二）其次我們要問：資產階級（資本家、地主）對於他們的私產怎樣看法？是視同性命呢，還是無足重輕？關於此點，我們願意指明：資產階級對於他們的私產有一種極自私的錯覺。他們認爲：『你取消了我當做資產階級的存在，就等於取消我唯一的存在！』這就是說：不允許他們過那種奢靡豪華的生活，他們的感受就等於不叫他們活着！這是什麼邏輯？可是事實上，古往今來有錢的人都有此「同感」，因此，他們才視財如命，死不捨棄。

（三）既明上述兩點，我們便要再問：是誰來取消資產階級的私產？兩個可能：一個是政府，另一個是人民。本節先說政府。假定從事取消任務者是政府，也有三種可能：

一、假定政府是袒護資產階級的（亦即代表他們利益的）：則這種政府根本不會取消私有產的企圖。因爲那就等於說：資產階級本身取消資產階級的私產，按第（二）節所說的情形，這顯然是不可能的。

二、假定政府是中立的（姑且認爲中產階級有其固定的特殊利益，而中立的政府就代表他們的利益。不過，關於此點，我先聲明，還有保留的意見）：那就是說，他們可以企圖取消資產階級的私產。那麼，我認爲：即使這種政府想用和平的方法來取消資產階級的私產，但亦必遇到資產階級强力的反抗。到了那個時候，不是無產、中產階級「革」資產階級的「命」，反而是資產階級要「革」他們的「命」了。資產階級對於他們存亡持續（即使是錯覺）的鬥爭，當然是不惜用强力的。假如他們企圖用强力來消滅中產階級的中立政府，那麼後者是不是也被迫而用强力的手段來對付他們呢？如果不然，那麼，取消資產階級的私產又成泡影；如果是要用强力，那麼，可見取消這種私產還得靠强力！

三、假定政府是袒護無產階級的：這情形也有幾個小的可能。第一個可能是：這政府取得政權即必是用强力（舊法律系統外的强力）革命得來的，如蘇聯。而他取得政權之後開始實施取消私產的工作，也必用强力（新法律系統內的强力）壓迫不可，用和平的說服是不可能的，也如蘇聯。第二個可能是：這政府取得政權是用和平的手段，這在理論上是不可能的．在事實上，尙無此例。英國的工黨顯然不是代表無產階級利益的。我們要注意的是：即使有一天英國共產黨用和平的方法取得政權，但當他們執政後澈底實施取消資產階級的私產時，他們也必須使用强力的壓迫方可；而對於這種强力的壓迫，也必遭遇到强力的反抗，因爲那侵犯了資產階級神聖的財產權利，那仍然需要强力來最後解決一切。

（四）假如這取消私產的任務不是政府做，而是人民做，那麼：一、如果這「人民」是資產階級，這顯然是不可能的，因爲照上述第（二）節的理由，這等於『自掘坟墓』。二、如果這「人民」是中產階級，他們百分之九十九的可能不會有這企圖，因爲他們的行爲不會和無產階級的利益一致。即使百分之一的可能有這企圖，但在實現這種企圖時，也必須使用强力，理由同（三）二，玆不多贅。三、假定這「人民」是無產階級，那麼這自然是最大可能的，但是他們也必須使用强力（舊法律系統外的强力，如蘇聯），而後才能達到取得政權，取消私產的目的。闡釋最後一個可能的文章很多，我不必再多說。

最後我願意提醒：在現存有私產制度的國家中實現社會主義的社會的工作，不能期望政府來做，因爲這種國家中的政府，大都代表資產階級的利益，受資產階級的支配，它們根本不會有這種企圖。欲實現社會主義取消私產非推翻這種性質的政府不可，但這似乎就非由無產階級與一部分前進的小資產階級聯合用强力的手段不可了。

最後，我還有一句聲明：用徵收各種稅目（即使是極重的稅）的方法，來加重資產階級的擔負，甚至使他們「幾乎」不成其爲「資產階級」，我都認爲不是澈底地取消他們的私產。

炳章

三 答 負 生

我們對於社會主義這個名詞的基本假定，總算沒有歧異，也就是負生先生所稱「一種根本取消私有財產，澈底施行計劃經濟的社會。」不過有一點，我雖不打算在此提出來辯論，但不能不有相當的保留。負生先生爲說明社會主義的必然結果起見，曾提及有了社會經濟上的平等，「才又會實現眞正的自由。」以我的看法，我願意重視自由與平等兩者的相互關係，這就是說，沒有平等的話，自由是虛假的，而沒有自由的話，平等也是沒有意義的；我不以單方面的平等與自由的因果關係爲一種正確的對於事態的認識。我的這種看法，與我所持用和平方法能實現社會主義的主張，直接間接都有連帶關係。

負生先生說用和平方法實現社會主義，「蘊藏着如許悲天憫人避免犧牲

的善意」，其實，和平方法雖可以避免犧牲，卻不一定單純地由於悲天憫人的心理。我在正文中曾說發揮理性在政治中的支配力量是我們每一個人的時代使命，主張用和平方法實現社會主義正是要想完成這一種政治上的努力，絕非純粹基於人道主義的出發點，更何況我們並不否認革命的神聖權利，革命的存在理由是必須以客觀場合來加以辯護的。

我同意負生先生再作一步的假定，即所謂取消私產，就是取消資本家和地主的私產；我也同樣承認這些資本家和地主，「視財如命，死不捨棄」。我總覺得負生先生的推論是太簡單化了，太公式化了。他說取消私產祇有發動自政府和人民兩個可能。政府如果是袒護資產階級的利益的，它就不可能發動取消私產；政府如果是中立的，它即使想發動取消私產，必遭遇反抗，結果是非以強力不得成功；政府如果是袒護無產階級的利益的，也祇有用強力才能達到取消私產的目的。負生先生說到人民的可能，也是用的同樣的公式：資產階級決不「自掘坟墓」，中產階級也不致有此想念，即使想做，也必須使用強力，無產階級當然有此企圖，但非用武力不能達到目的。於是結論就是：期望維持私產制度的政府乃屬不可能，唯有「由無產階級與一部份前進的小資產階級聯合用強力的手段」，才能把私產取消。

我願意請負生先生來看看歷史上的不少事實，他應該能夠恍然人類之事絕不會像他所想的那麼簡單化公式化的，試舉例以明之：

第一，拿封建制度來說，它當然是封建勢力所「死不捨棄」的，像資產階級「視財如命」一般，然而封建勢力所「死不捨棄」的封建制度並不完全靠武力始被推翻的。負生先生如何用他的公式來解釋這個歷史上的事實呢？

第二，拿政治專制來說，君主權力在握，照理也應「死不捨棄」，尤其是因為權力比財產更為直接。歷史上固然有不少用武力革命推翻君主專制的例子，如法國革命，我們不能因此忘了世界上尚有其他的角落，政治專制也照樣衰落下來，卻並沒有經過武力的革命，英國即為一例。負生先生又怎樣用他的公式來解釋這個歷史上的事實呢？

第三，拿殖民政策來說，帝國的要保持其殖民地，如同資產階級要保持其私產，也一定是「死不捨棄」的，那麼依照負生先生的公式，殖民地也就非以武力的獨立革命不解脫帝國統治了；我承認這的確說出了殖民地解放歷史上的可能是大部份的事實，可是全幅的圖畫顯然並非如此。菲列賓的獨立，不列顛自治領（British Dominions，如南非，加拿大，澳大利亞，新西蘭，或竟致印度）的自主，皆為現成的顯著例子，證明殖民地的解放，事實上可以不經由武力的獨立革命。負生先生豈能用他的公式來解釋這個歷史上的事實麼？

以上三個例子足能代表私產以外的三種頑強的既得權勢，它們在性質上與私產固然不同，道理卻是一樣的，因為較之私產，這三種既得權勢的死不捨棄的程度，恐有過之而無不及。這些歷史上的事例，的確能予我們以啓示，以為我們行動時的南針。我要證明即以這三種頑強的既得權勢來說，武力並不是不能把它們推翻，而是除開武力，潮流的趨勢以及環境的壓力，也可能逐漸地減削或竟致消滅它們。它們若能遭遇它們的最後命運的話，在同樣的情形下，私產制度為甚麼不能呢？

如果說私產制度同我在上面所提到的三種頑強的既得權勢，各種情形不盡相似，我也可以僅就私產制度來說。在二次世界大戰後，南斯拉夫曾根據蘇聯的典型組成了一個簇新的社會主義國家，它雖然沒有完全取消了私產，但確予原來的私產制度以很大的限制，然而它並未經過武力的革命。像目前的地步假設能用和平方法達到，那麼再進一步做的話，自然也可以採取和平方法。再如英國，鐵路與礦如能用和平方法由私有變為國有，那麼祇要時機成熟，要求相當普遍，用和平方法也未嘗不能達到私產制度的全面取消。我不是說目前的英國工黨一定有此打算，至少我可以用它的成就來說明原則上用和平方法來實現社會主義的可能性。

最後，我更要附帶地有一個重複和一個補充：

重複的是：我並不主張無條件地用和平方法實現社會主義，因為任何改革，尤其是相當澈底的改革，也就是牽涉到負生先生所謂「死不捨棄」的資產階級的既得利益，我們是決不能無條件地期待的。假使事實告訴我們，原則也能為我們說明，除開武力，和平方法也能實現社會主義，那麼為愛護並做到社會主義的持久性，我們為甚麼要放棄採取和平方法的努力呢？

補充的是：即使為了事實上的必要，不得不用武力革命來推翻消滅一個專制的政權，同時又以社會主義來作革命的號召，並誠意加以實施，我還是以為革命的成功祇是表明了專權的沒落，至於社會主義應該尚須要基於理性的更廣泛的努力，來打定堅固的基礎。如果在革命告一段落以後，對內以報復與恐怖手段來樹立社會主義，對外則竟致連不主張用武力革命的同樣是社會主義的信徒與實際工作者（無論是政府或個人）也一概視為敵人，我不相信這是於我們所共同信奉的社會主義的前途有利的。

人類必須努力發展其理性的特質，要不然，政治的前途永遠是黑暗的！

四　答炳章

負生

炳章先生這篇「用和平方法能實現社會主義」中，有許多值得注意的論據。我願意把他的主要論點，寫在下面；然後再加以討論：

（一）炳章先生也認為社會主義，包括取消私有財產制度。

（二）他承認用武力固然能夠實現社會主義，但用和平方法也能實現社會主義。在此二者之間，炳章先生「堅持」採用和平方法來實現社會主義。

（三）他所以這樣「堅持」的理由之一是：他覺得我們「應該」這樣做，因爲『理性……爲我們所應努力建立的政治基礎』，而「和平方法」就是理性的表現；武力是反理性的行爲。

（四）理由之二是：他覺得我們「必須」這樣做，因爲這樣可『……使社會主義實現後能夠持久』。何以呢？因爲武力包括着殘殺、恐怖、强制等等，這只有激起憤怒與仇恨，結果會演成連續不斷『以暴易暴』的悲劇，使社會永無寧日。反之，和平方法旣是理性的表現，故包括說服、自由選擇、同意等等，所以『一部份人（炳章先生之意大概是指富人），也正因爲理智地認爲社會主義制度值得維護，他們被說服而忍受……沒有仇恨，也不憤怒。』於是：社會主義實現後才能使富人心悅誠服而持久。

關於炳章先生上舉第（一）點，我們彼此都同意，並沒有爭論。問題乃在第（二）（三）（四）各點。茲將我對於以上各點的意見，略述如下；

第一、我要指出：炳章先生雖然在標題上肯定：用和平方法「能」實現社會主義，但是他的論證却祇是說我們「應該」用和平方法建立社會主義。不如此，則反理性。而在他看來，即使和平方法是「崎嶇的遠路」，我們也「應該」走，因爲這樣便可以爲實際政治奠定一個理性的基礎。他並沒有充分說出：怎樣用和平方法便「能」實現社會主義。這似乎有點「離題」。我這站在與他相反立場的人，大可以回答他說『是的，是「應該」用和平方法的！但是其奈「不能」實現社會主義何？』天下事有許多是「應該」做到的，而實際上「不能」做到：用和平方法取消私產實現社會主義，就是其中之一。這是炳章先生文章中一個漏洞。

第二、拋開這個漏洞不講，炳章先生的文章中，又曾再三闡述「理性」的重要。他所以「堅持」用和平方法實現社會主義的理由，乃是因爲和平方法，是「理性」的表現，換言之，他推重「理性」，認爲用「理性」不但「能」取消私有財產制度，實現社會主義，而且還「應該」用它來取消。固然，民主政治就是發揮理性的政治，推重「理性」原是對的。但是據我所知：無論西方或中國的學者，他們天天喊「理性，理性，理性！」可就是沒有給「理性」下個確切的界說，以致每一提到「理性」這名詞，大家似乎祇有一種『不言而喩』的籠統理解：以爲「理性」大約是個「好」的東西，應該尊重「理性」等等聯想。我們現在應該把「理性」的意義弄淸楚。弄淸楚了它的意義之後，便可知「理性」並不像一般所設想的那樣的不受「偏見」及「感情」的支配。特別是它在人們的行爲中，並沒有多大的決定力量。旣然如此，那麼「理性」能否使一部分人們放棄他們相依爲命的私產，就大成問題了。

在我看來，「理性」不過是我們對於是非、善惡、和美醜的判別能力。這種能力當然有先天秉賦的成分，但後天的敎育則更能充分地發揮它的特質。所謂『人是理性的動物』，就是說人能判別是非、善惡、和美醜。

（一）不過，我們却要知道：人們雖然都具有「理性」，但他們對於是非、善惡、和美醜的看法，却大可以不同。在事實上，不但美醜的判斷有很大的主觀偏見不能一致；善惡的判斷更隨時間、空間、和民族特殊的風習而不同；至於對是非的看法，更常常有『公說公有理，婆說婆有理。』的現象。因此，我們第一要知道：說人們有「理性」，並不等於說人們對於上述事物的種種看法是「一致」的。

（二）既不一致，當然要有不調協，特別是對於爭點所在（例如私有財產制度的應存應廢問題），勢必發生爭執。那麼在這種爭執中，「理性」能否使我們捐棄己見而服從旁人的呢？關於此問題，我們須知：在理論上談，「理性」只是自私感情的顧問（休謨有此意見；邊沁以苦樂的感情爲主，以計算的智慧爲輔也可謂有此意見），它可以替自私的感情運籌策劃，但到了最後決定的關頭，人類的行爲，還是受自私感情的支配。在事實上講，取消資產階級的私產實際上便刺傷了他的自私的感情；即使他自己的「理性」告訴他：「取消你自己的私產會使全人類的生活都改善，」他的自私的感情也會反駁：「全人類的生活好壞與我何干？而取消私產則對我不利：取消私產，應勿庸議」！總之，我以爲：對於無關痛癢的不同之見，「理性」尙有說服人類自私感情的可能；對於人們的經濟利益，因其關係最大自私之白我存在（self preservation）及其改進的問題，「理性」祇能替自私感情打算盤，決不能支配它，說服它。

根據以上兩點，所以我斷定：至少對於取消私產說，「理性」並不能完成「說服」資產階級使其「自由選擇」或「同惡」放棄其私產的任務！要取消他們的私產，非用强力不可。

第三、炳章先生又認爲：用理性的，和平的方法來實現社會主義可以使社會主義持久云云。因爲上面已證明了用和平方法不能實現社會主義，故此點應已不成問題。但我仍願專就此問題，加以論列。

我認爲私產對於人類祇是一個「習慣」，你儘可說它是具有悠久歷史的積習，但無論如何它只是習慣。即使你有卅年的烟癮，但你的吸烟和你的吃飯終不成比。我主張：取消這藉私產來維持生存的習慣固然非用强力不可（理由見上），而取消它之後，造成另外一個藉「共同生產，共同分配」來維持生存的習慣，也非用强力不可！無產階級專政的階段，就正是用强力改造人類根深蒂固積習的階段。當人們經長久的壓力（注意：這壓力的辯護是：對付少數人的，爲大衆的福利的。我們不能盲目地反對一切壓力），而適應新的生活條件與環境後，他們便可謂又獲得新的習慣了。既有了新的習慣（即藉「共同生產，共同分配」來維持生存的習慣），他們便又會維護這種習慣而不會反抗它了。當新的習慣已經形成之後，在一方面運用「殘暴」、「恐怖」、「强制」固無必要；而在另一方面「憤怒」、「仇恨」也自然就消失了。關於此點，我想很可以用政治學上每當法統改換時人民的Acquiescence 現象來解釋，未知炳章先生以爲然否？

專論

論「一元化」

呂克難

近來有一種似是而非的論調，叫什麼「一元化」。假如這也像「擴大政府基礎」，「實行土地改革」，祇是做做文章，喊喊口號，拿來點綴點綴，倒也罷了。偏偏却不脛而走，到處吃香。繼東北黨政軍一元化後，華北華中接踵而至，華南爲火藥氣較淡之區，以素不知兵的宋氏，尤一身總攬黨政軍的實權。其他可想而知。實際上以今日的中樞而論，表面上像煞是行憲，有立法院爲制衡（Check and balance）的主軸，實際亦不脫「一元化」之局。試想以憲法的謹嚴，尙且被開了天窗——臨時條款——，則如何能禁得住總統的威光不透窗而入？這是婦孺皆知的常識，無待深論。

所謂「一元化」，貌似玄虛，搞哲學的人或以爲唱的是「一元論」（Monism）。其實解釋這個怪詞，相差不過一字，「一元化」者一頭化也。在未一元化之前，黨政軍屬於三個系統，其權力操於三頭，一元化即歸併之爲一個系統，集中於一頭。我相信這番釋義，當局亦必首肯。

一元化的提出，在政府中人自然振振有詞，「戡亂」，「應變」，「加强行政效率」……統是理由。以爲非如此不足以應付瞬息萬變的大局。這裡不談民主，因爲民主是一切服從多數的決定，根本是多元化的。民主與一元化極不可通。唯有這末說才可勉强攀上一筆，那就是民主的根源來自全體人民的意志(general will)然而這一個「總意」集合的「一元」，與前述寡頭的「一元」，其精神其性質判若霄壤，絕不可等量齊觀。「一元化」之與民主」相背謬，彰彰明甚，無庸多提，反正任憑我說得唇焦舌敝，當局也不會埋睬的。

本文的興趣着眼於爲政府打算。一元化能否强化施政的力量？這應是當局所樂聞的問題。回答這問題，我們得先弄淸楚，權力的集中並不等於效率的集中。放開來說，效率的提高與否，決定於分工的精粗。美國工業所施行的「合理化」制度，其全部結構的精神，不外力求分工的精密。經濟如此，政治何能例外，否則偌大的國事，可由一人獨攬，又何需設官分治。這是因爲個人的精力有其限度，能致其一不能兼致其二，即或天縱奇才，實際畢竟不能全局包辦。故而統統都管，實際不啻統統不管。抗戰時期的大後方政治，一人兼數差，連開會演說都感疲於奔命，自然談不上行政效率。這滋味今日官場中人類都知之。所以就理論觀點言，「一元化」以後，原來是三個腦袋在設想的，現在却只有一個腦袋謀劃了。這簡單的算學小學生也講得出，何以當局便不及此。實際上以中國官場中的習氣，推諉、因循、敷衍、「一元化」以後，可能連具領一加侖的汽油，都非封疆大吏批准不可，誠然如此，當局者案牘勞形之餘，尙能何爲？恐怕嘆苦亦唯徒呼奈何了。

問題當然並不如此簡單，「一元化」的提出，深入觀之，其背後擺着一個嚴重的人事問題。此問題植根於以家族、鄕黨、地域爲擴張範圍的自我主義(Egoism)。而其近年來演變的趨勢，如我在「沒有面的結合」(三七年三月十四日上海大公報星期論文）一文中所指出，業已派生爲關係主義(Relationalism)，即由個人中心藉其同學、同宗、同系、裙帶……的關係，形成異質而富有向心力的派系結合。這種結合在今日中國政治上，一面表現爲地域主義(Localism)力量的淵源，一面則成了不問是非鮮廉寡恥之政客附麗的對象。這次副總統競選，拆穿那些紙糊的民主窗子，骨子裡即是地域集團與政客集團的鬭爭。而這兩者，回到本題上來說，倒眞正是「一元化」的大敵。民國以來，政府的主持者莫不響往統一，而這兩種惡濁的派系勢力，總是處處暗中作梗。政府夢寐以求統一，以爲中共的存在是統一的障碍，其實嚴格而論，不管中共的政治主張如何，理論上以及在實際的鵠的上，中共所期望的無產階級政府，決非分裂的政府，這是可以斷言的。唯有派系勢力，因其行動在追逐永無休止的自我主義，除非天下由「我」一統，決計不會祈求統一的實現，反之則從中阻撓，唯恐天下不亂，以便混水摸魚，故而中國政治統一的大敵，擺在今日政府面前的，與其說是中共，無寧說是地域集團與政客集團的派系勢力。弄明白這一點，反身再看「一元化」云云在實際可能而且必然發生的作用，如我不敢恭維，我祇能體念當局的苦心，却不能諒及其愚的。

「一元化」的初意，照我的猜測，是在廓清前述兩種派系勢力，以求人事調和而謀事權的集中。換言之，即委主持者以全權，在其轄區內有調度一切的權力。現在姑假定，賦與的權力十足發生效果，摧毀了派系勢力的暗中作祟，做到了「一元化」。然而我敢以斷言的，這樣的「一元化」其實際情形正如資本社會中的資本兼併，不過吞下小的，剩下幾個大的而已。睜開眼睛看看，今日主持大單位的達官，有誰非派系勢力的頭目或支持者，說當前的衮衮諸公特別是在大單位內擁有「一元化」權力的「要人」，可以超然於前述二大集團的影響之外，不是無知便是有心朦蔽，再不然即是此道中人，想一手掩盡天下人耳目。

這也許是杞憂，我但願本文的推論全屬杞憂。然而讀歷史的人想及晚唐的悲劇，不期然總會聯想到「節度使」所帶給唐室人民的災害。「節度使」同樣發軔於兵荒馬亂之年，是一千二百年前的「一元化」，即集軍政財諸權於一身的制度。趙翼二十二史箚記「唐節度使之禍」云：「節度使多有兼按察使，安撫使，支度使者。既有其土地，又有其人民，又有其甲兵，又有其財賦。……所屬文武官悉自置署，未嘗請命於朝，力大勢盛，遂成尾大不掉之勢。……往往自擇將吏，號爲留後，以邀命於朝，天子力不能制」。請看，這是何等澈底的「一元化」，論理應有堅强的「戡亂」力量，可是實際「安史之亂」在先，黃巢稱變於後，節度使之設不但挽救不了唐祚，反助長了叛亂的聲勢，加速了李姓的覆亡。此因皇室中心的利益並不能完全涵益其臣子的利益，皇帝與將軍原不過是力量的比例，這在權力不爲人民壓束的中國，權力跟着武力走乃是必然的事實。只有傻瓜才衷心誠服失了勢（武力）的帝皇，善觀風勢握有實權（地方、人民、甲兵、財賦）的將軍可不會這般笨法，如黃巢「造反」時平盧節度使宋威之言曰：「昔龐勛滅康承訓，即得罪，吾屬雖成功，其免禍乎？不如留賊。不幸爲天子，我不失作功臣」。山南東道節度使亦云：「國家多負人，危難不吝賞，事平則得罪，不如留賊，冀後福」。讀史至此，我眞爲當局深深揑一把汗。這就心是基於眼前的事實：「一元化」之後的戰局不獨未見好轉，且無寧說是每況愈下了。我們聽說共軍稱若干部隊爲「運輸隊」（意爲是送軍火來的）更傳聞前線連師帶軍的敗垮。以國軍的配備而論，照强調美援的朋友說，應該大打勝仗，至少亦得保住不退。何其實情恰恰相反？可知這決不是制度上的得失問題，而係武力是否與人民意志相關聯的問題；一種缺乏人民支持的武力，縱有現代化的配備，亦不能戰勝沒有現代武裝而得人民效忠的武力。有現代化的物質（原子能）而無現代化的精神（民主），那是死的，因爲決定武器發生效力的終究是活生生的人。在這裡，有意志和無意志，自動與被動，便分出强弱高下。當局不從大局把握，着眼於民情的向背，徒流連於無謂的枝節興革，以爲如此乃能强化效率，看到了樹木看不見森林，何其近視？這眞是令人百思不得其解的。

我不敢預測一旦便政局急轉，各大單位中的握權者，是否重演民國初期割地兵爭之局。照中國歷史的「傳統」看，一個中心人物的「崩」倒，必牽連起互奪領導全局之權的戰禍。這幾乎是中國社會結構所決定了的。當中心勢力一去，你不爭別人會把你打倒，除非你撤下一家子老小以及前後左右圍繞你的親戚故知同寅相好於不顧，否則決不能擺脫這歷史惰性之鞭的重撻。而所謂擺脫，在人情上豈是輕易做得到的。

所以，總結起來說，「一元化」實在潛藏着無限的隱憂。我怕打倒了小的派系勢力祇不過是使派系勢力集中吧了。眞正的「一元化」，是使一切依歸於人民的意志，由人民監督支配。不然除非天下一統，造成一頭化，再開倒車，否則貌爲「一元」，實際是由多數的「元」，集中爲少數的「元」，其結果如上所述，祇有把局勢搞得更糟！

「一元化」云云，可以休矣！

三七、六、三於上海

訓練服務和研究

林耀華

學年將要結束，一班社會學系畢業待位生問我在他們畢業之後，到社會上去如何應用學成的知識。另一班高年級同學想利用暑假機會，去作社會實習工作，也問我如何進行實習研究的方法。這是學社會學者眼前非常實際的問題，我願意在這裏提出來討論一下。

無論是畢業生如何問世，或是高年生如何實習，我想他們都要切記訓練，服務和研究三位一體的原則。所謂訓練偏重學習，服務偏重工作，研究偏重思考，但是三者互相關聯，不能嚴格的劃分界線。實則，訓練爲服務和研究的基礎，服務爲訓練和研究的目標，研究又爲訓練和服務的改進。

何以訓練爲服務和研究的基礎呢？讓我先說明一下社會學的產生以及到現在的過程。社會學的出現迄今已有百餘年的歷史。在草創的時代，學者們專門注重名詞的解釋與爭論，大家各執己見，自成系統，不問社會實情，閉戶自造其車。後來研究社會學的人加多，大家根據社會的各種因素，分成派別，進到學派時期。好比以地理因素爲社會現象的解釋者，稱爲地理學派，以生物因素爲社會現象的解釋者，稱爲生物學派。以心理因素爲社會現象的解釋者，稱爲心理學派。以文化因素爲社會現象的解釋者，稱爲文化學派。各學派中又有小支派，各立門戶，相互責難。這時期在理論上雖有長足的發展，對於社會實際問題仍無多大的補益。最後學者們漸漸的覺悟到空談理論無益，不如深入社會實際工作親身考察，以求得到實情，這纔進到建立近代科學的社會學的時期。說到建立近代科學的社會學，實應歸功於研究初民社會的人類學家。人類學家因有理論的訓練，帶着活的假設，親身投入初民社區，實際工作，直接視察，加上前後稽核，往返思考，纔能得到了解社會眞象的全貌。他們的口號是：「理論根據實情，實情符合理論」，不是如此，那能成立科學的社會學！人類學原是研究初民社會，而社會學研究近代社會，因爲人類學的理論與方法在初民社會中研究的成功，同樣的理論與方法也可施行之於近代社會，這麼一來人類學和社會學就無所分別了。所以本文所稱的人類學與科學的社會學實係同爲一物。

由於社會學發展的過程，我們不難看到社會學自身的訓練，或是社會學能够擠於科學之林，實從連續的實際工作與研究思考中得到來的。社會學之所以能有今日的成績，不知經過已往多少學者們努力的結果呀！社會學既已奠下科學的基礎，我們現在研究的人就可得到方便的門徑。前人已經的錯誤，我們不再重複，前人已有的經驗，我們可以借鏡。最重要的還是社會學已建立的一套原理與方法，我們需要認識。不懂原理無從實施服務工作，沒有方法何能談及研究思考。這也就是我所謂：訓練爲服務和研究的基礎。

大學裏成立社會學系供給課程，目的卽在於訓練學生，使他們得有知識；能够服務社會，能够思考研究。經過社會學訓練的學生，沒有服務研究的成績，或是經過訓練者的成績還不若沒有訓練者的成績，此中錯誤不在於學科本身，而在於訓練的實施。換句話說，訓練的不得當，罪在教員與學生，不能歸咎於社會學。我特別提出這一點，因爲一般人認定社會學爲空洞的學科，實則社會學並不空洞，而研究社會學的人則常有空洞的毛病。

再則，何以服務爲訓練和研究的目標呢？概括的說，任何科學的探討和研究，最終目的都是尋求科學知識的應用。社會學爲一門科學，它的應用的目的，也不能例外。社會學研究的對象爲社會現象，它應用時自以社會爲目標。如果我們所學習和研究的理論，不能與社會實情配合，這種學問只能束之高閣，不堪列入科學之林了。

有了科學訓練，到社會裏去服務，到團體中去工作，就應知道如何使團體生活美滿，使社會關係改進。我們在學校裏所學習的都不過是基本原理與方法的訓練，進到社會服務的時候，工作本身就是一種訓練，許多問題由於切身工作的關係觀察出來，解決問題的方案也由於實地經驗中得到。我們知道所謂社會現象，乃是人與人關係的現象，實地工作的人類學家，由於親身考察的經驗，體會到社會問題卽是人與人關係的問題，所以他們說切實地觀察人類行爲，個人與其他個人發生相互關係的行爲，也就是普通所謂的社會關係了。

服務工作對於工作者不但是一種訓練，同時也是勉勵他研究的機會。由於實際經驗所發生的問題就能刺激工作者的思考，使他探求解決問題的方案。試舉一個小小的例證：我在川康間羅羅區工作的時候，遇見一個黑夷首領，與他談話知道他對於夷族情形非常熟識，以爲機會難逢，取出筆記想要記錄我們的談話。誰知黑夷看到我的筆記，就閉口不發一言，後來詢問，他根本不作答覆，我們彼此間關係也因此發生惡化。這是一種經驗的教訓，使我想出一種新方法。後來凡遇夷人必要記錄談話的時候，我與夷人作直接訪問，另由同行某君面向他方，好像思考作文的樣子，其實就是記錄我們的談話。這種技術實行得相當成功，因此我們得到許多材料。若非由於自己的經驗，這種研究的技術怎能產生？由此我們也不難看到研究的嘗試與錯誤，都是從實際經驗裏漸漸的求改進發展。所以實際的服務工作，也就是給與訓練和研究的機會。社會學系設立實習研究，社會調查等課程，目的也不外乎使學生得到切實經驗，自求研究探討的路徑。

最後，何以研究又爲訓練和服務的改進呢？我們已經說過，所謂研究偏重思考，特別思考探求解決問題的方案。社會學的對象既爲社會關係，研究卽當針對現實社會。社會學的研究如果限定書本，它將永久脫不掉玄學的彩色，不能眞正成爲科學。社會不息地在演變，我們的研究應當跟着變化中的社會去探求。這也就是說，研究思考如和社會實情脫節，不但研究無用，社會學也就不能成爲科學。這樣一來，社會學的研究，必須由實地工作，服務經驗中，纔能得到社會眞實的狀況。人類學家的實地研究，已經告訴我們，社會問題的產生，必由於親自經歷纔能視察得到，至於解決問題的方策，更非由於體驗實際問題刺激思考研求，則無從獲得答案。所以研究一方面依賴訓練與服務，另方面由於研究的過程，可使訓練充實，服務改進。若此，社會現象變遷不已，社會學者的訓練，服務和研究也就跟着改進不已。

實地工作的人類學家，已把初民社區充爲習驗室，根據習驗的結果，又已制策應用起來。非洲殖民行政的改革和美洲印第安教育的改進，不是很好的例證嗎？近年來美國人類學家或社會學家實地考察農村實況，無非採用研究初民社區的方法，以求達到農村復興改進社會關係的目的。哈佛大學商業學院發展工業中社會關係的研究，也是想從實地工作裏探求改進都市工業社區的方策。一九四二年所創刊的「應用人類學」雜誌，更是極力鼓吹實地工作與學術研究的配合。無論初民，農村與都市，都是人類結合的社區，有共通的社會關係的原理，在研究方法上也就無所分別。這當然也就是人類學與社會學合流的趨勢。

社會學傳入中國已有四五十年的歷史，國人除在課堂上傳抄舶來品或在名詞上轉圈子外，到底有多少人切切實實的走到自己的社會裏去作開墾的工作？老實說，我們如要建立自己的社會學，就不能不用一番工夫把訓練服務和研究三者配合起來，那麽不但在學術探討上有所成就，在社會改進上也極有希望。

因爲畢業生與實習生的詢問，引起我作這篇談話，簡略的提出社會學的訓練，服務和研究三位一體的原則。現在記錄下來，以求教正於國內同工的社會學者。

城鄉關係：敵乎？友乎？

袁方

討論城鄉關係時，有一點似乎值得特別提出來注意的，就是時空的屬性。百年前的城鄉關係，自然會與目前的大異其趣；高度工業化的美國的城鄉之間，和半殖民地的中國的又有顯著的不同。就時間上來說：工業革命以前和以後，城市和鄉村有一個最刺目的改變，以歐洲的情形論：一八〇〇年時，歐洲人住在城市裡的佔總人口的百分之三，到了一九〇〇年增加爲百分之二十五。人口大量的從農村擠向都市，換句話說，鄉裡人大量的變爲城裡人，是工業革命以後的事。就空間上來說：在美國不僅許多城市是機械化的大量生產的中心，就是農村也是大量生產的園地。據貝克爾氏（O. E. Baker）的估計，一個普通的農民，一年經營的結果，加上僱工的幫助，除去養活他自己與家內三口人以外，還可以生產足够的糧食與纖維質，去供給十二個住在美國城市與另外二個住在美國以外的人們的需要；可是在中國，靠土地爲生的人，差不多在百分之八十以上。鄉裡人不但吃不飽，穿不暖，還遭受到人多地少的壓迫。

城鄉關係，雖因時因地有不同的表現；可是大體上說來有相成相尅的兩方面。城市離不開鄉村，鄉村也離不開城市，彼此互相依倚，構成一體，這是相成；城市剝削鄉村，搾取鄉裡人的血汗，或者鄉裡人圍困城市，革城裡人的命，彼此對立衝突，這是相尅。從相成方面看，城鄉是朋友，從相尅方面看，城鄉是仇敵。

若是我們儘從一方面入手，分析城鄉的關係，見其偏不見其全，對於城鄉的基本連繫，難得透視出它的眞象。城鄉關係，雖因時因地有不同的表現；可是這種表現不在它是朋友，或是仇敵，而是在「敵乎？友乎？」的格局如何相成相尅的湊合。

有機的城鄉循環

城市和鄉村，原是人類社區生活的兩大方面。在古代只有城堡，沒有像現代的都市。城堡大致是軍事上的中心與宗教上的聖地。到了後來，城市不但是軍事的宗教的中心而且還是商業的中心和手工業製造的場所。中世紀歐洲的城市以及目前中國內地如雲南四川等地的許多城就是這種情形。

直到十九世紀初年，工業革命後，工商業發達，近代的都市相繼出現。歐洲在一六〇〇年時，萬人以上的城市不過十四個，到一九一〇年，就增加到一六八個。五分之四或十分之九的都市，全是十九世紀的產物。都市不但是大量人口住留的中心，也是大量機器生產的場所。城市的起源，雖然很早；可是城鄉問題的嚴重，是從工業革命以後爆發出來的。

這個嚴重表現在城鄉再也不是一個整體，而是城市壓倒鄉村，這是空前的變遷，可以自有機循環的崩潰上得到說明。

原來，城鄉的關係，在手工業經濟時代，是一種有機的循環。我們無須在中古時代的歷史裡去找事實，祇要看看我國內地的許多城市像四川雲南等地，就依然可以描出這個循環的特色。例如昆明和成都，城市裡的手工業者，十之八九都是來自農村的。他們背井離鄉的主要原因，由於經濟壓迫。地少人多，家鄉無法立足，不能不跑到城市，另謀出路。城市裡的手工業，是他們謀衣食的園地。他們雖然遠離家鄉，在異地成家立業；可是在他們的觀念中，有一種濃厚的念念不忘鄉土的深情。我在昆明和成都兩地作手工業研究時，和手工業者談話，最使我感動的：就是他們的那種鄉梓情誼。他們說家鄉雖然飢餓貧困，謀生艱難，可是畢竟是生長自己的老地方。同之過年過節總得要返里省親，或打掃祖宗的墳墓。要是年紀老了，手邊積蓄有錢財，多數人都有同樣的打算，回老家去買塊土地。城市的手工業者，雖是從土地上排擠出來的，可是鄉土還是屬於他們的，他們還是鄉土的子孫。一種濃厚的情誼，無形的把城市和鄉村連繫在一起，不能分割。

不僅城市的手工業者，在感情上和鄉土難捨難分，就是手工業和農業之間也不能截然的一刀兩斷，彼此互相幫助，互相依倚，共同解決其中的人口的生存問題。在農村裡，農業有農忙農閒的季節循環，一年中農閒期爲農曆一、二、九、十、十一、十二各月；而三、四、五、六、七、八、各月是農忙時。農忙時期，工作多，需要的人工也多，於是在農業的結構上，發生膨脹現象；至於農暇時節，工作少，需要的人工也少，於是在農業的結構裡就是緊縮的情形。此種膨脹和緊縮的現象一經發生，其中的人口勢必發生流動。城市手工業，便是此種流動人口的來去對象。在成都昆明，我們常常可以看見在農業消沉時期，便有一部份人口來到城市，參加手工業工作；而在農忙時，他們又回到老家栽田種地。不僅如此，而且手工業也有一種興衰疲憊的循環現象。據手工業者說：他們的工作在四、五、六、七、八各月爲疲勞時期，這時期的工作少，人手也少。因爲市場蕭條，貨無銷地，發生此種現象的原因，主要是由于農忙。農民在播種插秧，春耕夏種秋收，他們那有閒暇，那有餘錢，可以來到城市添辦貨物？一俟秋收以後，不但有餘暇，而且田土上的谷子，可以換到錢財，使他們的手邊活動了。鄉土風氣，嫁女迎親也多在此時舉行。因之農民不得不上城採辦嫁裝，還有過年過節的物品，也多在此時準備齊全。市場活躍，手工業品的銷路增加，手工業者也得忙碌起來，這是手工業的興盛時期爲八、九、十、十一、各月。在舊曆年關，無論城市或鄉村都得歇業過年，所以十二及次年一月，城市手工業者大半停工。要到二月至三月又有一度的興盛繁榮，此後四月至七月便是消沉時期了。總之城市手工業的興衰與農業的忙閒，似乎恰成對照。正因爲有法對照，彼此互相調劑其中過剩的人力而造成城鄉的有機循環。

儘管城市和鄉村，有不同的生活方式，這個不同的背後，却有一個共同的基礎，就是城鄉是一體不可分割，在人口的互相調劑上，有機的循環把城鄉連在一塊。

城鄉關係的脫節

在工業化都市化以後，城鄉的關係，一改舊觀，有機的循環打破了，代之而起的是無機的循環。

在工廠制度下過生活的勞工，原也是脫離鄉土的農民，可是一旦脫離土地後，從此鄉土不再屬於他們了，他們也再不是鄉土的子孫。就是說城市和鄉村之間鮮明的劃出了一條鴻溝：到了城市就無法打回老家，也不願再回老家。過河拆橋，他們到了城市就得要永遠的在城市的生活裡勇往向前，退後就是失敗，也就會倒在社會淘汰的深淵。工業化的先進國家關於這方面的事實是太多了。大家也許讀過史坦恩貝克的「憤怒的葡萄」，作者在這本小說裡描寫美國工業化過程上，機械化的生產無情的滲透到古老的鄉土去，把農民幾代都住在同一的鄉土情誼裡的生活，拆散得乾乾盡盡。靠家鄉靠土地的飯碗打破了，被迫得擠向都市靠賣勞力賺工錢過日子。農村的機械化不但把這些純樸的鄉民趕向城市；而且使他們破釜沉舟和老家一刀兩斷。這雖是小說家筆尖下的想象，本不足爲憑，可是從這裡似乎反映出來，工業革命後，城市和鄉村，在人口方面一個嚴重的事實：就是城市在大量吸收農村的人口作爲榮繁的基礎。目前美國流行的一句話是「鄉村生產小孩，都市把他們消費。」據邵羅金教授 (P. M. Sorokin) 在他的社會流動一書裡所說的：「在最近六十年或八十年中，歐洲社會從中等階級去掘發上層階級所需要的人才，是很緊張的。自二十世紀開始以來，他們掘發得越深，現在差不多要達到社會的底層了。」都市的發展，人口大量集中，城市的繁榮反而成爲農村人才的涸渴。這是無機循環的特徵之一。

鄉裡人往城裡跑，並不是一件凶多吉少的事。若是在人多地少的農業國家裡，土地的收穫有限，飢餓的威脅無窮，農民大量離地，在都市另謀出路，自是一條解決飯碗問題的好門徑。可是就在這個門徑裡隨之而來的鄉土和城市隔成兩個彼此並不照顧的心情。前面已提過就是脫離了鄉土的人也是忘卻鄉土的人。在觀念的領域裡，城市和鄉村不再是一體。卽以我國的情形而論：似乎也在深染着這種彩色，以往從鄉土裡出來的人，背境離鄉，大家都有榮歸故里的宿願，每逢佳節或是老年多半要回到父母墳墓的老地；就是死在他鄉，也不願在異地做鬼，要把屍首運回原籍。生在鄉土，死在鄉土，做鬼也要在鄉土；這是一種不忘本的德行。今日的知識份子裡，恐怕絕大多數都不會再願意回到鄉梓服務，他們頭也不回，那裡還記得自已的家鄉在殘破不堪的場面；要是他們遠涉重洋，遊學鍍金，無論是美國、蘇聯、英國、就是印度、他們一定會爭先恐後，離開鄉土越遠，也許就是自我比天還高的代價。這又是一種無機循環的特徵。

本來自產業革命後，鄉土逐漸失去它的獨立性——自給自足的獨立性。從此鄉村完全淪落在城市的支配之下，一任城裡人的心意，剪裁出各式各樣的原料製造的場所。有人說：「工業革命的結果，是使鄉村靠城里，東方靠西方。」這個「靠」字就把鄉村原有的獨立性的消失說得再清楚沒有了。什麼是原有的鄉村的獨立性，有加以簡單說明的必要。在手工業經濟生產的時代，鄉村不但可以生產原料；而且還可以自行加工的製造，鄉村的自給自足，就是它的獨立性。但是這個特徵在工業革命之後，被取消了。從此鄉村只能生產原料，供給都市的製造。這本是一種地域上的分工，原無可非議。可是工是分了，在合作的上面不過是原料與成品的交換，全然是一種物質交易的行爲。除去物質的交換外，似乎沒有其它了。說得過火一點這不過是一種利害的關係。金錢交換的關係，所以我們說這是一種無機的循環。正因爲是一種無機的循環，鄉土也得跟着商品的市儈氣轉入貿易市場上成爲賺錢贏利的一環。鄉裡人需要看城裡人的臉色，似乎喜怒哀樂也要跟着喜怒哀樂，鄉裡人在生產的領域中再也沒有以往那種獨立自主的自由。土地上的五谷，不再是豐衣足食的靠山；而是城市工廠的原料。原料通過機器的加工，回到娘家，帶回的禮物是：土棉變成洋布，糙米變成機器白米了。這是無機循環的第三種特徵。

無機循環的特徵，自然還有許多，不必一一細舉，卽以上面三點而論，似乎可以看出城鄉關係的脫節了。這脫節的現象很明顯的表現在城鄉只是利害的結合，城市與鄉村除了商品與原料交換外，在生活上感情上觀念上再也不是一體了。

都市鄉村化·鄉村都市化

城市裡興起的大量生產的制度，一定會破壞鄉土上原有小規模的自衣自食的局面，本是工業化過程上不可避免的，土法的製造，代之以機器，不但節省時間，還增加效能，除廿地以外，恐怕是沒有人反對的。城鄉關係的改變，由有機到無機，也是事有必至的過程。有機關係，城鄉尚是一體；無機關係，城鄉種下相互敵視的因子。今日城鄉的衝突，對峙，相尅，也許是從無機的脫節裡產生的。在手工業經濟時代，城鄉關係似乎有一個完整的配合形式，因之調和多於衝突；在工業化後的城鄉之間，似乎沒有完整的配搭形式，因之衝突多於調和。這是我們這個時代的嚴重問題。

打破城鄉的對立，抹平城鄉之間的鴻溝，在歐美已經在積極進行，所謂都市鄉村化，鄉村都市化運動，確不是一種對症下藥的良方。使城鄉的關係不僅是利益的結合，還是一個共同不可分割的整體——互助共存。都市的繁榮要建築在農村的繁榮之上。若是可以打一個比方的話，我願這樣的說：農村是根，都市是花，花要開得茂盛，一定要根長得結實。如果根不結實，涸渴，雖一時開出好花，那不過是時代的曇花！

在我國的工業化過程上，開出美麗的花朵是每一個人都希望的。發展都市呢？還是繁榮農村呢？根據以上的討論，不是孰重孰輕，而是都市與農村如何得到一個並行不悖的重建問題。

通訊

「一二九」的重演

——反美扶日在北平——

（北平通訊）

本刊特約記者

六月八日，平市十一院校學生五千餘人，爲了反對美國扶植日本再起，舉行大示威遊行。軍警大批出動彈壓，東安門一帶木棍磚石齊飛，徒手學生重傷三人，輕傷十餘人。學生手裏的宣言，旗上的標語，反對的仍是日本；受傷的仍是學生；而動手打的，仍是中國的軍警。不同的只是十二年前的一二九學生是衝着風雪，今日的學生是冒着溽暑，從前軍警手裏是大砍刀和水龍，今日的軍警是美式鎗械而已。如果我們不看日曆，不記得曾經過八年的抗日戰爭，眞不能不懷疑是置身在十二年前的「一二九」事件之中。

一　大示威前的小示威

兩年以來，美國扶植日本再起的傾向，不斷刺激有眼睛的同學們，最近一年中，這些「傾向」一一都成爲「事實」，這些連續掛起來的「紅球」，使青年由關心而研究，由研究而證實，由證實而悚懼，到五月下旬，便發展成爲對國人的大聲疾呼。

在這之前，各學校都分別舉行過對日問題的座談會，並舉辦對日問題的測驗。測驗的結果，百分之九十以上的答案都認爲美國確在扶植日本再起，而日本再起後依然是侵略力量，將來受害的必仍是中國而非蘇聯。

五月卅日，北大，清華，燕大，師院，中法，朝陽，北平鐵院，華北學院等校同學四千多人，在北大民主廣場舉行「反對美國扶日及紀念五月卅大會」，天津南開及唐山交大等校均有代表，連頭一天剛從瀋陽到平的中正大學同學，立刻派代表參加。

當天便正式成立了「華北學生反對美國扶植日本搶救民族危機聯合會，」除了發出長達數千言的宣言，列舉種種事實證明日本已經再起之外，並向美使館，及麥克阿瑟的盟軍總部發出抗議的代電。當天的大會上，有朝鮮代表出席演說，指出美國扶植日本重新滲入南韓的種種事實，說明日本仍控制着東亞的命脈。中正大學代表追敘十四年來身受日本帝國主義奴役的痛苦，希望大家提高警惕。接着是一幕卡通劇，裏面有日本軍閥的媚美取寵，也有對於政府失去外交獨立的諷刺。大會之後，在民主廣場舉行隊伍檢閱，遊行示威。幾千青年男女，手拉着手，歌聲和口號此伏彼起，熟習的義勇軍進行曲，今天又有了新的意義。

在隊伍檢閱的時候，群衆高呼着「我們要上街遊行」！這聲音立刻成爲一個聲音。這時北大紅樓的四周，已經密密布滿了警察，一個個荷鎗實彈。主席團因爲事先沒有準備，同時怕有意外，勸同學愼重考慮。在炎熱的太陽光下，各學校各院系分組開會討論。結果是多數人同意主席團的意見，當天停止遊行。但也有許多人表示不滿，認爲同學不應把政府看成和人民對立，政府決不致願意美國扶植日本，爲這事件壓迫學生。

大隊分散之後，仲出紅樓的廣播器裏還傳出同學嘶啞的喊聲。「同胞們！我們打了八年仗，死了幾千萬人，可是剛剛兩年多，美國又把日本人提拔起來了！但是因爲警察林立，行人不敢駐足，許多市民都站在乾河的東岸，側耳遙聽這憤怒的呼號。

清華同學乘校車回校的時候，北大同學排列在北大東便們高呼歌唱，車上車下，歌聲渾融爲一。牆外的警察環立監視，同學便高喊着「學生警察是一家」「警察先生辛苦了」「警察也是愛國的」。許多警察忘情的笑起來，倚鎗而立，成爲暫時的參觀者。

當天有許多英美籍的男女記者，到民主廣場參觀，拍照，並和同學交談。他們表示完全同情學生，他們也反對他們政府扶日政策。同學們並沒有對他們「歧視」，也沒有人對他們特別「殷勤。」。在這裏看到中美人民的眞正友誼和民族的和平與自尊。

二　大示威前的筆示威

六月五日上海的血案發生，對於華北同學自然是一個極大的震動。四十多同學的被捕，和美專三同學的傷重斃命，把華北同學的愛國心化爲憤怒的火焰。司徒雷登帶有恫嚇性質的聲明，更是火上澆油。

六月六號，華北十一院校學生，對司徒雷登發出抗議的快郵代電，原文如下：

『南京美大使館司徒大使：我們尊重您以往對中國敎育的貢獻，但我們嚴正抗議您以大使身份四日發表的干涉中國國是的談話，您對我們中國學生反扶日的愛國運動，極盡誣蔑，這不是一個大使應有的態度。中國學生，是威武不屈，富貴不淫的，我們堅決反扶日，反帝國主義！任何威脅（爲您所指的結果）與迫害，都不能阻擋我們愛國遊行。』

同時並發表了對司徒聲明的駁斥，關於司徒所說的『沒有任何人能提出美國有使日本軍力永不再起以外之任何證據』，列舉美國保留日本三大軍港，在本州靑森建立大型機場，日本神風隊員秘密赴美受訓，日本軍警潛伏於行政組織中，日本大批戰犯開釋並重居要津等等事實，說「拆穿司徒雷登的謊言的，正是麥克阿瑟，凱南，斯揣克，德雷柏乃至司徒雷登自己」。

對於司徒雷登說的如不停止反美扶日，則必須準備「承受行動之後果」，認爲意在以停止援華威脅中國政府，迫使其鎭壓學生的愛國運動。他們說：『我們願意正告司徒先生！中國學生是不怕的！我們更要指出：司徒雷登四日的聲明，是美帝國主義進一步干涉中國內政，直接鎭壓中國愛國人民的信號。……中國人民反帝愛國運動已經有一百年的光榮歷史，自五四運動後起，即是在帝國主義和軍閥的刺刀槍桿下成長，在高壓迫害下成長，中國人民和學生不是任何恐嚇和暴力所能嚇倒的。』最末他們並嚴正的指出，美國扶日政策的繼續，「承受其後果」的不是中國人民而是美帝國主義。

這一個抗議書和一個駁斥書，是一通鼙鼓，如果示威是對美國人的話，實際上已經等於一個大示威了。

北平各大學教授，如王鐵崖等，也一致認爲司徒雷登以大使身份，發表這樣恫嚇性的談話，有些「失態」。他們說：外國在中國的治外法權已取消，大使應該安份作自己的分內的事，而不應該干涉人家的國是。

司徒雷登親手扶持起來的燕大，對他的聲明也一樣不滿。燕大學生自治會發表聲明，對司徒誣衊學生愛國運動，及失去大使立場之恫嚇性談話，表示遺憾。說如果他是奉國務院命令，不得已而出此，則希望他辭去大使職銜，仍回校主持校務。

三　六九大示威遊行

六月九日，各院校宣布「爲反對美國扶日及抗議司徒雷登大使聲明，並抗議上海六五血案」，總罷課兩天。參加的除，清華，北大，燕大，師院，中法，朝陽，鐵院，南開，北洋，河北工學院，唐山交大之外，私立華北文法學院也宣布參加，共同行動。

北大校方張貼布告，勸同學「冷靜考慮，愛惜本期有限之光陰，一般人的視線已集中在兩天罷課上，沒有料到罷課的當天，「突擊」式的遊行便爆發了。

此次的遊行，是三路分進。九號上午七時，各路便一齊行動。清華和燕京一路，結隊向西直門進發，師範學院和北大第四院及華北學院同學，由和外進發，北大，朝陽，中法三校一部一千餘人，由沙灘北大出發。奉令阻攔的軍警，也分頭堵截。清華燕京一路走近西直門的時候，軍警便把城門緊閉，雙方相持甚久。後來城內出城的人和城外進城的人越聚越多，交通阻塞，同時還有許多調人下飛機入城或出城趕飛機，沒有辦法，恰好此時師院和北大四院一路學生趕到西直門，內外已經會合，便把城門打開。這兩路合成一路，穿過西單，經天安門，向東單進發，沿途高呼口號，散發宣言，各商舖的牆上，電車上，柏油馬路上，都寫滿了標語，大大小小的漫畫，貼滿了各處，遊行大隊的兩邊，有糾查隊前後巡邏，秩序非常好，大批軍警都集中東城，特別是戒嚴東交民巷美領事館，所以西城軍警不多，只有隨行「保護」，沒有發生什麼事故。

東城的一路，一開始便遇到軍警的節節阻擋，十時左右，軍警曾對群衆向天開鎗示威，鳴鎗六響。但學生遊行大隊還是冒險前進。當他們遊行隊伍經過時，商民不顧軍警的驅打恫嚇，成群結隊的跑出門口，貯立凝望。看到活報劇中的日本人，又仗着美國的勢力開始橫行的時候，有些老百姓當成是眞的日本人，跑上去要打死他。但當那些老百姓看到軍警用馬鞭用皮帶開始打那些學生的時候，許多人落下眼淚。他們說：「我們眞不懂得，難道我們被日本人欺服了這麼多年，爲打日本死這麼多人，受這麼多罪！政府眞還要日本再起來麼？」

大隊走到東華門的南河沿街北口，向天安門進發時，軍警便越來越多，而且殺氣凛凛，眼看便是要演出大流血的慘劇，這時警察局長湯永成，稽查處長倪超凡等都趕到了。說民衆淸共先鋒隊本來也要在今天遊行，已經把他們勸回去，希望學生也由此回校。否則一切後果，治安當局不能負責。這種恫嚇性質的談話，當然更使群衆激怒。賀麟幾次奔走於學生和治安當局之間，亦無結果。

從七時便出來的同學，沒有吃早飯，也沒有吃午飯，火傘高照，塵沙撲面，但饑餓和疲乏壓不倒他們心中的烈焰，在歌聲中，口號中他們一直毫不渙散，企待着主席團交涉出合理的結果。

下午一時許，軍警開始採取他們的「有效辦法，」一時秩序大亂，皮鞭，木棍，磚瓦，石塊在學生的頭上橫飛。軍警並第二次向空開鎗十餘響。結果學生受重傷的三人，北大理學院一個姓鄭的女生頭被打破。另外輕傷的有十幾人。這些兩年前聽到勝利千山萬水復員到北平的學生，那時做夢也想不到短短兩年，他們又爲反對日本再起被中國人毆打受傷。

到下午二時許，清華，燕京，師範…… 這西城的一路，終於排除沿途的阻攔，由南而北也到南河沿的北口，大集合的隊伍，終於「會師」，一陣掌聲和歡呼，旁觀的人又是滿眶的熱淚。

大隊滙合後，經北河沿回到北大的民主廣場集合，舉行示威大會，教授中有樓邦彥費青等講演。他們很沉痛的說：「政府如果是人民的政府，便應該讓人民講話。」

在示威大會中，五千同學舉起鐵拳，爲反對美國扶日搶救民族危機宣誓。他們說這艱苦的鬪爭只是剛剛開始，今後爲貫澈此項目的不惜任何犧牲。他們明白今日他們多擔負一分苦難，將來千萬人便可以減少一些更大的苦難。

在這次的遊行中，許多新聞記者都在學生挨打的時候熱淚盈眶，許多老百姓也淚花花的，這些淚不是屈辱，而是潛在的力量。八年的血債，人心的記憶猶溫，誰忘記了或忽視了這血海寃仇，誰便得準備承受這仇恨所結出的果實。

人民過這樣的日子

（華北通訊）　本刊特約記者

洪水的災難

一次有形的洪水所造的損失總是可以計算的，但政治經濟尤其是軍事的潰決所造成的洪水的災難却是無法可以計算的。最近在長城內外作了一次旅行。在這段公路上，看到華北平原上的溝壑累累，這必是每年洪水洋溢後留下的成就，但出了長城，塞外高原上仍然處處是流沙縱橫，綠洲却稀少得像寥落的晨星。農業與水是不可分的，就像人類要生存之離不開空氣一樣。一片控制不住水的農業地區够多麼悲哀，一個政治及經濟失掉了常軌的社會，只有讓軍事連年連月的作任性斫伐，這豈不是自殺的道路。

當社會秩序恢復了以後，十步之內必有芳草，十室之內，必有忠信。相反地，社會秩序崩潰中，十步之內必有餓莩，十室之內，必有崩潰。太平歲月中的那套倫理信義，完全爲現實的風暴所摧毁。自私是新道德的準繩，冷酷却成爲避疫性的注射劑。城與鄉分離了，城有他的中心，鄉有他的理想當新生的作物重新蓋滿大地之前，勢不免有一個時間的荒蕪。

今天就是大地上開始荒蕪的時候，雖然地下的火焰在暗流，雖然一個新的社會在孕育，然而，陣痛的時間好長呵，有形的洪水與無形的洪水在抨擊，澎湃和洗刷這大地上的一切。在政治經濟軍事的大汎濫中，大家當眞在顧慮永定河今年也會有個大汎濫，並行地作一次大沖刷。

神與人

石榴花正紅的五月原是城市的熱鬧日子，等於西子湖畔的香汛，北方也是老百姓習慣上到長城脚下的妙峯山進香的日子。這可能是春耕期前城鄉交融的最後一次的香會，從經濟意義上看，農民們藉這機會出售整個多天的手工產品，換幾文辛苦錢來補助春耕費用。順理成章，不足爲奇。日本人離開後，這頭兩年中，自有金頂的老奶奶出任馬歇爾，讓那一九三六年營業的福特卡車，滿載着平津的香客通過陰陽交界的北安河，到另一區域來帶福還家。

到今年却不行了。五月九日起，妙峯山的香會頭兩天居然還有大汽車前往，而且也沒生問題。跟着警備總司令部嚴令禁止，說那整個區域完全去不得。於是海淀鎭外的香棚冷落了，萬壽善緣縫綻老會的啓帖已然發出，於是有人建議便在城內設棚了願。不少香客們的黃布香袋上每年朝山一次，都要留一個「虔誠」的印記，這等於唐三藏之到西天取經，回教徒之到麥加朝聖，都是爲了精神上的虛空要由此彌補。香客們許了一年的願又怎能不叫他們來償還？於是只有請老奶奶「移駕」，從鄉而入城，來接受人間煙火了。

於是各香會聯合起來設了一個聯合香棚，並登報說明這個創舉道：

「金頂妙峯山香棚，爲便利各方香客進香，虔誠接待，不收香資。（物價穩定時期，免費食住，一路送到廟外）。

「會末等虔誠公議，今年列在本市宣武門外斜街西口，三廟大街路北，搭設香棚一座，四月初六日上棚，十五日送駕，十六日合棚，敬備清茶，虔誠歡迎各方香客參駕，多了心願。會末張潤田，于安傑等百餘人同拜。」

雖然說是城市人就近辦理，免得奔波，而且又可省下百萬元的花費（只等於戰前的一元），可是在清河鎮外，仍然可以看到不少香客從另外一條路上去進香歸來，如果把城市的香客比作正規軍，這裡的卻又是近乎游擊隊。他們身上背着黃布口袋，逢人就說「虔誠」，我問他們山裡安定嗎？他們滿口回答道：「安定，安定」。又問他「沒有人攔你們的路」？他們笑笑說，「老百姓沒有那裡走不通的。」乾糧及敬神的錢糧就在他們的黃口袋裡，他們有兩條康健的腿，愛到那裡就到那裡去。追求着一個模糊的理想。這理想在戰時更爲需要。

從這場香會上也看出了政治的象徵。神是一種信仰的代表，城市裡設立了聯合香棚，鄉下人却不承認，他們却找到他自認爲對的地方去。現實端端正正地擺在那裡，無論從任何一方面去看，都可以得到眞理的一方面。香客們反問我們：

「你們到什麼地方去？」

聽到是要到塞外高原，却在迷惘地問：

「山那一面安定嗎？那裡離這裡有多麼遠？」

人與神之間自有其膈膜存在，人與人之間有比神更多的膈膜存在着，塡充這空白，不是一件容易的事，失掉那個「神」的共同信仰，正建立着一個「人」的共同信仰。

農與工

鄉村戒備够森嚴的，到處都在板着面孔過生活，一個村子，一個橋，或是任何一個出入口都設立了盤查哨。壯丁或兒童拿了長槍，臂上有職務布箍，只要是從他的面前經過，他有權向每個人與車要「證件」。

十三嶺下是沙河鎮，這流沙河大橋被炸斷了，一個包工頭在修橋工程上賠了錢，逾限而沒有修好，許許多多小石頭橋上都建有工事，半邊是碉堡，半邊是通路，守護的靑年是不脫離生產的自衞隊，立夏以後還穿着棉布軍服。他們對於一輛汽車的通過，顯然是與一輛牛車過，用不同的聲音與感情來盤查的，對於他們所不能瞭解的來源與去路，也不敢深究，不明不白地一揮手說：

「去吧。」

居庸關下的南口鎮有一片壓火，籠罩在山腳下。那不是叢林，而是鐵路機廠的烟氣。上千附近農夫由此認識機器而成爲工人，父傳子，子傳孫，四十年來有了一條新出路，這條路子到日本人來後更擴大些，南口的兩邊的石峯彼人工劈去了兩扇。像是曾爲工業把門開得更大些，這些石灰石由小鐵路聯絡到正線上，運到塘沽新塘去塡海。熱鬧日子過了，到今天却渺無一人，石塊和元寶車堆得滿地，他們希望另外有個大工程，重祈來消納這些勞動力，而不希望是被拉去當兵，結果成爲砲彈灰。

作防禦工事比農夫們靈得多，你和他們說了他們就懂，不像那些老百姓，直腦筋，他們就不懂螺絲釘是怎麼轉的。你給他槍，他們也只能當鋤頭用。」有一個七十多歲的老工頭被北大工請回去主持翻砂。他翻了翻風火眼說，學院的附屬工廠，四十年了，天津設機器廠時候就有我我從這裡出去的個修車廠時也有我南口建吧，，我跟我，三家店設第一裡，現在他們說，，回來我忘在外面太們段長又到了那城裡來，。我就回你了，了，不了我們危險了，還是回同伴啊吧他們現在來什麼我翻是不是替一起作活的那些起手溜，來了呢？作看看我老砂的零件人家裝炸藥，作，那有彈種不勻？你們說一天了，你看，那有一點沙眼年靑人一作得出來他，我，使不只作十我這活是那一個由能個老工人的倔強子，人永遠忘二個鐘頭。身影。這是一個難的的例代替他轉化爲不了那些頻似的樣的老這，正在大得上，使他彼徵用的工人。多數像這木犁在人裡春耕。地運不的泥們有機會牛或騾子，背着許他把那汗罐溉在幸底下們在土中，整東奔西走，只允能額外血得一份收脚，他剝削土地天打盡算盤也不的乾多獲，都忘記了土地

枯。春天風特別小，沙特別少，雨水趕到得正是時候今年也不早，土地醒轉過來，需要耕作，需要肥料，，不晚籽，誰都說可能是一個好年景，只是勞働力缺乏需要種缺少有力氣的漢子，土地耕不深，肥料運不來，，地上了糧，好年景來了又有什麼用？籽僮交的勞動耆把一切的空餘勞力給了戰爭、他們這農村」不僮不能積蓄而且隨時付出生命。個「資本」

城與鎮

的。一個小小的牆所保衞的利益與牆外的利益總是不同通過那厚厚的城牆是爲了什麼，應當保護的是什麼人。種感了幾個城，和幾十個有圍牆的鄉鎮，起了這樣的一是中想，就是大半都空了，長期的拉鋸戰所造成的結果小城鎮的崩潰，被保護的人走了。當原野的秩序恢復以後，自然會有人來重整家園，慢慢地蘇息。城市越大，保衞力量越雄厚，有的地方折了城，却必有代替性的武力存在，要保障者一定要到那最安全的所在。於是中間性的城鎮空了，因爲不願成爲負擔的最大對象，所背的負擔大，而安全的程度小，何必蹲在那裡受罪，於是沒有能力繳負擔的戶主們重新返鄉了，有能力的較大些富戶們轉到大城市。於是成爲兩極端的發展。

一千公尺的高原上，接近長城線的所在原有不少像樣子的城市，截止到去年爲止，南山及北山兩大果園區域成熟的時候，那裡在城等了一年的地主們要求國軍出去作一次掃蕩幫助他們來收果稅，據閻穿山的結果，並不如預計的順利，而扯鋸戰不知道到那一天才完，於是比較聽明些的立刻搬到大都市去，不再留戀，較遲鈍的老財們被捉過幾次，大頭之後，覺得與其在此雙手封獻給別人，也還不如逃到大都市中爲自已享受。這一片又一片的荒地，這一條又一條廢河，歷史上的各種不同的決口，把人間的財富冲得一乾二淨。其餘的土地上所遭受的折磨也越來越大。這物價的飛漲中，城市領導着鄉村，每一次集都要漲一次，從一萬元一跳到十萬元一跳，這幾天簡直是二三十萬元併起來的三級跳了。中小城市的商業因此大牛又關了門，留下幾個人，逢集去擺攤子，籍此可以省掉很多的開支。高原上的綠州只有幾個地方，康莊，懷來，新保安，有錢的地方有辦法，有勢的地方也有辦法，沒有錢沒有勢却有些老財的地方最困難。如新保安，「有門面的商店只不過四十家，却養上一百多名舊勇隊，老百姓已是汗乾血淨。一位燒鍋行的賣買人說，這是什麼年頭，民戶難，商家更不好過，樣樣錢得拿，樣樣氣得受，稅收得重，嚼穀日高，乾着急，又有什麼用，拿我們這裡的商會來說，他的存在，就是仰仗這些燒鍋們來支持，在會費裡，酒業一須納的費用便佔百分之四十八，給這一業的攤款那就不必說了」。於是消費反而比過去增大，不逢集也有了豬肉賣，抱窩時候也有了老母鷄出售」只曉得「今朝有酒今朝醉」，却忘了「有上澆酒愁更愁」。這就是那個民謠上所形容的時代：「匪來如梳，兵來如篦，官兒來了一頭剝。」剝得精光的時候，還要皮下脂肪榨取油水，這就是新的進步了。

空室與清野

天正戰爭所洗過的地方都是歷史的重鎮，過去的教訓今洲，在重演。這沙漠地帶缺水，缺糧，缺乏有生機的絲水喝一四五○年明英宗就在今日的土木堡，三萬大兵缺鐵路，讓敵人也先把他活捉了去。如今雖說是有一條中就通，但是五月二十日一夜就破壞了四十九處，其是這有十三個小橋。今天固然少有黃沙蔽天的春日，但了。種缺乏與苦難中過流血日子，有水有糧也不會再長

「空室清野」，從鄉鎮已到了較小的城市。鐵路線的據點也不一定是必守之地。因此，大批糧株今天方才集中到城鎮，明天又從城鎮搬回鄉村，「疑兵」之外，又有了「疑糧」，以增加捉迷藏中的機動性。在作這些事情，自然就是使用着省保安隊的，保警隊，誰鄉奮勇隊，都脚不停地奔波着。雖然，眞却是沒有的「室未必在野未必就空的氣所到的地方，就先到了「冷戰」，像大路旁埋好延期性炸彈似的，忽東忽西地燃炸了，引得到處都在不安中。

這樣的日子就這麼拖下去了，洪水冲得男人少了，女人們硤着頭皮出來撑下去。戰時就在創造這些奇蹟，妻代夫職，女辦父事，三千年壓迫下的「老娘們」搖擺着身子，扭着小脚沿着街巷催錢，催糧，徵派工役，用她們的計算柴米油鹽的乾枯手指頭，開始辦理「鄉公所派下來的事」。

（五月二十五日）

中央大學的教授們

（南京通訊）

本刊讀者投寄

中央大學院系很多，教授人數在全國恐是最多的，而情形也恐是全國各大學中最複雜的。我們同學不但對本院的教授們認識不完全，院外的教授更不用說，就是教授們自己據說除了本系的教授以外，也很少互相認識的。可是這一年來，從壁報的記載上和同學們的閒談上；我對於本校的教授們種種情形也略有所知。在這里我不想提出任何教授的姓名，這一方面是我對教授的敬意，一方面是怕傳聞失實，牽涉太遠，萬一以訛傳訛，那就不是筆者的原意了。

他們發言時

近年內，對於國內重要事件，中大教授們的態度是比較沉默的。這當然是和北平及上海的教授們相對地而言的。政府和學生發生衝突時，時局嚴重時，國大閒會，憲法及條例通過時，各大學教授對扶日問題表示意見時，中大教授們是沉默的，雖然也有私人的意見，也有教授在上課時偶而向同學們談起。二十六年夏初，中大教授們有過一次言論上的領導活動，那是關於改善教授待遇的，最為教授界所同感的一點，就是要求政府把教授薪水最高額提到八百元，和特任官薪類相等。在那篇宣言中照例還有學術自由等主張，京起稿人是文學院某教授，原稿文筆相富激烈，後來被理學院的教授們改溫和了，但對於八百元的數字則未改，而事實也證明中大教授這一建議彼政府探納了。有些教授提到這一點時很得意。我們同學要求公費貸金時，有些教授又說教育部花在大學生身上的錢太多，教育部與其用很多的錢作大學生公費貸金，不如用來辦國民教育了。

有沒有派系

我們不能說中大教授有多少派別，他們也不承認有什麼派別，不過大家那麼說，我們也不妨作有鬧必錄的態度來看了。這大概是近年來各大學的風氣，大學校長要本校老教授或畢業生擔任。在這風氣之下，教授們也有以本校畢業生盡量擔任的情形了。中大校長是本校前身的前身高京高等師範的畢業生。教授們也有了和元老派對立的所謂少壯派了。但我想分為：

甲、本校派　即是本校及本校前身東南南高畢業的人。（一）少壯派重要分子大概有十多個人到二十人光景；以留英留德學生居多，在學校裡握有大權，與現任教育當局往來較密，校內三長，少則三分之二，多則全數是少壯派的人物。理學院是他們的大本營，農工師範文院中亦有少壯派人物。（二）陳派，即是與前任教育當局關係較密的教授們。他們在師範學院最多，文法農工學院次之，在理學院中力量最弱。三長席位，已無份，但潛勢力也不弱。（三）無派，這些人約佔本校派的三分之一，就他們學校出身看，他們是本校派，但實際上既和現任教育當局無關，也和前任教育當局無係。他們在「校務」上沒有也沒有過勢力。

乙、非本校派　是指那些不是本校畢業的教授們說的。（一）元老派，這是在校教課十五年廿年以上的教授們，最久亦有任教三十年以上的。同學們稱他們為元老派，並不把他們當校外人看待，他們都是本校派，特別是少壯派，教授們的老師。（二）非元老派，其中有兩方面人物，一種是超然的，不屬於任何派系，一種是和陳派或少壯派有特別往來的。

此外，還有糞派教授團派教授死硬教授民主教授的名稱。第一，這些名稱是若實若虛的，有憑無據的，第二，這裡面的情感成分太多，還是從略為是。

思想和立場

中央大學繼承東南大學傳統，在學術思想上是相對地靜性的，在見解立場上是比較地保守的。北京和上海的教授們提倡歐化時，這里的教授們主張保存國粹，他們做白話文，這里的教授們做文言文。從「學衡」到「社會公論」，大體上的路線是靜性的，贊成維持現狀的。

都城在北京時，此方大學教授們做了一番推動時代的工作，而東南大學既無北方大學的動勁，也無上海大學的新氣。現在都城在南京，北方大學還保留着北京政府時代的精神，而中央大學依然是東南大學的原形。

一般地說是如此，但教授們有很多是言論並不穩健思想也不純正的。奇怪的，是許多老教授不滿意現狀，而年輕的教授反而爐火純青，許多老教授敢批評肯批評現狀，而年輕的教授唯恐有思想不純正言論不溫和的嫌疑。但我們從許多教授在課室中的言論上看來，他們並不是甘心沉靜的。

上海商業空氣濃厚，北方學術空氣濃厚，南京政治空氣濃厚。這話在大體上是對的。上海北平我都沒有去過，不知道那里的情形是不是這麼單純。在南京，我覺得教授們——集體地說——不是一個形容詞可以概括的。南京的教授們，身在首都，自然無形中呼吸着政治性的空氣，但南京離上海太近，他們同樣地也受到上海的經濟性的風氣的吹拂。但教授們既是教授，當然還要從自身發出一般書香氣味，就是所謂學術氣味了。南京的教授們的頭上彷彿套着一個五光十色的光暈，這光暈是書香氣，政治氣，經濟風這三個原色繪成的。但這里要特別聲明，並非人人如此。

中央大學的教授們辦了三個雜誌，一個純粹學術性的，是現任教育富局與國防部共同支持的，主幹是幾個德國留學生。一個是綜合性的與時事有關的半月刊，每期都有中國農民銀行的廣告。一個是周刊，也有農民銀行的廣告。

兼差忙

教授們兼差的很多，大教授大兼，小教授小兼，多者多兼，少者少兼，遠者遠兼，近者近兼，文的文兼，武的武兼，有兼即兼，無兼不兼。而以名教兼職最多。

教授兼差，系主任兼差，教務長院長也有兼差的。中國教授兼差，外國教授也兼差。男教授兼差，女教授也兼差。

兼些什麼差呢？有好辦法的在銀行兼差，每月收入比教授高三四倍。同樣好的是兼做律師，兼做工程師，兼閑商店，兼辦工廠，每月收入亦好，往往一個案子可以弄到十億，一個畫案可以得五億製圖費。兼外國使館工作，多者一月二百美金。其次是兼官，各院各部各會，文機關，武機關，參事，秘書，專門委員，司長，處長，研究員，顧問，立法委員，撈亂委員，都在兼之內。再次是兼課的苦差。

醫學院教授在本校醫院兼職，另有酬勞，出院診病，診金是不定的。醫學院教職員不論大小一律每月有超過薪津類的另外的津貼。也有在外邊兼事的。

不兼差的，有的毫無辦法，素食破衣，有的做點小囤積，小買賣，甚至養雜養豬。就兼差的多寡來說，有的兼四五個，有的兼兩三個，下為者兼半個一個。就兼差的苦樂來說，那全看各人的關係和背景，有的不出門拿大薪津，有的每周去一兩次，有的每天辦公，有的每天奔跑。就錢的數字來說，多的比教授自已薪津高十倍，少的三四倍，最少的只有二分之一。就兼的遠近來說，東到上海浙江，西到成都重慶，北到徐州皖豫，南到台灣闖廣。近的是在南京城內城外。遠處的兼差是一周去一次，兩周去一次，或一月去一次，或在他處，於學期始終或中途來校者。

兼課的教授有時也因為輪流停電停到我們頭上，但大體上都還負責任，有些教授雖然兼了二四個差，但從不缺一次課。

生活起居

不兼差的以及兼半個一個差的教授最多。大體上，教授生活是清苦的。他們住的房子算是最值得同情的事，他們沒有錢租房子，只有在校舍內住下。有些家庭，兩個房間，人多的，很受擠。有些共同分住大樓的，家家的門前就是廚房，每天柴煙煤氣，逼人難受。還有只分住一間房的，那更加受擠受苦了。

在分房子時，也有過小糾紛。少數有權力的教授可以佔住四五間，老教授反而受委屈。但有少數教授，把自己的洋房租給外國人，每月可以得數百元美金。有一位教授有九座洋房。有一二座洋房的教授大約有二三十人。

至於日常生活，上下差別很大。少數教授的生活非常之好，一天的開銷等於教授一月薪津的五分之一。但大多數的教授是很苦的，破衣破袜的教授比有美金收入的教授多得多了。

教授之間也有不平的事，就加薪說，共有加二級，加一級，加半級，不加，減薪等差別。最近許多少壯派教授的薪額直追着八百元，而他們的老師，教書二年以上的，反而只有六百二十元。制度造成的局面，只好元老教授們委屈了。

文藝

哀念

李蕤

秋遠！今天從舊書中，出乎我意外地翻出你的照片。你坐在雲龍山的石欄上，眼望着遼遠的天空，在那裏沉思。這張照片，是我們參加徐州會戰時，我們攀登雲龍山，我替你拍的，現在已經九年又半了，照片的一角已經發黃。但你眉宇眼梢的誠摯的神氣，却仍然非常清楚，栩栩如生。看着像片，我呆了很久，墮入悠長的沉思之中。但我並沒有流下一滴的眼淚。

要說我曾經忘記過你，我是絕對不相信的，你的面影，你的笑聲，經常地浮現在我的面前，我的腦際，連過去最瑣碎的記憶，也歷歷在目。但是，悠長的八九年中，我確實沒有為你的犧牲寫過一篇文章，一首短詩，我沒有寫過一個字來哭你，追悼你。關於這，你如果地下有知，一定會覺得不解的吧？

你犧牲的消息，是我從報紙上看到的。和你一道倒下去的，還有高詠，這個年紀青青，只通過信而未見過面的朋友。噩耗傳來，送給我的是兩份悲慟。但在當時，我却沒有眼淚，同時也沒有拿筆寫文章紀念你們的勇氣。為什麼？因為，我寫過的追悼文章太多了，我苦痛地想：他們獻出了整個生命，為更多數人的幸福，站到火線的最前面，而我，却等他們倒下了給他一聲哀歎，寫幾行字追悼，我算是做什麼的呢？我們的友朋中，幾年來倒在戰鬪中的，有范宇，有鄉林，有敏迅，有孟平，

我的悲哀已經過了極限，我感到我再寫文章是一種恥辱。於是我沉默下來。有時，泛起一陣傷痛的記憶，宅犀利得有如刀刺，但我拿起來筆，總又沉重地放下。我自己輕輕地對自己說：『不要寫什麼，不要騷擾可敬的死者，他們是不需要這些的，好好的活下去吧！常常的記起他們，盡完自己的力量，那便是最好的紀念，最好的追悼　等到勝利了，才是追悼的時候』。

就這樣，我們長別了之後，我又生活了九年，我因為別無所有，只有一支筆，便這樣零零星星化費着自己的生命，苦難長年伴隨着，死亡也不斷來打攪，但幸虧都越過了。耗費了三分之一的生命的精華，三千多天的光陰，無以數計的困難折磨，這一段工程算完了，日日夜夜盼望的「勝利」，夢也似的來到了。

當我聽到第一聲日本投降的消息時，我們跑了幾十里的山路，打聽這消息是否確實，（那時我們正陷身在敵後的山村中。）消息證實之後，當然是一陣狂歡。但當聽完各處的爆竹，看遍各處的國旗，歸來對燈獨坐的時候，却使我想起了你，想起了你們。

『這世界上再沒有他們了。』

我想着，苦惱地想着，我的眼淚流下來，不能遏止。這勝利是你們（和你們同樣命運的千千萬萬人）換來的，但你們却永遠看不見這塊土地了。

在勝利還非常遙遠的時候，我常常想：這次的大流血，我們的民族渣滓可要澄清了，流血的人可要得到補償了，我想着經過這麼多人的血的灌溉，中國會從此年青，你們的屍體上會生出一切希望的新生嫩芽。那樣，你們將永遠活在生者的心中，永遠存在。

但是，可愴痛的，還不是你們的未曾眼見勝利，而是短短的一瞬之間，你們以生命換來的勝利之果已經發霉，你們的碧血已經被蓋上一層污血，這污血還在越積越厚，要使你們的血成為白流，要把你們的血和人民之間遮斷。這是如何令人憤怒的事！

三月間，我又從徐州經過，在火車轔轔的聲音中，我的心感到刺痛。黃口、楊樓、郝寨、那些地方雖然隔了八年，但我們是如何熟悉呵，記得我們突圍的時候，我們自已砍掉柳枝，擔着行李，脚底板磨得流血，猶自向前掙扎。當時敵人已經切斷隴海路，黃口站長已經被打死，我們又退回楊樓，當天晚上我們把行李「存」到楊樓車站，準備次日突圍，但第二天却又被大礮轟回已經開始燬破的徐州。那些車站，至今還是殘破不堪，留着日本人破壞的痕跡，但是另外新的戰壕，新的碉堡，新的標語，新的鐵絲網，却又布上了，這上面已經又染過幾層新的鮮血了。

你記得，五月十三夜的黎明，我們離開徐州西行的時候，車站被炸得稀爛，站台上橫三豎四躺着傷兵，我們那時還建議站長把負傷者在黎明前移出站台，因為天一明他們便要成為敵機下的灰燼。這次經過，車站大致仍景象依舊，不過那時的傷兵不知那裏去了，換上的是剛從附近抬回的傷兵。買一份報帋，上面也還有「台兒莊激戰」的字樣。我凝視着這些新的傷兵，想着九年前徐州撤守時站台上那幾百傷兵，恍如置身夢境，這樣的「勝利」，是你當初所想起的麼？

從上海回來，我特地在徐州停留了一天。朝陽旅館，大陸飯店，那些我們記者群盤桓的舊地，記憶猶如昨日，但市容已經面目全非，因為敵人佔領的八年中，已經「建設」得頗為「繁榮」了。在街上只看到對這「繁榮」的享受者，謳歌者，舊日的痕跡已不復覓得。那些大轟炸時的屍體，那些臨撤退時破壞的建築物，那些互相踐踏扶老攜幼的難民，都已為新的「繁榮」和「緊張」蓋住，不能再看見了。

我不敢再攀登雲龍山，但我終於鼓起勇氣又獨自上去一次。那些你踏過的石階，你憑立過的石欄，一切依舊。山上的寺院，仍傳出古老的鐘聲，木魚聲，老和尚的誦經聲。他們，敵人到時不侵犯他們，保護他們，現在的受災難的人又向他們求籤問卜，請求他們指示「迷途」，而你，而你們，却不存在了，秋遠！

在雲龍山上，我又想到五月十三夜的一幕，那夜敵機夜襲，許多記者不期而遇地碰頭在雲龍山。那一夜我們知道了永城被佔，隴海路斷的消息，第二天便各自突圍，大家勞燕分飛，以後有許多人便沒有再碰到面，我告訴你，這一群筆工作者，大半都還健在，而且筆和人都一樣健康，仍在為眞理為人民奮鬪，走着艱苦的道路。但也有人很濶氣，過多的收入壓歪了筆尖，變成了說謊的鸚鵡。這情形，也和你活着的時候，沒有兩樣的。

最近，碰到了一個過去的同學，談到了你，我順便問到你家庭的情形，因為他和你住在同村，對你的家庭非常清楚。

你的家庭所遭遇的，眞是一個典型的悲慘故事，如果你至今還健在，我是沒有勇氣告訴你的，這眞是太悲慘了。

你的叔父（他的照片過去老放在你的桌子上，我常常看見，體格魁梧，面貌慈善。）已經去世了，他死得很慘。他原來不是在北平路局工作麼？北平失陷後，他

因爲家屬的牽累，未及退出，後來便隱姓埋名，在北平做地下工作（我想另外換幾個字，因爲這個光榮的名詞已經被沾污了。）後來消息傳到後方來，以訛傳訛，都說他投降了「老日」，當了漢奸，你父親聽說後氣得半死，便寫了封長信責罵他辱沒祖先，並勸他立刻回來，很久沒得到回信，你的父親便又寫了一封長信，咬破指頭簽上名字，說如果他不回來便永斷手足之情。這樣一個月後，他接到你叔父一封信，也寫得很沉痛，披肝瀝膽地說明他不得已的處境，敘述他現在雖在虎口之中，還肩着國家民族的責任。他的信是換了封皮假託在某某商號發的。但他不知道日本人早早已經檢查到你父親的信，早對你叔父布置下偵查的工作了，你叔父給你父親的信，雖然投遞得很小心，但終於落入日本人的手裏。於是，你叔父被日本人鎗斃了。

你父親聽到了你叔父被鎗斃的消息後，悔和愧使他幾乎發瘋，他常常跑到野地裏獨自哭泣，日漸消瘦。但因爲怕你老祖母知道，還得時常編造你叔父的消息，强顏爲歡地左欺右瞞，這樣過了半年，你祖母終於知道了這件事，於是哭昏了許多次，以後便被重病壓倒。你的父親又愧悔，又難過，又着急，曾經服過毒藥，幸虧家人發覺得早，救治了過來，但身體已經一天天孱弱，終日鬱鬱寡歡，常常飲酒賦詩，痛哭長歎，不久眼睛便有一隻失明了。

但，支持着他的精神，使他不至廢然倒下的，還有一個寄託，便是你——他唯一的愛子，你是他心裏唯一的一盞明燈。他雖然是一個老秀才，但他却沒有一般的濃重的宗法觀念，沒有一般老人對兒子的姑息溺愛。據說，他談到你的數年不歸時，總是說：「匈奴未滅，何以家爲？」但他的心是難過的，一邊說着這些自慰的豪語，一邊却已經涕淚滂沱了。但，他那裏知道，在他日日夜夜念着你的時候，你已經在黃河的對岸，戰死在日本兵的刺刀下了呢？

你是一九四〇年犧牲的。但在這之前的兩年，已經很少有信了。有時候一年半載，他老人家才看到你幾行稀疏的字，這當然對他衰老的心是一種折磨。但也就爲此，你犧牲後大家欺瞞他的工作也容易了些，雖然長時間沒有信，他覺得和往常一樣，並不往壞處想，他是堅信着「上天」對他不會如此「不仁」，把他的唯一愛子再奪去的。

他一直不知道你捐軀的消息，等待着你勝利的歸來。這是多麼殘酷的事。但大家又希望這欺騙能永久繼續下去。

但在勝利前一年的春天，忽然又起了一陣颶風。這可敬可憐的老人，終於從零落的故枝上凋謝了。

那一年春天，河南的「商業化部隊」打了一個大敗仗，四十四天中丟掉了四十五個縣城，河南孤懸了幾年的半壁也被佔光了。你的故鄉偃師，也踏上蹄跡。男女老幼，哭聲震野，大車小輛，都成了逃難的人，你父親在安排婦孺老弱逃往鄰村之後，聽到日本兵已進村莊，他掛在樑上自縊了。

秋遠！這便是你家庭的遭遇。在九年之前，你的父親叔父還是一鄉人望，還是小康之家，溢洋着和平與幸福；但現在，却一切化爲塵土。這是你們對抗戰付出的代價。我自己寫着，也覺得太像一個編造的「故事」了，但這是現實的眞面孔。這九年中，這樣粉碎了的家庭，這樣比故事更悲慘的事實，也許任何一個村落都會找到吧！

但抗戰償還你的是什麼呢？償還和你同樣際遇的千千萬萬人的，又是什麼呢？少數的民族蛀蟲，刼奪了並腐爛了勝利之果，忠於抗戰的人民，又被驅遣着爲這些少數人流血。

秋遠，現在，我坐在一個小城的一盞孤燈之下，這是你熟悉的小城。窗下黑暗如漆，除了我自己的心音之外，所聽到的只是遙遠的犬吠，和寒風在樹間的嘶叫。這景象，正和二十七年的一夜，我們對燈默坐時的景象相同。只是橫在我面前的迢迢的路，已經和那時的不全一樣，而且再沒有你和我商量了。

過去的一切，在記憶裏釀成　一罈苦酒，一滴滴地向我心的最深處湧流。

我記起了我們在開封的時候，每夜同路去聽習英文，並肩在月下談論時局，那時，你還只是一個勤懇善良的教師。

我記得你從北平日本人的虎口中逃出來，訴說你們從海道上回來的艱險，你那時候已經成爲一個民族解放的先鋒。

我記起我們在徐州十二個晝夜的突圍，我們疲倦到一邊走路一邊打瞌睡，我們幾天吃不到飯，挖一點紅薯母充飢，我們在寒冷的四月天，穿着一套單制服臥在打麥場上，（遠處砲聲隆隆）因爲冷得難禁，只好抱着互相以體溫取暖。我記起突圍出來後你深陷的眼睛和乾得裂了的嘴唇。　但你並不氣餒，仍然堅守着新崗位，那次的突圍，你成了千錘百煉的戰士。

我記起了你遠行之前的長久沉默，你決定的時候緊緊握着的拳頭，我們分別時候你有力的握手。這時，你已成了眞理的追求者。

終於，你的力量獲得了極致的發揮，你的生命燃起了最美最亮的光焰。

你的一生，從沒有沾沾自喜過，自己誇大過，以「進步」標榜過。你像是一條駱駝，默默無聲的馱起人生的重載，又默默無聲地倒在沙漠之中。但我們的熟人之中，却有多少人已經成爲「鸚鵡」，受着主人豐盛的飼養，用筆編製謊言，却有時又賣弄他「習於人言」啊！

夜已很深，燈已將燼，我們的話就此打住吧！記得在抗戰發生的那年，我們合拍了一張照片，上面我題着「　春來冰先破，萬川一怒泉　」的句子，九年的時間，人民的萬斛鮮血，第一層冰是已經破了，但新的冰雪却又封凍起來，可是，經過兩年人民的戰鬪，又到了春來冰先破，萬川一怒泉」的時候了。如果你還活着，一定是今日大風暴中的一只勇猛的海燕。

秋遠，請安息吧，我决不會忘掉你，許許多多的朋友也不會忘掉你。我們固不會爲你勒石樹碑，但大家也决不會忘記你的死節。我們一定要替你向刼奪勝利成果的人索取報償，替千千萬萬和你同樣付出鉅大代價的人索取報償，不讓你的鮮血白流，不讓你們死不瞑目。

還有，要告慰你的，是你的哲嗣，已經緊隨着你的足跡走上你走的道路。他是一隻雛鷹，他的勇敢和智慧都超過了他年齡所應有的，他正生活在人民的大海中，他正以你留下的筆和鎗向人民之敵搏鬪。他受着朋友們的熱愛。這一點，對你該是最大的安慰。

最後，對着夜空，我還要舉筆對你宣誓，我今後要更勤奮地使用這隻破筆，紀證這人間的光明和黑暗，繼續你的足跡，把僅餘的生命力完全交給仍在苦難中的人民，不論這力量是如何渺小。

安息吧，秋遠！你到了應該安息的時候了。

內政部登記證京警平字第二三四號
經中華郵政登記認爲第一類新聞紙類

書評

方生未死之間

考驗社出版　八十七頁

似彭

這是一本小册子，一共收了六篇文章。史任遠先生在序言裡說，「這里的六篇文章，是我國新文化運動發展的新階段上最佳的收獲。」在這本書裡，我們看到作者們不約而同的提出一個新的人生觀。這個新的人生觀是有價值的，但是作爲知識青年的安身立命之所，則是不夠的。

我們先來介紹本書所提倡的人生觀是什麼。

第一，他提倡我們用全副心腸去貼近人民：

「冷淡和痲木必須死亡，狹隘和自私必須絕跡，虛僞和欺騙更是不容存身。代替冷淡和痲木是鮮明和積極，代替虛僞和欺騙是誠懇和老實，代替狹隘和自私是實實在在的承認旁人，用全副心腸關心人民的命運，和他們結下死生不解之緣，由衷的恨其所恨，愛其所愛。我們不但要擴大我們生活的廣度，加深我們生活的深度，而且要加緊我們生活的密度；我們不但要精通世故，而且要切進人情；我們不但要和我們人民生活在一起，而且要爬到他們的心去疼他們」。（于潮：論生活態度與現實主義，頁五三）

于潮文中所提到的生活三度，嘉梨在本書另外有一文加以詳細的解釋。何謂生活的三度？

「三個通俗的詞彙確切的表現出生活的三階段——三方面：世面指生活的廣度，世故指生活的深度，人情指生活的密度。三個通俗的詞同樣確切的表現出生活者在生活三階段和三方面中對於生活對象所採取的關係：說一個人的生活範圍廣，人們說他見的世面大，見之一字道出這一階段中人和世界的關係，看看而已；說一個人的生活經驗豐富，人們說他閱歷的世故很深，閱歷二字道出這一階段中人和現實的關係，閱歷者，過過而已；說一個人眞心體貼旁人，人們說他近人情，近之一字道出這一階段中人和人民的關係——到這里，生活者和生活對象的關係已經不復是走馬看花的看看，也不是曾經滄海的過過，而是體貼入微的貼近了。」（嘉梨：生活的三度，頁六二）

因此，作者們都提倡一種多情善感的生活：

「眞實的生活是以聽覺來接觸五聲，以視覺來接觸五色，以嗅覺來接觸五味，並且以敏感的心來接觸七情的。眞實的生活是有着對友人的愛，對仇人的恨，是有着大歡喜，大悲哀，大快樂，大憤怒的。」（項黎：感性生活與理性生活，頁四四）

他們提倡以這顆多情善感的心，參加人民大衆的生活，成爲他們當中的一個：

「問題的重心在：我們不單是要在實際生活中去了解他們，而且要在實際生活中改變我們自己，改變我們的生活態度，假如，我們不能在實際生活中改變我們自己，改變我們的生活態度，變成他們當中的一個，而是以一個客卿的地位，生活在他們當中，我們既不能如實的寫出他們，也不能好好的領導他們；人民既不是研究的對象，也不是被領導的材料，假如你能寫出他們的眞情實感，那不僅因爲你客觀地研究了他們的緣故，而是因爲你在基本上是屬於他們的緣故，假如你能領導他們到底的話，那也不僅是因爲你策略地了解了他們的緣故，而是因爲你在基本上是屬於他們的緣故」。（于潮，方生未死之間，頁三七）

以上這一些話，都有相當的道理。在學校里，教員們所專心的，只是知識的講授，而不大討論如何做人，這一類的書，可以彌補青年所受教育的一部份缺乏。在學校里，青年的衣食住及一切生活，已與中國的貧苦大衆脫離，這一類的書，可以給青年一種警覺，要他們不要忘記校門以外那些不幸的人。在社會裡，一般的人，都在日日朝朝，時時刻刻，爲自己的利益打算，這一類的書，可以給青年一種指示，要他們不要只顧自己，而要用全副心腸去關心人民的命運。這一些，都是好的影響。

但是，這種生活態度的指點，也有他不足的地方。

作者們所提倡的態度，實在是一種慈母的態度。一個慈母對於他的愛子，眞是做到由衷恨其所恨，愛其所愛的境地了，眞是爬到他的愛子的心中去疼他了。但是富他的愛子得到盲腸炎或者傷寒症的時候，他的慈母，即有一百二十分的愛，也不能解除他的愛子的痛苦。一個素不相識的醫生，對於這個小孩，可以並沒有深刻的感情，但是在這種危難的時候，對於這個家庭可以有起死回生的功用。他之所以能夠有貢獻，不在他的情感，而在他的智識。一對正在戀愛着的男女，沿着河邊散步，一不小心，男的失足落水了，女的搥胸痛哭，淚如雨下，這是他「愛其所愛」的表現，但這千萬行的淚水，也救不起這個將要溺斃的青年。一個不相識的人路過，看到這種情形，他是善於泅水的，跳下河去，便把這個青年救起來了。他對於這個青年有貢獻，不是因爲他有情感，而是因爲他有技能。

這兩個例子，只是要說明一點，就是知識青年，如想眞正的對於人民大衆的福利，有所貢獻，沒有一副好心腸固然是不行的，只有一副好心腸，也是不夠的。知識青年，在能夠眞正爲人民服務之先，得培植自己，成爲一個有技術，有見解，能獨立，能組織的人才。否則他們到人民大衆的隊伍中去，只會成爲人民大衆的一種寄生蟲，一個加增人民負擔的累贅。

總之，我們以爲一個現代的知識青年，一方面固然要有豐富的熱情，另一方面，也要有充實的知識。這兩方面，都是需要培養的。沒有熱情的知識，固然是浮游無根，沒有知識的熱情，結果也只能產生輕舉妄動。我們願意以感性生活與理性生活並重的看法，來矯正全書中偏重感性生活的見解。

新路 周刊

第一卷第七期

短評

（一）新閣的施政方針（二）養閑與捧場（三）也有光明的地方

論壇

中國工業化的資本問題

（甲）本文 吳景超

（乙）討論 （一）丁　忱（二）谷春帆（三）汪馥蓀（四）劉大中（五）蔣碩傑

（丙）總答復 吳景超

專論

強國與富國 徐毓枬

皇權·紳權·民權 胡慶鈞

通訊

被圍困中的承德（承德通訊） 本刊特約記者

承德烽火燒到冀東（北平通訊） 本刊特約記者

共軍能否渡江（江南通訊） 史　班

從動盪到窒息的水城（濟南通訊） 丁　汀

文藝：朱大爺 高　植

中國社會經濟研究會發行

民國三十七年六月二十六日出版

短評

新閣的施政方針

翁文灝氏於本月十一日向立法院報告新閣的施政方針，各報先刊載其大意，繼之發表其正式公表之文字。是施政方針，也是一篇應時的文章。抗日時期的「抗戰」與「建國」，今天的「戡亂」與「行憲」，都成了定模。什麼好文章，一落入了這個定型，便成了無個性的東西。這是說，文章受災，人物也受災。

不消說，戡亂工作最重要。說要加强軍事的實力；但如何去加强，未見作具體的報告。至於到底那一天纔能結束戡亂軍事，翁氏說：「基於目前的現實困難，能在二年以內戡平共匪，已經算是很快的了。」（見天津大公報報導。）行政，希望做到廉潔而有實效的政治；但承認在戡亂時期，軍費支出浩大，國庫收入短絀，物價繼續增高，要一切工作合乎理想是非常不容易的。

財政經濟應該是核心的部分，但祇有徵糧，原是繼續辦的事，說來比較確定而響亮。「絕對必要，希望大家能犧牲一下。」其餘都祇是提提，或，說得最好，儘量發發願而已。工業南遷，完全是毫無根據的謠言，不過大家「應認識戡亂的地位和方向。」改良土地分配，和「請神」一樣，請出了「平均地權」是遺教之後，隨着便咒罵起魔鬼來，說什麼「共匪所行的分配土地是沒收人民的財產，是一種擾亂的方法，而不是眞正的制度」。

外交政策說得相當明豁。說要尊重聯合國憲章，加强聯合國力量。對世界各國一律敦睦邦交；但，靠「尤其」兩字給往右一拉，遂言曰：「對美國應多了解其國策，俾共爲提倡民主而奮鬪。」對日政策，說是始終不變；在「反扶日」運動展開之後，聽上去頗有意思。漂亮的吳國楨市長正在找交大學生的差錯，我們希望他讀了翁院長這一段報告之後靈竅能够大開，自已承認無聊，不要欺侮老實人——交大的程校長。

最後說到美援，那是踏踏實實的，說話便有把握起來了，偶亦流露出感激的意思。「借款數目顯然不多，但意義上很重要。」

這就是翁內閣的施政方針。歸結起來，歷一小時半報告出了這樣一個結論：「戡亂」頂在頭上，戰事結束尙遙遙無期。光祇照應軍費已够竭蹶的了，那有餘力做旁的事？廉潔辦不到，行政效率提高不了。財政經濟祇把握住糧。祈禱天公作美，不施水旱。其它一切，祇能發發願，空口說說，實際都是無法辦的事。土地改革不敢做，怕開罪於利益集團，江山將益發難保。惟一靠山是美國，所以對美國得忍受。

這不是一個在民間早成了常識判斷的結論嗎？原來新閣的所謂施政方針，將其掩飾處剝淨後，也祇有這樣的一個認識！不失爲「忠于事實」。若說是眞心爲國爲民，挾有勇氣，敢于正視現實，想在源頭上求打開僵局，不是祇在朝廷作官，那祇有天曉得！（敏）

養閑與捧場

古來有養賢的作風，已經不見高明。現在索性連賢不賢都不管，凡失意的或仕途中無出路的都養起來。這只好叫作養閑了。「養閑」幹麼？說的好聽些，是爲「捧場」。就在不久前，天津益世報揭載南京專電一則說「政府將養一批食客」，因爲這裏不是官電，所以旁的報紙多未載。據說假借的名義，叫什麼戡亂建國委員會。委員的人數已經國民黨中常會決定，總數爲五千名！

那末，資格呢？聽者．一、行憲國大代表無出路者。二、歷屆參政員無適當出路者。三、舊立法委員落選者。四、當選行憲國大代表退讓者。五、中央提名國大代表落選者。六、舊監委無適當出路者。七、有功於戡亂而失業者。八、民青兩黨優秀人士。看看這份人材，眞使人有「天下英雄，盡入彀中」之歎！僭們還可摹做駱賓王討武后檄的濫調說．「以此戡亂，何亂不戡；以此建國，何國不建呢」！

這消息使人見了，眞不免瞠目咋舌。我們希望有人出來鄭重辟明並無此事。可是事隔多日，未見更正。側面消息，窗信其有。想來縱使不即刻實現，早晚總有那麼一天。拾棺材到會場的，一面絕食，一面吃橘子水，打葡萄糖的，上吊的，投江的，在會場織毛衣的，還有什麼什麼的，無論是人是鬼，都會有登榮的一日，捧場的機會。强爲解嘲，可以說這本是古已有之，不足爲奇。不是在那「權歸私門」的戰國時代，什麼信陵君孟嘗君之流，都曾有過食客三千人。而孟嘗君的食客，還專以「鷄鳴狗盗」聞名天下嗎？

可惜這般人不知道國家在開隆古之盛典，所以「養閑」、也藉爲「捧場」。據說此事一時擱淺，是爲了這般委員們「自認爲全國最大之民衆團體，應在政府之上，可以對政府有所建議，並行使監督權。」好啦，人家有一個國會（英國上院，本是歷史的遺骸，旁人的依樣葫蘆，等於駢拇枝指）。可以治國，僭們有雙份的立法院監察院，不更可以「拯斯民於水火」了嗎！

我鄭重說一句，政府不能拿着民膏民脂，公然行賄。即使這般人都是賢材，社會有正當事業，政府有用人正途。人民納稅，不是爲國家去「養閑」，更不是爲閑人們去「捧場」。這使我們瞭然於今日之賄賂公行，來源有自，閑人滿坑，無虐不助！（希）

也有光明的地方

從目前的情形來看，世界的前途不能說是光明，至少悲觀的氣氛籠罩着各地。但是，世界也不完全是黑漆漆的一團，牠有黑暗之處，也有光明之處；同時，光明之處雖常表現黑點，黑暗之處也偶然呈露光明。如果光明的力量能够逐漸克服黑暗，則世界的前途絕非無望。

本月十四日路透社報導緬甸總理泰金帑的演講。他在仰光對着一萬緬甸人發表演說，講述他的聯合左翼黨的計劃。聯合左翼黨是受反法西斯人民自由同盟控制的，而泰金帑是同盟的主席，也就是聯合左翼黨的領袖。他說明黨的計劃是．取消資本主義，國家管制進出口，把財政權由倫敦移到緬甸，防止損害主權的外援，廢除大地主制度，幫助工人對抗資本家，允許傳播馬克斯主義。他甚至公開的宣佈，他要盡最大的力量，與蘇聯建立經濟及政治關係；公開的指出，緬甸雖然被英美勢力範圍內的國家所包圍，她的領袖希望追隨蘇聯所懸的理想。

泰金帑的主張和計劃姑置不論，他的獨立精神和英勇的氣魄不能不令人折服。緬甸剛從殖民地的地位解脫出來，取得自治的權利；英國的勢力還在那裡，其周圍也的確都是英美的勢力。泰金帑不僅是一個政黨的領袖，還是當政的總理。他不僅要擺脫倫敦財政的控制，反對並防止損害主權的外援，還要與蘇聯建立經濟及政治關係；他不僅要取消資本主義，允許傳播馬克思主義，還要追隨蘇聯所懸的理想。在東亞的國家裡，有幾個政治領袖有這樣的獨立精神？有幾個政府當局有提出這樣的主張的勇氣？這樣的精神和勇氣，在遠東之黑暗的一面，不能不算是光明的一點。（明）

○○論壇○○

中國工業化的資本問題

吳景超

(甲) 本文

現代生產與過去生產最不同的一點，就是現代化的生產，所需要的資本很多。在採集經濟時代，一個人從他的巖穴中，跑到野地上去採集自然界所賜予的植物或小動物，身邊是不帶什麼資本的。雙手是他唯一的工具。人類自從以赤手空拳來打開生路的時候起，到二十世紀爲止，少說一點，也有五十萬年至一百萬年。在這樣悠久的歲月中，他的物質生活的進步，完全有賴於資本的蓄積。到了現在，我們比較各國生活程度的高下，探索造成這種不同生活程度的原因，一定可以發現一條原則，就是每一個生產者所能利用的資本，其大小是決定他的生活程度一個最重要的原素。一個用牛耕田的人，與一個用曳引機來耕田的人，其所利用的資本，是有多寡之不同的。用牛耕田的人，其所利用的資本，沒有以曳引機耕田的人所利用的資本多，因而前者的生活程度，也趕不上後者。誰能控制更多的資本，誰的生產力也就愈大，因而他的生活程度也就愈高。

從這個觀點看去，提高中國人民生活程度的問題，也就是一個如何加增資本，擴大每一個中國人的生產力問題。

(一) 中國工業化需要多少資本？

對於這個重要的問題，我們願意提供幾個答案。讓我們用幾種不同的方法，來計算一下，中國在工業化的過程中，需要多少資本。

第一個計算的方法，就是先開一個單子，臚列工業化的項目，然後對於每一項目，估計所需的資金。關於這一類的材料，我們所搜集到的，極爲零碎。譬如安諾德(Julian Arnold)曾替我們計算過，中國需要新築鐵路十萬英里，以每英里需美金五萬元計算，共需美金五十億元。法理斯 (L. M. Pharis) 以爲中國發電的設備，過於簡陋，目前所有發電能力，不過七十萬瓩，但中國至少需要二千萬瓩(美國有五千萬瓩)。每瓩的建設費，在美國爲三百五十美元，中國因爲人工便宜，可以每瓩二百七十五元計算。二千萬瓩的建設費，應爲美金五十三億元。資源委員會曾有一個擴充棉紡織工業所需資金的估計。中國在戰前計有紗錠五百萬枚，如再加增五百萬枚，共需美金五億六千萬元。像這一類的估計，我們所沒有看到的應該還有。假如每一估計，都出自專家之手，是很有價值的。可惜這種材料，只是片段的，把這些片段的材料加起來，得不到一個工業化所需資金的總數。

第二種估計的辦法，是看我們在工業化的過程中，每年擬在農業中，抽出多少人來，使其轉業。同時再看每一個轉業的人，社會應該替他安排多少工作所必需的資本。有了這兩個數目字以後，每年所需要的資金，便容易算得出來了。這種估計方法所根據的理論是簡單的。任何一個農業國家，在其工業化的過程中，人口的職業分配，必然的要引起劇烈的變動。像中國這種國家，有百分之七十五的就業人口，是集中於農業，而只有百分之二十五的就業人口，分佈於其他各種行業。工業化之後，此種職業分配，必然的倒轉過來，即就業人口中，可能只有百分之二十五，從事於農業，而其他的百分之七十五，則從事於農業以外的生產事業。這種改變，不是短時期之內所能實現的，也許要五十年，也許要一百年。有人會替我們計算過，假如中國的農業人口，從百分之七十五，減爲百分之六十，中國的全國收益，可以加增一倍。假如再從百分之六十，減至百分之五十，中國的全國收益，可以加增三倍。這種成績的表現，並不足奇，因爲農業人口百分數的降低，就是工業化的一個象徵，而工業化是必然的會加增全國收益，這是施諸四海而皆準的一條原則。

在工業化的時期內，我們對於轉業的人數，願意作兩個假定，一爲每年六十萬人，一爲每年一百二十五萬人。（此種假定的根據，參看拙著「論耕者有其田及有田之後」，見本刊一卷二期）對於每一轉業的人所需的資本，我們也作兩個假定，一爲四千六百美元，一爲四十七美元。這兩個數目的距離，相差很大。四千六百美元這個數目，是美國的資源委員會，計算美國在一九三五年，每一就業人口，所能利用資本的數目。四十七美元，是汪馥蓀先生，估計中國目前全部就業人口，每人平均利用的資本。我們利用的資本，數目太低，所以我國工人的聰明才智，雖然天賦的並不比別人差，可是我國工廠工人的生產效率，照巫寶三及汪馥蓀二先生的估計，只等於美國工人十九分之一。這種差別，亟需改進，加增資本，便是改進我國工人生產效率最基本的方法之一。

根據上面的幾個數字，我們可以算出幾個不同的答案。第一，假如我們每年使六十萬人轉業，而轉業的人，每人只替他預備四十七元美金的資本，但一共只需美金二千八百二十萬元。第二，假如我們還是使六十萬人轉業，但每人要替他預備四千六百美元的資本，一共便要美金二十七億六千萬元。第三，假如我們每年使一百二十五萬人轉業，每人有四十七元美金可以利用，一共只需美金六千零十五萬元。第四，假如我們還是使一百二十五萬人轉業，但每人可以利用的資本，爲美金四千六百元，則所需資金的總數，便爲五十七億五千萬美元。

在我們批評這幾個數目字之前，我願意介紹美國一位經濟學者斯丹萊（Eugene Staley）對于我國資金需要的估計。他的計算，是根據若干假定而來的。第一，他假定中國以後工業化的速率，等于日本在一九〇〇年以後工業的速率，第二，他計算自一九〇〇年起，每一個十年之內，日本在工業上的投資，總數若干。第三，他以此根據，來計算中國在以後四十年內對于資本的需要。在把日本的材料，應用到中國的時候，他曾根據中國的面積及人口，加以修正。有些材料，他是根據中國的面積來加以修正的，如在鐵路上的投資，中國的面積大若干倍，需要也就大若干倍。又有些材料，他是根據中國的人口來加以修正的，譬如麵粉廠上面的投資，中國的人口多若干倍，需要也就大若干倍。根據他計算出來的結果，是中國在戰後如實行工業化政策，則第一個十年，每年需要美金十三億元；第二個十年，每年需要美金二十三億元；第三個十年，每年需要美金四十四億元；第四個十年，每年需要美金五十一億元。

斯丹萊的估計數字，有一點是極有趣味的。在一九四三年正月，翁文灝先生，曾在重慶有一公開演講，謂中國戰後爲推行一個五年建設計劃，共需資金約爲戰前國幣三百億。此三百億資金，應於前四年內支付，每年平均須國幣七十五億元，約爲美金二十三億元。此項估計，與斯丹萊估計我國在戰後第二個十年每年需要的數字相同，也與我們上面假定每年六十萬人轉業，每個轉業的人需要六千四百美金的總數二十七億六千萬美元，相差無幾。

所以，我們就假定在最近的將來，如要實行工業化，每年需要資金二十三億美元罷。

（二） 中國能夠供給多少建設的資本？

在一九四二年，我曾根據不甚完備的資料，估計中國在戰前用于經濟建設上面的款項，約在五億元左右。這個數目，我以爲在下列的條件之下，是可加增的。

第一，假如我們能夠改良稅制，特別是田賦及所得稅等，那麼每年中央及地方的收入，應可加到二十億元，假定政府分配預算時，能更注意于經濟建設，以收入百分之二十，用在這個上面，則每年便可有經濟建設經費四億元。

第二，假如我們能改進國內的生產，使國民每年在衣食住各方面的消耗，都可自給而無須外求。又假定我國對于入口貨品之種類，能略加管制，使入口貨物中，百分之七十，皆與經濟建設有關，則每年我國在國外市場十億元的購買力，可以有七億元，用于經濟建設。

第三，假如政府能設法使國人的儲蓄，能盡存入國內的銀行，使儲蓄數量，由戰前平均之每年五億元，增至十億元。又假定政府對于人民投資的途徑，略加管制，使每年的剩餘資金，有百分之七十，投資于經濟建設事業，則從國民總儲蓄中，每年可有七億元，用于經濟建設。

以上三項合計，每年用于經濟建設的款項，可達十八億元，較過去每年之五億元，超過三倍以上。

這個十八億元的估計，因爲方法不甚嚴密，所以我常希望有人出來矯正他，希望有人根據比較精確的數字，作一個更可靠的估計。但是這種希望，至今還沒有滿足的機會。丁忱先生，曾把劉大中巫寶三兩位先生對于中國全國收益加以檢討，而假定戰前一九三一至一九三六年之平均全國收益爲二百五十億元之當時國幣。同時他又假定國民儲蓄爲全國收益的百分之四，即戰前國幣十億元。我所希望達到的建設資金，爲十八億元，等于全國收益的百分之七點二。根據各國的經驗來說，平均國民所得高的國家，也是儲蓄能力最大的國家。以每一個國家的歷史來說，當他的全國收益上昇的時候，儲蓄的百分數也越高。以中國人民的窮困，及全國收益總額之低而言，則每年儲蓄的百分數，只能在百分之五左右，是不足爲奇的。但儲蓄的數量，是頗富彈性的。一個窮的國家，在强迫儲蓄的壓力之下，其所儲蓄的百分數，可以比一個富的國家在普通狀態下所儲蓄的百分數爲高，蘇聯的經驗，可以說明此點。不過目前如想中國人民自己的儲蓄，可以達到每年美金二十三億，亦即等于戰前國幣七十六億，亦即等于全國收益的三分之一，恐怕是辦不到的。假如一定要做到這一點，則已在飢餓線上徘徊的中國民衆，非要再降低生活程度不可，這不是講人道主義的人所願意提出的主張。

因此，我們以爲中國以後經濟建設所必需的資金，無妨用兩種方法籌集，即向國內募集，同時也向國外募集；即利用本國的資本，同時也用外國的資本。這是一條使中國在最短期內工業化的捷徑，我們應當在這條途徑上多想辦法。

(乙) 討論

丁忱

(一)我認爲在討論工業化的資本問題的時候，我們不僅須注意如何籌集更多的資本，如何求最大的資本積聚，以加快工業化的速度。而更應注意這積聚資本的負擔，究竟落在社會上那一部分人的肩上，工業化的利益，究竟又爲社會上那一部分人沾享得最多。前後兩種考慮可能是衝突的。日本的工業化，論速度，的確值得羨慕。論利益，幾乎却爲少數人獨享了。這兩種不同的考慮，應該決定一個先後，然後根據這先後的標準來決擇籌資的方法。例如英國在拿玻崙戰爭之後，政府債台高築，而這些公債，幾全部爲富人所有，同時政府又以消費稅來還本付息。這樣加速了英國的資本積聚，對於整個的工業發展有莫大功效。但是，多數人的血汗，肥了少數的有錢人。這種情形，我們不得不留神。

(二)以往中國的資本積聚大部分假手於社會上兩個階層。一種是農村裡的地主，一種是都市裡的買辦資本和官僚集團。因爲這兩種人的收入最大，除消費之外，可能有儲蓄的。而大多數的勞動大衆，自顧衣食尚不暇，那來餘力積儲。但是這兩種人對於積聚資本，都沒有良好的成績。一部分收入揮霍在豪華的享受上，一部分窖藏起來了。在平時窖藏收入，從整個社會的立場說來，是一種浪費，毀滅社會上一部分購買力，如果同時沒有新購買力製造出來，用諸投資，則整個社會就少了一部分資本積聚。更要不得的是買辦官僚們把資本送到國外去。當這批資本逗留在國外時，就簡直等於把中國老百姓辛勤的產物，白送給洋人去消費。這種事實應該令我們警惕。

(三)景超先生根據美國資源委員會和汪馥蓀先生估計的兩個資本數字，和兩個假定的轉業人口數字，得到四種不同的答案。汪先生的數字既然是中國目前全部就業人口每人平均利用的資本，而工業化過程中，生產機構的資本深度必然會加深，那麼，就以汪先生的數字作爲轉業人平均所需用的資本數量，則結果一定是偏低的。如根據美國一九三五年每一工作者所應用的資本值來估計又必然偏高。因爲景超先生所假定的轉業人數說明了他想象中的工業化不是很快的。同時中國的節儲能力也限制了工業化的速度。

(四)在生育率和死亡率都高的中國，任何有關工業化的估計，不得不把人口的變遷計入。生育率的降低，往往在死亡率開始下降之後，在這段相差的時間之內，人口的數量可能有大量的增加。因此不但轉業的工作者需要新資本，新工作者也需要新資本。

(五)至於斯丹萊先生的估計，實在頗成問題。他所假定的某種投資與人口，某種投資與土地面積的絕對關係，實可懷疑。例如政府建設項下的投資，交通和農業的投資，很可能與人口的數量有密切的關係。農業投資即使按土地面積推算，也應該是可耕地的面積，而非全部土地的面積。此外，中國人口增加的速率，眞會如日本在二十世紀初葉一樣的快嗎？這些都是問題，我們如果把他的假定略略修正，所得的結果，可能有百分之二三十的出入。

(六)對於資本的供給方面，景超先生指出了三個來源。我以爲銀行信用的擴張，也應該列爲重要來源之一。緩和的物價上漲，對整個工業化的進行是有益的。當然，如果用這種方法籌資，銀行應該全部國有的。

(七)我同意景超先生的主張，估計工業化的資本需要，最好由專家把個別建設計劃加以估計。在沒有這種精細的估計時，我個人却偏好從估計資本的生產率入手。這是一個技術問題，在此從略了。

谷春帆

中國工業化資本需要數目及可能籌集數目，在目前幾於無可估計。需要數目之大小與假想中工業化範圍之大小成正比例。若不先決定將來工業化計畫之範圍，吾們即無法估計共需要。在工業化的初期，決不能希望一步就與美國相比。所以根據美國每一就業人口利用資本之數目，而假定每一中國人，從農業轉入工業，也需要四千六百美元資本，顯然是過高的。反過來，根據中國目前全部就業人口，每人平均利用的資本額，四十七美元，而以爲每一個中國人由農業轉入工業，也只消配給資本四十七美元，又顯然太低，並且失去工業化的意義。因爲中國就業人口平均資本之低，正爲大多數人是農業人口，大多數資本是農業資本之故。假使工業化的目標，使每人工業人口的資本，仍與農業人口的資本相仿，則工業化也就無從談起了。

三十三年在重慶時我曾經大膽假擬過一個中國工業化五年計畫。我假定只有必需的(私人不願意即刻舉辦的或不便舉辦的)幾種工礦事業水利交通兵工由國家來辦。估計最低限度需要的資金。至於可能希望由私人資本自行舉辦的企業，我沒有估計在內。同時對於農業改良的資本（除去水利灌溉以外）也未曾估計在內。照此範圍估計最低限度五年計畫需要如下：（百萬元）

工礦事業戰前國幣 三〇五〇 美金一五二五

水利灌溉	五〇〇	
交　通	一二九七	一一四八
兵　工	一〇〇〇	
預 備 費	一四八七	
總　計	七三三四	二六七三

照以上數目折合美金五年共需約美金五十一億，平均合每年十億。但是這種估計出入很大。決不是一二人所能憑空推測。所以我很後悔不該太草率發表。我覺得現在與其大家隨便推測估計，還不如約集各方面專家，眞眞好好來從頭估計一回（當然先得確定一個範圍），比較更切實用。

至於中國可能自籌的建設資金。我也曾估計以爲五年之內，至多可籌措戰前國幣九三七五（百萬）元。合美金三一二五（百萬）元。外幣部份當時亦有一估計。現在事隔數年，情勢全非。但根據美國聯邦準備銀行月報，去年年底中國存在美國銀行之款尙有二二九・九（百萬元）。這還是短期的。加上可長期的投資如股票之類不在內。如建設開始，逃亡的資金肯流回。加上可能的日本賠款，華僑滙款中可能的部份儲蓄。也許可湊一相當數目。但這些估計，皆以積極實行工業化爲前途。所以國家的財政政策，租稅政策，國際貿易政策，土地政策，以及就業與消費政策，皆以極端籌措資金爲前提。假使這種假定的政策不成立，則我曾根據一九一二至一九三八年進口機器價值，求其每年增殖趨勢，僅爲五，五一八，九六九鎊。約合二千餘萬美金。尙係連外國投資在內。如只算中國本國資本之增殖率，則每年約僅七百萬美金。這是純任自然的趨勢，自然談不上工業化。見拙著中國工業化通論（商務版）

景超先生十八億元可用資金的估計方法，我不大詳細。他提到戰前儲蓄平均每年五億元。並希望國人儲蓄能盡存入國內銀行使其達到每年十億元。我想指出戰前銀行存款年增五億元，並非卽係人民有五億儲蓄。可能其中竟無或甚少人民儲蓄。假使眞有儲蓄，倒也不必定要存入銀行，方能作爲工建資金。

汪馥蓀

吳先生的「中國工業化的資本問題」，最主要的地方，是在估計中國工業化過程中資本的供給和需求。因此我們的討論，也想集中在計算的方法和邏輯上面。

從資本的供給說，吳先生所估計的十八億元；實在是一個極含糊而重複的東西。拆開這十八億元；第一筆是政府自課稅收入中提出的「建設經費」四億，第二筆是人民的儲蓄十億中拿去投資的七億，剩下來的七億，吳先生說是入口貨物十億中百分之七十的資本物。我要指出，吳先生所估計的中國資本供給量，實際上只有十億，那是第二筆——人民的儲蓄量。因爲只有儲蓄才眞正是投資所需的「經費」，而這一筆「經費」才眞正構成資本。吳先生說政府在稅收中提出四億作爲建設經費，我們要問，這一筆錢是不是要老百姓扣住不用方能得到？老百姓的收入中扣住不用的正是他的儲蓄，那在理論上已經包括在第二筆的數目裏面，當然不能再算。其次說入口有七億是「和經濟建設有關」的資本物，要知道這七億資本物並不是從天上掉下來的，而是要拿東西去換的。如果拿米去換，那末國內吃的米，總值就少了七億，那依舊要老百姓扣住一點花。扣下來的一筆錢，正是拿去買外國輸進來的機器以及一切「和經濟建設有關」的東西的。中國國民儲蓄可能增至多少？超過十億或者不及，那是另外一個問題。我們不能忽略的，是估計中國資本的可能供給量，只有從國民的儲蓄入手，像吳先生那樣的估計方法，不但概念模糊，而且可能給我們一種和事實不符的印象。

其次，就資本的需求而言，吳先生估計的四個數字，實際上是兩個極端的組合。我不明白吳先生爲甚麼採用這種下手的方法？是不是中國就業人口手中的資本除了最高的四千六百美元和最低的四十七美元以外，再不許有其他的選擇？吳先生說翁文灝先生估計的數字，和他的第二個估計近似，所以他偏好他的第二估計。如果吳先生除了贊成翁文灝先生所估計的資本數目以外，並且贊成這一筆數目用途的分派，那麼，吳先生本身的四個估計，都顯得是多餘的，兩個數字的近似，只可以說是巧合。如果不是這樣，如果吳先生覺得他的第二個估計，有獨立存在的理論和根據，那末吳先生給我們的印象，似乎是中國工業化的發展和理想，要和美國一模一樣。也就是說，美國自一九一〇至一九三〇年農業以外的就業人口，每年平均增加六十萬人，我們工業化初期每年也要轉業六十萬人，美國每一就業人口所能利用資本的數目，是四千六百美元，中國初期轉業的人，也必需有這種裝備。我懷疑吳先生爲甚麼要那樣厚待他們，而把其他佔絕對大多數的丟開不顧，說句比較武斷的話，單單每年有六十萬幸運兒，要工業化，行嗎？

劉大中

在工業化的過程中，所需資本的供給，自然是一箇極重要的問題。在讀畢景超先生這篇文章以後，筆者想提出下列幾點意見，供大家討論。

（一）用過去我國每年資本形成的數值，去約略代表我國將來可能自動供給的資本數值(Voluntary savings or investment) 自然不失爲一種辦法。但是估計我國過去每年的資本形成數值，幾乎是一件不可能的事。（至於資本形成應當如何估計，爲什麼我國過去的數字無法估計，我們留在最後一段中略述。對於這種技術問題沒有興趣的讀者，可以把這最後一段略去。）

（二）我們雖然不知過去資本形成的確數，但是大家都仝意，這個數值一定極小，在經濟繁榮的年度是一個很小的正數，在衰微的年度是一個不至於太大的負數。所以在分析工業化問題的時候，我們可以假定人民可能自動供給的資本數值是零（在工業化的前夕和頭一兩年）這種假定離事實必然不遠，於分析結論的正確程度也必無太大的影響。所以要想工業化，我們就不能不用强迫的法子，或是利用外資。

（三）按景超先生所提出的數字，在工業化的初期，我們每年需要二十三億美元的資本形成。我們的全國總生產値，在正常的狀態下，也不過八十五億美元。要從八十五億中省出二十三億來，除去採用極高度的累進所得稅以外，我們恐怕還必須直接限制消費（如定量分配等）。不過，我們就是把所有的法寶都使出來，二十三億恐怕仍是得不到。要想極力少用外資的話，除了用通貨膨漲一法外，更無其他途徑。政府可以用印鈔票的辦法，銀行可以用擴充信用的方式，投資到建設性的企業中去。

（四）提到通貨膨漲，大家難免頭痛。其實，用通貨膨漲去建設，和用通貨膨漲去戰爭，完全是兩回事。爲經濟建設的目的而行輕度的膨漲政策，在不久的將來，物資的供給就會因建設而加多膨漲的趨勢就可過止。爲減輕這種上漲的速率和縮短上漲的期限起見，我們在工業化的初期應集中精力在消費工業的建設上，把資本投到紡織、機械化農業、食品製造業、皮革業等範圍中去。在全國總產値提高、人民所得增加後，自動的儲蓄一定會增加，我們就可再打重工業的算盤。這似乎是比較合理的步驟，但與現在一般的見解恐不相同。主張先開發重工業的人所持的理由，恐怕不完全是經濟方面的。

（五）達到每年二十三億美金資本形成的困難，不在這總數之不易籌措；用强迫性的辦法（包括輕度通貨膨漲），這是辦得到的。實際的困難，是在這二十三億中不能自製的工具器械那一部份。這一部份是必須進口的。我們卽或把同値的出口貨產生出來，外國並不一定會買——出口是無法强迫的。我們只有兩個法寶來應付進口超過出口這一部份。一個是徵用人民在外的存款和資產；凡是無決心辦這件事的政府，就是誤國害民的政府。第二個是利用外資。我們似應儘可能的把外資數目壓低到這必不可少的水準上——在所有的法寶都用完了以後。

我們現在討論一下資本形成値的估計方法。在這篇文章中，景超先生以戰前用於經濟建設的款項，來約略代表我國每年聚集資本的能力；然後又用賦稅、進口、和銀行存款可能增加的數量，來代表我們資本形式能力可能增加的程度。這自然是因爲我國統計資料缺乏，不得已而採用的一種方法。

如果要正式估計過去每年資本形成的數値，我們可以從投資或是儲蓄方面入手；用這兩種方法所得的結果自然相同。每年中投資和儲蓄的基本關係如下：

（政府總支出－稅收）＋私有國內投資＋對外投資＝私人儲蓄＋企業儲蓄

政府總支出和稅收是指本年度的數字而言；其他各項是指在本年度中增加的數値而言，這些項目在本年中如有減少，他們前面的符號就應當是負的。

在政府總支出中，有些項目是無永久性的服役性質，而不是資本形成性質，所以應當除外。我們的基本關係可以寫成下列形式（在下式中，投資與資本形成的意義相同）：

因爲：政府總支出＝政府資本形成＋政府其他支出

所以：本年度資本形成總値

＝政府資本形成＋私有國內投資＋對外投資

＝私人儲蓄＋企業儲蓄＋稅收－政府其他支出

第①式指出從投資方面計算資本形成値的方法。我們須要知道本年度公有和私有廠房、建築、器械、和存貨的增加，以及國外投資的數目。除最末一項勉强可從國際收支表中估計外，估計其他各項所必需的數字，在我國絕不存在，連概數都無從猜度。

第②式指出從儲蓄方面計算資本形成値的方法。稅收一項勉可估計。從我國政府的預算和決算表中（就算所公佈的數字相當精確——這自然是說夢話）我們無法把投資支出和「其他」支出分開。

估計私人儲蓄，我們可以從兩方面下手：（一）從私人所得減去消費和賦稅支出。但是關於消費支出的數字太不完整，無法估計。（二）從本年度人民手中現款、銀行存款、對外放債、有形資產、對外負債，等項的變動中估計（例：假如現款增加10，存款減少2，不動產增加6，存貨減少5，對外負債減少1，本期人民儲蓄就等於10）。有關這些項目的統計數字，在我國是泰半不存在的，所以無法猜度。

計算企業儲蓄也可以從相似的兩方面着手，所需的資料更多，更是無法估計或猜度。

估計我國過去的全國收益（卽普通所謂「國民所得」，這個名詞無論從邏輯上或是從自外國名詞 National Income 翻譯上來看，都是不妥當的，在此我們不談），已是極困難的工作，所得的結果已是極不可靠的估計，其中的資本形成部份，困難還要加倍，結果更不可靠——簡直不可靠到了完全無用的程度。這步工作實屬勞而無功，以後似可不作，我們以後似應把我們的時間和精力用在搜集將來的新數字和資料上，使我們有估計將來資本形成値的可能。

蔣碩傑

景超先生在前面的大作中對中國工業化所需要的資本和我國可能供給的資本作了一個初步的估計。我對於這方面的統計數字從來沒有加以精密的研究，對吳先生的估計自然無法作「量的」批評。但是我對吳先生大作中的估計方法却願貢獻一點意見。

中國工業化所需要的資本總額及每年之需要額並沒有客觀的標準。這需要的大小完全看我們所打算達到的工業化的目標和達成這目標的時限而定的。所以一切關於中國工業化所需要的資本的估計都只是條件的而不應看做絕對的。

吳先生所舉的資本需要的第一種估計方法自然需要我們先確立一個類似蘇聯的五年計劃的工業化的全盤計劃，然後纔能算出每年及全計劃期間所需要的資本。

吳先生所舉的第二種方法仍然只能給我們一個條件的估計。就是我們須預先決定每年計劃從農業抽出多少人來和每人給他裝配多少資本，纔能決定每年所需要的資本數額。吳先生對轉業人數作兩個假定：一爲每年六十萬人；一爲一百二十萬人。這兩個似乎沒有什麼根據的假定相差竟達一倍以上。對於每一轉業者所需要的資本，吳先生根據美國每一就業人平均所利用的資本數額及中國目前每一就業人平均利用的資本估計作兩個假定（卽四千六百美元及四十七美元）。這兩個假定相差幾達百倍。以上四個假定組合起來我們可以得四個答案。但是這些答案究竟有什麼意義呢？我們果眞必需每年使六十萬人或一百二十萬人由農業轉至工業嗎？轉業的人果眞每人必需四十七美元或四千六百美元的資本嗎？尤其成爲問題的是以後每年轉業的人數和每一轉業人所需要的資本仍舊應該繼續不變嗎？這是我們讀後不出而發卅的疑問。據我個人的看法，這幾個問題的答案都應該是否定的。

根據經濟學原則，資本與勞工的最適當的配合比率應該使資本及勞工之邊際生產力的比率恰好等於資本及勞工之使用價格（即利息與工資）之比率。（參閱本刊第四期劉大中著社會主義下的生產政策）。以中國這樣缺乏資本而擁有過剩的勞工供給的國家，在開始工業化的時候自然應該儘量的節省稀少而成本高的資本，而充分利用豐富而低廉的勞工。否則儘管從技術方面看效率較高（每一工人之產量較大），但是用經濟的眼光來看仍是不經濟不合算的。所以在工業化開始的時候就要使每一工人有美國工人平均所利用的資本數量是非常不合理。美國的生產事業何以如此的高資度本化是因爲資本的供給經過多年的日積月累已經非常的豐富而勞工則感覺相對的缺乏，所以必需而且可能多方以資本代替勞工。中國的情形恰好相反。如果資本還沒有蓄積起來，就算採用美國的高度資本化的生產方法，豈不等於捨低廉的生產因素而代以稀貴的生產因素嗎？所以中國工業化的步驟應該是隨資本之蓄積而逐漸提高各種產業中（包括農業）每一工人所利用的資本數額。不應一步登天似的使少數的工人先有與美國工人相等的資本設備而使大多數的工人仍舊輾轉於幾乎沒有資本協助的原始生產方式之下。

在工業化的初期採取比較節省資本的生產方式還有一種意義。就是在高度資本化的生產方式下，資本之週轉率較小，投資變成爲成品平均所需要的時間較長。因爲在高度資本化生產之下，資本大半投在經久的固定資本設備上和生產這些設備的設備上面。所以總資本額對每年成品產量的比率很大，也就是說在高度資本化的生產上的投資對於每年製成品產量增加的貢獻率較小。反是，資本化程度較低的生產中，資本之週轉率較大，亦即投資變成爲成品的速率較大。所以中國的工業化如果要求其有迅速提高全國的生產水準及人民的生活程度的效果，也應當採取資本化程度較低的生產方式，同時應首先着重於消費品及接近消費品之工業的建設，不應好高鶩遠的先將目前可以應用的少額資本大部分都傾注在需要大量的資本的而距離消費品生產很遠的工業上面，除非從國防的觀點着眼我們有此必要。質言之在工業化的初期我們寧願向外國購買紡織機來開設紡織廠不必自己大規模設廠製造紡織機；寧肯向外國購買機車開闢交通不必自己設廠製造機車等等。這樣，同一數額的投資可以對全國的生產總額及人民的生活水準有較大的裨益。全國的總生產既然可以提高得快一點，那麼以後的工業化所需要的資本也就比較容易在國內摹集了。

信筆寫來似乎多少超越了批評景超先生的估計方法的範圍，但是以上議論明白的指出我們是無法武斷的決定每一轉業工人所需要配合的資本數額的。至於每年轉業的人數也是無從武斷的預定的。我們必需先知道我們每年能供給多少資本方能決定我們究竟能夠採取何種的工業化計劃及每年應轉業的人數。所以我們覺得先估計工業化資本之需要而後估計資本之供給似乎有「將車架在馬前」之嫌。

吳先生估計我國可能供給的建設資本約十八億元（戰前幣值）。但是吳先生對這估計還不十分滿意。我一時也提不出更精確的數字來，但是願提意出一個估計方法來和吳先生及其他同道來共同商權。我覺得我國可能供給的用於建設的資本可以下列的恒等式推算出來：

全國總生產（即國內原則的國民所得）＝國內總消費＋國內總投資＋輸出－輸入

∴國內投資＝全國總生產－國內消費＋（輸入－輸出）

從這個等式看來，我們可以知道我國每年可能用於建設的資本等於我國在充分就業下可能達到的最高的全國淨生產總額減去全國人民（包括經常住在中國的外僑）所必需的消費，再加上我國可能維持的國際貿易上商品勞務的入超。

據巫寶三先生的統計，我國生產總額減去國內消費恐怕不能有多少的剩餘。以一九三六年而論，全國生產所得（即國內淨生產）約爲二百五十七億元，而同年國內消費達二百五十三億元，相差僅四億元（都以一九三六的物價作標準）。一九三六是戰前很繁榮的一年，尚且如此，在其他生產較低的幾年（一九三一至三五之五年間）全國生產與消費之差竟沒有一年不是負數的。經過長年的抗戰與內亂之後，全國生產恐怕絕對不能達到一九三六年的水準。所以即令一九三六的消費數字還可以減削，這方而的希望實在微弱極了。我們在前面所以主張在工業化的初期，投資應求其有速效（即採取資本深度較低的生產方法），就是爲着妥想早一點使生產水準提高，使生產減去消費的餘額能早日增加，或者至少使生產與消費閒的虧缺能早日消減的緣故。

至於商品及勞務的入超要靠什麼來維持呢？我們只要畫一個國際收入平衡表將所有的國際收支項目都列入，就可以知道入超需要那些項目來維持了。

國際收支對照表

收入	支出
所得項目	
1. 商品勞務之輸出	1. 商品勞務之輸入
2. 外國旅客及政府在中國之支出	2. 中國旅客及政府在外國之支出
3. 華僑對國內匯款	3. 外僑對國外匯款
4. 中國在外國投資之利息及利潤（包括外國政府公債利息）	4. 外國在華之投資之利息及利潤（包括外債利息）
5. 其他（如外國對華各種捐款等等。）	5. 其他
資本項目	
6. 外國對中國之新長期投資，或中國在外國之投資之回調	6. 中國對外國之新長期投資或外國在華投資之回調
7. 外國在中國之存款及短期票據之增加，或中國在外國之存款及票據之減少	7. 中國在外國之存款及短期票據之增加，或外國在中國之存款及票據之減少。
8. 外國對中國之賠款	8. 中國對外國之賠款
9. 金銀之輸出	9. 金銀之輸入
10. 紙幣之輸出	10. 紙幣之輸入
11. 其他	11 其他

這表的收支兩方必然是平衡的。所以商品的入超必需有其他項目上的收入超過支出來彌補的。可是其他的所得項目下恐怕難望有很大的盈餘，其中最重要的一項即僑匯現在也大非昔比了。所以大規模的商品勞務的入超還得靠各項資本項目來維持了。

資本項目中最主要的收入自然還是靠外國的投資，但是我們不可忘記中國在外國擁有相當數額的資產。據魏德邁將軍的談話僅在美國者已不下十五億美元。這些資產假使能使它向國內移轉也可以成爲我國工業化的資本來源之一。還有日本對我國的賠款也是不可遺忘的一項。最後我不可忘記現在我國民間藏有相當數額的美鈔和港幣。這些外鈔是被人民寶藏着作爲貯藏的工具的。一待國內經濟政治都穩定下來，人民就不需要用外鈔來做儲蓄的工具了。那時外鈔自然會流回外國，也可以成爲入超的一種抵補。

以上我只不過提出一個估計的方法而已。因爲手頭資料缺乏無法作一嚴密的量的估計。不過資本的供給確是我國工業化的關鍵問題。既然已經有景超先生出來倡導，我想我們社會經濟研究的同人應該大家合力做一個精確可靠的估計。

（丙）總答復

吳景超

（一）我寫了「中國工業化的資本問題」之後，送給好些朋友去看，請他們批評，蒙丁忱，谷春帆，汪馥蓀，劉大中，蔣碩傑諸位先生，供給我許多寶貴的意見，非常感謝。

（二）這一次的討論，得到一個最重要的結論，就是估計中國能夠供給多少建設的資本，須探用嚴密的方法。

在這一點上，劉蔣二先生貢獻的意見尤多，我對于他們的見解，完全同意。不過有方法而無統計資料，還是產生不出答案。因此，我們希望以後政府及民間的研究機關，對于有關資料的搜集，整理及公布，應該多花一點精力。假如對此問題有興趣的人，都能朝這一個方向共同努力，也許不久的將來，我們便可對于中國的資本形成，作一可靠的估計。

我對于戰前國內資本形成的估計，就是因爲國內可用的資料有限，所以不能照劉蔣二先生所提出的方法進行。而且戰時後方所能參考的書籍無多，所以估計方法所根據的理論，也有欠快的地方，不過汪馥蓀先生所批評的一點，我想還要聲辯。汪先生以爲政府建設經費，已經包括在人民的儲蓄之內，此點我不同意。汪先生是研究全國收益的專家，我願意提出下面一個假設的全國收益內容分析表，來討論這一點：

1.	全國生產總值	180
2.	除去折舊等支出	10
3.	全國生產淨值	170
4.	除去商業賦稅	15
5.	全國收益	155
6.	除去企業儲蓄	5
7.	私人所得	150
8.	除去私人賦稅	15
9.	私人可以利用的所得	135
10.	除去私人儲蓄	15
11.	私人消費	120

上面這表內，第四項及第八項，爲政府的收入。政府在這些收入中，在理論上講，是可以提出一部份來，作爲投資之用，而成爲公有資本的。假如他這樣做，那麼公有資本的形成，並不與第六項及第十項的企業及私人儲蓄重複。假如政府從第四及第八的收入中，以之支付平常開支及投資，還感不足，而以發行公債的方法來彌補，然後我們才應由第六及第十兩項中，減去公債發行的數目。除非公債把這兩項儲蓄，完全吃去，我們決不能說，政府的建設資本，已包括在人民的儲蓄之中。

（三）關于資本的供給方面，丁忱先生以爲銀行信用的擴張，也應列爲重要來源之一，劉大中先生對于此點，更有發揮。在中國沒有達到充份就業時這當然是一個可以利用的方法。丁先生又提到鄉村中地主的窖藏，可加利用。我在一九四二年，寫那篇「經濟建設與國內資金」時，也曾提到「許多鄉下地主豪紳，其剩餘資金，並未存入銀行」，因此我在另外一篇文章中，曾提議「在各縣各鄉，都設立銀行的機構，使一切節衣縮食的人，都能把他的盈餘，存入銀行之內，只有在這種金融網完成狀態之下，全國人民的剩餘資本，才能全體動員，用于生產事業之上，否則有一部分資本，一定會凍結在老百姓的箱裡或地下，對于國家的建設，是一嚴重的損失。」（拙著中國經濟建之路頁九五）谷春帆先生說「假使眞有儲蓄，倒也不必定要存入銀行，方能作爲工建資金，」也許他忽略了在中國儲蓄可以變爲窖藏的一項重要事實。除了鄉下人的窖藏之外，蔣碩傑先生又提到「我國民間藏有相當數額的美鈔和港幣。」這種城裡人的窖藏，誠如蔣先生所說，只要國內經濟政治都穩定下來，是可以變爲建設的資本，用以成爲入超的一種抵補的。此外，谷，蔣，劉三位先生，都指出中國逃亡在外的資本，如加以利用，也可成爲我國工業化的資本來源之一。谷蔣二先生都提到此項資本的數日字，但因爲根據不同，所以相差很大（二億二千萬與十五億）。不管實際數字如何，這是一筆可以利用的資本，自無疑義，問題是在用什麼方法，可以使這些逃避資本，重返租國，這是一個實際的問題，值得仔細研究的。

（四）關于資本的需要方面，我所供給的數目字，只是表示用各種方法所能得到的數字。數字的本身，只是一種參考，一種尺度，並不代表客觀的需要，也不代表主觀的企求。特別是我根據轉業人數及每人所需資本數目而得到的幾套數目字，只是表示「取法乎上」與「取法乎下」兩個極端的情形之下，我們對于資本的要求。至于將來眞正建設的時候，對于資本的需要，大約是一個政權的意志的表示，與我那幾套數目字，也許根本無關。不過私人的猜度，以爲任何政權的決定，總會落在那最高與最低數字二者之中的任何一點。

（五）劉大中與蔣碩傑先生，對于中國工業化的過程中，應當注重輕工業抑重工業，都有詳細的討論。他們的意見是一樣的，就是中國應當先發展消費品工業，也就是一般人所謂的輕工業。從提高人民生活程度的立場去看，這是無可非議的。中國過去對于這個問題的討論，在抗戰以前是一個階段，那時大家都注意于人民生活程度的提高，而且實際也是朝消費工業方面發展。抗戰發生之後，大家的觀點都有改變，再加以俄德二國昭示的榜樣，抗戰所加于我們身上的痛苦經驗，使得大家都覺得國防沒有鞏固之前，人民的生活是無保障的，因此一般的見解，認爲中國應當先發展重工業，雖節衣縮食，亦所願爲。抗戰勝利以後，這個問題似乎已在論壇上退隱，不成爲注意及討論的焦點了。我很高興劉蔣二先生不約而同的提出這個問題來，希望以後可以有再加討論的機會。

（六）最後我要補充一點，就是關于資本的需要，並不限于生產工具一方面。生產工具的加增與改良，誠然可以提高我們的生產力，因而這方面資本的形成，是必需的。可是另一方面，生產工具，必須有生產經驗及勞動技術的人去使用他，才可以發揮效力。有了火車頭而沒有開火車的技工，有了煉鐵爐而沒有煉鐵經驗的工程師，結果生產還是無法進行，在工業化的過程中，對于人材的培植，是必需的，因此而加增的投資，也是必需的。生產工具，是我們有形的資本，而經驗技術，則是我們無形的資本，但是這種無形的資本，也須花去有形的金錢，才可以產生出來。這一筆資本的籌措，是在任何工業化的計劃中所不能忽略的。

專論

强國與富國

徐毓枬

每個人都希望他自己的國家，既富且强。問題是，這二者是否可以得兼。本文從理論方面研討這個問題，並略論中國情形。

(一) 强國與富國之定義

首先，我們須爲强國或富國下一定義。我的定義很粗率，但爲本文目的已經夠用。所謂强國，是指一國自衛機構强大到一種程度，使得野心鄰邦在意圖侵略時，必須審慎三思，不敢盲昧從事。不幸而被侵略，亦有能力驅逐强敵出境。依此定義，一國之强與否，完全是相對的。不僅須看該時代之戰術與兵器，而且須看該國所處環境，——侵略最可能從那一個方向來。此種强國概念在時與地方面之相對性，舉一個例即能了然。馬其諾防綫如果在一九一四完成，法國便是强國。在一九三九年有此國防設備，相對於當時德國人之戰術與武器，法國便算不得强。如果能夠把馬其諾防綫，搬到七七事變前的中國來，中國大概可算一强。

一國生活程度高，便是一國富。在「生活程度」一詞普遍被誤用的今日，對此名詞需要一些解釋。生活程度是指一國一般國民習以爲常的物質享受，而不是指取得這些享受之費用。依此定義，一國之富與否，也是相對的，也受時地限制。當代美國工人所能得到的物質享受，遠非工業革命以前的中產階級所能望其項背，但美國工人並不自覺其過度，還在日求其改善。兩地生活習慣不同，也使得兩地生活程度之比較，發生困難。把咖啡送給飲茶國家，把牛羊送給不消費牛羊的地區，在習慣未改變以前，不能提高該地區之生活程度。雖然如此，在某一時代，一般人心目中都能分別世界各國之貧富。分別標準亦很簡單：如果甲國人民改變其生活習慣，肯過乙國生活，可以辦到，而乙國一般人民卽使肯改變其生活習慣，亦不能達到甲國之物質享受，則甲國比乙國富。

(二) 想做强國與想做富國之衝突性

自古以來，在一時一地（這四個字需要特別强調），想做强國和想做富國這兩種願望總是互相衝突的。因爲資源是有限的，生產技術是已知的，在强國方面多做一些工夫，便在富國方面少做了一些。在生產力不發達的時代與國家，這個道理容易爲人了解。我國歷史上向來不贊成好大喜功，窮兵黷武，使得民窮財盡，民不聊生的統治者。卽在工業革命初期，這個道理亦沒有被人遺忘。在一八一五——一八四六之間，英國一部份人士主張取消穀物條例，其領袖人物很明瞭一國須在强（power）與富（plenty）之中擇其一。這些人主張選擇後者。但到了現在，很多人把富强連在一起，認爲富國就是强國，强國就是富國。下列各點，旨在指出富强相關論之謬誤，希望可以幫助袪除這種錯覺。

(A)有一種論調，認爲如果一國着重於國防，傾全力於發展重工業，如鋼鐵或化學之類，或傾全力於研究攻防技術，那末因爲有些材料既可作軍備，又可作民用（例如鋼鐵可造大砲坦克，亦可造大樓住宅）；有些技術雖專門爲戰事而設計，但亦可能有和平時之使用（例如原子能），故發展國防工業往往使生活程度間接提高。這些事實與可能性，我們都不否認。問題是：如果這些原料或產品，全部移作民用，如果這些聰明睿智，自始就不用在設計殺人技術，或設法防止他人殺人，而用在設法增進平民福利，生活程度豈不更可提高！

也許有人會說，人類本性如此，戰爭乃是維持民族活力（vigour）以及進步之必要條件。有些技術發明，如果沒有戰爭或其可能性，則至少將延遲數十年。對於這種說法，我們願意指出兩點。第一，我們不否認有些技術發明之起源確屬如此，但一般說來，重大發明發現之起源不是由於戰爭及其威脅，科學的好奇心之成份甚大。蒸汽及電卽是好例，這兩項對於改善近代物質生活之貢獻，每個人都能瞭解。第二，如果人性眞是如此，自今以後，沒有戰爭及其威脅，便不再有技術進步，故必須有一部份或一世代之人，身歷戰爭之慘痛經驗，然後其他部份或其他時代的人，才能享受技術帶來的好處——生活程度之提高，那末此種技術進步，是否代價太高，是否值得，都大有問題。

(B)另有一種論調，認爲想做强國和想做富國這兩種願望並不衝突，是說，以私人企業爲主的資本主義經濟體系，發展到現在，已經達到一個階段：在承平時期，不會有充份就業，祇有當戰事威脅很嚴重時，各國積極備戰，就業水準才勉强令人滿意。實際從事大規模戰爭時，才眞正達到充份就業。兩次世界大戰間英美二國之就業水準，可以證實這種說法。因此有人會說：所謂强國之代價，祇是使原來無業可就的人力，從事於軍備工業，與該社會原有的消費品數量無關，因此與該社會之平均生活程度無關。

我們承認，如果有大量失業存在，則在利用失業工人從事軍備工業—這個範圍以內，該社會之生活程度的確未受影響。但是問題是：如果這些失業工人用在平時工業上，該社會之一般平均的生活程度，豈不更可提高。如果某種政治經濟制度不能提供充份就業，那末該受詬病的是這個制度本身，人們應該用擴大軍備工業以外的種種和平辦法，保持充分就業。說在某種經濟制度之下，擴大軍備工業與生活程度不悖，實際上祇是說這個制度之不合理，而未說明二者的確不衝突。

而且，用擴充軍需工業辦法來醫治失業問題，往往產生危險後果。第一，很難適可而止。在開始時，一國原以為一舉兩得，既可解決失業問題，又可擴大一國軍力，不過我們在上面說過：所謂强弱，完全是相對的。當一國擴張軍備時，他國為安全起見，亦從事擴軍，故原先以為在利用失業資源之範圍以內，已經可以佔軍事優勢，以後却非侵及生活程度不可。初期納粹德國之經驗，可資說明。擴軍之初步結果，雖是吸收失業，以後却變成大砲或黃油 (butter or gun) 之選擇。第二，冷戰—祇備戰而不戰—總不能持久，若不化戾氣為祥霁，終必出於一戰。理由也很簡單，如果長期冷戰下去，軍需工業中之存貨山積，勢將無法再繼續生產。在現代戰爭之下，如果大規模戰事發生，人民生活程度立刻受到不利影響。

(c)現在大概不至於再會有黷武主義者，把戰事看作是值得冒險的有利事業，想從被征服人民身上，榨取物資，提高本國之生活程度。因為第一，戰事勝利與否，往往很難有把握。第二，被征服國家也許早已打得精疲力盡，短期內無法榨取。第三，在民族情緒非常高漲之今日，長期榨取恐怕很難維持。第四，魚肉他人以利己，總不足為訓。

以上討論，大概足夠說明想做强國與想做富國二者之間之衝突性。以為這二者不衝突者，大概太注意於十九世紀後期至第一次大戰前之英國以及目前的美國。但讀者祇要一想，現在仍有强而不富之國如蘇聯，或富而不强之國，如瑞士瑞典，可見這二者并沒有必然的關聯了。

(三) 衝突之程度

上節說明在一時一地，强國與富國這兩種理想之間之衝突，本節說明二者衝突之程度。

為精確與嚴格解釋這個問題，我們得作以下幾個假定：

(a)人口與資本之數量為已知。

(b)勞力之品質一致，即每一工人之效率皆相同。

(c)充份就業

(d)閉關經濟，即與外國無經濟來往。

(e)勞力與資本之配合比例，在軍備工業與消費工業皆相同，每一勞力皆配合C/N資本，其中C代表資本，N代表充份就業下之勞工人數。

在這些假定之下，要擴充軍備工業，唯有減少消費工業中之就業量。消費品工業中之就業量愈少，則產量愈少。最大可能的轉業程度，乃是消費品工業中之產量，僅足維持一國人口上之最低限度生存。這點可稱為危險轉移點 (critical point of transference)。

一國國防上之要求，如果在此危險轉移點以前即能滿足，則在該國，國防與生活程度僅為相對衝突。如果剛在危險轉移點滿足，則國防與生活程度可稱嚴重衝突。如果必須在危險轉移點以下才能滿足，則國防與生活程度可稱為絕對衝突。

這些假定是否與事實相符呢？可能有人覺得這些假定與事實不符，因而認為在實際生活中，國防與生活程度雖然衝突，但尚不至於絕對衝突。因此我們要進一步分析這些假定，看實際情形與假設情形到底相差多少。

第一個假定不必更動，因為在一時一地，人口及資本之數量總是固定的。第二個假定也頗易修正，我們祇須採取效率單位，凡工人之效率倍於常人者，即作為兩個工人算。除此以外，這些假定可以分為二類，第一類包括充份就業及閉關經濟二者，把此二者去掉，可以減輕國防與民生之衝突程度。上面已經說過，如果有失業現象存在，則在利用失業資源這個範圍以內，一國一般生活程度並未直接受到影響。如果一國不是閉關經濟，而是國際經濟中之一員，則它可以用自己擅長生產的東西，換取他國擅長生產的東西，例如如果它生產消費品之效率高，生產軍火之效率低，則他可以用消費品換取軍火或軍火之製造原料，如此做法，它為獲取一特定量軍火所犧牲的消費品，比在閉關體系小。不僅如此，它還可以向他國借款，擴張其軍備，使它能夠在短時期內，無須降低本國之生活程度。

以上是國際「貿易」之好處。不過交換與借貸都有限度。如果一國經常要向他國購買軍火，其能否成為强國，很有問題。因為軍火往往在最不需要時，源源而來，而在迫切需要時，却常常中斷。借款告成，還本付息尚未開始之時，國內生活程度固然未受影響，但到還本付息時，除非該項借款用於生產事業，使得國內一般生產力提高，否則屆時生活程度將受更大的壓迫。

勞力與資本之配合比例相同—這一個假定屬於第二類。去掉這一個假定使得生活程度在實際情形下所受的威脅，大於我們的假設情形。一般說來，軍備工業吸收較多資本，故當勞力從消費品工業轉到軍備工業時，消費品工業中資本之比例的減少，大於其勞力之比例的減少。故在實際生活中，消費品工業中之產量，受到雙重不利影響：人力之縮減及資本之「偏枯」。用經濟學上術語來說：軍備工業中資本與勞力之配合比例大，故當工人從消費品工業轉入軍備工業時，消費品工業中產量之縮減，不僅限於邊際生產曲線上之點的移動，全部曲線皆向下移動。

從上面這些討論中，可知有些假定過份强調國防與民生之衝突程度，有些則不夠强調，二者有互相抵銷之勢。故在實際生活中，國防與民生還可能是絕對衝突。以目前國家爲例，美國屬於第一型——國防與民生相對衝突，蘇聯屬於第二型——嚴重衝突，瑞士瑞典等屬於第三型——絕對衝突。

（四）關於中國之幾點觀察

中國屬於那一型呢？這是一個很有興趣的問題。以下一些意見，完全是試驗性的（tentative），希望高明人士指正。

我認爲這個問題，可以分爲三部份討論：（A）目前，（B）工業化過程中，以及（C）工業化過程完成以後。

就目前情形而論，我們又可以從兩點觀察，即軍隊之給養及軍隊之配備。

從三十四年三月一日起，軍隊之給養標準爲每日每人：

米	二十五兩	鹽	五錢
大豆	二兩	肉	一兩
花生	一兩	蔬菜	十兩
植物油	九錢	燃料	二十一兩五錢

這個標準，乃是維持軍隊健康至作戰標準之最低限度；比之歐美的，可謂瞠乎其後，尤其在肉類方面。可是在中國，已經超出全國平均的生活程度。試想我國有多少人，經常不吃米麵，祇吃雜糧；有多少家，平常不吃肉，祇在逢年過節時，偶而一嘗肉味？如果切實實行這個給養標準，而且實行徵兵制，適齡壯丁皆服兵役若干年，則全國將有多少人坐食，其對於全國其他人民之生活程度之壓迫，是不難想像得到的。

然而給養還是小事，主要是配備。一個軍隊要能夠負起現代國防上之使命，必須是機械化的，使用重武器的。再試自問，我國目前之鋼鐵與汽油生產，是否足夠。即使夠了，我們是否有此生產技術，可以自造重武器或運輸工具。以目前情形而論，汽油一不進口，飛機即不能起飛。國外停止供應軍火，許多大砲便無法使用。供應少數機械化部隊，政府財政已經非常吃重，如果全部軍隊都機械化，豈不更民不聊生？

由此，以目前情形而論，生活程度與國防需求絕對衝突。我們沒有資格做強國，——即使我們想做。

其次，再看在工業化過程中之情形。所謂工業化，就是增加工業及其他生產設備。在設備正在建造但尚未參加生產這段時期內，除非有國外投資，否則人民必須節衣縮食。在此時期內，工業化與擴充軍隊同。故在工業化過程中，如果同時又要擴充軍隊，無異兩頭燃燭，民必不堪命。故在這段時期內我們還是沒有資格作強國。不幸這段時期可能很長，注意工業化問題者想能同意：我國生產設備要增加到一種程度，夠得上稱爲一個現代國家，至少得四五十年。

四五十年以後，我們也許夠稱一強，那時生活程度與國防需要，也許祇是相對衝突。不過四五十年以後是個什麼局面？那時所謂強國標準是否又比現在高，因此我們又無法夠稱一強？或者那時根本不再需要軍備？這些我們不僅無從預知，簡直無從推測。

（五）結尾

如此說來，在最近四五十年內，即使沒有內部糾紛，中國處境也是很艱難的。我們在軍事設備以及生產設備方面都不如人家，都得要趕，而二者又不可得兼，我們將怎樣辦呢？

如果我們是個小國，像丹麥一樣，那末我們將毫不遲疑，完全忽略軍備，專注重於平時生產。因爲像丹麥這種國家，即使把人民生活程度降至最低，傾全力於軍隊，亦不堪强鄰如德國之一擊。在這種情形之下，當强鄰入侵時，毫不抵抗，任其長驅直入，對於「國格」無損。其人民亦不必引以爲耻。在第二次大戰中，也沒有人因爲丹麥未抵抗納粹而輕視丹麥人。

但是國格與領土之大小有關。即使中國沒有資格作强國，但如果當强敵入侵時，我們毫不抵抗，不僅自己說不過去，別人亦將輕視我們。因此我們又不能完全忽略軍備。結果是現在這樣最糟糕的局面：我們維持一個相當龐大的軍隊，而又配備不良，防禦外侮不足，而國民却不勝負擔。

如果以上分析是對的，則未來國策應該很明顯。我國應該致力於和平，然後在最早可能時間，大量裁縮軍隊，讓全國上下都盡量生產，直接的或間接的——工業化。

皇權·紳權·民權

胡慶鈞

一　傳統政治的無爲主義

要明白無爲主義在中國政治上所發生的作用先，得知道權力的性質。權力有兩種：一種是强暴權力，一種是同意權力。强暴權力是政府的權力，也就是中國歷史上的皇權。除了傳說中的三代賢讓，歷史上的一治一亂，朝代更迭，干戈斬伐，後來興起的皇朝都是征戰的產物。帝王本無種，這個極盡人世尊欽的寶座有多少人在奪來奪去。「入主出奴」，寶座治下的人民盡是些被征服後的孑遺。

這種用武力壓迫與征服所產生的權力，也就是衝突過程的持續。在歷史上充滿了不斷的鬬爭，馬克斯着眼於這一件史實，寫下了輝煌的資本論。可是我願意指出，人的聯合就不能沒有合作，社會的活動大部份就是合作的活動，個體生物機能的限制，家庭的不能自足，從廣泛的基礎上看去，合作的原則可以普遍的運用。人類的歷史裡就只充滿着鬬爭與衝突嗎？固然我們不否認鬬爭與衝突的普遍存在，可是人之所以異於禽獸，就是他有更完備的自覺的分工合作體系。

在由衝突所產生的强暴權力的另一面，我們可以看見一種基於合作的同意權力，這是普遍地存在於村落社區的合作團體之中的。以合作團體的形式出現，見之於雲南東部農村社區的核心組織，是傳統的基層地方權力結構。

合作團體是人民基於共同生活需要的自動組織，也是同意權力的產物。所謂同意權力是團體組織的形成是由全社區的人民共同參加，經過大家的同意，把行使公務的權力賦予他們共同信托的人身上。在村落社區裡面我們可以到處看見合作原則的運用。

可是，正因爲合作團體是建立在同意權力之上，而不是建立在强暴權力與刺刀之上的。在本質上除了自衞外，它就不能有黷武的精神和足以侵略別人的武力，這就給野心家製造了機會。一個在異地崛起的强暴權力的組織，在中國歷史上特別是出之於遊牧部落有良好弓箭與騎術的民族，有一個英明的領袖與一批能征善戰的幹部，他的能力就足以南向征服那些基於同意權力的愛好和平的農業社區，君臨天下，愛好和平的人永遠不是嗜戰者的對手！

這就使得同意權力與强暴權力發生了關係，如果强暴權力代表皇權，同意權力代表民權，也就是皇權壓迫民權的開始。在壓迫的過程中，統治者抓住法統，也可安排好一套法定的基層行政機構，好比今天的保甲制度之類，用以代替傳統的基層地方權力結構。

若是這種統治的力量能夠發生作用，高高的皇權能夠控制每一個小民，基於同意權力的地方權力結構就會要隨之破壞，繼之而起的是一個基於强暴權力的剝削組織。

可是，事實上，一個基於農業經濟體系所產生的皇權政治組織，固然他可以採取愚民政策，焚書坑儒，收購天下兵器，想斷絕人民反抗的機會。只是面對着地理上一個這麼樣遼濶的區域，山巒起伏，黃沙滾滾，交通的不便，行政機構不可能無限制的擴張，就給皇權的伸張一個自動的限制。

若是一個好大喜功的帝王，不明白或者不考慮這種局勢，連年征伐，無饜搜括，在這個不太靈活的機構上運用着，他就會要自食其果！人民被搜括太利害了，忍無可忍，兵器雖已收盡，陳勝吳廣之徒還可以揭竿而起，運用他們最後的武器——革命權力。末代的帝皇就可以從他的寶座上面翻身下來，讓另一個野心家去獲得千載一時的機會。

歷代的帝王在這裡都得「懲前之失」，皇權只好後退一步，採用了老子無爲主義的精神，作爲傳統政治的經典。政簡民輕的哲學被普遍的運用。廷臣的制禮作樂，把皇帝軟禁在一個狹小的圈子裏面。出身科場的地方官上任，就忙着賦詩塡詞，遊山玩水，可以把公事一股兒丟在腦後。只要他不故意去找人民的麻煩，傳統基層地方權力結構也就找到他的存在。

二　皇權伸張的限度

無爲主義下的皇權並不是不能夠伸張，而是伸張有它的限度。從社會角度上去看皇權的伸張可以分成兩方面：一是從平面去看皇權的擴張，一是從縱面去看皇權的深入。從平面看：皇權是從宮室所在地的都城向外擴張的。都城被稱爲京畿之地，皇帝的尊榮顯赫是每個人民可以直接感覺到的，他出來得用黃沙舖道，行人肅避，家家都得關起門戶，不許人民直接與皇帝發生任何可能的接觸，甚至包括視力的接觸在內。除開在門隙裡偷偷的看看皇輿外，沒有人敢於正面仰視。誰冒犯了天顏就可拖去砍頭。他的權力是可以感覺的實在。從地理的平面上看起來，這是一個皇權强力統治的地帶。

平面上皇權的强弱就可從地理距離的區位上表示出來。也好比一盞燈的幅射光一樣，以都城做中心，由近及遠，愈遠光度愈弱。一個生長在邊疆地帶的人，就很不容易知道北京城是個什麼樣子，皇家是個什麼樣的勢派。傳說中的皇帝可能被描寫得更神聖，但這神聖只是一個虛擬而不是實在。「天高皇帝遠」，「帝力於我何有哉！」皇權在人民的生活裡面並不見得發生實際影響，每個人民只知道自己在皇朝的治下而不在皇權的直接控制之下。在一個與外交通不易的邊僻社區，甚至誰正坐在寶座上也都弄不清楚，朝代的更迭，帝王權力的升沉，在他們正有如白雲蒼狗，漠不關心也就不必知道，陶淵明的桃花源記正就描下了這一種心理的境界。

雲南東部農村正是中國西南邊疆的一隅，在這些村落社區裡面除了極少數的石刻碑文外，很難找到皇權直接控制的蹤影。可是皇權的沒有直達縣級以下的地方村落，却不是從平面的地理距離所可去瞭解，而必須從縱面的權力結構裡面去分析。

從縱面看：皇權的深入是從權力結構內行政機構階層的分化上看出來的。這種機構我們至少可以分做兩層：一是皇權直接控制下的中央政府，一是間接控制下的地方政府。這兩種機構雖然一脈相傳都屬於皇權的系統，可是皇權在這裡面的實際運用並不相同。以中央機構來說：一品當朝的丞相雖然是位極人臣，可是除非皇帝的大權已落到他手裡，或者是追隨開業主起義的股肱，誰也明白侍奉在皇帝的面前並不是一件易事。禮節儀式上的卑顏恭順不用說。行起事來又怎能不小心翼翼，惟恐不能得到皇帝的歡心。等而下之的其他大小京官，就難免不更存着「五日京兆」的心理，誰也知道個人的榮辱決定於皇帝的喜怒，自己並沒有權力的憑藉。

地方政府好比省級行政機構的首長就不是這樣。京官都想外任，外任就在離皇帝的距離已遠，耳目未周，趁此可以獲得地方權力的基礎，來抵擋皇權的威脅。一個不忠於皇家的地方官，對於聖旨就可以陽奉陰違。在叛跡沒有昭彰以前，或者就公開的招兵買馬，而皇權無力控制時，也只有見其坐大，奈何不得！這種地方官事實上就等於一個小皇帝。

縣級機構還是地方政府的分支，縣長雖然也是朝廷命官，可是他去離宮闕就更爲遙遠。且莫說這些人不容易有破格引見的機會。他要侍奉的並不是皇帝，而是皇帝下面的大小臣宰。行政制度決定了縣長的政治地位，他只有資格承受省級機構的命令，而不會直接受到皇帝的控制。

在政府法定的行政機構裡面，從中央直到縣，皇權一級一級的被沖淡了，到了縣衙門就戛然而止。在縣級機構下面的鄉村，歷史上就沒有眞正能夠運行的法定基層行政機構。清代的縣制是在縣府內設立戶、吏、禮、兵、刑、工、六房，在房的裡面有一個班房，養着一批差人皂隸。這些人並沒有太高的地位，但是却握有實際的權力。他們承受縣官之命，直接與村落社區的地方機構的代表接觸，推行政府的公務。

皇權的止於縣衙門，是由縱面向下深入所受到的限制，這種限制是自動的，也剛好配合皇權在平面上的擴張，是一件必然的趨勢。自然，在歷史上，皇權並不就以此爲已足，貪婪的權力慾未嘗不使皇帝幻想直接控制每個小民。從歷代的史籍裡我們可以看見皇權曾在設法向縣級下面的村落伸張。上自周代的鄉遂制，直到現在的保甲制，都是法定的基層行政機構。現代保甲制實行的成效如何，我在將來將要根據調查的材料加以分析。可是在歷史上，這種法定機構顯然沒有得到順利的推行，宋代王安石創制的保甲法就曾經遭遇到很殘酷的失敗，清史稿食貨志裡的戶口條也充滿了清代推行保甲制失敗的描寫。

滿清政府的保甲編制原是十家爲牌，牌設牌頭，十牌爲甲，甲設甲長，十甲爲保，保設保正。由於人民厭棄政府權力的干涉，農業社區交通的障碍，行政人員不能無限制的增加，這種法定基層行政機構，一進到民族組織嚴密的社會，日久就湮沒不彰。在民族組織不嚴密的社會，好比雲南東部的農村，編制就逐漸溶入人民自動的組織裡，變成傳統基層地方權力結構的骨架，這就是現在的公家與會牌。

三　傳統基層地方權力結構的性質

在這種條件下就使傳統基層地方權力結構得到應有的發展。地方權力結構是村落社區人民自動的組合，也是基於合作的同意下所產生的社區核心組織。這種組織就存在於皇權的控制能力所不能達到的地方，這便是基層社區。

基層便是鄉土，基層的力量是從鄉土裡面出來的。人民應當有權利處理自己日常生活上的事情，這一種力量天生便具有反抗皇權的性質。皇權的無爲顯然是被迫，皇權的伸張受了自動的限制。

這就解釋爲什麼在中國的歷史上，皇權只能止於縣衙門，村落社區的法定機構雖可出現於一時，終必爲傳統的社區組織所替代。法定和傳統是一個對稱，前者是政府規定的組織，後者是人民自動的結合。

不同的鄉土迸發出不同的社區組織，地方權力結構只是社區核心組織的一種形式。在遼闊的中國，不同的省份裡面，社區組織的形式並不相同，有些省份的村鄉，地方權力結構顯得很鬆懈，只有閭隣的連繫而缺乏組織，連繫的作用也限於娛樂與儀式方面，並沒有形成與政府權力接觸的地方權力結構。他們在另外一種傳統機構裡活動着，這一種機構就是民族組織。

民族組織是社區核心組織的另一種主要形式，它與地方權力結構在村落社區中總是交互運行的，在民族組織嚴密的地帶，好比我的故鄉，湖南，地方權力結構就湮沒不彰。在民族組織薄弱的地帶，好比雲南的農村，地方權力結構就顯得非常强大。

强大的地方權力結構也就是一種地方自治機構，它是人民自動處理公務的組織。日常公務處理的前題須在大家承認並尊重一定的秩序，秩序的安定又須置於權力的控制之下，在這裡我們可以去瞭解權力的本質。Merriam說：「在政治情態中有一種力，通過這種力，羣衆被處理得像是遇着了磁石。他們被趕到東，趕到西，他們的生活，他們的自由，他們的運命受到有組織的命令和管轄所支配，生死繫之。我們可以不規定或逃避這個權力，但是它日常的表現都無處沒有。」

Merriam這幾句話描盡了權力的力量，可是他的毛病在把權力描寫得太籠統，太獨斷。權力固然有控制和役使人的力量，但是由於權力性質的不同，人民接受權力指導的方式或者過程就不會相同。Merriam着重在指明政治的權力，他所描寫的大體上是屬於强暴權力這一方面。在村落社區的核心組織之內，同意權力的系統在描明人民接受權力的控制是經過同意的過程的。强暴權力須要人民被動的服從，同意權力的服從卻是自動而不是被動。强暴和同意沈指明了權力的不同根源，從這裡構成了傳統地方權力結構和法定行政機構的分化。

在這裡我們可以解釋地方權力四個字的意義，地方權力的本身就指明權力是屬於地方的，它依托地方而存在。理論上，這種地方權力的根源是由會社區的人民所賦與，農村社區的居民絕大多數是農民，地方權力也就應當代表農民的權力，這是由下而上的一種權力。可是實際上，中國傳統社會的地方權力只有紳權與幫權。幫權可以包括好幾種，好比秘密結社，商業組織，手工業組織，宗教性結社之類。沒有組織的農民是沒有權的。在這個意義下可以說中國傳統社會裡沒有民權，紳權自然不是民權。但是傳統的紳權卻應當從基層鄉土裡面去追尋，它是一種同意權力，是建基於農民自動的擁護之上的。我在前面提到村落社區的核心組織，也就是傳統的基層地方權力結構，曾經指明這是人民基於共同生活需要的自動組織，也是同意權力的產物。所謂同意權力是團體組織的形成是由會社區的人民共同參加，經過大家的同意，把行使公務的權力賦予他們共同信托的人身上。這種共同信托的人就是這裡所說的紳士，地方權力就是紳權與幫權如何在裡面配合運用。

自然這種信托制度是有它本身的危險的，被信托的人既然不是農民而是紳士，不同的背景就代表不同的經濟利益與社會地位。在一個人口壓力增加生存競爭激烈的傳統農業社區，紳士很容易把自保的圈子從社區縮小到幾家或一部份人的身上。歷史上的紳士往往自成門閥，面對着皇權，約束住紳士的只有個人的儒學修養與桑梓情宜，並沒有眞正完全爲農民說話的義務。在某些事務上，紳士就好比個脫韁的野馬，不接受農民的約束或者籲請。同意權力失去了光彩，人民的自動變成了被動。强暴權力就從官紳的勾結附體下來，在村落社區中發生了力量，劣紳可以毫無理由的使勢欺壓農民！

不幸的是，近些年來法定基層行政機構，也就是保甲制度在村落社區中的普遍推行，更加速助長了這一趨勢。自上而下的强暴權力就依附着保甲制度，一天一天的往下面伸張。若干地區的紳士非但不加以反對，紳權反變成强暴權的幫閒與幫兇。劣紳的橫行就反映出正紳的閉口，農民出身的保長也可以胡作非爲。甚至使某些人懷疑到紳權的本質，認爲它也是屬於皇權的系統之內。

我們自然不能忽視當前的現實，我們的工作却在發現傳統地方權力結構的功能，和保甲制度推行後的流變，要明白其中錯綜複雜的關係，我們還先得對參加傳統地方權力結構的人物加以適當的分析。

通訊

被圍困中的承德

——承德通訊——

本刊特約記者

熱省是東北華北的橋樑，屏障平津，支援東北。這個「塞外鎖鑰」之地。是有清一代的「暑都」，自從康熙時開始，熱河就有了行宮，（也叫做離宮）滿清入主中國並未征服蒙古，當時蒙古似乎是滿清的盟國，沒有什麼直接的隸屬關係。清朝爲了震撫蒙疆就在舊都瀋陽新都北京之外，定熱河爲「暑都」，清朝的皇帝每年夏天都到熱河去避暑打獵，在那裡住一個夏天，表面上是悠哉閒哉，骨子是有很大的政治作用，震撫蒙疆之外，還可以兼舊都新都的一切。熱河對東北華北地位的重要，從這裡可以想像得出來。日本攫取東北以後，在進攻華北之前，也是先把熱河拿去，硬把牠算入「僞滿」版圖，以俯瞰華北。

勝利前夕，蘇蒙軍進佔熱河全境，蘇蒙軍撤退以後八路軍接受了熱河。十三軍石覺的部隊在杜聿明指揮下出山海關，經錦州進駐朝陽，一直打進熱河去，全盛時期，除了魯北，林西，經棚三縣外，大部省境均在國軍控制之下。抗戰時期東北四省的流亡主席，只有劉多荃一個人是從抗戰到勝利能以隨軍進入本省的。熱河地方貧瘠，粮食不能自給，軍政分隸石劉，聽從北平行轅與東北行轅兩方面的指揮，在陰錯陽差中，熱河的局勢也同東北一樣，一天不如一天，錦承路被共軍遮斷，赤峰撤守，阜新被陷，最後只剩了熱西五縣。這偏安的五縣，在這次共軍圍困承德中又先後被佔，目前所謂熱河省，僅剩了一座具有象徵意義的承德城。

棒錘山像是一個頂天立地的巨人，矗立承德東南，從街市的馬路上，就可以看得到他。駐在離宮裏的守軍指揮官石覺也是一位廣西的硬漢，他繼承着前十三軍軍長湯恩伯的衣鉢與作風，對駐地的軍政經濟一切措施都要過問，何況熱河是十三軍打下來的天下呢？現在雖然丟的只剩了省城，他也要力保承德作爲他們流血流汗的標誌，好賭者在連輸幾場之後，對最後的賭注，更要緊緊抓住，絕不再顧其他。劉多荃經過半年多的稱病辭職，才辭去了熱河省主席的職務，他雖然一再聲稱，與石司令官合作得很好，三天一小宴，五天一大宴，但是辭職的時候，却又說是爲了求熱河軍政的一元化，言外之意，是爲了推薦石覺爲繼任人選呢，還是說石覺過於强硬不易合作呢？那就不得而知了。可是結果熱河主席的職務並沒有落在石覺的身上，也沒有由華北五省統帥傅作義保薦他的關係人，而中央發表了陸軍副總司令兼冀熱遼邊區剿匪總司令范漢傑兼任熱河主席，范氏須駐錦州指揮軍事，對熱河省政不能兼顧，僅能遙領。於是由前東北行轅主任陳誠，在東北臨去之前，保薦了他所賞識的于國楨爲熱河民政廳長，兼代主席職務，省保安司令一職給了石覺。

于國楨那位先生，教人一看就知道是一個奇特的人物，一臉大麻子，吃飯穿衣都不講究，有人說他是矯情，事實上多少年來，他就是那末個調調兒。我們記得他來承德就任的時候，戴一頂破舊的土耳其水獺帽子，黃色呢褲上邊穿一件大兵的灰棉襖，一雙舊皮鞋，看樣子起碼已經有了十年的歷史。

他先前曾經搞過C,P,屬於全國鐵路總工會那一派系，在財專讀書時，就時常寫一些談馬恩主義或批評現實的文章，署名「天魔」。暗射自己是「一大麻鬼」。後來鐵總一派，在中共中失勢，他就脫黨了。民國二十三年他到濟南爲韓復渠做防共情報，曾經在濟南捉到過李運昌，因爲他們兩人私交不錯，而且都屬於北方鐵總一派，就又把李私自放掉了，現在李是中共方面的熱河主席，駐在赤峰，而他是政府方面的熱河主席駐在承德，兩好對唱，原有捉放之情，想來也眞有趣。

于國楨沒有官僚習氣，是個很勤勉刻苦的人，對承德的民衆組訓工作相當的努力，各機關也組成了義勇隊，並於五月二十日舉行宣誓，平泉，隆化，灤平撤守後，承德完全陷於孤立，石覺將各縣部隊完全集中到承德，承德城防工事經一年多之修壘，相當堅强，環山碉堡林立。承德守軍有十三軍的兩個師和直屬部隊，再加熱河團隊，一共有三萬多人，對外交通賴飛機場聯絡，輸送粮彈，軍政人員眷屬早已開始疏散，惟壯丁不准離開，一律編組，予以戰時任務。離宮附近警戒森嚴，不任准何人通過附近地區，石覺授意于國楨發動勞軍，要地方富戶捐款，富戶是不肯拿錢的，于國楨於是就糊好了高帽子，準備捉不捐款的富戶游街，於是勞軍捐款很快的徵集起來。各地救濟特捐如能用這個辦法，也或許可以捐得起來。

熱河省府的一部分人員劉廉克等和參議會的議長王致雲，早已經離開了承德，這裡的軍政人員都說，「他們要現在不回來，就請他們以後也不必回來了。」旁人走開沒關係，只有代省主席的于國楨，須給石覺做陪榜，死守在承德，做陳明仁守四平時的劉翰東。范漢傑幾次有電報到承德，說是與傅總司令的援軍東西呼應已經出動了，但老百姓聽到這些消息，都半信半疑，認爲政府目的是在安定人心，不敢多存奢望。他們只希望多由飛機運點粮食來，使他們不至於餓死。承德人口現在連軍政人員在內，還不到十萬。

承德外圍的共軍至多也不過是四萬人，看他的動向，目的還是在圍困承德，不一定是硬打承德。守軍用重火器將敵人制壓在射程以外，圍城以來四週並沒有經過短期相接的劇戰，所以在一片戰時景象的承德，却缺少戰時的主要點綴——傷兵。國軍有堅强的工事，有重兵器，有飛機助戰，在白天是不怕共軍的明目張膽的進攻的，頂可慮的是夜襲，聽說石覺司令官已經從北平方要到了一批照明彈和探照燈，準備應付共軍的夜襲。讀者想想吧！假如是共軍眞正夜攻承德，照明設備放出奇異的彩虹，加上連天的砲火，兩軍的斷殺將是一個大場面。但一直到現在還沒有出現夜襲的場面。這也說明共軍對承德是圍困而不見圍攻。

被圍困中的承德，將來民食大成問題，四週麥子是被共軍收割去了，就是解了圍，老百姓吃甚麼呢？省政當局苦悶，比老百姓一點也不輕，光桿的省政府，一切聽命於軍部，省府做着承德市長和軍部副官處的業務。不善應酬請客的于國楨，更有一切玩不轉，進退失據的苦悶，他在各機關義勇隊舉行宣誓以後，攝影遍贈家人友好並題長詞自述身世與決心。他在照片後這樣寫着：

「余自負笈求學時卽參加革命工作，輟息三十年，畢業後遍歷大江南北，黃河兩岸，北走蒙庫，南遊粵海，東北去哈吉，西南去雲貴，西北至甘寧，東南至浙閩，足跡行盡全國，無時而非爲革命努力，受革命工作之使命而奔走。

時至今日之新中國，自北伐之役，統一之爭，抗日之戰，惟仰賴我英明領袖蔣公偉大崇高之精神與毅力而完成之。至於戡亂建國，在其領導下決無問題，然偶一靜觀全國上下，那些貪官汚吏，驕兵悍將，土豪劣紳，尤以士大夫及士大夫思想與行動，實覺有不寒而慄者，故今日剿共，奸匪不足畏，可畏者上述各層人物耳。

就個人言，奔走革命近三十年，依然故我，嘗盡世態炎涼，觀遍卑鄙齷齪，但我行我素，始終不變求學時期之精神，思想，生活。憑熱情保持我行動之積極，嫉惡如仇，黑白必分。以理智勇往邁進，自信人爲目的，不慮手段，個人榮辱在所不計。

話雖如此，余之所以有今日，全得陳誠先生知遇之德，蓋余雖始終未離冀，緊切追隨，但對後想求一縣職而不可得。一家大小餓困成都，一日兩餐稀粥，當賣皆空，得朋友五角一元，苟延度日。

迨後至湖北得見陳辭公，而委爲利川縣長，三年調升六區專員兼司令，又三年奉調赴東北，不久推荐中央，委爲熱河省委兼民政廳長，更兼代主席。

余之所以述此者，非敢宣燿余之升官圖也。更非敢以辭公私人自命，而辭公亦決不能視余爲其私人也。蓋辭公之視余乃在作人做事，爲公家提後進，而余亦以作人做事報答知遇，爲國效忠。

今於奸匪四面包圍承德之際，大戰在即，勝敗難卜，生死不計，謹誓以生命與承德民衆共存亡，以副國家任官之意，並報辭公知遇之恩。」

把于國楨的影後自述仔細讀讀，並沒有提到范漢傑與石覺，念念不忘陳辭公之知遇，而痛恨貪官汚吏，驕兵悍將，土豪劣紳以及士大夫之思想與行動。因之，他的自述雖爲書之以示人的官話，要之亦大部份出自肺腑，也可以看出熱河軍政配合情形。

石覺是硬漢，共軍要眞正硬打承德時，他一定會憑着工事與火力大打一番，勝負雖難卜，可以來個痛快，無奈共軍第八軍第十一兩縱隊和一些軍區部隊，要以軟制硬，以圍困代圍攻，這樣長久下去，不僅石覺于國楨吃不消，老百姓更吃不消了。

承德烽火燒到冀東

（北平通訊）　本刊特約記者

在長春郊區砲火正緊市區岌岌可危和魯中硝烟瀰漫濟兗之際，承德解圍在一般樂觀論者認爲是冀熱戰局好轉的契機，共軍打通遼熱走廊的企圖已經受到嚴重打擊。可是，承德解圍不及一週，進攻熱河的共軍竟南指冀東一戰陷豐潤，再進包圍唐山古冶；同時更遮斷了平津和津榆交通。這些正證實一點，即在今日「運動戰」中，戰爭的得失仍在於能否主動地控制「面」。至於「點」的進攻佔領甚至撤退，只是一種戰略上的「姿態」而已，是無足輕重的。

華北戰場的三個爭奪目標

現階段華北國軍的主要任務，除確保平津保三角地帶外，還有兩大沉重的工作要它負擔：一件是把握遼西熱東，確保東北通華北的走廊，以遮斷關外共軍南進孔道；同時還要掌握平榆交通和葫蘆島與秦皇島兩個港口，作爲增援東北的輸血線和中繼站。共軍的希圖正和這些相反：聶榮臻部隊一時攻擊平保沿線，一時夾擊平綏東段，目的即在使三角地帶中國軍疲於應付。這次李運昌部隊圍攻承德，目的即在控制遼熱走廊。最近承德共軍自動撤退轉襲冀東，目的即在切斷「東北輸血線」的平榆路，使東北國軍供應陷於缺乏。目前華北戰場國共兩軍爭奪目標，大致不外上述三處。

平西察南兩役是圍攻承德的準備

承德陷入重圍前，共軍聶榮臻部曾以一個旅的兵力進攻北平西郊西山地區與門頭溝；和國軍打了一次硬仗。不久這枝共軍很快地突向西北轉進。平西一役正是聶部共軍把攻擊重心從平保線移到平綏線的一個轉捩點。那時共軍出動五個旅（包括聶部主力第三第四縱隊）竄過南口，即指向察南康莊懷來而來。康莊懷來都是平綏東段衝要據點；也是正過八達嶺山區的平原地帶。前年夏天傅作義奇襲攻下張垣前，聶榮臻部主力曾經和孫連仲部對峙在這塊平原上肉搏。所以聶部重臨舊戰場，於五月二十日左右一舉攻下延慶。當時傅作義部隊正在應援晉北應縣，並未防到聶部突擊察南。延慶國軍撤退，察北多倫、沽源共軍也展開欲襲張垣之勢。察省局勢突顯嚴重，這才使傅作義將注意力集中到東面來。察南之役，共軍在熱西建起一座銅牆壁，藉此阻止傅部東進，給李運昌部隊一個機會，教他穩打承德。

聶李四路鉗攻承德

聶榮臻向熱西進兵之外，又把他的第三縱隊轉向東南，去攻打平古路的懷柔密雲。這一着在於切斷北平國軍增援熱河的唯一通路。因爲平古路一斷，共軍只要能打下承德北方的灤平，便能控制古北口，這樣可使承德守軍陷於孤立。所以說在圍打承德階段中，聶部共軍的任務在戒備西南兩方。

眞正攻打承德的共軍是從北方和東方開來的李運昌部隊。李是共方熱河省主席，一年來他已經在熱北赤峰一帶建立下很强的基礎。攻打承德時他一共集結三個縱隊六個步兵師和一個騎兵師分兩路進攻。北自赤峰直取隆化，東自朝陽沿錦承路指向平泉。聶李四路鉗取承德，來勢非常猛烈。國軍十三軍雖久佔承德，但因兵源糧源不易迅速補給，對外圍各大據點簡直無力固守。共軍北東兩路攻勢較猛，五月二十五六日分別取下隆化平泉。隆化國軍未能撤退，雙方展開了一次悽慘的白刃巷戰。這樣共軍的包圍圈一天比一天縮小，承德城內晝夜都可以聽到清晰的砲聲。

承德被圍時，城內雖僅有五萬市民，但食糧至感缺乏。軍糧軍械有空運供應一部，民食却無人來管。當時麵粉漲到一千二百萬元一袋。老百姓除吃不飽的憂慮外，還有一層被抓壯丁的惶恐。後來當局深怕人心動搖，影響防守，曾想出一個妙法，倡導組織「戰時服務隊」派令市內壯丁學生一齊參加，給他們吃些難以下嚥的雜糧。其間，老百姓聽到的是省府委員、廳長、冀官都紛紛空運撤平了，小市民在欲逃不能的情形下，只能隨遇而安地聽天由命了。承德的情勢如此緊張，無論城內市民或是平津一帶的觀望者，都對這個塞外小城的命運，不抱樂觀。當時長春攻防戰甫入緊張階段，魯中戰事徐徐進行之際，承德戰況一直被報紙當作頭條新聞。

三路馳援承德·烽火擠到冀東

五月三十日左右，國軍才調三路大軍馳援承德，東路是范漢傑兵團，從義縣沿錦承路向西推進，西路是傅作義部隊，自張垣向豐寧應援。南路是原駐冀東的九十二軍和五十四軍的一部，由上官雲相督師沿平古路北上。同時又出動大批飛機配合承德守軍出擊作戰。這三枝援軍以平古路上一路最具實力，因為華北當局認為承德解圍全憑這路北上救兵，所以竟傾冀東所有兵力出動，預期一直打到古北口，先恢復熱境國軍的供應線。而冀東平榆線除有少數部隊駐守外，大部交給地方自衛隊留防。這正是一個弱點，給日後熱境共軍回攻冀東，造成一大良好機會。國軍三路馳援承德還有一點意義，即想對李聶兩部共軍來一個反包圍，以收內外夾攻之效。誰知共軍不等國軍反包圍戰略得售，早已自動撤離。中間只有平古路上聶榮臻的第三縱隊和號稱千輛卡車的上官雲相部隊打了一次硬仗。在國軍方面的報道稱，已把第三縱隊全部打垮，而衝過古北口，收復灤平（六月九日）。實際上第三縱隊與北上國軍接觸一次後，見來者實力太強，便把主力移往平古路東側去了，從此東指直向冀東而來。

同時李運昌部隊第十一縱隊北撤隆化（六月十一日），為的保全實力，可固守熱北根據地。而把承德東方主力部隊，調往長城喜峯口。

三路國軍馳援承德打反包圍，撲了一個空，却把承德鋒火擠到冀東去了。

豐潤失陷和唐山被圍

李運昌部共軍自承德東方撤退越過喜峯口，經馬蘭峪，遵化，進入冀東遵（化）玉（田）豐（潤）三角地帶。這個小三角地帶是李運昌打游擊的老地方？抗戰期間他在這個地帶與日寇「捉迷藏」六七年，對日勝利以後，他仍舊保持這一地帶，作為他在冀東的根據地。這次李部越過長城，與平古路東側的聶榮臻部滙合。不到兩天功夫便取下了豐潤城（六月十四日），記者前面已經提過，冀東國軍馳援承德後，所有防務，大半由地方團隊接替。像豐潤這種縣城只有千餘團隊駐守，當共軍以五六萬人來攻時，自然無法抵擋。共軍攻下豐潤，續以優勢部隊包圍唐山古冶。華北工礦中心的唐山市，本來是九十二軍駐防地。九十二軍遠調平古路，當地十分空虛，也只靠些自衛隊和開灤礦警防禦。

本來天津駐防國軍可以增援唐山，但津南減河岸沿却在冀東戰爭發生之前，已呈危急狀態。六月十二日小王莊國軍撤守後，所有唐官屯，北塘各地均有戰事。這樣，為津沽一帶安危計，天津國軍不敢大批馳援唐山。

還有，共軍和圍打唐山古冶的一個配合行動，是切斷平津和津榆間的鐵路和平古公路。自十三日起北寧路關內段橋樑路基被炸多處，尤以平津路楊村北倉間最重。共軍這一行動具有十分重大之意義。平津路中斷，平古路遭襲，可以使深入熱境的原駐冀東國軍，不能迅速回師救援。津榆段不通，也就為的是使秦皇島甚至關外的國軍不能南下。這樣共軍可以穩穩圍着唐山。

冀東戰事方興未艾，十四日共軍距唐山西郊僅有十里左右，周邊要衝任各莊，榛子鎮因團隊防守不力，均為共軍突破。目前唐山市盼援之殷，恐怕要比承德守軍急得多。冀東砲火何時可熄，是未可預卜的。

烽火轉燃冀東為了什麼？

綜觀共軍戰略，打察南在準備圍攻承德，承德撤圍在準備移擊冀東。這種連續的有計畫的各個突擊，只能看作共軍一次全盤攻勢的幾個階段。如果把它們看作是一些不相關連的「竄擾」，那是絕不正確的，共軍在這次全盤攻勢中，一方面在爭取「主動」，使國軍顧此失彼：例如主動圍承德，主動撤退熱境主力，主動進軍冀東，無一處不在爭取主動。並且共軍在用兵方面，調動靈活不分軫域。例如聶李兩部一時分道揚鑣，一時共移同一目標。這不但加速行軍速度；並使國軍對共企圖不易立即判明。這一點便是共軍攻勢各階段中制勝因素之一。另一方面共軍不取「垂手可得」的承德。而轉鋒直趨冀東，其中當然也有不願陷於國軍反包圍之中的因素存在。事實上，眞正意義却在它要有效地阻止關內外國軍的連繫，而為東北戰場預先奠定下一個鞏固基礎。因為東北共軍深覺「打下長春」時機已經成熟，現在所要準備的却是「打下長春」以後，再取瀋陽，席捲整個東北時所需要的條件。在這種前提下，承德和平榆線兩個對象，自然是掌握後者較有價值。所以說，從承德烽火轉燃到冀東一點看來，即可預知共軍雄志不在小處。

（六月十五日）

共軍能否渡江？（江南通訊）

史　班

這次內戰，在開頭時，就有人比擬為南北朝。這看法雖然不大對，因為即使是南北朝，也只是時間問題，遲早會統一的，不過採那一種方式的統一而已；然而，二年以來的斫伐，倒有些南北朝的樣子了，所疑惑者，是國共雙方的分界線究竟明確地在那里？

因為內戰總是面的，故而看起來比較模糊，有好多犬牙交錯的區域，可是假如我們能抽象地觀察，主要的陣線依舊是分明的。共軍的攻勢，好有一比，就是和潮水一般，有層次；術語講來，便是第一線、第二線、第三線，或前線、中線、後線。這三條線，三個層次，大致恰以長江、黃河、長城為割劃，主要的目標及戰場和攻略地區，是這樣地距離着的。那麼，即使長城外，關外的局勢非常激烈，但總以長江為最前哨，決戰及勝負絕不以關外為準，而得以長江為尺度。共軍能夠渡長江與不能夠渡長江，是指示今後內戰現勢的一測度表。

而事實上正亦如此，長江的北面，差不多全是烽煙，無一寸乾淨土，而長江的南面，縱有動盪，也比較的安定；所以長江才是內戰中最明確的分界線，（在一年以前應該以黃河為分界線，自劉陳渡河，這局面兩樣了）。

自共軍宣稱今年渡江以來，政府對這一方面的警覺性亦提高了。人民，姑稱是旁觀者罷，也立即注意到此一新形勢的發展。一方面喊着「渡江南去」；一方面喊着「不許過來」。以後的幾個月，無疑地，長江之戰，其重要性將掩過東北華北之戰，這已是目前的一般看法，而華北東北，將被拋在背後。

為什麼長江之戰將成為內戰的前哨，以及內戰的決勝負處呢？那當然因為長江南北才是中國的腹部，同時亦京畿與人物所在，不能在這一地方「贏」的，不問它守住江南抑江北，總佔劣勢，成為偏安。故而，長江南北為國共所必以力爭的。

提起長江，很令人興懷古的感慨，長江是一向被稱為天塹的，自三國時起，一直到晉，南北朝、五胡亂華、宋等，都是在這條東亞最長的河流兩岸作戰，或據守着。赤壁，淝水，都似乎是很不遠的例子，就是洪楊之亂，方向雖不同，纏戰所在，也是大江南北。但，長江在今日還是天塹嗎？歷史會重演嗎？共軍的聲稱渡江只是神經攻勢或心理戰嗎？却無人敢予以大膽的回答，尤其是就住在江南或江北（古稱江左江右）的人們。

在抗戰末期，蘇北皖北，淮北和淮南，本來是新四軍的窠穴。南方的新四軍、正和北方的八路軍同樣、同程度，是老百姓的一熟悉名詞。等到政協簽訂，於是也就最先在這裏，國軍大舉掃蕩。蘇北的三十餘縣，國軍從只保有四縣起，一直到共軍只保有四縣爲止，這就是內戰的第一頁。可是鄉村仍在「四老爺」手裏。其後，一直到去年夏秋，劉伯誠和陳賡，渡過了黃河南下，戰火才撲近了長江。江蘇，安徽，先是河南而後是湖北，都不斷地在攻守着，一連遍及一百個縣境，有好多城市易手過十次以上。目前的江北戰局，就是這樣地發展過來的。

無疑地，劉伯承和陳賡已立定了脚，而陳毅，亦不像有一時地偈促在山東，也活躍在蘇皖北部，及河南東部了。從長江出口的啓東開始，一直到曾經「外圍殲戰」的宜昌，都有過或大或小的戰事，甚至於逋首都南京對岸的六合，亦一度失陷過幾小時。這樣地，看明了，戰火已逼到長江岸了，並且很緊湊地在壓過來。可是，共軍能够在這幾月裏完成準備，在年底前渡江嗎？

照而今的情形看，江蘇北面是陳毅的粟裕部隊，自安徽到漢口附近的沿江部隊是劉伯承的，宜昌往東則是陳賡的。共軍如果要渡江，除了在什麼時候能渡江外，別一有興趣的問題，是將在什麼地方渡江。國軍方面，防守長江下流的是首都衞戍司令部，近來拓廣了轄區，兼率領幾個江防司令部；防守安徽湖北的是華中剿匪總司令部，恰設在中央的漢口，漢東有夏威的指揮所，漢西是番文華的，直到江蘇和四川邊境。

共軍如果想渡江，必須有二大前提，一是須有相當的兵力和火力，可以衝破國軍海陸（空）軍的封鎖，一是須有埋伏了的接濟部隊，即是江南的土共。缺少這二前提，既渡不了江，渡江了也徒然，既不能流竄，復無從立足。不過，這些條件雖未完全成熟，却在一日日地成熟了。

先講第二條件。鄂南比較安定，只有些在苛政下萌茁的農民反抗，一共不過三五處，每處亦不過一二千人，够不上稱「土共」；贛北也這樣。所以，如果要渡江的話，在江南皖南似乎較容易，只是國軍在這一地區的兵力也較豐富，大概也是看到了這一着。江南和皖南，原來是新四軍的基地。江南：在浙江四明山區和三北地區的山叢裏，就有祇少可估計一兩萬的「民主聯軍」，器械組織都够得上水準，並且在呼着革命性的三抗四反口號，一日日地擴展；蘇南，太湖有薛永輝部，浦東沿海有「人民海軍」；而最繁密的，倒是接近南京的澄虞等縣，一出城不到二十里，色彩就兩樣了，這三縣是貼靠着長江的。皖南，自「皖南事變」以來，便留着不少殘餘，三四年的發展，已有了七八縣的基地，偶然還進進城，聲勢比江南還大，領首的是學者胡明，縣地方當局既無兵去「剿」，亦打不過，若調大軍，又躲到山裡去了，變成老百姓，一個都不見。這些人馬，一共算來，亦能編三四個「縱隊」，所以不可以輕視。他們是共軍留下的種子，等到北方來的部隊想渡江，就會發生不少作用。

其次講第一條件。渡江須船，須火力，這似乎在共軍方面講來，還有些缺短。不過，他們有的是方法，是經驗。長江雖濶，可是又太長，防了這裡，漏了那裡，沿江的碉堡既不普遍，巡江的軍艦也極稀疏；劉伯承陳賡部隊已有渡黃河的經驗，要渡長江好像是不難的，至於陳毅，他的部隊就一向在魯豫邊境的黃河兩岸來往，這雖不能共舉，不過在今日，渡江的技術問題已不是唯一的考慮了，就在渡了江後怎樣，以及渡江以後對北岸的情勢有何影響的一點上躊躕。這些支節問題的得到答案，條件就成熟了。

前三個月，南滙的土共丁錫山率領了一百六十人「渡江」了，在上海郊外騷擾，結果國軍動了三縣的保安隊和一師半人，總算在三日內擊斃了十三人，擄獲四十二人，告一段落。這似乎是小事，然而震驚了整個江南，連香港的報上也登着頭條。因爲，雖只是一百六十人，然而畢竟「渡江」了，可以證明有此可能在國軍的隙縫裡滲透。這自然不是渡江，焉有過一百六十人就算是渡江的？這不是渡江的先鋒，而只是一試探；可是結果，却考驗出來了，國軍的封鎖及防衞並不嚴密。丁錫山來了一次，本人是死了，名字被別人記着，尤其響在投機市場裡，接着來了一次大漲風，雖另有原因，不過有覺好多造謠者是拿此作根據的。丁錫山死後，在鄉間，筆者聽到一地主感慨地說：「這是江南人的福氣」，但他又爲未來的揣料而恐懼，至於農民們，却並無甚異的感覺。此外，近日看到報載，說江陰城外的江邊，時時有不明身份的船隻和人擺渡南來，全付武裝云云，每次約三五十人；這雖不就是渡江，可也看得出是在準備的端倪了。

然而究竟能否渡江，與別的戰場也有關係。前一時，粟裕魏鳳樓孔從周等部隊緊緊地貼到江邊來時，那形勢比目前更似乎像要渡江，同時北方陳毅劉伯承陳賡以及聶徐賀蕭等軍隊亦逐漸南移，可是不久前，關外決戰，這些部隊又向華北集中了。那時候，沿江的，自東往西，有泰興，無爲，武穴，監利，郝穴，沙市等大戰，好像就是正面展開的「渡江戰」，其中心則偏於長江中流，後來總算堵住了。現在，如果要斷定何日渡江，還須先看看，在華北和東北，共軍能够有充分的進展否，不然，陳劉陳的軍力尙須兼向北顧，自無力朝南開拓。另一種看法，說陳毅等的北返，是追逐有生力量的消長，其目標仍是在渡江的，也有若干道理。

其實軍事離不了政治，地利遠不如人和。共軍的能否渡江，以及渡江後的如何結局，與國方的政治經濟措置是很有關係的。如果不能使江南的後方安定，不能使江南人民安居樂業，那麼遲早大江南北會打成一片。但目前，却仍舊在加緊地徵兵和攤糧。江南民生的有沒有出路，決定着共軍能否渡江與能否站得住足。

筆者寫此通訊時，在六月上旬，正是熱西魯豫激戰之日，下一動態如何，到七月裡，終可看出些踪迹了，不一定會如目前的這樣糢糊。

從動盪到窒息的水城

（濟南通訊）　丁汀

「家家流泉，戶戶垂柳」，被詩家和文人所讚美的水城——山東省會所在地的濟南，如今已不是當年的面目了。由於炮聲槍聲殺聲的震驚，和火藥味血腥氣的籠罩，它已經變成了恐慌，饑餓，愁苦，　的一個多難的城市。被視爲濟南唯一生命線的津浦路，最近又被切斷了。於是這水城在多難中，又宣告窒息，如今環顧四周的景象，更不得不在風雨飄搖中顫慄了。

濟南在抗戰期間，淪陷了八年，人民嚐透了亡國奴的味道，也過够了慘痛的日子。抗戰勝利之後，人民都着渡過了八年漫長的苦難歲月，應當體養生息，都希望從此可以安居樂業。誰知勝利後的戰亂，給人民帶來的苦痛，更甚於八年的淪陷，兩三年來的拚殺，人民在血的教訓裏，更深嘗了空前未有的慘痛。時代給予人類的痛苦，誰有力量可以拒絕呢？可是人類總是都有希望心的，濟南的人民，在戰亂頻仍的痛苦中，誰不希望着戰亂早日停止，痛苦早日結束呢？從兩年前到現在，濟南的人民，天天都在這麼希望着，直到現在，時局日非，苦難的日子，沒有邊際，而安樂的希望越發渺茫。今天，大家都覺着以前的希望，簡直是夢想，由於事實告訴人民的，幾年來的希望，彷彿是一場大夢，今天大家才知道，夢中的幻境，是很難變成事實了。

在山東兩年多戰亂的過程中，濟南始終站在戰亂的前哨，不知經過了多少艱險。在以往，因爲一般人都還存着一個好的希望，所以無論多麼艱險，大家都能支撑，而很安靜的渡過了。直至今天，濟南的局勢，才發展到了最嚴重的關頭。本年三月初旬，共軍在山東發動所謂「春季攻勢」，一鼓氣就把膠濟西段的廣大地區，全入掌握，直迫濟南近郊，於是濟南的人民，就認爲局勢嚴重，尤其是達官貴人富商大賈，都沉不住氣了，把「寶眷」和財產，紛紛南運，更引起了濟南的恐慌。膠濟西段的戰事，剛剛結束，戰火接着就燒到了素有「魯中堡壘」之稱的昌濰地區，這一個大戰，整整的打了二十四晝夜，結果魯中堡壘」也入了共軍的囊中。這個「春季攻勢」，眞是來勢兇猛，使山東全局總動盪了，濟南成了動盪中最高的巨浪。在動盪中人心惶惶，驚恐萬狀，山東主席兼第二綏靖區司令官王耀武，鑒於局勢的嚴重，和當前的困難，認爲前途不抱樂觀，曾赴京懇請辭職，這一來，濟南人民，更增添了無限的驚恐。後來，王耀武的辭職，未獲照准，返回濟南，重整旗鼓，向人民宣佈：他要大刀濶斧的幹下去，今後山東局勢，絕對樂觀。這一個宣佈，使人心稍稍安定下來。

王耀武返濟之後，正要配備部署，預備開展局面之際，共軍又發動了十餘個縱隊約二三十萬人的兵力，向津浦路廣泛的進攻，於是濟南唯一的生命線，輸血管，忽告斷絕，而陷於窒息的狀態，這一個動盪後的窒息，使濟南又悶得透不過氣來。窒息後，人民在愁悶中更感覺到局勢的越發嚴重，但是除了咬牙忍受之外，還有什麼辦法可想呢？

津浦中斷後，給人民所帶來最大的痛苦，就是物價的狂漲，尤其是粮價，在一天的短暫時間裏，翻了一個滾，二百萬一袋的麵粉，一漲就到了三百五十萬。粮價的暴漲，使人民無法生活，升斗小民，只有坐以待斃了。近來因物價狂漲無法活下去而自殺和餓斃的慘劇，時有所聞。粮價之漲，濟南的市民，都認爲這是人爲的漲風，是政府造成的，因爲津浦被切斷之後，物價根本就沒有大波動，後來山東省政府恐怕交通斷絕後，共軍對濟南要長期圍困，遂即召集粮商，開了一個會，指示要他們大量的存粮，今後政府不但不查囤積，並且還要獎勵囤粮。這樣一來，奸商們看出了有機可乘，於是便興風作浪，造成了物價的暴漲。政府這項措施，人民太不滿意，輿論譁然，大肆攻擊。政府對於這次劇烈的漲風，也認爲影響太大，於是在「獎勵囤積」命令之後，又來了一個「平抑物價」，首先將麵粉價格，定爲二百四十五萬元，强迫麵粉廠大量拋售，並且定了一個辦法，麵粉廠的麵，委託十家代理店配售，每人限購一袋。這一個强迫拋售，看表面是政府對人民「皇恩浩蕩」，而事實上人民從代理店裏買出來的，不是麵粉，而是麩皮，是砂土，麵粉變了質，老百姓有寃無處訴。

物價暴漲之下，其他各貨，追踪升騰，燃料價格，更超出百貨以上，而與粮食並駕齊驅，五百萬一噸的煤，一漲就是三千萬。煤炭之漲，是直接受了津浦中斷的影響，因爲津浦路斷了，棗莊煤炭運不進來，淄博礦區，又早已淪陷，煤炭沒有來源了，其漲勢是必然的。煤炭斷絕了來源之後，除了價格暴漲之外，因爲存儲不豐，將來如果用罄了，七十萬市民，又將如何？這個問題，在每個人的腦際，都劃上了一個問號。

今天，濟南的交通，完全斷絕了嗎？不，陸路不通了，航空還照常呢，可是一提到航空，就使人民傷透了腦筋，飛機是特殊階級的專有物，與小民百姓，根本無緣。現在從濟南到南京的機票，據說黑市到了三億多，而且只有有勢的人，才可以買到。濟南的人民，天天看着富貴階級的小姐太太們，和金條鑽石，上了飛機，翱翔高空，不禁有望「天」興嘆之感。

動盪後窒息着的濟南，富貴階級都走了，剩下的普通人民，在艱苦中掙扎。因爲局勢的嚴重，人心不安，謠言紛起，大家天天談着．什麼「八路到了×地方了」，「××人逃走了」；什麼「八路如果打進來怎麼辦」？什麼「　」。這一些謠言，天天擾亂着每個人的神經；愁悶和驚恐，天天在人民的心頭上打轉。

今天，濟南的局勢，的確是艱險得很。共軍在四周層層圍困，槍炮聲不時傳來，一夕數驚，大有「風聲鶴唳」之感。這樣長期圍困下去，結果如何？誰也不敢想像。就是沒有什麼危險，人民在窒息中掙扎着活下去，其痛苦情形，不身臨其境的人，是想象不到的。窒息的人，是迫切的需要恢復呼吸的，濟南也是如此，濟南的人民，盼望着交通恢復，局面開展，不過這是希望，希望也可以說是夢想，夢想是不是會變成事實呢？夢也罷，想也罷，希望總是得有的，今天濟南的人民，在萬分困窘和愁悶中，又有一個迷信的想法：就是「物極必反」，大家都認爲濟南的艱險，已達於極點，可謂「極矣」！「極」了就可以「反」的。目前的嚴重局勢，或許也就是黎明以前的黑暗吧！

六月八日

本刊編輯部啓事

（1）本刊暫闢短評，專論，辯論，論壇，通訊，文藝，我們的意見，書評，讀者來書及漫畫等欄，每欄均歡迎投稿。

（2）本刊對於通訊一欄，想盡量充實，希望各地讀者合作，從全國各地，給我們以該處政治，經濟，軍事，社會各方面事實的報導。每篇通訊，以二千字至四千字爲合式，特別歡迎瀋陽，長春，天津，西安，開封，蘭州，廸化，濟南，靑島，上海，南京，杭州，南昌，九江，贛州，蕪湖，安慶，蚌埠，漢口，宜昌，重慶，成都，貴陽，昆明，梧州，柳州，廣州，長沙，衡陽，香港，台北等地讀者賜稿。

（3）決定採用之稿，立即寄奉稿費稿費按戰前幣値計算，每千字自貳元五角至三元，依主計處每月公佈的各地生活指數計算。

（4）本刊各欄，除專論，論壇，及我們的意見，一律用眞姓名發表外，其餘用眞姓名或筆名，聽作者自便。但文責一律由作者自負，作者並須以眞姓名見告。

（5）來稿請直接寄北平東直門大街九十八號本刊編輯部。上海辦事處，專辦發行工作，不收稿件。

文藝

朱大爺

高植

李林方村長最後一次擺賭的時候，半夜裡闖進了一個害瘡的陌生的人，他站在莊家李林方村長的對面，說要拿他自己作賭注，滿桌的賭徒們都大爲驚愕了。

李林方村長是莊家，滗了酒後賭酣時的英雄氣概，說：「好，我拿我的村長作注子。你贏了，你做村長；你輸了，我要你的命。」

害瘡的陌生的人擲了骰子，是三個紅四，一共十二點。他擲過骰子，便跳到桌上蹲着，表示他自己是賭注。

滿桌的人都替害瘡的陌生人躭心，都確信村長李林方用自己的骰子擲出來的點子一定會趕上他。

李林方擲了。兩顆骰子先停住，都是五，第三顆骰子轉了好久，最後停下來，是個么，使大家驚惶失色，連村長和陌生的賭徒也不敢驟然輕信。

害瘡的陌生的人從此做了村長。

他還繼續擺賭，但他從不單獨做莊家，每次總和村上三五人一同做莊家，因此他每賭必贏，村上的人都希望有機會和他合做莊。

初做村長時，他只說他母親姓朱，大家便稱呼他朱大爺。

朱大爺做了村長不久，便娶了一個小販人家的姑娘做老婆，自己開始找村上的塾師偶而來家講四書。和村內村外的人談話時，他自稱是務農爲本的書香人家的子弟。

朱大爺有了房子住，有了衣服穿，但他身上的瘡並未轉好，一並且因爲日子久遠瘡還引起了別的疑難病症。

村上偶而來幾個走方郎中，凡是說朱大爺身體健康出身高貴的，他就高興，並且向村上各家攤派一點柴米油鹽來招待他。凡是說朱大爺身體不好的，他便不高興，並且穿一件領子高袖子長的藍布大褂，只露出一個面孔在外邊，向走方郎中說：

「我是很好的。雖然不十分强健，但也不是弱。」

然而村內村外的人都知道朱大爺全身是瘡，知道他不歡喜搽藥，都知道他偶而吐血又屙膿，知道他不歡喜吃藥。

朱大爺怕在太陽下走路，怕在白晝裡出門。有時村外的人邀他走不動路，他便穿上長袖高領的藍布大褂，扶着手杖，在村外走幾步，表示也是和別人一樣地健康。他走不到一頓飯的時光，便疲倦了，回到家裡躺下來。他怪天上的風不好，說風裡有邪氣，若不是有邪氣的風吹得他不舒服，他一定可以走兩頓飯的功夫。

朱大爺歡喜吃鷄，同時他勸村上的人家養鷄生蛋，留蛋進城去換鹽，換布，換來了鹽和布，總是由他抽取或多或少的一部分。

有些不懂事的小孩子問他，「朱大爺，你不是常常吃鷄的嗎？」

朱大爺說：「我吃鷄，不吃蛋。蛋有用處的，比鷄好。」

小孩子說：「我也要媽媽殺鷄吃了。」

朱大爺說：「殺了鷄就沒有蛋了。我吃的是不生蛋的鷄，是人家送的鷄。你家養的母鷄是要生蛋的。」

朱大爺不吃紅丸，却吃黃粉，不吃鴉片，却吃白麵。

朱大爺做過四十大壽以後，便禁賭了。他禁賭是禁止別人和他同桌賭博。別人家裡賭錢，無論大小，他却裝作不知道。

朱大爺歡喜村上的人穿長大褂，雖然穿的人身上也生瘡，但長衫上沒有小洞，領高袖長，朱大爺看見了便覺得滿意。

朱大爺歡喜看見他的老婆和女兒紮花頭巾，有人說他的老婆和女兒的頭髮裡有虱子，他便說：「花頭巾這麼好看，哪里會有虱子。」

朱大爺漸漸老了。他駝背了，早已不和村上的人接觸了。他每次接見村外的人，總是像鞠躬着抬不起頭來。

有個小孩子叫他駝子。

他說：「我不是駝子。這是壽星的健康的姿勢。心正，目正，足正，我是時時刻刻在注意我的脚，不讓自己走半步不正的路。」

這時候，朱大爺身上瘡孔裡的膿血從藍布大褂裡濕透過來了。

內政部登記證京警平字第二三四號
中華郵政登記認爲第一類新聞紙類
北平郵政管理局登記執照第一六九號

本期定價五萬元

新路周刊

編行者：中國社會經濟研究會
編輯部：電話四局〇八五九號
電報掛號：三九六〇
經理部：電話四局〇六九三號
北平東直門大街九十八號
上海辦事處：
電話四二二五五—五一號
上海黃浦路十七號五一室
代售處：全國各大書局
訂銷辦法：
一、本刊歡迎直接定閱八折優待在定閱期間不受中途刊費加價之影響
二、本刊零售暫定每冊五萬元預定三個月照價八折加郵費如下表：

（三個月）

平寄	五十萬元
掛號	六十二萬元
航平	七十四萬元
航掛	八十六萬元
國外	半年美金四元

三、外埠批銷每期至少在十份以上照價七折郵包費外加一律存款發貨特約總經售辦法另議
四、學生集體訂閱特定優待辦法預定三個月每期在十份以上者七五折二十份以上者七折
五、寄遞方法請來函說明舊戶續定或有查詢事項務請註明戶號
六、本刊每逢星期六在上海北平兩地同時出版凡華北區定戶請向北平本刊經理部洽定其他各區請向本刊上海辦事處洽定

新路

周刊

第一卷第八期

中國社會經濟研究會發行

民國三十七年七月三日出版

短評

和平不限於對外

六月十七日王世杰外長在立法院外交審查委員會對質詢的答覆。受質詢情形，據北平世界日報報導，「備受若干主張反蘇者所攻擊，大抵均認大連不能收回，中蘇條約何不取消？」「各委員對中蘇關係提出質詢，一時會場中反蘇情緒甚激烈。若干委員主張當局採取機動性外交，以外交配合軍事，以解決內戰。對美國關係應明朗化，以便爭取美援。」王外長的答覆，亦極簡截明瞭。據世界日報報導，「王於最後起立答覆時，鄭重宣稱：本人非職業外交家，亦不善外交詞令，但本人有堅定信念，即國家外交不能兒戲。中國最重要之基本國策，即在如何促成美蘇諒解，保障世界和平。惟有和平，始於中國有利。中蘇條約政府當隨時要求蘇聯履行。至取消云云，政府尚從未作此考慮。」「世界局勢異常嚴重，和平信念不可動搖。戰爭不足以解決問題。應加強聯合國力量。否決權應存在，但運用必須有限制。中蘇條約履行，當繼續加緊交涉。」

據世界日報報導，王外長於報告及有關美國扶日問題時稱：「我國對美外交基本方針，為君子和而不同，即雖與美儘量保持和睦，但並非一切追隨美國。就我未承認以色列國及對日和會堅持否決權，即其明證。因此，如美違反波茨坦宣言，採用德雷柏等計劃，我自必堅強反對。」

我們對於王外長說話不含糊，表示欣慰。但促成美蘇諒解，保障世界和平云云，拿它，和政府渴望美援，接受美援，以從事內戰之行為相對照，我們總覺得他仍在搬用外交詞令，仍「未能免俗」。我們相信「惟有和平始於中國有利」，王外長本人確有此信念。世界上無內戰的國家誠不一定必能避免對外戰爭，但內戰連年進行，並且分野上隱隱依附着兩大壁壘的國家遲早必將捲入對外戰爭。這應是一個常識的判斷。王外長必無意說和平可分內外。王外長昔亦嘗致力於促進國內和平，謂「國共糾紛當循政治途徑去解決」矣，我們不知道王外長是否仍抱有此信念。如仍抱有此信念，是否也有一天將不含糊的說「戰爭不足以解決問題」，而主張國內恢復和平，並為此而努力？要是不然，對外和平之信念安知其實質也僅如昔日對內和平之信念，稍受挫折便俯首貼耳了呢？（弦）

但願長保此聲光

當局於憲政，原無多大誠意可言；但既云行憲，我們對於行憲後的政府必責以「憲政之道」，以求循常軌，多少能收到人民監督政府之效。因此，對於五院各種人之人選期其不太惡濫，能各在軌道內發揮其功能。行憲後的立法院之構成分子，雖然幾乎是淸一色的有國民黨黨籍的分子，究也是多年來在不健全的領導下歷練出來的，差可稱得「才智之士」的人物，究也有不少是要求民主了解自由的，若肯「卑之無甚高論」，未嘗不可寄予有限度的期望。

自然，今日之立法院不獨最有資格為國民黨的反對黨的共產黨未能參加，即「位似側室」的民靑兩黨也尙未參加，說不上有何「反對」。但在國民黨籠罩中不也有派系之分麼？與其開會時各人隨便發言，吵個不休，鬧個不已，活像羣衆大會，何不即依派系的分野也來一兩個有組織有領導人物的「反對派」，譬如說陳立夫先生領黨，黃宇人先生領團，如果黨與團外尙有較小的派系，自也可以讓它們各具組織，推出領導人物。這樣，雖然是小頭目多，總還算得有組織。這樣「內閣」與「議會」交步，找得到「對手」，「議會」要「內閣」向它負責，意見表達也勉能集中：可循此多多少少發揮「制衡」的效果。

我們竟這樣看重今日之立法院，寄以期望，並向它進言，我們相信自己沒有錯信。我們以為講民主，應許人為善；可為善時應多加以鼓勵。今提一事，足以證明行憲後立法院固自有其聲光。

就在翁文灝氏報告新閣的施政方針那一天，北平世界日報在政治新聞欄中刊出了一段新聞，題曰：對設立調查局一案預料將有激辯。新聞由兩個專電會成：第一個專電稱：「行政院十日向立法院提出倣美國聯邦調查局設立調查局提案，原文謂：為維護國家民族利益，保障社會安寧秩序，用以調查與防止叛亂事件之發生，及侵害人民自由權利之不良分子及陰謀組織，應專設調查機構，佈置各種線索，深入社會各階層，以期洞悉隱微，擴大並增強司法檢察之效能，並附送組織草案。立法院已編入十一日大會議程。此種機構，即係將過去軍統中統職權轉入司法範圍。預料立法院對此將有熱烈辯爭。」第二個專電稱：「政院咨送立法院之司法行政部調查局組織條例，預料立法院對此將有重大辯爭。．聞此案於四月三十日由國府提交舊立法院，因舊立法院以關係重大未加討論，遂原封送還，請改交新立法院。該條例規定設局長一，副局長二。其最重要者係第十八條，在各級法院內設調查處，辦理調查業務，所屬法院有指導督促之責。」接着便報告政院提案理由，這理由書是一篇妙文，不可不看，但在此處祇好從略。

其事是一件「驚心動魄」的事，揣想立法院對此亦為「驚心動魄」。十一日以後過了一週，依然無消息，到了十八日，仍在北平世界日報上見到了「設立調查局立院通不過」的新聞標題，小標題「蔣總統同意撤回」。內容是．在司法行政部內設立調查局事，有人陳蔣總統，謂此種特務組織，在立法院決難通過，不如撤回。蔣總統甚同意，聞即將由行政院咨請立法院不予討論。

但願立法院長保此聲光！（民）

兩件沒有下文底大罪案

近三個月以來，平津發生了兩件轟動社會底大罪案，頭一件於三月二十五日夜裡發生在北平和平門內西夾道三號，孔昭福的全家三口連同廚夫女僕全被兇手勒斃，門外停着白宅的汽車，據說是到孔家接白太太底，白太太並不在孔家，汽車夫也被勒斃。這是在北平人人都知道底「六命奇寃」。第二件是五月十四日天津金融管理局「在第二區五馬路山西貿易商行天津分行破獲私營金鈔買賣案，當場查獲美金四千零八百七十一元，金條數百根，及黑賬副賬等七十餘件。該分行經理閻子鳳係某要人之族兄，現已逃逸。」這是據五月十五日華北日報的記載，記者並且下案語說：「該案係天津金融管理局成立以來，破獲之最大案件」。又據同日天津民國日報訊：該公司「在津分設有二十八個單位，規模宏大，計劃周詳」。金管局對此案曾發表書面報告，詳載該公司經營金鈔黑市的賬目，最後下結論說：「綜核該公司違法買賣金鈔，證據確鑿。核其行為實係觸犯黃金外滙買賣修正處罰條例第二條之規定」。

這兩大案件至今還沒有下文。「六命奇寃」仍然「埋寃」，而「金管局成立以來破獲之最大案件」也沒有聽說據「黃金外滙買賣修正處罰條例第二條之規定」去「處罰」。

六命奇寃案曾經警局懸賞限期破案，也曾經傳捕過嫌疑犯數人，嫌疑犯釋放了，破案於是遙遙無期。道路喧傳，這並非「不能破」之案而是「不可破」之案，不可破者，因案中牽涉到有力量底人物，他的力量越過法律的力量。這是否全係揣測之詞，我們無從證實。不過在舉世觀瞻所繫底北平城，人命竟如此沒有保障，而北平警察又素以嚴密精幹著名，社會人士的悼惑憤怒是理所當然底。這是治安問題，治安當局不能這樣輕易地就卸了責任。

黃金外滙黑市案更是離奇，雖然是「證據確鑿」，「觸犯修正處罰條例第二條之規定」，何以至今不聞處罰？社會人士當然猜想．這雖是已破之案，却是不可處罰之案，因為案中也牽涉到有力量底人物，即所謂同族「某要人」，他的力量也超過法律的力量。

這只是兩個大衆周知底事例，此外類似底沒有下文底罪案還很多。這些並非小事，它們牽涉到法治的根本問題，也就牽涉到民主的根本問題。有權勢者個人的力量，既然能超過國家法律的力量則法治與民主便都成了空文，有權勢者就可以胡作非為，橫行無忌。試問這還成為什樣一個國家？（實）

我們的意見

忠告美國政府

扶持日本是不誠、不公、不智的政策
施惠和恫嚇的態度尤非中國人民所能容忍

徐毓枏　劉大中　吳景超　潘光旦
戴世光　趙人儁　陳達　邵循正

司徒雷登氏的扶日聲明，引起了我國各界普遍的不滿。各學生團體和教員組織，尤其是異常憤怒；遊行和「抗訴」在各地風起雲湧，熱烈演出，現在時過三週，感情上的激動已得到了相當的發洩，而事件的嚴重性並未稍滅，問題依然存在。對日政策是一件第一等重要的大事。美政府不能一意孤行，漠視其他盟國的意見。我國人民和政府，尤其不能在喊叫躁跳之後，聽其自然的演變下去。我們應當繼續冷靜的研究這個問題，並隨時發表意見，一方面使美政府對我國民意有充分的認識，一方面督促政府據理交涉。

我們在慎重思考之後，認為美政府現在的扶日傾向和設施，是不誠、不公、不智的政策。為維護我國的利益，並為美國的國格和它本身的利益着想，我們謹向美政府忠告，希望它能改正扶日政策，並且改變它以往的在日本獨斷獨行的作風。

先談美政府對日政策的不誠。在大戰結束的前後，美政府所主張的統制日本辦法，雖然從未失之過苛，但絕無今日之寬大。美政府當時的立場，可自一九四六年十二月發表的鮑萊報告中，窺其大概。以後隨着美蘇間情勢的惡化，美聯邦政府和駐日盟總的態度逐漸轉變。先有一九四七年二月美軍部派遣的斯揣克技術調查團赴日，在今年二月，該調查團發表了對日絕對有利的斯揣克報告書。繼有本年三月間美陸軍次長，德萊的訪日，於四月七日在美發表「扶日」談話。這些報告和建議，雖然尚未見諸實施，但都足以顯示美國官方的態度隨美蘇關係惡化而轉變。去年和今年期內，盟總在日的實際設施，也因美蘇關係的惡化而趨於輭化。我們承認一國政府有為其本國安全而預為佈置的權利。但是假如美政府對日政策輭化的主要原因，是因為下列各項或其中的一部份：（一）日本是鄰近蘇俄的一個主要基地，而日本人民的好感是順利應用那個基地的必要條件，（二）日本的人力、資源、和工業設備是對蘇作戰的一個有利因素，（三）從工業技術和設備、組織能力、和作戰經驗上來看，在東亞各國中，日本是唯一能與蘇俄發生制衡作用的國家，則美政府就應本着美國人民坦白率直的精神，老老實實的說出來，而不應拿一些次要的理由來搪塞，例如：「必須恢復日本之經濟至日人能以自給之程度，蓋無人能期望美國賦稅之擔負者，無限期支付日人之費用也」。（見司徒聲明書）。

美政府假如肯把它對日輭化的主要原因說出來，有關各國就可以向美政府表示他們對於美政府這種看法的意見。按現在美政府這種說法，其他國家只可以猜度揣測，無從達到問題的核心。就美國本國的資源來說，美政府儘有權力用百分之百去備戰，其他國家或可表示意見，而絕對無權參加討論。但是日本是盟國協力戰敗的敵國，所以大家都有權知道美國對日政策眞意之所在，然後就各國自己的立場來談判。

我們希望美政府現在能公開的對世界宣告，它現在的對日政策究竟是否與對蘇備戰有關。如有關的話，其他盟國可以就這點發表他們的意見。美政府的葫蘆裡到底賣的什麼藥，有關的國家有權利要求知道。但是關於對日政策是否與備戰有關，美政府從未乾脆的肯定的表示。

有人也許會說，美政府不是已經公開承認對日政策與對蘇備戰有關了嗎？司徒雷登氏不是明明的說：「如使日本成為飢餓不安的人民，則日本亦得繼續為和平之威脅，此種情形適為共產主義之所需，如吾人誠意為一般利益計，因必須制止共產主義，則吾人必須消滅鼓勵共產主義之因素。」但是防止共產主義對蘇備戰並不是一回事。我們姑不論美政府是否有權在日本防止共產主義，但如消除「飢餓不安」是防止共產主義的主要辦法，則亞洲各處無一不是「飢餓不安」，我們為什麼先要使敵國日本溫飽安樂？這一點就引進到美國對日政策的不公之處，我們在下段中評論。在這裡，我們希望美政府說實話，不要口是心非。

美政府的對日政策，有兩點不公之處。第一：美政府要想消除日本的「飢餓不安」，所以想要把日本人民的生活恢復到一九三○—三四的水準上去（這雖是遠東委員會的決議，但實際上是美政府的意見）。其實，假若現在的日本要是「飢餓不安」的話，亞洲的其他各處只有過之而無不及，而這正是日本侵略戰爭的直接後果。即以我國為例，在一九三一—三七期間我國的經濟建設，確已在開始。這抗戰八年的血汗和資源若用來建設的話，我國現在的生活水準一定可以提到相當高的程度，我們自然不是因為美政府將要給予日本大筆借款而眼紅。但我們絕對有權責成日本以物資作賠償，使受日本侵略各國的生活水準先行提高。在最近五年以內，日本的生活水準絕對不應提高到亞洲其他國家以上，而美政府現時所主張的賠償辦法，實處處以不防碍提高日本生活程度為前提。從道義上講，生活程度的降低是侵略者毀滅他人和平生活和阻撓他人經濟建設應付的抵償和應受的懲罰。從利害上講，亞洲各勝利國家在飢饉線上生存的人數，要比日本人數大得多；這些國家「飢餓不安」的後果，恐怕要比盟總鉗制下的日本嚴重多了。

第二個不公之點，是美國政府對日設施的獨斷獨行，好像其他盟國在對日作戰期內並無多大貢獻。事後誇功，在我國的道德標準上，原是不屑為的事，但是在美政府現時的作風之下，我們實在不能再自視過卑。論犧牲，論代價，我國固然是當仁不讓；就是論實效，我們的貢獻也並不比任何國家為低。若不是因為在我國四年大戰的消耗和數百萬大軍的被凍結，誰能保險日本人在珍珠港事變後不攻克夏威夷和在舊金山登岸？美國那時候的軍備情況是公開的秘密，我們懷疑在火力不等的情形下；美國的陸軍是否能在舊金山守四個月（參酌一九四二年菲律賓戰事的情形來看）與我國淞滬之戰相媲美。現在美政府在日本獨斷獨行的作風，我們如果肯倣效美國駐滬總領事的口吻，簡直可以說是知恩不報的行為。

現在再說美政府對日政策的不智。若是美蘇一旦置全人類的幸福於不顧而眞以炮火相見，日本那塊基地和那有限的人力物力，侵略弱國雖然有餘，對於助美敗蘇是不會有決定性的貢獻的。同時，以日本人的性格，它現處的環境，和它一向的歷史傳統，無論美政府是否予以青睞，日本在美蘇作戰時，也是會以全力助美的。因為一個現成而實質上無大關係的助力，美政府竟忘記了珍珠港的教訓，忽略了盟國的感情和利害，一意去扶持一個素無信義的日本，這是何等不智的政策。

司徒大使說：「美國人民及政府決不使其（日本）能有所為，諸君儘可放心」。防止日本帝國主義的再起，並不是美國一國的事情，也是中國人民和其他盟國的責任。關於這一件事，中國人民不預備客氣，不預備聽從任何一國一意孤行的去辦。在日本軍國主義精神未被根除以前，我們承受歷史上的教訓，絕不能「放心」。

現在再談司徒雷登氏這次發表聲明所抱的態度。這種施惠望報，以予奪來誘脅的態度，竟會出自一位終身在中國服務，藉在中國所作的事業而享名的教育家，眞令人驚異不置。司徒雷登氏何以不明瞭中國人的性格一至於此！關於這一點，我們聽到兩種說法：第一種說法是，這一次的反美扶日運動乃共產黨所策動的。司徒雷登氏顯然並不相信這種說法，否則他絕不會撤消美援來作恫嚇的。第二種傳聞說政府中有一派人士想藉此挑撥中美感情，減低人民對於美國的好感。對於這一派人，撤消美援自然是一個有效的恫嚇。但是司徒雷登忘了他這個聲明是對中國人民說的。中國人民的反扶日運動，不管是否有人想藉機利用，是眞誠的、自發的。司徒氏這種恫嚇式的警告，只能激起中國人民對於美國的藐視心理，加強反扶日的決心，其他一無用處。司徒氏「此舉對中美間之傳統睦誼實有嚴重之損害」。（見司徒聲明）

美政府扶持日本的傾向雖已極為明顯，盟總的實際設施雖已一步步的輭化，但是斯揣克報告究竟尚未實施，德萊的建議也尚未見諸行事，懸崖勒馬還來得及。美政府應抱誠實、公平、和明智的態度，從速促成對日和會，然後應以大多數盟國的意旨為意旨，並應特別尊重受害最重、了解日本最深的國家的意見，停止獨斷獨行的作風，由各盟國協力同心引導日本走上和平民主的大路。

專論

斯揣克對日賠償報告的檢討

周錫卿

最近斯揣克所主持之美國紐約市海外顧問公司（Overseas Consultants Incorporated, New York City）發表在日調查工業設備結果及提供賠償數量意見之報告書，主張大量減少日本賠償物資，對美國政策及整個賠償前途不無影響，故極爲各方面所重視。茲將賠償局勢之演進情形與該公司來日調查經過，報告之概要，及其與年前發表之鮑萊報告書（Pauley Report）與遠東委員會（Far Eastern Commission）議決之中[illegible]案（Interim Reparations Program）之比較，分別敘述，俾供關心對日賠償人士之參考。

（一）賠償局勢之演進及美國海外顧問公司來日調查

波茨坦宣言規定，日本國內工業設備，除平時經濟自給生活所需之設備外，均應提供賠償，務期消滅日本經濟作戰力量。惟究竟何種工業，若干數量，爲平時經濟自給生活所需，即應准日本保留之工業水準，究應如何規定，實爲一根本問題。各國意見，迄未一致。更因日本海外資產，應否計入賠償物資以內等項問題，各國僵持不決，故賠償最後方案，未能成立。美國政府於一九四五年間，派鮑萊等專家來日調查工業設備與應予提供賠償之數量，經於一九四五年十二月，發表中間報告，一九四六年十一月發表最終報告，主張直接與戰爭有關之工業，即陸海軍兵工廠，飛機製造廠，與民營軍需工廠設備，應全部提充賠償。此外並提出間接與戰爭有關之工業十種。（鋼球軸承、工具機、造船、鋼鐵、輕金屬接觸硫酸，製碱、火力發電、人造橡膠、人造石油），分別建議應保留與應提供賠償之數量。遠東委員會，即參照其意見，於一九四六年五月以後，陸續提出直接間接與戰爭有關之工業，成立中間賠償方案，並令盟總決定範圍，選定工廠，準備提充賠償。其後因各國對分配額久爭未決，此方案未能付諸實施。美國乃於一九四七年四月，採取單獨行動，舉辦先期拆遷，（Advanced Transform Program）分與中英荷菲四國，其數額係中間賠償案之百分之三十。原擬於各國分配額決定以後，即將大部根據鮑萊報告所定之中間賠償案付諸實施。

惟是鮑萊報告與遠東委員會中間賠償方案發表以後，國際局勢變化甚多。美蘇對立日趨尖銳化，美國在遠東方面亟盼建立與蘇聯抗衡之力量，故抗戰勝利以後，美國確曾極力設法與中國合作從事復興與建設。惟是我國於戰勝以後，內亂繼起，工業復興與建設工作，不易進行，故美國轉而另覓他途。日本自美軍進駐以後極順從逢迎之能事，美國朝野尤其陸軍部方面均認爲日本已有相當工業基礎，如能成爲美國卵翼下之力量，對於遠東局勢，甚有裨益。同時可以減輕美國付稅人民之負担，故擬加以培植。在經濟方面除供給食糧，開放自由貿易，並予以貸款外，根本方面，亟盼提高其工業水準，建立日本爲遠東之工場，故對鮑萊報告，認爲有重行檢討之必要。陸軍部遂於一九四七年一月派斯揣克（Clifford S. Strike）先來日調查工業情形與應存之工業水準。同年七月，復與該斯揣克氏爲負責人之海外顧問公司訂約來日，對日本工業實際能力，日本經濟恢復與安定所需要之工業設備，及可供賠償之數量，加以廣汎詳盡之研究，其目的無非爲覓出相當途徑，以提高其工業水準，亦即減輕賠償。

海外顧問公司，係美國主要工業工程及估價公司所組成，其目的在協助陸軍部及國務院，分析美國軍隊佔領之海外區域之工業情形，顧問公司負責人斯揣克氏爲F.H. McGraw and Company 經理，曾任美國駐德軍政府賠償代表，其他來日人員，多係美國工業界巨子，且有經濟學家多人參與。

一九四七年七月九日，美政府發表書面聲明，交付遠東委員會美國代表，敘述派遣海外顧問公司經過，其要點如次：

「美國爲執行日本賠償計劃起見，深覺對於日本，工業能力，應有完全根據事實之材料，和平的日本在遠東經濟中所佔地位，非但對遠東委員會各委員國即對全世界亦極端重要，決定日本應保持之最低限度經濟水準，與超過此經濟水準需要之工業設備，應根據儘可能準確之事實。

同時駐日盟軍統帥麥克阿瑟要求對於其所屬機構所作調查研究報告與日人所供給之材料，請不屬政府任何部份之專家加以縝密研究。

爲使美國可以確實檢討已有之研究資料報告之準確性，並由專家另覓新資料起見，陸軍部特與重要之工程與估價公司，訂立合同從事調查，並繕具報告，此項工作，或須美國支付很大的經費，但美國爲負担起執行日本工業水準與賠償方案的責任起見，決予辦理」。

該聲明附有陸軍部與海外顧問公司所訂合約之序文，其要點如次：

「(一)陸軍部協同國務院海軍部及美政府其他有關部門，亟待決定關於以下各點之政策；

①日本經濟之恢復與穩定

②生活水準與所需要之工業能力

③日本出口收入與入口支出之關係

④日本經濟作戰力量與應加之限制

⑤對於美國及其他盟國於日本投降後墊付之各項美金及其他外幣開支，包括輸入日本朝鮮之貸與物資，撤回海外日人及由日本運回本土之被侵略國人民之經費，與日本朝鮮之佔領費等，日本應如何償付。

⑥在日工業設備中可提供賠償之範圍性質，價值，生產力，與可提出之時間。

(二)爲決定以上政策及謀國防上之利益起見，必須擬定對提充賠償工業設備之數量與價值，請超然地位之工程師與估價專家，加以研究並提出何種工業可將設備提充賠償之意見，供陸軍部採擇。

(三)美國須決定日本經濟所需設備，並將超過此數量之設備，即應提供賠償之物資，加以估價。

(四)陸軍部對於日人及其他方面所供給關於日本工業設備情形之報告，認爲應重行檢討，以保護美國之利益，並爲決定對日政策之用。

(五)基於以上原因，故陸軍部與海外顧問訂約請其赴日調查，並提出報告」。

以上文件足示海外顧問公司之任務與工作範圍，該公司於三十六年八月間到日從事調查，斯揣克本人，至十一月始來日。實際調查工作係由Republic Steel Corporation 之魏收(Rufus J. Wyser)主持。斯揣克等一行十人於十一月八日乘飛機離東京，經上海返美，繼之造船專家康貝耳(R.S. Campbell) 與魏收等，均於十二月內先後經中國返美。彼等赴華之目的，係研究我國戰後經濟情形，及對於賠償物資之吸收能力。

該公司返美以後，即以三個月之時間，整理調查結果，繕寫報告於三十七年二月二十七日呈交陸軍省，此報告由陸軍省於三月二日發表節要，三月十日發表全文。因該公司主持人爲斯揣克，故多稱之爲斯揣克報告。

(二) 斯揣克報告節要

斯揣克報告，分成二部，第一部爲根據美國國務院陸軍部海軍部調整委員會 (Coordinating Committee) 所擬日本平時自給經濟所需各種工業應保留之能力，經將各種工業設備加以調查並估計其數量與價值後，擬定供賠及應保留之數量。第二部則爲該公司對於自給經濟所需生產設備及應提充賠償之物資之本身意見，最後提出結論與建議。

第二部與結論建議爲該公司本身意見，較第一部爲重要，茲將其內容要點摘譯如次：

「第二部：

過去十年中日本侵略所造成之痛苦及生命財產之損失，對各申請國實無法充分補償，對日本之懲罰不足，自極明顯。但吾人進行研究時，並不受日本所造成之損失，應如何全部抵償之觀念所影響，亦未爲對日本人民之同情或憐憫心所動。

發動現代戰爭之第一要件，爲强有力之工業經濟，故工業化之日本，如不善爲管制，或可成爲强大軍事力量。但在吾人觀之，爲謀遠東之和平與繁榮起見，有一强大工業化之日本，或較在此區域內長此保持不穩定與經濟失調狀態爲佳。且日本出產作戰需要之原料甚少，尤其殖民地與佔領地皆喪失，製造軍器軍火戰艦飛機之設備，均被消除，且已無軍事組織，祇要能維持此種管制，其發動戰爭之能力，實已不能存在。惟管制爲臨時的措施，永久的和平，須日本人民哲學與思想，趨於和平，方能達到。如日本人民能保有合理的生活水準，此種思想改變之機會較大。

日本非但失去殖民地與佔領地，且其本島亦受重大損失，其工廠多遭破壞，存餘者亦損毀甚多，極需修理。工業生產量，甚至比一九三〇—三四年還少得多。商船噸位減至戰前數量四分之一，漁場漁權多經喪失，衣食住所需物資均極缺乏，而現有人口，估計約七千九百萬，較以前任何年度爲大。且因海外日人回國與生育率增高，正迅速增加。

日本雖有大量低質煤與水力，但缺乏大部份工業原料。所有棉花，鍊鋼所需低蒸發之焦煤，及大部石油與鐵礦砂，皆須輸入。必要食料之進口，必將繼續增加。出口方面，事實上無原料可以出口。因人造絲之進步，戰前最重要之出口貨—生絲銷路已大爲減少。又日本非但工業設備損失甚多，且必要的維持保養工作，幾全部忽略。日本人民雖極爲勤勞，但衡之美國標準效率，仍不爲高，工場亦不及美國標準。且財政與工商組織激變，內部問題甚多，故日本經濟復興，甚爲困難。但日本有豐富之勞力，超過日本國內需要，可用以生產出口，以求出入口之平衡，而達到經濟自給之境。但此種勞動力必須予以工具，方能從事生產。

茲估計日本於一九五三年，可達戰前生產效率之水準，故選定一九五三年爲「目標年，」（Target Date）以該年爲根據，估計維持繼續增加人口之生活與國內自給經濟所需之國內生產品與進口貨。

一九五三年，日本人口，估計將達八五、八〇〇、〇〇〇人，較一九三〇—三四年之時期約多百分之三十。此種非農業人口之增加，使食料供應問題更臻嚴重，以致出口貨之生產量，必須繼續大量增加。

卽爲使日本人民達到一九三〇—三四年之生活水準起見，一九五三年進口估計，至少較一九三七年須多二七五、〇〇〇、〇〇〇美金（一九三九年值）

日本非但面對入口增加之問題，且「無形收入」（Invisible income）將較任何戰前年度鉅減。一九三〇—三七年日本表面上入超，但均爲「無形收入」彌補。此種收入，包括日人持有外國證券之利息股息，國外事業與業務之收入，日輪輸送外貨之運價保險收入，外人來日旅行用款等。此種「無形收入」一部份爲「無形支出」所抵銷。此種支出包括外人持有日本證券之利息股息，外人在日事業與業務之收入，外輪載運日貨之運費，日人在國外旅行之用費等，一九三六年，「無形收入」較「無形支出」約多二三三、〇〇〇、〇〇〇日圓。

日本於一九五三時，需要較一九三七年更多之出入口貨，故至少需要一九三七年相同之商船噸位。但卽在最有利之形勢之下，日本於一九五三年欲建立約一、九〇〇、〇〇〇總噸或一九三七年數量之三分之一之商船，亦不可能。故一九三六年由船運所獲盈餘一九四、〇〇〇、〇〇〇日元，顯不能達到，恐將虧欠三〇〇、〇〇〇、〇〇〇日元。（一九三九年值）又日本國外投資收入將停止，在外事業與業務收入，將大爲減少。

日本爲供應一九五三年國內需要，應輸入之食料及其他物品較一九三七年，多二七五、〇〇〇、〇〇〇日元。（一九三九年值）爲支付此入口貨物及彌補無形收入之虧欠起見，出口數量，應較一九三九年多四一五、〇〇〇、〇〇〇美金。（一九三九年值）

以下爲本公司對於提供賠償設備之數量與價值之意見，其中包括主要作戰工業，及其他在日本不能有效使用之工業設備。

工業	單位	數量	價值（一九三九年日圓）
硝酸	公噸	一〇七、〇〇〇	九、六四八・〇〇〇
合成橡皮	同	九〇〇	一〇、三三六・〇〇〇
造船能力	總噸	三八五、〇〇〇	一一八、一三八・〇〇〇
軋鉛鎂設備	公噸	五〇、〇〇〇	三、六六八・〇〇〇
還原鎂	公噸	四八〇	一三、五五九・〇〇〇
合計			一七二、二六九・〇〇〇
主要作戰工業設備			一、四七五、八八七・〇〇〇
總計			一、六四八、一五六・〇〇〇

經詳細調查研究以後，吾人認爲日本欲達到自給經濟，極爲困難。今後日本進口需要增加。無形收入減少，出口必須較一九三七年爲多。故日本實需較現在爲多之生產設備。又本報告第一部所規定之供賠設備如實行拆遷，非但對日本自給經濟爲一重大打擊，且將損害世界生產與復興。

如第一部所規定之設備拆去，估計留日之廠房建設與不能遷移又難作他用之器材，其價值比可拆遷之設備多一、五〇〇、〇〇〇、〇〇〇日元（一九三九年值）合現在之美金，約爲一、三五〇、〇〇〇、〇〇〇元。其中可以修理與可由日本用於他處之部份，甚難估計。但必屬有限。拆遷費用，估計約爲一、四〇〇、〇〇〇、〇〇〇日元。（一九三九年值）此外接收賠償物資之國家，尙須支付重行裝用及配置零件等項經費，爲數亦鉅。

吾人深知遠東其他國家，亦需工業器材，但是關於賠償政策之決定應根據遠東全區域之需要與福利。爲求全遠東之福利起見，最可靠之方法，爲允許日本自由建設，儘速利用其工業能力。日本利用保留之工廠，生產機器，用以交換食物原料，遠東其他國家，則將食物原料輸日。購用日本生產之機器。」

最後該公司提出以下結論：

「將日本經濟，恢復到自給的境地，就是達到較低的一九三〇—三四年的工業水準亦屬不易，在最有利的情勢之下，此一工作需要賢明的領導和艱苦的工作。最重要的，爲許其生產充足的平時民用生產品，爲國內消費及出口之用，以供給迅速增加之人口之衣食。日本人民確屬勤勞，但須有工具方能從事生產。」

「各工廠究竟提充賠償與否，如能早日確定，俾能給予投資家與勞動者以激勵，對於增進生產裨益甚大。故賠償問題，亟需解決。除主要戰爭工業設備外，拆遷在日本可以有效使用之生產設備，將損害世界生產，減少與延緩日本達到經濟自給的機會，增加美國負稅人民的負擔。且在吾人觀之，對於申請賠償之各盟國，亦並非最有利之事」。

最後建議：「除主要戰爭工業設備外，可在日本有效使用之生產設備，均不應拆遷。」

（三）斯揣克報告與鮑萊報告之比較

斯揣克報告第二部與年前提出之鮑萊報告對於日本提充賠償物資數量之意見，大相逕庭。試將各項工業分別比較如次：

工業	鮑萊報告	斯揣克報告
鋼鐵	減至二二五萬噸	不拆遷，且擴大至八百萬噸（按日本戰前最大生產量僅七百八十二萬噸）
造船：		
製造	減至百分之廿	保存百分之五十
修理	減至百分之四十	全部保存
車輛製造	減至百分之廿至百分之四十	全部保存
車輛保有	減至百分之八十左右	同
船舶	減去一半	不拆遷，且擴大至四五〇萬總噸
火力發電	拆去一半	全部保存
鋁生產	全部拆去	保存百分之五十弱
鋁壓延	全部拆去	全部保存
鎂生產	全部拆去	存百分之九十弱
銅精煉	減至百分之八十	全部保存
銅製成品	減至百分之四十四	全部保存
工具機製造	減至百分之二十	全部保存
軸承	全部拆去	全部保存
硫酸	減至百分之六十	全部保存
曹達灰	減至百分之四十	全部保存
苛性曹達	減至百分之二十	全部保存
鹽素	減至百分之二十	全部保存
硝酸	減至百分之五	保存百分之二十強
煤膏	全部拆去	全部保存
賽璐珞	全部拆去	全部保存
人造橡皮	全部拆去	全部拆去
石油精煉	減至百分之五十強	全部保存
石油貯藏	減至百分之三十	全部保存
人造石油	全部拆去	全部保存
酒精	全部拆去	全部保存
甲醇	全部拆去	全部保存
綿紗機	不拆去	全部保存
綿織機	不拆去並擴大至十五萬部	全部保存

綜上所列，兩案根本不同之處，得歸納如次：

一、鮑萊報告之基本精神，爲澈底消除日本之作戰力。斯揣克報告則根本認爲日本之作戰力業已消除。

二、鮑萊主張日本保持一九二六—三〇年間之工業水準，斯揣克主張日本保持一九三〇—一九三四年之生活水準，爲達到此生活水準起見，因人口增加等因素，工業須超過一九三七年之水準。

三、鮑萊主張日本工業應以輕工業爲主，斯揣克則主張以重工業爲主。

四、鮑萊報告限制日本工業以維持國民生活爲度，斯揣克主張日本工業，除維持本國國民生活外，且須利用其能力，協助遠東各國之復興。

五、鮑萊報告，建議將日本重要工業設備，拆去四分之三，斯揣克報告，僅主拆遷五項工業，鋼鐵與船舶，且主張擴大。

以上係指間接與戰爭有關之工業，至於直接戰爭工業，卽陸海軍兵工廠，飛機工廠，及民營軍需工廠，鮑萊主張全拆，斯揣克主張民營軍需工廠，保存四十五廠，飛機工廠，保留一〇八廠。

（四）結論

斯揣克報告雖非美國官方意見，然該公司旣係美國陸軍部循麥克阿瑟請求所聘，其意見自必爲負責當局所重視。報告發表不久，美陸次（William Draper）率財政工業專家多人，於三月二十日來日研究更進一步援助日本經濟自立之方法，對於海外斯揣克報告曾作以下之談話：

「波茨坦宣言規定，決定饑日賠償數量時，須保留自給經濟所需要之工業設備。此項原則，迄未改變。本人等對於斯揣克報告尚未正式發表意見，但本人預測，吾等與斯揣克意見不致有大的出入」（本年三月二十六日在東京向盟國記者談話）

總之美國扶植日本，使成「遠東之工場」同時減輕其本國納稅人民負擔之政策，業已確定。最根本之點，卽爲提高其生活及工業水準，工業水準提高，卽保留之工業設備增多，亦卽賠償物資減少。故斯揣克報告，縱不全然爲美政府採納，其減輕賠償之旨趣，非但必然爲美國採用，且卽係美國已定之方針。

職是之故，日本朝野對於斯揣克報告之發表，極表歡欣。日政府方面已着手重擬經濟計劃，提高其前定之水準。全國證券均趨高漲，扶桑三島充滿了「否極泰來」之感。

當然在另一方面，受日本侵略災害之國家，對於此種主張激減賠償物資之報告，自不能不表驚異。好在對日賠償政策，須由各盟國在遠東委員會共同決定，美國政府力量固大，恐亦未能過於獨斷。

但是美蘇對立之局面一日不變，美國在遠東援日亦必日趨積極，賠償方面，總不免趨於緩和。在實際運用方面，美國或將設法拖延時間，逐漸減少，甚至準備於事態演變至相當階段時暫行停止拆遷。故在盟國方面，最現實之應付方法，實爲催促賠償案之決定，與拆遷之執行，此點筆者常聞在日主辦賠償工作之吳半農氏談及，吳氏以爲各盟國須避免彼此間之爭執，如賠償物資分配百分比，及其他技術問題等，務期早日定案，從速拆遷，以免時日拖延，最後同受損失。此種現實政策，筆者深盼賢明當局，予以採納。

繁榮的悲哀

丁忱

美國現在正當空前的繁榮時期，去年的總生產已達二千三百餘億，回顧一九二九年，這三十年代大蕭沉前的最繁榮年，總生產也不過一千億稍零。一部份增加雖係由於價格上漲，但即使以實物比較，也祇少增加了六成有餘。去年的製造業和礦業的產量已比一九三五—三九的五年平均產量超過百分之八十六，農業的產量也比戰前最高記錄超出了三分之一。就業人數至去年年底已達六千萬，失業的祇有一百五十萬，已頻乎一個高度活動的經濟社會中所不可避免的最低限度。開春以來，除農產品價格一度下落外，始終保持着這繁榮水準，眞是氣象蓬勃，盛極一時。

但是，在資本主義下之繁榮，決不會穩定平衡的。一方面生產增加，一方面物價也在跳躍。去年一年間躉售物價平均上漲了一成半，現在與一九四五年物價管制取消以前相比，短短兩年餘，平均已上漲了五成有餘。有效需要超過了整個生產機構的供應能力，高物價，高利潤刺激着投資的要求，銀行信用急劇地膨脹，驅使着物價更往上漲。

大多數人的收入趕不上物價，因此用往年的儲蓄和消費信用，來抵補日常開支。總結去年的私人儲蓄較前年減少了二十一億，消費信用却增加了二十億。可見目前的高度消費並不是一種穩定狀況。目前的分配情形，過半數家庭的收入尚不到二千元，是不能支持這高度消費支出的。現在係憑藉戰時的儲蓄和銀行放款來支持。而這高度的消費需要，一部分又出於戰時物資缺乏，多年累積所致。到現在，這部分累積的消費需要也漸近飽和了，一旦全部飽和之後，整個消費支出，恐難免銳減。同時，美國存貨數量在去年底已超過四百億的高峯。去年春間，若干商品曾一度感受銷路滯呆的威脅，雖然在整個求過於供的局面下，沒有影響全盤的繁榮局面，但是既有這樣巨額的存貨投資，一旦負投資作用發生，再加上持久消費品需要的銳減，其嚴重情形正不可忽視。

如果說美國大蕭條即將到來，則恐距離事實尚遠。到現在爲止，國內的投資需要還是相當龐大的。我們祇要看美國的工業生產已是一九二九年的一，七倍，而生產設備與一九二九的規模却相差無幾，各項設備已極限地使用可以想見，故一般工業均需要添設機器和廠房。民用住房的情形也類似。經過一次大蕭條，一次大戰爭，民用住房的建築久已延宕了，而這多少年來，人口却在增加，現在的住房，確乎不敷應用。這項投資需要是一支維持繁榮的潛力。但是問題是：等到這些投資需要達到飽和階段時，又是怎樣一個局面呢？甚至當這些投資需要尚未達到飽和時，如果存貨的負投資作用，大規模出現，同時，持久消費品的需要銳減，社會的心理隨着轉變，也很可能牽聯着整個經濟機構，急轉直下。

經濟的盛衰起伏是資本主義社會本性的週律。一百年來，美國經濟的盛衰循環已經過十九次起伏，嚴重的大蕭條已有六次之多。一九二九年繁榮高峯之後，接聯着三三年的蕭條深谷，在今日的繁榮之後，是否又將墮入那蕭條的深谷呢？這是人人的揣測，人人的疑慮。今年二月間出現了一九二九危機的縮影，小麥一瀉七角，牛油每磅跌到九角一，一般的反響有如大災難已呈現徵兆，相顧失色。

在資本主義的社會裡，大蕭條之不可避免是盡人皆知的事實。美國現在正站在繁榮的高峯，但整個社會却普遍地感覺不安，大多數人下意識的恐懼着大蕭條的來臨。依理說，這種如履薄冰的警戒心理應該是個好現象，祇要把資本主義的經濟制度從根本上改革，走上社會主義的大路，對內平均分配提高消費水準，調節投資數量，對外和世界上經濟落後的國家携手開發，又何嘗不可以維持永久的平穩的經濟繁榮呢？

但是，這些改革，說來容易，實行起來，處處要影響到統治階級的既得權益，處處要受到他們的破壞和打擊，要完成這樣一個社會革命，單憑着恐懼蕭條的消極態度是不夠的，非有濃厚的階級意識形成堅强的政治力量，不足以抵禦統治階級有組織的打擊。不幸這些條件，在繁榮的美國是不具備的。在繁榮之中，資本集團的力量特別强大，而人民的力量却特別散漫，在繁榮中雖然受着高物價的壓迫，畢竟職業無慮，衣食無憂，因此對於本身利益的警覺性特別衰退，也特別容易受宣傳的迷惑。那傑克遜時代，羅斯福時代的戰鬭力量，在一個繁榮的美國是無由產生的，這是繁榮的悲哀。

因此，今日的美國，一般說來祇是下意識恐懼着蕭條的來臨，而對於如何改革這經濟制度，以根除蕭條的危機，却缺乏正確的認識，親切的要求和堅定的決心。更不幸的是，在恐懼蕭條之外，還存在着對蘇的恐懼，這兩種恐懼心理，却是一種極端危險的湊合，可能就在維持這舉國一致要求的繁榮時，製造了悲劇。

五十三億的第一年援歐，四億援華，和二億七千五百萬的第二次援助希土都已開始了。一百十億的國防預算還在追加，擴充軍備計劃正大規模地展開，對戰時的敵人日本，也不惜功本地扶植。在國內已達到充分就業的現階段，這一連串的備戰舉動，都加重其國內市場的負擔，刺激其通貨膨脹。當自已國內物資感覺缺乏之時，還大規模地扶助其他國家復興，表面上看來，確乎是難能可貴的自我犧牲。但是如果從另外一個角度看，資本主義社會是如此的不穩定，國內的膨脹動力消歇後，大蕭條如何得以避免？自已的經濟制度既不願改革，那麼，建立國外的經濟勢力圈，繁榮國內的軍工業，畢竟還是一層方便的保障。如爲避免一時的負擔，減輕一時的通貨膨脹的壓力，而拒絕援外，整個世界可能急劇的左轉，到那時候，既要保全資本主義，又要維持經濟繁榮，就絕對不可能了。何況，通貨膨脹是暴利的好機會，高物價中得高利潤，資本家又何樂而不爲。所以，基本地說來，今日美國慷慨的對外援助，積極的備戰舉動，還是這兩種恐懼心理交織而成的產物。

美國的特權統治階級正展開最後求存的掙扎，這是一種社會制度末期所共有的現象。在中古世紀的末年，在法國大革命前的三四十年，在帝俄覆亡以前的半世紀，其統治階級正和今日美國的獨佔資本家一樣的爲恐懼心理所侵襲，一樣的頑固，一樣的不肯檢討，不肯前進，盲目的兇狠的，向時代的洪流抗拒。今日美國的特權階級的利益是和資本主義共存亡的，資本主義的覆亡，也就是他們階級利益的毀滅。在美國這樣一個成熟的經濟社會，這祇適存於蓬勃滋長，急劇開拓的環境的經濟制度，已面臨强弩之末是沒有疑義的。而蘇聯恰巧又代表相對的一種經濟制度。蘇聯勢力的擴展，就是資本主義的勢力相對的萎縮，爲了要保障他們的階級利益，爲了要維持繁榮，爲了要延續資本主義的生命，那末，反蘇備戰的政策就勢必是唯一的出路了。

繁榮蒙蔽了美國人民的明知，在繁榮中求繁榮的持續，使統治階級盡量利用了人民的弱點。在今日的環境下，恐不待蕭條之來臨，世間已可能發生了悲劇。

世界和平有待於美國人民的覺醒。

三十七年六月五日

政府制度化與政治統一基礎

龔祥瑞

（一）

制度不是具有形狀的東西。衙門，關防，官章，「等因奉此」，等等不過是它所用的工具，並不是它的本身。制度是必需與人類[illegible]緣的，但它又不是具有身體與腦筋可視爲生物的個人。它是人與人之間的關係，由於他們的觀念，習慣，需要以及他們所造之法所規劃的程序與方法交織而成的。這種抽象的架格 (Frame work) 表現於最原始形式的人類社會，並擴大到人類社會發展中的一切階段。所以制度的研究，就是觀察個人中間各種結合的活動，包括團體的構成以及與其無盡的變化有關係的一切事物。

當我們說政府是一個制度—政治制度—的時候，**我們顯然有以下三個概念：第一、國家與政府是**必須分開的。這樣便把國家視爲一種靜止的團體或達到一種社會目的底觀念，而把政府視爲代替國家做事的機關或達到社會目的底手段了。第二、政府與統治人物是必需分開的。這樣便把政府視爲一種公共的功能。政府在人民中間無非是統治者的行爲，他畢竟與統治者個人是有分別的。第三、這裡取廣義的觀點，政府非僅指實際執行國家意志的行政機關，而是統治社會具有强制能力的整個體系。有了以上三個概念，我們便說政府就是政治制度。

但是政府制度化，卻與上述的概念有些出入。(一)無論討論政府應該制度化，或如何制度化，此處政府二字必指一具體的政府而尚未完全制度化。因而我們必須明白揭示，此處所謂政府乃指我國的政府。(二) 此處制度二字也有較深刻的意義。對**一個特殊的具體的政府而言制度化，制度卽行爲之**客觀的標準。政府行爲無論在政治上或在社會上如何活動，一方面要靠着人的性質，人的心理狀態，一方面還要照那客觀之行爲的標準。此處欲討論者僅限于後一方面卽我國政府應依何種客觀的行爲的標準—制度—而活動一問題。

不消說，唯有在倫理方面纔能夠找到評判一切客觀的行爲的標準。但倫理的種種範疇均須以吾人所接觸的事實和所知的經驗爲基礎。價值的各種範疇假如僅能在烏托邦或在將來適用者，或僅能在歐美社會適用者，殊不能作爲我國政府實際的尺度。這樣看來，政府制度化一問題是與社會特殊文明及時代潮流有密切關係的；這決不是一個單純的技術**問題。**

（二）

政治統一的基礎爲何？他是否以社會統一爲條件？討論後一問題首先須剖別政治統一與社會統一。社會統一是自然的；政治統一乃是人爲的。通常所謂社會統一不外乎二種意義：⑴民族的統一和文化的統一；⑵經濟力的統一和利益的統一。我們知道我國民族和我國文化是統一的，經濟利益便是無限的紛歧了。如政治統一必須建築于經濟利益的一致上面，不消說一二年之中，即幾十年也不能完成這個使命。但是中國的復興已經成爲公衆的志願，今後的命運在人事上也祇能決之于政治的統一，那麼在一個物質利益不統一的社會上面是否可努力完成政治的統一呢？「事在人爲」。這不但理論上可能，事實上也有例子。今日政治已統一的諸國家其社會和經濟利害何嘗是統一的！英國的統一局面何嘗建築在社會統一上面！中國政治是否統一決之于中國國民，尤其是其中的智識份子，是否一致努力，是否有合理的有效的技術。至於這種靠人爲的努力而造成的統一是否持久，是否公道，則爲另一問題，與政治不相干。由此可見政治統一的基礎初非經濟利害的一致。

政治統一與思想統一亦不同。政治與思想自有密切的關係，不容忽視。然政治究非就是思想。思想統一有自然的，有强制的。生活在一個社會中的個人，對於一種思想自然地趨於一致，自然不是絕對不可能的事，但衡以古今中外的歷史，誠屬難能可貴，極鮮見的。而强迫人們一致思想則無不徒勞。可見統一思想或爲某種政治統一的一個任務，而絕非政治統一的基礎。政治統一不能靠全國一致的思想。若要做到國內政治統一的地步，決不可等待人人歸於同一的政治信仰，只能由於不同的信仰的活動，經過制度而趨于基本的相同。由此看來，政治統一的基礎也不是思想的統一。

政治統一必須靠中國人一致的努力，但一致的努力決不是一致的個性，一致的信仰，一致的服從之謂。一致的努力祇能解釋爲一致努力于政治的統一。一致信仰於政治的統一，一致服從於政治的統一。吾人的問題是一致努力的基礎在那裡？

一致努力於政治統一就是同心協力去建設制度，使政治的活動遵照客觀的行爲標準。唯有靠政治制度，各地方纔能統一爲完整的國家；各種利益在政治上纔可能得着均勢與調和；各種政見和活動纔能得到法律上的一致；社會上個人與社團纔能打成一片。所以我以爲政治統一純粹是一個制度問題—我國政府如何制度化的問題。

在較落伍的社會裡，政治靠武力。一個英雄高高在上，以絕對的武力使萬衆歸於一致。固然，現代國家之統一亦是出於被治者的同意者少，而由於政府之强制力者多。不錯，現代國家爲主權國家，而主權之心臟確爲武力、軍隊、警察及其附屬設備監牢兵器等等。但現代國家的特徵，並不運用武力，不過以武力爲後盾，於必要時，於主權受到挑戰時，纔不惜一用。現代國家的統一並不完全以武力爲基礎，武力不過是備而不用的最後一着。現代國家的統一無不「始于武力而繼之以制度」的，因爲武力只能用於一時，用於必要之時，而不能治人於永久。維持政治統一可靠的工具是人爲的制度。

我國政治之統一，起初也莫不訴諸武力，但武力並不能統一中國。足見我國政治統一的基礎非一個路易，一個菲特烈，一個默罕謨德的武功。統一非軍事所能奏效，這是顯而易見的。

（三）

我國今後的命運決之于制度的建樹。唯有經過合理實用的制度，我國政治—地方的，黨派的，各人的政見與活動才能統一。政府制度化是政治統一唯一途徑。然則政府如何制度化呢？換言之，個人的地方的黨派的政治活動，如何依照客觀的行爲的標準呢？

團結！奉公！守法！

關於團結在學理上有一個卓著的技術，即代議制度。英人霍布斯 (Hobbes) 有言：統一決不能求之於廣漠的羣衆，一羣人不能成爲整體，他們唯有被一人或一機關代表時纔能一致；因此統一非被代表者統一之謂，乃代表者之統一。霍布斯之語顯然爲君主絕對權威立言，固不足爲今日趨向民主政體的中國道，但代議制度—代表人民的機關行使最高的治權不能不承認是政治統一的途徑。

要統一人民，把他們打成一片，無其他方法，唯有把主權交給人民。每個公民對於國家的政策，不但有發表意見和經驗的機會，並且有行使國策的可能性，這樣纔能做到政治的統一。大國家不能行直接民權，唯有代議制度能把各階級，各地方，各黨派，各人納于一體。凡一階級或一部份人群被排擠在政治組織之外，其利益最後必被排擠。我們並不懷疑治者的居心，他們無不以庶民之福利爲懷，但實際上往往不能如願。例如過去英國的國王和英國的國會並未能替勞工階級謀幸福，有之唯在勞工階級有了代表之後，靠勞工代表經年的努力，勞工階級纔獲得普及教育和失業救濟等利益。代議制度能聽取各階級各地方各黨派的意見，所以把全國統一起來了。代議制度又能養成爲公服務，樂于從政的美德，掃除人人間和階級間的忌妒心理。它是政治統一的酵母。

關於奉公，也有一個卓著的制度，即政黨制度。在任何國家黨派是無法避免的。一國政治所牽及的範圍至廣—涉及各地方各種職業，個人生活的各方面，所以沒有完全一致的可能。近世人民對於法律，公務和統治者的權力一天比一天關心，參政權也一天比一天普及，那麼人多心多口多，欲求澈底的一致事實上似更不可能。黨派是建築在「分別」上面的，因爲政治見解有「分別」，爲國求方有「分別」，國內與國際便有了政黨。假使無「分別」，政黨是根本不會發生的，但有「分別」的現象尤其是在政治上幾乎是到處存在的。既有黨派，實際政治便採取集團的活動，而向來個人英雄式的政治便一變而爲政黨的政治了。若政黨政治不能統一，各黨不奉公守法，結果便是無止的放逐，暗殺，內戰、革命、和流血。欲求政治的統一須求政黨政治的統一。政黨政治的統一的技術即納政黨鬬爭於軌道，使各黨派無論在朝在野均須奉公守法，多數黨握治權，少數黨在法律的權力之外盡批評監督之責；在政黨承認各黨派合法之存在，在野黨遵守少數服從多數的法則；在朝在野均效忠國家，信仰立國的基本原則，做人民的代言人，奉人民爲公正人，認最後的裁判是投票箱。在黨派之上有公的存在，又能共奉之，政治便統一了，國力便集中了。

關於守法吾人試將一舊制作新的應用，即分權制度。

根據傳統的主權觀念，治權的劃分旨在以權制權，保障個人的自由。其意義可謂完全是消極的。這種制度顯然不合時代的潮流，也不合孫中山先生「萬能政府」的見解。但如能作新的應用，分權制度與國力的集中是並不背道而馳的。分權與主權觀念相衝突，然與法治是相成的。我以爲治權的劃分本是以法治代人治的一種技術。其目的非爲以權制權，唯欲以權治人。依照我們的解釋，所謂分權不過是將權分給不同的機關，不同的治者。各機關所行使的權限並不是性質不同的國力，而是步驟不同或方面不同的國力而已。他們欲達之目的—國策—是統一的不可分的。爲完成主義，分權在技術上是必需的，即爲國策之澈底完成也是必需的。應用這個技術並不允許不同國策彼此的牽制，他祇能牽制違背國策的行爲。分權的目的在以此一公權去牽制行使彼一公權的人物。建築在法治觀念上的分權不但能保障個人自由，並可使爲政者在各種控制之下依法令分司權限以發揮政府的能，完成國策所表的公益。這是經驗昭示人們的一種方法，能使私人不得濫用法權。行使法權的人可以用心很好，但他們可能誤以少數人的私益當作全社會的公益，欺詐虛偽，毀法亂行。若將治權分開，濫用公權者便須受其他各權的牽制，不能勝任職責者便須向其他各權負責任。可見分權能促成治者的活動納於軌道，使之奉公而守法。

（四）

有待討論的問題即我國目前能否建樹上述三個制度？

（一）對於第一個制度已經初步實現了。但我們應該注意，實行代議政府有三個基本條件，缺一不成。①全國國民有意於此制的實行；②全國國民有能力完成爲保持此制所必需的事務；③全國國民能勵行此制所予之一切義務。我們要在來年中養成人民愛自由，爲公熱心，盡公民義務的習慣。這樣的條件，這樣的理想，決不是幾個政論家喊喊可以辦到的；這樣的藍圖，這樣的遠景，更不是一年半載可以實現的。我個人對於一切民主制度的試行，譬如今年在南京召開的國大和立法院，縱然係矯揉造作或粉飾太平，還是寄以同情並盼望其漸次改善的。因爲制度的建立，不是朝夕間的事，不像山上的菌，一覺醒來便自然長成了。

（二）對於第二個制度，我的答案是反面的。姑且不說持有武力的政黨是否符合政黨制度的前提，單就本屆國大和立法院中的政黨而論，目前所謂政黨政治實未具備「政黨制度」。第一，目前的少數黨（青年黨與民社黨）只有領袖，沒有群衆，只有特權的企圖，沒有政治的抱負，既無批評與監督的力量，更無於倒閣之後起而代之組織政府的計劃。嚴格地說，它們不是政黨制度下的少數黨。第二，目前的多數黨（中國國民黨）因爲內部不能團結，黨的紀律又不嚴密，所以時刻有分裂的可能，而不能發揮其爲多數黨的效力。在立法院中它能否團結以支持一個共同的黨的決策，並始終貫澈以求其順利推進，則尙有待此一政黨自身之如何團結。否則，照目前情形看來，它同樣的不是政黨制度下的多數黨。第三，目前所謂「政黨」都是在朝黨。青年黨在「聯合政府」中業已「入閣」，而民社黨最近也有「入閣」的企圖。換言之，除了法律上不能存在的中國共產黨之外，根本就沒有在野黨。目前合法的政黨停止了政治的鬬爭，並且聯合起來組織混合政府，可說他們在目前「非常時期」中已經停止了政黨制度的運用。政黨制度要有政黨，並且要有團結的多數黨和合法反對政府的少數黨。所以我說在目前第二個制度是不能建立的。

（三）唯有第三個制度是最容易實行的。在法律上的政府的範疇之下，各級政府的人員若能守法行使公權，也未始不能做到局部的政治統一。但即就第三個制度言，最近幾年之中能否統一，尙有待於從政者對於制度化之努力。

我國法治觀念未確立，爲政者的守法觀念尤未確立，所以政策及制度仍不能暢行。我國政治向來是由人爲主的，公私不分，宮府一體。政治既跳不出他們的掌握，縱使制度分別得淸淸楚楚，他們尤往往活動於軌道之外。官吏天天叫人民守法，而自己却不守法；官吏口口聲聲叫人民養成法治觀念，而自己却滿不在乎。此種風習若不痛加矯正，要人民守法，眞可謂緣木求魚。

（五）

統一的基礎爲建立代議制度，實行政黨制度，强化公法觀念，但其中最要緊的，亦是最容易的，便是强化公法觀念。換言之，我國政治統一的基礎，首先應該放在政府本身的改革這一層上面。

通訊

豫哭訴團的最後一柱香

——開封通訊——

本刊特約記者

本文是開封會戰前收到的，開封曾一度陷落，但從本文中不僅可以看到開封失陷前的河南一般情形，而且也可以找到開封這麼快陷落的原因。所以雖然這篇通訊彷彿已失時效，仍然發表出來，以供讀者參考。

—編者—

（一）請願走馬燈

當國大正開得鑼鼓喧天的時候，陳賡部第二次攻陷了洛陽，劉伯誠和陳毅兩部，從東西兩側把平漢路又剪得稀爛，平漢路上的許昌和漯河第四次失守。陳賡部由洛陽長驅東下，一直逼近鄭州西郊，平漢西側的禹縣——黃河南僅有的機煤的供應地，也入共軍掌握，鄭州陷入三面被圍狀態，這樣一來，平漢路以西的河南半壁完全坍塌，鄭州和開封成了裸露的孤點。這一變化，自然使河南局勢整個發生動搖。

但國防部的報告，却輕描淡寫的說，為了機動的打擊匪軍，今後對於次要的據點不再據守。洛陽的撤守，即係此種意義。

也許在國防部的大算盤上，洛陽許昌這幾顆子實有其「主動撤守」的理由。但這聲明却激起河南代表特別是豫西代表的「肝火」。豫西籍參議員及士紳十人聯名給國大豫籍代表，請他們在大會上緊急呼籲（一）速派大軍，確保鄭州，（二）限期收復洛陽，（三）立即撥五個保安旅的彈藥。經過國大代表的哭訴怒罵，當局即宣布決以重兵確保鄭州，並限期收復洛陽。但豫籍國大代表們不信任這種「口惠」，更逼近一步硬要當局指出派那個隊伍收復洛陽？何日出發？何日到達？為了五個保安旅經費的事，他們更在一個大會堂大庭廣衆間羞辱林蔚，說這「是不是還須要我們請客活動」？把林次長窘得兩耳通紅。

諾言只是諾言，吵鬧儘管吵鬧，國大代表在會開完後，一切符咒失靈，只好坐着專車回來。但洛陽的收復，任何地方都看不到跡象。而共軍却在從洛陽向東修築鐵路，並積極準備修復電燈公司，作久據的準備。這自然使希望的人無限失望。

然而，緊接着便是宛西的大風暴。五月上旬，陳賡，韓鈞，陳毅，李靜宜，趙壽山，劉伯誠，各分兵一部，以十餘萬衆的兵力，從四面同時撲向鎮內鄧淅四縣「模範自治區」，宛西民團雖然驍勇善戰，如何經得起如此大的壓力，只有幾天，宛西便「成一片火海，大小鎮店鄉村皆為匪軍滲入」（中央社報道），四縣聯防司令薛中村一度被俘，後來逃往河口，淅川司令陳舜德，突圍逃入鄂北，鎮平司令王金辟化裝跑到南陽，鄧縣司令丁叔恒一夜跳了一道城牆三道河化裝奔京，宛西的「銅牆鐵壁」便這樣「土崩瓦解」了。

河南的軍事，一向便靠兩張王牌，一個是邱清泉的第五軍，在豫皖邊區作運動戰，和汴鄭保留兩三天的日程；另一個便是宛西的民團，作為豫西南的屏障，和老河口的康澤兵團信陽的張軫兵團互為犄角。宛西的民間武力，不僅一無所有的劉茂恩主席（他的十五軍覆敗於豫西戰役，軍長武廷麟及副軍長姚北辰在郟縣被俘）視為珍寶，白崇禧將軍一再推崇，即最高當局也曾大垂青睞的。（去年十一月戰後，宛西代表楊伯常在京，最高當局曾與握手，並連說三遍「戰果輝煌，我很愉快」！）宛西民團被圍攻時，劉茂恩主席為之澈夜失眠，以後報紙又發出他政躬違和的消息。

在這種情勢下，鄭州和開封，一天天從「孤點」變為「枯點」。正是賈誼所說的「抱火措之積薪之下」「火未及燃」的局面。許多省級要人，一方面發表着鎮定人心的談話，但却老早便把家眷和財產轉往京滬。最近的省參議會，曾嚴厲的通過「省府委員及各廳處處長，不得藉故辭職或離職」的決議案，各報對於滯留京滬觀望不返的官員也猛烈攻擊，但這仍是不靈的，五月初汴徐段車通，這對於一年來上天不能入地又無路的人是一個很大的誘惑，於是連省中三四級的次要人都逃往京滬之間的小縣鎮了。

但是，「根」在地方的參議員們，離開地方便等於「魚之失水」，他們的苦悶煩燥是可以想見的。沒有辦法，只有仍然向不靈的牌位前燒香：繼續請願。五月下旬，參議員決定全體晉京請願。目標是（一）請速派大兵來豫。（二）請華中總部設鄭。（三）嚴整軍紀。（四）完全豁免徵購徵借等等。在京的國大代表，也面謁白崇禧將軍，請他將華中總部設鄭。

這兩年以來，河南的「赴京請願團」眞如走馬燈，什麼「請願團」，「呼籲團」，「哭訴團」，去去來來，一次連着一次，每一次的題目，不外是請增派大兵，裝備地方武力，儘可能減少對地方的需索。不同的只是去年是哭訴搶救豫北，今春是搶救豫西豫南，而現在是只要求「確保汴鄭」了。去年今日，劉伯誠陳賡尚未渡河，河南還只豫北幾縣破爛，現在却地地道道只有開封鄭州商邱幾個城圈了。這次參議員晉京前每個人都激昂慷慨，宣誓如此行仍無結果，即在京自殺以報河南父老。同時因為過去許多人諷刺赴京哭訴團應改為「遊覽團」，所以他們說此次去要自備旅費。我們並不懷疑請願團主觀的熱誠，因為如果鄭汴眞一旦不保，下次請願便須從外省出發了。

（二）軍紀和民心

河南軍事局勢怎樣這樣快逆轉的，說來說去，道理很簡單，和抗戰時候的老毛病一樣，指揮不統一，軍紀敗壞，軍民交惡，士無鬬志。

軍紀的敗壞，在平常是諱莫如深的。當局「不」說，參議員「不忍」說，新聞記者「不敢」說。有權有力者的論調是「現在打仗第一，只要能打勝仗，軍紀馬虎點有什麼？沒看陳誠在東北？整飭軍紀，大殺大砍，弄得衆叛親離？」可是，遺憾的是軍紀不好恰好又偏打不了勝仗，這不能不使參議員們「發火」。況且打敗仗的將領既已打敗，炙手可熱之勢已不存在，具有人民代表身份的參議們自不妨打落水狗。

五月四日第五次參議會上，通過一項臨時動議，請中央嚴厲整飭軍紀，原案是：

「各地剿匪國軍，奉令馳援，每多遲延不進，致被圍部隊，彈盡粮絕，全被犧牲。迨匪他移，始敢前進，虛報收復，蒙蔽上峰，所至之處，尤復軍紀蕩然，抓車拉夫，搶奪姦淫，民間畏如蛇蝎，敢怒而不敢言。似此指揮不統一，軍令打折扣，剿匪不足，害民有餘，如不從嚴整飭軍紀，危機極大……。」

這一段寥寥數十言的文字，不知包括多少血淚縱橫的事實。不過如果不是出諸參議員之口而且是在事後的話，會遭受什麼後果是任何人都能知道的。

邱行湘的二百〇六師，在守洛陽的時候，外面稍一風吹草動，便縮進城裏，把保安團支使出去，十五軍武廷麟在新安被圍，他坐視不救。在城內却大肆徵派，花樣百出，鬧得民怨沸騰。但誰都不肯也不敢有所指責，一直到洛陽第二次失陷，邱行湘被俘虜，二〇六師全師瓦解之後，豫西士紳才在參議會指出邱行湘在洛軍紀敗壞的情形。然而，這種情形的又豈止二〇六師是如此？據偃師鞏縣一帶的難民逃到開封說，三月底國軍向鄭州撤退時，沿途均自動就食民間，並大肆搶掠，沿公路三十里內的老百姓連寸布都無存留。

國軍如此，團隊更糟糕。在縣境內濫事徵派，勒索敲詐，出縣境後，更成了蝗蟲。五月十日的省參議會，不得不提出「流亡縣府團隊，爲害鄰縣，强徵粮秣，應嚴予制止」的議案。其中最駭人聽聞的是民權縣副總隊長朱質仁縱兵行刼，藉隴海汴徐段交通梗阻，刼截往京滬買物的客商的事實。幾個月內前後活埋客商達七十餘名，刼財數逾千億以上，（參閱四月二十三日中國時報前鋒報聯合版）這樣的「民間武力」，老百姓那能不「畏如蛇蝎」呢？

這樣的軍風紀，自然是「共匪」生根的最好的「培養基」。「共匪」一到，便針對着這個弱點，特別整飭紀律，市惠百姓，除了向富戶强制「借粮」以外，對普通老百姓公買公賣，不宿民宅，損失賠償，對於徵派的民伕和徵派的牲口，里程不逾限期，按預先約定的放還，回時開給證明，歸途無再抓的危險。間或有畏懼逃跑的，他們並託鄰村人將牲口代爲送還。在他們這種政策下，久疲之民，那裏還有心問以後如何，眼前能過一天算一天，反而不希望國軍克服。連有錢的人，也傳出「想中央，怕中央，中央軍來一掃光」的歌謠來。

軍民關係不改變，兵派得再多，好像無根的樹，在鄉村是站不穩的。但改善軍紀，談何容易？這牽扯的問題又太多了。

（三）難官難民難學生

河南共一百一十縣，有十二個行政專員，一百一十個縣長，這一百二十幾座椅子排成的官海，奔競傾軋，不知曾發生過多少風波。但現在，談到做專員縣長，人們却「談虎色變」，避之惟恐不急了。

去歲共軍還沒有渡黃河之前，所謂綏靖縣份，還只是豫北幾縣，和魏鳳樓金紹山流竄的泛東幾縣。溫縣縣長于錦江在溫縣殉職，民權縣縣長胡藻在寧陵被殺的時候，還曾引起省垣人士普遍的震悼和關懷。但短短一年，「烈士榜」上題名的縣長，一天比一天多，這種消息，已經不能引起人若何注意。據四月份報紙上所公布的，殉職的已有滎陽縣縣長張金印，滑縣縣長王泰恭，嵩縣縣長苗維藩，睢縣縣長殷承恩，鹿邑縣長孫敬軒，柘城縣長路傳之，寧陵縣長胡藻，溫縣縣長于錦江，原漢三，淇縣縣長汪秉鈞，郟縣縣長蔡愼言，內鄉縣長張隆文，博愛縣長張鴻惠，新蔡縣長董國彥，經扶縣長李建綱，洛寧縣長詹閣，黃海容，修武縣長王毓忠，被俘的有孟津縣長郭擔宇，洛陽縣長郭仙舫，王公儀，鄧縣縣長汪海濤等。專員中死難的有十一區專員李群峨，八區專員謝肖良，被俘的九區專員張振江，十區專員劉煥東（劉茂恩的叔父），此外還有河南軍管區司令溫漢卿也於去歲汝南失陷時被俘。

政府原來對縣長的命令，是與縣城共存亡，後來死和被俘的太多，大家把做官稱爲「候補烈士」，裹足不前。省府無法才修正爲必要時可以在縣境內遊擊，這樣一來，許多縣一有風吹草動，縣長每棄城而逃，去年三十個共軍會攻陷孟津，一排兵佔領偃師，主要是那些縣長都過早的「機動撤離」。這些淪陷縣長，既不能回縣，又不敢晉省，多半公開半秘密的住在二等城市裏，過去的許昌，今日的鄭州商邱，經常可以找到十個八個狼狽不堪的縣長，他們大多都嘗盡艱險，成爲驚弓之鳥。參議會曾爲這問題提出過質詢和彈劾，但劉主席也只有睜一隻眼，合一隻眼，因爲從前託人活動往裏鑽的人現在都在活動要往外退，願幹的人實在太少了。

本來，這些落難縣長專員們也眞夠可憐，土地，人民，權力統統沒有了，三樣一樣都沒有，做官還有什麼意思？犧牲的人雖然也有些呈准可入「忠烈祠」，但這誘惑力究竟不大，在「人在人情在」的中國社會裏，許多「烈士」的遺族都非常悲慘。政府對殉職官員的邮金，因物價不斷狂漲，法幣貶值，從四月份已調整爲專員殉職者邮金六千萬元，縣長四千萬元，警察局長二千萬元。這數目字不僅不能產生「重賞之下」的「勇夫」，而且更足使做官的人從頭上寒心到脚底，一個壯丁還可以賣到一億多，相形之下「烈士」是太不值錢了。

以上是「難官」的一般，現在再談談河南的難民。河南這幾年，在水旱蝗雹加日本好幾種災的蹂躪，本已十室九空，民命如絲，勝利後又緊接着戰亂，出兵出糧，來回拉鋸，特別是最近這一年的「拉」，老百姓眞眞的成了鋸末。據社會處五月份調查，災民總數達六百五十萬人，春荒漫漫，軍糧火急，數百萬災民又開始渡其鬻兒賣女，吃草根樹皮的生活。戰火愈急，難民愈多，洛陽事變後，集中到鄭州的難民達二十萬，汴徐段五月通車，從豫東蘇北魯西各地，集中在隴海東線的難民更無以數計，僅商邱一地，每日死亡的即在百人以上，豫東夏邑一縣，餓死的人已達五千。這些難民，看見火車，便蜂擁而上，只問方向，不問目的地，車底下，車軸上，車項上，火車頭上，都爲難民所塞滿，每天摔死碰死壓死擠死的不知有多少，使火車都沒法開行。他們只知道那裏不能生活，要往西逃，但不知集中鄭州的人却正要向東邊逃呢。

河南的人口大約有一千八百萬人，三十一年河南大災，餓死三百萬，現在又有六百五十萬到了非振不活的地步。然而這數目還在一天天增多着。

至於教育，等於完全破產，分散在一百一十縣中的省立學校，因爲全境已無一縣完整，大半都瓦解了，有些歷盡艱險，跑到了汴鄭，教員學生也成爲一群叫化子，教廳縱然汲盡東江之水，也救不了這麼多的流難員生。原在汴鄭的省立或國立學校，也因各學生家庭沒法接濟，陷入不能維持的狀態。教廳千難萬難領到幾十億「應變費」，絲毫沒有用處。教育廳長王公度便公開鼓勵學生報名投軍，說這正是一石兩鳥，一可解決生活，二可以戡亂報國。這些絕望無助的青年們，有些只好在從軍志願書上塡寫了姓名，而大部分因爲家鄉淪陷，便挺而走險了。

爲了加强城防工事，城壕附近的民房奉令一律拆除，四月十四日，大批官兵迅雷不及掩耳的便動了手，結果幾乎激起民變，城關居民，扶老携幼，二千多人到省府請願。鬧了一月多，還是要拆，特別是在原地方沒有地皮的棚戶們，無異被宣布了死刑。

安定縣份一個沒有了，但軍糧却依然火急，並追繳三十六年的欠粮。駐在城裏的隊伍，因爲外面無可征發，只有向城裏的商民需索，商民交不出，只有呈請歇業，鎮長，相繼棄職遠逃，據鄭市參議員在省的呼籲，一個月中鄭市爲代購便賠墊了兩千多億。在大家都活不下去的時候，治安自然要發生問題，兩個月來開封市內的搶案一天比一天多起來。

中原的戰爭，好像螞蟻和螳螂搏鬭，鄭州和開封和商邱，尙是能動彈的頭和兩條大腿，而螳螂的周身已經爲螞蟻所纏滿了。目前展開的是殊死的決鬥。豫參議員們這次的晉京，是向中樞乞靈的最後一炷香，這最後的一柱香如果無靈，嚴重的後果是會很快便要降臨的。

台北經緯

——台北通訊——

本刊特約記者

颱風警報・政治警報

五月三十一日，台灣省氣象局發出了今年第一度的颱風警報，在東部海面發生的颱風將於六月一日通過台灣近海。預定在這一天開往上海的中興輪和開往天津的華聯輪都臨時展了期。但這一次的颱風僅是一個「信號」，風果然有一點，却吹得異常溫和。滿天的烏雲把數日來的炎威驅走，人們對於颱風發生了好感！

在政治上，也曾有過一次警報，同樣的僅是一個信號。雖然疑雲密佈，至少在目前已見澄淸。這還是前一個月的事，據說台省的國大代表在京開會時，對於現任省當局頗有不滿的表示。於是魏伯聰主席調任的消息就甚囂塵上。繼任的人選也屢有傳聞，吳鐵城，羅卓英，洪蘭友，梁寒操，熊式輝，賀耀組，陳誠都是傳說中的人物。而魏氏的出處也已有人安排，一說是毘州市長，又說是南京市長。大有山雨欲來風滿樓之概。於是魏主席不得不於四月底晉京，這一趟的收獲似乎不小，張岳軍特地致函在台省國代，內稱「魏主席穩重練達，主台期年，頗著勞績，中央正深倚畀，並無更動之意，外傳各節，純屬謠言」。毋怪他歸途經過上海時，就大大的要犒賞台灣全運選手一番了。

政治上的警報既然過去，省府的生氣又蓬勃起來。公務員待遇調整了，日產房屋準備標售了，行政會議隆重舉行了。但是，這些事情並不使一般民衆感到興趣。感到興趣的倒是財政廳長嚴家淦的調任消息。

嚴家淦是台省政治上的一個紅人。陳公洽時代先任交通處長，後來改任財政廳長，魏伯聰接長時唯一留用的是他。而且親信過之。兩朝元老，大權在握，省府與省參議會，各縣市間有什麼意見相左的事，都得嚴一言以爲重。隱然有魯仲連之風「冷門」的翁內閣成立，嚴忽奉召晉京，不旋踵傳出出任財次的消息。其後兩財次均由舊任蟬聯，嚴六月四日匆匆返台，與魏長談兩次，六日又帶着夫人匆匆赴滬去迎接賴普曼，接着他任美援會委員的消息也發表了。但是台省方面却是「倚畀甚殷，准予借調兩月」，這在魏伯聰講，未始不是一種「手法」吧！

防波堤・自由港

正當嚴家淦匆匆返台又要匆匆赴滬的那一天，被稱爲台灣物價的「防波堤」的台幣，在靜止了半個月之後，又開始節節掛高起來。六月五日由三四六升爲三五七，六日又升爲三六八，八日再升爲三七五，十日更大跳爲三九〇。預料四百大關轉眄可破，眞是一飛冲天了。

由於台幣匯率的狂跳，大家又在猜測「幣制改革將先在台灣實行」。這項傳說早在三月間的香港星島日報上即有刊載，最近上海某報，又「甚囂塵上」起來，說什麼「改革幣制，唯有在某一地區先來個試行改革」，又說「然而某一地區者，當然是指台灣而言。一來台灣是全國最安謐的一省，二來它的幣制根本就是獨立的」。

台幣的「防波」作用是不是絕對可靠呢，回答是一個「不」字，台灣的物價還不是「朝漲夜大」？在當局授意的「千呼萬喚」之下，五百元和一千元的大鈔發行了，五千元和一萬元的台銀本票也大量流通市面了。台幣的發行額也從三十四年年底的二十三億增加到三十七年四月底的二百五十億了。

儘管如此，台灣究竟是寶島，於是有人希望在防波堤的掩護下建立起一座美麗的樓閣。路透社六月一日台北電乃傳出基隆與高雄將闢爲自由港的消息。這項消息在國大開會時早有醞釀，高雄的地價一月間增加兩倍，進出口商興高彩烈，各地的資本也躍躍欲試。有人並且預測將來香港將被打倒。至於進行的程度，有的說省府已經訂定計劃，向中央提出，也有的說中央已經核准，不日即將頒佈命令了，但是，也有持反對論調的，像公論報便是一例，該報認爲這件事是「不可以」和「不可能」。

冠蓋相望・目的不一

無論如何，台灣是比較安定的一省，也是最使人發生興趣的一省。因此，貴賓們絡繹於途，應接不暇。就以最近一兩週來去的說，就有蒲立特，司徒雷登，卡斯特爾博上率領的聯合國遠東經濟委員會工業調查團，杜本率領的法國遠東經濟考察團，包毅德上將率領的英國太平洋艦隊，胡文虎，熊式輝，前遼北省主席劉翰東，國防部政工局長鄧文儀，新聞界嚴獨鶴，中央委員邵力子，戡亂委員會秘書長洪蘭友，等一批人，好熱鬧的行列，這些人當然各有懷抱，分析其目的，不外三種：一是純粹觀光遊歷性質，一是經濟方面的作用，一是政治方面的作用。

像蒲立特和司徒，誰都知道和美援有關。美援的內容，一是經濟，一是軍事。經濟部門美援只有六千萬，而台灣鐵路，電力，肥料，糖業四部門的要求的總計要二千多萬，偌大胃口，是否能如願就有問題。軍事方面，鳳山的新軍訓練是政府的一張未攤出的王牌？蒲和司的目光似乎也集中於此。

過去許多要人來台，據說有很多是「張本」的作用，如梁寒操來後，說梁將主台，吳鐵城來後，又說吳將主台。這也未始沒有證據，如現任府秘書長謝瀛洲就是先「觀光」而後再就任的。目下正遊台的熊式輝和洪蘭友便是這樣人物。

至於純爲遊歷性質的包毅德之流，都也不無插曲可記。當這位海軍上將率領纜艦到基隆港後，爲了「外交禮節」，中國海軍巡防處曾寫信給包，請開列名單，以便某日在鐵路飯店請客。巡防處的負責人是中校，這位大英帝國的海軍上將所開的名單中就只有少校以下若干人，他自己沒有在內。這可爲難了主人，連夜急電向南京海軍部請示。回電是請客作罷。可是包上將此到了信中所說的時間就親率屬下一齊赴宴。那知到了鐵路飯店，說什麼也不知道，再到魏主席官邸，也一樣的莫名其妙。也總算是自食其報了。

樂園中的悲劇

台灣是被認爲樂園的，四方之士，奔流而來。這些人中不單是觀光，淘金，遊覽的有福者，還潛伏着辛酸的故事。街頭躑躅背着包袱販賣布疋的，盡是山東逃來的難民，從他們身上可以聞到濃厚的火藥味。

糖業公司招考二名警員和十三名警士，報名期限二星期，第一二天就有八十多人報名，其中有少校級的軍官，有荐任的督察長，也有大學畢業生。鐵路管理局招考三十名的「客車服務生」（車僮），應考的有二千多，這是怎樣嚴重的一個現象！

談起鐵路，轟動一時的客車失火案至今猶惕然在目。事件發生後路局的唯一工作是「毀屍滅跡」，據說有許多黃焦的屍骨被棄入河中，同時統制新聞，說「據可靠統計燒死者共十一人」，但事實卽刻否定了謊言。同時又傳出了「唯恐流氓乘機敲詐，故撫邮問題尙待考慮」的謬論，一時輿論異常憤恨。看着醫院內焦頭爛額遍眼睛鼻子都辨不清的受難者，眞是令人酸鼻！

鯁秀路．道明橋及其他

鯁秀路和道明橋可以說是無獨有偶，都是「已成事實」，但結果却同遭否認。所謂鄭鯁秀路是由淡水城通到海濱游泳場的一條公路，耗資數億，傳聞是鄭博士之功，於是以其名名之，那知消息傳出，播爲笑談。於是六月五日的新生報上出現一則：「某報載鄭鯁秀路一節，殊非事實。本省公路，向不命名，所傳顯屬臆測」云云。至於高雄市之川田橋，易名道明橋，惟魏主席謙謝至再，並爲易名「成功橋」，此次於巡視東南部時，獲悉迄未改名，已面囑黃市長，彭參議長即予照辦云。官方所傳如此，記者亦只得照錄。外傳工業試驗所長陳華洲之突遭免職，且不准報紙發表，據說與鄭鯁秀路事有關，那就非局外人所知了。

此外，蔣渭川的遞補省參議員也是觸目的新聞。蔣渭川和王添燈是二二八事變時的兩個要角，國軍「光復」（？）以後二人都失了踪。後者據傳已被秘密處置，前者則隱藏民間。今年二二八週年前夜，蔣氏忽然在省黨部主任委員丘念台的保鏢下向法院自首，結果是撤銷通緝，免予起訴。跟着，因「省參議員王添燈既無正當理由，又不請假，其遺缺着蔣渭川遞補」。於是，報上又出現了「慶祝蔣渭川先生榮任省參議員」的廣告。不久，省參議會又要開大會了，蔣氏又將與砲彈議員郭國基（二二八事件中通緝，自首後拘押數月，經保釋）在會中以「英雄」姿態出現了。

六月八日開幕的全省行政會議，是省參議會大會的先聲。開會時來賓黃議長朝琴致詞，提到「本人剛從京滬杭回來，深深感覺到內地的地方自治工作，因爲受抗戰八年的影響，人力物力損失甚大，各種基礎遭受損壞，一時難於恢復，與台灣比較，困難更多。」警備司令彭孟緝跟下去說：「我感覺本省民衆大部分很好，但有少數人不明大義，隨便講話，無所忌憚，這並不是民主的表現。本人負責治安，對於足以影響之言論，必要時將加以取締。我們應該扶植社會正氣，和保護國家民族的利益，達到政肅民安，富强康樂的境地。」這兩段話中存在着尖銳的對立，尤其是後者，可說是對於將開的省參議會的一個棒喝。在台灣，「本省人」和「外省人」間的關係，一般可作如是觀。

台人的心理狀態異常複雜，第一是五十年被壓迫下寃氣的迸發，第二是日本人褊狹心理的薰陶，第三是對於內地來的「人」和「事」的輕視心理，第四是現實環境所給予的刺激，　因此交織於心頭的是驕肆，憎惡，排斥的情緒，二二八事變的暗流仍到處滋長，這股暗流應該怎樣去消弭，這是台灣當局目前最重要課題。但是，台灣當局又能有這力量嗎？

六月十日於台北

「救濟特捐」在北平

——北平通訊——

本刊特約記者

喧嚷已久的救濟特捐，目前總算已經進入了具體行動的階段。別的地方「勸募」的情形如何，我們不大淸楚；單就北平因它所引起的一些故事來看，確不失爲一個重要的社會新聞。北平雖是一個比較窮困的城市，但却不見得拿不出這次政府所規定的一千五百億「救濟特捐」來。造成這些紛擾的原因，無寧說是由於我們這個傳統封建式官僚政治的特色。擧一可以反三，從北平一隅也許不難看出整個的癥結來。

（一）富戶請求救濟

遠在四個多月以前，（二月十九日）政府就規定了天津區的救濟特捐勸募額是四千億。分攤在北平市的是一千五百億。市政府奉令組織了一個勸募委員會，在五月廿七日，時間已經到了政府原規定的最後期限，主持其事的人，認爲再也無法拖下去了，於是開了一次捐額審核會議。會後發出一四三件勸募函件，規定在一個星期以內（六月三日以前），得以申請覆核，逾期不申請者，以無異議認捐論。函件發出不到三天，收到的覆核函件，却在總數的十分之九左右，計共有一二九件。拒絕納捐的理由甚多；有的說物價高漲，生意明賺實賠；有的說捐稅太重，無法開支；有的說不動產收入太少，無錢認捐；還有的說，如果募委會能代收房租，代賣房產者則可認捐足額。更幽默的是：有人請求警局代爲破獲其前被搶之財物，願以此財物之半數獻捐。至於「荐賢自代」，要求向有汽車階級的人物認捐等等的建議，眞是形形色色，無奇不有了！總之一句話，財不澀不聚，要富人的錢總歸是一件不大容易的事。記得當時平市某報紙在感喟「爲富不仁」之餘，便刊出了這樣的一個標題：「本市被勸募救濟特捐的富戶，大有請求救濟之意。」

在這些請求「救濟」的富戶當中，最有名的一件，便是中樞某員之弟；後來報紙上揭露出來，才知道是前國府委員胡海門的令弟——胡海星。胡君拒絕繳納救濟特捐的公開聲明是這樣的：

『我是個工程師，沒作過官，也不做生意，怎麼能發財？　鄙人過去雖有房屋十所；惟自去年以來，因生活無着，陸續賣去五所。一部細軟在去年臘月失盜，丟了四兩金子　此外尙有古瓷器數十件，勸委會如認爲名貴，能代張羅售出，得價願以一半捐助，一半留作自用。』

針對這個公開聲明，勸募委員會自然也不便示弱，於是發表了下面的談話：

『向富人要錢是困難的，我們這幾天正嚐着乞兒向富翁伸手的滋味。說聲沒有，也就罷了，胡君到大發脾氣。

胡君問「本會有何根據向其捐款？」頃抄錄奉告：①據本會調查組調查：「胡海星在本市有房屋十處，北郊良田一頃餘，家藏珍寶甚多，估計其全部財產至少在二百億以上。」②據告密人檢擧．「胡海星　北平置房十四所，變賣者七所，另商店二所，及×××銀號東家，黃金七十餘兩」假定我們的根據完全錯誤，試僅以胡君自認之房產地畝估計，是否足够五十億以上？認捐的資格如够，就不必叫屈，如自覺不够，恐怕會有人以五十億買得胡君財產而代爲認捐，不知胡君願意否？　至於叫本會代討房租，代賣房產，代追失物，幸虧胡君腦力好，想得出。本來富人養料充足，富於幻想，善于生氣　胡君千言萬語，歸結一語，無非是「不想拿錢」。我們千錯萬錯，歸結一錯只錯在「向他要錢。」胡君旣家藏鉅金，當然理由充沛，我們伸手白相，自已也覺無理可說。不過爲了千萬苦難同胞』

這樁公案目前尙未了結，將來如何發展，我們尙不得而知。另外一件與我們傳統官僚政治有關的故事是：

這次北平勸募救濟特捐的首榜人物，便是胡仙洲其人，他的捐額規定是兩百億，佔總數的1/7.5，據說全部捐款一千伍百億，讓他一個人拿出都沒有什麼問題。只不過要附帶這樣的一個條件，如果法院能取消其前因貪汚所發出之通緝令時，則可全部認捐，慨解義囊。否則旣不出面，也不認捐。經記者多方打聽的結果，原來胡仙洲是前門頭溝煤礦運銷聯營社的理事者，經前市參議會檢舉貪汚報請法院通緝有案，後來即一直避不見面，據說他是一直匿居在北平而未遠離的。等到這次勸募他的特捐時，他便暗示出以取消通緝令爲條件。這眞是何等滑稽的事？胡仙洲之被列爲「首戶」，究竟出于什麼原因，我們不大淸楚。但從他所表示出來的意思看，證明我們這個社會上是仍然存在着這樣一個「法律」與「人情」是可以相通的。照理說，捐款應該按其財富多寡，而不應問其錢之所由來。而法律則應該是用以懲罰犯罪的行爲。胡仙洲如果貪汚有據則應該緝其到案，如其財產是由貪汚而來，則可予以全部沒收之處罰。否則便不應該向其勸募特捐，因爲勸募的前提是假定他有「公民」的義務與權利的呵！

就由於勸委會有這些說不出的苦衷，所以，這次認捐人的名單，是採取秘密方式而不預備公佈的。據說，這次徵收「救濟特捐」的對象，本來是以「在抗戰期間戡亂期間收入特豐者」爲主要目標底，這，自然是指的那些發國難財，發勝利財，發戡亂財的人。可是，這樣一來，那些比較正當的工商業者，雖然勉强够得上「資力雄厚」，而對於這個所謂「救濟特捐」，也就有點裹足不前了！怕的是在認捐之後，還戴上了莫須有的帽子呵！我想，這次「救濟特捐」之不能如數勸募完成，這也未始不是原因之一吧！

（二）「汽車」與「難民」

在北平，還有一個被勸募的富戶，（大約是一個小有不動產者吧！）在對那些做官的人深致不滿之餘，曾提出這樣的一個原則。即：凡是坐汽車的階級，都一律應該是勸募「救濟特捐」的對象。因爲根據他計算的結果，每輛汽車一日所耗汽油，平均將可供給一個難民一月伙食之用。如果說要人們因公須趕時間，則坐三輪車也並躭誤不了多久。這些闊人們既把國家有限的外滙來擲之於太太少爺小姐們去看電影，逛公園，那末，徵收他的救濟特捐，也就天經地義了！如果坐汽車的是「民」，而不是「官」，則其有資格徵納救濟特捐，是更不成問題的。

（三）勸募委員會的反擊！

面對這些困難，勸募委員會在六月三日的下午四時起，一直開會審查到七點半爲止。會中複審的結果是：免捐者一四件，改征城防捐者二五件，維持原審者四一件，酌減者三一件，須覆查者一七件。會中並曾決定祈增富戶十名。何市長還決定對原默認捐人舉行歡宴。爲了分開不「義」之財與法律上的牽連，還這樣的決定兩款：①從重徵捐者，不公布。筆者按：意即指胡仙洲那一路的人物②在本市營業多年，公認爲正當商人，平日熱心公益者從輕。這個新辦法似乎也更說明了這次「救濟特捐」舉辦的眞實目標了！可是，如果這些富戶還不肯出錢時，募委會的最後對付辦法是．

①文勸．曉以大義

②唱勸 發動學生登門唱「你這個老財迷」。

③武勸．發動傷兵難民，造府長期食住。

在這三條明文的對付辦法外，募委會還聲明對不徵納特捐的「財迷富戶」，將採「放任主義」，弦外之音是對他們的生命財產將不予以法律上的保障。而且，代表着北平市軍政當局的平明日報的社論，在六月四日中有着這樣的幾句話．「如果有人情甘爲富不仁，捨命不捨財，他將成爲全國國民抨擊的對象。其結果是無所逃于天地間……」措辭之嚴峻乾脆，是頗快人心的。

（四）何思源自嘆福氣不如吳國禎

這次南京在勸募救濟特捐的會議上，曾有過這樣的規定：「凡曾任或現任軍政要職而富于資財者，應率先認捐，以示倡導」。這個勸募對象的原則的確定，與我們這個社會背景是有着莫大的關聯的。在我們傳統的社會裡，國民收益之主要所得，是在農業上。而農業的收入，是不會太大的，所以，够得上有錢的人，總是一些靠政治性手段謀生的做「官」的人。直到現在爲止，我們這個社會特質，是依然存在的。因之，今天有資格認捐的人，仍應該是那些官僚與「豪」門。可是，話又得說回來，在通貨高度膨脹的今天，任何做官的人，要是廉潔自守的話，他是決不會有錢的。儘管事實上有錢，他也只能裝窮，動輒講億的捐款，是無論如何也拿不出的。就在這個尷尬之下，吳國禎是一個具有示範作用的上海市的市長，旣不能不率先認捐，又怕人家攻擊他說「你那兒來的這麼多的錢？」於是，他在示範捐出五億時（記住，這是個起碼的捐額呵！），便不得不趕緊申明說：「這錢是我的太太在菲律賓開畫展所積餘下來的錢。」

同樣的局面，碰在何源市市長的身上了！當記者問他是否打算跟吳市長一樣來一個示範呢？他說：『如果諸位調查我在平的產業可以够得上這個資格時，我一定要率先認捐了！可惜的是，我沒有吳市長那麼好的福氣，有夫人會開畫展可以積蓄起錢來捐款了』『不過，』何市長又接着說了下去：『但願學學吳市長以作倡導，預備代人書寫對聯扁額，略收潤筆，能收到多少，就是多少，最好能捐到最低額五億元。』據說何市長已委託北平琉璃廠榮華齋，倫池齋兩家代收訂件了！

到記者執筆時，剛好報紙上傳出了何思源市長「另有任用」的消息，我們一方面固然懷念着何市長的「生意」如何，我們尤其躭心到新任市長劉瑤章是否也會寫字？

（五）「救濟特捐」與人心

提到救濟特捐，便令人想起了目前正在立法院吵鬧着的財產稅之類的事。原來在一年多以前，正當黃金潮瀰漫，宋子文下台之際，立法院也曾喊出過「財產稅」之類的口號，後來行政機關以財產調查不易，便改爲「建國特捐」，久經演變，便成爲今天的「救濟特捐」了！老實說，從「稅」而「捐」，從「徵收」而到「勸募」，這是頗失人心的。甚至提這麼一個樂善施捨的救濟特捐，政府爲了不敢得罪於巨室，也一再不敢作硬性的規定。而演成今日「自由認捐」的方式，且勸募起來，還是偷偷摸摸的，結果出了這麼多的毛病，不是政府的咎由自取而何？

記得第二次世界大戰結束以後，世界上幾個比較强大的國家，在國內的經濟政策上，都逐漸的走上了社會主義之路。蘇聯的分配情形，固不必說；英國工黨上台以後，就實行過一連串收歸國有的政策，而法國的現任政府，也曾厲行過累進所得稅，大企業國有政策，甚至於連資本主義社會溫床的美國，其歲出中之直接稅的百分比，也在逐年增加，據說遺產稅之重，幾乎使老福特死後的汽車廠快要易主。在我們自己的歷史上，專制極橫的漢武帝，在感到當時的社會財富過度集中時，也曾實行過「占緡」錢。今天，難道我們貧富不均的現象，還趕不上英，美，德，蘇嗎？難我們的政府與民更始的決心，還趕不上漢武帝時代嗎？連這麼一個軟柔的救濟特捐，還不能澈底的實行，還談什麼收拾人心？

文藝

論作家

公盾

引言

雖然在文壇上有不少沒有文章的文人，沒有作品的「作家」，但眞正稱爲作家的，應是指能熱衷於寫作，並用自己的心血寫出作品來的人。

作家——是特定社會中靠精神勞動的人。

惟其是人，所以被稱爲作家的，也有良莠不齊之分！他們可能是「人類靈魂的工程師，」民族的精華，社會的官能，人民的代言人，那麼他們的存在便如卡萊爾所稱．「比地面的人類都重要」；或則適當其反，御用的「作家」，是「麻醉人類靈魂的罪手，」是民族的敗類，反動者的神精，惡劣集團的代言人，他們的存在：比地面的人類都更有害。

做文章與做人

世界上「文如其人」「文如其面」的作家不多。文章上寫着「戰鬪」却是怕死的傢伙；文章上寫着「爲大衆犧牲」，却是一毛不拔的吝嗇鬼；文章上的巨人，生活上是百孔千瘡的破落戶，這樣的人多的是。

無賴之徒，憑着文章——美麗的外衣包藏下，向讀者炫耀身世，如阮大鋮，錢牧齋，汪精衞、周作人．：之流，都是通過「文士」之名，以「作品」騙世，其實是人類的蟊賊。

然而，歷史是無情的．　　。

如阮大鋮以至汪精衛的徒子徒孫們，他們反覆無常，惟利是圖的敗落的道德，宣告了自己的死刑；卽使他們會寫出比「慷慨歌燕市」更雄壯更美的「作品」，最終都要受到歷史與人民的裁判．顯露出了這些文壇惡棍與騙子們猙獰的眞面目來。

中國文藝作者，在傳統上重視「文格」與「人格」的統一，所謂「孔門以德行爲先，文章爲末耳，德行無足取，文章何以稱焉。」儒派突出的作家如屈原，杜甫們，都是懷着入世精神，關心民瘼，他們的一生和他們的作品，充滿着天才與專制政體，市場，市儈的戰鬪底悲劇。

以屈原爲例屈原的作品已是千古不朽佳作，文豪蘇東坡都不禁嘆服謂「吾文終其身企慕，而不能及萬一者，惟屈子一人耳。」，而屈原的人格是，「蟬蛻穢濁之中，浮游塵埃之外，皭圼而不緇，雖與日月爭光可也。」（淮南王語）「其文約，其辭微，其志潔，其行廉，其稱文小而指極大，舉題邇而見義遠。其志潔，故其稱物等，其行廉，故死不容自疏。」可證詩人人格也像他的作品一樣的崇高與純美。

沒有偉大的做人氣魄，便沒有崇高聖潔的靈魂，不會寫下偉大的作品。

「做一個詩人必先是一個好人！」這是古希臘哲人斯特拉波的話，這是對每一個作家說出的眞理。

勝利的旗幟

偉大的作家—是精神上勝利的騎士。

他們言人所不敢言，發人所不敢發，「正確地，强有力地表現生活的眞實和現實。」（屠格圼夫語）

他們不欺騙，蒙蔽，他們要說眞話！他們要爲苦難的，被損害被侮辱的人們，勇敢地控訴！

他們「不怕豪强怒，亦任親友譏，」（白居易），不受威脅與利誘！

他們面對着慘淡的現實，踏着死亡的門檻，仍然寫作下去，歌唱下去。

詩人歌德歌道：

『我是人——我不知道什麼安靜……
做一個人要做個戰士。』

偉大的作家懷着不屈不撓的精神，歌唱光明，抨擊黑暗，伸張正義，咒咀卑劣，「富貴不能淫，威武不能屈」，有獨立自尊的人格，不願隨俗浮沉，所以他們雖然有才能，却不願做剝地皮的貪官汚吏，囤積居奇的投機商，或是阿媚取容，奔走於王公大人們的門下，正如詩人席勤歌着的精神：

『我站在世界的市民的地位寫作。
不爲任何王公所役！』

偉大的作家　他們猶如茁長在嚴寒中的松柏，在冷落，貧困　種種苦難之中，仍能堅守崗位，揮着如利劍般的筆，爲人群服務到底，終身忠實於自己神聖的事業。

他們是勝利的旗幟！

時代的憂思者

偉大的作家又是時代的憂思者。

數千年來人類摸着黑暗的夜路，除了一些將個人快樂建立在他人痛苦上的人們外，誰又曾眞正過着歡欣的日子呢？

詩人圼克拉索夫在他的名著「在俄羅斯誰是快樂的人？」中，作者極力在人民中尋找誰是快樂的人，可是詩人走遍了遼廣的土地，所有的人民都在嘆息，哀愁，哭泣，饑餓，貧困　于是詩人懷着沉重的心，唱起悲哀與沉鬱的歌，他的詩成爲眼淚的化身，爲了這愁苦的世界而流。

時代的憂思常常縈繞着作家的心，並不是爲了個人窮愁的原故。血淚交熾的歷史，苦難的現實，人民不堪痛苦的呷吟，穿不透的黑雲般的黑暗　愁緒深縈了作家的心。屈原的「離騷」便是滿溢着憂思的情調，杜甫的詩也常有「撫事煎百憂」之憂，他歌着「乾坤含瘡痍，憂慮何時畢」沉痛之句，就是以酒寄懷的浪漫詩人李白，又何嘗不是以哭代笑借酒消愁呢！

「生年不滿百，常懷千歲憂，」中國作家如此，西歐作家也沒有兩樣的。果戈里是貴族，可是他的作品表現的憂思竟近乎絕望。屠格圼夫也是貴族，他所有的作品，都爲濃烈的悲涼的情調所籠罩着。托爾斯泰也是貴族，他原可以呼奴喚婢豐衣足食地過着一生舒適的生活，但他却爲農奴制度苦惱着，憂思終於迫他在晚年出走。美國十九世紀作家馬克吐溫，這位「不冠之王」的生活够溫暖了，每本書可以得到三十萬美金，到處受人歡迎，但在他的晚年却成爲一個憂思者，處處感到痛苦，他帶着深沉的悲哀寫道，「應該可憐有生之倫，而羡慕死者啊！」

這顯示着富一個懷着人道心腸的作家，對現實對人生理解更深時，便體察到人類的痛苦，自然地成爲一個時代的憂思者。正如拜倫在他的傑作「曼弗來特」的獨白中說道，『愈知道得多的，非受愈深的苦惱不可』。

所以作家在品中顯露的憂思，是他良心的寫照，生活感受中眞情的流露。這份憂思不能單純地理解爲悲觀厭世，無事煩憂，傷感主義　導讀者向消極滅亡的道上去。都不是這樣。相反，他們的憂思中却含中潛力，含有對不平現實改造與反抗的熱誠，具有崇高的哲理。正如批評家勃闌特氏論易卜生的一文中所說，「爲悲傷人生中所存在的悲劇而起的厭世，他的厭世思想是具備着道德的性質，而對現在社會表示侮蔑憤怒的思想。他不徒事哭泣，而要糾彈社會的錯誤。他對一切事物用上述的厭世思想去觀察，所以第一是他發生反抗的心理，因爲他在現社會中看出了悲痛慘酷的罪惡，使他發現了『應該有的』和『現在所有的』之間的矛盾的原故　」爲了痛苦的時代引起了憂思，宅磨鍊了作家崇高的人性，偉大的靈魂，純潔的道德。憂鬱的焦火，把一切汚穢與混濁都洗淨了。一切偉大的作家莫不如此，甚至唯美派的王爾德從獄中出來時也寫道，「我常常把悲哀當做眞理啊！」

誰能排遣盡憂思，誰敢菲薄偉大作家憂苦的心情呢？「乾坤滿瘡痍，憂慮何時畢？」他們是時代的憂思者啊！

作家的愛與憎

人類生活充滿了愛與憎。自凡人，市儈，强盜，暴君，以至詩人革命家都有他自己的愛與憎。有愛憎之感，乃有人間的波瀾。一部人類的歷史，充滿了愛與憎的糾纏。

偉大作家的愛，崇高而熱烈。他們關切人類的命運，愛正義，自由，民主　和、一切可促進人類幸福遠景速現的崇高理想，和這相反的便寄以憎恨。

他們帶着這樣深沉而博大的愛，用烈火般的感情擁抱人生。爲了這崇高的愛，他們毫不憚忌地「唱着所是，頌着所愛。他得像熱烈地主張着所是一樣，熱烈地攻擊着所非，像熱烈地擁抱着所愛一樣，更熱烈地擁抱着所憎。恰如赫爾庫來斯的緊抱了巨人安太烏斯一樣，因爲要打斷他的肋骨。」（魯迅語）他大膽地代表了人羣，叫喊出喜，怒，愛，憎的聲音。

惟其有深沉博大的愛，便有了憎。希望所愛的生長，便不能不與所憎的作頑强的鬪爭。所以憎源於愛，有博大的愛，才有强烈的憎，正如英國大批評家羅蒙益氏說莫泊桑對於人生既憎且愛「因爲愛他，所以恨他」。

所以偉大作家的憎也是可讚美的。因爲他們的憎，含着濃郁的愛—是進步對反動的憎光明對黑暗憎。善於暴露資本主義文明中的罪惡的作家左拉說道：「憎惡是神聖的，這是有力的心的憤怒，是厭惡凡庸，和私蠢的人們的戰鬪的侮蔑。憎就是愛，也就是感到人心的溫暖，而侮蔑可恥的獸性的生活，憎要使人慰藉，感知正義而成偉大。」

這就是爲甚麼偉大的作家在他的作品裏面，放進了對於壓迫者全部的憎惡，對被壓迫者全部的愛，因爲「在現在這可憐的時代，能殺才能生，能憎才能愛。」（魯迅語）「不能眞恨的人，也不能眞愛」（高爾基語）啊！

作家與人民

「現在這嚴厲的時代，對每一個人都提出一個堅決簡單的問題！你們向那兒走？你們同誰走？」（高爾基語）

是的，作家應當「向那兒走，同誰走？」這是現實嚴重的課題。有關生活態度，以及寫作方向。

作家不祇寫出概念的統一，使談者驚心動魄的是他對於人生態度的闡明。世界上沒有一個態度曖昧而能寫出不朽之作的作家。

偉大作家在基本立場上總是面向人民，熱愛人民，以自己的筆爲人民服役的。他們的心與人民的心交流在一起，以人民的喜樂爲喜樂，人民的痛苦爲痛苦。依照着自己的理想，用筆去揭發反人民意志的黑暗統治與僞善分子，供獻出了自己的才能，寫着人民的期望。

偉大作家的筆下，總是照耀着愛人民的光芒。爲甚麼他們這麼熱愛人民呢？高爾基說得好，「因爲人民是無窮盡精力的源流，是惟一能夠把一切可能變成必然的，把一切幻想變成現實的源流．．」

千萬年來偉大的人民力量，燃燒出了照耀星球般的火燄，偉大作家是這火燄的核心，他是社會正義的太陽，反映出人民心中的悲苦，歡樂，希望，艱辛，屈辱。當作家的心與人民的心結在一起，當作家的筆尖眞正成爲傳遞人民聲音的時候，他的作品便發出了輝煌的光。

作家的良心

當作家果戈里寫完第二部「死魂靈」後，他一點也得不到安慰，反而感到痛苦不安，他像是做了甚麼虧心事似的焦灼着；終於半夜起來，背着他的朋友與僕人，悄悄地把這一部耗盡晚年心血，挨着痛苦寫下的巨著付諸一炬，因爲良心譴責着他，他不能爲已沒落的農奴制度辯護，他不能讚美地主啊！

同樣在巴爾扎克的作品中，雖然作者在寫着上流社會的沒落，但他的同情無疑却是放在垂死的一面。可是他的良心迫他不能不含淚用刻毒的字句咒罵自己心愛的一羣，挖苦他們，諷刺他們，又不能不忍痛用輝煌的字句去讚美他的敵人—共和主義者們，正如左拉所說，「雖然巴爾扎克在一切情形之中都表現他對君主制度的敬重，然而巴爾扎克却能在同着後輩擁護自由的人之中去找着自己的朋友。」

這是最深刻地表現出了作家世界觀及其認識的矛盾，和作家藝術的良心底例子。

同樣，宅說明了爲甚麼生活在士大夫階層中的施耐庵，吳敬梓們，會用那麼嚴峻的筆，繪刻出統治階級與知識分子卑污的形容，從貴族之家出身的曹雪芹們，會那麼深刻地含着酸楚的淚，爲古老的封建家庭唱着沒落的輓歌。

現實的眞理感召着作家的良心，他的筆能昧着良心歪曲眞理麼？

作家的預言

科學的遠見　是預言。

「楚雖三戶，亡秦必楚！」果然楚國遺民打倒了暴秦。

「迎闖王，不納糧！」果然「流寇」李自成的軍隊顚覆了明朝江山。

「春種一粒粟，秋收萬顆子，四海無閒田，農夫皆餓死。」聶君中的歌沒有唱出幾年，農民們已到處起義，黃巢的五十萬大軍開入長安，使有唐江山搖搖欲墜。

當黑暗統治在普式庚的領土上時，所有有正義心腸的作家及其作品，都遭受到空前的迫害與禁錮，但詩人普式庚却樂觀地歌道。

「同志，相信吧，
那迷惑的幸福之星將昇起，
露西亞要從夢中驚醒，
而專制政治的廢墟上。
將寫上我們的名字。」

果然幸福之星昇起了，在專制的廢墟，在世界人民的心坎上都已寫上他們的名字。

這是科學的遠見，是預言。

魯迅先生逝世之日，一位異邦友人說他是「預言者」，說他的一言一語恰是「曠野上吶喊的聲音。」

偉大的作家是時代的知更鳥，是歷史的預言人。他有先見之明，比一般的人看得更高更遠，他那帶有權威的聲音含着預言，所以他咒詛着黑暗。

黑暗終于要過去，他歌頌光明，光明是要到來的。

中國作家與外國作家

巴爾扎克以爲拿破崙所不能征服的地方他能用筆征服，這不是誇張，這是事實。

藝術是整體的。偉大的作家像中天的太陽一樣受到世人景仰，他不是祇屬于那一國度他是代表着人類的智慧。「好的語言一經被人說出，便如自由的燕子一樣飛到各處。（高爾基）

然而我們打開文學史，會使我們感慨着兩千年來中國文壇上能代表人民說話，反映人民的忿怒與痛苦，反映人民的艱辛與屈辱底作家是如何稀少啊。

這並不是因爲西歐作家天生有入世精神中國作家祇能吟風弄月描寫身邊瑣事。

中國封建社會初期，有「勞心」與「勞力」之分，「勞心者治人，勞力者治于人，」「有大人之事，有小人之事，」「勞心」的統治者不但操政治上的大權，而且統制了文化，秦始皇們的殘暴文化政策，是世界上史無前例；隋唐之世他們又別出心裁想出「開科取士」的妙策，「

帖經」「墨義」等外，到明代又加上「八股」，爲了「馬上錦衣回」使多少士子一生埋頭窗下，幸而「中舉」投靠了「大人」門下，給他一官半職，一點保障生活的名位利祿，但除了爲「大人們歌功頌德以外，不准嘵舌，絕對服從的「美德」養成之後，統治者可以高枕無憂，唐太宗李世民那麼開朗的笑聲說道，「天下英雄盡入吾彀中矣。」

但不止此而已，此外還加上最殘酷的壓制與迫害。

文藝史上的但丁，兩果，拜倫，普式庚們，雖遭放逐出境等迫害，但中國的屈原，司馬遷，李白，白居易們也都曾遭過放逐，刑獄，貶謫。但前者爲的是反對暴君，激烈地抨擊苛政，後者大半不過是偶然對現實發一兩句不滿而已。可是對于這些强烈正義感偏激的作家，不止放逐貶謫，稍不稱「寡人」之意者，滅身以外禍延親族，方孝儒受磔刑滅十族（連他的學生全被殺），金聖嘆遭腰斬妻子流放寧古塔，沈德潛死了之後還被剖棺戮屍．中國作家比起異邦作家來所受的迫害更廣更深。在「偶語者棄市的「王法」中，在暴君統治的領土上，作家們不能引吭高歌，憤怒的聲音多化爲憂鬱的悲歎，封建王朝的文化政策與文化統制，損害了千萬作者的人性，使他們無從落筆，無言路可走，于是在文壇上充斥着的是「廟堂文士」與「山林作家」。」

這是中國文化發展史上的悲劇。

然而寒冷的土地上越要溫暖；在被壓抑下的中國大地上，也不乏開朗地笑罵自如把筆端指向現實的熱血底作家，如司馬遷，鼂錯，王安石們的文章；屈原，杜甫，白居易，聶夷中們的詩；羅貫中，施耐庵，吳敬梓，曹雪芹們的小說；王實甫，孔尚任們的曲都是不朽之作。在他們的作品中，燃燒着人民生活的火談，愛憎，與歡笑，比起世界諸名家之作無大遜色，郭沫若先生對于屈原正確深入的介紹，引起世界文壇反響，便是例子。然而我們對西洋作家的引介雖不厭其多，對自己古典作家的正確批判的工作却嫌太少了。

「廟堂」「山林」「御用」的「作家」

「廟堂作家」祇能歌功頌德。

「山林作家」乃是避世之徒，他們的作品沒有時代的音波，徒事抒發個人情感而已——感情是狹隘纖細的，他們最多祇能吟風弄月尋章摘句。

封建官僚與豪門權貴豢養的「御用作家」，他們是幫兇之徒，可能比主子更可惡，他們抹煞了眞理，製造謊言，痲醉人民，增加人類蟊賊的力量。

高爾基曾用憤慨的言語，對這班作家申斥道：

『你們祇能給國家增加些精神上叫化子的數目，以及卑劣化的惡人的力量。你們不要說你們不會蹧蹋人，不會敲打，不會殺——我不相信這種話。你們現在就在，天天證明你們幹這類事情的傾向。我深信，你們一定會殺戮許許多多人。你們現在已經在詩歌裏，在散文裏，用絞刑和斫殺在恐嚇。我再說一遍：你們枉然說甚麼人道主義。你們的惡毒是瞎子的狗——牠自己暴露了你們的褊狹的可恥的畸形。』

然而這些「精神上的叫化子」所謂「作家」也者，雖有「作品」絕不可能有優秀之作，因爲在本質上他已經腐臭了。

對作家的愛

偉大的作家用烈火般的熱情擁抱人間，人民也報以熱愛。

當屠格涅夫的靈柩從巴黎運回彼得堡時，全國二百八十五個團體代表，和四十萬從農奴解放出來的民衆爲他執紼送到墓地揮淚誌哀；高爾基逝世之日，千萬人民爲他放聲大哭，雄渾的人民葬禮更偉大了。一個異邦友人，紀載魯迅先生與世長別時的景況道：

『廿日和廿一日在美國殯儀館瞻仰遺容的期間，有一萬人光景從朝到晚作着長蛇形的行列。二十二日的出殯，雖說是下午兩點鐘，可是從早晨就開始擁塞進來的群衆團繞着遺體，幾乎連出殯的路都沒有的。誰也沒有命令過，沒有敲過邀請，也沒有預先約好，而送葬的行列，却有六千人光景的大衆，而且差不多全是青年男女和少年。』

這是人民對于自己的作家表示出的高度熱烈的愛。這是人民面向眞理向正義的標誌啊！

向偉大的作家的學習

向偉大的作家學習！

我們不是機械或教條地向他們學習；不是無條件地接受他們的思想；我們要批判地研究他們的遺產，寫作經驗，對他們的作品，生活與思想作更深入的理解，看他們如何在特定的歷史階段上接觸生活，並盡了進步的任務。于是，追隨他們的足跡，向更高更遠處邁開脚步。

書評

當代中國實業人物誌

徐盈著　中華書局新中華叢書傳記彙刊　三十七年二月初版

少若

一

儘管我對徐盈先生的聲容動止非常生疏，他的文章和意見却使我欽敬；眞是一種與日俱增的欽敬。他的眼光是那麼犀利，用心又那麼縝密，從他淸新樸素的文章風格上，看出他不僅是一位負有報導使命的新聞記者，更是一個經驗飽滿，見地卓越的文學創作家。他爲了喚起社會人士對勝利後的華北工業有所注意，曾寫過一本看去平淡無奇實際却頂沈痛辛酸的「華北工業」。那本書裏褉露了多少接收大員的貪汚與無能，多少措施的失當，甚至可以隱約見到亡了國的日本人是多麼可畏可敬，而「慘勝」後的中國人只配和他們做成個强烈的對比。他又爲了中止內戰而奔走呼籲，隨了美國軍調部，不憚長途跋涉參加三人小組工作的勘察，寫成了他忠實的報導——「烽火十城」。這本薄薄小册子便是一齣民族歷史悲劇的序幕。書中每一件瑣屑的記述與左右各派偉人們的談吐，都值得保存下來，做爲今日「不寒而慄」局面的一部分文獻。這位懷着赤子之心的記者，這位具有悲天憫人之壯志的徐盈先生，便從這些報告文學中顯示出，迸涌出他的苦心孤詣來。「已欲立而立人，已欲達而達人，」他仍從文字間盡了一個有仁者抱負的天職。

現在，又是一本新的集子擺在多少關心國家盛衰治亂的讀者眼前了。以「特寫」的體裁摹繪出當代中國二十八個實業界的人物，更附帶提出了多少有待解決的問題。從抗戰起，直到今天，中國的工業、交通，一切實業，竟有那樣多的光榮的成果使我們享受；同時，却也有着不算太少的遺憾，更多的乃是作者的熱誠和希望，（雖然這熱誠已近於天眞的樂觀，而希望更不免歸於幻滅！）這些，我們都能在這本書裏找到。我覺得，凡是想爲國家出點力量，尤其想在工商業方面求發展的人，都不妨看一下這本不算頂嚴肅，然而却相當親切的人物傳記。

二

請允許我在介紹本書內容以前，先討論一下作者文章的技巧與風格。更願說幾句關於寫「報告文學」在文字處理方面的空話。常聽人談起某一篇非純文藝作品中，有若干語句用的是「文藝的筆調」。稱譏之中似不免有一點諷刺。所謂「文藝的筆調」，大都指俗濫無聊陳陳相因的套語而言，而這種套語，正和作爛了的古文套語一樣討厭。說得更具體一點，就是一些不必要的腔調。作文章而陷於一種腔調的坎穽，不論是古今中外，新舊雅俗，都應嚴格取締。可是，今日的若干文字裏，尤其是新聞報導，或人物事況的特寫裏，却不時地使人觸目驚心，看到一些極不舒服的語句。比如描寫一件頂嚴重的兇殺案特寫新聞，一位自命不凡的執筆者竟會費一些有着閒情逸致的氣力，描寫那位女主角的一柄洋傘，說她的「紬傘上帶着欣喜的陽光」。又如一篇戰地紀行的速記中，正像在私塾裏用慣了「人生在世」的句子爲文章起筆一樣，那位隨軍記者會很自然地寫出一句「時代的齒輪不停地轉動着」，或是「在這個動蕩的大時代裏的一角啊」之類的文句，做他大作的破題第一句話。這無形中就給他的敘述或描寫「自壞長城」，事倍功半。不久以前，沈從文先生曾連續發表過幾篇論特寫的文章，指明了若干年來新聞報導方面的成績，並肯定地要求一些從事於文學創作的人，應從新聞報導的文字中，取得學習敘事的經驗和技巧。這里，恰恰相反，我願十二分虔敬地向有志於從事「記者生涯」的同道們進言，如果你們眞想在採訪特寫一類文章中見出成績並能吸引讀者，非先對寫作的修養有所把握不可，首先應該注意的，就是要力求避免文字上俗惡的腔調，當然其它的必要條件如文字的組織穿插，記載的扼要經濟，也都刻不容緩，不過一定要不時提醒自己，一般人所謂的「文藝的筆調」即使是寫純粹的文藝作品，也是以少用爲宜的。

假如我們對新聞報導的文章並不採一輕忽或鄙棄的看法，並承認這也是文章的一體——「報告文學」——而且也需要拿出好作品來舉例示範的話，我將推薦給你以徐盈先生的文章。那是一種頂樸潔有力，不蔓不枝的忠實報告文章。更難能可貴的，就是文字間絕對找不到什麼「文藝的筆調」。即以這本「當代中國實業人物誌」而論，儘管沈從文先生說過，新聞記者在「寫人」時是比較失敗的，它却依然有着相當的成功。這本書裏二十八個人物，幾乎全是作者訪問後的問答錄與印象記，可是作者善於安排，夾敘夾述，（所謂「述」就是用引號直接錄下被訪問者的談話。）有條不紊又要言不煩。有若干篇以「事」爲中心，作者在這個人物的總標題下分成幾個子目，逐段分述，非常淸楚。看去都是些平鋪直敘，實際上字裏行間，甚不乏作者的匠心獨運處，不過作者是斲輪老手，能夠泯匠心於無迹。

因此，我們也可抽繹出作者在撰述「報告文學」時的風格來。我曾說，蕭乾先生的文章宛如「脫帽著帩頭」的翩翩少年，那是因爲他跌宕，輕盈，活潑而新奇。那特殊的風格曾十足地表現在那本膾炙人口的「人生採訪」裏。而徐盈先生的文章，正和蕭乾相反，平淡，妥帖，樸潔，然而勻停流暢。你見過那飽經滄桑，久歷塵劫的老教士麼？你聽過他那苦口婆心，娓娓諄諄，和藹而懇摯的勸勉之言麼？那就是徐盈先生文章的特色了。總之，從文章看，蕭見機趣，徐有苦心；蕭露天才，徐見工力；蕭乾先生如果是報告文學裏的李白，徐盈先生則庶幾乎爲杜甫了。

話雖如此，這本書裏並不缺乏生動的描寫和委婉的調侃，但仍是溫而不厲的描寫和怨而不怒的調侃，其它沉痛，辛酸慨歎，忿激處準此。我但舉兩個例子，第一個描寫生動的地方，是說蠶繼成在修中印公路保祥段情形：

「老百姓太苦了」，蠶繼成說．「本來已經營養不足了，在邊地營養更加不足，有米時一天一公升米，四錢鹽，沒有的時候還不是吃芭蕉根和猴子。有一夜下雨的時候，我的破帳篷周圍就死掉二十多人，飯都吃不飽，失却了抵抗環境的力量。」

軍事萬急，民困無法解除，人民只有像莠草一樣地倒下去。就是蠶繼成，在四十四天打通公路後，他五天五夜沒有睡覺，一路坐吉普車視察回來，車過龍陵，他放心了，不知不覺睡熟，在一個轉彎處，他便被拋到丈外的田畦上，幸而沒有跌死。

「我太疲倦了！」他爬起來上車的時候說，說完他又睡着了。

另一例是帶有調侃口吻的；他說中國的火柴大王劉鴻生：

「這個五十七歲的老工業家已然爲了他的康健，開始戒酒，他有十二個兒子，每人都能承繼他的事業，他有最好的朋友俞鴻鈞和宋子文弟兄。」

我想，這話中多少總有點弦外之音吧！

三

現在應該介紹一下全書的內容了。書名「實業人物誌」，所寫的人却並不盡是工商業的鉅子，對交通界的建築工程家及航業，機械工程等人物幾乎佔了一半的篇幅，可見作者的用心深處。二十八個人中，只說到幾個官僚，金融界人物也只說了一兩個人。輕工業的主持人說到的較多，像范旭東吳蘊初李燭塵之於化學工業，劉鴻生束雲章之於紡織工業，都占很重要的篇幅。再有便是對機器工業的鄭鉅從業者，顏耀秋支秉淵胡厥文諸人的記載。他如努力鋼鐵工業的吳任之，西康採礦的謝樹英，兵工事業李承幹，水利專家沈怡，皆備列其事蹟與成就。此外則都屬於交通界的工程人物，像淩鴻勛羅英茅以昇石志仁等都是。最末是三個電力事業的人物，郭克悌張家祉鮑國寶。作者採訪的時間，從文字中看來當是抗戰尚未結束時即已開始，最晚近的則在三十五六年之交。其着重點有三：第一，實業界在抗戰伊始努力內遷的成績。第二，抗戰時努力開發的辛苦成果。第三，自勝利後迄今，實業界的現況及其將來展望。敘述的態度很客觀，多以「事」爲主，很少說及某個人人物的身邊瑣事及私生活。此書最大的價值也有三點：第一，幫助我們了解一些對抗戰有功的工作者的成績，這些成績，並不在政治及軍事所配合的範圍以內，相反，每從軍事的失敗及政治的腐化中刻苦掙扎而造成的輝煌果實。第二，我們應該明白，這一些工作及從事工作者纔是復興國家元氣的基礎。第三，由於當前中國實業界種種凌亂凋謝的現象，可以窺及來日的難關何在，我所謂作者的苦心孤詣，即在於此。

新路周刊

編行者：中國社會經濟研究會
編輯部：電話四局〇八五九號
電報掛號：三九六〇
經理部：電話四局〇六九三號
北平東直門大街九十八號
上海辦事處：
電話四二二五五—五一號
上海黃浦路十七號五一一室
代售處：全國各大書局
訂銷辦法：
一、本刊歡迎直接定閱八折優待在定閱期間不受中途刊費加價之影響
二、本刊零售暫定每冊五萬元預定三個月照價八折加郵費如下表：

（三個月）

平寄	五十萬元
掛號	六十二萬元
航平	七十四萬元
航掛	八十六萬元
國外	半年美金四元

三、外埠批銷每期至少在十份以上照價七折郵包費外加一律存款發貨特約總經售辦法另議
四、學生集體訂閱特定優待辦法預定三個月刊期在十份以上者七五折二十份以上者七折
五、寄遞方法請來函說明舊戶續定或有查詢事項務請註明戶號
六、本刊每逢星期六在上海北平兩地同時出版凡華北區定戶請向北平本刊經理部洽定其他各區請向本刊上海辦事處洽定

內政部登記證京警平字第二三四號
經中華郵政登記認爲第一類新聞紙類

本期定價五萬元

新路

周刊

THE NEW ROAD　CASER

第一卷第九期

短評

(一)絕望中的殘忍　(二)誰是物價漲風的罪魁禍首　(三)甚麼都可要，甚麼都可分

辯論

現政府是否有改善的希望

(一)有改善的希望　蒙　毅

(二)無改善的希望　歷　寒

(三)答歷寒　蒙　毅

(四)答蒙毅　歷　寒

專論

公款，國家銀行，與物價漲風　滕茂桐

我國銀行業的罪惡　喻途郁

美國經濟的近景　邢慕寰

由人性上證明計劃社會的必要　吳恩裕

通訊

麥克唐納訪華側聞（南京通訊）　本刊特約記者

魯豫走廊之戰（南京通訊）　本刊特約記者

中原戰火灼南京（南京通訊）　燕　然

沒有珠兒的算盤（華北通訊）　本刊特約記者

長沙在沉淪中（長沙通訊）　戈　歌

水火交侵下的福地（福州通訊）　狄　斐

文藝：斑鳩　汪曾祺

中國社會經濟研究會發行

民國三十七年七月十日出版

短評

絕望中的殘忍

河南省會開封於六月二十二日爲共軍攻陷，省會失守，在關內這還是第一個。

當開封被圍的時候，豫籍立監委及國大代表作緊急呼籲，並有立委向顧祝同跪求，但軍事負責當局却一直說共軍圍攻開封只是「佯攻」。後來二百多人到總統府前跪哭，答覆是「開封已早有準備，安全決無問題」。僅僅五天，城內戰鬥便「轉趨岑寂」，國軍「轉移城郊」，高級將領「下落不明」了。

據我們所知道的，幾個月之前，老百姓便擠出身上的最後一滴油來拿城防捐，不分晝夜的撥沙修城，沿城據五百米的民房一律拆掉。在「安全」的大題目下，老百姓能做的都做到了。但，這就是他們換得的「安全」。城破得如此之快，却招致了飛機大大的施展其威風。

據各報紙的公開報道，在開封上空即投彈四十噸，並有一噸重之巨彈四顆。據豫籍監委在京報告，開封炸死之平民，達十萬人以上。僅僅河南大學，死傷即達三千餘人。開封女師中彈起火，死傷慘不忍睹，開封女中學生倖免者僅四人，（津益世報。）據二十六日天津益世報記載，空軍飛開封上空視察，見「開封屍積如山，腥臭之氣高達五六百公尺」。另據由開封逃到南京的河大學生談：「城破後飛機濫施轟炸，投彈漫無目標，多將自己之軍民炸斃」。中央社的報道則說「空軍與陸軍的配合達最理想之境，」我想，如果不是達最理想之境的話，大約開封的居民也許要完全炸光了。

我們要嚴正的指出，內戰的本身，已經是不可恕的可恥的行爲，而玉石不分，濫炸平民，是殘忍中的更殘忍，可恥中的更可恥者！在國際間的戰爭，空軍的轟炸還限於交通，軍火倉庫等軍事目標，以濫炸平民爲可恥，何况對自己的同胞？尤其這十萬無辜同胞，都是「戡亂」旗幟下的老百姓，或爲公務員，頭一天還在替政府辦着公，或爲商人，頭一天還爲政府納着稅，出糧出兵，差徭驅遣，無一不竭盡肱股之力，他們既不是「匪」，有什麼理由把他們一道炸掉？假定轟炸有效，爲什麼不在城外或敵方增援途中轟炸？如果剿匪要這樣的剿，到美國請幾十個原子彈把中國都炸成海洋，豈不更爲乾脆，

這樣的例子一開，一切大城市的居民，不僅沒人再相信城防的「安全」的諾言，而且只有增加對城防的恐怖。誰還願意並且誰還敢流汗出力拚命支持鞏固城防，到城破時等着自己的飛機炸死？

所以這種濫炸，只是一種怯懦的殘忍，只是絕望中「同歸於盡」的失敗情緒的暴露，同時也是炸散民心的最可怕的原子彈。如果不澈查責任，遏止這愚蠢的幹法，不必等共軍攻城，城就自己破碎了。因爲沒有「心防」作爲基礎的話，金城湯池也是沒有用處的。（瑩）

誰是物價漲風的罪魁禍首？

最近的物價漲風，如火如荼，已打破了法幣有史以來的紀錄。升斗小民，眼看開門五件事的行市一日數變，無不驚心動魄，皇皇不可終日。究竟誰是這席捲全國的漲風的罪魁禍首？

在內戰不停的局面下，政府繼續發行新鈔以彌補財政收支之不敷，物價原是一定要繼續上漲的。關於這基本要點，我們老百姓像是不能管，只好暫時忍住不談。但是物價漲起來竟比新鈔的發行率還要快，財政當局也一而再，再而三的指出這一點，其意髣髴是說，這是由於人民不信任法幣，不與政府合作，遂使流通速率爲之加快。咎由自取，不應叫政府負責。

受過經驗的教訓，我們對於政府說的話，總不能不稍加研究，看看宅的正確性有多大。想了半天，竟彼我們想清楚了。你猜這一次比一次大的巨浪是誰掀起的？你猜是誰使物價漲得比新鈔發行率還快？

這個罪魁禍首竟仍是政府自己！七分是政府自己在作祟，二分是政府在縱容，七加二等於九，只有一分是奸商在利用機會。

現在最大的款項支付，是政府每月發給各軍政機關的經費。公庫法等於白說，長官老爺們拿到了錢，機靈的直接在市場上繞一個圈，笨一點的找個銀行間接一下，也在市場上繞一個圈。兩個圈子一繞，小民就只剩下唸阿彌陀佛了。上中下各級長官們雖是喜逐顏開，最高的財政長官却不免多少有點着急，所以才有什麼「軍政機關公款存滙辦法」出現。但是這個辦法竟行不通。不但大大小小的長官老爺和商業行莊不高興，就連中國、交通、和中國農民銀行也不贊成。原來這些國家銀行也在幫着公款在市場上繞圈子。「公款存滙辦法」若是認眞執行，國家銀行的圈子就繞不成了，銀行老爺們豈不要吃虧？所以在「公款存滙辦法」之上，又來了一個「變通」辦法。這樣一「變通」，小民還得接着唸阿彌陀佛，一無別法可想，長官老爺們和國家銀行自然都是政府中的分子，而公款數量既大，圈子轉得也快，所以我們說「七分是政府自己在作祟」。關於這種情形，本期載有滕茂桐先生一文，講的非常清楚，小百姓們都應一讀。

東北滙款便是一個好例。老百姓那有這麼多的錢從關外滙到平津來。那還不大部份是公款。你沒有看見麼？芝蔴大的東北衙門都在平津設「辦事」處。這些小衙門努力「辦事」的結果，使平津的居民受惠不淺！

爲什麼說「二分是政府縱容」呢？你沒有看見到處都是商業銀行，銀號，錢莊麼？沒有這些寶貝機構，奸商想轉圈子，無論如何是轉不快的。滿皮箱的鈔票提來提去多不方便？再碰上「不法」之徒搶了去買米吃，尤其不利。開一張票據可就方便多了。政府明明說支票不准當日抵用。而中央銀行自己公佈的銀行存款流通速率，在去年年底已高到每月六十一次。這高出三十（當日若不抵用，最高無法能過三十）的數目，是怎麼出來的？這不是政府縱容，是什麼？支票還嫌麻煩，還太露痕跡，行莊的本票就更好了。今天（六月二十七）天津大公報載：「最近物價騰漲，鈔票已感不敷應用，且額小者攜帶尤感不便。本市商業銀行有發行百萬元本票應用者，一時稱便」。濫發本票與發行新鈔有何分別？非政府縱容，誰敢如此做？

小百姓快多唸阿彌陀佛吧！把佛爺唸上西天就好了。（琴）

甚麼都可要，甚麼都可分！

民青兩黨的立委名額問題，迄今尚在僵持中；可是政府裡面有的是各種各樣的大小官職，民青兩黨認爲甚麼都可要，國民黨也覺得甚麼都可分。在中國近代史上，還有比這個更要卑鄙齷齪的麼？

不關痛癢的國大代表和地方參議員算是要到了，分妥了，而立法委員的交易至今沒有做成，於是氣憤之餘發聲明表明態度，搞得彼此下不了台，同時也苦了一班政治的掮客們。我們滿以爲在立委名額分配沒有解決以前，一切問題也許要暫時擱淺，那知道這批交易不成，另一批交易又在醞釀了。據近幾天報載消息，司法考試兩院的院長副院長既已提任完事，跟着就要提名大法官與考試委員，徵求監察院的同意。據說民青兩黨業已應邀向總統推薦大法官與考試委員每黨各二人，名單中有兩黨最優秀的人才，包括留學生，博士，大學教授，醫生，教育家等。可見民青兩黨雖曾嚴正聲明不參加「一黨包辦的立法院」於先，在別方面如仍有便宜可佔，還是存「何樂而不爲」的心思。儘管「棺材已釘了板」，它們依舊找得到縫隙可以鑽進去的。

大法官與考試委員在憲法上應該都是很重要的官職，並且「須超出黨派以外」（憲法第八十條及第八十八條），獨立行使職權。像這樣重要的且須超出黨派以外的官職，竟然成爲三黨分贓的對象，我們不懂政府究竟在憑甚麼叫人民去愛護憲法！我們更覺得既然甚麼都可要，甚麼都可分，爲甚麼不索性連衙門裡的聽差號房也都分了呢？反正到處是烏煙瘴氣，一片漆黑，還有甚麼值得顧忌呢？因爲天總是會亮的，到了那時候，一切都太晚了！（木）

○○辯論○○

現政府是否有改善的希望

(一)有改善的希望

蒙毅

在未討論本題以前，我們先不要忘了，現在的政府就是民國建國前後領導革命的政府，也就是抗戰以前努力建設而頗有成績的政府，也就是領導全國人民抗戰八年而終獲勝利的政府。這樣一個有良好背景和基礎的政府，在現時所表現的政績忽然不很好，其原因自然非常複雜，最主要的自然是抗戰時不可避免的物質上的和精神上的損失和敗壞。勝利後共黨的不合作，和追踪而來的內戰，更使這些損失和敗壞日益加深而無法復原。現在政績的不良，不能也不應由政府一方面來負責。任何政府，在目前的環境下，也是不能有良好的表現的。

給予時間和機會，我覺得現在的政府可以逐漸改善。理由如下：

(一)首先，我們應當提到最根本的一點。現政府是有一套高超合理的政綱爲其施政的根據的。現政府的施政目的是實現三民主義。政府以前的努力是集中在達到民族主義和民權主義的目標上；以後則將努力促成民生主義的實施。在內戰結束以後，行憲的現政府，在全國人民的要求和監督之下，將必以實現民生主義爲其責任。民生主義是最合我國國情和世界趨勢的經濟制度。其他的政黨容或有其經濟上的主張和辦法，但終不如民生主義爲最合理想。有了最合理想的遠景，我們才能有達到幸福生活的一天，否則，一切努力均屬勞而無功，甚或有害。

(二)我國若想走上經濟建設的大路，終需大量的資本。我國本身的生產能力極爲薄弱，絕不能在短期內籌得足夠的資本，供工業化建設之用。在現時世界各國中，美國是惟一能供給別國資本的國家。在我國現存的各政治勢力中，也只有現政權能借到美資。但是美資也並不是一呼可致的。現政府必將盡力增進效率掃除貪污，以期能夠得到美資。在經濟建設推動以後，一切情形都將好轉，政府的效率也必可再行提高。

(三)現在的政府，不管衷心是眞是假，終已套上英美式民主的面具，走上行憲的大路。行憲的面具帶上之後，完全摘下是不容易的。絕對的獨裁一旦放鬆，完全反復是不可能的。歷史上正不乏由不完全誠意的假行憲而眞正的憲政終於實現的例證。英國國王在一步一步放鬆絕對統治權的時候，又何嘗有誠意，又何嘗不是一種不得已的手段？但是英國現在却已能毫不流血的變成一個社會主義的民主國家。在外受美國因勢利導，而內有人民呼籲要求的今日，現政府已走到民主的道路上去，無容反顧的了。

(四)現在的政府已不是一個獨裁的政權，這有事實可以證明，無容置疑。國民大會所選出來的副總統，無疑的不是政府所內定的。在好幾次重要的關頭，立法的公議與執政者的希望幾乎背道而馳。那一個獨裁的政權會允許這些事件發生？現時的言論自由雖不一定澈底，但是對於政府的批評隨處都是；這在專制的國家中能找得着麼？

(五)現在的政府在選用行政大員的時候，已逐漸離開姻親、同學、和黨國元老的小範圍而趨向人才主義了。最近的翁內閣就是明證。翁文灝氏雖名爲國民黨員，但與黨的關係並不深。大家都承認他是一個廉潔自持的學者。其他的閣員，除去極少數「不堪」的例外。大多數的學問和道德標準都不低。國家大事現在已是由全國的精華來主持，而不再被「親小」把持了。

（六）「有內憂外患者國恆强」。現在的政權很淸楚的知道是它最後一次受考驗的機會了。就是爲掙扎圖存起見，它也必會努力邁進而期有所表現。事實上，我們已漸漸的可以看見一些努力的徵象了。在內政方面，立法院已在釐定徵收財產稅的法規，藉以淸算貪污振奮人心。在軍事方面，已能將一方重任交與在自家系統以外的人，以示大公。至少在對日問題上，我們外交部所發的聲明，也並不完全惟美國的馬首是瞻。這些都是頗爲具體的證據，非空言所能抹煞。

（七）大多數的人總是先名利而後道義的，除去一二例外的聖賢不談，在政治方面工作的人也是一樣。現在的政府執政已久。其領導人物中的好名的，早已名揚宇內（甚至四海），好利的也已腦滿腸肥。此後正是他們替國家人民盡忠服務的時候了。再改一個政權上來，我們有什麼把握他們不被名利所趨而再胡搞二十年？

一個國家的歷史傳統和社會背景是只能慢慢的轉變的。若說隨便換一個政權，就能很容易的把所有的壞傳統惡習慣一旦根除，天下絕沒有這樣便宜的事。進步是一點一滴累積而成的。在國民政府執政的二十年中，我們已經外滅强敵內絕軍閥。以後它必將逐漸走上政治自由和經濟民主的大路。

（二）無改善的希望

歷寒

現在的政府，前途是沒有希望的。他正朝着衰亡的途徑上前進，而且離結束政治生命之期，已在不遠。

遠在二十餘年以前，這個現在當權的政府，也曾得到人民擁護的熱誠，也曾表現過一點敢作敢爲的朝氣。但是那只是曇花一現！有如剛出土的青苗，受不到陽光的温暖，缺少人力的扶持，就一蹶不振了。

現在的政府，爲什麼衰頹到現在的地步？

第一點，我們可以指出來的，就是現在的政府，是一個爲少數人謀利益的集團，而不是一個爲大衆謀福利的政權。我們只看他在朝二十餘年，總是把他們口頭供養的民生主義，置之高閣一點，便可證明我所指摘的，并沒有寃枉現政府。別個政黨的主義，是拿來實行的，惟有現政府的主義，則是拿來騙人的。「平均地權」的口號，喊了幾十年，現在我們只看見大地主的勢力，越來越猖獗了，現政府不但不制裁他們，而且還和他們朋比爲奸，讓他們分佈在保甲的組織裡，讓他們集中在參議會的組織裡，使地主對於小農的剝削，比以前更加厲害，而現政權則寄生於這種基層的剝削關係之上，對於那些被剝削者的痛苦，一點也不加以解除。這是鄉間的情形。至於都市中，現政府本來也有一個漂亮的口號，就是「節制資本」，其結果却相反的產生了一種簇新的豪門資本。這個全國所痛恨的豪門資本，在都市中連絡着買辦資本，官僚資本，土地資本，市儈資本，投機資本，專做囤積，走私的勾當，發國難財，發「戡亂」財，弄得都市中與鄉村中的小民，生活不但無法安定，而且成群結隊的跌入貧窮困苦的深淵，弄得家破人亡，怨聲載道。最痛心的，是現在的政府，對於豪門資本，不但不去動他一根毫毛，而把一切行政的負擔，用濫發紙幣的辦法，一起都轉放在窮苦的老百姓身上！請問古今中外，有沒有一個政權專爲少數人的利益而來剝削人民的。還能維持長久？

第二點，現在的政府，知道舊的口號，再也不能拿來欺騙民衆了，所以從今年起，又編了幾句新的口號，一爲「戡亂」，二爲「行憲」。談到戡亂，大家都知道老百姓就怕打仗，不打仗時他們已經痛苦得了不得，打起仗來更是痛苦得不得了。事實擺在眼前，所謂「戡亂」是越戡越亂，收復的地方逐次變成了孤島，或是在拉鋸，國大開會時有人大喊「共軍要渡江了」，東北等於放棄，華北已在危急，西北也受了騷擾，華中華南也不是沒有腹心之憂，軍紀敗壞，士氣不振，這種局面，只是充滿了糟糕黯淡的氣氛，對於老百姓的實際影響，除了要他出錢出力出糧和逃亡外，還有什麼好處？「戡亂」是先天註定喊不響的口號！至於「行憲」，那是與實行三民主義，有同樣的虛空欺騙。憲政主要的條件，就是要有公開的反對黨。現在這個公開的反對黨在什麼地方？沒有反對黨，怎麼可以說是行憲？試問希特勒，墨索里尼是不是可以說是行憲？打開窗子說亮話，我們這回的行憲，只是勉强扮演的一齣醜戲而已！既沒有人民的基礎，更不是孫中山先生的建國大綱所規定的程序所產生的結果。軍事正在火熾，訓政從未實施，如何忽然跳出憲政來了？果然，不合理的現象一連串的發生，選舉弄得一塌胡塗，又提名，又簽署，又保證，又拒讓，以至於抬棺絕食上吊，選舉大總統並無異黨競選，選舉副總統而自家人又火併棄權，憲法而附有臨時條款，給憲法又打了個極大的折扣。憲政的基礎是選民的意旨，可是我們的選民在那裡？大多數的人民在輾轉溝壑，所謂「行憲」，只是首都的一場熱鬧，「民猶民也，國猶國也」，「行憲」這個口號，喊得響嗎？

第三點，我們細審中國過去歷史，知道一個政權的有無希望，要看民心的向背，而能代表民心的，自然是智識階級。據過去幾年的事實表現，我們知道知識階級對於現政府是表示已經絕望了。在以前，文藝的作家中，還有少數的人是有爲現政府辯護的，現在我們想不出一個頭等甚至二等的文藝作家，是與現政府表同情的。教授與中小學的教員，態度雖然沒有文藝作家那樣的明顯，但是在最近幾年內，我們也沒有聽到一個有名望，有思想的學者挺身而出，在稠人廣衆之中，來替現政府說幾句話。我相信假如政府眞能做出一點於民於國有好處的事，他們決不會不說幾句公道話的。至於大學生與中學生的態度，那更是太明顯了。他們年來的罷課遊行，那一次不是對於政府表示反抗？他們在失望之餘，繼之以忿慨，他們不滿意政府，政府不滿意他們，試問一個政府如果失去了知識階級的維護與合作，這個政府的前途還有希望嗎？

第四點，說到經濟方面，國家的貧困，和人民的窮苦眞是到了一個不堪言的地步！現政府除了多印紙幣外，有什麼方法去解決目前的危機？我們只能在這個通貨膨脹，物價狂昇的當前受活罪。但是豪門鉅富的財產，政府能有辦法或是計劃去徵用嗎？國家多少白養閒人的駢枝機關，政府可曾想到裁撤合併嗎？現在政府的收入不夠支出的一半，試問經濟崩潰到了不可收拾的程度，這政府還有希望嗎？

最後，我要指出，現政權不是建築在一種主義之上，也不是建築在一種政策之上，更不是建築在一個制度之上，而是建築在私人的關係之上。這樣的政府，只是在一個人的指揮與管轄之下生長，文的方面，有數不淸的派別，武的方面，有說不盡的集團。這些派別與集團，完全靠一個人在那兒聯繫着，這樣的政府，就好像一個倒豎的金字塔。假如下面那塊大石頭一旦動搖，整個的金字塔就會馬上分離，瓦解，坍台。凡是以一個人爲中心而樹立起來的政權，其結果一定是以藩鎭的局面收場的。這種局面，算得一種前途嗎？當然不能算的，所以我說現政權是無前途的，是無希望的。

答歷寒

·蒙毅·

歷寒先生也承認，現政府初起的時候，「曾得到人民擁護的熱誠」，也曾表現過「敢作敢爲的朝氣」；但是歷寒先生又說，這種表現，「有如剛出土的靑苗，受不到陽光的溫暖．就一蹶不振了」。其實，現政府那時並不是受不到「陽光」的溫暖，它其實是受了十年「暴日」的威脅，接着又受了八載「暴日」的摧殘。從民國十六年日本在北伐時出兵山東起，一直到二十六年抗日軍興的前夕，現政府無時無刻不是在强鄰威脅利誘之下，矢志埋首，努力建設，努力準備應戰，終於戰勝强敵，完成了民族主義的目標。人無三頭六臂，政府也非萬能；事情總須一件一件去做，完成了一種再做一種，無論那個政府，也不能在强鄰壓境和砲火連天的時期內，去有效的改革民生；而歷寒先生却說現政府好像是自願的，有意的把民生主義「置之高閣」，把民生主義「拿來騙人」，這豈非是「欲加之罪何患無辭」？。

在抗日勝利以後跟着就是共黨的叛亂；但是在這種集中精力「戡亂」的時期，現政府也在積極的推行減租政策，各收復區也在實行更較爲澈底的土地政策，華北剿總在六月二十八日公佈的土地改革辦法，便是一個具體的明證。這自然是「平均地權」的實施。立法院現正在制定財產稅法案，這自然是「節制資本」的前奏。那有一個「爲少數人謀利益的集團」，肯像現政府的立法院那樣去徵有錢人的財產稅？由於以上的推論，我們覺得歷寒先生對於現政府的第一點意見，並無根據。

歷寒先生在他第二點意見下，說現政府「戡亂」和「行憲」兩個口號也是騙人的。他說「所謂戡亂是越勘越亂」，所謂行憲也不過是「勉强扮演的一齣醜戲」。

按歷寒先生的看法，似乎現在內戰的責任，應當完全由政府去負。其實，任何戰事都須兩邊放手才能停得下來。現在我們常常聽到反對內戰的呼聲，其實這都是不負責任的說法。現政府也曾三番兩次的要與共黨「協商」，但是除去政府無條件投降外，共黨絕不肯放下槍來。在這種情形下，政府除去繼續「戡亂」外，又有什麼辦法？

關於「行憲」一層，我們在正文中已詳細討論過，在此我們只須再强調下列四點．(一)看現在立法院對於行政部份所抱的認眞和批評態度，誰也不能說這次的行憲不過是「一齣醜戲」。(二)除去用武力去反抗政府外，現政府絕未禁止人民自由組黨；歷寒先生說現在政府內沒有「反對黨」，那是人民自己不願組織，與政府無關。(三)現在政府內雖無「反對黨」，但却有「反對派」，這些「反對派」對於負行政責任的派系，確可以發生制衡的作用。(四)中國是從未有過行憲經驗的國家。在第一次行憲的時候，總要有些不能盡如人意的事發生，在任何政權之下，這是絕難避免的，人民不能過於苛求。

在第三點中，歷寒先生說「知識階級對於現政府是表示已經絕望了」。他又說：「在最近幾年內，我們也沒有聽到一個有名望，有思想的學者挺身而出，在稠人廣衆之中，來替政府說幾句話。」關於這一點，我們不必多說，我們只要問歷寒先生，胡適之張伯苓兩位先生算不算第一流的知識階級，算不算學者。當然，張胡兩位先生也不會覺得現政府能够盡滿人意，但是他們顯然覺得現政府有改善的可能。

關於第四點，我們不否認現在的經濟狀況十分危殆。但這是內戰的直接結果，在這種情形下，任何政府也無法使經濟情形好轉，而我們在前面已經說過，內戰是不能由一方面來停止的。

最後，歷寒先生說，現政府是「建築在私人的關係上」，是「在一個人的指揮與管轄之下生長」的。在正文中，我們也已提到關於這一點的答案。凡是看見最近國民大會和立法院的情形的，無人能否認那「在一個人的指揮與管轄之下」的局面，已成過去了。

答蒙毅

·歷寒·

蒙毅先生提出七點理由，認爲現政府有改善的希望。假如這些理由可以成立的，我們抱與人爲善之心，也會像蒙毅先生一樣，忍耐着，期待着。可是我們都是有理性的動物，有理性的人，不希望鐵樹開花，也不企圖水底撈月，同樣的，我們也不承認現政府有改善的一天。

(一)首先，關於現政府所奉行的主義一點，我在上面已經說過，別個政黨的主義，是拿來實行的，而現政府的主義，則只是說說而已。二十餘年的時間，並不算短，在這樣悠久的時間內，沒有行民生主義，以後誰能保證他會實行？蒙毅先生替現政府預告，說是在內戰結束以後，要實行民生主義。請問在內戰還未結束以前，有什麼理由，不馬上實行平均地權，節制資本？爲什麼要把今天應做的事，放到明天？這還不够表現政府對于實行民生主義的無誠意嗎？

(二)我國的經濟建設，必需大量資本，這是大家都同意的。資本形成的方法，有種種不同的道路。束緊腰帶，自力更生，是一條辦法；利用外資，是另外一個辦法。蒙毅先生以爲現在世界各國，只有美國能够供給資本，而且只有現政權能借到外資，此點我們不能同意。第一，世界各國，除了美國以外，還有別的國家，也有能力供給資本，如荷蘭，瑞典，瑞士，加拿大等國，現在已有餘力可以幫助別人，英法二國，不久也可恢復債權國的地位。美國的資力雖然雄厚，但還沒有到包辦世界資本市場的地步。其次，如說只有現政權才能借到美資，那是一種毫無根據的說法。美國在中國的投資，遠在現政權當政之前。既然在現政權沒有上台以前，美國可以在中國投資；我們就沒有理由說，在現政權下台之後，美國便不在中國投資。

(三)現政府的行憲，蒙毅先生首先說不管他是眞是假，繼而又期望他弄假成眞，如英國一樣。行憲是頭等大事，豈可以這樣糊塗的搞下去？蒙毅先生只看到一個由假行憲而眞行憲的英國　却忘記了歷史上充滿了由不完全誠實的假行憲開始而長久假下去的例子，如帝俄，如日本，如南美中美的許多國家。中國的老百姓，對這種假行憲，是絲毫不感興趣的。

(四)一個政府是否獨裁，要看他是否有強有力的反對黨而定。假如在立法院裡面，有強大的反對黨存在，現政府便非獨裁，否則便是獨裁，這是政治學上的常識，我們必須認淸。蒙毅先生一方面說現政府不是獨裁的政權，另一方面又找不出一個反對黨，于是舉出一些毫不相干的事實，來證明他那站不住的理論，如副總統非政府所內定，立法院的公議，與執政者的希望背道而馳等等。其實，這些事實，只是表示政府黨的沒有紀律，派別中間彼此鬧意見而已。這些事實的存在，並不能證明獨裁政權的不存在，最多只能證明，在這個獨裁政權中，他的領袖的威望，已逐漸不爲其黨羽所承認而已。

(五)蒙毅先生說現政府的用人，已趨向人才主義，並以翁內閣爲例。事實勝于雄辯，在翁內閣中，有幾個新的面孔？我們能發現一個嗎？不，連一個也沒有。假如這些人都是人才，那麽現政府在好久以前，便已寵用這些人才了。過去這些人才，並沒有什麽表現，將來也一定沒有什麽表現的。

(六)在一團漆黑之中，蒙毅先生似乎看到一點曙光，那便是：立法院已在釐定徵收財產稅的法規。我素來不喜歡預言的，但將于這一件事，我敢在這兒預言，就是這個法規，一定難產。萬一會產生了，那也會改頭換面，以類似救濟特捐這一類的把戲收場。其實，現在的老百姓，已比以前聰明了。他聽到立法院釐定徵收財產稅，不會感到興趣。即使通過了，他也不會感到興趣。一定要等到這個法案，付諸實行，而且實行之後，豪門資本，官僚資本，均由私囊轉到國庫中去了，因而預算可以平衡了，因而物價可以穩定了，然後老百姓才會對于現政府拭目相看。但如希望現政府做到這一點，豈非希望駱駝穿針孔？誰還會那樣天眞地來做這一場美夢？

(七)最後，蒙毅先生還那樣天眞地寄其希望于腦滿腸肥的人，以爲他們已到了替國家人民盡忠服務的時候，以後該有所作爲了。假如中國眞有一天走上民主之路，這些腦滿腸肥的人，我們不應該剝奪他替國家人民服務的機會。但是他們服務的地點，却大可商量。蒙毅先生，你以爲這些人應當在政府中爲人民服務呢，還是應當在監獄或勞動營中爲人民服務？

× × × × × × × × ×

專論

公欵、國家銀行、與物價漲風

滕茂桐

今日物價騰躍，是舉國上下最焦灼的問題。內戰不停，無從平抑，幾乎成爲一般人最普遍的論調；但是當軸者不能把客觀環境，當作主觀的藉口，總得想些辦法，雖不能平抑物價，總希望延緩物價的漲勢。而且事實上，內戰並不能使物價上漲程度，如此嚴重。其所以然者，是因爲戰費沒有本乎有錢者出錢的原則，靠着稅收籌措。換言之，赤字財政憑藉發行彌補，是根本的病源；除了因利害關係昧着良心裝糊塗者外，可以說是人人皆知的事實。惟目前還不能澈底治療，這是政治問題。不過，縱使赤字財政，靠發行彌補，亦可因爲不同的支出方法，使通貨膨脹的程度，發生很大的差異，因之對於物價有着不同的影響。

卅五年七月二日國民政府曾公佈「軍政機關公款存匯辦法」，便是針對着改善支出方法而發。其中最重要的第二條，這樣的規定：「財政部簽發各軍政機關經臨事業等費，除因特殊情形，必須開塡直字支付書外，應儘量開塡撥字支付書，撥發存庫，立戶依法支用，各領款機關，不得提出轉存公庫以外之銀行或其他金融機關」。這就是說，除了十萬火急馬上要用的款項，可以立刻支取應用外，其餘預算所核定的款項，應該存在中央銀行，經過支用手續支取，不應存在其他任何銀行。立法的本意，原是想把各級政府全部收支，均列入預算，而預算所列收支均須通過公庫，財政部作收支命令，中央銀行代理公庫執行出納，有命令權者無執行權，有執行權者無命令權，如是權能劃分，收支統籌，免得公庫款項，在花用以前，先在市場上轉幾個圈子，致赤字財政所製造的通貨膨脹，發生「加番」作用；換成經濟學的術語，就是減緩通貨的流行速度，對於抑制物價自然是有利的。

但是事實上庫款仍可巧妙的加以運用，公款存匯辦法，並不能貫澈。設法在市場上囤積居奇者，固然無法管制，就是對於存在各商業行莊的公款，也是一籌莫展，不易制裁。檢查行莊是件頭痛的事，在賬面上是難以看出破綻的。能看出眞面目的賬，檢查人員又得不到。即或檢查出來，又以並無明令罰則，可以遵循，常常是以一紙申斥了事。這年頭，大利所在，誰在乎不痛不癢的申斥？因此，在中央銀行以外的庫款，只有在國家銀行可以看到；而各行局庫的存款，平均約有百分之八十五是來自軍政機關或國營事業，倘毫不給以充分時間，立即嚴格執行公款存匯辦法，不啻是讓各行局庫關門。於是三十五年十二月十六日行政院又有所謂「軍政機關公款存匯變通辦法」，規定原存各行局軍政機關公款，暫不悉數移存公庫，至淸結爲止；公有營業機關之營運資金，及公有事業機關之事業費，仍准存放國家行局；這樣公款隨取隨存，永無淸結之日，等於取消原定政策。赤字財政不僅依然恃諸發行，而且還是依舊在「加番」流通；物價上漲率加速度的超過法幣發行的增加率，其原因即在此。

到了今春再舊話重提，第三五九次四聯總處理事會通過，現存於各行局庫的軍政機關存款，限於四月底以前移存國行，並由國行以年息二分代價，給各行局庫同額透支，到年底爲止，俾各行局庫有充分時間，另謀發展。另外爲體恤各行局庫處境特別規定：「國營事業機關款項，可由各行局庫分別依照事業性質收存」。這無異又把原來的意思，打了個不大不小的折扣，並替各行局庫，開了個方便之門。正因爲這個緣故，辦理軍政機關公款移存時，曾發生了許多枝節問題；例如，何謂國營事業機關？顯而易見的如中紡公司及資委會各廠礦，自然毫無疑義；但是，鐵路局，公路局，聯勤部的被服廠，汽車修配廠等及其分支機構，都可能有不同的解釋。此外國營事業機關款項，是指何種款項？專指庫撥的呢？抑或連收入中應繳庫的也包括在內？表面上看來似乎是由於條文規定含混，致滋誤解，而未能達到預期效果，其實骨子裏，各行局根本不願移存，不過四聯總處既有議決案，不得不敷衍一下而已。

各行局庫何以不願把公款移存到中央銀行呢？他們有他們的理由與苦衷。各行局庫的放款，是靠着各軍政機關國營事業的存款，同四聯總處及國行貼放委員會核准的國策貸款及業務貸款。在英美銀行制度裏面，除非各商業銀行陷於周轉困難，不得已時才會間接或直接向中央銀行重貼現。我們的習慣却不然，貸款是由各國家銀行局庫辦理，但是可用轉貼現轉質押轉押匯等方式，由中央銀行拿七成鈔票；換言之，這種貸款也是靠着增加發行方式培植的，與財政不平衡所製造的通貨膨脹，異趣同工。其對於生產究有多少幫助，殊有商榷的必要，因不在本文範圍以內，姑不討論。要之，倘各國家銀行的存款來源，因移存而減少，勢必更行依賴核准的貸款，也就是說一方面公款移存，通貨的流通速率降低，另方面須強加發行，才能維持各國家銀行局庫的生存。

從邏輯上推敲，我們很自然的會發問，爲什麼各行局庫於公款移存之後，不另外設法吸收存款？這裡的癥結是各行局庫不能隨便提高存款利率以吸收存款。目前國庫券的利率，雖已與市場利率接近，但各行局存放款利率則遠低於市場利率，我們的金融政策，從抗戰初期起，即維持低利，認爲利息低則成本低，因而可以穩定物價，這個基本觀念，直到今春才逐漸改變，惟仍不澈底。還是小心翼翼，惟恐利率提高後會在事實上或心理上刺激物價。實際說來，這些觀念都是錯覺。若從個人觀點來看，利息是成本，利率高則增加負擔。但是從社會觀點來看，利率高適足以直接抑制經濟活動，間接緩和物價漲勢。每逢銀根緊俏利率上升的時候，物價看跌就是這個道理。至於提高利率，在心理上有刺激作用一點，在物價步步上升的狀態下，更是杞人憂天，如果有刺激作用的話，黑市利率早已刺激够了。不會再在乎國家行局的利率提高。因此作者主張如果要嚴格的執行公款存匯辦法，必須爲各行局庫想一條出路。使他們另有辦法吸收存款。簡單而明瞭的就是授權他們可以斟酌市況需要，提高存放款的利率。同時對於違反公款存匯辦法的銀行號，政府要有明令罰則，認眞執行。彼時各行局庫既有辦法吸收存款，以發行來支持的低利貸款，便可停止，無須乎替各行局庫再錦上添花，使通貨膨脹的程度加深。以去年東北農貸而論，放到農人手上的時候，正是他們不用錢的時候。發放的方式是平均分配，結果每人所得數額，只够打兩頓牙祭；對農民並無補益，但對物價却頗有影響。倘當局認爲某種工程，某種事業値得在萬難中與辦者，不妨乾脆直接撥款辦理，或予以津貼，無須多繞彎子採用貸款方式。因爲在今日之情況下，多繞彎子就等於少辦事。以上的建議，平易簡單，而且與各方利害衝突較少，實行起來，無大困難。我國在組織同工作效率上均較歐美爲差，不能抄襲歐美經濟管制精神而不厭其詳的門門加以管制，我們只能擇其緊要的舉舉大端，嚴格管理。對於明知故犯者要言出法隨決不寬貸，則有良好的效果是可以預期的。

（三十七年六月南京）

我國銀行業的罪惡

喻淦郵

我國銀行組織，如果專以銀行之名稱來區別其性質，似乎已達到精細分工的境地。如：工業銀行，商業銀行，農業銀行，合作銀行，儲蓄銀行，信託銀行，乃至鹽業，墾業，典業，無不各有專業之銀行，眞可說是應有盡有了。可是，我們在仔細調查各該銀行的實際業務之後，就會發現許多內幕情形，因而對於我們的銀行業會有一種新的看法。

首先，我們應當推敲往來帳戶及其地址，（請注意地址）；其次，察看貼放之對象，承兌之票據，投資之事業，並分析收受信用的來源去處是否與該銀行所標榜的目標相符。再進一步，研究獲得銀行信用最多的廠商，所以能取得信用的原因，以及這些廠商與銀行的關係。然後，你不妨按址前往訪問，你發現這些廠商規模宏大嗎？設備完善嗎？生產活躍嗎？還竟是「上窮碧落下黃泉，兩處茫茫都不見？」經過這一番考究，諒不難窺見銀行所事之一斑。不過你得明瞭，這種情形並不是今日獨有的現象，而可以推溯到抗戰以前。所不同者，只是「古已有之，於今爲烈」而已。

（一）抗戰以前的銀行

本來，中國之有現代式銀行，與生具來便是不健全的。遜淸積弱，外力侵凌，洋商銀行首先見於我國。時勢造英雄與起了一批買辦階級。這班人看家本領是「通曉洋務」。他們的拿手傑作是「促進華洋商業」。於是國人經營的銀行便應運而生。此其一。淸咸豐以還，戶部軍需孔亟，度支告匱，政府爲解決這一問題，乃於京中招商設立官銀號，以鑄幣發行紙幣爲主要事業，這是中國官辦銀行興起的原因。此其二。民國成立，軍閥割據，各省地方銀行都受其控制。有些人將括來的作孽錢開設銀行，作爲政治資本的出納庫，打地盤的經濟工具。此其三。這三點便是中國銀行業先天上的特性——買辦性，無獨立人格性，封建性。

如果我們把中國銀行業盛衰的年份與內戰聯起來看，那麼內戰最厲害的時期，公債發行最多，也就是銀行最興旺的時期。又如果將銀行盈虧的大小和各該銀行與外商往來的疏密來看，誰最善於爲外商收購原料或代理其他業務，誰就最賺錢。據此，直到抗戰開始，我們確認我國銀行的特性，本質上依然未變。此外，我們應不憚煩作更深入地研究，檢討一般銀行業務的重點。當然，我們不應抹煞若干銀行對國家建設及輔助實業的功績，但大部份銀行的業務都與民族工業非常陌生。銀行資本多半是和商業資本相結合。有些標明特殊性質的銀行，其日常業務根本便與所揭示的宗旨毫不相關。在抗戰以前，我敢說沒有一家銀行不從事公債之買賣。這也難怪，買公債如衆所週知的是一種高利貸經營。同時公債的賣買方式又是一般人所熟悉的買空賣空辦法。這種投機行爲，一些「搶帽子」的朋友可能會蝕老本；但在銀行便無甚風險，因爲賺就賺了，如不賺，宅有足够的資金可以拿回現貨，往庫房裡一塞，六折七折的公債票，倒是可以十足抵充準備，說起來還是幫政府的忙，又是「投資」。這與現時股票交易初無二致。其實，股票投機與投資股票的界限實在太微妙了，誰又能否認經營股票不是「投資」？不正是銀行會計科目所指的「生產事業投資」？我們的銀行家及其銀行，最善於運用這種經營方式，最樂於從事這種「投資」。因而起家，因而勃興，因而發達，因而壯大，因而可以操縱一切。

上面是說明我國銀行業是以高利貸及投機利潤爲養命之源的特點，對經濟上是破壞性而不是建設性，毋庸贅言。

（二）抗戰期內的銀行

抗戰開始以後，幣值不斷貶値。在這種情形下，大家都知道吃虧的是債權人。銀行主要的債權者是存戶，銀行佔便宜存戶吃虧是極其明顯的。存戶之中，尤其是一班鰥、寡、孤、獨以及固定收入者，他們不會做買賣，只知將辛苦所得放入銀行做定存或儲蓄存款，希望多收些利息，滿以為可以得點貼補，結果錢的數量確是多了，比值呢？不說亦明。但我們的銀行家並不像這些人那麼傻，物價上漲正是大好機會，於是囤積居奇無所不用其極，銀行的貿易部信託部便是主司其事的機構。有些銀行乾脆另設商號，有些更高明，只開幾個透支帳戶，便捷之至，銀行這種對存戶的「合法掠奪」與不法經營又是戰時銀行畸形發展的主要刺激因素。更重要的，我們尤須特別指出抗戰期中操縱物價為害社會的是銀行資本與官僚資本合流的凶潮。這兩個壞東西合作的方式很多，或相互利用，或銀行老闆變為官僚，或官僚變為銀行股東，或一身兼有陰陽兩性，無以名之，姑曰「豪門」。如果你有機會翻閱銀行股東名册，你會發現若干達官巨宦的大名。也許你看不到他們的大名，却看到什麼「美」「淑」「蘭」一類太太小姐的芳名。也許你竟這些也看不到，只發現了一連串並不熟諗的人名而覺得「若有所失」。但是，先生，你不必灰心，當幕內人告訴你這些都是某老闆的「化身博士」，你才會驚佩他們深諳齊天大聖以一變百的法術，而你也「一旦豁然貫通」了。戰時銀行資本與官僚資本合流所予社會經濟的戕害，眞是無法估計。這種現象見諸封建、官僚、買辦、市儈掌握國家經濟命脈的社會，並不是什麼新玩意兒。戰前特殊商人（即官僚及其經理人）操縱市場，是在蔭蔽階段。戰時的跋扈囂張只是暴露原形而已。直至發展到政府禁止公務員營商及一大套管制銀行法令的公布止，這又跨入一新階段。此後，新銀行禁止設立，銀行分支機構亦予限制。但是齊天大聖法術何等高强，這些法令又怎能限制其自由？倒反巧妙地替他們布置了良好的環境，便於演變「大魚吃小魚」的把戲。那些新設的小行莊，偏促在狹隘的天地裡，頭寸短細，業務清淡，乃至不如一月大商號，眞是可憐之至。

在抗戰末期，不少的小行莊冒險擔保承包美軍工程以羅致頭寸，其時，美軍工程甚多，如：機場建物，酒精供應等等，每一標（承包工程的術語）數額輒以千萬乃至萬萬計。辦法大概是由銀行擔保先付七成，如不按約履行以致取消合同，則須賠償按月息四分至五分之利息。在三十三、四年，「億」字還沒有應用，千萬便不是小數，平常銀行頭寸大致不會短缺到千萬以上，向同業拆款千萬以上，往往要跑二三家才能湊足，當時同業日拆約在二元以下，即每千元每日利息二元，合月息六分，放款利息則在七分上下，如果大宗存款期限在一月以上，有些銀行也可出到六分利息，如果得到美軍定金，放放定存也可賺錢。於是，一班掮客販子（Dealer）便百計貪緣，送禮，賄賂，陪美軍跳舞，乃至送女人給美軍以求達到簽訂合約之目的。在銀行方面，一轉帳之間千分之三到五的手續費也很可觀，款子當然存入擔保的銀行，頭寸自然賴此充裕。此種生意，十九只交一二期貨，以後便是拖，大不了出利息，翻一翻當時有些銀行的「保證款項」賬簿，便可以證實這是活躍一時的業務。以上是戰時銀行的粗淺輪廓。

（三）勝利以後的銀行

勝利以後，物價波動的幅度愈來愈大，誰願意將錢放在銀行裡貶值？存款的人可說沒有不希望獲得透支的便利。銀根緊，款子都提走，還要透支。銀根鬆，款子都東了。大戶存得多，也用得多，實際上很少有助於頭寸。說起「軋頭寸」銀行職員都知道是件苦事，明明有餘，交換提示送來往往會差欠甚鉅。而有些戶頭的透支又是不便拒絕而寧可拆來頭寸替他們墊，非萬不得已是決不肯輕易退票的。如果退票，退票理由又是十分傷腦筋的事。「存數不足」，認為是對客戶的不禮貌，於是「託收款項尚未收妥」便常用於存數不足的情形下。也有因頭寸急迫找出幾張大額支票撕破一些，或用墨水印泥將支票汚損，塡上「支票破碎」或「支票汚損」「印鑑模糊」等退票理由。這是不道德的辦法，但無論出票人、持票人、對方銀行、管制當局都無法謂為不當，却是救急的辦法。銀行業務主持人的苦惱的確不是身歷其境不會領略的。其實，社會經濟發展到這一階段，不投機取巧做什麼？吃什麼？這又不是銀行業獨有的苦悶了。

綜之，中國的銀行由買辦官僚軍閥及兼具數種性格的人為創始，以做洋生意、放高利貸。投機（包括囤積居奇及一切不生產之經營）而起家，從清政府的昏瞶，經過民初的割據，國民政府的因循放縱，形成了這樣混亂駁雜的局面，彷彿是在滂水的山坡上滾雪球，愈滾愈大，最後終會墮入水中，一切消滅。這便是中國銀行業在其發生，發展過程中自行揚棄的法則。

在惡性通貨膨脹演進到最後階段的今日，能夠運用抽緊銀根、監督市場、檢查行莊、拋售物資等法竟能略有成就，使物價竟也偶而穩定數日，實非易易。西哲麥卡洛强調租稅的社會意義說：「我們不能吃到整個麵包，但吃到了半個終比一無所得好些」，我們不妨仿照這話來强調今日管制的效果說：「我們雖吃不到半個麵包，也還咬着一眼眼」，所怕的是若干時日以後，通貨膨脹的魔掌將麵包全部拿走，連麵包屑也哌不到了。但是話得說回來，一個合理的銀行制度不是不可能建立，銀行業務也不是不可能走上正軌，只是有一個條件，那便是在合理的政治制度下才有合理的金融制度，因為決定經濟的形式和內容的力量還是政治！

美國經濟的近景

邢慕寰

美國一九四六年的「就業法案」（Employment Act），規定自一九四七年起，總統應於國會每年正式集會之初提出「經濟報告」（Economic Report），列舉過去一年，現在和未來可以預測的就業，生產及購買力水準，和影響這些水準的經濟施政及一般經濟環境，並就有關各點提出建議。同法案規定設立一經濟顧問委員會（Council of Economic Advisers）以協助總統編製「經濟報告」。於是杜魯門總統先後於，一九四七年一月及一九四八年一月向國會提出兩次「經濟報告」，並於一九四七年七月提出「年中經濟報告」。把這幾個報告綜合起來，可以看出美國近年來的經濟趨勢及其暗伏的危機。

（一）美國總生產的變動—價值增長和實量增加的比較及通貨膨脹的顯示

我們先看美國近年來國民所得與國民支出的增漲趨勢：

一九三九—四七年美國國民產品與支出總額（單位·十億元）

年份	國民所得總額	個人消費支出	私人國內投資總額	對外投資淨額	政府購買
一九三九	九〇·四	六七·五	九·〇	·九	一三·一
一九四〇	一〇〇·五	七二·一	一三·〇	一·五	一三·九
一九四一	一二五·三	八二·三	一七·二	一·一	二四·七
一九四二	一五九·六	九〇·八	九·三	(一)〇·二	五九·七
一九四三	一九二·六	一〇一·六	四·六	(一)二·二	八八·六
一九四四	二一〇·六	一一〇·四	五·九	(一)二·一	九六·六
一九四五	二一三·一	一二一·七	九·一	(一)〇·八	八三·一
一九四六	二〇三·七	一四三·七	二四·六	四·八	三〇·六
一九四七(註)	二二一·八	一六四·五	三〇·五	八·八	二八·〇

（註）根據不完全資料估計

由上表可以看出，美國國民所得總額，在一九三九至一九四六年間增加百分之一二五，一九四七年較一九四六年增加百分之十四。但實物生產增加率，一九三九—一九四六年間的僅得百分之六十，一九四七年較一九四六年亦僅增加百分之七。如包括商業，金融，政府等等勞務生產合計，一九四七年美國生產總量較一九四六年增加尙不及百分之五。生產指數的上升趕不上貨幣所得指數的上升，說明貨幣所得總額中有一部分是代表通貨膨脹。通貨膨脹的造成，是由於貨物與勞務的供給不夠同時滿足最後消費，私人資本形成，對外投資和政府購買的貨幣需求。在戰時，因爲物價、房租、工資、利潤、個人消費及私人投資都直接受到限制，故通貨膨脹的程度尙不顯著；停戰以後，物價頓如脫韁之馬，消費品價格，一九四六年爲一九三九年百分之一四〇，一九四七年更升至百分之一六〇；躉售價格漲勢更大，一九四六年爲一九三九年百分之一五七，一九四七年升至百分之二百。

（二）美國物價上漲的原因

美國戰後的物價漲勢，一方面是戰時漲勢的承續，一方面則是由於戰後各項管制先後取消，需求突形膨脹。我們現在試看這個新的壓力是如何造成的：

戰後消費傾向的提高，對物價是一個最大的壓力。在戰時，由於種種限制，消費者的需要不能獲得全部滿足。停戰以後，消費者急於提高消費水準，於是消費支出大增。一九四七年消費支出的增加較消費者可以自由支配的所得的增加竟超過三十五億元。這些新加的消費支出，有以下幾個來源：

（一）現收所得中用於消費的比率提高，亦即儲蓄比率降低。戰時個人儲蓄比率，一直維持在很高的水準，一九四一儲年蓄比率爲百分之一〇·七，一九四二—四五年間，儲蓄比率高達百分之二十以上，一九四四年且曾上升至百分之二四·四；但至一九四六年，儲蓄比率即降至百分之九·三，一九四七年更降爲百分之六·三。儲蓄比率的降低，與個人所得分配的變動很有關係：自開戰以來，美國中下等家庭的所得增加最快，一九四一—四六年間個人所得的增加，其中有百分之六十屬於在家庭總數中僅佔百分之四十的低收入家庭，只有百分之二十屬於在家庭總數中佔百分之二十的高收入家庭。這還是就未納稅以前的所得來說，如將個人所得稅扣除，則所得分配的變動更形顯著。一九四六年的所得分配比一九四一年起了這樣大的變動，主要的是因爲一九四六年的就業人數比一九四一年多，全時的工作也比較多，同時還有許多家庭現在有一個以上的人可以賺取收入；其次，原來收入較低的農民，現在收入也增加了；第三，工資的上升，低工資層的勞工所獲最大。一般的說，低收入者的消費傾向是比較大的，所以低收入者的所得的相對提高，有壓低平均儲蓄比率的趨勢。

（二）消費者除了把現收所得中較大的部分用於消費外，還動用以往的儲蓄，這已經成爲戰後的一般現象。據估計，一九四七年美國有四分之一以上的消費單位已無流動資產，年收入在二千元以下者，半數已無流動資產。

（三）銀行的消費放款，構成消費支出膨脹的另一個重要來源。戰時由於銀行信用，受到管制，消費放款曾降至五六十億元上下。一九四六年，消費放款即超出百億，打破以往的最高水準；一九四七年更增至一百三十億，較一九四六年增加三十億。上面說過，一九四七年消費支出的增加較消費者自由支配的所得的增加多三十五億元，其中百分之八十五即可用一九四七年消費放款的增加來解釋。

美國私人資本形成，在戰時頗爲穩定，廠房設備投資，最高時不過八十億元，其餘僅在五六十億元上下。戰爭結束以後，私人資本形成擴張得很快，一九四六年廠房及設備投資增至一百二十億元，一九四七年更增至一百六十億元，連庫存品(Inventory)合計，一九四六年共爲二百十億，一九四七年共爲二百五十億。美國戰後私人資本形成所需的資金，其來源與消費支出來源的性質類似，即：

（一）提高投資對當年未分配利潤及提存準備金的比率。戰時各年，私人公司未加分配的利潤及所提準備金總額超過投資；一九四六年投資激增，超過同年未分配利潤及準備金總額一百三十億元，前者約當後者的百分之一八五；一九四七年投資與未分配利潤及準備金總額的對比雖然降低，但二者之間的絕對差則愈擴大。

（二）私人企業在戰時積有大量儲蓄，戰後動用很快，一九四六年金融以外各業的流動資產減少達五十五億之多，一九四七年又減少十五億。

（三）商業銀行對於私人投資的資助，在戰後也迅速開展，一九四六年銀行對農業以外各業的信用增加四十六億，一九四七年又增加四十二億；住宅營造抵押放款，一九四五年僅增加五億，一九四六年則增加四十五億，一九四七年更增加五十五億，其中約有四分之一由信行供給。

美國戰後物價所受到的新壓力，不僅發生於本國消費支出和私人投資的驟增，而且有不少一部分是歸因於國外空前的需要。根據各年第四季的實際數字推算，一九四六年美國的商品與勞務出額七十七億元，一九四七年增至一百十六億元。資濟這個巨額出超，主要的靠美國

商品與勞務出超及其資濟辦法（十億元；全年推定數）

年份	商品勞務出超總額	資濟辦法：政府貸款（註二）	資濟辦法：外國動用在美短期資本及黃金	資濟辦法：私人贈與及匯款	資濟辦法：其他（註三）
一九三六—一九三八（註一）	〇·五	—	一·二	〇·二	(一)〇·八
一九四六第一季	七·一	五·〇	〇·九	〇·六	〇·六
第二季	九·九	六·五	二·一	〇·七	〇·六
第三季	七·九	五·八	〇·八	〇·六	〇·七
第四季	七·七	四·二	三·四	〇·七	(一)〇·六
一九四七第一季	一〇·七	五·三	四·六	〇·六	〇·二
第二季	一三·八	七·〇	四·七	〇·七	〇·四
第三季	一〇·五	七·六	三·四	〇·六	(一)一·一
第四季	一一·六	三·五	四·五	〇·八	二·八

（註一）包括投資收益。
（註二）不包括對國際銀行及貨幣基金投資。
（註三）包括國際銀行及貨幣金的資助，私人長期資本流動，私人及政府短期資本流動，以及錯誤遺漏。

美國政府貸款和外國動用在美短期資本及黃金。這一部分額外的需要，對於美國戰後物價也施着沉重的壓力。

在各類需要亢進的洪流中，只有政府購買減少。在戰時，美國政府購買在國民總支出中曾達百分之四十以上，一九四六年即降至百分之十五，一九四七年更降爲百分之十二。就聯邦政府支出而論，戰後大加削減，一九四四年聯邦政府支出九五三億元，一九四六年減至四五三億，一九四七年更減至四一三億，一九四八年預計將減爲四〇四億。與收入相比，一九四四年收入不敷四百五十億，一九四六年收支相抵即稍有餘，一九四七年收入超過支出五十六億元，一九四八年預計收入超過支出八十八億元。這些超收，就代表聯邦政府强迫人民儲蓄，其作用是反膨脹的。比較更重要的影響，是聯邦政府以其超收的一大部分來減少銀行手中握有的政府債券，因爲政府債券握在私人手中，可以售予聯邦準備銀行，以增加準備金額，擴大信用基礎。現在聯邦政府從銀行手裏收回一部分債券，就等於減少了一部信用擴張的基礎。所以美國政府收入超過支出的反膨脹作用是雙重的。然而美國國內消費與投資及國外需要已顯得過分擴張，相形之下，現行財政政策所收的反膨脹效果畢竟太小；而且最近國際局勢的發展，已有使美國政府支出再度增加的趨勢，援外法案與擴軍計劃已經把一九三九年的預算推到高過一九四八年的水準。照目前大勢觀察，這個趨勢至少在未來幾年之內沒有轉向的希望。

（三）通貨膨脹與經濟恐慌

現在美國朝野上下都在關心通貨膨脹在短期內是否會造成經濟恐慌，至今還沒有一致的意見。美國有許多經濟學家相信經濟恐慌不會發生，他們拿一九二九年與現在相比，指出一九二九年美國商品生產過剩，農產品價格低落，投機風熾，而銀行信用復助長投機，工人勢力單薄，不能拒絕工資降低，以致整個經濟不能穩定；而現在的情形與此相反：全世界需要未獲滿足，農產品價格特高，投機遭受限制，工人勢力强大，必要時可要求增加工資，提高購買力，故整個經濟亦比較穩定。

然而由這樣的比較所得的結論，其眞實性也並不是絕對的。當美國經濟還是正在走着上坡路的時候，我們至少應該注意頂坡上的一些絆脚繩，一不留神，美國經濟終會被絆倒，而掉過頭來滾向下坡的。第一，照就業人數看，美國現在已經達到實際充分就業，爲着滿足國內外有增無減的需要，大部分只有靠每一個工人生產力的提高，而提高生產力是一個緩慢的過程，一九四七年美國每一個工人每小時的產量僅略較一九四六年爲高。以後美國生產品的供給彈性可能更小，少量的增產將需要更大的物價上漲來推動。現在美國在生產方面已經有不少的瓶頸（Bottle-neck）出現，尤其是若干重要原料供給成問題，以致影響製成品的生產。今後如何打破這些瓶頸而不影響物價水準，應該是美國政府和生產界所最關心的。第二，物價不斷的上漲，使固定收入者的實際購買力逐次降低，爲提高購買力，美國工人自一九四六起已開始輪番要求增加工資，影響所及，直接減少有關各業的現下生產，助長物價的漲勢；而資方則多以生產成本提高爲詞，而將其提高部分轉嫁於最後消費者，以致物價工資互相追逐，大有雪球下山推波助瀾之勢。最近以美國製鋼公司爲領導的削價運動，及其企圖以非膨脹的辦法來代替提高工資，其用意就在打破物價工資互相追逐的循環。但最後消費能否得到這種削價的好處，頗成疑問。就汽車生產而論，一部分原料成本雖因此減低，但最近火車運價突漲，汽車製造成本反而提高，汽車公司曾一度被迫提高售價，可見無政府主義式的片面行動不能產生顯著的效果，奇異西屋等電氣公司宣布削價，亦可作如是觀。第三，在物價工資互相追逐的跑道上，物價幾乎總是遙遙領先，現在消費者還可以用許多辦法提高有效需要，但終究有一個限度。尤其因爲近年來農產品價格猛漲，消費者的所得大部分爲食物吸收，這個趨勢如果繼續下去，準會影響工業製品的需求。第四，由於國內私人投資的擴張和國外需要的殷切，第三點考慮在目前似乎不太重要。然而現在美國國內的私人投資，至少有一部分是在通貨膨脹所造成的不健全心理和錯誤的商業較量下進行的，在正常的商業情況下不一定站得住。國外的需求，短期內雖不致減低，但如歐洲或其他國家在美援之下果眞復興得很快，誰能擔保美國貨的市場決無問題？此外，國際局勢的發展也包含許多不定的因素；事實證明天年也竟成爲支持美國繁榮的條件，今年二月初旬美國糧食市場慘跌，據說重要原因之一是歐洲各國的天年好，預料今年糧食豐收。由此可見美國所賴以維持繁榮的基礎的脆弱。現在美國資本家對於未來似乎已無把握，今年二月中旬繼糧食市場慘跌之後的證交風潮。證明投資者對於前途已隱約窺見了暗影。

綜觀美國近年來的趨勢，經濟上已充滿了一連串的不調和現象，最基本的原因，是戰時所造成的經濟脫節。美國現在所需要的，是一個平滑的全面的調整；無政府主義式的片面自動調整價格結構的辦法，顯然不夠。杜魯門所建議的財政政策，信用管制及主要物品配給等溫和手段，共和黨人竟不能予以支持，而資本家反多把美國的經濟前途寄托在第三次世界大戰！我們現在已然可以看出一個奇怪的現象：一方面，戰爭所造成的物資缺乏和通貨膨脹正在加深；而另一方面，美國的最大生產與充分就業依賴備戰的程度愈來愈大。這是美國的不幸也是全世界的不幸。

三十七年六月一日，南京。

由人性上證明計劃社會的必要

吳恩裕

有許多學者認爲計劃社會，是違反人性的。他們大體上都以爲：人性是需要自由的，而計劃社會大概是不太自由的。本文即擬由人性上證明計劃社會的必要。

固然，人是有個性（Individuality）的 因爲假如沒有個性，他就不能自別於旁人了。不必徵引個人主義的論證，祇由自有歷史以來人類在各時代各方面所表現的事實看，就可以得到充分的證實。他不但具有個性，他還隨時隨地企求發揮表現他的個性。他常常注意、關切、維護「自己的」，而忽視、侵害「別人的」。他也常常企求發揮他自已的天才，而想做偉大的音樂家，淵深的哲學家，科學的發明者，左右大局的政治領袖等。

可是，人也是有社會性（Sociality）的。因爲他所有音樂的成就，哲學的造詣，科學的創發等成績，都必須在社會中始能完成。魯濱孫雖然飄流在荒島上尙可荀活，但他顯然地不能有上述的成就。即使他也可以哼一曲歌，那也是他飄流之前，在「社會」中學習的，由「社會」裡帶去的記憶，不能算是自己憑空創造的。可見人是具有社會性的。

個人之有個性，我認為無須多加證明。求生存、求改進生存，就是他個性中最基本的要素。我們所要注意的是：極力發揮「自我」精神，絲毫不顧他人的利害，不但是不應該的，也是不可能的。柏拉圖在二千多年前就宣稱『個人不是自足的（Self-sufficng）！』即使是維持最低限度的生存，他都不能不求助於人。他和他的同類必須有交換服務的合作行為。一個人最低限度的需要，也要解決衣、食、住、三大問題。有了這三種生活必需的資料，纔能維持「生存」。可是，就在這三件事中，你就得求助於人，就得和旁的人有交換服務的合作。假如你自己正在建立一座茅屋，你同時就不能去找食料；假如你正在尋覓食料，你同時就不能建立起你那茅屋。你必須和旁的人有交換服務的合作關係，而那交換服務的合作行為，自然就會造成了一種之分工。可見，即使是維持最低限度的生存，絕對孤居獨處的個人，也不能做到。這是所有個人的自由主義者，所應認淸的限際。

但以上祇是說：個人「保持」其生存，必有賴於旁人的分工合作，亦即，他必須加入社會裡來。可是這「保持」生存，祇是限於生活必需品的獲得。假如進一步「改進」生存，那就有待於這些必需品數量的加多和品質的改善，甚至於我們可以說，有待於超過「必需品」的享受了。這種「改進」生存的圓滿實現，更有賴於人與人之間的有效的交換服務的合作及社會分工了。這正表示：為了「改進」人的生存，人們更需要高度的「社會的」生活。所謂人之具有「社會性」，其證據就正在這裡。同時，這種情形也正是所有集體主義者立論所本。

當然，在這裡你不免要疑問：所謂「個性」中之成分，如自私等，是顯而易見的事實；而所謂「社會性」則是推論的結果。關於這點，我們須知：所謂人性乃是生物之性，宅乃是一個發展的過程。宅一方面包括着其本然的狀態（What it is）；另方面也包括着其可能變成的狀態（What it is capable of becoming）。這種演變的過程，就正是由「個性」步入「社會性」的表現。人類既不能過那種孤居獨處的，老死不相往來的生活，他既必然地要走入社會生活的境界，那就正表示：走入社會生活乃是他本「性」中的必然的需要，亦即，是他本「性」中之成分。這種把人性視為一發展的過程（human nature as development）的看法，是亞里士多德的創說，其中顯然包含着眞理。

讓我們回到本題。既然「保持」和「改進」人們的生存，都需要有效的社會生活，那麼，所謂「有效的」社會生活究竟是什麼意思呢？上面已經說過了：社會的生活中包括最基本的事項就是交換服務的合作和社會分工。因此所謂「有效的」社會生活，就包括有效的交換服務合作和社會分工。怎樣纔能使一個社會的合作和分工「有效」呢？

自有歷史以來，人類社會的分工合作，便缺乏效率。其所以如此，實在是因為過去人類社會的分工合作都在不自覺地進行着。何以名之為不自覺的呢？我們可以舉資本主義制度下的事實為例。在這種制度之下，你替我做衣服，你便是裁縫；他替我造房子，他便是建築家；我替你們寫小說，我便是小說家。在用金錢來交易的方法中，自然就造成了一種「你取我予，我取你予」的社會合作方式。由於這種社會合作的方式，又產生了一種相應的分工形式，使每人都各有一種專門職業或工作。整個社會就依賴這種特殊形式的社會分工與合作，乃得以維持。然而，這種以商品交換所造成的分工合作，乃是「不自覺的」。那就是說，在這種社會中，沒有一個人或一個機構來安排：在該社會中多少人應該造房子，多少人應該造麵包，多少人應該行醫，多少人應該從事著作，多少人應該做其他必要的工作！相反地，在這種社會中的分工合作，完全是不自覺地按着市場上的商品售購增減情況，而決定的；完全是由於市場上自然的，無管制的作用，來決定多少人做麵包，多少人行醫，又多少人寫書等等。在這種聽其自然的分工合作情形下，便會有太多的人製造麵包了。因此麵包是做多了，麵包跌價了，麵包工人失業了；於是麵包工人又轉業，或者竟致失業。在其他種工人也有同樣的情形。這種情形，生活在今日世界中的人們，都很熟悉。我們都已經認為這些現象，的確是現代社會的病態，是應該診治的症候。但我們須知：古典派經濟學者，當初還贊譽人類社會這種自然的分工合作情形呢！他們有的甚至於認為這種「不自覺的」分工合作不會使社會失調，因為他們相信：在這「不自覺的」分工合作背後，有一隻「看不見的巨手」在那裡支配着。

然而這種聽其自然發展所造成的社會分工與合作，對於人們高度的社會生活，是有莫大阻力的。這種高度的社會生活，亦即「有效的」社會分工合作，必須在「計劃的」社會（Planned socety）中，始可實現。也就是說，欲求社會分工與合作提高效率，必須有「自覺的安排」（Conscions Arrangement）方可。上述那種聽其自然的社會的分工合作，乃是阻礙「自覺的安排」的力量。何以呢？因為欲有「計劃」，欲有「自覺的安排」，必須交換工作者們，人和人接觸方可。他們人和人到一起，才能把供給與需要的情形，有所調查，有所安排，有所計劃。然後再按着調查的結果，安排，計劃好的辦法實行，始可避免前此社會分工合作之混亂的，無政府的狀態。可是，在資本主義的社會中，把這種本來應該是人和人之間的關係，却給變成為物和物之間的關係了。在此種社會中，寫書的人看不見賣麵包的人，賣麵包的人看不見賣衣服的人。反之，書籍、麵包、衣服、却都在市場中聚會了。宅們都按市場的價格被交換着。宅們生產的多寡，也就受這種對於市場上供給與需要數量的推測所決定。我們的問題是：製造者既互不相謀，他們當然就無法控制這種生產無政府的狀態。於是供求失調乃是必然的現象；因為供求失調又必然地產生了「浪費」；又因為資本集中的規律，使貧者愈貧，富者更富。結果造成社會中之大富極貧的事實，也是必然的現象。馬克斯因此斷定：欲求高度的社會生活，欲求有效率的合作和分工，便非令人們「自覺地」管制這個製造及分配人們生活必需品的過程不可，也就是非有「計劃的」社會不可！

總結以上，我們可知：人有個性，亦有社會性。不但維持最低限度的生存，人必得和旁人合作及分工；而改進個人的生存，尤其需要高度的合作與細密的分工。這種高度的合作與分工的社會就正是所謂「計劃的」社會。因此，「計劃的」社會乃是人性的要求。這要求，在理論上可以有充分的證明；在事實上也即將逐步地證實。宅不怕任何阻力：因為宅是「歷史的狂瀾」，任何人休想挽回歷史的狂瀾！宅也不需要道德的辯護：因為一切道德都不能違反，而必適應，人性中求保持及改進其生存的要求；更不能違反大衆集體地、自覺地、有計劃地滿足上述要求的企圖及事實。因為集體地、自覺地、計劃地滿足上述要求的方法，比個別的，不自覺的，無計劃的方法更有效率，所以，個人主義的自由主義的歌頌者，也要約束他們的歌喉：使他們的濫調不要妨礙集體地，自覺地，有計劃地滿足人性保持及改進生存的社會之實現。

通訊

麥克唐納訪華側聞

——南京通訊——

本刊特約記者

一

炎夏籠罩首都，物價節節高的石頭城中空氣顯得十分沉悶。此時此地却正是政治上的熱鬧季節。立法院裡，委員們激烈質詢翁內閣，監察院中，投票唱名，正在選舉正副院長，民青兩黨爲着立委席次和部長位置，在和國民黨忸怩作態的討價還價。人們的眼光集中在這些上面，但在外交上有兩件大事在靜悄悄地進行着，却沒有人十分注意。中美雙邊協定在談判，據傳，中國政府已經答應暫時開放內河航運權；允許美國船隻直駛京漢兩大口岸。同時，一位英帝國的殖民大員——東南亞高級專員麥克唐納突然蒞臨南京，來作「禮節上的拜訪。」

實際上，麥克唐納的訪問，並不如此簡單！

戰後英帝國在遠東的屬地殖民地，因爲印緬錫蘭相繼獨立，她所能直接控制的只剩下了馬來亞和香港。在經濟方面，除了在昔日原有領土上仍舊擁有强大金融力量外，在中國方面所具有經濟地位却失去了。這些都象徵着英帝國在遠東的勢力已經衰退。可是，英帝國却始終沒有忘情於中國市場上的巨大利益。過去英國商務訪問團，駐華大使施諦文，以至英國議員訪華團都曾經爲恢復中英舊日商務關係而努過力。他們屢次向中國試探，希望中國重行開放內河航運；對英國打開方便之門。但是這件事關主權，屢次都使他們沒有得到要領。尤其自九龍沙面事件發生以來，中英邦交已經由「敦睦」陷於「平淡」狀態，以致英國方面好久沒有敢進行此事。

這次麥克唐納正在中美雙邊協定談判即將完成之際，突然來華訪問，確實使人推測到他的來意並不簡單！

二

麥克唐納動身來華的前夕，在新加坡曾發表了一篇尖刻「反蘇反共」的演說。演說中他指責蘇聯的策略在協助各國共產黨「以鐮刀斧頭爲武器」，顛覆其本國政府，來建立極權主義政權。他說東南亞的共產黨勢力正在積極發展中，「爲維護自由和安適的生活，政府一定要撲滅這些共黨勢力。」他更警告馬來亞的激烈政治組織（指馬來亞民主同盟，新民主青年同盟和人民抗日軍退伍同志會）應當謹慎從事，如再從事罷工暴動等恐怖行爲，必將予以懲處。

這一個演說等於是英帝國在東南亞即將清共的聲明；也是英國遠東殖民地開始採取反共行動的先聲。

六月七日麥克唐納離新加坡到香港，馬來亞進步報紙「民聲報」便遭到封閉，發行人劉一帆亦被捕。自此，馬來亞聯邦全境宣佈戒嚴，搜索拘捕左派份子的行動便開始了。

東南亞的清共措施雖然不是偶然開始的，但麥克唐納適在訪華前夕發表其「反蘇反共」演說却是一件值得玩味的事，他表現自己是一個「反共產主義者」；他更表示英國在遠東的殖民地即將清共。因爲這樣可以教中國政府把他看做一個「志同道合」的友人，而肯伸出友誼的手，與大英帝國重行敦睦邦交。如果更簡捷更明白地解釋：這樣表現，可能更容易更順利地使他達成他負的眞正使命。

三

麥克唐納七日下午到香港後，當晚和港督就對華外交方面曾作廣泛會談，而決定了來華折衝的初步方案。次日晨即由香港飛赴廣州，開始其「禮節上的拜訪」。十九年前麥氏曾經來華遊歷，和中國政府人士熟稔的很多。這次到達廣州，宋子文很慇勤地招待他，在談話中提及許多問題，類如九龍事件，中港緝私，華南建設以及中共在港活動等等。在談話中麥氏曾提及英國願恢復過去的中英商務關係，而稍稍透露英國關心開放內河航權的問題。宋子文對他的答覆是一切重要外交問題需待南京決定。麥氏留穗僅一天，六月九日即飛到南京來了。

麥克唐納到南京下榻英國大使館。十日早上，分別訪問孫科和王世杰。在他訪問王外長的時候，曾經會談達一小時之久。所談的問題，先只是一些瑣碎的小題目。麥氏認爲九龍沙面事件，純係出於雙方誤會。中國政府既應允賠償，英國亦亟願早日圓滿解決，以免妨害今後中英間友好邦交。對於華南走私問題，麥氏表示英國當局決遵循中港協定，協助中國當局緝私。

在這些次要問題談過以後，談話中心漸漸接近主題。

麥克唐納向王外長表示英願與遠東各盟國加强聯繫；尤其願與中國恢復戰前貿易關係。他提出中美雙邊協定的事，表示**如果中國對美開放內河航行權，英國也希望中國根據互惠平等原則對英援例開放，**這一要求正是麥克唐納「禮節上拜訪」中國的眞正目的。但王世杰以鎮定的態度答覆他說，中美雙邊協定仍在談判中，開放內河航行權並未决定，中國政府對各盟國同樣友好，故對英國希望暫時不能考慮。

這一個閉門羹使麥氏對這個問題不能繼續討論下去。於是拜訪中國外長的晤談，便中止在這個階段上。

十一日早上麥氏拜訪李宗仁，當日下午才由沈昌煥陪同正式晉謁蔣總統。短短的會晤便完成了訪華應有的外交禮節。

四

麥克唐納在留京期間，除訪問各政府要人和出席歡宴外，還舉行過一次記者招待會。在記者招待會上他又發表一篇和訪華前夕演說有同樣意義的談話。他說他擔任東南亞高級專員有兩重職責：第一是主持東南亞英國殖民地的政務；第二是代表英國政府與東南亞各鄰邦（包括中暹印緬）接觸，即執行外交上的任務。而現在東南亞的英國殖民地上（馬來亞和香港）共產主義的勢力在擴展中，這些共黨分子和過激政治組織，英國殖民當局是準備清除他們的，麥氏這種談話，一方面表示自己具有遠東殖民地的行政及外交大權，如果和外國有所協議時，便可以在其管轄領土內付諸執行；另一方面，重申英國決心在遠東殖民地清共。這無非是暗示給中國政府，英國肯以「清除英國殖民地中的中共勢力」作條件，來和中國談「其它問題」。因爲麥氏深深瞭解中國情勢，也很清楚中國政府希望英國清除她殖民地中的中共活動，尤其是香港。海南島和華南的中共勢力日見强大，與香港允許中共合法存在很有關係；同時香港成爲中國反政府份子活動中心而時時發表抨擊國民黨言論，更是香港當局不干步的結果。他很知道中國政府這個頭痛的問題，希望假手英國解決已非一日了。他這次發表淸共談話，目的在藉此打動中國政府的心，用這個較高代價的「餌」，釣一條代價更高的魚——中國內河航行權。

五

如果中國政府眞肯答應美國開放內河航運的要求，那麼這種犧牲主權的做法，只可以政府急需美援來作解釋（雖然政府還有更冠冕的措辭來掩飾。）而英國以協助華南緝私以及簡單解決沙面賠償問題等等作代價，來要求援例，在中國政府眼睛裡，這些代價是不够的，尤其和美援比起來，相差得更懸殊。至於麥克唐納最後所表示的那個較高的代價，雖然是中國政府樂於接受的，但衡量衡量究竟還是不成比例。

麥克唐納本來預定在南京只作「三天訪問」（六月九，十，十一三天）但他爲達成他重大的使命。多勾留了兩天。在這兩天裡。他並沒有得到中國方面明確的反應，可藉以作爲進一步磋商的階梯。這理由在這裡：因爲「反對對美開放內河航行權」的呼聲，已經在輿論中喊起來了。航商反對，學生反對。政府也深怕和麥克唐納多談下去，招來更多的麻煩，以致影響中美雙邊協定的簽訂。於是報紙上把麥氏訪華渲染得像是一個禮節上的「拜訪」；而不透露任何有關內河航權的消息。

麥克唐納看看短期內不會得到要領，同時馬來亞的情勢也因淸共開始，逐漸惡化起來。於是他懷了一種不十分愉快的心情，乘坐皇家空軍的飛機，飛回新加坡，鎭壓馬來亞去了。

魯豫走廊之戰

—南京通訊—

本刊特約記者

中原名城，河南省會——開封，又像洛陽似的失而復得了。共軍近期內是否有第二次的進攻，現在還看不出來。共軍以劉伯承，陳毅，陳賡三個有力兵團，放在從黃河到長江的中原廣大地區，鼎足而立，此應彼和，算得上共軍有力的棋子。他們運用靈活，配合緊密，從純軍事的角度來看，已達上乘之妙。

打洛陽是爲了打通魯豫走廊，打開封是爲打通魯豫走廊。這兩條走廊打通以後，共軍將會以更多更大的力量向南投擲、奠定他渡江或入川的有利基礎。

魯豫走廊之戰，震撼了首都，河南立監委參議員的跪哭請願，立法院的秘密軍事檢討，都無補於汴京的陷落。悶熱的首都，被一片悲觀愁怨的空氣籠罩着，蔣總統巡視鄭州後飛往西安，副總統也去了北平結束行轅業務，何部長也不時傳出北上的消息。不知這是速作亡羊補牢之計呢？還是苦悶的象徵？客觀說法是二者兼而有之。

現在開封又經國軍收復了，蔣總統也西巡歸來，但是河南人士並沒有因爲開封的收復而收斂起他們的眼淚，他們的省會並沒有被共軍焚燬，而被四十萬磅的炸彈燬滅了，這創痛是無法治療的。他們依然悲憤怨艾，不知向誰討還他們的血債。以前爲劉茂恩呼援，現在又變爲對劉茂恩的斥責，他們悲憤的心面對着這個慘酷的現實，眞不知道如何是了，如何是好了。

豫東的風暴是怎樣來的，値得我們加以追述。在本刊三期「戰局的可能發展」一文中，我們曾經指出，「大別山北豫皖邊境上的黃泛區，那裡是所謂土共魏鳳樓金紹山活動的地區，實力談不上多末大，國軍以遠征有名機械化之母的第五軍在那裡遊弋，用以東面掩護津浦，北面警戒隴海，以策應徐州開封兩基地。用快速活動，熾烈火力，集中使用兵力，封鎖戰地消息等方法，來做大部隊的游擊，還不失爲徐汴間的一個大的安定力量。」但是後來這個安定力量北移了，開封古城暴露在黃泛區的邊緣上，乃至暴風雨突然襲來，使他淹沒在滾滾的黃沙中。

魯局的重大變化，使豫東不得不有今天支離破碎的局面。而魯局重大變化的造因，是由於國軍去年上半年在山東主戰場上自欺欺人的所謂「戰略勝利」。湯恩伯范漢傑走進了沂蒙山區，謊報戰果，自稱將陳毅主力擊潰了驅散了，已達淸剿綏靖階段。但是他們忘記了張靈甫，李仙洲，韓濬以及他們的部隊和裝備那裏去了。山東除了津浦路徐濟段鐵路修通，廣大地區還是在共軍手裏，他們的力量也大部分潛伏在那裡，經過一個多天的操練補充，展開了春季的昌濰攻勢。這個突如其來的强大攻勢，就使得京中很驚訝，據說當時蔣主席曾責問王耀武，在共軍主力被擊潰時，爲什麼不好好的搞民衆組訓，清除共軍殘餘力量？爲什麼敎他在山區裡坐大？不願得罪人的王耀武經一番考慮後，只有答以「政治上的事情是比較遲緩的，不能像軍事那樣的迅速。」他並沒有說出有什麼人謊報戰果，和「戰略勝利」後地方上眞正的情形。

魯中堡壘昌濰被共軍吃掉以後，濟南情勢亦緊，王耀武一度來京請辭，又經何顧挽留作罷。中央多年來在黃埔系中培植的魯籍軍人有三李一王，——李玉堂，李延年，李仙洲，王耀武。而這四個人中又以王耀武最爲精明能幹，所以又有「三李不如一王」的說法。而今李仙洲早已被俘去。李延年在濟南接收時弄得名譽很糟，難以再起作用。李玉堂困守在兗州，王耀武苦悶在濟南。他們似乎已經沒有什麼好的方法來挽救山東。中央也難再有更多的力量增加到山東戰場上去。

作戰就似乎專憑那末一股勁和氣，共軍在山東打下昌濰來，一方面在整理着，魯西北的共軍第七，第八，第十三等縱隊，又在陰平東阿渡過黃河，經肥城下泰安，切斷濟南對外的聯絡。沂蒙山區的共軍也從鐵路以東動手佔領了泗水，曲阜和鄒縣，進迫兗州，津浦路徐濟段近兩百里長的路線被共軍完全控制了。在共軍七，八，十三縱隊佔泰安向南移動的時候，在魯西經整補後的陳毅的第一，第四，第六三個縱隊及新編之十一縱隊又過了黃河，經鄆城汶上鉅野地區與東路北路共軍合圍兗州。兗州城防工事相當堅强，吳化文曾經固守過那座堅城，共軍始終未能攻下。現在是由李玉堂率領霍守義之十二軍固守，外援斷絕，情勢危迫。徐州國軍一部北上增援，而在黃泛區之陳毅第十第十一兩縱隊及劉伯承之第一縱隊也北上攻下蕭縣，活動於徐州以西及隴海線上之黃口碭山等地區，威脅徐州，並有沿鐵路北上圖與渡河共軍會合模樣，徐州臨時戒嚴。這是六月初魯西南及徐州外圍一般的態勢。在此種態勢下，遊弋在黃泛區的第五軍不得不跟踪北上越隴海路在魯豫邊境上，協助防守荷澤的劉汝明部來共同抗拒自魯南下的共軍。兩軍相持於鉅野定陶城武中間地區時，由豫西南回來的共軍的第三第八第十等縱隊就開始進攻開封了，表面上是接應魯境陳毅部隊南下，在國軍的錯覺下，剝掉外圍據點一鼓而下開封。

開封很早以前是由劉汝明部駐防，劉的兩個整編師，一個是他的兒女親家曹福林，一個是他的弟弟劉汝珍。論裝備與戰力算不上多末强；可是他們帶的是河北子弟兵，住在開封的眷屬有好幾百戶，縱使外圍有事，他們也會縮回來固守城垣「看家」。陳留朱仙鎭那些據點雖然丟過多少次，省城是他們要固守的。所以過去開封人在四郊烽火中，一般人還安心，市民們在想他們就是不管我們，也是要回來照顧家眷的。後來劉汝明調到荷澤去，吳化文一度接防。昌濰會戰時吳化文又調到山東，開封的防務就交給第六十六師李仲辛，而李師也只有一個十三旅在那裏，此外的就是河南省的保安團。共軍從六月十七日開始攻城，到二十日差不多是全城佔領了。開封失守的消息雖傳遍了南京，而政府始終是對於「報喪」的消息儘量的少發晚發或甚至於不發。直到二十四日政工局所發佈的消息還說：「至二十三日雖地面電訊中斷，情況不甚明瞭，但城內仍有戰鬥。」最後實在捺不過去了，紙裏頭已經露出火來，才說開封守軍轉移外線。看政府的初意是願在最後發一個解圍的消息做終結，用第一次洛陽失守時發佈手法，而不願說他是失而復得。

共軍打進開封去，就很快的向外搬東西，大的部隊就沒有在城裏等着挨炸。傳守軍師長李仲辛殉職，參謀長游凌雲及十三旅旅長均被俘。省主席劉茂恩一度盛傳自殺，結果長腿跑到了駒封。國軍援開封的胡邱兩精銳兵團到達開封時，共軍已搬淨走光了，使他們撲了個大空。開封那個沉重破爛的包袱國軍又不得不檢起來，兩千億救濟費投入那饑餓災荒的海中，是不會有半點作用的。

潰決了的開封，又湧出了一股洪流，流向黃泛區—國軍跟蹤南進，宣稱黃泛區中將有主力決戰，現在戰事在杞縣睢縣中間地區，劉峙又坐了飛機到前線督戰，想撈回開封虧去的血本。這一戰即使國軍能將共軍驅出黃泛區，那大別山中會增加新力量。更可注意的在這個時間，共軍是會攻一下鄭州。而無可懷疑的是魯中及魯西南的戰事，自必因爲黃泛區會戰而加緊，以劉汝明的實力是不能單獨支撐魯西南的局勢的。魯局繼續演變，共軍說不定還有第二批人馬要橫越隴海向南進軍，這條斷斷通通的魯豫走廊，從劉伯承解救陳毅第一次通過以來，已經難以計算他們走過多少次了。在路南擄來的物資械彈有的要送到黃河北去儲存整理，俘虜送回去訓練，新兵拿出來補充，有時還有大部隊開回去整訓。這條路他們走慣了走多了。「路就是人走出來的」越走越寬坦，越走越熟習，他們要踏平隴海路，開闢出一條從黃河到長江的東線走廊進入大別山，東面威脅京滬，西面鉗制武漢，作渡江之有力準備。現在這個中原東線走廊之戰還在繼續着。這個戰役過去以後，就要看陳毅，陳賡，劉伯承三戰小諸葛白崇禧的戲了。

我們在「內戰局勢可能的發展」一文中也曾指出：「國軍要想肅清華中，當然是利用平漢隴海兩路，以徐州爲進擊基地，以武漢爲堵擊基地。」現在劉峙與白崇禧已經分別就任徐州與華中剿匪總司令，看他們怎樣追和怎樣堵吧！徐州剿總受了魯局的牽扯和開封的挫敗，在追擊上的力量削減了很多。華中剿總已經再驅使南陽受挫的張軫兵團繼續北上，想尋第二次柳林之戰的機會。兩陳一劉，互爲犄角，鼎立中原，兵力在五十萬左右。國軍方面徐州武漢兩總部指揮的兵力，也差不多要佔各戰場兵力總合的二分之一。中原劇戰恐怕要是眞正空前的激烈，河南人民的荼毒，將不止開封一城！萬一後面追不上，前面堵不住，那六個月在華中被肅清者就不知道是誰了。不管誰勝誰敗，而絕對逃不脫的被肅清者將是華中各地的老百姓。開封不過是因爲他是古之名城，今之省會，特別被人注意而已。

魯豫走廊的爭奪，將決定華中兩方力量之優劣，這個力量的消長特別值得注意，國軍還有什麼力量向華中投擲呢？一般認爲蔣總統西安之行，是要把胡宗南的部隊調出一部出潼關來，將西北防務分交回教軍。這樣就是用徐州，西安，武漢三大基地，教劉峙，白崇禧，胡宗南三員大將對付鼎立在中原的兩陳一劉。壓軸大戲可能就是以這樣的陣容演出。

七月一日

中原戰火灼南京

——南京通訊——

燕然

鶯飛草長，雜花生樹的江南春天，早已隨着國民大會的結束而消逝；火紅的石榴花，也快在驕陽裡凋謝殆盡；可怕的夏天，無聲的來了。

南京是長江沿岸三大火城之一，夏天的炎熱，是很享盛名的！才在端陽節前後，溫度已經在九十度以上，近來更是一天熱似一天，街頭行人多揮汗如雨，中暑倒斃的事情，時有所聞。因此，玄武湖的晚風，龍門夜花園的冷飲，也挽留不着敏感怕熱的有錢人。他們有的遠走到北平青島去避暑，有的到杭州或者到莫干山去消夏，就是那些同首都分不開的政府大員們，也都準備暫時「轉移陣地」到夏都廬山去了，雖然那裡的旅館是用的美金計算，住房子是講的白米，費用的奇昂會使人聽起來伸舌頭，但是我們的「公僕」們，是不在乎這些的。

至於一般人民，從來就沒有起過「避暑消夏」的狂妄念頭。南京的夏天雖然炎熱，但是他們每年都能夠硬起頭皮忍受下去，今年自然也不在乎，實際上最使他們感到難過的，還是物價的高漲，生活的艱難。近一兩月來，京滬的物價，因爲種種關係，幾乎沒有一天不向上漲的。有的東西一天漲幾次，平均說來不到一個月便漲了一倍。人們談起物價來，都在搖頭變色。這種精神上的折磨，遠勝於炎熱對於人們肉體上的折磨。正在這心身交瘁的時候，中原戰爭爆發了，戰火的熱焰，由戰地吹過了平原，越過了大江，吹進這號稱六朝金粉之地的石頭城，更深深的灼傷了每個人的心。像是在人們的痛苦的心靈上，再重重烙上一個創痕。

本來中原共軍的力量非常龐大，除了少數點線據點之外，大部的面都在共軍控制當中，本月共軍劉伯誠，陳毅，陳賡，孔從周等，聯合扮演大鬧宛西，將堅強的宛西民團摧毀以後，相率回師北指，直取中原的心臟——開封。先將開封周圍陳留，中牟等小據點吃掉，然後圍攻開封城。本月十六日以前，開封不斷電京告急，十七日即正式進入戰時狀態。攻城共軍據判明的有陳毅的九三，七，八〇，二三等縱隊和陳賡的九，三，八，十等縱隊。數量上雖然沒有用出宛西大戰那麼大的數目，但是開封守軍的數量和作戰力也是同宛西民團相差很遠，所以在開封攻守戰中，國共的兵力還是很懸殊的。因此政府派出大批機羣助戰，劉峙飛到開封上空指揮，新任參謀總長顧祝同也親臨鄭州坐鎮，在政府可以說是連吃奶的氣力都施展出來了，但是這被南京黨報認爲是固若金湯的中原名城，終於十九晚被攻進市區，肉搏三晝夜後，於二十二日正式陷落。

開封四面平原，無險可守，可是宅是中原的心臟，全河南的神經中樞，是共軍在關內第一次奪取過去的省會，在軍事上原有很大的意義。而且因爲宅是省會，是在中原各地淪陷以後僅剩的兩大據點之一，因此政府的文武大小人員，大多集中在開封，這次被共軍龐大兵力圍攻，四面包圍得水洩不通，政府人員極大多數或者被俘，或者殉城，或者下落不明，損失是可謂慘重的。因此，官方通訊慣用的：「我軍於任務完成後，安全轉移至有利陣地」的一套濫調，這次也破例未用。同時因爲共軍進展的迅速，戰火的慘烈，和强大機羣的痛炸，開封貯存的豐富物資，像南關的麵粉廠，城西北角的軍火倉庫，小南門軍營的軍需品，搶的搶，燒的燒，炸的炸，鼓樓附近馬道街一帶繁華區域和大南門等地，都被戰火夷爲平地。全城物資損失的初步估計，約值國幣二十七萬億元，可以說是空前浩劫。

南京的人民，隨着開封戰事的緊張而緊張，尤其是一些旅京的河南人士，他們眼看着家鄉遭受着悽慘的命運，都急得像熱鍋上的螞蟻一般。自本月十六日開封告急後，他們卽開緊急會議，繼請政府增援。二十日上午九時，又推派代表張鴻烈，李柏玉，段劍岷等多人，到總統府晉見總統，向總統要求下列各點：(一)搶救開封，(二)確保鄭州，(三)軍令統一，(四)速派援軍。段劍民氏更跪陳開封險惡情形，聲淚俱下。蔣總統請他們放心，並且保證國軍可以保守這座中原名城，縱不幸棄守，也可以在短期內以全力收回，請他們不必灰心。各代表辭出後，又聽說共軍已攻進開封城垣，並且已在市中心區縱火，國軍只剩三個據點，因此當天下午四時，又在中央飯店孔雀廳集會，決定向當局請求四點(一)請總統親赴徐州坐鎭，李副總統親往鄭州坐鎭，白崇禧總司令親往信陽督戰。並由陸空增援，搶救開封，確保鄭州。(二)撤辦豫省軍事負責人，並由豫省全體監委提出彈劾。(三)請空軍暫停轟炸，因爲免人民死傷過重。會後卽推豫省國大代表立監委及請願團人士等百多人爲代表，於下午六時往國府路總統府請願，因時間已晚，總統府沒有人接見，又於八時許離總統府，集體赴黃埔路總統官邸求見總統。九點抵達，由軍務局長俞濟時接待，謂總統公忙，無暇接見。但各代表因故鄉安危攸關，情緒非常激動，既不退出，又不進食。至十時半，復由參軍長薛岳接見，謂總統已就寢，今天無法接見，對各項要求，決儘速辦理。但各代表因未見到總統，仍然不願離開。直到深夜十二時國防部秦德純次長趕來，對開封戰況，作扼要的報告，謂開封尙有七個大據點，可從飛機上看到國軍旗幟此外小據點很多，而國軍援軍已抵城郊，對開封戰事，甚有「把握，」云云。各代表情緒才稍和緩，到午夜以後（約兩點鐘）才退出總統官邸。

次日（二十一日），各代表再度集體到總統府請願，因總統已出席國民黨中政會，便由薛岳接見。各代表除仍請求搶救開封外，並要求速撥鉅款賑濟難民。薛氏卽電邀社會部長谷正綱到總統府商量。請願代表要求撥款五千億元救濟開封難民，谷氏謂前曾核定豫省賑款爲三千億元，已撥發一千三百億元辦理救濟，至於開封難民賑款，需由美援賑濟項內撥付，尙待研究具體辦法。各代表於當天下午又到社會部同谷正綱繼續商討，仍無結果，決定二十三日到行政院請願，但這天噩耗傳來，開封已正式陷落。

開封陷落以後，在京豫籍人士的悲痛是可以想見的。廿五日立法院舉行秘密會議，檢討當前軍事情勢，並由國防部長何應欽氏出席報告。會中豫籍立委段劍岷等痛哭陳詞，對此次開封戰役，激烈指責，博得許多同情。但正在這情感到達高潮的期間，現任地政部長的豫籍人士李敬齋氏，忽然對記者談稱：開封的得失，並無軍事價値。李氏在開封陷落以前，也曾在國民黨中政會中，向蔣總統面陳開封的緊急情形，請求設法援救。現在在開封失守以後，又說開封在軍事上並不重要，顯然是一種「官腔，」但是却觸怒了在京豫籍人士，特聯名發表聲明，對李氏言論加以駁斥。聲明中除列舉幾大理由說明開封在軍事上的重要外，並謂李氏是豫籍人士在中央坐特任官的唯一人物，有汽車洋房，家眷都在南京城享福，對於豫省人民的疾苦，自然不感痛癢。在汝南失守的時候，李氏因爲是他老家所在地，因此哀痛如喪考妣，曾請中央撥款三百億元賑濟。但是其他各地相繼失守，李氏均坐視不理。足見其「情感之偏私，眼光之狹隘！」現當河南省會失守之際，李氏竟說出這種「荒謬言論，」實在「跡近瘋狂！」李氏原來是脫口而出的打了兩句官話，意想不到的惹出這場是非，但衆怒難犯，只好自認倒霉。

現在中原戰事還沒有結束，蔣總統已飛前方親自指揮，國軍强大兵團已抵開封外圍，官方宣稱正進行「捕捉戰」，並限令日內收復開封。將來「捕捉戰」的結果如何，現在還不能逆料，不過政府爲了面子問題，似乎將以全力於短期內收回開封。但損失了龐大的物資，消耗了許多的兵力，搶回來一片廢墟，在軍事上的得失，還有待於軍事學家的研究。至於一般旅京河南人士，對於這片瓦礫場之是否收復，已經不怎樣發生興趣了。

自從中日戰爭以後，河南人民從沒得到過一點安寧。在抗戰期中，日人鐵騎縱橫，河南人飽嚐了焚燒殺掠的痛苦。其間還有着連年的旱災，和驚人的黃河氾濫災害。當時重慶大公報曾經寫過一篇社論，「看重慶，念中原！」痛陳中原人民的痛若，許多人都曾一洒同情之淚。現在勝利了，復員還都，冠蓋東下，京滬的荒淫面遠勝於那多霧的山城，而中原人民的慘痛也遠勝於抗戰期間的遭遇。在紫金山下舉目北望，但見滿天的烽火，殘破的城垣和悽慘的流民圖，使人只有欲哭無淚的感覺。

沒有珠兒的算盤

——華北通訊——

本刊特約記者

一部民國史上空前未有「經濟困難」的黑暗時代來到了，中國有史以來的「通貨膨脹」的最高惡性指數也來到了，斫殺中最無理性的「玉石俱焚」的局面形成了，而城鄉由隔離不僅有尖銳的對立，而且已然制度化了。

從經濟發展上來理解這些制度化的對立現象，表裡都充滿了瞬息萬變風雨滿樓的氣勢。內戰的果實正像本年所謂豐收的果實一樣，多少希望變爲失望，有算盤却缺少珠兒。既得利益者不僅由通貨膨脹把全國的財富變爲廢紙，更把廣大農村的有形及無形的穀倉化爲灰燼。唉聲一片中，北平有家日報的論物價狂漲的標題道：

「漲吧，在死亡邊沿上的人已經沒有懼怕了。」

（一）有數的數字

北平市長何思源曾這麼對人說過：

「第一次歐戰時候，我們住在德國的中國人也是闊的很，是和今天在中國用美金的人一樣痛快。開始一塊美金換到幾十萬馬克，最後換到三百萬億。票面上的單位是億，把我們花錢的人也都嚇壞了。後來看到德國人生活是那麼窮，我們也眞不好意思那麼狂花了。當時我們就想：中國可別也有這麼一天，誰知道剛過了第二次大戰，我們也有這麼一天，．．」

抗戰結束時候，一個燒餅五百元，用錢起碼單位已是百元。當時的財政當局曾打過算盤，想把元單位的票子運到收復區來使用，這是八年來的膨脹程度。又過了兩年多，起碼的單位由千到萬，目前是三十七年七月初，市面上起碼的單位已躍過五萬接近了十萬元，這就是內戰時期膨脹的程度。以洪水來比，洪水的來源總是汨汨細流，匯聚爲小河，再變爲洪水；以野火來比，星星之火，由點先成爲線，由線再變爲面，然後才聯接爲一片，物價上漲的程度也是這樣，先是一分一分地漲，再一角一角地漲，又是一元一元地漲，這單位越累積越大，就像細流成爲江河，野火燒成一片的樣子，到了最後，狂濤洶湧或怒火奔騰便成爲不可收拾的局面。

從河北的省級正式歲支出上，也可以看出物價上升的實況，但這並不是一個確切的指數，只是一個可供說明階梯式上漲的例子。

「三十四年度的省半年經費加上復員費共只有七億二千萬，三十五年度經費便增加到二百五十億：三十六年上半年中央給了三百五十九億，下半年給了六百十一億，爲了過不去年，中央又補撥了三百億・全部約爲一千三百億。三十七年上半年省級預算照上年付，到了年底一算，花到四千九百億，其中百分之八十七要中央補助。下半年的數字就想要造五萬億的預算了。」

從去年起大家就叫天文數字，而實際的天文數字而當眞來了。全國的物價到本年六月才縮短了時間上漲，看出可怕躍進，在端節後兩週內一般物價平均漲到百分之二百。而麵粉更不止此數，頭號兵船粉由三百萬一袋漲到一千二百萬元以上。中央給北平核定的物價指數二月是十五萬倍，四月份是二十八萬倍，五月份是三十六萬倍，六月份是五十五萬倍，天啊，這漲到百分之三百的六月，不知道中央物價指數專家怎樣來計算指數？

於是人人都知道指摘法幣發行數字的龐大是物價上漲的原因，這是個事實，宋子文內閣有七億外匯浪費了，張群內閣的三億外匯又浪費了，法幣發行數字在本年四月中舉行國大會議時，發行爲七十萬億，過了兩個月，到了行憲的立法院開會，由財政當局透露便到了一百四十萬億。而下半年的預算也就非八百萬億不能過去了，而事實上，每月都要幾百萬億的發行還不一定過得去，這麼龐大的法幣發行數字，在日趨緊縮的土地上翻滾，物價又怎能不漲？

翁內閣的這個算盤已經沒法打，因爲有算盤却缺珠兒。

（二）無數的數字

天文數字本是一種數不淸的數字，但印刷機的生產，總是近代化的機械生產，無論如何還是有數的，縱然是「快速印刷機」五十部全部開動，但只要鈔票上面有號碼，那麼這個數字仍然比較農村中對於戰爭的負擔容易統計。

廣大農村中最有基礎的糧食生產，却很難估計出實數，所謂收穫爲平常年境的幾成，其中的彈性很大，今年北方宣傳小麥豐收，民廳負責人說是三十年來所未有，其目的只是爲了便利徵糧。河北省政府所能控制的縣級單位，原有四十七縣，今年少了差不多一半，而且十分之九都不完整，但今年的田賦徵實徵購比去年幾乎要增加一倍，去年徵購總額爲二十七萬市石，今年則爲五十二萬餘市石。若是不說豐收，又怎麼要人民負擔這麼大？

鄉村對戰爭的負擔的基礎是糧食與生命，上面這個徵購的數字，僅是一種有形的數字，他的眞實性只存在蝸牛一般旅行着的公文上。如今每個徵購經理人絕不肯承認他們的工作由這些數字上可以表現，最近財政當局坦白承認今天我們爲了維持在縣城中的政權，百分之八十以上是用攤派，這個龐大的數字，並不先經過公文旅行，最忠實的官吏也只是事後請求上級追認。而上級也從來不給他們以追認。不論遵守不遵守功令，只要是有力保持着政權的，自然便成爲天之驕子，因爲他能知道「守土有責」，別的錯事都不算什麼了。

城市控制着鄉村，却未能把握着絡繹不絕的糧食來源，而今天，一切都混亂到不可想像的地步，據田糧處表示，河北各縣田賦魚鱗册沒有一縣完善，因此各縣辦徵購，沒有一縣給出糧者以串票，人民根本不知道他們應出多少。各縣爲求自衞自保，便又自行成立機構，這類的機構，上級也不知道有多少。糧食折合率雖然省方有一定的標準，但各縣的度量衡不同，各地執行的程度又不同，確實數字又不知有多少。收了糧並不入倉，有的就地消耗了，有的轉售了，大戶不肯出糧，每次都是分攤在已出力而又出錢的小戶身上又不知有多少，這一切不合法合理的事都講不出道理來，而事實上却又不能不予以承認，爲了這一篇爛賬，一位大員憤然而言道：

「這種法令要人民出一，老百姓事實上要出十還不够的現象，不能讓他再存在下去，我們的徵收費用早已超過了所應徵的糧額，可是從去年七月徵到今年二月，收入還只有定額的一半，若不爲國家威信，還不如全部免徵，與民休息算了。」

內戰不能休止，但糧食還是比徵收費用重要，培植地方武力的存在比全體人民的苦難更爲重要。去年的二十六萬石收足二十五萬石，以後便只有讓地方收到即用，承認現實。今天的土地減縮，武力擴充，若不强調小麥豐收，又怎能再向人民徵收這五十二萬多石糧食呢？

去年一年中，要了多少糧？政府不知道，人民出了多少糧，沒人能知道。這巨大的犧牲，是當眞裨益了內戰，還是塡肥了那幾個執揮官更沒法細考。到處都在變，土地面積在變化，錢幣的價値在變化，人間財富分配在變化，這一串串的亙古未有大變化中，所給與出糧人的感情變化，更是不可捉摸。强迫農村這樣不合理的出糧，同樣會增加了鄉村的混亂。與有數的數字同樣，這些「無數的數字」這樣不合理的浪費下去，鄉與城更對立了，基礎動搖了，一樣助長了惡性通貨膨脹的擴大。

（三）沒有珠兒的算盤

在天津住過十二年的美國總領事邢祺在六月十九日回國的時候，到是的確給我們一些「諍言」，他指出天津將爲孤島——這北方的第一大埠的經濟地位眞是一年不如一年。天津原是棉花的中心，如今市內的紗廠却只有靠美棉來維持生產，天津也是小麥的中心，但市內的工廠也只能靠美麥來維持生產。這能够說是我們美國來剝奪你們的市場嗎？不如說是你們自己城市與鄉村之間的壕溝挖得太深了，你們自已斷絕了自己的經濟補給線。正當的出口商人被出口的不合理的稅率都縊死了，於是天津的商業地位便呈現了空前未有的困難了。「成爲太平洋上爲人遺忘之島嶼。」

當看到我們打的算盤上沒有珠子時候，這位好心的美國人給我們經濟前途送來的這一張訃文並不能算過分。當這大城市中用通貨膨脹消滅了一切財富，和在鄉村中用無代價的野蠻方式搜掘出最後一顆米穀來的時候，中小城市也並無例外地在城外挖着或深或淺的溝，將狹小的點與廣大的面隔絕了，當原有的聯接線被切斷之後，這中小城市的貨物缺乏來源，而殺鷄取卵的攤派勢必是越來越法加重，於是每一個商業中心的外圍的聚散的點先便一個接一個的崩潰了，這些小衞星的消失，無疑地對於原來集中的母體便失掉應有的營養。於是在奄奄一息時，偏偏通貨飲片又是熱性的，城市的愁容怎不日深了。

河北省去年度田賦徵實最先全部徵齊的，在四十八縣中只有八個縣份，那就是通縣、唐山、灤縣、昌黎、臨榆、三河、香河和寧河。這些縣份可以說都是各有特殊經濟來源，能够維持的小單位，環境變得太快，到今年也都不會像當年一樣。通縣是冀東的領袖，擁有三分之二縣境，爲了種植美棉能就地高價售給中紡，所以勉强維持，但商人們却嘆息道：「比起殷汝耕建立無稅通道給日本浪人走私時的繁榮，已然是天淵之別了。」這裡的軍事費佔縣預算百分之百以上，城內爲軍事用的附加比商人的正常營業稅高二十倍。駐軍有時一日能集中到四軍人，那個主持供應的軍民合作站站長被打得半死以後，沒有人敢繼任。杯水不能救車薪，這就是通縣最可怕的遠景。有一天會像三河的夏店（冀東第一大鎭）拉了幾次鋸之後，一百多家商店都逃亡了，如今沒有一家商店。

唐山市是河北省的第一工業城市，各種各樣的捐也出得最多，田賦只佔最小的一個數字。臨榆縣設在山海關，對於逃難過客徵收旅客捐，有這種變像的人頭稅，地方經濟因此特殊收入維持，灤縣經過二年的地震，再加上今年的戰爭，景像大變。昌黎往年在春天時候，本是日本心目中的櫻花之城，如今也是空城一座，靠着小攤販來維持。寧河縣濱海有魚沒人運，沒人吃，因爲油貴，一度魚比肉賤，但沒有人吃得起了，高利貸下的漁民淚，又有誰看得見？

因爲這是一個內戰的前提下「一切用於戡亂的戰爭」，即便「亂」戡，也能得到上級的原諒與追認。不僅天津衰落了,在這些中小城鎮中,外邊的工藝品不能來,特產不能輸出,捐稅奇重,生活高昂,於是大商店變爲小商店,而小商店又變爲攤販,但統治者的徵收也不厭其小,從營業稅一直追到十天一集的小攤子去收特別捐,沒有錢給實物更好,收一籃子鷄蛋,幾條黃瓜,幾斤黃豆,到集散之後,大家回到縣府,一吃了事,到也實際得很。於是,商業也崩潰了。

在大浪費的局面下,眞正的大算盤沒有人打,誰能在估計「國民所得」之餘再算一算「國民所失」?而蹲在自己的不同小圈子打小算盤的都一天多似的一天,這打小算盤的人和打小算盤的結果,是把工業打垮了,把農業打垮了,把商業打垮了,把一切對象都成爲敵人,逼得連個小買賣人却無容身之地。

一切都垮了,成了沒有珠兒的算盤了,這最後的算盤由那一個來打,是給我們「美援」的朋友嗎?他能加上多少珠兒?

(四)不必請王鐵嘴算卦

總體戰的好處,是注意了政治的重要性。政治的衞兵們的薪水,據說從七月份起,由幾個月一調整到一個月兩次調整了,物價的漲風不停,這樣下去,也許非得一天一調整,才能過得去。那時候,德國的「股鹽」—一元美金換三百萬億,也許會不再姍姍遲來了。

不論頭髮黃不黃,眼睛藍不藍,若要以「通貨膨脹」爲國策,那麼悲慘的結局是一樣的。政治家們自己不是不懂這樣現況的危險,他們越是瞭解,便越自私,自己既不相信這爛紙,也叫部屬不要相信這爛紙「我交給你多少錢,當時這錢值多少實物,等你運用之後,還原時候,還我也要那些實物,我們不僅要賺回原有的錢,而且要收回原有價值的實物,最好還多一點什麼?」這是一支主流。

河北省今年叫各縣編成兩套預算,一套是以糧食爲基礎的,一套是以法幣爲單位的。有了糧食的預算作基礎之後,不管法幣的洪水漲到如何高度,這個基層却想保持屹然不動。省級及縣級的糧食就想在這次「大豐收」時一次徵齊,上地每畝徵麥三十三斤,主管人說「今年一畝好地可以收到二百斤,一次徵你三十幾斤不能算多吧。」至於有些縣份只保幾十個村落,那就希望有辦法到匪方去「搶」,如果搶不來,就證明這「政權」不必存在,或者併入他縣,或者乾脆就結束算了。

這是多麼一個奇怪的時代,難道就是像雙城記所說的,是光明又是黑暗的時代嗎?當洪水淹沒了一切的時候,以爲水底有可以踏足的基石。就可以站得穩,打得開,主管人也許忘記了陸地上的人並不全是水鬼,即便是水鬼,他能不能夠學會這套在水下潛伏的本領呢?美國人也曾說中國的經濟政策沒有理性,而政治政策呢?

國家的預算無論如何秘密,誰也猜得出軍費準佔百分之八十以上,省單位的財政不論怎麼整頓,百分之八十也得依賴着中央銀行的發行。有能力的政治家,爲兵想的將軍,今天是拿到錢便買了實物,以便不吃虧,可是誰是吃虧的人呢,這漲價由全體老百姓均攤了。而老百姓所能有的物資也一天少一天了。

一個沒有珠兒的算盤,打來打去,不必請王鐵嘴,這個卦已然可以算明白了。

七月一日

長沙在沉淪中

——長沙通訊——

戈歌

長沙原是一個文化發達市民比較前進的城市;自從和日寇在這裡打過四進四出以後,在全世界也幾乎都聞了名了。在民國初年的時候,街上曾設有痰盂,行人不許亂吐;在抗日戰爭未爆發以前,一色麻石街仍頗清潔,在暑季,市中心八角亭一條整街是一色的藍幅間白幅的涼棚;那時,政府還準備將它改造,曾徵求建設新長沙整個城市美術化合理化的圖案和設計。現在呢,站在湘江中的水陸洲高處一望:這由危牆破壁殘灰餘燼和醃陋棚戶構成的千瘡百痍的長沙城市,活像一條半腐朽的長蛇滿叮着蒼蠅和螞蟻。

勝利鞭炮響後,已是四個年頭了,市長也已換了四個,最近新任的市長蔣峴,他的上台德政第一炮就是「整頓市容—清除垃圾」,可是下令動員以來,如今快五個月了,那間幾幢房屋又一座與房屋同高矮似要和房屋爭輩分的垃圾寶座,却還只少數斬了頭或掏去一些腰包,多數的仍臭氣薰騰巍然穩坐如泰山,有的且日日高昇了,照現在這情況進展下去,再過一百年長沙也不能恢復十年前的原狀。當然什麼建設新長沙的設計或應按照什麼圖案建設等等更是癩蝦蟆想吃天鵝肉,一樣談不到了。

「不談起,不想它;一談起,眼淚如麻。」:人民每每因談論現況而喚起十年來的回憶:不但對吞噬毀滅我們不可以數計的生命財產和使我們文化退轉去數十百年的日寇咬牙切齒地痛恨;對于曩日那些實施「焦土政策」的「英雄」們也不勝歔欷長歎,一般市民猶能背誦當日贈張將軍的一幅匾額「張皇失措」和一首對聯「治績何存,兩個方案一把火;中心豈忍,三條性命萬古寃」的對聯,慘笑一番,好像也可以阿Q式的出了些悶氣一樣。

長沙這個城市,若祇從表面上去觀察,那是和別的都市一樣,每日熙熙嚷嚷可是,要透徹一些明白它知道它,却須用各種角度向社會各不同的角落分別去冷眼打量窺攝。現在我且從上層到下層從中心到邊緣約略描幾筆吧:

政府當局最忙碌的要政是「戡亂」「徵糧」「建碉」「抽壯丁」……據說「戡亂」最要緊的部份是「思想戡亂」,去年臘月,於成立了委員會後,便由王主席、趙議長和張主任委員三位首長特備茶點招集省會各校校長和報社社長濟濟一堂開了一次會。各首長輪流在上面危言動聽地一篇篇說,坐在下面的却大都祇是「埋頭苦幹」地吃茶點。今年校長社長們大家又吃了這麼一次茶點,主持的却祇是朱玖瑩一個人唱獨脚戲,會後散發了些「思想戡亂理論基礎」「自衞歌」「誓詞」和標語口號之類的宣傳品一大捲。

碉堡是雷厲風行漏夜趕築,於是,「郊原滿目增新壘」的句子於文人們寫春郊景物的詩中反映出來了,鹽價也因加「碉堡捐」驟昇一倍了,從別的貨物等等方面加在人民身上的「碉堡捐」自然還多得很。有人說,這種碉堡就等於秦始皇時代的萬里長城咧!

政府機關的較高級人員,大都「守身如玉」很穩重很機警:他們都備兩種身份證,一種是塡的自己眞正職業—官職;另備一種扮着是老百姓的。他們所以要一份假的理由是:「將來到了那個時候要看你的身份證,知道你是政府的官員,那還得了!」一位鄉公所辦身份證的職員說:『身份證上「教育程度」一項,最好塡「不識字」;「職業」一項最好塡着「農」,斯文的最多也只能塡「小學教員」。』他好像對於辦這種假身份證極有經驗,很得意地告訴那些官員。一位省府委員從出城掃墓歸來發現沿途有幾處貼着「新舊書籍出租出售」的招牌,很驚駭地說:「這一定是匪所設機關的暗號!」他的敏感沒有對兒童迷醉於黃色方塊讀物和神怪武打的連環圖畫之風日盛的驚駭。

自「經濟警察」設置以來:米店裡就得按政府的限價掛着米價的牌,三四機米便一跳而名爲特機米頭機米了,後來乾脆祇要米店掛一塊按照政府規定米價的牌,實際可聽米店去賣高價,全不干涉—也管不了。其效果祇害了一些要向教育部領公費代金的窮苦學生，使他們陷於半飢餓狀態—因為他們是被規定祇能按照當地政府限定的米價領代金。實施「經濟警察」第二項「德政」的效驗，便是原在街旁擺一小桌子桌上置一算盤和一鐵絲籠的換錢攤，都陳設一些火柴盒化裝為賣火柴的了，起初「經濟警察」祇要換錢攤暗塞他們一些錢，他們也就看見只做沒看見，承認是賣火柴的；後來上面命令要嚴禁，於是倒霉的錢攤大遭其殃：現光洋一疊疊被搜去了。一次大西門街旁一個做換錢生意的，因其全數資本八十塊現洋被「經濟警察」拿去，便氣得不要命地一算盤把自己的頭都砍破，鮮血披面—這自然是他的私事了；「經濟警察」已携其八十光洋揚長而去。

自此以後，那些為着這是他們的生路而不怕死的做換錢生意的人們，便根本不設桌子，祇是左手捏一疊新票子，右手捅在口袋裡暗弄着現洋使發生一種招主顧的響聲，遊蕩于街旁簷下，名曰「地下錢攤游擊隊」。

一般大小商店，不管是什麼行業，生財之道大都是把握着一個相同的原則．就是把自己原有成本凍結—或為貨品或為黃金或為現洋；周轉的貨物或銀錢都是貸款，故祇須生意能維持繳用和付貸款息金，便可穩定；生意再好，就是淨賺；至票幣貶了值的災害便落在放款人的肩上，唯一要緊的條件，就是要物價源源地漲和買進賣出的貨品經常不斷的轉，就好像陀螺一樣：轉的速率越快便越穩定；若轉動停頓時可以倒下來。平常人家總罵放高利貸的，其實現在放高利貸的大都是將苦掙來的一點點呆錢，同紙錢放在爐中一般，一霎時變成灰了。他們是社會中最倒霉最可憐的一層人！

總而言之：不論是就那一方面那一個觀點看：這個社會的人群也和中國其他遭苦難的城市一樣：由一導滑溜溜的界線急激地向相反的兩個方向進展　狡黠的滑溜的機敏的幸運的一群很快地變成富翁；忠厚的呆板的信任政府的不幸的一群也很快地像滑冰一樣滑向自殺或餓殘的角落——向這方的却是絕對的大多數。寫到此處，不免感慨萬分，因占一律，以作結束：

健壯男兒盡戍邊，殘莊破屋滅炊煙。
成群稚子新行乞，初學「蓮花」唱未圓。
叩戶每驚徵稅吏，鳴槍知押解糧船，
可憐千萬民膏血，輸作官家一席筵。

水火交侵下的福地

——福州通信——

狄雯

被命為「福地」的福州，該將成為歷史上的名詞了。八年的戰火，雖然也曾燃燒在這東南的重鎮，二次敵寇的侵佔，剝削不了它的精華，可是連年天災人禍的相繼，却使它改了觀。

(一) 在水深火熱中

正跨過「五月渡江」的季節，福州的老百姓滿以為這下子該可安靜的過日子，可以暫時吃一口太平飯了。端午的來臨，更給老百姓帶來了喜慰，大家都忙着插艾過節，忙着龍舟競渡，紀念憂心國事而死的詩人屈原。誰料六月七日的晚上，在商業區的南台燃起了一把大火炬，照澈了整個的「福地」，像點在神座前的紅蠟燭，在為三十萬的市民祝「福」着。八小時的繼續燃燒，帶去了多少往日為市民所祈求的繁華美夢，眼看着燼墟野上背着孩子拾荒的老人，眼看着躲在僻地傷心流涕的女人，更看到一萬五千無家可歸的難民，我們怎能不嘆息呢？

可是到底這是端午節的前夕，健忘的有錢人不上二天就把這些災民忘得一乾二淨，老子有錢就享老子的福，管他生民塗炭，誰叫他們自作孽呢？於是火腿肥鴨，紹酒，粽子就在街頭遞來遞去，於是鈔票，就挾着物價到處飛揚。苦的是還拿着三十一萬倍薪津的公務員，與躲藏在廟宇裡暫時棲身的難民，垂涎着掛在店櫃上的豬肉，粽子到不了嘴，只好垂頭喪氣地往來踱着。端午節本來就是「幾人歡樂幾人愁」的日子，今年，尤其是大火之後，何嘗能夠例外。

人為的災禍，燃起人心的熱火，天公為了憐憫這些塗炭的生民，於又降起「福水」來了。六月十八日在不停的大雨中，洪水像一條巨龍，登上了陸地，再瘋狂地向四處伸展，低窪的街道，這時水漲了丈把高，本來是淹不到的地方，也就漲滿了水，隨着人畜捲走了，牆屋倒塌了，東西漂流了，百年來空前的水患，使全市百分之八十以上的人民受到無比的損失，根據非正式的統計，單是財產的損失，就已達到五萬億以上，還有田禾浸毀，收成無望，算起來實可觸目驚心。

水火之後，以往的經驗是會繼之以疫厲，福州本是個疫情嚴重的都市，一旦疫起，人力將不能夠來防禦的。「福地」多「福」，人民在水深火熱中。

(二) 漲！漲！漲！

水漲，物價也漲，米價更漲。

端午節的漲風則稍平定，水浪又激起了漲潮。尤以米價，儘管政府限價每石九百五十萬元，但是一日數漲局面仍舊存在，起初每石是一千萬，後來一千二，一千五，二千，二千四，終於造成了紀錄。於是整個社會搖動了，老百姓也瘋狂了，誰都在在擔心着，靠什麼吃飯，靠什麼生活下去。而米商老爺却高踞在算盤上發笑。

福州是真的在鬧米荒嗎？只要看某日的報紙，這樣登載着：

「熟悉糧食情形的人士稱．目前榕市糧食實屬充裕，先後獲借之糧貸一千六百億元，向省外購餘糧二萬石，其中運集本市者達一萬七千餘石，其餘陸續採運中，尚有留閩軍糧十餘萬大包，可資運用，榕廈二市且經糧部列為第二期美糧配給對家」

照上列的情形看，不難想像出來，米價暴漲是人為的，嚴格地說也就是「官僚資本」在作祟，因此「限價」由你，「漲價」在我，老百姓遭了殃。

「官僚資本」在福州顯得特別地鼎盛，宅憑藉着特殊勢力，幾乎是無孔不入，尤其是在經營糧食方面，因為糧食是每個人的必需品，宅的價格易於操縱。前年轟動全國的「榕豐米行」案件，就是「官僚資本」弄出來的成績，結果二位省府委員，與幾位縣長，議長丟了官。事隔二年，今天「官僚資本」又顯著的抬頭了，月前宅導演出米行毆傷福建學院二位學生，同時維持治安的憲兵竟幫起兇來。後來經過了全市中等以上學校全體同學的聲援，我們的官僚恐怕清算了他的資本，來個轉圜，了結了這段公案。反正是羊毛出在羊身上，這筆賠償費用，還不是在米價上彌補

(三) 良心在那裏

水災之後，米價仍舊不見跌落，負責調節的官員，除了喊出「平抑須聽大造化」外，再也想不出其他的辦法。老百姓餓，公務員也餓，偏乃本市某報揭發了一則省府合作社的舞弊新聞，於是枵腹從公的省府公務員，為了生活，他們不能再緘默了。他們帶着萬分憤慨，相率前往合作社清算賬目，索發欠米，在辦公廳裡他們尋找不到逃避了的經副理，但是在協理李長裕的家裡，却找尋到貪污痕跡，一時動憤，搗毀了協理的家，結果才由合作社發給每人五十斤的食米與三百萬元的錢，暫時維持他們的生活。良心，良心在那裡，貪污自肥不算，還扣發了數百人的食米，金錢，使他們生活無着，這是人的作為嗎？

再看這次水火的善後救濟，富人肯捐出一個錢嗎？「惻隱之心人皆有之」，可是愈是富有的人，他們愈不懂得救濟是什麼一回事。不止如此，甚至還有些人公然發起「救濟財」來，不久前省參議會丁議長超五，與省府陳委員培錕曾經聯名在報紙上揭發旅港同鄉翁世晃，侵吞救濟款項達一百二十億之多。良心，良心又在那裡，忍看着萬千同胞陷於水深火熱中，能無不動於心嗎？

因此，我們想起了為了救濟災民而節食，而發動捐募的大中學生們，他們冒着風雨，為水火呼籲援助，與潔身自好的達官貴人們，相形之下，「良心」「感情」就距離得如此懸絕。

內政部登記證京警平字第二三九號
中華郵政登記認為第一類新聞紙類

文藝

斑鳩

汪曾祺

我們都還小，我們在荒野上徜徉。我們從來沒有過那樣的精緻的，深刻的秋的感覺。

秋天像一首歌，溶溶的把我們浸透我們享受着身體的優美的運動，用使自已永遠記得的輕飄的姿勢，跳過了小溪，聽着風流過淡白的發光的柔軟的草葉，平滑而豐盈，像一點帆影，航過了一大片平地。我們到一個地方去，一個沒有人去的秘密的地方，——那個林子，我們急於投身到裏面而消失了。——我們的眼睛同時閃過一道深紅，像聽到一聲出奇的高音的喊叫，一起切斷了脚步。多猛厲的顏色，——一個獵人！獵人纏了那麼一道深紅的綁腿，移動着脚步，在外面一片陽光，裏面朦朦朧朧的樹林裏。我們不知道我們那里也有獵人，——從來沒有看見過，然而一看見我們就知道他是，非常確切的拍出了我們的夢想，即使他沒有——他有一根槍。太意外又太眞實，他像一個傳說裏的妖精出現在我們面前，我們怕。我忘不了我們的强烈的經驗，忘不了——他為甚麼要纏那麼一道深紅色的綁腿呢？他一步一步的走，秋天的樹林，蒼蒼莽莽，重疊陰影篩下，細碎的黃金的陽光的點子，斑斑爛爛，遊動，幻變，他踏着，踏着微乾的草，枯葉，酥酥的壓出聲音，走過來，——走過去了。紅綁腿，靑布貼身衣褲。他長得瘦，全身收束得緊緊的。好骨幹，瘦而有勁，腰股腿脚，處處結實利落，充滿彈性。看他走路，不管甚麼時候有一根棍子劇速的掃過來，他一定能跳起來避過去的。小腦袋，骨角停勻而顯露，高鼻梁，薄嘴脣，眼目深陷，烱烱有光，銳利且堅定。——動人的是他的憂鬱，一個一天難得說幾話的孤獨的生活着的人才可能有的那種陰暗，美麗的，不刺痛，不是病態的幽深。冷酷麼？——是的。我們從來沒有見過一個這樣的不動聲色的人，這樣不動聲色對付着一個東西。一看就看出來，他所有的眼睛都向外看，所有的耳朵都聽，所有的知覺都集中起來，所有肌肉都警醒，然而並不太用力，從從容容的，一步一步的走。樹不密，他的路從沒有太多折曲歪斜。他走着，時而略微向上看一看，箭直像沒有甚麼目的。用不着看，他也確定的知道牠在哪里。上頭，一隻斑鳩。我們毫不困難的就找到了那隻斑鳩，他的身體給我們指了出來，這隻鳥像有一根線接在他身上似的。是的，我們像獵人一樣的在這整個林子裏只看得見一隻斑鳩了，除此之外一無所見了。斑鳩飛不高，在參差的樹叢裏找路，時而從枝葉的後面漏出瓦靑色的肚子，灰紅的胸，淺白的翅胛，甚至頸上的錦帶，片段的一瞥。但是不管牠怎麼想不暴露牠自已，牠在我們眼睛裏還是一個全身，從任何一點顏色我們復現得出一個完整的斑鳩。牠逃不出牠的形體。牠也不叫喚，不出一聲，只輕輕的聽到一點鼓翅聲音，聽得出也是儘量壓低的。這隻鳥，牠已經很知道牠在甚麼樣的境遇裏了。牠在避免一個一個隨時抽生出來的彈道，擺脫緊跟着牠的危機，他擺脫，同時引導牠走入歧途，想讓牠疲倦，讓牠廢然離去。牠在獵人的前面飛，又折轉來，把前面變後面，叫剛才的險惡變為安全。過去，又過來，一個守着一個，誰也不放棄誰。這個林子充滿一種緊張的，迫人的空氣，我們都為這場無聲的戰鬬吸住了，都屏着氣，緊閉嘴脣，眼睛集中在最致命的一點上而隨之轉動。勇敢的鳥！牠飛得鎮定極了，嚴重，可是一點沒有失了主意，牠每一翅都飛得用心，有目的，有作用，煽動得勻淨，調和，漸漸的，五六次來回之後，看出來飛得不大穩了，牠有點慌亂，有點踉蹌了。——阿呀，不行，牠發抖，牠怕得厲害，牠的血流得失了常規，要糟！——好快！我們簡直沒有來得及看他怎麼一抬槍，一聲響，嘵極了，完了，整個林子一時非常的靜，非常的空，完全鬆了下來。和平了，只有空氣裏微微有點火藥氣味，——草裏有甚麼小花開了？香得很。

獵人走過去，檢了死鳥，（握在手裏——一定還是熱的）拈去沾在毛上的一小片草葉子。斑鳩的頸子掛了下來，在他手裏微微幌動，肚皮上一小塊毛倒流了過來，大概是着地時擦的。他理順了那點毛，手指溫柔撫摸過去，似乎軟滑的羽毛給了他一種快感。鎗彈從哪里進去的呢？看不出來。小小頭，精緻的脚，瓦灰肚皮，鏽色的肩，正是那一隻啊，甚麼地方都還完完整整的，好好的，『死』在甚麼地方呢？他不動聲色的，然而憂鬱的看了牠一會，一迴頭把斑鳩放進脅下一個布袋子裏，——袋子裏已經有了一隻野雞，毛色燦爛的一照。裝了一粒新的子彈，背上鎗，向北，他走出了這個林子，紅色的綁腿到很遠很遠還看得見。秋天眞是遼濶。

現在我們幹甚麼呢？在這個寂寞的樹林裏？

新路周刊

編行者：中國社會經濟研究會
編輯部：電話四局〇八五九號
電報掛號：三九六〇號
經理部：電話四局〇六九三號
北平東直門大街九十八號
上海辦事處：
電話四二二五五—五一號
上海黃浦路十七號五一一室
代售處：全國各大書局

訂銷辦法：

一、本刊歡迎直接定閱八折優待在定閱期間不受中途刊費加價之影響郵資漲價酌扣書刊期滿前另函通知

二、本刊零售暫定每冊六萬元預定三個月照價八折加郵費如下表：

（三個月）

平寄：六十二萬元
掛號：七十五萬元
航平：一百三十五萬元
航掛：一百四十八萬元
國外：半年美金四元

三、外埠批銷每期至少在十份以上照價七折郵包費外加一律存款發貨特約總經售辦法另議

四、學生集體訂閱特定優待辦法預定三個月每期在十份以上者七五折二十份以上者七折

五、寄遞方法請來函說明舊戶續定或有查詢事項務請註明戶號

六、本刊每逢星期六在上海北平兩地同時出版凡華北區定戶請向北平本刊經理部洽定其他各區請向本刊上海辦事處洽定

本期定價六萬元

新路

周刊

第一卷　第十期

民國三十七年七月十七日出版

短評

英國消滅貧窮的新努力

倫敦七月五日廣播，英國的新社會保險制度，於四日午夜起實行。這是管一個人從生到死的最完全的社會保險制度。此一制度，使四千八百萬英國人，上自公爵，下至掘陰溝的苦工，不分男女老幼，都得享受醫藥，牙科，眼科方面的疾療，並且規定每一個人，在某項條件之下，可以享受產婦補助金，疾病補助金，失業津貼，寡婦養老金，退職年金，和死亡補助金。

英國在第一次大戰以前，便已實行社會保險制度。本年推行的新社會保險制度，與以前的辦法不同之點，主要的有三　第一，以前被保險的人，只限于英國人民的一部份，新制度包括所有的人。第二，以前疾病保險，是與其他各種保險分開的，而且只有被保險的人及其家屬，可以得到免費治療的權利。在新制度之下，英國已實行義務醫藥辦法，每一個英國的公民，都可以選定一個醫生，免費治療。吃藥及住醫院的費用，也由公家負擔，所以英國自今年起，可以說是所有公民的生存機會，已經平等了。第三，每一個人在生活中可以發生的危機，如生、老、病、死、及失業，在新制度之下，都有保護的辦法了。在別的許多國家中，每一個英國人，現在只要交一種保險費，遇到這些危機發生的時候，便可得到政府的補助。一個人遇到這一類的危機，生活程度便會下降，英國人因有這個概括的社會保險制度，便可平安渡過這一些危機了。

與這個社會保險制度平行的辦法，還有工業災害賠償，最低工資律，及自第二個兒童起的家庭津貼，解決了由于殘廢，低薪，及兒女衆多所引起的貧窮問題。

在目前世界各國之中，對於爲消滅貧窮而制定的法規，沒有一個國家（連美國蘇聯在內），可以趕得上英國的。文化是有傳播性的，一切好的制度，雖然是從一個地方創始，但經過相當的時期之後，每爲別的地方所採納。英國雖然首創失業保險制度（一九一一年）但是他的疾病保險制度，則倣自德國，最低工資律，則取法于澳大利亞。失業保險及最低工資律，在英國行了幾十年之後，才爲美國所採納。我們希望英國的新社會保險制度，不久也可傳播到其他世界各國，讓世界上的全人類，不久都可得到免于匱乏的自由。（彭）

守活寡的大學教育

六月二十八日四川大學舉行畢業禮，校長黃季陸氏卽席致詞，有『今日辦理教育者，應以寡婦精神將一切希望寄託在下一代。近年來社會對於青年學生太欠瞭解，其在學校，亦被視爲仇人。政府對青年學生問題，多不循法律途徑處理，法由政府立，而政府卽不守法，難怪學生沒有免於恐怖的自由。余對本校學生決盡力維護其在法律範圍內之自由，社會責難，在所不計，當生死以之，不變初衷。」接着又說到川大校務會議，爲求發揚大學教育獨立自由的精神，增益學生對於民主法治的體認，所決議的六點，不具引。黃氏曾任國民黨四川省黨部主委，現在是否繼續擔任，我們不知道，但無論如何，他能公開的說到這一番話是足以一新耳目的。川大校務會議所決議的六點（天津，大公報，六月三十日，第三版）也很合情理，我們可以全部贊同，惟深切著明的見諸行事，前途尙待師生的極大的努力與輿論的充分的贊助。黃氏的話裏提到寡婦，是特別有趣的。把大學師生比方作寡婦孤兒，以我們見聞所及，這是僅有的第二次。第一次是在另一個大學裏；某次集會的時候，某教授痛心疾首於教育當局的統制，對某大學尤其不肯放鬆，認爲當局直以孤寡相縛，欺人太甚！問題是寡婦孤兒的夫父究屬是誰？是甚麼時候故世的？問題又像是這夫若父尙在人間，而是離了婚或分居甚或表面上是一家，而實質上是平時則貌若相安，同牀各夢，有事則勃谿詬誶，打做一團，吃虧的當然是妻兒一方，特別是爲妻的，而爲子女的則血氣方剛，有時還不甘示弱；爲妻的又往往因家庭用費關係，未敢作琵琶別抱之思，而爲子女的則時時作遠走高飛解脫樊籠之想。這是當前大學教育的局面了，宅未嘗不是一種守寡的局面，但所守的與其說是死寡，無寧說是活寡。有人肯守能守，一面支撐門戶，一面把子女教養成人，其情可憫，其志可嘉，是值得我們做隣舍的與以道德上的支援的。（旦）

「職業學生」的尊號不要輕易授人

內戰坑殺了成千成萬中國人民，外援更加深了內戰的禍害，便在這樣的一個環境當中，觸發了遍及全國的學生運動。當局不肯自反，却一味施用高壓，使得運動更加波瀾壯濶起來。「本」沒有搞好，「標」也沒有治好，在窮乎應付之苦境中，乃發出了「職業學生在作祟」之怨聲，中樞部長倡之，各地黨報和之，髣髴眞是怨聲載道。其實，假使肯做一點小考據，便能發現所謂「職業學生」在當初革命盛世是了不得的人物，如果當時已有此尊號，只有國民黨學生或掛國民黨牌子的共黨學生纔能當之而無愧。不料時間距離增加了，原可以當作尊號的稱謂竟被數典忘祖的後生小子轉用以贈予他人，以爲詬罵之詞。

當年國民黨人從事革命，他們的工作是秘密的，是「地下的」，雖無「以革命爲職業」之名，而確有其實，故革命黨人在當時甚爲吃香。「天下」打成功之後，黨人彈冠相慶，羣去講「治國之道」，於是「革命」退隱，重復落入「地下」，而爲另一種人所握有。末流所屆，黨部衙門化，黨員官僚化，政治更搞得稀糟，於是昔之革人命者今已成了革命的對象。不僅此也；眼見與爭天下者之勢力日益擴張，怒不可遏，竟將自己最尊貴之稱號亦當作武器，擲向他人。他人拾將起來，心中冷笑道．「蠢子，連你家家傳寶貝，都舉以授人，從此你是「無業遊民了。」我就心行憲後在各地依然堂哉皇哉開着的黨衙團衙有一天會以無力養這班遊民爲藉口，被人民封閉起來或予以搗毀。

大概講革命的人都是相信以力比力的，業於此，力亦在此。奉勸袞袞諸公，檢討檢討自己是否將永遠不再作革命工作，革命事業遂聽其隨政權之消替而消替？如果力不逮而又不服輸，至少說話應避免長他人的志氣，減自己的威風的說法。諸公也不必就心學校難辦。大學這塊園地，是自由教育灌溉的園地。不怕種類雜，種類雜，我們願意兼蓄並容；只怕灌溉不勤，耕作不力，不能培植出茁壯的樹木來。人類生命在延續，社會進步在延續，大學教育過去有它的偉大貢獻，今後必也有它的偉大貢獻；過去出人才，今後必也出人才。大學教育不厭繁，甚至可以不厭亂；最可怕的是「定於一尊」，將遂顯得枯寂與單調。（敏）

°°論壇°°

論教育的更張

潘光旦

（甲）本文

我在這裏所說的教育，指的大部份是大學教育。全部教育需要更張，並不限於大學，而且實地的更張工作，理應從小學以至於家庭教育作起，不過一則因爲我和大學教育接觸得比較多，再則大學多少處一個『樹之風聲』的地位，大學而能主張更張，發動更張，中等與小學教育遲早會練力就列，會引起一些興革，以求配合。一二十年來，號稱較好的中學往往唯號稱較好的大學的馬首是瞻，以考進此種大學的新生的多寡來衡量它自己的成績，以此向社會號召，社會也多少以此相期待，足見大學是有一些倡導的力量的。下文的討論大致分爲兩部分。一關於教育的目的與意義。二涉及方法與內容。前者想答覆的問題是：如何教育？後者的是：如何教育與以何教育。

×　×　×

說到教育的目的與意義，我們不妨提出一個先決的理論問題來。我們究竟要些怎樣的人？要怎樣的一個社會？社會生活的一個基本條件是分工合作；我們更要問，人是完全爲了與別人分工合作而存在的呢？還是於分工合作之外，每一個人別有他獨特的意義呢？就是爲了分工合作的順利設想，是不是在每一個人的背景裏，我們也宜乎安排上一些共通的事物呢？我對於這兩個問題的答覆是肯定的。否則，我認爲我們便和螞蟻沒有多大分別，我們的社會也就近乎螞蟻的『社會』。我只說近乎，而不說等於，因爲我們實際上還比不上螞蟻的羣居生活的完整與順利。螞蟻的分工合作是建立在一種自然的定向通常叫做本能上的，而人類則無此定向，至多只有一些傾向，而因分途發展的路線遠較螞蟻爲多，與每一條途徑發展的程度遠較螞蟻爲遠，其結果往往減殺以至於抵銷了合作的傾向，而成爲衝突。要減少衝突，保證合作，一種後天的人事上的努力就萬不可少了。所謂共通背景或共通基礎的構成便是這種努力了。這努力我們也叫做教育，至少所謂基本教育或普通教育指的應該是此種努力。一九四五年哈佛大學一部分教授所擬具的『一個自由社會中的普通教育』那份報告所主張也就是這一種努力。

所謂普通的教育，名爲普通，名爲求得一個共通的基礎，一個公分母，我們却不能從外緣的社會着手，以達於每一個人，而必須從每一個人身上着手，以周徧於全社會。教育樹人，不比工廠出貨，我們不能先有一個公式，一個模子，一套做法，然後教原料就範；這樣出來的東西，我們叫做貨品，同樣的貨品，同一標準的貨品。『同樣』不是『共通』。同樣的貨品和共通的人品是絕對兩回事。要產生共通的人品，還得以每一個人當目的，在每一個人身上用工夫，教的人須要如此，學的人尤其須要如此。

換言之，我們要承認每一個人是一個本體，是囫圇的，而不是零碎的；教育的對象是一個囫圇的人。所謂囫圇或整體指的當然是人的性格。人性究屬是什麼，有些甚麼內容，多少方面，科學雖發達，至今還沒有能弄清楚。但生活的經驗，也還有過一些啓示。心理生活說到的志、情、意、道德生活說到的智、仁、勇、古代教育所稱的六藝（事實上也不外三方面，每方面兩藝）近代教育所稱的三育，指的或屬內容本身，或是內容發展的過程，或是內容發展的結果，近頃又有一個不同而並不衝突的看法，也是一個三分法的看法，就是人性包括共有的通性，互異的個性，和男女的性別。如果這看法可以當做經，則志、情、意一類的看法，不妨當做緯，就是，志、情、意三者又自有其人盡相通、與因人而殊、以及因男女屬性的不同而發生變異的地方。這人性的經緯諸端是人人具備的。人與人相較，在每一端上，可以有强弱豐嗇之分，却不會有有無之別。

教育一個人就得把人性的經緯諸端都教育到了，否則，結果是一個畸形的人零碎的人，不健全的人。古代的教育，無論中外，就經的一方面言，是忽略了個性，偏重了通性與性別；而就緯的一方面言，則發展大致平勻，至少就有資格受教育的少數人而論是如此。此其結果，對個人雖不甚健全，對社會則因分工不細，而合作轉見得無大困難。近代的教育，也無分中外，就經的一方面言，是忽略了通性與性別，而個性特別發展，就緯的一方面言，則志與情均遭漠視，而意或智則幾乎成爲唯一的寵兒。結果是，個人全都成爲畸形之人，零星片段之人，而於社會，則分工愈細，合作愈見困難，甚或權益的衝突，愈見得無法調和，畛域、門戶、陣線、壁壘之見愈見得無法消除。科學的智識越來越細到，政治的主張越來越偏狹而不能融通，越固執而不能移動，專家與自信負有使命的人才，越來越多，而國家與國際的和諧康泰越不可問，也就是，人與人羣與羣的合作越不可能。這便是當前的『大時代』了。

近來常有人想爲這四分五裂的局面尋一個解釋，說是社會科學發展得太慢，自然科學發展得太快，彼此不但脫了節，而是差了一大段，因此前者控制不了後者，而被物力所引逗以至於窮幽入勝的人們，社會科學家也只有眼看他們各奔前程，越走越遠，越走越不相謀，吆喝不住，叫喚不回。我認爲這解釋是似是而非的。社會科學表面上拿人作爲研究與控制的對象，作解釋的人認爲如果社會科學與自然科學同樣的發達，人們就一面可以控制自然，一面又可以控制自己。事實却全不如此。社會科學並沒有拿人做對象，它的對象是半神秘的社會，儼然成爲一種新的本體的社會，以及人所自造與留存下來而修稱爲制度文物的種種贅疣，社會科學的錯誤不在慢，而在認錯了對象，在隔靴搔癢。教育也有人認爲是社會科學的一種，一般社會科學的對象與下手處錯了，教育的對象與下手處也就不能無誤。『社會教育』『教育的目的是社會的』，教育必須配合社會的需要』，『社會團結是教育的基本功能』：一類的名詞說法我們眞是講慣聽慣，平時已認爲毫無問題。其實問題的一部份就出在這些地方。這樣的教育就恰好違反了上文所提出的一個原則，就是，教育必須以每一個人爲目的，必須在每一個人身上着手。社會既自成本體而在許多人的心目中，還是一個有機體，便像眞有它的愛憎取捨，有它的各式主意，有它的一時興會，自然也有它的發言與傳令的能力與權柄，它會向從事於教育工作的人責成着說。我們現在要某種人才，某種專家，某方面該提倡，某方面該限制，儗人而半神秘的社會雖不會眞說，也自有代表它的祭師，有如一國政府裏的教育部長之類，會替它說，說了也會有人唯唯聽命。這樣的教育表面上算是肯定了社會的整體性有機性與自動性，却並不能保證所教育出來的人，各以其專門訓練之所得，來通力合作，而對社會生活有所裨益。它根本無法保證。它事實上把唯一可能的保證取消了。它否定了每一個人的人格的完整性，有機性，與自動性；否定了這個，就等於否定了唯一可能的保證，肯定了一個假東西，却否定了一個眞東西，近代教育的心勞日絀，我認爲這便是癥結之所在了。

上文一度提到過哈佛大學的一個報告『一個自由社會中的普通教育』。 自由社會必須由自由的人組合起來，而自由人格的產生端賴一番普通教育的努力，不通就無法自由，不普則自由人格的數量便無從增益，而自由社會也就組合不起來。普通教育的基本依據就是每一個人是整的，是有機而自動的。唯有完整，有機，而自動的一個本體才有自由的可能，而普通教育便是使可能者成爲事實的一種手段。近年來我們不時看到關於自由一問題的討論，贊成反對的話都有。其實不贊成的人未必完全不自由，他們至少有接受不自由的自由，而贊成自由的人也未必眞獲取了多少自由。事實是人人企求充分的自由，而至今這企求是落了空的。若問落空的原因何在，最近情的答覆是，由於政治經濟的擾攘者一小半，而由於教育的未能納入正軌或普通教育之缺乏者一大半。我們有的是研究教育、專門教育、技術教育、職業教育、國民教育……，而名爲教育，實則就理工醫農一方面言，我們的努力十九是訓練，就文法一方面言，我們的努力十九是宣傳；就接納的青年而言，他們的努力十九是模倣，是複習，而模倣與複習時所運用的精神智慧只是他人格的一個極小的角落，而他的前途，就不由得不受這一角的支配，再也無法超脫。受支配就是受奴役，不超脫就是不自由。然則自由的所以落空，說是近代教育自己造成的，也未爲不可。

× × ×

做法是從看法產生的。看法如果改變，做法亦自不得不隨而更動。上文提到自動，提到訓練宣傳與教育不同，便已經關涉到做法。

關於做法，一些原則的話又不妨先說，然後再論到我所認爲實際上應有的一些安排，當然也只能以一些較大的節目爲限。原則有兩個，一就是自發、自動、與自求自得。青年在這方面的能力頗有不齊，是一個心理學的事實，但誰也多少有一些，多的所需要的激發少些，少的所需要的多些，但誰也需要一些激發，這就是教育的基本功能了。好學的青年往往拿這一點來衡量他的教師。他認爲教師的好壞，不繫於口齒的利鈍，教材的多寡，而繫於此種能力的大小，激發能力小的教師最多只能教他學習，學習些現成的東西，大的却更能教他思考，而比較推陳出新的發見，一些舊看法的新結合，舊概念的新意義，以至於不輕信和積極批評的一般的態度與能力都從思考的習慣產生。舊稱好學深思，好學的未有不深思，而多少總有一些自發與自動能力的青年也未有不好學的；而深思的結果，對事理能有些新意義的發見，新結合完成，便是他的『自得』了。這也是教育的最後收獲，而文化也者，論其精髓，也無非是這一類自得的累積罷了。

一味訓練，一味傳授些現成的東西，以至於宣傳些沒有經歷過事實與經驗的盤詰的東西，即貌若現成而實不現成的東西，是違反這原則的。技術學校，訓練的機關，宗教與政黨辦理的教育事業，也許有理由這樣做，在一般的大、中、小學校這樣做，就沒有理由了。馬戲班裡對各種動物，賣藝的乞丐對有幾種蟲子，包括蝨子在內，要它們能作人行，能跪拜，能跳舞，和弄各式各樣的把戲，更不得不這樣做，但對人就不相宜了。大凡迷信訓練與宣傳卽爲教育方法的人在見地上總有兩種錯誤。一就是上文所已討論過的只知爲外緣的需要設想，而自覺或不自覺的想把人當做滿足這需要的工具，而這外緣的需要也者，名義上儘管說得很像是社會的，實際上可能是他自己的，和馬戲班的老闆的用心沒有多大分別。第二個錯誤是以爲訓練的效果沒有止境，以爲工夫下得越多，收效必然越大；他只知道，路走得越多而越不間斷，則脚掌上皮繭便越厚，而不知道對於脚手掌以外的皮膚，卽使你花上比走路多十倍的工夫，也磨不出老皮來；他只知道美國黑人歐文史，因訓練有素，而能於十秒•二之內完成百米的快跑，却不知道他後來幾年的加工訓練並沒有能把十分之二抄的零頭磨去。約言之，他不瞭解訓練是因人而有限度的，宣傳也復如此，過此限度，所得只是疲乏，倦怠，和反感。這是生物學的一條公律，初不僅皮膚的厚薄與賽跑的快慢爲然。

第二個原則是我們必須給每個青年以一些『單獨作戰』的機會。說自發、自動、自求、自得，以至於自制自治，我們必須承認他總得有些能儘量自營單獨生活的餘地與餘閒，否則便無從『自』起。目前推行的教育也違反了這個原則。動不動講社會化，講團體生活，眞像一離開所屬的羣，便絕對不能生活似的。其實健全的生活，一種得以充分運用一個人的才能智慧的生活是兩方面的，羣的方面與獨的方面。荀子『以羣則和，以獨則足』的生活理想，今日還站得很穩，還有待於教育的努力來促其廣泛的實現。一味社會化的要求，是片面而錯誤的。根據同樣的理由，學校環境過於所謂良好，設備過於充實，日常生活的條件過於現成，一個青年但須表示其有讀書的志力，便爾唾手可得，不勞而獲，也未始不是一個錯誤。在此種現成天下之內，他所運用的往往只是一小部分而又還不太深刻的學習能力，其它能力的泉源之門就根本沒有叩尋的必要；迨後習慣既成，年事漸長，一入社會以士大夫的姿態出現，艱苦齷齪之事，在在有人承當，自更無須叩尋，亦更無從叩尋，馴至當事人自以爲讀書論事的能力才是能力的上乘，其它能力原無足挂齒，一已具備與否，發展與否，都無關宏旨。換言之，他也就自甘於人格的片面與畸形發展了。我承認，抗戰軍興，大學播遷以還的情形是好了一些；大中學生在日常生活上自求多福的努力與收穫增加了不少。而這種收穫與設備的缺乏和生活條件的不現成有密切的關係，是再清楚沒有的。不幸的是，在這個時期內，我們又來了一套完全屬於施捨性質的公費一類的辦法，對青年的自尊心理，給了一個致命的打擊。自尊心既有了創傷，自動自求的努力，雖屬可貴，至少也不免打上一個對折。

近來很多中年人時常評論到青年人不負責任。這種評論一半表示中年人對青年的生活不甚瞭解。中年青年之間有一道鴻溝存在，是一個事實。鴻溝阻止了接觸，增加了誤會，也是勢所必至。但我認爲其它一半卻未嘗沒有事實的根據。倒不是青年人執意要不負責任，而是一味講求團體生活以後，有羣無獨一成習慣以後，動不動不免把責任向團體身上推，向大多數推，馴至不問事理的是非，但問晝諾的多寡，美其名曰服問題的解決，從多數，而個人的不同的意見，初則不受人理會，終則根本不再有人提出——這一類的情形顯然是有的。無論從法律或道義的立場看，我總覺得責任是個人之事，唯有比較完整而獨立的人格才能有充分的責任感。如今許多青年人，至少就其同儕以外的行爲來說，好像只承認有團體責任，而團體責任也者，事實上等於不負責任，團體越大，責任就越沒有着落。這又能怪誰呢？除了政治黨派的作風而外，我認爲只有怪教育：教育只教人如何羣，沒有教人如何獨，沒有教出多少獨立自尊的人格來，只製造了一大堆的團體分子。

把原則說明以後，關於實際的設施我只準備提出如下的幾個節目來。詳細的討論，如有必要，也只好留待別的機會。本文所佔的篇幅已經是太多了。

一、中小學教育裏，訓練與宣傳的分量太多，應儘量的減削。省出來的時間，一半交還給學生，作爲身心自由發展之用，一半作爲酌量延展大學教育年限之用。

二、大學教育的年限應該延展，至少應有五年，前三年爲普通教育或通識教育，後兩年才分系而成專門教育。我認爲爲一般的大學生設想，爲其前途就業設想，兩年是夠了，如果他有志力再求精進，他可以進研究院。理工的各學系，因爲訓練的成分較多，發展器識的機會太少，更有延展到五年或五年以上的必要。

三、無論普通教育或專門教育，學程的數目，至少上課鐘點的數目應力求省減，留出時間來作爲兩種用途，一供學生自修，一讓師生之間，多發生些課業以外而和一般生活有關的接觸和聯繫。學生個人生活上的困難，本系的任何教師應負起帮同解决的責任來。在上課鐘點以內，講解的工夫應酌量減少，而質疑問難的時間應加多。

四、關於學校的設備，校園環境的清幽寬敞是第一條件。校舍過於逼近大都市是一大缺憾。宿舍逼窄也是。迴旋的餘地都沒有，自談不上單獨沉吟與思考一路的生活了。圖書與實際的設備是第二個重要的條件。書庫應視學生自治能力的進展而儘量的開放。更不妨特設一種閱覽室，專列有關人類與民族文化的典型作品，供學生自由取閱。此種閱讀之所得，在生活意義上，在人格的培養上，要比課堂講解的效用大得多。

五、所謂普通教育的學程與題材，適量的自然科學與社會科學而外，應特別注重人文學科，如文學、哲學、歷史，以及藝術音樂。人性是甚麼，比較完整與健全的人格是什麼，應如何發展，近代的學術還不能告訴我們，甚至於一向因爲外騖太多，根本上沒有作鄭重的探究；我們要在這方面有所瞭解，有所取法，勢不能不就見於鄟籍的人類經驗的累積，作一番蒐檢的努力，這是相當吃力的，但舍此並無其它途徑。此外，一部分屬於比較文化性質的學程，如比較宗教，社會思想派別的介紹與研究等，是必須添闢的，爲的是可以破除成見，擴大胸襟，使『以獨則足』之足不成爲孤僻偏狹，而爲『以羣則和』之和更覓取一番理智的張本。

六、上文云云，用意所在十之七八是替好學深思的青年爭取一些得以自由支配的時間與空間。但無論爭得多少，分量上總怕不夠。因此我還有一個完全破除慣例的建議。我認爲高中卒業以後與進入大學以前，或緊接着考取大學以後，一個青年應該有一兩年的時光，完全脫離學校，以至於離開日常的社會，而自己覓取一種不隨流俗的生活途徑與方式。向遠處旅行，走邊疆，到田間，入山靜住，爲人雇傭，一人獨往可，兩三同志結伴爲之亦可，目的總使對一己蘊蓄着的智慧與能耐，有一個充分探尋與試用的機會。我們明知生活不假人力是不行的，完全的離羣索居是不可能的，但我們必須設爲此種實驗，才得以充分的測驗自己，瞭解自己，與管制自己。其實古今中外，作此種實驗而獲有效果的人並不算太少，獨惜近代的社會科學與教育，太把社會當作目的，太想配合社會的需要，到今日還沒有能認識此種實驗的價值，甚至因爲狂妄怪僻，從而加以制止。不過我們如果眞要改革教育，而上文的討論還有幾分參考的用途的話，我相信前途必大有人提倡而試行此種實驗的一日。

(乙) 討論

朱光潛

光旦先生「在這裡所說的教育，指的大部份是大學教育」。我以爲第一點值得討論的就在此。就全國性的教育來說，它應該有一個重點。目前我們把這個重點擺在大學教育，這有幾點不妥。第一、中小學教育把基礎沒有打得堅穩，大學教育於是建築在虛牆脚上，或是要複述中小學教育的工作，或是要糾正中小學教育的工作，結果它的力量浪費於走回頭路，它自己由走回而再出發所能走到的路程非常短促。其次，大學教育在今日中國還是極少數人所能享受到的，在能受教育的人口之中大多數人都只能止於中學或小學，如果我們把教育看作一般國民的一般人性的啓發，而不把它看作特殊技術人員的訓練，我們就應該把教育重點擺在較多數人都能達到底那個教育階段。我也和光旦先生一樣，從事大學教育許多年，這許多年的經驗使我深深地感覺到我們的大學教育的失敗。如果我們眞正要謀教育的更張，我們必須明白我們已往把教育重點擺錯了地方，我們必須把它移到中小學教育上面去。

光旦先生對於教育的更張有他的「看法」還有他的「做法」。他的看法是：每一個人是一個完整的有機體，教育應以這有機體爲對象，同時注意到通性，個性與性別。他特別强調每個人有他的獨特的意義，不只是達到社會目的的一種工具，因此他極力反對把教育只看成工具的製造。關於做法，在原則上他主張（一）自發自動，自求自得；（二）有能盡量自營單獨生活的機會，可以養成獨立自尊的人格。他特別指出「一味社會化的要求是片面的，錯誤的」。在大體上，光旦先生所要糾正的是時下只顧社會不顧個人，只講訓練不講啓發的那個教育風氣。這是我個人一向所引爲隱憂的現象，因爲像是違背時代大潮流，也一向隱而未發，看到光旦先生的文章，所以特別感到快慰。我很願意對於他的見解作兩點補充：

一、一切經驗界問題最後都要溯源到以宇宙全體爲對象的哲學問題。如果我們承認宇宙全體爲完整的有機體，則其中一切問題都應該有一個顧及部份也顧及全體的解決，所以一切衝突，因其爲片面的，都不免是錯誤的。光旦先生的「看法」隱含着一個社會與個人的衝突，因此，也隱含着一個社會目的（無論是宗教的，政治的或經濟的）與教育目的的衝突。他彷彿以爲拿人當作工具來訓練，使人除掉成爲社會工具以外別無獨特的意義，這種「做法」合乎社會目的卻不合乎教育目的。我以爲這種衝突不應存在，如果就教育目的說，它不合理，就社會目的說，它也就不能合理。一個健全的社會理想不應該因爲以個人爲工具而就毀壞個人的人性的尊嚴；一個健全的教育理想也不應該因爲要保持個人的「獨特的意義」而就抹煞社會的健康與安全。這是政教關係的基本原則。我以爲現代世界沒有走上正路，不僅由於教育理想的錯誤，也由於政治理想的錯誤。

二、討論到教育，政治以至全盤文化，我們當然都應以人爲本位，所以我們對於人的看法極關重要。人還只是機械呢？還是生靈呢？如果他只是機械，政治和教育就應該把他當作機械待遇，訓練他，鞭捶他，使他成爲達到某種目的的工具。不過談到「目的」，問題就來了，這目的是向哪裡？何必有此？爲誰？這些問題恐怕都是持機械觀者所無法答覆的。我和光旦先生的看法大概是一致的：人是生靈。生靈有別於機械的就在他能自動，有自由，能本其自動的能力去創造，能本其超過自然需要的自由去謀生活的富裕（不僅是物質要求的滿足）。所謂人的「獨特的意義」或是人性的尊嚴也就在此。無論是健全的教育理想，或是健全的政治理想，也就都必根據這個基本的認識。單就教育說，它當然不能止於工具的製造，不能止於訓練，宣傳或摹倣。而要發揮人性中的最大可能性，達到一個「以獨則足，以群則和」的個人，同時也達到一個「以獨則足，以群則和」的社會。

邱椿

潘光旦先生日前寄來「論教育的更張」一文，囑我評論，我拜讀後以感佩愉快的心情，寫出如下的幾點補充意見。

一、關於理論者。潘先生的教育理想是培養在自由社會中能自由合作以增進人類幸福的自由人，而這自由人的人格在知、情、意三方面是應有調和發展的。人格有通性，亦有個性；社會有共同需要，亦有特殊職務。爲發展通性與適應共同需要起見，我們應有普通教育；爲發展個性與適應特殊職務起見，我們應有專門教育，而這兩種教育都包含知、情、意的陶冶。這種自由教育才能保證個人自由和社會合作。自由教育培養自由人，自由人創造自由社會。潘先生的教育理想是古代雅典的人文教育理想之再生，是值得我們衷心擁護的。不過它在目前中國的實現似有兩種困難。第一，我國兩大政治壁壘都傾向於集體主義，將來不管勝利屬於何方，其所標榜的民主政治能否實行，其教育設施能否改變過去二十餘年來重訓練與宣傳的作風，則待於事實的證明。教育是政治的尾巴，學校是社會的縮影。在自由社會未建立以前，自由教育理想的實現是頗困難的。第二、西洋傳統的自由教育是有階級性的。古代雅典的，文藝復興時代的，近代英國的人文教育都是士君子或優閒階級的教育。美國教育家近十年來提倡的自由教育亦有復古傾向。剷除自由教育的階級性與復古性，似亦不是容易的事。

二、關於實施者。潘先生的教育理想是自由主義的，所以他提出的具體建議很像歐美自由主義者辦的所謂「新學校」之做法。例如校舍在郊外風景區的設置，圖書儀器的開放與自由運用，上課時數的減少與自修和遊息時間的增多，社會科學與自然科學的並重，自動自發與獨立研究的鼓勵，宿舍管理的家庭化，藝術陶冶與旅行考察的注重等辦法，在英國的阿博玆荷姆，比得爾斯，翁都爾司等學校，法國的「巖石學校」，德國的鄉村家塾，美國的費阿荷普，格來，溫納提卡等新學校中，都已實行多年而著有成效。但這些做法需要充裕經費與優良師資，在中國能否辦到似是一個疑問。並這些辦法亦非毫無流弊。例如學校設在鄉間易使青年變孤獨而厭惡都市，但在工業化的社會中，有約半數的人是要在都市中過生活的。調劑生活起見，都市兒童固應到鄉村學習，但鄉村兒童亦應到都市學習。德國城鄉學校常互換校舍，使兒童半年居鄉半年在城辦法似是更合理的。又潘先生建議高中畢業生於進大學前應入山靜居或為人雇傭一年。入山靜居，似可不必，義務勞動確是有益的。德國高中畢業生於入大學前亦要從事於義務勞動一年，為農人耕種或為國家築路墾荒，這亦是值得參考的辦法。對於潘先生的延長大學修業年限為五年的建議，筆者不敢苟用。當國家尚無錢使大多數農工子弟受一兩年小學教育的時候，我們竟建議國家出錢讓少數富人子弟受五年的大學教育，這是違反民主精神的。

上面的話與其說是評論，不如說是幾點補充意見。

吳澤霖

潘先生提出教育需要更張，筆者也有同感。其實非但中國如此，全世界都面對着同樣的問題。教育在任何一國中都已制度化，制度好像麵包外層的硬殼，愈久愈堅實，更張就愈不容易。

中國太注重形式教育。學校教育變成教育系統的主體，尤其高等教育，無論在經費上或人力上，都佔了主要部份。這種頭重腳輕的現象也就是潘先生所指出的偏重智的成份的結果。中國絕大多數的人沒有力量可以獲得學校教育的機會，自然更夢想不到接受高等教育的恩澤。但是社會秩序靠這些大衆來維持，社會生產他們也是主體，社會進步與否他們也是主要關鍵。我們常常聽到關於中國社會的批評，說中國人如何散漫，如何迷信，如何自私 。這些我們當然不能不承認。但是這些病態決不是從細胞裡與生俱來的。教育有力量可以糾正牠們。要是做得澈底一點的話，也許一二代的工夫就可以收到極大的成效。但，祇靠學校的形式教育，那是絕對做不到的。

教育的範圍決不限於學校，更不限於書本，在中國尤應如此。學校的制度是都市生活的產物，在散居於鄉間的大多數農民，除了居住在較大的鎮集上者外，很難充分利用。一般農家的平均耕地雖然小得可憐，但學童年齡的小孩仍是必不可少的一股勞動主力。牧牛，刈草，施肥，灌水等工作，處處都用得着他們。要教他們在一年之中化上七八個月的工夫，到學校裡去讀些與生活無關的書，那眞是背擔不起的經濟損失。筆者在雲貴一帶的鄉間，曾一再看見在施行普及教育的號召下，每保必須有一小學，每個小學必須有若干學生。許多農家捨不得把自己的子弟送進學校去，祇好湊出一點錢來，共同供給幾個小孩，代表他們入學，免得把寶貴的勞力，大家浪費在學校裡，使他們蒙受更大的經濟損失。從這些農人的眼光看起來，他們要擔負兵役，擔負工役，還要教他們擔負學役，這實在是喘不過氣來的重擔！那末，難道他們眞正的反對入學，不贊成讀書嗎？這又不然。他們心裡非常重視教育，可惜這種形式的學校教育與他們生活配合不起來，他們不能吸收，無從消化。所以學校制度在農村裡至今還不能生根結實。

中國文學的學習是頂不容易的。說話與文字並不完全符合，字體必須一個一個的學習，不像西洋文字的可以按音拚寫。一般人民好不容易擠出二三年的工夫，進了學校，但是所學到的對於他們實際生活，可說一點也沒有用處，連柴米油鹽的流水賬也未必能記得起來。倘要教他們繼續的進修，那經濟能力又決不允許。所以二三年的學校教育事實上等於浪費。

為了求謀大衆的利益，為了符合「教育即生活」的原則，在今日的中國，大部份的教育努力應當花在社會教育上面。除非我們在國家總預算中能爭得更大的百分比充作教育經費，否則我們的形式教育，從大學一直到小學，尤其在學校的數量上，儘可不必再大量的擴充。我們要把精力儘量的花在生活教育上，把教育送上人家的大門，打進人家的生活裡去。二十歲以下的人固然需要教育，二十歲以上的人至少也同樣的需要。過着優閒生活的人需要教育，在生活線上掙扎的人也何嘗不需要。讀書，識字，算學不是教育的主要內容，教育成功的人可以不識字不懂算。教育的主要內容是教我們怎樣做一個人，怎樣做一個公民，怎樣改進我們的生活。要達到這個目的，祇有推廣社會教育。我們要擴大電化教育，希望科學家能夠設計出適乎中國情形的器材。我們需要戲劇，說書，圖畫，遊戲，展覽等活動來做媒介，滲透到各階層去，直接間接來改進他們的生活。廟宇，場集，街頭，田壟，家庭全是我們施教的場所，並不一定需要正式的學校。這一切的一切都是傳統教育所不注意不屑做的，我們主張至少應與形式的學校教育並重。并且，為便於貫澈這種主張推進這種政策計，我們建議，全國最高的教育當局應由對於社會教育有瞭解，有訓練，有經驗的人來擔任。

上面所提的幾點似乎可以補充潘先生的意見。現在世界上已有幾個國家正在向着這個方向試探，在今日的中國，至少也值得我們來檢討和考慮。

周先庚

我很高興能讀到潘先生近著「教育的更張」，他指出了「全部教育需有更張」，和更張的方案。

誠如潘先生所說，學校在今日成立了工廠，一批批的貨品，用同樣的方式，由工廠中製造出來，推銷到社會上去，不問社會上是否有此需要；到貨品推銷不出去時，所有的怨憤都來了，尤其是近幾日來，各報都有論到「畢業就是失業」的問題。學校是否應當和工廠同其作用，學生是否應當像貨品似的用同一方式大批製造出來，問題就在這裡。潘先生喊出「共通」和「獨」的二個名詞，就是學校不應當公式的注重，「團體」而應當注意到「獨」個的發展，我很欽佩潘先生這個見解。對的，教育的目的，尤其是大學教育，應當使每一個跨進大學門檻的青年，在大學的幾年訓練中，使他完成一個完善的「人」，而不是發展成一個「畸形的人」，「零星片斷的人」。看我們目前的大學教育，無疑的，我們並沒有完成這使命。我們的教育方式「需要更張」，我們的教育對象也應當由全體而注意到每一個人，每一個學生在這學校中，要做到這一步。目前的教育方式，大班上課，一天由這課室跑進另一課室，一整天的時間都被功課排滿了；等課畢，精神也疲乏不堪，是不能達到我們所想像的目的。我們應當採取像潘先生在建議中所提到的，「上課的鐘點的數目，應力求省減，留出時間來作爲二種用途，一供學生自修，一讓師生之間，多發生些課業以外，和一般生活有關的接觸和聯係」，像英國牛津劍橋所採取的導師制，才能有助于個人的充分發展。像目前我國的大學教育，不用否認，師生之間，確有鴻溝存在，原因是上課時是師生，一出課室門，就再也沒有任何接觸了！我們怎能談到發展個性？

發展學生的個性，注意到「獨」的發展，我們要加深對于心理學的認識，因爲在大學各科中，對于「人」的研究是屬于心理學的範圍之內，尤其是戰後，對于「人」的研究更注重。人類在今日，智力發展的程度，使人類能控制宇宙，控制住宇宙間的一切，而唯獨對于自己「人」的研究，却遠不如對于「物」的研究；結果，「人」可以控制一切而控制不了自己，能明瞭宇宙間的一切，而不能明白他自己。最後的失敗，就失敗在這一點上。「人」戰勝了其他動物，戰勝了一切阻礙他發展的，但他却戰勝不了他自己，讓他自己毀滅在他自己情感上，這是一個悲劇；而這悲劇目前正在進行中，沒有人能加以阻止，原因就在于「人」不明瞭自己，不能控制自己，戰勝自己。這也就是教育過度注重「智」而忽略「情」「意」的發展的結果；人的智力發展到目前的程度，使他有能力能滿足他的慾望，但他却沒有辦法克服他自己的情感，他有能力能「戰勝他的敵人，而沒有能力能戰勝他自己」（俗語）。對于「情」的研究也是屬于心理學的範圍之內的，所以我們需要加深對于心理學的研究，使心理學的發展能追得上其他科學的發展。

在建議中，潘先生提到中學畢業以後，一個青年「對于一已蘊藏着的智慧與能耐有一個充分探尋和試用的機會」。我讚成潘先生這個「破除慣例的」建議，但我認爲不妨把時間延至大學畢業以後，他那時對于自己的智慧的蘊藏已深，在進入社會之前，讓他對于自己下一番檢討的工作，對于已完成的學業，有一個重行溫習的機會，在與大自然的接觸中，尋找出一個眞理來。耶穌之離開鬧市，獨處曠野間，釋迦牟尼之靜坐，都是在「靜」中，在與大自然的接觸中，研討眞理來。其實，我們許多偉大的科學家，他們也是和自然的接觸中，偶然的觸動靈機，發現了眞理。當然我們不能苛求每一個靑年都能有此成就，但在青年中能有一二個有此收穫，已是最珍貴的了。因此我以爲這建議不必勉强，不應當公式化，而應當是對于青年的一種建議，希望他們明瞭這建議的意思，而使他能有所收穫。

樊際昌

潘先生這篇近著是一個教育者在多年教育經驗中，體驗出來的對于教育的一個可貴的建議，希望教育界人士都能注意到這問題，就是我們的教育是「需要更張」。

假使我們願意從個人的價值的觀點，來估量近代教育的結果，我覺得最適當的一個評語，就是教育是在「摧毀」frustrate 人性。有些人，尤其是辦理教育的人，一定會說這是謬論，潘先生的這篇文章是一個很好的文字上的答辯。潘先生所說「人與人群與群合作越不可能」的這個當前大時代，是更好的事實上的答辯。中國人在以往一千餘年，曾對全國所有的女性，做過大規模摧毀身體發育的工作，他們折斷每個女子的脚骨，使健全的人成爲近乎廢物。以我們今日的社會標準來評判這件事，我們說這是殘酷，這是不人道。然而在當時認爲「美觀」的標準之下，每個母親，會親自對他最愛的女兒，實施這種殘酷的手段而無動於中。可見人類的愚昧眞無止境。近代教育無分中外，對於「整個人格」的摧毀，其殘酷程度以及影響所及遠過於身體的摧毀，然而我們在「社會化」「制度化」等等時髦標準之下，正在不遺餘力的進行這種摧毀工作而無動於中。在第二次世界大戰暴發以後，少數人稍有所動。待大戰結束以後，面對着這個四分五裂的局面，於是有所動於中的人漸漸加多了。近年來美國教育思想家兩大派別的爭論，就是一個有力的例子。潘先生在本文裏所提出的更張意見，也是大聲疾呼，針對這種摧毀式的教育有所糾正。

教育還是應該幫助一個具體的個人，使他能自己去尋求他所認爲滿足的生活呢，還是應該先由一些教育家，或社會科學家預先訂定一個抽象的社會秩序，而强使每個個人來「湊合」（不是適應）這個空洞的理想呢？這是潘先生所提出來的問題，也就是近代教育哲學裏的一個基本問題。假定那個先決的社會秩序，全世界都能一致，則問題或不太嚴重。但事實是每個國家，以及每個國家裏的每一個黨，每一個派都在提出不同而甚至互相衝突的社會秩序，而强使他們的兒童和青年去湊合這個狹小的空洞的境界，其結果是使許多具體的活潑的個人被摧毀被犧牲，而造成了今日這個四分五裂的局面。或有人說，一個理想的社會秩序，是人類努力的標準，是社會進步的表現。缺乏這種理想，也就不會有文明的社會。我們的答案是，這種理想必須先尊重個人的存在，必須以個人爲目的而不以個人爲工具。在任何以個人爲工具的社會秩序裏，只有人格的被摧毀，而不會有人格的自由。又有人說，今日這種悲慘局面的造成，不全是教育的責任，政治經濟的措施幾乎有壓倒的力量，使教育無能爲力。這是推諉責任者的看法，是迷信「社會化」「制良化」等等空洞名詞者的看法。在他們的眼光中，具體而囫圇的整個人格並不存在。

潘先生說「社會科學並沒有拿人做對象」。我想補充一句，且爲社會科學申寃。眞正以「人」做對象的基本科學—心理學—到了今日還得利用白鼠，猫，狗等動物做實驗。近三十年來，心理學雖有些驚人的進步，但他對於複雜的社會行爲的了解，其可靠性還遠不及自然科學。潘先生說「社會科學的錯誤不在慢，而在認錯了對象，在隔靴騷癢」。這或許是不得已的事實，然而這也是人類的不幸。

我認爲一切社會設施，都應以具體的個人爲依歸，爲目的。所以在理論方面，我和潘先生的看法很相同。他所提出的實施方案，表面上看來似乎輕而易擧，若要認眞做到並非容易。潘先生想從大學方面做起，而我却想從小學做起。因爲從小學做起，我們或許可以希望減少一代的兒童，再被摧毀，再被犧牲。

我希望對教育有興趣的人，細讀潘先生這篇文章。

(丙) 附識

潘光旦

這一次『新路』要我寫一篇關於教育改革的稿子，原爲的是要充『論壇』一欄的篇幅之用。我勉强應承了下來，同時也請了幾位朋友參加討論，如上文。不過有一層我沒有照做，就是，於讀完他們幾位的討論文字之後，沒有來一段『總答覆』。唯一的原因是全部的稿件所佔的篇幅已經太多。我要說的話雖不少，只好留以有待了。於此，謹先向這幾位朋友表示我的謝意。

專論

從朝鮮看美蘇

翁獨健

在戰後三年來美蘇敵對愈演愈烈的局面中，朝鮮問題可以算是最典型的了。在這裡，北緯三十八度把整個半島無端腰斬爲兩橛；在這裡，除了被支配的朝鮮人民以外，只有兩個單純的勢力，美國和蘇聯。這兩個勢力各爲自己打算，各有自己的目的用心，造成了今日朝鮮的僵局。

半世紀以來，朝鮮遭遇到國際間稀有的厄運，兩次國際戰爭——一八九四至九五的中日戰爭和一九零四至零五的日俄戰爭——都是以朝鮮問題爲導因，最後不免爲日本所吞併（一九一〇年），朝鮮人民過了將近四十年的亡國悲慘生活。第二次世界大戰結束，日本無條件投降，朝鮮人民滿懷熱望，以爲翻身獨立的機會終於來臨，世界上抱有正義感的人士也莫不以爲朝鮮應該獨立，應該解放；但是戰後國際局勢的惡化，美蘇兩強的互相猜忌，使朝鮮復淪爲國際明爭暗鬭的場所，所謂解放獨立又成爲虛無飄渺的遠景了。

一九四三年十二月一日，中美英三國所發表的開羅會議宣言，曾明白規定：「我三大盟國軫念朝鮮人民所受之奴隸待遇，決定在相當期間，使朝鮮自由獨立」，原則上朝鮮的獨立已經得到一層國際的保障，但「相當期間」四個字（儘會當時沒有惡意）也已經種下後來託治糾紛的根苗。一九四五年正二月間，美蘇英三國之首雅爾達會議，蘇聯同意在對德戰爭結束後三個月參加對日戰爭，並議定美蘇兩國在朝鮮南北的作戰區域。同年七八月間的三國波茨坦會議，又同意以北緯三十八度作爲美蘇兩國在朝鮮作戰的界線。朝鮮被腰斬爲兩橛的局面便這樣造成了。後來日本投降，蘇軍於八月中旬完成佔領朝鮮北部，美國也於九月八日在朝鮮登陸，進行三十八度以南地區的接收。從此南北對立封鎖的僵局便隨着美蘇關係的惡化，逐步開演了。

但是朝鮮是整個的，無論在民族文化方面，在政治經濟方面，都不是北緯三十八度所能强制分裂的。北朝鮮是重工業鑛產和電源區，南朝鮮是輕工業農業和海產區，南北斷絕交流互通的關係，使朝鮮全國經濟陷於停滯癱瘓的境地。盟國使朝鮮獨立的諾言，在這種分裂情況之下，更無實現的可能。一九四五年十二月的莫斯科三國外長會議，爲了打破這種僵局，決定依照雅爾達及波茨坦會議的決定，對解放後的朝鮮找出合理的解決辦法。這辦法可以分爲四點：第一，爲重建獨立的朝鮮，設立一個「臨時朝鮮民主政府」，採取各種必要步驟，以發展工業運輸農業及民族文化；第二，爲協助成立「臨時朝鮮民主政府」，由南北朝鮮美蘇軍司令部組成「聯合委員會」，與朝鮮民主政黨社團諮商；第三，「聯合委員會」協同「臨時朝鮮民主政府」及朝鮮各民主政黨社團，協助朝鮮人民在政治經濟社會上之進步，建立民主自治及朝鮮國家的獨立，完成中美蘇英四强在朝鮮爲期最多不過五年的託治；第四，爲考慮各種有關朝鮮南北部之緊急問題，並爲訂定方案，美蘇二司令部代表；應於二星期內舉行會議。這些辦法的決議，雖然不能滿足朝鮮人民立即實現獨立的願望，若是能够實行，已經勝於兩强分割把持的局面；不幸，因爲美蘇兩國對朝鮮政策的基本分歧，兩國利益的處處衝突，使這決議始終無法實現。

一九四六至四七兩年間，朝鮮問題的演變，可以說完全集中在上面所提的莫斯科外長會議，關於朝鮮決議的進行，以及進行的失敗與最後的廢棄。美蘇聯合委員會，果然依照莫斯科外長會議的決議，於一九四六年一月間宣言成立，進行雙方交換意見的初步討論約三星期之久，並且於三月二十日起正式開始工作，但因爲美蘇兩方意見的分歧，至五月六日便無法繼續，陷於停頓。此次失敗的原因，由於美方堅持必須容納所有政黨全部參加成立臨時民主政府的會議，而蘇方則認爲凡反對託治的政黨，不能完成莫斯科決議，已經失掉資格，一概不許參加。我們知道反對託治的却是在南部美國庇護下的右翼政黨，佔有絕對優勢的單位；而贊成託治的却是親蘇的左翼派系。這樣雙方堅持有利自己的主張，會議自然無法進行了。會議停頓後，十一月間，蘇聯曾經建議恢復，美方未加考慮。到了次年（一九四七）四月，朝鮮南北對立局勢更趨尖銳，雙方同意再行協商，於是在五月二十日聯合委員會重行恢復。蘇聯首先表示讓步，對於參加建立臨時政府會議的朝鮮代表，不問過去如何，只要答應以後不再反對莫斯科決議的都可參加。但是美國方面又堅持右翼政黨社團在議會中要獲得優越地位，並且在將來臨時政府中要佔十七席，所留給左翼黨團的只有三席。在這個時候，朝鮮南部各地又迭次發生反蘇反共反託治的示威運動，左翼政黨領袖的被逮捕暗殺（最重要的是七月間南韓人民黨領袖呂運亨氏的被暗殺），民主社團的報紙雜誌的被封禁。因此無法協商，雖然連續開了六十多次會議，終於在九月間毫無結果而散。所謂莫斯科決議，所謂美蘇聯合委員會，便也從此壽終正寢了。

在這第二度美蘇聯合委員會尚在進行而陷於僵持局勢的時候，蘇聯再三表示問題仍可由聯合委員會協商，而美國已於八月二十六日建議在華盛頓召開中美蘇英四國會議，蘇聯方面認爲這是美國想利用中英兩國的關係，以壓迫蘇聯，認爲美國這種建議是破壞莫斯科的決議，加以拒絕。因此美國就更進一步，在九月間索性完全放棄莫斯科的決議，把朝鮮問題提交聯合國大會，並且以美國在聯合國中的優勢，終於在九月二十三日把這建議案通過了。蘇聯在聯大通過美國建議案的後三天，鑒於莫斯科議決的被廢棄，突然提出在一九四八年元旦以前，美蘇兩國同時將朝鮮駐軍一律撤退。這建議的提出，雖然後來被聯大否決，是蘇聯外交的大勝利。這建議爲朝鮮全國人民，朝鮮所有黨派（除了極少數絕對右傾反動的政黨以外）所歡迎，認爲是解決朝鮮問題，完成朝鮮獨立的惟一辦法。這建議表示蘇聯對於朝鮮政策成功的自信；但是也使美國更堅決地要利用聯大進行她的對朝鮮單獨行動的政策了。

美國放棄對蘇協商，進行對韓單獨行動的政策，在她的建議通過於聯大後，便一步步的展開了。十月十七日，美國爲抵制蘇聯的撤兵建議，提出各佔領國在一九四八年三月底以前，在聯合國監督之下，分別在佔領區內舉行選舉，以便組織國會，成立國民政府。這方案在十月底通過了。接着更通過美國所提的「聯合國朝鮮委員會」的組織，並由中、印、叙、澳、法、菲、薩七國的代表組成。一九四八年年初，這委員會飛抵朝鮮，預備執行聯合國的決議，但是受到南北朝鮮人民一致的反對，二月間便無功返美，把這問題交給「小型聯大」，建議在南韓單獨舉行選舉。二月二十四日，「小型聯大」，通過南韓辦理普選，不顧蘇聯的抵制，不顧朝鮮人民的反對。美國更於三月一日，宣布於五月十日，在聯合國機構監視下，舉行普選。爲抵制美國這種一意孤行的舉動，朝鮮南北政黨形成了空前的團結。在北朝鮮人民委員會的號召之下，南北政黨社團於四月十九至二十三日在平壤舉行了聯席會議，連南方素稱右傾的政黨領袖，如金九金奎植洪命熹等都出席參加，一致主張建立統一政府，要求駐屯軍撤退，反對破壞朝鮮統一的南韓普選。但是美國無動於衷，本着既定步驟進行。不顧一切，不擇手段，執行所謂「自由」「民主」的普選，選舉結果，當選的是淸一色的親美親日反動份子。現在南韓的議會已經有了，並且最近也產生憲法，預備組織政府。從美國方面看，她的計劃似乎都實現了，似乎目的已經達到了；但是朝鮮的問題恐怕從此更不易解決了。這眞是朝鮮人民的厄運！

我們綜觀三年來朝鮮問題的演變，我們承認，由於國際情勢的變化，由於美蘇兩國的尖銳對立，朝鮮問題的惡化，責任不一定是單方面的。但是我們冷觀地來觀察三年來美國在南韓的一切舉動，一切扶植反動勢力的行爲，一切對於朝鮮人民的漠不關心，一切基本問題的沒有解決，我們不能不說，美國對於阻礙朝鮮走向獨立民主統一的前途，要負極大的責任。我們用不着聽信北韓方面，或蘇聯方面的報導，我們只須聽一位現在北平主持在華韓國建國幹部訓練班，並非左翼份子的李忠模先生的話，便可知美蘇在朝鮮的功罪。我現在以李先生的話作爲本文的結束。李先生說（見「現代知識」第一卷第十一期「今日的韓國」三十六年十月一日」：

「吾人參考以上之事實，可能看出美蘇對於韓國政策之長短得失：美國之於南部，完全不合美國對韓政策之本意，蘇聯之於北部，完全成功自己之本意。其理由安在？蘇軍在其佔領區，授政權于自己所信任的韓國革命者之手中，早速淸算反逆份子親日派；反動勢力不敢蠢動，以此順利進行，實現民主政治之路線，領導南部民衆。美軍在其佔領區標榜民主主義，另方面實施殖民地之軍政，自己代替日本總督之地位，領導倭寇時代之親日派，反逆份子，民族仇讐。彼等儼然佔有原居之地位，以加强的美國權力來壓迫民衆，比倭寇時代加甚幾倍。他們能掩蔽槍殺無辜之罪人，虐待壓迫民族領袖及革命者，以此不但韓國革命者非難美軍政之錯誤，抑全世界有識人士莫不譴責美軍政之苛酷。現下在南韓之革命者毫無生存保障，並無容身之處。美國何如此脫出歷代萬國之革命道德？雖然，吾人深知美蘇之來分佔韓土，不是扶助其獨立之意。最近麥克阿瑟聲稱南韓將成立民主共和國政府。吾人相信，美國如果不改變現下所使用的不擇人選之方式，舉用民族仇讐，恐怕不能成功的。革命者雖有黨派之過誤，對民衆却無結怨之事。其他甘作異國之走狗輩，設或一時弄權，然一旦歸政權於韓人之手中時，不能避免國法之處分。依此吾人進言，除了授權於革命者而組織政府，實現民主政治外，別無較善之方法。中國已處理漢奸，德日已處理戰犯，何獨韓國親日派，民族反逆者，還是掌握大權，壓迫革命者呢？」

舊話重提財產稅

趙守愚

我們目前的財政和一般經濟之間，顯然呈現三種畸形現象：（一）負擔不均，（二）貧富懸殊，（三）財源枯竭。

就負擔說，如將一切稅捐攤派包括在內，再和社會政治的背境集合觀察，我們便立即發現，（一）間接稅重，直接稅輕。（二）鄉村稅重，城市稅輕。（三）不動產稅重，動產稅輕。（四）正式營業之稅重，投機活動之稅輕。（五）官吏官親官友之稅輕，一般無勢無力人民之稅重。（六）戰區及近戰區之稅重，比較安定區域之稅輕。我們如果再將等於捐稅的不兌換紙幣包括在內，對於固定收入階級，良善的中產人民，和貧苦無組織的農工，因爲不能以賣買囤積各種投機方式，以轉嫁紙幣所發生的苛稅，其負擔的不均，範圍將如何廣大，程度將如何深刻！

貧富懸殊爲個人主義資本主義的社會通象，而因制度惡劣加深其不均的程度。就我們農業的國家說，一般人民甚窮苦，少數權貴極富有，此種集中的財富，大都隨朝代更換政權移轉以後，經過若干時期，或直接强力奪取，或倚勢經營巧取而來，極少爲有效生產累積的結果。所以每過若干年，便見統治集團被統制集團間，既得財富的移轉而無顯著國富的增加。我們最近造成貧富兩極的原因，當爲（一）多年連續的通貨膨脹引起財富分配的大變動，以致中產階級，沒落消沉。（二）經濟統制貫行以後少數人憑藉特殊勢力，不但藐視法令，且利用統制，從而壟斷若干物資的生產運輸和銷售，因而獲得暴利。（三）抗戰前後，美援的大量物資現款輾轉成爲聚斂的工具，因此造成空前的國內金鈔大量流通，和國外資產存款的購貯。（四）勝利後原來曾經敵僞時期一度集中的財產，從非法接收賤購種種方式，又來一次集中於少數人的轉移。

開闢稅源據西方財政學者的說法，頗有技巧，這便是「儘量拔鵝毛而使鵝不叫」。就我們說一般人民怕官怕事，叫聲向來微弱，但到如今已非叫不叫，或叫聲高低，而是有無鵝毛可拔的問題。造成財源枯竭的原因，一則長期戰爭使生產萎縮，運輸阻滯，稅物流通數量消減，稅人亦大量散流，稅收自然難有起色。再則通貨膨脹，財富轉移，財隨勢漲，勢因財强，積久成爲貧窮無可稅，權豪不受稅的局面，因此徵收格外困難，效率特別低落，舊稅不能開展，反而範圍縮斂，新稅阻礙叢生，逃拒成爲公開祕密。如由捐稅轉至公債庫券，以暢財源，亦將無大效果，蓋幣値日落，市息日高，已非債券所能競爭。並且通貨膨脹繼續期間，有資力者，競趨速利，保實値，債券顯非獵取速利的投機妙品，亦非可靠的藏富工具，何況政府曾對黃金儲蓄券，毀信强徵，到如今，社會上還有戒心呢！

喧嚷已有數年，現在重新在立法院討論的財產稅，便是針對上述三種時弊而發，他是否值得徵收，有無效果，自應從此分析。我們首須將財產稅和資產特捐作一區別，資產特捐雖然在十八世紀末年便有人提倡，但實行却在第一次世界大戰以後，德意奧匈捷克希臘，都征收過一次，波蘭三年間竟徵收過兩次。大體說來，這種特捐，是買賣性的，偶爾一次的，其動機爲消滅大量的戰後國債，有時亦爲應付某種經濟危機。徵收成績，在上述各國，都不算太好，其原因一則無形的個人動產，或捐不着，或捐太輕，而不動產雖說不易逃匿，亦不致於因納捐而消滅，但是代表這些資產的股票債票，亦很容易脫手，收購他物，便於藏匿。再則特捐繳納，總需大量現款，這種移轉，在短期內常發生時間脫節，而引起金融萎縮，價值下落，尤以銀行假如對此種特捐，採取敵視態度更易加深經濟磨擦。三則一次交納特捐，在此以前已經存在的資財，就個人講因爲付稅獨負損失，而在此以後新生的資財，竟完全豁免，正和公債負擔落在後人肩上相反，都不公允。四則大多數曾經徵收特捐的國家，都曾經患過通貨膨脹病，物價續漲，幣值日落，特捐所得，到國庫時，實值已經大跌，數量亦變爲微不足道，仍無補於經濟復元。假如資產特捐擴大到一切財產，而捐款又分十年二十年交納，估價隨時修正，這其間所引起的問題，便和一般財產稅無大差別。

任何捐稅最主要的目的爲增加收入，擴充財源。財產稅對此有何貢獻，可從二方面觀察。一，此稅的收入，(估計的尤其後來實得的)在整個稅收中的地位，假如其收入有限，或收入前估計甚多，而經過生疏人員的一切徵收費用，實得淨數細微，徒養稅吏，無補國庫，此稅對於增加財源，便無貢獻。二，此稅雖有淨收入，亦許爲數可觀，但如將舊稅擴充或整理後，所得新增的稅款，可與財產稅的淨收入相等，這亦可說財產稅，並無若何貢獻。三、財產稅徵收以後，影響他稅的收入，其減收部份，便須計入財產稅的稅收淨值中，而加以扣除。我國私人財產，連勉可攷查的地籍，都年久失修，莫明眞相，其他財產，更難查估，所以財產稅的收入，便無法預測，抗查拒稅，騰挪躲閃，勢所難免。如爲平均犧牲，訂立免稅額，用意自然極好，但實行起來，將增加查估的困難，爲日後逃減糾紛的淵藪，稅收前途，是不容樂觀的。

就財產稅所加的負擔，比較相對的觀察，便有四個問題，須待解決。一、同樣價值的財產，不論動產不動產，有形或無形，亦不問其收益能力的大小有無，是否都受同樣的估價和稅率？二、同等價值的財產，是否有同樣實行繳納稅款，或同樣逃匿轉嫁的機會？三、同樣的財產，是否不論城市鄉村，通都僻邑，都受同樣的估價，納同樣的稅率？四、不論納稅人的社會地位，能否眞個如法律所假定的平等，使財產檢查，估價和抽稅都完全相同？就有徵收財產稅經驗的國家說，這些問題可謂都是否定的。前三個問題解決的困難，完全由於財產稅基本性質的特殊，以種類萬千，有形無形，收益有大小，轉移變賣有難易的財產，而加一同樣的稅目，要做到檢查週密估價正確，稅率恰當，迥非人力所能辦到的。至於第四問題，則屬於現行的社會制度，短期中無法改革。

可收平均財富之效的賦稅甚多，事實上任何賦稅，徵收過度，都發生沒收的作用，而這種沒收，却不一定能平均財富，有時反而使富者脫逃，貧者受罪。財產稅並非最好或最適當的均財工具，因爲此稅的對象，爲現存的目前正在使用中的資產，經抽稅後，雖未消滅，但是部份財產的轉移，是不可避免的，而這種轉移，還是從有運用效率的人手中，轉移到運用效率低下者，還是恰好相反，是難於遽下斷語的，但是在一個政治低能工業落後的國家，似乎前者的機會多於後者。這裏我們便可看出所得稅，和遺產稅對於均衡貧富的優點，從所得稅和過分利得稅的徵收，我們可以在資本形成剛在萌芽時期，便以賦稅方法，從其根源，部份削減。從遺產稅的徵收，我們可以將已經累積的資產，減除若干。換句話說，所得等稅，可以事前防止資產過度集中，而遺產稅則事後阻止資產過度集中，他們徵收的效能，和不侵擾原來財產使用的效率，都比財產稅較爲高强而適當。

所以從財源負擔和均衡貧富三方面看，財產稅是不值得徵收的，已經征收的國家，如英國瑞士都一致認爲此稅，原則上不簡單，不正確，征收上有不易克服的困難。然而從另一角度觀察，在目前的中國，卻有他徵收的特殊道理。我們若干賦稅，如所得遺產貨物等稅，既不週密，亦不準確，且直接間接有縱容逃匿抗捐之嫌，尤以勢豪爲甚，非有多種稅捐，多方進攻，極難使其略受適當的負擔。再則戰亂時期，直接間接受兵災影響之貧苦人民，到達家產傾蕩，人口散亡的境地，有大量財產者，捐稅的損失，僅爲少許身外之物，和災區難民及生活岌岌不可終日的一般民衆比較，其犧牲程度，眞不可以道里計，所以即使此稅確實負擔偏在，收稅重複，尤其對於大資產，估價偶爾過高，稅款規定有些武斷，亦應徵收。至於生活所資的最低財產，小型工商的微弱資金，那是可以設法減免的。三，則財產稅如上所述，雖非調劑貧富最好的工具，並且在現行的經濟制度下，亦無必使大家均貧或均富的理由，但是若干勢豪的財富，依政治力量强奪巧取而來，要爲不可否認的事實，現在內戰方殷預算不足，這種繼續不斷的鬪爭，一部原因，爲維持私產制度亦爲大家公認的，略輸資財，應付戰費，姑不問其主義信仰如何，即僅爲達到大衆久所渴望的粗略的公平，開徵財產稅，亦在情理之中。所以單就經濟觀點說，財產稅有其內在的缺陷，不足採擇，如將社會環境政治現狀連合觀察，結論自當認爲可以徵收。

也許有人說，豪强仍在，勢力依然，新添一稅，未必能有巨大收獲，或竟變成工具，爲豪勢增添資財，或一如往昔，逃匿抗賴，將負擔轉嫁於平民，或身在國內，繼續其威勢，而資財則儘量逃匿外邦，爲狡兎三窟之計，新徵賦稅的結果，反而重累吾民，這些憂慮，確乎難於祛除，我們祇好歸納到政府和人們有無覺悟上！從前法王路易十五，多年失政，險象叢生，有人勸其澈底改革，以消滅危機，他祇淡淡的說：「讓洪水來吧，祇要在我死去以後」！他總算逃過大革命的浪潮，將悲慘的結局，留給他的孫兒和未死的親貴。我們是否有此好運？

施與受施——論美援協定

周炳琳

以「施」與「受施」爲內容的所謂中美雙邊協定，於三日在南京簽字了。代表中國政府的王世杰部長和代表美國政府的司徒雷登大使，都是在中國境內大學校長羣中出類的人物，邊施邊受，簽訂了這樣一個拉緊了政府關係，疏遠了人民感情的契約，我們不知道他們在交飲香檳酒後回到自己的寓所，想到這宗援助眼見九九歸一要拿來支持並增劇殘殺，又想到自己多年教育家或宗教家的身份，也感到不安否？

今日的中國，和對日本作抵抗戰爭時的中國比，是變了，而且變怪了。那時洋大人如有施與，不論是多是少，朝野上下必異口同聲贊許宅的難得。今日，一來便是四億美元，據說依黑市買賣折算法幣，若拿宅一下便把法幣全數收回，都尚有數餘很多，這樣一筆驚人數字的施與，竟博不到中國人民的歡心；中國人民反倒陰陽怪氣，現出一副尷尬的面孔，這不是中國變了，而且變怪了麼？道理很簡單。從前是人民和政府一致抗日，政府得到了外援，人民認為就是自己受到了援助。今日是人民反對打內戰，幫政府打內戰的外援，人民雖然沒有力量反對，心裏卻是不以為然，認為裝上慈善家的面孔，伸出骯髒的手，掩飾不了強權政治的陰謀，雖然這套強權政治是世界性的。

王外長在說明中，依樣葫蘆，說美國此次援華，依其國會法案，旨在「協助中國政府穩定國內經濟及早日建立國內和平」。在這個說法你不懷疑宅的真實性麼？袪了外交詞令，赤裸裸轟出來的，是美國在獎勵中國政府「戡亂」，支持宅打內戰，夢想有一天打了勝仗，或把共軍打得見出一個劣敗的分曉，然後恢復和平；怕宅招架不住，在經濟上出岔子，於是在軍事援助外，又定出經濟援助的辦法。四億美元援助中，特種援助一億二千五百萬美元，可作軍需之用，不待說，那是道地的軍事援助；經濟援助二億七千五百萬美元，為宅訂協定，為宅立條款，都只是在實施上必要照顧到的技術枝節，雖然叫做「經濟援助」，實質也是軍事援助，只有其中一小部分用于特種建設事業的，或許可以看作例外。援助款項，依照彼此了解，除用于特種建設事業者，將來或須另議償還辦法外，其餘的，和特種援助一樣，都是贈與性質。贈與不是買賣；設定條款，只是求贈與能得到較大的效果，並不是像買賣，要停便停。所以美國政府對于贈與款項保有中止撥付之權云云，可看作只是一句掩飾的文字。款項預定供十二個月之用，即自本年四月三日起至中華民國三十八年四月三十日止；但協定條款之有效期間超過了這個期間，訂為自簽字日至中華民國三十九年六月三十日。這是說：不但無意要停便停，而且預定明年四月以後將繼續撥款援助。這是說：美國政府想援助中國政府「戡亂」援到底。南京朝廷中卿若相最為躊躇滿志的，我們想，當莫過于時間那麼長和款可以源源來這一點。

協定中寫下中國要採取可能的措施以利本國資源及國民財力的有效使用，發展工業及農業，改進財政及幣制，減少貿易障礙，增進對外商業關係。「約首」所謂中國政府之政策在推行一種有力的自助計劃，所指的大概就是這些。另一昭告是，由美援物資脫售而得之國幣應如何處置，由中美雙方代表協議處理之，方式約為：收回法幣以安定金融與物價，及供若干種工礦鐵路建設及農村復興等工作之用。後一昭告，應有其相當的實質性，效果如何，此時不必加以臆斷。至所謂推行一種有力的自助計劃，據我們看，那純是門面裝飾，其中完全無物。要是有物的話，何以第二條（甲）項之（2）提到提取使用國人在國外之資產及收益的措施，文字定得那樣鬆懈，那樣疏漏，無異乎告人這是中國政府不想辦，美國政府亦反對辦的事？這一目的中文文字是這樣的：「為查照，指認及適當使用在美利堅合衆國本部，領土或屬地內屬于中國人民之資產及由該項資產而獲致之利益，於可行範圍內所得提取之措施，藉以促進中國政府對於改善中國境內經濟情況所作之努力。本目之規定對美利堅合衆國政府並不加以協助執行此項措施之任何義務，亦不得對中國政府加以處置此項資產之任何義務。」試想，假定訂此項協定的是英美，英以缺短美金外滙，早即求援于美國政府，今日沾整個援歐計劃之惠，訂立此雙邊協定，可能想像英於使用其國人之美金資產及收益反予放鬆，美對宅竟亦拒絕合作麼？可見「此項雙邊協定之內容與美國暨歐洲受援國所訂雙邊協定之內容大體一致」云云，是不大可靠的。而中國政府是保護官僚資本家的政府，也就於此表露無遺了！

雖然是施在一方，受施在另一方，「予」中也是有「取」的。這本難怪，美國人原是講生意經的啊！約文第三條：「中國政府承允從事一切可行之努力，以改善與他國間之商務關係，包括對於影響中國境內私人企業經營對外貿易之情況，予以改善之措施在內。」第六條：「（一）中國政府對美利堅合衆國因其本國資源中缺乏或可能缺乏而需要中國所產物資移轉於美國，無論係為儲備或其他目的，將予以便利。．（三）中國政府經美利堅合衆國政府之聲請，對於來自中國境外之物資，將於一切適當情況下與其合作．」這都是美國人的生意經，為「取」得此而付出之「予」，乃是今日之援助，而非通商商約上相對之「取予」。這似乎是說施主亦在摸窃，罪過，罪過！

協定第九條規定中國政府對於一切關於美援之事實，有使中國人民充分明瞭之責任。這份美援原是透過政府，然後達於人民，對於中國人民，受害是直接的，受惠是間接的。這條規定，大概要中國人民去監督的成份低，對中國人民的反對存戒心與向中國人民市恩的成份高。然醜惡終是醜惡，陰謀終是陰謀，任你如何掩飾，終掩飾不了這一事實，即，中國政府發了一筆洋財，中國人民的尊嚴卻被戳了一刀。司徒大使說，美國人民之願望即為幫助中國人民實行自助，藉以達成和平，繁榮與人類尊嚴之地位。司徒先生！您真能在這一施與受施中為中國人民找到和平，繁榮與人類尊嚴麼？

通訊

冰冷的懷抱

——北平通訊——

記東北流亡來平學生的「七，五」慘案

本刊特約記者

一　溫暖的夢

多災多難的東北人民，在這將近二十年的歲月裡，就沒有一天脫離過苦難的日子。「九一八」事變，使上一代三十歲以上的中年人，唱出了震撼過祖國的「我的家，在松花江上」的流亡歌曲。留在東北的人十四年的屈辱，使他們更懷念着祖國的溫暖。而不幸的是；這屈辱的代價，卻是可咀咒的內戰。更不幸的是；東北卻成了這內戰中的前哨。幾年來的拉鋸，和爭奪，不僅使我們賴以立國的工業基礎，遭受了無窮的摧殘；就連一般的教育等正軌行政也不得不走上毀壞與破滅之途。有名的國立東北大學，在復員之後，就沒有好好的上過一天課。等到共軍的七次攻勢之後，本已喘息在物價高壓之下的教授和學生，更直接感受到了戰火的威脅。有辦法的教授，老早就有了各自的打算，留在孤城的先生們，自然也就沒有心緒能夠好好的教書。至于學生們，雖然有公費可以糊着口，但這只限于幾個國立的院校。由於家庭經濟來源的斷絕，大部份的私立學校的學生，都在飢餓線上掙扎。再加上我們這個國度裡特有的教育制度的破綻，如杜聿明下野後的私立中正大學的解散，更加深了東北教育界的混亂。就在這些混亂的局面之下，使留在瀋陽的幾個院校的學生，無法安心向學，也不能安心向學了！在這種趨勢下，如果教育部能當機立斷的話，則不妨把這些學校合理的遷入到關內來，仿照抗戰時間西南聯大的辦法來組織東北聯大。但教育部為了顧全表面上的怕擾亂人心的問題，在政府「決不撤退東北」的口號之下，卻不敢有此一圖。

可是，事實的發展，卻掩不住表面的措施。等到東北各院校的學生，都已大批入關以後，問題的解決便已到了短兵相接的階段。遠在兩個月以前的東北國大代表和紳耆，便曾一再向教育部請願過。在幾度迫切陳辭之後，政府這才答應了在北平創辦東北臨大和臨中的諾言。當這諾言還只是大人先生們的紙上計劃時，老實的新聞記者，却認爲那將是馬上可以成功的事實，據說當時瀋陽等地的報紙，即曾有過這件新聞的頭號標題。傳說中的東北臨大和臨中，不僅有書可讀，有校址可住，而且還由政府供給全部公費。當時並暗示着東北臨大的教授，除原來各院校者外，將請北平的有名的大學教授來兼任。

掉在苦井中的人們，總希望能有離開它的機會。當瀋陽各院校同學聽到這個「有書可讀，有飯可吃」的消息時，自然都泛起了無限的興奮。再加以這些大部份的孩子，從沒有看到過關內是什麼樣的情形，十四年來在日本鐵蹄下的亡國奴的生活，使他們對「祖國」有了夢一般的憧憬，今天，這個祖國的界限儘管不復存在，而在他們看來這個保有象徵祖國意義的古老的北平，仍不失爲他們心嚮往之的地方。於是，儘管交通困難，他們還是儘量託人情，找面子；儘管戰區是如何的危險，他們還是冒難的不惜從新民到錦州步行了三百六十里路的陰陽區域，投向他們夢想的地方。

「我們不惜千辛萬苦，懷着溫暖的夢想，來投入祖國的懷抱。」這是「七，五」請願時一個東北學生代表向李副總統的哭訴，這實在也可以說是一般東北流亡來平學生的主要初衷。

二　沒有人照顧的孤兒

可是，等到他們來平以後，一切事實的表現，却使他們有了透頂的失望。冰涼代替了溫暖！

首先，連棲身之所都發生了問題。起先來的人，還可以住在廟裡，住在難民所裡；但等到人多以後，却只好住在中南海懷仁堂的走廊下了！風吹雨打，住的地方首先使他們感到臨大和臨中不是想像的那樣了！

就吃的方面說，這裡應該分爲兩部份。第一部份是幾個國立院校（如東北大學，瀋陽醫學院，長白師範學院等）的有公費的學生，約千餘人左右，他們的公費仍按東北的倍數發給，故在北平的生活還能過去。但流亡在北平的東北學生，總數却有五千之多，其餘的四千多人，則是屬于私立大學，先修班，或中學的，他們既無公費可享，而大部份身邊又窮困到一文莫名，於是在地方當局看不過眼之下，才有了每人每日一斤小米麵，和一萬元菜金的臨時救濟。在物價如此飛漲之下，你說這點救濟能有什麼用處？據說住在某地將近千人的學生群內，每天祇能有三斤油；正是年青力壯的孩子們，那麼一點鹹菜和小米稀飯，您說如何能够飽肚子？

飯吃不飽，住的地方沒有着落，讀書的消息，更是渺茫得沒有音訊。校址，教授，設備，固然成了絕大的問題，而最奇怪的是，各院校單位竟沒有一個主持其事的負責人。侯敬敷雖然老早發表爲北平臨時中學校長，而因爲學校各方面的問題不能解決，竟一再避與學生見面。使到達北平以後的中學生，失去了交涉的對象。天津臨時中學的校長，政府起初是發表遠困長春的湯樹仁，後來爲飛機不能降落不克入關，教育部這才發表了留在北平的吉林省參議會議長畢澤宇來充任。但就在這些延宕轉折之間，却苦了這批流亡來平的學生。而且，就在這臨大和臨中還沒有影子的時候，教育部却傳出了不收私立院校學生的消息。這消息使孩子們着了慌。起先，他們以爲在學校沒有正式成立之前，國立學校的學生來享受公費的待遇，而自己沒有，可能只是暫時的現象。等到學校開辦以後，待遇大概是會同等而沒有問題的。現在教育部既然傳出了這樣的消息，這才使他們最後的溫暖的夢想，都落了空。他們向督學之類的先生們請願的結果，得到的答覆是：東北大部份的私立院校，都沒有經過教部的批准而立案。所以不能承認其學籍。但問題是：掌管全國教育的教師，爲什麼聽令不立案的院校存在下去呢？而且，政府既沒有明令東北各國立院校遷移，那末，東北臨大臨中的成立，是爲了救濟流亡來平的學生，則自是毫無問題的。既云「救濟」，則何來公立私立之分？更使人不解的是：這幾天來教部似乎又已經默許東北幾個國立院校悄悄的向平遷移；那末，臨大如果不收容私立學校的學生，試問又將收容那些學生呢？

教育部的措施，既然是如此前後矛盾，而地方當局的幾個負責人，自然是更落得向「中央」一推。加以各學校本身又沒有主持負責人，這就使這批流亡來平的東北學生，不得不在十七年後的今天，又一次的唱出了新流亡曲。

記者曾親身訪問過所謂「東北臨時大學籌備處」。那是在燈市口一間小小的四合院裡，房屋的破爛與狹小，使你無法想像那將是作爲一兩千人讀書的安身之所。政府把辦大學教育當作蓋蓋茅草棚子一樣的簡單與隨便；但這却傷害了這批追求溫暖的孩子們的自尊的心。

呵，可憐的失去了照顧的孤兒！

三　「七、五」慘案前後

在渺茫的期待與忍耐之下，孩子們的心就像一個脹滿了的皮球一樣。等到七月四日報紙上傳出北平市參議會關於「東北流亡之學生，應一律先行軍訓」的提案之後，這無異就是投向他們身邊的一個燒燃的炸彈，炸彈的引線，便是下面這個議案：

（一）本會電請中央對于已到平之東北學生，不論公私立學校，凡有確實學籍及身份證明者，應請傅總司令設法，予以嚴格軍事訓練，在訓練期間，予以士兵之衣食待遇，並切實查考其背景，身份，學歷等項，確有學籍及思想純正之學生，同時按其程度分發東北臨大，或各大學中學借讀，俟東北穩定時，仍令回籍讀書，其身份不明，思想背謬者予以管訓，學力不合者即撥入軍隊入伍服兵役，期滿退伍。

（二）電請中央停發東北各國立公立學校之經費，及學生公費，全部匯交傅總司令。

（三）．．．

姑不論北平市參議會在法律根據上是否有理由可以作這個有關東北學生的決議；但就提案的本身來說，的確却是刺傷了這批孩子們的心。根據這個議案，如果成爲事實，則今後各國立學校的學生，無法獲得公費，而只能去享受「士兵」待遇了！（天知道，中國士兵是怎樣的待遇！）。但尤其不安的是：那批身份不明，學力不合的私校學生。根據原來報紙上所載；只要是學生，在關內都可以入學讀書，享受公費的待遇。所以，在這批流亡學生中，就有瀋陽已經停辦的私立女子文理學院學生七十二人，中正大學四百六十五人，先修班七百零六人，長春已經停辦的私立松花江大學四十七人，和已經停辦的公立松北聯中二百人。這批已經停辦的四個學校一千五百學生，將很可能合乎「身份不明，學力不够」的標準而被送去長期服兵役。

（A）參議會門前

生活應該是最現實的，當他們感到所有的希望與寄託都已經幻滅之後，感情的發洩，便成爲決過堤的河口一樣。所以，等到七月四號看到報紙上那個消息之後，七月五日就幾乎全體出發遊行請願了！據說他們本來的意思，是只向參議會「示威」一下，主要的請願對象是在李副總統。但等副總統不在家，很快的便走向市參議會去了！遊行時的標語是：「反對參議會出賣東北青年，」「要當兵不來北平，」「我們要讀書，」「我們有權利享受第二代教育！」「教育無畛域。」

遊行的隊伍，分東，西，中三路向市參議會集中，九時許，他們第一次衝進參議會。在群衆情緒的籠罩之下，同學們漸漸的失去了自已理智的控制而打毀了參議會的各部門。並將市參議會的照牌，改爲「北平市土豪劣紳會。」此時軍，警，憲，已趕至，同學們便被勸至大街中間。十一時許，北大，淸華，燕京等八校同學送來了親切的慰問，旗幟上並寫着「要生存，要自由」六個大字。不久，臨大主任陳克孚也趕到了，於是學生們便向他提出了下列三個條件：

①要平市參議會議長及原提案人當面道歉！

②撤消原決議案。

③馬上解決校舍住所問題。

這些問題自然不是陳氏所能解決的，於是同學們便想作第二次的衝入，在第一次遭受波及的與市參議會同屋的第八工路局，便掛出了「東面是公路局」的牌子。經過了十分鐘的第二次打毀，同學們便被勸退出；另一路忽然又湧上了兩百多個同學，也預備衝入，總算在憲兵團長梅慶嵐「獨夫把關」的情勢之下，而將這第三次風波平靜下來。

（B）李副總統私邸門前的一幕

在市參議會門前，雖然出過了不少的氣，但他們請願的目的，却依然沒有達到。於是便在十二時許轉往北長安街李副總統的私邸。當時李去出席「北平市各界歡迎會」去了，同學們便席地而坐，一直待李的歸來，結果由他的祕書打電話把李請回。李一到北長安街南口，便走下汽車步行而來。這首先被引起了同學們的好感而予以熱烈的掌聲。代表們向李副總統提出的條件是：

①請解決全體東北學生食宿。

②速行設立東北臨大臨中。

③懲辦參議會負責人。

④撤消對東北學生原議案。

⑤要求參議會許惠東議長來門前當面道歉！

李副總統在給予了一些安慰之後，便這樣的提出具體答覆：

①建議政府，加強東北臨大，臨中。

②在自衞特捐下，撥款一部份解決同學的食、宿問題。

③我無權命令民意機關的人來向你們道歉！

當學生代表的主席團宣佈了這三項答覆後，同學中馬上又引起了各種不同的意見。當大隊伍中的紛歧還沒有得到一致的結論時，就有一部份同學直接行動起來，奔赴東交民巷許議長的公館了！於是大隊也就跟着前進！

（C）慘案的發生

學生中的先頭部隊於三時許到達許公館門口時，四周已經有了憲警的保護。並且已經有了局部的戒嚴。一部分同學便徒手將緊閉的綠色大門衝開，這時憲警們便如臨大敵一樣，一方面徒手勸阻學生，一方面便向天空放槍示威。這次雖然有同學受了一點輕傷，但問題總算沒有擴大起來。於是同學們向白局長提出了如下的條件：

①要求參議會取消對東北學生之議案。

②要求許惠東議長道歉！

③擔任受傷同學醫藥費。

白氏答覆這裡不是解決問題的地方，允於翌日設法再談。但有一個警員據說於勸阻學生時，佩槍被「暴徒」搶走，硬要檢查學生。同學們則反對這個認爲跡近侮辱的舉動。正相持不決間，白局長忽然說可以免去檢查，先行回校再說。

這時已近下午七點，同學們整天的疲勞，也想獲得一個休息的機會。於是被裝甲車衝爲兩段的隊伍，便站起來想滙合於一起而整隊回去。當他們站起來唱出了第一句疲倦的歌聲之後，這邊的軍、警、憲的隊伍，便顯得有點慌亂。在混亂中，却傳出了一聲槍響，緊接着的便是一陣機關槍的響聲。於是慘案發生了，吆喝聲，呼號聲，響成一片，事後調查，死亡的學生，計有孫德馨，卜鴻勳，韓德林，賀守志，李爾維，徐國昌，吳肇泰等十七人。重傷者十八人，輕傷者近百人。（據平明日報七月八日所載），至於軍憲警這方面，據官方的報告，也有傷亡。

學潮運動中發生不幸的死傷慘案，在北平市，還是復員以來的第一次。這是中華民國三十七年七月五日的事！

四　冰冷的懷抱

慘案後的第二天，記者懷着沉重的心情，曾經去訪問過幾個醫院，在仁民醫院內遇見了一位十七歲的受傷的朋友，他是臨中的學生，名字叫王廣嶽，因爲他們學校沒有負責的人，他身邊又沒有錢，才進院的時候，院長無論如何也不肯收留，後來幸虧三個日本醫生的仁慈，才讓他進了院。可是，直到六日的下午五時，醫院還沒有爲他施行手術的意思。原因是：沒有人簽字負責，醫治好了，怕付不出錢，醫治壞了，怕就當責任。子彈還藏在這孩子的身體內，他痛苦而又憤慨的在床上呻吟。伴隨在他身邊的，是兩個和他年紀相若的女孩子，她們告訴我他受傷時的情形是這樣的：當槍聲大作時，他們很快的便全體臥倒了！躺在他身邊的一個同學「喲」了一聲之後，便濺出了血，接着他也很迷糊的受了傷，現在，這子彈一直還留在他的體內。當那位受傷的同學流血的時候，曾呼喊過！「呵，請同學爲我止住血吧！」於是，有的同學便預備撕下自己的衣服來爲他包紮，這同學剛一起身，那邊便傳出了！

「不准動，誰動就打死誰！」

「同志，這個同學受傷了，我們爲他止一下血也不可以嗎？」同學們哀求着。

「我們會管的，還是不准動，對付你們這些學生就只好用這種手段。」

……

望着這三個刺傷了心的孩子，我沒有一句話可說。我不知道這孩子的父親當他聽到他愛兒受傷的消息時，將有如何的感想。懷着沉重的心情，我走出了病房。

是的，他們是以赤子投向慈母溫暖懷抱的心情，歷盡險阻，從關外逃入關內來的。而於今，他們才知道這夢想的懷抱，竟是這樣的冰冷！

美援將要「建設」的對象是什麽？

本刊特約記者

——南　京　通　訊——

美援，美援，美援終於來臨了。萊普漢這一次來華所受人民歡迎的冷淡是一九三七年以來從所未有的一次，這就又如周炳琳教授所指出的，「這是美國犧牲了一百多年中美的友誼的結果，這次美援並不是爲了中國人民，而是爲了支持中國政府從事更慘酷的內戰」。

立法委員簡貫三在歡迎這位執行援華「童顏鶴髮」的大亨道：「本年三月美參院議員曾指明，此次援華應監督用於減輕中國人民的痛苦，並鼓勵中國民主分子積極幹去，這話說起來好聽，做起來極難，你看一九三七年以來，美國援華物資，金錢共有二十億美元之多，尚未達到減輕中國人民的痛苦，鼓勵民主分子幹去的目的，現以四億多元，即存此希望，似乎有點過份。此中癥結實由於官僚，買辦，及頑固集團的把持自私，而民主進步分子迄無攏頭幹去的機會，現在官僚買辦及頭因人物，不但滿佈要津，並且還想藉合作建設名義，組織公司，利用援華物資私圖分肥，希望各位要特別提防他們利用，多聽民主進步份子的意見，要顧及大家利益的要求，否則乘興而來，敗興而返，將有後悔莫及之感。」

魯斯的助手，時代公司的副總經理，史蒂爾曼是這個經濟合作集團中最有力的一環，在軍事，物資，及金融以外，他是援華方案建設調查團的團長，他能動用七分之一的經費——即六千萬美元，對於上海電力的復興，華南鐵路的改善，華中華南煤礦的復興都有決定性的執行能力。同時也會「考慮」到水泥出路，港口改善，及其他重要工業計畫等。

萊普漢去了次青島就回到京滬坐鎮，從事於人事及政治的洽商，二十幾天，看着雙邊協定及其附件簽了字。而史蒂爾曼在六月二十日出發，歷武漢，株州，視察粵漢路，到穗港及台灣，三十日飛回上海，對華南作初步視察。對北方只想看一看今日的全國煤炭重心中英合辦的開灤煤礦，塘沽新港工程局邢契莘局長請他們來看看新港，但終未能列入議程。但何時能到北方還是一個謎。

電力與電機

經濟援華首先要援助的是中美聯合公司的上海電力公司，美商滬廠有十六萬瓩電機，只能發動十二萬瓩，因爲上海要有夜上海，所以只在白天停電而晚上市區不停電。這裡燒的煤炭主要是開灤供應，因爲不足應用，所以才燒一部柴油機代煤炭，自然這樣也就不能再計算成本。通貨膨脹的最高階段，已然談不到成本了。

上海電力公司早在美國訂了六萬瓩電機，正在起運途中，接洽美援的人爲了投其所好，應用釣魚法，先給上海電力公司等於送一筆厚禮，給他再增加十萬瓩的電機，以邀美國人的歡心。於是資委會雖有江南電力局，但只是一個空名義，而美商電廠將成爲事實上的江南電力局，電力顧問德懋飽威爾，可以在南京杭州上海的中國最富庶地帶，佈置一個有力的花旗電力網。

戚墅堰電廠本有一個電化農村的夢想，這個夢是在中國獨立經營過渡到中美合作之手了。電氣化的先決條件是電機製造，這一次對這件事也有了決議，就是在中美合作的中央電工器材公司中特別加强湘潭下攝司電機製造廠。爲中國製造各型的電機。從此利權不至於外溢。

中央電工器材廠在戰前就是一個最大的與國際有無線電器材合作的機構，那時候，電機與西門子合作，無線電與R、C、A合作，電器與奇異合作，電瓷與B、C廠合作。到戰後，主持人在各地重新訂約，部門分別獨立，而電機一部份，已與美國西屋公司及摩根司米司公司合作，重心放在湘潭，已把抗戰中的三百或三百水輪電機擴大爲三千至四千瓩，目前正爲四川作一部三千瓩的，雲南還有兩部二千瓩的待開工。

假如貸款成功，江南電力和電機的新基礎都由「美援」奠定中美合作之環了。

粵漢與浙贛

鐵路方面對美援的希望是一個「丁」字交插線。一條豎的是粵漢，一條橫的是浙贛。

粵漢路是全國唯一的暢通路線，(三十五年七月通車)，但這一三五〇公里的行車，曾創遲緩到四天的紀錄，至於二三十小時更是常事。全線的鐵軌是有如一個展覽會，正式客車只有三列，分爲四段行車。

這條華南基地的大動脈，要求在「美援」中恢復到戰前水準，希望以三千七百萬美元爲修復專款，杜鎮遠局長說：「今年是粵漢路復興年，全線一〇九座大木橋和二六〇座小木橋，將全於四月底前改換鋼鐵橋，鋼樑係聯總英國撥贈一部，其餘由美國貸款購用。同時並與修四個支線，(一)廣梅線，接通湘粵合辦的嶺南煤礦，每日產煤可達五百噸；(二)楊梅山支線修成，產煤量可自五百噸提高至一千噸，(三)韶始(興)線亦係煤運線，以上可使粵省工業問題解決。(四)株州新化線，沿途有五大煤礦，可供開採，新化且有銻礦，(五)韶贛線，自韶關至吉安，全長三百里，以開放贛省爲目的。」

史蒂爾曼一行專家團在視察粵漢返滬後就又派專家韓士鼎到浙贛路視察，他們已看了株州至萍鄉的西段，再看從杭州到南昌的東段，研究用多少器材可以把中間的一段補齊。這是另一條把湘贛腹地的資源運送到江浙腹地的輸血管，又是美麗計畫的又一章。

粵漢路希望要三千七百萬美元，浙贛路的數字又在二千萬以上，而專家團能動用的却只有六千萬美元，怎樣分配呢？縱線對橫線，自然也有其必然的偏枯。

建設日本的「基地」

六月十八日這個建設調查團一行從上海飛到漢口，坐招商局專輪到大冶，看國營華中鋼鐵公司，大冶電廠及華新水泥公司，江邊石灰窰，那裡還有日本三菱公司輪船部所設的石灰窰事務所日本管礦處。前門驅出一隻虎，後門來了一隻狼，此景此情在今天一看，好不觸目驚心。

華中鋼鐵公司的前身是漢冶萍公司，那公司的基礎是脫離了本國國民經濟而放在日本的八幡製鋼所身體上，日本有過去的强大，漢冶萍不能說沒有責任，到今天，我們却爲「美援」要答應「重新援助日本復興」，那麼，華中鋼鐵公司目前是嬰兒，說不上什麼，若是長大成人，一定又是爲日本繼續哺乳下去。歷史當眞要重演嗎，美國爲什麼要作這種悲慘故事的導演者？

這一行人十九日到株州，看華中未來最大的工業基地，但目前一切都未着手，下攝司原定與德國合辦一個鋼鐵廠，如今當然不能實現，我們的國防線將是另外一個帝國主義的外壕，我們天天在喊祕密，防諜，只有對外國的專家却把一切都公開了。王東原主席在過長沙的一小時中遞上手本，把湘省的開發的計畫及其未來希望都寄托在美援上。

我們還是一個獨立國家嗎？我們的「欽差大臣」威風還怕不夠嗎？對於援華建設調查團，我們的奴才像已然十足表現了，這不是戲，却是的的確確的歷史。

從「湖湘」到「贛西」

美援將要對湖南的幾個煤礦作投資，這將是一批預備煤礦，等到北方的開灤煤不能陸續南運時，則全由江南作供應。

建設考察團在湘省看了三家煤礦，贛省看了江南最有名的萍鄉煤礦，今日爲了「美援」，改爲資委會贛西煤礦公司。在全江南，恐怕也只有贛西的規模有擴大生產的資格。

湘中的第一小礦湖湘煤礦在湘潭縣的雲湖橋，由資委會的中湘煤礦第一礦與省營雲湖橋煤礦合併經營，三十六年四月一日合辦的那天，最主要的礦井被老窰積水淹沒了。主持人說：

「這並不是一個好礦區，共約有一千多萬噸的儲量，却散布到二十多個礦區；表面上的四五十萬噸煤，已然採盡。土窰還由一位在鄉軍人把持，他在省內有親屬，他表示誰要去查封他，就要有出人命的可能。湖湘日產一百多噸，土窰日產四十噸左右。

資源委員會投資百分之四十的湘江煤礦公司，本是湘潭的土窰，三十四年底爲了供給粵漢路的機煤，修了一條支線，可以把煤直接拖到株州，每天能生產二百噸。那百分之六十商股以金城銀行爲主體，他們推舉的經理是朱家驊的姪子朱伯陶。

湘江公司的特色，附設的電廠，早已

得到「美援」，那是美軍的剩餘物資二千瓩電機二部，五百瓩電機二部。但三十六年以前，這裡運煤全是人挑，就連小鐵道都沒有看見過，去年才進步到蒸汽機時代，今年又進步到電力的時代。若是沒有「戡亂」，這樣的小礦是不會一年有三級跳的。

從明朝就開採的譚家山煤礦，今天已改爲資委會獨營的中湘煤礦，到最近仍然用土法，一個月最高可收到八千噸。不但不怕土窰亂開，却是靠了收購土窰的煤來維持。

最後說的就是湘贛邊境上的贛西煤礦公司，在張之洞時曾日產三千八百噸生產量。安源礦坑內行駛電車，還有洗煤廠，這一切輝煌的遺跡在八年抗戰中成爲了煙雲，今天所留的只是滿天星似的土窰。資委會對這一百多家作審核後，只承認二十八家，因爲這些小窰把那五十年來積存的夾石都摻在外運的煤裡，使粵漢路的火車頭燒這煤拖不動客車。

「株州到萍鄉的鐵路通了，電機可以運到，這是一缺乏水源的地帶，可能用風力洗煤。最近日產三百噸，土產三百噸，假如得到美援後，計劃一天產到五千噸爲目標。」

台灣及其他

這一行二十四日到廣州，孫越崎說這是全國第二安全區，但這裡的資源却貧弱得可憐，休息了幾天，他們到了孫越崎所說全國第一安全區—台灣。

台灣的糖今年正向日本輸出，美援的人物們立刻就內定了對糖業投資，以保持對麥帥的青睞。他們二十九日參觀新竹肥料廠，下午赴台北，再到基隆參觀肥料廠，對於肥料，這是台灣農業—特別是糖業生産的基礎。他們又內定了一千餘萬美元，這筆款想從那二萬億物資中支出，不再從那六千萬美元中分潤。

他們在參觀了運輸必需的造船廠後，就於三十日全體飛滬。這三週來，一切都是特設的，招待人數比調查人數多過四五倍。各機關所付的專家飯費，汽油及耗費已使外籍專家爲這種「豪華」而驚愕，但這六千萬元的分配也許明天公佈，但據聞不易作很公允的分配，而且，卽便分配了，有些機器要在二年以後，才能够交。天啊，那時的中國是什麼樣子呢？難道這「建設」也是一紙「春夢」嗎？

矛盾引導着前進，美國反對「國營制度」，但陪伴他的專家及將投資的部分大部都是資委會所有。這批國家資本專家難道就不反對「資本主義之危機」而不想「兩個問題一次解決」嗎？至於開放內河，抵制蘇聯，扶助日本資本家軍閥地主再起，不論是否「公佈」，可能都是不可少的條件，我們遭受了這麼大的犧牲，而所得是兩年後的「建設」物資嗎？

這是一幕什麼戲，美國人民很明白，中國人民的眼睛也是雪亮的。

（七月六日南京）

七月·關東·衛立煌

—瀋陽通信—

黃炎裔

七月的關東，日子是朗爽的。都市里綠樹蔭濃，葱翠可愛；鄉村里麥浪風翻，蔗穗低垂。宜人的景色，溫和的日子，你不必爲着這盛暑而煩惱。這是公平的造物者，補償你嚴冬寒冷的損失。

三年來東北什麼都在變，變得令人難以相信，只有這七月的氣候給予這里苦難的人們，還是與往年沒有不同，一樣的愉快與爽朗。

七月的關東戰場很寧靜，從今年三月結束了冬季攻勢之後，東北戰場渡着歷所未有的長期休息，有的亦僅是一些小波瀾，是無關大局的。在錦州地區，八路有幾次破壞錦榆段鐵路。長春被圍得緊緊地，連續地或者隔幾天向市區，發發砲，或者向郊外的宋家窪子，綠園，洪熙街一些外圍陣地，來一千來五百人擾亂擾亂。三大據點算是瀋陽最安定。

以前幾度謠傳，就是軍方也曾經下過判斷，說八路要在五，六月里發動夏季攻勢，但是並沒有想像得那麼大的攻勢出現。只有冀熱遼邊區李運昌股的第八第十一兩個縱隊向承德外圍流竄一下，孤立了承德之後，又回來蹤越長城與聶榮臻合流冀東。在平榆（北平至山海關）線上的秦皇島昌黎灤縣等地展開一場攻勢。屬於林彪的九個縱隊與二十多個獨立師，佔東北四分之三以上的兵力，依然散佈在中長路長春瀋陽間的兩側和遼南遼西等地區，按兵不動。

過去東北八路的攻擊是有周期性的，一次攻勢之後，若干時期的整補，整補完成，必再來一次攻勢。可是現在却脫了這個常軌，軍方也分析過，八路爲什麼不發動夏季攻勢呢？據說毛澤東要東北的「解放區」加緊生產，希望本年的收穫，要正常的生產量外再增加百分之二十，在北滿人力缺乏，土地蕪荒的情形，這是可能的，林彪股的所以不打仗，大槪是做莊稼去了。

目前，八路在東北的兵力，其第一線的野戰部隊估計約在五十五萬人，計爲十二個縱隊與二十多個獨立師，各個部隊的位置是這樣的：第一縱隊在長春北邊的米沙子（中長線上）。第二縱隊在四平街火石嶺一帶。第三縱隊在西安東豐一帶（四平至梅河口鐵路線上）。第四縱隊在遼陽鞍山（中長路南段）一帶。第五縱隊分駐於本溪以南與撫順以東（瀋安與瀋海線上）。第六縱隊在伊通雙陽一帶（長春，永吉，四平之間的三角地帶）。第七縱隊在長春四平間的郭家店公主嶺一帶。第八與第十一兩縱隊已入關，現潛伏於山海關西的盧龍撫寧一帶，第九縱隊在錦州瀋陽間的溝帮子（北寧線）北鎮地區。第十縱隊在開原昌圖地區（瀋陽四平間）。第十二縱隊爲最近新發現的番號，現據於長春以西地區。砲兵祇在長春東西地帶。其獨立師有十個散佈在長春週邊，其餘分在遼南遼西遼北各地。這個態勢幾個月來除了遼西的第八與第十一縱隊竄熱西擾冀東之外，只有第七縱隊最近由遼西阜新地區向北移動，其餘都沒有重大的變動。

從這個態勢看，對付國軍三大據點，在長春外圍的計有第一，二，三，六，七，十二等六個縱隊，在瀋陽外圍的是四，五，十等三個縱隊，在錦州外圍的是八，九，十一等三個縱隊。但其中第二，三，六，七，十等五個縱隊是擺在長瀋之間，第九縱隊是擺在錦瀋之間，是比較機動的。其重兵還在長春的週邊。

目前關東戰局與以往是不同了。如果八路再發動一個攻勢，其在戰略的運用上是頗費抉擇的，因爲過去東北有許多小據點，國軍的兵力分散，同時鐵路漫長，運用大兵力，以大吃小，可以各個擊破。攻城掠地可以大顯威能。而現在呢？國軍兵力集結三個據點，個個深溝高壘。要打勢必拿出攻堅的本領與火力；必須付出重大的代價，八路是非到必要時不輕易嘗試的。像長春雖在他們的重重圍困下。如承德，雖然席捲了外圍的據點，仍然沒有去作有決心的進攻。原因就在考慮以最小的本錢，作「一本萬利」打算，三點何所擇，這不能說是八路在戰略上運用的苦悶。

拿國軍三個大據點來比較，錦州是目前國軍在東北的「有生力量」所在地，因爲北寧路與秦皇島，葫蘆島兩個港可以運用，有後援，便有生機，有源之水，用之是不渴的。瀋陽，目前還擁有鐵嶺，新民，遼中，撫順，本溪五個衞城，如羣星拱月。雖然孤立，還有作爲。現在這個圈子里擁有七個正規軍的實力，而且有裝備素質第一流的新六軍等。幾個月來的蓄精養銳，嚴格訓練，戰鬪力是足够打退任何攻擊的力量，不過瀋陽的問題是食糧，軍糧雖有空運接濟，但爲數尚覺不敷。兵是精的，糧若足，誰都會相信，瀋陽是可以堅守的。

長春的情勢，是目前東北國軍三據點里最脆弱的一環，帶攻擊的圍困已一個多月，沒有衞星，連郊區也盡入八路的控制，大房身機場失守後其他兩個機場又爲八路的砲兵所控制，飛機無法降落，糧食之恐慌，已達頂點，吃樹葉的民衆，已達百分之三十，空投軍實，雖然解決了軍糧，但究非長久之計。況且光是軍隊有飯吃，這個仗打起來也實在困難，八路除了擾亂；並無積極的攻擊，這種「枯點戰術」實在可怕，雖有好工事，好部隊，長春的安全還是值得擔心的。

衞立煌將軍到東北來，已快要半個年頭，衞氏過去是有「福」將之稱，衞氏出關之初，正是東北局勢最危殆的時候，記者曾經說，中央對將圮的東北大局，冥冥中似乎要借助這個「福」字。看看今天東北局勢，又似乎這個「福」字發生靈驗。

衞立煌繼陳辭修綰掌兵符之後，福將的表現，處處是沈默與穩健。不聲不响的實幹，東北的喘息局面也給他獲得愼思密慮的機會。多季攻勢給他挺過去之後，即專心在練兵，做培養元氣的功夫。在戰略的運用上先求「穩紮」。長春讓以穩健稱素的鄭洞國去苦守。瀋陽周圍東與東南以哈達嶺餘脈千山餘脈爲屛障，沿山築碉。北，西，南三面太子河遼河環境划水爲陣。在這個山環水抱有利的地形里，生聚敎訓，生長壯大。不急功，不好勝，像遼中在遼河之東就去取，像遼陽雖在太子河南岸不過數里，就不去攻，因爲背水作戰是戰略上的忌諱。兵固不厭詐，但取勝之道，還是靠脚蹈實地。諸葛亮那樣將才，六出岐山，用的還是笨方法。衞立煌頗得個中三昧「穩紮」是做到，看他的「穩打」如何？至於這種保守的作風，能否挽大局，那要看大局如何了。

算日子，東北的飛雪在十月下旬，距現在還有一百多天，一飛雪大地就要封凍，到那時江河凍成平原，戰略形勢便要大大的變卦，以河流的地陣已不足恃，而且那時葫蘆島秦皇島的運用，也受氣候帶來障害，所以在這一百多天里將是爭取勝負的關鍵。

七月是關東早熟作物登場季節，小麥豌豆之類都要收穫，雙方都看中這一個季候。幾個月來秣兵厲馬，可能在這一個時期內一露鋒芒。據說遼南八路已在準備兩萬把鐮刀，以武裝掩護渡太子河向國軍區域搶割。七月四，五兩日衞立煌也在召集軍事會議，據說爲了發動一場麥收掃蕩。爭麥之戰，可能是東北戰場大決鬪的序幕。

關東戰場與關內戰場休戚相關，最近聶榮臻與李運昌合流冀東之後，把東北添了一個後顧之患。目前軍事重心在中原在北方，國軍的戰略似乎先求中原戰場與北方戰場的開展，東北戰場，勢必由此一前提去決定。

衞立煌的蓄精養銳，林彪的按兵不動，證明關東還有一場暴風雨。六，七，八三個月是東北的雨季，八路在這個時候，除了解決長春，是不能在泥濘的土地上進軍的，我們可以估計這場暴風雨可能在青紗帳起的時候。

返歸祖國後的台灣

——台北通訊——

牟贊平

市政建設

台北市，在台灣省的北部；過去日本的總督府和現在的省政府都設在這裏，它是全省神經中樞的所在地。在我卅五年夏天初來的時候，曾經給我以很好的印象；光寬的道路，整齊的房屋，和到處碧綠的園林。並且市區面積相當遼闊，而人口不過三十萬左右，分佈起來，非常充裕，充滿着幽美，恬靜，不愧是一個花園的都市，雖然有的地方因爲戰事關係，免不了炸彈的光顧，但範圍並不太大，大多數地方還是完整的。現在距我來台北的時候快又二年了，在此不算太短的時期中，照理在市政方面，應該修建得更完整，更美好，但是事實的表現，却令人失望得很。全市路燈，在卅五年九月颱風吹壞以後，一直到十月廿三日蔣主席來台的前夕才趕修，否則；不曉得要擱到什麼時候。但是所裝修的仍不過是主要地點，其他較爲偏僻的地方，到現在還不是燈去桿空，黑漆一片，水利專家某先生跌死在高雄，現在高雄大修路燈，這是台北的不幸，假使跌死在台北，豈不是市民們可以多沾一點「光」。馬路雖然算是修好了兩條並不太長的石子路，而所有的柏油路卻大部殘破不堪，滿處創傷，只用不修，不要說柏油路，就是鐵舖的也得要腐蝕啊！馬路上蓋的鐵板，（蓋地下電線及自來水管）不少地方沒有了，晚間走路，稍不小心，就有折足的危險；據說是給人偸掉的；爲什麼在日本人時代蓋得好好的，現在居然會有人「偸」呢？這也可見得現在民生問題的重大，但既然偸了，也得設法補救，終不能就讓它做陷阱不成？環境衞生，在市政中所佔的比重是相當大的。本地人說：現在的蚊子比較日本人時代多得多了！不要太遠，就拿我在這裏兩年中間來比較，也似乎感覺得到。垃圾隨地推積，溝渠壅塞得發臭；根本沒有負責清理的人，市政當局不知道管的什麼事？房捐，房租，戶稅，特別戶稅，營業稅，種種稅捐，老百姓是逃不了的，但取之於民，也得要多少有一點「用之於民」啊！

生活狀況

在台灣，老年的人似乎很少看到；一般而論，無論男女，都是早熟的居多，這是熱帶地方的普遍現象；早熟就容易早衰，能够享壽七十歲以上的人，簡直如鳳毛麟角，比較起來，還是老年的女子多些。她們都是清朝的「遺老」，尖尖的足，小得使人驚心。這種古董，或許比內地所看到的還要道地得多。像內地偏僻地方一樣，他們重男輕女的心理也相當厲害，養女的風氣很盛，孟子說「易子而敎」，在這裏是易女而敎，譬如甲乙各有一女，大家對調撫育，也有一些人等到養女長大以後，先使她操皮肉生涯，而後再慢慢地把她出嫁，這樣對於自已的心理上可以減少直覺的創痛。社會上重要工作，大都由男子擔任，不過女子在外面服務的爲數也不少，商店店員，火車汽車收票員，機關中的勤務工作，以及酒飯舘招待，大部份由女子擔任，並且在機關學校擔任公敎人員的也很多。她們都以自立爲尙，很少願意在家裏享受父母的蔭庇，這是內地所少見而値得我們贊許的好習慣。現在台灣有很多男子，因爲工廠的不能完全復工，及經濟狀況的不安定，失業的人不少，而她們因爲就業機會多，所以找工作比較容易，雖然待遇方面少得可憐，但比起失業的人來也聊堪自慰的了！

政治陰影

「朱門酒肉臭途有餓死骨」在中國這種不合理的狀態之下，到處都是一樣，台灣當然亦不能例外。新中華，蓬萊閣，萬里紅，上林花等是台北市比較大的酒家，雖然一席酒要台幣數十萬元，抵得咱們窮小子一年多的伙食，而它們的生意，還是相當的興旺，門口的小汽車，差不多每天停滿，但這不過是少數的特殊階級，一般市民所過的生活，都是在水準以下。筆者曾到一個本省籍的公務人員家中去過，他們一家三口，住在一個很矮小的屋子裏，拿芋頭梗和米一起煮食，這種情形，眞使人不忍卒視，席豐履厚慣了的大人先生們，大概是很少會注意到這事情，或許他們也根本沒有想到！乞丐在台灣，原來是很少的，在我初來的時候，難得看到，而現在卻一天天地在增加，尤其是車站等熱鬧區域。私娼也逐漸的多起來，有很多十五六歲的年齡，就在操這種生涯，假使人類的本能還沒有完全失去，怎能無惻隱之心？嗟來之食，大家都曉得羞恥；皮肉生涯，誰個不知道苦痛？爲了生活，那又有什麼辦法，打開報紙，充滿着欺騙、盜竊、殺人越貨等等罪惡新聞，圓環是台北市中心區最熱鬧區域，近來也發生搶刼案件；「在安定中求繁榮，」是魏道明主席上台時的口號；在這種狀態之下，那裏是安定？那裏是繁榮？不錯，在魏氏執政一年多的時間中，流線型的新式小汽車，增加了不少，巍峨的洋房，也建築了幾幢，但這與小民有什麼關係，安定繁榮，是要向面的方面發展的啊！只喊口號不能表現整個事實，口號總有喊不響的一天。貪汚風氣，在這裏也成例行公事，尤其在管理物資的機關；買鳳梨要納賄，買木材也要納賄，聽說有一個管理山林的什麼長，剛來的時候，只是孑然一身，現在居然有好幾百萬台幣了。台籍同胞過去對於貪汚二字很少嘗試，而現在卻不同了。「反正貪汚又沒有什麼了不起，「這個錢我們不拿，還不是給你們內地人拿去」。一個台籍同胞似乎激昂地這樣說過，這你能怪得了他們嗎？你既然稱他爲「同胞」，他當然也要學得像個「同胞」樣子啊！

事變因果

「二二八」事變，是台灣歸復祖國後一個最大的創痕，誰也難得否認。事變的起因，固然由於部份台灣青年中了日本人五十年來殖民政策的毒化，而輕舉妄動；但官吏之舞弊營私，顢頇低能，非法刼收，肆意搜刮，却是釀成事變之主要所在。現在在時間上說，「二二八」三字已成過去的陳迹，內地人與本省人相處，似乎比較事變前要見得好些，但究竟是緘默抑是敷衍，心底裏的事情，誰也難得知道。筆者有一個友人交一台籍女友，在情誼上看來，已經夠得上甜蜜二字，曾與之談到婚姻問題，據說因爲她有一個很要好的表哥，在事變中被錯誤處死，假使與內地人結婚，要引起家族的反對，而她本人似乎也覺得在良心上說不過去。從這點看來，事變的印象，在台胞的心目中，短時期內大概是不會磨滅的了。台灣金銅礦局，有內地籍職員與台籍工友發生糾紛，「不要兇，總有一天，」工友這樣地回答。「總有一天」，怪難聽的口吻啊！血濃於水，自己人本不該苦算舊帳，但假如一個流浪的苦兒，在返歸父母懷抱以後，得不到一點溫情撫育，而僅有鞭撻冷酷，那麼，他是寧願流浪誓死也不肯回頭的了！「總有一天」，誰也難得保證它永遠不會來到」

東西文化的橋梁

——土耳其通訊——

陳　達

關於國外的旅行，我在兩處所見事物的印象，彷彿是在國內似的：（1）當民國十二年時，在日本大阪市外，見招提寺內的菩薩，似乎可以代表唐朝的文化。那時我徘徊於廟內，好像是在中國境內的古廟裏一樣。（2）本年四月下旬，我自日內瓦乘機至土耳其的伊斯當伯爾(Istanbul)市，見其古色古香的城牆，雖已殘缺不全，但有其巍然崇高的氣魄，十足可以反映歷史的雄壯。這類城牆，在中國古老的市鎮裏都可見到。我很冒昧的作籠統的結論，認爲土耳其是東西文化的橋梁，頗值得我們的研究。不但城牆與我國相似，並有文化上其他特點，與我國有相似之處（自然亦有相異之點）。例如土耳其的革命及對於近代化的努力，可與我國近四十年來的奮鬥互相對照，並分析其性質，及研討其成敗得失。

伊斯當伯爾市

伊斯當伯爾，原名君士但丁堡，位於寶斯福拉司海峽，當歐亞兩洲的交點，北爲黑海，南爲地中海。自君士但丁大帝於三三〇年駐守以來，在以後的一千六百年中，在歐洲及近東的外交關係裏，佔了極重要的位置。並自一四五三年起，爲土耳其人所有並定爲國都，一直至一九二三年，青年黨革命成功，才放棄舊都君士但丁，而建新都於安哥拉，此市暫時失此含有歷史性的政治地位。但關於地理的險要，商業的繁盛，今猶如昔，並無顯然的差異。

伊斯當伯爾，有悠久的歷史，在紀元前六世紀時，希臘人曾在此築城，名曰 Byzantium 不久即爲波斯軍所佔領，隨後等到十字軍的時代，好幾國來攻此市，此勝彼敗，此市曾時常易主，並曾遭遇三次大火，焚毀有文化價值的建築及書籍等。土耳其人於一四五三年，在 Mehmet the Conqueror 的領導之下，戰勝希臘軍隊而佔據此市，在此以前的一千年間（自四一三至一四五三）此市實爲各國軍隊所必爭者，而其崇高的城牆（通稱 Theodosin 城牆）可以抵禦敵人，如前所述。

聖蘇斐博物館

(Museum St. Sophia)

目前伊斯當伯爾，尙保留許多古蹟，而我最愛聖蘇斐博物館。這是一千年以上的建築物，當最初造成的時候，正象徵着羅馬的威權。館內的石刻是紀述耶穌教的功績並描寫聖經內的故事。後於第十五世紀土耳其人攻陷此市時，重新改建，將此館的內部補述回教的文化。當時的藝術家，拿所有的石刻加上極厚的灰質，並且在灰質之上繪以考蘭經及回教的傳聞軼事。經過若干年代之後，有些部份的灰質逐漸脫落，而原來的彫刻重新發現。因此在同一博物館內，耶教與回教的文化同時並存：假如前者可以代表西方而後者東方的話，我們亦可稱此館爲東西文化的橋梁。

回教其他的偉大建築，可由禮拜寺來表現，伊斯當伯爾充滿了大小禮拜寺。概括言之，這些禮拜寺有若干大小圓形的頂，尖端向上，圓形物籠罩於屋頂。建築的內部有宗教意味的石刻，及空曠的院子。以精緻著名的禮拜寺曰 Mosque Sultan Ahmet 以偉大著名的禮拜寺曰 Mosque Remzy Ahmet 參觀了這些歷史建築物之後，我追憶我國紀念以往帝王的墳墓，如明十三陵是，國家亦曾經耗費巨額的金錢，人民亦曾經使用大量的血汗。不過伊斯當伯爾的回教禮拜寺，似乎不够富麗堂皇，關於這一層，一般人以爲趕不上印度的 Taj Mahal

佛教古蹟的稀罕

假如我們認爲東方文化的另一主要部份爲佛教的話，我的缺憾是沒有在伊斯當伯爾見過值得稱羡的佛教古蹟。戰前我在南洋的旅行，曾在爪哇中部見過 Borobodur 嘆爲佛教與印度教的奇觀。約有四分之一方里的建築物，用石砌成，分層向上，底層最大，頂層最小，每層有石刻菩薩，描寫喬答摹悉達的生活，惟最上層敬奉爪哇原有的皇家神。後在曼谷參觀幾個佛廟，其內供奉幾位巨大的金身佛像，及整件的象牙，爲他處所未見。此次遊歐歸來，我亦在仰光見過大金塔（Shwedagon）。信徒脫鞋之後，要赤脚步行五百級，才能瞻仰金葉叠成的寶塔（實際是獻給喬答摹悉達的神傘）。

土耳其革命

如果我們暫時擱起宗教而討論政治與社會問題，土耳其更有可以注意的地方，因其在近代史裏的地位，在若干方面是和中國相似的。溯自十六世紀末葉，奧圖門帝國日就衰微。至近三百年間，更形成所謂近東問題。在這個時期之內，歐洲的强國，莫不想在土耳其境內，演各種爭權奪利的把戲，在一八七八年柏林會議以前，國際政治舞場的主角爲英俄奧諸國。迨一八八九年土耳其爲擺布列强的均勢起見，將八吉打（Bagdad）鐵路的構築權讓與德國，從此德國亦加入近東問題的漩渦，前述鐵路長九千基羅米突，起於北海的漢堡，經柏林，維也納，君士但丁堡而終於賽斯福拉司海峽的哥維德（Kowelt）市，實是歐亞陸路交通的幹線之一。因列强的欲望無窮，築路的權利更增加他們爭奪的機會。土耳其愛國志士，目覩疆土日蹙，困難日增，暗中圖謀革命；外以削除列强在土的勢力，內以重新建國，乃祕密組織青年黨，其中堅分子包括國內的學生，國外的留學生，及因政潮被放逐的流亡者。在一八九一年設辦事處於日內瓦，後遷巴黎。至一九〇六年，一部份會員祕密返國，暗設大本營於軍事重鎮的 Salonica 並與皇帝的衞隊（阿爾巴尼亞人）私相結合。及一九〇八年，由愛國青年凱末爾（Mustafa Kemal Atatürk）的號召，與革命之師，節節勝利，恢復一八七六年的憲法，並定期召集國會。不幸反動派逐漸得勢，舊日的腐敗重新擡頭。至一九一九年凱末爾再舉革命之旗，聲勢比前浩大。一九二〇年與希臘交戰，翌年敗之，收復失地。一九二二年及一九二三年參加羅桑會議，與歐洲各國承取國際的平等地位，並取消各國在土的特權如郵局，領事裁判權及關稅協定等。

至關於土國的內政，青年黨亦有驚人的革新，因自第十三世紀以來，土國的政權原屬於蘇丹，創政教合一之局面。蘇丹以回教教主兼土國皇帝，奧斯曼（Othman）皇族亘六世紀而綿延不替，直至一九二二年青年黨逐出土皇於君士但丁堡，皇室遂告中斷。次年青年黨成立共和國於安哥拉，一九二四年廢回教教主，並公布新憲法。

自此以後，新土耳其便一心一意向下列各問題去努力，內中有些方面與中國有相同的性質，例如發展經濟，推廣教育，改良司法，啓發民衆思想，提倡婦女運動等。就中經濟的發展，大致亦是我國所應走之路，即由農業演進爲近代工業與商業。在這個過程中，土國當然亦遭遇艱巨的困難。但近來已有比較明顯的進步。譬如在一九四七年，國際勞工局擇定伊斯當伯爾舉行近東會議，討論該區域的工業及勞工問題。

徘徊歧路

列强在土耳其的特殊權利雖已取消，但土國的外交關係依舊有複雜的內容。自第二次世界大戰結束以後，民主國家與共產國家，分成兩個集團，各擬向近東尤其是土耳其擴張其勢力。土國的共和基礎尚未確立，而共產主義的宣傳，業已逐漸的滲入。當整個世界正在動盪的局面下，土國究竟何去何從，短期內尚無肯定的答案。阿拉伯民族的國家如伊闢，伊拉克，叙利牙，外約但，埃及等，近年來頗受蘇聯的慫恿，並與蘇聯表示好感。土耳其雖亦是回教國，但與這些阿拉伯國家不算十分親密，特別是因爲土國取消回教教主以後，對於阿拉伯民族的感情，多少發生了裂痕。土耳其人自謂共和精神尚未在國內得着普徧的發展，因此需要長久的和平，來奠定經濟與社會的基礎，以實現其民主政治。爲貫澈這種主張的一部，似乎只有美國有些幫助，爲訓練工程師及其他技術人才，並供給大量的物資包括修築全國的主要道路等。不過同時蘇聯近年來，連續不斷的向南發展，並曾屢次要求地中海的海口如達達乃爾海峽。土國對此決不肯輕易放棄，那末，在這種環境裏，蘇聯是否願意土國得着長期的和平發展機會，實是有問題的。

土國國內的政治陣線，亦並不是一致的。政府中人以國民黨佔最重要的位置，但民主黨以在野黨的資格，逐漸增加其勢力。以伊斯當伯爾論，在大學教授 Ali Faud 的指導之下，民主黨業已滲入知識階級。不過該黨雖與政府黨處於對立的地位，尚未聞與國內共產份子聯絡，或與蘇聯發生具體的聯繫。

土耳其的前途

劈頭我就說：『土耳其是東西文化的橋梁』。但根據以上的討論，可有兩種不同的意義，如下列二例所示的。（1）在 Gottfried 的 Tristan und Isolde 一書裏我們知道阿爾山斯人深切了解德國人與法國人的文化，前書雖是德國文學，但最能傳達法國人的精神。這是阿爾山斯民族，對於兩國文化，已經融會貫通，並卻到好處的實例。（2）自英國統治印度以來，印度於原有文化之外，局部接受西洋的文化。但國內時常見到矛盾與衝突，尚無充分調和的跡象。

土耳其所走的路，可以達到前述第一例呢？還是第二例呢？

×　×　×

文藝

蜘蛛和蒼蠅

汪曾祺

甚麼聲音？我聽到一縷極細的聲音，嚶嚶的，細，可是緊，持續，從一個極深地方抽出來，一個不可知的地方。可是我馬上找到牠的來源，樓梯頂頭窗戶底下，一個牆犄角，一個蜘蛛正在吃一個蒼蠅！

這房子不知那里來的那麼多蜘蛛。未看房子的時候，房子空着，四堵白壁，一無所有，而到處是許多蜘蛛蛋。他們一邊走來走去察看，水井，廚房，廁所，門上的鎖，窗上缺不缺玻璃，　我一個人在現在我住的這一間裏看着那些蜘蛛蛋。嘖嘖！簡直不計其數，圓圓的。像一粒綠豆，灰黑色，有細碎斑點，飽滿而結實，不過用手捻捻一定有點軟。看得我胃裏不大舒服，頸子底下發硬起來。正在談租價，談合同事，我沒有說甚麼話。——這些蛋一個一個裏面全有一個蜘蛛，不知道在裏頭是甚麼樣子？有沒有眼睛，有沒有脚？我覺得牠們都迷迷糊糊有一點醒了似的。嘖！嘖！——到搬進來的時候都打掃乾净了，不曉得他們如何處理那些蛋的。可是，屋子裏現在還有不少蜘蛛。

蜘蛛小，一粒小麥大。蒼蠅是個大蒼蠅，一個金蒼蠅。牠完全捉住了牠，已經在吃着了。牠啄牠的背，啄牠的紅顏色的頭，好像從裏頭吸出甚麼東西來。蒼蠅還活着，掙扎，叫。可是牠的兩隻後脚，一隻左中脚都無可救藥的膠死了。翅膀也粘住了，兩隻翅尖搭在一起。左前脚絆在一根蛛絲上，還完好。前脚則時而絆住，時而又脫開。右中脚雖然是自由的，但幾乎毫無用處，一點着不上勁。能够活動的只有那隻右前脚，似乎他全身的力量都聚集在這隻脚上了。牠儘牠的最後的生命動彈，振得蛛蜘網全部都搖顫起來，然而這是盲目的亂動，情形越來越壞。牠一直叫，一直叫，我簡直不相信一隻蒼蠅裏頭有那麼多的聲音，無窮盡的聲音，而且一直那麼强，那麼尖銳。——忽然塞住了，聲音死了。——不，還有，不過一變而爲微弱了，更細了，而且平靜極了，一點都不那麼緊張得要命了。蛛蜘專心的喫，而高高的翹起他一隻細長的後脚，拚命的顫抖，抖得快極了。不可形容的快，一根高音的絃似的。牠爲甚麼那麼抖着呢？快樂？達到生命的狂歡的頂點了？過分强烈的感情必須從這隻腿上發洩出去，否則牠也許會暈厥，會死？牠飽了罷，牠要休息，喘一口氣？牠放開了蒼蠅？急急的爬到一邊，停了下來。牠的脚，牠的身體，牠的嘴，都靜止不動。隔了三秒鐘，又換一個地方，爬得更遠，又是全身不動。牠幹嗎？回味，消化？牠簡直像睡着了。說不定牠大概眞睡着了。蒼蠅還在哼哼，在動換，可是牠毫無興趣，一點都不關心的樣子。

睡了嗎？嘖，不行，哪有這麼舒服的事情！我用嘴吹起了一陣大風，直對牠身上。她立刻醒了，用六雙長脚把自己包了起來。——蜘蛛死了都是自己這麼包起來的。她剛一解開，再吹，她跑了。一停，又是那麼包了起來。其中有一次，包得不大嚴密，一隻脚掛在外頭。——怎麼樣，來兩滴雨罷！這不是很容易的事，我用一個茶杯滴了好多次才恰恰的滴在牠身上。影！這一下嚴重了，慌了，趕緊跑，向網邊上跑。再來一滴！——這一滴好極了，正着。牠一直逃出牠的網，在牆角裏躲起來了。

看看這一位怎麼樣了，來。用一根火柴把牠解脫出來，唉，已經差不多了。給牠清理清理翅膀腿脚，牠都不省人事了，就會毫無意義亂動！牠一身糾糾纏纏的，弄得簡直不成樣子了。完了，這樣的自由對牠沒有甚麼多大意思。——還給你！我把蒼蠅往牠面前一擯，也許做得不大粗柔，蜘蛛略略遲疑了一下，覺得情形不妙，迴過身來就跑。你跑！那非還你不可！牠跑到那里，我趕在牠前頭把半死的蒼蠅往牠面前一擱。牠不加思索，掉頭便走。這是隻甚麼蒼蠅呢？作了半世蜘蛛，從沒有遇過這麼奇怪的事情！這超乎牠的經驗，牠得看看，牠不馬上就走了，站住，對着牠高高的舉起兩隻前脚，甚至有一次敢用一隻脚去刁了一下。豈有此理！今天這個蒼蠅要喫了你呢，當面的撲到你頭上來了。一直弄得這個霸王走頭無路，牠變得非常激動起來，慌忙急迫，失去了理智，失去了機警和鎮定，失去了尊嚴，我稍爲感到有點滿意，當然！我可沒有當眞的爲光榮的勝利所陶醉了。

得了，我並不想做一個新的上帝，而且蹲在這兒半天，也累了，用一隻紙烟罐子把蜘蛛和蒼蠅都捉起來扣在裏面，我要抽一根烟了。一根烟抽完，蜘蛛又是一個蜘蛛，蒼蠅又是一隻蒼蠅了：揭開來一看，蜘蛛在喫蒼蠅，甚至沒有爲揭開罐子的聲音和由陰暗到明朗驟然的變化所驚動。而且，嘖，牠在罐子裏都拉了幾根絲，結了個略具規模的網了！蒼蠅，大概是完了事。在一陣重重的疲倦淹沒了所有的苦痛之後，牠覺得右前脚有點麻木起來，牠一點都不知道牠的漂亮的頭是扭歪了的嘴已經對着了牠的肩膀。最後還有一點感覺，牠的頭上背上的發熱的傷口來了一絲涼意，舒舒服服的浸遍牠的全身，好了，一縷英魂裊裊的昇了上去，阿門。

我打開了今天的報紙。

內政部登記證京警平字第二三四號
經中華郵政登記認爲第一類新聞紙類

新路

周刊

第一卷第十一期

CASER THE NEW ROAD

短評

(一)不誠實的政治之又一例證　(二)北平七五事件的責任　(三)傅將軍面臨一個考驗

辯論

一夫一妻制是否能長久維持

(一)一夫一妻制能夠長久維持　坎侯
(二)一夫一妻制不能長久維持　念福
(三)答念福　坎侯
(四)答坎侯　念福

專論

由口左行右所想起的問題　呂克生
談公費　陳浩難
社會主義下的生產效率　馬逢華

通訊

關于李副總統二三事（北平通訊）　城北
魯西豫東大戰縱橫談（濟南通訊）　丁汀
重慶扒手集體自首記（重慶通訊）　彭德漢
美援夢（台北通訊）　法珠

文藝：皈依的時代　沱水

中國社會經濟研究會發行

民國三十七年七月二十四日出版

短評

不誠實的政治之又一例證

本月月初翁內閣向立法院提出了三十七年下半年的預算，據中央社發表的消息（南京二日電）預算中的收支可以相抵。據說普通預算稅收當可有盈餘，特別預算以出售政府握有的物資及其他辦法相抵也可以不再依靠發行。我們目睹新內閣對六月漲風措手無策的狼狽情況，失望沮喪之餘讀了這段好消息，將欲信之而實在有些不敢。可惜立法院秘密審查的「鐵幕」即刻籠罩了一切，大好的宣傳資料居然沒有再見政府要人談起。側面的談話毋寧叫人更生疑竇。譬如以幣制專家的身份被邀入閣的政委王徵先生不久以前在上海發表談話說現在的財政金融治本是沒有辦法的了，以後只能在治標上着手。並吐露政府今後的金融政策也不過就是管束管束上海的投機市場而已。旣然預算已經能平衡了，何以治本沒有辦法？眞叫人莫名其妙。

此外政府方面又一再散播幣制即將改革的空氣。財次徐栢園先生又在本月三日宣佈財政部與中央銀行都在準備改革幣制。我們想起了六月漲風之前也有人大散幣制改革的謠言，甚至指出新銀幣的重量及與法幣的兌換率，眞是有聲有色，像煞有介事。當時確使一些投機商人（也許是那些沒有內線的小商人）躊躇徬徨，物價也因此穩定了些時。但是等到大家知道幣制改革還渺無蹤影的時候；物價就瘋狂的躍漲起來。聰明一些的投機商人却因此大賺其錢。這是有目共見的。現在六月漲風纔告平息，徐次長又再發表改革幣制的聲明，我們推想着七月漲風，不禁不寒而慄。

最近物價之連續猛漲正指示着法幣已走到崩潰的絕壁。在一九二三年九月四日，德國國內物價約當歐戰前的二百八十萬倍，可說約略與我國現狀相等。可是以後不出三個月馬克即告總崩潰，物價在同年十一月二十七日已漲至戰前之一萬三千八百萬億倍。德國那時國內還是和平的。此一個比較還不夠使財政當局有所警惕麼？

我們希望政府對目前的危險能有正確的認識，不要以爲散佈一些空氣就可以穩定人心與物價。須知人民一再受蒙騙，對政府及幣值更失去信賴，其結果只有更加速法幣的崩潰。這將遠不如將眞象公諸人民，讓人家共同研究一條出路來。誠實是最好的政策，這在搞政治也不能自居例外。

（平）

北平七五事件的責任

東北各大中學生從今年春天起陸續遷到北平，教育部原來答應創辦臨時大學和中學來收容這批逃難的學生，可是事隔數月，口惠而實不至，臨大和臨中迄今未能成立。越來越多的東北學生不但無課可上，連住食的安排也沒有，幾千人形同乞丐，或託庇於城洞，或露宿於街頭，日日和饑餓掙扎。這班青年原在極度苦悶當中。適於此時市參會通過一個「救濟東北來平學生緊急辦法」，內容三要點：（一）一律送剿總部予以嚴格軍事訓練，以後再設法分發；（二）請中央將東北教育經費撥歸北平作處理東北學生的費用；（三）停辦東北各校，「以免其一面派遣學生進關，一面另招學生並套取經費公費」。這議案激起東北學生的公憤，約有四千餘人於七月五日上午九時去市參會請願，市參會無人接見，到十一時許他們便將市參會搗毀。十二時他們轉赴李副總統私邸請願，李氏答應商地方機關設法。繼後他們又轉到市參會議長許惠東公館，時爲下午二時半，一直到下午七時，全市宣佈戒嚴，憲警以外，復開到大批軍隊，在白代警察局長與學生代表爭辯得一結束，學生結隊將退之時，忽然槍聲大作，學生當場死三人，後又死四人，傷數十人，軍警方面據說也有受傷的，這是七五事件的經過。

就傷亡的人數而論，這是近兩年來北平學潮中，也是全國學潮中最慘的一個；就起因而論，它却是最單純底一個。這件事可以說從頭就一直錯到底。瀋陽局面雖危急，却沒有到撤退學校的地步，學校當局不應讓學生們自由遷移。旣已有數千人遷到北平，教育當局與地方當局就應早有一個安排，不應拖延到數月之久。市參會職在商議北平地方問題，無權通過議案迫東北學生參加軍訓，更無權叫東北一切學校停辦。學生九時請願，十一時纔搗毀市參會，如果市參會有人出來向學生解釋，搗毀的事或許不至發生。學生旣自認理直，固應據理力爭，不應出搗毀的下策。學生出動由上午九時起到下午八時止，七時以前旣未有軍隊彈壓的必要，何以最後一小時不能耐過？軍隊不僅機槍實彈，而且所放的是機關槍；開槍時不是在學生暴動之際，而且在學生結隊退回之前。所以我們認爲七五慘案是無須發生而竟發生的。

人命在中國好像無足輕重，死了幾個人大家都視若尋常。但是人命在法律上是應有保障的，而人在法律上是犯罪的。這一點我們必須記起。殺人而可以無罪，不但不能平怨，而且無以警將來。所以處理七五案件，第一步自應該是澈查事實眞相，使責任有所歸，有罪的應該依法受懲罰。現在事實眞相必已明白，就該迅予處置不可再有拖延。此外，我們願提供兩點意見：

（一）每次學潮發生，當局都歸咎於所謂職業學生的操縱指使。我們不敢說學潮不是給人以乘機利用的機會，但是據事實看，這次東北學生的舉動，至少是在七月五日那一天，不像是有人操縱指使。萬一有，也應該憑確實的證據，依法辦理，不應該以捕風捉影的罪名，爲殺人罪案洗刷。

（二）據歷次學潮經驗看，一部份彈壓的軍隊和各校學生們的情感很惡劣。雙方的見地不同，我們不必强辯是非。但是這種感情上的齟齬不但是不幸，而且極危險。在情感衝動時，理性和法律命令都可能失去作用。純憑意氣用事，可能把已經紊亂的局面弄得更紊亂。我們希望治安當局明瞭此點，不要輕於發動武裝的軍隊彈壓學潮。

（賁）

傅將軍面臨一個考驗

在「戡亂」不由分說定爲「國策」，民意便這樣被强姦之後，傅作義將軍被公認爲「繫華北安危」的人物。在目前中國，他是一個最紅的紅人；地方士紳擁戴他，美國洋人看重他，南京中央也另眼看待他。傅將軍是一個練兵用兵的能手。他在目前中國最爲難得的地方，是在始終同士兵接近，與他們共甘苦，因此軍隊能打硬仗。一點都不含糊，吃過敗仗，就說吃了敗仗；重新部署，再去應敵，三番兩次打了敗仗，擊退了敵人，也都是硬幹硬打。他的服裝，他的氣派，一直保持住是一個「大兵」。他把他的總部放在郊外，他的用心要他的部屬不受都市惡習的傳染。在「匪氣」彌漫當中，北平市民不大縈心於「兵凶戰危」之誠，實是受了他的這種措施之賜，雖然也有人責他爲什麼不讓這班市民老爺也吃點苦頭。

一般的說，中國軍人爬到相當高的地位後，就趨於把重心自「軍」扭轉到「政」。傅將軍早已達到相當高的地位，但他似乎因爲出身不同，竟然免於此「疫」。他在來北平坐鎮之前，雖然在察綏等省主政多年，但重心始終沒有離開「軍」；亦賴重點始終在「軍」，故遂能保其「政」。到了北平之後，主持華北五省的剿匪事宜，重點依然在「軍」。但管轄範圍擴大了，軍事得配上其它的方面，於是便有人獻議，也有人呼籲，把行轅取消，擴大剿匪部職權，將平津兩市亦列在體制之中。醞釀了幾個月，等到李宗仁氏競選副總統頭銜而終於戴上此頭銜之後，水到渠成，南京中樞終於接受此獻議，「俯允」一切從以剿總爲中心之體制去部署。具舊都身份之北平，遂成了河北省之一隅。於是「小大由之」，傅將軍儼然握華北軍政大權，而「政」終亦逞其所欲以犯「軍」矣。

毛病就出在這裏。此中有二義：一，臺高招風；二、「政」之複雜匪夷所思，控「軍」倘易，控「政」最難。多少年來，中國政治圈裏的社會顯出了一副面相，若給它畫出一個素描，大體是這樣的：統一的要義在「定於一尊」；人心是險詐的，須隨時防範；須嚴內圈外圈之界；天下人皆可用，惟進退之權必須操之在我，操縱之機必須握之在我，其道莫善於「虛虛實實」，虛的名位儘管自授人，實權必須透過爲我耳目心腹的人而握在我自已手裏。多少年來，曾居高位者擁的擁，退的退，留者則依違兩可，只落得在朝廷作官，在封疆作吏，多半是造因於此。

傅將軍雖然受到「倚畀正殷」之寵，固亦難免招忌。屢立戰功，他人不能打勝仗，傅將軍獨能打勝仗，只這樣便足以引人入勝。李將軍推薦傅將軍，授以華北剿匪全權，而傅將軍對閻將軍特別謙恭，李也閻也傅也都是舉足輕重的人物，風雲際會，其引人注目，自也是理固宜然。我們爲老百姓求少受災難着想，曾默默禱祝傅將軍能躲避開搞「政」，仍專一致力于「軍」；於華北安定，此爲最善，於傅將軍本人用其所長，亦以此爲最善。等到剿總的體制加隆，傅將軍終於半掩面半露面問起「政」來之後，我們感於「政」之複雜及控「政」之難，即在懼怕他會受人玩弄，墜下馬來。果也「七五」慘案發生，考驗之期不旋踵而至。我們仍然愛護傅將軍，希望他拒絕拖延的辦法，迅明斷然的處置，爲公道求直，爲死者伸雪，以爭回動搖的人心。事情演變到如今，旁觀者接觸所及，覺得單只在北平城圈內，就在這幾個月當中，已有多少件事可以告訴傅將軍列在剿總體制中之「政」，其內容多麼複雜，矛盾多麼厲害。假若肯把它們連貫起來，作一總觀察，給它一個衡量，或許就能指出學生青年雖然竄易並途搽人家的名字，近于無禮，動機究尙單純；眞正想隱傅將軍的聲譽者應不是學生，而是別種人。

（敏）

〇〇辯論〇〇

一夫一妻制是否可以長久維持

(一)一夫一妻制能夠長久維持

坎侯

我們想答覆的問題是，一夫一妻制，或簡稱爲單婚制，所以別於一夫多妻或一妻多夫以至於羣婚的多婚制，能不能維持長久。我這一方面的答覆是，能，是正面的。

我的瞭解是，自從有婚姻制度以來，在實質上人類是一直維持着一夫一妻制的精神與方式的。早期的人類學者認爲最初的人類是雜婚或亂交的，自韋思特馬克發表他的『人類婚姻史』，以來，這看法是過去了。即使這看法有根據，我認爲也不影響我的瞭解，因爲亂交根本不成爲一種婚制。原始的婚姻，根據韋氏及大多數人類學者的結論，是一種『對偶婚姻』(Pair marriage)，此種婚姻的時限雖短，最初可能於第一個子女(就每一對偶而言，事實上怕只此一個，無所謂第一第二)會行走而自覓食物以後，就彼此分手了；但當其同居的時候，其爲一夫一妻的單婚狀態，是不成問題的。在遊牧與農業的社會裏，我們往往發見一夫一妻制與一夫多妻制同時存在，大抵有錢有勢的少數男子才有能力維持一個以上的妻子，其餘不是不婚，就只能有一個妻子了。而在多妻的例子裏，衆妻之間也還有主從之分，例如中國古代的妻和妾媵。這主從之分，對男子個人雖或不重要，對社會卻是極重要的；例如齊桓公晚年雖有『內嬖如夫人者六人』(左傳僖公十七年)，當其葵丘之會，和其它諸侯約法五章中，便有『不以妾爲妻』的一章，而且據說這是所以『明天子之禁』的(穀梁傳，僖公九年)，表示這在當時已經是一個通行的社會原則，以至於不成文法。妻妾有主從之分，爲妾者不能作妻，也正所以表示，一夫多妻的軀殼之中，未嘗沒有一夫一妻的骨幹，一夫多妻的層構之下，未嘗沒有一夫一妻的基礎。羣婚與一妻多夫制的例子，屈指可數，可以不論，但前者之中的夫或妻，和後者之中的夫，也都有主從之分，同樣的表示一夫一妻制可能是原有的類型，而羣婚與多夫是後來所以適應特殊環境的一種發展。

降至近代或當代，上文的一番看法似乎是更適用。西洋因基督教教義的諄諄告誡，一夫一妻的結合至今是一個公認而通行的制度，個人主義的英美如此，社會主義的蘇俄也未嘗不如此。離婚的增加並不能講明這制度已經趨於沒落，將近解體，因爲，當一個人沒有離婚之前，與已經再婚之後，他所實行的始終是一夫一妻的制度。中國的情形，上文已經說了一半，即一向承認一夫一妻制的基本型式，宋元儒家更將尺度緊縮，認爲男子年至四十無子才有娶妾的理由，而實際上歷代眞正實行多妻制的人究屬人口中極小的一部分。到了今日，因爲西洋標準的傳播，包括婦女地位的提高，重婚有罪的法律規定等在內，一夫一妻制的理論與實踐，依我看來，大勢所趨，增進的成分比減退的成分要大得多。在當代的中國，離婚也有逐漸增加的趨勢。一部分中國人和美國人一樣，認爲這是一夫一妻制日即於不能維持的一個徵兆。我的看法恰好相反，一個人寧願離婚再婚，而不娶妾，也不採其它權宜結合的方式，這正所以表示他對於一夫一妻的婚制是認眞的愛護的，表示不惜以個人的精神上的磨折來換取一種他認爲合理的社會制度的維持。

剛才說到『其它權宜的結合方式』。這種方式是很多的。未婚而同居，是一種；但在精神與實質上當事人所履行的未嘗不是一夫一妻制，所缺的只是一番儀式罷了；自羅馬時代以來，這種結合在法律上也始終有它的地位。已婚而與第三者作臨時結合，時間較長者成爲一種所謂『外室』，最短者有如狎娼，表面上好像最足以摧毀一夫一妻的婚制，實際上又何嘗不可以看作此種婚制的一些安全瓣呢？我這話是很現實的，我並不認爲一夫一妻制是盡善盡美的一個制度，它也正復有不少的弊病，特別是在離婚困難以至於不可能的前代，也決不認爲這些安全瓣是些合理的辦法，但安全瓣的存在對一夫一妻制的維持未嘗沒有關係，是一個事實。此種安全瓣，以前存在，以後我想也不會完全不存在；一夫一妻制的維持，當然不完全靠此種消極的安全瓣，但安全瓣的存在一分，一夫一妻制便多一分維持的理由，也是不容否認的。

我認爲大凡把此類權宜的結合看作非將一夫一妻制摧毀不可的朋友們必有一些看法上的錯誤，就是，認爲戀愛,性交,與婚姻是不可分的一套三部曲。其實就事實論，而不就道德論，這三部儘可以分開。甲對乙可能只奏第一部，對丙可能奏前兩部，最後對丁可能才把三部完成，但既已完成，一已、家庭、社會、以至於種族可能對他就有一種責成，就是，從今以後，他最好不要隨便演奏，更不宜再來一次全部的演奏。他們又誤以爲戀愛是不可分割的，即在一個時候之內，戀愛只能有一個對象，戀愛必須專一；他們不瞭解婚姻雖以一元爲妥，戀愛無妨多元，好比做學問，雖有一方面宜乎專精，其它方面正不妨做一些通博的功夫。有適當限度的戀愛也好比對一般事物的興趣，是無法禁止的，唯其不禁止，才不至於像一種禁果，一見便須着魔，便須據爲已有，非一口吞下肚去不可。這一層簡單的道理，也就前人所稱『發乎情，止乎禮義』的原則了。我們如果接受這看法或原則，前人接受而實踐的亦正復不少，則一方面所謂權宜的結合也不必看作權宜，事實上也不至於推車撞壁到達一個非結合不可的程度，而另一方面婚姻的一元的維持也就綽乎有餘裕了。

此外還有一些屬於權宜性的結合，有如所謂『試驗婚姻』或『伴侶婚姻』之類。在一二十年前的美國，便很有些人提倡和實行這一類的結合方式。離婚次數太多的人也不妨被看做一班常川的實行家，一輩子做不完的試驗，結不完的伴侶。不過無論暫時或常川，他們始終沒有離開一夫一妻制的精神與形式，參加試驗或結爲伴侶的，就每一次試驗與每一對伴侶說，始終只是一男一女。

總之，除開了有人假設的亂交，除開了娼妓的現象，除開了也曾經有人提倡過的自由戀愛 (Free love)，不是戀愛自由 (Freedom in love)，我們發見，有史以來一切男女關係必以婚姻制度爲歸宿，而所有的婚制又不出兩個範疇，一是單純的一夫一妻制，一是以一夫一妻作骨幹的其它比較複雜的婚制。照題目的說法，我們不能不承認，截至目前爲止，一夫一妻制是一向存在的，是一向維持着的，而照上文所說，也是普遍維持着的。說一向普遍維持着的一個制度可以經歷一些修正變通，我是承認的。若說以後不能繼續維持，或雖維持而不能長久，我實在看不出甚麼緣由來。說不能長久維持的朋友當然着眼在婚姻糾紛之多，離婚的頻數……一類的現象之上。但他們着眼錯了。他們所看到的不能維持長久的事物是，某某兩個人的一夫一妻的婚姻關係，而不是一夫一妻婚姻制度；那兩個人今日離了婚，明日又分別和另外兩個人結了婚，儘管朝秦暮楚，乍離乍合，不還是在一夫一妻的制度內打滾麽？孫行者的一個筋斗儘管有十萬八千里，卻不會翻出如來佛的掌心。一夫一妻的制度不是天經地義，不是上帝的規定，但在它背後很有一些動物的基礎、生理的根據、個人生活的體驗、社會經驗的、烘託人口性比例的限制、種族綿延的要求、子女養育的責成……種種的因緣湊合，糾結不解；這些背景裏的事物存在一日．它就可以維持一日。這些事物，我在此不準備多說，因爲以前討論這問題的人已經屢屢說過。

不過持反面論調的朋友們一定認爲個別婚姻關係的不能維持也多少可以證明整個一夫一妻婚制的瀕於破產。我在上文已經說過這不能證明。我如今更要問，個別婚姻關係不能維持長久的例子究竟有多少，是不是比能維持長久的爲多？有沒有準確而有代表性的統計數字？美國的情形可以代表麽？美國最近幾十年的情形，即使不能維持的例子超過了總數的一半，便可以作爲推斷前途—美國一國以至於全人類的—演變的根據麽？我認爲不能。美國的資料不能，其它的零星事實更不能了。我們又安知此種不能維持的例子，總合起來，至多也不過是一時的一部分的風氣，一時的一部分的社會病理現象？風氣可以吹過，病理現象可以治療。離婚的自由即未嘗不是治療方法之一。不過這還是消極的，事後補救的。積極的治療的途徑至少有兩個是必須提出的。婚姻選擇必須講求更客觀的標準，是途徑之一。對於戀愛的看法必須有許多改正；使青年人瞭解它不一定盲目；婚姻不一定成爲它的墳墓：不許別人染指的戀愛不是戀愛，而是佔有慾,是覇道的表示,是根本違反了自由的原則的；戀愛的下文可能是性的結合，是婚姻，但決不是勢所必至的；戀愛固然求親密，但同時也須講距離，講節制，有距離能節制的戀愛，無論到達性結合的程度與否，才能維持長久，才不致喜新厭舊，見異思遷，即在婚姻以外有些發展，也不致必以離婚再婚爲歸宿……　這是途徑之二。婚姻的形同兒戲，離婚的過於頻數，家庭的變爲傳舍，一言以蔽之，個別一夫一妻的關係難以維持，原因雖不止一端，這兩個途徑的不知講求大概是最基本的了。講求要靠教育，可能是家庭教育與學校教育參半。我認爲此種教育是可能的，近代西方作此主張與努力的人也逐漸增加，性心理學者靄理士便是最好的一例。教育可能，則個別的一夫一妻的婚姻關係也就不難長久維持了。

最後再有幾句總結的話。一夫一妻的婚姻，一半固然是遠古流傳下來的一個制度，一半也未嘗不是一個社會生活的理想。當制度看，它是根深蒂固不易動搖。當理想看，特別是拿了一些個別的單婚的例子印證着看，它也正復是百孔千瘡，捉襟見肘。認爲此種婚姻前途不能長久維持的朋友們在觀察的時候，大概都慣於用後一種的眼光。這眼光當然也有用，我自己也用，但我的結論和他們不一樣。我認爲我們所處的是一個『自覺趨於成年』的時代。以前一切流傳下來的事物，包括制度在內，在此時代以前，多少都是自然累積起來的，它們的所以能累積，能流傳唯一能衡量而予以准可的力量是經驗，好比『經驗良方』，經採用而被認爲大致有效，大致應驗，就行了。但到了自覺趨於成年的今日，此種衡量與准可的力量，經驗之外，又多了一個理性，從此，對於制度一類的東西，我們要分析，要盤駁，我們要問的，不是有效無效，至少不止是有效無效，而是合理不合理，而若問有效無效，我們心目中的對象不是整個制度的功能，而是每一個單獨例子的成敗利鈍。這樣一來，一種制度的大致有效，我們便趨向於不理會，我們祇理會了一些個別的例子。一個人所能理會到的例子當然不會太多，而特別容易受人理會到的又往往是一些顯然失敗的例子，於是，由於一種統計上的錯覺，我們就很容易到達一個結論，就是，整個的制度瀕於破滅。今日之下的一夫一妻制就是這樣的一個例證。我的結論是，個別的例子的失敗固然應當受我們的理會，我們要設法防杜於先，補救於後，有如上文所已論列，同時對於整個單婚制度的至今大致有效，比其它一切婚制都有效，卻也應與以更坦白的承認，更公平的估價。用這樣一個結論來推測單婚的前途，我相信，當制度看，它大概會越來越鞏固，當理想論，越來越充實。

(二)一夫一妻制不能長久維持

念福

研究社會學的人，對於婚姻的中心功能，已有一致的結論。這個結論便是：婚姻乃爲撫養及教育子女而設。別的功能，都是附帶的。

在過去，許多婚姻制度之中，一夫一妻制的所以爲最大多數的民族所採用，是有道理的。別的婚姻制度，如一妻多夫制，一夫多妻制，及團體婚姻制，對於撫養及教育子女，其效率均不如一夫一妻制，一夫一妻制，能夠確定親子關係，因而使做父親的，無法推諉對其子女教養之責。我們都知道，母子關係的存立，是很客觀的，是鐵一般的事實，任何人都無法否認，因此做母親的都知道看顧自己的子女。但是父子關係，則是推論而得，只有在嚴格的一夫一妻制之下，這種推論，爲社會及做父親的本人，一致公認，無推諉的可能。責任既然無法推諉，便只有擔當起來，所以一夫一妻制下對於子女的撫養，總是父母兩個人的共同責任。在一妻多夫及團體婚姻制度之下，父子關係，無法確定。雖然社會上有別的辦法，來指定某人的父親是誰（如一妻多夫制的部落，每指定年齡最大的丈夫，爲第一個小孩的父親），但是，這種情形之下，父親對於社會派給他履行的教養責任，總不能熱心擔負，所以在生物性的父親無法確定的時候，教養的責任，大部份是放在母親身上。在一夫多妻制之下，雖然親子關係的確定，幷無困難，但如衆妻是分居的，則父親對於子女的照料，只是片斷的，因爲丈夫不能只住在一個妻子的家裡。如衆妻是同居的，則群雌間的衝突與鬪爭，造成一種不安定，不和睦的環境，對於子女的教養，亦不相宜。

所以，在過去，只有實行一夫一妻制的社會裡，子女得到兩個成年人的共同看護，其生存的機會，因而比在別種制度下爲高。在悠久淘汰過程中，實行一夫一妻制的社會，因此便較易維持其生命。

但是把撫養與教育的責任，交給一夫一妻制所產生的家庭去擔任，其缺點很多，這種缺點，在近代社會中，已明顯的暴露。各個家庭，其撫養子女的能力是不同的。美國有一個調查，發現父親的薪水，每年在一千二百五十元以上的，嬰兒死亡率爲五九（卽每千嬰兒死五九人）但每年薪水在四百五十元以下的，嬰兒死亡率爲一百六十六。在教育方面，父親如係在自由職業中謀生，子女有百分之五十二進大學，但如父親爲一粗工，則子女只有百分之六進大學。這一類的事實，在各國都找得到。我們可以說，假如社會把撫養及教育下一代的責任，完全放在父母的肩上，那麼生存機會平等與教育機會平等，都是空談。

爲矯正這種缺點起見，社會已逐漸的把傳統屬於家庭的教養責任，取而代之了。現在英國及蘇聯實行的義務醫學制度，其目的就要使凡爲公民，都有同等生存的權利。生病的人，可以不必花錢，便可得到醫藥的治療，因此一個人死亡或生存的機會與父親的收入開始脫離關係，有錢的家庭，與無錢的家庭，同樣的可以享受國家義務醫藥的權利。生存的機會既然平等了，就應當爭教育機會的平等。這一點雖然還沒有完全達到，但是在過去一百年之內，進步之點甚多。第一，我們應當提到義務教育制度。在許多國家中，每一兒童，自五歲或六歲起，便可到國家所設立的學校讀書，不必交學費。這種義務教育，可以享受到十四歲或十六歲，或十八歲爲止，視各國的情形而定。假如百尺竿頭，更進一步，不但小學中學的教育，是義務的，就是大學及研究院的教育，也是義務的，那就合乎理想了。其次，家庭津貼制度的創立，使兒童在求學的年齡內，不必爲衣食問題擔心，乃是使義務教育的利益達到每一個貧苦兒童的最好工具。現在實行這種制度的國家，對於每一兒童的津貼，或給至五歲爲止，（如蘇聯）或給至十六歲爲止（如英國），假如能加以修正，使凡在學校讀書的青年，都一律由國家負責解決其生活問題，那麼教育平等的目標，才算是眞正達到了。

假如家庭不能給子女以最好的撫養，與最高的教育，那麼社會挺身而出，擔當此項責任，乃是企圖平等的國家中社會演變的必然趨勢。現在社會不能把這個責任完全擔當的原因，就是因爲生產力還沒有發展達一個地步，使社會有此能力，來實現這種高尚的理想。但是根據工業革命後生產力發展的趨勢，以及生產力發展之後，社會福利工作推廣的情形看，則終有一天，社會將完全擔任起下一代撫養與教育的工作。

如果這一天來到，則一夫一妻制度，便無法維持下去了。一夫一妻制度，便如別種制度一樣，在完成其歷史的使命以後，而衰頹下去；把他的功能交給別種更好的制度來執行。

我在上面已經說過，婚姻乃爲撫養及教育子女而設，一夫一妻制，在過去，是最好的撫養及教育子女的辦法。在不久的將來，這種教養的工作。將爲社會所負擔，因爲社會較之家庭，在生產力發達的情形之下，更能勝任此種工作。社會擔任家庭傳統的教養工作之後，父親在家庭中的功能，完全喪失。當然，做母親的受孕，還須要一個父親，但受孕的工作，是無容一個制度來維持他的。沒有社會所設立的婚姻制度，受孕的工作依舊可以進行。假如一旦受孕的工作不能順利進行（如節育普遍推行，這不是不可能的），那麼社會爲維持其生命，使世代分工不致間斷起見，可以設立職業母親制度，凡生子女的得報酬，像現在社會上對於醫生及律師有報酬一樣。母親薪水的高低，可以決定母親人數的多寡，因而決定下一代人數的多寡，這是不難列爲國家各種計劃之一的。

在那種情形之下，一對男女，固然可以長相結合，但也并非長相結合不可，也并非永遠保存此種獨佔關係不可。兩性間的關係，將演變爲一種友誼的關係。有人以爲在此種情形之下，人類將復現濫交的情況，這實在是一種過慮。現在我們交朋友是完全自由的，但是我們每一個人，在幾十年的生命中，能有幾個知己的朋友？就普通人而言，一生中能有兩三個知己朋友，已經算是幸福了。同樣的，我們可以推論，在兩性的關係演變爲純友誼的關係之後，可以同居的朋友，也許不會超過朋友中的知己數目。這些同居的異性朋友，因爲可以自由選擇，所以意氣相投，志趣相合，彼此在各方面相吸引的人，才會長在一起，彼此給對方以感情上的寄託，無絲毫勉强强迫的感覺。人類在這種辦法下所能得到的快樂與幸福，必不是目前的制度所能望其項背。

兩性的關係，擺脫了家庭的束縛之後，蛻變爲友誼的關係，於是戀愛的生活，便可不必在某一年齡告一段落。在一夫一妻的制度之下，婚姻是戀愛的歸宿，結了婚的人是不許再與別人講戀愛的。但如兩性間只有友誼的關係而無夫妻獨佔的關係，則戀愛的生活，可與交友的生活相終始。在這種長久的戀愛時間之中，我們猜想，一個人比較的容易獲得最合理想的戀愛對象。舉一個譬喻來說，假如社會有一規定，每一個人，到了二十歲的時候，便要選定一個朋友，作爲終身的朋友，以後便不許交新的朋友，那麼在這種一人一友的制度下，我們是否可以得到我們理想的知己呢？我想大約是不可能的。我們在友誼中所以能夠得到很大的樂趣，是由於環境允許我們的交友在下列的條件之下進行，其一爲交友的數目不受限制，其二爲何時交友不受限制。假如兩性間的關係，也能在交友的條件之下進行，我們從兩性關係中所能得到的樂趣，一定可與友誼所給與我們的樂趣相比擬。

這一類的推論，雖然是理想的，雖然不是目前社會的環境所允許，雖然在社會的生產條件沒有成熟以前無法實現，但我相信人類的婚姻制度，是照我所描寫的理想境地演變的。等那一天來到之後，人類幸福的加增，將非我們今日所能想像。好像某一個哲學家曾說過：經濟制度的改善，可以使人類減少痛苦；而婚姻制度的改善，則能使人類加增幸福。

答念福

•侯坎•

婚姻的中心功能是撫養與教育子女；而一切婚制之中，一夫一妻制尤其能發揮這種功能，雖非盡善盡美，至少要比一夫多妻，一妻多夫以及羣婚等制度好得多，這是我很同意的；念福先生以這段議論開篇，我尤其是高興，因爲他正好說明了一夫一妻制不能不長久維持的最重要的一個理由。

接着他說到一夫一妻制下的子女撫養也有其缺點，他提出了兩個：一是子女生存機會不平均，二是教育機會太參差。這卻頗有問題了。我並不否認缺點的存在，也未嘗不承認生存與教育機會的不平均是一些缺點，但我看不出來這些缺點，和一夫一妻制之間有甚麼因果關係，念福先生爲甚麼要把缺點的責任敎一夫一妻制來負。根據他所徵引的統計資料，可知這顯然是一個經濟分配不平均的問題，和一夫一妻的婚制，以至於任何婚制，無干。

我是不承認生存與教育機會的不平均和一夫一妻制有甚麼關係的，念福先生雖未說明關係之所在，卻是承認的。但念福先生應知他如果承認這一點，他就犯了文不對題的毛病。他等於在說，因爲一夫一妻制造成了這些缺點，所以它就不應繼續存在。換言之，他的問題和題目中所提出的不再一樣，不再是能不能維持，而是應不應維持了。我於正文開始的時候，就有過幾句提防的話，鄭重的說明我們辯論的是『能不能』，不是『應不應』；若是『應不應』，那我一方面的話說來更可以振振有詞了。嚴格的就『能不能』說話，則自史前期以至今日，儘管子女的生存與教育的機會如何不平均，一夫一妻制不始終維持着麼？試問以前旣能維持，安見得以後就不能維持。再就近年來的反面的情形說，俄國自革命以來，英國自工黨執政以來（最近又更進一步的公布了全部的社會安全制度），機會均等一原則的實踐，顯然已有長足的進步，但俄英兩國不都還好好的維持着一夫一妻的婚制麼？

其實分配越是公平，子女生存與教育的機會越是均等，則一夫一妻的婚制越有可以維持的理由，不止維持，甚或更趨美滿。念福先生自己也說到這方面的種種設施，有如公醫制度，家庭津貼，義務教育之類。好極了。前此一夫一妻之間之所以時常發生齟齬，馴至關係不能維持，家庭因而破裂，一大部分的還不是因爲家計困難，生活愁苦，或雖愛子女而不敢生育，或雖有子女而生無以養，病不能治，長無以教麼？如今好了，整個的經濟負擔減輕以後，全部的生活基本條件有了保障以後，夫婦二人乃得把大部分的時間，精神、心思、才力、情感，用在彼此自己以及子女的身上，而收取一些更豐碩的關於人格培養與生活風趣的果實。這不是教每一對夫婦的關係，以至於整個的一夫一妻的婚制與家制，更充實更鞏固麼？

念福先生很顯然的認爲社會安全的政策實施以後，社會把此種安全的責任負擔起來以後，家庭與婚姻就簡直可以不要了，負擔得越是周到，婚制與家制的存在就越沒有必要。我認爲這看法是錯了的，至少也是太過於一相情願，屬於精神分析派所稱『虔誠的願望』一途，與實際事態的可能演變並不相干，換言之，他還是轉着『應不應』的念頭，而不是『能不能』的念頭。試問，即在全部安全制度實行以後，胎孕、產育、哺乳，以至於幼兒接受義務教育以前的初期撫養，實際必須躬親的又是誰？在實際躬親的期間是不是需要一個場合？也是不是需要第二個人襄助，包括精神上的支援與工作上的幫忙在內？這人最適合而責無旁貸的又是誰？一有支援，一有幫忙，則支援者與被支援者，幫忙者與被幫忙者之間，豈不是要發生一些感情關係？如果我們對於這些問題的答覆是肯定的，我是認爲只好肯定的，則夫妻的關係，親子的關係，家庭的場合，名稱可改，實質依然，至少在子女到達能接受義務教育的年齡以前的一個時期裏，無論是幾個月也罷，五六年也罷，這實質以至於外形是變不到那裏去的；如果子女於完成其義務教育之後，居然還想知道他最初的由來，不時存問，此種關係與場合就更不得不維持下去了。一例如此，大多數的例子如此，一夫一妻的婚制與家制在根本上不也就維持下去了麼？

我替念福先生設想，眞要希望一夫一妻的婚制不再維持下去，我們應當提出如下的若干辦法來。像目前所提倡與推行的安全制度是萬萬不够的。不特不够，事實上還大有造於一夫一妻制的維持保大，有如上文所論。這些辦法是：第一，我們希望實驗發生學或胚胎學可以進展到一個程度，使我們得以普遍的實行『體外孕育』（“ectogenesis”）即，把男女雙方的生殖細胞提取出來，安放在玻璃缸一類的器皿裏培育。阿爾特斯赫胥黎二十年前在『新的出奇的世界』一書裏提出過這個辦法。不得已而思其次，則第二，我們也應當主張普遍推行人工施精（artificial insemination）法，就是提出男子的生殖細胞而注射之於女子的生殖器官。這是可行的，而且已經有了幾十年的歷史。不想結婚，或雖結婚而不能性交，同時卻很希望有子女的少數女子往往借重此種辦法。近年來美國畜牧界，爲了促進育種的效能，也已經大規模的加以採用。第三，無論下一代是怎樣出生的，一經出生，便須立即付交託兒所一類的機構，全權撫育。第一個目前還只是一套理論。第二個雖有人實行，似也不容易普及。第三個辦法提倡的人很多，但澈底推行的例子還沒有。始於法國而廣泛通行於蘇俄的 crèche，也只是一種日間託兒所。眞要澈底的做，勢必有極大的困難。從不維持一夫一妻制的立場看，第一個把父母都取消了，自是最好。第二個只取消了父親，差一點，第三個最差，因爲人是有感情的，據說還有一種自然傾向叫做親子之愛，太太與先生儘管別人家的好，兒子總是自家的好，大凡自己造作的東西，總是好的，文章如此，兒子自然尤其如此了。這一好，問題就多了，弄得不好，一夫一妻制實質上還得維持下去，因爲，最低限度，夫妻親子的關係依然存在。念福先生沒有提到這三個辦法也好，因爲即使提到，也於事無補。

到此我就可以談到念福先生所提出的所謂『職業母親』了。職業母親的名詞不太好，特別是在這個有人把一部分靑年學生叫做『職業學生』的年頭。不過這姑且不管。要緊的是，如果念福先生想用職業母親的方法來使一夫一妻制不再維持下去，我認爲除非他同時提出上文三個方法裏的第二個來，問題還是要發生的（我用到『想用』『來使』一類的字樣，好像對念福先生很不客氣，好像一心要坐實他的一相情願；但我沒有辦法，職業母親的說法，看來是念福先生的特創，不特全無事實的端倪可資依據，連名詞也像『職業學生』似的，萬分新奇。）問題在那裏呢？我又可以提出一大串。職業母親有沒有一個父親做陪襯，父親的『職業』『不職業』我們姑且不問，無論如何，獨陰不生，她總得有一個男子，這男子又是誰？有姓名麼？除了供給精細胞以外，此人還有一些身份人格麼？她不要別的男子，而要了這個，這其間難道完全沒有挑選麼？有挑選，豈不是同時也就有些感情的烘託麼？一有感情，至少在胎孕、生產、以至哺乳的前後，不多少要彼此廝守一個時期麼？一廝守就壞了。一夫一妻制的軀殼儘管不存在，它的靈魂還是一樣的顯現！

念福先生在這段落裏，忽然又說了幾句很保守的話，他說，『在那種情形之下，（即職業母親制度之下）

一對男女，固然可以長相結合，但也並非長相結合不可，也並非永遠保持此種獨佔關係不可』。職業母親制度，儘管新鮮，這話卻是老話，除了天主教的國家而外，所指的也是一個極古老，極普通的情形。厮守百年，絕對沒有外遇的單男隻女歷史上眞有得幾對呢？不過念福先生很小心，他只說『一對男女』，强調着『男女』兩個字，顯而易見爲的是避免掉進一夫一妻的窠臼。但我要問，讀者怕也要問，當其長相結合或『短』相結合時，兩個人的關係究竟是甚麼？這關係有沒有名稱？社會又用甚麼來稱呼他們？他們生出來的小人，叫那男的怎樣叫法？念福先生自然竭力避免夫妻兩個字，而把他們叫做朋友。很好。但社會也這樣叫麼？有長相結合的男女朋友，有不相結合的男女朋友，社會都一樣看待，一樣稱呼麼？他們所生的小人叫那男的也叫朋友麼？如果我們對這些問題不能作肯定的答覆，那話又說回來了，一夫一妻制還是存在。

念福先生把男女關係比做朋友關係，認爲人在一生之中，知己朋友不會太多，因此男女關係也不會有走上亂交一途的危險。我認爲這從比論得來的結論是過於樂觀了，樂觀也就是一相情願。我和念福先生雖都不曾有過北里之遊，但我很有理由相信嫖客與妓女之間，必往往以朋友相呼！婚姻有選擇，所謂拍拉圖式的戀愛有選擇，朋友也有選擇，是對的，因此，適當的對象不會太多。但單單就性交說，這就大有問題了。這方面如果也有些選擇標準的話，其中必包括極重要的一個，就是新鮮。其實這方面的選擇工夫不會太多，久曠的人往往不擇精粗美惡，溺情聲色的人則不斷的見異思遷，喜新厭舊，都是趨向於濫與亂的一途的。如果我也來作一個比論，我主張拿飲食來比。飲食男女，在許多方面，原可相提並論，不止可作比擬之用。一個人飲食，愛吃、常吃、而認爲值得一吃的東西未必有許多的品類，但淺嘗異味的傾向似乎盡人而有，而所嘗的當然不止是色與香，而是味。這種傾向雖也若有幾分濫與亂，但我們不以濫吃亂吃相看待，爲的是濫或亂的結果，影響所及，只是個人的，而不是社會的，問題要單純得多。我這樣的評論念福先生，其實我也有我的朋友之論，我認爲婚姻之外，未嘗不可以培植一些有分寸的戀愛關係，說已見正文。

念福先生在他的結論裏，引到一位哲學家的話說：『經濟制度的改善，可以使人類減少痛苦，而婚姻制度的改善，則能使人類增加幸福。』這話我完全同意。不過我應請念福先生注意：『改善』並不等於『取消』，而念福先生所憧憬的『朋友制度』實在不成其爲一種制度，在社會學者所承認的社會制度裏，也沒有尋常的朋友關係一種。

讀完念福先生的議論以後，我必須招認，我對他有根本不能瞭解的一點。聽他說到公醬義敎，他好像是一位社會主義者。但他那種『亂朋友』的主張又像表示他是一個個人主義者，自由主義者，以至於浪漫主義者。他對於一般的社會生活經濟生活希望有周密的安排，而於兩性之間的生活卻主張完全不要安排。這兩種立場應如何調和，願念福先生更有以敎我。

答坎侯

·念福·

我與坎侯先生的看法，有一點是相同的，就是我們都承認，一夫一妻的婚制，在過去有他光榮的貢獻。我們看法不同的一點，就是我以爲社會制度是常在變動的，過去有過貢獻的制度，在新的環境之下，不一定能適合人類的要求。舊的制度既已表示他的缺陷，就有新的制度起來代替他。政治制度不是一成不變的，經濟制度也不是一成不變的。同樣的，婚姻制度，決不能單獨的以不變應萬變。坎侯先生，雖然「不認爲一夫一妻制是盡善盡美的制度」，雖然承認他「正復有不少的弊病」，但他同時卻相信，「當制度看，他大概會越來越鞏固」。這是我所不能同意的。

我在正文中已曾說過，一夫一妻制的主要功能，是爲撫養及敎育子女。這原是許多社會學者的看法，但韋思特馬克，對於此點，貢獻特多。這個主要的功能，由家庭來擔負，是無法達到盡善盡美的境地的。因此，在現代化的國家中，也就是說，在生產力發達的國家中，這種功能，雖然傳統的屬於家庭，已由社會逐漸取而代之了。婚姻的基礎既在家庭，而家庭已有瓦解的朕兆，所以我說，一夫一妻的婚制，也將趨於消滅。

摘育子女爲婚姻的主要功能，其他的功能，是附屬的，所以我在正文中沒有詳細發揮。我們很可以把婚姻的許多功能，比作好些根的帶子，其中撫育子女的功能，便是最粗最大的一根帶子。這些帶子，把一男一女結爲夫妻，永遠連繫在一起。但是我已說過，那根又粗又大的帶子，現在已經破裂了，其餘的帶子，是否還有力量，來維持這個一夫一妻的婚制呢？我們在回答這個問題之前，可以把其餘帶子的性質檢查一下。關於此點，坎侯先生已經開了一個單子。他說：「一夫一妻的制度，不是天經地義，不是上帝的規定，但在他背後很有一些動物的基礎，生理的根據，個人生活的體驗，社會經驗的烘託，人口性比例的限制，種族綿延的要求，子女養育的責成　種種的因緣湊合，糾結不解；這些背景裡的事物存在一日，他就可以維持一日。」種族的綿延與子女的養育，在生產力發達的國家中，由社會來擔任，比家庭更能勝任的一件事實，乃是使我懷疑一夫一妻制是否可以長久維持的主要論點，正文中已經說得很多了。關於其餘的幾點，我願意加以補充的討論。

所謂動物的基礎，乃是把一夫一妻的婚制，溯源到若干下等動物並不濫交的事實。下等動物是否並不濫交的官司，在社會學及人類學裡，已經打了幾十年，站在正面的主將，有韋思特馬克，站在反面的主將，有布理法（Robert Briffault），誰是誰非，尙無定論。我們討論婚姻制度的將來，根本可以不必理會這一套辯論，因爲人與禽獸，到底是不同的，人有文化，而禽獸則無文化。婚姻是文化的一種。人類才有婚姻，而禽獸只有性交。婚姻是文化現象，而性交則爲生物現象，兩個在不同範疇中的問題，不必混爲一談。人類婚姻的前途，是不受下等動物的兩性現象所影響的。

其次，關於生理的根據，包括的問題較多，最重要的，有「食」，「色」兩點，這兩種現象，都有生理的根據，而且也都與婚姻有關。我們先從食與婚姻的關係說起。凱勒敎授（A. G. Keller）對於此點，曾有很精闢的見解。他說．「在過去很長的年代裡，婚姻是一種經濟組織，其功能在維持生活，而非滿足性慾。婚姻爲什麼會發生？分析到最後，總會碰到一個問題，就是男子爲什麼肯受婚姻的拘束。答案是：從經濟方面看，女人是男人所不可缺少的，所以男人要與女人結合。所謂不可缺少，並非由於男子需要性的滿足，那是突然起來，忽然消滅的一種慾望，不能作爲一個制度的基礎。婚姻的基礎，是建築在一個與生命同其長久的一個需要之上，那就是，對於食物的需要。婚姻是維持生活的一種男女合作。性別的分工，說明婚姻的產生。婦女因爲有受孕及照顧小孩的麻煩，需要男子的合作，是很顯明的，所以他需要婚姻。男子也發現如有一個女子作伴，他的食物問題，可以得到比較美滿的解決，所以他肯犧牲一部份的自由，來組織家庭。假如男子的利益，在與一個女子結合之後，並不加增，他是會走開的。」這一套理論，特別强調婚姻的經濟基礎，自然有相當的道理。在過去的許多社會中，在目前中國的鄉村裡，婚姻的經濟意義，是很重要的。但是這種重要性，在工業化的社會中，已經逐漸喪失了。人類分工的歷史，大概經過三個階段。第一段是男女分工，第二段是男子間有細密的分工，但女子的工作，則千篇一律，並無差異；第三段是女子間也有細密的分工，追踪男子的脚跡前進了。女子間的分工，現在還未十分完成，因爲還有一部份女子，就是在工業化的社會中，也還是留在家庭裡，做飯，掃地，照顧兒女，而沒有參加社會，在千萬職業中，找一發展個性的機會。但是婦女參加社會工作的百分數，已經逐漸加增。照這種趨勢發展下去，婦女每人可能都有一個職業。他貢獻其所能於社會，並從社會中得其所値，取其所需，而不在家庭中與一個男子成立一個小單位的生產或消費組織了。假如那一天來到，那麽連繫夫妻的另一根帶子，又要破裂了。

婚姻的生物基礎，另一方面是「色」，是性的滿足。那些主張單婚制可以永久維持下去的人，特別指出人性中的嫉妒。我們誠然承認，在許多社會中，人類有嫉妒的心理，但是這種心理，是先天遺傳的呢，還是後天獲得的呢？我想凡是研究過人類學，看過許多部落的報告的人，都會承認嫉妒是學習而來的。有好些部落中，不但沒有嫉妒的男人，而且他們還特別好客，遇有嘉賓來到，還要以妻子薦枕席。戰國時代的燕俗，也有「賓客相過，以婦侍宿，嫁取之夕，男女無別，反以爲榮」的傳說（前漢書卷二八下）。假如人性是生而嫉妒的，那麽這一類的事實，在任何社會中都不會發生，可見嫉妒乃是習慣，習慣成自然，所以在有些社會中，嫉妒便爲人人都有的心理，但是這種心理是可以教育來改變的。在另一方面，人類的性慾，是多元的，是不能以有了一個對象便感到滿足的，則爲有目共覩的事實。羅素以爲在一個沒有拘束的文明社會中，無論男人與女人，都會在性的方面，表現多元的「本能」。他們在某一時期內，會熱情的去愛一個人，但遲早總會因接觸太多，而失去新鮮的刺激，於是他們又會在別人的身上，去找新的刺激了。這種好新奇的衝動，當然是可以加以控制的。社會方面的要求，使許多人都必須加以控制，但是如想消滅這種衝動，則是很困難的。自從婦女的行動自由加增以後，男女在婚姻以外接觸的機會加增。這種接觸的機會，引起性交的思想，思想煽起慾望，而在宗教的信條已經失去約束力的時候，慾望是很容易變成事實的。羅素的這種說法，與坎侯先生所謂戀愛無妨多元之說是相近的，也是比較合乎人性的。但是一夫一妻制存在一天，社會所規定的，是戀愛，性交，婚姻三部曲，或者三部全奏，或者一部也不要奏。「全有或全無」，是一夫一妻制下的信條。這個信條的意義，最後還是要保全子女的幸福。假如子女教養的責任另有所歸，那麽三部曲無妨一律改爲兩部。男女之間，或只奏第一部，或二部都奏，或一部也不奏，那完全是私人間的問題，對于社會不發生影響，社會也不必過問，正如現在的社會，不過問私人的友誼一樣。總之，假如男女的關係，包含着有性的結合一點，那麽這種關係的圓滿表現，充分表現，須在婚姻的桎梏打開了以後，這是無可懷疑的。

坎侯先生所提到的一夫一妻制的各種因緣，還有個人生活的體驗，社會經驗的烘託，以及人口性比例的限制。社會經驗，只談過去，而我們的討論，則屬於在演變中的將來。過去的經驗，不足爲將來的準則，此理至明，不必多說。個人生活的體驗，在沒有舉行意見淸查以前，是無法加以判斷的。韋思將馬克，在他的人類婚姻史裡，曾舉了許多人對於婚姻的判斷。如黑耳（Norman Haire）說：「四個婚姻中，只有一個可以算是成功的，而眞正快樂的婚姻，其百分數比此更少。」文學家湯姆司曼（Thomas Mann）也說：「從經驗中，我們得到的印象，是百分之九十以上的婚姻是不快樂的」。羅素特別注重時間的因素，他以爲「結婚多年的伴侶，很少是快樂的。」我們很難說這些人的觀察，代表全體，但是他們的觀察，說穿了若干婚姻的實況，則無容否認。不快樂的婚姻，以及離婚等悲劇，都是獨佔式的單婚制所造成的。假如一個人只許結交一個朋友，我想，不快樂的友誼，以及絕交等事，一定每日都會發生。但是友誼不是獨佔的，所以朋友間也就不易失和。由此例以推，假如男女間的關係，如友誼一樣，沒有獨佔的拘束，許多不快樂的婚姻，必然可以避免，離婚的痛苦，也根本不會發生，因爲戀愛的對象，既然可以兩全，可以並存，就無操刀以割，恩義斷絕，棄舊迎新，取此捨彼的必要。離婚只是一夫一妻制下的一種弊病而已，另外還有一種弊病，名爲「失婚」，則是性比例失衡以後，硬要保存單婚制所造成的。單婚制的一個條件，是男女數目平衡，而這種平衡，乃是不易達到的。英國的女子，現在比男子要多二百萬，德國的女子，要比男子多七百二十八萬；蘇聯的女子，據估計，總要比男子多一千萬以上。此外還有男子多於女子的國家，如印度要多一千四百萬，中國男子多於女子的程度，還要超過印度，據內政部發表的統計，全國男子此女子多出二千一百餘萬，在獨佔式的單婚制之下，失婚的痛苦，是無法避免的。

由於以上的討論，我以爲把一夫一妻制度當作一個社會生活的理想看，他是有欠缺的。爲完成子女的敎養，他不如把這個責任交給社會。爲解決狹義的食物問題，或廣義的生活問題，兩性分工合作，不如全社會的分工合作。爲滿足性的要求，他是一個桎梏。爲實行男女間的戀愛，他是一個阻礙。這樣一個弊端百出的制度，遲早是要爲文明的人類所揚棄的。

專論

由口左行右所想起的問題

呂克難

本文原祗打算立下關於左右的界說，因爲我深感目前流行看法之膚淺，足以引起種種混淆，乃覺有釐淸的必要。流俗的看法，以爲左是行動嚴肅起居儉樸，右是品性浪漫生活豪華。這種徒然斤斤于生活表層的推論，不值一駁。我只要指出自持甚嚴的道學家，他們的生活修養殆可矜式，但不會有人相信此輩頭腦的多烘，思想的實踐，可排入「右」列之中，事實恐怕是欲其向左看齊都不可能的。從另一方面說，生活上的享受，誰不貪戀，問題在是否普遍化。這樣的一種生活標準：汽車，洋房，收音機，冰箱，逛舞廳，看電影，中國以爲極奢侈者，美國人却很平常了。我相信一切的社會主義者，不會反對生活水準提高的。社會主義者所反對的是一個社會存在着兩種或多種的生活水準，換言之，反對貧富差等的享受。大家皆得住洋房，看電影，正是社會主義者所追求的目標。比較高明的看法着眼於思想領域上，以爲高唱民主主義社會主義是左的，主張維護現狀篤信舊說是右的。這種看法貌是而實非，因其忽略了思想本身所必然具有的副作用，粉飾與强化。假如思想可以作爲準確的尺度，則以今日中國的言論觀之，都將歸入左派，試問今日還有幾個人敢公開聲稱反對民主主義，即使存心討厭社會主義的保守份子，也不會正面提出抗議的。然而事實自然與此大異，中國有的是反動頑固腐化的論客。我以爲健全的看法應從生活的來源上分別。籠統而言，凡不以自己的能力（心智勞動與體力勞動）而獲取生活者，不管其思想如何進步，也是右；反之，以自己的能力而生活者，縱然識見陳腐，也是左。因此，我認爲憑個人的能力除一己享受外裨益于社會最大者，最進步也最左。提出這樣一個界說，毫無新穎之處。民主主義根本的精義，在承認人類的自由與個性的尊嚴，故必然反對奴役，社會主義的理想則在共同生產和公平的分配，勢須排斥不勞而獲的寄生者。把兩種思想合起來，可知所謂「左」，其最大的特徵在取消人爲的不平。

以上云云，屬于常識。我很驚奇：爲什麼常識的見解，却不爲人們所接受？據我年來所接觸的印象，思想形態極左生活來源極右的人比比皆是。這幫人講話寫文章，三句不離馬列，但生活的取得却來自地租，利息，利潤（社會主義者所最深惡而痛絕者）。而且舉止濶綽，表現極優越。令人驚奇的是：他們並不以爲生活來源的不乾淨與思想的高超爲矛盾，而人們居然會賜與左派思想家的頭銜，這眞是咄咄怪事。

我曾對此花過一番心血，追思其究竟。起先我以爲此乃思想本身所發生的副作用，即粉飾與强化。思想原是用來說明行動和未來的動向的。人們不願直露其思想，而喜歡曲折道出者，其故乃因和盤托出遠不如婉轉引伸來得有效。這是不用多講的，甲說如何如何都是爲了自己，必不如乙說這樣那樣一概爲了大家能獲人們的同情贊助。因此思想的粉飾與强化便不可免。往往一種利于在上者的思想，必表現爲高尙的動機和附麗于神聖的教條。十一世紀前後的歐洲，貴族越俎代庖地提倡教士獨身制度，因教士操有多種權力，在那時權力世襲，獨身制度可使教士的權力及身而止，其留下的眞空，當然爲貴族所插入，于是這種卑劣的動機竟在上帝與神聖的字眼下實現。與此類似的有十字軍戰爭，除假借上帝的美名外，另一動聽的藉口則爲維護聖地。實際則是一批東方熱的騎士與商人想借此淘金尋找旺財。早期的基督教備受羅馬當局的壓迫，後來居然演變爲歐洲宗教的支柱，得到各國君主的愛好和提倡。其故無非是基督教的思想利于統治。如聖經中「貧窮的人有福，因爲天國是你們的，……富人進天堂比駱駝穿針孔爲難」的話，在消弭貧富的階級矛盾上，功用極大。實際天國是否存在既無法證明，富人進天堂云云，豈非成了玄虛欺人之談。故其懲罰富人的靈魂，效力甚小，反之對於貧困的窮人，倒是一貼定心劑。無形中成了穩定社會秩序的力量。尤其可笑的，宗教改革前有一種贖罪券，由教會印發，可用金錢購買，據說購買愈多，愈可減輕其所造的罪惡，這種結果帶來一種不可通的邏輯：金錢固萬惡，怎麼金錢可用來贖罪？說到底還不是教會想錢。但却行了很久時候，到馬丁路德（Martin Luther）才拆破底蘊。再如中國理學家所提倡的：「存天理，滅人欲」，「餓死事小，失節事大」。連自己也做不到，居然用來作爲一種社會道德的規範。這裡的祕密，一句話說穿無非有利皇權的統治吧了，因爲「君子安貧」，樂于其道，就不致起而造反了。

思想的粉飾是有時代性的。當宗教勢力儒家思想分別在中外鼎盛時，一切的言辭皆得假借宗教和名教。今天是民主時代，于是所有的粉飾也便依附于民主這個題目。所謂「道高一尺，魔高一丈」，粉飾的功夫亦然。法國大革命時代，羅蘭夫人（Mme Roland）被極端派挾上斷頭台，她最終的遺言是：「自由！自由！天下多少罪惡假汝名而行」！孫中山先生在時對黨員講演，一再指出！反革命不可怕，反平等亦不可怕，唯有假革命辦假平等才可怕。這兩位東西哲人的話，確是値得深思。

但深入而論，可怕的該不是思想的粉飾，因爲我們可以揭穿宅，久之必能認識其本來面目。可怕的乃是我們缺乏揭穿的智慧。特別是這種智慧所由來的卽階級感情。英國在十九世紀上半期的工權憲章（Chartism）運動時代，工人們的呼號，極能喚起一種階級意識：

「富者階級中有好些穿上改造的外套以欺騙他們的群衆，他們幫忙虐待我們的時候還侈言自由！高讚正義。又有好些主張一步一步的改良，恐怕我們馬上看到我們的政治之惡化，進而剝奪了他們的特權。……工人們呵！細察這個問題，如果你們和我有同一感覺，那就放棄一切策略，拒絕做任何不能予工人以平等的政治社會權利的政黨的工具，以求能選出你們自己的代表」。

（見比亞著：「英國社會主義史」，湯澄波譯，商務出版三八四頁）

工人憲章運動的風格和精神，部份由馬克思所承繼。自從他在一八四八發表「共產黨宣言」後，强烈的階級意識，武裝了工人的頭腦，也使資本家提心吊膽加緊聯防。故而大致說來，今日的歐洲其思想上的粉飾性，一因宗教的式微，二因經濟發達教育普及，業已逐漸降低，其作用大不如前了。這種跡象事實上在十八世紀前就有了端倪。英國王黨（Tory）與急進黨（Whig）之爭，本質上是保守的地主與開明的資產階級之爭。法國在大革命（一七八九）時代，路易十六因鑒于民意的高漲，轉覺本國人民無法控制，因此懷疑及訓練有素的皇家傭隊，怕其與「國民議會」（National Assembly）私通叛變，于是乃從遠地以重金招用瑞士兵爲御軍。這當然更使人民怨恨，但路易的苦心，實是那個時代人民覺醒狀態的反映。而事實也確是如所逆料，革命一開始，國軍卽爲民軍合流，不旋踵卽將波旁皇朝搞垮。

由是可知，今日存在于國內的怪現象：意識形態極左生活形態極右。從一種意義說，乃是我們這個古老的國家，多數的人們仍然蒙在鼓裡；他們不知自身所處的命運，不知所屬的社會背境與地位。唯其如此，人民所以被口頭上的政客論客一再以「爲了人民的」字眼所欺騙，所蒙混。反之，亦因爲人民根本分不淸楚認不出來，這批假裝人民的論客，才敢肆無忌憚地粉飾手法。另外重要的一點，則是中國的社會結構，決定了智識份子的依存性。在中國，對於智識份子的報酬，不是按照其能力——智能的貢獻——而是按其品級的，從前狀元、翰林、進士…… 所根據的不過是策論、八股、幾篇文章而已，現在則有留洋，大學，中學之分。至於實際如何，無人加以深察。俗語所謂「文窮而工」，不僅是文人事業的諷刺，也道盡了文人生活的辛酸。實在的，作爲一個中國智識份子，如果他不向統治者賣身投靠，搞得一官半職，憑寫作、研究爲生的話，縱不餓死，亦必儳顏回一般落得短命下場。在生存的前提下，智識份子既必須向右看齊，仰賴於右，自然不得不爲統治者效忠說幾句話。最後則是智識本身所孕育着的理性，無形中影響被接受者的意志與氣質，因此之故，雖在生活來源極不乾淨的腐化氣氛中，亦能出現出類拔萃的思想家，如像垃圾堆中茁壯的花草一樣。但這種現象畢竟罕見，多數的矛盾，（即生活形態極右思想形態極左）類因生活上有粉飾的必要使然的。

這使我想起，中國若要得救，訴諸於教育特別是思想的教育，固然顯得太慢，有「遠水救不了近火之感」，但這一着無疑是根本之道。今日國內的砍殺，好像決定於雙方首領的意志，喊「和平」的人也總是向着這幾個人喊，現在這幾個人決心「打」了，一則「革命」，一則「戡亂」，絕無轉圜餘地，於是「和平」絕望，人們也不再奢談它，彷彿「和」與「戰」，其權全在這幾個人手裡。這種錯誤心理的造成，固然是蔑視了人民的意志所致，但認眞說，也正是我們人民中的極大多數的愚昧不明。一旦這些人知道爲何人而戰？爲什麼而戰？法國大革命皇軍與民軍合流擁抱的現象必然重現於今日的中國，果如此，這戰爭還打得下去嗎？早歇手了。

談公費

陳浩生

「我國之公費制度，源於戰時，使經濟來源確已斷絕之戰區生和僑生，以及家境清寒的學生，收入微薄之公教人員子女，邊疆學生等，得以繼續求學。」（四月廿日中央社南京電某教育權威人士之談話載北平世界日報）可知公費制度之形成，完全是抗日戰爭中之需要所致，絕不是政府爲了加惠學生而有此措施。至於家境清寒學生，公教人員子女邊疆生等，都是在公費制度形成後，才附加進去的。公費在最初叫做貸金。意思即是說，是國家暫時借給學生的，並且以後還要償還。（後來曾由教部正式公佈貸金免予償還）其後才又由貸金改爲公費。

從公費制度之發生，我們可以看出它的兩大效果：第一拯救了千千萬萬的戰區學生。在半壁河山淪於敵手的時候，青年們不甘在敵僞的淫威下受壓迫，而奔向自由祖國的懷抱。這是青年愛國熱忱的最大表現，其本身即爲抗日戰爭必然勝利的保證。任何樣的一個政府當然都有責任使他們能生活下去，能預備着生死存亡關頭的民族戰爭而奮鬪。當時的政府做到了這一點，算是沒有疏忽了她這一重大的責任。這個偉大的成果，我們可以在八年抗戰中及勝利後許許多多的事實中找到證明。可以說國家對於青年的培植，並沒有虛費。

第二：因了公費制度之形成，在高等教育中生出了一個附帶的而却是很重要的結果，就是：高等教育的平民化。這在學生群中，表現得非常明顯。在戰前大學生可以說大部分是上層階級份子；貧窮子弟能念完大學恐怕是很難見的。那時候一般大學生生活水準都相當高。聽說戰前清華就沒有膳團，膳廳就是個大飯館，同學吃飯都是隨喊菜隨吃隨給錢。當然更從未聞那個大學有過窩窩頭膳團了。而從戰時到現在學生們的生活水準誰也不能否認比戰前低得太多。大多數人吃的是下等糙米窩窩頭；穿的是救濟破衣。尤其在戰時，即比最貧苦的老百姓也不會好得多少。雖然在長期抗戰以後，除了少數特權階級而外，全國各階層人民生活水準都低降了許多，但學生的表現無疑的更爲顯著。這不能不說是一個飛躍的進步。現在我們舉眼一看，每個學校中貧農，中農，小市民及公教人員的子弟，已經佔相當的多數；而富豪子弟反而只佔一小部分了。這一個巨大的轉變，在中國高等教育上不能不說是一件重大的事件。從這個轉變中，學生們的生活更趨於堅苦耐勞，更接近於貧民的生活。在這苦難的生活當中，他們體驗到了眞實的人生，白面書生漸漸的絕跡了。這不是青年的偉大進步麼？

這兩大效果，我想任何人也不會不承認。既然如此，公費制度之必須存在是不成問題的。雖然抗日戰爭已經結束了，但內戰却比抗戰還打得激烈，地域漫延得更廣。再加之經濟趨於崩潰的境地，一般人經濟情形的困難已百倍於抗戰時期。照前面所說，現在學生大部分是中下階層的子弟，他們都是靠公費來維持學業。如果取消了公費制度，就必然的會使許多人不能念書。那就立刻會恢復到戰前只有富豪子弟才能讀書的情況。

可是，教育當局却並不顧這些，總想盡一切方法來儘可能取消公費制度。（如從公費改獎學金，再減少到沒有獎學金）硬要把這已經少得可憐的教育經費的一部分都抓去。他們的理由，看來也很正大堂皇，說是公費爲戰時的一種臨時措施，勝利以後，自應取消。（當完全抹煞了內戰給予人民的苦難，好像打內戰不是戰時）並且說：「世界各國絕無供給專科以上學校學生伙食之先例。」（見權威人士及教部發言人談話）這眞是倒行逆施的說法。請問是不是要洋人有的咱們才能有？洋人沒有的咱們就不能有？爲什麼洋人幾乎沒有了貪汚揩油，而咱們還在普遍的貪汚揩油呢？這種說法之顯然不合邏輯，是誰也想像得到的。任何一件事情之應不應該做，很明顯的是要以它對於我們國家民族及整個社會有無需要和有無好處來決定；絕不能以世界各國有無先例來決定。否則不是成了尾巴主義而何？

權威人士認爲：「以後教育經費，應以最大比數用於基本教育上，用在掃除文盲上，因爲一個子女受不到基本的教育，而叫他納稅來供一個大學生的伙食，不但不合理，而且不公平。國家進入憲政階段，人民都應該識得字有常識，國家對於人民，有實施國民教育的義務和責任。應該以全力推動國民教育，才是正當合理的辦法。」「因此抗戰勝利，教育部決定將公費制度取消，把頭重脚輕的制度，改正過來。」這一篇大道理，似乎理直氣壯，毫無可疑。細細的分析却大有問題。

首先，我們要指出公平不公平，完全看政府從人民手裏拿來的錢，用得恰當與否而定。只要是恰當的，無論納稅人本身直接受到利益與否，都是公平合理的。實際上納稅人所納的稅，絕不可能都用到每個人頭上去。如果那一個政府眞是這樣做的話，那麼，一切公益的事，都將會無法進行。即使是國民義務教育吧，對於沒有子女受教育的人也會成爲不公平了。這一種收支原則，恐怕任何財政學中都找不到。

自然義務教育之重要，任何人也會異口同聲的贊同。「在進入憲政的階段．國家對於人民有實施國民教育的責任和義務．應該以全力推動義務教育，才是正當合理的辦法。」這也是毫無疑問的。在今天的中國文盲竟達總人口百分之七八十，義務教育之迫不容緩，是鐵一般的事實。「脚」確實輕了。但問題在「頭」是否重了？是不是改正頭重脚輕的時候。今天大學裏，教職員衣不能煖，食不能飽，工警更不必說，經常費不够付水電費，一切設備補充幾等於零；而學生的僅僅裝得飽肚子的一點公費，卽使撥出來也塡不滿這些空乏。（何況還爲勢所必須，無法挪作他用）大學教育已面臨破產的地步，這個「頭」重在那裏？如果還要把他減「輕」一點，那恐怕只有關門大吉。今天的問題是不但「脚」輕，「全身」都「輕」。如果應該「輸血」「加重」的話，不是把「頭」上的送到「脚」下去，而是整個的輸血和加重的問題。今天中國的教育是普遍的「貧血」絕不是「腦充血」，這是再雄辯不過的事實。

卽使進入憲政時期，也決不能削「頭」去加重「脚」以推行國民義務教育。按照憲法第一六四條的規定：「教育科學文化之經費，在中央不得少於其預算總額百分之十五，在省不得少於其預算總額百分之二十五，在市縣不得少於其預算總額百分之三十五。」這就說明中央有中央之教育經費；省縣有省縣的教育經費。中央教育經費原則上用以支付高等教育及全國性科學文化機關；省縣教育經費用以支付地方教育事業。顯然國民義務教育的經費，必在省縣教育經費內開支，如若不然，地方教育經費拿來幹嗎呢？我們再看憲法第一六三條後半段：「邊遠及貧瘠地區之教育文化經費，由國庫補助之，其重要之教育文化事業，得由中央辦理或補助之。」除了這些情形外，中央教育經費之不用於地方教育上是再明顯不過了。那麼憲法第一六〇條所規定的國民義務教育及逾學齡之國民補習教育之費用必由地方預算中支付還不明顯嗎？憲法規定縣教育經費不得少於其預算總額百分之三十五，省不得少於百分之二十五，均比中央教育經費比額爲高，這已經充分表明，假若這些條文能被切實遵行，絕不會再有所謂「頭」重「脚」輕的現象發生。可惜的是關於地方教育經費的比額，從來很少人提到。大家引用憲法第一六四條，往往都只抓了上半截，好像只有中央教育經費才引人注目。人人都大呼爲什麼今年行憲了，不把教育經費增加到應有的比額百分之十五；卻好像還沒有聽到，有人喊過省縣教育經費應各提高到其應有的比額百分之廿五和百分之卅五。實際上地方教育經費究有多少，恐怕只有天知道。我們從縣級教職員比省級慘，省級比國級更慘，可以看出越到下級教育經費的收縮也就越更厲害。許多鄉村國民學校之有等於無，小學教員之奄奄待斃（如上海小學教員在幾個月前，聽說才有八九十萬元一月，喝稀飯也不够，還教什麼書。）其原因也就在此。這裏，我要特別提醒大家不僅注意到中央教育經費，地方教育經費尤其重要。並奉告所謂權威人士，國民基本義務教育之所以未能實施，而且現有的也臨於死亡境地的原因，在於地方政府幾乎吞食了全部地方教育經費，而不在於大學生吃掉了義務教育的經費。假若教育當局眞的要發展義務教育的話，其應走之路爲何，已昭然若揭，再明顯沒有了。而當局不此之圖，偏說義務教育被公費生吃掉了，這眞使人百思不得其解。

其實，揭穿了說，當局之一再唱高調，並不是他們眞的想推行義務教育，其目的不過是對付風起雲湧的學生爭取全面公費運動。其意若曰：「我要推行國民義務教育了，你們這些小子還在爭取什麼全面公費（筆者並不贊成全面公費理由見後）眞是糊鬧，再鬧給你完全取消」基於這些堂哉皇哉的理由，就可以把公費獎學金漸次減少以至無形中取消了它。這樣一來不但中央教育經費不必格於憲法規定提高，就是現有的這可憐的一小點教育經費，也將盈出百分之三四十，多餘多剩，豈不好麼！國民識不識字那倒不在考慮之列，前面所舉權威人士說的一大串，不過是藉口罷了。

更奇怪的是權威人士竟說：「家境清貧不能成爲請求國家補助之理由。」那麼獎學金就以家境清寒爲取得的一個必要條件，豈不是自己打自己的嘴巴！（因爲這權威人士顯然是代表官方發言）好像說：「有錢的就念你的書，沒有錢念什麼書，乾脆作苦工好了。」這樣的論調，在幾十年前倒是挺好的。可是，現在時代不同了。讀書已不能再永久成爲富豪者的獨佔品。叫窮人永遠不能有升造的機會。

從上面的分析，我認爲當局對於公費的看法和措施，是錯誤的，甚至是帶有蒙蔽欺騙性的。

我認爲公費制度是必要的合理的。但並不以爲過去的公費制度已是十全十美的。事實上，自有公費制度以來已經發生了很大的流弊；不過，我們要特別注意的是，這些流弊之發生，並不由於當局所謂「不合理」「不公平」等等，而完全是技術問題，是行政機關和學校辦事脫節的結果。我們只要提出幾點重大的流弊來檢討一下，就可明瞭。

第一：因爲調查審核的疏忽和困難，從來公費之給予，就呈現着不公平不合理的現象。應該享受公費的人得不着；不應該享受的卻反而得到了。在戰時戰區學生之冒名頂替假冒等時有所聞。尤其教部把審查全權交付學校，但學校首長和教授們有時連學生本人也認不淸楚，那裏還會知道他的家庭狀況。遂至調查審核成了一種形式，實際上無論貧富，只要進了大學就得公費。到了抗戰末後幾年許多國立大學專科學校，幾乎都成了「全面公費」。全面公費之不合理有二點：①全面公費無異承認大學生爲特殊階級。他們之所以應該享有公費，就因爲他們是大學生。在這高呼打倒一切特權階級的新時代中，不應再製造新的特權階級。並且假使實行全面公費制度，學校可能變爲養老院收容所。②公費之目的在扶持家庭經濟困難之學生能繼續升造，以不使教育成爲富有者的特權。很顯然的，不是每個學生都經濟困難。譬如孔宋的子女入學當然用不着給他們公費。如果給了，是多餘的不必要的。因此，我不贊成全面公費。

第二：因「在修業期間其學業成績有一項不及格者，應停止其公費。」（公費辦法第七條）加重了考試的弊病和考試對於學生的的威脅。分數既不僅表示成績的優劣班級之升降，更決定着有飯吃或餓肚子，誰不拚命設法力求及格呢？於是在學生中更加重了爲考試而讀書的風氣。在戰前中小學生最看重分數，大學生似乎對之都滿不在乎。到現在大學生之重視分數實超過了中小學生。一到考試，開夜車，死背筆記，大多數爲的都是及格，不要被取消公費。等而下之，就採取一切作弊的方法以達到目的。（關於考試的弊害大公報在最近幾月來曾登過很多有關的文章，這裏不多贅述。）爲了成績卽公費，公費卽生命，教授們也不得不盡量降低標準，寬給分數，以使學生儘可能不要餓飯。甚至於有些大慈大悲的教授簡直就給一律及格。如某教授就曾對他的學生說過：「因爲分數就等於你們的飯碗，所以都給你們及格。但你們不要以爲及格就算了，還是要多多努力。」（大意）這就說明了分數已因公費和它結下不解之緣，而變成什麼東西了。還有，大家也許還未忘記去年清華學生殺教授的事件吧！這不也就是分數卽公費，公費卽飯碗問題所致嗎？

以上二點不過是犖犖大者，其他不及細舉。自去年七月廿日教部公布公費獎學金辦法後，公費改成了獎學金。上述的情形更爲加甚。不但在投考時卽以成績之高低來定獎金之給與，並且要以後每學期成績總平均在七十分以上才能不被取消得獎金資格。加重的以分數來摧殘學生。而且獎學金在表面上，雖仍有家境清寒一項條件，實際施行的結果，完全以成績爲標準，等於給所謂成績好的學生一種獎品，失掉了原來公費的意義，因此，我認爲公費改爲獎學金是一種最不妥的辦法。

綜上所述，公費制度是應該繼續存在的。但不應維持特權式的全面公費。獎學金應該取消。公費的分配要力求公允合理，使應得者得到，不應得者不能蒙混領取，增加其奢侈的耗費。這一方面有賴於學校當局之負責審核；再方面更應鼓勵同學自己互相監督檢舉。同時應取消以分數多寡來決定公費的辦法。我們知道分數決不即是每個人的眞實成績，其虛僞已爲一般人所公認。因此，公費只要經嚴密審核合格給予後，除了合於開除學籍的情形外，不應中途取消。公費之給與概以經濟困難與否而定。這樣可以保持並促進平民化教育的碩果。因爲國家對於人才之培植不應以獎勵幾個天才爲目標。

社會主義下的生產效率

——讀劉大中先生「社會主義下的生產政策」後

馬逢華

劉大中先生這篇文章，眞正作到了深入淺出。他爲我們描畫了一幅簡單而明白的社會主義國家的藍圖，就着這幅藍圖，把各項生產原則，作了最好的介紹和例證。尤其有趣的，是他以一些問題來作這篇文章的結束。這些問題，有些是純粹的經濟問題，有些還牽扯別的方面。劉先生希望讀者們也能熱烈地參加討論。我在這裡想就生產同業的效率問題，把資本主義和社會主義下的情形，作一番比較的敘述。

我們自然仍是依據着劉先生所描繪的那一張藍圖來說話。這幅藍圖，是經過「極力簡化」，所以許多比較複雜的問題，都沒有提出。例如，在這個小國家裡，只有二十畝田；生產的成品，不是米，就是麵；每個國民的工作，不是種麥田，就是種稻田。因而就沒有了選擇職業的問題（我們可以想像，種麥和種稻這兩種工作，性質上差不多，因而也沒有辛苦程度的岐異；所謂「辛苦程度」，我是指經濟學上所說的「負效用」(dis-utility)而言。）如果工作種類很多，並且允許國民有選擇職業的自由，那麼，由於各種工作的辛苦程度不盡相同，爲了使各業都能得到適當數目的工人來作工，工資就不能到處一樣，因而每人手中所有的貨幣數量就有了差別，這樣，情形就會復雜些。不過，所有這一類的複雜，在最後都不致於影響劉先生指出的生產原則。爲了簡單，我們仍然不提出它們。

我們現在用與資本主義相比較的方法，來述說社會主義下的生產效率。因爲「效率」是相對的，不比較，無從說明。但我們也不能與一個空洞廣泛的「資本主義」相比較。我想，應該依照熊彼得(J. A. Schumpeter)所說的，以這一時代的資本主義，即是，被極栝了的大企業資本主義，來作爲比較的對象。當然，我們也沒有忘記，我們是在以一個理想，一張圖畫，與一個既成的事實相比較。至於近代資本主義，怎麼會被稱爲是「極栝了的」，這裡不擬多加討論，不過在後面的比較中，也可以多少看出來一點。

天下沒有絕對作不通的事，社會主義下的生產問題，是不是可以順利地得到單一的解答，像解一個數學方程式一樣？這問題經過豐．彌塞斯(L. Von Mises)，以及海業克(Hayek)等人的指責，一直到藍(O. Lange)底解答，可以說已經完全解決。在社會主義下，一如在資本主義之下，我們可以用試驗與修正(Trial and Error)的方法，作到至少像理想中的資本主義所作的一樣，使資源得到最合理的分配，剩下來的，就是兩個制度的效率問題了。

我們先從組織方面看。社會主義下的生產機構，毫無問題要形成一種「分部制度」(Bureaucracy)，因而使人的經濟生活，成爲機械化。個人在這龐大的自行運轉的機構裡，似乎渺乎其小，失去了重要性；因而個人的努力，似乎顯得徒然，而感到無聊。這會影響工作情緒，因而使工作效率減退。人無論如何不是機器。僅僅靠着對於某種主義底忠心，責任感，利他心等等，終究太不現實，不能持久。所以，爲了保持工作興趣，提高工作效率，一種報償制度是應該有的。在社會主義下的報酬制度，最容易作到提高效率的境界，這一點以後還要談及。

這種不可避免的「分部制度」，似乎是社會主義的一個缺點。但在獨占色彩日益濃厚的資本主義下，這種「分部制度」也同樣存在，只是這種「分部制度」是私有化的而已。我們如果考慮到在兩個不同制度下人們的心理因素，就可以知道社會主義仍可較資本主義有更高的效率。

心理因素在人的工作效率上，是一個不可忽視的力量。在資本主義下，雖然可以把計時工資(Time-wage)改成計件工資(Piece-wage)以提高效率，但工人們像是屢次上鈎的魚兒，口唇上的創痕猶新，對於貪婪的資本家，毫無信心，深恐在最後自己底工作是加重了，而終於得不到什麼好處，仍要遭到更多的剝削，他們在工作的時候，時時不忘自己是在流血流汗，替「敵人」製造利潤。而在社會主義下是怎樣呢？在社會主義下，工人們不再是被動的，他們僅僅由於是生活在社會主義下，心理上就感到無比的滿足。即令工資較低（事實上不必較低），他們也樂於努力工作。他們明白工作的意義，是在爲連他自己也包括在內的全體人民謀福利。他明白怠惰是對不起國家，對不起自己。除了這種心理上的鼓舞，在社會主義下，還有道義上的忠順。工人們對於自己底責任，有更正確的態度，同時也不會再有階級鬪爭一類的麻煩來困擾他們。就蘇聯的例子來看（雖然我們並不認爲蘇聯是一個社會主義的好例子，但在這一方面，可以以它爲例），革命後，蘇聯的工會完全和政府站在一起。他們不反對吃苦，自願建立種種引誘努力的方法，像史嗒漢諾夫運動(Stakhanovism)等，以儘量提高工作效率，這在資本主義下，是不可能的。並且由於心理上的原因，報償制度也特別便於建立。比如，一枚勳章，一個英雄頭銜，甚至准許在衣服上佩一個小小的標誌，就比在資本主義下獲得百萬獎金還光榮，還能鼓勵人。社會本來是人類經營共同生活的組織，在這組織裡，誰能忽略上述的心理因素？

再從達到目的的途徑來看。在資本主義下，由理論來分析，價格和產量往往成爲不能確定的，有時即令達到了確定的情形，也往往是經過了許多困難與浪費，經過無窮的反覆變動，而在一種「臆測」的空氣中達到。無論在獨占或寡占競爭。或其他種類的競爭，都是如此。但在社會主義下，情形恰恰相反，一切都是依照計劃進行，什麼東西都是單一地決定了的，這種在生產方面的確定性，意義甚大，不可忽視。對於某些已知的資料而言，它們是合理的。任何方法，只要可以縮短，潤滑，或保障走向這個確定的目標之途徑者，都可以節省人力物力，可以減少成本而達到一定的效果，因而，除非這樣所節省的資源完全都浪費了，我們可以說，效率必然要增加的。

在近代資本主義社會中，還有所謂「獨占競爭的浪費」。比如，在獨占競爭的情形下，有些大企業爲了謀求更多的利潤，而限制自己底產量。這樣，多餘出來的生產因素，只有讓那些效率較低的小工廠去僱用，或者閒置不用。這由整個社會來看，等於降低生產因素的效率。如果是在社會主義的社會裡，生產是爲了全體人民的福利，一切計劃，都能顧及全局，自然不會有這種浪費。

我們還可以提到，有些技術上的發明或改進，可能節省成本，提高生產因素的「增產能力」者，在資本主義的社會裡，由於專利權，商標，等等原因，使這些能够提高生產效率的新技術，爲少數人所私有。或者雖然能够傳佈，也是非常緩慢，在個別的廠家間私相接受。但在社會主義之下，這種發明或改進，是由中央設計當局，通盤籌劃，普遍施用，自然會增加生產效率，比資本主義下快得多。

最後，在資本主義社會裡，除非是極大的企業，通常總不能網羅各方面的專才，專供某一廠僱用。因而，往往有在某一方面是第一流的人才，要被迫作許多在他自己專長之外的工作；也有許多人對某些事完全外行，却非作不可。這自然會減低效率，浪費人才。在社會主義之下，對於各方面的專家，都可由中央管制機關，給予最適宜的工作，使他們發揮最大的效能。這樣就不會有濫竽充數或專長埋沒的情形發生。

從工人心理上的反應，獨佔企業的浪費，和新技術新發明的施用三方面來比較，我們認爲社會主義下的生產效率要比在資本主義下爲高。

通訊

關於李副總統二三事

——北平通訊——

城北

一人之下

這位「一人之下萬人之上」的李宗仁副總統，他的一位隨從曾這樣對外人說，眞是奇怪，李副總統走到那裡，謠言也就跟到那裡，過去是猜測他要篡位或逼宮，現在呢是說他找一個地方來獨立。事實上也許眞有這樣謠言，李副總統所到之處，就像是江漢關上懸起了第七號風球，預告暴風雨的來到。

我們是這樣的一種政治，過去訓政時期高唱「黨外無黨黨內無派」，如今「行憲」了，黨外仍不許有敵黨，黨內亦不許有反對派，老頭子所喜歡的就是這種「一呼百諾」的調調兒，上行下效，於是乎「家長政治」普遍到任何一個角落，北平俗語說，站在你顙子上拉尿，還不許你𢷬。這種封建之極的作風上却是掛着「民主」的招牌。

爲了美援，中國正認眞學習着美國的一切。比起中國的歷史來，今年才慶祝一百七十二週年「獨立節」的美國，眞是年靑得很。美國有個副總統華萊士，今天成爲杜魯門總統的反對派，有的外籍記者就將中國的華萊士來比李宗仁，而且也未被否認。但在美國獨立後，第一位與總統對立的副總統，則是票數次於傑斐遜的阿龍勃爾。這位紐約人更演出了一幕好戲。

加瑪格爾及尼美根合著的通俗美國史第一二〇頁上介紹後者道：「像阿龍勃爾這樣的野心家，斷斷不是尋常名利所能饜足的，他的口號是成則爲王，敗則爲寇。於是他擬定計畫，要設立一個由他親自統治的國家。至於這個國家設在何處，怎樣設立，還是爭論不決的問題。後來許多學者考查，他大約想在西部招募一枝小小軍隊，沿密士失必河南下…… 他曾向一些英國和西班牙的軍官誇示這種意圖，打算從倫敦和馬德里得到金錢的帮助。他告訴英國人說，他將置這國家於英國保護之下，他又告訴西班牙人說，他要使之成爲美國與墨西哥間的緩衝國。·」

過去的阿龍勃爾失敗了，由一位約翰馬歇爾在一八〇六年負責審理他，後以證據不足，宣告無罪。今天的農民之子華萊士的言論已盡人皆知，但進步的人却也眞寂寞，甚至於不能爲他的同路人「新共和」所繼續延聘，越有廣大的群衆的人，在個人的身邊却越顯得孤獨，他自己雖然努力競選，却自信「總統要在下一次才當得成。」

李宗仁是李宗仁，中國的副總統就是中國的副總統，他不可能是華萊士，他也不可能是阿龍勃爾，恰如美國批評家費正淸在他的新著中美之交內說：「中國既非俄國之中國，亦非美國之中國，而爲中國人的中國。」

因此，我們看一看新憲法下的第一任副總統是在怎樣創造他在憲法上面沒有地位的地位吧。這雖然只是三個多月的事，但是李副總統是從北平到了南京，從南京又回到北平。

萬人之上

李宗仁競選副總統勝利了，但在他個人的權勢上却失敗了。他今後只有在生活創造歷史中，他要有忍受一切煎熬的能力。不一定每個「變」都有他的份，但他却不能不等待作事的機會。

在石頭城內居住的李宗仁，那是多麼不安，過他沒有自己的「官邸」，沒有自己的汽車，雖然用貳億作副總統禮服，却沒有任意給他的五百隨員任命官職的權力。大方巷的房屋是安徽省駐京辦事處，並不堂皇，行政院想爲他借玄武湖畔的孔祥熙的大厦，却爲山西彌陀佛在美回信拒絕了，中山門外的一所比大方巷還要小的房子却先要幾十根金條的頂費，或是一次繳足三百擔穀子作租金，政府被特種地主嚇倒了，也不敢再去問津，他的汽車是李品仙主席的，到離京的前幾天，才送到新以外匯九千美金買到的兩部派克牌新車供用。自然賓客們爲數不少，尤其是競選成功後的若干天，那些各地的功臣們却不肯空手而歸，於是一位大員後來嘆息道：

「想不到當選以後的開支，比以前的大了若干倍，還不够應付，南京不如北平，沒有袁世凱不必想過一天的安靜日子。李先生辛苦了，我們却也不知道要怎樣勸他。」

謠言團團圍繞着李宗仁，他想到各地看看，但是只有聲音並無行動。以後報載李夫人憤然道「我願意到那裡去就到那裡去，」這顯示出對方的總有一點不自由。李品仙的安徽省主席始終在動搖「皖人治皖」的呼聲中，白崇禧也遲遲未肯到華中剿總就新職。但開封之戰畢竟是一個關鍵，蔣總統離京督戰了，李品仙的位置安定了，白崇禧在「總體戰」的大纛下，六月二十五日到武漢去，而李宗仁在二十六日也在三部汽車送行之下重來北平。

故都眞是一個可依戀的地方，她對人是重厚道，眞樸實，西苑飛機場外在中午大大小小足停了二百多部汽車，負責官員從傳作義以下都到場恭迎。城內由警察臨時通知各家商店懸旗，中南海的週邊淸道夫正在烏烟瘴氣地掃街。李副總統夫婦一下機，首先被送上來歡迎的是他的小兒子，這是多麼週到，在飛機梯子上他看到那麼黑壓壓的一片，他們當眞感動了，於是高聲說「謝謝，不敢勞動」，又說「北平是我的第二故鄉，我眞感到愉快。」這種「盛況」與南京的冷落恰成爲最强烈的對照，這電報遍登在京滬各報，「冷落」是一種刺激「盛況」同樣也成爲一種刺激。

李副總統首先要結束行轅的人與事，那一團衞兵可以送到華中剿總，除了幹部以外，那下級僱員可以資遣，軍官可以轉調。在七月三日他舉行一個千人大酒會，與各方見面：滿臉始終掛着愉快的笑容。到了「七五」那四千東北籍學生大請願，又到了「七九」，他當眞在「萬人之上」來開腔來，發出了正義之聲。

「有職無權」

李副總統却在創造地位，創造歷史。他在「團結就是力量」聲中從居仁堂回來，面對着打了北平市參議會的東北學生代表們說：

「我對你們的事，本來很關心，已經給教育部打過電報，也和市長接過頭。你們忍耐一個時期，一定可以解決。至於參議會他們是民意機關，可以說話，政府採納不採納，也不能一定。你們砸他們的玻璃也不應該，不過這是出於一時的激奮，還可以原諒。我希望你們冷靜一點！不要犯孩子氣才好。」

這次請願的答覆，是在居仁堂裡會議決定的，第一，加强東北臨大臨中，使同時都有求學機會，第二，從自備特捐中撥借一部款項，給同學暫維持生活。至於要求北平市參議會正副議長到李副總統門前來道歉。李氏說「我沒有權力要求民意機關來道歉。」於是學生轉到東交民巷內許惠東議長公館，軍隊開槍便出了死傷三十七人的大慘案。

「七五」之後，遲遲沒有解決，就來了「七九」，萬餘學生又在軍警戒嚴中向李副總統請願了。歷史總是雜複的，而北平也是僅僅次於南京的政治中心，政治上的一列勾心鬪角不僅在南京，同樣也在北平存在。於是一方面是高舉着追悼輓聯，「廿年屈辱却盼祖國原是夢，兩月流離投奔內地喪殘生」；一方面是高呼「槍斃兇手傅作義」「反剿民！」學生代表要求李副總統以愛人類的心情來解決這個問題，李氏的答覆是：

「事實的眞象，我已經明瞭，我個人絕對同情學生，但因爲有職無權，不能給地方長官下命令，可是我願意以私人立場來協助同學解決善後，以及懲兇，如果地方當局不接受，我必可轉告中央。」

這時候「七五」行兇的裝甲車來了，學生們高喊，「撤退裝甲車，釋放被捕同學！」李副總統對此答道：

「我可以告訴治安當局調查，沒有證據的早日釋放，全市戒嚴了，我這兒不必要，我這兒不怕。」

裝甲車這一天因此離開了那條街道。但事實上，變象的裝甲車無日不在出動，「兩種生活方式不同，」於是從「七九」起，西郊的「人民組織剿匪」。西直門牆上寫着，「學生搗亂，人民沒飯」「向學生討血債」，「反學生屠殺人民」。十二日起城內外各學校都在戒嚴中。李副總統的態度也同時受到不同方向的「結論」。謠言更在流走。

到七月十三日大雨中，學生代表再度請願時，却由甘介侯代見了，他說：①懲兇的事，李副總統有職無權，必須成立一個委員會，包括剿總，警部，市府，東北籍立監委國代及學生；②副總統個人只能用私人關係說服當局，因爲當局說打傷同學的是民衆，③建議同學聯合教職員向政府抗議。

十四日李副總統門口加了警衛，學生請願代表從此就不能走近那紅漆大門。

「北方在變」

當第七號風球高懸之後，北平却並不再是一個避風港。水波激盪，縱橫羅列，雖然在同一個避風港內，對立的形勢已成，一個船上的也未必「同舟共濟」，不同船的也不免「幸災樂禍」，這就是胡適之所謂「不幸的事件」，也就是李石曾所謂必須要解除「誤會」，也更是傅作義總司令指出的，有「陰謀份子在挑撥」。

李副總統「有職無權」他成爲一切方面的對象，激烈一點的人雖然隨時提高自己的警覺性要求「勿墮入共匪的計中」，但也不免同意於舉行「恭送」大會，請李副總統早日返京。或派代表去進謁，「問一問總統給副總統的任務作完了沒有？是不是可以回去了，不回去在北方還要作什麼？」同時也又有人喊不要加入漩渦，我們不能由自己把自己的間隙擴大了。

舉國望北方，北方的政治屋脊是否在舊北平行轅所在地？李副總統在七月九日邀請各大學的教授們茶敘，在居仁堂內，他聽到了另一種意見。希望以「大事化小，小事化無」，善長的李氏多在北平住一個時候。當李氏「有職有權」的時候，北平學生沒有出過這種「超過五三及三一八的大血案」，這些教授們是否能造成一個小小的臨時避風港，給李氏以慰藉？

居仁堂內這一次的教授招待會也是像懷仁堂那次對各界的千人酒會一樣的有力量。淸華因校車被砸毀了來的人少。燕京有張東蓀，雷潔瓊，翁獨健及嚴景耀參加，北大有周炳琳，袁翰青，許德珩，費青等，華北學院有王之相，傅銅及王捷三等。這些教授們對閉封事件，對「七五」及「七九」對「北平在變」的謠言，都有發揮。有人說不要學作三一八的段祺瑞，那後果是大家結隊南去，國民革命成功，段祺瑞今天的力量何在？有人說不要亂帶帽子，「今天我們已不惜戴紅帽子，只怕戴綠帽子了，」又有人說，所謂「職業學生」是由「職業政治」而起，政治當職業作下去，於是怎能怪學生也成了職業？對於「北平在變」！有人說非變不可，有人說變已不自今日始，大家又說不變也不成？怎麼變？從那裡變，什麼人在變？這自然不是教授學者所觸及的，這些理想家理論家，他們只是手把望遠鏡在那裡檢查現實，或以顯微鏡，在那裡分析現實，這只是代表了一種意見，預告的蔣總統打算召邀的廬山談話會，也不外乎是同類的性質。

世界在變，中國在變，傅作義總司令對記者們說的對，這不是什麼改朝換代，而是「兩種生活方式的鬪爭」每個都要決定爲那一種「生活方式」來「服務」。於是知識份子的任務因此也更艱鉅了。

現實如何

對於現實的意見，李副總統對於外國記者公開了兩次，第一次是九日對聯合社記者稱，華北局面與三個月前沒有什麼改善，並未好轉，亦未惡化。華北剿匪總司令傅作義應向中央請撥新式兵器，今後三個月內料可獲得大批接濟。除非他處發生威脅，否則當局力能對付華北共匪。如果共匪佔領整個東北從而開至華北，或長江黃河間的共匪退入華北，則國軍實力似嫌不足。但政府將竭力保衛東北。或問是否將發行銀幣，李氏答稱：余僅見諸報端，主管當局並未表示有此計畫。李氏承認暫無平衡預算與穩定金融的希望。並稱：本人主張中國效法美國，採取兩黨制，五日北平學警衝突事件殊屬不幸，但不能完全歸咎於學生。

第二次是向合衆社記者說，中蘇間現存的一切協定如一九四五年的友好條約，關於大連旅順與中東鐵路的協定等，早已因蘇方的片面行動而失效。李副總統說，他個人的意見認爲，蘇聯無權要求中國遵守中蘇間任何協定的條款，就一九四五年的中蘇友好條約而言，更是如此。

魯西豫東大戰縱橫談

——濟南通訊——

丁汀

戰亂無止境，烽火遍天下。在各地血戰劇烈進行的情形之下，近來更有一個最大的戰鬪，就是魯西豫東之戰。這一個大戰，打了一個多月，雙方發動了百萬大軍，戰場綿延數百里，在這一個大戰裏，斷送了幾十萬生靈，毀滅了無數的財產，從六月初旬，一直到現在，才算是告一段落。

津浦中斷．濟南告急

這一次魯西豫東的大戰，發動在津浦路上。五月底，共軍在膠濟西段的七、九、十三三個縱隊，由淄博經萊蕪新泰南下，直撲泰安；津浦路以西的共軍新八縱隊崔子明部，亦由肥城平陰向東進攻。這兩股共軍的鉗形攻勢，在津浦路上廣泛的進攻。國軍因有淄博昌濰之敗，鑒於堅守據點，吃虧太大，在泰安的國軍，於戰事一起，就機動撤出，集中濟南。共軍以其第七縱隊，由泰安北攻，其他大舉南下，破汶口，佔泗水，陷曲阜，直迫兗州。津浦路以東費縣山區的共軍張光中部，亦配合作戰，於此時向西進犯，先後攻陷界河鄒縣。於是被視爲濟南生命線的津浦路，被共軍切的零零碎碎的寸斷了。

津浦中斷之後，濟南驚慌不已，一般人都認爲共軍切斷了津浦路，是進攻濟南的第一部行動。濟南軍事當局的看法，也是如此。自泰安撤守後，濟南局勢，立刻緊張起來，國軍積極備戰。共軍除由泰安向北進攻外，膠濟西段的共軍，也配合着向西前進，當時共軍的行動，眞有會攻濟南之勢，於是濟南告急，人心惶惶。

共軍渡河．魯西震驚

當共軍在津浦線上發動攻勢之時，原在魯西地區共軍的第十，十一兩縱隊，也開始行動，以配合津浦路上的攻勢，於六月初旬南下，以迅捷的行動，越過隴海線，陷夏邑，攻碭山，並分兵南向，在宿縣固鎮間切斷了津浦路徐浦段，向徐州外圍進攻。陳毅部等一、四、六、及兩廣等四個縱隊，也於此時由壽張渡黃河南犯，連陷鄄城，鄆城，嘉祥，鉅野等地，聲勢浩大，魯西地區，大爲震驚。國軍除派兵增防魯西外，並調兵馳援徐州，將越過隴海路的共軍分別擊退。共軍的十，十一兩縱隊退回魯西後，配合渡河之陳部，並與豫東劉伯承部，聯合在一起，向隴海路的商徐段各地進攻，國軍分頭堵擊，共軍步步後退，於六月五，六兩日，在荷澤、定陶、城武地區，發生激戰，共軍敗北，損失慘重，攻勢稍殺。

津浦線上的共軍，爲了配合魯西共軍的行動，於六月九日，向兗州汶上發動攻勢，展開激戰。國軍當局，鑒於魯西共軍兵力雄厚，局勢嚴重，迅派各路大軍馳援，由徐州沿隴海路向北進發，展開弧形攻勢，迫使陳劉兩部共軍，逐步北退。

荷澤定陶一帶戰事進行期間，兗州的攻防戰，也打的火熱。六月十日前後，共軍對兗州進攻益急，形勢嚴重，直至六月十五日，共軍發動豫東大戰，兵力大部調走，兗州之戰，才趨於沉寂，但沒有想到更慘烈的大戰，還在後面哩！

魯西會戰．化爲泡影

共軍第十，十一兩縱隊，越隴海路進犯徐州被擊退後，又回竄魯西，與陳毅渡河的四個縱隊會合在一起，徘徊於城武、定陶、嘉祥、鉅野一帶。國軍各路大軍，追踪趕至。雙方在魯西配備部署，醞釀大戰，於六月中旬，在金鄉、鉅野、城武地區，分別發生局部接觸。國軍鑒於共軍大部集中魯西，調集大軍，想來一個圍殲；共軍也作了應戰準備，雙方大軍雲集，看情形，似乎要來一個魯西大會戰。

國軍經過嚴密的部署後，完成了包圍圈，向共軍節節進逼。共軍不斷後退，避不與敵，因爲國軍兵力强大，如果硬打起來，就會吃虧的。共軍一貫的戰略，就是不打硬仗，專找便宜。

在國軍向共軍緊縮包圍圈之際，共軍一面後退，一面尋覓國軍的弱點。當時國軍兵力，大部調至魯西，豫東空虛，共軍看出了這一個弱點，於是突破了國軍的包圍圈，大舉南下，直撲開封。共軍南下之後，醞釀已久的魯西大會戰，也就化爲泡影。

豫東告警．開封失陷

魯西共軍，突破了國軍的包圍圈後，由城武定陶向西南流竄，與豫東杞縣陳留之共軍相呼應，攻擊開封。於是豫東繼魯西之後，也燃起了戰亂的烽火，至六月十七日，隴海線中牟被佔，開封失陷，鄭汴汴徐，聯繫中斷。十八日，共軍攻至開封城下，展開了慘烈的爭奪戰。

開封是河南省會，是豫東重鎮，該地之得失，關係重大。當共軍圍攻緊急之時，徐州剿匪總司令劉峙及蔣總統，曾先後飛臨上空巡視，可見國軍對該地之重視。

開封爭奪戰，至六月二十二日歷五晝夜，援軍未到，城已失陷，據說開封失陷後，國軍恐共軍搶掠物資，曾派空軍，猛烈轟炸，投彈二十餘噸，開封城一片火海。這一個古老的城市，先燬於砲火，後又慘遭轟炸，多少人民，多少財產，完全化爲灰燼！

直至六月二十五日，國軍東西兩路，收復隴封中牟，進駐開封之時，共軍早已遠揚。此時國軍收復的開封城，是瓦礫，是廢墟，已經不是以前的面目了。

杞睢決戰．共軍敗北

開封被攻，情勢危急之時，國軍各路調援。魯西國軍第五軍邱清泉部，奉命援汴。當邱部到達豫東睢縣杞縣一帶之時，開封已陷。共軍在開封搶掠物資完了之後，大部東竄，在杞睢黃泛區與國軍邱部相遇，共軍見國軍兵力不大，遂即運用「以大吃小」的一貫戰術，將第五軍予以包圍猛烈進攻，國軍堅强抵抗，發生激戰。自六月二十八日開始接觸，共軍賡續增加，至七月初旬，共軍集結於黃泛區參加進攻第五軍的，計有陳毅的一，三、四、五、八、十、十一及兩廣，快速等九個縱隊，劉伯承的一、二、三、六、十等五個縱隊，和陳賡的四、九兩縱隊，共有十六個縱隊，約三十萬之衆。國軍第五軍不足十萬人。經數日之血戰，國軍漸已不支，第五軍七十五師的一個旅，全軍覆沒，其他各部，亦傷亡慘重，情勢危殆。國軍當局，急令蘇北淮陰一帶黃百韜兵團的二十五師，和魯豫邊區第四綏靖區劉汝明的部隊，以及平漢路上第十八軍胡璉部等部，星夜馳援，將共軍予以反包圍。至時雙方會集於黃泛區的兵力，已達六七十萬人之衆，於是展開了主力決戰。這一個主力決戰，是數年來所未有的大戰，戰鬥之勝負，關係重大。如果國軍失敗，共軍便可以東取徐州，南下長江。如果共軍慘敗，黃河以南的局勢，便可趨於穩定。自六月二十八日大戰開始，雙方混戰，國軍空軍，發動了數百架，不分晝夜，飛臨助戰，蔣總統及徐州剿匪總司令劉峙副總司令杜聿明，迭經飛臨上空指揮督戰。共軍陳毅劉伯承陳賡朱德等，均臨前線指揮。血拚至七月六日，共軍傷亡慘重，陷於不利之態勢，於七月七日拂曉，開始崩潰逃竄。一股逃向東北，越隴海，入魯西；一股竄向西南，過平漢，入鄂北，國軍跟踪追擊。至此血拚歷九晝夜之豫東大會戰，始告結束。

黃泛區決戰告終，睢、杞、通許一帶，縱橫百里之原野上，屍骨遍野，一片血腥。國軍獲捷後，於七月八日，徐州剿總發表所得戰果．「斃傷匪一〇四，三一九人，俘匪八，二八八人，俘馬四二匹，鹵獲步槍五，八六一枝，輕機槍七，四一四挺，手槍一五枝，衝鋒槍三八四挺，擲彈筒五四門，各種大砲六十餘門，各種槍砲彈三億餘發。同時國防部亦發表國軍在此役中之傷亡與匪爲三與一之比。七月九日，徐州剿總對八日發表的豫東戰果，又來了一個更正，原文如次：「八日發表的豫東初步戰果，內載輕機槍『七，四一四』挺，係『三一四』挺之誤；各種『大砲』六十餘門，係各種『火砲』之誤；各種槍砲彈『三億』餘發，係『三萬』餘發之誤。至於眞實情形如何，目前尙無從獲悉。

兗州血戰．空前慘烈

豫東杞睢會戰，是一個最大的主力決戰，在這一個決戰進行期間，魯西也同時發生了一個慘烈的血戰，就是津浦路上的兗州之戰，兗州之戰，早在六月初旬，就已開始，從六月九日至十五日，曾經血拚過六晝夜之久。後來進攻兗州的共軍，配合陳毅渡河的部隊，流竄豫東，兗州之戰，一度沉寂。至開封失陷後，共軍除以大部兵力參加黃泛區會戰外，並另以一小部，偷越隴海，返回魯西，會同原在兗州周圍的共軍，向兗州再度圍攻，於六月二十五日，展開二次血戰。

兗州在軍事上，南可以屛蔽徐州，北可以控制濟南，形勢至爲重要。這一個戰略要地，共軍看清了國軍是必須要確保的，所以在豫東開始決戰的前幾日，就先向兗州圍攻，企圖引誘國軍調援兗州，他便可以在豫東「以大吃小」，吃掉第五軍。當兗州血戰展開之後，國軍於六月底從徐州派兵北上馳援，越過滕縣，攻克界河，指向鄒縣，共軍於此時遂即包圍了第五軍。國軍當局，鑒於豫東戰局，較兗州之戰，更屬重要，也看明白了共軍的進攻兗州，是「聲東擊西」之計，遂又不顧兗州之危急，將北上馳援的部隊，調援豫東，界河滕縣，相繼放棄。

援兗國軍他調後，兗州危急萬分，共軍猛烈進攻，企圖在最短期間內攻下兗州，然後再兵分兩路南下，一路沿津浦路進窺徐州，使豫東國軍有後顧之憂；一路由魯西南下，參加豫東會戰，攻擊國軍的側背。誰知兗州雖城小兵少，却一時打不下來。共軍自六月二十五日起，向兗州開始猛攻，晝夜不停，反復衝殺，先後不下三十五次，其戰況之慘烈，空前未有，共軍終於七月十四日突入城內，李玉堂將軍，已撤退至城外，與共軍對戰於城郊。

血戰月餘·互有勝負

魯西豫東大戰，打了一個多月。共軍用於這一個大戰的兵力，是陳毅的一、三、四、五、七、八、九、十、十一、十三及兩廣，快速等十二個縱隊，和劉伯承的一、二、三、六、十等五個縱隊，並有陳賡的四、九兩縱隊，合計約為二十個縱隊，不下三四十萬人。國軍的兵力，在豫東會戰的，為邱清泉，黃百韜，劉汝明三大兵團，並有胡璉的十八軍；在魯西和兗州的，為第四及第十兩綏區的部隊，總計也有十餘個軍，約為四五十萬人。雙方發動了百萬之衆，在黃河以南，津浦路以西，及隴海沿線的廣大地區裏，進行血戰，戰場綿延數百里，自六月初旬，到七月中旬，一共打了一個多月。這一場惡戰，最初都下了決心，要血拚一場，以决雌雄，可是結果是「雌」「雄」未分。由這場惡戰裏的歷次戰役觀之；六月初旬的魯西之戰，共軍吃了不少的小虧，但開封之役，却佔了大便宜；豫東杞雎的决戰，共軍慘敗了，但國軍也有相當的損失；至於兗州之戰，共軍雖然損失慘重，但兗州城已成廢墟，國軍之損失和傷亡，當然也不在少數。所以這一場惡戰，可以說是互有勝負。

魯西豫東的大戰，到現在雖已告一段落，但魯西地區，又在醞釀大戰了，看情形，還是要大打而特打。戰亂頻仍，烽火蔓延，在戰亂中，苦了人民。據說魯西豫東一帶，經過這次大戰後，一片廢墟，屍骨遍野，人民死的死，逃的逃，縱橫數百里的廣大地區裏，已經沒有人煙了。戰亂何日了？烽火何時熄？人民最感痛苦的戰亂，難道眞的要渺無止境嗎？可怕的烽火，難道還要蔓延嗎？

重慶扒手集體自首記

彭德漢

——重慶通訊——

如果把這次重慶二百多扒手集體自首的事實，當作怪事看，毋寧把它當作一個社會問題看。扒手們投監自首的最大的目的，是只想求得一份囚糧，而警局不能收容的最大理由，是沒法支付這筆囚糧，法院看守所也是同樣不收。從這裡，我們可以找出一面社會生活的鏡子來，我們可以看出人活着的最低要求來。現在，讓筆者來把這件事實，作一個詳細的報導吧！

扒手們集體自首的日期是六月初旬，還是米潮發生的前幾天。物價已漸漸形成直線上漲的趨勢，米、油、鹽等和人們生活有直接關係的物品—所謂「開門七件事」，都在作着競漲賽跑。這時，敏感的窮人們，早已感到無法活下去了，就連作無本生意的扒手們，也感到沒法生活；有的是無物可扒，即使扒到，也許不够一天三餐。說得坦白一點，扒手最大的願望，也就是憑着一雙妙手，來養活一張嘴巴。雖然明知是種危險的事情，但為了要活，也只有冒着危險活下去。

就這樣，扒手們生活在車上，船上，馬路上，作着隨時隨地都犯法的勾當，在危險的生活中打發了過去的年月。說實話，扒手們也是在跟擺在面前的生活搏鬪，儘管搏鬪的方式不同，目的却只是為了活。可是，在目前，一切生活的搏鬪，都遭受了打擊和阻礙，扒手自然也不例外。

早就聽見有人談過：「如今的年月，連扒手也不容易活下去了」。筆者雖不懷疑，也不相信，一直到六日初旬，扒手們活不下去的事實，的的確確是表現了出來。

是六月初旬的一個沒有陽光的早晨，警局換早班的衛警，剛剛換班。警局旁邊賣早市的油條攤也擺了出來，可是吃的人簡直就沒有。在平常，只要生活低一點，日子好一點，油條攤上是擠滿了人的。在這靜靜的街上，突然響起了一個很急的脚步聲，從警局左邊的路上穿了出來，人數大約將近兩百，老的、小的、學生服的，便衣的，甚至有的也穿着不能見人的西裝。一點聲音都沒有，只是匆匆的走，一直擠到警局的大門前。看樣子，想往裡面走。守衛的警士，神情也頗為慌張，仍舊端起槍，放大聲音說：「喂！你們幹什麼」！

「我們要見局長」，這是一聲很響的異口同聲的回答。

「見局長！見局長幹什麼」？警士的聲音更嚴厲起來，「你們是幹啥子的」？

「我們」！人叢中有一個三十多歲的中年人回答，聲音却較遲緩，最後，終於很快的說出來，「我們都是扒手」。我們要飯吃」！

「扒手！扒手見局長」，那兩個站崗的警士，幾乎不相信自己的耳朵，可是眼面前，却擺着鐵一樣的事實。「扒手要見警察局長，而且還問局長要飯吃」，這兩個警士都覺得好笑。

這時，連那個擺油條攤子的老頭，也趕快由攤子旁走來看熱鬧，街上幾個稀稀落落的行人，也被這事給留了下來，想看個究竟。

警局裡面，終於走出了好些人來，警局外面這二百多扒手，也在嘈雜的亂叫：「我們要見局長；我們要飯吃」，「局長啥子不出來啊？我們是來請求坐監的」。「進去啊！進去啊！管他啥子」！

「不要鬧！不要鬧」！出來了更多的警察，槍上都上了刺刀，一個帶隊的警官，在高聲叫；「你們有啥事情要報告，推幾個代表同我進去」。

「推代表」，扒手們都感到很意外，他們遲疑了一陣，終於推出了六個代表—三個老年人，三個年青人。

扒手代表們同警官進去了，門外面頓時就嘈雜的相互說起話來，賣油條的老頭子，在和兩個廿歲左右年青的扒手談：「你們到警察局來不怕坐監」！「坐監：我們就是要坐監，坐監有飯吃」！「你們難道沒飯吃嗎」？「沒飯吃，一個月總要餓個十天八天」。「你們不是扒得到很多東西嗎」？「扒東西！如今扒東西都艱難，有時候，三天兩天都扒不到，有時候，扒來的東西不够維持兩天的伙食，甚於賣出去都沒人要，至於想扒錢，那更難，因為現在差不多都不大帶錢，有也是很少的一部份」。

「唉！日子難，那一行都是一樣」，賣油條的老頭子，回到油條攤子上去了。這時候，油條攤子上已經來了兩三個顧客。

那幾個扒手代表，正在警局裡面等，他們已經見過了刑警處的一個科長，而這個科長，却還要請示局長。照理說，扒手是犯法的，觸犯警章的。扒手入監是應該的，天經地義的。不要說是他們自己來自首，就是不來自首，警局也要去設法逮捕他們，為了社會秩序，為了執行警章。可是，這次扒手集體自首，請求入監，却反而等於給了警局一個大難題，警局的中級以上幹部，都在為這難題發愁。

局長室裡聚集了好幾個高級幹部，首先由接見扒手代表的刑警處的那位科長，詳細的轉述着二百多扒手自首入監的要求，他們只希望監所裡有飯吃。看起來這是一個最簡單的要求，而且是一種合理的處置。可是，在座的人都不作聲，沒有一個敢贊同，問題是什麼呢？是經費，二百多人的伙食費用，向那兒設法，而且看守所也許還容納不下。最後，還是由一位中年的祕書，打破了這沉默，他建議把這批扒手，解到地方法院去，請法院收容。公文寫了，印蓋了，專差送到地方法院去，可是結果呢？法院把公事給原封退了回來，理由是「人數太多，無法收容」，實際上法院也的確供不起。這一下子可把警局給難倒了，說不准扒手自首入監吧！說不過去，犯法的人自己送上門來都不辦，那麼對於以後的執法，實在是一種諷刺。准吧！事實上辦不到，在各機關經費不夠的今天，向那兒去找這筆開支。

一直就這樣的拖延了三個鐘頭，警局門外的扒手的聲音，越來越大。

「我們犯了法，自己來坐監都不成，啥子道理」。「我們只要有飯吃」。「出來啊！出來啊，啥子事信都不回一回啊！」

馬路上的人漸漸多了起來，都是來看「扒手自首投監」的，「什麼？扒兒手」，有些人頗感驚奇的問他們的同伴。他們好像非常奇怪扒手敢到警局門口來，直到他們知道了扒手的目的後，這驚奇是不會減的。

扒手們彷彿忘記了自己的職業，像一班沒有飯吃的人一樣，他們在向路人訴着苦，訴着過去的罪惡的原因，訴着今天他們的目的。的確，在講到悲哀的遭遇時，竟使人眞的會同情他們，會覺得過去錯誤的造成，並不是由他們自己的罪惡。

在這一大批扒手裡，甚至於有的在爲他們自己的生活而流淚，他們說：「先生？我那裡願當扒手啊」！這聲調是那樣悽慘。

六個扒手代表從警局裡面出來了，另外是警局的幾個中級警官，六個扒手代表的臉上都是沉沉的，沒有一點高興的面容。走到扒手的行列裡。

「怎樣？怎樣？」人聲急促的問他們。

一個身子較長的警官，站了出來，站在警局門口的石階上，對着這群扒手說；「局長要我告訴大家，他是非常同情犯法的窮人的，同時局長也最肯原諒沒奈何才犯法的人的，所以今天局長說，對於大家，願意以最大的同情心，來寬恕各位，也就是不願拘留各位到看守所去，不過希望各位今後都能夠改過，不再作這種犯法的扒手。」

「不啊！不啊！我們要坐監，我們要吃飯」，人叢裡的聲音，越嘈雜，越響。

「狗肏的，雜種，還硬要坐監」。有一兩個警士在這樣說，可是大部份的警士，却都默默無言。在這樣僵持的場面下，警官發命令了！「喂！把他們趕走」。上百的武裝警士，聚集攏來，用武力把這批扒手趕走。

被趕的扒手群中，有人哀怨的叫着：「我們要做好人，你們硬要我們做壞人，我們不做扒手，你們硬要我們再去做扒手」

大隊的武力，終於把這批扒手趕散了！一套官冕堂皇的話，算是警察局的退堂鼓。就這樣，扒手集體自首的事，有了一個滑稽的結束。你能認爲這是戲劇式的結尾嗎！告訴你，這正是社會暗影的前奏呢！

七月八日

美援夢

——台北通訊——

法珠

台灣的汽車，六月底又表演了二次陣容，檢查汽車的不是中央的大員而是一個美國雜誌的副經理，文武百官恭迎恭送如儀的，不是有政治力量的人物，而是擁有六千萬美金的史蒂爾曼調查團。

六月二十七，專機帶着史蒂爾曼到了屏東，先一天，迎接的人員們都由台北趕了去。一路視察，二十九日下午，這一群到了台北。汽車們早已排好陣式等好了，比調查團多了幾倍的陪伴人員，一下車便談這幾天眞累了。並說美國人這幾天連洗換衣服的時間都沒有，這敬惜之餘，好多嘆了一口氣，怕把史蒂爾曼累壞了。

可是這個中等身材的中年人，兩眼老向上翻作吊白眼的史蒂爾曼，據說還很高興。大概這位魯斯手下的「時代」「生活」一副經理，還是第一次開洋葷。就歡迎的熱烈程度講，比他的大老板魯斯來華時，有過之無不及，十二天的旅行中，專機專車，小心周到的招待，夠他開心了。有的大員，還老早打電報來，指示應該怎樣準備酒飯。

對台灣，這位洋大人沒說什麼，倒是陪他的大員們對外宣稱：十二天的旅行，台灣佔了四天，可見他對台灣的興趣。

他們這一群在台灣，看了糖廠，鋁廠，電廠，鐵路，肥料廠，船廠，港口……當然也洗了溫泉浴，看了硫磺水的品質。各機關老早便準備了什麼三年，五年復興建設，開工設廠的計劃，並由英文高明的翻譯解說了幾遍。據說，史蒂爾曼却未置可否，頂多不過點點頭，把計劃草稿放在皮包裡。

人們也原諒了他，說，他只是來看看的，准不准，多與少，還由美國決定哩！

可是這看看的，便忙壞人了。各地方直接派出官員伺候他們的，都是多出調查團幾倍的人數，一路上據說一個總經理之流的人才，看管行李皮包，鐵路局長親自指揮車上的車僮倒茶開飯。

有人作了一個估計，十二天中，吃，住，專車費，專機費，汽車迎送的汽車費，動員精幹人員伺候費，動員高明外文人才趕製報告費，便有幾百萬美金，再加上史蒂爾曼在華研究及整理資料時間（據說留在八月裡）的招待費，怕也近一千萬美金了。

而那六千萬美金的建設專款呢？（注意，這是貸款，還有利息，將來還得還的），可不曉得那一年才能到手。一個忙了幾天的招待大員說「讓我們先援美吧！」

六千萬的分配方法，誰也不知道，因爲遠在美國的哈夫曼，還沒看到報告，更沒動腦筋哩！不過有幾個地方可以得到美援是一定了，如粵漢路，浙贛路，鐵路沿線湖南，江西的煤礦，上海聯合電力公司，台灣的糖，鐵路，電力，肥料等。

可是假如錢到了手，機器那時能來還是一個問題。而且是最大的問題，電機方面，據說美國西屋電氣公司的訂貨已到了二年後，據上海聯合電力公司的自已計劃，要發電也得到拿到美金後四年到五年。鐵路器材，零星小件也許也買到一點，可是大東西，如機車等也得二三年後，台灣的電機是水電機，計劃向日本買，美國也答應，然而日本現在就根本沒有賣的也得訂貨。賠償計劃中，水電根本不能拆。總之，凡是機器等類都得二年後，可是二年後中國是什麼局面？誰都不會肯定和今天一樣吧！這樣說來，豈不只是把借來的美金，交給美國工廠維持了美國工業及美國工人而已

在正面文章的側面花絮中，據說史蒂爾曼這一行，問到爲什麼中國的大企業十九是國營省營，是否有社會主義之嫌？私人企業中有什麼是値得援助的？據說水利公司是被官方作了標本，說美援到後水利也有份，其他私人企業能否受援助便不得而知了。

有人說，魯斯在美國很有力量，這位魯斯的夥計，一定是代表魯斯來的，招待好了，不但美援有關，美國輿論也有關。而且，說不定今秋共和黨會上台，先下一着棋也是好的。

美援到底如何，有些人只好夢中先想了，反正本月卅日史蒂爾曼一行又坐了二架專機走了，聽說在南京或在一個清靜的地方研究整理一番，再在七月底飛美報告。十二天的江南一隅旅行是完畢了，至於北方，據說史等有意在七月初北上，看看開灤的前途，可是官方又怕那地方打仗，所以去與不去尚不一定。

許多人處在美援夢中。宅也許是一個惡夢，夢境裡，他們也許會見到二年後的現象吧！

（六月卅日）

——更正——

本刊一卷十期短評，「英國消滅貧窮的新努力」一文，第二十行「在別的許多國家中」句，係手民誤植．應移在第二十二行「一個人遇到這一類的危機」句之上。特此更正。

文藝

皈依的時代

沱水

東陽鎭在滹沱河北岸，住戶約千餘，街上商店頗稱繁榮，這千餘戶人家中，百分之七十是莊稼人，其餘就是老百姓所稱的財主，鄉紳官宦，商人，念書人，雖有五種名分，其實是一種人，即閒人。抗戰勝利後，國軍把地方收復，一般優越人家，在生活中過得極其單調而平凡，於是想有一種信仰，一種宗教來灌溉心靈。因此紛紛教義空氣，就流向這空虛境域，比如一貫道，密密教，拜火教　而最能掌握人心的，不能不讓給紳士們說的無所不包的佛教。

鄉紳趙二爺，抗戰期間，曾率全家逃陝西，過四川，後來才在陝西北部的一座美麗縣城棲息下來。

民國三十三年，他妻子爲次子銘夫婚姻問題，冒千險萬險，回到淪陷區的東陽鎭。這位老太太年紀已五十過了頭，信了三十年佛，近年家道隨外部環境演變，內部兩個兒子的不爭氣，心裡異常痛苦。由是宗教信念益堅，常希望由此在佛爺保佑下挽回家運的衰落。

東陽鎭西北，有許多小山綿亘，其中最小的像個饅頭，土名饅頭山。山前從北流經一泓清水，澄澈見底，底多是雜石墊鋪。宅將這滿身叢草呈暗綠色小山，襯托得格外幽靜。半山腰有兩排石洞，共有十餘孔。據說是前幾十年有個實際是鄉中强霸而自詡爲念書明理人的，將地方佔爲私有，建築了這些石洞，想辦一個圖書館。後來沒有成功，一直荒蕪着。勝利和平後不知何處悄悄來了個和尙，晚上人們突然看見閃爍在半山腰裡的燈光，就疑鬼疑神地相互傳傳說說。小市民層既有了那個宗教信仰底子，燈光一出現，使許多信佛的人都着了迷。

不到幾天，趙老太太就成爲唯一施主，金錢，食粮，傢具，都毫不吝惜地給這光頭和尙上了布施。這個自稱爲五台山顯通寺的『野禿』，見濤張爲幻已收了功，暗地不知心裡笑過多少回。其次許多善心老太婆，也陸續跟這『大法師』學習佛法，尋好積德，死後可各坐一桌面大蓮花升往西方極樂世界，兒孫在村子裡也還可以光耀得多。

所謂「遠來和尙會念經」，實在够形容這『大法師』了。

有一天，趙老太太擇下了良辰吉日，雇人把五間正廳收拾乾淨，安置起一座法堂來，四壁掛滿『西方極樂世界圖』，「四大菩薩像」，「十層地獄圖」等等彩色挂幅。中間方桌壘方桌，上面更放一太師椅子，作爲『大法師的』法座。還照老規矩男左女右，左面放幾排男位子，右面是女位子。大法師到時出了場，是一位紅光滿面，禿頂而發毫光的老和尙，穿一件乾淨利落的法服，手持法魚經卷，顫巍巍地而又極熟練地經男子們一幫助，臃腫的身體就高高的坐在椅子上了。

趙老太太上了香，念了經咒，然後叫左右男女，排起隊來，拈着香，由她領頭，繞着高桌轉起圈兒來。大法師開始敲木魚，念經，聲音莊嚴而宏亮，全室鎭靜莊肅。一對將要受戒的男女，踱着緩慢步伐，十分虔誠似地將眼睛微微合攏，僅能看見前面的人肩領。男子們面上有些却不免露出一種勉强的或輕蔑神色。不是信仰有問題，倒爲的是年輕婦女的脂粉氣和香味，鮮艷的初夏裝和法衣。這樣團團轉到大法師把經念完，男女信士各自昏頭昏腦各歸本位。趙老太太叫一家人，忙着給法師遞上一杯蓋碗茶，還照新辦法送上一盒香烟，大法師起初還不願吸煙，到後經趙老太太一向衆人解說，聽報上說過，太虛法師和什麼主教都吸香烟，做出却情不過的神氣把香烟燃起，問題就解決了。男子們多用象牙管吸煙，牌號都極硬，因爲這個並不代表內行，却代表身分。女子們多飲茶。室內這時稍爲空氣緩和一點，大家都爲得到了解放，竊竊私語，不讓大法師聽見，女人群中談些什麼話呢？最有興致的應當是玩紙牌，但這時節她們大多數却都在互相徵詢對方皈依受戒意見或目的。

「妳爲啥要來這裡？」

「妳還不知道嗎？唉！我受不下我那翁婆老瘋子氣，他（丈夫）又軟得替咱作不了主。沒辦法！這是咱前世的孽，粘上手的膏藥，甩不去。這輩子好好修行，到來世轉個好運。妳呢？」

「我嗎？同妳受得氣差不多，咱那個人反的那年（抗戰初）出去，走了八九年講和簽了字也沒回來。我就死心塌地磕頭燒香。薩菩保佑，」再不能往下說了，對方若細心，一定看見她臉紅了。

「唉！年青青地就走上歹運，也不知是『年向』不好，還是自己底「命」，男人在勝利後的戰場上死去，連根頭髮也沒有人檢回來！唉！什麼都看穿了，只有這條路！」

「妳可說吧！咱那人也遠得很，聽說在什麼南京呀！上海呀！人家生意好，洋樓汽車，還有個狐狸精！報上說的交際花，按磨女，哼！早把咱結髮夫婦同床恩義一古腦子忘了！　唉！」

「咳！那那頭死毛驢，又笨又傻，連莊稼也幹不好，纏在我身邊，丢盡了人。我、不能跟他過！沒法子，小時父母把我許了佛。」這時她會委屈地眼角發紅，嘴角抽動。

男的又另是一套說法．

「世界變壞了，什麼事都不說一個理字。我受了許多刺激，都是這一張嘴。在世上混了這麼多年，尤其是這八九年內，作了許多　不名譽事情，人家從重慶回來的都趕咱叫漢奸，還有人要檢舉。這里那里都要錢。我那有那麼多錢！其實呢？當初也是爲了鎭上人的好處。早知如此，四脚爬的狗才幹宅！咱一文沒撈下，家裡啃粗粮，背個惡名！咱雖是莊戶出身，可也懂得這個君子小人道理。人不知道天知道，咳！人要有信仰，我信佛，信佛還能免咱點罪過。」

「我嗎？縣城當小伙計，後來也是許多不利，有一次咬住牙想跑到五台山當小禿子，又覺太苦，不如混個信佛的名叫人知道咱的心眼兒還不全是黑的！」

「你們先別說，看那夥婦女裡頭，那個身子窈窕，面子漂亮的姑娘，怎麼也來這裡混？」說這話的人故意放低聲音，同時指手劃脚地解釋。

「你們把耳朵豎着，那是什麼姑娘哪！早不是姑娘啦！」一個人用鼻音輕哼着，說完鼻子蠕動一下。

趙老太太和老一點的婦女，都大聲談着討論着法事中最重要的部分：「法師休息一會，受戒的磕够了一百二十八個頭，求佛許可。神珓翻了個順，到時用香火頭在臂上燙三個點子，一定要誠心，心誠誠地就受佛保佑，一點不痛。」

大法師徐睜雙目，對左右善男信女巡視一遍，然後兩手一舉，『善哉善哉！南無阿彌陀佛，保佑衆生，有佛在此，有我代表，一點弗痛。」

女的信心在法師面前大都十分堅强，每人點起一炷香，右手拿着，準備向左臂上燙。這時節，她們中的一個挺年青的毫不躊躇地將要把那支香和皮膚接觸，却被大法師一眼瞥見，吼了一聲，忙將右手縮回去。要心「我要警告各位善士，這是大事情，不息誠，心誠就不痛，痛者歎念阿彌陀佛人果口，佛會保佑！善哉」！這聯女鼻音然皮誠之至，緊跛眉頭，緊咬牙關，的大中隱隱可闊：「阿彌陀佛」之辟。男接觸都懂得這是什麼把戲，只輕輕在臂上儀心一下，急忙把袖子挽下來。爲這種法，或裡都有點好笑，面孔却裝得十分寧靜注意故意高聲念一句阿彌陀佛。引起他人

這時趙老太太的二兒子銘夫，忽然出現在窗外。他用一種貪婪的眼光透過玻璃窗，凝視着年青的婦女們。幾個窈窕淑女白臉長眉所迷惑，本能地衝動使他傻笑出來！「哈哈，好多觀音菩薩！眞是龍華大會，好了那個騙子大毛驢！」善哉！大法師在法座上却又發言：「善哉！外面有誠心人請進來！佛法正大光明！呵！是二少爺媽？二少爺是天光童子轉世，快請進來！阿彌陀佛！」銘夫有點恒恨，旣想進去，卻怕年青女人看見自已老生子的屛弱身體和醜陋面孔。又不想走開，這些活觀音實在使他有點飄飄然。尤其其中一個姑娘，個子瘦瘦的，和戲合文明且一樣，更使他迷戀以至於混身發抖。最後終於不好意思，懈爐地走回另一屋中去。發出許多不淸晰的牢騷：「這成啥玩意兒？母親娘，你是做那樣，這年頭還迷信拜佛求仙，仙在那里！一面說一面却盯住一個信女，心中想：漂亮，漂亮，誰家姑娘？唉，要是事變前，伯父當省主省，還成問題？現在！唉那老野禿子！眞他媽我父親不在，娘又喝了他媽迷魂湯」突然的他哥哥權夫由後院裡間匆匆走出，手中提了一個包袱，神色顯慌張，正想趁空蹦出去。這時節，躺在[illegible]上的銘夫，從窗格聞望見，警覺坐把[illegible]跳下地跑出去，一把就拉住了他。[illegible]「哥哥，你又幹白[illegible]去嗎」？對方又急又怒！「傻小子，[illegible]豆子大事也用你管」！又不是明火持杖殺人放火，你做你的事去！」「好！不用我管！我叫娘管！反正今天我不叫你出去！」「我就偏要走。你管不着。」攏夫用力掙扎，想衝出去，一支手總差點勁。弟弟把身子梗着抵擋，大聲呼喊！娘！娘！看你大小子又偸東西出去！｜抽｜白｜麵｜哪。」哥哥情急生智，抽蓬轉柁：「好小子，你放了我吧！給你捎回一大盒紙煙。」銘夫稍緩和！「什麼牌子的吧」？「

前門」！「誰哄人誰是孫子！「狗才哄你！一銘夫身子只稍稍一讓，那哥哥就抓緊包袱，從夾道窗下溜了。剛把大門關上，弟弟覺得受了騙，回來趕快追出大門，那位難兄已不見了。一氣衝進法堂，堂內善男信女正跪成一片，充滿着朗誦金剛經的聲音，突被他的銜撞驟然停止。全室人都爲之一驚，大瞪着眼看這二少爺的怪態。

「你們這些人做什麼，做什麼！就會忿昊經！你權夫又擰了鎖，把你大箱里東西拿出去抽金釦經，銀缸經，家里都有一本經可不念。娘，娘，白麵啦」！「什麼東西？」母親面色大變，口哆哆的走到他跟前！「我揣見像包的佛爺！還有那個舍利皮衣服」！他已稍爲安靜一點。「咳！天哪！他不怕爺爺價｜｜，造逆！敗家精。」「他見你花錢開這臭會（二字特高），讓那老狗（特指法座上和尙）得好處，氣不過，要花大家花，不然也捨不得弄走那尊銀佛爺！一個老太太只軸搢着！一羣婦女把她扶倒，脩子上去，口中喃喃赤怨．「你們看看你們看，我多命苦！老先生遠在陝西，，叫不見兩個忤逆，眼不見爲淨，你們看，大我怎要念佛，怎麼對得起如來三寶！那嗤銀佛也丢了（男人夥中發出壓住大笑的眼嗤之辭，女的大都各憶自已往事，陪着還角發發，法師却正襟危坐，有如石像，亂彷佛悲天憫人神氣，其實心中也已經很苦，只哼着：「善哉善哉，阿彌陀佛，救着救離！」却不敢正眼望銘夫，心中倒有「入地獄能，小鬼！」！嘿銘夫在這時却傻笑着：「快散了會吧嘿！」大法師離還沉得住氣，這一夥男女信徒已有點不安了。尤其是幾個女人，都認爲這樣一個莊嚴日子裡的莊嚴佛會，遇上這家庭糾紛非當不吉利。年輕婦女打扮得光光鮮鮮，在會上怪有意思，面上都開始發了燒，兩頰淨起紅雲；有得相反，又十分嚇怕，怕罵到頭上，急得臉白。男的知道這人家情形的，就比較看得輕鬆一點，他們對念佛本來就抱有遊戲態度，對趙老太太更取一種幸災樂禍的心理。他們一面雖着惱這事近於煞風景，然而看到這二少爺傻氣處却也十分有趣。

老太太抽抽咽咽遏住了傷感，理智地意識到體面問題，不得不咬住牙，把銘夫哄到另一屋中去。銘夫頭童本性巳滿足，也就聽話，馴馴服服的，他撿着跟母親說起利害和哥的事。

法堂內去了主人，自然就亂了一點，議論紛紛！

「你說，這小寶貝有點二百五沒有」

「他念過洋學堂，到過陝西四川，什麼長安成都，全到過，可沒念下一點涵養！」

「阿彌陀佛！善哉善哉！救苦救難！這是前世冤孽！」大法師還泰然地唸着，想把自己狼狽掩住。

「你們那知道呢？他是要想｜｜一害單相思，辦不到，就」

「呵，第一個不是他離了人家？」

「誰說？人家嫌他又傻又醜又無能？」

「哈！哈」！全室一陣哄笑，大法師下意識地瞅了那些粉紅的面孔幾眼，趕快合攏，低低念佛。

「可是那個女學生還生下個孩子，一生下就死了！」

「怎麼死的？」

「誰知道？反正活下來就是麻煩！」

「阿彌陀佛！」

另一屋中，趙老太太一面訓子一面抽泣：「你大了！廿幾歲的人啦！我該怎麼管你？你的心事，我全｜知道，｜做娘的就是｜捉｜摸｜兒｜女｜們｜底｜心。你你不要着急，慢｜慢來，你要｜｜知道，我這開會信佛，也｜有點意思！爲得是相一個好姑娘。你當面｜出醜，露了餡子，人家還能看看重你？你爹依使你伯父勢力，很不會爲人，在地方上種下惡因，我天天忙着，施粥散米，就是替他雪罪積德。這也全是爲你們兄弟呀！你哥是個畫花尿泡，一包騷，再也指望不上了！那尊佛爺！左右也飛不到鎮子外面去！你趕決去打聽打聽，在誰家烟館子裡　我答應」

老太太把眼淚抹淨，顫巍巍地重回法堂，鎮靜了滿堂人心！隨着木魚一敲，跟着悠揚地念起「往生咒」來，這個衆生群就又一齊向西天進發了。

一年以後，東陽鎮起了變化，趙老太太一家和許多信佛的人，都跑到一個大城市去了！

饅頭山上依然十分幽靜，惟晚上巴再也看不到半山腰裡的燈，更顯得沈默而優美。山前面那一泓淸水，緩緩地流，流向泥濁濁的咆哮的長遠的濤沱河。

舊的皈依的時代完結了，村子里剩下一片沉默。和尙因騙財好色，被年青學生趕走的故事，也爲本鎮上人忘記了。

新路周刊

編行者：中國社會經濟研究會
編輯部：電話四局〇八五九號
電報掛號：三九六〇
經理部：電話四局〇六九三號
北平東直門大街九十八號
上海辦事處：
電話四二二五五｜五一
上海黃浦路十七號五一室
代售處：全國各大書局

訂銷辦法：

一、本刊歡迎直接定閱八折優待在定閱期間不受中途刊費加價之影響郵資漲價酌扣書刊期滿前另函通知
二、本刊零售暫定每冊十萬元
預定三個月照價八折加郵費如下表：

（三個月）

平寄	一百萬元
掛號	一百十二萬元
航平	一百八十萬元
航掛	一百九十二萬元
國外	半年美金四元

三、外埠批銷每期至少在十份以上照價七折郵包費外加一律存款
發貨特約總經售辦法另議
四、學生集體訂閱特定優待辦法預定三個月每期在十份以上者七五折二十份以上者七折
五、寄遞方法請來函說明舊戶續定或有查詢事項務請註明戶號
六、本刊每逢星期六在上海北平兩地同時出版凡華北區定戶請向北平本刊經理部洽定其他各區請向本刊上海辦事處洽定

本期定價十萬元

內政部登記證京警平字第二三四號
中華郵政登記認爲第一類新聞紙類

新路

周刊

第一卷 第二十期

CASER THE NEW ROAD

中國社會經濟研究會發行

民國三十七年七月三十一日出版

短評

又是一批大額關金券

「某月漲風」早已成爲一個不合時宜的名詞了。現在物價不是在某幾月漲，在某幾月保持平穩，而是無月不漲，無週不漲。照此現勢發展下去，很快就會變成無日不漲，無時｜一小時｜不漲！

法幣已經不是市場的價值標準。大都市裡講金條美鈔，鄉間講穀麥實物，收入用法幣計算的，也沒法按照生活費指數計算收入。法幣一到手，唯恐不立時用完。人民對於法幣之信心，可以說是喪失殆盡，而在這時，負責人卻又宣佈發行大額關金券，票面分爲一萬，二萬，五萬及二十五萬四種，折合成法幣，最高票面爲五百萬元！

經過了幾年教訓，人民的心理非常敏感。新紙幣尚未大量到市場，物價已先作預防式的上漲。故除非強制購買，印行法幣能夠買得到的東西，一定是愈來愈少；買得到的實物愈來愈少，紙幣發行便愈迫切。在如此惡性循環之下，法幣要垮，政府機構也要動搖，｜眞到粗糧也吃不飽的時候，誰肯餓着肚子做事。

一架機器經過十年以上的不停使用，也要陳舊不堪再用。這個彌補財政赤字的主要手段｜通貨膨脹，也已經用了十年以上了。在此即將不堪再用的時候，發行大額鈔券，豈不要變成法幣之最後催命符？

以後怎麼辦呢？一般人想到幣制改革。看起來，政府似乎也在準備這手。但是改革以後又怎樣？有辦法使財政收支平衡嗎？如果仍不平衡，豈非又重蹈法幣覆轍？

內戰不停，現在籌措戰費的辦法不變，物價便不能不漲，這是常識。要物價不太上漲，祗有兩條路：（一）停戰、（二）改變籌措戰費的辦法，｜｜讓有錢人出錢。何以如此淺顯的道理，政府不肯承認？不肯徹底實行？（梅）

俞鴻鈞總裁言不由衷

中央銀行「呈奉」行政院核准，自七月十九日起，增發面額大至二十五萬元的關金券，中央銀行總裁俞鴻鈞氏並爲此宣稱：「政府對於收縮通貨，平抑物價已有通盤的籌劃。此次發行較大面額的鈔票，純爲便利人民，應付事實需要；僅將鈔票面額提高，並非增加發行數量，所以不應該影響物價。倘投機分子藉此散佈謠言，企圖擾亂金融市場，定當依法嚴究」。「告示」式的說話多半是「不誠無物」；若在總裁的「嚴究」兩字下再加上「不貸」兩字，那就更夠味了！

本來，就目下國內物價而言，平均已達戰前物價的三百萬倍。這次所發行的大鈔實值僅等於戰前的七分角票，一角七分角票，三角四分角票，和一元七角的鈔票而已。轉瞬之間，物價必然繼續高漲，所謂大鈔的實值，比這所列舉的還要低微；若論各種經濟活動在事實上的需要，自然還不能滿足。戰前在市面流通的鈔票有票面值五元和十元的，相形之下，那些才得稱爲「大鈔」，但是物價卻相當穩定。可見大鈔與物價波動如有關係，那也只是心理的。所以，俞氏的聲明中只有「應付事實需要」一句還是眞話。誰不承認「較爲便利」？其餘作爲聲明的各種話，原不值得一駁，姑爲尊重國家體制，也在此提一提。

第一，政府何嘗有收縮通貨平抑物價的籌劃？物價上漲不自今日始，勝利後如果不支出大量的內戰軍費，並有效的平衡財政收支，物價如何會漲到三百萬倍的程度？第二，「僅將鈔票面額提高，並非增加發行」，這句話只有在物價穩定，貨幣流通數量固定，爲了便利，以大鈔收兌小鈔的情形下，才有意義。事實上，不印大鈔依舊在增加發行；印了大鈔，不過發行的張數可以略微減少些，印費比較經濟而已。所印的大鈔如僅用以收兌小鈔，那麼財政預算的赤字又將如何彌補？第三「擾亂金融，刺激物價」主要由於搶購。試問大量搶購米，麵，棉紗，黃金，美鈔者是持零星舊鈔的小民，還是用成箱新鈔的特權人物？如能「依法」，早已「嚴究」，何待至今日？

此外，既發大鈔，就直接發行以國幣元爲單位的「五百萬法幣」大鈔好了，又何必逃避支付標準而以關金單位出現！難道想借重「大單位小數額」，以自欺欺人嗎？總之，爲政者最怕「言不由衷」。物價漲風如此，勢即將屆經濟崩潰的邊緣；大鈔發行事小，治本淸源的事大，政治如果沒有改革辦法，只作叫人讀了冷笑一聲的紙上文章，又何補於實際？（辰）

秘密會議·欺蒙·迫害

多少年來中國政治圈裡有個壞習慣，宅是：文書或會議，一涉及軍事或財政，便說要秘密。實則只是形式上秘密，實質上並不秘密或根本並沒有什秘密可言。因此誰都不給此「秘密」一詞以宅的字面的意義。近來，在行憲之後，這「秘密」的功用却發揮得大了。不但拿宅來虎人民欺蒙人民，並且用宅來做迫害人民的工具！這里說的是立法委員在中原戰事失利中鬧查究洩露秘密，終讓行政機關將一家報紙停刊這段故事。

開封失陷後，立法院開了一個秘密會議，檢討中原戰局，有何應欽部長列席說明。事先各報的報道預料將有一個緊張的場面，因爲豫籍立委悲憤達於極點，表示非追究責任不可。我們揣想，當時豫籍立委之提出臨時動議要求檢討中原戰局及此動議之迅被全院接受，大概是由於立委諸公自承是人民的代表，應代表人民追究「戡亂」中某處戰事失利的責任，憑了這個念頭，乃發爲呼與應；至作爲秘密會議去開會，這不過是循多少年來的習慣，以涉及軍事，也順口說「秘密」而已，應初無不讓人民知道國防部長如何報告的心思。而國防部長之出席報告，他本已知道將有一個緊張的場面，又面對着這樣一個七八百人的大集會，又逼得要說說戰事失利的情形，而自己又不管軍令，在這種情形下，大家都可以想到，他的報告縱不說謊，也必是力求避實就虛，都爲當時敷衍得過而敷衍，爲當時對付得過而對付的一篇預先寫好的談話或文字而已，其中決不會步及任何眞正的秘密。在這樣的一個表面緊張而實際找錯了對手的情況中，誰都想不到這「秘密」一詞會被一些不顧「新聞自由」之詞的，同機而噬的人拿去利用，給加上「洩露」一詞，便演出一齣封報館的醜劇來。

何部長的報告內容，見於平津各報的，都載明係「會後探悉」。據天津大公報的報道，何部長對軍事狀況有所報告，同時根據國防部組織法，解釋現在的國防部長只負軍事行政之責，關於指揮作戰屬於軍令方面者係參謀總長秉承總統命令執行。北平世界日報的報道較詳，謂對開封戰事何部長的說明是，國軍在魯西發動大會戰，共軍爲分散國軍兵力，乃攻開封，以援軍受阻，未趕到，遂於二十二日淪陷。並謂何部長認國共雙方兵力雖已相差不遠，但國軍在火力方面仍佔絕對優勢，空軍協助作戰，收效尤大；現各戰場正在調整部署，相信最近期間形勢將有大轉變，開封必可收復。我們在平津各報的報道中找不到在報告中何部長觸及了什麼尚爲平時經常讀報的人所不知道或不明白的地方。在南京的各報如何報道，我們不知道；想來應無甚大的出入。如果有人竟把這些被報紙記載出來的話當作國家的機密，而認爲只有自己，何幸而爲人民的代表，得分享知道此類國家的機密之榮，若令見諸報端，便是洩露了國家秘密，那簡直是自欺欺人。自欺顯其無知，欺人說明其欺瞞人民竟毫不猶豫。

何部長作報告的第二天，立法院又有會議，有若干委員高嚷今日各報已刊登了昨日報告中有關剿匪軍事各情，須追究洩露秘密的責任，於是有特別指摘南京新民報屢次披露立法院秘密會議新聞之不當者，有認爲新聞自由須有一定範圍者。最後通過了組織特種委員會進行澈查之提議。我們讀六月二十六日的報，看到了這段新聞，便覺得傷心。這些委員雖然是號稱人民的代表，却彷彿是在和行政當局串通來欺蒙人民，似乎沒有幾個懂得什麼叫做新聞自由。我們並爲南京新民報躭心，怕一把利刃要在宅身上試其鋒鋭。

鬧查究的翌日，何部長報告詞全文出現於各報，據說這是立法院秘書處徇何部長本人之請，將原稿予以發表，意在糾正錯誤之記載，免致以訛傳訛。既係秘密性質，何以自己又可以發表？足見所謂洩露秘密，實在是並非事實；頂多僅是記載或有錯誤。如果是記載錯誤，有了更正，罪名便應不存在了。故所謂調查委員會，不旋踵便無結果而結束。然南京新民報終於七月八日奉到內政部的命令，受到了日晚兩刊永久停刊的處分。

迫害之志於是乎達成，讀者記住·自發動起閧到處分新民報，歷時二週；這中間有過「豫東會戰大捷」，官方認此一「勝利」；其義意等於晉代淝水之戰，足以安定江淮，鞏固首都；官方並認爲下一步驟，應爲開始「心理戡亂」，厲行「宣傳整肅」（見七月九日之北平世界日報）。

（敏）

我們的意見

一個解決大學畢業生失業問題的具體建議

劉大中　趙人儁　潘光旦　戴世光
王成組　邵循正　吳景超　周先庚

一年一度的大學畢業生失業問題，最近又復甚囂塵上。現在暑假已經開始，卒業生已逐漸離校，緊張的空氣因之鬆弛，大家對於這個問題的興趣也就漸漸消逝。但是失業的依然並未就業，問題的嚴重性並未稍減，我們必須繼續去想辦法，使這個問題得獲解決。

一般對於大學畢業生的失業問題，有兩種不同的看法。一種是把它看成對於社會秩序的一個威脅，認爲有這許多知識份子得不到衣食上的保障，必將成爲「亂苗」，影響到社會的安定。第二種看法，認爲國家造材不用，非常可惜。這種以「可怕」和「可惜」的眼光來看大學生失業問題的態度，是極不合理極不正確的。在一個現代化國家中，有工作能力的公民，應享獲得工作的權利。給予這些公民以工作的機會，是政府無法逃避的責任。憲法第一百五十二條說：「人民具有工作能力者，國家應予以適當之工作機會」。

按常理來論，以我國知識份子人數之少，大學畢業生全部就業應當還遠不敷用，如何還能有失業問題？這自然是政治不上軌道和戰亂不停的直接後果。政府對於這兩項至少要負部份責任，對於大學畢業生就業應負的責任也就因之而更形加重，不能以財政上或其他困難而圖推諉。

我們也曾聽到政府應把失業的大學畢業生「組訓」起來的主張。我們卻以爲，政府在負責解決大學卒業生失業問題的時候，必須遵守下列兩項原則：（一）政府不得利用機會，施用「賄買」、「拉攏」、和「灌注」的手段；（二）在執行他們的新職務時，大學卒業生應有機會增加他們的見聞和學識。

根據上面這兩項原則，在永久性的職位不能覓到以前，我們提出下列使大學畢業生就業的具體建議。

按「我們對於政府舉辦全國戶口普查的意見」（陳達、趙人儁、吳澤霖、吳景超、戴世光、張印堂、王成組、韓德章、蘇汝江、周榮德著，係獨立時論社本年三月間所發稿件，見全國各地報紙）一文中的估計，我們如眞欲舉辦有意義的全國戶口普查，約需專門及技術人才一百萬人。這是該文作者認爲我國現時不易舉辦全國戶口普查、並對人口局所擬普查計劃不能同意的理由之一。該文著者因而提議先辦較大規模的選樣調查。我們正可以把失業的大學畢業生加以訓練，去作這種選樣調查的工作。如果政府執意要舉辦普查，則可以僱用的人數就更多了。這個工作自然需款甚鉅，但是我們在前面已經說過，政府對於失業的人原有予以工作的責任。政府如果能動員幾百萬人去打仗，爲什麼不能動員幾萬人去作有意義的基本調查工作？

我們這個建議，除去能解決大學畢業生的失業問題，和取得關於人口的可靠統計以外，還有下列兩點好處：

（一）人口調查的工作人員，不一定必須是某一科系的畢業生才能訓練，文理法工農醫師範各科的畢業生都可應用。這些失業的卒業生，在他們專門範圍之內，既找不到職位，自然不妨來作人口調查的工作。

（二）我國的大學畢業生多半都有在大城市中盤桓的傾向，正好藉調查人口的機會，使他們到小縣城和鄉村裏去，俾能明瞭各地的實際情形，增加他們的見聞和學識。這對無論文理法工農醫師範各科的畢業生，都是極有裨益的。

最後一點應特別注意。人口調查工作所需的訓練，是關於社會、經濟、心理各方面的，與政治無關。政府若眞有決心盡憲法上的責任，用我們所建議的方法去解決大學畢業生失業問題，應絕對避免混入政治因素，而由有關各科的專家去主持必須的訓練工作。

專論

美國扶日聲中論强斯頓報告

周錫卿

近日我國各界，對美國積極扶助日本，極爲注意。本年美國海外顧問公司及强斯頓報告相繼發表，建議提高日本生產水準，減少賠償物資，尤爲各方評摘之焦點。强斯頓報告，較海外顧問公司扶日態度尤爲明顯，對於賠償建議大量減少。該報告係本年三月隨美陸軍部次長屈萊柏（William Draper）來日之陸軍部日鮮經濟問題調查委員會（Secretary of the Army's Committee to Inquire into Economic Problems of Japan and Korea）所提出，對於美國對日經濟及賠償政策不無影響。玆將該報告之要點及對於賠償之主張，簡單敘述，並略加分析，以供關心美國扶日與賠償問題人士之參考。

（一）强斯頓報告概要及對於賠償之主張

强斯頓報告，分（一）節要，（二）日本一般經濟情形，（三）原料與對外貿易，（四）賠償，（五）吸引外資，（六）預算及貿易政策，（七）結論，（八）朝鮮經濟情形與對策等章，認爲戰後日本，因殖民地喪失，原料缺少，食品不足，本土工廠受直接間接戰災甚鉅，結果現在生產量不過爲一九三〇—三四年數量之百分之四十五。且海外日人，撤回五六百萬人，每年人口，約增一百萬人，商船損失百分之八十，交通設備短絀，財政困難，通貨膨脹，故恢復極爲不易。又稱日本投降二年半以來，美國負擔全部佔領費，又爲防止疾疫與動亂起見，每年接濟日本之食品與其他救濟品，達四萬萬美元之鉅，美國納稅人民負擔極大。且日本已解除武裝，政治上漸趨民主，人民亦甚勤勞，仍具潛在生產能力，故建議美國應迅即扶助日本經濟復興，借予款項，供給原料，增加生產開放貿易，吸引國外投資，調整滙率，增加商船，改善交通，平衡預算，克服通貨膨脹，以期早日達到相當生活水準。消極方面，則主減少日本對佔領費之負擔與賠償物資。

該報告「賠償」專章首先提出日本工業界，因何廠將提充賠償，迄未確定，均存觀望態度，不敢踴躍投資，實爲生產復興之阻礙，故主迅速解決賠償問題。繼稱爲使日本人民達到相當生活水準起見，必須保留充分生產設備，不能將大量工業設備提供賠償。又云日本在庫頁島台灣及東北華北等處資產甚多，皆爲中蘇等國接收，應抵充賠償。復稱美國現負擔日本佔領與救濟費，日本賠償問題久延不決，影響其經濟復興，即間接增加美國納稅人民之負擔，故提出以下建議：

（一）日本海外資產正式提充賠償，給予原接收國家。

（二）除盟軍統帥認爲係日本平時經濟所需及遠東委員會一九四六年五月十三日（臨時賠償案）命令規定免予賠償之非軍用設備外，政府所有兵工廠（陸海軍）設備，悉充賠償。

（三）以下列支持戰爭工業（War-Supporting Industries）設備提充賠償：

硝酸	八三、〇〇〇公噸
人造橡皮	七五〇公噸
造船力	一六二、〇〇〇總噸
鉛鋅軋延設備	五〇、〇〇〇公噸
鎂還原設備	四八〇公噸
以上共值	一〇二、二四七、〇〇〇日元（一九三九年兌換率）

（四）主要戰爭工業設備，僅包括政府所有兵工廠設備共值五六〇、〇〇〇、〇〇〇日元（一九三九年），連同支持戰爭工業，共值六六二、二四七、〇〇〇日元（一九三九年）。

（五）即將以上辦法，由美政府逕令盟總執行，並規定（A）各盟國分配率與各國決定分配率之期限，（B）各國接收所分配之物資之期限，（C）聲明以前有關賠償訓令悉予廢止。

（六）除上述設備外，不能再將其他工業設備供賠償，除非授權盟總另覓代替設備。

（二）强斯頓報告賠償部門之分析

强斯頓報告發表以後，我國駐日賠償及歸還物資接收委員會主任委員吳半農氏，曾向駐日中央社記者，發表以下評語：

（子）波茨坦宣言規定賠償原則有二：一爲解除日本經濟武裝，二爲允許日本保留平時生活水準所需設備，該報告完全注意第二點，對第一點全未提及。

（丑）海外顧問公司報告，所提出之意見，吾人已不能同意。但該報告尚根據估計數字（如人口食物及其他生活必需品之需要量等）與論據。强斯頓報告則逕行提出意見，無任何數字根據。

（寅）飛機工廠與民營軍需工業爲主要戰爭工業，强斯頓報告不將其列入賠償，實係明顯保留日本作戰力，違反波茨坦宣言。

（卯）日本原係輕工業國家，一九三一年後始逐漸發展重工業，其目的在準備與支持戰爭。强斯頓報告幾將日本工業設備全部保存，結果日本仍爲强大重工業國家，隨時可用以作戰。

（辰）該報告主張由美政府逕令盟總執行其建議，並取消以前一切有關命令，實係不顧各盟國意見之片面行動，以圖迅速了結對日賠償，殊堪注意。

以上五點已將强斯頓報告袒日及違反盟國政策之處，嚴正指出。茲再就日本國內工業設備與國外資產二項，申論如次：

甲、國內工業設備——日本國內工業設備，除維持平時經濟生活（遠東委員會決定爲一九三〇—三四年生活水準）所必需者外，應一律提充賠償，以免保留經濟力量。此項政策，於日本投降時即經各盟國同意。三十五年五月起，遠東委員會陸續提出主要戰爭工業（Primary war industries）三種（政府所有陸海軍兵工廠飛機工廠民營軍需工業），其設備除極專門之製造兵器部份，應予拆毀，及一部份可製食品肥料藥品等平時用品之機件免予賠償外，應全部提供賠償。另就支持戰爭工業十種（鋼珠軸承，工具機製造，造船，鋼鐵，輕金屬硫酸，製碱工業，火力發電，人造橡皮，人造石油）視平時經濟需要決定保留數量，其餘悉提充賠償。三十六年四月由美政府令駐日盟軍總部執行之先期拆遷，即係提出此「臨時方案」物資之百分之三十，分與中英荷菲四國，爲緊急復興之用。

惟此次强斯頓報告竟將飛機工廠與民營軍需工廠剔出賠償之外。支持戰爭工業，僅提出與海外顧問公司建議相同之五項，此中鋁鎂軋延設備與鎂還原設備數量，與海外顧問公司報告同。硝酸造船人造橡皮三種供賠數量，甚至比海外顧問公司報告爲少。以價值言，主要戰爭工業供賠物資，海外公司報告共值一、四七五、八八七、〇〇〇日元（一九三九年滙兌率下同），强斯頓報告僅值五六〇、〇〇〇、〇〇〇日元。支持戰爭工業，海外公司報告供賠物資共值一七二、二六九、〇〇〇日元，强斯頓報告僅值一〇二、二四七、〇〇〇日元。供賠物資總值，海外顧問公司報告值一、六四八、一五六、〇〇〇日元，强斯頓報告爲六六二、二四七、〇〇〇日元。

考日本工業之發展過程，一九三〇年前係以紡織業爲主之輕工業爲基礎。一九三一年後始逐漸發展重工業。「據日本商工省之數字，紡織工業產品價值，一九二九年佔全部工業產品價值百分之四一、一，一九三〇年時佔百分之三六、五，一九三六年時佔百分之二十九、八，一九三八年降至百分之二十五。重工業產品價值，一九三九年僅佔全部產品價值百分之三二、二，一九三八年增至百分之五五、七。」（見日人Isomi Asahi所著：The Economic Strength of Japan 一九三九年出版）一九三七年日政府通過五年計劃，加緊發展重工業，企於戰時達到重要資料之相當自給。該計劃事實上將生產組織與設備納入作戰機構，遠超過其正常經濟生活之需。各盟國認定此種過份膨脹之工業設備，爲戰爭之潛伏力量，應予提供賠償。現在强斯頓報告建議將其大部保留，實係違反盟國政策，吾人決不能同意。

乙　國外資產——日本國外資產應否併入賠償內計算一則，歷爲遠委會爭執之點。英國堅持將中蘇等國所接收之日本國外資產，計入各國應得之日本國內工業設備分配額以內，因而主張將中蘇等國應分比率減少；我國主張將日本海外資產就其性質分爲普通投資及以侵略爲目的之投資兩種。認爲在未被侵佔盟國國內與中立國內之日本資產，屬於前者，在中國等處者應屬後者，當由被侵佔國無條件接收，蘇聯對我國主張亦表贊同。

日本在我國及其他侵佔地之資產，或爲具有侵略性之投資，或爲運用特殊勢力而攫得之利益，要皆與侵略戰有直接間接之關係。此次遠東國際軍事法庭，審判東條英機等首級戰犯，經濟侵略，即係戰罪之一。良以近代帝國主義侵略，實以經濟掠取爲主要之部門。按刑法規定，供犯罪或準備犯罪所用物品，或與犯罪有關之財產，均應沒收。日本在侵佔國內之投資，既皆與侵略有關，即爲戰罪之工具，應予沒收，不應併入賠償計算。

更有進者，日本於一九三一年進攻東北，一九三七年起掀起中日全面戰爭，我國生命財產之損失至鉅。且日本於攻佔期間，一面搾取我國資源與勞力，一面以我國爲其商品之尾閭，更發行大量軍用票僞鈔公債，吸收現金，以上直接間接損失，幾不可數計，遠超過所接收之日本資產。現在强斯頓報告，以此種資產抵充日本國內資產賠償，實將我國戰時鉅大損失，全不顧及，自非我國所能同意。

（三）結　語

綜上所述，强斯頓報告對於賠償之主張，實違波茨坦宣言，對於各盟國之利益，完全不顧。並主張由美國以片面行動，斷然執行，誠應密切注意，並於美國醞釀改變賠償政策之時，研究適當對策。

考强斯頓報告與其他美國扶日主張之動機，不外因美蘇對立，美國政府，尤其陸軍部方面，觀察遠東各國，或因內戰關係不能安定與建設，或因當地民族與宗主國抗爭，亦呈不安狀態，或係新興小國，力量尚微，惟日本自投降以後，內部秩序，得盟軍維持頗爲安定，過去經濟工業基礎尚存，表面上極力模仿民主，尤其對美國非常慕順，美國甚爲滿意，企圖扶植日本復興，使成遠東對蘇之基地，且可節省其佔領與救濟日本之經費。而經濟方面，力圖提高其生產水準，與減少賠償物資。而且遠東委員會自成立以來，對日本工業水準與賠償問題爭執甚多，迄無定議，更給與美國以醞釀大量減少賠償物資的機會。

强斯頓報告發表後，各盟國均表驚訝與反對。美國國務院亦感覺陸軍部，一再發表扶日建議，過於引起各國反感，未能全然同意。然而駐日盟軍總部，即以美政府對該報告與海外顧問公司報告未決定態度爲理由，不將飛機工廠與民營軍需工業設備提出分配，先期拆遷。一面准由日政府進行五年經濟計劃，準備於一九五二年將工業水準較一九三〇——三四年提高百分之三十，約相當於一九三六年水準。而國務院除決定增加宣傳費用，企圖向遠東各國說明扶日動機，並非重建日本爲侵略力量外，對以上實際扶日行動並未加以制止。可知國務院與陸軍部扶日主張，不過爲程度之差異，而國務院較和緩之態度或係減少各國反感之手段。並於一張一弛之際，觀察測驗各國態度，美國扶日，似已爲確定之政策。

試再分析各有關盟國態度。遠委會會員國，以英國系統之國爲多，（英、澳、加、印、紐西蘭）雖遠東各英系國家，對日本復與均存戒懼，但英帝國外交政策，以英美合作爲基礎，對日問題，不難取得協議。荷蘭對日政策，大致與英相同。法國自美國援歐案成立後，對美援物資與趣，自較日本賠償物資爲濃，且外交政策亦不免遷就美國。菲律賓對日本賠償物資較有需要，但菲係新獨立國家，尚賴美國扶助，或亦能與美商定可以同意之方案。結果堅決反對美國扶日者，恐僅有我國與蘇聯。而美對蘇聯關於日本之主張，常置不理，故我國處境，不無困難。

在此種情勢之下，我國除應以嚴正立場反對美國過份扶日，免其再度威脅遠東及世界和平外，茲就賠償問題提出以下意見，供關心本問題人士參考：

甲、同意使日本達到一九三〇至三四年之生活水準，但堅決反對保留超過此種生活水準所需要之生產設備、免構成經濟作戰力量。

乙、同意迅速解決賠償問題，因我國經濟建設，亦急需日本賠償設備。

丙、在華盛頓及東京等方面，同時策動使盟總迅速將飛機工廠與民營軍需工業設備，提先賠償先期拆遷。

丁、先期拆遷，係盟總奉美政府三十六年四月四日第七十五號命令執行，該令並未廢止，或有另令代替。盟總不應違令拖延，須促美政府令其迅速切實執行。

戊、對於整個賠償方案，與每種工業提供賠償設備之數量及各國分配率等問題，似可於一定限度以內，採取較現實之態度，迅與美國及各盟國取得協議，以便迅速推動拆遷，而免美國採取片面行動或久事拖延，甚至候至相當時期，根本加以停頓。

以上五點，卑之無甚高論，最後有不能已於言者，我國自抗戰勝利以後，即陷入內戰，非但建設不易，甚至日有破壞，故美國於戰爭結束之時，原有意協助我國復興，其後日趨失望，遂轉而扶植日本。現在我國見日本有再起之勢，憶及過去遭受侵略情形，自不免疑懼。然似亦應深自反省，並尋求進步與建設之道。

大法官的解釋權

芮　沐

大法官的制度在中國是創舉。他們的職權雖已確定在憲法中，但就一般人看，這仍是非常模糊的一件事。當局爲什麼要設立多至十七位的大法官？他們行使職權的意義又何在？在這行憲的時代，我們不能不略知其發展的可能。

我們大法官的前身是最高法院的庭長推事。據司法院統一解釋法令及變更判例規則的規定，司法院有權統一解釋法律與命令。從其題文看，司法院的解釋權之最顯著的一面是在統一全國的法令；所以其直接工作是解釋，但主要的還在統一地解釋。換一句話，法令的意義不明顯，惟恐各地各機關缺乏一致的執行與實施，政府就設立這一個司法院解釋會來解決法令間矛盾的困難。這個制度倒由來已久，明淸已有前例，大淸律例中之「例」就是指這一項相類的解釋例。

這解釋的制度不能不說是一個良好的制度。因爲發動它的手續非常簡易，我們祇要抽象的提出疑問，不指明是某人的案件，經過一個會社團體的介紹，向司法院提出，司法院若認爲法律上確有問題，它的解釋就會下來。解釋權從由最高法院行使改由司法院行使以後，解釋例已公佈了四千多號。其中成績有好有壞，有革新以往的，有重複法文的，它可說盡了塡補立法缺漏之能事。這部份工作做得非常平穩，至今除了少數學者對個別的解釋例加以批評或表示疑問外，這制度本身卻從沒有人發生懷疑過。法國巴黎大學教授愛司加拉Jean Escarra——前一度爲立法院顧問的，——且曾推崇備至，稱之爲中國司法制度中良好的固有產物。

我們若問以往司法院解釋例何以能於平靜生活中完成其任務，則原因還在它的影響不大，而且所解釋的都是些民間法律上很技術的問題。幾部基本法——例如民、刑、訴訟等——原理相當淸楚，祇要司法院不過分曲解其含意，事實上就不致發生不可挽救的惡果。再者，解釋事件名義上雖及於法律命令兩項，但對于後者，除非它有與法律相類似的形式，是絕少有經過解釋的。這也是司法權與政府其他各權沒有磨擦的緣故。

如今大法官的任務沒有如此簡單了！在上述統一解釋法律命令的兩事外，現復加上了更重要的一件工作，那就是解釋憲法。這個工作將使司法權與其他並立的政權發生劇烈的接觸。我們可以揣想司法院以往所用以決定解釋的技巧和程序，對付這現在的羅憲任務恐已不夠用了。

任務困難原因之一是因爲目前的憲法是空而又空的一部法律。假如沒有大法官行使解釋權來使具體的法律和民間生活發生連繫，我們眞不能想像憲法在中國有多大用處。就我們官方的政治道德以觀，這無疑是一個門面裝飾。憲法的泰半內容須待實際問題來充實，是一個迫切的需要。司法院缺塡補的功夫也就是在考驗行憲的誠意。例如憲法內關於權利保障的規定，我們尚不知道是否眞對人民有利；對於院際關係，我們還看不出內閣實行到何種程度；這些都有待大法官來解釋。困難的第二個原因是因爲在此叫名的行憲政治之下，種種的利害關係將格外尖銳化，明朗化起來，大法官想再安穩地渡着以往事務性審判官的生活，自是很難。他們怎樣能在許多政治暗潮之中維持其獨立和高超，這是很成問題的。

此外，他們解釋憲法的時候也不能再隨便地含糊做他們的八股文章。解釋一提案，必須附以詳細的理由，即連他們自身的動機也應該加以分析。他們若有政治見解，也必須詳述出來，供一般人的批評和觀察。法律的陳述且須有學理上的根據，來源出處，連理契合，承上接下，面面俱到。最困難的任務是如何去領導現實，在政治上作一個開明的前驅者。大法官就此能不能勝任愉快呢？

顯然的，當局對於大法官職權的內容應該趕快加以確定了，否則他們的困難將更形巨大。尤其需要指明的可有數端：例如大法官能否宣布一普通法律或命令爲違憲；在任何官吏執行法律命令的時候，爭訟者是否隨時可以提出違憲的抗辯；大法官決定解釋的當口，十七個人用何種方式來措置他們的意見。上面第一點涉及他們的權限，第二第三點則有關發動解釋，決定解釋的程序。就此我們還可以提供一些參考的材料。

我們大法官制度的來源是在美國，所以看美國最高法院的解釋權是如何行使的。美國的最高法院，無疑的是一個有權決定普通立法爲違憲的機關。這一點有三種意義（一）普通立法在其生效前，美國最高法院當然不能決定其爲違憲；（二）美國最高法院所可決定的乃爲憲法所賦予的權利是否因其他立法而被剝削；（三）美國最高法院的解釋並不就一個立法的一般規定爲決定；宅所決定的是當前的具體案件，所引用的法律之某一點是否違憲。換言之，當前案件中之當事人之權利必須因該具體立法之存在而可能受有損害或其他影響，因此必須最高法院爲之糾正。

美國對於最高法院釋憲的權力，毀譽各半，輿論頗不一致。其中最主要的批評是社會，經濟，勞工的重要立法，往往都被最高法院所否決。後者之見解與政策過度地違反了社會主義；一切保障老弱，禁止長時間工作，提高薪準的優良立法，俱不克施行；此對經濟繁榮，生活水準，社會之前進等事俱有巨大的影響。且贊成此種立法的，全國人數衆多，乃緣最高法院有此解釋權力，復因一特殊爭訟人的感覺不便，竟遭其否決。甚多之法且已施行多年，並無惡果；公司、商行、工廠可能皆已設立，且依之爲屏障，乃立法基礎一被推翻，私人的損失即不可量計。最可議者，一般爭訟最力的解釋，最高法院法官僅以五對四之比（美最高法院法官祇九人）通過其決定，是則立法之違憲與否，偶然的因素多，而肯定的標準少，現因法官一二人之見解竟隨之而左右，此對國會中衆多的可決意見言，將何以爲情，此實非事理之平。最高法院的此種判決完全形同立法，其決定且顯然在決定全國的社會、經濟、政治政策，此與法官之身份不合，精神上且與民主政體下的代議制相違。解釋權之行使，實際即成司法權之獨裁，法官更將成爲政治家的傀儡。

但在另一面，維護最高法院的美人也有強有力的理由。其主要點大致如次：最高法院所否決的法律，據統計言也未見其特殊衆多。此等大部分爲微小的立法，若有嚴重性的提案遭遇否決，則往往因其過趨極端，於社會安寧不利。且任何人不能認國會通過的法律都是良法；反之，最高法院的判決通常都附有原理上的根據，並非出自杜撰；即令判決偶有錯誤，同樣案件發生時，仍可再予糾正。再維持最高法院之違憲決定權，實即是維持三權相剋相生的良意；在保護人民權利的立場，這種否決實屬必要。此制在英國之 Privy Council 中及南美諸國皆能實行順利，解釋權若被取消，行政與立法兩權將使全國社會及經濟完全改觀，這對人民的保障威脅實大，憲法的基礎亦必破壞無餘。最後，立法之否決權交於最高法院，事實上亦最適宜：大法官皆爲終身職，其政治立場類能超出黨派；彼等具有優良的學問，崇高的道德，對所判案決不致被輿論所挾持，政治上種種不良影響自可避免。五對四比之決議方法亦並無壞處，持反對意見的仍可公布他的「異判」 Dissents，這並不損減最高法院的尊嚴，或反能影射各法官態度的公正。

依事後第三者的眼光看來，美國最高法院的解釋憲法確是保守的頑勁多於提挈的精神；就在目前也仍屬如此。在保護人民權利的藉口之下，宅曾擊破了許多前進的法律。霍姆士的「異判」始終保留了「異判」的聲名，而不克變爲「正判」。惟這僅是就美國的國情而言的；反之，依中國的情形講，則我們的需要恰恰相反。但這也不是說我們不需要新社會的立法，而祇是說我們離開能個別地保障人民的身體，自由，財產已尙有很大的距離，談到擊破社會立法與否之一點恐尙嫌早吧！

大法官是國內目前意味新穎的一個制度。假如玩得像樣，也確能收緩和政治或啓發社會之利功。但美國最高法院已是很保守的了。我們所懼怕的是．目前這十七位的中國大法官非但不能替司法權伸張威能，做成立法與行政的擅斷之監督者，或反踰淮而枳，變成當權的喉舌；當權說不出的動機，大法官可用嚴緊的語調，不着邊際的法文，爲之掩護，爲之擁戴，替宅理論出來。美國的最高法院雖不驅策政治，但至少不時有幾員虎將出現，如Holmes, Brandeis, Stone 之類的人物。在大法官制下，中國的法官是有史以來第一次逢到可以發表其見解與修養的機會了，今且又繪畫着美國已見勇武的眞品，自必希望其有所成。

蛻變中的中國市鎭

劉世海

城府位于清華大學與燕京大學之間，宅既不是農業市鎭，像青龍橋一樣，又和商業市鎭的海甸不同。宅坐落在特殊地區中，靠着特殊階層人物的需要和消費而發生成長起來。兩百多年的帝王時代中，因政治特權而脫離生產和勞務的旗人，是宅的主要顧客，滿清王朝的瓦解，給不事生產的旗人一致命棒喝，主顧窮了散了，城府也跟着觸了霉運。民國初年，清華學堂成立，城府又抓到一批和過去旗人逈然不同的新型主顧。快到破落的邊緣上，城府又轉了好運。接着清華大學的陸續擴充，燕京大學的成立，城府市面隨着擴充，店舖跟着增加，呈現空前的繁榮。所以二百多年來，儘管滄桑幾變，城府人口的大部分，是以勞力的出賣，換取糊口之資的手藝人，工匠，小工和技工等。艾次是供給旗人以及兩校員生一部分日用需要以及本鎭居民的大部分需要的小商店。城府的繁榮與經濟起衰，既然建築在這批特殊的消費者身上，這批消費者購買力的消長，也決定城府經濟生活的消長。旗人失勢，城府碰上第一次大厄運。中日戰起，清華南遷，繼而燕京被停，城府遭遇第二次大刼。抗戰勝利，兩校復員，對於城府的意義，正如一個城府人所說：「等於耶蘇復生」。過去無人問津的房子，現在不僅房租急漲，卽使出高價房租，也不容易租到房子。戰爭期間，城府街上門關戶閉，現在除了舊舖而外，還另開了許多新舖面。可是，城府人說：「別看大家在城府擠，都是湊熱鬧」，「過去家家吃白麵，現在戶戶啃窩窩頭」，你問他們爲什麼？一致的答覆是：「兩大學也窮了」，「想當年學生們出來買東西，向來不搞價錢，現在却斤斤計較」：事實上，幾乎全部的城府居民（兩大學居住城府的教職員除外）終年終月都吃棒子麵。兩大學員生及學校購買力的巨量減低，縮小了對於城府人力與貨物的需要。結果一部分人找不到工作，就業的一部分人也因收入的微薄，過着貧苦生活。需要的減少，不只把有用的勞力棄而不用，並且造成居民的生活程度激巨降低。就城府而論城府，如何擴大兩校的購買力，是充分利用城府人口的勞力，增加生產，提高居民生活程度的唯一出路。在城府，生產的進行與擴充，是要看購買力增加與否。城府因地區的限制，消費者的特殊性，市場狹小，對於這些特殊階層的消費者的依賴性極深。因而特殊消費階層的一動一靜，和城府息息相關。

消費者的消費方向，嗜好，興趣，價値觀念，對於城府社區生活同社區結構也發生了深切影響。自旗人勢微，兩大學成立，城府社區起了質的變化。就職業分配說，過去最多的是畫工，裱糊工，木廠，棚匠，泥水工。現在最多的是裁縫匠，皮鞋匠，並且進來了許多種的新興行業，如電匠，機器工，西醫，傳教士等。即使在傳統行業中，他們爲了生活，不能不應付新人物的新式需要。民國初幾年的高領寬袖長襬旗袍的做法，必須換成短袖低領短襬的做法。就職業生活講，爲了洽合兩大學的時間觀念，鐘錶是作坊商店每家必備的，日落與日出，月缺和月圓不再作爲時日的標準。不過在這種爲適應而發生的社會變遷中，因爲各方面變遷的不齊一，而發生生活上的不和諧。比如裁縫店的掌櫃盡其能力之所及，把旗袍做得越時髦，越表現曲線美才好，可是，他認爲這種衣服穿到女人身上，簡直是「白蛇轉世」，「女妖活現」，在電燈的照耀下，居民們還相信惡行會招雷殛。可見有實際功用的物質文化，最容易傳播，而一個社區的傳說價値觀念和信仰，却不易攻破。而且在兩種文化模式或特質相觸時，若某一階層的人不得不接受和自己不同的看法或態度時，他可以表面上接受，而在內心裡還是另一套。即是對於非我團體，他用非自己的一套，而在自己圈子裡，還用自己的一套，因而發生人格的分裂。但也有兩種變化特質同時存在同時應用，但不發生人格分裂，與情緒的糾結，如陰陽曆的兼用。城府許多作坊和商店住家，當和兩校發生關係，或有交易來往時，他們就用陽曆來作安排關係訂定交易的時間標準，如作坊的定貨單上，都用陽曆日期，註明何時取貨，何時交貨。但他們彼此間的來往約會，以及店舖的日用流水賬，進貨賬上，或結帳休工放假過節開張，都還是根據陰曆。兩種曆法同時並用，也並不覺得不方便，發生反感。這當然由於這種文化特質非比價値觀念，態度與信仰一樣，後面並不牽連着情操。像曆法這一類的非物質文化特質，宅的存在與流行，全看宅在社區生活中能否配合適宜，適宜則用，不適宜則棄之。當居民們用陽曆和兩校作關係上的時間安排時，他們並沒有什麼反感和不情願的心理。也正因如此，在社會或文化發生變遷時，這類文化特質或文化叢也較無阻礙地順着環境發生變化。

在城府，最引起觀察者深刻印象的是，在不少方面，宅已經具有都市文化和生活的特徵，但仍有不少地方，保留着鄉土文化的情調。隣里的關係，遠不如農村中的親密，像農村中那種東家坐一坐，西家穿個門，張家借把刀，李家借把鹽，在城府是難得看到的。一條胡同的兩家隣居，彼此可以全不曉得對方的姓名來地出身，甚至對面不打招呼。人與人的來往，都可以用貨幣來測量，也用貨幣作往還的重要媒介。就社會控制機構講，居民們來自二十多個不同省份，有六種不同的國籍，各人帶來自己家鄉的習俗傳統與信仰，對於同一事物有不同的叫法與解釋，彼此間缺乏一個共同的生活標準。假使大家定居下來，相處日久，可能在不同的習俗與生活方式中孕育出一個綜合的爲大家所接受的生活方式與規綳。可是爲了職業的不穩定，市場與衰的季節性，尤其流動性最大的勞工是主要人口，城府人口流動速度相當大，一個自然發展成的民俗與民德難得成形。這時一種人爲的施之任何人而皆準的規律就乘機而入，這就是法律。有法律就要有執行法律的人，於是警察派出所設立起來。在城府，沒有足不出本村三五里地以外的土佬兒，除了親屬鄉土的親密社會關係外，人們還可以在同行，同事，同桌吃過飯，等等有共同生活圈子或共同生活經驗中，建立起社會關係。還可以在不同行間，不同鄉土，不同階層間因利害相關，交易來往，而發生關聯。在鄉村，沒有不曉得名字的熟人，在城府「見面認識，名字却不知道」是句不足爲怪的話，本人和名字分裂成兩回事。孝道被人冷落，小家庭多過大家庭，弟兄不如朋友，親族紐帶日漸鬆散，而在農村市，「父慈子孝」，「兄弟如手足」，不管實行到什麼程度，至少還是農村家族生活的理想與價値標準。血緣關係因日趨疏遠，地緣也不能在居民心上種上同類情操，在城府住上十年二十年以上的人，沒有把城府看作終老之鄉，掙來的錢要寄到遙遙千里外的家裡，老了要回到生育自己的鄉土。居民們常常說：「我們家鄉」怎樣怎樣，提起城府很少加上我們兩字。常說的是「這個城府」，如何如何，好像他不是城府人。實際上，他的心從未有在城府生了根。在農村年高而德劭，在城府「人老珠黃不値錢」，這些生活方式與生活態度都是都市中所發生的，在城府，我們也可以看得到。所以我說他在某些方面是都市的雛型。但在城府我們也看到，大部分生活還是採用着傳統的鄉土式的生活模式。雖然有警察派出所，爭執的變方不到無其他辦法解決時，絕不去找警察。同行和隣里親友的勸解，還是調解的主要方式，事實上也很少有人懂得新法律的。兒子欠帳，債權人向父親索取，大家看來是應當的。調解所根據的還是不同習俗標準中大家所共同的基本標準。這是我所謂的鄉土文化模式。在職業結構上師徒雖已不如父子，但師徒的舊關係舊情操還普遍的存在。商店組織還是沿襲舊風，水牌子的信用，單行式的記帳法絲毫未更改。婚喪嫁娶的一套老儀式大多未變，父母固然知道「時代變啦，兒女的大事兒女作主」，可是「父母之命，媒妁之言」的婚配，仍然多於自由戀愛和自由結婚。傳統的「男主外，女主內」的分工方式仍被看作是最完善的。太太和女兒到別人家裡去做工，那是沒辦法的事。從以上幾點說來，城府還是流行着傳統方式。所以我說他是從農村到都市，從傳統到現代的過渡文化與社區。

在城府，我們看到貧窮問題的嚴重性，但受着貧窮煎熬的人並不知道如何解救他們的貧窮，這是整個北方貧窮化的縮影。我的看法是人口的過多，生活資源的困乏，因而造成工資的過低，是貧窮的基本原因。其次是新文化和新生活方式的不被接受問題。所謂不被接受，並不是他們不願意接受，而是說他們想接受而無力量接受。比如下一代的教育問題，城府作父母的沒有不想盡辦法希望子弟能受教育的。但是當生活已經到了無可再低的時候，不僅收入不能騰挪出供給子女上學的小量費用，而且不得不利用孩子的勞力來塡飽家庭人口的肚子時候，只好狠心地犧牲孩子受教育的機會。再如新式接產的推行，當海甸教會設立的助產醫院，免費替貧家產婦們接生時，家家戶戶都不再請舊式的穩婆，但是近來助產醫院因募捐無着落，而開始收費接生時，儘管手術費不昂貴，貧家婦女還是找更便宜更省錢的穩婆來接生。西醫的外科手術居民們都知道最有效驗，可是病來了，大家還是找單方用舊法，因爲割一次子宮瘤的手術費，要花去工人們的一年工資。所以，一種新的較有利或較有效的文化或生活方式的推行，宣傳固屬重要，但更重要的還是如何提高他們的接受能力。

中國一切都在「變」，城府也在「變」。若「變」則通」，一個新的文化，生活方式，社會秩序可以形成，自然是件暢快的事。可是變而未通，舊的在破壞，新的却姍姍來遲，即使新的逼近身旁，却又「可望不可及」，使捲在「激變」旋渦中的人，莫可適從，深受「新文化難產」之痛苦，因而釀成社會的動亂，個人人格的不完整，這不只是城府社區中所發生的問題，也是今日中國急需解決的問題。

通訊

華北屋脊爭奪戰（太原通訊）

本刊特約記者

共軍華北解放區合併成立以後，打下了臨汾，在麥穗金黃的時候，展開了華北屋脊的爭奪。這就是火熾的晉中戰場，晉閻以從來未有的焦灼，發出緊急求援的呼聲。

山西是華北的脊樑，這是盡人皆知的事實。三晉負山帶河，形勢險要，有山西即可以控制華北。李唐以山西爲基地統一中國。拓跋魏據山西，控制中國北部。舊太原城在現在太原西南去晉祠途中，趙宋統一中國，最後打下山西，晉祠附近泉淸土肥，登西山望晉中盆地，阡陌縱橫，村廓相接，煙樹迷離，有北國江南氣象。趙宋認爲此地「王氣」十足，征服山西便將舊太原夷爲平地，另築新城於其東北，即今日之太原。現太原城內沒有東西南北四通的十字大街，而丁字街遍全城，當地人說趙宋如此計劃街衢是爲了阻塞山西的「王氣」。的確，趙宋一代最後被征服的山西人衰落了，不僅再沒有人敢稱王道帝，就是入朝爲相的也僅有寇萊公一人。在春秋戰國以至秦漢人材輩出的山西，名將賢相的後裔們，開始棄宦行商，成長了北中國的商業資本，握華北經濟大權者又將近千年。海通以後山西商業又形凋敝，山西的錢莊被與帝國主義勾結的江浙銀行打倒。在政治上失勢，在經濟上站起來的山西人又倒下去了，這眞是山西人的憂鬱。山西人算盤打得精，經營的天才是有的，無奈離開海洋太遠，性情過於保守，故不得不在商業上再失勢。但是他們的堅韌精神如果用於開發地下的寶藏煤鐵，山西還可以在工礦上再抬頭，而戰亂的中國又使他們得不到長期安定的局面。不過無論如何如果據有山西的「人」和「地」是大有可爲的。這是在目前華北屋脊不容忽視的理由。

閻錫山自從中華民國成立就統制着山西，這樣長久的地方政權，在民國以來，是絕對少有的。一方面是地理的形勢使然，另一方面閻錫山那種善變八方應付的手法，也延長了他的政治壽命。民國十七年山西的勢力伸展到察綏河北。十九年汪馮閻北平擴大會議，閻更一度油然的生出了問鼎中原的野心。他沒有曉得這回算是上了汪馮的大當，做了一筆虧本的生意，使得他不得不宣佈下野，出走大連，晉軍在中原大戰時也到山東旅行一次，又都龜縮到山西去。就在那時候以後，雖還存在着一個「晉綏軍」的名詞，而傳作義卻已在綏遠另立門戶，不再是閻錫山單純直接控制的部隊了。閻錫山從大連再回山西，據說就沒有了問鼎中原的雄心，立志老死山西。趙戴文在他返晉時，也曾向中央提過閻氏不再過問中央政權的保證。

從趙宋以來，千年間山西人演着跌下去爬起來，爬起來又跌下去的悲劇，這悲劇到今天似乎還沒有演完。

善變的閻錫山，到甚時說甚，而他的口號是「做甚務甚」，旁人却譏諷他「說甚不做甚」（山西人在口語中的「甚」字就是甚麼的意思。）所以他的兵農合一與平民經濟兩大政策也被人懷疑着，認爲他是在外力壓迫下的應變，而不是主動的求變。他的「過去是以舟碰舟，現在是以水覆舟」的一套歷史看法，亦頗娓娓動聽，似乎他對中國歷史和社會的認識相當的深刻，他明瞭舟（治權）和水（人民）的關係。但是先天限定了他是舟，他不能變做水，他的暴風雨中的孤舟被萬頃波濤衝擊着。現在他遭遇到空前的歷史考驗了，這考驗將是他古稀高齡的最後考驗。

考驗閻錫山已經不是過去的軍閥和帝國主義，而是在晉中盆地四週山谷中泛起的洪水，以山西門羅主義和善變的單純手法駕駛着一葉孤舟，來應付四面衝擊的洪水，似乎是萬分困難的。但是太原是山西工礦的集中地，閻氏四十年來不能移動的子女玉帛都在那裡，他必然要拚死據守，保持他多少年來「血汗」的積蓄。

晉南臨汾的易手，不僅增加了晉中的壓力，更重要的是打擊了山西的民心與士氣。晉中在閻氏的堅强控制下，對共軍暴行的宣傳不遺餘力，說共軍如何殘殺俘虜等等，中央社太原分社曾爲此獲得總社的嘉獎。但是這次共軍攻下臨汾，俘虜大部資遺回籍了，他們入臨汾並沒有殺什麼人，粮麵價大跌，一斤白麵才賣三千元，在平民經濟下的太原人民，吃着七十五萬元一斤的高粱麵，聽到被俘人員說出臨汾的情形，對士氣民心的影響可知。

晉中粮食困難，麥熟時閻氏派出了兩個親訓師（號稱山西的鐵軍）沿同蒲路南下搶護麥收，結果在平遙以南的火車上就遭遇到游擊，軍實遺棄不少，有一個師長被俘，有一個師長受傷，親訓的鐵軍如此，實在容易影響其他部隊的信心。

以閻錫山統馭部下之嚴密和太原工事的深厚堅强，共軍如果想拿下晉中堡壘，實在是一件不容易的事。所以他以前曾發出過「共軍要拿下太原，必須他死的人與太原城等高以後」的豪語。可是現在情形不同了，以上兩件事實打擊了他的信心，使他的民心渙散，士氣低沉。過去閻氏及其部下常說，「山西在兵農合一的政策下，兵源不成問題，只是缺乏裝備與粮彈」。這句話中雖然有拒絕外藉軍隊入境的門羅意味，但是起碼還覺得可以撐下去。這次却不得不請求空運部隊增援了。首由民意機關，向中央請援，分電胡宗南傳作義向晉南北出兵，以解晉中危局。接着就由楊愛源晉京坐催援軍。

閻錫山在他的山西門羅主義之下，是頂不喜歡他的部下與外方聯絡的，他願他們老死不離山西的跟隨着他。而他的部下卻又保禮教森嚴的大家庭中的婦女，感情被壓抑着，却偏偏要向外方勾搭，而且一有機會就勾搭上。商震早就走開了，傅作義另立門戶，徐永昌也到中央出任要職，楚溪春也因爲到南京去報告堅守大同經過，一度隨陳誠到東北，後又轉任河北主席。去年到南京去交涉軍粮差價等問題的郭宗汾，也頗有樂不思晉的情緒，前些天楚溪春更邀郭來任唐山市長兼警備司令，閻錫山以晉中戰局緊張不放他出來。這些悲歡離合的往事，深深烙印在身處危城的古稀老翁的心上，或許是相當的酸楚而淒涼的。所以這回不敎郭宗汾出來，而派出最親信的楊愛源到南京去求援。

徐永昌那位寡言將軍，在近十年來可以看做「山西的候鳥」，每當山西有什麼大的問題時，他總是回去一次。這次也不例外，他雖早已經不是軍令部長而是陸大校長，却也帶着國防部第三廳第一處的處長陳達，從南京到山西去，當然對於擘劃作戰有關。廿六年抗日戰爭時，傅作義曾代閻錫山守太原，現在傅已經是華北剿匪總司令坐鎭北平，絕不能再代他去守太原料理後事了，但爲了舊屬的關係，雖不能發勤王之師，却也得惺惺一番，一般相信傅氏太原之行對山西不會有什實際意義與效果，冀境戰事疲於奔走之際，傅作義是無兵可抽的；而且在晉中戰局緊張中，平保路上也發生了戰事，高碑店，固城，定興先後失守，戰火一度燒近長辛店，北平清晰可聞炮聲，援晉實在也是不能的事。

晉中十六縣中閻錫山原來有十五個師的兵力，經兩週的搏鬭，折損相當可觀，估計約在二分之一左右，趙承綬而且有被俘的傳說。但是接近山西的人士說，趙氏的確在介休被圍三日，後來還是被具有在山西作「討伐戰」十年經驗的四千人馬把他救出來，現已回到楡次。現在太原戰事，南面似乎比北面緊張，據與正中社綜合報道週來并南戰事稱，「我某某兩軍及獨十總隊自七日進入太谷、楡次、徐溝中間地區作戰以來，遭匪第八第十三第十五及新四旅四個縱隊之瘋狂圍攻。九日我盧韓師分向晉南席之匪攻擊，數度突入村內，與匪發生巷戰，斃匪甚重。至十日南席村完全被我攻佔。十日拂曉，匪八縱隊全力分向我東西賈村猛攻，各該村失而復得者數次，激戰至晚，先後被匪侵據，匪我傷亡均重。十一十二兩日，匪傾全力向大常鎮南莊猛攻，與我某師楊師及暫十總隊發生極劇烈之爭奪戰，並施放毒氣彈，我官兵一部中毒，血戰至十二日晚，我守軍傷亡慘重，大常鎭南莊相繼陷匪手。七日迄十二日我與匪血戰六晝夜，共計斃匪兩萬五千餘。」匪有二萬五千人傷亡，國軍在「傷亡均重」中恐怕也不會少於這個數字。

鑽隙前進，越點進攻的共軍，在太楡徐三角地區一度激戰，超過太原西南門戶的晉祠，出現於太原西南廿華里地區，南郊機場因之失去作用，太原已清晰可聞砲聲及重機槍聲。幷垣五十里內繁星似的碉堡群，已開始被瘋狂進攻的共軍所搖撼了。十六個縣城也丢掉了半數，文水，交城，清源，汾陽先後放棄，太原是眞正危急萬分了，但共軍是否將一氣呵成完成晉中戰役，抑或先肢解佔領太原的衞星城，再進一步的圍困太原現在還看不出來。如果閻錫山還有五個師以上的可以集中使用的兵力，空中運輸與增援不成問題，那將以後者之可能性爲最大。空運增援部隊雖已自十七開始，數量恐怕不會很大，因爲涇渭河谷會戰以後，西北已經沉寂兩個多月了，胡宗南除了準備着迎擊再來的風暴外，還得策應中原，而就在增援太原中，潼關以外隴海線上的張茅鎭又有戰事。假如太原外圍受共軍鑽隙，兵力抽不回來，專靠外力增援那就沒有方法挽救了。而且環城鐵路，繁星似的碉堡，需要有堅強信心的部隊據守，士氣的基礎在於民心，要民心安定，民食問題起碼要有辦法，不然閻錫山不放行的太原三四十萬居民，將是防守上的最大累贅。

中央中國兩航空公司及交部直屬民航大隊太原航空站的人員十九日均已撤退，南郊機場受戰事威脅已不能使用，現在僅剩了北郊機場，東門外的新建機場，現在恐怕還沒有完成。太原北面國共軍仍相持於黃土寨附近，這方面賀龍的動作是值得注視的，如果北郊機場再受威脅，那太原就要眞正的被窒息了。

太原及其附近盆地是華北屋脊上的屋頂花園，工礦及農産冠於今日華北，閻錫山的大部份財產西北實業公司西北貿易公司均集中在這裡，煤，鐵，毛織，水泥，麵粉，機械應有盡有，那是勝利接收前完整的城市，從天空俯瞰，或從東西山漫步，這些工礦機器在轉動，烟囱在冒烟，給人一種誘惑，共軍在華北解放區合併成立以後，他更希望這個最大的解放區與中共中央更密切的聯在一起，他對這個城市當是如何的感覺興趣，可想而知。華北屋脊爭奪戰已經開始了，現在爭奪着屋脊上的屋頂花園。那屋脊上的屋頂花園，呈顯着一種搖搖欲墜的様子。

注視平保戰局發展

（北平通訊）

本刊特約記者

正當晉中戰局緊急，沉寂了半年的平漢北段，又爆發了大戰，共軍發動此一攻勢的目的，據一般觀察不外下列四點：

（一）軍事上的整編要求

共軍將晉察冀和晉冀魯豫兩邊區合併以後，成立「華北人民解放軍」，原來兩個大軍區的部隊及野戰部隊，勢必重新編組，調整戰鬪序列。徐向前已以第一兵團的名義出現在臨汾戰役，現正進攻太原，聶榮臻的第三縱隊及第二縱隊之第四旅，另外加上一部冀熱遼的軍區部隊，聽說將要編爲第二兵團，聶榮臻其餘五個半縱隊和冀中，冀南，豫北，魯西北的軍區部隊，必然也要順序編爲第三第四　兵團，在這個大整編前，軍隊需要一番調動編組，在調動編組的時候，向外擴展一下，然後安心整編，或許是必要的。

（二）掩護建立華北政權

薄一波成仿吾和晉察冀及晉冀魯豫兩參議會的駐會參議員，上月底在石門舉行了一次聯席會議，決定召開華北解放區人民代表大會，産生華北統一的民主聯合政府。這個新的政治中心可能就在石門正定附近地區。因爲那裏是兩個邊區銜接點地位適中交通方便。能以直接威脅石門的是平保路國軍。這個新型的政權，將是毛澤東喊出組織聯合政府的口號以來，第一號產品，因爲在過去共軍的地方政權組織有的叫做邊區政府，有的叫做某地行政委員會，只有在一民意機關裏才有所謂「三三制」，在行政組織中看不出什麼聯合的意味，所以將來這個華北政權的產生，十分値得注意，他將是將來共軍全國性的聯合政府的雛型，甚至於以這個地方性的聯合政府作全國性聯合政府的基礎，因爲新劃的華北解放區，以面積與人口論都比較其他解放區爲大，而且是居於西北、中原、華東幾個大解放區的中間。這個政府的成立，在共軍對他也必定是十分重視與珍愛，希望他迅速的成長與壯大。因此，他對於可以直接威脅她的平保線國軍，必定設法打擊，解除威脅，以軍事來掩護政治。

（三）加緊圍攻太原

梗在華北與西北兩解放區的中間的是太原及晉中盆地， 共軍爲將兩解放區聯在一起，必要時可能將中共中央或華北聯合政府移於太原。因爲太原在華北有高屋瓴之勢，足控制華北兼顧西北。共軍向晉中發動攻勢一個月來連下十餘城，太原衞星縣城多被攻佔，晉閻大有力竭聲嘶之勢。華北剿總要想解救太原出兵山西，當然是以攻雁門關爲捷徑，可是現在平綏路不通，大軍多在河北境內，兵力西移十分不易，而且事實上也絕走不開。再一條路就是沿平漢南下，攻石門以減輕太原壓力。共軍爲先發制人，免除側背威脅，以便加緊進攻太原，發動了平保間的攻勢。

（四）麥收的爭奪

北方政府區糧食困難，今年河北的麥收，因爲春雨及時，豐稔爲三十年來所未有，冀省府爲了搶護麥收，事前曾有嚴密的計劃，分派督導組赴各縣指導搶護，並提前開徵田賦，以儲備軍糧公糧。省府方面人士表示，這次搶護麥收成績相當圓滿，尤以保定附近所獲更多，用飛機場作了打麥場。據我們想象，這些搶護所得的麥收，現在還未能完全集中起來。共軍就在這時候發動一個攻勢，將國軍方面從田野中搶護來的麥收，再從分散的倉庫中搶回去或加以破壞，這樣搶來搶去之間，吃虧的還是種田的老百姓，好一個三十年來未有的小麥豐收而遇到了空前未有的兵慌馬亂。眼看着到嘴的東西都吃不成。

聶榮臻近兩個月中在華北五省完成了他的大環行的奔襲攻勢後，與冀熱遼邊區的李運昌部，集中重兵於長城線內，威脅着關內外的交通，使北寧路津榆段時通時斷，國軍在這種情形下，當然不敢對北寧路掉以輕心，也只好將主力放在冀東監視共軍行動。因此平保路上在涿縣以南只剩了由僞治安軍改編的新二軍，涿縣以北到北平由九十四軍和青年軍二〇八師的各一部防守，鐵路以西山地，除房山淶水以外均在共軍控制下，鐵道以東的平津保三角地帶是王鳳崗的防地，這個地區王鳳崗的團隊，在平保戰爭發生以前就在沓岡一帶吃了共軍七縱隊的虧，新城縣府已作游擊辦公的準備。所以平保戰爭發生時，路東共軍劉炳彥部也從東面打來。

共軍發動平保間攻勢是在本月十五六日，華北剿總二十一日發表平保戰役經過實況說 「聶榮臻匪第一，第六，第七，三個縱隊及二縱隊一部，於本月十五日，向平保沿線竄犯，國軍爲集中主力，殲滅匪軍，當命令定興，淶水，新城及徐水等若干分散據點，實施空室清野，而以强大兵團尋求決戰。即於十七，十八兩日，在房山以南捕捉匪打擊部隊，予以圍殲，匪僥倖一次突圍，遂即再次遭我截擊追擊，如此反復連續戰鬪，至十九日匪一縱隊全部被擊潰，其餘各股匪亦均蒙受頗大損失。在空室淸野中以新城淶水縣最爲澈底，幾無任何損失，徐水定興兩地守軍暫三十一師之各一部，因該部隊歷史關係，過去曾受日本守護鐵路點線之訓練，在作戰觀念上，不能靈活運用，以適應今日剿匪戰鬪之需要，致空室淸野未能及時完成，而遭匪攻擊，估計亦蒙受相當損失，詳情正查報中。」

新二軍暫三十一師在北義安，定興，固城，北河店的確蒙受相當的損失，到現在師長陳志平還下落不明，可能已被共軍俘去。聽說這個部隊因爲歷史關係，不僅在作戰觀念上不能適合今日剿匪戰鬪之需要，在戰志上也不够堅强，因爲很多士兵自敵僞時期以來，都有了被俘的經驗，俘過去放回來，在來去幾回之間，他們就都視爲平常了，覺得甚麼也不可怕，反正是一切爲了吃飯。所以師部所在地定興，在十七日就被攻入了，連同很多官長也被俘去。

從高碑店到徐水中間五六個車站，在十九日左右先後被共軍攻佔，鐵路西側的新城淶水也在空室淸野下撤守。紅遍南北的「剿匪英雄」新城專員王鳳崗，一度傳免職，調剿總服務，現已經官方否認。戰事發動之初，共軍曾猛撲長辛店良鄉，並打下坨里周口店圍攻北平西南之房山縣，十七日深夜北平城淸晰可聞砲聲及機槍聲。國軍急調主力三十五軍及暫三軍增援反攻，首解房山之圍，據說曾在琉璃河崗窪以西地區斃傷共軍千餘人。繼續向南推進，已先後將高碑店松林店及其附近據點先後克復，現正在徐水以北新城以西地區縱橫掃蕩，新城也有再度收復的消息。

平保國軍向南推進中冀東香河又遭共軍圍攻，地方團隊激戰竟日，二十日撤離縣城，共軍續向南移，威脅平津交通，武淸宣佈戒嚴，防備共軍攻襲。同時在平津鐵路以南的平津保三角地帶永定河邊的固安，也開始空室淸野了，部分難民及縣府人員已移至龐各庄車站。根據目前的情況判斷，共軍發動平保間攻勢的目的，如果僅限於以上所提四點，國軍主力增援南進後，可以暫時告一段落。如果南進的國軍一時轉移不回來，平保間共軍也非常可能東移北竄，與冀東共軍呼應，對北寧路的平津及津榆兩段，再度施行破壞，展開他的夏季河北境內全攻勢。

物價向什麼看齊？

（北平通訊）

本刊特約記者

（一）半載漲風

轉眼又是半年了，河北平津三地參議會的議長又要爲了北方枯偏到南京再度請願了。今年一月十七日，三議長到南京的那一天，一號麵價每袋最高只到九十一萬元，物價是一萬一萬元地跳，假定本月下旬再去請願，那一號麵已漲到二千萬以上，物價是以百萬爲一級的跳，這是多麼長距離的物價競走。照這樣下去，在大鈔不斷發行中，轉眼每袋就會到二千億元，出現這種天文數字，絕非神話，那時的躍進的單位，就是億。

還有什麼是用「元」的呢？據六月中有人在物價最高峯的山西拍電出來說，大米一兩，約一千四百粒，每粒值三十餘元，小米一兩約三千粒，每粒價值十元。東北的電訊，大豆如珍珠，每粒國幣十二萬元。長蘠樹葉每斤十萬元流通券，即法幣一百萬元，每片樹葉至少五千元，有油無鹽的肉絲麵是流通券十五萬元一碗，即一百五十萬元法幣，一滴麵湯也會價值萬元。七月十九日公布發行五百萬元一張的大票後，平市的燒餅從三萬跳到五萬一個。生生畫報統計三十六年一月四日到仁義和小飯舖去吃飯用二千元，可以要一碗燉牛肉，一盤攤黃菜，一碗榨菜湯，兩碗米飯和半斤餅，三十七年同月同日二千元只夠買一個燒餅還得外加小費，這時的麵粉價格已比戰前貴了三十四萬倍，只是過了半年，這二千元買不到燒餅上的一粒芝蔴。

如果說今年年初就過不去了，那麼到今天上漲到百分之二萬又是怎麼渡過的？上一次的口號是北方偏枯，要求「增加外匯，開放內匯，」因為天津海口只分配到進口外匯百分之四，而且自去年九月物價暴漲後，國行對華北的匯兌築成了一道無形的長城，為了平穩江南物價，停止申匯。這一次，則是為了中央發了一筆洋財，「美援四億，」但除了對英國人統治下的開灤煤礦有些點綴以外，對於北方整個沒有分給一文，這種偏安江左的心理，對於北方不是偏枯又是什麼？

曾作過「故都」的都市本來已多感傷，曾為北方出入口重心的天津碼頭更感到空前未有的淒涼。而「畿輔重鎭」的人們似乎有些棄婦怨，北方老百姓不能沒有偏枯感，一陣風一陣雨都是刺激，又何況是當眞有心偏枯？政治若不眞為人民生活打算，那麼層層對立，個個矛盾，到處不平之氣猶如洪水隨時都會造成潰決局面了。

明明知道不能解決問題，但是春節前夕，中央銀行業務局長沈熙瑞自稱要來瞭解問題，但也撤出五千億元的「收購成品」的歡喜種子，到六月中東北流通券在華北作排山倒海的突擊時，二十三日中央銀行又有稽核處長李立俠國庫局長夏晉熊及東北區行主任王鍾到平津來開放了申匯。而平津自己却行歷史重溜，立刻又把東北流通券匯兌堵甯。二十五日據說美國經濟合作總署中國分署署長賴普漢要在二十五日親自北上視察，也許會多少給一點油水吧。

（二） 中央與地方的距離

三議長春節請願歸來，下了飛機到北平市參議會裡報告時，就喊出了有對立性的「樹立北方經濟新體系」，大一點說，是「大華北主義，」小一點說，「是大河北主義。」北方有煤，有鹽，有棉，有鐵，是建立一個現代化的國家所必需之物，如果無代價地輸出江南，實在有些不甘心，到七月中旬，河北臨參會第三次會議席上，教育界名流薛培元就喊出這樣的句子：

「我從二十七年的接收卷宗上，查出來日本軍閥那一年在華北榨取了八萬萬元，除了支持華北政委會以外，還成為他們侵略中國的資本，我們要問今天中央在華北拿去了多少？給北方的又是多少，能不能夠清算一下？」

當沈熙瑞在二月八日離平前，他對於外匯的偏枯作了一個說明，他承認北方配額佔百分之四是太少，「上海是全國中心，進出口商人多得利潤是事實，但有若干物資並非都用在上海。」他以台灣舉例，他們本有百萬元外匯，由於麥帥要在那裡為日本買糖，可以多得五百萬元外匯，但為這點外匯，却要付出一千四百萬元的肥料費。棉花，機件，及包裝都要外匯。他又特別指出北方的開灤，啓新，中紡，的原料一部及器材，甚至於食糖及食糧都是外國運來的，也都需要外匯。「這些都不在那百分之四的限額之內的。」因此他嘆息中央的苦痛不全是地方瞭解的。

江南沒有方法離開北方獨立，不僅冬天需要北方的煤，整個的交通及動力都依賴着開灤的煤礦，當安南鴻基煤不能運到時，他們同樣也願要門頭溝的無煙煤炭。「美國，蘇聯，加拿大買煤都要使用外匯的，去年冬天無可奈何到蘇聯買了二萬噸煤，就花了五十萬美元，對內無論如何還是用法幣，對外用外匯可眞負擔不起。」於是春節工業成品收購中，買了開灤十萬噸煤，每噸一百六十萬元，共計一千六百億元，門頭溝煤三萬噸，約五百億元。又購啓新洋灰二萬噸每噸四百六十萬元，計九千二百億，資委會各廠買了三百五十億。買了久大的鹽五百萬噸。每噸四十萬計二百億元，中小工業所得為數却不多。北平所得不過一百五十億元，手工藝貸款也只貸出一百億元，有些成品收購後到今天還在待價而售。

在美援之前，雖然比江南遲一個月，但北方也得到美國救濟麵粉。從三月份起，五大都市有半數人口平價配售美米美粉。通貨吹風似的漲，兵船粉每袋四月底二百二十萬元，五月底漲到三百五十萬元，增價百分之五十五，六月底漲到一千〇五十萬元，增價百分之三〇九，七月這半個月漲到二千大關，又加了百分之百，這四個月內，配粉每斤價格為四月份四萬四千四百元，五月份三萬九千元，六月份七萬二千元，七月份十二萬五千元，這「泰山石敢當」姿態並沒有壓着了上漲的麵價，美麵售款至今却偏枯了北方，又引起各方的一致不滿。

三議長看中了煤，鹽、布、鹹，自二月起就向中央要求每月徵收自衞特捐五千億，這是挖中央肉，補地方瘡的辦法，到四月初張群下台前方才批准，收到六月，已得八千億，對於充實傅作義指揮下的民衆武力的資金，是一大來源。自然，武力的開展要更多的錢，這一點決不會使地方得到滿足。中央也不會與無法加多了。

（三） 華北與東北的膈膜

通貨膨脹是整個的，物價飛漲也是全國性的，只要戰爭不停，通貨不停發，物價也就不會停，三議長及工商業的請願，就如小小的逆流，在大漩渦中一捲便消失了，北方的局部「自立更生，」也是不容易單獨存在於洪流之外。

從最近半年中的物價暴漲中，充分說明了這個事實。外匯的限制有了伸縮性，但天津每月一千萬美元的商品輸出的款，仍然不能全屬地方，一半由於歷史，一半是由於環境及設備。美粉來救濟的結果，但麵價上漲了百分之一千九百倍。自衞特捐隨着幣值貶了價，過去假定能養一百名壯丁的款，如今連二十五名都養不起了！尤其是停止申匯的結果，八個月來造成了鈔票旅行，專機運了來，成船的旅客及飛機上的貴賓都是鈔票運輸商人，又把鈔票運回上海去，在利潤間隙中找尋。

一切的法令都是作繭自縛，一切的法令都限制不着特殊階級。江南對華北建築起一條無形的長城，「停止申匯」，却禁止不住法幣的照舊旅行，華北對東北也是有一條有形的長城，對於流通劵像商品一樣地運出運進，也是毫無辦法。所以六月二十三日，中央銀行新派來了三大員李立俠，夏晉熊，王鍾，他們下機便對記者談稱：

「大問題沒有解決之前，要物價不漲是不可能的，只是要它如何漲得慢，漲得合理合法，只許漲，不許跳。我們相信對金融流通只能用疏導，不能用阻遏，過去築堤堵口的辦法可以說是失敗了，把水聚在一處若是潰決了反而更加危險，不如大家扯平，要漲也是慢慢地漲　中央銀行也想用物資來平價，打擊那些跳躍的投機商人……」

八個月來中央對北方的「停止申匯」在六月底便告一段落，算是認了錯，撤銷了這種弊病百出的封鎖長堤。但人間常有奇跡，同一時間，華北却採納北平市參議會的建議，對東北頒布了限制流通券兌換的平津單行法令，使東北來的每一天四百億現款不至於全部出籠，在市場上興風作浪，這一條平行萬里長城的新經濟封鎖線又出現了。三大員僕僕由天津飛來的任務只作一了半，正是扶得東來西又倒。

李立俠等在北平爲交涉取消這一條法令，以致脫了飛機班期，白花了二張票價，他們等不到取消便走了，當時說道「申匯開放後，華中對華北的阻塞過去了，東北流通券在關內的阻塞也要成爲過去。用阻塞的辦法不能解決問題，如若不然，停止申匯也早已成功，華北也不致於遭受這些慘痛的經驗，這種只收一時之效的辦法，希望華北對於東北不要重演，東北要有糧食，要取消不必要的文武機關，要同意中央金融機構的統一籌畫。」

東北流通券在瀋長及四十多鄉鎮中翻滾後，只有逃華北一條出路，劃到江南匯率爲百分之二十，到平津只要百分之二，像水之就下，自然便集中了。不受限制的六月以前據二十八日中央銀行發表，共兌出流通券一千三十一億，計法幣一萬一千九百億元。而受了限制的六月三十日至七月十七日，據審核小組發表，准兌的折值法幣一萬四百三十四億，已兌的也有四千九百三十億，數字不僅沒有減少反而加多。而「七五」及「七九」多少是一種受了流通券停兌而起的反動感情之一，到東北剿總秘書長吳瀚濤爲了東北進行購軍糧要吸收一部流通券回籠，請華北剿總寬放匯兌，於十七日進關後，傅作義總司令才下命令恢復財政部的辦法，但爲了面子，還要加一點「限制」。

「停止申匯」鬧了八個月，開放了，誰能計算出其中造成多少膈膜？「限制東北流通券」，限制了十八天，誰又能計算出由它所造成的不幸？

（四）玉石俱焚

中央與地方的關係在經濟赤字上無法和協，這距離一天天造成了離心力的加大。今日地方上的口號自力更生，希望一切向察綏看齊，這就是說，要三千萬人口向六百五十萬人口看齊，要城市向鄉村看齊，要農業向工業看齊，這就是說，要以對農業的榨取來對工業榨取，要城市向鄉村分擔內戰的負擔。更進一步說，就是要學習農業的麻木性，平衡這一切對立局勢。

事實上，已然並不存在應有的有利條件，在剔淨了肉的排骨上已經沒有了脂肪。一位經濟大員說得好「我們今天的經濟現象已然沒法子解救，只有開倒車，走回頭路，增加麻木，拖延時間。如田賦已繳錢的，如今恢復徵收實物，政府自己都不信任自己的貨幣，只要有了糧食，便可以拖一些日子；美鈔黃金及袁世凱的屹立領導，又是法幣沒有位置的具體說明，政府就是爲了改換幣制，也得多發大票，才能消耗國民財富，減少本身的損失。一切都是命定了的，不能解脫，亦無法解脫」。

北平公用局長報告公用事業漲價道，我在三十五年十一月到任的時候，每三個月漲一次價，三十六年九月起，每兩個月漲一次價，三十七年二月份起，只得一個月漲一次，到了七月份，就非半個月漲一次不可了，每月中旬及下旬兩次發薪之後，總有一次循環性的漲價，大軍購糧買草，或是事業機關囤積紗布，也都是動一髮而及全身，至於有政治性的漲風，則更不在話下，這樣下去，就是惡性通貨膨脹，就像間歇性的瘧疾，使全身逐漸失血至死。王雲五打着沒有珠兒的算盤，他能有什麽辦法？

三議長及工商團體重演半年前的大請願，能有結果麽？即便是沈熙瑞重來收購成品，李立俠，夏晉熊及王鍾重來拆除經濟馬奇諾又能有結果麽，萊普漢到北方來視察，給北方一點殘羹剩飯，（事實上也不大可能）在這種支離破碎的局面下，又有什麽用？馬歇爾在職一天，他對中國的頑固看法便不會修改，美援是梅援，望梅不能止渴，到了口裡也是酸得出些津液，並不能果腹的。

物價今後向什麽看齊，物價實在是向大崩潰看齊，物價一天比一天地上漲，也就一天比一天地接近了崩潰。有詩爲證：

「屋漏偏逢連天雨，
船破又遇頂頭風。」

今後的困難必要重出不已，「偏枯」聲中，「玉石」要一齊燹焚化了。

當市場只有美國原料時，一個新起的政治的鄉城斷流的恢復，正在醞釀中，但在目前還是一個希望，還沒有提出具體的辦法來。　七月二十日

遼陽易手記（瀋陽通訊）

李平明

七月十五日的拂曉，二十五師沒有大戰鬥便打進遼陽。國軍誇耀着這是東北國軍攻勢的起點。廖耀湘說：「我們預備與共匪打一仗主力戰，要共匪拿出五個縱隊的兵力來決鬥」。

記者於十六日進入遼陽，看看這個被解放了一百六十多天的城市，二十四小時巡視，覺得這個古城，由一個統治者換上另一個統治者，什麼都似乎在變，除了白塔高聳，太子河流水悲鳴外，惟有老百姓的苦難沒有改變。

從高麗門入城，老百姓以徬徨與懷疑

的目光望着我們。這解放過的城市一切很寧靜，也很沉寂與蕭條，第一個給人的印象，表面上是看不到易了主人的痕跡。只有墻頭政治支票很多，舊的寫着「打到南京去活捉蔣××」「農民分土地，耕者有其田」「開倉濟貧」之類。新的還很少，偶然也看到「戡亂建國」，色彩也未乾。安民佈告貼得很多，還有傳單與有圖畫的文告，內容有的勸八路幹部投降有優待，有的畫着「牛耕田」，說國軍來了，人民可以安居樂業。有的說已分的土地農民安心種田，只要繳租三分之一。這些文告看的人不多，不知道是已經看過呢，還是不要看呢？

通東西南北門的是十字大街，算是城里最熱鬧的地方。商店是十九關着門。街上只有一些小攤販維持昔日熱鬧的記憶。買賣爲什麼不做呢？掌櫃的說：「紅票」（共方東北銀行發行的地方流通劵）自國軍來後不能使用，「白票」（老百姓給中央銀行發行的東北流通劵的別稱）又沒有，因此一切便蹔息了。讓賣香烟水菓花生米的小販專美着。小販的顧主都是帶着勝利威嚴的國軍官兵，因爲他們有「白票」。記者逛街，時有乞丐跟着叫「老爺」，不知解放時是否也是這樣。

買賣雖停頓，物價還有，老百姓因爲不知道「白票」的購買力，要價很亂，鷄蛋每枚售流通劵一萬元，也有要一萬五的。小蘋果有的要十萬一斤，有的只要三萬。粮食呢？解放時期售高粱米「紅票」三千八百元一斤。光復後國軍的議價是十三萬元一斤。因爲缺票子買的人不多。猪肉沒有賣，記者上館子吃一碗麵條，醮頭是三天前的醃羊肉，每碗流通劵八萬元。老百姓拿着「紅票」沒有用，只有看着東西發怔。國軍的高粮米議價對商人們很有用，他們便以這「食粮本位」做定一切價格的標準。什麼東西便照「紅票」價格翻上二三十倍。

大家都說苦，食粮問題很嚴重，全城老百姓十之五以上吃的是糠餅，野菜，生活得的確慘，大人們都是面有菜色，形容憔悴，小孩子們也都瘦骨如柴，一副可憐相。可知解放日子里沒有吃得飽。因之他們很埋怨八路的統治，因爲，他們希望國軍來會給他們吃飽，可能嗎？也許瀋陽的老百姓吃豆餅樹葉的生活他們還沒有知道。其實誰都不願意讓老百姓餓肚皮，只是要打仗，便要徵發，要徵發，老百姓的口粮便要拿去。

共軍治農村的本領比都市好，遼陽城里老百姓說起八路在這里半年來的統治，沒有太多的好感，他們說窮人窮，富人也窮了。但是對於他們也有讚揚，比如幹部做事的清廉認眞，行政效率很强。共軍的幹部每個月拿「紅票」六百元的薪餉，生活雖不至於吃野菜，但是過端午節也還一樣的啃窩窩頭。他們很實幹，今年發動春耕，老百姓說共軍的幹部也一樣的挑大糞墾荒地，這些我沒看見。整個遼陽城里可以說沒有一塊土地荒蕪，却是事實。

共軍在遼陽，一切政治上的實施並不太狠，土地是分過了，但一切淸算鬭爭的節目還未出現，不知是未做？還是不做？經濟的統制很嚴格，在解放之初，粮食被徵去不少，但到後來因爲有粮荒，還從遼南北運大批粮食來救濟。貿易局是專管經濟作戰的徵發物資，平抑物價，套取物資，配給物品，什麼都做。遼陽有三大工廠，一個水泥廠，一個七萬錠子的紡織廠，一個蔴袋廠。但在解放時期都歸地方政府管，這些工廠是需要高級技術管理的，可見共軍對於輕重工業還是沒有整體的計劃。而且水泥廠的生產都無法使之復工。

遼陽的克復，國軍曾在高麗門，水泥廠，蔴袋廠，火車站等地略略的打過仗，據軍方說：是役俘匪五百，斃匪數千，記者曾經巡視各處，沒有發現許多死屍，也沒有這許多掩埋過的痕跡，聽說國軍曾在火車站俘獲兩列車的包米與高粮。記者在遼陽曾經問過劉玉章軍長，有沒有這麼多的戰利品，劉氏說還不曾接到報告。遼陽之役，國軍最大收穫是鹵獲可製二十萬套棉軍衣的棉花。衞立煌曾經下過命令，得到的物資一律先封存再派用場。可是遼陽至瀋陽的公路上，却有連綿不絕十輪大卡，滿載着棉花浩浩蕩蕩向北而去。還有載新蔴袋的大車也多着。記者在遼陽的時間有限，還沒有碰到更多的接收的喜劇。

遼寧王鐵漢主席在遼陽視察時，曾發過豪語，所有分了的土地，佃戶可以一律不交租。可是王氏去後，遼陽縣長王志仁當天召集地方人士開會，便有人反對，其主要理由是國防部印製的傳單上已寫明了交租三分之一，不能使地主失望。

國軍李運成率領的二十五師，以幾個小時解決了這日俄戰爭時代曾經酣鬭過的「鐵打遼陽」，民衆也很幸運的沒有因爲這一易手蒙受大損失。然而收復是收復了，不知政府以什麼方法來治理一個被解放過的地方，會不會能拿出比八路高明的辦法。看吧！打出什麼樣的政治王牌！

陝西政海微波蕩漾

（西安通訊）

高君

陝西省主席爆出冷門，胡宗南的大將，黃埔一期畢業生，第十八綏靖區司令官兼整編第一軍軍長董釗，不聲不響地攫得了這寶座。

祝紹周，這位保定三期的軍人，在西安前楊虎城公館（陝西省主席官邸）住了四年四個月另四天，終於被「陝人治陝」的浪潮衝走。無疑的，這四年多，祝氏在陝西的聲威登峯造極，如沒有胡宗南的權勢蓋過他，祝紹周可能是中國最具權威的省主席（當然要除去閻錫山，馬鴻逵，馬步芳這三位），用人治事，他都有魄力，有胆量，不理議會，不睬輿論，陝西人承認他是十幾年來陝西最能幹的主席，但有些「跋扈」。一部份的陝人不滿他的「跋扈」勁，他之走，也走在這「跋扈」二字上，這裡的，「跋扈」不是對上而言，他對上應付得很好，譬如說他與胡宗南的關係就處得很好，只是說他對地方人士不重視，不賣賬，說穿了，就是說祝氏强勁有餘，圓通不足，他自己也有此感覺。他喜歡畫梅花，畫得也不錯，隱約之間，頗有以梅花自比之意。梅花粗枝傲骨，祝本人也是一身傲氣。陝西的一部份國大代表，立法委員到了南京，發表了反祝的言論，這在西安是聽不到的。他們敢於對祝紹周展開攻擊，當然有些來頭和背景，因為「本地人治本地，是一種潮流」。（借用祝氏告別陝西士紳時所說的話）湖北，江西，浙江，湖南的新主席都是本省人，「陝人治陝」的口號提出來，很響亮有力。主陝四年後的祝紹周，也到了急流勇退的時候，所以他毅然求去，這是他的聰明。總統涖陝時，正式批准祝紹周的辭職，繼任人選，呼聲最高的是關麟徵。五月間關氏來陝，不少陝西士紳會有勸進的表示，關氏也藉此機會看看行情，審度之下，關氏聲言決不幹本省的主席，即使是行轅主任也不幹，意態堅決，很使一些人奇怪。說起來也很簡單，關氏未嘗無意於省主席，可是他不願意當有名無實的省主席。西安有一位胡宗南上將坐鎮，關麟徵豈肯屈居胡下？所以關氏又飄然飛川，很使地方人失望。

另一位是長袍布履的省黨部主委王宗山，據說中樞有人提到他為繼任人選，這位篤信佛教的「王菩薩」，焉能負此重任。兵兇戰危，佛法雖無邊，可是不適合總體戰的需要，當然告吹！

總統徵詢胡宗南的意見時，胡氏毫不遲疑答稱：「董介生」。胡手下有四大金剛：劉戡，董釗，陶峙岳，范漢傑。陶范二人相繼離去，剩下劉董二人為胡的左右臂，左臂劉戡折於宜川，剩下一條右臂，有此機會，胡氏當然要提拔提拔老同學，老部下，陝西主席的冷門，如是爆出。董氏為長安人，陝人的「陝人治陝」願望也達到了。任命甫發表，陝西人的確也興奮了一陣，可是現在又消沉了，因為董釗發表談話：「欲求澈底實行陝人治陝，殊不可能，因不能因人設事，要「用人惟材」」，這幾句話澄清了一週來關於省府人事的傳說。原來各方面的傳說，廳處長人選都在陝籍人士中打轉，甚至還擬好了多份全部廳處長的名單，各派各系的陝籍官宦名流熔於一爐，看起來真是標準「陝人治陝」的省閣，董主席的幾句聲明，使這一切都歸於泡影。據說經胡宗南同意的人事調動只是原任民政廳長蔣堅忍（浙江人）出任秘書長，胡宗南的舊屬劉亦常（湖北人）出任民政廳長，其他蟬聯。原來一般人最注重秘書長人選，認為是主角的操琴師。西安有家報紙曾著論說主角換了唱秦腔的，操弦的人不可是唱二簧的，現者這位操琴師還是唱二簧的班底，所以「陝人治陝」只實現了一半。

董釗上合以後，陝西軍政熔於一爐，在配合上也許會更完美一些，實際上與祝紹周主陝並無區別，所不同的，只是轉換一下陝人心理上的不健康狀態。今後省政的措施，多少要顧及本地人的意見，祝董之異，在於此，僅在於此！

在從前，本地人不能作本地官，謂之「迴避」，現在中央一批一批地任命了很多本地人來作本地官，這新的制度，新的嘗試，成效如何，要看以後的事實來解答了！

遠東經濟委員會點滴

（印度通信）

之萬

在喀什米爾問題和希德拉巴德問題不斷地引人注意的時候，最近半個月來印度報紙上登載得最熱鬧的另一種新聞，便是聯合國亞洲及遠東經濟委員會（簡稱ECAFE）會議的消息。這個委員會的成立，距今已一年有餘，第一次成立會是去年六月在上海開的；第二次會議在菲律賓的碧瑤舉行，這次是第三次會議，在印度馬德拉斯省的烏塔卡蒙德 Ootacamund 市舉行。市離 Mysore 城不遠，海拔七千八百英呎，上有離宮別墅多所，是避暑的勝地。

這次與會的國家有十八個單位。十三個是會員國，包括：澳洲、緬甸、中國、法國、印度、荷蘭、紐西蘭、菲律賓、巴基斯坦、暹羅、蘇聯、英國、美國。五個是副會員國 Associated Member 卽柬埔寨（Camboda）老撾（Laos）錫蘭、香港、和馬來及英屬波羅洲。兩者之不同，是會員國有表決權而副委員國沒有，但他們在小委員會中有投票權，其他提案等權能，和會員國無異。

國際聯合國的經濟及社會理事會之下，現在已有四個區域經濟機構，最早的是歐洲經濟委員會，其次便是亞洲及遠東經濟委員會，再繼之而起的是南美和中東兩個經濟委員會，這些委員會的任務。自然注重研究各區域內經濟復興的需要，建議經濟復興的設施。但實際上如現在歐洲的馬歇爾計劃完全由美國與西歐各國直接交涉，歐洲經濟委員會對此毫不與聞。其他區域經濟機構，資格更淺，所以這些委員會在目前祇是一種調查研究的組織，不過也未嘗無其功用。第一是經濟資料可以蒐集得更為完全，第二是各國的計劃可以綜合比較免去不少矛盾重複，而最重要的是區內的經濟部份人員，時相接觸，對於彼此情形可以更為明瞭，彼此經濟關係也可賴以增進，可有不少無形的利益。

在此次開會不久以前，駐印美國大使格萊底 H.E.Grady 無意中投下一個石子，引起了不少的波瀾。格氏在一次講演中用外交的辭令讚揚印度，並且說印度也可設一種計劃稱為尼赫魯計劃，好像馬歇爾計劃似的，這一句無心的話發表在ECAFE不久開會的時候，不免引起了印度人一種奢望，以為 ECAFE 可以起草一個亞洲經濟復興計劃以媲美於歐洲的馬歇爾計劃，報紙上盛為宣傳。格氏見事不妙，於是在卽將開會的時候重行發表聲明。說明美國於最近援助法案之外，更無餘力再援助亞洲，對於印人熱望澆了一盆冷水。然而開會之後，尼赫魯的開幕詞以及印度代表的歷次發言中都注重於有資力的國家應該對亞洲予以援助，國際投資與生產財的供給應該平等分配不應有所歧視。美代表也針鋒相對讀了一篇聲明，大意是說希望外資投入的國家應先具備適於投資的環境，如果國家主義太濃，外資限制太嚴，資本的保障不確實時，外資自不免望而卻步。

同時在又一聲明中，格氏對於會議中反對强化日本工業尤其機器等重工業的論調也略致譏諷。此事的起原，是由於ECAFE 中所設工業小組的報告中，很着重日本生產能力對於亞洲經濟復興的重要，各國經濟開發都感覺資本財的不足，而日本頗有製造機械的餘力，當此歐美各國不能供應的時候，最好是利用日本的餘力來供應亞洲的需要。其中有一個建議說：Recommends that machinery be provided in collaboration with S.C.A.P. to Coordinate generally the development requirements of the ECAFE region with the Japanese economy 這一段文字，隨解釋之不同，有人認爲含有以日本經濟爲主，他國經濟爲從而主要由日本供給亞洲經濟發展所需要的工業設備的意義。中國代表在一個小組委員會中，提出了一個決議案，語氣與原文相反，削除了和 SCAP 合組機構的說法，而說明日本的生產應使適合於亞洲各國所需要而樂於接受者。這個決議案在那一小組中通過，但另一小組中認爲規定日本經濟政策是華盛頓遠東委員會之事與 ECAFE 無關，主張全部刪除。這兩個不同的意見在大會中起了爭執，中國代表以爲既係建議性質並無妨碍，結果投票兩次，中國的意見卒得通過。格氏的聲明就是在一個小組委員會中所發。他說明美國與英國有過兩次戰爭，然美國經濟的發展就靠在第二次英美戰爭後利用英國的資本，美國初期的出口以農產品爲主而生產財大半仰賴英國。經百年之久，美國才成一大工業國。這篇聲明顯然是對於亞洲各國尤其中國的諷刺。

同時，蘇聯代表則大責備工業計劃之不注重各國基本工業，尤其金屬與重機器工業。說明蘇聯注重重工業政策之成功，並分發一九四六—五〇年的蘇聯五年計劃以爲宣傳。工業報告中有關於蘇聯由東北拆遷工廠設備的叙述，蘇代表曾屢次要求刪除，無人附議而罷，但同時却責備中國不知注重重工業，一面盛誇蘇聯戰後建設烏資別克Uzbek社會主義共和國之成功。有人說：烏資別克的建設，一部份就是靠東北拆遷的設備，究竟是眞是假，現尚無從證實。

會議中最熱鬧的節目，自然是印度尼西亞共和國要求加入爲副會員的一幕。這個問題在第二次會議時已經發生，因爲國聯正組織一個委員會調處荷印間的紛爭，決議展緩討論。這次荷蘭先發制人，提出讓全部印度尼西亞爲副會員國的提議，並聲明代表團中留兩名空額由印度尼西亞共和國派員擔任。荷蘭的理由是根據本年一月荷蘭與印尼共和國所訂的連維爾協定，印尼共和國外交由荷蘭負責，而且印尼共和國僅佔全部印度尼西亞的小部份。但同時印度也爲印尼共和國提出要求爲副會員國的提議。其理由爲印尼區域在亞東經濟上甚爲重要，而根據國聯前例參加經濟團體，並不影響外交上的地位。比方在哈伐那開會的國際貿易會議，就有印尼共和國的代表，其後所設立的過渡期間貿易機構，印尼共和國也參加在內，遠東經委會同爲經濟組織，同屬經濟社會理事會系統之下，似無不能容納的理由。這個爭論，英美荷法等站在一面，印度、巴基斯坦、緬甸、蘇聯等站在另一面。中國因華僑在兩方面均有重大利益，當要到僵局的時候，挺身出來調停。於是主席指定了中國、印度、荷蘭三國代表組織小委員會，商量有無妥協辦法，限期三日。後來因雙方堅持，未得結果，最後由菲律賓提議展緩討論以待下期，以六對五通過。這次投票最奇怪的是澳洲和紐西蘭，本來發言時都幫助印尼共和國，可以在最後一次投票時，紐西蘭忽然變更態度，參加資本國家方面，而這一票就決定了大局。

關於委員會本身的工作，經決定了（一）擴大工業小組的組織，多調用人員，以期對區域內各國幾種重要工業的計劃，他們在物資上及財政上的需要詳細究明；（二）在秘書處中設立一股注重便利技術人員訓練的工作；（三）另設一股與 FAO 聯繫注重糧食增產等事項；（四）另設貿易促進股，注重促進區域及區域間的貿易，其中包括對日貿易；（五）開交通專家會議討論各國內的交通問題；（六）建議經濟社會理事會設立水利處，注重薈集各國水利資料，交換情報知識，並在技術方面協助各國水利工作，並規定了經費爲每年十八萬美元。最後一個組織之設立中國代表的努力不小。在水利經費缺乏的今日，對於中國水利研究工作是很有利益的。

ECAFE 的主席本來是中國的蔣廷黻先生，這次因爲蔣氏另有任務重選主席，印度首席代表馬泰Dr. John Matthai當選爲主席，緬甸首席代表爲副主席，下次會議決定在澳大利亞舉行，時期在本年十一月。

在前兩次會議中，會址迄未決定，這次議定了在國聯在亞洲及遠東的永久會址決定以前，以上海爲會址。這是中國代表李卓敏氏活動的大成功。

十二日會議完畢了，記者也就下山，印度的南部農產實在豐盛，許多城市也極美麗，民風也相當敦厚，這大約是二百年來太平安定的結果。希望印度更能繁榮下去，成爲亞洲及遠東經濟之一柱石。

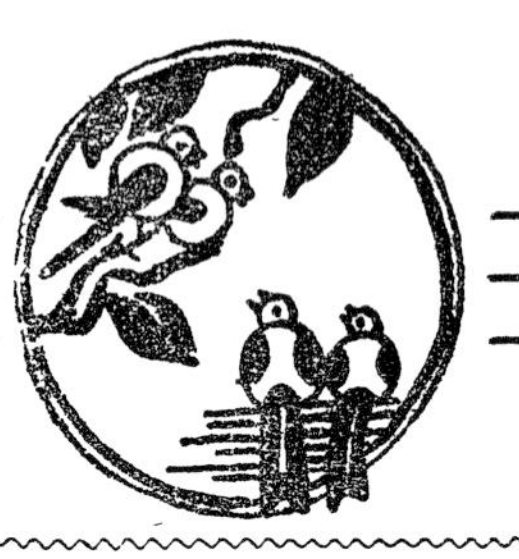

詩四首

王道乾

（一）香料

在她眼裏永遠追尋一個流淚的原因，
在她奢華的香氣裏永遠感傷時光破碎，
冰冷手臂掛在我肩上眼與手
因此都迷失於音樂裏古代的災難。

一個女人的命運像煙卷燃着；
我的鞋踏着地板尋求限制；
寫着字和畫着花文的玻璃門開了又閉上，
時間與香氣從印有字和年代的瓶中流出。

從她的美態我永遠追索痛苦的根苗，
寒冷的身體以凉手傳達一個暗澹的將來；
音樂在舞的深處召喚召喚焦急到極點，
我的同伴漸漸氣化消失在失望的空中。

文藝

文人與文章

·楊振聲·

笑話！文人與文章，天經地義的黏在一起，壓根兒分不開。這難道還有什麼問題嗎？也當個題目來討論！

一點也不錯，就是爲了文人與文章，太那末黏在一起了，問題就發生在這兒。文人作文章，就像女人擦粉一樣，誰也不能說她不應該擦。可是，什末都不管，一天到晚儘擦粉，並不能就把她變成個美人呀！

休怪我比擬不倫，一般所謂作文章，無非是把一樣的話寫得美一點，動人一點，那末與女人擦粉有何不同？專從美與動人的地方下工夫，那與成天價擦脂抹粉又有何不同？不但如此，男角唱小旦，唱的太久了，下台也那末嬌滴滴。文人專以美與動人取媚於讀者，久而久之，他會不會也變成那末嬌滴滴？過去多少文人，多數像戲台上的小旦，什麼「粉白不去手」啦，「腰弱不能彎弓」啦，「多愁多病身」啦，還有什麼，「潘郎」「檀郎」啦，那簡直就是小旦。小數則行爲不檢，好色貪財，打諢取笑，自命滑稽。那又像戲台上的丑角！這類文人，難怪有人搖頭嘆氣道：「一爲文人，便不足觀」！

這都是「文人與文章」的關係害了他們。能寫幾句文章，便昂然自居爲文人。一自居爲文人，便一切與衆不同了．旁人縱酒，叫作市井無賴；旁人好色，叫作登徒子。文人縱酒好色，却叫作「文士風流」。旁人爲非作歹，叫作「小人而無忌憚」，在文人却叫作「不拘小節」。旁人的痺氣怪，就叫作痺氣怪，在文人却叫作「特立獨行」。眞的我認識一位朋友，他同太太離了婚，一點都不是太太的過錯，而他却寫了幾首詩分送朋友，恕我記不得那些詩句了。彷彿是說太太不能欣賞他的文藝天才，因此也不能欣賞他許多與衆不同的行爲。如是他感到悲哀，感到曲高和寡，不得已而離了婚。文章一作，他便認爲他的離婚完全對了，他的朋友也都認爲他的離婚完全對了。看到罷，這文章的魔力，文人的特權！

其實呢，最爲這種魔力所蠱惑的是他自己，最受這種特權損害的也是他自己。因爲他就此忘記了作人，甚至忘記了怎樣才能作文人。他流爲輕薄，狂妄，孤癖。於是又有人搖頭嘆氣道：「文人無行！」

讓我們想想看，是不是文人就容易無行，或是必須無行？假使我們把文人與文章給他們分開，中間讓他有點距離，這結論就可以恰恰相反。不必說古今中外多少好文章偏不是文人作的。就專講文人罷，好文章也是生出來的，不是寫出來的。生出來的文章就好比生出來的花果一樣，淸新而實在。因爲這是一種生命力自然的表現。寫出來的文章，頂多只是些紙花罷，看來未嘗不美，可是宅缺乏淸新，更不實在。因是這不是生命力的表現，只是些假模假樣的玩意兒。儘管有人喜歡這個，但這個却不能算是文章。

假使文人不甘紮紙花的話，頂好連那個文人的頭銜都不要。先從作個「人」起碼。乾乾淨淨的一個人，沒有一點假借，一絲掩護，只是赤條條的一身，立起脚跟對人，對宇宙。在人生無窮盡的掙扎中，備嘗生命的痛苦與歡欣，閱盡連珠式的成功與失敗，在火的洗禮中滌除自身的罪惡，在鬼魔的世界裏領取整個人類的不幸。

這樣，他就不敢狂妄，何從輕薄？假使他不能和光同塵的話，那也不是由於孤癖，是他在自修的過程中—永遠是過程，不能不忍受的寂寞罷了。

這樣，也許他對人生感覺無話可說，那文人的花冠根本不會玷汚他的頭顱。但是，他若不甘寂寞，還認爲有要說話，他也必從自己的經驗中鍛鍊自己的語言。他無法從紙堆裏去搜尋語言。因爲那些語言是古人用來寫他們自身的經驗的。他的經驗，只有他的語言才能表現，借來的等於張冠李戴。

這樣，他的生活與工作，都是艱苦的。他被稱爲文人，是他的不幸。他寫文章，是他的不得已。就像文同所說，畫竹是他的病一樣。那就與要作文人，便寫文章；寫了文章，便成文人的一種典型大大不同了。

（二）夏日海濱

橄欖油色的女人臥在沙灘上，
疾病在砂上留有一層層印迹，
太陽晒着人，海洋搖着人，
女人以前病弱得像藍寶石；

潮濕的南風使她們強健，
那些肢體在日光下曬得發黃，
有一層薄油；那些閉着眼的雌獸
如蜴蜥在空虛的海邊喘氣，

永遠睡在那個龐大多變的東西身邊吧！
無身世的砂石烤着一個個肉體，
肺葉倦得如旱地的豆苗；
女人空洞的眼常是疲倦的發現。

（三）聖奧古斯丁在花園裏

受苦的奧古斯丁坐在花園的白石椅上，
他的黑袍子四周開滿修辭學的玫瑰花。
可憐又年輕的靈魂在花的濃香裏哭泣，
有一群大蝴蝶飛來花粉落滿他一袍子。

可憐的奧古斯丁別看你一雙可愛的空虛白手，
別聽那浮在空中的聲音，（黑翅金斑大蝴蝶，
一大本修辭學！）奧古斯丁，翻開宅第一頁，
看看宅怎麼說尋求安慰的錯，好奧古斯丁！

（太陽傾注所有節日的快樂在這偶然的花園，
時時都在演變，時時歸原有，這必然的花園。）
啊，奧古斯丁，他跑了！啊！軟弱的奧古斯丁！
他的黑袍落在花上，修辭學至高的一筆！

（四）Pandora

下午如彩色的謎，人把樂器的感情都投給
花園。窗掛潘杜拉活肖像在慵懶的壁上，習慣。
一個小巧的欲望落在世界最繁華的一隅。
她的太息似蜂巢的多蜜。一串啞鈴。

唉！倦人的秘密上，美指長可三尺
爬在細鏵象牙盒上，不宜囑託的白蜈蚣。
孤獨的潘杜拉欲言無語，欲睡無眠，
最後一次表現古昔美麗的疲倦。

庭中紅牡丹吐送大粒香粉，室內烏木榻
紗帳迷漫。屋頂上鴿子晝眠。綠太陽
苦心經營這扇打開的窗。窗內潘杜拉
心細細琢磨那些不可閃失的手勢。

書評

詹姆士掌故錄

蕭乾

The Legend of the Master
Simon Nowell-Smith 作
倫敦 Constable 出版
一九四七年
一七六頁
價十二先令六便士

一九四〇年的秋天，希特勒往英倫丟的若干顆炸彈有不少是掉在泰晤士河兩岸的草坪上，(一部分是由於英國喬裝火燄來誘引，)其中一顆落在聖保羅教堂旁一條叫做 Paternoster Row 的窄巷却沒有浪費。那剛好是若干大出版公司的堆棧所在。第二天，多少活着的作者垂頭喪氣地嘆說「我絕了版！」(其中有繙譯中日古典作品的魏禮 Arthur Waley,) 有多少已故的作者，也似在抗議着卍字機的無情摧殘，其中就包括亨利・詹姆士。從那以後，搜購詹姆士的書有如在平原上行獵。我曾在肯森頓古玩舖買到過他一本記其父兄的傳記(還是初版本！)又曾在醫學城的愛丁堡買到他兩三本長篇。聽到我誇說這奇蹟的朋友，莫不羨慕得咋舌。然而，物希爲貴；詹姆士愈難買，詹姆士的文運愈亨通。如果三十年代的作家曾把詹姆士看成了大師，四十年代的英國作家們幾乎要供他爲祖爺了。由藝術上分析這原因來將是老長一篇文章了。藉這書評，我不過想報導英美對這位吞吐，曲折，向內的小說家是崇拜到怎樣程度。

從前年起，詹姆士的書便零碎上市了，而且有的還冠以當代人的序，如『美國景象』The American Scene 便有詩人W・H・奧登的引言。作品以外，詹姆士的筆記，爲個別作品撰的序(書名『小說的藝術』，都是去年美國 Scribners 版)也陸續出現了。更能代表詹氏死後卅二年哀榮的，是許多專論的問世。有集若干人於一册的，如Dupee 氏所編的『亨利・詹姆士研究』The Question of Henry James, Allan Wingate, 1947，其中作者遠者包括康瑞德，近者有艾略特，紀德，斯賓德；也有一人著的專論；如牛津大學出版的『亨利・詹姆士之主要階段』Henry James The Major Phase, by F. O. Matthiessen 論的是詹氏四大傑作。(見文學雜誌第二卷一期拙作『詹姆士四傑作』。)然而所有以上書籍都還是爲一般研究近代小說者編寫的，獨獨這一本是爲對詹學已相當入津，對詹氏也崇拜到可觀程度的人們編成的。如果對詹氏作品的興趣僅乎泛泛而已，(但詹氏或者把你迷上，或者令你痛恨惡絕，他不容你「泛泛」；)翻看這書一定會不摸頭緒，甚而感到頭痛。如果是詹迷，那麼看這書必大過其癮。我自己對他的興趣雖稍深於泛泛，然而讀起來還是滿不耐煩的。

這集子是輯自與詹氏同時的作家及友人作品及書信(來源在百五十種以上)，拚湊起來的一個『集錦傳記』。有的僅錄一言半語，有的則引用長篇大論，由若干(有些互相衝突的)記載中，堆砌出詹氏生時留下的印象：他的儀表，交際，論人，發的文學牢騷，以及由側面記載的他一生若干事件，大者如戲劇上演的失敗，請求入英的籍經過，小者如他喜孤獨的習慣，以至怎樣口述文稿，怎樣看校樣。有意思是他的一句話，傳說出去後可以人各一詞；一件事，也會被局外人分別塗上主觀顏色。同時，由這書還可以看出二十年代英國文壇上派系的排擠。雖然有意造謠中傷的事不大見，(因爲在講求毀謗律的英國國國土上，並沒有殖民地作圍障，)然而酒會上當面嘻笑，提起筆來不問皂白，血口噴人那樣的『外國臭蟲』，也還是有的。

雖然記的是詹姆士，本書無意中也收下了一些其他作家的投影。像H.G.威爾斯記載詹氏昆仲(其兄，威廉・詹姆士，實驗派哲學大師)一場口角，不但顯出亨利與威廉一母所生的兩兄弟性格之不同，並且還爲當時英國另外兩個作家(G.K.柴斯特吞及 H. 倍辣克)留下了側影。當時亨利住在英西南海岸城瑞 Rye鎮。柴斯特吞恰在隔壁，兩家花園僅隔一牆。威爾斯正駕車來接威廉的，一進門，見到斯文典雅的亨利正粗脖子紅筋和威廉在吵。原來威廉好讀柴斯特吞的文章，聽說他就住在隔壁，馬上就搬了個梯子爬到牆頭上打招呼去了。亨利即刻出來命園丁把梯子搬開，口裏不住對剛由新大陸趕來的愣哥哥說：『這種事這裏行不通。頂重要是記住這種事這裏行不通。』年長一歲的威廉像個玩童般被受過古典歐洲洗禮的乃弟申斥着。然而在另一場合，柴斯特吞記載當他正耐着性子和斯文的詹姆士寒暄時，外面有人嚷：『吉爾伯，吉爾伯！』柴氏聽出聲音猜出是老友倍辣克。然而那時倍辣克應當在法國旅行呢！原來他出門忘記帶錢了，『一定連買個刀片的錢都沒有了，所以才鬍鬚滿面。把僅剩的錢買了過海峽的船票，然後徒步由多弗城步行來的。一身泥土，投奔到朋友家，一進門就嚷吃嚷喝，一面抱怨旅伴曾違約偷偷洗濯過。就這樣，他們直向平平穩穩端了茶杯的傑姆士先生衝來。』柴斯特吞接道：『美國人講究起衣着禮貌來，比天底下誰都講究。』事實上那正是世紀初美國民族的自卑感。

除了過分瑣碎的掌故外，本書有兩點可取。其一是亨利・詹姆士對於其他同時作家的意見，如屠格涅夫(頁七五)，左拉(頁八一)及米瑞廸兹(頁七七至七九)。另外，是他對自己作品私下的解白。『螺絲的旋扭』The Turn of the Screw 是詹氏怪誕作品之一，寫的是一個女家庭教師在古老大廈裏的三次見鬼。許多批評家喜引那故事來證明詹氏由於性的抑制而發生的變態心理。本書中有兩段記載詹氏與人私下談話的記錄都使我想到詹氏其時也常有女教師那樣的心境。古思 Edmund Gosse 記說：『有一夏天我到詹姆士家中去住。黃昏時我們並肩在園中散步。不知怎麼引起的，他突然說起一件事，不是述說已發生的事，或是想像的。在暮靄中，他眼睜睜說他正站在一個城市的行人道上，仰了頭望着霧街的上空，凝望着三樓窗口的一盞燈。燈照耀着，他睜大了眼覓看那隱約的一張臉。他站了好久好久，臉爲雨水淋濕着，眼前跑着種種妖魔鬼怪，可就看不到那張臉。這神秘的啓示消失了，人是爲重大的情感窒息了，不許發問，不能搭話。詹姆士在黑暗中躲進了我身邊，可是園中還是寂無聲響，祗有我們脚步踏在碎石小路上的沙沙。忽然，我們走進房裏了，詹姆士消失了一小時之久。』（頁二九至一二〇）。另一回，他向一個朋友嘻笑說：『我寫那個故事原是要嚇嚇讀者的。可是書未寫成，我就知道是失敗了。我是口述，由一個蘇格蘭書記來記錄的，然而從始至終，他也沒露半點聲色，到了也沒作什麼評語，直好像我在口述些統計數目字。有時我故意說些使他毛骨悚然的話，然而靜靜記錄下後，他又抬起頭來用很乾燥的口氣問：『底下呢？』（頁一二二）。

亨利・詹姆士算是美國作家中最國際化的了，因爲他屬於英國多於美國，而他屬於歐洲大陸又多於英國。他一生可說都在英吉利海峽兩岸巡禮中。許多他小說的人物也都是由美渡歐的朝香者，（雖然大半是上了當的。）然而詹姆士死前十年光景似乎對美國大大眷戀起來。他以低啞聲調對H. 蓋藍說：『如果我重新活一次，我一定要當美國人，並且澈頭澈尾當美國人。我別的地方都不巴望。我要明瞭美國的光明地方。我這個不歐不美是糟透了。與美國脫了節，我在這裏隱居下來。我的鄰居對我雖好，然而他們血統上不是我的近親。一個人老了時對這些感覺甚於幼時。我不再回美國了，但我恨不得我能。』（頁一〇四）。其實，這話說完四年以後，他還是回了趟美國，剛趕上他哥哥威廉的死。詹氏寫作頂峯是一九〇一至一九一一（即五十八至六十八歲），到一九一三年七十大慶，桂冠四下齊來了。哈佛牛津的名譽學位，到處禮聘演講，然而到死那天他還在校改創作，（遺作中有三部未完稿），並且一九一四年（時七十一歲）還參加第一次大戰的美國救護隊及比利時難民動員會等組織，而且大聲疾呼地痛斥德國黷武者。以這樣不能再逃避現實的，唯美，純技巧論者的象牙之塔大師，遇到無法躲避的現實由天壓下時，也還會激起社會良心，表於行動的。可見藝術靈感與是非良知原不必衝突的。然而那良心卻不是無情鞭笞或惡意詬罵所逼得出的。

七月十九日，上海。

※

政學罪言

全慰天

潘光旦著　上海觀察社叢書第二種

民國三十七年四月初版　基本定價國幣二十六元

本書是由著者「所寫涉及思想、文化、青年、教育、政治等題目」的二十二篇文稿所輯成。二十二篇中，「六篇寫於戰前三四年內，其餘十六篇則爲復員前後的產物」。當然，著者對於「思想、文化、青年、教育、政治等題目」所持的態度及其主張，雖不敢說從這本約十五萬餘言的「政學罪言」中得其全貌，至少由此可以窺見一斑。

顧名思義，「政學罪言」是一本有關政治教育的罪大惡極或至少不合法的言論集。著者本人事實上亦曾因寫這類文字而有好幾年受環境壓迫，不能擔任大學的行政工作，甚至於民國三十五年李聞慘案前後遭受有關當局的暴力威脅，若非得昆明美領事館的保護，這本「政學罪言」誰保得住一定不變爲「遺著」。但筆者細讀本書之後，固然發現其中有不少與時下一般潮流不合甚至相反的獨特見解，但始終不敢說，從字裏行間見到了半點有罪的理論及其主張，假如筆者不自顧欺心的話。這本書的名字，正反應了中國政治並不開明，更不民主。

下文將提出本書內容的幾個要點，作爲筆者上述意見的證明。

全書雖包括有著者前後十四年中（一九三四——四七）的一部份文章，但各篇的理論及其主張，卻是始終一貫的。著者始終反對「主義」，反對「宣傳」，反對「我執」。說：「政治必須主義麼」？「宣傳不是教育」！「毋我斯和平統一」！又說：「我認爲宣傳與教育不相能，教條與學術不相能，主義信仰與民主政治也一樣的不相能」。其中「主義」與「宣傳」也許是現在一般人所最欣賞，統治階級所不可須臾離的法寶，反對它們焉得不有「罪」？但在著者看來，凡「主義」都會引起感情的烘托，變爲死板板的信仰，至於有所「偏」，也就有所「蔽」。連著者一向愛好的人本主義與人文主義都不願無條件的接受。他說：「我不但不能接受人本主義，並且覺得人文主義中的主義兩字就不妥當，有執一的臭味」。他所接受的只是人文思想。我們平心而論，假如天下某一部份人抬出這個「主義」，另一部份人抬出那個「主義」，均以泰山壓頂式的「宣傳」，像緊箍咒般加諸別人的頭上，宣傳之不足，繼之以暴力的威脅，則勢必弄得以人生爲芻狗；「主義」不但救不了國，反而害之。目前中國乃至全世界的局面，一片騷亂，無疑就是吃了「主義」的虧，而「宣傳」又在其中起了推波助瀾，助紂爲虐的作用。只要看得遠一點，深一層，我們能說著者的反對「主義」與「宣傳」是有「罪」的麼？至若對於「我執」的厭惡，理由也是這一路的。凡「我執」過强的人，「什麼事都要自家來」，「包攬獨斷」，「剛愎自用」，以至於目空一切，胡作妄爲。希特勒一類獨裁者就是極端「我執」的典型人物。這種人於整個人類社會是福，抑是禍，雖三歲童子，都不難知道得很清楚。

著者反對上述三件東西，目的是爲了企求每一個人「完美人格的實現」。著者始終主張「自由」，和本書並稱的姊妹作題名爲「自由之路」，即充分指明了這一事實。自由本身有什麼可愛的？「一切爲了人」，愛自由的意義也無非在此。所謂「完美人格」包括三方面：通性、個性與性別。這三方面要同時得到均衡的適當發展，其「人格」才算「完美」。如此的人是一個「整個的人」或「囫圇的人」。而現社會中由於沒有自由空氣的孕育於先，而又繼之以「主義」、「教條」、「宣傳」的摧殘於後，故一般人實際上只是所謂黨員、公民、信徒，專家，其人格已支離破碎，不成樣子。嚴格說：這種人都不能算十足的人。人生而不能自由作一個人，算一個人，人生意義何在？舍此又有什麼其他人生幸福可言？人生意義與幸福難道眞的只在做黨員麼？忠實信徒麼？某一行的專家麼？「做人是目的，其他一切都是手段」，這原則是不會錯誤到那裏去的。

欲求得「完美人格的實現」，「群居和一」的景況，也是一個必需的先決條件。由於自然科學的發達，物質文化的增進，當前世界上最嚴重的已不是如何控制物或自然的問題，而是如何控制人自己的問題。換言之，是人與人間，黨派與黨派間，甚至國與國民族與民族間，如何「群居和一」，公平領受自然科學所給予人類社會的成果的問題。「中國有句老話：童子操刀，其傷實多」。如果把自然科學及其成果比作這把「刀」，則當前問題的癥結，「絕對的不在刀，而在童子操」。那就是說：在於不能「群居和一」。然則「群居和一」的困難是什麼？答案是：人與人之間不能充分瞭解，甚至誤解，也卽是「蔽」。上文所提到的「主義」、宣傳」與「我執」三件東西，當然在這裏起了很大的不好的作用。收拾這局面的積極辦法，第一是「解蔽」；而解蔽必須「人文科學東山再起」。否則「群居和一」與「完美人格」的實現將只是烏托邦式的幻想。哥倫比亞大學裴斐 (N. Peffer) 教授前不久來北平，亦提出當前社會科學與自然科學失却平衡的嚴重性，遠甚於自然科學沒有發達以前。其與著者的論調是一致的。裴氏似未因此遭受美國當局的仇視，其言亦不以爲是「罪言」。爲什麼同樣的話從中國學者口內說出，不過說得較爲精闢一些，竟會得到完全相反的結果呢？莫非美國月亮眞比中國月亮圓？

「通達原則」與「完美人格的實現」也有極密切的關係。當前社會一般趨向於分工與專化。只要是「專家」，就被社會抬得很高，好像什麼都行了。著者却以爲人性是多方面的，人格的適當發展，不能離開與「專一」相反的「通達原則」。爲了這，著者不能不反對「一昧的專」。他說：「唯其擅專，故偏狹，武斷、抹殺」。「專」會使人格支離分解，不成爲一個「囫圇的人」。專家的人格很少不有問題，既不通達，又不明恕。就整個人類而言，這種人謀求國家社會的幸福既不足，破壞「群居和一」的秩序則有餘。各種新式武器以及原子彈，就是這類專家幹出來的玩意兒。所謂「通達」，並不是「同」，更不是「劃一」，而是「和」，「君子不同而和」的「和」，或「調和五味」的「和」，也就是「群居和一」的「和」。

在這一條路上，著者又提出了「分寸的原則或節制的原則」。大家假如在情慾上不講分寸，不明「發而皆中節，謂之和」的道理，「一昧走放縱的那條路，結果自然到處是權力的衝突」，「羣居」無論如何不會「和一」。反之，如果一昧走禁絕的路，又是違反人性的，走了也會引起各種精神病態的後果。著者很感嘆的指明了當前學術界完全忽略這一原則的事實。他說：「截至目前爲止，無論正統派經濟學或唯物論經濟學，似乎全神灌注在人身以外的物力生產與支配之上，而於人欲的應如何調遣裁節，完全恝置不問」。接着的評論是：「物力有限，而人欲無窮，以有限應無窮，前途必有坐困的一日」。「完美人格」因之無由建立，更自不必說。

根據上述所提到的幾個主要的一般原則及其理論，著者在教育方面極力提倡「通達教育」。換言之，主張實際給學子以做人的榜樣，以「身教」替代一昧的「言教」。於是訓教合一，鄉土教育，順着就提出來了。至於所謂黨化教育，或招致員生入黨，或在校中添設黨義或三民主義一類課程，或設置訓導機構以統制青年思想，無疑均是筆者所極力反對的。

從這裏著者的言論便不能不涉及現實政治。他說：「學生雖不入黨，却應關切政治」，「對當前的政治措施作公開的討論，鄭重的批評，和嚴正的主張」。而另一方面又認定政府當局應當儘量不干涉學校行政。「試問把學校當作衙門，員生視同胥吏，教育事業比做錢粮稅收，事先層層管制，事後步步審查，卽使其間沒有絲毫控制政治思想的用意在內，學術的自由還剩得幾許」？又說：「國家聘用有品學的人辦理教育，要他辦得好，第一個條件應該是屬於態度方面的，就是尊重他的人格，信任他的才識，也就是容許他有自由處理之權。而約束、管制與審查一類的作爲所表示的態度正好是其反面，就是不尊重，不信任，和不許其自由」。著者這類不滿意現實政治的由衷之言，或者是比較刺耳的。然而實在沒有理由認爲這應當被目爲「罪言」。

不幸自古人類社會的命運大半由武力所支配。武力大的，「成則爲王」，小的，「敗則爲寇」。有力則有權，有權則有勢，則有一切，這一切也就是對的，至少不會招致罪愆。旣無武力又無權勢的文人，在此情況下，除了唱「天王明聖，臣罪當誅」那一套外，說什麼不會有「罪」呢？所說的不是「罪言」呢？除了這，我實在想不出還有別的理由可以爲這本「政學罪言」作一註解。

× × ×

新路

週刊

第一卷

合訂本

下冊

（十三期至二十四期）

中國社會經濟研究會發行

三十七年五月十五日創刊

新路周刊第一卷合訂本下冊目錄索引（自十三期至二十四期）

通訊

文藝

書評

讀者來書

新路 周刊

第一卷 第十三期

CASER THE NEW ROAD

短評

(一)冷戰之後是否將有熱戰？(二)迎接政治上新理想的出現

論壇

政治民主與經濟民主

(甲)本文 劉大中

(乙)討論(一)蕭乾(二)翁獨健(三)吳景超(四)徐毓枏

(丙)總答復 劉大中

專論

家庭與個人職業 吳景超

雲南錫鑛裡的童奴 喻淦郇

通訊

萊普漢北來的任務(北平通訊) 本刊特約記者

流通券！流通券！(瀋陽通訊) 本刊特約記者

洪水冲擊下的漢口(漢口通訊) 本刊特約記者

熱西在飢餓中(承德通訊) 陳一

文藝：郊外聞飛機聲有感 馮至

中國社會經濟研究會發行

民國三十七年八月七日出版

短評

冷戰之後是否將有熱戰？

看一個多月來柏林局勢演變的經過，一個期待第三次世界大戰之早日來臨的人，對於本題，覺得沒有把握準可答「是」；另一無幸災樂禍心，而願和平能保持的人，對於本題，覺得可以答「否」，然也不敢作絕對的說法。這柏林局勢的演變問題眞就是這樣困惑人的一個問題麼？

據七月二十六日的報道，英、美、法三國高級官吏在倫敦舉行圓桌會議，磋商對蘇新照會內容，美方代表將在會後與英外相貝文晤談，給貝文說明美國與西方國家應用什麼方法去對付因蘇聯封鎖柏林而引起的局勢，採什麼觀點去應付最爲可靠。倫敦人士認爲他們的討論將集中於兩個問題上，卽：（一）如蘇聯同意解除柏林封鎖，西方國家和蘇聯討論德國全部問題，其討論所及有何限度？是否這種討論需開四外長會議，或限於四强駐德司令會議？（二）如果蘇聯拒絕重開柏林與西德陸上交通，西方國家應該或能採取什麼步驟？新自美返德之美軍政府總督克萊在前一日卽對報界宣稱：「美國願意參加四國討論德國問題，然不願被迫參加」。又稱：「在採取其宅權宜之計以前，所有外交途徑均應充分予以探討。　雖未獲通知蘇聯立場有任何改變，然蘇聯尙未關閉一切商談之門。　美國不願戰爭，然美國決意駐留柏林，並希望能循和平方法駐留柏林。」華盛頓方面消息且謂英美已同意在將提的對蘇新照會中抹去以解除柏林封鎖爲四强會議先提條件的字樣，說是不要使蘇聯失面子。

說來說去，其中祇有一點是比較確定的，那便是贊同舉行四國談判以討論德國問題，舉行四强會議之議原是英、美、法早想提而故意不提者；等到英、美、法在西德行動起來，蘇聯感覺東德受着極大的經濟上的威脅，乃在以「封鎖柏林」爲掩護之下，不惜自己來提出此議；英、美、法於柏林之被封鎖故意表示强硬，實則慶幸四强會議之議之終由蘇聯提出，在賽棋上自己勝了一着。這些都是冷戰的手法。據我們判斷，這冷戰不久卽將趨於停息，而由重行會議開關談判之門，雖然一方面有六十架美國超空堡壘自英國基地飛德，另一方面蘇京上空機群作假想戰，史達林在檢閱空軍；雖然既傳新照會可能祇取向蘇外長提口頭聲明之方式，以免被人認爲太近乎示威；又見美英駐德軍政府下令實行反封鎖，禁止東德火車通西歐。

一張一弛，局勢延續了一個多月，不惟未見惡化，反而漸趨緩和，這表示熱戰不至爆發。雖然由重行會議，經過談判而達到對德對日和約之成立，路程依然是相當遙遠，但我們有理由相信東西之間不必訴諸戰爭仍能覓致和平。我們的根據是：本年一月以來冷戰未見減退而和平試探時作時輟。五月四日美駐蘇大使史密斯受了馬歇爾的密令致口頭聲明於莫洛托夫，莫洛托夫依史達林的訓示將此聲明公開於世界，這只是最露骨的一次。在此以前，由蘇方提議杜史會面而開始的一切試探與緩和，不必再說，在此以後，美方於「乍驚唐突」之餘，固也欣喜接近之端已啓，並自鳴得意，以爲自己在冷戰中已獲得了勝利之把握，這也是衆人周知之事實。從這一角度去看，柏林局勢之在緊張中有弛緩，實無任何足以令人奇怪的地方。（競）

迎接政治上新理想的出現

醞釀已久之美國第三黨最近在費城開全國代表大會，決定定名爲進步黨，正式推選華萊士爲總統候選人，並發表政綱，以求和平、自由、富足相號召。政綱序言特別提起「進步黨將實現羅斯福總統的政策，並完成威爾基的殷切期望」，這不可僅看作競選的詞令，目的僅在爭取民主黨和共和黨的選票；應看作欲冶羅斯福的「新政」與求世界和平及威爾基的「天下一家」於一爐，鍛鍊出一個新的理想來。

新大陸高懸着一個理想以詔示世人，這是美國歷史的傳統精神。第一次世界大戰中威爾遜總統領導世界，靠理想；第二次世界大戰中羅斯福總統領導世界，靠物質的力量不小，靠理想尤大。年來承戰勝之餘，重以世界動盪不安，趨於過分看重物質，過分看重武力，而忘却其向來於實力外尙有舉世莫與倫比的，理想之號召；而現前當政的人物又大都不足語於此，遂使世界政治祇有物質上的刺目的光芒，而消失了精神上的溫煦的理想。今日在華萊士領導之下，美國的新黨爲美國重新提出其號召世界之理想，這實是一件値得大書特書的大事，世界上愛和平與自由及求進步的人士聞之當爲歡忭不置。

此一新黨的政綱分爲三部，分別以和平（外交政策）自由（人民權利）及富足（社會經濟問題）爲主題，並以此構成進步黨的「不可分割之目標」。屬於外交者，對經濟援歐，主張放棄馬歇爾計畫，通過聯合國以援歐；對軍備，主張停止徵兵法，停止超過合理程度的軍事建造；對國防及與國防有關的，主張放棄杜魯門主義，結束對中國、希臘、土耳其、中東與南美各反動與法西斯政府的軍事與經濟支助。屬於人民權利者，對南方黑人，反對虐害，反對種族歧視，主張平等享受立法權利，取消衆院非美活動委員會；對共產黨，保證「爲共產黨與其他政治團體爭取憲法權利」。屬於社會經濟問題者，對獨佔企業，主張將最大的銀行、鐵路、商船、電力與瓦斯工業，以及最初由政府資助成立的工業收歸國有；對農業，主張製定一保證每一農家一年至少收三千元的計畫。

在外交政策方面，針對現實提出主張，表示新黨具有十足的勇氣者，有如下的報道（俱見七月二十七日天津大公報）：新黨政綱指責老黨派背離美國人民，拒絕與蘇聯和平解決歧見；並相信如不干涉他國內政，並接受其他民族有權選擇其自願選擇之政府之原則，經相互尊重，特定之協議範圍必可覓致。新黨在重要和平政綱方面，尙主張放棄其用意在包圍及威脅其他國家之軍事基地；宣布原子彈及其他集體毀滅之武器，並毀棄已有儲存之原子彈；與戰時盟國合作，對統一之德國及日本締結和約，並同時撤退全部佔領軍隊；停止對華援助，立卽撤退在華美軍。

新黨正式發布政綱，凡所主張無一不是在衝撞已成之偏見，其必遭受嚴厲之斥責，贈以「紅色」或「粉紅色」之稱號，自可預卜。華萊士被擁戴出而競選下屆總統，其當選之希望甚小，這也是不待言的；儘管蕭伯納如何向美國記者鼓吹，說華萊士是代表進步勢力的惟一的總統候選人，要美國記者去告訴美國人：「誰投票擁護華萊士，就是投票擁護進步勢力」。大概此時準備去投票擁護華萊士的美國人還是不會太多。然我們相信理想是成功之母，誰有理想，誰能爲理想而奮鬥，誰就能在奮鬥中創造出有利之環境以實驗其理想。（民）

論壇

政治民主與經濟民主

劉大中

(甲) 本文

「政治民主」的論戰和爭取，已經有了相當長的歷史；「經濟民主」(Economic Democracy)這一個觀念，却是比較新的發現。不管歷史的久暫，這兩個目標已是全世界人民一致的要求。對於目標，除去少數的特權階級外，大家並無異議；問題在：(一)「政治民主」和「經濟民主」如何解釋。(二)在什麼制度之下，「政治民主」和「經濟民主」才能實現。(三)如何把現存的狀態，改成我們理想中的制度。本文擬對第(一)和第(二)兩個問題，貢獻一些意見。

第一節：一個直接了當的研討方法

一談到制度，我們就很容易的聯想到資本主義和社會主義，也很容易聯想到美國和蘇聯；所以近來有許多討論「政治民主」和「經濟民主」的文字，都是由資本主義和社會主義的比較和選擇入手，並且大半以美國和蘇俄來代表資本主義和社會主義。

我們認為把資本主義來象徵「政治民主」、和把社會主義來象徵「經濟民主」，已是極不妥當的辦法；若再把美國式的資本主義與「政治民主」混為一談，或是把蘇俄式的共產主義與「經濟民主」看成一事，則尤無根據。資本主義和社會主義並沒有一個大家公認的、一致的、標準定義，用這種含混不清的抽象觀念去作討論的出發點，自然難有具體的結果。在美國式的資本主義下，人民所享受的「政治民主」並不澈底；蘇俄之人民，在經濟上比較平等，但離「經濟民主」也還很遠；這兩個國家並不算是「政治民主」和「經濟民主」的良好例證。

其實，我們要研討「雙重民主」的制度，本無須借重現有的主義或公式。當我們談到「政治民主」和「經濟民主」的時候，我們每人的腦子裡，都有他自己認為「政治民主」和「經濟民主」應有的內容；我們不妨把這些內容一條一條的寫出來。這些內容的實現，自各有其「必要和足夠的條件」(Necessary and sufficient conditions)，我們可以把這些條件也一一的寫出來。這些條件，事實上也就是「雙重民主」制度的具體輪廓。

這些條件，自然有許多是相輔而行的，這自然是最妙不過的事。但是，是不是有許多會是互相衝突的呢？假如有許多主要的條件是互不相容的，「雙重民主」制度的設計，就不是一件容易的事了。在這裡，我們不妨給讀者一個樂觀的前景。按我個人的看法，「政治民主」和「經濟民主」的條件都是相輔而行的。我們甚至於可以作這樣的結論：「政治民主」和「經濟民主」是必須並存而缺一不可的。「經濟民主」是「政治民主」的必要條件；同時，「政治民主」也是「經濟民主」的必要條件。沒有「經濟民主」，「全治民主」必然不會持久，缺了「政治民主」，「經濟民主」也一定不能永存。

第二節：「政治民主」的內容和條件

一個國家的人民，是否享有「政治民主」，並不在乎這個國家的憲典上是否有「人民有選舉，罷免，創制及複決之權」的字樣。字面上怎樣寫法並不重要；最起碼的民主政治，至少要包括下面兩點：（一）每個人民都有憑着自己的良心去投一票的自由；（二）爲任何一個應行選舉的職位，至少要有兩個以上的、不相隸屬的、不受共同指揮的、確乎獨立的候選人，供人民的選擇。但是，這兩點仍只是形式上的內容；若要使這兩點發生意義，以下各點必須存在（以美國而言，上面兩點是存在的，但是下面各點却並不具備，所以我們說「美國式的政治民主」並不澈底）：

（甲）有同樣天資、品格、和政治興趣的人民，有取得同樣優良競選條件的機會。

所謂「競選條件」我們指選民在選擇候選人時所考慮的要素而言，如天資、品格、學識等項。有同樣天資和品格的人，如果再能有取得同樣學識的機會，他們就可以算是有取得同樣優良競選條件的機會。能否有取得同樣學識的機會，在乎教育機會是否均等；而教育機會是否均等，在乎下列條件是否滿足：

①確實普遍的、强迫的、免費的國民教育。

②經過考試後，任何人可享受高等教育，由國家供給一切的必須費用（包括衣食住行）。

③所有人民的最低收入，必須超過一個一定的水準。這一條乍一看似非必須，其實却是極端重要的。我們只要想，父母的收入如果低過維持生活的必須水準，在他們的子女受過强迫的國民教育後，這些父母可能誘迫他們的子女出外工作，彌補家用，在這種情形下，他們的子女就將失去享受高等教育的機會了。

以上三條是達到(甲)項的「必要和足夠條件」

（乙）有同樣優良競選條件的人，有同樣實際競選的機會。

達到這一點的條件如下：

①新聞、宣傳、廣播和出版的機構，以及公共集會和演說的場所，不完政在政府掌握之中。這個條件如果辦到，在朝黨就無法操縱或壟斷這些爲競選目的所必需的工具。

(2) 人民的收入和財富相當的平均（在第三節（乙）項和（丁）項辦到後，本條件自然可以滿足）。這個條件可以達到下列兩個目的：

一、上面(1)項中所說的機構和場所，將不能爲少數私人所把持。

二、每一競選人所需的競選經費，都將須自許多人民處籌募，免去現時富人可不勞而獲鉅額競選費的流弊。

(3) 人民有絕對自由組黨的權利。在這種情形下，有同樣競選條件的人，將不致因私人恩怨而無法參加已成的政黨，因而失去利用政黨力量的機會。這一個條件，在本節所列其他條件都已辦到的時候，將必然存在，所以實際上並不是一個獨立的條件。

（丙）競選人和選民在政治上的活動，不妨礙其經濟上的地位。

欲達到這個目標，下面兩個條件必須辦到：

(1) 經濟企業不完全在政府掌握之中。在祕密投票制度之下，人民的選票所投爲誰，雖無人知道；但是如果全國所有的經濟企業，都在政府掌握之中，人民將很難公開的協助反對黨宣傳，甚或除去有極大勇氣的人以外，組織或參加反對黨都將成不大可能的事。

(2) 任何國有或私有企業，不能成爲有某種技能的人民惟一可能就業的處所。我們需要這一個條件的理由，與上一條相同；這個私有企業的所有人或是管理這個國有企業的在朝黨，可能不願意他所僱用的人員，組織或參加他所反對的政黨，或是爲他所反對的政黨宣傳。爲達到這一個條件，我們需要一個更基本的條件，留在第三節（戊）項第(2)條中討論。

（丁）選民對於任何政策的正反兩面，在朝和在野黨過去的主張和施政的成績，以及各競選人的主張、品格、學識、和已往的歷史，有同樣的認識與明瞭的機會。

爲達到這個目標，我們需要：（一）選民有同樣受教育的機會；（二）宣傳的機構和工具不爲任何人所壟斷和把持。達到這兩個條件需要的更基本的條件，與本節（甲）項第(1)、(2)、(3)條和（乙）項第(1)、(2)兩條相同，不再贅述。

第三節：「經濟民主」的內容和條件

我們認爲「經濟民主」的含義應包括下列各端：機會的均等、報酬的合理、進步的促進、和財富的平均。下列各項是這些空泛概念的具體說明：

(甲) 有同樣天資的人，有學習同樣高深經濟技術（包括各種與社會有益的學識及技巧）的機會。

爲達到這個目標所需的條件，與上節（甲）項的第(1)、(2)、(3)條相同。

(乙) 任何人不能不勞而獲。

在本人勞力勞心所得積蓄上所再生的收益，不能算是不勞而獲（但須受下列（丁）項的限制）。所以爲達到本目的，我們只需要一個基本條件：

(1) 遺產制度的完全取消。欲廢止遺產制度，政治上必須先作到確實代表大多數人民的利益之境界。在「政治民主」尚未確實作到以前，遺產制度必無廢止的希望。換言之，上節中所列的各條，是取消遺產制度的先決條件。

(丙) 任何人的收獲應與其供獻相等，（但須受下列（丁）項的限制）。

用經濟學上的術語來說，任何生產因素的邊際產率的價值（Value of marginal Product）應與它的所得相等。關於這一點，我們在此不能從詳解釋，讀者可參閱本周刊第三期蔣碩傑君「經濟制度的選擇」一文，及第四期筆者所著「社會主義下的生產政策」一文。爲達到這個目的，我們須要下列基本條件：

(1)「競爭性不完全」的企業（Imperfectly competitive industries），如由國營，應使產量擴充至邊際成本（marginal cost）與價格相等爲止。私營的「競爭性不完全」的企業，應儘量減少，並須受政府的嚴格統制，且須擴充產量至邊際成本與價格相等爲止。各種生產因素的報酬，應與其邊際產率的價值相等。

至於競爭性完全的企業，本項目的可以自然達到，無須另有條件。

(丁) 任何人的收入，不得超過一個最高的限度。

這是對於上面（丙）項的一個限制。（丙）項無限制的實行，至少會有兩種弊病：（一）收入過高的人，常會有高度的儲蓄傾向（Propensity to save），因而會引起失業；（二）收入如相差過多，社會階層會慢慢的尖銳化，因而引起物質享受上和社會地位上的過度不平；這種過度的不平，只有害處，而並非促進人民努力工作所必須。

爲達到這個目的，我們需要有極高度的累進所得稅，而這種賦稅制度，與本節（乙）項相同，必須在第二節中所有的條件都實現後，始能達到；換一句話說，「政治民主」是本項的必要條件。另外一點，我們也應提及：在教育機會均等作到以後（第二節（甲）項第(1)、(2)、(3)條），因（丙）項而起的所得差別，自然將會日益削減。

(戊) 任何人都有轉業的自由與可能。

在「經濟民主」的社會內，當人民對於他們舊有的職位感覺厭煩的時候，或是舊職位四圍的環境對他們不利的時候，或是他們對於其他的職位有興趣有信心的時候，他們應當享有轉業的「自由」與「可能」。「自由」需要下列第(1)條件，「可能」需要下列第(2)、和第(3)條件。

(1) 國家對於人民就業的選擇，不得有帶强迫性的措施。

(2) 任何國有或私有企業，不能成爲有某種技能的人民惟一可能就業的處所（本條與上節（丙）項第(2)條相同）。這一條若不能辦到，轉業雖可自由，而事實上却辦不到。爲達到這個目的，我們需要一個更基本的條件：任何一個國有或私有企業，不得在任何一種企業範圍內，享有絕對的獨佔權。

(3) 金融機構應舉辦轉業貸款。在有轉業自由和有其他職位可就以後，人民仍須有錢，才能實際遷居和擔負青黃不接時期內的開支。

轉業的自由，不但能使人民在經濟方面有充分發展的機會，於政治民主的保障尤其重要，這一層我們已在上節（丙）項中討論過了。

(己) 任何人不能爲一己的私利，妨碍或延緩新技術新發明的施用。

在資本主義的國家內，往往有一種新發明新技術的專利權被某大企業購得，然後停置不用的情事。這個理由很容易明白。假設某企業在某架機器上投資一千元，每年除開收回折舊十分之一（一百元）外，還可得利潤百分之五（五十元）。現在有一種新機器發明出來，假設也須要投資一千元；這種新機器若用去代替舊的，除去能使製成品的價格減低以外，並且能給這個企業家百分之七的利潤（在新機器十分之一的折舊減除以後）。利潤雖然高了百分之二，這個企業家必然不會立刻採用這個新機器，因爲新機器一經採用，他那舊機器上的折舊就收不回來了。除非這新機器的利潤，高過：（一）舊機器的折舊，（二）舊機器的利潤，（三）製造新機器所需的一千元在市場上放出可能取得的利息，三項之和，他必會把這新機器擱置，直到舊機器已經完全折舊完了，才行使用。這種情形對於社會的害處是很大的：人民不能立即享受低價的成品，經濟進步將因之延緩。這種弊病，即便在獨佔不止在的情況下（上項第(2)條辦到後），仍不能有效防止，下面這三條才是防存這個弊端的「必要和足夠條件」(Necessary and sufficient conditions)：

(1)政府應有審核各種新技術新發明之經濟價值的機構；在必要時，政府可自行開辦企業，採用此種新發明新技術。因此，

(2)政府必須有權進入任何企業範圍。

(3)國有企業在考慮是否採用某種新技術新發明時，不得考慮廢棄舊投資的損失。舊投資損失的考慮，是不合經濟原理的，這一層在經濟學上講的很清楚，在此不再贅述。

現在我們可以看看上列各項與本節開始時所列各目標的關係：（甲）（戊）兩項與機會均等有關；（乙）（丙）兩項與報酬合理有關；（丙）（戊）（己）三項與進步促進有關；（乙）（丁）兩項與財富的平均有關。

第四節：「雙重民主」的基本條件

綜觀上兩節中所列達到「政治民主」和「經濟民主」的基本條件，有的是互相重複的（如第二節（甲）項的三條，與第二節（丁）項和第三節（甲）項完全相同；第二節（丙）項第(2)條與第三節(戊)項第(2)條完全相同），這是「政治民主」和「經濟民主」的基礎相同的部份。有的是互爲條件的（如第二節（乙）項第(2)條需要第三節（乙）、（丁）兩項爲條件；第二節（乙）項第(3)條需要第二節全部條件爲條件；第三節（乙）、（丁）兩項需要第二節全部條件爲條件），這說明了「政治民主」與「經濟民主」的不可分離性。

我們現在把各條件中的重複的去掉，把其他條件達到後自然可以達到的也除去（非眞正的獨立條件，如第二節（乙）項第(2)、(3)兩條），再把可以歸併的合寫（如第二節（丙）項第(1)條和第三節（己）項第(2)條），「双重民主」所需的基本條件可以很簡單的列出如下：

（一）確實普遍的、免費的、强迫的國民教育。

（二）經過考試後，任何人可享受高等教育，由國家供給一切的必需費用（包括衣食住行）。

（三）所有人民的最低收入，必須超過一個一定的水準。

（四）新聞、宣傳、廣播、和出版的機構，以及公共集會和演說的場所，不完全在政府掌握之中。

（五）經濟企業不完全在政府掌握之中；但政府必須有權進入任何企業範圍。

（六）任何一個國有或私有企業，不得在任何一種企業範圍內，享有絕對的獨佔權。

（七）遺產制度的完全廢止。

（八）競爭性不完全的企業 (Imperfectly competitive industries)，如由國營，應使產量擴充到邊際成本 (Marginal cost) 與價格相等爲止。私營的「競爭性不完全」的企業，應儘量減少，並須受政府的嚴格統制，仍須擴充產量至邊際成本 (Marginal cost) 與價格相等爲止。各種生產因素的報酬，除受下列第（九）條的限制外，應與其邊際產率的價值 (Value of marginal product) 相等。

（九）實行高度的累進所得稅制度。

（十）國家對於人民就業的選擇，不得有帶强迫性的措施。

（十一）金融機構應辦理轉業貸款。

（十二）政府應有審核各種新技術新發明之經濟價值的機構；在必要時，政府可自行開辦企業，採用此種新發明新技術。

（十三）國有企業在考慮是否採用某種新技術新發明時，不得考慮舊投資的損失。

這些基本條件，再加上現時各種「民主」憲典中例有的規定，似可使「双重民主」確實實現。

除去前文已經討論過的以外，上面這些條件還有兩個特點：

（甲）任何一條都不與任何其他條件衝突。

（乙）除去第（三）條以外，其他各條的實行，都沒有先天上的困難，而只有人爲的障礙。第（三）條中所說的最低水準，能否超過維持生存所須的水準，除去看其他各條能否辦到外，還須看國家的資源是否敷用，國際貿易是否合理（其權不操在任何一國的手中），人民的資質是否夠高，工業技術是否足用，和世界和平是否能夠長久維持。

一條「新路」在藍圖上是不難設計的，問題在如何能掙脫現存舊路的桎梏，走到新路上去。

（乙）討論

蕭乾

我看上了大中兄最後一句話：『問題在如何能掙脫現存舊路的桎梏，走到新路（雙重民主）上去。』這個問題一直在煩惱着我。煩惱到極端時，便會對『藍圖』也生起氣來。

就我活的這三十年來說，這兩樣民主，我全沒享受過。這不一定是抱怨，有時是替人抱怨。譬如現在許多人在吃棒子麵，甚而樹皮，而我還勉强吃着糙米。今日白米，糙米，棒子麵，樹皮，恰好代表四個階級。這四個階級因為處境不同，心境因而也不同。吃白米的，自然希望永世吃下去；吃糙米的，偶爾不免牢騷，然而也還是得過且過；吃棒子麵的，心中便不免焦急着『什麼時候才走到新路上去』，然而也未必就拔步前行；吃樹皮的，反正是苦透了，索性硬衝；衝過去就算了，衝不過去也不會比樹皮難吃。因此，使我想到由舊路到新路之間，人們不是『走』過去的，而是因逼而『衝』過去的。要想做到『走』過去，就得先把吃樹皮的至少提高到吃棒子麵的地步，就算它是初步的經濟民主吧！然而就這一步做來便不容易了。因為棒子麵衹那麼多，如把已吃棒子麵的提高成糙米階級，吃糙米的勢必威脅到白米人的存在。這麼上下一擠，結果還等於『衝』，而且事實上無法這麼魚貫遞推的。

我愈來愈明瞭中國人的性格，環境，社會傳統，在在都不容許我們虛擬做工黨的英國。工黨的英國出現前還有過一大場由十六世紀延續至今的社會革命——不僅是思想革命，而是為穀稅，為義務教育，為貴庶平權，為多少實際利害而『衝』的大小亂子。省却那血肉紛飛的二三百年，一躍為「老有所終，幼有所用，鰥寡孤獨殘廢皆有所養」的烏托邦，天下那有那樣便宜事！

去年，我寫過一篇為許多朋友誤會了的短文『吾家有個夜哭郎』。那比喻選得太壞了，而且文中未交代淸楚。那是我用文藝的筆寫政論的初次試驗——也是個慘敗。有一天同朋友談到這兩種「民主」，談到「一張選票還是一碗飯」的問題。那時候，政府正大忙「憲政」。在我看，在二種民主不可得兼的今日，一碗飯比一張選票實惠得太多了。批評東歐的人們，向來先攻擊其『照單選舉』的不民主，我想，更公道的水準，是看看他們吃白米與棒子麵的比例，是調查一下其國境內還有吃樹皮的沒有；如有，比戰前的數目如何。然而我把那文章寫得眞好像是擁護獨裁了。

總括說起來，我認為這兩種『民主』不祇是紙上的兩個象徵符號，也不能藉方程式把它們發掘或聯繫起來。它們不會從天掉下來的。那麼怎麼來呢？

「怎麼」我認為至少和「什麼」一般重要，在中國，也許更重要。我們吃糙米，甚而吃棒子麵的朋友，始終都不敢對它貶一眼，這是我的煩惱處。

翁獨健

近年來我們常常聽到「政治民主」和「經濟民主」這兩個名詞。在一般人的觀念中，好像「民主」是有兩種不同的類型的，一種是「政治的」，另一種是「經濟的」。這樣把「民主」分為兩種的看法，恐怕不是瞭解「民主」的正確途徑。大中先生在「本文」中，曾經明白指出，「政治民主和經濟民主是必須並存而缺一不可的。經濟民主是政治民主的必要條件；同時，政治民主也是經濟民主的必要條件」。他並且提到「政治民主與經濟民主的不可分離性」。我願意在這方面補充一些意見。

我以為「民主」是「整個的」，不可分割的。「民主」只有程度的深淺，範圍的廣狹，方式的新舊，並沒有種類的分別。同時，政治與經濟，更是互相表裏，無法分開的。我們試一細察近代「民主」勢力發展的歷史，不論在那一階段上，都有它的經濟背景與基礎，也都有根據這種經濟背景與基礎所形成的政治活動與制度。不論在那一階段上，我們都不能說，它光是政治的，或光是經濟的。中產階級的興起，推翻了帝王貴族的專制封建，取得了政權，取得了自由發展的機會，於是他們便成為「民主」勢力的中心。這種「民主」勢力，在經濟方面，建立了資本主義的經濟制度；在政治方面，形成了議會政黨的政治機構；在人們的思想中，也深深地種下了「自由」觀念的根苗。這種「民主」，在以資本主義為中心、資產階級直接間接掌握政權的社會中，是「整個的」，是包括「政治」與「經濟」兩方面的。在這種社會中，資產階級的確享到了「民主」的權利，達到了「民主」的目的。但是，由於資本主義發展的結果，社會上造成了貧富的懸殊，使社會發生極大的失調與不安，使大多數人民實際上被擯於「民主」範圍之外，於是要求進一步「民主」的勢力起來了。這種新勢力便是社會主義的運動。社會主義的「民主」運動，目的是打倒資本主義的經濟制度，從資產階級手裏爭取政權，使全民得到合理的生活。社會主義所以可以說是進步的民主主義，它也是「整個的」，也是包括「經濟」和「政治」兩方面的。

「民生」既然是「整個的」，不可分割的，所以我對於大中先生的採用「雙重民主」這個名詞，覺得有可商榷的地方。「雙重」兩個字很容易使人誤會「民主」可以分為兩層或兩種。我以為也許用「社會化的民主」比較妥當些。

吳景超

大中先生認為經濟民主，應包括下列各端：機會的均等，報酬的合理，進步的促進，和財富的平均。在這四項之中，我認為進步的促進，並不必包括在經濟民主的涵義之中。假如進步的促進，也算是經濟民主的內容之一，那麼就業的保證，安全的保障，生活程度的提高，生產效率的增進，也都可以算是經濟民主的內容了。那未免把經濟民主一個名詞的意義，拉得太廣，廣到與「經濟政策」一個名詞的含義差不多了。

在機會的均等一個概念之下，當然要提到教育機會的均等。但只做到教育機會平等，還是不够的。有比教育機會平等更爲基本的一個條件，就是生存機會的平等。遠在七十餘年以前，馬克斯寫他的資本論第一卷的時候，就提到在曼徹斯特市，上中階級市民的平均壽命爲三十八歲，而工人階級的平均壽命，只有十七歲，在利勿浦，這兩個階級的平均壽命，一爲三十五歲，一爲十五歲。這種差異的造成，主要的由於工人階級中的嬰兒死亡率特別的高。一直到今日，任何國家中，還有這種差別死亡率存在着。一個沒有成年便死去的人，是談不到教育機會平等的。英國今年推行的義務醫藥制度，可以說是給全國人民生存上第一次有平等的機會。這種辦法，應該是主張經濟民主的人所要提倡與擁護的。

其次，我對於劉先生主張任何人都有轉業的自由與可能一點，甚爲贊同，但對於他所提出的辦法，則不能完全同意。劉先生所再三致意的，爲任何一個國有或私有企業，不得在任何一種企業範圍內，享有絕對的獨佔權。我很難想像任何推行社會主義的國家內，肯把銀行，電信、郵政、鐵路、航空、鋼鐵等大規模的企業，留出一個角落來，交給私人去耕耘。我不知道劉先生對於企業一詞所下的定義是什麼，但我上面所舉的例子，應當是性質不同的企業。劉先生是否主張銀行除國營外，還有私營的銀行呢？是否主張除開國營的電報局外，還有私營的電報局呢？是否主張把全國的鐵路，拿出幾條來交給私人經營呢？是否主張國家只經營鞍山鋼鐵廠，而把大冶鋼鐵廠退給漢冶萍公司呢？我看不出有什麼理由，必須要這樣做。爲預防在朝黨控制全國的飯碗起見，我們只要制定一條法律，就是政府不得干涉各企業的用人權。即使所有的企業，都由國營，我們也不必仿傚蘇聯，那種大權獨攬的辦法。我們可以規定，每一個生產單位，由一個董事會之類的機關來控制，生產單位中人員的取捨，最後的決定權爲董事會而非政府。這樣，在某生產單位工作的人，如感到不滿意，他可設法轉到另一單位去，不但政府不能干涉他，就是他所服務機關的董事會，也不能干涉他。總之，用人權的分散而不集中，我認爲不但是經濟民主的重要條件。這一點做到了，那麼某項企業，即使由國家單獨經營，對於人民就業的選擇，並無妨礙。

最後，我還想問一句：在遺產制度完全取消，及任何人的收入，不得超過一個最高的限度的條件之下，私有的企業，如何還有存在的可能？他們的資本，從什麼地方來？

徐毓枬

拜讀了大中先生上面這篇大作以後，有一點意見，寫在下面：

（一）有一個最基本條件被忽略了

在這篇討論「民主」之內容的文章中，却未見有信仰自由（這裏信仰是廣義的解釋，並不限於宗敎），這一條這點是很富於啓發性的，値得重視。

大中先生所謂內容，實在是一種社會理想，所謂條件，乃是達到這些理想之手段。如果大家承認這種理想，應當可以同意於這些手段。問題就在：如果有人不信仰這種理想，情形便怎麼樣？

今設有人不相信第二節（甲）項的前提，認爲天資不能同等，因此社會必須想出方法，發現誰的天資高，才能强，然後讓高强者當領袖，低下者作部屬，層層如此，再由低層領袖中，產生較高領袖。領袖發號施令，部屬服從。在言論自由之國，你不能不讓他宣傳，而難保沒有人相信：才能高者，希望自己當領袖，才能低而責任心不發達者，希望不負重任，故這種學說也很能迎合好多人胃口。如果根據這種理論而組織的政黨得勢，一定是獨裁，忘却了未得勢前的社會制度給它的種種便利，進而破壞或鉗制這種種制度。

如果以上分析並不是過慮，那末我們可以說，實現並保持民主（或任何理想）之最基本條件，那是對於民主之理想或理想之前提，不容懷疑。換句話說，「民主」者應該當仁不讓，把自己的理想，作爲最佳的理想自己的前提，最入情入理的前提，不容他人有信仰自由。

以上的話太似非而是（paradoxical）。不論民主之定義如何，一般人總會聯想到容忍（tolerance），而我們在這裏說，要實現民主，保持民主，便不許他人對民主之內容懷疑。其實歷史上無論那種政體——政體包括其經濟的含義（economic implications）——，當其新興而勢力未鞏固的時候，對異說絕不容忍，當其將動搖而衰落時，對異說亦絕不容忍，祇有當其勢力根深蒂固，一二邪端異說不足爲患時，纔有容忍。當資本主義非常鞏固時，有一二共產黨議員很有趣（amusing），大家容忍，但當共產主義要根本威脅資本主義時，情形便不同，一定要加之罪而排斥出去。

（二）因此忽略了完美理想可能引起獨裁——這種危險性

以上是說要實現民主保持民主，便不許他人對民主內容根本懷疑。於此有附帶的推論，要「民主」政體能圓滿運用，國內政黨對民主之基本內容，必須大家同意。如果有兩大政黨，代表兩種水火不相容的理想，大家都以平等機會競選，甲黨上台便把乙黨的措施全部改絃易轍，乙黨上台亦如此，這還成什麼政治？什麼生活？甲乙兩黨都不能容忍。故有理想的政黨往往變成獨裁的政黨。

理想內容可能完全是「民主」的，意思是說，和大中先生所開列的內容相符，但必須由它一手包辦完成。如果有一黨專政未達到民主內容，不知這種情形是否可稱爲民主？這個問題並不是遊戲問題（idle），細察大中先生所列舉的條件，除了一二例外，似乎都與獨裁不悖。這一二例外是言論自由以及結社自由。二者在獨裁之下受到限制，即不能以推翻獨裁爲目的。然而這是程度問題，上面說過了，要實現民主，保持民主，人民對於民主這種理想，不容懷疑，故言論自由及結社自由，在民主之下也受到限制。

我這番話，目的不在爲獨裁辯護，我的興趣不在應該不應該，而在事實發展之趨勢，一個有理想的政黨，爲要貫澈其理想起見，往往出諸獨裁。政黨有僅爲保持其權力不實行其理想而出諸獨裁者，但爲實行其理想，不致功敗垂成，往往非採獨裁不可，時賢往往一方面有許多民主理想，一方面厭惡獨裁，未知意識其間之矛盾否？

正好像一個主見甚深的人，在緊要關頭，不肯輕易拋棄自己的意見，同樣，一個主見極深的政黨，一旦得勢，便不肯輕易下台。理想美則美矣，但是達到這個理想之手段，却不會太美，這是我對任何美的理想之先驗的憂慮。

三有些內容過於苛求、有些則太寬

以下我將對於「藍圖」本身，有一二點批評。第一，我認爲既有「人民之最低收入，必須超過一個「一定的水準」這一條，又有「任何人不能不勞而獲」這一條，再加上「任何人之收入，應與其貢献相等」，便不必再限制最高收入，因爲在此數條限制之下，所有人都能過最低限度的生活，收入高者，也因爲他的貢献大。如果貢献之大小可以衡量，爲什麼要貢献大者，不依其貢献得報酬呢？「地租」觀念不是一個解釋：如果地租解釋爲不必要的報酬，則任何人都有地租，都該稅去，如果怕消費傾向太低，在美國也許有這種考慮，在我國工業化過程中，我一向認爲這個考慮是不存在的。我們祇恐消費傾向太高。

我不反對實行高度累進稅，但實行此稅總得一高更超目的，而不僅爲削平高峯。當然，國家收稅以後，不一定消費掉，還是可以作爲資本累積，由政府從事投資，這就牽涉到政府與私人，在投資方面，何者效率較高等大問題，不在此處討論。第二，人民有轉業自由與可能這一項，不免失之過寬。俗語說得好，「三百六十行做一行，怨一行」，在這種情緒之下，而勞働轉動率（labour turnover）不太大者，實由於轉業有轉業之困難與成本。依照大中先生的辦法，祇要一個人對其舊有職業感到厭煩，想要轉業，如果需要錢，金融機關便應對之舉辦轉業貸款。如果金融機關有求必應，則結果凱恩斯所謂磨擦的失業必大盛，國民所得蒙受許多不必要的損失。如果不是有求必應，則誰來審核？用什麼標準審核？豈不間接對於人民之就業選擇帶有强迫措施？豈不空懸轉業自由與可能之標的？作爲英國新社會保險制度之藍本的 Beveridge 報告書，亦祇主張人民已經失業，舊業屬於衰落工業，重振而吸收工人之希望不大時，纔供給訓練補助費（training Benefit）。這種限制是很有道理的。

（四）有些內容不免衝突

經濟民主內容（丙）項，即生產原素之報酬，應等於其邊際生產物之價値，與政治民主內容（丙）項，即競選人和選民在政治上之活動，不影響其經濟地位。衝突得很利害。理由如下．收眼目前生產業，農業也許可以說在自由競爭之下，至於工業，則祇有極少數在完全競爭之下，大部份在不完全競爭之下，因之生產原素之報酬，事實上不等於其邊際生產物之價値。要實現此種等式，統制恐怕不够，政府必須把這些產業接收過來，或政府自辦些類似產業，加强競爭。再加上爲實現（三）節已項所必須舉辦的企業。如此，政府舉辦之產業，範圍甚廣。工業愈複雜，國營之事業愈廣。設想：如果工業上主要就業機會，乃在國營工廠，選民還敢隨意反對政府嗎？

這又回到我以前所提到的憂慮，如果一國政府在經濟上權力很大，直接間接控制許多人的飯碗，不論有形或無形，政府總會傾向於獨裁。爲實現經濟民主之內容，政府之經濟功能與職權便非大不可，如果大了，政府民主之內容，便不免受損。

（五）

我個人感覺得，劉先生的文章，給於讀者以一個太「樂觀的前景」。有些事說着容易，做起來難。例如什麼是不勞而獲？證券市場之操縱得利，是勞而獲或不勞而獲？一個大學教授之貢献如何衡量？這些小節，大概是文章太短，不能對名詞一一下定義。在大體上我和劉先生不同意之處，大概都導源於對於人性之估計：（a）劉先生會想，如此完美的內容，那個有理智的公民還會懷疑，而我的疑慮是，人不一定是理智的，如果他不贊同你的理想，而主張另一種看法，你是否容忍呢？是否容忍到讓自身毁滅之程度呢？（b）劉先生大概假設私人不會濫用（abuse）其權利（例如轉業自由）政府機構大概不會濫用其勢力，（例如用飯碗壓迫他人政治思想）而我的問題是：如果政府濫用其勢力呢？如果私人濫用其權利呢？不知道劉先生是否同意我對他的了解？

因爲對於人性之估計不同，所以如果劉先生是鼓勵人向「樂觀的前景」邁進，我則勸人在尙未起步之先，把一切可能的後果都想想淸楚。

（丙）總答復

劉大中

在讀完了蕭秉乾先生、吳景超先生、翁獨健先生、和徐毓枬先生四篇卓見以後，我深深的感覺到「新路」所採用的「論壇」方式，的確是對讀者和著者都很有益的一種研討方式。我在寫正文的時候，自信的確是誠誠實實的、毫無成見的用過一番心思：在寫完以後，自已覺得把許多問題至少已得到一個初步的解決。但是在讀完這四篇討論文字以後，不僅發見了幾個自已未會考慮到的問題，而且還看出了自己思索上不够週詳的地方；更重要的是，對於這樣一個基本的重要問題，許多朋友們的見解間，竟還有相當大的距離。

在這篇短短的答復內，我們不能對許多很重要的問題詳加討論；同時，筆者也願意再多用些時間思索一下。在這裡，我們先把幾個比較簡易之點討論一下，然後把幾個比較繁難而筆者對之尙無具體意見的問題列出，暫時結束我們對這個問題的討論。

（一）「衝」與「走」；「一碗飯」和「一張選票」：

蕭秉乾先生認爲如何走到「新路」（雙重民主）上去的問題，比「新路」本身應是什麼樣子的問題，要重要多了；他並且覺得「走」上去恐怕絕無希望，結果恐怕還是只有「衝」上去。以往有永久性的進步，究竟是慢慢演進累積來的，還是用猛烈的方法强取來的，歷史家恐怕還沒有給我們一個確定的答案。照目前的形勢來看，「走」若是上不去的話，「衝」自然會來，這是一個趨勢和潮流的問題，恐怕已非個人的願望和冷靜的考慮所能左右。

秉乾先生的文字，充滿了熱情，不失文藝作家的本色，但是從他這篇短短的討論中，我們看不出他對於他自己所提出的幾個問題，和對我們所提出的問題，有什麼具體的意見。我們希望他最近能寫一篇較詳細的文章，討論這些問題。在這裡我們願意對他先提出一點意見。秉乾先生說：「在我看，在二種民主不可得兼的今日，一碗飯比一張選票實惠得太多了。」在我們看．第一，這種看法過於悲觀，假定「衝」已不能避免，在我們「衝」的時候，難道不能「衝」向「一碗飯」和「一張選票」並存的方向，而只能「衝」向僅有「一碗飯」的方向？由此可見「藍圖」仍是重要的；否則難免瞎「衝」！第二，放棄了那「一張選票」，那「一碗飯」可能並吃不到。第三，沒有那「一張選票」的保護，我們的子子孫孫可能要被鎖鍊鎖住，爲了吃「一碗飯」而作任何事。

（二）「雙重民主」、「整個的民主」和「社會化的民主」：

獨健先生覺得「雙重民主」這一名詞，仍有把「政治民主」和「經濟民主」分開的嫌疑。因而提出了「整個的民主」和「社會化的民主」兩種代替的名詞。我覺得這可能是比較好的說法。

（三）「經濟民主」無廣不包：

景超先生覺得把「進步的促進」也包括在「經濟民主」內容之中，未免過於包括的太廣；同時他又提出了「就業的保證」、「安全的保障」、「生活程度的提高」、「生產效率的提高」幾點，認爲這幾點應與「進步的促進」同棄同收。

「經濟民主」的最後目的就是「生活程度」普遍的、公允的「提高」；景超先生所提出的幾點，都與「生活程度的提高」有關，所以我認爲都應當包括在「經濟民主」的內容裡面；並且在我們所提出的條件都辦到後，景超先生所提出的幾點自然也就辦到了，在這裡我們不能分條詳談，從原文中應可看出其大概的所以然。他所提出的「生存上的平等」，在財富和收入相當平均之後，自然也可辦到。在我那篇短短的原文內，我只能提到最基本的幾點，對於在基本條件作到後自然能辦到、或是很容易能辦到的事，未能一一列出從詳討論。

（四）絕對公營的範圍：

爲保障「政治民主」和人民轉業的自由，我曾主張：「任何一個國有或私有企業，不得在任何一種企業範圍內，享有絕對的獨佔權。」景超先生因此提出電信、郵政、鐵路、航空等企業範圍來質問。這是我的一個疏忽，這些範圍是大家都認爲應由公營的企業，在我的腦裡，這些都已不成問題，所以未把他們特別提出，列成例外。爲保障「政治民主」和促進公營事業的效率，像銀行和鋼鐵範圍，是否能留出一小部份使由私營（受公共監督），似乎值得研討。

（五）最高的限度：

毓柟先生認爲：在「人民的收入必須超過一個一定的水準」「任何人不能不勞而獲」，「任何人的收入應與其貢獻相等（按邊際產值而定）」都已作到之後，似乎就不必對最高的收入再加以限制。人類先天資質的差別，似乎很大，即或在上述各條都已辦到以後，人民的收入可能還是有很大的差別，這種收入差別的程度，可能大過於促進人民努力工作所須的程度以上，社會階層將因之過於明顯，這是我主張把最高收入加以限制的理由。

下面的幾點，我現在並無答案，留待大家思考討論：（一）毓柟先生說．「有理想的政黨往往變成獨裁的政黨。」我覺得這種說法在歷史上並無根據（毓柟先生說：「大中先生所列舉的條件，除去一二例外，似乎都與獨裁不悖」，我不知他所指的是什麼、他顯然的忽略了原文倒數第五段中「再加上現時各種民主憲典中例有的規定」一語）；在歷史上，從來沒有一個眞正服膺「民主」的政黨，不許其他民主政黨用「民主」的方法與宅爭奪政權的。但是他所提出的另一問題，却極難置答。他說「要實現民主保持民主，便不許人民對民主內容根本表示懷疑」，「要民主政體能圓滿運用，民主政黨對民主之基本內容，必須大家同意」。我們現在假想一種情形：執政黨是眞正服膺民主實行民主的，有一個在野黨是眞正服膺獨裁而要實行獨裁的，再假設大多數的人民在某一時期眞實贊成獨裁，在這種時候，執政黨還是應當爲保持「民主」而壓迫在野黨呢，還是應當依循「民主」方式而拱手讓獨裁黨上台呢？這個問題雖然難答，但可能是杞人憂天，在雙重民主眞正作到之後，大多數人民似乎是不會贊成改爲獨裁的。

（二）爲保障「政治民主」和轉業自由，我曾主張保留一部份私有企業。景超先生問：「在遺產制度完全取消，及任何人的收入不得超過一個最高的限度的條件下，私有的企業如何還有存在的可能？他們的資本從什麼地方來？」規模很小的私有企業，似乎仍可作到；較大的確是困難。在這裡，一個矛盾可能存在，因而須要選擇。我們希望小規摸的私有企業就能予「政治民主」和轉業自由以足够的保障。

（三）毓柟先生認爲我所提出的保障「人民轉業自由與可能」的辦法，失之過寬，因而引起流弊。但若不够「寬」的話，流弊可能更多（觀下面所引毓柟先生所提另外一點便知）。最適宜的標準究應如何？

（四）假如我們所提出的條件都要辦到的話，國營事業的確會相當廣泛發達；也就是因爲這個原故，我們才提出了種種保障「政治民主」的條件。毓柟先生顯然認爲這些條件並不够，他說：「如果工業上主要就業機會，乃在國營工廠，人民還敢隨意反對政府嗎？」相反的，景超先生却以爲，即使企業全屬國營，用人權仍然可能並不集中（雖然我不知道他所說的「董事會」如何產生，這種「董事會」如何能不直接、間接、明裡、暗裡受政府的指揮。）在這個重要的問題上，大家很明顯的還沒有一個一致的看法。

專論

家庭與個人職業

吳景超

（一）

顧勒教授（Charles H. Cooley）曾指出現代社會與古代社會，如封建社會等不同之一點，就是古代社會中，職業的分配，係遵照世襲原則，而在現代社會中，職業的分配，則遵照競爭原則。無論從社會方面看，或個人方面看，競爭原則，勝于世襲原則，是無可懷疑的。在世襲原則之下，士之子恆爲士，農之子恆爲農，工之子恆爲工，商之子恆爲商。假如職業的技能，是可以遺傳的，那麼子代父職，是最合乎理想了。但是近代的科學，已經證明，從文化裡面得到的一切，乃是後天的，是不能遺傳的。因此，士的兒子，並不一定適宜擔任士的職務，但在世襲的原則之下，這種個人與職業不相稱的事實，是必然會發生的。發生之後，在社會是減低了工作效率，在個人則深感環境束縛的痛苦。在競爭的原則之下，每一個人所擔任的工作，幷不就是他父親所做的事，而是他自己所能够做，所願意做的事。所以在這種原則之下，每每可以達到人地相宜，或人稱其職，職得其人的境界。

可是，在現代社會裡，職業的分配，是否完全應用競爭原則呢？上面所說人地相宜的境界，是否已經實現了呢？

凡是讀過索羅金（Pitirim Sorokin）的社會流動（Social Mobility）一書的人，對于上面的問題，都會給一個否定的答案。在工業的社會中，在民主的社會中，雖然一切都講競爭，一切都講平等，但這是表面的。我們如作一深刻的觀察，就可知道，一個人在社會中的職業，大部份還是由家庭决定的。父親在上層的職業中謀生，兒子每每能够也能立足上層；父親在下層的職業中謀生，兒子每每只能在下層的職業中謀一枝棲。當然，現在的社會，已非封建社會可比，我們舉目以觀，不是看不見由上層跌下來，或從下層爬上去的例子。但這些例子，不幸都是例外。從大多數人的立場上去看，一個人的職業，還是決定于其家庭在社會中的地位。

（二）

造成這種現象的主要原因，就是社會中每一個人的教育，一向是由家庭擔負的，現在雖然略有變更，但家庭還負一部份的責任。職業與教育的關係，是極密切的。簡單的說，凡越是上層的職業，其所需的教育程度愈高，越是下層的職業，其所需的教育程度也愈低。一個生在下層家庭中的子女，也許天資卓越，可以受高級教育，也許受了高級教育之後，便可在上層職業中謀生，但因他的父親，經濟困難，沒有力量給子女受高等教育的機會，只讓他在初級學校中，混了幾年，便打發他到社會中去謀生了。這個天資雖然高超的子女，因爲所受的教育太少，不能擔任上層職業的工作，結果只能停留在下層職業之中，這是聰明的子女，無法跨竄的癥結所在。

很多的人，早就看淸楚這一點，認爲這是近代階級問題中一個中心的問題。韋伯爾（Max Weber）曾說過，凡是同一階級的人，他的生活機會是一樣的。社會上有好幾層階級，是因爲同屬一層的人，其生活中的機會相同。任何階級生活機會，都較差于上層，而較優于下層。教育機會，是生活中各種機會最重要的一種。我們如想消滅現在階級中所蘊釀着的那一股不平之氣，必須想法使各階級的生活機會平等，而教育機會平等，乃是最應提前促其實現的。

所謂教育機會平等，就是社會中每一個人，不問他的出身，只要他的天賦及訓練的結果，能够接受某種程度的教育，就要讓他得到這種教育。這並不是說，社會中每一個人，都要受大學教育。大學教育，乃是爲天資較高，智慧商數超過某種限度的人而設的。我們雖然不主張把大學教育，施于那些沒有能力接受的人，但是凡有能力接受的人，就要讓他得到。這個理想，現在還沒有一個社會達到，但已有好些社會，朝着這個理想邁進。

我們願意先看一下在這條路上已經走過的成績。

（三）

遠在一七一七年，普魯士的腓烈德大帝（Frederick the Great）就規定了强迫教育律。這個法律，在一七三六年曾加修正，規定無論男女，自五歲起，至十四歲止，都應當在學校中受教育。這個辦法，後來便爲各國所仿傚，在十九世紀的末年，歐美各國，都有這種强迫教育的法律了。這些法律，對於入校及離校年齡的規定，各有不同。如英國，在工黨登台以前，規定入校的年齡爲五歲，離校的年齡爲十四歲。工黨上台之後，把離校的年齡，延長至十五歲，最後還要延長到十六歲，美國各州的法律不同，其中規定在十四歲可以離校的有五州，十五歲可以離校的有三十一州，十七歲可以離校的有六州，十八歲可以離校的有五州。强迫教育，延長到十八歲，在歐洲是沒有的，歐洲大陸各國對于離校的年齡，多規定在十四歲。

在實施强迫教育之前，對于子女教育的責任，完全放在家庭的肩膀上。那些經濟力量低微，出不起束修的家庭，只有讓子女失學，或者送子女去當學徒，以子女的勞動力，去換取謀生的一點技能。這些失學或當學徒的青年，因爲所受教育不足，大部份是註定在社會中擔任下層職業的工作了。强迫教育的意義，從那些窮苦家庭的立場上去看，是不必出學費，也可以讓子女讀書，是由社會來分擔那傳統屬于家庭的一個責任。這種分擔責任的辦法，無疑的減少了家庭在社會制度中的重要性，但爲個人的發展着想，家庭既然不能盡善盡美的完成他的教育功能，則社會的越俎代庖，實爲必然的歸宿。

那些窮苦家庭中的子女，在强迫教育律之下，可以與別種家庭中的子女受同樣的教育了，但這種法律，還沒有解決這些窮苦兒女的一切困難。一個受教育的人，其先决條件是要生活上不發生困難，是要衣食住都有着落特別是吃的問題。沒有飯吃的人，是無法坐在課堂中上課的。窮苦的家庭，固然沒有錢作子女的學費，有時也沒有錢來付子女的膳費。爲着要解決自己吃飯的問題，於是有好些窮苦家庭中的子女，在放學回家之後，還要去做一點零工，以爲糊口之計。有時課餘的工作，並不足以糊口，結果只好逃學或廢學了，這雖然是犯法的，但吃飯是一件大事，在好些人的眼中，是比守法還更重要的。

所以，專靠强迫教育的法律，並不能使所有兒童都能受到教育。爲解決這個困難起見，家庭津貼的制度，便應運而生。發明家庭津貼制度的人，其用意也許不在解決窮苦家庭中的子女就學問題，但實行這個制度之後，窮苦兒女在讀書的時候，吃飯問題無疑的得到很大的幫助。這個制度，於一八六〇年在法國開始試辦，現在有好些國家，如蘇聯，如英國，都已採用了這個制度，其中英國的辦法，比較晚出，但也比較徹底。英國的家庭津貼律，是一九四五年通過的，一九四六年起開始實行。凡是英國的家庭，自生第二個子女起，便可每星期領取津貼五先令。此項津貼，一直可以領取到十六歲，也就是領取到離校的年齡爲止。據估計，英國領取這種津貼的家庭，凡二百六十萬家；可以領取津貼的兒童，約四百五十萬人。

有了家庭津貼的制度，窮苦家庭中的子女，才比較的可以安心在學校中讀書，而不爲衣食問題操心。每星期五先令的收入，也許不能解決一個人的衣食問題，但在窮苦的家庭中，這是一個很大的幫助。以前，做父母的，要完全擔負撫養子女的責任，現在這一方面的責任，也由社會來分去一部份了。社會所以不能整個的把這個責任擔負起來的原因，當然是由於社會的生產力，還未發達到一個程度，使他有能力來挑這個重擔子。但是社會代替家庭撫養子女的工作，已經開始了。一經開始之後，將來就不免會有一天，社會覺得自己的精力飽滿，便把這個責任整個的擔負起來。這當然又要減低家庭在社會制度中的重要性，但從個人發展及福利的立場去看，這是一種收獲，而非一種損失。

（四）

過去一二百年，先進的國家中，對於達到教育機會平等的努力，已如上述。如以我們的理想爲標準，這種努力還是不够的。

英國在工黨沒有改革學制以前，兒童在小學畢業進入中學的，據湯納（P. H. Tawney）教授的估計，只佔七分之一。在有些窮困的地區，只佔十分之一。四分之三的兒童，在達到離校年齡的時候——十四歲——便都加入社會謀生去了。在美國，五歲至十四歲的兒童有百分之九十四在學校中讀書。十五至十八歲的青年，便只有百分之七十二在學校中讀書。這當然是强迫教育律所造成的成績。可是十九歲至二十二歲的青年，便只有百分之十六在校讀書了。在一個最富裕的國家中，十九歲以上的青年，大多數還是爲生活所迫，不得不離開學校，去謀職業了。

在這種情形之下，那些過了離校的年齡，而還留在學校中讀書研究的，一定是那些出身於上層家庭中的子女。他們的經濟能力雄厚，可以供給子女在高級學校中讀書，可以讓子女得到最高深的教育，因而在畢業之後，可以得到報酬豐厚，地位崇高的職業。那些在十四歲或十六歲便要離開學校的窮苦兒女，是無法與這些上層家庭中的兒女競爭的。

如想消滅這種不平等的現象，只有在各級學校中實行公費制度，才可達到。入學是要經過考試的，只有具某種資質的人，才能允許他受某種教育。但是考取入學之後，不但不要交學費，如歐美各國的小學中學中所實行的；不但可以領用書籍，如美國的中學中所實行的；不但免費供給牛奶一杯或免費午餐，如英國在有些小學中所實行的；還要在這一切之外，由國家供給生活上的一切基本需要，如蘇聯在一些職業學校中所實行的。人雖然出生於家庭，但如社會把撫養與教育的責任，還是付給家庭，那麼教育的機會，是無法平等的，因而選擇職業的機會，也隨着而無法平等。只有社會把這個傳統由家庭擔負的撫養與教育子女的功能，完全由家庭的手中取出來，放在自己的肩膀上，然後每一個人受教育的機會，方可平等，因此選擇職業的機會，也隨着而趨於平等。

隨着社會上生產力的進展，這一天遲早總會來到的。到那時，每一個人潛在的能力，都可以得到最大的發展，職業的分配，才眞能够照着競爭的原則進行，世襲的原則，必然會變成歷史上的陳跡了。

雲南錫鑛裡的童奴

喻淦郇

近十年來，流浪西南，而以旅居雲南最久。雲南這地方，有天堂，有地獄，貧富懸殊，遠甚東南。在昆明以外的縣份，「鶉衣百綴」的貧民隨處可見，其實，「鶉衣百綴」並不够描摹他們衣服之襤褸可以說只是懸殊掛着破布條。最稀罕的是有些窮人走路時蹲伏地上蹣跚而行，你以爲他們是殘廢嗎？不，因爲他們穿了「無襠褲子」，（借用海派小說書名）詳細地說，前面掛着小孩的尿布後面繫着北方孩子的屁股簾兒。也許是本能罷，不便讓下部在衆目睽睽下裸露，迫使他們不得不裝矮子，直至他們回到自己環境裏才敢放胆直立。這絕不是過份的形容，凡到過雲南外縣的人一定會看到的，即使在一度成爲國際都市的昆明，也可以看到這樣的乞丐，乞丐在鄉下便是普通貧民。

偶而與雲南朋友談起開錫鑛起家的雲南富商而聽到一些關於鑛工的故事，那眞是慘絕人寰。故事大概是這樣：先傳說某外縣招工，工資很大，而且可以預支一筆不算小的安家費，這消息在貧民不能不算是一件聳人的新聞，倘按址前往，也證實不虛，確能獲得許多錢，這還不放心去做工嗎，可是你便一去不回了。不用說，生活絕對不如牛馬，並將被帶上鐐銬送入洞子（記得雲南人稱鑛道爲洞子），日以繼夜的工作，一天又一天，到頭來你精疲力盡終於見到上帝而獲得「永生」，那時你遺留的軀殼才可一見天日，然後「萬物歸終於土」。有時你在鑛壁中聽到掘伐的聲音，那你要準備與另一鑛破壁而入的人斷殺，倖而勝利沒有死掉，你還是你，這佔來的鑛依習慣（民法第一條的規定）却歸你的主人所有。（民法第七六八至七七二條和平公然占有他人財產經登記得爲所有人的規定）起初我以爲這眞眞是「故事」，姑妄聽之而已，但就在中華民國三十七年的今天却證實這人世地獄依然健存，而奴隸由大人更進步到兒童，我眞不知這是什麼一回事？證實這故事是一位辦救濟工作的美國人的報導，登載於六月十六日士林西報．

『石屏與箇舊相比算是天堂了，當然，瘧疾是危險的，假使我們一隊能防止它的散佈，倒是眞正有價值的工作。但私人鑛裏的四萬小孩悲慘的情形比石屏老百姓更不知要壞若干，後者（指石屏老百姓）純樸地在他們的村鎭中過得很好。（有些確很富有因爲他們剝削童工）他們能够過普通的生活，壽命可以到中年或老年，但鑛裏的童工如果能活到二十歲已是萬幸。

我們到過新街，猓玀村等地，我且不提我對箇舊——最野蠻的市鎮——的印象，我之所以不提政府的礦場，因爲我們已澈底勘察過，在三小時內到達深逾七百尺的礦道這足够稱得上非常有效率了，我想這是中國最有效率的實業之一。這表示錫的開採可以不必用童工也能獲得鉅額利潤，有些人告訴我們，開錫礦可有百分之七十的利潤，但這未能獲得確證。

錫鑛一瞥

在政府礦場休息一夜後，（拔海八千五百尺，這天很辛苦，爬了十英里山路，走了四英里地道）我們去看私有礦場，似該特別警戒，（四人用來福槍和快慢機手鎗武裝）首先我們三尺見方的入口，升降機（姑如此譯）降至約六十級，愈下愈狹，我們由警戒者圍繞着開始窺察，我們聽到氣喘聲，一會看到電石燈閃爍，一會兒一陣斷續的喘息來自升降機的墻壁，我們發現了一個衣服襤褸的孩子，他瘦弱得異乎尋常，簡直似一幅鬼魅的畫像，他除銹污染紅的幾片破布（因爲這裏的工具是以壞鐵製成）便毫無遮掩，汗與水濕透了他的全身。

在他骨瘦如柴的肩上，揹了二袋礦石，一前一後，胸前的袋上掛着電石燈，他走出坑口仍然傴僂着未見直立，走約十碼便暈倒地上，可憐他喘息着。

他面色如死尸般蒼白，兩頰油污，雙目幽暗，是十足的鴉片老槍，他對我們懷疑而不顧回答我們的問話，他只說他十九歲，也不知還能在礦裏做多久。一小車礦石他來回搬運三次，全日能搬一車而已。

有兩次他一再立起向前移動，但始終未見立直，這眞令人驚異，我確認他是不能，他永遠是傴僂的姿勢在地下坑道中爬行。

升降機送來另一批小孩，也是與他相似，他們大多數還是童年，但都有鴉片煙癮，他們僅能藉鴉片刺激才可勉强工作。

家

我們走進一座石頭建築物，這便是童奴的家，地上除幾片破布以外，一無所有，有兩個生病的孩子臥在破布之上，兩腿生着可怕的膿瘡，他們說這是老早弄破的了。他們疾病頻仍。綿延很久才會好。（能够立得起便算是病愈）原因是營養不良，工作過度，還吸鴉片。

在任何一房子，——或是監牢——我從沒有看到沒有鴉片的，窗上有巨大的槓子，門上有牢固的大鎖，這點我們不能遺漏，這些孩子夜間便被關鎖在內以防逃遁，但我他們說在別的礦裏還帶鐐，我們雖沒有親眼看到，但我們僅僅只看到這裏上千礦場中的三個，而去其他的礦又是「此路不通」。在任何方面說，這一礦不算「模範」，這一礦的童工差不多可算是長成，我們需要去看更爲「模範」的。

我們已經注意到兩山連接處的一個很大的丘阜，滿佈灰色石片，週圍有一長列的小孩，像一群紅螞蟻在蠕動。

當我們走近這丘阜時，我恐怖地發覺這一群小孩只是「幼童」，最大的也不過十二三歲，我不敢看他們沿着陡峻的小路攀緣，去傾卸他們的礦石，更不忍聽到那種哮喘的聲息。

這種重生活，壞空氣，惡食物所予這班幼童的傷害眞是難以估計，數年內可以致其死命。但礦主們說：只有小孩合用，正因爲他們小而適宜於地下的搬運工作。

洋瓶口

我們爬上這丘阜，驚異地發現礦口便在我們下面四十尺的地方，這丘阜正好掩蔽着入口，污水窪積，丘阜坡度又陡，一陣大雨，可能像注水入瓶似的將礦淹沒，如無人救，這成千幼童將被悶死無疑。

這礦因爲僱用大量幼童而有大量出產，這些兒童呼出的氣滙成一股不散的蒸汽由礦裏浮出，使人呼吸感到難受，他們疲乏地時爬時停，攀緣這陡峻的坡道走向我們所站立的丘阜頂部，另一股不散的蒸氣又帶向礦裏，看到他們在礦口稍停片刻的情形，眞是令人哀慟無已。而他們在洞口還輕浮玩皮，相互毆打，實在是小得不懂什麼呀。

我回憶起其中一個最好的小孩，他告訴我他十歲，來自昭通，他特別細小，異常稚氣，他從四十尺深的礦道中走出，你可以聽到他很吃力的呼吸聲，他上來得很慢，停息了三四次。他太幼弱了，至近頂部只十二尺處，他又停息下來。

不幸的命運來了，一個守衞者用一塊三四磅重的石灰石向這小孩打來，似乎是以爲他帮忙了探子。（指美國人）石頭打中了他那乾枯赤裸着的足踝，這小孩痛楚地叫喊着彎下身抱住足踝，石頭蹦躍着滾入礦底，這小孩向上看着那兵士咒詛，血液滲染了他的手指。接着二個較大的小孩負荷了東西上來，大聲吆呵他讓開，他涕淚交流，勉强上來，將近頂部，他蝟伏在地上無法解脫痛苦兀自哭泣，用手背揩拭眼淚，臉上揩去了一條油污，又似血漬，他太小了，太孤苦了，我眼淚奪眶而出，書寫至此，我又眼淚盈眶了，但我並不是一個好哭的孩子啊。

兇殺的猖獗

克拉克將這些情形報告了蔣大元帥（現在不應譯爲委員長），他訓令社會福利和醫務人員辦理。CCC（一機關簡稱）首被邀請前往工作，當然，在這裏的情形很難維護他們的地位，他們拒絕了這一工作。

WSS（又一機關簡稱）在此建立了一所廟，也許這便是大元帥命令的結果。這廟名爲「鼠廟」，是紀念一些老鼠的，傳說從前礦裏遺置了一個垂死的小孩，老鼠曾餵他因而護生，（實際上却是遺置任其死亡除非太妨礙交通）我們去過這廟，碰到一個漢子，經介紹說是醫生，但他又說不是，他也實在不像，他說這裏有兩個男護士，此刻走開了，我不信那裏會做什麼事，有如YPHA（又一機關簡稱）的極普通故事。

CCC現在與一個美國醫生接觸，這醫生在礦區做了多年的社會福利工作，但要他到這裏來的希望太小。在這區域工作有極大的困難和危險，礦主們不會要你，他們深知自己不對，當他們偶而視察自己礦場時，有些還要用二十個武裝人士看守這班小孩以防意外。

小孩也首先不需要你，他們多疑而迷信，他們不信任任何人，他們終身受疾病的「款待」，不會明瞭救濟工作人員動機爲何，在任何情形下他們均不允許訪問，因爲他們白天全日工作，夜間被鎖在石頭的牢裏，他們有他們自己的享樂——鴉片同性交接。他們比任何小孩要壞，打死是常事，在礦坑中可以不時發現。

最近，一些小孩在一個礦中聽到礦坑裏有掘伐的聲音向他們而來，他們便持鎗以待另一礦坑的人破壁而入準備厮殺，（這是常常會碰到的事，因爲這裏礦道縱錯密佈）許多小孩便因此而被殺，因爲這裏承認侵入而佔領另一礦道便算是已有的，也有因同一礦道迂迴交叉發生自相殘殺的情事。除此之外，礦道分散的只有拔海九千尺特別荒凉的箇舊山脈的山顛了。……（下面是說礦主們有錢有勢，如何會交際、諂媚、等等，與童奴生活無關，故不譯。又機關的名稱我也不譯，並此聲明。」

錫礦的情形已如上述，我想附帶提一提另一件事，那便是舉世聞名的雲南翡翠，據說採玉石（雲南人稱翡翠曰玉）情形亦屬類此。回想到馳駛愼緬路上載重八噸的兩節大卡車上的大錫磚和昆明寶石店滿壁琳瑯的玉石，能不令人毛骨悚然。正是：

錫商財貨甲天南，滇玉晶瑩煥朱顏，人說得來

亦容易，不過多添幾個寃鬼泣空山。

通訊

萊普漢北來的任務
（北平通訊）

本刊特約記者

沉着的包袱

當若干都市只有靠了「五洋」——即靠着洋麵，洋布，洋油，洋烟及洋火來維持生活時，「都市」當眞成了「包袱」，一個又一個地壓在「慈善家」的肩頭上。當美援在江南被鬼鬼祟祟分配時，洋財神却沒有想到這個「地理學上的名辭」，早已四分五裂，偏枯的華北，東北，西北都在裂土分疆似的分別大叫起「爭取」來。原本就在敷衍的馬歇爾，爲了適應政治現狀，這時却不能不叫童顏鶴髮的六四老人，——美國經濟合作總署中國分署署長賴普漢，以其久作市長的外交手腕，到要求「爭取」的地方，實地來勘查一番。

長期建設方案的執行人史蒂爾曼到華盛頓去繳報告的次一天，七月二十六日駐華署長 Rogev Dearborn Lapham 賴普漢也就坐了飛機到了青島，研究一下黃河以北的現況，然後到了天津。下機就說他愛天津，他作過市長，知道市長的辛酸，到了北平，就說他愛北平，蘆溝橋事變那一年他到過北平。可能在到瀋陽或太原之後，他仍然是一樣地會說，我愛這裡，我與此地有什麽關係，先給地方吃一個空心湯圓，再聽一聽地面的實際情形。萊普漢是位出身船長之家，胆大心細的冒險家，他愛玩高爾夫球與撲克，他曾是第一次橫渡大西洋的飛剪號的乘客，他也是齊柏林號飛船第一次東行的旅人，而且他搭過美國每一家航空公司的飛機，找尋刺激與趣味。四億美元換得一個慈善家的招牌，也是一種趣味。

萊普漢有個長處，他長的像是一個褪色的邱吉爾，有其風姿與倔强，但却沒他的嚴厲，他的唇薄而緊，鼻厚而圓，白頭髮在禿頂上圍了着像一個白帽圈，他可惜沒有鬍子，不然到像慈善家化身的聖誕老人，他在爲史蒂爾曼的走訪不週先道歉道：

「經濟建設考察團只有三個月的期限，專家們在中國只有六個星期的契約。他的初步報告，我和司徒大使都看過了，在總署沒有公開之前，我們當然不便發表。霍夫曼他有選擇與決定大權，他是對於各式各樣的計畫的最後決定者。我們認爲北方的重要事業都應得到美援，我可以這麼說：

『最初不曾忽略了北方，最后也不會忽略了北方。』這眞是一個花枝招展的外交好辭令。

這位洋財神

萊普漢似乎有意用他的坦白與隨便來與人接近，他到北方來，喜吃中國飯，而且必用中國筷子，不行時却又不要別人幫忙。有一次吃罐頭蜜桃，他左一筷子右一筷子，永遠撈不到整塊，直到最後終被他挿起了一塊，吞吃的時候，臉上浮滿勝利的笑容。他耳朵稍有重聽，眼睛上却不帶眼鏡，能遠遠向熟人打招呼。他曾像孩子似的抬起一隻脚，擺一個金鷄獨立的架式和人舉手敬禮，那眞是活像一個沒有雪茄的邱吉爾。

他對中國的事情似乎已下了功夫，近來能背誦中國的二十四行省，從黑龍江起數到廣東，連次序都能不弄錯。他極注意航空，又好像故意炫露他對於數字的超人記憶力，他能當着人像小學生背書一樣說出飛機成長的歷史重要發明經過及日期，但有人問他：第一架飛機究竟是一九〇三年七月三日的早晨或下午發明的？他翻翻眼睛笑了，說「對這個到沒有考證。」

中國招待人員一向對外國人厚道，以爲六十四歲的老頭兒最好盡量節勞，但是這個童心外交叟好像返老還童似的，一下飛機就是跳跳打打，從不肯有一刻的閒暇，他和人談對了勁，每每忘了時間，如看李宗仁副總統，一下兒超過了兩小時，使北平記者招待會遲延了半小時，而這個招待會上，中外記者紛紛以紙彈相贈，他愕然道：

「我好像又回到證券市場上作賣買，那時候就有太多的謠言」。

中國的美援與歐洲的美援有沒有不同？賴普漢雖然沒有坦白承認歐洲是援助人民，中國是援助政府；歐洲是援助建設，中國是援助屠殺；但他却也這樣說，中國的援助與歐洲並沒有什麽絕對的不同，只是中國本身太不安定，所以不能像對英國，對挪威的建設，那麽有顯著的成就。對於世界現況又引起了一聲嘆息，他說．

「世界和平是整個的，不允許有那個地方保持特殊化，由於航空的進步，世界的距離的確比過去縮小，而人與人間的距離，也應當比過去縮小了。美人雖比較更多認識歐洲，但亦未忽視東方。」

問起中國的情況，有人說，你以爲中國政府的行政效率是不是比過去好了一點？

「中國政府是在極困難的環境中」，他吸了一口煙，很認眞地說，「我們是要和他們繼續發生合作的關係，我們不能够對他下命令（Order him）我們只能够加以勸解，說給他們聽」。

「你以爲魏德邁報告書所說的情形有沒有改善」？

「魏德邁」？他笑了笑說，「我的業務從不受過去的任何影響」。

「你同意蒲立德對中國的批評嗎？」

「我——」萊普漢的外交經驗使用出來了，「我從來不知道他說過什麽」。

在輔仁大學的神父教務長的旁邊，一位外籍記者單刀直入的問道：

「假如九個月內中國政府有了變化，這美援還繼續嗎」？

萊普漢立起身來聽了一忽才聽懂，他坐下來說道：

「這不是今天我們所能討論的問題」。當這些問題在熱烈地討論時，萊普漢頻頻聳肩，以致把他掛在身後太師椅上的衣服落下了三次之多，最後就讓它落在厚厚的地毯上，一直到招待會結束時才拾起。他對他的隨員一再示意結束，但問題層出不已，他站起來說了一句．「這是一個繁重的節目」。在談話過程中，小孩子在窗外打碎了一隻玻璃杯，也未引起注意來。這天下午他有兩個更繁重的節目，他要與傅作義及胡適分別作個別的晤談。繼續蒲立特與魏德邁的未竟工作。

數字上的美援

在貿易數字中起家的萊普漢在平津報告『很喜歡引用在記憶中一串又一串地數字。

「五月間霍夫曼派我做經合署駐華分署的署長，七個星期以前到了上海。我上次到中國是十一年前，那是一九三七年六月十九日，和我太太一起來游歷，我飛到平津來過」。

「中國是馬歇爾計畫下要援助的十九個國家之一，國會撥給的款項是四億，這筆錢要花到來年四月三日。其中有一億二千五百萬，是用於軍事，駐華分署無權分配，其餘的二億七千五百萬，全由經濟合作總署支配，當然我們要和中國政府商洽。怎樣來用，我們要聽中國政府的建議，但也不一定非全聽不可，最後決定的是我們上司霍夫曼，而他又得聽國會的」。

「外面謠言說我們駐華分署每月開支是四百萬元，這與事實相距太遠，國會已給我們作了嚴格規定，這九個月內一切開支，不得超過美金一百二十萬元，這不僅是駐華分署的總開支，而且也包括了霍夫曼總署的一部分開支」。

「在二億七千萬款項中，我們目前的計畫，是花七千萬元購買糧食以七千萬元購買棉花，以五千萬買石油，以不到一千四百萬元買肥料，以六千萬元從事長期生產計畫，還有一千萬元購買補充用的零件及設備，這就是說長期工業建設用的一共七千萬元，我和翁文灝先生都同意，這一部分應當再增一千萬元」。

在北平，他特別對於農村建設的重要指出來，他說將要成立一個農業建設委員會，共同從事生產合作，增加農產，改善農民生活，過去中華救濟團所作的一些工作，當有了錢之後，也許大部份可以恢復，但也只是作長期救濟性的，如農墾，短期性將盡量減少。

「中華救濟團的糧食借款分配的地域之廣，項目之多，聽了眞叫我驚訝。但今後我們的售價要更接近市價，收更多的錢，便可以作更多的事。美援運用委員會和我們繼續合作中華救濟團的若干事情。我們固然從事救濟，但中國自己也得想法子找糧食及棉花，我們不能在冬天未到之前就把錢花光。」

萊普漢强調中國必需想法來自助，自己一切能有進步才能得到未來的更大援助。

「就像我在二十三日廣播所說，美國的納稅人在注意着美援的應用得當不得當？明年新國會成立，他們一定要問：有沒有成就，究竟作了些什麼？霍夫曼和我却得回去作報告。」

「那一億二千五百萬軍事專款，我們雖然不能過問。但我們可也想建議用來保障經濟美援所使用的地方。譬如開灤對華北及華中都是有用的。」

有人請他說的更具體一點，是不是就是說，「用軍事美援保障經濟美援，」他的回答是：

「你可以這樣推論。」

建設與合作

在備忘錄中寫得像一獨立國的北方眞是博大雄厚的區域，這裡有中國未來第一流的新港，全國第一流的煤礦，第一流的鋼鐵廠，內地最大的電力廠和北方惟一的鐵路區，鹽田，紗廠，及農業生產都是眩目的成就。各單位的備忘錄一本又一本地送來，使這老人目不暇給，他可能不會想到北方是如此深厚，特別是開灤煤礦，已成爲全國性的動力中心。

對於許多爲北方要求美援者他表示個人的意見道．

「一個作了官的人本來已沒有了什麼私人意見，我來到此地三天，雖然沒有什麼很深的觀察，我實在覺得北方是活潑而有生氣。美援是整個的，不能偏枯華南，也不能偏枯華北。我願意建議給中國政府，不是命令，而是指出，這樣的辦法更好，更有利。那樣不好，沒有經濟利益。」

美援如何參加生產事業？是偏重民營還是國營？要求政府的政治怎麼樣來配合？

萊普漢，這位六四歲老航商對此對政治問題更坦白地發揮意見道：

「那是用貸款方式就原有的機構，作有條件的投資，我們投一部份美元，他們出同樣一部分法幣。經合署對這些事也許和翁院長的意見有些不同，但可望消除，而得到統一。」

「美國對工業的看法，多少注意到對於民營事業的提倡。不過美援因爲種種關係，爲了納稅人的利益不能不從保證一點上着眼，不分國營民營，那一方面有效率那方面就能得到更多的援助」。

「至於政治有進步，明年開國會所得數字一定能增加，中國是如此老大，這些年來已有了不少政變，想要在明年四月三日以前能有多大的革新是空想。西諺說，給他時間就會變好，改變是逐漸的，不只九個月不可能，就算是九年也未必達到理想，中國人自己有自己的美德，忍耐不可以失掉，還有幽默也不要失掉」。

這老人爲了「政治」與「美援」的關係，最後自己也不再煩惱，却燃着二十四支香烟中的最後一支香烟嘻嘻地笑着說道：

「百分之百的成功是不可能的，有一些成績，也許是有了一種進步的趨勢，那麼未來可得的美援是可能更多一些的。」

不管這筆「美援」未來增加與否，至少目前是不成問題的。馬歇爾二月中早已說過「在中國目前這種情況下，這筆款項必將大部份是毫無結果的消耗了。所以從這種局勢看來，援華計畫在實質上對未來中國的經濟局勢無法保險。」從那麼悲觀到此時萊普漢的如此希望，這中間紆迴是頗可玩味的。

對中國的感想

萊普漢不僅到平津，他還飛到太原和瀋陽，有人不能不這麼想，他的話裡彈性很大，是不是可以說明美國的政策的開端，在美援沒有到達之前，他是否會根本改變了計劃？會不會是奉命在謠言的高峯上，分別了解每個區域的實際情形？

據報紙上流傳這位洋財神對中國的現況極不滿意，他在南京美軍電台廣播辭是一改再改，原來的措辭，也不亞於蒲立特與魏德邁的批評，他想率直地告訴中國政府，認爲他們沒有全心全力用於作戰，美國以前的援助大部分被中國政府浪費了。這個包袱正一再加到美國納稅人的身上。

萊普漢到中國之前，曾到歐洲一次，他見了嚴格的物資管制。他一到上海就看見無數大量消費品，用美金一算價格，簡直等於白送，在上海街上他看見從早到晚都是最新式的轎車跑來跑去，其價格都遠在一千二百美元入口的限額以上，而輸入的時候，顯然都在管制辦法宣布以後，有一天他又發現汽油的售價約合美金十五分錢一加侖，而在歐洲都是兩塊錢。自南京到上海火車，頭等帶臥舖，跑了一百八十英里，才花了美金八角，他又發現在中央或中航飛機，從上海到北平，才合十五塊美金，從上海到香港，要十六塊美金，而從香港回上海，用港幣買賣就要花七十美金。

他越想越不合理，他來中國之前，以爲中國正以全力在與共黨作戰。而在中國，他可以花三分之一的價錢，吃到他的故鄉售金山買不到的那樣奢侈的飯。他認爲在中國坐飛機飛一百八十英里，才花一塊美金，這事極不合理，因爲這一切都是中國用美金從外國買來的，他的結論是：

「中國正在用美金來津貼並維持航空事業，而收入的是不值原值五分之一的國幣。政府怎樣彌補損失呢？印票子。同時還希望用美援貸款來彌補外匯的消耗。」

據最近的消息，柏林的冷戰變爲熱戰後，以後的可能是和平多於戰爭。朝鮮這個火藥庫如何使他不爆裂，中國的對立局面如何結束，這都是謎。就美援來說，建設性的款額如何支配還是一個問題，而軍用美援也是只能向軍火商去買軍火，不能再買剩餘物資，又是一個天然的限制。蔣總統好像在這種空氣中上了莫干山。

萊普漢這次到北方，可以說是一種外交的敷衍，也可以作爲一個有積極性的表演。他消極地支持「爭取」美援的大北方，就是積極地表示對大南方的不滿意。看他以後再建議些什麼？

（七月二十九日）

流通券！流通券！

（瀋陽通訊）

本刊特約記者

偽滿十四年共發行「滿幣」八十億，行使在遼吉黑熱四省。東北光復後，政府在東北發行流通券五萬億（東北立委王化一等三月間在南京對記者談話），行使的區域僅十二個不完整縣共四十八鄉鎮。兩相比較，流通券泛濫成災，淹沒了政府在東北控制區的每一角落。

勝利後，政府在東北發行流通券，目的是求地方經濟不受內地法幣膨脹的影響，當時流通券與法幣的比值是一比十三。兩年以來，東北漫天烽火，交通阻滯，生產停頓。鋼鐵，大豆，煤炭，豬鬃等產品不能再入關內運，一切反而仰賴關內接濟。東北由出超一變為入超，流通券因此而貶值，由一比十三降到一比十一點五，一比十，黑市跌到一比六或七。這罪過不在流通券本身，而在戰亂。正如財政部的解釋：「假使東北一如台灣，因順利接收，無戰事發生，則今日流通券必與台幣同樣升值」（註台幣與法幣原為一比三十現升值為一比一千二百四十）。

最近一年來，東北軍事逆轉，國軍佔領面積日漸縮小，人心惶惶，流通券隨之再貶值，物價則因流通券之貶值而上跳，流通券又因物價之飛漲（全國生活指數東北最高，六月份為一百一十萬倍，大量發行，且面額增加，維持軍政開支，彼此循環累進。現在東北每月流通券發行數字總在五千億以上，不能進關使用，滙兌又受限制。每月發行的數字，軍費佔去百分之五十，工礦交通事業費佔百分之四十五，地方行政費佔百分之五，東北僅有四十八個鄉鎮，人民如何能挑起這沉重的擔子。其中半數是軍費，瀋陽，錦州，長春三個彈丸之地，無力量負擔全東北的「戰債」，所以東北人民代表請願團，三月間赴南京，向政府陳述流通券既已失去原有的作用，請准流通券入關，法幣出關，打開幣制界限，由全國來負擔東北的「戰債」。政府考慮再三，內地法幣的印刷早已供應不足，且運一飛機法幣出關，沒有運一飛機流通券來得多，只好藉口說．「因為交通不便，運輸力量薄弱，若法幣不能大量暢運，供應東北，法幣與流通券不發生差價，流通券將再貶價」，結果法幣出關無望。至於流通券之不能入關，是因為「關內已有多種鈔券，若再增加一種流通券，則更複雜紛亂」，所以財政部主張從緩辦理。最後決定流通券與法幣的比值改為一比十，進關旅客，每人可憑機票或車票在央行兌換流通券五百萬元，東北滙款限度放寬。財政部說：「中央對流通券絕對負責，價格從此穩定」，但比值由法定的一比十一點五，改為一比十，顯為政府向東北人承認了流通券的不值錢．東北軍事又不見好轉，流通券的準備是東北的敵偽產業，那些產業又到了刼收大員與豪門之手，基於以上幾個原因，人民懷疑流通券的信用，唯恐有一天變成廢紙，手裡不存流通券，有錢就囤集物資，這是極自然的發展，難怪東北物價鑽天上昇。東北人民代表請願團回到瀋陽，受各界的指責：「法幣不准出關，流通券不能入關，反而把流通券請貶了值，影響人心，自找虧吃」。五月初東北留京的國大代表又向俞鴻鈞部長與前央行總裁張嘉璈請願，要求把流通券與法幣比值由一比十改回為一比十一點五，俞張兩氏允於總統就職後改回。窮則變，變不一定就通，流通券比值將改回一比十一點五的消息傳出後，東北往關內滙款立刻減少，平津的流通券也被人以低價的黑市收購，等候改值，從中套取發財。政府不許流通券進關使用，又限制以機票車票兌換法幣，除了減少關內鈔券的複雜作用外，另一個作用，該是防止陷入中共手中的大量流通券湧進關來，套取物資與黃金，擾亂金融市場。但東北黃金價值始終高於平津一倍以上，飛機客經常携帶黃金到東北去發財，而東北的黃金我們可以無條件的相信已經流向中共地區。凡是有資格坐飛機來往平瀋間的人，多是八面通風的人物，他們把黃金在東北賣出，賺了一倍以上的利潤，雖然東北滙款有限制，他們仍能通過人事的關係，把本利由國家行局依照流通券法定的一比十一點的比值滙入關內，足足的暴發。在東北參加「刼搜」的官員，他們喝了東北人民的血，刮了東北的地皮，看見東北的局面江河日下，變賣了所有的「刼搜」產業，也由國家行局把流通券滙入關內，從新置產，囤集居奇。還有人在平津以黑市一比八的比值收買流通券，利用飛機大量的運往東北，再由東北以一比十一點五的比值滙回關內，來往一次，獲利不少。流通券與法幣的差價，就是那些特殊人物的發財機會。鈔票，黃金，物資永遠在他們手裡團團轉，一般善良的人民乾被榨取。政府把流通券運到東北來，那些人把流通券滙到內地去，有時乾脆用飛機裝箱運到平津，聽說北平中央銀行，專僱五十幾人點數流通券。代為滙款的是國家行局，代為運現的是國家飛機，發財的是那些少數人，政府就是那些少數人的公僕。

五月廿日蔣總統就職，六月三日財政部根據五月初的諾言，公佈了流通券行使及兌換修正辦法：（一）東北流通券停止發行，法幣出關行使。（二）東北流通券與法幣兌換比率為流通券一元合法幣十一元五角（三）流通券滙入關內各地，准按照關內各地法幣滙至上海辦法一致辦理（四）旅客入關携帶流通券准在沒有中央銀行地方，按照關內各地携帶法幣至上海之限額向該行按照比率兌換法幣。新辦法未公佈以前，流通券就一面倒的往平津流進，新辦法公佈後，流通券更大量內滙。六月中旬全國物價漲潮，平津尤甚，北平參議會與河北參議會曾分別討論平抑物價辦法，一致認為流通券大量內滙，此項游資無法宣洩，刺激物價。河北參議會電請傳作義採取緊急措施（一）令各行局即刻停止流通券兌現及凍結東北滙款。（二）即立令四行兩局開放平津申滙。北平參議會則提出：（一）停止流通券發行，（二）開放平津以外其他通滙地點，（三）限制流通券每月在平津滙寄總額，並減低每個人每月每日提款最高額，（四）嚴禁運現入關，加强檢查，（五）限期開放申滙。六月二十九日華北剿總根據物價實際情形與上項建議，召開緊急經濟會報，傅作義親自主持，決定了暫時管制流通券滙款辦法，分別電告翁院長，東北剿總衞總司令，並令平津兩市長，兩警備部，金管局，中央銀行等嚴格執行。新辦法是：（一）自六月三十日起，平津兩市兌換流通券學生與難民，每人不得超過兩億元，每人每日兌換額以法幣一千萬為限，至東北滙入款項，兩億元以上者須審核用途，每人每次憑身份證提現額為法幣兩千萬。（二）七月一日申滙開放後，可自由轉滙。（三）由剿總，平津兩市府，金管局等機關合組東北滙款審核小組，嚴格審核其用途。東北游資從此被堵塞不能入關，因之東北本地游資充斥市場，七月初旬物價飛跳，東北剿總政委會副主委高惜冰赴平，與華北當局交涉，申滙開放後，華南對華北拆除了「經濟」的堤防，華北可不必再堵塞東北，請取消對流通券滙款提現之限制，據說華北當局表示同意，准申滙開放後取消限制，但未履行。在關內未限制流通券提現以前，東北每日滙入關內的款約六百億，華北限制提現以後，每日減至一百億，東北不能使流通券借滙款機會回籠，政府發行的鈔票又接濟不足，軍政開支無錢，各機關薪水發不出，軍餉積壓，游資在市場作祟，物價一日三漲，造成經濟崩潰的局面。七月十日高惜冰電傳作義劉瑤章，杜建時等，「冰前承關愛，良以爲幸，關於東北流通券滙兌一節，承允申滙開放後，平津即不加限制，比歸轉達德意，子遺同深感盼，乃近來申滙業已開放，而平津之限制如故，非惟如故，反將限額縮小，據聞每人一次只准提現法幣兩千萬元，就中半數尙係不能通用之本票，事實傳來，群情益惑，查瀋陽商業與平津息息相關，而與上海素少往還，故申滙開放，能紓平津之困，而不能救東北之窮，東北與華北輔車相依，勢切脣齒，棟崩榱折，命運相同，今日危急之情既較重於華北，自有望於封鄰，此不惟東北民衆痛有如此感覺，即華北人士亦將謂其必然，務請注念舟誼，查照前言，即飭將目前限制解除，無任迫切感禱」。此電發出後，華北仍無取消限制消息，一般公教人員滙至平津之贍家費，學生讀書用費，提取受到極大困難，而所有豪門仍能照樣劃滙或運現入關，東北民意機關遼寧，遼北，瀋陽各省市參議會對華北如此之不澈底經濟措施，俱表不滿，指責傅作義自己立法，變更政府對流通券滙兌之法令。並電蔣總統處分財政部長，及中央銀行與平津金管局玩忽政府法令。流通券風波掀起後，東北地方無日不在討論如何使華北取消限制，無日不以傅作義爲對象，展開攻擊。七月中旬瀋陽高糧米漲到流通券十七萬一斤，長春五十五萬一斤，東北四十萬大軍不能再收購軍糧與民爭食。東北剿總迫不得已把預存的三個月軍糧動用一個月，自七月份起停購軍糧，以免刺激糧價上漲。但軍糧又不得不預先儲備，纔決定發動遼南搶麥攻勢，收復區食糧除民用之外，全部由政府價購，所需購糧款項約流通券六萬億，東北當局最多能籌足兩萬億，其餘四萬億只有希望華北取消流通券滙兌限制，使流通券在東北大量回籠，補助軍需。衞立煌總司令於七月十六日派秘書長吳瀚濤赴平，代表向華北當局磋商。衞氏並囑吳氏與傅總司令見面時不必談法的問題，只說明利害關係足矣，取消流通券限制，勝過華北派三軍出關救急。吳氏抵平後與傅作義僅有一次半小時談話，與華北剿總秘書長鄭道儒却幾次商談，討價還價尙無結果。而東北因流通券之不得向外宣洩，地方游資無法回籠，東北當局籌碼奇缺，軍政費用開支拮据，東北各鐵路員工自七月二十七日罷工怠工，民意機關醞釀八月一日發動拒絕使用流通券。財政部部長急電東北剿總將大量運鈔接濟，在青黃不接時，准由中央銀行發行本票。衞立煌身上壓着一個重擔子，頗感顧應不暇，搶麥攻勢已經停止，整日爲鈔票傷腦筋，既然對華北講不妥取消流通券限制，無奈於二十七日請東北監察使谷鳳翔由瀋飛京，向中央陳述東北的窘困情形，請政府對流通券問題做最後解決。

（七月二十八日）

洪水冲擊下的漢口

（漢口通訊）

本刊特約記者

漢口，這個襟長江帶漢水的華中重鎭，本來是靠「水」起家的，而於今却在水的恐怖中過日子。這兩天，漢口又同往年一樣的開始酷熱起來，室內的溫度已達到了攝氏一百度左右；人心上的煩悶加上前幾天大自然的低氣壓，簡直使生活在這個城市的人們，窒息得吐不過氣來。

水的恐怖

首先，我應該向讀者報導的是，漢口目前除了同別的地方一樣，有着戰爭的危脅與物價的威脅之外，更有着一層水的恐怖。『近日來，低氣壓襲擊長江中下游，風雲變幻莫測，數番淋漓，水位又一致報漲，漢口居民每日往江岸觀水者，絡繹不絕，去來途中，率皆愁眉苦臉，談水變色，若大刧之將來，若末日之已至然』。『天下滔滔，鬼神啼泣，水災發生以後，人民就會沉陷入毁滅的深淵了！』這是七月廿一日漢口大剛報社論中的幾句話，實在也寫出了武漢一般人民的心情。

老天爺好像專門跟受苦受難的人們作對一樣，漢口的水位，在今年四月桃汛期時本已顯出了凶險的預兆，而入夏以來，偏偏又接連下着不斷的陰雨。長江的水位，到七月廿四日爲止，已達到了二六・九七公尺的紀錄，這距離民國廿年大水漢口張公堤潰決的數字，只差一・三一公尺了！站在江干一望，原來的江邊，於今已成了江心，以民國廿年大水爲標準的護水牆，目前總算還保留了相當的高度，但眞正威脅漢口的堤垸，却是側面沿漢水的張公堤。這段堤雖然日夜派人防守着，但誰也沒有把握能預告它的危險性已告過去。有人問到江漢工程局局長余允成氏今年水災的前途如何，他却只能作這樣的預測：『．今年本市最高水位，決不得超過二七・二〇公尺．：民國二十年之水災水位亦達二八・二八公尺，張公堤方始破潰』而不幸的是，長江水位的報漲聲，却好像故意同我們這位局長爲難似的，等到漢口水位眼看要超過他的預期時，他便不得不趕快作如下的聲明：『余曾推測漢口的今年水位二七・二八公尺高峯時，將可能回降　惟此項估計的正確性，須靠長江流域一帶十天內無雨，不料二十二至二十三日漢口下了雨五米厘，二十二日新堤亦降雨卅六厘米。故此項推測將因雨水而受影響』。

總之一句話，目前洪水泛濫的影響，雖然沒有因潰決而致成災，但很嚴重的危脅到每一個人的生活，却是鐵的事實。作爲漢口後門的戴家山一帶，就是靠近後湖的區域，今年因爲閘關得早，內部積水無法洩往長江裡去，連日陰雨的結果，於是水淹了一大片，每天的六部抽水機，雖在不停地工作，但一望無涯的湖水，却像永遠也無法抽完似的而絲毫沒有一點反應。記者從上智中學出發乘划子到這一帶訪問的時候，水底的阡陌，雖還隱約可見，而大部的農作物，却早已滅頂。看樣子，長江水勢不退，堤閘一時無法開放，積水當不是短時期內所能排洩的，這樣，不僅秋收無望，而大部的住屋又都早已浸入到洪水裡，沒有吃的，沒有穿的，最慘的要算是沒有住的地方了！老弱小孩大部都已「逃荒」到較高的地方去搭一些臨時的棲身之所，而中年人能夠走的自然是走了，不能走掉的有些就靠捕魚，擺渡爲業，但划子的租費，有些竟高到每天硬幣一元的程度。張公區靠近後湖的三萬以上的居民就這樣悲慘的「過了今天不知明天」的打發日子。記者曾問到過老年的船夫：『政府對你們可也曾有過救濟？』他陰沉的臉上，馬上便泛起了無限的憂鬱；『前些日子市政府也曾發下過賑款，災情最重的廿八保，每個人收到的救濟費是廿萬元，其餘幾保較輕的是每人十五萬元，有些還只能領到五萬元。』沒等他說完，我便勾起了無限的感慨，原來報紙上渲染的救濟，竟是這樣的杯水車薪敷衍塞責呵！『五萬元只能買到一根瘦小的油條！』我實在想不出一句話來安慰這老者的心。沉默了片刻之後，坐在我旁邊陪同我們一塊視察災區的那位保幹事說：『我們倒不希望一定能夠領得到多少的救濟金，我們只希望攤派在我們這一區內的壯丁的名額可以免去，這樣，我們每家就可少攤到安家費了！』

更嚴重的是，目前這些濱湖區的農家都爲了渡過目前的難關，而不惜將他們最珍貴的耕牛也賤價賣出。春上每頭耕牛可賣到硬幣一百元，而於今却只能賣到卅元，但爲了生活，誰又能不拿其最後的法寶呢？這樣，即使水退之後，明年的春耕也不得不發生隱憂。

就市區內居民的生活來說，洪水雖還沒有潰決進來，但陰溝裡的水早已流不出去，前幾日大雨的結果，舊法租界，大智門一帶的馬路，都早已汚水成池，街道上店鋪的門口都已墊上木版式磚頭，有些還搭上了跳板。而洞庭街一帶的汚水和路側溝渠中的髒物混合在一起，更爲蚊蠅同孑孓平添了不了的溫床。有人就心到無情的瘟疫，是不是會爲這災難的人民更添了些不幸的厄運。

嚴重的粮食問題

可是，十七年後的今天，萬一發生大水災的話，其悲慘的情形，也許還要遠甚當年吧！廿年水災時，受災區各種捐稅都已免除，沒有徵兵自然也無需安家費，那時由於其他的區域都還富足，所以還能得到不少的救濟，而政府也能發下不少的賑款，麵粉，醫藥，但於今呢，戰亂，物價，早已使人感到日子竟是這樣的過得一年不如一年了！

拿物價說，漢口物價上漲的速度！這半年以來，更到達了驚人的程度，不到四個月的功夫，（從三月底到七月底）銀洋由三十萬元一枚漲到了三百捌十萬之數，十多倍的漲率，在這四個月裡，也反映到各種貨物上去了！其中尤以米粮一項的上漲，更使一般人民感到惶惶不可終日。本來兩湖收，天下足，今年洞庭湖是早已水天相接，而湖北的江漢區域，這兩天新堤附近「黃」堤決口的結果，沔陽，監利，潛江等最富庶的縣份，也成了汪洋一片。剩下來的鄂南等區域不是「山洪爆發，盡成澤國。」便是被內湖的水所「積」了！再加上鄂北的戰亂，鄂東堤防的決口，眞是全省難得找出一片乾淨土。報紙上所載出的不是「水災嚴重，×縣請賑。」便是「一片災荒聲。」眼看秋收無望，於是機警的米商們，便以爲奇貨可居了！本來一向比上海便宜的米價，現在居然比上海高了起來。前兩天大鈔出籠的消息傳到漢市後，大米的交易就停過一時的擺。漢口居民不僅不能分享到滬、津等城市的平價配米，而由於中原戰局與襄樊戰區下來的難民與學生，更加重了這個城市的糧食負擔。更奇怪的是，政府還在漢市委託各糧食公司及糧號購買軍糧六萬大包，大剛報在報導這個消息之後，還加了一句：「政府竭澤而漁，不顧民食。」就在這些因素之下，糧食價格於七月二十四日，三道機米便漲入到四千五百萬元一石的大關了，而同日上海的中等白粳價每石則祇有三千七百五十萬之數，這個產米區域米價價格的高漲，是頗值得玩味的。

白崇禧．康澤和襄樊之戰！

「人們也不曉得作了麼孽！」天災還加上了人禍。中原大戰的開封之役，雖然還未曾震驚到這華中的心臟，但去年大別山脈的爭奪戰，鄂東所屬各縣，却老早遭受到戰亂的刼害。而最近的鄂北襄樊之戰，更直接的灼燒了漢口。漢水上游的襄陽，樊城，本來自古就是軍家必爭之地。這次最高當局派遣康澤到那裡去作綏靖司令官，無疑的是他看重了這個地方之後所放出的一張王牌。但前些日子政府剛在黃泛區勝利後不久，共軍利用原來的李先念舊部加上突圍的部隊，便很迅速地佔領了樊城。於是，共軍更利用了原來江漢區域的士共，而使襄陽遭受到了包圍。自襄陽失守後，在我們這個一切喜歡把人物談論成傳奇故事的社會裡，康澤的生死之謎，便成了一般人討論的對象。起初，白崇禧總司令宣佈，康澤已經殺身成仁，南京的官方也如此承認，但後來報紙上又忽然透露出康澤可能被俘，幾度自殺不遂的消息，不管怎樣，康澤的下落不明却是事實。二十七日白總司令在南京慰問康澤家屬時，也曾透露過康澤被俘的消息。但每當他在南京提及這次鄂北戰役時，總免不了要說一句：『提及襄陽一戰，實係感慨萬端，一言難盡。』這些話究何所指，自然不是我們這些局外人所能知道的了！但無論如何！襄陽，樊城的在戰略上的重要性，是稍懂史地的人，都不會忘記的。宅進可以威脅武漢，退可以確保華中與華北的走廊，而共軍喧嚷已久的「渡江」，「入川」，又自然以襄樊爲理想的基地。深通韜略的小諸葛，不會不明瞭這個厲害，所以這兩天，據說國軍又反包圍了襄陽。看樣子，這地方是免不了幾次爭奪的。『臥榻之旁，豈容他人酣睡？』即使爲了剿總所在地——漢口的屛障，想來國軍也是勢在必爭的！讓我們等着瞧這位小諸葛的謀略吧！

忠告水利部長薛篤弼！

最後，我還要向讀者報告的就是，這次我們的水利部長薛篤弼氏治理汶口水患的妙計。當水勢凶湧時，江漢工程局曾屢向水利部報警，於是在七月二十一日行政院的例會中，薛氏提出了他的緊急動議：

①漢口水位達四十八英尺時，應將有關圩堤一律挖開收水。

②漢口水位到達四十七英尺時，應由負責開挖區保準備一切，如工夫工具以及區內居民之遷移，禾稼之收割等。

③在六月底以前應由各縣將各區負責開挖人員及應行開挖圩垸名稱，造冊具報。

④漢口水位到達四十八英尺後，如發現應行開收之圩垸仍未過水，應由該管縣府負責。

這個議案的目的，一句話，就是：當漢口水位太高時，就祇好把武漢附近有關的堤垸一律自動挖開，以減少武漢水災的危脅。這提議照說可以使武漢人民高興，但不幸的是，宅的反響，只換來了一般人民的漠視，甚至於引起了武漢人民的詛咒因爲，不僅武漢大部份的居民的家，都在「鄉」裡，都有着大批的田租和地課；而且，武漢的繁榮，主要的是靠了附近鄉村裡的農產如果附近鄉村已經汪洋一片，有就保住了彈丸之地的漢口，也是絲毫沒有用處的。不幸漢口受到水災，附近鄉村得以保全的話，除了住屋不方便之外，主要的農產，將還不失爲繁榮的基礎，而且至少生計還不大成問題。而鄉村呢，不僅禾苗盡損，那些茅屋和土屋也決經不起水「泡」，所謂廬舍蕩然，其受害之慘，就整個社會的財富來說，也是遠超過於武漢的。武漢的人民對這個提案如此看，附近鄉村裡的人更不消說，他們爲了自己的生命財產，不惜盡最大的努力來保衞自己的堤垸，政府從來不管他們現在還要用人爲的方法使他們受到災害，以筆者的故鄉——嘉魚——來說，如果誰去執行這個議案的命令時，誰就會被鄉人捉到，那時，他一定會得到粉身碎骨的報應。

× × ×

洪水沖洗着湖北，戰爭灼傷着武漢，但願生活在這裡的善良的無辜人民，能夠得到菩薩的保佑！

熱西在飢餓中（承德通訊）

陳一

熱河省有一點像歐洲，兩種生活的方式，把全省硬生生地分割成了東西兩部，可是，兩部的大小相差很遠，共軍拿去了全省的大部，包括熱東與熱北，熱西一角在承德的領導之下正撐持危局，替華北剿總把住北方的大門。

十七萬平方公里的熱河省，不能算是一塊「地瘠民貧」的地方。在太平年代，「拉不盡的赤峯米」，一直是源源進關的恩物。朝陽、阜新、圍場、赤峯、凌源、平泉等縣，大米雜糧乃至金、煤鑛產都應有盡有。到今天由於連年戰亂，生產已經停滯，再加上旱潦的天災，人民便被迫和饑饉周旋了。尤其是政府控制區的熱西，地方本較貧瘠，加之難民蝟集，共軍又時時出動搶糧，所以糧荒愈趨嚴重，承德城內已展開一片饑餓相。

飢餓的故事

本月上旬，承德市小米每斗（三十斤）已突破千萬大關，城內和四鄉就連續發生因餓致死的慘劇。李副總統在北平說「搶米的事件在北方尚未發現」，但承德市上已出現了這種不幸的事件！中山鎮第十三保的居民楊志富，從市上買回小米麵十餘斤，放在家內，因事外出。不料立刻有一不速之客光臨，搶了小米麵就走。楊家的人追出去，拚命地奪回（但沒有叫喚警察），但搶犯卻從容地說．「民主呀，有飯大家吃！」結果無法，兩方將小米麵分得了事。

另有一家，正吃着野菜摻米的飯，突來四五名街坊，排門直入。各人自帶飯碗，盛了就吃。這家人哭笑不得，無可如何。吃完後，大夥兒道謝散去。「有飯大家吃」，成了天經地義。承德雖沒有被八路拿去，升斗小民之間已實際存在着共產的原始形態了。不過承德的根本問題，卻不是不均，而是缺少，如果飯供給大家吃，每個人都不能吃飽的。

據說還有一段「貧賤夫妻百事哀」的故事．某夫婦偕合無間，只因丈夫賦閑家居，生活無着，忍痛勸太太「下水」一番，以維兩口生計。太太年輕，但頗懂得名教，拒絕「下水」之請。過了幾天，丈夫熬不過了，出去當小偷，出馬不利，就被捕到官家去。太太生活益艱，一籌莫展，最後還是走了那條唯一可走的路——「下水」。以夜資所得，太太買了兩碗餃子，前往警局探監。丈夫把餃子一口氣吃完後，才發覺有點不妙，忙問餃子錢從何來？太太被迫沒法，只好坦白答道。「我那麼着啦！」丈夫頓腳埋怨說，「我從前勸你那麼着，你偏不那麼着；你若早那麼着，我何必這麼着。如今我這麼着了，你也那麼着啦！」

遍地哀鴻

承德的糧商在漲價聲中也深感頭痛。錢愈來愈多，糧卻愈來愈少。價格跳高，市民無力購買，只好以豆腐渣、野菜、樹葉充飢。糧店生意淸淡下來，老闆們賺不到錢，抱怨老天爺，卻不知道今年的糧荒，春天已經露出消息。當每斗小米賣四十幾萬的時候，市民們已經向物價抱怨了。於是，豆腐渣和豆餅，就成爲普通家庭的主食品，當時承德各界，也曾煞費苦心地發動捐薪運動，同時購糧委員會分頭購米，打算平價配售，救濟協會派出專人到平津去販運賑糧，但遠水救不了近火，等着飯塡飽肚子的人，不能學楊妹忍餓下去啊。

政府硬說「民食有辦法」，然而事實上承德城內除掉搶米搶飯的斯文鬧劇外，「野有餓莩」的慘劇也不時演出。米珠薪桂的生活下，許多家庭斷炊了，豆腐渣也供不應求了，山傍堤邊的野菜樹皮也被掘一空了。於是，愁死、餓死、吃野菜中毒死、自殺死、謀殺死等的新聞，天天地傳播開去。市民中面色青黃，形容枯槁者觸目都是。各縣逃來的難民，政府每人一天發五兩米，對當地貧戶，上月也施過三次賑，每次一戶兩升。這些杯水，怎救得車薪的飢火？叫化子一天比一天多，但大家都差不多是叫化子了，誰還能慷慨解囊？

救濟．搶麥．求雨

現在距秋收登場，還有一兩個月，在糧荒聲中，如何渡得過去？救濟這遍野的哀鴻，政府該拿出辦法來，否則拋棄了民衆，其後果將不堪設想！談到救濟，熱河省本年應得的救濟物資，計有：解凍賑米百餘噸、社會部增發賑米一千多噸、四聯總處的農貸四百億。物資爲量雖不多，但如能適時運到，公平發放，卻也可部分解救這十萬貧民難飽的倒懸。然而交通的阻隔，加之以政府拖沓顢頇的作風，使幾十萬受着飢火煎熬的人民眼巴巴地盼着，沾不到實惠，眞令人欲哭無淚！

爲了二麥將熟，把握麥收機會，承德的石覺將軍組織了「保護民食委員會」，和各方研討以武力掩護麥收的技術問題，東北已挺出了「搶麥」的大軍，據說成績還不壞；我們且看承德的成績如何。

過在「人與人爭」的另一面還要有「人與天爭」，才能配合。熱河糧荒的造成，不只有人禍，還有着嚴重的天災。歷來的旱潦，原已大虧民間的元氣，而今年春夏之後的酷旱，更是這次糧荒的催生劑。長夏遲暑，亢陽如火，深不盈尺的塞上禾苗，抵不住酷旱的威勢，田間的穀物已經萎靡不堪了。原野的一片焦黃，恍若時入深秋然而蒸人的暑氣，卻叫人擔憂秋收時的絕望。四鄉村落，也有他們與天相爭的方式，在哀鳴的鑼鼓和驚擾的香烟中，泥菩薩被抬到烈日之下去求雨。四千年的文化替他們創造了求雨的方式，卻沒有告訴他們怎樣可以在焦黃的禾苗之上，灑下人造的甘霖。「求雨而不逐雨」，我想是今天熱河同胞受苦蒙難的主要原因之一罷。

飢民們和石覺將軍

熬過了本月的中旬，由於銀根的奇緊和外糧的零星入口，尤其是平承鐵路的打通，物價開始搖搖欲墜。當局的壓力和市場的條件，使小米曾一度下落至八九百萬元一斗。久困涸轍的飢民，還希冀着老天爺的神麻，可以賞碗飯吃，誰知道二十一日以後的一聲晴天霹靂——上海大鈔出籠，嚇得膽怯的糧價掉頭便飛。好景不常，物價又高上雲霄，哪天再可見到八百多萬元一斗的小米呀！恐怕此生也無望了。升斗的小民啊，飢餓的人們啊。

飢餓重壓之下，承德城內居然還有過一次遊行請願的壯舉。起因是中央要調走石覺，激起了各界挽留的熱烈情緒。於是在學生和各界合組着的隊伍裡，宏亮的口號響澈了古城。

飢民們大概沒有參加遊行列隊，因爲他們沒有氣力喊宏亮的口號。遊行列隊是那些把飯吃得飽飽的人們組織起來的，他們的口號喊得如此的響亮而斬截。

們對石覺將軍頗爲感戴，一方面承德，擋住了共軍氾濫的洪流，上次的承德保衛戰中，石氏用「人去糧留」的口號，把谷屬一齊運到安全的後方去，居然使糧價沒有狂昇。飢民們雖然依舊飢餓，但總是那麼一回事。

如果石覺去，某氏來，承德有變，北方會怎樣？承德各界已在熱烈擁戴石覺兼主席了，看中央的下一着棋罷了。

（七月二十五日）

經理部緊要啓事

[illegible]

郊外聞飛機聲有感

馮至

有人下鄉來訪，見面第一句話就是，這裡住得可好？

我回答說，一切都好，只是飛機的聲音太攪人了。

誠然，住在離飛機場不遠的地方，不分晝夜，隨時都有飛機起落，在牠起飛和降落時發出的那種急躁的軋軋的聲音，無論什麼時候聽着，都感到充滿了殺氣。我有時只因爲擔受不了這個聲音，想離開這裡，回到城裡去，雖然這裡的草木與陽光使我健康，使我能夠工作。

回想抗戰期內，我在昆明也有一些時住在離飛機場不太遠的地方，每天每夜飛機起落的聲音與現在所聽到的並不兩樣，但牠在我心情上發生的作用却迥然不同。那時我在山坡上，或田埂間，望着銀色的飛機在藍得像結晶體一般的天空裡迴旋，無往而不自如，至於一起一落時發出的那種特別急躁的聲音並不曾攪擾過我，只是更鎮定了我的心情。我望着飛機的飛翔想到古人爲了對於寧靜的星空的仰慕不知起過多少「飛升」的夢想，一個人類共同的夢眞像是一個死不瞑目的老人，他眼怔怔地期待着一代最好的兒孫。如今這一代果然來到了，他們不但實現了這幾千年的古夢，而且更進一步創造新的宇宙觀，要把星辰般的秩序排在人間。我曾經把這感想寫成一首詩，贈給那些勇敢的空中的戰士。——我更忘不了，二十六年八月十四日，中國的空軍第一次出動轟炸日人停在黃浦江上的軍艦，一種興奮支配着每個上海的市民，把各階層的老少男女融爲一體：我站在陽台上望着飛機的出沒與迴旋，忘記了晚飯，忘記了睡眠，從傍晚直到夜深，最後飛機久已飛回不見了，我還是捨不得下來。

飛機，我曾經那樣熱烈地愛過你，我曾經爲了聽不到你的聲音而惆悵，我曾經把你的駕駛者稱作中國的最好的兒孫。

如今怎樣了呢？一個六十歲的老人，某大學的中文系主任，詞學專家，顯克微支「你往何處去」的譯者，暑假開始時回到上海，聽到開封轟炸的情形，感慨地向人說，有兩個兒子都在空軍裡服務，最初投入空軍爲的是抗戰，想不到如今只一味地殘殺自己的同胞。說完這段話他當天悄悄地乘車離開上海，第二天人們便在蘇州的河裡發現一個自沉的尸體，衣袋裡的名片證明死者不是別人，就是這位老教授。

如今怎樣了呢？幾架飛機奉命出去轟炸共軍，但是找不到共軍的蹤跡，發電請示，得到的指令是共軍一向都隱藏在鄉村裡，於是幾個無言無語的鄉村便剎那間在中國的土地上消逝了。

如今怎樣了呢？這些飛機久已不是（也許從來就不是）一般老老實實過生活的人們所能享用的了。裡邊的乘客不是「王命在身」的達官，就是販賣金鈔和私貨的富賈：除去這兩種人，若有一個渺小的人想買一張飛機票，總不免要傾家蕩產吧。

如今怎樣了呢？飛機，我再也不感到你的可愛了。我若有一天聽不到你的聲音，再也不會惆悵，只覺得是無上的幸福。尤其是當我想到你來自美國，裡邊裝載的有時是美國的炸彈，有時是美鈔庇蔭下的達官富賈，而受害的都是中國人民時，我對你只有憎恨。在憎恨中我得到一個眞理：凡是自己不能製造飛的工具的人還是以不飛爲宜。因爲那些自己能製造飛的工具的人們從不用這工具來殺害自己的同胞。

內政部登記證京警平字第二三四號

新路 周刊

第一卷 第十四期

短評

(一)作了一個聰明的舉措以後 (二)民主社會的輿論 (三)翁院長染上了濫發文告之病

辯論

目前國際局面美蘇應負的責任

專論

通訊

文藝

中國社會經濟研究會發行

民國三十七年八月十四日出版

短評

作了一個聰明的舉措以後

美、英、法三國代表在倫敦會議，決定由她們的駐蘇大使親自向蘇外長莫洛托夫提出各該國政府對柏林事件的意見應加討論的問題。這是表示各該國政府求避免再冒一次得到拒絕覆文的危險，願循致送文件以外之外交途徑以獲取協議。此舉立刻減輕了柏林局勢的緊張程度，是一個極明智的舉措。同時準備於三國大使訪莫洛托夫時，要求與史達林元帥直接會談。據路透社倫敦七月二十八日電，這種直接和蘇聯元首會談的打算，曾在華盛頓討論過，在貝文和美國外交家的倫敦會議中又復活了。這個企圖的目的，想尋得打開柏林僵局的方法，然後擴大討論領域，包括全部德國問題，也許最後協商處理東西之間的一切重大歧見。這是表示希望能由討論柏林事件進而作全部問題之商討，更進一步闢出和平之途徑。同日英國官方透露消息，謂如果準備召開四强對德新會議，設立西德政府的倫敦六國協定卽將凍結。這是表示西方國家在那裏預期蘇聯將要求她們在開始打破柏林僵局談判前，放棄西德協定，她們自已也準備停止西德政府計畫，至少在新四强會議具體前，不擬進行成立西德政府。這一消息，尤足澄清當前混亂之局勢。政治的訣竅就是在預備「取」也預備「予」，在那幾天的發展中，充分表現了西方國家仍存在着高明的政治家。

七月二十八日以後的發展如下：美駐蘇大使史密斯和貝文私人祕書羅勃茨從柏林飛抵莫斯科；英美大使至蘇京後一二小時就傳出蘇外長不在市內的消息，三大使往訪計畫為之受挫；三國大使改訪蘇外次，與作初步商談；繼之莫洛托夫遄返莫斯科，分別接見美英法大使，三國提出了處理柏林僵局建議；蘇政府檢討柏林局勢，三大使請會晤史達林，並傳蘇駐德佔領軍司令索哥洛夫斯基已返蘇京；史達林在八月二日夜間接見了三使節，晤談二小時，三大使立卽向各該本國政府發出密碼報告，側面消息，四强談判可望恢復；截至八月五日止，蘇京會談內容尚無任何透露，倫敦消息，貝文與美駐英大使陶格拉斯會晤，英駐德司令羅勃遜奉召返國，貝文和他謹愼研究應付柏林危局的次一步驟，巴黎消息，四强如協議，德境美軍政府總督克萊將軍可能去職。

目前討論已涉及全部德國問題，不限於應付柏林危局；而西德政府之是否停止成立，尤為問題之關鍵所在。僵局在逐漸打開中，世界和平似微妙而大許樂觀。

（競）

民主社會的輿論——為主張整肅宣傳者進一解

民主政治，在一種意義上說，是由輿論引導的政治。儘管輿論是「粗材」，須要加以精煉然後受它的引導；但它終是最珍貴的，正猶原油之於精油。我國的民主機構，據說業已逐漸建立起來；國民代表大會開會，通過了憲法，選舉出總統副總統，五院依法成立，如此如此，誰說我們不是在行憲，在施行民主政治？望治心切的人，願其卽有重大的實際表現。逢此盛世，輿論應是一種有效的力量。然行憲後，控制輿論，不讓「家醜外揚」之事仍不一而足；自南京新民報被封，「整肅宣傳」之說喧騰中外，我們甚為民主政治前途憂。

年來當局慣用道德的成語以繩國人，我們今亦倣之，為主張整肅宣傳者進一解。

輿論的主要功用有三，曰「明是非」，「辨榮辱」，「論賞罰」。先說明是非。大是非要明而難明，如興王敗寇之類。小是非要明而易明，積小是非之「明」可以使大是非也明。試問凡政治界得意的人物總是受人恭維，至於如何得着政治勢力則沒有人去過問；凡生意場中發財者總是受人羨慕，至於如何得着經濟勢力則沒有人去過問，在這種情形之下，會不會有是非？輿論若能在這些上面作「心存哀矜」的指摘，一個號稱民主的政府，於其彰善惡，正視聽，似乎只應覺得欣幸，我們看不出為什麼只許密告，若公開揭露，便當視為破壞政府的聲譽，應受仇恨？次言辨榮辱。官吏應有政績，亦猶教師之應有學績；政績多者與優者為榮，少者與劣者為辱。凡職位的升降，薪俸的增減，聲譽的隆替，俱應以此為標準，然後榮辱分明。輿論若能在這些上面持嚴正的態度，政績優者揄揚之，政績劣者斥黜之，一個號稱民主的政府，於賢才之不至埋沒，不肖官吏之不能逞其伎倆，似乎對於輿論監督之力只應稱頌，我們看不出有何正當理由反報以仇恨？再講論賞罰。凡對於國家及社會有益的事業應賞，有害者應罰。有益的事業應設法鼓勵其增加，有害的事業應設法使之減少。輿論遇有當獎勵者不獎勵，當裁減或撤除者不裁減不撤除，發爲糾正之言論，一個號稱民主的政府，於賞罰之幸免不公與不明，似乎只應對公論悅服，我們看不出爲什麼還要護短，替一部份人保持飯碗，而助長一些人對輿論之漠視。

常聽人說輿論有健全的亦有不健全的，此則涉及輿論自身，我們亦願在此一提。輿論雖是衆人之論，自不是人人能發議論的意思。發議論而求其有效，至少須具備下列條件：（1）對於本問題有正確的認識與見解，（2）對於本問題就事論事，避免毀謗或中傷人物。補充一句，輿論的對象是對事的批評，不應該是對人的謾罵，有時涉及人，也只是因爲論事而渾帶及之，本哀矜之心予以制裁。判斷輿論的健全或不健全，我們以爲只有這兩個標準，即（1）知識：對於本問題沒有知識的人不配說話，就是說了話亦不應受大衆的重視；（2）公正的態度，有偏見或私見者只能爲個人或團體爭權利，決不能作大衆的喉舌。

除上述條件與標準外，我們不承認尚有其他標準可賴以對輿論作健全的或不健全的之評判。一摻入外來標準，便落入了「宣傳」這一途。宣傳與眞正輿論無關。我們看到了憑恃政權，儼然以輿論「司鐸」自居的中央日報最近對大公報王芸生君的攻擊，益覺須嚴輿論與宣傳之防。（夫）

翁院長染上了濫發文告之病

翁內閣伙伴中並非全是些毫無抱負的人物。因此，雖然認爲環境不允許他們展布出政治家的作爲，我們以爲在氣質上必尙有若干人能保持政治家的格調。這一看法，我們自承，在讀過翁文灝氏以「明辨是非共赴國難」爲題的在七月二十八日發表的告全國國民書之後，多多少少給否認了。一位內閣總理祇宜就政策之實施，以行爲告國民，不必以文告與國民相見；如果需要文告，那也必是爲要對某政策之實施向國民陳達。如果其所言僅是宣達意旨，而其所宣達又全是他人之旨意，那便更是等而下之了，直是爲人傳聲之廣播員而已。當其事者之個人被蹧蹋，已經是夠可惜的了，想到制度之尊嚴被毀損，更可痛心。

據北平世界日報的報道，翁氏之發表此告國民書，一在鼓勵民氣士氣，一在間接闢正和謠。這看法如果是對的話，爲什麼不由總統以陸海空大元帥的資格發布文告去激勵三軍，以達成第一個目的？爲什麼不讓董顯光氏以新聞局局長的身份在記者招待會中發表談話，以達成第二個目的？今以院長之卑僭爲總統之事，而文辭拙劣，未收「打氣」之效，先得「洩氣」之果；又以院長之尊屈爲新聞局長之事，而技術拙劣，正面不提，讓人在背面摸索揣摹，闢謠之效未見，反使人「信其有因」，可能並爲上海市場中專門投機之二三等要人預伏一生財之道。

文告中咒罵中共，抓住了中共的擁護共產國際情報局對於南斯拉夫共黨之措置，以爲罪名，藉以揭露「匪黨」是國際間諜，是國際武裝第五縱隊；他們根本否定民族主義，他們所號召的「民主聯合政府」不過是他們的政治陰謀的烟幕，他們所宣傳的招撫富農，穩定中農，只成了空虛的口號，實際上決不可靠，他們所言的保護城市工商業，也只是無恥的騙局。持以與國父所倡導者及蔣總統所致力者相比，則國父與全國仁人志士倡導國民革命，是爲中國之自由平等而奮鬥；蔣總統秉承國父遺志，率師北伐，統一全國，堅毅抗戰，恢復五十年來的失土，取消一百年來的不平等條約，每一步驟，無不以中國之自由平等與統一獨立爲目的。這些應該都是極精闢之論，但我們讀後，總覺得咒罵與歌誦不宜由閣揆爲之；由閣揆爲之，是自貶身份。

文告中希圖將受中共統治之人民自中共分開。在對於中共種種宣傳力加以否認之後，再添上這個說法，豈非使人恍然大悟對方實已有驚人之發展，轉覺當局欲抑之適以揚之？先後有兩三段文字在給人以這樣的一個印象，茲不備錄。就「匪黨」所宣傳的加以否認，此乃懼其宣傳發生效力也。對「匪黨」所控制的人民表示寬大，此乃懼怕人民去己而就敵也。

文告特別對社會上各方人士提告：剿匪戡亂，並不是黨爭，更不是內戰。文告更曲解「反扶日」爲「反美」。其言曰：「正當美國國會議決援華方案，美國援華主管人員將要到華之時，不先不後，中共在各學校鼓動了反美風潮，種種鼓吹，實則純是共黨的世界方針在我國的表演，決不是我國同胞眞正的公意。」此爲官方第一次正式公開誣指反對扶植日本運動爲反美運動。天呀！這眞是自貶國格，對美國洋大人則求結好，對愛國的人民則毫不顧惜地加以誣衊，可說是近於無聊。

「打氣」的功效如此，「闢謠」又如何？局勢演變到今日，愈壹意孤行，惟「戡亂」是務，强弱易位之勢愈顯露；與其「闢正和謠」，曷若先問自己是否仍能屹然不受震撼！（敏）

辯論

目前國際局面美蘇應負的責任

(一)美國應負更多的責任

夔　公

德日投降以後，到現在已經三個年頭了。在這三年間，世界各國人民所得到的不是戰後的蘇息與和平的奠定，乃是更大的不安與失望。大戰的餘燼尚未熄滅，在許多區域裡，殘殺尚在進行着，就是幸免戰禍的地方，也大多是瘡痍滿目，民不聊生；而人們已經在懼怕着第三次世界大戰的不可避免，許多國家也已經在作着戰爭的準備與布置。這到底原因在那裡？

談到這種局面的造成，大家似乎都覺得，最大的原因是戰後美蘇兩强的不能合作，各持己見，各謀擴張勢力，使世界劈成兩個敵對的壁壘。換言之，美蘇兩國，對於當前國際杌隉不安的局勢，要負最大的責任。但是究竟那一方面應負更多的責任呢？美蘇双方從各自的立場，當然互相責難，互相推諉；一般人的觀感，也因爲背景關係利害的殊異，見仁見智，未能盡同。這固然是很複雜，很難決定的問題，但這問題是值得討論的。

一種局面的造成，自然不會是純粹單方面的。中國有句老話，「一個巴掌拍不響」，要拍得響自然要有兩個巴掌，問題是那一個巴掌來得兇，那一個巴掌是主動的，那一個巴掌要負更多的責任。美蘇兩方，對於當前國際僵局的演成，自然都有關係，而且在這關係推演的過程中，許多糾紛兩方面也都有是非，都有曲直；但是這些糾紛只是後果，不是基本原因，並不足據以決定那一方面要負更多的責任。所以，要決定美蘇兩國那一方面應負更多的責任，我們無須斤斤計較那一次會議破裂的責任，或那一個問題僵持的是非曲直，我們應該從幾個基本的問題來看。

從基本的問題來看，我認爲國際僵局的造成，美國應負更多的責任。下面是我要提出的理由。

美國應負的第一個責任是美國對於聯合國的存心把持和對於聯合國的基本精神的破壞。聯合國是美國故羅斯福總統，爲使人類可以保持和平，可以享受他所主張的四大自由，所計劃的理想國際組織。這組織的基本目的，在消極方面，希望做到以和平方式解決國際糾紛，避免戰爭的發生，同時防範及制止國際上的侵略行爲；在積極方面，希望通過它，通盤籌劃，發展國際間一切建設事業，以謀增進人類的幸福。這是何等偉大的計劃！不幸得很，在過去三年間，美國方面，不特不肯以大公正義的精神來貫徹實現這個計劃，而且處處表現放棄這個計劃，逐步走向單獨行動强權政治的老道上去。美國一向譴責蘇聯的利用否決權，其實我們知道當初否決權的成立是基於「强國一致」的合作原則，而且是美國方面的動議。它的性質本來只是消極的防範的。假若美國的存心是眞正主持正義，那麼她用不着怕否決權的存在。假若美國的目的是在利用多數票決，把持聯合國，以達到她的自私企圖，那麼否決權更有存在的必要了。美國對於聯合國基本精神的最大破壞，是她在聯合國以外的許多單獨行動。舉其要者：如美國的單獨主管國際救濟事業，使救濟發生政治甚而軍事的作用；如杜魯門的援助希土，公開的揭出「防共反蘇」的口號；如馬歇爾的援歐計劃；如美國在背後所操縱促成的西歐五國聯盟；都是美國丟棄聯合國的單獨行動，使聯合國無法發揮它的功能，無法達到它的目的。國際僵局的形成，可以說大部分是美國這種行動的結果。這是美國應負的責任。

撇開集體安全的聯合國機構不談，退一步光從美蘇兩國各自安全的立場來看，美國的一切行爲也已經越出了必要的範圍，而變爲擴張主義、侵略主義、帝國主義的表現。我們試一比較兩國安全情勢，不難看出雙方的曲直是非。先從蘇聯說起。蘇聯在國防上關係最重大的是東歐巴爾幹地區，在俄國歷史上，多少次數的被侵害都是直接或間接和這些地區有關係。遠者不用提，十六七世紀的波蘭，十七八世紀的土耳其，十九世紀初年的拿破崙進攻莫斯科，一九一七年革命後資本主義國家的武力干涉與包圍，這些經驗今日蘇聯的人民是不會忘記的。而尤其是第二次的世界大戰，德國利用這些地區，作爲進攻蘇聯的基地，使蘇聯人民蒙受到歷史上人類空前的浩劫，生命財產的損失在此次參加戰爭的任何國家之上。後來，在打敗納粹的過程上，蘇聯又付了極高的代價，才把這些地區從納粹的魔掌裡解放出來。所以在大戰結束以後，蘇聯在她的周邊，尤其在上面所提的這些地區，要使它成爲親蘇的地帶，不再可能被任何敵人所利用，作爲包圍威脅蘇聯的前鋒。這自然不是最理想的國際關係，但是在今日國際和平尚無具體保障，資本主義國家尚有包圍進攻蘇聯的可能（其實現在已經在美國率領之下實際進行着）的時候，蘇聯這種自求安全的舉動似乎不無可以原諒的地方。反過來，讓我們看看美國方面的情形。美國在這次戰爭中，雖然也有了極大的犧牲，但是她國內沒有受到任何破壞，所以她是今日世界上最富最强的國家。從安全方面來講，她擁有兩洋的天然屏障，控制了南北美兩大洲；她有世界上最强大的海軍，最進步的空軍，最厲害的武器——原子彈，最發達的工業；但是她感覺到安全的受威脅，她要把她的安全圈擴展到西歐，地中海，北非，近東，整個太平洋。她認爲蘇聯是她的莫大威脅，因此她要包圍蘇聯。她認爲蘇聯是在擴張，是在侵略；而她自己一切的舉動爲的是安全。這樣的謀求安全實在無法令人瞭解，無怪蘇聯要說美國是帝國主義者了。三年來，蘇聯方面口口聲聲要和平，要國際裁減軍備，而且從實際情形來看，蘇聯就是要發動戰爭，目前也無此種能力；美國方面呢，天天喊備戰，而且真正在進行着恢復軍備，恢復徵兵制度，恢復戰時體制，大有不可終日的趨勢。請問在這種對比情形之下，我們能說美國不應該對於目前國際緊張局面要負更多的責任嗎？

現在我們不妨再退一步，承認像聯合國這種組織目前這是太理想，無法實現，承認在强權政治的鬬爭上，像前面所提的行動是不可避免的現實，試來比較一下美蘇兩國所採用的手段政策，我們不難發現美國的手段政策，對於世界杌隉不安的造成，也要負更多的責任。蘇聯要擴展她的勢力影響是無須諱言的事實，然而她所採用的手段政策是進步的，合乎時代的要求的。她的目的是爲絕大多數被壓迫被剝削的人民謀解放謀翻身，剷除封建殘餘勢力和資本家特權階級。目前東歐許多新民主主義國家的發展是鐵一般事實的證明。至於美國，所表現的恰恰和蘇聯相反，爲了維護她的獨佔大資本家的利益，爲了苟延不能不沒落的資本主義經濟制度的殘喘，她儘管口裡喊着好聽的「民主」「自由」，而所做的是扶植少數既得權益階級，扶植反動的封建殘餘勢力，扶植壓迫人民而效忠於帝國主義的走狗。例子太多了，意大利、希臘、南韓、日本……。那一處不是如此。殖民地民族要求解放獨立，她熟視無睹，充耳不聞；她不只不主張正義，而且反默助壓迫者的殘暴行爲。時代要前進，美國偏要阻撓，因此使本來可以順利成功的革命受到阻碍，因此使鬬爭慘劇不得不繼續延長。這也是美國對於世界許多角落裡的紛亂局面不能不負極大的責任。

根據以上三方面的理由，**我認爲對於當前國際的僵局，世界的不安，美國最低限度應負更多的責任。**

（二）蘇聯應負更多的責任

景明

目前美蘇冷戰日益熾烈，柏林局勢危疑震撼。二次大戰結束還不到三年，而世界的情勢似乎又回到了慕尼黑會議的前夕。一般人不禁要問，這種局面的造成，美蘇兩國孰應負責。由戰後若干國際關係的事實來看，目前的局面可以說是大半由蘇聯造成的。蘇聯在戰爭結束前，已在東歐佈置棋子。戰後在有關歐洲和約的各次會議中更極盡拖延之能事，目的顯在延緩撤兵，以便能扶植親蘇勢力，操縱當地政治。步步擴張，卒形成了現在的局面。

現在有許多人認爲戰後美蘇關係的惡化，與羅斯福總統的逝世有關。他們說羅斯福在世時，美蘇合作，和好無間。杜魯門上台改變了對蘇政策，纔引起美蘇的交惡。所以有一些人在慨嘆羅氏之死，以爲羅氏若在，美蘇關係必不會是今天的樣子。美國的華萊士派和各國許多天眞人士都是這種看法。但是我們若檢討一下羅氏逝世前數月中美蘇的關係，却可以看出來不是這麼一回事。

我們要注意，盟國的合作在一九四五年的三月間已發生了裂痕（羅斯福死于是年四月十二日）。裂痕的造成是由於蘇聯違反雅爾達協定。所以美蘇合作的破裂是肇端於蘇聯的違約。下面我們要列舉蘇聯在羅氏逝世前的違約經過。這是很重要的史實，可以幫助我們瞭解現在的情形，和解除一些幻想。

蘇聯在這個時期的違約行爲主要是在羅馬尼亞和波蘭兩國。在雅爾達會議中，英美蘇同意，對於前軸心附庸國家，三國應共同協助其人民組成過渡性的民主政府，並儘速舉行自由選舉以成立代表其民意的政府。二月二十四日羅國盟國管制委會中的英美代表要求召開會議，但遭到蘇代表拒絕。過了三天蘇聯忽然派維辛斯基到羅京去。要求羅國國王將原任首相免職，派羅共首領格羅查另組政府。羅國國王在重大壓力之下，終於照辦。這完全是單方面的行動，漠視了雅爾達的協定。

另一事件是關於波蘭的。在雅爾達協定中，關於波蘭有下列的決議：

「茲授權莫洛托夫哈里曼及卡爾組織一委員會，在莫斯科對波蘭臨時政府人員，以及波蘭國內及國外之民主領袖進行諮詢，以便改組其目前之政府」（據貝爾納斯「說老實話」第五十三頁所引）

可是三月二日美大使哈里曼報告說，莫洛托夫堅持祇有盧布林政府（波共所操縱的臨時政府）所提出的人纔有被諮詢的資格。莫氏堅決拒絕邀請波蘭農民黨領袖米柯拉茲克（Mikolajczyk）參加。這事曾引起英美與蘇聯的爭執，而是顯然違反雅爾達協定的。

在羅氏逝世以前，還有所謂「伯恩事件」（Bern incident）的發生。這事件的經過是這樣的。一九四五年三月十二日義大利盟軍統帥亞歷山大接得情報人員的報告，在義德軍希望在瑞士商談，接洽投降條件。英美聯合參謀部准許亞歷山大派代表赴瑞士，但叫他先通知蘇聯。蘇聯要參加在瑞士的商談，聯合參謀部回答說，瑞士商談祇是初步接洽，歡迎蘇代表參加在義大利的正式商談。但蘇聯却猜忌特甚，發生了誤會。史達林寫信給羅斯福，一口咬定說，英美和德國簽了秘密協定，允許德軍移到東線去作戰。羅氏因此大爲不快。

由以上三件事，我們可以看出在羅斯福逝世前，東西方已經發生了裂痕，原因是由於蘇聯的違反協定，和疑忌過甚。所以即使羅斯福不死，是否仍能與蘇聯密切合作，是很成問題的。上述的羅馬尼亞和波蘭事件都是在戰爭尙未結束前發生的。足見蘇聯的制霸東歐是她的既定政策，與美總統的換人毫無關係。

現在我們再看一下東歐若干國家是如何變成目前的樣子的。我們立刻可以看出其中有不少的陰謀在內，並非全是自由選舉的結果。現在還有許多自由主義者相信，美蘇之間的國家應該努力作美蘇的橋樑。但是由捷克最近的事件看來，這項橋樑是作不成的。

我們先看匈牙利的情形。匈牙利在戰後自由選舉的結果，小資產黨（Small Holder's Party）得票最多。由該黨的領袖納琪（Nagy）組閣。匈共利用蘇佔領軍的力量，虛構了一些叛國事件來打擊他，最後乘他在瑞士的休假期間，逼迫他辭職。納琪後來在美「星期六晚郵報」上發表回憶錄，對此有詳細的敘述。

其次我們看捷克的情形。捷克的事件是最使人失望的。捷克在此次戰後，極力親蘇，與蘇聯締結了軍事同盟。同時在國內厲行社會主義，百分之七十的工業都收歸國有。但捷克是具有民主政治傳統的國家，所以仍保持着言論出版的自由。在捷克京城的書攤上可以同時買到史達林的言論集和克拉夫欽柯的「我選擇自由」（I Choose Freedom）。在文化思想上是仍與西方有往來的。捷克有一個由共黨任總理的聯合政府。在許多有共黨問題的國家裏還有人主張以捷克爲模範。

可是捷克雖然外締軍事同盟，內行社會主義，而似乎仍未能使蘇聯放心。終於在本年二月發生了政變。事件的近因是聯合政府中若干非共黨閣員，因不滿意內政部共黨部長的措施，聯名辭職，造成了內閣危機。捷共組織了行動委員會，訴諸直接行動。政府改組的結果，變成共黨獨攬。外長馬薩里克因不能忍受這種局面終於自殺，總統貝尼斯在政變三月後也被迫去職，而由共黨領袖哥德華特繼任。

貝尼斯和馬薩里克都是執行親蘇外交政策的人，在國內則實行着中間偏左的路綫。這兩個人很難被指爲反動派。但在捷克新局面之下，一墮樓自殺，一被迫去職。實在使全世界信仰中間偏左路綫的人十分失望。捷克之所以不能成爲東西橋樑，誰實爲之，孰令致之，是有目共睹的。

以上所述的史實說明了蘇聯在羅斯福在世時，已經不顧三國協定，處心積慮，操縱東歐。戰後更利用佔領軍的力量，或外交壓力，使普選時並不佔絕對多數的共黨控制了東歐各國政府。如此看來，造成目前國際緊張局面的責任者是誰，不是很明顯嗎？

一些爲蘇聯外交政策作辯護的人大抵是說蘇聯的擴張是基於安全感。他們說蘇聯是世界上唯一實行社會主義的國家。由於革命初期的遭受各國武裝干涉，和近年遭到納粹德國的侵略，使她不得不講求自衞。所以在蘇聯週圍的國家必須有對蘇友好的政權，這樣蘇聯方能感到安全云云。這種論辯，細按起來頗有問題。第一，在各國尚未放棄國家主權（Sovereignty）的今日，大國不能以安全感作爲無忌憚地操縱鄰國內政的藉口。第二，蘇聯對東歐各國的要求，似乎已不僅是實行對蘇友好政策，而是要求各國共黨專政。捷克是最好的例子。貝尼斯領導下的捷克政府曾與蘇簽訂軍事同盟，外交上也對蘇亦步亦趨，絕對是對蘇友好的政權。蘇聯如果祇是爲了安全感，畏懼反蘇的政權，則貝尼斯的政府是絕對無害的。但却終於不能存在。

我們承認，在此次戰後，美國的反蘇熱有時過火。受陸軍部影響的對蘇外交政策有時也失當。但我們願意指出，蘇聯違反協定的行爲遠在羅斯福未死前已經發生。蘇聯後來的行爲不能認爲是美國總統換人政策改變的結果。美國目前推行的援歐計劃，在最初曾邀蘇聯參加。莫洛托夫一度參與巴黎會議，後因意見不合而退出。所以馬歇爾計劃在本質上也並不一定是反蘇的。

或者有人認爲五月間美蘇換文事件可以證明蘇聯願意開誠談判，而美國冷淡。這也是不確的。美蘇的換文本是祕密的。蘇聯當時如有商談誠意，必不會單方面先予以發表。美國之冷淡是因爲明知蘇聯祇是意在宣傳也。

美國的對蘇外交所以由密切合作，轉變爲「堅定忍耐」的態度，再變而爲「邊緣範圍政策」，實係爲應付蘇聯的擴張而發。蘇聯如果停止擴張，歐洲問題當可獲得解決。阻止蘇聯繼續擴張最有效的方法是西方諸國的堅定態度和强大實力。一味讓步的政策是不能解決問題的。

答景明

•變公•

景明先生認爲目前國際局面的造成，蘇聯應負更多的責任，舉出了下面三種理由：

第一，美蘇戰後關係的惡化與羅斯福總統的逝世無關，在羅氏逝世以前，東西方已經發生裂痕，原因是由於蘇聯的違反協定，疑忌過甚。因此他認爲蘇聯的制霸東歐是她的既定政策，並不由於美國總統的換人，美國政策的改變。

第二，他舉出匈牙利和捷克的情形，證明蘇聯於戰後利用佔領軍的力量，或外交壓力，操縱東歐，使普選時並不佔絕對多數的共黨控制了東歐各國政府。

第三，蘇聯對於週圍的國家，特別是東歐各國，不僅是要求對蘇友好，而且進而操縱鄰國內政，使共產黨專政。因此他認爲蘇聯的要求已經超出安全的範圍。同時，他更認爲大國不能以安全感作爲無忌憚地操縱鄰國內政的藉口。

綜觀景明先生的論據，他所舉的例子，除了「伯恩事件」以外，完全都是關於東歐方面的。所以我願意對於東歐問題先作一個綜合的看法，然後再討論其他各問題。關於東歐問題，我在正文中，已經略略提到。蘇聯與東歐的關係，無論在民族、文化、經濟、或國際方面，都是非常的密切的。它的密切的程度，可以說遠在美國與南北美洲各國的關係之上。假若我們對於美國對於美洲各國的政策不加苛責，那麼我們對於蘇聯對於東歐各國的用心，似乎也可以加以原諒。在此次大戰尚在進行，英美尚未登陸的時候，我們現在都知道當時邱吉爾曾經極力主張在巴爾幹方面開闢戰線，後來雖然由於羅斯福的阻止沒有實現，但是邱吉爾的用意，是路人皆知的。西方國家的不肯忘情東歐，這種居心，如何不使蘇聯擔憂，如何不使蘇聯對於東歐更懷戒心。我們固然承認，爭强鬪覇的强權政治不是理想的國際關係，但是在現局面之下，我們實在不能說這完全是蘇聯的責任。

景明先生以爲東西關係的裂痕，在羅斯福總統逝世以前，就已開始，美蘇關係的惡化，與羅氏的逝世無關，並且舉出羅馬尼亞和波蘭的糾紛作爲證據。羅氏假若不死，美蘇關係是否不至惡化，這問題我們無從知道，可以不用加以猜度。但是羅波的糾紛，我們不能絕對認爲是蘇聯的違反協定。我們知道雅爾達的許多協定，大多數都是原則性的，在執行的時候發生爭執糾葛的例子很多，羅波問題並不是什麼嚴重的問題。並且我們知道這問題後來都得到解決，並沒有引起什麼嚴重的後果。

景明先生的第二第三兩個論據，我以爲可以歸納爲一個問題，那就是蘇聯的干涉操縱問題。我們無庸諱言蘇聯在東歐各國的影響力量，但是更要承認戰後東歐各國內部的複雜性。東歐許多國家，在此次戰前，本來是半封建的，落後的；經過此次納粹德國的佔領和戰爭的破壞，情形更不簡單。在這種複雜的情形之下，新興的革命力量——共產黨或左翼政黨，有時候不能不採取斷然的革命手段。這種問題與行動；我以爲是東歐各國的內部問題，不能視爲完全是蘇聯的操縱。因此，我們也不應當把責任完全加在蘇聯方面。况且，東歐各國的變化，特別如捷克，是在美國採取包圍政策（杜魯門主義與馬歇爾計劃）之後，我們無寧說這責任應由美國來負。

景明先生曾提到本年五月間美蘇換文的事件，認爲蘇聯是沒有誠意的。我覺得這種推斷是不對的。蘇聯發表換文，贊成談判，美國若眞有誠意，何不談談，何必出爾反爾地忽然又拒絕談判。這能說是蘇聯的無誠意嗎？

最後，景明先生認爲蘇聯是在擴張，美國的包圍政策（卽是所謂「邊緣範圍政策」）是對的。我以爲這是最危險的政策。美國的這種政策已經變爲與戰前軸心國家的「反蘇反共」政策沒有什麽差別，這樣下去，只有使蘇聯更存戒心，使問題更無從解決。這種政策可以說是目前國際緊張局面的最大原因，萬萬要不得。

答夔公　·景明·

目前國際杌隉不定局面的形成，據夔公先生的意見要由美國負更多的責任。他的理由是下列三點：

(1)美國對於聯合國存心把持，並且走向單獨行動强權政治的老路上去，破壞了聯合國的基本精神。

(2)蘇聯在資本主義的世界中，形勢孤立，有謀求安全的必要。美國則無此必要，但却在擴展安全圈。並且蘇聯聲稱要和平，要裁軍，而美國却在喊備戰。

(3)蘇聯固然是要擴展她的勢力影響，然而她的政策是進步的。是在爲別國被壓迫人民謀解放。美國却是在扶植別國反動的封建殘餘勢力。

對於以上三條對美國的指摘，我們可逐條加以討論。所謂美國存心把持聯合國云云，大約是指美國的反對濫用否決權而言。但美國至今並未正式建議取消否決權，相反地，當今春美衆院討論取消聯合國中否決權時，馬歇爾國務卿曾鄭重聲明這是行不通的。去年九月雖由於美國的建議，成立了沒有否決權的聯合國小型大會，但這小型大會與普通大會一樣，祇有建議權，沒有執行權，執行權依然在安理會也。

所謂美國採取單獨行動破壞聯合國精神一點，夔公先生曾舉援助希土計劃和馬歇爾計劃爲例。但我們要注意；援助希土法案在美國會通過時曾增加一節，規定聯合國有權決議命美國停止援助，這就是爲了尊重聯合國。至於援歐計劃，則在最初討論時，本邀請蘇聯參加。但因東歐諸國一致不來，西歐諸國祇有自行集會，自然也無法與聯合國發生聯繫。

現在更舉一例，說明美國絕未丟棄聯合國，這便是原子能管制問題。自從原子武器出世後，如何消弭未來原子戰爭一事，成了人類前途最大的問題。美國雖然目前握有原子彈的秘密，但却向聯合國提出了巴魯區計劃（Baruch Plan），主張由聯合國管制原子能，並聲明在國際有效機構一旦成立後，就將原子彈的秘密向這個機構公開。目前原子能國際管制之所以遲遲不能實現，是由於蘇聯提出了一些不切實際的建議。蘇聯反對國際管制機構可以隨時到各國去抽查，而若不如此，管制是無法有效的。管制問題目前雖然擱淺，但由巴魯區計劃可以證明美國是有擁護聯合國的誠意的。

第二，我們來討論安全圈的問題。我們覺得就二次大戰結束之初的國際形勢來看，國際上並沒有進攻蘇聯的新陰謀，蘇聯的積極佈置是過度猜疑的結果。若說政治制度不同，恐終將兵戎相見，所以需要預爲佈置，則雙方是一樣的，不能說蘇聯有考慮安全圈的理由而美國沒有。再者現在替蘇聯政策辯護的人往往是說蘇聯爲了安全需要在東歐樹立親蘇政權。這理由頗有問題，我在正文中對此已有批評，此處不再重述了。

至於說蘇聯要裁軍，美國喊備戰，則我們要將宣傳與事實分開來看。美國在第二次大戰中，陸軍曾擴充到一千萬人左右。戰後迅速解散，月前祇有陸軍五六十萬人。蘇聯在目前仍維持有六大軍團（其中五個軍團在歐洲），實力三倍於美國。美國誠然有許多人喊擴軍，喊備戰。但那祇是一些職業軍人在叫囂。並不能完全代表美國的政策。經國會批准的還是有限。美國是一個議會制度的國家，一切重要措施都要國會通過和在輿論方面作準備，不像蘇聯政府那樣可以一聲不響地去做。所以美國雖然擴軍之論甚盛。實際上是叫囂多於行動的。

最後我們來檢討所謂蘇聯是代表進步的政治理想，和旨在爲各國人民謀解放的理論。第一我們要指出，社會主義可能是今日最進步的政治理想。但社會主義有許多種。有的同時保證政治自由，例如英國工黨所代表的。蘇聯却是不保證政治自由的，所以她的制度並不是最完善的。第二，卽使是代表最完善的政治理想，在各國並未放棄主權的今天，也沒有强加之於他人的理由。或者有人要說東歐各國之成爲今天的樣子，是各國人民自行選擇的結果。但我們要注意，各國戰後的第一次選舉中，有的國家共產黨並未佔多數，匈牙利就是一個最好的例子。

至於夔公先生說，美國目前正在各地扶植封建殘餘勢力，例如希臘等等。這有一部分是事實。但這是在美國的對蘇堅定政策中一些不得已的措施。美政府也深知這種情形，在力謀補救。希臘政府極右的査爾達里士（Tsaldaris）內閣已在去年因美國的壓力而辭職，改由溫和的自由黨元老蘇福克利斯組閣，就是一例。美國目前的政策是希望用西方國家的堅定態度，促使蘇聯停止擴張，改變態度，進而成立妥協，解決各種懸案。最後的目標仍是要與蘇聯和平相處。絕不是要糾合各地反蘇勢力進攻蘇聯。就大處遠處來看，美國目前的堅定政策確是爲了世界和平。不知夔公先生能同意此點否？

專論

關於出版法存廢之我見

劉煌

南京新民報受永久停刊的處分事件發生後，關於現行出版法存廢問題，幾成了學者間爭論的焦點。主廢的以憲法第十一條爲根據，謂言論講學著作及出版之自由，爲人民基本權利之一，出版法限制言論與發表的自由，與憲法保障民權的精神不合，並推論到國家的大綱大法，只要有憲法民法刑法三部，便可以治國，像出版法這種可有可無的法律，即應廢止。主存的以憲法第二十三條爲根據，謂人民之自由權利，爲防止妨礙他人自由，避免緊急危難，維持社會秩序，或增進公共利益所必要，得以法律限制之，出版法基於憲法所許可之必要範圍，以維持社會的秩序，實有存在的價值。兩者之立論，要不外以出版法應存應廢，是否違憲，爲同一的出發點。出版法果然違憲而應該廢止嗎？抑並不違憲而不應廢止呢？我們現在從法律的觀點，來討論這個問題。

自由非絕對的毫無限制，須在法律範圍內始有其自由，出版自由，當然不能例外。不能說出版法有限制的規定，即是妨害人權，亦即是違憲。況且法律有基本法有補充法，有司法法有行政法，更不能說只有憲法民法刑法，便可治國，一切法律均可廢止。就出版自由來說，英美法系的國家，固然是無所謂出版法，而其他法規中，亦間有限制的規定。大陸法系的國家，大抵都有出版之成文法。我國立法，既然是採大陸法系，有出版法之規定，自無不可。主張廢止論的，未免趨於極端。但是人民之自由，應積極的保障，爲憲法上基本的規定。縱然爲維持社會秩序，於出版自由，制定出版法以限制之，但限制的程度，應不超過必要的範圍，否則藉口維持社會秩序，任意的限制，勢必演成名爲限制實爲壓制的現象，自非民主立憲國體所容許。主張存在論的，也不免專重形式，而忽略了實質。我們的主張，關於出版的形式法規，廢止與否，並沒有重大關係，但是要使其存在，須實質規定，不背乎憲法保障人權的精神，即①限制規定，不但要客觀上一般均認爲顯有維持社會秩序的必要，而②限制方法，並須在主觀上於人民之基本權利不致有所侵害，然後方足以建立法治國家之基礎，發揚民主自由之精神。現行出版法，殊不合於上開條件。行憲之後，猶本此而限制出版，期期以爲不可，亟應加以修正。

從立法的精神來說，出版品以提倡文化改進社會爲目的，所發表的言論，本此目的而爲者，就是評論政府的措施，或現存的社會秩序，也不能假法律而干涉之。

我國明清間的許多文字獄，都是專制君主的一種政策，說不到什麼法律。歐西各國，最初對於著作及出版，亦認爲特種之權利，以法律來保護之，由出版特許主義，進而爲著作者保護主義。大陸國家：固然有出版法之制定，要其用意，仍不外乎保護著作品，並非以高壓力來鉗制言論。在英美各國，除了軍事秘密消息不能發表外，旁的言論，大都可以自由發表。可見在高度民主的國家，言論是絕對自由的，不受任何限制。現行出版法，關於出版品之種類，發行人著作人編輯人印刷人之責任，主管官署之監督，以及新聞紙或雜誌發行之登記核定或註銷登記及廢止發行，有關政治之傳單或標語印刷發行之許可等各種規定，均屬應履行的程序。新聞紙或雜誌登載事項之更正辯駁，亦屬雙方權義的關係應有之規定。至地方官署得派員檢查通訊社之社務組織及發行狀況等規定，已是迹近干涉，但既限於必要時，尚不能指爲超過一定的範圍。這些規定，可以說是對出版示以軌範，解作因維持社會秩序而加的限制，在客觀上一般人當然可無異議。其不能不使我們非難的，就是出版品登載事項之限制。第二十二條限於有妨害之行爲，第二十三條違反禁止之規定，尚無不可。乃第二十一條禁止言論或宣傳之記載，一曰 意圖破壞中國國民黨或違反三民主義者，二曰：意圖顚覆國民政府或損害中華民國利益者，三曰·意圖破壞公共秩序者。不問行爲，專問意圖，而所謂意圖，就是行爲的動機，無行爲而制裁動機，與制裁思想又有什麼區別？不必說所謂破壞，所謂違反，所謂顚覆，所謂損害利益，所謂破壞秩序，均出之以概括的規定，已有待於解釋，而置重於有此「意圖」，則有無「意圖」，全憑執行者主觀的認定，該有多麼危險！這樣一來，凡記載的事項，於政府的措施或社會的秩序有所抨擊，便可以說有此「意圖」，而加以制裁，流弊所及，政府隨便可以利用該條規定，而箝制言論，剝奪自由，於人權之保障，顯然受重大的影響。在二十四年時，國民政府第一一九號訓令，報館對於黨政之設施，有事實之根據，而爲善意之言論者，除涉及軍事或外交秘密而妨害黨國大計外，均得自由刊布之。當時以黨治國，限制言論，尚非絕對的嚴格而漫無一定的標準：今日行憲以後，而猶用此不合時代的出版法，幾得假之爲摧殘自由的工具，又烏乎其可。

從立法的沿革來說，現行的出版法，淵源於民國三年北京政府公布之出版法及報紙條例。當時尙公布一治安警察法，禁止有擾亂安寧秩序之虞及其他秘密結社。一面干涉言論，一面干涉結社。彼時帝制方張，用意所在，不問可知，當然不足爲訓。民國十九年十二月十六日國民政府公布之出版法，即胎息舊日的出版法而來，但其中與現行出版法，固然大同小異，不能說沒有過分干涉之處；但於前開第二十一條禁止出版品記載之事項，所爲的行政處分，情節輕微的，僅得由內政部予以糾正警告。其重者於必要時，始得扣押，扣押之出版品，如經發行人之請求，並得於除去該事項後返還之，此外在行政方面，並沒有其他處分。二十三年國民政府第九八號訓令，對於報紙任意登載不實消息，不服删扣，設詞攻擊，軍政機關得予以一日至一星期停版處分。不但無永久停刊之制裁，而且限於不服檢查之情形。可見立法之初，並不是沒注意到言論自由一點，所以不便公然的壓制。乃現行出版法，於二十五年七月八日修正公布後，除保留舊法各項規定外，於行政處分，又增入內政部得定期或永久停止其新聞紙或雜誌之發行一項。更於罰則以外，增加了許多行政罰鍰條文，政府對於言論，遂具有强大的限制力。在現行法之下，出版品既受刑事上的制裁，又受行政上的制裁，甚且永久停止其發行。動輒得咎，跼促轅下，牽制輿論，眞可以說變本加厲了。當修正的時候，軍事方興，還可以說不得不爲必要的限制。現在抗戰早已結束，憲法正在實施，出版自由，爲憲法上所保障之人民基本權利，殊不得再加以過分的限制。戰時法令，像戰時出版品審查辦法及禁載標準，戰時書刊審查規則，軍用圖書雜誌出版品統一審查辦法，軍事機關學校部隊軍用出版物審查辦法等，限制出版的一類法令，均經先後廢止。現行出版法，亦戰時法令之一，最小的限度，也應將牠修改到適應行憲的程度方可適用，絕對不應許其長時期的存在援用，這是毫無問題的。

民國三十五年二月十二日國民政府處字第一零二號訓令，出版法及施行細則，業經國防最高委員會第一百八十二次常務會議決議修正，並令立法院行政院軍事委員會遵照辦理，這說明了現行出版法之不適於行憲，但是算到現在，已經過了兩年多，終未見到修正的出版法公布，也不知是什麼原因。要說英美人的知識水準比我們高，不但著作家出版家的程度，比我們一般爲高，就是一般讀者的程度，也比我們高，法律上雖不加限制，他們自己也會限制自己，我們對於言論出版，若完全付與絕對的自由，就發生了窒礙，所以不便輕於修改，這樣說法，我們敢斷然說他是輕視我們民族，忘了東亞文物之邦，也可以說他是抹煞民主立憲，陰行專制獨裁之私。我們要知道，國家之進步，有賴於文化之發達，民主之實現，悉以輿論爲指歸。出版不自由，文化也就不能廣事傳播，民智也就不能日漸增進，眞正民主憲政，亦即終於不能實現，際茲行憲伊始，整理舊法之時，深望立法諸公予以注意，縱不能將其毅然廢止，亦應本於憲法保障人權的精神，而修正之。防民之口，甚於防川，人言可畏，斷非法律所可限制的。

人的制度與制度的人

樓邦彥

政治是一種屬人的現象，同時也應該是一種有規律的現象。這就是說，政治不但在實際上離不開人，並且在理想上其本身應該就是制度。

姑就政治的範圍來說，制度並非僅僅是制度本身，人也並非僅僅是人本身。在一個高度發展的政治社會中，制度固不能離人而獨立，人亦不應無制度而具有價值。制度與人的關係是多方面的，此兩者在事實上當然互爲因果，且在理論上也應該互爲因果。

因此，對於政治範圍內的制度與人的關係，我們必須有兩點基本的認識：

（一）政治上的制度是而且應該是人的制度，

（二）政治上的人是而且應該是制度的人。

先說第一點：人的制度。

因爲政治是一種屬人的現象，我們要在政治上建立任何制度的話，就不能不考慮到人的因素。制度本身根本就沒有所謂好壞的，或者更正確地說，沒有絕對好壞的。好的制度一定是制度與人兩者能相配合的制度，壞的制度乃是制度與人兩者格格不能相入的制度。此所以當我們正確地說甲國的政治制度是良好的政治制度，我們並不能因此認爲把甲國的那種政治制度源源本本地移植到乙國丙國去，也都當然地成爲良好的政治制度。甲國政治制度之所以良好，自有它所以良好的原因與基礎，這些原因與基礎在乙國丙國不一定具有，那麼把同樣的制度在乙國丙國建立起來，其結果是絕不會相同的。我們不能設想，而應澈底放棄一切評估懸在空中的制度的企圖，制度而離開了現實，乃是空中樓閣，它是不眞實的，它是虛無的。

在各種政治因素中，人無疑是其中的最重要者，這一點或者沒有人會加以否認。任何一個法律，任何一種制度，欲使其適合需要，必須不使其實際情形和現實社會相脫節。一個法律的好壞，全要看實際情形是否需要這樣一個規範生活方式的法則，同樣的，一種制度的好壞，亦以現實社會是否需要它而爲斷。構成現實的因素固然是多元的，人是我們所最不能忽略的一種因素。所以在某一個政治社會中，具有甚麼樣的人，便應該建立甚麼樣的制度。凡不考慮計算人的因素而確定制度者，其成功的機會一定是微小而渺茫的。

我們既然說政治上的制度是而且應該是人的制度，這裡的所謂人究應何所指呢，人可以指籠統的人類而言，人也可以單指當地當時的人而言。當我們指人爲籠統的人類的時候，我們特別注重人類的一般特性。凡是人，在身心兩方面必具有其一般特性，大體上不受空間與時間的影響。所以一種制度的建立，必然要能適應人類的一般特性，例如由於人類體質上的特性，任何制度不能强人去做他們在體質上絕不可能做到的事情，又如由於人類心理智慧上的特性，任何制度自亦應顧慮及此或儘量加以利用。除掉籠統的人類所具有的一般特性，應不受空間與時間的限制，而爲建立制度時的準則以外，尤其重要的恐怕是制度所存在的當地當時的人的特性。當地當時的人，受制於特殊的傳統，生活在特殊的環境，自有他們的特性，這些特性是一個法律一種制度所應該根據的。舉例來說，近代的政治制度尙不能不設置使人民得能行使其政治權利的某一種方式的選舉制度，可是假若我們忽略了當地當時人的特性及其社會環境，則所設置的選舉制度，不論在理論上如何完善，其將違反所以要設置那種方式的選舉制度來完成政治目的的本意，殆無疑義。我們自己的經驗，更是一個不能輕易放過的教訓。試看看我們所處的社會中的一夥人物，有地主財東，有土豪劣紳，有黨棍子，有政治乞丐，有民主騙子，有善良的悲觀主義者，有今晚顧不到明早的饑民，有目不識丁的老百姓 不一而足；對於這些人，若不加肅清或解決他們的問題，而侈談民主憲政，進行選舉，很明顯地非狂妄即是欺騙。現在事實已經替我們證明，儘管我們有國民大會，有立監委員，有總統副總統 但我們仍是沒有制度，特權階級仍繼續在奴役人民。何以呢，因爲實施憲政云云自始就是一個騙局，政府不過在民主憲政的招牌底下掠奪而得擅權壓迫的合法地位而已；憲典是一張紙，法律是一句話，一切能發生效力的辦法皆爲特權階級的統治者所設，它們不能構成適用並有利於當地當時所有的人的制度。我們認爲政治上的制度是而且應該是人的制度，意即指制度乃因人而立，一方面它務須適應人類的一般特性，另方面它又要顧及當地當時的人的特性，它不能僅爲少數人而存在，它的存在理由應求諸它之是否適用並有利於當地當時的所有的人。

人的制度又有其動態的方面。在普通的情形之下，所謂制度往往是基於白紙上黑字的規定，它是死的，呆板的；它的眞正發生作用，或者說它的表現於具體的事實，胥視當地當時甚麼樣的人在駕御着它。因此，制度之形諸文字的是一回事情，制度之現於事實的又是一回事情，兩者的區別，多半由於人的因素。至於有些制度，其本身非爲文字所規定，而是基於傳統的習慣。則它們的具體表現，也幾乎是因人而異的。讓我們隨便舉幾個實例來加以說明。我們都知道在英國內閣制度下的國王在政治上是不負責任的，然而他並不是毫不發生作用的虛君，他在必要的時候可以對於政府與反對黨發生不可輕視的政治勢力，而予國家的政治大局相當的影響。此種可能性之有無或大小，全以當時國王的才識，見地，與魄力而爲斷，英國的國王制度絕非一種定型的制度，我們不能不承認十九世紀維多利亞女王時代的國王制度與目前喬治六世時代的國王制度，兩者在政治上所發生的作用是大不相同的。至於美國的總統，其情形亦復如此。就拿近事來說，我們都知道羅斯福與杜魯門都是在相同規定的憲典下行使總統的職權的，然而他們的地位不同，他們的影響也不同。制度的形態，在英美和在別國一樣，主要地是靠人形成的。

再說第二點 制度的人。

因爲政治不僅是一種屬人的現象，並且是一種有規律的現象，我們要在政治上對於人加以評價的話，就必須以制度來做衡量的標準。人是自然界的生物，也是社會關係的主體。在一個高度發展的政治社會中，一方面制度固不能離人而獨立，另方面人亦不能在沒有制度的環境裡發揮其社會價値。在政治上，我們如果要求建立制度，我們所要的並不是制度本身，而是在我們所要建立的制度之下，確定不同身分的人，同時又使他們在預先設定的規律範圍內做多種的活動。這就是說，制度的目的乃在創造制度的人。制度的人可以從其靜態與動態兩方面來加以說明。

一個政治社會如果不具有制度，自然無民主或憲政之可言，人的存在既不基於制度，人的活動也不受制於制度。這個社會就無異爲單純的自然界的生物所組成。因爲若無制度，某一個人之取得某一種地位，或某一個之不能取得與別人相同的地位，全取決於某一個時候的某一個具有強制力而不受任何限制的意志，非根據任何的制度。所以嚴格地說，有些國家雖具有政府的形式，但並無政治制度。專制的君王或擅權的獨裁者，不但他們自己不是制度的人，就是受他們統治的所有人民祇是受奴役的政治奴隸，也同樣不是制度的人。反之，在有制度的場合下，一個人得具有某一種身分，因那一種身分而享有某些權利並負擔某些義務，各種不同的身分造成各種不同性質的人格，這些不同性質的人格皆係根據制度而產生的。你可以是選民，也可以是法官，也可以是議員，那麼如果有制度的話，你就因爲選民，法官，或議員的身分，取得了不同性質的人格，享有特殊於各該人格的權利，並負擔特殊於各該人格的義務，換言之，你就是一個制度的人。人是離不了制度的，沒有制度可以根據的人，在政治的某一種意義上說，已經不是眞正的人了；他或則是單純的自然界的生物，或則僅僅是機械性的工具而已。人如果都是那樣的時候，那麼縱然我們說尙有政治，人既都非制度的人，所謂政治也祇是沒有制度的政治。這是靜態的一方面。

試再從制度的人的動態一方面來說。政治就是統治關係，假若政治上的人都是制度的人的話，統治關係就一定基於制度，而統治關係的當事人的一切活動，也就全成爲制度化的活動了。所謂制度化的活動，簡言之，就是在法定的範圍內，受制於制度的活動。政府是人所組成的，制度的人祇能行使法定的權力，而不能憑其個人的意志爲其所欲爲，不但如此，行使法定的權力必須依照法定的程序，超乎此，就破壞了制度，其活動就構成違法的行爲。在一般人民方面，他們處在基於制度的統治關係下，享有法定的權利並負擔法定的義務，然而這些權利與義務必須合法地加以行使與履行，不然就要忍受法律上應得的結果。我們儘管說政府是有權力的，我們也儘管說人民是有自由的，可是所謂權力與自由，其本身卽爲制度的一部份，享有者旣然是制度的人，不能不因制度而就範疇。

制度與人的關係是多方面的，我們不論在甚麼樣的社會經濟基礎之上談政治建設，這些關係都應該在我們的考慮之中。政治建設的兩個基本目標就是：建立人的制度與確認制度的人。

三十七年八月四日重寫於北平

物價上漲何時了

戴世光

當前國內的經濟問題，最嚴重而迫切的莫如物價。物價上漲固然不自今日開始，但是，自從今年的五、六、七三個月來，物價的變動是日新而時異的；同時新鈔層出無窮，使用貨幣者幾乎應接之不暇。社會人心不安，儼然如大海行舟，際暴風雨的前夕，隨時將有顛覆沉沒之感。經濟生活本來是人類一切活動中的基本活動，如今關係基本活動的物價和貨幣竟如此瘋狂波動，社會不安，極屬自然，不足爲奇。論者對物價最近上漲趨勢的看法大致不外兩種：一種看法是認爲：物價高漲不自今日始，遠在十年前就早已波動，爲時十年，物價上漲不過是五百萬倍，離德國在第一次大戰後的一萬餘億倍者尚遠，何必「杞人憂天」！另一種看法却認爲，我國的物價上漲是惡性通貨膨脹的結果，發鈔與物價上漲循環不止，生產日趨衰退，最後經濟必趨崩潰。以上兩說的區別很大，現在我們要問：物價上漲何時可了？如何了法？經濟會不會崩潰？

首先，我們必須簡述由抗戰軍興起十一年來物價上漲的經過。民二十七年，後方物價即開始上漲。最初增加係以百分數計算，不久就改爲按倍數計算。延至勝利前夕，後方物價平均約爲戰前者六千倍。三十四年八月，日本請降，後方物價猛烈回跌，落到戰前物價的三千倍左右。不過，這種情形僅屬「曇花一現」，物價也復員中隨即故態復萌，繼續的扶搖直上，到今日恰爲勝利後的第四年開始，國內物價平均計達五百萬倍的高峯。在今年元旦物價尚僅爲戰前者二十萬倍，不足八個月的短短時間，竟上漲了二十五倍，這種速度紀錄是空前的，它表示物價上漲的倍數愈漲愈快。我們若將物價上漲以來的十一年約略的分爲三期，即可比較的得到物價愈漲愈快的程度。第一期抗戰八年中共上漲到六千倍，（以勝利前夕的物價爲準，除去勝利時的心理因素不談）；按幾何級數推算，平均每年上漲三倍弱。（按理不應該推算平均每年的增加率，因爲物價上漲的速率並不是恒常的，而是愈漲愈快的；此處粗略的分爲三期係從權的辦法，暫列平均上漲率，以示其愈漲愈快的基本特徵）。第二期爲勝利後的前兩年零四個月，平均每年物價上漲六倍强。第三期爲今年的前七個月，不足三分之二個年度，物價上漲了二十五倍，平均每個月物價上漲百分之六十弱。即設暫以此種速率爲準，則今年一年的物價要上漲一百二十五倍了。

由上列簡單的分析，足徵物價是愈漲愈快的。如果用統計上的專名詞來說，則我國十一年來物價上漲的特徵爲按加速度的幾何級數，既非按幾何級數上漲，更非按數學級數上漲。前者的上漲倍數爲恒常的，假使勝利後的物價仍能按戰時平均每年上漲三倍的速率，則目下物價最多應該逗留在十六萬倍左右。後者指物價「直線上升」，直線的特性係絕對差額相等，平均物價每年增加一個恒常的法幣元數。因此，兩種級數都不能說明我國物價上漲的現象。所謂「加速度的上漲」或指同等時間距離之下，物價上漲的倍數愈來愈大，如前段所列示的，由三倍而六倍，而一百二十五倍；或指上漲同等的倍數所需的時間愈來愈短。（換句話說，在抗戰期間，平均約需八個月物價增加一倍；在勝利後最初的兩年半，平均約需五個月物價增加一倍；等到今年則平均只要五十日物價即將上漲一倍了。這種性質就是我國十一年來物價上漲的特徵。我們要推論物價波動的結果，我們就必須把握住它的特性。許多人曲解抗戰八年曾在物價繼續上漲中渡過，而且業已等候到勝利，因而認爲通貨即使再膨脹下去，物價再高漲下去，經濟問題仍不會過份的嚴重，這種看法即由於不了解當前物價上漲的特性的關係。

物價加速度上漲的特性並不難解釋。物價最初上漲由於財政上以發鈔代替財政收入，膨脹通貨；有效需求增多之後，物價自然上揚。反過來，物價增加，財政支出的數字必然加大，更須大量發鈔。同時，物價上漲之後，工業資金轉入商業，即使沒有內戰破壞，生產也要減退。此外，再加上社會心理，惡意的囤積居奇，善意的保存價值，自然使通貨流通的速度增加，事實上也等於通貨膨脹。結果，物價與通貨膨脹造成一個互爲因果的惡性循環，發鈔愈多，物價愈漲；物價愈漲，法幣流通愈速，物價因之愈漲。惡性循環之下，於是才有最近四五十日物價增加一倍的速度。這種現象與德國馬克在第一次大戰後的情形如出一轍，不同者僅在各時間下的速度略有區別，但速度之愈來愈大則是一樣的。德國馬克的價值在最後與美元的兌換率爲一數之後十八個零與一之比，這種比數似乎難以想像，其實，它之所以增加到這樣大的數字，還不是由於物價增加速度愈來愈大的結果。當戰前我國三元三角兌換一元美金時，又何嘗能想像到一數之後七個零（即一千萬元），折合一元美金呢？

貨幣的主要功能爲交易的媒介，我們同時固然要依賴貨幣來衡量價值，和存蓄價值，但是，在物價繼續增加中，衡量的尺度雖時時變化，影響衡量後的數字究竟比較的還小。例如運用生活費指數，我們同樣可以作到維持薪金實值恒常的地步。而且，單位問題也是習慣的結果，過去的「元」，「百元」，「千元」，在實際上也都完成單位的使命；如今的「萬元」單位業已「人老珠黃」，繼之而起的單位將是「億元」。所以，這種單位的興衰並不會影響衡量問題很多的。當前物價上漲，愈漲愈速；法幣貶值，愈貶愈快，致命關鍵却在貨幣能否完成交易媒介的職責問題。由交易方面來看，我們之所以需要現代貨幣是由於它供給特殊的便利，道理極爲明顯。不過，假若貨幣本年的價值變動太快，一日之間價值可以數變，使交易因之增加無窮的困擾，貨幣自然會失去充爲交易媒介的功能。至於衡量和存蓄問題，則可以就社會習尚，另覓價值比較固定的物品例如麵，米，銀元之類，以麵，米的價值衡量百貨。等到那個時候，所有的經濟活動都將拒絕使用法定貨幣了。當前法幣貶值平均計四五十日可以貶值一半，但這種貶值速度却是愈來愈快的，等到法幣每隔一日即貶值一半的時候，誰又肯要法幣呢？

經濟動脈的貨幣如果走上這個命運，不僅貨幣本身消滅，而且所有的經濟活動必將窒息，生產必將停頓（貨幣失去功能，近代工業生產幾乎是不可能的事情），交易範圍必然縮小，僅存的少量交易必將恢復過去物物交易的情況，這樣就是經濟崩潰了。經濟活動爲社會中的基本活動，經濟既已窒息停頓，其他種種活動的變化就不堪想像。如果再引證德國在第一次大戰後馬克貶值的情形，我們要注意德國當時國內是和平的，沒有戰事破壞，尚且由五百萬倍增加一萬餘億倍的時間不足三個月，何況我們現在的內戰愈來愈擴大呢？所以，在本文第一段中的後一個看法並非「杞人憂天」，乃是根據事實推斷的結果；今後如何，不妨仍「等候」事實來證驗，物價問題自有「可了」之一日。

通訊

華北東北之間（北平通訊）

本刊特約記者

一條古老的長城將北中國分割成兩部，那就是東北和華北。中國切實的控制遼東是開始在唐朝，唐太宗征高麗，以冀東為主要基地，所以在冀東各地有很多「征東」的遺跡和傳說，如「秦王島」「搬倒井」等等均是。宋朝疆土不廣，冀中白溝河以北即不能過問，長城線內外是遼，金，元三朝塞外民族的勢力範圍。明朝以薊遼總督及塞大寧，宣化，大同三鎮，勉强可以控制長城線，然而仍有英宗土木之羞，及末年設防長城巨大的軍事開支拖垮了明朝。沒有東北就不能掩護華北，沒有華北，華中華南也不能抵禦北來的壓力。往昔史實如此，而今似乎也不能例外。

東北國軍從極盛到極衰，經半年多的休整，又在七月十五日襲取遼南重鎮遼陽，實現了衞立煌先打個小勝仗，振奮一下士氣的願望。也搶得了一部分麥收，解決一點糧荒。這是新一軍潘裕昆，遼南作戰的收獲。但是如果認為這就是東北局勢的轉捩，却未免過於樂觀。

勝利接收之初，國軍開往東北去的部隊是新一軍新六軍等精銳部隊，在數量與質量均比華北優越，而且東北經日本十四年的「建設」，工礦基礎雖在戰時稍受拆毀破壞，還是比華北更可有為。再者在國共和談第一次宣佈停戰令時，國軍可以續向東北增援，以精銳國軍對付新編組的東北共軍，以刀切豆腐的順利形勢佔有哈爾濱以南的較大城市及工礦中心。當時東北國軍不僅不依靠華北，而且在經濟上還有餘裕向關內輸血。東北流通券就和台幣在同樣意義之下使用，而且有一比十一的高貴身價。在當時東北的經濟壁壘，是保護了東北的既得利益者，老實說，對於華北是不利的。但曾幾何時，共軍連續發動七次攻勢，不僅在軍事上打的國軍抬不起頭，站不住脚跟，在經濟上東北的黃金時代也曇花一現而逝去了。在六次攻勢的時候，東北不得不向華北借兵，而有傅作義暫三軍的出關。

孫連仲在河北經滄縣，望都，石門三次大戰，不能繼續搞下去了，河北省府改組，張垣保垣兩綏署合併，由傅作義出任華北剿匪總司令；同時在東北代替熊杜的陳誠也被共軍的兩次大攻勢打下去了，而由衞立煌出任東北剿匪總司令。傅衞兩氏在作風上各有千秋，衞在東北知道民心士氣一時不可有為，所以專心整補，集結兵力，採取絕對的守勢，以謀獲得一個喘息的機會。傅氏在華北因為還有察綏的本錢，他不單純的取守勢，他要集中主力，機動使用，尋出共軍主力求決戰，並處心積慮的爭取主動，以挽回頹勢。後者半年以來，在聶榮臻走遍華北五省之中，始終沒有找到主力，眼看獲得了決戰的機會而又失去。前者經半年喘息尚無大的挫敗。因之，可以說東北華北易帥以來，一守一攻，半年中在一面倒的軍事頹勢下，並沒有大垮，這不能不算是傅衞兩氏的成就。

東北華北從歷史上就有其相依為命的密切關係，在目前軍事情勢危急之下，尤須互為表裏，攻守配合，才可撐持。可是事實現為兩個指揮系統，雖然東北當局一再宣稱，東北華北事實上是同一戰場，而且已經打成一片，但實際上不容易合作到密切無間，這又是在派系紛歧的政府軍隊中極易發生的現象。因此，在兩個戰區的夾縫上又成立冀熱遼邊區總部，由范漢傑任總司令，隸屬東北剿總。共軍方面也針對着國軍的措施，在兩個大戰區的邊緣上設立冀察熱遼軍區，除了以林彪闔困衞立煌，聶榮臻糾纏傅作義外，更以李運昌（現有改為程子華的消息）對付范漢傑，更如出一轍的兩個人都兼熱河主席（現熱主席已易為孫渡惟尚未就職）。頗有一點兵對兵，將對將的意味。

國軍在兩大戰區中間設立上一個指揮機關，並沒有增進了配合的力量，反倒使得指揮系統益加複雜，軍政各方面運用起來更不靈活。因為本來是只有一個夾縫，打一個補綻以後，無形中又有了兩個夾縫，這樣事與願違的矛盾，會使得當事者哭笑不得。據說冀熱遼邊區總部的防區始終不曾劃清過，有時說是在灤河以東，有時又說連唐山也包括在內。可是在行政區劃上，河北的臨榆縣還管轄着山海關以外的一小片土地，而都山興隆兩縣也都在長城以北。河北本在華北剿總轄區，但是他的東北角又在冀熱遼邊區總部指揮之下隸屬東北剿總。而且唐山是河北的工礦中心，如果將他間接劃入東北剿總，在河北人也是不高興的。所以劉瑤章任河北臨參會議長時，曾建議中央調整並劃清冀東的軍政指揮系統以統一事權，但是並沒有結果。一個錯綜複雜的軍政指揮系統，最容易功則相爭，過則相諉，形成不少的誤會與磨擦。這是東北與華北之間老早就存在着的問題。

冀東重鎮唐山是在新夾縫的邊緣上，所以防務就未免疏忽。上次共軍進攻唐山時，局勢相當危殆，如果唐山有了問題，不僅河北工礦中心遭受破壞，北方兩戰區的連絡中斷，連江南的動力也會沒有了。那時唐山僅有工兵砲兵各一營，沒有其他部隊，共軍如果監視着豐潤兩個保安團繞過去逕襲唐山，那唐山很可能被突入。可是用兵如司馬懿的聶榮臻，錯估了空城的防禦力量，而且呆板的運用以大吃小的戰術，先打豐潤，解決那兩個保安團，更在任各庄遭遇到一營兵的兵力的堅强抵抗。他吃掉豐潤再想吃掉任各庄時，唐山援軍趕到了，轉危為安。當唐山危急萬分時，素以不談明天的剿總發言人，曾正式的說出，相信唐山在范總司令指揮下，絕對沒有問題。那簡短的談話是很值得玩味的。

華北軍政當局對唐山及冀東非常重視，一度計劃將太原綏署的參謀長郭宗汾（字戢陽河北河間人）請來出任唐山市長兼防守或警備司令，以統一軍政，加强這個夾縫緣上的防禦力量，因為閻錫山的不放行而擱淺。現在又打算將于國楨從熱河調來任唐山市長，（于是三河縣人並非軍事出身），將來是否兼警備或防守司令不得而知。總之，東北華北之間在軍事指揮系統上，當局必須加以調整與加强。此外關於流通券及七五血案這兩個問題，也必須求得一個合理的解決，因為現在的戰爭是全面的，而且東北華北存亡榮枯息息相關。如果流通券與七五血案得不到合理的解決，會增加東北華北之間的更大的誤會與隔閡，將成爲東北華北合作及配合上的絆脚石。

東北華北經濟壁壘的造成，開始於東北國軍走上坡路的時代，始作俑的决策者不能不負責任。但是東北局勢日非，流通券如潮的湧進關來，助長平津的漲風，華北爲了防禦這種衝突，宣佈限制兌換，雖然於法不合，但是爲了自衞却也難於苛責，這件事不僅是地方間的問題，中央對此也該有個合理的辦法。吳瀚濤來平，衞立煌及谷鳳翔飛京，據說都是爲了解決這個問題。或許最近可以獲得合理的解決。七五血案一再拖延，最近南京也派了國防部次長秦德純來，北平方面由剿總聘請東北華北人士組織調查委員會，進行調查工作，報告書亦已開始起草。臨大臨中還沒有開學，而抗聯十一代表却已南下晉京請願去了。七五之後瀋陽曾有强烈反應，萬人遊行請願！高呼「打垮長城」。後來又準備在八月一日發動五龍示威，幸經當局勸導，未再度掀起巨波。南京爲此焦灼，派谷鳳翔來平調查後又飛東北，謀熄紛擾。

指揮系統，流通券，七五血案三個問題擺在東北華北之間，這是割裂東北華北的古老長城的沉重擔負，如何解決，關係着整個北方的安危。

東北華北走廊地區的冀東，在范漢傑召集唐山軍事會議之後，已經展開了攻勢，華北國軍在平保路戰事緊張的時候，並不敢放心冀東，因爲那裡還有大批共軍的集結。嗣後平保路稍穩，李文總司令自通縣移駐北寧路古冶，指揮九十二軍，六十二軍和十六軍三個軍加强冀東防務。李文與范漢傑同出西北胡宗南部下，在人事關係及指揮或許相當的靈活。以這三個軍再配合范漢傑原來在秦檢灤等地部隊，對付冀東共軍，當然有構成一個較大攻勢的可能。連日津唐電傳，國軍已克復豐潤，盧龍，遷安等地，對冀東共軍已形成一個大的包圍態勢。可是在北平華北剿總方面却不能證實以上的那些消息，並否認冀東有戰事。消息爲什麼如此紛歧呢？第一個可能是唐山以東地區已確定由冀熱遼邊區總部指揮，這邊獲得的通報較晚；第二個可能是剿總怕洩露了這一個大的軍事企圖，不到告一段落時暫不發佈。如果說他完全是子虛，爲什麼會有連續的消息呢？而且在河北省府方面也有與津唐同樣的報告。

給東北華北兩戰區作補綻的編遣總督范漢傑，行蹤秘密，唐山會議後來北平，揚言將飛京出席軍事教育會議，是否眞正走了，還不知道。國軍冀東此一攻勢，很明顯的是爲了翦除北寧路威脅，確保關內外走廊。但是此一攻勢，如能有收穫，傳說中打通遼西及遼南的戰事，會繼續在夏末秋初到來；如果沒有成就，那遼南遼西的攻勢將沒有意義而且不可能。所謂登陸營口，是不會從華中或其他地區調兵來的。天津大公報載，津港十二艘商輪被徵集秦皇島待命，這個消息值得注意。或許是國軍在準備另一攻勢。

北方局勢的安危，要看東北華北之間如何配合，怎樣能以密切配合，端賴廓清一些目前存在着的問題。

軍事·經濟·黨務（南京通訊）

本刊特約記者

三伏與軍事

八月帶來了三伏天氣，今年南京的天氣熱得不堪，但淸涼地區並不能解決沸點的問題，於是蔣總統在七月三十日下了莫干山，翌日又自滬回到了南京。當這各戰場的鑼鼓點兒稍稍輕一些的時候，石頭城內要在這幾天研討軍事教育，經濟改革及黨務整理三大論題，這「三位」其實「一體」，就是研究如何拖下去，也就是一個政問題。

軍事問題已到了最現實的階段，如果當眞是討論「教育」則不免離題太遠，其實所謂「新的教育制度」也者，往深裡說也還是一個「補給問題」，在台灣練些優秀軍官並不足以發揮最大的效用。據說，蔣總統於豫東大捷之後，對於國軍的戰鬪力又恢復了自信，認爲有力的國軍仍有硬碰硬，用來作殲滅戰的把握。據說，那幾天，說話時候總是笑迷迷的。如何把握此信念，在今後加以整訓，必然是一個問題。而各將領間也瀰漫着一種要求少加干涉，多給自由，這種意思，用劉健群在中政會的話來說，就是局勢敗北，主要爲各軍事首長的指揮權隨時被剝奪，不能隨機應變，以後請總統勿再有干預之事發生。因此便引起一場激辯，但也可以說明軍官本身煩悶一般。不要誰干預？是不是那「萬人之上」？

賴普漢去北方之後，表面上像是敷衍局面，實在骨子裡却是緊張非凡，賴普漢把北方能到的每一軍事據點都走到了，這且不說，爲了更具體化，還把駐華軍事顧問團團長巴大維也搬了去，美領館內及軍事顧問團，入夜燈火輝煌，星期日也不休息，自然更引起石頭城內的注意。是不是美國干涉之漸？美援的雙邊協定上就這樣訂好，美國有最大的支配權，連那全部奉送的一億二千五百萬軍事美援，據賴普漢表示，也要建議來保衞經濟美援的。

假定軍官們對制度上要求更多的自由，而美援又是多邊的，由着美國軍政人員的意思給他們認爲應得的人，那麼，這在軍事傳統上却出現了一個並不太小的問題，就是像經濟政治與黨務的情況一樣的，從中央集權要轉到地方分權的途徑上去，這就打破了民國十七年以後的統一局勢及其傳說的重心了。而形式的從獨裁到民主，這個過程也是必要的歷程。

在這一次會議上，特別顯著的是東北及華北派來的代表的份量都不够重，這又說明了一個事實，即地方各有其致力的所在，而中央由求大同也就顧不到一些小異了。中央只能顧到華中和華南，但是劉峙白崇禧又到那裡去了？他們難道以爲這個會不够重要嗎？還是有意的不肯來？是不是表示地方有些坐大？不然，爲什麼美國人很注意打聽地方與中央的關係？

蔣總統在軍事教育會議上全文說些什麼，因爲關防嚴密不得知其詳，只是指出「對軍人精神心理教育，與生活行動訓練方法，應力謀改進」，要到會者「明恥教戰，切實負責，保持信心，改正錯誤」，爲了軍人心理的準備，過去有個新生活運動，而今天又應該是什麼呢？那就是把他的自信過渡到每個將領要求有勇氣打下去

法幣與馬克

最可怕的還是經濟的危機，這個比

江大水更可怖的汎濫，要把全國陸沉。我們不相信歷史會重演，但法幣分明就是在走馬克的舊路。「美援內閣」上台之後，遠水的美援似乎仍然救不了近渴，每日二萬億以上的發行，仍是無法停止。

「一九二三年七月初，美金一元可換十六萬馬克，到月底就可換一百萬馬克，八月間一元可換五百萬馬克了　十一月中間在柏林值二萬五千億馬克，在可倫值四萬億馬克（全文應該是四、〇〇〇、〇〇〇、〇〇〇、〇〇〇、〇〇〇、）四分之一加侖的牛乳要售到二五〇、〇〇〇、〇〇〇、〇〇〇、〇〇〇、馬克，甚至不容易買到。」

德國政府那時除了內部政治家在打嘴架之外，就是努力於發行。「國家銀行雇了兩千人，到紙廠，印刷局運輸局去做監督人員，同時有三十所紙廠，一百三十三所印刷事務局，和一千七百八十三個印刷所忙碌到最高度，來供應紙幣的需要。」中國今天連鈔票的印刷却也大部要靠外國的，這一點却大大不如。

這時候的現象是，「飢餓達到頂點，農人拒絕把他們的農產物運向城市，商人關閉他們的店舖，工資又是毫無標準的，工資的增加當然跟不上物價的飛漲。千萬因戰爭而殘廢者和以前靠着固定收入而生活者，都面有菜色，飢餓者的騷動，成為普遍的現象。逼得德國政府只好咬緊牙關，採行一個最後的計畫。」

我們今天又是想走德國走過的一條路。「一個理財家和一個銀行行長，奉命施行從經濟上拔出深淵的奇蹟。不值錢的紙幣停止印行，一個特殊的仁登銀行Renten Bank 開始出現，這銀行發行一種新的臨時通貨，稱作仁登馬克。指定的票面價格，等於大戰的金馬克，以德國全部農業和工業的財富為抵押的擔保品。仁登馬克和紙馬克相輔而行，比率為一與一萬億。這樣，無中生有的就產生了一種錢匣。」

人民忍受了下列的一切，美國也同情了她的措施。「戰爭賠償的要求被拒絕了，成千成萬的公務員略得酬報或絕無報酬而被辭退，公家的一切借款暫告停付。政府並提高稅率，徵收新捐。從開源與節流兩方面下手」，新的國家馬克又代替了仁登馬克，德國的改革幣制成功了。而我們的新幣却遲遲不能出籠。

中國今天雖然得到美援但距離能用來改革幣制的事款尙遠，我們且有德國馬克時代所未有的大戰爭同時在進行。即在「安定」的廣東，也不能再支持，省參議員國民黨元老羅翼群在金融物價座談會席上慷慨陳詞，痛陳時弊。他認為國內的戰事一天不停，金融物價問題便一天不得解決。當局又一再表示，對經濟前途抱樂觀有辦法，但今天的事實又如何呢？這些話都沒有兌現。我們應該請問政府，到底有沒有確實的辦法。我這番話也許有人以為是違反人民的意志，我是研究學子的，我是贊同兼愛和非攻的。今天物價已迫使人民活不了，我們應該為民請命。那麼，有什麼辦法？

清算「帳房」

莫干山之會若說是專對經濟的檢討，這話並不十分確實，但為了要政治延續，却不能不解決經濟也是事實。目前不便清算豪門，却與自已的帳房先算起帳來了。

政府準備實施經濟改革的第一步驟，其主要內容可能是包括國家與商業金融機構的整頓。二日中央日報社論已有此暗示，題為「放過一着萬事皆休」，子題為「論經濟改革的樞紐」。開頭說：「金融機構整頓已成為十二分迫切之舉」，並且認為無論翁院長是否主張改革幣制，如果金融機構不加整頓，法幣的價值與新幣的價值，都無法保持一刻的安定」。中央日報說：「我們首先要指出一個事實，今日公私行莊已有六千單位之多，這一個數目字的本身，就是金融資本罪行的供詞，銀行錢莊原是工商業周轉資金的處所，何以今日工商業大家都深切感覺艱難，獨有銀行錢莊有萬花齊發之盛？這有加無已的行莊，每日每時都以增加法幣流通速率為其取利的本領，這一本領對於通貨膨脹市場波動，當然有極大的動力。由於這一本領所取利潤，毫無疑義是一般工商業與農村的利益為犧牲品。其次一個事實，大家只要讀一下大都市報紙的廣告，立即可以發現銀行錢莊以高利吸收存款的啓事，六十天一本一利，五個月五倍還本，他們這樣高利吸收的存款，除了囤積物資追求漲風以博取更高的利潤之外，還會有別的用途嗎？這裏說『追求漲風』，只是指小行莊而言，持有游資的巨頭們，一直就領袖羣倫製造漲風。換句話說，今日市場上每一大波動，無不是游資大戶所製造。那些追求漲風的小行莊不過食其饌餘能了。我們對於國家銀行更不諒解，商業行莊的業務不過周轉社會上現有的金融以取利，這還是銀行業的本分，國家銀行則不然，他們是國庫發行與市場貸款兩者之間的樞紐，他們的利潤從何而來？他們一手爭取國庫的發行，一手貸款與特殊關係與特殊力量的個人或機構，他們的利潤從發行而來。所以國家銀行的利潤愈大，就是說國庫發行的愈多，國家銀行如此作法，國家雖欲緊縮發行亦不可得了。

「政府要實行經濟改革，應該從公私金融機構着手，國家銀行之國家化為重要的一着，而商業行莊的整頓為重要的又一着。倘如政府有大仁心，大智慧，大勇氣，在一年以內把六千單位的行莊整頓為至多二千單位，則無論幣制之改與不改，都可望市場趨於安定。」

中央日報雖然義正辭嚴，執行得好，當然也會有效，但忘了一個主題，這帳房本是奉命而為，一切都是為了內戰。通貨膨脹最得利的是政府，一張紙片，變無為有，支持了這一大份家業。其次才是肥了同根的豪門，大腹便便，越來越肥。如果有錯，「罪在朕躬，」若是向帳房來算帳，殊失傳統的「養士」之道。並不是「安定」的路子。

在執行上，稍一不愼，即有借刀殺人的可能，這邊剛開了前央行總裁張公權的祕密，那邊就查封了CC的中國工礦銀行，自己亂成一團，或是把全國經濟委員會改為經濟計畫委員會，加幾個人，去幾個人，對全局又有什麼用？

革新之路

國民黨黨務座談會據說已有的方案有五個，就是許孝炎領銜的反CC的一案，代表青年團的李天民一案，代表吳鐵城的鄒志奮的一案，獨立性的張厲生的一案及CC與青年團協調由洪蘭友所擬的一案。其中說明一個道理。就是對於現狀的不滿意，嚮往於十三年的澈底改造辦法。

三日開會以後，最值得注意的就是「取消總裁制」楊玉濤主張於前，武和軒辭應於後，與軍事會議的「反干涉論」可謂交相比美。又中央社發表楊氏的意見稱：「總裁為全國共戴之元首，國務叢集一身，本黨黨務應由中央機構多負責任，而不應將一切責任加於總裁，」盡管所傳重點不同，但是這個中心意識並無錯誤。這說明了什麼，是不是要民主，反獨裁？當大水冲開了堤防，若再防堵而不知疏導，必可能還有更大的潰決。

其次是黨內派系問題，有的說應有系派,有的說不應該有系派,這又說明「系派」的存在，是不諱言的事。孫玉琳說：官僚腐化了黨，資本家破壞了黨，派系分化了黨。對於為什麼開門容納官僚、資本家及造成派系的因源，却沒有指明。黨的基礎到底在那裡，漢民死了，失去連環性，佛海入僞，「體系」當然不存，元老派的天仇戴子何不從中山靈前把三民主義的哲學基礎翻來找一找呢？是全民還是工農與小資產階級？

黨的獨立性在鄒志奮提案中指出經費應由黨員及黨營事業中盈餘中負責。其中特色即為介紹並保障黨員職業，扶助黨營事業，資助黨員升學深造等，這到是一個現實問題，軍政訓政及憲政三大程序都由國民黨完成，今後的「中國之命運」與黨員的關係又將如何？

最後是個登記問題，黨員重新登記的結果不太好，是不是重新登記一次，還是繼續舊日的册子，這個問題也沒有得到什麼結論？若是登記下去，登不出一個結果來也不好，但是不登記又根據什麼。不論今後作風上是向上還是向下，都得要有「群衆」。

石頭城的三伏天氣中，三個集會都是反對現狀的，就是軍事指揮反干涉，黨務反獨裁，幣制反馬克化，到最後，軍事方案要送請總統核准執行，黨務革新提案仍要送請總裁採擇實施，而幣制改革，則要由美國國務院來替我們決定，一切可能還是不會有什麼變化。這也許就是抗戰時期所謂「以不變應萬變」。

最後消息爲了「美援內閣」釣不來更大的魚，此間又盛傳各在野的人物一致推出T.V.宋以代替翁文灝，是否在美國大選前夕，成爲事實，也還是一大問題。

八月四日寫

破網的故事（台北通訊）

單于越

有人說，今天的台灣工業，是一張牽絲攀籐的破網。

如果這種說法有其相對的「眞理」，那麼有一個前提必須把握，那就是：台灣工業這一「網」却不是從今天才破起，也許更遠自日本佔領時代，也許更遠自台灣之有工業以來，這「網」就是一張「破網」！

不過「自古已然，于今爲烈！」今天這一網非但破爛，而且年久失修，攀搭上永遠理不清楚的亂籐雜絲，使這破網外加上一大筆負擔，即使臨淵有魚，也徒有望洋之嘆。

台糖的遭遇

台糖公司一位高級幹部有一次問我：

「你們罵台灣糖價比上海還貴，你明白「內幕麼？」我們在上海拋出的配售糖，價錢是社會局定的，晚娘打兒子，反正不是自己生的，他們沒命的把糖價壓低，說是平抑物價，結果物價平不了，我們倒先賠了老本！上一回好不容易調整了糖價，滿以爲這回能顧本了，想不到台幣滙率一連漲了五天，糖價漲也等于白漲，有好處嗎？好處給了別人！」

說到滙率，這位先生也萬千感慨：「台灣銀行在滙率上就吃飽了台糖的甜頭，因爲台糖是台灣銀行大戶頭，台糖的借款是拿在上海賣糖所得的法幣頭寸還台銀的，台幣滙率調整的次數越多，台糖付出的法幣頭寸也越多，結果除了貸款利息之外，台糖經常解付了大量法幣奉送台銀。人家說：台糖和台銀相依爲命，你懂這意思？」

最後，我們也說到台糖外銷的大貼其本，他搖搖頭帶着兩分幽默又兩分憤慨說：「台糖是一塊肥肉，吃得落的就來咬你一口！」

然而台糖之所遭遇，還是這「網」外的亂籐。

網內的矛盾

再以台糖爲例，來看看網線與網線之間：

這是「故事」、：國省合營的新營紙廠爲了沒有製紙漿的原料而停工，這紙廠需要的原科是蔗渣，而蔗渣是國省合營的糖廠的副產品，過去，在日本統治這工業網的時代，新營紙漿是糖廠的附屬工場，就是因爲這兩者的原料和產品有這樣密切的關係，但今天紙廠划出了糖廠，糖廠沒有必須供給紙廠原料的義務，在煤的供給不足時，糖廠就把紙廠的原料代替煤炭作了燃料，紙廠不停工又怎麼辦？

糖廠既沒有供給紙廠原料的義務，自然也不必負紙廠停工的責任，何況它有燒蔗渣的充分理由——煤不够。煤爲什麼不够呢？石炭會和煤礦業自然也都能背上一大篇理由，誰沒理呢？

再舉幾個例吧：

台鹼公司近來大事增產，因爲它沒有原料困難，幾百萬方公里的海洋任它取材，只要有電力電解，增產是極可能的。但台南的第二鹼廠最近向電力公司請求增加二百瓩的電力而被拒絕，在電力公司本身發電量講，確已到了飽和點，但它的飽和限制了另一個體的擴張，台鹼二廠的壓縮生產只是全省幾百家廠商苦惱于缺電中的一個例子。

省營鳳梨公司今年夏季鳳梨罐頭預計產量八萬箱，但自己罐頭無着，恰巧省營鋼鐵機械公司向美國購進九萬美金的罐頭鐵皮，磋商之後，就全數賣給鳳梨公司。但價錢却費了周折，鳳梨公司只肯在鋼鐵公司的成本之外，再付千分之二·五的手續費，而鋼鐵公司則要求百分之二十的利潤。千分之二·五與百分之二十之間的距離不算太小，鳳梨公司以爲「兄弟公司」，不應該斤斤較量，鋼鐵公司的打算是：如果當初把九萬美金買了其他原料，則今天起碼有幾個百分之二十好賺！何況百分之二十還是合法利潤！這件公案到今天還由雙方的總公司談判，你又能派誰不是呢？

生存的威脅

中央漁業物資管理處台灣分處月來在高雄大興土木，準備建立大規模的漁業基地，並且派了洋人駕了新式洋船下海捕魚，本省漁業界因而不勝驚慌，認爲漁管處以大量不花本錢的美式配備來台經營漁業，將來成本勢必低到使本省漁民討飯而後已。因而迭表反對，尤其是省營水產公司，因爲漁管處無論是加工設備，或是捕魚設備，規模都足以壓倒水產公司，其次，水產公司理想的業務是製造魚類罐頭，但近來因爲罐頭缺乏，成本過高而停製，而漁管理處却擁有大量的救濟罐頭，「救濟」者，不要本錢之謂也，在這樣的壓倒優勢之下，水產公司業務今後有永不能翻身之虞，因而省方迭次向漁管處交步，勸他們不必自己動手，而把一應設備物資讓給省內自辦。而漁管處的洋人不答應，堅持要自營，——東西是人家的，自然得由人家作主，我們有什麼辦法？

金銅礦是資委會在台直接經營的三大事業之一，產品又是舉世爲之紛紛擾擾的「條子」，照理說應該是一門好生意，但是你想不到，金銅礦務局也還是鬧窮，窮的原因也許不止一端，但至少有一點是特有的，那就是：金銅礦的主要產品却是無法自行推銷的，它必須賣給中央銀行，而中央銀行的收購價却是根據了所謂黃金政策和超現實的牌價，因而越加使得金銅礦的銷貨所得遠遠地落在成本後面，生產最貴重並寶貝的，却是最窮困的機構，爲了這一點，金銅礦務局的負責人最近去南京請願，他將要求中央銀行把收購價提高，否則金銅礦的今後業務難保不受影響，眞所謂「捧着金飯碗討飯吃！」

記者提供了這麼些生產界的小故事，絕非有意誇張其陰暗的一面，但我以爲至少要提醒牽連這工業「網」的人們，必須了解這網上還存在着若干內憂和外患；我們的小故事只是紛紜的現實裡的一例。今天把持着這張破網的人員衆多，他們各自站在自己的「岸」上拉拖着網索，因而使本來已經破得利害的網更是破爛；再加上風吹日晒更促成了這破網的腐壞。但我却不以爲這破網已經破得無可收拾，我提供的那些個小故事也許只是「故事」，它必然有一天會被時間沖刷，因而我是用「喜劇」的寫法記出這些故事，也願意讀者用喜劇的眼光去了解它。

民主對獨裁

（意大利通訊）

陳達

本年四月初旬，當國際勞工局公約實施委員會在日內瓦舉行會議時，有人向羅馬大學伯雷西（Prof. Tomaso Perasi）教授提出問題曰：『戰後意大利的殖民地現況如何？』教授於情緒緊張精神羞窘的狀態下答曰：『深盼在座諸君中有能以現況相告者。』發問人所提出的問題是合理的，因是日討論的主題是殖民地的社會政策，但不料答者竟無辭以對，因意大利本土的政治，方在混亂狀態之中，至於殖民地的狀況，更無人能確知了。

前面這一段話，可以簡單描寫意大利今日的情形。對於我個人還能反映出此次遊歷與一九三六年那一次的重要不同之點。因本屆世界大戰，關於意大利所產生的政治與社會影響，實是獨裁制的消滅與民主精神的擡頭。

赴意國時旅途中所見

今年三月末旬，我乘中航公司的空中霸王機自上海至加爾各答，原擬改乘荷蘭KLM公司的班機赴日內瓦，因恐趕不上會期，乃改乘美國TWA公司的飛機直飛日內瓦。余自孟買出發後，不久即經伊琴海，兩岸即爲 Oman 及Saudi Arabia，當機行 Saudi Arabia 時，余不時向地面觀察，在數小時之內，但見茫茫沙漠，不見樹林，不見河沼，不見住房。我想這樣廣泛的沙漠，彷彿註定了居民的生活，實是阿拉伯民族的最大不幸。在達朗市（Dharan）機留一小時，下機後僅有就餐的時間。此地在戰時曾爲美空軍根據地，高出海面僅二十七呎。流沙漠漠，杳無人煙。我們抵開羅時，正值晨間一時，在沙漠酒店（The Desert Inn）飲咖啡，店名甚巧，飲料亦似乎分外的解渴。稅關職員問我的職業，余曰『教授』。彼笑曰『歡迎』。我對自己說：『假如知道今日的中國教授，其一月的收入，不夠開羅市頭等旅館一日的費用，此人可將歡迎兩字改爲歡送，比較更合人情些。』過此飛機北行，經希臘上空而不停。

維蘇維阿火山

就國內國外的飛行經驗中，我所看見的風景，最偉大而美麗者，要算南伯爾司市近旁的維蘇維阿（Vesuvius）火山。那是三月二十九日的早晨，天氣晴朗，機身自火山的南面，飛近東面，轉北面向去而行。整個火山如在飛機的下面，由高空可以看見火山的頂點，那就是噴火的地方。說得粗俗些，火山頂像一只無蓋的飯鍋，鍋內尙有三處冒煙。煙頭繚繞，灣曲而細小。如同我國的鄉村，逢到煮飯的時候，屋頂往往透出一縷煙氣。那一日正是好天，無雲無風，機中旅客可以把火山看得淸淸楚楚。在遠處海中，尙可遙望 Capri 島。這種情景，僅空中飛行的旅客，才能領略得到。平常遊人到達南伯爾司市後，只能往維蘇維阿火山脚下，去遙望火山，並須由低處向高憑眺。他們爲安全起見，不能走近久已爲火山所掩埋的滂背阿愛（Pompeii）鄉村的遺址，更不能走近火山噴火的地點。

戰前戰後的羅馬

至於對於羅馬之遊，我不勝有今昔之感。當我於一九三六年來到羅馬之時，正值下午。全市警笛長鳴達十五分鐘之久。傾城傾巷的市民，向廣場蜂擁而去，大家要洗耳而聽一世英雄墨索里尼的演講。當日早晨正是意大利的非洲遠征軍，攻入阿比西尼亞京城（Adis Abba）的時候，全國人民歡忻鼓舞，如瘋如狂，羅馬尤甚。依照慣例，凡遇國家大事，墨氏必在辦公廳旁，依着大窗戶演講，用好幾個傳聲筒來播音。那一日下午，他說：『意大利帝國正在長成的過程中，它要做效英法兩帝國來擴張軍備。近日駐非洲的帝國軍隊，正在那邊發展帝國的威權，足以證明我們鼓勵人口增加的新政策是合理的。全國的父母兄弟姊妹妻小，今日眼見他們最親愛的人在海外揚名，豈非是一個最光榮的日子。』今日我來重遊，意大利正遭遇着空前的大變動，我心中重有感觸。帝國似已崩潰，國勢正在飄搖，政體尙未決定，社會極度不安。我仔細一想：目前的意大利，彷彿是在十字街頭了。前述新人口政策的應聲蟲季尼教授（Professor Corrado Gini）曾一度丢開學者的身份，替墨索里尼作政治的宣傳。去年九月，當國際統計會議在華盛頓集會時，季尼曾爲他國人口學者所鄙視。

在意國各大市中，主要政黨正在選派重要角色作熱烈的公開演講，向人民解釋黨綱，提出革新的主張，以圖決定意大利的政治命運。惟因大戰初平，瘡痍滿目，各大市裏的貧窮日增。一般的人民怨恨法西斯獨裁主義的禍國殃民，渴望不久的將來，社會重有安定的機會。正在這個當兒，蘇聯順水推舟，加緊宣傳與活動，頗使意大利的左傾政客，企圖依賴共產黨來澈底刷新政治。因此全國人心惶惶，有許多人以爲共產黨頗有攫取政權的可能。我自歐返國途中，抵達印度了後，才知意大利這回選舉的結果，基督教民主黨戰勝，得組內閣。在表面看來，民主政治暫時勝利，然而共產黨是否從此安心於在野黨的地位，須待後來的事實，才能證明。若從大處觀察，在今日的意大利，民主的思想已在逐漸傳播，較之大戰以前，法西斯主義的氣燄靡蔓之日，已有不可思議的大轉變。

羅馬的文化與古蹟

羅馬市的文化與藝術，在世界佔有崇高的位置，並不因政治的變亂而減色。有些魁偉的歷史古蹟，即使有人在飛機上俯瞰，猶能隱約望見，特別是 Coliseum, Tiajan's Makets, Roman Forum 及 Arch of Titus 等。比較近代的雄壯建築中，有梵帝岡教庭，聖安吉羅橋，聖伯羅禮拜堂，聖彼得禮拜堂等。梵帝岡博物館裏，最惹起我注意的，是一張世界大地圖，上面有一條界線，據說是西班牙與葡萄牙兩帝國，在十五世紀時平分天下的。教皇亞歷山大六世曾於一四九三年，將全世界的非耶教區域分成兩部，西班牙與葡萄牙各得其半：前者得其西部包括北美與南美；後者得其東部包括非洲印度與香料羣島。教皇所劃的線，自北極直越南極，中間經過 Cape Verdde 羣島以西約三七〇海哩。依此界線，葡國還可分得巴西的東半部。在 Basilica di S. Pietro 禮拜堂裏，我最欣賞 Statua del Santo 因爲這位神像，以安坐的姿勢，伸出一腿。參拜者有一種虔誠的信念，認爲摸腿能夠得神的佑護。神像諒是紫銅做的，脚尖却被信徒摸得精光閃亮。

我雖對於藝術，並無系統的研究，但參觀幾個禮拜堂及博物館之後，亦禁不住有中心嚮往的神情。羅馬傑出的藝術品，實在美不勝收，但至今尙盤旋於我腦海中者有 Michelangelo 的 I Peccato, Creariane della Donna 以及 Raffaello 的 Disputa del S.S Sacramento, 與 La Madonnudel Granduca 這些俱是不朽之作，它們要永遠的抬高意大利在文化與藝術界的聲價。

意國目前的民主思想

以舉世無雙的歷史藝術爲背景，觀察今日意大利的政治與社會運動，我們只好提出暫時的結論如下 經過二十餘年的奮鬪，法西斯主義的威力與殘暴，業已由盛而衰而終歸消滅。另一方面則見民治精神由萌芽而漸次的發育。社會學者對於這樣變遷迅速生命短促的運動，甚難得到正確的解釋。我們以爲比較靠得住的分析，必需要由羣衆心理的範圍內去摸索。

文藝

E·M·福斯特

蕭乾

在作品裏，他時常挖苦英國人，特別是紳士階級的虛僞死沉；在「英國性格」那篇散文（收在Abinger Harvest裏），他對英國也並不恭維， 如果說福斯德E. M. Forster代表是典型的英國紳士，那就顯得不忠厚了。然而他不但代表，而且是滿可靠的晴雨表。一九三四，當希魔猖獗，全歐引頸向莫斯科企望時，福氏在巴黎筆會上袒了胸說：如果我年輕了一點，我一定當共產黨。又在Time and Tide週刊上寫：「除了共產主義，今日智識分子再找不到更含有希望的政治信仰了。」這也是一九三四的話。在同年六月十六，爲了提倡反戰，他還拋售了富硫磺味的皇家化學工業的股票。然而一九三九德蘇協定簽罷後，他在美國大西洋月刊上比較起德蘇的相同來。他有英國人的機智、平衡、保守、和新鮮。以六十九歲高齡。（他生於一八七九），他是喘了氣在追隨着青年人，然而他總差了一步。

但是青年的英國人却未必能代表中產、溫和、保守的英國。

本年五月初旬，英國政府決定淸除政府公務員中的共產黨員。這是很違英國傳統的一個措置，看樣子是華盛頓說了，你們公務員中有敵對分子潛伏，因此國防及任何秘密不便奉告。這個決定宣布後，「新政治家週刊」的「讀者投書欄」出現了福氏一封來函聲明他因爲人權保障會 Civil liberties Council 三月間開年會時通過反對政府淸共法案而退出該會，理由是「該議決案帶有政治性，而該會本身向不具政黨色彩。」換言之，福氏嫌那議決案袒護了共黨。

以五部小說（最後一部，也即是最爲人知的一部，「印度之旅」，是遠在一九二四年出版的），兩册短篇集，一部傳記，和一疊散文，福氏三十年來始終戴着英國散文的桂冠，這事實的確値得理解。論數量，勞命思，赫胥黎，寫得都比他多了不知多少倍；論技巧的新顯吳爾芙夫人（更不用提喬艾思了，）遠走在他前頭。多少人比他先紅，多少人比他年青或年長，然而福氏一個並不像 J.B. Priestly 那樣招謠的羞怯作家，却始終浮在讀書人的記憶裏。他是年青人的「前輩」，他在老一輩作家中，又是最接近年青人的。我想了許久：除了作品本身之外，福氏的「長青」，是因爲他「熱心公益」，而所謂「公」，自然還脫不了階級的範圍。他的哲學，澈頭澈尾是中產社會的哲學．懷疑、仁慈、寬恕、反抗暴力、執愛自由、不帶英雄崇拜的個人主義，對現狀批評而不想推翻，英國氣候下的典型文化人。

加拿大一位批評家E．K．伯朗曾稱福氏爲一玄思的小說家（見Unversity of Toronto Quarterly第三卷三號）不是無據的。所有福氏作品的底層都蘊藏着他的說教。唯恐那還不够淸晰，一九三九他出了一本小册子，「我的信仰」(What I Balieve, Hogarth Press)其中，開門第一句即是「我不信仰信仰」I do not believe in Bslief。這是個人主義者向集體主義一個頑強的挑戰。「獨裁者——英雄們儘管把他們的公民壓成一個模樣，但是他們依然不能變成一個人。他們可以合併，可以玩弄種種羣衆把戲，然而人是各別出生，各別入土，而正因其不能脫離生死大關，也必時常越出極權者舖下的軌道。生的記憶與死的等待永遠蹲在人的心靈中，使他自成個體，因而方能彼此交往。我赤裸而來，赤裸而去。無論我的襯衫是什麼顏色的，襯衫之下還是赤裸的。」在這篇短文裏，他也申斥了基督教，因爲它已染滿了銅臭，而失掉了精神的魄力。他反對「領袖」，也厭恨組織。有一句說明了福氏的個人主義與國際主義的於相通處。他說．「我討厭任何號召。如果在對不起朋友與對不起國家之間要我選擇，我希望我有魄力背棄國家，留任友誼。」

說是「不信仰信仰」，在這小册子裏他還是把民主抬了出來。「德謨克拉西也不是理想國，但它比當代任何政府方式討厭的程度爲低。」何以呢？一、因爲它至少假定個人是重要的，而且所謂文明，是聚種種不同典型的個人而形成的。因爲容許了「不同」，於是，才有言論及創作的自由。這裏，福氏又抬出一個偶像來：文明。「如果我們可以拋掉過去，則價値即將不存在。」福氏也淸楚這種「文明」不是年青一輩所說的「文明」，所以他附帶說，是別人所謂的「頹廢」。

一九三五的秋天，一個叫倍爾 Julien Bell 的劍橋青年來到武漢教書了。一定很多人還記得他那碩長身軀，碧藍的眼睛，和見了什麼都傾心的熱誠。他的出身和福氏一模一樣，中上階級的大世家。母親（英爾芙夫人的姊姊）Vanessa 是畫家，父親是藝術批評家 Clive Bell, 姐夫是小說家 David Garnett 遠戚中的顯貴更多了。倍爾受的是典型紳士教育。然而三十年代，因爲法西勢力由歐陸蔓延，威脅到英國傳統的「自由」，多少英國紳士都穿起了紅坎肩，像今日的糧食部長 John Strachey當時便是馬列主義的發言人。西班牙的內戰，是歐洲左右勢力第一次的決鬪。在左的政府軍陣壘裏，很有幾位穿上紅坎肩的英國紳士，其中還有的殉了難，如John Cornford。倍爾當時也丟下了中國舒服的教授講座，跑到西班牙前線去，也在馬德里郊外一輛救護車上，他爲弗朗西的飛機炸死了。這是蘆溝橋事變後十一天的事。那時倍爾教授年方二十九歲。

在三十年代的初葉，也即是福氏對共產主義還未寄以期望的時候，倍爾曾有一封數萬言的公開函致福斯特。這信，今日讀來，相當說明一個中產階級由讀書與思索而皈依馬列主義的踪跡，同時，也爲英國兩代「自由分子」描出一個對照。

在這標題爲「戰爭與和平」的長函裏，自稱爲社會民主主義者的倍爾把當時英國「自由分子」分爲兩種：一種相信理性，另外一種是反對武力。倍爾根據馬列主義，把兩種都駁斥了。他說法西斯與戰爭都不是偶然產物，也不是人類的劣根性使然；而是當前經濟矛盾的必然結果，正如社會主義是工人階級因壓迫而發的政治情緒。自由主義者在應用理性時，怎樣能避免中產階級由受排斥而起的兇意。各國反動分子的愚莽，職業軍人的黷武，以及薪水階級由於想維持原狀而生的保守思想呢？「二十年前，如果他們把威瑪共和國弄假成眞，對蘇聯放棄封鎖，予以援助，對德的私約不過分刻苛，也許還有個機會」。今日呢？今日在倍爾看唯有澈底革命。因此他痛斥反戰的自由分子。「革命的魄力一半在於馬氏的判斷分析，一半在於承認實力爲政治的基礎，最忌偏重情感，過講原則，擁抱革命理想以至於忘掉了常識的判斷。」（原書三八六頁）

這封信大大地震驚了福斯特。我不知道隔多久他才答復，但是他的答復長不及八百字。他說「溫和」是他的天性。溫和了六十年，他無法突然戰鬭起來。很輕微地挑出倍爾的矛盾以後，他嘆說：「也許明年，我們中間有些人可能就在戰爭中喪命，我們所有人都將看到死屍橫躺四週。我們必須以全部文化修養來應付。望着屍身，那時倍爾的啓示對我們可能有用處的。」

一九四三年的秋天，我曾寫過一篇批評福氏小說 Howords End 的論文，結論是福氏心目中有兩個敵人，一個是人性的虛僞，另一個是社會貧富的不平。對於前者，他熟悉，因而知道怎樣對付；對於後者他陌生，他隔膜，因而他虎頭蛇尾地交代了。這論文寄給他以後，他回信說：「自從這書出版（一九一〇），我對於改革社會的熱望便都完全粉碎了。如今，我成爲一個寧願忍受而不甘破壞的無政府主義者。我依然以人與人之間的關係爲生命的中心。我看到典雅與高貴的消失。我不愛我所活在的世界，又恍惚覺得我所憧憬的世界終將到來，但其形態我一定不能辨識了，而且，那不會是個盎格羅撒克遜的世界。」

然而，看光景，他也不甘心那成爲蘇維埃的世界。

七月三十日・上海

霽清軒雜記（上）

翰墨

（一）

那麼大熱天，除了打仗和赶考，普通在學校里長年和書本相對的人，如果辦得到，都實在需要拋下書本，暫時換個方式休息休息！氣候既已入伏，學校一放假，每家有孩子的都回了家。住處寬廣的或不甚覺得有問題，住處小可就糟了。我家中兩個頑童都正是好事喜弄的頑童時代，生命力既十分旺盛，又還不到政治活動的年齡，放假後，終日在宿舍幾個小小房間中轉來轉去，手腳似乎總容易相撞相挨，每天都不免要發生三五回小規模爭鬭。結果假期一來反而對大人是一種擔負。想起國內戰事新聞，常常說是「此來彼往，地面既遼濶，始終碰不着。」十萬八萬人的行動，地面一寬廣，存心互相屠殺的還彼此碰不着。何況是兩個人在一所大園子里？因此如有所悟，和太太一商量，就依然把孩子們帶出城了。

到郊外大園子來，我們住的還是去年那一所房子，屬於霽清軒一部分。房屋在低處，門前又臨溪，初來時，房中竟霉得如一塊待加作料的豆腐乳，到處都生了毛。但只要稍微習慣，且不擔心到自己靈魂也生毛，一到這里，就可說是名副其實的避暑，抽象的或具體的熱全不會到頭上來了。並且站在門前一望，即會明白霽清軒的主要建築，原像是挐來看的。最好看處也就是從我住處向上望。不拘早晚，那所主要房子，那長廊一搭，那個亭子，那石頭間大松樹和小小虎耳草，人工天然，都彷彿配置得有點宋人畫意。

頑童們自然不會歡喜宋畫，除被迫寫字勉勉强强留在書桌邊一會會，都只想向園中空濶處跑跑，或去後山掘蚯蚓釣魚，或去另一個地方看人家比賽游泳。最能引起他們興趣，並作話題討論的，還是看守園子的工人，舞着二三丈長釣竿，在長廊前白石欄干邊，用小蛤蟆作餌釣取王八。有時終日毫無所獲，有時又一舉即可將依隱於蓮梗水藻間的八大王後代曳之上鈎。很奇怪，有一次和孩子們在長廊前石欄邊看人釣取這種圓滑水族時，同時却听另外幾個遊人，正議論到立法委員運烟土事。兩件不同事情同時混入印象中，好像無意中觸犯了誰的忌諱，竟使我不能不趕即離開那個地方。

園子中既有了這些新奇活動，孩子們不必要的鬩牆之爭，自然就不會延長擴大到不易收拾，也不需要謠言人事來點綴耳目了。所以這里氣候人心都並不怎麼熱。

（二）

霽清軒大門在諧趣園一角，陌生人却不容易發現。門前石板路倒還有意思，據說是慈禧太后聽人說故事地方，按時老婆子必坐在一個石礅子上聽故事，每天說一回。照我估想，可能會說到紅樓夢中賈母和劉老老。相去不過四五十年，可想像不出當時說故事的排場了。現在諧趣園多的倒是劉老老和板兒，因爲既無賈母也無慈禧，所以現代劉老老和板兒，就居多坐在廊上剝南瓜子吃東西。諧趣園外對宮門直上是「樂農軒」，一列東向房子很朗暢，現在住的却像是軍官眷屬，常有幾輛自行車擱在花樹下。除了有幾隻肥母雞，還配合風景，此外已找不出農家氣象。劉老老和板兒，即或偶然從那條路上景福閣，也一定不會想起這里原是爲模仿他們生活而布置的地方！

霽清軒前雖已無從想像慈禧聽故事的光景，現在却尚有三種聲音交替，早晚是可以印證唐人詩「鳥鳴山更幽」的黃鸝，白天是代表「多數一致」的知了，夜里是象徵衰颯遲暮的鳴蛩。一進門院坪空空的，迎面是霽清軒，廊柱楹桷全髹綠漆畫上紫藤，別緻得不免有一點兒俗氣。如果是老款式，可能是新裝璜，在油漆時把顏色配走了樣子，所以給人印象是建築與裝飾不大調和。且不像是乾隆俗，倒像慈禧時代的俗，如清末廣東作風，和慈禧藝術鑑賞程度相近。軒背後是個斜斜坡，利用天然一片大石頭作成。石頭在半中摺縐了一下，縐摺處就成了一道溪流，從後湖引了一綹活水穿石而過。坡度既相當斜，澗中又有些石頭阻塞，活水下激于是琤琤琮琮彷彿有點琴韻。白天受知了吵雜混亂，水聲不覺得怎麼大，入晚却十分動聽。所以兩邊高處一所房子，就名清琴峽。

霽清軒和清琴峽都是乾隆題的名，清琴峽房子有兩個對面炕，格局小而精致，很可能乾隆慈禧前後都住過，乾隆還在那炕上聽泉賦詩，或坐在門前大石磴上賞玩野景。現在這房子却歸一個女大才住下，終日盤坐在炕上臨摹畫卷。房子雖還是乾隆派，房中却有了點「魏晉」空氣和「文藝復興」意味。

就全個霽清軒說，在頤和園中算是最有丘壑一所房子。一共四棟可以住人，分

內政部登記證京警平字第二三四號
中華郵政登記認為第一類新聞紙類

置在上上下下，用一條能起迴辭的長廊連接。目前對這種迴辭發生興趣的是幾個頑童，當年說不定還會引起帝王太后撫掌莞爾！長廊一面代圍牆，一面作甬道，還有格致。走廊設計比諧趣園的有隱顯曲折，只是下面還有個小小過廊亭子，似近於蛇足。這亭子前不僅是裝飾，還有點實用意思，或者就和我住的一所房子關係深切了。

我住的一所發霉房子沒有匾額，曾經作過浴室，從牆邊磚砌水塔看，可能是民國以來修整過，本來即裝置的。房中還留下有兩個水管口，房中有一個大炕，可容八個人同睡。如慈禧曾經這里用過浴，應當有一似通非通一匾額象徵重要。既無匾額，倒很像宮女住的一間下房了。所以那個過廊亭子，可能是宮女等待聽候使喚的地方。

我們前越水而過，是個石板橋，石頭大大的，水流得很活，照乾隆脾氣，可能和我家頑童一樣，還在上面洗過腳。這些事自然多近于估想。從現實學習，是大炕上曾發現二寸長蜈蚣一條，和幾隻像貌奇古行動伶俐的灰茸茸小壁虎。蜈蚣夜里不知如何鑽入被中，被我胡亂揉死，居然不被這小小毒蟲咬叮，可謂幸運。壁虎長日在窗口爬來爬去，用蚊蟲作食餌，主客之間倒似乎還相處得來。

（三）

全院中除了可供人住的四棟房子，大石堆高處還有個獨立綠漆方亭子，亭子四圍大石間還生長有幾株松樹，樹大已合抱，姿勢派頭都蠻好看，也許還是乾隆眼看到小太監移植的。亭子下面看稍大一點，在亭中却大小合式。當時如在上面奏細樂，於月白風淸之夜，與景物還相稱。現在最大用處是從下面看看，為主要建築霽淸軒配個風景。頤和園有許多房子，當時的設計，似乎供人看的意義都重於居住。霽淸軒是其中之一。許多房子宜於從外面看，遠處看，如排雲殿西的畫中遊，湖中心的龍王廟。許多地方又像是為看別的房子而作，如景福閣，矚新樓。霽淸軒却宜於在院子里看，而且特別宜於從我住的窗口或簾前看去。房屋樹石都布置很恰到好處，不拘早晚都有意思。

孩子們到這里來，手足和心靈儼然都得到了解放，不出門也就在院子中流水邊玩。這條水既貫穿院子而過，離我住所門前不過一丈五尺。所以大人從實用上說也終日離不開這條水。大頑童本名龍龍，因此每天必去龍王廟前面學跳水，每天泡三兩點鐘，半月來晒得全身如一條紫豇豆。小的名叫虎虎，因為下水時不甚多，却把全院子當成魯濱孫的荒島，各處去尋覓發現，一草一木都淸淸楚楚。畫全院平面圖時，一件東西都不會忘掉。最熟習的還是一條流水，上下游都十分熟習。某個水邊樹根下有幾隻蛤蟆蟛蟹，石板橋下一共有幾隻蝦子，一共有幾種魚，某一種魚又在什麼地方，都可領帶客人參觀。不過大人中眞有童心熱心參觀的，可能只有一位哲學教授。這條流水雖只二三尺寬，十來丈長，却容納了不少水族，即以長及一尺的常住魚而言，就共有三種，不下十來尾。提到這一點，一定會有人問，「有那麼多魚，怎麼不下手？難道魚不是可以 ？」事情奇怪，就眞不下手！即好事的頑童小虎，却也只在水邊上下徘徊，睜着一雙大眼睛欣賞水中一切活動。即或下水玩，也像是和這些水族相互之間都有種瞭解，各不相犯。為的是他和魚都知道，這里和平還是從二百年前就決定下來了的！原來這一道小小溪澗，雖無多少曲折，却有一點丘壑。設計時雖若半就天然石頭綴摺斷折處引水下洩，却已注意到一衣帶水的效果，本來只重在引水漱過時作出一點琴韻，石頭下有許多處都淘得空空的，結果却成了魚蝦的安全窩。水中的魚只能作濠上鑑賞，可不宜具染指遐想。更重要的也許還是到了這個地方，吃魚已不成問題。北平是一片平地，西山山麓地泉引出的水相當淸冷，匯集在昆明湖三海和十刹海，面積雖不小，可不會產生什麼怪魚。然而昆明湖却有六七種魚類。南方江河中生產的鱖魚，性情本來十分勇猛矯捷，宜于在深潭急浪中活動，在這里却算是昆明湖特產，大的竟到五六斤重，已為本地人取了個文縐縐名字，名叫「花鯽」。據說寄身處多在石舫以西，水比較活又比較暖的荷叢中，可知這種魚的祖先，還是好事的帝王或貢諛的弊臣派人從江南帶來的！我們在這里經常吃的是鯿魚，有時每尾大到廿斤重，宰割時簡直如一頭小猪！因此一來，霽淸軒流水中尺來長的魚類，就十分自然的享受了人間和平，不致于作釜中之泣了。

就全院中丘壑設計說，霽淸軒或應數頤和園百十所住宅最具有逸格雅趣的一所。我說這個可不是隱逸自讚可以長住意思，恰恰相反，說明這個地方實在只宜短期居住。我們的住屋似乎稍濕了一點，不到半個月，房中書籍、衣物、肥皂、藥品、幾幾乎都發了霉，長了綠毛。在窗口看景緻，聽泉聲，究竟只宜于較短時期。頑童們八月廿以後即上學，籌備學費是家長秋天第一課。為了這個問題，坐在窗前站在水邊都解決不了。所以萬壽山高處看秋月，恐得要放棄了。

本期定價二十萬元

新路 周刊

第一卷　第十五期

短評

(一)要徵財產稅先自孔宋起　(二)僅是大皇帝小皇帝之分而已　(三)說一件小事

我們的意見

經濟行政應即公開　劉大中　吳景超　翁獨健　周炳琳　樓邦彥　趙人儁

專論

私有財產與公有財產　吳景超

農村紳士的合作與衝突　胡慶鈞

臨時財產稅行得通嗎?　陳際雲

民生主義的實踐　嚴仁賡

通訊

冀東戰局透視（北平通訊）　本刊特約記者

中華萬稅（北平通訊）　本刊特約記者

從熱西到平津（承德通訊）　陳一

七月流火話錦城（成都通訊）　晏生

文藝:霽清軒雜記（下）　翰墨

中國社會經濟研究會發行

民國三十七年八月二十一日出版

短評

要徵財產稅，先自孔宋起！

徵收眞正的豪門捐，本是全國人民一致的要求。政府爲「俯順輿情」，先來了一個救濟特捐，不但沒有碰着豪門，並且也收不到多少。立法院看着不順眼，又公佈了一個「臨時財產稅條例草案」，計共八章三十條，蔚成大觀。

在本期專論欄內，我們發表了陳際雲先生「臨時財產稅行得通嗎？」一文。按陳先生的分析，這種「臨時財產稅」結果恐怕仍然徵不到豪門身上去，倒霉的必仍是些正當的工商業，在各種苛捐雜稅需索攤派之後，再被剝削一次。

在原則上，高度的累進財產稅是應當徵收的，問題在如何能抓住合理的對象。

政府若眞想抓住合理的對象，事實上也並不困難。一不必制定瑣細的規章，二不必設立龐大的機構，只要監察院和立法院能認眞的切實的執行它在憲法上規定的責任，就可以有效開始了。在各地的輿論中，我們常常聽到人民對於政府大員擁積的控訴聲；最常聽到的，要算是孔祥熙宋子文二氏。我們沒有具體的證據，我們也並不知道宋孔之擁積是否來自貪污，或是否曾有利用職權經營牟利的情事，但是監察院依循民意的要求，應自動去澈底調查，除去命孔宋和類似孔宋的人到院質詢外，並應廣召有關的爪牙和其他證人，公開查問。監察院應自這些人爲官之日起，一段一段的盤查他們的活動，直到水落石出爲止。如果貪污或利用職權牟利屬實，這些人的財產就應依法沒收。

在監察院調查和糾舉大員貪污的情事時，立法院也可同時組織種種委員會，研究制定財產稅條例所應照顧到的各種問題。要制定合理的財產稅，立法院對於我國財富集中的情形，自然應當有澈底的明瞭。憲法第六十七條說：立法院之「各種委員會得邀請政府人員及社會上有關係人員到會備詢」。根據這一條的規定，立法院可以召集全國出名的豪官鉅富大賈，到院「備詢」。再配上監察院公開調查他們是否有違法勾連壟斷作弊等行爲，可使全國人士對他們都有一個澈底認識的機會。這種辦法，在外國議會中是很盛行的；在美國，這叫作hearings。美國會曾經組織過一個「經濟威權集中調查委員會」。(Temporary National Economic Committee for the Investigation of Concentration of Economic Power) 這個委員會的 hearings 紀錄，成爲美國有關工商業獨占和財富集中最好的文獻。

現在一般的中富小富，都不願意繳財產稅。他們也有一個不平之鳴。在豪門未除之前，他們覺得還不應當輪到，依法依理，自然都不想繳。在豪門被清算之後，他們當會比現在要樂於輸將，中國人原並不是全無良心的。（余）

僅是大皇帝小皇帝之分而已

八月一日各報載出這樣的一段新聞：「華中勦匪總司令白崇禧據報，皖省府委員兼民政廳長黃同仇，於七月中旬代表皖省府出席第八綏靖區綏靖會議時，當衆妄評總體戰。白氏以總體戰方案，係今春三月中樞召開華中綏靖會議所決定，當時該廳長亦曾出席，該廳長身爲一省行政官吏，竟當衆出此乖謬言論，實足動搖人心，阻撓總體戰之實施，經已電呈蔣總統及行政院院長翁文灝撤免黃同仇本兼各職，以爲違反中央國策者戒。」

「總體戰」究竟是什麼東西，政府未明白解釋，老百姓至今尙莫名其妙。揣想在此制實施中，各省正常行政的各部門都要受到軍事的控制，而正常行政固仍須循常軌進行，行政官吏感於權責分明，而在已而不時受掣肘，因而覺得頭痛，發爲怨言，這本是可以了解而且應寄予同情的。白將軍對黃廳長發這樣大的脾氣以前，亦曾考慮及行政官吏的這層困難否？亦許「妄」字之加有點過火吧！設想有一天在其權力範圍內白將軍受了上峯的在他自己看是不當的某種牽制，因而發爲牢騷，被上峯聞悉，遂亦發大脾氣，罵白將軍爲「妄」，白將軍當之，能不「氣憤塡膺」？

再沒有比這更快，立刻找到了實例的！據八月三日北平世界日報的報道，國民黨中央政治會議二日舉行會議時，曾爲請蔣總統畀予各軍事首長以完全指揮權事發生激烈之辯論，陳布雷李宗黃各執一詞，情緒空前緊張。據稱劉健羣先說話，謂據彼所知，軍事局勢之所以演到如此地步，主要由於干預各軍事首長之指揮權，以致不能隨機應變，連遭敗北；故主張建議蔣總統，請勿使再有干預戰場指揮之事發生。張厲生馬超俊均表同意。繼乃提議由中政會通知國防部，轉呈蔣總統。李宗黃認爲應直接向蔣總統建議，勿須由國防部轉，何應欽亦贊成此意。但陳布雷則指爲越權。爭辯於是開始，李宗黃除指出不應粉飾太平外，並敘一歷史故事。最後幸翁文灝以主席地位排解，一場爭議乃息。

在中文的字眼中，下犯上曰僭，上干下曰越。僭與越都是要不得的。在上述一場爭辯中，雖形式上有近於「逼宮」，實質上要當認爲針對時弊而發爲呼籲。爲這一件事，各軍事首長博得了同情，引起了共鳴；美矣善矣。然事理之應用，可上可下，各軍事首長之馭下，寧能不存「易地而處則皆然」之義？明乎此，白將軍可以自反矣！

行憲有行憲時要講的一套「世道人心」，我們盼望有徹上徹下的作風之改變，否則「僅是大皇帝小皇帝之分而已」，此譏也，吾無得而否認之。（軒）

說一件小事

說起來好像是一件小事，仔細的去想一下，却實在不容我們忽視。

據報載消息，台灣省政府得內政部的核准，規定自九月一日起，全省人民不論結婚離婚，一律須採用省政府統一印製的結婚證書與離婚證書，結婚證書售價台幣五百元，離婚證書三百元。同時爲求戶口登記完密起見，婚書上必須載明各鄉鎭公所的戶籍，並由正副主任（相當於內地的保甲長）蓋章。（見八月二日大公報滬版）

此項辦法包含政府求一致的一貫企圖。台灣省政府似乎僅僅開了統一印製結婚離婚證書之例，其實却是在政府一貫地求一致的企圖中，添增了一個新的項目。政府到現在還在提倡鼓勵集團結婚，而各地主管社會行政的首長亦正競以主辦集團結婚儀式來誇耀自己的政績。我們儘管視之爲猴兒戲，心中却在悲憂着個人人格的不斷被抹殺。我們祗要平時稍加留意，一定會看到其他種種荒謬的辦法，政府定了後據以強制人民遵守，例如懸掛國旗必有一定的部位與角落，中小學的男女學生留髮必有一定的長短，衣着必有一定的顏色與式樣……諸如此類，不一而足。說得露骨些，這些都是法西斯的作法，其基本的精神，就是政府要用同一種典型同一種底版去劃一人民的生活，並進而去劃一人民的頭腦。講到最後的目的，那又是非常單純的，政府不要活生生的具有人格個性的人民，它要把他們製造成一部一部的機器，人不撥不動，撥了，照做。我們不能不憂心，政府這樣百般地滅絕人性，將使這世界變成甚麼樣子！

然而人原來就是奇妙不過的動物，你可以毀滅他的身體，你可難以改變他的人性的自然行徑。最有效率的政府（我們的政府當然不屬於此類）或許至多能夠做到表面上的一致，其結果却早晚必然是人民用一致的反抗來還報他們的求一致心切的政府。歷史即使不會重演絕對相同的事實，人類從它至少可以學到很多教訓。最愚蠢的政府，一定要等到成爲革命對象的時候，才覺悟到自己一向的愚蠢，可是那已經是太晚了。（木）

我們的意見

經濟行政應即公開

——一個考驗政府效率和廉潔程度的具體建議——

劉大中 吳景超 翁獨健 周炳琳 樓邦彥 趙人儁

在所謂「行憲以後，從經濟方面的行政和措施來看，政府還沒有過什麼合乎憲政精神的表現。就比較高遠的措施而言，政府顧忌環境、推諉成性，我們已不再存什麼奢望。但是，在經濟情況日益敗壞、人民求生不得，求死不能的今日，我們至少有權要求知道政府在作些什麼事，我們有權要求政府把一切有關經濟行政的情況和數字，公諸天下。這件事，只要政府肯把它沒有權鎖起來的「祕件」公佈出來，就可以辦得到；不像有些其他事情，政府往往以「人民缺少守法精神」或「人民不與政府合作」為理由，認為沒有辦到的可能。

自從民國肇始，初期的軍閥政府自然沒有把經濟行政公開的意圖和能力。國民政府成立以後，漸漸有些關於發行、預算、決算、公債的數字看到，但從來不够詳細；從這些數字中，人民仍然看不出各機關的行政效率，和各機關首長有無利用職權舞弊徇私的情事。自從抗戰軍興以後，連這些數字人民也看不到了，國家財政又恢復了封建時期中皇室帳房的性質。 我們僅偶爾在報上，看見政府把這些數字送給外國派來的使節或調查團看的新聞，或是有些首長在各種報告和演說詞中，偶爾一高興提到一兩句。我們真不知道政府根據些什麼法律把這些情報對本國人民祕密起來；更不知道這些首長又根據些什麼法律偶爾發表一兩句——這又是這些人不懂法治精神的一個例證。

經濟政務，在執行以後，根本沒有一件是應當祕密起來的。我們現在僅把一些最重要的，列在下面。有些可以告訴我們政府財政的實況；有些可以使人民明瞭各機關的效率和政府對於各機關首長的供應；有些可以供給我們關於財富集中的資料；有些可以使人民知道工商界中一部份人與政府「合作」的情形。政府應當把這些「內幕」情形公佈出來；內容若是精彩的話，人民自然會一致贊揚，若是相反的話，人民也可以有一個公開批評的機會。

（一）發行數目：

發行的數字實在再沒有保守祕密的必要了。誰還不知道物價每天都在漲呢？況且蔣總統和財政部長都曾零星的報告過一兩次。人民有權知道過去和現在每月的發行數字；並不是作公僕的高興。叫人民知道多少，人民就應該知道多少。

（二）政府及各機關收支的詳細決算：

在這項下，我們最注意的是政府的總決算及各機關對於它主管首長的供應（關於這一條，各機關必須詳細分列，單獨報告）。各機關如果據實報告的話，我們就可以明瞭人民對於這批公僕所供應的汽車費、公館經常費、應酬費（等於各公僕用人民的錢經常聚宴）、僕役費究有多少，因而知道何以這批人總不明白公教人員的待遇有提高的必要（有多少「長」實際知道一個四口之家每月吃飽要用多少錢？）。各機關若不據實報告的話，我們也可以把他們報告出來的數字，與我們所看見各機關首長的享受來比較一下，因而明瞭各機關謊報帳目的程度。

（三）所得稅（及其他直接稅）：

我們所要看的，不是一個籠統的數字，而是繳納所得稅在一個一定水準以上的人數（連同名單），和他們所繳的數目。我們要看看富人究竟繳多少所得稅，然後我們可以把他們所繳的稅額（可能有許多是零），與他們實際的生活程度（他們實際所得的表現）來比較一下，看看他們的「守法精神」如何。各大企業的「守法精神」也可由此得到一個考驗。

（四）輸入限額，外匯聲請和各國家銀行各種放款的分配：

這三項是過去政府對於工商業扶助和控制的主要樞紐。我們所要知道的是，過去這些「方便」究竟給予了那一些企業和私人，每企業和每私人共得到多少。從這些情報中，我們可以看出，過去究竟有無大員、豪門、鉅富勾結和利用職權牟利的情事，和程度的深淺。

政府大員以往總說人民對於他們貪汚的控訴是寃枉的。他們問：「證據何在？」其實，他們把所有可能作為證據的情報，都嚴鎖密封，稱為「祕件」，人民又從什麼地方去找證據？把所有關於經濟行政的資料都公佈出來！清廉公平勤愼的公僕應當不怕「洩漏」這些「祕密」。

專論

私有財產與公有財產

——美蘇經濟制度述評之一——

吳景超

（一）

我們假如想在美國與蘇聯的經濟制度中，找出最不相同的一點，大多數的人，一定會指出：在美國，財產是私有的，而在蘇聯，財產是公有的。對於一般人，這種模糊的分別，也許就够了，但是對於研究經濟制度的人，關於這一點差異，我們還得進一步的分析。首先，我們就要把財產分爲生產工具與消費資料兩種。生產工具，在美國可以私有，而在蘇聯則爲公有。消費資料，在兩個國家中，都是可以私有的。在生產工具公有的蘇聯，唯一的例外，就是農民在參加集體農場工作之外，還可有一塊自耕的土地。在這塊土地上面，他可隨便種植什麼東西。生產出來的成品，他可以送到集體農民市場上去出售。除了這個顯著的例外——這也許是過渡時代的情形——其餘的生產工具都爲公有。其次，當私人的財產，還是以貨幣姿態出現的時候，他的出路，在美國與蘇聯是大有不同的。在蘇聯，當工作者接到他的薪資之後，也就是他的財產還是以貨幣的姿態出現的時候，他只能以貨幣去換取消費資料。只有少數的人，能够在消費之後，還可以把他收入的一部份，存入儲蓄銀行，或購買公債，取得些微的利息。在美國，以貨幣的收入，去換取消費資料，當然也是很普通的現象，特別在勞工階級中，這種現象，尤爲普遍。但如馬克斯在資本論中所分析的，貨幣的收入，在資本家的手中，便可換取生產工具及勞力，以從事於資本主義式的生產。在美國，生產工具及勞力都有市場的，私人可以在市場中購得生產工具及勞力。在蘇聯，生產工具是沒有市場的，私人不得購買生產工具。私人更不能僱用別人的勞動力。所以從財產的動態去觀察，私有與公有的差異，實在是深刻的，影響到生產，分配，消費等過程及人與人間的關係。

（二）

在私有財產的制度之下，每一種生產原素（土地，資本，勞力），都有一個價格，每種貨品及勞務，也都有一個價格。生產原素的價格，在美國的生產機構中，其重要實無與倫比，因爲他決定了利用的途徑。譬如某個地方，有一塊土地。這是生產原素之一，到底應當如何利用呢？誰來決定利用的途徑呢？假如土地只有一種用途，假如在某種社會裏，土地只許有一種用途，那麼我上面所提出的問題是不會發生的。可是土地的用途，實在是不只一端的。只以農業的用途而論，他可以用於種草養牛，也可以用來種麥種稻，以及其他各種人用的農產品。同時，這塊土地，也可拿來作爲住宅之用，作爲工業之用，作爲商業之用，作爲娛樂之用，以及其他一切之用。解決這塊土地的用途，在美國是不難的，誰能付出最高的地租，誰就取得這塊地的使用權。譬如今有甲乙丙三人在此，甲擬將這塊土地種麥，他願意每年付十塊錢的地租，乙擬將這塊地蓋房子，他願意出每年百元的地租；丙擬將這塊地開百貨店，他願意出每年千元的地租。假如只有這三個人競爭，結果這塊地一定是用於開百貨商店。在這種情形之下，土地得到最適宜的利用，因爲他在這三個可能之中，是利用在產生最大價值的可能。

私人把握着生產原素，然後看誰能出最高的價格，便交給誰去利用，在完全競爭的狀態之下，各種生產原素每能得到最合理的安排，產生最大的效用。這種理想的境地，在美國的經濟組織中，是沒有達到的。其所以沒有達到的原因，主要的是由於美國經濟的現實，與合理安排發生衝突。在美國的經濟組織中，有許多企業範圍，採用了大規模的生產方法，少數生產單位，其生產的成品，常佔此項企業中生產總值一個很大的百分數；又有許多企業，是天然只能允許一個或極少數的單位來經營的（如各種公用企業）；又有許多產品，實質雖然相同，名目則不一致，人民因此并不把他們看成一種物品，因而任何一種商標物品的產商，多少有左右他們的主顧的消費支出的能力。這些都是獨佔企業和半獨佔企業存在的主要原因，而在帶有獨佔性的企業裏，生產原素的分配，是不能完全合理的。其次，人民收入的不平等，使富人對於他們所喜用物品的價格，有特別的提高能力，因爲能使生產原素大量的被用去生產這些物品。在財富過度不均的狀態下，以價格爲標準的分配辦法，往往產生不公平的結果。

在我們理想的社會主義中，生產原素雖然不爲私有，但每一生產原素，還可讓供求力量產生一個價格，然後讓一切生產事業，能够付出這個價格的，便得到利用這個生產原素的權利與機會。可是蘇聯對於生產原素的分配，並不是根據於價格機構，而是根據於一個經濟計劃。在美國，生產原素的價格，如地租，利息，工資，成爲分配生產原素的指南針。這些生產原素是有限的，而想利用這些生產原素的個人或企業則很多。在取捨的時候，在迎此拒彼的時候，生產原素的價格，完成了分配的功能。在分配這些生產原素的過程中，個人或企業，凡是想利用這些生產原素的人，其所出的代價，並不是盲目的，武斷的，感情用事的。相反的，他所出的代價，乃是很理性的，由于精密的計算而來。生產原素的價格，是企業家的擔負，是他的支出，而利用這些原素所生產的物資及勞務，在市場上所能得到的價格，則是企業家的收入。他權衡這兩種價格，覺得有利可圖，然後他才肯對於生產原素，付出代價。這些價格的成在，是他的合理計算的基礎。沒有這個基礎，企業家的生產，是無法進行的。

在蘇聯，這個基礎是不存在的。我們並沒有理由相信在社會主義的經濟組織之下，這個基礎一定要毀滅，要消失。相反的，我們相信在社會主義之下，假如每一個生產原素，都有一個根據需求狀況而產生的價格，對於社會主義的經濟將爲一種極重要的貢獻。不管理論上的看法如何，實際的情形是，蘇聯並沒有依賴生產原素的價格，來作分配生產原素的根據。舉幾個例來說：蘇聯的土地是公有的，但在鄉村中，土地利用的方式，並不受地租的影響。蘇聯的政府，雖然每年向集體農場徵收實物，而且這種實物，雖然實際上包括了地租，但是以納稅的名義交給政府的。政府並沒有於事先規定，誰能出得起地租，誰就可以決定土地應當如何利用。土地上應當生產什麼農作物，乃是由計劃決定的。我們再以利息爲例。蘇聯的銀行，對于生產單位的貸款，是要索取二厘至六厘的利息的。但是蘇聯的利息，並不發生分配資本的作用，只是生產者成本中的一筆開支。某項生產事業，假如其生產計劃，已爲政府所規定，必然的可以在銀行中取得貸款的方便。銀行中的貸款，自然有他的一份。他所得到的一份，與他所能付出利息的大小無關。

我們還可以工資爲例，蘇聯的工資，並不像美國的工資那樣有分配勞動力的功能。假如某項生產事業，其發展的計劃，已在政府的五年計劃之中，那麼這個事業所需工人的數目，也必然成爲計劃的一部份。蘇聯每年在十四歲至十七歲的青年中，要訓練一百萬人，訓練出來的青年，由政府分配在各種生產事業中，目的就是想要使勞動力在某種企業中的供給，不爲工資所左右，而完全受計劃的支配。

以上說明美蘇兩國生產制度不同之點。美國是私有財產由私人支配，其支配的標準爲價格機構。蘇聯是公有財產由政府支配，其支配的標準爲經濟計劃。除了這兩種配搭之外，私有財產也可由政府照經濟計劃支配，美國在戰爭期內所實行的，便是這種制度。唯公有財產由私人及公司照價格機構來支配，雖然在理論上是可行的，但實際還沒有這種例子。這幾種配合方法的利弊，不是在一篇文章內所能說得清楚的。可是這個問題，乃是經濟制度中最重要的一個問題，實在是值得仔細分析的。

（三）

美蘇因爲財產制度的不同，影響到生產的方式，已如上述。我們現在再換一個觀點，來看財產制度對于分配的影響。

很顯而易見的，是美國在私有財產制度之下，產生了兩種不同的收入，一爲勞務的收入，一爲財產的收入。美國人的勞務收入，兩端距離是不大的。譬如美國製造業中的工人，在一九四五年，平均每星期可得工資四十四元三角九分，假如他每年可以工作五十二星期，那麼他一年便可得工資二千三百零八元二角八分。在另外的一個極端，如共和鋼鐵公司的經理，每年的薪金爲二十萬元。杜邦化學公司的經理，每年的薪金爲十七萬五千元。在美國，高的收入，必須付出高的所得稅，杜邦化學公司的經理，在交納所得稅之後，收入便只有四萬捌千二百五十一元了。概括的說，美國人勞務的收入，兩端的距離，大約在二三十倍之間。假如美國人只有勞務的收入，那麼美國的社會可以說是很平等的。但是美國的富人，還有財產的收入，那是造成鉅富的根本原因。美國人的收入，總數愈少的，其來源由於勞務的收入的百分數也愈高；總數愈大的，其來源由於勞務的收入的百分數也愈低。譬如收入在五千元以下的，其來源由於勞務的收入的，佔百分之八十五以上，但收入在一百萬元以上的，其來源由於勞務的收入的，只佔百分之一點零九。換句話說，那些收入在一百萬元以上的，財產的收入，要佔百分之九八點九一。以一百萬元的收入，來與二千元的收入相比，中間的距離，不是幾十倍，而是幾百倍了。

蘇聯的人民，不能私有生產工具，所以其收入多爲勞務所得。唯一的例外，就是因購買公債或存款於儲蓄銀行而得到的利息。國營企業中，有計劃紅利的名目，但這種紅利，除一小部份作生產者的獎金及舉辦福利事業之外，其餘概歸國庫。我們在上面所提到的集體農場上的農民，每人可以經營一小塊田地，這種經營的結果，也許可以產生紅利。但是紅利與利息，在蘇聯人民的收入中，實在佔一個無關重要的地位。在蘇聯人民的收入中，佔重要地位的，只有薪資，即是勞務的收入。勞務的收入，各人是不同的。在一九三七年十一月，蘇聯政府曾有一道命令，規定最低工資，不得少於一百一十盧布。一九三八年的八月，又規定最高的薪水，不得超過每月二千盧布。根據這兩道命令，我們可以計算得出，蘇聯最高的薪水，超過最低的工資十八倍。可是蘇聯工廠的經理，雖然月薪不得超過二千盧布，假如他的成績卓異，可以領到額外的獎金。在一九四二年，有幾個成績特殊的經理，得到斯太林獎金，自五萬盧布至十五萬盧布不等。這種得到獎金的經理，假定他的年薪是二萬四千盧布，加上十五萬盧布的獎金，便可得到十七萬四千盧布。他的收入，比起那每年只得工資一千三百二十盧布的粗工，要大一百三十餘倍。

由此可見兩種財產制度，產生兩種不同的貧富距離。私有財產制度下所產生的貧富距離，其寬度遠非公有財產制度下所產生的所可比。

(四)

在兩種財產制度之下，資本形成的方式，也是不同的。美國的資本形成，大部份是由富人來負擔的。富人的收入，只有一部份是拿來消費，在鉅富的家庭中，消費的部份，可能是很小的一部份，而另外的一大部份，則是儲蓄起來的。無論舊生產事業的擴充，或新生產事業的開辦，都需要這種儲蓄起來的資本。有一個估計，指出在美國，那些收入在一千元以下的，儲蓄百分之三，納稅百分之三，而消費的支出，則達百分之九十四。那些收入在一百萬元以上的，儲蓄百分之七十七，納稅百分之十七，消費的支出，只佔百分之六。納稅的一部份，可能成爲政府的新投資，而儲蓄的大部份，在充分就業的情形下，可能變爲私人的新投資，所以美國的資本形成，大部份得力於富人的儲蓄。

在蘇聯，因爲收入比較的平均，消費的傾向較大，所以私人的收入，除去購買公債及存入於儲蓄銀行的一小部份外，大部份都用在消費之上。而且在蘇聯的經濟制度之下，私人投資於生產事業，是不許的，因此私人的儲蓄，也少了一個重要的動機。在這種情形之下，資本的形成，不能依賴資本主義國家中的私人儲蓄方法，而採用了計劃的強迫儲蓄方法。這種計劃的強迫儲蓄方法，在實質方面，便是由政府分配一部份人力，配合一部份的資源，從事於生產工具的生產。在貨幣方面，便是由政府制定銷售稅，加在每種消費物資的上面，成爲每種物品價格的一部份。每一個消費者，當他花一個盧布購買某項物品的時候，其中只有一部份是物品的成本，另外一部份便是銷售稅。銷售稅這一部份，等於政府加在消費者身上的強迫儲蓄。譬如在一九四○年，糖的售價，爲每公斤六點五盧布，其中五點二盧布爲銷售稅。所以人民在消費每一公斤糖的時候，政府就強迫他儲蓄了五點二盧布。這樣強迫儲蓄起來的錢，轉到國庫以後，便可用以支付那些製造生產工具的人的工資。所以蘇聯資本形成的代價，是全國人民的降低生活程度。可是這種強迫儲蓄方法的效率却是很高的。據估計，蘇聯在幾個五年計劃的時期內，人民的儲蓄，約等於全國收益的三分之一。這樣高程度的儲蓄，在美國的經濟史中，就從來沒有發生過。美國自一九二一年至一九四○年的二十年間，全國的總投資，約等於生產總值的百分之八至百分之九。美國現在不需要高程度的儲蓄，那個時代在美國已經過去了。相反的，美國的經濟組織，現在却爲龐大的儲蓄所累。有儲蓄而無投資的機會，使得美國的資本家感到煩惱，使得整個的社會感到不安。

(五)

我個人的私見，以爲蘇聯的經濟制度中，最大的問題，是生產原素的合理分配，而在美國的經濟制度中，最大的問題，乃是儲蓄與投資的如何平衡。蘇聯的生產因素，現在以一種不用價格作標準的經濟計劃來配合，是不合乎經濟原則的。他的缺點，現在並不暴露，主要的原因，就是蘇聯的經濟，現在是與外間隔絕的，因而外界的合理生產，無法打倒蘇聯的不合理生產。假如蘇聯所生產的貨品，在國外與國內，可以自由的與外國所生產的貨品相接觸，在價格上來爭一個優勝劣敗，那麼蘇聯的生產原素，因爲分配是不遵照經濟原則的，其產品的價格，必無法與別人競爭而歸於淘汰。假如有這一天，其責任不能由公有財產制度擔負，因爲根據許多經濟學者的意見，公有財產制度，仍可配合着自由競爭所產生的價格機構一同運用的。

在美國，儲蓄與投資的不平衡，是過去發生商業循環的主要原因，而這種現象，是要由私有財產制度負責的。私有財產制度，造成分配的不平等，已如上述。把握着財產所得的鉅富，其儲蓄傾向是很高的。儲蓄的款項，假如不用於投資上面，或借給別人用於消費及投資上面，其結果必然產生整個社會的收入與支出的不平衡，因而發生失業的結果。這種失業現象的產生，假如沒有政府於事先設法預防，乃是私有財產制度下必然的結果。正如凱因斯所指出的，在私有財產制度的國家，負責儲蓄的是一種人，負責投資的又是另一種人。兩種人各不相謀，而想他們的活動，自然的產生互相抵消或恰好相等的結果，乃是不可能的。如欲儲蓄與投資互相抵消，非由政府出而做一種補救的工作不可。一九四六年美國通過的就業法案，就是爲做補救的工作而設的。政府於事先對於各方面的儲蓄與投資，都做一個估計，假如發現私人的力量，不能使儲蓄與投資相抵消時，政府即舉辦一些事業，來達到這兩方面的平衡。這種設施，是否可以避免美國未來大規模的失業，是可以注意的一個問題。在蘇聯，大規模的失業，是不會發生的。蘇聯的失業保險，在一九三〇年便取消了，因爲蘇聯的政府，相信已無此必要。假如大規模的失業，是由於儲蓄與投資的不平衡，那麼蘇聯政府，造成這種平衡的辦法，較美國政府要容易得多。在蘇聯，一切的儲蓄，都集中於政府之手。這是政府的一筆收入。根據這筆收入，然後在支出方面，使其能與這筆收入相抵消，在計劃經濟之下，眞是太容易的一件事。蘇聯的儲蓄，所以集中於政府的原因，與公有財產制度是相關的。

（六）

有人稱儲蓄爲剩餘價值。假如我們把這個名詞所含的道德意味撇開，只看這種剩餘價值在某種社會中所產生的數量及其用途，乃是一種極其重要的工作。我們很可以說，一個社會裏的人民生活程度，就受這種剩餘價值的數量及其用途而定。我們現在可惜還沒有精密的統計，來比較美蘇兩國剩餘價值的數量及其各種用途，但是大略的輪廓是可以看得出的。假如我們把一國的生產，分爲人民消費及剩餘價值兩部份，那麼在目前，人民消費的部份，在總生產中的百分數，美國的高於蘇聯。剩餘價值在這兩個國家中產生的方法，是一樣的，即由於勞動者的所得，小於他所生產。由此而產生的剩餘，在美國歸於資本家，而在蘇聯則歸於政府。這種剩餘價值在總生產中所佔的百分數，當然會影響到目前人民的生活程度。譬如蘇聯假如降低強迫儲蓄的數量，也就是減少剩餘價值的吸取，目前（不談將來，那是另一個問題）蘇聯人民的生活程度，是可以提高的。但是對於人民生活程度更關重要的一點，就是剩餘價值的用途。在美國，這種剩餘價值到了資本家的手中，有一種浪費，是蘇聯所沒有的，即由於此種剩餘價值爲私人所保有，社會上產生一種不勞而食的階級，及此種階級所過的奢侈生活。但在蘇聯，也有一種浪費，是美國所沒有的，即剩餘價值到了政府的手裏以後，政府以一部份來創立一種特務制度，來偵察人民的行動與言論。這一部份人，對于生產是無貢獻的，其數目是否超過了美國的不勞而食的階級，是一個有趣味的問題，但是我們手中所得的材料，還不能對此問題作一回答。這還是次要的問題。最重要的，還是看剩餘價值的總值內，除去浪費的一部份，其餘的部份——當然是較大的部份——是如何用法。假如這較大的部份，是用以發展生產事業，而這些生產事業，是與提高人民生活程度有關的，那麼剩餘價值，不問其最初是到什麼人手裏，最後還可發揮提高人民生活程度的功能。美國與蘇聯每年所產生的剩餘價值，大部份都是用于發展生產事業，可是所發展的事業，其內容是不相同的。其所以不相同，乃是由于在一個國家內，生產是照計劃進行，因此其發展的事業，決定于少數人的意志；而在另一個國家內，生產是照價格機構的指示進行的，因此其生產的內容，決定于消費者的偏好。後一種辦法，比較的能保障人民的生活程度，在我的心目中，是無可置疑的。但是後一種辦法，幷不爲財產的私有或公有所決定。在公有財產制度之下，生產依舊可以根據價格機構進行的。蘇聯的政府，所以不採取這種辦法，而要制定經濟計劃，來作生產的準則，那是因爲當權的人，有一個超經濟的目標，要努力求其實現。這種超經濟的目標，便是不以提高人民生活程度爲其主要工作的目標，是否可取，那是屬于政治的或道德的範圍，不是我們現在所要討論的了。

農村紳士的合作與衝突

胡慶鈞

我在中國農村社會階層的分化（載世紀評論三卷十六期）一文裏，曾經指出中國農村社會很早就分化出紳士與農民兩個階層，他們代表着不同的經濟基礎，從而也產生了社會地位的分化，這分化使紳士握有地方的威權，他們的重要性就根據於獲得權力的地位。

獲得權力的紳士站在同一階層上，爲了保障共同的利益，須得有必要的合作。可是在另一方面，爲了基本慾望的衝動與不得滿足，爭權奪利的局面就容易演成紳士階層內部的矛盾與衝突。合作與衝突是傳統地方權力結構裏面一項非常重要的現象，它密切關係到權力的運用與公務的推行，本文預備從雲南農村兩個村落裏面所得到的材料來作一個分析。

共同利益的維持

在對付農民的一點上，紳士的利益是共同的，什麼是紳士階層的共同利益呢？我們這裏所謂利益是指經濟上的一定所得，也就只有在紳士與地主的結合上才能得到瞭解的。紳士地主的經濟利益是建築在土地私有制下的生產關係或者租佃關係上，也便是建築在對農民的剝削上。農民在雇傭或者承租的方式下直接從事生產，紳士地主卻袖攏着雙手，坐在家裏穩拿着地租。如果土地私有與徵收地租的制度一旦廢止，使紳士地主不能再在傳統法律的規定下獲取錢粮，這一階層失去了不勞而獲的經濟基礎，即刻會要喪失他們原有的地位，因此紳士必定設法維持這個傳統，他們是註定的保守主義者。

紳士階層的保守表示在他們對傳統社會結構與秩序的維持上，他們反對任何足以損害基本利益的改革，這麼樣便形成紳士階層在意識上的大聯合，支持一個可以維持共同利益的系統。從父親到兒子，世代相傳，他們遵守着祖宗的衣鉢，唱着「光前裕後，繼往開來」的調子。雖然在近幾十年來，由於西洋文化的傳入與吸收，歐美及蘇聯的新興民主主義打擊着中國傳統社會的門戶。民國成立，政府總算是具備了民主的形式，可是從中央到地方，各級的施政機構所運用的還是一套剝削人民的落後封建權力，傳統的中國還沒有過去。

紳士階層的子弟受過學校的教育，是吸收西洋文化最多的份子，多少年來他們不滿意於當前的現局，也曾經發動過各種的改革，可是這種改革遭受到傳統勢力的反對，結果往往是徒勞而無功。在雲南呈貢河村與安村今天的紳士中，也在廣大的中國社會裏面，我們曾經見到過不少的例子：一個初從學校出來的新青年，肚子裏裝滿了一套自由平等的學說，起先是對於一切都抱着不滿與批評，但是當他進入社會工作幾年之後，又發現自己的利益原屬於紳士階層的基本利益之中，很自然的他會在內心的矛盾中放棄從前的觀點，閉了口與舊勢力妥協，甚至變成傳統秩序最有力的維持者。

這種妥協的現象告訴我們：孤立的個人是可以變節的，「聰明才智之士，最怕孤獨！」這兩句老話就指示人們要能善用並發揮團體的力量。十年的戰禍，當政者的腐敗專權，農民的痛苦日益加深，這些年輕的知識份子基於人道與正義，他們不計個人的利害，在各種傳統勢力的圍剿中成長起來，在安村就有了同學會的組織。

這些同學會的會員大都是分佈在昆明及呈貢各大中學校的青年，他們在學校裏面學習了民主，回到本村來，運用了已經得到的知識，自動組織起來。他們看不慣本村一切貪汚和不合理的現象，雖然主持其事者也許就是自己的父兄與師友。三十六年三月初旬，爲了水利合作社的營私舞弊，他們公開的在本村街頭上貼了壁報，用還不太通順的文字，毫無情面的指摘本村的領頭紳士及其助手，他們已經成了一個不可侮的力量。我在安村時，曾經和同學會的幾個重要人員個別的談過話，他們都有一個美麗的遠景，這是一個新興的改革勢力。

然而這改革還在開端，地方威權還握在領頭紳士的手裏，大多數農民還停滯在無知與懼怕權勢的境地，雖然內心難免存在着憎恨，可是表面化的糾紛發生在紳士與農民之間幾乎是不可能的。「窮不跟富鬥！」一個農民是決不敢隨便與紳士抗衡的，隱匿衝突的力量是農民的忍讓。除開農民團結起來對付紳士，一個紳士大可不必考慮來自農民方面的壓力。現存的政權與法律主要支持了紳士的利益，農民的團結也不是一件太容易的事。

爭權奪利的衝突

農民既不容易團結起來對付紳士，政府官吏又得勾結紳士圖謀私利，不會形成對紳士階層的壓迫，紳士的利益並不需要從團體的組織中去得到，他們也就沒有組成合作團體的必要。沒有產生固定的權利義務關係，他們彼此間的聯繫是淡薄的。相反的，人事的無常使他們不能作長久的打算，從人性裏面出發的自私在這裏面發生了作用，個人或者家庭的利益往往要超過階層的利益。爲了個人或者家族的安全與繁榮，紳士們彼此之間很容易發生矛盾與衝突。在壟斷地方公務營私舞弊的情形下，有多少事情是不能公開的，但儘管他自己如何隱瞞，他的劣行常常在紳士家庭間被傳奇一樣地傳佈着，每一個紳士都希望擺出自己一幅公正清高的面孔，相反的便是攻擊別人的惡蹟與醜態。

紳士家庭經濟利益的獲得與穩固，決定於他自己是否把握住地方的威權，因此在傳統的地方權力結構裏面，常演成紳士間對於領頭紳士地位的爭執。在河村，近百年來地方威權由王蕭兩姓紳士輪流把持，村落組織「大公家」領頭紳士同時管理本村的公產，公家的樹木與公田的租息，以及公產的支配與使用，領頭紳士都可得到侵食的機會。近年來因爲政府徵兵派款的支出太大，公產將近賣盡，牟利的淵藪又轉到本村的抽水機器的管理上。河村是一個貼靠着昆明湖的村子，由於雲南東部氣候乾濕分季的特點，每年春耕時天氣往往久亢不雨，本村又無泉水可資利用，灌溉田地的水源不能按時取得。村人爲此合資買了一架抽水機，向昆明湖抽取湖水灌溉，爲了管理與使用抽水機，他們依照政府的規定成立了一個水利合作社。這個以公產，股金及農貸作爲基金，在組織上須受縣合作金庫的指導與監督的合作團體，負責管理的理事主席並非經過選舉。却爲大公家領頭紳士所把持。他可以任意開支，賬目也沒有公開，這坐享的利源成爲全村紳士爭取的鵠的，因此兩姓紳士近百年來在權力上的競爭與衝突愈演愈烈，今天已經成了寃仇，背地裏就互相攻擊。河村的抽水機器至今已有五年的歷史，便在這種紳士獨佔的支配下，到三十六年初已經負債到三千萬，這一筆龐大的數字也爲衆人攻擊的藉口，失意的一方便聯合村中的次要人物，組成一個專事攻擊的集團。而在另一方面，領頭紳士也拉攏一批人，針鋒相對，各不相下，形成兩個敵對的紳士團體。

在安村，大公家的領頭紳士具有壓倒的優勢，個人能力要遠超過河村的領頭紳士。他也是呈貢縣有名的縣紳，本村的紳士有的被他拉攏，有的懼怕他的權勢，不敢公開攻擊，但是反對派也一樣的存在。安村社區也如河村一樣，同在昆明湖的邊上，也有抽水機的設備與類似的水利合倍，利源就非常可觀。可是兼任理事主席的大公作社機構，但抽水機所灌溉的田畝要大過河村十家領頭紳士，似乎有與河村相同的作風，大權獨攬，賬目不公開，村中其他的人雖不敢隨意攻擊，可是前任抽水機的管理人，也就是過去本村的領頭紳士，一位七十八歲的趙老爹，却是他的死對頭。當我和他談到現任的理事主席時，憤怒的神情禁不住厲聲的斥罵。他曾經告訴我從民國二年以來，如何在本村創辦抽水機的經過，可是現在這機器落到陳老爹的手裏，公款如何被他呑進了私囊，家產不多，自己有個小老婆，大兒子又好賭，一家的生計都靠管理這兩架抽水機來維持。在另一方面，這位領頭紳士也時常在我的面前攻擊對方，好比這位老者過去管理抽水機時，公家虧本，私人却蓋房屋，爲人如何霸道，放款時如何重利盤剝，以致失去村人的信任。

三十六年五月，安村同學會在壁報上公開攻擊領頭紳士的劣蹟，陳就認爲這件事是受趙的指示。陳老爺的兄弟三先生曾經在我的面前大罵趙爲人如何陰險自私，雖然他和趙是親家。顯然的，陳和趙已成爲安村的政敵。

權力的平衡與箝制

我們在上面列舉了兩村紳士階層內部存在的衝突與競爭，由此就可進而瞭解權力的平衡與箝制。紳權的領導地位並不是至高無上的威權，他得受同村其他紳士的批評與箝制，反對派的存在，多少得使領頭紳士的行事有所顧忌。

權力的平衡發生在敵對集團互不相下的情境裏，這就是甲方並沒有具備完全控制乙方的權力。好比河村的王與蕭，安村的陳與趙，他們各自分配了一部份權力，無懼於對方的陷害。權力的平衡是根據各人所分配的權力的多少的，這分配又根據個人的傳統身份與地位。一個無權無勢的農民，儘管他的理由如何正大，他決不敢輕易對某個領頭紳士加以攻擊，否則，他自己就要獲得較攻擊對方更嚴重的懲罰，好比安村趙大爺的故事。

趙大爺是安村的一個自耕農，今年四十歲，曾經讀過一些舊書，還能寫得一筆好字，在村裏開了個寫字舖。他的性子很剛直，遇着不滿的事就歡喜批評，前些年，他對於水利社的賬務不公開就有過批評，這就得罪了領頭紳士陳老爺，趙老爺雖是他的堂叔，也曾經被他頂撞過。三十三年，趙出任地藏寺三牌的小管事，年終帳務未清，稍有拖欠，於是陳趙就藉機報復，起初是派保長去硬催，這幾天趙大爺正病倒在床上，籌不出款來，當時他的一位軍中朋友來探病，看見保長催逼的情形，非常不滿，糾合幾個人把保長打了兩拳，這自然不是陳趙兩位紳士所能容忍的事，結果趙被送進縣府監牢，老婆和十八歲的兒子都被駭死，家產也大部份充了公！

在這種情勢下，一個想獲得保障的農民就得投附於權門之下，特別是投奔於領頭紳士之下，成爲他的忠實助手甚至爪牙，一方面他可以穩定自己的地位，不至再受別人欺負，另一方面利用主子的權勢，也可以從中分潤一點利益。這種人在本村雖沒有太高的地位，可是別的農民就不敢隨便得罪他們，所懼怕的並不是這位助手，而是他上面的主子或紳士。

助手的存在對於領頭紳士也是不可少的人物，他就是領導者的耳目，可以爲領袖獻策，執行交下的公務。助手必須是忠實的，他可以常常爲領袖宣傳，以遏助及反對派的勢力，河村與安村的領頭紳士都有很忠實的助手。

紳權既不是至高無上的威權，因此一個紳士爲了穩固自 聲勢，他得拉攏同村的其他紳士，這些紳士也是握有一部份權力的。誠如羅素所說：權力是可以用數量計算的，拉攏了其他的紳士，就可以減少 派的氣燄，使自己的權勢增加。一個紳士若要有所作爲，第一便得與同村的其他紳士取得適當的協調。

然而利害的衝突若是太爲顯著，同紳士階層的人也有不願被拉攏的，他們組成了反對派。反對派的存在一方面是爲了經濟利益的爭奪，好比安村的趙老爺，他失去了管理本村抽水機的權力，也就不能繼續從中獲取經濟利益，眼巴巴的望着別人呑併是最難過的事，他的反對就是想繼續獲取這方面的利益。可是另一方面，也因爲他在本社區的傳統地位，使他不願屈居人下，這自尊與企圖重得領導地位的慾望支配了他，他必須另樹一幟，不是合作而是衝突，在這面旗幟下他可以結合一批反對者，獲得一部份徒從，由徒從的恭順裏獲得了權力的滿足與快樂。

敵對團體的權力對於紳權的運用是一個約制的力量，在一個多黨政治的局面下，執政的政黨與在野的反對黨可以同時存在，就可以使執政的政黨不至走上專制獨裁之路，而必須顧到來自反對黨的批評，雙方的措施也得盡量民主，以求取人民的信任。我不敢說今天河安二村的紳權政治能够達到如何的境界，可是反對派的存在顯然對這方面有所幫助。

然而紳權只是地方威權，地方威權得受上級權力機構或者政府權力的控制。這麼樣，紳士爲了獲得實際領導推行地方公務的權力，或者穩固自己的旣得利益，他就得求賴於政府權力的支持與幫助，也產生了衙門與紳士的往來。

臨時財產稅行得通嗎？

陳際雲

從擬徵豪富財產稅開始，逐漸將之改爲建國特捐，而又改爲救濟特捐，開募以來，問題甚多。如北平勸募當局宣佈一四二封勸募函，有一二九封申請免捐，都是藉詞「徒具富戶之名，實已外強中乾，無能爲力」。尙未表示拒絕的十幾位富戶，大都是過於忠厚沒有什麼勢力的。募委會對此毫無辦法，最後想到一個妙計，對確是富戶而堅不出錢的人也商定幾步辦法：第一步先說好話，曉以大義。請求認捐，如不接受時第二步即發動勸募小組登門唱「你是個老財迷」，如這一步還不生效力，則發動傷兵難民編組分隊，前往富戶家吃住，至認捐時爲止。

北平如此，其他各地的救濟特捐勸募工作尙無結果者甚多，總之，令富戶自動認捐，已不甚可能。於是不得不另動腦筋，從豪門巨富而轉到一般工商業身上。老實說：一切政治，財政，經濟的衰落，寡頭的豪門實應負大部份的責任，他們利用特殊的關係，雄厚的資力，從侵蝕國家財富至侵佔正當工商業的利潤，其所暴發的財產，眞是難以數計，正當工商業平時於承受這些嚴重的損害之餘，還要擔負許多繁重的捐稅，本已苟延殘喘；今天，這巨大的特捐數字，仍是避免了豪門而壓到工商界的身上。

因救濟特捐不能獲得預期的效果，於是又在設計開徵臨時財產稅，來挽救危機。在原則上這是值得十分擁護的，我國目前民窮財困，已達極點，而同時全國矚目的富豪，則大有人在。這些富豪大半都是憑藉政治力量，或特殊背境而出現的，若能於此時將全國矚目的豪門財產，予以沒收，或徵用其大半，豈不大快人心，並鼓勵一般納稅人踴躍輸將，不但對目前極端困難之財政大有補益，而對於收拾人心，尤可發生極大作用。

不過一個良好的原則，往往因實際困難而喪失原意，甚至發生反作用。臨時財產稅旣以豪門爲徵收對象，則問題中心在如何能使豪門不致逃避。豪門神通廣大，徵收困難，是人人公認的事實。臨時財產稅能否發生預期作用，視立法者能否想出辦法，使豪門資本無法漏網，若空持原則而無切實辦法，坐視豪門逍遙法外，而正當守法者反獨任臨時財產稅之負擔，則不但不能收拾人心，反將發生相反作用。

臨時財產稅條例草案，計八章三十條，第二章論及徵收對象，其第七條規定納稅之財產如下：（一）個人財產：（甲）土地及房屋。（乙）存款，證券，債權及其他投資。（丙）外匯外幣，金銀珠寶。（丁）汽車輪船。（戊）貨物。（二）營利事業之財產淨值。並特別規定前項在國外之資產，其課徵辦法另定之。把這條文一看，顯失公平，爲什麼呢？「在國外之財產，其課徵辦法另定」，爲何不首先定出來？至於事實之障礙，看第四章稅率，第六章徵收程序與第七章罰則，就可知道。因爲所謂「豪門」者，盡行逃避，而中下層階級人民，則不能倖免，不肯具實申報者，必所在皆是，而挾嫌告密，又可獲得奬金；將來勢必弄得雞犬不寧，是何異爲淵驅魚，爲叢驅雀？

臨時財產稅條例草案的第一章第一條，就說「政府爲促進社會財富之平均分配，及供應戡亂建國之需要，依本條例徵收臨時財產稅。」爲促進社會財富之平均分配的辦法甚多，我們的利得稅和所得稅，已有十多年的歷史，假如把這個稅辦好，財富的分配也就合理，通貨膨脹也不會如此其惡化。利得稅第二條第十三款：「利得額超過資本額百分之五百以上者，按其超過額一律課稅百分之六十」，而利得額在資本額百分之五百以下者，又有分別遞減課征之規定，去年年初至年終，物價漲了幾十倍，不虧本的商人，其利得額至少是在資本額百分之五百以上的，如能澈底照稅法徵收，其平衡財政，穩定物價的功效，一定比臨時財產稅大得多，但何以不能澈底課徵呢？以很有歷史的直接稅機構，迄今猶無法達成其任務，若再舉辦臨時財產稅，對每一資產須分別核其是否合乎課徵標準，而予以課徵或免徵，不說這批人員無從獲得，恐怕把其他稅務機構人員調來借用，也還不够，更不必談其是否廉潔有能，克赴事功。倘一定要去實行，其結果必致一面加速資本逃避，造成停工減產，一面苛擾萬端，不良稅吏，上下其手，政府所得有限，弄得民怨沸騰。

關於臨時財產稅中的徵課程序上的申報和告密也有問題，自動申報，輔有告密和隱瞞處罰的兩重制度，似乎是萬無一失的了。有產者顧此失彼，似乎有不得不自動申報之勢，因爲否則是要受不利的。實際上却大謬不然，這程序衹是字面上的完密而已。

國人的財產一向維持祕密習慣，而且是最容易於至親好友之間化整爲零。臨時財產稅法草案，列舉財產名目，但是我們不能眛視事實，最巨的豪富，其財產是留存在國外的。外國法律禁止他國去查考私產，這一部份最大的財產，必能安然無恙地消遙稅外。國內豪富，其財產及其作用最受人詬病的，其形式必然主要的是金，鈔票，券，及流動性極大而體積不大的物資，如果隱匿不報，簡直是無從查知。結果，財產中之不得不申報的，必然仍是些正當萎縮不景氣的工商金融各業的工廠，商號，地產之類。工廠商號的財產，其值甚大，但是目前的處境，大體是資產值在，而現款不足。徵收這些財產，每會等於破共產。

我們並不是說財產稅不應徵收，而是說在目前正當工商百業危機重重之下，若以自動申報爲徵課程序，勢必正好解除所謂豪富納稅的義務，而負荷於國民經濟中所最需培養的工商業。

補救申報之不足的手段是告密，在許多國家是實行而且收效卓著的。但是我國的習慣不同。告發，尤其是告密，祇有冤家才會出此。中國人連訴訟都是結怨之舉。所以告密制度如果推行，不是效果很微，便是促成怨仇報復的惡風。甚至形成「職業」告密者，敲詐橫行。

臨時財產稅在原則上當然可行，然而現在進行中的救濟特捐，主管當局弄得一籌莫展。如果財產稅也成爲以工商界爲籌集的唯一對象，其牽延與無效大抵將同出一轍。若欲求其有效，則辦法與技術方面尚須加以改善，這確是值得當局深思的！

民生主義的實踐

嚴仁賡

（一）

孫中山先生的三民主義憲法上定爲基本國策，政府有認眞推行它的責任。就中民生主義，多少年來束之高閣無人問津，然而却是三民主義中最重要的一部分，最需要早付實施。如今，純爲軍事的原因，民生主義重新又爲人提起，大交紅運。雖說這一舉動動機並不純潔，總還不能認爲它是一件壞事。所以，儘管大多數人不滿現政府，總還對它誠心誠意的想去推行民生主義裏面耕者有其田的等等主張，似乎也並無微詞。我的看法兩樣些。我雖素來景佩中山先生的深謀遠見，我雖也早就主張我們應該從速實行孫先生的民生主義，但是今天局面如此，我認爲立即貫徹孫先生的各種主張，顯非所需。今日吾人之所需，尚不是孫先生的民生主義，而是更迫切需要的另一個民生主義。孫先生的民生主義是一套遠大的改革社會的理想和計劃，在命題上我所指的民生主義只是一些最淺近的道理：孫先生是大思想家，我只喜歡搞些小玩藝兒，未嘗圖望孫先生的項背。然而在今日這局面下，最最淺近的道理反而比大理想大計劃更切身需要，更爲要緊。今天本不是海闊天空侈談遠大計劃的時候。

暫時把孫先生的大道理擱開一邊，讓我來說一說我這個「淺近」的民生主義。依我看，「民生主義」這四個大字，「主義」二字不必解釋大家懂得，另外的「民生」兩字，顧名思義，「民」字應作「人民」解，或者叫做老百姓；「生」字應作「生命」或「生存」解。所以照着字面解釋，民生主義就是一種關於人民生存的主張或見解。這可以說是「民生主義」最基本的定義。國家是由社會組成，社會是由人民組成。若人民不能「生」，則無社會；若社會不能「存」，則無國家。所以民生主義者不僅如上之可以解釋爲「人民生存」的主義，而且可以推而至於解釋「全民的生存」。這是一種說法。另一種說法：民生主義的「生」字，又不妨作爲「生產」解。所謂「生產」，我們採用廣義的界說，或採用狹義的界說均無妨。老天給人類設備的可用物品不盡合用，又不够大家的吃喝穿用，支持大家的生活。所以，人類除去直接採擷天然產物供給消費之外，還要憑藉他生就的聰明才智，手脚的勤快，製造出各種各樣的物品，用以支持他的生活，和改進他的生活。沒有生產，生命幾至不能延續；「生存」和「生產」本有其不可分性。所以把民生主義的「生」字解釋爲「生產」，和前面第一個解釋，義亦相通。人不僅欲生存，且欲「生活」。生活亦脫離不了生產，脫離生產，人既不能生活，尤不能活得好，活得有味，活得個像人樣的生活(decent living)。

人皆有生之權利，人又皆貪生畏死，國家社會賴人民以生存，是以國家社會應有保障人民的生命和生存的責任。人亦均須參加生產，生產是他的責任，又是他「可以活」和「活得好」的基本條件，是以國家社會亦應有保障人民的生產的責任。實踐「民生主義」，第一，政府必須在消極方面，不侵害人民的生命；積極方面，更要保障人民的安全，使不受外力的侵襲損害。能保障人民的安全與生存，亦即保障「全民」或國家社會的安全與生存。第二，政府又必須消極方面，不可斷絕人民的生機(生產秩序)不可阻礙人民的生產，積極方面，尤須保障人民的生機（生產秩序），不使受外力的侵害斷絕，保護人民的生產，並更進一步的提倡生產，獎勵生產。以上所說，應該是「民生主義」的眞諦，也應該是「民生主義」的根本。

（二）

實踐這樣一個基本的「民生主義」，政府應該消極的不要做若干事情，並且積極的又必須做若干事情。顯而易見，這樣的一個「民生主義」，有三個重要的敵人，一是戰爭，二是經濟的剝削，三是天災。這三個敵人，均足以陷人民生命於危地，又均足以斷送人民的生機，所以政府爲實踐民生主義，必須要使用全副的精力去對付它們。不幸，今日我們國內，民生主義的這三個敵人，個個俱備，並未聞政府有心去對付它們。

先提戰爭。我們現在這個戰爭的殘酷程度有甚於過去任何時期的對外戰爭。對外的戰爭，有時是一種爲了保障「全民的生存」的不得已的行動，以少數人民的生命換來多數人民生命以及全社會國家生命的保全。從「民生主義」的觀點看去，有時尚可以自圓其說。但是內戰，有什麼話可說呢？它豈是保障多數人的生命？又豈是保障全民的生活，生產？您就看，宣傳的文字把兇殺渲染得如此津津有味，正好像猫吃耗子，何曾像是自家人殺自家人？您就看，每日裏，成千累萬的殺戮毀滅，何曾見有半點的憐惜？您再看，資本物和生產工具破壞毀滅惟恐不澈底，又何曾有半點的心疼？沒有設法保障人民的生命和生機，而且更大舉的摧殘毀滅人民的生命和生機。一隻手操刀要人的命，一隻脚踢翻了人家的飯碗，絕不給人留下一線的生路。是非曲直不必問，戰爭眞乃是民生主義的第一號敵人！有戰爭存在，就絕對談不到「民生」。若是一面殘殺破壞惟恐不足，一面還在高唱着民生主義的調子，就等於一面拿着刀子殺了人，一面再去買來猪頭三牲給他上供一般。此之謂「猫哭耗子」，「一肚子的假慈悲」。這種「民生主義」，最好也不過是一個「置之死地而後生」的民生主義。然而人死，又焉能後生？戰爭本身就是「民死主義」。戰爭不止，民將不民，國將不國；戰爭不止，生命斷送，生機斷送。有人比喻今日的戰事局面是個「雙活」之局。若是從短期勝負相持不下的局面看，也許可以這樣比方。但是從民生主義的觀點看不管怎樣看上去，却都是一個「雙死」之局——人民生命之就死，和國家生產之就死。就是從交戰雙方看，兩敗俱傷，又何嘗不是一個「雙死」之局？

而且，現在的局面是一個不僅有戰爭，且又有剝削，又有天災的局面。有戰爭事實的存在，人民已經「活不了」「活不好」了，再加另外兩個敵人日日施虐，他如何還能「活得了」，如何還能「活得好」。幸而沒有受到戰爭的直接災害，如果人民生產所得的果實，無情無理的爲他人奪去，還是可以堵塞他的生機，威脅他的生存的。一般說來，剝削人民最甚的，往往是一個壞政府。無論是苛雜攤派，征丁征糧，或是胥吏惡棍假借政府名義抽人之血，割人之肉，都足以逼得人民無活路。中國老百姓多少年來深受政府的剝削，今則戰事綿延，對於老百姓，剝削愈來愈甚，名稱愈來愈多，手法愈來愈妙。通貨膨脹不已，又是剝削方式中最進步的一種。此外，復有地主，資本家，地方縉紳，「人民代表」，亦均代表統治階級，亦均精於剝削之道。他們一方面幫着政府去搾取，一方自己也着實的撈了一大筆。不過地主資本家地方縉紳「人民代表」有時也被政府剝削一番，所以剝削最厲害的仍是政府。縣太爺偷驢，這些人在外面把風，不想乘人不備拔了拴驢的橛子犯了案，却被人扭送縣衙，如今縣太爺倒要重重的辦他們。這就是今日袞袞諸公所主張而必欲實行的「民生主義」。其實偷驢的倒不是他們。

人禍之外再加天災，更何患百姓不死？一部分的「天災」無疑是「人禍」的結果。所謂「天禍中國」實際上是「人禍中國」，老天何罪之有，只顧了殺戮毀滅，那還顧到救災防災。多年來，旱澇不防，堤壩不修，樹木只伐不植，蟲害任其蔓延。於是水災旱災蝗災相與俱來，爲害之烈無遜於兵災選災開會災救濟災，同爲「人禍的結果，而今，人又可以無端造災，例如交戰之間，可以焚屋取火攻，亦可以決堤取水攻，或者索性唱一齣「火燒連營」，或「水淹七軍」。所以說，無災儘可以造災，有災復可以添災。剝削因戰爭而頻增加劇；天災亦因戰爭而頻增加劇。剝削與天災，雖同是「民生主義」的仇敵，但是「民生主義」的最大仇敵，自然仍是戰爭。

（三）

近年來，不知怎的上上下下的養成功一種不肯說老實話的壞習慣。不止於自已不肯說老實話，就連旁人說句老實話也都不許。比如說，明明戰爭是陷人民於水火的，偏令說戰爭是所以拯人民於水火；明明戰爭不停，一切建設談不到，一切經濟改革徒費事功，偏巧又不停的叫着「一面剿匪一面建設」「戡亂建國」等等既漂亮而又矛盾不通的口號。有錯不認錯，也不許人們說它錯。自己說騙人的話，又不許人們說句眞話。您說多麼不講理！一年以來，主張和平的，不是「別有用心」，便是「爲匪張目」，誰還敢講半個字。但是戰事不停，不僅民生主義變成爲民死主義，就是其他一切一切的問題，也全都無從說起。不管是中山先生高瞻遠矚的民生主義也好，或是我這個「卑之無甚高」的通俗的民生主義也好，反正戰爭一日存在，一切的討論終歸全是多餘的。

實踐民生主義像是追求女性。追求的時候不僅要百般的獻殷勤，還要眞心的愛她，處處替她着想，處處幫她的忙。久而久之，自然會發生感情；漸漸打得火熱，就可以同生同死。現在的情形不然，分明心裏不愛她只會口裏談情說愛，不僅不懂得體貼溫存，兩隻手又沒有規矩的東抓一把西摸一把的揩人家的油，摟摟人家，對方不言，但心中反感甚深。一切所作所爲，沒一樣討她喜歡，沒有一樣不是增她煩厭。到如今，女孩子和「情敵」眉來眼去，這才又急得亂抓瞎，沒頭沒腦的硬拉着人家女孩子一同去跳河尋死，還說是爲了愛情而死！這叫哪門子的愛情！

剝削，今日人民的心腹大患有三：一曰戰爭，二曰天災，是爲今日之「三害」。小時候，長輩時常講「除三害」的故事，有點百聽不厭，很佩服周處的勇氣。今日的政府，如果自己沒有能力「除三害」，那麼它本身就是一個「害」了。

通訊

冀東戰局透視（北平通訊）

本刊特約記者

東北華北間的紐帶地區的戰事又將告一段落了。國軍重入長城線南冀東腹地。

冀東那一片土地不僅能以支援東北及熱河，而且可以衛護平津唐三大城的安全及平古和北寧路的交通。單以河北國軍處境的形勢論，他們所控制的點線時常感受威脅。不是嗎？沒有一條鐵路線不曾遭受過破壞，而且隨時有遭受破壞的可能。小的城鎮不用說，就是平、津、保、唐四大城，保定在被圍困中，平津唐都幾次聽到過砲聲。國軍要想確保現有的點線，自然在理論上是需要軍政當局一再宣稱的「以游剿制面」。但是以游剿制面那些面是他們最需要的呢？第一是大清河以北的平津保三角地帶，第二是長城線以南的平津唐三角地帶。能夠控制以上兩個三角地帶，既可以保有白洋淀的農產和津唐的工礦，又可以平津爲軸心，以唐保爲兩翼，站住脚跟，進退得據。這個希望是華北軍政當局繞室難安日夜以求的大願。

大清河北的平津保三角地帶，是孫連仲的故鄉，在孫的任內卽駐有重兵，扶植起王鳳崗來，做平津線南的屏障，並支援保定。這個名聞中外的新城專員區，在王鳳崗的治下成了中國剿共的示範區，可是在這次平保戰中，新城一度失守，已經弄得殘破不全。省府雖然對他的空室清野的做法甚爲滿意，但是能否不斷的實施是一個問題，因爲據新城來人說，共軍在進入空室清野地區以後，對家裏沒有人的房屋絕對不准走入，特別加重了紀律要求。有些人重返家園以後，發現了自己沒有帶走的東西，均原封未動，這樣會影響民衆對於空室清野的「熱情」的。現平津保三角地帶連同第二專區的團隊也劃歸王鳳崗指揮了，他以後將會擴大他游剿制面的勢力範圍，不過是向北發展的，還沒有向南發展。

長城線南的平津唐三角地區，在一九四六年的秋天軍調部存在的時候，孫連仲曾以九十二軍全部九十四軍一部及保安師等配合進入冀東腹地。共軍李運昌避鋒逃匿，教孫連仲撲了個大空。冀東所有的縣城雖完全爲國軍攻佔，而共軍的地下組織依然存在着。後來因爲察哈爾戰事發生，孫連仲調大軍出南口去攻懷來，於是吞入口中的冀東顧不得消化又大部分逐漸吐出來，而且平漢北段遭受嚴重的破壞，種下了以後石門定縣都被佔，保定被困的禍根。國軍攻下張垣，切斷共軍東北西北的聯絡，傅作義將軍勝利了，孫連仲將軍却失敗了。孫連仲失敗在冀東吞入沒有消化，平漢北段遍體鱗傷，因此以後一直走着下坡路，省境日小，困難益多，直到張垣保垣兩綏署合併，他離開北方爲止，這一些往事一時不會在人們的記憶中忘去，尤其是孫氏本人和他的幹部們。

現在國軍又重入冀東腹地了。在國軍未入冀東腹地之前，聶榮臻奔襲華北五省各地，與傅作義周旋了將近三個月沒有休止過，在這三個月內，雖未發生大的主力決戰，兩方在兵員的折損上據一般估計各在十個團左右。傅在察南雁北地區，折損補充部隊及地方團隊大約有四個團，而共軍在奔襲雁北綏東察南及圍攻應縣中也差不多有三四個團的損失。熱河之隆化豐寧石覺損失一個團，共軍在奔襲察東熱西及圍攻古北口中最少也有一個團以上的損失。石匣及豐潤的被攻陷，國軍折損地方團隊有兩個團至三個團，而共軍在唐山外圍任各莊等地及平古線西被空襲大概也有一個團乃至兩個團的人數的傷亡。在平保路上國軍有陳志平師三個團的覆沒，共軍在房山及琉璃河以西地區也有一個團以上的傷亡。在此各有十個團左右的折損的本質仍有其不同的地方，那就是國軍損失的多是補充部隊，地方團隊和由僞軍改編成的部隊。數目雖較大並非主力部隊。共軍死傷的差不多倒都是他的精銳的野戰部隊和少數的軍區部隊。聶榮臻本是傅作義手下的敗將，在三個月奔襲中他始終避免主力決戰，現在從兵力折損的估計數字的本質上看，那聶榮臻更沒有做主力決戰的條件了。東北共軍八及十一兩縱隊的入關，可以說是爲了補充聶榮臻的野戰力量，並不能看做東北共軍捨錦瀋而大舉入關的動作。

冀東共軍的兵力，有聶榮臻的第三第四兩個縱隊，和第二縱隊的第四旅，林彪第八第十一兩個縱隊，另有一個騎兵師一個砲兵旅和若干軍區部隊。他發動平保路的攻勢，是爲了吸引國軍兵力南移，而後集中冀東兵力來再攻唐山破壞北寧路，截斷東北華北的聯系。但國軍兵力一度南移後又縮回來，並集三個軍的兵力由李文指揮長戒津榆段。共軍看到國軍有備就沒有敢冒然的發動攻勢，而國軍兵力既已集結，經一度部署與考慮後，還是首先發動了攻勢。

范漢傑八月一日到唐山，二三日發動攻勢，國軍分自灤縣，古冶，唐山向西北出去。津唐兩地很快的就傳出國軍收復豐潤，盧龍，遷安的消息，顯然未經劇戰。而北平軍事當局爲了保守這一次的軍事行動的祕密，有好幾天都是正式否認冀東有戰事。直到六日剿總記者招待會上，才由發言人閻又文以預先印就的一篇書面談話，在會中朗誦一遍，來解釋冀東戰爭的意義，並且委婉的說出沒有發佈進駐某些地方的消息的原因。

剿總發言人書面談話中有這樣的話，「我們必須打破一般的戰術觀念，把作戰重心放在削弱匪軍戰力和瓦解匪軍戰意上……匪軍的戰意不斷被瓦解，匪軍的戰力不斷被削弱，被殲滅，被摧毀，我們的面就自然會擴大，人民的生命財產，就自然會不斷的日益得到保障，治安日益得到鞏固。這就說明，我們爲什麼要打破「以點制面」的觀念，而實行「游剿制面」的戰法。從這一點上說，也就可以完全明瞭，一個城鎮的暫時放棄或收復，在這個城市本身並沒有什麼重大的意義，而是着重在此一戰役中，我們對瓦解匪軍戰意，削弱匪軍戰力，獲得了如何的戰果。」

在本刊上期東北華北之間一文中我們曾估軍方所以遲遲發佈冀東戰訊的一個主要原因，可能是爲了保密，到告一段落時將戰果公佈出來做一有力的總結。現在剿總已經開始公佈冀東戰果了，這就象徵戰事即將告一段落，如果再有新的行動，還得有新的部署。剿總連日發佈的戰果如下：

（一）國軍一部，七日晨分別在興城鎮以西白布店及遵化以東三屯營與匪十一縱隊一部發生激戰，先後將白布店，白廟子南北高地完全佔領，並控制新立莊東溝峪，大溝峪，啞吧山及兩側山地，斃匪幹部以下六百餘人，俘匪幹部五十六人，摧毀被服廠四處，造紙廠紡織廠及糧庫各一所。繳獲軍用卡車四部，汽油二十大桶，大小槍一百二十枝，皮鞋布鞋千餘雙，紡織機十八架，糧五萬斤，又六日夜在遷安西北新集鎮殲匪二百餘人，俘匪幹八名，獲大小槍九十六枝，擲彈筒三具，子彈三萬發。

（二）國軍八日午後一時進入三屯營，獲輕重武器六百餘件，擲彈筒二十四具，砲彈二百發，其他物品及死傷人數正清查中，又國軍在三屯營東北捕獲匪騎兵聯絡排排長以下十八人，馬十八匹，各種槍二十枝。

（三）國軍九日下午在遵化東南沙嶺府莊俘匪幹以下九十三名，獲輕重武器三百六十五件，乘馬二十五匹，汽車膠輪車十二部，煤油汽油三十大桶。軍用棉被棉衣一萬五千三百套。棉布一百匹，小麥兩萬斤，紙八十餘噸，發報機兩座，砲彈二百發，各種子彈兩萬發。

（四）九日晚國軍在遵化東北瓦窰大寨地區斃匪八百九十七名，俘匪二十七名，獲炸藥三噸。大小槍三百枝，軍服三千套，棉花一萬五千斤。並摧毀被服器材庫兩所，紡織廠一所，修械所造紙廠各一所。另獲汽車零件五噸，鉛線三噸，各種機器三十餘部。

（五）冀東國軍於十日午後由遵化向東北進剿，當日黃昏，在東西雙城子，二十里鋪，瓦莊子一帶，對匪二縱隊第四旅殘部再度形成包圍，展開激烈戰鬥，至十一日晨零時前後將匪全部肅清，據前方初步報告，掩埋匪屍四百二十具，獲輕重武器一百八十件及小麥二十萬石。

以上戰果報導，均見九日至十二日之平明日報中。我們不妨暫且根據以上資料做一個小計。連日共斃共軍二千一百一十七人，俘二百零二人，獲各種武器一千六百一十九件。這一些是與戰意戰力直接有關的，至於摧毀與繳獲的其他物資，品種繁雜，就不必統計了。當然以上這些戰果，軍方也曾指明某些是初步統計，以後或許還有新的發現與追加。但是就戰訊說戰事，冀東共軍的實力有四五個縱隊，以如此折損，當然是沒有經過主力決戰，應該是事實。所以在削弱共軍戰力及瓦解戰意上恐怕未能達到預期目的。長城線以北國軍是不會進入的，能封鎖長城各口就算不錯了。現在就要看國軍是否再在腹地玉田寳坻一帶另收戰果。

儘管軍方宣稱不重視一城一地得失，但是經此一戰，可以打破共軍對唐山及北寧路的進攻企圖了。國軍如能眞正以游剿制面，南邊控制大清河以北的平津保三角地帶，北邊能以控制長城線以南的平津唐三角地帶，則河北可以獲得一個短期小康局面。而東北也可以減去側背威脅。如此則冀東之戰，在北方戰局中才有他的意義。如果國軍進入冀東後在那裏站不住脚，那就等於鄂友三的冀中穿心戰，不過是破壞對方的作戰物資而已。再者在國軍消化冀東時，共軍要是在其他地區發動攻勢，也會使得進入冀東的國軍再調出來。便傅作義范漢傑的進入冀東，等於孫連仲的進入冀東。

中華萬稅（北平通訊）

本刊特約記者

永遠不完的負擔

記得在抗戰初期，孔祥熙那時以行政院長資格到成都去巡視，當時有一條歡迎標語，上面寫着：

「中華萬稅！」

這條標語的使用範圍不受時間與空間的限制，自此便流傳下來。不論抗戰時期，還是勦匪時期，不論是宋院長張院長還是翁院長執政，不論是那一個年頭，只要是這個傳統，人民的負擔却是只有加重而不會減輕，人民只有高歌這個句子：

「中華萬稅！」

一切的負擔都是自上而下的轉嫁，一切的利益都是自下而上地集中，在漫長的時間內，中國的社會基礎起了空前未有的變化。一個工業家說：「一個人的財產徵了稅，還要把你的股票算再徵一次，而工廠却以法人資格再徵一次稅，一徵再徵，耗乾了完事」。

救濟特捐——資本稅的變質

讓富人入天堂猶如讓駱駝穿過針眼，所以有史以來的「資本稅」雖經名學者黑得飛爾，李嘉圖，穆勒，皮古，道爾頓，凱因斯的著論贊成，在波蘭，德意志，捷克，意大利，奧地利，匈牙利，希臘等國一度採行，但結果都變質了，成爲掛了羊頭賣狗肉。

中國在抗戰初期，財政政策只有課資本稅與通貨膨脹兩條出路，馬寅初教授爲了要求制裁發國難財及主張課徵臨時財產稅，而被「派送前線考察經濟」達二年之久；到了抗戰後期，發國難財者已成爲一個力量，而通貨膨脹不已，又有徵國人在外國存款的呼聲，也未能實行。及至勝利之後，發國難財者又一變即爲發勝利財者，拖到三十六年八月份才由全國經濟委員會上決定成立「建國特捐」。三十七年一月六日財政部直接稅署王撫洲署長就表示徵收困難，九日國務會議便又改爲「救濟特捐」，把強制的「有錢出錢」，改爲「自由樂捐」，將累進制的大戶出錢，改爲平均負擔，而且還向華僑伸手！

這一次「救濟特捐」，捐額一共十萬億元，原則決定不公佈徵募對象姓名，分配十一個區，預定五月底截止。後來展期一月，派了幾位督導大員分途出發滬漢渝平津穗，上海原定配額五萬五千億元，爲了展期一月，又增加了三萬億元。主持人說，上海出口每季就到一億美元，出點救濟特捐又算了什麼？結果却除了吳市長倡導性的五億元外，一再請捐，沒有回聲，漢口，廣東及西北等地亦榨不出油，公私生產單位一致抗繳，平津區雖然只有四千億元，但也無法推動，天津略好，但却代替了城防捐，北平一千五百億，到八月中只收到五百億……所謂十萬億照舊日折合美金，不過五千萬元，今天再算連一千萬不到，却鬧得人仰馬翻，鷄犬不寧。還收不到十分之一，顯出對既得利益者的無辦法。

到北方來勸募的中央大員是鹿鍾麟，他却很聰明的站在地方立場說話。他指出平津唐山區只有四千億，不過折合戰前幾十萬元，絕對能夠負擔。這次的對象絕對不是豪門，（如果是豪門，請一桌客即可解決），這是對豪門次一級的人。住在南方的人不瞭解北方，住在城市的也不了解鄉村，城市的苦難比起鄉村的來又算了什麼。而且這錢指定是作救濟之用，不論將來由中央辦，還是由地方辦，都是對人民有好處的。鹿大員認爲地方若能早提出用款的計畫，他定可代向中央請求就地留用。所謂次一級的人物，在北平提出來的有李宗仁夫人，有孫連仲夫人，有待罪的煤商胡仙洲，有翡翠大王鐵寶亭，在天津有徐端甫，有孫章甫，在唐山自然是開灤煤礦……他的結論道：

「目前各種捐稅紛繁多是不考察實際情形，因而有了若干流弊。救濟特捐也許有流弊，但由於對象單純，可能比其他的流弊爲少。那一個廟的和尚都會唸經，我來督導的意思，就是想在廟與廟之間作一點聯繫和促進」。

輿論上對於「救濟特捐」並不熱心支持，大半的主張是要求向大胖子割脂肪，不希望再轉嫁到多數瘦子身上榨油，於是一切懶洋洋地，一天又一天地拖下來了。

自衛特捐——刺激物價的指標

華北特種的捐稅是自衛特捐，而其前身是北平行轅主辦的綏靖特捐。從三十六年九月起到三十七年四月五日止，開灤煤每擔收捐二萬元，鹽每擔收五千元，以上兩宗最大，布捐全價十分之一，僅中紡繳了兩個月，其他各家繳了一個月，共計收入四四、六三三、六八四、四七四元七角，除支出大部外；所餘二、六〇三、六八四、四七四元七角，在新的機構成立了以後，已移交自衛特捐管委會使用。

三十七年一月十七日，冀平津參議會三議長到南京去爲「北方偏枯」請願時，其中有一項就是要以地方特殊資源徵收特別捐稅，作爲地方的特殊用途支出，這就是「自衛特捐」的由來。從二月裏喊起，一直到四月十六日才由行政院核准，這是張羣內閣最後的一個起身炮，煤捐原定抽百分之三十，改爲百分之二十外，其他都按原計畫沒有變動。第一個月的三千億，（計煤一千二百億，鹽一千二百億，紗布借一萬疋，鹹五百餘億元）到六月四日方才拿到，可是各地自救先鋒隊，守衛團及武器製造廠無一處不在需要巨款，傅作義總司令當候款不到時，便說：

「先拿察綏的糧食向銀行壓點錢，讓各自救先鋒隊先行出發。」

這預借的三千億元，後來便由中央專款撥還。因爲在兩種捐的改變期間，有一個時期的停徵，當時原定由中央補貼。許惠東議長爲了在國大開會之便，又特到上海研究如何由用煤用鹽鹼的單位轉撥這一筆巨款，是付現錢還是轉購爲北方必需的物品，最後的決定還是要錢。

物價從六月起一週數變，於是龐大的支出遠過於正規的收入，到七月底止，三個月共收到八千五百多億，但六月份的支出要用八千餘億，七月份要用一萬二千億，八月份也許要再加一倍，這樣便超過了自衛特捐的預算，而不得不從八月份起一部份折徵實物。隨時收入，到動用時候再隨時加以變賣。這中間雖有技術上的種種困難也顧不得了。也只有走一步看一步地拖下去。

自衛特捐初辦的時候，主持人——冀平津參議會議長及各財政局長一再表示，這種捐稅決不會刺激物價，因爲這筆錢是由江南的使用者付出，專爲答報「對北方偏枯的」。可是爲了增加稅收，慢慢地範圍擴大，不僅向南運者徵收，也向本地使用者徵收，如果徵收實物的計畫完成，則必須與物價賽跑來達到財政目的，那麼，一切的負擔不僅轉嫁給「江南」，也直接由北方的一切消費者均攤。

當今工業用煤價格成爲北方工業成本增加的指標，莫忘了這每月漲一倍有餘的價格中，除了付自衛特捐外，還有爲地方使用的綏靖臨時費。門頭溝的煤炭因爲各種費用紛至沓來，一月中要改變幾次價碼……

綏靖臨時費——新厘金的復活

河北省徵收綏靖區臨時費是本年度省以下財政的第一件要事，因爲在二十九個不完整的縣份中，上半年省府只收到六百億元，省級經費百分之八十七要靠中央補助，而縣以下，隨便攤派，漫無標準，省政府便想用這樣一個承認現實的辦法，使它走上了軌道。

「有人說我們是實行新厘金，萬萬不可破壞中央統一的稅制，說這話的人忘記了這是戡亂時期，忘記這不是太平盛世，這是常時的話，而不是戰時的話。爲了戡匪，我們不能不希望老百姓忍痛輸將，我們也是奉命令行事的，這就是根據三十六年九月行政院頒布的綏靖區臨時費籌集辦法來決定的。假如說是與國稅衝突，那麼這個院令就是使稅法上中央與地方發生問題的起點。」

這是引用河北省王志彬財政廳長的話來說明省府的法律根據。他的意思就是說，我們有這種規定，各縣已經在收，沒有這種規定，各縣仍然在收。與其放任，不如疏導，冀省的辦法比中央規定多一條，就是縣級徵收省方協助，各聚集地點由縣級派人去收，收得的費用，以百分之五十繳省。各種稅源，力避與國稅衝突，如唐山，他便不想派人去坐徵。

「中央法令很難顧及每個省份的事實，地方受成文法令拘束，不易放手作事，但是如果都不顧及，難免有衝突和矛盾，所以省府對稅法，制定法律，也就是使人民納綏靖臨事費有一定的標準，而有稅源的地万，在省府統籌下，也可以養沒有稅源的區域，免得縣與縣之間的偏枯局面擴大。」

綏靖臨時費分爲三類，一種徵特產在本地銷售的，一種徵外銷的，均收稅百分之五，一種是對取締品，重徵到百分之十，指定收稅要給三聯單。「取締品重徵，却不是等於對違禁品的開放，那是指順義等地的神香及冀東迷信紙錢而言」，可是在七月份起各地開徵後，當地的糧食，外運的西瓜菜蔬及畜牲無不納稅，如平郊大與縣只是過路的碼頭，原來的自治捐稅收入只一二億，如七月份的綏靖臨時費却已超過二十五億了。

雖然沒有正確的數字，但是這幾個月來的漲風，不能說不與各種稅收——尤其是地方性厘金似的稅收有關，北方還是向其他省份學習。財政部在五月底便下令整飭。大意說：

『自共匪擴大叛亂，各省地方當局因綏靖臨時支出，以往不乏對國稅附加名目，向人民課徵，違背法令，阻擾民生，莫此爲甚。財部爲解救民困，整飭地方財政制度，曾擬定「綏靖臨時費徵集辦法」及「自衛特捐籌集辦法」，經院令公布實施，其內容係以人民富戶爲徵課對象，旨在使有錢出錢，以求負擔的公平，並訂專條，不准於貨物稅之外，徵收通過稅或對國稅附加名目徵課。』

實際上，就以財政部擬訂政院核准的「綏靖臨時費」而言，是否能在「貨物稅外」不得徵收「通過稅或附加」呢？而且是否以「人民富戶」爲對象呢？是不是完全在說謊？這種欺人自欺的矛盾作風，就是整個政風的延長。

自治捐——一樣也是用在自衛

上面所提出的捐稅是與自衛或保衛政權有關的，這裏再列舉一種在這「戡亂建國」的大時代，與「建國」有關的，那就是「行憲政府」的自治捐稅。當其他捐稅雷厲風行，限期繳納，且有罰款等等之時，惟獨對於自治捐稅，在北平却如乞兒，按門討索，比較客氣，也許是因爲行憲人員知道，向人民說「你不願意自衞嗎，」這口吻比「你不願意自治嗎，」的口吻，天然地是要重一些的。

但自治捐也並不單純，說是爲了自治，一樣地也是爲了自衞。北平的總支出由中央代墊了百分之九，這一些「自治」捐却不能不由人民直接交付。爲了各區保辦自治經費，爲了民政局戶籍人員薪俸，爲了自衞總隊部經常費，爲了第一大隊經常費，第二大隊經常費和第三大隊經常費，爲了清潔總隊每天清除一百九十萬人垃圾的經費，爲了自治捐辦事處的一切開支。更爲點綴「憲政」，還要預籌舉行保民大會的經費，又怎能缺少？

三十七年一月成立自治捐監理委員會，下設徵收處，全部義務，由財政局十個經徵處來代收，四月份開徵元月的二百億，結果是收不到什麼，由財局借錢來維持「憲政」與「自治」到六月中參議會開會時，既訂由區公所配合稅警徵收，按照營業稅向商戶要錢，按照房子數目向人民要錢，六月份起才徵三月份的捐，但是稅警也是當眞忙不過來，而且當時還要與城防捐同時徵收，繳此失彼，給負責人員又添了麻繁。

「一個稅警一天連作六七小時是不可能的，即便可能也只能走個一五〇戶，而每一戶不見得都能繳捐，最多能在一百戶中收到現款，每一戶只停留三分鐘就是三千分鐘，而數一數小票子就要用不少的時候。」

到目前決定自治捐仍由自治單位的區保公所來負責辦理，自三月到六月，這四個月的一次徵齊，給一張收條，減了不少手續，如今窮得連收條三聯單都印不起了。公開與公平都談不到。

自治捐是量出爲入的，已收到二百億了，但三月份的支出是一九一億，到七月份，非有二千億不够開支。（按北平市公教人員依二百三十萬倍指數發薪月爲一億五千萬，上月按八十二萬五千倍計，則爲五千萬強。以此相比，足見需要之大。）事實上如何能够收這麼大的數字呢，那只有向銀行預借了，然後以統收統支的辦法來妥爲分配，以收入多的區公所所得補助收入少而偏僻的區公所，在通貨膨脹中，慢慢地還了舊欠了事。現在只怕借不到錢，不怕還不了錢。

物價天天飛漲，任何的預算今天作了明天便成廢紙。沒有任何數字是不變的，所以自治捐的數字在量出爲入中，勢必增加不已，但無論怎麼增加，但不會超過於「自衞」，或更進步的「勘亂」經費。

多麼不值錢的「自治」啊。

「中華萬稅」！

「一切捐稅都不能領導物價，我們只能跟着物價走，連追都追不上。」

這是北平市財政局長翟維淇的話，今年初，北平稅收佔總收入的二分之一，慢慢地便落到三分之一，到六月份，落到四分之一，七月份落到六分之一，若是八月份再只收一千多億，則佔總額的十五分之一了，這十三種正常的捐稅只有一千餘億，其餘都是額外的負擔，比正稅多得多。

除了自衞特捐在平均轉嫁以外，直接向人民要的有救濟特捐一千五百億，城防捐這個月七千五百億，三個月的馬乾差額也是一萬二千多億，最少而可憐的自治捐也要二千億，那十三種正式捐款雖不爲害地方，三萬家商店的負擔永遠不及娛樂及筵席，但在額外的這一筆錢，却是加在所有中小商戶及房地主的身上，促成的是整個的不景氣及走上大崩潰之路。

社會的原有結構因此而加速崩解，「大富」進而向「豪門」看齊；「小貧」變爲「赤貧」，更下降而流亡了。抗戰時候，本有一個好現象，就是買辦資本轉變爲民族資本，流氓無產者轉變爲抗戰的英雄；及至勝利之後，豪門鯨吞，即買辦資本亦只歸納於幾大豪門，而抗戰英雄還原爲內戰英雄，也就不再受人稱道了。

就在這種動盪中，「萬稅」齊來，把本已脆弱的身體，忽下猛劑，忽下洩劑。一方面豪門本不必錦上添花却還要去網開一面，一方面對於奄奄一息的中產者，却不惜加緊壓榨，爲無產階級製造預備軍。

（八月十日）

從熱西到平津

（承德通訊）

陳一

上次我報導過飢火燃燒下的熱西，這期打算談談從熱西到平津這一片在飢火和戰火交織下的地區。

從熱西的承德，如果向平津引兩條直線，同時把平津直線地連接起來，便恰好是一個直角三角形。承德和天津成爲兩銳角的角頂，北寧鐵路的平津段與平承鐵路形成了三角形的勾與股，弦劃在薊縣寶坻以東至玉田豐潤以西的一條直線上。三角形以東，是當年漢奸殷汝耕袍笏登場的冀東地區，今天是共軍李運昌，聶榮臻等部的遊擊基地，北寧鐵路的唐錦段是通過這塊遊擊區伸向東北前哨去的唯一走廊；三角形以西是著名的冀察熱邊區，西望察南晉北，詹天佑工程師艱苦締造的平綏鐵路便過此西去，作爲向大西北呼吸正氣管，然而今天這氣管也時時梗塞不通。在三角形裏面，地勢南低於北，平津之間是一大片平原，由香河，通縣，寶坻北去便漸入冀北山地。山區在共方手裏，平原則是拉鋸的戰場。在上月尾，聶榮臻部的第三，四，八，十一等縱隊就竄擾冀中冀東，一部並進入三角地區以內的香河，武清一帶，最近方給攆走，打垮了的共軍便躲進冀北山地在作整補的工作。冀東唐山以北，現在還是一片火海，這是今日熱西平津之間的大勢。

熱西飢荒未解

還是先從熱西談起。

飢餓的熱西，從本月初旬以來，情形稍有好轉的傾向。熱河省救濟協會由平津購運的賑米和食糧，已有數十噸陸續運到；國際救濟委員會承德分會最近也由北平運來救濟物資十餘噸，救飢的工作馬上可以展開了。同時天災的威脅似乎也要減輕了。四鄉從伏暑以來，雨水便上了調順之路，十日五雨，農民們的面容隨着天時逐漸開展。田地裏的農作物，漸轉青葱，一片油綠，相當可愛。「如果老天爺要給飯吃，咱們今年還可活下去，」鄉下人已經拿這些話來寬慰自己了，不過還躭心着秋收前的大旱和高潦。

爲了妥善分配賑糧和救濟物資，省當局和承德各界從事社會救濟事業的人士，在上月底開過一次緊急救濟會議。會中決定立即提出現有的救濟物資之一部，火速到收復各縣的四鄉去急賑，尤其注意急救正瀕於死亡線上的飢民，據說卻多是一些從事生產的農民。戰亂以來，丁佚逃失，田畝多荒廢無人耕種，承德灤平二縣種麥的民戶，據調查不過佔全體人口百分之八，生之者寡而食之者衆，農民負擔相當沉重的田賦，地租或攤派，自己反落不着一些積存，加之當局爲配合保護秋麥的工作，派出自衛大隊分駐各鄉。民戶割到新麥，除了一家幾口的食糧以外，還要供應自衛隊的口腹，收成原本不多，一面收一面吃，收光也就吃光。計劃是替鄉民保護麥收，結果是麥收保護到大兵的胃裏去了；不但集中保管作不到，有時連農民的種子也留不下來。因此，生產者也只得等待賑糧的救濟。以此例彼，今秋卽令豐收，而且共軍也不來刼糧，恐怕寒冬仍然對鄉民們是一串飢寒交迫的可怕日子吧。

在兵奪民食的另一方面，承德城裏居然出現了一件軍中「節糧救丁」的義舉。原委是熱河省直轄團管區的楊守德司令，因目睹現役壯丁掘野菜，剝樹皮的非人生活，深以壯丁的健康問題爲慮，所以提出「節糧救丁」的口號，當得全體官兵的擁護，在上月二十五日起開始實行。承德現役適齡（由二十五歲至三十一歲）壯丁約共二千人，每人得救濟米一斤，由團管區全體官兵兩次的節食中捐出，這一斤之數對於飢餓的壯丁也許僅夠吃飽一頓，但象徵的意義和創導的作用卻不能說小，而且這一義舉能出現於本身也是半餓狀態的軍中，尤其難能。

不過飢荒仍然未解，賑米遲遲其來，承德到今天還是一副苦相。高踞山頭的省府，還是由代理主席的于國禎廳長坐鎭着。這位廳長代理已半年之久，從范漢傑奉命主熱時起便脫身不開，直到現在還等着新受命的孫渡主席來辦交接。然而孫氏卻徘徊故都，偏要遲遲其行。舊的不願繼續代人受罪，新的似乎有所徘徊趦趄。在這千呼萬喚的當兒，南京有人告御狀，要罷免孫渡，就近另選賢能；同時承德城裏也掀起擁立石覺的熱浪，幾乎黃袍加身，石將軍作了今日熱河的宋太祖。這股政治的暗流沖擊着承德宦海的底層，使孫氏卽將面臨的熱西，不祇殘破而飢饉，並且焦燥而混亂。

在戰火延燒的局面下，承德的「難生」一天天地加多起來，這又是一個難題。敎部已有令到省，可以組設熱河臨中，但不必設在北平或天津。孫渡在北平發表履新前的談話中，卻把臨中的計劃放在北平。自然他是沒有理會得敎部的苦衷。另外。他還預備以中央撥賑的三百億事款，購運食糧到承德去，作爲與熱西民衆見面時的禮物。但願飢民能沾到實惠。

總結熱西的現局：賑濟工作尙未充分開展，難生尙待安排，政治在癱瘓中，官員多已離省。近日冀東國軍得手，聶榮臻的三個縱隊和林彪入關的兩個縱隊，更正向熱西竄進。熱西又要多事了。且看孫氏上台後怎樣打開這沉重的局面。

飢火與戰火交織在熱西平津之間

飢火與戰火交織在熱西平津之間。七月下旬開始的冀東遊剿之戰，就我前面提到的三角地區之內及其以東展開。從七月十五日起，聶榮臻在平漢北段發動了一次攻勢，以與太原之戰桴鼓相應。他集合了晉北的第一，第六兩縱隊和新編的第七縱隊，察南的第二縱隊第四旅，掠過了北平的西郊，以游伏冀中北平東北的第二三四等縱隊爲呼應，由房山直下淶水，新城，定興，固城和徐水，直迫保定近郊，所以當時中央社發出平保北段大戰一觸卽發的消息，並傳出中央有大軍北上及何應欽部長將北來親自督師的新聞。然而機敏的聶榮臻，因爲在新城，淶水，一帶撲了幾場「空室」，同時在保定的高壘深壕之前不願付出攻堅的代價，於是虛幌一槍，掉頭便走，接着保定趨穩，冀東告急，平保北段大戰並未爆發，倒是冀東反打得熱鬧起來。先是香河，武淸拉鋸戰起，通州緊張，玉田，豐潤陷落，昌黎易手，唐山告急，冀東冀北一片火海，慌得范漢傑忙從秦皇島趕回唐山坐鎭，林偉儔和傅部大軍以唐山平東爲基點向三角形東部作鉗形搜剿，同時三角區北端上的石覺部，則向南搜進，配合三角區東南部的搜剿，在長城線上分路堵擊。在官方宣稱的南北兜勦之下，聶榮臻不但吐出了所吞進的縣城，並且被壓縮到喜峯口，冷口之間的長城線上去，他是否會一溜烟逃走還說不定，不過就目前的局勢看，恐怕要佔上風就很困難了。爲了接應冀東的共軍，長城線上和熱南的李運昌部已大擧行動，平津保三角地帶原散伏在容城和大淸河岸的聶部，也準備向西北方面展開大規模的竄擾。這些跡象，加上東北共軍林彪部的絡繹入關，及晉北察南共軍調動的頻繁，使人不能不聯想起黃泛區之役的「夾層包圍戰」而敏感到共軍也許打算在這山巒地帶的冀東北要來一個黃泛之戰的報復戰罷。

在熾烈的戰火下，這塊土地上人民的性命變得比畜生還不如，誰也不知道能活到哪一天。幸而能保全性命，生活也很難混下去。愈到僻遠的地方，無法無天的攤派愈是名目繁多，土皇帝爲所欲爲。豪紳地主，大都早已遠颺，有的上秦皇島和唐山，有的索性躱到平津去。苛雜攤派，一古腦兒落到刼後餘生的小民身上。弄到愈貧寒無勢的人，反愈成爲苛擾攤派的對象，而豪主大戶，卽有留在地方，也因結納官府，奔走權門，往往倒能逃避負擔。小民生計本已維艱，再加額外負擔，多半無法維持，於是逼上梁山者有之，餓死道旁者有之，流落唐山平津者有之。其結果農人棄田，工人輟工，商人改圖不法買賣，而鄉鎭更衰微，城市更擁擠，道德更墮落，生計更艱難，「食衆生寡」，物價更大漲，惡因惡果相循環，終必至整個耗竭而後已，然而最悲慘的還是被壓在最下層的小民。

在冀東及三角區內各地，大都有相當數目的駐軍或地方團隊。他們日食所需，按理說上面本應有配發，但事實上卻多取諸地方。拿靜海縣作一個例子。該縣本年小麥的收成因受災本已銳減，但是還得照往年一樣地交田稅及公糧，結果有些家庭只能剩下一些播種的種籽。在上月，除了按期供應駐在該地的人民自救先鋒隊，守護團，地方團隊等的一切副食外，還奉令給守護團，購小麥二千包（每包二百斤），每斤當局只給價五萬六千元，然而當時市場上每斤卻值二十餘萬元。各鄉鎭把糧送到縣城，所得的小麥價款，僅只夠供應公差們吃喝外加脚力運費而已。這樣來徵購，事實上變成了無價徵收。到本月來，當局又有新的命令，要搶購軍糧小麥三千四百多包，合六十八萬九千斤，每斤只給價七萬五千元，而當時市價已達三十多萬。另外還命令要代購馬料，豌豆，麩皮等等，並限期繳納，雷厲風行。在這種毫不容情的生呑活剝之下，小民已給逼得走頭無路。靜海還是一座比較安全和繁榮的城市，小民生計已被擾得如此艱困，至於那些刼後的縣鎭或延燒着戰火的地方，人民的苦難當更可想見。據說香河縣城以東有一個鄉鎭，戰前有百十家人口，經過八年的抗戰，逃開一部，只剩下七八十家，這三年來的內戰，更把這七八十家打得七零八落，這次國共兩方在此拉鋸以後，逃回來的不過四五家，而每家多是些老弱婦孺。然而這幾家的未亡人，仍逃不掉每日三枚雞蛋的攤派。這是什麼世界啊！

在戰火與飢火鍛鍊之下，華北人民該要覺醒了罷。

解救疾苦之路

和談像一陣涼風吹過了酷暑的華北平原，炎炎的烈日頓時收斂了光芒，熱得發昏的物價開始鬆動下降。華北人民的心裏萌生了希望，許久沒有見過的笑容在菜色的削瘦臉膛上發着光。

然而涼風只是一陣。涼風過後，暑氣又襲人而來，烈日恢復凶焰，物價再騰，人民的希望黯沒，笑容無影無踪，但是，人民的眼睛卻亮起來。他們清楚看出，只有和平可以壓服物價與救活飢民；只有和平可以保障人民的安全。飢火要用和平的水來熄滅，戰火也一樣。戰亂太久了啊，而且是一個自殺而毫無希望的戰爭，一個惡毒並且卑鄙的內戰。人民實在忍受不下了，只有要求和平。人們尤其是在戰火下煎熬過十三個年頭的華北人民，有權要求它！人們甘願忍受和平，堅信比忍受戰爭要強。「久亂思治」，華北人民眞望變，可是要向和平變才行。這是華北眞正的民意。」

七月流火話錦城

（成都通訊）

晏生

成都——這一個紅盆地西緣悠閒的古城，在目前戡亂的局面中，比起開封太原來，仍然是那麼平靜，受不到中原烽火的影響。可是到最近四五個月裏面，這種平靜被打破了，陝南的警鐘一度使這個悠閒的城市變得不悠閒，接着一連串大小的事件，更加強了社會的動蕩與不安。

這一連串的事件可從四月九日學生請發平價米的事件開始。學潮剛好平息，接着便是國民小學教師因爲吃不飽飯，要求政府發給實物的請願，在市政府門前露宿兩夜，問題仍然沒有解決，使得前任李鐵夫市長因此感到市政一不勝艱巨，而提出辭呈。國民教師好容易復了課，私小教師同退伍軍官總隊又提出同樣的要求，同時退役軍人還與省參會發生了一次不愉快的事件，結果由王陵基主席趕到會場多方解釋，方才了事。另外一方面，物價隨着滬渝的漲風直綫上升，其上漲的程度，食米更是較其他物品來得迅速，於是一般升斗小民，莫不叫苦連天，人們日常談論的話題也開始從巴山防務轉移到油、鹽、柴、米上面去了。政府爲着安定社會秩序，惟恐再造成去年那樣的米荒，於是開始分區發售平糶米同調節米，並且停止採購軍糧。白色恐怖剛好稍爲緩和，法幣問題又困擾着成都市民，所謂「法幣問題」是指「鈔荒」「支票貼水」和「小鈔兌換」三者而言，這在人們的交易生活裏激起重大的不安與恐慌，一直到現在，這種威脅並沒有解除，反而愈益嚴重。總之，在這個如火如荼的七月裏，成都市民也是生活在如火如荼的社會環境裏面的。

在七月一月的時期中，華北華中的戰局都有了很大的變化，這中間最令四川人關心的是襄、樊、老河口經過苦戰以後被匪佔領，第十五綏靖司令川籍將領康澤和副司令郭勛祺有陣亡與失蹤的消息，陝南的白河、洵陽也日益緊張，大巴山外圍的據點逐漸失落，共軍的實力已逼近巴山防線，很容易蔓延進四川來，但憑巴山之險是靠不住的，巴山的山脈連互，東西千里，兵力未必比開封襄樊更雄厚，何況共軍更擅長於山地戰呢？

省參議會第一屆第六次大會六月二十五日在成都開會的時候，議員先生們開始意識到巴山防務的重要，覺得現在已經不是議而不決的時候了。本來巴山問題在上次大會時就已經熱烈辯論，可惜沒有下文，今天舊調重彈，結果通過了省府的重要交議案——民衆組訓方案。至於組訓經費的來源，是在中央還川谷款中提九十萬石，以資應用。四川人民並不吝惜這九十萬石的設防經費，不過希望這九十萬石的谷款，能够眞正用在設防上面，因爲在這民窮財盡的今日，「九十萬石」對窮人至少不能算是一個很小的數目。

說到谷款，又是使人頭痛的事情，上次省參議會開會中央匯來谷款的時候，議員先生們中立刻發生了不同的意見，對於「二百九十餘萬石」這個龐大的數目，有主張還之於民的，有主張移作巴山設防經費的，也有主張用來建設四川造成「建設實驗省」的，後來左表決右討論，結果存在省銀行去生息。所以上次成都米價暴張的時候，有人說是游資充斥，於是一般頭腦敏感的先生們，便聯想到谷款上面去了。

這次省參議會還有一個大爭辯，就是決定四川今年的田糧征借附徵總額爲一千六百二十萬市石。任何人可以同意，自從田賦征實以來，四川一省的負擔，遠比任何其他省分爲重，抗戰期間對國家實已盡了最大的努力，紅盆地雖然富庶，但實在不敢當「天府之國」的頭銜。這次議案的通過，在議會曾經激起了軒然大波，不少的議員，認爲這樣的大數目，實在不是貧苦的四川人民所能負擔，於是以通過時不足法定人數爲理由，主張推翻原案，但第二次的表決，主張維持前案的人戰勝了。國家運用美援着眼華南，田糧征借與軍糧採購却着眼四川，這兩者比較起來，是如何冷酷而不均勻的圖畫啊！

在六月七月兩個月中，鈔荒成爲成都市民日常生活的課題，尤其是在七月中旬，市面上幾乎完全是支票在流通，用支票掉換現鈔必須經過貼水的手續，而且還要人事關係，市面的貼水率由百分之八漲至百分之十五，又漲至百分之二十五，最高達百分之三十。這對於零星收入者，公教人員是一種無形的剝削，大多數機關以鈔荒爲理由薪水最快的延遲到半月以後方才發下，薪水收入者一方面因爲物價上漲而損失了購買力，另一方面又損失了一個比期的利息，這些利息跑到誰的腰包裏去了呢？眞是天才曉得，零星收入者所受的剝削是不同的，他們收入支票付出現鈔，無形間打了一個七折或八折，生活的困難更因此而加深了許多。所以鈔荒在一般人的心目中，可說是「七月的瘟疫」。

由於鈔荒的教訓，許多人看到現鈔一到，便紛紛向銀行錢莊提取存款；同時一般商場觀察，認爲大鈔發行，必然刺激物價上漲，於是拚命抓貨，投機市場空前繁榮，行莊存款多提出去，顧客上帳的很少。但是大鈔發行後，物價並不如一般意料的狂漲，很多負擔高利子金的商人，住貨物不願拋售，卽或拋售也因爲銀根緊俏而不容易脫手，於是社會大部分資金無形間凍結貨物上面；在另外一方面，七月上半月各地銀根奇緊，金融業大都困於緊張狀態，當時惟有成都金融市場風平浪靜，紛向各地伸出援助的手，調解款項予以挹注，成都市場雖然不大，但也備盡全力，於是蓉垣頭寸因此而實底空虛。有了上面這一些原因，便造成了七底成都的金融風浪。

風浪發生在七月二十七日，因爲銀根緊俏，退票一天比一天多，退進多退出少的行莊，使原來已經足够的頭寸，也陷於短缺了，二十七日午後的退票，一家有退到兩百億的，家家疲於奔命，一片退票聲，形成一場糊塗的景象。在這種緊張狀態中，成都七十三家交換行莊，只有少數湊齊頭寸，因爲退票而差頭寸的行莊，深夜還在四處奔跑，苦於拆進無門，這種情形同業稱之爲「跑警報」，其緊張狀態，打破了勝利後三年來的紀錄。後來由省銀行買進卽期匯票，付出頭寸五六百億元，到廿八日清晨二時，湊齊頭寸，蓉市金融界方告無恙。

蓉渝兩地的匯水，因而此急劇的降落，廿七日跌到倒扣三百五十元，成都用六百五十元，重慶卽需交足一千元，換句話說，便是成都同一法幣數量大約只合重慶法幣數量的六成半而已！眞是創空前未有的奇聞。

對於這次風浪的善後處置，一方面中央銀行重新開放託收款項業務，爲各行莊收取款項來蓉救濟，並且勵行票據當日抵用的禁令；另外一方面，成都市銀錢業公會決議，自廿九日起，銀行錢莊信用抵押、質押、及貼現、透支、等放款，一律停止。此種措施，自勝利時一度採行以來，此實爲三年來的第一次。

拿最近幾個月的情形來說，成都發生的是一連串不幸的遭遇，這裏雖然嗅不到烽火的氣息，但是社會的內層卻正蘊釀着嚴重的貧血病。總之，在這個炎熱難受的七月裏，成都人是生活在更炎熱更難受的情況下面的。

文藝

霽清軒雜記（下）

翰墨

四

頤和園中百十所單獨院落，三十年前曾由政府指定作遜位後的清皇室居住。二十年前改租普通人，因爲進出不甚方便，園裏十分荒涼，還只是少數人短期過夏，可賃出一部份，居多都上了鎖，空在那裏。並且來住的多帶一點抒情成分，養病避暑意味。普通人或無此從容，或無此興味。直到去年我們來住時，早晚在山道上散步，還可和一些老紳士樣子，或一對對情侶度蜜月樣子，能領會湖山景色，也對歷史文化還有感興的寄居者彼此碰頭，不交一言而各得其所。今年住的人就已大不相同。若從行動測文化，今年似乎已換了一種文化。後山早晚散步的人已不多，不拘男女，飯後在長廊欄干間歇脚談天的數目却已大大增加。（正和琉璃廠的春天逛廠甸一樣，看字畫，買書籍的人已大減，多的却是買冰糖葫蘆和麥桿風車的市民。）從小事測時代，時代的確已顯明的變了。這件事刺激我們的不甚多，刺激眞正老住戶的應當還多。園中够得上老住戶的人有幾位特別値得一提。一是北方畫家溥心畬，和宣統爲近屬兄弟。溥儀在東北作日本人傀儡，（康德）了十多年，北平淪陷又八年，多少有頭腦的知識份子，都被拖下了水，與日人親親熱熱，忘記自已本分。心畬王孫却決不爲人利用，不染一點汚濁，自從把那座老王府賣給輔仁大學後，只住在頤和園裏作畫，十多年如一日。不提別的，卽這點性格就够個藝術家！二十年來畫筆似未見特別變化，作人風度却値得史筆一書。另外一位是洪憲項城稱帝，和這事極有關係的袁大公子，也住在園裏已多年。平時深居簡出，不輕易在園中見到。據聞平常拜訪者亦極少見到。生活似相當蕭條，却不爲窮困低頭。一個現代史家，對於這個人所處時代，所有取捨，如何作成一個戲劇性末一幕戲，値得寫到的事應當還多。但他本人如肯寫一點什麼回憶錄，對於民初元史實定有更多貢獻。兩位住宅恰恰在排雲殿前左右兩院，如頤和園主要建築的配位，這個偶然事件在歷史上又似乎并非完全偶然。如果這是一個制度，倒不失爲一種象徵，民初元十多年，其實還有幾位公子也値得各有一所住宅！日來報紙上常把某某偉人南京的新建的藏嬌金屋描畫得十分出色，有關平定上海物價，又常與另外一個人名字并提。十年二十年後，這些人會不會來頤和園賃房子居住？歷史可以爲我們回答。現代革命家不同過去王孫公子處，大致是「政治頭腦」和「經濟頭腦」都不相同。晚清自戊戌後，時務空氣侵潤於全國人心中，清宗室子弟卽多開明頭腦，在當時既不能起作用，革命共和後地位更難自處，退而向藝術謀生命發展，就還很有幾個人材，秀穎傑出。在性情方面且以篤厚見稱。心畬卽其中之一。至民初元，項城以籠罩一切勢力，置國家于掌握中，且敢作帝王夢。爲增加一空洞名號，驅使爪牙用殘狠手段排除了多少異已者。在此一段歷史中，成爲中心人物的是袁大公子，（正如當時在藝術方面寒雲公子代表一時風流，）然而帝制解體，不到十年，籌安會諸君子，許多當時風雲中人，卽鬧以典當告貸爲生。寒雲公子亦卽潦倒憔悴而死，只故都妓院伶人及二三飯館間，倘留下些墨筆供人嗟賞。至於民十五以後現代偉人，則多數已成「不倒翁」。頭雖空空的脚下却有金銀作重心，雖在時代風雨中左右搖擺不定，却無一价不起情形。成功在朝，則士農工商四種身份並具；失敗下野，則海外流亡，仍享有四大自由中之「永無匱乏」。也因此，令人覺得「革命事業」眞不容易！也因此，更令人對於歷史上某些眞正失敗者，反多尊敬與同情。彷佛覺得窮而鯁直者定比富而譎詐者可以親近。倘涉及一國家一民族歷史得失，從失敗者方面考查，且必然還能够得到些比較眞實印象也。

五

全園子一天中最佳妙處，是清晨和黃昏，整個湖山的寂靜，似乎只歸三五人享受管領。然而也正象徵了這是一個「過去」的場面。沒有人，那受得了！「現代」有個特點，卽是人。一切爲「人」，一切要「人」注意，也卽是在心理分析上的人的懦怯性。一個人如能離開人，所需要的勇氣實比接近人還大得多。所以關於遊逛，我以爲一個外來普通陌生人，實應當照顧照顧作嚮導的，花一點點錢，卽可聽一聽似眞非眞的掌故，或在銅牛銅獅前照個相，再讓他領帶到一個什麼館子吃頓便飯，我相信這是間接繁榮頤和園的方法。因此有許多遊逛程序，我不想在這個小文章上提及。我待說的是一些三五年前或十多年前到過這園子裏的讀者，舊地重遊如不容易，却想提幾件事作爲他的印象溫習。第一是這個大園子近來托文物整理委員會的福，聽修理油漆的地方都花了點錢，收拾一過。如排雲殿前大牌樓，是經改成鋼骨水泥建築，一切保存原來式樣，只是油漆時紙縮不太好看，可能是材料不大合用。山項上那座琉璃廟宇「智慧海」，業經大加修理，並且已經開放，泥菩薩座前，有了穿洋裝的紳士和摩登女郎上香叩頭。裏面照明是用電燈，像是力求佛堂空氣肅穆，電燈還是暗暗的，如許多廟宇長明燈樣子。後山那一組毀廢了的西藏式廟塔也重新打掃整頓，且開放了一座有銅羅漢的殿堂。工程還在進行，可能有些會被收拾以後，反而失去了遊人到此本來應有的頹毀滄桑興亡感慨，尤其是修補的材料大有問題。較重要的改造是靠近青龍橋的後宮門開放，新作了個大照檻，宮門正在油漆彩繪。這一來對於逛園子後遊西山玉泉的人眞方便不少。據聞待修理的，還有「畫中遊」那座不大美觀的樓房，和大慶壽的「德和園」大戲樓。兩種工程都相當大，似乎還無款項可撥。照朋友意見，畫中遊還是聽它倒掉好些，因爲地面偏窄，樓廊擠得穿緊的，眞不美觀！德和園大戲樓，是譚鑫培楊小樓奏過技的地方，在戲劇史上卽十分重要，還値得保留個樣子。建築高大，重量完全擔負在二十來根柱子上，聽說從上面漏水，這工程要着手可一定費點心思。全園子管理已有了較大進步，凡有人走的地方，每日都有工人分區負責打掃得乾乾淨淨。又多開放了幾處陳列室，尤其是樂壽堂前和兩廂房子的開放，陳列了些晚清工藝品，似乎是慈禧大壽時各總督，使節，大小宗室官吏的貢品，很可以測驗出慈禧太后對於摩登事物的嗜好，以及十九世紀末葉帶洋派美術品的標準紀錄。有心人一看到這類海上風光和廣舶款式，也可知這個大帝國必然快要結束。前兩天曾見到一羣休假美國官兵，各人提了一具照相機（有的還提大小兩具）跟隨兩個矮矮黑黑的翻譯人員到那所陳列室，停留在一些假洋鬼子用的銀餐具和鍍金餐具旁，說明紙上明明寫着銀器，那譯員却肯定說是老佛爺自用金器。大家既不認識中國字，也不認識美術品好壞，倒落得東單小市或廊房頭條銀飾鋪多做幾筆生意。（這些無知的洋兵正可去舖子裏照樣購貨！）前不多久就鬨有個什麼美國讀書人，花四百美金去買一個假洪憲磁瓶，正和美國政府看中中國官僚一樣，看錯了貨色，他人還說不得！頤和園還有一道門開放，對遊人實在方便，卽在山頭上前後山之間，隔絕了智慧海與排雲殿那一道山門。多年來都像是怕走風水，閉得緊嚴嚴的。全園子面積既相當寬，因此許多人，遊逛時，都得考慮考慮足力，好決定行動。一經開放，足力卽不大健全的老太太，不問是劉姥姥或是賈母，也可以多逛幾處地方，且爬到靄山項上到菩薩面前叩頭了。照她們生長時代的習慣說來，這眞是一種功德！中國還是個需要神的時代，不僅僅是些婦人，許多小孩子，也正從另外一種人造的偶像中學習跪拜。要他

們相信自己和科學可以重造這個世界，還
要些時間！

六

天遊園子雖處理得相當整潔，春夏秋星期
的，人也分外多，惟在裏邊開館子作生意
的掌可似乎不怎麼景氣。那些上了點年紀
光景櫃夥計，可能還記得抗戰前數年熱鬧
，客人座次不敷用，還得排號次招
符！現在長廊上逢星期天儘管遊人如織，
這些人可都十分現賀，除了外來鄉巳老，
和什麼特種人物，坐坐館子，本市住的遊
人，多知道自備吃喝。所以這些掌櫃影計
好像隨時都在打哈欠，當衝處間或有幾個
座，得勉強打起精神來周旋呼應，廚房中
也隨時可聽到一片麵杖鍋鍵途響，事實上
仍不兒令人起家糞之感。至於背境處，如
後山松堂，那麼一個胸靜林子，茶座却永
遠是空空的。說架遠一點，他們應當反美
反內戰！因爲初初是復員美軍用罐頭包裝
食物的庭價銷售，大家爲省事起見，即多
自備所需，還擇池方食用。內戰一延長，
近來遊客索興把傾條篇頭也帶進了園子。
因此一來，開館子的自然只能把十年前全
盛時代當成一種歷史嚮往了。

七

許多談人事如今正是個多忌諱時代。並且
一句人耳采眼晴都像是不大關事，一件事
來檢話只要說出去，就總有人歪歪曲曲的
中的討、數會、申引。所以不如談談園子
虫鳥，作爲我這小文結束。
頭和園鳥頃佑富多，春天的鳴鳥和秋
天的季候水鳥，可情我不很清楚。至於夏
天的山鳥，似乎即有十多種。我歡喜不聲
不嚮的戴勝，每逢見它在樹枝間蹤躍，就
好像見到一個老朋友。因爲流寓雲南鄉間
八年，每逢在田坎上散步，即必然可碰到
戴勝，鵲毓和雲雀。鵲鴿歡喜兩兩相伴，
一面叫一面飛，并點頭起伏於麥田中。雲
雀却如雪萊所描寫，先是在草叢中此唱彼
和叫得發歡，隨後即扶搖盤旋而上，一面
叫一面向上飛，直到眼巾看不見時，忽然
又急劇下墮，鑽入草義中，混於那個在草
叢中鳴食的罩裏。尤其是陣兩過後個天氣
放晴，天邊尚有斷虹如一片彩帛懸歪在山
腦哇，這些快樂小鳥，小嚓子叫得眞是全
生命的歎欣！戴勝却居多凝凝傻傻的站在
大路旁，對前來人望着，好像凝情又像好
奇，有時還把頭頂上有緘總子冠毛蟲蟲，
引人注意，直到邁近時，才一翅飛去。這
種情形下多不鳴叫。鳴叫時却有季節性，

坐在人家屋脊上，骨骨骨骨很莊嚴的叫下
去。叫過一陣就沉默等待遠處應和，輪到
它時才又再叫。園中的戴勝多在樹枝間閃
怨即逝，地方環境不同，似乎也影響到這
種鳥類性情。其次是荷池間寄身的翠鳥，
一身綠得如一片翠正，卻比翠王多有一種
流動生命。平時靜靜的斜據荷梗問，一聲
不響，專心一志注意到水面。機會一來，
即如一支綠箭向水面射去，將尖喙插入水
中，把目的物刺中，隨即又唧目的物向荷
花深處消失。行爲震敏而神奇，使人簫訝
造物者之巧慧和深思！但這園子中的鳥
類，還是鳴聲和美的黃鷗有意思。聲音實
在有情感，有個性，有生命。常常是早晚
於林木深處樹杉獨奏而遠處遙遙應和。歌
呼交替可說毫無情慾味，却於清刷園澈中
儼若象徵一種永恆的統制與管鉑，在時空
兩者問唯我獨在。因自信而自尊。高低應
和中尤具有樂律中的對比性。彷佛是自然
哲學，和高級數學，和熱情詩歌三種混和
物。這個混和雖已無從再分解，然而卻依
舊能給這三種不同最高心智以一種深刻的
激發和啓示。歌聲且具有一種希奇效果，
即不在綿延不絕的連續，卻在由短期歌呼
以後帶來的靜默。靜默時比歌呼更動人。
或給人一山靜似太古，日長如小年一感覺
，或給人一曲終人不見，江上數峯青一聯
想。照例是從這個歌呼中把生命比成自然
一部分，如與字宙相契合。如果人生還可
照哲學或音樂字面來解釋，實接觸了一種
更眞實的不同的人生。如果人生只能照一
政治一字面來解釋，那這一個生的存在，
眞無什麼用處，倒不如聽一翠鳥味人一一
用獵檜彈去好，因爲唱的全是冒調，在現
實時代中，眞太不現實了。其高是估時間
空間部分外多的一知了一，多次樹枝高處
，終日作單調急切的聒噪。聲據彼此如一
，卻匯合成一片宏壯，墳滿了音夏空間。
本身體積相當小，嘴尖尖的如一枝針，一
身分量輕輕的，全身帶流線型。視覺官能
因不大運用，已不太靈敏。然知寄托高枝
，即不致於爲頑童所損害。個體生命雖極
短促，全部歌唱却可一直延長到深秋。陣
雨來時，歌唱不免要停一停，一會兒雨過
天霽，又即是吾家天下。這小蟲且有一個
特點，即一切樹枝上都可以棲身，雖各在
不同樹梢頭，早晚鳴聲起落却壁齊畫一，
統一性若自天生。昔人對於蟬的詞賦戀常
說居高而飲潔，都不免富有一點自我戀意
味。中聲喜用蟬蛻作藥引，也充滿象徵意
味，許多病藥中，都得加入三五雋這種空

壳，以爲即可將醫性散發去毒清火！現代
人對於這種生物情感，自然已不大相同。
一致性的合唱，雖情調激越，大可用來象
徵什麼要衣，由於乾燥少個性，引用作詩
歌比興的就不多。正相反，所唱的雖是一
種求生的本能，因爲反復單調，即明自易
懂，但其他不同類生物聽來，却不免感到
神經麻木疲乏，聽來會覺得比流水還少感
情！情緒模糊而見解沉悶，有時便如讀現
代詩和現代文學論文把字撤散後重新隨意
排成的版面一樣。所代表的意義，和眞正
人間語言文字是完全不同的。第二種是鳴
蛋，，這一麼包括有四五種能飛善躍的昆
蟲。聲音多發自草間，也可說是草萊之士
的表現。一般言來，這些生物都胆小而善
艮。個子不大，欲望不奢。同類之中即或
也不免有小小戰爭，却近於小規模短時間
發生衝突，極容易解決。所爭的且可能是
一點意氣，，爲的是這類生物大都早已成
熟，聲音中即可聽出。比如蟋蜂，所爭的
雖同檬是食與性，惟食量既有限，有些且
照例攤有兩三位太太，得失之爭雖激烈，
依然近於面子。有些能飛善躍的鑫斯，且
彷彿是天生素食主義者，且對於生存富有
幽默感。所以振翅增增作聲時，居多倒如
讚美本身存在，別無意義。有的蟲類又鳴
聲迫促，，單調反覆恰如私塾中小學生背
書，背來背去，大家都睡着了。有的又如
老太太念灶王經，只自已求個心安理得，
毫無其他損人利已意思。不過這些小蟲聲
調似乎都有個共通性，即遲暮衰颯感。這
也許是：：上帝意思，，這時代既不需要
神，就說是一自然一也成。自然在許多許
多方面的配備，未必以人爲中心。但這種
草蟲清音的合奏，却可以照詩人的解釋，
說是爲安慰大地的疲勞而有，，未嘗不合
理。對於人，則這種蟲類多於衰草碩垣間
歌呼，且整夜不息，這就不止是象徵衰
老，簡直是衰老一個部門！

八

靄清軒除丁三種聲音，還有一種雖無
生命却彷彿若有生命，雖反復單調却令人
起深沉之思的聲音，即那一縉穿院而過的
流水作成的琊琛。仁智所樂而逝者如斯，
本身雖無生命，但那點赴海就藝一往不同
的願力和信心，却此一切生命表示得還深
刻永久，且作了歷史上重要心智以種種啓
示。滋育萬物而不居其功，偉大處爲一無
私一，一個人悟無生宜從此始。……

八月七日靄清軒中

內政部登記證京警平字第二三四號
經中華郵政登記認爲第一類新聞紙類

本期定價二十五萬元
埠酌加郵費

新路周刊

發行者：中國社會經濟研究會
編輯部：電話四局〇八五九號
　　　　電報掛號：三九六〇
經理部：電話四局〇六九三號
　　　　北平東直門大街九十八號
上海辦事處：
　　　　電話四二二五五—五一號
　　　　上海黃浦路十七號五一室
代售處：全國各大書局

訂銷辦法：

一、本刊歡迎直接定閱八折優待在定閱期間不受中途刊費加價之影響郵資漲價酌扣書刊期滿前另函通知

二、本刊零售暫定每冊二十五萬元預定三個月照價八折加郵費如下表：

（三個月）	
平寄	二百五十萬元
掛號	二百八十六萬元
航平	四百八十萬元
航掛	五百二十萬元
國外	半年美金四元

三、外埠批銷每期至少在十份以上照價七折郵包費外加一律存款發貨特約總經售辦法另議

四、學生集體訂閱特定優待辦法預定三個月每期在十份以上者七五折二十份以上者七折

五、寄遞方法請來函說明舊戶續定或有查詢事項務請註明戶號

六、本刊每逢星期六在上海北平兩地同時出版凡華北區定戶請向北平本刊經理部洽定其他各區請向本刊上海辦事處洽定

新路

周刊

第一卷第十六期

中國社會經濟研究會發行

民國三十七年八月二十八日出版

短評

悼朱自清先生

朱佩弦先生於八月十二日在北平逝世，這是他的朋友的損失，清華大學的損失，也是中國文學界的損失。

在過去二三十年內，凡是愛好文藝的人，都讀過朱先生的作品，也都受過他的影響。他的文章，清淡，和易，親切，讀後不但感到作者文字的優美，同時也感到作者人格的可愛。因爲他的文章，是他的那個可愛的人格的表現，所以他的讀者，并不限於某一階層，也不限於某種年齡的人。在廣大的讀者羣中不管他是年青或年老，急進或保守，住在這邊或住在那邊，都喜歡讀朱先生的作品。我們因此敢說，朱先生的作品，是不朽的，不但現代的人要看，將來的人，也一定會喜歡讀他，像我們現在喜歡讀漢唐名家的文章一樣。

朱先生一生的精力，全貢獻在清華。他的同事，失掉了這個多年共患難的老友，是一個無可彌補的損失。清華的中國文學系，在短短的幾年之內，失掉了聞一多先生，現在又失掉了朱先生，我們希望後起者能繼承他們的遺志，把他們的理想，發揚光大，使其有終久成功的一日。朱先生不但以文章與國人相見，不但以他的學問，領導一個正在成長中的學系，還以他那種中庸之道的性格，在清華的評議會及教授會中，影響整個清華的發展。在這萬方多難的今日，辦大學是一種艱難困苦的工作，有許多難於解決的問題，會不斷的發生。朱先生那種沉着的態度，誠懇的言辭，常在意見紛歧的狀態之中，發生一言九鼎的功效。這一個穩定的力量，現在是喪失了。

爲公爲私，我們對於佩弦先生的逝世，都感到無限的悲傷。在本期中我們發出楊振聲及沈從文兩先生追悼的文章，聊表我們對於朱先生的哀思及敬意。（彭）

新鈔問世

萬民竚候的經濟改革方案，居然出現了。記得一年多以前，也有過一個什麼「經濟改革方案」，不過那一回是爲作文章的（北平有幾位經濟學人，會爲那篇文章舉行過密封批判，結果平均分數是十三分），作完了「佈告週知」以後就算了。何況那還是「行憲」以前的事。「行憲」以後畢竟不同，這一回說了就作，至少簇新的「金圓券」（可能有金光，但是並不硬）是發出來了。

在本期的專論欄中，我們載有一篇文章，分析和批評這次的改革方案，在此不再贅述。從我們在文化界服務的人的觀點來看，在過去這幾年中，我們受盡了政府不負責任的膨脹政策的剝削殘害，這一次爲了自己苟延殘喘能繼續在文化界服務，我們眞是誠心誠意的，焚香頂禮，禱祝這一次的改革能夠成功。

不過，私心是私心，禱祝是禱祝，事實還是事實，『心所爲危，不敢不言』，我們願意在這裏把我們所耽心和懷疑的幾點，扼要提出如下：

（一）在物價果然穩定以後，稅收經過調整，可以增加。但在最初一兩月內，這是來不及的，金圓券的增發率並無法能減至最近法幣的增發率以下。假如在這個初期內，銀錢業系統繼續放款（並且是低利率！），物價如何能穩定？假如在這初起的一兩月期內，物價不能有小康局面，一切計劃豈不是都成空想？政府對於銀錢業，除了增資合併和用紙上條文統制以外，究竟有什麼有效辦法？

（二）檢查倉庫考核囤積，由什麼人去執行？假如過去上海警備司令部的經濟科長能够作弊（我們很佩服並且慶幸佔據這樣一個位置的人，居然會被檢舉看押），政府有什麼有效辦法制止這類事件不再發生？實際上銜入庫檢查的人員們，他們的月薪恐怕比每月四十「金元」（全家一月一共四袋麵，這還是說物價不漲的話）多不了多少。政府是不是相信每人都是聖賢，能够勒緊了腰帶去查抄別人囤積的麵？

（三）手上有三兩塊現大洋或是祖傳下來有一二兩金子的小百姓，他們是否眞去兌換「金元」，我們對之並無興趣。結果，眞去兌換的恐怕只是這些小百姓。但是政府究竟有什麼方法能使洋商鉅賈軍政大員，眞把他們的金條美鈔外匯資產賣給政府或是存在中央銀行呢？政府說它並不是沒收，而是徵購或封存，所以大戶持有人並不吃虧，應當會毫不遲疑的呈繳出來。關於這點，我們覺得政府未免過於簡單，認爲這些大戶必然是「人之大，性本善」。我們希望政府將來不會失望，並且把曾任和現任政府特任以上的大員們所申報和兌換的黃金，美鈔，外匯資產的數目公佈出來。假如他們眞繳够了數，我們本既往不咎的精神，一定不根究這些資產的來源，而反予以旌表贊揚。（汝）

皇赫斯怒・爲虎傅翼・借影嚇人

儘管你擺出正統的面孔，說這是「戡亂」，人民心裏都明白，承八年抗戰之後，民力凋敝，國力耗損，接着便打內戰，爲的只是要維持一黨，亦就等於一姓的政權，是不可寬恕的。不過普通老百姓不曉得怎樣去說話，怎樣去抒其抑鬱之情。怒火燒在心裏，寃抑壓在心裏。只有受過較多教育因而自承是能用知識的人，才知道如何去說話，爲自己抗議，亦爲人民抗議。由於平日浸潤於知識之中，又習於以語言與文字表達其所知所感所欲，遂得以高於一般人的程度發展其人格，遇到橫逆猝至，受正義感之驅策，有時可以發爲咆吼，斥其橫暴，有時可以奮不顧身，批汝逆鱗。有中年青年之分。中年人可望臻於渾到，情與知配合得恰當。青年人往往流於過激，熱情奔放，接近於莽闖。此所以只宜疏導，不可阻遏。防阻之，欲其不趨於所向，適足以增強其其嚮往之忱。清末知識青年趨嚮於革命黨，北洋時代趨嚮於國民黨，何嘗不受誅戮？誅戮一次，革命勢力增漲一次。到了今日，當權者太腐敗，太自私，知識青年要革他們的命，這本是時代進步下應有的現象，不一定有很多人已參加了共產黨。若必欲誣指爲「共黨間諜」，爲「職業學生」，意思是欲打擊他們，實際却是在那裏「捧」好漢，爲共產黨盡義務造就了一批幹部的「原材」。若肯這樣想，小不忍，在「皇赫斯怒」中，不甘心，必要咬青年一口，不亦可以已乎？

最近又演出了一齣「咬青年一口」的亦文亦武的戲文。據說在全國各地一齊演，但似乎因爲北平是「戲劇」的中心，所以特別着重於在北平之演出。北平原有一隻不受「土地老爺」節制的虎，在七月五日那天出現過一次，噬死噬傷了許多人後，喧嚷了將近五十天，尙無下文。忽然天眼開，奇文突出，索性給他傅上翅膀，叫他去作飛撲的姿態，以示威迫，另在「法律」後身樹上一個倒影，讓「嚇壞了的」小夥子對它跪膝叩頭。這一副翅膀不是別的，便是奉命惟謹的行政院在八月十七日頒布的所謂淸除間諜安定後方應行注意事項。這道命令本身的矛盾百出，不必去論它，交給老虎傅在身上，便「殺氣騰騰」起來了。偏偏這些小夥子不識好歹，還在說什麼「畫地爲牢，勢不可入；削木爲吏，義不可對。」

看戲的人看着這齣亦文亦武的戲，是喝采，還是嫌惡？「人心之不同如其面焉。」對這事，我們雅不欲多批評，對這問題，我們亦雅不願多推敲。我們只願提出這樣的一個疑問，請讀者自作回答：以結合青年上場的一個政權是否便這樣以摧殘青年下場？（振）

辯論

社會主義的經濟是否需要計劃

（一）社會主義的經濟需要計劃

負生

我有一個籠統的想法：我總覺得所謂社會主義必然含有計劃經濟的意思。若說社會主義的經濟不需計劃，是不可想象的事情。有這種模糊想法的，恐怕不祇我一個人。但是，既要辯論這問題，我就必須把我這「籠統」「模糊」的想法，給描繪確切，淸楚了。

以下我想說明：（一）社會主義的經濟倘有計劃會有些什麼好處？（二）假如說社會主義的經濟不需計劃是否可能？

我認爲：社會主義具有兩個基本條件。一個是必食取消私有財產制度；另一個是必須實行計劃經濟。以此二者爲社會主義經濟的基本條件，我有如下的推論。

（一）倘使社會主義的經濟而有計劃（我們要注意：這裏所謂計劃，乃是指 planned economy 不是指 economic planning）則會產生許多的好處；這好處可由兩方面來說。

一、在生產方面：可以避免馬克斯所指出的「社會生產之無政府的狀態」。在那種狀態中，包括着：缺乏有意識的社會經濟上的分工；供求不能澈底地「相謀」因而造成的供求失調現象；經濟恐慌；及因經濟恐慌而引起的失業、社會騷動等現象。

二、在分配方面：在社會主義的經濟之下，分配也是社會化的、有計劃的；不是私人的、無計劃的。這樣，一則可以避免私有財產制度下的貧富不均現象；再則可以實現眞正的計劃生產。何以呢？因爲眞正的計劃生產，必需以「用途」的廣狹、急緩，來決定生產次序上的先後。這所謂「用途」，在社會主義的經濟制度之下，當然是指大衆的用途，不是少數特權階級的用途。在資本主義制度之下，生產項目及數量是以利潤多寡或市場的銷路來決定的。如果我們說資本主義的生產，也受「用途」的決定，那麼它便是受少數有能力購買的人們的「用途」所決定。但這與上述以「大衆用途」來決定的社會主義生產，是大不相同了。

（二）以上是專就正面來說，指明有計劃的好處。以下再說明：如果社會主義的經濟沒有計劃，是不可想象的。

一、假定生產事業是私有的，這不可能。因爲所謂社會主義根本就是產業公有公營。生產事業私有而無「計劃」，這正是自由主義的資本主義經濟，而不是社會主義的經濟。

二、假定生產事業是公有公營的而無「計劃」，這也是不可想象的事情。按社會主義經濟的生產公有公營本有兩種意義：一個是取消私產。達到這一點祇要把生產公有公營卽可，也許可以不必牽涉到「計劃」的問題。

但是社會主義經濟的生產公有公營還有另外一個意義：卽要取消貧富不均現象，這就非常要公道的平均的分配不可。而這種分配方法當然與生產息息相關。如果生產毫無計劃，欲求有效的公道平均的分配，如何可能？

三、除上述因社會主義經濟的公有公營而證明需要計劃外，還有一點，値得注意的。卽社會主義的生產方法是以提高全民生活水準爲目標的。爲了達到這個目標，在生產方面，非有全盤的計劃方可。有這種照顧到全局的計劃，至少能提高生產的效率。如果沒有這種計劃，可能又造成了嚴重的供求失調等等現象，則公有公營的意義，也喪失殆盡了。

（二）社會主義的經濟不需計劃

春生

社會主義的定義很多，其中有一點是很多的人可以承認的，就是社會主義之下，生產工具，必需公有。這一點，是資本主義，或其他主義，與社會主義不相同的地方。至于計劃經濟，與社會主義并無必然的連繫性。在社會主義之下，可以不必有計劃經濟，而在其他主義之下，也可以有計劃經濟。蘇聯是一個社會主義的國家，但立國之後十一年，才實行計劃經濟。法西斯的國家，是以實行計劃經濟出名的。就是資本主義的美國，在大戰期內，也實行計劃經濟。所以海耶克（F. A. von Hayek）曾說過：我們可以有很少的計劃，與很多的社會主義；也可以有很多的計劃，與很少的社會主義。由此可見這兩個範疇，社會主義與計劃經濟，是不必拉在一起的。

我是反對社會主義與計劃經濟連在一起的：我主張要社會主義，但是不要計劃經濟，其理由有五：

第一，計劃經濟，妨害了消費者選擇的自由。在計劃經濟之下，一個國家的生產設備，應當生產一些什麼東西，不是由消費者通過價格機構而決定的，乃是決定于設計機關的少數人之手。少數人的決定，必然是武斷的，因為現在的社會科學，還沒有產生一種方法，可以讓人在事先正確的預測消費者對于某項物品需要的數量。所以計劃經濟，必然是以少數人的判斷，來代替全民的判斷。這種生產的方法，可以產生兩種結果，其一為計口配給制，即是由設計機關生產某一些物資，而將這些物資，根據某種標準，分配給消費者。消費者假如是喜歡吃豬肉的，而分配到手的乃是羊肉，他也只好忍受。另一結果，就是由設計機關生產若干物品，而讓消費者在這些物品之中，可以有某項程度的選擇。譬如設計機關對于肉類，可以決定供給四種：即豬肉，羊肉，牛肉，雞肉。在此範圍之內，消費者可以任擇其一，但消費者不能選擇魚肉，因為此項物資，根本不在生產計劃之內。有許多人，以為計劃經濟，辦到了後一種結果，即已顧到了消費者選擇的自由，實為一大錯誤。消費者選擇的自由，只有在他的選擇，可以影響到生產因素的分配時，才算是完全實現。假如生產因素的配合，早已由設計機構決定了，消費者只能在由于這種生產因素的配合而生產出來的物品之中，有所選擇，還不算保有選擇的自由。

第二，計劃經濟，妨害了人民就業的自由。計劃經濟，既然要規定每項物資生產的數量，因此同時也就要規定生產某項物資的人數。譬如在某項計劃之下，規定在一年之內，要生產烟煤一億噸。這一億噸烟煤的生產，在某種生產技術之下，假定需要四十萬人。這四十萬人的募集，大約只有兩個辦法。第一個辦法，就是强迫徵工。為要實現一億噸的生產計劃，既非有四十萬人不可，那麼設計機構，可能採取最簡便的方法，武斷的分配四十萬人給生產烟煤的機構。這就妨害了人民就業的自由，因為這四十萬人中，也許有很多的人，是不願意當礦工的。另外一個辦法，便是將礦工的工資，不斷提高，到招足了四十萬人而後止。採取後一個辦法，雖然沒有妨害人民就業的自由，但是違反了另外一個經濟原則，便是生產因素的合理分配。

我們反對計劃經濟的第三個原因，就是因為他無法達到生產因素的合理分配。生產因素的合理分配，是任何社會中最重要的問題。一個國家中人民生活程度是否能夠提高，就要看生產因素分配是否合理而定。假如某項生產因素，用在甲種企業中，可以產生一百元的價值，而在乙種企業中，只能產生八十元的價值，那麼他就應當放在甲種企業中。最合理的生產因素分配，假如我們用經濟學的一種術語來講，就是要使每一種生產因素的所得，等于他的邊際產品的價值。這一種境界，只有在完全競爭的情形之下才可實現。在計劃經濟之下，對于任何生產因素（資本，勞力，或土地）的利用，因為係武斷的，所以不能恰到好處。他對于生產因素的利用，可能發生兩種結果，一為利用不足，如某項企業中應用勞工二十人，他却只用了十五人；一為浪費，如某項企業中只能用勞工二十五人，他却用了三十人。利用不足與浪費，對于人民的生活程度，都有不良的影響。

第四，計劃經濟，必然會產生計劃的浪費。在計劃經濟之下，必然在中央要有一設計機構，在各省市，各生產單位中，要有分機構。這些機構之中，要僱用許多統計員，會計員，抄寫員，製表員，畫圖員，工程師，技術員，經濟學者。這些人的數目，合起來是可觀的。計劃製定之後，各生產機構，是否照此實行，非時加考核不可，因此另外還需一套考核的機構，并且在各省市，各生產單位中，要有考核員，監視員，督察員。這些人的數目，合起來也是可觀的。假如沒有這一些人的存在，生產工作依舊可以進行，那麼國家僱用這一些人，完全是一種浪費，對于人民，一種不必要的負擔，正如承平時代，軍隊對於人民是一種不必需的負擔一樣

最後，計劃經濟，必然產生經濟權的集中，因而容易為野心家所利用。

許多人以爲計劃經濟，起源于蘇聯，其實，埃及第一個造金字塔的皇帝，就是實行計劃經濟的。他把握着國家裏的人力與物力，而把他們用在建築金字，上面。假如埃及的人民，可以自由選擇，他們決不敢把生產的原素，照着國王的心理去安排。我們現在是二十世紀，當然不會再出一個造金字塔的野心家，但是也不敢保險實行計劃經濟的國家，不出一個拿破崙或希特勒。他可以鞏固城防爲名，或以保衞某種主義爲名，把一國的資源，用在窮兵黷武方面。這種不幸的可能，是任何社會所不能不預防的。

由于以上的看法，我主張在社會主義之下，仍然維持價格機構，用價格機構來決定生產數量及生產原素的分配，而不假手於任何中央設計機構。在資本主義輕變爲社會主義的過程中，也就是私有生產工具，轉變爲公有生產工具的過程中，大的生產單位，依舊維持公司的形式。公司的董事會，在資本主義之下，是由股東選出，對股東負責的。但在社會主義之下，我們無妨採取法國國營事業的經驗，此種董事會由三方面共同產生 卽政府，生產者及消費者。董事會選派經理，其用人權不受政府的干涉。公司的生產方針，不以謀利爲目的，而係照政府所指示的下列原則進行。

第一，一切生產成本，須減至最低的限度。

第二，生產的數量，要到邊際成本，等于價格爲止。

第三，對於生產因素所付的代價，須使其等于邊際產品的價值。

以上這三條原則做到了，生產因素，便得到了最合理的利用；產品的數量，也就是最適宜的，人民的生活，在固定的情形之下，也就達到了最高的水準。

學過經濟學的人都知道，我上面所列的原則，就是完全競爭下的生產原則，只有在價格機構存在之下才可以運用。因此，我主張在社會主義之下，要保存價格機構，要讓一切生產事業，參酌價格機構的實際情形，遵照上列的生產原則，去進行生產的工作。

答春生

負生

拜讀了春生先生這篇「社會主義的經濟不需計劃」之後，十分佩服他推理的周密。我對經濟學本來是門外漢，不過既然站在「社會主義的經濟需要計劃」的立場講話，便不能不舉出一些爲自己立場辯護的理由。在未得到春生先生再對我下面所舉的理由駁覆以前，我仍然相信社會主義的經濟需要計劃。

在舉出我對春生先生文中所列各點答覆以前，我願意先申明一句：我覺得春生先生的立脚點根本和我的不同。我所注意的是分配問題，我認爲社會主義的生產之所以需要計劃，第一便是爲了使人們的生活必需品有普遍性的分配，其次纔是爲了所謂選擇，或較好的享受問題。但春生先生似乎仍然有意無意地假定了一個私產制度的社會（雖然他在文首曾先聲明：他同意在社會主義制度下，生產工具，必需公有）。這一點是我們基本的差異。以下逐次答覆春生先生文中所述各點。

（一）春生先生說：計劃經濟妨害了消費者選擇的自由。關於這點，我分兩方面來說：第一，我要問：在資本主義社會中所謂『消費者有選擇的自由』，其中之「消費者」是那些人？有多少人？假定全社會有一百個人，也許在資本主義社會中，「眞正」在實際上能享受此種自由的，祇有二十個人。其餘的恐怕都是「力」（購買能力）不從心，所以他們實質上等於沒有這種自由。不但不能自由選擇吃猪肉抑吃羊肉，他們根本就吃不到任何肉！如果不以去題太遠見責的話，我還要補充一句說：他們連吃飯都吃不飽，何況「選擇」吃肉？

第二，拋開反問不管。須知在社會主義制度下，也未嘗不可以使消費者，有所選擇。例如蘇聯今日對於勞動者，使採取所謂貨幣支付制度。在這種制度下，勞動者得到了貨幣，當然可以購買他願意買的東西。這何得謂之曰：無選擇的自由？

照我的拙見：惟其有「計劃」，所以纔能調查需要的種類、數量，而相應地生產。惟其無「計劃」，所以纔發生：生產和需要不調協，以致有需要的東西沒有生產，生產的東西沒有需要的現象。

也許在計劃經濟的初期，爲了「先」普遍地滿足大衆的基本需要，使各得溫飽；可能有不能生產奢侈品或可供「選擇」的物品的現象。但這正是社會主義的精髓所在。這不但不是春生先生所說：司設計的「少數人的決定」；相反地，這乃是社會全體大衆的普遍的需要。

（二）春生先生說：計劃經濟妨害了人民就業的自由。關於這一項，我也有兩點可說。第一，試問：在資本主義制度下，人們就業得到了什麼程度的自由？恐怕因爲生活問題的逼迫，大家還不都是有事就做，管什麼「興趣」不興趣，談什麼選擇自由！因爲自由的選擇至少要有兩個 alternatives。如果一個 alternatives 是你沒有興趣的工作，另一個是沒有工作（即失業——自由的資本主義經濟制度的特產品），你當然「選擇」第一個。但是這個「選擇」够得上十足意義的選擇麼？它的本質不正是「被迫」麼？在生產自由競爭，出賣勞力自由競爭的制度下，人「們」能有眞正意義的就業自由麼？我請問春生先生以及其他所有主張自由經濟的學者？

第二，反之，在實施計劃經濟的蘇聯，倒可以有這種自由。蘇聯的所謂計劃經濟乃是先由中央決定原則，然後把它發佈到各地方或各生產部門中去，在決定一種生產的詳密計劃之前，工人們都來參加。在這種情形下，工人反而可以對於所要參加的工作，有所抉擇了。春生先生所擔心的：設計機構武斷地分配工人就業的事實，就不會發生，或至少是容易避免的了。但在自由經濟的資本主義制度之下，如第一項所述，即使有表面上的所謂就業的自由，在本質上（亦如第一項所分析者）却正是就業的不自由。

（三）春生先生又說：計劃經濟無法達到生產因素的合理分配。我奇怪：何以在我看來是在計劃經濟下恰好可以辦得到的事情，春生先生偏偏說辦不到，而是在自由經濟下能辦到的。生產因素合理分配的重要性，誠如春生先生所說。但是我不能解：『在計劃經濟之下，對於任何生產因素（資本，勞力，或土地）的利用，因爲係武斷的，所以不能恰到好處』。我不明白：何以「計劃的」便必然等於「武斷的」？也許春生先生可以說：『因爲計劃的是少數人的計劃』！若果如此，那麼我們就不能不認爲代議制也是「武斷的」了。何以呢？因爲以議員的人數和全體選民比較，則議員也是「少數的」！

我覺得：根據在決定計劃之前，大家都參加意見或批評一點言，我們沒有理由認爲此種「計劃的」便是「少數人的」；亦猶之不應承認代議機構的來源是少數人的一樣。但在制定細目詳情的階段，便似乎必然地由比較專門的人才來做，根據此觀點言，計劃也可以說是少數人的。可是，這個所謂「少數的」亦猶之議會是少數人一樣。

另有附加解釋者：不但「少數人的」可以不是「武斷的」，即「一個人的」也不必然是「武斷的」。例如君主固爲一人，但他既可以實踐着「君主制」，也可以實踐着「暴君制」。在後一例中，他是武斷的：因爲他以自己的意志代替全民的意志。在前一例中，他不是武斷的：因爲他以全民的意志爲意志。可見即使是少數人的，一個人的，也不必就是武斷的。

「計劃的」既不必是「武斷的」，則「不武斷的」計劃，就不會使生產因素發生分配不合理的現象。春生先生所舉「利用不足」及「浪費」兩種現象，在我這不懂經濟學的人看來，正是自由經濟的毛病，而春生先生却說它們都是計劃經濟的毛病。試問既有「計劃」，何以會產生春生先生所舉的『如某項企業中應用勞工二十人，他却只用了十五人；某項企業中只能用勞工二十五人，他却用了三十人』的現象呢？這「計劃」能會糊塗到這種地步麼？再退一步說：即使「計劃」可能如此糊塗，但這只是計劃不精，並不能證明：『不需計劃』。總之，無論如何，我總認爲：承認在散漫而無人爲的控制的自由經濟制度下，容易、更容易，有春生先生上述的現象；而在計劃經濟之下，不容易、甚至不可能，有上述的現象。

（四）春生先生第四點是說：計劃經濟必然會產生計劃的浪費。我讀到春生先生文章這一節，想到一個比喻。我以爲如果認爲計劃的工夫和勞力是浪費，那就像說：一個夜行崎嶇路途的人用他的腦力來考慮前面的一步是否有個懸崖，俾決定止步與否，是腦力的浪費一樣。如果春生先生認爲這也是浪費，那麼，我也承認計劃經濟的「計劃」是「浪費」。不過，仔細想來，這能講得通麼？

其次，計劃經濟不見得是必需有許多「計劃專家」，相反地，乃是各種生產部門，甚至於工人，都要參加的工作。即使有春生先生所說之：統計員，會計員，抄寫員，製表員，畫圖員，工程師，技術員，等等，我恐怕這些無一不是在自由經濟下私人生產機構中所有的。若然，則這適足以證明他們是任何經濟制度下所必需的，而不是浪費的。如果春生先生認爲僱用這些人們的擔負，在計劃經濟下，『對於人民是一種不必要的負擔』，難道在自由經濟下，由資本家把這些消耗輾轉加入商品的成本中，因而也轉嫁於「人民」的擔負上去，就是「必要」的了麼？

再次，如果眞談所謂「浪費」，那麼，在自由經濟的資本主義下的週期性的恐慌，就整個社會觀點說，纔是最大的浪費。有人說：美國一九二九年的經濟恐慌，比美國打一個最大的敗仗損失還大！未知春生先生對此如何解釋？

（五）春生先生尚有第五點：計劃經濟必然產生經濟權的集中，因而容易爲野心家所利用。我認爲：若談經濟權力的集中，那麼現在獨佔的資本主義時代，經濟權是眞正够集中的了。我們試一看資本主義國家的大

cartel 和 trust 即知。而獨佔的階段乃是自由經濟必走的階段，所以自由經濟也絕對不能避免經濟權的集中。惟其是在私人手裏，而且又集中，所以這種權力纔可能和服務 (service 當然是社會性的服務）脫了節。英國唐納 (R.H.Tawaey) 所大聲疾呼要剷除的，就正是這種（他所謂：）「經濟的寡頭現象」(economic origarchy)。相反地，在計劃經濟的制度下，因爲計劃並不是一兩個人，或少數人的，所以其「計劃」的內容，目的都會是爲全民福利着想的。因此，祇若眞是我們上述所謂「計劃」（如果不是，那自然又當別論），則不會有春生先生所擔心發生的現象。我覺得在眞正十足完滿意義的計劃經濟之下，經濟權力不能謂之爲「集中」：因爲大家都參加決定這計劃了。卽使叫做「集中」，此種權力也較自由的私人經濟下集中的經濟權力，不易被濫用 (abuse)：因爲大家都參加運用這計劃了。

春生先生最後一節，卽『由於以上的看法.　　』一節，其中所說，仔細分析起來，似乎又含有「計劃」的味道了，不過其計劃和我所謂計劃，也許稍微不同，但距離他所贊成的「自由經濟」也許更遠一些了罷？

一九四八，八，十七，於看雲樓。

答負生

春生

負生先生認爲社會主義有兩個基本條件，一爲取消私有財產制度，一爲實行計劃經濟。本來社會主義的定義是不同的，春雲先生自然可以有他的定義。但我願意指出的，就是科學的社會主義，至少有一百年的歷史，而計劃經濟的提倡，及其理論的闡揚，乃是蘇聯立國以後的事。傳統的社會主義理論家，對于取消私有財產制度一點，可以說是大體同意的，但對于計劃經濟，則很少有人談起。卽以馬克斯的「資本論」而說，在那二千餘頁的鉅著裏，只有很少幾處，談到生產要遵照計劃，但言而不詳，不知其命意何在。現在，各國信奉社會主義的人，有許多不主張計劃經濟，而且以爲社會主義如想「以提高全民生活水準」爲目標，必須放棄計劃經濟。我的看法，是與這一些人相同的。

負生先生主張社會主義，必須與計劃經濟相輔而行，其主要的論點有三。第一，他以爲沒有計劃經濟，供求就不能澈底地相謀。其實，在計劃經濟之下，計劃者所能勉強控制的是「供」，至于「求」，他是不知道的。我們每一個人對于自已生活上的需要，在一年之內，到底是一些什麼，我們自已都回答不出。這個需要，時刻在那兒變動，影響這個變動的原素太多了，收入是其一，物價是其二，嗜好是其三，風俗習向是其四，還有其他原素不勝枚擧。連消費者本人都沒有法子回答出來的問題，計劃者如何能回答得出？因此，假如他計劃生產皮鞋一千雙，或無線電收音機一百架，這種決定，必然是武斷的，決沒有由價格機構中所表現出來的需要那樣的客觀。在價格機構之丅的生產，供求失調是不可免的，還此需要隨時調節。調節得當，失業是可以避免的。在社會主義之下，失業的避免，尤爲容易，因爲社會主義的政府，可以隨時創造新業，來安插那些失業的人。

其次，負生先生以爲社會主義的生產，是爲大衆的，我很同意；但他說以大衆用途來決定的社會主義生產，只有在計劃經濟之下可以達到，則我不能同意。私有財產下貧富不均的現象，使資本主義的生產，有一部份受少數有能力購買的人們的用途所決定，因而產生奢侈的浪費，那是有目共覩的。但在社會主義之下，大家都只有勞動的所得，而沒有財產的所得，貧富不均的現象，自然要改善許多。這種改善情況之所以造成，并非由于計劃經濟，而是由于私有財產的廢除，這一點我們非弄清楚不可。在社會主義之下，貧富不均的現象，雖然改善了，但并不能取消。斯大林曾說過：「如果由此作出結論，說社會主義要求把社會組成員們底需要都平均，劃一和均等起來，要求把他們的胃口和個人日常生活都均等起來，說按馬克斯主義者底計劃，大家都應當穿一樣的衣服，吃一樣和同等的飲食，那就是胡說八道。」所以在社會主義之下，收入還是有差等的，因而消費也有差等，不過這種差別不如資本主義中那樣顯著就是了。他們既然不穿一樣的衣服，吃一樣的飲食，那麼他們所穿的，所吃的，應該是由誰決定，方合于他們的需要呢？是由他們自已決定呢，還是由第三者代爲決定呢？我想假如我們眞是顧到大衆的幸福，那麼這種決定，最好是留給大衆。否則大衆要吃麵，而計劃者供給米（沒有麵時，大衆也只好吃米）；或者大衆需要一百斤米，而計劃者只供給八十斤（大衆對于不足的二十斤，只好以別種食物來補充），那只能使大衆感到生活不舒服，不滿足。

第三，負生先生說生產事業私有而無計劃，還是自由主義的資本主義的經濟，而不是社會主義的經濟。自由主義這一個名詞，介紹到我們這個辯論裏來，是很好的。自由主義應用在經濟的領域裏，就是消費者選擇的自由，以及勞動者就業的自由。我可以引申負生先生的話說：生產事業私有而有計劃，是極權主義的資本主義的經濟；生產事業公有而有計劃，是極權主義的社會主義的經濟；生產事業公有而無計劃，是自由主義的社會主義的經濟。我是贊成自由主義的社會主義經濟的，因爲在這種經濟之下，階級的現象取消了，貧富不均的情形改善了，奢侈與失業的對立不存在了，同時還維持着消費者選擇的自由，與勞動者就業的自由。我們應當擇善而從，所以我們要社會主義，但不要計劃經濟。

專論

改革幣制法案的檢討

劉大中

醞釀已久的穩定金融改革幣制緊急命令，終於八月廿日公佈出來了。這一次的改革，雖然不够澈底，不够圓滿，但政府總算是拿出來了一個辦法。這一套法案，問世不到兩日，我們還沒有詳盡研討的機會；但是事關重要，我們願意先把初步意見提出，供大家參考。

本文共分三節。第一節是改革法案的扼要敘述。在第二節中，我們把有關這個法案成敗最重要的一個關鍵指出；政府對一般人民的最低生活負有保障的責任，對於這個關鍵，有義務使其立卽穩固。最後在第三節中，我們把這個法案的其他缺憾，約略的討論一下。

第一節：改革辦法的內容。

此次的經濟改革辦法，共分金圓券發行辦法、金銀外幣處理辦法、國外外匯資產登記管理辦法、和管理財政及加強管制經濟辦法四種。我們現在把各項辦法，扼要敘述如下：

（甲）金圓券發行辦法：

（一）我國以後的貨幣，改以金圓爲單位，每圓的含金量定爲〇・二二二一七公分（恰爲美金一元含金量的四分之一）。但是這不過是法律上的一個定義，實際上政府並不鑄發金圓，在市面上流行的，主要的仍將是紙幣，取名：「金圓券」。人民並不能持這種紙幣向政府要求兌換黃金，也不能自由購買外匯。所以我們所採用的本位制度，並不是正統的金本位，也不是金匯兌本位，實際上仍是紙本位，是一種用黃金來下定義的紙本位。

（二）在十一月二十日以前，人民可將現行法幣調換金圓券，兌換率是三百萬元法幣對一金圓券。在該日前，法幣仍准按這個兌換率在市面流行。

（三）金圓券的發行，採所謂「十足準備制」，卽每發一元的金圓券，政府手中卽須有價值一元的資產作準備。在這種準備中，百分之四十定爲金、銀、外匯，其餘是有價證券及政府指定的國有事業資產。這一條最是無聊，我們在第三節中討論。

（四）金圓券發行總額以二十億元爲限。組織「金圓券發行準備監理委員會」，每月審核發行和準備數額，並公告全國。凡發行數超過準備值時，中央銀行卽須收回發行，或增加準備。

（乙）人民所有金銀外幣處理辦法：

（一）金、銀、銀幣、和外幣，從此禁止流通、買賣或持有。持有人必須在九月卅日以前，兌換金圓券；黃金按每純兩二百金圓，白銀按每純兩三圓，銀幣按每元二元，美鈔按每元四元兌換。

（二）除去兌換金圓券外，持有人還可以用所有的金、銀、銀幣、和外幣去購買三十六年美金公債；或存儲在中央銀行，然後憑輸入許可證，支付輸入物品的貨價，或支付經財政部核准的其他用途。

（三）金、銀、銀幣、外幣禁止出口；携帶進口時，也應按上條規定，兌換金圓券（少數例外規定，無關重要）。

（丙）人民存放國外外匯資產登記辦法：

（一）人民應將截至卅七年八月廿日止存放國外之外匯資產（包括活定期存款、金、外幣、證券、股票、債券、地契、及一切流通票據和支付權益等），在十二月三十一日以前，向中央銀行申報登記。以後獲得的外匯資產，也須在獲得後兩個月內申報。

（二）凡申報登記的外匯資產，其存款、外幣、及資產之權益或變賣所得的部份，均應移存中央銀行（少數例外規定，無關重要），但可爲下列目的支用：一、經財政部核准的正當用途，二、憑輸入許可證支付輸入貨款；三、兌換金圓券；四、購買卅六年美金公債，或政府將來發行之金圓公債。

（丁）管理財政及加强管制經濟辦法：

（一）稅率、和國營公用及交通事業之收費，准參照戰前標準調整。

（二）剩餘物資及接收敵偽資產業，儘量加速出售，增加國庫收入。

（三）繼續統制外匯，有正當用途者，由政府核准結售。

（四）輸入繼續採用限額統制；輸出所得外匯全部售與中央銀行。

（五）匯率定爲每元美金折合金圓四元。

（六）各地物價，照八月十九日價格，依兌換率折合金圓出售，嚴格取締違反議價限價規定。

（七）實行倉庫檢查，登記其進出貨品，取締囤積居奇。

（八）公敎人員的待遇，以金圓券支給。在京滬區的，月薪在四十元以內者實發，四十元至三百元部份支十分之二，三百元以上部份支十分之一。其他區域按七月份與京滬區的比例調整。

（九）民營事業員工薪資，一律按八月份上半月標準，折合金圓券發給。

（十）國家行局不得作商業性質的放款；對於奉行國策的貸款，應負考核資金運用和成效之責。

（十一）商業行莊應恪守法令，不得繼續經營物品購銷業務；並限令於兩個月內，增加資本至政府規定之最低額，其現金增資部份，不得少於百分之五十。

（十二）市場利率應予抑低；各地匯水應予調整。

第二節：成敗的關鍵

這次發行的金圓券，既仍是不兌現的紙幣，那與以前的法幣（與發行三百萬元票面的法幣大鈔）又有什麼分別呢？

究竟是否有分別，要看政府是否有能力實踐「金圓券發行總額以二十億圓爲限」的諾言。這個諾言之能否實踐，又須看以後政府財政收支的情形，是否能像財政部長王雲五氏所說的那樣樂觀。

王雲五氏在十九日發表的談話中說：「…今後總歲出預算如能力從撙節，控制得宜，每年實際支出當可減至九億美元之等值，即金圓三十六億圓。至於歲入方面，……估計關稅全年收入爲金圓四億八千萬圓，貨物稅七億圓，直接稅三億六千萬元，鹽稅三億二千萬元，其他各稅連同國營事業盈餘規費收入等共二億元，出售剩餘物資敵偽產業等約四億元，以上收入共金圓二十四億六千萬圓，收支相抵，所短之數爲十一億四千萬元，約當總歲出百分之三十弱，擬運用美援以抵補其一部份，其尚不足之數，當發行金圓公債，以資彌補」。

關於支出和稅收的估計，王雲五氏應有其根據，如果相當精確的話，赤字支出不過十一億金元强；而此次美貸中可由政府出售的物資價值卽應在一億五美元左右，約合六億金圓，以此抵補後，所餘赤字支出不過五億金圓左右。五億金圓的赤字支出，想要完全用非膨脹性的公債（由人民直接募來的公債，而不是透過銀行系統放出去的公債）來抵補，事實上也並不容易，但是這赤字數量究竟並不太大，物價應可小康局面。問題是：赤字支出眞會這樣的小麼？我們的答案是：赤字支出是否眞能這樣小，除去看軍事局面以外，完全要看最近兩三個月內的物價，是否能有暫時的穩定。

王雲五氏對於政府支出的估計，自然是按現時的物價算的。假如目前物價繼續上漲的話，支出的數值自然會比例增多。根據過去的經驗，稅收的調整是相當費時間的事，所以在稅收能如預期增加以前，金圓券的發行只有陸續增加，二十億的限度很快的就可以達到。達到以後，政府除非關門，否則如要繼續執行政務的話，金圓券只可繼續發行，在現實的世界中，是沒有什麼魔術手段可以用的，二十億限度的諾言，將必不能實踐。所以現時最主要的問題是：物價是否能有一個暫時穩定的局面呢？

物價是否能有一個暫時穩定的局面，事實上完全要看政府自己怎麼去作。我們可以很簡單的分析一下。在最近一個月中（甚或兩個月中），政府的稅收還是無法能有大量的調整和增加的。稅率的折算公佈，商人們的拖延，和稽征的手續，都是費時的。在這個期內；政府仍將依靠發行金圓券來應付支出，情形和以前沒有什麼分別，所有以前存在的膨脹因素，繼續存在，物價仍有繼漲的趨勢；所差的只是新幣發行對於人民（特別是商人）心理上可能有之穩定作用而已。但是商人是最聰明不過的，假如金圓券按以前的速率增發，這種心理上的穩定作用，很快的就會消逝的。所以在這一兩個月內，政府必須採用特殊的方法，去抑制物價，直到稅收的調整發生效用以後，再作通盤的長久計劃。

政府能用什麼特殊方法在這一兩個月內去抑制物價呢？是「議價」嗎？是「限價」嗎？這種百試不靈只用冰枕頭而不用消炎藥的退燒方法，顯然是可行而無大用處的。我們只要用一點最淺近的經濟學原理，就可以知道這特殊的方法是什麼。物價的上漲，是法幣數量、法幣流通速率、銀錢業信用款項、和銀錢業信用款項的流通速率四項因素增加的總結果。方才已經說過，在這一兩個月內，政府是沒有方法能減少金圓券的增發的。所以第一個上漲因素無法取消。金圓券和舊法幣的流通速率是操在一般人民的手中的，政府亦無有效的方法可以控制。第二個上漲因素，也無法應付。剩下的就只有銀錢業的信用款項和它流通的速率了。

爲求暫時的物價穩定，政府應立即封凍行莊（國有和私有的）存款，停止行莊放款（例外的放款，我們在此不能詳論，容另爲文解釋），使銀錢業信用款項的作用，差不多完全消逝，用以抵消金元券增發的惡影響，直到稅收的調整和增加達到預期的數量時，再作通盤的籌劃。

銀錢業在我國是一個極大的威權集團，封凍存款和停止放款對於他們自然是一種損失，縱然政府肯這樣去做，他們,自然也必會盡力反對。在這次改革幣制方案發表以前，我們也曾聽到政府將對銀錢業取斷然處置的傳說，但是就已經公佈的方案來看，除了限期增資和一些作文章式的規定以後，並沒有大刀闊斧的斷然處置，足見金融勢力的偉大，和政府的畏縮。但是政府實際上已到了作一決定的最後關頭：它必須要決定，內戰的費用究竟還是用賦稅的方法取之於有錢的人，還是用通貨膨脹的方式取之於一般民衆。它若決定用前一種方法，此次的幣制改革必須成功；換言之，按我們以上的分析，在稅收未能如預期調整、新幣增發無法減低之前，政府必須封凍銀錢業存款和停止放款（例外情形，另文討論）。它假如還是不敢向銀錢業採用大刀闊斧的手段，則這一次幣制改革終必失敗，現政府的命運也就從此絕定了。

第三節： 其他的批評

我們對於此次改革方案的主要批評和建議，已如上述。此外，這次改革還有幾點次要的缺憾，分述如後：

（一）在「金圓券發行辦法」原文和王雲五氏的談話中，政府特別强調這一次新幣發行準備金的充足，說什麼「每一金圓券都有十足準備」。國民黨在各地所辦報紙，也是在加重宣傳這一點。例如，北平華北日報二十二日的社評說：「新幣制的優點甚多。第一爲確定含金量而準備充足。新幣二十億元之準備金，包括二億美元金銀外匯三億美元可靠物資。發行辦法第八條並明定採用十足準備制，較世界各國銀行發行基金三分之一或十分之四之慣例，可謂異常充分。且與金銀外匯發生聯繫，可互相制約，而收抑低物價穩定信用之效。」這全是自欺欺人之談。這些「金銀外匯」和「可靠物資」，政府在未發行金元之前早就都有，何以法幣會貶值到如此可憐地步。在不兌現的紙幣制度和外匯受强度統受之下，準備金的多少與幣值的高低，可以說是風馬牛全不相干，政府又何必拿這種十九世紀的經濟學來欺騙人民？在發行新幣正需取信於民的時候，政府益採用這種欺騙式的說法，是極不聰明的事。（讀者可參閱本刊第一期「準備金多了有什麼用？」一文。）

（二）「人民所有金銀外幣處理辦法」僅命人民將截至三十七年八月二十日止之外匯資產呈報。按各國先例，這個日期總是定在命令頒佈的幾個月以前的一天，在這期內的外匯資產數量，如有變更，告報人應解釋用途。這樣可以使事前聞風變賣逃脫的人，白費精力（我們應注意，封凍外匯資產的事已經鬧得很久了），政府並未注意到這一點。

（三）辦不到的事，如果隨便發道命令說是要辦，而結果依然是辦不到，政府的威信沒有不減落的。政府過去這種經驗非常豐富，但始終未明白這個教訓。這一次又要禁止人民存有金、銀、銀幣、和外匯資產了，和何有效執行呢？我們從條例上既看不出來，從經驗中也想不出來。假如外商銀行和企業，我國自己的豪門和巨吏並不交出多少，而小民手中的幾塊現大洋則必須交出，去換那前途尚無把握的金圓券，這如何能算公平？最好的鼓勵人民守法的辦法，莫如由政府先催上面所說的特殊階級先繳，然後把他們所交的數目公佈出來，以取信於人民。人民看見這種成績以後，自然也就肯「合作」了。

（四）另外一件辦不到的事，是勸令各地物價照八月十九日價格依兌換率折算。政府有什麼把握覺得它能確實執行這條命令；若是不能執行，豈不是對這次改革條例的威信立予打擊。事實上，這兩天的價格，有漲有落，已經不是十九日的價格了。同時在稅率、及國營公用和交通企業依照命令「參照戰前標準調整」以後，其他物價如何能不變動，爲什麼不應變動？

（五）月掙四十元的小書記的薪水，「按八月十九日的價格折算」，不過買上四袋多麵。假如他不自度力量而娶妻生子，兩三個兒女又都不能享受憲法上的權利免費入小學，叫他如何應付這一家的最低生活和教育需要？是不是鼓勵他去作弊？假如他官卑職小作不着弊又當如何？他的「公館開支」是不是也能和他的長官一樣向衙門報銷？

（六）最後一點，也是最小的一點。爲什麼「外匯資產」的持有人將來可以購買「金元公債」（外匯資產登記辦法第十條），而「金銀外幣」的持有人則不能呢（金銀外幣處理辦法第四條）？

八月二十一日於清華園

法越戰爭的經緯

楊思慎

自一九四五年九月起，法越雙方的戰爭，斷斷續續，直至於今，始辭未得一撤底解決的途徑。但越盟方面是愈戰愈強，愈戰愈得人民的擁護，法國方面則是愈戰愈絀，愈益喪失各方的同情，看來越南的獨立已是時間問題，而法國的努力保持殖民政策，終將是徒勞無功。

日本佔領時期，越南抗日各黨派聯合組成越盟，在堅苦的對日遊擊戰中，日益堅強壯大起來，一九四五年日本降服後，卽成立越南共和政府，黨派的基礎愈形擴大，此時法國軍隊，在英軍庇護之下，在交趾支那登陸，隨卽與越盟軍隊發生衝突，同時北方登陸部隊，亦與越盟軍展開戰爭，一九四六年三月六日，法越雙方，始成立協定，法國承認越南爲越南聯邦中自由邦之一，並與越南聯邦，共同參加法蘭西聯邦（French Union）。越南則允許法軍和平進駐東京，並承認法國在越南的多種特殊權益。但到法軍登陸之後，才知道法越兩方對協定內容的解釋大有不同，因而再度引起衝突。

法越兩方對於越南共和國的主權與領土，都有絕不相容的主張。在主權方面，越盟所要求的是眞正獨立的越南，無論經濟軍事外交全由自主，加入法蘭西聯邦僅是道義上的結合，而無主從之分。而法國人心目中所認可的自由越南，僅不過是地方自治的別名，照法方的計劃，自由邦須聘法人爲顧問，法軍仍常駐越南，海關由法國代管，教育由法人主持（包括書籍和電影的控制，以及出洋留學生的選拔等），外交不許自主（拒絕越南加入聯合國），甚至地方警察亦仍由法人掌管，不許變更以前法國的警察組織，兩方觀點的相達，眞不啻十萬八千里。

在領土方面，雙方觀點上的距離，尤爲遙遠。法屬安南原分東京，安南，交趾，東埔塞，老撾五部，東埔塞居民爲庫美爾人，老撾居民爲老撾人，均自爲一族，風俗習慣語言亦不相同。而東京，安南，交趾三部則俱屬安南人，無論語言風俗文化傳統，均應合爲一邦，越盟方面所要求之越南，卽爲東京，安南，交趾三部統一之自由邦。法國則堅持五部分立，一九四五年三月二十四日，戴高樂發表戰後法國對安南政策，主張成立越南聯邦，而以東京，安南，交趾，老撾，東埔塞爲組成分子，并稱：「組成越南聯邦的五個國家，各有其種族文化與傳統之不同」，而此違反事實的宣言，卽爲三年來法國對越南政策的基礎。安南人所居住的東京，安南，交趾三部中，東京安南原爲保護國，交趾則爲直接殖民地，而又土地肥美，物產豐富，戰前法人在此投資最多，所以法人對於交趾支那，在感情物質兩方面都不易輕於放棄。登降以來，而進行組織所謂自治邦的傀儡政府，不顧三月六日的協定，嚴禁越盟在交趾活動，用分配報紙，控制新聞，新聞紙中有敢同情越盟者，卽停止其報紙的配給，再進一步，則直接令其停刊，越盟方面對此不斷抗議，均歸無效，於是實行以武力抵抗，因而衝突再起，雖於一九四六年九月又在巴黎簽訂臨時停戰協定，而戰事始終未停，同年十二月十九日，法越軍在河內發生衝突，遂一發而成爲全面的戰爭。河內衝突發生之前，越盟方面卽發現一通法國當局的命令，指令河內電台（爲法人所主持者）以後不許稱法越間之衝突爲戰爭，不許稱越盟軍隊爲軍，並避免廣播任何可使越盟方面據以要求停戰之事件。所以河內衝突的主動是誰，當然是不問可知的了。

戰事發生後，法國當局立卽宣稱越盟破壞和平，此後再以胡志明所領導的越南政權爲和談對象，於是一面派大軍作戰，企圖一舉擊破越盟軍隊，一面卽積極組織交趾邦自治政府，並力挽退位的越王保大出山，作東京安南兩地傀儡政府的代表。但事情的發展，大出法國人的預料。法軍在戰爭初起時，處處勝利，把越南軍隊遂出河內，但繼後則因越南人民的焦土抗戰，軍事日陷停滯，最後甚且被逐回原處，而蒙受慘重的損失。此次法軍在東京一地動員者約四萬人，均係最新之美式裝備，故對戰事頗具信心，但終不得一逞，誠不能不令猶在殖民地帝國主義之美夢中的法國反動者短氣。至於政治上的失敗，尤使法人難堪。法人自稱交趾已成立爲全民所擁護的自治政府，但同時不得不以數師的兵力去作綏靖的工作，且其綏靖工作又作得非常的不成功，一年前西貢城內可以聞見槍聲，一年後的今日仍然可以聞見槍聲，而且法軍佔領的各大城市中，法人生命財產隨時有被手槍手溜彈毀滅的危險，法人爲保持城市中的安全，對居民的控制，完全採用納粹德國蓋世太保（Gestapo）的方法，隨時派特務軍警包圍民宅，逮捕市民，逮捕之後，則施以毒刑，其名目之繁多，亦正可與德的特務機關比美，這些事是一九四四年巴黎市民的日常經驗，初不料他們的政府竟把這寶貴的經驗轉介紹給安南人民，誠可謂不私其所好了！

法方與保大間的交涉，由日內瓦而盤谷而香港，曠日持久，終無具體結果，越盟方面對保大的拉攏，反而較爲成功。由此法方的苦悶日益加深，法方因爲對越作戰經常要在越南保持十一萬以上的大軍，此項軍隊，每月閉支卽需三十億至五十億法郎，向時因爲交通破壞，輸出人減，對外貿易的情況，尚不及日本初降的時候。所以三年以來，法人堅持帝國主義政策的結果是：軍事政治的停滯和經濟的潰敗。

越盟方面，正與此相反，除在軍事上使法軍的攻擊一籌莫展外，政治上則因成立聯合政府，執行溫和政策的原故，廣得各方的同情。法人向稱越盟政府爲共產政府，不錯，越盟領袖如胡志明等，過去皆有共產背景，但越盟卻絕不是共產黨，越盟的政策無論對內對外，都主溫和，對內方面，直至於今，並沒有任何重要的國有政策的措施，對外方面，反於一九四六年六月排除了反法過激的華僑黨派。越共於一九四二年參加越盟後，一向服從越盟的政策，且於一九四五年自動解散，因此越南人民對於越盟，不但沒有恐懼心，且對之日益信任，連天主教徒都大部擁護，許多主教和大主教都公開的贊助越南共和政府，爲此法國最高政治委員博拉埃氏（Bollaert）於今年一月急急的飛往梵蒂岡，拉出教皇的大帽子來冀圖爭取回一些天主教徒對法國政府的擁護。

法人在此多方狼狽之餘，不得不稍變其武力促成和平的主張，最近法國代表加坡（M. caput）到香港，加氏是法國社會黨黨人，素來主張與越南代表商談，且又是胡志明的好友，想來或許能有一些成績。不過越南問題的解決，主要關鍵還在法國政府，當今戴高樂派氣勢鼎盛，又當蘇聯與西方國家關係惡化的時候，法國政權決難落入左派政黨的手中，是則越南問題的澈底解決，當不能沒有相當的波折。但經過第二次大戰的震蕩，世界終於是變了，亞洲人民的醒覺，是世界變化中的一個主流，英國已被迫退出印度與緬甸，荷蘭被迫對印尼讓了步，法國的堅持決不會太長久，誰要頑固的反抗歷史，歷史的巨流就會吞沒了他。

琉球羣島的將來

王成組

對日的和約，雖則已經延擱了整整兩年，一時似乎還沒有進行商討的可能。但是如果四強關於「德國」問題的交涉，竟會促成國際局勢的新轉機，遠東方面「美」「蘇」兩國的對立也不至於長久僵持下去。關於「太平洋戰爭」所遺留的一切問題，將來也許會突然間召集和約會議共同商討。因此關於這些問題的處置方案，我們必須都有及早充分準備的必要。

對「日」和約對於我國的關係特別重大，那是不成問題。**就領土的分配而論**，除去「台灣」已經收回之外，我們應當要求收回「琉球羣島」，也早已成為國人的公意。但是一般的主張，只不過根據歷史上的權益，至於事實上的阻力，得失的影響，適當的讓步，最可能的收獲，大家很少加以鄭重的考慮。根據歷史上的關係挽回舊有的權益，如果有「蘇聯」那樣的實力，儘可以如願以償。她的所以能收復「庫頁島」南部，變相的續租「旅順」「大連」，獲得「中長鐵路」的管理權，就是顯著的例證。另外她還為着增強她在遠東的形勢，接收「俄羅斯帝國」時代並未佔領過的「千島羣島」，並且一手造成「蒙古人民共和國」。我們既是缺少實力，全國四周任何一部份失地，決不容易不勞而獲。

我們主張接收「琉球羣島」，與其單純的根據歷史上的權益，莫如兼顧到戰略上的形勢。「琉球」雖則暫經歸附「中國」，而且國王屢次受過冊封，我們只不過是處於宗主國的地位，其於我國所發生的關係遠不及「台灣」的密切，甚至還不及「朝鮮」的密切。琉球羣島對於我們以往的關係縱然較為淺薄，對於我們將來的戰略形勢，却是非常重要。我國海上出路的特點，就是由「朝鮮半島」，「日本」往南一直到「馬來半島」，處處都有島嶼攔阻，即使我們不打算成為一個強大的海權，為着保持海外聯絡的自由，我們必須佔有若干島嶼以控介於他們中間的若干海峽。「台灣」的收回，固然已經使得我們得到一區重要的根據地，為着安全起見，我們必須擴大這一帶的門戶。「台灣」之南，受阻於「非律賓」的屬島，自然是無能為力。「琉球羣島」恰好是散佈在「台灣」之北面，為着擴大這一帶的出路，並且兼顧到鞏固「台灣」的保障，尤其是防空的方面，我們決不能輕輕放過。至於經濟價值，這些小島雖則比較「美國」在「太平洋」中所接收的許多珊瑚礁強得多，終究很是有限。

然而在「琉球羣島」之中，面積最大的「冲繩島」，「美國」決不肯輕易放棄；近來偶而在報上傳說「美國」駐「日」人員間有主張以這些島嶼交還「日本」，也無非是指「冲繩」以外的各島。「冲繩島」是「太平洋戰爭」最後決戰的戰場，足見其對於控制「日本」各島具有重大的戰略價值。「美國」的扶植「日本」，實在是怕「日本受其他強國的利用，決不是甘心放鬆「日本」成為一個敵對的勢力。在「北太平洋」上面，「美國」要保全她的海權的獨霸勢力，介於「阿留申羣島」與「非律賓羣島」之間，「冲繩島」正是一區戰略上所不可少的基地。同時「蘇聯」的不能忘情於我們的「旅順」「大連」，並且緊抓住「朝鮮」北部，使得「美國」更不肯輕易退出「朝鮮」南部；而為着鞏固她在「朝鮮」南部的地位，「冲繩島」也具有密切的連繫。

至於「美」方願將「冲繩」以外的「琉球」各島交還「日本」之說，即使事出有因，未必是「美國」政府正式採取的方案，我們不宜於貿然加以嚴厲的批評。有此一說，也可以認為是「美國人」不一定要把「琉球羣島」全部據為已有的一種表示。所以會考慮到交還「日本」，一方面是由於在他們的心目之中，海軍勢力已經消滅了之後，卽使「日本」佔有這些島嶼也不足懼，一方面是由於他們對於「日」人以往治理這些島嶼的成績相當滿意。況且對於長期管理這些地方，「美國」非但認為沒有那種必要，而且也不一定有充量的適當的人才

在這些情形之下，對於「琉球羣島」的接管，遇到適當的時機，我們就應當正式提出。但是我們不必爭取「琉球羣島」的全部。好在「琉球羣島」由西南斜向東北，一線延長，地位分散，並沒有全部隸屬於同一行政機構的必要。況且我們的海軍勢力，至少在目前還非常薄弱，對於距離「台灣」遙遠而接近「日本」的那些島嶼根本上還缺少保護的能力，對於「冲繩島」那樣險要的基地，也還缺少運用的能力。以近兩年來治理「台灣」的經過情形而論，對於治理這些島嶼，我們還難免遭遇到更大的困難。因為在「台灣」終究還有許多人了解以往對於祖國的關係而且還有「汕」「廈」一帶方言上的關係。對於「琉球」，我們實在是更少接觸，雖則是面積更小，人口更少，恐怕範圍太廣，更不容易應付一切行政上的難困。

同時關於「琉球羣島」的範圍，我們同時要注意「日本」似乎早已為着這些地方不能久保而預先把他們在行政上分成兩段，「琉球」的名稱只適用於「冲繩島」以南的各島，（就是包括「冲繩」在內），而「冲繩」之北的各島早已劃為「鹿兒島」。這種區劃，並非完全根據侵佔的先後，因為據說「日本」在一六○九年所佔的「琉球」北部諸島已經包括「冲繩」在內，而在一八七六至七九之間，就是在割據「台灣」之前的二十年之內，所佔的「琉球諸島」，只包括「冲繩列島」之中的少數小島，以及更在南方的各島。我們決不能容許「日本」恢復她的侵略力量，但是我們也不必像過去的「德」「法」兩國結下不可解的深仇。我們却儘可以向「日本」以及其他各國說明「琉球羣島」原來的範圍，而自動放棄對於那些遙遠的「奄美諸島」、「士噶喇列島」等島嶼。「冲繩島」既無從到手，邪些小島顯然是鞭長莫及；與其提出明知道無從實現的要求，莫如賣一點順水人情。

「冲繩島」本身的由「美國」長期佔領，似乎是已經命定的一種歸宿，問題不過是用割讓的方式，還是用托管的方式。通常認為同屬於「冲繩羣島」的鄰近許多小島，如何措置，似乎也得由「美國」決定。如果「美國」竟願意把這一部份小島交付給「日本」，我們也不妨讓步。在軍事的方面，「美國」勢必嚴密監視「日」人的行動，不至於對我們有所不利。不過對於「日」人利用這些島嶼而推進漁業，以及台灣方面的走私商業，我們必須預先要求在對「日」和約中加以必要而可能的限制。

我們最低限度的要求，應當包括所謂「先島羣島」。「先島羣島」分為「宮古列島」與「八重山列島」。這兩組小島，大致都不過同「台灣海峽」裏的「澎湖列島」相仿，他們的總面積還不及「冲繩」一島，但是所佔的海面相當廣闊。「八重山列島」是在台灣東岸北段之東，最近的相隔一百餘公里，最遠的約二百五十公里；「宮古列島」是在「八重山列島」之中的「石垣島」的東北約七十至一百三十公里。這樣我們在東海之南的太平洋的邊緣，又可以擴充四百公里以上。由「宮古島」到「冲繩羣島」的大小各島，却要經過二百二十至三百公里的空闊海面，因此可以認為一種適當的國際分界。如果我們能達到目的，這些小島自然都可以劃歸台灣省管轄。假使不能直捷了當的接收這些島嶼，採用托管制也未始不可。

我們的外交當局，將來如果提出上述的方案，國際間應當可以獲得多數的贊同。「美國」總不至於公然反對。「英國」以及在她的帝國集團之內的「澳洲」、「新西蘭」，似乎不至於想在這裏插足，即使「英國」有野心也未必會獲得「美國」的支持。「蘇聯」看來也不至於阻撓我們在這一方面的小小發展。倒是在國內須要大家瞭解這是一種最切合我們的需要和能力的一種要求，而改變對於「琉球羣島」全部企圖收回的主張。

通訊

從莫干山到牯嶺（南京通訊）

本報特約記者

牯嶺之秋

經濟問題已到了山窮水盡之秋，由牯嶺看中國，山上的繁華與山下的貧窮形成了一個強烈的對照。

據美聯社牯嶺五日電稱：「長江有些地段，在眼界所及的地方像是一個大湖，有些地方河堤突出，好像黃海中的島嶼，向長江上流航行已漸變危險，因爲許多航行標誌都被冲走，常常難定河岸是在那裏，據未證實的報道，有許多航線已終止航行，但是民船仍停泊在九江的江邊。」

「在四千尺高的牯嶺下望九江周圍的泛濫區，找不出河道來，牯嶺山上仍然有各種活動，許多上海外國僑民到這兒消夏，對於一個外國人，牯嶺是一個顯明的對照。山巔的草原松林和清泉與山下的貧窮和飢餓正爲一個強烈的對比。所有牯嶺的必需而都是用轎子抬上去的，轎子也是闊人們上山的惟一代步工具。」

「牯嶺注視着洪水，好像它注視戰爭中破壞的中國一樣，一切歸罪於命運，當住在牯嶺的人想囘上海，而被洪水所阻，或是沒有飛機可乘的時候，他們也不免會想到中國的悲慘命運。」

美聯社記者又指出華中大水影響到牯嶺的路線，都受威脅了，他說：「長江水位高漲可能切斷這個高山上的夏都的一切交通。但到了緊急時候，九江新建的飛機場仍可用作空中的聯繫，目前到牯嶺還沒有空運，南京沒有批准這個飛機場可供商用，理由也沒有宣布。」

「僅有的二條通牯嶺的交通線——河運與鐵路已在受着泛濫的影響，二星期前南潯線的鐵路由於洪水而開始折斷，有些地方立刻修好，有些地方利用着渡船」。

托「上帝」的福音，也許長江不會重演二十年的苦難，但今年的氣候却因爲在水的包圍中一定比往年更爲涼爽。牯嶺雖然沒有架成如去年所宣傳的高空電車，但是一切設備並不減當年。蔣總統也拖到了立秋之後，於九日才偕夫人登山觀秋，美大使司徒雷登於十三日才飛往牯嶺，據說「重溫去年在牯嶺一遞國書的舊夢。此時此地與馬歇爾八上廬山時已大大不同。

莫干山在上月二十九日以前的舊冠蓋想必又是要在秋蟲唧唧聲中，再上廬山了，這一次忙些什麼，且先囘敘上次的舊話。

「莫干」小記

十天以前蔣總統忽到莫干山住了四天，亂烘烘的全部棋局上是一個意外的走動，七月二十六日，蔣氏忽然決定上山，過杭州不停，到達山脚下的庾村，已到下午七時半，便坐着仿廬山造的竹轎及牯嶺訓練出來的轎夫飛登屋脊頭五五〇號，那是上海浙江興業銀行董事長陳永青的別墅，在二千尺高地的松林中，全部歐式設備，住在那裏倒眞是一個清淨所在，觀看山色，正是：

「諸澗好花如靜女，數峯奇石如飛仙。」

「忙裏偷閒的人，住了下去，則有如：

「靜坐却嫌流水鬧，閒眺翻怪白雲忙。」

星島日報所刊那時的匆忙道：「總統夫婦在下午八時許，始到達山上，杭州市長周象賢和蔣經國陪侍上山，因爲時間太晚，所以連周市長慣用的吸煙打火機，也沒有來得及送上山來。」

莫干山有干將莫邪煉劍的殺氣，足以振作精神，雖然離杭州不遠，仍然是荒村模樣，「山上原有電燈，對日抗戰時搬走了，至今還沒有裝起來，所以總統官邸中裝的是汽油燈，總統嫌略有煤氣，改爲用蠟燭代光，山中遠近居民，天天在各處名勝迎候」。最爲荒村特色的就是外國男女的服裝，「女的大半短褲帶着乳罩，男的多半短褲，有領的汗衫，他們見了總統都立正敬禮，」外國朋友這種禮貌也是古之所無，今之少有，「滿山的蟬鼓着他的翅膀，努力在叫知了知了，夾着琤琮流水，正交織一曲，美麗的音樂」。這也是一種單調的音樂。這裏一客蛋炒飯八十萬，履車代步百萬元，住一間房過千萬元，「總統在山邊的馬路上散步，他頻頻地招呼我們道：「來玩的嗎，玩得好嗎？」

從蔣總統下山以後的行動：(一)召集軍事教育會議，(二)舉行黨務革新座談會，(三)洽商新借款改革幣制，並研討經濟改革方案配合美援物資。好像是在「和謠」之風過去後的「切實」措施，先有了一套設計，然後始能見諸行動。如何以自已的「變」配合萬方的「變」。

國際上也是一個萬花筒，和我們沒有多少相關的有多瑙河會議，太近的有東南亞英殖民地會議，與世界步驟相關的則是柏林會議與莫斯科會議。在純粹中國式的山村中，靜觀原子時代的萬花筒，功利者又純然是道家傳統。

軍事是政治的延長，而經濟又是軍事的延長，外貌上所能表現出來的，是經濟金融當局的僕僕莫干山。莫干，莫干，到最後才知那些猜測都不相干。新經濟方案並未圖窮七現，這是怎麼一囘事？

山雨未來

翁文灝內閣是所謂美援內閣，是經濟內閣，應當是有把握與通貨膨脹的洪流來鬥法的內閣，這內閣對經濟方面有什麼表現呢？

當一些閣員都在僕僕風塵的時候，翁閣的一位名爲許世英老閣翁却拿了蔣總統特贈的三千港幣到了香港，這是「一避暑」聲中，僅有的一個「例外」，因爲誰都知道這位七四翁在政治上是一個全木而香港却又是一個不宜於避暑的「是非之地」，他到港雖然避見賓客，但在港紙上仍然露出他在提東說西，譬如他說，孫科應當休息了，繼任人選最好是吳鐵城，他自已這次到香港，除避暑外，決無他事。

對於翁內閣，他却是作絕望的指摘。他說：

「翁院長的三大法寶都拿出來了，一是大量拋售物資，收囘法幣，二是扎緊銀行裏的銀根頭寸，減少法幣流通率，三是指揮軍警掃蕩黑市，杜絕奸商操縱，使法幣不爲囤積居奇的人利用，對付法幣，翁院長的法寶也只止於此了，我想，他也沒有其他新法寶出現了」。

中國政治舞台上的人物就是屈指可數的那幾位，無不與外力有關，孔祥熙，宋子文，最後的是張羣。當翁文灝這個「不似」的內閣有些推不動這大皮球時，有人便以爲「西南王」宋子文是蔣總統準備好久的一個棋子，很可能把他搬囘來，使美援內閣當眞名副其實，「自力」既不能「更生」，索性作買辦到底，也可得山姆叔的歡心，於是翁閣又有不穩的消息。

蔣總統返京了，宋子文返京重掌政治的聲浪也很高，甚至宋來組閣的條件如何如何也有些政客們在猜測，可是看了這樣一個新聞之後，便知道宋在香港的一段時間，似乎除了經濟性的活動外，還有政治性活動。

『宋子文在最近來港期內訪過李濟琛四次，這是李自己說的。他說宋子文訪他是爲商量「有關廣東治安問題」，而他則勸宋子文作一個新的革命，依照三民主

義，使全省人民都能安居樂業，則治安自然不成問題。」（重慶大公報九日穩電）

政治條件不具備，經濟條件也不一定可靠。宋子文七日到了南京，九日到滬返粵，加緊清除在香港「反政府派」呼聲，因之也就增高了。從美返國的馮玉祥自此也就下落不明，傳說他不由海路而自西伯利亞返國。

所謂山雨未來風滿樓，這山雨終於未到，而風聲却響得的確太高了。於是萬目又集中於廬山。

改革的程度

蔣總統遲到秋天才到廬山，內中自有他的道理。

南京的政治觀察家認為新經濟方案受了美國不支持的影響，美援如此的不痛快，賴普漢的態度如此倔強，一定有其內幕。是不是有了經濟總督不够，還非有一個軍事性的總督不可呢？如若不然，美國輿論所喊的「改革」其目標究何在？而政府的讓步也有其一定的限界，到了由經濟合作總署，進而成立軍事合作總督的時候，倘若再不以中國為中心，在國際的「偏枯」之下，中國的主政者必然要決定其新方向了，這就是邵力子張治中都奉召的理由。

一切的努力要放在固本工作上，黨務整理方案，可能在秋色滿山中討論得到一點果實。這件事，代表美國輿論的合衆社記者南京五日電稱：

「由於國民黨內的改革要求，蔣總統現在正面對着最難作的決定。這個決定不但可以決定總統是否願意放棄他個人的一部分權力，而且還可以決定美國國內反國民黨的一部份輿論是否會和他距離更遠。」

「消息靈通方面說，總統偏向於緩進，因為他不願在一夜之間放棄了一部份國民黨領袖如陳立夫等，多年來對於他的擁護，有些人又指出，陳立夫之出國表示蔣總統想削弱陳氏兄弟所領導的勢力。另外一些人覺得李宗仁副總統沒有從北平來參加這次座談會，表示李對大改革所抱的希望很小。」

「最敢說話的改革派要求黨員應更有決定權，他們也要求取消中央執行委員會，而代以權力較小的全國委員會，另一些人主張黨和政府分開，將黨內根據現有的派系分開，成為幾個小黨。」

「大部份人相信改革是會有一些的，但決不會像反對派所要求的那樣有革命性」。

蔣總統下了莫干山，再上廬山，同時邀請的有司徒大使，這一次當比上次鄭重得多，何況還有軍事家白吉爾將軍，這雖然不是什麼東南亞英領土會議，却也是太平洋上的風濤的先聲。

經濟與政治

經濟是政治的延長，打開了經濟局面，也就打開了政治的局面，翁內閣登台以來，天天喊經濟新方案，到了莫干山之會，似乎就像「改革幣制」到了呼之欲出的階段，為什麼還是連曇花似的一現都未能辦到？這次是否可以達到目的呢？

中央社十一日南京電，便以某權威人士談話闢謠，「關於經濟改革方案之消息，各報紙多有記載，但多為推測之辭，上海市場傳聞之搜查倉庫，封閉銀行保險箱一類消息則均為謠言，其來源為投機囤積之大戶及共匪間諜，前者意在掀起一般工商界反抗政府措施之情緒，後者意在擾亂市場秩序，若干報紙竟認為此類謠言為經濟方案之內容，且加以評論，此適足以助長謠言之傳佈，殊不足取。」

但是勒緊銀根限制行莊也不是不要作，跟着又說：「至於整頓金融機構，鑒於抗戰結束後，行莊浮濫增設，頗有毫無資力及信用，而全持來路不明之游資，專事投資囤積者，則政府如下決心加以整頓，亦非過甚，固無須所謂訂立全面方案也。」

這個「經濟方案」却並未死去，到十七日，美國新聞處又有一「此地無銀三百兩」的聲明，由賴樸翰及嚴家淦聯合否認報載「美方對莫干山會議所決定的新經濟方案有所不滿」，此種傳說，「毫無事實根據。」又對於「完成協定，凍結經合總署出售物資所得之款」消息，亦絕對予以否認，這是不是便可說明出售美援所得的物資可由政府自由處理，同時對新經濟方案卽可予以支持呢？這就要看政治上的這幾天有什麼新表現而定。政治與經濟是相關的，經濟有變動，政治也就跟着變。

此地觀察家認為最可注意的就是張羣赴日三週的實現。國際上東方與西方息息相關，美中日韓布洛克，與柏林的四國會議是同樣的刺激全局，中國在遠東上的作用，可以促進世界團結，也可以加強分裂。若有世界第三次大戰，美蘇都有責任，中國也不能例外。

照麥帥的意思，中國的經濟復興必要在日本復興之後，「中國農業，日本工業」必然地要重演。而中國的新經濟政策若當眞會是這樣一個老經濟政策，那麼，從莫干山到牯嶺的所謂「重大決策」，竟是抗戰以前的那條不願走的老路，却是誰也不會相信的。

蔣主席熟思積慮之餘，八月十八日下午下了廬山，李副總統在十七日已由平返京。宋子文却重鎮華南，而陳立夫已在歸國途中。萊普漢史蒂爾曼也都返京，一切一切都到了攤牌的時候，只等美國的軍火物資趕運到來，中國是不惜再來一次大廝殺的。

一個經濟上的改變，在美國同意之下，幣制可能有大變動但政治上的勘亂的具體延展的程度，則有待於張羣的訪日歸來而定了。（八月十八日）

舉國矚目的江漢戰場

（武昌通訊）

本刊特約記者

夕陽西下，每當你漫步黃鶴樓頭時，面對着滾滾綠色大江與滔滔的洶湧漢水，你當不免對歷史的盛衰，會泛起無限的感喟！據老一輩的人說，遠在張之洞做湖北督辦的「洋務運動」時代，他就有意把武漢三鎮建設成為一個有計劃的理想都市。武昌是「政治」上的湖北省會，漢口是華中商業上的重鎮，漢陽則是漢，冶，萍公司鍊鋼廠的所在地。將近半個世紀以來，它的不幸的遭遇，就像其它的受災難的角落一樣，不僅新的建設沒有實現，連已有的也難免日趨破壞與沒落。多少次的江山易主，都沒有使生活在這裏的人民稍見改善。日子眞是一天不如一天，這那能叫人不對以往的歷史發生懷念呢？遠的不去說，卽在抗戰才勝利的那一，兩年內，人民都還勉強的過着「眼不見為淨」的安寧日子，而於今呢，則眞是一言難盡。天災夾着人禍，自從去年劉伯誠南下在桐柏山脈一「竄」以後，武漢卽已受到戰火的灼傷。而今年的洪水大災，更加深了這個灼傷的嚴重。這幾天，洪水的餘悸，雖然在人們的心頭倘未過去，而戰火的陰影，却又籠罩着武漢的每一個人。本月九號的當陽陷落之戰，不僅武漢的報紙把它刊為頭條的新聞，卽全國性的大公等報紙，也莫不密切矚目這一戰局的發展。在上一次的通訊裏，記者曾說過這樣的幾句話：「……但無論如何，襄陽，樊城在戰略上的重要性，是稍懂史地的人，都不會忘記的！它進可以威脅武漢，退可以確保華中與華北的走廊，而共軍喧嚷已久的「渡江」，「入川」，又自然以襄樊為理想的基地。……看樣子，這地方是免不了幾次爭奪的。」果然，政府在前些日子就用全力收復了襄，樊。次一步的戰場，向前看，自然是老河口的爭奪。但國軍如果為了減去武漢的側面威脅與穩紮穩打起見，則江漢軍區的土共的肅清問題，也就迫不容緩了！這軍區包括潛江，天門，沔陽等縣的洪湖區域，是在襄樊與漢口之間的平原湖沼地帶。這裏雖然不是劉伯誠的主力所在，但多少年來八路的種子，散佈於民間的潛勢力，實在也未可小覷。而且，為了減去襄樊所收到的腹背威脅起見，政府對這一軍區的「掃蕩」，也是勢在必然的吧！就在政府對這個軍事策略如此進行的時候，想不到土共吳世安部却有了更驚人的流「竄」。以遠安，潛江等地為基地，他卒領了五千餘人，於本月九日攻佔了當陽。這個在三國時代被張翼德「當陽橋前一聲喊」而出名的小縣份，是鄂中與鄂西的橋樑，如果此地不保，則湖北名城之一的宜昌（卽三國時代之彝陵。）勢必受到很嚴重的威脅，而宜昌倒是入川的咽喉，長江三峽之一西陵峽的前哨，萬一有了問題，則戰爭的局面，將有一個不可思議的轉變。因之，當共軍攻佔了宜昌東南四十五華里之黑土坡，龍泉鋪等地時，這才不得不使政府的大員着了慌，而舉國的視綫為之一轉。於是，沉寂已久的宜昌市的航空站，也準備從速恢復。並且已經過航空工程當局估計過，要修復這個已有的航空基地，除從新發地價二十四億外，倘需民工七十萬，這兩天，由於當陽已經收復，宜昌情勢又稍緩和，這個預備急時抱佛脚的工程進行得怎樣了，我們還不大清楚。但不管怎樣，由於這次當陽的陷落，宜昌受到了震驚，四川受到了威脅，却是無可否認的事實。現在這裏的戰爭，由於川東軍隊增援的結果，算是已經稍趨緩和。不過，應該說明一點的是；這一帶的防綫，大都是由川軍擔任的，戰鬥力是頗有問題的，前兩天宜昌吃緊時，却傳出了共軍吳世安部越點佔領了興山的消息，興山更在宜昌的西部，也是距長江不遠的一個崇山峻嶺的小縣城。這個縣城，目前共軍雖也已經退出，但却從此可說明這一路的防線是如何的脆弱，應該補充一句的是：這次流「竄」的還只是吳世安的土共，而且人數也不過五千，如果是屬於劉伯誠那一路的主力，看來問題是決不會那麼簡單的。而且，經過了這一次戰役以後，對於「地利」和「人事」上也無疑的有了很大的方便。有人說，這是共軍「入川」，「渡江」的「試探」之戰，想來也不算是太過份的一句話吧！而且，據記者所知，這一條路，的確是共軍的熟路。在抗戰快要勝利的前幾個月裏，重慶中央大學等學校學生「出走」于中原軍區時，就是由重慶先到秭歸，（那時宜昌向在日本人手裏。）再從秭歸經興山輾轉去江漢軍區與中原軍區等地的，興山既是當年的一個水陸聯運站，可見這些地域對他們是如何的熟悉了！

在這裏我要順便為讀者一提的是：在這次內戰中，共軍如果有「渡江」的企圖的話，則在假想中，便不能不選擇幾個地區。湖北境內的一段長江，適合於這一「假設」的，就在沙市附近的幾個縣份，如公安，石首，監利等地。這一帶的江流，既不像三峽附近那樣的激湍，而江北又是洞庭湖的濱湖區域，地勢平坦，不像宜昌對岸之崇山峻嶺，難於大隊人馬的立足。同時，國軍的陸地防綫，也不像在武漢附近的幾個縣份中那麼堅強，故傳說中的「渡江」基地，自然也是以這裏為最理想。針對這個「假設」，國軍的佈置，平心而論，是相當聰明的。國軍在這一方面擔任防禦的主要任務，是落在「海軍」的頭上。據說，在這一段江流以內，每隔一百華里左右便有兩艘軍艦，通常部游弋於江面之上。而江南和江北的沿江站口，則由各縣保安團隊看守，有事能守則守，不能守主要的是傳遞消息，如萬一告急時，據說有舉烽火以為號之約，一俟海軍知道這個消息以後，便馬上趕來參加「戰鬥」。這樣，共軍在這一段江流裏企圖「渡江」是頗成問題的。因之，共軍唯一的辦法是想聯絡兩岸的地方保安團隊，希望在他們渡江時，不要把情報發得太正確。於是保安團隊，便成了共軍爭取的對象了！前三個月光景，湖南境內的華容縣，便曾發現過一件震驚地方上的軍事間諜案。據說，案內的主角，便是地方上某團隊的長官，是人們的精神過於緊張呢？還是事情眞有可能呢？

白山黑水恨綿綿

（瀋陽通訊）

黃炎齋

又是八一五，三年前的今天，勝利的歡呼擊嚮東北人民十四年解放的鐘聲。也就是同一天東北人民開始了另一個更痛苦，更悲慘，更惡劣的命運，而今戰爭在東北巳經延長了三年，還繼續向無邊的未來日子走過去，無邊的黑暗日子不知什麼時候可以結東。石達開在百餘年前吟過「東南處處有啼痕」，今日的東北，無盡的煎熬，連啼聲都巳嘶啞了。

當年被人讚美過的東北，今天巳面目全非，無盡的地下寶藏，戰亂巳不允許繼續發掘；肥沃的土地巳沒有多人在繼續耕種，機輪再也不轉動，烟鹵再也不冒烟。到處是廢墟，到處是災難，到處是貧窮，到處是飢餓與死亡。天災跟着人禍，人禍連着天災，一切都稀糟了。擺在眼前巳不再是上一代走關東時候，有芳草牛羊與美麗的莊園，也不再是日本人統治時代漫天濃烟與馬達雄壯。垮了！一切全垮了！

三年前後對照，恍如一場春夢，日人投降前東北有一萬二千餘公里的鐵路，現在國軍收復區裏通車的不到六百公里。當年有百多萬啓羅瓦特發電量，現在降到四萬多啓羅。煤的月產由三百萬嘸，現在不到二十萬嘸。八十多萬紡錠，現在沒有五萬錠在運轉。鋼鐵的生產，在過去鞍山與日本的八幡，印度的達達為遠東三大鋼都，現在正放在內戰的鋸口上。東北農村過去是糧食，現在飢餓在席捲着大多數人民的生命，每年五百萬嘸的食糧的紀錄，巳被炮火輕輕地抹掉。繁榮的往事，飽暖的生活，今天連夢裏都難以重溫。

戰爭帶來了飢饉，它像野火一樣無盡時無盡地的燃燒着。這一團野火巳燒泯了人間的政治分野，目前，政府區域裏固然鬧着嚴重的糧荒，而中共的地域裏，也依然免不了飢饉。記者曾到過新近收復的遂陽，一切證明戰爭的禍害是多麼巨深。

從瀋陽這號稱九省雄都，擁有二百萬人口的大都市看，宏偉的近代建築，可愛的綠陸，掩映不了嚴重的糧荒。執筆寫通訊的今天，高粱米每斤是法幣四百八十萬元，約當於戰前的一億餘倍，全市吃得起高粱米的不到百分之三十，能够吃得到豆餅的巳算不錯。豆腐渣價賤物美，是大衆追求的對象，天未亮豆腐作坊的門口便擠滿人。市政府辦的平民食堂，是專門廉售豆餅做的窩窩頭，每天都是一字長蛇陣。在大馬路或者是小胡同，甚至衛立煌上將坐鎮的東北剿匪總部的門前，老弱婦孺不絕的在挖草根採薇葉充飢。北陵與東陵，本來是瀋陽的風景區，沒有飯吃的老百姓巳顧不得古老皇陵的風水與尊嚴，把三百年參天古樹，樹皮剝得裸光。

隨便打開報紙，每天有餓死街頭的消息。殉身於物價的自殺屢見不鮮，公務員為了生活不够，高呼着「請楊妹（？）來辦公！」鐵路工人因為營養不足，患着色盲，連紅綠燈都不能分辨，造成撞車的慘劇。重工業的工人在別的國度裏，是受特種待遇的，而我們撫順煤礦的礦工却是百分之八十五吃着豆餅，百分之十五吃着野菜。體力在遞減着。負一百斤的壯漢，巳連負五十斤的力氣都沒有。最近由撫順遣送回國的日本技術人員宮本說：「這樣的生活，證明中國巳沒有希望，在日本這日日子一天都過不了。」當年不願歸國的嫁給中國人的日本女子，現在都吵着要同去了。生活的壓迫，本來是老弱轉為溝鬱，少壯挺而走險，現在小孩子也走險了，在瀋陽到鐵嶺的鐵路線上，時常有結夥的兒童，專門跳車竊取糧食，雖然不慎割破手臂，跌斷腿骨的事時有發生，但是減不了孩子們求生的勇氣。

都市到底還有些文明的點綴，工商業雖然不景氣，特殊階級還有多餘的購買力，創造着畸形的繁榮，妓院，酒樓，咖啡座，並不因糧荒的嚴重而蕭條，像瀋陽太原街上，還是一樣的人潮洶湧，笙歌不絕。然而瀋陽周邊的農村沈重的負擔，兵燹與荒歉，其破產，零亂，荒涼，貧血的景象，簡直令人懷疑：中國是不是「以農立國」的國家。地主們因為戰亂紛紛地逃往都市或者飛往關內。鄉間僅由一些走頭無路的佃農和自耕農維持着慘涼的場面。糧食的缺乏，巳使許多人失去了營養。也沒有人再有力量來養家畜，鷄犬相聞的日子，巳成為令人嚮往的回憶，鄉間也看不到活潑潑兒童肩書包上學的鏡頭。

國軍收復區的狹窄，部隊的衆多，不但城市裏到處是兵，每一個村堡也都是駐滿兵，軍民可以說眞是的做到了「一家」。兵到鄉間，把貧破的農村更增加許多煩惱。即使一個軍紀良好的部隊，也是免不了擾民，兵要住處，一家一家都要分上三個五個。兵要吃飯，柴便要燒老百姓的。公家發下的副食費有限，軍民合作站便要為他們買廉價的蔬菜，或老攤派副食差額。兵要築工事，不但磚瓦木頭要被搬走，沒有材料，門板窗櫺都要成為征集的對象。部隊說：這是保護地方，老百姓有什麼理由反對呢？出發要伕子，搬東西要伕子，築工事要伕子，有時候放哨也要伕子，壞部隊連為隊長打扇都要征伕子，民力就這樣無限制的揮霍着。

為了配合軍事需要，政府的征發是可怕的，除了正規的捐稅，像田賦征實征購征借之類外，地方攤派亦層出不窮。今天征自衛捐，明天收慰勞金，後天又是招待什麼費。馴至鄉長請客連長討太太樣樣要攤派。重重的在剝削着民脂民血。鐵嶺一個不完整的縣份，本年六月份一個月，地方上負擔五十三軍的馬乾差金一項便是五十八個億的流通券。七月份，這筆差金聽說巳到了三百億元流通券。駐騎兵最多的遂中縣，負擔馬乾的差金達二千五百餘億元流通券折合法幣是三萬億元，一縣的一種負擔竟達國家本年總預算的百分之一。這叫人民如何負擔得了，東北編組好許多騎兵，這些騎兵到那裏，便連人帶馬吃到那裏。東北騎兵司令徐粱也嘆着苦，他在七月間印發了一批告東北父老書說：一個士兵每月最少要吃高粱米四十五斤，最低時值券幣十五萬元一斤（按現巳漲到流通券四十多萬元）也要六百五十萬元，副食猶不在內，而一匹馬每天要吃草十斤，高粱麩皮各三斤，時值約在五十萬元，而政府給與的馬乾每天只有三萬多元。這個不敷數只有出在晦氣的老百姓身上。

中央給了萬福麟一個組訓民衆武力的命令，東北收復區裏便出現了無數奇形怪狀的隊伍，於是大家各立旗幟招兵買馬，番號林立，官佐如雲。一個警察可搖身一變為營長，一個流氓亦能自稱司令。這一來鄉村便成他們予取予求的世界。

游兵散勇的滋擾，也像疥瘡似的佈滿東北農村，本溪一個縣內只有十二個不太完整的鄉鎮，而分屬於許多不同單位的情報員便有四百多人，他們無所事事，白食地方的不算，今天說你通匪敲一筆竹槓，明天拉走你的牛。後天看中你家的小姐，或者強制收購你家的食糧……在這種狀況下的農村，安得不破產！人禍已够可怕了，大家只有把希望寄托於天，希望天老爺開隻限，雖然在國共雙方在爭糧，收穫之後，並沒有多少是農民自已的。但是保守的意識，決定了他們不得不想莊稼好一點。在今年春耕的時候，農民把一切力量放在這上面。風調雨順，大家都說今年不錯，而國共兩軍自今春以來，也掩鼓息旂，炮火總算未把禾苗摧毀。可是不幸到來了，七月杪遼河的洪流破開了新民縣屬章土屯的一百二十公尺的鈌口，淹沒了一萬畝的土地。在八月初在以瀋陽爲中心三百里半徑的天空，出現了無數億萬的蚜蟲，密層層的飛舞，蝟集在高粱桿子上面，吸收水份頃刻間使一株株綠油油的禾莖萎謝下去。這種蟲害已普遍在收復區的瀋陽，本溪，鐵嶺，新民，遼中，遼陽，撫順七縣降落，老農說受災的嚴重，高粱的收成已經要絕望，最多也只有十分之一二。官方最樂觀的估計收成也只有十分之五。飢餓的東北軍民，一切希望，也隨着由災的到來而幻滅。而對未來的日子，更覺得恐怖了。

更慘的還有長春，高粱米每斤的售價到了一千餘萬國幣，飢饉的魔手擄住六十萬市民。市區內樹皮草根，什麼都被吃光。在長春西南的洪熙街孟家屯等地，在雙方軍事的夾縫裏，有十幾萬進退都不准的難民，圍困在狹隘地帶內，他們什麼吃的東西都沒有，每天有幾百人餓倒下去，死屍與人肉，已成爲他們惟一充飢的恩物。這是原子時代的文明嗎？白山啊！黑水啊！此恨綿綿無盡期！

（八月十五日）

珠江河畔夏景

（廣州通訊）

穗人

世外桃源

當松花江，黃河，長江，都充滿火藥與血腥氣味的時候，珠江河畔却是夜夜笙歌，霓紅光管照得半天通紅，婆娑起舞的迷人爵士音樂，與輕鬆柔揚的歌聲，響自崇樓大廈，的確，廣州是內戰中的「世外桃源」，這兒有很好的，適合豪富從事「投機」，與官僚從事「搜圾」的「優艮」政治與地理環境，假如闖下了什麼大不了的禍，只須坐上了數十分鐘飛機，在美麗的空中小姐週到招待下，並不需要什麼護照之類出國文件，就很安然地踏出國門，而在自己國家法律力量所不能達到的，大不列顛「皇冠上明珠」——香港，過着優哉悠哉的海外寓公生活，轟動全國的貪污案主角，前郵匯局局長徐繼莊，雖在最高當局一再下條諭緝拿歸案嚴懲，但迄今數月，倘無法「引渡」過來。

做憤大官的風度

當去年十月間宋子文南來主粵時，一般人都對這張「王牌」，預期着在「戡亂」期內有奇蹟出現，就是最直覺的老百姓，也會感覺到這一位理財見稱博士，將會帶來安穩的生活，果然不出所料，宋博士在接任不久後，就拍拍胸膛保證「三個月把治安問題弄好，六個月後人人有飯吃」，但今日六個月已是過去了，看看物價竟比羅卓英任內躍邇上海之上，七月份廣州區公敎人員指數就遠二百三十萬倍（第一區），而京滬區則爲一百六十萬倍（第三區）。批評宋子文九個月來的粵政，最好就是用「民意代表」的參議員們批判來報導，這最低限度可以使筆者不致負上「肆意攻擊」的罪名，省議員曹節輔說：「他（指宋氏）想幹，肯幹，也能幹，祇是對廣東的實情全不了解，我希望他最好能有胆量到各縣一巡」。省參議員關照祺說：「他做慣大官，也曾居美國，因爲他做慣大官，所以每一件事，他部有一大套計劃，他主粵即是如此，這一套治粵計劃，很想把廣東造成像美國一樣，這本來是好的，但也有壞處，疏忽了小事情，聽說有些專員要想見他，他也往往不頗接見，這又怎能了解實情，幹出好事來」！

前些時，廣州正鬧着「禁舞」問題時，在某一次記者招待會上，宋氏以微笑地說：「政府不須要理這些小事」，來答覆記者們關於這禁舞問題的詢問。當廣州六月漲風，像脫了疆的野馬一般的奔馳，國幣簡直失去了衡量一切物價的效能，只是象徵式地存在市場上的一大型廢紙。「港幣」成了華南金融市場上霸主，上至行商，下至水菓難，無一不以港幣來計算物價，無數人都爲這驚濤駭浪金融風潮所吞沒，無數人都爲這物價重擔壓得喘不過氣來，而我們的「經濟博士」宋主席，却大打其官膛說：「金融問題，物價問題，中央在京滬平穗等市設置專局，本人不能越權管理」，難道眞的餓死人民事小，犯不着管、而建設「戡亂大後方」才算事大!?

沒有「豪門」的廣東

廣東一向都被稱爲「豪門」的大本營（監委毛以亭語），但這位在去年八月間獻產充黨員（國民黨）的福利基金時，僅僅一個中國建設銀公司，就合當時幣值四百萬美元，宋博士却這樣地解釋說：「我到廣東迄今，不知誰是『豪門資本』，請勿輕信別人宣傳」，「而中了『共匪』宣傳之毒」。從今次廣州區「救濟特捐」來說，在省市當局衰衰諸公口中，廣東不特是沒有所謂「豪門」，而且是「民窮財盡」瘦瘠省份，今次廣州區救濟特捐（包括潮汕、香港、澳門）全部配額爲一萬二千億元，本來限期爲七月底即須蟇足，但迄今八月上旬，只是見在報章上有了所謂「募集委員會」之名義，但會址在何處，則連跑新聞的記者也不知，當市內環球報同人等以「不知其貧賤，不揣其窮陋，謹節其無可節之衣，縮其無可縮之食，遠追吳國楨、何成濬諸先生之後塵認捐五億元時，就因無法找到該會地址。大有「欲投無門」之欵，而至須在報上刊登啓事，請募集委員會派員來收款，或示以地址。同時一延再延，究應用什麼方法來進行募集，也沒法決定，公開選舉「富豪」，當然有所忌諱，攤派又不知從何人着手，直到今日捐款方兩，只是環球報認捐了五億元，而募集委員會竟以「粵省連年水災民窮財盡，不能負擔龐大捐額」，與「港澳兩地行政不能直接管理，辦理勸募諸感不便」，電請中央核減捐額，與劃分港澳範圍，及其所應認捐額。正當所謂粵省民窮財盡之時，六副歐美名廠之冷氣機由港運抵穗，安裝於省府主席辦公室，綏署主任辦公室，與東山梅花村公館，及官舍之內，負責安裝該機技師，也是從上海方面請來，爲我們三千萬廣東同胞的父母官；廣州綏靖公署主任兼廣東省政府主席宋子文博士，解決「熱」的問題。有一位參議員認爲廣東的救濟特捐「辦得如此無成績，是「廣東的恥辱」！然則這六副冷氣機安裝却正是廣東的光榮！却正是顯示出廣東的科學化，與建設進步！

美化廣州市的計劃

熟悉廣東政治的人，都知道廣州市是特別市，在羅卓英時代，省市府之間是互相逕庭的，但自宋子文主粵後，省府的權力已影響到市府，歐陽駒市長，是一個典型的好好先生，自然樂得淸閒、旣然沒有什麼「學潮」，也沒有什麼傷腦筋大事，於是美化廣州市的工作，是他底唯一施政方針，最先是闢建西堤災區，因爲強迫拆毀完整建築物百餘間，而引起行政訴顧，鬧到地政部與行政院，直到現在倘未解決、最近是與公務局長一行人，在游罷荔枝灣之際，有所感興又擬定了一個美化荔枝灣計劃，內容包括建立露天電影院，兒童游樂場，游泳場，音樂亭等，他如花木樹果種植，都力求精美，務使這市西河畔成爲一個風景區，本來作爲一個華南一流都市的廣市、確是非有一個具有規模消遣的去處、何足以示嶺南的「人傑地靈」，荔枝正是嶺南唯一佳果，「日唉荔枝三百顆，不妨長作嶺南人」的蘇子詩句，也不知動了幾許北國同胞的食指。以兩岸堤邊植滿「嶺南佳果」的荔枝灣，作廣州風景區，不正是以木棉花爲「市花」一般，富有象徵性，難得歐陽市長想得如許過到、邇來市面正謠傳着歐陽市長有倦勤意，有一部份人正杷憂着這美化廣州市的計劃，會成泡影！

「市儈」氣特別濃厚

也許是瀕海商埠地理環境所造成，廣州市是一個特別含有「市儈」氣味的都市，正如故都的學術氣氛濃厚，與南京的政冶氣氛濃厚一般，這兒的人對政治的興趣淡得使人難以相信，儘管南京搞政治的搞到如何熱鬧，內戰進行得如何慘烈，一概相應不理，就是日前在省內的共軍襲擊湛江市、沙魚涌兩地新聞，也打不起他們的勁頭，惟有上月的一九四八年的香港「小姐」選舉，却引起了整個廣州市的瘋狂注視力，無數人都在捧讀參加競選「小姐」的體格報告表與照片，來批評誰健誰碩，當五百萬元大鈔正式「出籠」，美鈔衝過千萬大關的時候，當瀋陽長春的同胞，咬樹皮吃草根的時候，此間一部游泳場的老闆，正開始醞釀來一個類似香港「

小姐」選舉之類，康健「小姐」比賽大會，在前些時第七屆全運時，出盡風頭的香港游泳女選手黃婉貞，所謂「新美人魚」，來市表演時，就哄動了整個市面，萬人空巷來爭看這位「新美人魚」的丰采，連受總統召見，在中央週刊作封面的「英雄人物」王鳳崗，被宋主席邀請來穗時情景，也為之黯然失色，泳場老闆的如意算盤，是不會放過這個賺錢好機會。

時代是前進的

在政府軍事，政治，經濟都筋疲力竭的時候，有一些人正預期着這塊「革命者鄉土」，會有奇蹟出現，發出像一九二六年北伐時代的光輝，但時代是永遠前進的，歷史決不會再重演，一個政黨的革命成功，是決定於他底革命路線，與革命對象，能否適應大衆人民所需要，而不是什麼「王牌」與奇蹟。

文藝

紀念朱自清先生

楊振聲

一

我在八月十二日下午五時以後才接到朱佩弦先生當日上午十一時三十分逝世的驚耗。那天晚上便有人找來要寫紀念朱先生的文章，並且說明日上午就來取稿。我當時拒絕了。一位你所敬愛的朋友剛死，悲痛佔領了整個的心境，那里提得起筆來寫文章！現在去朱先生的忌日已經一週了，中國舊俗叫作頭七。悲痛似乎沉下去一點，想起往日共事時，他的品德的可愛，記下一二小事來。我們對他的認識，那怕過從甚久，總不過鳳之一毛，麟之一角。但把這些零星材料搜集起來，將來有朋友——我相信一定會有——替他作傳時，或許會有點用處。

二

那是剛近二十年以前的事了。民國十七年秋天，清華已正式改為大學，我擔任了國文系系主任。那時清華的風氣與現在大不相同，國文是最不時髦的一系，也是最受壓迫的一系。教國文的是滿清科舉出身的老先生們，與洋裝革履的英文系相比，大有法幣與美鈔之別。真的，國文教員的待遇不及他系教員的一半。因之一切都貶了值，買書分不到錢，行政說不上話，國文教員在旁人眼角視綫下，走邊路，住小房子。我想把國文系提高，使與他系一律平等，那第一得物色人材。

我與佩弦先生雖是北大前後同學，但前此僅是文字之交。我到清華時，他就在那受氣的國文系中作小媳婦！我去清華的第二天，便到古月堂去訪他。他住在西廂房一間小屋裏。下午西窗的太陽，射在他整整齊齊的書桌上，他伏在桌上低着頭改卷子。就在這小屋子裏，我們商定了國文系的計劃。

除了國文系的教員全體一新外，我們還決定了一個國文系的新方向，那便是（一）新舊文學的接流與（二）中外文學的交流。國文系添設比較文學與新文學習作，清華在那時是第一個。國文系的學生必修幾種外文系的基本課程，外文系的學生也必修幾種國文系的基本課程。中外文學的交互修習，清華在那時也是第一個。這都是佩弦先生的倡導。其影響必會給將來一般的國文系創造一個新前途，這也就是新文學的唯一的前途。

新文學習作，目前許多大學已經添設。而中外文學的合流，在昆明聯大時期，聞一多先生有更澈底的主張，就是把中外語言與文學，分成語文系與文學系。系中可以分組，中外不再分系。無論語文或文學，都以比較研究而求其會通。這個看法，清華許多先生中都相當贊成，並有類似的主張。於今不幸聞朱二先生相繼辭世，遺志未竟。我們為紀念二位先生，不應只用空洞的文章悲哀的字句，嚷一陣就完事。我們應當繼續二先生之志，把中外文學如何合流這一個問題，繼續討論與研究，直至找到一個可行的方案為止。我想國內總有前進的大學可以採納。如此二先生雖死，而遺志還生長着，人生才不是短促的，思想也不是暴力與頑固所能摧毀的。

三

想起民國十七八年清華的歲月，真使人有逝水不復之感。國文系既與他系一樣的有了買書費，於是每星期三下午我們就在文學院辦公室裏，把那書店送來一包包放射古香的舊書打開，再一部部的討論選擇。到了五點鐘，我們便打個電話到家中，要老劉送來兩盤包子，一壺咖啡。包子烤的黃黃的，咖啡煮的濃濃的。我們看書，聊天，說笑話，嚼包子，吃咖啡。那就成為我們每星期中最快樂的時日。

有一天正在看書的時候，圖書館送來了一個問題：一部明刻本金瓶梅，圖書館想買而不便負責，來向我們討主意。佩弦先生同我商量了一番，我們認為值得收。於是我以文學院長的資格在書條上寫了六個字，「收藏善本書室。」原來那時的善本書，必經教授簽字，學生才能看的。後來此事果然闖了個大亂子！民國十九年冬罷？清華換了位黨中最拿得出手的校長。他看到圖書館裏有部金瓶梅，便赫然斯怒，說有辱大學尊嚴，要查明是誰買的。圖書館真細心，竟然找出我那張簽條給他看。我那時已離開清華，他莫奈我何，只好一本正經地把那部金瓶梅帶回校長住宅去了。

四、

我們在國文系共事的時間，前後約共十年（先在清華，後在西南聯大），每一事件的經過，都加深我對佩弦先生的敬愛。有一次他忽然要辭職，我吃了一大驚。問他原因，他說他把一個學生的分數算錯了。我說，「假使我們教一輩子書，只算錯一次，雖不可原諒，倒可饒恕。」這只證明他是怎樣地負責！怎末說我也勸他不要辭職。國文系可以沒有我，但不能沒有他。他是太知道愛惜青年了。他對同人虛懷，對學生一樣也虛懷。他從不挑剔旁人的短處，卻老想着旁人的長處。他從不固執自己的意見，正相反，他從善如流，有時甚至放棄了自己更善的意見，就為那是自己的。因為他能不拘拘于自我，所以他才能放大自我。他時刻在吸取，在綜合，一切新的印象，新的思想。一句話，他無時不在擴展與更新中。也因此，他對于青年的思想絕不隔膜。他能了解，能同情，如此也才能領導。我們在這變動的大時代中，先生與學生的思想脫節，父兄與子弟的思想脫節，因而到處都是衝突與矛盾，這才真是我們時代的悲哀。能在這時代中吐故納新，勿固勿我的人，才能作這新舊文化交接的一環。朱先生便是一個，而他又偏偏早世了！

他並不逢迎，也從不走極端，他只是中庸之至。唯其中庸，他才能因時制宜，他不能不唾棄違背時代的思想與行動，而採取時代的花果以求新舊之適中。看來他是嶄新，其實只是看的人眼光太舊，他不過只是中庸之至。

這里也正是他文章的作風。他雖然也以詩名，但他並不是詩人（聞一多先生才是到底的詩人），他是從頭到腳的一位散文家，就只爲了他的中庸；他的散文才眞眞作到溫柔敦厚。這是性情的分別，並不是詩與散文的分別。他論人論事，遣字造言，到處是那末恰當，那末正常，那末入情入理，他的文章沒有驚字險句，也沒有廢字敗句。沒有奮鬱不平，也沒有和光同塵。有的是諷刺但不是刺激；有的是幽默但不是冷嘲。與他的爲人一模一樣，一切是平正，是溫厚，是情理得中，一句話，中庸之至。

在他不斷地的擴展中，他近來又注重北平口語的應用。不，他一向就注重口語的。不過，他近幾年的文章更貼近口語，許多詞句都那末活生生地在紙上跳躍。這裏又引起一個問題，就是我們能不能完全用一種方言，譬如北平話，寫文章？佩弦先生的答案又是那末中庸，他主張我們以北平話打底子，再補充以普通的語言與學術上的詞彙。自新文學運動以來，我們是以口語入文了。可是我們都缺乏在口語方面的訓練與研究。我們大部用的是藍青官話，已經是不北不南了，再加上些不中不西，不文不白的改造，聽起來眞有點像文明戲的台詞，這種語言組織成的文字，無疑地可以通行南北，雅俗共賞，可是它缺少一件東西，那便是語言的靈魂！我們爲紀念朱先生，這方面就需要更大的努力。

自抗戰以來，尤其復員後，薪水階級待遇的不合理，把社會中守法安分的良善負責的成份，都以漸的毀滅或正在毀滅中，代之而起的是另外一班人，正常社會所不能容受的一班人！佩弦先生之死，不死於病而死於窮。自在昆明時，他就飢一頓飽一頓的弄出胃病來，胃病是個勢利病，在富人只要少吃多休息就行了。在窮人可不行，第一他吃不給少量而多營養的食品。第二他休息不給。不但休息不給，他還得於教書外，寫文章，編輯什末的。不如此養活不了一家。「食少事煩，諸葛其能久乎！」這正是朱先生的病案！在最後入院前，他還說，可以不用入醫院，他忍受慣了。他只是捨不得那筆醫藥費！我曾經有一次對他開玩笑的說：「你自少便作好兒子，結婚後作好丈夫，生子後作好父親，教書作好先生，對人作好朋友，對國家作好國民，你自己那里去了？」他就是爲了這個「好」字，把他自己完全犧牲了！

三十七年七月十九日北平

不毀滅的背影

沈從文

「其爲人也，溫美如玉，外潤而內貞」。

舊人稱讚「君子」的話，用來形容一個現代人，或不免稍稍迂腐。因爲現代是個粗獷，夸侈，褊私，瘋狂，的時代。藝術和人生，都必象徵時代失去平衡的顚跛，方能吸引人視聽。「君子」在這個時代雖稀有難得，也就像是不切現實。惟把這幾句作爲佩弦先生身後的題詞，或許比起別的稱讚更恰當具體。佩弦先生人如其文，可愛可敬處即在凡事平易而近人情，拙誠中有嫵媚，外隨和而內耿介，這種人格或性格的混和，在作人方面比文章還重要。經傳中稱的聖賢，應當是個什麼樣君子，話很難說。但歷史中所稱許的純粹君子，佩弦先生爲人實已十分相近。

○○○

我認識佩弦先生和許多朋友一樣，從讀他的作品而起。先是讀他的抒情長詩「毀滅」，其次讀叙事散文「背影」。隨即因教現代文學，有機會作進一步的讀者。在詩歌散文方面，得把他的作品和俞平伯先生成就幷提，作爲比較討論，使我明白代表五四初期兩個北方作家：平伯先生如代表才華，佩弦先生實代表至性。在當時爲同樣有情感且善於處理表現情感。記得「毀滅」在小說月報發表時，一般讀者反應，都覺得是新詩空前的力作，文學研究會同人也推許備至。惟從現代散文發展看全局，佩弦先生的叙事散文，能守住文學革命原則，文學明朗、素樸、親切、且能把握住當時社會問題一面，貢獻特別大，影響特別深。從民九起，國家教育設計，即已承認中小學國文讀本，必用現代語文作品。因此梁任公、陳獨秀、胡適之、朱經農、陶孟和……諸先生在理論問題文中，佔了教科書重要部門。然對于生命在發展成長的青年學生，情感方面的啓發與教育，意義最深刻的，却應數冰心女士的散文，葉聖陶魯迅先生的小說，丁西林先生的獨幕劇，朱孟實先生的論文學與人生信札，和佩弦先生的叙事抒情散文。在文學運動理論上，近二十年來有不斷的修正，語不離宗，「普及」和「通俗」目標實屬問題核心。眞能理解問題的重要性，又能把握題旨，從作品上加以試驗，證實，且得到有持久性成就的，少數作家中，佩弦先生的工作，可算得出類拔萃。求通俗與普及，國語文學文字理想的標準，是經濟、準確和明朗，佩弦先生都若在不甚費力情形中運用自如，而得到極佳成果。一個偉大作家最基本的表現力，是用那個經濟、準確、明朗文字叙事，這也就恰是近三十年有創造慾，新作家待培養、待注意、又照例疏忽了的一點。正如作家的爲人，偉大本與素樸不可分。一個作家的偉大處，「常人品性」比「英雄氣質」實更重要。但是在一般人習慣前，却常常只注意到那個英雄氣質而忽略了近乎人情的厚重實品性。提到這一點時，更讓我們想起「佩弦先生的死去，不僅在文學方面損失重大，在文學教育方面損失更爲重大」；馮友蘭先生在棺木前說的幾句話，十分沈痛。因爲馮先生明白「教育」與「文運」同樣實離不了「人」，必以人爲本。文運的開闢荒蕪，少不了一二衝鋒陷陣的鬥士，扶育生長，即必需一大羣有耐心和靭性的人來從事。文學教育則更需要能持久以恆，兼容幷包的人主持，才可望工作發揚光大。佩弦先生偉大得平凡，從教育看遠景，是唯有這種平凡作成一道新舊的橋粱，才能影響深遠的。

○○○

我認識佩弦先生本人時間較晚，還是民十九以後事。直到民二十三，才同在一個組織裏編輯中小學教科書，隔二三天有機會在一處商量文字，斟酌取捨。又同爲一副刊一月刊編委，每二星期必可集會一次，直到抗戰爲止。西南聯大時代，雖同在一系八年，因家在鄉下，除每星期上課有二三次碰頭，反而不易見面。有關共事同處的愉快印象，照我私意說來，潘光旦、馮芝生、楊今甫、俞平伯四先生，必能有紀念文章寫得更親切感人。四位的叙述，都可作佩弦先生傳記重要參考資料。我能說的印象，却將用本文起始十餘字槪括。

一個寫小說的人，對人特別看重性格。外表輪廓線條與人不同處何在，幷不重要。最可貴的是品性的本質，與心智的愛惡取捨方式。我覺得佩弦先生性格最特別處，是拙誠中的嫵媚，即調和那點「外潤而內貞」形成的趣味和愛好。他對事，對人，對文章，都有他自己意見，見得凡事和而不同，然而差別可能極小。他也有些小小弱點，即調和折衷性，用到文學方面時，比如說用到鑑賞批評方面，便永遠具教學上的見解，少獨具肯定性。用到古典研究方面，便缺少專斷議論，無創見創獲。即用到文學寫作，作風亦不免容易凝固于一定風格上，三十年少變化，少新意。但這一切又似乎和他三十年主持文學教育有關。在淸華、聯大、「委員制」習慣下任事太久，對所主持的一部門事務，必調和折衷方能進行，因之對個人工作爲損失，對公家貢獻就更多。熟人記憶中如尚記得聯大時代常有人因同開一課，各不相下，僵持如擺擂台局面，就必然會

內政部登記證京警平字第二三四號
經中華郵政登記認爲第一類新聞紙類
北平郵政管理局登記執照第一六九號

覺得佩弦先生的折衷無我處，如何難能可貴！又良好教師和文學批評家，有個根本不同點；批評家不妨處處有我，良好教師却要客觀，要承認價值上的相對性，多元性。陳寅恪、劉叔雅先生的專門研究，和最新創作上的試驗成就，佩弦先生都同樣尊重，而又出于衷心。一個大學國文系主任，這種認識很顯然是能將新舊連接文化活用引導所主持一部門工作，到一個更新發展趨勢上的。中國各大學的國文系，若還需要辦下去，佩弦先生這點精神，這點認識，實值得特別注意，且值得當成一個永久向前的方針！

凡討論現代中國文學過去得失的，總感覺到有一點困難，即顧此失待。時間雖僅短短三十年，材料已留下一大堆。民二十四年良友圖書公司主持人趙家璧先生，印行新文學大系，欲克服這種困難和毛病，因商量南北熟人用分門負責制編選。或用團體作單位，或用類別作單位。最難選輯的是新詩。佩弦先生擔任了這個工作，却又用的是那個客觀而折衷的態度。不僅將各方面作品都注意到，即對于批評印象，也採用一個「新詩話」制度輯取了許多不同意見。因之成爲談新詩一本最合理想的參考讀物，且足爲新文學選本取法。

〇〇〇

佩弦先生的「背影」，是近二十五年國內年青學生最熟習的作品。佩弦先生的土耳其式氈帽和灰棉袍，也是西南聯大同人記憶最深刻的東西。但這兩種東西必需加在一個瘦小橫橫的身架上，才見出分量，——一種悲哀的分量！這個影子在我記憶中，是從二十三年在北平西斜街四十五號楊宅起始，到八一三共同逃難天津，又從長沙臨時大學飯廳中，轉到昆明青雲街四眼井二號，北門街唐家花園清華宿舍一個統艙式樓上。到這時，佩弦先生身邊還多了一件東西，即雲南特製的硬質灰白羊毛氈。（這東西和潘光旦先生鹿皮背甲，照老式製法上面還帶點毛，馮友蘭先生的黃布印八卦包袱，爲本地孩子辟邪驅災用的，可稱聯大三絕。）這毛氈是西南夷時代的襤褸，用來裹身，平時可避風雨，戰時能防刀箭，下山時滾轉而下還不至于刺傷四肢。昆明氣候本來不太熱太冷，用不着厚重被蓋，佩弦先生不知從何時起床上却有了那麼一片毛氈。因爲他的病，有兩回我去送他藥，正值午睡方醒，即看到他從那片毛氈中掙扎而出，心中就覺得有種悲戚。想像他躺在硬板床上，用那片粗毛氈蓋住胸腹午睡情形，一定更悽慘。那時節他即已常因胃病，不能飲食，但是家小還在成都，無人照顧，每天除了吃宿舍集團粗礪包飯，至多只能在床頭前小小書桌上煮點牛奶吃吃。那間統艙式的舊樓房，一共住了八個單身教授，同是清華二十年同事老友，大家日子過得够寒僋，還是有說有笑，客人來時，間或還可享用點烟茶。但對于一個體力不濟的病人，持久下去，消耗情形也就可想而知。房子還坍過一次牆，似在東邊，佩弦先生幸好住在北端。

樓房對面是個小戲台，戲台已改作過道，過道頂上還有個小閣樓，住了美籍教授溫特。閣樓梯子特別狹小曲折，上下都得一再翻轉身體，大個子簡直無希望上下。上面因陋就簡，書籍、畫片、收音機、話匣子，以及一些東南亞精巧工藝美術品，牆角樑柱凡可以擱東西處無不擱得滿滿的。屋頂窗外還特製個一尺寬五尺長木槽，種滿了中西不同的草花。房中還有隻好事喜弄的小花貓，各處跳躍，客人來時，尤其歡喜和客人戲鬧。二丈見方的小閣樓，恰恰如一個中西文化美術動植物罐頭，不僅可發現一民族一區域熱情和夢想，痛苦或歡樂的式式樣樣，還可欣賞終日接受陽光生意盎然的花草，陶融于其中的一個老人，一隻小貓，佩弦先生住處一面和溫特教授小樓相對，另一面有兩個窗口，又恰當去唐家花園拜墓看花行人道的斜坡，窗外有一簇綠蔭蔭的樹木，和一點芭蕉一點細葉紫幹竹子。有時還可看到斜坡邊闌干磚柱上一盆雲南大雪山種華美杜鵑和白山茶，花開得十分茂盛，寂靜中微見悽涼，雨來時風起處一定能送到房中一點穀歎聲和淡淡清遠香味。

那座戲樓，那個花園，在民初元恰是三十歲即開府西南，統領羣雄，反對帝制，五省盟主唐繼堯將軍的私產。蔡松坡、梁任公、均曾下榻其中。迎賓招賢，舉觴稱壽，以及酒後歌餘，月下花前散步賦詩，東大陸主人的豪情勝概，歷史上動人情景，猶恍惚如在目前。然前後不過十餘年，主要建築即早已貫作美領事館辦公處，終日只聞打字機和無線電收音機聲。戲樓正廳及兩廂，竟成爲數十單身流亡教授暫時的棲身處，池子中一張長舊餐桌上放了幾份報，一個不美觀破花瓶，破爛蕭條恰像是一個舊戲院的後台。戲台閣樓還放下那麼一個「雞尾」式文化罐頭。花園中雖經常尚有一二十老花匠照料，把園中花木收拾得很好，花園中一所房子中，小主人間或還在擱有印緬總督，邊疆土司，及當時權要所送的象牙銅玉祝壽禮物堆積，客廳中款待客人，舉行小規模酒筵舞會，有樂聲歌聲和行酒歡呼笑語聲從樓窗溢出，打破長年的寂靜。每逢雲南起義日，且照例開放墓園，供市民參觀，拜謁。凡此都不免更使人感到「一切無常，一切也就是眞正歷史。」這歷史，照例雖存在却不曾保留下來，保留下來的倒常常是「不見馬家宅今作奉誠園」詩人黍離的感慨！就在那麼一種情形下，「毀滅」與「背影」作者，站在住處窗口邊，沒有散文沒有詩，默默的過了六年。這種午睡剛醒或黃昏前後，鑲嵌到綠蔭蔭窗口邊憔悴清瘦的影子，在同住七個老同事記憶中，一定終生不易消失。

在那個住處窗口邊，佩弦先生可能會想到傳道書所謂「一切虛空」。也可能體味到莊子名言：「大塊賦我以形，勞我以生，佚我以老，息我以死。」因爲從所知道的朋友說來，他實在太累了，體力到那個時候，即已消耗得差不多了。佩弦先生本來還并未老，精神上近年來且表現得十分年青。但是在公家職務上，和家庭擔負上，始終勞而不佚，得不到一點應有的從容，就因勞而病死了。

廣濟寺下院碑塔頂颺起的青烟，這兩天可能已經熄滅了。能毀滅的已完全毀滅。但是佩弦先生的人與文，却必然活到許多人生命中，比雲南唐府那座用大理石砌就的大墳還堅實永久。

八月十九日西郊

新路周刊

發行者：中國社會經濟研究會
編輯部：電話四局〇八五九號
經理部：電報掛號：三九六〇號
電話四局〇六九三號
北平東直門大街九十八號
上海辦事處：電話四二二五五—五一號
上海黃浦路十七號五五一室
代售處：全國各大書局

訂銷辦法：

一、本刊歡迎直接定閱八折優待在定閱期間不受中途刊費加價之影響郵資漲價酌扣書刊期滿前另函通知

二、本刊零售暫定每冊金券一角五分預定三個月照價八折加郵費如下表：

（三個月）

平寄：金券一元五角
掛號：金券一元七角
航平：金券二元二角
航掛：金券三元四角
國外：半年美金四元

三、外埠批銷每期至少在十份以上照價七折郵包費外加一律存款發貨特約總經售辦法另議

四、學生集體訂閱特定優待辦法預定三個月每期在十份以上者七五折二十份以上者七折

五、寄遞方法請來函說明舊戶續定或有查詢事項務請註明戶號

六、本刊每逢星期六在上海北平兩地同時出版凡華北區定戶請向北平本刊經理部洽定其他各區請向本刊上海辦事處洽定

本期定價金券一角五分
外埠酌加郵費

新路

周刊

第一卷第十七期

短評

(一)金圓券・行莊放款・和利率 (二)新金圓券發行總額的規定 (三)反對公用事業加價至戰前標準 (四)總統有令・政院有令・地方遂「執法以繩」

論壇

論公務員的法律地位與政治權利

(甲)本文 樓邦彥

(乙)討論 (一)芮沐(二)趙德潔(三)吳景超(四)劉大中(五)蕭乾

(丙)總答復 樓邦彥

專論

自由何以生不住根 呂克難

論性格與階級 全慰天

通訊

北平大捕學生記 (北平通訊) 本刊特約記者

小休局面中的華北情勢 (北平通訊) 本刊特約記者

天堂噩夢 (江南通訊) 史班

湘人治湘的前後 (長沙通訊) 歷民

文藝：詩的新方向 袁可嘉

中國社會經濟研究會發行

民國三十七年九月四日出版

短評

金圓券·行莊放款·和利率

關於這一次改革幣制法案的得失，我們已在上一期專論欄著文檢討。此次法案最大的缺憾，厥在未能將全體行莊的放款停止、存款封凍。這是此次改幣能否成功最大的關鍵，我們願意在這裏再加解釋。

據王雲五氏的估計，下年政府的總支出是卅六億金圓，總收入為廿四億強，赤字是十一億強，再用出售美援物資的所得抵補一部份，赤字可減至六或七億左右。

赤字能否如此微小，完全要看在最近兩個月內，物價能否有暫時的穩定。政府希望在稅率按戰前標準調整以後，稅收能增高到王雲五氏所估計的水準。但是，預期中稅收的增加，至少要在兩個月後才能漸漸實現。在這兩個月內，政府支出既無法減少，金圓券增發的速率，是無法能減低到改幣前法幣增發的速率以下的。金、銀、銀幣、外幣的兌換，也在幫着增加發行。在這兩個月內，紙幣的膨脹力量依然存在。

若想物價在這兩個月內不漲，行莊的放款必須停止、存款必須封凍，用以抵銷紙幣的膨脹力量。否則，物價一漲，政府的支出必將超過王雲五氏的估計，金圓券的發行也必比例增加，一切希望都將成為泡影。

此次改革對於行莊的取締，不過是限期增資，且須在兩月後實現。假如行莊在這兩個月內照舊活動，一切豈不就都完了？在銀錢業休假完畢的幾日內，物價並未較改幣前低落，這是行莊照舊活動的明證。國家行局雖已暫時停放，同時各地當局對於商業行莊的放款監督的也很嚴；但是非法的放款（支援囤積的放款）是可以用提取存款的形式去掩蓋的。例如，李四與某行莊有交情，某行莊用李四的名義開一個存款戶頭（款項來源可能完全是由行莊供給的）。某行莊在想放款的時候，只須用李四的圖章簽發一張支票給借款人，這筆借款就成了提取存款的形式，就不在各地當局監督範圍之內了。所以存款必須與停放同時加以封凍，流弊才能杜絕。正當工業因此所受的影響，是可以有辦法解救的，容後另文詳論。

我們雖無證據，但是風聞這兩天行莊仍有用舊日利率放款的情事，所以政府必須用大刀濶斧的辦法去「停放封存」。

我們從利率標準核定的困難，也可以看出行莊放款有停止的必要。政府現在極力想把利率壓低，這自然是極有道理的；高的利率豈不是鼓勵物價上漲嗎？但是，假如眞能把利率壓低的話，豈不又是正中奸商們的下懷——他們又可利用低利貸款去囤積了。只要大批囤積一開始，物價又非高漲不可，一切又將恢復原狀。

改幣以前，行莊放款的絕對大多數，是用去支援囤積的；所以停止了這些放款，對於國民經濟有益無害，政府應立即斷然決然的「停放封存」。（中）

新金圓券發行總額的規定

改發金圓券以兌換現行法幣，其直接的目標當然在穩定物價。過去物價之所以如野馬奔騰，大家也都知道在法幣的發行適量與流通過速。新發行的金圓券在本質上與法幣毫無二致，要求其價值不跌或物價穩定，首先應當使發行數量配合人民需要和培養人民對於新幣的信心以減低流通速度。

這一次的「處分」法令對於這兩點確是注意到了，不過所注意到的不是減少發行以配合人民的經濟需要，仍是在擴張發行以適應政府的財政需要；於是雖欲示民以信，恐仍將如緣木求魚。

根據財政部長王雲五氏十九日的談話，政府的改發金圓券不特是用來「穩定物價安定民生」，而且都望把物價穩定到抗戰以前的水準上去。戰前法幣的發行達到十五億，合美金五億，現在金圓券四元合美金一元，所以規定金圓券的發行總額為二十億。現在對於這一物價水準的妥當與否姑且不談，但就二十億的發行總額的規定而言，王氏似乎忽略了一個很重要的然而不容諱言的事實，就是近來政府所控制的省區也就是金圓券能夠流通的地域不時在那裏變動，同時在戰火白熾戰區日廣的情形下，正常的工商業活動也決沒有恢復到戰前水準的可能。在這種情形下，要把物價穩定到戰前的水準上去，政府現在只須依照規定的兌換率，發行相當於現行法幣總額的金圓券，等到局面改進，再按照生產增加的速度逐漸增發並不為遲。可是政府一下規定金圓券的總額為二十億，比現行法幣總額要超過六倍以上，是自己先行期待新幣貶值呢，還是預為今後重蹈故智以新幣來彌補赤字作安排呢？

如果不是，我們以為儘不必作總額的規定，就是要作規定，也無需乎定得如此之高。如果是的，則我們又恐二十億的限額難免過低，會很容易被突破的。

當然我們也想得到辦法內所以規定一個總額是為取信於民，但結果恐怕適得其反。政府為取信於民，除了規定總額以外，又在法令中規定「處理人民所有國內外金銀外幣」及「整理財政加強經濟管理」辦法，可惜這些辦法既是陳套，負責執行者又係舊人，人民觀感未變，成效也就可想而知；尤其是下半年度的財政預算，傳聞中的特別預算倒比已公佈的普通預算大出一二倍，弦外之音是虧空不能不靠新幣彌補，如果新幣也將和法幣一樣來擔負財政上的責任，則僅僅名稱單位與鈔票花樣上的改變，在人民心理上最多只有一時的催眠作用；而假如新幣也將和法幣一樣的走上貶值之路，我們根據過去半年至少已經增發十倍的經驗，預期二十億的總額不必很久即可突破，豈得謂非嗎？（復）

反對公用事業加價至戰前標準

八月十九日，政府在迫不得已的情勢下，終於攤出了最後的一張王牌，宣佈了改革幣制底財政經濟方案。就方案本身的內容說，值得批評與討論的地方實在很多；其中最使我們看來不解而政府恐亦難自圓其說的，則莫過於公用事業欲加價至戰前標準的那一項了！根據「整理財政及加強管制經濟辦法」第三條之規定：『國營公用及交通事業之收費低於戰前標準者，准參照戰前標準調整之，以期自給。其由國庫貼補者，應以受軍事破壞之地區者爲限。』這就是說；目前每封一萬五千元的平信，應該上漲至戰前標準的金圓券五分，即十五萬元，漲率是十倍。同樣的推算，電報費用應該漲至戰前標準的每字一角，約較現在漲三倍。其他的鐵路，輪船等運輸事業，據估計，各參照戰前標準，都在漲率起碼一倍以上。而同時，政府却硬性規定市面上的物價，一律不得超過八月十九日的價格。根據第十三條的規定是：『全國各地各種物品及勞務價格，應照民國卅七年八月十九日各該地各種物品貨價依兌換率折合金圓出售。』把這兩條條文合起來看，則是，只准政府漲價，而小民則不能。難道眞的只准州官放火，不許百姓點燈嗎？

其次，就國營公用事業「以期自給」這個前提來說，政府也不應該使之漲價至戰前的標準。因爲，誰都知道；公用事業的最大支出，不外人事費用與原料。人事費用的支出，根據政府這次的規定是『文武公教人員待遇以金圓券支給，京滬區標準以原薪額四十元爲基數，超四十元至三百元按十分之二發給，三百元以上者一律按十分之一發給。』國營事業人員薪水規定最多亦不得超過公教人員所得加三成以外，這很顯然人事費用的開銷不是戰前的標準，而是現在的待遇。同樣，原料的來價也被政府凍結在八月十九日的價格上，而不一定是戰前的標準。支出既是現在的標準，而收入爲什麼一定要恢復到戰前呢？是政府想藉此以「牟利」呢？抑還是政府想恢復國營公用事業人員的待遇到戰前的標準呢？

最後，還有一點，我們應該鄭重指出的。就是：政府訂定這個方案的目的，是在減少國庫的貼補而使通貨不致膨脹，物價得以穩定。但政府不應該忘記的是：現在人民的購買力和各種物價是否都能符合到戰前的標準？如果不能的話，證明人民的收入不應該也不能負擔到戰前的支出？而且國營事業中的運輸和郵電等又都與物價有着密切的相關。萬一因這個公用事業的加價而刺激物價的上漲時，這後果將是不堪想像的！（驄）

總統有命·政院有令·地方遂「執法以繩」

以行憲內閣的姿態出場，由文人翁文灝領班的行政院於八月十七日對各地行政治安機關頒發了一道命令，列舉「後方戡亂」應行注意事項，責成有關機關依據刑事法令清除「匪諜」，安定後方。這道命令一頒，北平警備司令部所屬各機關，包括特種刑庭在內，立刻採取聯合行動，向各大學拘傳學生。在假中度暑之各大學遭受此一襲擊，頓呈動盪不安。傳票於十九晨分別送到各校。警備總司令部於是日舉行記者招待會，陳繼承總司令致辭稱：「奉剿總命令執行行政院公布辦法，依照合理步驟今天已對各學校奸匪分別用「拘」「傳」方式按照公布名單，予以傳訊。」並由劉瑤章市長說明「此次行動意義」，稱：「我們十七日得到執行命令……此次行動之前，有長期的調查，多方面的準備，又當此憲政時期，一切均按特種法庭程序來作，輕的傳訊，重的拘訊，並全經過學校，以表示對學校的尊重。」所謂名單，據特種刑事法庭公布，全部共計二百五十人。然馬上自己打了自己一個嘴巴，二十日北大清華等校又接到特刑庭的第二批傳訊名單，光只北大便有二十二人之多，其中多半是自治會理事或代表；於是大家明白所謂按照公布名單予以傳訊，與名單之公布爲二百五十人，原來都是謊話。自十八日晚開始，每晚宵禁提前於九時開始，並無分晝夜，在各校四圍密布軍警，如臨大敵。各校被傳之學生有的早已離校，有的聞風遠颺，亦有少數自行投案者。治安機關與特種刑庭先作好了一個「三部曲」，循「傳」，「拘」及「通緝」之次序合唱起來，以迫害有無罪案及罪案能否成立均無從判明之青年。稱快之餘，更用包圍及封鎖迫使各校接受憲警入內行其「象徵式」之搜查，故意毀損學府之尊嚴，賴胡適校長持嚴正態度，僅北大一校得免於受此一大恥辱。在北平，這一迫害也遂暫告結束。從發動到二十四日午前憲警自北大沙灘區撤退，歷時整整一週。

在這期間，我總統蔣公就當前時局及政府重大措施發表談話，將此一「清除大學青年中的陰謀活動分子」之措施與「改革幣制以穩定經濟」之措施並列，以闡明其決心，我院長翁公在國民黨中央黨部紀念週席上，在蔣總裁親自主持之下，（謝謝各報在行憲後仍照例登載一黨之紀念會報告，讓我們老百姓得仍飫聞黨國要人之言論。）報告政務，亦將「肅清間諜以保障社會安寧」與「停止膨脹波動以穩定經濟」並舉。是役也，猶惡之面目揭露，使中年人搖首，使青年人寒心，直接被迫害者三百數十人，驅而之其所嚮，驅而流於四方；學府遭蹂躪，志士求湔雪，過去爭取青年，今日殘害青年，使緬懷往事者深感失敗主義之已攻入昔爲亡命客今爲南面王的人士之心臟，非猶惡之可怖，懼覆亡之無日。是役也，謂將循壓迫以求寧靜，猗與盛哉！吾故濡筆記之。（敏）

論壇

論公務員的法律地位與政治權利

（甲）本文

樓邦彥

為確定討論範圍與性質，須先說明三點：（一）這是一個關於行政原則的討論，（二）公務員是指永久職的執行公務的人員而言，不包括政務官與臨時雇員，（三）討論僅集中兩方面，一是公務員的法律地位，一是公務員的政治權利。

＊　＊　＊　＊

先論公務員的法律地位。

就性質講，這是一個學理上的問題；就內容講，所謂公務員的法律地位就是公務員與國家究竟發生何種法律關係的問題。

一般的說，歐陸的公法學者比較地注意類似這樣的學理上的問題。歸納起來，關於公務員與國家的法律關係，大體上有三種不同的說法，或謂基於契約，或謂基於雙方的行政行為　或謂基於國家單方的行為。我贊同第三種說法，即認為由於一種國家單方的行為，才形成公務員與國家的法律關係；我不同意於前兩種說法，因為它們都不够妥當。

首先，認公務員與國家的法律關係是基於契約，即把兩者視為契約的雙方當事人。主張契約說者又可以分為兩派，一派認為公務員與國家乃構成一種私法上的契約關係，另一派則認為他們乃構成一種公法上的契約關係。私法上的契約關係或為委任的關係，或為僱傭的關係，全視公務員所執行的公務的性質而定。根據此派說法，契約的雙方當事人——公務員與國家——的地位是絕對平等的，一方面國家並非高高在上處於一種特殊的地位，另方面公務員在契約所規定者外，不負任何特殊的義務與責任。公法上的契約關係雖亦承認契約的雙方當事人的存在，但他們的地位是不平等的，這就是說，契約當事人的一方——國家——為便利公務的執行，得基於公共利益的理由，根據其單方的意思決定或改變契約的內容，毋須取得契約當事人的他方——公務員——的承諾。

契約說在理論上是很難說得通的。契約關係的發生，必假定雙方當事人互相表示意思的一致，當事人一方的意思是以他方的意思為條件的。同時很明顯地，假使我們要求雙方當事人互相表示意思的一致，自不能不又假定他們的意思在法律上是平等的。但是事實上，公務員的意思與國家的意思並不平等，因為國家始終可以片面地重新規定公務員的法律地位，公務員自不能因事先未取得他的承諾，致使他的法律地位受到改變，而請求損害賠償。在這種情形之下，公務員與國家之間當然不可能有契約關係發生的。抑又有進者，公務員的接受任命並不是國家任命他的原因，國家的任命公務員絕非起於公務員的意思。因此任命公務員的事實的存在並不能證明公務員與國家雙方互相表示意思的一致，公務員的接受任命既非契約的要約，亦非契約的承諾，它祇是完成一個行政行為的條件而已；公務員的權利義務乃規定於國家的法令，所以國家任命公務員的行為同樣地既非契約的要約，亦非契約的承諾。事實又明白告訴我們，公務員與國家之間是從不會發生契約不履行問題的，其可能發生的問題有二：一種情形是假使國家片面地變更了有關公務員權利義務的規定後，而公務員不能忍受因那種變更所產生的後果的話，他得依法辭去公務員的職務，另一種情形是假使公務員有違法失職情事時，那並不因而引起了不履行契約的問題，實際上祇有職務上過失的存在，國家得依法加以懲戒的處分。至於所謂公法上的契約，它假定不平等的雙方當事人的存在，這也是難以自圓其說的，因爲既然有了不平等的假定，就不可能再發生契約關係。總之，用私法上的契約關係來解釋公務員與國家的法律關係，顯然忽略了公務員與國家的不平等地位，用公法上的契約關係來解釋公務員與國家的法律關係，則忽略了契約在法律上的特質。

其次，認公務員與國家的關係是基於雙方的行政行爲，即把某人自接受任命之時起視爲法律上的公務員；換言之，公務員的接受任命不僅爲完成任命行爲的形式上的條件，並且是形成公務員與國家的法律關係的一個基本因素。因此除掉國家當然地是任命行爲的一方外，接受任命的公務員也是任命行爲的一方，任命公務員的行爲就成爲公務員與國家雙方的行政行爲了。根據此說，公務員的撤免同公務員的任命一樣也是一種雙方的行政行爲，公務員的撤免也同樣必須取得其本人的同意。

雙方的行政行爲說在理論上也難以成立。法律上恐祇有在契約關係中才有雙方當事人，因爲契約是雙方當事人互相表示意思一致所直接產生的結果，至於一個行政行爲恐絕對不可能是一個雙方的行爲，「雙方的行政行爲」根本上就是一個矛盾的名辭。一個任命公務員的行爲非但沒有雙方當事人，並且可以說根本就沒有一個所謂當事人；它祇是公務機關依法所表示的意思，當這個意思表示滿足了法定的形式上條件以後，就在法律上產生結果。關於公務員的撤免一點，說它也是一種雙方的行政行爲，與實際情形相去實在太遠了，因爲在原則上，國家無論如何應該能够保留片面地撤免公務員的權力。

我的不同意於用契約或雙方的行政行爲來解釋公務員與國家的法律關係，已如上述，我認爲公務員與國家的法律關係無疑是基於國家單方的行爲。今試就此點來加以伸論。

第一，契約關係既假定法律上平等的雙方當事人，這種關係自然絕不可能存在於公務員與國家之間的，因爲國家總是片面地以法令來規定一般公務員的權利義務，公務員的地位顯然是在國家之下。確定公務員的權利義務者並非契約，乃是一般性質的法令；這也就是說，一般性質的法令規定客觀的公務員的法律地位，而任命公務員的行爲是把客觀的公務員地位賦與某一特定的個人，使其取得法律上的公務員地位。國家既能片面地用法令的形式來規定一般公務員的權利義務，它當然也能隨時加以修正，所以法令賦與公務員的權限並非屬於個人的主觀的權利，而是用來執行公務的客觀的權力。從這個關係中，我們可以看到公務員的確是處於低於國家的地位，他的權利義務不是他與國家發生契約關係的結果，乃是由於國家的單方行爲。

第二，任命公務員的行爲必須滿足一個形式上的條件，始有具體的結果，這就是任命的接受，因爲假若沒有人接受任命，那麼即使有任命公務員的行爲，仍舊不能產生公務員的。現在的問題是公務員的接受任命，其性質究竟怎麼樣？在普通的情形之下，某一特定的個人之接受任命，是任命公務員的行爲得能發生效力的一個形式上的條件。儘管任命的接受是一個必經步驟，它的影響祇及於任命行爲的外在形式，而不能絲毫變更任命行爲的內在性質，任命行爲還始終是一個片面的行政行爲——即一個法定公務機關的行爲，把法令所規定的公務員的法律地位賦與某一特定的個人。於此可見，任命公務員的行爲本身是一個不完全的行爲，並非契約的要約，任命的接受祇是一個形式上的條件，亦非契約的承諾。任命的接受一定發生在任命行爲以後，任命行爲自必須在任命被接受以後，才成爲一個完全的行爲。所以在任命未被接受以前，任命行爲在法律上等於自始並未存在，任命機關自可任意撤回其尙未發生法律效力的行爲。公務員的權利義務始自任命被接受之時，從這個時候以後，公務員即能依法享有權利並負擔義務，國家如果再要變更公務員的權利義務，必須嚴格依照法定的程序辦理。

以上是關於公務員的法律地位的討論。

* * * *

其次，再論公務員的政治權利。

當某一特定的個人依法取得公務員的地位以後，他享有了特殊於公務員的權利，這些權利不一定爲普通人民所能享有，他又負擔了特殊於公務員的義務，同樣的，這些義務也不一定爲普通人民所應負擔。反過來說，公務員居於特殊的公法上的地位，執行性質不同於其他工作的公務，那麼爲了公務的理由，他所享有的政治權利不能不有相當限制，即不能享有完全相同於普通人民的政治權利。

所謂公務的理由，一言以蔽之就是行政的獨立。行政的獨立有一個假定和兩層意義。先說一個假定。行政的獨立原則上必假定在和平的政治鬥爭的條件下掌握政府權力者的可能更換。如果掌握政府權力者可以壟斷民意，製造輿論，不容人民公然反對，而存心永久在朝，則它必定把政治與行政打成一片，絕對否認行政獨立的原則，庶幾其統治權的基礎，在不惜施用任何手段的情形下，得能鞏固。在這個假定之下，試再進而言行政的獨立的兩層意義：一方面是政治不干涉行政，另方面是行政不過問政治。行政的目的是在根據民意所決定的大政方針下把公務執行出來，它不應受基於政治動機發自任何方面的干涉，否則行政的體系既無從建立，政治的軌道也因而錯亂。這是一方面。執行公務不應該包含政治上的偏見，行政祇是在既定的大政方針下，把抽象的原則變成具體的辦法而付諸實施，它如果過問了政治，無異超越了它的活動範圍，同時也必然地違反了行政的目的。這是又一方面。

爲了公務的理由，這就是說，爲了行政與政治的分立，公務員的政治權利之應受限制者，最重要的不外乎兩種，第一是參加競選的權利，第二是公開表示政治主張的權利。

第一，公務員不應參加競選。參加選舉與參加競選不同，在實行祕密投票制度的情形之下，某人投誰一票，照例別人無從知道，所以公務員即使參加選舉，別人無從根據他所投的票去推測他的政治傾向，行政獨立的原則照樣可以嚴格維持。參加競選的情形就不同了，因爲參加競選總得顯露身份，表示主張，庶幾選民抉擇有所根據。是則公務員如果參加競選，他自須挺身而出，用他所宣佈的看法來爭取選民的擁護，增加他可能獲得的票數，結果他的政治立場已表白於大衆，他在行政上的獨立地位就完全受到動搖了。譬如在政治制度上說，要使英國內閣制運用得比較成功，公務員自不應參加國會議員的競選，事實上英國自從十九世紀下半葉以來，即規定在沒有辭去現任職務以前，公務員不得以任何方式參加國會議員的競選。假如在工黨執政的時候，某一公務員以保守黨候選人的身份參加國會議員的競選，他必然猛施攻擊工黨政府的政策來作爲他的競選手段，他的立場既明，而同時他還是在工黨政府中執行工黨政策的一員，他的行政獨立地位立刻就受到影響了，不但政府一方面會感覺行政紀律的無法維持，人民一方面也難以信任一個容納公然反對工黨政策的行政人員的工黨政府。行政與政治分立的要義，從這個例子就可以很清楚地看得出來。

但是民選的公職人員，其職務與性質各有不同，有的是政治性的，有的是非政治性的，公務員與這兩類民選的公職人員，關係顯然不同。國會議員或美國的總統選舉人（presidential electors）是屬於政治性的民選公職人員，爲了公務的理由，公務員不應參加競選。至於地方議會議員，民選地方行政首長，或美國的民選法官乃屬於非政治性的民選公職人員，公務員若參加這一類人員的競選，自與行政獨立的原則不相違背，因爲這一類民選公職人員是行政的或司法的，而並不是政治的，參加競選的公務員可以提出行政的辦法，而毋須表白其政治的立場，那麼無論競選的結果是成功抑是失敗，都不致影響其公務員身分在行政上的獨立地位。問題或許發生在當選以後，即公務員能否兼任非政治性的民選公職人員？這裏所謂非政治性的民選公職人員，當僅指地方議會議員而言，因爲公務員之不能兼任地方行政首長或法官，應該是毋庸置疑的。當政府考慮公務員能否兼任地方議會議員的時候，它所應根據的不是行政獨立的原則，而是兼任地方議會議員在事實上是否可能，或是否影響行政效率的維持，這樣的考慮就完全是另外一個問題了，與公務員的政治權利問題毫不相干。

第二，公務員不應公開表示政治主張。這對於公務員政治權利的第二種限制，其所着重的是公務員不應「公開」表示政治主張。任何一個人原可具有很多種不同身分的，他可以同時是國家的公民，行政機關的公務員，妻子的丈夫，兒女的父親，研究會的會員，娛樂團體的組成份子……等等。我們說公務員不應公開表示政治主張，並不是說在他做了公務員以後，就不再是國家的公民了，但是至少爲了公務的理由，他不能公開地在政治上有所主張。凡人皆有缺陷，這缺陷正是人類的特點，他們不能超越個人的主觀成見去判斷客觀的事物，他們也不能消滅其內心人格的一部份，公務員自亦不能例外。所以我們爲了公務的理由，要求公務員不公開表示政治主張，當然不是要求他絕對沒有政治主張，這樣做是反乎人性的企圖，他可以想他所要想的，主張他所要主張的，但爲使行政獨立的原則確能維持，他不能公開地用言詞或行動來表示他在政治上的傾向主張。舉例來說，一個外交部的公務員對於國家外交必有他的個人看法，假若他不是公務員，他自可用言詞或行動讓別人都知道他的看法，藉以產生相當影響，但既是公務員，他就不能那樣隨便了，因爲無論他公開地表示主張，贊成或反對政府的現行外交政策，對於行政總是會產生不利的後果的。即使他公開的表示主張贊成現行的外交政策，政府的外交政策中途仍可能變更，那麼在政策變更以後，他就成爲新外交政策的反對者了；由於他曾公開地表示相反於新外交政策的主張，他的獨立地位當然就受到了影響。如果他公開地表示主張反對現行的外交政策，那是直接破壞了行政獨立的原則。外交部的公務員如此，任何其他部門的公務員亦復如此。

公開地表示政治主張的方式甚多，諸凡主編或投稿政治刋物，參加政治集會，協助他人競選，發表政治演說　　等皆屬之。以此推論，公務員當然不能參加政黨活動，無論這政黨是在朝黨抑是在野黨。在原則上，公務員也不應有任何政黨的黨籍，因爲黨籍本身就明白表示了本人的政治傾向，公務員如果有了黨籍，行政獨立的原則是無法再能維持了。拿最近英美兩國政府的措施來說，他們的排斥共產黨人員的公務員，在公務的理由上或許是可以成立的，但是他們的出發點如果單單是思想，同時祇排斥共產黨人員的公務員，而對於隸屬其他政黨的公務員不加排斥，那麼其出發點就不是公務的理由，自然是難以辯護的。行政獨立的原則不是一個單方面的問題，它須要行政與政治雙方的努力。我在另一篇文章內，曾經說過下面一段話：

「單是限制公務員對於某幾種公民權利的行使，例如國家以法令禁止公務員做某種某種行爲，至多祇能做到極其表面的結果；要眞正的使令公務員相當無偏見地侍奉不同的政府，必須不同的政府對於他們也是不存任何偏見。政府若能不把行政染上了政治的顏色，公務員便會相信政府不思以政治因素來影響它與公務員之間的關係，那麼他們很自然地不致以公務員的身分去參加積極的政治活動了。所以政府要是能以中立的態度對待公務員，公務員才能維持中立，這恐怕是公務員中立問題的癥結所在。中立的公務員絕不過問政府所採取的政策怎麼樣，他們必忠實地加以執行，並且同時不積極地公開擁護或攻擊政府。不攻擊政府是公務員自己就能做到的，而不積極地公開擁護政府這一點，則有賴政府對公務員的中立態度。此所以獨裁國家是不發生公務員中立問題的，因爲獨裁國家根本不要求公務員中立，它要公務員積極地擁護政府，於是政治與行政便打成一片了。」（「論官吏的民權」，載「觀察」第一卷第二十三期。）

限制公務員的某幾種政治權利，或許有人認爲是一件不公道的事情，但是我覺得除非我們不承認掌握政府權力者在和平的政治鬥爭的條件下有更換的可能，因而覺得行政與政治沒有分立的必要，不然，中立的公務員不僅是不同政府的要求，也是人民爲維護他們喜歡的政治制度所企盼。公務員爲了公務的理由不免犧牲其一部份公民的權利，但他並非永久被剝奪了他們爲人的權利，當他一旦覺得做一個積極的公民强於做一個犧牲部份公民權利的公務員時，任何方面不能干涉他對於這個自由的選擇。

最後，尙有兩個意思須要補充。

（一）公務員的結社與罷工權利，其性質也非常重要，但恐與本文所討論的嚴格的政治權利無關，茲不贅。

（二）公務員就其執行公務的性質，大別可區分爲兩類：一類是有决定權的高級公務員（即法國學者所稱之 Fonctionnaires d'autorité），一類是辦理事務的低級公務員（即法國學者所稱之 Fonctionnaires de gestion）。前一類直接間接參加政府政策的形成，後一類則否，他們祇是辦理純粹事務的。以上我所提出關於公務員的政治權利的各種看法，無疑應該適用於有决定權的高級公務員，對於辦理事務的低級公務員恐應另當別論。如果此說在原則上可以成立，則跟着發生的問題就是這兩類公務員的界線應如何正確地加以區劃，我想這似乎已超出原則的討論範圍了。

（乙）討論

芮沐

我願意把樓先生所提出的兩個問題倒着次序來談一談。

對于他所提的第二個問題，我不想多說，我完全贊同他的意思。法國學者稱作 Fonctionnaire D'autorité 的公務員，他們的政治權利應該有所限制，這無疑對于國家的行政實施是有利的。他們不應該隨便公開的表示政治主張，不應該隨便參加競選，就是因爲——恰如該法文名稱所指——他們是行使公權的官吏。Fonctionnaire d'autorité 一詞譯成行使公權的官吏，似乎比較恰當些，而 Fonctionnaire de Gestion 當是指事務性的公務人員。在我們普通的談話中，爲簡化觀念起見，往往沿用高級與低級的名稱，但在理論上，一個官吏祇要是行使公權 Autorité publique 的，他也就是一個公權的代表者。儘管他在系統上是一個很低微的份子，例如站岡的警察，位置是很低的了，但他却須顧到國家的整個立場。反之，兵工廠裏的化學工程師，大學校裏的敎授，地位是比較高的，但他們都是事務性的公務員，在這分類的前提之下，我是贊成樓先生的提議的。

但關于第一個問題——公務員的法律上地位——，則我想提示一個不同的看法。我不知道樓先生在第一問題上，是否也用行使公權的官吏和事務性公務員的那個分類，因爲若是對一般的所謂公務員與國家的關係，都一體認係後者單方行爲所造成，我就不敢苟同這理論，因爲我惧怕它的危險性：這不僅將把抽象的國家觀念無邊際的抬高，而且事實上還要威脅到個別的公務員之切身利益。樓先生的分析與解釋顯然與現實非常接近，但我個人則頗希望公務員的地位能多多改善，因此把他們的身份放在另一基綫上去。依我看，就那些事務性的公務員而論，國家和他們的關係極似私法上的契約。例如大學敎授，不聘不來，兵工廠裏的工頭，招他來，還得由他情情願願地接受。雙方的意思表示在形式上也完好的存在。許多公務關係的內容，待遇，固然不能說不是國家單方所訂的，甚且用立法方式所訂立的，但是片面的行爲在私法範圍裏也並不是沒有。例如勞資公約很多是片面的；許多大戲館，遊藝場，旅店，工廠，銀行等還時常喜歡單方面訂立規則。此等法律關係理論上不因其屬於片面性質，而就被否定了它們的契約基礎。私人間的來往不必要每一點臨時斟酌，或則重復交涉。只要當事人雙方在不超出他們事務關係的類型的前提下，要更動內容就可以更動的話，他們通常就不必要每事躊躇，討價還價，表示他們意志之自由了。我們所要替公務員爭取的，也就是這一點可能性：有這個可能性的，那法律關係是契約，否則是單獨行爲。敎授與學校的關係，性質上不因學校之私立或公立而不同；同樣，火車上的售票員或司機的地位，並不因鐵路是國營或商辦而致改變其性質。

至於政務性的官吏，所以行使或代表公權的，他們的地位不能以契約來解說，則我和樓先生的意見又復相同。

但這樣的分類法，大陸上好多著名學者已批評過了。法國的 Duguit, Jèze Hauriou，德國的 Mayer 都反對這個分類。其中尤以 Hauriou 且竭力主張單方行爲說。這也並不足怪，因爲後者素向就是皇權意識很重的所謂「法律成制派」的學者。他認爲公務員的地位全是法定的，而不是契約的。他對於公務員的定義是這樣講：「國家所管轄的職務中佔有永久地位之一切代表公權的高低服務人員」。在他的著作裏，他甚至把公務員的問題放在與士兵徵用，土地實物徵收等同類的系統裏講述。這一類關係他稱之爲「合意的徵用」Requisition Consentie，依我的看法，公務員在這種情形下想獲到一部分人類應有的保障，眼見希望就很少。平心地講，內部的懲戒對于有些事務性的公務員是不合用的；反之，私法上公認的一切業務上危險的撫恤，結社的權利，違約性停職的賠償等事，則都應該依照私法的原理對他們適用。

在官僚傾向絕盛，而封建習向尤熾的中國社會下，我想採用契約一說，對于一部分不得不以公務爲職業的人或比較有利些，而且也許比較多能促進國家民主的風氣。

趙德潔

關於公務員的法律地位與政治權利這兩個問題，前者是歐陸公法學者所常常爭辯的，後者是英美公法學者所不斷討論的，這是因爲兩地域內人民的政治哲學，政治習慣，以及政治制度都不相同，所以公法學者的注意點也不一致。

歷來學者討論公務員與國家的法律關係，有下列三說：（一）契約說，（二）雙方行政行爲說，及（三）單方行政行爲說。關於契約說之理論，無論其主張的爲私法上的契約關係，或公法上的契約關係，皆嫌太陳腐，無以解釋團員對於團體之從屬性質。雙方行政行爲的學說，改造契約說的理論，實質上與相對的單方行政行爲說（見下），無大區別，無獨立另成一說之價值。所以我也同意樓先生，三說中以單方行政行爲說爲最妥當，最進步。

但是主張單方行政行爲的學者，常又分爲兩派：

（一）絕對單方行政行爲說　此派謂國民對國家有服公職之義務，國家對國民得以片面的意思，命其服務，強迫其爲公務員。倡此說者，以德國 GOENNER 爲代表。此說陳義過高，不切實際，近年立憲國家將服公職一事，規定爲普遍的國民義務，尙不多覯。國家在憲法或法律外，令國民負擔義務，自須得國民同意。

（二）相對單方行政行爲說　此派承認國家地位優越，但國家任命公務員之行爲，發生効力，仍繫於受任命者之意思表示。那就是說，國家任命公務員，須得他同意，不能強迫人民服公職。主張這學說的，可以法國 Duguit 爲代表。至於受任者如不同意，則國家的單方的任命行爲，學者或認爲仍有效力，但國家得撤銷之，或認爲自始即不發生效力，意見迄今兩歧。

以上兩說，自以第二說較爲圓通，能兼取各學說之長處，再申論如下：

（1）國家任命公務員，在形式上通常以命令行之，並非契約的要約，足以表示國家之優越地位，公務員顯在國家之下。此種法律關係，非基於雙方當事人立於平等地位之契約說所可解釋者。

（2）近代國家，除極端的社會主義者外，在憲法中，鮮有將服公職規定爲國民之義務者，英美固無論矣，即第四共和國之法國憲法，在序文間，亦僅保證任何人享有服公職之平等機會，此種語句，參照上下文，顯視服公職爲任何人之權利而非義務，我憲法第十八條更明訂人民有應考試，服公職之權。既稱權利，國家之不能違反本人意志，而強迫任命爲公務員也明矣。

然而服公職之權利，與普通權利之性質不甚相同，實爲一種兼具義務性質之權利，國民如無正當理由，不能任意拋棄。私法上帶有義務性質之權利，如父母對於幼年子女之財產管理權是，公法上帶有義務性質之權利，亦有人民陪審權。父母管理幼年子女財產，人民參預陪審，一方面是享權利，一方面也是盡義務，學者以爲公民之選舉權，亦係帶有義務性質之權利，國民之服公職權利，當亦屬此類。

（3）私法上之單方行爲，亦常有以對方同意爲條件，始發生效力者，如立遺囑時指定遺產繼承人，即以被指定人同意，爲效力發生之條件，國家任命公務員之單方行爲，亦與私法人被繼承人寫遺囑時之單方行爲無異。

參照上述三項解釋，可知用相對單方行政行爲說，來說明國家與公務員之法律關係，實較其他說法爲圓滿。 樓先生只說贊成單方行爲的說法，并未將此項學說，更分爲絕對的，相對的兩種，我希望樓先生所指的是相對的單方行爲，因爲我特別注重的是任命行爲不生強迫性質。

至於限制公務員的政治權利的問題，我完全接受樓先生的看法，對於他的一個假定，兩層意義，也無條件的同意。因爲行政獨立是政黨政治的精髓，所謂民主國家，政治制度運行能成功之基本原因。在一黨獨裁政治的國家裏，公務員的黨籍，都是淸一色，根本談不到享受政治權利。可是在兩黨政治或多黨政治下，非將政治及行政分開不可，負責行政的人，絕不應有絲毫偏見。

在英美兩國人民，差不多把做公務員，看成一種職業，和做律師，做醫生一樣，對於執行業務，應該不具政治成見。同時認爲服公務這件事，不過是一個國民偶然選擇這條出路，做謀生的方法而已。根據此種心理，結果故法律對公務員之政治活動，限制綦嚴。

吳景超

邦彥先生的論文，有一點我想補充幾句，就是公務員發表文章的範圍。公務員不應當公開表示政治主張，我有同感，但是發表文章的範圍，是很廣的，除了公開表示政治主張之外，公務員應當有權利，或者說是應當有義務，發表他對于某些問題研究的心得。但是目前的風氣，許多公務員都噤若寒蟬，請他們寫文章，便以身爲公務員，不便說話爲藉口，這種傳統是應當打破的。

文章有兩種，一種是發表意見的，一種是分析事實，報告事實的。在這兩種園地內，公務員都有活動的園地。關于發表意見方面，我以爲發表政治主張，固然與他的身份有所衝突，但是發表別的意見，關于宗教的、娛樂的、家庭的、衛生的、教育的等等，是否也與公務員的身分有所衝突呢？是否表示任何意見，便是一種政治活動呢？我想此中大有斟酌的餘地，并非身爲公務員，便不能發表任何意見了。關于第二種文章，我想除開軍事與外交的祕密，經手的公務員，沒有權利發表這些祕件之外，其他方面的事實，我以爲在事後分析發表，是做公務員的一種義務。譬如美國的農部、商部、勞工部等等，每年出版的年刊、月刊、週刊、小冊，不計其數，其中的材料，不但是研究這些問題的專家，視爲重要的來源，就是普通的公民，也只有通過這些刊物，才可明瞭他們的政府，到底辦了一些什麼事。這些刊物中的文章，可以說是都是公務員寫的。甚至我們可以說，有些公務員，政府請他們的目的，就是要他們分析材料作文章。假如美國的商部，忽然有一天不發表「全國收益」的分析了，我想許多機關，許多學校，許多個人，都會鬧起來的。中國的政府，像一切別國的政府一樣，也是許多實際資料的集中所。這許多寶貴的資料，論理是應當分析以後，公之于世，以幫助國民對于政府活動的了解。不幸的，這許多寶貴資料，都存在檔案室中的高閣，或者當爲祕件或極祕件藏在主管長官的皮包裏，結果是現在喜歡研究的人，得不到實際可靠的材料，一般公民，也不知道政府到底有些什麼工作，因而對于政府，發生不必要的隔膜與誤解。記得在抗戰期內，有一位大學的教授，寫信給我，要我供給他一份某部的工作報告。這種工作報告，每次印好幾百本，送給上級機關，送給參政會，送給中全會，但是上面註明祕是件，所以我也無權答應這位朋友的要求。其實這種報告，在事後毫無祕密的可言，與其送給上級機關的科員或者別種不懂事的人去看，不如交給教授們去研究，反可發生更有價值的結果。總之，我以爲從好些方面去看，現在公務員不寫文章的風氣，應該打破。在每一個重要的行政機關裏面，政府應該指定一些人，專門作分析事實，報告事實的文章。公民對于政府可以作這種要求，政府對于這種要求，也有履行的義務。

劉大中

對於邦彥先生所討論的這個問題，筆者是一個十足的外行；除了自常識觀點來看，覺得邦彥先生所說的很有道理以外，愧無具體的意見可以貢獻。下面所提出的一點，是關於公務員在執行政務時應享的權利和應負的責任的問題，恐怕已經溢出了邦彥先生所討論的範圍，但是與本題有相當密切的關係，同時也是現政府效率低劣的主要關鍵之一，希望邦彥先生能在「總答復」中，附帶着供給一些關於這一個問題的意見。

現在我國中下級的公務員，因爲傳統、環境和受上中級的公務員所樹榜樣的影響，幾乎成了他們的上司的應聲虫；凡是上司所命辦理的事，不管是否合于自己所管事務的規章，一切按上峰的意旨辦理。這些中下級的公務員們，覺得他們自己既無反抗上司命令的權利，而違反規章的責任也是由上司去負．與他們不發生關係。比較有頭腦的（無寧說是比較胆小的），頂多在覺得不太妥當時，請上司給一個「白紙黑字」的「批示」或「手諭」，若是將來出了麻煩，就可以把這些證據拿出，說是「奉諭」辦理，與他們自己無關。這種現象在我國現政府內，自院長部長階級一直到股長科員，可以說是普遍存在。這是我國現時行政效率低微和貪污盛行的主要原因之一。

我們在這裏所要指出來的是：當中下級公務員覺得上司命辦的事不合規章的時候，他們有權向上司抗議，並且有權不遵命辦理；同時，他們遵命所辦的事若不合規章，雖是「奉諭」辦理，他們自己仍然逃不脫法律上的責任。

在這裏，筆者有一個關於行政法上的專門問題，很希望能知道答案；讀者中一定也有許多是公務員而不是專門研究政治或是法律的，他們的腦中一定也有這個問題，邦彥先生當能予我們一個答案。

一個公務員，當他認為上司交辦的事，很明顯的涉及貪污或是不合法時，他當然有權抗命不辦，而且可以到法定的機構去控訴；同時，他當然可以安居其位，無須辭職。但假如問題中的事件，雖然受命辦理的公務員認為是不合法的，但是所涉及的規章並不清楚，可能有不同的解釋。在這種情形下，這個公務員是否可以抗命不辦，一直到上層機關的解釋使他滿意，或是命他辦理的上司受法律或行政處分為止呢？

現時我國的公務員，有些在大聲疾呼替在朝黨宣傳，聲述他們自己的政治主張，甚至於在不辭職前參加競選，享受到眞正民主立憲國家的公務員所不能享受的權利。另一方面，有許多公務員，卑顏屈節作他們上司的奴隸，不敢享受法律給予他們的抗訴權利。在這種雙重的畸形狀態下，我國的政治如何能上軌道？

蕭乾

我祇能就常識來說：能有一個超然的「文官制度」是再好也沒有了，因為（一）不那樣連一場並非醜劇的選舉也辦不成。由印票，配票到開票，都是公務員經手的。廣播電台如是國營，在公務員手裏；郵政，航空，在公務員手裏；如果國防部長是文官的話，軍隊也在公務員手裏。當然公立學校教師要聽教育局的話，工廠，社團，都可以經政府種種機構控制住。連公共場所的招貼板子都在地方公務員手裏。如果沒有選舉便沒有民主，則沒有超然的文官制度，也就沒有了民主。這邏輯是滿明顯的。（二）由公務員本身說，如果他依附一個政黨，當然要隨着那個政黨而昇沉，而去留。但難題是怎樣制止在朝的政黨來囊括全體公務員為己有。便利是太多太多了。而且有政黨就不能避免『政治的委任』。誰當部長，即使為了『公』便，也難免任用親信。

獨立的文官應該有，正如電冰箱應該有，抽水馬桶應該有。問題是怎麼有。這是說，這個理論能應用到中國身上嗎？

就個人說，是習慣，就社會說，是傳統。這種凌空絕對需要傳統。凌空的第一條件是寬容。如果議會辯論結果，左派得勝，金融國有化了，右派的財長（可能自己是銀行家）肯對同僚同志下刀嗎？第二條件是最低限度的尊嚴。朝中換了人後，公務員怎樣制止本身投機份子為求顯達而在政務上向當道賣弄討好呢？僅就這兩者論，都不是中國宦海裏所擅長的。

至於公務員不表示政治主張，在中國恐怕更走不通。中國讀書人只那麼一堆。這堆人也是『智識分子』，也是『文化人』，也是『開明分子』，他們什麼角色都得扮，而其中公務員身份的百分比一定很高。如果中國事事上軌道，只是觀點的不同，那麼緘默或不難守，若眼看蠢事悲劇在四週演着，為了飯碗而啞口不言，對個人是殘酷不情，對國家還是損失。

以民主模範自譽的美國，到現在還依稀維持着『分贓制度』Spoils System，而且郵政局長一職向為在朝黨所抓緊，以為重選的一個關鍵。英國國營的廣播公司，最近也受到偏袒的彈劾。至於法國的官僚，其糟糕更不用提。在反共高潮的今日，民主國家的官員究竟還保留幾成「超然性」，是頗值得疑問的。英國在那裏極力『折衷』，僅把負有國防性質職務的共籍公務員調動開，並代以其他工作，這說不定是華盛頓壓迫出的；然而紐約這番『大審間諜』的結果，美國勢必來一場全國大清算。首當其衝的，當然是吃祿米的公務員。在分裂的趨勢下，這清算還不會僅限於美國。

以上所說的困難，還是假定「政」與「軍」「黨」已經分開了。僅僅的這一個難題就夠做的了。如果『黨』有『軍』作靠山，而『政』又仰賴於軍黨的支持，所謂『公務員』吃的明明是一家飯。不必愁公務員公開表示政見，只怕為了飯碗還不能不應聲虫般地歌功頌德呢！

横在我們和燦爛遠景之間的，是一道河，它並不寬（所以很容易輕蔑它），但是很深很深，多少人在涉，多少人已溺死了。不把這河打在算盤裏是迂腐得不可恕的。

（丙）總答復

樓邦彥

首先我應該感謝芮沐，趙德潔，吳景超，劉大中，蕭乾幾位先生就我的「論公務員的法律地位與政治權利」一文所發表的寶貴意見，同時，我覺得遺憾的是尙有另外幾位，尤其是張銳與龔祥瑞兩位先生，在百忙中抽不出時間來指正我的文章。

我不敢說這是總答復，因爲我在本文內的意見祗是暫時的結論，所以我還是繼續討敎。

關於第一點公務員的法律地位，芮沐先生的意見是很値得注意的。他建議若果我們把公務員分爲fonctionnaires d'autorité與fonctionnaires de gestion兩類，則公務員與國家的關係也應該有不同，即前者與國家的關係固然可以說是基於國家單方的行爲，但後者與國家的關係應該是基於契約，因爲要不然，「不僅將把抽象的國家觀念無邊際的抬高，而且事實上還亦威脅到個別的公務員之切身利益」。在某幾點上，我也同芮先生的看法一樣，「希望公務員的地位能多多改善」，主張「內部的懲戒對於有些事務性的公務員是不合用的」，並且「私法上公認的一切業務上危險的撫恤，結社的權利，違約性停職的賠償等事，則都應該依照私法的原理對他們適用」。但是這似乎不致影響我認爲比較妥當的那種公務員與國家的關係，因爲縱令國家片面地用法令的形式來規定一般公務員的權利義務，爲適應時代的潮流以及不同公務員所執行的公務的性質，法令是可以有很大的伸縮性的。關於公務員地位的法令儘管是屬於公法的範圍，公法也未嘗不能容納私法的原理。主張公務員與國家的關係係基於契約的學者，其動機的確是在改善公務員的地位，使公務員得能享有基於契約的私法上的權利，其實這些有利於公務員的各種情形，祗要消極地不違反公務的目的，積極地能增進執行公務的效率，法令也都能加以規定。有人或許會說國家片面規定的法令是不可靠的，公務員不會因此獲得確實的保障，這樣說的話，問題就超越法律的領域而進入政治的領域了。

其次，趙德潔先生指出以國家單方的行爲來解釋公務員與國家的關係，所謂單方的行爲更可以分爲絕對的與相對的兩種，他希望我所指的是後一種，因爲他「特別注重的是任命行爲不生強迫性質」。其實此點我在本文內已經提到過，我說任命公務員的行爲本身是一個不完全的行爲，它的完成必須在被任命者接受任命以後，這也就是趙先生所謂「任命行爲不生強迫性質」的意思。是則趙先生與我的看法就沒有出入了。

關於第二點公務員的政治權利，吳景超先生提出了公務員發表文章的範圍的問題。這個問題固甚微妙困難，却是値得加以思考的。吳先生分文章爲發表意見的與分析報告事實的兩種，他認爲「在這兩種範圍內，公務員都有活動的園地」。我覺得公務員所不能公開表示的主張包括與政府基本政策有關的意見，以及與當事的公務員所執行的公務直接有關的意見，因此關於宗敎的，娛樂的，家庭的，衞生的，敎育的等等意見之是否與公務員的身份有所衝突，庶視它們是否涉及政府的基本政策，或他們所執行的公務。此其一。至於分析報告事實的文章，即使除開軍事與外交的祕密外，公務員也不能隨意發表。人民固然有權知道政府各部門執行公務的經過，但這祗是政府對於人民所負的一種義務，所以正如吳先生所說，「有些公務員，政府請他們的目的，就是要他們分析材料作文章」，而不是公務員個人對於人民有分析報告事實的義務。就行政的原理講，吳先生說得好，「在每一個重要的行政機關裏面，政府應該指定一些人，專門作分析事實，報告事實的文章。公民對於政府可以作這種要求，政府對於這種要求，也有履行的義務」。但是我們要弄淸楚公務員若要自主地那麼做的時候，必須經由上峯的核准，在通常的情形之下，政府的分析事實，報告事實，乃爲公務之執行本身的一部份，與公務員的個人權利無關。此其二。

劉大中，蕭乾兩位先生的意見當然也値得注意，不過他們顯然已超越了我所預先劃定的僅僅關於行政原則的討論範圍。我的本文主旨並不在討論中國的公務員問題，我存心避免，因爲在現時中國，抛開現實政治而談行政問題，實在等於隔靴搔癢，所以蕭先生所謂「公務員不表示政治主張，在中國恐怕更走不通」的問題根本是不會存在的。我和蕭先生對於現實有同樣的憂心，我祗是暫不在探討原則的時候打這算盤而已。

最後，我應該附帶回答劉先生所提出的一個行政法上的問題。當一個公務員認爲上司交辦的事很明顯地是違法時，前者是否應該服從，在學理上各有各的說法，不過我總覺得這服從的義務不應該是絕對的。至於假設「所涉及的規章並不淸楚，可能有不同的解釋」時，則公務員可以視情形向上司陳述意見，以求解決。

專論

自由何以生不住根

呂克難

最近讀到張東蓀先生的新著：「民主主義與社會主義」。其中有一段話：「我寫到此，忽感覺中國的情形恰與西方相彷。西方是從實際上把一件一件犯自由的事實打銷了，頂回去了，然後乃實現抽象的自由之主義。中國自辛亥以來即是由在上者先自己宣佈一個抽象的自由，定幾條空洞的憲法，而實際上却依然一件一件來破壞人民的自由」。寥寥數語，發人深思。

張先生的論點並不在此，所以他指出這一矛盾現象以後，即帶轉筆鋒，繼續前論。本文非欲代庖，僅爲探求問題之由來，加以討論而已。

首先，我注意到張先生所謂西方與中國的界限，乃是粗枝大葉的說法。就近代民主政治進展的情形觀之，將自由之露一滴一滴掐出來的，西方國家中，其主要的僅英瑞兩國庶幾近之。法國是靠革命打出來的，俄國人今天在生活上所享受的，同樣流了無數人民的鮮血。瑞士爲一蕞爾小國，其民主制度淵源甚早，因國勢不彰，茲不贅論。使民主制度推廣于歐陸，使自由成爲十八世紀以後人類醉心追求的目標，實是英國。嚴格而論，英國的民主政治，才可說是一件一件兌現的。不僅此也，若就民主實質的增進，國會制度代表性的擴大言，在英國也是一層一層由貴族，僭正，中產階級逐漸推演于勞工階級的。衆所週知的大憲章，在一二一五年頒佈時，原係貴族共同聯合反抗王權的結果，其動機全爲貴族利益打算。但有此一着，却爲後來「無代表不納稅」，「通常法不受王權侵犯」兩大原則奠下可靠的基礎。由于前者，國會制度日益發達；由于後者，人權保障在陪審制度與出庭狀之下，有進無已。

大憲章是英國民主制度進步的第一站，然而一旦提出以後，就彷彿變成了軍事基地，人們每一次前進，總得往後回顧由此取得給養。一六八九年的權利書(Bill of Right)，實際乃是大憲章精神的重申，爲首先揭櫫的兩條：「國王未得國會同意而廢止法律者爲非法」；「未得國會同意而藉口特權徵收租稅者爲違法」。僅意義較前明確肯定而已。總之，大憲章與英國民主制度實締結不解之緣，英國政治向前的步伐，均從大憲章裏取得其動力。十九世紀中葉的勞工運動，所以命名曰「二權憲章運動」(Chartism)，殊不偶然。從平民階級的心目中，爭取工人代表，擴大國會制度的基礎，改善下層人民的生活，正符合大憲章的精神。

異於英國，法國在十七世紀前後，尚不知民主自由爲何物。英法民主制度在進程上的先後，自有其社會結構的原因，這里可以略帶幾筆的，與英國通常法確立規模的同時，伏爾泰(Voltaire)却深深慨嘆在法國變換法律的次數和變換驛站的次數一樣多！當十七——十八世紀之交，民主思想家如洛克等，榮爲議員，倍受英王的恩寵，而在法國，路易王朝的統法下，文豪伏爾泰在大衆廣庭之間慘遭某貴族的鞭撻，最後還得身入囹圄，被禁于田土堤獄中，大思想家盧梭坎坷潦倒，著作被燬，百科全書派的領袖狄德羅(Diderot)等，毫無自由，這批人——法國啓蒙運動的思想家，本極愛祖國，但因爲不見容于當道，絡續避奔英倫。在吃盡專制之苦的盡頭，驟然發現了自由的彼岸，心理上的激變不難想像。故而多數卓越的人物，如伏爾泰、孟德斯鳩、狄德羅諸大師，渡過英吉利海峽，足跡所至，莫不對英國民主自由，大爲讚嘆。總之，由是以後，英國的民主制度，才渡海而來。法國大革命所以重要，乃是她把英國自十三世紀以來一件一件堆積起來的民主制度，以激烈的手段于短期間推行于歐洲中心的法國。更其重要的，當革命底定的過程中，法國出現了傳播革命的使徒——拿破崙。他用武力推廣革命的成果，其直接影響，一爲促進民族主義運動，如德意之統一，即受此種刺激；一爲强權政治樹立先例，今日所搬演的儘可能在他國樹立與本國政府意向一致的政府，抄襲拿破崙在歐洲的老文章。

可是拿破崙在國外的事業于滑鐵盧一役而失敗。在國內，革命的收獲，亦隨接踵相連的政變而幾盡付東流。革命進行中曾在一夜裏（一七八九年八月四日）廢去了一切封建特權。然而曾幾何時，羅伯斯庇爾步武丹頓之後上了斷頭台，紅色恐怖爲白色恐怖所代替，反動勢力捲土重來。拿破崙第三居然憑藉農民的擁戴而上台，最後竟至摘下「共和國」的招牌，乾脆稱帝。于是一部憲法，翻翻覆覆，顚來倒去，以後的第三共和國，表決時僅一票之差，其能維持住「共和」兩字，也眞是僥倖了！

大革命所表現的民主，政治以外，經濟的意味亦頗濃厚。一八四八年的「巴黎公社」，且提出社會革命的要求。爲什麼一下子所開出的巨額支票，後來逐一提回祇賸下一些可憐的民主幌子？我的回答是，文化發展之不平衡性。申而言之，極大多數農民的知識欲望與當時啓蒙運動的思想家與改革家中間脫落的距離太甚，因之，在革命家改良主義者一意摧毀王權的時候，農民腦海中所印着的，仍是帝王與英雄。所以農民雖然把拿破崙第三捧上王座，拿破崙第三却仍可以不必飲水思源，一意孤行

關於法國，我想用幾句話作結束，即革命的結果因覺醒份子臚列一道全般的合乎民主制度的方案，乃因多數農民無動于中，轉眼一一失手，于是法國的進步，仍得龜步式的一樣一樣來，不過阻力畢竟減少了。

就此而論，中國近五十年來的政治改革，其所以表現爲張東蓀先生所指出的怪象，我以爲即種因于智識發展之不平衡性。在中國，一切興革均應托于士大夫階級，近世紀來各種各樣文明的輸入，都由此階級之手轉入中國。論者以爲士大夫本身的階級性足以阻撓任何進步性的改革，這話並非絕對。社會主義代表勞工階級，但提出者則爲馬克思和恩格爾斯，却是智識份子。再如中國的王安石，其改革固因種種阻力而失敗，但平民傾向則甚濃厚。由是可知知識本身實具有一種奇特的超越性，可能不爲階級所限制。中國當康梁變法與中山先生革命運動前後，部份士大夫階級亦同時逐漸蛻變。其時的「留學熱」風靡朝野，五大臣出洋考察，形形色色的留學生絡續派出。歷代以來，中國人民多數唯唯諾諾，只要皇權的專斷不施毒過猛，除「造反」之外，人民一向不問國事，故過問國事，便由「士」越俎代庖，于是一個必然的反常現象：祇要滿足「士」的改革慾望，一切問題便由大化小由小化無了。清室末季和民國以來的種種興廢，無不可作如是觀。深切一層說，把「士」的言行堵住，其餘就不足道了。要之，所謂自由、平等、進步、諸式美麗的理想，僅是「士」的幻夢，說得實在點，近五十年來的種種問題，如民主主義，社會主義，乃是淸末所派遣的留學生帶回來的新思潮，和歐美文化殖民所發生的影響。這些問題的提出，初與農民無關，多數農民抑且不知其爲何物；多數農民所憧憬者乃輕徭薄賦，減低生活的擔子，與家園安穩而已。改革而不配合人民切身的需要，注定是要落空的。淸末新政，具實惠而有成效者，唯郵政一端，蓋「萬金家書」郵政所帶來的便利爲人人所知，宜乎日漸發展了。

這是容易明白的，各階級間智識發展之不平衡性，自然使改革的願望拉長了距離，（我不否認此中係以經濟基礎爲關鍵）當多數人民猶茫然于自由平等之價値如何，念念不忘于生活圈內那那一撮人時，民主自由必然成爲徒具形式的口頭之物。實際上既不存在，一無作用，故握權者將其放手的權力一一收回，乃至加倍地再剝奪轉來，其情景彷彿再擺一塊石頭在挑着百斤擔子的筐裏，出入之間，于承受者固並不察覺其負擔之孰輕孰重也。在我看來，這就是張先生所指出之怪象的實際景況了。

我的結語祇有一句話，今天談「變」講「改革」的朋友，再不能陶醉于民主自由的想像中了。理想必須有，但一定得從人民的願望中生根。

論性格與階級

全慰天

姑無論性格之形成是由於遺傳抑或環境，但各個人性格多少有些不同，却是無可否認的事實。所謂個人性格在主觀方面就是氣質態度，在客觀方面就是行爲作風。徇謹怕事是一種性格，粗心膽大又是一種性格。有的人溫柔多情，有的人剛强暴戾。諸葛亮寧靜淡泊，李太白風流倜

儻，而蕭伯納詼諧幽默，各人是各一套。大抵嚴厲、殘暴、刻薄、虛偽、勇敢、仁慈、忠厚、馴善、冷靜、容忍、詼諧．．等一類常用的名詞，均可以描述各個人不同的性格。而且張三與李四可能同是嚴厲或忠厚的性格，但兩人嚴厲或忠厚的程度却有高下的差別。河邊石頭有大小，山上樹木有高低，各個人的性格有如其面，那裏會能完全一樣？

而由各種不同性格的個人所組成的社會是有階級性的。由於人羣分工合作的需要，由於各個人才力的不齊，人類社會無論如何是一個有高度的組合體，上尖下寬，好像古埃及金字塔。毫無疑問，社會金字塔就是用許多高下不同的金字塔堆砌起來的。假如把這些階級簡單化分為上層階級與下層階級兩種，則其與性格的關係便不難看得出來。根據我們平日的經驗與觀察，有些性格多出現於上層階級中，而另一些性格則在中下層階級裏比較普遍。邵羅金(Prof. P. Sorokin)於其社會流動一書中說：「除了衰落時期以外，上層階級的分子大都是富於大志向的，勇敢的和冒險的性格，並有發明的心力，嚴厲無情的性質，憤世嫉俗的態度，以及追求支配和權力的意志」。又說：「如果要想在大政治統治者、工業領袖、侵略者或努力的改革家中，找到優柔的、感情的、慈悲的、溫良忠厚的、以及完全誠實的性格，那是枉費心機，結果毫無所得」。

事實上，印度社會金字塔頂端的婆羅門階級就非常嚴厲無情，古代斯巴達的貴族階級更是無比殘酷。劉邦見了秦始皇的車輛，不禁嘆道：「大丈夫當如是也」，充分表現了他是一個富於大志向的人。晉代大富翁石崇，也可說是當時的「豪門」，宴客時常以歌妓勸酒，如果客不能飲此一杯，便立卽殺死這勸酒的歌妓。明太祖坐上金龍寶殿之後，更是大殺功臣；「凡淩遲處死的人，照例要殺三千三百五十七刀，每十刀一歇一吆喝」，其殘酷無情，赤裸裸的見之於文字的記載。現代成功的外交家，那一個不善於欺詐？大企業家又有幾人曾考慮到勞工階級的福利，眞正對勞工具有深厚的同情心？上層階級中常見的性格，由此可窺其一斑。

反之，在中下層階級中的分子，則大都是比較和善、老實、軟弱、馴良的性格。一般都認為鄉下老百姓可愛，可愛的地方也許就在於他們這一套性格。進了大觀園的劉姥姥，雖不免呆笨得可笑，然而終掩不住她那一團平實與忠厚的氣質。水滸中的李逵，樸實與天眞的味道更為濃厚；宋江比起他來，無疑顯得虛偽狡滑多了。「釣金龜」裏的孝子，在萬般窮困中依然盡心奉養老母，而他做了官的哥嫂却完全置恕不問。由於下層階級中都是富於情誼的忠良之人，如果待之以十分好處，就會得到他們百分好處的還報。他們趨向於愛好「公平」、「人道」、「信實」一類的價值觀念，因為他們性格如此。

上述各種性格在階級間不同的分配，是具有很基本的理由的，這理由不難從人性、生產與財富分配三者的關係上尋求解答。姑無論人類生物本性是善，是惡，抑無所謂善惡，但好逸惡勞，希望工作得少而享受得多，總是人之常情。工作令人辛苦，過了度更會使有機體疲倦到不能忍受。假如一切生活上所需要的物質有如江上清風，山間明月，取用不盡，人們不工作而自然吃得飽飽的，穿得暖暖的，那是無論何人所歡喜的景況。不幸由於自然環境的限制，而生產力又不够發達，「樹上掛着葡萄，河裏流着牛奶」的伊登樂園，迄今還沒有在世界上實現。現世界並沒有免於「無虞匱乏」的病。在現在情況下，由於人與人之間沒有神經的連繫，各自的苦樂不盡相同，於是不得已而求其次，各個人都設法剝削他人的勞力及其生產物質，以滿足自己生物本性的需要。換言之，全人類生物本性的需要，旣不能從生產方面求得全盤的滿足，各個人才被逼迫想從不平均的財富分配上求得一己的滿足。基於這個道理，產生了剝削的上層階級，役人而食於人，同時也產生了被剝削的下層階級，食人而役於人。階級間不同性格的分配，理由生根在這裏。

如果從階級間不同性格分配的過程再作進一步的分析，也許對於上述理由更見得清楚。所謂不同性格在階級間分配的過程，原本就是攀登社會階梯或選擇與淘汰的過程。由於上層階級可以役人而食於人，義務少，權利多，無論德儒叔本華所謂求生意志與尼采所謂求勝意志，都能求得盡量的滿足，故沒有人不願意千方百計，企求攀登這唯一的社會階梯，立足於社會金字塔的上層甚或尖頂。而這社會金字塔是上面尖小，下層寬大，如果沒有被剝削的下層階級作這金字塔的廣大基礎，則所謂剝削的上層階級也便失去了它的金字塔頂的意義。一人坐轎總得兩人抬，攀登社會階梯，要自己爬上去，換言之，就是把別人壓抑下來，至少不要爬得像自己一樣高。因此，攀登社會階梯不是一般人「想不想」的問題，而是某些人「能不能」的問題，唯其所有的人都想上升，故選擇與淘汰更來得嚴緊，「能不能」的關鍵更來得重大。在流動性較大的社會尤其如此。

所謂「某些人能不能」攀登社會階梯的關鍵，自然要在客觀方面視其是否有幸運的機會，在主觀方面則與其聰明能力息息相關，這已是一般研究社會科學的人士所公認的事實，本文撇開不論。不過，此外個人的特殊性格也是一個有重大影響的主觀方面的緊要因素。它的重要性也許不在聰明能力的重要性之下。常有某種性格的個人，聰明才能都不高，然而往往是上層階級中的一分子，有時甚至獨佔社會金字塔頂，稱抓道寡，蠻橫的統屬一切。而在另一方面，抓高自賞，懷才不展的人士也不在少數。性格與攀登社會階梯關係的密切，由此可見一斑。上文提到的邵氏在這一點上也有很扼要的說明：「要求成爲一個成功的統治者或金融界的領袖，或大發明家和改革家，單單只有智力是不够的，他更要某種的性格」。

基於上述的理由，在各個人攀登社會階梯或即選擇與淘汰的過程中，必然會使屬於某一類型性格的人，選擇到社會金字塔的上層階級，而另一類型性格的人，則淘汰到社會金字塔的下層階級。正如用篩箕格米，上面的顆粒大，下面的顆粒小，甚至是不成顆粒的糟糠。社會階梯也就是社會篩箕，它對於階級間不同類型性格的分配作用也是與格米的篩箕一樣的。只是社會篩箕不見諸形影，它就存在於人與人的社會關係上，由人們自己主動去被它格，而不是由它假別的外力來格人們自己，這是其不同的地方罷了。

而且由社會篩箕選擇與淘汰的結果，上層階級分子的性格不但只是屬於某一類型，而且這一類型中所包含的必然就是上述的大志向、嚴酷、無情、毒辣、虛僞以及狡滑那一路的性格；下層階級分子的性格，也必然與此相反，就是仁慈、忠厚、馴服、優柔以及誠摯那一些。因爲在嚴厲的選擇與殘酷的淘汰過程中，各個人一面要自己爬升上去，一面又要把別人降落下來，排擠傾軋，是一個非常激烈慘酷的競爭與衝突的局面。在這局面下，如果沒有嚴厲、毒狠、無情、狡滑一類的性格，一個人莫想得到攀登的成功，而不能攀登上去，留在下層階級的分子，無疑是一些仁慈、忠厚、馴服的善良人。邵氏說：「忠厚的外交家，必致於事敗。完全坦白公開的工業人物和軍事參謀家，必將毀滅他的業務或他的軍隊」。中國也有句名言：「爲仁不富矣，爲富不仁矣」。仔細想來，何曾沒有道理？楚漢相爭，項羽就失敗於他的「婦人之仁」的性格，而劉邦的虛僞與毒狠，正好促成了他的帝業。韓信如能不惓惓於劉邦解衣推食的私情，聽蒯通之言以齊反，何致於弄得慘死長樂鐘室？王莽如不能虛僞的「謙恭下士」，又何致於有「受禪」的機會？曹操是有名的「奸雄」，「寧我負人，無人負我」，因之他也是有名的「能臣」，「挾天子以令諸侯」。三國時許多忠孝之士，反而只有死於曹操之手。隋煬廣與唐太宗的金龍寶座，都是親手拿父兄的鮮血洗刷一番的，其殘酷的程度，「一將成名萬骨枯」的大將軍們，較之猶有遜色。也可能就是因爲大將軍們的殘酷性格不够強，所以他們不能攀登到社會階梯的最上層，做不了皇帝。

不但個人自己攀登社會階梯需要嚴厲、毒狠、無情、狡滑一類的性格，攀登的成就與這類性格的強度有着正比例的關係，就是托庇祖蔭，只需要自己保持其在上層階級原有的地位，往往也非有如此性格的幫助不濟事。好比李後主就是一個例子：他那溫柔多情的性格，只適於作一個有名的詞人，千萬不適於作一個「四十年來家國，三千里地山河」的帝王，他必然是一個「身爲俘擄」的「後主」。梭勒耳 (G. Sorel) 所謂「退化的資本家」，也就是指的一般不能保守祖宗產業的刻薄資本家的慈悲子弟而言，這種「退化的資本家」自然更不在少數。

美國羅斯教授 (Prof. E.A.Ross) 在他的社會學原理中說過一句話：「適當的人處於適當的位置」。假如這句話沒錯誤的話，則「適當的人」的「適當」一詞，應當包含有這個人的性格成分在內。不過這只是以成敗論英雄的說法。若使拿道德標準來衡量上下兩階級人的性格及其行爲，則不但羅氏的這句名言完全落了空，而且其結論剛好適得其反。平心而論，這是值得令人慨嘆不止的。太史公兩千年前提出的「大道無親，常與善人」的原則，當時沒有實現，兩千年後的今日也沒有實現，再過兩千年後的將來是否能實現呢？這是現社會的缺陷，有待於人類偉大的智慧去塡補。

通訊

北平大捕學生記

（北平通訊）

本刊特約記者

「八・一九」這一天！

八月十九日眞不是一個平凡的日子。政府一方面在這天用緊急命令宣布了改革幣制的方案，一方面在這一天起又開始「清除」後方的「匪諜」，而且這「匪諜」的對象，主要的是各大學的學生。據接近軍警當局的人員說，政府此一決策早在七月十五日就已決定。當時不過覺得環境尙未完全成熟，而在「校內」或「校外」捕人的問題，也沒有得到最後的結論。碰巧的是，東北人士（實際上應該說是瀋陽人士）自「七，五」以後，原來由於流通券不滿華北當局的暗流，便趨於表面化。瀋陽在一次萬人大遊行後，決定「八、一」是再示威的日子。「八、一」雖在東北地方當局的勸阻之下而勉強平安渡過，但「八、一九」則是他們約定政府對「七、五」事件最後答覆的期限。不管怎樣，東北與華北開始有了很深的隔膜則是事實。這隔膜雖表面起於「七、五」事件，而骨子裏則是流通券限制匯兌的問題。正在東北要醞釀著特殊事件時，華北也開了一個「自求更生」的軍政檢討會議眼看這一「對立」快成僵局時，中央方面這才把呼之欲出的改革幣制硬着頭皮於八月十九日宣布了，自從這個改革方案公布以後，東北與關內的通貨都已趨於一致，於是討論「通匯」的問題也就不解而解。這樣一來，瀋陽想借題發揮的人，也就可以適可而止。同時，爲了防止華北學生的鬧事，也於這天的前夕——「八，十八」宣布了各校「職業學生」的名單。幷且開始把各個學校封鎖起來，以免逃逸。這一連串的事實，是否有着某種原因的密切相關，我們不敢妄測，但八月十九日這一天，是一個不平凡的日子，却是事實。

山雨欲來

政府這次「職業學生」的黑名單，雖然延遲到八月十八日才正式公開，而政府在事先的佈置却是相當周密的。八月十七日行政院頒布了一個「澈底肅清匪諜，安定後方秩序。」的通令，其中與「學生」有關的有如下兩條：

（三）對於各校學生意圖妨害戡亂，而罷課遊行，聚衆請願，擾亂治安，或文字鼓動，或口頭煽惑，爲匪宣傳破壞秩序者，應切實禁止，制止，或解散，其重要之現行犯，應捕送特種刑事法庭，依法處理。

（四）各機關團體學校負責人員，對其機關團體學校，應切實負責維持秩序，……并儘可能協助偵取證據，違者應予懲處。

自從這個命令上午公佈以後，當晚北平市就於九時起實施戒嚴。空氣的緊張，是在告訴人們：暴風雨快要來了！

遠在這個緊急命令發佈以前，有心人當還看出了一連串的政府文告。第一個出現的是教育部關於罷課學生「曠廢時日」的統計：在『一年零七個月當中，各地共發生學潮九十六次，曠廢有用求學時間共達五百零六日』學生在學校裏不用功讀書，這當然是有罪的了。還要鬧學潮，所以就更罪不可恕了！於是，接着而來的是一連在報紙上登載了六七天的中央社發出的「有關機關發表製造學潮鐵證。」的文告。有了這些「鐵證」之後，捉人送進特種刑庭裏去也就不會沒有根據了！這兩個「文告」是由中央公佈的，大約北平是這一次預備「肅清」的主要地方吧，在那兩個文告之間，還在八月十八日的報端上發出了一個「學生家長呼籲：要求安定讀書環境」的公開函。簽名的有游爾媛，王秋濤等百餘人。該函的開始說了一套普通話之後，接着就說出了如下一段最要緊而且別有用意的話：

『毫無疑義，導演學潮製造學潮的一定是潛伏在學校之內，學風的破壞爲漸次養成的，防微杜漸，實不應到今天還不想辦法，假如學校當局能早爲注意，不讓敗類份子混進學校，混跡於學生羣中，斷不至演變到今天這種現象。大錯雖鑄成，但亡羊補牢，挽救還來得及。現在正是開學的時候，趕緊在學校內做消毒的工作，澈底清除冒充學生混進學生羣中專門搞「學運」的敗類。』

這一連串「文獻」的出現，當然不能說是「偶然」的吧！「山雨欲來風滿樓」有心人固早已知狂風驟雨之將至矣！警覺性一向銳敏的學生，自然也就有些感到「異樣」了！而與這些「異樣」似不無關係的青年部長陳雪屛氏，也在幾天前從京悄然來平。這位一向具有學運事件「候鳥」之稱的陳氏，自到北平以後，報紙上關於他的行跡，就祕而不載。究竟陳氏在幕後佈置了一些什麼，我們不大清楚，但一向對他不大客氣的北大學生，在八月十七日寫給了他一封誠懇而又極其恭維的信。在那封信裏，學生們除了說一些請他解決流亡來平學生的各項問題之外，末尾一再請求要去看他。自然，陳部長接見了他的學生沒有，這是從後來事實演變中可以答覆的。等到八月十七日晚上宣佈提前戒嚴之後，一切總算是完全決定了！

特種刑庭來了好買賣

就在這些手續準備定妥之後，當局於八月十八日公布了一大批「職業學生」的「黑」名單。據說這一次是全國性的，首都特種刑庭發出了一百四十四張傳票，北平眞不愧爲文化古都，第一批「職業」學生「榜」上有名的就有二百五十名之多。在這二百五十名黑名單中，以清華大學而論，三十一個學生中，據說有二十五名是現任或曾經做過學生自治會的主席或幹事的。此外如基督團契和唱歌團體的負責人，也大多榜上有名。

話說八月十八日報上公布了第一批名單之後，幾個學校就遭到有形的和無形的封鎖。并且城裏的學校，如輔仁，朝陽，中國學院等校在當天就捉了些人送到特種刑庭去了！幾個內部組織一向比較嚴密的學校，如北大，清華，燕京等，則一直相持了好幾天，才開始進去。以清華來說，一共是「圍城」四日，第三天緊張的時候連小菜都不能送進來，於是校內的先生和同學們就只好鹹菜渡日了！一位教授派他的十三歲的兒子到城府去買菜，一出門便給軍警捉了去，在派出所中足足的盤問了他三個鐘頭，方放他空手回去，可見封鎖嚴密的一斑。燕京是八月二十一日搜查的，而清華則是在八月二十二日的下午五時到八時間，手無寸鐵的士大夫們，在這次「束手待查」的期待中，其感喟是相當深沉的。不過，中國人的事件，總免不了講究一下「來頭」和「面子」，在這次「肅清」的過程中，各院校的「待遇」、就很顯然的不一致。據說北大就始終沒有搜查過，(也是這次唯一沒有搜查的一校！)只由胡適之校長擔保沒有「匪諜」就算了事！這大概是由於我們這位「過河卒子」的「面子」之所致吧！其次，清華雖於二十二日搜查過，但軍警當局是接受了如下的條件才得以進學校的。那條件是：

(1)搜查只能限於榜上有名之學生。

(2)校內可以派教授陪同監視。

(3)進校的軍警人數不得過多，而且還須徒手。

檢查時的插曲很多，其中有一個可以看得出彼此之間的隔膜的是：當陪同檢查的教授和一羣軍警見面時，兩排分立，中間一位憲兵連長走來走去，他看看清華濃綠的樹蔭和汩汩的小溪之後，就順便發了點小牢騷：『趕明日我也考考清華，休養休養！』弦外之音是，有這麼好的環境，還不安心讀書。有一位教授却覺得學校是讀書的，不是休養的，所以就對他說了這麼一句：『你還沒有看到圖書館，那兒每天讀書的學生，總是坐得滿滿的。』而那位連長在「哼」了一聲之後却說：『哼，如今的大學生眞不像樣，我女人就是大學生，可什麼事也不會做，眞無用。』這位教授無可奈何之餘，自然是無話可說。

清華的檢查是在學校的「條件」答應之後，而燕京則祇是得到學校的允許就進去了的，這雖比上不足，但比下則有餘。因爲城裏的幾個學校(北大自然除外)，就根本在沒有得到學校允許，就已經進去了的。

以上是各學校的包圍情形，以下我報導的則是一些學生送進特種刑庭的略紀。

在這次「黑」名單的學生中，包括第一批與第二批的有些是老早就「走了」的，有些是暑假中回家去的，有些是已經畢業，在外就業的，還有少數留在校中。他們對於到庭的態度，也不一致。有的認爲特別法庭，根本與憲法衝突。有的覺得自己根本不是「匪」，更談不上「諜」，於是就由學校派人陪同一起去「自投」，以便早日銷案讀書。還有一部份學生認爲給特種刑庭拘去以後，一定會有「特刑」的！當學校向他們暗示要其到案時，他們都以安全相詢於學校當局，據說學校當局無法答應這個「安全」，所以就只好聽其自然了！截至現在爲止，被捕的學生，有的還押在警備部，有的則已送到草嵐子胡同特刑庭的監牢了！女同學則押在地方法院的女監裏。在特刑庭的監牢裏，有的是「榜」上有名的，有的是在各學校搜查中因爲沒有身份證而拘傳了來的。那裏一共收押了六、七十人，每間屋了裏有五、六人不等。每天除兩頓窩頭鹹菜之外，就別無「營養」，早一點進去的長白師院的學生，都已面有菜色，而呈形容憔悴了！內面沒有書籍，僅家屬可以送去食物，同學在裏面大都唱一些「團結就是力量」一的歌曲。

一向沉寂的特種刑庭如今總算是繁榮起來了！但問題就算這樣便解決了嗎？

小休局面的華北情勢

（北平通訊）

本刊特約記者

新秋全國各戰場，呈現着兩年來所未有的小休狀態，華北亦不例外，太原被圍，冀東掃蕩以後，各地雖然還不時有小的接觸，大體也是一個小休的狀態。小部隊的接觸，不過是爲了擾亂對方掩護自己的整補與部署，準備作更劇烈的拚殺。

共軍方面，在積極進行着晉冀魯豫及晉察冀兩軍區的軍政合併整編工作。並籌備所謂「華北人民代表大會」，籌組華北聯合政府。國軍方面也趁着這個小休的時期，實施全國性的改革幣制，逮捕匪諜職業學生，在自己的後方發動了經濟與政治的兩大攻勢。攻勢一詞或不甚妥，不如還是叫做爲了準備或應付軍事上的「秋季攻勢」的兩大措施順聽一點。因爲事實上還未必能以構成一個政治經濟的攻勢。就在這個時期華北也在舉行着區域性的軍政會議，與共軍在華北的措施，遙遙相對。

傅作義范漢傑的重入冀東，將來是否要等於孫連仲的進入冀東還待事實證明。目前的小休狀態是對於冀東國軍有利的條件。傅作義游剿制面的戰術，在此種有利的條件下，應當收有實效。不過中元節前後，高稈農作已經成長，高粱晒米，棒子乾線，又正是遍地青沙帳的時候，共軍極易化整爲零，將主力撤走，而以地方部隊及村幹分散鄉間，繼續地下活動。傳說國軍已經退出遵化，尚未經不重視一城一地之得失的軍事當局證實。薊縣縣府人員及團隊，曾經民政廳長于純齋把他們送回縣城去，但是當于廳長離開那裏的第三天，他們就撤離縣城了。要想游剿制面，沒有堅強的地方幹部與組織，事實上恐怕是不大可能的。冀東共軍在感受國軍強大的壓力時，遺棄一部分軍實，分成兩大股逃走了，李運昌程子華部回到長城以北，聶榮臻的三四縱隊則竄往冀熱察邊境。現在聶部又有一部分自察東回竄，越過平古路重回冀東。平古路僅通密雲，古北口外圍一度激戰，石匣、懷柔等地在共軍控制中。一度重開的承平公路，現在又不通了。

剿總最近召開的軍政會議，據說主要的目的在於統一與更改一般人的戰術思想，研究游剿制面。會議原來定名爲戡亂建國討論會，簡稱戡建討論會，是沿襲着傅作義在綏西抗戰時抗建討論會的做法。但在時局動蕩，謠諑正多的時候來討論戡建，極易被人誤解而發生誤會，南方某大報接獲專電發表這個消息的標題就是「北平一項會議」。後來剿總爲求明朗就改稱爲華北軍政會議。

華北軍政會議出席的一百多名軍政人員中，以冀察綏三省爲最多，山西並沒有人參加，熱河也僅祇到了一位綏區的參謀長余瑛。所謂五省兩市，事實上僅祇是冀熱察綏四省。由於平津兩市的行政人員沒有參加，我們可以想到有關都市管理的決策，是沒有在這個會中討論，或須另做研究，一切主要的討論問題是注意省縣。另外藉着這個會議可以將舊有的幹部再加以錘鍊，新吸收的幹部再加以鎔冶，寓訓練於討論，在統一認識與思想之前，先統一生活，整整一週的會期內與會人員均集中西郊食宿，性質與形式和二月間的河北軍政討論會都差不多。這樣的會議與訓練幾乎成了傅作義的一種特有的制式。

會議中對游剿制面的戰術，曾經加以詳細討論與說明，我們前經指出傅部機動力量還够，困難的是守護力量不足，因此他追求了半年的主動，還是若有若無。他們原有一句要求作戰部隊的口號是「我打敵叫敵跑不了，敵打我叫敵打不上，打不了。」可是冀東的敵跑了，而且曾跑遍華北各省。敵人對他的主力部隊是還沒有「打上」「打了」。而對地方團隊卻曾經「打上」而且「打了」。不管把他對方叫做運動戰也好，逃跑戰也好，他還是保存着有生力量。所謂「打擊戰意，削弱戰力」，主要的要看有生力量的消長。

游剿制面是要救活線，救死點。現在華北的交通線，除了空中航線以外，沒有一條路上的交通可以稱做安全的。至於待救的死點很多。最重要的要算是晉冀熱三個省城——太原、保定、承德。他像三個沉重的包袱，儲存着不少富人的細軟，國軍不得不吃力的揹，不得不吃力的去守，更不得不吃力的以游剿制面來救她。三個具有象徵意義的省城，以太原城儲存的東西最多，那裏有比較完整的工礦，以及閻錫山四十年來積存的一部份動產與絕大部分的不動產。共軍對太原在華北又是最感覺興趣與需要的，其目的不僅在於軍事，還有其他的政治與經濟上的意義。然而國軍要想救活太原，其困難程度更高於保定與承德。

華北共軍因爲重兵器較前增多，在運動中已經具備了某種程度的攻堅力量。據估計他對二流城市，除了進襲以外，還可以嘗試正規的進攻，秋季攻勢開始時，可能在長江以北各省發動普遍的「省垣攻勢」。他將以一城一地的得失而擴大政治影響。國軍如果不將死點即早救活，共軍或許不再採取長期圍困的戰法了。

死守太原的閻錫山，爲了增強防禦力量，將他自己僅有的一個完整部隊三十八師，從大同運回太原。將防務移交察綏部隊鄂友三。大同這個燕北重鎮，勝利接收時，傅作義部曾奉命東下接收，後來因爲他們老上司要接收整個的山西，他只好又讓出來。到共軍三十五年包圍大同時，又由傅作義部解圍，軍事指揮權雖劃歸張垣綏署，駐軍還是山西部隊，由太原綏署先後派楚溪春、于鎮河爲大同指揮官，孟祥祉爲省府晉北行署綏靖主任。交通係由察綏部隊看守，軍政大權多半還聽命山西。現在情勢的變化，平綏全線各地要眞正的統一指揮了。閻錫山要不是因爲太原的緊急，是不願將大同防務完全交給察綏的。

承德還是由十三軍駐守，省主席已三易其人，自認有大功於熱河的石覺，並未曾登上省主席的寶座。新任主席孫渡，將在錦州的雲南軍權交出以後，還滯留北平，沒有去赴任，先傳將由陳繼承陪往宣撫，後來因爲北平大捕「職業學生」，又沒有陳陪孫去的消息。最近石覺於華北軍政會議之後來平謁傳，大概孫渡不久可能到熱河去履新了。但幾時承平公路可重通，幾時熱河才有省垣以外的土地，則不得而知。

保定的守軍是由僞治安軍改編成的新二軍，在定興附近前月損失了一個師，現在只有一個師和一部分團隊困守在保定。楚溪春曾一度赴保定視察，聲稱平保路不久可以打通，但一直到現在還不時聽到平保破壞的消息，看不出即時可以打通的跡象來。

平津是華北的心臟，以平津爲中心，四圍還有一些斷斷續續的交通線和孤立或半孤立的據點。另外有兩條長的觸角伸往塞外。右角是北寧路及濱海走廊地區，左角就是平綏路及察綏地區。右角支援着東北，左角支援着晉陝及西北。所以華北戰區國軍除了本身的任務以外，還得照顧東北與西北。而這兩個地區裏，也是險象環生，他的變化也可直接影響到華北。

號稱華北最安定的省份綏遠，最近在歸綏以北烏藍敎以東的地區也出現了烏勒放吉爾的部隊，伊盟中的糧庫準噶爾旗神山燄水等地，從春天就被共軍攻佔了，奇湧泉被俘自殺。由準旗的易手，扎薩克旗也受着威脅。從包頭通榆林的糧道附近時有被切斷的可能，糧道若斷，則榆林必危。且蒙旗組織散漫，很容易被各個擊破，若伊盟有問題，在冬季黃河渠道凍結期間，綏包亦難安枕。雁北僅剩了一個大同，察省四境不安，八百里的平綏路，在傅作義從沙漠走向海洋以後，拱衞力量是大不如以前了。這是左觸角的大致情形。伊盟鄂王來平謁傳，請示增強防務。董其武準備在全省組訓十萬自衞隊。這都是爲了應付可能到來的危機，預作萬全之計。

東北華北走廊，由於冀東的掃蕩，雖然沒有打上共軍的主力，但是將他軍事設施摧毀一部，或許會得到一個短期小安。

不過由於這個地區的地位重要，共軍絕不會放鬆的。半年來東北變化最少，大部共軍多在春夏兩季從事於整補及增產。到秋收的時候，東北共軍必然要再展開攻勢。飢餓的瀋陽，垂死的長春，在共軍看來是不會有什麼作用的，他要全力來打擊遼西及錦州的有生力量，爲配合遼西作戰，切斷關內外交通，那末冀東還是他的一個主要進攻目標。在右觸角上的范漢傑已擺去熱省主席職務，嚴肅的站立在山海關頭，來注視着這個區域的戰事發展。

一度小休後的秋攻就要到來，雙方誰作主動呢？現在還不得而知。假如是共軍主動攻擊，他除了以積蓄的攻堅力量來打二流城市外，很可能以大陣地戰來攻打東西兩個觸角。東西同時發動，則國軍勢必兩備兵分，各交通線亦難免普遭擊破。如果東打一回，西攻一番，也會使得國軍東西疲於奔命。剿總制面是在小攻擾大整補中的必要手段。在大的攻堅戰與陣地戰中，還得看誰的力量充沛與大兵團運用的高明。秋收前後雙方都在準備着。在準備期間要以游剿制面來爭取大戰前的有利條件。

秋攻重點共軍在北線，國軍在南線。在全國各戰場呈顯小休狀態時，華北不例外的也是小休。在秋攻全面開展時，華北或許要與東北首當其衝。看半年來追求主動的傅作義，在實施游剿制面戰術後，是否能在共軍發動攻勢之前來制敵機先的發動主動攻勢。

天堂噩夢（江南通訊）

史班

舉國騷擾、遍地烽煙的今日，江南，在一般人的想像裏，雖不能像台灣那樣可算是「世外桃源」，但似乎還不失是一片「乾淨土」。這種溢美之辭，其實，在眞正的江南人，聽來是有些兒受寵若驚，且可憐地不敢接納的。難道，江南祇是爲了沒有遭遇到炮火的洗禮，便可和整個當前的情勢脫節，不感到苦悶，不感到鞭韃，不感到痛癢嗎？自然不會。這一塊方圓不到千里的地方，古稱爲「江右」的，狹義地講，祇包括着長江下游的南岸，其涵義與「蘇南」差不多，即使沒有自相殘殺，沒有轟炸和巷戰，不過總無法處身局外，它也得擔負着種切的殃禍。

這片彈丸之地，所以還會被人注意的緣故，最主要的，是爲了它終是而今政府的心臟：一方面拱衞着政治中樞南京；另一方面，東迤，則有經濟中樞上海。連絡着此二個都會的，是京滬鐵路；它貫穿過江南的腹地，把十多個大小城市拉攏成一串。這一些都會，城市，和它們所藉以寄生的無數鄉村，向來是以繁榮富庶著名的，在諺語裏被捧誇作「天堂」，現在已不啻是政府統治西積下的一枚橱窗，一柄鏡映，有其抽樣的示範性和展覽性。北國的朋友們怕還存留些幻想，認爲依舊有偏安的豪華與和諧，在江南；但那裏知道，中國人民的命運已混成一起了，誰也是在無邊際的噩夢裏掙扎、呻吟了，豈有例外！

然而江南也有其特殊處，那就是爲了，它在長「江」以「南」。長江以北與長江以南的分別，是在江北，戰爭已持續了二三年，而江南，祇多不過爆發着一些零碎的火花而已。至於長江是否永恆地是「天塹」，以及即使是「天塹」了，是否會給江南人士以若干幸福的保障；那答案是滿有疑慮的。今天，當長江還是一「天塹」，一人爲的地理的界限時，江南與江北的相異，在於江北的點面之間已割絕了關係，可是在江南，却仍是藕斷絲聯地一片着。在點面割絕了的江北，人們一致地視爲「地獄」；在點面關係還完整的江南，是「天堂」嗎？

城鄉關係的解紐，似乎象徵着經濟的逆轉，不過也有相反的情形，就是當鄉村抵抗了城市，且脫離了城市的主宰、束縛，也便是剝削、壓迫、寄生作用後，北方的好多鄉村正在新生。同樣，在江南，鄉村還是城市的附庸，面還是點的支柱、基層，却不僅沒有帶給鄉村以些微保障，倒加看着城市向鄉村的搾擠。城市經濟的枯萎，爲了這些城市沒有孤立，於是它得轉嫁其苦悶予鄉村，而首先地犧牲了「面」。江南的動蕩，解釋了點面維繫的惡害，同時提供了鮮明悽慘的典型。

江南的「面」在癱瘓中。本來，元季以後，江南的田賦甲於天下，不過爲了自然環境的優渥，善良馴從的江南土人還可以忍受這高度的吸血；而今，江南是被當作大後方的先哨、轉運站了，它的負擔，自亦成比例地增加，以致於超過了可能的熬撐。

自徵實、攤派、軍糧採購、苛捐雜稅起，一直到力役與兵役，在江南已無所不用其極地，似乎要搾到最後一滴始止。糧價飛漲不能予耕田人以一些透氣，因爲那些稻禾米麥，未曾收獲時，已早就登入官府的糧册，或高利貸者的帳簿了。每一個農人會對你發問：「爲什麼我們老是在爲別人辛苦？」並且，即使有些剩餘的谷子，他們也得謹慎地藏好，不是待食，而是準備着，每年終有二三次的征兵，要出「壯丁捐」（他們自已杜撰的名字），和其他料想以外的臨時貢輸。今年，新穀還未上場，收購軍糧的令已密下了，每縣平均約二十萬石，收購價祇市價二分之一，經過由上而下的層層中飽，農民們祇少得更負擔上二三倍。類此的負擔，決不會列入各級的預算表，但其數字的可觀，怕高出財政部、主計部書面報告要多得多。於是便在這首善之區，向來以富庶久稱的地方，農民們亦只能澈底地破產了。消極的是逃亡、賣壯丁，讓土地荒蕪、耕牛斬殺，積極的自然逼上梁山、挺而走險。整個的面，爲了未能擺脫點的剝削，全盤地癱瘓了。在鄉村，每一條阡陌上有人在訴苦，如果沒有人，那麼兩旁的田畝也正荒蕪了；不然，怎樣可以在報上讀到好多有關盜寇的消息，他們是一羣過不了日子的人，常常合夥地打碎了什麼追租所等，或是到大戶去奪回他們以前拿出去了的米，過幾天，他們有了很漂亮的番號。誰驅着他們？

面是金字塔的底，癱瘓了，點自未能獨榮。在好些方面，食糧、原料、動力、市場，點都是依賴着面的，而當面已破落若此，點也非枯萎不可了。

江南的一些大小城市，古色古香的名字，還有別號，在今天，却陷入了同色彩的泥淖。高物價的波動，以城市爲輻射的起軔，其原因，除了通貨膨脹外，生產的減縮是一癥結。江南的城市本都帶着消費意味，目前的一些工廠均在爲了原料、動力、市場、成本的關係，或停工或減工了，使得城市的生產性一無賸餘。

物價，最顯然的是米。白色恐怖的浪潮，自三月以來，綿蔓到八月，一共跳了二十倍。街上的一般中下級的小市民，甚至於有拿着手帕去買米的，他（她）也許家裏有三個人或五個人，怎能吃得飽？而用卡車、至少老虎車裝米的，却是愈等着米價跳愈笑得緊的人物。可是，畢竟還有連一手帕米都買不起的人，那便是歷次搶米事體中的參加者了。七八兩個月，在江南的每一個城市（及每一個城市）都有過搶米的記錄；警憲軍看了，硬不下心腸去抓人，所以最後一個都未「懲罰」過；又如何「懲罰」呢？

除了米價外，別的當然也跳，不過可能與一些老百姓無關。百分之九十的人，他們的收入中百分之九十是用於只不過圖一飽（其實是半飢餓）的。工不如商，商不如囤，囤不如投機。城市經濟的蕭條，在街上，可以看到有多少店家，從綢緞着物、五洋百貨，一直到賣餛飩、麵的點心舖，都冷清清地。經營不問什麼的，都在危機裏，城市的商業性格，也褪色了。

而今城市是一什麼性質的社區呢，眞難說。不生產，不流通，不工不農不商，勉強地說來，成了個純軍事的轉站。這一點，江南的城市實在不遜於江北。街上走過的多是「黃虫」（黃衣服的軍人），人家住的也一半是他們，不過多是什麼休養大隊、榮譽軍人、和師管區團管區的暫編什麼大隊什麼中隊等。壯丁，在江南，這最接近前方的後方，多得很。每一次征兵結果都成了招募志願兵；因爲那些被鄉村「擠」出來的年青人實在太多，不這樣將更妨害治安。城市成了壯丁的商場，鄉村「剩」下的勞動力在這裏轉手，轉手到戰場去。但游民們的「戡亂」意識倒底淡薄，得到了安家費的，有機會仍想逃，或是爲了怕打仗，或是爲了想再「賣」一次。前不多日子，在京滬鐵路的中央段，一節中五百個用繩子縛着的「職業壯丁」集體脫逃，彈壓的兵士打死了他們中的四五十個，才勉強拉回了不到三百人；不過，即使運到了戰線，他們能盡力到怎樣呢？

縣政府成了軍事機關的副官處，這在「綏靖區」是當然的，在江南恰亦這樣，似乎難信。縣長整天忙的，不是歡送歡迎什麼軍什麼師的來往，就是忙於收集壯丁、糧草、屋舍、用具，以及慰勞慰問等等，甚至於無暇到鄉村去爲地主們追租（報載）。這半年，江南各縣的縣預算，最低的是每月二萬億，而其中也是百分之八十，得花在軍事和治安的供應上。縣庫空虛，每月的稅捐收入，以最够足的無錫縣論，不到戰前幣值一千元。縣府的公務人員，和那些教員工作者們，拿着上二個月的薪俸，照着上二個月的生活指數計，眞微淺得可笑，却還是縣府挪移、或出售徵實存穀得來的款。前二個月，上海的小學教師們在請願時喊出了，「我們不是楊妹」的口號，眞使人不解，他（她）們難道眞的是楊妹，否則何以還能「苟延殘喘」到今日。

升斗小民（其實是人民中的一大半），本月份（八）最警惕的事是兩樁，一是大餅油條的價格，居然也逐日調整，從三萬一枚扶搖而上到十萬一枚，另一是典質當店的停止營業，「止當候贖」。黃包車夫本來是大餅本位的，一段路，向來索三塊大餅，現在跌到了二塊，原因是雇車的人少了；典質店的停業，是爲了高利貸仍舊跟不上物價，只好使小市民斷了條末路，享得免於剝削的自由。

再則，江南雖然算是後方，但火藥味是依然聞得到，且很濃烈的。除了上述的關於征兵等外，江南人士最普遍接觸到的戰爭景像，是大批的傷兵，尤其大批的難民。本來的難民只限於蘇北（俗稱江北），籍的，目前則遠及山東河南安徽等處流亡來的難民也羣集在街頭了。他們不一定是怕共軍，不過沒有一個人不是爲了怕戰爭，怕槍炮、炸彈，才逃向這有名無實的「乾淨土」來。他們使得這些城市的飢餓情調愈益盛熾，更使得這城市的人們愈益感到烽煙的擴大與臨近。開封之役後，河南大學遷來蘇州，鄭州的焦作工學院也將遷來，和其他一些北方教育機構的南下，祇少已告訴了一般渾渾噩噩的老百姓，北方已變得怎樣了，同時也使他們懷詫，江南的明日可以不就是昨日的江北嗎。

四郊，雖沒有碉堡，可是決不平靜。記住，江南是政府區的心臟，不過這整個的面也有了裂痕。瀕江的江陰、常熟、鎮江、丹陽，瀕海的南匯、奉賢、崇明，瀕湖（太湖）的宜興、無錫，土共或是正規的共軍也在活躍，並且這二三個月來，發展得更爲驚人。人們對於「渡江」的恐懼或喜歡，這心理在近來又被催促着。

至於眞正人民的意見，不知江南以外怎樣，就江南一般論，無問城鄉，都只在要求變，同時必須變得快。「革命」與「戡亂」對於人民的反響都比較模糊；他們已失去了研究問題的興趣。這局面，在繼續地壞下去的，能持續嗎，人們看得比誰也清楚。他們也不是絕端地肯定着安穩，倒是現狀的拖擱，已使他們不耐。誰來？

都不妨，只要能給他們以比今天較好的境遇；怎樣來？便是流血，也不妨，只要陣痛的期間短些，比較拉長了的苦悶，容易熬撐。總之，人民是善良的，可亦不是近視的，他們在等待着明天，願意付出很大的代價，祇須明天不再和今天一樣，使他們轉輾、哭泣。

附帶可以提起的是人們生活的另一面：懷古、復古，和耽樂。銀元成了寵物，當紋銀只五百萬元一兩時，銀元已八百萬一枚了；他們都在期望着，有一天，仍舊以銀元爲通貨，且一枚銀元可賣到一斗米，還有得找。耽樂的不限於上層，賭博的流行，在城裏和鄉間，都是空前的；壯丁會把性命換來的十石米，押在二顆賭子上；以及在城市裏，娛樂捐佔一切縣財政收入之前列。世紀末呵，哀江南！

八月廿五日。

「湘人治湘」的前後（長沙通訊）

歷民

「湘人治湘」，在民十前後就由趙恆惕喊過了。這個口號隨舊軍閥的沒落而瘖啞了多年；今年春夏之交，一部分湖南的國大代表和京官，重喊「湘人治湘」。巧的很，喊的裏面又羼雜着有趙恆惕的聲音。這個口號不在湖南喊而在南京喊，遲不喊早不喊而在國大開會時喊，不是偶然的；其人、時、地係經過一番匠心配合在幕後早計畫好了的。要知他們爲甚麼這樣，該把近年來湖南政治市場各幫口對峙情形先交代一番。不然，話便無從說起。

皮刀、鑽子

何鍵主湘，他的左右前後一班人，稱爲甲派。反何鍵的一班人，則名爲乙派。乙，字形像刮皮子的刀；甲，字形像扎物鑽子。老百姓們爲洩胸中憤氣，叫前者爲鑽子，叫後者爲皮刀。皮刀、鑽子都是四體不勤，五穀不分的知識份子，當然也羼雜着流氓土劣。既形成了幫口，只能講幫口，便無從講是非。就這樣是非不講的相互鬥爭了達十年。民二十五，雙十二後，何鍵調長內部；由張治中接湘主席，湘人開始不治湘。張治中挾中央之重威，壓倒了皮刀和鑽子。他創辦了一所行政幹部學校，訓練青年幹部，從省政府到保甲，換了個一堂新。新幹部自然脫不了還是皮刀、鑽子的兒孫，但在刷新情勢下，他們汨沒了幫口的意識。民二十七年十一月文夕大火，張治中火灼毛光的離職，由薛岳接任。三民主義青年團已於那年夏在武漢組織成立，漸次向各地推廣；於是湖南的皮刀、鑽子便借着黨、團的形體還魂了。

黨、團起落

皮刀、鑽子本全是打着國民黨的旗子，只是皮刀的黨氣重些而鑽子的官氣重些罷了。

青年團在戰時匆匆成立，幹部素沒準備。臨時招了些青年，訓練幾個星期，便派出去貼標語喊口號，慢慢的就是組團的幹部了。那時有湖南三個青年：劉業昭、羅正亮、周天賢在日本念了年巴書，因抗戰回國無事可作，投考了青年團。他們被派到長沙組戰時青年服務隊，工作一籌莫展，整天的是鬼混。

薛岳上台，受陳誠託優待青年團。旋朱家驊代陳立夫爲國民黨組織部長，湘的黨很快的就朱化。湘省黨部書記長林式增，是中山大學（朱曾爲校長）系統的人，黨委朱毓麟是朱家驊的叔父，不用說他們是反陳的。周天賢身短而心長，於是以晚生禮巴結朱毓麟，不幾時，周、劉、羅都成了省黨委，一步登天。團員多是學生，在社會上不會馬上起作用，他們實際又不善接近學生；所以，青年團在湘始終虛有其表。爲了迅速的充實政治資本，他們拉進鑽子們入團，舊軍閥的趙恆惕雖非鑽子，也在被拉之列，成了鑽子和團員。省臨參、縣臨參之成立，鑽子藉薛岳和黨團的組織，脫穎而出。皮刀失敗了。

民三十二，陳、朱易位。老皮刀張炯、陳大榕乘機親陳。次年夏，長沙失陷，薛岳逃避湘南。張炯卽奉陳命在沅陵組湘西辦事處，後來正式接省黨部，把鑽子份子完全排除。繼薛岳爲主席的吳奇偉，素有老太太之號，在皮刀、鑽子夾攻下吃盡了苦頭。

吳、王之會

吳奇偉主湘，適皮刀、鑽子以黨、團姿態完成部署的時候，又加上抗日戰爭勝利，軍人與軍事由第一落到非第一的地位；軍人出身的吳奇偉只有聽受黨、團的作做了。今天黨交個名單，明天團交個名單，彼攘此奪，省府應付不遑。原來湘省府的房子燬了，復員後卽借用省教育會的房子。省教育會竟三番五次的逐客，逼得吳老太太不得安身。三十五年夏，王東原來了。在系統上王東原和薛岳、吳奇偉都屬於陳誠，也就是所謂團的。不過，在作風上，薛最硬，吳最軟；而王則取了中庸之道。王東原在湖北主席任太近於團，爲黨所不滿，致不能安於其位，此番到湘，不免懲前毖後，要求兩面光。團喜吳的軟；但不喜他對黨也軟，王之兩面光政策，必然的更不爲團所容忍了。到這裏，皮刀、鑽子圖窮匕見，一連串發生了：瀏陽事件、衡陽事件、大庸事件，——一律是政治性的慘殺互打案。

青年團取銷，合併於黨，仍是貌合神

離，一只軀壳兩個靈魂，摩擦未已。

捧程潛競選副總統，給各幫口造就了好機會。約略的說：(一)捧程成功，可以向程撒嬌要價，(二)捧程不成，也可以向人表示各自幫口力量。這一着棋，教鑽子領了先，所以皮刀們在「湘人治湘」運動中，未便反對，可也不肯賣力，採取了比較旁觀的態度。

鑽子們的算盤，是捧一個有聲望無能的領袖；而自已掌實權。舉目一般够當主席資格的湘人，多不適於上項原則。於是不甘寂寞的趙恒惕成了好貨色。惜趙恒惕之革命歷史太不能引起中央的重視，老驥終於伏櫪，恐至死沒他的機會了。

李默庵主湘之訊，甚囂塵上，爲他組閣名單過持主觀，不爲喊「湘人治湘」者所接受，雖然，李是湘人，所開列的省委、廳、更也是湘人。

程潛出馬解紛

湘主席職人選不易。無已，「解鈴還是繫鈴人」，負責薦人的程潛，自已一歪，屁股坐下了。起碼與喊「湘人治湘」的原意不符。

七月二十四日，程潛專車到了長沙。皮刀和鑽子由火車東站一直排隊站到省政府大門。口號是「歡迎家長回鄉」。一時鞭爆齊鳴，國旗飄飄，滿街的滾滾人頭，像是鼎沸。程潛第一句話，是專員，縣長一律留任，三個月後成績不好的，再行調換。話雖如此，八月十二日就換了益陽、衡山、茶陵、新寧、隆回、零陵六縣長；最近還要換的，傳聞尚有十數縣。三個月查看成績的諾言，已證明是說謊。

程潛及省委訂於八月十日補行宣誓。宣誓前十天，動員了長沙能文的十數人，起草十項文告。祕書長鄧介松校改了幾夜，程潛自已又修改了幾夜。截至今天已發表的有兩文，一爲就職告同胞書，一爲告退役軍人書。前者在宣誓前夕發交各報，各報一律撰文頌揚一番，文中大抵稱程爲頌公而不名，崇隆之至。

程潛告同胞書頭一句：「湖南全省同胞父老們，兄弟們，姊妹們，子弟們！請聽我致詞，其無譁」。第二段開頭也是：「我同胞父老們，兄弟們，姊妹們，子弟們，請聽我致詞，其無譁」。口吻的確像個家長對家人說話，有人說他「同胞父老……」頗富創意，創到不好解了。

告同胞書中，列舉四綱十六目，爲施政綱領。我們把原文看了兩遍，只有三綱十二目，其另一綱和四目幷沒提出來，大約是市價低落。三綱十二目如次：(一)四禁：賭、烟、會黨、奢侈。(二)四獎：種植、畜牧、改良手工業、儲蓄。(三)四倡：忠孝、仁愛、信義、和平。

直觀所得，「湘人治湘」，仍然是官治民的老套，幷沒扶植人民自治的意向。其實眞正中國好老百姓歷來不願管政治，只要湘官好好治湘民，未始不是善政。六十七歲的老程潛是個怎樣的人，今後半年當可得出答案，此時不便預測。

經理部啓事

（一）本刊自一卷七期起，曾規定外埠批銷，一律存款發貨。實行以來，多數批銷戶，均能先期匯款，並隨將發貨與結帳回單，迅速寄還，熱心合作，信用卓著。惟尚有少數銷戶，未能切實履行，盼於接獲本刊二次通知後，將應結帳款，早日淸付。否則一律停止發貨。

（二）本刊每逢星期六在上海北平兩地同時出版。爲便利讀者定閱及寄遞迅速起見，除華北區之發行，由本刊經理部直接辦理外，其他各區之定閱批銷，由本刊上海辦事處辦理。乃近有華東華南等地讀者往往投函北平經理部訂閱，不僅郵遞費時，匯款亦甚不便。將來期滿續定，請逕向本刊上海辦事處洽訂。敬請注意！

（三）近得瀋陽各批銷戶來函，自一卷十一期起，迄未接到本刊，初以爲郵途受阻，偶而遺失，其後改用航雙掛，情形亦然。經向北平郵政管理局查詢結果，始悉本刊到達瀋陽之後，遭地方軍警當局，查禁扣發。除將各批銷戶存款暫爲結算登記，俟局勢好轉再行發刊外，敬請瀋陽讀者，直接向本刊定閱。

文藝

詩的新方向

袁可嘉

握在我手裏的是二卷被譏爲「南北方才子才女大會串」的「中國新詩」第一集「時間與旗」和第二集「黎明樂隊」。上述的譏語不僅十分別致——你不覺得它危險地挨近捧場的界線嗎？——，而且無意中點出了我在這篇簡短的評介文字中所想論述的方向。我想說，「中國新詩」的出現至少有二個重要的意義：（一）它具體化了，同時象徵了，南北青年詩人們的破例的合作，而這個合作並非基於某一武斷的敎條，而是想在現實與藝術間求得平衡，不讓藝術逃避現實，也不讓現實扼死藝術，從而使詩運邁前一步的心願。（二）「中國新詩」第一二集所刊載的詩作的極不相同的風格證實詩發展的多種可能的途徑，決不像某一些文學統一論者所幻想的，非走業經劃定的路線不可。從「中國新詩」與別的詩刊的比較裏，我甚至敢進一步肯定「中國新詩」所代表的方向確定地比別的廣闊，自由，更有收獲優秀果實的希望。下面我將就這二點分別論列。

近十餘年來南北文壇的相互排斥的情形，有見識的人們無不深爲惋惜。眞正值得惋惜的倒不是文學派別的分野，文學見解的互異，（因爲這些都是古今中外文學界的平常情形，不同產生豐富，一致無異單調，與其說令人惋惜，毋寧說值得鼓勵，）而是以政治狂熱爲藉口所形成的對於同路人的放縱，曲容，對於所謂「異黨」的濫施攻伐，以戴人帽子的慣技代替判斷的決定，以叫囂掩飾空洞，進而否定全面的人生意義；一方面自己懶於工作，或根本缺乏工作的才能，一方面必害怕別人眞正做出一點成績來，擺脫他們的控制，於是勾心鬥角，種種試不得的事情一變而爲常態的鬥爭法則。

許多人納悶，懷疑，這種盲目的敵對的重痾是否有一天能霍然而癒？「中國新詩」的出現就是最有力的答復！它像霹靂一聲的夏夜初雷，一掃充斥雲空的沉悶空氣！中國新詩第一二集中，北方詩人的作品有卞之琳，穆旦，杜運燮，鄭敏，袁可嘉，馬逢華，李瑛幾位，在南方的則有陳敬容，辛笛，唐祈，唐湜，杭約赫，方宇晨，暘禾諸先生的詩，劉西渭，蔣天佐諸先生的詩論，和戈寶權，陳敬容諸先生的譯詩。

合作的事實固然可喜，而造成這番合作的根本精神尤其可貴，這也就是爲什麼我願意一再強調地說，他們並不因爲接受某一共同的敎條而臭味相投，而只是因爲他們有想在藝術與現實間求得平衡的一致心願；這顯然不是傾左，傾右或居中偏左的問題，而是藝術與人生，詩與現實間正確關係的肯定與堅持！不許現實淹沒了詩，也不許詩逃離現實，要詩在反映現實之餘還享有獨立的藝術生命，還成爲詩，而且是好詩。

開場白的介紹辭最好在此帶住，讓我們接近詩作本身。第一集引我們到鄭敏底沉思的宇宙，她將聖雄甘地所代表的眞理（「最後的晚禱」），對於智識的價值，（「求知」），對於人生意義（「生命的旅程」）的有力的肯定。我必須指出鄭敏詩中的力不是通常意義爲重量級拳擊手所代表的力，却來自沉潛，明澈的流水的柔和，在在使人心折。穆旦的搏鬥的雄姿，拚命地思索，拚命地感覺，而又不願一切要訴之表現的鏡頭是北方讀者所熟悉的，他的「世界」「手」「我想要走」仍保有一貫的 dynamic 的特質，我個人覺得他是這一代的詩人中最有動量的可能走得最遠的才人之一，這個預言是否可靠，我並無多大把握，我只是向自己的讀詩的經驗負責。 唐祈的「時間與旗」，處理最廣大深沉的現實時空的觀念，不時有下面這種的閃光的詩行，在氣質上他很與穆旦相近：

為了要通過必須到達的
那裏，我們將走向迂曲的路，
所有的終極，都該從一個
起點分義，離開原來的這裏，各自
的
堅定中決不逃避，無數條水都深沉
流向一片
海底，所有的路只尋找它們既定的
目的，
各種人民路綫為了覓取，試探於
一個鬥爭，我們將獲致現實最深的
驚喜。

唐祈這詩所受艾略特的影響（特別是他的「四個四重奏」），十分顯明，無論在結構的運思，意象的選用，以及沿中心而四散呈波浪形的節奏方面，都在在是證明，大體上這個影響是頂好的，只是似太顯著一點。

接着，面對我們的是杜運燮的頑童的世界，你總看見他跳跳蹦蹦地東邊挖苦一陣，西邊讚美一聲，而筆鋒到處無不有新的發現，活潑而優美。他對「閃電」說：「你的救世情緒太激烈，鬱積的語言太豐滿，而且想在一秒鐘講完」；對海說：『簡單的偉大，偉大的簡單，一句話不憚煩講了又講，但一個聲音雖然是千萬個聲音，聽了千萬遍却又忘記千萬遍』。此外第一集中杭約赫「嚴肅的游戲」中較高一層的諷刺，馬逢華在「春」「貓」二章中所表現的女性的沉靜，細緻與敏惠，陳敬容先生對「英雄的沉默」及「叛徒」的發自衷心的嘔歌都從不同的角度建立了獨特的風格上的成就。

比較地說，第二集：「黎明樂隊」的創作份量有減輕的趨勢，但仍不乏佳作。唐祈的「遊行日可見」，唐湜的「劍」，方宇晨的「生」，辛笛的「甘地的葬儀」，都是發自生命的火花，有的熱烈，有的深沉，有的低低的唱，有的痛苦地呼喚。特別值得推薦的是二集中三篇頂好的譯文，卞之琳譯的奧登「在中國作」的十四行，信達雅兼備，戈寶權譯蘇聯庫巴拉的詩四章，陳敬容譯里爾克的詩七章，在我讀來，也都是精心力作。二集中劉西渭先生的詩論「從生命到字，從字到詩」更給一般詩作者一個當頭棒喝，在極盡委婉的能事中，劉先生嚴肅指出，詩固離不開生命，詩也離不開文字，詩是以文字來表現生命的藝術，如果我可以引一句外國詩人的話來加強劉先生的觀點，那末我十分願意借助於奧登在紀念葉芝一文中的一句警語，他大意是說，詩人的戰場到處敞開，但第一個重要的戰鬥必先是對於文字的戰鬥。（原文見 Partisan Review）

我無意誘騙讀者，說「中國新詩」所刊的詩作都是字字珠玉，篇篇了不得，我只願意着重指出這羣來自南北的年青作者如何奮力追求藝術與現實間的正常的平衡。而這一平衡對於藝術，人生又是何等不可計量的重要而可貴。他們的大的方向的一致——多麼不同於教條式的專制統一！允許那麼殊異的繁多風格的出現與發展，通過強烈的現代化的傾向，而確定地指向詩的新生。此外，他們自己掏錢排印，自己編寫，校稿，不嫌瑣碎地寄給各處對新詩前途同樣寄予熱望的讀者，這裏面所內涵的認眞努力與辛苦，還是餘事。

新路周刊

發行者：中國社會經濟研究會
編輯部：電話四局〇八五九號　電報掛號：三九六〇
經理部：電話四局〇六九三號
北平東直門大街九十八號
上海辦事處：
電話四二二五五—五一號
上海黃浦路十七號五一一室
代售處：全國各大書局

訂銷辦法：

一、本刊歡迎直接定閱八折優待在定閱期間不受中途刊費加價之影響郵資漲價酌扣書刊期滿前另函通知

二、本刊零售暫定每册金券一角五分預定三個月照價八折加郵費如下表：

（三個月）

平寄：金券一元五角
掛號：金券一元七角
航平：金券三元二角
航掛　金券二元四角
國外：半年美金四元

三、外埠批銷每期至少在十份以上照價七折郵包費外加一律存款發貨特約總經售辦法另議

四、學生集體訂閱特定優待辦法預定三個月每期在十份以上者七五折二十份以上者七折

五、寄遞方法請來函說明舊戶續定或有查詢事項務請註明戶號

六、本刊每逢星期六在上海北平兩地同時出版凡華北區定戶請向北平本刊經理部洽定其他各區請向本刊上海辦事處洽定

內政部登記證京警平字第二三四號
中華郵政登記認為第一類新聞紙類
北平郵政管理局登記執照第一六九號

本期定價金券一角五分
外埠酌加郵費

新路

周刊

第一卷 第十八期

短評：(一)改革案與既得利益
(二)七五事件入處理階段了

辯論

美蘇和平是否可能

(一)和平共處是可能的
(二)和平共處是不可能的
(三)答純剛
(四)答越人

專論

評幣制改革
物價與新工
論人心浮動

通訊

天山南北（迪化通訊）
中緬邊境勘界側聞（昆明通訊）
八月秋風話川防（重慶通訊）
台糖的紐結（台北通訊）

文藝：車上

越人
純剛
越人
純剛
朱今吾
余才友
袁方
陳執
君慧
竹風
志家
蕭輝楷

中國社會經濟研究會發行

民國三十七年九月十一日出版

短評

改革案與既得利益

大家應還記得，此次的經濟財政改革，由喧傳到出現，經過了二十餘天，中間有過一度「擱淺」。我們頗疑心以上海為中心的「既得利益」，即所謂「江浙財閥」，曾在有形無形中施其壓力，結果，最後拿出來的方案，已是對原方案大加修改了的。天津大公報南京八月十九日專電，即提到當局對於經濟改革原來有六個辦法，結果在十九日會中只拿四個出來。為什麼寢了兩個，我們不知道；有了修改，殆是事實。

改革消息開始傳播，是在七月三十一日。北平世界日報登載該報記者自南京發來專電，稱：莫干山會議，對當前財政經濟作重大商討；連日向各方探詢所得，深知此乃一劃時代之改革，改革方案，蔣總統在京時即已由翁閣擬妥呈核，方案內容最主要一項，為改革幣制，此外尚有消滅金鈔黑市，使金鈔循正當途徑求一出路，及儘量使外逃資金大量回國等等。接着還有這樣的一段報道：經記者問方案的性質如何，某要人在奉召登山前笑稱，是即做效英國工黨之不流血革命，又詢以幣制改革是否在此時可以實現，這位要人答稱，除此以外，恐亦別無生路可走。我們曾作猜測，以為「某要人」殆是王雲五部長。我們並曾懸想，所謂使外逃資金大量回國，莫非有征用的決心？所謂做效英國工黨之不流血革命，莫非有決心在以舊幣換新幣時憑一種辦法實行財富或所得之重分配？

蔣總統於七月三十日下莫干山，自杭到滬，盛傳自八月一日起將實行幣制改革。蔣總統三十一日晚由滬返京，自八月一日傳出了經濟改革案稍緩公佈的消息。蔣總統謂正待美方覆電支持。八月二日的報道竟有以「萬事俱備只欠東風」為題者，東風係指希望美方助我之改革幣制基金。接着乃有三日的報道，謂司徒大使二日謁蔣總統，曾談及我財政經濟改革事，關於改革幣制，據司徒瞭解，美方無法貸我專款，主要希望在我能善用美元一億二千五百萬軍事援助，以改善局勢，安定民生，然後再借新貸款。我們揣想這「請美國支持」的念頭並不是原來即有的，可能是有人臨時建議，當局以為不妨試探，成固甚好，再發一筆洋財，免得損及「既得利益」，不成再計議。四日出現了經濟改革方案將分為數個步驟來實行之報道。據稱：政府現正集中力量，清除改革幣制途中之障礙，我方計劃原不必悉賴美援，各方面極盼政府儘可能先將新經濟政策實施，稍遲再謀改革幣制；經濟改革方案，若分為數個步驟去實行，據悉，首步將為穩定物價，先從整頓金融機構着手，令全國商業行莊重行登記，並舉行總檢查，取消不合格之行莊，使資力薄弱之行莊合併，使全國六千行莊減為二千家，並絕對取締高利貸吸收存款，嚴禁不合法之信託業務；國家銀行將完全為國有，退出商股，使其專業化，發展國家銀行之功能；此外取締囤積居奇，運用美援物資等，亦擬配合穩定物價的措施，同時予以施行。我們曾憑此報道，作揣測，所謂改革幣制，實質怕只是將幣的名稱改一下，將記帳單位改一下「某要人」所說的隱含「革命」的措施，許是原來若干人有此心，今已放棄了；改革案的重點，低到安放在所謂「新經濟政策」上，其用心之所在為「穩定物價」。就對這個，我們也不樂觀。我們以為，如果是這樣，關鍵仍在上海；頗懷疑政府敢碰以上海為中心之「既得利益」，雖然只是小碰。自官與商分不開以來，經過復員與「刼搜」，上海一隅湧出了不少新豪門，其財力足以與孔宋頡頏，只是尚未成為巨室而已。巨室仍推「四大家族」，豪門蓋分隸焉。

八月五日以後，向美申請改革幣制貸款之消息仍時出現，宋子文由蔣總統派專機接至京滬，關於宋氏行蹤之報道，一度特別顯著，然旋即沉寂；蔣總統於九日飛牯嶺避署；經濟合作總署駐華執行人賴樸翰在上海對記者說：在華代表團並非扮演「糖叔叔」，美國更進一步之援助將成為泡影。賴樸翰的談話，當是針對「申請增援」而發。八月十日起，不復聞為改革幣制求美貸款之消息。牯嶺自蔣總統夫婦上山之後，一天比一天熱鬧，翁內閣留駐南京，未奉上山之召，頗與冷寞之感。

從下莫干山到上牯嶺這八九日中，我們疑心有「暗流」自上海衝入南京，似乎作祟的是幕裏有人想從美國再發一筆洋財，如發不到洋財，讓局面再拖一下，雅不願讓既得利益蒙受一點損失；等到山姆叔叔聲明他不是「糖叔叔」，「四大家族」中的宋巨頭由專機迎來參與「密勿」之後，覺得尚有「結」待解，尚待「深思」，於是改革「擱淺」了。

然局面不允許再拖，終於逼出了一個「財政經濟緊急處分」。這道改革令所包含的「改革」有四端，「拿出了四個辦法來」，蓋指此。最受一般人注目，以「幣制改革」的美名炫惑人的「發行金圓券收回法幣」，正如前面所說，實質只是將幣的名稱改一下，將記帳單位改一下。「處理民間金銀外幣」一項，兩週來渲染很厲害，實質上是無關宏旨的。「登記管理國人國外資產」一項，是甚關宏旨的一件事，但其中實無有效的辦法，表現政府並無決心，也就沒有誠意，要做這件事，等於白說。最重要的一項在「整理財政，加強管制經濟」，此即前面說的「首步將為穩定物價」。誠只是治標。但費了這麼大的力量，治本沒有辦法，治標寧能不盡全力以赴之？在整頓金融機構各條中，不見「令全國商業行莊重行登記：取消不合格之行莊：使全國六千行莊減為二千家」之規定；實際只規定了行莊應即增資，以示限制，行莊利率應予抑低。就為這個，「既得利益」的代言人杜月笙等說話了，政府也在「商討應取態度」。八月三十日的北平世界日報登載了南京二十九日專電裏一段報道說：「改革幣制後整個經濟金融情況，即在政府與資本家之合作，據悉，杜月笙等已對政府提出意見，希望：一、行莊增資勿過高，限期兩月尤辦不到，滬行莊增為一百萬金圓，恐多數均無法負擔；二、中交農三行商股勿收回；三、行莊利息可逐漸抑低，勿硬性規定；四、證券交易所恢復。」另一報道：「二十九日雖為星期日，翁文灝之繁忙仍不減平時，晨九時謁蔣總統後，十時訪王雲五，主要為商討對杜月笙等意見政府應取之態度。」瞧瞧！「既得利益」的意見，其重可以壓閣揆，可以壓總統，老百姓聽了，怎不為之咋舌？

我們認為改革案可能有小成就，要看政府有無決心敢冒犯以上海為中心的「既得利益」，衝過這個藩籬，對限制行莊，取締行莊業務作確實有效的措置。（英）

七五事件入處理階段了

不曉得是巧合，還是有心為此布置，奉命到北平調查七五事件的國防部次長秦德純與李副總統宗仁同機返京之日，即是行政院在京頒布命令，對各地行政治安機關舉示「清除匪諜」應行注意事項之日。我們住在這崇理性尚和平的文化城中的人，眼看見一批特殊人物拿着這道命令做護符，在學生頭上洩其平日之憤，一面深鄙其暴惡，一面也沒有忘記七五事件情形更慘。想到前番的殺人犯尚未予以清除，與這番的所謂「清除匪諜」恰成強烈的對照，在後先互映之下，人們眼花為之撩亂，不辨這是民主之治還是暴君之治。

喧傳甚久的調查委員會的調查報告終未見發表，啓人疑心，所謂「民間」，和當局殆是流瀣一氣的。秦次長勞苦了十三天，飛回南京，對翁院長報告調查經過，報載他在謁翁後告訴記者：「……現在因奉召回京，只將已經調查所得的先作報告。在我的報告中只有客觀的事實，而不下判斷，凡有兩種相反意見而無法查明的，均將兩種意見併列。此外，還有幾個問題，例如最重要的究竟是誰先開槍的責任問題，尚未調查清楚，現在正由留在北平的兩位監委繼續調查中。」「不下判斷」，「將兩種意見併列」，講「客觀」，眞像是「客觀」到頂了！叫我們懷疑的，是：官方之調查是否能如科學家查看現象之客觀？這也是一個客觀的事實，眞要講客觀，必須予以承認吧。

欣幸，兩監委的調查報告書即將脫稿之訊傳遍故都，監委先生畢竟是要和人民接近，很自然的，大家遂寄其期望於兩監委，期望他們能主持公道。這兩位監委一位是谷鳳翔先生，另一位是胡文暉先生。他們於八月三日飛平，於二十日調查竣事，根據調查所得製成報告書，分「肇事原因及事實經過」，「七五事件之分析」，與「七五事件之責任」並對北平警備司令陳繼承，青年軍第二零八師搜索營營長趙昌言，暨平市警局副局長白世維等提出糾舉。該項報告書及糾舉書於二十三日提出於監察院，糾舉案經監院審查成立，於二十五日送行政院，報告書亦由該院於二十七日公表。自事件發生至監察院送糾舉案到行政院，歷時五旬，才進入了處理階段，被害者的冤魂屏息以待，至此才嚥下了一口「死」氣。據說還是關外在那里鬧「五龍」，才有秦谷胡三氏之奉派；要是不然，固願聽其「冤沉海底」！「民主」和「法治」，在我們貴國的「正解」，殆是：「法，所以繩民者也。由政府主之。刑罰不及治者。」

糾舉書對陳繼承、趙昌言、白世維係分三部分提出：（一）陳繼承部分，略稱：當七月五日學生請願遊行時，陳繼承未照傅總司令指示命令其部屬不准帶槍，不許打學生，而二零八師為一野戰部隊，以之鎮壓學生，更不免發生事端。且二零八師與北平學生情感素劣，陳繼承於處理此事時，未能考慮及此。學生搗毀參議會固屬越軌犯紀，陳繼承於學生軍警對峙竟日之時，未能躬親妥善戒備，而令一警官身分之白世維指揮軍警憲，自不能善為約束所部，卒致許惠東門前發生學生被二零八師士兵槍擊傷亡慘案。陳繼承應負措施不當，廢弛職務之責。（二）趙昌言部分，略稱：當七月五日下午學生在許惠東住宅門前請願未克獲見許惠東時，趙昌言奉命率部到場警戒，而由警局副局長白世維任指揮官，趙昌言未能聽從白世維命令，縱其部屬作戰時措施，士兵開槍，又不立即制止，致釀成慘案。趙昌言應負縱兵殺人之責，應交軍法審判，科以罪責。（三）白世維部分，略稱：白世維以警局副局長地位，奉令為指揮官，未能與軍警聯絡得宜，既見部隊出動態勢嚴重，應即約束部屬與學生接受處置條件。後又未能即時將學生即將解散歸去之消息通知部隊，因誤會發生慘案，不無處理失當，指揮無方失職之處。

由社會人士參加的調查委員會的報告未見發表，頗有此兩位監委先生之報告。是非得以少明，我們應向他們致感謝之意。我們認為遺憾的，是他們在講事件之責任部分中，以「措置失當」概括一切，字裏行間時時流露為軍警憲當事者開脫或減輕其責任之用心，未免過於為當道護短。就事件經過全部看來，當時因絕對無調兵鎮壓之必要，此為措施乖謬之關鍵所在，憑此以科責任，誰實應負最大責任，憑此以論罪，誰實應繩以首罪，誰為二罪三罪，明眼人類能言之。

據北平世界日報八月三十一日的報道，政院收到監院對陳繼承等之糾舉書後，翁院長決定交國防部議覆，此事可能仍由秦德純簽辦。我們躭心要是他仍「不下判斷」則如何？九月一日，又突然發現了傅作義總司令電中樞願承全部責任，願受全部處罰之消息，各報均登載其致蔣總統暨翁院長之電文。這種充滿封建氣味的作派竟出現於號稱行法治之今日，我們躭心不但「刑罰不及治者」之說沒有說錯，可能連在監委維護範圍內議首罪以應得之處分，都得仰瞻顏色。究竟如何，不久當見分曉，姑拭目以俟。（振、）

美蘇和平共處是否可能

(一) 和平共處是可能的

越人

目前世人最關心的問題之一就是蘇聯與西方國家尤其是美國終究能否和平共處。各國激烈反蘇的人都認爲這是不可能的。美國一部分軍人就是這樣想法。所以他們主張在蘇聯能製造原子武器以前，進攻蘇聯，實行所謂預防性戰爭。同時指摘美國爲帝國主義的人也在懷疑這事的可能性。他們認爲美國想制霸世界，而國內更有的是戰爭瘋子，早晚必將攻蘇聯。左右兩極端的人士意見儘管不同，而在這點上却看法一致，都認爲美蘇不免一戰，祇是他們心目中的侵略者不同而已。

反蘇的人看了蘇聯戰後在東歐擴張勢力，和各國共黨的勃興，就認爲蘇聯正在計劃囊括歐洲席捲世界。無條件擁護蘇聯的人則聽到了美國一部份人的反蘇叫囂和看了美國對蘇的強硬政策以後，就認定美國在準備獨霸世界進攻蘇聯。這些美聯必戰論者的論據不外是蘇聯在東歐的擴張，各國共黨的興起，美國的反蘇熱，擴軍論，和強硬的外交政策等等。但我們可以追問一下，這些現象是否將繼續存在，抑或祇是戰後一時的現象；美國的強硬外交政策是意在挑戰，抑或祇是求得國際間勢力平衡的一種手法。我們覺得這兩個問題的正確答案恐怕都是屬於後者。

還有一些人認爲共產主義與資本主義在本質上不能並存，因而美蘇終不能和平共處。但我們以爲無需如此悲觀。第一，資本主義的西方國家由和平漸進的方式轉變爲社會主義的國家是頗有可能的。英國就是一個實例。凡是有議會制度政治自由的國家都有可能走英國的老路，祇有半封建的落後國家纔必需流血革命方能走上社會主義的路。西方資本主義的國家如果假以時日，有漸進爲社會主義的可能。到那時所謂二者本質上的不相容也就不復存在。第二，即使說美國的資本主義根深蒂固無轉變的可能，則目前蘇聯的政策也仍是以建設本國社會主義爲主，她的主義的擴張是漸進的。如果沒有其他因素，不會祇爲了意識形態的不同而貿然對美作戰。由於以上的分析，我認爲美蘇和平共處是可能的。

現在我們來較詳細地說明何以那些緊張的因素可能都是暫時的。蘇聯在東歐的擴張是引起世人疑慮的主因。但蘇聯此次戰後對歐洲的政策實在是基於恐懼的心理，所以纔亟亟於在鄰近地帶樹立親蘇政權，以建立安全圈。她的恐懼心理有遠因也有近因。近因有兩個：一個是美國原子武器的問世，另一個是遭受納粹侵略後的重大損失。去年美國紐約時報某駐蘇記者曾經說，目前蘇聯的外交頗像一隻受傷的獅子，一面舐她的傷處，一面却在吼叫發威以掩飾她的重傷，而爭取恢復的時間。這項譬喻頗有幾分道理。至於遠因，則革命後初期的遭受干涉，後來的長期孤立都足以造成對西方國家疑慮恐懼的心理癥結。再者俄羅斯自立國後不斷的遭受外國侵略，因而對外國人的疑懼和不信任成為俄羅斯性格之一部分。這項俄羅斯性格顯明地反映在蘇聯的外交政策中。再過幾年蘇聯元氣略略恢復之後，這種猜疑恐懼的心理可以減低，也就不再需要擴充安全圈。

再者蘇聯除去是一個社會主義國家的聯邦之外，同時還是一個以俄羅斯民族為主而進行建設一國社會主義的國家。俄羅斯的傳統有時對蘇聯政策頗有影響。蘇聯在此次戰後對領土和勢力範圍的要求似乎是有一定界限的。這次她所要求的大致就是第一次大戰時西方國家允許帝俄在戰勝後可以控制的地方。在歐洲所兼併的領土和向我國租借旅順大連，都是收回因第一次大戰失敗而失去的權利。所以蘇聯在東歐的擴張似乎是有一定界限的。一部分是舊俄羅斯傳統要求的表現，不能認為是蘇聯共產主義企圖征服全歐的先聲。

戰後歐洲各國共產主義蓬勃，有些人認為都是由於蘇聯操縱，這實在不甚正確。這次戰後，歐洲大部分的國家，廬舍為墟，人民流徙。貧窮飢餓的環境中自然容易滋生過激主義。老子說：「大兵之後，必有凶年」。我們現在却可以說：「大兵之後，必多共黨」。所以不能說是盡由於蘇聯陰謀煽動。當歐洲經濟情形恢復後，過激主義自然會減少的。

以上我們解釋了蘇聯的外交政策，說明她並沒有在那裏積極地策劃征服世界。我們現在看美國的情形。美國在過去兩年中，反蘇的叫囂的確很盛。但並不十分可慮。美國人不太沉着。對其他國家的觀感和批評，常常變動甚大，忽而揚之入天，忽而抑之入地，這固不僅對俄國人為然。在二次大戰中間，美國人對蘇聯觀感極佳。戰後看到了蘇聯的倔強猜疑，擴張勢力。感情遂忽然變得極其惡劣。實際上蘇聯在戰後與戰時並沒有太大不同。美國人的反蘇熱也必然是一時的。再者在一九二〇年左右美國也曾掀起反共熱，但後來却漸漸消沉了。這項往事頗值得我們注意。

至於美國的對蘇外交，則目前所實行的是所謂「邊緣範圍政策」。目的在以堅定的態度阻止蘇聯的擴張，等待蘇聯軟化後，再和她妥協來解決一切懸案。美國國務院的凱南去年曾在外交季刊發表一文，詳細說明這項政策。馬歇爾今年三月在加州大學的演說，五月間對美蘇換文，以及目前在莫斯科歷時一月的祕密會談，都足以說明美國目前的對蘇外交不是意在挑戰，而是尋求國際勢力平衡的一種手法。美國陸軍中的確有人主張在蘇聯有原子彈以前對蘇開戰。但這並不能代表美國政府的政策。並且美國若干軍事專家近來已指出，即使蘇聯沒有原子彈，美蘇戰爭也必將曠日持久。因為蘇聯幅員廣袤，有些地方轟炸不着。並且蘇陸軍精而且多。戰爭爆發後可以迅速地佔領全部歐洲。所以僅憑原子彈不能贏得戰爭。紐約時報軍事記者鮑爾溫在七月號哈潑斯雜誌上發表「戰爭的代價」一文，就是這種說法。

以上說明了現存的緊張因素都是暫時的，假以時日，美蘇關係大有緩和的可能。至於兩種意識形態不能相容之說，我在前面已略加駁辯，現在再從其他方面加以申述。

共產主義本身並不一定威脅世界和平。共產主義的要義是一種關於管理生產工具的經濟學說，在本質上並不是一種國際侵略的力量。祇有在實行這項主義的政府用武力向外推廣時，纔會威脅世界和平。猶之乎基督教本不會威脅世界和平，但當着若干國家憑藉基督教之名發動十字軍時，却成為對和平的威脅了。蘇聯在革命初期確有發起十字軍的模樣，但史達林執政後，倡導一國社會主義。世界革命的計劃已無定期的延擱。即使蘇聯仍抱有世界革命的理想，則凱南在他的「蘇聯行為的根源」一文中，曾分析蘇聯這方面的政策。認為她雖然仍具有世界革命的理想，但因為她深信全世界早晚必社會主義化，頗有耐性等待，決不會操切從事云云。這項分析頗為近似。蘇聯在短期內不會用武力向外推銷共產主義的。

目前國際上的猜忌磨擦，一部分是大戰甫終的自然現象。國際均勢建立以後，美蘇在短期內可以相安無事。至於在較遠的將來，則所謂兩種意識形態必將引起衝突之說實在並無根據。並且西方國家在經濟上有逐漸走向社會主義的趨勢。而蘇聯所受人攻擊的一黨專政，缺乏政治自由等等在馬克思主義中也並不是必然的。社會主義的新社會基礎穩固後，人民可能得到較多自由。東西國家純為意識形態而作戰的事實在不太可能。所以我很樂觀地認為美蘇和平共處是可能的。

(二) 和平共處是不可能的

純　剛

美蘇兩國是否可以和平共處？這個問題引伸開來，也就是說：世界第三次大戰是否可以避免？戰爭是不是可以避免呢？從理論上講：本不會有人歡迎世界第三次大戰的，在原子時代的今天，「人類不毀滅戰爭，戰爭即將毀滅人類」這句話的眞實性無疑的是大大地增加了，如果再來一次戰爭、人類豈不就要滅亡嗎？戰爭既不足以根本解決問題，（如能解決，則歷史上已有千百次戰爭，早已解決了，用不着今天來談這個問題）而又要人類支付全體毀滅的重大代價，世界上怎麼會有這種天字第一號的大傻瓜，甘心來作這種賠本關門的生意？但是，從事實來看，今天世界分明又處在一次戰爭的前夕，火藥氣味到處瀰漫，如果有坦白而客觀的歷史家，把當前國際緊張形勢和第二次世界大戰前夕的情勢對比一下，一定不能不爲這命運的惡作劇而悲哀，恐怖，不能不爲人類的毀滅擔心！事實證明：美蘇的和平共處已是不可能的，並且，戰爭的危險早已迫於眉睫，無可避免。

現在讓我們來檢討一下事實的根據。

第一，先從美國方面來看，美國自從第二次大戰結束之後不久，即已拋棄了羅斯福內政外交的基本立場，而逐漸走上反蘇備戰的途徑，兩年來美國種種反常的舉動，除了積極備戰以外，沒有任何藉口可以解釋。美國以世界上財富最多，軍火生產力最強大的國家，在和平時期保有全世界二分之一以上的大海軍，和數量上質量上俱佔絕對優勢的大空軍，還擁有世界最新式的集體屠殺的原子武器，國防的安全應早已不成問題，但仍在埋頭充實武力，尋找盟國，作戰基地星羅棋佈，遍於全球，連第二次大戰中的仇敵，日德法西斯殘餘也被它視作珍寶，培植扶助不遺餘力，再加以馬歇爾計劃，西歐軍事同盟，代替了羅斯福時代一視同仁的聯合國政策，而很明顯的處處在進行對蘇邊緣包圍封鎖政策，在軍事上外交上緊緊配合地完成了對蘇的包圍作戰準備以外，更不容忽視的是美國國內法西斯體制的逐漸成長，美國的壟斷資本家嗾使一般國際戰爭販子，不斷地進行反蘇宣傳，鼓動第三次世界大戰，在調查非美活動和保障美國國家利益的煙幕之下，進行摧殘國內進步份子自由主義者和人民力量。以自由民主著稱的美國竟使得從前高唱四大自由的羅斯福總統的最忠實有力的朋友華萊士在本國內不能充分享有演講和競選的自由，法西斯分子對華萊士公開的迫害竟使得背叛羅斯福遺教造成民主黨和共和黨是美國壟斷資本主義的雙生子的杜魯門總統，也覺得這些暴徒們的活動是「非美」式的，是違反「公平的原則」的。蘇聯及東歐新民主國家的神秘的鐵幕之說，以及神奇的間諜案的舖張，（要注意這是兩年前的舊案，擱到今天緊張局面下才重提的），使得一般民衆原已膚淺的對蘇知識更跌入恐怖及神秘的五里霧中，而這些痲痺的盲目的羣衆，也就正好俯首帖耳的供作戰爭工具，作了平時徵兵普遍軍訓的犧牲。也許有人認爲美國各方面的備戰都是虛聲恫嚇，虛張聲勢，但是，這種說法解釋不了美國國內逐漸走上法西斯化的道路的事實，而法西斯和好戰是分不開的，歷史上也從沒有發生過一個國家天天備戰而最後竟能不戰的史例。所以，我們根據事實來作結論，不得不承認，目前的美國是在不斷地積極準備反共對蘇的攻勢作戰，最短期內開戰的可能性不是沒有，很可能在美國的戰力充實到某種程度，而國內法西斯勢力也已成熟的時候（這個時候或許不久就可到來，）而戰爭也就隨之爆發。依常理推斷，在最近的將來這一趨勢更是越來越壞，隨着好戰軍人的勢力的成長和反動政黨的可能的登臺，危機在逐漸進展！火藥的引線一天天在縮短！

第二，從蘇聯方面看來，蘇聯是一個社會主義的國家，在本質上應該具有愛好和平的性質！而蘇聯戰後政策更似乎側重於國內的生產建設，而沒有準備作戰的企圖，這些似乎可以相當地緩和目前的戰爭危機。但是，共產主義也是世界上最反對妥協和投降的主義，在第二次世界大戰中抵抗法西斯進攻的勇猛壯烈的經驗，蘇聯人和全世界人民一樣地沒有忘掉，而且，從蘇聯堅定的外交路線看來，蘇聯對目前惡劣環境不是沒有認識，而且準備應付意外的佈置也不是沒有，美國如果虛聲恫嚇，則一定不能收效，如果貿然的進攻，則必遇到最頑強的抵抗。至於廣泛的說，社會主義社會是否可以和資本主義社會長期和平共處？則這要看具體的客觀環境而定。如果社會主義國家（姑且包括蘇聯和東歐新民主國家在內）居於少數劣勢的地位，而外表上暫居優勢的資本主義已經過了向上發展穩定繁榮期間（這只是暫時的），而走向蕭條衰落，滅亡崩潰，與不擇手段作生死掙扎的時機，則盲目地掠奪進攻隨時可以發生，而戰爭的威脅自也不能否認其存在。不幸得很，我們目前這一個時代的社會主義和資本主義相處，卻偏就處於類似這樣的境地。其次，談到蘇聯的和平擴張的問題，在世界沒有完全社會主義化以前，隨時隨地會有新的國家由於內部矛盾的發展而有民主改革的需要，因而形成一般所謂社會主義的向外和平擴張。這種社會主義的擴張就其本質來說，是自然的和平的，適應客觀環境的需要與其所發生地方的國家社會的內部條件的，完全類似所謂光榮的不流血的革命，原不應因此引起國際糾紛．但，以目前國際形勢而言，則這種和平擴張每易爲國際戰爭販子利用作鼓吹戰爭的藉口，再經過一些神經衰弱的資本主義國家政治家的挑撥利用，當然就容易製造國際糾紛，培植戰爭的因素。

因此，我們也可以得到同樣不利於和平說的結論，蘇聯雖然很可能不準備侵略性戰爭或攻勢作戰，但由於環境的逼迫，現在正在準備防衛戰爭或守勢戰爭，爲了保衛蘇聯的社會主義生活方式，爲了保衛其他新民主國家的安全自由，在遭遇侵略進攻或軍事干涉時，蘇聯決不會妥協或投降，戰爭無可避免。

第三，從整個國際情勢來看，欲求確保世界和平，必須有新的建設，基於進步性建設性的世界規模的國際合作，是永久維持人類和平的必須的基礎，但，戰後國際形勢完全與此背馳，自馬歇爾的政策代替了聯合國路線以後，建設性的進步性的普遍性的國際合作已趨於癱瘓，不，毋寧說是已經死滅。目前只看見利用性的區域性的反動性的國際關係在相繼發生，其結果必然是加深了國際陣營的對壘，加强了國際間的彼此敵視，加緊了中立國家或比較弱小國家或殖民地國家的內部分裂，對立。而且，竟在一次戰爭剛剛終了，和約尚未締結之前，新的軍事同盟又已紛紛簽訂了。這些發展，無往不令人聯想到第二次世界大戰以前甚至第一次世界大戰以前，國際間勾心鬥角的姿態。科學縮小了這個世界，加强了人們的合作的機會，但，政治却又把地球分開，造成人們的分裂。這樣能達到和平嗎？不，一千個不，歷史已經明白告訴我們千萬遍了，這樣走正是達到戰爭最快的道路！

分析這一緊張局勢的造成，美國又得負主要的責任，我們能不能希望美國悔改呢？例如：依據波茨坦協定解決對德和約，再公平合理地解決對日和約，回到聯合國路線，尊重一切立場不同，生活方式各異的國家的意見，一切以共同協議，共同解決國際糾紛，取消一切不以法西斯敵國爲目標而以第二次大戰中友邦民主國家爲對象的軍事性國際條約。一切國際間經濟條約完全遵照聯合國章程，經由聯合國機構執行之。這樣作，豈不就可以避免戰爭嗎？但，這樣作，壟斷資本家一定不能答應的。一個世界協同性的戰後再建設，必須一切主要國家走上新路，只有各主要國家完成自身的民主改革或採取進步的政策，才能進行這種合作，在這樣的國際合作中，反動的國家的反動政策將無法繼續維持，壟斷資本家也將不能利用緊張的時機蒙蔽人民，獲取超額的利潤，人民大衆會看穿了它，選擇進步的路走，這樣就逼得他們在這個地球上無處存身。至少，在戰後的美國獨佔資本家勢力益形擴張，軍人對政治的干涉更形加强，國內體制更走向法西斯化，人民福利團體和進步活動更受壓抑，戰爭，反蘇，反共，法西斯宣傳口號叫囂得一天天響，「美國和歐洲的少數自私自利的人，從法西斯主義那裏承繼了人種優越和否定進步的一套觀念，對於任何問題都要用武器去解決。」完了，和平的美夢是破碎而再也不能重圓的了。

第四，即使戰爭販子和好戰軍人有所顧忌，顧忌戰爭帶來的普遍毀滅的災禍，顧忌蘇聯的强大，顧忌本國人民及全世界愛好和平人士的力量，而不敢冒險發動侵略作戰。但軍事衝突仍然可以在其他地方發生，由於美國在全世界以武力支持各落後國家反動勢力，處處壓迫進步勢力，使人民力量不能得到正常的發展，民主改革不能順利完成，這樣就必然促成各小國和殖民地國家的內戰，星星之火，可以燎原，局部的衝突積累起來，也必然可以形成美蘇兩强的最後決戰。

在丁英夫人（VeraMichelesDean）著「美國與俄國」（The United States and Russia 哈佛出版部，一九四七年）中第十二章「戰爭可避免嗎？」，她舉出四個條件，第一，對蘇聯更多的了解。第二，更多了解美國在國際的地位，（不必怕蘇聯）第三，認識基本的問題，（容納異見，由帮助蘇聯工業發展以促使蘇聯的民主自由加强）第四，在不同方式下促成世界的進化（指出世界的進化是不平衡的，美國應帮助各落後國家在生產，衞生，教育各方面的鬥爭而非戰爭）。當然，這些條件都是很客觀而公平的，但，在現實國際政治中，能够找得出來它們的影子嗎？不，完全背道而馳。

總之，我們不是幸災樂禍地喜好戰爭，但却覺得照目前情勢發展下去，則戰爭絕對無可避免。除非，最近世界發生重大改變，特別是美國發生極爲離奇的轉變，但，這是不能想像的，因此，我們認爲就目前條件而談，美蘇仍然是不可能長期和平共處，儘管，也有一時的拖延，閃避，但，最後戰爭一定不可避免，似乎已成爲定局！

××× ××× ×××

答純剛

·越人·

純剛先生認爲美蘇戰爭不可避免，理由是美國積極備戰和國內法西斯體制逐漸成長。他並且認爲戰後國際的陰霾局面完全是美國之過。他把美國描繪成了一個反動橫暴不亞於舊日納粹德國的帝國主義國家，從而認定戰爭的危機極大。我在逐條答辯之前先談談美國外交政策的本質。

美國是一個由歐洲移民組成的國家，美國人民對歐洲的情緒頗爲複雜。一方面因爲文化民族的聯繫，相當關心，而另一方面對於歐洲各國間捭闔縱橫的各項紛爭，却又希望置身事外。這是因爲現在美國人的祖先都是當年在歐洲沒有出路纔遠走新大陸的，對於舊社會中的政治外交頗感頭痛。再者美國人覺得以一個新興的國家投身歐洲的政治漩渦中，極容易上當。他們特別怕由"Uncle Sam"變成"Uncle Chump"。這便是孤立主義的來源。在這次大戰以前的幾年，美國國會曾制定了中立法案，嚴格走着孤立主義的路線。而這次大戰不但打破了美國的孤立主義，並且把她造成超等強國的地位。美國在這方面遠不如英國有經驗，有時不免舉措失當。再者美國這個民族在國際外交上經驗不足，對其他民族的判斷不够冷靜。對於其他國家的優點和友誼有時估計過高，等到一旦發現事實並不如此時，則又趨於另一極端，變得過分地憎恨和厭惡。目前美國一部分人對蘇聯的觀感正是如此。還有一點就是在此次戰後美國人開始爲安全問題發愁。自從長距離轟炸機和原子彈出世後，美國人覺得東西兩大洋已不能保障安全。目前他們雖暫時保有原子彈的祕密，但認爲一旦和平不保，必定被轟炸，因而十分發愁。

美國人目前是不願管歐洲的閒事，却又不能不管；對蘇聯戰後的行動困惑失望，因而過分地憎惡，同時爲了安全問題時常發愁。以上三點是美國目前外交政策的心理背景。至於在這種背景之下所想出來的應付方法，便是對蘇的堅定忍耐政策和後來的邊緣範圍政策，這政策我在正文中已經解說過了。我此處所以不憚詞費，對美國外交政策再作說明，是爲了告訴純剛先生美國在本質上絕不是一個類似舊日德國的侵略性的國家。

純剛先生說美國在擴軍，這有一部分是眞的，但是美國陸軍至今仍祇有五六十萬人，而蘇聯陸軍三倍於此數。至於空軍則蘇聯在量的方面超過美國，並且還擁有許多噴氣推進式的飛機。所以目前在軍事裝備上蘇聯祇有比美國更積極。

純剛先生又說美國國內法西斯體制逐漸成長。可惜純剛先生祇舉出國會調查間諜案和華萊士講演受辱兩件事爲例，沒有給我們更多的事實證明。僅僅這兩件事似乎不足以說明美國要變成法西斯國家。國會對間諜的調查，不早不晚在現在進行，顯然是共和黨議員在總統大選前所玩的政治把戲，並非眞要捉什麼間諜。再者那被指爲間諜的三十餘人不但沒有被捕，並且有的人自己出面公開抗辯，如果美國眞是法西斯的國家豈能如此。至於華萊士最近被人投擲雞蛋，那是美國南部痛恨黑人的人所幹的事。他們恨華萊士是爲了他擁護人權法案。這種因黑人問題而起的糾紛，近百年來，在美國發生多次，不太值得重視。

純剛先生說美國背棄聯合國路線。我現在可以舉一件美國忠於聯合國理想的實例，這便是巴魯區計劃（Baruch plan）。在這項計劃中，美國建議由聯合國特設機構管制原子能，在這個機構成立後，美國馬上把原子彈祕密交出來。美國若眞是具有法西斯傾向蓄意侵略的國家，大可以獨佔原子彈對他國肆意恫嚇，那裏會提出這種計劃呢？如果純剛先生以爲美蘇間和平不易保持是爲了美國的緣故，我勸他無需擔憂，美國不會發動戰爭的。

××× ××× ×××

答越人

·純剛·

越人君的和平理論（或叫它幻想），美麗果然很美麗，可惜有一點跛足。越人君似乎潛意識地認定破壞和平的戰爭威脅者一定是蘇聯；因此似乎有意無意地認定：只要共產主義不需要「一手可蘭經，一手寶劍」式地用武力來推銷，則資本主義便可以永久與共產主義和平相處；只要蘇聯目前仍然採取和平建設一國社會主義的政策而沒有向外用武力擴張的必要，則國際戰爭的悲劇就可以因而避免。這是一種偏頗而不健全的看法。其實美蘇兩強間戰爭的發動者並不一定就是蘇聯。發動戰爭的可能性可以來自蘇聯，但同樣地也可能來自美國；可能來自主張階級鬥爭的共產主義，但也同樣地可能來自對內極端保守而對外極端反動和頑固的資本主義，或更容易來自於公然主張侵略戰爭的渴血的法西斯主義。這一點越人君似乎沒有看到，或者是不願意看到。戰爭的可能性既然可能來自兩方面，而越人君却只看見了一方面，而且竭力防堵了這一方面，對於另外的那一面則根本不問不聞，因此，越人君的和平理論便留下了一個漏洞，並且這還是一個很大的漏洞，這一漏洞的缺點，充其量簡直足以推翻越人君的全部理論而有餘。正如築堤防水一樣，越人君爲了防止河水泛濫，而造了一道堅固的河堤，但只在河水的一面，至于那一面是否也會泛濫，則不去管它，但，和平是不可分的，事實上只要有一邊泛濫，水災就造成了，越人君的築堤堵水的一切努力也就付諸東流了。

實際上美蘇間發生戰爭的可能性的條件可以有三種，而和平的可能性同樣也有三種。戰爭的可能性雖有三種，然而其眞正嚴重的只有一種，其餘兩種似乎並不嚴重。但是，僅有的這一種已經够了，已經足够造成冲毀大部份或全部人類文明的第三次世界大戰的洪流了。人類的命運果眞要這樣的不幸而無可挽回嗎？

三種可能發生戰爭的條件是什麼呢？第一是美國採取攻勢，而蘇聯抵抗；第二是蘇聯進攻，美國抵抗；第三是美蘇同時進攻。三種和平的可能條件是什麼呢？第一，美國進攻，蘇聯不抵抗，投降。第二蘇聯進攻，美國不抵抗，投降。第三美蘇都沒有進攻，因此，無需乎抵抗，和平得到最穩固的保障。在以上三個發生戰爭的條件裏，第二，第三的可能性似乎很小，理由也就是越人君說明的蘇聯不需要一味用武力擴張，共產主義不必依靠武力推行。至于美國是否要進攻呢？越人君只說：美國的强硬外交政策目的只在包圍蘇聯，似乎充其量只可說備戰而不能說決心要一戰。而且這種緊張的外交局勢是戰後一時政治力量失去平衡應有的現象，一俟政治均勢重新恢復平衡，則這種一時的紛亂現象即可消失。越人君這種看法是否正確，姑不必論，然而我們總覺得，外交是內政的一種延長，把外交政策看作一種孤立的現象，與其他全部政治經濟生活隔絕的東西，是一種危險的想法。照我們看來，美國的外交高壓政策是和它的國內政治經濟社會生活分不開的。美國的超高度的壟斷資本主義的發展，使得它國內生產社會化和生產手段及生產品私有化的矛盾日益加劇，美國在戰時及戰後壟斷資本家們通過和官僚的勾結而利用戰爭大發其財的事實，和美國戰後生產力過度膨脹，在資本主義世界經濟體系內占有空前優勢的事實，一方面加强了美國表面上的優勢，另一方面卻也增加了經濟危機的威脅。這樣的一個「强大的」美國，面臨着正在空前劇變的世界，主要是蘇聯，東歐，歐洲各國，亞洲各殖民地內部人民力量的發展，更加深了它的戰戰兢兢的危懼心理。要想維持這一紙老虎，在國外就非執行假反蘇以挾制西歐及利用反動勢力以維持舊秩序的政策不可，在國內就非走上藉鼓吹反共以鎭壓進步份子及人民活動，重整軍備以緩和國內危機的路子不可。歷史是可以重複的，越人君說：「大兵之後，必多共黨，」實際上是「大兵之後，必生法西斯。」越人君以爲戰後一時混亂現象終歸平定，但他忘記了在第一次大戰戰後混亂之後，卻沒有歸于平定，倒産生了希墨，日本三位一體的法西斯惡魔！我看，越人君似乎不必拿一九二〇年左右美國的反共一陣子高興，過去就它來比擬目前情形完全不同的局勢，還不如引用一九三三前德國的情勢來作比，比較接近眞實一些。問題似乎扯到美國是否法西斯上來了，我們雖然不能肯定美國目前就是法西斯國家，但也不能否認美國正在走向法西斯化的路子。我們不可過于拘泥把法西斯限于一種固定呆板的形式，實際上日德義三個法西斯國家就未盡相同。日本和德義之間且相差甚遠。日本國內法西斯體制的完成實際上遠在九一八和七七侵華作戰之後，這一點更可提醒我們，好戰份子也許在美國完成國內法西斯體制之前，就會冒險發動新侵略戰爭。就算日本那種半封建性的法西斯主義跑到美國可能換上一副新的半自由主義的面具（自由與法西斯相提並論，不是滑稽，美國以暴力壓迫華萊士的人們正在覺得他們在保衞美國的自由生活方式！），我們退一步把美國看作朝向「新法西斯主義」轉變的國家，戰爭的威脅仍然不會因而減少半分的。（有些人鑑定法西斯全看它是否獨裁統制，其實法西斯的主要特徵還是(1)國內由少數獨占金融集團把持，(2)反蘇反共(3)公然好戰而以種族優越感或其它爲藉口，至于獨裁統制僅爲要達上述目的而逐漸强化的一種手段而已。）

總之，三個戰爭條件之中，美國進攻是很可能的。因此三個和平條件就不能存在了，因爲蘇聯也一定要像過去抵抗德國同樣來抵抗的。因此，我們可以說：越人君的理論雖非破綻百出，可是卻有一個致命的漏洞，錯誤估計了美國的國內情勢，而也就由于這一漏洞的發現，越人君辛苦築來防水的萬丈堤防終歸免不了毀于一旦，越人君的和平幻想終歸止于是一個幻想而已！

專論

評幣制改革

朱今吾

遠在抗戰後期，人們初受到通貨膨脹的負荷時，就有人設計「戰後幣制改革」的方案。逮戰爭結束以後，通貨膨脹的威脅益重，人們對改革幣制的要求更切，而對改革幣制的意見也就愈多。尤其到最近「改革幣制」的呼聲，佔滿了報章雜誌的篇幅。到現在，政府「不負衆望」的頒下了「財政經濟緊急處分令」，宣佈實行金圓券的幣制改革。現在，我們姑不論這套改革方案的得失，政府有這樣大刀闊斧的勇氣與毅力，這表示政府願做事，肯負責，這是我們應衷心感慰而値得贊揚的！

綜觀這整套的改革方案，政府自經過了長期熟思考慮。如對金圓券發行的準備，限制發行的的數額以及管理的機能，都稱完善，如今我們不作貨幣學理上的探討，我們僅想研究此次改革的方案對平衡財政預算，改善國際收支，穩定物價改善民生，究能收到多大效果。

首先我們談到改制後財政預算的平衡。王財長在廿日發表談話，稱改革幣制後可藉幣制穩定，使收支預算接近平衡中說：「戰前數年間，我國總歲出，按彼時對美幣之匯率計算，平均不過伍億美元，戰後每年平均約拾億美元，今後總歲出預算如能力從撙節，控制得宜，每年實際支出，當可減至玖億美元之等值，即金圓券叁拾陸億。至於歲入方面，估計關稅全年收入爲金圓肆億捌千萬元，貨物稅柒億元，直接稅叁億陸千萬元，鹽稅叁億貳千萬元，其他各稅連同國營事業盈餘，規費收入等共貳億元，出售剩餘物資，敵僞產業等約肆億元，以上收入約共金圓貳拾肆億陸千萬，收支相抵，所短之數爲拾壹億肆千萬，約當歲出百分之卅弱，擬運用美援以抵補其一部份，其不足之數當發行金圓公債以資彌補：：」，看了這篇財政預算，政府全以稅收與發行公債爲歲入手段，而絕不再賴發行通貨以補預算之不足，這是値得欣慰的。在法幣日益貶値下，政府能够收入的實値，遠較戰前爲低，而政府的支出，且不能不隨物價的飛漲而增加，此次幣制改革後，在法幣與金圓券兌換的比率下，政府的收入無形增加了，並且政府尚要「將現有各稅切實整頓，其稅率低於戰前標準者，參照戰前標準調整，其具有奢侈性者，並酌量提高稅率。」所以我們相信這貳拾肆億陸千萬元的數目，不難達到。可是尚有約當歲出百分之卅弱的拾壹億肆千萬，要以美援與公債相彌補，這就令人考慮了。美援總數肆億元，除壹億貳千伍百萬用作軍事援助外，其餘貳億柒千伍百萬，要到明年四月才能分期拿濤，到今年年底，共可得美援壹億貳千萬，則其餘拾億貳千萬元，將全靠發行公債來彌補。發行公債，原爲政府財政收入手段之一，在政府信譽卓著的國家，幾億公債的售銷，原非問題，可是鑒於年來我國發行公債的事實，就難於樂觀了。並且這叁拾陸億圓的歲出預算，還要在如能力從撙節，控制得宜的條件下，始不溢出。然而在這戰亂有增無減的年月中，繁重的軍費支出，能撙節得了嗎？又能控制得了嗎？無怪王財長在「力從撙節，控制得宜」上，要加「如能」二字了。本來一國財政收支不能平衡，歲出多於歲入原不是問題，問題是這歲出多於歲入的部份，看用在什麼途徑上？若是用於建設，那這部份仍是國家的產業；若是用於投資，國家有未來收益的期待。唯有用於消耗性的戰爭，才是財政收支不能平衡的致命打擊。所以我們對於政府以發行公債來彌補預算不足，縱可置信，而對這叁拾陸億的歲出預算不再增加，就難具信心了。

其次，我們談到國際收支問題。打開我國的貿易史，自民國以來，除了三十年是有細微的出超外，其餘全是入超的記錄。尤其對日戰爭結束後，巨額的入超，幾乎耗盡了國庫中的外匯，雖說政府年來處心積慮，多方面的政策，想改善對外貿易，爭取外匯，然而在幣値急落中，法定匯率與黑市匯外差額過大，終無法杜塞這漏巵。五月卅一日的結匯證明書辦法實施後，出口自較過去增加了，但結匯價格，加上法定匯率，仍追不上黑市匯價，出口商仍受相當損失，此次改革幣制，將美元一元折換金圓券四元，即等於法幣一千二百萬元。這一兌換率，較之八月十九日黑市匯價尚高出數十萬元，這無異的是將匯率掛高，這一措施，對促進今後的輸出，是有很大的功能，所以王財長非常樂觀的說「今後外匯按固定之匯率兌取，有十足準備之金圓券，使輸出品與僑匯均獲更合實際之代價，則將來收入之外匯較最近一月更有過之，可以斷言」，可是所可慮的，這個滙率，能够持續多久。換句話說，金圓券對美援的價値，會不會再有黑市的發生？關於輸入方面，大體看來，當無輸出那樣樂觀，因爲滙率的猛升，增加了輸入的成本。這將使輸入業者，遭到更大的困難，而工業界所用的國外原料的成本，也勢將提高，這實是今後物價問題的關鍵，所以問題的癥結，還是繫於物價能够穩定與否。這無怪王財長在談國際收支問題時，開頭就有：

「關於平衡國際收支者，此與幣值穩定及物價穩定均有重大的關係」的聲明了。幣值或物價究能穩定到怎樣程度，我們再作以下的推論。

此次政府毅然改革幣制，唯一的目的，是在穩定物價，所以今後的物價問題，也就是幣值穩定問題。在改革法令中，政府把物價穩定在幣制改革的最後價格上，也就是這一對三百萬的金圓券與法幣的比率，大體是基於八月十九日的一般物價上。但就事實論，這幾年來，物價的變動，早失去了過去的均衡，所以這一比率，並不能表示最公平的物價比例。不過這種兌換率的高低，幷不會影響今後物價的穩定與否，而問題是這樣的穩定，能持續多久？要求得物價的穩定，首先要求得物資供求的平衡，過去物價的節節高漲，固然由於法幣的無限制發行，但是法幣所以無限止發行，是由於戰亂的擴大，交通的阻塞，生產的萎縮，形成物資的短拙，現在幣制雖云改革了，可是現實的環境，一切仍舊，幷未改觀，金圓券能憑空的帶來大量的物資嗎？

抑尤進者，政府此次發行金圓券，總額爲貳拾億，合法幣陸千萬億元，而現在法幣發行的總額，據王財長十九日的談話：「法幣之發行最近雖急切增加，然以美元比值，只需五六千萬元即可收回」，又央行兪總裁在記者招待會說：「實際法幣發行總額僅相當於二億金圓」，照王兪二氏所發表法幣發行數字推算，約爲陸百萬億，與新幣發行額相較，恰等於八月十九日止法幣總數之十倍，這無異政府增發了九倍的通貨，祇是將法幣改稱了金圓券。固然這次發行貳拾億的金圓券，王財長在談話中稱：「以黃金白銀外滙合二億美元及可靠之資產三億美元作準備。」且每圓金圓券法定含金量爲純金零點二二一七公分。但是金圓券除了政府向人民「限期」兌換黃金，白銀與美鈔外，人民是不能向政府兌換金圓的，換句話說金圓券還是一個管理的貨幣。所以金圓券價值的穩定，就不一定取決於準備的有無與成色的多寡了。民國廿四年的法幣政策，規定法幣也有充足的準備及法定的含銀量。可是法幣到今天且宣佈了死刑。所以筆者認爲發行金圓券最大的成就，只是對現行法幣計算單位的重訂，而這重訂的單位，能持續多久呢？政府近日來，不斷的通令全國，一切商品，需穩定在十九日之價格上，違者嚴辦，這無異於過去限價的重演，而數年來，限價政策的成效，我們也就領教得夠了。

現在我們再看幣制改革後，人民的生活究改善了多少，整理財政及加强管制經濟辦法第十九條規定「文武公敎人員之待遇，一律以金圓券支給，其標準以原薪額四十元爲基數，實發金圓券，超過四十元至三百元之部份，按十分之二發給金圓券，超過三百元之部份，一律按十分之一發給金圓券。」依據這辦法的計算，四百元底薪的公教人員可拿壹百零貳圓，二百元底薪的公教人員僅拿七十二元，百元底薪者，僅五十二元。按照八月十九日的上海物價指數，已超過戰前的七百多萬倍，現在以法幣三百萬元折兌金圓券一元，新幣對戰前法幣的比價連五角多不到，即照戰前薪額十足支薪，實際的購買力已打了一個對折，而今政府又按這累減的規定，七折八扣，眞實所得，能夠改善生活，筆者實不願作違心的附和。有人說，這無異凍結生活指數在二百萬倍上，所謂凍結與否，須看今後的物價能不上漲而言，此點姑不置論，我們所奇怪的是政府改善人民生活，爲什麽不能照原底薪十足支給？王財長說：「今後將以金圓券爲唯一通貨，而其最高額爲貳拾億元，與戰前之十四五億元相較，戰前國幣對美元爲三比一，故實際發行額，殆與戰前相等。」發行額既與戰前相等，而薪給不能照戰前十足支給，爲的是政府現在正從事戰爭，想從這基數以外累減的所得，「撙節」下來，作爲軍費的支出，這是很明顯的。換言之，底薪百元之公敎員，如今要向政府捐納四十八元的軍火稅。人民負擔國家的戰爭費用，原是應盡的義務，祇是依這樣的計算，公敎人員的負擔，未免太重了。

綜觀這套改革方案，最爲筆者所詬病的，厥爲金圓券與法幣規定一律爲一對三百萬元的兌換比率，而沒有規定窮人與富人在兌換上有差別待遇。回念蘇聯在一九四七年十二月十四日宣佈幣制改革，其中規定新貨幣兌換舊盧布差別待遇，備受舉世人士贊譽與推頌。辦法的內容爲：「銀行存款在三千盧布以下者，以等值兌換新幣，在三千至一萬盧布間，以其中之三千盧布等值兌換新幣，餘數以三與二之比折換新幣，在一萬盧布以上者其中三千以等值折換新幣，七千以三與二之比折換新幣，其餘部份，以二與一之比折換新幣。」蘇聯政府所以要有這差別兌換的規定，是想使社會財富，分配得再勻均些。蘇聯的社會主義實行得够澈底了，尙想以改革幣制的手段，平均一下社會的財富，而我國從事內外戰爭十有一年，在通貨膨脹下，中下階級，漸趨沒落，豪門資本，則日益膨大，社會財富的發展，形成富與窮的絕端對立。假使政府眞正能爲大衆的窮民設想，實可以蘇聯改革幣制的辦法，作爲借鏡，讓有錢人多捐輸點，但是我們的政府，百般措施，無不爲富人設想，爲豪門打算。假使說政府一切辦法都要適應這階級的利益，而始能實行的話，則我們的政府也就太可憐了。

最後，還值得我們疑慮的是「中華民國人民存放國外外滙資產登記管理辦法」其中大意爲已存放於國外的資產應於年內申請登記，移存於中央銀行或其委託銀行，違反者處以七年以下的有期徒刑。此一辦法的目的，是想徵用國人在外存款，增加外滙的收入，而獲控制之效，法美意善，值得稱頌。可是動用國人在外資金，遠在「重慶政府」時代，參政會早就提出過這「口號」，歷時數年，結果呢？究竟徵到了幾分錢？同時，要動用國人在外的資金，直到現在，政府是否已取得了該國的諒解？允與合作？鑒於過去事實的敎訓，我們實難寄於多少期望。其時政府在訂立這項辦法時，不是沒有這份經驗，現在所以要重申前令如此做者，筆者認為是種「政治姿態」而已。

總之，此次幣制改革的利弊，全盤繫於今後的物價能够穩定與否，假使物價從此就穩定了，其辦法縱有百弊，亦無關宏詣；若物價仍要亂動，則辦法再周詳再嚴密也無濟於事。政府處此時會，也委實太難了，看六月以來的物價漲風，法幣的毛病已入膏肓，若不改革，會立即遭逢到經濟崩潰的厄運！而今不顧一切的為了戡亂而改革幣制，又令人感到「飲酖止渴」之危。這不是我們過於悲觀，實在處今日的環境，與現實的聲勢使人有不能自禁之感。於是我們盼之過切，也就慮之過深了。

八月廿二日於上海

物價與薪工

余才友

政府凍結薪工不外兩個目的：（一）減少國庫支出；（二）穩定物價。但物價與薪工互為因果，互相影響。的確，按照生活指數調整薪工，可以刺激物價。例如上海市政府發表的八月半工人指數三百六十二萬倍，比七月底漲了百分之九十五。當這個指數發表之後，上海的裁縫、泥水木匠和洗染作坊等等工價也跟着漲了百分之九十五。但物價波動對生活指數是唯一的原因，或者說充足條件。這是誰都看得到的事實，用不着多加解釋。所以在物價問題得不到解決的時候，政府貿然凍結薪工是不合理的。雖然政府規定八月十九日的價格為標準限價，以法律強制執行。不過這只能說是理想而已。理想碰到事實會打一個極大的折扣。

物價波動有三個因素：（一）物資供應不能滿足市場的需要；（二）通貨膨脹；（三）商人操縱投機。政府要穩定物價，就要從這三方面着手加以整頓。

繁榮生產是平衡物資供應與市場需要關係的前提。所以目前政府遭遇到的難題，第一個就是生產。看情形，這個難題一時還無法解決。八月十一日上海大公報社論「八方災難復興農村」說：「湖南罹災四十縣，災民八百萬，早稻淹沒，秋收絕望。濱湖二百八十萬畝沃土良田，被潰壞了。福州豪雨，洪水登陸，倒屋五千幢，死人盈千。廣東霪雨加上颱風，淹沒台山開平二縣，新會恩平半淹，禾田萬餘畝陸沉。江西連綿雨水，浣堤破敗，報災四十六縣，為三十年來所未有。安徽安慶下游圩堤潰決，沿江十三縣，被淹土地四十萬畝，災民二十餘萬。浙東蘭谿、富陽、紹興、蕭山各縣農作被颱風襲擊，早稻秋稻都受折損。邊遠的雲南，大雨滂沱，山洪暴發，也有兩縣變成澤國，二十餘縣在鬧水災，哀鴻遍野，哭聲震天。」從這裏，可以知道「災害的嚴重，區域的普遍。」的確「令人驚心怵目」。現在，拋開內戰和其他的因素不談，就因為水災的關係，今年的農事大概沒有豐收的希望。這是說農村。其次看工業界，三十五年秋，筆者在陳達先生指導之下從事上海勞工狀況的調查，從二百四十一家大大小小的工廠，看到了整個上海的不景氣。在這些工廠裏面，有的只能開一季工，停一季工。有的只能開一月工，停一月工。有的只能開一禮拜工，停一禮拜工。甚至有的開工沒有定時，要弄到了一筆資本才開工，否則就停工。這些材料是兩千多家工廠的選樣，整個上海的工業界可以從這裏得到一個大概的結論。筆者這次再到上海，知道兩年前的事實沒有多少改變。光上海一地是這樣，那在「偏枯」政策底下的北方就可以不必談了。再說政府這次發行金圓券，停止通貨膨脹，那今後的財政困難將會要與日俱增，也就是說今後的工貸將會要更加緊縮，所以生產問題在目前顯得特別嚴重。雖然美援和剩餘物資可以應急，但國內廣大的局面已經演變到了「百孔千瘡的地步，有限的二億七千五百萬美援和「二億」剩餘物資恐怕不會收到甚麼效果。根據賴普漢先生在七月二十二日發表的廣播，可以知道，有七千萬的糧食，七千萬的原棉，五千萬的石油，一千三百八十萬的肥料和一千萬的工業配件。以中國面積之大，人口之多，這一批物資說來，是太少的。比如七千萬的原棉一共有三十六萬包，分配給全國的紗廠兩個月就用光了。以國內工資成本如此之高，紗布品質如此之劣，紗布能不能掉換印棉，實在是一個問題。另外美援物資的售款不會和原來的實值相等。比如一長噸米合十六點八擔，成本價值是一百八十二美元。但在中國出售後所得的價款，還不到一百美元。這樣的賠本生意無論如何是作不長久的。因為美援並不完全是贈與性質。至於「二億」剩餘物資本來是TV宋底「德政」。但兩三年來，這一批物資究竟還有些甚麼，究竟還有多少，這樣的問題也許報上的消息解答不了。既然這樣，那物資供應和市場需要的關係不但不會改善，反而會更加惡化。

表面看來，通貨膨脹可因金圓券的發行而終止。因為金圓券有「十足準備」，同時組織了「發行準備監理委員會」，實施發行的監察與檢查，避免了無限制發行的弊端。但實際不會這樣簡單。金圓券政策的成功與否，要看政府財政的收支才能決定。收支預算如果真能接近平衡，那金圓券可以成功。否則，就會要失敗。換句話說，就是通貨膨脹仍然無法避免。那麼政府的財政收支是否可以平衡呢？這個問題可以肯定地回答：不能够。讀者總還記得，政府在八月十二日公佈了一個普通預算。在這個預算裏面，收支完全是平衡的，歲入歲出的總數都是三百二十三萬億。歲入部份，以稅款收入佔第一位，計二百八十五萬億，佔總額百分之八十八。但是讀者得要知道這個預算只是總預算的一部份。另外還有一個特別預算沒有公佈。報紙上的消息告訴我們，特別預算的總數是普通預算的兩倍，就是六百四十六萬億。這裏面最大的一部份當然是軍費。據側面的資料，打一天仗要化兩百多萬美元。那一億二千五百萬美援只要一兩個月就完全化光了。所以的際說來，特別預算比六百四十六萬億的數目要多得多。那政府除增發通貨之外，究竟能夠拿甚麼來彌補這浩大的支出呢。就說目前的情形。政府消息說法幣的總額是兩億金圓券，就是六百億法幣。現在政府發行六千億的金圓券，那無異比原來膨脹了十倍。這無疑地在市場將會要造成一種瘋狂狀態。就假定政府的財政收支能夠平衡，通貨不會再度膨脹，但在目前這個靑黃不接的階段，市場上忽然充滿了這樣多的游資，物價的變動是絕對不能避免的。

商人夾在生產者與消費者之間，純粹是以資本獲取利潤的一種人。通常說來，物價愈不穩定，商人獲利的機會就愈多，而獲利的比例也就愈高，所以在社會關係失去平衡的時候，商人乘機抬高物價可以說是必然的事。再還有一種特殊商人。這種商人與政府權貴有關係，或與外國勢力有往來。他們以雄厚的資本囤集居奇，或買空賣空，敢於在市場興風作浪。在商人裏面，最成問題的，其實就是這種商人。從六月間開始的物價暴漲，就完全是這種商人投機操縱的結果。所以政府要穩定物價，首先要對這種商人加以嚴厲的制裁才對。這裏有一個先決條件必須具備，就是要政府不徇情，不營私。但這說來容易作來難。因爲上面說過，這種商人都直接，或間接地和政府的權貴有關係。一卷八期新路短評「兩件沒有下文底大罪案」說：「第二件是五月十四日天津金融管理局在第二區五馬路山西貿易商行天津分行破獲私營金鈔買賣案，當場查獲美金四千零八百七十一元，金條數百根，及黑賬副賬等七十餘件。該分行經理閻子鳳係某要人之族兄，現已逃逸」。這是據五月十五日華北日報的記載，記者並且下案語說：該案係天津金融管理局成立以來破獲之最大案件。又據同日天津民國日報訊：該公司在津分設有二十八個單位：規模宏大，計劃周詳。金管局對此案曾發表書面報告，詳載該公司經營金鈔黑市的賬目，最後「結論說：綜核該公司違法買賣金鈔，證據確鑿。」核其行爲實係觸犯黃金外滙買賣修正處罰條例第二條之規定。」「黃金外滙黑市案更是離奇，雖然是證據確鑿，觸犯修正處罰條例第二條之規定，何以至今不聞處罰？社會人士當然猜想：這雖是已破之案，卻是不可處罰之案，因爲案中也牽涉到有力量底人物，即所謂同族某要人．他的力量也超過法律的力量。」這是一個最好的例子。政府的管制政策，或者協導政策其所以都不能夠成功，就可以在這裏找到最後的解答。

從上面的分析，可以得到一個眞實的結論，就是今後的物價不會穩定。物價既然不會穩定，那生活指數就應該繼續公佈。雖然按照指數調整薪工不是根本的辦法。但在目前，這又是一個沒有辦法的辦法。

最後有個異常嚴重的問題，就是現行的薪工制度的在太不合理。通常說對社會貢獻大的，待遇要高。貢獻小的，待遇要低。但事實恰恰相反。比如說一個拿四百元（六十七元）底薪的大學教授，按照一百五十萬倍的指數，每月只能拿一億。而一個拿一百元底薪的工廠領班，按照三百六十二萬倍的指數，每月反而能拿三四億。另外對社會貢獻一般大小的，待遇也應該一般大小，但事實也完全不是這樣。比如上海一個報館編輯每月能拿三四億。而北平只能拿三四仟萬。恐怕沒有比這再不合理的事實了。可惜政府沒在趁這次改卑幣制的機會，對現行的薪工制度的行一種澈底的改革。

（三十七年八月二十九日寫於上海）

論人心浮動

袁　方

一

『人心浮動』，在當前混亂的社會裏，是一個最普遍也是最嚴重的現象。一方面是人不安於其位：同時也暴露社會的失其常軌。這現象自然不是正常的局面下所有的，而是變動的社會中所常見的事。

社會變動，本是古今中外的社會不可抵抗的規律，窮則變，變則通，通則久。不變的社會，那是理想，永遠不能實現的烏托邦。可是環顧四周，像我們目前的社會，那種人心惶惶，不可終日，所含的意義，不是尋常的社會變遷所能解釋的，也許只有在「革命社會學」的領域裏找到說明。換句話說：中國是在一個革命的過程！

二

近百年來，我國社會本就在一個變革的行程中。傳統的生活方式，行爲標準，早已開始土崩瓦解；而新的生活理想，在實際的行爲上，還沒有堅強的約束力，也就是說，新的社會制度尚未穩固的建立，在一般人的生活中生根繁榮滋長。新舊之間，方生未死之間，「無政府」狀態，原是難得避免的。這一個的革的過程，用大家熟習的名辭說，「中學爲體，西學爲用」也好，「工業化」也好，「全盤西化」也好，「現代化」也好，甚至「反帝反封建」也好，看法盡管不同，傳統的中國社會，窮則變、則無二致。

蛻變期中的中國社會，時至今日，似已臨到究竟如何改絃易轍的末期。八年抗戰之後，又來內戰的魔鬼，人民在水深火熱裏過日子，既不能休養，又不能建設。若是我們不從早在蛻變中的社會背境去找尋戰亂的根源，而只以爲目前抗隍不安的局面，是由於內戰，那是淺薄的看法。內戰只是結果，不是原因。

我們說內戰的原因要從轉變過程中變社會背境裏去尋找的意思，是說：舊有的社會秩序，已不能約束一般人的行爲，或者說一般人從傳統的制度裏，看不出希望，溫和者提倡改良，激進者主張革命。改良也罷，革命也罷，都在以新的制度，代替舊有的制度。新與舊的對立，理智口舌不能解決紛爭的時候，最後便只有訴諸武力了。

不管是那一種方式的武力，舊社會組織的破壞，像物體落地，最後的速度越快。從表面上看，目前人心浮動，不可終日，好像不過是戰爭下必然的結果。戰爭一定帶來不幸，不足爲奇。那些沙場上的英雄好漢，在「軍事第一」的前提下，以爲許多人叫苦連天，失望，消極，苦悶，甚而自殺，個人的悲愁，都不算什麼。唯軍事論者，也許以爲希望就在戰場上，人心浮動，何足重視。那眞是太膚淺的井底蛙的意見了。

因爲，往底層看：人心浮動實在包含兩種行爲：一是對舊有的完全絕望；一是對舊有的澈底反抗。前者是一種逃難的心情；後者是高漲的革命情緒。一則是消極的，一則是積極的。

就逃難的心情說：當前大多數人的心情，幾乎都是絕望的。卽以對於通貨一項來說，法幣本代表信用，現在一般人，殆全然已對法幣一邊收入，一邊拋棄。法幣的信用完全破產。人們從法幣裏逃出的行爲，不僅是怨恨，還是痛恨。內戰不息，通貨膨脹，過去的天堂生活，現在變成地獄，因之死易活難的自殺，越來越多；行兇搶刼，司空見慣；諸如這些現象，都是絕望的象徵。

本來，大家忍受戰爭的災害，總得有個堂皇的名目，然後也許可以靠此名目希望未來。人原都是靠希望才能安穩的過日子的。若是每個人不知道明天是什麼日子，甚至是末日，恐怕不會有人今晚倒在牀上，安枕無慮。可是當前火藥氣味的籠罩下，除了一些旣得利益者可以把戰爭當作希望外，誰不內心一陣麻亂，手足無措。希望在那裏，人心怎能不浮動？

回想八年抗戰期間，人心浮動，並不少於今日。不過那時的人心浮動，有一個共同的目標：「抗戰必勝」。只要有共同的理想和希望，支撐一般人的行爲，苦是不在乎的，甚至死也是光榮的。可是目前的情形，全然是兩回事了。人心浮動裏，看不出共同的理想與希望。不但沒有共同的理想與希望；而相反是針鋒相對，你死我活，明爭暗鬭的局面。行爲的分歧，每個人大都是以多層人格，甚至是完全矛盾的人格來應付危機的環境，人生活充滿血腥鬬爭的氣氛。希望在那裏，人心又如何不浮動？

正因爲生活之中，失去共同的理想與希望，怎能有一致的行爲來維持一致的標準。道德破產，理性毀滅，社會安得不是糟糕一團，舊有的行爲規律，蕩然不存，人們再也不受原來社會秩序的安排；可是新的行爲標準又未强有力的代之而起。新舊之交，從傳統生活裏逃脫出來的人，浮動的心情是惶惑的也是慘痛的。惶惑的是在要提心吊膽過日子，慘痛的是在要應付瞬息萬變的環局！

逃難的心情是消極的。失望，悲觀，苦悶，感歎，自殺，表面上是人心浮動的現象；實際則代表舊制度崩潰的聲音。

積極的方面便是反抗，也就是革命的情緒。原來，絕望的反面是希望，正如飢餓的反面是反飢餓，迫害的反面是反迫害。因之反絕望的人，不是要求改革，就是澈底打倒舊的建立新的，這種情形，表現在兩代的衝突上，來得格外明顯。

中國的靑年運動，就目前所表現的看來，很可以用來作爲世代之間爭鬬的說明。一方面是肅淸「職業學生」，嚴防「知識濳匪」的壓力，一方面是根絕「法西斯强盜」，「反迫害」，「反飢餓」的行動。威爾遜總統說過：「革命是由於人的專制壓迫。」有專制壓迫的存在，也就有反抗的存在。當前反抗的情緒，日益增長，集體的力量團結靑年像鋼鐵一般堅强，「團結就是力量」，使他們的步調踏得更響；他們的「向太陽」，「向光明自由」大道的信心，又是非常的强烈。馬不停蹄，奔走呼號，又如何能有閒情逸致的工夫，安於其位？人心怎能不浮動？可是這種浮動的心情，代表集體力量的成長，新的生活方式的成長。

三

無論是那一種形式所引起的人心浮動，都說明了一點：就是舊的制度朝向崩潰之路。社會變遷有和平與革命兩種方式，前者例如採取新文化，接收外洋的思想以及生活習慣，使原有的社會，在不知不覺中新陳代謝了，雖然其間也免不了衝突，不過多是「動口不動手」的；至於革命的方式，澈底否定舊的，打倒舊的，例如法國大革命時，中層階級取貴族上層地位替代的時候，階層的解放，常因旣得利益階層死硬的反抗，躍躍欲上的新貴，常要訴諸武力和流血才能達到預期的結果。目前中國，這兩種方式的變遷，都在並行。

社會崩潰，只是舊有的社會秩序，土崩瓦解，旣得利益者隨之倒台，社會文化，制度，並不因此臨到死亡，不過另以一個新姿態出現而已。人原是有惰性的，過慣了一套社會生活的方式，習慣成自然，要改革推翻，大多是不願意或是不習慣。因之常常對於舊有的一套行爲體系，自然流露深深愛好的情感，由此而產生辯護的心情，這是値得原諒與同情的。只是那些死守舊標準不肯放手，也不能絲毫的革，而此標準又不能適用變遷中的環境，這種人不是出於自私，就是出自愚蠢，結果恐怕是與舊的同一命運：塌台。看看歷史，多少社會體系的形式，都不過是歷史上的曇花，發思古之幽情，不能重演歷史。

從舊的蛻變到新的，本是一個艱苦的過程。人類的理智似乎應在這個過程上佔一個不可忽視的地位。憑一時衝動的感情，從事革命也好，建設也好，固甚重要，而理智的行爲，恐怕也是同樣的重要。因爲舊的崩潰易，新的建設難。惟其困難，尤需要智慧的領導。在當前的混亂的環局中，人心浮動，何等嚴重！每個人都似乎應以沉痛的心情面對艱苦的事實：這不僅是舊制度的崩潰，還有新制度的創造與建設！

通訊

天山南北（迪化通訊）

陳執

新疆——這與內地相隔甚遠的西北邊陲，自從去年六月發生一件駭人聽聞的「北塔山事件」以後，直到目前已經平靜一年多了。說起來這種平靜並不是麥斯武德的治績，而是「東土耳其斯坦主義者」養精蓄銳去了，相對而產生的一種結果。

舊事重提

去年五月間，中央發表麥斯武德主新以前，新疆地方人士對「省主席」一職垂涎的人很多，最明顯的是代表伊方的阿合買提江與新疆「社會賢達」鮑爾漢。前者有雄厚的政治資本，他覺得即使得不到「省主席」一職，也決不允許中央把它給予他所反對的人，後者是「社會賢達」，他的政治地位只是靠中央和伊方間的矛盾培養起來的，所以這次仍想在這種矛盾中，輕取「省主席」一職。

但中央所任命的新「省主席」是麥斯武德，而不是阿合買提江與鮑爾漢。因此阿合買提江一怒率領伊方大小官員撤出了迪化。鮑爾漢也鬱鬱地飛往南京去就任國府委員。中央所以冒着伊方的反對而任命麥氏主新，其中確有很大用意。一方面因爲麥斯武德是維族人，麥氏主新中央可以對外表示它已經把新省政權交還「地方人士」；另一方面，麥氏與中央深厚關係與保守的政治態度，可以使中央確信他足以抵禦伊方人士竊權。麥氏主新在形式上是「新疆人自治」，在骨子裏卻是「新疆中央化」。在這一舉兩得便利下，逼走「東土耳其斯坦」運動的領袖，中央也認爲是值得的，至於鮑爾漢，中央知道他的做官慾很大，所以把他內調，授以高官，他自然不會和麥斯武德斤斤較量了。

麥斯武德的政績在那裏？

阿合買提江離開迪化，鮑爾漢飛往南京，麥斯武德從新疆監察使署遷到明園省主席官邸，到現在已經一年多了，他的政績究竟有多少，我們舉不出具體的事實，即使舉出三兩項，也不見得稱得起是「政績」。

麥斯武德體格不太健康，通常一般要務，多由省府秘書長艾沙，或建設廳長伊敏二人代庖，今年五月二十七日麥氏主新一週年紀念時候，「新疆日報」登載了一段歷數麥氏主新政績的消息，大意說：「麥氏主新後，本省人民生活水準已經日漸提高，人民早年都吃黑麵，現在則可以吃白麵了。同時，由於教育文化的推進，人民的知識水準已有相當進步」。但是我們看看實際，的確不敢相信這種報導是正確無訛的。因爲四百萬新疆人之中，生活能達到「吃白麵」水準的，至多只不過十分之二三，哈薩克人中，不能吃飽飯而向富豪借高利貸過活的比比皆是（詳見下節），這便是一個有力的反證。由此一例可以推及其它。

麥氏主新後，維族人的反漢運動仍在暗中進行，其激烈程度雖然沒有伊方鬧得那樣凶，但亦有「星星之火」的後患。新自內地來的新疆學校教授蔡蘊之，曾在報端著文慨乎其言地道出這種事實。而麥氏對這個離心運動卻並不十分注意；他滿以爲多培植些與中央表示好感的維哈族青年幹部就夠了。實際上，這種培育「親漢」人才的措施，只足以增加「反漢」運動的力量，並不能消減那種「離心力」。例如新疆最高學府的新疆學院，一共只有一百多個學生，漢族學生有漢族學生自治會，維族學生自有他們自治分會。同時維族學生中又分「反漢」「親漢」兩大壁壘，暗地時起紛爭。五月間，下野「府委」鮑爾漢從南京回來，就任新疆學院院長之職，據說：中央曾授意鮑氏多對新疆青年「善加訓導」。可是鮑爾漢究竟訓導學生「親漢」，還是「反漢」，還是「親鮑爾漢」，那就不得而知了。

南疆豐登可卜・北疆遍地蝗災

提到新疆人的生活，其間差別非常懸殊。如果以階層分，少數「巴依」（即富豪）生活之奢侈和內地大亨所享受的相差無幾。而北疆一般窮苦的老百姓（內包括哥薩克人和蒙古人）連衣食都無法得到一個最低限度的滿足。這種貧富不均的現象在哈族中最爲顯著。「巴依」們專放高利貸，他們的財富便是靠這一道而越積越多的。貧民們向「巴依」告貸需要把牛、羊、馬、駱駝作抵押；在北疆有些偏僻地方，甚至用漂亮的女孩子充作抵押品，在這種半封建經濟制度下，「巴依」們實際掌握着全省的經濟命脈。

如果按照地域分，北疆人比較清苦，南疆人則較富裕。如以今年南北疆的實際情形講，這種對照更來得顯著。南疆的田禾今年長得很好，豐收已可預卜。八月初阿克蘇、庫蘇等地的糧價因之大跌。阿克蘇的小麥賤到七十萬元（省幣）一石，多少日沒有波動。所以越過天山，從馬耆經塔里木盆地，一直到和闐，無論你從大城到小鎮，很少看到有乞食化子的蹤影。

卻看北疆！從今年五月到目前，北疆各地大鬧蝗災，被災區域又空前遼闊，從迪化周邊的乾德、昌吉、阜康，東經吐魯番，鄯善到哈密，這一帶完全在蝗災威脅之下，當五月間蝗虫剛在乾德一帶發現的時候，西北行轅主任張治中將軍（現改稱西北軍政長官），就向南京拍電，請撥殺蝗藥品及器械來新。不料中央覆電稱：新疆與內地「交通不便」，藥品器械不克運新。張主任在無可奈何下只得電令新省建設廳先用舊法捕捉（所謂舊法只是網羅和火燒），新省府獲電後，立即派遣了兩名督導大員率領二十餘技術人員，先赴迪化周邊蝗區捕捉。當時動員了二千民夫和兩連駐軍在乾德、昌吉等地的七千多畝農田上捕起來。

六月間蝗陣漸漸向東飛去，沿途的麥穗隨着它們的蹤影就光了。七月初，蝗虫襲到了吐魯番，勝金口和土頭溝一帶。吐魯番縣政府防範較早，並諭令蝗區轄民每人每日必須撲殺蝗虫兩斤交上。在羣策羣力下，吐魯番的捕蝗工作，收到了一些效果，半個月中，一共燒去八千三百斤死蝗虫。目前只有木頭溝尚在蝗災威脅之下。

今年北疆遭到無端的蝗災，農民的身上又增加了一筆無名的負擔。有的地方農民忍痛把半熟的麥子就割了下來。至於那些蝗虫未曾光臨的麥作區，的確沒有多少。農民們對蝗災只有怨「天」，他們沒有想到這是政府「人謀不臧」的結果。

省幣・法幣・金圓券

新疆通用的貨幣是「省幣」（本地人多稱「省幣」內地人稱它爲「新幣」）。它是「新疆商業銀行」發行的，新疆商業銀行，實際上是省銀行，「商業」只是名稱而已。遠在盛世才統治新疆時代，他一方控制了這所省銀行，另一方面從美國購置了兩架印鈔機，收白銀，發行紙幣。「省幣」就是這樣誕生的。不過因爲「新疆商業銀行」白銀及黃金準備很充足，所以「省幣」的幣值一向尚稱穩定。

盛世才離開新疆，在「新疆中央化」的百般措施下，法幣也隨着中央大員打進了新疆。吳忠信主新時代，迪化市上，有印製粗糙一面漢文一面維文的「省幣」和印刷精緻的法幣，一併流通。當時中央也有收囘「省幣」的打算，不過新省地方人士多持反對意見。中央看看如果一意孤行勢將產生不良反響，遂在「扶助邊疆經濟」漂亮口號下，定出一個「一比五」的法定比價，准許二者同時使用。可是迪化區和北疆所使用的仍舊是「省幣」，法幣只在南疆一帶有點天下。

抗戰期間，法幣一天比一天膨脹，幣值漸漸地低下去。由於「一比五」的法定比率不肯變更，「省幣」也隨着貶值了。所以新疆的物價除了本省自給自足的糧食比內地低以外，那些靠內地輸入的日用品，價格却比沿海各省高得很多，這可以說是「省幣」受了法幣的累。「東土耳其斯坦主義者」便常用這個題目攻擊漢人對新疆的「苛政」。

八月二十日，中央頒佈經濟緊急處分令，實行幣制改革後，新疆各地的物價突然猛漲起來。這種情形恐怕是內地所沒有的。二十二日迪化「新疆日報」社評便以「認識省幣價值」爲題，提到這點說：「……幣值全面改革以後，全國各市場如上海、杭州、蘭州、太原的反應都平靜良好，物價且開始下跌。奇怪得很，本市的物價反形波動，如紙烟布疋之類，價格漲得很高。我們對這一現象，眞是無從索解……。」實際上這一現象很容易解答，第一，新疆人已經吃飽了法幣膨脹的虧，他們深信「金圓券」和法幣是一樣的東西，與其拿「省幣」折成法幣，再去換「金圓券」，不如多換進一些物資，來得妥當，第二，「金圓券發行辦法」中規定着「台灣幣與新疆幣之處理辦法」，由行政院另定之。」新疆人看到這種不明不白的條款，更增加了疑慮。因爲他們已經受過了「扶助邊疆經濟」德政的教訓，不願再去等待那嘉惠邊疆的「處理辦法」了。新疆人對中央的措施不相信已經超過了內地同胞，的確是一件不可漠視的事實。

同時，在幣制改革項目下，有一點是新疆人願意遵行的，那就是「國行」收兌黃金。大家都知道新省產金最多，所以價格一向不太高。這次政府公佈以金圓券二百圓一兩收兌黃金，核算起來，已經遠超了本省的金價。所以從二十二日以來，本市中央銀行門前，終日圍滿了兌換黃金的市民。同時有些富豪派人到南疆去收買黃金，準備兌給「國行」，因爲這是一件空前未有的好生意。

「金圓券」二十八日才由空運駕臨本省。「國行」和「新疆商業銀行」付款時已經以它代替省幣和法幣。不過對收兌黃金一點，「國行」竟稱「鑑定金銀成色手續準備未妥」，目前暫不收兌。這又使新疆人懷疑到「收兌金銀」或在新疆也要「另定辦法」罷！

（八月三十日）

中緬邊境勘界側聞（昆明通訊）

慧君

一、六十年的舊賬

中緬邊界的糾紛自晚淸以來就沒有澈底解決過。一八八五年（光緒十一年），英國乘中法戰爭烽火延燒中南半島之際，藉口保僑，一口吞下緬甸。淸政府當時自顧不暇，竟不敢過問。次年訂中英緬條約，緬甸於是淪亡給英帝國，而中緬邊界糾紛，遂起。

六十年的舊賬無法淸算，破落戶的中國在隱忍退讓之下維持着中英的「友誼」民國三十年六月，東南亞戰局開展，中英已成爲一家人，因此在戰時的友好空氣之下，雙方換文議定中緬南段疆界，使南定河（一名南丁河）以南到南卡江一段的爭執暫時得以解決，但界椿尙未勘立。至於南定河以北到尖高山（在滇西騰衝之西北）長達六二〇公里的一段，雖早在民元前十五年到十三年間，已由中英二國先後派員按照一八九七年（民元前十五年）中緬條約附款第一、二、三條之規定而予以劃定，然我國政府始終未曾派員前往作實地的測勘。直到勝利以後，緬甸宣告獨立，中緬疆界糾紛有如治絲益棼，緬政府發言人對我收回江心坡與戶拱區的企圖竟表示不惜以流血相對抗，強橫暴戾，不亞於貪慾無饜的大英帝國，因此我國政府益懷戒心，內政部乃於去年十二月有滇西疆界勘測隊的派出。該隊在隊長傅角今氏（內政部方域司司長）率領之下，於去年底飛昆明，轉赴滇西去實地勘測尖高山至南定河間長達六二〇公里之一段已定國界。

二、勘測工作

由南京飛到昆明以後，在昆着手籌備，然後出發到測勘的前哨保山洽購伕馬，添辦藥品器材，商請衞護。諸事停當以後，時已本年一月下旬，乃由保山分爲兩小隊開始測勘工作。第一分隊由南而北，由分隊長符冰淳率領，測勘由南定河到瑞麗的一段；第二分隊由北而南，分隊長爲黃白銳，負責測勘由尖高山至瑞麗的一段。兩分隊分別由大水井的九十六號界椿（南界）及高良貢棰口三十七號界椿（北界）兩處起勘，足足在野地裏工作了五個整月。至六月下旬，兩隊會合於瑞麗附近，全部初測工作遂告完成。

兩分隊所勘測的地方，多是滇邊崇山峻嶺人跡罕到之所，瘴癘爲患，蚊蚋侵擾，亞熱帶的濕熱悶蒸的氣候，外地人士多受不住；加之邊地居民稀少，且多屬夷族，像山頭人、擺夷、苗人、蒲蠻、儸儸、喀領人等，種族極複雜，或以言語不通，或以民性凶野好殺，隊員們乾脆不敢領敎，所以勘測及訪問工作，頗受影響；尤其給養困難，食物屢感缺乏，如尖高山、大水井、打雪山等地，米糧須由百里外的地方採買，再經過崎嶇難行的山道運去。在這種困難環境之下，兩分隊完成了如下的工作：勘定舊界椿一百三十五座，實測量椿圖一百三十五幅，攝取實地照片二千餘張，矯正舊有該地疆界地圖的錯誤，詳實記錄各界椿的所在地點、拔海高度、建立年月、種類形狀、損毀程度、以及其附近地方情況等。

三、邊境見聞

「百聞不如一見」，中緬邊境的民情鄉隱是中國政治成績的一張分數單。分隊人員走到了疆界上，就放眼看疆界的兩方；那是不同的兩個世界：一方是安靜的田園和村莊，活動着一些紅光滿面的健康活潑的面孔；一方是殘破的莊寨和飢餓兇暴的人羣，面孔蒼白而陰沉。

政府如果不是遺忘了邊疆，便是邊疆忘記了政府。邊民們在自生自滅的寂靜中，度着靠天過活的日子。除了抽丁上稅以外，鄉村中不見有官家的影響。勘測隊的到來，倒是給死水中漾起一些微波。瑞麗、芒市的邊民帶着驚奇的眼光近接這些奇裝異服的「客佬」，起初害怕他們是爲抓丁而來的大員，後來又懷疑是給田地上畝稅的「財官」，及至明白了給邊民爭囘疆域失地的來意以後，便以毫無矜持保留的熱誠接待這批不遠千里而來的遠客，並事事予以協助。夷胞因受當地漢人的影響，也對勘測隊表示親善，雖然實際上所能給予他們的協助並不多。

邊民窮苦已極，窮相之一是：十四歲大姑娘的下衣破洞累累，連肢體都裸露出來。男孩子乾脆沒有衣服可穿，一塊破布圍着腰間。普通人家一日兩頓多不能維持，生活在飢餓裏。吸食鴉片者很普遍，百年來的餘毒滋生蔓延，與飢餓狠狽爲好，把邊民逼上死路。其中慓悍之徒，不顧活着等死，於是各尋生路，有加入匪軍在滇西遊擊者，也有偷運罌粟販賣牟利者，更有離開這晦氣的國境，往緬境謀生者。由於烟毒未除，鮮紅的罌粟花開遍了滇邊僻靜的原野。禁政口號空喊了這麼多年，眞是空洞得好笑。教會力量，在這政治眞空的地帶，勢力特別強大，邊民對於神父的信仰，高過縣長千萬倍。一位瑞麗附近的邊民說：「高鼻子比塌鼻子為人厚道：高鼻子給人治病，塌鼻子只曉得刮皮。」

滇緬之戰已成陳跡，西南大動脈的滇緬鐵路土工方告完成，橋樑涵洞也多砌畢，但堆積如山的枕木，在陰雨連朝之下已大量腐爛。史迪威公路當年是流血流汗用性命打出來的，如今卻「古道斜陽」，一付悽涼景象。中印油管也已棄廢在亂山叢中，與春花秋草同腐。史迪威將軍地下有靈，不知要如何感慨哩。

由於滇西氣候太劣：瘴厲漫天，疫病流行，森林遍野，多未開伐，蚊蚋和毒蟲隨時侵襲旅客，所以勘測隊的工作人員，每天將塗抹「蚊油」，才敢出入叢林。交通不便與山川奇險，使他們宿無定所，走到那兒便安息在那兒。晚上為着防備野獸的侵擾，他們多劈竹插地，竹端削尖向外伸出，作為抵禦的障礙物。另外輪流派人值夜，守住燒燃的火光，徹夜不絕。

除野獸外；野人也很可怕。例如山頭人的幽靈故事，震人心弦。大家都相信：山頭人的家裏，高懸人頭，以其人頭的多少，決定這一家的勢力和威風。幸好勘測隊並未遇到這些野人的暴行，然而邊疆的熱風，卻給人以可怖的印象。

四、兩個未決問題

中緬邊界糾紛，經過這次勘測以後，尖高山至南定河一段，因我方已經明瞭邊情，問題自易得到合理解決，但除此之外懸而未決的問題還有兩個，請國人加以注意：

（一）由南定河起至南卡江止的南段界線，雖已經民國三十六年中英雙方換文決定，但界樁尚未樹立。在此擴張氣氛濃厚，正值英倫多事之秋，後患未已，國人應不能忽視。

（二）尖高山以北一段，始終仍是未定界。民前十八年（一八九四）中英續議界務條約第四條中曾明白規定：「北緯二十五度三十五分以北一段邊界，俟將來查明該處情形，由該兩方再定界線。」然當時英人恃強，不依條約規定，即強行侵入，以武力強佔片馬，進據江心坡，並沿高黎貢山私立界樁，囊括野人山一帶而去，懸案至今未解。

八月秋風話川防

（重慶通訊）

竹風

川省立秋以來，密雲不雨，京滬間謠言一日數傳，流言似火，人心浮亂，兼以經濟措施緊急處分令頒佈，今後時局，益呈陰鬱不開，川東襄、樊、老河口等地相繼撤守，共軍雖不致直叩省門，而「渡江走廊」為彼所必窺，川省當局，省參議會，重慶綏署對禦匪於川外雖仍具信心，但川防空虛，大巴山糧少丁缺，各方一致向中央告急，救兵救火，戍衛邊圉。向稱「天府之國」的西蜀，已微聞鼙鼓頻傳，勢成動盪。

由川省防務看川陝甘邊區綏靖公署，數月以前，中央即已任命川中宿將鄧錫侯，為主任，鄧氏於去職川省主席以後，在京曾數函川中父老及省參議會，對其主持省務以來頗多自告之詞，言外之意，有機會當再為桑梓效命，鄧氏以川康綏署下合復就川陝甘綏署重任，以蜀中僅存之諸將論，中央對鄧氏之任命，可謂得人，惟任命已發出數月，綏署僅具形式而無靈魂，其中原因足與外人道者，在軍權之統一指揮，兵糧源之缺乏及省內黨政軍之配合諸問題，綏署先以設署地址發難，漢中，廣元、執優執劣，曾展開一場辯論，結果大部人士主張綏署設在漢中，鄧氏却意在廣元、關於軍政之配合問題，鄧錫侯返川時，中央復任命其兼重慶綏靖公署副主任，此舉固在求得鄧氏在軍政上之權力，以為如此鄧即就任川陝甘邊區綏署軍職不辭，殊知彼於同蓉養痾之後，即深居簡出。襄樊失守，川省參議會及成都各民眾團體曾於八月十日舉行各界民眾歡送鄧錫侯將軍赴任大會，成都市府且撥墊舉辦經費，殊知鄧氏於九日即發表談話，「因病不擬參加，表示歉意」，此中文章，由川、康、渝國代立監委七月二十五日在省之聯合茶會，上呈總統府及行政院電可見，原電云：「中央既已任命鄧錫侯為川陝甘邊區綏署主任，坐鎮漢中，為四川把守西北門戶，可謂知人善任，除請鄧氏加意攝調，早日康復赴任外，惟查該署防線千餘里，所轄部隊，僅黃隱一師，且該師楊旅，早已奉調陝西剿匪，傷亡過半，迄今猶未補充，謝旅除一團擔任成都警備勤務外，一團駐防廣元、尚未領到武器，……」該電復請國防部迅速配發該師武器，增強戰鬥力量，並將七十九師（民方靖師）及羅廣文部隊撥歸指揮。成都的民衆歡送大會是八月十日舉行的，鄧氏於二十日仍遲遲未離蓉赴任，足見電請撥歸之各師部隊尚未舉旗，而去年即已開始趕築的大巴山防線，綿延達二千華里，西北自平武、江油、劍閣、昭化、閬中、巴州、而東至通江、宣漢、城口、巫溪等十餘縣，防區內地瘠民貧，居民大多衣不蔽體，食不果腹，部隊所需鹽，米械彈，均賴川東及成都供應，給養如此困難，僅有的黃隱一師亦已不敷調配，誰知又東調一旅西調一團，落得此一巍峨之川西北門戶竟止寥寥千餘人把守，曾經喧囂一時的大巴山區將成立機動總隊，曾約兩師兵力以萬縣梁山為空軍基地。大巴山的情報網已積極設立，由中央負擔架設鄉村電話及設立電台費用。又由川公路局，漏夜趕修公路，成立川北設防區公路局辦事處等項，但均未能預期設置，大巴山防區之空虛，令人焦灼，禦匪於川外的口號聲入雲霄，但看近月來的「趕築」和人事上的齟齬，設防猶如蝸步爬牆，任鄧錫侯具萬夫之勇，也不敢輕於「拜將受封」了。

川省本年度征丁數額為十一萬五千人，「征」丁的花樣，比之抗戰時期，日新月異，各縣為壯丁而發生的案件一日數起，最多的是騙賣，拐逃和挾嫌陷害者，白居易筆下的折臂翁慘劇在各地翻演着，但在東拉西湊下總算將這數目掃解，全部撥交部隊二十處，分發羅廣文部一萬五千人，方靖師七千五百人等部隊，川、康、渝國代立監委的主張是：「使四川之壯丁，守四川之防務。」故擬請將上項之十一萬五千人中，交由羅廣文督訓者，盡先補充鄧兩師。目前羅之訓練部設萬縣，訓練情形尚屬良好，但「川人防川」之擬議，是否可能？頗難逆料。

緊接征丁而來者，為四川民眾組訓，川省主席王陵基上台以後，關於組訓問題，發表意見甚多，最要者王氏想以其過去辦團防的方法，再將「三三制」還魂，預計全川除十一萬五千壯丁另外將徵調一百八十萬人，省府又將「保安團」擴充至十六個團，先增設三保安旅。全川各縣市民衆組訓隊統限於八月底前成立，重慶市民衆組訓隊已在二十日成立，由楊森市長任總隊長，各區長任大隊長，保長任中隊長，全市徵調受訓的人數為八萬人，標準是「適齡」之青年，預計受訓三個月，但由民衆組訓又發生兩項問題一是經費的籌措，一是械彈的配備。經費照三三制的籌措是每甲三百萬，全川一萬八千億元，金圓券發行以後，也須六百萬元，這筆龐大的經費，人民負擔，可以說是骨裏抽油。關於械彈的配給，全川現有的極少數兵力，亦已配備不全，川西各地時有匪徒劫場，民丁警察因放槍無彈，或槍機不靈者，常棄械而逃，如將來一百八十萬的地方部隊成立所需的械彈更多，川省當局擬請就在川兵工廠，每月所出械彈，酌撥五分之一，配發各縣，作為民衆自衛武力之用。重慶的組訓工作，雷大雨小，械彈不全，總不能讓參加受訓的人用童軍棍做姿式，重慶如此，其他各縣又何獨不然，組訓工作是具文，三三制的時代已經成過去。

最近川省報紙又都熱中於大巴山防區的公路建設，每天用大的篇幅報道，達廣、（達縣至廣元），成巴（成都至巴中），漢源等公路的趕修，各線土石方工程多已完十分之八者，每段抽調民工將近萬人，本年度下半年川省為防務更將徵調民工五百萬人，搶修碉堡，塹壕，架設電訊，修築公路，川防經費更由省行墊付六、百億元，全川陷於備戰狀態，但看省參議會八月十一日的駐會例會決議案：

（一）加強宜昌方面守衛力量，並派大員坐鎮，川東守兵勿外調。

（二）加強地方綏靖部隊防禦力量，留川禦匪。

（三）請調撥三十九師黃隱一旅，重加補充，調往陝南應調回歸還建制。

（四）羅廣文部應給予番號，指定戍地。

（五）充實地方武力，在舊制五道中各設修械廠一所，大縣應撥給二百枝槍，中小縣發給一百五十枝，設防區縣各照大縣配給，每槍給彈二三萬發，每縣配手榴彈二三萬顆。

（六）經濟方面：川鹽八千萬擔，每擔附加之十萬元，用作川省設防。

讀罷省參會之各項意見，川局日急，備戰緊張，展望大巴山脈防區，葱蔭隆茂，漸入秋涼，時值明月銀輝，殺聲漸近，然而川防空虛紛亂，一如葛蔴待理，百端興廢，在此八月！

台糖的紐結（台北通訊）

志家

「漫訝飛霜暑路中，舳艫貨殖倍三農
海東千畝饒甘蔗，何啻人間千戶封」
——清朱仕玠詩

繁榮一瞥

沒有到過台灣的人，一提到台灣，便會聯想到「台灣糖」。誠然，要是你單在基隆或是台北盤桓幾天，你會因接觸不到糖的心臟，嗅不到糖的氣息而驚訝，連像樣的糖行——像上海五馬路那一帶的——也找不到一家。但是如果你搭車南下，過了台中，你就會發現一片彌望無際的蔗田，呈現在眼前。聳空的是糖廠的烟突，蠕動的是糖廠的火車，這景像一路伸展，差不多要到島的盡頭，到這裏你才恍然於台灣糖的名不虛傳！

且慢追溯到「最盛時期」，就拿瘡痍初復的現狀來說，台灣銀行三分之二的法幣頭寸，是依賴台糖在滬的售款收入。招商局的船隻，以裁運台糖為重要營業。維繫着上海和基隆間的交通的中興輪，也靠台糖的運費來維持。去年冬季預定向農民收買甘蔗用的資金是台幣二百五十億元，這數目遠超過了當時的台幣發行額一百八十億元。幾家銀行為了分發這款項，紛紛在各地成立分支機構，規模最大的工商銀行還定造了數十輛「流動銀行車」，巡迴農村。

控制着台糖產銷的台灣糖業公司，在全國公營事業中也是規模龐大的組織。它有三十五個新式的糖廠，這些糖廠全部開工的時候，每天可以吞下六萬噸重的甘蔗，製成六千餘噸的糖。它附設十五個酒精工場，每年產酒精五百萬加侖，（明年預定為一千萬加侖），占全國酒精產量的十分之八。全公司職員六千，工人二萬，單單薪津，每個月就要台幣十五億。它擁有十二萬公頃（一百八十萬市畝）的土地，占全台灣耕地面積七分之一。又有三千多公里長的鐵道，這長度等於京滬，北寧，浙贛，粵漢，各路的總和。目下每年經常種植着十二萬公頃的甘蔗，靠着甘蔗為生的農戶約計十二萬戶，三十萬人。

看了上面的這些數字，你或者會震駭於台糖的繁榮，眩惑於台糖的偉大。但是，且慢，自從光復以來，台糖老在「內外交迫」的危險狀態中。由於事業規模宏大，關係的方面太多，自接收以至於糖公司成立，至於現在，它始終在應付這件事，應付那件事，從沒有定過神。工作人員是一批烏合之衆，管理上相當鬆懈，不合理的地方很多。這些都有它自然的演變經過，正需要大刀闊斧的清理和整頓。可是最危險的還在外來的壓力，下面就是幾個重要的問題。

赤糖的威脅

首先該提出的是赤糖業的威脅。赤糖業就是民營的舊式糖廠，只能產製赤糖。在日人開創台灣新式糖廠的當時，就曾遭受赤糖廠頑強的反抗。於是當局就用政治的力量，來規定一項奠定台灣糖業基礎的重要措施——原料採取區域制度。那就是每一個新式糖廠成立的時候，由政府給予它一個「勢力範圍」，在這個範圍之內所產的甘蔗，只許賣給這個指定的糖廠，既不許搬出，也不能自行製糖。而糖廠對於這個區域，也有收買甘蔗，發展水利，改善農作，維持交通等等的義務。在這種情形下，當新式糖廠網逐步建立的時候，所有生產旺盛交通便利條件優良的地區，都成了新式糖廠的天下。民營糖廠只能退縮到荒僻的山區和貧瘠的土地上，其式微是不用說的。光復以後，一些土著資本家們出頭了，由於砂糖的厚利，他們紛紛籌設赤糖廠，第一件大事當然是要求開放原料採取區域。他們宣稱這是日人摧殘鄉土工業獨佔企業利潤的一種手段。以省和各縣市的參議會為大本營，呼籲，陳情，請願，在當局的撫綏政策下，一部份的原料區開放了。若干新式糖廠的「勢力範圍」縮小，生存受到威脅。赤糖業較之日人時代大見活躍，赤糖廠已由二十六所增加到六十六所，產量也增加了五、六倍。但是，赤糖業的要求開放原料區，還是方興未艾！

土地的分割

原料區域內的甘蔗固然祇能賣給糖廠，但是區域內種不種甘蔗，却是農民的自由。甘蔗之於糖廠有如米糧之於人類。為了確保甘蔗的供應以維持糖廠的生存起見，日人時代糖廠都儘量的擴充私有土地，有的收買，有的開墾，有的由政府撥給。台糖公司接收的這一類土地總數達十二萬公頃，其中有二萬三千公頃是建築，水利，鐵道等用地，和不能耕種的土地。餘下的九萬餘公頃中，有五萬四千公頃是糖廠的「自營農場」。台灣一般田地都是一年輪作的，所以五萬多公頃土地每年種甘蔗的不過二萬公頃，自營農場不僅收穫成績較優，最要緊的是糖廠可以直接控制，在任何情形下不會不種甘蔗，而且肥料不會移用，甘蔗不會偷賣，製成的糖全部屬諸糖廠，這於糖廠的利益，自然是極大的。

光復以後，人民的要求，政府的決策，「耕者有其田」的呼聲，甚囂塵上。擁有偌大土地的大地主台糖公司自是注目的對象。折衡結果，一萬三千五百公頃奉送給省政府，四萬二千七百公頃放租給農民，雖然規定組織合作農場，專營甘蔗，事實上控制權已大打折扣。台糖保留土地除了不能耕種的以外，用作自營農場的土地不過四萬公頃，但賸下來的土地還是大有問題。原來這些土地中有半數以上，在投降和接收的過渡時期，因為糖廠停頓，管理無人，被農民霸耕了的，現在佔住了要求放租。前幾天農民和參議員聯合請願，喧嚷一時。這樣一再分割，台糖的自營農場，會減少到只賸一、二萬公頃。這在台糖的業務上，也該是一個重大的打擊！

糖米之爭

糖米被稱爲台灣經濟的兩大支柱，但稻蔗却是兩種相尅的作物。這兩種作物相尅最顯著的地方是台灣中部一帶。原來台灣的南部多半是旱田和「看天田」，給水困難，不宜種稻，種蔗就不成問題。中部一帶盡是水田的兩期作田和單期作田。兩期作田每年可以收兩次稻，甘蔗的收獲期却需一年半，不種稻而種蔗，自然容易引起閒話。目下台中一帶可以種稻，但現在種稻的田地，每年僅有二萬公頃左右。於是廢蔗種稻的呼聲，隨之而起，主張最力的，是省府的糧食局，以「適地適種」爲口號，以爲適於種稻的田不應該種甘蔗，台糖公司則以爲種那一種作物應該由農民根據經濟利益來權衡，政府不應該干涉。目下以每公頃產蔗四萬公斤計，可分得砂糖二千公斤，時值台幣一百二十餘萬元，比較三冬種稻的收獲利潤可達二倍，農民自然樂於種蔗。其實所謂「適地」也大可研究。甘蔗和稻一樣的需要灌溉水，不過前者較少，後者較多。一些土地起先因爲缺乏水源，既不適種蔗，更不適種稻，都是糖廠投資去興修水利的，現在水利修成了，稻和蔗都可以種了，「適地主義」的口號却跟着喊出了。另外據說還有一個理論，是米糧可以內銷，增加台省的法幣頭寸，不致像外銷砂糖那樣對台灣毫無補益。

蔗農的呼聲

最後要提到的是：蔗農與糖廠間的鴻溝，糖廠雖有不少自營農場，但是大部份的甘蔗還是向農民收買而來，收買的辦法，在日人時代是採取以米價計算蔗價的辦法，農民繳多少斤甘蔗就拿多少錢，光復以後，大家認爲這樣使蔗民永遠處於原料生產者的地位，分沾不到企業的利潤，於是改用了「分糖法」。分糖法的要義是甘蔗製成糖後，依照比例由糖廠和蔗農分攤，現在的比例是五〇比五〇，即是大家一半，折款提糖聽農民自便。農民可以在規定期間照台糖牌價賣給糖廠。問題就發生在這裏，照牌價出賣吧，農民認爲糖要繼續漲價的，賣了一定吃虧。不出賣吧，這一大批糖存到那裏去，放在家裏是要溶化的，況且這筆鉅大的運費和稅款，從何籌付！農民總認爲糖公司剝削了他們，可是他們植蔗的肥料蔗苗和資金，差不多是由公司全部貸給，同時是在公司，願意吃虧的原則下折糖扣回的。提起肥料，最近台糖公司和各方商訂了一個以砂糖折還肥料的辦法，貸出肥料一公斤，產糖時扣還砂糖〇，九公斤，辦法發表後，農民們的反應來了，說這個折合率太高，是剝削農民，幾度交涉，台糖公司只得答應將扣糖減爲〇·六公斤。但同時省政府發給赤糖業的肥料，也是還砂糖的，繳還的比例是肥料一公斤，還赤糖一·一五公斤，拿赤糖和白糖價格來換算，這比例比台糖公司訂的要高出許多，但是赤糖業却沒有講過一句吃虧的話，「奉命辦理」而已。從這裏也可以看出一些台糖的處境。此外問題尙多，如農民要求六四分糖，農民要求得六成，要求副產品分攤，凡可以做要求題目的，就是陳情，請願，似乎糖公司應當儘量虧本來增加農民的利益。

紐結需要解除

記者報導上列的一些事實，目的是在指出今日台糖的處境，是在一個矛盾的紐結上。赤糖業的發展，土地的放佃，米的增產，蔗農的利益，這些都是有它正當理由而不容否定的，但和台糖的生存發生相尅，發生牴觸。台糖的開始就是在這個矛盾的紐結上掙扎着，顧了這邊就顧不得那邊。經過日本人不可爲而爲的硬幹作風，台糖也曾有過煇煌的時期，紐結雖沒有完全解開，却輕鬆了許多。現在又緊緊的拉上了。今後，如何去解除這兩紐結，是政府當局的責任。政府應確定決策，要糖還是要米！決策定了，省方與中央要在同一步伐上大步邁進。台糖是在危險的時期中，難道就聽它解體嗎！

車上

蕭輝楷

星期六上午出城的校車並不擁擠，湘和淳很容易地就找到了一排座位，靠着窗。他們看得見慢慢移向後面的故宮的城牆；車子開動了。

湘和淳來到北平一年多，兩個冬天和一個春天（假如北平有春天的話）都是在城裏度過的。他們錯過了冬天郊外的皓皓雪林，也沒有領略清華園和燕園裏的錦城花幛，讓記憶裏只保留住北國三月的風沙。現在，冬天算是過去了，春天却還沒有來，他們在這個季節的間隙裏到郊外去玩玩，多少有點聊以解嘲的意味。

車子在坦平柏油路上馴順地滑動着，隔窗望得見景山上面光禿禿的樹，枝芽上也許纔茁出蓓蕾；再過去，北海仍鋪着未解凍的冰；天是一片鉛灰色。尋春委實是太早了一點兒。但湘的心裏却浮漾着一種春日遊絲般的欣悅。

「三月桃花逐水流」，湘不知怎麼想到了這句詩。回憶輕烟似地團團拂過又散開；他想到了他底家鄉的春天，各式各樣風箏，在雲淡風輕的空中飄揚，甘蔗，墳頭的紙花，渾濁的「桃花水」，完全東方情調的「遊園會」他想到了山城那個中學校的魚池，那裏藏他三載韶光殘燼的地方。柳條應已濺上嫩綠，桃樹和李樹許也含苞欲放了。池水正不斷地渙着漪漣，把菁山的青翠搖動個不住。那裏，陽光溫暖而柔和，人面都顯得十分紅潤。纔二月呵，湘底家鄉的春比江南來得還早！

湘的腦中依稀浮起了許多面影，這些都是他在春天，在那個魚池邊的柳樹下桃樹下常常碰見的。面影的主人們早已風流雲散了，徼幸坐在他身旁的淳和他正打算去找的芹還是那些面影主人裏的兩員。淳已是老相識，芹和他在中學裏原不認識，畢業後又是兩年半的天各一方，要不是勝利後兩個學校都復員到北平來，他們恐怕一生也見不着呢。但現在他們却相處得那麼近，變得這麼熟悉，親暱到他無時不想去看看她——想去看她，心裏却又帶點畏怯的成分。

湘忽然覺得這未免有點可笑，他轉過頭去望望身邊的淳，看淳是否窺破了他情感中這點「祕密」。沒有什麼。淳的臉平靜得深秋池水一般，他心裏現在是否也像深秋池水的澄瀅或是依然有些年青人雜亂的聯想？淳的臉上向來是平靜的，那是一個農村，一個情願與草木同生鹿豕同遊的隱士們悄悄建起的農村底縮影。他的平靜近似對人生擾擾的某種悲憫，又像是一種哲人最高境界的嘲笑。這神情不免常常使湘覺得不安。他要報復，要抓住淳的想思，改造牠，檢討牠，甚至于有意觸犯牠。淳究竟在想些什麼？他從東安市場裏買來的那些牛津版本的小書？衣修午德和撒松底透明的風格？他班上那些千巖競秀乘運躍鱗的犖犖羣才？快要上演的戰地鐘聲？東北之戰和岌岌不可終日的華北局勢？學校南遷的謠言？他聽到不下數十萬字的可笑可憐的戀愛心理？他的家？他死去了的母親？呵，他的母親也過去了！湘的心底浸漬上來一層迷惘。頻年的漂泊、困厄，湘早已學會了把臨時落脚的地方看成家，企圖在天地間獨往獨來的了。但這時節，却忽然感到一陣寂寞，臉上不自覺浮着一個勉強的微笑。

窗子外，赤裸着的土黃色的田野正大片大片地掠過。已經出了西直門了；車子正用三十邁速度疾馳而前。

湘似乎覺着一陣寒冷，他的意識透過車窗，現在在野地裏面徘徊了。沒有人。赤黃色的大地伸展到天邊，北風在吹，湖冰緊凍着，冰面滿是疙瘩和皺紋，如同一個老水手蹙着眉頭的寬臉；大地死死的，地面還沒有一絲綠意，到處是積雪堅冰。殘冬正在上面艱辛地移動着脚步。湘站在那兒，突兀堅挺如一塊頑石，背負着嚴寒，背負着無數世代的肅殺。他的牙齒磨得格格作響。他緊握拳頭，他要鞭打時間！

呵，但願春風能從海上吹來！還有雨，還有杏花，還有柳梢的新月……

這意識忽然感到一陣空靈，自己倒化成了春風，輕飄飄地鑽過玻璃回到車裏來了。看看淳，淳仍舊是那麼平靜，或者再加上一點脫出鬧市喧囂的閒閒的欣快。湘的想像扭斷了。他習慣地把手伸進衣袋裏，打算摸個烟盒出來。然後，倏地意識到他還呆在車上，於是頹然搖搖頭，懶懶地斜倚車窗，看究竟到了什麼地方了。呀，海淀就在前面，目的地快要到達。他覺得稍稍興奮，或者說一點緊張。

湘又墮入了自己內心的底層，千萬種想像正飄忽地蕪亂地起伏——

芹現在會不會不在宿舍裏呢？去找她的時候，找到了她以後，會不會被別的朋友碰見呢？整個寒假的實習，現在她恐怕正忙於作報告，這時去找她，她會不會着惱？會不會拒絕陪他去玩？她會不會一眼就看破了她的心事而暗自竊笑？

呵，不，不會的。他必然將如過去一樣等待着，他們會一塊兒肩並肩地出去，圓明園，頤和園，玉泉山，隨便那兒都成。他將看見她眼裏露着一個在情愛中女孩子特有的愉快的光輝，靜靜聽着他講的一些莫明其妙的空話，然後她也講一些同樣莫明其妙的空話。他們將攙着手一同爬上萬壽山，在佛香閣垣牆闌干邊一同盼望東邊天際的第一絲風信；他們還將俯望還沒解凍的昆明湖，迴想去夏那百頃綠波，去夏他和她，還有另外一些朋友，在龍王廟前長日游泳的情景。那時他們剛正式認識各自還有一點陌生的羞怯和排斥，然而玩得却很好。——不想也罷，那時的回憶裏彼此是多麼淡漠呵！

湘偷偷笑了一笑。他們從夏天分別以後，已半年沒見面。他從來沒有想過要去看看她。這時，從她實習的地方分手才七天，於他却像隔了長長的七個世紀，七個黑暗冷酷的世紀。他再也不能耐下去了，假如看不見她，他簡直不知道把這開學前的整整兩天兩夜時間如何安排。

望得見海淀鎮的黑黑房屋時。

湘摸摸頭髮，整一整衣服，再望望脚下新擦過的皮鞋。他有一種滿意自足之感。偏着頭，繼續想下去。

春天不遠了，春天已經來了。她脫下了現在穿的深紅色的大衣，兩條小辮剪得更短，也許仍繫着現在繫結的花綢的蝴蝶結兒，換上了她曾經給他鑑賞過的淡藍呢的襯衫，等待着他的來到，（車子正按着喇叭，在海淀街上嗚嗚地馳過。）在花樹叢中，在綠溶溶的未名湖畔，共同烘染一些快樂的時日；（他記起了前次臨別她那句甜透了的話：「開花的時候，你一定要到燕大來！」）她的眼睛會更亮，她瑩潔的臉上會暈出紅霞，她的聲音會更甜更細更輕，傾吐着一些沒有連串的圓潤的珠子。他們將珍惜花影下的每一分月光，他們將……

但今天，今天怎麼玩呢？他應當向她說些什麼？他應當向她不說些什麼？

湘由興奮變得稍微有點煩亂了，兩眼出神地望着前面，忘記了此時，此地，忘記了他是一個正在坐車的存在。他靜靜坐着，如同一個在沉思裏向深處遠處游泳的哲學家。

「唉，在想什麼心事？你的車票呢」淳向他說着，臉上的平靜隱褪了，却換上一個深沉的微笑。

湘好像一個睡覺剛醒的人，茫茫然望着站在旁邊的收票員，然後下意識地伸手進袋去摸索車票。車真的快到了，那兩隻石獅子，那兩扇敞開着的朱漆大門，不就是——

「喂，你仔細看看，那是誰？」淳聳了聳肩。

「什麼？」

校門內剛開出一輛進城的校車。湘依着淳的指手，看見左邊第三個車窗裏坐着一個辮上繫着花綢結的穿深紅色大衣的年青姑娘。她的身影正隨着那部車在他們窗邊匆匆掠過。

× × × × × ×

三十六年三月十六日，工字樓。

新路周刊

發行者：中國社會經濟研究會

編輯部：電話四局〇八五九號

電報掛號：三九六〇

經理部：電話四局〇六九三號

北平東直門大街九十八號

上海辦事處：

電話四二二五五—五一號

上海黃浦路十七號五一一室

代售處：全國各大書局

訂銷辦法：

一、本刊歡迎直接定閱八折優待在定閱期間不受中途刊費加價之影響郵資漲價酌扣書刊期滿前另函通知

二、本刊零售暫定每册金券一角五分預定三個月照價八折加郵費如下表：

（三個月）

平寄：金券一元五角

掛號：金券一元七角

航平：金券二元二角

航掛：金券二元四角

國外：半年美金四元

三、外埠批銷每期至少在十份以上照價七折郵包費外加一律存款以發貨特約總經售辦法另議

四、學生集體訂閱特定優待辦法預定三個月每期在十份以上者七五折二十份以上者七折

五、寄遞方法請來函說明舊戶續定或有查詢事項務請註明戶號

六、本刊每逢星期六在上海北平兩地同時出版凡華北區定戶請向北平本刊經理部洽定其他各區請向本刊上海辦事處洽定

新路

周刊

第一卷　第十九期

短評

(一)張副院長的忠實供詞

(二)向英看齊

(三)官商鬥法看誰能制誰

我們的意見

穩定新幣幣值的有效措施　劉大中　陳振漢　吳景超　蔣碩傑　胡寄牕　關大中

辯論

中國、交通、農民、三行的商股是否應行改歸國有

(一)應行收歸國有　劉大中

(二)不應行收歸國有　滕茂桐

(三)答滕茂桐先生　劉大中

(四)答劉大中先生　滕茂桐

專論：經濟改革與物價指數證券　胡寄牕

通訊

晉中平靜無戰事（太原通訊）　本刊特約記者

從南京到東京（南京通訊）　本刊特約記者

河西——農民的地獄（山丹通訊）　谷苞

一個社會學者看東北（瀋陽通訊）　陳達

文藝：杜甫在梓州閬州　馮至

中國社會經濟研究會發行

民國三十七年九月十八日出版

短評

張副院長的忠實供詞

爲了督導平津經濟管制而來平津視察的行政院副院長張厲生氏，到北方來已經有好多天了。他在平津兩地發表了好幾次談話，我們覺得他在九月四日對天津市參議員的講話，雖與他此次北來的使命不發生直接的關係，倒是很値得玩味的。據報載（九月五日益世報天津版）消息，張副院長在那次參議員歡迎茶會上，足足講了一小時半的話，據說是一些毫無保留的心裏的話。這裡，我們祇打算提出其中一點來說一說，這一點的確是極端的老實話，然而老實話中却包含着最大的矛盾。老實話我們固然應該聽，可是我們千萬不能軟心腸到因此着了迷。

張副院長在內政部長任內，曾經轟轟烈烈而又熙熙攘攘地辦過選舉，無論說它是功也好，說它是過也好，這的確是在實施憲政前夕的一椿傑作。很多人曾笑罵過這種無聊的勾當，更有很多人（當然包括政府大員以及有些名流賢達）曾板起嚴肅的臉孔說這是民主的學習或神聖的舉動。且讓我們來看看主其事者的忠實供狀。下面是前內政部長自己的話：

「自己在辦理選舉時，不客氣的說，是一場糊塗，假使有人問罪，我一定承當。因爲戶口不淸，許多人不會寫字，同胞對政治瞭解認識都不足，怎能辦出好的選舉？所以可斷言都是假的選舉，民意根本不能表達。嚴格的說，沒有一個是合法的。所以若有人說我違法，我不能分辯。但是我認爲眞的是慢慢由假中來的，設使假的都不來，眞的更不會有了。」

在我們這個東方古國的官場上，大官而說這樣的老實話，實在是不可多得。我們讀了這段話，禁不住有無限的感觸。既然是「辦理選舉，一場糊塗」，又既然是「沒有一個是合法的」，那麼這位自認違法而不能分辯的前內政部長，爲甚麼竟然沒有人挺身而出，加以糾舉？在憲政就是法治的假定下，這位自認違法而不能分辯的前內政部長，卽使特種刑庭沒有管轄權，爲甚麼不由普通法院加以法辦？再既然明知「戶口不淸，許多人不會寫字，同胞對政治瞭解認識都不足」，因此造成了「假的選舉，民意根本不能表達」，那麼實施憲政豈非强姦民意，自欺欺人麼？我們相信，這些問題張副院長都能一一作肯定的回答，因爲他是主其事者，他是內幕中的人，他比我們知道「一場糊塗」到甚麼樣程度，他比我們淸楚自己如何違法，並且如何違法到「不能分辯」。

我們現在已堂而皇之的實施憲政了，但是前任內政部長現任行政院副院長張厲生氏告訴我們，由於選舉是「一場糊塗」，「是假的」，所謂憲政根本是建築在「違法」的基礎之上。這就是說，這天下，從頭到尾，壓根兒全是一班違法的人在統治着的天下。如果這樣就是學習民主，那麼學習民主等於學習如何犯法！如果這樣產生的就是民主憲政，那麼我們要求民主憲政無異是捧上一班違法的人來對我們善良百姓發號施令！不過話還得說回來，我們此生尙可以焚香祝禱的是盼望假的慢慢會變成眞的。不過，天曉得，恐怕祇有張副院長膽敢保證並引導我們從地獄走上天堂的路子！

（木）

×××　×××　×××

向英看齊

最近政府爲配合新經濟措施，提倡節約運動。節省物質，自爲平抑物價有效辦法之一。某報專電說是主政者看到英國人儉德可風，希望大家向英看齊。這眞是珍貴的新聞。

本來中國的中產階級，多是節儉成家的。四五十歲的人，都還看到上一代是如何節衣縮食，愛惜物力。中國傳統的道德觀念，儉德卽居其一。對作官的也有「儉以養廉」的諷規。尙儉之外，還有講公平，重信義，尙廉潔，見利思義，種種可與英國民族看齊的地方。英國大文豪高斯渥爾綏在他的「近代喜劇」中，有個角色還說過那樣的話：「假使我們是什麼敎徒的話，我們便是孔敎徒。」所以，講起儉德來，我們本有資格向英看齊的。

儉德的破壞，說來慚愧，却正在民國以來。達官顯宦的闊綽，豪門資本的淫奢，戰時利得者的揮霍，奢風之來，必有所自。我們機關的首長與暴發戶一九四幾的汽車（恕我不知是一九四九還是一九五零了），對着英國大使古老的汽車（人家的是本國造，我們的還是舶來品！）不但不感慚愧，反倒自視傲然。英國大使的舊西服對着我們用英國質料剛出籠的嶄新的洋裝，似乎人家坦然多了。他們在英國，因爲購物券（Coupon）的限制，有錢無從買。在中國，他們本可與我們的闊人一樣，上海溜一蹚，回來煥然一新。但是人家不肯。可見他們的節儉，是爲了心安而理得。

說到心安理得，中國讀書人，本來也有這末一套的。可是自抗戰以來，復員以後，這些中國中產階級的中堅份子，已經陷落在飢餓綫上掙扎，只配向叫化子看齊。總想向英看齊，他們早已沒有資格了！而有資格看齊的倒是那些達官顯宦，豪門資本與戰時利得者，可巧他們又無心可安，也無理可得！因爲他們揮霍的是旁人的血汗，濫用的旁人的勞力。他們根本不知「稼穡之艱難」，也就無從養成儉德。知締造艱難者，自然會節儉，暴發戶總是奢侈。「貨悖而入者亦悖而出。」正是他們的注脚。

英國沒有豪門資本，也沒有發國難財的。這是政治問題。事理再清楚沒有，我們要眞想向英看齊得先從政治看齊作起。

（希）

官商鬬法看誰能制誰

八月十九日發布的財政經濟緊急處分令，雖然稱曰改革方案，實質上改革的成份並不大。全案精神在承認現狀，對既得利益有益無損。這是全國輿論公認的，也是政府自己公開承認。蔣總統在二十一日電各省市政府令在各地協助嚴格執行新措施，文中言及緊急處分令之要旨，其二：「人民所有金銀外幣及存放國外外匯資產之處理，係使人民凍結無用之資產，導入工商事業正當之用途，並充分顧全人民固有之利益，絕無絲毫之損失。」卽原對此作了一番宣示。

天下事，假使你拘泥於現實，不能超越現實，不管是怎樣溫和的改革，都會使你覺得這邊是藩籬，那邊又是藩籬，衝破它並非易事。有時你忿怨，想撞破這一塊，撞破那一塊，但終因藩籬是替你防衛外來侵襲的，整個撤去則危及你的生存，只好遷就，而對現實俯首，對已破的也給修補起來。於是所謂「改革」也者，遂由變質而消失。自從國民黨在革命中途變節，惟「打天下」是務以來，日在建築藩籬，資以捍衛「朝廷」，累積久了，這些藩籬爲它圈出了一個「小天下」，遂成了它的「現實」。旣是不再講革命，唯「維持朝庭」是務，這現實便束縛了它，使它動彈不得。在這些藩籬中，最厚的一道，也就是向來認爲最可恃的一道，當推以上海爲中心的經濟利益集團，卽所謂「江浙財閥」。這集團在「國民革命」期中曾經出了力，儘管歷年來有不少人在詛咒上海，南京政府最重要的「靠山」還是在上海灘上。日子久了，南京政府更給上海輸送新血液，於是官商不分，有財復有勢，上海遂更雄峙一方，南京政府遂完全落入了上海掌握之中。這次的財政經濟改革案，在「朝廷」是最後的掙扎，配合得好，可望有點小成就，這小成就的成敗關鍵便在是否能衝破這道藩籬。據日來的報道，似乎情勢不許樂觀。可能，衝不過去，這改革案便將在它身上碰了壁。

在上週本刊的一個短評中，我們曾提到杜月笙等提出了對經濟改革的意見，翁文灝氏謁總統後又往訪王雲五，商討對此意見政府應取之態度。這是二十九日的事。據當日的報道，對杜等所提四項意見，關於證券交易即恢復一點，據悉，政府可能辦到，時間當在十一月，關於中交農三行商股勿收回一點，須候立法院決定，關於行莊增資勿過高，限期兩月不易辦到一點，政府認此爲淘汰專門從事囤積居奇行莊之最有效辦法，將不致變更初衷；關於行莊利息逐漸抑低，勿硬性規定一點，可能予以重新考慮。讀者須記住，關於行莊利率，經濟管制委員會二十六日在南京舉行首次會議，曾決定商業行莊月息，嚴令九月一日後減至一角以內，九月十六日後減至五分以內；同時又決定外幣存款之動用予以放寬。這對於商業行莊，眞是十分遷就。然猶不足。杜老闆說話了，必得招呼。於是行莊增資標準率也終給降低了一半，并許聯合增資。政府自認爲取締囤積居奇之最有效的法寶，遂爾廢置不用了！

然在另一方面，「太子」奉派爲上海區經濟管制督導員，授以與地方機關及治安組織實行聯繫之權，大舉檢查倉庫，搜查各大商號貨底，封鎖水陸空路，以防物資走漏，拘捕囤積操縱之巨商，杜月笙之子杜維屏亦被捕，吳國楨飛南京請辭市長，蔣經國「打老虎」博得彩聲，蔣總統在京對上海所爲遙爲呼應，喧傳「極震怒」之餘，可能對滬奸商取更斷然的處置，商業銀行所有外匯限期移存國行，謂係遵照總統指示而行。凡此，均表示其似欲衝破藩籬。

問題在：在辦法上遷就，在行動上「亂抓」，能收效麼？是否現政權無「治道」，僅有「治術」，而所謂「術」也者，亦僅只是「治亂世用重典」那一套？「世」何由亂，你知之否？還有一層，「重典」與人權保障是否能相容？你不是說在「行憲」麼？

（商）

我們的意見

穩定新幣值的有效措施

——金圓券發行的激增已威脅到平民的生活 除「訂貨貸款」外政府應卽「停放封存」 同時發行物價指數債券以吸收遊資——

劉大中 陳振漢 吳景超
蔣碩傑 胡寄窻 關大中

據金圓券發行準備監理委員會本月六日的公告，自八月二十三日起至八月底止，金圓券的發行總額已達二億九千六百餘萬元；現時仍在市面上流通的鉅額法幣數量，還沒有包括在內。據政府在改革幣制以前宣稱，現時流通的法幣總數用五千餘萬美金卽可全數收回，應折合約二億金圓。換言之，在八月底前的一個星期中，通貨總數激增至少百分之五十。

通貨數量這樣的急劇增加，雖然是極危險的事，但應當早在政府意料之中。政府的支出，並不能因法幣改爲金圓券就會減少。稅率雖已按戰前標準調整，但是核算稽徵都需要時間，實際稅收的增加至少要在相當時期以後才會實現（兩個月已是很樂觀的估計）。目前政府收支不抵的部份，仍須用增加發行的方法去應付。換一句話說，現在金圓券增發的速率，不會在改幣以前法幣增發的速率以下。不但如此，金、銀、外幣的兌換，尤其可以增加發行數量。據蔣總統六日在國民黨中央黨部報告，截至九月五日止，政府兌進的金、銀、外幣已達四千五百萬美元；所以，爲這一個目的，政府已經增發一億八千萬金圓券了。

在金圓券發行激增的沖擊力量下，物價已顯不穩狀態。因爲政府禁止超過限價的記載，報紙已用空格代表多種物品的價目。在這樣的危險局面下，政府最大的努力却用在限價的監督上；這好像是只用冰枕去鎮壓病人的燒度，而不用消炎藥去退燒，實在令人不解。

在戰事繼續演進中，人民的痛苦自然無法根本解除。但是人民至少有權要求戰事的費用由有錢人去擔負，此後人民絕不能再容忍不負責任的膨脹政策，使戰事費用落在一般人民的頭上。與膨脹政策相反的方式，自然是採用高度的累進所得稅；但是，卽使政府足够的勇氣和毅力去執行這種政策，現時也沒有够高的行政效率能使這種政策在短時期內發生效果。我們仍只能從比較間接的方式上設法。

爲抵消金圓券增發的膨脹力量，政府應立卽停止全體行莊只國家行局在內）的放款，同時封凍存款。銀錢業過去在領導物價上漲方面的貢獻，已是大家熟知的事了。在過去幾年之中，行莊最主要的業務是支持囤積。吃慣了珍饈美味之後，自然是不甘於粗茶淡飯。銀錢業在改革幣制以後的活動，可以從天津大公報「經濟新聞」欄兩篇報導中窺知一二，我們節錄如下：「自從政府公佈緊急經濟管制辦法以來，兩個星期物價得以平抑。但市面銀根鬆泛，已成不可掩之事實，游資充斥，折放甚至低利卑辭，仍遭閉門羹，貨物遂又遭人青睞。」（九月三日）。「當局厲行減息之後，又値銀根甚鬆，存貨戶頭因無高利壓迫，得以從容堅持不售，希圖轉機，並有接近金融事業職員，乘銀根鬆泛無出路機會，以向外推展拆放爲藉口，假借低利貸款，收購貨物，連日各貨市價暗中堅俏，上述亦爲其中原因之一。」（九月七日）。

在物資的供給一時不能增加、和金圓券發行激增之下，行莊放款如不停止，物價如何能够不漲，何況行莊放款又是以囤積物資爲主要出路呢？放款如果停止，存款也必須同時封凍，否則放款等於不停。理由是很簡單的。假設張三與某行莊有交情，在某行莊帳上有一筆存款（實際上是某行莊所有，或是某行莊與張三所共有）。這個行莊用張三的圖章簽發一張支票，交與李四去購貨囤積。名爲提取存款，實際這自然是放款。所以「封存」必須與「停放」同時執行。

「停放封存」以後，一般商人自然會感到「不方便」，但是這正是壓迫商人出囤最妙的方法。對於工廠所需的正當資金，我們主張恢復去年年底所用的「訂貨貸款」，由中央銀行按下列步驟辦理：

（一）現時上海的倉庫檢查，似僅限於普通貨棧和銀行倉庫，這是相當愚笨的事。我們聽說有許多與工廠有關係的奸商，已經把他們的存貨移到工廠裏去了；所以各工廠的存貨也必須查點。

（二）凡是存貨超過限度的工廠，不得申請貸款。

（三）領得貸款的工廠，在借款到期的時候，必須把物品售與政府，然後由政府拋售。或是，經審核後，工廠可以直接售與躉售商人，但是必須把所售數量和價值呈報政府，政府自然必須隨時檢查該廠與該商的倉庫。

這種「停放封存」和倉庫檢查的辦法，必須繼續執行，直到政府稅收的增加，已達預期的標準時爲止（王雲五氏所估計的每年廿四億）。

政府並應同時發行物價指數債券，用以吸收行莊以外的遊資。關於物價指數債券的優點和發行辦法，蔣碩傑李崇淮諸君以前曾著文解釋，本期專論欄並載有胡寄窻先生一文，詳細討論，在此不再贅述。

辯論

本刊辯論欄以前所載各文正反兩面的作者，都是按辯論會的慣例，有時用抽籤方式決定的。文中所寫既不一定代表作者本人的意見，所以不得不採用筆名制度。此次辯論的反正兩面，是由兩位作者自行選定，所寫的意見可以代表作者自己的立場，所以用作者本名發表。以後的辯論文字，即擬按性質，分用筆名及本名兩種方式發表。

中國、交通、農民、三行的商股是否應行收歸國有

劉大中

（一）應行收歸國有

這一次改革幣制財政各項法令中，最令人失望的一點，就是對於現存的銀行系統未加以澈底的整肅和改組。我國現有的經濟體系，仍不過是一個以農業爲主體的簡單結構，但是卻有一個異常龐大複雜的銀行系統。論單位，有六千多個，論業務則「商業」、「實業」、「墾業」、「興業」、「交通」、「農民」、「儲蓄」、「信託」無廣不包，無孔不入。實際上，不論名目是什麼，所作的主要業務都是大體相同的：在北伐以前向政府放高利貸，北伐以後抗戰以前作地產，抗戰以後作投機囤積。我國經濟今日搞到這般田地，戰爭是第一罪人，貪污無能的文武官吏是第二罪人，政府濫發紙幣的政策是第三罪人，銀錢業是第四罪人。

在這個龐大複雜的銀行系統裏面，尤以所謂「國有」銀行部份爲最不合理。中央銀行有其名而無其實，在這裏姑不討論。其他的行局各有其成立和發展的歷史和背景，除去郵匯局比較簡單也比較名符其實以外，其他的行局現在都有它們在政治上的作用，並且是存各種黨、派、系、門、閥的統制之下，所作的業務實際上並不專注重在法令所指定的範圍以內。最妙的是，中國、交通、中國農民，這三個一般人都以爲是「國有」的銀行，實際上還有商股在內。更妙的是，這些所謂「商股」，又有一部份是被一些黨政軍的組織所持有。尤其妙的是，這幾個銀行的董監事，在若干年來，大多總是由少數幾個人輪流充任，同一個人，在他作政府派充的董事滿期以後，又從商股中重選出來，商股董事滿期以後，又由政府重新指派。

這三個銀行所佔據的亦官亦商、非官非商的特殊地位，很爲世人所詬病。我們主張這三個銀行的商股應由政府收回，理由如下。第一條理由是偏重理論方面的探討，其他各條，則是針對我國現況而言的。

（一）基本政策上的考慮：

筆者是根本反對官商合辦任何企業的。公營的企業就應是完全國有；民營的就應完全私有。公營企業應以促進全民福利爲目的，在決定業務方針時，應以使價格與邊際成本相等爲標準。這種經營方針，是否會使公營企業有盈餘，或有虧損，完全不應在政府考慮之中，如果恰好有盈餘，這項盈餘自然是國庫收入的一部份，如有虧損，就應由國庫中補貼。（關於這個基本理論，請參閱本刊第三期蔣碩傑君所著「經濟制度的選擇」，第四期筆者所著「社會主義的生產政策」，和第十五期吳景超君所著「私有財產與公有財產」）。商人出資經營，自然是以營利爲目的，在某種情況之下，私人營利也能達到促進全民福利的境界，但這是結果，而不是動機。公營企業既然不以營利爲目的，招收商股就無意義——如有虧損，應由全民擔負，不應由少數私人犧牲，如有盈餘，亦應由全民分潤，不應由少數私人收取。有人說，政府有時資本不够，須由私人湊足。這是不懂經濟學的人的說法。一個國家在某一時期內籌措資本的能力，是由它的總生產量和消費量所決定的；在這一個時期內，如果私人能拿得出一筆資本來，政府就可以用賦稅、公債、或膨脹的方法籌得同量的資本——籌措資本的方法，只是個分配上的問題，而不是實質能力上的問題。

國家銀行（此指中央銀行以外的國家銀行而言）的功用，第一應是供給公有企業所必需的長短期資金，使公有企業能在取得政府補貼以前，使產量擴充到邊際成本與價格相等的數量。因爲政府不能隨時予公有企業以補貼，至多是數月或是一個會計年度計算一次，國家銀行應當在這種靑黃不接的時候，予公有企業以便利。除此之外，國家銀行還須對於商業行莊所不願供給資金的私有工商業，予以支持。我們可以舉兩個比較具體的例子如下。

譬如有一個尚未有近代化發展的小縣城，從客觀的條件上看，是有大量發展的可能與必要的，但是從短期眼光看來，在那個小縣城開設新工廠、或是擴充原有工廠的設備或產量，都是無利可圖的。商業行莊自然不願對這些企業放款，國家銀行就應擔負起這種責任來。

另外一種例子，是有關獨佔性的私有企業的。假如我國政府能日見開明，能把有獨佔性或半獨佔性的企業收歸國有，或加以嚴格的統制。對於被統制的私有獨佔企業，政府必須令其擴充產量至邊際成本與價格相等爲止。商業行莊對於這種企業所需的資金，可能是不願供給的，國家銀行也應當負起這種責任來。

上面所說的這些國家銀行的業務，都不是以營利爲目的，所以國家銀行招收商股並無意義，基本的理由與本條第一段中討論一般國有企業時所說的相同。

（二）收歸國有可以劃一責任：

現在中交農三行業務上的決策機構，是各行的董事會。這些董事，有的是政府派充的，有的是商股選的。這種組織方式，是最好的推諉責任的方法。事實上統制這幾個銀行的，雖不過是少數的幾個人，但對政府說起來，官派董事不能完全作主，因爲有商股董事；對小股東說起來，商股董事更不能作主，因爲有官派董事。事實上，政府對於這種情形是洞若觀火的，但是一直在縱容，甚至於努力維持現狀，眞正的小商股，對於這種情形是「恨莫能革」。在三行的商股完全收歸國有以後，政府對於三行業務的政策和執行，就要負完全的責任，對人民無可推諉。

（三）收歸國有是從頭從詳徹底審核過去三行業務的機構：

三行在現在幾乎是不對任何人負責的。過去所辦的事，及一切帳目和開支情形，除去眞正內幕的人以外，很少有人詳細知道。三行本身的情形，或者還比較簡單一點，但是由三行全部或部份所有的許多公司，眞是光怪陸離五花十門，它們的業務更是從不公開，但是在我國的經濟體系中，這些公司却據有極大的勢力。藉着收回商股的機會，這些公司的財產、業務、成立和發展經過，也可以澈底查核一下。

（四）收歸國有至少可以使特殊勢力集團表面化：

上面已經說過，這三行是在一些黨、派、系、門、閥的統制之中，由商股選舉一部份董事的辦法，也是這三行永遠被這少數人把持的方法之一（參閱前面所說少數人輪流用官股和商股董事姿態出現的一段）。在這三行商股收歸國有之後，政府將面臨一種考驗：人民有一個機會，看看政府是不是照舊永遠派這些既得利益分子出來主持。假如照舊的話，我們對於這三行的認識就可以更深一步（與其說這三行是由少數人把持，不如說這些人一向就是政府叫他們來把持的）。假如有改變的話，這就是收歸國有的一種收獲。

（五）收歸國有是合併改組的淸道工作：

收歸國有自然並不是澈底改進國有銀行系統的惟一步驟，這三個銀行必須從新改組，合併成爲一個國家銀行。但收回商股確是改組合併這三個銀行所需的第一步淸道工作。關於這三行改組合併的問題，限於篇幅，我們不能在此討論，僅願意指出最主要的兩點：

（甲）這個新銀行的董事人數，應按類似下列的比例分配，使這個新銀行，從此不再受現時工、商、金融界既得利益份子的把持：十分之一自工業界選派；十分之一自商界選派；十分之一自金融界選派；十分之一自農界選派；十分之一自勞工團體選派；十分之五代表公衆利益，這十分之五的理事，應當是在工、商、金融、和農業中都沒有既得利益的人士。

（乙）這個新銀行的業務方針，應按本文第一條中所說的標準推進。

（二）不應收歸國有

滕茂桐

立法院財政金融委員會於本年七月廿一日開會，初步審查王力航等二百九十四人提議的「爲完成國家銀行制度請收購中交農三行商股擬具修改中央銀行法及中交農三行條例大綱敬祈討論案」討論結果，原則通過，并推九人研究起草法律修改問題。這個提案牽涉到中央銀行，法幣發行程序，與中國國貨中國實業中國通商及四明銀行；本文僅就中交農行商股應否收歸國有部份，加以檢討。據王力航等原提案所舉應收歸國有的理由，約有下列諸點：（一）三行商股披上國家銀行外衣，伸出鐵腕，掌握全國整個財政金融機構。（二）商股取得國家銀行股權以後，猶未饜足，故中央銀行法有增加商股資本的規定。（三）三行董監事，無論官股商股，多爲財政金融最高主管，或姻親至戚通家世好，極少數人成爲各行主宰。（四）預決算及盈餘之處理決之於理監會與董事會，而理監會又爲少數特殊人物所主宰。（五）各行商股即資本豪門，操縱物價者。（六）三十七年下半年度國有財產利息收入表列中國銀行爲一百萬元，交通銀行爲一百三十一萬元，中國農民爲二百萬元，貢獻於國家者太少。基於以上理由，提案人認爲一切弊害根源爲商股，應立予收購，並建議發行長期低利金融公債，或按一千七百倍，依股額收回中交農三行商股，改組國營。

這個提案還沒有通過，須待秋間立法院復會才能再行提會討論。我讀過提案原文後，覺得不失爲相當時髦的高調，但不切實際，尤其是在幣制剛剛宣佈改革的今天。我不否認在一個逐步實施計劃經濟的主義國家，銀行國有爲首要之圖；同時我也承認在一個金融及證券市場不健全，銀行信用不易控制自如的國家裡，銀行國有也未嘗不是補救辦法。不過，在目前的經濟局面下（我着重在目前兩個字），烽火遍地，財政收支始終未能平衡，行政效能極端低落；我們應該集中一切力量來平衡收支，穩定幣值；切忌好高騖遠，百廢俱興，使得經濟政策南轅北轍，互相抵銷。否則就等於朝着經濟崩潰道路上邁近！　因此我不僅反對收購中交農三行的商股，我還要建議分賣三行官股，使各國家銀行完全改成民營。此外，縱使三行商股應該收購，變爲純國營的銀行，也不是爲了王力航等提案內所牽涉的理由。請申言之：

今年四月九日蔣主席到國民大會，作施政報告，他曾這樣的說：「我今天可以將國家財政經濟的數字坦白的告訴大家，截至上月底爲止，我們法幣發行總額不到七十萬億元。然而我們政府現存的白銀，和黃金，總計約值美金一億一仟萬元。中央銀行和其他行局所存外匯的總額，達美金一億八千萬元。兩項合計約爲美金二億九千萬元。即上月國務會議決將資委會一部份工廠和中紡公司與招商局等各一部份的資產，以及敵僞產業和賠償物資，撥交中央銀行隨時可以變價的總數，約爲四億美金。」政府既然決定而且最近還要加速出售資委會工廠，中紡招商局以收回通貨，穩定幣信；在邏輯上，應該也出售國家銀行的官股，才能使經濟政策趨於一致。中國官股四千萬元，交行五千二百五十萬元，農行四千二百廿五萬元，共計壹億三千四百七十五萬元（戰前銀元），如按照兩塊金圓折合戰前銀幣一元的比例計算，官股售出後可得金圓二億六千九百五十萬元，這對於平衡財政收支，穩定新幣，補助不能算少。此時全國上下都在警惕，倘這次幣制改革不能收效，前途將不堪設想，同時也都渴望着經濟能漸趨安定。政府到底是應忙着收購三行商股，付出一筆鈔票，增加國庫負擔呢？還是把銀行國有問題留待經濟穩定以後，再斟酌損益視彼時的情況解決，目下先儘量吸收通貨，彌補財政呢？爲國謀者，似乎不該急其所緩，而緩其所急，這是很平易的道理。

倘各行立即改爲全部國營，我幾乎敢保證將更阻礙了政治的澄清，加重社會的無形負擔同時連三十七年下半年令人咋舌的幾百萬元法幣的利息收入恐怕都不會有，很可能收支不敷要國庫補貼，更增加財政上的困難。我們不知道各國家行局存款利率規定爲月息二分，按照這個利率，普通存款是吸收不到的，只能收存機關與國營事業的款項，因爲這類款項根據政府的規定，不應存在普通銀行，這是存款的情形；至於放款，照最近的規定，暫時只能作國策貸款，恐怕還是依着中央銀行重貼現七成，各行眞正負擔三成的公式去作，利率最高不超過月息三分，而中央銀行轉貼現利率爲月息二分四厘。這樣，各行靠着特權吸收存款，靠着特權從事放款，普通商業銀行，不是競爭的對象，競爭範圍只限於各行彼此之間。從存放款利率的差額來看，各行本身不會有多少盈餘；但是直接或間接操縱各行的人們却可借重各行享受的種種優先特權，消息靈通，以逸代勞，與豪門的關係，可以非常密切，伸出鐵腕，因利乘便，肥了少數，瘦了大衆，造成政治與金融打成一片，公與私不能分，家的局面。如果各行改爲完全國營，政治金融財政的關係必然的要更爲密切，可能成爲各黨各派角逐的目標，也可能調換一批新首腦，但是對於社會大衆的影響，只有更爲惡劣。我們不怕豪門，我們是怕杖着政治勢力的豪門；我們尤其是怕決定財政金融大計的豪門；政治與金融的關係愈接近，愈容易養成最後一類的豪門，同時此類豪門也最易左右逢源，大肆活躍，使政治永無澄清之日。在業務方面，改國營後，收入格於限制，不易增加，支出却要膨脹。現在少數商股唯一的作用是使之沒有全面衙門化，在人事上，幹部的選擇還相當嚴格，錄用升遷罷黜也都比較遵循制度，因之工作效率尚能達到良好的水準。全面衙門化後，人事勢將隨着主管的意旨變動，爲了應酬各方面的冗員亦必比前增加，這樣會降低工作效率，使得支出龐大，而收入不能同比例的增加。此時，不由國庫補助，便須向政府要求更多的特權，以便維持。所以，我認爲在我們沒有平均財富的有效辦法以前（這是一個很重要的條件），在中央銀行之外，多設置幾個名稱不同而內容相同的國有銀行，只等於爲豪門開闢新出路。爲了避免金融豪門利用政治勢力，同時爲了防止官僚利用金融勢力產生新的豪門，最好的辦法是把政治與金融分開，絕不是把二者混爲一體。我所贊成的辦法，即出賣官股，使三行改爲民營，正是爲此。這並不是說要放任銀行，聽其自由任性發展；我們有現成的金融法規，大小銀行可一律嚴格照章約束，只是不再爲商揭的國營招牌所掩蓋而已。

最後，我用其餘的篇幅，來逐一的駁王力航原提案所舉各點理由：（一）三行商股既然是披上了國家銀行的外衣之後，才伸出鐵腕，掌握全國整個財政金融機構；那麼如果根本沒有披上這件外衣，便不能如是囂張；換言之，其過不在商股，而在這件外衣，爲什麼不建議取消外衣，而建議取消商股？豈非本末倒置？（二）民國二十四年十一月四日政府宣佈幣制改革，改用法幣時，爲了恐怕人們迷信銀質的硬幣，並懷疑中央銀行會受財政之累發紙幣，曾稱將來還要改組中央銀行，加入商股使之超然，以昭大信；事實上，這一諾言迄未兌現，中央銀行也並無商股。現在竟謂商股取得國家銀行股權以後，猶未饜足，才有中央銀行法附有增加商股資本的規定；我覺得在這一點上，三行商股實在冤枉，因爲二者根本風馬牛不相及。（三）在三行董監會裏，每每財政金融最高主管，主宰各行，而且各董監事，或爲通家世好或有至戚，我很同意這種說法。不過財政金融主管參加董監會，是由政府指定，並不是爲了他們握有商股，難道三行全部國營後就不許金融財政主管參加董監會麼？至於董監事間彼此或有世交或親戚關係，那是「制度」問題，這種戚親通家關係在政府機關裏更是常見的，收購商股也並不能使之改良。（四）三行的董監會完全是由官股控制，預決算及盈餘之處理決之於董監會，也就等於決之於官股，如果王立委等認爲董監會是由特殊人把握，那就是反對官股。這似乎可以作爲賣官股的理由，而不是收購商股的理由。（五）我覺得把各行商股當作操縱物價的豪門，而且要以低價強迫收購他們的股票，頗有商權的餘地。各行商股中不少零星的小股東及法人團體，他們爲了投資或保存貨幣價值，在證券市場買了些股票，絕不應一體視同豪門。例如在農行商股中有黃埔同學會撫卹委員會，遺族學校，中央軍校同學會，武嶺學校等法人團體。倘欲打擊豪門，應該有撤底打擊他們的辦法，收購他們手上的三行股票，甚至於沒收，也不足以傷着他們，但是小股東却首當其衝，大受損失，有失公允。（六）各行對於國家貢獻的收入過少一點，確是不應該的；但三行官股是佔絕對多數，而且董監會是由官股控制，這須要問官股，不應把錯處寫在商股的賬上。

（八月二十三日）

（三）答滕茂桐先生

我們可以把滕茂桐先生反對收回三行商股的主要理由，分爲四項歸納起來：

（一）政府應集中力量去平衡收支穩定幣值，不要好高鶩遠，顧到許多旁枝細節，結果一件也辦不好。

（二）政府既已決定出售一部份國有企業的股份，藉以收回通貨穩定幣信，同時又要收回三行的商股，不免矛盾。政府如能把三行的官股出售，倒可以收回不少的通貨，對於穩定幣值很有裨益。

（三）收歸國有以後，三行必將全面衙門化，效率更將低減，結果恐怕連現時令人咋舌的每年幾百萬法幣的利潤，都將得不到，如有虧累，又將增加國庫負擔。

（四）收歸國有了以後，政治與金融更接近，愈容易養成有決定財政金融大計的豪門，使他們更能左右逢源大肆活動。

茂桐先生所提出的第三和第四兩項理由，實是討論目前中國問題的一個基本困難之點。現時政府行政效率的低微、與各式各樣豪門間的錯綜關係、以及內部派系的互相傾軋，是不容諱言的事。一個本質上很好的政策，弄到政府的手內，往往會變成非驢非馬原形盡失。就三行商股收歸國有而言，筆者雖然對於茂桐先生的意見有不少贊同之點，但是在原則上筆者仍是主張應當收歸國有。困難的是，在政府收歸國有之後，眞可能辦得比現在這種畸形狀態還要更壞。現在國民黨內的許多派系（甚至於「友黨」），以及許多地方勢力，已經在積極設法使三行能夠收歸國有，然後參加染指；在這時主張收歸國有，很可能的是正中這些人的下懷。這是在中國現時談政策談學理無法克服的一個困難，關於這一點我們也再沒有什麼意見可以發表。

茂桐先生所提出的第一項理由，與前面所說的困難也不無關係。三行收歸國有後，如果能辦的好的話，於改革幣制穩定幣值可以有很大的補益；如果辦不好的話，則除因收購商股而增發通貨以外，還要使三行的效率更加低降，與改革幣制和穩定幣值自然就會有惡劣影響。但是我們至少主張，政府應予商股所有人以長期政府債券，而不應以現款收購。

關於茂桐先生所提出的第二項理由，我們是根本反對用出售國營事業的方法去吸收通貨的。這是殺雞取蛋的辦法。穩定幣值本有其他正當的辦法可用，讀者可參閱本期其他的有關各文。

劉大中

（四）答劉大中先生

劉大中先生主張：現在就應該對於銀行系統，加以改進，對於所謂「國有」銀行部份，尤須革新，即將中、交、農三行商股收歸國有，合併成一個完全國有的銀行。我的主張是：爲了配合當前的財政金融政策，與整個的環境，中、交、農、三行商股不僅無須收歸國有，所有的官股還應該全部出售。但是我們同意：公營的企業，就應該完全國有，民營的，就應完全私有。大中先生提出五項理由，支持他的主張，我並不完全同意，下面便是我的答覆。

一、大中先生認爲國有的銀行，可不以營利爲目的，其功用爲供給國有企業長短期資金，使國有企業，在禾取得政府補貼以前，或不能由商業銀行莊，獲得貸款時，能得到扶助。國有銀行，既爲促進全民福利，在決定業務方針時，自應以使價格與邊際成本相等爲標準，至於是否可有盈虧，則完全不應在政府考慮之中。我覺得如果所謂之「國有」銀行眞正國有之後，在現在政府的行政效能與習慣沒有撤底改善的條件下，必然會享受種種民營商業銀行所不能望其項背的特權，壟斷獨占，而且衙門化的銀行，更不會對於顧客，慇勤努力，以最有效率的服務換取最低廉的代價。倘政府再不計算盈虧，更鼓勵其衙門化，恐怕與「價格與邊際成本相等」的標準距離益遠，結果只是增加了國庫的負擔，並不能促進全民福利。今天的經濟政策，最要緊的是覓求喘息安定時間，俾於危殆的經濟能有補救的機會，因此，一切設施如增加財政上或社會上的負擔，似乎是值得愼重考慮避免的。

此外我很反對政府以示惠方式扶助國營事業，如優待的外匯牌率或貸款，因這樣適足以降低效率，很可能使他們誠以爲成本減少或本身有特殊優點，而在其他方面浪費。倘政府認爲某種事業，短期內雖然無利可圖，但對社會有益，或有發展前途，乾脆就直接按時補貼，不必仰給貸款。天津新港即爲屬於此類事業的適當例子。除了這類事業以外，我看不出商業銀行對國有企業不貸款的特別理由，事實上，國營事業較普通工商業穩妥，借款也許更爲容易。商業銀行是以營利爲目的，只要頭寸充裕而借款人是可靠的往來戶，他們是樂于向外貸款的。如果他們手中頭寸結据，而政府仍希望對某些事業貸款，中央銀行在貼放政策上還可以運用促成。

（二）我的看法：縱令收歸國有，如辦不好的時候，政府仍可推卸責任，只是較官商合辦時爲難而已。每於發生責任問題時，與國有銀行有關各部門之間，仍有「太極拳」迴旋的餘地，互相「推諉」。

（三）我的經驗告訴我，商業行莊只要不徇情面，撤底檢查並不甚難，惟獨對於帶有衙門氣的經濟機構，因其以事關國家機密爲護符，審核則頗爲不易。各行全部國有後，其本身與有關公司，自然要經過詳細查核，不過查核之後即能公開於社會恐怕還是不可能的，理由將仍爲「事關機密」四個字。

（四）正如同迭次內閣改組一樣，人物雖然大致依舊，總要換幾個新人，同時執掌也有些更替，倘三行收歸國有改組之後，情形可能亦復如此，結果，只是使後添的新人可爲他們本身與有關的黨、派、系、在政治力量之外，加上金融勢力，如虎添翼而已。

（五）銀行合併在原則上，我極爲贊成，不過應該強迫資力不足的普通銀行先行合併，然後再斟酌安排，使銀行系統趨於健全，如果先令三個大銀行合併，成爲一個最大的銀行，恐怕更容易使之忽略競爭的意義，而趨向獨占作風。理想的銀行系統，要除中央銀行外資力相差不多，數目要相當的少，各行都有許多分支行處，但却不能壟斷，如是則可以增強他們的效率，並且易於管制。

滕茂桐

專論

經濟改革與物價指數證券

胡寄牕

一、經濟改革應作如是觀

我這裏先說明我對於此次經濟改革的看法。簡單的說，我與很多朋友意見相同之處是，此次財政經濟緊急處分令所包括的幾種辦法，無論在原則上或技術上都有許多的缺點，有的缺點不須用專家的眼光，只須用一個正常的普通人之常識就可以看出來，這是很不能寬恕的疏忽。既具有這些缺點，當然不能望其有美滿之結果。

可是，我與許多朋友意見不盡相同之處，也有二點：第一，在此病入膏肓，人心望治的時候，政府提出一種改革的辦法，不管辦法本身完善之程度如何，至少是代表一種趨向改善之態勢，似乎應該讓牠試一試，不便在未出馬門以前便挫其銳氣。無論如何，一個不完善的辦法，總較毫無辦法坐以待斃的强。

第二，我認爲此次經濟改革辦法，可以收三數個月之短期效果，十年來之積病，望一貼藥即安然痊痾，任何靈藥均無此效力。德國的通貨膨脹，也不是一次改革就穩定了的。俄國的通貨膨脹，三十年來不是也改革了幾次幣制嗎？何況我們的政府行政效率還不能與德俄相提并論呢？所以，此次經濟改革，雖然不能根本解決一切經濟困難，倘使眞能收短期三數個月的效果的話，也是值得珍惜的。要有這個短期喘息的機會，纔能有時間考慮第二個步驟。

總之，此次經濟改革方案，不够理想，不能解決一切經濟困難，（嚴格的說，世界上根本就不會有能解決一切經濟困難之完善方案），牠只能得到短期三數個月之安定。這是牠的最大使命，但是時間雖然甚暫，也是值得珍惜的。

二、最近物價波動如何解釋

自八月二十日經濟改革方案公佈到現在，爲時僅半月有餘，一切物價，又在開始波動，我們前面所說三數個月之安定的結，豈不發生動搖，這裏不能不加以說明。筆者先要請閱者諒解的是，這裏所謂短期的安定，係以京滬平津等大都市爲討論對象，至於內地物價，筆者早於方案公佈之初，（見八月二十一日北平世界日報專論），爲文論及內地物價指數之低於三百萬倍者將急劇上漲，這是不能避免之罪惡，這裏不願多費篇幅。我們認定大都市之物價動向，在目前具有極大之決定性，常常可壓倒成本因素（指農村原料），故以牠們爲討論對象，有此諒解，纔不致引起誤會。

現在我們再來談各大都市之最近物價動態。無疑的有許多物價，已經超出八月十九日之限價。我認爲儘管政府如何努力，如何採用高壓手段，經過相當時期，而且不是一個較長的時期，限價一定都會超過的。其理由甚爲簡單：一爲捐稅高提；二爲內地原料上漲；三爲國營事業貼補政策之放棄；四爲一般購買力之增加；有了這幾個原因，物價必須上漲。政府公佈一個穩定物價方案，必須有一個限價，至於此限價能維持至若何程度，恐怕就是制定此方案之人亦不能存多大之奢望。

所以，現在的問題，不是限價能不能維持的問題，而是限價超過以後之上漲率如何的問題。目前物價固然有上漲之趨勢，但在本質上與二十天以前却有很大的差異。我們研究德國第一次大戰後之通貨膨脹及我們抗戰以來物價上漲之經驗，發現德國的物價波動自一九一四年起每月爲加速度(指secular trend)之增加，經過約九年之時間，到了一九三三年六月，其連環基期指數，方打破以往記錄，到達一倍以上，此後數月即到達狂跳上昇不可遏止程度。我們自民國二十六年七月開始，每月增加百分之二，經過了十一年時間至本年六月，其連環基期指數（指各大都市）方打破以往記錄，到達一倍以上，大約是六月份指數較五月份增加一倍，七月份又較六月份增加一倍有餘，八月份上半月亦有同趨勢。人心惶惶，雖不敢說在半年之內，即會與德國一九二三年十一月一樣到達瘋狂狀態，即以八月初情況而論，已屬岌岌可危，何況還要加速前進。

因爲幣制改革關係，八月份連環基期指數約爲百分之五十左右，這是因爲八月二十日以前增加太多，八月下旬之物價是跌落的。顧如九月份物價超過限價而上昇，以目前情況推斷，上昇速度不會甚大。假設九月份物價平均上漲率較八月份約在百分之二十以內，根據以往經驗，則今後兩三個月內亦可能維持這個百分數。這點如能實現——筆者推斷很可能實現，在平常情況之下，不能不算是劇烈之物價波動，但與八月二十日以前情況比較，不能不算是相當安定。這也就是此次幣制改革極大之成功，而且我們對於此次方案之成就也[illegible]能如此要求，不能有過大之奢望。

三、第二個亟需採取的步驟

假如我們對於此次經濟改革之第一步，祗有上面所說的低度要求，而且此要求也初步已經實現，就應該利用這個喘息的機會，從事第二步工作，否則好境不常，時機稍縱即逝，等到物價再度狂漲，始謀補救之道，未免過遲。

現在橫互在一般人心中的問題，是兌換了金圓券以後怎麼辦？從前握有餘資（筆者用餘資而不用遊資二字，係遊資二字太濫用）的人們，假如不會囤積居奇或投機倒把的話，也會把錢存在銀行號，坐收月息二十餘分之利。兌換成金圓券以後，手中餘資，必須有個出路，尤其是原來持有黃金白銀美鈔及銀元之人們兌換以後，更要感覺徬徨。而且公務人員薪工調整以後，照克恩斯的定律，儲蓄的絕對數字也會增加。再者證券交易所又已經停止，餘資更少一個極大的活動場所。以上所說的一切餘資，若不爲牠們謀求一個出路，防川之策，終有潰決之一日。何況現在物價又微有波動，如不即早防止，可能使整個社會餘資重行衝向物資爭購一途，使已漸安定之人心，又趨浮動，結果功虧一簣。

自然政府也曾考慮到這一點，所以最近報紙登載，有發行金元公債之議。此公債之目的，與其說牠是彌補預算赤字，不如說牠是吸收餘資，使金元回籠，減少通貨流通數量。眞是如此動機，固無可非議，但是其成效是很小的，小得對於自己目的之達到無所幫助。其理由是：第一，以前法幣公債正在收兌，人民痛定思痛，難免將以往慘痛經驗與金元公債相連繫，因而對於金元公債之推銷，發生窒礙，尤其是在物價尚未完全穩定的時候，以貨幣單位計算之債券，推行尤難；第二，根據以往公債募集之經驗，大都以銀行莊及大戶爲銷納之對向，勸豪門巨富出錢，有如叫『駱駝穿過針的眼』，最近救濟特捐即爲一例，再加上富人們都有前項所說的經驗，勢必想盡種種方法規避，所以公債發行的結果是很難樂觀的。

我們要知道有錢人——尤其是豪門究竟是極少數，中國的富者要是很多的話，倒是很可慶幸的。少數富豪即使能慷慨解囊，也不見得能救今國家之窮，何況這簡直是與虎謀皮。一個不能實行之主張等於無主張，這又是我在討論時事問題時與許多朋友們意見不盡相同之一點。假使吸收餘資發生很大作用，必須使一般人能自動的自發的拿出其餘資來，讓政府吸收纔行。目前需要政府爲人民建立一種穩定的儲蓄工具，這是目前唯一而迫切的需要，也是幣制改革後亟需採取的第二步驟。

政府如能立刻建立一種穩定的儲蓄工具，人民手中的餘資，可以立刻回籠，而首先回籠的是一些非職業的投機家手中之餘資。一個普通人民或家庭主婦，爲着防預將來物價上漲而在普通的購買習慣以外多購存二三袋洋麵，或爲防止幣值之跌落而購存幾個袁大頭，在經濟的意義上都是非職業的投機家，其心可愿，其情可憫，而其行爲之後果，因人數特多，對於物價影響之大，遠非社會所注目之大囤積者所能比擬。政府若眞繩之以法，不特於心不忍，且那來偌大監獄去收容，又那來許多囚糧去供養。『遊資』作祟，這纔是其爲害最烈之一部份。假使有方法能使這部份餘首先回籠，物價穩定可以解決過半矣。這些人既非有意投機，倘有穩定儲蓄工具，何苦終日奔波市場，其能自動將餘資被政府吸收，殆無疑問。

我在前面已經說過，幣制改革之效力，只能使物價安定三數個月，使政府得一喘息之機會，而此所謂安定，係指使物價上漲，或降低，並非使物價穩定不動。且在此段時期內，亟應馬上等謀第二步辦法，否則機會稍縱即逝，眞能推行一種穩定之儲蓄工具，物價從此可以更形穩定，而逐漸入於正常狀態。自然要國家經濟恢復正常狀態，尚有待於許多政治的軍事的和經濟的條件之具備，就在恢復了正常狀態以後，仍可能有許多經濟問題發生。可是在解決目前通貨膨脹經濟問題大前提下，第一步之貨幣改革已經推行，則第二步爲人民樹立一種穩定的儲蓄工具，也是非常迫切而必要的，其重要性決不下幣制改革之本身，這一點是我們要提請執政當局特別注意的。

四、物價指數儲蓄證券

前面所謂穩定的儲蓄工具，具體的說，就是數月前國內一部份經濟學者們所主張的物價指數儲蓄證券。這裏我得先聲明，我在數月以前，當蔣碩傑李崇淮諸先生等提出物價指數儲蓄證券之議時，我是持反對意見的一人，并在上海經濟評論上與蔣先生反覆辯論。現在我也主張物價指數儲蓄證券，是不是放棄了從前反對主張？不是的，在從前那種客觀條件之下我反對，在現在客觀條件之下我贊成，這是不矛盾的。譬如以少量之水救冲天烈燄，不特無補於事，實足以助火之威。如以同量之水救星星之火，則水到火滅，非水有不同，乃客觀條件有強弱之分耳。

我從前爲甚麼反對物價指數儲蓄證券呢？我現在把所持理由簡述如下：因爲促使物價上漲之因素多而且強，單靠一種穩定的儲蓄工具，力量太小，不足以收平抑物價之效有時相反的還保障了投機家之投機利益。因爲某種投機性物品之物價上漲率大於物價指數，則持有證券人競向中央銀行兌取現金強購此物品，如投機性物品價格小於物價指數時，則投機家拋售貨物購進證券，是保障了投機者最低限度之利益而無補於物價之穩定。當時富於投機性物品如黃金美鈔充斥市面，證券交易所仍在開拍，此外重要日用必需品如食糧亦爲優良之投機標的物，這些用品之自由市場存在，前述困難不能免避。

在技術上因各地物價水準差異太大，如全國採用同一指數，各地不得其平，各地物品與證券之間之購進與售出頻繁，更足以助長物價之不安定。如各地各有其不同之指數，難免發生各地區間之類似套匯作用，使資金流動飄忽無常，物價仍不能安定。此外在人心極度不安定情況之下，亦非專靠一穩定之儲蓄工具能將一切經濟問題解決。

自從幣制改革以後，客觀環境爲之一變，極端浮動之人心，已暫時趨於安定，在心理上有一較前此良好之基礎，黃金美鈔亦由中央銀行收兌，交易所明令停業，重要投機標的物及其場所，失其依據。各大都市食糧由中美合作配售，苟能運用得宜，糧價不難穩定，最低限度亦不會因糧源缺乏而釀成狂漲。尤其重要的是，幣制改革結果，各地物價水準漸趨一致，在技術上減少了不少的困難。在幣制改革以前，許多足以妨害物價指數儲蓄證券的客觀條件，現在均因幣制改革而不存在或大爲減輕，同時還有些有利的條件產生。第一如照我們第二段之預測，在三數月內，物價波動每月在百分之二十以內的話，非職業的投機家的投機意向必大爲降低，蓋物價上漲率既在百分之二十以內，除黃金美鈔而外，大多數物品之保存費用（carrying cost）均不甚小，出手亦頗不易，獲利旣未可必，何必干冒囤積罪名。且以物價波動不大，市場利率必然降低，地下銀行勢不能大利吸收存款，非職業的投機家手中餘資，當以購買儲蓄證券爲妥當。我們在第三段裏又已經說明，目前一般人心目中的問題爲兌換來金圓券後怎麼辦，就是說他們正迫切的需要着一種穩定儲蓄工具，如能在此時舉辦物價指數儲蓄證券，可能水到成渠，一拍即合。

可是在技術方面我還要補充一點意見，這許是從前主張物價指數證券諸先生所未提到的，而我認爲這一點特別重要。儲蓄證券除照諸先生主張按照一定指數由中央銀行兌取外，并應准許其有自由市場價格，就是說證券持有人可以以高於或低於指數之價格向自由市場出售，這樣可以增加證券之流動偏好，更易使人民接受。因爲指數調整有一定期限，不及市場價格變動之敏活，調整時間距離太短，技術上有困難，太長不足以適應劇急變動之物價情況。並且准許自由買賣還有一個好處，即可以不至於增加現金流通數量，因甲售與乙，和甲直接向中央銀行兌換者，在社會現金流通數量上大不相同也。

總之物價指數證券之推行，在幣制改革以後爲刻不容緩之第二步驟，因爲幣制改革祗有短時期之效力，如不能即時舉辦，恐前功盡棄，平衡預算平衡國際收支諸端，固爲根本解決經濟問題之要圖，但時間上尚可稍延時日，在現階段中，舉辦物價指數儲蓄證券，似乎是唯一能安定物價之神藥也。

九月八日

通訊

晉中平靜無戰事

（太原通訊）

本刊特約記者

汾水靜靜的流着，太原周邊最近並沒有大的戰事．工廠在冒着濃黑的烟，飛機每天都有起落，運來糧彈和必需品，運走想離開這裏生活不下去的人們。雖則這座晉中的孤城向東西南三面控制地區僅二十里，向北也不過五十里，但是戰爭的威脅似乎並不見得多麼大，因爲城裏的一切比較兩個月以前並沒有多大區別。老百姓的去意早就闕了門了，剩下的公家的合作社還在照常營業。食糧是不再配售了，每天只配售一點日用品和食鹽。

山西的平民經濟實施到現在已經完全失敗了，但這失敗的苦果是平民必咽下去的。另一方面政府在平民經濟的實施中算是大大的成功了，那成功的甘果早已拿去充實山西工礦。這筆帳到現在是無法計算的，老百姓是啞子吃黃蓮，有口說不出；當局也不會得了便宜賣乖，再說起過去的事，他們更願人民將平民經濟的那件事忘却，或者乾脆按「原法幣」的規定價錢退股。

「原法幣」一詞，當平民經濟開始實施時，在太原市上相當的流行，現在法幣改成了金圓，戰火燒遍了晉中，平民經濟政策早已束之高閣，所以「原法幣」也就無蹤無影的來到人間，又不聲不響的返歸天堂。「原法幣」是一種什麼玩意呢？當局解釋爲一種沒有發行沒有票面的幣制。在平民經濟開始實施時，以原法幣向合作社入股，一元原法幣等於現法幣十萬零七千一百四十三元。他的所以如此折算是因爲抗戰前三號布一匹值法幣七元，而當平經實施時，三號布一匹值法幣七十五萬元，以七除七十五萬得出如上之折算數。每人入股原法幣六元，可以取得合作社員資格，按吃飯的等級領取配售食糧。當時的配售價僅當黑市價五分之一，把黑市提得高高的，使得老百姓不得不竭盡所能爲全家或一部人入股。如此人民的錢爲入股都集中到政府的平執會手中去。然後用合作社的股金運用到發展工礦和到省外購買東西上去。有人估計當時山西工礦的復工還是受了平民經濟的實施的恩惠。

配售糧食從那裏來的呢？平執會的人說是集資向外採購，而有意中傷的人却指着那吃着不順口的高粱麵說，「我們吃的高粱麵，是閻主席從日本手裏接收來的馬料，再儲存下去就要發霉糟塌了，所以發出配給我們吃。」這話是有點冤枉了閻先生。可靠的糧食來源還是在四鄉各縣徵集來的。因爲在兵農合一政策之下的每份地要擔負田賦小麥一石，馬料二斗，縣村公糧二斗五升，優待糧花小麥三石，棉花五斤，還有地租按原地糧銀正額徵一。此外還有所謂調劑糧，救濟糧，更有所謂突擊徵糧，繳不出糧的人用鍋碗瓢勺，破衣爛被，木料材草都可以繳價出代糧。總之，配售糧是用四鄉無價徵得的糧食，到太原城裏配售，而將原法幣的股金集中到政府手中拿去運用。這無本的生意，苦了歉收年景中的四鄉百姓。鄉民以樹皮、草根果腹，把糧繳出到城裏去配售。如此理應城裏人受到大惠而感激涕零了，事實却又不然，配價原爲黑市五分之一，後來一天天的隨着黑市增高，不是按比例的增高，而是超比例的增高。開始是半月一次調整配價，後來是十天，再後來是五天，最後是一天一個價，而且日益接近黑市，到大家不願再領配售食糧時，配售工作也就無形中止了。目前願意從合作社退股的，可以將六元原法幣，折合爲四百萬元法幣拿回去，而高粱麵每一斤一百四五十萬元，誰又會將股子退出去換兩三斤高粱麵呢？政府不提了，人民也不問了，「原法幣」已經成了山西平民經濟史上的歷史名詞。

做沒有本錢的生意，貴能空中取水，地下淘金。而且可以用買醋的錢先去買油，緩急先後轉手之間，在物價飛漲，供求失調中也有大利可圖。山西工礦從省外購買必要的材料，是不愁沒有錢的。陸上對外交通雖斷，只要空中有幾架飛機來往，山西工礦就不會窒息。陳納德是山西的上賓，民航隊除對山西幫了不少的忙，當然他也撈得了一批可觀的運費。

太原公教人員的薪水，每月多是分幾次發出，很少一次發完。按指數計算發薪的幾個月，太原是指數最高的地方，但是地方當局要劃一文武待遇（因爲武職部隊人員全國以京滬區爲準），於是公教人員的薪水，無形中就打了折扣。而武職人員也沒有提高，還是用養廉費一類的東西來維持着。什麼是養廉費呢？那就是公開的規定的吃空額。一部分眷糧也來自空額，當然還有大部分的空額集中着。集中着的空額由誰來吃呢？那就不必問了。假如再認眞的問，那他可以告訴您又是用去維持山西的民營的工礦去了——山西的工礦都是民營，並沒有省營國營的說法。

山西原來可以領××萬人的薪餉，晉中如縣失去時，部隊的損失也非常可觀，據估計損失的人數約有三分之二，我們的主任兼主席還是照舊向中央要那末多的糧餉，他說損失的部隊，早用民衛軍把他補上了。楊愛源副主任兩次飛京不僅是爲了請援，主要的還在索餉要糧。

晉中如縣的失守的迅速，是出乎一般人想象的。親訓師遭受伏擊，就算是偶然吧，而趙承綬總司令率領着四五個師，爲什麼還衝不出來呢？以××人爲骨幹的第十總隊，爲搶救趙總司令死傷更大。天天喊肅清僞裝，結果還吃了大僞裝的虧。在每個『鐵班』的組成中，每一個人都要選定兩個爲「考慮」的對象，互相監視，結果互相猜疑，自信既無，共信不立，使得『鐵班』有名無實，鐵軍無從建立。重砲團長蕭利鋒是兼主席面前最紅的人物，太原市上傳說着趙總司令衝不出來，就是蕭利鋒故意搞的，他們向那裏衝，那裏就有敵人，衝到前後彈盡糧絕，兵員失散殆盡時，蕭利鋒將趙推上汽車，掏出手槍就把他刼持以去了。

第十總隊再也不要求吃大米白麵了，再也不要求用現大洋闊餉了，更不要求娶妻安家立業了，他們有的已經死去，有的少數被俘，剩下的一部人每天吵着回家。

從本月十五日起，太原將三千名左右的日僑空運北平，轉津搭輪，遣送回國。他們投降後又在中國駐了三年，在中國戰亂中駐了三年，固然看到了我們某些地方的不長進，却也未始沒有看到人民的覺醒與力量。他們已經眞正的失却戰意與戰力而回國了，這現實的教育，對他們也不見得沒有好處，所怕的是他們回國後見到日本的「復興」，再燃起侵略的慾燄；不過現在他們是要眞正的降伏下旗回國了，沮喪的一臉橫肉，個個面面相覷，心境愉快而實迷惘。

太原民心安定，近來偶然聽一兩聲城外的砲聲，也都習以爲常，大家心裏想，橫豎就是那末回事。配售無形消滅了，不能坐飛機走的人們，似乎也不太着急，他們也無心腸到合作社裏去退股，一種天塌砸衆人的心理迷漫着。省府又要大裁員，準備把一批年老體弱的人員，和大批死難被俘人員的眷屬，送往綏西去開墾，人數在兩萬人左右。運送機位既成問題，而塞外毛荒，使他們有老大離鄉的悲哀。他們心裏喃喃的唸着「同生死，共什麼」的入會誓詞，有說不出的悲憤。

共軍最近不一定會積極進攻太原，太原城中傳說，徐向前曾在太谷對共軍講話說：「我們用不到去急攻太原，就是攻佔了太原，那裏的工礦勢必被砲火和飛機轟燬，對國家是極大的損失，現在太原工礦繼續開工，對咱們是有好處的，閻軍會做咱們的輸送隊。」不是嗎，在榆次太谷徐溝三角地區國軍遺失的武器彈藥，據說就可裝備兩個縱隊的共軍。因此太原近郊最近還可能繼續平靜下去，太原人民還得忍受高物價的折磨。糧食是個嚴重問題，麥收時爲了搶麥兵力分散，各縣盡失，現在大秋又到了，孤島上的國軍，是否還敢再向外搶糧呢？由於糧食的缺乏，閻錫山的大同守軍中止運井。太原依然是要錢要糧，並不要兵。

徐向前留下足够的兵力看住平靜的太原，賀龍可能以晉、陝、甘、寧聯防司令名義，在秋季發動雁北綏南的攻勢。

從南京到東京（南京通訊）

本刊特約記者

多事之秋

從莫干山到牯嶺，蔣總統八一八下了廬山，那一天我在通訊的結句中說：

「一個經濟上的改變，只要在美國同意之下，幣制可能有很大的變動，但政治上的勘亂，其具體延長的程度，則有待於張羣的訪日歸來而定了。」

經濟是政治的延長，「八一九」的經濟方案實施以來所發生的問題，那要由經濟觀察家去研討，此地暫作保留，而且認爲眞正的出路不在我們內部的一切，還是要看張羣此行的收穫，如果是美式的「大東共榮圈」復活了，經濟上有了新出路，那時政治上的若干行動，也就有了新的指標。

華中連日在喊總體戰，在近月以來，中央也同在作總體戰，陳立夫到美國，對於大選後的新形勢作一些準備，張羣的到日本，對於東方的未來，與「麥皇」交換意見，同時爲自己找出路。甚至於這次對蘇聯也不偏枯，還派了一位司長卜道明很禮貌地，到莫斯科走一趟。

全世界看，今年是個多事之秋，從中國看，這也是個多事之秋。三十多年的內外戰爭夾攻中，中國人民如大樹一樣地遭受了遍體鱗傷，但同時在皮下却也到處萌發了新芽。如一位自由主義者所說「苦撑待變，以戰求和」，這是很有深意的兩句話。

從南京到東京

東南亞風雲緊急，「八一五」，李承晚在麥皇監視下登台，莫斯科的會議有意無意地牽涉到東方，於是在新經濟方案頒布後的第二天，八月二十一日，張羣夫婦偕「駐韓特使」邵毓麟，飛到了羽田機場，展開了「私人的訪問」。

張羣從美國歸來時，曾路過日本，停留三天，這一次却要作近三週的旅行。張羣這個政治集團一向是對日本有深切關係的，任何人都推論此行必有政治與經濟的雙重任務。因爲張羣氏在赴日之前，他曾代表着一個使命到華北、西南，分別作過「私人的訪問」，途中而且道經了香港。只有他的「分兩」，到日本去才有意義。

中日關係應當怎樣呢，「七七」前三個月，那時行政院蔣院長在中日貿易協會在京成立席上，那時的一些話頗可追敘，他說：

「我們東方人，始終不能離開東方的文化，猶如鄰邦永遠是鄰邦一樣，地理和歷史都是不可移易的，東方民族如果沒有東方文化作基礎，則永遠不能和其他民族相維而共存。東方文化的特點，在仁義與道德，東方國家重禮義，所以稱爲禮義之邦。本人少年時代在日本留學，即十分企慕日本國民尊重禮義與親睦敦讓之風尙，認爲日本建國的成功，卽在於這一點。以後立志革命，也就是要恢復敝國的固有精神和地位，爲發揚東方文化而努力。」

「還記得兄弟在民國十七年旅居日本時候，會見了日本實業界泰斗，澀澤子爵，子爵親自送給我自己特別校印的一部論語，特別提出『己所不欲，勿施於人』兩句話，說他生平最服膺這兩句格言，並且時常提示給日本的青年，認爲這是我們東方精神的起點，同時很親切地告訴兄弟，希望以努力發揚東方文化相共勉。可惜子爵已經去世，但他的話，使我留着很深的感謝與回憶……」（三月十六日在京招待日本經濟考察團致辭）

這也許就是到勝利後「對日寬大」的基本精神，也許就是今日日本方面在喊「援助中國」的張本。

原子彈與東方政治家

張羣到日本去的時候，外籍記者的電報中一再指出其中有東亞反共同盟及中日韓合作的可能，均由中央社一一否認。而「麥皇」特別在星期日招待這位上賓，似乎也是一種迫切期待中的殊榮。

「本社記者對於外國報紙，」中央社東京記者說，「所傳有關張氏的各種傳說，雖然未予以證實，但可確言者，卽張氏訪日所予日本全國在精神上，思想上的轉變，對於中日今後關係，乃至整個遠東局勢，必將發生極大影響。」

官方認爲張氏來日後之一言一動，不僅引起麥帥及盟總高級官員乃至東京外交團方面之極端重視，事實上，且予日本朝野及各地日人以極大衝動。他在各地一再提出「日本必須實行思想革命與心理建設，向民主政治邁進」，獲得日本全國輿論的接受，甚且進而醞釀爲一種運動。這也就是說中國要與日本同樣將接受美式民主，在形式上，用這種共同的運動而結合爲同盟。

若干盟總官員「亦表驚異與贊揚」認爲是只知被動的服從，而未作到自發地前進，此實待於融合熱情與理智的政治家之精神領導。日政界某權威人士稱，「原子彈對廣島轟炸，使日本軍閥屈服於盟國戰爭武力，蔣主席八一四對日聲明，使日本國民拜服於中國的偉大精神之下，而此次張羣要求日本國民實行思想改革與心理建設，則又與盟總所提的改革法律制度的指令不同，而為一種東方政治家的積極的精神的領導。」日人為了再起，不惜以臣妾之道事麥皇，假如眞是這麼說，那又是以同樣的聲音也。在「援助中國」，而事實上，却還是為了他們軍備及武裝的再建。

張羣氏不能不說是一個好演員，「在中日文化協會，……以寬猛相濟之語調指責日本軍閥，並請日人實行思想革命，心理建設，以使和平民主日本之實現，而使出席日人感激下淚。……東京，廣島，大阪，神戶，京都，奈良各地各界日人領袖，踴躍求見張氏之擁擠與悔過求教的眞情，尤以張氏在廣島所說，『廣島雖不幸為終結戰爭之終點，但願廣島更為和平日本的起點』，以及呼籲廣島華僑代表協同日人建設民主日本之訓示，使中日人士及在場盟國官員，均為所動……記者在大阪更親見張氏接見日本經濟界領袖時，痛責過去日本對華經濟政策，指出今後日本必須澈底實行政治民主化，始能期待中國乃至其他國家的諒解與援助，而使日人衷心接受……在琵琶湖作短時修養時，尚有當地日人，地方長官前來謝罪求教……張氏書桌上，滿堆各地日本民衆所送之致敬與悔悟函件……」

在原子彈與東方政治家之下，日本官民高呼「我知罪了」，既然是「放下屠刀的」屠夫，猶且「立地成佛」，何況兄弟之邦，當然攜手已在不遠了。

日本工業的力量

中國在三年前獲得勝利以後，本以為接收了東北及台灣的工礦設備可使工業技術進步一百年，但這個機會錯過了，我國的工業並沒有進步，反而向倒退的方向去走。反觀日本的工業却在安定的環境中，恢復了大部。而日人也就有了自信的本錢。

據日本金剛鑽雜誌稱：日本工業生產能力在投降時曾降至一九三四年至一九三六年水準百分之十，現已約達該水準之半。該文指出現有工廠及工人數目均達戰後最高額，約共有工廠十一萬家，工人三百六十萬名。

經過精密檢討之後，該刊得到一個結論，即生產量並未與工廠及工人數目成比例增加。此種離奇局勢乃由於工作效率的低減，適當設備與資金之缺乏，及因管制經濟而生之從事拖延的官僚習氣所造成。

戰後工廠的分佈與戰前已有很大的不同，就是已由大阪移到東京，這樣以來，原來的工業區的工廠數字大為減少，而本有很少工廠的地方至此則大為加多。

還有一個特別的現象特別值得注意的，也就是次等生產工業的發達，如木器，印刷等工業的增加比率，在戰事結束後幾乎比戰前多了一倍，這也是以表示消費能力的增加，與人民單位生產力的恢復也大有關係，民主也因此被粉飾了出來。

據錄去年全年各類工廠數字為：金屬工廠一〇一六七家，機器零件廠二三七四七家，化學工廠八一二七家，煤氣及電廠九二五家，陶器廠五六一三家，紡織工廠一五六九九家，木材及木器工廠一二四一二家，食品工廠一三三六三家，印刷及裝釘工廠二三一四家，其他工廠六四五四家，去年生產總額估計為三千億。（日圓）

最後該刊並指出僱用工人在五十名以下的工廠幾佔總數百分之八十九，而佔總數百分之十一的大工廠內，所僱用的工人約佔全日本工人總數的百分之六十三。

從上面看，日本保留下的工業的重點在那裏，及工作的對象都可以看出來，我們重新倡導以弱羊與猛虎為友嗎？

中日能貿易嗎？

中日貿易能够恢復嗎？

有人看到海南島的鐵，長蘆的鹽，台灣的糖，以及開灤的煤，都在陸續輸出，以換取外匯，（或實用物資）及日貨在華南大量的泛濫着，便認為中日貿易已在恢復了，這還是一種太天眞的看法，據中國官方中央社所發表的消息是：「中日貿易短期間難望開展。」

在中日未恢復邦交之前，只有一個單位可以和日本有交易行為的，那就是中央信託局，而二年多以來，這僅有的機構在對日本貿易上就欠了日本貿易廳一千萬美元，無法償還。為什麼有這樣的現象呢？

一位過去作過駐日代表團團員某氏說：

「中信局係以低廉的官價，收購出口易貨的物品，並按官價外匯折付價款，致使若干有貨輸出的機構，不願出售貨品，迄今無法清償所欠日本的債務。」

這位熟悉情況的人士又說，海南島鐵礦沙二十五萬噸及大冶鐵礦沙二十萬噸，皆係售交英商轉售日本者，此乃因英商不僅出價較高，而且能够直接付出了外匯的原故，由於中信局的這種政策，乃使中日貿易前途渺茫，赴日本的私人貿易代表也在寫信給國內說：

「一事無成。」

據華南經建最大的基地台灣消息：

「台灣在一千萬美元中所欠者佔二十分之一，即約合美金五十萬元。計中信局前代台省自日本購運台省鐵路局所需的火車頭五輛，價值美金三十四萬餘元，台省農林處所需的種子一批，價值美金二萬餘元，運台交貨已一年有餘，而台省迄未償還相當的易貨產品或現款。嗣後又自日本運來台灣航業公司所購的減速齒輪，台灣紡業公司的鋼鋼布，台灣電力公司所購的電礙子及鐵路局所購的機車配件，其價共值美金十餘萬，亦因台省未付款而堆存高雄未能交貨。」

幣制比較穩定而有大量物資出口的台灣物資調節委會尚且如此，其他內地，當然更可想見。中國出口數字是跌落的，這樣只有使中央信託局早晚要失了控制的能力。

對日貿易，缺少良好的配合，如果認為立即開始，怕為期尚早，決不會因為張羣之行，便有根本改觀，但無疑的他們要談到這個問題。

而四強之一，竟是戰敗國的債戶，設有人看到東方政治家對這一點來說些什麼？

收獲是什麼？

張羣就要回來了，他在去的時候說道：

「此行將以私人資格赴日，但在日如有見聞於返國後自當貢獻政府參考。」又說：

「韓國之行將於日後決定，至今後有無其他旅行計畫，目前尚未考慮」。

不管從那個角落看，張羣一定有其收獲的，最簡單的一件事就是中國與日本的交通路線打開了，下文可以為證：

中央社東京二十六日專電，盟總所特許之中國公司，又有二家即將在日本開幕，致中國在日進行業務之團體，不久將有三家。即將在日進行業務之二公司，一為中國銀行東京分行，定九月一日正式開幕，一為招商局日本分局，亦將於下月初開業。據悉：各分局與分行建立稽延之原因，在於尋找辦公地址，極感困難。按目前經盟總准許在日工作之中國機關，僅有中央社東京分社一家，中國航空公司雖已獲盟總核准，但尚未在此進行業務。

雖然這是一個開端，但更多都是從極少來開端的。（八日）

河西——農民的地獄（山丹通訊）

谷苞

離開了蘭州，沿甘新公路向西走出一百多公里，斷續的長城和殘存的左公柳，對於一個旅行者除了憑添荒涼的感覺外，又怎能不觸動一些歷史上的回憶。如果這個旅行者沉緬於漢唐的盛局而自我陶醉，自然他可以帶着一幅憑吊、古老，甚或是獵奇的心情，滿意的完成他的旅程，可是當一個有心的旅行者把目光放在了現實生活上面時，眼前活生生的悲劇，將會使他不寒而慄。

森林的爛伐造成了水利的涸瀆，政局的動盪又造成了「兵匪」的禍亂，二三十年來生活在河西的農民，早沒有了天日。常言說：「水往低處流，人向活處跑。」十幾年前當他們無法在家鄉自容時，都相率拋棄了田舍四出逃亡。那時候田地是一種累贅，人們都在慷慨的贈送着，但是却無人敢於接受。今天，從永登縣城沿着公路往西走，途中還可以看見無數荒蕪了的田畝，和當日那批逃亡者所遺留下來的房舍。從永昌縣城到山丹縣城中間一百零四公里，景象更爲悽慘，除了隣城的幾個村落外，中間幾乎全是斷絕人煙的漠野，在大片的熟荒裏點綴着人去屋空的廬舍。到今天演了二三十年的這幕悲劇，並沒有落幕，看樣子還要演下去，眞太慘了。

筆者等一行五人爲了對於河西農家經濟的研究，在山丹離開了公路南下走入鄉村，山丹這地方並不能算壞，在清朝末年以前，對於河西幾個富裕的縣分，曾有過這樣的形容，「金張掖，銀武威，銅高台，鐵山丹。」這幾個縣分在官吏們的眼中顯然是被列爲競逐的肥缺。就在這樣的一個縣分裏，我們所選樣調查的第一個村落，又算是比較的富裕。在這個村落裏擁有着一百三十多戶人家。在今年舊歷五月間青黃不接的時候，能够吃飽肚子的人家才不過十一二戶，其餘的大多數人家靠着少量的穀物和大量的野草，吊着一口斷不了氣的命。雖然精壯的小伙被飢餓磨得四肢無力，然而還算好他們畢究沒有像別村餓死了大量的人。他們衣着的可憐使得有破褐衣或氈衣穿的人家已經够稱不錯，在夏季裏赤着上身，冬季裏沒有衣服冷得足不能出戶的成年人，眞可算是少數中的少數。我說沒有褲子穿，並不像獵奇的旅行家們，把它當做一種笑料，炫式自己的見聞。也無意板起面孔橫起心來把它和所謂道德與民風連在一起，在我看來這一切都是從窮字上生根。這樣一種缺衣乏食的生活，也還不能算是最壞的情形。到了家中的食粮顆粒無存，而又告貸無門時，小孩子算是唯一可以出賣的財產，今年夏天永昌山丹民樂等數縣賣孩子的農民非常多，在這個商業蕭條的社會裏，人口的販賣算是本年度一種生意興隆的買賣，人同此心，這裏做父母者的心腸不會與別的地方兩樣，賣孩子何嘗又不是從窮字上生根。

窮，不錯的，然而窮根究竟長在什麼地方哩！是由於政局的動盪吧？不錯的，是由於水利的涸瀆吧？也是不錯的。然而除開了這些不談，還有一條貧窮的主根，這條主根便是猖獗的高利貸。說者常喜歡把河西農家的生活形容爲一般的貧困，這只能算是一種皮相而錯誤的看法。持這種論調的人，他們的論據是在河西土地的分配並不集中，以土地作爲剝削的關係，也不存在。這話在表面看起來是不錯的，由於土地報酬的低微，在一個農家所能經營的土地上，養活了佃農，便不能再有剩餘去養活地主，因而以土地作爲剝奪工作的租佃關係，自然不太佔重要的地位，然而租佃剝削的不太重要，並不就等於剝削關係的不存在。在河西剝削的重要工具是高利貸，靠了高利貸，在百分之九十以上貧農的困苦上，建築起了不到百分之十富農的富裕。因而河西農民生活的窮迫是實在的，富有仍然屬於少數人。

說起河西的高利貸來，它和河西的歷史一樣的著名。這裏我願對河西的高利貸做一簡略的說明，高利貸的形式重要者大概有五種：一爲借粮，二爲支粮，三爲支工，四爲合種，五爲剪毛。所謂借粮便是指着貧苦農家在春種或青黃不接的時候，向富農處告貸籽種與食粮，二、三、四日借出，八、九、十日歸還，利率分爲兩種，一爲「加五」，一爲「對斗子」，「加五」是春借一斗，秋還斗半。「對斗子」是春借一斗，秋還二斗。有田產信譽的人才能借得出粮，它在各種高利貸中利息最輕，還算是屬於上乘。所謂支粮，是指在青黃不接的時候，富農以極低的代價預備購了貧農的秋收。在今年五月間，此間一老斗（約三市斗）小麥的市價爲三百萬元，而支粮的價格普通却爲七十萬元。換言之在這時候貧農用之富農的七十萬元，在富農處僅購到了二升之小麥，在秋收後便要還富農小麥一斗。本利是原本的四・三倍。所謂支工便是指貧農在青黃不接的時候，向富農預支秋收的工資，普通秋收的工資爲三升小麥，而在支工時最多却能得到上數的三分之一至二分之一，即小麥一斤至斤半。所謂合種，是指着貧農將自已耕灌過了的田地，無種籽撒下時，請由富農播種，播種後田中勞作由雙方負責，待秋收後，除種籽本息以加五或對斗子歸還富農外，餘粮由雙方平分，田賦與捐稅都由貧農負擔。最後所謂剪毛，是指着貧農無力償債時，將自已的田地交由富農播種剪毛，剪毛又分爲活剪與死剪二種，活剪是秋收後如不足所欠債額數目時，差額仍由貧農補還，如有餘時，在理論上自然亦可退還貧農。死剪則不論秋收後收成的多寡，一概歸於富農，債務亦可一次清理。

高利貸通過了這種種的形式，在駭人聽聞的利息下，富與貧，剝削者與被剝削者之間有着清楚的分野。富有者靠了大量的耕地，介荒的無形獨佔了放牧與種荒，以及高利貸的盤剝，脫離了勞作過着富裕而有閑的生活，知識和教育自然容易替他們服務，自然他們也容易顯得有見識，容易接交官府了。這樣子在鄉村社會裏，不論在政治與經濟上他們都高踞在上層。有錢也有勢，錢與勢又會互張聲勢。貧農終歲勞苦，豐年裏缺衣乏食，荒年裏便不免出賣妻女。他們沒有餘閑，也沒有知識，受苦是所謂的命。高利貸對他們是一個塡不滿的黑洞，還不完的債。年年少不了還債，還債常是借債的原因，於是年年又少不了再借債。在河西有兩句俗話：一句是：「住了滾子（打場用），賣了甑子（裝粮用）」另一句是：「狠不怕，虎不怕，賬主張喊一聲斜站下。」前一句可以說明貧農的收穫還了債便是一場空，後一句可以說明債務人對債權人的恐懼心情。

債，債，似這樣還不清的債，製造了人世間無盡無止的痛苦，這樣的地方，大多數的農民在高利貸下過着這樣的生活，我不禁要喊出：「河西——農民的地獄。」

九月二日於山丹縣住奇寨

一個社會學者看東北（瀋陽通信）

陳 達

我生平有些名實不符的事情，但最明顯的矛盾，要算在最近東北之行所表現的。名為講學而去，實際趁此機會，領略一番本地風光，偶爾做些粗淺的社會觀察。果然，這些事體，骨子裏並無基本的衝突，但推開天窗說亮話，人家既約我去演講，總盼望我對於東北青年有所啓示，那知我自己所得到的益處，比我給予他們的益處，多而且大。按理論說，這是矛盾；依事實講，這是名不符實。

時代的轉變

抗戰以前，我曾經到過瀋陽兩次：民國十八年往檀香山去講學時，路過瀋陽，但逗留的時間不長。民國二十五年赴歐旅行時，亦由北平取道東北經西北利亞。此番舊地重遊，未免引起了一連串的感想。以前來時，是日本帝國主義的鼎盛時期。目下再來，悲喜交并的局面，呈現在我眼前：淪陷十四年的故土，重歸祖國，煞是可喜的事。但國共鬬爭，於斯為烈，尙不知如何演變，未免使人躭憂耳。

日人譯我述作的起源

在前述轉變的時代，我已開始任教於清華（民國十二年）。正值張作霖入關，坐鎮北平（民國十四年）。我的研究工作中，關於中國勞資爭議及罷工的材料，業已整理就緒，擬在北平南河沿經濟討論處的工商半月刊裏發表。當地公安局檢查稿件時，認為有關治安，將其全部扣留，迄未發還。以後我的『中國勞工問題』一書內第四章的材料，是根據留下的稿件重寫的。我同時依照罷工的資料，作一英文的總結，在美國的勞工統計局的勞工月刊披露（一九二六年十月號）。某日大阪大原社會問題研究所所長高野岩博士偕北平滿鐵事務所研究員宮本通治君，到我的書房談話，見我近八年來國內罷工的分析（清華學報，三卷一期，民國十五年六月）一文，囑宮本譯成日文，結果滿鐵北京公所研究室，作為滿鐵月報特刊第十三種，於昭和二年（一九二七）五月十五日刊行。從此以後，日本人偶爾譯我的述作。某日東岩松堂書店有人到我家中，商談繙譯『中國勞工問題』一書，我手頭剛有勞工月刊數冊，內中有『內亂期間的勞工狀況』一文（一九三〇年七月號），後亦見有日文譯本。不料譯者藉此鋪張中國的內亂，對於勞工情形輕描淡寫，簡略譯出，驟視之，成為敍述內亂的文字，實是斷章取義歪曲事實的明顯例子。

當抗戰初期，我在昆明曾接北平友人信，報告『南洋華僑與閩粵社會』的日文譯本，但余從來未見其書。此次在瀋市，余趁閒往交通部鐵路圖書館（戰前為南滿鐵路圖書館），經遲賀海的協助，得閱日文譯本。知由滿鐵東亞經濟調查局出版，作為南洋華僑叢書第六卷，由中島宗一執筆於昭和十四年（一九三九）九月二十日印行。此外，我在鐵路圖書館，找出些他處未曾見到的書籍與資料，這是南滿鐵路以前所搜集的，例如關東局的國勢調查統計表，人口動態統計及勞動調查結果表；加藤常賢的支那古代家族制度之研究；滿鐵調查課的中國祕密社會史；華工大苦力頭制度；滿鐵勞工協會的滿州勞動年鑑（康德七年）滿鐵撫順的滿人勞動者的體力檢查；并出季和太郎的南洋與華僑等。

珍貴的舊文獻

記得有些日本學者，喜歡用『國寶』來描寫稀有的典章文物。假如我摹倣他們的習尙，我對於瀋陽所見的有些舊文獻眞可當國寶之名而無愧。首先應該敍述四庫全書：清乾隆時，皇帝接受安徽學政朱筠的建議，開館校書，於十年之內（乾隆三十七至四十七年卽一七七一至一七八一年）共繕全書四份，分貯於圓明園之文源，大同之文淵，熱河之文津，奉天之文溯。此後復抄三部，於乾隆五十三年成書，分藏於揚州大觀堂之文匯，鎭江金山寺之文宗，杭州西湖行宮之文瀾。他處所藏之書有散失或殘缺者，獨文溯閣之書至今完整。文溯閣建於乾隆四十八年，當民國三年，段芝貴督奉時，曾將全書移至北平故宮之保和殿。民國十四年，奉天教育會會長等將全書運還。康德二年另建新書庫於文溯閣之旁，用鋼書架及鐵葉門窗以策安全。全書四部合計，共三，五九〇種，七九，八九七卷，三六，二三六冊，六，一三九函，二，三〇六，三六五葉，為全世界種類最多篇幅最繁的書。

文溯閣有扁額，漢文在右，滿文在左，這與瀋陽他處所見的碑文尊滿輕漢者有別。在文溯閣內，同時看到『玉牒』卽清朝皇室的家譜，亦手抄本，黃色綾面。前清有人見玉牒到來，必跪而迎之。

一日周之風圖書館長，伴芝生與余參觀市立圖書館。此館在前清時稱高麗館，為高麗人進貢時居住之所。內藏李朝（高麗）實錄，明實錄，及清實錄，皆在日本所刊刻者。

東陵與北陵

離瀋市東約二十里，為東陵所在地，前臨渾河，後枕天柱山。陵園寬大，樹木蒼茂，以松柏為多，淸太祖之墓在焉，墓成於天聰二年（一六二八）次年將太祖及太宗生母孝慈高皇后葬於此。康熙十七年（一六七八）大修陵園，成為今日的規模。內有『太祖高皇帝之陵』一石碑，滿文居中，蒙文在右，漢文在左。在滿洲國時期，凡到此參觀者，一般人止於前山門；荐任官及以上者止於隆恩門卽二門。門內為正殿卽隆恩殿，平時不開門。此次守門者和我們表示好感，居然拿了鑰匙來開門。入內見有太祖及皇后神主，有寶座三及祭桌若干，分列於殿之正中及兩旁。殿後有圓形墓，墓上有樹一，枝葉甚茂。墓旁有樹，蔚然成林。

北陵在瀋陽市偏北，遼水繞其右，渾河經其左，為太宗文皇帝之陵，其石碑滿文在右，漢文在左。上端因石已分化，用鐵片圈住。順治十三年（一六五六）已有墓，至康熙十七年始築陵園，布置與東陵相同。石獸八件分列於兩旁樹林間。芝生云：『這些翁仲，在秦漢時就有的。』但余不解，何以石獸中列入大象，因大象不是寒冷地區的產物。我為好奇心所驅使，站立在象邊，請潘世澂君攝影以資紀念。

工業與勞工

前述我於民國十八年經過瀋陽時，正值我的老友澳大利亞人端納氏充當張作霖的顧問，我請他代向日人介紹，以便參觀鞍山及撫順。端納氏曰：『以政府的立場言，東三省與日本，目前不是十分友善。君既交識若干日本學者，不如以學者的地位去接洽，比較可以圓滿些』。余雖接洽妥適，但因匆匆離瀋，未往參觀，引以為憾。此次重莅瀋市，鞍山雖已淪陷，撫順之遊，却很順利的如願以償，實是幸事。芝生孝通與余，某日分乘政委會的二指揮車向東駛去，於二小時內到達。蓋撫順離瀋約九十華里，因道路失修，有些地點，顯得坎坷不平。撫順鑛務局的主要工作，可以簡述如下：有（1）採煤（2）化煉（3）製鋼（4）發電各項。

採煤分露天採掘與下井採掘兩種，關於露天鑛我們看到綠色頁岩，這是最上層的；其下有油母頁岩，大致用作煉油的原料，此下卽爲煤層。採煤機每次可採三噸，連採兩次卽可裝滿一鐵兜。採好的煤裝入鐵皮車，以鋼索通電拖拉上州，每車裝煤二十八噸。

下井開採者目前已有三井，卽莘夫井，老虎台井及龍鳳井是。所費工程比較浩大，所到煤層比較更深，所採得的煤量可以較大。

化煉的主要工作，包括（A）煉焦煤（B）煉油（C）煉製副產品如染料肥料火磚水泥等。在撫順，煉油是極重要的工作，有大規模的工廠專司其事，可以煉汽油及各種工業用油。焦煤的一部卽用以煉鐵製鋼。發電廠以發電爲主要任務，在日人經營時代，可發電二四〇，〇〇〇基羅瓦特。日本投降後，新機器俱爲蘇聯撤去，目前只發電四千基羅瓦特，供本局各單位及瀋陽之用，往往是不够的。

撫順共有員工四萬餘人，連其家屬當有二十餘萬人。這些人直接或間接要依賴撫順來過活。撫順最重要的產品是煤，那是東北各種實業的原動力。目前一般的勞工們雖頗忠勤，但因物價高漲，感覺生活的艱難。他們業已提出最低限度的要求，盼望能够得到適當數量的高粱米，來維持他們自己及家庭的最低生活。惟據廠方的意見，因生產量的縮減及生產成本的提高，勞工們這種要求，短期間內尙難貫澈。

瀋陽的近代工業，集中於鐵西區，位於市的西部，鐵道之西。在滿洲國時期，日人曾費盡心力，來建設若干種的工廠。待日本投降後，蘇聯作有計劃的破壞，將新機器與新的科學設備，盡量拆去，我國自接收以來，有些工廠，湊集舊機器勉強開工。但因種種困難，目前從事生產的工廠，寥寥無幾。鐵西區一大半的工廠，現爲軍隊佔住，一般的煙筒未見冒煙。

就我們所參觀的工廠言，如兵工廠及資委會的橡膠廠等，原來的規模俱是很大的，眼前却是縮小範圍，因（一）原料缺乏，（二）生產成本提高，（三）勞工們感覺不安。

末一點似乎籠罩了東北的工業，但沒有企業家對於這個問題加以充分的注意。一般的工廠俱有考工課或人事課，但這些僅搜集並發表統計，或做些機械式的記錄工作。至於關於勞資關係，如雙方的感情及勞工們的心理等切要問題，似乎沒有人過問。

一般的勞工們，深深感覺到生活的壓迫。他們的收入遠不敷他們的生活費用。受雇者本人大概可以拿入款來維持生活，但已婚並有兒女者覺得收入太小，不能維持家庭的最低生活。猪肉每斤流通券陸拾萬圓，若以法幣計算，要乘十一倍半。最便宜的蔬菜如茄子或王瓜每斤流通券陸萬圓。至於長春，更遭遇着不可思議的經濟危機：高粱米每斤法幣一億七千萬圓，大荳每斤法幣一億圓。很少有人能以一日的所得，來買些足够營養的食品。在這種社會環境裏，許多勞工們對於工作感覺厭倦，因此減低效率；同時因心理不安，而發生仇視經理部的情緒；對於指導員及工頭，亦隨時發生爭執。骨子裏廠方與勞方互相猜疑，構成社會不安的普偏現象。

貧窮一瞥

瀋市的西北部，近皇姑屯站的地區，是貧民集居之所。那一個區域裏的住民，是全市最窮而無告者。我們可以舉出一例，以括其餘。某寡婦年三十一，一年以前喪其夫，有女二人，長者十歲，次者七歲。寡婦與二女住於一小屋內，屋長約十二步，寬八步。此屋之頂與壁，俱以木板爲之。木板有縫，寬者約一寸有餘。寡婦時常賦閒，有時替人縫短褲，一日所得可換高粱米一斤（市價約流通券壹拾五萬圓）。食品中有荳餅，每斤流通券壹拾萬圓，炒而食之。據說因餅中油料太多，食後常患腹瀉。荳麵亦是主要食品之一，每斗流通券捌萬圓，加水煑食，如稀飯然。筐中盛滿野菜，女孩在路旁雜草中摘來，有時與荳麵共煑，摻雜混合而食。

食物不足，養料不豐，各人面色慘白。二女孩的發育俱過份遲緩，瘦弱異尋常。沒有人能猜其年齡，最近似的估計，只能得着眞正年齡的一半。

木屋不蔽風雨，不遮日光，但全家在這裏過活已經一年有餘。

前面描寫了瀋陽最下層社會，這裏面沉淪了成千成萬的貧民。他們永遠在飢餓線上掙扎，未死者只能生存而已，不是生活，更講不到生活程度。誰能減少他們的飢餓，改善他們的生活，誰就是救星，就是眞正得人心的社會改良者。

杜甫在梓州閬州

馮至

（杜甫傳裏的一章）

「世亂鬱鬱久爲客，
路難悠悠常傍人。」（九日）

杜甫在綿州奉濟驛送走了嚴武，本想回到浣花溪畔的江郫，「寂寞養殘生」（奉濟驛重送嚴公），不料嚴武剛離開成都，徐知道就在成都叛變了。徐知道本來是成都少尹兼侍御史，而今他却把嚴武的官銜都加在自己的身上，僞稱成都尹兼侍御史中丞劍南節度使。關於他的叛變，史籍裏沒有詳細的記載，我們根據高適的賀斬逆賊徐知道表和杜甫的草堂詩，知道他從起事到被殺雖不到兩月，而成都所受的騷擾却不下於安史亂中的長安和洛陽。他趁着嚴武赴朝，成都空虛，於是北斷劍閣，杜塞援軍，西取邛南，擴張聲勢，沒有多久，便「蕩壞一隅，郊原已空，市內如掃」。他七月起兵，八月二十三日，被高適擊潰，隨卽被他自己的部將李忠厚所殺。成都一帶的混亂，却仍然延續了許久，兩年後，杜甫再回草堂，追述到當時殺戮的情形：

一國實三公，萬人欲爲魚，唱和作威福，孰肯辯無辜？眼前列杻械，背後吹笙竽，談笑行殺戮，濺血滿長衢。到今用鉞地，風雨聞號呼，鬼妾與鬼馬，色悲克爾娛。（草堂）

成都在轉瞬間竟淪入一個這樣難以形

容的慘境！杜甫在綿州得到這不幸的消息，想到江邊草堂和草堂中的妻子，都陷在賊中，死生莫卜，他或許會感到這是天寶十五載的再現吧。綿州不能久住，他爲了維持眼前的生活，只好到東川節度使所在地梓州。但當時東川以及山南西道，由於文官逸樂，武人跋扈，人民又不勝征役之苦，早已羣盜如毛，不復是太平世界。我們讀杜甫的苦戰行，去秋行，和後來在雲安寫的「前年渝州殺刺史」三絕句，便知道富庶的劍南在這中原混亂的時代中是怎樣也不能自居例外。所以舊唐書崔寧傳中說，「寶應初，蜀中亂，山賊擁絕縣道」，杜甫獨自一人在東川的道上也不免惴惴擔心，路過梓州銅山縣光祿坂時，日落昏黑，「馬驚不憂深谷墜，草動只怕長弓射」（光祿坂行）。

這是蜀中的情形，我們再越過劍閣望一望外邊的世界。寶應元年十月官軍與回紇兵克復了東京，回紇入東京後，肆行殺掠，死者以萬計，火經旬不滅。朔方神策軍也因爲東京及鄭汴汝諸州，「皆爲賊境所過，虜掠三月乃已，比屋蕩盡，士民皆衣紙」（通鑑）。次年（廣德元年）春正月史朝義縊死廣陽，田承嗣李懷仙等紛紛投降，轟動一時的安史之亂才算勉強告了結束。杜甫遠在梓州，聽到官軍收河南河北，一時驚喜欲狂，脫口唱出那首驚天地動鬼神的「劍外忽傳收薊北」的名篇，至德以來六七年胸中的鬱結好像在這八句詩裏發洩無餘。

這首詩後來不知打動過多少亂世中流亡者的心，（就是在一千一百八十二年後八月十日的那晚，也曾經被全中國的人民所歌誦，）但杜甫的狂歡只是曇花一現，沒有能够持續多久，外面混亂的局勢並沒有隨着薊北的收復而稍爲澄清。杜甫在秦州時所憂慮的那個西戎外甥國，在先還是時而入寇，時而請和，勢力漸漸東侵，等到廣德元年七月，竟大舉來犯，入大震關，取鄯洮岷秦成渭等州，河西隴右，全告淪陷。朝廷詔焚棧道，也不能遏止；邊將告急，宦官程元振又蒙混代宗，不讓他知道。直到初冬十月，吐蕃取道涇州邠州南下，代宗才知道大勢已去，倉遑東奔陝州，致使吐蕃「不血刃而入京師」（柳伉上疏中語）。吐蕃到了長安，「剽掠府庫市里，焚閭舍，長安中蕭然一空。……六軍散者所在剽掠，士民避亂，皆入山谷」（通鑑）。杜甫遠道聽聞，得不到正確的消息，既苦於「西京安穩未，不見一人來」（早花），又感到「亂離知又甚，消息苦難眞」（遣憂）。但長安於八年內，兩度陷落，遭受焚燬，他最爲痛心，「隋氏留宮室，焚燒何太頻！」（遣憂）廣德二年春，他在閬州才聽到收復宮闕，代宗於去年十二月回到長安，寫成排律傷春五首，這與廣德元年的有感五首，述古三首有同樣的意義，是杜甫最重要的政治詩。在傷春裏他論到朝廷應剷除小人，「不成誅執法，爲得變危機」；在有感裏他以爲若一新宇宙，只有行儉德，因爲盜賊也是人民；在述古中則諷當時的理財者，榷稅四出，利悉錐刀，「法令如牛毛」。他更在釋悶詩中直述政府的腐敗：「天子亦應厭奔走，羣公固合思昇平，但恐誅求不改轍，聞道嬖孽能全生；江邊老翁錯料事，眼睛不見風塵清。」

這時高適代嚴武領西川節度，吐蕃陷隴右，逼近長安，高適率兵臨吐蕃南境，本欲加以牽制，不料松州被圍，到十二月松維保三州和西山城戍也全被吐蕃攻陷。松州被圍時，杜甫在閬州寫驚急，王命，征夫，及西山三首，對於邊疆的危急，不勝焦愁，而悲涼激壯，成爲五律的絕唱，松州陷後，成都振動，杜甫爲閬州王使君擬論巴蜀安危表，希望減省軍用，諸色雜賦名目，能够「省之又省」，因爲巴蜀人民困於軍須，充備百役，已經到了無法應付的地步。「十室幾人在，千山空自多，路衢唯見哭，城市不聞歌」（征夫），這是巴蜀一片凋零的景象，所以他送陵州路使君赴任時，一再勉力他，「戰伐乾坤破，瘡痍府庫貧，衆寮宜潔白，萬役但平均！」

安史之亂，亂兵本不及江南，但是當杜甫在成都時，上元元年十一月，劉展起兵宋州，橫行江淮，次年正月敗死，這時江淮的人民也嘗到戰爭的茶毒。等到杜甫流亡梓州，寶應元年八月，他的好友鄭虔所在的台州，又有袁晁之叛，陷浙東州郡，次年四月，才被李光弼討平。他在喜雨詩中也暗自祝禱，「安得鞭雷公，滂沱洗吳越！」

我們在這裏把這紊亂的時代作一個簡短的轉述，只爲的是同時要看出，這世界裏的一舉一動都和杜甫聲息相通，具體地反映在他的詩中，甚於其他的史籍。並且他更進一步，抒發出他的「盜賊本王臣」「萬役但平均」的政治意見。我們反轉來看一看杜甫所依附的那些官吏，「劍南歲月不可度，邊頭公卿仍獨驕」（嚴氏溪放歌），他們的生活和杜甫的心情恰恰成爲一個對照！

綿州的杜使君打魚縱樂，梓州的章使君率領猛士三千，從容校獵；至於攜美人女樂，泛舟江上，輕歌妙舞，燈前引得大魚都探出頭來，聽曲低昂，如有所求，更是那些縣令刺史們的日常生活。杜甫陪着他們狂歌痛飲，有時也感到「寇盜狂歌外，形骸痛飲中」（陪章留後宴南樓），但他對於漫無節制的打漁校獵，無論爲了這痛苦的時代，或是爲了同情生物，都覺得是不能忍耐的。他在又觀打魚詩中說：「干戈格鬥尙未已，鳳凰麒麟安在哉！吾徒胡爲縱此樂，暴殄天物聖所哀！」他望着章使君冬狩時聲勢浩大的陣容，他說：「飄然時危一老翁，十年厭見旌旗紅；喜君士卒甚整肅，爲我迴轡擒西戎，草地狐兔盡何益，天子不在咸陽宮……」（冬狩行）

杜甫於寶應元年（七六二）秋從綿州入梓州，晚秋時，一度回成都迎家到梓州，廣德元年（七六三）秋和廣德二年春到過兩次閬州，寶應元年十一月曾南遊射洪通泉，廣德元年春又再赴綿州，西去漢州：杜甫雖然說，「三年奔走空皮骨」，實際上他往來梓閬之間，從離成都到再回成都，不過只有一年又七個月。杜甫在這時期內，「愁窺高鳥過，老逐衆人行」（悲秋），「計拙無衣食，窮途仗友生」（客夜），生計完全依賴那些「邊頭公卿」。這些使君縣令，只知道杜甫能詩能文，懂得一些藥理，用到他時便「肥肉大酒」相邀，酒肉之外，並沒有愛敬的眞情（見嚴氏溪放歌）。梓州爲東川節度使治所，自從成都變後，地位更爲重要，無論是入京或入蜀，成爲往來官吏的必經之地。那些地方官每每設筵迎送，杜甫也陪居末座，寫了許多陪筵和送別的詩，這些詩多半是應酬之作，「淺率無味」（王嗣奭語），與前邊提到的有感，傷春諸篇，又成爲一個對照。

這正是他的最傷心處。他又和長安時一樣，自稱「賤子」，和長安時一樣，詩題中「陪」字又一再出現了。他陪着那些官吏們登山遊水，就是對於他們的幕寮也得伴作親切語，說些好像不分彼此的話：「幕下郎官安穩無，從來不奉一行書，因知貧病人須棄，能使韋郎跡也無」（投簡梓州幕府兼簡韋十郎官）。

他得助最多而最須小心侍奉的是梓州刺史東川留後章彝。嚴武本爲兩川節度使，被召還朝後，高適代西川節度，東川節度虛懸，廣德元年夏，才派判官章彝來任梓州刺史兼東川留後。章彝以前，有杜使君，楊使君先後守梓州，前者任期較長，後者則很短促。章彝能訓練士卒，指揮部屬，被杜甫推崇爲「淮海維揚一俊人」（奉寄章十侍御），也許因爲嚴武的關係，時時照顧杜甫。杜甫也就「屢食將軍第，仍騎御史驄」（陪章留後侍御宴南樓），陪他宴會，陪他迎送客人，陪他遊山寺，陪他打獵，廣德元年十一月，杜甫「將適吳楚」，章彝設筵餞行，他留別章使君留後兼幕府諸公」時，說得最爲沉痛：

我來入蜀門，歲月亦已久。豈惟長兒童，自覺成老醜。常恐性坦率，失身爲杯酒，近辭痛飲徒，折節萬夫後。昔如縱壑魚，今如喪家狗。既無遊方戀，行止復何有。相逢半親故，取別隨薄厚。不意青草湖，扁舟落吾手。

杜甫這樣小心謹愼應付章留後和他的幕僚，贏得在梓州時免於凍餒，離梓州時獲得旅資，其中含有無限的辛酸。但杜甫的吳楚之遊並沒有實現，而章彝在廣德二年罷梓州刺史東川留後，將赴朝廷，尙未成行，便被再返成都的嚴武因爲「小不副意」立卽杖殺了。

時代是這樣錯綜混亂，自已的生活又這樣可憐，這中間給他的精神一些解放，使他的內心有一些昇發之感的，是武后中宗時代的幾個挺拔不羣的人物：陳子昂，郭元振，薛稷。他奔走於梓閬之間，是爲了生計，只有寶應元年的射洪通泉之遊，可以說始終是懷着一種嚮往的心情，因爲在這裏他憑弔了他所景仰的人物的遺跡。

他在綿州送梓州李使君赴任，就想到射洪縣的陳子昂：「遇害陳公殞，于今蜀道憐，君行射洪縣，爲我一潸然！」這個感遇詩的作者，無論他的人格與他的詩文，都是開元時代文化的先驅，我們在敍述杜甫的童年」時已經提到過他。他是杜甫祖父的朋友，文字宏麗，武后時一再上疏，陳辭慷慨；他雖然體弱貌寢，他的精神却懍然一世，爲李白杜甫韓愈柳宗元所推重。他於長安二年（七〇二）以四十二歲的壯年被故鄉射洪縣令段簡陷害，死在獄中，更引起後人無限的同情。杜甫在寶應元年晚秋把妻子從成都接到梓州，稍事安頓後，便去射洪縣訪陳子昂的故居。縣北涪江畔金華山玉京觀有陳子昂讀書堂遺跡，東武山下有陳子昂故宅，故宅壁上有趙彥昭郭元振的題字。陳子昂名懸日月，同遊又多英俊，「盛事會一時，此堂豈千年，終古立忠義，感遇有遺篇！」（陳拾遺故宅）

射洪南六十里是通泉。郭元振少年時，任通泉尉，「落拓不拘小節，常鑄錢，掠良人財，以濟四方，海內同聲合氣，有至千萬者。則天聞其名，驛徵引見，……令錄舊文，乃上古劍歌，則天覽而佳之，令寫數十本，遍賜學士。」（張說郭代公行狀）隨後數上疏陳邊疆利害，佐玄宗除太平公主和她的黨羽，都能決幾應變，在杜甫眼中是一個不能以常情量度的「豪俊」。如今走到他的故宅，在池館間只感到「精魄凜如在，所歷終蕭索，高詠寶劍篇，神交付冥漠！」（過郭代公故宅）

至於在太學中與郭元振趙彥昭同業的薛稷，因爲與太平公主同謀，賜死萬年獄中，但是他的字畫，尤其是畫鶴，却冠絕一時，稱爲神品。杜甫觀賞通泉縣署壁後薛稷的畫鶴，慧普寺中「鬱鬱三大字」和西方諸佛變相圖，想到薛稷的秋日還京陝西十里作一詩，他這樣稱讚他：「少保有古風，得之陝郊篇，惜哉功名忤，但見書畫傳。」（觀薛稷少保書畫壁）

他除去按照情形的不同，歌詠這三人的人格，功業或藝術外，他對於每個人都提到他們代表的詩篇，這些詩是那健康時代的代表的聲音，杜甫對之懷有無限的嚮往，所以他說這次的旅行：「此行疊壯觀，郭薛俱才賢，不知百載後，誰復來通泉？」

他在梓閬一帶也遇到一些新知和故舊：如「梓中豪俊」嚴二別駕，「人好烏亦好」的射洪李四丈，相約同煮茯苓的閬州嚴氏漢主人；「往還二十載」的韋贊善，經營草堂時向之索求松樹秧和大邑瓷的韋班，「童稚情親四十年」的路六侍御，「亂後今相見」的元二，以及他的舅父崔都水翁，和在閬州會見的二十四舅和十一舅。但是那些新知多半是偶然相識，彼此一度傾心，隨後也就沒有繼續更深的友情；故舊則是異地遭逢，多半是「更爲後會知何地，忽漫相逢是別筵」（送路六侍御入朝）。他們對於杜甫的生活，如輕風掠水，沒有多大影響，在這裏我們不能不略爲提及的只有漢中王李瑀和房琯。

漢中王瑀是汝陽王璡的弟弟，「早有才望，偉儀表，初爲隴西郡公，天寶十五載從玄宗幸蜀，至漢中，因封漢中王」（舊唐書本傳）。杜甫在長安初期曾經得到過李璡不少的幫助，而李瑀則是杜甫的「忘形故人」（見追酬故高蜀州人日見寄序）。天寶十三載秋長安霪雨，杜甫曾有詩奉寄，深以礙於行潦，不能晤面爲苦，如今李瑀出爲蓬州刺史，滯留梓州，二人相見，「百年雙白鬢，一別五秋螢」（戲題奇上漢中王三首），因爲他們都在五十左右，而杜甫從乾元元年出爲華州司功到如今正是第五個秋天。杜甫本想與李瑀飲酒話舊，不料李瑀正在斷酒，旁邊還貼着戒酒的座右銘，感到無限的失望，縱使「蜀酒濃無敵，江魚美可求」，也只有自醉了。次年（廣德元年）秋，李瑀又來梓州，曾在水亭中與章彝，棊手席謙，杜甫相會。杜甫在這時期內寄給他的詩並不算好詩，但一方面感王門舊遊，喪亡殆盡，一方面又強破愁顏，故作謔語，使人聯想起死去的李璡和遠謫台州的鄭虔，而感到無限的蒼涼。

房琯自乾元元年六月貶爲邠州刺史，上元元年四月改禮部尚書，隨後又出爲晉州刺史，八月改爲漢州刺史；廣德元年四月拜特進刑部尚書，這是代宗即位後，房琯嚴武一派又漸漸得勢的徵象。杜甫在這年晚春自梓州送辛員外至綿州，又從綿州到後州，可是杜甫到時，房琯已經起程赴京。他不見故人，只能泛舟於故人在漢州城西北角開鑿的房公西湖，在舟前對着成羣的小鵝兒寫出「鵝兒黃似酒，對酒愛鵝兒」那樣天眞而有情趣的詩句。房琯走到閬州，便因病不能前進，八月四日死於僧舍，杜甫於九月又從梓州趕到閬州，弔唁這位與他一生運命有深切的關連的同鄉知已，在九月二十二日寫了一篇沉痛的祭故相國清河房公文，他還念念不忘鳳翔時疏救房琯，「伏奏無成，終身愧恥！」

綿州梓州屬劍南東道，閬州屬山南西道，前者以及涪城射洪通泉等縣都臨近涪水，後者則被閬水（即嘉陵江）環繞。射洪雖產生陳子昂，但陳子昂並沒有給這一帶的山水揭開面幕。反倒是四傑中的王勃盧照鄰楊炯起始歌詠這裏的山川建築，而牠們爲世人所知，生動地呈現於遠方人的面前，則要歸功杜甫了。

「遠水非無浪，他山自有春」（「鄭城西原送李判官兄武判官弟赴成都府」），人們只要虛心觀看，到處會發現自然中的美，杜甫是一個最善於觀看的發現者。我們前邊說過，杜甫爲了衣食不得不陪着那些刺史縣令宴會，不得不迎送來往的官吏，宴會的場所多半設在寺院或園亭，迎送的地方不外江邊或郊野，那些陪宴詩，送別詩是不得已的酬應，沒有深厚的感情，有的甚至淺薄乏味，但是宴會與迎送却無形中給與杜甫一個機會，即是更多一些觀看周圍的山水。

像是「日出寒山外，江流宿霧中」（客亭），「花雜重重樹，雲輕處處山」（涪江泛舟送韋班歸京）那些後代畫家常常用以題他們的畫本的詩句還可以代表一般的山水，「青青竹笋迎船出，日日江魚入饌來」（送王十五判官扶侍還黔中），「青惜峯巒過，黃知橘柚來」（放船），已經是蜀中的景色了；至於「青山意不盡，袞袞上牛頭」（上牛頭寺），「閬州城東靈山白，閬州城北玉台碧，松浮欲盡不盡雲，江動將崩未崩石」（閬山歌），則純然是梓州閬州的山水圖，我們不但由此看得見山水的形勢，並且好像還聽得見山水的聲音。杜甫不管是獨在旅途，或是陪奉官吏朋友，就用他的獨創的詩筆給我們拘畫出一幅川北百餘里的長卷。我們望見綿州西北的越王樓，「碧瓦朱甍照城郭，樓下長江等丈清」，涪城山腰上的香積寺官閣，「含風翠壁孤雲細，背日丹楓萬木稠」，梓州城北長平山上的惠義寺，西南牛頭山上的牛頭寺，南山上的兜率寺，閬州城北的玉台觀和觀內滕王元嬰修建的亭子，還有南池畔漢高祖的祠前「終朝走巫祝，歌舞敬靈衣」。我們更由於杜甫才知道，「閬州城南天下稀」（閬水歌），通泉縣北十五里的山水是「一川何綺麗的盡日窮北觀！」

在這樣的山水中他到處奔走，始終是作客的情懷，沒有作過令住的打算。他一方面惦念草堂，一方面又作東遊的計劃。他在成都亂後，倉遑從綿州入梓州，「十步一適首」，不知浣花草堂還存在沒有（從事行）。後來囘成都一次，接取妻子，才知道草堂在大亂中幸而安然無恙。但先以亂後不定，繼以成都受到吐蕃的威脅，同時他又想東適吳楚，雖然有老友高適節度西川，也只好把草堂放棄了。然而他對於草堂總不能忘懷。每逢有人囘成都，他都囑託他去看一看他的草堂：他送韋郎司直歸成都時說：「爲問南溪竹，抽梢合過牆」，送竇九歸成都也說：「我有浣花竹，題詩須一行！」他在奇題江外草堂詩中把經營草堂的始末和不得已離開草堂的原委，寫得詳盡而親切，最後還一再以堂前的四棵小松爲念。並且他常常打發他的弟弟杜占囘去探視草堂，還諄諄地囑付他：「鵝鴨宜長數，柴荊莫浪開，東林影薄，臘月更須栽！」（舍弟占歸草堂檢校聊示此詩）

他在成都時就常常想沿江東下，如今蜀中不靖，更加強他的東征之念，他於是進一步作具體的準備。使他不能成行的只是旅資無法籌措，寶應元年冬訪陳子昂故居時，他就向射洪的李四丈說：「南京（成都）半初定，所向色枯槁，遊子無根株，茅參付秋草。東征下月峽，挂席窮海島，等里須十金，妻孥未相保。」他先只是想到江南，次年春聞官軍收河南河北，念及東京的田園，一時興奮，便想「卽從巴峽穿巫峽，便下襄陽向洛陽」，這是很堅定的語氣，好像立卽可以成行了，但仍然是困於旅資，一步也不能走動。隨後梓州登樓，遙望故園，追思吳會，念蜀中交遊冷落，「應須理舟楫，長嘯下荊門」，也只是徒託幻想。所以他在涪江邊送他的舅父崔都水使下峽歸洛陽時，說出這樣哀婉的話：「別離終不久，宗族忍相遺？」直到這年九月因爲房琯之喪，第一次赴閬州，他仍然感慨「故國見何日」，有時竟覺得長此「飄蓬無定所」，也實在疲倦，索性就在嚴氏溪附近隱居下去（見嚴氏溪放歌）。

至於他東遊的計劃漸漸能夠實現，則在他三月後歲暮因爲「女病妻憂」再入梓州時。旅費多半是章彝和他的幕府諸公所贈。臨別時，章彝爲杜甫設筵餞行，樓前出馬，帳下羅賓，紅旗招展中，到日落鳥歸，飲筵還沒有結束，暫後杜甫向主人說：「隨雲拜東皇，挂席上南斗，有使卽安書，無使長迴首。」（將適吳楚留別章使君留後）章彝並以梓中特產桃竹杖相贈，他拿到手裏想到路途的艱難，興奮地向桃竹杖說：

杖兮杖兮爾之生也甚正直，
愼勿見水踴躍學變化爲龍，
使我不得爾之扶持
滅跡於君山湖上之青峯。
噫風塵澒洞兮豺虎咬，
人忽失雙杖兮吾將曷從？

他決定東征，在廣德二年初春攜妻子至閬州，以便沿西漢水（卽嘉陵江）至渝州東下。這時或許由於嚴武的推薦，朝廷召杜甫爲京兆功曹，但他東遊計劃已定，只好拒絕了。但是當他向各方面寄詩辭行，準備起程時，嚴武又拜成都尹兼劍南節度使，他聽到這個消息，浣花草堂又在他的心中增加了分量，致使他立卽放棄既定的行程，決定囘成都。他「殊方又喜故人來」，寫成奉待嚴大夫及將赴成都草堂途中有作先寄嚴鄭公等詩，詩調是那樣發揚流利，給這一年又七月沉鬱的生活作一個快樂的結束。

他臨行前，駐馬孤墳，和地下的房琯作了最後的訣別，於是率領妻子又作西川遊了。他上次冬晚獨自一人由閬州囘梓州時，一路是「前有毒蛇後猛虎，溪行盡日無郁塢，江風蕭蕭雲拂地，山木慘慘天欲雨」（發閬中），時隔不及三月，依然是棧懸橋斷，林巒迴複，人煙稀少，而杜甫一家人在這裏穿行，「僕夫穿竹語，稚子入雲呼，轉石驚魑魅，抨弓落狖鼯」（自閬州領妻子却赴蜀山行三首），我們只聽見一片笑樂的聲音。

新路

周刊

第一卷 第二十期

CASER THE NEW ROAD

中國社會經濟研究會發行

民國三十七年九月二十五日出版

短評

東北的通貨膨脹——新幣制的致命傷

新幣制推行了已經將屆一月。雖然政府以雷霆萬鈞之勢限制物價於八月十九日之水準，但是各項物價仍不免暗中有蠢動之象。有時即使外表價格不動，但是品質成份却在降低；有時某些商品在公開市面上（即按政府限價）根本無法購得，形成有行無市的狀態。揆其原因，不外發行的猛烈增加造成人民對商品需求的急速膨脹所致。自從改幣以後，發行增加之速竟超過以往任何時期。這是使任何人不能不對金圓前途抱極大隱憂的。

發行的來源一部分固然是由於政府收兌金鈔而放出的。但是主要的恐怕還是政府的軍政支出。在內戰方殷的時候，軍事費用的浩大固然是意中事，但是各種費用是否覈實及是否已盡量節減實待考究。各地軍政支出，尤以東北一區最爲駭人聽聞。東北自接收以來，軍事接連挫敗，現在政府所控制的土地僅僅長春瀋陽錦州三個孤立的據點而已。但是我們聽說以長春一彈丸之地，每月經費即將達七億金圓之鉅。東北全區之支出幾達全國總支出之百分之六十之多。以區區之劫餘殘地何以需要這樣龐大的支出呢？東北駐軍之多可能是一理由。東北號稱有八十萬大軍。以區區三個據點如何容納得下這八十萬雄兵，已經是一疑問，而既擁有八十萬雄兵，何以不僅不能作面的開展，甚至連據點之間以及和關內的陸路交通線都無法打通，是一個更大的疑問。放下這兩個疑問不提，即使我們承認東北確有八十萬大軍，也不能作爲這樣龐大的開支的充分解釋。

另一理由即是東北物價之高。瀋陽物價的確高出天津一帶十數倍，長春是久被圍困的危城，物價更不堪言。但是東北一向使的是流通券，東北物價與關內物價的比較，還得看流通券與法幣的兌換率而定。流通券的購買力的下降，既然更快於法幣，政府即應將流通券對法幣之兌換率隨之減低。猶之台幣對法幣之兌換率可以因台幣價值之比較穩定而逐漸提高一樣。以流通券及法幣之購買力平價計算，流通券與法幣之兌換率最多只應爲一比一，決不可再維持一比十一·五的兌換率。這次幣制改革，政府居然仍將流通券與法幣之間的對比規定爲一比十，即三十萬流通券兌換一金圓，實在是這次幣制改革的最大錯誤，同時也構成新幣制的致命傷。這種不合理的兌換率造成目前關內外物價的懸殊，同時也是使東北軍政費支出如此龐大的主要原因。

此外東北財政的地方自主不受中央的節制，也是支出狂濫的一大原因。蓋東北自接收以來，政府即以特殊區域待之，一切軍政支出，只需行轅批准，即可向中央銀行借支。因此造成軍事當局可以隨時下條子向中央銀行索款的作風。及至蹙土日蹙，物價飛漲的時候，軍事當局對款項的需求竟超過國行運送鈔票的能力。但是軍需孔急，是不可延緩的，於是又有軍事當局勒令當地中央銀行日夜加班簽發大批本票以爲挹注的變通辦法，東北市面上流通的流通券和這批本票究竟有多少，我們局外人自然無法獲知，但是如果按三十萬流通券等於一金圓的比率折算，必然要佔金圓券發行限額的一大部份，是沒有疑義的。

在以往流通券不能在關內流通的時候，東北的通貨膨脹的狂瀾還可以用限制兌換限制匯款等辦法加以阻遏。今後關內外一律使用金圓券，加以金圓攜帶之方便，與關內外物價差別之誘引，東北游資的內湧是無法遮攔的了。這問題如不解決，則東北的游資不出兩個月即可使新幣制崩壞，全國物價又重新恢復其躍漲之舊態。

要挽救這危機，政府必需不顧既得利益之反抗，採取壯士斷腕的果斷措施。茲略舉其綱要於後：

一、東北流通券與金圓券之折換率應即刻改爲三百萬與一之比，即與法幣對金圓券之兌換率相等。

二、以後在東北發行之金圓券應加蓋限東北通用字樣，只準在東北流通，東北至關內之匯款應嚴格加以限制，並酌加高額匯水。

三、東北之軍隊及政府機關所需要之物資其可以在關內採購者，應由一全國性之機構如聯勤總部之類由關內價廉處採購運往東北備用，藉以減削其按照當地之非正常物價所編製之預算。其必需在當地支用之預算部分，亦應盡量避免以發行新鈔及本票等方法應付。政府宜急速運送東北所缺乏而價昂之物資至東北按當地市價拋售。以拋售之所得撥付當地軍政當局作其經費。

四、東北之軍政費用以後宜嚴加審核，嚴格檢查是否有虛報吃空額之現象，並嚴格執行公庫制度。

以上幾項改革如不能做到，則不論關內如何努力節約，平衡收支，平抑物價，新幣制終必將受東北之累而崩潰的。

（非）

這一預謀殺人的戒嚴令！

九月十四日立法院第二次院會援用憲法第三十九條的規定，行使了一次否認權，對總統咨送爲北平區七月五日午後七時宣告戒嚴請查照追認一案逕予否認。這實是可以大書特書的一件事。

戒嚴之權屬之於總統，這有憲法上的根據。但因動員戡亂時期臨時條款的頒布，總統可用緊急命令來完成他各種擅斷的措施，戒嚴也就是他想用緊急命令來做的事項之一。所以嚴格地講，法的程序實早已部分地被否定了。又依三十七年五月十九日的修正戒嚴法，這個戒嚴權非但總統可以行使，各地的海陸空軍最高司令官也可臨時行使，甚且最高司令官不在場的時候，還有分駐各地的團長以上的部隊長官竟也可以宣告它。這種法令威脅人民的安全，可謂已至極嚴重的地步。

戒嚴的事項表面上是以法的面目出場的，人民都以爲這是最完整的法律了。但經驗告訴我們：「戒嚴法雖是法而實非法」"martial law is in truth and reality no law"。此處在法律形式的背面沒有任何的原理存在，其決定的事件也完全交付一個人來專斷。當其行使之時，一個寡頭可決定我們生命自由財產的整個安全；也在這個時候，公民機關，文官組織，普通民刑法院就註定了它們的休息日。戒嚴法是至高無上的權力形態，因爲它超出於一切法律之外，甚至憲法。

戒嚴法實是一個具有甚大危險性的政治手段。所以萬不得已而宣告戒嚴，照道理講，自祇有遇到極迫切極嚴重的時際纔能宣告，且依一般公法，這種時際也祇限於戰爭或叛亂，有宣告權的人也須用明白的法律嚴格地予以規定，至於戒嚴的形式則需用隆重的告示。

相反的，譬如說我們城鎭鄉村間常用的「宵禁」罷，這不是戒嚴。宵禁的制度，由來已古，中外一律，到處曾普遍地流行着。英文 Curfew，法文據說是 Couvre Feu，意思與我們中國的「打更」及叫喊「火燭小心」相仿。這個玩意兒大部分是防盜賊的，性質上與戒嚴眞是天壤之別。宵禁祇在勸人天黑早歸，愼熄燈火，謹守門戶。至於戒嚴的宣告，其作用乃在把人民一切的普通權利都予剝奪。假如戒嚴永遠不解除的話，一個社會將成爲全無法紀的世界，宣告戒嚴的人從此可以爲所欲爲，借合法之面目，行非法之橫事，天下寧有如此便宜之事耶？

但若所宣告的確是戒嚴，且其形式與實質條件完全具備，戒嚴究也完成了它可有的任務。北平在七月五日宣告的所謂「戒嚴」，豈眞是戒嚴耶？學生非盜匪，北平非戰場，其時無叛亂，其地無兵荒。陳繼承非陸海空最高司令，而當時北平也不見一張戒嚴的告示；乃竟一個電話，正式軍隊出動，遂演出以達姆彈橫掃了手無寸鐵的歸隊學生，以致死亡數十，至今尚有骸體無着者之慘劇。

今者立法院尚算能主持正義，拒絕追認這個戒嚴案，我們不能不感謝民主究竟帶來了些法治氣息。然依中央社的報道，竟亦有某法律權威尙在吱吱咋咋指責立院議程上有錯誤，欲爲非法戒嚴置辯。誠哉，人心之不同如其面焉！（吉）

自費留學處理的失當

抗戰前政府對於自費留學向不加以限制。後來因爲出國人數日多，程度不齊，頗有不能眞正從事學業者，加以外匯消耗頗巨，國庫擔負不起，於是教育部新定法令，凡出國留學者均須經過考試及格，始准發給護照和申請外匯。三十二年曾經舉行過一次考試。那次錄取出國底學生大半都已回國了。三十五年又舉行過一次公費自費留學考試，公費生錄取一百四十八名，自費生錄取一千二百一十六名，到三十六年教育部又在公費考試落選者中再選出七百一十八名准以自費資格留學。這一大批自費生在過去一年之中有不少底已陸續出國，也有一部份在準備辦理出國手續中。依三十六年十月二十五日行政院所公佈之留學生結購外滙規則，上項自費生出國時所需外滙與規定留學年限以內所需費用，均得以結購時之官價匯率結購外匯。這官價匯率在過去一年中比市價匯率都低得很多，有許多自費留學生都是以一萬二千元左右法幣對美元一元請得外匯底，這就是說，他們只須花兩千萬元左右法幣就可以在美國住一年。這次幣制改革，美匯定爲四金圓（卽一千二百萬法幣）對美元一元。自費生原來只須花兩千萬左右法幣一年底現在要花兩百萬萬以上法幣纔行，這就是說，他們的用費猛然比從前高了一千倍，這也就是說，去年只消中產可以維持底一個自費留學生到了現在就非鉅富不易維持。因此，許多自費留學生勢必中途輟學，流落在外國。最近，教育部公佈了一個辦法，叫無力續學底自費留學生一律返國，無力自籌路費底由政府資助每名四百美元。

這個辦法我們認爲很失當。原來自費留學生的錄取就已太濫（據說應試者與錄取者人數約爲二與「一之比），不過政府既已准許他們以當時官價匯率結購外匯，就已於無形中保障他們依家庭經濟能力估計出國可以完成學業。至少是政府在道義上有維持他們到完成學業的責任。他們應試資格是專科以上學校畢業生而且畢業後有兩年以上底服務，既經考試錄取，我們須假定他們是國家的優秀有爲底青年，這樣突然一律召囘——其中有學業剛開始底，有學業快完成底，有剛放棄原有職位而正在出國途中底——對於他們不但是一種物質底損失，而且也是一種精神上底大打擊。政府出爾反爾，形同兒戲，既失信於青年學子，也未免貽譏於友邦。現在各項人才都極缺乏，既然有這一大批人在國外深造，政府從養才的觀點上也不應該讓他們功虧一簣。國家哪裏就不用錢，何至窮到召已派遣底留學生都返國？此後政府是否一律停止派遣留學生？縱然退一步言節省，「一律」召囘也未免太硬性。政府也應該考核他們的學業成績，審查他們的個別情形。我們相信他們之中至少有一部分人應該有機會可以完成學業。

（賓）

蔣經國打虎

蔣經國以戲台上「小霸王」的身份，在上海「打虎」，博得了不少彩聲。這只可當戲去看，當熱鬧去湊。要是認眞地說起來，這是近於胡鬧的一件事。先就被打者來說。這些所謂「虎」，都是在商戰中脫穎而出，或在流氓隊裏熬上領導地位者，講「本領」，一點不含糊，確有其眞實「本領」。若是生在今日最受崇拜的金元國裏，這些「虎」，倘使不受牽制，可能是大家巨族或大托辣斯之創造人。依「大人虎變」之說，他們都可能變成「大人」。今日爲害最烈者，實非此類「大蟲」，而是亦官亦商之「蟲豸」。依「小人豹變」之說，此乃「小人」。儕於獸類，蓋「豹」之類也。相傳「虎」必擇人而噬，「豹」則亂攫。驗之十餘年來往事，誰曰不然？我們這位「小霸王」嚷着「打虎」，未聞一「捉豹」，此中豈亦有社會學家所謂同類意識乎？

次言打的動機。爲什麼要「打虎」？說是爲要貫徹緊急處分令，即所謂經濟改革案。一個立法，如果眞是合於天理，順乎人情，必將令出自行，無待繩以「國法」。凡是要靠強力去執行的立法，必是於情理有虧欠；立法者自己亦知之，以別有所圖，乃求一逞，遂不惜擺出「繩以法」的面孔。往者對外打仗，人民愛其國家，可以受犧牲而無怨。今日接下來打內戰，前途茫茫，幣值總是趨於低降；光換新幣，而發行趨於膨脹，其狀如故，如何能望物價穩定？明白這個道理的人家，早卽實行全面配給制，我們的政府則無此能力，無此氣魄，敢走此邏輯上必走之一步。於斯時也，錢至卽購物以儲，成了家喻戶曉之聰明辦法。商家懋遷有無，於中牟利，固亦人類求生存求保持安舒本能之表現。你說人民政府國家是一體，我則說你政府要打內戰，不惜損國家以維持自己之政權，人民與政府怎能算是一家？於斯時也，你政府要我拿出金銀或外幣去換新鈔，我總覺得你這是向我們人民勒索。況且多少年來，官有俸，又經商，官商不分久之，人民的脂膏已被這班儕於「豹」類之小人吸盡，你政府如果眞有決心，應先在他們頭上打主意。而在「小天下」中，你似乎又在忌「家醜外揚」。改革案中的所謂加強經濟管制之措施，於情於理，虧欠殊多。我們這位「小霸王」嚷着「打虎」，打的動機原就是這樣不純正！不誠無物，怕也只有北平的老牌的眞正職業學生才被導演而聞聲起舞吧。

再說打的方法。「虎」而噬人，並不是不應打。我們並不是主張你既不「捉豹」，噬人「的」虎也就不當「打」。問題是，號稱古國，今日又是說在「行憲」，國家是文明的國家，人民是文明的人民，政府是文明的政府，一切得循經常法定手續去辦。在水滸傳裏，作者描寫武松在景陽岡上遇虎，不僅只誇說武松有過人之勇，而且說他不慌不忙，打得有手法，不需明火執仗，靠多少人在那裏吶喊，驅虎而入預設之坑穽。今日之「打虎」，先爲擺布下緊急治罪法，先爲安上特別刑庭，是乃先設下陷穽。再加上所謂經濟警察，前呼後擁，我們這位「小霸王」騎在馬上，揮動長戟，此實非「打」，驅而迫使陷入穽中耳。斯時也，殺氣騰騰則有之，吾未見其勇也。

我們這位「小霸王」少年英俊，欲脫穎而出者久矣。此次叫他少試，實是派錯了差使。我們愛人以德，希望能便爾勒住。倘若老是這樣騰雲駕霧下去，須防終有一囘會自馬上傾跌下來。報載蔣經國於十二日在上海對經政措施向青年軍及市民作慷慨激昂之演講，竟說什麼「新經濟方案是社會性的革命開始」，直不知所云。大概熱忱有餘，識見尚甚欠缺。竟有人焉，大爲捧場，是亦不可以已乎？

（敏）

辯論

現行保甲制度應否存在

(一)現行保甲制度應當存在

敦一

現行保甲制度，是民國二十八年九月國民政府公布的「縣各級組織綱要」中所規定的。它較王安石及其以後的保甲法，甚至江西「剿匪」時期的保甲組織，無論內容與精神，都有很大改進。「縣各級組織綱要」被稱爲「新縣制」，一部份原因在此。我認爲現行保甲制度應當存在，下文將申述我的理由。

一、中國社會雖有家族與祕密結社兩種比較堅強的組織，並不如日本當年所譏誚是「一盤散沙」，但就全國政治組織說，的確是相當散漫的。所謂國，原不過就是皇家之家。皇家一切政治設施，照例只能到達各縣衙門，與一般老百姓的生活，一向隔膜得很。老百姓一向過着「天高皇帝遠」的日子。從這裏，老百姓爲了日常生活的迫切需要，產生了宗族、閭里、大公家、小公家一類傳統的地方團體。在各團體之內，雖然不無「出入相友，守望相助，疾病相扶持」的桑梓情誼，但各自的組織、性質以及一切風俗習慣都很不一律，因之也就彼此缺少連絡，甚或互相衝突，互相殺害。以如此上下不相隸屬，橫直缺乏連絡的散漫局面，處當今之變，自然難免不遭受苦難，一切無可爲。而現行保甲制度是一個具有一致性與全國性的基層行政制度，正可用以補救中國社會的上述弊端或弱點。它不但可以替代傳統各種地方團體的功能，而且各保甲又歸屬於同一政治組織體系中，彼此無形中免去許多偏私之見，使全國人民眞正成爲一個組織體，一個力量。所謂「和平統一」，要從這種保甲組織上才能企求。要中國由傳統散漫的國家，變而爲一個類似西洋全體人民的現代國家，現行保甲制度的切實推行，不但需要，而且是刻不容緩的。

二、傳統自給自足的經濟情形下，政府要無爲，愈少管閒事的政府愈是好政府，愈能寄情山水的官吏愈是好官吏。而現代因爲機器已使生產社會化，分工特別細密，因之一切問題都是全盤性的；這情形大爲增加了政府的職能，要有爲，而政府的政令也必然與一般人民的日常生活發生極密切的關係。在此情形下，如果沒有全國一律的保甲制度，幫助政府推行政令，使政令仍舊只能到達縣衙門，則政府行政必感受到莫大困難，甚至有些事項根本不能推行，進而至於影響或妨害人民的生活福利。俗諺云：「縣長爲親民之官」，現在看來是錯誤的。以現在政府職能之多，政令之煩，就是忙得他馬不停蹄，夜以繼日，也不可能對方百里內的事務面面俱到，更談不上做得比較完美。而現行保甲長照例只負責百家或十家的政事，大家又生活在一起，以之來辦理政府委派事項，結果自然事半功倍。固然如果沒有現行保甲制度，上文提到的傳統地方團體，也可利用來幫助推行政令，但由於這類團體的大小、性質、組織非常不劃一，不系統化，甚或重複衝突，架床疊屋，故上級政府於通盤計劃與行政之際，難免不發生許多不必要的困難。如發給救濟物品數量與徵調壯丁名額之分配，便常失之不公允。而在現行保甲制度下，由於各保甲人數大小比較一致，這種弊病無論如何是可以相當減少的。由此可見，現行保甲制度比較能夠增強政府效率，而這是現在情形下所急切需要的。

三、地方自治的推行，是全國民主政治的基礎及其眞正開端。舍地方自治而談民主，或且實行民主，這民主無疑落了空，沒有在土地上生下根，至多如插在瓶子裏的花朵，雖然鮮豔，無奈不久長。而地方自治的推行，必須以現行保甲制度的建立爲其先決條件。因爲本來最適於實行民主政治的是「小國寡民」，這裏大家時常「面對面」，有共同生活習慣，彼此瞭解深切，故一切有機日常生活的共同事務，都可以，而且方便，議而決，決而行。根據保甲編制條例，，平均每戶以五人計算，則每甲平均五十人，每保平均五百人，而同保的人在地域上又是住在一起的，所以現行保甲正吻合「小國寡民」的原則，便於推行地方自治。民國三十年國民政府公布的「鄉鎭組織暫行條例」中並正式規定：「保民大會，每月開會一次，由保長召集之。遇有特別事故，由保長或本保二十戶以上之請求，召集臨時會議」。保民大會的職權如「議決本保甲規約」與「保長交議及本保內公民五人以上之提議事項」，「選舉或罷免保長副保長」及「鄉鎭民代表會代表」，充滿了自治意味與民主精神。每甲也規定有「戶長會議」，「討論議決本甲重要興革事項」。這類保甲會議無疑就是地方自治的核心，民主政治的基石。沒有這類設施，試問地方自治及民主政治如何可以生根，成長起來？現行保甲制度也許在事實上有些缺陷，不一定表現得很合民主精神，但這並不是制度本身的毛病，而是人事上的毛病。現行保甲制度無論如何還是民主的，有利於地方自治之推行的。

四、歷史上王安石行保甲法的原意在「寓兵於民」。現行保甲制度的精神，雖與王安石的保甲法大相懸殊，但可以「寓兵於民」則一。以中國人地比例之高，生產技術之低，本不可能容許很多人直接脫離農業生產。因爲在「一夫不耕，或受之飢，一女不織，或受之寒」的局面下，脫離了就會使整個社會國家陷於貧困與飢餓；因而戰亂隨之，沒有了和平，也就沒有了統一。這是無可否認的必然事實。可是事實上國家又不可一日無兵，逼着許多壯年男子，脫離土地上的生產，而去當兵吃粮國家社會因此減少一筆大收入，而又加重一筆大負擔，這算盤是打不通的。中國歷史上乃至目前的嚴重問題之一，就在這裏。無疑問的，要為中國解除這一問題，「寓兵於民」也許是主要必需方法之一。而「寓兵於民」的政策舍保甲莫舉。因為如上文所述，現行保甲的性質及大小正吻合「小國寡民」的原則，所以全保的適齡壯丁可以在不妨害其正當生產工作的原則下，隨時被召集在一起，由「保國民兵隊隊長隊附」加以軍事訓練。假如此種「保國民兵隊」辦得相當完善，則現有國家常備軍隊無疑可以大為縮編或遣散，以節省國庫大量支出。縣乃至鄉鎮的地域都太大，不便於直接負責訓練這種國民兵的事項。所以眞要做到「寓兵於民」的目的，現行保甲制度也是非推行不可的。王安石答宋神宗有言：「臣願早訓練民兵，民兵成則募兵當減矣」。又說：「既有保甲代其役，卽不須募兵」。這話到現在還非常正確。

五、中國版圖非常寬大，而各地情況又很不一樣。因此，為了全國組織一體，政府行政效率能夠加強，現行保甲制度固然需要具備相當普遍性與劃一性，但如果因此而過於刻板，也許反而不易在各地普遍推行，而感到強烈的阻力和困難。若就這一點來分析現行保甲制度本身，也發現它是比較吻合國情的。因為現行保甲制度的主要特色之一是富有彈性。如「保之編制，以十甲為原則，不得少於六甲，多於十五甲」；「甲之編制，以十戶為原則，不得少於六戶，多於十五戶」。保國民學校、合作社、及倉儲本來是規定各保分別設立的，但「在人口稠密地方，如一村或一街為自然單位不可分割時，得就二保或三保聯合設立國民學校，合作社及倉儲等機關，推舉保長一人為首席保長，以總其成」。由此可見其彈性之一斑。國境太大，國情太複雜，要把它整齊劃一的從基層組織起來，其難眞是有如上靑天。有人認為中國國事之所以一團糟，主要原因是國度太大，並非無稽之談。為了這，現行保甲制度亦可謂盡其最大之能事了。如果這種保甲制度還不應當存在，試問還有那種保甲制度可以行得通呢？

總之，現行保甲制度的重新被提出並不是偶然的，它正適應着當前中國社會的急需，也比較能夠適應這種急需。傳統地方團體已靠近黃昏，它的功能也正等待着現行保甲制度去繼替。除非中國歷史開倒車，否則在現代化的過程中，我相信現行保甲制度必定佔着很重要的地位。

（二）現行保甲制度不應存在

靜之

研究中國現行政治制度的人，或者是一個從事農村調查的實地工作者，都可以明白保甲制度是一個病民的設施。這一種法定的基層行政單位，是政府強力控制人民的機構，它的組成並非出於人民的自動，而是基乎政府推行功令的需要。保甲工作人員的貪婪與無恥，在他的鐵腕下正不知埋藏了多少的冤屈！現在似乎有一部份人在注重基層行政了，我以為要談改革基層行政，首先應當從廢除保甲制度始！

我們只要稍加考察保甲制度的歷史傳統，就知道它有着不民主的根源。保甲制度的產生最初見之於宋熙寧間王安石的「變法」。當時國勢羸弱，強隣壓境，內政不修，他認為主要是因為募兵制的窳敗，既不足以禦外侮，又無能保衛閭閻，為適應環境的需要，遂制定了保甲新法。新法的推行不外乎下述兩點重要的作用：一：編人民戶籍，以防容隱奸徒。二：籍編義勇民兵，改革原有兵制。

毫無疑問，保甲的創制表示了皇權向縣級以下的基層社區伸張，目的只是要增強政府行政的效率。皇權的伸張就反映出民權的式微、保甲制度有着反民主的傳統。

保甲制度在民國政治史上的復活還繼承着這一個歷史傳統。緊隨在外患、朝代更迭和軍閥混戰的長期內亂之後，民國十六年的國共分裂又使南中國重新陷入戰爭的災難裏面，政府為了應付當時「剿匪」區域的實際需要，保甲制便產生在二十一年豫鄂皖三省剿匪總司令的一紙公文裏。政府感覺到各地的原有基層社區組織，好比閭隣、團里等，非僅範圍大小不同，而且結構鬆弛，不容易接受政府的約束。為了嚴密控制人民，使人人皆為我用，就正式頒發了推行保甲的文告。在這文告裏一口咬定了人民沒有行使民權的資格。

凡屬公民，一律行使選舉、複決、創制、罷免四權，陳義誠高，造端誠偉，然自非目前漠視政治，未經訓練之人民，所能行使，尤非各匪區蕩析流離之農村民衆所樂與聞，一時無從舉辦，無可諱言。

由此可見保甲制度只是一個自衛組織而不是自治組織。保甲工作人員也完全是由政府委任的，這委任也有它的理由：

自衛組織，多由委任，因有命令服從與統馭便利，「乃可執簡以馭繁，否則事事均須付諸全民公決，匪特一般散沙，無從掌握，且恐絕對無從應付目前嚴重紛亂之環境。（上引俱見二十一年八月豫鄂皖三省剿匪總司令部施行保甲訓令全文）

右引這一段公文從本質上否定了民主政治的價值，有着十足專制王國的口吻。在剿匪的大原則下，當時也並沒有人敢於公開的發出一句異言。可是究竟因為中華民國掛着一塊民主的招牌，表面上總還不能裝出民主的樣子，於是策士們才給保甲制度披上了民主的外衣，進入地方自治的範圍之內。民國二十三年二月，經過中央政治會議通過，由行政院公佈的「改進地方自治原則」，規定了「將保甲容納於自治組織之中，鄉鎭內之編制為保甲」一條根本原則。立法院根據這個原則也將縣自治法予以修正。經過這次的確定之後，保甲便成了縣地方自治組織的基層單位，代替了舊制的閭隣。這個原則在二十八年九月公佈的縣各級組織綱要中還沿用着，成功為今天的「新縣制」。

進入地方自治範圍之內，新縣制下的保甲徒然加上了許多俱備民主形式的法規與條文。好比保有保民大會，甲有戶長會議及甲居民會議，保長由保民大會選舉，資格的第一條是規定在高級小學以上學校畢業，甲長由戶長會議選舉，資格是初級小學以上學校畢業。保的自治公務按規定多到二十九項，好比清查公地、整理水井、禁止賭博等等。

然而實際情形怎樣呢？這些事情有一件做到了嗎？我們只要下鄉去做做調查，就可以帶來全盤否定的答案。根據我們在雲南農村的實地調查，就從來沒有看見那個村落裏面的保民大會眞正召開過，戶長會議更不用說。保甲長的產生是由地方上握有威權的紳士指定，然後呈請政府任命。這些人不是目不識丁的忠厚農民，就是略識之無的流氓地痞。他們既不瞭解保甲法規，也沒有能力來領導一個保民大會，眞正有能力的人決不願意出來擔任保長。保甲的地方自治公務少得可憐，保長慌忙的幾乎盡是上級政府委托的公事。三十五年三月有人在雲南呈貢河村爲當時的余保長記下了最近一個月來保上所舉辦的公事，下面的次序是按經辦的先後排列的。

登記鎗支發給護照，往縣府辦理手續。

向機場駐軍配給柴火，按戶攤派。

暫編二十四師在本村購草，送至火車站點交。

第一旅所購草料，交由鄉公所轉送。

通知本地駐軍，凡來村借撥公糧公款，須先向上級政府商量，否則政府不負責任，不能報銷。

通知本保居民，今年田賦征實數字。

報呈鄉公所過去本村欠糧如何報銷。

…………

這使我們看得很清楚：現行保甲只是政府在基層社區設立了一個小衙門，推行政府的功令而已。

從民國二十一年到現在，保甲制度成長在干戈紛擾的局面之內，上級政府爲了加強管制動員一切的人力物力，以達到維持少數人的既得利益，政府權力就一天一天的往下面伸張，上述的情形就描寫了政府權力伸張的一面。可是在另一方面，地方紳士也可以憑藉自己的特殊地位，與政府官吏勾結，頤指氣使，爲所欲爲！一個保長沒有雄厚的政治資本，他得同時侍奉兩個上司，一是上級政府，一是地方紳士，試問他還有什麼能力發動人民，推行自治公務？

因此，盡管保甲制度變成了地方自治的基層單位，可是它徹頭徹尾不是一個自治機構，而是一個政府殘民以逞的工具。從抗戰結束一直到今天內戰的蔓延，在「軍事第一」的口號下，當前的情勢與需要和民國二十一年相較，實在有過之而無不及，客觀的情勢下決不會使保甲中途變質，這種掛羊頭賣狗肉的地方自治，我們要它幹什麼！

以上是從制度方面來論保甲制度不應當存在。如再從實施技術方面分析，也發現保甲制度的推行有許多實際的困難。

技術上第一個困難便是把一個村落社區硬行割裂。村落社區是自然成長的，戶口數字在村與村之間有着很大的相差，現在的保甲編制却在這些村落裏硬劃上許多圈。保甲編制的原則是「十戶爲甲，十甲爲保」。根據這個原則，好比原有五百戶的村落便須被硬劃成五保。又如原來一百五十戶的村落便須劃成一保半，多餘的半保又得與隣村的半保合成一保。村落本是一個完整的單位，硬加割裂或拚湊只有增加行政上的不便與麻煩。

後來政府明白了上述困難，把保甲編制改用了彈性的辦法：「甲之編制以十戶爲原則，不得少於六戶，多於十五戶；保之編制以十甲爲原則，不得少於六甲，多於十五甲。」不過，彈性編制固然解決了一部份上述的困難，可是又帶來了新的問題。保是徵兵派款的擔負單位，擔負的數字各保往往是相等的，可是現在每保所包括的戶口數字却可以相差很大，壯丁和財力不能恆等，故結果常不公平。谷苞君所作化城村鄉地方行政就指出來這一點。以壯丁來說：在化城鄉裏面的各保，最多的有二一九個壯丁，最少的只有一二五個壯丁，相差九十四人。以財力來說：最多的有耕地稅四三八元，最少的只有一七二元，相差二六六元。然而兵役的應徵以及臨時捐款的攤派，各保却是平均擔負的，這是一件多麼不平的事！無可否認，實施保甲的技術上是有困難的。

民主政治是一種生活方式，它應當建立在相同的基礎上。一批興趣各異利害衝突的人，除了想辦法壓服對方外，他們是不大願意在一塊兒談民主的。所以基層社區的民主設施或者地方自治首先在使人民具備有起碼的政治認識，使他們明白彼此的利害是密切相關，應當由公意來解決。在這個條件下，基層行政機構始可以由人民自動組織起來，他們自己選舉領袖，推動地方自治工作，這也便是一個眞正的民主自治機構。

可是保甲制度在過去不但沒有做到這一點，反而背道而馳。訓政徒具虛名，人民到處都被愚弄，民意被強姦，民權無踪影。現行保甲制度只是一副醜劣的面目，在人民的心目中已經完全失去信任。人們一提起保長、除了漠不關心之外，往往還夾雜着可恨和可憐！如果我們今天眞正要談基層改革，與民更始，我以爲應當徹底剷除這種不健全反民主的機構，另有新猷。

×××　　×××　　×××

答靜之

·一敦·

我在「現行保甲制度應當存在」一文中所提出的五個理由，發現有幾個已邀得靜之先生無意中的贊同。如說：「各地原有基層社區組織，好比閭隣、團里等，非僅範圍大小不同，而且結構鬆弛」。由此推論，這情形自然應當代之以緊嚴的保甲組織。無論如何，這與我所提出的第一個理由不謀而合，至少不相衝突。又一處說：「毫無疑問，保甲制的創立，……目的就是要增強政府行政的效率」，更明顯的合乎我所提出的第二個理由。至於我所提出的第五個理由，是現行保甲制度富於彈性，適合多樣複雜的國情。而靜之先生也是部份同意的，並於行文之際列舉保甲編制法加以證明。如上述，可見我認爲現行保甲制度應當存在的五大理由中，靜之先生已明明白白承認了三個，占五分之三，超過了二分之一。換言之，現行保甲制度是否應當存在的問題，即使根據靜之先生文中所談及的事實，答案也很可能是肯定的。然則靜之先生所謂「我以爲要談改革基層行政，首先應當從廢除保甲制度始」，豈不有點自相矛盾？

靜之先生主張「廢除現行保甲制度」所反覆申論的主要理由，只有一個，即現行保甲制度是「不民主」的，因而是「病民」的，是「一個殘民以逞的工具」。「不民主」必然「病民」麼？「不民主的制度」必然是「一個殘民以逞的工具」麼？這一層意思姑置不論。僅就現行保甲制度是否民主一點而說，我以爲靜之先生所提出的理論及其事實，也是不正確的，至少不適當的。

靜之先生所持的論證，第一是現行保甲制度「在歷史傳統裏有着不民主的根源」，并細數上自王安石的保甲法，下迄民國二十一年在江西等省剿匪區域所推行的保甲組織及其事實，加以說明。誠然這一時期內的保甲「只是政府一種統治人民的工具」，但事實上它已經隨時代過去，不存在了。不過，我要指明一點，它並不是「現行保甲制度」，「現行」的保甲制度不是它。現行的保甲制度雖是參考已往不民主的保甲法而制定的，但並非必然也是不民主的。猶之乎靜之先生本人雖成長在不民主的歷史傳統的文物遺產裏，但却是非常愛好民主的一員。所以靜之先生斥罵不民主的傳統保甲法一段文字，洋洋灑灑千餘言，就我們所要討論的題目說，似乎有點等於無的放矢，至少找錯了目標。

若就「縣各級組織綱要」中所規定的現行保甲制度而言，則靜之先生也不得不承認：「現行保甲制度披上了民主的外衣，進入地方自治的範圍之內」。要知道，在數千年不民主的傳統壓力下，現行保甲制度居然「披上了民主的外衣」，並不是太容易的。胡適之先生曾說：「民主政治有如下棋，下棋要有棋規棋盤」。現行保甲制度的「民主外衣」，至少顯示這「棋盤棋規」已經安排了。民主政治的實現不能天上忽然掉下來，要「有如下棋」，慢慢練習，一步一步的走，才能到達完美地步。但無論如何，這與「棋盤棋規」相當的現行保甲制度，却是自古就少不得的。然則靜之先生所謂現行保甲制度不民主，應當廢除，至少在「披上了民主的外衣」的制度本身，找不到理論的根據。

由於民主政治不能從天降落，要慢慢學，又由於「現行保甲制度成長在干戈紛擾的局面下」，所以近年推行保甲制的實際情形，難免不有瑕疵。本來現實多少是有瑕疵的，完美無缺只存在於理想中。而靜之先生就拚命抓住其實際情形裏所不免的一點瑕疵，無情的加以攻擊。如說：「保甲工作人員貪婪與無恥」啦！「保甲長沒有能力推行自治公務」啦！「保甲長慌忙的幾乎盡是上級政府委派事項」啦！……所以無一是處，非廢除不可。平心而論，即是有這些缺點，也是由於國情太複雜，人事太麻煩，民主不習慣，而不是由於現行保甲制度本身的缺陷。試問除了現行保甲制度，還有那一制度可行呢？不引起更多的毛病呢？走慣象棋的人忽然要他們改走圍棋，偶然出了亂子，試問怎麼能見怪圍棋盤及其棋規呢？非要打毀棋盤不可呢？圍棋依然要按照圍棋盤及其棋規才能走得好，中國的民主要靠現行保甲制度才能促其實現。靜之先生的看法似乎有點近似「因噎廢食」。

而且現行保甲制度實施的情形也不無值得讚揚的地方。如民國三十五年廣西湖南一帶大旱災之後，美國救濟麵粉、罐頭及其他什物的分發，都曾得力於現行保甲制度的幫助。至少這一回它並沒有「病民」。並且根據報告，廣西每保得到此項救濟物質後，每戶實得數量，均是由保民大會按各家實際情況公平分配的。一次有某村婦因未分得此項物質，哭訴於救濟總署視察人員，經考察發現她家還有一頭牛，是全村三家有牛者之一，理當不應得到救濟。可見保民大會不但事實上有地方舉行過，而且成績非常良好。然則靜之先生所謂「從來沒有看見那個村落裏面的保民大會眞正召開過」，「民意被強姦，民權無踪影」，至少把這一事實抹殺了。而這一事實却正可視為現行保甲制度眞正開創民主政治的端倪，至少也是「民權無踪影」的「踪影」。

××× ××× ×××

答敦一之靜

現行保甲制度較以前的，無論在內容與精神上都有很大的充實與進步，敦一先生從這一點來作論述的依據，這是我所同意的。可惜的是這進步只是一個理論的架子，而不是事實。認眞講起來，這種進步在理論上究竟到了一個什麼樣的程度，還很可以值得我們推敲。

敦一先生以保甲制度來糾正中國社會一切散漫的弊端或弱點，這一點我就能不意了。似乎敦一先生已經中了統一的毒，要硬性的形式的統一，而忽略了自然結合的條件。就中國這個國家來說：地理環境如此寬，民情風俗如此複雜，正宜聽任許多因地制宜的傳統地方組織存在。好比在湖南習慣於民族的結合，在雲南習慣於村落地方的大公家組織，前者叫做 clan Organization，後者是 Local Organization 這種情形在現在的歐洲，以至全世界各民族的傳統組織，都有類同的地方。可見這種組織是基於人民自動的需要而自然結合的單位，何必一定硬要套上保甲的帽子呢？現行保甲制除了政府便於戶口檢查，徵兵派伕外，我實在想不到還有其他統一的好處。

敦一先生認為現在是講計劃經濟與社會安全的時代，政府是要有為的。我不反對現代政府應當講求行政效率，要機構運用靈活，但問題要看是一個什麼樣的政府。如果政府是一個民主政府，是由人民產生的，則政府與人民根本是一家，政府的事情人民樂意做，人民的事情政府也迅速舉辦，這就自然有效率，用不着格外生枝去講大道理了。現在的政府。口口聲聲要講行政效率，可是它不是人民的政府，而是少數剝削階級為自己利益組織的一個官僚機構，要人民替他們做牛馬，自己穩穩的騎在背上揮動着鞭子，把政府的政令通過保甲機構一件一件從上面壓下來，人民厭惡的情緒是可以想見的。現在各地的干戈砍殺，民不聊生，便是這種錯誤政策推行下的一個反證。在這種情形下要講行政效率，豈非緣木而求魚？騎牛的人如果不趕快反省，遲早有一天會從牛背下摔下來的！

敦一先生也提到保甲的整齊劃一便於政府徵兵派款發放賑物等等，我們姑且不講法理的根據，在技術上，這種整齊劃一也並不是必需的。因為這一類的工作只要全國戶口普查做得很清楚，大概便不會有問題。現在戶口既不精確，徒然具有保甲劃分的形式，結果也就未見得很公平，我在本文裏曾經論到這一點，這便是行政單位與擔負單位的不能互相配合。至於發放賑物云云，我可以舉出一個實際例子，便可見出保甲的劃分也帶來許多不便。兩年前，美援物資在湖南發放，按照各保攤分的原則，有許多保只分得一件衣或一條褲子。這原因固然是分配的物資太少，可是事實上在這種瓜分下，這條褲子究竟應當由保長穿，還是保民各撕一塊帶回家去？

關於地方自治的推行，是我們這次討論的核心。敦一先生認為現行保甲制度中的保民大會，以及戶長會議等，都是民主政治的設施，人民的意見可以從保民大會裏反映出來，也就給民主政治立下了良好的基礎。敦一先生這種渴望民主的苦心我是同情的，可惜的這是一張沒有兌現的空頭支票。現在有什麼地方眞照保甲法規上行過沒有？我始終是抱着懷疑的。因為我認為基於農村社會階層，或即紳士與農民的分化，地方威權握在紳士的手裏，在這種情形下要來開保民大會，不受紳士的控制，讓農民有自由發表意見的機會，這是不可能的。我就曾經親眼看見寥寥數人的所謂保民大會裏，紳士可以當場指定誰出來擔任保長，保長既非公意選出，其他就大可不論了。因此除非我們把原有的社會階層打破，我們很難得談眞正民意的發揚。在現政府控制的區域裏，有什麼地方眞把這種階層的分化打破了沒有？另一方面，民主政治的重心雖在基層設施，而決定的因素在乎主政者的民主風度，如果主政者迷戀自己唯我獨尊的寶座，專制獨裁，死死抓住政府的權力，這一套保甲制度必然變成了御用的機構，一切民主的法規都不過是一個幌子。

對於這種幌子，揭穿了西洋鏡，本來是沒有一絲價值的。保甲制度的原形在今天已經畢露了，如果我們還要迷戀這個已死的僵屍，結果只有自己也被拖進棺材去！

專論

幣制改革案的本質

粟寄滄

（一）

如果說民國二十四年頒行的法幣和法幣政策，是政府在抗戰期間賴以動員全國人力財力爭取最後勝利的主要手段，那麼，這次改革幣制，發行金圓券和實行金銀外匯的國有政策，就可以說是「戡亂」期間政府藉以收集人民財富作孤注一擲的最後法寶。改幣之能否成功影響政府今後之命運甚鉅，故當局一再警告「祇許成功不許失敗」，而一般人亦視之爲政府挽救經濟危局最後的一張「王牌」。

八年的苦戰雖然贏得對日的勝利，但却不曾贏得國內的和平。當抗戰勝利到來之日，亦即是國內兩大政治勢力對峙形勢明朗化之時。此後雖曾經過一度「鬥口不鬥手」的和談，但不久雙方即眞刀眞槍的幹起來，直到現在，兵連禍結，漫天烽火。政府既以「戡亂」爲國策，則軍費的支出自必隨內戰範圍的擴大而日趨龐大，財政赤字有增無減。政府應付財政需要的一貫方法就是發鈔。但以無限制發鈔的辦法來籌措軍費彌補歲虧，有如飲鴆止渴，在財政上實在是一種自殺政策。因爲發鈔愈多，在物資數量未能比例增加甚或更趨減少的條件之下，物價勢必愈趨上漲。而且鈔票增發到某種程度時，物價上漲的速度必然超過通貨膨漲的速度，這時，政府的發鈔政策失其效用，鈔票儘管愈發愈多，而其實値却越來越少，亦即是說，政府所能藉以獲得的物資與勞務越來越少，於是公家經濟便不能不趨於崩潰。財政崩潰的直接影響就是政府統治力的削弱與動搖。前方的軍隊因給養不足，士無鬥志，軍事情勢日趨惡化；後方的公務人員待遇菲薄，無心工作，以致行政效率低微，貪污事件層出不窮。在軍事與政治危機的壓迫之下，政府自不能不於財政上尋求一自救之道。本來，停止內戰是挽救危機的「釜底抽薪」之計，但政府既已決心戡亂到底，這當然是一件絕對辦不到的事。因之，政府只有設法進一步收集人民的財富供繼續戡亂之用，八月十九日公佈的幣制改革方案，就是在這種情形之下逼出來的。這一點早經財政部長王雲五氏道破：『法幣經八年抗戰，與戰後數年動盪不安之情況，逐年遞增其發行，致人民對法幣之信心遠遜於實際發行膨脹之程度，在此幣値日益不穩之情形下，國家之收入實値遠較戰前爲低，國家之支出却不能不隨物價而大增，收支上原有之差額，除由於軍費之龐大外，更因此而益鉅，且有加速惡化之趨勢，倘坐待收支完全平衡，然後改革幣制，則幣値愈落，物價愈高，收入愈減，支出愈增，將來縱擬改革而不可得』。從王部長的談話中，我們顯然可以看出下面這一事實，就是：政府此次改革幣制的主要目的，不在改善人民大衆的生活，而在滿足戡亂財政的需要。

（二）

以改革幣制爲手段來穩定幣値，增加國庫收入，平衡財政收支，這原是改革幣制應有的目的。但，除此以外，改革幣制尚有一更重要的目的，就是平衡社會的財富，安定和改善人民的生活，特別是在一個通貨膨脹業已達到最嚴重程度，因而造成了「貧者愈貧富者愈富」的不良現象的國家，更必須把幣制改革當作財富再分配的手段來運用，這就是說，政府必須利用改革幣制的時機，捕捉那些爲害社會經濟的游資，打擊那些藉通貨膨脹而大發其財的既得利益階級，使他們吐出財產的一部份或大部份，藉以增裕國庫的收入，糾正財富分配不均的不良現象。祇有這樣，幣制改革纔能够得到全國人民的擁護。能够得到人民的擁護，幣制改革方可底於成功。蘇聯去年十二月實行幣制改革，發行新盧布收回舊盧布，新舊盧布的兌換率是有差別的：（一）銀行存款在三千盧布以下者，兌換率爲一比一，即一舊盧布換一新盧布；存款在一萬盧布以下者，除三千盧布照一比一兌換外，其餘七千盧布對新盧布的兌換率爲三比二；存款超過一萬盧布以上者，其超過部份對新盧布的兌換率爲二比一。（二）合作社及集體農場的款項，每五個舊盧布換四個新盧布。（三）國債持有人每三個舊盧布換一個新盧布。（四）凡既不把舊幣存入銀行，又不能以購買國債，但以之存放手中待機活動的，每十個盧布始能換得一個新盧布。差別兌換率給予戰時發國難財者以無情的打擊，而對工人工資及農民之所得，均使不受改幣的影響，并以新幣按原薪額十足發給，以謀人民生活之改善。蘇聯的措施是很值得我們借鏡的。

據說，我國此次改革幣制方案中，原有「凍結國人在外資產」、「封存倉庫」和「差別兌換率」的規定，但經豪門及其代表人物的一再闔割之後，這些比較進步的辦法全被削去了。整個方案變成了旣得階級的「權利證書」。新舊幣的兌換率，是一比三、〇〇〇、〇〇〇，無論貧富，一律待遇，而兌換之時又不加任何限制（如凍結、征課），這對於一切發國難財者眞可以說是「秋毫無犯」。收兌金銀外匯是此次幣制改革方案的另一主要節目，兌換的比率是黃金每兩兌二百金圓（卽法幣六億元），紋銀每兩兌三金圓（卽法幣九百萬元），銀元每枚兌二金圓（卽法幣六百萬元），美鈔每元兌四金圓（卽法幣一千二百萬元）。在改幣前夜，上海黑市價格黃金每兩約爲法幣五億八千萬元，美鈔每元約一千一百萬元，紋銀每兩約六百二十萬元，銀元每枚約七百五十萬元。黃金美鈔與紋銀是投機搗把的主要對象，其所有者多爲豪門巨富；而銀元的所有者大半爲農民、工人、小商人、公務員及其他薪工階級，這些人存儲銀元的主要動機在保存貨幣的購買力，卽使有少數從事買賣行爲的，其目的亦不過逐蠅頭之利而已。今政府規定以高於黑市的價格收兌金鈔白銀，而以低於黑市的價格收兌銀元，結果是很明顯的：豪門巨富的旣得利益將因此獲得合法有利的保障，而一般人民的勤勞所得則將因此遭受嚴重的剝削。這次幣制改革方案中的另一項目，是國人在外資產須在規定時期內自行申報登記并移存中央銀行，由政府嚴格限制其用途。這個辦法表面似是乎向豪門開刀，但如何使豪門俯首就範，直到今天爲止，政府除勸導以外，似尙無任何具體有效的辦法。一個沒有辦法執行的辦法，到頭恐怕只是裝點門面，敷衍老百姓而已。

（三）

此次改革幣制的目的，是在適應戡亂時期的財政需要，而不在改善人民生活，因之，改幣辦法處處遷就現實，處處替豪門巨富的旣得利益打算，我們在前面已經分析過了。現在我們要進而說明此次幣制改革方案是怎樣地替戡亂財政找出路？又該怎樣地把戡亂財政的負擔轉嫁到一般人民的肩上？

政府改幣後的財政收支詳情，在新編國家總預算未公佈以前，我們自不得而知。但財部王部長在八月二十日的談話中，關於今後收支預算却指出了一個大概的輪廓，他說：『今後總歲出預算如能力從撙節，控制得宜，每年實際支出，當可減至九億美元之等值，卽金圓券三十六億。至於歲入方面，估計關稅全年收入爲金圓四億八千萬元，貨物稅七億元，直接稅三億六千萬元，鹽稅三億二千萬元，其他各稅連同國營事業盈餘，規費收入等共二億元，出售剩餘物資、敵僞產業等約四億元，以上收入約共金圓二十四億六千萬元，收支相抵，所短之數爲十一億四千萬，約當歲出百分之卅弱，擬運用美援以抵補其一部份，至其不足之數當發行金圓公債以資彌補』。官方公佈的預算數字，向來是支出編低，而收入編高的，所以財政赤字決不止於「約當歲出百分之三十」。我們卽使假定王部長的估計是確實可靠的，今後總歲出最低限度亦達金圓三十六億元，預算赤字達金圓十一億四千萬元，如折成法幣計算，則前者達一億零八百萬億元（1.080.000.000.000）後者達三千四百二十萬億元，卽令美援能抵補三分之一，歲虧亦達二千二百八十萬億元，幾爲改幣前夜法幣發行總額的四倍。一個庫空如洗的政府將如何彌補這個天文學數字的歲虧呢？如果繼續用增發法幣的方法來彌補，則改幣前物價已高漲至戰前的七八百萬倍，若再增發四倍於改幣前夜法幣的流通總數，則法幣的幣值與社會經濟的紊亂將必達到難以想像的程度！此法幣制度之所以必須改革。但改革幣制不是玩魔術，不能變無爲有，變少爲多。改幣以後，預算數字雖然減少了好些圈圈，但金圓七億六千萬元的歲虧和法幣二千二百八十萬億元的歲虧，實值上是一樣的。這龐大的赤字，據王部長說，將以金圓公債彌補，但事實告訴我們：在幣值未趨穩定以前，公債政策除非向富戶强迫攤派，是行不通的。民二十六年抗戰初起時所發行的救國公債五億元，實際僅售出二億二千萬元，民二十七年的國防公債五億元中實際售出僅三千五百萬元，以後發行的公債售出的成績更壞。改幣以後，人民短期看漲的心理雖可望稍減，但欲令其自動購買公債，仍是不可能的事。公債政策旣難行通，只有走十年來所走的老路——以發鈔彌補歲虧。好在幣制改革已替繼續發鈔政策鋪好了路。據「金圓券發行辦法」的規定，金圓券的發行最高額定爲二十億元。二十億金圓等於法幣六千萬億元，約爲改幣前法幣發行總額之十倍。我們爲什麼需要這麼多的籌碼呢？據王財長的解釋是：『今後將以金圓爲唯一通貨，而其最高額爲二十億元，與戰前之十四五億元相較，戰前國幣對美元爲三比一，故實際發行額，殆與戰前相等」。王部長只知道拿戰前的通貨量和今後的金圓券發行額比較，而忘記了拿戰前的工商經濟情形、法幣流通區域，和流通速度和現在比較。二十億金圓的發行額，與其說是爲了適應經濟的需要，勿寧說是爲了適應財政的需要。幣制改革替政府預留出十倍於現有通貨量的發行額，這是它對戡亂財政的最大貢獻。大家都知道發鈔等於變相的課稅，以發鈔來彌補歲虧，即等於要全國人民負起戡亂財政的重擔。

其次，讓我們對歲入與歲出作進一步的分析。依據上述王部長的談話，在全部歲入金圓二十四億六千萬元中，關稅、鹽稅和貨物稅三者共計十五億元，佔全部歲出百分之六十以上。我們都知道關鹽貨三稅都是可以轉嫁的間接稅，其最後的負擔者爲一般人民大衆。間接稅佔歲入的大部分，這是表示戡亂時期財政支出的大部分是由一般人民大衆負擔的。政府支出的大部分是人事費。「整理財政及加强管制經濟辦法」規定「文武公敎人員之待遇，一律以金圓券支給，其標準以原薪額四十圓爲基數，實發金圓券，超過四十元至三百元之部分，按十分之二發給金圓券，超過三百元之部分，一律按十分之一發給金圓券」新幣幣值不及戰前法幣的一半，文武公敎人員的待遇即按照新額實支金圓券已不及戰前遠甚，何況再加以基數和折扣的限制？

總之，此次幣制改革的目的，是在替戡亂財政找出路而不在爲人民生活謀改善，因此，它處處維護既得利益階級的「既得利益」，并企圖將戡亂財政的負擔轉嫁到一般人民大衆的身上。因之，幣制改革以後，人民的生活必更艱苦，社會財富的分配必更爲不均，是可以想像得到的。

冲淡通貨膨脹的途徑

——兼論張內閣經濟政策

滕茂桐

自六月以來，物價跳躍式的上漲，影響滲透到社會的每一個角落；人們開始認眞的疑慮怎樣能渡過這個空前嚴重的經濟危機難關，同時也都在渴望着能有所謂全面經濟政策，曲突徙新，撤底根治一下，對於枝枝節節的補苴辦法，委實有點不耐煩了。「往事者後事之師」，我們願意於此，對於張羣內閣的經濟政策，加以檢討，過去的優劣，或可作爲未來擬定或執行新政策時，抉擇取捨的借鏡。大體言之，張內閣的經濟政策，是以張嘉璈的金融政策爲重心。用各種方法冲淡通貨膨脹的火燄，緩和物價的漲勢，一面等待着美援到來以後，再用優勢的國際收支，改善財政收支。但是希望往往與事實不能配合，張內閣的金融政策只行了一半，行政院就已改組，因此我們所能檢討的，也只限於冲淡通貨膨脹的途徑了。

張內閣冲淡通貨膨脹的途徑，可分爲縱橫兩方面。先說縱的方面，又可分爲直接與間接辦法。直接的有（一）軍政機關存款集中國行：我們知道連年財政收支不平衡，都是靠着發行彌補，這是通貨膨脹的根本病源，但通貨膨脹的絕對數字，却可因爲不同的支出方法，對於物價發生不同的作用；事實上，大部份公款，有意或無意的在市場上作祟，使通貨膨脹的數字，發生「加番」作用，幾乎是人所共知的。遠在三十五年七月，國民政府卽已公佈「軍政機關公款存匯辦法」，規定除卽刻急需的款項外，各領款機關，應在國行立戶依法支用，不得提出，轉存公庫以外的銀行或金融機構，如是則預算所列收支均要通過公庫。財政部作支付命令，中央銀行代理公庫，執行出納，免得庫款在動用以前，先在市上兜圈子。不過當時三行兩局恐實行以後各行周轉難，要求展緩，致未能實行；今春才又舊話重提，經四聯總處第三五九次理事會議決，分爲三期執行，限於今年四月底，各國家行局所收存的公款，應全數移存國行。如果假之以時，而所遭遇的困難，都能一一解決，這恐怕要算張內閣最大的成就了。

（二）發行美金公債庫券與短期庫券：預算不能平衡，最正統的補救辦法就是增加稅收與發行公債，將人民的購買力轉移給政府，物價可以不漲，一切因物價波動的惡果，也可以避免。不幸，增加稅收一途，以既無決心又阻於種種窒礙，到了今天，還在研究階段。至於發行公債一法，又爲了以前宋內閣美金公債到期以官定牌價還本付息，到期的黃金存款扣去四成獻金，政府的債信受了嚴重打擊，人民不復輕於嘗試。張內閣上台之後，便極力設法恢復債信，希望依賴發行的方法，漸漸轉趨爲利用公債。首先，發行民國三十六年短期庫劵與美金公債，第一期發行是自三十六年四月一日起至同年九月廿九日截止，第二期自同年十月一日起至三十七年三月三十日截止；短期庫劵還本期限定爲三年，年息二分，每六個月平均還本六分之一，總額定爲美金三億元，還本付息是按照支付日美金牌價折算，付給國幣。美金公債利率定爲年息六厘，每六個月付息一次，還本期定爲十年，每六個月抽籤還本一次，總額爲美金一億元，售價本息一律以美金外匯爲準。據估計庫劵共售出美金四千餘萬元，公債實銷美金三千餘萬元。復於三十七年四月三十日發行國庫劵，最初以八三七折發行一月，到期者，由國行直接經售，又於五月底在上海證券交易所上市，分爲三種，甲種今天成交，明日交割，乙種今天成交，後天交割，丙種每星期四開作，下星期五交割。這種國庫劵，類似英國財政界人士所矜持誇耀的 Treasury Bills，如果運用得體，不僅可以減少商品的囤積，還可以調節利率，適應生產事業的需要，的確是中國財政金融史上光明而具有革命性的一頁；但美中不足的是立法院通過的發行條例中第六條規定：發行折扣率與所定的利率合計，不得超過市面一般利率，使庫劵的運用，又受了不必要的限制。在國庫劵擬議與發行前後，迷信低利政策的人們，不免莫名究竟，覺得利息太高，將來財政恐不勝其負擔，實則如果不發行庫劵而乞靈於鈔票的印刷，其使物價的上漲率，必然要超過發行庫劵所負擔的利率，結果鈔票的發行增加額，會比庫劵利息爲多。因此公債與庫劵的發行，是無可非議的。

（三）貸款的改善：抗戰以來我國鈔票的發行，是通過兩條路線，其一爲軍政各費超過稅收時，以發行彌補；其二是以發行支持各國家行局的貸款，爲了制止由於第二個原因所發生的通貨膨脹，在張內閣執行時期，曾於去年底爲防止歲末物價上漲，一度停止各行局貸款。後於三十六年舊歷年關前，華北民意機關及工業代表晉京請願，當局才決定改絃易轍，由政府委託各國家行局庫收購廠商成品，以維持正當生產事業；規定凡民生日用品工業及基本工鑛事業，因成品滯銷，或週轉困難，申請收購製成品，經調查屬實者，可由國家行局庫代表政府辦理收購，國營事業合乎規定的，也可以同樣辦理。這種貸款方式，可避免囤積，自然會使通貨膨脹的程度減緩。我們現在進而檢討間接辦法，約有三端：

（一）配給與拋售：最初之配售始於三十六年七月中，在張嘉璈氏去平津視察後所決定，由國行墊款，中信局儲運，把麵粉由南方運到華北，按照進價，賣給從事教育工作的人們，同時在上海亦開始工人貧民的配糧，及工人的油煤配給與一般的糧的配給。後來從三月份起又辦理平津京滬穗五大都市食糧配給，每一市民可配售十五市斤食米或麵粉，糧源一半是美國救濟品，一半是自籌，共試辦四個月。以上海一市而論，年卽需米八百萬市石，而蘇皖贛鄂湘川六省餘米，亦不過八百萬市石。人口既集中都市，糧食消費較大，因之對糧食供求反應便至爲敏感，往往領導全國糧價，自從配售之後，政府對於各配售都市之糧食，約可控制半數，當然可以把握糧食價格的巨大波動。此外每於物價狂漲時拋售物資，如棉花紗布食糖米麵等。棉花係委託農民銀行在產區收購者，棉紗大部是行總棉花代紡的廿支棉紗，由國行收購者，食糖則係向台糖公司購來的。輿論方面頗有以爲配給與拋售爲數戔戔，並不能達到收縮通貨的目的，尤其是市場上的豪門常可預知拋售，卽把貨價壓之下瀉，俟以低價收購到手後，再掀漲風，故拋售只是便宜了豪門，通貨則未能回籠到所應回籠的數字；況且人們知道，假如政府眞正把握着巨量物資，根本就不必還增加發行，惟其並未握有足量物資，才靠發行過日子，因此一批物資拋售之後，物價又漲，於事何補？至於配售低於市價，則更與吸收通貨的目的，南轅北轍了。我們同意配售低於市價的辦法是不妥的，假如認爲貧民難民應該救濟，最好直接了當，給予救濟，但物資的配售，一定要按市價，才能與財政目的相符合，五大都市配糧，比市價低百分之五，在價格之高低倒無可批評，只是一個月調整一次，時間距離似嫌過長，不能適應市價的波動。但是我們覺得無論配售或拋售，其目的都不是單純的直接吸收通貨而已，其主要作用是間接的，是要把生活指數拉下來，這樣可使財政支出減少，如果財政支出減少，那對於全國經濟以及對於一般人民的好處，遠超過豪門因利乘便所發作的惡果，況且拋售技術還可力求改進，我們不能因噎而廢食，這是間接沖淡通貨膨脹的一個要着。

（二）改行高利率政策：抗戰以還，我們實施低利率政策，幾乎是無條件的，認爲利息是成本，降低生產成本，卽可直接協助生產事業，間接平抑物價。這在理論上或事實上都站不着脚。

在物價相當穩定，而整個生產事業有擴充增加的可能性時，低利確可增產，而且等到新產品在市上出售時，物價還可下跌。但在生產事業，因爲原料或設備的限制，不能全面擴充時，例如，在烽火遍地的戰爭狀況下，往往甲工業擴充，會使其他工業減產，而不能齊頭一致擴充，此時低利適足以鼓勵生產效率較低者與囤積居奇者。還有，在物價相當穩定，而正在醞釀變動時，利率的提高，可能使人們預期物價的上漲，若維持低利，對於物價可能有良好的影響，光復後的東北會有過一段時期的經驗，可資證明。不過在物價節節上漲的情形下，每一個人只要借到低利的貸款，即可大得其利，低利毫無問題的是對工商業額外的禮品，有弊而無利；所以高利政策，可直接打擊效能較低的生產者，與囤積居奇者，間接可緩和物價漲勢。

（三）金融管制：自三十一年臘月九日非常時期管理銀行暫行辦法頒佈之後，對於銀行放款的方向，即已管制，不過辦法自辦法，事實自事實，兩者並無聯繫，迨三十六年底，爲貫澈金融管制，在津滬漢穗四地設置金融管理局，對於物價投機鬧得較烈的地區，就近代表財政部加以監督，我們對於這種機構，不能過存奢望，但是我們也不能否認使投機取巧者懷有戒心，不使過份囂張，却是不可否認的成績，問題是執行者要識大體，懂得金融，切不可頭痛醫脚，亂管一陣，朝令夕改，一般輿論的批評也都是集中在此。

以上都是縱的一方面冲淡通貨膨脹的辦法。橫的方面也很重要，同時也最易滋誤會，仁智之間，聚訟紛紜，要言之，可分爲兩點：即外匯之管理，與東北流通券入關問題。先說外匯管理，共輪廓是這樣的：國際貿易的數量與品類受嚴格的管理，匯價(Official Market Rate)由平準基金委員會掛牌公告，其高低是以出口貨物國內外價格及黑市匯價爲考慮的依據，平準會有權作機動性的調整，但事實上平準會調整牌價常在黑市之後，因此有追蹤黑市之嫌，及物價上漲時調整牌價，又似領導物價，平準會雖十分審愼，終不免爲輿論所詬病。我們知道在通貨膨脹情形下，外匯變動可能有三種不同方式。第一是國內物價上升率超過外匯，形成外匯低於購買力平價的局勢，這時進口特別有利，而出口困難，如果實行匯兌管理，匯率應該提高，使之達到解除出口困難的目標。張內閣時的情形，並非完全如是，所以無條件的追蹤黑市，調整牌價是値得考慮的。第二是人們瘋狂的把資金向外匯上投機，致外匯行市的變動超過了國內物價的脹勢，此時出口特別有利而入口困難，匯率應該壓低使之與購買力平價的距離接近。第三是人們在外匯上投機而國內物價是以外匯行市爲上漲的根據，如是則外匯行情一日數變，工商業者爲避免以外匯計算的損失，標價時往往超過外匯行市，致一般物價上升率往往又超過外匯。這種景況有些像今年春天的情形，如爲了促進出口而提高外匯牌價，詎知一經提高，物價即隨之上漲，出口貨物又變得無利可圖，依舊不能出口，據我們知道，那時每逢牌價調整，出口商結匯的數額便增多，這並不是出口因而暢旺，而是出口延期結匯，等待善價競相結匯所致。當時一般的議論，多集中於外匯行市，應否放任自由一點。在當局方面，認爲平準會牌價，雖不能接近黑市，但仍在政府控制之下，不至漫無止境，剌激物價，因上海市場爲全國之中心，而進口物價往往有支配物價的勢力，故外匯行市不能放任。進口貨商雖能得到較廉匯率，但當局可直接核配，在外匯配額上用工夫。一部份輿論，認爲匯率放任自由，則政府可免因調整匯率，而有領價之責任，並使進口者不能得過分之利益。仁者見仁，智者見智，不過在通貨膨脹下，好似患了虛弱症，沒有概括簡單的治療方法，牌價與黑市相距過遠固不可，完全放任亦太危險，損益之間，便應妥爲思維了。

其次，關於東北流通券問題，各方意見，極爲紛歧。東北流通券原爲維持東北經濟的穩定，後以軍政局面改易，事與願違，殊非始料所及，於是流通券的政策乃適應環境，決定收回流通券。不過爲了全局，恐怕關內經濟受了額外剌激，反而使得關內外經濟交感其困，規定流通券仍限在東北境內流通，攜帶流通券入關的旅客可在山海關與北平兌換，至於兌換數額則加以限制。然後計劃着運濟大額法幣去東北，與流通券共同行使，這樣流通券自然而然會變成小額鈔券流回國行。同時再由行政院各有關部會派員，共同赴東北，對於東北財政軍糧澈底改善，核實開支，如是則東北資金內流問題可合理解決，關內外均受其益。不幸，因爲民意機關不合理的要求，鈔券印刷運輸的困難，與行政效能的低落，造成目前尷尬局面，與初衷背道而馳了。

良好的經濟政策，必須自成一體系，在理論上要站得住，這是最基本的條件，而且最忌相互衝突抵銷，執行時也要貫徹到底。我們檢討張內閣時冲淡通貨膨脹的各種途徑，覺得在體系上與理論上，都相當正確，只是尚嫌溫和。但在這樣溫和的政策下，已經是扞格難行，處處爲既得利益集團所不滿，藉着輿論發出報怨的聲音，假如要有更革命性政策，那必須以最不妥協的精神，大刀闊斧，周旋到底不可，這是我們衷心所希望的。（稿成後，恰値宣告幣制改革，但是新幣制並不是一劑萬靈藥，仍須在經濟政策上努力，過去政策的成敗原委，還可作爲借鏡。作者註。）

公務員保守政府機關機密的責任

趙德潔

自從幣制改革的機密，由財政部主管人員洩露以後，一般人對於下列問題，頗感興趣，即㈠公務員對政府機關之機密事件，保守責任如何？㈡公務員可否利用職務上的機密消息，而爲營利事業？兩者皆爲行政法上關於公務員之義務，最重要的規定，試就主要國家之立法例，加以比較。

公務員對國家之法律關係，爲超私法的，與民法上的僱傭契約，不盡相同。公務員所享受之特別權利，常非雙務契約下受僱人所得享受者。例如：公務員的薪俸，幷不是相對給付，亦不僅是勞務報酬，因爲公務員有權要求國家維持與其地位相當的生活標準。又如公務員可以享受退休金及撫卹金。又如公務員有權要求國家保障其地位，非依法定條件，法定程序，不得被免職。公務員惟其享受上述之種種特別權利，故亦有其應盡之特別義務，例如：效忠國家，保持品格，及嚴守機密等是。

關於公務員應爲政府機關保守職務上的祕密，以及不得利用自己地位或所得消息爲營利事業，各國法令規定，限制綦嚴。

大陸法系國家，可以威瑪 WEIMAR 憲法（一九九一年）時代的德國爲代表，當時德國國家吏治法第十一條稱：「公務員不得向外洩露政府祕密。」第十六條規定：「公務員不得於職務外，從事於其他職業或商業之活動。」

戰前日本則將公務員保守機密之義務，擴充爲退職以後。其官吏服務紀律規定，第三項禁止洩露政府祕密機要，卽退職後，亦仍須負擔此項義務。第六項稱官吏不得爲取引相場會社（卽交易市價公司）之社員，或間接與相場商業發生關係。

歐陸法國亦有類似規定，包括於吏治法程中。

英美法系國家，可舉英國爲例。一九二八年英國有一案子 IRONMONGER & CO. VS. DYNE，牽涉到外交部的公務員 GREGORY。GREGORY 利用其職務地位，對法國佛郞行市之消息，甚爲靈通，因與友人共做投機生意，買賣佛郞，希圖營利。友人有 DYNE 太太者，投機最烈，爲其經紀人所控告，追究洩露機祕責任，負責者立受行政處分。爲調查此案經過，政府曾組一委員會，其報告書中數節，業由財政部分咨其他行政各部，請規定於各部之處務規程中。報告書中第五十六節卽禁止公務員利用其官吏地位，增進私人利益。第五十八節更特別指明普通營業與投機生意之分別，尤其對主管能影響市場消息之公務員，特別加以警告，誡其勿做投機生意。關於公務員保守政府機關祕密，英國在一九一一年及一九二〇年曾有兩法案 OFFICIAL SECRETS ACTS 通過於議會，規定在國內稅務署及郵政局服務之公務員，處理機要文件時，尤應盡特別保守祕密之義務。

美國相類的規定，則散見於各項法規及各行政部之部令內。

我國廿八年十月廿三日國民政府公佈，卅二年一月四日修正，卅六年七月十一日再修正之公務員服務法，倣日本立法例，第四條規定公務員對於政府機關機密事件，無論是否主管事務，均有絕對保守祕密之義務，不得洩漏，退職後亦同。第十三條第三項又稱：「公務員利用權力，公款或公務上之祕密消息，而爲營利事業者，依刑法第一百三十一條處斷。其他法令有特別處罰規定者，依其規定。」同條第四項又稱：「公務員違反：：第三項之規定者，應先予撤職。」是其在行法上的責任及懲罰，已甚顯明。吾人試進而引用刑法條文，視其規定如何。

現行刑法第一百三十一條原文爲：「公務員對於主管或監督之事務，直接或間接圖利者，處一年以上，七年以下有期徒刑，得併科七千元以下罰金。犯前項之罪者，所得之利益沒收之。如全部或一部不能沒收時，追繳其價額。」又第一百三十二條第一項規定：「公務員洩漏或交付關於中華民國國防以外祕密之文書，圖畫，消息或物品者，處三年以下有期徒刑。」是則公務員，於觸犯上引兩條刑法時，其刑法上之責任及懲罰，亦極明白。

以上泛論一般公務員於洩漏政府機密，利用職位營利時，在我國平常時期所應負之行政責任，所應受之行政懲罰，以及所應負之刑事責任，所應受之刑事處分。至於最近在上海發生之永紗拋股案，最高法院檢查長曾主張陶徐等犯應按照懲治條例治罪。依公務員服務法第十三條第三項後半條文，「其他法令有特別處罰規定者，依其規定。」値此非常時期，治亂國，用重典，自無妨加重處刑。懲治條例第三條規定爲：「有左列行爲之一，處死刑或七年以上有期徒刑。」同條第三款規定：「對於主管或監督之事務，直接或間接圖利者；」第七款又規定：「對於非主管監督之事務，而利用職權機會或身份圖利者；」

最後，依前引德國國家吏治法，官吏之妻室，子女，及僕役，卽從事經營正當業務，亦應以不損及官吏尊嚴爲限。民國以來公務員常利用本身地位，獲取金融消息，但將投機行爲，委之妻女去做，蓋慮一旦東窗事發，預留卸責地步。此種情形，抗戰以後，一般豪門巨室，更變本加厲的做行。嗣後公務員家屬，利用公務員之職位，有投機行爲時，應視同公務員本人之行爲。此點應在新公務員服務法中，加以規定。

通訊

衛立煌的擔子（瀋陽通訊）

本刊特約記者

記得去年秋天陳誠到瀋陽剛接東北行轅主任後，就大吹大擂，「整軍風，整政風，整學風」。「只准共匪有六次攻勢，不准有七次攻勢」。整風的工作，僅槍斃了一位貪污三千多萬流通劵的瀋陽工務局長李榮倫。貪污的老虎成羣，陳氏並沒有敢向虎羣開一槍。十一月共軍的七次攻勢迎頭蓋頂打來，陳氏的支票被撕毀，一氣連丟二十幾縣，剩下的不到十二個完整縣份，陳氏從此胃病復發，把東北爛攤移交給衛立煌。衛氏知道東北是火坑，離南京以前，向新聞記者表示：「陳總長的能力比我大得多，都沒有把東北搞好」，言外之意我衛某又有甚麼好辦法呢？所以他曾向當時的蔣主席要求增撥軍隊到東北，他纔敢來瀋陽接事。據說蔣主席當時答應增調三軍，衛氏於今年一月間飛到瀋陽就任東北剿匪總司令。三軍大兵呢？等了好久，增派了一個冀熱遼邊區總司令范漢傑，從華南增調闕漢騫的五十四軍駐錦州，以後又從山東調李彌的新八軍一部到遼西，統歸范漢傑指揮，任務是確保遼西，打通錦瀋鐵路。過了不到半年，錦瀋鐵路沒有打通，李彌的新八軍又調回山東烟台，衛立煌對統帥部的這一着非常失望。陳誠離開東北的時候，共軍的七次攻勢已經打過半場，衛氏替陳氏接打下半場，放棄了永吉，又丟了四平，長春被重重包圍，孤立在瀋陽四百華里以外。瀋錦鐵路中斷，范漢傑兵力不足，無法東進增援，只能在錦州小動一下，牽制瀋陽外圍共軍，替衛氏苦撐一角。衛立煌曾考慮過怎樣支持長春瀋陽兩個孤立據點，錦州一條長線不再出毛病。他決心穩紮穩打，不亂用兵，保衛軍政中心瀋陽。長春已經孤立了，他無兵北上救援，暫時先擱淺，調副總司令鄭洞國去替他守攤。錦州有葫蘆島港口，有鐵路直通北平，用不到他太分心。所有的工夫用在瀋陽。廖耀湘周福成兩兵團集中使用，廖兵團駐太子河以北，周兵團駐遼河以南，控制着瀋陽週邊的鐵嶺，新民，撫順，本溪等東西南北四個縣城。遼河與太子河之間是遼南的肥沃地區，又是有利的地形。共軍分佈在遼河以北與太子河以南，林彪若想攻瀋陽，一定要渡過這兩條河，那就觸犯了兵家所忌的背水之戰。衛立煌利用了面水的優點，維持着瀋陽半年多的小康局面。可是因爲軍事無開展，佔領面積太小，而人口衆多，所以東北的食糧問題一天嚴重一天。生產萎縮，物資缺乏，鈔票也鬧恐慌。人民吃不飽，軍政開支發不出。東北一度靠着發行中央銀行本票過活。七月間衛氏決定停止收購軍糧，給人民一個喘息的機會。但是軍糧不能從此不購，七月中旬衛氏決定用廖耀湘的第九兵團一部主力，向產糧的遼陽打去。偷渡太子河雖然是冒險，總算敏捷成功，共軍倉促退出縣城，丟下許多物資，人馬並沒有甚麼傷亡。收復遼陽後，國軍調用了卡車與打麥機前去搶糧。共軍放棄遼陽，集中兵力在鞍山，國軍再往南攻，勢必硬碰硬打一場，國軍的搶糧攻勢適可而止，因爲南渡太子河，同樣犯了背水之戰的忌諱。衛立煌的計劃原來是遼南遼北同時的發動攻勢，遼北省的四平與開原是著名的「米倉」地區，衛氏的算盤上是一下搶足三個月的食糧，再等待秋收，好過冬天。只是遼北省的周福成第八兵團顯得力量稍弱些，打不好，會燒紙引出鬼來，可能吃共軍一個大虧。結果收復了遼陽，遼北的國軍未動，衛氏的搶糧計劃實現了一點點。秋收是惟一希望，倒霉，八月初旬，瀋陽附近蚜蟲滿天，街上行人掩面堵鼻，在東北是幾十年來沒有的蟲災，瀋陽近郊二百萬五千畝的高糧，全被蚜蟲腐蝕枯死。災前不能防範，災後又無良藥，只有求救於美國救濟團，美國財神立刻運來殺蟲藥粉空中噴射，蕎麥種子一百噸，補救蟲災的損失。伏天已經過去，蕎麥播種晚了幾天，今秋的收成，高粱損失約百分之七八十，遼寧省府下令剷除高糧枯桿，改種蘿蔔救濟。東北的飢餓擔子，衛立煌是挑定了。美國財神對中國一向是慷慨的，特別自八月份起，每月運一千噸麵粉到東北，想扶起衛立煌。東北鈔票荒，是因爲物價太高，軍政開支需要大量的鈔票，印製來不及，所以瀋陽連發本票。士兵的副食費錦州區流通劵七萬元，瀋陽區一萬元，長春區九萬元。一斤豆油要流通劵四十萬元。士兵每月七八萬元能買些甚麼？伙食頓頓不見油水，受不了，士兵在鄉間，甚麼好吃找甚麼吃，軍紀簡直約束不了。把副食費調整一下不可以嗎？算算看，東北國軍及團隊約五十幾萬人，每人每月增發三十萬元，每月就得多發一千五百萬億流通劵，合法幣一萬五千多億，那裏去印？衛立煌沒有辦法改善士兵生活，他對整飭軍風紀早死了心，好壞隨他去。冬天快到了，瀋陽的煤應該事先儲備。東北政委會命令撫順本溪兩礦儘量生產，但不顧工人的飢餓，又發不出薪水，効率每月減低。接收後的撫順煤礦每月最高生產到過十五萬噸，可以供應瀋陽七萬噸。八月下旬，工人忍不住飢餓，全體一度怠工。本溪煤礦的產量趕不上撫順，最近工人被中共的引誘，幾百人逃到安東省的賽馬集田師付一帶替中共開小礦，本溪工人不够用，曾派專人到撫順借調五百人。煤礦發生了問題，煤源閉塞。瀋陽今冬需要的煤量是四十萬噸，經半年的儲備，祇存了二十一萬噸。東北一向早寒，冬天又常是零下三十幾度，去年大小城市的自來水管全凍裂，暖氣管凍銹，活人也凍死。今年不會比去年強多少，衛立煌又挑上了一個寒冷的擔子。

天冷以後，遼河太子河很快的就結凍。根據以往的經驗，共軍必趁結凍過河，發動攻勢。遼河太子河結冰後可以走載重大車，行軍更沒有問題。背水之戰，不必再顧及。東北共軍用於戰場上的共十二個縱隊，第一線兵團可以動員四十萬人，半數以上在瀋陽外圍。第二線兵團可以動用十五萬人，大部份在長春外圍。合計在一起，共軍發動冬季攻勢，拿出五十萬大兵來，尙屬有餘。衞立煌應戰的隊伍，廖周兩兵團在瀋陽地區，鄭洞國的第一兵團被圍在長春市郊以內。錦州還有一個范漢傑指揮下的盧濬泉第六兵團，得力的還是廖耀湘的第九兵團。論國軍人數約在三至四十萬之間，比起共軍來嫌少些，幸有飛機大砲，補助戰鬥的力量。瀋陽是國軍的重心，共軍若攻，雙方旗鼓相當，必是一場硬仗。共軍肯不肯付出高的代價攻瀋陽呢？那要看他們的戰略計劃是甚麼？如果是一場硬仗，不好攻將來又不好守，共軍也許根本不攻。若是共軍攻長春，那已經被圍困了半年的城市，實有放棄的可能。衞立煌絕沒有力量派兵北上去救援，長春早就內無糧草，一旦遭猛攻，市外又無援兵，鄭洞國就是活神仙也不容易守着，不投降，就是與城共亡。可是共軍會攻長春嗎？這是一個謎，圍困了半年共軍都不肯去眞攻（有幾次都是假攻，偷毀飛機場）。因爲長春是一個負擔，誰佔領了，誰就得替長春解決五十萬軍民的食糧與煤炭問題。所以半年來，共軍對長春用的是狸貓戰術，把長春緊緊包圍，共軍在洞口等着，你出來咬死你，你不出來餓死你。長春現在每天總要餓死數十人，在戰爭的觀點上說是對的，在同是中國人的觀點來看，又太慘了一點。東北戰場，遼西錦州葫蘆島一帶倒是一個重要角落。錦州是空運基地，葫蘆島是港口。共軍早就覬覦遼西，發動攻勢，在遼西下手的可能性最大。范漢傑要是頂得着，必有一個漂亮仗。要是頂不着，衞立煌派兵去援助，軍隊從新民下火車，到錦州要通過三百多華里的中共地區，需要用力量打過去，那很難。眞有一天，范漢傑不能招架時，南方海軍從葫蘆島運兵也來不及，恐怕還得傅作義派兵出關救范，多少人都有這樣的看法。

都說衞立煌是福將，東北兵力不足，煤糧兩缺，據點孤立。別看衞將軍那樣胖虎虎的，笑哈哈的，東北的擔子終有一天把他壓瘦，直不起腰來的。

（九月十日寄）

金色的萬花筒（上海通訊）

本刊特約記者

南京：隱名氏的疑問

新經濟改革方案，只留下一個小小的漏洞，却把金碧輝煌的「新政」塗抹了一重陰影。那就是王雲五的主任秘書徐百齊和徐手下的秘書陶啓明的「洩露改幣機密案」，這案子若擴大起來，會牽涉到財部徐柏園，王雲五，甚至於翁文灝的「相位」。

「財政部六日晚，在辦公室發生一趣劇，王雲五與徐柏園拍着棹子相罵，王責徐不應將此次改革幣制致國際貨幣基金委會電報及通令行莊休業代電擬稿之責任，交給徐百齊。徐柏園還口稱：徐百齊係王部長二十餘年之親信幹部，不交彼又交何人擬？王聆言大吼不已，連稱我如相信他，又何必交你來草擬，兩氏面紅耳赤，不歡而散」。

從「八一九」起，衆口紛紜中所謂：拋永紗股票的隱名士，在京滬疑神疑鬼，終於到九月二日由財部正式發表了消息：「此次改革幣制，傳有某隱名人士於八月十九日利用機會在滬市證券交易所拋售大量永紗股票牟利情事，本部二日下午六時半已接上海金管局林局長報告，據經紀人供稱：十九日大量拋售之客戶爲本部秘書陶啓明之妻李國蘭，陶於上月十八日晚車赴滬，十九日面囑其拋售等語，本部除即電囑林局長即將陶妻予以看管外，至本晚十二時，終覓獲該陶啓明，當拘送警察廳偵訊，全案不日可水落石出」。這一件正式文件公布後跟着財部主任秘書，從民國二十一年便是王部長的朋友徐百齊乃自請看管，王部長也就忙於闢謠。

中央社三日消息，正面主張追究幕後人物，因爲十九晨拋的永紗股票一千餘萬股，每股以一萬六千八百元計，折合法幣一千六百八十億元，亦即金圓券五萬六千圓，陶啓明每月底薪三百元，折合金圓九十二圓，須繼續工作五十年又八個月不用一文，始能聚爲上數。非普通公務員所能爲，牽聯之廣，可得明證。

三日這一天在上海逮捕的經濟罪犯，有申新紡織總公司總經理榮鴻元，有杜月笙二公子杜維屏，及表姪永泰和煙行經理黃以聰，有股票巨商林樂耕，布業巨子吳錫麟及紙業公會理事長詹沛霖，陶妻李國蘭之外，又看管了石油公司秘書徐壯懷之妻楊淑瑤，律師袁仰安及徐百齊在上海的夫人。杜維屏諉稱在場外交易，不知情形，林樂耕承認他曾拋了一千六百萬股。而李楊二女士僅承認只拋了永紗四百萬股。這兩位太太都以跑單幫知名。杜、林、李、楊六日先由地方法院提起公訴。

拖到了八日，偵實徐百齊自承洩露改幣消息，九日下午六時半，正式將徐陶及袁仰安送到特刑庭，由歷任十六年檢察官的劉榮杰辦理此案。跟着就轉到王雲五爲繳救濟特捐，拋售商務印書館股票以及商務十八日預行改價的事，又是滿天的風雲，財部中人風聲鶴唳，徐柏園也在紙彈中赴滬了。

新民報南京十一日專電稱：隱名氏未必即是陶某，最初刋是項消息的大公報謂拋出三千餘萬股，獲利七千餘億「隱名氏」爲微胖中年人士，而陶則甚清瘦；「隱名士」乘夜車前往，下車後，臉未洗，口未漱，即赴交易所拋售股票；而陶則乘機去滬，下機首至袁仰安律師，及其妻李國蘭處，故當屬兩人，因此一般人認爲陶絕非大公報載之隱名氏。

這究竟是怎麼一回事？莫非是代人受過的「高秉坊案」的重演？

上海：從老虎到蚊蠅

前財政部長孔祥熙，這次也被正式提名，「孔在美日用七百六十美元，合三千金圓，政府有人主張召其返國」。救國日報爲了林王公司王春哲判死刑，還要請蔣總統殺孫院長。上海的聞人戚再玉五日忽被鎗斃了，上海在檢査倉庫中，熊式輝也涉嫌請求査明。

對於各豪門控制下的商業銀行的指摘越來越發具體，專家向中央社記者指出：

「（一）抗戰至今，商業銀行數目加多，但資本總額未加多。戰前爲一二三家，資本爲法幣一億六千二百餘萬元，改幣前則爲二〇五家，資本總額僅爲法幣三百九十三億餘元，而物價已漲了七百萬倍，以三百萬折合金圓，則只有一萬三千餘元。特別指出如大陸銀行資本總額只合金圓三圓三角三分，鹽業亦然，金城爲十一元，中南爲十圓，新華及上海均爲三圓三角三分，若此情形人人均可設一銀行。

（二）商業銀行違法行爲十倍於通貨膨脹，法幣雖增加，只需五六千萬美元卽可收回。目前物價上漲倍數，超過法幣發行倍數，都是商業銀行違法所致。

（三）改幣之後，商業銀行不願將外匯黃金白銀轉存中央銀行，只集一千萬美元送繳，一方面購買黑市港幣逃到香港。並以過去利用機會與權勢所貸到的巨貨，從事囤積」。

中央銀行的資本够多少金圓劵呢？這一點沒有說明，大概比起商業銀行來，超過的不太多，法幣實際發行數額，恐怕比公開的爲數也不會太少，第三點，到上海去催促商業行莊把金銀外匯轉存中央銀行的，又是孔系大將，浙江慈谿人徐柏園，隨孔下台又因王雲五而上台，他的對手却又是孔系另一大將戴銘禮。

重慶黃金潮主角，戴銘禮這次也出現了，說是由他來把握金鈔外匯，並使其外流，已被偵查。財次徐柏園七日到滬，就是爲了移存登記事宜。這在大衆夜報上一登再登，說得當局已加注意。

民國三十三年黃金政策改變時候，公布的前夕，戴就叫重慶同興銀行向中央交通兩行各轉帳借出黃金二百五十兩，用「錢理」二字作爲戶頭，第二天金價漲了，卽行拋出，牟利甚厚，後來事發，他便逃出重慶，不了自了。

戴是經濟人出身，由財政部科員升到錢幣司長，有十餘年之久，與商業銀行勾結，加入空股謀利，有些銀行資金，只有金圓券一元多，那就是戴的傑作。勝利復員時，他又負責敵僞時期各商業行莊的登記，不知從中又獲利多少，到王雲五出長財部，徐柏園來任次長，他才辭去司長職務。

據深知內幕的人士談，戴銘禮的財產總值已超過政府發行的金圓券總值。大衆夜報十三日載蔣經國已傳詢戴氏，又據蔣的秘書高理文否認，「並無其事」，但默認當局對戴正進行調査。「蔣先生未予過問，係由金管局辦理。」

在這種「移存」聲中，外匯於是成爲一洪流向香港逃去，如榮鴻元就是在去了香港回來後才被傳訊的，其中由當局發表的套匯機關，最大的莫過於中國信托公司，副經理戴家駒，已被拘押，而這個戴某，傳說是曾任某院長的姪兒。而梁經理則是在港指揮國內套匯的主要人物。

「警備部根據密報，中國信托公司在幣制改革後，仍在套匯牟利，當於六日將該公司副經理戴家駒，及由戴指出的大通紗廠經理胡國樑二名逮捕，並抄出署名梁某者，發來航空信一件，內載套匯數字，計法幣七千零二十四億元，合金劵二十三萬四千一百三十二圓，已於八日送移特刑庭，中國信托公司經理梁榮春亦正在緝辦中。根據此次抄獲信件中牽涉之放款業戶，計有二十二家，九日將由警備部分別予以傳訊」。

因爲告密是有獎金的（百分之三十）所以從經濟性的案子，又轉到政治性的案子，層出不窮，下面又是一個例子。

「上海煤業公會理事長潘以山，十日下午爲滬警局逮捕，現在羈押中。據說潘氏被捕是因爲有人向南京去告發，在三十五年時，潘有以煤觔二千噸資助共黨的嫌疑，這案子由工商部移到上海市政府，交警察局偵察，於是被捕」。

爲了殺鷄給猴子看，所以「官商勾結」的戚再玉鎗斃後還要再斃，警備部經濟課長張亞民，「殺一警百！」

南北的不同映象

中國的改革幣制的重心在濱海，特派的經濟改革督導員也只有京滬、平津、廣穗三區。南京及上海的情形已如上述，極南的粵海風光又是如何呢？

廣州龍津路德昌茶樓有一位龍鍾的茶客在那裏品茗，當他聽到幣制改革的消息後，高叫一聲「好了，又有七分二銀的茶飲了」，他忘記了自已的手上正拿着茶盃，把手一揚，盃子被摔在地上，熱開水灼傷了手不算，還要賠一百多萬元的茶盃錢。

宋子文在二十三日的金融物價座談會上公開說道：

「金圓券發行後，目前當然有不可避免的困難，而廣東人民所感受的痛苦，較之其他各地更甚，因爲廣州過去是個實施緊縮通貨，制止游資南流及取締投機的區域。在八一九以前，上海匯到廣州的匯水高到百分之四十左右，那時上海港匯黑市已值法幣二百多萬元，而廣州只合一百十五萬元，現在金圓券發行，全國一律規定，每元港值二百二十五萬元，這和上海原值很低，而廣州則照原值增加了一倍。物價乃因之而有波動」。

這個南方走私大埠，冒險家的樂園，物價波動不已，第一週內就漲了一倍到一倍半，匪徒白晝搶刼，連新聞記者也不能例外。而公務員的薪水則全減少了一半，引起了遍地是嘆息之聲。

香港對面的大陸上，據港督葛量洪說「有六個口岸爲共產黨把握」，再加上緝私過去也並不包括廣九路，所以走私之風極一時之盛。當大量的上海資金逃避時，廣州的港幣收兌也就發生了問題。公定價格一般批評太高，商人說限價難以照辦，於是歐陽駒市長在舉國各口岸中，首先承認了「議價」，廣穗區並沒有打老虎，連蒼蠅蚊子都很少見打過幾個。

至於「偏枯」的北方，也許是一個被偏枯慣了的原因，平津區在大捕匪諜之後，却也平靜無大事，這一方面表現了國民的純厚天性，一方面也是地方上的先天倘厚。監督大員張厲生副院長說：

「因爲在北方鹽布煤及食油大體上不成問題，缺乏的是糧食，平津的人口越來越多，而實際能控制的面積甚少，現已決定平津冀每月各配售次粉八萬袋，定價配售。又匪我兩區物資交流問題，亦正在技術上加以研究」。

張厲生對北方有一個很深刻的看法，就是平津與京滬性質上不大相同，只要上海穩得住，北方沒有問題。

「關於檢查倉庫，我認為用不到像上海那樣地嚴格與普遍，因為平津像孤島，只有一二個月的存貨，不必太認眞，強迫他們賣出去。這樣只是短期有效，不能維持長久，尤其是檢查過嚴，會使物價化整為零，甚至逃入匪區。北方正當商人生活也很苦，不應過份刺激他們，囤積而不居奇者，可以不追究」。

這三大經管區的情形是這樣，京滬區屋瓦雷鳴，打虎兼及蚊蠅。在南北兩極端上，廣穗區公開地是港幣中心天下，有板有眼的公然上漲，而平津區，則似在棄婦怨，物價外表上波紋不動，但也是一點一點地在抬高了。

其他區域：無風三尺浪

在經濟改革督導區以外的地方，也有了並不太小的波動，這裏捕一個絲業大王，那裏捉一居奇之虎，經檢小組到處都在執行着經濟勘亂的工作，金圓劵的洪流蔓延得無孔不入。

最可怕的地區仍然是東北，雖然用金圓券代替了流通券，但是佔總發行百分之四十以上的比例並沒有更改。有人計算過，今天長春高粱米的市價是三千萬元流通券一斤，指數是七十五億倍，瀋陽的高粱米是六十萬元流通券一斤，指數是一億五千萬倍，比德國一九二十年九月份的物價指數還要高。這個毒囊向四方放射，長春壓迫瀋陽，瀋陽向關外傾洩。

至於西南方面的波動也都重視了，鎳幣已撼動了昆明及成都的穩定基礎，中央派了徐堪去主持這一所督導區。

成都是鎳潮的大中心，從民國二十六年到三十年中央造幣廠的銅幣鎳幣在那裏發行了有四億餘元，二十一日改幣命令到後，中央銀行分行經理楊孝慈，一方面有意對外不宣布，一方面用七千億巨款，到各縣大肆賤收，平均獲利二十倍以上，到了二十四日上海航報到達，大家才知道新舊鎳幣一律通用。而市場已不能控制。

到二十五日下午成千成萬地人在街上持鎳幣搶購貨品，三小時以內，蓉市商業中心春熙路一帶，所有大小百貨公司的門市貨物都被搶購一空，二十六日更加混亂，二十七日供需失調物品藏匿不出，只有少數日用品偷高價應市，為蓉市幾十年未有的現象。蓉參議會通電控告了楊孝慈。

至於雲南的物價也是普遍上升，官准昆市貨物抬價百分之七十後卽不准再漲。又滇省參議會控告中央銀行分行經理厲德寅三大罪狀，卽：（一）改幣洩露消息假銀行休假二日之際，勾結奸商，收購金鈔，並令人分赴各縣搶購鎳幣，人民損失，金融混亂，物價亦隨而上漲，（二）厲對各商業銀行毫無管制任其經營投機貿易，又以救濟之名，收賄賂甚厚，如華僑興業銀行數行，卽為如此（三）商業銀行十數家之多，一部分敢以高利大量吸收資金，非法囤積購買金鈔者，皆厲勾結操縱所致。厲德寅的查辦令到之前，昆明銀樓業公會理事長朱文高在六日便也以破壞幣制被捕，限價前黃金三億一兩，這幾天黑市到了七億。

貴陽警局也在檢查老寶慶，老寶成，李文興等銀樓，帶局訊辦，重慶，則百物飛昇，第三天市上斷層：……

在比較落後的西北，一切都比較遲緩，但物價波動也起來了。

「西安實行管制檢查商店，七日起因故停止三日，市面貨物仍多隱匿，各貨黑市均高，央行收兌黃金，昨僅有二十餘兩，麵粉及其他食物多超限價，較好香煙絕跡市場：……建華鈔號經理胡子昂因抬高鈔價，九日被特刑庭判處徒刑五年：……」

「到了十一日，西安市場已趨穩定，市內一片冷落，但市外的三橋、灞橋、新築等鎮突趨熱鬧，交易頻繁，與市內成強烈對比，並有實物相易不用貨幣者。」在實物經濟下，這是必然的結果。

至於台灣，那是江南人們心中的「桃花源」，魏道明口中的經建基地，但是台幣也在波動不已，十三日報載：

「台灣物價，旬日來暴漲不已，省府特召集有關機關商討辦法，決定嚴格執行八一九標準，並規定對商號處理三原則，先警告，次罰款，三吊銷執照，卽由警務當局展開行動，半日之內，台北市區已查出逾價商店六十餘家，營業種類以日用百貨居多，均經警局將經理傳案申斥，並令具結後釋放。此一籠罩數百萬人心頭之物價問題陰影，經當局斷然行動後，或將漸趨開朗。」

以政治干涉經濟，必然地要產生如上述的若干現象，這個萬花筒中充滿了金圓劵後，就有看不完的千變萬化發生了。

（九月十五日）

鎳流襲成都（成都通訊）

江漪

一、前奏曲

自從幣制改革的消息及其有關法令正式公佈以後，為了配合這個「經濟緊急措施」起見，本身所有的黑市市場次第被當局查封。

安樂寺——成都第一市場，是一個活動有年而且彰名較著的黑市金銀市場。這曾經弄得多少人破產，也使得多少人致富的罪惡的化身雖是「壽終正寢」了，但是，一宗新興的生意——鎳幣交易——也隨時機而產生。雖然，這新興的生意只是投機性質，在鎳幣正式通用後就漸漸消沉下去，可是，它畢竟曾經一天比一天熱鬧，與過去安樂寺的金銀交易比較起來，眞有過之無不及。

由于在抗戰期中，政府曾在川西設立了一個中央造幣廠，專門鑄造鎳製輔幣，當時，曾經發行過約四億元的數額，而成都流通得最多，在民間，幾乎每家人都藏有一些，因此，新輔幣未鑄成前，鎳幣會不會用來暫爲代替呢？這個問題爲大多數的成都人所特別關心着，他們關心這個問題是不下于他們關心物價問題的。

醞釀的結果，鎳幣買賣出現了，安樂寺的門前平空添了一宗交易。起先，祇不過零星交易——少數大胆的冒險家收買，一些意料鎳幣不會通用的人出賣，直到八月二十四日從重慶傳來用鎳幣暫代新輔幣的消息後，鎳幣市場的範圍擴張得更形寬廣，同時，鎳幣價格也急急上躍不已。交易之熱鬧，堪稱空前，雖至夜深，尤不稍衰。

二十五日，下午一點鐘，市府正式佈告，鎳幣一律通用。這一個消息，使得多少大膽的冒險家歡狂，興奮，而另外一些賣了鎳幣的人則喪氣垂頭。當天，不少的人從成都動身，出發到四鄉去淘鎳，作着發財的甜蜜的夢。

報紙上說：當天下午，均八點鐘左右，春熙路的商店就幾乎全部關了門，都說是「營業已過」，但路上行人仍舊熙熙攘攘，祇是少了些日光燈和霓虹燈的輝煌照耀。這不過是鎳流襲成都的前奏曲而已。

二、鎳流氾濫

鎳幣雖經佈告通用，但爲了怕商家拒絕使用而生糾紛起見，蓉央行經理楊孝慈發了一次言：「一次使用二十元以內之鎳幣，商家不得拒絕，二十元以外則可斟量拒收。商家并可以之無限制繳稅。」商家當卽表示遵從政府法令，使用鎳幣。這一來，鎳幣就顯出了牠的威風，像缺堤的洪水，向四處氾濫，冲破了鐵柵門，擊開了玻璃櫃，陰丹士林，克力登，卡嘰，襯衫，奶粉，餅乾，罐頭，糖菓。……都無助地被捲入了牠的浪潮。

電影場，戲園，劇院，場場客滿，座無虛席。

一家鐘表店，一天之內售出一百多支錶，這眞堪稱空前紀錄。

商店裏擁擠得水泄不通，店員們忙得汗流夾背。連平日最冷淡的店舖也是如此。好多年來不曾有過的繁華情況又一度出現了，眞是世界末日到了麼？

生意雖是如此「興隆」，但是老闆們却都感到頭痛，因爲，貨品是被強制限了價的，賣出去就買不回來，漲價要受處罰——輕者封閉，重者送特種刑庭；不開門營業也要受處罰——撤銷營業執照。

搶購物資的結果，物價又上漲了。米雖規定十八圓一石，可不容易買到。肉荒已相當嚴重，三日不知肉味的人比比皆是。成都人正處于米，油，肉三荒之中了。

三、尾聲

鎳幣充斥市面，搶購物資，商店大多已存貨無多，採購又不易，漸漸祇有走向停業這條路了。「工商業遭這次強制限價與搶購物資的雙重打擊後，危機更爲嚴重，政府若再不設辦法，將來實不堪想像。」成都工商業界終于發出了如此沉痛的呼籲，而政府也就又使用起他的老法子「頭痛醫頭，脚痛醫脚」；一面提高物價，一面由央收兌鎳幣。這樣一做，市面確實鎳幣少得多了，可是，大多數的貧苦人民復又陷於生活重壓之下透不過氣來。

這一次成都發鎳財的人確也不在少數，一家銅器舖存有五噸鎳幣，川大一司號因發鎳財而要買公館了，一家專收濫銅濫鐵的店舖突然變成大富翁，某報發行人佔有的鎳幣可建一所富麗皇堂的大廈，一個老太婆聽到鎳幣通用的消息後笑死了，因爲她有着難以數計的鎳幣，這眞是千古未聞的奇事。

八月二十七日一家通訊社說，蓉央行得到鎳幣行使的通知是二十一日。第二天，全市各報都有蓉央行的「啓事」，說是二十五日十二時才得到通知，馬上通知市府請佈告週知，這才是事實「眞相」。蓉央行經理楊孝慈是否曾扣押通知呢？省參會已於八月卅一日對楊氏提出檢舉，本市特刑庭首席檢察官岑毓江也正連日在調查這件事，想來不久就會明白這件事實的「眞相」吧！

到今天，鎳浪已平息了，被扣押的「違價」的人犯二百餘人也漸次放完，可是，當局管制物價的方法也由限價變成議價，照這樣看起來，將來物價眞會下跌到八月十九日以前的價格麼？只有太天眞的人敢作如是想！

九月六日

長春來客一席談（錦州通訊）

沈音

有客自長春來，他是洪熙街眞空地帶的一個脫難者，他向記者道出了廿世紀中最淒慘最悲傷的故事……。

飢餓的開端

他說：「我來到瀋陽看見這裏的報紙描寫長春是一個『攻不破困不死』屹立松南的東北重鎮，簡直使人啼笑皆非。實際上，目前的長春在砲火饑餓兩大威脅下，已面臨『卽使攻不破也要困死』的悲慘境地了。」

「自從今年三月永吉、四平撤守以來，長春人的苦難便開始與月俱增。新七軍和第六十軍兩枝勁旅剛剛退守這個兀立的孤島的時候所給老百姓的印像還算好，人們覺得有這兩枝大軍在，便不愁沒有活路。日子一長，「就地採購軍糧」這一招就打破了老百姓的信心。十萬大軍中的弟兄們十之八九是南方人，他們不但對東北人朝餐暮食的高粱米不感興趣，就是對白洋麵都不願意吃。起初，軍方向市中採購的是大米，大米完了，要白麵，依次高粱米、大豆、豆餅……一樣樣的採購。本來長春有六十多萬市民，加上各地逃來的難民和十萬大軍，幾乎有八十萬人。就以每人每日一斤來計算也需要四百噸糧食。外面林彪的三個縱隊包圍圈一天比一天緊，粮源因之斷絕；裏面軍方拚命地採購，民食因之存底日薄。在裏外交迫之下，長春數十萬善艮的市民被逼走上了飢餓線！」

再抽緊腰帶！請用「長春丹」！

「大房身和寬城子兩處機場撤守以後，長瀋間的空運中斷了。軍方採購食粮的流通券的來源因之也告斷絕。此後軍政當局的購買力只靠中央銀行長春支發行流通券「本票」來維持，七月初，從國行發出的「本票」每天就有二百億。『本票驟增，存粮日減』，高粱米的市價宛如脫韁野馬，八月初每斤賣到一千五百萬流通券；八月中旬（也就是遙遠的首都傳出幣制改革的前夕），它的身價又增加了一倍。大多數的市民沒有力量買高粱米吃，祇有吃豆餅、吃樹葉、甚至吃樹皮和草根。在飢餓中的人們，還分着不同的階層！長春最美麗最近代化的一條大街「中山路」，兩旁街樹的葉和皮，很早都被人搶光。恐怕明年再也看不到那一行鬱鬱的綠蔭了！一般公務員所吃的似乎比市民好些，他們可以吃到豆餅和『酒糟麵』；只有那些高高在上的特殊人物對於白麵大米是不感匱乏的。長春市長尙傳道常在報上發表談話告訴市民，他已向政府請求加強食糧空投了；將來美援項目下的小麥一部分和政府的賑粮即可空投長市。他安慰市民說：『大家忍耐些，政府決不會遺忘長春市同胞的！決不會敎你們永遠抽緊腰帶！』事實又怎樣呢？兩月來的空投，雖然日不間斷，可是老百姓並沒有分得一顆半粒，而完全充作十萬弟兄的口糧了。老百姓只有從大自然所賜予的樹皮草根上去想辦法。近來，長春市中有幾位食物化學家集體研究的結果，發明了一種『特別口糧』，他們用豆餅、酒糟、芝蔴混合軋碎、庖製成餅。據稱每人日食四兩即可產生足够的熱量，並在報端大事宣傳。餓得不死不活的長春人中，吃樹葉草根的階層，沒有力量嚐試；通常吃得起高粱米的階層不願嚐試。大家給「特別口粮」起一個別稱，叫它「長春丹」。其中所具有悲慘的和諷刺的意味，比僞滿時代的「文化米」尤超過百萬倍！」

本票和空投所造成的悲劇

「長春市恐怕是『內戰中國』通貨膨脹的示範區。所有流通券都算是小額鈔票，一般交易授受的幾乎一色是國行的高額本票。於是『僞造本票』也成了非法之徒一條生財大道。住在頭道溝附近，有一個姓張的小公務員，一家四口，他每月的薪俸只能買到十斤左右的高粱米。數月來他爲了購買果腹的豆餅賣盡典光了一切什物；到最後賣出僅有的兩襲冬衣，而去買『食粮』的時候，被人發現他手中所持的本票有三張是僞造的。張某遂以『僞造國行本票』的罪嫌被捉將官裏去，一拖一個多月沒有釋放出來，他的妻子賣去了一雙兒女，懸樑自殺了。這件悽慘新聞，在長春報上沒有刊登，可是街頭巷尾的市民，口頭上却流傳了一個多月。八月下旬長春警備司令部槍決了兩個僞造國行本票犯張儀先、趙鑑淸。但，長春市面上仍舊時常有僞造本票發現，受害的似乎不是張某一個！」

「長春市流行的另一種悲劇是『食糧空投』造成的。政府飛機蒞臨長市上空時，必須在一萬三千尺高立飛行向下投。如果過低時很容易遭到郊區共方高射砲火的射擊，若是飛太高時，投下的糧食往往又要落到市外別人的陣地裏去。每次空投時，城內守軍都荷槍實彈地在各處監視着，深恐市民乘機搶取。可是飢餓的人們往往不顧『盜取軍糧殺無赦』的禁令，而在飛機蒞臨時麕集街頭，想碰碰運氣。其間被空中糧袋碰傷致死的時有所聞；竊取零散街頭食粮而被捉去受懲的也日日發生。八月九日聯勤總部一個中士班長名叫李嘉的，盜賣空投食粮兩袋，而被槍決。當局懲一儆百維護社會秩序的用意是對的，但他們却忽略了社會秩序所以不能安穩的根本原因——飢餓和人要生存。」

洪熙街眞空地帶

「長春市當局曾經計劃疏散人口，可是有一口高粱米吃的，都不願意逃難。實在連樹葉草根都吃不上的就是當局不疏散他們，他們也想自己去找生活之路。從七月初起，長春市民有二十萬左右離開市區向南逃荒了。這些難民首先進入的就是『洪熙街眞空地帶』。這段眞空地帶長達二十多里，起點是洪熙街，終點是范家屯。北邊是國軍封鎖線，南邊是共軍封鎖線。當難民越過北邊封鎖線時，國軍並不大留難，因爲難民離開長春市區是符合疏散人口計劃的。難民到了南部封鎖線共軍方面必須嚴格盤查一番每日放過有限。若有難民通不過南邊封鎖線的時候，北部關卡便也不許退回。因爲國軍恐怕難民回去一方增加長市食粮消費，同時又恐有『匪特』混入市區。於是，在一邊放行一邊阻止通過的情形下，眞空地帶裏的難民越集越多。」

「旣然是眞空地帶，其間不會有旅舍飯店。逃難的窮難民只有嚼着自帶的『食糧』，住在荒野上大道旁。有些難民十天半個月通不過南邊的封鎖線，其中食糧吃完而餓死的每天要有四五百人。眞空地帶的難民們有時睡在死人的身旁；有時爲搶取別人的食糧而互相砍殺。這一幅流民圖，恐怕是軍閥內戰時代所沒有的。同時眞空地帶已經發現過有吃人的慘象了。」

「九月初，我進入了洪熙街的眞空地帶。在長春聽到眞空地帶所有的種種慘象，一一映入眼簾，事實使我不相信我正活在廿世紀。在眞空地帶我露宿了八日，忽然南部封鎖線開放了，允許大堆飢民向南走。有步行餘力的飢民們大部分都通過了眞空地帶的最後一關，徐徐走向瀋陽而來。」

「照這樣情形，誰能說長春人『因不死』？我相信連吃樹皮能力都沒有的市民如果不逃出，非困死不可！」

舛運何時結束？

「我離開長春的前幾天，市區國軍向西郊作了一次突擊，曾經收復了大房身機場。那時市民充滿欣慰的心情，大家覺得一旦空運暢通，國軍救兵運到，高粱大豆載來長春舛運便有結束的希望了。不久，國軍回師市區了。一場夢竟沒有做出結果來。接着聽到的是長北飲馬河和長南雙陽，已經集結了林彪的獨立第九師和北滿獨立師，並有日內進攻長春市區的流言在傳播。再接着又聽到郊區共軍砲擊的聲音⋯⋯。我毅然決然的向南走進了洪熙街。」

「長春是否能『攻不破』而永久站立在松南，只有看事實的證明吧。」

「秋深了，大家知道東北是早寒的。長春市民除了受『飢』的威脅之外，又要蒙到一層『寒』的恐怖。長春市民好像是瞎子在等天明，究竟何時天明，他們是不會知道的！」（九月十五日）

星洲的表面與內層（星加坡通信）

陳伶

星洲，這美麗的南洋華僑都市，正逐漸向美化的途中行進。然而若剝去她美麗的外衣，裏面也顯出來迷信、愚昧、貧窮、苦難、不景氣……

美麗的外衣

星加坡的植物園在遠東素享盛名，這裏有世界各地的奇花異木，有着風光明媚的蓮塘。現在當局正從事修理工作，淪陷以來的圮毀到本年底當可煥然一新。升旗山麓的銀禧公園，自去年由軍方交返工部局以後，即着手修葺，種植花草，髹漆園中座椅，現在已經是百花怒放，綠草如茵，眞是一個消閑的勝地。在市中心，愛華園地是個幽美的所在，成天有對對游侶流連在那兒。許多公衆遊樂場所及兒童遊戲場，工部局也正加緊修復中，例如華拉公園、以及三角埔、惹蘭勿刹、番寨尾等處的遊戲場，多又增設鞦韆與搖板，可讓許多小天使在那兒跑跑跳跳了。由紅燈碼頭到康諾大道五欖樹脚及工部局大草坪一帶，原來本就是黃昏及夜星洲的勝地，誰數得清有多少神仙眷屬和情侶在此漫步，以及多少帶着一天疲勞的市民在此對着美麗的星空，傾聽着那奔流的海濤之聲？目前沿康諾大道外的塡土工程即將完成，海濬花園聽說也將……興建，星洲必將更爲美麗了。

星洲當局還正計劃完成環島馬路，那末將來的夜星洲將比以前更爲壯觀。公務機關的建築大多已整刷一新，許多公用建築也陸續穿上了新裝，戰時的色彩已逐漸褪掉，火車站已不復披着僞裝，那座跨在星加坡河口兩岸的安德申大橋自重加油漆以後，顯得更爲雄健壯麗；萊佛士博物院已變得潔白無瑕，爪亞街的大回教堂益發巍峨雄美……另外，許多大公司、商店、洋行等等，也都大事刷新，愛美心理的傳染，使星洲市容一天天地變得美麗動人了。

戰後星洲的建築事業誠然並未盡如人意，不過也不是毫無進展。戰時被毀的屋子，店舖計一千六百廿七間，住宅計八百一十五間，其他工廠、貨倉等都爲數不少，到現在已逐漸重建起來。在星洲許多的街區中，可以看到無數的房子，都由巨木支撐着，一些市民（多數是僑胞）便住在這些危屋裏面。這類超齡的老屋，其數當超出一二千以上。前幾月在報上常佈露着塌屋的新聞，大概是死傷的慘劇震動了工部局的官員吧，由此當局下命大坡華人區域若干店舖須以木柱暫時支撐。現在有許多超齡老屋已開始修葺的工作，有的只須拆掉一部，有的樑柱幾乎已蛀爛空了，不得不換樑移柱多花一些工料上去，但却是比較澈底「革新」一勞永逸的好。

星洲輔政司的一位官員在去年寫了一份報告書，曾提到當局草擬的計劃。計劃上說，星洲要在二十年內拆除所有陋居，全市遍建新屋。另外星洲改良信託局也有類似計劃的提出，這都足指出：星洲有一個更迷人的遠景。

生活在神權下

但在近代文明的星洲上，那些成千上萬的僑胞，却大部分仍然以一付十八世紀的頭腦，迷信着神鬼，在神力支配之下過生活。拿星洲來說，我們如果稍在市街上留心觀察，就不難發現許多奇蹟：一具小巧得和兒童玩具相似的木箱（「神龕」）陳列在行人路旁，就會有老嫗三五圍繞其間，參拜禮讚。從她們眼中看來，那簡直靈驗無比，「如響斯應」，也許原子彈的威力，還比它不上，因此不惜花費，香火錢、油錢……，有求必應地送上去。於是「神龕」生財有道，便也能養活一大羣的寄生蟲。

小巧的神龕，既已能顛倒衆生，那末，按比例說去，較大規模的廟宇，自必更能斂錢聚財，因此規模宏偉的建築物，便絡繹應運而生。一年一年地下去，佛堂廟宇有增無減，在香烟繚繞之間，歐風美雨吹襲不進去，百萬僑胞便至今還生活於神力至上的權威之下，使海外僑胞社會進步的脚腫被它一把拖住。

神力至上的權威之下，神話便不期然隨之而生。舉一個例子來說，華僑初到此間，據說有三樁大事必要先辦好：第一，「冲涼」，就是要洗個登陸澡；第二，「參拜大伯公」，「大伯公」是此間僑胞所崇奉的一種神祇；第三，「飲大伯公茶」，所飲的茶即香薷芥菜湯。除此之外，還有一個神話：華僑旅居此間，「大伯公」一律歡迎，既表歡迎，所以不高興華僑動輒離去。華僑如欲離開此間，必須於行前向「大伯公」報告，否則激怒了他，便會興風作浪，一路就不能平安了。這些神話，流傳於僑胞社會中很久，破除迷信的工作還待加倍努力。

在一方面星洲當局正修葺舊居，計劃把市民們從超齡老屋的危險之下解救出來的時候，居然另一方面也有一些獨具慧眼的僑胞，不惜以巨資經營廟宇神龕。看起來似乎是大善士大施主樂施好善的義舉，但其用心却在「生意經」上。據說一間「大神龕」建築落成之日，只「擇日開光」這一盛典的香火進益，當即可彌補百分之幾的建築費。破費萬數千元，爭着上「頭柱香」的善男信女，大有其人，因此不愁收入會少。而平日香油之貢，常年不絕，諸神誕辰，一年中有數不清的次數，歷次收入所得，其總數不知要超過資金利息若干倍。由這點看來，眞是「皇天不負苦心人」，財神爺固然不惜紆尊降貴和僑商合作，但却苦了一般的僑胞，害得他們到今還生活在愚昧的社會中而脫身不了。

內層的陰暗面

在一方面當局正美化星洲，一方面華僑社會又大建神龕的時候，星洲社會內層不景氣的生活陰影却已窒迫着許多人們的呼吸，失業的威脅，正像瘟病一樣地傳染着。據此間勞工職業介紹所公佈統計，上月份登記失業的人數有一三九六人，獲得工作的僅有四二八人。又據報章所載，目前海員失業人數已達三千以上，說明連海員的職業也不容易覓取了。此外，未經登記的失業者，難保還要更多。

星洲市面的蕭條，貨物的滯銷，出入口貿易的窒息，以及工業生產不振的種種現象，構成了星洲工商業市場的目前窘狀。這一窘狀使星洲的繁榮銷減，隨之帶來了失業的浪濤。

失業者之生活維艱自不消說，即就業者也感到生活維持之不易。薪水階級每月的收入，在目前情況下，多數僅能維持一家最低的生活。薪給的數目雖較戰前已增高二至四倍，但目前的生活費用却較戰前高漲五至八倍。所以薪水階級，不能不勒緊褲帶過日子，戰後生活，眞是無地不艱難了。

文藝

V．吳爾芙與婦權主義

蕭乾

一般人心目中，和將來文學史上的吳爾芙都是個象牙塔中的貴婦人，望着波浪，望着無垠的田野，瞑想着遼遠或悠古的事象。然而吳爾芙也自有她的煩惱，她的憤慨。她恨男人的專，她怨女人所遭的歧視與壓迫。她生的那年（一八八二），男人仍有權在家中囚禁妻子，婦女縱使自己掙了錢，也還得交給丈夫管。至於選舉及做官，更輪不到女性。在吳爾芙一生我們僅知道的幾件事蹟中，婦權運動佔很重要的地位。一九一三，她曾與丈夫黎諾爾德去北英參觀工業城新堡 New castle，並參加過當地的婦女合作大會。在她作品中，有幾本是專爲推動婦權運動而寫的——或者更恰當些說，是爲發洩她的女怨而寫的。短篇中，有一篇 The Society 印在她的『禮拜一禮拜二』（一九二一）裏，用雜亂無章的荒唐情節，藉三個女孩子替吳夫人把天下文武男人痛痛嘲駡了一陣。這篇東西在她死後出版的三本短篇集裏，都不見了。一九三八年她出了一本簡直是吵嘴駡街的書，叫『三個吉尼』(Three Guineas)。說是有三個團體向她募捐：一個是反戰的，一個是個女子學院，一個是女子職業介紹所。這裏，她把戰爭的責任整個放在男人身上，因爲男人好打獵，因爲男人不給女人辦外交。要弭戰，先得辦女子教育。她報怨說，英國歷史悠久的大學，多是以前貴族出錢辦的。隨着是責備男女公務員薪水的不平等，她最憤慨的，還是當時與希特勒唱和的『女人回到廚房去』的怪論。編吳夫人目錄的，這本書時常根本不編進去。從文體上說，它也確實不像吳爾芙。在她專爲婦權寫的書中，比較值得一看的，還是『自己的房間』(A Room of One's Own, 1929)。這是她對劍橋一個女子學院的一套演講。聽衆既是愛好文藝的大學女生，她的主題便是：想寫作，先得爭得經濟獨立。『有一間自己的房子，把自己鎖在裏面，房門上了鎖，然後解放你的心靈。』演講開始是用最嘵人的筆，描繪男子大學的輝煌舒適，以與寒傖的女子學院來對照。她引古徵今，證明女子始終是父親與丈夫的籠中鳥，多少才女挹鬱而死，多少肥胖的男子坐在沙發上咆哮着侮女論。這書頂可貴其實是後一半，那是指示女作家應走的路向。做爲普遍女作家的路向，那當然顯得偏狹：她勸聽衆要躱開自然主義，重感覺而輕場面；她要求建立新價值，新價值是短而精致，盡量躱開散文，向詩的境界發展；要跳出，要多使用暗示，而且，不要說教。這些勸告，無形中是印證了吳爾芙自己的文藝理想，而且是根據他自己的性格，情趣，和限度而立的。

由她未完成的遺作『幕間』(Between The Act, 1941) 我們可以斷言到死她也並未放棄她的婦權主義。在那部遺作裏，以莎貝拉一個才女怕丈夫怕得明明寫的是詩，却得偷偷摸摸裝訂成帳簿（頁六二），在『奧蘭多』(Orlando,—1928) 那部怪誕傳奇裏，她留下了許多婦權的痕跡。奧蘭多在小說的上部是個偉男子，在下部便成了妙齡女子了。回到倫敦，法院便爲了產業糾紛對她下傳票，因爲（一）她死了，所以無權持有財產。（二）她是女人，其地位與死人同（頁一五三）。最巧妙還是她的『到燈塔去』(To The Lighthouse, 1927)。很含蓄地她畫出瑞慕恩先生的自私，瑞太太的賢淑得可憫。她死後，瑞先生又向女畫家黎黎追求了。托着畫板，黎黎咒咀着男人：『他取而不予，他太太被追得祇予不取。予，予，予，她終于死了，留下這一片。她簡直和瑞太太生氣了。畫筆在手指間微顫着，她望着那籬笆，那台階，那牆，什麼什麼都是她手做的，然而她死了。』（頁二三一），在她的作品裏，女性的怨艾不難找到，然而除了那個短篇及兩本婦權論文外，她從不再專用婦權做她的主題。這個關節是值得研究的。無疑地，那三篇都是她最失敗的作品，不值一看，也一點不像她寫的。她是最嚴峻的自我批評者。她發覺那種文字有人寫得好，寫得有力，却不適於她的教養和素質。試驗了幾番，她終于抑制了自己的憤慨，在不妨礙藝術完整性的原則下，改用具象，含蓄的滲入她作品裏。這點自知之明，是她成敗的一個大關鍵。否則二十年代英國婦權運動促進會也許添了一批宣傳小册子，然而英國文學史上也將永遠失掉了一管充滿了奇蹟的筆。

前人的作品如果是後人的鏡鑑，吳爾芙這點自知之明是得自莎略特，勃朗特。婦權運動者的吳爾芙先大大讚揚了『簡愛自傳』的一段：『當斐爾克恩太太做果凍時，簡愛便爬到屋頂去瞭望四遠的田野。她巴望一種力量使她超越她的窄圈子，使她能接觸那忙碌世界：城鎮，那聞而未見的充滿了生命的世界……女人感覺依如男人，需要使用她們的能力，一個發展努力的境地，然而她們是被綑綁，窒息起來。』對於這百年前的宣傳家，文藝批評者的吳爾芙說：『C·勃朗特的天才也許比J·奧斯汀還高。然而反復誦讀上面那段，總覺得與全書格格不入。有了那塡胸的義憤，她無法把作品寫得完整無疵。她的書一定是殘缺畸形的。當她應該平和來寫時，她却在雷霆中。當她應該寫人物時，她却寫了自己。』（『自己的房間』，頁一〇四）。因爲有這份自知之明，所以吳爾芙在行動上儘管積極推動婦運，在作品中却極力躲開這短暫而難寫好的題目；然而吳爾芙畢竟有她的熱忱。婦女的怨艾在她作品中還是俯拾皆是。

吳爾芙的人物大半都是通身長滿了觸覺，祇感覺不動作的，在她處女作『航程』Voyage Out（一九一五）裏，却出現了一個性格鷙野，通身丈夫氣的意弗琳。她恨女子沒有作爲。『我加入了一個會，每禮拜六一聚，所以叫拜六會。我們譚的是藝術，然而我討厭藝術了。藝術有什麼用？我們四週都是赤裸裸的現實，所以我告訴她們藝術談够了，可以談談人生罷！像婦女拐賣，女子參政，社會保險。我們決定做些什麼，再組織起來，如果我們要消滅娼妓，我們相信比警察有把握——六個月可以清除』（頁三〇四）。所謂把握，原來是苦口勸導。然而這至少寫出一個不甘躲在深閨裏的女人。可注意的，她並不是該書的主角。主角是坐在甲板上望了海天冥想生死離合的雷書。她第二個長篇『夜與晝』（Night and Day, 1919）寫的是兩對男女的戀愛故事，但因爲其中一個是婦權工作者——瑪麗·德施，所以婦權幾乎成爲第二主題。正因爲戀愛與婦權運動是經緯般交織起來，結果婦權却有些淪爲戀愛的替代，也卽是情感的尾閭。在這兩本書裏，吳爾芙的婦權運動內容實在僅是婦女參政。在『航程』裏，幾個做議員律師的男子在甲板上談天：由海而談到廚娘，終于戴露威先生當了太太面前申斥起女子參政還無謂的要求了。並且說：『我希望在我入墓以前，英國女子不至拿到投票權。』（頁四四）。另一次，飽經世故的戴先生又說：『女人沒有政治的本能。你們有許多美德，我第一個承認，但我生平沒遇見一個懂得政治的女人，不怕你們惱，以後我也不會逢到一個的』（頁七二）。瑪麗·德施每早十點到晚六點都在爲了婦權奔走。她（或者也卽是當時的吳爾芙）對於男人獨佔政治總是無上羨慕。『我奇怪爲什麼男人一坐下來就談政治。我想我們一旦得到選舉權，也必那樣罷！』凱則琳則異途同歸的羨慕男人有職業。『在人前你可以說我辦的是什麼。有了職業才能表現出自我來。』（「夜與晝」，頁五四）。吳爾芙很好描畫那自私，倨傲，性靈泯盡的男子，如戴露威，如瑞薫思。但偶爾也有爲男子抱不平的，如『航程』裏的休衞特。他奇怪女人爲什麼把男人看成爲神仙。男人對女人的魔力直如騎士之於駒馬。他想來想去，還是歸罪於家庭傳統，從小，『女孩子們去喂兎子吧，因爲哥哥要獨在書房裏用功。』蕾書便承認已喂了廿四年兎子，休衞特嘆說，卽使婦女解了放，『你們也得需要六代才能把你們的臉皮弄厚到可以上法院，上公事房。』（頁二五三）當休衞特問蕾書選舉權有什麼好處時，她祇躲閃說：『我嗎？沒有。我彈我的琴。』正如在『夜與晝』裏，當希爾太太問凱則琳怎麼不加入婦女參政會時，她用匙子在茶杯沉默地攪着一樣。瑪麗·德施是僅有的一個婦權工作者，但她於失戀後，祇不住說：『再沒有比工作可靠的了。沒有辦公室的事，我今日將淪到怎樣田地了！工作救了我！』（頁四一五）。

在『三個吉尼』裏，吳爾芙把輕女論者是整個痛擊了，然而在她別的作品裏，零星對付的例子還是很多的。而英國男子又確實沒脫掉重男輕女的封建傳統。十六世紀，尼克·格林說女人扮戲有如狗學跳舞，二百年後約翰生博士借引來說女子上台傳敎，蠢如狗用後脚舞蹈。跳得自然不好，能跳已是出人意料之外了。當代又有人套這句子證明女人不能譜樂。以一部英國史爲經的『奧蘭多』裏，是充滿了這樣的令吳爾芙擊桌的謬論。十八世紀散文家艾迪孫在『旁觀報』裏寫：『我認爲女人是美麗，浪漫，可以用羽毛，珍珠，鑽石，金飾，綢緞裝璜起來的動物。』以『訓子書簡』出名的柴斯斐爾貴族寫：『女人不過是形狀較大的孺子……一個有頭腦的男子祇能把她們等閑視之，玩耍，娛悅，捧她們。』S·W·又說，『女人對女人是沒有什麼戟刺力的。因此，當她們自己在一起時，便沒什麼可談的了，祇互相搔搔癢而已。』吳爾芙以報復情緒把男子狠狠諷刺了一下：當奧蘭多在十八世紀突然變成了女人後，有天她誤把一個韡枕當成了詩人樸柏的前額，因而讚揚起：『他的眉宇有多麼高貴！裏邊裝了怎樣多的才思，機智，聰明和眞理——爲了那些，人們是甘用生命來換的。呵，你的智慧是僅有的永恆之光！』（頁一八六）轉過來，吳爾芙指了當時的名妓妮爾說：她尤好於蓋世文豪，因爲她沒有樸柏的尖酸，艾迪孫的倨傲，和柴斯斐爾貴族的詭祕。』（頁一九八）。

如所有的婦權主義者一樣，她認爲裝飾與貞操是婦女變成男人玩偶的內外兩個主因。她說衣着使男人野心，使女人謹愼。『男人隨手可以摸劍，女人可得隨時當心緞衫從肩頭溜下來。』（『奧蘭多』頁一七一）。待變爲女體的奧蘭多買了一套麗裝以後，才恍然悟出做女人的特權及懲罰來。「她」記起當即做男子時候如何堅持女人得馴良，貞潔，芬香，衣着鮮豔奪目。如今，做了女人的奧蘭多自己來償付上半輩子的孽債了。根據短短做女人的經驗她反省着。『女人並不是生就的馴良，貞潔，芬香，衣着鮮豔奪目。那些美德使她們享受了人間的福氣，然而那些美德卻是硬訓練出來的。說梳頭罷，每天早晨就去了一小時；照照鏡子，又是一小時；繫腰裙，洗漱搽粉，由綢而花邊，由花邊而凸花，一年到頭又得守着貞操！』（『奧蘭多』頁一四三）。吳爾芙認爲貞操是串鎖鏈。當過卅年大使的奧蘭多，懷裏擁抱過一尊皇后，個把爵位較次的貴女，一當了女人，就得把全部心神貫注在貞操上面了。在『自己的房間』裏（頁七五），她慨嘆說：『從古至今，貞操在一個女人生命中帶有宗教的重要性。它週身長滿了神經與本能。斬斷它需要特殊的魄力。』然而在吳爾芙作品裏，可找不到一個有這樣魄力的女性。

在所有吳爾芙的婦權觀念中，頂不動意氣而又是頂妥實的，還是經濟獨立。『自己的房間』其實指的就是那個，所以在書中她不斷地提『年入伍百鎊，門可以上鎖。』（在『奧蘭多』裏，她承認貧窮與愚昧是女人的衣裝。）她引證已故劍大英文教授奎拉古芝的話，證明二百年來英國作家大半都是富家出身。甚而說，如果詩人伯朗寧不是世家，他根本寫不出『掃羅』。結論是英國窮家子弟得到寫譯作所需要的自由境地機會相當於雅典一個奴才被解放。同樣，吳爾芙認爲莎士比亞時代的女人不會有莎翁的天才，正如今日的勞工階級不會產生莎翁一樣。她摹想莎士比亞有個叫朱蒂芙的妹妹。在家裏，她得做飯掃地，不能和哥哥一道學拉丁文，邏輯，也即是不能一樣進步。終於老莎士比亞逼她嫁人。她不肯，私逃了。逃到戲院裏想演戲，老闆不收。結果和男伶姘上了，生了孩子。社會唾棄她，她自殺了。（『自己的房間』頁三三）。對了，生孩子也是女人之一礙。在『奧蘭多』裏（頁二〇七），她諷刺說，『一般女人的生涯不過是接連着生孩子。她十九歲出閣，到三十便已生了十五個或十八個孩子，因爲當中有好幾對雙胎。於是，大英帝國出現了。』

吳爾芙心目中的婦女經濟獨立還有些混沌處，因爲英國人的『獨立』時常是指按年有一筆不勞而獲的遺產子金。遺產有無時常是作爲劃別紳士與白丁的水準，在所有英國小說裏，人物的『年入若干』都佔有顯著地位，特別是J・奧斯汀。吳爾芙的小說裏，自食其力的女子也不大見。在『航行』裏，安布魯斯太太曾在其家書裏提過女子教育問題，然而那可不是爲了解決生計。她寫：『我一向和女人們不大和得來，也不大往來，可是我得收回許多責備她們的話。如果她們受到同樣教育，我一點不知道她們如何可以不如男子。』她對教育的指摘何在呢？『目前的方式是令人噁心！廿四歲的女孩子竟還不知道男子對女人有慾望，竟還不知道孩子是怎樣生的！她別方面的天眞也是一樣澈底。我覺得這樣的愚民政策不但蠢，簡直是造孽！』

吳爾芙自己呢？她有不勞而獲的『獨立』，而沒有累人的孩子。她在倫敦布魯姆斯伯萊方場有高雅的住宅，在近南岸的丘阜疏林地帶，又有寬大的鄉居。她還有一個瞭解她，扶持她，仰慕她的丈夫。所以她的怨艾並非出於自身的遭際，也正因那不是出於自身的遭際，她的憤慨，她的要求，由曼哲斯特的紡織女，由利物浦的浣衣女，由南威爾思煤礦上的女工看來，卻顯得隔膜，甚而陌生了。

九月二日，上海。

本刊編輯部啓事

（一）本刊自本期起，稿酬已改爲每千字金圓貳元五角至四元。

（二）各地惠稿，請逕寄北平本社編輯部，毋須由上海辦事處轉寄，以免稽延時日。

新路 周刊

第一卷 第廿一期

中國社會經濟研究會發行

民國三十七年十月二日出版

短評

究竟誰對誰負責？

認眞原是做人的本份，然而在今日的中國，我們就根本無從認眞起，因爲認眞了，等於自尋煩惱。我們若要問在行憲後的中國政治制度之下，究竟誰對誰負責，認眞固然是認眞了，所得的必然是煩惱的結果。

單從「憲法」的條文看，正如官方的憲法學家所告訴我們的，行憲後的中國政府是一種所謂「責任內閣」。在這個制度之下：行政院應向立法院提出施政方針及報告，立法院有權向行政院質詢，此其一；立法院得請求行政院變更其重要政策，行政院不接受時，得移請覆議，立法院若以三分之二維持原決議，行政院院長祇得接受，不然即須辭職，此其二；經立法院議決的法律案，預算案，或條約案，行政院認爲難以執行時，得移請覆議，立法院同樣的若以三分之二維持原案，行政院院長亦祇得接受，不然即須辭職，此其三。無論大法官會議如何加以解釋，「憲法」所設置的，無疑是一種行政院對立法院負責的政治制度。然而看看實際情形，我們實在不能認淸行憲後與行憲前究竟有何顯著的不同。中心依舊是「領袖」，方式依舊是手諭。

據說在經濟改革方案形成之初，自然最忙不過的是行政院翁文灝院長，可是他所忙的不是在研討方案本身，他所忙的却是在上下莫干山與廬山，向總統請示，「責任」內閣「搖身一變」而爲「請示」內閣了。這是八月中的事，終而在經濟改革方案實施後，又鬧出了貽笑中外的徐陶案件。如果眞的是「責任內閣」，不但財政部王雲五部長早應辭職，翁院長似乎也應該考慮整個內閣的去留問題；可是我們的「請示內閣」始終得到了總統的支持與信任，據說王部長在赴美出席國際貨幣基金會之前，曾向總統引咎辭職，總統却「認爲其咎不應由王自負，並勸慰有加」（九月廿一日北平世界日報）。

上引兩例，原是司空見慣，不足爲奇之事。然而誰敢說此刻不在行憲？那麼究竟誰在對誰負責呢？我們不懂一個「責任內閣」爲甚麼還要請示？我們不懂既是「責任內閣」，爲甚麼自知有咎，而不負起責來，辭職以謝國人？我們不懂在「責任內閣」制度之下，爲甚麼政治的中心，不在立法院，而在總統？如果總統一句話即可改革經濟，總統一加勸慰即可免除責任，那麼「憲法」第五十七條豈非虛設？行憲的居心也就不言而喻了！

然而做一個中國人還究竟是幸福的，環境使令我們一輩子毋須認眞，因爲認眞了就會變糊塗。管它行憲不行憲，任便一切怎樣在搞，反正就是這麼一回事！（木）

讀翁文灝覆劉不同函

九月廿日上海大公報登出了一件翁文灝覆劉不同函。在該函裏，翁院長說明這次政府之所以徇捕學生的理由，是基於學生們不專心向學，參加學生運動之所致。翁氏以前做過教授，現在是政府的最高行政首長，我們讀完了那封信後，實在不能不說幾句話：

㈠學生運動是否應該？要問學生是否應該參加學生運動，首先得看學生運動之動機究竟何在？關於這個問題，翁先生自己也不得不承認：『目前現象，比之抗戰以前，仍多退步，無可諱言。揆其所以致此者，政局不安，官僚腐敗，以至靑年學子，心懷感憤。……』這說明了學生對「現實」的不滿，是基於現實本身的醜惡與腐敗。的確，像英美等國家，政治有一定的軌道，社會有一定的秩序，正當靑年的學生，讀書享受之不暇，又誰願意冒危險拚生命去過問國家的政治呢？再回頭細數我們自家的歷史，自東漢以來，每一次的學生運動，又那一回不是發生於政治危機到了極點的時候呢？今天，面對這麼一個苦悶的動亂時代，有血性的靑年學生，每當他目擊自己的民族瀕於危亡的邊緣時，又怎能不發爲呼聲，出以行動呢？翁先生是曾經『自民國初元以迄廿三年，純爲科學研究專心用力，亦與敎育人士有所過從』的學者敎授，對於當年「五、四」運動之功過的評價，想來是瞭解得比我們更爲淸楚的吧！而翁先生現在却如此告誡靑年：『對於愛國學生，……深盼其能專心向學，在各方面爲整個國家之進步而努力，因此對目前學校之不安狀態，虛擲光陰，尤覺引爲遺憾！』是翁先生忘記了歷史，抑還是翁先生爲了自己的立場有不得不如此說的苦衷呢？

㈡參加學生運動的人是否有罪？關於這個問題，翁先生的答覆是肯定的。他說：『……另一方面，中共正多方活動，於國家急需安定之時，散播破壞秩序之行。如於美援方始舉行之時，鼓動反美之思想，衡以國家利害，政府職責所在，不能不酌飭敎育機關及學校主管，就其尤甚者妥爲處理。』

從這段話看來，翁先生認爲「反扶日」運動是頗有「爲匪張目」的嫌疑的。好的，我們現在也就這個例子來討論一下參加學生運動的人是否有罪？就事論事，「反扶日」的背後是否有中共操縱，我們不大淸楚，但參加這一運動的大部份的人，決不是共產黨，却是事實。記得當時的文化界，教育界，工商界，甚至於現任的立法委員中，也有不少人贊成這一運動的。這實在是因爲日本帝國主義的興起，是會遺害於我們中華民族於萬世的！半世紀以來的屈辱，使我們牢記得太深刻了！因之，當時的「反扶日」運動，是合於每一個國民的要求。我們不能怕戴「紅帽子」而放棄我們對于國家的責任。同樣的理由，當年張莘夫慘案前後，蘇聯運去了東北的機器，那時曾掀起過「反蘇」運動。在當時的昆明聯大，就有不少的教授參加簽名，發表宣言。很顯然的，那次運動，是有益於政府，而不利於中共的，但參加的人却不考慮這個運動由誰來操縱，他們所關心的是：那個運動是否合乎中華民族的利益？我們也不能怕人家戴「白帽子」而就放棄自己應該有的要求。那末，參加「反扶日」運動的學生，既不能一律目之爲中共，更不能認爲有罪，却不是很明顯的事實嗎？

(三)即使有罪，就政府承認之法律說，政府處置是否適當？就政府自己所承認的「戡亂」法律來說，肅清「匪諜」也得要按「淸除後方匪諜辦法」來處理，根據該辦法所引用之刑事訴訟法第一三一條之規定，『非在最嚴重最緊迫時機而有確實犯罪之證據者，不得援用，官方所得搜捕的，應該只限於正在犯罪的兇手。兩個多月以來，北平的學生除了因「七、五」慘案而有所表示外，始終在平靜中度其假期生活。學生既非正在犯罪，更非希圖逃脫，政府有何理由不依照正常法律程序，而隨便包圍學校，搜捕學生！』（北大師院二校教授對於當局拘傳學生抗議書。）儘管翁先生自己解釋說：『處理要旨務在使無罪學生迅行釋放，有罪者從輕發落，詢問過程，須依法律程序，保障人權，莫爲冤獄。』但事實上政府這次拘捕學生，從我們所知道的北平一地的情形來看，是沒有一點能做到「依據法律程序」，包圍學校，斷絕交通，這是根據的什麼法律？翁先生還在那裏說「保障人權」，依據法律」，如果不是存心欺誑，得拿出事實來，才能取信於民！（驄）

自己的事自己挺身出來承當

爲處理特種刑事法庭傳訊學生事，北京大學於八月二十日出了一個佈告，文曰：

「這次特種刑事法庭先後傳訊本校學生等四十八人，我們已經屢次表示，希望他們自行到案，必要時由學校人員陪同到庭。並由學校代請法律顧問。現在已經到庭經過問訊回校的已有好幾位。我們現在很誠懇的希望尚未到案的同學，務必認淸當前的環境，顧念自己的前途，於八月二十三日下午三時以前，到訓導處報到，由本校派員陪往特種刑事法庭。經過詢問後當即由本校設法具保。其過期不報到者，學校一律停止其學籍。此佈。」

這是在憲警當局對於被拘傳的學生在各校均採取了直接的行動，入校搜捕，僅留北大一校尚未被侵入的環境之中，北大當局所作的一個臨時應急的措置。看佈告全文應可明白學校始終未放棄其保護學生之心，教育家於此蓋已盡了他的最大的努力。

因爲佈告中有過期不報到停止其學籍之語，有些朋友不去體認佈告全文之用心，而單就此一語之文字着眼，發爲嚴厲的批評，我們認爲殊欠公道。此中並且隱藏着一個爭辯，即：一個大學應享有學術自由，此自由之涵義是否可以作爲此寬泛的解釋，乃至謂大學員生個人由享自由與大社會中之他人或團體發生于係，尤其是政治的于係，遇有責任爭執時，也可託庇於大學而自己可以不挺身出來受對質？

我認爲大學誠當享有學術自由，但學術自由不可作爲此寬泛的解釋，如果如此解釋，勢必將以學術自由殉個人之不負責任，殉個人之懦怯。特別在政治混亂當中，政治歧見層出，一方要誅戮，一方要反抗，大學成了角逐之場，此危險尤大。自己的事自己不出來受對質；這是不負責任，這是怯懦之行。北大之要求被傳訊的學生自行到案，是希望他們自己挺身出來受對質，是在倡導一個原則。同時亦未忽略了事實。如不願受質，或不屑與對質，你可以北走胡南走越，直截了當放棄了這份學籍，不失爲光明磊落之行。其有一時不能行又不敢挺身而出者，學校爲許以時間，期佇其終有所抉擇，而有停止其學籍之說，此固適以保護之。如果經考慮後，願意挺身而出，學校仍將爲他照料；如果經考慮後，取行之一途，是亦特立卓行之士，行其心之所安者，學校必將寄予同情。其有終不決者，是事實上自行休止其學籍。停止學籍之說，於此類學生蓋有掩飾之效，而無實際之害。知道那幾天北大處理此事經過的人，都明白北大此一舉在維護學術自由上，其態度是積極的，不是推諉的。

胡適校長在處理此一事件中，從聽到政府將下令對各校之所謂「職業學生」採取行動，到阻止憲警入校搜捕，始終持嚴正的態度，始終保持教育家的立場，其[illegible]議評，一樣的失之不公道。他反對政府有此舉動無效後，本可以去就力爭，以不欲爲自己造英雄之名而貽學校以動盪不安定之果，乃以冷靜處之，而決心保持學校尊嚴，并倡導負責任風氣，勸學生自行到案，以積極自決的態度去抗迫害。不外露而內自飭，這個作法許是不合年輕的人底胃口，但我們總得承認這是中國讀書人的傳統風度，不亢不卑，使有權勢者當之不敢肆無忌憚。對被傳訊的學生則云「很誠懇的希望尚未到案的同學，務必認淸當前的環境，顧念自己的前途」，自行到案；對陳繼承則云「很誠懇的盼望相信我的報告與保證」。此固非無物之飾詞也。

自己的事自己挺身出來承當，此一倡導，在「向靑年看齊」成了時髦的口頭語之今日，許是不合時宜，但包容不是隱蔽，包容是學術的，隱蔽是政治的。只有挺身而出，隱蔽可易爲包容。求政治與學術研究並見容於大學，全賴員生各人自己檢點。「禍來自己當」，有此氣度，乃可與享學術自由。（儆）

論壇

論經濟自由

吳景超

論經濟自由

——美蘇經濟制度述評之一——

吳景超

經濟自由這個名詞，在傳統的經濟學中，包括兩個概念，一爲消費的自由，一爲擇業的自由。自從羅斯福總統提出免於匱乏及免於恐懼的兩種自由以後，有一些人，以爲這兩種自由，也應當包括在經濟自由的含義以內。我們的看法，與此不同。我們以爲經濟自由一名詞，最好還是維持其傳統的含義。至於免於匱乏及免於恐懼的兩種自由，則應置於「社會安全」Social Security 一個名詞的涵義之內。所以我們在這一篇文章裏，只討論消費的自由，及擇業的自由。

（一）

在美國與蘇聯，都曾經有一個時期，消費者無自由可言。這一個時期，便是定量分配時期。蘇聯在實行第一次五年計劃不久之後，便利用定量分配的方法，來控制人民的消費。這個辦法，到一九三五年取消。一九四一年蘇聯與德國間的戰爭爆發，定量分配制度，又重新樹立起來，到了一九四七年的十二月，在改革幣制的時候，才行取消。美國在第二次大戰的時候，對於若干物品，也實行配給制度，但其範圍不如蘇聯之廣，譬如麵包與牛奶，在美國始終可以自由購買的，沒有放在配給制度之內。

配給制度妨害人民消費自由的癥結，就是在配給制度之下，人民對於每種物品購買的數量，不是決定於自己的嗜好及購買方，而是由政府代爲決定的。自決與被決，是消費自由有無的分界線。在普通的情形之下，每一個人，對於某一物品的需求，都有其適當的數量。這個適當的數量的滿足，是使人類感到生活舒適的最大因素。這個適當的數量，只有本人知道，別人如借箸代籌，總難恰到好處，因而總難使人滿意。所以配給制度，乃是一種不得已的辦法。任何政府，凡是顧到人民生活程度問題的，總不願剝削人民這種基本權利。如果取消配給制度，不發生別的重大社會問題，那麼任何政府，都會取消配給制度的。

在今日，蘇聯與美國，都已取消配給制度了，但是這兩國人民的消費自由，却并不一致。造成這種不同的消費自由的主要原因，乃是因爲蘇聯是實行計劃經濟的，而美國則否。計劃經濟限制人民消費自由，我可以舉美國第二次大戰時一個例子來說明。美國在參戰以後，可以說是實行計劃經濟的，國內大部份的生產能方，都用以生產作戰物資，同時有好些消費物資，則停止生產，汽車便是其中之一。美國在作戰的前夕，即一九四〇年，曾生產汽車四百四十餘萬部，可見人民對於汽車的需要。戰時充分就業的目的已達，人民的收入加增，對於汽車的需求更高，可是因爲政府下令停止製造汽車，所以人民卽使有購買汽車的願望，又有購買汽車的能力，也無法購到汽車。這是在計劃經濟之下，人民的消費自由，受到限制的例子。在計劃經濟之下，生產原素的分配，操在政府的手中，人民沒有方法，以其有效的需求（卽有購買力作後盾的需求），來指揮生產原素的分配。可是戰爭一旦停止，政府的計劃經濟取消，消費者的主權重行抬頭，美國的生產原素，又重受消費者的支配，於是汽車又重行恢復過去的大量生產，以滿足人民的需要。

在蘇聯，配給制度取消之後，消費品的生產，還是在計劃經濟之下進行的。爲滿足人民的需要，蘇聯的政府，對於消費品的生產，當然也有計劃。凡是在市場上出售的，都是計劃中要生產的。沒有包括在計劃中的物資，自然不會有人生產，也自然不會出現於蘇聯的市場，正如汽車不會出現於美國一九四二年的市場一樣。蘇聯消費者的自由，因此是有限制的，他只能在已經生產出來的物品之中，選擇其願意購買的。他的有效需求，不能指揮生產原素的分配。在美國，消費者的要求，假如得不到充分的滿足，自然會行使他的購買方，壓迫物價上漲。在物價上漲的狀況之下，自然有一些企業家，眼見有利可圖，便會配合一些生產原素，來從事於此種物品的生產。最後，大量的產品問世，儘可使消費者的要求得到滿足。所以實際上美國生產原素的配合及其移動，無形的，間接的，是受消費者指揮的。只有消費者能够指揮生產原素的配合的時候，消費者的自由，才可以說是得到眞正的滿足。

（二）

我們現在再討論經濟自由的另一方面，卽擇業的自由。

在計劃經濟之下，每種重要物資的生產，已由計劃決定，則生產此種物資的勞力，勢非與之相符合不可，否則計劃卽無由完成。我們因此可以想像，計劃經濟是無法容許擇業完全自由的，因爲在完全擇業自由的狀態之下，每一實業，或某一工廠，所能得到的勞工，其數量決不能與計劃所必需的數目相吻合。我們再看事實，就可知道，蘇聯的實際就業情形，是在政府控制之下的。先說最上層的就業者，卽大學畢業生。蘇聯的大學，是由各生產部門管轄的。每一生產部門所需的高級人材，由這一生產部門所管制的大學或高級專門學校供給。自一九三三年起，此種受過高級教育的畢業生，卽由生產部指定其在某處工作，以五年爲期，在五年之內，其行動須完全受生產部的指揮。派定工作之後，不去到差，或私自與生產機構商定工作，是犯法的，須受刑法的處分。自一九三八年起，此項畢業生，在畢業前六個月，便須與生產部主管人員面談，由主管人員計劃其工作性質及工作地點。每一生產部門，對於此項畢業生及其他專家，均有一記錄。生產部門的主管者，隨時可以知道某人工作的所在地，在必要的時候，加以適當的調動。其次，關於技工的訓練與就業，在一九四〇年以前，一部份在學校中訓練，一部份在工廠中訓練。一九四〇年起，蘇聯新設立兩種學校，專門訓練技工，一種期限兩年，招收十四歲到十五歲的青年，另外一種，期限六個月，招收十六歲到十七歲的青年。蘇聯的政府，希望在這兩種職業學校中，每年能够訓練出八十萬到一百萬的技工來，作爲勞工的生力軍。爲使學生的數目，易於招足起見，蘇聯一方面用利誘的方法，卽到職業學校中受訓練的，不但不取學費，而且一切生活的需要，都由國家供給，可是在別的學校中上學的，得交相當數額的學費。在這種新的教育制度之下，那些出得起學費的，便送子弟入中學大學，那些出不起學費的，只好進職業學校了。另外還有一種招生的方法，卽指定集體農場保送，每一集體農場，人口滿一百人的，便要保送兩個青年到職業學校。在職業學校畢業之後，每一個畢業生，須在指定的地點工作四年。最後，關於粗工的募集，係由中央將全國的行政區域，分配與各生產部門，由其在指定的行政區域中招募。每每是某一行政區域，由某一部門利用，但也有一個行政區域，由兩三個生產部門同時利用的。在指定的區域內，生產部門可與集體農場商洽，由集體農場在某種工資之下，供給勞工若干名，期限至少是六個月或一年。從以上的辦法看來，蘇聯的人民，在他們第一次就業時，選擇的機會是很少的，與其說他們的職業是選定的，不如說他們的職業是派定的，就業之後，大學畢業生在前五年，職業學校的畢業生在前四年，也沒有隨意變動職業的權利，可是政府却保留權利來調動他們。至於普通的粗工，那些初次離開鄉村到工廠中去作工的，對於有規律的生活自然不慣，所以蘇聯在五年計劃開始的時候，工人的流動率是非常之高的。一九三一年以後，政府規定工人及其家屬的食品配給證，由工廠發給。工人一旦離開工廠，其配給證卽由工廠收回，同時取消他在工廠宿舍中的居住權。這種辦法，對於控制勞工，使其不輕易離職一點，發生很大的效用。自一九三八年起，又有兩種新的辦法，來限制工人的自由離職。一爲工作證的發行，凡在工廠中工作的人，都應將工作證交與管理員，在離職的時候，須由管理員將離職原因，載明於工作證之上。工人從甲廠取回此項工作證之後，方能在乙廠另謀一職，沒有工作證的工人，別的工廠不能僱用。第二種辦法，卽將工人所享受的社會保險權利及假期權利，與其在一工廠中作工時間的長短發生聯繫。假如一個工人，在某一工廠中，繼續工作的時間很長，那麼他能得到的福利，也就較多。在這兩種辦法之中，工作證是限制工人選擇職業最利害的工具。在這種辦法之下，一個工人，卽使對於自己的職業不滿意，但是如得不到經理的允許，他是無法別謀生路的。

在美國，一個職業學校的畢業生或大學的畢業生，不一定就能找到工作。在不景氣的時期，像一九二九到一九三三年那幾年內，他的工作更無把握。可是他有好些就業的途徑，以及選擇這些途徑的自由，是蘇聯的人民所不及的。第一，他可請自己的親戚朋友幫忙，上層家庭的子弟，許多人利用這一途徑而得到第一個職業。其次，在美的一千二百萬個生產單位之中，其中用人在三百人以上的，在一萬五千單位以上。初出茅廬的人，可以自我介紹，向這些生產單位中求職業。這些大的生產單位，新陳代謝的過程是很速的，一年總要添用許多新人，合格的人，自有被錄用的可能。第三，美國在聯邦政府與地方政府合作之下，在全國設立了四千五百個職業介紹所。這是美國的勞工市場，需要與供給的總匯。謀事的人，可以把他願意擔任的工作，告知職業介紹所，職業介紹所必盡他的能力，替謀事的人，尋覓一個適當的位置。在一九四七年，有一千一百五十萬人，委託職業介紹所謀事，其中有六百三十萬人，得到他們所願意做的工作。美國的工人，在就業以後，政府並沒有任何規定，防止他的轉業。他可以找報酬最高的地方去工作，一且這種地方被他發現了，沒有人可以阻止他離開他的舊職，而去就他的新職。

（三）

在擇業自由的一個觀念之內，還包含着創業的自由。擇業與創業，嚴格的說，是有顯著分別的。擇業的前提是社會上已有某種位置的存在，這些位置須要人來塡補他，擇業便是根據自己的能力與興趣，在已有的位置中，選定一種而置身其中。創業的前提，是社會上還沒有創業理想中的那個位置，他以他自己的能力，或集合若干人的能力，創造出那個新的位置來，然後來佔據那個位置，從事於經濟的活動。創業的自由，在蘇聯與美國，都是在少數人的手中。但這少數人的數目，在兩個國家中，却有大小的不同。在蘇聯，創業的自由，在國家經濟委員會的手裏，或者說得更具體一點，在政府及黨的少數大員的手中，他們在決定某項事業要擴張的時候，也就是行使創業自由的時候。普通的人民，是沒有創業自由的，因爲既創一業，就得在此業中，放進資本，放進勞力，而這兩種生產原素，都不在人民的掌握之中。

在美國，大事業的開創，非有大資本不可。所以創業的自由，似乎只有資本家能够享受。這種看法，只有局部的眞理。在某種情形之下，美國沒有資本的人，或者資本很少的人，也可以創業，這是因爲美國的資本是私有的，在契約的條件之下，可以移轉歸他人使用。所以志在創業的人，如自己沒有資本，可以利用別人的資本。福德公司的創業者，在他三十歲的時候，月薪不過數十元，但他得到幾個朋友的協助，集合了幾萬元的資本，設立福德公司，現在已經是十億元以上的事業。至於志不在大，只想創立一種小規模的生產事業，以爲獨立謀生之計，如辦農場，開雜貨店等事業，那是很多的人如果想辦是必然辦得到的。這種創業的自由，是獨立生活，脫人籬下的必須條件。他的存在，表示經濟權的不集中，是維持人民福利所不可少的。

（四）

根據以上的討論，我們可以得到一個結論，就是經濟自由的享受，美國人民大於蘇聯。這種情形，與財產的私有或公有的關係很少，而與計劃經濟的關係却很大。我很相信，社會主義與經濟自由，根本上是不衝突的。假如社會主義放棄了計劃經濟，經濟自由便可恢復，正如資本主義或任何主義，一旦採用了計劃經濟，經濟自由必然喪失。漢姆教授 (G. Halm) 曾說過：「一方面照着計劃生產，一方面不許消費自由，是不可能的。計劃與自由選擇，不能幷存。」也許有人覺得世間還有別的價值，在經濟自由之上，爲實現此種價值，犧牲經濟自由，亦所不惜。在戰爭的時候，我們大家都有這種感覺。爲着祖國的獨立與安全，經濟自由應當犧牲。但在太平的時候，經濟自由是否應當犧牲呢？蘇聯與美國，對於這個問題，顯然有了兩個不同的答案。

（一）論美蘇制度下之經濟自由

徐毓枬

吳先生在這篇文章中，引用許多事實及數字，我對於他引的這些事實，完全沒有下過工夫，所以討論祇能限於先驗的理論的範圍。

他說：定量分配時期沒有消費自由，這句話在一種意義上說，幷不完全準確，例如英國在第二次大戰期間，實行肉類配給，祇規定每週肉類消費之値，而不規定肉之種類，消費者在限定價值以內，可以自由選擇牛羊或猪肉，又可自己選擇，要小量而美好者，或較大量而較次者。他也可以不吃通常所謂肉，而吃肝腦內臟之類。又如衣服配給，也祇限定點數 Coupon，在總點數範圍以內，消費者可以自由選擇多添一件襯衫，一雙襪子，一條領帶，或放棄這些零星小物，添一件大氅。根據吳先生自己的事實，蘇聯公民在政府已經生產出來的東西之中，還可以自由選擇，政府也沒有限定他某種東西一定祇能消費多少。

以上所說，祇是說明一點：任何名詞，在社會科學範圍以內者，都很難下一個唯一的意義毫不含混的定義。我們似乎不能說，在肉類以內選擇，在衣着類以內選擇，不能說不是一種消費自由。吳先生所謂消費自由，似乎應該定義的消費者有間接指揮資源使用途徑之自由。然而仔細一想，這個定義還是不行。例如衣着總額雖然有限制，但如果消費者多用毛織品，少用棉織品，無異指揮資源用於畜牧，而不用於農作。如果根據吳先生所說，蘇聯人民在已經生產出來的東西之中，還可自由選擇，則某種東西可以暢銷，頃刻售空，某種東西滯銷，堆存甚久，祇要政府是有效的，應該多產前者而少產後者，故蘇聯人民亦有間接指揮資源使用方法之權。如果蘇聯人民在事實上沒有這種權利，那不是制度本身問題，而是制度之效率問題——除非證明，某種制度一定缺乏效率。

× × × × ×

吳先生又認為計劃經濟與消費自由衝突。這恐怕又得牽涉到定義問題。眞正的計劃經濟是什麼？在承平時期而且一國之資本總量已經達到相當可觀程度時，那時應當依什麼來計劃？那時最佳的「計劃」，是否即是利用市場機構，由價格來決定資源使用？這些問題有趣，但與當前討論幷無密切關係。據我想，據我暸解，蘇聯在承平時期之所謂計劃經濟，實在祇是規定一個資本之累積速率 (rate of Capital accumulaton) 而已。每年在充分就業之下生產出來的總所得，有幾分之幾，政府不讓人民消費，而作資本累積之用——卽投資。如果這種暸解是對的，我也想不出理由：為什麼在可以消費的這一部份所得之內，消費者沒有選擇自由。戰時和平時不同，在戰爭期間，時間因素非常重要，瞬刻之差，也許可以影響全局，故如果短期內缺鋼，則不僅新的汽車生產應該停止，舊有廢鐵如欄杆之類，在必要時亦應拆除。但平時不必如此迫切，如果有一樣重要原料，同為投資工業與消費工業所必需，則一方面不妨讓價格因素，限制消費需求，他方面再擴充該原料之產量，讓該原料足够投資與消費二者之用。想像：如果美國在平時實行計劃經濟（我的定義，卽規定一資本累積速率）。又設想需用鋼甚多，則在美國生產力情形之下，在承平時期，可以不必採取停止汽車生產這種嚴峻措施，一方面讓汽車價格提高，限制消費，他方面擴充鋼之產量，則據我想，不出二三年，鋼之產量可以同時滿足汽車工業與投資工業之需要。在美國這種資源這種生產力之下，計劃經濟和消費自由，就可以消費的一部位所得而論，可以幷不衝突。如果蘇聯不能辦到這點，這又不是計劃經濟本身問題，而是資源——包括水準甚高而未專業化的勞力 (genralized labour)——及生產力問題。再強調說一次，幷不是計劃經濟與消費自由本身衝突，而是某種國家之客觀環境，限制了消費自由。

× × × × ×

定義答問一般人都會看作是腐迂問題，但是我們躲不了它。如果所謂消費自由，是指在限定了的消費總額之內，消費者之選擇自由，則計劃經濟可以與消費自由不悖，甚至我們可以使配給制度亦與消費自由不悖（例如我們祇限定消費價值，或允許配給票自由交換等）。就這種意義的消費自由而論，我認為吳先生沒有建立他的論證：蘇聯的消費自由少，美國的多——至少沒有能從制度本身來建立這個論點。

今試再換一個定義。所謂消費自由，是指如果消費者願意這樣做，他們可以把社會總所得（aggergate income），全部用之於消費。試就這個定義，比較美蘇二國之消費自由。

在這個定義之下，蘇聯驟看處於不利地位。她要實行計劃經濟（我的定義），因此不能讓消費者——卽人民全體——把全部社會總所得消費掉，因此她或者把生產原素之價格定得低，其他物價定得高；或者把生產原素之報酬，封存一部份，迫令他們購買債劵或儲入銀行，或其他方法，而在表面上，美國沒有這種種限制，但是我們是否可以由此推論，說美國有此種意義的消費自由呢？

今設在 t_0 時，消費者之消費傾向提高，擬以其全部所得，用之於消費。我們知道，消費增加，則投資之利潤增大，故投資亦有增加之趨勢。此時可分為兩種情形，第一，如果 t_0 時在充分就業狀態，當然不能消費與投資（以實物計算）二者同時增加，故美國亦無消費自由。第二，設 t_0 時不在充分就業狀態，有失業資源存在，則失業者可以就業，暫時使消費之增加與投資之增加不悖。今設在 t_1 時達到充份就業，則在 t_1 時，就 t_0 時消費者懸擬之目標而論（卽把 t_0 時之全部總所得用掉），美國人有了消費自由，但設在 t_1 時，美國人仍想把 t_1 時之全部社會總所得消費掉，則又不可能。由此，美國人之所以有消費自由，乃是因為有失業之存在。而蘇聯之所以沒有，因為蘇聯在開始時卽在充分就業狀態下。如此一說，美國在這方面不僅考不到好分數，反而不如蘇聯了。

祇有一種說法，可以挽救這種邏輯結論：投資者亦是消費者，如果投資者亦決定全部消費，則美國尙有消費自由。是的，但是除非美國經濟制度本身有大變，否則我們看不出為什麼投資者突然違反其利潤動機，在有利可圖之時而決定不投資。我們要強調，現在我限於制度本身問題。

× × × × ×

由上所述，在消費自由方面，就制度本身而論，美國未必優於蘇聯。再看擇業自由與創業自由如何？

先論擇業自由。就吳先生文中看來，似乎蘇聯青年也還有擇業自由。在他畢業之前，他還有機會和負責人談話，不難想像他可以藉此機會，表示其志願。從先驗方面說，我們也想不出理由，為什麼負責人一定要違反其志願。

然而這點是小點，無足輕重。我們想像，如果蘇聯人如此說：職業之最大決定因素，乃是教育，在美國，教育機會是不平等的，沒有錢上學很難，故礦工之子大概仍是礦工，即使要在社會階梯上往上爬，也得費二三代時間，而在蘇聯，教育機會是均等的，祇要有此智力才幹，礦工之子可以即刻躍昇幾級。故蘇聯之擇業自由，至少在縱的方面，要比美國大許多。即使在橫的方面——同一級勞力之各種不同行業——稍差，大概還抵得過吧？再說，同是小工，今天修路，明天墾地，有什麼可以選擇？我不知道吳先生如何回答這種說法？

再說創業自由。是否必須是私人為謀利而建立的事業，纔算事業？如果（例如）受資源委員會之託，辦理一廠，便不算事業？如果後者也算事業，則問題不外：（一）在非謀利動機之下，一定辦不好。這不是自由問題，而是效率問題。（二）這種機會比在美國少。如果把小雜貨鋪也算在裏面，也許是如此，但如果算大企業，則在蘇聯之機會也許更多。因為第一，教育機會平等，容易取得創業之才能與智識；第二，資本是國家的，無須因籌募資本困難而不能創業。福德倒底是例外，倒底創福德公司容易呢？還是受國家之託，辦理一新廠容易呢？（當然假定創辦人之才智相同）

×××

無論從消費自由，擇業自由，與創業自由（吳先生所謂經濟自由）看，吳先生都沒有建立他的論點：美國比蘇聯好。囘難再把本文一看，我似乎為蘇聯辯護，或為蘇聯寫了一篇頌。為避免此種誤解起見，我願意指出幾點：第一，我知道的事實太少，還沒有資格辯護或歌頌；第二，我僅從制度本身立論，至於實際行施時之結果如何，當然是另一問題，不過這應該稱為人謀不臧，或客觀環境欠缺；第三，我祇就經濟自由一點而論，沒有計及其他，當然評判一個制度之優劣，須從全面看。

我所寫的，也許祇是常識，時賢之不一面倒者，大概會說，在蘇聯，經濟民主多一些，在美國，政治民主多一些。不論這句話之正確含義是什麼，大概總含有一些眞理成份在內。如果有人說蘇聯在經濟上（就制度而論）也不行，我們大概得鄭重考慮，考驗。在這方面，吳先生是否證明得太多了？

最後還有一句話，比較美蘇二國在目前之情況，評論其得失優劣，當然是有意義的一件事情，不過這種比較法，是否太於蘇聯不利？上面已經說過，在一種意義上的消費自由，蘇聯所以不如美國，因為前者在目前之生產能力及資源——尤其是人力資源——不如後者。如果我們承認，蘇聯之天然資源還可和美國相比，有成為目前美國之可能性，則蘇聯制度不行之有效證明，應該是：（一）在該制度下，永遠達不到目前美國情形，（二）該制度之進步速率，永遠趕不上美國，故將始終保持目前這段距離。捨此二者，僅說她目前不行，似乎對蘇聯不公平。我們能够因為目前一般英國上中階級人士之消費量（以實物計），還趕不上中國同一階級人士，而說英國經濟不行嗎？

（二）經濟自由、社會主義、和新投資的計劃

劉大中

景超先生這篇文章的中心思想，是下面這一段。他說：經濟自由「與財產的私有或公有的關係很少，而與計劃經濟的關係却很大。……社會主義與經濟自由，根本上是不衝突的。假如社會主義放棄了計劃經濟，經濟自由便可恢復，正如資本主義或任何主義，一旦採用了計劃經濟，經濟自由必然喪失。」

我們對於這個中心思想，頗有懷疑之處。景超先生這篇文章寫得過於簡單，對於他所用的幾個主要觀念，未曾詳加解釋；我們在討論懷疑之點以前，有按我們對於這篇文章的認識，先加以闡述的必要。

景超先生所謂的「計劃經濟」，當是指全面的計劃經濟而言（所有一切產品的數量和價格，都先由政府事先決定，然後按這個計劃去生產和配售），似乎絕不是指局部的計劃而言。局部的計劃，即在最資本主義化的近代國家中，也難完全避免；例如在美國，政府現在每年都有使全民就業的計劃，更不要說在社會主義的國家中了。

我們對景超先生所提出的下面這兩點意見，表示同意；但是對於與這兩點有極密切關係的另外兩點，覺得很難有一個確定的答案，因而覺得我們在第一段中所列的「中心思想」，頗有問題。

（甲）在實行全面的計劃經濟下，人民的消費自由、擇業自由、和創業自由將完全喪失（這三項自由，即景超先生所說的「經濟自由」）。

在「創業」自由內，應當把「擴業」自由包括進去。「擴業」指舊企業廠房器械的增加而言，與「創業」同為社會對於新投資的需要。在下面就要談到，新投資的決定是本問題困難之點的核心。

（乙）全面的計劃經濟，並不是社會主義制度所必須有的特徵。

景超先生並未解釋他所謂的社會主義是那一種，但是我們覺得社會主義最起碼要求，應是生產工具的公有；關於這一點，景超先生應無異義。在生產工具公有的社會主義下，全面的計劃經濟仍不是一個必須的特徵，這一點我們與景超先生同意。政府並無須制定一切物品的產量和價格。政府只須命任何企業的主持人：

（一）擴充產量至邊際成本與價格相等爲止，（二）各生產因素的配合數量，必須使各該因素的邊際產率與其購價相等；同時，各種物品和生產因素的價格，應定於使供需相等的水準上。在這些條件之下，全民福利可達最高程度，全國資源的利用也就達到最合理想的境界。這一部份理論比較專門，讀者可參閱本週刊第三期蔣碩傑君「經濟制度的選擇」，和第四期筆者「社會主義下的生產政策」兩文。

從這兩點中，我們却發現了兩項極根本的困難！

（一）生產工具在社會主義下既不能私有，人民當然不能用他們的儲蓄直接去購買生產工具（廠房器械）他們只可把儲蓄存到國家銀行內去；想要「創業」和「擴業」的人民，只可到國家銀行去借款，用以購買廠房器械。這些廠房器械，事實上仍爲國家所有；所得利潤的一部份，須以利息的形式繳還國家，其餘的，如非購用原料和人工所須，仍須存入國家銀行，所有人不能自行用以購買廠房器械。這種辦法的結果是很簡單的：**新投資的方向和數量，主要的將由國家決定。**

從表面上看起來，國家只要按我們在上面（乙）項中提出的原則去執行，將利率定在能使新投資的需要與人民存款的數量相等的水準上，然後凡是能出這個利率的人，都可以把款借給他，用不着國家自己去決定某人應借多少。因此，人民「創業」和「擴業」的自由，仍然可不喪失。但是，事實上這是辦不到的。因爲：一、借款是長期的事情，不像普通的物品和勞役的購買可以「錢貨兩交」；國家在考慮是否借款予某人和應借多少的時候，不能不考慮這筆借款在長期內的危險性（以後的利息是否能收得到，本錢是否能夠收回等）。在這種考慮下，人與人間的因素是不能避免的。二、人民存入的儲蓄數量，不一定正是維持經濟繁榮和全民就業所須的投資數量，有時過多，有時太少；政府將必須予以增減（這一點在資本主義下，也不能避免）。因爲這兩個原故，**在生產工具公有的社會主義下，人民「創業」和「擴業」的自由，將必受到限制；政府對於新投資這一項上，也必不能放棄全面計劃的責任。**

（二）在生產工具公有的制度下，政府在任何企業中都有所有權，對於這些企業的人事方面，無論紙面上如何規定，事實上必多少有左右的能力，人民「就業」的自由，也必會受到限制。

在經濟組織發展到現時狀況的大前提下，生產工具的公有（至少是一大部份的公有），是達到合理的經濟「平等」所必要的條件。但是生產工具的公有，將必會限制經濟上的「自由」；而經濟自由是政治自由的必要條件之一，也是我們所不能放棄的。政治和經濟學者的主要使命之一，是在這些矛盾之中，求得一個最好的折中辦法。景超先生這篇文章，並沒有能夠指出這個最好的折中之路。同時他的「中心思想」（見本討論文的第一段）也不見得完全能站得住，因爲：**經濟「自由」與財產的私有和公有頗有關係；在生產工具公有的制度下，經濟「自由」必多少要受限制；社會主義至少在新投資方面，不能放棄「計劃經濟」。**

（三）經濟自由的名與實

趙守愚

比較美蘇經濟制度的理論探討，我偶爾聽到看到，每次總感覺有些不安，認爲是否眞個在比較，還是確實可以比較。美國的經濟制度，憑藉得天獨厚的天然資源，又有聰明進取的各種人口，經過三百年的洗鍊，各項企業正是一再的擴張後凝結，凝結後又擴張，到了本固枝榮，絢煊燦爛的地步，大行動和發展，已有定型，政府和人民都充分的堅強自信。反之蘇聯建制，僅僅三十年，前代封建愚貧，摧毀不暇，實行共產後，屢逢內戰和外力干涉，經過二次大戰，患難中雖爲朋友，和平後又成寃家，他的主義既然冒犯天下的大不韙，無論其是否在他國內部挑撥離間，總是對於各國的既得利益的莫大威脅，而這些利益的代表，便是各國政府，因此蘇聯可以說直到如今，始終是在猜忌防禦的心境中，所以他的制度，需要隨時修正，以適應新起環境，假如世界**眞有和平共處的一日，蘇制是否仍如目前，頗成問題。**我們以比較有定型的美制，和有游動性的蘇制，去絜長比短，雖富有意義其結論終究是試探性的。

景超先生的大文，便是此種比較的一面，其所提出的美蘇制度中消費和擇業的自由問題，乃是個人主義和現行蘇聯式集體主義相互對照經濟活動的樞紐，最是基本之談。景超先生認爲兩制對於此問題的中心區別，在於是否推行計劃經濟，既然生產有計劃，則消費自須控制，而擇業亦不容自由，前者因爲生產因素有限制，所以生產亦有限制，因此消費不能聽其任意選擇品類和數量，後者生產既規定有數量目標，爲達成此項目標，則從事生產的人員，自然須有嚴格的調度與數量管制，以免除阻礙生產的工人「瓶頸」問題。這些分析我們完全同意，凡是緬懷購買隨意的愉快，和作輟還換的無礙，**這些自由的喪失，**確實爲蘇制最惹人厭惡的重點。但是在美制下，消費和擇業眞個能符合美人所標榜的個人主義的理想麼？自從獨佔性和不完全競爭之生產集團逐漸擴大其範圍，和勞工組織日趨嚴密以後，消費和擇業都發生限制。以消費論，除生活必需品，消費者無用其精密的選擇而外，其稍涉競爭性可以大量生產可能加以控制的物品，消費人祇可就其已生產品類和數量去採購，或事先被生產者以有計劃的推銷技術如廣告播音等製造需要，待消費人自行入甕。前天友人談起「可口可樂」每杯售作美元五分，成本僅合一分，捐稅和意外消耗佔一分，而廣告費卻用去三分，這約略可見此項冷飲的大量銷售，由於消費人的意願，而意願的發生，大部乃爲廣告所感召。又如影片，消費人僅可於看後批評，多少壞片，僅憑廣告，便可充分的製造需要，招徠顧客，這產人有計劃去影響消費，其中道理祇是誰能控制生產因素，誰便可按照計劃去生產和推銷，政府如此，私人集團亦如此，所謂消費人的自由意志，在高度資本化的國家內，同樣是有限制的。至於擇業，就多數人而論，以先有職業爲上，中人之才，任何職業祇須有艮好訓練，總可成爲有用人材，祇是極少數天資卓越者，乃有職業和興趣問題，同時發生，於是有擇業的煩惱，感覺個人發展須知其前途有無障礙。並且職業的選擇，向來有天然和人爲的故障，不能完全自由，天然的如天賦不同，才技意志自然差異，因此某種優厚高職，僅限於少數奇才異能，而多數則沈淪於貧苦低業，人爲的如訓練的機會，轉業和遷徙的費用，就業消息的通塞，工會會員的有無限制等。初次就業，憑本能，盡人事，調換職業，便感覺阻礙重重，這些現象，七十年前早即有經濟學家名其爲「無競爭性的勞工集團」以表示若干職業因才技和環境所囿，短期中甚至於世代都無法遷換，這些集團的存在，在若干國家甚爲普通，美國號爲新興邦國習俗專拘，比較輕微，亦是屢見不鮮的。（譬如紐約波士頓的財商集團，便有金融世家之稱，外人難得打進門閥，）

我們誠然和 景超先生 同樣的欣賞消費和擇業的自由，美制所由發生的若干矛盾，其程度強弱，見仁見智，頗可爭論的，我們祇是比較美蘇經濟制度中的理想境界，景超先生希望保存社會主義，而廢止計劃經濟，以求實現眞正的消費和擇業的自由，而充分的發揮個人主義的眞諦，我則以爲這些自由，無論在美蘇，都有其限制，祇是在蘇聯，比較更爲普遍，更爲澈底。（澈底到某種程度致使蘇制在某些辦法上優於美國，譬如教育訓練機會之平等，眞實人材更易脫穎而出。）至於說廢除計劃經濟，這恐怕有些不合時宜，計劃經濟在今日，不僅是辦法和制度，並且推進經濟生活的公認工具，在蘇聯由政府執行，普及整個經濟體系，在美國由個別企業執行，因互不相謀，往往此企業的計劃，和彼企業的計劃，在執行時難免發生衝突，或重複浪費。社會主義而無計劃經濟，則缺乏強制執行能力，將必待人人具能各盡所能各取所需，有些河清難俟，又須回復至烏託邦的社會主義。就理想而談理想，我希望一個國家，能以計劃經濟，保證全民得到最低生活的必需數量，避免一方凍餓他方火燒小麥水泡棉花的不合理現象，在此生活必需以上，聽人民依其收入和志願，自由消費。關於職業，則希望教育訓練的機會公開平等，保障就業，在生產足够的必需品最低總量，和戰爭尙未廢止以前軍需的必要數量而外，各人均可依其本能與訓練，以從事發展個性及才智的企業。

總答復

吳景超

我的「論經濟自由」一文，寫成以後，蒙徐毓枬，劉大中，及趙守愚三位先生賜予指正，甚爲感謝。

（一）定義和方法

首先，我要補充說明我對于制度一辭的用法。我所謂制度，包括（1）功能，（2）價値觀念的系統，（3）組織，（4）辦法，（5）工具五個方面。這已是近代社會學者所常用的一套概念，不必在此多加說明。因爲我對于制度的看法是如此，所以我對於制度的研究，是離不開事實的。概念與假設是我研究的起點，但是這些概念與假說，是否與客觀的現象相符合，必須經過搜集事實與分析事實的過程，始能得一結論。又因社會制度是常在變動的，所以我們研究所得的結論，還須時時與新的事實相印證，因事實的變遷，我們的結論也得隨時修正。社會制度的研究，因此是永無止境的。也許我研究的辦法，與徐先生的方法不同，所以我們的結論相差得那樣多。徐先生那種根據「先驗的理論」的討論，自然有其價值，但與我的方法，「引用許多事實及數字的」，既然不是在同一領域中下工夫，自然難望得到相同的結果。譬如徐先生曾假定消費者把社會總所得全部用之于消費，并由此觀點出發，比較美蘇二國之消費自由，但是這個問題，在我的腦筋中根本不存在，因爲在美蘇兩國中，都沒有這種事實，所以在理論上雖然是有趣的，已超出我的研究範圍之內。

（二）消費自由的五個階段

從這次討論裏，特別從徐先生的文章裏，我們可以看出，消費自由的程度是有不同的，由于此種不同，我們可以把消費自由分爲四級或五級。第一級爲定量分配，配給消費者以某項數量的某種物品，這是最不自由的一級。第二級爲積點分配制，也就是徐先生所說在英國施行的。消費者在某一種物品之中，只要不超過分配所得的積點，還有選擇的自由，但消費者不能以甲種物品的積點，來購買乙種物品，這是他不自由的地方。第三級爲消費者對于市場上出售的一切物資，可以自由選擇，不受積點的限制，但是他的需要，不能影響生產原素的分配。第四級的境界，卽英美各國所常說的消費者的主權，消費者可以其購買力，來影響生產原素的分配。假如消費者對于某種物資的需要加增，生產原素便移轉去生產該項物資。但是在這種情形之下，消費者的自由，還是受購買力所束縛的。最高的一個境界，卽各取所需的境界，也可稱爲神仙境界。在一切物資與勞務的供給，還沒有多到像空氣一樣的時候，那種境界，只是可望而不可卽的。以美蘇兩國來說，蘇聯的消費自由，已到了第三段，而美國則到了第四段。徐先生說：

在蘇聯，衣着雖有限制，但如果消費者多用毛織品，少用棉織品，無異指揮資源用于畜牧，而不用于農作。假如蘇聯的政府注意人民的偏好，然後根據此種偏好，來決定資源利用的途徑，那就是以價格機構爲標準來分配資源，也就與美國的辦法一樣了。可是事實上，蘇聯的計劃，并不是研究了消費者的偏好而定的。假如生產原素的分配，已在計劃中規定，蘇聯政府，并不因人民的需要加增，便犧牲其原計劃，而撥出一部份資源，一部份人力，來加增毛織品之生產，以供給人民的需要。人民的願望，與計劃者的意志相衝突時，在計劃經濟之下，我看不出人民的願望，如何可以獲得勝利。

（三）擇業自由與教育機會

徐趙二先生都提到教育機會與擇業自由的關係。教育機會誠是經濟制度中一個重要現象，我因爲擬在別的場合中討論，所以在本文中未提。我在此處要指出的一點，就是徐趙二先生對于這一點的觀察與事實不盡相符。徐先生說在美國，教育機會是不平等的，而在蘇聯則是均等的。趙先生說蘇聯在某些辦法上優于美國，譬如教育訓練機會之平等。我的看法，是教育機會，目前在兩個國家中都不平等的，而蘇聯較美國更不平等。美國的公立中學，都是免費的，而且書籍也由公家供給。蘇聯自一九四〇年的九月起，中學的最高三級，每年要收學費一百五十至二百盧布，大學及高級專門學校，每年要收三百至五百盧布。這個法律，使蘇聯在十四歲以上的青年，多數只能進免費的職業學校，以便在十六歲時便可就業。而在一九四〇年，美國十五歲至十八歲的青年，有百分之六四點九，都在學校中讀書。蘇聯的人口，多于美國。可是在一九三八年至一九三九年之間，蘇聯人民在大學及高級專門學校中讀書的，只有六十萬人。在一九四〇年，美國十九歲至二十二歲的青年，在大學及其他高級學校受教育的，便有一百四十九萬人。兩者相比，美國教育機會的比較平等，顯而易見。這種比較，當然是指現狀而言，并不假定蘇聯將來趕不上或者趕得上美國，那是要靠將來的事實證明的。

（四）社會主義與經濟自由

趙先生說美國自從獨佔性和不完全競爭擴大範圍之後，人民消費的自由大受限制，此點我極同意。因此，我們以爲美國假如實行社會主義，使生產照劉先生所提出的兩項原則之下進行，也就是照完全競爭的理想狀態之下進行，那麼趙先生所說的弊病，都可免除。我所謂的社會主義，最要的是生產工具公有，并不包括計劃經濟。在另外一篇文章中，我對於此點，曾有詳細的說明，此處不必贅叙。在此，我只能簡單的答復趙劉二先生所提出的問題。

趙先生的社會理想有兩點，一爲保證全民得到最低生活的必需數量，二爲保障就業。這兩個理想，在社會主義的國家中，都可以不必靠計劃經濟來達到。最低生活程度的保障，只須制定最低工資率及社會保險律。全民就業的目的，只要政府負起責任，在失業發生的時候，創造職業來吸收失業者便行。這一切，不但社會主義的國家中，是以此爲鵠的，就是資本主義的國家，不靠計劃經濟，也可以達到。凱因斯在其就業通論中，曾說明計劃全民就業與計劃經濟，是完全不同的。計劃經濟，要安排就業者的工作園地，而計劃全民就業，則是由國家來保障就業總數，至于就業者的工作園地，最大部份，還是由價格機構來安排的。總之，計劃經濟，是如劉先生所說，指全面的計劃經濟而言。至于局部的計劃，在現在的資本主義社會中，在理想的社會主義中，因爲若干考慮，是不能避免的。譬如教育勞務的供給，至少是初級的一部份，現在世界各國，都放在局部計劃之內，而不是讓價格機構來決定供求的。

劉先生提出的問題，是最難答復的一點，因爲現在還沒有事實來證明誰是誰非。在我理想中的社會主義，經濟權完全是分散的，譬如美國明天忽然實行社會主義了，現在的生產單位，除了爲增加生產效率所必需的以外，其餘的依舊單獨存在，受不同的董事會所指揮。董事會依然根據價格機構，來定生產方針，可是生產的目標，不爲謀利，而是依照劉先生所提出的原則。董事會的人選，只有一小部份是政府所派的，其餘的大部份，由不同的社團舉出。每一生產單位中工作的人，與該單位的董事會或董事會所指派的經理，發生契約關係，不與政府任何機關，發生契約關係，因而生產單位中的工作者，既非政府所僱用，也不爲政府所解僱。這是保證私人就業，不受政府干涉的辦法，也就是分裂政治權與經濟權的方法。全國生產機關，都向政府交租，交利息。如有紅利，也交國庫，此項財產收入，以前屬於個人的，現在屬于國家，由國家轉存銀行。凡是要創業的，可以商請銀行投資，正如在資本主義的社會中，私人創業，也要與銀行接洽一樣。無論是資本主義或社會主義，對于新投資的審核，總是有一部份人擔任的。創業者受到此種限制，從整個社會的福利看來，乃是必需的，否則創業者失敗的例子，必然會要加增。在社會主義之下，創業者說服銀行家的困難，并不較資本主義之下加增。政府收到的利息，紅利及地租，也許還不够新投資的需要，在人民的同意（通過國會的立法）之下，可以利用強迫儲蓄的方法，來加增資本的蓄積。徐劉二先生，都以爲政府如規定一個資本的累積速率，便是全面計劃經濟。據我看來，并非如此。假如政府規定了資本的累積速率，同時又規定新資本的用途，那就走上了全面計劃經濟之路。假如政府以新資本交給銀行，而讓人民或公司出相當的利息（此項利率，必須使新投資等于新儲蓄的數量）來利用這些資本，那麼人民的消費主權，還可充分的行使，便非計劃經濟了。

社會主義，是人類的一個很高的理想，經濟自由，也是人類文化史上一個輝煌的成績。如何兼而有之，乃是第一次大戰以後，歐洲大陸以及英美的社會主義者所常辯論推敲的一個問題。我們關懷人類的福利，對于這個根本問題，實在願意更多的人，來絞他們的腦汁。

專論

華萊士的競選運動

楊生茂

今年是美國總統選舉年，至今各政黨皆已推定總統候選人，熱烈的選舉運動亦業已展開，這幕越來越形白熱化的政治競爭，直至十一月初，方能結束。

由民主黨分出來的第三黨也推定華萊士爲候選人，在民主黨政府中，華氏曾作過副總統及農業、商業部長，退出政府後，又曾充任新共和的總編輯。今華氏組黨參加競選，無異是由民主黨陣營中殺出一支新兵馬，其對於來日選舉，自有莫大的影響，實在不容我們忽視。

對民主黨言，華萊士出面競選是一大打擊，民主黨中的急進份子都要擁護華氏，民主黨陣營勢必因之分裂，這又無異給共和黨造機會。本來在野將有十六年之久的共和黨急欲謀取政權，並且利用戰後反動的潮流，乘波逐浪，勢力實爲雄厚，假如民主黨內部不分裂，尚可與共和黨週旋一下，而今分裂爲進步及保守二派，其來日的前途誠未可樂觀。在美國歷史中，因黨內分裂而致敵黨獲勝的例證甚多，一八九六年民主黨之敗北，一九一二年共和黨之失利俱爲前例，今年民主黨恐亦難逃此種命運。

根據美國歷史上第三黨競選的史蹟推測，華萊士以獨立黨地位獲勝的機會，微乎其微，華氏本人亦深明此理，故於一九四六年秋季退出杜魯門內閣後，一再聲明不願組黨，可是當時華氏並未將門關死，他說：假如杜魯門能領導民主黨，沿循新猷傳統，他便不考慮組黨，以免爲敵黨造機會，今他居然聲明組黨，可見杜魯門政策已不爲華氏所容忍了。

杜魯門也曾見到黨內分裂的嚴重性，對於黨內團結工作也曾努力，他更知道在一九四四年民主黨提名大會中，他的中選是萬分僥倖的，當時羅斯福所以推薦一名毫無行政經驗的國會議員作副總統的原因，是由於在民主黨左右兩派間難於抉擇，當時華萊士是副總統，本可蟬聯，可是因爲他的思想急進，招致黨內保守勢力的不滿，貝爾納斯保守成分濃厚，又與急進份子不能相容，結果一位態度模稜，中庸和善的議員便被選中。杜魯門自繼羅斯福執政後，極力保守黨內團結，至少在口頭上還聲稱繼續新猷政策，雖然許多新猷元老先後辭職，但華萊士仍能身居內閣，碩果僅存，多少可以象徵些團結，可是執政日久，杜魯門必須表明所走的路線，模稜態度是不經探試的，所以在一九四六年十月間，杜魯門經過幾日的猶疑不決，最後方「辭掉」華氏，同年十一月國會競選中，共和黨獲得絕對的勝利，此後杜魯門即倒入保守勢力的洪流中，自杜魯門主義發表後，華杜合作的希望即成泡影，華氏出面組黨的動機即導源於此。

就民主黨的政治機會言，華萊士出面組黨是件頂不幸的事，在繼承羅斯福執政的三年內，杜魯門政績，雖爲平庸無奇，但也作到無大差池的地步，在外交方面，他雖然違背羅斯福的路線，但他亦無可奈何，因爲國會兩院的權力旁落他黨，他自已有時不得不受人指使，何況他本人既無羅斯福那樣領導能力，又無傑克遜那樣魄力勇氣，可是在內政方面，杜魯門正有好文章作，例如戰後減低所得稅、通貨膨脹、反勞工法、鉗制人民思想自由等俱可歸罪共和黨，利用中下階級的選民，還可與保守黨相對抗，可是自華氏倡言組黨競選後，一部分開明勢力又被分去，杜魯門的機會更形微少。許多民主黨黨員也有見及此種危機者，故在民主黨提名大會中，發生倒杜運動，怎奈素以開明著稱的大理院法官陶格勒士及戰時英雄埃森浩威爾將軍俱謝絕提名，民主黨又不得不以杜魯門強撐門面了。

爲什麼華萊士要出面競選？第一當然因爲他不滿意民主黨的現行政策，他認爲民主黨投入財閥集團的樊籠，已經失却新猷的傳統，第二是由於他的競選目光可能不在一九四八，而在一九五二，假如在未來的四年中，世界和平不遭到破壞，華民就有被進步潮流推到政治舞台的機會，可是可能在共和黨掌舵下的未來四年中，航程是險阻的，華氏的政治命運就看大風會不會把和平的船吹翻。

華氏的政治機會有兩種，一是世界和平，一是經濟恐慌，華氏力言東西集團精誠合作，竭力消除國際間人爲的障礙，並主張無條件的復興與安定世界經濟，在這搖旗喊殺的現今，這種精神是仁慈的，博愛的，深值寄予同情的，假如世界政局澄清一日，華氏的呼聲是不會被抹殺的。第二次大戰後美國經濟發展儼似一次大戰後之情形，國內生產力擴大，而海外市場未見增加，通貨膨脹，生活程度已形增高，同時共和黨還高倡自由競爭，取消干涉，減低所得稅，成立反勞工法等，此類措施酷似第一次大戰後十年中之歷史縮影，將來是否也會有生產過剩，證券狂跌，銀行倒閉，工廠息業的情況發生，雖未可逆料，若一旦發生，華氏則可乘機而起，開明的經濟政策，卽可見諸實施。

總之，在十一月間總統競選中，民主黨的機會本來不多，自華氏參加競選後，希望更少，華氏今年被選的機會雖然不大，但在四年後政治潮流或會把他推上政治舞台的，主要的條件是世界不發生戰爭。

中論自由主義

呂克難

自由主義(Liberalism)一詞，正如自由的(Liberal)這一形容詞所意味的光景一樣，其複雜、多變、參錯，似乎未予人以確定的面目。於是，其尊容如何，便成聚訟紛紜的問題。我起先抱放任態度，認爲大家可以隨便解釋，不一定限於旣設的格局，反能多少接近自由主義。最近參加了一次關於自由主義的座談會，深覺此種態度之要不得，蓋如此不啻置自由主義于海市蜃樓之上，固有千變萬化之美觀，其奈禁不起暴風雨，豈非重蹈空談之弊。

自由主義不等於隨意主義。一種在形式上毫不講究而於潛在意識上蘊有如許力量的思潮，決非馬虎湊合的「四不像」，它必定有原則，有其最後的界線。因此，當我聽到朋友中詆毀自由主義爲沒有主義，甚至是投機主義時，先則驚愕，繼則抗辯，終至乃不得不握筆一書。

× × ×

不必海闊天空的說，一部人類史是自由運動史。但自由理想出現之早，則是事實。從歷史中追索，自由(Liberty)一詞達到今天所認可的內容，眞是淵源流長。其實不祇自由，凡具有概念性，通則性的名詞，其內涵莫不隨歷史的發展而發展。譬如「人民」一詞，其代表性今日範圍舉國之人，在古中國則甚狹窄，實際僅包括依山地之險築城廓而居的所謂「國人」，在城廓之外居住者則被目爲「野人」，乃戰敗宗族而被奴役者。故古詩所謂「詢國危，詢國遷，詢立君」，似其操有政權者，實則唯此居於城廓中的少數人耳。同樣，「厲王監謗，國人莫敢言，三年乃流王於彘」。掀此革命者也是「國人」。講民主者總得一提古希臘的城市國家(City-State)之民主爲如何如何。殊不知古希臘之所謂自由民，在今日視之，乃一特權階級(Vested interests)。當時行民主政治的雅典，共有人口三十萬至四十萬，內自由民僅四萬人，奴隸達八萬人，其他則爲僑民。僑民無參政權。雅典之自由民雖不富裕者亦得豢養奴隸一人，闊綽者多至五百人，奴隸的待遇極苦，主人有生殺予奪之權，所謂「會說話的工具」而已。自由民犯罪，拷問其犯罪情形時，則拿奴隸代替死鬼。當時有某聲望卓著的演說家，且明白發表此種主張：「你們排難糾紛，不必訴諸自由人，祇要拷問奴隸卽可探求事實之眞相」。賢如柏拉圖，亞里士多德，亦主奴隸制度的存在。又如至今膾炙人口的英國大憲章(Great chuter)其始發動此一事件的蘭尼米德(Rwrnymede)的貴族，何嘗有爲民請命之意，他們不過爲自己的權益打衙鋒吧了。大憲章運動中並無傑出人物，英人至今只知有大憲章，而不知大憲章運動中的貴族，僧正，他們做夢也沒有想到爲自己要求的權益，竟爲其後平民爭取自由平等的張本。我因此想到人類思想實有奇特的妙用：其一是延伸性，其二是膨脹性，前者是時間的繼續，後者是空間的擴展，二者綜和，乃使概念化的思想，並不爲一般專作「必也正名乎」功夫的多烘先生所窒息，從而豐富其內蘊，產生生之不己的活力。自由主義值得提倡，姑暫擱正面文章不談，至少在促進思想活力，這一點上，其功不可埋沒；抑且沒有自由主義精神，思想的進步眞是疑問，此論決非言之過甚。看西班牙的歷史，我們有理由說自由主義攸關着國族的興衰。西班牙在十五——十六世紀所造成的業蹟，證明她是不無創新能力的民族，然而因全國捲入極端的宗教鬥爭中，在其有史的八個世紀裏，爲信仰而自相砍殺，竟未中斷過。其直接結果自然是造成人口傷亡，財富損失，而無形中最爲害於西班牙者，莫如專斷與迷信，前者造成王權的專制，後者使教會並人的思想態度而束縛之。這二者進一步結合，其勢眞如虎之添翼。西班牙王菲力潑曾宣稱「若須統治異教徒，無寧不予統治」。其愚昧爲如何，可見一班。他們甚至偏執到不許人民沐浴，因爲那是異教徒的習慣，於是所有公共浴室一概遭禁，連家庭中的沐浴亦受禁止。在宗教裁判所(Ingnssition)之下，人民的信仰，禮俗概須唯教會之意志而行，當時有一種嚴密的特務制度，連家人偶語也有人告發，所受科罰極其嚴厲。因此之故，人懷戒懼，相語面對，皆不敢使露眞信。說謊之風盛行。結果乃有一五六八年之叛。我們知道有將近一百萬勤奮的居民因不容於教會之專斷而被逐，在失去了於工業農業俱有匠心的摩利斯庫人之後，西班牙的經濟頓形衰落；因爲幾世紀的宗教戰爭，在西班牙祇有二種人口：教士與軍人，成爲純消費的國民。古希臘的式微，人人皆知係由於自由民不願爲生產的勞作，但知作軍人作演說家。西班牙顯然步履此一衰敗的前程。直到現在，西班牙仍受此果，不斷有內戰發生。

自由一詞產生於歷史中，而且作用於歷史。研究英國與西班牙在人類大舞台先後扮演的角色，可見自由之存在與否，影響何其密切！

× × ×

茲請進而討論自由主義本身。

我認爲澄淸當前對於自由主義的曲解，必須把投機政客幫閒文人籍自由份子爲進身護符的那種高調和自由主義分開。這是非常重要的。自由主義有其流弊，無人否認，蓋流弊之產生實爲勢所必然，固不僅限於自由主義。但這並不等於說自由主義沒有原則。和共產主義，法西斯主義等等主義比，自由主義誠然以其寬和，容忍之特點爲其分界，但容忍可並不等於說毫無是非心至可以兼容一切。自由主義必有其最後的防線，衝破此線，自由主義者決不容忍。消極而言，自由主義反對專斷，反對特權，反對迫害；其積極的使命，則在(一)個性解放之推動，(二)人格尊嚴之維護，(三)和理性權威之確立。這三反與三尊，便是自由主義的根本精神，眞正的自由主義者必然保持此種精神，抱負，理想和人格，孟子所謂「貧賤不移，富貴不淫，威武不屈」，雖屬理想中人，但應是自由主義者所服膺的。

有人以爲自由主義和講平等的共產主義乃水火不相容者；未免太近視。竊測馬克思的原意，他並不反對自由，乃是反對資本家的那種虛僞的自由，即資方有「剝削的自由，勞工唯饑餓的自由」。馬氏反對此種自由乃著「資本論」一書以駁難之。因爲他看到在資本主義的經濟壟斷下，勞動者斷難獲得眞正的自由，於是逐大聲疾呼，力主經濟基礎社會平等的重要。其出發點可說是自由主義底。馬氏不主張定要無產專政，而認爲英美的議會制度可導引至社會主義，由此可知馬克思至少不是反自由主義者，其異僅在更進一步提倡十全十美的自由主義而已。而此實是自由主義的一大進步。自由主義於是加上機會均等這一概念而豐富其內容，乃於政治自由之外，產生經濟自由之要求。自由主義與共產主義不同，不在目標。而在方法。自由主義者認人爲目的（康德之言）而非工具，共產主義者則把人工具化了，以爲必經一無產專政階段方可走上社會主義。換言之，自由主義者是徹頭徹尾講自由的，一如梁啓超之論趣味，應以趣味始趣味終，不讓中間嵌上一段強迫，共產主義則不然，因不滿資本主義之「假自由」，從而否定自由本身，欲以反自由的方法，創造十全十美的自由，此在共產主義的辯證邏輯中言之固振之有詞，可是，自由主義者却無法解釋。換言之，我們相信共產主義者爲追求十全十美之自由的眞誠，但頗懷疑此種階級專政方法可能毀滅掉自由主義本身。要之，自由主義和共產主義，絕非生死冤家，其問且不無血緣關係；正如自由主義和資本主義結上那一段不名譽的姻緣，實際是歷史的巧合而非必然。自由主義可以和資本主義分家，反之，亦可以和共產主義拉緊相好，證之英國工黨之所爲，其勢業已很顯然了。

所以，究極而論，自由主義可謂係一種生活態度。其精神爲三反三尊，已見前述。她又是一個出發點。這個出發點認爲一切思想主張，應從合乎人性的三大原則開步。自由主義者可以不必主張什麼，而且並不妨聽聽共產主義，甚至信仰其理想部份。但自由主義者堅決以爲一種主義（思想主張）之見諸實行，其憑藉非基於專斷和武力的壓迫，而是基於人民的同意和信任。我是信仰社會主義的，但並不妨礙我爲自由主義者，因爲我迄未有一言一行用以強迫人們去信仰社會主義或反對非社會主義的主義。

眞正的自由主義者，其精神其態度，照我所了解者當是如此。

通訊

從濟南攻防戰看全局

（南京通訊）

本刊特約記者

濟南的戰鼓震撼了金陵。因爲從戰局發展的邏輯上，徐州是京滬在江北的前衛，而孤立的濟南可以牽扯華東共軍三四個縱隊，減輕華東共軍對徐州的壓力。我們知道，三十萬的陳毅部隊，有百分之八十在華東戰，百分之二十用在中原。徐州剿總所以能夠照顧汴鄭，策應中原，是因爲有濟南的存在。堅守濟南即是安定徐州，有徐州才能夠掩護京滬，進而遙與武漢、西安呼應，再奮餘勇，以爭中原。然而現在濟南已經危如累卵，南京軍事當局的視線已經被完全引往濟南，因爲濟南的重要，超過汴鄭，僅次於徐州。

山東在內戰全面發動時，曾經是全國的主戰場，國軍爲了爭山東，也曾經付出三十萬左右的部隊的犧牲代價，著名的有馬艮崮，吐絲口，龍堌集幾次大的戰役。後來因爲陳毅及劉伯承呼應南下，濟南被丟後背後，徐濟段有兩三個月的時間，還能以通車。去年一個冬天國軍在山東的新佔領區，又有了新的變化，一些不被人注意的鄉鎮和縣城，又零零星星的被共軍拿回去。到今年春末夏初的四月間，共軍集結了冬季積蓄的兵力，猛攻魯中，昌濰地區，打垮了張天佐陳金城的部隊，使渤海膠東與魯中軍區聯成一氣，那是魯局最嚴重的變化，所以當時王耀武懇請辭職，倒不是什麼客氣與羞愧，實在是看到了魯局已難能有爲。後經最高當局慰留，才又繼續做下去。但是接着泰安被佔，鐵路不通，爲救援徐濟間的重鎮兗州，在大汶口折損了八十四師的精銳徐日政旅，兗州那座堅城也在南北救援不及之下被攻陷，霍守義的十二軍全軍覆沒，守軍最高指揮官李玉堂僅以身免。津浦路北起泰安南至滕縣，三四百里的鐵路線已爲共軍控制，這時濟南的情形就完全恢復到內戰開始時的不利情勢，精明能幹的王耀武面對危局，當然也有其應變與防守的周密措施，論常理還可以像長春一樣的苦撐，但是那曉得吳化文又臨陣變起，這異外的打擊，對於濟南的防禦力量及士氣的影響，是相當的重大的。

國軍雖然重視山東戰場，但是兩年並沒打過一次像樣的勝仗，就是有名的沂蒙山區作戰，全部歷程中究竟對共軍的打擊有多大，也不能不教人懷疑是武裝旅行，談不上是作戰，充其量不過是將山區共軍遺留的設施，破壞一些而已。某山東人士有趣的解嘲說「在山東我們的兵力使用得不對，並不是兵力小裝備差，也不是戰術上有多大的錯誤，而是在部隊的番號上犯了大忌諱，因爲我們山東人有句俗話，「七十三，八十四，閻王不叫我也去。」那是說老年人難過七十三歲或八十四歲。而我們山東戰場上，既有整七十三師，又有整八十四師，那能不倒霉嗎？」眞的，七十三師曾全軍覆沒於萊蕪，這次又是八十四師發生了問題。

以蘇北魯南爲根據地的華東共軍陳毅部，在抗日戰爭剛剛結束的時候，他的兵力就已相當的可觀。在兩淮江浙，中原江漢都有新四軍的蹤跡。在數量上差不多要佔全部共軍的三分之一強。更因爲華東比較陝甘寧，晉察冀，晉冀魯豫都來得富庶，士兵的體格營養和教育比西北華北都不弱。當時王耀武派到濟南去，就有人認爲那是政府硬碰硬的措施。因爲抗戰時期，王耀武在九六兩戰區，也算是最精明強幹的青年將領。尤其是在抗戰勝利前夕，升任第四方面軍司令官，守住湖西，掩護川黔基地，更有戰功。他不僅長於治軍，在氣質與素養上，圓通沉毅，也還可以從政。如果不以成敗論英雄，他并不是不能幹的人。不過共軍在山東早已根深蒂固了，國軍方面想以軍事力量將共軍擠出山東去，顯然在今是已經失敗了。在山東從政有二十年的歷史的何思源，抗戰時期被陳毅黎玉擠跑，勝利後到山東的抗戰名將王耀武似乎也撐不下去了。有人說，擺在濟南面前的有二條路，一是步開封後塵，一是變做東北的長春，其實這還是向比較好的方面想，不然就將要與昌濰兗州同一命運。

這次圍攻濟南的共軍，據官方報導有二十二萬之衆，守軍合計不過是六七萬人，再除去了吳化文部，現在也不過是剩了四五萬人的樣子。再以濟南的形勢論，北及西北依黃河，南以千佛山燕翅山爲屏障，均不易進攻，最容易突入的是西南與東南兩郊區，而這兩個郊區却又正是由七十三與八十四兩師防守。因爲吳化文的投共，商埠與機場都已經情況混亂。商埠區是市政，交通機關彙萃之區，也是全市精華的所在，丟了商埠就去了半個濟南。共軍可以憑商埠的大建築物來對濟南施行猛攻。不過濟南城有一個非常特殊的情形，濟南是有名的「水托城」，每個地方挖下兩尺深去，就會泉水潺潺，共軍要想施行坑道戰術，掘壕接近城垣，非常不易。要進攻，就得憑借猛烈的炮火，或利用雲梯爬城，這得需要重兵器的火力與人的大犧牲。據此觀測，濟南要眞拚死守，還是可以守一些時日的。不過機場已經不能使用，城內糧彈的儲備情形如何不得而知，一切只有賴空投來維持，如果外圍高地千佛山等重要據點被共軍攻佔，高空投擲也是相當困難的。陸上增援部隊如分自徐州青島兩地出發，却有五百里以上的路程，就是普通行軍也得需用一週以上的時間，而共軍每圍一地必先設伏打援，似乎已經成了一個定律。所以杜聿明黃百韜接受援魯大命以後，報紙上只看到說援助已過滕縣，就算是已過滕縣吧，離濟南還遠得很呢？濟南實在已經陷於內少糧彈，外無援軍的境地。

關於增援部隊的軍事行動，軍方是相當嚴守祕密的，這倒不一定是怕說出來洩氣，也或許有部隊已經拋開津浦正面，從微山湖西向濟寧兗州方面前進，徐州剿總即使知道沒有方法挽救濟南，也得乘此時機向北推進，以鞏固徐州基地，因爲非常明顯的華東共軍打完濟南後的第二個目標，無疑的將是徐州。

太行山東西地區，現在國軍僅保有兩座孤立的大城，一是山西的太原，一是山東的濟南。共軍如果拿去濟南與太原，則中共中央與「華北解放區」「華東解放區」即毫無阻攔的連成一氣，東西連橫的大計可以澈底完成。現在共軍從陽泉通德州的鐵路已經完成，如果修通了從太原到濟南的鐵路，在山東半島以龍口、煙台、威海衛等地與東北旅大營口相呼應，則渤海上的形勢又將有大變化，華北平津及冀熱遼區均將陷入共軍的大包圍圈中，而關內外的共軍，將捨去打通塞外荒漠的陸路交通計劃，重溫海上舳艫重還的好夢。這不僅能以影響中國內戰全局，在國際上也必然會引起重大的注意。因爲目前被遼東半島與山東半島環抱着的渤海形勢，蘇軍駐旅大，美軍駐青島，互相監視，還算是一個繼續大戰時期以長城爲界的南北均勢。如果共軍東西連橫的大計澈底完成，即使美軍仍駐青島，那像南北韓似的三十八度限，自然就由長城移往長江了，國際對於此種變化的注視是必然的。濟南戰局緊張中，國防部長何應欽偕美軍顧問團長巴大維飛青島，固爲籌劃援濟軍事，也可以看此種注視的開端。

去年秋季共軍在長江以北各省，曾普遍的發動過一次試行攻擊各省省垣的秋季攻勢。那時共軍的作戰力量遠不如今日，當時被試攻的有吉林，四平，安東，承德，保定，開封等地。現在長江以北二十二省中，國軍在東北保有的省垣僅剩了一個瀋陽。孤立着的有承德、保定、太原、濟南。時常感受威脅的有張垣，歸綏，西安，合肥以及破碎不堪的開封。所謂省垣差不多都是國內二三流的城市，共軍在關內現在是已經具備攻擊二流城市的力量。攻濟南將是一個開始，其他孤立的或感受威脅的省垣。也有在秋冬被攻的可能。

國軍方面權威人士，估計全國各地共軍的戰力說，「共軍在東北已經可以完全進行正規戰，在華北是半正規戰，在華東及中原區可以有接近完全正規戰的力量，在江南還是純粹的游擊戰。」這個估計當然是有根據的。從共軍的戰力上，可以估計共軍在每一地區發動攻勢的程度。

濟南的命運，現在還是未定之天，城垣仍由國軍固守，據稱士氣旺盛，劉峙與王叔銘飛濟上空指揮，並與王耀武空中通話，這緊張的一幕，教人油然想起，昌濰作戰緊急時，王耀武也曾飛臨上空對守將張天佐通過一次話。那時是他在天上，張天佐陳金城在地上，現在卻是他在地上，而劉峙王叔銘在天上了。

× × × ×

在勞資之間 (天津通訊)

本刊特約記者

生產的重要

今年「六六」工程師節，一位工程師說，華北的工業將要崩潰，但恢復也並非難事，只要利用一個師的消耗，來養華北的全部工業，生產就可以維持。從這句話來看，軍費的支出眞是大到不可想像，而工業胃口之小也是小到不可想像。自然，這是一句憤慨的話，假使沒有大的前提的解決，一師兵能夠踏平了北方工業，但一師兵卻不能建立與維持這件工業的。

戰爭的直接與間接的破壞是不易估計的，兵團的餉薪與物價的實際有一個很大的差額。事態在矛盾地演進，工業及生產能力不能恢復，則貨幣的價值與物價的距離也越遠。提倡工合運動的艾黎有這麼一句名言：「工業能力的恢復即生命力之恢復。」如今膨脹沒有刺激起生產力，而限價卻使其萎縮起來。勞資雙方今後如何維持這些事業呢？

傅作義氏認識了政治經濟與軍事配合的重要性，他在一次公開談話中說重要的是制度，而不在人。「我們的辦法比山西簡單，生產自衞相當於兵農合一，要求人民爲本身利益而剿匪，軍隊只爲人民開路，一切交給人民，最後作到耕者有其田，工人有其工廠。這辦法先在收復區，以人民自救先鋒隊爲骨幹，選拔人民領袖，加以武裝給養，回鄉之後集合當地力量，有地有糧，有槍，爲自己的利益而打仗。

「收復區收復之後，早已沒有地主了，發還之後，自己不能耕的，就應當給別人，我估計，在一個村裏沒有地的人只佔百分之二十，除少數流氓地痞外，有幾十家解決了土地問題，即達到穩定，土地不至於不夠用，以本村土地分配，本村最爲簡單敏捷，並能很快的恢復生產，所有權也打算給他們，並且設法防止舊地主在中間的操縱。至於繳納地租，也不成大問題，眞正的窮人一定站到我們這方面的，這就是說，自衞而後自治，自治而後才有民主。」

至於工人有其工廠他也在計議中，傅氏又說：

「察綏接收的敵僞工廠想先試辦，在那將復工的幾十個工廠內，把股本分爲若干份，除了本身業務必需，地方文教事業及累積資金以外，提出若干份分給工人的一部份，使這些工人成爲工廠的主人，他們是自己替自己工作，並不是替他人工作，這樣才有工作的意義。」

沒有農業就沒有工業，沒有了一切的生產。目前據河北省建設廳估計糧食一方面，河北各城市及其邊沿尚差三分之一的數量。在工業方面，中小工業的普遍維持困難，到最後，只剩了有數的幾個大工業，孤立地存在，隨時有不安襲來。

高工資政策

政府這兩年來對工人一向是用了高工資政策，在一般的薪給跌落中，工資仍然要設法維持戰前的起碼水準。這政策的確獲得了相當的成功，勞資的糾紛，都有了公允地解決。

所謂國營，沒有勞資關係的資源委員會所屬的八個單位，平津唐的冀北電力公司，平津唐的華北鋼鐵公司，天津紙漿造紙公司，天津機器公司，天津化學公司，華北水泥公司，中央電工器材分廠，中央無線電分廠。再加上一二個業務單位，依七月份物價指數來發薪，總數已到了二萬億法幣以上，八月份若不凍結，沒有四萬億無法維持。但事實上，這些工業單位的正常收入能否維持開支呢，可以斷言是不夠的，於是只有增加了通貨的發行，爲了生產而增加發行通貨是不必太畏縮的，只要是能夠眞正刺激了生產，如今卻隨着整個的凍結而凍結，這以後所遇到的問題是近年來的新問題。

北方最大也是供應全國的開灤煤礦的一月三次加價，曾受到各地的指摘。本年七月二十二日，每噸自二三五二萬元，調整爲三五二八萬元，八月一日再調整爲每噸六〇四五萬元，八月十五日三度調整爲每噸一〇六八五萬元，折合金圓爲三五・六〇圓。開灤加價標準爲麵粉及生活指數各佔百分之二十五，外匯佔百分之三十，其他佔百分之二十。這個新價格雖然被工業界批評爲不合理，但開灤礦也有其事實上的根據，因爲煤炭生產必須維持起碼三個月的生產原料。按照戰前四元基價計算，折合爲金圓十一圓強也未免太少。怕只怕的是今天一切凍結了，礦地又存煤七十萬噸運不出去，這到又是一大問題。

中紡是天津的又一大企業機構，最近爲了配紗問題受指責。公司當局說「賬面的數字確是增大了，實際上卻極大虧本，棉花價錢漲得高而紗價卻限得低。從前一疋布幾乎可以換一擔棉花，現在要六疋布才能換一擔花。」天津中紡在全國中紡各廠中佔第一位，始終維持一台機平均十小時出布四十四碼的全國最高紀錄。在原料開支上，中紡佔到百分之八十五至九十，其他開支佔百分之十或十五，而民營工廠的原料卻只佔百分之七十至七十五。國家隨時要布，賺了錢也不能在請准前購進原料。前年起國防部欠的布款三萬億還沒有還。他們希望只要有棉花，就願意拋出所有的存布。凍結了棉花也同時凍結了紗布，如今只有希望美援早一點撥到，而美棉分配卻不按照三十三萬錠子數，無疑是偏枯的。這七個紗廠控制了天津流通資金的半數，她是不應被凍結下去的。

冀北電力被煤價壓得抬不起頭來，一切工業沒有煤是沒有法子繼續。最困難的是交通事業，郵電都不能提高，尤其是平津鐵路局的業務，他們統計這三年來經過了九次調整到「八一九，」平津三等票才漲到二百二十萬元，折合金圓券七角，戰前平津三等爲銀元二元一角，折金圓是四元二角，如今物價高過了戰前若干倍，而票價比舊價跌了一元四角，這在戰爭時期又如何能夠維持？「路局的總收入每月不過二百萬金圓，但支出非三六〇萬金圓不可，因此也就只見債務赤字高升了。「一天天地破壞，路局是一個永遠塡不滿的坑。」

八一九帶來的新困難在公用事業及重工業上特別嚴重，這些支持現代化的擊天柱正受到侵蝕了。

在勞資之間

北方各種工潮沒有發生過嗎？並非是這麼簡單，而是在有利的經濟條件下合作下去了。

天津工業會長李燭塵對他所主持的久大鹽業公司的工人代表說：

「去年我們結下賬來，一共賺了三百八十多億，除了所得稅七十多億以外，又提出了公積金，還剩了一百八十億元，我們是眞正實行平等，勞資各半，是這樣平均分配的。」

「工人的底薪都是按戰前的，最低也有四五十元，按一百九十萬倍算，已是一億以上，若按四百二十多萬倍算，數字更可驚人。如今又各加三千萬元，又怎能隨便罷工？」

范旭東氏的另一大化工事業永利鹼廠，在外國鹼未到中國市場之前，紅三角牌鹼粉暢銷各地，商人用此作為籌碼，有人並運到韓國走私，七月份每日平均生產一百四十噸，為舊有設備的五分之三。永利與久大是姊妹廠，由於營業的發達，工人待遇比較久大為優，八月初白灰埝陷場，卹斃三個工人。佟翕然廠長對翻砂廠工頭許士恩，發給撫恤工資三十六個月，許氏在廠工資幾達三億，連同儲蓄全數發給，可能在百億以上。就此一端，可以說明今日的技術工人的生活有了水準以上的待遇。

唐山較小的工廠為了米貼也時有波動。如德盛窰廠工會說：「廠方屢以不勝負擔營業賠錢為詞，其實不如此，七月份廠方運出四百多億元的貨，這能說是沒有營業嗎？工會提出的讓步條件是七月份開支分兩次發，八月八日前發一次，十三日前再發一次。過期不發。又從八月份起，將工人現得減為九成，半數按百分之七十給小米，百分之三十給磁碗，工人願努力增產，愛守時間，以維持廠方的生存。：可是條件至今未能履行。」

啓新洋灰公工人要求加薪，八月中旬工會代表說：

「拿全市所有工廠來比，職員的待遇，要屬我們啓新最高，但工人的待遇則恰成反比，啓新工人待遇比各廠都低，而且低得不少。既然經濟狀況不佳為什麼單單在工人身上着眼呢？難道職員不能與工人共甘苦嗎？過去我們啓新工人，到過七八千人，那時只有八九十名職員，現在不到三千工人，却有二百餘職員，廠方為什麼不在職員身上打算盤？

「廠方生產已逐漸增加，本年一月至六月，每月產量為一萬零八百餘噸，至七月竟增加到一萬四千三百餘噸，雖在交通困難中，仍能源源外運，廠內並無大批存貨。所有運到外面的洋灰，當然能够賣錢，為什麼經濟狀況那麼壞？將近一年，工程，科全體修建廠長住宅，後又變名為招待所，在此經濟狀況不佳之時，耗此巨資，被招待的來賓，能督我們生產嗎？」

廠方的表示，則是外銷洋灰都是「飲酖止渴，剜肉補瘡」，的狀況下勉強維持，目前工資月需法幣四千億，若按工人要求，將增至萬億，今天的啓新，實在沒有方法擔負，希望全體工友，共體廠艱，支撐殘局，勿作廠方無力接受的要求。

從上面的幾個例子看來，勞資的關係是處在一種相當友誼的狀況中，只要不太「偏枯」一切還是維持下去。

戰爭有時是為工廠增加訂貨單，在這第二次大戰中已然有了擴大生產的前例；戰爭有時却也是一種淘汰，把通貨膨脹到沒有方法再生產的時候，對於工業是要一度一度重新編組。我們的戰爭，是屬於後一方面的，特別是新把物價凍結了以後一時不容易接上線頭，增強轉動。

這些工業的前途及工人生活的穩定乃不能不寄托在兩個前途上。一個是靠着美援，一個是自力更生。據美國經濟合作總署中國分署署長賴樸翰說，司徒立門技術團的七千萬美元的建設計劃，內容包括有二百五十個大小不等的計劃，不只是限於糖、煤、肥料等，也包括極南端的黃埔開港及滃江水電等。司徒立門在美公佈了十項，一共為三千五百萬元的計劃，是先就其重要性而決定的，如開灤煤礦和粵漢鐵路等，尚有三千五百萬元，其用途尚在計劃中。」

北方工業所要求的為數甚少。最多的開灤煤礦，只要求二百八十餘萬美元來恢復舊日設備，最少的如華北鋼鐵公司只需要二十幾萬美元，添補一點製造煤的副產品的好機器。雖然河北省府的積極性救濟難民的千萬美元十項計劃，却未被採納，但在已公佈的各單位中，開灤，冀北電力，平津鐵路及中紡都先後得到一部分美援，這等於強心劑，使一些殘破的機件得到補充，但如果在兩年以後才能運到，那將是望梅止渴了。

此外自力更生的辦法就是聯合經營，不作競爭，用殺價來自己縊死自己。戰前劉鴻生主持下的火柴業及輪船業，都是聯營方式。勝利以後，普遍組成了同業公會，也是想運用這個機構來自力更生，如新藥業為了運用貸款，就先有一個生產成品的分配。在華北，民營啓新與國營華北水泥公司實行有比例的聯營，也是一個很好的例子。

水泥是和平工業，戰時沒有得到大主顧。最近南韓軍政廳向遠東出產水泥國家公開標購洋灰一批，數量為六萬五千噸，日前投標的已知有日本，投標底價為每噸十八美元，北方水泥業便聯合起來委托啓新出面投標，標底每噸為美金十七元五角，佣金百分之三。據一位主持人說：

「希望這次外銷能够成功，不料又碰到老敵人。剛要喘一口氣，又得抽了回去。水泥運到南韓，招商局答應幫忙，但運費還是太高，在韓國仁川和釜山二地交貨，運費每噸要美金四元，而由日本運去，只要一元美金，只是運費一項，就要賠本。但外匯總是外匯，又不能不賣。」

這就是工業與工人當前的問題，沒有生產如何能維持？若是生產出物資，不够成本，又怎能繼續？廠子不能繼續，工人又那裏有工資，更談不到高工資，這又如何過活？工業本身不安定，工人生活如何求得安定，這些問題，必然都迫切地要求解決。

（九月二十二日）

記北平經濟檢查的突擊

（北平通訊）

本刊特約記者

一　偶然的遇合？

事情眞是湊巧得很，在一個月前的「八，一九」，政府公佈了「改革幣制」和「肅清匪諜」的方案，想不到在整整一個月後的北平，——「九，十九」那天，北平又同時出現了兩個性質與以前完全相同的事件。一個是傅作義總司令發表的告華北同胞書，要求「展開清匪除奸運動」，另一個是：同天起始的經濟突擊性的大檢查。前者的下文是什麼，現在還不大清楚，後者的發展，掀起了這個古城裏的波浪，却是有目共睹的事實。

自幣制改革以來的這一個月裏，物價儘管在喊「管制」，而大部份沒有被「凍結」住，却是無可否認的事實。以豬肉一項來說，本來是二百四十萬元一斤的，現在却漲到了四百萬左右，而且還鬧缺貨。北方雖然來了一位張副院長督導經濟改革方案，但中秋節前後的波動，依然同改幣前沒有兩樣。張副院長在平津道上幾度僕僕風塵以後，眼看滬區督導員的蔣經國氏打虎已贏得了不少的彩聲，自也不甘寂寞。自再度回到北平以後，便招待了「打虎」後援會的有關人士，據說會中曾收集了很多的意見，以作為行動的準備。九月十八日午後五時起，張副院長又親臨主張了市政府的經濟會報的每周議會。會中便傳出了消息說：「今天隻字也不能發表。」這就打破了以往經濟會報必由市府新聞處發表消息的成例，有心的記者們就知道有「名堂」了！

軍事，政治，經濟，本來是相聯繫的，那末，「清匪除奸」與「經濟檢查」在同時開始，是當局的故意安排，抑還是偶然的遇合呢？

二 突擊！

九月十九日天剛破曉，前內公安街警察局門前，便齎集了穿黃色制服的公務員和巡警，七點，人愈集愈多，這便是一枝兩千一百人的經濟檢查的隊伍。隊長是北平市警察局長楊清值氏，隊員則包括市府各局處職員，警官，警察，憲兵，以及警備司令部的人員，全體共分為四百小組，向本市各處作全面的突擊。突擊時受檢查的對象是：

（一）超過限價者應令具結，其物品則暫時封存，保管。

（二）非營業範圍所存之物品，也由市府暫時封存。

（三）非商人身份囤積物資者，尤其嚴加懲處。

大隊在出發之前，劉瑤章市長曾親臨訓話，每人並發給了兩元的飯費，十九日從清晨起到深夜十一時止，據說還沒檢查完畢，檢查的結果，最大的幾件囤積案，便是免不了與官僚資本有關的：

（1）中國銀行倉庫曾查獲布疋二千六百二十二件。這些布雖然當時就查封了，但據說都是什麼公家存放的。

（2）交通銀行倉庫查到了萬疋左右的囤布，而該行却說那是中紡公司寄存的。果然，第二天，中紡就出頭來承認了這件事。但劉瑤章市長，却正在追問這件案子：（一）此批布是否眞為中紡所存？（二）是否確實用做河北北平兩地配售。（三）何時自天津運至北平？這椿公案如何了結，目前似尚言之過早。

（3）平漢路局第一倉庫查獲代各「糧棧」「住戶」存大米四百零八包，麵粉二千一百十七袋，食鹽一百十四包，棉布三十六件，棉紗五百八十包。這些物資究竟是那些人物存放的，主管人員尙未說出，但到頭來決不會有囤積罪，想來是靠得住的。

除這幾處較大的囤積外，夠得上前述被檢查的案件，共有一千五百廿件之多，現在警局正漏夜審訊這些「經濟犯」，為了想快點啓封這些被「保管」的物資，據說有三十個司法小組在審問這些案件，希望在審問完畢以後，只要是正當商人，物資當可歸還，令其按「限價」出售。但困難就在這裏，商人說自已的物品是按限價出售的，市府又不能舉出「八、一九」的價格究竟是多少來。出售既然沒有超過限價，物貨再多些是不算犯法的。為了解決這個困難，市府這才不得不急於去找了一份「八、一九」限價表出來。在急忙中，先公市了煤糧幾樣重要的物品限價。到了二十三日才算公布得比較詳細些，但這個公佈的價格，是否就是「八、一九」原來那天的價錢，那就不敢說一定了！臨時抱佛脚，這也就無怪乎一般商人們之不肯遵守命令了！

三 一個插曲

就在這個經濟大檢查的突擊聲中，二十二日發生了下面的一面小插曲：

在前門外的一條窄狹得只能容一輛三輪車走過的街道中，那便是北平有名的煙市玄帝廟。在下午四時許，走來了一個武裝同志，要按「限價」向一煙販購買大象煙五條。煙販則告以不知限價若干，而該武裝同志亦不知限價多少，僵持之餘，始終無法成交。於是便共同走到外一分局所屬的一個派出所去請求調解，但派出所警士也不知道紙煙限價，於是打電話到外一分局去請示。分局方面的答覆，也是不知道，問題還是解決不了。這時圍觀的人越來越多，但是誰也不能知道這個限價究竟是多少。於是軍人同煙販又吵起來了：

軍人說：『我按限價買烟是政府規定的！』

烟販說：『我情願按限價賣烟，這難道算犯法嗎？』

軍人說：『限價是三百二十萬一條。』

烟販說：『不，我記得是四百萬。』

正在這樣僵持下去的時候，旁邊一位觀衆便出了樣的一個主意：『不依他的，也不依你的，兩數加起來，用二平均。每條算三百六十萬好了！』雙方這才都接受了事。

「限價」變成了議價，這雖然是一個小的插曲，但却也看出了目前所謂「限價」的癥結來。

× × ×

事態還正在發展中，人們所躭心的，已經不完全是政府的決心了！因為，物價平穩的「必然條件」，應該是物資充裕和來源的不受阻塞。

李日中

冀北見聞

（唐山通訊）

一 糜爛的唐山市

擁擠混亂

今年三月初，唐山市曾經發生一件轟動全國的兇殺案，死者王永振是一個商人，兇首是市長的副官宋慶逢。宋被捕後在法院裏招承說，他曾介紹王某給市長經辦營私舞弊的祕密事，王沒辦好反來要索，所以市長叫他把王殺死。市政府却宣佈王永振是共產黨派來收買宋慶逢行刺楚主席和郝市長的，宋因一時激於義憤，把他殺掉。唐山地方法院檢察處偵查了五個月之後正式提起公訴，指明郝市長唆使殺人，於是市長辭了職，兇首則由剿總調到北平審訊，至今倘無下文。

就像一個人心贓裏長了瘡，細菌會在全身各部門都同時作怪。

唐山市給人的第一個印象是混亂和擁擠。每天總有好些晚到的旅客無處投宿，因為所有的旅館、客棧和公寓常常都是客滿。筆者抵唐的第一天晚上，就為了睡覺問題跑得滿身大汗，後來在一家大旅店門首看到有個痲臉大漢也正在和店主接洽房問，下面是他們的對話：

「你是害怕我們當兵的不付房租吧？」大漢生氣地說。

「那裏，那裏，誰租房子在我們還不都是一樣，實在今天早就滿了客」店主人陪着笑臉。

「我們是有公事的，非騰出一個房間來不成」。

「先生，請你到別家去看看吧，我們實在不能把已經住下的客人趕走」。

「別家，我全城都走遍了，你這裏不讓住，還叫我們到那裏去，不給騰房問我就叫弟兄們到這門口的過道上睡一晚」。痲臉人大聲嚷着，惡狠狠地叫人去了。

紙醉金迷

這裏比較大的飯店都有幾個濃裝豔抹的女招待。常可以看見顧客們公開地和女招待玩鬧，要她們唱歌，拉她們坐到自己的腿上，伸手摩她們的胸部。對於隔座的生臉人絲毫沒有不好意思的感覺。

唐山市另外一個顯著的特點是賣淫業非常興盛。據統計公開的妓院共有九十多家。每天晚上在戒嚴以前，這些花巷是全市最熱鬧的地方，差不多每一家妓院都賓客盈門，街道上還擠擁着各式各樣的游蕩者。最奇怪的是憲兵隊就設在那些花巷中，而許多穿制服的軍人却公開在那裏出入，完全沒有一點顧忌。

和這些事業有柏當關連性，因而也獲得充分發展的是西藥房和大糞場「花柳聖手」和「梅毒治根」的廣告比「飯店」招牌還要多。七月十三日唐山日報「經濟天地欄」的標題是：「張風起兮三燕飛。瀋陽樹葉貴，唐山糞價高」。唐市經營糞業的大小糞場共五十餘家，現在平均每家每天售出的大糞約在三千萬元。

二 林西的怪現象

井上和井下

林西是唐山東面的一個小鎮，開灤煤礦給這鎮上的居民帶來生活的光與熱，也使他們嚐盡了淚和汗的辛酸。全鎮居民十分之八以上是礦工，剩下來的大多數也是開灤煤礦公司的佃農。開灤老闆不僅佔有地下的豐富礦藏，在地面上也還擁有八十多頃農田。他們是資本家，同時又是大地主。

開灤礦區有兩種截然不同的生活。礦井下面是數不清的骯髒嘴臉，千萬隻粗笨的手無休歇地挖掘着。在那煤氣充塞的陰暗洞穴中，他們把生命交給不可知的命運之神。工作的時候常常半邊身體浸在潮濕的泥沼中，有時洞頂上忽然落下一塊大石頭，會把人的腦袋打破，有時候一片大流沙突然墜落，會把人堵塞在地洞的一角，或者把人活埋在沙堆中。……在這各式各樣的危險下生活，礦工們的性格容易變成粗野而乖癖。他們多是獨身漢，有了錢就狂嫖爛賭，只顧今天，不問明天。因為今天下了井之後，誰也說不定明天會怎麼樣。礦井上面又是另外一個世界，那裏有大餐館，咖啡廳，露天舞池，陸上游泳池，室內電影場，運動場，洋樓，汽車……人們在肉腿紅唇間表演着各種溫文儀雅的紳士禮節。高級員司俱樂部的活動，和那些鎮天牛馬般勞動的人們成了一個尖銳的對照。

來往在紅白兩區間

林西的一萬多名礦工，十分之一住在礦場的工房裏，十分之六住在鎮上自已的房子，另外還有三千多人是「跑家」的。他們的家在離鎮五里至十里以外的「半匪區」或「匪區」。這些人每天來往在紅區與白區之間已經習以爲常，並沒有一般人的危險感覺。他們同時隨身帶了些家庭日用品，溝通了兩區間的小規模買賣。這裏的交易很多是用銀元的。

開灤煤礦的工會曾經有過很悠久的歷史，領導者過去多是工人出身，從被選爲工會的理事以後，就脫離了生產，變成衣冠整齊的「工人領袖」，專以工運爲職業，仍舊領着礦公司的薪水。他們曾用盡種種辦法來維持礦區的秩序。組織了一個護礦自衞隊，訓練出二百多名武裝工人，作爲工會本身的基本武力。另外還有許多許多祕密人員深藏在工人羣衆中，發現可疑的人就立刻報告軍警拘捕。一位工會的委員說：「我搞工會二十多年，誰不認得我，我不好好防範監督，一旦有了變故，我還活得成嗎？」

邊沿區地方政權

林西鎮四週築着許多地堡，堡外有戰壕，在出鎮口處設鐵絲網和檢查哨，鎮外四、五里地就是「半匪區」。這些特殊地區的鄉保公所都在鎮上，每當上面催糧的時候，鄉保長就帶着武裝隊伍到鄉間去強征，拿到了糧食，一面推着大車走，一面和敵人駁起火來。一位鄉村行政工作人員說：「本鎮最近新成立莊坨和塔坨二聯保，成立前我們帶了十幾個武裝人員下鄉去辦理選舉，說聲情況不好，馬上就收拾東西準備移動，最後還是上林西來選了」。選舉人多是一些流亡地主和黨團的工作人員，不能來投票的人就都委托他們代辦。

三　風雨飄搖中的灤東七站

鐵路員工的徬徨苦惱

灤東七站指灤縣以東朱各莊、石門、安山、後封台、昌黎、張家莊和留守營七個車站。這一帶是三個總司令部的交界地，東北剿總和華北剿總以洋河爲界，冀熱遼邊區司令部則以灤河爲轄區的最西邊境。這裏因爲管的人太多，反而變成大家都管不到。鐵路沿線沒有正規部隊，僅靠相當於三個團的地方武力來保衞。四、五十里外共區的情況完全不知，快腿的共軍三小時內就可以跑到，因此這幾個小站的鐵路員工時常被俘，安山站站長就換了兩次，幸而都平安地放回來。於是大家談虎色變，幾個站的員工都變成了鐵路遊動隊，白天上車站辦公，晚間退到安全的地方去睡覺。一位站長說：「這不過是求其在我，避避而已，其實什麼地方都可能有事，也怕不了這許多」。他嘆了一口氣接着說：「唉！又有何地是桃源？」在這裏，人們每天的第一件事是打聽消息，傳播着各種新的傳聞。

灤河橋以東，大小山頭上的碉堡多已沒有頂，牆壁也被打成許多篩眼，由朱各莊、石門、安山直到張家莊，雙道的鐵軌都只有一股可以行車，另一股則鐵軌寸斷，枕木盡焦。據說路旁許多村莊的農家也常常出來趁火打劫，把枕木搬回去做成棺材，有些農家最多儲藏到十餘口。這年頭兒棺材和棒子麵一樣都是人民所迫切需要的東西。

昌黎第一次劫後

昌黎是個不幸的地方，去年五月間受了一次兵刼，今年六月二十五日又被共軍攻陷。一夜砲擊，許多地方都被打壞了；尤其是城中的鼓樓，被轟得殘缺歪倒，滿目悽愴。這裏農產豐富，是華北水菓的故鄉。縣城裏街道房屋都很講究，許多大金店、藥材鋪，和洋雜貨店，金色輝煌的招牌都還相對掩映，但是店主人多已搬到平津去了，剩下來的空房子門窗脫落，裏面住着軍隊，更顯出刼後的一片荒涼景色。

昌黎城防用盡地方人力物力，六月間曾耗費千億以上的修築起堅固的工事，由裝備完整的交警八團負責城防，民衆以爲儘可以放心了。想不到共軍六月二十三日開始圍城，二十四日把城東的最高點和外壕佔據，二十五日，用猛烈的砲火向城牆轟擊，城破，城內千餘人被俘，連一位少將司令和縣府的二三十位職員在內，交警的精良武器也被繳了。據說共軍入城後，卽由他們的政委，召集各機關民衆代表說話，宣佈他們在城內只住三天，如果官兵有擾民之處，可以到一個指定的地方去報告，一位政府的縣級幹部說：「八路軍入城，對人民採取懷柔政策，只搬公家的物資，私人東西一律不許動，不搶刼也不殺人，經過這樣一來，老百姓都不怕八路了。這會增加我們以後工作上的許多困難。」被俘的人大多放回來了，好些人曾經到過共區的幾個縣。據說那邊各處鄉村都搞的是一套辦法，官兵和民衆也都說一樣的話。在昌黎新近有一種很別緻的口頭語，當兩個人見面打招呼的時候，常聽到他們說：「您好嗎？沒被俘嗎？」

共軍走了，有錢的人也都搬家了，剩下來的民衆被攤派累得喘不過氣來。這裏的保安團士兵多是附近被鬥爭出來的地主子弟，他們有家歸不得，全家老少都隨軍轉移，士兵們不能挨餓，只好分別到老百姓家去吃飯，有的還帶着父母或妻子。老百姓自己儘管愁吃愁喝，供應武裝同志和他們的家屬是不能怠慢的。一位住在昌黎二十多年的老人家感慨地說：「二十多年來，我親眼看見這裏換了四十八個縣長，就從抗戰勝利算起，也已經換了七度縣太爺了。這樣的政治，叫老百姓怎樣吃得消！」

四　秦皇島——冀東新政的司令台

民衆組訓內容和成果

冀東有握着國家經濟命脈的開灤煤礦，冀東走廊是接濟東北的重要輸血管，所以國軍必須確保冀東這一條走廊。過去在孫連仲時代，這裏曾經吃過共軍的虧，僅能够保持住一條近於攤痪的交通線，而鐵路線以外的廣大鄉村，幾乎全部落在共軍村幹的手。現實主義的傅作義接受了這種教訓，提出「以游剿制面」的新戰術。要貫澈這種戰術，有一個主要條件就是軍政必須配合，剿出來的地方才不致於再落入敵人的手。第一區專員高灤波就以組訓民衆，推行新政爲號召，在冀東執行着這種任務。這位曾經在冀襄有過相當地位的專員，當去年五月間接受這個新職位時，他的轄區名爲九縣，實際上只有沿鐵路線的幾個孤立據點。專署所在地的秦皇島政府人員不敢走出柵欄外二里地這是一個生死搏鬥的環境，有遠大抱負的高專員號召他的幹部下鄉從事民衆組訓的實際工作。這種組訓工作是在相當困難的情形之下用最現實的手段進行的。普通在一個新區域組訓的過程是這樣：派出政工隊到國軍的威力所能到達的某一個保去，和當地最恨共產黨的人結交，透過他去了解村裏的實際情形，運用武力肅清和共軍來往的份子，然後以那些反共的村民爲核心，組織地方政權，確實調查戶口，用強制手段組訓壯丁和少年團，藉嚴密的縱橫連坐聯保辦法，使民衆互相監視，慢慢地運用訓練過的壯丁隊和少年團來維持地方治安。這時候政工隊員在民衆中展開各式各樣的反共宣傳，對於通敵或投敵的份子及其家屬加以嚴厲的懲處。這裏組訓工作的一個重要關鏈是人的因素，據專署的一位領導人員說：「有一個好保長，三天可以收復一保，有一個好鄉長，七天可以澄清一鄉」。目前在臨榆、撫寧等縣沿鐵路線三十里內外組訓過的鄉村，已經可以把地方治安交由鄉保自衞隊和壯丁隊去負責，共軍的村幹，也不能再像過去公開在這些地方活動了。對於組訓過的民衆，要征用人力物力也比較容易。有了確實的壯丁名册和財產統計，征實征借和征兵征夫就都不成問題了。在各個組訓村裏，現在白天由少年團派出崗哨，盤查行人，晚間改由壯丁隊負責。秦皇島是民衆組訓的示範區，據說這裏的政權已經擴展到市區週圍四十華里。市內每晚都動員五百多個壯丁擔任市的戒嚴任務。北戴河海濱區是一個組織比較嚴密的地方，戶籍調查辦得非常確實，對於一切來往的人，鄉村的公民都有詳細的登記和報告，幾乎沒有一個生面人能够偷混進來，也沒有一個本地人能够私自出去作什麼不法活動。在這個區域裏，所有的財產、土地、房屋、牲畜、車船、以至魚網都折成土地的畝數來征收捐稅。這是一區的領導人所引以自慰的各種具體成果，並且對於自已的一套民衆組訓辦法也非常自信。

共軍的做法

無異地，這個區域將成爲國共兩方的軍事和政治鬥爭最激烈的地方。在這裏，共軍的做法是：在國軍威力所能到達並且已經組訓的地方，不再派村幹去從事公開活動，如果那裏還有潛伏份子的話，他們的活動也是絕對秘密的。同時也不再以小股地方部隊去襲擊這些組訓村，只有在他們認爲有利的情況下派出優勢的兵力去包圍某一據點，搶奪武器彈藥和物資。把政府的人員俘擄去，帶他們看看共區的情形之後，再釋放回來，讓他們自動向民衆報導被俘後的種種見聞。

在這樣的鬥爭局面下，冀東的前途究竟怎麼樣呢？一位評論家認爲：「決定勝敗的主要因素還是：短期間看誰的武力強，長期就得看人心的眞正向背。

文藝

詩三首

袁可嘉

(一)香港

在無路的海上你鋪出一條路，
破船片向來視你爲避風港，
遠來客人中有革命家，暴發戶，
明日的風暴正在避風港醞釀；

革命家與被革命家搭臺唱雙簧，
洋紳士修養有素，毫不覺汗顏，
你演說企業社會化，他則投機撒謊，
正反合，懂辯證法的都爲之一唱三嘆；

各有春秋，帝國紳士誇耀本港的自由，
進口無須納稅，出口不必受查檢，
香港總督最懂買賣，盜竊之流，
從不被處徒刑，只是罰錢，罰錢，罰錢，

拆穿西洋鏡，委實也嘸啥希罕，
香港原是英帝國伸出遠東的貪婪巨手。

(二)北平

有人說你是活着的死人，我替你不平，
試打開任何一個角落，別處那有這份美景？
公園的黃昏，北海的午夜，景山的早晨，
生命不強，那裏消受得了那麼多美的浸淫？

但這些都不要緊。要緊的你是新文化的中心，
思想的新浪潮都打你的搖籃起身，
踉踉蹌蹌地大步而去，穿越緊裹的夜心，
猛地飛出一脚將沈睡的大小靈魂踢醒。

不過你一旦沉醉，酣睡深深，也着實讓人擔心，
一向是理性的旗手，如今也自困於反智的迷信，
我來自南方，愛你像愛我失去而復得的愛人，

總願你突破一時的眩惑，返求樸質的眞身，
至勇者都須自我搏求，像你所擁有，當今
重心的重心：傅宜生——將軍隊裏的將軍。

(三)時感

爲什麼你還要在這時候伏案寫作，
當匯來的稿金換不回寄去的稿紙；
當人們已不再關心你在說些什麼，
只問你搖着吶喊的黨派的旗幟；
當異己的才能已是洗不清的罪惡，
檢起同黨的唾沫恍如閃爍的珠子？

爲什麼你還要在這時候埋頭苦讀，
當智識份子齊口同聲的將智識咒詛；
上課的學生在課堂上疑心課本有毒，
在黑板與他們間的先生更是不可救的書蠹；
當洋裝書，線裝書都像煙毒般一齊擺脫；
然後塡鴨似的吞下漂亮而空洞的天書？

正因爲包圍我們的是空前的恥辱，
傳播文化的中心竟時刻宣佈學術的死訊，
在普遍的沉淪裏總得有人奮力振作，
擊潰愚昧者對於愚昧萬能的迷信，
突破合圍而來的時代的黑色地獄，
持一星微光，佇候刼後人類智慧的天黎明。

新路

周刊

第一卷第廿二期

短評

(一)誰敢擔保此中無陰謀？

(二)符咒失靈

(三)「經濟天地」中的圈兒

我們的意見

制裁獨佔的立法

劉大中　吳景超　趙人儁
邵循正　戴世光　潘光旦

專論

第三次大戰中國沒有便宜可沾　蕭乾

衙門與紳士之間　胡慶鈞

評農地改革法草案　鄭伯彬

通訊

美國對中國的看法（南京通訊）　本刊特約記者

秋風蕭颯中的華北三戰場（北平通訊）　本刊特約記者

秋高馬肥看東北戰場（瀋陽通訊）　黃炎裔

暹羅排華紀實（曼谷通訊）　暹玉

書評：現代社會的診斷　蘇汝江

文藝：菜市　李瑛

中國社會經濟研究會發行

民國三十七年十月九日出版

短評

誰敢擔保此中無陰謀

我們的政府為什麼要走美國的路線？這道理，寬泛的說容易了解，細膩的說不大容易了解。尤其表示軒輊於民主黨當權還是共和黨當權之間，使不加深究的人覺得有點莫名其妙。政府要員在共和黨競選得勝上押寶，冀由此抬高其身價者，有孔祥熙，髣髴在釘住杜威，守望佳音，然後回國，重為閣揆；有陳立夫，以去美重整其道德為名，新近也在開始學習做掮客，求有一天踏上閣揆之階；尚有其他人物，其跡象示人在押寶，不一而足。美國方面也有一些共和黨中的政客，如亨利魯斯，蒲立德之流，在以加強援華為號召，藉以增加自己的政治資本。這批中美政客的深相結納，其用心，以求自己陞官求增加自己的政治資本始者，未嘗不可以結成反共陣線，求左右兩國之外交終。押寶者，孤注一擲之謂也。自張羣訪日，跡象所示，識者已虞中華民族有被賭徒出賣于山姆叔叔之危險。此一疑慮，就張羣回國後之言論觀之，益信其並非無稽。

張羣近幾個月來，先遊北平，旋至昆明，示人只是遊遊看看，無何一定用心之後，溜到日本，居然為麥克阿瑟將軍之上賓，四次晤談，每次歷數小時。日本人以其為將軍之上賓，敬之逸逾尋常，張羣乘上賓之威，對於日本人偶亦暢言無忌。載譽歸來後，於九月二十八日在南京播講「日本觀感」。一位政治上的人物，到外國去一次，來去都應對人民有交代，髣髴是民主國的通例。這位前任行政院長訪察了日本一次，其去也未見政府宣佈所為何事，我們老百姓原也無權過問，回來後發表演說，道是向我們老百姓報告，髣髴是對我們交代，想不到老百姓這樣被抬舉，誠有受寵若驚之感。去日本是亦訪亦視察，訪將軍，視察戰敗的日本也，故訪察二字在此聯用。

張羣的播講要點，與本題有關的有下列幾端：一、在軍備上，盟總三年來對日本武裝的解除，辦得徹底，日本現有的警察保安船艇以及所用槍械數量都是盟總認為日本維持當前本國海陸秩序最小限度的需要，絕不夠作日本海陸軍重建的基礎。二、經濟問題，至少三四年內日本不能達到自給的程度。從經濟條件上講，日本不能重行建立一個足以威脅和平的軍國。三、今後世界建設將以亞洲為中心。隨第二次大戰之結束，亞洲世紀開始了。今後亞洲主要的問題，就是如何自己開發資源，自己製造商品，自己提高亞洲人民生活程度。這工作必須亞洲各個國家民族集合起來，構成一個相輔相成，互助互利的亞洲區域經濟集團。在這集團中中國責無旁貸，要採取主動。這區域經濟計劃應由中國商量有關各國，擬定方案。這共同建設的工作應由中國一馬當先，以前驅自任，而和平民主的日本當然不能摒除在外。只有從整個亞洲前途着想，纔能夠賦予和平民主的日本以其所應有的地位，中國應在防止日本重整軍備和配合整個亞洲經建的大原則下，有條件的贊助日本復興。

詞令是另一事，主要的是實質。實質如何？張羣訪日之行，為中國向麥克阿瑟將軍送了一份禮，這便是中國贊成美國扶植日本。得回來的是什麼？天曉得……大概是共和黨競選勝利後，山姆叔叔提携中國現政權更加出力，反共戰線更形嚴密吧？

我們疑心此中有陰謀；經此一播講，無異自行招供揭露了。隱藏着不可告人之事，而故意給蒙上東方聯盟盟主之外衣，將誰欺？（振）

符咒失靈

往者，在政治協商之初，「祗許成功，不許失敗」這一句話揭出了人民求免於內戰之忱，政府當局遂亦利用之，將它懸掛在嘴上，以掩飾其無求和協之誠意。考驗了一番，證明這祗是「甘言」之後，不但它的「威靈」早已沒有了，并且一提到，便叫人聯想到「醜惡」。這次的財政經濟改革措施，一出現，政府當局卽先自宣稱「祗許成功，不許失敗」，我們在報端上讀到了這符咒式的幾個字，皺過眉頭，心惡此一不祥語之竟又出現，皺過眉頭惡過心之後，也就懂得「朝廷」和臣工又在施魔術了。

我們說「不祥」，似乎尚有珍惜之意？是的。死了多少人，耗了多少力，國家民族社會的進遭步到了多少週折，才捧出一個政權來，擁出一個人物來？是好是壞，人民脫不了干係。一黨一姓之失敗不足惜。搞了幾十年，依舊一團糟，反映這個民族沒有出息，這個國家沒有光明的前途，無成見的善良的人民怎能不爲之悽愴？怎能不表示失望？此次的改革措施，就理來講，我們不能也不應期其有大成功，祇說可能有點小成就，就情來講，却不願見其如何失敗。此中用心，正復如是。然事實逼人，從公佈緊急處分令到今日，不過四十天，所謂改革，已瀕於失敗矣。就情來講，雖不願見其便爾失敗，就理來講，究未可倖免也。

所謂幣制改革，實是變相的大鈔之增發；要人民交出金銀及外匯，乃是「竭澤而漁」。增發大鈔，物價水準必趨高，再加上澤中竭出來的，水準之提高必益加劇。凡此均是常理。偏偏張天師不信常理，而信符咒可以活命。騰雲駕霧，熱鬧了個把月，到後來，發見貨物自店鋪撤離，物資不暢流，生產呈萎頓，黑市猖狂，人民心裏恨它而仍得與它周旋，才現出一副尷尬的面相。不但待活者生死未卜，即施法術者也騎虎難下矣。現在似乎已交到怎樣能不太失面子便收場之關頭了。那亦得看施法術者有無勇氣敢偃法鼓息法旗！

由下面這個報道，似乎有走這一着的模樣，姑誌之以觀其後。據北平世界日報九月二十九日所載南京電訊，政府爲謀達成新經濟措施預定目的，即將採取如下措施：一、全國加強經濟管制。上海自厲行經濟管制以來，已收相當成效，但因僅在上海實行，致造成上海若干重要工業原料價格反較產地爲低，因有斷絕來源趨勢，故有全面在各主要地區同時實行經濟管制必要。二、全國各主要地區物價，將重新合理調整。因八一九各限價高低不一，有超過當時合理價格，有不足維持成本價格，兩者均根據實際情形，予以調整。調整辦法，正由政府派員在滬會同各主要廠商代表計算研討中。三、緊縮金圓券發行。對過去以發行彌補赤字措置決予改善，政府一切正常支出，均設法在稅收中取彌補。

這段消息中所說的三點，我們不必加以推敲。其中有門面話，亦有招供詞。在面子上仍說要加強管制，骨子裏肯自承失敗，尚不失爲勇者。祇是小勇尚不足以濟事；需要大勇，才能面對着不能緊縮發行之基本原因而自知負咎。（軒）

「經濟天地」中的圈兒

「經濟天地」在新聞紙中佔有一欄，所以報告物價。物價是物品的價值而以貨幣數量表示之，當然都是數目字，而今竟以「圈兒」代替之，其中必有奧妙。嘗讀兩般秋雨盦隨筆，頗欣賞關於圈兒信的一節，茲錄如次：

有妓致書于所歡，開緘無一字。先畫一圈，次畫一套圈，末畫無數小圈。有好事者題一詞于其上云：相思欲寄從何寄，畫個圈兒替。話在圈兒外，心在圈兒裏。我密密加圈，你須密密知儂意。單圈兒是我，雙圈兒是你。整個是團圓，破圈兒是別離。還有那說不盡的相思，把一路圈兒圈到底。無中生有，令人忍俊不禁。

圈兒雖空洞無物，其實包羅萬象，無所不容。圈兒的妙處就在一個「猜」字。猜猜看，便知其中有無量數的蘊藏。對於「經濟天地」中的圈兒，我們希望有人這樣猜：

物價的動向總逃不出三條大路，即上漲，不變，與下落。過去的物價總是直線的上漲。現在幣制改革了，即有維持不變與下降之可能。過去人們不必猜，準知道物價必上漲。現在可有猜的機會了。佳境來臨，其在茲乎？其在茲乎？

不敢望下降，至少得穩定。我們希望雖則調兒低了一點，總還有人這樣猜：

「經濟天地」中的圈兒說明了這些商品的價格已被釘住于八月十九日之價格。圈兒表示穩定，即謂這些物品的價格已經被圍在圈圈之中而俯首就範了。幣制改革，原就想叫物價穩定。眞穩定下來了，功德圓滿，實是大佳！

最要不得是從壞處猜，那就成了猜疑了，無當于「擁護國策」之道！最不可，是這樣猜：

「經濟天地」中的圈兒，莫不是表示市場上商品價格的波動太大了，大有交易所中因證券漲落過鉅而停拍的意思？或者說這些物品因求過于供，釀成有行無市的局面？甚或因市場上的黑市與八月十九日的限價太脫節了，報社爲遵守政府的法令，給打圈圈，似密而實洩云？

那就像「相思欲寄從何寄？」「話在圈兒外，心在圈兒裏」了！政府固然不行，人民也就不高明了！（廉）

我們的意見

制裁獨佔的立法

劉大中　吳景超　趙人儁
邵循正　戴世光　潘光旦

立法院在九月一日復會以後，還沒有什麼重要的表現。關於出版法的修正、臨時財產稅的徵收、農地的改革、國家銀行商股的收回等項，雖然還沒有具體的決定，但至少已經有人提出草案。對於獨佔企業的防止和制裁，立法院似乎還沒有顧到。其實，在一個還沒有實行社會主義的國家內，制裁獨佔法規的樹立是一件極重要的事情，其迫切性並不在其他基本立法以下。

一般人對於「獨佔企業」這一個觀念，常有誤解，以爲只有在某一個企業單位獨自經營某一種工商業時，才算是「獨佔」。其實，「獨佔」的解釋，並不應當這樣的狹窄。有的時候，經營一種工商業的企業數目，雖然不只一個；但是因爲數目過小，或是其中有幾家特別的龐大有力，因此這種工商業的銷量和價格，可以被這幾個企業單位所操縱。（單獨的、或聯合起來去操縱）。在這種情形下，獨佔企業爲增加利潤，勢必減低產量、提高價格、同時對於在這個工商業內工作的勞工，也有剝削的能力。

在我國目前狀況之下，制裁獨佔法規的樹立，尤是當務之急，理由如下：

㈠我國的工商業雖然還不發達，但是已有集中的跡象。在麵粉、紡織業、化學工業、銀行業、進出口業等範圍中，我國也已有了「土皇帝」，比起外國的「大王」來，雖有小巫見大巫之感，但在本國確已可稱霸一時。這些「土皇帝」與外國有聯繫，與政府大員有關係。一旦大規模的經濟建設眞要開始的時候，這班人一定可以捷足先登，加深獨佔的程度，消滅建設的效果。在其勢未成以前，先加以有效的防止，自然比改正旣成的局面要容易的多。

㈡在新近生效的中美商約中，美國的企業和私人在我國享有高度的「國民待遇」（幸而農業、鑛業、公用企業、內河航行等範圍還沒有包括進去）。換一句話說，美國的企業和私人，在我國經營商務、製造、加工、金融等業的時候，他們所享受的權利和我國自己的企業和私人相同。從條文的字面上看，我國的企業和私人，自然也可以在美國經營這些事業，享受與美國人民相同的權利；但是因爲資力和技術的限制，我們只可望洋興嘆而徒喚奈何。在目前戰事進行的狀態下，美國的資本自然是請都請不來的。但是一旦環境穩定美資眞是大量湧入的時候，他們不難在上述任何一個企業範圍內，造成獨佔的局面，我們如想只享外資的好處而不受其害，制裁獨佔法規的樹立，是應作的事之一種。

獨佔式的稱霸在美國最爲普遍，所以美國有種種制裁獨佔的法規(Anti-trust Laws)，禁止企業間用「連鎖股權」或其他方法去彼此勾通，不准暗地裏分割市場，或是取一致的行動去抬高價格。這些辦法是我國制裁獨佔法規中應有的一部份；但是，爲我們的目的，這些辦法還是不够的。一則暗地勾結通同作弊的情形是極難發現而更難證明的。二則我們根本反對任何一個民營企業在某一種工商業中取得獨霸的地位，牠是不是與其他的企業勾結，還是另外一個問題，

我國制裁獨佔法規應有的內容，在此不擬討論。下面這幾個原則，似可作爲我們研究時的參考。

㈠各企業股權的銷售，完全採取記名式，轉移時必須立卽登記公佈。

㈡禁止「持有公司」(Holding Company)和企業間的「連鎖股權」(Inter-locking Ownership)。

㈢禁止任何一個私有企業的產量（或是資本）超過同業總量（或是資本總值）的一個固定的百分數。

㈣在特殊的情形下，如果第㈢項不能或是不宜施用，政府應對該企業的定價和產量方面，加以特殊的統制。

在理論上，政府應強迫該企業擴充產量至其邊際成本大約與售價相等爲止。這種原理一時自不易實施，但應爲我們管理獨佔的最後目的。

㈣對於國有的獨佔企業，政府亦應制定法律，使其擴充產量至其邊際成本約與售價相等爲止。

專論

第三次大戰中國沒有便宜可沾

蕭乾

這裏的大前提，不是世界會不會有第三次大戰，問題只是戰事來了，對中國有沒有什麼好處。我們無妨假定這場戰事的主角是美蘇。一，事實上能够再以主力來一場戰爭的，也只有這兩個國家。二，從立場從權益看，最易起衝突的只有這兩個國家。三，它們的勢力範圍剛好以中國爲緩衝。蘇聯是我們的陸隣，美國是我們的海隣。

論的旣是中國的得失，整個世界的塗炭是當然難免的，而且那塗炭一定更加強中國的遭際；然而爲了不走題，我們先把世界的禍福拋開——只從我們話語裏拋開，却並不是從胸懷裏拋開。

所謂『便宜』，不外是自身地位的提高或增強。地位所指不同，有國際地位，文化地位，產業地位等。上次戰爭，中國由次殖民地國家一『昇』竟『昇』到了五大強之一，下次戰爭中國將更高升到何境界呢？中國的文盲是否將因再一場戰爭而減少？學術地位是否可以提高？鐵路會不會因而拉長？工廠會不會因而增添？人民生活水準會不會因而大大提高呢？這是說，我們所謂的『便宜』，是指着『中國』可以沾的便宜，不是那些有軍火廠股票豪門可以沾的便宜，也不是那些政客藉此可以發旺。

交代完了，我們可以回到正題來。無論從外交、政治、經濟、社會、文化來講，殘喘於冷戰中的中國，一旦熱戰到來，必定每況愈下，結果，所有由錯覺而盼祈戰爭到來的人們，只要天良未泯，那時一定悔之晚矣。因爲

一、地理上，中國天然是人家的戰場，而還算不上人家的基地——這是英法的大分別，也是中日的大分別。地理上中國不適於當基地、工業及國防能力上，尤不够格。做爲基地，在防禦上交戰者必分外當心，而又有反攻時期的喘息可云了。做爲戰場，則戰爭繼續一天，無論那方佔優勢，其遭際與擔負則不會兩樣。第二次大戰，當法比荷全土爲敵人佔領蹂躪以後，英國才僅僅有被攻侵的『可能』。等到德國掉轉頭來打蘇聯時，英國的重荷頓然釋去。及美國參戰，聯軍漸取攻勢時，英國夜夜有成千的飛機向東機。機羣的方向對住在英倫的人們便是個莫大的快慰。然而所有德國攻蘇，美國參戰，那樣重大的戰局轉變，都不曾對法比荷人民有半分好處。反之，爲了減少帕頓將軍麾下美國健兒的損失，美國大炮曾把諾曼地的法國城市炸得快平了。爲了消滅進襲英倫的秘密武器，無人飛機與火箭，英國又把法國沿岸的村鎭炸個光，連個田舍也不留。所有可以運武器的鐵道公路給炸斷，所有可以堆武器的——連農人存糧的棚子全炸個光。因爲今日全民戰爭已無所謂目標轟炸與濫炸。爲了達到戰鬥目的，大家都濫炸，而且像德國艾森城那樣，炸得片瓦不留。一直到聯軍打過了萊茵河，法國人民的遭際才終了。然而到那時，德國集中營裏還在餓死，病死，打死着由法國俘去的工役，而吃了五年木屑面包，橡菓咖啡的法國人民，不但失掉了他們的生活水準，他們的營養，他們的健康，也失掉了他們的國際地位。

二、正因爲中國的處境是法國，而日本的處境是英國，（分別在英法友善了一百年，而中日仇恨了一百年），戰後中國國際地位的銳降，必與日本的驟升相對照。這個升降包括兩個國家在華盛頓的天秤上的價値。由美軍部看來，在未來戰爭中中國自然與日韓同爲第一線，以東京爲指揮中心，菲島與關島，中途島以至珍珠港爲一天然的供給線。麥克瑟起家的馬尼拉可能是後方大兵站。原子彈，火箭等旣然放在日本或菲島，美國的高射炮及超音戰鬥機，絕對不會擺在平津或京滬。由黃海沿岸至海參威的天空，玩藝兒一定特別多。飛機肚子裏有帶着原子彈的，有帶着細菌彈的，也有帶着能使全城市民頃刻之間全體瘋

獼的神經彈的。南來北擋，北來南搪；蘇聯的戰鬥員絕不許美國玩藝兒侵入西伯利亞上空，美國也絕不讓蘇聯的玩藝兒接近北海道。於是，玩藝兒大概都落在漢城、長春、北平、青島等地。假定美國勝了，（因爲認爲第三次大戰對中國有利的，莫不這樣假定），軍事上無風頭可出，除了挨打之外無功可報的中國，其國際地位能比至少名義上日本還是戰敗國的今日更高嗎？中國要得回當第五列強時沒要回來的香港嗎？能保得住新疆、西藏？中國能對汗馬功勞的日本說，不許用傾銷政策摧殘中國襁褓中的工業？能對法國說，讓安南獨立？能與印度分擔亞洲領導職責？如果七七是我們甲午的翻身，第三次大戰正是日本的翻身——不是日本人民，而是三井、三菱、田中、土肥原的翻身！

三、蘇聯也許有原子彈（希特勒低估了蘇聯是上屆戰爭的轉捩點，誰，根據什麼，證明出蘇聯沒有原子彈！）也許有比原子彈不同的，或更凶的傢伙。然而那以外，蘇聯有一個最了不起的武器，而這武器不需要製造，也不需要指揮，因爲它內在的寄存於各國社會經濟的矛盾裏，本不平則鳴的天然法則，遇機必然自發的，那便是大戰爭中全球一環環的小戰爭。馬來亞橡膠園裏這時正進行着最顯象的例子。然而菲律賓、朝鮮、安南的佃農，爲麥帥硬壓下去的日本勞工，到那時能伏貼如昔？當前的中國的戰局比起那時來，要算穩定多了，有規則多了，因爲目前的戰爭終歸限於戰區，到那時可眞是大時代到來了。如果把生靈塗炭這一層拋開，也許中國這個積於沉澱的社會需要一場總決算。問題是延續了半世紀以上的大小內戰及對外死拚以後再緊接來個決算，中國還有幾分元氣？還有多少人口？還能剩下幾件生產工具？中國人民擔負的賦稅能更輕？貨幣能更穩定？人民日子能更好過？經濟如果不可收拾，教育、建設，更不用提了。

然而有人也許說，戰時中國受些罪，戰爭一停便有好日子過了。天下最大的賭博莫如戰爭。如果希特勒知道德國今日是如此狼狽，他會動手？如果日本軍人料到投降的下場，我相信在當麥帥寵兒與獨立之間，他們還是選擇後者的。十年前的抗日戰爭是被迫而戰，是生存與應戰之間的選擇，那結論是頂多不過與不戰同，所以當然戰。那種戰法與發動的不同，與參加的、受牽累的不同。

又有人說，第三次大戰即使發生了，重心也許不在遠東。看看美蘇地圖，再想想上屆戰爭的幾件爭執，這確是很可能的。再看戰後美蘇的動靜，爲了一個 Trieste 港，爲了北非殖民地，爲了希臘，雙方隨時都可以傾注翻臉。馬歇爾計劃集中那邊，西歐聯盟也比東亞聯盟積極多了。而在東半球，羅斯福自己把東北兩個一等軍港（而且如今是蘇聯僅有的煖水港）雙手奉送了，而蘇聯對美國佔領日本託管太平洋島嶼也出人意料之外地毫未爭持。因爲莫斯科的東邊終於有一塊荒涼無際的西伯利亞，而西邊由芬蘭開炮，差不多可以打到列寧格拉的近郊。然而：今日的戰爭能局部化嗎？美蘇如果以歐洲爲主戰場，以東亞爲次戰場；而東亞次戰場又以日本爲主腦，以中韓爲拉鋸地帶；則中國自相殘殺的慘酷有增無減，元氣的損失有多無少，而中國之命運，却決定於遙遠的歐洲，那滋味何堪設想！

本此，我認爲戰爭如眞到來，怎樣看對中國還是沒有便宜可沾。

衙門與紳士之間

胡慶鈞

在「農村紳士的合作與衝突」一文裏（本刊一卷十五期），我曾經指出紳士爲了獲得實際領導推行地方公務的權力，或者穩固自己的既得利益，就得求賴於政府權力的支持與幫助，這麼樣產生了衙門與紳士的往來。

衙門便是縣城裏面昔日縣署的所在，也便是今天的縣政府，牠綜管着日常的普通行政事項，權力集中在縣長一人的手裏。「衙門八字開，有理無錢莫進來！」這幾句話就描寫了官僚政治的腐化。衙門並不是向人民開着的，它是官吏炫耀自己聲勢接受紳士逢迎的地方。

一，官紳往來

在保甲制度推行後的今日，形成上級政府嚴密控制基層社區的局面，紳權已經投附於政府權力之下。這投附的關係一則是因爲時勢的推移，紳士已經逐漸喪失他在長老統治裏的「表率人倫」的地位，紳士所做的工作只限於一些日常公共事務的處理，特別頻繁的是上級政府委託的公務。另一方面這種局勢也造成了劣紳的橫行，劣紳往往只考慮到個人或者紳士階層的經濟利益，所以常常遭受農民的怨恨或反對，於是紳士爲了穩固自己的地位，也只有與政府官吏勾結，俾以得到政府權力的支持。（請參看八月十六日上海大公報拙著論紳權一文）

其次，基於我在「農村紳士」一文裏的分折，紳士階層內部爲了領頭紳士地位的爭執，爭權奪利的糾紛可能形成互不相下的局面，這也有賴於與官吏的結合，增加自己的聲勢，俾以獲得決定的勝利。

從紳權的運用裏我們也可以看出：舉凡紳士所不能自行解決的事件，特別是紳士階層內部的糾紛，使領頭紳士無力應付時，就得求助於政府覓尋解決的方案。好比安村自從陳老爺接管抽水機後，卸任的趙老爺一方面痛心於領導權力的喪失，另的方面也不滿意陳老爺的措施，從二十九年起他就以過去所付股款未淸爲理由，拒絕交付使用抽水機的水租和水谷，陳老爺也奈何他不得。到三十二年只好投訴於縣府，由公安局派來了幾名帶槍的警察，向趙老爺坐催，趙才償付他歷年積欠的各份錢和谷。

然而在腐化的官僚政治下面，警察的來臨並不見得要抓取法律的根據，而是基於陳老爺個人與縣長以及公安局長的交情。如果陳老爺不是縣紳，在縣城裏沒有力量，縣長和公安局長不見得會接受他的請求。相反的，若使趙老爺能够攀附縣長，派來的警察就不會支持陳的請求，反而成爲趙的保鏢。

這樞紐決定在官紳的往來上，也決定在官吏與紳士的勾結上。一個領頭紳士的大小，或者所能控制的範圍的遠近，便決定在他的傳統地位與交際能力上。交際能力是多少得根據於他的傳統地位的，一個曾經出仕退隱歸來的紳士，就具備了比較未曾出仕的鄉紳爲優厚的基礎。誰也知道安村的陳老爺是曾經在軍部裏擔任過上校軍需處長的人，而且曾經兩度在安徽任過縣長，村人爲了不忘他過去的顯赫，一直到現在還稱他做處長。陳老爺也就憑他過去的這份政治資本，活動於縣內外的紳士與官僚之間。縣長有時也得讓他三分。好比前任呈貢縣長就和他有很好的交情，陳老爺時常被請入縣府，接受縣長的款待，縣長處理公事還得徵詢他的意見，而且尊他做老前輩。如果本村出了什麼事，只消陳老爺向縣長去一封信，便可以發生很大的力量。

安村的人都喜歡說陳老爺的勢力大，勢力的測量就在他認識許多的現任政府官吏。在村人的眼光裏，陳是一個善於交際的人。一個上級官吏到了陳的家裏，他可以毫不吝嗇的慇懃款待，美國煙，淸燉雞，從大多數衣食不周的農民的生活程度來作一比較，又何啻天府地獄之分。水利局長，縣長，合作金庫主任，都曾經做過陳老爺的座上賓。更難得的是三十六年三月初旬，雲南省建設廳長坐着小汽車，到安村來參觀陳老爺所主辦的抽水機。

這件事情曾經轟動了遠近，一個建設廳長，抵得住前淸的一個制台，居然肯親身下鄉來，這不但是全村人的「光榮」，也是陳老爺的大面子。可是安村同學會，這些年輕的小伙子，偏偏不感到榮幸，反而在廳長過後，出版了一份壁報，張貼通衢，裏面全是攻擊領頭紳士的文字。壁報貼出後，陳老爺一氣溜去昆明，留下他的大兒子在村裏，與同學會辦交涉。四月二十日的下午，陳大公子約集了水利社的幾位重要職員，和現任民廳主任祕書秦老爺的堂兄弟秦三爺，把同學會主持人叫到保公所。盤問一過之後，秦三爺挺身而出，提高嗓子，作了如下的教訓：

你們這些人乳臭未乾，就要談什麼改革，試問除了處長外，誰還有能力把建設廳長請到村裏來！現在我就和你們打賭，如果你們中有誰能够把縣長請到村裏來，我請你們吃魚翅席。你們出去，若是做不到秦祕書的位置，將來村子裏面的人不願見你們！

秦三爺說完了話，理直氣壯的站在旁邊。同學會的負責人雖然心裏又氣又好笑，可是估量了一下對方，不敢當面頂撞，只好默默的退出來。

從這件具體的事實裏，我們也可以看出：紳士們的眼睛如何望着高位顯赫的政府官吏，是羨慕，是逢迎，希望得到他們的寵幸與支持。

二、相互利益的維持

官紳的往來不只是紳權得到政府權力的支持，使紳士蒙受到利益。另一方面，政府官吏也可得到紳士的幫助，官紳勾結的關係是相互利益的獲得與維持。

一個縣長的成功與失敗，關鍵就決定在他能否與紳士合作上面，因爲每一個重要紳士都有他的政治後台，也就是有支持在紳士後面的政府官吏。好比陳老爺的後台就是民政廳的主任祕書，縣長是不敢得罪這位頂頭上司的。一個結怨於紳士或者不尊重紳士利益的縣長，盡管他如何政簡民輕，得到農民的喜歡，到頭來終究要被紳士推翻，臨去還得送他個貪官的罪名。相反的，若使他能够討好於紳士，枉斷錯直，寃獄重重，受欺侮的只是農民，獲利的是紳士，他就會要大被紳士捧場，臨走時城門上還留下一塊去思碑，這碑文就是出於大紳士的手筆！

誰也知道四年前卸任的呈貢前任李縣長，曾經在任內督修過一個飛機場，縣長很撈了一筆大錢，這撈錢的方法就是官紳合作的成績。合作的方法是這樣，政府決定在河村附近募工承修機場，每人有一定的工資，李縣長成了「包頭」，通過紳士的承諾與贊助，縣長下令各保攤出一定的夫額，義務勞動，沒有工資，應得的工資由縣長大部獨吞，留下一份交與這些贊助的紳士。李縣長身邊最親信的紳士有好幾位，陳老爺便是其中的一個。另一個是住在縣城裏面的張老爺。張是一個卸任的營長，城裏人都喊他做張官。當李縣長在任時，張官是時常出進衙門的。得到了縣長的支持，張官在縣城裏的勢力也就很大。他結集了一批流氓土劣，城裏的人遇着他都得退讓三分。大家都知道張官沒有產業，可是近年卻忽然發了大財，在城裏建了洋房，手頭非常闊綽，錢的來源是不必問的。毫無疑問，前任李縣長的縱容張官，顯然是可以從張那兒得到些孝敬與幫忙。

一件更著名的紳士幫助縣長的例子是現任×縣長的一段艱險經歷，事實的經過是這樣：抗戰期間，密邇昆明的呈貢縣是軍事上的一個重要防守地區，也因爲飛機場的修建，需得有強大的武力維持，中央軍隊駐防總數在一師人以上。呈貢是雲南著名的水菓產區，梨桃之類特別香甜可口，菓園所佔的面積很大，也是一部份農民的生命綫。可是這些駐防的中央軍，在水菓快要成熟時，往往成羣去菓園强行摘取，不付償值，或者攔路低價强購。呈貢縣長接受了人民的投控，把違法的中央軍拘捕處罰過好幾次，這就使得駐軍對縣長生了憎恨。民國三十四年十月，雲南省政府忽然改組，這改組是中央政權與省地方政權鬥法的結果，地方政權被摧毀了。地方系統首領的省主席龍雲下了台，代替他的是中央系統的李宗黃。於是中央駐軍就藉這個機會開始了報復的行動，在這個時期打進了縣政府，將縣長逮捕，加上一個反抗中央的罪名，羈押在省政府的看守所裏。

這是一個巨變，在縣長被捕後的那幾天，縣政府就被中央軍「佔領」。他們威脅着縣長的眷屬，索取錢銀，職員星散，沒有人敢來辦公！

然而事實證明縣長並沒有在新主席上台時反抗中央，就只需要有人出來申述。結果在縣參議會的士紳集議了，他們決定選派副議長和幾位議員進城，去向李代主席說明原委，結果縣長就被釋放回來。

三、官紳的衝突

然而官紳的衝突還是存在的，因爲紳權的强大就分去了一部份政府權力，使縣長在推行他的公務時感到棘手。我們總可以在縣城內官署學校的牆壁上看到「打倒土豪劣紳」的大字標語，這標語的張貼曾經成爲執權的國民黨的重要宣傳工作之一。

在劣紳橫行的今日，一個縣官若使曲予縱容，胡作妄爲，雖然他自己可以從中得到利益。可是由於紳士階層內部的矛盾與衝突，有一天縣長支持了甲紳士，使甲的政敵乙紳士家受了損失，或者佔不了便宜，爭權奪利的糾紛很可能牽連到縣長，憑着他的政治後台，他也敢於去省城控訴縣長於上級官署之前。

若使縣長貪污的劣行被公開，這就影響到政府的威信，上級官署雖則往往受過縣長的賄賂，縣長是他卵翼之下的下屬。在這種情形下，上級官署也不敢公然袒護，他只好責怪縣長自己處理不善，人事不宜，斟酌情節的輕重，控訴對方來頭的大小，暗中的關照可以不懲罰貪污罪行，縣長被調了差甚至革職。

這麼樣，一個縣長的貪污也得有自動的約制，這約制便是他不能做得太明顯。衙門裏的陋規，好比呈貢縣的升斗捐向來歸縣官收進了私囊，吃缺也是一件公開的祕密，這些都不算貪污。若使一個縣長明白的支持了劣紳，他可能發生不名譽的後果。呈貢縣的前任縣長便是以貪污被控調往玉溪，最近又在玉溪被控改調宣威，雖然他的黃金白銀可以盈箱累匣，可是這位縣長的貪污也便出了名。

於是，一個比較穩重的縣長，他得顧及自己的聲譽，不預備再在地方圖謀太多的私利，他可以和某些劣紳採取不合作的態度。限制劣紳的權力，從而產生官吏與紳士的衝突，只要他自己沒有太顯着的貪污罪行，還可以在不和諧的氣氛中勉安斯位。

呈貢縣的現任縣長是縣民公認的一位清官，我曾經在河安二村訪問過許多的農民，他們對於縣長都有很好的批評。據我所知：這位縣長沒有顯着的貪污劣蹟，具體的表現是見之他對劣紳不採取積極支持的態度上面。

安村的陳老爺就一直與縣長沒有很好的交情，近些年來，陳與縣長的感情就相處得更壞，暗中的衝突非常厲害。陳老爺在我的面前時常想攻擊縣長，他說：「×縣長眞是一位泥縣長，不替地方做事！」我知道他這幾句話的弦外之音。另一方面：縣長也率直的告訴我陳是一個濫人，他承認對陳只是敷衍，不願支持陳的要求。好比安村的水利合作社每年舉行的重要集會上，許多上級官吏都被請到場，縣長就曾經被邀請而沒有到。陳老爺有什麼事情託請縣長，縣長往往採取了敷衍的態度，照例很客氣的把他送出縣署大門。

最明顯的例子是×縣長對張營長的態度，他並沒有繼續前任縱容的作風。張官不能够再隨意出進於縣府了，他失去了縣長的支持，地位也便一落千丈！在呈貢縣城不能立足，後來率性賣掉了新建的洋房，舉家遷去了昆明。

可是在現行的官僚政治下，×縣長雖然不積極支持劣紳，卻也不敢損害劣紳的利益，他對於劣紳是無爲的。他很感慨的告訴我：「要和這些劣紳算賬，他的手裏是有眞憑實據的，只消一個禮拜使可算淸楚，可是又誰敢得罪他們呢？得罪他們連自己也保不住！」

我知道×縣長的內心是寂寞而痛苦的，他沒有貪污得來許多的錢，因此就沒有錢孝敬上司，或者多作一些交際上的應酬工作。他的性格也有幾分孤獨，他做了八年縣長，一直到現在沒有升遷過，這顯然不是他的過錯，而是不能適應升官的標準。他告訴我與他同時候出身的人，有的貪污發了大財，現在升了專員，有的加入了政黨內的某一系，現在升了立委。他很想寫出心中的積鬱，揭露一些官場的黑暗。現在他成天捲縮在縣政府裏，灰心於一切的工作，他隨時都想下台，問題是下台後如何安頓他的家室？

最近昆明傳來的消息，×縣長果然調了差，罪名是「思想左傾」，這個可以稱得上淸官的×縣長，在今天縣長貪污成風被人另眼相看的時候，我有點爲他叫屈！

評農地改革法草案

鄭伯彬

（一）

本文所討論的，是本年九月二十一日立法院蕭錚等所提的「請制定農地改革法草案」。中國既是一個以農業爲主要經濟生活的國家，那末，任何有關農地方面的改革，都可能發生重要影響。這草案的提案動機，雖說是目前政治鬬爭的一種手段，在現政權中是否能順利通過，或切實執行，仍屬可疑；但該提案緣起說明要謀中國土地問題的徹底而普遍的改革，且首次見諸立法機關，自不能不引起我們注意。

這草案的主要內容，是規定全國農地一律歸「自爲耕作之農民」所有。應分配之土地，爲顧全地主生活，則規定有價補償。至地價標準採用民國廿六年全國土地委員會之調查平均數，但不得超過原租額七倍之總額；佃農或貧農繳納補償地價連同納稅之數量，以不超過平時繳租之負擔爲原則，因而規定地價分十四年繳淸，并規定田賦不得超過農地生產物百分之十。又大地主超過當地自耕農全年土地收益一倍以上者，就其超過部分，減少百分之二十五，累退至超過四倍以上時，全部減去，以其餘額，代繳軍人家屬應補償的地價及地方公共建設金。至農地經此次分配以後，即不允其自由買賣，並須加入合作農場。

很顯然的，這個農地改革法草案，是脫胎於南京土地改革協會前所公佈的「土地改革方案」。但我們也不能忽視，這次在立法院所提出的草案已經有了幾許重要的修正。即懸有根本解決中國土地問題的理想，將農地重行分配，分配的對象定爲「自爲耕作之農民」，農地承受人繳納地價和租稅的數額，也有了更具體的規定。而大地主所有土地的累減補償，更爲前案所無。

問題的中心，自然在國內土地如何重行分配，和分配以後，如何確保中國農業生產的發展上面。關於這點，草案的規定可能是目前衆多方案中之最具體最實際者，但我們細加研究，仍覺不無商酌之處。爰就個人所見，縷述一二，藉正於國內專家。

（二）

首先，我們要特別提出的，是任何土地改革方案都不要過份把它當做政爭的工具，特別是在朝的政黨爲然。政府尤應切實負責解決國內問題，不能因爲中共頒佈了土地法大綱，於是就被迫提出一個農地改革法作爲對案。認淸中國土地問題的癥結，從而採用極客觀的態度擬訂解決方案，才是當政者的應有態度。

中國土地問題的癥結點何在？是自然條件的限制，還是社會條件的限制？有人認爲中國可耕地面積太少，而人口過多，是中國土地問題的中心；也有人强調中國農村的封建剝削關係窒息了中國農業。前者提出卜克的調查統計，以爲證明；後者也曾列舉多數地區的實際資料以圓其說。在這篇短文裏，我們沒有機會來判斷這一爭執的孰是孰非，我們只承認這兩種說法都不是沒有理由。假使從經濟發展史的軌跡觀察，因而承認生產關係的桎梏是阻礙生產力發展的一個重要因素；那末，我們對於消除封建剝削關係的要求，就要表現得更爲迫切。

根據這一前提，再進而檢討農村剝削關係的主體，自然要首先提出地主。在這點上，我們同意將地主的多餘土地歸農民所有；但對於地主的過分姑息，却實在沒有必要。其次，除了地主以外，還有上至中央下至區鄉公所保甲的另一種剝削主體。農地改革法草案除了規定田賦不得超過農地生產物百分之十以外，沒有其他免除攤派雜捐的條文，更是一個最大的遺憾。

我們通觀草案全文，很容易發現沒有確定的改革對象。它一方面承認地主制度的不合理，然又多方顧及地主的生活；另一方面，它限定田賦的數額，但又沒有勇氣正視政府的剝削，詳密規定廢除苛雜。假定改革對象確定，我相信名爲澈底改革的法案不能這樣矛盾和不澈底。

退一步說來，我們卽使承認「衆多中小地主的生活，自不能概置不顧」，草案規定的地價標準也未免過高。民國廿六年的地價指數，若是消除戰時通貨貶値的因素，是近十數年來最高的一年。特別在近年國內政治不安內亂頻仍之時，地價已普遍降低，而草案爲顧及地主生活，反而提高地價至戰前標準，更不知其用意何在？

草案雖然規定此項地價不得超過原租額七倍之總額，此項原租額以法定租額（卽正產物的千分之三百七十五）計算，並且分十四年交納等比較優越的條件，但是，田賦公糧自分配第一年起卽須改由農民負擔，我們更不能不指出，農地承受人的負擔未免過重。我們卽使假定此後農家所應負擔的田賦公糧，除了草案所規定的「農地生產物的百分之十」以外，沒有其他任何攤派，我們也不難算出承受農地的農民每年所應付出的地價是正產物收穫的百分之一八・八，和全部生產物的百分之十。若是正產物所占的比例越高，則應付地價越多；而何者爲正產物，草案又沒有任何明確規定。在這十四年淸償地價的時期裏，我們想不出農民的生活有什麼顯著改善的地方。草案更規定，此項農民爲補償地價連同納稅所支出的數量，應不超過平時繳租之負擔，更可以證明，這種名爲徹底的土地改革法案，除了具有空洞的土地所有權之心理的安慰以外，在十四年的長久期間裏，農民不能因土地改革而獲得任何實際的補益。

政府田賦徵收對象的改變，顯然是增加農民負擔的一個重要因素。於是，我們又不能不提出下面的問題：在農民還沒有完全取得土地所有權的時候，到底有什麼理由要使農民負擔田賦？而政府田賦徵收額又爲什麼規定生產物的百分之十？請問政府對工商事業徵收的所得稅，占全收益的百分之幾？又何厚於工商業而獨薄於農？

（三）

現在，我們再進而討論農地重行分配以後的幾個問題。草案對於這方面的規定，比較重要的，只有農民分配土地後，不再放任其自由買賣，復趨兼倂，致不久又復產生地主；此外，規定農地承受人及現自耕農應加入當地農業合作社，受政府之輔導，組織合作農場，農地如有面積狹小或地段散碎，不合耕作之經濟使用者，應由地方政府實施重劃，予以調整。

這個方案，實際又未免失諸高調。我們若是想到蘇聯革命後組織合作農場和集體農場所遭遇到的困難，實無從相信中國此事之必成。但是，不管怎樣，在原則上我個人還是同意這個辦法，因爲土地改革總應有一個最終鵠的：卽解決生產關係後，應卽發展農業生產力，否則，土地改革卽不能算是完全成功。

但是，這裏還有一件不可忽視的事情，就是在農地重行分配後，一般農業生產力可能隨之而普遍減低。一方面是因爲以前地主所有土地，可能包括有較大生產效率的經營農地在內，一旦土地重行分配，舊經營體系的固有效能卽隨之喪失；另方面是如前所述，分得土地後的新自耕農，其經濟地位因爲沒有絲毫改善之故，並沒有能力增加資本，以增進他們所有農地的生產力。假使這個推斷是正確的，那末，農地分配後的問題，就應該集中在如何保護新農業資本的蓄積上，其他一切都顯得次要。

怎樣保護新農業資本的蓄積？除了減輕農民租稅負擔以外，應該講求增加農民收益：在經濟上，改善農產品的交易條件；在技術上，改進土地利用，從事灌漑，改良施肥，進而謀求機械農具的使用，都是政府更應急速舉辦和協助的。但是，對於這些基本條件，農地改革法草案卻完全沒有提到。

在保護或促進農業新資本蓄積的前提下，對於不任土地自由買賣一點，似乎也有重新考慮的必要。不任土地買賣的目的，在防止新的土地兼倂，避免產生新地主，在原則上是正確的；但是，對於那些分得土地後而不能有效率的經營其土地的農民，又爲什麼一定要把他束縛在土地上，不讓他離開土地轉就他業？這項土地又爲什麼不能經由買賣，集中在更有效率的農民之手？廢除了過去封建剝削的租佃制度，土地的集中對整個農業經濟倒底有什麼害處？假使在農地改革法上，增添一條永久廢止佃農制度，並以之代替禁止買賣土地的條文，正是一方面更可以防止新地主的產生，同時還可以擴大農地，幫助機械農具的推廣使用，豈不更有雙重效果嗎？

（四）

以上所述，只就農地改革法草案幾個重要處而言。並且，我們的討論又是在國內政治經濟正常的假定前提下進行的。若在目前內爭不已的局面下——許多地主對他所有的土地反覺累贅，有寧願拋棄土地藉免征實擔負者——則改革法草案自屬完全喪失根據。不過，我們站在學理的立場，總是希望能有一個更完善的土地改革方案產生。

三七，九，二五。

美國對中國的看法

（南京通訊）

本刊特約記者

通訊

「中國爲美國流血」

一位出席世界新聞自由會議的人從歐美回來，他看到從冷戰到熱戰中的世界面，他和一些朋友們隨便閒談美國與中國，他強調一點，不論是誰，今天不能不注意美國，不能不受美國的影響。這是一個第二次世界大戰以後的領導國家，沒有方法可以推翻了他的地位，既富且強，歐洲不易找出比肩，亞州更不必說，豐饒的物資，就代表着很大的一種力量，其次是科學，他已把全世界最優秀有貢獻的科學家都搜羅在一起，連中國稍有成就的科學家也都網羅在內。到處都是研究所，他們要什麼他可以供給你什麼，有很舒服的工作環境，有豐美的衣食住行。前輔仁大學教授王普告訴我說：

「美國的標準局，養着有三千位第一流的科學家。」

這比徒有資源更加利害，這些活的資源，能夠這樣的集中，那一個國家都不易辦到。我們並不是爲了美援而來研究美國，不論要不要美援，都要認識美國，更要認識美國人眼裏的中國。

在珍珠港事變以前，美國對中國的外交政策是在兩種不同的原則下打轉，一是門戶開放主義，這是美國的傳統，他不能允許被某一特殊者所獨佔；一是孤立主義，不管別人，只顧自己，不是不想出來，可是不敢大作，既想要試一試，卻又怕燙了手。

在珍珠港事變以後，輿論和政策完全改變了，盛讚中國的了不起，把中國誇的有點過火，說的中國是十全十美。李普曼談到美國外交政策時，說必有一強大的中國出現在世界政治舞台，改變了人類歷史的航程。因爲那時澳洲、荷印、馬來都受到震撼，對中國一半兒是捧，一半兒又有點怕，因爲中國勝利了是有力量可以引導亞洲，不能不把彼此的關係拉近一些，甚至於這樣說：

「中國乃係爲美國流血！」

一九四三年開羅會議，中國的國際地位高到無可再高，中國與美國的關係也好到無可再好。蔣夫人第一次去美國，據說比英國皇后到美國受的歡迎還要熱烈。戰爭結束的前夕，杜魯門繼承了羅斯福，對於中國仍然抱着同樣的熱望。

中國撐不住了！

中國慢慢地自己撐不住了。開始是三十三年軍事上在湘桂的大撤退，其次是史迪威將軍的被迫辭職。美國人那時雖然照舊在帮助中國，但是心目中已然存在了中國政府並不是一個有出息的政府的感想。

第二次大戰勝利結束，對外沒有問題，我們自己的問題來了，美國却由馬歇爾親自來調解，努力又努力，八次上廬山，這大年紀的老頭子終於失敗走了，他必然要有中國眞討厭的感想，對國共雙方都沒有好感，使美國人在對華感情上又加重地有了打擊。

這時候許多人從戰時中國回到了美國，特別是美國各報在中國作特派員的人。這批人回去就壞了，寫文的寫文，著書的著書。大多數對於中國的印象不佳，只有一個人，那就是寫過日本在中國的泥足的阿特麗女士，她是入美籍的英國人，還有相當的同情，其餘二十幾本著作，沒有一本不是在罵街，罵的最兇的是時代週刊前駐中國記者白修德，他和一位賈枯柏女士合著一本書名爲「從中國傳出來的雷聲，」他在書中說：中國沒有希望，現政府沒有希望了，這本書成爲美國今年最暢銷的書籍之一。

這位白修德先生更爲已去世的史迪威將軍整理出一冊「史迪威將軍書信集」，說中國沒有好人，指政府爲糞堆，說最高領袖爲花生米，這本書却成爲本年度的第二本暢銷書，盛極一時，李普曼本來以爲中國如何如何了不得，這套理論，便爲這兩本暢銷書，抨擊得體無完膚了。

「在紐約地下車中，有一位老太太正看這本書，看到我是一個中國人，她很不好意思的低下頭去，我很禮貌的問她的感想，她却什麼也不答覆。她的心裏也許以爲中國人不是人，你們這羣人在弄什麼？她根本就看不起了。」

有知識的人尙有幾分客氣，沒有知識的人便更不客氣了，他們的言論聽不勝聽。這兩個新聞記者的兩本書，就把美國人對中國的一切熱情都凍結了。

三種對中國的意見

這位觀察家研究美國人對中國的看法可以分爲三種：

第一種是無條件的對於中國政府的支持者，也是對於政府剿共政策的支持者，如共和黨的杜威、周以德、蒲立德，民主黨衆議院議員奎白克，紐約時報及時代、生活的大亨魯斯等。人數不太多，但很努力爲中國說話。

第二種是對中國政府有同情，也有要援助中國的意思，只是要求中國政府有改革，並有進步爲條件。這一派以國務院馬歇爾爲中心，一部軍人，一部份參議員及霍華德系各種報紙，人數比較多，但都在觀望。

第三種認爲中國沒有希望了，絕對不要管她。這可以說是一種「撒手政策」，這一派如進步黨的華萊士及其信徒，有左派思想的太平洋學會專家，特別是一部份中國問題專家，都是這樣看。雜誌如新共和及民族。

第一種無條件擁護中國政府者眞够賣力氣的，人數不多，力量也不太大，對中國這樣看法也找不出太多的人來；第二種人是「中庸之道」，這麼希望的人可眞多，都盼中國能改革有進步，第三種人和第一種人是一樣地少，但是喊的可眞够兇，美國人相信他們的專家比對於他們的新聞記者更信任，後者只是轟動一時，而前者却有其理論根據。

美國的中國問題專家，可以列舉出來的有如：

（一）哈佛大學教授費正清，美國國務院遠東司的職員都是他的門下，一度被批評爲共黨盤據的地點，其實他們是有他們的一套理論。范氏新出了一本書叫作「中國與美國」，前面是歷史，表示他的淵博，他同意中國社會要有一番澈底改革的意見，把百分之八十的人民救出苦海。我却對他說，你所想的和實際不同，我們的農民不要革命，我們的農民只要太平，他的結論就是如此，我們的意見大大不同。

（二）哥倫比亞不要教授，這位教授從中國游了一次回來，他說中國今天的局面比庚子時代還要壞。這是什麼話？

（三）耶魯大學教授歐維，他也寫了幾本書，對中國有強烈反感。

（四）賀浦金斯大學教授拉鐵摩爾，他也有一套理論，戰時到中國來了一次，對中國印象不好。最近自動爲馮玉祥的講演作翻譯。

這四個專家都是我們政府的對頭。

中國的出路

在舊金山一個公共福利會在那裏開會，有一位東岸的女教授，只有一條腿，她來講援華問題，她說的有許多是謠言，全場爲之動容。我打聽這個人是作什麼的，他們說，她在北平作過女教士，她的哥哥曾捐款給定縣平教會，她連左都談不到的人，更談不到是共產黨，她可以有權這麼問：

「我們美國花了這麼多的錢，你的成績在那裏？再拿錢給中國是混人，對中國有什麼好處？」

這些人的話是很動聽的，而且有影響，力量可能很大，這類的中間人可能在受左派的影響。

「中國政府怎麼辦？對第一及第二兩種，只要加一點力量來改變，慢慢向好處走，美國對華的援助可能增加。第三種不要維持現狀，他們非要推翻不可，有一部份人這麼說，日本明治維新，就是改革的不徹底，才產生了軍閥財閥及封建集團，使老百姓照舊的受苦。中國只是現狀改革，只能作到日本明治改革一樣，而日本那條路子不是對中國所希望的。他們認爲不走舊路，才有新路！」

美國人到中國走一走，不從第一身得材料，太容易得到結論是問題，我們派出的宣傳人員不能使對方得到瞭解也是問題，對外宣傳臨時抱佛脚，沒有用處，而美人以自己的利益作結論也是問題。

「我不是說美國人說的全不對，我們有些更大弱點，他們却不明白，以他們的尺度來量我們，自然處處不够尺寸，何況還有不是事實。」

不良的印象

英國在第一次大戰時，派到美國作說客的人，都是第一流的人，大半是美國所欽佩的，所以美國終於參了戰，救出了英國。我們的官員在外國，不單不能得好評，而且常有不好的印象。

華盛頓常有這樣的消息，某人買大房子，某人買大牧場，某人有姨太太，某人的十四歲小姐駕駛最貴的車子。這些人過的生活比美國的大王都更爲舒服，美國人說道，你們有這樣的人，還要什麼？你們還想要我們怎樣來援助你們？

「我們的寓公用的是美國人所用不起的差役，老媽及開車夫，吃的東西，有些是用飛機從上海來運回去。美國人說，你說沒錢，他們的錢是從那兒來的？你的美元都到那裏去了？

「我們還有些自費留學生，到了美國都並不念書，生活也比大王的兒子還要闊，不是豪門，就是有什麼政治背境，再加上許多不念書的小姐在內穿插，所以才使美國人把我們看成一錢不值。」

中國自己本身不能不有一些改革了，不改革，難以談立國，只有地大、物博、人衆，這都是不够的。對於外人的指摘或不同情，中國也只反省的份，我們眞是強嗎？我們眞能行嗎？我們沒有病嗎？是不是有病不肯說？我們應當歡迎別人說。應當接受指摘。

改革幣制，美國帮忙不帮忙呢？一切都要看我們自己有沒有改革，軍事援華，自然也是一個樣的。時間的早晚，數量的多少，都得看大爺的高興。

美國今天是有了「世界的負擔」，她是惟一有義務的援助世界各國的國家。在所謂「鐵幕」以外的國家，不論那一國有了事，美國都得爲他們想辦法，她不能坐視不救，她救助範圍甚至到了過去的敵國——德國與日本。連敵人都不能不帮助，所以對於中國不會不加以帮忙的。

國際風雲正急，美國的負擔加重，這位觀察家說：

「爲美國着想，他扶起東來西又倒，他的日子眞不容易過，他的擔子眞够沈重。」

美蘇戰爭嗎？

美蘇可能戰爭，今天還言之過早。

美國十八歲到二十五歲的徵兵才開始。歐洲更不像要打仗的樣子，戰爭的破壞只恢復了百分之二三。英法對蘇聯都怕的利害，萬一戰爭開始，幾小時蘇軍就到了萊茵河，幾天就到了大西洋之濱。

柏林會議本有決裂的樣子，後來變了。法國人說「飛機投原子彈的對象不在蘇聯本土，而在西歐。」馬歇爾計畫是懸在半空中，目前什麼都不具備，西歐還沒有備具對蘇戰爭的條件。在這些條件未完成前，大家還是求這山姆大叔，不要和北極熊弄翻了。

八年對外流血的中國的國際榮譽還是存在的，如九月下旬的聯合國大會，若是提出柏林問題，五強中的四強都是當事國僅有中國一國有否決權，這就是舉足輕重的象徵。

（九月二十九日）

秋風蕭颯中的華北三戰場

（北平通訊）

本刊特約記者

濟南一役，秋季決戰第一回合已見勝負。華北戰場上，南部平保線戰場，寧靜多日，目下烽火燒的最猛的當屬北部的北寧平綏兩大戰場。

一個面上的三個戰場

「華北戰場」這一個「一面」，很難嚴格地劃出它的範圍。照地理情勢講，華北地區應當包括冀察魯晉豫五個省份，可是今天「華北剿總」的轄區並不包括山西（晉中晉南），山東和河南，而只管到河北、晉北、察綏和熱河。因此，「華北戰場」便不能用地理上華北地區的概念來範圍它，同時，由於關外林彪部進關和鎮守遼西的范兵團兼顧冀東，而把遼西冀東戰場併作一團的結果，使華北戰場的邊緣在關外又多出一環。因此，若用「華北剿總」轄區，當作「華北戰場」的界限，在事實上也不盡脗合。就實際情形講，「華北戰場」只是平保線、北寧線和平綏線上三個戰場的總稱而已。平保線戰場以保定爲中心，包括平津三角地帶。北寧線戰場，狹義地講，只算冀東；如廣義言之，應包括屬於東北地區的遼西戰場。平綏線戰場最爲遼闊，東括熱察邊境，西及雁北、察綏二省。

華北三個戰場在過去，一直是傅作義將軍和聶榮臻交手。聶部擾平保線，傅氏機動部隊便開往追剿。等到聶部主力鑽入、冀西山區，抄近路轉往察東熱西時，傅作義部隊，常常調頭清剿平綏沿線。有時平保、熱察寧靜，冀東唐榆各地戰火突起時，國軍往往自平保、平綏兩線調兵應援冀東。一年多以來，兩軍一直如同走馬燈一般地你藏我捉。今年春末夏初，「關外共軍進關」由傳說漸漸變爲事實，冀東的情勢突然嚴重，國軍方面關內外聯防，才決心立即實施：范漢傑兼顧冀東就是聯防實現的第一步。

所以從今夏承德解圍以後，華北戰場上傅聶交手的地方常在平保、平綏兩線，而冀東方面變成傅作義范漢傑和聶榮臻林彪四枝隊伍混戰的地區。因此，冀東戰事常常是華北戰場戰事的重心。

冀東遼西大戰

揭開秋季攻勢序幕

冀東戰場（目前應當說是「冀東遼西戰場」），是當前華北三大戰場中鏖戰最烈的一個。上次冀東大戰（八月初）國軍非常得手，一連收復香河、豐潤、遷安、遵安各據點；並解除了唐山周邊和北寧路平榆段兩側的威脅。這些戰果使冀東平原穩定了一個月。

九月初，冀察熱邊境聶榮臻部第二、第四、第五縱隊各一部，先在平古路上移動起來，沿線石匣、密雲、懷柔一帶鐵路完全切斷。國軍一向很重視平古路，因爲它是接濟熱西承德唯一的孔道。經華北剿總出動大批清剿部隊，實行遊剿，以及空軍助戰的結果，聶部共軍於九月五日分兵一部竄往鐵路東側。平古路各據點情勢雖好轉，北平東面的通縣、三河、順義等地却告緊張。這幾個縣城的防守，完全靠地方團隊，所以當聶部大兵壓境，三河首先撤守。九月十日平東戰事最烈的時候，共軍一部曾經竄到距北平東直門外十餘里的大望京附近，當日午夜中，北平東北城角的居民曾經聽到很清晰的機槍聲音。平古路和平東的戰火就此揭開了冀東遼西大戰的序幕。

冀東遼西大戰過程中，共軍所有的兵力分佈如下：唐灤一帶，有聶部第二、第四、第五等縱隊；秦皇島、昌黎、石門寨一帶，由林彪部第九縱隊、第二十六、二十七師獨立第八師攻打，這枝兵力竄擾的區域延及義縣、興城、綏中等關外據點；錦州以北，有新渡大淩河的林彪部第二、第七縱隊一萬餘人。國軍方面，李文所率領的九十二軍和六十二軍，分別在唐山、灤縣應戰，范漢傑兵團支撐着秦皇島、臨榆和遼西兩面夾擊。

在北寧線的大戰初起時，重心先在冀東，關外只在高嶺、荒地一帶有些小規模戰鬥。九月十四日晨聶部攻打田莊、唐房等唐榆線據點，兵臨昌黎城下。昌黎因較空虛，國軍不支向留守營撤退。昌黎爲冀東重鎭，過去曾兩度失陷。在歷次冀東戰事中，誰控制得昌黎，誰便可以東制秦皇島，西向保住唐山古冶礦區。國軍撤出昌黎，古冶礦區立即宣佈戒嚴；北戴河一帶激戰隨之而起，而使冀東戰事到達了最高潮。

遼西部份，在冀東正緊的時候，只在錦州以南北寧路沿線有戰事。興城綏中等地在范兵團防衛下，戰火雖日趨激烈，但尚能支撐。十八日林彪部萬餘人乘隙渡過大淩河，錦州北面增加一重威脅。因之遼西重鎭的錦州郊區，也受到砲火的洗刼。范兵團照顧遼西窄長走廊地帶已經相當吃力；實際上，沒有餘力注意到關內地區。

九月十六日李文飛到北平與傅作義將軍會晤。據說是會商向冀東派遣援軍機宜的。在這次冀東遼西大戰第一回合中，國軍吃了兵力不敷調用的虧。李傅會晤後，華北軍政當局調用大批津沽船隻，以海路派兵駐往秦皇島應援。二十日左右冀東勢態好轉了一下，據說是兵員補充加強的結果。

北寧線戰場的重心在遼西

就此次冀東遼西大戰戰略觀之，共軍的目標在遼西，或者說在錦州。它大舉竄擾冀東，無非是想在關內牽制着李文和范漢傑一部兵力，使他們不能應援錦州；再由大淩河南侵的共軍與錦州以南的林彪部完成夾擊錦州之功。共軍大肆破壞北寧路關內段的鐵路，也在阻止國軍援軍北上應援。這種戰略在此次大戰初期，確曾收到一部效果。國軍方面戰略則不同，國軍統帥部以爲平榆路是東北戰場的輸血路，任何時期均不容其陷於敵手。范漢傑分兵駐紮冀東的用意，亦即在此。所以這次戰役中，國軍雖在遼西背腹受攻，二十日范漢傑竟出人意料地親自從葫蘆島乘軍艦到秦皇島坐鎭。范氏此項舉動充分表示出國軍志在肅清冀東，而認爲平榆路沿線得手，遼西戰場即無問題。但此舉正中對方的下懷。二十日以來一週間的戰況，已經證實此舉獲得了一個「得此失彼」的戰果：從范漢傑到秦皇島，國軍西克留守營，直逼昌黎城下，二十四日甚至一度攻入城垣，冀東國軍大有挽回三週來頹勢的趨勢。可是遼西戰火却已直逼到義縣、興城、綏中等地城邊。渡過大淩河的林彪部，計有第一、二、三、四、七、九等六個縱隊，約三十萬人，一齊指向錦州。二十七日義縣情況不明，同時興城亦告易手。

北寧線戰場一面猶未完全得手，那一面已經吃了兩個虧。正在這時候，衛立煌從瀋陽飛南京報告「軍事情況」去了。據說，最高當局鑒於濟南失利，決心挽救遼西危局，藉以振奮人心。二十六日顧祝同與衛立煌連袂飛回瀋陽，聽說他們已經攜有解救遼西之圍的「錦囊妙計」。謠諑之中，有「集孤島長春兵力於瀋陽，再由瀋陽空運遼西增援，相機打通錦瀋交通，來鞏固關內外聯繫」一說。但不知此項流言與「錦囊妙計」究竟有多少距離！據衛立煌回瀋以後表示長春是盲腸，錦州是支氣管，這個支氣管是決不許它發炎的。言外之意似乎在說盲腸如果已經發炎時，例可以割去。

總之，今後北寧線上的決戰，勢必接二連三地延續發生，國軍想保住遼西，第一，必須守住大淩河，不使東岸林彪大軍源源西渡，其次，必須在冀東打出一個類似八月初的局面來。在此兩者之外，最重要的是需要有足够的兵力來補充。目前，錦州情勢甚爲吃緊，北寧線戰局能否改觀，全賴上述幾個要件能否作到。

平保線寧靜

爲察綏預伏下一個戰機

平保線戰場目前最寧靜，八月底聶榮臻的第三、第六兩個縱隊曾在徐水易縣一帶活動，徐水——這久經戰火洗刼的小城，保定的前衛——八月初入於共軍掌握以後，一直佔到九月初旬。九月八日聶部共軍突自徐水漕河撤去；拱手把這個重鎭送給了保定定興出擊的國軍。共軍爲什麽放棄它在平保線上久經爭奪的重鎭呢？最初很令人迷惑。後來，其兵力調動的方向，解釋了這件事實：平保線聶部西撤，越過紫荊關開往雁北察南地區及桑乾河上游一帶，目的要在平綏線的西北戰場上有所行動。察綏大戰爆發完全證實：平保線上的寧靜，已經爲察綏預伏下一個戰機。

察綏戰事方興未艾

察綏戰場二十三日左右，即有接觸。聶榮臻部第一、六兩縱隊自冀西開到大同周邊指向西北，其第二縱隊一部亦從冀東戰場越平古路，集中平綏路東段。這是東路進犯察綏的共軍。三年前圍打歸綏的賀龍部和綏盟軍區姚喆部亦自伊克昭盟西向涼城進攻。這是西路進犯的共軍。因此晉察綏邊境情勢，大見緊張。二十四日傅作義將軍親自飛赴歸綏，作軍事佈屬。同日，平綏路平張段土木堡、新保安、下花園各地鐵路先後爲共軍破壞。歷來共軍破壞鐵路，是準備大竄擾的前奏。此次破壞平張段鐵路，猶如打承德之破壞平古路，以及攻唐山之切斷平津路。傅氏飛綏與平張路攄斷顯示察綏戰機，已經成熟。

察綏是傅作義將軍的老根據地。他在察綏有相當的民衆基礎。自傅氏出任「華北剿匪總司令」以來，他的精銳兵團，多數調至長城以南，在平保、冀東戰場上與共軍周旋。察綏老家除首要城市駐有傅氏部隊外，多數小地方，都交給他訓練有素的地方民衆武力駐守。一年餘，察綏小康局面，並未發生問題。傅氏因此才敢一心將實力完全置於東、西兩個戰場之上。

二十五日，共軍東西兩路進犯晉綏邊境。豐鎭、和林、涼城等地都是地方團隊出來應戰。但因雙方兵力相差懸殊，三地相繼撤守。據說傅作義將軍對綏遠軍事，佈屬得很周密：他決定放棄一切實力較虛據點，誘使共軍深入，再從三年前奇襲張垣的舊路調兵西下與綏包國軍主力，夾擊進犯綏省共軍。在判明共軍主力所在進行決戰之前，暫行「空室清野」，陷共軍於補給困難；使之疲憊無力，而後予以打擊。

目前，平綏線戰事方興未艾。共軍進佔豐鎭涼城以後，更北上攻打集寧（平地泉）。綏東集寧的戰略地位很重要，它是平綏路北上向西轉的樞紐，取得集寧，便可北控大同，西挾歸綏。二十七日集寧撤守，頓使綏東危急起來。歸綏方面共軍主力已進抵距城五公里之小黑河南岸地區。一般觀測，綏境主力戰，卽將在歸綏周邊展開。

綏遠國軍制勝亦需兩大要件：第一，張垣及長城以南援軍儘速西開；第二，「空室清野」辦法實行得徹底。但是，目前平張路連日被破壞，以致歸綏援軍需等待寧夏及陝北榆林方面調來，類此頗有「遠水近火」之感。此外，「空室清野」實行亦有相當困難，誠如二十六日「華北剿總」發言人所言：「……現正值秋季收割，人民實行空室易，而清野難……。」傅作義將軍如何能解救老家之圍，已經集中一切注意華北戰局人士的目光。（九月三十日）

秋高馬肥看東北戰場（瀋陽通訊）

黃炎裔

關外的秋是特別蕭殺的。從中秋以後，園林便疏落了，颯颯秋風，塵沙滾滾，碧雲天，黃葉地，馬肥秋高，正是將軍們製造枯骨堆積功勳的時候！

一　晚秋戰鬥的序節

從今年三月中旬，八路打下四平街，結束了冬季攻勢之後，東北戰場，過着三年來最寂寞的日子。在這半年里，衞立煌一味埋頭練兵，林彪也專心地編訓部師，大家都在積蓄着賭本，預備選擇一個決鬥，一個大決鬥的機會。

在這一個時期里，東北的大勢沒有變。只有李運昌在流竄熱河之後在冀東遼西的海濱走廊上與范漢傑角逐一番；在遼北，林彪向長春「枯點」。在遼南，在七月間爲了搶麥，國軍向太子河南岸掃蕩，順手牽羊的奪回遼陽。潘裕昆的新一軍也同時從遼中向遼河下游兜了一個圈子。除了這幾個寥寥可數的戰役外，餘下來便是些斥候的衝突。比起關內戰場的熱鬧情況，東北戰場是冷落的。

以三年來東北戰場說，從一個大攻勢，到另一個大攻勢，中間的空隙，從沒有這樣長。因爲從去年冬季攻勢後，雙方的損失傷亡都很重，補充起來當然也更費力。從戰略形勢說，如果國軍主動，第一個課題是打通北寧或者中長鐵路，以獲得海上的補給。如果是共軍主動無疑要取下三大據點中的一個。無論那一方面先動手，要達成自己的戰略要求，勢必要拿出大力量。這大力量是非至補充訓練成熟的時候拿不出來的，這樣準備便要拉長了，但是，準備時候愈長，則次一個戰事也愈兇猛。現在，共軍已在遼西發動對錦州的大攻勢，從準備的時間來看這一場大決鬥，場面必定很慘酷。

筆者於本年七月間在本刊一卷十期上寫的「關東、七月、衞立煌」一文裏，曾話說東北戰場在八月以前不會有大戰爭，暴風雨要在靑紗帳起的時候。以季節說東北已屆大秋，正是漫山遍野大豆高粱成熟的時候，在飢餓遍地之時，足兵必先足食，雙方是絕不能放鬆這一個爭取食糧的機會。在氣候說，晚秋天高氣爽，大兵團的運動上，是比較便利的，過了此時，多少要增加一些寒冷的約束與累贅。

二　對壘的陣容

在這個秋季攻勢的前夕，東北國軍與共軍兵力數量上，可以說都較任何一個戰場爲多。林彪擁有的野戰部隊，爲十二個縱隊與二十個獨立師，軍區部隊不算，總數達六十萬人，其分佈狀況，主力部隊在長瀋之間的遼北地區，計有第一、二、三、六、七、十、六個縱隊，陳兵於四平街東西的一條綫上。第十二縱隊與十個獨立師圍困着長春，在遼南第四縱隊佈於台安。第五縱隊佈於撫順東南地區。在遼西第八縱隊佈於熱東山地，第九縱隊佈於溝帮子，斷瀋錦之間的交通。第十縱隊流動於長城以內各地。其餘的幾個獨立師則散處於遼南遼西各地。國軍呢？衞立煌率領着十三個正軌軍，三個大據點，在長春的有李鴻的新七軍曾澤生的六十軍由鄭洞國指揮，在瀋陽地區的有潘裕昆的新一軍，龍天武的新三軍，李濤的新六軍，羅又倫的第六軍，鄭庭笈的四十九軍，劉玉章的五十二軍，周福成的五十三軍，向鳳武的七十一軍等八個軍由衞立煌親自指揮。在錦州地區則由范漢傑指揮着盧濬泉的九十三軍，闕漢騫的五十四軍，以及跨越山海關內外的新五軍，國軍三個點以瀋陽地區的控制面最大，所駐的兵也最多。

三　安靜渡過半年

在這個對壘的形勢下，雙方都似乎有同樣的戰略上的抉擇與考慮。在共軍說，三個大據點，打任何一個都必須用大兵，費大力。必須具有攻堅的裝備與大力，因此他們在幾個月的準備上，積極趕修鐵路以便於大兵團的運動與作戰補給，因之修通了從哈爾濱起沿拉濱前到拉法，從拉法到永吉，自永吉沿吉海綫到海龍，從海龍沿平海綫西行過四平到遼源的鐵路。西邊修通了齊齊哈爾到遼源的鐵路。再以遼源爲起點，修通了自遼源南下的大鄭綫過彰武至新立屯，接上新義綫以迄於阜新，直導遼西前綫。同時在訓練上，專門從攻堅戰鬪上用功夫，林彪更發明一種「尖刀子連一的戰術，據說，這種戰術是編成一個有十二分旺盛鬥忘的連，冒任何犧牲，衝入對方陣地，找尋空隙找找死角，像一把尖刀插進胸膛，作爲攻城戰的先鋒。共軍並且在編組上力求正規化，他們知道今後東北戰場上，已不是過去的游擊式的流竄擾亂所能濟事。

在國軍說：瀋陽在圍困局面下，要生存要發展，則必須打開補給綫。中長路可通營口，北寧線可連貫關內銜接秦皇島葫蘆島。在用兵上，打通中長路比較容易，修復也容易，但營口港吐等有限，冬天又要凍結。北寧線的打通固不困難，秦葫兩港也沒有營口的缺點，但是要修已非易事，要保護則更困難。謀海口的苦悶，曾使東北剿總的智囊團大費躊躇，可是穩健的衞立煌，還有自己的看法，與其打而不通，還不如不打。因此就索性安心地練兵籌粮，作退一步的着想。他的企圖似乎是要與林彪的主力碰一碰，打場共軍的主力，徐圖發展。

東北戰場這半年來就是這樣從動盪到喘息，從喘息到培元，從培元到戰略的考慮，靜靜中渡到最近遼西戰事的爆發。

四 烽火看遼西

遼西走廊的現勢，國軍是以一段北寧路的尾巴穿貫着綏中、興城、錦西、錦州四個縣城，以及錦州北邊放着一個義縣做前哨。北隔大凌河與共軍對着，這狹長走廊，以葫蘆島爲吐納口，爲今天瀋長國軍空中補給的前哨基地。被人目爲東北的有生力量。

共軍對遼西的攻擊，開始於九月十二日的夜晚，一向潛伏於熱東山地的獨六師獨八師與十八軍分區的一部地方團隊首先出動切斷與城與綏中間，綏中與山海關間的鐵路，佔領前衛，網戶、東辛莊白廟子等車站。攻興城圍綏中，跟着大凌河東岸的第九縱隊亦渡河西進，切斷錦州義縣間的交通，圍攻義縣，遼西諸縣除了錦州錦西之外都很快的被孤立起來，遼西大戰就此拉開序幕，可是軍方還認爲是爲搶糧的流竄。

接着，幾個月來蓄精養銳於遼北遼南的共軍紛紛西下，在台安整訓的第四縱隊渡澆陽河過盤山，四平的第七縱隊在官方的不知不覺中兼程南下，兩股會流於大凌河東岸，西渡契入錦州外圍。駐於東豐的第三縱隊亦向遼西疾進，出現於義縣城郊。第一第八兩縱隨之加入遼西戰鬥，軍方接獲的情報東北共方僅有的砲兵師也攜着一百多門大砲由遼北西開。這個砲兵師是砲兵旅擴編的，在去年冬季攻勢的時候，隨着林彪的大兵團南征北討，打遼陽，打鞍山，打營口，打開源，打四平攻長春，發揮過極大威力，這個部隊出現那一地，那里便要發生大會戰。林彪的指揮部也同時由遼源南下北鎮。到記者執筆寫這篇通訊的時候。據軍方所獲的情報共軍在遼西集結的兵力，已達六個縱隊，一個砲兵師二個獨立師與一些軍區部隊。第十一縱隊正呼應於長城內綫，總計的兵力爲二十餘萬人。林彪的精銳已出動一半以上，這個排場很是驚人。

五 戰局在發展

現在第三縱隊正在急攻義縣，第四第七兩縱隊猛打興城，第九縱隊襲擊綏中，國軍在這三個縣城城與外間聯絡已被切斷，都已成孤立的據點。從這個趨勢已判明共軍對遼西攻略，第一步驟是孤立兩錦，封鎖葫蘆島。在遼西兵力的對比上，共軍出動的已超過范漢傑三個軍的一倍，國軍是處被壓倒之勢。冀東多事，鐵路寸斷從陸上出援的確困難，如果不迅速運用海軍力量在葫蘆島增援，在未來的錦州攻防戰中，國軍爲保衞這遼西首府，這一戰將非常艱苦。況且以遼西初期戰鬥的半個月情形看來，國軍仍然無法超越守點守綫的戰略意識，還是分散兵力讓人家以大吃小，各個擊破。

東北共軍的所以在三點之間選擇錦州是有其理由的。長春已是一個垂死的據點冬天一到空中的補給要打折扣，煤又成了嚴重的問題，飢寒交迫之下，支持必更困難。瀋陽兵強名壯，衞星環繞，遼河秋漲渡涉困難。共軍要打瀋陽，勢非拿出全部力量來「沙蟹」不可，果爾，長春幾個月的困圍將白費心機。況且瀋陽地區今年蟲災水患收成歉薄。在經濟上也無掠奪意義可言，而遼西的豐收，遼西軍力有限正是一個反比。「以大吃小」是共軍一貫戰法，「打擊有生力量」是毛澤東得意的戰略指導，錦州的成爲攻擊目標，不難找得答案。

展視東北全局，如果共軍有決心解決錦州，必然會對冀東對瀋陽發動牽制性的攻擊，然而如果遼西國軍在這個圍困形勢苦戰，以范漢傑的慣戰能征，反擊也相當可怕。

瀋長相隔不過三百公里，如果共軍動員兵力在遼北留下空隙的話，瀋陽國軍則可能向北出擊，迎長春部隊的歸來。瀋錦之間不過二百公里，如大戰正式開始兩個戰場可能連成一氣。至於遼西戰場的共軍在會戰後入長城或是打瀋陽，那麼則需要看遼西戰局的如何發展了。

（九月二十五日）

暹羅排華紀實（曼谷通訊）

暹　玉

排華運動的陰謀

暹羅以戰敗小國，在鑾波汶再度上台以後，居然又掀起排華的浪潮，使孤懸海外的百萬僑胞，徬徨無依，手援無門，眞是祖國之恥，也是全國國人之恥。

從去年一一八政變起，鑾披波仇華的狠子野心逐漸復萌，由封閉華僑學校到驅逐出境，毒辣的措施不一而足，全暹排華空氣日益加濃。暹政府當局雖口口聲聲「中暹親善」，但在「好話說盡」之下，骨子裏卻幹的全是壞勾當。

排華運動是一種陰謀，是鑾披汶企圖鞏固他的法西斯政權的一種手段。鑾披汶重新登位以後，暹羅人民對於他的高壓政策頗多不滿，因此他爲了轉移人民的視線，爲了加大對外壓力以促進內部的團結，就利用他的爪牙在民間播下仇華的種子，掀起排華的浪潮。所以這一行動，是從上而下的，是由政府創作，官吏導演，報紙宣傳而演出的一幕醜劇。

教育上排華

五月上旬起，暹政府發動對於華僑學校的攻勢。五百所僑校解散的解散，封閉的封閉，弄得七零八落。當時我國新任駐暹大使謝保樵氏正在香港候機來暹，大家等待謝大使的心情，正如大旱之望雲霓；似乎只等謝大使一到，那些遭刼的僑校便可解決開學的問題。然而希望自希望，事實却冷酷無情。謝大使於五月十六日抵暹，六月四日呈遞國書，六月十八日首次與暹政府進行交涉，六月二十一日作第二次的會談。兩次會談以後，問題便一直被擱下來，僑胞們悶在葫蘆裏，僑校復學仍然無望。

在謝大使履新的前後，聯合國文教組織倒替僑校向暹政府講了幾句公道話。在「聯教」給暹政府的公函上說：該組織對於暹政府封閉五百的華校的舉動，感覺得遺憾，因爲那樣實違背了聯合國文教組織的理想與精神。該組織並質問暹羅的鑾披汶是否有意再來一次法西斯的獨裁？不然爲何要肆意摧殘教育？

這樣一來，暹朝野人士才感到有一點馬虎不了，所以在八月四日國會上議院開會時，有一位議員提出封閉華校的問題質詢政府。他指出：聯合國教育憲章，曾規定各國政府應給予人民以教育與信仰宗教之自由，如今暹政府何以對華人兒童的教育機關多方限制？政府是否考慮到人民的教育自由的問題。

對於這個質詢，暹教育部長狄賴的答覆說：暹羅國境以內，根本沒有華人學校，假如有的話，那只是被暹政府批准可以教授華文的四百二十所「民立學校」而已。關於聯合國文教組織的質問，暹教育部在七月二十四日晚在曼谷電台以英語向世界廣播，根本否認曾封閉華校五百所，承認被封閉的華校只有十七所。該部認爲暹政府絕無摧殘僑教的行爲，而聯合國文教組織的質詢，或係受了褊袒的報告之影響。該部不但把摧殘僑教的責任推卸得一乾二淨，反而誣稱一部份華校的封閉，係各該華校認爲本身有違「民校條例」的規定而自動關門的。這眞是一篇胡說八道的無恥謊言，然而駐在曼谷的中國大使館却不聞有正式的聲明予以駁斥。

上文所謂被暹政府爭執許多次始獲批准設立的「暹文強迫班」，班內每日只能教授五十分鐘的華文，其餘時間全部都得教授暹文，故事實上成了暹文班。以前這些學校以教華文爲主，現在却恰好轉了一百八十度的角度。華僑小學內的華文時間也要減少，大概每日不會超過一小時。僑生以後要想在暹羅國境內學習華文，會一天一天地困難下去。由於許多僑胞的家庭不願子弟忘掉祖國的教化，還千方百計地以游擊方式進行華文教育的工作。一些因僑校解散而失學的華僑學生，自動地組織起來，合請一位也因着僑校解散而致失業的教師補修華文；這種游擊方式的小組學校，在鑾披汶政府的迫害之下紛紛設立。學校是祕密的，教育是非法的，教師是游擊隊長，學生是游擊隊員。這種游擊教育，是暹政府的眼中之釘，一經發覺，決予逮捕。最近一兩月來，被捕的已有五六批之多，被捕者或被罰款，或被監禁。然而游擊師生們的「地下教育」仍然不因打擊而停頓，相反的却更廣泛地展開來。對於這種形式的「教育」他們倒是富有經驗：當上次大戰時，鑾披汶一手摧殘僑校教育達八年之久，但僑校的地下工作始終未間斷，所以戰後僑校復員時，高小初中各級的學生都有，教育的序列因此便能一氣接續下來，僑校初中也就毫不費力地開辦成功了，僑生間的國語學習運動也就能廣泛地推行了。

其他方面排華

暹政府不祗摧殘華僑教育，同時還大舉非法逮捕華僑，稍有不合，便遞解華僑出境。最近更組織委員會，專門研究如何排除華僑的苛例。暹政府以前曾規定二十多種條例，可以作爲驅逐外僑（實際上卽對付華僑）的藉口，其中連祕密募捐、不需要、無業遊民……等都包括在內。尤其是「不需要」的這一罪名，許多情形都可應用上去，因此僑胞時刻都有被驅逐的危險。然而暹政府還嫌不够，最近索性規定賣鷄蛋賣猪肉過價或未掛價牌者，也都要被遞解出境，簡直是「欲加之罪，何患無詞」了。

鑾披汶初上台時，爲了討好國際，對於排華工作還不敢明目張膽地一意孤行，因此在僑胞間謠傳許久的移民限額迄未執行。但到鑾披汶在寶座上坐穩了以後，他的猙獰面目，便逐漸現出原形，而祖國外交上缺乏明確堅定的立場則更壯了他的膽量。七月十五日，鑾披汶對外國記者表示，暹政府正與中國政府商量減少華僑移民數額的問題，他相信定能獲得中國政府的同情。七月二十日，他授意下院議員乃社裏提出修正移民限額新條例，理由是暹羅人民不能制止外僑的刻苦耐勞，所以得防止外僑的大量移入，以免暹羅失去獨立與自主。乃社裏提議：從今年起，限定任何國藉移民，每年來暹不能超過二千名。此案一經提出，附議簽署的議員竟達二十幾人。另有鑾政軍人團的首領之一的鑾角將軍（此人在大戰期間曾逃來我國重慶，在勝利大廈內作過百日的寓公，頗受我國政府的優待，臨走時戴笠還曾送他一筆路費。）更開玩笑地寫信給國會議員，請他們一致提議每年華僑移入不得超過二十人，理由是美國比暹羅大過五六倍，每年只許華僑移入一〇五人，按此比例，暹羅每年只能允許華僑二十人移入。現在這類議案正放在下院的公文檔案中，由一個特種的委員會對這個問題作愼密的研究；然而無論決議案，表面上如何文飾，以後實際上對於僑胞移入的限制必然日漸加多的了。

除此以外，僑胞在職業方面，也幾乎無處不受排擠。例如三輪車業，西醫西藥業，雜貨業，汽車業，以及製酒，製糖，火柴，玻璃，冶金，製皮，製絲等工業，都直接或間接受到限制。總之，鑾披汶政府的用心非常明顯，就是要一脚把華僑踢出去。

問題要根本解決

配合着政府的排華措施，暹羅的輿論界也大發其排華的言論。「大泰主義」的狹窄思想，加上一部少壯軍人派的「唯國」理論，不知不覺就把華僑當作了「東方的猶太人」。其中最危言聳聽的是八月四日在暹文「民主報」上發表的一篇「暹羅的華人和他國的華人」，內面說印度係亡於英僑；就英僑爲數尚不及華僑之多，故華僑實有亡暹的危險。此種論調，本來不通之至，但竟能在暹羅朝野造成一種變態心理的恐華病，於是華僑侵吞暹羅計劃之類的謠言居然也能不脛而走，別有用心的鑾披汶及其部屬便利用這點，火上澆油，極盡其鼓動操縱之能事，而僑胞更受患匪淺了。

現在問題不在於暹政府的迫害是否變本加厲，而在祖國的外交政策能否明朗，堅定，從根本上澄清中暹的關係，海外僑胞所翹首企望的就是這一線光明。

書評

「現代社會的診斷」

Diagnosis of Our Time: Wartime Essays of A Sociologist. By Karl Mannheim. London: Kegan Paul, Trench, Trubner & Co., Ltd., 1943. pp. XI+180.

蘇汝江

本書著者孟漢博士是德國社會學者，先後受業於匈德二國，其興趣原在哲學，嗣轉移於社會學。一九二九年以後任教於佛蘭克富大學，到一九三三年希特勒執政時，因思想之不相容而去職，到英國倫敦經濟學及政治學院授社會學，歷經第二次世界大戰爆發直到戰爭結束以後的時期。就中於一九四五年受聘爲倫敦大學首席教育學教授，次年底受聘爲聯合國文教組織歐洲分處長。一九四七年一月九日因病逝世於倫敦，未能展其才智，令人惋惜。他曾主編「社會學及社會改造國際叢書」，所著有專書九種及論文二十餘篇，其主要者有「意識形態與烏托邦」、「改造時代的人與社會」、「刑事正義與社會改造」、及本書「現代社會的診斷」。

本書分七章，除第五章外，餘均爲戰時論文及講稿，討論現代社會的診斷，估價中的危機，青年問題，教育、社會學及社會意識，平民教育與團體分析，納粹的團體策略，及新社會哲學，在形式上這七章雖是獨立的，但他用社會學及心理學的觀點去診斷時下最具體的問題和病象，並且指向一條道路，那便是以民主計劃的概念爲基礎的新社會秩序；故全書的精神却是一貫的。至於著者的社會計劃理論的全貌，如現代社會文化的危機，民主概念，爲自由而計劃，社會技術等，可讀他的「改造時代的人與社會」一書，其中有系統而精闢的討論（清華大學出版「社會科學」第四卷第二期有該書書評）。

著者診斷現代社會的病象，認爲其癥結是在由放任到計劃的社會的過渡時期中，計劃的社會往往形成少數人的獨裁而不是多數人的民主，是計劃社會適從(Planning for conformity)而不是爲自由而計劃(Planning for freedom)，換言之，重在求同而不求異。前者是極權國家的作風，是獨裁專制的，處處干涉的，是鵝步式的配合，是違反自發性的遵從；後者是民主社會的表現，重在個性的獨立，人格的培養，自發自動，有選擇的自由，有社會的分化。這兩種社會原來都需要一種配合，正如同管絃樂隊的導師指導各種的管絃樂器，力求配合，產生悅耳的音樂，以博得聽衆的欣賞和讚揚；但導師所指揮的若僅是單調的配合而沒有複調異類的配合，那是大大的失敗。著者認爲涂爾幹的學說是極有見地的，單純與一致只表現於初民的簡單社會中，近代社會分工愈細密，愈需要各種類型的分化；因爲社會完整與統一的完成，決不由同式劃一的行爲而須通過功能上的互相補充。法西斯和納粹主義的社會實行獨裁，資本主義的社會一味放任，固均令人失望；共產主義的社會自以爲是療治資本主義一切罪惡的萬靈丹，也使人懷疑；惟有爲自由而計劃的眞正民主化的社會才是現代人類的出路；因爲他有的是社會正義而不是機械化的平等，是計劃的自由而不是放任或干涉，他維護社會變遷的正常程序與爲全民所承認而接受的基本德性和價值；培養對於這些價值的新態度，除這些基本德性和價值之外，其他一切繁複的價值可任人批評，迎拒，選擇，及試驗，讓人自由發展個性，培養人格。著者分析社會技術的意義，認爲社會技術是社會用以影響人類行爲或政府用以實施社會控制的方法和手段，他可以限制現社會發展的方向，可以阻礙或重塑經濟體制，摧毀社會階級，從這個觀點看，他的性質比經濟結構或社會階層還要根本些，但他往往有促成權力集中及少數人統治的傾向。極權國家利用軍事、現代交通工具、輿論統制、宣傳、及統制教育等社會技術來維持政權和社會秩序，甚至可以說一個國家之所以從民主變爲極權，其由於人民觀念之改變者少，而由於社會技術之改變者多。社會技術本身無所謂善惡，全視人類的意志和聰明如何去利用他；所以民主國家要善自選擇並利用種種的社會技術，以促進計劃的新社會，爲自由而計劃。總之，著者的看法是很正確的，極權國家實行專制獨裁，以國家爲至上，人民處於從屬的地位，她們所計劃的是強人從同的單調的一致，而不是人格獨立的變異的自由。資本主義的社會極端自由放任，又失之漫無計劃。至於極權國家之所以存在，乃是利用她們那一套的社會技術，計劃的民主社會之實現，也須利用一套的社會技術。通常論時代問題者，往往從制度、行政或人性方面去看，而著者則從社會技術方面着眼，實是獨到之見。流血的革命、黨化教育、宣傳、法令規章等等的社會技術是否能從根本上影響人類行爲與實施社會控制？有沒有更開明而有效的社會技術應用於有計劃的新社會？這些都是可以發人深省的問題。

著者所論到現社會的第二個病根是估價中的危機。基督教的博愛，極權主義，自由主義，社會主義等，使哲學思想上呈現紛亂衝突的現象，自由的性質漫無一致的理論與實際，對於罪犯的處置我們不知道是懲罰抑教育，對於破壞法律者我們不知道把他們當做罪人抑病人，在教育政策上我們不知道是要培植自由進步的理智者抑皈依風俗傳統宗教的道學家，是要爲通才而教育抑爲專業而教育——這一切都是估價中的危機。著者從社會學及功能的觀點看價值，認爲價值有主觀的背景（以個人的選擇來表示）和客觀的規範（爲社會所決定以節制人類行爲及操行），前者是主觀的自我表示，後者是客觀的社會功能，問題是在這二者如何調適。在單純的靜態社會中，一種估價建立以後，往往長久維持，不輕易動搖；但在複雜的動態社會中，估價變動不居，往往須要重新估價，以適應變遷中的情境。但在現代社會中，估價的歷程往往流於混亂，招致阻礙，著者認爲這由於許多社會學的因素，如社會急遽發展，難以控制，手工業及農業社會進渡到現代化的工業社會，交通進步，人類的接觸日漸頻繁，各種新的權威及社會裁可之產生等。要估價的混亂與價值體制的衝突得到調和，要共同接受的價值有一個健全的背景，這不是在極權統制與放任的資本主義制度之下所能如願的，而必須有一個計劃的民主模式或爲自由而計劃，也就是著者所說的「第三條路」。在這「第三條路」的盡頭，沒有獨裁形式的外在控制，而有完成民主功能的新的社會技術，人人有選擇，有機會，有自由，估價的歷程可以獲得調適，有開明的適合人性的教育，使人人對於價值去掉盲目的接受、服從、模仿、及情緒的暗示而訴諸理智，接受最基本的共同價值，創造新價值，培養對於價值欣賞的意識，使人人對於共同基本價值的競爭與社會正義的競爭攜手同行。著者對於價值的繁雜性、主觀性、客觀性、等次性、及時空性，雖未作透澈的學理的分析，但他從社會學及功能的觀點，針對時代的病象，指出估價的危機，歸結到以計劃的民主社會來解除估價的危機，可說是替人類找到一條出路。

關於青年問題，著者認爲青年對於社會的意義及其貢獻是很大的。青年有活力，予社會以新生命，是社會的潛力或後備軍，是社會的一個大資產。在現存社會秩序中，無論在物質及精神方面，他們大都沒有既得的利益(Vested interest)的依戀，不苟安於現狀，亟思有所改進，發展偉大的抱負，實現高尙的理想。在靜態的社會中，老成持重之輩爲了維持現狀和傳統，往往固步自封，忽視甚至壓制青年。動態的社會往往能提拔這些潛在資源的青年，讓他們推動社會進化，向前邁進。但要使青年有所貢獻於社會，必須按照社會的需要和目標，除應用教育的社會技術外，最緊要的是替他們安排一個最適宜的社會環境，使他們正常地發展個性，培養人格，從事種種社會功能的活動。可惜的是青年組織和運動往往被少數人所壟斷，青年與老年在社會上的分量又各不相同；如德國意大利蘇聯的青年組織及運動是獨裁者的工具，是爲國家而存在，甚至富於黷武的氣氛；英國既沒有自動組織青年的經驗，其老成持重的國民性又抹殺了青年的活力，著者久居英倫觀察的結果，認爲英國人厭惡高尙的原則和抽象的思想理論，缺乏遠大的理想，一切依照常規慣例，社會穩定而無變革維新的氣象，其原因雖多，而最重要的是青年在社會生活中沒有相當的地位；美國青年的聲望遠在老年之上，社會對青年的愛護無微不至；中國的情形正與美國相反。以上所論雖是著者對英國人而發，却可做我們的借鏡。中國青年對社會的意義和貢獻是什麼？中國青年的問題何在？我們需要什麼樣的青年政策？這些是應當重新檢討的。像中美二國，一重視老年一重視青年的極端風氣，似乎應有合理近情的折衷。青年應以老年爲楷模之處固多，而老年可向青年學習之處亦復不少，歧視的心理是應該掃除的。

關於教育問題，著者說許多人把教育看做是生活上自給自足的一個部門，學校與社會成爲兩個背道而馳的範疇，殊不知教育是一個完整的概念，社會便是一個教育代理人，學校的目的不僅在傳授現成的知識，而在使我們有效地學習生活，家庭與學校，父母與教師，要打成一片，互相配合，以形成青年的品格。希特勒的心理策略是不把個人看做「人」(Person)而把他們當做社團的成員。所謂完整的教育有二方面：一是教育的活動要與其他種種社會制度的活動整合起來，二是教育要顧全整個的人格。教育雖是影響人類行爲的許多社會作用之一，但也須達成社會的目的。從這一方面說，社會學實可以幫助教師打破教育部門化與純學者化的概念，而使教育適應社會的需要並使他成爲人類行爲在社會學方面的完備的研究。簡言之，社會學可助長教育使他更近人情與更社會化。從社會學的觀點看民主化及自由化的教育，他的功能不是在抽象中去鑄人，而是存在於社會中並爲了社會。教育的單位不是個人而是團體，其目標不能脫離時代情境和社會秩序。一切典章規範的本身不是目的而是個人與團體間互相調適的表示，教育實是影響人類行爲的一種社會技術及社會控制的手段，教育而不能發揮社會控制的效用，便是一種失敗。由上所述，可見著者認爲教育爲了培養人格同時也要爲社會，實是持平的見解。人格與社會是孿生的，二者有血統的因緣，是骨肉的聯繫。教育若單是爲了社會，將置個人於何地？教育若只是爲了培養人格而與社會無與，則個人在隔離與眞空的境界，人格根本無由培養，而「獨善其身」與「爲己」的結果，勢必與社會隔閡起來以至發生利害的衝突。

著者對於上述現代病象的診斷、估價問題、青年及教育問題的分析，可說是全書的精彩。這四種問題的討論實可歸結爲一個大問題，那便是著者的民主的計劃社會的思想。著者在本書以及其他著作中，對於問題的分析往往把握整個的社會情境，並且是從根本上着眼去攻擊問題的核心，特別是他從社會學及心理學的觀點，以精密的思考和透視的目光來討論現代社會的問題，是值得我們注意的。

散文

菜市

李瑛

暑假，在家裏住得够了，時常挾了書到一座教堂附設的圖書館去，家的後面是一溜菜市，為了走近路，便時常穿過這條湫隘的市街。

街道完全是高低不平的石板，兩邊的鋪口有時為了方便隨手潑出來的髒水，便會存在凹下的石路上，幾天不乾，於是常常有鑽行在菜市底下或魚肉搽板下的生滿癩癬的野狗，時常為小伙計抽冷子的一踢，便拖着噭噭的嗥叫，夾着那條脫了毛的尾巴，踉蹌的逃出。這時那幾隻瘦瘠的小爪子偶爾踢在那些石路的汚髒的積水上時，便濺出無數的泥點，隨着，腥臭的氣息充滿了全街，而這條狗便會被沿路的每一家伙計敲打過去，拖着尖銳的嗥叫，直到拐彎。

這條小小的巷子既名為菜市，當然蝟集在這裏的攤販，鋪口，大都是專賣雜貨，蔬菜的買賣了，街不到二十丈遠，但是一家一家却擠得很密，每天一到四五點鐘，天還沒亮的時候，小伙計們就要爬起來，摘下條條的門板打掃鋪口了，他們照例的先不洗臉，便把那些摘下的木板架成一級台階式的菜床子，上面放了筐籮和木盆，等待着鄉下的菜販子來送菜，此刻老掌櫃還沒有醒來，幾家鋪子的小伙計使用低低的聲音打打駡駡的取笑，喧騰起一陣追逐或一陣走調的小曲，接着人漸漸多起來，街路就喧嚷起來了，打秤的聲音，唱數的聲音，以及吱啞吱啞的送菜木車的尖叫，一個清冷的早晨就這樣轉入了繁囂。

說起菜市這條街，本來並不是十分窄狹的，只是在白天各家的門口一搭起菜床子，簡直就有點不好走動了，再加上從各地奔來賣早貨的小挑子，也把自己的一份貨物擠在菜床子中間，這樣一來就更顯得湫隘，那一列低矮的房簷，傾斜的欠伸出去，為了遮蔽陽光和雨水，他們每一家幾乎都預備了葦蓆或補綴的布篷，支撐在各家的門前，因為街道的窄狹，便彼此參差的連接起來而造成一個悶熱的黑巷子，白天見不到很多的陽光，有時午間當你從這裏經過，那起早的小伙計，有的正俯在高大的櫃檯上用手支着雙頰朦然小睡，有的却已爬上了那沾滿了蒼蠅糞的為發黃的報紙裱糊的吊沐，橫仰着睡得正酣，當太陽從隙縫處斜斜的投射下來又照在石路上的時候，那積水簡直都蓋了一層黃綠的氣泡，黏皺皺的像一片泔水，同時飛在這上面的蠢笨的綠頭蒼蠅，成羣的嗡嗡的飛着成一片遲緩的聲響，假若是雨天，牠們或者還比較少些，但只是這時雨水從布篷子的一角或葦簾子的斜坡滴流而下，那低於石路的鋪子的窪地，却又該有泥水流灌進室了，是的，這裏就是這樣汚髒又這樣霉爛，同時，賣報的孩子挾了幾份本市出版的洒汚的小報，追逐着來買菜的看上去比較文雅的人士，他把一張揑得字跡模糊了的潮濕的報紙，用力的塞進你的菜籃子，或是伸在你的手掌之中，纏人脚步，並且口裏呼叫着一個含糊的新聞的標題，他的買賣幾乎含有大部乞救的神情，使你不得不留下一份，但是，糟糕！此時若被另一個賣報的孩子從遠處瞥見，他便會瘋狂似的跑來，搖蕩在你的身前，他的仰望着的兩隻黑亮的眼睛向你注視，哀憐的呀唔不清，也爭搶的要再賣你一份。

時間是八點鐘，那邊炸油條的豆漿館子就滿是出出入入的人了，他們幾乎比菜鋪的伙計起得還早，他們匆忙的引起火來，那烟，那辛辣的濕木柴的氣息，浮游在每家的屋檐之下，久久不散，炸油條的手藝人，用兩隻汚亮的手掌揉搓着油條的面塊，熟練的放進滾沸的油鍋，吱吱的變黃而焦熱，一縷油膩的熱氣的青烟迴遊在鍋面上，迴遊在一個嘈雜的破曉，館子裏面，打燒餅的老人，用一付長長的鐵箸，翻挾着火旁烘烤的燒餅，不時用一根面錘拚命的敲着麻板，那單調的又強烈的聲音，告知顧客們又一批燒餅的出版。

此時，兩邊的菜鋪，也正是一天最忙的時候，新從菜園挑來的豐綠的青菜，光亮的紅蘿蔔，圓漲漲的紫茄子，長得幾乎爆裂的老窩瓜和那些剛剛張開小嘴的豆瓣，連同一些筐簍同擺在菜床上緊緊的相互的擠壓着，此時，彷彿仍新鮮得可以聽見它們吸水的聲音，那繽紛的斑爛的顏色，看上去菜攤子眞像一張燦爛的畫板，忙着的小伙計們一面用一隻手舉着長嘴的大噴壺，嘩嘩的往青菜上澆洒之外，又用另一隻手的三個指頭熟練的剝着那青菜的黃梢，或是摘下一棵大葱的乾葉，這時那偎倚在街角酣睡的癩狗，早已醒來，正擠在你的脚下，等候那裏有扔出的一塊骨頭或是半個魚尾，兩片菜幫，可是一場戰爭來了，那提了一隻鐵筒或是一只口袋的窮苦的孩子們，每天早晨也是必須趕到這裏的好客人，他們也是要來照顧那些扔下的菜尖和葱葉以及那些爛了的瓜皮，蘿蔔的鬚根，當然，馬上，一場叫駡或是一陣追打是少不得了。

這些孩子們，不知道他們是從甚麼地方趕來的，不知道他們是不是有家或者親人，我清清楚楚的記得在兩個月之前還沒有看見他們，也許他們是戰區逃來的難民，也許是大工廠倒閉後的那些打雜的童工，我想不出，時常當我挾了書經過那些高掛着新鮮的肥肉的肉店、油膩膩的長板或在那漆黑得發光的肉案子旁邊時，我時常看見他們呆呆的站在那裏，把眼睛固定在香噴噴的醬肉上，並不乞討，有時經過那烟氣油膩薰人的豆漿鋪子的門臉，我也會發見他們安靜的站在一羣食客的旁邊，用自己髒汚得磨光的小指甲剔撥着牙齒，他們的兩顆無神的眼睛，隨着你的食物遲緩的轉動，我想他們一定是很久很久的不曾喫過一頓飽餐了，加雜在他們的中間，我還時常發現一個滿臉生了可怕的惡瘡而且跛脚的女人，她時常蹲倚在一家賣雞鴨和魚蟹的店房的前面，那店房的掌櫃，彷彿對她格外可憐，容許她在他的房店門邊休息，打盹，或是攔住行人要求金錢，偶然我也看過她拿了一兩片乾癟的鹹魚，或是一把細碎的蝦皮，來佐着她乞討來的碎塊的窩頭下嚥，那肥胖的掌櫃，出來進去的照顧着自己的攤子，一羣咯咯的叫着的雞鴨，同被裝進一隻竹簍的網籃，還有一些被褪了毛的小雛們，吊着牠們長亮的白脖子，高掛在魚攤的上面。而倚在這家鋪口的這個尷尬的女人是圍了一件不成樣子的破布，她背上用布條縛住一個赤裸的嬰孩，她時常蹀躞的跟隨着我，向我伸出皮包骨頭的瘦稜稜的手指，嗚嗚咽咽的傾訴他可哀的境遇，乞求錢幣，她那背誦得成套的乞辭，每一次都向我重複一過，我給她錢的時候也多。

當然這些人，他們是要提防着那巷口值崗的警察的，有時不留神，他會突然的呈現在他們的身前，那戴了白色套袖的手臂中的木棍，對準了他們的脊背和下腰，驟然下落，會使他們在驚慌裏奔逃四散。

然而，有時也許遇見一個比較和善的老警察，他會悄悄的走到他們的旁邊，手落下去却是打在一隻貪婪的野狗的頭上，同時嘴裏蹦出了一兩句含糊的聲音，不過這時，那些正在無休無止的索討的乞丐也會在一付寒傖的表情裏，竄遠幾步。

一天，彷彿有九點鐘，太陽高高的照着這整個落沒的小都市，幾具沙啞的無線電，從幾間鋪口的低矮的門窗中參差的吐送出來，有意無意的招致着路人，那時，當我正要照例的穿行過這條巷子的時候，裏面傳出了警察的木棒與孩子們哭叫的聲音，同時在街口，我看見那個時常追逐我乞討的婦人，正垂了頭坐在一根鐵筋的洋灰電桿下面，她的蒼白的臉被他下垂的頭髮遮蔽着，在她的前面橫倒着一個中年的男子，裹着一條零亂的棉絮，那污髒的蓬亂的長髮，彷彿已經有好久不曾刷梳過一次，它們揉捲得埋住了耳朵的大半，下巴上又栽着一把幾乎萎斷的乾枯的鬍鬚，這就更使他那蒼白的臉龐，越發顯得瘦小起來了，他的肩膀斜露着一些襤褸的布片，從棉絮的撕裂處，可以看見那鬆懈的胸脯、鬆癱的肌肉，從那發青的皮膚上，清晰的隆出條條的肋骨，他的微弱的悸動的心臟，幾乎是延持了他最後的活力了，從腿底下破布片的一角裏，斜伸出的兩隻乾裂了皮膚的脚掌，段段的骨節，彷彿可以清楚的數出，堅硬的脚跟，却和一塊褐色的石頭沒有兩樣，我想他也許就是她的丈夫，他們是一個不幸的破碎的家庭了，於是我漸漸的向這邊移動，把脚步放得很輕，漸漸的我聽到從他的微闔的嘴裏，有一個斷續的細弱的聲音送出來。

「警……察……不要打……那些……可憐的……孩……子們，他們太……太苦了……他們……還年輕呵！」

莫明其妙的，我忽然有個奇怪的想頭，我感覺我好像曾經見過他，甚致那熟悉的音腔更加深了我的堅信，不過在甚麼時候和甚麼地方却說不上來了，太陽斜潑了他的全身，他的姿勢，彷彿世上所有人的苦痛都聚在他自己的身上一樣，於是我走近來，我仔細的察看他的面容，他的微閉的眼皮，稍稍塌陷的鼻子和那張脫了兩只門牙的缺齒……現在我能確定了，我看見過他，而且似乎也曾交談過，那語調是如此可親又如此沉重，我用力的搜尋那零亂的記憶，我的目光固是在他的削瘦的容顏上，幾次，我要伸出手去招呼那蹲坐在他的旁邊的那個滿臉生了惡瘡時常退逐着我的那個女人，我想要她抬起頭來，問一問他的名字，但又怕引起她的煩燥，彈起她悲哀的心鍵，喚回她眼前這一片可怕的苦景，這時忽然她背後縛着的孩子，乾啞的哭嗥起來，她不耐煩的用手拍打着，我站了一會，便走開了。

我想着，我把右手插在我的垂下的頭髮當中，向前移動，菜市裏仍然是喧囂的聲音覆沒了那些被警察木棒追趕的弱小的孩子們的哭叫。

當我經過一條由礦坑展出的細窄的鐵軌的時候，這邊正有一列小火車，載滿了幾節鐵車的煤塊向這邊駛來，我把菜市的情景放下，我看見在我的眼前又有一羣孩子們正在火車的開行裏，驚恐的爬上爬下偷掇着煤塊，於是一個影乎升高了，我陡然記憶起來，那個垂死在菜市街口的呼叫着的男人，五年前正是這個礦廠的司機的，他也開着同這個一樣的載滿了煤炭的鐵車，從礦坑到儲煤廠去，那時我還在中學裏讀書，在去學校的格上，有時他的小車恰巧停下來，我便和他攀談礦井的事情，不止一次。就在五年前一個冬天的破曉，一件不幸的事情發生了，他開行的這一列鐵車，在剛從礦坑出廠不遠的地方，就把一個攀車偷煤的孩子從車皮外面滑落下來，輾在鐵車的輪子底下了，那時我正在去學校的路上，記得當時，天陰得沉沉的似將落雪，我穿了一件厚甸甸的大棉袍子，圍了一條藍色的圍巾，守着那可憐的小屍身，在軌道凍結的石子的枕木旁邊站立許久，待到學校時已延誤了晨操。

那時，當他看見了停車的信號時，便從漆黑的小車頭的鐵門中鑽跳下來，車停了，他緊握着自己的兩隻爲煤烟塗黑的手掌，飛跑到這個孩子的身旁來，眼睛紅紅的，他哭了，突然，他把他頭上的一頂輭帽摘下來撕扯着，在地上，他蹲下去用他那兩隻麻木的手掌搖幌着這個可憐的孩子，血，紅紅的流進石塊的隙縫都凍結了，「孩子！」他叫喊着，「我們都太窮苦！」他嗚嗚的哭起來了，三分鐘以後，發瘋的他突然扯開了自己的上衣，一手便把這個支解的孩子摟在自己的懷中，血染紅了他油污的工服，「孩子！」他繼續叫喊着：「可憐你，太苦了，我，我……」，他漸漸不能支持他的身體的重量，他昏迷過去，便抱着那模糊的弱小的肢體一齊倒下去了，直倚在煤車的冰冷的鐵輪上。

直到今天，我回想起來，這是一個可怕的回憶，五年，想像中這五年，他一定在心上打了一個不可環解的難過的結，直到今天將死，他仍念念不忘於自己曾經終止了一個孩子的生命，一個活潑的靈魂，他痛苦，沉重，精神感到不可救援的顫慄和迫壓，也許他曾經得到一些懲罰了，起碼，我想，他自己良心的譴責和心靈的負擔，已經可怕得使他喘不過氣來，是的，他們都是一樣的貧苦，有一樣可愛的善良的人性，使我想起了「罪與罰」裏的那個殺人的大學生和同一作者的「一個誠實的賊」的臨死的言語，使我想起了「復活」裏的南柯留道夫和「上帝的公正」裏的馬可樂，一個崇高的靈魂，使我感動；然而今天，他正臥在菜市的巷口，等待着饑餓噬空了他的身體和血液，而且他呼叫着一個清晰的聲音，警察正高擧了一棍木棒拼命的向孩子們抽打下去………

鄉村菜園子送菜來的小木車，開始推回家去，一輛輛走過我的身邊，我發覺我拖着我的兩腿，步子走得又小又慢。

前面是圖書館了，我的約好的朋友已經站在石塔上招呼着我的名字，好久好久，我都沒有聽見。

四八，九月於北大

新路周刊

發行者：中國社會經濟研究會

編輯部：電話四局〇八五九號

電報掛號：三九六〇

經理部：電話四局〇六九三號

北平東直門大街九十八號

上海通訊處：

電話四二二五五－五一號

上海黃浦路十七號五一室

代售處：全國各大書局

訂銷辦法：

一、本刊歡迎直接定閱八折優待在定閱期間不受中途刊費加價之影響郵資漲價酌扣書刊期滿前另函通知

二、本刊零售暫定每冊金券一角五分預定三個月照價八折加郵費如下表：

	(三個月)
平寄	金券一元五角
掛號	金券一元七角
航平	金券二元二角
航掛	金券二元四角
國外	半年美金四元

三、外埠批銷每期至少在十份以上照價七折郵包費外加一律存款發貨特約總經售辦法另議

四、學生集體訂閱特定優待辦法預定三個月每期在十份以上者七五折二十份以上者七折

五、寄遞方法請來函說明舊戶續定或有查詢事項務請註明戶號

六、本刊每逢星期六在北平出版凡華北區定戶請向北平本刊經理部洽定其他各區請向本刊上海通訊處洽定

新路

周刊

第一卷 第廿三期

短評

(一)柏林問題被拖入聯合國
(二)限價與物價
(三)必須先坦白承認事實才能力謀改善

論壇

新幣制的善後 — 蔣碩傑

討論

(一)物資與幣制善後 — 徐毓枬
(二)善後辦法的程序和嚴弛 — 劉大中
(三)最後的關鍵在乎政府之覺悟與誠意 — 趙守愚

總答復 — 蔣碩傑

專論

從國際局面看人口問題 — 何國樑
安全理事會中大國的否決權 — 李浩培

通訊

濟南失守以後（南京通訊） — 本刊特約記者
蔣總統到了北方（天津通訊） — 本刊特約記者
蔣總統北巡側記（北平通訊） — 本刊特約記者
河西農村的崩潰（蘭州通訊） — 本刊讀者投寄

文藝：一篇詩的毀棄 — 畢基初

中國社會經濟研究會發行

民國三十七年十月十六日出版

短評

柏林問題被拖入聯合國

聯合國安全理事會於本月五日以九票對二票的多數通過將柏林問題列入安理會討論的議程中，三個多月來使西方國家對蘇聯的關係忽緊忽緩而使全世界人士均感困惑的柏林問題畢竟最後還是被拖到聯合國來。在柏林問題上鬥法的兩方到底是孰是孰非本來不易判斷，把性質複雜之外又帶有濃厚火藥氣味的問題搬到安理會的會議桌上，使維護聯合國者揑一把冷汗，安理會如果被鬧翻，整個聯合國就要立刻崩潰。但是，就在此時，維護聯合國者以及愛好和平者需要冷靜一下，觀察局勢，不爲宣傳攻勢所迷惑。局勢如何演變固難推測，然而謂柏林問題被拖到聯合國，西方國家與蘇聯之間的冷戰已經到了最後的階段，不久必定繼以熱戰，那是言之過早，無非是期待第三次世界大戰早日來臨者的幻想。

柏林問題之被拖到聯合國是西方國家於莫斯科交涉遭遇困難的時候所決定的策略，克里姆林宮第十一次會談證明交涉破裂之後，英美法三國於上月二十九日照會聯合國祕書長正式提出控訴。交涉之困難何在以及破裂之責任誰負姑置不論，直接交涉破裂之後，提出聯合國確爲西方國家處理柏林問題惟一的途徑。不藉聯合國留一轉圜的餘地，則只有一戰，但是，貝文說過，他並不想作戰，他認爲還沒有到那個階段。在西方國家看來，聯合國的妙用在於造成所謂世界輿論，僥倖的一件事是聯合國的機構都是西方國家所能控制得住的，安理會所表達的世界輿論很可以對於對方加以譴責，或者在輿論不利的情形之下對方會改變行動。也許在西方國家之中，有的國家像美國，態度十分激昂，希望在譴責之後繼以制裁的決定，制裁決定之後繼以行動，至少以此爲恫嚇，使對方有所戒懼。但是，西方國家的態度必須一致。他們之中恐怕也有反對爲之過甚者；制裁等於戰爭，恫嚇也是極危險的舉動，國土剛被蹂躪國力尚未恢復的法國沒有理由一味聽人驅使而自取滅亡。依法國的立場，安理會儘可辯論，甚至譴責，然而應適可而止，讓聯合國把柏林問題接過來，仍然還可以把牠再交還有關國家自己去和平交涉。此所以商議之初，美法之間原有歧見，經過商議，尤其是經過英國的折衝，三國對於提交安理會才有一致的決定。這裏也可以看出，把柏林問題拖到聯合國，西方國家與蘇聯之間的冷戰尚未演變到最後的階段。

在策略上，西方國家向安理會提出控訴，除了輿論的譴責以及可能的制裁的決定之外，還有另一種妙用，即給予蘇聯以外交上的難題。蘇聯或者繼續逗留在安理會之中，既須遭受所謂輿論的譴責，又須於大家厭惡否決權的情形之下再度運用其否決權，或者退出於安理會之外，則既須擔負柏林問題交涉破裂的責任，又須蒙受破壞聯合國組織的罪名，使西方國家更振振有辭。並且，如果蘇聯眞的退出，則聯合國變爲西方聯盟，變爲反蘇的大集團，將更容易運用。但是，截至現在爲止，蘇聯毫無退出的意向，反之，堅決表示要留在聯合國之中，不過拒絕參加安理會對於柏林問題的討論而已。在另一方面，蘇聯在安理會決定將柏林問題列入議題之前向西方國家提出照會，要求召開四外長會議，顯然是外交上的反攻。雖然西方國家已不能變更其原來的決定，縱使安理會也不會採取這樣的建議，至少蘇聯仍願重開交涉之門，已無破壞和平責任之可言。

巴黎傳來消息，聯合國人員有意出面調停兩方的爭端，同時，英國方面表示，由其他方面調停自比直接談判有效。照理說，安理會很可以在一般辯論之後，以正式或非正式調停的方法解決柏林問題之一部，然後再把整個問題交還有關國家去直接交涉。把柏林問題拖到聯合國並不見得西方國家與蘇聯的關係已到了最惡劣的程度，除非期待第三次世界戰爭的戰爭販子在作祟，存意使人類走上毀滅之路。（明）

限價與物資

幣制改革以後的物價凍結政策，已經又實行了一個多月。成績如何，有目共覩。我們可以說，自從有史以來，單純的限價從來沒有成功過。政府自己在戰時重慶的經驗，也沒有良好成績可以自誇，而在這次幣制改革之時，居然再來一次，可謂其勇可嘉！

限價的成績，固然各地略有出入，但大體而論，各地都到了有錢買不到貨的程度。而各貨之中，尤以糧食缺乏情形最爲嚴重。以平津兩地情形來說，如果我們眞正守法，不去打聽黑市價格，我們已經無從從報紙報導中，得知糧價實況，一切價格都是〇元〇角〇分。報紙有的祇有側面消息，某時某地某人因擠購糧食而受傷，甚至擠死。在亂世中爲求苟延殘喘而死，還有比此更慘的事嗎？

到現在爲止，政府經濟督導之中心工作，似乎還停留在突擊檢查，出動數千人，浩浩蕩蕩，聲勢則雄矣，實效如何？有些（據說）是查到以後而莫可奈何的，查到而又可以處置的，數目就不太多。卽使是凡是查到以後的存貨，都可由政府處置，情形也不能樂觀。數目聽着很大，放在大都市裏平均一分，每人能得幾何？還有，存貨是總要用完的，你把這些存貨用完以後，你又怎麼辦？我們不是說突擊檢查不應當辦，而是說，我們不能寄與它多少期望。

對於經濟督導大員之處境，我們由衷覺得非常同情。一定是經濟機構出了毛病纔需要督導，而對此病源，督導大員却不能置一詞。病源是什麼，大家都很明白，可是我們不憚重複，說之再說，目的在希望政府也從常識觀點看問題，不要專在官樣文章上下工夫。常識告訴我們，戰爭是人力物力之消耗——大量的消耗，而在八年抗戰以後，民窮財盡的今日，我們已經負擔不起這種大量的物資消耗。卽使神蹟出現，短期內財政收支竟告平衡，民生問題還是絕對嚴重。改革幣制不能解決物資問題，故在改革後第一個星期內，由於心理因素，物價暫告穩定，但是心理因素以及政治壓力都掩飾不了基本的物資缺乏。

擺在眼前的局勢很明顯，要末停戰，要末解決物資問題。先要有充裕物資，一方面可供戰事揮霍，他方面還可維持人民最低限度的生活，讓老百姓還活得下去，纔有資格談技術問題：例如平衡預算，管制物價等等。物資方面毫無把握，侈談物價管制，眞是最大的捨本逐末。（梅）

必須先坦白承認事實 然後才能力謀改善

在過去這一個半月中，改革幣制方案已經充分的受到了考驗。重要的事實如下：

（一）在改幣的前夕，法幣流通的數目，不過合金圓券兩億左右。到九月底，金圓券的發行額已激增到九億六千萬元（尚未兌換的法幣，還沒有包括在內）。在短短的四十天中，通貨總數增加了約五倍。

（二）在這九億六千萬中，有二億二千萬元是爲應付改幣後國庫及其他業務支出而發行的，可見政府收支情況在過去這一個半月中並未能有改善。

（三）由票據交換和其他報導中，我們可以看出銀行錢莊，仍然照舊活動。許多商人仍在利用銀行錢莊的低利貸款，來作囤積和惜售的資本。

（四）政府並無有效方法使大量的鈔票回籠，出售國營企業股票和銷行公債的企圖毫無成效可言；同時對於銀行信用款項的流動，也無有效統制的辦法。

（五）在整個經濟改革方案中，並沒有一條有效輔助生產的辦法。

（六）在通貨激增和銀錢業信用款項的壓迫下，物價自然要漲。政府只一味的執行盲目限價政策。結果是：物資搶購一空，貨品不肯進城，黑市隨處都是，正當廠商遭受空前的困難。

除去對於上述第一項坦白承認外，政府對於其他各項仍在裝聾作啞，同時繼續執行不合經濟原理的限價政策。最可笑的是，黑市價格至今不准報紙登載，緊掩雙耳，暫免一時頭痛。只怕頭痛越來越緊，雷聲越來越大，卽或掩得住，終難不聽見。

其實，補救的辦法也還並不是沒有。許多學者都曾主張發行物價指數公債，封凍行莊存款，除訂貨貸款外，停止一切銀行放款，用以吸收遊資，收縮信用，直接促進生產。還有更澈底的一次財產稅。但是，發行物價指數公債要有誠實承認物價上漲的膽量，「停放封存」和征收財產稅要有損害既得利益集團的決心，執行訂貨貸款，要有公平廉潔的執行機構。政府能否辦得到，自有事實證明。（琴）

論壇

新幣制的善後

蔣碩傑

正文（一）新幣制的失敗

新幣制頒行了已經一個半月。在這期間，其成效已逐漸呈顯在我們眼前。雖然政府以只准成功不許失敗的決心來平抑物價，但是各地物價無不在暗中波動。許多商品都從公開市場隱匿不見而鑽入黑市。北平的老實市民都有多日不知肉味的經驗。最近甚至連米麵雜糧的購買都發生了困難，其他商店不是縮短營業時間即乾脆回絕沒有貨。據說別的都市的情形亦復類似。這樣下去，勢必使奉公守法的人民簡直無法生活。

更嚴重的是，政府控制物價的威力，往往只限於都市而不及于鄉間。而且離城市不遠的鄉間，每每即是與政府方面爭奪物資的「共區」。城內的物價因限價而不得變動，可是鄉間的物價却隨着通貨流通額的增加而自然的上漲。於是鄉間的生產可能有不入城市造成城市內的糧食及原料恐慌的危險。還有政府的限價往往是武斷的、支離的。有時工業成品的價格（因爲工廠位置多在政府威力所能達到的都市中）被控制住了，而原料的價格（因爲原料的產地多在鄉間）却無法控制。同時政府在改幣以後雖然宣稱凍結工資，但是在目前這種政治軍事全面鬥爭的局面下，有組織的工人團體不是可以輕易惹得的。何況在這種日用品黑市價格早已上漲四倍至十倍的情形下，要想堅決的凍結工資是既不公平而又事實上做不到的事。因此生產事業都將要逐漸感到出入不能相抵無法維持。長此下去生產的萎縮與停頓是不可避免的。

這是明眼人所共見的危機，但是也是我們意料之中的事。因爲這次幣制改革辦法根本出發在一個不可能的假定上。這個假定，從金圓券發行辦法中規定的金圓券發行總額上，即可以窺測的出來。在八月初，法幣的發行總額不過六百萬億，僅當金圓券兩億。但是金圓發行辦法，却將發行總額按戰前法幣流通總額的實值推算，定爲二十億金圓，即八月初法幣流通總額的十倍。這裏面隱含着的假定，就是改革幣制以後，人民對金圓必有堅定之信心，故金圓之流通速率亦可恢復至戰前法幣之流通速率。因此政府在用兩億金圓收回所有法幣以後，還可以增發十八億的金圓券而不至使物價重起躍動。在這個如意算盤之下，政府儘可以用金圓的發行來彌補赤字，並且還可以大批的發行金圓券來搜集民間儲藏的金銀及外國幣券等。殊不知這種假定完全是一種表示政府內心中的希望的幻想 Wishful thinking 而已。我們絕沒有理由能希望金圓券的流通速率，能在短期內恢復到戰前法幣的流通速率。戰前的物價曾有過長期的穩定的歷史，人民根本沒有逃避通貨的心理。那時的法幣雖已不能兌現，但是仍可按固定匯率無限制的購買外匯。可是金圓券呢？雖然號稱有十足的準備，但是不能兌現的。對美金的匯率雖然規定爲四比一，但是美匯及美鈔只能賣給政府而不能無限制的購買的。這情形和改幣以前的法幣完全相同。雖然在改幣後最初的一週內，「金圓」的名稱及每金圓的含金量的規定等等，確實對老百姓有一些催眠的作用，但是對於已經有十年的沉痛經驗的老百姓，這種催眠作用是決不能持久的。政府在當初假使知道利用這最初的短暫的心理作用，極力謹愼發行，並採取有效的控制「有效需要」的方法（如「新路」第十九期中劉大中等所推薦的辦法），使物價確能穩定二三個月，以物價穩定的事實（並非限價而買不着東西之謂），來增强人民對金圓的信心，那麼金圓的流通速率也許可以逐漸降低，以後市面上也許可以容納更多的金圓流通額。但是政府並未這樣做。政府仗着金圓券發行限額之大，竟以空前未有之速率膨脹通貨之發行。據發行監理委員會之公佈。至九月底金圓發行額已達九億五千六百餘萬。外加尚未收回的法幣，我們可以說在區區一個月零十天之內，通貨發行額竟增加了五倍！市面上籌碼怎樣能够不泛濫？一般人民懲於以往的痛苦經驗，拿到金圓，總覺得放在身邊有些不妥，要存在銀行裏，又恐怕政府新近抑低的存款利率不足以補償幣值貶落的損失，自然仍舊急急想變換成爲實物以保全資產的實值。因此市上對貨物的「有效需求」自然隨着發行的增漲而猛漲。在八月十九日的限價之下，各種商品必然會供不應求。在這種情形之下，政府假使用强力抑制物價不使隨供求之關係而調整，商人一定會將商品隱匿而暗中售予亟欲購買而願出高價的主顧。這是不顧需求之膨漲而欲以政治力量限制物價的必然結果，決不是由于中國人民特別缺乏法治精神而發生的弊端。政府在戰時也曾做過幾次限價的嘗試，但是沒有一次不失敗的。可是政府好像永遠不會從失敗中學得教訓，這次居然又將舊調拿來重彈了。目前的困難情形完全是意料得到的結果。

這種政策假使再繼續下去，必將使守法的人民買不到日用品，守法的工業家無法繼續生產，守法的商人無法採購運銷。其紊亂經濟民生之惡果，將更甚于物價之上漲。政府此時萬不可再採取掩耳盜鈴的態度，硬着頭皮否認限價政策的失敗，而一味固執下去。政府此時應根本改變其對物價問題的看法，坦白承認目前的一面膨脹通貨一面硬性的限制物價的錯誤。須知物價騰漲是物資供求失調的徵象，猶如發燒是病菌在人體作祟的結果一樣。只知限價而不知收縮有效需要，如同對發高熱的病人只知施用冰枕來退燒而不知清除病原菌一樣的荒謬和危險。無論是醫治個人的疾病或財政經濟的病態，不明病理的庸醫都是一般的可以僨事誤人的。

（二）善後的辦法

今後的金融政策，應將重心由治標的限價移往治本的「有效需求」的節制，是無容置疑的。至於全國的「有效需求」亦卽全國之國民貨幣所得如何可使其停止膨漲，那就需要政府對全國的國民所得的運用有一全盤的打算。全國所得總額可以分爲下列四種構成份子：㈠政府之支出，㈡私人投資（包括囤積），㈢私人消費，㈣出超（如輸入超過輸出，則入超應經前面三項之和中減去）。如果要使「有效需求」不增加，我們必需使此四項之總和不增加。故倘政府支出有不可避免之增加時，政府必須使其他三項同量的減少，否則「有效需求」必將膨脹，如果此時國內已無失業之生產因素可用以增加生產，則物價必將作比例的上漲。根據這個基本原理，我們認爲政府今後的善後政策必需採取下列的步驟。

（一）即刻停止以發行金券收兌民間金銀外幣的自殺政策。金銀外幣在老百姓手中（尤其是在畏法而肯將金鈔獻出的老百姓手中）是凍結了的儲蓄。現在政府强迫他們兌換成爲他們不能十分信用的金圓券，自然他們要擁到市場上求搶購物資了。截至目前，政府因收兌金鈔而發出的金圓券當已不下六七億，卽改幣前通貨總額之三倍餘。政府一面盼望新幣制的成功，一面竟實行這樣大規模的通貨膨脹，簡直令人莫名其妙。假使政府必需靠搜括民間的金鈔以充實外匯準備的話，也應該令人將金鈔存入中央銀行作爲外滙存款，比照國外外匯資產之移存辦法同樣處置。但存戶欲在國內支用金圓時，每月應加限制。

（二）行莊之增資應迅速辦理。行莊之增資之現款部分，照現在的辦法，需存入中央銀行，三個月不得動用。故此辦法當可收回並可暫時封凍一大筆購買力。在現在市面上通貨泛濫的時候，政府正可以藉此收回一批過剩的通貨，故務必如期執行。但是此種辦法只能產生一次的通貨收縮，對于以後的繼續不斷的通貨膨脹勢力就不能發生持續的抵消作用。所以政府對以後財政赤字的膨脹作用必需另求抵消之對策。

（三）奬勵節約，並供給人民一種能保全儲蓄實值的工具。目前搶購物資的現象，主要的是因爲金圓券的持有人恐怕受幣值貶落的損失，要想迅速變換實物以保全其儲蓄之實值而起的。要阻止這種風氣，政府及國家銀行必需供給人民一種貨物以外的儲蓄工具，其價值除隨一般物價增漲外，還能產生一些利息。有了這種儲蓄工具，纔能使一般人民放棄囤貨的打算，而將身邊的餘資儲存起來。如此則市面上對物資之需求卽可大減，甚至可引起一批被囤積的物資的拋出。以後人民經常的新儲蓄亦可源源回流而不至悉數投資於囤積物資之上。此即筆者及李崇淮吳大業劉大中胡寄窗諸先生所主張發行物價指數儲蓄證券之理由。不過在目前限價政策之下，政府一味否認黑市的存在，而在限價之下又買不着東西。物價指數之編算毫無意義。以限價爲計算標準之指數儲蓄券必無人願購。所以物價指數儲蓄辦法猶待限價取消問題之解決。在物價指數未能按自由市場價格編算以前，政府至少應將存款利息提高。假使政府自以爲限價以後物價已經平穩，一切存放款利息都需壓低至戰前水準，那簡直是自欺欺人，同時驅國人之儲蓄及游資使盡奔向搶購物資之一途了。

（四）由硬性之限價到日用品之全面配給。硬性的限價政策的弊害早已畢露，這種政策是不可勉强維持下去的了。但是明知其不可維持，可是如何取消還需要研究。因爲假使限價一旦完全取消，物價很可能像脫韁之馬，猛烈上升。這種陡然的躍動會產生很大的心理的衝擊，更釀成搶購物資逃避通貨的恐慌局面，而使物價益發不可收拾。所以政府現在勢同騎虎，限價政策一時是不能完全放棄的。但是以各地八月十九日的物價爲標準的限價不可不加以修正。政府應按照生產成本隨時調整限價即採取議價制度，不使生產事業虧本，但同時並應制止廠家及商人利用市上購買力堅强的時機過分提高價格以獲暴利。至於生活必需品尤其是糧食則應繼續限價並且應輔之以統購統售及全面配給（即限制私人購買），使限價成爲事實。因爲生活必需品的價格與工資有密切的關係，生活必需品漲價，則工人必要增加工資。工資上漲則一切生產成分無不上漲，因之物價亦將隨之上漲。而一般物價上漲後工人又不免再要求工資之調整，因此造成一種惡性循環。所以政府寧可用補貼方式維持穩定之糧食配售價格。（但是開始時之配售價格不必即現在之限價，而應採用一與糧食之生產購運成本相近之數字）。現在五大都市已有配糧之機構，不過所配糧食數額不足一人生活之所需，故難發生穩定工資之作用。現在各地正因限價政策，糧食多從市面隱匿，市民購買糧食咸感困難。政府亟應挺身擔任糧食之統購統售，藉此推廣全面之配給，藉以協助工資之穩定。這是在收縮有效需求之外應加補充的物價政策之一環。至於其他限價，則儘可經過議價的階段，在收縮有效需求已漸著成效時，逐漸取消。

（五）投資及放款之控制。我們第三節中所主張的物價指數儲蓄證券之發行，即等於將一般存放款利率提高至一般物價增漲率以上。如此則不生產而專賴物價上漲以謀贏利的投資，與存放款之利率相比較自然大部分都無利可圖，私人投資（包括囤積）必將因此大爲減少。但是僅僅靠利息政策自動的限制私人投資，恐怕還嫌不够。政府對私人投資及商業銀行之放款，最好能加以直接的質的量的統制。對維持生產不必要的私人投資如豪華公館之建築等，應一律禁止。即擴充生產之投資亦應視其是否有絕對需要始與核准。在本刊第十九期中劉大中陳振漢吳景超諸先生及筆者曾提出封凍存款及停止放款的辦法。其用意即在此。假使在改革幣制之初，政府即採納此辦法，則金圓券增發之膨脹勢力或可得抵消一部分，以後政府的稅收及支出或者還能與預期相差不遠。不過這辦法是一種短期的緊急措施，不能作爲經常的辦法。作爲統制全國銀行莊的投資及放款的經常辦法，我認爲政府很可以仿傚日本在東北僞滿時代實行過的所謂「共同融資制度」。即政府可以命令各銀行莊將其所有存款，除保留百分之四十作提存之準備外，其餘悉數轉存入中央銀行或購買政府公債。中央銀行對此種之行莊存款所付之利息及公債之利息，均應稍高於各銀行莊本身之存款利率。使各行莊仍可有相當之利潤。但各行莊之存款利息仍不可低於物價上漲率。全國各行莊所吸收之存款既有百分之六十可由政府支配，則政府對放款之性質可以作有效的統制，並且可以視政府財政收支情形調節生產投資的數量。

（六）增加入超。輸出有與投資相同的使有效需求膨漲的作用，輸入則與儲蓄有同樣收縮作用，這是有經濟學訓練的人所熟悉的。所以在通貨膨脹之下增加入超亦是抵消膨脹勢力的一途。現在政府既已用金圓券的增發換取了人民的黃金外幣等達一億數千萬之多。各銀行莊外匯資產之繳出數額亦達四億美元。政府應該將這筆外匯用來有計劃的輸入各種國內缺乏的日用品及工業原料器材等，藉以增加國內商品之供給及吸收國內之餘資，亦是穩定物價之一助。假使政府將這筆資金完全用來購買軍火，那就未免太對不起人民了。

以上所舉各步驟，不過是筆者一時深切感覺其有必要者。自然此外重要的措施尚多，還待集思廣益共同研究出一挽救新幣制的完善辦法。不過要點是今後的經濟政策必需以收縮有效需求爲重心。一面放任有效需求瘋狂的膨漲，一面企圖只用政治力量釘住物價，簡直是違反經濟常識的舉動。這次新幣制的失敗充分表現經濟學的原則究竟比政治力量强。我們迫切的盼望政府能從已經不止一次的失敗中獲得一些教訓。

十月五日

討論（一）物資與幣制善後

徐毓枬

參加這個討論者，必須有個默契，卽大家不討論「新幣制是否需要善後」這個問題。筆者以前曾經指出（拙作目前中國之政治與經濟，世紀評論，二卷十期）相信現在還是如此，正有一部份人因爲目前幣制之紊亂而幾乎無可救藥而感覺到興奮，認爲離光明的前途已不遠。這種看法是否一定不對，頗有討論餘地。但如果就此點討論，恐怕討論者將在兩個不同體系中移動，一來是很難得結論，二來是將使討論範圍擴大到全盤政治問題，決不是短短一個論壇所能處理。所以筆者暫時也遵循這種默契，在「新幣制需要善後」這個前提之下，討論有什麼方法善後。

讀蔣先生這篇大作以後，使我們溫習了一年餘來我們幾個同行之間之爭執。當時蔣先生等主張發行物價指數債券，劉大中先生等主張封凍游資，而筆者則從最低調最現實的觀點，主張政府在國外購糧，在國內拋售（拙著：論財政治標策，經濟評論，一卷，十八期）。其後筆者又寫了一篇論文，說明這幾種方案可以平行不悖（世紀評論，二卷十八期，論幾種經濟急救方案之配合運用）。一年以來，同行之間在原則上已經接近，物價指數證券與封凍游資已正式結了婚（新路一卷，十九期，穩定新幣值的有效措施，由劉大中，蔣碩傑，陳振漢等先生署名），而筆者所主張的大量輸入民生最必需品（糧食），也出現在蔣先生本文中之第六點。原則上已經接近，但着重點還可能不同。

我總覺得，從金融方面或平衡財政收支方面着手，解決目前經濟問題者，卽使拋開基本的政治問題不談，都有一個暗中非常基本的假定，卽物資情況(real situation)還過得去，祇是手段不對，祇要從手段上想辦法（封存，物價指數債券等等），便可以解除目前經濟危機。我愈來愈懷疑這個基本假定。

爲公平起見，我得先批評自己。我也一向——到最近過去——假定物資問題不嚴重。我的論證如下：如以糧食及紗布爲例，現在政府控制的區域，至少不比抗戰時期偏促西南一隅時爲少，何以當時問題沒有像今日這樣嚴重，於是我把物價上漲之咎，歸於心理因素作祟。我現在亦不抹殺心理因素，但我更願意注意到物資問題。我認爲我以往那種論證，至少有幾個大漏洞。第一，在以往日本入侵時期，日人控制的是點線，一般說來，力量不及鄉間，故鄉下還有糧食等流入都市；而目前共軍控制區域，主要正在鄉間，他們可以有效的阻塞城鄉物資交流。第二，以往工廠生產能力小，原料問題容易解決，現在生產能力大。如果生產能力大而能全部利用，當然對於社會是一種資產，但設不能（由於原料缺乏等理由），則幾十幾百萬失業工人，立刻成爲社會嚴重問題，變成一種負債；以前負債是日本人的頭痛事，現在却在自己頭上。第三，卽使物資就其總量論，不成問題，其可以有效利用的數量，還受運輸能力之限制。國產原棉之不能儘量利用，這是很大一個因素。而幾個圍城之不能得到充分食糧供應，也是受了運輸能力限制。

物資缺乏問題倒底嚴重到什麼程度，我們沒有統計，至少我們沒有看到這種統計，故仍祇能臆測，但試設想，如果平津沒有配糧，平津在糧食方面，是否將變成太原，瀋陽等情形。在海河暢通之下，運小量公教人員配麵，已經感到費勁，如果全部糧食都要從南方運來，卽使南方有此餘力，運輸能力卽將負擔不了。

由此，如果我們大家承認物資問題非常嚴重（不論是由於眞正缺乏，或運輸能力不够）。我看不出善後新幣制有什麼用。設想，如果神蹟出現財政收支得告平衡，物價得到穩定，而我們的物資能力，却負擔不起如此大量的物資消耗，則在穩定的物價之下，人民還是活不下去。

經濟學者都說，如果有效需求不繼續增加，則物資缺乏祇能解釋物價之漲，不能解釋物價之繼漲，我也不否認這種說法。我現在提出的是一個更基本的問題，如果物資不是相對稀少，而是絕對稀少，稀少到不足以維持控制區內的人民的最低限度生活，則卽使想出完善辦法，使得財政收支平衡，物價穩定，這些辦法有什麼用處？我想，我們可以不討論爲什麼要讓老百姓活得下去這個更基本問題，這點同意處是我們應該共有的。

所以討論可以分爲兩種情形進行：第一，在二三個月以內，物資卽刻不够。那麼一切辦法都可以不必再想。因爲卽使現在有錢存在國外，可以卽刻購備糧食，而收集啓運到達裝卸等等（注意現在的美國海員罷工），大概亦須超過這段時期，故卽使想出種種辦法，使金圓幣值穩定，解決的祇是物價問題，而不是物資問題，無補作戰，更無補民生。

第二，物資在最近幾個月以內不嚴重，但以後則嚴重。祇有在這個前提之下，講討新幣制善後辦法纔有意義。此處又缺可靠統計資料，不知現在幾個大都市之存糧（在倉庫的以及在消費者私人手中的），倒底足够幾月之用。假使前提不成問題，則我完全同意蔣先生所提出的六項步驟，——如果可以辦到的話。

「如果可以辦到的話」是一個嚴重限制。(A)停止金鈔白銀銀元等，祇牽涉政府一面，祇要政府肯這樣做，不難立刻辦到。但是如果以往已經兌出者，覺得不平，吵吵嚷嚷要向中央銀行購回，這時候怎麼辦呢？如果停辦金鈔白銀兌換是一個辦法，則比此更有效者，應該是承認持有金鈔白銀不違法，而由政府再把以前收進的，重新賣出去。(B)獎勵節約儲蓄，必須替人民找出一個保藏儲蓄之工具。說老實話，安分守己想要儲蓄的老百姓，已被逼得無法儲蓄（除了搶購以外），他先前也許保持些銀元，而一紙法令，宣佈持有銀元爲非法。

經過十年來物價上漲之痛苦經驗，要讓老百姓離開實實在在的貴金屬，相信一種在理論上一樣可以（或更能）保存幣值的東西——物價指數債券或儲券，我想實在太難。誰來編指數？即使是專家編的，會被採納嗎？不採納又有什麼補救辦法？在政府債信如此低落之今日，任何根據政府債信確立這個前提而想出來的辦法，恐怕都行不通。(C)全面配給統購統售當然是一種辦法。但是現在政府有這些物資在手嗎？即使有，現有運輸能力能夠準時把東西運到指定地點嗎？我們沒有提及零售機構之健全與否問題。想想，現在需要全面配給統購統售的都市有多少，涉及多少人，是如何艱巨的一件事，如果在機構再出點毛病，那就很糟糕了。

其餘不再逐條批評。對於各條有一共同批評，即似乎都緩不濟急，新幣制先要打一二針強心劑，然後再慢慢想法，如果先慢慢設法，等到法子想好，病已入膏肓，無法挽救。

總結起來，我讀了蔣先生大作以後，有以下幾點感想：(A)蔣先生恐怕低估物資缺乏之嚴重，因此還想在金融財政方面想辦法；(B)即使物資問題不嚴重，蔣先生所提辦法，恐怕因為既得利益人民信心等關係，不容易行得通；(C)即使行通了，其效果亦祇能逐漸發生，而對於未來一月或一週內的嚴重情勢，却為補不大。

如果物資問題不嚴重，搶購物資祇是人民不信任金圓之表示，想找出儲藏幣值的工具，則以下二法，是否可作為強心劑看：

(A)把以前收兌進來的金銀美鈔，再出賣給人民，價格則定得高（例如每美金等於金圓八元），一次購買額則受限制，以防加重財富集中。

(B)立即宣佈金圓為兌換紙幣，於一二月以後，以銀兌換；金圓之金含量雖規定，但銀含量未定，故兌換比例仍可另行規定。

以上兩項辦法，都假定人民尚想儲藏外幣及貴金屬，如果因為物資缺乏，人民祇要物資，不要任何形式的貨幣，當然不能生效。即使生效，亦是類乎飲鴆止渴辦法，先摧毀自己的信用（低價兌入，高價兌出），然後想維持自己紙幣之價值，實在是自相矛盾的。故以上二法，代表我的一種感覺，也許政府會走上這條路，正好像以前大家感覺得到改革幣制不足以解決問題，而又覺得幣制非改不可。不過，如果能在喘息期間，從比較根本方面着手，則惡劣的強心劑還不失為一種強心劑。

（二）善後辦法的程序和嚴弛

劉大中

碩傑先生的分析是非常正確的。筆者對於他所建議的善後辦法，也都同意。所要研究的，是各種辦法實施時的程序，和內容的嚴弛程度。除去碩傑先生所建議的辦法以外，我們還主張立即徵收一次財產稅。

現在把筆者認為最好的程序和嚴弛程度寫出如後。中心要旨在先以猛烈的方法收回和毀滅一部份購買力，（即碩傑先生所謂的「有效需求」），然後再用有效的方法去繼續吸收購買力，去促進生產和增加稅收。

（一）立即封凍所有銀行錢莊的存款，把所有的存款移存中央銀行，每月每戶至多只得提取一百金圓（疾病死亡等情事自可申請）。其實現時銀行錢莊中普通的存款很多，存款的絕對大多數，都是銀行錢莊的放款所產生出來的存款，凡是稍微有點貨幣銀行學知識的人，都應當懂得這個道理。這批資金，是流通速率最快為患最烈的購買媒介，應把他完全封凍。

（二）所有銀行錢莊一概停止活動，在指定的期限內，不准接受存款，自然也不能放款。如果社會必須要養活這批人，中央銀行可以按移存過來的存款數目，除給存戶一些利息外，也給銀行錢莊一些手續費。

（三）有工廠有工人的廠商，可以向中央銀行申請「訂貨貸款」，但須呈報各項收支詳數，作政府徵收營業稅直接稅的根據。成品製成後，如能售出，再行借款的需要就小了。假如賣不出，由政府按其品質和成本（加利潤）收購。在這種情形上，廠商再無任何理由拒絕生產。

（四）立即徵收一次財產稅。政府如果能拿出良心來，它很清楚的知道誰有錢誰沒錢，應限於一個月內繳付。政府如不願、不敢、不能、或不肯辦這一件事，什麼都可以不必再談。

第一和第二兩條，可以立刻見效。如果政府拿出良心來的話，第四條可以在一個月內見效。在這個期內，取消限價，改用議價，予各種價格以合理調整。在第一、二、四條切實施行以後，取消物價統制，聽其漲落，同時實行下列兩項：

（五）由各地學術機關編製物價指數，發行物價指數債券。

（六）施行全面食糧配售。

另外，政府自應立即用搜括來的金銀外幣到外國去購買日用品，運回來配給人民。我們希望政府從此再不要提起「準備金」這三個字了，人民已非這三個字所再能欺騙。不但要用這次所搜括到手的金銀外幣，趕快把所有的準備金一齊都換成物資來配給人民吧。

（三）最後的關鍵在乎政府之覺悟與誠意

趙守愚

月來政府的忙亂，人民的慌張，工商業的苦悶，都充分的從物價暗中跳動物資隱匿搶購中，表示幣制改革後的效果，其實前事未忘，世局如昔，亦是衆所預期的。個中道理，誠如蔣先生所指出，在於有效需求的突漲，從實際說，便是不兌現的金圓券發行量，在四十天內，自二億驟然增加到九億餘，人民的購買力膨脹，而必需品和用來保持價值的物品的供給量，却不能配合。蔣先生提到政府認爲改制後金圓券的流通速率，可與戰前銀幣相仿彿的一相情願謬誤的假定，就眼前說，幸而政府聲明維持八一九價格，苦苦的支撑着，所以明黑兩市的交易，都不過繁，銀行存款，統有增加，金圓券流速受制滯緩，否則以如是巨量的鈔票，只要稍稍回復到法幣時代的流通速度，其對於市場和物價的衝激，眞是不堪想像的！

蔣先生所分析的經濟病徵，我們完全贊同，他的藥方，簡捷了當，我們只在指明各項善後建議的可能性和必然性。金鈔白金的強迫兌換辦法，應該修正，多數人都可同意蔣先生的看法，原來藏金鈔白銀的人士，非對這些物事，特別喜愛，而是認爲比較不兌換紙幣在戰爭繼續期中，容易保持價值，比較若干其他物品，較易貯藏，禁止買賣，尙有可說，禁止持有，違悖藏富於民的通則，迫使人民搜購其他藏富工具。一月以來，兌換者仍爲良善分子，豪門大戶，除富滇銀行外，尙未見有報道，如再和國外外匯資產移存辦法對照，此則尙可作爲外匯存款，陸續提用，此則過期沒收，毫無通融，如說實行，文武巨室，敢查必有，但須革命革心，國外資產，根本難於追索，月來聲息毫無，凡此都表示不公不智，有損於金圓券的信用，蔣先生曾提及政府搜取阻抗力最小者的金銀美鈔，以彌補特別預算之需，若果如此，我們眞無話說！

假如政府眞能憬然於強迫兌換金鈔白銀之不盡合理而幡然改計，則蔣先生的寵兒，物價指數儲蓄券，爲求全計，應備一格，但實際上或竟可免除。我對於討論指數券的文章，未及詳讀，但是指數終是各物之價升降的平均，指數券決不能比一切貨物漲價都快，因此投機者仍持對於指數券和漲價特速的物品，兩者之中，有所選擇，這亦許是枝節問題，無關閎旨，大體上我是贊同指數券辦法，至少可以鼓勵一部份人捨物而求券，打開紙幣另一用途，亦可以和緩或收縮若干投機活動，這是值得提倡的。

關於日用品全面配給的建議，確實較限價爲澈底，價格本來是一種限制消費使其適合流入市場的物品供給量的辦法，如某物供給量不變，價格固定，則每金圓券所得之該物數量亦不變，實與配給無異，如今因價格呆定後，供給量發生變動，或藏匿不來應市，或供給流量堵竭，便是限價的顯然失敗，而需要直接配給了，但是統購統銷，最足以影響生產者的利益，因爲既無公開市場，則購者形成獨佔，生產所得，僅可聽命於政府，失去操縱壟斷獵獲高利的機會，卽使政府爲其代表，仍將受地主企業家們的反對，此又非大勇大智，革命革心不可！

以上三則，都爲蔣先生節制有效需求突漲後的比較基本的深遠的建議，其餘如行莊增資，放款投資的控制，和爲擴充物資而造成入超，其推行都較爲平易，只須政府有此決心。總而言之在目前情形下，任何方法，只要能開闢遊資運用的途徑，增加對於金圓券的需要，都可以提高金圓券的價值，而使物價趨於平和，蔣先生的原意，在指望政府能穩定物價三兩月，以樹立國民對於金圓券的信心，而使在戰爭繼續期中不可避免的金圓券增發數量，不致汎濫，成爲大災，這種苦心孤詣，當可爲政府所珍視的。十八九世紀的法國蒲蓬王朝，曾於大革命中顚覆，其後得外力復興，但不久終於滅亡，史家論其起仆原因，謂這些蒲蓬皇帝，既不能忘記過去的威福，又不願學習失敗的敎訓，我想現在中國的政府，當不如此！

總答覆

蔣碩傑

筆者這篇文章倉促寫出後又承徐毓枬劉大中趙守愚諸位先生倉促的各人寫了一篇批評，其中充滿了寶貴的意見，謹在此致謝。我這篇文章很顯明對全國物資之供給問題避而未談。這是因爲我覺得物資的供給主要的要看軍事的發展如何，殊不是任何經濟政策所能爲力的。談之無益，所以索性不談。不過我覺得假使政府已將人民生活必需品的供應區喪失以後，就應該將人民也放棄。譬如長春這樣的孤島，已經完全和生產區域隔絕就應該放棄了，以免老百姓在無益的僵持死守的情況下大批的餓死。換句話說，解決物資供給的一途就是自己無力供應的地區不如索性讓對方供應去。至於這種解決物資供應問題的方法的軍事上的影響如何，那就非筆者這樣的外行人所得而知的了。

筆者寫前面這篇文章是在寫這答覆之前兩天。那時黑市物價還不過只作緩慢的爬動。所以我所提出的補救辦法主要的還是長期的穩定有效需求的辦法。可是這兩天內情形惡化的令人駭怕。米麵雜糧的黑市價格在一兩天之內竟躍漲了一倍至兩倍，人民的搶購物資簡直已入恐慌狀態。所以毓枬先生和大中先生所批評的緩不濟急是正當的。在這種情形之下我們所需要的不是補救政策而是救急政策。應付這種恐慌的局面，毓枬先生所提出的把以前收兌進來的金銀美鈔再行拋售的這貼強心劑很值得考慮，雖然在這麼短的期間內，出爾反爾未免將遺笑四海。至於將美鈔金銀之拋售價格提高一倍的辦法恐怕難行得通。因爲人民必將認爲這是一個預先安排的大騙局，暴動抗議是恐怕免不了的。

劉大中先生所主張的封凍所有銀 行錢莊 的存 款辦法，筆者原亦贊同。前文中不過說作爲長期的辦法是不妥當的，因爲現有的存款都被封凍，自然更不會再有人來存款，結果身邊有餘資的人都要走向囤購實物的一途了。卽使作爲暫時的措施，恐怕也免不了要留下一點不良印象使人民以後仍舊視存款或購買公債庫券等等爲畏途。

大中先生所提議的一次財產稅也是極需辦理的事。此次幣制改革中的稅率調整主要的還是鹽稅及貨物稅兩兩間接稅。而直接稅如所得稅遺產稅等既未有重要的稅率調整，也沒有加強徵收的辦法。間接稅（尤其是鹽稅）是累退的 Regressive 稅。所以這次政府的加稅，主要的對象是貧苦大衆，而不是富有階級。所以徵收一次財產稅使富人也出些錢是極應該辦的。

自然這些辦法都不免與既得利益相衝突，所以最後的關鍵還是在乎政府的誠意與勇氣了。

十月七日

專論

從國際局面看人口問題

何國樑

前些日子在「新路」上有過不少文章談「中國」的人口問題。「中國」的人口過剩是「中國的老毛病」。任何國家第一先要作到的就是一般老百姓要有用勞力或正當職業能換到有體面而可以自尊的生活的機會，於是大家才能安居樂業。像目前「中國」這樣用盡地利養不活這麼多人，既窮且弱，工商業也不易發展。好年頭還有多少人失業，農人工人祗能勉強不挨餓，到荒年災害的時候自然是流離失所，變亂騷擾。在這種環境了如何能談得到生活上有道德品格，如何能有文化發展。於是政治上營私舞弊，親戚拉親戚，政黨專橫不一而足。大家沒有正當謀生的機會不得不如此。所以人口過剩是經濟破產，道德文化衰落，政治腐敗種種問題的病根。「中國」人口的問題不解決，「中國」社會的各方面都無從上軌道。

本文所要談的不是「中國」的人口問題，而是國際間的人口問題。就「中國」一國而言人口問題是一個根本問題，就國際局面而言人口問題也是構成國際紛爭戰禍的一個根本原因。目前由人口問題出發而研究國際問題的人很少，文章也不多。大家談到世界和平問題都是在加强國際組織，發展國際法上設法。有了糾紛以後，如何用合法的方式解決，避免戰爭。但是問題是如何在根本上使糾紛不發生，或減少造成糾紛的原因。有了糾紛，再設法用合法方式解決，豈如先減少造成糾紛的原因使糾紛不發生？造成國際糾紛的原因很多，不勝枚舉，亦非本文的題目，本文所要談的是人口問題爲一造成國際糾紛的重要根本原因。要想達到世界和平，不能不就整個世界人口問題作有計劃的研究，以期有統籌的辦法。

世界各國人口之數目大有不同。全世界大約二十萬萬人口中，「亞洲」人數最多，約佔全世界人口百分之五十四，造成「亞洲」人口過剩的形勢。當然比較兩個地方的人口不僅要比數目的多少，也要比兩個地方面積的大小，所以往往比較兩個地方平均每平方英里的人數。再者不生產的地方等於沒有，故人口的比較往往以平均每平方英里耕地上人數來定。換句話說即以耕地計算人口之密度大的國家比較是人口過剩。「中國」平均每平方英里耕地約有一千人，「爪哇」約有二千五百人，與「美國」比較，「中國」要大美國五倍，「爪哇」要大「美國」十倍。「亞洲」的人口過剩是一個普遍的現象。也就是造成「亞洲」國家如「中國」，「印度」，「爪哇」，「暹羅」，「緬甸」等國政治不安定，經濟退後的原因。因爲「亞洲」國家的窮弱所以才有白種人在「亞洲」帝國主義侵略的局面。又因此才有種種侵略戰爭，及帝國主義國家彼此間之爭奪衝突。要想「亞洲」有和平一定要使「亞洲」國家能自力更生，能有穩定的政府，能有自衞的力量，這一定要等「亞洲」人口過剩的問題得到解決。人口過剩不僅是「中國」的老毛病，也是亞洲各國普遍的老毛病。

「歐洲」的人口無「亞洲」人口過剩的情形。「歐洲」全部人口僅約有五萬萬二千萬。而「歐洲」的人口也是分配不均，以「德」「義」等國人口較密。「英」「法」人口雖然也密，然「英」「法」所以不窮弱是因爲依仗殖民地之糧食與原料的輸入。所以因爲「英」「法」之經濟情況與殖民地連在一起，其人口之密度也不能不與殖民連在一起計算。如是「德」「義」人口密度較「英」「法」之密度差別很大。例如「德」國平均每平方英里三百七十人而「英」帝國僅四人。此種差別自然要引起領土分配不均的感覺。「德」「義」不僅在「希特勒」「墨索里尼」的時候有領土擴張野心，其『生存地帶』(Lebensraum)的口號早在十九世紀已有。此種觀念即認爲「德」國人口過多，除非領土擴充，不然不能維持其現有的生活程度，一定要向外擴充以求生存。這種要求根究起來，實際上即自己覺得人口過多的心理反應。一方面恐懼長此以往，則人口過剩，大家都沒有生活的可能，不得不擴充；一方面又以爲自己的人多，軍隊人數多，有力量向外發展。這兩種心理的混合造成「德」「義」近一百年來的不侵略不能生存的政策。

因爲「德」「義」與「英」「法」的人口密度不同，於是兩方對領土與國際法的觀念也跟着不同。「德」「義」的學者認爲現有的領土分配不公正，人口密的國家有權力要求擴充，而人口少反擁有龐大領土的國家是不合理的。「英」「美」學者則抱定領土主權自古屬誰卽永久屬誰的靜的觀念。「英」「美」的人口學家多不以「德」「義」的人口觀念爲然，以其爲領土侵略野心的藉口。

然而人口密度與領土的問題是不容漠視的，此問題一天不解決，則人口密的國家卽感覺受到排斥，而不能放棄其侵略野心。根本解決此問題有什麼具體辦法？當然也不是簡單可以下斷語的。使「德」「義」人口不增加或再減少，這恐非「德」「義」所願接受的。使「英」「法」在帝國領土上讓步，而有所調整，這恐亦非「英」「法」所能接受的。國際問題就是如此，在問題的根本上求解決是不容易的，然而也不能因爲難辦，就忽視問題之根原所在。

世界的人口問題不僅是分配不均，密度大小不同，而且各國的人口繁殖的情形也不同。有的國家人口增加的快，有的慢。換句話說，卽世界人口分配不是死而不變的，而是隨時變動的。在此繁殖快慢的差別中又引出許多國際問題來。

世界各地人口繁殖的情形，最簡單來說，自一六五〇年至今，都有增加。然而快慢不同，若分六大洲計算，比較各洲三百年前佔全世界人口之百分數，與現在各州佔全世界人口百分數，則「亞洲」「歐洲」「海洋洲」三者維持原有百分數，其人口增加速度不快不慢。而「美洲」則由三百年前佔世界人口千分之二增至現在百分之六點七，有特別快之增加。又「非洲」由百分之二十一點五降至百分之七。換句話說卽三百年來「美洲」人口增加特別快，「非洲」特別慢，而「歐」「亞」「海洋洲」比較中常。

若以歐洲而論，各國之繁殖亦快慢不一。經人口學家計算有一很顯著之現象，卽越是工業發展的國家，大城市較多，則出生率越低，人口繁殖越慢。反之越是農業國家，鄉村多，則出生率越高，人口繁殖也越快。若比較各國繁殖的情形，很清楚的，由「英」國起繁殖的很慢，「西歐」的國家也慢，「南歐」的國家也慢，「北歐」的國家較好，而「東歐」的國家繁殖的很快，最後「俄」國繁殖的最快，形成西歐起越向東北越快的現象。

人口學家用各國的出生率及死亡率等計算出一繁殖率（Net Reproductive Rate），本文不能伸說其含義。大意爲如出生率，死亡率維持不變，人口之年齡分配情形維持不變，則二十五年以後，下一代之人口與現在之人口比較成何比率。用此方法計算知道「法」國，「丹麥」，「捷克」等，維持現狀下去二十年可能人口將減少百分之十左右，「英」國，「奧」國等將減少百分之二十五，「婆羅的海」國家「芬蘭」「匈牙利」等將維持現狀，而「俄」國則有百分之五十之增加。

「歐洲」言，此種繁殖快慢不同的情形將於國際局面有何影響？仔細想一想可以知道其影響之重大。國際局面如果想有穩定，則必需要軍事均勢的條件（Balance of Power）。如果一方面勢力澎大，一方面勢力縮減，則均勢的條件破壞，於是戰爭在所不免。目前「歐洲」局勢是「東歐」集團和「西歐」集團的對立，如果「西歐」繼續繁殖率減低，人口有減少的可能，而「東歐」集團的國家尤其「俄國」驟增不已，這對歐洲均勢的局面則有莫大的牽動。

前面談到「亞洲」人口的時候說過，在人口過剩的國家裏，人口越增則國家越窮弱，然而在「歐洲」人口並未過剩的情形下，拿一個「東歐」國家與一個「西歐」國家比較，如生產能力不相上下，人口越多的國家則兵力越多，國家也反而越强。「美」國著名的「普仁斯頓」大學人口研究所有一個有趣的例子。他們研究出一八〇〇年法國人口多於「德」國，「法」「德」兩國當時生產能力相若，而「法」國則勢强。隨後「德」國人口繁殖較「法」國快，一八七〇年「德」國人口剛好超出「法」國人口，而「德」國的國勢則轉居「法」國之上。這「德」國人口在一九一五時繁殖快到最高點，自此以後人口遂繁殖漸慢。這種例子表現出人口繁殖與國勢盛衰很巧的配合，實足令人尋味。當然不能依此而推斷，人口繁殖快的國家一定軍勢盛興，不過人口多，兵力多在人口不過剩的限度內是國家强盛的一個原因。

在「東歐」集團與「西歐」集團對立之下的今日，單以人口及軍力而論，「西歐」集團至一九七〇年人口軍力將有減少，而東歐集團則將有增加。若以美國與俄國之人口增加的情形比較一九七〇年美國可能維持其一萬萬三千萬之人口，而俄國則將由一萬萬七千萬人口增至二萬萬五千萬之人口。換句話說一九七〇年俄國之兵力可能有美國兵力之兩倍。就此而言東歐集團國家單以人口兵力而言，在最近二十年中很有壓倒西歐集團的可能。這一點足以引起西歐國家的憂慮。美國著名人口學家諾斯坦（Frank Notestein）氏曾一度在無線電台廣播此點立論，促起美國人民之注意。可見人口問題於國際局面之重要。當然歷史演變不是任何人可能推斷的，而人口問題亦僅若干因素之一而已。

人口繁殖快慢足以影響國勢。各國有鑒於此，於是爲增强軍力起見，提倡生育。用種種方法使人口繁殖加速。例如「法國」，「義大利」，「德國」，「瑞典」，「蘇俄」，皆先後有獎勵生育的辦法。如國家獎勵結婚，新婚家庭由國家免利貸款，每生一子女卽少歸還貸款之一部分，生子女四人者則全部貸款免還，出生子女由國家津貼養育，或配給子女之食品及他種實物等等。此種人口政策是否於本國經濟情形有利，或於世界經濟情形有利，姑置不論，其於國際局面之影響則有增加國際間猜忌之虞。在軍備競賽上又加上人口繁殖的競賽。各國人口如皆增加，則皆要求領土擴充，而結局不免戰爭。此種政策無疑的要增强國際間緊張的情緒。但實際上增加人口也不是一件容易作到的事，各國獎勵生育政策之實施皆爲期很短，還不能斷定有切實的效果。

「德」「義」一方面抱怨自己國內人太多，要向外發展，謀取生存地帶，不然不能維持生活。而一方面又獎勵人口繁殖，這兩者不能否認是一種矛盾，而且這種矛盾變成一時風尚。現在各國幾乎都覺得領土不够要擴張，而同時又獎勵生育。國際要有和平不能不對繁殖的快慢及人口政策要有解決的辦法。

另外一個人口問題影響國際關係的卽古老的移民問題。人口密的國家要移民到人口稀的國家去，而人口稀的國家則不願意接受外國人進來，搶自己人民的謀生之道。於是引起國際的種種衝突糾紛。中國很因爲這問題生了多少次的氣。例如「美國」，「加拿大」的限制華僑入口，中國在南洋一向所遭受的抵制壓迫。澳洲的白人政策，維持國內清一色白人的人口，不准有色人種移入。人口密的國家反對移民限制，認爲是種族偏見，非善意，危害邦交，防礙國際合作。而人口稀的國家則主張稀民限制，以爲與本國勞工競爭，把人口過剩的毛病傳播過來。人口密的國家又立說，移民並不一定對接受移民的國家有害，而爲有益。如墾荒發展實業等。像「華」僑在「南洋」的開發，對「南洋」的進展也有莫大的貢獻。但人口稀的國家又說移民壟斷經濟政治利權，自己形一孤立的團體，與當地人衝突不合作。如是雙方各持己說，爭辯不已。究竟以國際合作的觀點來看此問題，是應當像自由貿易一樣，打開世界所有移民限制，使各國人口自由流動，爲最合理呢？還是人口過剩的國家應當自己調節自己的人口，而不要把自己的負擔放在別人肩上，才對呢？此問題也非可以簡單的下結論的。且也不能普遍一概而論，要對各別國家間的移民問題就當事國的實情作單獨的研究。但移民問題不解決，則國際和平仍是談不到的。

因爲有人口密稀的不同。而有移民問題，因爲有移民，於是才有一個民族的一部分住在另一個民族的領土上，而生出所謂少數民族問題。「歐洲」多少次戰爭都是起於少數民族的糾紛，或是藉口於少數民族的糾紛。連第二次世界大戰也牽連到德國藉口「捷克」虐待在「捷」「德」僑。如何根本解決此項問題，現在也沒有一致的看法，也沒什麼經過詳細研究的答案而獲得大家的同意的。還是把少數民族用交換或其他方法使其歸回本國？或另有何等高策？兩次和會都爲少數民族問題費了不少心血，都沒有什麼好辦法。國聯所能作到也僅是給少數民族有一個告狀的機會而已。

總結上文所言，人口問題不僅爲一國之盛衰興亡的關鍵，不僅是中國的病源，而是造成錯綜紛紜的國際局面的一種根本因素。因爲人口的分配不均，而使各國的經濟機會不均等，有的窮弱有的富強。因之有強凌弱的帝國主義現象，因爲人口密度不同，而使各國感覺領土分配不均。因爲人口繁殖快慢不等，而使國際之均勢有所影響，給人口多，兵力衆的國家以侵略擴張的野心。因爲人口密的國家要求向外移民，而有種種移民上的糾葛。因爲移民而有少數民族問題。由此可見人口問題實在各方面都是造成國際糾紛的一個基本因素。要想造成世界和平，或減少國際糾紛，勢必先就此問題有通盤的解決。然而目前這問題還沒有仔細的研究，人類的政治頭腦還在這方面沒找到能使大家同意的答案。多少最大前題的基本原則還待商磋。如何能消滅因人口問題而引起的國際糾紛？要重新分配領土，使各國密度相等？要調節各國繁殖的速度，大家相同？要減少人口過剩國家的人口？增加鼓勵人口稀的國家的生育？保障各國移民自由？還是絕對限制移民而減除少數民族問題？從人口問題研究國際局面是一個重要的工作。

安全理事會中大國的否決權

李浩培

一

第二次世界大戰的結果，產生了聯合國組織。在聯合國組織中，大會及安全理事會同爲牠的核心機構。不過，關於國際和平與安全的維持，大會僅有討論與建議的權力，安全理事會却有強制執行的職責；故後者較之前者，實更爲重要。但自聯合國成立三年以來，安全理事會的行動似頗受大國否決權的牽掣，致一般人於聯合國的是否能完成其維持國際和平與安全的任務，漸表懷疑。本文爰擬將安全理事會中大國否決權的問題，略爲探討與分析，以供國人的參考。

爲說明大國何以在安全理事會中被賦與否決權起見，我們須將各國此次組織聯合國並在聯合國中設立安全理事會的基本理論稍予闡述。這種基本理論，約如下列。第一，各國認爲戰爭是人類的莫大災禍，應予消滅；而爲消滅戰爭，各國應有一組織，以便通力合作。因此，聯合國的組織有其必要。第二，在聯合國的大會中，每一會員國均得派代表參加。故大會開會時，出席人數既衆，意見亦多，每遇一事，將討論冗長，難有決議。因此，大會只適宜於討論與建議，而不適宜於擔任執行制止戰爭的工作。從而，聯合國應有一個人數較少，但實力強大，且行動敏捷有效的機構，俾付以維持國際和平與安全的主要責任。這樣，安全理事會便須成立。因欲使安全理事會構成份子較少，雖少數小國可被容納於這個機構之內，多數小國必須被排除於外；結果，在較小的國家中，只能有六個被選爲安全理事會的非常任理事國。因欲使安全理事會實力強大，全體大國必須被容納於這個機構之內；結果，中、美、英、蘇、法五大國均被定爲安全理事會的常任理事國。因欲使安全理事會行動敏捷有效，這個機構不但須有討論的職權，並須有決議與實際行動的職權。牠應有權決定侵略行爲或威脅及破壞和平的行爲是否業已發生。牠認爲這種行爲業已發生時，並應有權決定以何種手段——武力的或非武力的——應付，以資維持或恢復國際和平及安全；而牠一經決定採取某種應付的手段時，聯合國的一切會員國——不論大國或小國，亦不論是否安全理事會的會員國——必須接受並實行。

以上是各國組織聯合國並在聯合國中設立安全理事會的兩個基本理論。

但何以大國在安全理事會中被賦與否決權呢？這由於另外的兩個基本理論。第一，以爲確保國際和平與安全，爲使安全理事會的決議有效，聯合國組織必須加一切會員國以接受並實行安全理事會決議的義務。但一切會員國是否都願意無條件擔任這種義務？一九四四年八月英、美、蘇三國的代表會議於頓巴敦橡園以起草聯合國憲章時，他們均以爲安全理事會的決議，關係既非常重大——例如：牠可認定某國係侵略國，牠亦可命令某國以武力對付侵略國——大國決不願無保留地擔任這種義務。蓋如大國無保留地擔任這種義務，則每一大國隨時有被安全理事會以多數決議認爲侵略國的危險，亦有被該會以多數決議加以過分重大的負擔的危險。故他們以爲各個大國，爲維護其主權及重要利益起見，必須堅持：她們的加入聯合國並接受及實行安全理事會的決議，以安全理事會爲決議時，每一大國對於該決議均表同意爲條件，換言之，以非每一大國同意，安全理事會不能決議爲條件，這個條件，如不能辦到，她們寧不加入聯合國。但因大國具有實力，欲期聯合國達成其維持國際和平與安全的使命，又非使全體大國加入聯合國不可。這樣，聯合國的憲章便不得不承認大國在安全理事會中有否決權。所謂大國在安全理事會中有否決權，便是非中、美、英、蘇、法五國全體同意，安全理事會不能爲決議的意思；亦卽這五國中的任何一國，如認爲安全理事會的某一議案於己不利，而投反對票時，縱構成安全理事會的六個非常任理事國及其餘四個常任理事國業經完全同意，該議案仍不成立的意思。第二，各國認爲大國的繼續合作，係聯合國繼續存在，及國際和平與安全繼續保持的基礎。大國如能合作，則否決權不至被濫用，因此牠的存在並無害處。大國如不能合作，則縱無否決權，國際和平與安全亦將不能保持。而大國的繼續合作，依賴於各該國家的盡力尋求協調，不在於以安全理事會中的多數壓倒少數。安全理事會中大國的否決權，如善用之，頗能促使各大國尋求協調，以是卽能助成她們的繼續合作。故大國的否決權，就理論言，雖似違反法律上平等的原則，就實際言，卻有裨於國際和平與安全的維持。

在頓巴敦橡園會議中，美、英、蘇三國的代表，基於上述的理論，就大國在安全理事會中應有否決權一點，已有協議。不過，這協議並未完全。他們已一致同意，當安全理事會就一事件爲決議時，爲該會常任理事國的任何大國，如對於該事件並非當事國，應有否決權。但一大國如係該事件的當事國，英美兩國的代表，適用「當事人不得審判其自己的案件」的原則，認爲不應有否決權，而蘇聯的代表卻主張仍應有否決權。對於這意見上的不同，美國故羅斯福總統於一九四五年二月間的雅爾達會議中，提出了一個折衷的方案，經蘇聯的首領斯太林及英國的前首相邱吉爾贊同，問題遂告解決。這折衷的方案如下。在安全理事會中，每一理事國，不論常任與非常任，均有一個表決權。安全理事會決議時，關於程序事項以任何七個理事國的可決票行之。關於其他事項——這其他事項，既非程序事項，均係安全理事會爲維持國際和平與安全的重大事項，國際爭端的和平解決，武力制裁及非武力制裁亦包括在內——該會的決議亦以七個理事國的可決票行之，但在這七個理事國的可決票中，原則上必須包括五個常任理事國的可決票。換言之，原則上，關於這種事項，非經五個常任理事國全體的同意，及六個非常任理事國中兩個的同意，安全理事會不得採取任何行動。對於這原則，僅應加以下列的限制：安全理事會爲關於和平解決爭端的決議時，或爲關於利用區域辦法或區域機關以和平解決地方爭端的決議時，爭議當事國不得參加表決，卽爭議當事國爲五大國之一時亦然。在一九四五年四月至六月舊金山聯合國際機構會議中，這折衷的方案由中、美、英、蘇四個發起國的代表提出，經多數小國嚴厲反對，但經這四大國——最後並加入法國——的代表堅決的支持，並經他們強調聲言「關於投票方面的特殊地位，各大國將以高度的責任心並於顧及較小國家的利益下使用，故否決權亦將少用」後，卽最後的被寫入聯合國憲章了。

二

自安全理事會開始工作以來，否決權將被少用這句話，未能見諸事實。事實上截至本年六月二十五日止，蘇聯行使否決權已達二十三次；其中十一次係有關准許新會員國的加入聯合國，九次有關國際爭端的和平解決，而其餘三次則有關聯合國憲章第七章——對於威脅或破壞和平或侵略行爲的應付方法。這自然由於戰後美蘇間的關係未能和諧，並由於蘇聯在安全理事會中缺少與國的緣故。因美蘇間的關係未能和諧，美國的提案常與蘇聯的利益相衝突，而蘇聯不得不加以反對。因在安全理事會中英美等理事國常能得其他理事國的支持，而蘇聯常只有一個「衞星國」爲其與國，故英美等國對於一個提案投反對票時，該提案常不能得七個贊成票，形式上不構成否決權的行使，而蘇聯投反對票時，常僅有一個非常任理事國與她同投反對票，以是蘇聯的投反對票，形式上卽屬否決權的行使。但這使頗多的英美人士認爲蘇聯在濫用否決權，以阻礙安全理事會的行動。於是大國的否決權應予以廢止或修改的議論，風起雲湧。現在，聯合國大會的臨時委員會已被付以研究並建議修改否決權的任務，而中、美、英、阿根廷、新西蘭、加拿大、比利時、土耳其等國亦已分別向該委員會提出其修改的意見。依本年三月十日美國向該委員會所提出的修改意見，安全理事會向大會建議准許新會員國加入聯合國的決議，及和平解決國際爭端的決議，不論這種決議是否程序問題的決議，應以任何七個理事國的可決票行之，大國無行使否決權的必要；惟有關聯合國憲章第七章的決議，因關係重大，大國仍應保留否決權。但這問題尚未有最後的決定。

我們以爲：否決權的常被使用，實係各大國間有裂痕存在的一個顯明的徵候。聯合國的會員國如欲增強安全理事會的威信與效率，有效的手段應是促使各大國以折衷爲協調的態度逐漸除去這種裂痕，而決非廢止或修改否決權。在現在的情勢下，否決權的廢止或修改，縱屬可能，亦將迫令蘇聯退出聯合國，而蘇聯的退出聯合國，於國際和平及安全的維持顯無裨益。去年十一月五日，聯合國大會討論設置「小型大會」的提案時，蘇聯的代表維辛斯基曾謂：「在國際事務中，並非每一事可以機械的多數決定；國際的合作才是我們所必要的」。我們以爲這句話實具有至理。

通訊

濟南失守以後

（南京通訊）

本刊特約記者

中外注視的濟南攻防戰，守軍終於撐持不下去，而在上月二十六日戰鬥結束了。守軍指揮官王耀武於突圍後，也在壽光附近被俘，這一次戰役可以算是國軍在關內空前未有的損失。喧囂一時的增援濟南，結果是雷聲大雨點小，到現在還不知援軍在那裏。當濟南萬分緊急時，國軍宣稱分自徐州，青島兩基地馳援，一般人也認爲濟南變生肘腋，六百里馳援是來不及的。不過他們還存着一個「開封重演」的徼倖念頭，要趁着共軍站脚不穩，再把失掉的名城奪回來。他們那裏曉得開封失陷當時的情勢與濟南大不相同，從鄭州商邱乃至徐州去救開封，比較從徐州青島去救濟南，近的多也容易的多，而且魯西南荷澤的劉汝明，豫皖邊境黃泛區的黃百韜以有名機械化部隊第五軍，東西南北環伺開封，共軍可以襲取開封，而不能久據開封，是很明顯的事實。濟南的情形是孤懸魯中，東西南北四面都不可能有援軍到來，飛機場又在戰鬥開始時，因爲吳化文的叛變，首先失去作用。那樣絕境中的孤城，共軍拿了去，是可以細嚼爛嚥的吃下去的。

共軍入濟南後將近兩週了，已將濰坊的執行城市政策的人員漸漸移入濟南，在軍事管理下進行接收與淸理。他的城市政策已經試行於關內的石門，洛陽，臨汾、濰坊、等地。而那些城市的現代化規模，遠不如濟南。共軍對於現代城市管理的技術，在濟南可以獲得一個新的試驗機會。

不過就目前一般城市的病態——城鄉斷流生產枯萎糧食恐慌來預看，共軍從鄉村到城市，糧荒問題倒比較容易解決，在城鄉貿易恢復下，城市也或許因爲得到一時的輸血與刺激而繁榮。而應該特注意的是生產與生產技術問題。這要先共軍對於技術人員及工商管理人員有無儲備，能否利用舊有的人員在新創的觀念下繼續工作。

一次大的戰役後，很難能緊接着有第二次大的戰役，中間必須要經過一度調整與補充。濟南戰役以後，很多人在注意共軍的第二步行動，是南下？是北上？是再攻開封去中原？可是一直到現在，還看不出共軍眞實的動向來。無疑的是，他在細嚼爛嚥的來消化濟南，想在濟南確實的站穩脚跟，把攻濟南時兵員裝備的損失，迅速用戰利品補充起來。南下北上或去中原，或許他們也都曾考慮過，這並不是意願問題，而是實際利害與實力問題。

判斷共軍南下的人，認爲目前徐州，已經成爲昌濰豫東兩次戰役後的兗州。徐州是京滬江北的屏障，如果徐州有了問題，華東共軍可以分兵兩路直趨京滬，一路沿津浦路南下到浦口叩下關，一路由魯南到蘇北，沿運河經揚州趨鎮江。這樣就是不能一舉渡江，也會使京滬陷於紊亂狀態。共軍想顚覆政府，攫取政權，以如此做最爲簡捷。但是政府不僅對於重心所在京滬，要加意防備，就是由追擊地變前哨陣地的徐州也駐有重兵，以控制魯蘇豫皖邊境。共軍拋開徐州鑽隙南進，長程遠襲，是非常容易吃虧的。不然先攻徐州，逐步南下，國軍的節節的抵抗，共軍的兵力消耗也可觀。萬一徐州外圍及長江南北的國軍，於共軍頓兵堅城之下，或遠程奔襲疲憊之餘，能以結成局部優勢，奮力反攻，會使得華東共軍一帆風順的昂揚士氣受到嚴重的打擊。豫東黃泛區之戰，國軍雖未收到淝水之戰的實效，但對於淝水之戰的壯舉鴻圖，是南京軍事當局日夜汲汲以求的。希望有一天獲得那末一機會，破釜沉舟的一幹，撐住危局。共軍要眞的在山東戰役以後，向南轉用兵力，攻徐州，威脅京滬，淝水之戰的機會，雖不能斷其必有，却也不能斷其必無。華東共軍沿津浦路及濱海地區大舉南下，不能不算是一個冒險的途徑。

濟南共軍如果北上與遼西察綏晉共軍呼應，向華北平津進兵，設法共同控制渤海，這是一條比較安穩的路。可是近一兩個月以來，南京和美國已經開始特別注意北方了。蔣總統於濟南失守後一週去北平，將隨帥轉，海陸空軍大員一時羣集北平，在軍事上顯然是爲應付北方的艱困局面。東北長春是否可以突圍要研究，錦瀋補給怎樣解決也要研究。更重要的是如何守住遼西，作爲收復東北的基地，並掩護華北平津。不然東北所有的壓力壓向平津，再加上山東山西與察綏來的壓力，平津是不容易支撐的。平津不保那「新政協」及現在的「華北聯合政府」算是有了理想的基地。即使國軍還有可恃的外援能以守住江南，那新南北朝就要堂堂正正的成立了。朝鮮是中國的一個影子，美蘇原來在中國似乎是以長城爲朝鮮的三十八度分界。平津要被共軍控制，他就會認爲三十八度的界限由長城移爲長江了。這是南京不能忍受的也是美國不能忍受的。所以目前的美援並不偏枯北方，司徒大使在南京召開各領事會議的期間，還北來處理燕京校務。蔣總統在北方已經駐一星期，赴津後無繼續消息，可能在指揮着錦葫東北及渤海灣上的戰鬥。揮兵自葫蘆島登陸去增援錦西，解圍錦州。何應欽在政務會議上宣稱戰局重心在遼西。又說此次戰略爲維持東北，確保華北，肅清華中。目前遼西的緊打是決定能否維持東北與確保華北的。因爲現在山東的共軍還沒有北上的跡象，如果山東共軍在兩三週後北上，而遼西國軍打不出一個局面來，那華北國軍就要兩面受敵，在天津南北沿海地區，將更處於不利的地位。國軍必需趁着山東共軍還沒有北上，先用全力壓下一頭去。瀋陽國軍已向遼西遼南移動，且已於六日收復鐵都鞍山。長春國軍聞亦開始突圍，南趨瀋陽以加強瀋陽兵力。這一切都是由遼西之戰引出，而且是有了策應遼西之戰的。因爲共軍爲發動遼西之戰，曾投下了東北共軍三分之一以上的兵力的賭注。國軍如果能以撐住遼西，對山東共軍北上，在冀魯平原上及濱海地區的戰鬥，是還可以應付一氣的，但以現有兵力，也還談不上主動的南攻。

山東共軍，循劉陳等先前南進的舊道，捨徐州再攻汴鄭，以圖全部中原形勢的明朗，也是非常有可能的事。因爲在華中及中原是國軍僅有的比較優勢的地區，如果要再將這個地區的優勢打下去，那末，國軍三百多萬兵力將被分散於長江以北各省，任何地方也再不能構成局部優勢。即使兵額戰力各方面的總合都優於共軍，而這個被分散的不利的形勢，是難以扭轉的。在共軍方面只要中原再得手，他就可以南北東西完全聯在一起，成了一大片的活棋。然後集結兵力在任何一地構成局部攻勢，都是國軍難以應付的。所以山東共軍北上南下之外很可能再出魯西折斷隴海路攻汴鄭，與劉伯承陳賡共圖中原。

濟南失守以後，政府方面要員一再表示要收復濟南，但是從那裏進兵呢？不難想象的是徐州一路，青島一路，烟台一路，天津一路，千里合圍，即使有力量前進，也有點像是海底撈針，不容易捉住什麼。有人估計當共軍在濟南立脚未穩時，國軍迅速反攻，收復濟南是沒有多少困難的。殊不知這種想法是甚少時空觀念的。濟南孤懸在魯中，外面距援軍各數百里，共軍攻不進去不必說，果攻進城裏去將守軍殲俘或擊潰，是沒有站脚不穩的情勢。至於攻城時共軍兵員的死傷，他們補充起來也非常容易，像三級躍似的以縣大隊補充軍區部隊，以軍區部隊補充野戰軍，用不到費多少時間。械彈方面，也有戰利品可資利用。失陷將近兩週的濟南，現在共軍是否還有多少野戰軍駐在那裏？以共軍活動的常情論，恐怕絕不會很多，或許他們已經將兵力向另外一個方向開始轉用了，不過我們現在還無法獲悉。

昌濰、兗州、濟南三次戰役，國軍的損失不僅是近十萬的軍隊和大量軍品物資，更重要的是地方幹部損失殆盡。國軍就是想再收復濟南和山東，連一些可用的嚮導都沒有了。中央在山東軍人中培植的「三李一王」，已經有兩個被俘，僅餘李玉堂李延年兩昆仲，一個過於忠厚，一個有些顢頇，他們兩昆仲中將來或許要有一個人出任山東主席，不過論才具還都不如王耀武。此外山東軍政要員，還有什麼人能收拾山東的殘局呢？何思源會肯再出來嗎？上官雲相有可能嗎？目前山東在軍事上如果沒有辦法，誰也不能去收拾那個殘局。而那個殘局要不好好的去收拾，他會影響到京滬平津以及汴鄭中原的。（兒）

十月五日

蔣總統到了北方（天津通訊）

本刊特約記者

蔣總統北來視察

從莫干山到廬山，產生了新經濟改革方案。蔣總統九月三十日從南京飛到了北平，五日到了天津更在巡視東北及華北的各據點，是否是新軍事改革的先聲？

有家報紙上刊載蔣總統在五日赴盧溝橋視察歸來後，晚上並且到長安大戲院去看譚富英演出的「借東風」，今日中國大局的借東風局面已定，但是每天的西北風越吹越緊，何時能够看到越洋前來的東風呢？而東西風的碰頭時候，氣候必然要逆轉，一場大旋風便起來了。

東風未來之前，也不是全無消息，美駐華各領事都在南京開例會，而駐華大使司徒雷登却在四日飛到天津住在美商會會長侯迪斯私人家裏，與大批美僑談話，似乎是對於緊張的時局有些什麼說明。蔣總統五日飛津，視察塘沽新港，似乎對於海上有些什麼希望。司徒大使六日來平，又行接見美僑談話，他們究竟在談些什麼？

經濟合作總署中國分署署長賴樸漢，總署對華設計處處長克里夫蘭，總署工業調查團團長司徒立門，分署代理署長格里芬六日飛青島。七日來北平，與各地經濟合作署人員舉行會議，賴司二氏八日返京，克里夫蘭與格里芬則將在華北多勾留幾天，以便進行更廣泛的調查。西太平洋艦隊司令白吉爾也在七日到了北平，似與司徒大使在談什麼。

美國衆議院外委會小組會建議書中，指出只有美國一國能予中國以領土與政治完整之有效保證，「此種保證，確非帝國主義的獨占行爲」。這篇論文中贊美胡適晏陽初的努力防共，均能努力普及教育，劃除文盲，改進經濟及社會。「傅作義將軍近在北平所作之努力，業已證明此種理想適合組成一項實際計劃，而其結果極有把握」。（全文大意由美國新聞處五日發表）。

對於防止共產主義有決定性的中國，已到了非攤牌不可的時候，濟南的陷落更刺激了青島美軍的安全感，兩隻大航空母艦十月東來，要久住渤海灣，白吉爾已在粉刷其青島官舍，滿天風雲，不無對象？

秋深了，秋天是個季節轉換期，太平洋上不太平的風暴，已然來臨，但這場暴風雨是否落在中國呢，沒有法子預測。

在導演下進行

三個月前，經合分署主持人賴樸翰到北方的時候，我們都這樣推測過，他這一次到北方，可能是一種外交的敷衍，也可能作爲一個有積極性的表演。他消極地支持爭取美援的大北方，就是積極地表示對於大南方的不滿意。

在三個月來，中國政府對於他所不滿意的一些事情，都有了答案，不論是否能够滿足他的希望，但是表面上却是照着他們所希望的方向走去。記得他曾說過：

「中國正在用美金來津貼並維持航空事業，而收入的是不值原值十分之一的國幣，政府怎樣彌補損失呢？印票子。同時還希望用美援貸款來彌補外匯的消耗。」

中國政府爲了不印鈔票，實行了一次破天荒的大改革，各種物價都凍結了，單獨却允許汽油漲價，更後來，就把汽油像對煙酒似的，寓禁於徵，拚命地抬價。他希望中國能够嚴格管制，不要把外援物資，等於白送給特殊力量者，於是在蔣經國氏領導下有了打虎運動，至少上海當眞捉了幾隻小老虎。政府爲了「借東風」，滿心討好，更希望多少事情在暗示中就可以辦得八九不離十。莫干山上沒有實現了經濟改革方案，據說是由於這些「總督」們不肯表示意見，及到盧山的時候，賴樸翰及嚴家淦便不能不發表聯合聲明來闢謠，說是外國人並沒有反對中國進行幣制改革。

至於駐在中國的花旗戰神們，駐華軍事顧問團巴大維將軍及所訓練的軍官團和台灣新軍已經到了可作表演的時候，他都滿心想要試一試。駐在青島的太平洋艦隊司令白吉爾當感到勢力圈內波動不安，也不能不躍躍欲試，一些吃戰爭飯的中級軍官及參謀人員都高喝道：「這時候不打，還要等什麼」？

美國自已雖不會效日本故智，來一次偷襲珍珠港，但他的軍官們却未嘗不希望有別的莽撞鬼，能作一逞之快。不打仗，這些戰神們沒有出路，不打仗，軍火商及其他冒險家們也缺少繁榮與刺激，只是馬歇爾還在把着舵，他的藍眼珠子一轉道：「慢着慢着。」

勝利後的初度混亂

歷史上很難找出一個混亂的前例來形容今天中國的貧困，混亂，和對立的尖銳。法國大革命時的斷頭台不已然到處都是嗎？而無形的斷頭台却多出許多來。說是俄國大革命的前夕嗎，是的，農夫要麵包，工人要工作，兵士要和平，但是北伐軍時候，就已是這個樣子，而武漢左翼革命在傳統的習慣下被摧毀了。今天是原子時代的「世界一家」局面下，每一「家」中都是在兩極化的對立，無理智的慘酷，是歷史上成爲空前的場面。

在勝利後六個月的時候，和平初告幻滅，經濟危機告警，上海，這個燈塔的情形，當時便有人寫道：

「上海成了一雙炙手的熱鍋，五百萬市民變成了熱鍋裏的螞蟻，擁擠在這塊方圖上的每個人都在極度緊張的神經中東撞西碰，爲了謀求一條生路。

這個熱鍋是勝利以後，才燒紅來的，一個朋友對我說：「和平以前雖然爲僞敵壓榨欺凌，可是我們小民托天之福，食物雖配給，但還可以從敵人的統制下獲得，但現在絕不可能了。一切都要靠自已去爭，否則連一粒米，一滴水都得不到了。」

看一看這種現象，馬路上擠滿了人，電車上緊緊的人頭，雖都是在急急忙忙的，好像連喘一口氣，都感到會浪費了時間似的。爲了什麼？爲了在這高壓的物價低下，要求糊一張嘴。二年以前春季混亂，有點和兩年後的秋天相似。那時候，火車上一杯開水二百元，成爲珍聞，老正興的魚頭豆腐每件一萬二千元成爲奇事。工潮起來了，一月份生活指數是一千零六十二倍，二月底是一千八百四十五倍，薪給一十萬元的人要求拿三十萬元，上海八大公司職員爲要求最低薪給不得少於十一萬六千元，而資方只肯給三萬二千五百元，於是罷了工，跟着是永安、公大、信和、新陽等廠職工，華懋等三大飯店職工，報館工人，交通部電訊機構，民生公司職工，不是怠工，就是罷工，物價波狀上漲，因爲：「老法幣已和淪陷時的儲備票同等價值了。」

這時候，宋內閣向現實屈膝，一方面是承認了高物價政策，按指數作薪給標準，一方面，打開了自己的大門，壓低了匯率，讓外貨大量進口，顧不得保護民族工商業只想解決了物資的有無問題。顧此失彼，又拖了一個年頭，終於去職，但把當時大難關渡過了，奠定了這兩年來的「戡亂」局面。

洪流與水堤

拖到今天七八月，從莫干山到盧山，看情況又很緊急，又請了宋子文來作最後的決策，但這一套舊法寶已然失靈，新的經濟改革方案雖然他不贊成，但也無法反對，據說他只建議不叫握有金銀美鈔者在兌換上太吃虧，跟着便同轉廣州，買了一大批巷幣，這便是最近所謂「廣州隱名氏」一案，自然也就不會有什麼下文了。

從八一九是劃分一個新時期，從這「限價」時起高物價及高工資政策停止了，換來了凍結的低物價及低工資政策，用吸收「金銀預備」來希望維持信用。却忘了打開了閘門的洪流，用小壩是攔不住的。兩個月發行了九億金圓券，比「膨漲」時期的發行更加多了，牠刺激得本來原可以壓在箱子底的金銀外幣，也都到市場上來加入了洪流的隊伍，於是「頭比帽子大」，原料高於售價，這樣以來，膨漲的副作風下可以有些刺激生產的作用完全消失，小壩和水庫都有洪流溢出，於是白浪滔天，滾來滾去，這大汛濫要盪平了大地上的一切。

有一位政治家來批評這個經濟措施道：

「當我們上次改革法幣的時候，每個城市都還有那麼小小的租界存在，而且這些租界的主人不完全是敵人，可是法幣那時在市面上的價值還被打了八折。而今天在城市之外，有那麼一個廣大的租界，裏面却是與現政權勢不兩立的敵人！金圓券的危難是先天便存在的，再加上執行者的技術，他的價值一定被打了更大的折扣。如果事先有過好好的計劃和研究，今天所遭遇的困難，一定會減少很多。」

當金圓卷發行之初的時候，首先是糧食被刺激得抬高了價格，糧價影響了物價，先是一般與糧食有關的肉，油和小菜普遍漲價，跟着就是大量握有金圓券的人在社會上吸收一切物資「見物卽購」造成了無物不有「黑市」，這些黑市又回頭更抬高了糧價，結果是從南到北，沒有一處不感到糧荒。秋收時候鬧糧荒，這就是政治干涉了經濟所造成的惡果。

雖然政府仍然是有利的，藉着這次改幣，政府把握了一筆可觀（據說是五億美元）的外匯，成爲天下皆貧政府闊了。用這筆銀，就是繼續「勘亂」的資本。至少可以拖到明年美國國會開會的時候了。

軍事上的變化

正在整軍經武的時候，濟南在九月二十四日的陷落，不能不說是極有影響的；同時遼西戰爭起來，萬一錦州有問題，關內外的聯繫可能被割成兩段。這一場錦州保衞戰，也不能不說是蔣總統北上的重心，他於是曾到了最前線。

山東的共軍號稱二十萬人，他們是南下呢，還是北上呢？蔣總統也不能不親自到各地來布置一番。東北已成爲今天最困難的局面，號稱有八十萬國軍，實際却少得多，而支出的軍費却佔全國之半，以有限的力量支付了無限的代價，所得是否償失，必須要由大軍統帥作全盤的配備。

國軍的統帥部有很堅強的自信力，認爲不是國軍勢弱，而是共軍勢增了，所以他們有些地方佔了上風，。最後的勝利者才是眞正勝利者，國軍在找尋機會和共軍作決戰，也許是在北方，也許是在南方，雙方各在找尋對自已最有力的機會，目前便已開端。

國防新軍已經用出來了，在東北區內，據路透社三日消息，數目不明的台灣新軍在過去二十四小時內，已參加作戰，以對抗共軍攻勢。這是新軍第一次上陣，反應當地局勢的嚴重。新軍在葫蘆島登陸用以解錦州之圍。東北走廊的四個據點中，已失去義縣，興城，綏中、三地，新軍在葫蘆島登陸後，錦州局勢沒有變化，共軍想攻下機場附近高地，沒有成功。

又根據南京消息，說蔣總統此次在平瀋頻頻舉行會議，其中對於長春戰略有重要決定。蓋原在長春外圍結集的共軍，達十個縱隊，此次遼西發動攻勢，已先後調到遼西者達十分之七，原地只餘十分之三。故對國軍的新行動自爲有利。關係方面說，本週內長春局勢卽有顯著變化。又有消息說，國軍將在營口登陸。

一位觀察家從東北回來說，東北有個比喻，長春是死老虎，瀋陽是餓老虎，錦州是小老虎。今天爲了小老虎的成長，犧牲了死老虎，集中精力喂飽了餓老虎，東北的據點仍然是不會動搖的，只是要看下一步的作法是什麼？

東北的新戰略布置是全國性的，其他想必繼續有所展開。軍事上今天的一切作法，相等於「八一九」的新經濟方案，有利也有弊，其中不完全是軍事性的，如實行不能匯兌的新軍糧券，及勵行一人一餉的新補給制度，都是不在話下的要實行出來。

美援就要來了

賴樸翰上次來北方時候，他曾經這樣暗示過「美援」要作到以軍事保衞經濟，以經濟支撐軍事。由於他們那一次視察，開始注意了北方，司徒立門經濟技術使團已經改變了中國政府原希望他們投資長江以南各工礦的計畫，與其說他們注意華南，不如說，他們對北方已更爲偏好。

在第一第二兩批被扶植的工礦單位中，北方的重要單位都被補助了。如供應全國的開灤煤礦，負責運煤的平津路局，北方電力中心的冀北電力公司，以及太原青島等地方電廠，正進行的有華北鋼鐵公司及中紡公司的原棉供應。這些單位所得，比起粵漢鐵路，黃浦築港及緝私武裝等所得並不在以下。因爲北方眞是一大資源重心，有不虞匱乏的人力物力，有只發動及加強這些力量，才能有助於軍事及經濟局面的改善。

在經濟的基礎上，美國軍事顧問團或者在不久的將來也許有新的活動開展。合衆社三日上海電稱：

「中國政府正考慮要求美國國務院解除對美軍事顧問團在中國行動上的限制。雖然外交部及顧問團沒有任何人直接提出這一件事，但有證據指出中國政府願意該團在中國有較大的自由，以建立和加強國軍作戰部隊。

「中國政府是否曾向顧問團徵求如何使用這一億二千五百萬美元的軍事援助，並沒有公開的表示。顧問團方面高級人士認爲應該用這有限的款額作較多的工作，則大家已經知道。顧問團也希望有機會擴大工作範圍，而不僅僅是負責訓練新軍。他們希望遣派爲戰地觀察員，希望到前線去指導中國司令官們如何應用他們的裝備，但這些原是國務院所不允許的」。

「有些顧問團人員曾私自談論，他們希望參加軍事會議，提供意見，回答戰略問題。上海消息指出，現在不是向國務院提出這類問題的時候，中國政府知道華盛頓方面正集中力量注意歐洲局勢，尤其是柏林問題，而且在聯合國大會中，東西兩方正在攤牌……」

軍事的美援就要跟着經濟的美援來到了。

不論這是事實或者僅是一種希望，但這到是一件極可能的事情。當經濟的總督們可以自由處理中國的經濟單位之後，麥克阿瑟或等於他的同等地位的人，很可能掌理軍事大權。我們有人不是又在重喊「東亞共榮圈」嗎，當眞有一天新東亞共榮圈實現的時候，也就是一元化管理從日本過渡到中國來的時候。

「東北爲天下先」，秋風陣陣，秋葉飄飄，先由東北的「長春」一葉，來看秋色的濃淡罷。

三十七年十月七日

蔣總統北巡側記

（北平通訊）

本刊特約記者

一

一月來，無情的戰火燒紅了北方的半面天，濟南易手，察綏危急與錦州兵臨城下聲中，九月三十日蔣總統突來北平「巡視」。北平圓恩寺總統行邸頓時成了全國軍政中心。

兩月以前，蔣總統僕僕莫干山牯嶺之間時，左右常常出現的人物是翁文灝、王雲五、徐柏園、俞鴻鈞等「財政大員」，不久便頒布了「改革幣制」的緊急命令。這次來平巡視隨行的大部是「軍政要員」，桂永清，周至柔、顧祝同（自瀋轉平）。徐永昌、郭懺、杜聿明等海陸空軍首腦人物一齊齊集故都。因此使人聯想到：「總統這次北巡是不是會有『軍事新決策』產生？」

二

蔣總統這次北巡，行前十分保守祕密。南京方面許多政府高級官員事前均不得知，據說周至柔、桂永清等人，還是專機起飛前數小時獲到北行通知的。

九月三十日下午一點多，蔣總統專機降落北平西郊機場，當晚北平的一家晚報即刊出了此項消息。夜間中央社向各報館所發佈的新聞稿後面，附了一條「備忘錄」式的小提示，大意說：「希各報刊載總統隨行人員時，以該社原稿爲準」。所以第二日（十月一日）北平各報登載蔣總統北行巡視消息時，隨行人員只提到俞濟時、鄭彥棻、陳雪屏、曹聖芬等「非軍政要員」們的名字，而未提周桂等人。同時，「中央社」消息宣稱：「總統自去歲十一月來平後迄今一年，對華北軍民時深注念，故特來巡視，用示慰勉之意」。字裏行間顯示着這家官方通訊社願意告訴讀者：「總統北巡沒有軍事意義」。

故都北城的圓恩寺總統行邸，沉寂近一年。當前正是桂花盛開，滿苑芬郁時候，庭前庭後軍政要員出出進進，一掃日前寂寞氣象。當去年這所華麗房屋還叫「主席行邸」的時候，會客室裏時時有新聞記者的蹤跡。他們常從在會客室等候謁見「主席」的賓客們交談中，尋找新聞材料。今年情形已經完全不同，總統行邸除在記者招待會時間外，門崗便會對一切記者擋駕。總統行邸記者招待會每日下午五時舉行，由總統府祕書曹聖芬主持。十月二日總統行邸記者招待會上，曹祕書只發表一句談話：「總統今晨自平飛瀋巡視」。說完，招待會卽告結束。記者只得失望地走出行邸，而向別處去採訪蔣總統的消息。

北平一家官家報紙的主持人曾以半忠告式態度通知別家報館：「希望同業少登總統的行踪，如果刊登最好在事後，事前的行踪推測或預報最好擱一擱。」據他說蔣總統爲這些曾經表示過。因此，蔣總統到平多少日來，報端發表的多爲：「蔣總統昨晨飛瀋」、「蔣總統昨午由瀋返平」、「昨午遊覽蘆溝橋」、「昨日飛津巡視」一類「昨日」的簡單籠統消息，來源自然是得自曹聖芬祕書口中。

三

蔣總統到平的第二天（十月一日），東北剿總總司令衞立煌偕參謀長趙家驤與上月底到瀋的參謀總長顧祝同一齊飛抵北平。主持熱河軍事的石覺將軍也同日自防地到達。於是北平聚集了國軍統帥部、東北、華北一切高級將領。據說，十月一日晚間居仁堂中曾經舉行重要軍事會議，商討東北華北軍事情勢，而有重大決定。

關於東北戰事，十月初這幾天，遼西決戰卽達最高潮：錦州周邊義縣撤守，錦西被困，錦州機場已受威脅。衞立煌上月底飛到南京曾與蔣總統何應欽商討解救遼西之對策，據說蔣總統曾表示決定確守遼西走廊；一方面電令孫立人，立卽北調台灣新軍，應援東北，另一方面命顧祝同偕衞返瀋立作軍事佈屬。蔣總統這次北巡主要動機，沒有疑問的是關懷東北戰局。

關東戰場這次失利是吃了兵力不足的

虧。本來遼西駐軍除有范兵團外，李彌兵團的兩個軍是最有力的部隊。九月間李兵團南調，爲大凌河東岸的林彪部隊造下一個機會。所以最高當局這次北來前已決定充實東北兵力。孫立人所訓練的台灣新軍固然是一枝有力援軍，但成問題的是如何開往東北戰場。這次蔣總統携同桂永淸北來即是要他策劃一下新軍北調的運輸問題。桂總司令到平次日即赴塘沽視察，俟後又往秦皇島。桂氏視察北方各大港灣意在確定南方援軍以在那個港口登陸爲宜：是自塘沽秦皇島登陸而沿北寧路向關外推進呢？抑是逕自葫蘆島登陸，直接援救遼西？周至柔和郭懺同來的意義也與桂氏大致相同。因爲最高當局認爲東北目前最需要的是加強空運與空投。又加目前錦州機場已受威脅，惟有準備大量補給品空投，駐軍方能持久苦守，等待援兵。所以周郭二人曾經同機東飛，在錦州榆關一帶視察過一番。

一方增派援軍，一方加強空投，東北的遼西戰局自然可能好轉。據說，蔣總統十月二日親自偕衛立煌周至柔飛瀋，召集東北各將領指示軍事機宜時，也曾強調過這兩點。

隨着蔣總統北巡的消息，這裏傳播着有關東北的兩種流言：一項是說：「顧祝同總長有代替衛立煌將軍的可能」。這項流言很令人懷疑。衛立煌代陳誠撐起東北危局以來，還沒有過大失利的地方，誠如一般批評：他是在『無功無過』原則下苦撐着東北半壁江山。若以此次遼西失利爲撤換他的主要理由，似亦不能令人置信。同時，蔣總統到瀋陽的時候，在軍事會議席上，對衛總司令半年來使東北轉危爲安的成就，「備致嘉許」。果眞如此，「以顧代衛」流言，只得冠以「無稽」二字了。

另一項流言是關於孤島長春的：「東北林彪部隊在遼西發動攻勢，已集中全兵力十分之七；長春外圍僅餘十分之三。因此，長春被圍國軍將相機突圍北上」。突圍北上的後果，當然是放棄長春。此項流言是否無稽，唯待事實證明。

四

關於華北局勢，蔣總統抵平除開軍事會議討論過以外，和傅作義楚溪春二人單獨也談過多次。傅作義將軍曾經向總統表示過目前察綏戰事他確有把握挽回頹勢。據說，傅氏並向蔣總統推荐「游擊制面」新戰術，總統也表示此項新戰術確可提供全國軍事將領參考；並希望傅氏在華北運用它先作出成績來。

據傳蔣總統在平對熱河省主席問題也作了一項決定：即接受孫渡主席辭呈，而內定石覺將軍主熱。熱河省主席自劉多荃去職後，雖有范漢傑、孫渡相繼受命。實際上范孫均未到任，范漢傑一直在遼西，今夏熱河被圍時，一切盡由民政廳長于國楨代拆代行。孫渡主熱令發表，他也很久沒有就職而至最近才去承德。孫渡的隊伍也在遼西，教他兵將分離去作空頭省主席，他自然不情願，而屢次請辭。說起來石覺將軍到是熱河省主席很理想的人物，他率領十三軍一直苦守着熱西。據說，這次最高當局已經首肯石氏出主熱河省政，這只有等待政務會議正式任命了。

五

蔣總統抵平之初，一般過去和閻錫山很接近或閻氏舊部像徐永昌，楚溪春等人，都很希望閻主任到北平來一次，共同商討華北戰局。據說徐楚先後電促閻氏來平，閻氏都婉言拒絕，並表示「總統叫我來我就來」。言外之意似在說：「總統不叫我來，我決不自動地來。」素稱「山西王」的閻錫山將軍雖然目前已淪爲「太原王」，但民國二十年左右的氣派，依然存在。最後，蔣總統主持的重要軍事會議，山西方面仍舊是郭宗汾將軍出席，而不是閻主任。

※　※　※　※

直至記者執筆時止，蔣總統已赴津巡視。據中央社五日電訊：「總統乘汽車沿津塘公路赴塘沽視察新港，於下午四時許返津。」另據測面消息稱：總統巡視新港後，即將決定今後南軍北調登陸的地點。蔣總統北巡的「軍事新決策」究竟是什麼，和他在牯嶺籌劃新經濟方案時，一樣地保持着祕密。不過這「軍事新決策」已經由他的行踪和隨行人員的動態畫出了一個輪廓。

（十月六日）

河西農村的崩潰

（蘭州通訊）

谷　苞

甘肅，在區域形勢上好像是一隻巨大的啞鈴，兩頭大，中間細。這夾在中間的一段瘦細地區，人們喜歡把它叫做蜂腰地帶。在蜂腰以東，是習慣上被稱爲的隴東與隴南，在蜂腰地帶及其以西，便是歷史上鼎鼎大名的河西。

河西的所以得名，原因自然是很多的。最先漢朝爲了解除匈奴的威脅，始伸展勢力到達了這個地區，設置了著名的河西四郡——敦煌、酒泉、張掖、與武威。當時除了屯兵以外，還曾將內地的人民大量的移殖到這裏來開墾。屯兵是爲了防止匈奴的入侵，移墾則是爲了要漢族勢力在這片土地上生根。後由於對匈奴戰爭的緣故，使西域與西方其他國家和國內的關係逐漸密切起來，由於商業與文化的交流，使河西變成了中西交通上的孔道。如果不用孔道二字，換一個近人習用的名詞，那便是所謂的河西走廊。在當時這條走廊便是中國的大門，處在這個大門口的武威，在商業上它是國際貿易的重鎭，它的重要性眞可以和現在的上海比美，在人才上它又是一時人文蔚起。根據丁文江先生的統計，西漢時代的武將有百分之七十以上就出生在甘肅武威與陝西耀縣，尤其是武威，我在另一篇文章裏有過這樣一段話：『漢族能夠立足於河西，這是歷史上的一件大事。河西的北面是蒙古族的大本營，南面是藏族的牧地，西面則又是回教民族的區域，在東面通過了蜂腰地帶，又與中原地方一脈相連。由於河西的取得，在國防上一方面取得了戰略的據點，另一方面也取得了運用國際力量的環境。我國歷史學家一向很重視這塊地方，雷海宗教授曾說：對於一個強盛的中國，河西四郡與燕雲十六州是很必要的。他認爲這兩個地方的得失，往往便足以證明中國國勢的盛衰。』凡此都應該算是河西得名的原因，自然除開了這些，近年來對一般人影響較爲深刻的，還應該算是敦煌石室的發現與玉門油礦的開發。

往者已矣——過去的繁華已經是消逝的夢境，眼前展開在河西的現實——活生生的現實，只是衰落與窮苦。在目前河西共包括着十六個縣局（全省共七十二縣局），人口才僅約九十五萬，而它所佔的土地面積却超過了全省三十八萬方公里的一半。在這樣大的一片土地上僅養活着這了，內中有七十六戶是死絕了，只有十二戶是逃外謀生去了。我要告訴讀者的是，這種「逃亡絕戶」的情形在河西不能算是特出，清末以前山丹永昌等縣都是十幾萬人口的縣份，現在的人口却都不滿四萬了。

逃亡的根本原因是窮，然而窮從什麼地方來的呢？造成窮的淵藪是兵匪的騷擾，政府土劣的捐派，以及長期高利貸的盤剝。農家正常的收益是有限的，然而搾取的部門既多且苛。在這種情形下農家經濟只有一步步走向崩潰的道路。從八十多個個案裏，我們可以得到一些規律。一個中等以上的農家走向崩潰的第一步是出賣牲畜，在河西農家主要的牲畜是牛與羊，賣了牛便失去了耕作的主要勞力，或者可以說幾乎是失去了耕作勞力，在地曠人稀經營相當粗放的河西，牛在農事上是很重要的。在乙村有這樣幾句民諺：「家有一對牛，無地也不愁，家有一斗地（約一畝牛），無牛也討氣，乾犂土塊濕犂泥（意不能依農時）。」牛的重要性，從這幾句話裏便不難想見。賣了羊，則不但失去了重要的副業，更失去了肥料的製造者，在養不起猪的河西，沒有了羊幾乎就等於沒有了肥料。河西農家曾有兩句話形容農事上最苦的經營狀態。這兩句話是：「無種無牛，白田白地（無肥料）」，同樣一塊土地在同一年裏，有牛有羊的人家能有十分收成的，而無牛無羊的人家只有五六分收成。而且由於勞力與肥料的缺乏，對自己所有的田地，便只有輪流實行間歇的耕種，這樣子對於賣了牛羊的人家收益是大大的減少了，而無盡無止的各種剝削却依然的壓在頭上。於是收支更不能相抵，了，在這種情形下除了更壓低生活外，便只有硬着頭皮，飲鴆止渴的祈靈於高利貸了。（關於高利貸的情形請參閱新路十九期拙作）一舉了高利貸，馬上便走上了崩潰的第二步。原來爲不足而舉了高利貸的，因爲舉了高利貸便變得更不足了。一個不幸的農家，（其實除了極少數的剝削者，何嘗又有幸的。）既然踏上了崩潰的第二步，緊接着來的第三步便是必然的末來。崩潰的第三步是拆賣房屋，好點的房便拆賣給有錢人家改建新廈，壞一點的便只好拆賣做燒柴。上面我們提到的乙村的三十個堡子內的房舍，都是這樣毀掉的，遍佈在河西的廢墟，又何嘗與此不同一命運。一個農家走完了這崩潰的三步台級以後，已到了日暮窮途的地步，便只好走上「逃亡絕戶」的道路，賣妻鬻女，父子離散的悲劇也都會在這時候發生。

讀者或許要問，這怎麼便能算是到了絕路呢？他們不是將所有的田地還可以典押出賣嗎？對於這樣的問題，自然一個扼要的說明是很必要的。在河西絕大部分的地方，田地可以出賣還是近幾年的事，在這以前的二十幾年，田地不但不能出賣，連白送都沒有人願意接受。一般說來，有錢人都願投資到高利貸與牲畜上面，不但收益優厚，而且還沒有各種苛雜負擔。田地則是各種苛雜課收的根據，顯然的負擔很重。在田地連白送都沒有人承受的時候，逃亡的人家出逃的一大部分原因，便是爲了逃避田地上的各種負擔。甚至還有這樣的情形，在乙村有幾戶人家，他們在自己的本村原有較多的土地，但是他們都拋棄了，來到乙村後反接受了較少量的土地，爲的是負擔可以較原來減輕。田地的負擔歷迫着農民向外逃亡時，這種壓力對於同族較多的人家爲更大，因爲同族的人逃了，田地上的負擔照例便要向留村的同族負責。所以同族的人逃多了，所有同族的人便得逃光。河西有兩句俗語說：「饝饝吃到肚裏了，官糧爛到戶裏了。」這意思是說收成是屬於各人自己的，地主到了無力完納苛雜時，却要累到同族的身上了。多年來河西的農民在種種的剝削下，生活在一片悽慘的氛圍裏，種種的剝削造成了窮，逃，與亡的事實，窮，逃，與亡這三個字又編排了人世間的各種悲劇。

三十年的浩劫，殘留在乙村的人家僅只是原有戶數的三分之一了，其餘三分之二的人家，在土著的封建傳統與在上的政治剝削下，相煎着變成了「逃亡絕戶」。也許有人會這樣想，乙村的人口減少了，土地却並沒有減少，人口的壓迫既然減輕，乙村農家的生活便應該較前大大的改善了。其實這只是根據馬爾薩斯理論的皮相所得的推論，實際上這些殘存的農家的生活却較前更苦了。誠如我們上面所說，當農家失去了再生產的貧本與勞力時，土地增多了不但對於生活沒有稗益，相反的它倒是一種累贅。在河西農村調查歸來後我有一點感觸。河西農林經濟的結構，是一種新的或說是較原始的型態。在這種農村裏剝削關係也屬於另一種類型，它不是靠着租佃關係，而是靠着封建傳統與駭人的高利貸。因之要河西農村經濟的復蘇，用一般的辦法光着眼於耕地的再分配是不夠的。

文藝

一篇詩的毀棄

——一個自傳的橫切面——

畢基初

一片風景，一曲音樂，一段插曲，往往能無意的觸動記憶或思慮裏的啓機，感到一種重疊的契合，彷彿消融了事物的邊緣，與自己的思想情愫熔鑄成爲一個整體。這種觸動也許是不相干的，然而只要探尋到靈魂裏深藏的祕密，立刻會引起了像森林裏的火災，大海上的風暴那樣驚心動魄的激動。在前幾年前，這大城還在淪陷的時候，一個冬天的雪夜，我在曠野走着。我是從一劇場裏回來的，我剛看完了「林冲夜奔」，一齣中國的舞台上的舊戲。從鑼鼓喧天的嘈雜昏迷裏，我慢慢的清醒過來，似乎從什麼物象上得到一種認識，引起一種覺悟，我受到一種驚醒的感召，覺得我應該有一次遠行，離開淪陷的大城，向祖國，太陽，向自由的國土奔去。我沉湎在深深的思索裏，雪花落在我的臉上，我深一脚，淺一脚的在沒有人跡的雪地上跋涉。……

漸漸的那個舞台上戴着紅纓氈笠，穿着箭袖英雄氅的林冲在我面前消逝，凝聚成形的是一個身軀高大，駝背彎腰，披着竹葉的簑衣，戴着竹笠，腰間跨着朴刀，肩上抗着棍棒的中年漢子。他瘦削的臉上，鬍鬚蓬蓬，流溢着一種久經風塵的冷淡和悒鬱，深沉的目光遙望着遠方。他步履沉重的向我走來。他走近我，我突然發現他對我竟如此的熟稔。像前所說的邊緣在我們之間不存在了。我聽他說了很多的話，我了解他的孤獨，我感泣於他的遭遇，我看見他拔出他的刀，刀上染着血。他慢慢的把彎着的腰挺直，把憂鬱的面色變得莊嚴，目光裏開始燃燒着幻想的光彩。他這樣走進我的身體裏。

同到自己的住所，在別人恬靜的鼾聲裏，我點着蠟燭寫了一篇林冲獨白的詩篇。借用了一個熟悉的故事，却無意於它傳奇的色彩。我只是把我的痛苦，我的孤獨，我的遭受，我的期望的形象化，交給了那個走進我的身體裏的人。而強調一個人在情感上的支持，林冲也是我最好的付託者，這時我正沉在一個女人的情感裏做着狂熱的燃燒。於是做了一次痛快的發洩，我把詩篇完成。當時我聽到自己的血液在脈搏裏循環的聲音，我聽到黎明之前遠方的鷄鳴。我沒有刀，但我有一個遠方，我站在窗子前，望着閃着雪片的白光的蒼茫的遠方，想到那個獨自向深山大泊裏跋涉的林冲，我則感到了幸福的驕矜。——向太陽，向祖國，同另一個人手攜着手，這是怎樣美麗而甜蜜的幻想。

因此在這篇充滿了咬牙切齒的恨和響着刀砍骨頭的聲音的詩篇裏，我却相信了愛情。在詩的結尾我寫道：

一根棍棒
一把刀
和我的愛人的堅貞
够了，我終是幸福的
夜半，
沒有星
沒有月
別人沉睡
我清醒
走向深山大澤。

後來我把這詩篇交給一位詩人，他看過後，說我把林冲的情感寫得太複雜，曲折，矛盾，「水滸傳」上的殺人夜奔者只是遭受迫害後單純的恨，對女人的情愛在發配休妻時已做了狠心的訣別。我明白詩人的意思，我却苦於說不出我自己內心裏的一點隱祕，一點情感上難以割捨的沾滯，使我遲疑的放棄了幾次撕毀這詩篇的決心，正像我擺脫不開生活的曖昧一樣。

……然而這詩終於有一天讓我撕毀，這是最近的事。我結束了生活裏的一段傳奇，那個走進我的身體的形象幾乎縊死在女人的束髮帶上。在黃昏，我面對着一扇紗窗，這是我的世界，這是我的孤獨的世界，一頭壁虎躡跚在紗窗上，它是我孤獨的世界唯一的生物，也是我寂寞的黃昏裏唯一的朋友。這時我感到一種難堪的空虛。我眞的到了D.H.勞倫斯在「虹」那本書裏寫的境界麼？

「她是他在周圍深邃，澎湃的洪水中所站立的岩石，他又不會泗水。他必須以她爲立足點，他必須依賴她。他除了她，他生命裏還有什麼？什麼都沒有了。只攬了波浪滔天的洪水。」

我恐懼，我顫慄，我像陷在蛛網裏。

我喪失了對愛情的信賴，但又無法擺棄它的折磨。一個夢的幻滅迫我瀕於瘋狂，瀕於死亡。我曾瘋狂的要同一座女性的石膏雕像戀愛，爲了它的冷靜，爲了它的沉默，爲了它不會用它柔細的手指紗扭我的靈魂，它沒有香氣的頭髮也不會有罌粟的毒。

我眞的不能再忍受了。就在這個不能忍受的黃昏，我找出珍藏幾年的詩篇，撕成碎片，用我煙斗的餘燼點燃了它，讓它在我面前閃動着火燄的燃燒。我是想用這點火點燃了整個的世界。就在火燄的閃爍裏，那個幾年前在雪地裏走進我的身體裏的形象，意外的從火裏走出來。他仍是從前的樣子，只是顯得疲憊蒼老了一點。他默然的站在我的面前，彷彿我們之間有了這樣一段對話：

「你讓我做了這樣久的囚犯」他說。

「我讓你做了囚犯？」我是惶惑的，無助的，茫然的。

「是的，你把我囚禁了這樣久，你用錯綜的一點私有的情感圍住了我，你把我用鏈子鎖起來，奉獻給你熱情的塑像。這個卑污的世界在我手上戴了鐐銬，你却使我的心戴了鐐銬。——」

「那麼現在……」

「現在，謝謝你撕毀了你的詩，我又是我自己，我自由了，我自由了。」

我像是從一個噩夢裏醒轉，忽然感到從未得到的清明滲透了我發燒的神經。我爲我自己的無知和愚蠢臉紅了。我的記憶裏響着這樣一句話：

I live now
But live, Oh! with my faith in myself,

我記起了我的先生。在第一次讀他的「林冲獨白」，我就在手册上寫着，「這是一個倔強的靈魂的獨白，充滿了火燄和慘痛的疤痂，從這篇獨白裏，我深深的認識了先生，先生向我吐露了全部生命的祕密。這是他內心的告白和靈魂的獨語。他倔強，他孤獨，他冷笑的揮舞着手上的鐐銬擊卑污的殺人者，他有愛，也有恨。別人揶揄他，我要尊崇他，別人冷淡他，我要敬愛他。」

在我焚毀了詩篇後，自由的形象固執的說出了我的先生的這一句話。我是空虛的嗎？我是孤獨的嗎？不，這次我眞正的面向了太陽，我唾棄了遠行的幻想。我生活，我就要固執的生活下去——向着光明，向着太陽……

——一九四八、九月

新路周刊

發行者：中國社會經濟研究會
編輯部——電報掛號：三九六〇
　北平東直門大街九八號
經理部——電話四局〇六九三號
上海通訊處：
　電報掛號：五九〇六六〇
　電話四二二五五——五一號
　上海黃浦路十七號五一室
南京分銷處：
　西華門三條巷九號之二

訂銷辦法：

一、本刊歡迎直接定閱八折優待在定閱期間不受中途刊費加價影響郵資漲價酌扣書刊期滿前另函通知

二、本期零售每册金券壹角伍分預定三個月照價八折加郵費如下表

（三個月）

平寄：金券壹圓伍角
掛號：金券壹圓柒角
航平：金券貳圓貳角
航掛：金券貳圓肆角
國外：半年美金四元

三、外埠批銷每期至少在十份以上照價七折郵包費外加一律存款發貨特約總經售辦法另議

四、寄遞方法請來函說明舊戶續定或有查詢事項務請註明戶號

五、本刊每逢星期六在北平出版凡華北區定戶請向北平本刊經理部洽定其他各區請向本刊上海通訊處洽定分銷處與經售處係批售性質不接受個別定戶

新路 周刊

第一卷 第廿四期

CASEB THE NEW ROAD

中國社會經濟研究會發行

民國三十七年十月二十三日出版

短評

打內戰爲的是要完成民族主義？

民國成立的第三十七年國慶日，總統在紀念會上致辭，着重在說明二事：一、勦匪是要完成民族主義；二、勦匪軍事遭到了挫折，咎在人民之認識不清，意志不集中。吁，此何言？是不可以不辯。

在說明勦匪是要完成民族主義這一段中，總統致辭的大意是：今年三月召開國民大會，成立憲政政府，民權主義的實行於此獲得了初步的成功。……目前最迫切的任務莫過於完成民族主義。辛亥年推翻滿清，大家以爲這是民族主義的成功；後來有日本帝國主義者的侵略，抗戰勝利之後，大家以爲民族主義已經可以完全實現。但到了今天，證明這不過是部份的成功。今天民族的敵人仍然存在，而且是很險毒很頑强，其剷除較之推翻滿清和擊敗日本，尤爲艱鉅。今天民族的敵人是陰毒險狠的共匪。因爲共匪是中國人，所以他們爲虎作倀的罪惡難於辨認。自從國父領導國民革命以來，到今天纔遭遇了最後的敵人，民族主義纔遭遇了最後的試驗。

蔣總統是文告專家。國慶致辭已經改了幾十年，這裏我們特別將他在本年國慶日的致辭提出來，是因爲本年纔是以總統身份致辭，我們忝爲憲政政府下的公民，纔有資格質疑。我們讀了這個文告的第一大段後，第一個感覺是：自從有三民主義之提出，其實行是否有先後，有之，孰先孰後，這個問題在理論和事實上糾纏了幾十年，雖尙無定論，但對民有民治民享三民並舉齊舉之理，似乎沒有人尙持異議。而今總統將三民主義重行割裂，而謂目前最迫切的任務莫過於完成民族主義。民權主義，據云自憲政政府成立，其實行已獲得了初步的成功。民生主義呢？他說：「民權主義既然可以獲得成功，則民生主義的實現自然也沒有困難。」這種說法在邏輯上是否站得住，讓讀者自去評判。過去說三民主義具有連環性，是否因爲這是胡漢民說的，已將它廢棄了，亦讓讀者自去評判。

我們的第二個感覺是：三民主義應該是在野革命與在朝治國都要遵循之指針。喊嚷了幾十年，有實事可指的，只有推翻滿清與對日抗戰是實行了民族主義，給三民主義爭得了一個極大的面子。除此以外，民權主義，雖然是實行了憲政，實際行的是假憲政；民生主義，根本找不到一點實行的蹤跡，髣髴是這份家當早已被共產黨佔去了，就不必再去爭回。喊嚷了幾十年，三民主義一辭都成了極陳舊的名詞了，現在對付自己本國人，還得抬出民族主義相號召，怎能不叫人民增加其迷惘？不叫人民感覺這是在弄虛玄，在引人入迷宮，看他團團打轉，愈追問愈糊塗，愈寄希望愈失望，是否還繼續追問，還繼續寄以希望？

尤其使人迷惘的，是把信仰馬列主義的本國人當作外賓。當年鮑爾雪維克黨在俄國起革命，他們所宗奉的是一位德籍猶太人。未聞沙皇說這不是沙皇的敵人而是俄國的敵人。今日之將信仰馬列主義的中國人當作準外國人，要抬出民族主義這個法寶來對付他們，在歷史上不易找到先例；有之，怕只有希特勒德國之反猶太，佛郎哥西班牙之反人民陣線，差與相近。無論如何，這是在濫用名詞。名詞被濫用之結果，足以虧損民族主義之歷史的成就，吾爲三民主義整體之將更黯然無光致其杞憂。（競）

萬方有罪，罪不在朕躬。

在國慶致辭中，蔣總統痛心勦匪軍事之遭到了挫折，而歸咎於人民。他說話的大意是：在今年上半年憲政政府成立之時，他曾經預計在今年十一月以前要肅清黃河以南的股匪，可是現在已經是十月，不但黃河以南的股匪沒有肅清，而且最近濟南又被匪攻陷。他當時何以作此預計呢？就是因爲他想像行憲以後全國同胞都要擔負政治的責任，必可統一意志，集中力量以增强戡亂勦匪的工作。但後來事實與理想完全相反。此其原因，乃是由於一般沒有受過匪禍的人爲共匪虛僞宣傳所迷惑，以爲共匪也是中國人，他們也在實行民主自由，因爲覺得共匪的叛變不過是普通的內亂，決不至像日本帝國主義者那樣兇殘可怕。由於大家心理上有了這種錯覺，於是意志不能集中，精神趨於散漫，力量便無從發揚，以致半年以來勦匪軍事不能收到軍民一致協同配合的效果，受到不少挫折，這是失敗的主要原因。

我們讀到了這段說話，我們只有傷心，傷心百姓不易做。總統先生，我們願以是求教於您：幸而雖號稱行憲，依然是黨之國而非民之國，若果是民之國，全國人民眞有擔負政治責任之機會，可能憑其厭惡內戰之心，根本反對所謂戡亂勦匪，如果這個反對意見能形成決定的力量，於是您若不肯順從民意，放下武力，覓取和平，就得辭職，您能說這將一定不勝於今日之兵連禍結，民力被推殘到無以爲生，國力被斲喪到無以立國嗎？總統先生，您喜歡和人民講是非，但總是只講一面，就是您自己的一面，而忘記了尙另有一面，就是人民的一面。可能您佔了「是」底一面。如然，人民之「非」誠將敵不過您的「是」。然亦可能您是屬於「非」底一面。如然，您的「非」豈遂敵得過人民的「是」？以權力之佔有判是非，不一定便能判定眞是非。眞是非之不易判定也若是，而謂勦匪軍事之遭失敗，要歸咎於人民之認識不淸，意志不集中。總統先生，這種說法您以爲眞能服人嗎？

百姓不易做！「抗戰期間，節衣縮食，茹苦含辛，所爲何來？原冀忍受一時之痛苦，換取將來之康樂。乃勝利後，又不能不戡亂，就老百姓說，櫛沐風雨，胼胝手足，可謂勤矣。糟糠不厭，衣履不完，可謂儉矣。服兵役，納捐稅，凡憲法所載的人民對國家應盡的義務都盡到了。所有民有，民享，憲法所賦予人民的權利，則尙待實現。」（以上係老革命黨于右任行憲後國慶日獻詞中語）這還不够，還得負責軍事失敗之咎！

挨苦挨罵便够了，這還是幸運的，最後還得挨拖。在致辭中，總統終於將拖的話說了出來。他說：「共匪過去曾經誇大宣傳，說是今年一年就可以把我們政府推翻，但到了現在，又打算延長叛變到五年了。大家要知道，時間就是我們勝利的因素，時間愈久，共匪的弱點暴露愈多，民衆對他的眞相認識愈深。而他們失敗的時機也就愈近。」

不說自己此時打不倒共匪，而說共匪打算延長叛變到五年，這大概是被認爲巧妙的措辭吧？對啦，共匪要延長叛變到五年，總統就預備延長和共匪周旋到五年。總統先生，這樣周旋下去，你準知道人民願意嗎？假定周旋下去，而仍未能取勝，您預備給人民再加上什麼罪名？

「時間就是我們勝利的因素」！面對此言，像是在嚼苦茶，覺得苦，但苦中亦尙有味。我們人民挨了一頓罵，所得回來的安慰只此而已！（競）

立法委員的忿忿，監察委員的哀鳴

報載監察院於十月五日舉行院會，議及監委任秉鈞等八人之提案，請行政院認眞辦理糾舉案及糾正案以利監察權之行使時，監委發言甚爲踴躍。任秉鈞，孫玉琳，張定華等認爲行政院對監察院移送之糾舉及糾正案，往往以空言搪塞，甚至漠視不理，亟應提出嚴重警告或嚴正之抗議；楊貽達則認爲行政院處理不當，監委自可依法行使其監察權，不必由院會討論。辯論結果，達到了如下之決議：由院咨請行政院尊重監察法精神，對本院移送糾舉或糾正案件，應根據事實與行政責任，認眞辦理，合理改善，不宜曲爲迴護，或以空言搪塞，以利監察權之行使。

行憲後的監察院之提出糾舉案，其涉及大官者，有二件。一件是就北平七五事件對北平警備司令陳繼承提出糾舉，另一件是就洩漏有關幣制改革之機密事件對財政部長王雲五提出糾舉。這兩件糾舉案都迄無下文。難怪監委們表示憤慨。可怪的是監委們如認行政院之處理或不處理爲不當或失職，大可對行政院長提出糾舉，甚至彈劾，爲什麼僅止於行一個咨文要求人家尊重其監察權，自謂是作了嚴重的警告或嚴正之抗議，而實是近於「哀鳴」？留心今日中國之政治制度及人事者，大可於此側知「世道人心」。然究竟是追究不得。追究深了，也並沒有多大的意義。讀者試猜微妙處存在什麼地方？

在上述監委「哀鳴」之次日，立法院外交委員會開會。據世界日報的報導，在是會中，立委邱昌渭發言，謂外長王世杰出席聯合國大會，事先未與立法院作任何接觸，其在外言動，並不能代表中國；立委余拯亦謂王出國前，未先與本院或本委員會同人一晤，藉以交換意見，實有背民主國家一般慣例。

誰能說邱余兩立委說得不合理，指責得不對？問題在，這位王外長何以竟敢這樣狂妄，絲毫不顧及立委們之不平？此中又可以側知「世道人心」。然究竟又是追究不得。追究深了，也並沒有多大的意義。讀者試猜微妙處存在什麼地方？

時局已到嚴重關頭，然政府當局對之絕不悲觀。你道他有何祕訣？報載國民黨中央黨部十一日晨舉行擴大總理紀念週，蔣總統親臨主持，對目前政治，經濟，軍事一般情形有所說明。說到軍事方面時，他說：『軍事最要的是主動。古人說：「運用之妙存乎一心」，軍事當局必須不受任何方面的牽制和干涉，乃能從心所欲，指揮如意。……』結論中特別提出立監兩院應打成一片，與政府合作之意。他說：行政，立法，監察三院，以後必須打成一片，在整個國策之下密切配合，協調一致，俾憲政政府發揮其對國家的功能，戡亂建國得以增强其力量。立監兩院的決議和意見，行政院必須採納，而立監兩院對於一切議案的提出和決定，亦必須考慮國家事實上的可能，和行政院實際的困難。」教訓的口吻，你聽了，覺得有些刺耳嗎？你須明白他是在紀念週中講話，出席的立監委是以黨員身份去聽總裁講話。

誠哉，「運用之妙，存乎一心」！軍事的祕訣在是，政治的祕訣在是。一切一切，都只是這一語之註脚。妙就妙在此！

（喬）

國際問題論壇

從日本政局論到中國對日關係

王鐵崖

成立爲時七個月的蘆田內閣竟畢是跨台了。跨台的直接原因是昭和電工產業會社貪汚案；案件發展到經濟安定院長栗栖赳夫被捕，甚至牽涉到首相蘆田均本人，蘆田內閣就不得不提出辭職。其實，蘆田內閣自從第二屆國會開幕以來幾度遭遇危機，屢次均呈跨台的險象。國會討論預算案之時，在野黨與社會黨左派左右夾攻，再加上突然發生「西尾獻金事件」，國會之中遂一度醞釀提出不信任案，不久之後，「國家公務員法」的修正，又成蘆田內閣的一大難題，對着即將召開的臨時國會，恐將再受國會各黨派的攻擊，迫使內閣瓦解。這兩次重大危機幸均爲麥帥所挽救，對於前者提出預算案不得延遲通過的忠告，對於後者則發致公務員法應予修改的指示，其結果預算案通過，公務員法的修改也不成問題，蘆田內閣遂得暫延其生命。然而，蘆田內閣即使渡過難關，但其生命必不長久，昭和電工產業會社貪汚案不過是促其跨台的直接原因，而其跨台的根本原因却爲蘆田內閣在當前日本政治之中已失却其存在的理由，盟軍總部過去之略予維持者，非對於蘆田內閣有所偏愛，亦非謂其對於日本政治經濟的革新有所貢獻，實不外倒閣的藉口尚非洽當以及另一內閣成立的時機還未成熟而已。

蘆田內閣跨台之後，迄至本文屬筆爲止，新首相尙未提名。惟一般推測極端保守的民主自由黨領袖吉田茂必爲新首相的人選，奉命組織投降後的第三次吉田內閣；目前的問題僅爲新組成的內閣爲民主自由黨內閣，抑所謂以民主自由黨爲中心的聯合內閣，爲何黨參加內閣以及何黨退爲在野。民主自由黨及其前身自由黨原爲日本政治中保守勢力的集團，公開以極保守主義爲號召，自從片山內閣倒後，即開始聲勢浩大，於新選出的國會中取得大黨的地位，其國會議員雖非多數，然就其能於四百六十六席之中佔得一百五十一席，又得民主黨與國民協同黨的保守派的合作，再得所謂無黨派集團綠風會會員的支持，以民主自由黨爲中心的「保守聯盟」的政治力量確在片山的社會黨與蘆田的民主黨之上。新國會成立之後，蘆田之被盟軍總部擇爲首相純爲漸變與激變之間有所選擇，在性質上以及在作用上，蘆田內閣只是片山內閣之後的一個過渡內閣，給保守派內閣造一橋樑。等到國際政治中美蘇對立愈見尖銳，配合國際政治的日本保守黨派完全抬頭，以「中道政治」爲標榜的蘆田就失其作用，而蘆田內閣也就失其存在的理由，保守派內閣的出現殆爲必然的趨勢。從片山到蘆田，從蘆田再到吉田很像有計劃的一套做法，也充分表現未來日本政治的傾向。

日本政治既以極端保守主義爲其主要的傾向，這樣的政治能擔負日本和平民主的建立的責任嗎？在這樣的政治的支配之下，日本人民能實行思想革命與心理建設，以爲日本的和平民主建立一個精神的基礎嗎？不久以前訪日歸來的前行政院院長張羣發表「日本觀感」；在政治的方面，他說，「在政治路線方面，麥克阿瑟將軍的辦法是防止兩極端勢力的抬頭，讓「中道政治」得以順利發展」。冷酷的事實上，在他返國不久，所謂「中道政治」已被拋棄，而兩極端勢力之一極端勢力——改頭換面的神道法西斯的政治勢力已在抬頭。更慘的，傲慢不堪，數度藉辭拒絕參加駐東京中國代表團的雙十節招待會，而正如國民協同黨主席三木武夫所謂中蘇兩國均不滿的吉田茂爲新首相的人選，即將掌握日本的政權。

「日本觀感」一篇播講，充分表現張羣訪日的意義，也是日本投降後中國對日關係中最重要的一個文件，牠不僅供國人對日本問題的認識以及政府對日本問題決策的一點參考，恐其建議實際上已對於當前政府的對日外交發生影響，從國民黨報紙的言論，從外交當局的行動，顯然已見及政府採取了所謂從亞洲全局看日本問題的立場。在過去，對日政策是消極性的；消極性的政策，一句話說來，就是服從美國，要取賠償，也就是只爭賠償品而置其他於不顧。現在，要從消極性的政策改變爲所謂積極性的。積極性的對日政策而不違反服從美國的大原則，不超越美國對日政策的範圍，這是一個難題，「日本觀感」即爲解決此難題而提出具體的建議。

甲午戰爭之後的五十餘年，中國人民繼續不斷的遭受日本軍國主義的侵略，尤其是七七事變之後更險有亡國滅種的命運，此次戰爭的結果迫日本投降，中國人民對於戰後日本的動態表示極度的關切，自屬極自然的現象，既無須「以德報怨」以招得將來「以怨報德」的結果，也並非「以怨報怨」故意造成中日兩國永久的仇恨。事實擺在面前的是：日本投降之後美國在包辦日本的管制，其他國家難有置喙的餘地，同時，美國管制日本的政策係以反蘇爲前提，在此前提之下，美國在日本，在政治上扶助保守勢力的抬頭，在經濟上從事復興的工作，在軍事上保留一些重建的基礎；也就是說，美國在培植日本成爲美國反蘇的遠東堡壘。在此情形之下，中國人民熱烈的討論張羣氏所提出的那些問題：究竟日本的軍國主義是否可能乘着國際局勢的變動而復活？日本的民主政治是否能夠眞正建立？將來會不會再回復到極權政治的舊路？日本經濟如果復興，是否能使日本重整武裝，或者妨害中國的經濟建設？盟軍總部對日管制政策是否失於寬，有沒有錯誤？在討論的過程之中，遂產生了全國各地的廣泛的反美扶日的運動。

對於這些問題，張羣氏於訪問日本之後，在其播講中則給予否定的答覆。其實，重要的不在否定的答覆的本身，因爲美國政府以及盟軍總部早就給否定的答覆，本來對於事實的觀察，各有不同的立場，對於事實的解釋與看法更容易發生歧異。重要的是，在這否定的答覆之上，提出一個特殊的計劃，亦即以此爲基礎，提出一個似乎相當動聽的建議。此計劃，此建議，簡單言之，即爲中日合作的亞洲區域經濟集團。我們既不必恐懼與猜疑日本軍國主義的復活，而同時日本的經濟復興計劃的關鍵係操在我們手中——因其主要原料要取自中國，其工業成品也要向中國推銷，因此，我們應該主動的與積極的興之合作，造成亞洲的經濟集團，使日本的科學知識和勤儉耐勞的國民性對於亞洲經濟建設有充分的貢獻。表面上儘可以擴大爲整個亞洲的經濟計劃，骨子裏很可以縮小到中日韓三國同盟，也可以以前者爲始，以後者爲終。建議與計劃提出之後，於是乎官方報紙製造亞洲集團的輿論，號召亞洲民族國家共謀亞洲經濟的復興與繁榮，於是乎中國亞洲關係協會適運成立，於是乎張羣氏還有訪問朝鮮以及東南亞的計劃。同時，外交上也有初步的試探與佈置，外交部部長赴歐出席聯合國大會，路過暹羅與印度，頗有與兩國當局商談的意思，到了巴黎，外長在聯大會席上演說，集中討論亞洲與遠東的問題，除了指出安理會之中亞洲及遠東的代表數額不足之外，特別留意韓國獨立，荷印爭端，與亞洲遠東經濟委員會的問題，一方面爭求亞洲國家的同情，另一方面圖取亞洲的領導地位。

亞洲經濟集團計劃的提出似有其如意的打算，第一，亞洲的區域組織，除了澳大利亞所發動的東南亞殖民地國家的集團之外，印度與緬甸的領袖以及安南印尼人士的嘗試與努力，均未見效，以中國爲五强之一的地位不妨一試身手；第二，美國對於歐洲既有馬歇爾援歐計劃，以西歐國家政治與軍事聯盟相配合爲條件，亞洲不妨先自成立集團，以追求亞洲的馬歇爾計劃；第三，美國大選即將屆臨，杜威之被選將無問題，杜威重視遠東與中國，中國先發動亞洲集團計劃，先有所準備，使杜威選出之後立即擬定杜威的援亞計劃，以與馬歇爾計劃相比美；第四，美國在遠東之重視日本遠甚於在歐洲之重視德國，把日本包括在亞洲集團之中，以中日經濟合作爲亞洲經濟建設計劃的主要部份，使該計劃更易爲美國所歡迎。這些打算，除了第一點之外，均以美國爲對象，計劃的最高指導原則爲服從美國，其能否實現完全依賴美國之是否願意支持，其惟一的目的也就是爭取美國的經濟援助。在這樣的打算之下，在美國方面自然也有人在熱心釐訂所謂亞洲復興計劃，內定麥克阿瑟爲遠東區的總督導，以資響應。

本來，如果服從美國爲最高指導原則，如果只求美援不計其他，一切問題均不成問題，一切困難均不成爲困難，所謂亞洲經濟集團的計劃未始不是極巧妙的計劃，因爲美國援華到了今天需要換個題目，日本賠償品也非取之不盡用之不竭，何況美國還不願意其他國家大量取用。亞洲經濟建設是一個大題目，中日經濟合作對於反蘇反共的美國是一個動聽的說法，既可安定中國，又不致妨礙日本的扶植。要服從美國，必須採美國的觀點；採取美國的觀點，則日本絕不是侵略的勢力。保留幾個海軍基地，擴建幾十個機場，訓練幾十萬警察，供用幾十艘艦艇，將來即使有所擴充，以備對蘇作戰之用，對於美國絕無安全的威脅，維持日本的財閥，復興日本的工業，恢復日本之對外貿易，與美國的經濟利益並不衝突，更談不到損害美國的工商業。服從美國，一切就聽美國安排，美國的安全即是中國的安全，美國的利益就是中國的利益。如果麥克阿瑟被任爲遠東區的總督導，監督遠東一切國家，那是服從的必然結果，在亞洲經濟計劃之中，工業日本農業中國，以中國的原料換取日本的工業成品，那是爭取美援必須付出的代價，在美援的引誘之下儘可忘記工業與農業之必然的優秀，經濟力量之爲軍事力量的基礎，而以日本的經濟復興計劃所需要的原料要取自中國，因而其復興的關鍵操在中國的手中引爲自豪，忘記了中國將來淪爲日本市場之可能的結果。依此推論下去，則日本政治的動向也儘置於不問，蘆田的「中道政治」之被拋棄，以及保守黨派之抬頭，也儘可以認爲日本民主政治又躍進一步了。

三年來美國的外交

吳允會

在正式敍述美國近年的外交以前，有幾點需先加以討論，這便是美國人對歐洲的基本態度；美國的新地位；以及兩黨政治與外交的關係。

美國人對歐洲的情緒反應相當複雜。美國人大半都是歐洲移民的子孫。種族相同，文化相似，對歐陸相當關懷。對於歐洲的舊文化傳統也十分仰慕。三十年前美國的學者多半都曾經留學歐洲，尤其是德國。但另一方面對歐洲的政治外交却感覺頭痛。到美洲去的移民大都是在祖國社會中無法謀生或是宗教上遭受壓迫的人，這些人和他們的子孫自然對舊大陸的政治社會感覺不滿。並且感到美國是個新興國家，厠身在舊大陸縱横捭闔的外交關係中，容易上當，以不過問爲上策。這便是孤立主義在民族心理上的基礎。一八二三年以來所宣佈的門羅主義和一九一九年至二次大戰期間偏于孤立主義的政策，是有其深遠的背景的。但這種心理在二次大戰後由於美國的新國際地位而大爲改變。

第二次大戰後一個很顯明的特徵就是強國數目的減少。美國和蘇聯成了僅有的兩個超等強國。美國已其勢不能不過問歐洲的一切。況且長距離轟炸機的出現，V式武器的發明，和原子彈的問世，已經使美國以前倚爲天塹的大洋失其作用，恢復孤立主義也恐不足以自保。但美國在國際上主盟壇坫的經驗不如英法。這次時會所趨，負擔特重，有時在應付上未盡得當，技術上或欠純熟，也是難以避免的現象。回猶分治問題的態度屢更，文生赴蘇之說的突然傳佈是較近的例子。再者美國人民對其他國家的估價似乎也有欠沉着，揚之則令入天，抑之當使入地。對德作戰期間，美人對蘇聯推崇備至，以爲蘇聯也是西方標準下的民主國家。及至戰後看到蘇聯在東歐的擴張，和國際會議上的強硬態度，則又產生過度的反感。實際上戰時和戰後的蘇聯政策並沒有太大不同。而對於中國的觀感似乎也可以作爲這種忽揚忽抑的例子。美國在傳統的民族心理上不願意過問歐陸的政治外交，但目前又其勢不能不過問，而若干新武器的出現更增加了美國不安全的感覺。這便是美國目前外交政策的背景。

此外我們要提一下所謂兩黨外交政策。美國現在的外交政策（至少其對歐洲的部份）是不在本年競選的節目以內的。自從貝爾納斯時代起，重要國際會議上常有共和黨要員擔任顧問。馬歇爾計劃的得以通過，范登堡出力甚多。所以目前的外交政策，不致受大選的影響，可保有連續性，這是很重要的一點。

以上是一些泛論，底下我們要檢討三年來美國外交的實際情形。戰後美國的外交可分爲三個時期：（一）一九四五年七月至四六年三月，這是對蘇澈底合作時期，（二）一九四六年三月至四七年三月，這是所謂「堅定忍耐政策」(Firm and patient policy)時期，（三）自一九四七年三月直至現在，這是對蘇實行「邊緣範圍政策」(Periphrial containment policy)的時期。第一期中的重要會議有波茨坦會議，倫敦五外長會議和莫斯科三外長會議。波茨坦會議決定了處理德日的計劃，莫斯科會議決定了朝鮮託治和調停中國內爭，都曾經有很好的結果。但蘇聯在東歐的擴張已在開始。蘇聯與英美之間對東歐問題已有過爭執，而這些爭執是在羅斯福總統逝世以前就已經發生。

第三期開始於一九四六年三月巴黎會議中。美國起始採取所謂「堅定忍耐」的態度，同時也是所謂兩黨外交政策的開端。這一個時期國際會議中爭執漸多。但仍有一項重要的成就，那便是簽訂以對義大利等五國的和約。這期間東西方國家之間最嚴重的事件便是南國擊落美機一事。美國提出了最後通牒，南國終於迅速地屈服。

第三期由一九四七年三月十二日開始。在這一天杜魯門向國會提出了援助希土的咨文。在這篇咨文中，杜魯門公開說明，美國外交政策的要義「在援助若干國家，防止極權主義侵入。這便是後來所說的「杜魯門主義」。在這以前，一九四七年一月中，馬歇爾將軍繼任國務卿。國務院經過一番變動，新成立了一個最高政策設計委員會(Top planning committee)，設委員五人，由留蘇五年的蘇聯專家凱南(George Kennan)任主委。這個機構是代國務卿制定政策的。在這以後，美國的外交政策遂趨向計劃化。

同年四月在莫斯科開外長會議，討論德國問題。爲了對賠償等問題的爭執，無結果而散。六月五日馬卿在哈佛大學講演，提出了經濟援歐的計劃。八月裏西歐十六國集會巴黎，擬定了配合美援的自助計劃。「馬歇爾計劃」於是誕生。終於發展爲目前對歐五十三億元的貸款。目前美國對歐洲的外交實係以杜魯門主義和馬歇爾計劃爲兩大支柱。一軍事一經濟。在援歐計劃提出之初，頗有人認爲這表示美國放棄了杜魯門主義，但由今日看來，可知其不然。

馬歇爾計劃之所以形成，實由於美國看到了僅僅軍事力量不足以阻止共產主義的傳播，貧窮飢餓的歐洲將成爲過激主義的溫床。「外交季刊」在一九四七年七月號上曾刊有亞姆斯特朗(Armstrong)所寫「重訪歐洲」(Europe Revisited)一文。其中寫明西歐大部份人民都困於飢饉，已無暇顧及思想或意識問題。他們在政治上的判斷是以麵粉煤斤爲準。我們可以看出，國務院的專家們大約得到了同樣的結論，經濟援歐計劃實際正是用來對付這種以麵粉煤斤爲準的政治思想的。

美國在制定經濟援歐計劃之後，顯然已不急於和蘇聯解決懸案，她要等經濟援助收效，西歐情勢鞏固之後，再同蘇聯解決問題，這樣會對美國有利。馬歇爾在幾次的講演中曾對美國人民說明此點。去年十二月倫敦外長會議的失敗，此後外長會議的不再召開，和西德的單獨改革幣制籌組政府等等，都是美國這項政策的表現。

戰後美蘇對歐洲問題的態度似乎曾有重大的轉變。在援歐計劃實行以前，美國急於解決德義和約的問題，蘇聯則有意延宕。因爲和約一日不簽，佔領軍即可一日不撤，而蘇軍的留駐東歐和德國是有極大的政治作用的。我們不願竟說蘇佔領軍曾干涉各國的內政，但蘇軍的留駐至少對反蘇派的活動可有鎭懾的作用，這便够了。蘇聯之拖延政策即由於此。在援歐計劃實行以後，美國已擬定了一套長期計劃，準備等到西歐經濟穩定，情勢對西方有利後再與蘇聯談判。不再急於解決問題。蘇聯則東歐的勢力範圍已經確定，繼續向西的擴張漸感困難（今年四月義共在大選中的失敗是顯著的例子）。目前倒想談談德國問題。近來的封鎖柏林，目的是在藉此逼迫英美同意在莫斯科再開外長會議。（但不一定要在目前解決一切有關德國的問題。）這是美蘇所打的不同的算盤，往往彼之所急，正我之所緩。目前的國際僵局即由於此。

以上我們已說明了美國近三年來的對蘇政變如何由澈底友好轉變爲「堅定忍耐」，更轉而爲「邊緣範圍政策」。以及馬歇爾計劃實行後，美蘇對德國問題緩急態度的不同，因而造成了現在的國際僵局。但現在各國頗有一些人對美國的强硬外交發生誤解，認爲美國可能發動對蘇應爭。於是愛好和平者憂心忡忡，火中取粟者私衷慶幸。而實際並非如此。

美國現行的對蘇政策，其輪廓意義具見於凱南的「蘇聯行爲的根源」一文中（原載外交季刊一九四七年七月號），關於此點筆者前此已在本刊及其他地方再三指出。根據這項估計，蘇聯的和平擴張不會自動停止，但當她遇到有力障礙時，便會停止，並且可能進而與西方國家解決懸案。美國範圍政策的理論根據即在於此（這項理論的是否死確是另一問題。）但是這項外交的堤防不能僅限於軍事性的，經濟性的堤防同樣重要，於是出現了馬歇爾計劃。

美國對蘇的範圍政策可以分爲三個階段：第一個階段是在蘇聯與西歐間之戰略地帶，佈置軍事性的堤防，對希土的援助，便是這項政策的實施。第二個階段是援助西歐經濟復興，在思想上和經濟生活上築起堤防，使共產主義不易滲入這便是馬歇爾計劃。但由於美國陸軍人數過少，徵兵不易實行，爲了加强西方國家的實力，有利用西歐陸軍的必要（西歐國家除瑞士西班牙外現有陸軍二百萬人），於是組織了西歐軍事聯盟。但最末一個階段將是在適當時機與蘇聯解決懸案。現在是正在第二階段中。我們至少可以說美國務院人士的計劃是在有利時機與蘇聯談判，而不是要和蘇聯打仗。

美國誠然有一部軍人在叫囂發動「預防性的戰爭」，並且認爲可以短期制勝。但許多戰略家和軍事評論家都知道假若戰爭爆發，六星期後歐洲將全部淪陷。原子彈不能用於西歐，於是戰爭必將拖長，美國並無短期獲勝可能。鮑爾溫最近在哈潑雜誌上所發表「戰爭的代價」一文即代表這種見解。所以即使拋開美國民主傳統不談，也不致輕易發動戰爭也。

最後我們僅能略提一下美國的對華政策。美國以一九四七年一月馬卿回國爲轉捩點，在對華態度上有重要改變。這項改變與戰時史迪威將軍召回後，在遠東戰略上的改變，甚爲相似，就是將着重點移往別處，但也絕非Hands off之謂。再者美國戰後的對華政策，就其政治部份而言實係戰時政策之延長，其連貫性值得注意。而馬卿以彼邦元勳，七旬老叟，匡廬八上，無功而還。其中心或不無耿耿。亦爲值得注意之另一事實。

如何瞭解戰後蘇聯的行動

翁獨健

一 怎樣透視蘇聯

當前的世界政治事件中，美國和蘇聯無疑的是起着最重要的主導作用的兩大國家，因此，要想瞭解國際事態的演變必須先對這兩強有深刻的認識。一般說來，瞭解美國易而瞭解蘇聯則較難，這是因爲一個新興的社會主義國家的內部情勢比較一個資本主義國家的爲複雜，往往使我們一般情形和它迥異的國家的人們對它感到生疎隔膜，無從了解，另外再加上製造鐵幕神話的人們有意的曲解和蒙蔽眞相，就更增大了對蘇正確認識的困難性。例如，現在世界上有許多人認爲蘇聯是神祕性的國家，在它勢力圈內，到處放下一張鐵幕，隔斷外界對它的交往和瞭解，在鐵幕後面作些什麼事情呢？由於「好事不背人，背人無好事」的推論，就把蘇聯自然而然地看成了一個新帝國主義，新極權政治的獨裁國家，它的目的是要不斷向外擴張，赤化全世界，剝奪人類自由，奴役全世界人民，把蘇聯看作世界第三次大戰的可能發動者，一切罪惡的來源。相反，另外有些人則認爲蘇聯是現在世界上最民主的國家，爲最大多數人民謀福利，政治自由，經濟平等，生活最合理，文化最進步，同時也是一切民主勢力正在生長發展的國家的一個良好模範，蘇聯的目的是要建設一國社會主義，並以和平漸進方式幫助世界人民進行他們切合當地環境的民主改革，使全世界人民同享民主解放的幸福。戰爭，如果將來會有戰爭的話，那是由於那些資本主義國家的戰爭販子所挑動，造成，因爲他們要保存他們的特權，他們的反民主勢力。目前他們藉口反蘇反共，虛聲恫嚇，目的無非要藉機會加强對國內民主勢力的鎭壓，同時在煙幕下，暗中强化其對落後國家是殖民地地方的掠奪、剝削。但，蘇聯看穿了他們的陰謀，蘇聯決無意戰爭，相反地，蘇聯要保衞和平，並且信賴全世界民主力量，要和他們聯合起來，共同撲滅反動的叫囂，陰謀。以上是兩極端的看法，夾在二者之間的，更有些人士對于蘇聯的戰後行動，感到純粹的莫明其妙，他們以爲蘇聯的行爲是自相矛盾的，不可理解的，有時蘇聯似乎是一個社會主義國家，在爲和平自由幸福而努力，有時則爲帝國主義式的，在要求國際上的以武力作後盾的特權，有時蘇聯是防衞性的，有時則又向外侵略擴張。他們覺得蘇聯像一個本質善良的淘氣孩子，平日雖然很好，一旦發起脾氣，則又頑强固執得不可理喩。因此，他們對蘇聯的未來行動感到困惑，對世界和平也沒有信心。

造成以上三種紛歧的意見的理由，不外如上面所說一半由于蘇聯的複雜性難於理解，一半由于製造鐵幕神話人士的故意曲解，蒙蔽眞相。

實際上外交是內政的延長，如果能徹底了解一個國家的內情，則必然能把握到理解它的對外行動的關鍵，蘇聯雖然國情複雜，但如能平心靜氣地，對它作一番分析研究，一定可以看出它潛伏在各種行動後面的眞正動機來。本文的目的，就是試圖盡可能根據蘇聯本身的特性，把握它的多方面的複雜的因素，透視戰後蘇聯在國際行動方面的眞正動機和基本原則，一一分析，列擧如下，以供留心目前世局者的參考。

二 決定蘇聯戰後行動的幾種基本要素

蘇聯是一個在發展中，演變中的國家，若就表面行動而論，蘇聯在發展的過程中，爲了適應各階段的現實環境，隨時隨地可有種種不同的變化；但，就其立國的本質而論，則今日的蘇聯實由於（一）帝俄傳統，（二）共產主義兩大要素所交織構成。這兩大因素本質上原是不相容的，但在決定蘇聯的行動上却具有相反相成的妙用。而且隨着時勢的推移演變，這兩大因素的力量也互爲消長進退，而彼此牽制，影響，再分化爲許多種指導具體行動的原則。現在我們試歸納戰後蘇聯行動的諸種表現而加以綜括的檢討。

第一，蘇聯對於社會主義爲人類社會發表最高階段的信心。蘇聯的立國指導原則爲共產主義，在共產主義者眼光看來，人類社會在經過原始共產主義社會以後，就必然通過奴隸社會，封建社會而達於資本主義社會，再經過資本主義而由無產階級專政變爲社會主義社會。所以，蘇聯自信它的社會制度爲現在最優越的最進步的，而且相信共他國家遲早都要走向社會主義的道路。在這種情形之下，蘇聯可以相信時間於它有利，因爲蘇聯站在一個穩固的社會基礎上，向上發展，時間愈長，進展愈多。相反，資本主義國家則站在一個極端不穩定的社會基礎上面，時間愈久，則其動搖崩潰的可能性愈大。這一點和法西斯國家的急進心理完全不同。

第二，信賴各國的人民力量和革命勢力。蘇聯自一九一九年第三國際組織成立以來，即成爲世界共產主義運動的中心，雖然一九四三年第三國際宣告解散，而蘇聯則一直還是世界各地共產黨人心目中的聖地，在精神上對各地共產運動仍有很高的指導權。二次大戰以後，除去在資本主義先進國家有以工人無產階級爲中心的共產主義的政黨外，在比較落後的東歐及亞洲各地則有以新民主式的農民革命爲號召的共產主義運動。由共產主義理論看來，工農無產階級的革命，都是社會進展的必然結果，蘇聯當然賴信這些革命運動的支持。換句話說：有些人認爲蘇聯企圖以武力推行世界革命，這實在是不必需的，而與共產黨人所謂「革命不輸出的」以及蘇聯對於「社會主義的膨脹」的解釋並不符合。

第三，蘇聯式的愛國主義的高漲。在二次世界大戰進行中蘇聯人民保衛祖國的心理大爲加強，這種新的愛國心包括兩個因素，一爲帝俄的傳統，一爲保衛共產主義的熱情。近年蘇聯人對於帝俄時代的看法已隨建設一國社會主義及保衛祖國反抗法西斯侵略戰爭的進行而大有改變，這種古老式的愛國傳統的復活，加上「保衛無產階級祖國」的新的觀念，使得愛國思想空前高漲。在這種心理因素的影響下，蘇聯就發生了恢復舊俄時代的國際地位榮譽，特權的要求，這種要求表面上看來是帝國主義式的，而內容上則爲社會主義式的。例如，對波羅的沿海三國，在表面上近似採取了舊式的併吞，而在實質上則建設了新的社會主義的體制，使人民生活改善，舊的帝俄時代的專制政權及虐待少數民族則並未恢復。

第四，參與世界事務。從十九世紀以來帝俄久已成爲世界第一流強國，歐洲及近東，遠東發生的問題帝俄均曾過問（尤以戰敗拿破崙後爲甚）。自從十月革命以後，始受資本主義國家的排斥而退出國際政治圈外，雖以後逐漸與各國復交且加入國聯，但國際地位則遠不如舊。二次大戰敗德以後，蘇聯人信心加強，因而迫切要求恢復過去的威信和榮譽。現在蘇聯自視至少應與英美站在平等地位，均爲世界強權之一，所以，一切世界事務發生，即使與蘇聯利害無甚關聯，蘇聯也必積極參預，而對於一切凡足以減低國際威信的事件，雖屬小節，也決不肯讓步。在年來聯合國大會及外長會議中，這種例證極多。

第五，強權政治。在上述各種心理影響下，蘇聯看清了目前國際局面，在一個社會主義國家加入世界資本主義國家羣，共處的時候，在本質上仍然是一種強權政治，從抗德戰爭中，蘇聯與英美等組成聯合國陣線時起，即是一種以利害相結合的強權政治，因此，祕密外交，勢力範圍，勾心鬥角，排他聯盟的運用無不隨戰爭而俱來。在聯合國制度上更保存着大國一致的基本原則，實際上也就是強權政治的具體說明。

第六，安全地帶的設立。戰後在蘇聯接壤的國家，尤其在東歐均先後實行了新民主改革，這樣就給蘇聯造了一條安全防線，這是由於蘇聯歷史上充滿了被外敵侵略的記載，第一次大戰後又飽經反蘇防線封鎖包圍的痛苦，因而在蘇聯心目中引起一種求安全感的需要，在最近提議裁軍和銷毀原子彈問題的發展上，更可見蘇聯這種用心。

三　蘇聯戰後行動的五大原則

以上述的幾點是背景，蘇聯戰後行動歸納起來，實際上是按照下列五大原則進行的。

第一，堅守和平。蘇聯「維護和平」的政策雖曾一再宣稱，未得國際重視，然而蘇聯的堅守和平的信念是有理由的。因爲蘇聯既然相信時間的因素對社會主義國家爲有利，而蘇聯在二次大戰中所受創傷更需長期修養始能恢復，同時又無以武力推行世界革命的需要，則蘇聯的愛好和平自屬當然。戰後史太林五次重要談話中（對小羅斯福，對史培森，對英國訪蘇的工黨議員，對英國坎特伯里副主教詹森等的談話，對華萊士公開信的答覆）都表示這一貫的信念，就是社會主義國家可與資本主義國家長期和平共處，主要強國間的合作可以長久維持。足證蘇聯的愛護和平政策是很有根據的。

第二，堅守戰時國際條約。在抗德戰爭時期，蘇聯曾與英美合作，規定許多建設戰後國際秩序的條約，這些條約大部分是當時聯合國親密合作關係的反映，尤以澈底消滅日德法西斯勢力一點最適合蘇聯的切身利益。戰後蘇聯堅持遵守當時各項條約，尤以商議對德對日和約問題上，蘇聯認爲關係重大，非澈底遵行不可，這一點也成爲戰後蘇聯外交的特色。

第三，不惜拖延。德日和約至今未簽，許多國際問題迄未解決，這是由於蘇聯堅持遵守戰時條約，如不能辦到，則寧可拖延，不願妥協，委屈求全。這一點一方面與蘇聯國家利害相關太大，一方面也由於要保全威信。

第四，不懼戰爭。蘇聯雖然愛好和平，但並非無條件地維護和平，因爲二次大戰獲勝的經驗，蘇聯對自己實力的信念大爲提高，再加上各國國內革命力量的牽制，蘇聯應付戰爭並無太大的困難。由於地理條件的限制，原子彈在對蘇戰爭上並不能發生多大效果(假定蘇聯在開戰時還不能製造原子彈)。

第五，重歐輕亞。戰時由於戰略的要求，蘇聯是催促早闢第二戰場，並且主張先歐後亞的作戰計劃。這種注重歐洲而輕視亞洲的心理也是蘇聯歷史因素所造成的。再加上蘇聯的軍事經濟重心都在歐洲，因此，爲了國防的安全感，對於西線的防衞不能不特別重視。其次，從共產主義觀點來看，歐洲終是資本主義先進國家，亞洲則多停留於封建社會或殖民狀態下，輕重顯然不同。

四　未來的展望

由於以上分析的結果，我們不難推論出來，今後蘇聯的外交行動仍將遵照這些原則進行下去，因爲作爲支持這些原則的基本因素都是和蘇聯的立國精神密切關聯，劃分不開的。我們不難想像，在今後國際政治圈中仍將有一段很長時期（除非遇有特殊變動）是現狀的延長。由於蘇聯的自信，仍將以建設國內社會主義爲影響世界革命勢力的主要方法，並且以國內生產建設來提高它的威信。由於蘇聯的堅定，國際困難問題短時期內將不能澈底解決，但其發展決不能嚴重威脅世界和平。資本主義國家也不能因此幻想蘇聯的屈伏，（即使在包圍封鎖和戰爭恫嚇雙管齊下之際）。

不過，我們須知蘇聯是一個在發展中，並且是在社會主義發展中的國家，隨着各時期各階段的具體情況的演變，它的行動隨時會有新的修正，我們決不可武斷地觀察，以一個時期的特徵來概括全般。

專論

我國新人事法規之制訂

趙德潔

立法院在本屆會期中，新公務員任用法即將被提出討論，公務員保險法已付委審查，其他如公務員服務法，考績法，退休法，撫卹法，懲戒法等各種新人事法規，亦將陸續送交立法院討論通過。關於我國當前人事行政，應如何使之制度化，健全化，合理化，立法委員諸公，不乏明達專家，卓識遠見，自當早具成竹在胸，無待吾人曉舌。但芻蕘之言，賢者不棄，管窺之見，容有一得，謹略抒制定新人事法規時，應注意各點如下：

一、考試及格爲任用之先決條件　我憲法第八十五條規定，公務員之選拔，應經過公開競爭考試，非經考試及格者，不得任用。傳新任用法草案對此點規定極嚴，寧缺勿濫，至堪稱頌。惟法律剛性太強，恐於實行時，阻礙太多。現任公務員，倘皆予以嚴格考試，事實上能或肯參加者，恐爲數太少，且其中有曾經考試或銓敘及格者。如全數棄置不用，豈不可惜，對施政影響，豈不太巨？在此過渡時期，似宜有一種變通辦法，考試銓敘，同時進行。凡銓敘業已合格之公務員，准予暫時留用，未經銓敘之現任公務員，准其繼續送審。若干年後，考試及格人員漸增，再將此批暫時留用人員，依次淘汰，如此則法律與事實，雙方皆可顧到。

二、統一各法令中公務員之定義　我國各項公私法規中，對於公務員所下之定義，五花八門，各有千秋。甚至以公務員爲對象之各人事法規，亦皆各有不同之解釋。在人事行政以「科學化」爲標榜的今日，其對象常存在於極浮泛極含混的觀念中，實爲行政法上一大憾事，故現今極需一公務員之準確界說。

據刑法第十條第二項規定，「稱公務員者，謂依法令從事於公務之人員。」此解釋包羅萬有，司法官，警察皆在內。

二十八年十月公佈，三十六年七月二次修正之公務員服務法，第二十四條原文爲：「本法於受有俸給之文武職公務員，及其他公營事業機關服務人員，均適用之。」又二十三年司法院解字第一〇六一號解釋「公務員」，亦將服務於國營事業機關人員列入。是則國營或公營事業機關從業人員，受有俸給之武職人員，統爲公務員矣。

二十年六月公佈，二十二年十二月二次修正之公務員懲戒法第十條，又將所有政務官及事務官皆包括於公務員內。二十二年二月國府第五四號訓令，依中政會決議，聘任人員被付懲戒，視爲公務員。是則選任，特任，簡任，荐任，委任，聘任人員，皆係公務員。

三十二年十一月公佈，三十六年六月修正之公務員退休法，及公務員撫卹法（公佈及修正年月同），解釋公務員較爲嚴格，只限于現職經銓敘審定，登記有案者，此外又加入警長及警士。

二十三年三月公佈，二十六年一月二次修正之公務員任用法，採最狹義之解釋，不包括政務官，即事務官中，亦須具備充當簡任，荐任，委任各職所應具備之資格，而經法定手續審查認可者，始爲銓敘合格之公務員。

上述各項法規，因本身性質不同，對「公務員」之解釋亦異。惟人事行政之對象，既爲公務員，人事行政之目的，又在事得其人，人盡其才，故一般行政法學者以爲公務員任用法上公務員，應從廣義解釋，包括所有政務官，事務官，聘任人員，及雇員。凡依法令從事國家行政活動之人員，除任武職者外，皆應列入適用任用法之範圍，他項法規應準用任用法上公務員之界說。

三、確定公務員與國家之法律關係　公務員與國家之法律關係，歷來學者有三說：甲、契約說，乙、雙方行政行爲說，丙、單方行政行爲說。三說中以最後一說，比較妥當。最後一說，又分兩派：子、絕對單方行政行爲，大意謂國民有服公職之義務，國家得強迫國民爲公務員。丑、相對單方行政行爲，此派承認國家地位優越，但國家任命公務員之行爲，發生效力，仍繫於受任命者之意思表示。兩派中，又以第二派立論，比較周到，能自圓其說。我國憲法第十八條明訂人民有服公職之權，既稱權利，國家自不應違反本人意志，強迫任用爲公務員。惟此種權利，兼具義務性質，如無正當理由，不應拋棄。類如人民公法上之陪審權，選舉權，私法上之父母管理幼年子女財產權是。爲免除解釋紛歧，一勞永逸計，新任用法中，似應根據學理，將公務員對國家之法律關係，再行加以詳明註釋。

四、公務員任用資格似應略予降低　現行任用法規定，荐任職公務員任用資格之一，爲國內外大學畢業而有專門著作者，委任職任用資格之一，爲專科以上學校畢業者。就任用以後所執行職務而言，所需資格，實嫌太高。

在英國，相當於初中畢業程度，即可投考書記級公務員，錄取後充任各部科員；相當於高中畢業程度，即可投考執行級公務員，錄取後充任各部科長之類。至第一流大學之畢業生，已可參加行政級公務員考選，將來可受任副司長，司長或可升至常務次長。美國對於公務員之學歷資格，限制更寬，法國亦同。

我國抗戰期間，後方公務員待遇菲薄，多改業求去。同時學校內遷，弦誦時輟，人才來源又患不給，故不得不降格以求。三十一年十月有「非常時期公務員任用補充辦法」之頒佈，規定中學畢業，得以委任十二級以下職位令派見習。此外資格淺者得受「試用」待遇，官等低者可以「權理」職務。至於各地之「戰地公務員任用辦法」，將任用資格更形降低，雖有削足適履之嫌，但因當時需才孔亟，非常時期，非常地域，人才不易得，出此變通辦法，自未可厚非。事實上，已如上述，任用法所定平時資格，與他國相較，實屬過高，此在人事行政上爲一種浪費，極不合經濟原則，應斟酌略予降低，用符曾文正公「廣收慎用」之旨。

五、官等敘級太多，應儘量減少，升級年限，無妨予以延長　任用法所規定公務員任用資格，既然太高，同時官等敘級又極繁瑣，如委任有十六級，荐任有十二級，簡任有八級，脫使一專科以上學校畢業學生，年二十二歲，獲受政府任用，因無其他經歷，只能由委任職最低級起敘級。縱使服務成績優異，每年能予晉級，則晉至委任第一級時，須繼續服務兩年，始可晉升荐任。再晉至荐任第一級時，又須繼續服務兩年，始得晉升簡任。如是則該員升至簡任一級時，需四十年歲月，其人早屆花甲，已逾退休年齡矣。何況每年晉級，事實上不甚可能。六月間報載公務員敘級制度，將有大革命，委任將改爲四級，荐任三級，簡任二級，升級年限，予以延長。此種改革之方向，極爲合理。

六、官俸表制定太久，缺點彌多，應從新加以釐訂。暫行文官官等官俸表，係國民政府於民國二十二年公佈，於二十六年修正者，時效已失，早不合用，且缺憾甚多，假如官等敘級將有變動，俸給自亦應隨之訂正。謹列述釐定俸給原則數點，供政府參考。

甲、普遍一致　全國同級公務員俸給應劃一，中央與地方，除有特殊情形（如下述丁項），不應兩歧。有收入與無收入之機關，待遇皆應一律。

乙、生活要素　公務員衣食住行樂，五種必須用費，應做中等標準考慮。

丙、扶養義務　公務員之配偶，子女，父母等直系親屬，是否需要扶養。

丁、地域特殊　我國幅員廣漠，公務員之需要各不相同。例如在東北服務較在閩粵者，冬季需煤，需衣履較多，俸給不應一律。

戊、其他待遇　金錢以外之待遇，如宿舍，伙食，服裝，配給，醫藥等，亦應計入俸給之內。

己、企業界水準　公務員俸給，高于企業界水準，則人才供過於求；較低則公務員皆將改業，才源將枯涸。

庚、活動俸給制　俸給實發額，應與生活指數，物價指數，發生聯繫。

此外如工作之難易，責任之大小，危險之多少，教育之高低，自亦皆爲釐訂俸給之因素。我國職位分類，迄今尚未完成，否則俸給之訂定，手續簡單多矣。

七、建立合理的退休金，撫卹金制度　退休金及撫卹金，發給之目的，不外以下數種：

甲、服務過久，年事已高而工作能力低下之公務員，不至濫竽充數。

乙、因疾病而身體羸弱，或因意外而肢體殘缺，不能工作之公務員，不至繼續廁身公務，致降低行政效率。

丙、其他工作有效率之公務員，廢疾有養，身後有託，得能安心服務，不至存五日京兆之心。

丁、鼓勵公務員努力從公，增進行政效率。

戊、吸引能力較高之人員，參加政府服公職。

我國公務員退休法，及公務員撫卹法規定，退休金分年退休金及一次退休金兩種，撫卹金亦分年撫卹金及一次撫卹金兩種。所有金額，皆依俸給額數計算。惟年來物價波動劇烈，請領及核發公文往返需時，前曾有人請領撫卹金，輾轉經年，及至實際簽領時，款額到手，已不足開付來往車資。退休法第九條，及撫卹法第八條，雖然皆有按皆給待遇，比例調整之辦法，但公文旅行速度，仍遠較物價上漲速度爲慢，核發與簽領，仍有多少時間距離。幣制改革後，此種缺憾，容或減輕，但簡化核發程序，減少公文稽延，實猶屬不可或緩之急務。

又公務員保險，先進國家行之有年，成績斐然，如人壽險，失業險，疾病險等，我國極宜着手仿效辦理，聞社會部現請有英國專家計劃一切，保險法草案在立法院已付委審查，盼早日完成立法程序，頒佈施行。

八、考績應與考試幷重　，同時幷應有破格荐舉辦法。依新考試法規定，公務員升格，必先經過升格考試。但公務員應考能力不大，往往做事能力甚高，故考績與考試兩制度應雙方幷重。

最後，茂才異等之士，跡弛隧世之人，國家代有。此輩不甘策對，不求銓衡，但國家則難能任野有遺賢，破格搜才，薦舉尚焉。但應嚴加課責，慎重規劃，庶免樹恩私室，兼杜倖進之門。

以上八項，僅就各種人事法規，當前問題之犖犖大者，各贅數語，以爲立法諸公參考。

通訊

華北試行土地改革（北平通訊）

本刊特約記者

中國土地問題老早就存在着，而特別被人注意研究，乃是最近二三年內的事。有的是爲了解決農民生活問題，有的是爲了一種政治上的目的。動機與出發點，時常會影響到一件工作的情緒與成敗，所以單就方法與表面是難以判斷一件事情的是非的，必須在隱微去注意。

「平均地權」一句老口號，從同盟會到現在差不多有四十多年了，只有口號沒方案，於是始終停留在理想階段。所以中共「中國土地法大綱」無論如何，將在中國處理土地問題上是一個最重要的文獻。自從中共頒佈中國土地法大綱以後，在政府區也掀起了研究土地問題的熱潮，開始就是綏靖區政委會宣佈的綏區土地處理辦法。在山西閻錫山早就試行着一種兵農和一制度。華北剿匪總部組織了一個土地處理委員會，由前綏遠地政局局長周北峯主持。經過幾個月的研究，頒佈了華北綏靖區土地處理實施辦法。這也算是華北剿總「以經濟團結人民」的實踐，與傅作義氏「抑制上層，扶植下層，發展中層」的理想的表現。

辦法內容

「華北綏靖區土地處理實施辦法」共計爲十八條。開宗明義的第一條就說，「爲配合戡亂，推行土地改革，依據……訂定本辦法。」這十八條辦法是他全部華北綏靖區土地問題處理方案中的根本法，也可以叫做「母法」。根據這個「母法」就又產生了幾種「子法」，那就是「華北綏靖區代管不在地地主土地實施細則」，「華北綏靖區土地債券發行實施細則」。「華北綏靖區扶植自耕農征收地價捐實施細則」。另外還有一個「華北綏靖區合作農場組織通則」，這個通則在「子法」中算是一個最冗長而詳細的一個，共有十一章九十九條。對於合作農場之土地，場員，組織，會議，業務，資金，勞動，生活與自衛，損益分配等均有詳細規定。這也可以說是綏區處理土地問題的終極目的。所以他們不厭其詳的加以研究與縷述。

華北綏區處理土地辦法的要點：(1)以各地自耕農與佃農組織之鄉農會爲執行機構，由剿總及各級政府督飭監督；(2)在有租佃制度存在之安定區，切實保障佃農之耕作權。(3)徹底實行三一繳租；(4)代管不在地主土地；(5)實行耕者有其田；(6)保障參加自救工作者之土地所有權；(7)保障中農扶植貧雇佃農。所謂代管不在地主土地，是由政府代其出租，繳賦，招墾及改良土地。土地債券之發行，係以地租七倍爲地價，以七年爲償還期。向政府承領土地之人自交付地價之第一年起卽獲得所有權。地主土地被征收後，卽停止交賦。農民在交地價期間，不負擔田賦。以地價捐之征收，補償應征之田賦。地價捐之征收，以旱地三十畝爲基準，三十畝以下者免徵，超出者以累進率徵收之，徵收所得既可補償應徵田賦，且可用以扶植自耕農，組織合作農場。至於合作農場之主要精神則爲集體勞作，集體生產，改良生產技術，改善生產關係，實行生產自衛。

實驗開始

華北剿總的綏區土地問題處理方案，據他們自己的人表示，並不是什麼處理方案，而實際上是改革方案。爲了要找法令上的根據，因爲這樣就可以與政府頒佈的綏靖區土地處理辦法拉上關係，做爲立法的依據。他們原來計劃將土地改革分爲三種區域進行，一爲收復區，二爲邊緣區，三爲安定區，一切先從收復區做起，最後再做安定區，不過這樣子做法，很容易被人誤解，他們是尾巴主義的土地改革，跟在人家的後邊跑。是應付主義的土地改革，不到河邊不脫鞋，安定區還要維持一種不同的土地關係。於是後來又經一番修改大體是不很明顯的分區域別先後了。

他們一切辦法與細則擬定以後，地政部次長湯惠蓀及農行土地金融處長黃通來過北方一次，也給了他一些小的指示，如地價捐尙無法令根據，地方上辦土地改革只能說是什麼辦法，不能另外單獨有土地政策等。湯黃離去後一切辦法是大致確定了。但是那些辦法要從什麼地方實施？要由一些什麼人去負責實施？這就發生了區域與幹部問題。察綏地曠人稀，土地問題並不嚴重，而且他們準備在綏西實施戰士授田，必控制一部分土地，不能將他完全分配淨光，所以要實施只有首先在河北了。這件工作並不能由普通行政機構和社團去做，必須有一部分新的幹部去執行。當楚溪春就任主席不久，省訓團第九期開學，學員是由各縣黨部政府和士紳保送來加以甄審錄取的，共有一千餘人。周北峯氏去給他們授課，討論土地問題，他脣焦舌敝的講了兩三個鐘頭，待徵詢學員們的意見時，竟有百分之八十的人反對土地處理辦法。他們認爲那樣做無異置孤兒寡婦的地主於死地。用如此的幹部去實施土地改革，當然是絕對的不可能。到今年暑假，平市公私立大學畢業學生有好幾千人，多數找不到合適的職業。於是剿總招訓了一部分本年畢業的大學生，就在這些招訓大學生中選拔了一部分所謂「政策幹部」，「政策幹部」分擔兩部分重要工作在城市就是政經工作隊，協助平市各區保清查戶口及肅奸經檢等工作，另一部分就是土地改革工作隊，這是派下鄉去執行土改政策的。土改隊共有隊員五十二人，由剿總土地處理委員會副主委周北峯擔任隊長，使計劃，訓練，執行三部門工作完全一貫的下來，當然要有不少的方便。更因爲這個土改隊名義上歸剿總與河北省政府，所以副隊長就由工作所在地的大興縣長張連生擔任。

土改隊是九月十一日成立的。五十二名隊員又分爲三個分隊，每分隊再分六個小組，每組三人。十六日他們到了大興，十九日開始實驗工作。實驗區是在大興縣的大紅門鄉。他們爲什麼選定這個地方做實驗區呢？據說是因爲這裏的土地問題嚴重也最複雜。南苑附近的地區以往是清帝的獵場，禁人耕耘。清末始招領開墾，所以大部分土地，都落在清室遺宦或軍閥政客的特權階級者手裏。他們避居平津，坐享地租，而對田賦則一概規避，省縣政府對他們也無可如何。更有二地東三地東活躍鄉間，剝削佃農。那一個區裏住着來自外省外縣的佃戶，租佃關係據統計就有五十多種，其複雜情形可以想見。他們認爲這個土地問題最嚴重最複雜的地方，如果可以做得通，在華北其他任何地方都可以迎刃而解。

他們的工作是先從宣傳調查入手，從十九日起分組出發做着每家每戶的訪問，雖然隊員們與農民們都是生活在標準北方官話區裏，但還是有些話講不通，人民的語言與學府的語言還是有距離，這一點他們每天歸隊後檢討出來設法克服。三週時間他們的宣傳調查工作告一段落，在大紅門鄉的土地關係調查統計表中這樣寫着：戶數，二、一四四戶。人口總數，九，三七四人。耕地面積，四三，〇六七・二五畝。佃農佔全人口百分之三一・七。自耕農佔全人口百分之二十・七。不在地主戶數一八二戶。不在地主之土地總量爲一五、六九六・四畝。佃耕八年以上之佃農戶數一五二戶。佃耕八年以上之佃耕土地共爲四、〇一六・三畝。佃農耕耘面積佔耕地總面積百分之四七・四五。自耕農則佔百分之二九・二一。半自耕農爲百分之二三・一四。

宣傳調查工作完成之後，就開始了保障佃權，實行三一徵租，及代管不在地主土地幾項工作。於是實際的考驗來了，特殊勢力者不甘示弱，被喚醒的佃農，得不到實際的好處。一些糾紛困擾着他們，需要眞實的答案。

兩個事例

大興南苑一帶由於土地關係複雜，所以過去土地糾紛之多，也是任何地方所沒有。北平地方法院的人說，「我們這裏民庭裏一共有十一個推事，但是經常得有八個推事來侍候大興縣的打土地官司的人。」現在這裏又因爲劃爲土改實驗區，在舊的各式各樣的糾紛之上又加上了一部分新的糾紛。特殊勢力者想維持特權，佃農希望得到合理保障。於是那些富有傳統的欺詐經驗的特權階級，花樣翻新，想利用一種新的經營方式，來掩護舊的封建剝削的進行。這裏有兩個事例，可以代表問題的一般性。

（一）大紅門鄉廊房莊，發生了借口組織難民農場奪佃的事情。熱河人朱姚郭三姓，在廊房莊附近有地一千三百六十畝，係民二十八年購自陳光遠手中。該地共有佃農百餘戶，春間曾發生減租糾紛，後經排解，地主收回耕地四百二十畝。地主爲了反對減租，全部收回土地，七月間乃倡言組織熱河難民農場，藉以收回全部土地，要佃戶退佃。佃戶以生活所關，當然不肯，於是推派代表向土地改革工作隊報告。工作隊派了九個隊員，經過兩星期的調查，十月一日由該隊召集農場負責人李培國，並邀集熱河國大代表，省臨參會議長副議長，共同開會，商討解決辦法。周隊長表示不能爲了救濟難民而製造難民，任何人不得藉任何名義奪佃營利。小佃戶仍照常耕耘，另撥出土地五百八十畝分配給其餘戶之所謂熱河難民耕耘。惟熱河方面人士認爲難民若繼續來，還是沒有辦法。兩方正在商議的時期，六日上午發生佃農難民互毆的事件。佃農有七個受傷，難民有三人受傷，佃農王某傷勢甚重。他們爲了這件事幾次到工作隊去請願，認爲那些難民是化裝的難民，他們自稱也是多年前來此的老難民。他們說，「工作隊要不能保障佃權，就請工作隊不必駐大興了。」有的佃農還在拖着很長的辮子，他們口音很雜，眞正可以說是來自各地的老難民。這件事情現在還沒有解決。

（二）六合莊法勤，九三，大同三校聯合實驗農場的調查。那個農場不納田賦，沒有什麼技術與組織，似乎是以學田的名義來經營土地。工作隊經過一番調查後，發表的報告書中這樣寫着：「大紅門鄉六合莊三校聯合實驗農場共有土地二，〇六六畝，事變前爲張宗昌所有，迨華北淪陷，張氏後裔將土地賣與日人三由，組成「三由鐵雄丰吉農場」。勝利後由五區專署接收，組成五區專署合作實驗農場。三十六年四月歸河北省政府所有，全部土地租與法勤，九三，大同三私立中學共同組織三校聯合實驗農場。全場共分十二區，自營地共四五〇畝，出租地共一，五五〇畝。該地過去皆未繳納正賦及地方稅捐。

現在該場欲將出租土地收回自營，經工作隊數次調查後，做如下之處理：(一)佃農佃耕之土地，由其家屬勞力自行耕作者，不得收回；(二)佃農或半自耕農，其雇傭長工經營者，除其自耕部分外，得於一年前，通知收回之。所謂自行耕作部分，以其家屬勞動總量爲標準，而由農會估定之；(三)徹底實行三一徵租。原定租地租額須一律依法調整；(四)農場對於正賦及地方合理稅捐，應照數繳納。」

以上兩個例子是比較最複雜的，此外還有一些不牽扯多數人的糾紛以及「二地東」問題，隨時都會出麻煩，給土改隊一些眞實的考驗。他們準備以四個月的時間在大興縣完成他們預期的工作，然後再推廣到其他地方。他們有一個由難而易，可以順利進行的想法，那邏輯是這樣來的——華北土地問題嚴重首推河北，河北土地問題嚴重又首推大興，而大興大紅門鄉的土地問題的嚴重與複雜，又是任何地方所沒有。因此，只要在大紅門鄉做得通，全縣各鄉無問題，大興全縣無問題推行到全省乃至整個華北也無難處。事情是否會如此簡單呢？恐怕還要有一些意想不到的問題。

一些問題

一些意想不到的問題不必談，就是擺在面前，呼之可出的問題，也都是相當棘手，需要大的魄力與毅力來克服。因爲在客觀的環境上與主觀的力量上，一切都不够理想，所以做起來恐怕是要事倍功半。據我們所看到所想到的有下列一些問題：

（一）從根本上講，中國現行法律是保護私有財產的。所謂保護，就是保護私有者有處理自己的財產自由，外力不得任意干涉。因此很多案子拿到法院裏去，推事會抱着一本「民法」置佃戶利益於不顧。再者華北剿總與河北省府是地方政權，雖然開始試行土地改革，還是諱言土地政策，甚至於在方案上還是叫做綏靖區土地處理實施辦法，而不敢逕呼之爲土地改革方案。爲的是與國民政府時代頒佈的「綏靖區土地處理辦法」拉點親戚關係，免得變到更大的立法上的阻力。其用心之苦與處境之難可以想見。

（二）幹部與經費問題須要妥籌。現在大紅門鄉的一個鄉的實驗區就用了五十名政策幹部，每月除了主食外，還得幾千元的生活費。要擴大到全縣全省，需要用多少幹部與經費，那些幹部與經費從那裏來？據周北峯氏說，全省實施土改，至少需要幹部一萬人。算來一萬人也不過是一師的兵力，用一個師的兵力和財力做土地改革那不就够了嗎？但是在軍事第一的時候，那能向這裏移用人力物力？而且這件事所需要的幹部不是普通士兵所幹得了的。當然在一個地區試驗成功，也可以使其他地區聞風興起，順利推行，節省一部分幹部與經費，節省的究竟也是有限的。另外我們認爲在工作中發掘培植新的幹部是必要的，應該積極的運用獲得了保障的貧雇佃農通過農會的組織予以訓練，做爲土改的工作幹部，用不到更多的所謂政策幹部。就是在政府區我們所見到的農民，現實教育了他們，他們都也有很大的進步，他們如果是爲了自己的利益，或者某些事情與他們的利益一致，他們是會非常的積極而有做法的。不過這也需要個有計劃的發動。

（三）與其他部門工作配合。土改工作不應當孤立，還是應當有一些平行的工作部門。例如教育，衛生，合作，農業技術，鄉村副業和軍事上的自衞等等，都應當同時注意，才容易收效。我們很不瞭解，河北省將農村教育實驗區放在通縣雙橋鄉，而又把土地改革實驗區放在大興的大紅門鄉，使他各不相屬，如果將兩個實驗區合併在一起進行，豈不是來得更有效呢？卽此一端可推論到其他部門的工作，都是各搞各的，是支離破碎的點綴，而不是成本大套的做法。就是零星的做好了，也不過是可以擺得出來的「盆景」。要是畫虎不成，那就更難說了。

中國土地問題，是目前必需解決的問題，政府區裏研究土地問題的主流當然是蕭錚他們那一派。在地方上自己摸索着做的有山西的兵農合一，華北的綏區土地處理方案，其他的省份也有實施限田制度的，似乎都在摸索。中國農村復興委員會已經成立，晏陽初也或許會再搬出定縣平教會的做法來。不過將來整個需要怎樣做，似乎還沒有一個統一的決定。十月一日立法院第七次會曾熱烈討論農地改革法。有人贊成，有人反對，也有人主張根本對此案保留，連交付審查的機會都不給牠。因此嚷嚷半天毫無結果。據中央社報導那天開會的情形如下：「……卽就蕭錚等提請制定農地改革法，潘廉方等提農地農有，市地市有，富源國家有，及孔庚等提議請確定農業政策，以解決生產及土地問題三案合併討論。……討論中心仍以蕭案爲主。雷殷首先認爲土地問題局部解決不可能，強調社會改革全盤進行之重要。李永懋認爲土地問題確十分嚴重……應愼審從事，先付審查，限期完成，並建議於戡亂軍事結束以後，付諸實施。張靜愚主張應邀請專家從事研究，再定方案。宋述樵不贊成於土地法外另行立法，建議邀請地政當局，就本案有關問題，提出報告，再就土地法加以修正，而切實研究可行辦法。……黃宇人對蕭錚提案提出兩點，表示異議：（一）土地國有乃國父之主張，平均地權亦爲達到公有土地之目的與過渡辦法，而憲法亦明白規定我國爲民治民有民享之國家，是蕭委員之提案在理論上頗不徹底。（二）以生產面論，則分配土地顯已礙及大規模之農業生產，復以各地生產量之不同，而農地所有權之分配在事實上亦不可能，故終未解決問題。主張以各委員意見各地實際材料及蕭委員提案，一併交地政委員會研究，另作具體可行之六案，再付大會討論……」

政府對於土地改革之具體可行方案，到現在還沒有，有了也得再經立委熱烈討論。中國的農村土地問題，已經到了迫不及待，需要解決的時候了。看誰能順應農民的要求，解決了土地問題，誰就是農民的擁護者。（完）

十月十二日

秋風裏的故都（北平通訊）

本刊讀者投寄

一連刮過兩場大風，故都已披上了秋裝，黃葉滿階，寒氣侵人，洋爐子早陳列街頭。普通些的每只在三十圓左右，烟筒每節約四五圓之間，連按裝估計一套爐子便需一百金圓以上！

煤的需要已感到迫切，前些天各煤舖發生搶購，照限價塊煤每噸八千萬法幣一噸。煤球每噸六千萬元，但一字長蛇陣，確需要一些擠的本領，頭兩天每人還可買半噸，後來每人限購二百市斤，到一百市斤，就是這樣，許多大煤棧一兩天便被買光，濕煤球還在流水，也被購去，這兩天塊煤聽說已賣到一百二三十圓了，還得託熟人通融，很多人拿着錢沒處買去，今冬的溫煖，使許多人焦慮！

糧食一度發生恐荒，麵粉每袋由十元零幾角的限價，一跳跳到七十圓了，還是有行無市，大米最高時，每斤到二圓七八角。與平民最關切的雜糧，（玉米麵小米麵）也買到一圓二角一斤，最大部份的平民，不得已拿紅薯土豆（馬鈴薯）權且充飢，這東西的身價也高到四角多一斤，因之擠配給雜糧的升斗小民，半夜裏帶着棉被便去排班，爲擠雜合麵打架衝突的事，一天不知道有多少起，糧荒如何解救，眞得費一番心思。

搶購之風，由京滬傳到天津，大約在十月初間，以五、六、七號最爲火熾。各大百貨店橱窗一空，糖食店、油酒店、無不光顧，鹹菜、麵醬、和棺材，也都成了搶購的對象，後來家家拉起鐵栅門，無形停業，門口多貼上修理內部，暫停營業，或者貼着整理貨物，暫停一日，未停業的也提前打烊，不到三四點鐘，多已關門閉戶，（其中祇中西藥房和書店較爲清閒）大街走走，眞有點像大年初一的樣子，各店內的留守者，拉着不成腔調的胡琴，或哼哼幾句流行歌曲。徘徊門外的遊人，好像不勝惋惜似的，只怪自己沒有多買點東西，一兩位老年人顫顫巍巍的搖搖頭，嘆一聲氣，輕輕說道，成何世界！

在冷落的街頭，唯一繁榮的便是影戲園，家家客滿，擁擠的程度並不下於擠配給麵。美祺影院的「單刀赴會」，每天四場，已演了快十天了，仍然是場場客滿，頭等影院的樓下散座，每票才賣法幣七十萬元，二三流的只四五十萬元，在此期間是唯一的廉價娛樂的地方。

平津對號快車，每天往返有八次之多，但次次滿座，很多人情願化了錢站着走，路局爲了需要又加開了四次，這也是最廉價的交通工具了。平津的三等車，只二百二十七萬法幣，便可坐上一百三十多公里，還不如東城到西城一次三輪車的錢多，可惜市內的交通，實在太有點那個。公共汽車，早因賠累不堪，壽終正寢了，電車也正是命在旦夕，一部份工人兼拉三輪。行駛車輛數目大減，各車站待車的客人侍立兩班，車內車外都掛滿了人，不時的發生衝突，而售票司機時被毆打，票價又被凍結，每天收入不過二千七八百圓，全月收入只八九萬圓，但事業費、煤費及員工薪給，便需十七萬圓，工人平均每月所得約三十圓，近來每日約有百人左右脫班，拉三輪或賣勞力貼補收入，故原有之百餘輛電車，最近行駛者，只六十餘輛，如一旦發生問題，則市內交通將更感困難了。

東北和山西流亡來平的學生，兩萬多人，現在多住在市區附近寺院裏邊，每天的糧食已够負責當局籌措的了，寒衣、煤火、馬上需要，如何準備，確使學生們着急！還有歷年來冬季的救濟，如粥廠、暖廠尙未聽說具體實施的日期。

最尊守限價的公敎人員，生活已苦到了極點，工友普通月入不過二三十圓，還不够一個人的棒子麵，妻子兒女的衣着、煤火、從何處去弄。普通拿一二百圓薪級的公教人員，全部所得不過金圓券一百二三十圓，是買煤呢？還是買米麵！棉花布疋天天在漲，這日子眞有些不好安排，善良的公教人員，永遠是過着牛馬式的生活！

錦州外圍吃緊，高碑店自動撤離，剛剛通車的平保公路，不知又要何時方能打通，北平附近也不時有小的搏鬥，關外與華北，都籠罩在火藥氣氛裏！更給飢寒交迫的人們心理上，加重一種威脅，第二期城防費又開始徵集了，但願能給出錢的百姓們，早得點安定！雙十節起開了三天全市運動會，可惜人們都忙着油鹽柴米，實在對它感不到興趣，秋風已把故都人士的心吹皺了，每一個人面前擺着的一個課題是：「如何生活？」和怎樣過冬！

蕭條的序幕

（江南通訊）

本刊讀者投寄

秋天帶來了肅殺

江南，這一片永遠是春天，和平、安樂、幽閑、和繁榮的地方，已在開始蛻變了。這一蛻變的開頭，原不自今日始，但向來的積累，那些無限止剝削和轉輪的渣滓，人們也早便可以料到，它將走往何處。江南，從此不冉是煇煌的樂園，它得和整個動盪的中華， 共負擔着苦難 的命運！

這一種蕭條景像的被人們看到，說得遠一些，那麼就是兩三年來，人們已敏銳地感到，江南的面目，在憔悴下去，在從繁榮降坡；不過如說得近一些，那麼江南的人們，爲了終未受到炮火的直接洗滌，他們還是愕愕地，從來不曾提起過警惕，只是在今日，他們中最遲鈍，最保守，當然也是最「樂觀」的一夥，亦瞧到了，「江南在變着一個幾千年來迄未遭遇到的變」。其實， 這哪可稱是「變」，是鞭韃、是枯萎呵！

這一種突然被人們看到的蕭條景像，從金圓券發行和「幣改」起，便有些端倪了，而自濟南易手後，則更濃重得多。前者使人們在經濟生活上碰到和傳統不同的那一套，賺錢不容易，買東西買不到，守法知命的人們會不犯「罪」便被抓起局或庭去，明明是自己心血掙來的會沒有理由地便被沒收，抄查等等；後者使人們更聞到了戰爭的氣息（火藥味），他們本來是掩着耳，用對現實的忘却來陶醉和麻醉自己的，目前却不能了，他們想忘却戰爭，戰爭却忘不了他們。

正在這時候，季節步內了秋天。秋天是蕭條的序幕，而這些江南的，不問是城市或鄉村，也都在開始步入了蕭條。「今年的冬天怎樣過？」是的，人們已感到了，繼着秋天而來的，一定是冬天，並且一定是比秋天更難耐的冬天。在肅殺的境界裏，江南人，從報上讀到戰爭的音訊，在街上睇視到戡建大隊和經濟警察的雄姿，但他們的心域裏，却也抹塗上了一層陌生的蕭條感。

物價和消費膨脹

「幣改」後，物價是穩定些了，至少有一部份日用的必需品，是被強制地凍結在「八、一九」的限度上。這其實只是穩定，不過由於人們已習慣了的看高心理在作祟，於是天眞地、惰性地，人們覺得物價有了偏低的趨勢，這，在整個九月份還是如此，所以那些粉飾太平者，有了很好的統計資料和證據， 藉以宣傳表揚了，「米不是仍賣二十元一擔嗎？」

是的，米是賣二十元一擔，可是賣的是什麼米，以及究竟可以買得到多少，和究竟可以賣得到多少久呢？米是日用必需品，又是軍中糧食，一例耳。

物價的管制，在表面和形式講來，是成功的，可是這總不是經濟現象的穩定，而只是警察手段的顯赫。加稅，不許漲，原料供給斷了，不許漲，本年還未上過市的秋季用品，不許漲，成本高了，不許漲。無論如何，物價得按「八、一九」以前的標準出售；否則，或是不賣，或是賣得貴，那麼便非到特刑庭去不可！

可是鈔票却無限止地發行着，四十天來，一共膨脹了六倍，九月底的金圓券已發行了九億半，還有近億半的法幣，比八月底就加了三倍，那速率是空前的。市面上游資多了，人們手裏，一般中間的消費階級，或出賣勞務的，也鈔票多了些。然而這倒是更嚴重的問題。

覺得物價賤，覺得這是一偶然的臨時，暫時現像，人們，他們的待遇雖只提高了幾成， 但竟還有兌去了金飾和銀元的，都到市場上去搜購日用品，或化掉。商店，市場，沉靜了好久和本來在更沉靜下去的，忽忽地熱鬧起來。什麼都要買，擱置了好久的，也有人買，只是須按「八、一九」的價格。然而，這倒是更嚴重的問題。

和一位店員扯談， 他代老板在嘆苦經，「一」則，這些東西賣出去，都够不上成本，可是有胆敢調整嗎，二則，賣了，買不進，不是價格不合，還是買不到。：：眞有些兒是『拍賣』關店的樣子！在他的嘆息裏，人們能悟到，這一熱鬧是多畸型，多不健康的，只是蕭條前夕的迴光，只是使蕭條到來的催促。「看樣子，再賣上一個月，就『拍賣』完了。」每一家鋪子都這樣，而上星期，所有的香煙店都已關閉，宣告罄了。買的人呢，多帶有些世紀末的情緒，不是趁此耽悅，便如有位老太太，她手裏拿了一斤蜜棗，所說：「留起來呀，鈔票是紙的，還是買些吃的，吃了，用的，用了。…… 蜜棗，留着圍城時豈餓呀！」

通貨膨脹，物（日用必需品）價穩定，因此也必然地消費膨脹。每人限購×斤（件，包，……）的規定或習慣行出來了，勸「儉」建國運動在積極推展了；但老闆們在檢點了店裏的存貨後，他們知道到冬天須休息了。這是繁榮呢，還是蕭條的序幕？

面的「經濟管制」

以上所述的當然只是城市。城市，是點，是政府區的網扣，因此它旣必欲撐住，拉緊，並且也還能有辦法抓着，祇是嘴臉更猙獰些。不過，城市是以鄉村爲基礎的，鄉村是面，它灌漑着城市，也牽挽住城市。江南，便是一座還相當完整的金字塔，在政府手裏。

「幣改」和經濟管制的推行，原是全面的，不過有些成績的，只是在城市而鄉村不與焉。鄉村仍是那麼照舊的一套。鄉村，比較安全和有些風景的，多了一批從城市，尤其都會裏市場上擠出來的游客羣，他們在今年的秋天感到太無事可做，便投向了大自然的懷抱，而鄉村，除了這些「變」外，連畸型的一時熱鬧都沒有。

早稻登場後，糧價本來仍舊可以照着趨勢上升，但自「八，一九」後，便僵住了。這不單只是糧食，一切鄉村的生產品都這樣。但是，一切的鄉村消費品，城市消費剩的廉價日用品，却在漲價。經濟管制不下鄉，經濟警察祇在城裏盤桓，鎮上亦僅敷衍故事地頒一張什麼商品都應按限價出售的佈告，便完了。鄉下人，假若完糧納租償債後還有些餘米，賣去了眞不濟事。本來二斗米可以買一身粗布衫褲的，現在要五斗米了。鄉村的人們在奇怪，為什麼他們生產出來的東西不許漲價，而別人的，却不但在鄉村裏漲價，且連買都得搶，否則買不到。但是在城市裏，誰要是議論什麼穀賤傷農，便得受批評，說是違背法令或國策。

這還只是經濟管制對鄉村的一面，另一面，對鄉村還有着別一套的「經濟管制」。今年的征實額添了一倍，徵兵額也一樣，添一倍。小小的一個三等縣，向來徵糧已是三萬擔的，一跳而為六萬擔，差不多占全縣生產的三分之一，而徵兵，也提高了，差不多每二百個及齡者裏抽一位。前者對勞動成菓，後者對勞動力的剝削，是面「經濟管制」的特色。江南的面，有了太多的創痕！

煙囪罷工和黃牛新生等

再回到城市，除去一般的畸型繁榮和縣在畸型繁榮背側的蕭條端倪外，別有些零碎的鏡頭，也同樣地，並且複合地，湊成了這幅江南的肅殺秋景。

仍舊是「幣改」和經濟管制，把物價凍結在不平衡的日子上，並且又未能從治本着手，於是通貨泛濫，城鄉隔絕。那些鄉村生產的原料品，如棉花、絲、油等，為了限價的不合理，不够成本，和中間商的囤積，黑市昂漲了。因此，影響到城市的一些生產事業。棉花價格漲過了紗和布，繭漲過了絲和綢，使得一些工廠，不是搜購不到原料，便是有了受售價的阻攔，因越生產得多虧蝕越厲害，就此都減、怠，甚至於停工了。無錫的慶豐，是次於申新的江南最大紗廠，在「幣改」前夕減工了，「幣改」後，却非停工不可，蘇州的唯一大紗廠，蘇綸，亦然。這裏，還有一原因，是由於上海的禁止原料出埠，江南的好多個紗廠或別的，大多在上海沒有倉庫，存儲原料，而今都被封鎖着，不得不停工起來。而上海，即以所留在上海的原料全部供使用，也不過能維持所有的馬達轉一個半月罷了。生產不足，是城市蕭條的癥結。工人們都閑了，是他們罷工嗎？不，他們說，「是煙囪罷工啊！」那後果的嚴重是可見的。

生產不足，大家預期到將來會有錢買不到貨，於是爾有搶購的現像出現，以及黑市價格出現；那還不純是消費膨脹，而只能算是繼通貨膨脹來的流通膨脹，人們不願留紙幣（雖然名字叫「金圓」），商店又不能不賣。在上海，和其他地方，一字長蛇陣的買貨行列又出現了，每人拿着儘量的金圓券，不問是什麼，連已過了時令的夏季用品，也買。即使在店門口掛着「每人限購××」的字樣，但便是每人買這些，其數亦甚可觀。於是，店家規定了，每天只出售多少。不到下午，每一家舖子都閉上了門，因為今天要出售的都給買完了。那些搶購者羣中，眞正的消費者實不多，多的是「黃牛」；所以，一般人們，要想買些貨，仍得出黑市。「黑市」，在「幣改」開頭，當局就料到會有，因此有過不許報刊登載的明又，可謂是「先見」了。商店，家家都一樣，橱窗裏冷清清地，倉庫裏也冷清清地，老闆在打算賣完了關店。

這是江南肅殺氣氛的啓軔。狂歡，過一天是一天，這種情調，成了上流階層人們生活的一般通則。在所有黑市品中，越是奢侈品，漲得越厲害，如香煙，甚至於使當局把「八、一九」的價格提高了百分之八十，自己打自己的嘴吧，開了一例。鑽石市場的熱鬧，是為了保價，也是為了「享受」。此外，可談起的，是一些秋季奢侈品，如蟹、菱、和江南各城市鄉村的土產，離「八、一九」的價格，都升漲了近十倍。游山玩水的一大批一大批，在回到海上去時，總攜上那麼一大簍一大筐之；有一位闊太太，帶五百斤蘇州瓜子回上海去，說是送人，信不信由你？

而最搶購得緊的，是不動產，田，不到租米的，房屋，就是破舊的，也都有人搶購，只要有人肯賣。江南的一些小地主，小房東，忽然地都有奇貨可居，那是十一年來未有過的事。上海的房地價不必論，江南各城市的，便漲上了三四倍。劉攻芸說，這是好現象，「游資有了出路」，然而這眞的是出路嗎，不見得。濟南易手，靖江兵變，常熟江陰告急，於是擲了定洋的不動產買者，都寧可棄去定洋：他們想往香港或台灣去置產了。地價的倏升倏降，指出了，江南，這塊土地上已籠了一抹烽火的陰影。

小康與偏安的消歇

是的，江南已臨近了戰爭。這還不單是人們的心理上有些預感，他們在目和耳的視聽裏，也直覺地接觸到了戰爭的邊緣。在這國內戰爭已步入第三年的時候，江南，一向自以為小康和偏安的，亦無從再處身局外了。

那些戰爭景象，本來在江南的一些城鄉是談談的，到現在濃了起來。自開封之役後，豫省的難民難（學）生都疏散在江南，加上了原來的蘇北流浪者；如今，又有了魯籍的，於是滿街的外省人，衣衫襤褸，容貌憔悴。也是他們，把戰爭的慘事告訴了江南人，什麼是圍城，什麼是巷戰，什麼是轟炸；江南人在自問：「我們亦會碰到這一天嗎？」

另一使人們聯想起戰爭的，是這些城鄉軍事措施的次第出現。本來，在江南找不到一條戰壕，一個堡壘，而今在慢慢地修築；於是沒有人再能為江南粉飾太平。壕和碉是江南人夢裏都看不到的，但畢竟看到了，且很迫切地在修築，天天好像是為明日而用。尤其是沿江的一帶，江防工事更注意啦。然而，人們問起外來的逃亡者，知道在北方的一些城鄉，工事還要健壯得多，最後也被攻破，使他們在精神的安慰和保障裏，埋伏了恐懼。此外，如南京郊野的闢建大軍營，如徐州軍官眷屬戶的「移殖」江南各城市，如傷兵隊的一隊隊駐在江南，如軍糧的愈催愈兇，和一些謠言的掀弄，江南人，一向自得其樂的，也惶惶然了。

經濟上的打擊，和軍事上的拉攏，使江南，從相當乾淨，步入了蕭條，以及比蕭條更深邃的不幸。江南人，在惴惴地，或是因現實的苦痛，於是望着，有了幻想，或是因現實的舒服，於是恐懼着，有了警嚇。小康的局面已曇花一現，難乎為繼，偏安的形勢，亦已為了戰爭的擴大，趨于搖蕩。秋天了，整個大地在開始凋謝、枯萎，江南，繁榮已屬於過去，同時步入了蕭條的桎梏。人們知道，現在還只是秋天的序幕，再下去，將更肅殺，並且，還有冬天。秋風秋雨，江南的秋景，何嘗有一絲絢麗，只愈見其對以往繁榮的懸惦而已！

十月十一日

閩政一瞥

（福州通訊）

本刊讀者投寄

陳公洽（儀）和劉恢先（建緒）兩氏先後治閩，作風迥然全異。陳氏為人剛愎自用，敢作敢為，到福建以後，便大刀闊斧變硬一番。許多新制度由他手創，制度本身也許法良意美，但一到下屬的手裏便變了質，所以專賣制度成了殘民以逞的工具，保甲編組變為擾民的苛政。在成事不足、擾民有餘的政績之下，陳氏成為「十目所視、十手所指」的王安石，終於被陳嘉庚等人撐了下台。劉氏以保定第三期的硬朗資歷，加上何應欽、顧祝同等的保薦，便在軍情緊急之下出主省政，在八閩的寶座上安坐了六載有餘。

直到今年內政治季節的八月，「閩人治閩」的呼聲喊出以後，劉氏的寶座才顯得有了一些動搖。他知道，如想繼續戀棧下去，非忍痛「革他一新」不可，不有成績表現，怎樣能收住人心？

在七月初旬的福州民衆組訓會議上，他提出了「政治革新」的方案。之後，到上月中，他又於漳州召集了閩西及閩南的三個區行政專員和二十四個縣長，舉行一次民衆組訓會議。會議前後計六天，在會議的開幕禮中，劉氏曾鄭重說明這次會議的目標：

「這一次的民衆組訓會議，實際上，是一個戡亂會議，也是一個革新會議，因為根據過去的經驗，非掌握民衆不足以剿匪，非革新政治不能掌握民衆。這一次會議，就是要尋找出革新政治及組訓民衆的方法來。……」

「我們為保證戡建成功，必須改革官僚作風，發揚革命精神，從教育幹部，組訓民衆入手，實現生產、自治、自衛三大任務，一切以簡政、利國、便民為主。……」

這一篇開幕詞雖然洋洋灑灑，但大家仍以「戡建八股」視之，倒是各專員及縣長們在席上的坦白檢討，還有滅「革新」的氣味。

最後劉氏在檢討會中坦白表示：

「現在許多人都批評政府中人貪污舞弊，腐化無能，麻木不仁，希望各位儘量接受批評，加以改善。」

這些批評倒沒有冤枉好人，實際上地方行政人員幾乎真是「無官不貪」。拿漳州作例子罷，要想作一個鄉隊附，不管資歷出身及能力，只要能拿出一兩半黃金來孝敬軍事科長就成。由於「無官不貪」，弄成「無缺不肥」，連保幹事、保隊附、鄉隊附等一些傷腦筋的芝蔴小吏，也成為鑽營搶購的對象，動輒非黃金莫辦。真有才學有志氣下鄉苦幹的人，如果身無黃金一兩半以上，休想鑽得進圈子內去；即令花費打點鑽了進去，也會立刻被轟出來，因為你不能和他們同流合污，便要視為「搗亂份子」而受到排擠。至於一個鄉隊附能有什麼好處可以值到一兩半的黃金呢？據熟悉此中內情者說，鄉隊附有管理徵兵之大權，徵兵便是利藪，如無意外，不消幾個月，除撈回本錢以外，還可一本萬利。自然，「羊毛出在羊身上」，罪該萬死的還是一些老百姓。

劉氏的革新政治、根絕貪污的呼籲得到怎樣的回響呢？南靖縣長莊達衡在會議席上說：

「要革新政治，要根絕貪污，首先得提高待遇。要公務員枵腹從公已辦不到了，還能希望政治的革新嗎？那簡直是：又要馬兒好，又要馬兒不吃草。」另外一位專員公署的祕書在私人談話時表示：

「當局提倡革新已非一次，可是一次也未見真正實行，這不過又是政府給人民開一次空頭支票而已。革新，革革新，現在可置是革革新了。其實，這次的會議只有劉主席一人熱中，起勁，各專員縣長們只是為了五米折腰，不然誰願意於學生椅子聽訓去。」

會議的三大目標是：一、完成生產、二、自治、三、自衛。「自衛」即是「勦共」，但會議正在熱烈進行中時，共方給劉氏澆了一瓢冷水。「共」不祇沒有勦着，反而鬧到了會場的附近擾得鷄犬不寧，大掃劉氏的面子。原來潛伏在海澄和龍澄交界地區的東埬內共軍（即「烏旗會」）楊流艇部，趁着漳州開會，專員縣長都已去參加會議的機會，在附近大肆活動，並故意進擾漳屬重鎮的石碼，事先還派了三個軍探到石碼去，被駐軍抓到了一個。於是人心惶惶，老百姓害怕共軍要動手了。果然不久，長泰的岩溪鄉又被共軍黃秉部攻佔，大肆清鬥，當地警察所的一位巡官和一個警士也被共軍擄去，急待來漳開會的陳文熙縣長顧不得討論「自衛」問題，趕快連夜奔回勦共，可是等他回去時，共軍早已安全撤退。該縣自衛總隊附因為私通共軍有據，經陳縣長緝拿報請劉氏處置，劉氏被進擾共軍兜頭澆下一瓢冷水，正氣沒處發洩，所以即刻下令，把那位總隊附林春風槍斃。會議經此一來，情緒更冷下去了。

會議情緒的冷淡還不打緊，而重要的却是會議費用負擔的沉重。有人說，「要在今天作一個起碼的好官，便該少開幾次會，多幹一點事。」這話誠然，多開會便是多勞民傷財，譬如這次的會議，單就公家費用即達二十餘億，省府只肯撥出補助費十億元，下欠十餘億元，就得由地方戡亂會費項下撥支。戡亂會的錢出在哪兒呢？還是那句老話：「羊毛出在羊身上」，掏錢的還不是老百姓？各縣長專員來漳當然是為了公家的開會，但公餘之暇幹啥呢？官場積習免不了一番應酬，於是漳市著名的幾家酒家例如廣隆酒樓、聚春園，真可謂「朱履三千，座無虛席」。每天酒食徵逐，鬧得個烏烟瘴氣。如果每人以一席計算，按當時市價計，每席須七八千萬元，二十幾個省府大員、專員、縣長，便至少得花上二十幾億。此外，全部出席及到席人員六十餘人，每人每日住旅館、吃館子，僅就食宿兩項開支來計，即須二千餘萬，住上一個多星期，每人所花當不能少於一億，所以六十幾位官員的個人開支，當在六十億元以上。總計起來，這次會議公私所費恐怕不止一百億元。劉氏在會議席上高唱改革官僚作風、何以對於官場惡習的應酬聽其鋪張，變本而加厲？所謂「掌握民衆」是說吮盡民脂民膏以後便能掌握得了麼？

漳市老百姓對於大員們的豪闊誠然不勝欣羨，但大家知道戡亂費又要增加時，却異口同聲對政府不滿。一位中學教師說：「不要開會了，替我們老百姓省下幾個度命的錢罷。」

八閩老百姓要的是「生活」。只有衣食足，便是一切；其餘一切口號，對他們都無意義。榕城自今夏以來，水火交侵，元氣大喪，閩省鄉村，本非富庶，平日多賴僑匯滋養，現在馬來亞戰亂迭起，暹羅排華，荷印限制日多，南洋對於僑胞已不復再是樂園，僑匯日漸其少。乾枯的農村，沒有滋潤的清水，更是奄奄一息了。

在開發華南聲中，TV宋正埋頭建設新廣東，據說並有染指福建的企圖，因此閩中僑領胡文虎等，在「服務桑梓」的口號下，也打算和美國人合作為建設「新福建」而努力。但我們懷疑這些大亨和洋人們對新福建的遠景會有什麼特殊的藍圖。如果只是替幾個都市錦上添花，替資本家多修幾條開駛一九四九式的摩登汽車的公路的話，則不談建設也罷。

「新福建」要為人民大衆而建設，不是官僚、也不是資本家，所能包辦的。

廣西西南部的鴉片味

（邕寧通訊）

本刊讀者投寄

掘金者的樂園

最近廣西省參議會開會時，參議員陳銘生報告說：「本省西南邕寧和百色一線，已成爲鴉片的集散地，一年以來，以販毒致富的暴發戶，不下百餘人。」可見本省西南毒氣的彌漫，而許多冒險者流，也以桂滇邊境爲掘金的樂園，趨之若鶩。

「鴉片」一物，許久以前官府便宣稱已經禁絕，然而這套「掩耳盜鈴」的官腔，殊無多大意味；到現在桂滇邊境一帶，仍是毒氛漫天，罌花遍地，禁絕云云，反而十足地對官府的公告成爲一絕大的諷刺，同時對於那一套拖沓混騙貪贓枉法的作風不啻予以無情的揭發。烟非不可禁絕，不過貪污者存在一天，烟毒便要多蔓延一天。這話不是記者一人的私意，邕寧乃至全桂有識之士的意見都是如此。參議會上已有人公開如此地大聲疾呼過，輿論界也曾作此論列，而更重要的，年來雷厲風行的檢毒案，使監獄裏平添了無數犯毒的小民，同時關卡上却肥了不少的不肖官吏。現在有人唯恐烟毒眞個禁絕，那就發財無路了。

花樣翻新的偸運

鴉片主要的產地，前已提及，是在桂滇黔邊境。這種地方，在政治上說，是「三不管」的化外之地；就居民說，民族複雜，環境特殊；就地形說，重巒疊嶂，交通不便。人民求生不易，土壤又適於種植罌粟，過去幾十年來相習成風是「種黑糧換白糧」，這風習不是短期改得過來的；尤其是「黑糧」容易種，價錢大，事半而功倍的事，誰不樂爲，不過認眞說來，這些原因，還不能够使老百姓有那種「抗令種烟」的胆量；因爲如果政府能鐵面無私，對種毒者處以極刑，對抗剷的邊民以大軍進勦，烟苗非不可剷盡，烟毒也非不可澈底禁絕。然而一些靠禁烟而發財的有力者却因唯恐禁絕，設法掩護，使烟苗剷而又種，烟毒愈禁愈烈。大員們財源不竭，也就皆大歡喜。這種內幕，讀者如拿西康禁烟的往事來對照研究，當可瞭然。

在桂滇邊境的西隆、西林、廣南、邱北等地，是現在栽種鴉片，比較普遍的縣份，每至暮春三月，各縣寂寞的郊野，就開遍了鮮紅的罌粟花：鮮紅的罌花，吸取了千萬邊民的血而茁壯。罌花肥了官府，但却也苦了小民。

從今年夏天以來，邕寧到百色的這條路上，關卡林立，檢查機關在數十所以上，破案自然不少，但未破的案想必更多。偸運的方式，花樣翻新：有藏在鞋底中的，有藏在蛋內的，有塞在女生殖器內或藏在男人袴間的，有放在枕頭中的，有包裝在油紙中浸入油桶內的，有僞裝成乾草菓的……

當地有槍階級之大批參加運毒，早已見諸報載。上月有一艘電船，由百色東駛，據禁烟機關偵知船上載有私烟一萬斤以上，當卽電知沿岸各縣攔截檢查。但各縣府因見船上武裝整齊，戒備森嚴，誰都不敢下手攔截。倒是該船見勢不妙，未到邕寧前便卸貨上岸逃掉，最後烟土還是偸運進了邕寧市。另有一案，牽涉軍要極廣，某專員公署的副司令及行轅情報組的組長親自導演，從產地運來大批烟土，過關時佯裝檢查扣留，扣烟全入私囊，神不知、鬼不覺，本可「皆大歡喜」，但以分贓不均，最後竟張揚到邕寧和廣州。事發以後，當局投鼠忌器，首犯見機先逃，此案亦以不了了之。可見「州官放火」，到今天仍是容易開脫，只有「百姓點燈」，政府便不惜拏來殺一儆百了。再者一案，國軍某旅一軍車，企圖大批運毒來邕，這消息早爲此間禁烟機關人員得悉，便作檢查逮捕的準備。不想車到站後加以檢查時，却始終搜不出烟土了。某旅存心和禁烟人員過不去，就反告檢查員意圖勒索，並且加以妨礙軍事行動的罪名。到今官司還未了結，自此以後檢查人員對於「有槍階級」的行動益懷戒心，更不敢輕舉妄動。所以其結果弄到受檢查、苛擾、勒索敲詐的十之八九都是小民，被破案、關進牢去、甚至「槍斃示衆」的也十之八九都是小民；而那些和小民相對的有槍人物或特權階級，却能在關卡之前大搖大擺地走過去。至於他們是否都守法呢，那是誰也都知道的。

「黑哥」的新興職業

由於運毒破獲以後，依法有生命的危險，所以有錢作黑貨生意但又怕死的人們，便多方面去找「替死鬼」的冒險家。於是爲了生活，爲了金錢的誘惑，在桂省西南一帶竟由這種需要而產生了一種奇異的新職業，那就是當地人所呼的「黑哥」，卽代人負責運送「黑貨」的敢死隊員。

據熟悉個中內情的人們談，這一新興的職業竟養活了不少的人。二十來歲的小夥子，在本地無法生活下去或因羨慕邕寧的繁華而願冒險一遊的，就可以向「黑商」承攬包運的買賣。這項交易的條件據說是這樣：承運人萬一失敗，貨主不負絲毫連帶的責任；但承運人如能把貨妥善運到指定地點，卽可得一定比例量的報酬。報酬的比率視運送路程的遠近而定，例如由桂滇邊境的產地運到邕寧，每一斤大約可得報酬三分之一至一半。

運毒是一樁極端冒險的行爲。在關卡林立的百邕道上，在檢查人員的虎視眈眈之下，要想偸漏過去，眞是太難了。然而二十來歲生氣勃勃的小夥子們，既不畏縮，也不魯莽，用盡一切的花樣方法以作掩飾，萬一失敗，便慷慨入獄。今天坐滿獄中的烟犯，十之五六便是這些把生命作賭注的年輕人們。

這是一幕社會的悲劇，這悲劇想來只有中國才有。廣西是一個例子，但放開眼睛看，相信例子還多着哩。

本刊啓事

（一）本刊第一卷已經出齊，自本星期起，休息兩星期。二卷一期，定于十一月十三日出版，請讀者注意。

（二）在休假期間，經理部照常辦公，凡讀者直接定閱或同業匯款批銷，一律先行登記，俟二卷一期出版，按期寄刊，决無貽悞。

傳記的一個嘗試

文藝

程雨民

西蒙氏（A. J. A. Symons）在一九三四寫了一册新穎的傳記，爲文學的這一部門打開了一條新路。書名——「科伏的獵覓」（"The Quest For Corvo"）（註）——很能暗示這一新創的格調，因爲書是順着作者逐步發掘傳記主角科伏一生的次序而寫成的。書名下面更註着一行小字——傳記文學的一個嘗試（An Experiment In Biography）。

嘗試原是三十年代英國文學的一個共同方向。有的在文字上耍花樣，把文學當音樂製作；有的很有幾分羨慕繪畫，拚命講求光線角度，更多的則受了弗洛哀的影響而向潛意識發展，即使題材保守的作家也少不得在形式的革新上用些功夫。這現象自然不能單單以愛新奇來解釋，其中有一個共同的企圖，而這企圖我看來，是自有文學以來始終盤踞在著作家心頭的，那便是要逼眞地表達人生。悲觀者也許以爲這熱鬧的現象有些像蒙了眼睛在黑房間中捉黑貓，成問題的只是那黑貓到底在不在房間裏，同情者看來，貓是在房間裏的，因此這些盲目的作者即或捉不到黑貓，也很可能會摸到一隻貓耳朵，碰一碰貓尾巴，捉一條貓腿。

西蒙氏的嘗試表面看來似乎僅限於寫作技巧和形式方面，然而我們不相信沒有弗洛哀也會有這樣的一本傳記產生。作者自覺的嘗試固然是純技巧，然而像科伏這樣一個不平凡人物，寫來要完全擺脫弗洛哀是不容易的。我們可以說沒有近年來變態心理學的成就，我們就沒有這本書；因爲我們依舊會把科伏目爲不可解的怪人，對他作一個表示好奇、嘲笑、不瞭解，而且不想瞭解的手勢，或者不負責地說一聲『天才都是這樣的』，而心中却暗暗慶賀着自己幸虧不是天才。

科伏是十九、二十世紀間一個隱晦的英國作家；很少人知道他，甚至作者西蒙氏自己也不包括在這少數人間，直至有一天他和朋友閒談起古怪的文學作品時才第一次聽到科伏的名字。而作爲嘗試的傳記也就從這一席談話寫起。他的朋友說：『你看過科伏男爵的「海特貝第七」（"Hadrian the Seventh"）嗎？』沒有，科伏男爵是誰呢？他朋友出乎意料把那書借給他——出乎意料，因爲這朋友素來是吝於出借書籍的。他本能地覺得這一定不是本普通書。他帶着對他朋友反常的行動的好奇心開始讀它，但讀不到二十頁，好奇心已經變成『對他推薦的激感』了。讀完，他接着又讀了一遍，他覺得它是『英國文學中最奇突的成就之一：無疑地它是次要性（minor）的作品，然而却是難與媲美的寫作；獨創、智巧、顯然是一個天才的作品，充滿着傑出的辭句和場面，它是一個生動，不平凡的性格露骨的暴露』。

『海特貝第七』的故事是這樣的：洛士是一個和貧困掙扎着的作者；故事的眞正展開却始於一個主教和一個紅衣主教的突然來訪。虔誠的天主教徒洛士曾想做教士而被拒絕，但他從不曾放鬆他的信仰，二十年後的今天，教會終於見到了他的堅貞，把大門向他打開了。他並沒有喜出望外的表示，他要教會書面承認對他不公允的迫害，他要一注錢補償他無報酬的工作。這一章以他主持的第一場彌撒結束，主教和紅衣主教襄助着他。教皇這時候死了，由於紅衣主教間的傾軋，和他二十年間忍受屈辱而不放棄宗教的精神，他被選爲教皇的後繼人——海特貝第七。有了這個機會，他把他在苦難中思索得來的理論和志願都毅然付諸實行。他廢棄了教皇不出梵蒂岡的限制；基於『我的王國不在這世界上』那句聖經文字，他正式地，無條件地宣佈放棄一切世俗威權；爲了進一步表明上帝的僕人所應有的超世俗性，他把梵蒂岡所有的珍寶，都變賣了周濟窮人。他被他的仇人所刺殺。『爲他靈魂的安息祈禱吧。他是這樣地疲乏了。』

這『叫人目瞪口呆』的性格描繪，有一個頂好的解釋：洛士就是科伏自己，雖然科伏沒有做教皇，灑下殉道者的血。相反地他的晚年是不堪提起的，他不幸地遺棄了他的宗教——這事實是西蒙氏獵覓科伏一生首先所得的結果，所以我們書看到這裏，科伏的晚年和它不可避免的結局已經有了一個籠統的概念，但其餘的還全是一片空白。

由於「海特貝第七」所引起的熱誠，西蒙氏立意要發掘科伏的一生，而書也就順着獵覓的過程寫下去。第一步自然是再去找那朋友，還有什麼資料嗎？還有什麼書嗎？他能幫助他發掘這已死的無名怪作家嗎？朋友說恐怕幫不了什麼忙，因爲除了科伏死前不久在威尼斯寫的幾封信之外，他什麼資料都不能供給。那末，這幾封信中所表現的，臨死前的科伏是什麼樣子呢？這些信全是寄給一個人的，內容只有二點：要他的青年朋友來共享告訴不得人的墮落生活，和他（科伏）需要錢，錢，錢……如傳記作者所說的，阻礙他過一種極端荒淫生活的，僅是金錢而已。科伏是墮落了，然而是什麼叫他墮落到這地方的呢？

他繼續找尋線索，他在舊報紙中發現了一二篇介紹科伏的短文章，他知道除了『海特貝第七』科伏還寫過『都都告訴我的故事』（Stories Toto Told Me），『波淇亞家史』（Chronicles of Borgia），『現代威尼斯傳奇』（A Romance of Modern Venice）等書，但此外並沒有什麼收獲。他的眼光轉向這些短文的作者，他寫信給他們詢問，但他們實在也不能再告訴他什麼，除了介紹他幾個或者知道科伏生平的人。於是西蒙氏又寫信給這些人。這樣，凡有螢火蟲般一點光亮的地方，他就傾全力撲去，他的活動對象漸漸擴大了。但科伏死了雖還只一二十年，似乎已經沒有知道他整個生涯的人了。西蒙氏所找到的，都僅是一鱗一爪，但多少鱗爪湊成的科伏，却是分外凸出而深入，同時，在『湊』的過程，傳記之外又添上了偵探小說的吸引。

科伏男爵原名弗萊特立•羅夫（Frederick W Rolfe），生於一個新教家庭，却由於本性對藝術（特別是對形式美）的愛好而皈依了天主教。他改了宗。在宗教感遠較現在爲強烈的當時，改宗是要受到歧視的。我們可以相信這裏伏下了他日後迫害狂（persecution mania）的根。他教過一個時期的書。但他有一個人家要他向西，他偏走得更東的性格，人家歧視他的改宗，他索性進了神學院準備作僧侶。他沒有瞭解天主教表現的雖然藝術，根本上却沒有一種宗教是愛好形式美的藝術家的棲身所。他的『狂態』引起了神學院的反感，他被開除了。他又去羅馬的一所神學院研讀，但遭到了同樣的運命。他同到了英國，但同來時已經不再是同一個羅夫了，巾於接連兩次的不幸，他被迫害的意識滋長了，而和這內心的痛苦呼應着的，是他喜愛眩耀的傾向發展到了惹人討厭的地步。也在這時期，他給自已加上了科伏男爵的封號，據他自已說，那是一個伯爵夫人給了他一塊采地而附帶來的銜，然而似乎並沒有一個人能證明這一點。他接續着嘗試繪畫、攝影、和音樂。各方面他都表現着一種古怪，但是無可懷疑的才情，然而這一切似乎都沒有抓住他的心靈。陪伴着他工作對象變遷的還永久有一個生活所在的更動。他生活的一每階段幾予都可以兌入同一個公式。他到一個地方，他的儀表和舉止，馬上引起廣泛的注意，人家多少總把他看作一個天才，他就利用這點交上許多朋友，而且借用男爵的頭銜欠了許多賬。以後就走向下陂了，人們開始討厭起先認爲天才表演的怪癖，朋友鬧翻，賬欠不動，結果是鬧下一二個笑話後科伏男爵突然不見了。對於他，生活的這一環是結束了。我們甚至不敢說科伏在文學中找到了他生命的歸宿，我們不禁要想科伏之沒有像繪畫、音樂那樣放下文學僅是因爲他多少能從文學寫作方面得到一些錢（雖然那是少到不足維持生活，然而究竟是他唯一賺錢的法門），他的生命要是有一個目標的話，那是對一個不存在的美——海特萇第七式的美——的追求。然而他對文學的愛好是無可否認的，他所有的朋友都講到他對寫信的出奇的喜愛，他甚至經常寫信給同住一屋的人，他非常注意他的字體，不用說，又是對形式美的愛好。他的拼法是奇特的，大體上講是古體的，但也不乏自己的獨創，而且堅拒更改，曾因此和出版家打下無窮的筆墨官司。他並且有他自己的字，大都是希臘和拉丁源字的拼合。他的第一本書，『都都告訴我的故事』，是一本短篇集子，是由一個義大利小孩子講述的天主教聖徒事蹟。在科伏的書中這些聖徒的人間氣息，叫人不自主地想到了希臘神話中的衆神，『這些「都都告訴我的故事」的風格，姿態，和主題有一種生動而且引人注意的新奇性，它同樣地迷惑了虔誠者和懷疑派』。這本書的成功叫他寫了一本續集，大體上是保持着第一集的優點的。「波淇亞家史」是他應出版家之請而寫的一本歷史鉅著，他娓娓動聽地講着這曾經產生一個國王，二個教皇和一個耶穌會首腦的大族盛衰的故事。它充滿着精采的文字和科伏獨有的拼法，詞句和格調。這些書帶給他相當的成功，他還做着各種拉雜的文學工作，但錢，科伏急需的錢，總是沒有着落，版稅照例是書沒有寫成已經預支乾淨了的。在這種情形之下，科伏小小的文學成就並不能給他快慰，是可以想像的，何況還有生活迫切的需要。得到一個機會，他又到了心愛的義大利，他的處境，每況愈下，但他仍舊掙扎着寫作，但乖戾的命運開始叫他受不住了，『現在威尼斯傳奇』雖然依舊顯示着他稀有的才情，他對當代人毒辣的誹謗，却使沒有一個出版家敢於印它。很早就顯示同性戀傾向的他，在義大利環境之下，開始在墮落中找尋對舛運的逃避。他終於狼狽地客死威尼斯，那是一九一三年的秋天。

新穎的技巧，特出的人物之外——不，正是給這一切以生命的，是作者對一個被人所輕視，新懷疑所鄙棄的怪物的同情和瞭解。西蒙氏認爲傳記是僅次於詩歌的一種重要文學形式而且注定要取小說的人格教育地位而代之的。那麼他是不是在標榜科伏這樣的一個人呢？這是不可能的。他僅在字行間透露一種對個人的尊重，暗示人與人間瞭解的重要，他以一種理智而且溫暖的態度去研究一個失了平衡的人；他不止教我們怎樣在沙粒中找尋珍珠他教我們給每一顆沙粒以它應得的評價。

這「傳記嘗試」顯然是很大的成功。西蒙氏爲他的主角找到了也許是最合式的傳記方式——從書的着眼點看，是科伏幫助了它的成功。他的崎嶇的一生使作者順着各種線索一幕一幕地開展下去時，讀者屏着氣書無法放得下來；他的並無名聲使這次行獵成爲眞正的探險。然而你把這些美點倒過頭來，它們立刻成了西蒙氏這方法的限制。要是你的主角並不神祕，而且事蹟是大家所熟悉的，你怎樣才能有效地應用這方法呢？西蒙氏這嘗試是有它顯著的成就的，但並沒有排除其他傳記方式的可能——我們知道西蒙氏自已也沒有這企圖。

註：此書有企鵝廉價版，在英國即企鵝版也難得買到，在上海別發及依文思却都有存貨。

讀者來書

通訊

編輯先生：近讀新路一卷二十一期之通訊，有關于冀東見聞一文，其中林西怪現象一段，在文人筆下，備受愃染，倒不失是好文章。井下的情形當然沒有上面好。地下的坑道，也比不得頭和園的長廊。壓死人也有的。不過世界的煤礦連俄國的在內都是差不多的。而開灤在中國也許是最進步的和最安全的。工人過險的「機會」，大約是井萬分之一（便是做廿萬工有一個工遇險的）拿菜一工人來說，他的遇險機會，是在四五百年內有一天會遇險。這種地方，似乎不很危險。至於地面的「豪華」，洋房是有的，却比不上天津的多，天津的好。汽車也有的，大約只有一二部，都是一九四○年以前的。（看看我們北平的一部車子便知道）地上挖個洞，用洋灰墁好了，便是游泳池。（游泳我覺得應該提倡的）網球場上用洋灰磨光了，太太老爺也可以跳舞。（我不跳舞但我不反對社交跳舞）在招待所的飯廠裏用西餐，喝咖啡，便是大餐館咖啡館。其他我不想多說，因爲「對照」總是「對照」，是不是怪現狀，却在各人自已的看法。人家說「他們是資本家，同時也是大地主」。開灤的一半，是華商灤州礦務有限公司所有，股東甚多。「資本家」定義如何，各人有各人的說法，我不想多說。「大地主」實在是一大租戶」，因爲百分之九十以上的地，是租來的。這種土地是開灤的「負債」，不是「資產」，年年賠累，近來更甚。因爲租出去所得租金，是低廉的，決不够用以支付租金攤派等等。我想林西四週的人，對于這個「大地主」，是希望着他繼續存在。其次，在勞資之間二文中，高工資政策末段「冀北電力被煤價壓得抬不起頭來」有點「與事實不符」。照我說：「開灤被冀北壓得抬不起頭來」。我的說法，有事實的證明。冀北全部開支，煤價不過40%。而煤價不但特別便宜，並且長期延期清付。過去八個月，我想一噸煤換得到一袋麵，便是「閉灤走運！」拿現在來說，冀北煤價是平均二十四元一噸，（照一般價打七折（政府核准的）但政府爲了他們不准加價，要開灤照十三四元一噸賣給他們。他們每月的用量大約在四萬噸，這個負擔眞不小，開灤已負不起了！抬不起頭是小事，把開灤壓死了，也不是妙事。

此外在新路某一期談美援，說開灤是英國人的，（大意如此）可能得到美援。我鄭重聲明：「開灤是依照中國法令中英合辦的」。美援只使我們可以得到外匯，政府得了便宜，開灤沒有沾什麼光。

開灤一份子。

十月九日

新路周刊

發行者：中國社會經濟研究會

編輯部——電報掛號：三九六〇 北平東直門大街九八號

經理部——電話四局〇六九三號

上海通訊處：

電報掛號：五九〇六六〇

電話四二二五五—五一號

上海黃浦路十七號五一室

南京分銷處：

西華門三條巷九號之二

新路

週（北平版）刊

第二卷 I

本刊對于「嚴重警告」的答覆

短評

（一）看你有無勇氣向源頭上追問
（二）駝鳥埋頭的老故事
（三）辭職以明責任丈夫之行也
（四）史達林的聲明帮了杜魯門一個大忙

美國大選特輯

杜魯門蟬聯總統的關鍵　樓邦彥
美國大選與外交　王鐵崖
美國大選以後　吳允曾

專論

政治責任與蔣總統的錯覺　龔祥瑞
從法幣的崩潰看金圓券的前途　粟寄滄

通訊

東北敦克爾克的幻滅　本刊特約記者
清算東北（天津通訊）　本刊讀者投寄
一幅流民圖（餘杭通訊）　陳逵
西南一片漲風（重慶通訊）　蘇嵐

文藝：理想的化身　單復

CASER　THE NEW ROAD
中國社會經濟研究會發行

民國三十七年十一月十三日出版

本刊對于「嚴重警告」的答覆

本月二日，本刊接到北平市政府社會局崇三（37）字第二三四五號通知，原文如下：

「奉市政府交下內政部卅七年叁字第一五五一六號代電內開：查新路週刊九月四日出版之第一卷第十七期所載：「新金圓券發行總額的規定」，「總統有命政院有令地方途執法以繩」，「北平大捕學生記」，「小休局面中的華北情勢」，「天堂噩夢」各文，言論反動，詆毀政府，同情匪軍，袒護匪諜，破壞幣制，煽惑人心，實屬違反出版法第二十一條第二三兩項之規定，應予嚴重警告。又該刊原登記係在北平出版，近復在上海同時出版發行，核與出版法施行細則第五條之規定不合。除分電上海市政府，通知其停止刊行外，相應電請查照轉知警告并見復等由，飭遵辦等因，奉此，合予嚴重警告，特此通知。」

在北平市社會局轉給我們的通知裏面，轉來內政部對於本刊的嚴重警告，并責備我們在上海同時出版發行。關於這兩點，我們願意在這兒公開答覆。

在內政部所指摘的五篇文章中，有兩篇是短評，三篇是通訊，前者是批評時事的文章，後者是報導事實的文章。關於批評時事，本刊素來抱着一個見解，就是在憲政之下，政府是公僕，人民是主人，公僕所做的事，是否對於主人有利，只有主人知道得最爲清楚，因此主人對於公僕的行爲，有儘量批評的權利，公僕對於主人的意見，有虛懷接受的義務。這是憲政的國家中，政府與人民所公認的一個最基本的道理。我們的政府，過去在一黨專政之下，養成了一種傲慢的心理，把自已放在人民之上，忘記了政府是服務人民而設，以致一切的行爲，多與人民的利益脫了節。過去在專政之下，人民敢怒而不敢言。現在總算掛起憲政的招牌了，但是政府中的公務人員，還沒有把他們那種傲慢的心理扭轉過來，還不知道虛懷的向人民領教，還想以威力來壓迫人民言論的自由，這實在是可以惋惜的。我們願意忠告政府，批評時事，是人民的基本權利與自由，政府只有接受人民的批評，才可避免更深的腐化。在現在這種局面之下，不知反省，不求自新，只知壓迫逆耳的正義，長此下去，這樣的一個政府的前途，是誰都可以預料得到的。

關於報導事實的文章，我們的目標只有一個，就是要把客觀的事實，告知全國關心國事的讀者。事實發生在全國的各地，各地也有人在那兒觀察。這種觀察，因爲個人的耳目難周，所以本刊對於各期所載的通訊，決不把他與實驗室的報告同樣看待。試驗室的報告比較更爲客觀，因爲在實驗室中所觀察到的事實，要經過好幾次的審核之後，才發表出來的。我們對於通訊中所說的事實，無法作審核的工作。因此，凡是讀者發現通訊中所說的事實，有與實際情形不符之處，只要告訴我們，我們一定把他公開，以供讀者的參攷與判斷。譬如我們曾登過一篇通訊，是報導開灤煤鑛情形的，負責辦理開灤的人，指出其中有幾點與事實不符，我們便把這封來書登出，表示我們對於事實的報導方面，完全採取求眞的態度，不歪曲事實，也不隱蔽事實。政府方面，假如覺得我們的通訊中，有與事實不符之處，只要來函更正，我們是願意登出的。同時，更正的事實，是否即是事實，我們也不加判斷，那種工作，應該是由讀者自已擔當起來的。

以上是我們對於嚴重警告的答復。通知中還有一點，完全是出於政府的誤會，我們應當在此聲明。本刊的編輯及發行工作，都在北平。但以目前交通不便，郵遞艱難，爲節省物力起見，爲減輕讀者擔負起見，所以我們在上海印航空版，由北平打好紙型，在上海印刷一部份，供給南方本刊讀者的需要。我們這種做法，一可以節省航空公司的噸位，二可以使本刊在南方售價，不致高於北方，因而可以節省本刊讀者的費用。這種辦法，有百利而無一弊，現在不但本刊有這種辦法，同業中採取這種辦法的，也有好幾家。假如政府是愛護輿論的，而不是摧殘輿論的，我們看不出政府對於這種辦法，有何反對的理由。我們要問政府的，就是在另一地加印航空版，是否即算是另在他地出版發行。如此種行爲，並不等於另在他地出版發行，則內政部要我們在上海停止刊行，便等於無的放矢。如政府以爲加印航空版，即等於另在他地出版發行，則請政府立即允許我們在上海出版發行。北平與上海，都是中華民國的版圖，我們看不出一個刊物，爲什麼可以在北平發行而不能在上海發行的理由。

最後，我們願意借本刊第二卷開始刊行的時候，重申我們在發刊詞中已經表示過的態度如下：

「我們願意在本刊中，提高討論的水準，以理論應付理論，以事實反駁事實，以科學方法，攻擊盲從偏見。但是我們這一班人，都不以罵人見長，所以凡是以謾駡來對付我們的，我們只有藏拙，不與計較。同時我們這一班人，也以剛毅自矢，凡想以武力來壓迫我們，要我們改變主張的，我們也決不低頭就範。」

短評

看你有無勇氣向源頭上追問

纔兩個多月的工夫，「只許成功不准失敗」的幣制改革，已經一敗塗地了。當初確有一些老百姓對這新幣制抱着滿腔的熱望，誰知政府嘴裏嚷着「只許成功，不准失敗」一面卻以空前未有的速率膨脹通貨，一面還要用政治的壓力釘住物價。結果是各地都發生搶購之風，貨物在市上斂跡，老百姓要買一點日用品必需費盡心力與時間排隊擠購，聽說限價取消之前，在南京老百姓要買升斗之糧必須前一天晚上擁被在糧店門前露宿等候，到得晚一點的鵠立多時，結果仍遭向隅。這種悲慘的情景養尊處優的督導大員們本身當然是體會不到的。所以在討論新幣制的補救的會議中，聽說還有兩位督導大員在極力主張貫澈限價政策。眞是自己的面子比老百姓的生活更爲重要了。

這次幣制改革的慘敗，翁文灝，王雲五，徐柏園等自然不能不負計劃失當之責任。不過論理解鈴還待繫鈴人，他們是不能將自己撇下的爛汚留下待別人來洗刷，自己一走了之的。所以我們覺得翁文灝氏，這次不顧「打虎英雄」蔣經國的堅決反對，毅然順從輿情，先將荒謬不合理的限價政策取消然後辭職一舉，認爲還算差强人意的。

但是這次的補充辦法只不過將過去不合理的措施取消或糾正而已。例如硬性限價的取消，公共事業價格按照成本調整以減少政府的貼補，禁止地方當局妨礙糧食及其他貨物之流通等等，都只是消極的更正以往的錯誤而已。至於積極的挽救金圓券幣值的措施，除了傳將利用一部黃金外匯來供給生產事業所需原料及整調貨物稅以外，可以說完全闕如。這也許是因爲翁院長已經決心辭職，所以只將自己的錯誤更正，其餘的一概委諸後任了。

可是政府的財政依然是足使任何人都感絕望的。後任也絕對無法處理得了。內戰如此蔓延，政府收支如何平衡得了？政府控制的面積日蹙，物資的供應只有日益缺乏，又有什麼方法可以補救？金圓券的發行已經到了十六億，轉眼二十億的限額就要滿了，那時政府又打算怎樣應付財政的赤字？這是翁院長與王部長給後任留下的難題。我們且看有誰能有這般的勇氣出來承當這付擔子。我們并不希望他眞能解決這些難題，我們只希望他不要毫不需要的把中國的經濟搞得更糟就夠了。（非）

鴕鳥埋頭的老故事

關心這次東北戰事的人們，在報紙上注意官方的報導，常發見到前後矛盾，而這所謂「前後」相隔往往不過三五天。姑舉兩例。一是鄭洞國的生死之謎。長春失陷的那幾天，我們天天看到鄭洞國致中央的電，一再表示「成仁」的決心，中央社也發表過他果然「成仁」的消息，刊出他的小傳，上海各界甚至準備開追悼會。可是轉眼之間人們又在無線電中聽到鄭洞國親自報告說他還是活着，而官方報導也若吞若吐的承認他已被「生俘」。另一例却遠比這個更重要，就是東北戰事的重要性問題。戰事具體化之先，報上一再說總統蒞平，對於東北戰局將有重要性的決定。接着就是大量新軍源源北上的消息，報紙把這增援寫得特別浩浩蕩蕩，說這次是「主力戰」，說這一戰「對於北方局面有決定性」，它是整個戰事的「轉捩點」，「殘共不難一舉就殲」。可是「言猶在耳」，猛然又聽到東北戰事「失利」了，而且最高當局正式宣告中外，說東北戰事的「失利」并「無關重要」！

我們本來也可以假想東北的陷落「無關重要」，可是在再三聽說它極端重要之後，忽然又聽說它「無關重要」，總不免有迷惑之感。我們是被看成小孩子來任意開玩笑呢？還是作宣傳工作的人們自己太健忘呢？這種「出爾反爾」的事例我們已遇到太多了，我們所認爲嚴重的，倒不在宣傳伎倆的幼稚，而在它們表現不肯正視事實的那一種心理的孱弱。

它們使我們想起鴕鳥埋頭那個老故事。鴕鳥遇到獵人，先拚命逃跑，到獵人快要走近身邊了，就把頭埋在沙漠裏，以爲看不見獵人，獵人就不存在。鴕鳥是典型的不肯正視事實者。不肯正視事實，就要在自欺中找自慰。可是鴕鳥瞞得過自己，却瞞不過追捕它的獵人。事實也永遠在那裏，歪曲事實來自欺或是欺人，都無濟於事，那事實終於要成爲無情的獵人。

我們說這種鴕鳥埋頭避獵人的心理是「孱弱」的，因爲就事實情境說，它必然走到應付無方，倒行逆施；就當事人說，它必然走到文過飾非，執迷不悟。我們認爲這種心理的孱弱很嚴重，因爲人性是整一的，一個心理的弱點在某一方面暴露，在任何其它方面也自然會暴露。請問今日政治經濟外交各方面的措施，有那一種是正視事實的結果？骨子裏的孱弱往往裝飾成表面的倔强，也就加强鴕鳥式的自信，最後的命運也只有鴕鳥爲證。（蒙）

辭職以明責任丈夫之行也

財政經濟緊急處分案之補充辦法頒布後，以打虎著名之上海經濟督導員蔣經國即「手令」取消禁止紗布南運與物資出口及數量限制，并於本月一日招待記者，發表書面談話，題曰「敬致上海市民」，自承「在七十天的工作中，……不但沒有完成計劃和任務，而在若干地方反加重了上海市民在工作過程中所感受的痛苦。」他說他「決不願將自己應負的責任推到任何人身上去，同時也決不因遇着挫折而放棄自己的主張。」他「除了向政府自請處分以明責任外，幷向上海市民表示最大的歉意。」這「幷非是想求得市民的原諒，而是表明自己對市民應負的責任心。」

蔣經國在上海督導經濟管制，施過一些手法，有過一場熱鬧，我們嫌惡他做法霸道，有時近於胡鬧，但亦讚許他辦事具有熱忱，肯負責。聞他在南京參加經濟管制會議，因限價議價之爭，本與翁文灝意見相左，嗣見政府仍照翁氏的意見公布了補充辦法，遂一面遵照法令，解除了有關的幾種禁令，讓物資在上海自由流通，一面聲明七十天來所作所爲由自己負責，除了自請處分外，幷向市民致歉。這還不失爲光明磊落。尤其値得喝彩的，是自己應負的責任不向別人身上推，願自己擔當一切，功罪聽諸公論。雖然刑不上「貴人」，此亦只是紙包人情而已，然在此末世，有此胸襟，究也難得。

同日南京電訊，早傳翁文灝倦勤消息，自經濟管制補充辦法發表，放棄了限價，米糧許自由買賣，改幣政策已等於整個失敗，翁氏已下決心不再苦撑，三十一日於政院通過補充辦法後，曾正式向總統呈辭，一日國民黨中央政治會議開會後，又第二次呈辭，幷將財政部長王雲五辭呈一併附入。世界日報記者訪晤翁王二氏，二氏表示，責任內閣以政策爲進退，政策不行，自應下野。

改幣政策之趨向失敗，在九月下旬已露其端，翁王二氏未早承認事實，早圖補救，到了今日，面臨不可收拾地步，始引咎辭職，殊嫌其太晚。然究尙知以政策爲進退，政策失敗，則負疚辭職，以明責任。然說不上有什責任內閣的精神，他們的辭職只能認爲尙有個人的政治責任感；然在此末世，有此氣度，究也難得。

辭職以明責任，在行政上說，應無上下之分，許是對於居上位者更應繩以較嚴之責任。在政治上說，位愈高，愈要對人民有責任上的交代。今日督導員自請處分以謝上海市民了，院長部長辭職以明責任了，居最高位者竟能外於此，而自謂英雄不承認失敗，即可憑此逃脫向人民的交代？黨中委員可互相指責，豈人民遂不可以向居最高位者呼籲「盍亦作個具政治家風度的政治家」？（敏）

史達林的聲明幫了杜魯門一個大忙

蘇聯總理史達林以對眞理報記者解答問題之方式發表關於蘇聯與西方三國家談判柏林問題經過之聲明，適發表於美國大選即將屆臨之時，使人發生兩者之間似不無關係的感覺。有些神經過敏的美國人謂史氏蓋有意暗示杜魯門在此次大選中將告失敗。說杜氏是戰爭煽動者，便是說杜氏將見棄於美國人民。在一種意義上說，蘇聯的看法，早已認定共和與民主兩黨家無很大的區別，此次選舉說不上有何政策上的競爭，只是人物的角逐而已。然也不能說此中幷無軒輊。如果杜魯門爲戰爭煽動者，杜威當更是戰爭煽動者。在反蘇反共的立場上，杜威及其外交助手的情緒實較杜魯門政府爲高，態度也更堅決。假使杜威當選，美蘇兩國的關係不免更趨緊張。柏林問題被拖到安全理事會之後，曾經一度經過中立國的調解，頗有打開僵局的希望。目前希望雖未完全破滅，然而僵局仍然拖延下去。這許是由於杜魯門舉棋不定，另一方面在大選前夕爭取選民，不願作太露骨的表示，怕也是主要的原因。因此，在人們預測杜威即將當選登台之前，史達林特以蘇聯最高當局的資格發表其對於以柏林問題爲中心整個國際局面的看法。

柏林問題的癥結在：蘇聯應先解除柏林運輸方面的限制？抑美英法三國應同時承認柏林採用蘇聯佔領區的德國馬克作爲單一的通貨？史達林宣布，四國代表於八月三十日在莫斯科曾成立同時完成措施的協議，但爲英美所破壞，最近在安理會舉行討論之時，阿根廷代表所完成的大家商妥的決議草案又因英美代表的聲明而遭破壞。史達林所宣布的如爲事實，則柏林問題的責任顯在英美。値得注意的，是繼史氏宣布之後，西方國家未曾提出强有力的辯護；關於決議草案，有的聲明幷未表示同意，有的且否認曾經獲悉，最主要的人物——阿根廷外長布拉馬格利亞則迄今尙未作正式評論。

史達林認爲英美代表對柏林問題的態度表明了英美政府在實施侵略性的政策，對於英美兩國遂進一步嚴詞譴責：他指出英美兩國在實行侵略政策和挑動新戰爭的政策，幷無與蘇聯達成協議與合作的誠意·空談協議，阻撓協議，以便推罪於蘇聯，表明合作的不可能以及新戰爭的必要性。這樣譴責的確是史達林言論中最具攻擊性者，顯然與前此所宣稱世界幷無新戰爭危機的說法大異其趣，可認爲已由自辯進而向他人作攻擊。事實上，兩年前的情勢與現在確也迥然不同。西方國家尤其是美國的反蘇輿論動員有點過火，可能使蘇聯政府中之具和協性者也漸感覺忍無可忍。有人認爲史達林的譴責爲蘇聯加强冷戰的信號。是的，這可能是激烈冷戰的信號，但是，就對立情勢綜合躝之，與其謂蘇聯加强冷戰，勿甯說是她在準備應付冷戰的加强，若杜威當選，在他統治下的美國很可能走上加强冷戰之路。

史達林解答問題之中還有兩點値得注意：一是指責中立國的代表在支持侵略的政策和挑動新戰爭的政策；二是只宣布英美兩國破壞協議，而幷不包括法國在內，同時在譴責英美的侵略政策與挑動新戰爭之時也不包括法國在內。前者可解釋爲對於中立國拿出來的折衷辦法的不十分肯定表示不耐，後者則似意在尙留下蘇聯與西方國家之間轉圜的餘地。其實，整個史達林的聲明固充分帶有鬥爭的意味，但尙未足證明蘇聯外交已有劇烈的轉變；自和平變爲戰爭，自妥協變爲決裂。問題一部份在世界各角落裏的挑動戰爭者是否繼續從事挑動新戰爭的政策，是否壓制得住人民和平的願望而大胆從事挑動的行動。在這裏，美國大選的結果如何，是一件値得特別看重的事。據最後的消息，杜魯門仍當選爲美國大總統，在國會中民主黨亦佔了較多的議席，此表示美國人民至少在此時尙無濃厚的戰爭蘄向，美蘇間的關係，只要杜魯門有心，至少可望漸趨和緩。

史達林的聲明，不但後有拆杜魯門的台，而且還幫了杜魯門一個大忙！

美國大選特輯

杜魯門蟬聯總統的關鍵

樓邦彥

杜魯門已坐穩了今後四年的白宮的寶座，他將繼續爲「全球最佳之牢獄」中的「全球重要之囚犯」。

這是戰後美國的第一次大選，在美國是一件大事，對世界也同樣是一件大事。在美國已經熱鬧了好些時候，而到了投票的前夕，全世界的每一個角落都在注視着戰後美國第一次總統的榜上之名。巴黎的聯合國程序幾乎是全部停頓下來了。莫斯科的報紙雖認爲民主共和兩黨均爲金融界所控制，因此任何一黨獲勝不致發生多少區別，但是此種表面上的冷淡並不能遮蓋得住內心的關切。東京的政治經濟界人士在盼望杜威當選後的美國共和黨政府，將較杜魯門政府更積極地協助日本完成經濟復原。倫敦的政論家也在提醒英國政府，會同西歐國家來研討大選後可能的新美國政策的性質。南京的各方人士的興趣之濃厚，亦在意料之中，這可以見諸新聞紙的報道：「京人士對美大選結果備感興趣，美新聞處門前燈火通明，行人麕集，各家收音機亦收聽美國廣播，情況僅次於國大會期總統副總統選舉唱票時」（載十一月四日北平世界日報南京專電）。

由於大家預料杜威在此次大選中的必操勝券，再加上美國人喜歡搞的所謂民意測驗的玩藝告訴我們的科學的推測，以及杜威本人趾高氣揚的得意信心，投票結果的揭曉，竟然出人意料，而大大地引起了驚訝與失望。驚訝是爲的沒有猜中，而失望的却是由於押錯了寶；這全要看各人的情緒，心意與打算了。

在結果業已分明以後，我倒並非故意取巧地打開天窗說涼話，却正直地願意指出一般人的堅信杜威之必勝與杜魯門之必敗，乃基於幾種錯覺。今天指出這幾種錯覺來，至少可以幫助我們瞭解美國政治的動向，並認識杜魯門所以能够蟬聯總統的關鍵所在。

第一種錯覺是過分重視了杜魯門個人素質的因素。杜魯門原爲羅斯福第四任總統任內的副總統，副總統是美國憲法上的一位無足輕重的人物，正像過去有一位副總統曾經這樣描述過，美國的副總統是超越人類任何發明和想像所設計的一個最不重要的職位。因爲這個原因，美國政黨所提名的副總統候選人，往往不是出色的第一流人才。大家都說杜魯門就是這一類的人物，平庸懦弱，沒有操握國政的果斷能力，他是因爲羅斯福的突然逝世而依法繼任了總統。在繼任總統以後的三年半中，大家認爲其政績無足可取，且又寡斷易變，舉棋不定；因此在此次大選中，他儘管情勢迫成被民主黨提名爲總統候選人，但他必然會遭遇到最後的失敗。

第二種錯覺是過分估高了華萊士所能奪取的民主黨選票的總額。華萊士以羅斯福新政的繼承人自居，打擊兩黨外交的製造國際戰爭的傾向，用協調美蘇關係爲號召，脫離民主黨而組織新的進步黨，喊出了「和平，富足，自由」的響亮口號。大家認爲華萊士的第三黨運動，雖然成事不足，敗事却是有餘的。這就是說，華萊士本人儘管在此次大選中不致當選總統，他的日子是在一九五二年，同時，由於他的脫離民主黨，民主黨的勢力必然會分散，他將吸去相當的一部份進步份子的選票。競選的陣綫既呈混亂的態勢，華萊士的插足，一方面藉犧牲民主黨來聚集他個人的政治資本，另一方面却助成了共和黨的必勝局面，致使杜威坐享漁翁之利。

第三種錯覺是過分强調了一般美國人民在思想與行動上的右傾趨向。自從戰爭結束以後，美蘇兩國五相猜忌，其關係日益惡化，在美國國內則防共反共的氣氛瀰漫於全國。大家覺得美國業已走上了反動之路，它寧可犧牲本國勞工的利益與一般人民的合法保障，寧可扶植過去敵國的軍國主義，寧可援助某些外國的腐敗暴虐政府，祇要直接間接能予共產主義以致命的打擊，或防止共產主義的蔓延於各地，任何手段都不惜採取。從戰後數年的表現上看，共和黨正是堅持這些主張的大本營，他們不但敢說，而且也敢做。今一般美國人民若果思想與行動皆趨右傾，那麼在此次大選的時候，他們的選擇可以是很確定的，他們害怕華萊士的親蘇政策，他們感覺杜魯門的不够澈底，他們就祇有把杜威擁戴起來之一途，這也就是杜威得能進入白宮的門路。

具有了這三種錯覺，或它們中間的任何一種，再加上有些人所認爲民主黨在朝到今年已屆滿十六年，一般人民有厭倦思變之念，於是大家咸認杜威必能繼杜魯門而做杜魯門所稱「全球重要之囚犯」，而進入「全球最佳之牢獄」的白宮。今投票結果揭曉，證實了推測的錯誤，這錯誤也止是杜魯門連選連任的重要關鍵。

首先試一說總統候選人的個人素質對於美國大選的影響。我們固然不能否認個人素質在政治上可能發生的作用，但是個人素質與政治成就並不是絕對相稱的，在政黨政治發達的國家。尤其是如此，即以美國來講，總統的產生在手續上須經過兩番選擇，一是隸屬政黨的總統候選人提名，一是選民對總統選舉人的投票。就原則言，當政黨提名總統候選人的時候，個人素質的因素自屬相當重要，或竟能發生決定性的作用。但每一政黨不能忽視選民的傾向，有時它爲了遷就選民的願望，可以不過分考慮個人素質的問題。至於因爲黨內有幹才的領袖們競爭過激，造成了相持不下的僵局，結果反而出了一個「冷門」，也是可能發生之事，在這種情形之下，個人素質的問題自然是談不到了。這是一方面。到了選民對總統選舉人投票的時候，選民所考慮的是以往的政績，所宣示的政綱，以及可能預測的動向，總統候選人的個人素質雖非選民絕不加考慮的因素，但僅是次要的，而不具有決定性作用的。美國選民重視整個政黨過於單純個人，他們是對黨投票，他們在總統候選人身上所看到的不是總統候選人個人，而是他所代表的整個政黨。這是又一方面。所以單是根據杜魯門個人素質（姑不論杜魯門的個人素質究竟如何），而作杜威必能戰勝杜魯門的推測，這是一種錯覺。美國的總統競選顯然不是一種單純的候選人個人素質的比較，支配它的因素是相當複雜而微妙的。同樣的，認民主黨在朝已十六年，人心思變，這也是把一樁複雜而微妙的事情說得過於簡單化了。人心有時固然思變，但是要求變不可能單是爲了某一政黨在朝過久，至少是爲了在朝政黨業已到達使人失望的地步。今假定杜魯門的個人素質不盡如人意，而結果他還能當選總統，可見過分重視個人素質的因素，將曚蔽我們對於美國政治的認識。至於單純的思變心理，事實亦已證明不能把被擯棄於白宮之外已達十六年的共和黨擁進了白宮去。

其次再說華萊士的第三黨運動在此次大選中所佔的地位。我認爲華萊士所得選票不如事先預料那麼多，是杜魯門此次蟬聯美國總統的最主要關鍵，所以我敢斷言華萊士的慘敗促成了杜魯門的連任。按理說，華萊士脫離了民主黨而以進步黨的總統候選人地位參加競選，其因此而處於不利地位的應該是民主黨，這有史實予我們以證明，我們若以此來推測華萊士的必敗與杜威的可能壓倒杜魯門，這是非常合理的。就在這一世紀，曾經發生過兩次類似的事情，每一次都是分裂政黨遭遇到極大損失，而使另一政黨獲得意外勝利。譬如在一九一二年，由於共和黨的分裂，西奧道羅斯福以進步黨的總統候選人地位參加競選，致使選票大大的分散，結果落得民主黨威爾遜的獲選總統；再如一九二四年，拉福蘭脫以獨立派總統候選人地位參加競選，吸去了很多的民主黨選票和一部份的共和黨選票，共和黨柯立芝的進入白宮就是由於這個原因。華萊士以打擊導向反動戰爭的兩黨外交，與呼籲美蘇協調，謀求世界和平爲號召，在今日美蘇關係的尖銳化程度有增無減的時候，一般人曾預料當能吸收相當的一部份選票。他的所得，當然的就是杜魯門的所失，其結果就應該是杜威的便宜了。這是很合理的有歷史根據的推論，但是政治是朝夕有變的，那選舉前夕的演變，却在最後瞬息間發生了確定性的效果。

據我看，華萊士的慘敗，其最大的原因有二：一是出諸他自己的，一是出諸其敵黨的。甚麼是出諸他自己的原因呢？我們不懷疑他調整美蘇關係的誠意，但是他的過於引用莫斯科的論證來辯護其自己的主張，促使一般人猜疑他根本沒有立場。不具主見，而一位無立場乏主見的美國總統是無論如何擔當不起不使美蘇關係更趨惡化的重任的。這樣，他就失去了原應屬於他的一部份進步份子的選票。甚麼是出諸其敵黨的原因呢？華萊士的敵黨利用他的弱點，採取了一個非常毒辣的手段，而給他戴上了一頂紅帽子，至少也是一頂粉紅色的帽子。於是斯太林與華萊士被拉上了不可分的關係，共產黨與進步黨時常被混爲一談，在畏蘇反共的空氣籠罩着全美的時候，就予華萊士的競選以致命的打擊。這樣，他就失去了可能屬於他的一部份中立份子的選票。華萊士所失去的正是杜魯門所獲得的，於是華萊士進步黨的插足競選，沒有像當年西奧道羅斯福進步黨那樣地整個影響了民主共和兩黨傳統的對立陣營。華萊士既不足道，乃使此次美國大選依舊是兩黨之爭，兩杜的角逐。所以我認爲：杜魯門的當選是因爲他沒有吃了華萊士的虧，杜威的落選是因爲他沒有討到華萊士的便宜，換言之，由於華萊士的沒有擾亂兩黨的正常競選陣線，致使杜威未能僥倖而獲選。（華萊士所演出的這幕悲劇，其所包含的時代意義，容另爲文加以析述。）

最後再來說一說一般美國人民的思想與行動的趨向在此次大選中的表現。誠如有些人所瞭解的，一般美國人民的畏蘇反共的情緒確實是相當濃厚，但畏蘇未必一定主張同蘇聯立刻打仗，反共也未必一定主張把資本家盡都捧到天上。況且外交上的主張是一回事，內政上的主張又是一回事。有些美國人民儘管同情共和黨的對外關係的看法，同時却可以反對它的盡剝削之能事的勞工立法政策；何況就是前者，人們亦有相當的顧忌。資本主義的美國過去曾經與蘇聯發生過較好的關係，這個可能性現在與以後還是可以有的。在內政上的「新政」，亦復如此。所以祇要美國人民沒有右傾到非打仗不可，或非無條件地維護既得利益不可，那麼當他們預料共和黨將掀動美國對外作戰，或將支持純粹爲保障資本家的經濟社會政策的時候，他們必有他們分明而確定的選擇。今大選的結果，足以證明過分强調一般美國人民在思想與行動上的右傾趨向是一種錯覺。固然有人訕笑地以爲杜魯門與杜威之間的區別祇是在後者有小髭，而前者無之；在某一個觀點上，這樣的說法似亦可成立，正好像在人的眼光看來，蒼蠅與蚊子是同樣的渺小，但是蒼蠅與蚊子之間究竟尚有區別的存在，同樣的，杜魯門與杜威之間也是這樣。從此次大選我們敢斷言，大多數的美國人民尚是趨向於進步的，他們投了民主黨一票，因爲唯恐保守勢力要趁動蕩的時候抬起頭來。我們不否認杜魯門所領導代表的勢力並不在最前頭的進步行列中，但是他的當選至少表現了大多數美國人民不甘願開倒車的含義。

綜上所述：美國的政黨政治排斥了個人素質的支配力量，而在此次大選中，一般美國人民又表現了他們步入進步之路的趨向；至於華萊士的參加競選，由於最後幾個月的各種極其微妙的原因，以致未能發生預期的影響，乃使在兩杜之間形成了一個公平的，正常的角逐。在杜威自認失敗以後，曾循慣例致電杜魯門祝賀，杜魯門的答電稱：閣下之賀電，鄙人甚表感激，吾人應對向世界顯示美國自由憲法之美國人民敬賀。」我們可以說，此次杜魯門蟬聯總統的關鍵，厥在「向世界顯示美國自由憲法之美國人民」自主地選舉了杜魯門與他所代表的一切。

一九四八年十一月五日北平。

美國大選與外交

王鐵崖

美國大選與美國外交政策在原則上是互有密切的關係的：大選影響外交政策，外交政策也影響大選。外交政策之影響大選卽某一政黨及其總統候選人以某一種外交政策爲號召，爭取大選的勝利，大選的競爭亦卽以外交政策爲主題。美國獨立戰爭之後以至十九世紀初年，外交問題始終是美國政治的主題；第一次大戰之後的大選更顯然以威爾遜的國聯理想與哈定的「回返常態」的口號爲決定的因素。在這一次美國大選，外交政策不爲競爭的主題，更因爲所謂「兩黨外交」的辦法以及兩黨之間的諒解。民主黨總統候選人杜魯門與共和黨的杜威對於美國外交問題避免互相批評攻擊，一直到臨選舉的前幾天，雙方都忍不住氣，才彼此說幾句話，而只有華萊士領導的進步黨以「美蘇協調」的外交政策爲號召。反抗民主共和兩黨的反蘇反共的大原則，也只有進步黨在此次大選中以外交爲競選的主題。

大選之影響外交政策有兩方面。一方面，在大選之前，政府當局因爲迎合一般選民的意向，或且要爭取一部份選民的票，自願或被迫採取或不採取某一種外交措施：一九四〇年大選之前，羅斯福之不積極準備參預歐洲戰爭，此次大選之前，杜魯門對巴力斯坦的政策，都是受大選影響的例證。更重要的是另一方面：大選的結果可能的是政黨易位以及握有美國最高政治權力的總統更換人物。美國總統爲最高政治權力所在，尤其是在外交方面更有較大的決定自由，如果大選的結果，總統自一黨的領袖更換爲另一黨的領袖，外交政策在原則上是要變的。如果政黨不易位，人物不更換，外交政策在原則上是不變的，但是，所不變者可能只是一般的政策和廣泛的原則，而外交政策執行的方法與其積極或消極的程度，以及在同一原則之下對於某些具體外交問題的處理，都可能因受大選的影響而不同。卽使政黨不易位而只人物更換，外交仍然因人物更換而受影響，老羅斯福與老搭虎脫的外交不同，羅斯福與杜魯門的外交更有差異，因爲人的意見本來不易完全相同，尤其是具有像美國總統那樣外交大權的人更容易依照自己的意見行事，而不必完全遵從前任的主張。進而言之，卽使政黨不易位，人物也不更換，外交的方法和執行的程度以及某些外交問題的處理也可以不同，因爲在大選之前，總統對於選民的意見沒有絕對的把握的時候，往往不敢將其主張積極實行，而大選勝利之後，地位鞏固，領導的力量生效，就可以把外交策略的眞相揭開，放膽做去，一九四〇年羅斯福在大選前後的態度卽屬如此。

美國大選對於美國外交政策有這樣的影響，因此美國大選每次均成爲國際注意的重大事件，任何國家對於大選的結果均尤其特別關心。

此次美國大選，民主共和兩黨不以外交爲競選的主題。在美國歷史上，大選以外交爲競選的主題爲數不多。美國獨立之後不久，尤其是在華盛頓第一任總統期滿的時候，傑弗遜與麥迪遜的親法與親英的爭執成爲其後數次大選競選的主題。但自十九世紀初年起直至第一次大戰發生之後，除了一八四四年大選所發生吞併特克薩斯的問題之外，競選的主題始終是內政問題，而與外交無直接的關係。第一次大戰之後，一九一六年大選的中立問題以及一九二〇年大選的國聯問題才又使外交問題成爲大選的主要因素。在第一次大戰與第二次大戰之間，幾次大選雖都不免涉及外交問題，然而外交問題之引起熱烈討論者還是第二次大戰發生之後而美國尙未參戰之前的一九四〇年大選，爭執與討論的情形與一九一六年的情形相類似。

一九四四年大選爲戰時大選，此次則爲戰後第一次大選。如果一九四〇年大選與一九一六年大選情形相彷彿，則此次大選結束已及三年，此次大選照理亦應與一九二〇年大選相似。其所以不然者，國際局面不同，戰爭雖已結束而和平尙未成立，和平僅爲戰爭的延續；美國在國際政治上也不相同，美國參加此次戰爭的結果使其無法退出國際政治，回到美洲去；而同時參加大選的兩大政黨在戰時已經樹立所謂兩黨外交的原則，在戰後亦無破壞此原則的必要。種種的因素使外交政策不爲此次大選的主要爭執。

大選結果尙未揭曉之前，一般均預料杜威將獲勝利，甚至早以杜威得勝爲基礎來推測美國外交此後的動態。其實，杜威卽使獲勝，美國外交也不會發生過份的變動。杜魯門政府在過去三年之中充分發揮兩黨外交的精神，甚至較戰時羅斯福政府爲甚，其原因顯然是戰後兩黨外交政策在根本上原無歧異，而共和黨之控制參衆兩院，杜魯門之無運用輿論抑制參衆兩院的魄力，使負責外交當局處處求教於共和黨的領袖，甚至除了國務卿馬歇爾之外，重要外交角色都讓共和黨人物去扮演，也甚至重要的外交措施所包含的共和黨外交顧問的意見多於民主黨。作爲杜威外交顧問的杜勒斯沒有理由在杜威當選之後給美國外交以大改變。在共和黨競選的政綱裏，看不出杜威外交和當前美國外交有什麼太大不同之處；在競選的演說裏，共和黨之批評限於指責羅斯福時代的外交錯誤，其所能標榜者也不過認爲所謂馬歇爾計劃應該改稱爲馬歇爾范登堡計劃而已。在外交上，杜威最得意的對杜魯門政府的攻擊只爲對華政策，其實對華政策不過是競選時候的邊鼓，湊湊熱鬧而已。共和黨之中少數人物，如蕭立德和周以德等，所假定那是杜魯門外交的弱點，而不爲杜威的主要外交顧問所重視的。

即使杜威當選，杜威外交仍將遵循美國外交過去兩年的路線，所不同者可能加強反蘇反共的作風，在方法上有所選擇而已。現在杜威既已落選，杜魯門連任總統，問題遂在此後四年美國外交是否仍然如舊，而毫無改變。

在原則上，大選的結果政黨不易位，人物不更換，政策是不會變動的。但是，在這裏，杜魯門的外交至少有兩個因素是不能不加以考慮的。一個是舉世聞名的所謂兩黨外交。兩黨外交是戰時的產品，在上次大戰已有將外交及戰爭劃出黨爭範圍之外的現象，在這一次大戰，因在戰事進行之中要舉行大選，政黨之間外交休戰更被提出爲確定的原則。在一九四四年大選之前，國務卿赫爾首先發出兩黨避免無謂糾紛以及此後共同負責以表現統一外交的呼籲，其後其他政黨領袖也作同樣的呼籲。事實上，政府當局採納在野黨的意見，在野黨的人物也參加政府的工作。杜魯門繼任總統於戰爭尚未結束之時，自應尊守此兩黨外交的原則，即在戰爭結束之後，一時也不易立即打破此原則，因此，事事徵求意見，處處避免共和黨的反對。另一個因素則是更重要的。杜魯門擔任總統之時，立法機關完全在共和黨控制之下，參衆兩院均爲共和黨佔多數。在憲法上，總統握有外交的大權，在實際政治上，外交政策也主要決定於總統。但是，依憲法的規定，總統的締結條約權受參議院的限制，從締結條約權的限制，參議院就很容易影響或且妨礙總統的外交政策。再其次，外交政策的實施常常要依賴於國會的立法，尤其是在外交政策需要款項的時候，國會如果拒絕撥款，外交政策即無從生效。如果總統與國會屬於同一政黨，以總統爲政黨領袖的權威，一切問題可以在黨內解決；如果不屬於同一政黨，則總統的外交政策必須取得另一政黨的同意，甚至由另一政黨的領袖參加擬定外交政策的大綱，並且時常商議政策的執行以調和彼此的意見。這就是杜魯門前此的境遇，也就是杜魯門不能不維持兩黨外交的一個重要的原因。有了上述的兩種因素，前此杜魯門時代的美國外交不完全是杜魯門的外交，而是兩黨共同負責的外交，不完全是總統的外交，而是總統與國會共同商議而成的外交。

現在杜魯門在大選中完全勝利，他不僅當選連任總統，而且他的領導的政黨也取得參衆兩院的多數，控制了整個的國會。情形完全不同了，當選之後的杜魯門可以不受國會兩院異黨的牽制，他有決定政策的較大自由。在這種情形之下，兩黨外交已不是必須遵循的路線。儘管共和黨外交顧問杜勒斯還說：兩黨外交繼續推行，儘管循魯門新政府可能也聲明維持兩黨外交的原則，又儘管杜魯門還繼續徵詢共和黨人物的意見或且讓他們擔任外交任務，但是，兩黨外交已經失去存在的理由，殊無永久維持的道理。依照美國政治制度的原理，當權的政黨對於外交政策的決定本應擔負全部的責任，同時，在野黨也不應該損失其批評與攻擊的作用。

此次大選之後，總統既不受國會的牽制，兩黨外交也不是必須遵守的路線，杜魯門有決定外交政策的較大自由，此後的美國外交可能與前此有不同之處。此自非謂前此杜魯門政府時代的外交完全不是杜魯門的外交。在任何情形之下，外交政策的最後決定權總是在總統的手中，即使國會加以防礙或牽制，總統總不至以其所絕對不同意的政策爲其所應向國民負責的政策。何況杜魯門並非未曾運用其總統的權力宣布政府的決策。所謂杜魯門主義顯然是他自己提倡的；從杜魯門主義轉而爲馬歇爾計劃，也沒有問題的是他自己在作主張。並且，像馬歇爾計劃那樣長期的計劃，在國際政治上影響那樣廣泛的措施，已經做了一步，就不容易突然改變，中途而廢的。外交情形錯綜複雜，斷然改計常常會亂了步驟，無法收拾；連任的杜魯門不會有這樣的魄力的。更根本的說，民主黨的外交和共和黨一樣的建築在防蘇的基礎之上；在美國經濟制度尚未改變之前，在美國政黨政治尚未革新之前，恐懼蘇聯猜忌蘇聯的心理很難却除，防蘇的基礎很難動搖，建築在此基礎之上的外交政策也很難改弦更張。

但是，此後的美國外交之可能與前此有所不同者，其理由是杜魯門應該體驗到此次競選勝利的意義。既然排除了國會的牽制並取得決定政策的較大自由，他很可以接受勝利的意義，嘗試與前此三年不同的外交作風。此次大選，杜魯門之所以勝利——出人意料的勝利，主要的是羅斯福總統的傳統在選民之中還有深刻印象的緣故。新政固然重要，羅斯福的外交作風也是不可缺少的條件。美國人民固然在反蘇反共的狂潮之中，但是，美國人民仍然企盼和平的；防蘇固可，但如一部份人士之非鼓動新戰爭不可，則絕非厭惡戰爭的美國人民所願。其實，杜魯門在大戰屆臨之前說過，「我們不能支持另一場世界大戰，我們再遭遇的戰事也必然是一場總體戰，這就也是我們大家知道的文化到了末日。我們不打算打仗」。如果新戰爭必須避免，更不應挑戰，則外交上就不應對於蘇聯採取決絕的態度，迫使美蘇兩國的關係完全破裂，在外交上應該敞開談判之門，應用任何有效的途徑以打開當前的僵局。此次大選之前，正在巴黎鬧柏林問題的時候，杜魯門突有派遣文森訪蘇的計劃。這可能是杜魯門新作風的開始，也可能是他表示愛好和平以爭取選民擁護的姿態。但是，在另一方面，這可能眞的是此次杜魯門競選勝利的一個因素，也可能因此增加他改變原來作風的勇氣。如果不然，如果杜魯門不利用其連任總統的機會，運用其決定外交行動的自由，給美國人民以和平的實際保證，而因循過去，仍然一步進一步迫使美蘇關係愈演愈劣，則其結果，戰爭與和平必爲下一次大選的主題，也給這一次慘敗的進步黨在下一次大選以絕好的機會。

美國大選以後

吳允曾

這次美國大選的結果與美國報紙雜誌的預測相反，竟仍選出了民主黨。不但總統是民主黨的杜魯門，連兩年來由共和黨控制的國會也重回民主黨掌握，那隻老象祇有讓下台去，再等機會。華爾街老闆和少數國家盼望杜威上台的政府自然失望，而對於美國升斗小民和西歐國家却是一個好消息。但我們懷疑莫斯科是否歡迎這消息，因爲蘇聯領袖們可能希望杜威上台，在國內推行極反動的經濟政策，因而招來經濟恐慌。所以可能世界極右和極左的人們同時都對杜威落選感覺失望。

民主黨在繼續執政十六年和一再分裂之餘，仍能獲勝，顯然是由於美國多數勞工和小民怕見祇顧資本家利益的共和黨上台。華萊士這次得票甚少，原因是工會人士嫌他太左，同時一些擁護華萊士的人可能在臨時改投了杜魯門、因爲明知進步黨沒有希望，與其讓共和黨上來還不如讓民主黨蟬聯。

共和黨在八十屆國會中所制定的「强硬而無心的法案」（"Tough-Heartless Act"）失盡了勞工方面的人心。暑假中特別國會非絕通過杜魯門所提遏止通貨膨脹的法案，也使共和黨失去了一些票。杜魯門在這件事上的政治手法是很巧妙的，因爲假如國會通過，人民所感激的是杜魯門，假如國會不通過，人民怨恨的是共和黨。

共和黨擁有摩根財團和杜邦財團等好幾個大托辣斯的支持，而終於失敗。可見美國一些小民手中的那張選票如果好好利用牠，是可以發生很大作用的。擁護財閥利益的人究屬少數。如果美國一般平民都不棄權聯合投票，則他們永遠可以選出比較代表平民利益的人入主白宮。毛病是棄權的人往往正是一般貧苦小民。羅斯福之得以三任四任，完全是由工人和一般小民的擁護。當時 CIO-PAC 曾四出鼓吹爲羅斯福拉票。使許多本來會棄權的小民去投票，於是羅氏終於當選。這次民主黨所得票數祇比共和黨多一百萬多張，棄權的人很多，情形自然不如羅斯福時代。但我們依然可以看到平民憑着手裏那張票所能有的力量。

威爾基說本世紀應該是一個「平民世紀」。美國目前固然距此理想尚遠。但推行新政的羅斯福連續當選，和這次共和黨的失敗，可以說明與平民利益相去太遠的政黨還不易上台，還可以說是美國平民世紀的曙光。美國一般的勞工和小百姓如果在每次選總統和國會時，聯合起來祇投能代表他們利益的人，則「平民世紀」是可以在美國逐漸實現的。

至於民主黨再度執政後的內政外交，則我們覺得在內政上，杜魯門可能更向左走一點，因爲這回沒有共和黨的國會在掣肘，並且他當然知道他的連任是由於升斗小民的擁護。而在對歐外交上則一定沒有變動。因爲馬歇爾計劃和牠所代表的「邊緣範圍政策」是長期性的。新的杜魯門政府自然繼續執行。對蘇關係將與目前一樣。但由於美國堅定政策必將繼續，和經濟危機不像要來，蘇聯却可能改變態度，變得較和緩一些。

我們所最關心的自然是新杜魯門政府的對華政策。關於美國現行的對華政策，筆者在本刊一卷二十四期中已約略提了一下。值得注意的有兩點：（1）美國似已放棄扶植中國成爲遠東安定力量的希望，而寄希望於其他地方，但並未考慮完全退出。（2）因調處失敗，馬卿對中國政府似不無耿耿，國務院內中國專家們亦多存有偏見。

美國在戰時一力支持使中國在名義上躋於四强之列，戰後又派遣戰時元勳馬歇爾將軍來中國奔走經年，殫盡心力。一九四五年冬並曾允許貸給二十億美元供建設之用。這些做法完全是因爲日本投降後，遠東在國際政治上成了眞空，美國希望中國起而代之，成爲遠東的安定力量以牽制蘇聯。同時安定繁榮的中國將是美國貨的好主顧。不幸調停失敗內戰又起。美國在一九四七年一月以後似已放棄了扶植中國成爲遠東安定力量的計劃，轉而注意日本。對中國則始而靜觀，繼而給予少量的援助，而對於中國的軍事情勢則極力避免負直接的責任。

至於馬卿個人及國務院專家對中國政府似有偏見，則在美國已有多人指出。杜威的外交顧問杜勒斯曾說美國務院的對華政策是一種「嘔氣政策」。美國務院最高政策設計委員會中負責對華政策的人是謝維思(Gack Service)。謝氏曾做過史迪威將軍的政治顧問，和美國對延安的聯絡員，在延安住過兩年。那時他對中共的印象很好，這可能影響了他後來的意見。遠東司中另有一二重要官員是曾被赫爾利告過狀的。這便是美國務院內的情形。

目前中國局勢急遽惡化，美國既不願完全退出勢必需要採取較積極的態度。賴樸翰在舊金山的談話就是說明此點。但今後的積極政策仍必與以往的政策有相當連貫性，仍將受上述兩點事實的影響。美國可能貸給較多的軍火和金錢，但同時必將要求監督使用。可能勸告中國政府一面固守華中，一面建設華南。但華北開灤的煤供給江南動力三分之二的燃料，一旦有失，則美經濟合作總署資助下的多數計劃勢必停擺，所以就美國看來，唐山天津大約是暫時必需固守的。可是美國的積極政策不一定祇有一套。以上所推測的是目前比較容易着手的一套。但亦可能有政治意義重於軍事的另一套，但那不太容易，且或亦爲時尚早也。

三十七年十一月五日於燕大

專論

政治責任與蔣總統的錯覺

龔祥瑞

憲法上雖然規定着行政院對立法院負責的條文，但事實上今日的政府是一點也不負責。它沒有履行對人民所作的諾言。他沒有完盡法定的任務。他沒有滿足人民的願望。人民沒有一點辦法對付它。可是政府還說我們已經「建立了一個名實相符的中華民國」，現在的行政院是「責任內閣」，而且有人相信：『政府的最高當局是最負責的元首。他的一切的決策都出於他對國家對民族最誠摯，最奮激的責任心。要是他不負責的話，早已下野了，那麼社會就要靡爛，國家的命運就要陷於悲慘之境，人人就不能安居樂業，那裏還有生命，自由與各種權利。』這樣就把我們拖回到一個強權政治的時代：人民要向元首負責了。

但是事實是社會已經靡爛了，國家已經陷於悲慘之境了，人人早已不能安居樂業了，生命自由與各種權利早已沒有保障了。目前這麼慘絕人寰的現狀，這麼紊亂無常的社會，這麼無能的軍隊與這麼無能的機關：究竟是誰的責任？向誰負責？是何種政策造成的？是誰採取的？是誰推行的？

蔣總統以爲行憲以後，這是全國同胞的責任，是全國同胞要負擔的政治責任；近半年來的種種失敗，主要的原因是由於大家認識不清，意志不能集中，精神趨於散漫，以致政府的力量無從發揮；一切都是政府與人民共同的過錯。

但是我以爲我們人民不能擔負這個責任。人民在行憲之前與行憲之後一樣無庸擔負政治的責任。他們不過消極地接受政府的統治，積極地服從政府的法令，痛苦地完盡做人民的義務而已。他們納稅，他們當兵。

他們後有決定過戡亂的政策，他們後有贊同過幣制的改革，他們也後有守衛東北濟南的任務。戡亂剿匪與「只求溫飽不要內戰」的同胞完全不相干；幣制改革與「胼手胝足」的同胞根本無涉；濟南的攻陷、東北的失守與「種田的農夫，讀書的學生，管家的婦女」絕對無關。

謂行憲以後，戡亂的國策是全國人民的意志，戰爭的挫折，幣制的失敗，都要人民負責，這樣想，這樣說，根本就是一種不負責的心理，不負責的行爲。這種不負責的心理是由於一種錯覺，就是行憲前後政府與人民的關係已經倒置，行憲以後，中國的政府與人民已經建立了一個名實相符的民國，所以政府與人民都要擔負政治的責任。我說這是一種心理上的錯覺，因爲憲政，照它的原意來說，也不過是一種統治的方式或統治者取得權力，對人民如何擔負政治責任的一個方式。行憲並不能把政府與人民打成一片，沖滅二者的關係，更不能倒過來，要全國同胞擔負政府在政治上的責任。要是我說的話是錯誤的，試問：人民向誰擔負政治的責任？試問人民所負的政治責任是什麼？如果人民不負這個責任，不盡這個責任，試問：政府有什麼辦法對付人民？

沒有受過近代觀念訓練的頭腦，爲封建的觀念所迷惑，以爲「鞠躬盡瘁死而後已」是負責，「苦撐一個挽救不了的局面」是負責，「做錯了還是要錯到底」是負責。毫無疑義，這些都是最負責的精神，但不是憲政上所謂的「負責」。政治的責任是與宗教的責任不同的，不是信任自己的良心，而是受人民的信任；不是勿計成敗的大無畏精神，而是受人民的判斷；不許錯誤，只許承認錯誤，誠因：政治責任不是自己對自己負責，也不是人民向政府負責，乃是政府向人民負責。這是一個近代的民主的政治制度。

封建的責任感支配了中國的政治數千年。它把國家當做自己的私產，自己的兒子。一個負責的守財奴自然要死守他的財產。一個負責的父親自然要溺愛他的兒子。把愛自己與愛國家混而爲一，甚至愛他的國家甚於他自己，也是有的。像菲特烈大帝就這樣想，這樣說：「我是我的國家的第一僕人」，於是他的政策變成了國家的政策，他的成敗變成了全國人民都要擔負的政治責任。於是要人民向他負責，他不要向人民負責。於是人民要有像他一般清楚的認識，統一意志，集中力量，跟着他走；他不要認識人民的願望，統一政府的意志，集中政府的力量，跟着人民走。

但是近代的政治責任與這種錯覺是完全相反的。近代的責任感與封建的責任感也是完全不同的。近代的政治家認淸政治的責任是他的責任，因爲政策是他採取的，是他推行的。失敗了，自然是自己擔負，不要人民擔負，並且承認失敗，接受人民所建立的制度的制裁。他是時常自動地接受這種制裁的，所以他有從政的風度。他言行相符，所以他是誠信可靠的。他時常向人民說明自己的缺點，弱點與錯誤。他接受任何人任何的批評。他替自己的立場辯護，亦不否認他的同僚的立場，因爲他不但自己有立場，而且持有與同僚一致的立場。他們共同主張，共同負責。

更重要的是近代的政治家有一種責任感就是他所採取和推行的政策必須遵守一個政治的最高原則。這個政治的最高原則不是一黨一派完成了的信條，而是「尋求」人民的意志與願望。他的上台固然要靠他所演出的信條或黨的理論，很可能他持有一套完整的觀念系統，但是他所認淸的是在這些死信條與死理論之上存着活的民意，活的願望。因爲後者要比前者重要，所以他不斷的「尋求」人民的思想的動向。他的政策不是根據一套「陳說」，而是根據「要求」，所以他一刻不離人民或其代表的主張。他的長處是在他能用明亮的眼光和卓著的遠見去識別時代的轉變，並不在他把那些已經完成的主義和理論剛性地付諸實施，歪曲地解釋現狀，更不在他將頑固的成見當作人民的公意，誠摯奮勇的灌注在人民的腦袋裏。

因爲近代的政治家具備這樣的責任感，所以他能够面對現實，虛心試驗他的政見。政策在推行之際，經過事實的考驗，顯露了弱點和缺點，發現了毛病和錯誤，遭遇了許多的困難。這確是不能避免的，因爲政治家有人類的弱點與缺點，而政府是人組成的，所以官吏也有毛病，有錯誤。這不失爲一種好現象，正如蔣總統在十月十日國慶致辭中所說的話：『弱點的顯露正是我們反省的資料，錯誤的發現正是我們改進的開始，暫時的頓挫，正是我們轉敗爲勝的基礎。』這種試驗的精神在政治上如同在科學上是進步的要件。具有這樣精神，偉大的政治家才能承認事實，拋棄成見，才能對時代的精神讓步，轉移國家的航程，才能承認失敗，放棄政權。所以每一個大時代都有偉大的政治家。

我們說庇兒(Peel, Sir Robert, 1788—1750)是一個偉大的政治家，因爲他能迎合新時代和人民的願望，在考白頓(Cobden)强詞嚴言之下讓步求變了。英國的政治家多半都有這樣的精神，好比保守黨的幾位大臣並不死抱住保守主義不放，苦撐着挽救不了的局面。他們以緩慢而穩繼的步伐追隨着時代。靠他們明亮的眼光與試驗錯誤的精神，英國在最近一百多年不流血的革命中由貴族政體蛻變成了民主政體。不消說，所有的保守黨大臣所認識的「民族利益」是與地主階級貴族階級結合在一起的，然而當討論「選舉改革案」，「取消穀律案」，「議會改革案」的時候，他們不比自由黨落後，他們總把「民族」擴大的來看，他們終於放棄了保守黨的既得利益，而服從了多數人民的意志。「多數」，雖然柏克(Burke, 1729—1797)所說，英國的「大衆」不過「四十萬人」而已——既得利益者，但是英國的「大衆」及其利益的範圍確是一天一天在擴大。我們不能否認今日的英國人是生活在一個要比他的父兄的時代更大的「大衆」裏。這是靠他們的政治家有淸楚的認識，能够追隨時代的結果。

雪萊(Shelley)認爲坎斯泰勒(Castlereagh)是一位頑固不化的人物，但是坎斯泰勒終究把雪萊所反對的，也是當時英國的思想所反對的「買賣奴隸的貿易」給取消了。庇兒與迭斯雷利(Disraeli, 1804—1881)論思想都不算是進步份子，但是他們對於社會改革，勞動情況的改善是與自由主義者同樣努力，沒有分別的。這並不是說：政治家都是投機份子，這只是說：政治家不是頑固份子而已。他沒有信條。因爲他是對人民負責的，所以他必須尋求人民的意志，跟着它走。他不能跟着信條走，他也不能跟着自己的理論走，他更不能憑着自己的良心一意孤行。他是在人民中間的，與人民看齊，向人民學習，然後領着人民前進。如果人民不要他了，他便辭職：在野的政治家仍舊在人民中間，不離前進的人民的行列。

這種精神，這種風度都是不容易學習的，但是英國的政治家學到了接受了，實現了。然而中國沒有學會，今日的政府是離開人民了。總統離開人民也愈來愈遠了。譬如說，人民要生活而政府却要人民擔負政治的責任——「認淸剿匪戡亂卽爲實行民族主義，不畏險阻，不顧困難，在軍事上政治上一致努力，完成戡亂建國之責任。」

今天在軍事上政治上經濟上都失敗了，政府把責任推到人民的身上，第一因爲人民要行憲，政府原是不要憲法的；第二因爲人民認識不淸，政府則認淸剿匪戡亂卽爲實行民族主義。

我敢說明：人民是不肯擔負這個責任的，第一因爲人民沒有行憲，行憲是政府的把戲；第二因爲人民不要打仗，早已認淸戡亂剿匪是政府打共產黨的內戰。行憲的失敗，內戰的失敗，政治經濟的失敗都是政府中在位當權的人之責，與升斗的老百姓是完全不相干的。要全國同胞擔負政治的責任確是蔣總統的錯覺。

人民沒有權利要求政府說明種種失敗的原

因；人民也沒有權利強迫政府辭職；在這個國家裏人民的公意沒有力量，因爲言論是不自由的，宣傳是片面的，選舉是包辦的。這樣驅使中國的政治走向更黑暗，更不負責的方向。

要是全國同胞有責任的話，關於今日黑暗不負責的政治負有責任的話，那麼只好向總統，又政府「辭職」了，這就是說，把行憲以後，憲向賦予我們的「人民的地位」給辭掉了。這恐怕法不是今日的政府所願意的。

從法幣的崩潰看金圓券的前途

——十月十七日在清華大學演講稿——

粟寄滄

八月十九日頒佈的財政經濟緊急處分令，本質上是一個改革幣制的法令。這個法令一方面宣佈了法幣的崩潰，同時又公告了金圓券的誕生。

十三年前即民國二十四年十一月，我們也曾經有過一次幣制改革。法幣和法幣制度便是那一次幣制改革的產物。在過去的十三年中，法幣和法幣制度也曾有其光榮的歷史，例如在抗戰以前，它是劃一全國貨幣，發展經濟產業，和打破地方割據，促成政治統一的有力工具；在抗戰期間，它又是動員人力物力爭取最後勝利的主要手段。儘管法幣和法幣制度已往對國家政治經濟有過如此偉大的貢獻，但現在終於被宣告崩潰了。它是爲什麼崩潰的呢？

法幣的崩潰，其咎不在制度的本身，而在財政金融政策的錯誤。法幣是貨幣，貨幣是便利交易授受的經濟工具，而不是專替政府弄錢的財政工具。貨幣之於經濟，有如水之於農作物。水之供給量必須適應農作物之生長過程而爲增減，過多過少均有害於作物之長成。同樣，通貨的數量必須適應經濟生產力的發展而爲消長，過度緊縮與過度膨脹均足招致不良之後果。因此，在財政經濟制度健全的國家，財政與金融關係雖然密切，但兩者間終有一定的限界在。無論平時戰時，政府要找錢，首先求之增稅，次則求之於公債，不得已時始行發鈔，兩鈔票發出以後，又必設法運用租稅政策與公債政策加以吸收，使之回籠，以免造成通貨膨脹，影響社會經濟。然而返視我國，當局完全忽視了貨幣與經濟的關係，金融與財政不分，中央銀行變成了政府的帳房，予取予求，漫無限制。十來以來，政府一直以發鈔爲籌措戰費政費彌補財政赤字的主要法寶，而絲毫不曾顧及無限制發鈔政策可能產生的經濟後果。鈔票能發而不能收，日積月累，愈來愈多，戰前法幣的流通總額不過十五、六億元，而八月改幣時竟達六百萬億元，即增加百四十萬倍。

發鈔政策是一切籌款方法中最簡而易行的一種，祇要印鈔機器一開動，財源即滾滾而來，這對於一個貪污無能的政府，確有「點紙成金」之妙。然而事實告訴我們，發鈔政策實在是一切籌款方法中流弊最多的一種。今日中國產業經濟之萎縮崩潰，危機重重，大多數人民之沈淪於通貨泛濫的苦海中，求生不能，求死不得，即拜政府發鈔政策之所賜。稍具經濟常識的人都會知道，在通貨數量增加而物資生產未能比例增加甚或反趨減少的條件之下，物價必然上漲，而且當通貨膨脹達到一定的程度時，物價上漲的速度且必超過通貨膨脹的速度。此次改幣前夜京滬平津一帶物價較戰前已上漲約七、八百萬倍，而通貨較戰前增加不過四十萬倍，兩者約爲二十與一之比。有人估計物價在三十五年度平均約四個月上漲一倍，三十六年度約三個月上漲一倍，至於本年度，六月以前，平均每個月上漲一倍，六月以後，每半個月甚至於每週上漲一倍。在宣佈幣制改革的前幾天，物價簡直是天天在漲，時時在跳，漲跳之速，竟使商店老闆們更改定價標籤都來不及了。

由於幣值的貶低過甚，而且動盪不安，法幣已大部分喪失其爲貨幣之基本功能——充當價值尺度，交易中介，支付手段及價值貯藏工具。大都市中的交易多以黃金美鈔計算，租賃房屋，繳納學費，多以實物收付，內地各省多使用銀元，僻遠之區且有恢復物之交換者。法幣一經到手，即行化銷，或換成金鈔銀元，或用以購儲實物，決無以之爲價值儲藏之工具者。法幣既經大半喪失其爲貨幣之基本功能，則從貨幣學的觀點上說，它已是走入崩潰的途徑了。

無限制的發鈔政策，不僅犧牲了法幣，而且也犧牲了財政的自身。以發鈔爲彌補財政赤字的主要手段，實在是一種「飲鴆止渴」式的自殺政策。因爲發鈔愈多，幣值愈跌，物價愈漲，隨之政府的支出愈多，收支愈難平衡，因而愈不能不增加發行，以資彌補。於是發鈔——物價——財政赤字三者，因果循環，推波助瀾，終必使整個財政趨於破產而後已。政府原欲以增加發行來解決財政問題，但物價上漲的速度却超過了通貨膨脹的速度，發行愈多而政府所能藉以獲得的購買力總量反趨減少，是眞所謂「上雖好取，而猶寡獲也」。這時，發鈔政策的財政功能便完全喪失，換言之，法幣是不能再做政府找錢的工具了。

隨着內戰範圍的擴大，政府的支出有增無減，而原有的法幣及法幣政策既不能繼續爲財政效力，政府自不能不另想辦法，爲戡亂時期的財政找出路。這是「八一九」政府斷然實行幣制改革的根本原因。對於這一次的改革幣制，許多人都認爲它是挽救當前財政經濟危機的最後的一張「王牌」，而政府當局亦以一種頗爲悲壯的語氣聲稱：這一次改幣，是「祇許成功，不許失敗」。然而事實果能如政府之所願嗎？中國有句老話，說是：「鑑往可以知來；」又說：「前事不忘，後事之師。」此次幣制改革能否成功，我認爲主要關鍵在乎政府是否不再重蹈過去的覆轍——不再以發鈔爲籌措經費彌補赤字的主要手段，不再視金圓券爲專替政府找錢的工具。由此我們便不能不談到今後財政收支的平衡問題。

改幣後的國家預算案，據聞立法院尚在審議中，內容如何，不得而知。然在改幣之初，財政部長王雲五氏對於今後一年內的財政收支數字曾吐露一大概的估計：歲出三十六億圓，歲入二十四億六千萬圓，收支相抵，不敷十一億四千萬圓。中國官方發表的預算數字，向來是收入偏高，支出偏低，爲的是使赤字不致過於龐大，免得動搖人心。王部長的估計數字亦不免犯此毛病。歲出的大部分爲人事費。改幣後政府規定文武機關公敎人員的待遇標準，係以四十圓爲基數，薪額在四十圓以上三百圓以下者按十分之二支給，三百元以上之部分按十分之一支給。這個待遇標準即使假定物價眞能凍結於八月十九日的水準而不再上漲，公敎人員尚且難得溫飽而如果物價波動，如像最近的情形一樣，則公敎人員根本無法生活。最近各級學校敎職員及國營事業機關員工之停敎、罷課、怠工、罷工，即是對於上述不合理的待遇標準之嚴重的抗議。如果文武機關公敎人員的待遇不能不隨物價之上漲而逐步調整，則所謂歲出三十六億元的預算是絕對難以維持的。自然，打破歲出預算的因素尚多，這裏只只不過舉其一端而已。至於說到歲入方面，在王部長的估計中，關稅列四億八千萬圓，貨物稅列七億圓，直接稅列三億六千萬圓，鹽稅列三億二千萬圓，其他各稅連同國營事業盈餘及規費收入共列二億圓，出售剩餘物資敵僞產業列四億圓，以上總計歲入二十四億六千萬圓。上列各項收入能否如額收足，是很成問題的。例如稅收一項，在目前生產凋敝，農村破產，交通阻滯日趨嚴重的情形之下，政府要想收到幾倍乃至於幾十倍於改幣前的租稅，未免太奢望了。又如出售敵僞產業及剩餘物資，必須打破把持侵蝕這些產業及物資的豪門權貴以及地方上的惡勢力纔行，然而政府能有此決心嗎？根據上面的分析，我們可以斷言今後一年的財政赤字至少當在二十億圓以上。

政府將用什麼方法去彌補龐大的財政赤字呢？發公債嗎？在幣值未能穩定以前，在政府的債信未能恢復以前，公債有誰願意買？利用美援嗎？今年春天簽訂的美貸，總額纔四億美元，扣除軍事援助部分一億二千五百萬美元，所餘經濟援助部分不過二億七千五百萬元。在經濟援助總額中還有幾筆專款是指定了用途的，例如特別建設費三千五百萬元，鄉村建設費二千七百萬元，美棉換外銷紗布三千五百萬元，行政費一百二十萬元。把這些專款扣除以後，僅餘一億七千三百萬元，折合金圓券不過七億零五百二十萬圓。此次美貸美國所給與我們的是物資，這些物資運到中國變價後所得款項，專戶存儲中央銀行，非經美方同意，不得動用。美援主持人賴樸翰曾經說過：「美援運用與國家預算是兩回事，不可混爲一談」。由此看來，我們能否自由運用美援又能運用多少美援以彌補財政赤字，也是很有問題的。本來，彌補財政赤字的最好辦法，就是實行「有錢出錢錢多多出」的財政政策，向既得利益階級開刀。然而今日中國的豪門鉅富是愚昧淺見，自私自利，愛財如命，一毛不拔的，要他們出錢，眞比叫駱駝穿針還難。臨時財產稅喧嚷了多少年，結果一變而爲建國特捐，再變而爲救濟特捐，本來帶强制性質的，現在却變成了挨戶乞討，而且討還討不着。法幣十萬億元的救濟捐總額，到現在還不曾收齊，即令收齊也還不够政府一天的化銷呢。

公債、美援不足恃，而政府又不敢損害豪門鉅富的既得利益，於是剩下來的唯一的財政出路，就只有發鈔了。長期通貨膨脹的苦痛經驗，似乎不曾給予當局多少敎訓。金圓券發行辦法規定發行最高額爲二十億圓（約爲改幣前法幣流通總額之十倍），即是替未來的發鈔政策預先鋪好了道路。一個多月來物價不斷狂漲的事實很明白地告訴我們：金圓券業已走上法幣在過去十年中所走的舊路。語云：「種瓜得瓜，種豆得豆」，同樣的原因，必然得到同樣的結果。法幣的崩潰經過了十年的歷程。今日的財政經濟當局如果不痛自反省，改絃易轍，則金圓券的崩潰，也許還不要十個月的時間呢！

茲收到英國文化委員會贈送英國合作運動，現代科學發明談，英國大學各一冊，謹此致謝！

通訊

東北敦刻爾克的幻滅（北平通訊）

本刊特約記者

當南京喧嚷着第二國難之由來與挽救危局的根本問題時，東北的命運是已經決定了。蔣總統兩次來平，三去東北，留平期間共達三週有餘，陸空海將領雲集，文職人員及擅術策之士亦先後北來請示或追隨備詢，眞可以說得上是「勇將如雲，謀士如雨，」顯然他是想要挽救東北危局。然而現在看來是一切徒勞了。事後却有人說，「總統早就打算不守東北，這兩次北來，是做給東北人看的，免得放棄以後，他們又去到總統府去哭鬧。」這話也或許有他的道理，然而以東北地位之重要，資源之豐富，事實上中國要沒有東北就談不到現代建國的條件，總統就身爲越人，爲了自己，也得要關心秦人的肥瘠。更有一點值得注意的是蔣氏多少年來都是以民族主義者自居，就是現在抗戰勝利，不平等條件撤銷以後，他還大聲急呼目前的內戰是民族戰爭。民族主義者是不忍心看國家割裂的，他必然醉心於一統與統一。不過雖然如此，九一八事變的不抵抗，將來一定是民族史上的一個汚點。當時地方當局不能辭其告，而南京中央政府又豈能置身事外？何況不抵抗者又有曾經奉到命令的傳說？蔣總統於抗戰八年中，每逢「九一八」紀念日必然要有一篇皇皇的文告，昭告全國軍民及東北同胞，决心收復東北失地。勝利前二三年中他在「九一八」的文告中，還特別叙述他與孫總理對東北不同的看法，孫先生辛亥之前有意將東北做爲革命策源地，而他却主張東北爲革命目的地。這個革命目的地，到手一半又丟去了，這是蔣總統所不能甘心的。而且爲了「九一八」的歷史，有了對自己東北籍的僚屬，東北是不能輕於放棄。現在的放棄，該不是什麼主動撤離，自有不得不如此的趨勢存在。

當中國內戰發生後，魏德邁來華視察，據說他當時曾建議中央撤退東北及華北，固守華中，建設華南，在他以前徐炳昶教授給大公報所寫的專論中，也曾有過類似主張，劃黃河爲界，兩方休兵，作政治與建設之競賽。魏德邁在二次大戰中任中國戰區參謀長，對中國軍事自有其比較有根據的認識，他的建議不是偶然的。而且做過大兵團指揮官與幕僚長的人，是能照顧全局的人，能從大處着眼。大兵團指揮需要具備超人的睿智與經驗，中國歷史上沒有產生過統帥三百萬以上部隊的將領。蔣總統在軍事指揮與控制能力上是空前的大人物，但是也有一個飽和量，究竟對於大兵團的指揮與運用，在經驗上還遠不如歐美的一二兩大戰中的指揮全局或身當一方面之重的將領。這是單就軍事經驗來看已經如此，另外還有一些軍事指揮以外的因素，也造成了東北挫敗的原因。大的聰明與智慧在刀光劍響生死存亡的頃刻間，最容易顯示出來，但是一片自私與患得患失的念頭，會掩蔽了聰明乃至智慧。因此旁觀者如徐炳昶教授者流，又看得比當局更清楚一點，當時那一獻策在今日當局看來，也或許有悔未聽從的感覺。然而今天一切都晚了，外籍軍略家和本國老成謀國的教授的建議，都已成了一劑「後悔藥」，想來教人唏噓！

國軍兩年中開往東北的部隊，差不多都是國軍的精銳，如參加遠征的新一、新六、五四、五十、五二和雲南的六十、九三等軍沒有一個不是有名的部隊，截至錦州會戰時還有十五個軍，三十多個師的番號。國軍爲了經營東北在各方面的投資都是可觀的，資委會整理東北工礦，所耗的人力和財力是難以計算的，早在七次攻勢以後已大部解體。軍費的支出近一年來每月均佔全部軍費的二分之一，行政費九個省政府兩個市政府在生活費用特高的東北，都需要政府貼補，沒有一個地方政府能以自足自給的。這一切軍事政治經濟各方面的投資，政府是不能棄若敝屣的，在不得已時也只有忍痛籌劃東北的敦刻爾克。

鄭洞國在永吉領六十軍完成了他自詡的第一次敦刻爾克，撤退到長春，想從長春繼續南撤，而中間跳板四平街却被搶走了，於是長期的與新七軍李鴻部被圍困在長春，使得僞滿一度在那裏建都的美麗的長春成了內戰中最悲慘的城市，成萬的人民被餓死在兩軍夾縫中，演出了人吃人的慘劇。他們本已無力突圍，到奉命突圍時，六十軍曾澤生倒過去了，鄭洞國李鴻也只有率部被俘。共軍本來是沒有意思攻長春的，因打下長春，還得去打瀋陽，最後去打錦州，這樣需要有三次大戰，若是先打瀋陽再打錦州，只需要兩次作戰，要先用全力攻錦州，那只要有一次大戰，東北就一切全休了。所以共軍在東北的秋季攻勢中，首先對錦州下手，國軍當濟南失敗之餘，本想在錦州打一次勝戰以振大氣，並以鞏固東北橋頭陣地，遙援瀋陽，屏障華北，相機再作光榮的轉進。

國軍對於錦州戰役的部署，是希望由盧濬泉兵團守住錦州核心陣地，而以廖耀湘及侯鏡如兩兵團分自葫蘆島與新民東西呼應前進，完成與錦州守軍對共軍內外夾擊的有利形勢，一舉擊潰東北共軍半數以上的兵力。這樣的部署是相當的堅強有力的，無奈廖侯兩兵團前進遲緩，廖兵團到彰武繞了一個圈，又南折被阻於繞陽河附近，侯兵團的六十二、九十二、和五十四等軍，始終膠着於高橋塔山之線，對錦州可望而不可及。隨范漢傑守錦州的盧濬泉兵團撐的力量也不足，在機場被攻佔後，城垣就不能爲力了。於是共軍在對外阻援對內強攻之下，手急眼快的拿去了錦州。核心陣地既失，內外夾攻之勢已不能形成，全盤錯亂需要重新部署，所以蔣總統在上月十五日從南京匆匆飛到瀋陽，來修正他上次北來時所擬定的遼西作戰計劃。錦州既失，瀋陽必須即早籌劃撤守，免得再落爲長春第二，一個東北的敦刻爾克的道路擺在那裏，必須快快的去走，但怎樣去走是值得考慮的。當時瀋陽到營口的交通線是一度打通了，然而營口是僞滿時代多年不用了的港口，一切設備當然談不上，而港口的吞吐量非常有限，遼河沙淤，僅能容千噸以下的海輪停泊，又距離冰封期間，僅只有一個月，所以要想利用營口撤退東北的二十萬大軍，十萬公教人員學生以及一些工礦重要設備，那是不可能的事情，所以共軍當國軍自瀋南進，有意到海濱觀光時，老早就撤走了，將兵力轉移到鐵路兩側去監視國軍。國軍打通瀋錦交通，固然可以向海洋呼吸一口氣，但是營口不能擔當敦刻爾克的任務，國軍方面也不是不知道，一切還得寄希望於遼西，從瀋陽附近抽調五個軍十二個師的兵力，撲向黑山，打算仍從冀遼走廊上，循原則來出關的道路打回關內去。另一方面爲防止共軍乘隙奪軍陽，又命令長春守軍南下突圍，以減輕瀋陽和遼西的壓力。長春饑餓國軍早已失去了突圍的力量，所以十五日奉命突圍之後，十六日曾澤生便率六十軍倒過去，鄭洞國及李鴻更無能爲力了，於是也只有放下武器，被圍半年的長春就這樣給來了。政府曾宣佈鄭洞國已經戰死，到以後鄧文儀又在北平對記者說，「那是死無對證的事。」

長春既失，圍困長春的共軍繼續南下，一度切斷鐵嶺與瀋陽的交通，已經使得瀋陽在長春之後有秋風落葉之感，而廖耀湘指揮的遼西兵團，又在黑山地區被打場，那個廖兵團是東北國軍的精銳，包括新一新六兩軍在內，東北共軍對新一軍早就蓄意吃掉，他們曾經在部隊中有這樣的歌謠——「吃菜要吃白菜心，打仗要打新一軍。」廖兵團在遼西失利的消息傳到瀋陽，瀋陽就震驚了。留置在瀋陽附近的周福成指揮的五個殘破不全的師已經不能支持了，即使有心再做長春第二已不可得，這時遼西的共軍分兵東進，又擄斷了瀋營交通，使瀋陽完全窒息。三十日起瀋陽已陷入紊亂狀態，謠諑繁興，共軍遠在幾十里外，却已經將入城安民佈告貼到市區裏來。三十一日衞立煌、王鐵漢、董文琦倉皇離瀋，據說當時市自衞總隊有不隱情勢，而守軍也在與共軍進行着某種談判。但是到本月二日共軍才正式進駐瀋陽。守軍大部分可能已被繳械，於是東北敦刻爾克的好夢幻滅了，只剩下營口和葫蘆島兩個灘頭陣地，孤立在海濱，臨風懷想兩年六個月另二十天國軍在東北由進入到覆滅的歷程。過去一般人判斷，東北之命運在年底隆冬決定，沒有想到竟在初冬還沒飄雪劇寒的時候，而在不到一個月的時間內，三十萬人齊解甲了，東北是已經作了共軍秋季攻勢的豐盛祭品，華北如何呢，那就要看今年冬天了。

清算東北（天津通訊）

本刊讀者投寄

衞立煌終被東北這支重擔子壓垮，十月三十日下午，他與參謀長趙家驤，從瀋陽飛逃到葫蘆島，苦守着林彪給留出來的一個僅有的灘頭陣地。東北弄成今天的慘象，不是林彪太兇，是政府太糟。現在到了清算東北的時候，看看三年來軍政官員們在東北搞些甚麼？

肥肉一塊

三十四年冬，杜聿明率領石覺趙公武的兩個軍打出山海關，聲名赫赫一時。國軍進駐了錦州、瀋陽、長春，到三十五年冬天的時候，控制了遼寧全省，吉林、安東、遼北三省也有百分之八十的面積被國軍佔領。與整個東北九省來比較，雖然不算大，但却是東北最精華的工商業地區。資源委員會動員了十幾萬工人，恢復了撫順、本溪、西安、阜新、北票、營城子、煙台七個大煤礦，鞍山鋼鐵公司，瀋陽機車車輛公司，大滌河造紙廠，錦西煉油廠，葫蘆島硫酸廠，小豐滿水電廠，重工業所需要的動力，煤、鐵一概俱全。遼北省的四平、開原、昌圖是著名的米倉，有運不完的大豆高粱。各城市有日本人留下的現代建築，洋樓、馬路、公園、電車、自來水。在國內再也找不出如此富饒的地方。想貪污必有機會，要搜刮有的是財寶。八年抗戰，人們餓極窮瘋，見到東北一塊肥肉，你搶我奪，一大部份接收的軍政官員，紅了眼睛，就像一羣臭虫，開始吸東北人民的血。

一羣臭虫

東北太肥，給人們一種極大的誘惑。有權有勢的官員，都不肯務正業，趁着接收的機會，貪污、搜刮、胡鬧。先說當時東北最高的軍事指揮官，因爲有戰功，受到多少人的恭維，自已得意忘形，想入非非，在瀋陽辦了一所私立中正大學，自兼董事長，請中國外交史的專家張忠紱做掛名的校長，余協中當代理校長，借着學校培植私人政治資本。學校的經費，煤粮是從軍費、軍粮、軍煤裏撥給的。另外辦了一家報紙，給自己做宣傳。三十六年夏天，他因抵抗共軍五次攻勢失利，被免職南調，回到南京，下一道命令解散中正大學。聽說一千多名學生跑到北平，至今還沒有一個着落，大廟不收，小廟不留，他再也不對學生們負任何責任。原來辦的報紙，在瀋陽轉交給中宣部繼續辦理。長官部政治部主任余紀忠，接收了日軍在瀋陽的機關報——盛京時報，改爲中央日報。還有七層大樓的奉天大樓，改爲中蘇聯誼社，余把這兩個機構，視爲私產，所有油墨、紙張、沙發、地毯、完全歸爲私有。東北人知道余貪污的內幕，一度發動過驅余運動。正巧那時候某副部長到瀋，雖然國防部派軍法官在瀋陽調查余的罪狀，但因爲某副部長與余有私交，從中幫忙，余趁機辭職進關。長官部秘書長余協中，說自己是甚麼中國政治研究學會的負責人，東搶一所樓房，西佔一所樓房，凡是適於私人的日本漂亮住宅，他強佔了三四所。敵僞產業處理局要向他收回，他開了幾張修繕的詳單，請處理局付錢來，他再搬出，處理局碰不過他。去秋，杜聿明走出東北，他也溜到北平，在北平又購置了一所新宅。過去在東北強佔的敵僞產業，就是他購新宅的本錢。東北長官司令部某最高幕僚長，同樣有許多劣跡。比較清白一點的，倒是最近在長春招降的鄭洞國，如果說軍人在東北多貪污，他是貪污最少的。如果說軍人在東北不貪污，他是一個賠本的。鄭洞國算是一位可愛的軍人。前幾天在黑山作戰失蹤的某兵團司令官，也是一位不務正業的軍人，在瀋陽長春辦兩家前進報，用一羣湖南同鄉，吹噓自己的戰功。搶佔敵僞醫院，擴充自己的軍醫院。玩弄女人，他居然勾引陣亡的唐保黃師長的三太太併居，家庭裏演出頭破血流的內戰。這位司令官，好大喜功，貪婪酒色，早無鬥志。新某軍長在共軍圍困的長春城裏，人民無煤無粮無電，他却領着一羣軍政官員跳舞鬼混，過一時算一時，所以共軍打來，他也只好繳槍投降。

壓榨人民

政府在東北接收的敵僞產業，共值兩億零三百一十一萬三千七百金圓，全國敵僞產業總值不過三億二千餘金圓。東北敵僞產業中，由各機關與私人強佔的，共值一億二千三百三十二萬九千二百餘金圓，由處理局接收保管的約值七千九百七十八萬四千五百餘金圓。大家把持着敵僞產業變魔術，愈變愈空，愈變愈破爛，肥了每個私人，瘦了產業的本身。東北人民的血汗，一文未剩，全入了私人的腰包。馮庸利用自己在統一接收委員會監察處長的職權，把他祖宗三代以前的轉讓給別人的產業，不問合理合法與否，一律搶奪回來。

東北運輸總局長陳延炯，管理着東北四個鐵路局，借辦員工福利的名義，動用公款在上海設立辦事處，替私人經營生意，所有員工的福利，都變成個人的福利。七次攻勢的時候，陳延炯怕八路，逃之夭夭。向交通部推荐曾與他一齊經過商的萬國賓接任東北運輸總局長。

軍人對人民的壓榨、搜刮更兇，凡是人民的，就是軍隊的，東北民間有一個歌謠：「打大米，罵白麵，不打不罵小米飯」。軍隊到處一打人民就有大米吃，要罵人民有白麵吃，不打也不罵，人民給的是小米飯。軍隊就像蝗虫一樣，把東北農村吃得一乾二淨。在城市裏，軍人拿着一張蓋了關防的紙條，專找大商店或六住宅去貼，要借爲留守處。只要是你肯花一點錢，那些軍人會把紙條撕下來，再到別處去貼。一張蓋好了關防的紙條，等於一個金飯碗，可以到處敲詐。三年以來，多少軍官在東北大大的暴發，討了小老婆，弄到了洋房。多少士兵慣於無約束的生活，終日閒蕩。可是人民呢？對國軍帶來的勝利却永遠懷着恐懼的心理，軍民之間有一條壞不平的鴻溝。共軍打來，人民先擇了自己的背向，難怪國軍一軍一師的繳械投降，或是潰不成軍。只顧壓榨人民，不顧人民的力量，在東北這一角落，應該接受教訓。

政治無能

東北在極盛的時代，不過是收復了遼寧全省，與安東、吉林、遼北三省的十分之八。可是政府硬要在東北設立九省三市的行政機構。叫人民一頭挑着五十萬大軍的軍費，一頭挑着九省三市的開支。鈔票運送不到的時候，剿總下個命令，就印刷本票，人民被洪水般的紙票所淹沒。本票也印刷不及的時候，又下令鼓勵人民往關內匯款，好借機會使鈔票回籠。可是關內並不遵照匯兌數字付款，硬要限制。其中固然有一部份是豪門的游資，但確也有一部份是善良人民變賣產業後的生活費用。長春被圍困的人民，想逃到瀋陽去謀生，在長春把所有產業變賣，錢從國行匯到瀋陽，但瀋陽各國行，一再推拖沒有接到長春國行的通知，多少人的鈔票，被政府騙了去。

東北九省三市的上面，還有一個東北政府委員會，上設八個大處，爲東北最高的政治監督指導機關。九省三市本身就沒有甚麼事可做，除了接官送官以外，打打牌，做做生意，玩玩女人。東北政務委員會更是煞事無有，除了工商處向美國財神求救，財務處研究發行本票外，農田、水利、文化、交通、各處白白浪費。三年以來，東北的政務是在騙人，毫無德政。

瀋陽撤退

軍人不務正業，政治貪污無能，早就造成東北必敗的因素。錦州舉手送禮，冀熱遼邊區總司令范漢傑，副司令賀奎，九十三軍長盧濬泉，東北政委員主委張作相等被俘。長春六十軍曾澤生投降，鄭洞國李鴻也簽降。剩下了瀋陽一個孤點，政府纔決定放棄瀋陽，命令新一、新六、新三、七十一、九十四等五個軍，向遼西突圍，走到黑山一帶，就遭到林彪的圍攻，廖耀湘下落不明，宋邦維、文小山等六個師長被俘，十二個師全部潰散。最高統率部聞訊驚惶，又下令全部退回，再守瀋陽。可是林彪又從新民截擊，五個整軍，只是新一軍長潘裕昆，新三軍長龍天武得以單人逃回。共軍看清了國軍喪失鬥志，立刻從四面向瀋陽壓縮。衛立煌以下的軍政高級官員，聽到幾聲大砲，又想起錦州長春的教訓，他們懷疑了守城的東北隊伍五十三軍。十月三十日的下午，衛立煌、參謀長趙家驤，遼寧主席王鐵漢，瀋陽市長董文琦，東北政委會副主委高惜冰，遼北主席徐梁，新一軍長潘裕昆，新三軍長龍天武等，都一齊溜到東塔機場，爬上飛機逃到葫蘆島。爬飛機的時候，高惜冰丟了手杖，徐梁丟下了幾麻袋鈔票，狼狽不堪。三十一日，共軍派人進城與五十三軍長周福成談判繳槍，十一月二日下午，共軍纔正式進城。衛立煌一羣却先逃跑了。現在苦守着林彪給留出來的一個灘頭的陣地，這一塊灘頭陣地，能够守多少時候呢？且讓事實的推演來答復罷。

（十一月四日）

一幅流民圖（餘杭通信）

陳　達

近來中央研究院，在南京舉行第一次院士會議。我乘開會的便利，回到杭州一行。我的故鄉是餘杭縣東鄉裏河，離杭州市五十餘里。前次回鄉時在民國二十三年初夏，正值我往南洋羣島之前。那一次給我最深的印象，便是餘杭縣慘遭六十九年來所未有的旱災。這次返餘時相隔約十四年，以人事的變遷言，根據家妹否觀察，說我漸見蒼老，那是天與人所不能挽回之事；至於我對於家鄉的感想，可以約略敘述於後；

日軍與遊擊隊

當抗戰期間，我在昆明偶爾閱報，很詫異的見家鄉鄰近的小村莊，有時亦見之之報端。因餘杭有些區域，是杭徽汽軍路所經過的地方，或其鄰近的村落。例如離裏河西約四里即何家陡門，爲自餘杭至瓶窰間的要道。又離裏河東約三里即連壩塘，爲倉前鎮入鄉的衝要地區。這些小地名在從前爲最詳細的地理書所不載，但在杭戰的時候，偶然見於新聞紙，因日軍與遊擊隊，有時在這些地方展開拉鋸戰。正因前述的理由，裏河便遭遇到慘痛的不幸。在抗戰初期，瓶窰鎮的小股日軍，有時到連壩塘來放哨，遊擊隊見其人少可欺，有一次在岸邊樹叢中開鎗，並未打中目標，汽艇中日軍上岸搜索。從此以後，日軍往往在鄰近村莊梭巡，以找尋『支那兵』爲目的。有些時候，日軍與之相遇，便互相鎗擊。某次日軍十二人，被遊擊隊一千人左右包圍着，雙方以住屋，叢林，桑樹園，及稻田中農作物爲屏蔽，展開攻擊戰。數小時之後，遊擊隊死傷者七十餘人，日兵死者僅一人。此人實非戰死者而係汽艇傾覆淹死於水中者。

遊擊隊的暴行

是役以後，鄉人對於遊擊隊的評價，不啻一落千丈，認爲他們毫無戰鬥力量。但遊擊隊仍然出沒於各村莊間，隊伍到時，往往分住於村內各家中。他們取下門窗，便作臥具。鄉人自用的被服，有時亦被借用，行時往往攜走。各家要照例供給飯食，飲料，燒柴等。一聽日軍放哨的風聲，遊擊隊即匆匆捲起鋪蓋，令村中少年男子挑走，促其『帶路』，帶路者必須走小路或山路，以避免與日軍相遇的機會。等到日軍去了，遊擊隊又回到村中，吃喝一切，依然要老百姓來供給。常往常來，如穿梭然。一年之間，在鄉村騷擾時，少者三個月，多則半年，地方上公認爲大患。

我說「在抗戰期間，昆明的朋友們，有時新聞紙裏，看到內地遊擊隊的勇與義，我們往往肅然起敬。此地的遊擊隊亦必有可以令人欽佩之處。目前各位對我述說遊擊隊的醜史，我願聽；『遊擊隊的美德。』」村中一位四十五歲的自耕農笑曰：『我們和遊擊隊，有四年的經驗。我們將他們比作田裏的蝗蟲，飛來飛去，把枝葉苛穗一概吃光。他們對於我們完全是大害，毫無一點益處。』

日軍燒村中住房

我們的話題又轉到遊擊隊與日的衝突。這許多村落是遊擊隊出沒之道，日軍意圖消滅他們之巢穴。偶爾到村裏來搜尋。第一次來時，先到鄰近的一村，村民尚未見過頭包毛巾脚踏軍靴滿口外國語的士兵，便三五成羣的躲藏起來。日軍在村緣大溝中，找着壯年男子十餘人，誤認爲『支那兵』，一齊用刺刀戮死。村內之房屋因住者暫時避開，已是十室九空，更增加其疑慮，以爲這是遊擊隊的巢穴，便大規模的縱火焚燒。

慘痛的消息，不久傳到我們的村中。一日遠處見日本兵到來，村中人除老男老婦外，成羣結隊向田野及墓地逃避。日軍入村以後，看一般的房屋內無人，亦認爲係遊擊隊的大本營，放火焚燒。某老者適避居桑園中，見村中光融融，急返，見其住宅已着火，挑水做撲滅的工作，誤將水澆着白巾包頭的日兵，日兵一笑置之，亦未肇事。

村內被焚的房屋，約佔總數的五分之一。有些人家無力重建，僅蓋茅草屋而居。自焚屋之後，有些少年乖了，見日軍再來村時，煮茶招待。雖言語不通，但亦彼此相見以禮。村中人戲謂之曰『吃昭和』即與日軍周旋的意思。另有一部份中年以上的男子，遇有機會，盡力向日軍獻殷勤，如替其肩挑笨重物件，戰指點道路等。日軍待他們亦相當客氣，因他們有膽量，可以在『昭和世界』裏偶爾鬼混。

日軍雖不斷的下鄉，其主要目的似在探討『支那兵』的動靜，對於居民並無重大的騷擾。騷擾的主要來源由於遊擊隊及抗戰勝利以後的『和平軍』。所謂和平軍者自抗戰末期鄉間武力的大集團。其內容係烏合之衆，包括遊擊隊，散勇，土匪，及人民抗日軍。其大本營在西山廟，離村南約四里。不時到鄉民家中搜刮食粮，柴火，馬料等物。鄉民認爲他們和遊擊隊是一鼻孔出氣的，恨之切骨。

農村經濟的衰落

當我少年時，村內以自耕農爲多。近年的情形却大不相同，一般的耕戶俱逐漸變賣田地，貶爲佃農。這裏是實行二五減租的區域，他們很高興的告訴我，業已舉出一位精敏廉明的農會理事長，他是苦幹蠻幹爲大衆謀福利的人。大地主還是許莫兩姓，仍舊要征收相當的佃租。但農會屢次與之交涉，減低到每畝收米三斗五升（每斗壹拾五斤）。實際，這個標準比二五減租還要低些。佃戶自己說，依照這樣的標準，農主除了納稅及付清各種捐款以後，所剩下的也够微細的了。

捐稅之重與捐稅之多，是農村崩潰的主因之一，其他虐政要算徵實。政府把田畝的面積及收成的數量，從高估計。於政府有利，但增加農民的負擔。

依戰前的情形，在我們的村裏，普通農民的入款，四成由蠶絲得來，六成由田地的農作物得來。抗戰期間的情形大不同了，絲價低落，繭與絲俱無銷路，市價最低的時候，一百兩絲只能抵兩擔白米的價錢，連工本的不够。在這種狀況之下，一般的農民，不願意栽培桑樹，亦不再養蠶。依普通的情形來說，荒了的桑園，約等於桑園總面積的三分之一至一半，這無形減少了農民的收入，自然降低了他們的生活程度。

闌生叔今年七十一歲，曾記得中年時代，往往坐平民四等車，赴湖州或嘉興去賣蠶種，生絲或絲綿。自生絲跌價以來，多年不做這些事。目前三十歲左右的人，沒有人理會到這種有利的副業。

政府尙有一種虐政，亦是促成農村經濟衰點的主因，即抽壯丁是。壯丁離鄉以後，田園因無人耕種而就荒。鄉民企圖補救此弊，用食粮來買替死鬼。甲級壯丁出白米一擔五斗，乙級壯丁減半。據說近三年之內，已抽壯丁六次，一般的農民，如不願去當兵，就得拿出白米來買替人。應征入伍者大致是地方無賴，入伍以後，以設法脫逃爲目的。既達目的，再回故鄉，俟有抽丁的機法，依前法再去入伍。結果，軍隊無可用之兵，鄉民徒增身家之重負而已。

死亡人數超過於出生人數

這次回鄉，我在族中所遇見陌生的面孔，分明比前次回家時加多，可以反映十四年間的人口變動。這些陌生人不是由村外徙入的，大部份實是逐漸長成的少年男女。另一方面因爲我所熟識的壯年與老年，業已逐漸的死亡，所留下的當然是我所不認識的人了。面貌相熟者人數甚少：比我長一輩者僅二人：一人七十一歲，其餘一人六十七歲。與我同輩者十餘人。其餘雖尙有知其名知 其人並年 在四十 左右者，但人數已不多了。我偶爾向人提到的人，往往已經死去。我雖未曾作生氣統計，但以最近十四年而論，的確死亡的人數，遠過於出生的人數。我問曰：『村中是否遭遇傳染病，或特殊的疾病，以致死了這麼許多人？』一般的答案是：死亡者俱因得病而死，並未遇到奇異的情形。至於這些人短壽的原因，實因工作繁重，生活艱難，衛生缺乏進步所致。寶玉弟比我小十一歲，我見他的時候，滿以爲他比我還大。從前我有一種誤解，以爲操勞可以使身體格外強健。目前亦裸裸的事實告訴我：農村裏工作的辛苦，加上食品不豐，衛生不講求，實是催人衰老的主要原因，族人對於病與死，一概付諸天命。十四年來醫藥與衛生毫無改進。我在村緣的田地走了一遭，偶爾見到些新墳，俱是上次回鄉以後死去的人。我對自己說：『面對着這些驚人的事實 ， 不必再請教人口專家了。」

我對於族中的男女少年，抱着無限的憂慼。因以目前而論，沒有一個人在縣立中心小學讀書的，雖然肄業於保國民小學者尙有數人。眼見讀書種子，不久卽將斷根。依我慣於奮鬥的個性來講，對於這件事當然異常憤慨。自洪楊：亂以後，陳氏的經濟地位，日見衰微，但文風一向是在水平線以上。據說同光之間，文風鼎盛，七房同時出過十三個秀才。如果目前的情形繼續下去的話，不久的將來必至無人讀書。其主要理由當然因生活日益艱難，餬口都尙覺困難，其餘的事體只好暫時一概不管了。

童年釣遊之地

闌生叔一日對我云：「我比你雖只大十四歲，似乎看你長成起來的。品叔在家坐館的時代，可以劃分兩段。前一段的學生有表弟邵子勳，從餘杭縣城到村裏來讀書。他們昆仲三人，他是最聰明而頑皮的學生。當品叔睡午覺時，常領了其他學生捉迷藏。後一段的學生中有你，終日沒有聽見你的讀書聲，但品叔總是誇獎你的。』

叔祖父是光緒朝廩生，他的詩文與對聯，頗有佳作，並寫得一手好字。他是我的開蒙老師。童年時代我似乎有相當強的記憶力。早晨上課時，看叔祖父以硃筆圈點，跟他朗誦兩三遍，大致即能背誦。記得讀詩經時，第一本用一天的工夫就讀完。前段蘭生叔所描寫者，使我感覺到心理學家的警告，說是一個人的記憶力，年事漸長必漸衰。眼前我的記憶力，委實已遠不如從前。當我少年時，雖不喜歡高聲讀書，但秉性活潑，出書房門數十步，即是一條深河，我的消遣便是釣魚與捉蝦。曾記得在民國初年，肄業於北平清華學校時，叔祖父的末次信，內有『夕陽無限好，只是近黃昏』之句，彷彿預知其死日的來臨。我此次重返故鄉，見昔日的書房，今已夷爲平地；童年釣遊之地，今已成爲荒煙蔓草。我對弟婦云：『人生如夢，後之視今，亦猶今之視昔，不必多發感慨。我們只須做日和尚撞日鐘，就可以過日子了。不過遇事總要時時努力，如果一息尚存，此志決不容少懈耳。』

西南一片漲風（重慶通訊）

蘇嵐

自從幣制改革後，各地市場最初因觀望而陷於半停止交易的狀態；二十日後，各地物價仍有上漲的趨勢，政府爲抑止這漲勢乃先後在各省市設立政院特派的經濟督導處，以爲管制，以前物價尙稱平穩，在西南商業中心的重慶。因爲幣制改革，鎳幣通用，市場上突然的多了一批龐大數目字的貨幣，所以，物價的漲勢較各地更加利害。

鎳幣災的傳奇

鎳幣的發行，在戰前原是採作輔幣用的；二十四年英李滋羅斯來華協助實行法幣政策以後，當局爲冲淡人民對硬洋的懷戀，仿照英美的幣制，需要一種金屬質的東西來做輔幣。那時候承造輔幣的是一個澳洲人，他採用在澳洲出產極廉的鎳來作原料，但運到我國來後，成本反而和銀幣差不了多少。抗戰既起，中央鑄幣廠遷至後方，因此西南方面的鎳幣也就流行得特別的多；但因通貨膨脹的加近，鎳幣也漸漸的失去了效用，被人們胡亂的推置在屋角或空罐子裏，或用來作賭錢時的籌碼。勝利後，物價普遍上揚，各金屬成品製造廠因急需原料，鎳幣也被認作原料的一種。於是鎳幣遂爲收荒貨的商人四出收買，而價錢却低得可憐，僅僅數萬元法幣一斤。收購成批後，這批荒貨商又才送至荒貨市的「官井巷」出售。因此，假如一個需要鎳幣作原料的工廠，一天在官井巷收購數噸鎳幣，簡直不是難事。八，一九政府的財政緊急處分法令公佈，明訂以鎳幣爲輔幣的一種，而且特別指出是參酌民國二十九年二月十三日財政部頒佈輔幣使用規定而行。雖然當時並沒有確定通用的就是從前爲人們所遺置的鎳幣，然而一般人却已相信鎳幣使用的可靠了，於是乎「官井巷」一時便成了鎳幣市場，但當時也僅只售數十萬元法幣一斤。到了二十一日重慶中央銀行經理楊曉波由滬返渝告記者：「新輔幣未鑄前，以戰前輔幣代用。」後，鎳幣便改成以枚出售了。當時五分每枚售十萬，十分二十萬，二十分三十五萬到四十萬，半圓售九十萬到一百萬元，交易地點也由舊貨街而擴充至銀錢業市場的米亭子到老街。一時人山人海，叮叮噹噹，盡是些收買鎳幣的商人。到了二十二日，楊曉波在答覆記者時，突閃爍其詞的說：「舊輔幣雖作新輔幣用，惟此間尙未收到該項命令。」鎳幣市場始因此而同挫。原因是一般鎳幣商倒底不知是怎樣折合金圓。這樣一直到了二十七日，央行才正式公佈鎳幣通用的公告。鎳幣本值一確定了後；可是因爲一般人在平時差不多家家都有棄置，因此不信兌任。各商店拒絕通用，但購物者以此既是政府法令，當然非用不可。於是因之糾紛時起，在那一個月的時間，警局的案子，差不多都是因鎳幣災而引起的。市商會也曾於是時往綏署請求央行收回，而物價也因此上漲達一倍有奇。綏署在此時似乎也看到情形不佳了，連忙規定鎳幣只作零星一元以下找補，央行也於此時開始兌換鎳幣。此令一出，市場上除了驟然少了「每日客滿」「搶購風」外，國家銀行門前兌換鎳幣的行列却又長達里許。一直繼續了二十多天。在這期中，許多人靠收鎳幣而發了大財。民族路漢飛鋸箱廠老闆喻必傳，就他一個人就存集得有兩大汽油桶鎳幣，其總值約在金圓十萬元左右。其他許許多多因鎳幣而肇演的悲喜劇，或因而瘋狂。而夫妻反目。甚至自殺。更是多得不可勝紀，幾乎日必數起。國民公報竟因此出了三次「鎳幣傳奇」的特輯。至今日，除了喻必傳那兩大汽油桶鎳幣經市府與喻本人協議願指出百分之六十作爲重慶建設經費外。因鎳幣而肇成的災害，重慶人至今猶有餘悸。

徐堪的飛去來

接着這股鎳幣災之後，接着政院特派西南區經濟督導員的徐堪，在九月十一日午後飛到重慶了。同行者還有一個上海金管局的副局長畢德林，從旁協助。當時一般人在這瘋狂的漲風中，對徐堪的西來當時確也寄有不少的期望，覺得物價的漲勢至少可以稍煞一點。然而，徐堪在渝八天，除了接見川流不息的拜訪者。召見社會局長，各業公會的負責人，聽取意見，疏通，商討，研究，寒喧，握手，吃油大，整日價坐在中央銀行三樓督導員辦公室外，而門外各種物品在市場上仍然是漲風一片。擺着人民要吃，要喝，要穿的問題，徐堪似乎不曾知道。要如果在渝期中徐主計長所施給重慶有何恩惠；那就是公共汽車漲價，電力公司加價，銀行業要求減少數額……一連串的批准了。至於日用必需品的米、煤、油、肉却由限價改成了議價。黑市豬肉露面了，價錢却從四十萬一斤漲到一百四十萬一斤，其他如米、煤、百貨漲到四五六倍甚至西藥連漲到十八倍的都有。八日後留給未解決的煤礦業提出的四點困難，工業方面提供的意見，……便隨着主計長的飛蓉而渺如黃鶴。十九日徐到了成都，一下機場就發表談話，稱：「此次來川任務，在考察財政經濟緊急處分令各項辦法的實施情形，並指導進行。在渝八月，考察所及，一切情形均屬良好。……」二十日在省府歡迎會中，徐氏又發表談話，謂：「本人此次來川的主要任務，係奉總統面諭在西南經濟穩定與糧食充裕，四川本年又值豐年，本不應有糧荒的發生，惟因幣制改革的影響，又受鎳幣潮的影響，而造成囤集現象，使糧的供應失調，當予澈底清查。對於穩定經濟方面，金銀的兌換，川省未達中央希望。

再利息減低，生產成本減低，經此改革後，必可以壓低月息。中央決心如此管制金融，不使影響物價，其餘金融業務的軌外行動，必須嚴予取締，恢復其正常狀態，並引游資納入正軌。……」從這一篇官冕堂皇的演說詞中，我們除了能找出政府一直在從好夢作想的憧憬從徐堪口中講出來外，事實上徐堪在成都仍舊如在重慶一樣如法的泡制這彌漫西南的漲風。值得一書的倒是二十一日成都市商會，川西區工業協會代表王秉均，樓兆馗在謁徐堪時就幣制改革所提供的意見。一、川省情形特殊，應重新核定物價價格。二、請中央收回鎳幣改鑄，以法幣代金圓券輔幣。三、開放糧價、嚴禁囤積。四、其餘物資以能再生產爲原則，分別議價。五、請地方軍警保護運道。六、禁止倉庫檢查。從上面幾點意見看來，只要注意第一第六二項，就可以看出今日四川人事是如何的特殊了。王陵基主川，鄧錫候下台，結果王與鄧結了怨。張羣飛四川當時原打算爲政學系打隱了基石；結果鄧反而弄掉了紗帽。朱紹良爲了造成自己在西南的勢力，也極力的在動腦筋，但結果造成了：張羣按上一個復興派的王陵基。經此一來，這三個人的鬬爭，便在成都演成了米潮，學潮，打風和漲風的狂波巨濤，由暗鬥而漸漸的明爭起來。而受苦的却是廣大的生活在這塊土地上的老百姓。二十四日徐堪一行又飛昆明了，機場上，他留下了一句頗富於回味的話：「川省物價決可平抑的。」在昆明，除了央行經理厲德寅曾一度因對「鎳幣消息有舞弊嫌疑」停了些日子職務外，事實上仍舊是在寒暄與聽取意見中度過。九月三十日他由昆再度來渝，曾和朱紹良、王陵基、楊森冉度集會。內容如何，結果反而成了個謎。雲天茫茫，在西南飛去飛來，花了二十二天的主計長徐堪，將是帶回去些什麼呢？這簡直只有天曉得了。

漲風中的重慶

自從幣制改革後，重慶物價就不曾有個稍煞的日子。天天漲，時時漲，有時一日數易其價，生活在這種生活中的重慶市民，自然會對金圓券感到極端的失望。儘管政府對這張最後的王牌是怎樣的看重與畀依，喊出了從前政協時所標榜「只許成功，不許失敗。」的口號，然而從目前種種跡象上去看，幣制改革是不可諱言的失敗了。金圓券剛發行時，政府天天在談準備金是如何如何的充足，發行額又是怎樣的低。（二十億的金圓看來比戰前十四億的法幣似乎並不多。）但事實上，沒有收回的法幣，西南區流行極多的鎳幣；結果反而促成了物價加速的漲勢。八、一九時，在重慶米只賣到六十萬到八十萬一市斗，到了今天米已漲到一仟萬一市斗了。豬肉從四十萬漲到了貳百肆十萬一市斤。更利害，八、一九一件宇宙牌的雨衣只賣到三四仟萬，到今天已漲到三億多。一件飛達牌的運動衣，從六百萬漲到六仟萬。至於日用品更漲得兇，在八月下旬到九月份，綏署、市府和社會局爲了抑止漲風，曾經通告各商家物品照限價出售，但結果情形和收效之壞，反而使物價有了抬頭的機會。在一陣搶購風之後，商人們將貨物都藏匿起來了，每日打開鋪面，櫥裏是空空的。這其中的原因固然很多，但可以很肯定的說，仍是法幣和金圓券使得一般人不敢信任，大家都想購貨的原因。一時市場上便又和鬧鎳幣災一樣，天天有商人和僱主因照限價而大打出手的糾紛。民族路亞大公司一度罷市提出抗議，也是因爲軍人照限價購物而起。那時候重慶商場的混亂，簡直使人感到一種過悲的隱憂。豬肉在那個時候不賣了，很多日用必需品也一樣的藏了起來，要買得先找人引路買黑市，否則就別想吃肉或買到其他的東西。布店因搶購風熾，店員應接不暇，規定僱主一人只准購一件。而且因爲進貨的困難，綢布業公會曾經或先或後的停止交易，推代表向綏署、市府、社會局呈述困難。事實上當時的裕華布廠，中國國貨公司等大商號的物品，確實被搶購一空。至今，四川一個較大的布廠和它八九個分銷處，仍是四櫥空空，當時特刑庭雖然也曾抓了一個旅棧業權威人物的老闆劉潔泉，（重慶市國大代表，市參議員）判了四年有期徒刑，六萬元金圓的罰鍰。然而於漲勢仍沒有影響。雖然旅棧業在那時凍結了一旬的光景；但不久，特刑庭眼見東抓一個經理，西抓一個老闆，仍不能收效，社會局的限價反而更使百物狂漲，而商人們也深知抓儘管你抓，反正監獄裝不下這許多商人，所以仍然是放心大胆的漲下去。否則就將物品藏匿起來，稱無市。到了十月底，社會局議價公佈了，豬肉原是賣一百伍陸十萬的黑市，議爲二百四十萬。理髮最低的原是一角，議爲兩角。除了一部份百貨稍爲減低外，其他可以說就是黑市價目的公開出現於報章上而已。而政府當局，却偏偏要裝模作樣的令各商家具結一、擁護政府經濟改革法令。二、本店貨物一律遵照議價標簽出售。當上海「打虎壯士」蔣經國感到了政治力量不能使物價平抑的苦惱時，重慶已經是最先遭遇到失敗的一個。物價漲到十倍八倍，甚至於十八倍二十倍，而政府仍照此議價。社會局長陳去惑已公開認爲政院禁止議價在事實上不可能的時候，重慶早該是一個最苦惱的都市了。嚴冬漫漫，誰知道未來該是怎樣一個局面？「只許成功，不許失敗」的口號，此時此地眞好像三十五年政協初開時所起的變化一樣了。青年服務隊在重慶成立了，經濟檢查組再度開始行動了。重慶人似乎仍是那麼淡淡，爲着衣食在極度的疲憊中掙扎。

山風，十，三十日。

文藝

理想的化身

單復

很早很早，我就想寫這麼一個人了。但我躊躇着不敢下筆，我怕把他的光芒，給塗抹得黯淡了，我怕他不同意別人在文章裏提起他。他是那麼默默地工作着，把全心身全靈魂本獻給一個美麗的理想。他像蕭伯納，他不要大鼓洋號。他幹得那麼好，那麼切實，他的成果可以說是輝煌的。但他一點也不驕矜，他天眞謙虛得像個大孩子。他不要別人帶着讚嘆驚奇說起他，他認爲這原是極平常，極本份的事。他只覺得慚愧，覺得還不够努力。他既是一個有堅強信仰的人，那麼，服役於它，爲它而生，爲它而死，原是極自然快活的事。

我說他是個光芒四射的人，但別誤會，我這說的是他的內涵，他的毅力與貞堅，他的靈魂的絢麗，而不是他的外表。啊！你千萬別以爲他是佩星帶劍，叱咤風雲那一類輝煌燦爛的人物，那可就侮辱他了。他嗎？看過去像一個小機關裏的書記，不，像一個失業了一二學期的小學教員。是的，一個生疏的朋友是會把他這樣看待的，他削瘦，貧血，黝黑裏透着蒼白，兩邊的頰房沒有肉。他的頭髮常留得很長，沒有梳理。他的衣裳穿得那麼不考究，又皺又髒。他的學生鞋尖老是看到破洞，讓大姆指露出來涼風。但請你走近他吧，就算你是一個陌生的人，你也會覺得猜想錯了；一個失業的小學教員常是自卑的，那裏有他那種持重，豁達，明朗，快樂的風度，你再看看他的眼睛吧，那裏面燜着堅定熱烈的光，這是內心的聖火給燃起來的，在耶穌，在拍拉圖的眼中，人們才可以看到這種聖潔底靈魂的光的瀲灧。那是任何世上的權力，任何可怖的威脅，也不能懾伏的啊！

一個人要十年如一日地，不計成敗，不論環境如何惡劣，不管外來的壓迫與阻力，祇認定一個遠大的目標，朝着它，像駱駝跋涉沙洲，忍耐而小心地，一步步向它走去。這是多麼難啊！但這一切他都做到了。他做得那麼自然，那麼熱心，那麼令人感動。

他辦着一個中學、他不是校長，不是主任，他祇教教書。但無形中，慢慢地，一切責任自然而然落到他身上了，一刻也不能沒有他，使人覺得學校是他一手創辦起來，苦心經營着的。學校沒有錢了，連買粉筆，買張複寫紙，最少數目的錢也拿不出來。沒有米了，中飯就要斷炊了。那時，大家總是說：「還是請葉先生去想想辦法吧！」於是，他想辦法去了。祇要葉先生肯開口，對方沒有不答應的。爲什麼呢？「是葉先生啊！他使我不好推辭。」但又爲什麼不好推辭呢？「看到他底臉，我們底被世事朦朧了的事業感又覺醒了，覺得要切切實實地做一點有意義的事才對得起自己。而他就正做着這樣有益於人的事，所以支持他，也就等於安慰自己的良心了。」但他是不肯輕易向人要錢的，除非老朋友，或極有關係的人。不然，就是你給送上門來，他也會婉轉謝絕的。他極力在農場，在其他生產事業上謀經濟的解決。

同學們鬧事了，有什麼不滿，個個激動得像酣鬥中的蟋蟀。但葉先生一來，任何激動都會平息的。他默默地站在他們臉前，沉重，肅穆，悲痛。同學們看到他那十餘年來爲事業而漸漸崩潰下去的身體時，先就有幾分痛苦了。再加上他低沉地，懇切地告訴他們：創辦一個學校是怎樣的困難，大家應該怎樣解決一個問題，怎樣了解一個人，處理一件事。他喚起他們被激情壓下去的理智，他們底正義感和同情心。於是，洶湧的感情的怒潮，退落了，大家感動地，帶着一顆羞慚的心，悄悄地散開了。

學校太窮了，眞是束着腰帶，只靠一點美麗的理想的希望來支撐的，而他就是這理想的化身，一個具體的現實的模範。許多在大學畢業的朋友，前面有着更多的薪水，虛榮的地位在等着他們。但他們寧願拒絕一切名利的誘惑，無聲無響的來跟着葉先生吃苦，來接近那個美麗的理想。最使我感動的，是一位有了五六個孩子負擔很重的朋友，他實在應爲孩子們着想，換個待遇較好的工作幹的。好幾久我到他家裏去，都看到他們喫着地瓜過日子。孩子們都營養不良，貧血，蒼白，好幾個因缺乏脂肪，患了皮膚病。可憐的孩子，他們的衣服都是母親費盡心機用舊衣服給裁了，剪了，補補綴綴縫起來的。就是這位朋友，有人用重金聘他去任一個很好的位置，他考慮了一個夜晚，結果是婉轉地寫了封抱歉的信，把聘書給退回去。而原因呢？簡單得很：他不願離開十幾年來在一起工作的葉先生。他知道他這樣留下來，給葉先生是無上的安慰，大家將因此更堅定，因緊貼，更努力。

從他身上，我才懂得什麼叫做力量，叫做克制，叫做堅忍。他患着很厲害的痔瘡，這是十分磨折人的一種病痛，我看到他底內褲常是一灘血。許多朋友都勸他去療養一個時候但他總是感激地笑一笑，就沒有下文了。雖是有病，他一天還可以跑一百里路，由本校到鄰縣的分校，那樣來往不絕的奔走，因爲兩邊都非他不可。他不痛苦嗎？他不疲乏嗎？他不是肉長的人嗎？不！他是用最大的毅力，把一切痛苦忍下了。他過着清教徒般的最簡單最嚴肅的生活，沒有任何嗜好，祇是像小人樣的高興吃糖花生米。他好像活下來就是爲着別人的，他從來不想到自己。他身上很少有錢；但一有錢，他常常拿給比他更需要的人。不知多少次了，他把朋友饋給他醫病的錢，用在學校裏，送給失學的青年，或去印刷刊物了。有位朋友看他穿得太破爛了，給他送來了西裝大衣，他讓它們睡在他底枕頭下，結果給別人拿去穿了。他快四十五六了吧，還沒有結婚。一個很喜歡他的某老教授，在香港過得很好，一直想把在中大讀書的女兒許給他，但他老是沒敢答應。他把學校當做他的家，學生當做他的兒女。他的生活是在一種昇華的狀態中，那是人類最美最崇高的生活方式了。朋友們希望他能够結婚，希望家庭生活來調養他的身體，因爲他已成爲朋友們底崇拜的偶像了。他也常常說：「是的，我想要一個你們這裏的鄉下姑娘，她們多好，多健康，多能幹，上山落海，會挑會種的！」說着，他就快活地笑了，這笑裏好像說：「還是讓我一個人，好好做一點事，沒牽沒累的，獨來獨往的好吧！」

時間是最無情，也最親切的，它嚴厲的考驗每一個人。許多朋友轉向了，做官了，發財了。許多朋友消沉了，頹廢了，浸淫在自己的小天地中，安份守己的活着。而時間給予他的，就祇是這樣的意義：像在死靜的池子裏，給投進了一塊小石子，初是池心裏一聲細響，漩開一朵小浪花，慢慢的，它向四周擴展，一環環的漪漣盪開去，盪開去，整個池面都給波及了；時間於他就是這樣盪開來的漪漣，像晚香玉的芳郁，把他的四週圍瀰漫了。不論敵和友，不論轉向的，消沉的，或正努力着的。不論已長成的，正在長成中的。都受了他底人格的感染，都尊敬他這麼一個人。他成了一種力量，一種象徵，一個理想的化身。

耶蘇把幸福建築在來世，他的樂園浮幻在天國裏。他的理想是絢爛的；我們神往於他鼓着金色翅膀的天使，他的黃金的地毯，他的慈祥如父的上帝。但我們畢竟是生活在現實的人世間，我們對不幸不能無睹。我們追求的是萬人安樂的社會，而這是要牢固地生根在大地上的。在南方一片廣大的土地上，無數帶着美麗憧憬的青年，由學校裏出來，在葉先生的領導下，散佈到農村裏去。他們辦學校，組織農會，辦民衆識字班，和善良的農民在一起，給他們宣示了人間天國的福音，讓他們愁苦灰暗的心裏，也有了憧憬，有了光，有了希望。種子是撒在沃地裏了，讓我們祝福他健康，領帶着青年們好好地去耕耘吧！

內政部登記證京警平字第二三四號
經中華郵政登記認爲第一類新聞紙類

新路

週（北平版）刊

第二卷 2

中國社會經濟研究會發行

民國三十七年十一月二十日出版

短評

文過飾非，殘民以逞，莫此爲甚

論軍事則除一兩處外紛傳潰敗聲，論經濟則畫符式的幣制改革終於失靈而更加深了人民的痛苦，人民在期待負責當局將有一個自認失敗自承責任的表示；人民在那里寄予切望，亦準備寄予同情，眼巴巴望着有這樣像個政治家的一幕之出現。但是局勢儘管嚴重，出現的只有一道文告，一篇暴露他不恤人民的痛苦只逞自己的兇殘之演說。恭讀這篇演說詞之後，不禁喟然歎曰：英雄昂首，小民悉爲灰燼矣！

國民黨中央黨部八日晨舉行紀念週，蔣總統致詞，分析東北挫敗後的新局勢，全文刊登九日各報。據北平世界日報的報導，在是日致詞中蔣總統重申戡亂決心，態度嚴肅，意志堅毅，對國民黨員似爲一重大興奮。蔣總統謂此時如對共匪講和，即不啻對共匪投降；剿匪即是革命和抗戰的延長；革命黨人不妥協，即使打到最後只賸下他一個人，他還是要剿匪，要竭盡他的職責，達成他的使命。全場聽衆聽到這些精闢語句，無不動容。演講終結，掌聲歷五分鐘不斷。某黨員告人，蔣總統訓話有此情景，尙爲近年來所罕見。依這個報導，我們可以想見這篇演講不但陶醉了蔣總統本人，並且麻醉了南京的文武百官。演講於今現奇蹟，誠哉，文告之用大矣！

且看他如何醉己醉人。他說東北軍事失利，一時的頓挫於整個革命的成敗並無重大的關係。目前的戰事實際上就是抗戰的延長，乃是一個長期性的民族戰爭。回憶民國十三四年間共匪破壞國民革命的反動力量何等猖獗，賴信心不搖，終於將他制服。他個人平生做事，一件事不開始則已，一開始就一定要求其成功。三十餘年來他對任何戰役在發動以前無不鄭重決定，一經發動，無論經過任何挫折困難和失敗，必奮鬥到底，以貫徹其目標。

這裏面，我們想，連淺量的南京文武百官也不覺得有多少酒味可以醺醉人。最潑辣的，大概也是最足以使黨員爲之興奮的，當推罵主和的知識分子那一段。我們不了解爲什麽知識分子了不能憑其公民之身份依其良心之主張發爲和平之呼籲。總統非總裁，黨員或許不能抗總裁，公民發爲和平之呼籲，總統竟橫肆誣衊，憲法中那一條授予總統這個特權？我們可以原諒這還是因失敗乃圖掩飾，可以說尙有點歉意；惟獨借過去以陶醉自己，麻醉徒衆，不顧人民死活，壹意孤行，是乃殘忍之尤。

吾讀此文告，得到了一個結論，已在本文標題中揭出之。

（芸）

乾脆重彈舊調，取消僞裝的憲政吧！

據北平世界日報十一月六日的報導，連日蔣總統在官邸召各高級將領要員商討危局，力圖搶救，聞軍政雙方均已大體擬有若干辦法。政治部份將倣抗戰時期國防最高委員會例，設一最高決策機關，行政院等均聽其指導，此決策機關將包括國、青、民三黨代表，立監兩院代表，及社會賢達，總數不超過十五人。此機關組織法將送立法院通過，立法院在必要時並可自動休會，授權此機關代行立法院一切職權。軍事部份則以事關機密，無從探悉。惟聞有若干地區將宣佈戒嚴，停止人民在憲法上若干權利，以防匪諜活動。

又據同報七日的報導，新閣人選蔣總統已決計令張羣一試，連日已兩度召張商談，張要求先成立國策決定委員會，俾政院有所秉承，不致獨爲衆矢之的，且因此網羅黨外民社與青年及黨內三派，可期如抗日時期，收共赴國難之效。惟各方反對成立國策會者頗多，故能否先內閣而成立，殊爲疑問。惟蔣總統已分別諄囑立法院內革新、新政、民主三派對張一致支持。同報遂有十日的報導，謂張羣組閣已由九日下午總統官邸會議最後確定，參加會議者除張及翁文灝外，立法院正副院長孫科陳立夫均被邀。又吳鐵城及立院若干小派領袖亦列席。張初尙堅辭，經蔣總統堅決邀勸，並表示所有另組決策委員會等建議，以時間急迫，稍緩再談，又面告陳立夫吳鐵城等須分勸立法院各同人一致投同意票。張得此保證，遂接受大命。預定十日翁閣最後政務會議例會結束一切，十一日由蔣總統向立法院遂出請投張羣同意票咨文。如無特別阻礙，可能十二日立法院例會中即舉行投票。

以上轉錄日報的消息，不是我們認爲張羣其人繼翁文灝爲行政院院長值得加以評論，是以爲從這些報導可以明瞭南京政府圈裏的「世道人心」。那是：僞裝的憲政直截了當把它踢開吧。踢開之後，一切名符其實的向總統負責，恢復到蔣總司令時代之安排。世界日報記者於九日總統官邸會議散會後訪晤張羣，張對組閣事謂：時局艱危，任何人皆知其困難太多，但若畏難逃避，見死不救，則又不僅對不住總統，也對不住國人。繼又謂：過去總統要我做文官長，我曾力辭，現在則我想僅做文官長而不可得。文官長能替總統分勞，然責任較輕，我在此時肩負組閣重任，實感惶恐云。這一番話出自慣爲幕僚長的張羣，除組閣二字有點刺耳外，我們並不覺得有何可以嘗議之處。

眞是眞，假是假，要僞裝幹麼？

（競）

一副可憐相

杜魯門再度當選爲美國大總統後，「南京人」在外交看法上之反應，憑五日以後連日世界日報之報導，給活活繪出了一副面相，可名之曰可憐相。

「美大選揭曉，首都人士大感意外。外交界之反應，認杜魯門再度當選，表示美國人民不願作戰。……中國人士則希望杜魯門高瞻遠矚，無論站在世界和平抑美國安全立場，均應重視中國嚴重局勢。」（五日）

「政院翁院長聞杜魯門總統當選連任後，發表談話稱，……杜魯門總統向極重視世界和平，此次當選後，仍申明爲世界和平前途而努力，此與中國人民之意向完全一致。中國夙望確保國內及國際之眞實和平，從前對極權國家之抵抗，目前對共匪擾亂之戡戰，不畏艱難，辛苦從事，其目的惟在克服擾亂之原因，奠築安定和平之基礎。此時共匪武力更爲擴張，其威脅世界和平之全局更爲重大。杜魯門總統向極熱誠援華，深望美國在杜魯門總統領導下，瞭解中國局面對於世界和平影響甚大，對於吾國加量積極援助，俾吾國政府之正當努力早日加強成功之分量。」（五日）

「孫科連日與若干立委交換對時局意見。孫認中國目前只有堅決反共，與美國加強聯繫，並主張將蘇聯違背中蘇條約各種事實提出聯合國，即使不能立即獲得有效處置，但因此至少能成爲一國際問題，引起全世界注意，於中國究爲有利。」（六日）

「立法委員胡秋原、黃建中、費希平、錢納水等頃對時局發表意見如下：……（三）促成中美訂立友好同盟條約：今日共產主義之威脅，乃一國際性的問題，吾人必須與亞洲各國家各民族講求共同防衛之道，尤必須與美國進行友好同盟條約之談判，以保衛太平洋之安全與和平。……」（六日）

「蔣總統重要文告，將於八日中央紀念週以演說方式發表，……七日各晚報有謂文告中將包括聲明廢除中蘇條約者，據記者確實探詢，雖廢約之說現爲若干顯要所主張，惟文告中尙絕未有此擬議。」（七日）

「自孫科力主外交方針明朗化，親美反蘇不容模棱，數日來立法院方面與孫表示同感者頗多，現正有人準備正式提案廢除中蘇協定。八日下午立法院外交委員會召開緊急祕密會，傳即與此問題有關。九日立法院大會，決先開祕密會，請王世杰報告對蘇對美外交眞相，預料於聽取王世杰報告後，必有不少立委將要求政府對中蘇關係澈底清算。政府方面作此主張者亦日漸增多，僉認此一外交情勢不表示明確，則對外無以消除反共國家之疑慮，卽無法大量援我，對內無以鼓舞民心士氣，此一與抗日性質相等之戰爭竟被誤認爲內戰。如無特殊阻礙，相信廢除中蘇協定及向聯合國申訴等舉動，不久必將實現。」（七日）

「立法院長孫科近邀各委員會召集人商談，聞將推選立委數人赴美呼籲加強援華。下週立法院會議時對此事將提出討論。」（七日）

「據合衆社南京電，官方稱：美國國務卿馬歇爾正改變渠以前之立場，而贊同「全面及儘速援助中國」。此等人士稱：馬卿在最近巴黎聯合國大會中與王世杰外長晤談時，曾表示渠態度之轉變。據稱：王外長已將此項新發展報告蔣總統。」（七日）

「關於廢止中蘇協定事，雖立法院方面有多人作此主張，政府當局則始終無任何表示。八日立法院外交委員會討論甚久，激昂慷慨者固多，考慮持重者亦不少。……據記者觀察，中蘇關係不致有何種新的變化……」（八日）

「立法院九日上午大會，王世杰報告，因係祕密會，拒絕旁聽，故內容如何，無從探悉。惟聞各立委對王報告認爲內容過於空洞，尤其王最後表示謂：本人當本良心及自己見解，認爲與國家有利者，赴湯蹈火均所不辭，否則亦不能以國事爲兒戲，聽人轉移，孟浪從事。立委對此數語極表不滿。……至取消中蘇協定事，雖有人提起，但並未作爲正式提案。」（九日）

「記者頃自可靠方面獲悉：王部長世杰今晨於立法院祕密會報告中就美援問題曾申述中國政府之政策。據悉：王氏曾稱：中國將來請求任何美援，將着重於下列二項原則，即：（一）歐亞必須並重，（二）軍事及經濟援助必須同樣着重。」（九日）

（菲）

社論

美國前途的展望

一　美國的前途是光明的

諤士

第二次世界大戰後，強國的數目大爲減少，實際上已祗剩下美蘇兩強。今天英國靠着美國貸款來平衡入超，西歐各國靠着馬歇爾計劃來徐圖恢復。美國實際上已經是所謂西方民主國家的領袖。因此不論是厭惡或是欣賞美國制度的人都對美國的政治動向和她的未來極端關心。但這兩派人對美國的未來有着極不同的看法。厭惡美國制度的人認爲美國是澈頭澈底的資本主義國家。全國財富集中在少數人手上。若干企業大王和金融巨頭更進而控制輿論，影響政治。所以美國不但經濟不民主，就是政治民主也很成問題。

他們並且認爲資本主義的經濟制度，先天的必定要有週期性的經濟恐慌。所以美國此後必將遭到比一九二九年更嚴重的經濟恐慌，和多數人的失業。早晚資本主義社會的美國一定要循着必然的歷史法則而內部崩潰，而發生革命。另一種可能則是在經濟恐慌到來前，財閥們和反動政客與軍人勾結，將美國推上法西斯的道路，甚而對外發動戰爭。換句話說，他們認爲資本主義的美國，將來頗有變成戰前德義的可能。

至於欣賞美國制度的人，則認爲美國的政治民主已很理想，經濟制度也是最好的，因爲牠不是一個集權的制度，從而可以保障人民的經濟自由。並且美國的生產效率也極高，足證這種制度的優點。

以上兩種看法都有漏洞，而厭惡美國制度的人所作的推測似乎距事實更遠。我們不認爲美國的政治已經合乎理想，我們更不認爲美國目前的經濟制度不需要改革。但我們認爲和平漸進的改革，就如同目前在英國所實行的，在美國也可以實行。美國並不見得要必然地遭受着週期性的大恐慌，以至於發生革命或走上法西斯的路。

抨擊美國經濟制度而認爲必將革命或出現法西斯政體的人，實際上是有意或無意地採取了唯物史觀的說法。而這項史觀用來作預測時的可靠性却頗成問題。根據馬克思原來的理論，資本主義社會爛熟時，必將發生共產革命。依此說法，共產主義的革命應當在英美先發生，但事實上是在資本主義並未成熟的俄羅斯最先出現。由二次大戰後的情形，我們更可以看出，共產主義革命主要是在半封建的，經濟情形落後的國家中發生。東歐各國是顯著的例子。

再者，馬克思主義的史觀將人類社會的演化過程，分爲五個階段卽：（1）原始共產社會；（2）奴隸社會；（3）封建社會；（4）資本主義社會；（5）共產主義社會。根據這項說法，一切社會演進均必然循此過程，資本主義社會成熟後必將發生無產階級的革命。認爲美國現存制度早晚必將崩潰的理論，實卽導源於此。但近數十年來人類學和社會學的研究結果實在並未能證實上述的理論，所以在應用到特殊問題時，能否正確也就頗成疑問了。

美國在過去的確有週期性的經濟蕭條和失業現象。但對這項問題的理論分析，凱恩斯的學說似乎比馬克思派的說法更近眞。凱恩斯認爲就業的保持有賴於投資和儲蓄的平衡。如果資本的累積甚速，國民的總收入，除去消費外，用於投資者，不如儲蓄的數量大，就要產生投資與儲蓄的不平衡，而這項不平衡正是造成經濟蕭條或經濟恐慌的主因。如果政府出來領導，增加社會上的投資和消費，失業現象便可以減少。羅斯福的新政主要是由政府來舉辦一些事業（如建造ＴＶＡ和修若干公路），以及設法提高一般平民的購買力，實際就是應用凱恩斯的理論。

凱恩斯的就業理論大致是對的。今後美國政府如果依據這項理論以制定就業法案（一九四六年曾通過一項就業法），則失業現象，儘可防止，不致成爲大患。於是所謂美國經濟制度終必崩潰，或將變成法西斯的理論，也就全盤落空了。我們並願意附帶提醒一下批評美國經濟制度的人，美國在分配方面，是在漸趨公平。一九二九年，美國人民的財產收入爲一百五十三億元，勞務收入爲五百二十四億元。十五年後一九四四年時，財產收入爲一百四十七億元，勞務收入則爲一千零十七億元。財產收入減少了一些，勞務收入則幾乎增加了一倍。

以上我們說明了推斷美國經濟制度必將崩潰的說法，在理論基礎上有問題。凱恩斯的理論如果正確，這種理論將根本動搖。以下我們要說明，美國有幾項有希望的徵象，保證她不會變成法西斯，而可能走上漸進改革的路。

第一，美國有一套百餘年歷史的民主政治機構。除去南方少數黑人外，可以說是每人都有一張選票。如果每一個美國平民在選擧國會議員和總統時，都不棄權，都去投票選擧眞能代表平民利益的人，則一定能够選出他們要選的議員或總統。美國平民手中那張票如果好好利用牠，可以發生很大的作用。羅斯福的幾次連任和最近杜魯門出人意料的勝利，都是受到勞工和一般升斗小民支持的結果。我們自然承認，像吉拉特(James Girard)所說的六十四個人物「統治美國」的情形。美國的政治和選擧的確在某種程度上受到華爾街的操縱，但在有些重要選擧中，得勝的却仍是平民。例如這次杜威競選就有摩根家族和杜邦家族(他們是吉拉特六十四豪門表中的佼佼者)作後台，但終於失敗。所以祇要每次選擧時，美國平民好好地利用他們的一張票，是可以發生作用的。

第二，美國有很有組織的勞工。勞聯(AFL)和產大(CIO)各擁有勞工數百萬人。產大對羅斯福的三任四任頗有功勞，他們在一九四四年組織了「產大政治行動委員會」(CIO—PAC)幫助羅斯福競選。「產大」的政治意識比較高，最近兩年對政治外交問題的消沉，是因爲國會在反勞工的共和黨手裏，正在制定反勞工的法案，他們怕被戴上紅帽子。這一支有組織的勞工，當他們的政治意識逐漸高起來時，是促進美國進步的重要力量。

第三，希特勒的德國所以能出現，實在有若干民族性的基礎。德國人是喜歡紀律，喜歡組織，而有服從習慣的民族，所以對納粹那一套比較能接受。至於美國人是素來對政府抱不信任和疑懼態度的，他們認爲政府管的事越少越好。在美國第一流的人才往往是去經營企業，而不願意進入政府，便是這種心理的表現。這種民族性和建立法西斯政體是鑿枘不相容的。至於目前美國軍人在政治上的勢力，不過是大戰後一時的現象，不見得會永久如此。

總之美國有一套議會政治的基礎，又有有組織的勞工，在有些地方同當年英國相仿。英國在十九世紀末年，由費邊社和工會結合起來而組成工黨，到今天工黨終於執政而推行了社會主義。美國的進步知識份子(一部分在華萊士的進步黨中，另一部分在ADA中)如果團結一致，再和「勞聯」與「產大」的工人聯合起來，便可以組成美國的工黨(也許可由現在的進步黨改組擴大而成)。假以時日，便可執政而實行漸進的社會主義。以美國資源之富，生產效率之高，實行社會主義政策之後，一般平民生活水準之高一定是驚人的。

世界在經濟方面在走向社會主義，大約是毫無疑問的。但途徑可以不同。有議會政治和工會組織的國家，可以走和平漸進的路，例如英國。而在半封建的，和沒有政治自由的國家大約勢必走上流血革命的路，例如當年的帝俄和現在某些國家。美國是屬於前一類，所以我們認爲美國前途是光明的。

(二) 美國的前途是危險的

華人

一　民主精神變了質

美國今天正引導着世界走向嚴重的危機！美國的國力膨脹到了極點，它的勢力分佈全球，它的安危與世界息息相關，但是它的發展也已達到了極限，繁榮正是蕭條的前奏。由於它自身盲目的資本主義經濟的發展必然要引起世界性的嚴重的經濟恐慌，一九二九年的恐慌只拖垮了大半個資本主義世界，那結果已足够令人談虎色變的了，而目前這一次，則由於各方面條件環境的不同，它的破壞力之鉅大將更不可思議。戰後英法疲憊，日德義敗降，美國已成爲資本主義僅存的碩果，目前它的經濟政策，外交政策已把全世界，除去蘇聯等極少數國家以外，統統的放在它的勢力範圍之中，也就是帝國主義鏈鎖之中，世界各國對美國的依存性空前增强了，也就是說，將來受美國經濟恐慌的威脅性也空前增大了，一旦再有一九二九—一九三一的恐慌來襲，全世界經濟將普遍陷於混亂崩潰的狀態，這種情形何堪設想！

經濟危機的嚴重威脅所帶給人類的災禍還是比較溫和得多的呢，更可怕是由於經濟恐慌以及社會革命的雙重威脅，美國大資本家們將被迫拚命向外擴張侵略，最後甚至將企圖把原子性的第三次世界大戰拿來當作被淹死的人最後掙扎的救命圈，換句話說：美國帝國主義者可能重蹈二次大戰前日德義法西斯國家的覆轍，爲了解救自己，不惜用一次掠奪社會主義國家和侵略其他弱小國家民族的破壞性戰爭來毀滅人類文明，把全世界包括美國在內拉回到歷史上的蒙昧時期，目前已有種種跡象說明這一未來發展的可能性。

當然，美國人民並不希望這樣做，然而在美國人民眞正能够起來掌握他們自己的命運以前，歷史的鐵律將無情的把美國逼上這一條岐路或是絕路。美國的大資本家們正和已經崩潰的那些法西斯國家的同道們一樣，因為他們蒙起自己的眼睛，不看世界上的眞理，他們也就因而看不見自己的滅亡的危機，他們的錯誤將日積月累，愈陷愈深，他們最後或許也有覺悟回頭的一天，然而那為時已太晚了。

美國何以會有今天這種尷尬的局面呢！為「人是生而平等的」這一輝煌的理想奮鬥的美國獨立戰爭，在人類記憶中還很新鮮的時候，這塊自由人士樂園的新大陸土地怎樣會一變而為人類文明的屠宰場了呢？華盛頓，傑弗遜，林肯的名字仍在放光，何以他們的不肖子孫竟會背棄了祖先光榮的傳統而走上希特勒，墨索里尼，近衞，東條等惡魔的舊路呢？從形式上看，今天由一千個大資本家，或六十個豪門資本，或十三個豪富家族（包括福特，杜邦，洛克斐勒，梅隆等，根據美國第七十六屆國會第三次會議，臨時全國經濟委員會經濟力集中調查專論二十九，見世界知識社譯美國 G. Seldes 著：豪門美國）所代表的壟斷資本家們所控制的美國，和華盛頓，傑弗遜時代，以小工商業，小農生產所組織的美國，有着同樣的民主自由，但是，在實質上，美國開國時代和拓荒時代所遺留的民主精神早已被其後資本主義和帝國主義的發展所腐蝕，銹爛，而變了質。正如費孝通先生所說：政治自由和經濟平等的發展不平衡，變成了幸福單車的脫節。美國人民所享受的公民權利，政治活動和選舉的自由權，僅僅遺存了一個徒具形式的空殼，而實質上，透過立法限制，透過社會壓力，透過壟斷的新聞和廣播事業的宣傳影響，實際上大資本家們已經壟斷了美國的民主政治，只有他們，美國的豪門，才可以說，充分享有了美國式的政治生活的自由。最近美國進步黨競選的慘敗，已經給予了一個有力的證據。

民主精神變了質，這是美國災害的根源，這是美國的不幸，也是「美國世紀」的世界人類的不幸！

二　資本主義危機無法避免

戰後世界主要强國中，美國成了唯一的殘餘的自由主義經濟的資本主義國家，美國的自由經濟，對內也就是所謂「自由企業」實卽保持「私有資產」的別名，「私有資產」這個名詞易使人聯想到自私，不如「自由企業」使人聯想自由，比較漂亮動聽，對外就是自由通商，實質上就是新興的帝國主義要對衰老的帝國主義和其他落後的殖民地半殖民地國家保持一面倒的優勢的經濟侵略。中國知識界對美國欽定的中美商約的反抗和英國為了爭取美援，含淚放棄了不列顚帝國關稅壁壘，正是兩種典型。從表面上看，以自己的競爭自由剝奪了別人的防禦或存在的自由，這是說明了美國資本主義力量的雄厚。然而從實質上看，這種積極向外擴張正是代表了壟斷資本發展高峰的不得已的苦悶，正如所謂，壓迫別人的國家，內部是不自由的。經濟侵略的國家本身必然也有它不得已的苦痛。

逼迫着美國資本主義向外汲汲擴張侵略的內在動機實際上就是一般資本主義經濟無法避免的經濟危機。由于生產的社會性和占有的私有性的基本矛盾，資本主義從一開始就先天地帶來了經濟恐慌的危機。在其向上發展期間已經如此，在其向下跌落期間，垂死期間則更沒有例外。

從最近幾次經濟危機發展的情形看來，美國資本主義實已走到最後關頭。一九二九開始的危機，曾經喚醒了資本主義世界繁榮和穩定的幻夢而且造成希特勒上台的機會。在美國僅僅靠着偉大的羅斯福所作「新政」，以對於資本主義重大的修正來挽回了資本主義的崩潰。第二次經濟危機在一九三七經濟危機已經露芽，如非第二次世界大戰不久爆發，備戰和作戰的軍需工業大量擴張則將無法避免工人失業和經濟恐慌的暴風雨的襲擊。在今天第二次大戰已經結束，各方面數字證明一九四七年又將是經濟恐慌的來潮，幸虧馬歇爾計劃並不能解決經濟恐慌的根本原因，正如道威斯計劃，楊格計劃不能解決德國復興和避免一九二九年的經濟恐慌一樣。而一味擴充軍備的結果必然引起毀滅人類的大戰爭，人類同歸于盡，美國資本家又何能倖存！

為目前美國計，除非杜魯門總統乾綱獨斷，大刀闊斧地修正資本主義，推行比羅斯福更前進更偉大的新政計劃來，或許稍能挽回命運，但，在第二次大戰中積極膨脹的大資本家們早已玩弄兩黨於掌股之上，連一個華萊士尚且不能相容，他們怎肯接受這一套作法？

美國資本主義還有一個特點，就是它的資本集中和大企業發展一直和戰爭，擴張，密切關聯。早在南北戰爭時代，戰爭利潤就建立了巨額的資產，已經發生今日龐大的獨佔資本的開端，例如亞爾穆，卡內其，摩根，范德標等企業大王。洛克非勒一八五八年就從事經紀人業務，在內戰過程中他也越變越富了。以後隨着美國的獨占資本的成熟，美國不斷向外擴張，更經歷兩次大戰而達到登峰造極的地位。對于大資本家，戰爭也許是最容易發財而又最安全的舉動，因此，美國獨占資本的喝血性只有促使經濟危機的發展走向戰爭之路，而很難想像其他的出路。

三 民族性和文化上的弱點

美國的民族性也許是天眞的，因爲他們缺乏歷史，經驗，但，民族性的輕浮，在今天就造成了一種自大自滿的優越感，表現爲「美國第一」，「美國世紀」，這種國家優越感或民族優越感一經造成，就將蒙蔽他們自己，拒絕接受其他國家的長處，不肯虛心檢討自己的弱點。

不幸的是美國文化太年青了，朝氣有餘，深厚不足，物質文明，追求物質享受有餘而精神文明不足。美國對世界文化的貢獻，除去原子彈和汽車文明以外，其他方面則顯著落後。然而美國文明在另一方面則又過于年老了，資本主義文化在十九世紀已經成熟，在二十世紀已經過于衰老，腐爛。目前美國人民的種種追求物質享受的心理，表現在享樂，色情狂，好萊塢文化廝醉各方面，令人不禁想起古羅馬帝國崩潰的前夜。如果這一代表時代文明尖端的少年民族竟從此夭折，這是如何値得惋惜的事情！

四 在大資本家把持下的冒險外交政策

由于獨占資本壟斷了美國的政治，在外交上也因而走上冒險的路線，以維護大資本家利益爲前提，美國今日成爲世界各個角落反動政治勢力的大本營，美國戰後外交從一九四七年三月杜魯門主義發表以後就急轉直下，走向反共防蘇的途程。實際上美國戰爭販子所叫囂的反蘇不外是對國內民主力量的恐懼心理的一種反映，在反蘇反共的漂亮口號下，對內進行强化政治統制，鎭壓職工會及民主人士活動的陰謀，對外則在援助，保護的僞裝下，把世界大部份國家一個個套上美帝國主義特製的鏈鎖，平時供其經濟侵略，戰時作爲反蘇工具，經濟恐慌時則陪同美國跌入絕望的深淵。這樣美國的資本主義經濟就可緩和一下危機，苟延它的存在。

目前美國外交政策在拉攏與國，包圍封鎖蘇聯，組成國際反共陣線一點，雖似略獲成功，（這是在威脅利誘，和各種陰謀之下勉强成功的），然而它的好戰的宣傳一開始就遭逢到蘇聯堅定的和平外交政策的反抗，在國內及世界各國人民大衆心裏也早已厭倦戰爭，渴望和平，因此，不管它的煙幕作用如何，這種冒險的外交路線還是要繼續受到各國人民（美國在內）的反對的。何況，目前直接受到美國外交政策的毒害的不是蘇聯，而是那些破產的資本主義國家（如破落戶英法，如賣身投靠的德日義）和落後的殖民地半殖民地國家的廣大人民羣衆。特別是這些國家就其本質來說，早已不適宜於實行資本主義或再作資本主義的附庸，但，由于美國强大的外力干涉，這些國家不得不拋棄他們所應走的社會主義或新民主主義路線，而接受爲美國火中取栗的反動路線，這一舉動必然引起各國人民深惡痛絕，毫無疑義。因此，美國的冒險外交必然引起這些國家的反美行動，（在特殊情形下就表現爲內戰，人民與接受美援的國內反動勢力作戰）而這一情勢的擴大發展，最後將破壞了美援的效果，使美國原來藉援外以緩和內部經濟危機的努力化爲泡影。換句話說：也就是美國經濟恐慌的威脅不能因而減輕，美國瘋狂的法西斯侵略戰爭的可能性則因而加大。

答華人

諤士

華人先生認爲美國前途危險的理論是說資本主義的內在危機無法避免，美國將遭到空前的經濟恐慌，那時美國獨佔資本家可能作瘋狂的掙扎，將美國變成法西斯國家並實行向外侵略。我讀完以後的感覺是我在正文中的討論，似乎已有一部分可作爲對華人先生的答覆。

這次理論雖然含有兩點，但美國經濟制度必然招來不可挽救的危機的說法，實在是更主要的。因爲假如美國的經濟危機不是那樣嚴重，也就不會逼出法西斯政體來了。所以經濟恐慌，和失業就業的討論，實是這項問題的中心。

我在正文中已經說明，資本主義社會含有內在危機之說，導源於馬克思，而馬氏理論的是否足够解釋多數社會的變遷史，在今日已甚成問題。美國經濟上有週期性恐慌是事實。但這種恐慌的原因何在，以及牠是否將必然愈演愈烈終至使美國經濟制度崩潰，却可有不同的理論。對於美國經濟制度的討論，我和華人先生實際是根據現代兩種不同的經濟學說，而我認爲凱恩斯的說法比較近眞，美國如果能根據凱氏的理論，制定法案，可以使失業問題不致爲患。

華人先生也許認爲美國的政府已完全控制在獨佔資本家手中，不論是凱恩斯或是其他人的就業理論如何高明，祇要是影響到獨佔資本利益的方案，美國政府就不可能實行。但我要請華人先生注意羅斯福的新政。**羅氏新政實際就是凱恩斯理論的應用。羅斯福時代獨佔資本**家的勢力不比現在小，而新政終能實行，何以見得類似新政的方案在未來必不能出現呢？

華人先生所說的華爾街操縱美國輿論和政治是無人否認的事實，我在正文中也已指出。問題是在操縱到了什麼程度，是否如華人先生和其他厭惡美國制度的人所想像，已到了完全控制的程度呢？羅斯福的連任和杜魯門的勝利告訴我們不是的。華人先生說「美國的豪門才可以說，充分享有了美國式的政治自由。最近美國進步黨競選的慘敗，已經給予了一個有力的證據」。但請華人先生不要忘記，美國豪門在本次大選中是支持共和黨的。如果美國豪門眞有華人先生所想像的力量，爲什麼不讓反勞工和反限價的共和黨上台？

華人先生說：「美國人民所享受的公民權利，政治

活動，和選舉的自由權，僅僅遺存了一個徒具形式的空殼」。一句話，美國的大選祇是一個形式，誰當選總統早已由華爾街老闆派定了，所以在大選前我們已經早就知道誰要當選。但這是不是事實呢？最近美國大選的結果，已經給了我們一個清楚的答覆。

華人先生還有兩段話是批評美國在最近所表現的民族優越感與好萊塢所代表的享樂文化，以及所謂「侵略性」的外交政策。美國有一部分人在這次戰後的確表現了極度的民族優越感，例如時代週報今年夏天那篇談「美國世紀」的文章是會引起其他國人的反感的。但這祇是一部分人如此，而且與美國經濟制度這一個主題無甚關係。至於頹廢性的文化一點也是事實（我還可以替華人先生舉出一些實例，例如三對夫婦就有一對離婚的事實）。但這與美國經濟制度是否要崩潰，或是要變成法西斯與否，也似乎並無太大關係。

至於所謂「侵略性」外交，對蘇積極備戰等說法，則是頗成疑問的。目前國際糾紛是普通國際戰爭後，新均勢尙未形成前常有的現象。美蘇兩國目前都不要戰爭。美國的「對蘇強硬」政策("Getting Tough with Russia" Policy)祇是一種外交手法。並非眞要進攻蘇聯。美國自然有一些反動份子眞打算與佛朗哥等反動政權修好，最後進攻蘇聯，用原子彈把莫斯科夷爲平地。國會中的普魯斯特（主張麥師爲遠東執政兼管中國的便是此公）和芝加哥論壇報的麥柯米克上校或者便是這類人。但他們祇是少數，同時也不能代表美國的現政府，所以沒有十分重視他們的言論的必要也。

答諤士

•華人•

諤士君的主要理論有三點：第一，美國雖有經濟恐慌週期性的威脅，但這種恐慌不一定是資本主義必然走向崩潰的因素。換句話說：資本主義自身如作某種程度的合理修正則可以避免社會革命。因此，美國目前的經濟制度不一定即將崩潰。第二，美國國內還存有民主政治的傳統，職工會運動近年也有進展，加以美國民族性不崇拜軍人政客，因此美國法西斯化的可能性較小。第三，有議會政治和工會組織的資本主義國家可以和平的漸進的改革，半封建，沒有政治自由的國家才需要流血革命，雖然目前世界在經濟方面將走向社會主義方面，但兩種路途略有不同。

我們試就這三點加以討論。

第一，關於經濟恐慌發生的原因，信用或儲蓄的過份膨脹，自然足以增加經濟恐慌的尖銳性，但，資本主義經營方式的盲目性或無政府性顯然更是造成這種恐慌的基本的因素。我們只能就事論事，而不應該先存成見墨守一家之言。其次，關於新政，應該看一看羅斯福的新政的作用例底只是緩和一下經濟危機，還是澈底解決它。看一看羅斯福死後，新政還有幾許殘留。換一句話：是資本主義擊敗了羅斯福，還是羅斯福擊敗了資本主義，如果羅氏失敗，則以後繼起的新政治家是否還有戰勝資本主義的可能性。在這裏，我們認爲資本主義某種程度的修正（不論是凱氏的學說或羅氏的實踐）當然可以緩和它的危機的到來，但，任何修正如不能引起根本的變革則不足以解決資本主義整個問題。至於諤士君所舉統計數字，雖然顯示美國近年的財產收入已有漸減趨勢，而勞務收入則漸增加。即使數字可靠，但仍然未能解決大資本兼併中小資本的問題，假使，財產收入總量稍減，而獨占資本的分量增加，則這仍不足以緩和美國國內獨占資本發展，生產集中的趨勢，據統計，一九四〇年，一萬人（約占全人口百分之〇、〇〇八）占有全國股份的四分之一，七萬五千人，占有全國股份的一半；最大的股票持有者的百分之一，握有百分之六十的普通股份，三個家族（杜邦、梅隆、洛克菲勒）手中的股票價值十四億美元，直接或間接控制了二百家最大的企業中底十五家，這十五家的總資產超過了八十億，（見英普列特等美國與戰後世界）另據統計，二次大戰中，由於政府優待獨占資本，在軍需工業的分配和轉同平時工業方面，他們享有極大便利，因此，戰時及戰後，這些資本家們所得利潤極爲優厚。特別在今天，從美國政治經濟外交各方面發展的趨勢看來，資本主義的頑固性只有增加，毫無減少，諤士君修正論的希望實極渺茫。

第二，美國傳統的自由民主，我們已經討論過，在目前恰成爲美國獨占資本壟斷一切的現狀一個絕妙的諷刺。這次大選，獲得大資本家支持較多的杜威，雖然失敗，然而杜魯門總統還不同樣是大資本家的寵兒，美國人民，今天被迫來享有從兩杜之中選擇一個做總統的自由，我們覺得實在是莫大的悲哀，無怪九千多萬選民中投票的只有四千多萬人，多半數人民棄權正足以說明當前美國民主傳統已如何的破產了。

美國的職工會近年雖略有進步，但一般來說：經濟性仍遠較政治性濃厚，美國的職工會在本質上存在有許多缺欠，再加上他們缺乏政治經驗，從政治力量的對比來看，顯然劣勢，如何能期望它肆應變局，在危機迫在眉睫的今日，擔當領導人民，建立社會主義國家的重任。美國一般人民政治水準遠不及英國人民，英國工黨還要經過五十年艱苦鬥爭以及兩次執政失敗的經驗，方能支持目前這樣一個十分勉強的局面，美國職工會現在還在幼稚期中，怎能對它抱有多大的希望？至於產生法西斯主要原因不在民族性，而是有其社會環境和經濟條件作背景的，此理甚明，無需多辯。

第三，固然有議會政治和工會組織的資本主義國家和平漸進的改革的可能性較大，但，這條路並不十分平坦，英國是第一個有成功希望的國家。其所以如此，國內國外原因甚多，恐怕新興強有力的資本主義國家如美國者和它不可同日而語，何況，美國今日爲世界所有反動勢力的支柱，惡性既深，積重難返，軍人外交的跋扈，自信國力的囂張，大資本家如杜邦之流過去和德國法本公司的勾結，在在給它留下惡劣的因素。

因此，我們似乎仍然可以很悲觀的說：由於各方面條件的促成，美國大資本家在國內仍握有極大的權力，對國際仍有極大的自信，他們將覺得戰爭仍然是累積財富，和解決恐慌的最輕而易舉的辦法，不到完全碰壁之前，不肯回頭。因此美國的資本主義修正或和平的改革希望就減少了，而法西斯化或走向戰爭的可能性則增加了。我們最後結論是：美國的經濟危機是必然的，而法西斯戰爭也是很有可能的。

專論

『財政經濟補充辦法』之再補充

胡寄牕

自財政經濟補充辦法公佈以後，黑市之猖獗及搶購之風潮，只是暫時消滅，一般人的心理恐慌，可以苟安於一時。但是所謂財政經濟補充辦法雖有幾條，而最關緊要的，不外是放棄限價政策，在七十天的短短時期中，國家的重要經濟措施，作了個一百八十度的大轉變，在政治上不能不算是一個奇蹟，限價政策與競爭價格政策雖爲兩個極相反對之措施，但在其所要解決之問題的大前提上，却是一致的，就是說因爲物資缺乏，不足以適應投機的或眞實的需要，物價節節上漲，所以實行限價，以冀其不致任意上漲，今日之開放限價，採公開市場活動，也是因爲物資缺乏，不足以適應需要，黑市瘋狂上漲，所以纔開放限價，二者的前提，却是物資不能適應需要，限價既不能解決問題，開放限價當然更不能解決問題．蓋不限價爲可解決問題，則在八一九以前問題早應該解決了，因爲那時是不限價的，自由市場價格在八一九前不能解決問題，在十一月一日以後也不會就能解決問題，在道理是很顯明的，無待加以申述，所以補充辦法并不是解決問題，而是逃避問題，只靠財政經濟補充辦法，絕不足以挽救財政經濟之危機，就連總危機中金圓券之危機都沒法解除，我們不妨把財政經濟的危機，簡化爲金圓券的危機，爲她想些補充辦法以爲救濟。

當一九三四年勝利初臨，淪陷區的人民，對於勝利抱着莫大的期望，因爲身受『聯銀』『儲銀』爲鈔價値跌落的痛苦，視法幣如拱璧，以爲一旦使用法幣，卽可從此樂享太平幸福，不知法幣在大後方早經泛濫到非整理不可之程度，所以不數月間，人民對法幣信仰完全失去，其失望之情，隨其期望之殷而彌深，同樣情形，金圓之推行，政府本係倉促應變，未必卽會深切周密考慮，從所以公佈的四種辦法中，一個正常的普通人卽可知其困難重重，無待專家予以批判，但是因爲大家都深受法幣急劇貶值之痛苦，對於金圓券抱着一種的奢望，以爲今後物價可以完全穩定，而不知金圓政策既已先天不足，管理當局又未能因勢利導，以適應環境之要求，反而刻舟求劍，膠柱鼓瑟，一味以政治高壓手段謀經濟改造之成功，所以幾個禮拜之幻夢，隨卽破滅，於是人民對於金圓失望之情，亦隨其期望之殷而彌深。

其實在金圓券發行之初，很多經濟學者卽預期到她不會有良好的結果，筆者算是比較不甚悲觀的一個，但也只能推算她有短期的穩定，并須馬上提供第二步驟，否則前功盡棄，爲害尤烈，現在此悲觀的情緒彌漫的氣氛中，已有學者在爲金圓券籌辦『善後』，我想，如以一個正常的通貨而論，一月之間，貶値數倍，正應與她辦理善後，如就十年來通貨膨脹的過程觀察，并認定一貼藥治不好老錮疾，再加上軍事和政治之如斯，則金圓券之現狀，乃爲不足驚異之必然結果，彷彿記得莎士比亞劇本 As you like it 中有這樣一段台詞：我要打勝了固然很好，卽使打敗了也莫有關係，因爲我向來就沒有被人重視過，所以有人如說金圓券是完全失敗了，固然不錯，如說金圓券還有可爲，也莫有甚麼不可以，無論如何，金圓卽使尙未完全失敗，可是已瀕危境，在補充辦法公佈以後，此種危機，仍未解除，卽應加以搶救是毫無問題的，這自然要假定『爲甚麼要搶救呢？』一問題不在考慮之列。

談到實際經濟問題，尤其是目前通貨與物價諸問題，各學者間在理論上之差異是很小的，可是因爲各人之出發點，側重點，目的之不同對於解決問題之途徑與方法，則大有出入，然而現在之焦點還不在於各學者間所提解決問題之途徑與辦法之有出入，而在於任何途徑與方法都未必能被採用，我常想假如秉政諸公，眞能公忠體國，不牽就少數特權階級的利益，只須找一些研習經濟學的人，集體研究，求出一比較能大家同意之方案，立刻付諸實施，則目前之經濟危機，不難着手打開，所以我所要補充的幾個搶救金圓的緊急步驟，也非高深玄妙發人所未發之理論，不過是把很多朋友們所比較接近的意見，綜合配搭而成。我們要讀者了解，下面只是『緊急步驟』其輕重緩急之間，自不能與根本解決經濟問題之百年大計相提幷論。

我們先從造成金圓危機之經濟原因分析入手。我以爲其原因不外三個：第一是兌換金銀外幣，及調整公敎人員薪級所發行之金圓所轉換成之游資沒有適當之出路所造成。第二是公共經費沒有可靠的財源，仍仰給於通貨之膨服；第三是限價政策之漏洞太多，政府不從經濟方法上去補救，一味採取政治的高壓所釀成。現在限價政策雖已放棄，而問題之嚴重性幷未減輕，這三個雖不是形成目前逃避金圓的心理恐慌之全部原因，至少也是最關重要的幾個，試看我們根據這些分析建議一些補充辦法之再補充辦法：

（一）重要物品之負責供應　爲求限價開放後之一般重要物品價格能繼續維持在政府所希望之水準上，則重要物品之負責供應實爲必要，以目前政府之能力所及者言，至少五大都市之糧布煤鹽油五項是可以辦到的，先看食糧，五大都市之食糧配售及軍政公敎人員配給，總計不下總需要量百分之七十，政府再事努力，卽不難全部負責供應，次言布煤鹽三者，食鹽向由國家獨佔，本無問題，中紡公司產量可供給五大都市而有餘，煤炭一項，開灤中英等名礦現在政府手中，只要能解決運輸上之困難，產量綽有餘裕，至於食油，其生產能力也是沒有問題的，且每日消耗有限，政府如在原料上設法供給，卽可迎刃而解，我們認爲政府應利用全部金圓準備金中之金銀外幣，向國外採購大米小麥粮糧棉花芝蔴花生等原料，以補國內原料市場之不足，以期能負責供應五大都市消費者之定量全部需要爲止，如此則五項重要日用品之價格可以穩定，或者說可以由政府絕對控制，其他產品價格及勞務價格，卽依此爲基礎以計算其成本，幷決定其價格。總而言之，就是要借重要物品之負責供應，以穩定工資，幷由工資之穩定，以穩一切製造品物價，及都市之其他勞務價格，幷由於製造品價格之穩定及食糧等項之不完全取給於國內農村，於是農村物價亦可不致波動，關於此點政府應不惜以最大代價達成，卽使耗盡毫無意義之金圓準備亦在所不惜，因此五大都市之配糧，中紡之棉花，食油之原料，政府均應負責採運，或充分供給資金，至於煤礦及公用事業，政府除負責配給員工實物外，再有虧欠政府應負責貼補，而貼補政策只限於這些政府能掌握其產品或業務之工業，其他事業不得援以爲例。

（二）徵用國外存款及舉辦臨時財產稅以挹注財政虧欠　國家財政開支本已浩繁，再加上配售物資之費用及貼補，其開支將更形浩大，金圓準備及美援雖可救急於一時，但不必長期可靠，且爲見信於國人及收縮通貨計，打擊特權階級之步驟，無論就政治社會或經濟的觀點言，都不能不有此一着，國外存款無論如何化整爲零，總不至全部逃避，只要開始徵用，卽使爲數不如想像之多，亦可大平民憤，惟有在國外存款開始徵用條件下，臨時財產稅纔能順利舉辦，臨時財產稅如能辦理成功，則國家最近數年內之財政赤字，均有取給之途，卽使不能收縮通貨，也可以降低其流通速度，最低限度亦可不至於增加發行，退一萬步言，爲籌措戰費，這亦不失爲良好方式，僅就道德的觀點言，綏靖戰爭，由富人負擔戰爭費用，乃爲天經地義，這不特是目前之緊急措施，抑且爲較長期之經濟政策之應有措施。

（三）釘住配售品價格以穩定工資及其他成本　日用重要物品由政府負責供應以後，其配售價格應努力使其穩定，不宜隨時變動，政府在這一方面之損失，應從美援，臨時財產稅方面去謀補償，決不能計較一時之損失，而隨時調整價格，爲物價水準留下一個內在的不安穩力量，須知物價如能稍形穩定，國家經濟所得之利益較之目前短期賠累，大得多多，假如國家賠累以膨脹通貨爲挹注，那是我們不贊同的，現在這些賠累既然可以取給於美援，取給臨時財產稅及徵用國外存款，取給於以金圓券換回的金銀外幣，我們找不出政府爲甚麽不該擔負這可以發生穩定物價作用的賠累，配售品價格穩定以後，然後由此可以穩定工資及一切商品及勞務之成本，物價管制政策，如不從穩定工資入手，任何措施終歸無效，一個西洋工人之生活費用，因水準較高，項目甚多，簡單的實物配售，未必能收穩定工資之效，我們工人之生活水準較低，食糧一項，佔絕對重要之成份，如煤布油鹽一併配售，所佔工人家庭預算之百分率尤大，當然可以收穩定之效，不特工廠工人之工資可以由此穩定，卽一切勞務價格及低級薪俸階級之薪資也可由此穩定，許多生產成本，均可還元爲工資，工資如能釘住，則一切生產成本自然很少有波動，生產者之計劃可以確立，如此方能談得到扶助生產或增加生產，否則在物價無規律的盲動情況之下，所謂增加生產云云，不過說來好聽，自欺欺人而已。

（四）立刻舉辦物價指數儲蓄證券　關於此問題之優點，海內人士討論已多，現在不必多費筆墨，此地願將一些重要技術問題加以申述如下：

甲、以本辦法開始施行時之物價爲其期等於一，（倘政府更願示信於民，不妨以八一九時之指數爲其期）每一單位金圓作基期金圓一圓計算，以後指數變動，卽以取款時指數乘存款額之積，如數實給金圓，但指數較基期低落在百分之十以下時，中央銀行應保證至低按百分之十核算付給。

乙、指數變動後之新存款，中央銀行應將此新存款折合成基期金圓登帳以資劃一（如新存款爲四百五十金圓，指數爲百分之一百五十，以指數除存款額之商，爲三百金圓，卽存戶之四百五十金圓，等於基期金圓三百圓，以此類推）。

丙、指數由中央銀行參照國民政府主計處及學術團體所編之指數製成按月公佈，必要時得分全國爲若干指數區。

丁、指數儲蓄存款以三十個基期金圓爲最低額，一律爲定期三個月，月息三分，但存款憑證得由持有人以自由市場價格，自由轉讓，不必過戶，但取款時，必須向存款時之中央銀行兌取。

戊、A指數區存款調至B指數區時，應在A指數區將其期金圓折合成流通金圓，調至B指數區，再按乙項辦法折合成B指數區之基期金圓存儲。

己、中央政府應保證指數存款辦法之廢止須在物價已十分穩定或指數長期低於基期時始爲之。

以上爲幾個重要技術要點，限於篇幅及題目，理由不便申述，此辦法如能推行，則政府目前未能十分推行之各行莊增資辦法，可以不必多此一舉，筆者認爲行莊增資對於收縮金圓之作用太小，指數存款推行後，多數商業行莊，根本不能存在，筆者主張政府以指數存款爲條件，收購各商業行莊，藉以擴充國家銀行，完成鉅大的銀行網，以控制通貨之量數與流通速度。

（五）非政府負責供應之重要物品，應由政府規定項目由商人採積點制度(Point system)銷售。前述各項辦法推行以後，恐尚有人民大量購存物資，或過份消耗物資，因此日用品中如衣、帽、鞋、襪、糖、肉等等，應斟酌情形，指定項目，限量購買，以達到防止囤積，特別是節約消費之目的，間接亦可驅使人民手中餘資轉向國家銀行或投資於國家所願誘導之生產事業上。

（七）再調整公教人員之待遇　一切事業之推行，非人莫辦，大多人的生活，既已朝不保夕，爲何談得到工作效率，筆者以爲卽使莫有更適當辦法以解決通貨膨脹問題，亦寧肯繼續膨脹通貨以使各公教人員能苟延殘喘，亦不應坐令其爲飢寒所迫，無法爲生，假如上述各項政府能卽刻施行，我們便把公務人員待遇大大的調整一下，也無足爲害，因爲財政赤字既能取之於國外存款及臨時財產稅，此項開支不愁沒有來源，且支出大量金圓以後，主要物品爲盡量供應，政府可以收回一部份通貨，其餘物品爲限量購買，不易發生刺激物價作用，如尚有餘資，又可以用指數儲蓄方式吸收，不會再有游資興風作浪，一切刺激物價之因素均形冲淡，雖大量增加待遇，影響亦不會如目前之大，筆者以爲，假如政府有推行前述諸辦法之決心，則公務人員之待遇，應至少提高至九月份購買力之眞實水準，就是說連同配給之實物及發給之金圓之總計所折合成購買能力不能少於九月份一個公教人員應得之實物及金圓之總計之購買能力，如此彼等生活或可稍事安定，一言以蔽之，倘前述各點不能實行，則將公教人員待遇調整百分之一百五十，亦爲國家之重大負擔，如前述各節能切實推行，縱將待遇調整得較九月份眞實標準爲高亦不足爲害。

這些都是目前爲搶救金圓亟應採取之緊急步驟，現在讓我把建議補充各點綜合攏來描畫一個較具體的輪廓，以增加讀者對此建議之了解，假定政府已經徵用國外存款五億美元連同美國援華款項共有十億美圓，這樣政府可以立刻調整軍政公教人員之薪俸，最低限度等於九月份之購買能力，同時政府又運用金圓準備購到大批大米、麵粉、雜糧負責供應五大都市人民及生產機關之需要，幷購到大批棉花及食油原料，足資布油兩項全面配售之用，主要煤礦之員工，政府亦負責配售食糧鹽布等項，其不足之經費亦由政府津貼，其他公用交通事業，亦因有粮煤等之配給及金圓之補助，其調整後之價格可以維持相當時期，此時社會局已將工人工資及一切勞務價格按照配給之價格予以規定，將來配售價格如不調整，一般工資及勞務價格卽不許調整，其他工商業之價格，亦因本身能領定價配給，工資亦有一定，原料價格之波動亦不甚大，要求變更議價者甚少，政府爲求預算能獲較長期之平衡，正積極辦理臨時財產稅，而一般人民又因限量購買之積點制度的推行，手中餘資無處花用，相率向中央銀行作物價指數儲蓄存款，金圓回籠，市面籌碼，幷不甚多，沒有搶購現象，且亦無所用其搶購，至於五大都市以外之農村，因各市粮源幷不完全靠農村收購，所以粮價有下跌之趨勢，政府爲恐穀賤傷農，允在國外少採購一部份，轉向農村收購，粮價幸未大跌，相當穩定，因此多數原料價格亦甚少變動，而農民售賣食粮之代價，亦可購買與以往價值相等之工業品，這時就有許多人開始作長期投資，興辦工商事業，供給情況，日漸暢旺，政府還考慮若干年後將取消指數儲蓄存款及各種配給配售辦法呢？

這些美麗的夢想，不過粗具輪廓，但大原則大致亦不過如斯而已，政府如能按方實施，金圓危機，不難搶救，假如執政諸公，仍瞻前顧後，多所考慮，以目前環境之惡劣，能再拖若干時日，實非人所敢逆料，今日之情勢，已嚴重到一個單身中級公務人員月之所得，已不足以維持其個人之生活，如攜有家眷之教授其月薪所入僅敷十天八天之用費，人而至於不能吃飯，尚有何事不可爲，亞里士多德嘗謂，貧乏乃革命與罪惡之母，社會根本動搖，如不設法安定，後患何堪設想，所以我們說搶救金圓，實際上也是搶救大多數的貧困人民，總之，今日之事，已至存亡絕續之關頭，倘能痛下決心，大事非不可爲，一念之差，大禍瞬息可召，這些緊急步驟，是解決當前經濟困難之最低要求，再此而不能實行，是無誠意解決問題，一切可以不必多談矣。

資本形成的途徑

——美蘇經濟制度述評之一——

吳景超

(一)

資本是生產因素中最富于發酵作用的一個因素。一個國家，如想改變他的經濟組織，加增生產能力，提高生活程度，一定要設法解决資本問題。美國的資本形成的過程，有許多地方，是與其他工業國家相似的，但蘇聯的資本形成，却走上一個簇新的途徑。這種比較的研究，對於經濟落後的國家，極有參考的價值。

我們研究別國的經濟史，注意這些國家資本形成的方式，便可發現一個共同的步驟，那就是，在任何國家的工業化初期，總要大量的利用外資。利用外資，是孳生本國資本最快的方法，比自力更生要容易得多。一個善于利用外資的國家，在依賴外力發展本國的企業之後，便可產生鉅大的資本，于償還外資之後，還有餘資投于海外，使本國的地位，從債務國變爲債權國。在十九世紀，我們看見歐洲至少有三個大國，是依照上面所敍述的途徑發展的。在十九世紀開始的時候，英法德三國，都是債務國，他們欠外國的債務，超過他們在國外的投資。英國從債務國變爲債權國，是在一八二五年以後。法國地位的改變，在一八五〇年以後。德國地位的改變，在一八七〇年以後。

美國在十九世紀，始終是一個債務國。在第一次歐戰開始的時候，美國在外國的投資，爲三十五億美元，而外國在美的投資，爲七十二億元。歐戰結束之後，這個局面完全改觀。美國在外國的投資，增至七十億美元，而外國在美的投資，却減至四十億元。美國的債權國地位，至此遂告確立。

凡是一個國家，如能由債務國的地位，進到債權國的地位，國內的各種企業，一定都已很爲發達。在這種國家中，新的資本，多由各種企業利潤的方式產生。每種企業，在他的生產過程中，一定有他的開支，由此種開支而產生的貨品與勞務，出售于市場，就可得到一筆收入。從收入中減去開支，便爲企業的利潤。美國資本形成的主要來源，便是此項利潤。我們可以一九四六年的情形爲例，說明美國各種企業產生利潤的實況。此項統計，只限於公司組織，凡是合夥及獨資的生產單位，其所產生的利潤，都未計入。

公司企業名稱	稅前利潤（單位百萬元）	稅後利潤（單位百萬元）
各種企業	二一，一四〇	一二，五三九
礦業	五六四	四〇七
製造業	一〇，八五八	六，三三八
商業	四，六二二	二，七二七
金融及地產業	一，六三七	一，〇一三
運輸業	七四〇	三七九
交通及公用事業	一，四一一	八五六
其他企業	一，三〇八	八一九

美國的生產事業，規模較大的，都採用了公司的組織，如交通及公用事業，公司組織，幾佔全數。在礦業中，公司組織，佔百分之九十六，製造業中佔百分之九十二，運輸業中佔百分之八十九，金融業中佔百分之八十四。所以表中的統計，雖然只限於公司的組織，但富于代表性。在這個表中，我們看到美國國家資本的一個重要來源，那便是各企業的利潤。政府以所得稅的方式，將此項利潤，在其沒有分配給私人之前，便移轉了幾近半數到國庫中去。這是把私人資本轉變爲國家資本的一個方式。政府得到這一批資本，使用以鞏固國防，幷供給教育，衛生等勞務。在目前，美國政府對于直接生產的事業，很少參加，這是美國政府與蘇聯政府在利用國家資本這一點上根本不同之點。

我們對于表格上的統計，另外應當注意的一點，就是稅後的利潤。這樣龐大的利潤——一百二十五億美元——，幷非完全分配給私人的。根據美國過去分配利潤的慣例，大約有一半分配給股東，一半則作爲公積金及準備金，保留在公司裏面。此項保留的利潤，爲美國各公司發展事業的主要財源。美國的公司，在擴張事業的時候，其所需的資本，常有一半以上，是自已供給的。一九四六年，美國公司的新投資，共值二百七十億元，其中一百六十八億元，等于總價值百分之六十二，是由公司自已供給的。一九四六年公司的新投資，超過了那年的總利潤，可見其中有一大部份，乃歷年累積而成，乃過去公積金及準備金的解凍。美國有好些公司，在擴充事業的時候，對於市場上的資本，幾乎無所需求，或需求甚少。美國鋼鐵公司，美國幾家大的電器公司及汽車公司，過去二十餘年之內，很少利用別人的資本。美國的頭號鐵路公司，自一九二一年至一九三七年，曾擴充資金一百億元，其中百分之七十二，是自已供給的。由此可見美國生產資本的一個主要來源，即是沒有分配給私人的利潤。

根據聯邦準備銀行的調查，在一九四七年，公司的稅後利潤，有百分之六十一沒有分配給私人，一九四六年有百分之五十五沒有分配給私人。私人所分到的利潤，在一九四六年，達五十六億元。同年美國人的利息收入，爲三十二億元，地租收入，爲六十九億元。這幾項，都是私人的「財產收入」。私人的「勞務收入」，即薪水與工資的收入，是美國人民收入中的最大一個項目，達一千一百六十八億元。另外還有一筆私人的收入，達三百四十九億元，爲農民，獨資或合夥的商人，及自由職業者的收入，其中兼有財產與勞務的成份，很難歸入于任何一類。在這些收入之中，大部份是用于消費，與資本形成無直接關係。第二筆大的開銷，便是私人向政府交納的賦稅，在一九四六年，爲一百八十八億元。這是國家資本的第二個來源。政府除向公司及私人徵稅外，其收入還有第三個來源，即間接稅，此稅在一九四六年，也有一百六十九億元。政府的收入，在美國很少轉變爲直接生產的資本，但是政府的各項開支，間接的有助于私人生產事業的進行，則是無可否認的。在私人的收入中，與資本形成最有密切關係的，乃私人儲蓄的一部份。

私人儲蓄，在美國，自第二次世界大戰開始後，有驚人的加增。在第二次大戰以前，沒有一年私人的儲蓄總數，是超過一百億的。一九二九年，只有三十七億。一九三三年，在商業蕭條期內，美國人的儲蓄是一個負數，達十二億元。換句話說，在那一年內，美國人不但沒有儲蓄，還把過去的儲蓄，用去十二億元。但在一九四一年，便是珍珠港事變發生的一年，美國的私人儲蓄，已達九十八億元。一九四四年，增至三百五十六億元。和平以來，私人的消費量加增，儲蓄的數量下降，一九四六年爲一百四十八億元，一九四七年爲一百零九億元。歷年累積的結果，美國私人的儲蓄，在一九四七年，已達一千七百二十億元的鉅數，其中二百零六億爲現金，三百二十三億爲短期存款，五百十八億爲長期存款，五百八十一億爲政府債券，九十二億爲其他儲蓄。在這個總數內，政府債券，是否可與其他儲蓄等量齊觀，大成問題。政府債券，大部份是作戰時期內發出，轉移人民的所得，以爲作戰之用。所以這五百餘億元的政府債券，其所代表的物資及勞務，早已在戰場上化爲雲煙。他在美國的經濟組織中，以後恐怕只能發生通貨膨漲的作用而已。

但是私人自收入中積存下來的儲蓄，假如這種收入，是由生產的過程中產生的，則所儲蓄的價值，即代表實際物資及勞務的價值，因此便可成爲美國資本形成的一個重要來源。這種儲蓄，轉變爲實際資本，有好幾條途徑。其一，每逢新生產事業要創立時，或舊事業要擴充時，此種事業所發行之股票或債券，便成爲私人儲蓄投資的對象。我們上面提到，在一九四六年，美國公司的新投資，爲二百七十億元，其中公司自己只供給了一百六十八億元，餘下來的一部份，便是取于私人的儲蓄。私人的儲蓄，由自己選擇投資的對象，是一個辦法。另外一個辦法，便是存入銀行，或信託公司，或保險公司，而由此類金融機構代爲經營。無論採用那一種方法，經營的結果，還是以利潤或利息的方式，流回私人的手中。

由于上面的討論，我們對于美國資本形成的方法，可以得到一個輪廓的概念。美國的資本，是由生產事業繁殖出來的。在生產的過程中，產生了地租，利潤，利息，薪金與工資等私人的收入。私人的收入有三個出路，一爲消費，與資本形成無直接關係；二爲賦稅，可能產生國家資本；三爲儲蓄，可以由投資的途徑，轉爲實際資本。各種生產單位，特別是公司組織，在其所產生的利潤中，只以一部份分配給私人，其出路已如上述。另外的一部份，其出路之一，即爲賦稅，爲國家資本的一個來源；其出路之二，即爲擴充生產事業，加增社會上的實際資本。所以美國的資本形成，負責的有三方面，即企業，私人，及政府，但資本的來源只有一個，即國內的生產事業。

（二）

我們已經說明了美國資本形成的方式，現在我們可進而敘述蘇聯資本形成的方式，并說明美蘇在資本形成一點上，其同異之處何在。

首先，我們要說外資在蘇聯建設中所處的地位。在十月革命以前，蘇聯是一個債務國。自從十九世紀的末葉起始，外國在俄國的投資，平均每年達二億盧布。俄國的鐵路，煤鑛，工廠，銀行，都利用了大量的外資。瑞典在一八七六年，便開始投資於俄國的石油工業。到了一九一四年，石油工業的資本，有百分之六十屬于外人。在一九一二年，煤鑛業中的資本，有百分之七十，屬於外人。外人在俄國的投資，在第一次歐戰發生的時候，共達二十億金盧布，其中百分之三十二屬于法國，百分之二十二屬于英國。另外中央及地方政府的債券，在外人手中的，還有五十億金盧布。俄國有一位經濟學者估計，在鐵路，工業，及商業中的資本，外資佔百分之三十四。這是一九一二年的情形。

在蘇聯實行新經濟政策時代，也經打算利用外資。在一九二一至一九二四的幾年之內，外人對于投資蘇聯的建議，達一千二百五十六起，但實際外人投資的總數，只達一億盧布，此與戰前的情形比較起來，減少了許多。外資的不來，是因爲蘇聯對于帝俄時代的舊債，不肯還本付息，因而喪失了信用所致呢，還是因爲資本主義的國家，對于一個新興的社會主義國家，暗中封鎖信用所致呢？這個問題，各方面的答案不同，但蘇聯建國之後，無法利用外資，則是事實。

斯大林于一九三一年六月在經濟工作人員會議上的演說，有一段提到蘇聯雖然沒有得到外國的幫助，但蘇聯有自己累積資本的方法。他說：

『我們考察資本主義各國歷史，便可知道無論那一個想把自己的工業提到更高階段的新起國家，都不免要有外國的幫助，即長期的信貸或借款。西方各國資本家有鑒於此，所以完全不肯給予我國絲毫信貸和借款，以爲我國工業化事業得不到信貸和借款，就一定會遭受失敗的。可是資本家們失算了。他們沒有估計到我們國家與資本主義國家的區別，殊不知我們國家有一種特別的積累來源，足以恢復幷繼續發展工業。……試問這幾百萬萬盧布是從何處得來的呢？是從輕工業方面，農業方面，預算上的積累方面得來的。我們不久以前的情形就是如此。』

在一九三一年史大林演說的時候，第一次五年計劃已經實行了一半。他覺得過去的三種資本來源是不够的，還要另外開闢一個來源。他繼着說：

『我們已不可專靠輕工業，專靠預算上的積累，專靠由農業方面得到的收入了。輕工業是一個極豐富的積累來源，而且他現在也大有繼續發展的可能，可是這個積累來源不是沒有止境的。農業也是一種豐富的積累來源，可是在目前農業改造時期，農業本身也需要國家幫助。至于國家預算上的積累，那麼你們自己知道這種積累是不能够而且也不應當沒有止境的。還有什麼呢？還有重工業。所以，必須設法使重工業——首先是機器製造業——也能拿出積累來。所以，除加强幷擴展舊積累來源而外，同時還要設法使重工業——首先是機器製造業——也能拿出積累來。』

從史大林這幾段話裏，我們知道蘇聯積累資本的來源有三：一爲農業，二爲工業，包括輕工業與重工業，三爲國家預算。蘇聯如何從這三個來源，得到經濟建設的資本，還得細加解釋。

第一，我們先看農業。

在工業化的國家中，資本的累積，很少依賴農業，因爲別的企業，產生資本的能力，要比農業大得多。以美國來說，農業產品的總價值，在過去二十年內，還不到全國收益總值十分之一，所以如在農業中來作積累資本的打算，則所積累的資本，其總值一定是有限的。但在農業的國家中，農業是最重要的生產部門，他所生產的價值，在全國收益中佔極大的百分數，所以一個農業國家，如想自己供給資本，便非在農業中打算盤不可。從這個觀點看去，蘇聯的實行集體農場制度，可以說是給累積資本的工作，一個極大的方便。在實行集體農場制度之前，蘇聯有二千五百多萬個小農場，而在實行集體農場制度之後，農場的數目，便減至二十四萬個。蘇聯徵實的工作，自從實行集體農場制度之後，不知簡單化了多少。其次，在集體式的大農場上，才可利用曳引機，政府租曳引機給集體農場，又可取得以實物支付的租金。政府徵實與索取曳引機的租金，爲政府把握農作物的兩個主要辦法。以徵實的數量而言，各個年代不同。最多的時期，如一九三一年，政府徵實所得，等于農民收獲量百分之三六點八。最少的年份，如一九三四年，也達百分之一九點五。一九三三至一九三五年的平均徵實數量，等于農民收獲量的百分之二十。梅蘭德(J. Mayrard)會計算徵實及曳引機的租金，兩者合計，在一九三二年，等于農民收獲量百分之三十八，一九三五年，等于農民收獲量百分之四十二。這兒所說的收獲量，是指農民倉中的收穫量。如另外採用一種標準，指田間的收穫量而言（田間的收穫量，沒有把收穫時的損失除開，所以總數較大于倉中的收穫量），則一九三二年農民對于政府上述兩項目的開支，等于收穫量百分之二十七，一九三五年的開支，等于收穫量的百分之三十四。政府把握此項物資後，變爲生產資本的途徑。主要的有二。第一，即將一部分農作物，輸出國外，換取生產工具及設備，如機器及車輛之類。第二，即將一部分農作物加工，製成消費品，在市場上出售，而以出售所得，支付各項企業中工人的薪資。生產工具與勞動力，是生產資本中的重要部份，而這些，都可以農業中產生之農作物換取的。

其次，我們看蘇聯的工業如何積累資金。在資本主義的國家中，工業的利潤，是資本的主要來源，美國的情形，便可說明這一點。蘇聯的工業，有所謂計劃的利潤，是在產品的各種成本之上所加的一筆。譬如某項產品，成本爲九十盧布，外加十個盧布的計劃利潤，便成一百盧布。一百盧布，卽爲該項產品的出廠價值。計劃利潤，平均每年有一半移交給國庫，另外的一半，可以由工業自己保持，以爲發展事業及工人福利等項的開銷。在一九三一年，政府的收入，爲二百三十四億盧布，其中二十四億，卽爲計劃利潤，一九四〇年，政府的收入，爲一千七百八十一億盧布，其中二百十四億，爲計劃利潤。計劃利潤，在整個預算中所佔的百分數，各年不同。一九三七年，只佔百分之六，而在一九四〇年，則佔百分之十二。蘇聯工業中的利潤，其產生的方法，與美國不同。在資本形成中所佔的地位，其重要性也不如美國。

第三，在蘇聯的資本形成過程中，我們應特別注意斯大林所謂國家預算的積累。這個名詞，不大能够表示積累的方法，比較容易令人了解的名詞，乃是「强迫儲蓄」。所謂國家預算的積累，乃是强迫儲蓄的另一個說法。我們試看蘇聯的預算，在一九三一年的收入二百三十四億盧布中，銷售稅要佔一百十六億。在一九四〇年的收入一千七百八十一億中，銷售稅要佔一千零五十八億。銷售稅的重要，從兩種事實中可以看出。第一，銷售稅的收入，常在政府所有的收入百分之五十以上，以一九四〇年爲例，銷售稅佔總收入百分之五九點四。第二，我們再看一九四〇年政府的支出，用于生產事業的，爲五百七十一億，用于國防的，爲五百六十一億。所以銷售稅的收入，幾可開支以上兩項最重要工作。銷售稅加上計劃利潤，便可開支此兩項重要工作而有餘。銷售稅是一種間接稅，在蘇聯徵收，所以不感困難的原因，乃是由于一切商業，都把握在政府的手中。政府在所有商品的出廠價格之上，加上若干成，名之爲銷售稅，卽等于商品的市場價格。因此，蘇聯每一個公民，凡是要消費的，都要納銷售稅，也就是要被迫儲蓄。這一點是與美國情形大不相同的。美國的儲蓄，大部份是由收入較多的人供給，窮人對于儲蓄是不負責任的。窮人的收入較少，不但沒有儲蓄，而且還要欠債。以一九三五年來說，收入最多的百分之十，一共儲蓄了六十二億元，最窮的三分之一，欠債十二億元，中產階級，儲蓄了九億元，全國的淨儲蓄，爲五十九億元。由此可見美國的個人儲蓄，大部份由最富的百分之十負責。在蘇聯，銷售稅的所得，等于個人的强迫儲蓄，移轉于國庫。但在此大量的儲蓄中，誰都貢獻了一部份，收入多的人固然在消費時要納銷售稅，收入少的人在消費時也要納銷售稅。蘇聯的儲蓄工作，眞可以說是人人負責的。如上所說，這樣儲蓄起來的資本，是建設蘇聯的動力，而其代價，則爲在建設時期中，生活程度的普遍降低。緊縮腰帶，咬緊牙關，乃是蘇聯人民創造資金的辦法。與銷售稅的性質相似的，爲政府公債，在這一個項目上，政府的收入，在一九三一年，爲三十三億，在一九四〇年，爲一百十四億，蘇聯的政府公債，大部份是强迫推銷的，其意義也等于强迫儲蓄。

美國的儲蓄，是自動的，而蘇聯的儲蓄，則爲强迫的。從累積資本的觀點看去，强迫所產生的結果，較大于自動的，殆無疑義。美國從一八七九年以來，每年資本形成的價值，常在全國收益百分之十左右。蘇聯的資本形成，常在全國收益百分之二十五至三分之一左右。此種資本形成率，大于一九一四年以前的俄國約二倍半，大于一九一四年以前的英國約二倍。以美國生產力之大，假如政府採用强迫儲蓄的方法，降低人民生活到中國人的水準，則使其人民的儲蓄，等于全國收益百分之九十，并不是在理論上爲不可能的。但從各國的經濟史中，除了蘇聯之外，我們還沒有遇到一個國家，其資本的形成率，有蘇聯那樣高的。此種現象之所以出現于蘇聯，應以他的特殊國際環境來解釋。別的實行社會主義的國家，如在開始工業化的時候，能够得到外資的援助，則亦不必壓低人民的生活程度，來增加强迫儲蓄的數量。

十一月，十一日。

通訊

政情與戰局

（南京通訊）

本刊特約記者

從今天（十一月十日午夜十二時）起，政府宣佈了首都衞戍區的戒嚴令，這戒嚴令所及的地域是東起上海，西迄安慶，南達杭州，北抵蚌埠。這一帶的江南魚米之區，目前騷動的情形，總算是遠到了自「還部」以來空前未有的程度。不到三天的功夫（從十一月八日到十日），上海的米價從二百元一石漲到了一千八百元，搶米的事件，已是司空見慣；首善之區的南京，警察也壓不住飢餓的怒火，搶米風潮，亦復正在蔓延。也許南京是政治司令台之所致吧，生活在這裏的人們，似乎特別敏感！正當徐州會戰的序幕揭開，官方宣稱初步勝利的時候，戰地却傳來了某部叛變的謠言，後來雖然經過中央社和綏治安的一再聲明：『這祇是極小部份的受愚弄決不致影響戰局的整個發展，』但鑒於吳化文部在濟南圍城前夕的故事，人們對於這個首都門戶的徐州之戰，自不免感到無限隱憂。京滬本來是政治上和經濟上的既得利益者的安樂之所，人們對於自己的地位，財富和生命也看得特別寶貴，因之對於這個局勢也就顯得特別焦急和惶恐。人們見面時，總不免要問：『怎麼樣，近來有什麼消息沒有』？戰局影響着政情，從蔣總統二度離平返京以後，首都眞經過了不小的滄桑往事。

五線譜上的休止符！

在國共每經過一次大的戰役以後，雙方爲了在軍事上獲得一個喘息的機會，就在時間上，總不免有一個短時間的間歇，在這個間歇期間，每一次都不免流傳出一些關於和談的謠言。這個一打一停的節奏，就像五線譜上的音喈一樣，每進行到一個最高峰上的時候，就不免有一個休止符。最近，當國軍自東北完全撤退以後，首都又一次傳遍了和談謠。事情的起源是由於具有和談象徵的張治中晉京述職，據說張本人來京幾天以後，都是深居簡出，記者們是在一個偶然的場合裏碰見他以後，才把這消息公佈出來的，這一來就使人感覺得奇怪，『爲什麼張治中來了這麼久還祕而不宣？』於是好事的記者們就意識到：這一次的和談謠，應該要比以往有內容多了！記得在這之前首都某小報曾載過這樣一段消息：『西北行政長官張治中對於解決目前軍政問題，曾擬具詳細方案，交由行政院長張羣轉呈總統，聞張氏對於該項方案亦極贊同，即將攜往北平面呈總統云云。』

把前後這兩個消息連串起來，人們自不免感到蛛絲馬跡。就在這個時候，一向沉默的首都教授們，有一百多位，由劉不同倪青原等領頭，又發出了和平的呼籲。這個呼籲，曾全文刊登過劉等主持的大學評論，全文的內容，想來讀者們都已讀到過。這個文件的最大特色，其不同於往常者，是除有致蔣中正先生的函件之外，還有致毛澤東先生的函件。這樣一來，於是更加重了和談的分量。據說當時甚至還傳出了和談的條件一共有八大條款，其中之一自不免是再來一次「政治協商。」

正在苦難生活中掙扎的老百姓，聽到了這些有聲有色的和談夢之後，自不免感到一團高興，但誰知這個夢却像吹肥皂泡一樣，竟是那樣的「好景不常」，不久就由代表政府立場的中央日報刊出了『還在夢想求和嗎？』的社論，社論中指出，此時「言和」是不懂得中國近百年的歷史，只有「戡亂」才是我們民族的惟一出路。這個社論的全文，還由中央社發到各報館做過頭條新聞。很顯然的，這一次和談又落了空。接着蔣總統又在總理紀念週上鄭重發表了他對國是意見的文告，又一次說明他「戡亂」到底的決心。和談只不過是匪諜所造的謠言！並且還暗示到他曾在告上海民衆書中的一句話：『今後將還繼續八年的奮鬥。』就在這個文告發表之際，前方軍事又傳來了不利的謠言，於是敏感的上海市場就像寒暑表一樣再度顯示出了它空前的混亂。

謠言就在這樣的氣氛之下澄消了，但使人感到不解的是：何以這次謠言要中央日報的「社論」正式出來闢謠之不足，還要繼之以最高當局親自的文告呢？這是一個與往常和談謠不同的最大的一個謎！

戰局前瞻——從「戡亂」到「苦撐待變」？

和談既不可能，那就只有繼續一戰了！但自東北的國軍完全失敗以後，最高當局知道了僅憑本身的力量是無法「戡平內亂」的了！記得在這個闢和謠的文告之先，蔣總統在十一月一日的總理紀念週上也曾發表過談話，在那次談話裏，從不悲觀的軍事統帥，那回第一次承認了他的失敗。不過，在失敗中求教訓，戰爭的目的不在一城一地的得失,而在消滅「對方」的有生力量!並且指出幸虧及早發現「這個因爲保護民衆而堅守城池」的戰略的錯誤,否則在半年以後發現改正也來不及了!爲了加強京畿的門戶——徐州的防務,而不得不主動的撤離了那個曾經花了很大的代價爭回來的開封和鄭州,爲了確保江左的安全,政府便不得不拚全力以守住長江以南了……這個戰略的轉變,可以說明政府已經意識到「戡亂」不成,只好退而到「苦撐待變」了!

在這以前,政府認爲憑自己的力量便可以達到「戡亂」的目的,每一條「線」和每一個「點」都想去守,而中共則針對這個策略運用了「越點攻擊」和「以大吃小」的辦法,儘管在以前,軍隊的總的數量還不如國軍,但在每一個戰役的上面,共軍却總是佔着絕對的優勢。共軍之所以能運用這個戰略的原因,不是由於她的軍事上的能力,而是基於她在民衆組訓工作上的成功。『戰爭不單是一個軍事問題!』至今想來,眞有它的道理!打仗要情報,行軍要嚮導,而這些只有一個沒有失去人民信心的軍隊才能完成。就在這些戰略運用的前提的基本因素之下,從抗戰結束後以迄於今的內戰,其主動可以說是始終操在共軍手裏的。

有人說過,東北居天下之先,這句話,從兩次東北戰役以後的軍事情勢看來,更有它的道理。在上一次的東北共軍七次攻勢以後,國軍開始居於弱的方面而失去了戰場上主動的本錢,這一次的遼西會戰以後,長、瀋、錦守軍的全軍覆沒,使國軍更一次居於劣勢的地位,目前戰場上的軍事形勢是很瞭然的!舉國矚目的徐州之戰,目前正在序幕的階段,將來發展如何,這是誰也沒有法子來加以預料的,不過,無論如何,就整個言,國共雙方軍事勢力的變化,却是很顯明的事實。

現在,很顯然的,六個月肅清黃河以南的豪語,是決不會再有人提了!進而「肅清」無望,不得已只好退而苦撐,希圖在國際局勢惡劣之後,可以在直接外援的幻想曲之下,來規復已經失去的江山,這便是一般策士們所常希冀的「苦撐待變」了!且讓事實來答覆這個『苦撐待變』的結局吧!

故都初冬即景(北平通訊)

本刊特約記者

前些天這裏的氣象台預報,貝加爾湖畔的寒流,即將向華北平原襲來。日來,陰霾遍佈太空,人們似乎已經體會到寒流席捲白山黑水以後,襲往關內,爲時已不會太久。敏感的大人先生們,都變成了避寒的候鳥,紛紛飛往南國,他們却不知南國今年的冬天,也不太暖!

迎新送舊

故都許多古老廟宇中,充滿了各地流亡學生。記得六七月間,流亡學生只有「東北」一種,三四個月以來,不僅他們的數量多了,地域名稱也日有增加,如「熱河」、「山西」、「山東」,不一而足。北平不但是華北的「軍政中心」,同時也因此變成了華北的「難民中心」。報紙上登載北平市民已經超過兩百萬人;照道理應當列爲全國「第×大都市」。這些話又像是謳歌,又好似諷刺。如果北平的城門永久不關,迎接華北七省逃來的新市民,它遲早有超過倫敦紐約,變成「世界第一大都市」的可能。

北平一般的老市民,歷經多次戰亂,就是不喜歡逃難。這一次不知怎麼受了外面逃來新市民的傳染,你也想走我也想逃,大家見面的問候語變成了:「怎麼樣?走不走?」好像不久的將來,這裏會有天翻地覆的事件發生似的。

中國,中央兩家航空公司門前,每日總擁着大批登記、訂票的旅客;旅行社每天也不斷接到打聽船期的電話。據統計,飛機機位登記已經登到明年六月,盛況仍舊不衰。有錢的仍是有辦法,如果打算去上海,不必去擠登記,今天晚上拿出三千金圓,明天早晨就能成行。機票黑市的猖獗,也成了小市民閒談的話題。二流富戶,準備攜家帶眷的,多數到天津去候船,初步統計,天津已有十二萬人在海河河畔上翹望南行,黑市船票的價錢幾乎超過原價十倍多。跑津滬北洋綫的商輪,原分兩種:一種是招商局的特快輪,一種是商營公司的普通客輪。前次遼西決戰,據說在津沽被征調的商船,竟達三十餘隻,據說在營口一役中,好些都沒有回來,連招商局最漂亮的一條「宣懷輪」也斷送在內。因此,在天津停泊的商輪,除去招商局的兩三條特快輪照常往返津滬之間外,其餘商營的,多半改跑「滬台」或「滬港」,而不敢北來了。船少客多的情形下,滯留天津的南行客,越聚越多。於是造成了天津旅館業空前的繁榮。

北平在迎新送舊的情形下,市場也有許多畸形現象發生。如果你打開報紙,比比皆是。北平房地價這半月以來,猛跌了三成,據說一所尚好的四合房,「一條」即可成交。這些反映着富戶要走的急迫。同時;房租却空前高昂,如果有人打算租到一間將可避風遮雨的小屋,至少需要麵粉一袋,並且一交租金即需半年或一年。這些象徵着新市民的增多。所以迎新送舊最起勁的,就是那批房地掮客,所謂「縴手」者流。

此外,舊貨交易也大見繁榮。東單,宣外一帶的小市上,舊傢俱堆成山,賤得不得了;舊貨小販搶生意,喧嘩竟日。在其它市場上都十分平穩,自經濟方案補充辦法頒布,「金圓券」法幣化以來,北平的物價出乎意料地穩定。麵粉從一百二三十圓跌到六十多圓,油布等日用必需品莫不下跌。聽說這些和富戶大賈南行有着密切的關係,他們深恐一旦古城天翻地覆的時候來臨,會影響到他們的財富,於是南行前大批拋售着他們日積月累的囤積物資。市場上「來源」通暢,供過於求,半月來物價平穩,「造因」於此,殊無疑義。

報紙上登的「××撤守」,「××駐軍轉移」的消息越多,古城迎新送舊的變動越大;同時人心影響市場,市場牽扯人心,有的有形,有的無形,大致上,已經亂作一團。

一個警報

上次司徒雷登來平的時候,外面便傳着美國撤僑的流言,不到一個月,流言以「一個警報」的恣態證實了。遠在華盛頓的美國國務院於十一月一日宣佈:「由於中國東北政府軍事逆轉,華北平津二地總領事,已經勸告平津區域美僑,應在此交通尚屬正常之時,即行撤退……」同時,南京的英國大使館對平津英僑也發出同樣的警告。

外僑撤退是局勢嚴重化的象徵,在何時何地都是正確無訛的。美英撤僑不啻是華北緊急的警報。富商大賈固然不需這「警報」來驚醒,而已早作預備。一般機關却因此大感手忙脚亂起來。首先是天津的行局「疏散」員工眷屬,相繼發現有些機關的首長紛紛南下「逃職」。有的包飛機,有的訂艙位,宛如今夏瀋陽情況重演平津。同時有些院校也在醞釀遷校。清華、北大的民主牆上,「遷校論戰」如火如荼地進行着,但大多數的學生和教授都反對遷校。燕大校當局公開宣佈:「決不遷校,即在任何政治環境下,亦不停辦」。輔大,清華、北大等校也先後非正式表示對遷校一事「迄未考慮」。

北平的外僑一共有三千多人,美國約佔六百人,其中有商人、教授、牧師和留學生。其中教授和學生,因爲學校不準備搬家,他們也不打算走,商人在此地有基業,也不太願意捨棄,所以除了一部牧師和觀光而來的旅客之外，大部分都願留在北平，英僑也是一樣，據說一週來，留平的二百八十一個英僑只有二十個人到領事館登記準備撤退。有一個美僑表示：「北平是世界上最好的地方，我不願離去！」這些外僑對古城是留戀的，那些情如跳出火坑急欲離平的中國人，對北平的愛護却不如外國人來得親切！誰說這不是末世？

「最後呼籲」

東北軍事失利，聽說林彪部隊已經進關；熱西日來也有軍事行動；援晉國軍中止南開，回師保定準備決戰。三方面壓力指向華北神經中樞而來；傅宜生將軍從南京回來，表示對華北有辦法。一個是事實，一個是信念。那個能夠戰勝？全在不可知數之中。

十一月八日，天色陰沉的下午，多日沉湎於詩酒之中的民社黨革新派領袖之一梁秋水，忽然舉行了一個記者招待會。會中，梁氏分析最近東北華北局勢，認為平津已甚危殆，現在他主張劃平津為非武裝地區或不設防地帶，以免受戰火摧殘。會後梁氏散發「吾人最後呼籲」一文，內中詳述「天津為商業繁榮區，北平為八百年帝王之都，政府即應宣佈平津為不設防地帶……，」他並列舉「西班牙內戰對瑪德里愛護之前例，以及二次大戰中英義承認互不轟炸倫敦及羅馬之先經」，表示平津劃為「不設防地帶」是「吾人最後的呼籲」。

但這「最後的呼籲」竟被封鎖了，當日晚間治安當局經「中央社」轉知各報館，一律不准披露梁氏所散發的文件。有人說梁秋水發出這種妙論，簡直是神經病。治安當局封鎖這個消息恐怕就是因為怕這種神經病，傳染給別人。

那天夜裏，故都下了一場大雪，這是北平今冬的第一次。第二天的中午，「雪」便被有力的陽光晒得融化了。「最後呼籲」也是今冬第一次，在表面上已經和雪一樣地被融為烏有。這種呼聲，實際上消滅沒有？那只有古城裏的人知道！

轉變中的北方戰場

（天津通訊）

遇之

酣戰三年的內戰，到現在似乎已經進入一個決定性的階段；無論就雙方的宣傳，或者客觀的分析，都承認這一點，而縱觀全局，這決定的關鍵仍然是在作為全面內戰導火線的北方戰場，根據戰局發展的趨勢，這個北方戰場正在轉變之中，不論這轉變將來怎樣，會於誰有利，這轉變將是決定今後戰局的主要因素，却是無庸置疑的，

談到今日戰局的發展，先得回溯一年來北方大勢，才能對整個局勢變化趨向有所了解。

自從去秋石家莊失陷，聶榮臻陡增兩縱隊實力，整個華北風雨飄搖，於是主席北來，傅宜生拜將登台，掌華北兵符，他帶着察綏子弟兵，仗着精明謹慎的安排，東擋西剿，總算能粗定大局，撐住了東倒西歪的局面；而東北自十一月，共軍「新一次」攻勢鬧得陳總長胃病復發，衛立煌受任於敗軍之際，苦渡年關，今年三月四平被陷，共軍攻勢告一段落，這位素稱「福將」的將軍集中力量守衛長瀋兩點，小心翼翼地在四面受敵的情況下堅守危城，除去七月進佔遼陽的搶糧攻勢之外，不曾輕易向外擴展，而對方因為悉力於整訓和生產，也沒有大規模的行動；半年以來倒還彼此相安。至於遼西方面：雖然有范漢傑的率軍西來，但是他也是隱健自處，埋頭充實力量鞏固「兩點兩港一線一面」的防務，并不貿然揮兵北上，所以共軍對他也無懈可擊，在這種情勢之下，素來多事的北戰場確曾平靜一時，以致於有些樂觀的人說：「華北東北已經到了小康的局面」，但事實上這不過是表面現象而已，固然北戰場國軍的幾位主將都夠精明實幹，盡了自己主觀的努力，但并不足挽回整個戰局已成的頹勢，以東北言：長春一城孤懸極北，距最近的鐵嶺尚有三百公里，在環伺待機的監視之下，要想重演一次永吉撤退的故事，是一件難以想像的奇蹟，而困守孤城，在共軍空室清野佔機場，阻空投嚴密封鎖之下，也只有坐以待斃，再者，零下三十度的酷寒，對於這煤渣已挖光，柏油路都燒完的孤城，其威脅性更大於十萬雄師，冬天一到，在戰火和酷寒飢餓多重壓迫之下，必然無法支持，其唯一的希望，只在於冬前有援軍將其接出，但是在國軍兵力處於絕對劣勢的東北戰場上要從三百公里之外去救援，又豈是一樁簡簡單單就辦得到的事；再說瀋陽本身，固然比長春強得多，有面，有機場、有煤礦、有工廠、又有大批美式裝備的部隊，但是國軍所控制的區域不過四五百方公里的面積，而集中了三四百萬人口，食糧的供應就是一個最嚴重的問題，再則對外交通僅憑空運，不單經濟上是一大負擔，并且數量上也杯水車薪，試想以英美法聯合維持的柏林空中走廊，每天也不過兩千餘噸的運量，只能勉強維持西區二百萬人的食糧供應，而以政府現有的空運力量，對於人口倍於柏林的東北控制區，其效果能到甚麼程度，是很容易想像的，所以欲求局面開展，必需打通錦瀋走廊，或者得到營口為出海通路，而在挫盡銳氣，吃夠苦頭的東北國軍，面對虎視耽耽的伏勢敵人，當然不能輕易舉動，那末不論要爭取任何一條供應線，其先決條件是：必須另有一枝部隊從海上或陸路來呼應夾攻，在遼西無疑地是一個最理想的呼應基地，但是以范兵團的實力而論，保守遼西已不是一個輕的擔子，并且還得西望熱河，南顧冀東，而與華北聯絡所仗的是一條若斷若續的北寧路，這條細弱的尾巴，隨時有被截斷的可能，一朝有事，要由華北調兵出援，就要遭受阻礙，所以要想遼西這隻小老虎茁壯有力，能夠發揮救援東北的作用，也有兩個先決條件：第一、要增加實力，第二要維持并確保北寧路這條交通線。

再經過來看比較有所作為的華北剿總轄區，傅氏接任以來，用機動戰術對付游擊，集結兵力追求決戰，想殲滅對方主力，然而曾經吃過虧的聶榮臻變得更機靈了，處處偷空鑽隙，却又能閃鋒避銳，佔的便宜雖不多，也很少吃過大虧，十餘月來，聶部主力五個縱隊始終圍繞着以平、津、張垣、歸綏為核心的區域兜圈子，始而冀西、察南、綏東、綏南，又而回越平綏而察北、熱西，再折入冀北轉冀東，糾合林彪的八、十一兩縱隊威脅北寧路，和唐山工礦，一直糾纏到錦州戰起，才又原路回到冀西北，轉入察綏，牽制傅的主力，這種長程襲擾和追擊，共軍固然勞累也有相當損失，對於國軍也是疲於應付，主力受牽制，而不能予其他戰場以有效的支持。

在一方面困擾，一方面撐持的局面中，只以拖的方式，國軍并不能消滅已成的劣勢，欲求開展局面必須增加兵力，調整佈署，加強聯絡才足以解救北戰場隱伏着的危機，但是共軍喧嚷着的渡江攻勢吸引了統帥部的注意力，增強江防猶恐不及，又那裏有餘兵北調，不巧的是其他最有關聯的戰場接二連三發生事故，更加深了北方的危機，於是在東北共軍完成了經濟上和軍事上的準備之後，北戰場的決戰就正式展開。

六七月間的晉中之戰，使晉閻損失一大半實力，偏處太原一城，喪失出擊的能力，使徐賀所部有餘力可以北上東來，華北國軍又多增負擔，八月中旬華北李文兵團配合范漢傑所部，在冀東實驗了一次游剿制面的戰術，希圖一勞永逸保持對北寧線的控制，但是并沒有成效，一月之後共軍滲回冀東，配合由遼北南下圍攻兩錦的林彪主力攻擾漫長脆弱的唐榆段，結果國軍雖然一度打通全段，解秦皇島之圍，但是交通無法恢復，在關外榆錦段也被切斷，因此由陸路進援遼西的計劃失去了可

能；就在同時，陳毅大兵於九月中旬圍攻濟南，因爲吳化文部突變，至二十四日即告失守，使江河之間共軍連成一片，陳毅所部可以南北西三面發展，尤其對於華北影響最大，顯然地，設若一旦攻濟南的十幾個縱隊北移，很容易就威脅到華北的心臟地帶平、津兩市，和海陸輸血管海河新港，與平津段，而兵力在今日就捉襟見肘的華北戰場，在兵力對比大爲改變之後，能撐持多久是一個問題，而遠處千里外的徐州將如何出兵策應也是問題，因此華北危機又深入一層。

遼西戰場的發展，在兵力懸殊之下，不可避免地走了下坡路，共軍以個別包圍的戰法困住兩錦，截斷錦葫，猛攻外圍據點義縣、興城、綏中等地，雖然國軍的抵抗不爲不烈，終於在固守而援不至的情況下相繼失陷，兩錦告危，於是八月底乃有總統北巡之舉，從隨行的人員包括了陸海空聯勤四部門的最高將領，可以看出這在全盤軍事上將有重要的佈局，不過令人不解的是此後的戰局并沒好轉，雖然國軍分自瀋、葫兩地會援錦州，但并沒有滿意的進展，尤其東進的一路雖挾有熾盛火力，却一直徘徊塔山一線，到錦州不及百里的通道就沒法衝過，致令遙望錦州挽回乏衛，而所謂突圍長春，不但沒有[illegible]預期的效果，反而促成曾澤生部的叛變，至於遼南出擊，雖然一鼓而下鞍山，但并沒有任何主力戰鬥，國軍既然赴援被阻，牽制不成，共軍乃得從容佈署，於十月八日夜對錦州發動總攻，不及一週的戰鬥苦守月餘的遼西門戶又步了義縣的後塵，正當錦州停止抵抗的一天，甫南返一週的蔣總統又匆匆北來，再隔兩天駐守長春的六十軍突然倒戈，這被黨報譽爲主權象徵的名城終於失陷，一方面錦州共軍東渡大淩河，一方面長春共軍沿中長路南下，對正在擴展中的瀋陽國軍齊施壓力，顯而易見東北戰局已到了最緊迫的階段。

當然國軍統帥部很清楚戰局的危急，也確曾下了決心改變戰略戰術，但是有兩個根本的觀念依然沒有修正，仍然作爲戰略指導原則，第一：顧面子不肯認輸，雖然在情勢十分不利時，不惜以一切力量求取表面的勝利。第二：相信在主力決戰中終必獲得勝利，雖然在衆寡懸殊，戰略形勢惡劣時，憑着空軍配合、火力優越、訓練有素的因素可以打倒對方，而不注意其他客觀因素。因此發生了遼西會戰，也因此使決戰失敗，使東北戰局到不可挽回的地步，使整個北戰場陷於難以招架的頹勢中。

仔細一點研究長錦失守之後的兩方行動，我們就可以發現國軍的錯誤顯然是由於不肯認輸和相信決戰勝利，當錦長相繼棄守之後，國軍在東北的兵力折損達三分之一，在錦州的兩軍，還得了相當代價，但長春共軍則得城而軍全，相形之下力量對比更見懸殊；但是由瀋西進的廖兵團不但沒有收縮，反而向南續進攻黑山，一方面南下兵團奪取營口，迎接登陸新軍沿海岸欲揹遼西共軍側背，從最高當局重起前東北司令長官杜聿明爲前敵司令，似乎也有以杜之急進好強，以補衛之持重迂緩的意思，反觀共軍，則在錦西外圍虛作聲勢，而以主力渡河而北，以八、十兩縱隊在黑山誘敵，另以七縱隊之衆自四方合圍，長春南下的共軍則直趨瀋陽，至營口則故開網口自動放棄，而國軍躁進輕敵，以致遼西會戰一敗塗地，原意用以安民心，振士氣的決戰措施，竟使整個北方戰局轉入不可抗拒的劣勢，據共方宣稱會戰中折損國軍十二個師，其眞確性如何雖不可知，但就官方發言人承認局勢空前嚴重，和蔣總統答美記者呼籲美援的事實看來，可見失敗之慘，影響之大，雖然根據側面消息說：瀋陽國軍原意是分途撤退，一路輕裝由遼西撤熱河，而重裝備則經營口撤回，但經過優勢敵人集結的區域而突圍撤兵是違乎常理的，可能只是一種掩飾失敗的說法。

遼西既敗，國軍不得不倉促自瀋陽撤退，自然共軍不會輕易放過，從東北兩面進攻，四五天之間也沒經過激烈的戰事，國軍在東北最後的一大據點也是最重要最大的據點又告失守，賸下來的只有新收復的營口一港可數了，從此支持東北的階段也已過去，賸下的是如何辦理善後，將殘餘兵力儘速撤走，以免被一網打盡，國軍對東北的控制已近結束，要想走馬遼東，那只好俟諸異日，另起爐灶了。

時至今日整個北方戰場只賸上華北戰場有戲可演，而且整個內戰形勢的強弱乃至於勝負其關鍵所在，都將取決於今後數月的華北戰場。

現在保衛華北的適常重擔，是壓在素稱「常勝將軍」傅宜生將軍的肩上，很多人寄重望於他，希望他做第二曾國藩，掃平紅禍，但是正如他自己所說的：他并不能創造奇蹟，而以現有的條件而論，要想抵得過除非是奇蹟，所以如果政治經濟上沒有澈底的改革，以振人心，軍事上沒有斷然的調整，以換形勢，那末傅將軍也只有依他自己的話，搞政治的人不怕犧牲，而準備犧牲了。

無疑地，政府最大的期望還是在於美援；不過，大批軍火正在趕運之中，顧問團也已改稱擴大；可是證諸勝利以後四十餘億美元賸餘物資和軍火的效用，三十九個美械師在內戰中的表現，奢望於達一億餘美元軍事援助的人，不過自我麻醉，而已；并且美國大選已經完成，出乎意外，杜魯門再主白宮，而素來攻擊政府援華不力的共和黨，在國會中也失去了控制力，那末還要想美國一改過去作風，慷慨援華，**轉援軍事頹勢**，不過是徒費心機罷了，當然美國不會在中國放手，因爲這是防蘇政策重要的一環，所謂兩黨外交政策就是圍着這個題目做文章，因之援華之持續和加強，不致有問題，但却有其一定限度，第一：美國人害怕戰爭，避免戰爭，政府無法強迫，所以要苦撐待變，等到三次大戰爆變，洋人來華助戰，至少不會是一兩年以內的事。第二．山姆叔是生意人，每用一個錢都有他自己的打算，但中國政府之貪污低能是美國官方文件都提過的，尤其擴大改組而民主化後的政府，其成績有目共睹，所以美國人爲了避免浪費，提高援外效率，不肯在中國多花錢，也是理之所當，由於以上的原因，有些人又在喊，自力更生，這口號在戰時曾經喊過，而且成功了，勝利後也有人喊過，但是顯然失敗；現在又被重新提起，讓我們等着瞧吧？這一回究竟是怎樣的「自力更生」。

十一月五日

文藝

一個小都市的南角

李瑛

我所要說的這個窩鋪區是在一個小都市的南角，這一片泥窩的歪斜的房屋式往東，是豎着一行發霉的舊枕木欄成的籬笆，上面嵌釘着一排可怕的光頭向上的銹釘和玻璃的碎屑，過去往那邊便是一堆瓦礫與工廠的渣滓，再過去則是一片墳場和一片荒地了，白天有成羣結隊的烏鴉在這裏低低的飛，拍撲着翅膀，晾曬它黑紫的羽毛；夜晚，他們便呀呀的從空中掠過，然而却不知道他們要歇棲在甚麼地方。從這裏再往東，便是聳立着箱子似的工廠建築與它的破窗戶，在太陽下閃爍的發光，以及那海船的桅杆似的突出的煙突和守望的碉樓。至於這窩鋪的西南，則流淌着一條黑褐的濁流，這便是從地深處汲上來的含有煤屑的鑛泉，但是因爲從礦坑汲出經過市區時，那些居民，商店，小工廠裏隨手潑下髒的水，果皮以及糞便等等的東西，所以它緩慢的流動得沒有絲毫聲音，而且時時飄散出腥臭氣息的，那濃稠稠的黑水面上，有時便會發現一隻兩隻死貓死鼠的身體，推移的向前流動，甚至偶爾也常有一具嬰兒的屍身臃腫的在模糊中隨着平穩的水面飄浮的流動，當然當這個小都市的居民發見之後，就眞做是一件傳奇式的談話的資料而哄傳着了，並且第二天那粗糟的報紙的新聞欄裏，也將印出了頭二號的大字的標題。

窩鋪區是被擱在市外了的，同那些工廠，墓園，以及一所發電廠，一座廟宇和兩個規模稍大的中學。最近又有五六家煉焦子的煤棧從市區裏面被擠出來，這片窩鋪的北面被一條閃光的鐵絲網緊緊的攔開了市區，沾着鐵絲網的附近，有推得高高的垃圾堆，這是市區裏面的髒土車每天由清道夫傾倒出來的，他們是懶得再不願往遠處多走一步了。使它積累得好像形成一條小小的山脉一樣，同鐵絲網標出了市區的疆界，它們的高，幾乎聳擴得超過了那些窩鋪的頂篷。每天早晨，這上面便聚集了一些老人和孩子，提着一隻污髒的口袋，或者一隻籮篩，背上負着一個破爛的柳筐，用他們熟練的手指，掘着深坑來找尋埋下的焦炭和煤屑。有時一輛垃圾車從工廠裏或是市街的石路上遠遠的推來的時候，這些孩子們便蜂擁的跑上去，跟隨在車尾的後面，把眼睛釘在裝滿的穢土上，他們想發見一些木塊和布片，甚至一隻小洋鐵罐或半截破口的玻璃瓶子，這實在算是難得的東西了。有時，幾隻大狗也會從野地裏跑來，用他們兩隻污髒的後腿，用力的蹬着大車卸下的垃圾，就連那些成羣飛着的老鴉也緩慢的起落在這高高的土堆上，漸漸的變得不怕人了。

他們，這些瘦弱的尷尬的孩子同老人，從他們偶爾片刻的休憩和工作後把緊張的面孔懈鬆下來的時候，我們眞尋不出他們有怎樣的表情，除了還有兩隻深陷在骨窩裏的眼珠滾動之外，簡直再也找不出一絲活力了。彷彿站在他們後面的只有一個猙獰的命運和一個簡單的死亡。

他們便是這片窩鋪的主人，便是這片窩鋪的主人啊！

原野的風吹來，遠處的電線杜漸漸的併合到一起，混入了迷朦的壓霧，而且遊蕩着。

每天，早晨五點鐘，這條鐵絲網的柵欄門照例的便被值崗的老警士緩慢的移開了，於是那些等候在外面進入市區來的窰黑子，鐵道工廠的苦力，紡織公司的女工和那些洋灰公司，瓷場，煉鋼廠打雜的童工小伙計們，便都向開門的老警察打着一兩句要好的含混的招呼擁進來了。他們有的是在那矮小的窩鋪的堅硬的冷蓆上被汽笛喚起來的，有的是被從陋洞牆壁吹進的涼風凍醒來的，有的是被孩子的哭叫，或者自己的長長的噩夢驚醒來的。他們便在昏眩的起身之後披上一件翻毛的狗皮袍子，摸了自己要帶的傢俱，便一步兩步的鑽出房來了，跟蹌裏踏醒一隻跧伏的野狗，凄迗的夜流中便有接二連三的狂吠聲參差的應答着，傳到遠方。

夜使這些辛勞的苦工變成了流民似的遷徙，變成了幽靈。

這時柵欄門旁邊的碉樓上那盞強烈的燈光，正寂寞的照着他們混身疼痛的軀體，燈下，他們彷彿變成一座座高大的青銅聖像，穿着襤褸的發光的袍子移動起來了，在那辛辣氣味的塵土飛揚之中，我們可以看見鋪在這條道路上的他們的影子，漸漸的離燈漸遠而由矮小拉得瘦長起來了。

夜路如一條殭死人的臂膀，如臂膀上枯竭的血管，他們跟蹌的從上面踏過去，夜有些寒冷。

這些大羣，這些苦難的行列，我們可以藉堡子裏的燈看見他們襤褸的衣衫，那撕成條子的破布，纏裹住一個個黑瘠的身體，有的頭上戴了一頂過時的草帽或包覆了一條污黑的手巾，從上面射下的燈光便把那些影子投下來遮蔽得再也看不清他們瘦小的容顏，那些礦坑底下的煤黑子，每人總是都頂了一只柳條編成像鋼盔式的硬帽，外面再塗以一層原色的桐油，這樣就連雨水也不怕淋了，他們的肩上常是用繩子拴着一隻鶴嘴的煤鎬，把鎬頭和鎬柄卸下分搭在肩頭的兩邊，脚底下蹬着一雙高腰的膠皮鞋子，至於身上所穿的衣服，也全是補綴可補綴，不管是甚麼顏色的碎布縫補上來之後，便一律被染成煤炭的褐色，走起路來搖擺着寬大的肩頭，冷風裏磨擦得衣袖沙沙的響，在這樣一個大羣之中，要算他們的身體是最好了。至於那些鐵路工廠的苦力，整日的站在熔爐和齒輪的面前打掃着鐵渣和碎塊，那高度的強焰彷彿忿怒的撕扯着他們的血管和神經，有時他們推着一列隆隆的鐵車，載着鋼板和鉛管出入於鍛鑄的廠房和倉庫，半途中幾乎使他們昏眩的跌倒下來，長久的日子已剝蝕得他們的身體只變成一具機械的瘦稜的骨架，而不復再有一層肌肉了，他們在機械的電火旁邊吃他們攜來的乾裂的窩頭，渴了，到自來的龍頭底下，用手捧着水送到口中，滋潤着暗啞的喉嚨，那頭子下突出的高高的喉骨，艱澀的在咽嚥裏滾動着上下，幾乎使那層鬆弛的皮膚，再不能裹住它往復的支撐的滑行了，他們的兩隻紅爛的眼睛，底下襯託出一顆蒼白的鼻頭和兩片乾裂的黑紫的嘴唇，若容許我用一個詩人的不太恰當的比仿，我該說他們像一條即將涸竭的小河，緩慢的滲流着河水，沒有一點聲音，是的，他們再沒有一點聲音，沒有一點力量能使他們再發聲音了。

至於那些洋灰公司的，瓷廠的，鍊鋼廠的童工們，他們的小小的尙未發育成熟的身體，卻早擔負了一個同壯年人一樣的繁重的工作，他們穿了他們父親或者祖父撇下的不合體的舊衣裳，使得包在裏面的用以支持走路的腿子，和那揮動着工作的兩隻峭稜稜的小拳頭，顯得格外可憐，仰俯間在他們垂暮的心上，都顯示出難以言說的隱痛和暴燥，現在，生活已經使他們失去了人形而變成小鬼，早已磨掉了孩子們的爛漫和天眞，彷彿在他們平凡的降生之後，就是等待着死亡。

同時擠在這大羣之中的還有那些被迫出窩鋪去尋找工作的年經的女人，他們大部分都是做了紗廠的女工，整日的站在一排排捲筒機，整經機，染布機，甚至漂槽的旁邊，由於從屋頂上鐵管噴發出的用以打虡廢紫的水汽，整日的噴射，潮濕裏使他們纖弱的腿骨漸漸的變成了圓彎，她們穿着的一件藍布的大衫上頭髮和全身，都沾滿了輕飄的廢花，馬達的聲音和皮帶，機械的喧響，交鑄成一種暴戾的曲調，而使這些纖弱的女人，性情也變得焦燥起來了，他們咒詛完自己的命運又咒詛祖先。

屋頂上懸掛着鏗鏘的大鐘，以它金屬的指針轉畫着圓弧，數着時間紳入了明天，可怕的生活呵，它殘酷的鞭打着那些善良的人性，使道德，法律，社會上一切的正軌都轉成了曲線。

當然這些女孩子們也有的念過兩三年小學，也有的根本就不識字，若不是貧苦的環境苦惱着他們，他們一定也會對任何事都工作得很好，而且很仔細，一年以前，當日子還比較好過的時候，她們有的也在發下工錢之後，買些劣等的胭脂，香粉和花露水，塗飾着她們蒼白的，貧血的容顏，而且用彩色的絨繩，梳繫着兩條肩上的小辮子，或在頭上打一個花布的髮結，縮留着貧苦的失去的青春，脚上也時常穿上一雙長得過膝的肉紅色的絲襪子，或一雙不合脚的褪色的老樣皮鞋，這些都是一年前甚致兩年前的事了，到今天，他們已經顧不得這些，甚至連飯也搶不飽的今天，她們還有甚麼另外的餘裕嗎？

饑餓吞噬着他們，災疫吞噬着他們，抗戰勝利後的年景，反比歷史上所有的荒年都更苦痛，更荒亂，更嚴重，這些窰工們，苦力們，以及年青的男女孩子們，他們的脊背一直的沒能直起來，他們只在愚魯的與艱辛的忍耐之中，撲仆着搶救個人的生命和他們龐大的家族的命運找尋糧食，而我說的這個小都市，這個擁擠了九家大工廠，八十七座矗立的烟突的北中國小都市，這個滿頓頓的居住了二十五萬人口而有二分之一以上是靠勞力賣命生活的小都市，這個整日整夜繁響着汽花和汽笛在鳴叫聲中，那烟突便撒下沉重的濃烟的顆粒的小都市，這個生產勞力與所取得的代價收支却成反對的小都市，這幅霉爛的畫圖，展現給我一張深沉的像片，像X光底下的結核患者的病勢，顫慄而不可救援，於是使我想起了一個詩人寫的：

貧窮的鋸子
鋸着
我們的頸項，
饑餓的大風車
輾搾着
我們底乾燥的肉渣。

是的，這些居民再經不起這樣艱辛的日子的熬鍊了，於是便常常有自尋短見的男人同女人，服毒，自縊，投水……留下一封草草的遺書和他們沉重的家累，便這樣去了，去了，市裏的居民們除了覺得這種新聞同傳奇一樣的神祕之外，再也不會想到關於他們的其他的問題——爲甚麼死？死了又怎樣？

日子眞是够換的，也許在不可知的明天，便會有突然的死亡，意外的降臨，那廠，那鑛坑，一時一刻都在生與死，死的工細線上飛旋，所以一旦容許他們享樂，他們總要去發洩發洩愁苦，放放野性，比仿那些礦工同機廠的苦力，當他們拿下半個月的薪水之後，他們總要到賭場去耍上兩夜，愛喝酒的也要在小酒店裏鬧個人醉；同時也有的他們便背了自己的老婆到那矮小房間的妓院裏去，昏暗的燈光底下便可以聽見他們許久許不曾笑過的朗朗的喧談，夜沉下來了，他們便要在那女人身上放蕩一夜。

貧窮扭曲了他們的性情，使他們忽冷忽熱的改變得突然起來，當他們回到家裏之後，他們便一頭鑽進了窩鋪的土炕，纏在破棉絮裏呼呼的睡去，有時常爲了一點小事，便撕扯着他們的老婆的頭髮，狠狠的打上幾下。

啊！他們使我記起了高爾基的「夜店」，那本薄薄的書却深深的感動了我，甚至叫我流淚，「凡勞苦負着重擔的人可以到我這裏來，我就使你們得到安息。」有「勞苦負着重擔的人」麽，「可以到我這裏來」這句話是從加利利海邊傳出來的，有兩千年了，我們只能從經典的蒿葉上得到安慰的詮釋。我倒是很喜愛羅曼．羅蘭在「約翰．克利斯朵夫」中所寫的「祇要有一雙誠實的眼睛對我們哭泣，就值得我們爲人世努力一生。」而今天，該是多麼值得啊！

那麼，還是讓我領你走進窩鋪吧！那是他們的家。

讓我們繞過這個塗了「清水焦炭」的白灰的牆壁往這邊走，跨過這條黑水濁流的木橋，我們便會看見在一棵大樹的粗幹上釘着一塊白色的木頭牌子，上面標着這片窩鋪的名字——「印度房子」，這個名字倒很便我興起南國之旅的情懷，我沒有到過印度，但在我讀過的不少關於印度情調的書籍裏，我決沒有把印度人的住宅想成如此簡陋，如此可憐，雖然這裏也有同印度女子一樣的婦人在井畔汲水，裏也有斂領的汚髒的女人在寂靜的夜雨下從昏暗的小窗前輕輕的走過，也有那些吊着兩個乳頭的老婆子在太陽地裏揀拾晒乾的獸糞燒飯，雖然這裏也有男人和女人們在夕陽的金黃的池沼裏洗他們襤褸的衣裳，也有炎熱的太陽燃燒着他們的窩鋪，像窰工燃起了火，烘燒他們的陶器，也有汚穢的黃土的馬路，雖然這裏也有同印度鄉村一樣的泥土的房屋，但我並沒有絲毫的想到印度，除了看到這個眞晰的名字。

這裏，能够支撑起慘像鑿壁開窗的房子始終不多，它們大都是像一段劈裂的半圓的竹筒覆蓋在地上，上面還時常長出矮小的草芽，有時遇到雨季，還遮覆上一片兩片的蓆頭，這樣便可以減少雨水從牆壁上開河的危險，同時有的還要用一根兩根的木柱子，斜支着傾斜下來的牆壁，都沒有門，也沒有窗，大家只是從惟一的這個洞口鑽進去又鑽出來，像一柄鑰匙在鎖孔裏轉了兩圈又拔出來一樣，屋子的最裏面是半截土炕，炕上堆疊着一些汚髒的衣襪，或是孩子們的破衣爛褲，地下擺一張小小的缺腿的木桌，上面直疊着飯碗和炊具，桌子底下常是放了老瓷的麵缸，或是破鞋和紙烟盒子，蒲包之類，除了這些再也找不出甚麼，頂多在牆角堆一些破布的碎頭，或者油罐的瓷罈子，牆壁上常被孩子們揭下塊塊的泥巴露出秫稭，不得不再用兩張發黃的報紙糊裱一番，致於窩鋪的外面，也放了好多的東西：一條鐵絲上搭晒的潮濕的破布亂線，用蔴包裝着的煤核，做飯用的鍋碗和盆勺，安置在門口的土灶的旁邊，推着兩把拾來的樹枝和柴草，以及泥牆上掛着一串串的乾菜葉子或者紅辣椒，這些也可算是他們的財產，有的在窩鋪的一角圍成一個柵欄，養兩隻豬仔或者幾隻母鷄，他們的糞便，野草和髒水合成的腥臭的泥淖，使這裏流散的難聞的氣息從不斷的飄散。

每個窩鋪都是如此，他們便這樣的被拒絕在這個小都市的外面。

風吹着塵土，紙頭在窩鋪上狂歡的旋捲，在太陽底下我們彷彿看見地表上不是黃色的泥土，而是紫色的浮着的血疱，那裏外外的一切，都是在苦痛裏掙扎和顫慄，淘汰又競爭，一株枯樹，一朵野花，甚至一粒泥土裏綴連的根鬚，也都在艱難中學習着長成，而且隨時準備着被環境毁滅，又準備成熟。

啊！我們知道這窩鋪和這窩鋪居住的主人，他們曾合了眼淚告訴我們他們家庭的遷衍的歷史，如一個故事，一聲哽咽，一句難以聽聞的沈重的嘆息，一段悲歌，苦楚的，他們說：『我們曾經招待過好幾次來這裏調察我們生活實況的先生們，有佩戴徽章，托着表册的地方人員，有穿了軍裝，跟了隨從的高級官佐，有垂了白巾和黑紗袍子的挾了聖經的牧師，有穿着便衣背着像機的報館記者，然而除了又被增派捐稅和多抽壯丁之外，甚麼也沒有。』

一九四八，十月初於北大西齋

內政部登記證京警平字第二三四號
經中華郵政登記認爲第一類新聞紙類

上海經售處：天下書報社　上海雜誌公司
聯合書報社　上海書報聯合發行所

新路週刊

發行者：中國社會經濟研究會
編輯部
經理部——電報掛號：三九六〇
北平東直門大街九八號
電話四局〇六九三號

上海通訊處：
電報掛號：五九〇六六〇
電話四二二五五—五一號
上海黃浦路十七號五一一室

南京分銷處：
西華門三條巷九號之二

訂銷辦法：

一、本刊歡迎直接定閱，請一次預付刊郵費金圓三十元，按每期售價七五折及實貼郵費扣算，款盡時，另開結單函請續定。

二、外埠批銷每期至少在五份以上；照價七折，郵包費外加，一律存款發貨，特約總經售辦法另議。

三、寄遞方法，請來函說明，舊戶續定或有查詢事項務請註明戶號。

四、本刊每逢星期六在北平出版，凡華北區定戶，請向北平本刊經理部洽定。其他各區定戶信件或匯款，請寄本刊上海通訊處收轉。分銷處與經售處係批銷性質，不接受個別定戶。

本期定價金券兩元五角

新路

週刊（北平版）

第二卷 3

短評

立法委員的隨聲附和

到了乞求的地步，就可不拘泥形式了！

耗子的比喻

新金圓券特輯

金圓的新改革和舊教訓　趙守愚

幣値與幣信　戴世光

溫故而知新　徐毓枬

專論

教育的濫用　楊人楩

華萊士悲劇的時代意義　樓邦彥

通訊

百萬大軍戰徐州（北平通訊）本刊特約記者

風雨江南（上海通訊）本刊特約記者

自由主義者的悲哀（南京通訊）本刊讀者投寄

華南寶島瓊崖（海口通訊）本刊讀者投寄

雨中看美國大選（美國通訊）蔣恩鈿

文藝：桂花林裏　蕭望卿

中國社會經濟研究會發行

CASER THE NEW ROAD

民國三十七年十一月二十七日

短評

立法委員的隨聲附和

眼見許多立法委員的隨聲附和，替他們難過，非一日矣；然未有如今日之甚者。報載立法院十六日會議通過了一個臨時緊急動議，標題叫做：咨請政府確定剿匪戰事性質為反侵略戰，宣告中外，以明是非而振士氣。自以為是「正名」，實際是着了魔道，在那裏白晝說夢話。案文露盡了醜惡卑劣的心理，丟盡了中國人的顏面。這樣的一個舉動，用什麼詞句去呵斥它，都不至於顯得過分。如果大家不反對欣賞，許我將案文先錄在下面：

「查剿匪戰事，遠溯之已二十年，近計之，自勝利復員，政協失敗以來，亦已兩年。以我政府之軍力，民力，物力而論，戡亂早應結束。其所以曠日持久匪勢坐大者，固有由於政府愛惜民命多所顧忌，而共匪不擇手段，殘暴恐怖，易於達成其破壞目的；然其主要原因在共匪始終為國際侵略集團之一環，有國際直接間接之支持。東北日軍之武器假手於侵略國家轉入共匪之手；我國接收旅順大連，屢遭拒絕，可為明證。是不啻以我一國之力獨當全世界侵略力量之衝。乃國內外人士蔽於共匪巧妙之宣傳，多視剿匪戰事為爭奪政權之爭，甚且顛倒是非，以共匪之極權恐怖為民主。不僅全世界愛好正義厭惡侵略之國家對我袖手旁觀，即全國人民亦多抱苟且企存之念，而少一致奮起之心。剿匪戰爭成敗之關鍵，實應自齊一視聽，確立觀念始。為使全國及全世界愛好和平正義民主自由之人士瞭解我國剿匪戰事為反侵略國家與侵略國家之戰，亦即為自由與奴役之戰，為和平與恐怖之戰，為民主與極權之戰，為我十年前為爭取國家獨立，民族生存，世界和平而抗戰之延長，而非政權之爭奪。應請院會決議，咨請政府確定剿匪戰事性質為反侵略戰，昭告中外，以振作士氣，齊一民心，而國際間亦庶幾得道多助，俾加速完成戡亂大業，奠定世界和平基礎。」

全文缺短人的靈魂，罩了一件八股外衣：要是止於此，實不值得對它理論。現在要說它，是因為它已被附上了邪魔，在那裏胡說八道；「國內外人士」許有只看見是立法委員的軀殼，便不加深究，誤以為是「民意代表在那裏「宣達民意」者，故特予駁斥，俾知邪不能敵正。

原「匪勢」之所以坐大，正由於政府拿軍力民力物力去從事於所謂「戡亂」，不知愛惜民命，遂使自己愈打愈弱，敵遂乘之而愈見其強大。謂「共匪」為國際侵略集團之一環，而影射某國為「侵略」之策劃者，這是打輸了來個撒賴，藉圖掩飾敗北之恥。「乾爸爸」聽了，也將斥之為「無賴」。你說這是「義戰」，不是爭奪政權之爭。孰是孰非，人民心裏明白，豈容汝狡辯？是的，愛好和平正義民主自由之人士必反對侵略，反對奴役，反對恐怖，反對強權。但不恤民隱，殘民以逞的現政權有資格說自己亦是愛好和平正義民主自由的人士嗎？你說你自己在「反侵略」，據我們看，你是想以「侵略」抵制「侵略」，仍在玩「以夷制夷」那套玩藝兒。我們鄙視你「擠眉弄眼」，冀博「美人」之垂睞。你說「國際間亦庶幾得道多助」，痛快，痛快！狗尾巴終於露出來！只可惜「道」字被你蹧蹋了一番。古聖先賢立教，這「道」字指的是正道，而不是邪「道」。正道，人民之道也。（競）

到了乞求的地步，就可不拘泥形式了！

再度來華「考察」的蒲立德抵達上海之日，國民黨黨報發表社論，對於此「中國之摯友」表示熱誠歡迎，並向政府建言，「今日國家已進入最緊急的時期，我們對美外交，斷不可拘泥形式」。勝利以來政府的外交，一言以蔽之，曰爭取美援，依靠美國以圖求生存。到了今天，局面惡化，政權危殆，一切更惟有美援是賴。爭取美援已變爲乞求美援，而且到了不拘泥形式的依靠美國的地步了。

對於更多美援的爭取，在美國大選之前原有一番精密的打算。籌劃準備，煞費苦心，滿以爲大選結果揭曉之後就可以攤牌，大有美國非積極援助不可之勢：從此以後，內政外交打成一片，以等待第三次世界大戰之來臨，以償苦撐得救之願。乃竟事與願違，美國大選的結果出乎意料之外， 杜魯門之當選有如「遭遇了晴天霹靂」。但是，非美援無以圖求生存，不依靠美國，外交竟是絕路，內政也毫無辦法。又逢軍事情勢急轉直下，人心惶惶，頗有不可挽救之勢。於是乎斷然放棄爭取美援的姿態，而易以哀呼求援的手法：政府當局相繼發表聲明，對杜魯門當選除表示欣慰外，并迫切盼望增援，并熱誠期待其指導， 加強說明今日乃九一八事變的再演，並重新提醒杜魯門主義的眞諦。

哀求援助，如果尙拘泥於形式，最多只能作類於是種種的建議：中美訂結同盟，斷然廢止中蘇友好同盟條約，確定剿匪戰事的性質爲反侵略戰，當然，積極而具體的還是華盛頓十億軍事經濟貸款的交涉。但是，時局緊張，迫不能待，不妨進一步不拘泥形式的，儘量接受美國所提有關軍事及經濟的建議，澈底歡迎美國所要求的監督，利用蒲立德來華的機會暗商急救的辦法，乃至陳納德亦可領導新「飛虎隊」參加戰事。似此，所謂不拘泥形式的乞求美援者，直等於無條件歡迎美國干涉中國內政，參加中國內戰。

美國國會議員曼斯菲曾說過，沒有一個國家政府像中國政府那樣繼續不斷的要求美國的援助。在政府看來，美援已經是天經地義，毫不感覺許是含有恥辱，現在則索性貢獻一切以求之，國家主權可以不顧。在另一方面，美國之允許一部份援款撥歸軍事用途，本已表示間接參加了中國內戰；陳納德「飛虎隊」如果復活，一部份美國人就直接參加中國內戰了。在政府的不拘泥形式的乞求美援景況之下，美國政府是否也直接參加中國內戰？這自有迣於杜魯門總統的決定，而此乃不大可以捉摸的，煩惱也就在此！　（明）

耗子的比喻

有那末一個比喻：耗子們在牆壁中打洞，把牆壁全打空了。一陣風雨，牆壁倒坍了，耗子們也毀掉了他們自己的隱身之所！

最需要現政府保護的是那般富人，而最會破壞金融，使現政府塌台的也正是那般富人。這同耗子們一樣。

地無南北，耗子到處有。光講北方吧。最近不是說平津危險嗎？於是那般富人們挾資南逃。早就聽說飛機登記已至明年三月。他們拋售囤積，資金南流的結果，造成平津間幾個星期的物價小康。可是耗子在上海鬧得更厲害，引起了搶購的惡風。在人心浮動之際，一個小波，便爾激起了惡濤險浪。南北耗子匯合，把上海鬧的不能再住，于是那般富人又轉回平津來。據說定了機位又取銷登記的，也有不少。平津近來物價回漲，此其主因。

據報紙載地方當局對流資汹湧北返，正在嚴密注視，決商討有效辦法，嚴格執行云云。這不是空口說白話的時候了？有效辦法在那裏？何時嚴格執行？時機最關緊要，一誤便不可收拾，還容得你打官腔嗎？

其實辦法何嘗沒有？執行也很簡單。一方面對于過客限定其攜帶金錢數目；另一方面更重要的，匯款限於國行，按收款人人口多寡，每月生活所需若干，准其在此數目內按月取款，其餘存行付息。這樣，形式上是強迫積蓄，實質上是求免游資作祟，爲害升斗小民。

限額取款，在戰時多數國家是如此作的。我們周在所謂戡亂時期，本是可以將那可憐的憲法，放在腦後，另頒什末緊急命令的。像這種事正需要緊急處分。感覺不便的只有那般富人。而破壞法令的是他們，囤積居奇的是他們，蠹國殃民的也是他們；他們中包含貪汚的官吏，發國難財的奸商。老實說，他們，只有他們，才眞是現政府的死敵。可是，政府却處處在包庇他們！也許我根本錯誤，現政府就是爲了他們而存在。（希）

新金圓券特輯

金圓的新改革和舊教訓

趙守愚

八月十九日頒布的金圓券發行辦法，僅僅八十天，便於本月十一日，又大加修改，其相距時間的短促，和金圓貶值之劇鉅，都是在貨幣史上無前例的。新的改革，最主要的，有一，金圓貶值五分之四，自含純金二二又二一七公毫減爲四又四四三四公毫。二，準備兌換與鑄造金幣，但兌換時，除定價所需之金圓券外，須有同額之一年金圓存款，換言之，兌金一兩，按現時定價，爲金圓券千圓，再加一年之千圓存款，方可換購。據最近消息，此項換購將於本月二十二日開始，在金幣未鑄造前，先按上述兌換辦法，定價兌取金或銀貨。三，金圓券最高發行額辦法取消，發行檢查結果，僅報告政院，分別通知財部與央行，而將公告一節取消。四，金圓券可在管理外匯辦法下，購買外匯，關於出進口貿易部份之外匯管理，並規定採取連鎖制。五，金銀外幣准許人民持有，其中銀幣一項，並准許流通賣買。這些是最重要的修改，我們先分析其涵義再推論其得失的契機。

貶值（Devaluation）的正確意義，在於穩定幣值，使其符合當時的實際購買力，並從此告一段落，安定下去，與隨時的或聯續性的無目標的貨幣跌值（Depreciation），應有嚴格的差別。自八一九到十一月十一日，在平津滬各區的物價暴漲，平均都在六倍以上，新金圓合八句前舊金圓的五分之一，離物價六倍之變動，尚不甚遠，但是金圓券的發行，已達原定的最高額二十億，在軍事繼續期中，金圓券續發，數量續增，幾成定局增加薪資公營事業及交通定價和商品議價，都有驅使一般物價續漲之勢，而政府爲重建幣信，又準備實行兌換金銀，這些事實，都使金圓貶值之多寡，成爲現實問題，報載討論金圓再改革時，曾有貶值至五分之一與十分之一的爭執，當係預料將來物價續漲，圓券續發，而非僅爲配合當時物價上漲的倍數問題，所以此番改革後，是否不再貶值，或以其他方法代替再貶值，只有將來事實纔可證明。

準備以金銀兌換圓券，爲此番改革的特點，政府希望藉此恢復人民對於圓券的信心，我們如依金圓含純金四又四四三四公毫的新規定，則每兩黃金應合圓券七百圓，如今定爲千圓，這便成爲獨特的法令，可以適時更改的價格，再加以兌換時須另有一年存款的圓券千圓，事實上每兩黃金便合圓券二千圓，如物價安定，此千圓存款，等於強迫儲蓄，如物價繼漲狂漲，此千圓存款的到期本息，已無甚價值，取捨都不足重視。就最近報載，似央行售兌黃金的鑄條，最低爲五錢，欲兌購者至少必須先有圓券一千圓，如是五錢以下黃金的需求者，只可以高價向黑市覓購。抗戰期中卽曾發生銀行大戶以定價承購金磚，到手後僱工另鑄，高價零售，一轉手間獲利倍蓰，政府原意過去或係爲避免零碎出售黃金的煩瑣，如今或有意無意的限制大量零兌黃金，而其結果終不免獨惠豪富。圓券發行，既已到二十億之數，如按每兩黃金須繳納圓券二千圓，則此發行總數，卽使全部兌換，其所需黃金，亦僅一百萬兩，實際上兌換一成事實並相信其繼續兌換，兌換者便不致過多。並且政府還規定銀貨亦可按定價供兌換之需，如是則大資力兌取黃金，小資力兌取銀貨，不但政府對於金銀兌換的負擔，易於挑起，卽需要金銀者，亦各得其宜，卽使發行再增加若干倍，以政府三月中收兌之金銀，再加過去庫藏的數量，應付兌現，似仍可綽有餘裕，改革計策之巧妙，無逾於此。但是這裏有幾個假定，一，圓券不致如過去以蹤跳式加倍發行。二，物價不似野馬之飛奔，每月上升數倍。三，請求兌現概用現鈔，無以往空頭或半空頭的銀行本票，利用政治消息，官商聯合經營搶購金銀的現象。四，央行保持圓券和金銀的某種數量關係，由兌換金銀而得的圓券，不繼續發出，使金銀流出以後，圓券基礎不致加速薄弱。假如這些條件不能遵守，這便將和抗戰期中出售黃金的結果相同，卽是金銀消散，而紙幣愈發愈多，少數人由此聚斂大量金銀外匯，一般民衆困頓死亡於生活的高壓，舊怨未消，新憾又起，秩序崩潰，便可立而待矣。

至於鑄造金幣，用來兌現，乃是絕對開倒車的行動，人民所以迷信黃金，只是一般仍認黃金可以保持價值，有此共同意識，便能到處歡迎，授受無礙，卽此便構成對於黃金的需要，而使其本身有高度價值，因此黃金成爲良好的藏富工具，但金圓券和金圓幣兩者間的矛盾，須加解釋，券與幣既然用同一單位之圓，則一千的圓券，自應兌成一千圓之金幣，但千圓之金幣，所含的金量，遠逾以千圓券另加一年之千圓存款所兌得的一兩黃金，（約高出百分之四十二），如五十圓金幣或千圓金幣，須以超過五十或一千之圓券兌換，則和兌購金條一樣，鑄幣徒增迷惑，多費用，根本可以不必，大約現在既已宣布圓券可以定價兌取金或銀，則鑄金幣之說，或將僅爲具文，或即認鑄條即係鑄幣。

圓券發行，原來規定按期公告，以昭大信，今則僅向政院財部央行報告，公告與否，聽命於政院的裁決，已無強制性質。說者謂政府方面頗以十月以前兩度發表圓券發行額，引起民間極度激動，而開始搶購，破壞限價，釀成恐慌，因此對於按期公告發行數字，甚有戒心，既無硬性規定，便回復到傳統的中國統治哲學「民可使由之不可使知之」的情況，其實此乃捨本逐末，蒙蔽無效的政策。圓券發行，果眞月有驚人之增加，定必先有不得不增加的原因，此項原因繼續存在，則圓券加速發行，定必實現，過去的法幣發行數目，諱莫如深，然幾新紙幣旣然常有出現，便難於禁止人們揣測，法幣的總數量而掀動漲潮，其漲價速率，往往超過紙幣增發速率，政府又不得不從側面，偶爾宣告幾項發行數目，實則物價上漲之緩速，投機活動之鬆緊，初不因未知發行確數而稍有停頓，或因而緩和。此次搶購之風，開始於上海，主持督導者，即使原來立意甚佳，而昧於經濟原則，忽略相互相依關係，已經投人以隙，而執行又未能眞正發揮大無畏精神，徹底公平，以上海各種虎視眈眈對立的勢力，稍有偏私，誰肯吃虧，自然引起傳播性的，甚至有組織的破壞限價，羣起搶購，以至攘奪，其他各地，新舊游資同樣的已苦於無出路，又受物資枯竭，溫飽難期的威脅，一經上海領先搶購，他處風起雲湧，沛然莫禦，而釀成空前恐慌，圓券發行之公告，乃適逢其會耳，蒙蔽只是增加人民的疑惑，鼓勵盲目投機，擴大後來禍患，如今旣聲明並實行圓券兌現，倘能繼續按期公告發行數量，正所以表示政府兌現的能力，以堅定人民的信心。

圓券可以兌成金銀，但金銀到手後，却不能自由輸送出國，以易取外匯，如此則外匯供給的責任，自然仍在政府，在外匯來源向不充暢，而對外的非常需要，又累積愈高的情形下，以金圓兌購外匯，自然仍受嚴格的管理，且隨外匯逐漸乾枯，額外需要續漲，而兌購外匯必日形困難，此所以在貿易方面，政府不得不由從商人長期呼籲，將出口所得的外匯，作量入爲出的進口外匯需求的適應辦法，此即所謂出進口外匯連鎖制，充其量僅能發生部份的平衡外匯供求數量，而於整個匯價的安定，無甚裨益。事實上此制的倡議，即是假定外匯匯率有上下變動，出口廠商所供給的外匯，過去因爲政府定價收買，而失去後期匯價跌落而可得的利益。但進口祗要能以任何方式獲得外匯，即使貨物未曾進口，而利潤已甚可觀，貨物進口後，再逢連續上漲狂漲，其利潤便當以數倍計。出口與進口廠商，既往往非同人同事，利益盈虧，顯然比較不均，採取連鎖制後，出口者縱不能充分獲得後期匯價跌落之利潤，至少在和進口發生連繫時，獲得若干補償。在商人藉連鎖制可免除若干外匯賣出購入數量多寡的爭執，在政府一方，固然失却對於自出口而來的外匯供量，同時亦部份的免除進口所需外匯的責任。並且出進口並非同人同事，仍需政府爲之融會貫通，亦未嘗整個失去管理外匯的權力，但於外匯匯率的調整和安定，以及因外匯匯率變動而使物價繼漲仍無若何裨益。

金銀外幣的私人持有權之恢復，祗是矯正一個絕對無從有效執行，或眞個有效執行時，定當掀起嚴重的社會紛擾的錯誤立法。私有財產的制度，繼續維持，便不容無理侵犯，執法未能免於偏私，則不平則鳴，揭竿而起，便大有可能，這是從政府方面觀察。如就私人說，金銀外幣保持，僅以金銀外幣的價值，比較紙幣更爲穩定，亦幸而有金銀外幣，於是一部分的遊資，被凍結於金銀外幣的持有人手中。在物價動盪期中，任何方法，能增加對於紙幣的需要，因足以幫助維持幣值，使其下跌不致過劇，即有方法使逾分投機減輕力量，亦於幣值維持有益，金銀外幣的持有，固爲逃避就物現象之一面，然在其繼續持有期中，仍不失其減輕盲目投機的作用（藉金鈔爲投機工具自屬例外）銀幣一項並准許流通賣買，爲圓券行使與需要，闢一新蹊徑，和開闢證券市場相同，轉黑市投機爲公開交易，多少可以發生一些投機的有利效用。在現環境，現制度中，金銀外幣的准許持有，和銀幣的公開市場，自不失爲聰明應急的辦法。

可是單憑貨幣的調弄，以解決財政經濟的困難，終非根本辦法。金圓發行的新改革確已挽救下列事實，一、圓券發行抵最高額後，爲應付軍事支出，勢須繼續發行，發行辦法更改以後，無虞法令上的窒礙，使續發難於措詞，引起疑怪。二、限價廢除後，公開市場的價格，自須就過去黑市上漲五六倍之數調整，金圓經過五分之四的貶值，物價可望稍爲穩定些時。三、圓券因各地的搶購攘奪，形勢一度較比法幣跌值更速，政府定價兌換和准許人民持有金銀外幣使圓券恢復些許尊嚴，稍起敬信作用。這些誠然爲救急之方，爲政治產品，爲能想辦法人的辦法，矩期並可生效。然而基本問題存在，基本困難依然，基本問題便是戰事延續，財政收支，無法平衡，鬥爭區域又屢有擴大，圓券定須續發多發，物價上漲趨勢，無從阻遏，非法投機風積，難於制裁。基本困難，便是任何立法執行，爲少數爲豪強的色彩意味過濃，然而多年戡亂，貴窮已無可稅，豪強又不受稅，民財耗盡，人心不平，一切比較澈底深入的經濟財政改革，都受阻礙，目前又了無解除景象，區區幣制的改革又改革，仍是救燃眉之急的表面工夫，有如強心針，爲衰病者苟延殘喘而已！

幣值與幣信

——論金圓券發行辦法的改修——

戴世光

八月十九日政府發行金圓券，更改貨幣單位。名之爲管理貨幣，實際上却膨脹發行；宣稱：爲十足準備，而準備却與貨幣沒有關係；弭調金圓的含金量，而此種規定只用爲政府以鈔票收兌換黃金的標準，這種性質的「貨幣改革」，必然難以持久的。事實上僅僅在改幣制以後一個多月的時間，各地物價即開始上揚，金圓券便逐漸的貶值了。延至十月中旬，平津物價平均較八一九者已上漲七倍強，其後，京滬等地不甘寂寞，物價有更猛烈的增加。政府乃於十一月十一日對金圓券發行辦法另作重要的修改，爲時不過八十日，金圓券改頭換面，現已另以一種身份出現。

修改的內容計包括兩種辦法：一種爲「修正金圓券發行辦法」，一爲「修正人民所有金銀外幣處理辦法」。如將兩種修正辦法綜合的來看，其內容與八一九公佈的辦法不同的計有下列四點：（一）金圓券的法定含金量原定爲零點二二二一七公分，今改爲原訂者的五分之一，爲四點四四三四公毫，並提高金銀外幣與金圓券的兌換率。（二）原定辦法僅發行金圓券而無具體的金圓，今改爲原則上金圓以金銀分別鑄造，並由中央銀行發行，與金圓券同時流通。（三）原規定限期收兌人民所有黃金，白銀，銀幣後外國幣券，逾期任何人不得持有；今改爲金，銀，外幣仍准許人民持有，僅禁止流通買賣，銀幣則准予流通使用。並規定：凡以金圓券存入中央銀行指定之銀行定期滿一年者，除照章計息外，並得於存款時以與存款同額之金圓券向存款銀行兌換金圓，在金圓未鑄成前得按規定比例兌取黃金或銀幣。（四）原定金圓券發行總額最高額爲二十億，今改爲金圓券發行總額另以命令規定。除去上列四點重要的修改以外，其餘均與原來的辦法大致相同。

根據前列的比較，筆者測度政府作這次修改的動機可能有三端：第一，承認金圓券貶值的事實，更改外匯的兌換率。這由於近來金圓券的內價與外價相差懸殊，法定美金的兌換率仍爲一元兌換金圓券四圓，長此以往，對於外匯申請的購得者等於奉送，消耗外匯太大；同時，出口虧損過多，幾乎完全停頓，華僑匯款在國內所值有限，僑匯大爲減少。如此，乃不得不更改外匯匯率，提高五倍，並實行進出口連鎖制， 以企圖增加出口， 鼓勵華僑匯款。第二，弭調改鑄硬幣，將與金圓券同時流通使用，並以加倍存款兌換黃金白銀爲餌，以求提高人民對金圓券的信心，庶可穩定幣值，緩和物價的波動。第三，提高黃金，白銀，外幣的兌換率，並承認爲人民所持有而未兌換的金，銀，外幣爲合法的，如此，可以暗中無限期的延長收兌金銀外幣的期限，希望繼續收兌人民藏有的金，銀，外幣。假使以上的測度不錯的話，除去第一點爲事實問題，外匯匯率必須調整而且也不得不調整，藉以支持出口一層略有意義以外，其餘兩點都有很大的問題存在。

原訂金圓券的發行辦法，僅僅施行八十日，就另加修改。當時多少善良的人民，格守法令，不敢持有金銀，而以之兌取金圓券。延至目下，金圓券的價值實際上僅值當時十分之一左右，即以法定的價值言，也僅僅爲原有的五分之一。過去犯法的，現在合法了；原來守法的，現在吃了大虧。當前誰又敢過度的凛遵政府的法令？誰又能保證在另外一個八十日之後，政府對金圓券發行辦法不再修改？雖然宣稱改鑄硬幣，但硬幣絕非一朝一夕能夠鑄就並且大量流通使用的，至少目下實際所見到的還是金圓券，還是業已貶值的而且會繼續貶值的鈔票。憑着已往的慘痛經驗，根據當前物價高漲的事實，我們能相信人民看見幾條法令就會恢復信心嗎？就會因之使幣值穩定嗎？由發行辦法修改起至筆者執筆時，爲時不足一週，金，銀，外幣的黑市價已比法定兌換率高到百分之五十至百分之七十，誰又肯以黃金，白銀，外幣拿到中央銀行或委托銀行去按法定兌換率兌換金圓券？何況過去政府收兌的金銀外幣並不與人民的利益發生關係，現在更沒有要人民以金，銀，外幣向政府兌取金圓券的道理。

筆者對這次的修改最不滿意的一點，就是新辦法等於保障官僚資本，富戶豪門的既得利益。在修改發行辦法之前，法令是規定强制人民以黃金，白銀兌換金圓券的，但是，我們却從未見到舉世知名的我國富有者以其藏有的大量金銀外幣兌換鈔票，因爲，如果有大量兌換的事實，社會不會不知道，政府也不會不以之爲宣傳的好材料。由此足見他們雖然違法，還依然保持他們的豪富財產，現在法令一改，結果，等於保障違法者成爲合法者。不僅如此，現在政府又規定加倍存款兌取黃金銀幣的辦法。爲了兌取一兩黃金，必須用金圓券兩千圓，雖然金圓券業已貶值，我們可以相信至少百分之九十五的人民手中拿不出兩千圓金圓券。結果，有資格以鈔票兌取金銀的還是幾個極少數的富戶豪門。他們囤積米，麵，棉紗，依仗着它的必需性，相對的抬高市價，賣給人民取得金圓券，然後再以之兌取金銀，從此不僅長期持有，而且可以逃避自如。這不但等於保障豪門富戶的財產，而且等於協助他們財富的增加。社會上最不公平不合理的事情，寧有甚於此者！

或有人以爲：加倍存款雖然是政府把金銀兌給富戶豪門，便宜了既得利益者，但是，至少可獲到吸取金圓券回籠收縮通貨的效果，如此將有助於穩定物價，安定幣值。筆者認爲這種看法未免太單純，其實却大謬不然的。一方面，根本上政府財政收支不能平衡，通貨膨脹的事實並未因改使金圓券而緩和，卽設能吸收一部份金圓券，而這部份金圓券的數量將遠比財政赤字爲小。另一方面，存款期限須滿一年，在法令朝定夕改之下，沒有人願作一年以上的打算，這等於按法定兌換率加倍兌取金銀。當金銀黑市價高於法定兌換率而不足兩倍時，以存款辦法兌取金銀的數目一定很少。只有在金銀黑市價高出法定兌換率兩倍以上時，富戶才會大量的用鈔票向銀行以存款辦法兌取金銀，等到那時候，政府所收回的金圓券的價值又將低於兌出金銀的價值了，政府將這部份金圓券用在財政發出時，必須另行補發新鈔，才能抵得住所兌出金銀的購買力，因之，發行依然不能停止。其實這種辦法就等於抗戰時的拋售黃金的措施，當時黃金是拋售了，但發行依然膨脹，物價依然高揚。現下希望以一兩黃金收回所值加倍的鈔票的規定又是政府的如意算盤，鑑諸已往的經過，這種辦法實際上將不能發生作用的。

總之，如果政府能捨得犧牲豪門富戶的既得利益，增加由富人負擔的租稅，同時肯停止非建設性的財政支出，使財政收支能够平衡，不以發行爲增加財政收入的手段，則法幣的價值早已可以穩定，改換貨幣單位的金圓券的價值也可以穩定。如今，國內千瘡百孔，痼疾已深，我們對於僅圖治標的修正辦法如何能抱多少希望！至於修正金圓券發行辦法中的分別鑄造金銀兩種硬幣流通的問題，和人民窩藏硬幣的問題，爲時尚遠，我們似乎不必杞人憂天的，在目下予以論列的了。

溫故而知新

——物價動態之一種分析——

徐毓枏

從限價取消（十一月一日起）到修正金圓券發行辦法公佈（十一月十一日），其間不過短短十一天，但是這短暫一段時期却是含意深長，極富啓發性。

如果限價政策不能嚴格有效執行，則必有黑市，而且黑市價格一定高於賣買雙方自由議價情形之下所達到的水準，因爲黑市價格必須在這個水準之上，再加上一筆，抵償其因違反限價所負擔的風險。這件事應當很明顯，但亦不妨舉一例以明之。商人原來肯依金圓七角一斤之價格，出售某種粗糧，但是在運輸過程中，很可能被檢查人員依限價強購；迨後在黑市出售時，又可能遭經檢人員之告發或留難，爲抵償這兩項可能的損失，商人必須要一金圓一斤纔肯出售該項粗糧，故黑市價格比自由賣買價格多三角一斤。（在限價政策後期，北平曾舉辦以布易糧辦法，理由是：如果布糧二者都依限價拆換，農民自然不吃虧。據我們從報章上知道的一鱗半爪，這個政策並未使鄉下人踴躍交換。我的解釋是，這個辦法忽略了風險成本，誰能够擔保農民在到交換站之前，不被特殊勢力依限價強購其糧？誰又能擔保農民在換得布四，在歸家途中，不被特殊分子依限價強購其布？）

限價政策之下之黑市價格，旣含有風險成本在內，故設限價取消，自由賣買恢復之後，由於這部分風險成本不復存在，而物價趨跌，或至少平穩一些時候，是最自然不過的事。北平在這十一天以內的物價變動，的確符合以上預期。就個人經驗而論，以北平西郊爲例，在限價期間，上米曾到過三元一斤，限價取消以後，米曾降至一元七角一斤，豬肉之變動幅度更大，曾從限價時之十四元一斤至限價取消後之四元四角一斤。平民主要食糧之玉米粉亦自一元二三角下降至七八角一斤。米麵價格之下降，也許有人會歸之於富戶南遷，囤戶出籠；但是豬肉大概不是適宜的囤積對象，南遷富戶大概不是玉米消費者，而且能够南遷者也是極少數之極少數，在平市總人口中所佔比例必微小不足道。故我推論，限價政策取消以後之物價下降，主要是由於風險成本之不復存在。

根據同樣理由，則在限價政策取消以後，上海物價亦應下降，或至少平穩不動，而事實却大相徑庭。

「大餅油條最初幾天還祇賣一角一個，接着漲一倍變爲兩角，過一天又變爲三角，再去問要五角了；香煙極低的牌子，頭兩天一角一包，一下跳到一元，兩下跳到三元，三下跳到五元以上了；食米價格的傳說，更是駭人聽聞，頭一天有人說要八十元一石，第二天看報是一百五十元，晚間傳說到了三百二十元，過一天再看報，四百五十元也不容易買到了；其他一切貨物，價格平均每天漲一倍漲兩倍，不算稀希，而且大都只有少量的供應，還要搶着買，還有些貨根本是有價無市』（經濟評論四卷五期時評，市場突變的心理因素，十一月十三日出版，字旁圈點是我加的）。

上引文作者大概是敍述到六日或七日爲止，從七日到十一日，情形更嚴重，據報載，白米曾到一千八百元一石，而且還曾發生過若干搶米事件。迨政府宣佈首都衞戍區於十日起入戒嚴狀態後，情形始漸好轉。引文作者認爲這種反常現象，應從心理因素解釋，筆者深表同情。本文目的，想從經濟常識方面，較詳細地說明兩點：(a)何以物價高而供應反少？(b)何以物價高而成交不多？當然，經濟常識應當充分顧到心理因素。

我們之所以會發生第一個問題，乃是因爲在無意之中，太受了傳統的靜態經濟學說之影響。這個學說告訴我們：在長時期中，平均生產成本可能隨產量之增加而逐漸減少，故長時期中之供給曲線，可能是往下傾斜的，即供給量愈多，生產者引以自滿的價格愈低。可是如果時間很短，短得無法從生產方面，增減該物之數量，所謂供給，祇是在某一價格之下，賣者願意從其存貨中出售的數量，則賣者之供給量大概隨價格之高而增。從十一月一日到十一日這短短十一天，從糧食生產方面看，時間可以說是短得微小不足道，何以市場反應，和初等經濟學所預測的結果，却完全相反呢？

答案是：這種經濟學說至少忽略了兩點：（一）賣者對於現款之需求，（二）賣者對於未來價格之預期。

（一）在正常情形之下，賣者對於現款之需求的確是無限制的。賣者目的在逐什一之利，故其資本額週轉得愈快愈好。但是在目前這種情形之下，或者由於供給之來源枯竭，或者因爲以後進貨之價格，還要大於目前售價，故商人對於現款之需求是有限的：他祇要換取一點現金，應付他自己商號之日常開支，以維持其自已商號於不倒閉(Going concern)就够了。因爲其他物價亦在漲，故商人爲維持其自已商號之日常開支所需要的現款數，也不是一個固定數，也在增加。由此，如果他自已所售商品之價格之上漲程度，超過其他一般物價，則其供給將隨價格之增而減；如果其自已商品之價格之上漲程度，等於其他一般物價，則供給量將不增不減；祇有當他自已出售的商品，較之其他一般物價爲落後時，他纔會增加其供給。這已經可以部份解釋，爲什麽價格上漲得愈厲害的商品，其供給之縮減程度也愈可怕。

經濟學家在討論勞力之供給時，曾經注意到類似現象。如果工資是按件計算的，現在把每件的工資提高一些，工人們是否會多做幾件呢？不一定。如果工人們祇想取得一特定量的貨幣所得，則當工資提高時，工人也許反而少做幾件。個人儲蓄對於利率變動之反應，亦有相似情形，如果個人祇想取得某特定量的利息收入，則利率愈高，儲蓄愈少。以上這兩種情形，以往是認爲例外情形，現在則幾乎適用於一切商品。例外變成了通則。

（二）傳統的經濟學一向暗中假定着，當前物價雖然改變，但並不影響賣者心目中所預期的未來價格。這個假定當然與事實不符，賣者心目中所預期的未來價格，很可能受當前價格之影響。故當代經濟學家有所謂價格預期彈性(Elasticity of price expectatious)這一個概念，其正式定義是：當前價格之比例改變，除預期價格之比例改變。如果當前價格上漲百分之五，而賣者心目中之預期價格不動，則該賣者之預期彈性等於零，換句話說，他認爲目前價格之上漲祇是暫時的。在這種情形之下，他（賣者）自然願意趁高價時多出賣一些。傳統的經濟學即暗中假定着這種預期彈性。如果當目前價格上漲百分之五時，賣者預期未來價格亦將上漲百分之五，則預期彈性等於一。此時商人認爲目前價格之上漲是永久的，未來不會再落，此時出售或在未來出售皆可，商人不必急急於在現在出售，故現在供給量不一定增加。如果當目前價格上漲百分之五時，商人預期未來價格將上漲百分之十，則預期彈性大於一，商人將把目前之價格上漲，作爲未來更將上漲之信號，在目前出售不如在未來出售（假定利率仍維持不變），故目前自然握住物資不放，形成惜售現象。

目前一般商人之預期彈性是大於一呢還是小於一呢？對於這個問題之答案，經濟學人之意見大致可以一致。十年以來，物價祇有漲，沒有跌（除了極少數例外，以及大漲小回情形），而且上漲速度也愈來愈快。商人對此種上漲趨勢，亦習以爲常，一經上漲以後，新的價格水準又立即變爲未來上漲之起點，故大致說來，現在一般商人之預期彈性是大於一。故當目前價格上漲時，商人反減少其目前之供給量。

× × × × ×

以上說明上述（a）點：何以物價高而供應反少。現在我們要進而說明（b）點，何以物價高而成交不多？

首先，我們何以知道成交額不多呢？我的答案是：我們可以從上海票據

交換之數額中看出，下列數字，也是從經濟評論四卷五期頁15轉引的，

時期	全週交換額（單位千金圓）	每日平均交換額（單位千金圓）
10月11日—16日	612,915	122,583
10月18日—23日	802,647	134,774
10月25日—30日	773,719	128,953
11月 1日— 6日	1,050,386	175,064

從上表可以看出，如果以十一月之最初一週與十月份之最後三週相比，則交換金額至多不過上漲百分之五十，而物價水準則在第一週要比十月份第四週高漲五倍強，這自然是表示成交額（以眞正實物計算）減少。

我知道有人會在這裏提出非難，認爲票據交換金額不足以代表實際交易額，理由是：第一：如果交易而用現款，或用銀行本票，則因銀行本票可作爲現款使用，故這部份交易不反映在票據交換中；第二，如果交易者都和同一銀行往來，則此種交易只變爲一個銀行顧客之間之轉帳，不必到票據交換所交換。我承認這兩點都對，然而這兩點與我的論證無關。我現在比較的是十一月之第一週與十月之末兩三個週，故除非能具體證明，在這一二個星期之內，交易者使用現金與使用支票之習慣大有改變，或銀行增發的本票，較前增五六倍，或銀行體系集中化，交易者在同一銀行開立帳戶之機會增多，否則非難者所指出的忽略，既出現在十一月之第一週，亦出現在十月份之各週。故在一週與他週比較時，已有互相抵銷之勢，我認爲我所提出的幾點，在短短兩三週內，大概不致有劇烈變動，故成交額反而較前減少是可以成立的。

如果交易額的確比以前減少，則『何以減少？』成爲需要解答的一個問題。這裏又要敍述一點常識。在任何一時，任何一地價格之下，有一部份認爲未來物價要比現在高，看漲（Bullish），另一部份人認爲未來物價要比現在低，看跌（Bearish）；看漲者稱爲多頭或長戶（Bulls），看跌者稱爲空頭或空戶（Bears）；多頭要在現在購進，空頭則想在現在出售。在正常情形之下，價格每提高一次，有一部份人卽信心動搖，恐怕目前這個價格在未來不能維持，故他們從看漲變爲看跌，由多頭變爲空頭，於是他們把貨物脫手，產生一筆交易。今設當價格變動時，所有人都看漲，結果是所有人都想進貨而沒人想售出，此時物價必再漲，抵銷每個人之進貨意願，而貨物則幷不易手，交易等於零，或極少。反之，如果當價格變動時，所有人都看跌，則所有人都想在現在把貨物脫手，而沒有人想承購，結果是物價必跌，抵銷每個人想售貨之意願。貨物未易手，故交易亦等於零，或極少。由此，如果每個交易者對新刺激之反應相同，看法相同，結果只有物價波動，而成交則等於零或極少。我們不禁想起凱恩斯在類似場合之名言，要價格體系，不致有大變動，需要各人意見不同，如果意見雷同，價格體系便失去了穩定性（The General Theory, p. 172）。

（看漲或看跌也可以用預期彈性來說明。例如，如果在開始時，商人預期未來物價與今日相同，又說現在多添了一種新刺激，則所謂看漲者，是指預期彈性大於一，所謂看跌者，是指預期彈性或小於一，或等於零，或甚至是負數。很明顯，在本題論（b）點時，看漲看跌比預期彈性這個概念合用，也比較簡單，故此處用看漲看跌說法。）

十一月一日以後十天以內上海物價之劇烈上漲，我認爲是由於看法一致所造成的，看法之所以一致，則又大概是由於軍事政治局勢造成的。當物價上漲時，不僅沒有人從多頭改爲空頭，而且原先是空頭者，現在也變爲看漲，參加多頭隊伍，於是物價更漲，於是更有人從空頭改爲多頭，於是物價再漲，形成再接再厲的漲風，而交易額則甚少。現在賣者提高價格之目的，是在防止人來買，故若物價提高後，仍有人要來買，則賣者又將提高其價格，當交易額變爲極少極少時，賣者之目的纔算達到。

× × × × ×

看法與物價之關係，既如上述，故幣制再變革（十一月十二日起生效）以後之物價趨勢，可以很簡矩地討論。新幣制修正辦法重要者祇有三點：㈠允許人民持有金銀外幣，㈡政府將鼓鑄金幣流通，㈢人民如作一年定期存款，則在存款時，取得向政府購買黃金之權利，其數量卽等於其存款數目，例如人民如存入一千元，卽可再出一千元，向政府購黃金一兩，餘類推。幣制再變後物價之趨勢如何，須看人民對黃金所持之看法如何而定。如果人民對黃白物還有信心，想利用政府出售黃金之機會，由持貨改爲持金，或以其所得，不往市場購貨而購金銀，換言之，如果貨物持有人改變其多頭看法，貨幣持有人轉移其需求方向，則物價將跌。反之，如果由於環境關係，人民認爲黃白物不足持，不能當飯吃，不能當衣穿，不如趁政府尙在收兌期間，而且兌換率剛調整之時，索性再出售金銀外幣與政府，換取物資，則市場反而多添了一批購買力，競購物資，物價又將上漲。

這兩種反應都有可能，須看某地之環境如何而定，在安定區域，第一種反應之可能性較大，在人心浮動區域，第二種反應亦有可能。如果政府想要取得第一種反應，而發揮其平抑物價作用，則還必須注意一點：絕對不能讓特殊勢力用擴大銀行信用辦法，來購取政府的金銀。

專論

教育的濫用

楊人楩

教育領導政治，還是政治控制教育，這是一個頗有爭論的問題。這個爭論原是不難解答的。教育的功用在於延續及增進人類的文化，政治是被包含在文化裏面的，什麼樣的文化產生什麼樣的政治；文化領導政治，故教育亦當領導政治。這個論斷雖然是合理的，但是在事實上始終不會被完全接受。在已往的任何時代中，政治始終控制着教育，什麼樣的政治產生了什麼樣的教育。政治控制教育，容有方向之不同：如其目的仍在延續及增進人類或民族的文化，尙屬不悖於教育的本意；其目的如只在加強一種政權的統治，拿教育做政治的工具而忽視其文化的功用，則屬濫用教育。教育被濫用以後，教育本身一定會遭受損害，奴化教育只可培植奴才，縱不使文化滅絕，至少會使文化落伍、停滯、或延遲進步。政治控制教育又有程度之不同。控制得愈嚴密，文化生活愈遲鈍，文化的園地必難產生好的菓實；反之，控制得愈鬆懈，文化生活愈活躍，文化園地中的收獲愈多。爲着文化的進步，我們要使教育擺脫政治的控制，擺脫得愈徹底愈好，至少，我們要反對教育之被濫用。

我們今日的教育，無疑是被濫用了的教育。自從有所謂黨化教育以來，教育卽已喪失其獨立的意義。一切爲了黨，教育也是爲了黨；教育的目的並非爲着培養優良的公民，更非爲着延續文化，只是爲着便於黨的統治，爲着加強黨的統治。一地的黨部，時時在指揮、偵伺、及節制一地的學校，學校內部復有黨團來限制學校的行政權力。其實，學校行政權力已無須黨團來限制，因爲中小學校長幾乎都是黨員，大學校長中也只有少數的幾位不是黨員。黨化教育顯然已含有宗教意味：三民主義是聖經，黨義課程是查經班，紀念週是禮拜，訓導制度的目的在於管理信仰及防止異端。教育局長是主教，教育廳長是大主教，教育部長就是樞機主教；中央黨部的各樞機主教都可以做教育部長，能够辦黨的，彷彿都能辦教育。黨員留學培植了一些神父，幸運一點的可以充任大學校長，可惜培植出來的神父不多，無法壟斷大學中教授的講座。二十年來，控制如此嚴密，結果却出乎意料以外；正如羅馬教廷之無法樸滅宗教革命，黨化教育也就無法消滅不斷發生的學運與學潮。二十年來，中國學術界當然有相當進步，但這一大半是得力於二十年以前的教育，一小半則仍是由於黨化教育所設法阻遏的叛道精神。二十年來在學術上較有貢獻的大學，必定是受黨化教育束縛最少的大學；反之，黨化教育除了禁錮思想以外，在學術上給了我們一些什麼呢？

濫用教育需要一套理論來做根據，這一套理論便是所謂「統制教育。」根據統制教育的理論，提出了一些這樣的對策：劃一學制，使所有的學校合於一個系統；改省立學校爲國立以便集中受制於教育部；加強對私立學校的管理，或將其改爲國立，以便於控制；將全國學校依地理條件作「合理的」分佈，免得集中在少數都市而予學運以便利；審查教授教員資格，設立部聘教授，使官廳有控制校聘教授及教員之權；議訂各級學校課程標準，編訂國定或部定教本，限制任意開設課程或增删教材，以便澄清思想。這些對策並非毫無理由的，問題牽涉大多，須專文討論。在這裏，我們只能指出其出發點的錯誤：任何有關教育的對策，如果忽略教育本身的意義，而只被濫用來做政治的工具，則此類對策推行以後，必然會喪失其在教育上的價值，而要遭遇着慘痛的失敗。主持此類對策的人，只看見有政府的權力，不會正視有關教育的因素；於是在推行以後，隨時發現有矛盾，到處遭逢着障礙，終於不能不承認其失敗。他們自認失敗了，却仍不肯放棄統制教育的理論，仍想在這個理論裏兜圈子來自圓其說。時而有新的對策提出，時而要加以修正，時而要予以放棄，久久又要把業經放棄過的對策重新提出（例如今日的師範學院制度實際上就是過去的高等師範制度。）這樣朝令夕改的辦法，充分表現主持教育者因受統制教育論的束縛而缺乏遠見，致使國家教育事業弄到這樣五花八門。

主持統制教育的人，爲着掩飾其失敗、浪費、與惡果起見而使用表現主義。最便於表現的莫過於數字，教育當局每喜報告增加了學校若干，班次若干，學生若干；至於學校設備如何，學生質素如何，則可置而不論。新增設的學校，當然是最便於控制的學校。爲着濫用教育，更不惜設立施行特種教育的機構或學校；其所耗之經費最多，而所加於教育的侮辱亦最烈。數字粉飾不了本身的腐敗和弱點，至多只是一種交賬式的定樣文章，以之來炫耀外國人，希望能在文化救助的名義之下騙來幾文外國錢。爲着表現民主精神起見而有所謂教育會議。我們不反對召開有關教育問題的會議，但看如何開法。十年以來召集此類會議的目的幾乎全是爲着如何實施統制教育的理論；

希望根據各方的報告來探求加強控制教育的對策。爲着要管制學生，從導師制的提出、採用、實行報告，修正與廢止，以至於今日的訓導制度，其間不知舉行過多少次會議，然而關於學生的訓育，至今仍是一個無法解決的問題。其他有關教育問題的會議之目的與結果，亦大率類此。會議的目的既是如此，參與會議的份子不問可知：除却少數與官方接近的所謂專家之外，幾乎全是直接負教育行政責任的官吏及黨團人物，眞正致力於教育理論或獻身於教育事業的人，通常被擯於會議以外。構成此類會議的份子，通常都是被「受訓」過的，由於特種教育一脈相承下來的作風，他們已然缺乏了掰制的能力，雖然擠擠一堂，只不過依次混過預定的節目而已。外國人曾批評過：動物才受訓練，人只有教育；以「受訓」的人參加訓人的會議，無疑地與教育的目的會相距日遠。戰時交通困難，物力更感缺乏，政府對於教育的正當需要及教員待遇，如此吝嗇，却不惜浪費大量財力來舉行此類會議，可見其要濫用教育的決心到了何等程度。最近聽說教育部又有召集全國教育會議的擬議；我們想，除了爲着統制教育以外，目前實在沒有召開之必要。在內戰期間，教育事業能够保全多少是多少，談不到有計劃的興革；假使不是爲着表現主義，不必多此一舉。至於在內戰時期還要大規模地舉行運動會之類，更是表現主義之尤者；除勞民傷財以外，於國民健康實在不會有絲毫好處。

統制教育論者，忽略了教育上的一切可能因素，不曾想像到有若干問題是單憑政府權力所不能解決的。當戰亂時，此類問題更多，只因政府事先不曾考慮到，故一經發生，即感覺到不知所措手足。當抗戰時，政府要與敵僞爭取青年，同時也要與中共爭取青年；然其用以爭取之道，仍脫不了統制教育論的支配。政府確曾盡了相當力量收容留亡學生，也曾用貸金及公費的辦法使他們能繼續其學業。可是，當時之所以能形成弦誦不輟的局面，一半還是由於青年的愛國熱情而敢於流亡到後方，事實上政府不曾派人在淪陷區做結集流亡學生的工作，也不曾給予青年以流亡的便利。青年結集在後方的學校以後，在「思想集中」的口號下面，受着嚴密的猜防。特殊津貼是一種誘惑，取消貸金與公費又是一種威脅；加上校內黨團的跋扈，校外政治的壓力，在這麼一種窒息的空氣之中，所謂弦誦不輟也只是不輟而已。勝利來得太快了，素常缺乏遠見的教育當局對於光復區青年的再教育問題，本來毫無準備，而最急切的工作是和中共爭取青年，於是再教育的工作反被擱置。忍辱等待「天亮」的青年，只希望能從政府得着一點溫暖與慰藉，不幸只得到猜防、侮辱與歧視，不由得會感到一陣冰冷。在加緊控制及澄淸思想的進程之中，使他們感覺前途無望，遂不免以暴行來宣洩其積忿；所以各地的臨大補習班，多少都曾出過一點亂子。實在說，這些臨大補習班，除了耗費無數法幣以外，在教育意義上實在不會起什麼作用；就政治意義言，反而引起了這批青年對政府的反感。復員以後，濫用教育來做政治工具的作風，一天厲害一天；政府與青年的距離也就愈來愈遠，因而接連不斷地發生了學運與學潮。只因政府濫用了教育，所以始終找不出一個消滅學運與學潮的辦法；濫用教育的政策如不放棄，學運與學潮不但不會消滅，恐怕會使政府有窮於應付之勢。

當一個政權的基礎很鞏固的時候，統制教育的理論也未必眞能有效；在一尊之見的極盛時代不也常常產生離經叛道的思想嗎？過去已崩潰的無數政權，不都是曾經濫用過教育嗎？當一個政權的基礎業經動搖之時，統制教育的理論，更是無能爲力。在今日，我們不常常看見有學人在「轉變」嗎？正義感可以引起埋頭研究的學人之叛逆性，當然更能刺激起易於感情衝動的青年之革命性。看重本崗位工作的中年人尙能表現其鬥爭精神，不計利害的青年人當然更敢於鬥爭。愈是腐敗無能的政權，愈想濫用教育；於是愈求劃一，愈現紛亂，愈想統制，愈有困難。教育已被濫用，却仍然要裝着辦教育的姿態；只知敷衍及抹桌子的官吏連裝點門面的能力也沒有了，以至破綻百出，欲求補救還來不及，還談得上統制嗎？眼見濫用教育的對策，一個一個失敗：導師制已被事實粉碎了，審查資格的辦法眼看就非取消不可，扣發研究費的卑劣辦法仍不能壓迫教授們來請領營業執照；國定教本已被攻擊得體無完膚；課程標準一擬再擬，終於擬不出一個道理；學校之「合理的地理分佈」論已經證實是一個不合理的妄想。這一切都在說明統制教育之失敗，以至把整個教育弄到這麼一個千瘡百孔的局面。今日的教育好比一個破爛不堪而仍要拿來行駛的汽車，時時有毛病，時時要修理，不但沿途要拋錨，終因無可修理時而不能到達其所當到達的目的地。這些毛病之所以發生，都是由於濫用教育政策的錯誤；教育本身既已破敗不堪，還能用來做鞏固政權的工具嗎？

教育的功用在於溝通兩代之間的距離來延續人類的文化；濫用教育只能保持住兩代間的距離而使文化停滯。爲着要貫徹教育的功用，我們不能不反對教育之被濫用；爲着要使教育免於濫用，我們不能不要求自由教育。統制教育可以培植出奴才與鄉愿，同時却也會培植出叛徒，可見教育是濫用不得的。惟有尙寬容而少干涉的自由教育始可培植出民主政治所需要的公民。一個腐敗的政權，對於教育總以少出花樣勿求表現爲好，多一事不如少一事，否則，只有自找痲煩、自損威信。知其不可爲而爲之，是謂愚昧；知其不當爲而爲之，是謂橫蠻。愚昧與橫蠻都是違反教育意義的；從事教育工作的人，當然有掃除愚昧與橫蠻的責任，因此，我們要反對教育之被濫用。

華萊士悲劇的時代意義

樓邦彥

不少人爲了華萊士的競選失敗而感到幻滅，其實華萊士是在扮演着一齣悲劇，這齣悲劇是具有它的時代意義的。

在美國的政黨歷史上，華萊士運動並不是一個新運動，它祇是一個以新人物爲主角的舊運動而已。第三黨運動在美國已經有一百多年的歷史，華萊士顯然不是這種運動的先驅者。儘管這種運動在不同的時候有其興起與殁落的特殊環境，然而仍不難找出其共同原因的線索。我們說華萊士所扮演的是一齣悲劇，就是因爲一方面他沒有從歷史上學習到教訓，另方面更沒有認清楚他所處的這個時代的要求。

小黨的產生，在美國立國後的早年即已顯著，其中有的僅是地方性的，壽命亦甚短暫，沒有發生多少影響，有的則活動範圍較廣，予大黨以不可忽視的威脅。這裏是幾個例子：

比較早的一個是反幫會黨(Anti-Masonic Party)，始自一千八百二十幾年，其起因是由於對幫會的仇視。當時的各種祕密團體，尤其是「互助會」(Free-masons) 在一般人的眼光中，都是富人的團體，所以反幫會黨的組織是表現社會下層階級對於社會上層階級的反抗，在這一個意義上，它是一個相當民主的平民的政黨。野心的政治家有鑒於這個新黨的潛在力量，乃加利用來達到其他的目的，於是它就中途變質了，從一個進步的政黨搖身一變而成爲一個反動的政黨。在曇花一現以後，它就活生生地被葬送在反動保守的野心政治家之手。在南北戰爭以前，又有反對奴隸制度的政黨的組織，它們雖曾一度活躍，然不久也就消逝，並且也都遭遇到類似反幫會黨的從進步到反動的命運。在南北戰爭以後，共和黨的內部發生了分裂。因爲大資本家操縱政黨的結果，致使政黨逐漸趨向於腐敗，乃有一部份自由份子聯合脫黨而組織自由共和黨 (Liberal Repabli-can Party)，而使共和黨感受到莫大的威脅。自由共和黨本身雖然終歸失敗，但由於對共和黨的反抗，又接連產生了其他的第三黨，其中尤以人民黨 (Peoples Party) 爲最值得注意，大家都公認它是十九世紀最大的一個第三黨。它認爲美國的病症在乎道德的墮落，政治的腐敗，以及物質的浪費，它要想把國家從流氓和富翁的手中挽救過來。在聯邦與各邦的選舉中，它得到了相當的收獲，但是因爲要把自已變成大黨的心過於迫切，它中途妥協了，放棄了大部份的原來主張，於是一受打擊，它就沉淪了。

十九世紀的美國第三黨運動就這樣消逝了，然而這並沒有因此減少了二十世紀的政治家發動組織新政黨的勇氣。一九一二年和一九二四年，如同今年一九四八年，在美國現代史上，無疑是很重要的年頭。這是一個新的世紀，人民黨本身儘管消滅，它所代表的一切在新的世紀中比以前更爲活躍。所以在新世紀的最初幾年中，各邦與各市在進步的領導者之下，促成了各方面的改革，政黨比以前更爲民主了，立法也逐漸趨向社會化。共和黨內就有一部份進步份子在一九一一年組織了進步共和同盟，打算把威斯康辛邦長拉福爾脫 (La Follette) 捧出來。但同時曾充任總統的西奧道羅斯福(Theodore Roosevelt)野心勃勃，他搶取了機會，於一九一二年宣布參加總統競選，並完全接受共和黨內進步份子的主張。那一年的共和黨大會，爲塔虎脫(Taft)所操縱，他百般阻礙羅斯福所代表的勢力，結果自已被推爲共和黨的總統候選人。於是擁護羅斯福的進步份子就聯合脫黨而組織了一個新政黨，定名爲進步黨，推羅斯福爲進步黨的總統候選人。那一年的總統選舉結果，共和黨受到了最大的打擊，在五百三十一選舉人票中，它僅獲八票，羅斯福獲八十八票，民主黨的威爾遜 (Woodrow Wilson) 獲四百三十五票，而且後者並沒有獲得實際投票總額的過半數，這完全是進步黨的插足所造成的結果。在大選後的四年中，這一個美國歷史上最大第三黨的進步黨，其命運是非常悲慘的。好些進步黨人投到宣示進步跡象的民主黨的懷抱中去了，到了一九一六年，這位進步黨領袖西奧道羅斯福拋棄了以往的立場，反而勸導其追隨者重新擁護他們四年前所脫離的共和黨，共和黨在那個時候已經是比以前更趨反動了。進步黨就是在這種情形下解體的，進步黨人乃不得不轉而支持威爾遜，威爾遜蟬聯總統的關鍵就在此。

不久，民主黨也走上了顯著的右傾道路，於是各地的進步運動又復活了。一九二二年，進步的自由份子組織了進步政台行動會議(Conference for Progressive Political Action)，由於在國會選舉中的相當成就，乃於一九二四年召開黨大會，正式組織進步黨，推拉福爾脫爲總統候選人。進步黨的競選政綱是前進的，美國勞工聯盟與社會黨也都支持它。它竭盡了最大努力，放棄了地方性的競選，而集中力量於總統競選。那一年參加投票的選民出乎意料的不踴躍（僅佔選民總額百分之五十一•一）結果是共和黨的柯立芝(Calvin Coolidge)當選爲總統，拉福爾脫僅在他曾經做過邦長的威斯康辛邦獲勝，共得十三票。數月後拉福爾脫去世，他所領導的進步黨也就跟着消逝了。

今年的華萊士參加競選，與一九一二年大選時西奧道羅斯福的地位完全相似。雖然華萊士是民主黨的叛徒，而西奧道羅斯福是共和黨的叛徒，他們都是組織了新黨，來否認兩大政黨的陣線的。祇是華萊士的聲勢沒有西奧道羅斯福那麼浩大，儘管後者還是落選了，競選的態勢却完全改變了樣子，他使共和黨的塔虎脫受了致命的打擊，而使進步黨一躍而取得了第二位置，這是美國歷史上從來沒有的情形，民主黨的威爾遜事實上亦祇是在沒有獲得投票總額的過半數的情形下當選了總統。在此次美國大選的前夕，我們鑒於當年塔虎脫的遭遇，也曾爲杜魯門揑一把汗，一般人又由於別方面的幾種錯覺，咸認杜威之當選殆無多少疑問。（參閱我的「杜魯門蟬聯總統的關鍵」一文，載「新路」二卷一期。）可是結果是華萊士慘敗了，全部的選舉人票盡爲杜魯門與杜威所分得，這就是說，他沒有在任何一邦內獲勝，而且他所得的選民總票數也僅在一百萬上下。當然大家都事先預卜華萊士要在今年當選總統絕無希望，但如果他競選得法，或有可能使杜魯門遭遇到類似當年塔虎脫的命運，同時也未始不是華萊士個人用來作進一步活動的一宗政治資本。然而華萊士在此次美國大選中竟然沒有發生了一點作用，這固然是選民的抉擇，我們却不能不注意華萊士不僅在今年是命定失敗了，就是在一九五二年也是同樣沒有希望的。此所以我認爲華萊士是在扮演着一齣悲劇，我們不能怪美國人民反動，跟不上華萊士的進步主張，我們祇能說華萊士的道路是一條滿途荆棘的艱難的道路，過去也有政治家試走過這樣的路而沒有走通，華萊士似乎也不具有天大的本領足以克服這個困難。我並不是說歷史一定重演，西奧道羅斯福失敗了，華萊士也一定會失敗的；我是說華萊士至少忽視了前人的經歷，政治的現實，以及時代的要求。

要瞭解華萊士悲劇，必須具備一個先決條件，那就是對於近乎是制度的美國兩黨政治的傳統的認識。華萊士並不是沒有領會到這一層事實，所以他不止是組織一個嚴格意義的第三黨，他的目的是在民主共和兩黨以外組織一個新黨，使它進一步演變而成爲兩大政黨之一，庶幾在美國政治上可以發生較大的作用，於是他就採取了一種直截了當的政治策略，把民主共和兩黨視作一而二二而一的對象。我們都知道華萊士是以主張協調美蘇關係起家的，他就以此立場來建立新黨的基礎。他認爲在外交政策上，民主共和兩黨是一鼻孔出氣的，這也正是當年與他作對的貝爾納斯（Byrnes）國務卿所堅持的「人民外交政策」（People's foreign policy）的主要目標之一——一個共同於兩黨的，非政治性的，而爲其他國家所信賴的持久的外交政策，華萊士却稱它爲兩黨共同對這一代與下一代美國人民導向反動戰爭的政策。在求取和平的努力這一點上說，自然是其志可嘉的，此所以華萊士作此登高一呼曾引起了不少人興奮地憧憬一個較好世界的遠景。然而華萊士似乎不經心地疏忽了兩個要點。

第一，他疏忽了一個新政黨的成立，尤其在今天這個時代裏，是不可能以某種外交政策爲持久的基石的。儘管美蘇關係的日趨尖銳化是對於世界和平前途的最大關鍵，儘管華萊士的號召可以吸引並獲得相當一部份人的注意與同情，但是要成立一個新政黨，並擠上兩大政黨的陣營，卽使是更具有革命性的外交政策，也是無濟於事的。無論怎樣，光是外交政策是絕難撐得住一個政黨的。我之所以說華萊士不僅在今年是命定失敗了，就是在一九五二年也是同樣沒有希望的，這是原因之一。要說主張協調美蘇關係，目前應該是最好不過的時機，可是我們必須認清，華萊士於今年大選時獲得了一百萬上下的選票，並不能證明除掉這一百萬上下的美國選民以外，個個都不熱烈關心於美蘇關係的協調，這個事實祇是告訴我們以某種無論怎樣合時的外交政策來號召成立一個新政黨，是怎樣的不可靠。

第二，華萊士又疏忽了在第二次世界大戰以前，民主黨的羅斯福總統也曾努力協調美蘇兩國的關係，而且不無相當的成就。如果這是事實。而華萊士也承認這個事實，那麼他應覺悟以協調美蘇關係的主張來作爲新政黨的基礎，實在是基於衝動而不必要的。我不是說華萊士不該作如此主張，相反的，我早已說過他的求取和平的努力是值得欽佩的，我祇是說他不該因此而組織新政黨。固然，華萊士所攻擊的是導向反動戰爭的兩黨的「人民外交政策」，但是所謂兩黨外交，主要地是兩種客觀場合之一所造成的，一是當美國對外作戰時，一是當總統與國會兩院的多數不隸屬於同一政黨時 。這就是說，兩黨外交祇是一種權宜的措施，它不是一成不變的。是則姑不論兩黨外交的方式，而單就外交政策的實質來說，羅斯福所領導的民主黨旣能相當有成就地努力於協調美蘇兩國的關係於先，民主黨也可以在別人的領導下作同一方向的努力於其後。那麼在原則上，華萊士自可不必另組新黨，而在民主黨內以羅斯福的繼承者自居來爭取領袖的地位，藉以實現他的外交主張，完成他組織新政黨的主要目的。這樣做並不是沒有困難的，但這困難無論如何總小於以外交政策爲基礎來組織新政黨的困難。故治家是無捷徑可循的，華萊士却偏偏要選擇一條捷徑，就這樣地，他演出了一齣政治悲劇。

抑又有進者，在兩黨政治的假定下，華萊士把民主共和兩黨視爲一種，從而組織新政黨來改變美國目前的政黨分野態勢 ，在原則上未始不是一個適當的政治策略。但是這應該有一個前提，那就是新政黨總得與舊政黨有基本的差別。華萊士除掉在外交政策方面說得比較露骨以外，他所組織領導的新政黨並不建築在一個適應時代要求的新基礎之上 ，外交政策的鮮明旗幟是無論如何支撐不起一個想打進兩大政黨的陣營中去的新政黨的。民主共和兩黨離不開資本家的利益，它們正如華萊士所指出的並無顯著差異，它們的對峙是純粹由於法制所給予的便利以及歷史的傳統，然而華萊士的進步黨儘管主張寬大地協調美蘇關係，它所代表的還離不開是資本家的利益。假使這個推斷沒有錯誤，那麼華萊士要想以進步黨去替代民主黨或共和黨，或使民主共和兩黨融合爲一，其希望是極其微小，或竟致是不可能的。這並非說民主共和兩黨的對峙態勢將是相當持久的，因爲可能在某一種方向的情形有了相當發展以後，兩黨政治的傳統依舊維持，而代表資本家利益的各政黨（包括民主共和兩黨在內）逐漸形成了一種聯合陣線，另一方面又產生了與它對立的代表無產階級利益的社會主義政黨，走上了像英國工黨在第一次世界大戰前後所走上的道路。在不發生革命的假定下，這恐怕是唯一的場合，使美國目前的政黨分野態勢有發生改變的可能。今天美國並不是沒有代表農工無產階級利益的左傾政黨，它們雖爲數不少，可是互相猜忌，不能團結，以致沒有發生多大作用。不但如此，資本主義目前在美國所造成的客觀繁榮環境，致使尖銳的不同階級意識至少暫時難以明朗化起來。但是這個日子是終究會到來的，這當然需要從目前起農工無產階級的犧牲小我，來促成與資產階級作政治鬥爭的自覺。恐怕祇有到了那個時候，一個逐漸長大的第三黨（絕非華萊士的進步黨），才有變成兩大政黨之一的可能。這是我們根據美國制度與時代潮流所作的推論，沒有主觀的成見，也不包含基於利害關係的願望。我們並且不相信華萊士在這個可能的發展過程中會佔有任何重要地位，這是時代迫使華萊士充當了這一幕悲劇的主角。

最後尚有一句公道話是不能不略微一提的。歷史上的美國第三黨，在競選的立場上說，即使都失敗了，然而對於美國政治却是不無貢獻而具有它們的功能的。它們往往是走在時代的前面，提出種種問題與解決這些問題的方案，予人民以刺激，造成有力的輿論，予大黨以警覺，督促合時的改革。它們儘管落選，却是光榮地失敗了，它們可以說是大時代中的無名英雄，有了貢獻，而沒有報酬。我們相信華萊士的進步黨，如同過去的第三黨，也一定有它的貢獻。不說別的，它至少喚起了一般人民對於協調美蘇關係的注意，當人民的注意形成了一種有力的輿論時，政府的舵手是不敢輕易加以忽視的。從某一個觀點看，今年杜威的落選與杜魯門的蟬聯，華萊士的警告在民間所發生的影響可能是一個重要的促成因素。是則華萊士雖然扮演了一齣悲劇，他却從傍協助促使保守勢力暫時不能抬起頭來，這個結果對他未始不是一點安慰。

一九四八年十一月十五日北平。

通訊

百萬大軍戰徐州

（北通通訊）

本刊特約記者

內戰三年以來，徐州這次會戰，要算是規模最大的一次，雙方動員均在五十萬以上的兵力。共軍方面出動了陳毅的十三個縱隊（一說十五個縱隊），劉伯承陳賡的六個縱隊，共約二十個縱隊的野戰部隊，另外還加上一些地方武裝。國軍方面集結了華東剿總指揮下的所有的部隊，另外還有京滬衞戍部隊及華中剿總的部隊也準備於必要時繼續向這個戰場上投擲。在蘇魯豫皖邊境上國軍有名的兵團計有邱清泉，黃百韜，孫之良，劉汝明，馮治安，李彌，胡璉，夏威，李文田等。會戰開始時，邱清泉在碭山，黃百韜在徐州，劉汝明馮治安在郯城，李彌在臨淮關鳳陽，李文田在蚌埠，孫元良在渦陽蒙城，夏威在合肥，胡璉在六安霍山。這關係江左南朝安危的淝水兩岸，佈置了這樣多的大兵團，國軍顯是要此戰決生死，其心情的沉重可以想見，而且又當東北山東新敗之餘，軍心士氣及後方政經狀況大不如以前，都是相當的險惡，國際上杜威的寶又沒有押中，短期內亦不易將內戰變做外戰，所以鄧文儀一個月前在北平新聞界茶會上說，「一兩週內徐州會戰就要爆發了，我們的兵是哀兵，共匪是驕兵」。言外之意，「哀兵必勝」，但這句話他並沒有完整的說出來，亦可見他當時對徐州戰局的如何審愼發言。

共軍這次攻徐州，當然是以陳毅的部隊爲主，劉伯承陳賡策應會攻。陳毅挾山東秋攻全勝之餘威，揮兵南指，直薄徐州，如此主力拚擊，是出乎一般人的想像的。在這次會戰將要開始的時候，一般人估計共軍將要從兩翼向南滲透，迂迴蚌埠，使徐州變做華東戰場上的長春，以蚌埠爲四平，拿京滬做瀋錦。沒有想到陳毅在國軍逗弄之下冒了火，要硬拿徐州，生吃黃、邱、孫等的兵團，結果雙方在徐州外圍形成了主力會戰。陳毅爲什麼會如此硬幹呢？主要原因是國軍在山東和東北的戰鬥力與戰鬥意志的表現，使他們太瞧不起了，而京滬經濟狀況的紊亂與人心的浮動，更對國軍士氣有莫大影響。再加以五十九軍及七十七軍在徐東前線的變化，留出了一個可從魯南山地大胆向徐州進兵的空隙。這一些燦爛的有利條件的誘惑，使得陳毅不得不撲向徐州，希圖一擊而下兩淮，控制大江南北，創造比東北更大場面的勝利。這是徐州所以有主力拚戰的主要原因。

會戰開始，正面相持於韓莊一線。東翼共軍第二，四，六，十一，十二，十三，新七等七個縱隊，渡過沂水，奪取郯城，在運河兩岸與國軍展開拚殺，據說窰灣一役，共軍雖有相當的傷亡，却索得了相當大的代價，接着就把黃百韜兵團包圍於碾莊，八義集，耿集中間地區。黃兵團在八義集以西至徐州鐵路線被切斷四五十里，傷亡相當慘重。以廿五軍爲主的黃百韜兵團，說裝備並不算好，抗戰期間在第三戰區，其戰鬥力還不如在東北覆沒的四十九軍。（那時四十九軍是三戰區的機動部隊）勝利後由杭州到京滬轉蘇北，而在蘇北的戰鬥力的表現，却已經超過了四十九軍，其性能與當時在蘇北的一百軍李天霞相似——相當的有彈性，可以拖一氣。不過黃百韜眞正成名還是在豫東黃泛區一戰——他當時馳援區壽年，被共軍打援部隊截擊，情況相當惡劣，可是他硬挺過去了，造成了政府宣傳的第一次「淝水之戰」。這次更猛烈的戰火正從徐州以東向淝水燃燒，他又適當其衝，五九與七七兩軍陣前生變，使他的處境比在黃泛區更爲惡劣，而這支有彈性能拖一氣的部隊，又獲得了一個新的考驗的機會，黃百韜那位細長身材的天津佬，已經掛過一次青天白日勛章了，他似乎還想再掛一次。他在四面重圍中苦撐衝殺，等待着邱清泉兵團來援，政府十七日宣傳的徐州大捷，是黃百韜苦撐的結果，但他本人和他的部下如何？只見到中央社的消息說是他已與邱兵團會師了，並沒有更多關於他們的報導。十八日各報徐州東線的消息也不多。

與黃百韜兵團同時被圍的還有在南線的孫元良兵團，在夾溝符離一帶與共軍同時有激戰，可能在經一度激戰後已向徐州靠攏，而宿縣一部守軍仍在被圍中。

西線方面，陳賡之四，九兩縱隊及劉承伯之十一縱隊，攻佔考城商邱以後，圍取碭山，黃口一戰，遭受邱清泉部的衝擊，死傷很重。迨東線緊張時，劉陳部已迂迴南下，邱清泉也東移援黃百韜去了，西線一時顯得沉寂。

截至目前止政府雖宣稱在徐州外圍，斃傷共軍十萬人，獲得空前大捷，但戰事尚未結束，共軍亦未遠颺，可能續有力量向徐州戰場上投擲。因爲我們可以想到的，徐州國軍馮治安兵團是因爲有變而失去戰力了，黃百韜孫元良兩兵團的死傷在這幾天一定也不小，東擋西殺的邱清泉兵團又必然相當的疲備，因此八義集碾莊援黃之戰，不得不將李彌兵團的力量加上去。就算共軍已死傷十萬吧，國軍的傷亡與損失恐怕也相當的可觀了。

共軍直攻徐州，遭受重大的傷亡，不能不說是一次急功好利的損失。如果能脫離戰鬥，從兩翼延展，向南滲透，鑽隙前進，其對江南的威脅，不見得會比逕攻徐州爲小。戰爭，尤其是現代戰爭，需要精確的科學的計算，因爲戰爭是項現實的東西，打的是那一股子「氣」和「勁」，如果只注意了「氣」，而錯算了實在的「勁」。是要吃虧的，果眞共軍在徐州外圍的死傷，接近於政府宣佈的數字，那他就是只注意到了氣，而沒有精確的算清到勁。收縮到徐州百里以內十字架陣地上，以邱兵團爲主的國軍，機動性及火力都是相當的可觀的，何況另外還有空軍與戰車部隊呢？這是南京生死存亡之戰，也是共軍是否能以馬上控制長江以北地區之戰，關係全局十分重要，重要關頭會拿出「最後法寶」來，所以中央社的報導，「共匪」在徐東前線已經使用毒氣，這有違國際公法的武器，在內戰中却已經使用出來了，這比轟炸，焚燒還違反人道，全國人民應該對着這殘酷的內戰有所表示了。反轟炸以外應當還有一個反使用毒氣的運動，請中立人或國際科學家到戰地去看看是否應當的。

徐州戰事國軍還沒有得到勝利的結束，外電所傳，戰事仍在向南發展，蚌埠劉汝明兵團開始北上，企圖解圍宿縣。華中野戰部隊及京滬衛戍部隊，也必然要節節向前推進，劉兵團之外，夏威胡璉和李文田兵團恐怕也開始使用了。共軍到現在還沒有放鬆徐蚌的跡象，如果他是攻徐州不下，一個是馬上設法脫離戰鬥，一個拿出看家的本領還是使用向南滲透鑽隙的戰法，後者的可能性是比較更大一些，尢其是蘇北兩淮是他們舊遊之地，打不下徐州他們也會向這個地區來找便宜的。聞連雲港已有一部國軍登陸華中國軍一部已開始東移，那末，我們可以認定，徐州戰事還沒有結束，還在發展着。

（十一月十八日）

風雨江南（上海通訊）

本刊特約記者

東北風越刮越緊，江南的晚秋却是好風景，霜後的楓葉紅滿了半個山，野鴨羣像蝗虫似的掠過收穫後的稻田，腦滿腸肥的螃蟹大豐年，到處都是這些橫行者的天下。本是景色晴、明的佳日，但爲這無情的時代風雨，使人心中充滿了淒涼的情調。

南京戒嚴

東北風帶來的是低氣壓，壓得空氣低沉而沌濁，朔風中却存在了多少無名的焦燥，好景色引不起人的觀賞，這七十天內，天堂一噩夢，金圓劵失掉了金黃的顏色，不能失敗的財政改革，畢竟失敗了；這五十天來軍事局勢大變化，只要翻開地圖來看一看戰局形勢的人，便可看出戰場形勢正和金圓劵一樣，也是今非昔比了。再加上十一月初美國大選出了冷門，杜魯門戰勝了杜威繼續作了總統，使外交上對付新總統的多少預支都落了空，而美蘇間的世界第三次大戰暫時未必一觸即發，因爲這些原故，沒有梅雨的暮秋，但人們的心情，却有如梅雨時節了。

離開南京的那一天，騷動已然開始，蔣總統十日下令，自十日午夜十二時起，全首都衛戍區（東至上海，西至安慶，南至杭州，北至蚌埠）實施臨時戒嚴。衛戍總司令孫連仲下令即日每晚從晚間十時到次晨六時爲戒嚴時期，在此時間內，一切行動均根據戒嚴法第一條辦理，並成立戒嚴司令部，十一日起開始辦公，同時由報時台數度向市民宣告。

那一天的白天，首都的騷動，羣衆攻擊了至少五十家米店，這些米店的門窗被擊毀，店員被毆打，看到糧食就搶，慢慢地由搶米到搶食物。白下路的金蘭餅乾公司，上午十時被搶去麵粉五百餘袋，白糖一百多擔，餅乾二百多筒，而且還有人放火。冠生園食品公司在午間被搶去了麵粉三百餘袋，餅乾二十餘箱，下關有一家板鴨店，在一小時內，所有的生熟板鴨都被搶光了，起初警察無法制止騷動，幾小時後，決向天開鎗示威，才算是把秩序恢復。

那一天的混亂結果，使棉紗、布疋、綢布、五金各業都決定分別遣散職工，大家都認爲既然無法供應膳食，願意遣散夥計，以減輕負擔及避免工潮，大商店大工廠普遍發薪六個月，小店最低也發薪三個月，也有到月底的，這一天被解僱的職工有二萬名以上，若以五口之家計算，則有十萬人加入了失業的隊伍。

對於南京的政治冬景，無從亦不必要多作介紹，應當說的，只是警備總司令一職，便找不到合適的人選。孫連仲改任了叅軍長，這個戒嚴令只是臨去秋波，新任總司令陳繼承，十一日到了南京，看看局面危難，便又懇請辭職，改任憲兵司令張鎭充任，張鎭本是孫連仲到南京以前的警備總司令，事過經年，他却也不敢再「身任艱巨」了，由於執行戒嚴令的人物遴選困難，便可見這個必須戒嚴的是怎樣一個局面了。

南京本是一片沼澤地帶，因有自然風物蓋着滿地的污穢。還都以後，新起的建築有如菌蕈，清水池塘減少，污穢垃圾却在逐日加多，於是這隱隱的惡臭，洋溢在空氣中，而且逐漸增加。

天堂崩潰

蘇州與杭州，都是江南所謂天堂地區。限價七十日以後的蘇杭，都有無限的憔悴，四方來人走在沒有營業的商店的街上，看着失掉了血色的人羣，聽聽茶館中關於四鄉土地租佃糾紛，便會感到這天堂已是虛有其表，特別是正走向崩潰的途中的蘇州，無人能阻止她今後的不幸命運。

在蘇州停留了二十四小時，一下火車就感到這裏雖不近戰區，但已顯兵多，三三五五的軍裝青年在街上走來走去，黃包車在車站的一角，不知道有多少「荷花大少」屈尊操起勞役，以吳儂軟語來和僱車的客人爭幾角錢的出入。此外還有祥生公司的營業汽車也在候客，蘇州人反對現代物質文明進城的頑固觀念，已爲無情的時間所粉碎了。

北門裏面，首先看到的是一片菜園，有幾名守衞的兵，正抬着大糞桶在那裏澆菜。舊存日本式的一列房屋破得不堪，紅牆的一角上寫着青松禪院，但只有一株沒有松針的枯樹探身出到牆外，似在訴述他的孤苦。北門塔是青年軍的城內留守處，在塔基層，開了幾個大窗戶，寫上了禮義廉恥之類標語，顯得特別刺目，在戡亂的標語下，蘇州已不只是「旁觀」，而是在「力行」。這個縣境內經常駐有三萬武士，每半月的副食費要四十五萬金圓，因爲中央的費用不能按時到達，正向地方籌借十天的費用，一家報紙刊載着地方人士的意見道：

「蘇州沒有住這麼多的兵的必要，無錫比蘇州有錢，爲什麼只駐了幾千？而窮苦的蘇州不只三萬，今後還要加多？中央如果眷念自己的士兵的生活，蘇州近在京畿，也用不到向地方來預借。不然，借了十天以後，還會再借十天，地方上絕沒有力量負擔！」

軍人，軍眷，和河南流亡學生把蘇州的外貌改變了。外來人用武力敲開拒租房主們的大門，用強力搬進來。河大，焦作工院一部分學校，窮得爲了沒有米食而停課，同時也有一部分軍官在利用這個機會來享樂，到虎邱，留園足玩一氣。有些軍眷們却在用苦中作樂的口吻說：「如果部隊移動了，立刻就沒有不花錢的車子和不花錢的米了。吃苦還來不及，等那時候到那裏去享樂？」

玄妙觀前，一片淒涼，小攤子七零八落，沒有米，（每石五百元還買不到），連麵食也買不到了。生煎饅首換了豆沙餡子，五角一支還在喊賠本。茶樓的人依然多，每杯茶漲到四角五分，說評書的不夠飯費，陸續歇業。采芝齋沒有商品，廣州公司只剩了店員，陸稿荐只賣一種醬鴨，每份六元，一搶而空。玄妙觀的道士們倒背着手，在和銀行職員們，很有趣地在聊天，出世與入世者打成了一片。靜觀這個世界的變化，看着那搶購醬菜的一列列的行列。

有條巷子裏有基督教的「靈粮堂」在吹吹打打，引人去說教，多少沒有米吃的人，只有看到「靈粮」二字作苦笑。

上海風波

在戒嚴令頒布的前二天，上海北站區的鐵路工人罷了六小時的工，以致秩序大亂——這三千工人爲了食米在八日上午九時起離開了崗位，大家到處在喊：

「我們要飯吃，我們的薪水連一個人都養不了！」

一千多金圓一石的米，平均只有二百金圓薪水的鐵路職工，無論如何沒有方法活下去。當九點鐘上班的時間到來後，他們把職員拉出來，參加了怠工的行列。一齊向陳伯莊局長請願，沒有結果，後來陳局長由材料廠後門走，工人們一怒之下，搶吃了職員的飯。到了下午一時，局長派人向罷工羣衆答覆，先發米二斗及薪水一百元，原則上每人可以發米一石，但是要陸續補發，三小時以後，才陸續復工。

同一時間，工會代表和市府當局談判，要求改按限價失敗後的物價實際的指數發薪。在上海批發指數在七倍以上，零售指數在十倍以上。這個數字市政當局不便答應，只肯酌量增加，這不啻是對於「恢復指數」的一個正式的示威。

上海這次對於限價的反響是全面的漲價，似乎要把這七十天吃的虧在一次中補齊。最嚇人的粮價，大餅到了二圓一只，餛飩五圓一碗，炒麵到了十圓一盤，咖啡到了十七圓一杯，兩個人隨便吃次飯，便用到一百金圓以上，旅館一天也到了百圓左右。據說一位中等生活以上的人，在上海過旅途的生活，每人每日要花到五百金圓。並且當地黑市利息奇高，借一圓要花到五圓一月，頭寸枯竭，而物價仍上漲不已，這是怎樣的一個世界，難怪多少南下的逃難客，想一想，仍然重返北方了。

通貨膨脹，最高發行也不過到「八一九」前的十倍，而物價最近却漲了不只這些倍數。中央銀行發滿了金圓券二十億元，仍然感到籌碼缺乏。這說明了社會上重物輕幣的心理已到了極點，商人不肯拋貨，農人也不肯拋粮。一位接近官方的人氏說：

「中樞認爲軍事有把握，外交也不悲觀，怕只是怕經濟出問題。這個大水要淹了全局無處逃避。」

上海的風波是純經濟性的，這個大洪水的汎濫，在中國歷史上是空前的。上海的風波眞是一場風波，他是間歇性的，起起伏伏，誰也不知到那一天停止。

（十七日）

自由主義者的悲哀（南京通訊）

本刊讀者投寄

奇蹟的玩火者之哀傷

暮秋十一月的石頭城畔，滿目荒涼。千百難民篷頭跣足的露宿在西風蕭蕭的下關碼頭。那飢寒淒楚的悲慘景像，會襲擊每個過路者痛苦的心靈，倘一追尋這些迢迢千里匍匐依棲都門的無告哀鴻，誰都該洞澈着這是廣大中原戰場上的新產兒，拋家離業棄土揚塵，和飢寒，死亡，毀滅，苦難作了不可分解的姻緣。對於這些個刺激，到底迫使着稱謂「自由主義者」的人們徬徨而哀傷了。

於是，獨步哨吟着「戰爭，戰爭，萬惡的戰爭」！於玄武湖畔的自由主義者們開始其獨特之幻想了。從詛咒萬惡的戰爭的一念擬心之動機起始，繼之便陷入了自由主義者們更進一步的雄懷與壯志，而在教授們的待客廳間嫋嫋輕烟之談吐裏，盤旋着隔了百葉窗子向外面透視的新的憧憬，忍不住吐露出所謂書生們天眞的懷念了。

果然，二卷六期在劉不同教授兼立委主持下的「大學評論」，掀起了一場不大不小的關於所謂和平之波浪，這就是以倪青原教授領銜，郭中一，劉不同，袁伯樵，曹國卿，范謙衷，裘家奎等四十餘教授的簽署，成爲一時話題的向蔣介石毛澤東兩先生呼籲和平停戰書！

這不能不說是個奇蹟；過去關於和平的呼籲和吶喊，大多不是來自南方的香港，華中的上海，便是北方的平津，但是這回却在一向戰雲瀰漫氛圍氣息中的國都南京嚮起了別起爐竈的和平呼籲，雖然雲生們的吶喊儘管低微而弱小，可是影響卻不能不說是巨大，那有如一粒細小的石子，只要你投進一泓的碧水之中，它的波紋也是愈繞愈遠的；一束星星的火花，只要你放棄着不去撲滅它，不久也會可以燎原的。所以這點奇蹟的創造，在最初「自由主義者」們只是天眞的玩火，或者說是人類的哀傷——唯其玩火才能製造幻想，唯其哀傷才也博得了熱情者的贊許——到最後卻把火反撲了自身，而哀傷着自己的落寞。

無論如何，做爲一個冷門的出現，倦伏在白下城中的「自由主義者」是以英雄姿態出世的。奇蹟走冷門，冷不防漏了這一個照面，到底是斷了線的風箏，失了根更斷了稔，難怪要讓看放風箏的人覺着不大得勁，更何況還有人喝倒采呢？

於是這一幕近乎滑稽的悲喜劇，很快很快的有如一道輕輕的淡煙，剎那間幻化在太空便消蝕得渺無痕跡，剩餘的只見始作俑者自己的孤獨與哀傷了。

冷門戰略的失敗

任人而知雖是倪青原教授領銜的公開向蔣．毛呼籲停戰，但個中的活動主要份子還是那位被U．P稱謂中國的自由主義者，國民黨革新派的劉不同教授，這位教授是從冷門起家的，從徵收財產稅的巨砲打定了能言敢說有主張有辦法的根基以後，劉不同三個字籍着雜誌報章的渲染，便震動了所有的角落，正唯其獲得了這樣的政治新資本，所以才愈益的增加走冷門的勇氣，但卻想不到在這場「呼籲停戰」的戰略上，鬧了個尷尬的鬼臉。

在徵收財產稅的主張中，他說過：「今天的事實是：以窮人的血來滋潤都市裏豪富的生命，以窮人維持最低生活的物資來供給都市豪富的奢侈，這種悽慘的事實必須糾正。」可是由於要糾正這悽慘的事實，才逼得這位國民黨中的反對派更充滿自由主義者的幻想，愈迷戀着自由主義者的幻想，愈使他那滿腹酸辛的惆悵深刻化了。於是他更高呼着：「這些上海之氓，一手持着三民主義以欺騙青年供己驅使；一手拿着刺刀排斥異己，全黨員的國民黨遂變成了少數人的國民黨，實行三民主義的國民黨遂變成了少數人的國民黨，走上了王朝之路：」國民黨是不是走向王朝之路那是另一件問題，可是劉不同確愈走近了與黨員不同之路上了。

「戰爭把我們毀滅了！」他看到這三年多的內戰把中國打垮了，便開始想到了和，「實際上戰爭的火舌毀滅了我們的一切，所以我主張全國智識份子伸出和平的手，撲滅這吃人的戰火！」繼之他在「戰爭與和平」裏又對那豪門，政客以及奸佞們痛罵了一番，根據着這一個心境，便創造出這次轟動都門的教授求和的傑作，劉不同也的確是相當絞了腦汁的。

不過，自由主義者的癡念卻碰在堅固的實現邊緣上，雖然大學評論社也豎起了響應和平號召的大纛，而且更約求海內外各地的人民，人民團體，民意機關的表示意見，但是疆場上的戰火鑼鼓敲得這般的緊，誰又顧及這種不着邊際的飄渺工作呢？政府呢，東北的全面垮台，華北的風雲更緊，中共呢（共匪），也許安於那躊躇滿志的場面裏，都不會而且也都不可能**的對於自由主義者之幻想，給予一個評價。卽使有也只是對於幻想者的痛斥！**

自由主義者對蔣總統說是「戎馬倥傯，未暇獲知民情，吾人生活民間，感受較爲深刻：方今四海沸怨，人心惶惑，圖謀和平此其時也，」既感到書生之氣味十足，而對毛澤東則又說：「欲繼續以武力作戰到底，希圖建立共產黨一黨專政之政權，則不僅與中共所標擧之民主政治相背繆，且將造成人民更深之痛苦，空遺國家以莫大之憂患：」則更想到那是天眞無比的說法了。

給求和的人們一串苦果

將「呼籲停戰」看做「和談謠諑」那只是使所謂自由主義的幻想遭受打擊的初步，（見十一月七日中央「闢和談謬說」，前幾「救亡圖存之道」兩社論）而其主力則是八日總統在黨部紀念週上所宣示的戡亂決心，已經極其顯明的對他們更作極深痛的斥責，蔣氏說，「前幾天南京竟有少數知識份子，公然發表文字，提出和平的主張，這實在是自己喪失了民族精神，完全是投降主義者：今天這些人抹殺了國家的利益，喪失了國民的立場，嚮應共匪的謠言攻勢，而主張向共匪投降，這不但是他們自己甘作共匪的奴隸，而且更要貽害於我們整個中華民族永遠作異族的奴隸牛馬：」從這篇談話裏的蛛絲馬跡，更透出沒有法子改轍的政府既定政略。

跟着「清黨整政，劃分敵我」的要求來了：「整政清黨應當嚴厲進行，使共匪奸牒及其各種化身無法滲透我們的後方，來散佈失敗主義的毒素，並製造動搖人心的謠言：今日之事必須敵我分明，凡隸屬共匪或傾向共匪的人，無論他是什麼官職和身分，應當站在共匪的陣營那邊去：」這些話是中央日報對自由主義者所說的，尤其是那隸有國民黨籍的自由主義者所當心照不宣的。但這並不是尾聲，還有比這個更厲害的直是指名叫陣：「如劉不同之類更假借立法委員的保護色，如瘋如狂執行其國際間牒的任務，警察憲兵和法院都受了平時狀態相沿不變的作風的拘束，眼看着失敗主義者的橫行，而無所措手。」（中央十日社論：論當前軍事形勢），共產國際間牒要不戰而取，我們也就聽任那些僞裝間牒在我們的黨內穿插着，橫行着，散佈投降主義的毒素，我們的黨受敵人的毒，中敵人的計，眞可以說如響斯應了。」（中央十一日社論：團結！團結！團結！）「求和運動就是投降亡國運動。這尤其是政府應該嚴厲制裁的，前線將士正在作戰，而後方社會，特別是首都社會乃散佈和謠，這是何等嚴重的事情？」（中央十二日社論：首都戒嚴令）

從敵我分明起，南京的自由主義者已不能再以「吾人側身教壇，對任何方面無所偏惡，」（致毛澤東呼籲停戰書）的中立姿態走着中間路線的道路了，而且也更不容許他們做這種想法了，有人認爲這是多少怨氣積蘊而發的，對於那位劉不同教授兼立委的狂罵癖的一種糾正行爲，據側近方面透露出來的消息，那篇給總統的呼籲停戰書裏，竟有「今日欲以武力建立一黨獨裁政權，固非世界潮流所容許，而以武力保護落後的官僚資本，亦將爲時代所淘汰」的極盡諷刺的語句，才惹起了這場收尾極廣的惡果！（十一，十三）

華南寶島瓊崖（海口通訊）

本刊讀者投寄

一

「建設華南」是國民政府「戡建」決策之一。去年十月，宋子文啣命來粵，繼羅卓英任廣東省主席；代張發奎兼主廣州綏靖公署，一人身兼軍政兩大要職，最高當局這樣的安排，主要目標在要他完成「建設華南」的任務。宋氏主粵一年，建設的成績在那裏，海南島的治安和開發是一個明確的答覆。

二

羅卓英下台的前一個月表示，廣東全省治安最嚴重的地方：就是瓊崖——海南島。那時一般報紙公開承認，共方的瓊崖縱隊只有三個支隊，合三千六百人，約佔廣東全境盤踞共軍總數的三分之一。當時張發奎派遣蔡勁軍出任海南島行政長官，兼負清勦責任。一年多光景，瓊崖縱隊竟擁到十二個支隊，約合一萬四五千人。（這說明了蔡氏清勦的收穫是什麼。）

宋子文到粵以後，六項施政方針中，有「清勦匪患」一條。一方面，他以廣東全省百分八十五以上的政費用於軍事。擴充保安團，警備旅，海軍方面把海軍第四基地司令部擴爲第四軍區司令部；第六砲艇隊擴爲第四防艇隊。另一方面，在擴軍之餘，他對海南島的治安也十分重視，他增派大批保安團開赴瓊崖，並增調若干砲艇留守榆林港——海南島南部唯一海軍基地；同時更以韓漢英代替蔡勁軍治瓊。在兵員數量上看，國軍的實力已經增強很多，可是清勦的成績，仍舊依然如故。一年以來，海南島上十六個縣，已有白沙、樂東、保亭、感恩、馬嶺五個縣份全部易手。其他縣只保有縣城，而失去了鄉村。最近瓊崖縱隊正在進行攻打西南部的崖縣、陵水和榆林港。

抗戰期間，和東江縱隊孿生的瓊崖縱隊，實力很微，只有一些中共政工人員率領一部土著在五指山區打游擊。勝利以後，正在接收人員一批批從廣州駕到「刧收」的時候，他們才漸漸從山區向平原膨脹擴張。他們的政治資本便是當時瓊人對「刼收」的憤怨，以致許多不能維持生活的土著都加入了他們的行列。馮白駒率領這些隊伍，由山區而平原，自鄉村撲城市。像白沙，感恩等縣城都是沿鐵路的大城，都是瓊崖首富之區，現在居然流入他們手中。在一年來各次戰役中，保安團有兩個總隊長曾傑和陳瑞章戰死，兩個縣長和兩百多名黨政人員被俘。所以宋子文曾經慨然嘆道：「不到海南島不知海南島治安之壞！」廣州綏署副主任黃鎮球在省參議會上也說過：「勦共是一件艱苦的工作，不能預作推測說什麼時候或多少個月可以肅清得了！」

三

爲什麼瓊島治安會壞得這步田地呢？只有兩個原因：第一，貪污風氣逼得瓊人背叛。正像筆者前面說的「刼收」使島民恨得入骨，隨着刼收的，又有一批刮地皮的官老爺光臨。攤派名目，多得出奇，縣府的，長官公署的，警保總隊的，不一而足。又加上今年水災被災區很大，素以漁業爲生的多數老百姓困苦日日加深，因此對政府的離心力便日大，馮白駒的力量因而也越增長。第二，瓊島上常有叛變發生。這在蔡勁軍時代便有，目前也是一樣。叛變的最大原因，是士兵生活太苦，同時受到外面的壓力和引誘，遂屢有發生，上月末，瓊西有驊變，內中有士兵，也有警察。這比前一個因素對治安的影響，還來得大些。

本月初旬，馮白駒抽調五六千人，集結在萬寧，白沙淩水、昌江等地，企圖奪取榆林港；因而造成了海南島空前的危機。榆林港是中國南部優良軍港之一，能泊萬噸左右船艦。抗戰期間，日人曾以此港作爲台灣到越南各港的中繼港口。如果榆林一旦有失，整個海南島等於癱瘓了一半。本來廣州有一個「瓊島振災團」準備來瓊西各地來振災，結果因爲那裏情勢緊張，而作罷了。坐鎮廣州的宋子文主席對海南島唯一軍港的威脅也很焦慮，十一月二日電令新任榆林港要塞司令聶琦赴任，佈屬防禦。聶琦三日已經從海口飛往榆林履新。可是榆林被襲的危機，直到現在尚未好轉。

四

講到開發海南島，筆者也很痛心。日本統治瓊崖的一段時期裏，他們勘測了全島所有的礦藏，積極開採蘊藏的鐵砂，同時修築一條從榆林到白沙的鐵路——瓊島僅有的一條交通線，他們想把海南島變成第二台灣。戰後，我們的「刼收」大員接收後，大部鐵礦，都停了工，有些昔日很完整很具規模的工業設備都殘缺了。三年以來，廣東省政府利用一般留用的日本技術人員，一部礦廠才漸漸復起工來。宋子文到廣東原有一個開發海南島的計劃，他一方面阻止地方人士的「改省運動」，以期瓊崖永隸廣東省，便於進行建設；另一方面，他把一個偉大的建設海南島計畫給「經合總署中國分署」署長賴普漢，建議他撥出一部美援，利用日本人遺留的基礎，大舉開發。從這些地方看來，「建設華南」從海南島開始，在宋氏是很有決心的。

可是一年來，由於治安問題嚴重，把一切建設都躭擱了，今天這裏受威脅，礦廠失去一部，明日那裏不穩定，生產陡然降落。現在全島只有石碌鐵礦和東方發電廠兩大資源尚完整無缺，其它如田獨鐵礦，每日只能生產鐵砂一百多噸，這些鐵砂，積聚起來，運到日本，去交換其它商品。海南島開發，如此可憐，「建設華南」會有多少成果也就因此可知。

前面筆者已經提過海南島僅有一條日本人遺留的鐵路這條沿西南海岸建造的鐵路從白沙到榆林間一百九十公里，包括各支幹線，目前已經殘破不堪。一切路基、橋樑、站台、電話線和行車設備，時遭共軍破壞，破壞以後，就從沒有辦法修復，現已形成「自生自滅」狀態。

近幾個月來，從榆林到黃流這段路軌，因爲軍事需要，當局亟待修復。海南島鐵路管理處才受命動工修理。他們和當地部隊商議好採取工兵築路辦法，即發動士兵修路外，並配以民工合作。這些民工的來源，當局原定「三徵七僱」，以便減低民衆負擔。實際上，三徵是事實，七僱却變了「七徵」，換言之，是十足徵用民工。因此，被徵民工不願努力幹，所以一直延遲到現在，這短短一條鐵路，還未修完。海南島鐵路管理處長，蔡春曦氏向人說：「海南島鐵路的命運，從此壽終正寢了！」

五

海南島治安日糟，不僅開發建設不可能，就是內地來的人也紛紛欲返了。榆林港軍運頻仍，民船商船很少，可是候船往香港，台灣以及較近的廣州灣的人，却越集越多，今日的海南島，已不像是昔日頌揚的「寶島」，而已變成「火坑」。

（十一月十四日）

雨中看美國大選

（美國通訊）

蔣恩鈿

這裏，黃昏下起微雨，但美國大選前夕的火熾情緒，却絲毫沒有受到影響，街頭出動的，在加州大學附近，似乎都是學生。以「原子彈第四年」爲標題，宣傳選舉進步黨華萊士爲總統的紙張，一片片塞到我手裏來，我不知道懷了何種情緒，在接受這些宣傳品。美國報紙上這幾天來，中國成了頭條新聞，極大極大的黑字，一點也不能在心頭抹去。故國的烽烟燃燒在每一個旅人身邊，分量是越來越在加重。「選你們的去吧」。這滿街的秋雨，滴得人好不心煩。杜魯門，杜威，那怕華萊士，其實你們是誰上台也可以。我們中國將怎麼辦？長春傳說在吃人肉，美金一塊二毛一斤！難道希望杜威上台，美國人多給我們一點接濟，我們自己打得還不够激烈，掙扎得不够慘厲，再來做更壯烈的犧牲，自相殘殺個沒有終結嗎？如是不幸而依然杜魯門做總統，馬歇爾一邊總生着氣，報紙上儘公開罵國民黨的不爭氣，但是美國爲了自己的利益，又不得不掏腰包來扶持，錢袋口却又扣得緊緊的，多則不肯，少又不濟！中國人民在流着血淚，來償還一輩子也還不清的孽債！眞有什麼心緒來看人家的熱鬧！

然而無線電不饒人的到處發放。空氣裏盪漾滿了選舉的氣息，正如秋雨一般，滴到身上，也滴上心頭，想要不理也不成。總統候選人都已回到了老家，靜待傳報佳音。共和黨有力的副總統候選人華倫，也回到了這裏附近的「橡樹城」。這位美國西岸，加利福尼亞州的州長，今晚在榮返故里的盛會上，依然在用他那一套，呢呢如老婦敘家常的口吻，在回憶着童年，在記起幾個熱識的臉，在感謝這入秋的頭場雨——好像雨也來湊趣，特地趕來替他洗塵一樣——大家還熱烈的跑來捧場，這裏顯示出了美國人的精神，接着就盛道，美國人如何福氣，美國人如何康樂，美國人知道怎樣自由選擇，美國人知道決定該走怎麼好的路線，總而言之，美國「項好，項好」台下一陣陣春雷似的掌聲和歡呼，把戶外的秋雨壓得悄然無聲。你想不聽他，轉出任何聲音來，不是共和黨，就是民主黨，要不就是華萊士大聲呼籲世界永久和平的路途。杜魯門，杜威都曾來過西部做競選講演，華萊士不甘落後，當然也來。據說，加州大學的學生很多贊助華萊士，想請他到學校來講演，但是加大校長是共和黨，教授裏很多又是民主黨，要請，各黨各派都請來，不然，此風免開，省得學校攪成黨爭之地，在學校門外，誰愛怎麼活動，誰怎麼活動去！

今晚眞是大會串，好不熱鬧。鄰居羅博太太特地爲我送來了一大堆關於明天選舉的材料，選舉票的式樣，四項正副總統候選人之外。是本區兩院議員候選人，立法委員，司法委員，區分所指導員的選定。此外是十九條加州新法案的待決，末了是幾項本城的建議案。都待明天取決。因爲我們兩個孩子在這裏小學讀書，對於發行學報公債一項，羅博太太特意又說明它如何如何的重要，我心裏却覺得有更重要的分量在壓着——我們小學教育的問題，更該是如何嚴重啊！

美國人自來好利用廣告術，這次大選，更極盡其各式各樣宣傳的能事，耳目感觀，所及，何時何地不是在宣傳選舉。恐怕共和黨化出了更多的錢在宣傳上，就只杜威，華倫，美國東西兩大州長的合影，到處貼遍。杜威的小鬍子和那付重眉印在千千萬萬個人眼裏。唯有我們六歲大的孩子永遠攪不清，因爲杜魯門，杜威，撇到了中國字，兩人都姓了杜，變成了一家，他永遠要問「是那帶眼鏡姓杜的，還是那不帶眼鏡姓杜的，會做總統？」據說我國在這方面也曾化了些宣傳費，希望杜威中選，一本萬利。

一夜秋風，到十一月二日的清晨還不曾停住，天氣變得陰濕淒涼，似乎一時還沒有晴朗的可能。我一早送孩子們上學，走出門，就碰見右鄰華茲太太一手推着孩子，一手撐着傘回來，照例互請過「晨安」，她一臉笑的在告訴我：「我剛在選舉了回來」。「好啊，選舉地方離這裏不遠吧」？「不遠，就在前面「拱道街」轉角，屈泥太太家的汽車房裏」。「汽車房裏」？我重複了一句，她認爲何足驚奇的，道了聲「再見」。我剛把孩子送到了學校回來，我的朋友高孟小姐在喊住我，「不要回家，來，同你去看選舉」。我跨進她的車，她興奮的說：「一早七點我就去投票，剛想起你前天說要看看我們怎麼選舉，我特地來接你」。我看着我這滿頭白髮的朋友，感謝之餘，不知如何說法好，我又不知她屬那一黨派，只隨口說了聲：「看來這次杜威最有希望吧？華萊士似乎只有年輕的學生贊成」。「當然是杜威，我就選他，民主黨做了這麼些年，現在問題越來越重要，得讓最有能力的人出來擔當。華萊士胡鬧，我們美國人還不需要他」。我看她那神氣變得好嚴重，六七十歲的老小姐，我別惹惱了她。她把我開到雪特街上，也是一家汽車房，門口橫掛着一面美國旗，進門是一本名册，選民穿着各式的雨衣，排成行列，小孩子坐在推車裏，屋子中間長棹上，坐了四五位太太，在發選舉票，四個白帆布做的小隔子，像平常人家的掛衣間，選民各自拿了選舉票，悄悄的鑽進去，用那預備好在那裏的黑色十字戳子，鄭重敲定在自己早已胸有成竹，選擇好的人名後。這才把那一條條新的法案或待決議件，緻細謹愼的在贊成或否決的格子裏，一個個印下黑十字。只有獨自心裏明白，此外誰也不知道，如釋重負似的把一大張選舉票，鄭重折疊起，留出那左角的號目，繳到管斯號目的人手裏，一張號目撕下，眼目着原樣折疊的票，由縫中放進了票櫃，眼睛裏放出自信和喜悅的光芒，不管人家選的是誰，自信總是不錯。四年來一度由幾千萬公民手裏決定的總統命運，是積聚了這樣成千成萬張，一一塞進選舉票櫃裏的總和，還合上千千萬萬個信念，才成立的，確實可說是人民的意志上產生出來的。我不自覺的眼睛在潤濕，我們中國能在那一天，人人民每一個有自己的意志，各自懂得使用人民該有的權能，知道不該放棄任何應行使的神聖義務，那參與競選的，更該知道守法奉公，聽候人民的任用，大家不披那卑劣無賴的民主皮毛！這一間陰濕簡陋的汽車房，忽然在我心目中幻變成比我們的國民大會堂既高又亮的地方，幸而秋雨滴到我頭上，也滴到我臉上，嘴角嘗着那苦酸的滋味，我心裏也明白，不是秋雨，却是眼淚，感謝了高孟小姐帶我來，順手抹盡了滿臉的水點，獨自回頭漫步歸來，一路踐踏着零落在人行道上的楓葉，心想，北平西山的紅葉，不是也正當鮮紅時節嗎？

三十七年十一月二日

桂花林裏

蕭望卿

你們不是愛這幢茅屋嗎，諸位小朋友？自然嚻，你們原是在這瀰漫着泥土和乾草的香氣的小天地裏生長的，你們家裏，你們的親戚朋友，所有可憐的鄉下人，（我也是鄉下人呵！）都是辛辛苦苦爬在土地枯黑的胸脯上問要糧食的，他們對於自己險惡的命運（一切他們都歸之於命運！）寧用嘆息和流淚，從不懷疑追索，你們小小的幻想也老在泥土上爬，從不多關心星星和月亮的消息。嘀，眞有趣，難怪你們看得出神了，桌上那團月光像一隻青白色的小兔子，她的背聳起來，她的小紅眼睛溜轉着偷望我們，她好像想要悄悄的蹓走呢。燭火搖曳着，綠點兒和陰影在牆上，在天花板上搖動着，這屋子像都帶着搖動起來了。別怕，嘜，嘜，你們的眼睛睜得那樣大而圓，也許是外面的魔影又侵進來了！推開窗子罷，呀，月光眞好！跟着我來，跟着我來，我領你們到桂花林裏溜躂溜躂去。

我是個小老頭子，我走過許多許多地方，這次大戰裏，我被一種熱愛的狂流所沖走了，（現在想來，是啼笑皆非的，我當時却眞愛着別人僞裝下，一個相當空虛而又相當莊嚴的名詞——國家。）我隨着軍隊越過野人山，渡過怒江，在雨霧迷濛的沼澤裏，在濃碧的大森林裏，四圍是血腥、死屍、炮火、和吶喊，我們像都變成了一羣瘋狂的野獸。三四年來，每個日子都帶着怕人的血腥，從我面前掣過去。我曾兩次從死亡的國度裏漫遊回來。

一天，忽然聽到教堂裏晚禱的鐘聲，老牧師亂髮如雪，站在高巍巍的陽台上，用快樂得要哭泣的聲音宣佈和平到來的消息。在這突然降臨的意外的幸福裏，驚悸漸定，我的心高與得跳的痛起來。其後一天早晨，我就讓飛機帶回了祖國，唉，祖國！這個地方我幾乎全不認識了，就像從未來過似的，荒誕，陰慘，令人毛骨悚然，我疑心自已眞掉進了慘黯的惡夢裏。我定一定神，細想了好些時，才恍然澈悟，於是立即回想起從前投身於死亡的風暴中的生活，多少人不知給誰做了犧牲，我自己也幾乎給黑潮帶走，因而連夜做了無數成串怕人的怪夢，醒後心還在疼呢。勝利意外的來了，別的民族都在求安定，繁榮，而我們的國家呢，却是在逐漸沉淪，無法挽救。可愛的孩子，我於是就逃來這座山裏，想定一定我驚散了的靈魂。我曾眞想要忘掉眼前的世界，可是我的血仍舊呼嘯着，將我拉回來。

哈哈，你們怔住了，別——別，好孩子，我見到你們，見到小河跟那桂花林，我的靈魂就像在聖潔的靈光裏忽然清醒過來，人世的紛擾便如風雨息後的海濤，自然而然的消退了，我的心暢飲着溫慰，和平像清亮的浪花遠遠的流過來，溫柔的環擁着我。

小路上，踩着月光，軟軟的，像雪，像流水，籠着青煙。我們就沿着小河走去罷，河水眞藍，眞藍，草木的影子靜靜的躺在水裏，今晚的石橋也改變了，活像是乳白的寶石雕成的，那上面披着淡青的透明的月光。在橋上向前面望去，稍遠處便像一片白濛濛的湖沼，樹木的姿影隱約的從月光裏浮露出來。你們聞到香氣沒有？近來月白風清的夜裏，幾里路遠近的山峰、樹木、與河流都被那些桂花薰香了，呵，你們的心跳得多急，我的心也常爲世間一切美的光影而跳盪的，哈哈哈哈，所以我是個小老頭子，永遠是個小老頭子，我想要忘掉這個世界，如何可能呢？我們向着桂花林裏走去罷，就像走向芬芳的藍海似的，是不是？嗨，見到沒有？前面碧空中浮動着一片金波，那就是桂花林了！

月光像細糜糜的青白的雨珠從天空滲注下來，落於桂花林，整個林子便閃爍着微微的杏紅、晶黃、淡青、和乳白的光彩，而沉浸在暈青的光霧裏，林影輕煙似的蒙絡於地上。

月光在桂花林間流動着，這兒清輝似乎比別處格外多，幽香融化於光明，向四處流散，就像是一朵金色的光雲。

你們見到樹上那些鴿子沒有？呵，多麼美！可惜我的眼睛有些昏花了。它們讓月光撫弄着，羽毛便顯得更溫柔，更美，而閃爍着星輝了。它們親暱的相互偎依着，眼睛淡紅的，凝貯着微微的亮光，相互一凝望，眼光便隨卽流入迷茫的月色中了，不時有幾隻細聲的啼喚着。微風從天空流下來，桂花便散落於柔濕的碧草。

「我願意是一隻鴿子，永遠永遠住在這樹林裏面，在月光中緩緩的飛，倦了，我就睡在花簇裏做夢。」

「再不要回到那陰黯的屋子裏去：：星星會溜下來，從我眼皮上擦過，掉在我的手心裏，像一滴清亮的光幌來幌去。」

好的，你們乖，跳吧，嚷吧，你們今晚眞够樂，這桂花林像是荒唐而美麗的夢景，在這兒我們只感到和平凝靜，乃對人世的紛擾驚疑，憤恨，而感到厭倦了。

這些事情本不該告訴你們，因而太早就驚破你們方酣的好夢。別望着我發楞——嘜，你看，藍空裏星兒像溫靜的眼睛，笑盈盈的要從透明的天藍裏流下來了。

一隊淡褐色的小點灑在藍空裏，時時在變幻。——一羣雁漸漸的游過我們頭上而遠去了，嗚聲寒波似的流注下來，桂花林微微的戰慄着，我們也隨着戰慄起來了。這消遠幽玄的啼聲在你們的幻想裏會染上如何奇異的顏色？你們心裏會發生如何的變化呢？

我們蹓得太遠了，可愛的小朋友，今晚我實在太快樂了，但在這林子裏，如恍如飛入了瓊樓玉宇的仙境，經不住四圍襲來的輕寒。近年我的心靈不再向天空飛了，我不高興走到很遠的風景裏去，更不願進哈巴狗守護着不許他人入內的私人花園，却寧愛在屋宇低小，路上露滿馬糞的小街上蹓躂，那亂哄哄的聲息，尤其是黃昏的燈火，一片人間溫情的撫拂，喚起我深心的感激。

繁露悄悄的染濕了桂花，眞有點冷了，你們的眼睛被月光染得那麼藍呵。江邊高閣上鐘聲響了，這清澈的呼聲在召喚我們，我們回去吧，屋裏燈火惺忪，正等待着我們帶回月亮去呢。

內政部登記證京警平字第二三四號
中華郵政登記認爲第一類新聞紙類

上海經售處：天下書報社　上海雜誌公司
聯合書報社　上海書報聯合發行所

新路週刊

發行者：中國社會經濟研究會
編輯部｛電報掛號：三九六〇
經理部｛北平東直門大街九八號
電話四局〇六九三號

上海通訊處：
電報掛號：五九〇六六〇
電話四二二五五—五一號
上海黃浦路十七號五一一室

南京分銷處：
西華門三條巷九號之二

訂銷辦法：

一、本刊歡迎直接定閱，請一次預付刊郵費金圓三十元，按每期售價七五折及實貼郵費扣算，款盡時，另開結單函請續定。

二、外埠批銷每期至少在五份以上；照價七折，郵包費外加，一律存款發貨，特約總經售辦法另議。

三、寄遞方法，請來函說明，舊戶續定或有查詢事項務請註明戶號。

四、本刊每逢星期六在北平出版，凡華北區定戶，請向北平本刊經理部洽定。其他各區定戶信件或匯款，請寄本刊上海通訊處收轉。分銷處與經售處係批銷性質，不接受個別定戶。

本期定價金券兩元五角
外埠酌加郵費

新路

週刊（北平版）

第二卷 4

短評

救不救「一不能控制其自己人民信仰與效忠的政權」？

總統夫人也說話了

從英美撤僑說起

蘇聯經濟特輯

蘇聯的農民　Anna L. Strong

蘇聯的工業建設與計劃制度　陳振漢

蘇聯的生活程度　吳景超

專論

政治責任與責任政治　龔祥瑞

論守法　呂克難

通訊

華北局勢的現階段（北平通訊）　本刊特約記者

台灣在今天的地位（台北通訊）　本刊特約記者

看徐可亭的財經大道怎麼走（南京通訊）　歐陽山

文藝：新的孕育　畢基初

中國社會經濟研究會發行

CASER THE NEW ROAD

民國三十七年十二月四日出版

短評

救不救「一不能控制其自已人民信仰與效忠的政權」？

美援迄未能阻遏共黨的擴張；「已離太平洋港口的五千噸彈藥」似也遏止不了共軍的續進；大量的軍事援助，將繼續數年之久的軍事援助，即使得到的話，就救得了「一不能控制其自已人民信仰與效忠的政權」嗎？這就是透過了乞求美援而顯著的表露出來的今日中國的局勢！

最近蔣總統正與杜魯門總統通信，要求，（一）美國宣布支持他對共黨作戰，（二）從速增加軍事援助，（三）保證大量援助將繼續數年之久（十一月二十一日大公報）；杜魯門總統與馬歇爾國務卿及福萊斯特國防部長也正在檢討一個最緊急難決的問題：就是如何遏止中共勢力的擴張。他們共同覺到，現在中國境內情勢祇有在共產政府，與非共產政府間作一抉擇；他們一致主張：支持並援助非共產政府，但蔣總統的政府必須向民主政治方面實行改革。他們共同相信，最後的命運將由中國人自己決定，決非來自海外的援助所能解決。這就是美國叔叔的對華政策和杜魯門總統想要同覆的話。但竟有這麼多的轉折，可見問題是多們惱人！

杜魯門總統不是已經明白表示美國的對華政策大體不變嗎（十一月十八日大公報）!?換言之，在新議會召開以前，美國對中國局勢將無新行動，更無可能給予新援助，他不是說，他正在儘速撥付國會議決的援華款項嗎!?這樣，蔣總統的希望黯淡了。要求了而得不到不是將使尙在中國國民黨控制之中的中國境內增加普通流行的不安與失敗主義的傾向嗎!?杜魯門總統亦思及此否？

在致杜魯門總統的私函中，透露的消息告訴我們，蔣總統所要求的不僅是物質援助，並且是精神援助，要求美國發表一項強有力的政策宣言　，支持他對共黨作戰，以提高中國的士氣。如所傳屬實，這個向外要求豈不是間接讓全國同胞與全球人士知道他業已失掉人民的支持，人民的信仰與效忠！這個要求又豈不是迫人「處於難堪的地位」！人家憲政經驗早已告知杜魯門，馬歇爾和他們的顧問，國外的援助救不了「一不能控制其自己人民信仰與效忠的政權」，蔣總統於此亦曾自反否？

如果美國政府在對外關係上竟背棄其所根據的一切原理，發表一項聲明，與「失掉人民信仰與效忠」的政權協同一致，在中國境內對共黨作戰，不說這一聲明救不了這樣的一個政權，中國人民對於美國人之一面說：「中國問題的解決操諸中國人自已之手」，一面竟又作了中國內戰的幫兇，能不心焉惡之嗎？

政權是建立在人民上面的，脫離人民的政權必歸消滅。這是美國一般人士均能道之的原理。我們相信美國人非不想用種種力量去遏止共軍的續進，但是我們不相信美國人肯在軍事及財政方面全面援助一個「不能控制其自己人民信仰與效忠」的政府。天乎，天乎，事情怎麼辦？於是美國將以異常客氣的姿勢延請蔣總統與夫人訪美之消息便傳出來了！

（雲）

總統夫人也說話了

在「中國目前的局勢確乎十分嚴重」的時候，我們的總統夫人應美國廣播公司的約請，於十一月二十一日對「美國的朋友們」發表廣播演說。顯然的，這是政府祈求美援的又一張王牌！

這篇廣播演說詞包含着滿篇的八股，它至少說出了三層意思：

第一是「哀求美援」的八股。請聽我們的總統夫人告訴美國的朋友們，援華等於是援已，這就是她的話；「我唯一要告訴各位的，是未來的任何援助，必須立刻見諸實現，如果共產主義在中國得逞，你們最後也必難倖免，因爲中國的戰爭地位、資源、與人力給共匪掌握以後，你們本身的力量亦大大削弱了。」這裏面包含亦哀亦脅的技巧，年來有不少大官善於這麼做，我們的總統夫人也這麼做了，今天這已成爲哀求美援的八股了。

第二是「指摘共產黨宣傳」的八股。我們的總統夫人直指「中國共匪和世界其他各地的共產份子」爲「慣用宣傳欺騙世人的專家」，說他們的宣傳是「虛妄」，「狡詐狠毒」，「陰險毒辣」。她舉了自己的例子，又舉了美國的例子，庶幾美國的朋友們也都能與她有同樣的想法。

第三是「辯護自已」的八股，這段八股恐怕是全篇演說詞中最精彩的部份，她一則說：

「中國共匪……爲要在國內外損毀政府的威望，眞無所不用其極，以侮蔑總統和我以及我們家庭中的人。當我國抗日之時，因爲抗日恰巧合乎共匪的目的，他們便稱讚我們是英雄，但在今天，却把中國一切弊病都歸咎在我們身上。」

她繼則又說：

「近來雖曾經有若干令人失望的事情，但總統和我並沒有絲毫氣餒……我們覺得人生的歷程已過去了泰半，我們謹願上帝保佑，將我們的餘年獻身於建設自由中國的工作上，這是在過去二十五年中，我們一貫忠誠致力的工作，總統與我祇要一息尚存，必將堅決作戰，以解除萬惡共匪的威脅。卽不幸失敗，除嗟嘆人生短暫，僅此一生以報効國家外，別無遺憾。」

前兩種八股，實在不值一提，後一種八股，出諸我們的總統夫人之口，我們有一肚子的感慨，簡直不知從何道起。

總統夫人祇是總統的夫人而已，她和總統可以一起吃飯，一起爬山，一起安息，一起做禮拜，我們却不懂在哀求美援和指摘敵黨宣傳方面，憑甚麼她老是要開口閉口地說到「總統和我」，並且還要把「我們家庭中的人」拉在一起？也許這天下根本就是「總統和我」的天下，或者是「總統和我以及我們家庭中的人」的天下！

不料「朕卽國家」的語調，竟又見於號稱民主之國！

同總統一樣，我們的總統夫人也極端忠誠地表達了「鞠躬盡瘁，死而後已」的精神。她有慨於她倆人生的歷程已過去了泰半，但是祇要「一息尚存」，爲了建設一個自由中國，必與共匪堅決作戰到底；如果不幸而不能達到目的，那麼「除嗟嘆人生短暫，僅此一生以報効國家外，別無遺憾」。其志不能謂爲不可嘉，只是她忘記了宗教是不嗜殺人的，「一往情深」，何如痛自懺悔啊！

最後，讓我們一學我們的總統夫人那樣虔誠，謹願上帝保佑，不使我們的國家斷送在一兩個人以及他們家庭中的人之手，阿門！

（木）

從英美撤僑說起

東北的戰事還沒有尖銳化以前，英美領事館就「警告」他們的僑民作撤離平津京滬的準備。跟着這「警告」不久就是「命令」，意思當然比「警告」更嚴重。可是就我們所知道的來說，平津一帶英美僑民遵命撤退的並不多，多數人還是待着不動。這事實至少表明英美外交當局和在平津京滬的英美僑民對於這些地帶的危險性所作的估計不一致，外交當局顧慮到僑民的安全，還比僑民自己更周到更殷切。人們不免因此對於盎格魯薩克遜民族的傳統的鎭靜表示懷疑。無論如何，這一着棋在中國一般民衆中却發生了一個不很好的影響。中國人向來看重外國人，外國人都恐慌到要撤僑了，平津京滬之不可一日留，就成爲鐵案了，人們怎能不驚慌四竄？英美撤僑，縱然不能說是造成了目前這個恐慌騷動的局面，至少是火上加油，把已壞的局面弄得更壞。最感覺煩惱的當然是中國政府當局。撤僑的通告與求援的呼籲不巧是同時。神經過敏的人們不免在這兩事中尋求因果關係，看出撤僑與其說是一種安全的措施，無寧說是一種外交的暗示。他們認爲撤退平津猶可說，撤退京滬則未免有誇張作用。究竟誇張的目的何在呢？要暗示的是什麼呢？有人說，這表示英美人不一定要留在中國，也就不一定要援助中國。也有人以爲這是對於中國政府的警告，意思是說，想要美國的援助，就得多聽美國的調度。

英美人當然不是一個很簡單的民族，他們於慣有的鎭靜之中愛講一點幽默感，愛開一點玩笑，也有時愛打一點算盤。我們不敢說他們這次撤僑只有安全措施一個單純的目的，却也不敢說他們就根本沒有安全措施這個目的。「用一個石頭打兩隻鳥」是他們的經世的名諺。人民的生命在他們的眼中確是一件大事。惟其把生命看作一件大事，他們不輕易把它交給偶然的機遇去擺佈，與其臨事倉皇失措，不如預防萬一。每逢國內有戰事，他們都先把婦孺老弱由當衝城市移至較安全地帶。從這個觀點看，他們這次撤僑，並不是一件值得大驚小怪的事。

在戰時把城市人口作有計劃的安頓，還不僅是爲安全打算。繁衆的人口聚集在軍事要衝，就軍事說，常是一種累贅，市民的驚恐騷動可能影響到軍心士氣，也可能分散軍政人員的精力。尤其重要的是糧食及其他日用必需品，供給所遭遇的困難與人口多寡成正比。釀成一個戰時城市厄運的往往不是烽火而是飢荒。所以在戰時有計劃的疏散城市人口是正當道理。這番話當然很難適用到目前中國。在中國，有計劃的做一件事，是不常有的，所以我們很難希望政府有計劃的安頓城市人口。政府既沒有辦法，人民自奔前程，於情於理就未可厚非。因此，我們聽到北平市當局與河北省當局近來對於人民撥動所說的刻薄話，覺得有欠斟酌。

（實）

蘇聯經濟特輯

蘇聯的農民

Anna L. Strong

當納粹進攻的高潮，俄國有六十萬方英里的面積，其中包括生產俄國出口農產品總量百分之四十的生產力最高的農地，已被其佔領。這被佔土地中，有全國五分之二的穀物田地，馬鈴薯產地之一半，甜菜面積的百分之八十五，向日葵面積的百分之六十，那是俄國植物油的主要來源。

整整兩年中，希特勒雖然控制了蘇聯的穀倉與產糖區域，然而他並沒有獲得麵包與食糖；相反的，蘇聯雖因此減少了戰爭的口粮，却未曾挨餓。

每個農場有其由五十至一百身體強壯的男女所組成的工作隊，他們久已習慣集體工作。這些工作隊自已帶有炊具和食物，隨時能夠變爲作戰的勞工軍營。每個農場有自已的自衛組織，倶樂部，武器及其射手，儼然是有旣定形式的戰鬬團體。每個農場有其夏令保育院，由年老女子在護士幫助之卜管理之；也有一種團體，專門負責把孩子們撤退到後方去。

納粹對於全國最肥沃農產地區的佔領，無疑給予了蘇聯一個可怕的威脅。起來迎擊這威脅的是蘇聯農民。『開闢新的農地，增加生產』！是他們的口號。和飢餓作戰的，主要是婦女老幼和殘廢者。自然，在這一批從事農作的婦女中，包括了一千一百萬個專家。

這些集體農場，在不可想像的阻力之下，已經從增加生產上表現了牠們的偉大力量。試以俄國中部農業區的一個叫做高爾基(Gorky)的地方爲例說明之。在第一次世界大戰的前數年中，由於壯年男子的被徵調，馬及其他家畜的捐爲軍用，這裏的田地變成了一片荒蕪。至少其荒廢的耕地在五十萬英畝以上。而在第二次世界大戰中，這同一地區的耕地，却在戰爭期內的兩年內幾乎增加了四十萬英畝，而且所有農產物也有改進。在戰爭期間，這裏的母牛數量增加了百分之六十七，豬百分之一一八。曳引機與馬調作軍用後，則由牡牛代其原來位置。一九四三年，除了這時被納粹所佔領的地區，總計蘇聯的農作物面積，還較一九一三年大約百分之二十六，較一九一六年，卽第一次世界大戰破壞的第三年，大約百分之三十九。

一般俄國公民，每天僅生存在一千六百卡熱量的食物上，而英國戰時爲二千五百卡，美國戰時爲三千卡。就靠這一點食物的維持，俄國人民每天得工作十二、十三、乃至十四小時。

一九四一年末的冬季，有二十八萬五千新曳引機駕駛員與四萬九千連絡助手已被訓練完成。她們都是婦女，其男子已經從軍去了。也就在同一冬季，全俄國各小學第七、第八、第九、第十等級的孩子，均授以特殊農業課程，預備幫助農忙。爲了節省汽油、種子和肥料均在冬季用雪車，有時用馬背，也有時用婦女自已的勞力去搬運。乳量不夠的母牛則被裝備去耕田，以節省燃料。成千成萬的工人也培植了勝利的菜園。

而且這種增加生產的狂熱伸展到了漫長的戰爭前線。在一九四一年末的冬季，莫斯科附近的農人，開始回到被納粹摧毀了的農場去。當紅軍向西前進時，隨軍而來的就是農業機器的裝軍車，這些機器無疑是東部農場的禮贈。一九四三年三月三日，農業部宣稱，在上年冬天被解放的區域中，已耕地很明顯的與戰前同樣廣大。在頓河流域的一個區域裏，這裏曾被德軍帶走或毀壞了六千匹馬，七千頭母牛與五萬隻羊，收復後的秋收却如和平時期一樣豐盛。

尤其使上述這些成績顯得特殊令人驚奇的，是造成俄國歷史背景的黑暗過去。革命以前的俄國，差不多有一半土地屬於皇室、寺院以及大地主。餘下的分散於二千萬農家，很少農家是住在自已土地上的。古老的農人用具極粗糙，大都是木質，而且就在家裏製造的。「俄國人就從這類基礎上，未經中間階段，直接跳上了曳引機這一層」。如此窮困的農人自然不能離開土地而生存，所以他們不得不爲有錢的鄰人，卽有名的叫做「庫拉克」(Kulak)——俄國富農——而工作。在美國並沒有與此「庫拉克」完全相類似的社會產物，也許握有土地的銀行家（Banker-owned Farms）有點相近似。「庫拉克」象徵了封建村落社會中資本主義的興起。「庫拉克」誠然也從事農業，但他們最大的收入是靠借貸，或收買穀物再向城市出售，等等。

革命後不久，新政府卽鼓勵各種合作社的組織，通過它去從事生產。各種合作社，如乳酪廠，乾酪廠、油榨房、澱粉廠等的設置，均曾得到政府信用貸款的幫助；而這種幫助正是影響全國粮食工業的一個重要因素。在實際農業生產方面的合作社，自較更爲複雜，其初發展也較緩慢。所以政府便以更容易獲得的信用貸款，並優先給予農業機器，用資提倡。這一設施引起了貧苦農人的注意，因爲他們視合作社爲逃避盤剝重利的庫拉克的經濟束縛的唯一機會。

努力從事於農業現代化的運動，開始於一九二七年的年尾。對於集體農場的農業信用貸款與機器供給，從此時起很快的在增加。當時的新稅律給集體農場某種免稅的待遇。又一種新土地稅，使集體農場在任何村莊的土地再分割的過程中，有優先選擇的機會，並可把整片的土地，據爲農場所有。所以到一九三〇年五月，已有近六百萬的農民家庭，卽全國農業人口的四分之一，參加了集體農場。這速度較政府所預期的爲快，因爲政府要費五年工夫，卽到一九三二年底，始能供給全部所允諾的農業機器。

除機器一時供不應求外，另一困難便是「庫拉克」的強烈反對。由於他們在鄉村生活中經濟上的優越地位被這類合作社所摧毀，故他們常用謠言以至放火與暗殺等手段，加以反擊。他們澆火油在曳引機上燒毀之；他們伺候所有動物進欄後，把集體農產的房舍放上火，或在家畜中傳播致死性的流行病。有些比較反動的牧師，舉着手，指摘集體農場爲「不合神道」，因其不再根據神聖節日從事農作；或斥罵集體農場爲「不道德的家庭破壞者」，因爲其中老幼是平等的，這遺棄了傳統父權家庭的典則。在集體農場上，剛從農業學校出來的男子，有和他們父親同樣的投票權。允許因村民的控訴而將庫拉克充軍的法律已被通過，只要這村民是已經「大批集體化」了的。

然則俄國農民安全感的基礎是什麼呢？第一，他們不可能因法律關係而失去他們的土地。集體農場上的土地不是出賣、租佃、或抵押的對象，這種土地是合法的公共地產，由蘇聯政府所允許及其憲法所規定，集體農民「不必付出任何代價，也不受時間限制或即永遠」保有之。而且這種土地可因新分子加入或新土地的開墾而擴大。其中農民使用他們的土地有多久，這集體農場便能維持多久，而不可能被減小。蘇聯農民不但不爲耕地付出任何代價，也不因爲取得重大機器而負債。他們從一種獨特的機關，卽有名的機器與曳引機站（Machine and Tractor Station），便可得到政府所發借的機器。

防止市場沒落的安全感也可因預先出售而獲得。不過每個農場均有一最低額的物產，須按照法定價格出賣與政府。除此均可在市場上自由出賣。所以秋收愈豐盛，則每人可得更多的食物與利潤。無論何處出產最高額的糧食，總是每個人的利益。因「天意」（「Acts of God」）而可能發生的糧食損失，終由於有較好的農事管理而減到了貧低限度，而且普遍的農業保險也把它掩遮住了。所以集體農場對於任何事物都有安全感，除非因懶惰與無能而引起了其內部的解體。

安全感固然是各方面都得了滿足，但這裏是否有自由呢？集體農場是通過民主方式管理的。每個年滿十六歲的工人在其全體大會中，有相等的發言權與表決權；而這個會議中可以選舉總經理，並決定如農場計劃、作物輪種、以及工作分配等基本問題。每個人可因自己的選擇與態度而從事一種專門工作。集體農場的農人並不是工資工人（wage workers），雖然他們的收入之決定，其性質與工資非常相類似。他們是集體農場產權的聯合所有者。

機器，在蘇聯農場上如在別處一樣，很快的替代出來了剩餘勞力。在別處，這情形必然引起成千成萬人的失業。但集體農場上的農人，由於他們是村莊上土地的所有者，很容易的找到了使用所有可能的勞力的地方。其第一結果卽是農事的改進與變化。集體農場開始種植樹木點綴他們的村莊，與建灌溉系統，開闢農業部的教練機的機場，以及成立農業實驗所等。

每個農家，除了參加集體農場外，還有私自由半英畝至三英畝大小不等的園子及其一片果樹，也有自己家裏所豢養的家畜，如牛、羊與雞之類。這類產品是由他們自已使用或者出賣，則視他們以爲如何才合適而定。

集體農場上農作方式的改善，見之於其收入的增加。全國集體農場的總收入，由一九三二年的四，五六八，〇〇〇，〇〇〇盧比增長到了一九三八年的一八，七九八，〇〇〇，〇〇〇盧比。這類數字所顯示的具體事實，是：綢衣、香水、樂器、自行車、照相機、留聲機、自鳴鐘、收音機等在蘇聯各村莊上增加了繁華的氣象。我曾遇見一個蘇聯的農家，卽因兩次或三次的豐收而建立了一棟新房屋。

加里寧主席（President Kalinin）有一次宣稱：「在工業生產方面，蘇聯抄襲了各先進國家的技術。「但在農業方面，我們却是一條新道路上的領導者」。這裏我們走在所有國家的前面」。有一位植物專家曾發現一種四季麥的變種，於一九三九年秋季把它栽種，兩年中收穫了四次，總產量爲每英畝八十三蒲式耳。又一位專家曾發明了一種處理種子的方法，卽長春化（Vernalization），因此可使種子在生芽後種入土中，很早就會滋長、成熟起來。

航空術被運用到農事中自然是一種奇特的新發展。一九三四年，有一個農業航空信託局（Farm Aviation Trust）在這方面工作了整整十二個月，把松樹子撒在西伯利亞正月的雪中，把雀麥撒向沙漠去防止灰沙，把特別早熟的穀粒撒在正要溶雪的乾燥區域或曳引機無法行駛的濕泥中，把稻種撒在北高加索，並且大規模的殺滅作物的害蟲、森林瘟疫以及瘧蚊等。長數百英里的偉大樹木地帶，已經被培植成功，用以庇護東南歐於沙漠熱風襲擊之外。在因放牧過多而損壞了草原及其土質的區域，政府也對於畜牧有所管制。

蘇聯農業成績最聞名於蘇聯以外國家的，還算是其對於北極寒帶的征服。北極農場爲歐亞兩洲沿北極海地帶北冰洋通路的軍略上，建立了充足的糧食基礎。受過訓練的男子正帶着拖運機、砍斧、和耕犂到北極去廓清那裏的榛莽。科學家正爲北極創造了一套特殊的農作物。

（全慰天譯）

蘇聯的工業建設與計劃制度

符咒與巫術，假如和大量的砒霜同時施用，確實能致羊羣中的每一隻於死命的。

Voltaire

陳振漢

一

本文主旨在闡述一九二八年以來蘇聯的工業進步與其經濟制度的關係。凡與此旨無關的工業方面的其他問題，概行從略。

蘇聯從一九二八以來的工業建設，無論從蘇聯本身的目的與客觀的經濟福利的標準來衡量，都得到不可否認的成就；同時蘇聯此一時期所實行的計劃經濟，在本質上雖非全然新穎，在蘇聯這樣的泱泱大國作全國性的試驗，也確是近代經濟史上的盛事，尤其為對資本主義制度失望厭惡的人所衷心嚮往。因此許多論者每好把二者牽連在一起，把計劃經濟看作蘇聯近來工業進步、甚至一切其他方面的成就的唯一的或主要的原因，以至於養成一種可以說是時代的錯覺，就是把計劃制度看作超時空的，醫治任何國家的經濟病症使之起死回生、返老還童的萬應靈藥。

工業建設既是蘇聯五年計劃的重心，計劃制度的得失，對於工業建設的成效，自具深厚的影響；但我們不能說蘇聯工業建設的成敗，卽是計劃制度的功過。一個國家的文化是一種有機性全體性的發展，歷史上某一時期某一方面的文化演變，往往不僅與同時期許多其他演變有多少關係，而且可能受到前一時期的多方面的影響。本文的用意就在指出促成此時蘇聯工業進步的幾個有關的因素。這些因素之於蘇聯工業，縱然不見得有如計劃制度的重要，至少我們可以說，假如沒有這些因素，縱有計劃制度，蘇識工業建設的工作，定將有更多的艱辛，或不能有現在的成效。當然本文決非強調某一因素的單獨的作用，也不企圖估計各因素的相對的數量上的重要程度，而只是要說明任何國家任何時期的經濟進度的速度與高度，絕非經濟制度一方面的改變所能決定的。下文在第二節內簡單敍述蘇聯大革命以後工業發展的速度；第三節說明計劃制度對於工業發展的作用；第四節分析制度以外的主要因素（資源與技術）；第五節再根據這些分析對將來蘇聯工業進步的速度作一蠡測。

二

五年計劃時期蘇聯工業建設的主要成就，是在極短期間，使得產量大增，也就是工業生產逐年有很快的增加。除此之外，有的知名學者，還以爲至少更有兩方面的成就：(1)一個更合理的工業區位的佈置和(2)幾百萬工業專門技術人員的養成。不過國防上的工業合理區位，雖亦蘇聯工業建設的中心目標之一，但非本文主要論旨所在；爲改進生產效率的區位變動，其影響已包括在工業產量增加的速率裏面，我們可以不必另事敍述；同樣，培植工業技術人員的主要目的，如果在增加生產效率，蘇聯在這一部門的工作效果，也可以在工業生產增速上面顯示出來。所以我們描繪蘇聯工業的成就，限於生產數量及其增速的變遷。

根據蘇聯的官方數字，一九四〇蘇聯全部工業的生產值，以一九二六——二七的物價爲率比在首次大戰的前夕（一九一三）增加八倍有半，較之第一次五年計劃實行的時候（一九二八），增加七倍半以上。但這一數量的增加，並非以每年相等的速度達到的。從十月革命以至二次大戰的前一年（一九四〇），蘇聯工業發展的速率，經過三個大小不同的階段：(1)戰時共產主義時期——一九一七以至一九二〇；(2)新經濟政策時期——一九二一至一九二七；(3)五年計劃時期——一九二八以至一九四〇。在這三個階段中間，工業產量增加的速率以新經濟政策時期爲最大，在戰時共產主義時期，工業生產不僅沒有增加，反而大爲減退。

在第一次大戰期間，俄國到了參戰的第三年——一九一六，工業生產並沒有什麼低減。以一九一三年的物價爲準，一九一六年俄國的工業生產價值指數尙等於一〇九（1913＝100），工廠工業產值指數尙等於一一六；到了一九一七年，前者跌至七六，後者跌至七五。這一年暴發兩度革命，繼之以殘酷廣泛的內戰，劇烈的社會制度改革，生產事業與生產工具的國有，高度的通貨膨脹，普遍的社會騷亂以及國際干涉與孤立，結果到了一九二〇年冬，產值指數，全部工業的與大規模工業的，竟下沉到二〇與十三（如以一九二六——二七物價爲準，是年大規模工業產值指數爲十四）的低度。

但這是俄國在大革命以後工業生產低潮的最深淵。從一九二一年春新經濟政策施行以後，主要由於蘇維埃政權的確立，和平秩序的恢復，以及經濟政策更張的效果，工業生產的增加，達到眞正空前絕後的速度。在新經濟政策期間，一九二一——一九二七，平均每年的產值增加率，全部工業是三七·五%，工廠工業是三九·五%。歷年的產值（用一九二六——二七物價，一九一三作基期計算）指數如下：

年份	工廠工業生產值	全部工業生產值
一九一三	一〇〇·〇〇	一〇〇·〇〇
一九二〇	一三·七五	
一九二一	一九·五五	
一九二二	二五·五五	
一九二三	三九·〇七	
一九二四	四五·四六	
一九二五	七五·四九	
一九二六	一〇八·一二	
一九二七	一二三·六八	
一九二八	一五四·三一	一一〇·八〇

從這些產值指數可以看出，新經濟政策時期工業產值的增速雖然很大，仍要到一九二八，工業總產值才恢復到一九一三的水準。這表示在新經濟政策期間，蘇聯工業只是就戰前已有的設備恢復生產，並沒有能增建生產設備。這也是這一期間產值增加速率所以能特高的原因。

一九二八十月以後，俄國實行五年計劃。第一五年計劃在一九三二年底宣告完成，一九三三至三七爲第二五年計劃，第三個五年計劃從一九三八起，進行至一九四一夏，卽因希特勒的入侵中止。在這三個五年計劃期間，一九二八——一九四〇，平均每年產值的增加率，全部工業是一七·五%，工廠工業是一九·一%。其間歷年的產值指數如下：

年份	工廠工業、生產值		全部工業生產值	
一九一三	一〇〇·〇〇		一〇〇·〇	
一九二八	一五四·三一	一〇〇·〇	一一〇·八	一〇〇
一九二九	一九四·三五		一五八·三	
一九三〇	二五二·〇四		一九六·一	
一九三一	三一四·七三		二三七·六	
一九三二	三五九·三		二六五·九	
一九三三	三八〇·〇五		二八一·四	
一九三四	四五七·〇〇		三三六·〇	
一九三五	五二六·六〇		四一一·六	
一九三六	七三二·七〇		五二八·八	
一九三七	八一六·四〇		五八八·九	
一九三八	九〇八·八〇	五八八·六	六五三·八	五九〇·〇
一九三九			七六二·五	
一九四〇			八五二·四	七六九·三

這一速度的生產增進，比美國在同時期的速度還顯得大。根據蘇聯的官方統計，俄美兩國工業生產的對比中，俄國在此期間有着顯著的優勢：

蘇聯工業生產所佔美國工業生產的百分比率

一九一三	六·九
一九二八	六·九
一九三二	二七·三
一九三八	四五·一

以上的產值指數都是蘇聯的官方數字，其生產值都

是指的毛值（gross value），以一九二六——二七的物價為標準計算。然一九三〇以後，是項指數包括有許多新的產品在內，這些產品在一九二六——二七時不能有價格數字，所以指數裏面這類貨物的產值，係用時價計算，但同時蘇聯物價在當時有着向上的趨勢，因此一九三〇以後的產值指數，不能沒有上偏（upward bias）或誇張的程度。不過這種上偏的程度似不太大，根據G·rschenkron 的修正，在第一第二兩個五年計劃內（一九二八——三八）每年的產值平均增加率，可能只有一五%左右，工廠工業產值的平均增加率約在一六%左右。如以這一速率計算，則在一九三八年俄國工業的生產值，不過一九一三的四倍半，一九二八的四倍；一九三八俄國的工廠工業生產，不過一九一三的六倍或一九二八的四倍有奇。

但就是這修正的速率，也是很可驚人的成就。在歐戰以前，從一八八五以迄一九一三，俄國工業產值的增加率，平均每年只有五•七%，根據這個速率，工業生產要用十二年半的時間才能加倍，而在五年計劃期間，剛才說過，從一九二八到一九三八，十一年中間產量增加了四倍。

三

蘇聯在戰時共產主義時期裏面，除了內憂外患，通貨膨脹，社會紊亂以外，政府的劇烈社會改革——全部工商企業與土地的國有，強制徵收與集中分配，與實物交換的流行——更促成全部生產事業的癱瘓與崩析。到了新經濟政策階段，工業生產逐年恢復的迅速，固然主要由於原有的生產設備尚屬完好可用，和平與統一給予人民以渴需的喘息機會，新經濟政策的施行，把原有財產關係與價格市場局部或全部的恢復，也是使國民經濟復蘇的重要力量。顯則五年計劃時期的工業進展，在原有生產設備已臻充份利用之後，復能在十一年內使產量增加四倍，是否又是此時的計劃制度的貢獻？下文卽擬對此問題作一初步的解答。

蘇聯雖在第一五年計劃期間，國際地位與政府政權尚未完全鞏固，大體上整個五年計劃時期，仍可說是國泰民安，並無顯著的領土，資源與人口的增減，因此，此時唯一顯然足以影響工業進步的因子是經濟制度上的更張。

蘇聯計劃制度的內容，在此十年內也頗有轉變，但大體上仍可說是一種把生產資源分派與國民收入分配由政府來根據本身的目標集權決定，並非通過客觀市場機構藉價格作用所反映的多數人民意志來主宰的制度。這樣的制度的好處，從促進工業發展的效果上來看，是⑴在一個工業落後需要急速工業化的國家，能够比較有效的動員人力物力，到了充份就業以後，還能壓低人民的生活水準，爭取人民的儲蓄或轉移這些儲蓄的投資方向，這種作用，在一個社會主義的國家，尤其需要。在一個社會主義國家，利潤與財產收入的消滅，固可以提高一部份人民的工作情緒與效率，教育機會的平等也能够加速技術人材的培養，然由於國民收入分配的比在資本主義社會平均，人民消費傾向往往較高。⑵在一個行政效率不高的國家，計劃制度雖然不免使得人力物力的絕對利用效率減低，但由於獨佔組織的清除，公私成本的一致，尤其是政府能够任意決定投資的方向，比較能够改進生產技術和推進機要工業的發展。⑶這一制度把蘇聯經濟與資本主義國家及世界經濟完全分家，可以堵截與隔離外來的恐慌或繁榮的波動。

在第一五年計劃裏面，計劃的資本投資，佔國民收入的百分之三十，其中差不多一半用以增加工業資本設備；在第二五年計劃裏面，投資也佔國民總收入的五分之一；到第三個五年計劃開始的時候，歐陸戰雲已經密佈，國防費用與投資，突增到整個國民收入的一半。這一投資的實際意義是大量人力物力的動員：在第一五年計劃內，工業工人增加一倍，其中建築製造業工人增加三倍以上。大量人力動員的結果，在四年裏面人民收入激增四倍。但是消費品生產，雖然絕對數量日有增加，相對比例，反而減少很多。在一九一三，輕重工業的比重是二與一，到五年計劃實行以後，輕工業的生產份量只見日漸次要：

年份	輕工業百分比	重工業百分比
一九一三	六六・七	三三・三
一九二八	五六・一	四三・九
一九二九	五七・六	四二・四
一九三三	四六・四	五三・六
一九三八	四一・五	五八・五

在這種情形之下，消費品價格如果聽諸市場的供求勢力來自由決定，勢將暴漲不已，以致資本建設無由進行。為避免這一困難，只有限制人民的消費，設法收回人民的購買力。一個社會主義國家，既然不能利用資本主義國家普遍用來吸收剩餘購買力的一些政策（高利公債與社會主義精神相背，強迫公債或累進所得稅復將減低人民的工作興趣），便只有根本取消價格制度，定量分配主要的消費物品（這是蘇聯從一九二九以至一九三五採用的辦法）；或由政府來規定貨物成本，在成本之外再加以高額的消費稅，用這樣的「價格」來吸收人民的收入（這是蘇聯在一九三五以後所用的辦法）。

但蘇聯的計劃制度，對於推進工業建設，最大的功用尚在盡量轉移農民收入與節約農民的消費以為工業建設的資本，或是以農業來培養工業。蘇聯一直到一九三七，無論以全國人口或國民收入的職別比率來說，還是一個農業國家。如此在五年計劃時期所謂動員人力、物力，卽是動員農民，利用土地，如果只是吸收工業工人與城市人口的剩餘收入以防止物價繼漲，我們以為還必一定要停用價格機構，唯有要增加對農民的榨取，以所得的人力物力去發展重工業，因此工業消費品的供給量不能比例的增加，便絕對不能聽令供求關係來決定城鄉物資的交換率，而只有把農產物品從價格市價撤出，另用機構來規定給付農民的農產價格，統籌資源在各工業與各城市間的分派。

如此，計劃制度比較易於扭轉投資方向。此外，在計劃制度之下，由於個別獨佔的不存在，以及比較能從社會的觀點和長期的利益着眼來作投資，益以在蘇聯的情形，工業本屬落後，許多工業多須從新建立，所以比較能利用新式的建築、機器與動力設備，以提高農工勞力的生產效率。上述五年計劃內重工業投資的比重大為增加，其中尤以機器工業的發展最為迅速。從一九二八以至一九三六，在工廠工業生產品總值裏面，金屬工業的百分比從一三・五增至三二・五，其中機器生產從一一增至二六・九。

工廠工業生產品總值（據一九二六——二七價格計算）之百分比分配

	一九二八（百分比）	一九三六（百分比）
煤	二・四	一・九
焦炭	〇・五	〇・五
石油	四・三	二・六
鐵金屬	四・七	四・八

非鐵金屬	一•四	一•五
金屬工業	一三•五	三二•五
（其中機械工業）	一一•〇	二六•九
化學工業	二•三	四•二
綿紡工業	一七•一	六•二
毛紡工業	三•三	一•二
食品工業	二二•三	一七•二

如果以上所說這幾方面是計劃制度在蘇聯工業建設上的主要貢獻，是否僅靠這些貢獻的單獨的作用，能達到有如以上所述五年計劃的工業產量和增加速度呢？換言之，如果同樣的制度，配合了社會主義的革命，行之於十九世紀晚年的俄國，或今後的中國，能够有同樣的效果嗎？下文再對這一問題試作簡單的解答。

四

對於上述的問題，固然不能有歷史的解答，但我們的先驗的答案是否定的。我們以爲對於高速度的工業發展，計劃制度即令是必需的條件，也並非充足的條件。帝俄在十九世紀末葉，雖然有與蘇聯相似的和平與統一，差不多的人口、土地和資源，但除了計劃以外，還沒有同樣進步的現成生產技術可供袖手利用。中國在等到和平統一以後，有同樣可以利用的技術，但除了計劃以外，還沒有同樣肥沃廣袤的大地，我們只有更繁密的人口與更低的生活水準。

蘇聯在工業發展上是一個後起國家，因此在許多生產技術與設備上，反能後來居上，大規模的全盤利用別的國家現成的經驗或方式，不必從新經過艱難困苦的締造過程。在五年計劃時期，特別在初期，雖然外國資本的幫助十分微末，所聘用的客卿技術人材，包括美籍德籍以及英籍的却不在少數。如果英國塑造了蒸汽的文明，德國美國奠定了石油與電氣的文明，蘇聯則能同時應用這些動力到交通與生產事業上去。這一事實所使蘇聯的工業發展步伐比帝俄比英美爲速的程度，决非計劃制度所能爲力。

利用現成技術能够加速工業發展的步武，保有豐富與位置優良的資源不特加增速率，而且提高工業發展所能達到的限度，蘇聯的動力資源，包括煤、石油與水力在內，據 Ushir 教授最近發表的計算結果，在全世界僅次於美國及中國（主要是東北的蘊藏）。蘇聯的全部動力資源儲量（折成等量的煤）佔全世界百分之十五（美國百分之二九，中國百分之二五），動力產量則不過百分之九（美國百分之三八，中國百分之一•六），他的數字雖不一定準確，蘇聯的動力來源可使工業長足發展，則無問題，然而對蘇聯現階段的工業發展最有密切關係的，根據本文上面關於資本來源的分析，還是俄國的千里沃野。在第一五年計劃中，俄國一方面需要輸出農產品，以換取機器，特別當時適值世界糧食過剩，糧價慘跌，所需輸出的數量更爲巨大，同時復須增加城市糧食供給，以適應新增工廠工人的需要。於是對農產品與糧食的要求日增，而另一方面工業消費品生產短缺，農產品交換率下跌，生產反有下降的趨勢。政府的對策是以取消價格機構實行糧食與消費品的配給，求短時期供需平衡，展開農場集體化與農業機械化運動以動員農民，增加勞力生產效率，以求長時期的產量增加。但農業集體化的開展，一時反使農民競屠牲畜，以致生產減短，釀成慘重的損失與空前的飢荒。糧食生產到一九三三即已恢復，有幾種牲畜的數量，則迄最近，還未能復原。糧食產量增加的情形如下：

平均每年糧食產量(1,000,000 quintals)

年份	一九一三	一九二八—一九三二	一九三三—一九三七	一九三八	一九三九
產量	八一六	七三六	九四五	九五〇	一,〇五四

至於農業所用的機械，主要如曳引機，耕刈復用機，都是新式美國技術的產物。蘇聯在一九三〇以後，如下列數字所示，這兩項農具機在三個五年計劃中具有一貫的增加：

單位1,000具	一九三〇	一九三二	一九三五	一九三七	一九四〇
曳引機數	七二•一	一四八•五	三六〇•三	四五四•五	五二三•〇
兩用機數	一•七	一四•五	一〇三•一	一五三•五	一八二•〇

機械的利用不能在過小的農場單位，農業集體化算是給了機械以用武之地，但由於俄國土壤性質的特殊，在初期復因農用牲畜的減少，集體農場管理的欠善以及農民利用機械經驗的短少，每一英畝的穀物產量，直到一九三五比戰前並沒有顯著的增加：

年份	一九一三	一九二九	一九三五
每英畝穀物產量（cwt）	六,七七一	五,九七四	六,九三〇

在一九三五以後，根據下面的數字，所增也極有限：

年份	一九二八—三二	一八三三—三七	一九三八	一九三九
每公畝平均糧食產量（quintals）	七•五	九•一	九•三	九•三

如此，在五年計劃時期蘇聯糧食產量的增加，並非由於每畝耕地生產率的增加，而是由於耕地總面積的開拓。從大革命以後，到一九三八爲止，蘇聯所增闢的耕地，達到三千一百多萬公畝，這是英格蘭威爾斯全部農地面積的三倍。是項大規模墾殖工作的得以迅速進行，一方面得力於上述的新式農業機械，一方面也因爲俄國之有曠土沃野。俄國不特地廣，而且保有特別適宜於機械耕作或惟有賴機械始能耕種的土地。新式農業機械只適宜於旱作，特別是小麥大麥，也只適宜於土質均勻施種簡易的大平原或草原，尤適宜於開殖這類荒地。俄國近年來最需增加的農產品是這類糧食，既有這些機械可資利用，適宜於這種作物與機械的廣袤處女地的存在，便成爲農工業發展的重要有利條件。俄國的南俄草原、烏克蘭與西部西伯利亞都屬土地肥沃之區，只需耕種以時，便可坐待收獲的。上述歷年來所開拓的耕地，主要即在這些區域。如果沒有這廣大而肥沃的原野，蘇聯的農產未必能如是增加。根據上述蘇聯工業資本建設的基礎既是建築在農民的強制儲蓄上面，我們不能不承認蘇聯建設成效之速且巨，實有得地獨厚的地方。

蘇聯工業發展的速度顯得如是其大，除了有這些技術的與地理的條件以配合計劃制度以外，他的原來工業基礎的薄弱與國民生活程度的低下，也是一個因素。上面我們已注意到因爲戰時共產主義時期生產量的降低，使得在新經濟政策時期，產量的增速特別顯著；同樣在五年計劃的開端，俄國的工業水準，與英美相較仍極幼稚，因此資本建設與工業生產，有長足發展的餘地。也因爲如此，更由於原來人民生活水準的低下，計劃制度中集權分派資源與消費品配給制度比較易於實行。許多經驗缺乏，效率不彰與配合失度的地方，便不易爲人民覺察，就是覺察，也容易爲人民所容忍而得徐圖改進。

五

蘇聯過去在計劃制度下的工業發展所以能如是迅速的幾個主要因素既如上述，這樣的高速度能否繼續維持下去呢？不顧預言的危險，我們在此略加推測，以當結論：

根據第四個五年計劃，蘇聯希望一九五〇的工業生產值能較一九四五增加百分之六十一，也就是希望在一九四六至一九五〇中間，每年能有百分之十左右的生產值增加。在第一五年計劃中，生產值加增的每年平均速率是20%，第二五年計劃中17%，第三五年計劃的三年裏面，每年平均增速13%。如是第四五年計劃中的每年10%的速率，已表示有每況愈下的趨勢，然而這每年10%的速率，還是超過以往三個五年計劃的平均速率17.5%的一半。一九四六年二月，史太林在一演說中，曾宣布過一個更長期的生產目標，他希望在今後以三個或更多的連續五年計劃，使蘇聯能在下列各物資的產量，達到這樣一個目標：

（單位：百萬公噸）

石油	六〇
煤	五〇〇
生鐵	五〇
鋼	六〇

假定這些產量能從一九五一起在十二年內達到，每年的平均增加率，應當如下：

	一九五一—六三	一九二八—二九
	（十二年內平均每年增加百分率）	
石油	四・六〇	八・六〇
煤	五・九五	一二・三六
生鐵	八・一七	一四・四
鋼	七・四	一四・四
全部工業	—	一七・九四

如以這一百分率去與過去三個五年計劃的平均增速相比，還不及一半。這雖然未必一定能證明價值增加率也一定要減至不及過去的一半，但鑒於(1)幾種關鍵物資的產量如鋼鐵的不能隨增，尤其是(2)俄國過去所依靠的現成技術的便利，將隨着蘇聯工業發展的日趨成熟而逐減，（3）荒地的將趨告竭與農地生產之報酬遞減，以及（4）人民生活水準的終將提高，我們似可斷言，即是維持計劃經濟如舊，蘇聯工業發展的速度行將更形減低。

蘇聯的生活程度

吳景超

（一）

研究經濟制度的人，對于經濟制度的批判，可以採用各種不同的標準。但是有一個標準，是無法忽略的，那就是生活程度。這是一個最合乎人道主義的一個批判標準。假如我們說：某種經濟制度是優美的，這種判斷的一個重要根據，必須是因為某種經濟制度對于人民的生活程度有所貢獻。

用這個觀點來研究蘇聯的經濟制度，我們便遇到重重疊疊的困難。我們都知道，表示生活程度變遷的最好標準，便是實際工資指數。實際工資與貨幣工資不同之點，就是實際工資所表示的數目，是已經把物價漲落的因素剔開了。計算實際工資指數所常用的公式，是以生活費用指數來除貨幣工資指數，再乘一百。假如得數在一百之上，那就表示實際工資有加增，也就表示生活程度有改進。反是，假如得數在一百之下，那就表示實際工資有減少，也就表示生活程度在下降。舉一個具體的例來說：假如今年的貨幣工資與去年一樣，生活費用也與去年一樣，并無變動，那麼以上列公式去求實際工資指數，其得數必然等于一百，表示生活程度并無變動。假如今年的貨幣工資加了一倍，以去年為基期，今年的貨幣工資指數，便為二百。同時生活費用只加了百分之五十，因此生活費用指數只等于一百五十。以上列公式計算，本年的實際工資指數便為一三三，表示生活程度有改善。假如今年的貨幣工資指數為一百五十，而生活費用指數為二百，則實際工資指數便為七十五，表示生活程度在下降。

蘇聯是一個實際計劃經濟的國家，對于物價及工資的統計，政府必定要搜集的。假如沒有這種統計，計劃便無法進行。可是蘇聯的政府，自一九三〇年起，便不公佈物價指數；自一九三五年起，便不公佈工資指數。這種重要的材料，蘇聯政府為什麼不願意讓別人知道呢？好多人都說：蘇聯政府所以不公佈這些統計的原因，就是想使別個國家的人民，無法知道蘇聯人民的實際生活程度。這種解釋是否對的，我們姑不討論，但是因為沒有工資與物價的材料，我們便無法對于蘇聯人民的生活程度，作一個客觀的判斷。我們如想了解蘇聯的生活程度，只好採用旁敲側擊的方法，從零星的資料中，去獲得一鱗半爪的認識。

（二）

我們先介紹幾位研究蘇聯經濟的人，對于這種認識的嘗試。

雨各(A. Yugow)曾根據蘇聯工會提供國際聯盟的資料，計算「莫斯科每週食籃」(Moscow weekly food basket)的花費。每週食籃中的物品，在一九二八年，要花二點五盧布。一九三五年，同樣的物品，其定量分配價格，為一三點三八盧布，其公開市場價格，為三四點八二盧布。一個普通的工人，每月所得的工資，在一九二八年，可買此種食品二十九籃，但在一九三五年，如照定量分配價格，可買此種食品一三點九籃，如照公開市場價格，只能買五點三籃。一九三五年底，定量分配制度取消，市場上的價格趨于一致。在那個時候，每週食籃的價值為一九點二盧布。一九三七年七月此項食籃的價值為二〇點八盧布，一九三九年七月為二四點二盧布。一個普通的工人，每月的工資，在一九三五年定量分配取消之後，可買此種食品九點六籃，一九三七年可買一三點六籃，一九三九年可買一五點七籃。雨各的研究，表示蘇聯工人的實際工資，在一九三九年，雖然比一九三五年已有改善，但還趕不上一九二八年。換句話說，自從開始實行計劃經濟之後，蘇聯工人的生活程度，不但沒有提高，反而有今不如昔之感，這是可以使別國的人驚訝的。

哥當(M. Gordon)有一個研究，是比較一九三七年與一九一一年情形的。這個比較的用意，是要我們明瞭在第二個五年計劃完結的時候，人民的生活，比第一次歐洲大戰以前的生活，有何變動。他所研究的對象，不是普通的工人，不是拿平均工資的工人，而是拿最低工資的工人。在一九一一年，紡織工廠中的女工，其所得的工資是最低的。以莫斯科而論，平均工資爲每月十七盧布，而絲廠中的女工，只有十盧布。在一九三七年，蘇聯工人的最低工資爲一一〇盧布，除去工會會費及政府強迫公債，實得一〇五盧布。但如以一九三七年幾種食品的價格與一九一〇年相比，肉價漲了十七倍至十八倍，麵包與番薯的價格，上漲的程度，與肉類相等，蔬菜漲了二十五倍，油及脂肪漲了三十五倍至四十倍。在一九一一年，三點三盧布，可以購黑麵包六十五磅，番薯十一磅，小麥五磅，酸菜四磅，肉三點三磅，向日葵子油一磅，牛羊脂半磅。同數量的物品，在一九三七年，要花五十八盧布。貨幣最低工資，如上所述，已自一九一一年的十盧布，加至一九三七年的一〇五盧布，將近十一倍。但是工人的食品價格，則從三點三盧布，漲至五十八盧布，增加了差不多十八倍。所以從那些拿最低工資的工人立場去看，一九三七年的生活程度，還不如一九一一年。

胡巴德(L. E Hubbard)曾採用類似的方法，比較蘇聯工人在一九二八，一九三三及一九三六年的生活程度。他選定了十二種食品，計算一個工人對于這些食品在一九二八年十一月的消費量及其價格，知道每一工人在這十二種食品上，每月要花十二點四八盧布。同樣的食品，在一九三三年，要花五四點零四盧布；在一九三六年，要花九七點六七盧布。胡巴德根據他所搜集到的零星資料，算出這三個時期，工資與食品價格的指數如下：

時期	工資指數	食品價格指數
一九二八	一〇〇	一〇〇
一九三三	二二三	四三二
一九三六	三九五	七八一

除去食品以外，胡巴德又研究一個工人家庭，平均每年在衣着上所花的錢。衣着的項目，包括鞋、棉製品、毛製品、及其他紡織品。在一九二八年，一個工人家庭，花五五點二一盧布所能購買得到的衣着，在一九三六年購買，便要花六六七點五盧布。根據這個調查，胡巴德對于蘇聯工人的生活程度，下一結論說：「在一九三七年，蘇聯的熟練工人，所得工資較多的，也許能够比一九二八年購得較多的物資，但是對于那些所得工資較低的工人而言，他們在一九三七年，是否能够較一九二八年有更多的消費，是大成問題的。」

（三）

我們看了三位專家的研究之後，心中一定會發生一個疑問。這些人所舉出的事實，是否可靠？蘇聯實行了計劃經濟若干年，難道結果不但不能提高工人的生活程度，反而不能維持工人的生活程度于一九二八或一九一一的水準嗎？

我們想從別的方面，搜集一些統計，以爲審查上面所舉數字的參考。

蘇聯的實際生產數字，是時常公佈的。我們且看在幾次五年計劃的時期內，對于人民生活程度最有關係的幾種生產數字是什麼樣子。

物資	單位	一九一三	一九二八	一九三二	一九三七
穀類	百萬公擔	八一六	七三三	六九八	一,二〇三
牛	百萬	六〇	七〇	四〇	五七
羊	百萬	一二一	一四六	五二	八一
豬	百萬	二〇	二六	一一	三一
棉製品	百萬公尺	二,二二七	二,七四二	二,四一七	三,四四七
毛製品	百萬公尺	九五	九三	八八	一〇八
皮鞋	百萬雙	八	二九	八四	一六四

這些統計數字，可以幫助我們了解蘇聯人民生活程度的變遷。表中所列的七種物資，前四種與食品有關，後三種與衣着有關。表中所列的四個時期，一九一三年表示第一次歐戰以前的情形，一九二八表示第一次五年計劃開始時的情形，一九三二表示第一次五年計劃完結時的情形，一九三七表示第二次五年計劃完結時的情形。以食品的供給而言，第一次五年計劃完結的時候，人民所能享受的物資數量，不如第一次五年計劃開始的時候，也不如第一次歐戰以前的狀況。第二次五年計劃完結的時候，人民的生活，較之一九三二年已有改進，但以肉的供給而論，還達不到第一次歐戰前的水準。美國的農業專家哲斯納(N. Jasny)，根據他詳細的計算，曾說蘇聯平均每人對于肉，牛奶，雞蛋及白麵包四種食品的消費，在一九三七年及一九三八年，都沒有達到一九二八年的水準。只有對于糖及魚類的消費，後期超過前期。哲斯納所舉的四種重要食品中，肉，牛奶及雞蛋三種食品的消費量，一九三七年不如一九二八年，與上表所列的統計并不衝突。但是白麵包的消費量，爲什麼也會達不到一九二八年的水準呢？政府所公佈的數字，不是一九三七年穀類的產量，超過了以前的任何一個時期嗎？哲斯納曾提供一個解釋。他說，蘇聯的農業生產數字，都是一種估計的數字，而且在一九三三年以後，這種估計，并非收穫以後的估計，而是收穫以前的估計。換句話說，蘇聯的農業生產估計，在一九三三年以前，爲倉中農作物的估計，一九三三年以後，爲田間農作物的估計。這種事前的估計，如在事後發現過高，可以作減低的修正，但不得減少百分之十以上。一九三七年以後，事後減低收穫量估計的辦法也取消了。在一九三三至三九之間，官方估計農產物的收穫量，超過實際的收穫量，約百分之二十五。假如我們根據這種看法來修正一九三七年穀類的收穫量，應爲九〇四百萬公擔。這個數目字，還是比以前的任何一期爲高，但是我們要記得，蘇聯的人口，在一九一三年，爲一億三千九百萬，一九二六年爲一億四千七百萬，一九三九年爲一億七千二百萬。一九三九年的人口，較之一九一三年的人口，加了百分之二十三以上。假如一九三七年的蘇聯人民，想維持穀類的消費于一九一三的平均水準，則一九三七年的穀類產量，應在一，〇〇三百萬公擔以上。我們上面修正的一九三七年穀類產量數字，比較這個數字，相差約一億公擔。所以總括的說，蘇聯政府所公佈的農業生產數字，似可證實上述三位專家的研究，即蘇聯人民在食品的享受上，在第二個五年計劃完成的時候，還沒有恢復第一次歐戰以前的水準，但較第一個五年計劃完成的時候，已略有進步。

關于衣着方面的生產數字，在第二次五年計劃完成的時候，棉製品，毛製品及皮鞋，都已超過了第一次歐戰前的水準。但是這種數字與生活程度的關係，不易解釋。貝柯夫(A. Baykov)曾提醒我們，要我們不要把大工廠的生產數字，與實際人民所享受的生產數量，混爲一談。自從實行五年計劃之後，以前由手藝工人及家庭中生產的物品，現在多改由大工廠來替代生產了，但是工廠產量的加增，并不能代表某項物資供給的加增。譬如在一九二八年，食品工業的生產總值，自十五億盧布，增至一九三二年的三十四億盧布，各種鞋的生產，也自一九二八年的二千九百萬雙，增至一九三二年的八千四百萬雙。可是一九三二年食品工業及製鞋的原料如穀類及牛皮，較之一九二八年都大爲減產。原料減少而製成品加增是不可能的事。根據這種理論，假如牛羊的數目，在一九三七年，還沒有恢復到一九一三年的數目，那麼皮鞋及毛織品的產量，想要超過一九一三年的產量，是不可能的。表中的數字，只能表示工廠產量的加增，但不能表示整個供給的加增。如想知道整個供給的數字，我們應將工廠以外的生產量，卽手工業及家庭工業的生產量加上計算，可惜後一項的數字是無法獲得的。表中只有棉製品的產量，其進步比較可靠，因據蘇聯政府的公布數字，棉花的產量，在一九一三年爲六百八十萬公担，而在一九三七年，已增至二千五百八十萬公担。雖然一九一三年進口的棉花，超過一九三七年很多，但蘇聯工廠中在一九三七年所儔利用的棉花，超過一九一三年很多，殆無疑義。

（四）

上面的各種討論，似乎可以證明一點，就是蘇聯人民的生活程度，從基本需要的享受方面看去，在第二次五年計劃完成之後，還沒有恢復第一次歐戰前的水準，至少還沒有超過第一次歐戰前的水準。（棉織品的消費爲例外）但是在另一些方面，蘇聯人民的享受，超過戰前的水準很多。我們特別指出教育及醫藥兩方面的成績。

以教育而論，我們從兩項不同的統計中，可以看出進步的情形。其一爲政府在教育事業上的花費，在一九三一年爲二十億盧布，而在一九四〇年則爲二百二十七億盧布。其二爲就學者的統計，在一九二八年，在初中學校肄業的，爲一千二百萬人，而在一九三九年，則爲三千一百萬人。在大學及高等技術學校肄業的，一九二八年爲十七萬七千人，一九三九年，則爲六十萬三千人。以醫藥的進步而論，我們也可舉出兩項統計。一爲醫院病床及醫生數目的加增。在一九二九年，醫院計有病床二十四萬七千張，一九三九年，增至六十七萬二千張。醫生的數目，從一九二九年的六萬三千人，增至一九三九年的十一萬人。第二項統計，是死亡率的下降。在一九二七年，蘇聯的死亡率爲二十六，卽每千人中每年死二十六人，而在一九三八年，死亡率已降至一七點八。在一九一三年，俄國的病床，只有十七萬五千張，醫生只有一萬九千八百人，所以蘇聯在革命以後，醫藥方面的進步，是顯然的。

（五）

蘇聯現在的生活程度，如與別的國家比較，是處于一個什麼地位呢？國際間的生活程度比較，是一個困難的工作，我們且先查考一下別人對于這個問題的嘗試。

拜任（Paul A. Baran）曾利用全國收益的資料，來比較美蘇人民的所得，因而推測兩國人民生產程度的高低。他計算的結果，以爲蘇聯在一九四〇年的全國產量，值四百四十四億美元，其中一百四十一億美元，係用于投資及作戰的準備，因此只有三百零三億的物資及勞務，是人民可以享受的。蘇聯在一九四〇年的人口，估計爲一億九千八百萬，因而每人的所得爲一百五十三元，同年美國人民的平均所得則爲六百元。美國人民的收入，平均比蘇聯人民高四倍。這個計算，有兩點可以批評。第一，美蘇對于全國收益或全國產量的計算方法不同，概念各異，而且市場上又無公開的匯率，在此種困難之下，將蘇聯的全國收益，化爲美金，不是容易辦理的。第二，蘇聯人口的數目，在一九四〇年，是否有一億九千八百萬人？許多人口專家，對于這個數字，是懷疑的，他們以爲蘇聯在那一年的人口，只在一億七千萬人左右。既然全國收益的數字及人口的數字都有問題，所以平均所得的數字也有問題了。不過美國人民的平均所得高于蘇聯是無問題的，成爲問題的只是高出的程度。

布洛得格特（R. H. Blodgett）曾比較蘇聯與各國人民的消費狀況。他說：在第二次五年計劃完成的時候，蘇聯平均每人每年消費肉類二一點一公斤，英美兩國的平均每人消費量爲六二公斤，德國爲四八公斤。蘇聯每人每年消費牛乳一七〇公斤，英國爲四百公斤，德國爲三五五公斤。蘇聯人民對于糖的消費，超過革命以前一倍半，但只等于德國人民消費量的一半，美國人民消費量的五分之二，英國人民消費量的三分之一。兩各比較蘇聯與瑞典人民在食品上的消費，發現蘇聯工人所吃的麵包較多，但所消耗的肉類，只等于瑞典工人的三分之一，脂肪只等于五分之二，牛乳只等于三分之一，雞蛋只等于十五分之一。

我們還可以採用一個最具體的比較方法，卽看蘇聯的工人，以所得每月的工資，可以買得到多少數量的某種日用品，然後再看別個國家的工人，以其所得的工資，買到某種日用品的數量，是比蘇聯的工人爲多還是少。今試以蘇聯與美國相比。美國工人的工資及日用品價格，勞工部每月都有統計發表，不成問題。蘇聯工人的工資及日用品的價格，幷無官方的統計可以參考。我們從蘇聯所公布的工人總數，工資總數，以及其他參考資料，推定蘇聯工人的平均每月工資，在一九四六年，約爲三百七十五盧布。克拉菲司（J B Kravis）曾在一九四七年七月份美國的勞工月報上，發表過他所調查到的幾項日用品在蘇聯的物價，其時期包括自一九四四年七月到一九四六年的十月。在一九四六年十月，蘇聯的定量分配制度還未取消，所以每種日用品，都有兩個價格，一爲定量分配價格，一爲公開市場價格，後者常高于前者三四倍。現在我們以較低的定量分配價格爲準，發現在一九四六年十月，白麵包每公斤的價格爲八盧布，牛肉每公斤爲三十盧布，白糖每公斤爲十五盧布，牛油每公斤爲六十六盧布。蘇聯工人的每月工資，可購白麵包四十七公斤，或牛肉一二點五公斤，或白糖二十五公斤，或牛油五點七公斤。美國製造業的工人，平均每星期工資，在一九四五年爲四四點三九元。假令每月工作四星期，則每月工資應爲一七七點五六元。美國上列幾種日用品的物價，白麵包每公斤爲二〇點一分，牛肉每公斤爲七四點一分，白糖每公斤爲一四點八分，牛油每公斤爲一元一角三分。美國工人的每月工資，可購白麵包八八八公斤，或牛肉二四〇公斤，或白糖一一九三公斤，或牛油一五七公斤。兩國工人的購買力強弱，這種比較表示得最爲明顯。

在私人的消費方面，蘇聯工人的實際工資較低，所以趕不上美國，但在教育及醫藥方面，因爲是公家花費的所，以蘇聯人民在這兩方面的享受，與美國的距離較短。以教育的費用來說，美國在一九四〇年的花費，共爲三十九億元，如照官定匯率每元合五點三盧布計算，共爲二百〇六億盧布，與蘇聯在同年的花費相差無幾。以就學的人數來說，美國在中小學的學生，約二千八百二十餘萬人，較蘇聯爲低，但在大學及高等學校中肄業的，有一百四十九萬人，較蘇聯爲高。同時我們應當記着蘇聯的人口，比美國要多四千萬人，所以美國在每一人身上所花教育的錢，無疑的要比蘇聯爲高。在醫藥方面，美國在一九二三年有病床七十五萬張，一九四二年增至一百三十六萬張，醫生在一九四〇年有十四萬人，死亡率在一九四〇年爲一〇點八，如與上面所舉關于蘇聯的數字相比，可以看出蘇聯在醫藥方面的設備，遠落于美國之後，但在這些方面，落後的程度，不如在衣食住等方面所表現的那樣顯著。此點表示蘇聯在教育與醫藥方面，在過去的幾次五年計劃中，實在做過一番急起直追的工夫。

（六）

以蘇聯資源的豐富，及其分配制度的比較公平，所以蘇聯人民的生活程度，應該有光明的前途。過去所表示的成績，所以沒有如一般人所預料的那樣高，所以沒有如蘇聯人民所希望的那樣豐裕，一因蘇聯政府要用強迫儲蓄的方法來累積資本，因而不能使消費品的生產儘量的發展；二因蘇聯政府過去注其全力于備戰與作戰，因而在重工業中的投資，在重工業中所生產的設備，多用以擴充作戰所必需的物資，而沒有大量的利用這些生產力，來擴大消費品的供給。戰爭及備戰，是蘇聯人民生活程度的最大敵人。以後蘇聯人民如想提高其生活程度，使社會主義眞能對于人民的享受有所貢獻，則蘇聯的政府及人民，必須努力與他國合作，創造一個和平的國際環境。

十一月，十五日。

專論

政治責任與責任政治

龔祥瑞

一

「政治責任」是一個聯繫政府與人民的制度，其作用在拉攏二者的關係，使之不脫節，不分離。換言之，在使政府的政策及其推行的結果勉強能與人民的公意及願望相符。

政治責任是與宗教責任不同的。宗教責任是自己向自己負責，其作用不過在使個人的行爲相符於他的信仰所產生的倫理的標準。逃避良心的約束即是放棄信仰的本身，因此有信仰就有責任感，責任心。古時的皇帝與現在的獨裁者不少是自己向自己負責的大人物，他們的責任感每每是絕頂誠摯而奮激的，或許就是由於受這種宗教的情緒刺激的緣故吧！

西洋到了中世紀，這種宗教責任的感覺雖然還是和以前完全一樣，但在事實上已不是向自己所信仰的「上帝」負責而是向那合法解釋上帝意志的教士負責了。馬丁路德在寫給日爾曼君主的信裏，他那副怒髮沖冠的神氣，便是顯著的例證。當時衝破教士的約束，奪圍而出的大人物就是這位在歷史上享有盛名的「神聖羅馬皇帝」。其他的小皇帝自然不敢這麼大胆了。中世紀教會與君主之間的衝突層出不窮，就是因爲宗教責任中的負責的對象發生了問題：向自己負責呢？向教士負責呢？結局是教士失敗了，他不再成爲取得負責行爲之有效的工具。於是政治又回到野蠻的時代，濫用強權達於極點，揚棄了宗教的信仰，沒有原則，沒有目的。現實高於一切。行爲的本身就是行爲的目的。麥克凡里(Machiavelli)的意大利與菲特烈大帝(Frederick the Great)的普魯士就是這樣「不講理由，只求便利」的。菲特烈大帝並自稱：「我是我的國家的第一僕人」(I am the first servant of my state)。那麼所謂國家利益是什麼，自然由第一僕人去決定了。墨沙利尼與希特勒等又何嘗沒有這樣誠摯，這樣奮勇的責任感！

他們首先神化了政府，使之成爲一個神聖的制度；繼之，轉化神化的政府爲君主的神權；再務之，推出一位「大權大能大智」的「國家」，於是就可以不向任何「小我」負責了。但是我們明白：在一個沒有宗教傳統的國家裏，對自己的信仰負責是一句廢話，在具有缺點和弱點的人類活動中向「國家」負責是一齣騙局？

宗教的制裁落空以後，各國的政治便紛紛趨向「制度的保障」，欲以政治的力量去控制政府中一切不負責的行爲。在端路墨(Jean Louis de Lohme)所著「英國憲法」(一七七二年)一書出版前後，近代的憲政主義(Constitutionalism)已經在英國萌芽了。他在那本書裏強調制度的保障以及政府向人民負責的重要性。其言雖然不如盧騷民約論之能轟動全世，但確是言之有物，具體而中肯的。

二

近人所謂之「負責」便是「言行相符」，那麼「言行不符」便是「不負責」了；是「能够辦到」，於辦不到時至少「能够說明理由，承認失敗」，那麼「辦不到而又否認或撒謊」便是「不負責」了；至於「把失敗的原因推在別人身上」，那是更「不負責」了。

負責的意義在政治上是政府能够履行對人民所作的諾言，盡法定的任務，達人民的願望；於不能履行時，能够向人民說明理由，承認失敗，最後能够辭職，以謝國人。政府的特點是嘴裏說負責而事實上是時常不負責的。因爲這個緣故，所以人民才想出「制度」，以保障政府的負責於事實。這就是近代的憲政主義了。

現在，英國的議會有權要求一個國務員出席向他們說明。要是議會不滿意那個說明，他必須辭職。重要的國務員都是內閣的份子。關於內閣的決議，是每一個國務員向議會絕對負責的，所以對於內閣的決議不表同意的閣員必須辭職。要是內閣有了決議，而又未辭職，那麼國務員向議會所負的責任是聯帶而不分的。如果議會認爲內閣的決議要不得，投票反對，那麼國務員全體必須聯帶總辭，否則只好請英王解散國會，舉辦大選，徵求人民的公意產生新國會成立新政府。英國的人民建立了這樣一個政治責任的制度，所以英國的政府叫做「責任政府」。

中華民國憲法第五十七條也有行政院對立法院負責的規定。行政院有向立法院提出施政方針與施政報告之責，而立法院有向行政院長及行政院各部會首長質詢之權。立法院有權不贊同或變更行政院的重要政策，而行政院院長有責任接受立法委員三分之二多數的決議（包括法律案、預算案、條約案）。要是行政院院長不能接受，他應卽辭職。

號稱「責任內閣」的行政院與英國的「責任政府」是大不相同的。

立法院對於行政院院長的任命固然有同意權，對於行政院院長及行政院各部會首長有質詢權，對於行政院的重要政策也可不予同意，但是立法院不能投票反對政府，强迫政府辭職。於政府不能接受立法委員三分之二的決議時，立法院也祇能使行政院院長辭職，何況他可以沒有原則，接受與他的政策相反的決議！至於有關的部會首長是否聯帶負責，全體辭職，現在還沒有先例。至於那個任命行政院院長，指揮行政院之重要政策的總統是否負責，是否職辭，現在更是無法知道。總統是絕對不向立法院負責的，總統也沒有解散立法院的權，所以「選舉新議會以產生新政府而向人民的公意負責」，在中國是絕對不可能的。

我們不妨比較一下中國的「責任內閣」與英國的「責任內閣」。

三

一、行政院不是議會的內閣，議會所產生的執行委員會。 英國的行政院院長與各部會首長都是立法委員。他們所組成的內閣不啻是議會的執行機關，附屬機關，換言之，議會是政府的上司。雖然無需每一件行爲都要向議會報告，經議會核准，但是政府的法律案與預算案均須經議會通過，施政方針須向議會報告，施政的情況也須向議會說明。如果政府不得議會的支持——換言之如果失去上司的信任，政府是必須辭職的，因爲憲法習慣如此，也因爲倘無議會的信任，欲求「行政之合法推進」，是不可能的。因此英國的責任政府又叫做「議會的政府」。

在中國，行政與立法是分開的。立法院與行政院都是國家最高機關。行政院爲國家最高行政機關；立法院爲國家最高立法機關。二者沒有隸屬關係，是「彼此分立各司專職」的。行政院由院長，副院長各部會首長，及若干不管部會的政務委員組成。他們都不是立法委員。行政院院長是由總統提名，經立法院同意任命的官吏，行政院副院長，各部會首長及不管部會的政務委員都是由行政院院長提請也是總統任命的官吏。中國的行政院除了依規定對立法院負責以外，是絕對向總統負責的——一切重要的政策，包括移請立法院覆議的案件，都須經總統的核可。由此看來，中國的首相，中國的國務員都是國家元首與首相的屬員，是層層等級的行政官。那麼，他們所組織的行政會議不是嚴格的「責任內閣制」，不是議會的「內閣」。

二、立法院不是反對政府的論壇，集中政府以外的民意的會場。 英國的議會，因爲是由幾個政黨組成的，不是由議員個人組成的，其於政府的意見也是由黨考慮的，由黨投票的，不是由議員個別考慮的，個別投票的；所以英國的議會是受政府控制的，不是控制政府的，要是政府在議會中有一個絕大的多數。事實上政府是議會中的多數黨，他控制議會的多數是非常有把握的，因爲黨的紀律異常嚴厲。議員反對「政府」就是反對「黨」；反對「黨」就是脫離「黨」；脫離「黨」就是失去下屆競選的背景；失去黨的背景便難當選，便會落選；所以自私的心理驅使每一個多數黨的議員去支持「政府」，縱然理智要他反對「政府」。因爲這個緣故，英國議會的作用不在多數黨的議員如何控制他們的政府，而在多數黨的政府如何控制他們的議員以及議會中的少數黨如何反對政府了。結果，英國的議會變成了批評的論壇，集中在朝在野意見的會場。反對黨的批評要有力量，必須把批評的意見建立在會場外面的公意上，議會於是成了公意集中的地點。一個獨裁者尚且注意民間的動靜，何況在民主的英國，言論是自由的，辯論是公開的，宣傳是多方面的，選舉是定期舉行的。所謂內閣向議會負責結果便是向議會中反對黨所指示的「公意」負責。因此，英國的責任政府又叫做「政黨的政府」，「公意的政府」。

立法院是立法委員組成的，「代表人民，行使立法權」。他們對於政府的政策，個別考慮；對於法律案，預算案，條約案，個別投票。作風與行憲以前一樣。立法院中固然也有多數黨與少數黨，但都沒有良好的組織，像政府一樣都不是建築在公意上的；地域的勢力，政客的把持，個人的企圖：衝破了「黨的紀律」。因此行政院既非立法院的多數黨，立法院裏也沒有「有團結的政府黨」和「有力量的反對黨」，因此行政院無從「控制」立法院，立法院也無從「反對」行政院。因此立法院不能反映民間的公意，成爲人民要政府負責的工具。最主要的原因由於公意沒有力量——在選舉的時候沒有力量，在選舉以後也沒有力量。我們並未建立一個名實相符的民國，因爲我們尚無一個向公意負責的政府制度。

三、行政院對立法院所負的責任不是絕對的聯帶的責任。 美國的國務員對於內閣所作的一切決定是絕對負責的，無法補救的，無法推諉的。唯有這種絕對的責任和聯帶的責任向議會擔負才是「責任內閣」。因此凡是不能堅持內閣決策的國務員必須辭職。這一個基本原則在中國憲法上是找不到的。相反的，「立法院對於行政院之重要政策不贊同時，得以決議移請行政院變更之」。行政院院長如果依憲法規定接受了立法委員三分之二的覆決議，他應卽變更政策。能够變更政策的內閣實不配稱作「責任內閣」。

「行政院對於立法院決議之法律案、預算案、條約案，如認爲有窒礙難行時，得經總統之核可，於該決議案送達行政院十日內移請立法院覆議，覆議時，如經出席立法委員三分之二維持原案，行政院院長應卽接受該決議或辭職。」這裏是同樣的情形，行政院所負的責任不是一種絕對的與聯帶的責任。

我們以爲責任內閣不能變更自己所負責的政策。有變更的必要，決定並贊同該政策的行政院應卽辭職；行政院對於立法院決議之法律案，預算案，條約案，如認爲有窒礙難行時，除了技術上及文字上的困難必須移請立法院覆議接受其覆決議之外，也應卽辭職，以表明行政院的政策與立場。否則，行政院接受並執行自己認爲窒礙難行之政策一樣的不配稱作「責任內閣」。

四、指揮行政院的總統不對民選的機關負責。行政院對立法院所負之責不是絕對的，但對總統却是絕對負責的。總統是行政院院長的上司（政府元首）是全國陸海空軍的統率，是對外代表中華民國的國家元首。關於總統的行爲，其中一部分自可由行政院向立法院擔負責任，如「經行政院院長或行政院院長及有關部會首長之副署」的行爲，又如經行政院會議決議之緊急命令；其餘都是總統自己負責的。對於行政院移請立法院覆議的案件，行政院固須負責，但總統也不能逃避責任，因爲它會經總統的核可。而且，移請立法院覆議的案件都是有關重要政策的，總統一定要表示個人的意見。總統的責任是隨着他的意見，他的行爲同時發生的。卽使像英王那樣統而不治的元首，他也不能一點沒有自己的政治責任。譬如，他堅持主張解散議會，或堅持主張內閣辭職，他便逃不掉議會內外人士的批評。當他主張與行爲時，政治上的事不能超然，他一定要受到各方的攻擊。何況今日的總統是一個名實相符的元首——政治與行政的領袖。他指揮行政院。他統率全國陸海空軍。他發佈緊急命令。這樣一位大權獨攬的領袖除了全體監察委員四分之一以上提議，經全體監察委員過半數決議得向國民代表大會提出彈劾案以及國民大會依憲法之規定行使罷免權之外是不向任何民選的機關負責的。我們無需比較中國的總統與美國的總統，因爲政府自稱今日的政府是「責任內閣制。」

行政院既非立法院的內閣，又非立法院的多數黨，既不能控制立法院，又不絕對地聯帶地向立法院負責，更談不到向立法院所代表的公意負責，另一方面他又受掣於總統——一個六年任內不向任何民選的議會負責的政府元首，這樣的一個行政院自難語於「責任內閣」。

「責任內閣制」是舶來品。於此，我們不妨引用產地英國的一句名言，來結束我們的意見：『除了民權政府之外便沒有好政府，唯有國務員向民選的議會負責的政府配稱民權政府。』

論守法

呂克難

「大家要守法」。這是政府官員常常提起的一句口頭禪，每逢社會秩序動盪人心不定之時，這句「大家要守法」的老調便被喧嚷一番。多數政府官員看到歐美國家人民是如何的守法，於是喟然嘆道：「中國人沒有法治習慣。」言下之意，彷彿中國一切的毛病，都糟在人民不願守法。最近一連串的經濟管制，鬧得全國騷然，識者均謂敗于司其事者無視于鐵的經濟法則，乃當局猶不自承其失敗，把責任一古腦兒推在奸商與黃牛身上。其實黑市的存在和搶購的發生，與守法不守法關係甚小，根本上是一個經濟供求失調與金圓貶值的問題。

守法與不守法，一般人特別是政府中人都以爲源于法治習慣之有無，這眞是見樹不見林之論。須知任何一種習慣的養成，總得具備若干條件，眞如好的種籽並不能保證長出好的菓實，必須有適宜的土壤，水分，溫度。我們要培養法治習慣，大前提該先問一聲：我們建立了法治沒有？

歐美國家的人民有法治的精神與習慣，論者又以爲是國民教育發達普遍道德水準提高所致。德國法學家也有「法律乃最低限度的道德之語。深入觀察，此話也祇有一半可以當眞。問題很明顯，假如不是制度上有了法治的模規，不是民主政治保證了法治的眞實意義，誰高興守法，誰願爲法所困。明白說，歐美國家的人民樂意守法，眞唯一的也是根本的一個觀念，是「法中有我」，那是說，法中有我一份。蓋民治的極致，原爲人民自己立法自己遵守。民主國家的人民，雖不必（實際也不能）人人立法，人人爲法的主宰者，但通過民主制度，一面有輿論爲之批評，一面有組織的政黨爲之監督（民主國家的在野黨，其唯一任務在「反對」，不像我們的在野黨派，千方百計地往朝中鑽，唯恐分不到一杯羹。）最後選民的意志決定一切。在直接、平等、祕密的選舉制下產生的代議士，誠然不等于人民全體，但仍不失爲人民的眞正代表。所以在民主國家，議會立法雖然大半爲政治家鼓吹奔走的業蹟，但從法理上論，則是人民選擇的結果。在這種情形下，人民當然會滿懷信心地相信其代議士一如其僱傭的僕人；而政治家也確有爲人民公僕的誠意。「法中有我」，於此顯然。

唯其，「法中有我」，于是「我在法中」乃成當然。即是說，受法的支配，遵守法律，久之自然養成法治習慣。故而追本溯源，西洋國家人民之守法，乃民主制度演進的結果。換言之，是先有了民主，然後而有法治與夫法治習慣。

由此我們尚可再進一步考察法治一詞在近代的意義，還不僅在其形式：人人受治于法律，絕無特權階級的存在，事事根據于法律，無一事可以例外；更重要的在其實質，係與民主的要求相脗合並能順應社會經濟生活的發展。這便是爲什麼羅斯福推行的「新政」，不爲守舊的最高法院所諒解，仍能雷厲風行的原因。美國憲法並未賦總統如此的大權，但大氣磅礴雄才大略的羅斯福却運用了美國總統所從未享有的權力。此其故乃因共和黨及其支柱者金融資產階級所造成的經濟恐慌，物價暴跌，大批勞工失業，非「新政」不能迎刃而解。在二次世界大戰中，羅氏憑賴租借法案那張王牌，把美國變作民主國家的兵工廠，卒使民主國家轉敗爲勝。這也是前無古人的大手腕，大功德。這說明法治存在的價值，形式的完整之外，尤貴乎順乎潮流適合社會經濟的演變。以爲法治係一成不變，固定于某種制度和秩序，此其愚昧爲何如，不言可知。可笑我們的當局，從不着眼于法治的實質，而斤斤于法治的形式，一提到法治，總以爲人民不守法無法治習慣，竟難得有一二清明之士正本清源地探討一下法律所代表的秩序及其政治關係，是否合乎民情與社會經濟演變的趨向。譬如這次經濟改革，學者專家紛紛指出衛護既得利益階級忽視中下階層人民利益，黃金和銀之的收購比價是不公平的，但當局置若罔聞，堅持不變；再如「八一九」限價，其不合理，非僅民間工業家一再大聲疾呼，即政府中人亦多不以爲然，但主其事者仍持之以異常的「鎭定」，表面抓人以維威信，實際並無澈底辦法，迨搶購風一起，便束手無策了。蓋究極言之，「法」是社會生活的規範，其能存在全靠大家維護，如果多數人不以此法爲然，以爲不便，則小則法律的尊嚴掃地，大則足以引起社會秩序的破裂與激變。在歐美國家，人民習慣于排隊，那是因爲從排隊所透視的社會大體上是公平合理的。人人如此，人人不得例外，英王所得的衣食配給，一般與人民相等。反之，我們就不然了。什麼特別辦公費，交際費等等。「特別」一詞在中國的行政支出中成了「普通」的節目，特別多了，誰願樂意普通。中國人不以守法爲然，以看白戲坐揩油車爲一種殊譽，實爲官僚政治影響的結果。

自然，中國也未嘗不講法治，在中國政治思想領域中且特別有法家一派。根據法家的理論：「君臣上下貴賤皆從法，此之謂大治，」所謂「見必然之政，立必勝之罰，故民知所必就而知所必去。」似乎頗能注意到法的平等性。同時法家也指出法律必須本乎民情，故曰：「明主度量人力之所能爲而后使焉。故令于人之所能爲則令行，使于人之所能則事成。亂主不量人力，令于人之所不能爲，故其令廢，使于人之所不能爲，故其事敗。」惜乎法家本身與儒家同屬于士大夫階級，勢須倚賴皇朝的任用，故一旦見命任事，並不能嚴格執行其戒條：「爲人上者釋法而行私，則爲人臣者援私以爲公。」以「慘礉少恩」著稱的商鞅，臨到太子犯法，雖大言法之不行，自上犯之，將法太子。」但到底因了「太子君嗣也，不可施刑。」而「刑其傅公子虔，黥其師公孫賈。」但他這種讓步的作法，尚不見諒于朝廷，致「相秦十年，宗室貴戚多怨望者，」待秦孝公一死，商君遂不免于刑戮了。職是之故，中國的所謂法治，從來沒有涵蓋皇朝的權威。反之，在「普天之下，莫非王民，率土之濱，莫非王臣，」以及「君要臣死不得不死」，「君爲臣綱」等等的教條下，法治無異等于皇帝的金口。這樣的法，乃是皇朝一家的法，甚至是皇帝個人的法。形式如此，實質無論矣！這樣的法中，捨皇帝個人而外，誰也無份，法中既無我，其受治于皇（王）法，完全成了片面的義務。唯其如此，中國的法律一向建築在刀鎗上而不建築在人民的同意上。中國人民歡迎老子的無爲主義思想，那是因爲如此可使皇帝老子少作些孽與惡，減輕苛政的負擔。

不幸時至今日，當民主潮流泛濫全球成爲一代洪流之際，我們還只聽聞法治法治之聲，曲曲從客方傳示，而於民主則一律敷衍陳飾不求其實際。我得鄭重指出：法治而離開了民主，形式先已欠缺，蓋使人不會產生「法中有我」的觀念，從而轉覺「我在法中」乃是一種可恥的束縛，擺脫它甚至凌駕它反是特別值得榮譽的了；抑且必然的，離開了民主的法治，實質上決難適合社會經濟的進展。說來可嘆，自民國十六年「訓政」以來，我們的政府總是的「諸葛亮」自居，把人民當作「阿斗」，于是處處「越俎代庖」，自以爲順乎民情。當代哲學大師羅素曾警告自以爲是的握權者道：「若果有一個黨，那樣肯定地自認深知大衆的利益何在，自然會感覺得有一種權力與義務去強制那些持反對意見者就範，就是反對大多數的話，也是在所不計了。」這些話我認爲最可反映今日執政者的心境及其行爲，故而，政府中人所講的法守，露骨說一句，那是叫人民盡片面的義務，却並不許（當然也不希望）人民動問法中是否有我。這就難怪人民討厭守法，看見排隊就頭痛，提到限制就不快，一心一意不以守法爲然了。

千言萬語，守不守法，問題不在習慣之難以培養，而在法律所代表的秩序與制度，是否符合人民的利益——最大多數的最大利益。

通訊

華北局勢的現階段（北平通訊）

本刊特約記者

政情一瞥

歷史上每當東北的版圖變色之後，華北總不免有唇亡齒寒之感。如果首都是建立在北方，則此時必是「南遷」的時候。假使京畿原就在江左，則這時候就很可能發生一個與中央政府不卽不離的獨立局面。這也是歷史上統治者最感頭痛的事件：爲了使封疆大吏得以有「應變」的能力，就不得不給以「應變」的大權，這時候一個半獨立的狀態，也就不免會自然發生。目前華北局面的發展，就很可能成爲這一個歷史法則的重演。自從東北的國軍，「長征三載，徒勞無功。」而不得不撤離東北的最後一個灘頭陣地之後，華北乃至全國的軍政當局就無時無刻不在躭心着山海關外的風雨會吹向關內。「東北完了，華北怎樣？」想來應該是全國讀者所急切關心的問題。

這次，同別的地方一樣，當戰火的威脅快要接近的時候，似乎最先受到灼傷的便是那些位民意代表，國代，立、監委之流。遠在錦州戰事還沒有結束的時候，華北七省市的參議會的議長和議員們，包括那些流亡的在內，就在北平市組織了一個聯合機構，預備來「發動民衆，幫助戡亂」，在報紙上能够看到的這個聯合機構的具體功跡，便是有一次曾向政府建議：一「請予傅作義以處理華北之軍政大權。」這個「建議」的具體條文，想來讀者在報端上是老早就看見過的。據說條文中之一的：『請將東北國軍原來軍師的番號所應有之裝備，彈藥，武器交由華北剿總領轄。』最爲傅氏所樂意接收。據華北剿總的高級幹部表示；祇要有裝備，武器，兵員是決不成問題的。

這些請求的具體內容，中央究竟答應了多少，我們目前還不大清楚。但據我們所知道的。目前的傅作義，的確是握有華北的軍政大權，那是鐵一般的事實。自從傅去南京囘來以後，主持剿總文教工作的秦豐川氏就曾對北平的中小教員們訓過一次話。在那次訓話裏，秦氏曾經很着重的提到過：「今後傅作義總司令將可在華北放手做去！」事實上遠在傅未去南京之先，當蔣總統二次離平前夕，就曾說過；今後中央在華北的一切軍政單位，都得服從傅氏的領導。而且還申明過：『凡今後中央的法令與華北剿總有衝突的地方時，應以華北剿總者爲準。』這實在可以說明，今後華北的局勢，卽使沒有軍事上的「變動」，它也已成了一個特殊的地位。前兩天，當中央原規定「十一月二十日」法幣流通應行停止的時候，傅作義就曾手令過中央銀行北平分行，法幣仍繼續流通半個月。這應該是上述命令見諸事實的第一次。此外如美援之直接運來華北，不經中央，（據說第一批美援已到達天津。）在在都可以說明華北局勢之現狀來。這位一向沉默的傅將軍，在繼秦豐川氏的談話之後，也曾在北平公開的發表過一篇演講詞，在那篇演講詞裏，他曾經說過：『中國今日的戡亂戰爭，不是簡單的普通內戰，不是政權的爭奪，更不應該是爲保護豪門，保護特權，而是：…』又說：『我們部份的軍事失利，部份的政治失敗，誠然是事實，但都是失敗在本身的腐敗無能上，使共匪得到局部的一時的便宜。共匪能打了腐敗無能，因爲貪汚腐化，就應該失敗，有人打他會失敗，沒有人打他也會失敗。但……』從這篇演講中來看華北的當前局勢，是使我們不難得到很多的瞭解的。這幾天，那些「先天下之憂而憂」的民意代表們，正在起草一個所謂「總體戰」的方案，在這個「方案」中不僅軍事，政治要特殊化，據說華北連經濟也將自成一個系統。且讓我們看：『今日之域中，竟是誰家之天下』吧！

密雲欲雨的華北戰場

現在應該是 傅宜生 最躊躇 滿志的時候，同時也應該是他最困惑的時候了！自從關外的滻籬盡失，東北的共軍壓境之後，注視華北戰局的人，就推算過傅宜生有如下的三條路可走：

（一）撤退華北：就中央的立場說，既在「苦撑待變」，則憑長江之險以確保江左，在軍事上應該是一個合理的打算。憑了長江的天塹，只要能守以「可打」之兵，則時日總是可以拖延一下的，而且，據守長江以南，與歷史上稍微不同的，是國軍手裏現在還握有空軍與海軍，在這兩個有利的武器之下，只要陸軍還有點士氣，民衆組織的基層工作不致太壞，則偏安一時，總歸是沒有問題的。在這個算盤之下，政府自然想撤出自已的十萬大軍和傅作義的十萬察綏子弟，來作爲據守長江的第二綫兵團。但是軍事的根基是應該建立在政治的組織上的，以華北起家而根在察綏的傅部，是否宜於南遷，自是一個很值得研究的問題。而且鑒於東北敦克爾克的幻滅，撤退也并不是一件太容易的事。所以，儘管中央所屬的文化，金融等機關有部份撤退眷屬的跡象，而傅氏自南京囘來之後，是可能已經放棄了這一條路綫的考慮的。

（二）囘到察綏：在華北國共的軍事實力既然有着這麽大的殊懸，而撤退又非所宜，則縮短戰綫，自是一個軍事上應該考慮的途徑。前些時香港大公報還傳出了傅部將退囘察綏，與馬家軍聯防抗共的消息，這就傅部在政治上的配合來講，自然是一個比較合理的途徑。但察綏貧瘠，在這個不毛之地的內陸困處一久，恐不免會成爲一顆「死子」。爲了向海洋得以呼吸，爲了接收美援的輸血，傅氏很顯然的是走上了輕察綏而重平津之路。這從前些日子包頭的自動放棄，與最近華北剿總的眷屬自張家口遷移到天津的事實來看，大約這一條「退守察綏」的路，是可能有了改變的。

（三）堅守華北，確保冀東：上述兩個可能，如果都不打算進行的話，則剩下來的就只有走這條「向海洋呼吸」的路了！歷來的入關之戰，都很可能是先下山西，然後直薄山東，使河北平原得以在一個鉗形的勢力之內，那時海洋交通不暢，河北局勢自可不戰而定。但目前山西已大部在共軍手裏，太原由於閻錫山如必要時會拿出最後的武器，所以共軍「碰硬」，也可一時不必，河北的陸路形勢，固早已到了上述戰略上的鉗形範圍之內，共軍如果想入關而一戰定天下，此時自然以選擇冀東的唐山，天津等地來進攻為最適宜。如果這一戰而能得有便宜，則華北的呼吸完全窒息而整個的局面恐將完全改觀。這幾天，林彪入關的隊伍據報紙上說，已有七個縱隊之多，主力的集結大約是在北戴河，撫寧，豐潤一帶以及平津綫外的寶抵，三河，香河，等地。看清了這個戰略地帶重要性的傅部，也知道如果冀東能保，則進可以戰，退可以守。所以，為制機先起見，國軍已開始在冀東以及平津綫上的據點作周密的防衛，並且在寶抵香河等地開始了主動的出擊。二十三日北平報紙上又載出了剿總撤出保定的消息，這自然也是為了集中主力於冀東而不願分散力量！看樣子，國軍也是志在必守。想來大戰沉寂已久的華北戰場，從現在冀東的形勢看來，也許將密雲欲雨。不過，這些預測，是否會一定得到實證，這就還得要看事實的演變如何了！

北大，清華等校南遷之謎？

華北局勢的現階段中，除了上述軍事，政治之外，『北大，清華等校是否會南遷？』這一問題，想來也許是全國讀者所最關切的吧！的確，平津幾個院校如北大，清華等學校，在全國甚至在全世界上都是有着它的聲譽的。自從上一次蔣總統在平歡宴了院校長之後，當時就有人猜測到：政府是不是會要這幾個學校遷移？後來各學校的民主牆上，雖然一再展開過討論，但以學校當局從來沒有提到過這個問題，所以，同學們畢竟也不過談談而已。但無疑的，大部份同學的意見，是不主張搬遷的。歸納他們的理由是：

（一）內戰不能影響到學術研究團體的獨立精神。教育應該是超然的。故從理論上講沒有搬遷的理由。

（二）北平不是戰略地帶，形勢上也不會像長春一樣圍困得那麼久。從事實上看亦無搬遷之必要。

（三）南遷也不一定有安樂之所。東北學生的「七、五」事件就是前車之鑒。

同學們既不打算搬遷，於是就自然而然的進入到「應變」工作上來努力了！這幾天，清華等校的同學們，正在發起「儲糧節約」運動。而北大的學生自治會更向學校當局提出了幾項的具體意見：（一）請學校當局築屋儲糧，並另多闢新井，以增水源。（二）準備全校師生集體居住，以紅樓北樓和灰樓的沙灘區為中心。（三）全校師生工警代表成立機構，策劃安全。

這是就同學們的意見來看，再就教授們的意見來說，也是大部份不主張搬遷的。因為：復員以來，教授先生們好容易辛辛苦苦的成立了一個家，一旦搬遷以後，則這個家又什麼時候可以建立得起來呢？所以，當北大教授們於二十四日開教授會議的時候，很快的就通過了校務會議交下來的「北大決不搬家」的議案，而由胡校長向同學「佈告安民」說出了『北大從未考慮遷校，今後亦不考慮遷校，』之意。看樣子，不搬是已成了定局的。

××× ××× ×××

這兩天，古城的「十月小陽春的暖流」已經過去，寒流已經開始襲擊到人間，水冷草枯，寒風怒吼，使人們意識到：這已是隆冬的季節了，但願詩人的話是能兌現的：

『冬天到了，春天還會遠嗎？』

——雪萊。

十一月二十五日。

台灣在今天的地位（台北通訊）

本刊特約記者

（一）火山與泡沫

時局變幻不已，烽火越燒越高，一片血腥中，全國很少乾淨土，那飄在海上的台灣，重視她的比作一個未炸的火山，隨時都要爆發，輕視她的却把他比作一團泡沫，載浮載沉，可以遺遙世外。不論怎樣看法，她是越來越被重視了。

台灣重返祖國懷抱已有三年了，一向被認為這是僅有的一片乾淨土。過去的陳儀長官要在那裏建立三民主義實驗區，今天的魏道明主席高喊在安定中求繁榮。資源委員會，在去年十五週年紀念會中，曾由翁文灝正式提出要「發展增進台灣實業」。

資源委員會所得的兩大勝利之果，一個在東北，一個在台灣。佔全國重工業的百分之八十，另外還有一部份輕工業。在全局的檢討中，他們指出：

（一）東北熱河以及隴海鐵路以北區域，工礦電設備為量較多，而烽烟未息，警報頻傳，在局勢尚未大定以前，本會所營各事，規模特宏，關係甚大，自當不畏艱難，精誠奮鬥，以期維持生產，供給民用，以支持此區域大勢。任事諸君，如張莘夫，愈再麟既為國任事犧牲生命，現時在職人員，猶正收拾瘡痍，矢誠用力。亦惟如此奮勇任事，力圖挽回，庶可以對已死的烈士，而期國運的更新，本會定為抱定方針，認眞進行，繼起不怠。

（二）隴海鐵路以南，長江流域以及華南各地，基本事業極少基礎，而人口衆多，交通便利，建設計劃，自應特為重視。西南西北，為對日抗戰後方的重心，農礦富源均待開發。從前日本侵略辦法，以東北為基點，以華北為先鋒，故投資建置，份量特多。對於華中華南，則志在榨取，工建特稀。吾國謀自力的更生，決不應循日本侵略的舊轍，故於中部南部，以及西南基本，西北富源，自今以後，自皆須加力經營以造成全國合理的分配。

（三）台灣淪陷，適五十年，復歸故土，煥然一新。戰時的停頓毀損，固宜迅速修復，此後的發展進步，亦須努力經營，務使民生康樂，生產興隆，並使成為全國成本較低的一區域，以促成經濟全局的安定。

事過一年，東北的局面已變，華北也是勢如累卵，算來算去，只有台灣一片乾淨土上還能繼續進行建設工作。難怪今年中國工程師學會第十五屆聯合年會在台北舉行，並且舉行了三個專題討論，一個是台灣工業發展的可能性，一個是台灣建設與大陸的配合，還有一個是「中國建設投資問題討論綱要」，雖然都不是立刻都要得到結論，但也提出了不少實際問題，至少比過去對於台灣的印象，可以更深刻一些。

台灣，是中國王冠上的一顆明珠，到今天也許被人認為是戡亂時期的堪察加，也許被認為將是「轟炸東京」的上格拉？但在事實上，台灣無法成為堪察加，同時因其本身的條件，也不易在第三次世界大戰中作優越的表演，這一顆明珠的光芒如何，則全要看今後的鑿磨。

（二）台灣的經濟位置

抗戰中的中央大學工學院長今日的台灣建設廳長楊家瑜，把他的五十年多的經驗向會場上公開報告道：日本人在台灣五十一年，的確有相當的貢獻。不過台灣的資源並不豐富，其重心還是在農業及加工工業。水力發電可到三百萬瓩，能利用的可有百分之六十到七十。煤產量既不高，品質也不好，大礦每月生產八千噸，小礦只有五十噸，總計不過月產十萬噸。

「依民國二十六年統計，特種農業生產品爲三億五千萬元，（台幣），工業產品則爲三億六千萬元，其中食品工業佔二億六千一百萬元，此外則爲紙，油及其他加工工業」。

台灣有三萬五千萬方里的山巒，農業地只有百分之四十左右，沒有好的保水設施，便沒有理想的農業生產。阿里山的雨水是像瀑布一樣的流下來，到枯水期却又一點水都沒有，含沙量是比黃河的水還要利害，洪水與枯水的差額是一萬五千比一。有些河道淤積得很快，河床與橋常常等高。楊氏說：

「我們如不積極改進水利，不但不必談建設，即求生存亦不可能。台灣土河有九條，次河有二十九條，條條都有變成黃河的可能」。

在戰爭的十年內，水利的設施缺少保養。過去共建有堤防四十一萬九千五百十三公尺，戰後修理的，有四萬七千七百公尺，臨時搶修的也有二萬多公尺，颱風，地震及雨季過去，每年十一月開工，到來年五月洪水到來前停工。由於不能如期完成修理工作，原有的五十六萬公頃的灌溉面積現已陸續損壞，減爲二十八萬公頃左右了。

「爲了糧食問題，堤防問題，關係很大。每一公尺工程費用要花到三十萬元台幣，先用石頭和水泥打下三公尺，有的還要加鋼筋。本年用了七十五億台幣修堤了灌溉工程二十七萬公頃，可能的還有三萬公頃，明年預計用到二百億也未必够。

五十幾年來，年年修堤，從工程方面說，這是治標的辦法，在新完成的「川南大圳」這十五萬公頃的灌溉地因爲水源不夠改用輪作的辦法，分區建立攔河蓄水的兩用壩，用以達到治本的目的。目前在着手的還有幾處新工程，爲了工程費用的浩大，可能發行一種收實物的水利公債，現在還正在研究中。

至於工業方面，重工業及兵工業完全在日本人的手中，允許台灣人經營的只有紡織及機械，佔總數的百分之三十，接收以後，改組爲若干公司，計國營者爲（一）中國石油公司台灣分公司，（二）鋁業公司，（三）造船公司，（四）金瓜石銅礦局，（五）台灣電力公司，合營者如台灣糖業公司，台灣紙業公司等，省營者爲（一）工礦公司，（過去原有十二個分公司減爲九個分公司），（二）農林公司（計有茶業、鳳梨、水產、畜產四分公司），（三）樟腦局，（四）烟酒專賣局，（五）紡織公司。此外還有一些小型的糖紙民營工業，比重上不佔太大的位置。

「現在的煤炭月產十五萬噸，但民國三十三時曾自一百八十萬噸到達年產二百八十萬噸的紀錄，那是一種自殺性的開採，所以到接收時候減爲月產二萬噸。這些煤業一部爲公營，一部仍爲民營」。

現在工業生產煤電已接近日本統治的時代，水泥生產也很好。大部分未能達到的原因則爲了戰時的破壞及戰後的原料關係。如樟腦現在年產九十公噸，爲日本人時代百分之六十，但日本時代斫發原是有計劃的，到戰爭末期則是亂斫，於是原料便成了問題。一株樟樹非有二十年不能長成，所以現在只有派一個考察團到江西浙江及福建去找尋原料了。

「又如糖，去年產量爲三萬五千噸，今年爲二十七萬噸，爲日本時代的半數，台灣俗語說，北米南糖，米與甘蔗生產的配合，應當考慮，國外及國內的需要，也應當加以考慮。鋼鐵工業過去沒有，在汐止鋼鐵廠成立之前，每月不過生產三四百噸，今後擴大了，但是礦砂要從海南島運來」。

楊氏的結論說，日本時代的配合大致是不錯的，但一切也是以日本爲中心的。但是今天的困難却大了。

「東北不吃苦頭，台灣的工礦有辦法。日本養台灣這個小孩，有奶媽。我們續養這個小孩，却是缺少奶媽」。

建設事業，從農業到工業，從生產到運輸，息息相關，不能片面，亦不能偏枯。但現在又怎能談得到呢？

（三）台灣與華南

台灣，今天正以新的姿態參加了華南的經濟新體系。

當這雲南，廣西，湖南，四川及華北分別加强他的地方個性的時候。中樞有時在華南組織一個管理粵、桂、閩、台四省的機構，也許就是把廣州綏署的範圍擴大，包括上述四省在內。

「南京雖然否認遷都，有人說萬一要考慮這個問題的時候，則只有廣東是最適當的地點。中樞爲了華南沿海各省聯成一氣，所以才有這一種擬議」。

軍事方面，華南是一個海軍的基地，海軍離不開粵、閩、台，而黃浦，廣州灣及台灣各港，將爲海軍的重要停泊地點。海軍總司令桂永清與美籍顧問，正在作通盤的研討，爲了指揮便利，也許仍以台灣的高雄爲中心。

陸軍總司令余漢謀在十九日由京專機飛廣州。公開的任務說是要視察廣州燕塘的陸軍第九訓練處情形。目前在該處受訓的，有屬於最近宣布成立的某軍，該軍有幾個候調師，均有美式裝備，這只是余總司令南來視察的對象之一，但有人說，余氏來穗，與整個華南軍事部署有關。

空軍方面，陳納德空運大隊，重心決定南移，第一軍區司令部亦已到達。廣州上空的機聲隆隆已不只是民航機了，而過去的省有飛機的轉移也就不成爲問題了。一位記者報告這個現象道：

「此間人士對於宋子文赴京參加糧食會議及余漢謀即將來穗消息傳出後，即有宋氏赴美或主台，而余則有主粵的傳說。據記者多方探悉，此事並無可能。因目前中樞正擬議在華南組織一個統轄四省的機構，這一機構的負責人，固非宋子文莫屬宋氏經營粵省已年餘，至今並無從意他素主事權統一，他不會放棄廣東。」

台灣目前在華南四省中的經濟地位比軍事地位更爲重要。廣州及福州的電力沒有台灣的煤不能發動，在目前福州電廠因爲沒有煤已然停工，廣州則正等待狗牙洞百里支線的完成，才能不靠台煤，而求自力能夠更生。台灣的米雖然不豐，但亦有力量，比粵桂閩更能供應軍需。至於工業力量，台灣是有五十年的歷史的老大哥，而本土三省却成爲小弟弟了。

台灣今日的優越地位不是偶然的。過去日本南進的大東亞共榮圈的跳板，今日一變而爲戡亂南進的新基地。台灣人的感想如何，日本人的感想如何，在華南從事建設的工礦人員的感想又如何呢？

雖則是距離本土有一日航程的台灣，但他與本土的關係却是一刻比一刻重要了。

（十一月二十日）

看徐可亭的財經大道怎麼走？

（南京通訊）

歐陽山

翁閣財廟的易主

十一月十五，露寒霜凝江天送冷，中山東路的財廟又樹起兩面迎新送舊的國旗，國家多故萬方多難，短短半年財廟畢竟易主了。

那天的十時半，財廟的大禮堂擠滿了工作的人員等待着聆聽新舊兩財相的閉幕詞與開場白，照例穿着那身中山裝而感慨萬端的百搭王伴着幾度想要踏進財廟大門而今到底宿願克遂的徐堪徐部長，相並的走進了禮堂，先是百搭王的致詞，他以頗沉着的語調和近乎輕鬆的辭句說：「到今天我可以放下重責了，半年來承各位的合作協助，若稍有成就是該歸功於諸位，設有過錯則罪在本人，相信徐部長就任後，一定可糾正本人的缺點發揮各同仁的優點，行憲後的財長，是經總統和翁院長的勸說才勉爲其難的，就任後執行的財經改革方案，未收到良好的效果惟有離職他去以謝國人，但是關於這個方案的成敗，本人不願多加解釋，只是全國人民因經濟大變動而受的苦痛很大，自當引咎辭職的，」這全是一片罪己之辭闡述了遭受各方猛烈的抨擊苦痛之回響，因此善感情的溫微之士們，竟不自然的也跟着悵惘起來！

徐湛則是春風滿面的，自然這喜悅是難以形容的內心之歡欣，他的話是先從感情和回憶入手的，他說：「這次接任財長的重任，惟賴舊日各同事的協助，否則實在無此勇氣的，王前部長光明磊落的態度，實在令人欽佩，希各同人也都應具此態度繼續努力。當前戡亂的工作已達到最艱苦的階段，惟賴後方財政的力量來支持前方的戡亂……至於各同仁有意見的話，將不分彼此，選擇其可行者來實施。」從話舊而表示團結的徐部長，於茲便從多年神馳的夢境匆匆結了兌現果實而做爲財廟的行憲後之第二代主人了。

傷痍遍體的百搭路線

五月登場財廟寶座的百搭王，只是爲了他那一塊「社會賢達」的招牌，當將廷黻決定不幹的時候，才由翁詠霓和最高當局的拉扯，匆匆抱笏登場，他既沒有做財長的本錢，也沒有做財長的背境，但他却一面謙遜着：「爲學習而來」一面竟自挑着學人內閣的大樑登臨財廟之上，那時多少人都替他揣口氣，胡適之說翁詠霓的勇氣可嘉，其實王雲五倒比翁詠霓來得更可嘉！

就職後還沒等安排妥當來實行他那在商務得意的科學管理，却趕上六月迎頭的漲風，京滬的金融市價刹那之間便陷於混亂之中，已使那不到就任一月的部長舉足無措，在國家總預算中雖將稅收標準提高到最大的限度，但仍沒有法子來塡補過大的赤字會計：爲了很開明的在立法院述及發行救濟特捐共發行的一百三十五億的數字，而立刻掀起了漲風的疎失，早已注定其失敗的命運了。

八・一九「財政經濟緊急處分令」在「只許成功不許失敗」的口號下公佈了，跟着便是王雲五緈有信心的「金圓券」出籠，一應物價在八・一九的價格看齊情形下向前進行着，黃金、美鈔也一律收歸國有，跟着四欽差外去坐鎮，使着全幅翁閣的精力，來給愈益貶值的法幣，找到了這麼一個替身。誰知還未等放出這一砲，竟自演出來轟動輿論的有名的「隱名人案」，但是等待主角人眞面目顯現後，竟是和百搭王有二十年以上的友誼，身居財部主任祕書徐百齊及其友人陶啓明，這一來已使財經改革在誕生前便給王財長戴上了一項難以張口的尷尬帽子。

說是出席進出口銀行的貿易會議，實際裏却是爲了轉移了國人的攻詰，想在美國搞來一點支持，爭取一點美援與外資的王老闆，但是這些個希望結果都吹了，等到意興闌珊緞羽自海外歸來之際，國內的經濟現勢便到了倘不補救則即攤牌的嚴重階段，物資逃避，都市上搶風大熾，眼瞧着發行不及月半的金圓券要變了面目了，王雲五還拿甚麼招子來搞下去呢？

從有國民政府起財政系統的老闆只是T・V宋和大亨孔的天下，但是却在翁內閣換了一個嶄新的口味——王雲五竟自崛起一隅要和孔宋爭出一條新路線，要爲頽迫無着的財政打出這張最後而冒險的王牌，結果，這財經緊急處分令與幣制的改革，竟自做好了陷阱，不但多少人都含着淚跳進去，而手擬方策自信滿滿的首功王雲五，也不得不自己走了進去！

從搶購到強搶，從限價到物資逃避，全國性的混亂開始了，人們的囂動，咆哮和怒吼，顫動了廟堂，於是議價，繼之修正財經緊急處分令的實施，對於百搭王眞是一個無比的諷刺，就職六個月來始終是一步緊似一步的狹隘道路，王財長縱有千秋壯志的決心，也該到退轉的時日了。

徐可亭走馬長財纂

以六十高齡嚮往近十年要嚐一嚐財廟的寶座，在過去宋、張、翁三代內閣，角逐中原均未獲中上選的徐湛氏，這回到底是宿願克遂，自甘情願的做這個跳火坑的舉動，興致匆匆辭去了主計長走馬接過財纂，完成了長年苦思不得的壯志，此老也可謂永年獵奇者之最後的成功。

他是四川財閥的一團，加入了孔大亨的細胞以後，便隱然是孔系路線的左右手，長年在孔大亨任財部時代的次長，總和王雲五的出處是不同的，固然爲了先天的不足使他放棄了這念頭，但也因爲他先天的不足（不通英語）而努力的拉攏T・V宋和四川的同鄉政學系首魁張岳軍，使着他各方面的關係都顯得圓滿，方才收到「一手到心應」的長處！

徐湛的掌握財部，這是財政上系統的復原，孔宋路線的一種延長，他而今擁了孔宋的背境，再加上他自體的詳思善籌，但多少人想到固然不能期待其有何作爲，是也許會比那專來嘎調的賢達要細心一些。我們看着他就職五天來的動向吧！

看往事，想今朝！

財廟易主，跟着多年不動的兩財次徐柏園，李儻辭職，照准，接任不久的鹽官張天澤也，聯帶着去了差，這是人事上的第一步表現，其次是財長接任後不到三天，便親自表演了一齣滬上行，本來上海是財政路線的大血脈，也是財富集中的大本營，徐可亭在那方面自也不能忘其拉攏的拿手戲。

他在上海和記者們鄭重的約定：「最重要的是樹立國家的信用，以往政府對人民喪失信用，今後在貨幣的信用上要重新的建立，維持幣信，對內是使金圓券兌現，使全體人民對金圓券有信心，對外則使進出口外匯適當平衡，並將進口貨收縮通貨後，可使進出口外匯適當平衡，並將進口貨收縮通貨後，可令物價得到相當的穩定。」

若是那麼說他的財政路線該怎樣走法呢？這又不能不看着他在就職時所說的工作三重點了！

一、重建幣信安定金融，以謀經濟之穩定，

二、依進出口連續制，改訂輸出入及外匯管理辦法，俾出口增加，華僑匯款及自備外匯，得充分用以輸入機械及工業原料，並以財政金融力量，協助民生日用必需品的增產。

三、整頓稅收改進稅制，革除積弊，以謀增加收入負擔均衡，

由此我們可以推測出在通貨不能減少發行的數量情形下，靠兌換金銀來收縮通貨這種孔、宋行之已久的建立幣值之道，是能夠採取一個時期的，同時拋售物資，出售國營事業的股票來吸收或粘住游資，那是必定要積極的推行的。其次是爲了打開目前貿易的困局，必依進出口聯鎖制來突破的，這倒是增加生產改善國際收支的好途徑，可是那種外匯政策是不是抱着取之於民用之於民的態度呢？倒是不得不研究的了，至於整頓稅務改進稅制，誰都知道那是一種謎，稅制的改進就是說要增加稅率了，自然這是政府最拿手的一種收支平衡的想法，可是想到八・一九限價毀滅的作倆，抢菸的加稅實在脫不了十係的，至於要說整頓稅制的積弊，和今天稅政腐敗的實況，倒也是當務之急，可是說倡的人多的很，誰能那樣撤底的硬幹下去呢？

守法的人民吃了虧，想不出辦法來補救，就是顯明的失信於民，人們吃了一回虧，如何還能喫第二回的虧，就拿這回兌金鈔的人們做個榜樣，其他就不用再說了。

看往事，念今朝，這段漫漫無邊的日子，眞是霧沉沉的，往那裏才是一條給人民幸福的財經大道呢？（十一月十九日）

文藝

新的孕育

—自傳的橫切面—

畢基初

在結冰的海裏，我要求新的孕育，再做一次新的誕生……

我生命的年輪忍受的是零下三十度的嚴寒，旣不是水，也不是泥土，而是鹹澀的有岩石般的硬度的冰結的海。一片荒涼而死沈的海，沒有陽光的輻射，沒有空氣的飽滿，生長和愉快都死亡了，蔓延着的是腐爛窒息，只有魚，只有不會發聲，冷血的魚才能在這裏維持它生命的延續，然而我就生活在這樣一片結了冰的海裏。

像魚一樣，我噤聲：佇立在街頭，日睹着覺醒的行列遭受木棍，石塊的鞭打和投擲，甚至於遭受機關鎗無情的掃射，而不敢喊出自己的憤怒，像魚一樣，我讓自己的血變冷：眼看着一具具餓死的，被謀殺死的屍體，而冷漠的不流一滴眼淚。我說我要學習殘酷，但，實際我又不能。果眞我能安於緘默，無動於衷？不，我想喊，想擁抱。我渴望着一種新的誕生，可是我仍滯留在一個充滿了血汚的舊子宮裏。

崩潰開始在凍結完成的時候；冰層堆集的山巖，一點小的聲音造成的波動，便可招致整個的毀滅，況且黎明的光柱已經遙遙在望。一個新的秩序來排列一盤走亂了的棋，讓一切都通過一隻強有力的手：新的道德觀念，（它該迥異於舊有的，給還了一個人應該有的東西不能算是恩惠或施捨。）再重頭做起。這是新生種子的喜悅；對冬天，一個酷寒的季節，却是一種威嚇。結冰的荒原開始爲預期的風暴騷動，碎裂，顯示了溶解前的遊離。血汚的舊子宮終於要融化，消失在新的光和熱裏。——這對我是一種憑倚的喪失，還是一種生機的獲得？

猝然的赤裸，不免使我感到惶惑。東方的太陽第一次昇起了光柱，強烈的光，強烈的熱眞實的接觸了一個人的生命，會使那長久囚禁於黑暗寒冷中的靈魂，在接觸的瞬間，激動了畏縮和困惑的躊躇。像一個飢餓的人忽然走進食糧豐富的倉庫，反而手足不知所措的愕住。脫掉生滿蝨子的舊衣服，赤裸裸的跳到新鮮的河水裏洗個浴，這還有什麼遲疑？我知道我自己已經習慣於寒冷；期望，等待一場生長的雨，却從不要求自身的突破。我永遠背着一個沈重的累贅，得不到一個完整的誕生。顯然把一切都推在那帶着一套惡紙牌的女巫棱棱屆士的安排上是自求寬恕的遁辭，說我手裏的這張牌是一個命定的程序，該是近於無恥的辯解。就在這結冰的海裏，也有活得勇敢的生命。我記憶裏時時閃動着一幅鮮明的畫，那是在一次卑鄙的屠殺後，我在牌坊的石柱上看到的：一個面貌猙獰的兇手，戴着鋼盔，一隻眼睛閉起來，另一隻眼睛睜大凝視着機關鎗的瞄準器。畫上寫着兇手的名子。那些貼畫的人敢於指出兇手，敢於控訴，敢於在褪脫砲衣的鐵甲車前坦然的行進。可是我爲甚麼便不能突破自身的障礙？

假使這是一件生滿蝨子的衣服，扔掉它還有什麼憐惜。事實上，這是一個充滿了血汚的子宮，在生活形態上，在殘留的意識上，我與它仍有着息息相通的連結。我是屬於歷史上一羣送葬的人裏的一個，埋葬的正是自己。要活的重新活起來，要死的唱着自己的輓歌，表現了絕望的掙扎和留戀。這羣送自己的葬的人使我想到失去座下基石的銅像，整個解體的碎裂，癱瘓。然而那一片片的碎銅塊，還不肯把自己交給熔爐，鑄冶爲一個齒輪，來向一架機器負責，仍堅持着所保有的一點細緻的雕刻那種固執和偏見。於是殺人的兇手在他們的歌頌下是十字軍的將軍。幸而，在這裏我尚未喪失我的清明。我寧肯讓我自己有一個痛苦分裂的對立：背着舊的血汚的子宮，要求新的誕生……

我對自己的揶揄是一棵沒有根的樹，找不到一塊植根的土地。自然在這裏我應當有所抉擇，或是鄙棄了舊的，赤裸自己；或是索性毀壞新道德的尺度，完全以個人的佔有爲衡量。前者我缺乏突破的力量，後者我尚未失去淸醒和理性。我要求誕生，新的誕生，却忘掉新的誕生要經過新的孕育。破銅爛鐵是要通過火的鍛鍊，才能再度發揮它的性能：在整個活動裏負擔起它所能負擔的。

因之，血汚的舊子宮融化，消失在新的光和熱裏，對我實是一種沾滯的解除。重新投身在豐滿的生活裏，要求新的孕育，再做一次新的誕生。

——一九四八・十一月

新路週刊

發行者：中國社會經濟研究會

編輯部——電報掛號：三九六〇
北平東直門大街九八號

經理部——電話四局〇六九三號

上海通訊處：

電報掛號：五九〇六六〇

電話四二二五五—五一號

上海黃浦路十七號五一室

南京分銷處：

西華門三條巷九號之二

訂銷辦法：

一、本刊歡迎直接定閱，請一次預付刊郵費金圓三十元，按每期售價七五折及實貼郵費扣算，欵盡時，另開結單函請續定。

二、外埠批銷每期至少在五份以上；照價七折，郵包費外加，一律存欵發貨，特約總經售辦法另議。

三、寄遞方法，請來函說明，舊戶續定或有查詢事項務請註明戶號。

四、本刊每逢星期六在北平出版，凡華北區定戶，請向北平本刊經理部洽定。其他各區定戶信件或匯欵，請寄本刊上海通訊處收轉。分銷處與經售處係批銷性質，不接受個別定戶。

本期定價金劵三元

新路

週刊（北平版）

第二卷 5

短評

經濟危機已不是經濟措施所能解除的了！

蒲立德來，蔣夫人去，友誼的交流

論殉葬

論壇

混合制度與計劃制度中間的選擇 陳振漢

討論：

一 目標與制度之相容性 徐毓枬

二 社會主義與價格機構 蔣碩傑

三 社會主義與計劃經濟是可以分開的 吳景超

四 社會主義生產政策的執行和監督 劉大中

總答覆 陳振漢

專論

這究竟是什麼政府？ 樓邦彥

騙局，語言，社會 全慰天

通訊

徐蚌會戰第二階段（南京通訊） 本刊特約記者

美援姍姍來遲（南京通訊） 本刊特約記者

台灣近情（台北通訊） 本刊特約記者

文藝：讀「日邊隨筆」 樂希

中國社會經濟研究會發行

CASER THE NEW ROAD

民國三十七年十　月十一日出版

短評

經濟危機已不是經濟措施所能解除的了！

金圓券的失敗固然是明眼人都能預料得到的。但是當初很少有人料想它會崩潰得如此之速，如此之慘。眞也不湊巧，偏偏禍不單行，限價與金圓券的濫發引起了搶購風潮之後，緊接着又趕上東北國軍的瓦解和徐蚌的喫緊。人人心懷不安，以爲大變亂卽將來臨。所以限價取消以後，有幾天，物價儘管瘋狂的上漲，而在京滬一帶東西仍舊是不易買到手，要想買些日用品幾乎非得要物物交換不可。在上海米價在限價取消後開始只八十圓一石，但是在十日之內竟接連飛躍直達一千八百圓一石。上漲竟達二十餘倍，而且還不易買到。這種情況如果任其拖延下去，眼見得金圓券就要失去交換媒介的功用。一般人民都爲生活而大起恐慌。隨時可能激起民變。

在這種狠狽的情形之下，政府終於不得不放棄原來搜括民間金銀外幣的政策而倒轉來准許人民以金圓券兌換金銀。不過金圓券與金銀的兌換率却被貶低至原來的五分之一，並且凡欲兌換金銀者必需以同額的金圓券存入中央銀行作一年以上的定期存款。所以事實上等於必需以兩千金圓現鈔始能兌換一兩黃金，雖然其中一千圓一年以後還可以取回本利，不過在這種急速的通貨膨脹中一年以後的金圓券已經不值得考慮了。於是政府以二百圓一兩收兌的黃金，現在每兩可以吸收二千金圓券回籠，一本十利，自然是筆好生意。但是在僅僅三個月之內，這樣出爾反爾，政府的信用可算完全破產了。我們也不打算以信用責難政府，因爲一個在做最後掙扎的政府是顧不得信用不信用的。我們只問這一針強心針還能管多少日子的事。

金圓券兌現辦法公佈後，京滬物價的確平穩下來，物資也漸出現。米價由一千八百圓降至四百餘圓。固然徐州戰局的暫時轉危爲安也是原因之一，兌現辦法的功勞也是不可泯滅的。因爲金銀究竟是人人信任的保存價值之工具。金圓券可以兌現金銀以後，原來搶購物資的人可以不必搶購物資了，何況京滬一帶黃金的黑市價格曾經遠過二千圓對一兩的存兌比率。不過在現在「愈戡愈亂」的局面下，政府所控制的生產區域日益收縮，而軍事支出日益膨大，依靠發行來挹注仍是免不了的。在無限制兌現的辦法下，發出去的金圓券一定將不斷的被拿來兌換黃金或銀元，而收回的金圓券必然仍被支出。一方面是循環周轉而且日益膨脹的，另一方面則是有出無進，自然遲早要枯竭的。在十月份政府爲彌補國庫支絀而發行的金圓券約四億五千萬元（收購金鈔外匯的支出均除外）。自十一月初限價取消後物價如此跳躍，以後每月彌補赤字的發行恐怕至少五倍於斯，卽使物價不再上漲。而改幣以來收兌所得的金銀外幣折合美金只不過一億七千萬元。如悉數撥供兌現之用，則可能吸收之存款及兌款不過六七十億金圓。在現在政府每月赤字超過二十億的情況下，最多只能供三個月的兌現。卽使我們將原來的發行準備中的百分之四十的金銀外匯（合美金二億）也悉數撥充兌現之準備，也不過只能再應付不到四個月的兌現而已。何況政府又已經指定撥一億五千萬美金以供生產事業向國外購買原料，以及在「軍事第一」的前題下軍事需要隨時有呑噬政府外匯資源的大部分的可能呢？假使一旦政府金銀外匯枯竭，兌現自然不得不停止。那時漲風恐怕卽刻又起，人民拒絕收用金圓券及囤貨不肯出售的情事又會發生。如果要打算長久維持兌現，又何來如許金銀？難道政府有把握無限制的向美國借款事供兌現之用？恐怕民主黨重獲勝利的美國其對華貸款並不見得會這樣熱心吧。

中國經濟的危機已經不是任何經濟措施所能解決的了。民窮財盡的今日實在不容許再將人民的膏脂耗費在內戰與破壞上。要保留一點民族的元氣，恐怕只有停戰的一途。新局面在開展中，雖然對信奉自由民主的人這是一個很難的抉擇，但是假定不忘以人民之飢溺爲自己之飢溺，在舉國生靈塗炭與喪失一部分的政治自由之間，吾人或許毋寧選擇後者。就短期的結果來看，後者無疑的是兩害之中其禍較輕的。卽就長期的結果而論，現在國際風雲譎詭，誰也不能作很遠的透視。捷克的貝奈斯總統也選擇了後者。雖然他作此抉擇之後，竟不免抑鬱而死，但是就歷史的眼光來看，他的抉擇或者仍不失爲睿智之舉。因爲他畢竟使捷克人民免去了一場在目前東歐局勢之下沒有多少希望的流血。

（西）

蒲立德來，蔣夫人去，友誼的交流

蒲立德先生是一心要爲中國下賭注的一位「中國之友」。他之第三次來華（那是說，來華而受重視，此爲第三次），在美國大選前便已與共和黨參議員美國會經濟合作聯席委員會主席勃里奇洽定了的， 專等旗開得勝，飛馬上任，（其任務，先說是「調查中國之緊迫局勢」，後來說是「調查美援實施情形」，那一個說法較爲正確，我們相信讀者會自下判斷）。不料選舉揭曉，民主黨控制了國會；事出意外，行吧，有點爲難；不行吧，賭注已下了，又勒不住。但這位「中國之友」仗着那份義氣，不顧一切，依然飛奔來華，於十一月十五日到達上海。上海美國新聞處發布消息，稱他爲美國會經濟合作聯席委員會代表。他在機場告記者，他不擬就他的來華使命向報界發表聲明。中央社爲他所作的報導，則謂他此次來華目的在聽取並研究中國當前情勢，故在返華府提出報告前拒絕發表意見。中央社幷報告蒲氏在華將有六週之逗留 。這位「中國之友」，卽蔣總統之友，不因南京正在忙着爲陳布雷治喪而稍緩赴京，在到上海之第二天卽飛抵南京之大校場機場，受往迎者之歡迎，「調查美援運用情形」。十七日晚，蔣總統於官邸接見這位「美前駐法蘇大使」，並留晚餐。中央社的報導特別指明「蒲氏爲美國會派遣來華調查美援運用情形者」。

此時美國方面傳來消息，謂美政府對援華問題與蔣總統保持接觸； 蔣總統關於中國局勢有函致杜魯門總統，代國務卿羅維特在十七日記者招待會中予以證實。勃里奇曾力促總統召開國會特別會以考慮對華更進一步之援助。但杜魯門十六日在佛羅里達州基威斯鎭招待記者，論及中國局勢時 ，謂渠正執行第八十屆國會之命令，並正研究將核准給予中國款項之餘款作最有效之運用；渠並稱 ，在第八十一屆國會於明年一月間召開之前，不能有新的緊急援助；渠堅決表示，不召開第八十屆國會特別會議。

蒲立德在南京住了一週，曾二度訪謁蔣總統，並先後會晤政府要員，於二十三日自京飛滬，預備前往廣州及平津，並預定十二月初仍返京一行 ，十五日左右返國。在蒲立德先生逗留首都期間，蔣夫人對美國作了一次廣播演說。中文廣播詞見二十三日各報登載，本刊在上期曾加以評論。她說：「最近有許多國外人士邀請我前往美國，向各位解釋中國的現局。因爲我國目前正與共匪作生死的搏鬥，我雖感謝各方面的盛意，但無法分身，所以今天欣然接受美國廣播公司的約請，借無線電的傳播，與各位作此一番談話。」由此可知她那時尙無赴美訪問的念頭。我們說民主國家的人民眞可以羡慕，誰都向他們籲求；但美國人民許是頭痛，厭煩誰都向他們進攻。在南京，蔣總統夫人向美國人作廣播演說，在華盛頓，另一「中國之友」，周以德先生，向其本國人播講，謂美應進行軍事援華，否則卽須完全退出中國。與周以德共同在廣播中討論中國局勢者，據說尙有哈佛大學遠東歷史教授費正淸 ，及芝加哥大學歷史教授頻奇。中央社傳播華盛頓二十二日合衆電，只傳周以德說的話，不傳其餘二人的，大概是以爲中國人的胃口只宜純食不可雜食吧！

杜魯門總統在佛羅里達州休假兩週之後，於二十一日返抵華府。馬歇爾則於二十二日返抵華府。當日馬歇爾與杜魯門就整個外交關係作一小時之討論時，曾會商中國問題。華府觀察家均認爲由於中國之目前危機已使二氏遭遇最緊急最難解決之問題。據關係方面透露，在二氏會談中，馬氏認爲中國主要問題仍賴自身解決，此等問題未解決前，卽使美加強援華，亦無多大效能。杜氏則正擬要求一不影響國際糾紛而能協助國民政府之妥善方法，除軍事與經濟之外，可能於短期內發表對華政策之聲明。但據一般評論家推測，杜氏對華聲明決不能改變其態度，卽緩和與蘇聯在遠東之衝突，進而盡一切可能以延緩三次大戰。在此原則下 ，除中美雙方道義上，契約關係所能爲者，美或設法提前 ，並加強其性能，捨此當無更好之方式。故目前凡希望過高，則失望愈大，而過份失望者或可增加其希望。此可爲杜氏政策之預先說明。問題發展當仍視國民政府力量如何。（以上根據世界日報二十四日報導）

二十四日忽傳法國新聞社華盛頓電，稱美衆院前任外交委員會主席下屆國會將繼伊賴仍爲外委會主席之白魯姆宣佈：渠將請求杜魯門總統邀請中國蔣總統前往華府直接與美政府討論中國局勢問題。同時傳白宮連日集會檢討對華政策，尙未結束，一俟獲得會後決議時，美國卽將發表一項對華政策之正式聲明。馬歇爾於是日招待記者，雖曾就中國情形口頭上作一簡短表示，但未說明在目前危機中美國將採何政策，亦未特別述及將以何項援助給予中國政府。到了二十六日，美國務院宣稱，該院獲悉蔣總統夫人計劃來美訪問。同日，在中國方面，蔣總統提名孫科繼任行政院院長，經立法院未經審查即予通過。二十七日，孫科為療治足疾，由京乘車抵滬，在滬談政見，謂當建立有效能之責任內閣，凡美所指責貪污及脫離人民等缺點均當亟謀予以補救。但孫行政院長返京就職要在一兩週之後，而蔣總統夫人則於二十八日乘美政府所派海軍專機行矣，謂約二星期即回國。

「中國之友」情意可感，會心人當知扶危定傾，疆場之英雄外，倘有巾幗英雄。「無法分身」時竟亦分身，情勢之嚴重，關係之重大，從可知矣！（競）

論殉葬

假如中國今天有個偉大的藝術家，把目前動盪時代的一切人物塑繪出來，一定會構成一幅「世紀末百象圖」的傑作。千萬苦難的人羣中，有的在作垂死前的享受；有的在面對着現實昂揚前進；有的在躲在自己的暖室裏，細心培養也或許將來有用的花草，更有的留戀過去希望維持特權，並號召他的子民為他殉葬。後一種的人們當環顧全局皆非時，心境最為淒涼，出處也最殘酷。自己知道自己必然要死，於是也要求自己的部屬和子民莫要活下去，這就是封建社會遺留下來的殉葬。封建道德要求臣死其君，子死其父，下死其上，於是忠奴義僕的「嘉言懿行」被人傳頌久遠。有的傳說得非常壯烈動人，譬如史書上所傳有關田橫的故事吧，就很可以感動人。

> 田橫為齊王田氏族，韓信既破齊王廣，橫遂自立為齊王。漢滅項羽，橫與其徒屬五百人亡入海島中，漢高祖使人招之曰，「橫來，大者王，小者侯，不來，且舉兵加誅。」橫因與二客詣洛陽，未至三十里，曰：「始與漢南面，今奈何北面事之」！遂自殺。橫既葬，二客皆自殺。餘五百人在海中聞橫之死，亦皆自殺。

像田橫那樣五百壯士自殺的故事，在歷史上是不多見的，項羽自刎垓下，也並沒有感動到江東父老隨他自刎，僅有名馬美人，陪襯出他的死不覺悟的頑強——非戰之罪也。可見特權驕橫者，就是在純封建的社會裏，也不容易要求到臣死其君，子死其父，下死其上。人類求生的本能，在生與死的俄頃之間，最容易表達得淋漓盡致。何況泰山鴻毛輕重的解釋，在每一個時代均應有其不同的意義呢。

困守太原的閻錫山，以葬身太原為榮，為了表示決心，曾命令醫官給他準備下五百份烈性毒藥，到最後不得已時，與五百高幹共同仰藥而死。假如將來真正有那末一天，他將與兩千年前田橫的故事先後媲美！但是不同的是，田橫的五百壯士之死，似乎並非預謀；而閻氏的準備竟如此周詳，這無疑的是等於要求五百高幹給他殉葬。據說，閻錫山對於幹部控制得很嚴，他不願在他死前見到一個幹部出走，更不願自己死後有一個幹部幸存。可是商震，徐永昌，傅作義先後離開了他，韓鈞，薄一波，趙瑞也離開了他，這更使他對幹部不敢放心，更進一步的希望他們都能為他殉葬。那位年近古稀的「山西王」，心境之淒苦，已可想見。

現在與閻錫山同一心境的人，當然還有，在四面楚歌時，不得不希望部屬個個「成仁」，以解救自己垂死的寂寞。然而在今天有那種古代愚忠的人究竟有限，臨難都希望苟免，就是勉強死去，那種「惴惴其慄」的音容狀貌，也委實教人覺得可憐。教臣民殉葬是暴君最殘酷的手段，尤其是教一些有用之材也給自己殉葬，那更是「上無以對億世之祖宗，下無以對億萬世之子孫，中無以對二十世紀之人類。」

史記載，秦武公卒，初以人從死，死者六十六人，至穆公遂用七十七人，而三良與焉。所謂三良就是子車氏家之奄息，仲行，鍼虎。國人哀之，為賦黃鳥三章。現在不妨抄錄傳誦，以警暴君，以醒世人。

> 交交黃鳥，止於棘。誰從穆公，子車奄息。維此奄息，百夫之特，臨其穴，惴惴其慄。彼蒼者天，殲我良人，如可贖兮，人百其身。
>
> 交交黃鳥，止於桑。誰從穆公，子車仲行。維此仲行，百夫之防，臨其穴，惴惴其慄。彼蒼者天，殲我良人，如可贖兮，人百其身。
>
> 交交黃鳥，止於楚。誰從穆公，子車鍼虎，維此鍼虎，百夫之禦，臨其穴，惴惴其慄。彼蒼者天，殲我良人，如可贖兮，人百其身。

封建社會的子民，看到善良之士被迫害，絲毫沒有營救他的辦法與勇氣；只有看着死者的惴惴其慄，而在一旁暗自飲泣，慘呼彼蒼者天，慨嘆百夫莫贖，這是可恥的怯懦。就是拋開是非，站在人道者的立場上，我們也應當反對任何人要求任何人為他殉葬。每個人都應當有他獨立的人格，每個人都應當有他對國家社會應盡的責任，他不能夠，也絕不必要盲目的給暴君殉葬。質直的說，要旁人為己殉葬者罪不容誅，輕於為一個獨夫殉葬者，也不可原宥，此風如長，那真是國家民族的損失！「油盡燈枯」者，固無論矣，還有一點用處的長材或短材，千萬不可太「死心眼」，要為國家為人民，珍惜青山，而有以自處。反殉葬就是反封建，一切的殉葬的行為與思想都是罪惡的，就是變象殉葬也是罪惡，所以有人說，「始作俑者，其無後乎」。（棣）

論壇

混合制度與計劃制度中間的選擇

陳振漢

中國如一旦能有相當長時期的和平與統一，許多人都認為有兩項迫切待做的工作：（一）高速度的眞實資本建設與技術人材培養及（二）社會主義理想的實施。我們現在對這兩項工作的必要與急需，不必再事申論，只有把它們的內容，或仍需略為確定：我們所以不把第一項工作叫做工業化，工業建設，或提高人民生活程度，而名之為「資本建設與人材培養」的用意，第一是我們所指不祇是單純的發展工業，而是增加每一工作人口，無論是工廠工人，農民或交通工人，或每單位勞工的工作技術水準與資本設備，以提高其工作效率。其次，為要增加資本設備，提高技術效能，將有一個時期減少消費品生產，不僅不能增加或反須減低國民生活水準。第三，這樣的一個建設目標，在達到以後，可能幫助國防建設，但其本身却不包含國防意義。第二項工作——社會主義的理想，在這里是指公有財產與依照多數人民所認為公平的原則（暫時假定為平均分配）分配國民收入。但社會主義的理想雖可如此單純，我們當然不希望由於這一理想的實施，生產效率（一個社會每單位時間內所能生產的消費物品與勞務）反而減退。換句話說，我們希望在社會主義的旗幟下面，仍可容許一種派分資源的方式，根據這種方式，人民在收入的公平分配以外的經濟福利仍能有效的促進。也就是上述（一）、（二）兩項工作，我們堅持要雙管齊下，求其同時實現，因此兩者雖然是獨立的目標，却只准相輔相成，不許互相抵觸。不過在資本建設效率以外的問題，雖亦可視為廣泛的經濟福利，如所謂經濟自由經濟民主等名詞所代表的含義，本文不作考慮。本文的目的祇在說明為求得同時進行這兩項工作的最高效率起見，我們應當選擇那一種資源派分的機構或制度。

下文第一節描繪兩種這種制度的簡單藍圖，第二第三兩節分別比較這兩種制度在資本建設與實現社會主義理想時的效率。本文只是一種可以說是藍圖邏輯（blue print logic）上的討論，作者僅是根據這兩種制度（在與事實相距不遠的假定環境下，）在達到上述目的的效率差別考慮取捨。因此文中的結論，只是根據目標與藍圖的一種推論。

（一）

經濟制度的通常意義本來是指（一）派分生產資源與（二）分配國民收入這雙重任務的執行方式，現在但就第（一）項任務的執行來說，我們可以區別兩種主要的方式：（甲）價格或個人制度與（乙）計劃或集體制度。在價格制度之下，整個社會裏面把生產資源派分在各別用途之間的決定權，屬之於個別生產者，以價格或市場機構作聯繫（coördination）與平衡的樞紐；而在計劃制度之下，則上述兩項的經濟決定權完全操之於一個中央機構。

價格制度所代表的生產資源派分方式，我們比較熟悉，可以無需描述。至於在計劃制度之下，雖然生產因素的客觀市場不再存在，在理論上計劃當局仍能够根據所謂價格的變數作用（paramétric function）把生產資源派分到各種生產事業裏去，而且也能達到與理想的價格制度媲美的效率，已為多數學者所公認；許多人所懷疑的是事實上計劃當局要圓滿有效的完成任務，恐怕需要超人的睿智與品德。關於這類問題是討論者的個人信念每可以影響結論的地方。我們根據蘇聯的經驗以及比較英美等國家在戰時與平時的生產效率，似乎可以相信；為達到與現實的價格制度（並非理論上的完全競爭的價格制度）相等的效率，似乎並不一定需有超人或聖人來擔任計劃與生產。計劃與生產當局只要不貪污不愚蠢，有相當確實的統計資料與經濟常識，則要使幾種必需消費品與其他主要資本財貨（producers' goods）的供求平衡，應當並非難事，特別在一個生活水準本來甚低，需要更行節約消費的國家裏面。至於其他次要物資的生產，可以隨後逐漸調整。在中國原有工業生產單位並不甚大，農場面積在將來也不能十分擴大，固然有的地方增加計劃的困難，但因為變動較少，傳統束縛較深，反易於估計供求狀況。

至於價格制度雖然在觀念上與計劃制度南轅北轍，但因純粹的價格制度或個人經濟，可說從來未嘗存在，人民的經濟決定，不是有或大或小的一部份，或是長短不同的時期內，從私人手內劃出，交由政府或別的社團操持，或是價格機構受到外力的干涉，不能行運自如，甚至完全失去作用。所以實際上我們只看到受統制的或被障礙的（regulated, fettered）價格機構，以及公營、國營與民營混合的派分資源方式，這種方式，我們稱之為混合經濟。這種經濟裏面，公與私，國營與民營的範圍，可以有大有小，價格機構受則障礙的程度可以有高有低，失去作用的時期可以有長有短，但其為混合則一。這種現實的價格制度與計劃制度之間，仍只有程度上的區別。在中國，因為從清代末葉以來，已有比今日英美更為高度的混合制度，所以我們今日的問題，只是今後為加速資本建設與實施社會主義，在資源派分的方式上，是維持現狀呢？還是增加混合的程度以至於接近計劃經濟呢？

（二）

我們所謂眞實資本建設應有的速度，雖不易有客觀的硬性的規定，但我們可以有一個理想的限度，即足以達到因資本設備的增加所增加的勞工效率趨於遞減的時候為止。至於這個限度，我們應以怎樣的速度或用若干年來完成，只能因其他非經濟的目的與事實環境來決定。假定我們希望儘速完成這一程度的建設，我們一方面得盡量集中全國的人力物力，另一方面得求最高的效率使用這人力物力。先就人力物力來說，在連年戰爭消耗之餘，如倘有過剩的人力物力，為量已經甚微，建設一經開始，即將罄竭無餘。所以主要的建設工作，只有在所謂充分就業的狀況下進行，轉移其他方面的投資，減少消費品的生產以資挹注。中國已有的國民淨儲蓄（或淨投資），即使沒有確實的統計，可知本極有限，益以近十一年來的戰爭破壞，數量當尤低微，即使我們能設法完全移作資本建設之用，距完成我們的理想限度當甚遼遠。因此，我們如要在不太長久的時間內達到這一目標，還需在原有的淨儲蓄之外再每年增加大量的人力物力。這人力物力怎樣取得呢？比較主要的路徑，只有（甲）壓低人民的生活程度，與（乙）利用外資。這兩條路本可相輔而行，但我們姑先分別討論，如走（甲）條路徑，因爲中國大多數人民原來的生活程度，不必用數字證明，大家都曉得已瀕於饑餓線上，如我們還希望增加剩餘物力人力，只有逼迫全國人民枵腹以事生產。我們先來選擇對這一工作比較能勝任的制度。

在混合制度之下，爲發展資本建設，減少消費品生產的投資，可以加重消費稅，再以稅收收入津貼私人，或由政府自己，來經營資本建設事業。但也可以膨脹通貨發行公債或徵收直接稅等政策徵用人民的儲蓄，以津貼民營資本建設或作國營資本建設的經費。如果還要人民再束緊腰帶，強制增加儲蓄來作資本建設投資，也仍可應用這些財政手段。如果利用膨脹通貨政策，可以更增加通貨數量，如果徵收直接稅，即更減低免稅額與提高稅率。增發通貨的政策簡而易行，然在充分就業以後，膨脹通貨以事建設，工資以及其他生產因素價格的漲速超過成品價格，如不配合以其他的政策以收回游資，由於流通速率的增加，物價漲速且將超過發行額的增加速率，使得政府的實物收入愈行縮減，資本建設即無從進行，所以靠發行來動員人力物力以事建設，無論是轉移已有投資的方向，與繼續節約人民的消費，一定要配合其他政策，收回人民貨幣收入。但在可以用來收回人民貨幣收入的政策裏面，公債政策的成效很是有限：第一，資本建設事業在短期間不能有多少收益，特別如我們要致力於幾種大規模資本建設的計劃；在這種情形之下，發行公債，如債息低，即無人購買，債息高，即得不償失。第二，公債如不是攤派，而靠人民自動購買，不能用來作壓低人民生活水準的工具。

在一個收入分配不均的社會，利用直接稅以轉移投資吸收儲蓄，如把免稅額降低，稅率累進提高，不特能收和消費稅相同的效果，而且有平均收入分配的作用。主要關鍵在（1）人民收入大小不同，即使稅率高下也因之而有差別，如果各人的家庭負擔或其他負擔輕重不一，同一稅額對於人民的負擔並不相等，如果稅率過分提高，有的人或尙能生活優裕，有的人或已不能忍受，以致工作情緒惡劣，使資本建設的效率受到妨礙。（2）在建設工作開始進行之後，人民的貨幣收入增加，消費品生產不能比例增加，消費品價格即趨繼漲，這固然是利用任何財政政策籌措資金所同具的結果，但如繼續用高率所得稅去取回這新增的貨幣收入，以防制物價泛濫，也將減損人民的建設情緒與工作效率。

消費稅的增收，既在國民收入分配上面，有與社會主義的理想相衝突的影響，在充分就業之下所能壓低人民生活水準的程度也屬有限。隨着消費稅率的提高，如果使人民的生活程度降低到了極限，則工資即將隨稅率上升，而物價的上升程度，或且超過稅率，結果政府貨幣稅收雖仍可增加，人力物力的收入反將短少，建設的速度反將停滯。

如此，政府既不能以賦稅收回所增付的支出，而又須避免物價的惡性上漲，似乎只有控制一切生產活動，由政府集中派分生產資源，利用蘇聯的貨物稅制或直接配給消費物品。不過這樣一來，也就是完全取消了價格機構的作用，走上十足的計劃道路了。

（乙）條利用外資的路，無論我們採取什麼方式（發債券或借款）吸收外資，第一，爲盡量使外資用到資本建設上去，一方面減少在消費品方面的漏卮，一方面使國內其他產業活動不致因輸入物資的競爭趨於萎縮，不是這一部份的外資，須全由政府來輸入和運用，即須政府來控制全部貿易物品的種類。其次，爲償付外資本息，只有增加貿易出超，如利率不高於外資的邊際生產率，而還本期限能在上述資本建設的理想限度達到以後，出超增加，可望不致如何減低人民生活程度。但是爲償還債務的輸出，因有契約的約束，不能待價而沽，貿易條件往往不利，不是由政府津貼，只有由政府專營。這種情形，雖然限制價格機構的作用，却並非整個取消價格機構，是混合制度，而非計劃制度。

上面我們從資本建設所需要的人力物力的集中來說，認爲如果完全要自力更生來建設一個理想程度的資本設備，恐怕免不了得有一套比過去一切更嚴格的管制辦法，以致於根本取消價格機構。現在再從利用這一數盡的人力物力的效率上面來看，是否需要制度上的更張？

理想的資源派分的標準是：使資源在各種產業中間的邊際生產值相等。但這是一個靜態標準，我們講資本建設，講提高每一單位勞工的效率，主要要看生產技術的改進，只是這樣一個標準殊嫌未足，所以我們在此主張以每一單位時間裏面每一勞工單位的貨物與勞務生產量爲標準。

在混合制度之下，無論是將資本貨物的生產委託私人經營或國營，如果我們能假定對這一部門生產活動的經營效率，政府能以監督或干涉使臻於至善，我們似乎也能希望計劃制度下的生產因素分派能達到相等的效率。自然全部生產事業與單純資本建設相較，範圍大小懸殊，但在問題的本質上似乎沒有什麼分別。有的論者認爲足以使集中派分資源效率不彰的幾個事實，如（1）生產者不必孳孳爲利，無需競爭爲懷。（2）層層管制，機關重疊，一個生產單位的經理人，須事事奉承命令，不能當機立斷，使得生產事業官僚化，產生所謂計劃的浪費；（3）生產因素的集中派分，未必能使每一單位的因素在各不同用途的邊際生產值相等。但這些事實如果足以妨礙計劃生產，也同樣會妨礙國營與統制。在第（1）（2）兩方面兩制度間，不應有何軒輊甚屬顯然，第（3）方面所謂生產因素的合理分派標準——使每一因素的邊際生產值在各生產用途之間相等，由於私人成本與社會成本的異趨，就是在競爭性完全的工業，也並不能達到；何況競爭性完全的工業在實際上等於鳳毛麟角。在完全競爭情形下，私人生產者固然只是各顧本身的利益，把生產量擴充到一個程度，以使邊際私人成本等於價格爲止，對於許多政府與社會間接所因私人工商業發展而引起的費用或利益，在私人生產者並不算作成本或收入，從社會觀點來看，每不免擴充過度或不及。對這種情形政府的干涉也很難恰到好處。

如此，國營或統制在本質上不能有超乎計劃的效率。實際上，計劃制度雖然因爲包括全部經濟活動，其中的計劃工作好像遠比部份產業的國營或部份活動的管制來得複雜繁重，但因其性質的比較單純，計劃制度下的建設與生產，可能反而有比混合制度更高的效率：（1）混合制度下民營部份的獨占與獨占競爭所招致的人力物力浪費，如設備過剩（excess capacity）商業廣告等等，在計劃制度下可以消滅，特別是生產技術可以加速改進。（２）種種民營企業為防備與應付客觀環境的變動所須耗費的人力物力可以節省：諸如國營民營範圍的不定（特別因為資本建設的實際內容頗難確定），生產技術改變與商業循環的影響等等。

（三）

如以促進資本建設為今後我們的主要目的，社會主義理想的實施可謂利害參半：利的方面在可不必用比較繁雜的直接稅，僅需比較簡易的消費稅來徵收人民的儲蓄或壓低他們的生活水準；害的方面如人民消費傾向的提高。但我們現在把急速實施社會主義看作與資本建設同樣重要的目標，以為取捨制度的準繩。

我們把實行社會主義當作一個目標，把計劃制度看做可供選擇 (Alternatives) 的手段，並非根本否定計劃與社會主義的連繫，並非完全同意一部份學者的看法——以為社會主義的理想與計劃制度並非不可分劃，而正是要從另一種出發點來證明兩者的不可分性。

所謂可分或不可分並不是絕對的。為達到一個目的地，可走的路自然不只一條，問題是雖然每一條路都能通到羅馬，距離遠近坦易坎坷則有不同，如實施社會主義的理想，純粹價格制度、混合制度以及計劃的派分資源方式，原則上都屬可行，只是遲速難易具有差別而已。因此我們所待考慮的，並不是行得通與行不通的制度之間的選擇，而是在對於實現社會主義的理想，混合制度與計劃制度的效率，孰大孰小。

假定中國已入社會主義之治，一切由於資源私有而得的收入，完全取消，生產活動也就不能以最大利潤為目標，國民收入須按照人口平均（姑且如此假定）分配，我們是否仍能用現在的混合制度來分派生產資源與配合生產因素呢？

主張社會主義的實行可以不必計劃的學者雖頗有其人，對於這種不計劃的社會主義制度或是社會主義的價格制度或混合制度曾經描繪過較詳的藍圖的，似乎沒有一個。皮古(Pigou)教授在一本討論社會主義的小冊子中(Socialism vs. Capitalism, 1940)，雖以為把計劃放在社會主義的定義裏面，只是為要牽就蘇聯的現實，他所比較的社會主義與資本主義的中心現象，還是價格制度與計劃制度。他覺得取消私有財產與利潤制度都不必實行全盤計劃，只要把國有資源交給合作社，由合作社不以利潤為目的經營即可，我們以為這只是一個模糊的理想，如果眞要照着實行，立刻會遭遇不可克服的困難。下面我們僅舉這種困難的比較顯見的以為例證：首先假定在實行社會主義以前我們的社會內各種消費品的供求恰好相等，因之在換上社會主義的紅旗以後，無需增減工業或企業單位，只需將原有的，大小生產者原班接收過來，只是它們不能再依據最大利潤原則生產，而須依照下列三條法則：

第一　每一生產者須把他的平均生產成本減至最低；

第二　生產品數量增減至邊際生產成本等於價格為止；

第三　對每一生產因素付以恰等於其邊際產值的價格。

如此，這些大小生產者的產品，如果競爭性是完全的，因原來並無特別利潤，應能恪守這些法則，問題在我們這現實社會裏面，競爭性完全的產品不多，我們只有各種程度的不完全競爭者，憑藉他們的大小獨占地位，生產規模不能適度，除非社會主義政府能夠嚴格督促，用特別征課或在出租生產資源時征收特別租金，殊無法必其遵從這些法則。然由於競爭性不完全企業的普遍，這種個別考核的工作幾乎是不可能，或不如計劃來得簡易。

其次，在社會主義實現以後，我們不能假定原來的消費品供求還能繼續維持平衡。因為財產制度取消，人民收入來源便和以前不同，如仍有所謂消費自由，人民消費型態 (consumption pattern) 不能沒有改變。因之如仍以資本主義社會的原有生產企業與生產單位來適應消費需要，一定有一部份有效需要，無法滿足，有許多的消費物品生產過剩，於是有的生產者雖不居心牟利，亦獲意外之利，有的生產者則蒙受意外損失。蒙受意外損失的生產者，因為無法獲得經營報酬、或維持他個人的生活，付給工資、償付債務，自然減縮生產，或根本退出這一企業，加入新增需要企業（如非獨佔性）；求過於供的生產事業，如係獨佔性，依照上述，即不一定擴充規模，增加生產，或容許新生產者加入，就是沒有這種情形，原來生產者所擴充的規模或增加的生產，以及衰落企業所轉移來的生產，不一定即能適應新增需要，如尚有不足，又有誰來計劃與從事補救呢？

再次，如果有新產品的需要，或有新技術新機器的發明，新產品的價格及其製造成本，或利用新技術以製造的產品的生產成本，均非經過試驗，無法確定，在有生產者利潤的時候，利潤是誘致新產品與新技術的力量，在計劃制度之下，則由計劃當局來籌劃減低生產成本，決定是否生產新產品以增進人民福利。在混合制度的社會主義社會裏面，則因上舉三條法則皆屬靜態，即使所有生產者忠實履行，生產技術也無由改進，新生產品不會在市場上出現，雖然每人的收入較前平均，這樣的社會主義社會或非大家所願意加入的。

以上幾點，只是我們所隨便想到的比較顯明的困難，然已足以證明一個社會主義社會，如果生產資源公有，利潤動機消滅，只靠客觀的價格市場，以派分資源，配合因素，所達到的效果或遠不如有一個綜覈平衡的中央機構，根據主觀的價格判斷來得圓滿。有的論者以蘇聯在一九一七雖已實行社會主義，但到一九二八才實行計劃經濟來證明社會主義經濟並不需要計劃，列寧及其他蘇聯領袖在十月革命以後，確實以為只要根據馬克斯的剩餘價值觀念、取消私有財產，不准利潤存在，即可實現社會主義的理想，但實際上蘇聯在一九一八——二〇這一平常所謂戰時共產主義的階級，並未嘗建立一個平衡的社會主義經濟，一九二一——二七的新經濟政策時期，又恢復利潤制度，也恢復了大部份的私產。這十一年只是一個過渡時期，並沒有建立社會主義的穩固基礎。所以這一事實在我們認為不僅未能證明社會主義之不需計劃，倒適足以證明無計劃的社會主義之治的寡效與不穩固。蘇聯在此期間之未遲行把計劃與社會主義結緣，從蘇聯本國走向社會主義的效率來看，算是繞了一個圈子，浪費了十一年的光陰，但對於後來者應該是可貴的教訓。現在的蘇聯雖然尚沒有利用價格的變數作用以派分資源，我們也只能說蘇聯的社會主義尚未能儘量增進人民經濟福利，尚未達到我們的社會主義的理想，不能證明社會主義無需乎計劃。

討論

一　目標與制度之相容性

振漢先生在本文中提出兩個目標：（一）高速度的眞實資本建設與技術人材培養，（二）社會主義理想的實現——解釋爲公有財產與公平分配國民所得（暫時假定爲平均分配）；再提出兩種制度：（一）混合制度，指的大概是目前的英國與中國，（二）計劃制度：然後以此兩項目標，考驗這兩種制度。

下面是我不同意或有懷疑的地方，提出來就正：

（a）如果第二種目標必須與第一種目標兼顧，那末混合制度自始卽被判處死刑(condemned)，毫無生存之機會。財產公有至少須解釋爲生產工具公有；人民被允許私有的財產，至多是一些消費用的持久品，如鋼琴住宅之類，故民營工廠已不可能。卽使有些小的零售商店，讓私人經營，但這似乎已不構成混合制度了。廣大的沙漠上有幾個綠洲，我們還是稱之爲沙漠，幷不另外起一個名詞。

由此，我認爲正確的問題提出法，應該是：如果承認這兩個目標同樣重要，那末爲有效達到這兩個目標起見，還是採取中央計劃制度好呢？還是讓價格機構發生變數作用(parametric function，譯爲制衡作用是否意義明顯些）好呢？不識振漢先生是否同意這樣問題提出法？答案當然是隨各人之嗜尙而異。就我個人而論，我喜歡後者（讓價格機構發生制衡作用），因爲在後者情形之下，不大有理可講的(arbitrary)只有一個，卽資本之累積速率；除此以外，消費品之種類以及資本品之種類，還可以讓公民全體自由決定（我指的是平時，若在戰時，「資本品」之性質當然受限制）。上面說過，這只是一個嗜尙問題。

（b）我認爲：針對目前及短期未來的中國情況，再檢討一下私有財產之社會功能，恐怕不是思想落伍。說得明白一些，如果我們一旦和平統一，我們是否應該對振漢先生提出的兩種目標，絕對兼顧，還是可以暫時側重一方面，待一方面辦有成績後，再進行其他。現在時代已經不同，主要思潮亦已不同，如果在現在允許私人企業，未必產生英國工業化過程中之黑暗面——只要政府的確以大多數人民之福利爲福利。振漢先生所列舉的兩個目標之中，第二個只要法令（或革命），卽可辦到，而第一個却須下眞工夫，我們在未來是否應該側重第一項目標呢？我的推測，振漢先生的確是側重第一項的，所以有混合制度，與計劃制度之選擇，如果絕對幷重，混合制度便不存在。

（c）無論出於自願，或由於環境，恐怕我們終必在兩個目標之中，側重一項。如果我們承認：如果完全靠自力，則卽使是充份就業情形之下之國民所得，減去爲維持全體國民最低生活所必需的一些物資，餘數作資本累積之用，這種累積速率還不能令人滿意，那末必須靠外資。外資之來源，大概會影響我們側重那一項。也許我們不能選擇，只能混過去(muddle, through)，——當然是要混過去，不是只混。

徐毓枬

二　社會主義與價格機構

蔣碩傑

振漢先生的中心論題是要證明假使我們打算要迅速建設生產資本及實施社會主義的理想，計劃經濟是不可不採用的。他的議論是針對着主張社會主義無需全盤集體計劃而發的。這一類的討論往往容易因爲名辭定義的含糊而至雙方空廢口舌而不能互相了解。

這裏定義含糊的名辭，就是我們要討論是否需要的「計劃經濟」。振漢先生之所謂計劃制度就是生產資源的配佈完全按照一個中央計劃機構的意志來決定的經濟制度。和這種計劃制度對立的是「價格制度」。在價格制度之下，生產資源之配佈是由各生產單位及各消費者在市場價格之下，按照某種原則的選擇來決定的經濟制度。這兩個定義是一般經濟學者所通用的。但是陳先生似乎沒有十分認淸楚的是價格制度不一定就是純粹的私人企業制度，同時國營企業也並非不能與價格制度並存的。甚至所有的生產事業都改爲國有後，我們仍舊可以採用價格制度，主張社會主義無需集體計劃的經濟學者就是主張在所有生產事業都社會化以後，仍然保全價格機構。

在價格機構之下，只要各生產單位都遵守一條普遍的原則，卽「使其邊際生產成本等於其產品之價格」，或「使其所雇用之任何生產因素之邊際產品之價值與該生產因素之價格相等」，則生產資源自然分配於最適合人民需求之各項生產事業中。這是振漢先生也承認的。價格機構可說是等於一個決定生產因素之配佈及各種商品之產量的全民投票。這是實行經濟民主，保障經濟自由不可缺少的制度。陳先生劈頭先說他不考慮經濟自由經濟民主，等於先將價格機構的長處置之不理了。

在資本主義社會之下價格機構可能受不完全競爭的企業組織的阻礙而至不能圓滿運用。同時財富分配的不平均使價格機構所代表的全民投票亦不十分公平；因爲在價格機構之下每一消費者支配生產因素配佈之權力與其購買力成正比。所以購買力高者等於有數倍於購買力低者之投票權。但是這些缺陷都不能拿來作爲價格制度不應保留於社會主義社會的理由。因爲第一社會主義政府可以命令所有國營事業不論其規模之大小，一律遵守「使邊際生產成本與其產品價格相等」的原則。故生產因素之配佈不會像在資本主義之下受獨占勢力的歪曲。而且在社會主義之下每一消費者之購買力旣大致均等，則其經由價格機構支配生產之權力亦大致相等。卽每一公民對生產因素配佈之票決權都大致相等。所以在社會主義之下，我們只有理由更加擁護價格制度，絕沒有理由反而棄而代之以獨斷的集體計劃制度。

陳先生以為『集體計劃當局仍能夠根據價格的「變數作用」parametric function of prices 將生產因素合理的配佈於各生產事業中』。這是很不幸的誤解。因為所謂「價格的變數作用」——這個首先由蘭格 Oskar Lange 所創用的含有數學氣味的新奇名辭——其含義實在就是價格機構的作用，不多也不少。不信的話，我們且看看蘭格之所謂運用價格變數作用的集體計劃經濟是什麼一種經濟制度。他首先主張消費品及勞工的分配應該完全由自由市場價格機構來決定，中央計劃當局可以不必過問。其次他的中央計劃局應該為一切收歸國有的各種生產因素訂出一假定的價格來，使各國營生產單位遵守「使邊際成本等於價格」的原則來爭購。如果在這假定的價格之下，某生產因素的需要超過其供應，則提高其價格。反是則抑低其價格。直至各生產因素之需要無不與其供給相等為止。這就是他的中央計劃局所做的計劃工作！這和保留自由價格機構有什麼差別呢？我們可以更進一步向蘭大使（蘭格現任波蘭駐美大使）建議他的中央計劃局根本連最初的假定價格表都不必訂，以後隨時調整也可不必，只要中央計劃局將所有國有的生產因素都拿到市場上讓所有的國營事業單位各各按照前述原則競購，那麼價格機構自然會使各生產因素之需要與供給相等，而且分配於最適合人民需要的處所。中央計劃局的大員們大可垂拱而坐少管閒事。因此這位社會主義經濟學的大師，將極端自由主義經濟學者大加申斥以後，結果自己所提出的最好的經濟計劃就是不要計劃！如果陳先生心目中的集體計劃制度就是蘭格的這種中央計劃，我自然和他毫無爭執。

事實上幾乎所有的受過自由民主思想薰陶的經濟學者，即使他是澈底的社會主義者，在討論社會主義與計劃經濟時沒有不強調自由價格機構的保留的。例如 Lerner, Harrod, Meade, Robbins, Henderson 甚至包括 Lange 無一不反對中央政府替各企業部門訂立一個硬性的生產、銷售、雇傭的數量計劃再用直接管制的方法去執行的。在本刊上卷中吳景超，劉大中，「春生」君及筆者亦先後執同樣見解。自然我們並非認為一切中央計劃都不需要。有些時候價格機構的確需要用中央計劃來補充的。譬如維持全民就業及國防，及建設個別消費者之選擇所不能顧到的社會福利措施（如公共教育衛生等）。又如糾正社會成本與個別生產成本相違之弊病（如工業地點之計劃以避免工業之過分集中造成不衛生之環境等等），及計劃大規模而不可分的投資其所產生之社會利益遍佈各方非一個別之生產單位所能計算者（如建造鐵路開闢荒地，興建水利及水力等）亦得中央計劃當局籌劃辦理。但是我們仍該以自由價格機構為主而以集體計劃為輔。這就是筆者在本刊第一卷第三期「經濟制度的選擇」一文中所謂自由主義的社會主義經濟，亦即彌得教授（J. E. Meade）在其最近問世之「計劃經濟與價格機構」一書中之所謂自由主義的社會主義之解答 The Liberal-Socialist Solution。

三　社會主義與計劃經濟是可以分開的

吳景超

陳振漢先生所考慮的問題，我近來也曾想過，并且曾以研究所得，寫成一文，名為「計劃經濟與價格機構」，在社會科學五卷一期中發表（本年十二月底出版），所以有許多話，不在這兒重說，現在只提出一點來與陳先生討論，就是社會主義與計劃經濟是否不可分。

計劃經濟并非社會主義帶來的。埃及在金字塔時代曾實行過計劃經濟，祕魯的英格斯民族曾實行過計劃經濟，法西斯主義的德國曾實行過計劃經濟，資本主義的英、美，也實行過計劃經濟。所以如果有人說計劃經濟是社會主義的產物，那是一種錯覺。當然，現在推行社會主義的蘇聯，是採取計劃經濟的，但我們不能由此推論，將來所有實行社會主義的國家，也必須採取計劃經濟。

計劃經濟是達到某種目標的最好手段。假如一個國家準備作戰或正在作戰，為使生產事業與戰事的需要配合，俾能早日獲得勝利起見，最好採用計劃經濟。假如一個國家，在建設的過程中，得不到外資的幫助，又想在短短的十年或二十年之內，完成別國以三十年或五十年完成的工作，則必須在高速度的累積之下，儲蓄資本。為完成這個目標，也需要計劃經濟。但是這些目標，并非就是社會主義的目標。社會主義的目標，照陳先生所說，為「取消私有財產」及「平均分配所得」。這兩個目標，第一個無人否認，第二個大成問題。在社會主義的國家中，大家都只有勞務的收入，而沒有財產的收入。但在勞務的收入之中，還可以有高低多寡之不同。在理論上，正統派的社會主義者，是贊成此種不同的；在事實上，蘇聯人民的收入，也是有高低之不同的。但是社會主義的目標，除取消私有財產之外，據我的了解，還有「提高人民的生活程度。」「社會主義并不是要大家貧窮困苦，而是要剷除貧窮困苦，要給社會全體組成員造成豐裕和文明的生活。」

在財產公有的狀況之下，社會上便沒有不勞而獲的人，大家都只有勞務的收入，大家都靠自己的本事吃飯，而不是去剝削別人來吃飯，這是社會主義在道德上超過其他主義的地方，但這是無須計劃經濟便可達到的，蘇聯達到這個目標的時候，還沒有用計劃經濟。在社會主義之下，地租歸公，利息歸公，利潤歸公。這些收入，都可以用于增加人民福利的事業上去，而不可能為少數特權階級所浪費。國家有了這些收入之後，除開預算上的支出以外，餘下來的都可以移交國家銀行，應付舊有生產事業及新興事業的需要。在這種安排之下，陳先生所提出的困難，似乎都不需計劃經濟便可以克服。

如陳先生所說，在社會主義之下，生產者并不追求最大利潤為目標，而係以服務消費者為目標，因此政府要給生產者以陳先生所提出的那三條法則，以為生產的標準。雖然如此，因為消費型態的變動，利潤還可以產生，但這不足為病。在社會主義之下，利潤不是一件可怕的東西，因為他是歸公的。蘇聯不是還有計劃的利潤嗎？社會主義下的生產者，雖不追求利潤，但如利潤還是自己來了，那便是對于生產者一個重要的指示，要他擴充生產。另一方面，社會主義下的生產者，雖不追求利潤，但也不求虧本（除非政府接受民意機關的要求，對于某項生產事業，令其出售產品時，定價在成本以下，虧本由政府補貼），所以如果因為市場上的需要減少因而虧本了，那又是消費者對于生產者的指示，要他緊縮生產。這種陸續的擴充與緊縮，以適應市場上的需要，處處有待于價格機構的指示。只要我們維持價格機構，需求自有其平衡之道，而且這種平衡的動力，來自整個社會中的消費者，不必設立機構，信賴少數人去從事平衡的工作。至于新技術或新機器的發明，在社會主義之下，因無私人專利權的阻碍，反較資本主義下易于推行，熊彼得（J. A. Schumpeter）論社會主義的優點時，特別注重此點，不必在此多加論列。

我個人假如有一種偏見，那就是在價值系統中，我同樣的重視「經濟平等」與「經濟自由」。我一向的看法，深信社會主義可以使我們經濟平等，而計劃經濟則剝奪了消費者的自由。只有社會主義與價格機構一同運用，我們才可以兼平等與自由而有之。計劃經濟限制人民的自由，并非一種猜想，而是客觀的事實，凡是實行計劃經濟的國家，不管他奉行什麼主義，都難免侵犯人民的自由，因此損傷了他的福利。實行計劃經濟的國家，必然要集中控制，必然要把生產因素的支配權，付託于少數人之手。這少數人假如是大公無私的，假如都如藍道爾（C. Landauer）所說，在其決定生產品的數量之先，要先解決幾十萬個方程式，其結果也不見得勝過價格機構下所表現的成績。萬一此少數人別有用心，濫用其權利，逞其私意來支配生產因素，則其對于人民大衆所產生的禍害，眞是不可勝言。人類不要輕易放棄其自由。到今天為止，我們還沒有看到一個制度，其保護人民消費自由的能力，勝過價格機構。所以我不願意看到社會主義與計劃經濟聯姻，而願意他與價格機構百年偕老。

四　社會主義生產政策的執行和監督

振漢先生認為：在生產資源共有、利潤動機消滅以後，如果只靠客觀的價格市場去派分資源配合因素，其效果恐怕不如由一個綜覈平衡的中央機構根據主觀所決定的，來得圓滿。振漢先生提出了三點理由，來支持他的結論。

他所提出的第一個理由是：在現實社會裏面，「競爭性完全的產品不多，我們只有各種程度的不完全競爭者」，除非社會主義政府能够個別詳加督促，這些大小的獨佔者，必然不肯切實執行振漢先生所引的三項生產原則（平均成本減至最低限度；產量增或減到邊際成本與價格相等；生產因素的僱用量增或減到邊際產率與該因素的價格相等）。

筆者的討論，僅限於這第一點理由，其他兩項理由在此從略。

在社會主義之下，政府如何能使各生產機構切實執行上列三項生產原則，確實是一個重要的問題。我們可以舉一個最簡單的例來說明。從經濟學理上我們知道，當平均成本隨產量的增加而升高時，邊際成本必較平均成本為高。在這種情形下，假如一個生產單位把價格定在與邊際成本相等的水準，這個單位一定會要賠錢。在社會主義之下，這個單位所賠的錢，雖然不要主持人拿出來；但是扭於傳統的觀念，這個單位的負責人可能認為賠錢是不光榮的事，同時也可能影響到他的津勵金（Bonus）或成績的銓叙。政府的政策雖是不計盈虧，但是成本的稽核是一件困難的事。一個企業的虧損，究竟是因為執行生產原則（邊際成本與價格相等），還是因為負責人的浪費或能力的低微，確實不容易決定。在這些考慮之下，負責人可能設法減低產量，使這個企業賺錢（或至少不賠錢），置生產原則而不顧。

如何能使這類事情不致發生，確實是非常困難的問題。但是這種困難，似乎不致超過由一個中央機構去擬定每一生產單位的產量和價格的困難以上，這是筆者和振漢先生的意見不一致的地方。

為隨時監督生產單位的負責人是否眞在執行前面所列的生產原則，筆者覺得最好的辦法莫如由全廠的職員和工人推舉，組織一個委員會，這個委員會的責任只是在隨時審核邊際成本是否與價格相等。這個單位的一切業務和技術上的設施，自然仍由主持人全權決定，以免分散職權和責任，但是假如主持人未能隨時把產量擴充到邊際成本和價格相等的數量，這個委員會就應當向中央機構檢舉。因為這個委員會是由全體職員和工人中推選出來的，主持人似乎很可能有揑造數字，和欺騙的可能。

劉大中

總答覆

陳振漢

我的主文成於倉卒，未能廣徵意見。現在承徐毓枬、蔣碩傑、吳景超、劉大中（次序依他們所提出來討論的問題性質）四位先生在百忙中賜予批評，尤其是大中先生抱恙執筆，深可感激。不過對於他們幾位所提出來質疑或反對的各點，除了有的或者是我行文晦澀或措辭大意所引起的誤解，應深為歉疚以外，我仍未能心折，特綜合為下列三點，答復如左：

一　目標的輕重緩急

毓枬先生的批評中，（b）段特別提到這一方面的問題，景超與碩傑兩位的討論，雖局於我所提出的兩大目標之一——社會主義理想的實現，却不約而同的強調所謂「經濟自由」與「經濟平等」，深以我之未能注意這些問題為憾。

關於目標，我在主文中只是提出而未加說明，這固然因為資本建設和社會主義的需要，幾乎已成定論，也是為節省篇幅起見，可以不加申論；因為要在兩者之間再行分別緩急，不免涉有武斷意味或政治色彩，而我僅希望把討論的範圍限於我們學經濟學的人能有共同法則可以遵守的問題，不願牽涉到易於見仁見智或毓枬所謂偏於個人嗜尙的角落裏去。所以我在主文的開場白內曾再三致意：『本文只是一種可以說是藍圖邏輯上的討論……因此文中的結論，只是根據目標與藍圖的一種推論。』主要也是因為這一緣故，我在主文中對於「經濟平等」或「自由」等名辭所代表的有關含義未以篇幅說呀。

現在他們幾位既然提到這些問題，我也只好一貫淺見，藉就教正：（雖然與主文內容無多大關係）毓枬先生根據實行上的難易程度，大約以爲如在資本建設與社會主義之間必須有所選擇，應先側重前者。不過如兩種目的同想達到，其中的一種比較易於達到，我們是否可擇其較輕而易舉者行了再說。所以目標的選擇標準，恐怕仍只有根據非經濟的理想或現實的需要。我在主文中明白聲明對國防等問題置而不論，隱含的用意是只以增進人民經濟福利爲主的。從經濟福利的增進着眼，寡與不均都非良好現象。（失業問題我未特別置意，一方面因這一現象與寡——生產資源派分的失度——和不均同有連繫，一方面因如我們注重資本建設，此一問題迎刃而解），在中國亦亟須同時解決，不說國民財富分配不均的尖銳程度與日俱增，聞見過紐約上海本國「豪門」大亨的豪華和門頭溝礦工的非人生活的人，也不敢肯定英國工業革命時代的黑暗面將不見於今後。而且就是假定首先以生產問題爲重，社會主義的實施，固然增加困難，但如我在主文中所說，也有所輔助。如果包括政治社會各方面的影響在內，我們甚至可以說如果不均的問題不能解決，資本建設怕未能順利進行。所以我在主文中雖對兩項目標未加歧視，我之所以主張雙管齊下，求兩者的同時實現，未始非略具微意在內的。

「經濟自由」或「民主」我以爲也可歸入碩傑先生所謂「定義含糊」的名詞之列，不過景超先生與碩傑先生在上揭討論中，大概只注意於所謂「消費自由」。景超先生也相當注意所謂民主的問題。對此一問題也是說來話長，我在去年的「智識與生活」中曾經談過，在此以限於篇幅不再論列。在價格制度下，根據定義，資源分派可以消費者偏好爲依歸，可以尊重所謂消費者主權 (consumer's sovereignty)；實際上在資本主義的價格制度下，由於財產與收入的不均，這種消費者主權等於一種空盒子 (empty boxes)，碩傑先生在文中亦已承認。就是在公有財產之後，假定一切產業國營（社會主義的價格制度），這種消費者主權，能有多大實際意義，還值得我們推敲。傳統經濟學（裏面雖然都把消費論與需求論放在前面，好像這一部份是影響生產決定生產品類的力量，打開經濟史來看，我們却實在找不出一種重要的消費品，或某一式樣顏色的消費品是生產者爲應消費者的需要而倩工程師試驗、發明然後製造的。我們所看到的只是生產者製造需求改易風尚和推銷產品，當然生產者這種束縛，或「教育」消費者的能力有其限度，即是不能抹煞人類生存的生理需要，但這是一個很寬廣的限度，價格機構下的國營事業可以不適此限，無論如何措笨的計劃機構也可以無需適此限度。生產者製造需求的力量，一部份由於獨占地位，但主要（特別是新產品的入市）是事情的本身使然；因此，就是照蔣先生所說在社會主義之下獨占企業可以消除（此一問題下節再談），我們無法恢復十足的消費者主權。

退一步說，即令在價格制度下面能夠有所謂十足的「消費自由」，根據主文所揭的資本建設的目標來說，也並非是我們所望。在現實資本主義社會裏面，所謂消費自由已因投資的不能取決於消費者打了折扣，蔣，吳兩先生也都承認資本節儲或投資等問題應有中央計劃，然則所謂「消費自由」也似乎沒有什麼再值得強調的價值了。

二　價格制度與混合制度

唯其因爲我也向來感覺到一切帶有「主義」「制度」「自由」等字樣的名詞，大家都可有，而且往往也濫用，擅加定義的自由，所以在主文第一節中特別對我所用的兩個制度的名詞，加了一番解釋。徐蔣兩先生似乎都把價格制度看作單純的價格制衡作用 (parametric function of prices) 制衡作用是徐先生建議的譯名。我在主文中和蔣先生在討論中都把這名辭譯作「變數作用」，似的確沒有徐先生所建議的譯法能表達含義）。如果眞是如此，則既然在計劃制度之下，一樣要利用這價格的制衡作用，誠如蔣先生所解釋，價格制度和計劃制度之間，便不應再有什麼區別了。我個人是以爲藍格 (Lange) 的區別客觀的價格機構或市場價格與主觀的價格即計劃當局所規定的一套會計價格 (accounting prices)，仍具有相當重要的意義。我所謂價格制度是指前者。在實行社會主義之後，我不特不否認價格的制衡作用（碩傑先生所謂價格制度）仍當存在，而且客觀的價格機構也可能繼續維持。如果政府在將資源國有以後，即又租與私人經營，則私人仍將藉客觀的價格機構以事生產。如果政府保留一部份的資源國營，用計劃方式派分這一部份的資源，而且其餘部分的資源出租，這即是我心目中的社會主義的混合制度了。

三　價格社會主義混合制度了

除了毓枬先生以外，四位論者對我所提出資本建設與計劃必要這一論旨都未予注意。吳蔣兩先生並且似乎大致同意我的說法（見下文）。毓枬先生所提出在獲有外援的時候可以不必，或不能，再事計劃（這話和我在主文（二）節中所述完全一致。

景超先生承認爲應付戰爭需要或「在高速度的累積之下，儲蓄資本」，需要計劃經濟，碩傑先生替計劃制度劃出的範圍是：（1）維持全民就業及國防；（2）公共社會福利措施；（3）糾正社會成本與私人成本的差異情形；及（4）大規模的資本與公共建設。照這單子，來看，他們所留給價格機構來派分資源的生產事業範圍，差不多只限於平常的日用品或消費品工業。我在主文中曾一再申述資本建設與社會主義兩項目標應雙管齊下同時實現，也就是消費品的生產須還就資本建設的目標。照此來說，吳蔣兩先生和我的立場之間，本應當沒有距離，我的答覆也本可就此終止。不過我在主文第三節中既從社會主義的單獨立場來論計劃需要，他們的批評大概也只從這一關係來作考慮，不妨再一申述我的意見：如果我正確了解碩傑先生所敍述的社會主義價格制度（即是他對藍格的修正案），他似乎過份信任國營事業單位的競爭熱忱，似乎忘記了這是一個社會主義社會，不能有牟利動機（即使我們退一步承認國營事業單位能夠如此，藍格的初步價格規定與以後的逐步調整也還是需要的，因爲政府在出售或出租資源時不能沒有開價，開價不能一開即使供求平等），或只有名義上的利潤。景超先生所謂『在社會主義之下，利潤不是一件可怕的東西，因爲他是歸公的』，是無意中替我的話做的註脚。在蘇聯，誠如景超先生所說，有所謂計劃利潤，然而惟其爲計劃利潤，是一種無「利潤」意義的名義利潤，如果沒有計劃制度，雖可靠它來作指標（如果我們能有方法發現），指示生產應行擴充或是應該收縮，却不能仗它起自動調節作用。因此，我在主文第三節中所說的價格社會主義的各項困難仍舊無法解決。

大中先生獨能了解與同情這些困難，因此對其中的一方面提出一種解決的具體辦法。雖然他所提議的委員會如果能夠督促國營單位，也應同樣能幫忙計劃當局，因爲每一計劃（無論大小長短）的擬訂與修改，其過程不全是由上而下，也必須由下而上的。

景超先生討論到我所提出關於新產品新技術的問題時，論點似乎由價格與計劃制度轉移到社會主義與資本主義上去。我的意思是說在價格社會主義下，如果沒有利潤作誘導，即使生產者能夠遵循邊際成本等於價格的教條從事生產，也將無人來自討麻煩增新產品和用新機器，Schumpeter 雖然承認社會主義制度（熊氏的社會主義制度照定義是包括計劃在內的）不致妨礙技術進步，却完全沒有考慮過保持價格機構的社會主義制度怎樣克服這層困難。

專論

這究竟是什麼政府？

樓邦彥

「這究竟是甚麼政府？」這個問題盤旋在我心頭已經有相當時日，想來想去，我祇能這樣同答：這個政府是太負責，同時也是太不負責了！

試即從政治學的觀點就這兩方面來加以發揮。

第一，這個政府是太負責了！

負責而太過份，其有弊病是顯而易見的。這裏我們可以隨便根據最近在報紙上所披露的消息，舉出足以說明我們這個意思的一兩個例子。底下我們先引國民黨總裁於十一月八日在中央黨部擴大總理紀念週上所致訓詞的一段話：

「我個人平生做事的態度，一件事不開始則已，一開始就一定要求其成功，任何職責不輕易擔任，，一經擔任，就決定負責到底，尤其我三十餘年來，對任何戰役，在發動以前，無不鄭重決定，一經發動，則無論經過任何挫折、困難、和失敗，必定奮鬥到底，以貫澈到底……」（載十一月九日的各報。）

另一位地位不同的外交部長王世杰，據報載曾在立法院報告外交時說過下面一段話，語氣與精神與上引一段話幾乎是完全一致的：

「本人當本良心及自己見解，認為與國家有利者，赴湯蹈火均所不辭，否則亦不能以國事為兒戲，聽人轉移，孟浪從事。」（載十一月十日北平世界日報。）

我們不禁要問：人民所要的政府，是不是這樣的一個負責的政府？據我的瞭解，在這樣的一個政府之下的政治，可以叫它做封建的政治和良心的政治。

何以是封建的政治呢？封建的政治，一言以蔽之，就是以國家為私產的政治。我們很容易地看得出，在私產制度的社會中，財產所有人與其私產是發生一種不可分離的關係。私產等於生命，其所有人為保護他一己的私產，赴湯蹈火，或竟致犧牲生命，亦在所不惜。要說財產所有人對於其私產的負責程度，這不能不說是最大用心的負責了，至於財產使用得好壞，或是否盡了社會的功能，那是另外一回事。今我們的政府最高當局也把國家視同一己的私產。於是他竭盡心力，為了要保護國家；他固執己見，因為國家是屬於他的；在任何艱苦的環境裏，他必須死命爭扎，因為國家就是他，他就是國家，國家的利益與他們的利益，在他的心目中，早已不能分而合併為一了。他要所有的人在他身上去想像國家，忠於國家就必須忠於他。因此他必須奮鬥到底，澈底到底，負責到底，以求國家的生存。這豈不是相同於在私產制度的社會中，財產所有人與其私產之間所發生的關係麼？所以我說在今天我們這樣的一個政府之下的政治，是道道地地的把國家視同私產的封建的政治。

何以是良心的政治呢？良心的政治，簡單地說，就是在政治上握有權力的人，一切憑其良心做事。王世杰的話，最能代表這一類人的做事的態度。他們『本良心及自己見解，認為與國家有利者，赴湯蹈火均所不辭，他們覺得「聽人轉移」無異「以國事為兒戲」，也就是「孟浪從事」』。這樣的統治階級，乃是以他們的良心來換取權力的，他們問心無愧，所以要求人民無條件的服從他們。於是他們竭盡心力，為的是要忠於他們的良心；他們固執己見，為的是他們的良心在指使着他們；在任何艱苦的環境裏，他們必須死命爭扎，為的是唯有這樣做才對得起良心，對得起了良心也就對得起了人民。他們名為人民的公僕，實際上祇是在服役他們良心中的人民，而非具體的現實的人民。他們要所有的人單憑他們的良心順從或竟致受奴役，好像他們的良心就是一面雪亮的鏡子，可以照見一切，反映一切。因此他們必須奮鬥到底，澈底到底，負責到底，他們所要求的祇是人民務必信任他們的良心，因為他們確信在這世界上，除開良心，再也沒有更可靠的東西了。基於這種認識，我說在今天我們這樣的一個政府之下的政治，是不折不扣的祇信任自己而不「聽人轉移」的良心的政治。

以國家為私產，當然並非不愛護國家，然而問題是我們願意不願意統治階級像財產所有人愛護其私產那樣地去愛護國家。同樣的，憑良心統治人民，當然也並非不想把事情做好，然而問題是我們是否僅僅盼望統治階級祇要把良心拿出來，就算盡了職責。

時代是在前進的，我們決不能允許任何人把國家視同一己的私產，因為國家的基礎是公務，它是以能否滿足大衆的要求為其存在的理由的。在公與私不能劃分的時候，統治階級無論怎樣竭盡心力，人民即使在行為上難以反抗他們，在內心上却是極端痛恨他們的。至於良心，初視之，似乎並不是一樣不好的東西。有人說，我們的幹政治辦行政的人們，祇要能夠拿出他們一小半的良心來，我們的國運不會糟到如此地步。作為一種氣憤的話，我也願意發此牢騷，但是眞正在政治上講，允許統治階級以良心來換取權力，是太不可靠，也是太危險了。我認為，任何政治家，那怕是暴君獨裁，也都能拿得出他的良心來的。政治上的權力是絕不能以出諸良心的善良純正的動機來辯護的，更何況就是像這種出諸良心的動機，在今天已是極其難得的了。墨索里尼的殘殺異己，何嘗是出於壞的動機？希特勒的驅逐猶太人，也何嘗不是為的他所認為光榮的德國前途？人民是以政績的有利於他們與否來評估政府對於他們的價值的，所以他們要指揮政府，監督政府，限制政府；他們是具有理性的，他們或許會迷惑一時，他們終究會拒絕統治階級所付的良心的代價的。以國家為私產，或憑良心來統治，看來好像是最負責的，實際上却是「太」負責了，太負責就是不負責，這是近代政治所絕對要排斥的。

第二，這個政府是太不負責了！

讓我們再來引蔣總統在今年國慶日致詞中的一段話：

「我想像行憲以後，全國同胞都要擔負政治的責任，必可統一意志，集中力量，以增強戡亂剿匪的工作，但後來事實與理想完全相反，此其原因，乃是由於一般沒有受過匪禍的人，為共匪虛偽宣傳所迷惑，以爲共匪也是中國人，他們也在實行民主自由……由於大家心理上有了這種錯覺，於是意志不能集中，精神趨於散漫，力量便無從發揚，以致半年以來，我們剿匪軍事不能收到軍民一致協同配合的效果，受到不少的挫折，這是我們失敗的主要原因。」（載十月十一日各報。）

這是人民何等大的一個罪名！然而這也正是政府硬不認錯推卸責任的十足表現！老實說，我們人民從未要求過行憲，我們也從未主張過剿匪；行憲的西洋鏡拆穿了，乃是理所當然，剿匪的使命終未完成，也是自己作孽。一切與不知情的我們人民何干？卽使一定要我們人民負責的話，也總得予我們以表示意見的地位。我們說不定根本不要行這樣的憲，因爲目前的行憲祇是在粉飾太平，自欺欺人；我們也說不定根本不主張剿匪，因爲此匪非彼匪，非剿所能了事。可是今天說不要行憲是反民主（天曉得今天的民主的局面！），說不要剿匪是爲匪張目，那麼叫我們人民負責，究竟是怎樣一個負法呢？所以今天的局面，我們人民是不能負責的，我們人民實在也無從負責起。

那麼責任究竟在那裏呢？我們這裏所說的責任當然指的是政治的責任。政治上的責任是與權力相提並論的，唯有在政治上負責者才可以享有權力，唯其享有了權力才應該在政治上負責。所以政治的責任一定是享有權力的政府在政治上直接間接對人民所負的責任，統治階級對自己良心負責，如同中世紀的君王對上帝負責一般，在政治上是絕無意義的。負責的具體表現就是能不能繼續享有權力；所謂能不能繼續享有權力，方式甚多，然而其爲負責者則一。析言之，政治的責任至少有三個條件：第一，權力的享有是由於責任的擔負；第二，負責的政府必須承認有不能繼續享有權力的時候與可能；第三，人民直接間接要有確定責任的地位與能力。可是我們在今天的局面下：一則權力是霸佔的，並非由於在政治上的負責，二則政府根本打算奮鬥到底，徹底到底，負責到底，不承認有從此不能再幹下去的時候與可能；三則人民在極度被奴役受指使的情形下，不具有自由表示意見來確定政府責任的地位。其結果是責任雖應該在政府，但事實上我們的政府卻沒有絲毫的責任感，而把責任都推到無辜的人民身上去了。

血口噴人，是失去了政治家的風度。負責到底，等於是明知其不可爲或不應爲而爲之，其勇雖可佩，卻揚棄了政權基礎的人民的願望。手諭政治絕不可能是責任政治。凡事以人爲中心，並以精神感化或訓詞教誨來支配左右者，乃根本否認責任的原則。對良心負責，無異一面懺悔一面殺戮，或一面禱告一面犯罪，那是要以全民爲代價，圖使自己靈魂的得救；這是徒然的，因爲這不但糟塌了整個人民，而且自己的靈魂也決上不了天堂。是則還有比這樣的政府再要不負責的麼？

以上云云，是政治學上最淺顯的道理。問：這究竟是甚麼政府？答：這是太負責同時也是太不負責的一個政府！今天是理性的世紀，理性督使我們不能要這樣一個封建性的，宗教性的太負責的政府，理性又指示我們對於這樣一個在近代政治意義上太不負責的政府所應該採取的態度。

騙局，語言，社會

全慰天

一

十一月九日天津大公報有一則以「方行大禮，就要離婚」爲題的小新聞。內稱：「二日上海有一對新婚夫婦，參加集團結婚禮纔罷，偕歸洞房。新娘忽嫌夫家寒素。當喜筵乍陳時，突離席奔走，聲稱要回娘家辦理離婚」。原因是「女家與男家並不稔熟。執柯者舌粲蓮花，誇耀男家如何富有。待既嬪，見居處係木板房屋，洞房狹隘，陳設簡陋。遂生悔恨……不願留居男家」。這是一個騙局，一個少女受了媒人與男友欺騙的悲劇。

這則小新聞顯示了現代都市社會現象黯淡面之一斑。從它看出的是當前都市生活的嚴重根本問題，它其實是大新聞。都市是一切罪惡的淵藪，如偷竊、搶刼、殺害、姦淫等現象，較鄉村比例之高，均有統計數字可查。這類罪行都源於都市生活的特質。在這裏討生活的人，試問誰不曾有過受騙的經驗；甚至常有人受了騙，到死自己還沒有察覺，不辨夢與蝴蝶，那卻是最可憐的。上述新娘在這一次騙局中還算是不幸中的幸者。至於他以後是否再受騙，我仍然爲她抱着無限隱憂。

二

本來在人與人的關係上不可能完全沒有騙局。因爲每個人都是分開的生物個體，中間沒有神經連繫，彼此痛癢原無法相關。「夫婦本是同林鳥，大旱來時各自飛。」所謂同情或憐愛，都只是基於自己經驗的一種非常隔膜的想像。由於每個人的神經不能走出皮膚，而眼睛又不能看入皮膚的深處，故產生了語言的功能。語言是人與人交往的主要橋樑。我們要瞭解一個人的思想感情，主要得從他的語言中探聽消息。但語言這一道橋樑依然窄狹得可憐。英儒麥克伊斐（R. M. MacIver）說：「我能想像我所說的，但不能說我所想像的」。所以由這道窄門通過後的思想感情，多少要走樣，或打了一個很大的折扣。儘管人類因有語言而累積了經驗，創造了文化，在演化過程中，較與人類生理結構很相近的猿猴，不知前趨了幾千萬里，語言的功績確不算小，但無論如何，它對於人與人之間的相互瞭解，始終不能盡其最大的功能。有時它甚至引起人與人無意的誤解。這是產生騙局的基礎。

而且由於神經與語言相銜接處始終有一道無可塡補的夾縫，故一個人眞正的思想感情可以不一定表達在他的語言中，而語言中所表達的也可以不一定是他眞正的思想感情。換言之，語言與思想感情並無一致性，心裏想的是一套，口裏說的可以是另一套。從這裏，語言在人與人思想感情的交往上有了左右控制，包攬攏斷的機會。語言原本是人與人間的小留子，但這小留子卻反可以變成一道更厚的鐵幕。意儒柏瑞篤（V. Pareto）曾提出因（Residues）與詞（Derivations）的分別。因，不妨說它就是每個人眞正的思想感情；詞，就是一套設詞，一套對於眞正思想感情的裝飾。因與詞的關係，有如女人本來面貌與脂粉，脂粉固然增加了面貌的美麗，但同時也掩蔽了面貌的本色。假如一套設詞能够自圓其說，娓娓動聽，則它欺騙耳朵的效能是更令人可怕的。

在沒有或很少語言的動物中，彼此間似乎沒有騙局。喃喃學語的嬰孩也不可能欺騙他的父母；他只是一團天眞。老子主張人類永遠「如嬰兒之未孩」，也許一部份原因是嬰兒不能乖言巧語騙人，比較易於達到「歸眞返樸」的目的。等到嬰兒成長，學得和成年人一樣的語言後，他自然也可以「今天天氣哈哈哈」起來。會說話的動物，原來就是够資格表演騙局的動物。我眞不知道語言對於人類社會是福還是禍？

三

上述由於語言與神經之間的空隙而引起的騙局的嚴重性，常因社會背景不同而有軒輊。我們至少可分社會背境爲兩種，即鄉土社會與都市社會，來加以比較的分析。

根據最近來華講學的美國人類學者瑞德斐氏 (R. Redfield) 的意見，鄉土社會一般包括漁獵、畜牧、以及尙未引用機器從事生產的農業社區，由於生產技術卑下與土地報酬遞減律的限制，這類鄉土社會必是如美儒孫末楠氏(W. G Sumner)所謂「分散在地域上的許多小團體」。無論它是獵羣、部落或村莊，流動或定居，它都非常小，太大了便會糧食缺乏，行動不靈活，而無以生存。團體內的人時常「面對面」，日子久了，不但都很熟悉，而且必然產生感情，即所謂桑梓情誼。彼此間也很少分工現象。除了男女有別，一個人所能做的事別人也能做，至少不是全不知道，每一團體都是「生產自己所消費的，消費自己所生產的」很少與別的團體有往來，互通有無。「我羣」觀念由此產生。這類「我羣」各有如陶淵明氏所理想的世外桃源，裏面靜靜的，一團和協，傳統的風俗習慣籠罩着一切。在工業革命以前，地球上全是這類彼此隔離的小桃源。就是今日西洋文化邊緣的一般原始民族以及中國內地農村社會中，依然也不減當年風光。

在這種鄉土社會的小天地裏，騙局比較不容易發生。因爲這裏彼此交往的人，都是時常「面對面」的，各有的思想感情，都可從其行爲上看得淸淸楚楚。都是熟人，「熟人還用得着說麼」？那就是說，他們都不需要「以耳代目」來認識一個人，至少在這方面不必完全接受語言的欺騙。由眼睛得來的知識是最可靠的。固然一個人的行爲也許不免裝模做樣，一時可以欺騙你的眼睛，但長期乃至一生如此，即使裝做，這模樣也是可信的了。「事久見人心」，原就是鄉土社會中經過實驗所得的一種科學結論。由此可見騙局所由發生的神經與語言中間的空隙，這裏已用行爲、眼睛與時間三個因素把它塡補起來，小得多了。這三個因素加在一起，代替語言把人的神經引出了皮膚。

凡團體內的情況以及新發生的事故，大家都可看見，而且都很懂得。他們生活在其全部知識的圖書館裏，除了年紀上的差別，每個人學習的範圍與機會都是一樣的。都不是專家或權威，誰也駭虎不了誰，欺騙不了誰。「一事不知，儒者之恥」，應當是這類團體中的產物。張大媽與李大嫂閒來坐在一起，話題自然不出這團體內的事物以外。如果有誰撒了謊，當時難免不被識破。孟子所謂「詖辭知其所蔽，淫辭知其所陷，邪辭知其所離，遁辭知其所窮」一套理論，在這裏是千眞萬確的。鄉土社會中人都「知言」。

撒謊不但容易被識破，而且影響到一個人的名譽。而鄉土社會有一點和都市社會相反的，是一般看重名譽而輕視利祿。「鄉譽」是人的第二生命，錢財則不過「銅臭」而已。這裏一個人如果沒有好名譽，就等於都市社會中人沒有大資本，一切都無可爲。任何人爲了自己的生活，他必須在其「生於斯，死於斯」的熟人圈子裏，保持一個良好的印象。否則便遭受譏笑與歧視，得不到一切可能的幫助，房屋建立不起來，婚姻也不容易得到合理的解決。萬一像阿Q被趙老太爺趕出未名莊，更是死路一條。這時「充軍」被定爲一種刑罰，就因爲其中含有「離鄉背井」的苦痛，而這苦痛無疑是以鄉土社會爲背景而產生的。而鄉譽的獲得與保持，第一要件就是不欺騙，在撒謊容易被識破的社會裏，尤其須要老老實實說話，一就是一，二就是二。語言在鄉土社會的囚籠裏，只能乖乖的做完其本分以內的工作。

四

都市社會的背景及其性質却與鄉土社會的完全兩樣。近代大都市是機器大量生產與便利交通情形下的產物。機器的力量摧毀了鄉土社會的自足經濟，把每個人從熟人圈子拖出來，帶到了萍水相逢的大都市社會裏。在這裏，一個人在日常生活所接觸的人羣中，很少是知道名字的。彼此間的認識，主要得從「自我介紹」的簡短言語中聽出一個粗略的輪廓。由於都市社會的變動性，很少人不是長年在「自我介紹」中過日子，他們口袋裏時常要預備着帶銜的名片。無疑的，語言對於各人自己眞正思想感情品格等的左右牽制，包攬擱斷，在這場合找到了發揮其最高效能的機會。都市社會是生長騙局的樂土。

在陌生的人前撒謊，即使不一定能取信於人，至少無法看出其中的破綻，看出了也無法拿眼見的事實加以證明。所以在都市社會討生活的人，只要他口才好，善於吹拍，能够自圓其說，就可以在人前博得一番支助與擁護。關係他個人生活的，似乎不在他是否撒謊，而在撒謊的技巧是否到家。都市裏很少「事久見人心」的機會。萬一他這騙局事後被人識破，則不過拉倒而已。拉倒並沒什麼要緊，因爲這一套騙局又可在別的人前如法泡製，不致於影響到他的實際生活。拉倒不就是充軍。上述新郎這次沒有騙取新娘的貞潔，並不一定使他以後再不能結婚，騙騙有什麼關係呢？

由於都市社會所佔地域廣大，人口衆多，分工細密，是一個龐大複雜的整體，故其中所發生的事故，一個人絕不可能都用自己的眼睛直接看到，看到也不可能全部瞭解。他對於這一社會中的知識，必然大部份是從無聲的語言與耳朵得來。報章雜誌與書籍所代表的也只是一種語言。我們平日用眼睛去接觸它們，與用耳朵去聽取別人的談話，實在沒有什麼兩樣。這兩種來源的知識都是間接的，中間可以產生騙局。其分別只在前者效率小，僅能直接騙取同一時空的聽衆，而後者效率大，可以直接騙取不同時空的讀者而已。但無線電被使用爲傳達語言的工具後，這分別實際上也等於沒有了。所以印刷術與無線電在都市社會的騙局裏，都不免幫兇的嫌疑。

由於印刷術與無線電的發達，帶來了強姦大衆耳目的所謂宣傳。人在天羅地網似的宣傳機構與氣氛中，很少不受其麻醉或蒙蔽的。在都市社會中，只要一個人有足够經濟力量控制幾家廣播電台、報館、乃至學校，他在人民中便自然建立了良好的輿論，輿論有幾份類似鄉土社會的鄉響，多少可以影響一個人的禍福。只是輿論常與事實不相符合。美國總統這次選中杜魯門，不就是在輿論中「爆了冷門」麼？國民黨軍隊近年那一次又不是在勝利的氣氛中打的敗仗？好像勢必改幣成功的「金元券」，事實上也不是自始即在搖搖欲墜麼？和宣傳並行的還有謠言。謠言與宣傳可以說是都市社會的孿生子。謠言在這裏普遍存在的理由，就從這名詞本身的意義可以得到解釋；謠言意即撒謊。諺云：「謠言止於智者」，可是在都市社會及其宣傳的大騙局中，却很少人是「智者」，試問如何能使「謠言止」？不能止也就必然走上了助桀爲虐的途程。

五、

騙局無疑是現代人類災害的種子。如目前美蘇之間的鐵幕及其可能發生的第三次世界大戰對於全人類的威脅與危機，主要存在於這中間有騙局。果眞杜魯門與史大林能代表雙方「打開窗子說亮話」，無論從那一觀點，除了願意自尋死路，也無論杜魯門怎樣平庸，沒有什麼問題不可以迎刃而解，而取得一個互助合作的協議。但這線希望還渺茫得很，原因是騙局還正在瀰漫。這不過是舉其大者。若就一般社會生活方面說，如現代都市社會中，很少人不因有騙局存在而感受無端的恐怖。都市裏的寂寞，人羣中的孤獨，白晝見鬼，夜長夢多，這生活並不是太理想的。誰不愛好和暖的春天？然而騙局竟把春天驅逐走了。

由上文所討論，騙局產生於神經與語言的夾縫中。雖然這夾縫不能即刻塡滿，但因所在社會背景不同，從中演出的騙局却在程度與數量上有很大的差異。換言之，鄉土社會騙局少，都市社會騙局多。從這裏似乎可以看出一條從改造社會背景以消弭騙局的道路。那就是認定鄉土社會在這方面比都市社會爲可取。本來「無感恐怖」的桃花源裏的「怡然自樂」，就不止是陶淵明一人心響往之的。不過我們今後企求實現這種樂園時，千萬還要注意一點，就是不要違背「無處匱乏」的原則或即抹殺現代都市社會的強大生產力。否則便是叫歷史開倒車，倒車無論如何是開不得的。

通訊

徐蚌會戰第二階段（南京通訊）

本刊特約記者

百萬大軍在徐州外圍拚戰的結果，雙方各以宣傳大捷爲徐蚌會戰的第一階段。據接近官方的報紙上海申報載稱政府以近十萬的死傷付出了這一次大捷的代價，共軍之死傷約在十數萬人，那末雙方的死傷，可以說是相差無幾。如果徐州附近國軍兵力假定爲三十萬人，就是損失兵力三分之一，外圍參加戰鬥共軍假定爲五十萬，就是損失兵力五分之一。戰爭有時就眞像賭博，賭本厚一點的就特別敢於放手下注，賭本薄的到輸急了眼時，也可以將人頭割下，放在賭台上去，希望在死裏求生，於是在徐蚌會戰第一階段結束以後，就緊接着發展爲第二階段。全國戰局重心依然是在東戰場。

共軍在第一階段的攻勢中，吃掉了徐州外圍的據點，切斷了徐蚌交通，李彌所部及交警在宿縣附近有相當大的損失，南線孫元良兵團向北靠攏以後，就再沒有力量向南移動了。徐州北起柳泉，南至三堡，西起黃口，東至八義集附近雖仍爲國軍控制，可是因爲共軍的攻勢南移，徐州是已經被共軍丟在後面了，成了堅守半年多的長春，蚌埠有點像當時的四平，南京等於東北共軍六七次攻勢時的瀋陽。

苦戰徐東前線的黃百韜兵團在第一階段前戰中損傷是頂大的，負傷的軍長周志道王澤濬已送後方醫治，黃百韜恐怕到現在還是下落不明，不然那位獲得兩次青天白日勳章的將軍，在中外記者先後到徐州訪問時不會不露頭面。黃百韜兵團全部是十個師，據申報訪問徐州的通訊中說，也不過同來了五個團，就算是五個團吧，也是損失了六分之一以上。徐東共軍在碾莊地區打垮了黃兵團後，攻勢南移，因而有靈壁之戰，睢寧之戰，孫良誠部也吃了虧。被杜聿明以三十一小時的時間從西線拉到東線，負責解救黃兵團的第二兵團司令官邱清泉，上月二十六日在柳集接見合衆社記者，坦白承認不滿意於目前戰果，他說離碾莊突圍的黃百韜第七兵團有三千人，三千人與殘破的五個團，數目大概也相差不遠。他微笑着說，「我損失三人，」請他解釋時，他指出去年魯境作戰，共軍司令宣布損失三人。「損失三人」眞是一句妙語，中國人傳統中對於「三」與「九」這兩個數字，都是一個不定數或未知數，不然請讀「釋三九」便知。

第一階段的勝負似乎不必談了，共軍攻勢南移，兩翼向南伸展，劇戰尙未展開，仍在延翼滲透之中。徐蚌間從三堡到曹老集，百餘里的鐵路已被共軍控制，鐵路東側睢寧、靈壁的易手，打開了共軍從魯南蘇北到皖北皖中的坦途，增強了共軍對徐蚌間鐵路沿線的控制力量。因此徐蚌兩地南北國軍，難能呼應反攻。鐵路西側鳳台、懷遠一帶有戰事，自平漢路千里東來增援的黃維兵團，有在宿縣東南被圍的消息。留在徐州的二十幾萬國軍，如果繼續留駐下去，將來一定要走上長春的命運，國軍兵力感覺不足的時候，沒有多餘的兵力放置在那裏的道理，一定還被共軍拖著南下，南下之路已不通，要想突圍還得有一場惡戰。國軍宣佈在蚌埠以北，已佈置成了一個袋形陣地，這個袋形陣地，據一般觀察是相當薄弱，而且使用起來是難免漏洞百出的。在正面李延年兵團，不過是六七師人的兵力，是否可以堵得住是一個問題，而且共軍有一部已繞過蚌埠，張八嶺附近有戰鬥。至於佈防在澮河上的兵力，能否撐得住也是問題，國軍飛機雖宣稱在澮河上轟斃共軍數千人，但已有一部分已渡過澮河。用有數的空軍控制渡口或地面上的部隊活動，在這三年的內戰中，還沒有發生什麼驚人的成就。

以第五軍爲基幹的邱清泉兵團和以十八軍爲基幹的黃維兵團是徐蚌會戰中兩主力兵團，等於在東北戰場之新一軍與新六軍，在第一階段中由邱清泉作主角，第二階段的主角就要看黃維兵團了。同時在第一階段中共軍以陳毅部爲主，第二階段要看劉伯承。

徐蚌會戰演變到目前的階段，確乎已經成了「都門之戰」，共軍攻勢已經更進一步的逼近了長江和京滬。政府發言人雖鄭重否認遷都，而疏散春屬，資遣員工，實事上在做着，江南四大幹路的聯運，主要的是爲了便於疏散。現在都門是一片疏散聲，人心已經不僅是浮動。共軍如果在江北得手，是否會馬上渡江呢？被京滬及江南的人們特別關心着，因爲國軍主力已集中華東徐蚌地區，江南京滬沿線兵力有限，守衛首都的僅有李天霞的三個師及新近從西安空運來的張耀明的一個師，武進蘇州等地也只有一部分沒有戰鬥經驗的青年軍和從東北敗退回來五十二軍。湯恩伯從衢州趕上京滬來搶救江南，只是一個空名，「增將不增兵」沒有多少部隊可資調遣。江南的防禦力量不足是事實，但共軍是否就做渡江企圖却是一個疑問，原因也或許就是因爲江南國軍沒爲什麼主力，第二線兵不能構成反攻力量，使他更延緩了渡江。而國軍僅有的海軍還足以封鎖長江下游，穿梭巡弋，使共軍大兵團渡江不易。他要想以主力與國軍拚殺，毋寧說江北更重於江南，萬一「江北大營」覆滅，「江南大營」就一時沒有力量拚殺了。不僅江南大營兵力虛弱，就華中重鎭武漢也將陷於孤危，程潛湘贛兵團還沒有組練成功，拿什麼做江南二道防線呢？

共軍要想以一年內解決內戰的目標，在徐蚌仍有求速作主力決戰的可能，所謂主力決戰，當然不在一城一地之爭奪，而在把握時機，消滅對方主力，政治雖爲軍事之延長，而現在軍事確已可以決定政治。南京安危，是要看徐蚌軍事了。

共軍大軍有三十萬人在徐蚌間，徐州守軍要南撤，須經一場惡戰，共軍是長於伏擊打援的，共軍主力要求拚戰，打徐州南下共軍，將更重於打正面的蚌埠及淮河線上的國軍，因爲徐州二十幾萬國軍，更是華東國軍的精銳。捎徐蚌間共軍之背的國軍要被打垮，蚌埠正面及淮陰合肥兩側翼是撐不住的。因此江北爭奪勝負將繫於徐州將來突圍南下之兵團是否得力。除了津浦正面主力拚戰之外，共軍對兩翼之延展滲透恐怕仍要繼續發展，做爲長江跳板的揚中縣北的口岸，日前一度失守，可見共軍在兩泰的觸角已經向江邊摸索了。中國歷史上取南京的傳統戰法，時常是剪子形的向南包抄，一路從沿運河從揚州到鎭江丹陽，一路從皖中趨江南蕪湖，南路的覆滅就是決定於揚州一戰。共軍如果不急求主力決戰，還有走歷史上的舊道路的可能，但是就目前態勢看，兩軍主力拚殺，如箭在弦，這種可能性並不很大。記者屬文未竟，聞徐州國軍已決定作大規模之戰略轉進，果爾，徐蚌會戰第二階段的主力拚殺，或者要比第一階段更加劇烈，這一戰的勝負是具有決定性的意義的。

十二月二日

美援姍姍來遲（南京通訊）

本刊特約記者

一、美援來了

美國會經濟合作聯席委員會代表蒲立德乘「飛剪號」十五日上午抵滬，次日飛京，他表示不擬發表聲明，等返華盛頓後，當向國會報告一切。這以後兩週內，雖有活動，但無新聞，一直到二十九日蔣夫人的應邀赴美，這不能不說是由於商洽的結果。

據合衆社十二日訊，海軍輪船已離開海軍軍火庫，輕武器五千噸已行運出，其他軍火即將依援華法案啓運。又據華府消息：七個軍及三個整編師的裝備彈藥速運南京應急。十一月中有五千噸已從西岸起運，約十二月初可到中國，第二及第三批共七千噸，則在十二月初起運，其餘儘量提前運出。以上的裝備藥彈，原擬從太平洋各島所存的軍火庫內撥交，因太分散而運輸費時，現決由陸海軍火庫內撥交，由海軍免費代運。爭吵了半年的軍火問題似乎已有了頭緒，據說有一部份擬直運北方，武裝傅作義的部隊。

美經濟合作總署中國分署署長賴樸翰等一行自美歸來，十二日抵平，十三日分與平津當局商談，據他表示：「本署正覓取以各種方法盡速以大批美援物資運至華北。經合總署原擬明年一月至三月間運往中國的糧食，決提前起運，以免供應脫節，并保持配售工作的繼續。」同行的官員們談稱：賴普漢在美曾盡全力趕運糧食來華，從美國起運的有十一艘特用海船，預計十二月初即可抵津，現已裝配的小麥及麵粉可供平津青三市十二月及明年一二月配售之用。」可見民食供應依舊，同時也偏重了北方。

十二月一日，十一艘海輪中的第一艘「少年美洲號，」載運平津配粉所需的八千六百一千噸小麥到達了塘沽。但在十一月十六日還到過一艘「哈爾號，」曾載有九千噸小麥，現正交由天津各麵粉廠加以磨製。據說這是在糧荒聲中，賴普翰以緊急無線電，將哈爾號截至天津卸貨。哈爾號所載的物資原經運至太平洋某港口的物資，並非經合署計劃中的一部份物資，乃爲了免使配粉脫節，而予以轉借，其他的物資也可能陸續起運。

爲了反對「勞工法案」，比那美國當局主觀上的原因，更延緩了美援的到來，那就是西海岸的運輸工人罷工，達八十多天，這雖然不能與過去一罷三年相比較，但對於中國的影響已够空前，除了「特種運輸」以外，一切全告停頓。中國的危急到了頂點，正式向美國宣告，戡亂就是第三次大戰的開始，不是國內戰爭而是一個反侵略戰爭的內涵。雖然杜威已換爲杜魯門，却仍然希望作到「生公說法，頑石點頭。」

現在我們應當研究的是美援軍火爲什麼遲遲其來？美援物資受運輸上的影響究竟到什麼程度？這必然要翻開舊賬，加以研討。雖然說是遠水救不了近渴，但是這就說了很久的物資畢竟從海外來到了，這些經過都到了可以公開的時候。

二、軍火姍姍來遲

中國渴望美援，尤其希望軍事的美援，今年雙十節時，美國國務院說，已交給中國八千八百二十七萬五千元的軍事援助資金了，可是中國却在老喊沒有到，這又是怎麼一回事？

據何永佶氏答覆這個問題是在實行的辦法上有了問題。中國政府並沒有照規定上的通過通常貿易機構來作，即未向美國商人去訂貨，而是請美國軍部直接撥給中國政府物資，再由美軍部利用軍事援華的款額買入補充，那時欲速則不達，實行起來，到反而更慢了。

事情是這樣的，美軍部先是這麼答覆說道：

「東西我們可以撥，但是錢我們却不

能收照我們的法令規定你們中國從美國國庫所領來的軍事援華款項，須再繳回美國國庫，然後再由美國國庫撥給我們。」

於是由中國政府而中國大使館，而美國財政部，而美國軍部，最後又到中國政府，這問題兜了一個圈子。結論是：美國軍部可以收中國政府的錢，但要杜魯門總統下個特別令。當命令下來時幾個月過去了。

到物資將撥的時候，美國軍部又向中國政府說：

「我們撥給你們的物資，現在買回來却不只是那點錢。譬如這一萬發子彈，我們幾年前是一萬元買來的。現在就得一萬五千元才能買回來，這個五千元的差別叫作補充費，這種差別可以隨時不同，等我們買到了補充，才可以撥給你們這些東西。」

因此，美國軍部成了中國政府的代言人，這裏面的起承轉合，當然需要很多的時間。原來在美國購買商品，中間商可以多到五六家，甲家不一定有，但可以承包，再向乙家訂貨，乙家又可轉到兩家，經過了幾道手，訂單才到了廠家，自然佣金便多得可觀了。援華案所謂通常貿易機構，就是希望經過這些中間人之手，讓他們得些好處，但如今却由美國軍部去辦，軍部多作這些事，對自已却不一定有什麼好處，其不太積極，自在意料之中。就延一些時日，便又成為不足怪的事情了。

「這便是中國政府尚未收到軍用物資的主因，也就是由於美國方面的起承轉合。中國的起承轉合，是在衙門裏，美國的起承轉合，却是在舖子裏。不僅有舖子裏的起承轉合，再加上衙門裏的起承轉合，你可以想像得到這是多巧合的一篇八股文章。」

羅斯福的新政，就是把舖子裏的起承轉合，減到最低限度，但因此便受生意人的詛咒，謂其破壞了美國的傳統的「自由市場，」中國人作夢也沒有想到這一點暗合美國的「新政」精神，不僅不使軍部滿意，却還得罪了「自由市場。」因此到十月份，我們的發言人說：

「政府並未收到以美援款額向美國購得之任何物資。」

三、運輸姍姍來遲

在中國正渴望美援的時候，西海岸碼頭工人從九月二日起舉行罷工，歷時八十五日，直到二十七日方才恢復，東海岸碼頭工人在十一月十日起又告罷工，到現在還沒有恢復，直接影響到法國各口岸，甚至日本各口岸海員，也在同時罷工。

據美國國務院統計這一次大罷工的嚴重道：東西兩海岸罷工工人共為十四萬三千餘人，計西海岸一萬二千餘人，東海岸六萬五千人，海員三萬四千人，其他三萬二千人。被凍結在各地港口的船隻有六四七艘。其中在紐約各碼頭凍結的輪船為一二三艘，有三十隻在港口等待入口，堆集在各倉庫中待運的貨物應為九百輛卡車所運輸。九月份出口九二六，○○○，○○○元，進口五八四，○○○，○○○元，均較平日為銳減。

合衆社紐約十一日電稱：西岸罷工已有七十日，今以東岸之罷工，拒絕接納工會領袖所簽訂加薪十分之一之合作，將使美國輸出，包括馬歇爾計劃援外物資，在事實上有陷於停頓之勢。現祗墨西哥灣的航運未停。美聯社電傳十一日開會，太平洋海岸工人仍要求每小時除基本工資一元六毫八分外，更加一毫五分，但僱主方面僅允增加一毫。只阿拉斯加至墨西哥灣一線資方的每日損失為四百萬元，所以不能不亟求解決，到大西洋岸發生罷工以後，最先的一方面恒不得不更求一結束之道。

西海岸的碼頭工人為產業職工大會同盟會的會員，東海岸的罷工者則為美國勞工同盟會的碼頭工人。這兩個單位本是敵對雙方為了本身的理由却在不謀而合。東岸工會主席李安說，「我們既決定罷工，即必需真正進行罷工，惟一的例外為輸與海外美國駐軍的供應物品。」華盛頓的經濟合作總署負責人稱，罷工若繼續進行，則整個援歐復興計劃將受威脅。當此兩海岸海員罷工尚未結束之時，此舉將使美國船業蒙受重大打擊，且可能破壞整個美國的經濟現況。紐約當局惟恐此罷工將波及駁船工人，使此間的食物及燃料失去供應。

糖業及木業都願意早使西海岸的運輸恢復。雙方在十三日對於超額工作條例，有了四點協議（一）在任何連續的二十六星期中，工作時間限制為一千小時；（二）每星期休假一天，如可能時，規定為星期日。（三）在等待派遣工作的時期中，每日應付給最低額的四小時工資（四）工作時間（不論日班或夜班，最多為九小時）到了二十五日又確定每小時加給工資百分之十三，假日與週末則增百分之十九・五。且自八月二十一起追加。這個協定勞方相當滿意，資方宣傳為可使「三年不罷工。」

東海岸碼頭工潮二十七日晚也告解決，美國勞工聯合會所屬國際碼頭工人協會六萬五千會員，乃以壓倒的多數通過歷時十八天各海口的工潮。協會主席賴埃恩稱：

「本協會七十一處分會中，已有六十處接受了新合同的建議。」

四、美援如何？

蔣總統特使孔祥熙在十一月三十日訪杜魯門，據說是「談全世界形勢」十二月一日，蔣夫人乘馬卿私人飛機「聖牛號」到了盛華頓。遠東的情勢似已引起了美官方的注意，據紐約廣播，經濟合作總署長霍夫曼——世界美援的聖誕老人在四日取道英國飛到遠東，十一日可到上海，與賴樸翰再度作業務的商談，然後經過漢城及東京視察後返美。這些人物的往來，似乎可以看出一點局勢的端倪。

美國新聞處稱：大多數報紙的社論一致認為應設法阻止共黨在中國的勝利，但關於如何完成此一目標之意見，則彼此不同，各報所強調的事實，為美國的資源並非無限者，何況美國在世界各處已負起義務，華盛頓星報特別評論蔣大人訪美一事他們作如下的評論道：

「如果她到這裏來向美國呼籲全力援助國民黨政權的話，那麼這個反應恐怕沒有像一九四三年那樣的熱烈。這並不是因為中國的苦難不够嚴重，也不是我們的政府不願看到國民黨戰勝共黨，也不是蔣總統夫婦已喪失了美國的同情，而完全是因為恐怕新的大規模援華計劃或許白白浪費掉……除非能設法保證援華不浪費，否則我們對於中國的援助，仍須較我們供給歐洲的援助為少，這是蔣夫人在訪美時期內，必須面臨的冷酷現實之一。」

美國還有一個傳說就是援華的三個條件已然非正式地提出，這三大條件是：（一）中國要有一個強有力的內閣，這內閣必須是要向華府保證中國支持美國的外交政策，特別是在對蘇外交上。（二）中國政府必須保證限制腐敗和無效率，同時不許再忽視美國對於中國軍事所提的意見，據說美國堅持重行組織中國軍隊，使最高統帥部的命令，能够傳達到最下級的士兵。（三）揚子江必須開放，使美國載運援華物資的船隻可以駛入長江，同時中國必須給美國軍艦巡弋從長江口到漢口一段的合法權利，以保護載運美援物資的船隻。

看看新行政院長孫科的談話，似乎也

不無象跡可探索。爲了美援，莫弄當眞是如此地全部開放，承認由經濟到軍事的全面統治？就美國方面講，爲了商業利益和安全，也決不會離開了遠東的寶庫，他們也自然需要加強，但却並不要戰爭。

杜魯門尚未回到修理中的白宮，馬歇爾在蔣夫人到達之前進了醫院。官方的態度已甚顯然，但共和黨及魯斯等人必然在宣傳上要給杜魯門和馬歇爾更多的批評及對於中國的援助要作更多的呼籲。在國會開幕之前，中美攜手對於民主黨優勢的新國會和新政府要擺開了新攻勢。

美援姍姍來遲，已然遠水救不了近渴；這更多的美援什麼時候來？有什麼條件？是否軍事援助多於經濟的援助？這都有待於時間的證實。

（十二月一日）

編輯部小啓

蕭望卿先生：請示最近通訊地址。

台灣近情（台北通訊）

本刊特約記者

大陸已呈嚴冬景氣，台灣尚似三秋。陽光和煦的季節裏，島上風光，更是嫵媚可愛。

光復三年的台灣，內地人大規模的進出，一共已有好多次。第一次是三年前的這個時候，外省都以「勝利者」的姿態，潮水般的湧來。裏面有政府接收大員，有隱姓埋名暫時躲避風頭的漢奸，更有懷着淘金美夢的商旅和開荒者，他們各自懷着不同心情來到台灣。「二二八」事件爆發了才打破這羣「同胞」的美夢。於是又有大批外省人攜家帶眷，紛紛離開台灣。

近來，不知北面吹來了一陣什麼風，又把更多的外省人吹到這裏來。看樣子，這次來台的同胞，在心情上，不如三年前光臨的那樣神氣；可是狠狽的模樣，却比「二二八」以後離開這裏的那些有過之無不及。

秋風落葉吹來一批高尚難民

內地烽火，燒紅了半壁山河。各省的富豪大賈紛紛逃起難來。如果把這些高尚難民分成等級，那末，第一等的上美國；第二等的逃香港；第三等的來台灣，第末等而有逃難資格的麕集在將爲「國際都市」的上海灘。這樣排起來，台灣正成了第三流闊佬的「避難所」！

從上海開來的輪船每天都送來一大批這樣的「難民」，基隆到台北的頭二等車廂裏也充滿了外省口音的乘客。飛機的班次也同樣的增多。中航、央航和陳納德的民航隊，每天降落台北機場的總有十多架，內中多數也都是內地人。

這些闊難民到了台灣，首先要解決的是「住」的問題。

台北市區雖然很廣闊，人口也不太多，而且日本移民和軍隊四十七萬遣送回國，遺留房子也不在少數。但是，台北却和京滬一樣在鬧房荒。普通報紙上的求職廣告，往往以供住處爲待遇項中的一種。假使要想頂一幢看得過去房子，至少需要幾千萬台幣頂費。台北爲什麼有這樣嚴重的房荒？最初還是造因於接收時期。所謂「日產房屋」都被一羣有權勢的人佔了去，有的高樓深宅寧可一直空着沒有人住，也不肯隨便出租。「不均」是台北目前房荒的主因。

高等難民抵台以後，最有辦法的可以向他們的高親貴友勻出一些「日產房屋」，其次的是先住旅館慢慢再想辦法頂下或買上一所住宅。所以一月以來，台北的旅館業空前興隆，從前是日本總督府被美機轟炸掉，現在建造起來的介壽堂大廈，當前已告客滿。房價、地價和頂費同時也跟着節節昇高。

搶購風過・游資湧來

九十月間，金圓券走向垮台途中，上海搶購風起，這個風潮也鬧到台灣。先是香煙、布疋、油米之類的日用品被搶購，後來鬧得一切商店無貨應市。一切景象都是上海的翻版。

台灣本是出米的省份，稻子一年三熟。十月初米價是兩百台幣一斤，十月中漲到六百元，搶購風最盛的時候，市民都買不到米，「白色的恐怖」和憤怒匯在一起，各處傳着「二二八」又要重演的流言。本月初限價政策放棄，米荒的威脅似乎還沒有完全消除。本地人看着外省人熙熙攘攘的往這裏擁，已往體會到這裏會有更嚴重的米荒來臨。

前兩個月台幣和金圓券的比率釘死在「一八三五對一」上，上海的游資因爲當地沒有出路，一下都湧到台灣，據金融界估計有三四千萬金圓券之譜。這個數目幾乎相當台幣的總發行額台灣銀行發行的台幣共九百億）。這批游資吸引着一大批物資，黑市物價猛昇聲中，更加緊了台灣的經濟恐慌。十月底台幣比率提高到「一千比一」，並且限制金圓券匯入，物價才暫時穩定了「一瞬」。可是，隨着內地闊難民的莅台，游資又冲垮了限制匯款的堤堰。

房荒、米荒、游資充斥，台灣同胞已經壓得喘不過氣來，但是他們並沒有看出內地豪富同胞有終止來台的跡象。因此他們直覺的感到，今後生活的煎熬只有會更加深。

兩個盛會・粉飾昇平

一個月以前，台北舉行了兩個盛會。一個是中國工程師學會的第十五屆年會。全國各地的工程師一千多人前來參加。本省的工程師也有五百多個齊集台北。這個浩大的會議在這裏舉行，很有深刻意義。美援建設撥款六千萬元，台灣佔到很大一部，光是鐵路建設撥款就是一百五十億元。如果「運用美援」來「開發台灣」，自然，最需要的是工程師們的技術，所以中國工程師學會藉在台北舉行年會之便，把全國工程師英萃一齊請到台灣，一面請他們觀光一下光復台灣的建設，同時希望他們提供一套「開發台灣」的寶貴意見。他們在大會裏研討的項目很多，扼要言之，不外兩端：第一，台灣工業怎樣和內地配合起來？第二，怎樣發展台灣工業？與會的工程師發言雖然都很踴躍，但並沒有一個說出個所以然來，因爲許多本省的工程師已經表示過：台灣電力不够用，這是一切建設的障礙。例如化學工業，台灣連一個軸承工廠都沒有，以致配件缺乏，使全部工業都吃盡苦頭。大家一致地覺得台灣工業發展，唯有等待美援，因爲美援可以帶來開發的資金與器材。可是最近證實了一件事：美援撥給台灣鐵路建設的部分，政府已經聘定美國運輸公司爲計劃工程師。這等於是：美援除帶來了資金和器材之外，又帶來了技師，中國工程師雖把翹盼中的美援盼到了，同時也失去了用武之地。

工程師開年會的時候，台北街上常可以看到工程師們三五成羣在街上觀光。有的帶來了眷屬，常常見他們到街上去買台灣特產的貝殼和甲蓆。他們來到這裏等於作了一次「新疆域」的長途旅行。

光復節的那天台北還有一個博覽會。省政府從八月間就着手準備，調用各機關工作人員三百多，撥出經費台幣五億元。當局預備藉這個博覽會炫示一下台灣物產豐盛和光復三年來努力的成果。省府大廈裏五個展覽室陳列着工礦、農林、水利、藝術、手工藝等，總共十四萬五千零十五件的展覽品。省府曾經柬請中樞要員蒞台參觀，請他們看一看台省建樹。

據說展覽品中許多是日人遺留的，四年前台灣同胞也看見日本人舉行過類似的博覽會。這種勞民傷財的盛會在今日舉行，它的眞正意義究在那裏？簡單的一個回答是：「粉飾昇平」！

苦悶‧憤恨‧抑在胸中

「二二八」以後，台灣同胞沉默了。內地人和他們接觸，只能看一張沒有表情的臉。內地人總怪台灣同胞沒情感不愛祖國，但是他們却不問這是誰種下的禍根。

「託管」、「獨立」這些口號，台灣同胞從沒有正式提過！南面的馬尼拉，北邊的東京雖然熱烈的提倡過，台灣的同胞却沒有反應。他們除了感覺「苦悶」以外，便沒有其它的表示。

本月三日台中一家劇院上映影片「一江春水向東流」，這張影片只是描寫八年抗戰中人民遭受離亂的苦痛和勝利後接收人員倒行逆施的胡作非爲。據說在內地贏得許多觀衆，台中劇院放映以來也場場客滿，在情趣上好像台灣同胞對於這反映現實醜惡的影劇的愛好，比內地同胞還來得親切。他們作了五十多年的淪陷人，比內地人八年的苦痛要深的多；可是他們受到勝利後同胞的欺凌和鄙視，却比內地淪陷人來得重大。他們對這張反映現實醜惡萬分之一的影片，趨之若鶩，看後感到滿意，他們內心的憤恨情緒，要高到什麼程度，大家可以想知。所以有許多中學小學的教員向學生推荐這部影片，有的學校便由教師領導學生去集體觀影。

誰知這件事傳到了正在開會的市參會裏去，却發生了一個莫名其妙的反應！

六日市參議會中，幾個參議員質詢市政之餘，對這件事攻擊起來。一個叫廖天遠的參議員在會場上說：「前天台中劇院上映的『一江春水向東流』內容腐敗，各校竟令男女學生去看，這影響風紀很大，當局要取締這種敗壞風俗的影片，並嚴禁學生去看這種壞影片！」廖參議員慷慨激昂的陳辭一遍以後，另一位賴樹森參議員接着作更進一步的發揮，他說：「學生看了這部電影，對於我們的『國體』發生莫名其妙的認識，爲害非淺。當局對領學生去看的教師絕對要追究。」一張影片會對『國體』有特別表示，不耍講不會到台灣來演，就是在製作出廠的時候恐怕早已被「取締」了。兩位議員大發「宏論」不知他們代表的是「官意」還是「民意」！台胞對這件事也只有把憤恨的心情，抑在胸中。

樂園？世外桃園？

從台灣溫和的天氣、美麗的風光來看，這裏是樂園；再從地勢位置和物產豐盛來看，它和大陸一衣帶水，也算得是世外桃源。所以無怪乎懷着淘金夢的開荒者到這裏尋找樂園，也無怪乎腰纏金鈔的高等難民前來覓取世外桃源。但是，台灣不是樂園，也不是世外桃源！

物價高漲，民不聊生，使樂園的人們沒有心去享受自然景色。台灣在目前雖然沒有受到內戰炮火直接的洗刼，但同胞之間心情上的「內戰」，從「二二八」以來却從沒有停止過！內地避難來台的闊佬，即使把它當做世外桃源，洗洗溫泉澡，逛逛日月潭，自娛一時，終有他們覺悟這裏不是世外桃源的一天會來臨！

（十一月三十日）

讀日邊隨筆

樂希

李廣田先生在「日邊隨筆」序裏，具體而微的說明了他自己在思想上和藝術上的演變，而從這演變中，顯然可見出他是不斷的在進步的，尤其思想方面。他一開始就緊緊的把住人生，隨後他所呈現的世界更就日漸的廣大，也日漸的深沉。確如他自己說，他「至今也還沒有寫出那種清淡到毫無人間氣息的作品，」這自然是緣於他那樸實、淳厚、而又熱情的性格。

質樸是他整個作品中的主調，他的文體前後却也微有不同，而「日邊隨筆」就可代表他晚近的文體，那些文字是樸素，凝鍊，明確，乾脆爽利的，假如將他從前一些散文比作自由自在的水的流動，那他晚近的作品，便是充滿着力量的波濤的奔瀉了。我們不妨抽出這一小節，作爲個例證：

> 譬如古代的帝王，他們永不會像小孩子那麼理解，永不會像小孩子那麼相信，他們永遠自以爲聰明而實則愚蠢，他們永遠自以爲偉大而實則渺小，他們永遠狹窄，永遠自私，永遠殘暴與專橫。

這種聲調和句法，在他過去那些恬淡清麗的散文裏，似乎是從未見到的，你唸的時候，聲音不免是沉着，堅強，而又宏亮的，這是熱情透過了智慧，而迸發爲深沉的激流。開頭三句好像波浪層層的湧起，四五句又是兩捲激蕩奔騰的浪雪，到了「他們永遠窄狹，永遠自私，永遠殘暴與專橫，」節奏和運動就越來越急越緊，而迴旋的升到最高點。

「日邊隨筆」共收十六篇散文，風格大致都相近，作者由生活裏尋常的事物，發現它與世界相通的深沉的意義，從而顯示這時代，且深思冥索，漸臻於哲學的締造。

文學往往落在思想和行動的後面，它所能表現時代固屬有限，而推動社會進步的力量，更就不免顯得異常的微弱。作者在「日邊隨筆」序裏也說了：「然而我終不能不自己慚愧：時代如此偉大而壯烈，我却只落了這麼幾篇文字，不但分量少，而內容尤其寒薄，何況又未能捉住時代的一光一影。」然而這些文字終還接觸到當前社會的一些問題，雖然只是一光一影。

譬如「他說：這是我的」就在說明自古以來的「爲民父母」者，都永遠是那麼愚蠢，自私，窄狹，殘暴與專橫，他們佔有極其廣大的土地，而沒有土地的人便無地立足，受盡他們的壓迫搾取，死了也無處葬身。這就是我們的時代，從古到今，一直仍如此。「只有一個人，一個具有人格的『大人』，神，他配說，『這是我的，』也配說，『這一切是我的，』因爲他『有』等於無，他領有一切却又讓一切有個性，有自由，有軀殼，有靈魂，也有完整的生命，爲自己，也爲別人。」這似乎是另一世界，人民在「神」的治理下，能够得到自由的充分的發展，個人與社會也就相輔相成，融洽無間。這完美的理想自然只能寄託於一種很好的政治制度，而不能依存於哲人或賢明的領袖，他所謂「神」，也許就是一個理想社會的化身。

「說喫」提出一個嚴肅可怕的悲劇；凡是流汗的人照理都應不愁飲食，然而普天之下就有不少的人民挨餓，且陷入一種「動物」的生活狀態，其所以如此，就因爲他們受盡窮奢極慾的特權階級的剝削。這悲劇所以至今還在繼續的排演，就因爲「他們沒有結合起來，爲了生命而去爭取……」

「一粒砂」是篇寓言，寓言原容許多方面的解釋，也就不容易解釋得完善。那個作了一世旅客的人，天天都在趕路，走了不久，一粒砂便跳入他不合脚的鞋子裏，他走一步，痛一步，後來日子既久，痛苦之感自然也日減，然而一天初開始上路時，還是痛苦的。而他一直在趕路，始終不曾將那粒砂弄出去。他就這樣走着，走着，直走到死。

我們歷史上往往有這樣的志士仁人，他們抱着一個淳美的理想，或是一個簡單的信念，爲了那時代或社會，終生過着不安定的艱苦的生活，他們把整個生命作爲貢獻，甘心犧牲人世的繁華和享受，坦然的接受人們的冷漠奚落。這是一種以天下爲懷，而任重道遠的精神，那粒砂便象徵嚴肅刻苦的生活所蘊含的德性：克己、忍耐、和自強不息。那個人死後所遺留下來的砂上，據說隱約有些字跡，那字跡我們自然無由揣測，也許其中也就刊載着這偉大的德性。

作者在這故事末尾設置了一段插話，一個超脫瀟洒，一意追尋自我享樂的人，他並不相信這個傳說，且提出了他的反駁，這給傳說裏的人那種克己犧牲的精神，以強烈的烘托。

大約是民國三十二年左右，就在昆明南屏街轉角處，那地方離作者序說到的近日樓不遠，有一家大銀行要建造座大樓，經一著名工程師設計，不久那裏便整天有成百的工人流着汗，哼着唱着打樁，隨後那座全城最高的建築便不住的上升了，且無時不吸引了無數的過客，圍聚着驚異嘆賞。這深深的激動了作者而寫下他的這篇「建築」。他讚美工人，讚美工程師，因爲他們「每一個動作都是爲着建設，每一個心意都向着完成。」然而這使作者不能忍耐：這宏壯的建築是爲大富之家造的，造好了，就讓那些闊人住在裏面，幹着傑出的囤集操縱的勾當。這情況現今一如古昔，我們想起了那些碧瓦朱欄的宮殿，無數工人辛辛苦苦建造的，却讓住在那裏面的人給人類歷史製造下災害。我們如何才能做自己的工人，如何才能做自己的工程師，去爲我們自己建造居室？這是作者的問題，而他顯然已找到了它的回答。

我讀「日邊隨筆，」常聯想起紀德的「新的糧食，」紀德後來口口聲聲要現實，「日邊隨筆」也就無不是現實的。「新的糧食」是「詩與哲學的結晶，」而融合詩與哲學，也就是「日邊隨筆」的一特質，而且似乎是作者寫這些文字時預懸的一個理想模式，這可能受了一點紀德的影響。在體裁上，牠們也有極其相似的地方，那幾篇隨感式的「日邊隨筆」不用說，卽有些像小說的如「這種虫」，「分擔」，以及「繩的用處」等篇，都與「新的糧食」，特別是其中的「邂逅錄」很酷肖。「手的用處」緊湊凝鍊，意象一層一層的舒展，那濃厚的氛圍中隱約形成一個焦點；「建築」就較爲直捷醒豁些，然而章法仍是迴環曲折的推進，而並不直率的一瀉到底；這種抒情詩的風格，在某些點上，也就像「新的糧食」。

李廣田先生「論散文」（見「文學枝葉」）那篇文章無異給他自己的散文作了最好的詮解，他認爲散文的長處在於「自然有致，而無矜持的痕迹，」因此「散文的語言以清楚明暢，自然有致爲其本來面目，散文的結構也以平鋪直敘，自然發展爲主。」這恰好道着了他的散文一種優美的素質，就是其中那些接近詩和小說的，也依然能見出自然曉暢的風致。他以爲散文的短處却在於東拉西扯，而無完整的體勢，」家常絮語式的散文尤其是如此。他自認爲過去也曾寫過一些「婆婆媽媽」的散文，而這弱點在「日邊隨筆」裏，大致是沒有了，有幾篇雖層層推衍，波浪繁興，也就一齊緊緊的湊向核心，而無拉雜渙散的毛病（「小小的悲劇」在這點上，似乎顯得稍弱一點），而其中最好的幾篇，更就確乎簡鍊，精密，而又完整。

新路週刊

發行者：中國社會經濟研究會

編輯部｜電報掛號：三九六〇
　　　｜北平東直門大街九八號
經理部｜電話四局〇六九三號

上海通訊處：
電報掛號：五九〇六六〇
電話四二二五五—五一一號
上海黃浦路十七號五一一室

南京分銷處：
西華門三條巷九號之二

訂銷辦法：

一、本刊歡迎直接定閱，請一次預付刊郵費金圓三十元，按每期售價七五折及實貼郵費扣算，欵盡時，另開結單函請續定。

二、外埠批銷每期至少在五份以上；照價七折，郵包費外加，一律存欵發貨，特約總經售辦法另議。

三、寄遞方法，請來函說明，舊戶續定或有查詢事項務請註明戶號。

四、本刊每逢星期六在北平出版，凡華北區定戶，請向北平本刊經理部洽定。其他各區定戶信件或匯欵，請寄本刊上海通訊處收轉。分銷處與經售處係批銷性質，不接受個別定戶。

本期定價金券三元
外埠酌加郵費

新路

週刊（北平版）

第二卷 6

短評

政治破產乃訴諸戰爭

工業生產總停擺

賤買貴賣的政策

座談中美關係

葉景莘　孫毓棠　樓邦彥　王鐵崖

翁獨健　吳允曾　汪　暄　劉毓棠

吳景超　周炳琳

專論

美蘇對外的經濟關係　吳景超

感情，利害，團體　胡慶鈞

通訊

四方風雨會古城（北平通訊）　本刊特約記者

宋子文與華南基地（廣州通訊）　本刊特約記者

煙月茫茫話南朝（南京通訊）　歐陽山

書評：走向動態經濟學　徐毓枬

文藝：美國文藝的後顧與前瞻（上）　陳石湘

中國社會經濟研究會發行

CASER THE NEW ROAD

民國三十七年十二月十八日出版

短評

政治破產乃訴諸戰爭

所謂政治家者，謂其知在盤根錯節中爬梳剔抉，堅其志毋暴其氣也。勿以爲西方國家與蘇聯鬧得不開交，必將訴諸戰爭。畢竟雙方都尙當得起高明之譽，知道自制寧落於僵持終勝於魯莽而踏入戰爭。返觀我國，協商之道棄而不循，必要拚個死活，兵連禍結，生靈塗炭；敗不俯首，勝必自恃，問題之不得解決也如故，混亂且日益加深。智愚之辨，蓋判然矣。

報載巴黎五日電，英美法一面進行柏林西區市選，一面發表聯合聲明指摘蘇聯行動專橫，蓄意作成柏林之政治分裂。由此一報道，可知英美法現在已安心讓局面僵持下去。柏林危局之停落於僵持，勿以爲這是西方政治家之無能，實際乃是他們的高明之表現。這寧見其落於僵持的局面而暫停下來，有它的歷史的經過，亦有它的思想的淵源。

柏林問題，兩方交涉達四個月之久，迄無解決之迹象。兩方都沒有離開各别所持之原來立場。蘇聯無意解除封鎖；西方三個相信賴空運接濟可不虞被迫退出。發致通牒未能打開僵局，提出爭端於聯合國也未能打開僵局，於是西方國家確認僵局既無法打開，不那聽它停落在僵持這一階段上。他們認爲想從談判與蘇聯達到和平解決之道，此是一個幻想，不可再聽其存在。他們以爲蘇聯可以同你談，可以同你交涉，但她自己決不作任何讓步，你若對她讓步一點，接着她便提出新的要求。此一看法，表達得最露骨的莫過於英國貝文外相。貝文在九月間對下院說道：「我們是在和一個民族辦交涉，從他們那裏我們買不到和平」。這叫我想起一九四〇年在敦克爾克之後，邱吉爾論我們當時所處境況時所說的話——「不管你怎樣準備讓步去應納粹之要求，你都不能把事情解決下來。」

這一看法究其含義，似乎暗示第二步將便是戰爭。這正是英國下院在聆悉上述貝文之言後加以討論時所未嘗忘懷者。他們發問，既有這樣一個不可以理喻的敵人，如果和平交涉的限度已經到達，下一步驟將是什麼？如果外相竟把他所遇的敵手比作納粹，而謂必須避免「另一慕尼黑」，豈不是英國人就得對戰爭的危險加以嚴正的考慮？西方民主國家眞妙，他們偏會自作解釋，而謂局面雖僵，和平不是便爾絕望！假定局面尙許從容論道，我們的執政者必將笑道：「民主就是僞善；西方人眞是僞善之徒。」

西方國家對蘇聯之敵視能做到「懸崖勒馬」，其論據是這樣的：假定俄國的政策是毫不走樣依照納粹去范鑄的話，戰爭誠將不免。但紫與紅，其間仍有不同之處——在顧忌或道德上，甚至許是在終極的野心上，殆無差別，但在方法之不顧及危險上是有其不同處的。希特勒是一個急色兒，爲戰爭而求戰爭；蘇聯則曾表明若可能她將避免戰爭，而等待那些必將到來而信爲於她有利的事件之到來。儘管是對人家作瘋狂的攻擊，說什麼「美國法西斯帝國主義」，儘管是盲目的相信共產主義有其世界的使命，俄國人所食的文字盛饌仍大有異於裝滿當年德國人民耳中之誇耀武力主義誇耀戰爭的詞調。這些都是不同之處，在貝文的比擬被接受爲確切無間之前必須詳細加以考慮的。俄國人無意爲戰爭求戰爭，在過去他們的領導者亦知道應止時則止。卽在這裏還存着差稱充足的根據使西方人士繼續置信和平有望。

這是一個態度，一個嚴正的態度。其嚴正處在西方國家同時了解它們自己必須挾有相當的戒備；要是不然，俄國一班領導者許有一天不知道何處應止則止。它們之持是態度，蓋以希特勒德國爲其前車之鑑。希特勒在墓尼黑以前許是尙能也許是已不可能勒住德國侵略底脫韁之馬，但在他的西方對手在墓尼黑潰績之後，他就不覺得尙有勒住之需要了。路似乎是敞開在那裏，往前邁步就對了。西方國家以爲同樣的，在今日，如果蘇聯領導人物認爲不管他們怎樣做，都不會遭到西方國家的反抗，而信之不疑，他們也會禁不起擴張之誘引而走上冒險之途。獨裁政治是最易趨於取冒險之行動的，也最不爲尋常人之避施暴力所阻過。在這種情況之中，西方國家以爲和平的最好希望便在使世人完全明瞭變到怎樣一個程度蘇聯的行動將會引起一個戰爭。

這樣一個武裝警衞的政策，西方人士並以爲在外交史上固已史有前例的。他們以爲在歷史上英國之與俄國打交涉卽大部份循此道去行的。所謂「東方問題」在十九世紀外交折衝中便是一個永久存在着的一個問題，這個問題的本質是俄國願意擴張到君士但丁堡而爲，若眞要這樣做便將引起與英國之戰爭一念所遏止。約有七十年，這一緊張的情緒並沒有導致戰爭。講戒愼固老是在戒愼中。

這一政策之實際應用於歐洲，依近來趨勢，看得出是在毫無掩飾的循此道以進。全部綜合起來，已是對蘇聯作了一個正式的警告，謂若再進一步卽將引致戰爭。西方聯防公約之訂立包括美國與澳洲在內，大家約定接受一個協調的混合的政策以從事於局部之軍備重整，以從事於一般的軍事準備。同時要求西歐之成一政治的與經濟的整一。另一方面則表示一般都存着願望，願與蘇聯在聯合國以內或聯合國以外，就一切可以增加世界之經濟的政治的穩定之課題，共同努力。

世界局勢如此，我們不能不歎人家畢竟高明。我們錯了，錯在輕易放棄求以政治方法解決內政糾紛之神聖宣言，輕啓干戈。我們繼續在錯，錯在仍希冀美蘇將作戰，我們好從中取利；錯在仍希冀美國能進一步赤裸裸的以軍事來援。現在是「危如累卵」，智慧的光芒完全消失，成了攤換之局。哀哉！

（敏）

工業生產總停擺

近來各地工廠時有停閉，而消息傳來，擁有六十年歷史，全國規模最大的唐山啓新洋灰公司，也於最近爲這停產的浪潮所席捲以去了。

在目前，工廠停閉已成常態，繼續生產反成例外，啓新的停歇，本亦絲毫不足驚異。因爲在大環境下，連年烽火，銷路阻滯；成本漲速，超過物價，任何生產事業早已不絕如縷；就唐山的小環境來說，由於秦皇島的棄守，成品無法輸出，冀東風雲日緊，工廠已臨前線，在這種情形下，勞資雙方的生命財產尙且不保，遑論生產？不過目前華北整個民營企業的最大困難，恐怕還是（一）運輸工具缺乏，成品出路斷絕；與（二）當局管制物資，許多貨品不能移動。

我們推測當局用意，也許以爲軍事情勢日非，「戰時體制」應加強部署，凡足以資敵物資固然不應流通，至於民生工業，既不能配合軍事需要，當前運輸工具缺乏，華北食糧尤感不足，從軍事目的着眼，不特不必救濟，或且應當勒令停閉。

如果當局的算盤眞是如此，我們不能不說是一種淺見：除非有人能够徵調成千成萬的工人去服兵役或其他工役，在工廠歇業工人失業之後，整個社會一方面既失去他們的人力，另一方面，爲避免更嚴重的後果，仍不能不負責供應他們的食糧。換句話說，也就是如果工廠能够開工，工人尙須以他們的勞力去交換社會的糧食，而現在他們反可以坐食了。所以即使工廠在停工時給以遣散費用，對社會來說，仍是增加了不少無可補償的損失。

而且，如果要規復而且確保小康之局，仍應盡量減少普通物資的輸入。例如華北糧食不足，如果多得一部份物資出口，即可多換一部份糧食進來；如此既可不必全靠外援來補給普通物資，復能節省不少北上的船隻噸位。因此雖於軍事需要並無直接關係的工業生產，如能增加出口，仍有加以維護的必要。

從這些方面考慮，我們認爲當局固不能不管制物資，對於許多民營民生工業，仍應竭力加以維持。（復）

賤買貴賣的政策

這一次政府再行改革幣制所用的一張王牌，就是黃金和銀元無限制的兌現。人民在存入一千金圓的一年定期存款以後，可以再用一千金圓買一兩黃金。這在事實上等於允許人民用兩千金圓買一兩黃金。除去兌換率不同以外，政府無限制賣出銀圓的辦法，與黃金相同。

用這種方法，政府可以使大批金圓券回籠；因此政府說：「以後的物價不會再暴漲了！」但是在事實上，物價在新辦法實行以後，已經一而再，再而三的暴漲過了。這是什麼原故呢？

其實，政府自己應當最明白，我們姑不就道義上來論這次「賤買貴賣」的金鈔政策，僅從效驗方面來說，在現況之下，這種政策是絕對不能使物價穩定的。我們可以舉一個例來說明。整個社會好比一個大水桶，金圓券好比是水，水面的高低好比物價的高低。政府無限制賣出黃金和銀元，好像在水桶底下打了一個洞，使水可以流出一部份，因此水面(物價的高低)就會降低。但是因爲軍事支出的浩大，政府不但把水桶下面流出來的水又加了回去，並且另外還加了許多水，水面如何能不上漲。固然，水面的上漲的確比沒有下面那個洞的時候要慢，但漲依然是要漲的。漲的快慢，完全看政府另加的水的數量而定。所以水面究應漲多少，政府自己知道的應當最清楚。

政府又說，無限制賣出黃金和銀元，可以永久執行，無賣完之虞；因爲上次「賤買」的所得，可以把所有的金圓券都買完而有餘。其實這是不能自圓其說的解詞。水桶裏面的水不是靜止的，隨時用黃金銀元把水買出來，可是同時又加進更多的水去。上面的水，因爲軍事的必要性，只能不斷的越加越多；而底下的水，在黃金銀元用光之後就不再流出了。

不僅此也。在戰亂的時候，十兩黃金有時不如十斤米寶貴。政府願意無限制的賣，人民不見得願意無限制的買。何況因爲行政效率的低微，有時人民只能買到一張以後照付黃金的紙據，而並不能眞買到黃金呢？

這眞是，黃金有盡，紙幣無窮；人民的信心一失即不能復得。政府不從根本上設法，只在小巧的計謀上着眼，無奈病況已重，並非一兩劑瀉藥所能治療的了。（余）

座談「中美關係」

時間：三十七年十一月二十六日
出席人：葉景莘　孫毓棠　樓邦彥　王鐵崖
　　　　翁獨健　吳允曾　汪　暄　劉毓棠
　　　　吳景超　周炳琳（代表本刊編輯部爲主人）
　　　　（紀錄次序循發言先後）

主　人：

首先得謝謝諸位先生參加我們這個座談會。有好幾位還是從鄉間趕來參加的，熱心尤可感。

目前的中美關係，總算是我們的現政府外交政策上最重要的一個課題；今後中美一般關係之發展，無疑的也將是我們社會上一般人民所最關心的事。在本刊二卷一期，我們曾出過一次關於美國大選的特輯，今天本刊第一次舉行座談會，將置討論重心於「中美外交」。現在，擬請諸位先生發表關於談論如何給它劃個大綱出來的意見。

王鐵崖：

討論中美外交，個人建議從下述三部份入手：（1）作爲背景來看，首先檢討一下過去中美外交之歷史發展；（2）其次，討論第二次大戰結束後之中美關係；（3）最後集中討論美國大選前後之中美外交。個人感覺到，所謂中美關係或中美外交，到了今天爲止，中國方面始終是被動的，無政策可言，其結果中美關係變成了美國對華政策。

翁獨健：

我同意這個大綱；我並希望多談第（2）和第（3）兩項。

主　人：

假使大家都同意，現在就根據這個大綱進行談論。我想先請汪暄先生發表意見，汪先生對於中美外交史有過深遠的研究。

一　中美關係之史的發展

汪　暄：

講到中美關係的歷史，不能不追溯到1899年John Hay所宣布的門戶開放政策。不過這個政策並非John Hay所發明，而是十九世紀中美國對華外交所遵循的一個原則。這個原則的適用亦不限於中國，曾適用於日本，朝鮮，以及非洲。不過John Hay的貢獻在其將門戶開放與中國之領土完整及政治獨立相結合；他認識了後者爲前者的實現所必要的條件。這一點也正是美國對華門戶開放政策的特色。

這個政策的正式宣布實由於兩種事實：其一卽1898—99年間列強在華角逐勢力範圍所引起的瓜分危局；其二爲1898年美國取得菲律賓因而一躍而爲太平洋上強國，在當時美國國內擴張主義者之影響下，美國對於其在遠東商業利益所受之威脅自不能緘默。

不過構成美國此時期政策的基礎仍是商業的利益，對於維護中國領土主權之政治的利益實居於次要的地位。所以在1900至華府會議時爲止，中國領土主權迭遭威脅時，美國不僅未採取若何積極的行動，甚至因1917年藍辛石井協定，竟對日本作原則上的讓步。美國自己承認不能爲中國之領土主權行政獨立而採取任何對其他國家含有敵意之行動。

第一次大戰結束後，美國在遠東的孤立因英美的接近及英日同盟的廢止而打破；同時日本國內憲政運動的發展及因造艦競爭及西伯利亞出兵而引起的財政上困難，以及因西伯利亞出兵的勞而無功而引起的軍人威信上的損失，使代表資產階級利益之民政黨所倡導之國際貿易政策及對華之所謂「友好政策」得到日本國民的支持。在這種新情勢下華府會議遂能重申門戶開放及中國領土主權完整之原則。

九國公約雖予門戶開放以法律的基礎，但並未改變日本在滿洲之特殊地位。幣原之所謂友好政策與田中之武力政策雖有緩急之不同，但對於日本在華特殊利益之維持及發展則無二致。

所以當中國逐漸完成國內統一的過程中，日本之帝國主義與中國之民族主義必然將發生衝突。

九一八以後美國對華政策因中日關係的發展，在技術上可以分成幾個時期。從九一八至1933年塘沽停戰協定止美國先則採取和解政策繼則採取不承認政策。從1933至1937年中日和協時期美國遠東外交的重心毋寧是謀美日外交關係的調整。1937年日本開始大規模侵略戰以後美國一面予中國以少量援助以保持中國對抗日本之力量，對於日本則又不願採取任何有效之制裁。第二次大戰發生後，美日在遠東的關係尖銳化，日本的南進問題成爲遠東關係的重點。美國爲防止日本南進一方面增加對華援助以牽制日本，他方面則打開對日談判之門以圖誘致日本脫離德意軸心。珍珠港事變後，中美成爲盟國，但因歐洲第一的戰略，實際所予中國的援助並不大。1945年初美英蘇雅爾他會議中，羅斯福總統爲使蘇聯參加對日作戰，不惜犧牲中國主權而允許蘇聯恢復帝俄時代之滿洲權益，於是以維護中國領土主權之完整爲目的的九國公約，遂由美國自行破壞。

由以上敘述，我們的結論是美國對華門戶開放政策主要的建立於商業利益上，政治的利益是次要的，爲了維護此項利益，美國始終不願採取較外交的抗議更積極的行動，九一八以後美國對華雖不乏道義的支持，但在國際上尙無健全的集體安全制度以前，美國不願單獨地採取任何積極的行動。

主　人：

汪先生爲我們討論較近的發展提供了清晰扼要的史的敘述。我想關於第（1）就這樣結束。以後進而討論第（2），如何？

二　第二次大戰結束後之中美關係

王鐵崖：

Mansfield 說美國對華外交政策包含三部：目標 Objective，型態 Pattern 與技術 Technique。我們可以說任何國家的外交政策都包含這三部份；我們又可以說，目標是不變的，型態是可變的，技術是常變的；目標是普遍性的，型態是區域性重於時間性的，技術是因時因地而不同的。

美國對華政策的目標是保護自己的利益，這是不變的，整部中美外交史可以看得清清楚楚的，要美國政府利人重於利己，那是單獨的幻想。

型態是著名的門戶開放主義；這著名的主義在五十年之中起了若干的變化：開始是商業的，經濟的機會均等，其次是政治的保障領土完整與行政獨立，最近數年又有新的變化的象徵，那就是直接參預中國的事務以求機會均等與領土完整與行政獨立，而所謂機會均等是美國利益至高無上的機會均等，所謂領土完整與行政獨立是要造成外交上追隨美國之後的中國。

直接參預中國的事務的原因是第二次大戰。遠東的戰場是美國的戰場，中國的一切都依賴美國，政府也要依賴美國以解決內政問題，同時日本打敗了，英國無力了，蘇聯也像是採取旁觀的態度，使美國似乎可以放手的爲所欲爲。

技術是適應型態的，而因時因地更有其變化性與複雜性：調停是一種技術，援助也是一種技術；解除日本武裝以及遣送日僑返國是一種技術，經濟復興以及軍隊訓練也是一種技術。

主　人：

劉毓棠先生正在這個時期在美國居留，對於當時的情形，想來必有一些很寶貴的意見。現在請劉先生發表出來，如何？

劉毓棠：

我很同意剛才王先生所說的美國對華政策的三種型態，其最近的型態，在第二次世界大戰之後，我名之曰戰略的型態(Strategic Pattern)，在第二次世界大戰以後，美蘇關係日益惡化，美國深深恐懼共產主義之趨于擴張，處處取對抗蘇聯的行動，所以，反共是美國在此時期之外交政策之中心，而在運用方面則又基於戰略的原則，換言之，它的型態是戰略的，因此，美國之對外政策，往往因戰略關係遂有重此輕彼的現象，從戰略上來說，爲對抗蘇聯共產主義，歐洲遠較亞洲重要；而在亞洲方面則日本又較中國重要，考其理由，不外如下數點：（一）歐洲之復員能力，尤其有關工業與組織者，遠較亞洲尤其中國爲強；（二）蘇聯無強大之海軍，即使她能控制中國，亦不能威脅美國在太平洋之勢力；而中國大陸之歸入蘇聯又無何意義；（三）歐洲及近東則又不同，如此兩地均入蘇聯之手，則蘇聯將擁有無數資源與各種力量，且美國在歐洲將失去進攻之基地，（四）近年英法力量減低，美國不能以之爲歐洲第一防線，美國必須親自負責；（五）在亞洲方面，對於美國，日本之戰略地位較優於中國，美國扶植日本較之扶植中國有用；中國國力衰弱將來難有助於美國，而日本之作戰能力，從上次大戰中證明，並不遜於英法。由是，在戰略上既有如上情形，則美國對華政策在其整個外交政策上所處之地位當不可能顯得十分重要，現在我們再同顧這兩三年來之美對華政策。雅爾達會議時，美國也曾爲中蘇關係致力，希望中蘇之間可以獲得一個合理的安排。一九四五年十二月，杜魯門派馬歇爾來華調停中共紛爭。但一年的努力竟完全失敗，後馬氏離華返美，行前曾發表一聲明書，在該聲明書中，他對中國政府大爲不滿，似對中國不抱過大的希望，況且他出身軍界，其見解亦不免有出自戰略觀點之處，後馬歇爾就任國務卿，對中國已不很重視，而在歐洲方面則有所謂「馬歇爾計劃」，初，「馬歇爾計劃」並不包括援華在內，後來由於一些國會議員的主張，才有極少部份的援華貸款，繼馬歇爾之後，有魏德邁來華，逗留一個月，行前又發表聲明，但其內容大部份仍與以前馬歇爾所發表的相同。總之，目前美國外交政策仍以馬歇爾爲主，重歐而輕亞，對援華事尙難積極。

主　人：

孫毓棠先生年來遨遊英美，最近始歸來，此一時期之美國對華政策，殆必有他的看法。我們願意聽聽孫先生的卓見。

孫毓棠：

近年中美外交，中國始終處於被動地位，故言中美關係，主要得看美國對華政策；而美國對華政策，乃是其對全世界政策之一部分。因此我們如果單提出中美兩國關係言，便很難得到一正確的透視。

同顧第二次世界大戰以來國際政治的動向，便知一九四二年蘇聯在斯太林格勒對德獲勝乃近代史上一大轉捩點。自那時起，英美漸知希特勒結束後即是蘇聯問題。英美在戰爭最後兩年，一面作戰，一面即努力其對蘇的歐亞大陸弧形長牆政策，欲自北歐穿過德奧至南斯希臘中東再接連印度中國朝鮮日本，以阻蘇聯之擴張。在戰爭末期以及戰爭以後，對一切歐亞諸般問題的努力，無不以此爲標的。蘇聯方面爲自衞與擴展計，一直在努力要推倒這長牆，並擇重要地帶跨出長牆，以求世界之平分的均勢。且冀在牆外能得一列國緩衝地帶，以完成俄國百餘年來「衞生帶」的傳統外交政策。戰後三年來一切國際問題，實在大半就以這個長牆問題爲核心。

中國坐落在這長牆上，構成長牆問題的一部分。中國是個弱國，但國際局面的推衍使我們立在一特殊地位。假設自戰後中國無內戰，則我們自然應該在美蘇兩大之間取中立態度，以獲取舉足輕重的地位。但我們不幸未能達成此點。從理論上說，最理想的是內政的分野不影響對外的國策，如美國之兩黨外交，或外交政策之轉移不影響內政的政策，如近兩年的英國。但如外交爲內政局勢所左右，或以解決內部問題爲目的，則此種外交便無法健全而求得主動。

中國外交既不能求得主動，故一切得看美國對華政策。近兩年來，美國對華顯然冷淡。冷淡原因有三。一、美國外交自爲其己身利益着想。如戰後中國能有和平統一，中國市場可以開闢，則美國當有興趣協助中國，達成其經濟的與政治的目的。今既不能，則冷淡自所必然。二、美國對世界，近年大致是一種軍略外交。美國以爲第三次大戰一爆發，則只能佔有歐亞大陸的極邊緣以進行其原子戰爭。大戰重心，顯然在歐洲，亞洲方面恐爲一次要之地域。因此，美國對中國內部的問題並不見得有極大的興趣。三、近年中國內部諸般情形，很多使美國寒心之處，已無可諱言，遂使美國不熱心再在此投政治資本。因以上種種原因，美國對中國之冷淡直至今日。

最近月餘，中國因局勢之變遷而呼籲加強美援。對美援前途，不願預作揣測。若衡諸美國各種情形，其世界全盤外交政策，及杜魯門當選後美國可能之外交動向，恐怕美國目前不大會十分滿足中國政府的希望。在此有一兩點我們似乎可以注意。自杜魯門當選後，美國不是不可能一面加緊與西歐列國合作，一面却與蘇聯尋求一個「平衡點」以鬆弛國際緊張局面，躲避戰爭，如果美國如此打算，則其東亞政策怕不會有很大的改變。再者，中美關係既全爲美國主動，則中國內部局面之變遷是否可以影響美國對華政策，全得美國當局作主。而美國當局是否轉變政策，怕不是中美一時輿論所可全部轉移。最後，美援的可能方式大約是經濟的而非軍事的。希望美國在華參戰恐非可能之事。提到經濟的援華，美國一向主張中國能自救時得先自救，故欲求美國作進一步的經濟援華，第一步必需的步驟怕是政府應沒收全部豪門在美的產業移爲國用。此步不行，欲求大量美援怕不容易，且是件不大說得過去的事。

王鐵崖：

從戰爭結束到現在，美國對華政策的型態，本人上面已經提到，其技術主要的有三：調停、等着瞧、和局部援助。因此，也可以分爲三個階段：第一階段開始自一九四五年十二月十五日杜魯門的聲明和馬歇爾的派遣，第二階段開始自馬歇爾調停失敗以及一九四六年十二月十八日杜魯門的第二次聲明，第三階段開始自一九四七年，主要的表現是杜魯門聲明中國政府不應該包括中共在內以及國會通過四億援華，其中包括軍事的援華。

主　人：

現在我們請翁獨健先生發表意見，如何？

翁獨健：

老實說，從國家人民的立場來看，最近兩年來的中美外交關係，實在是一段醜態畢露的歷史。我們所看到聽到的只有整天奴顏婢膝求乞「美援」，那里有什麼外交可言。但是在當前中國局勢急劇變化之下，美國政府可能採取的政策，倒有一談的價值。美國現政府對於中國可能走的似乎只有三條路。一條是繼續政協調處失敗以後，兩年來既不避免干涉又不積極援助的觀望待機政策。這條路由於美國方面對於中國現政府軍事力量估計的錯誤，已經無法繼續了。要繼續就等於全盤失敗，退出中國。這種下場，美國恐怕尙不甘心。另一條是馬上積極大量援助，甚而直接參加軍事行動。這條路，姑且不說是否應該，姑且不管中國人民的反應如何，現在也已經來不及走了。現在再走這一條路已經不能扭轉目前的局勢；並且走這條路所可能引起的嚴重後果，美國在現階段的世界關係上大概還沒有斷然不顧一切的決心。況且美國在希臘的經驗，也使它不能不愼重考慮。還有一條路便是面對目前正在演成的新局面，趕緊採取新策略，放棄原來以現政府爲中心的原則，使美國在未來的新局面中尙能保持相當的地位與影響。近來許多跡象，如對中國中央政府當局的種種暗示，對地方實力派的暗中策劃援助，對瀋陽美國領事館的不肯撤退等，都使人相信美國正在考慮改換路線。至於這條路是否可以如意走通，那是另一個問題了。

主　人：

吳允曾先生爲本刊寫過好幾篇文章，都是關於國際關係方面的。承吳先生參加我們這個座談會，我現在請吳先生發表他的卓見。

吳允曾：

我只能拉雜的談一些我對於中美關係的觀感：去年春天我曾在大西洋月刊上看到過一篇文章，在那篇文章裏，作者認爲美國將扣留五億貸款以作爲對國民政府的壓力，同時留軍事顧問團和青島海軍在中國，作爲對中共的壓力。然後在適當時機再完成馬歇爾所未完成的使命。由過去一年多的情形來看，這項推測是完全正確的。此外裴裴教授近來在"Annals of the American Academy of Political Science"的七月號上，曾經寫了一篇講中國的文章。其中有一段很值得注意。他說：「在調停失敗以後，美國政府和政府以外的中國專家們，沒有一個預測到中國政府在軍事上會陷於如此不利狀況的」，從這幾句話裏，可以知道目前中國的情形有一部分是出乎美國專家們的意料之外的。現在顯然到了他們需要作新估計的時候了。

主　人：

劉毓棠先生於此殆亦有意見？

劉毓棠：

方才翁先生說：「瀋陽美國領事不隨國軍撤退可能爲轉圜留一個餘地。」對於這句話，從幾位對中國情形有研究的美國軍官的談話裏可以得到證明。最近他們曾對我表示，對於最近共軍的勝利並不驚奇。而且，他們覺得卽使中國全爲中共控制亦不致於和蘇聯的共產主義一樣，又不可能完全變成蘇聯的附庸。在他們的了解中小國如南斯拉夫尙且能够擺脫蘇聯的羈絆，地大人衆之中國豈不更屬可能？況且中共領袖中亦有不少是國家本位者。這樣說來，美國對於中共的勝利並不過於恐懼的。

三　杜魯門當選前後之中美關係

主　人：

現在談討第三個題目，還是先請王先生發表意見！

王鐵崖：

剛才翁先生所說的種種，個人大體上可以同意，我們都知道，美國政府在重新考慮對華政策，其原因是第一，杜魯門之意外的選舉勝利，第二，中國局面之突然的急轉直下。

我們看到目前種種的跡象，美國方面似乎尙未有完全具體的決定，換言之，還未到使型態發生變化的階段，這可以說是猶豫的階段。在這猶豫的階段，並非無所作爲，而是適應於原有的型態的種種可能的方法都做，希望在這裏能够找出一個出路，而不變更原有的型態，非至迫不得已，尙無完全改變的勇氣。

數年以來美國方面所援助的中國政府，只要未到完全垮台的地步，仍然是合法的政府，全面援助，全面支持固然不易做到，但是關鍵還是要延續的，原有的有限性的援助也不是完全斷絕的。此其一。所援助的政府已在動搖之中，不得已求其次，對於對方面並無繼續採取決絕態度的必要。正式的或且近乎正式的關係固然尚非其時，但是，試探式的做法則不妨開始進行，希望不久將來產生一個混合性的政府。此其二。所援助的政府已在動搖，混合性政府又不易產生，再不得已求其次，則在政府與反政府之外到處找援助的對象，造成混亂的局面，又在混亂的局面之下保持局部的勢力，發揮局部的作用。

這些做法都是不變原有的型態的。不過，我個人感覺到，在目前的中美關係之中，美國的外交政策已經逐漸消失了其主動的以及決定的作用，政策的考慮必須適應中國局面的演變，而此局面的演變在於中國自己，而非其他國家所能左右的。當然，美國政府如果十分頑固，不僅要維持原有的型態，甚至加強種種的做法。這樣，其結果恐將十分惡劣的，就美國而言，既破壞其政策的傳統，也損害其長久的基本的利益。

劉毓棠：

我認爲目前美國對華政策並不完全在 Wait and See。剛才我已經說過，美國以戰略關係，並不太重視中國，則其對華政策自亦不可能如歐洲之被重視。此已成爲其對華政策的既定原則，況且，美國對中國情形的了解已相當深澈，故亦無需有較大之Wait and See之範圍，美國有一個外交設計委員會，其中有兩個設計中國部份的人，他們對中國政府並無好感，所定之對華政策是不會十分積極的。

主　人：

最後我們要請葉先生發表一些意見。

葉景莘：

一個強國在國際關係上運用的力量不外於軍事的與經濟的兩種。美國之強以經濟的力量爲主，如果美國不能用軍事的力量來解決一個國際問題，亦可用經濟的力量來應付或牽掣。這是美國傳統的對華政策。日俄戰爭後有Harriman哈里門的收買滿洲鐵道計劃，華府會議時代有新銀行團的組織。二十六年日本大舉侵入中國，而美國的Morgan銀團亦曾於那年冬季與日本的久原財閥祕密訂立大借款合同，以久原的全部產業爲抵押，那時久原已從日本軍閥獲得經營僞滿洲國全部重工業的權利。我有一個朋友與久原的代表極熟，從他探得了這個祕密消息即由我請當時在平的美國西北大學政治學教授兼芝加哥日報訪員Montgomery Mcgoven拍電美國去揭發。如果那個合同實行，恐怕日美即不開戰爭而美國未必有軍事援華了。羅斯福總統在雅爾達同意蘇聯恢復其已由列寧歸還中國的東北權利的時候，亦在商議蘇聯所希望的二十億美元借款。劉毓棠先生所說魏德邁主張的東北國際化，恐怕亦是在經濟方面。現在美國對於中國的變局如果認爲非軍事援助所能解決，或仍將用其經濟的力量來應付。中國處於美蘇兩大之間，必須保持獨立自由的地位，不落在「鐵幕」或「防疫地帶」裏，且更應進而爲美蘇間的一個橋樑。這個理想似乎說起來好聽，做起來很難，但亦未必沒有實行的途徑可尋。現在全世界的趨向社會主義是毫無疑問的。美國的資本集中亦正是走向社會主義之路，祇要美國政府於必要時不得不逐步提高工人的待遇與權利，幷且限制股東的利潤，而生產品的分配，那就可成爲美國式的不流血的社會革命。至於中國人民的呼聲是經濟平等政治民主無論由誰來主政，亦必須實行社會主義，但以中國經濟的落後，加以對日抗戰與長期內戰的大破壞，必須大規模的恢復交通，修治河道，建設工業，改良農業，即必須利用外資。現在祇有美國能供給大量外資。蘇聯尙未能充分供給自己的需要，所以對於東歐未能實行其供給機械產品的協定。外資投入是否成爲經濟侵略全在我們的如何利用，蘇聯的大建設亦曾利用美資。如果我們能以美資的援助實行社會主義下的建設，那就可成爲美蘇間的一個橋樑，因爲社會主義的中國必與共產主義的蘇聯友好而美資的利用亦加密中美的友誼。

主　人：

謝謝諸位的寶貴意見。我相信我們這次座談是相當成功的。諸位的寶貴意見，我們要整理出來在本刊發表以饗本刊讀者。

專論

美蘇對外的經濟關係

吳景超

（一）

我們如想了解一個國家的對外經濟關係，首先必須了解這個國家的經濟組織，他的發展階段，以及其中心工作。除了這些經濟因素之外，也許還有別的因素，如政治因素，也可以影響一個國家的對外經濟關係，但經濟因素，可能是最基本的，因此也是最重要的。

美國自從第一次歐戰之後，便成爲一個債權國。他的生產事業，擴張到了一個程度，須要在國外得到投資的出路，以及製造品的市場，然後國內才可以達到充分就業的境地，一九二九年起所發生的不景氣，使工廠關門，工人失業，資本家喪失利潤，勞工得不到職業，無法維持原有的生活程度，因此美國無論那一個階級，對於商業蕭條，都懷了一種畏懼的心理，他們都從各方面打主意，想用各種方法，來達到全民就業，並且於達到以後，又要想用各種方法，來維持全民就業。全民就業是美國經濟組織所要達到的第一個目標。

這個目標，在平時求之不得的，而在戰時却無意完成了。戰時的經驗，證實了凱恩斯的理論，就是全社會的消費與投資的數量，假如能够維持到與全國收益相等的水準，失業便不會發生。對外經濟關係，特別是出口貿易與海外投資，爲美國大量的製造品與大量的儲蓄謀得一有利的出路，有助於全民就業，因此也就爲美國人民所熱心提倡的一種工作。

美國的出口貿易數量，在過去一二十年之內，有很大的變動。在一九二九年，美國出口的物資與勞務，共值七十億元，等於全國產值的百分之六點七。一九三七年，出口價值降至四十六億元，等於全國產值的百分之五點一。一九四四年，出口價值猛升至二百十四億元，等於全國產值百分之一〇點二。一九四七年，出口價值爲一百九十六億元，等於全國產值百分之八點五。

這些統計數字的意義，須要解釋。第一，美國的出口數量，雖然在全國產值中所佔的百分數并不高，雖然證明了美國的國內市場，其重要性超過國外市場十倍以上，但是國外貿易，對於全民就業的貢獻，却是很偉大的。美國有一位經濟學者，研究過一九四七年上半季美國的對外貿易，發現在那一個時期之內，美國出口總值爲七十八億元。因爲這一筆出口的生意，有二百四十萬人，直接的或間接的得到工作。二百四十萬人，等於美國非農業的就業人口的百分之五點六。假如美國的出口貿易完全停止，同時政府或企業家又找不到代替出口貿易的工作，那麼有百分之五點六的就業人口，馬上就要失業。這些失業的人，因爲沒有工作，也就喪失了購買力，別種生產事業必然要連帶的得到不利的影響而從事緊縮，結果失業問題必更趨嚴重，使失業的人數，不只限於原來的二百四十萬人。美國政府爲維持全民的就業計，必不願看到出口貿易的緊縮，必要設法來維持并擴充其數量。

其次，我們願意要說明的一點，就是美國這樣龐大的出口貿易，雖然與國內的繁榮息息相關，但是專靠國外市場上的有效需求，是無法維持的。現在的世界，是一個戰後的世界，是一個百孔千瘡的世界。各國的生產力，受了戰爭的打擊，大爲衰落，雖然大家都需要美國的物資，但是也都沒有力量購買美國的物資。在一九二九年，世界各國的經濟狀況，比現在好多了，那時全世界各國的胃口，也只能够消納七十億元的美國物資與勞務，在一九四七年，在生產力還未復原的戰後，世界各國，如何能消納一百九十六億元的美國物資與勞務呢？這個問題的提出，使我們不能在知道美國的出口價值之後便感到滿足，使我們要進一步的追問：世界各國，是用什麼方法來得到這些美國所輸出的物資與勞務？

事實告訴我們，在一九四七年，美國從海外輸入的物資與勞務，只值八十三億元，只等於出口價值百分之四二點五。所以美國假如只靠別國的實際購買力來維持美國的出口，那麼美國的出口價值，便要減少十億元以上。這一減少，國內就會發生失業問題。所以美國政府便採用各種人爲的方法，來支持出口的數量。這些人爲的方法，許多是衆所周知的，但我們也無妨在此舉出重要的幾項。戰時的租借法案，是擴充出口的主要辦法，我們可以擱下不談。戰爭完結之後，美國通過聯合國善後救濟總署的機構，指出美金二十七億元。一九四七年，在善後救濟總署結束之後，美國國會還通過了一個計劃，提出款項三億五千萬元，繼續救濟歐洲及中國幾個國家。在一九四六年，美國爲協助英國重建其經濟機構，曾借給他三十七億五千萬元。一九四七年的援外法案，以奧國、法國及意大利爲對象，撥款五億二千二百萬元，一九四八年三月，在這個法案之下，又追撥五千五百萬元。在一九四七年，除了上述的援外法案之外，還有援助希臘與土耳其的法案，撥款四億元，其中三億用於希臘，一億用於土耳其。一九四八年四月，美國國會通過和平以後最大的援外法案，總數達六十一億元，其中五十三億元援助西歐各國，六千萬元爲對於國際兒童救濟專款的捐助，二億七千五百萬元援助希臘與土耳其，四億六千三百萬元援助中國。這些貸款與援助外國的款項，如與上面所說的進出口數字聯合起來研究，他的意義就可更爲明顯。以一九四七年而論，美國在海外的投資以及貸款，達四十六億元，佔出口總值百分之二三點七；美國對於海外各國的捐助，達二十四億，佔出口總值百分之一二點五。這些投資，貸款以及援助的政治意義，我們姑且撇開不談，我們只看他的經濟意義，應當特別注意他與出口貿易的關係，以及因此而與全民就業所發生的關係。

美國這種半送半賣的出口貿易，從短期的觀點上看去，似乎有點失策，但從長期的觀點看出，也許是一種一本萬利的生意經。美國的商人，以及搞政治的人都知道，海外市場是要培植的。美國的貨品如想暢銷，必須別個國家的人民有購買力，而此種購買力，只有各國國內的生產事業發達以後，始可產生。美國的工會有一個刊物，最近曾有一篇文章指出很有趣味的一個事實，就是在一九三八年，加拿大的人民，每人購買美國貨品約四十元六角四分，款洲人（蘇聯不計）每人購買美國貨品三元一角一分，日本人每人購買美國貨品二元一角八分，而中國人每人只購美國貨品七分六厘。美國人民根據這一類的事實推論，以爲各國人民的購買力，假如發展到加拿大那樣高，美國的出口貿易，前途是極可樂觀的。因此，他們由自利的動機出發，也願意協助別個國家開發其經濟資源，提高人民的購買力。不過在這次大戰之後，原來的許多債權國，如英如法，現在都降爲債務國了。需要別人幫助的國家很多，而有資格幫助別人的國家很少，少至不需一個手的手指便可數完。美國便是有資格幫助別人的一個國家，可是他的幫助別人，既然最要緊的打算，是經濟的打算，那麼一個國家，假如國內不能維持秩序與和平，而想得到美國的大量援助，必然是會落空的。

（二）

蘇聯的經濟組織，既然根本與美國不同，而且在工業發展的階段上，也沒有達到美國那種飽和的程度，所以他的對外經濟關係，與美國不同的地方很多。英國的道布(M. Dobb)先生曾說過，蘇聯對於在海外投資，絲毫不感興趣，因爲他積累的資本，在國內用還不够，而且他的生產機構，并不以謀利爲目的，所以即使在海外投資，獲利比在國內投資還大，他也不會發生興趣。同樣的理由，可以說明他對於開拓國外市場，也不感到興趣，因爲他所生產的物資，主要是爲滿足國內政府及人民的需要，這些物資，在國內用還不够，假如不是因爲有進口的需要，蘇聯可以根本不必考慮出口。蘇聯國內的經濟問題，最重要的，是如何完成計劃的建設，他的眼光，是向內的，而不是向外的。

這不是說，蘇聯根本不要國外貿易，但是他從事國外貿易的動機，與美國根本不同。蘇聯雖然是一個大國，雖然是物產豐富，但不能完全自給自足。特別在開始實行五年計劃的時候，有好些生產器材，國內還無能力生產，不能不求助於國外。因爲各種關係，蘇聯得不到外資的協助，所以唯一的獲得國外物資的方法，便是以國內的物資，輸出交換。所以他的出口貿易，乃是完成進口貿易的手段。他的對外貿易計劃，是先看在經濟計劃中，對於國外物資需要的種類及數量。這些是先決的條件。他先看進口的價值，然後把出口物資的價值去湊合他。進口多一點，出口也跟着多一點。進口少一點，出口也跟着少一點。進口是主，出口是賓。進口是目標，出口是手段。這種聯繫的密切，在別國是少見的。

我們現在再舉一些統計，來說明上面的理論。第一，我們說蘇聯對於國際貿易的興趣，並不濃厚，此點可以第一次歐戰前俄國的國際貿易數量與革命後的國際貿易數量相比，便可看出。在一九一三年，俄國的進口貿易，佔全世界進口貿易百分之三點六，而在一九三七年，只佔百分之零點九。出口貿易，在一九一三年，佔全世界出口貿易百分之四點二，而在一九三七年，只佔百分之一點三。蘇聯在國內的生產力，雖然在戰後澎漲甚速，但是他在國際貿易中的地位却降低了，可見他忽視國際貿易的一斑。另外還有一種統計，說明蘇聯出口貿易佔國內生產量的百分數，也有下降的趨勢，可以與上面所舉的統計相印證。在一九一三年，俄國的出口價值，等於國內生產總值的百分之六，在一九三〇年，只佔百分之三點五，而到一九三六年，便只佔千分之八了。其次，我們審查蘇聯的國際貿易數字，便可證實我們上面所指出的一個原則，就是蘇聯的進口是目標，而出口是手段。在推行第一個五年計劃的時候，國內有許多東西還不能自已生產，那時蘇聯對於好些進口貨品的需要是迫切的。為必須完成進口的目標，所以雖然國內有荒災，雖然國內的消費品產量并不豐富，而在一九三〇年，蘇聯的進出口貿易，居然達到革命以後的最高峯，達到戰前百分之七十三的數量。進口的物資，有百分之八九點八，是生產器材，是完成五年計劃所必需的。在第二個五年計劃的時期內，蘇聯的生產力已有進展，假如他是一個資本主義式的國家，這個時期的國際貿易數量，應當超過前期，但是實際上蘇聯在一九三六年的進口價值，還不及第一個五年計劃時期的一半。原因是：在後一期，蘇聯對外的需要減少了，他減少了輸入，因而也就減少了輸出。

第二次歐洲大戰，把蘇聯辛苦經營的建設，毀壞了很多。第四個五年計劃，自一九四六年開始。一九四五年蘇聯的工業生產，等於一千二百一十億盧布（一九二六——二七價格），而在一九四〇年，工業生產，已達一千三百八十五億盧布。所以在第四個五年計劃時期內，蘇聯先要恢復過去的生產力，然後再進而擴展其生產力。在此復原與發展的過程中，蘇聯的處境，已非第一個五年計劃的時期所可比。在第一個五年計劃的時期內，出口貿易，是獲得國外物資的主要條件，而現在的情形則不盡然。第一，在借款方面，蘇聯雖然在戰時得到美國一百零八億美元的租借物資，但是在戰事結束之後，因為政治的衝突，使美援的來源斷絕。這一個重要的外資來源雖然無法利用了，但次要的來源，蘇聯還可以得到。在一九四六年十月，蘇聯與瑞典成立了一個借款協定，瑞典答應於五年之內，借給蘇聯十億瑞幣（約合美金二億七千八百五十萬元）的物資，蘇聯對此借款，分十五年償還，年息三厘，在前三年內，可以不必付息。第二，一九四五年七月的波茨坦協定，允許蘇聯可在他的德國佔領區內，拆遷工廠，以作賠償，在英美的德國佔領區內，可以拆遷工業設備百分之二十五，其中百分之十，可以無償拆遷，另有百分之十五，須以蘇聯佔領區內的食糧與原料交換。蘇聯在德國境內所得的生產設備，以及從中國東北所拆去的生產設備，到底共值若干，我們還沒有看到有系統的報告，不過這些設備，有助於蘇聯第四次五年計劃的完成，則是無可懷疑的。第二，蘇聯在過去納粹的衞星國中，曾索取相當數量的賠償，這也是蘇聯所需外匯的一個來源，不必以出口物資去換取的。在一九四五年，蘇聯與匈牙利的停戰協定中，規定匈牙利須在六年之內，付給蘇聯二億萬元的賠款，第一年便要付三千三百五十萬元，因為匈牙利在第一年便沒有能力付足賠款，所以付款的期限，便延長為八年。第二個國家要向蘇聯賠款的便是羅馬尼亞，他在六年之內，要付賠款三億元，此外因為戰時羅馬尼亞在蘇聯搶去物資，必須退還，在此項目之下，蘇聯於一九四六年，曾得一億七千五百萬元，大約羅馬尼亞還要付出二億元，此項帳目方可取消。第三個國家要向蘇聯賠款的為芬蘭，他在八年之內，要向蘇聯賠款三億元。第四個國家要向蘇聯賠款的是意大利，在和約中規定意大利要賠償蘇聯一億元，以意大利生產的物資付給，但蘇聯須供給若干原料，俾意大利可用以生產作為賠償的物資。蘇聯戰後的賠款所得，到目前為止（德日兩國的賠償還沒有算），已經超過十億元，這也是在第一次五年計劃時所得不到的。第四，蘇聯在匈牙利與羅馬尼亞兩個國家裏面，現在已代替戰前的納粹，取得重要的經濟權。一九四五年五月，蘇聯與羅馬尼亞的和約中，規定兩個國家合組七個股份公司，經營羅馬尼亞的石油、交通、航空、銀行、木材等事業。一九四五年八月，蘇聯與匈牙利的和約中，規定兩個國家合組十個股份公司，經營匈牙利的鋁石、鍊油、鐵路及航空等事業。合股公司的股份，每國一半，蘇聯的股份，即以戰前德國所有的資產充數。每個公司的董事會，以蘇聯及所在國的人民各半擔任，以所在國的代表充董事長，蘇聯的代表當副董事長。經理由蘇聯的代表充任，所在國的代表，則充副經理。蘇聯在這些合股公司中的營業所得，便可以在國外購蘇聯所必需的物資，這也是不必由蘇聯運出物資來換取的。

蘇聯目前的中心工作，如上所述，是在完成其第四次五年計劃。蘇聯今日的處境，因為是戰勝國的原故，他的外匯來源，已比二十年前大為充裕，因此他以出口為手段以獲得進口貨物的工作，也無以前的繁重。第四個五年計劃的完成，因此也較第一個五年計劃要見得容易。

十二月九日。

感情、利害、團體

胡慶鈞

人類社會建立在團體生活的基礎上，社會生活也就是團體生活。從家庭到民族，從村落組織到省縣地方團體，我們可以看見一個人分別參加在許多不同的團體裏，他的行為得受團體規律的約束。構成團體的動力有兩種：一是感情繫聯，一是利害關係。感情和利害交織於不同的團體生活中，其發展的次序也各不相同。從一個家庭團體來說：我們可以說是感情佔先的。異性之間的相愛，婚姻的結合，在現代崇尙戀愛自由的趨勢下，總可以說是從感情開始，或者以感情爲基礎的。然而既成爲家庭團體後，其中就不能不說存在有利害關係。蘇秦窮途潦倒回家的時候，「妻不以爲夫，嫂不以爲叔！」因爲窮而使夫妻反目的事很多。可是當蘇秦拜相之後，就變成「妻側目而視，側耳而聽，嫂蛇行而前！」了。可是若在我們通常所謂事業團體，基於興趣的結合，許多並不見得相識的個人在共同目的下連繫起來，除了其中少數的主持人先有人事因緣，這些集首一堂的陌生人可以說是先有利害關係。可是他們相處日久後，也自然發生一種人與人之間交往的感情。

感情和利害交識於團體生活中，這就是說一個團體的結合不只是單憑一方面的，單憑感情不能組織成團體，至少不能使團體垂諸久遠，原來感情的基礎是很脆弱的。可是在另一方面，單有利害關係也不能夠調協團體中間個人的行爲。如果在一個團體裏面，大家只以利害相見，大概不會相處得很調和。一個團體組織中的個人如果失去了感情的維繫，相互反目，這團體也必致趨於瓦解。

可是在一個團體裏面，感情和利害並不見得完全是對等的，有的團體感情的因素佔強，有的團體利害的因素佔強，我們似乎可以用這個重點的不同作爲城鄉的分劃。有人說：都市社區團體的結合是基於興趣，農村社區團體的結合是基於情誼。這就是說：前者的結合是基於利害，後者的結合是基於感情。對於這種說法，我承認是各有其主要的因素，而並非全然排斥了相對的一面。事實上誰也明白，都市人的結合不能說其中沒有感情，正如農民的結合不能說其中沒有利害關係一樣。造成這種偏重的分別我們大致可以說：都市團體的結合是許多陌生人的相集，其中免不了先談利害，而農村團體是熟人集會的場所，融融洩洩，其中自然少不了桑梓的情操。

從上面的分劃裏我們大概可以多少瞭解感情和利害的性質，我們這裏所謂感情是指一種內發的衝動，表現於外表的行爲，它的性質是心理的。人有七情六慾，也有許多表示感情的方法，感情的表達依靠一定的交通體系，這交通體系是依據一些象徵符號，好比語言、文字、姿勢等，作爲溝通的橋樑的。我們可以說語言和文字的基本作用是表達感情的工具。文字是語言的記錄，語言是一連串的有意義的聲音，從高級動物的嘶叫到嬰孩的哭喊，這聲調的顫動就描寫出感情的趨向。在人類高級的創作裏，文學是盛情的結晶，「至情乃有至文，」小說的成功就在能夠引起讀者的共鳴或者同感。從共鳴或者同感裏，我們可以瞭解感情的付予，是同樣可以獲得感情的回報的。這就是所謂感情繫聯，它是一根無形的帶子，可以連繫起無數顆同情的心！

利害關係在這裏是指經濟上的一定給與和取得，它的性質是社會的。利害關係的產生是基於人的自我意識，自我是人類的天性，但它的表現却產生在人與人的對待關係裏面，因此利害關係發生在人與人的交往上，這交往是基於共同的興趣的。興趣的所在就是只看到利害關係的一面。「利之所至，從之者如趨市！」日常生活裏我們可以看到利害的場合，這裏面就必然產生競爭。如果今天市場上某個商號裏有一個比較大的便宜可佔，卽刻這家商號就擠滿了搶購的人們，當平價米低於市價的時候，它永遠成爲芸芸衆生搶購的對象！

在個人的對待關係中，感情和利害是處於互相衝突的局面。從利害關係來說：我們可以說它是損人利己的自私行爲。人爲了要生存，是不可能不自私的，自私的結果是對於自已有利，往往就有損於他人。搶平價米的人捷足先登，沒有搶得的人只有望門興嘆，事實上搶得的人佔了便宜，沒有搶得的人只好轉買商米，就象受了損失。可是感情的繫聯不是這樣，感情的發展是忘我的，可以產生一種損已利人的行爲。一個人情之所鐘，可以赴湯蹈火，在所不辭！慈母之善保赤子，十月懷胎，兩年繦褓，哺乳的辛勤，提攜的周到，動輒廢寢忘餐，而無怨言，這種損已利人的行爲，完全是受着感情的支配。在情場裏，我們也常可以見到爲愛情而犧牲的故事。如果對偶雙方都可以爲對方犧牲，我們就可以看到他們的戀愛已經發展到最高潮。兒女的孝順父母，割股療親；臣民的報效國家，公忠體國，忠孝一類的字眼都是感情的至高表現。

在個人的對待關係裏面，利害關係雖然是損人利己的，可是一進入團體生活裏面，就必得要改變它的性質，否則團體就無法維持。在團體生活裏面，我們所謂利害關係不再是損人利已的，而是利人也利已的，這就是付與和受給（Give and Take）的原則。我得了人家多少東西，便得以相等的數量付與人家，近代西洋社會團體的權利與義務觀念就是從利害關係裏面產生出來的。權利是指個人在團體中應獲得的部分，義務是指個人應當爲團體捐獻自已能力的部分。權利與義務的關係是存在於團體內個人相互之間的，這是一個公平的原則。在西洋社會裏面，團體中的個人遵照這套原則行事，就養成了他們法治的精神。

在中國社會裏面，我們並不是沒有團體，可是我們團體的組成比較上不是從利害關係出發，而是從感情出發的。中國還是鄉土社會，這原是鄉土社會的特色。感情的繫聯進入到團體生活裏面，若使每個人都能表現出損已利人的行爲，這種感情自然是團體生活所最需要的。可是事實上，感情是從接觸裏面產生出來的，一個人接觸的範圍有限，勢必根據親疏遠近，使感情發生差序上的分別。這差序的分別就是我們傳統上所說的人倫。「釋名」於倫字下說：「倫也，水文相次有倫理也。」費孝通先生解釋說這是從自已推出去的和自已發生社會關係的那一羣人裏所發生的一輪輪波紋的差序。（鄉土中國二六頁），這社會關係我不妨把它解作在這裏所提出的感情繫聯。雖然感情與社會關係是兩回事，感情的濃淡並不一定與社會關係的遠近恰相配合，可是從差序裏面產生的感情必定有濃淡親疏的分別。因此我們有「親親之殺、尊賢之等。」因此我們有「爲親者諱。」從一個人自已推出去，漸次而及諸遠，感情的遠近決定了態度的親疏，這是中國社會的基本特質。因此在我們的團體裏面，事實上不可能談到一視同仁、而是在一個大團體裏面，衆多的個人各自根據自已的特殊關係發展成許多小團體、小組織。這小組織有的根源於裙帶關係，有的根源於同一出身，寅、親、戚誼，凡是可以拉上一層關係的，多少都染了一層感情的色彩。

人倫觀念顯然是從家庭裏面出來，父子一倫是居首的。在只包括親子兩代一類的基本家庭小團體裏面，它已經無可再分。可是從家庭往外推，到了家庭以外的團體組織裏面，由於差序的關係也就發生了感情上的親疏遠近。這可以稱之爲差次的感情。很明顯的，這種感情於家庭以外的團體生活是並不適合的。在中國人的傳統觀念裏，我們總喜歡講私情，忽公誼。「愛我之私，遂及我烏！」在私情的推展上、自家喂的狠狗沒有肉吃，就比門外一個窮人沒有飯吃重要。感情的性質雖然是損已利人的，但是由於接觸的限制，往外推的功夫做得不够，它所顧到的只是一個小圈子。進入到團體生活裏面，就難免發生偏愛的毛病。眞正西洋社會權利義務分得很明顯的團體不能產生，只落得一盤散沙的綽號。在我們的軍隊裏，軍官及其眷屬過着很享樂的生活，而士兵可以窮得沒有衣穿飯吃，這差別待遇也是源於中國傳統人倫關係往外推的差序，是不能爲西洋帶兵官所瞭解的。西洋人所重視的權利義務關係、每個士兵都有他自己的一份，紀律排斥了私情，任何軍官都不能利用職務上的關係，肥他自己的親黨及其同僚，而忽視全體士兵的福利。一親同仁的態度就是對於團體的感情，這種感情也可以說是齊一的感情。我以爲權利義務的劃分淸楚，並不是其中沒有感情，而是不講差次的感情，或者不講私情，公爾忘私是需要極大的感情的。這就是我在本文開頭所提到的感情與利害的交識。權利義務關係已經不單是講利害的。而是一種公平對待的感情。前幾年我們聽到有關於中國派往印緬遠征軍的一個故事，史迪威有次發了一批錶給遠征軍的長官，叫他分給全軍作戰有功的官兵。後來史氏召集遠征軍訓話，當他問到一個有功的士兵是否有錶時，這位士兵瞠目莫知所對，原來他根本就沒有見到這玩意兒。於是史氏質問帶兵的中國官長，這位官長也嘿然無詞，因爲他已經把錶分給連長以上的官佐了。這一次遠征軍在東北的慘敗，據說就是因爲帶兵的官長發了橫財不顧打仗的緣故。我們只要對於這種橫財稍加分析，就可以發現中飽的數字是根據軍官職務的高低發生差等的。在一個師裏面，普通是師長最有錢，其次是旅長、再次是團長、營長、依次類推，愈推愈遠，排列在差序裏面的人物，就可獲得自己所應得到的一份。

近代中國民主運動的失敗我以爲就發生在中國傳統社會關係的特質上。在我們當朝的國民黨裏，派系的林立是衆所共見的事實，派系之間的糾紛往往摧毀了黨內團結的力量。以一個人爲首，多少人根據不同的差次的感情的繫聯，環集在他的周圍。他們又各自發展自己推出去的小團體。他們只知維護自己的既得利益，其結果就必致忽視全體黨員尤其全國人民的利益。在今天的局面下，我們可以嘗到從這種關係裏面所產生出來的惡果。

差次的感情或者私情在家庭一類的小團體裏面還不致發生困難，進入擴大的團體裏面就難得維持。我所謂擴大的團體是指家庭以外的組織。在這裏面如果談私情，只有使團體發生分化，很難得使團體之內的個人彼此推誠相與，甚至毀損了團體精神，使團體名存實亡。只有齊一的感情才能進入擴大的團體裏面，這就是對於團體的感情，也就是我在本文開頭所提到的，它是構成團體的動力。它與利害關係交識於團體生活中，消弭了基於利害關係所引起的衝突，維繫了團體之內個人的親密和力量，大家尊重團體，熱愛團體，因此也可以爲團體忍耐犧牲。這也可以說是一種團體精神。近代西洋社會團體的發達，權利義務的劃分、秩序的井然，就因爲他們具備有這種團體精神。可是在中國傳統社會裏面，我們只知道有家族，講人倫，重差序，其結果就缺乏這團體精神。這種精神的缺乏我以爲是因爲中國社會團體的組成是由感情到利害的，根據人倫差序產生的感情，本有了濃淡輕重之別，這分別表現在行爲上面，推出來的利害關係就不是權利義務的劃分，而是軒輊或者差別的待遇。如果這種差序關係不能維持，或者個人不願意接受差等的支配，很容易弄成爭權奪利的衝突。另一方面，近代西洋社會團體的組成是從利害推到感情的，他們先考慮了利害關係，於是產生了權利義務的平衡，這平衡不是大家爭權奪利，而是一套已經安排好的秩序與規則，在這規律下彼此舒然，洋溢了安然相處的感情。從這裏我們可以瞭解：構成團體的兩項動力，感情和利害並不是互相衝突，而是他們如何能够配合的問題。

通訊

四方風雨會古城（北平通訊）

本刊特約記者

塞上風雲

本刊二卷四期中，筆者在「華北局勢的現階段」一文裏，曾經這樣的指出過：爲了政略上和戰略的需要，傅作義將軍今後所走的路線，應該是：確保冀東，兼顧察綏。果然，傅部在撤離了承德，保定等幾個重要據點之後，就把重兵移向了冀東，並且一度主動的在平津路上的寶坻，三河，香河等地「掃蕩」過。復就林彪初步入關的地域看，眞使人感到：冀東戰場已是密雲欲雨。但戰爭這個東西，却貴在『攻其不備，出其不意。』你以爲要打的地方，他却可能暫時平靜下來，你以爲暫時不致成問題的地方，他却打了起來，於是主戰場之外有支戰場，支戰場之外有分戰場，這種打法，在「攻擊」時的意義，用一般的術語來說，是「牽制性」的，在取守勢的意義時，則是「圍魏救趙」。最近華北的軍事情勢，沒有如一般人的預料先在冀東火併時，却已在沉寂已久的張家口附近發生了戰事。這個戰事，無論打得怎樣劇烈，在全盤上說，它只能算得一個「牽制性」的支戰場。

共軍是在十二月初對這一個地方開始進攻的。在塞上風雲初起的時候，馬家兵還督傅部收復了包頭。接着在張垣附近的沙嶺子地區展開了戰鬥，就在這個地區收復的同時，平綏路上的兩個重大靠近張垣的據點，宣化和下花園又宣告主動撤守。

按情理說，察綏是傅部的老家，儘管剿總的眷屬已經從張垣撤向天津，但察綏的子弟兵，是不能忘懷於自己的父老的，所以，原本陳兵冀東的傅部，也曾回兵西向。但目前這個通車已久的平綏路一旦切斷之後，張垣就已經成了孤立的據點。據這幾天的情報來看，傅部再想班師回援，是不免有許多困難的。因爲，從宣化，下花園向東數的險要地區，應該就是「北門鎖鑰」的居庸關了，而這個地區，自從經過以前一次所謂「關溝大捷」以後，共軍並未遠逸。而且，最近林彪第八縱隊的番號已出現於察東延慶東部，第九縱隊已開抵冀察交界九渡河勃海所一帶，而關溝以北尚有詹大南的三個師和一個騎兵旅，關溝以南則有聶榮臻之第三，第四等縱隊，因此，共軍如果打算援師張垣，則必須要先在這個「關溝」地區再度展開一次大戰。很顯然的，如果傅部全力回此，則冀東必逞虛隙，此亦恐非傅宜生將軍之所願吧？

四方風雨會故都

就在這個塞上風雲的支戰場上，還有着南北兩個分戰場。以北平為中心點，向南去的平漢鐵路，自保定撤守以後，目前已一直退到琉璃河的附近，對方擔任這條線上的攻擊的，仍然是聶榮臻部，目前這方面戰事，距離北平已只有一百二十華里之遙了！據說，一過門頭溝和玉泉山，就已是八路的天下了，在山這邊的新市區，原是華北剿總的辦公地，這兩天剿總的眷屬們也正集中到北平城裏來了！這可以看得出此一「分戰場」的威脅，也并不算小。

再看平北的戰事，自承德失守以後，平古路就一直是熱河共軍進關攻擊的重要路線之一，古北口失守以後，傅部和石覺的部隊，原本置在懷柔、密雲、通縣一帶。但却想不到懷柔，密雲兩地，一經共軍攻擊，便於同日主動撤守，這眞使人有點摸不着傅部的打算究竟何在，據剿總的公報說，此一路曾在牛欄山附近激戰過，但至記者執筆時，戰爭已移到順義附近，順義毗鄰通州，與北平也不過相距六十餘華里，軍事上的演變眞是無法可以逆料的事，到本文問世時，誰知道又變化這了一個怎樣的地步？

目前比較沉寂的，還是在冀東地區，但據軍事方面權威人士的推測，將來較大的戰鬥，恐怕還是在這個地域裏。因為從戰略與地理的形勢來看，林彪入關也還是以這裏為最便利。事實上東北共軍入關的重點也是在這一線的，一向穩紮穩打的林彪據說已在冀東太平寨設立聯勤總部，榛子鎭，薊縣一帶分設了三處補給區，並且加緊的在搶修公路，電線，橋樑等工事，據一般的估計，遼西的共軍主力將可沿北寧路南下，經九門口至撫寧附近，然後向西經過遷安一帶再向上述棒子鎭豐潤地區集結，再一路由熱河方面過來的共軍可能分兩路經喜峯口，分向玉田，薊縣，三河等地集結，這樣將又威脅了平津路的交通，一方面使北平孤立，另一方面可以夾攻唐，津。看樣子，次一行動，也許就是華北的決定之戰，將會在這個地域發生的。

記者走筆至此，報載平南已撤退至良鄉。平北已撤退至通縣，東西也只剩下一條鐵路線，而且隨時還有被切斷之虞，從內戰開始到現在，古城入於眞正「孤立」的狀態，現在可以說是達到了頂點！四方風雨會古城，傅作義的對手，除聶榮臻之外，還加上了東北的林彪，察綏的姚喆，康健民，賀龍諸部；看情形，如果各路共軍一齊出動時，傅作義的表演，就不免要吃力了，因為事情很簡單，『人是難得創造奇蹟的！』

人心與謠言

每當戰局正緊的時候，也就是謠言傳遍的時候。雖然住在古城的「老北平」們是一向鎭靜，然而這兩天來的炮聲也將他們震驚了，十二月七號晚上的南苑大爆炸案，雖然官方宣稱損失輕微，但就居民們的經歷來說，却是相當可怖的。而恰巧昨天的西交民巷，由於平漢鐵路局鍋爐的爆炸，又多少引起了一些居民們的恐慌。人們每當看到風馳電掣的消防車時，就不免感到一陣驚悸。儘管當局一再宣稱近郊將有「試炮」聲，但人心却總不免那樣的敏感。就在這個混狀態之下，物價便成了脫韁的野馬而瘋狂上昇。不到半個月的功夫，麵粉已由八十元一袋而漲至三百。擠兌在中央銀行門前的顧客雖然是那麼踴躍，但銀元的黑市，却仍一度冲出過七十大關。於是發「官價」財的人們，也就決不止於「黃牛黨」了！幾天來，西交民巷門前擁擠的混亂狀態，眞也和戰局成了對照，看過那種場面的人，怎麼能完全鎭靜得下來呢？

前兩天，在天津更流傳着一個離奇的謠言，那謠言是由於司徒大使的私人顧問傅涇波之北來而引起的，據傳說他此次北來，僅是為了處理私務。但天津的人們，却在傳說美國仍沒有放棄使中國走「聯合政府」的企圖，並且已講好某公下野出國，由某公做名義上的總統，一切實權都交由某黨來領導，不過，准許反對黨的存在而已。甚至於在傳說中連平、津兩市的市長都已定好了新任的人選。眞是亂世多謠言，人們都在莫可奈何中交換一些無稽的消息，這也許是人們需要「刺激」之所致吧？

宋子文與華南基地（廣州通訊）

本刊特約記者

一　華南基地

宋子文在十二月二十九日上午從香港飛回來，下午就歡迎到從廈門飛來的蒲立特暢談一切。記者們問蒲特使來廣州的任務。只聽到這樣幽默地答覆道：

「我是宋子文先生的客人，一切要請主人來答覆」。

這位貴賓也跟着飛到香港，又折返上海，也許在悄然中再作一次華北的旅行。假如說他此行是為了華南的基地，那麼十一日可抵華的霍夫曼署長，却要到漢城一行，那又是為了南韓的供應。韓國的分裂結果，亦恰如中國的近情，轉進的結果，只有鞏固了這兩個基地，才能談到「苦撐待變」，等候援手。

宋文字在廣東負起了建立撤退基地的最沉重的任務，不只牧民，而且監軍。其能獨立地發號施令的權力，却早已超過了華北。為了購入一批直升飛機，已破壞了航空的一元化，從海州時代的稅警團起，他便有了並列的美式武裝，到了限價開始以前，又曾以黑市價格，套購了大量的港幣，雖然後來聲明是為粵省食糧，但却成為對於限價政策的第一個破壞者。

假如華南如外間所傳，重演民國十三年時的北伐基地和國府南遷是事實，那麼為了接受更多的外援，必須要有一個新式的吞吐港口，孫中山先生所提出的南方大港一擱二十多年，到了去年十月，宋子文出任粵省主席，方才舊事重提，積極興建黃埔大港，列為華南最主要的美援單位之一，美國方面也曾寄以相當的希望。

抗戰前的建港工作早已荒廢，而希望中的美援又復姍姍來遲。黃埔港興業股份有限公司李頌陶負責了二年工程，也只能有一分錢作一分錢的事，現在正以商業的手法，在今年年底完成一些起碼的港口設備。據李氏說：

「黃浦港水的深度，靠碼頭處最淺的是二十四呎，高潮時可以再增八呎，足供萬噸以上的巨輪停泊，但港內外還有若干地方必須加以疏濬，廣九路的黃浦支線，一直伸入了碼頭，同時還在接連着一條新的公路，用來吐呑到港的貨物。」

目前黃浦港的範圍是用一堵二千五百呎長度的圍牆包圍起來。這堵長牆已完成了百分之九十以上。兩座八百噸的倉庫已經落成了，一座五千噸容量的倉庫已完成了十分之九，是鉛片蓋成的。另一所一萬五千噸的兩層倉庫，也正在建築中，圍牆的西面有一所雙層洋房，那是辦公處，海關和檢疫所。正北角上則是發電所，電機已從上海運到，只要房屋竣工，就可以裝入，來年春天可以供電。

廣州如要完成還都的規模，電力也是不夠應用的。這裏的新電廠，五萬四千瓩的機器因缺好煤，只能發出二萬五千瓩的電力，新訂了一個一萬五千瓩的新電機，則更需要新的煤源。廣州電廠目前在靠台灣的煤炭，但台灣不僅揮發力量只到百分之四十，而且在開灤煤不能外運時要補給上海，不能經常供應。所以湘南粵北的煤田未能大量開發之前，燃料無法自給。據說粵漢路的狗牙洞支線三十公里，最近可以完工，那時大量的燃料才能供電力的應用，才能更進一步地談到工業的建設與資源的開發。

中國眞是一個半殖民地的國家，若按資源及工業設備說，華南决無法追蹤華北。雖有海南島的鐵礦却無法自力冶鍊，只好靠賣給日本八幡廠來維持。沒有良好的煙煤，沒有豐饒的農產物資，甚至於找一個像癱瘓中的塘沽新港一樣的港口，也並不可多得，於是只有以乞憐之手，希望作「港幣集團」的尾閭，而更遠的夢境，則是與「美金集團」聯繫，希望早得一杯殘羹剩飯，來延繼T•V•及其家族的利益權力。

二　與民爭利

監察院認爲宋子文是豪門，並不是自最近開始，監委毛以亨早就說過，廣東一向都被稱爲豪門的大本營。但宋氏却這樣解釋道：

「我到廣東迄今，就不知道誰是豪門資本，請勿輕信別人的宣傳，而中了共匪宣傳的毒計。」

這是南方第一大埠，冒險家的樂園，物價波動不已，被稱爲游資的避風港。有的人哭，也有人笑，在廣九路上同時並見。當限價開始的時候，港幣的折合是按上海黑市來定的，比廣州要貴一半，所以華南人吃了大虧，而知道消息較早者也便發了大財。但不幸却發現了宋子文就是其中最大的一個，輾轉拖了三個月之久的責任問題，才正式揭開。

監察院在十一月中對宋子文正式提出糾舉道：

「查廣東省主席宋子文於奉召出席財經改革祕密會議之後，指使廣東省行，在八月十六日至十九日，以黑市價格套購大量港幣，刺激人心，影響市面，該主席招待記者談話，自認爲儲備糧食，向中央銀行洽借，糧貸五萬億元，並得糧政部的允許，在我國向暹邏購米的十萬噸配額內，分給該省二萬噸，因於四天內購進港幣五十九萬二千三百三十五元，折合國幣七千一百億，備付還米價款。

「查廣東省銀行隸屬於該省府，依據中央頒行的省銀行條例，並無購買外匯之權，又據中央銀行管理外匯條例第一條規定，須經指定的銀行，方能代理中央銀行買賣外匯，內法第七條規定，指定銀行購買外匯，應照平準基金會所訂的外匯價格購入，又同法第九條規定，指定銀行每日買賣外匯結存餘額，應結售於外匯平準基金委會，經查該行既非中央銀行所指定的銀行，而竟擅自購買外匯，且所購港單價格，又係按照黑市計算，並未依平準基金會所定之外匯價格辦理，其每日買賣外匯結存手續，復未遵照法規執行，其爲違法擅權，至爲明顯。

「再據該廣東省行總經理杜梅和所稱，該行係奉准辦理僑匯銀行。經查該行此項先後以黑市價格套進港幣，顯係套購外匯行爲，與承作僑匯一層，未可朦混，且其辦理手續，核與財政部三十六年二月十三日訓令中央銀行規定粵閩兩省行海外機關業務之四項原則，亦屬違背。此次事先未奉指定，亦未據呈報財部有案……事後雖經行政院翁院長予以追認，但命令不能變更法律。至糧食部允其自籌外匯，動撥暹米二萬噸，然究如何籌購外匯，以非該部職掌範圍，無權核准，自不容有所假借，據以爲違法套購外匯的口實，不論其究否爲以公濟公，顯係乘機操縱，與民爭利，實屬有虧職守，應請嚴予懲處，以肅官方而昭大信……」

廣東向例是一個缺糧的省份，爲了購米套匯最易得到同情。打開廣東地圖一看，她的形狀恰像一條魚，最肥美的地方是肚皮，而地圖上的魚肚，正是珠江三角洲。這裏有近四萬市畝的沙田，年產一千四百萬市斤，廣州及中區一帶的糧食，都是靠她來供應，但這個區域，却「穀賤傷農」，比戰前貴了十三倍，而一般物價則平均貴了二十倍。利潤如果有，便歸於中間商人，而不屬於生產者。主持人寧願購入外米，也不願改善本區土地的生產關係。這眞是一個現實的悲劇。

由這一件「糾舉案」，看出現政治的全盤矛盾。表面的繁榮之下，埋藏着不知有多少的血淚。廣東本不是一個米倉，如今更多的飢餓來到了，一個生產者把百分之五十五付給租稅，又怎能引起了生產的興趣？

糾舉宋子文，是不會有結果的，但宋子文的內幕却又被掀開了一角。

三　一個副號

失意多年的宋子文，是在勝利的末期才重新執起相印來，今天正在實施的拋售黃金外匯政策來吸收游資，就是宋子文財政的老辦法，到了三十六年，他就垮在這個政策上，因爲他拋出了而收不回，折扣辦法更傷了人心。今天徐堪又繼續了宋子文的失敗政策，想用廉價從民間吸來的黃金五百萬兩，銀元一億元，按照規定價格存兌，可收回金圓券一百二十億元，（比預定的發行額還多了五倍）宋子文從限價開始，就因「切膚之病」而不贊成，對於自己失敗過的辦法，也更不必擁護，歷史是原可不必重演的，如今重演了，却使宋子文嘆聲「吾道不孤！」

好在這次限價政策中，他不僅沒有遵照命令兌換了他所有的金鈔，反而混水摸魚，增加了個人的不少新財富，這是監察院方面的正式糾舉，而非小民的臆測。天天喊着清算豪門，而豪門依然存在，反而更茁壯了。

宋子文不僅沒有虧了新本，而且老本也並未送掉，去年秋天，宋子文能夠登臺，是因爲在反豪門聲中，他捐獻出中國建設銀公司的股票，作爲黨營事業的基金，因而才被當局大加讚美，而出任了華南王國的魁首。到今天却由黨營事業單位傳出，所謂捐獻云云，實在等於沒有，不僅老百姓上當，政府中人亦未盡知眞像。

中國建設銀公司的所屬生產事業的單位，本是張靜江任全國經濟委員會時代在大江南北所創造，煤電工礦，大致不差，後來這些事業就過渡到宋孔等家手中。這次捐獻以後，當局派員前往接收，不料於查閱該公司資產清單後，發現其中虧累不堪，業已破產，如欲接收使用，必須先將負債清償，估計數字之大，並非當時國庫所能負擔。而該公司股份，名義上孔宋佔了大半，而細查孔宋之股，竟全係由政府惠鈔。因為在他們執掌政院大權時，都曾撥國庫鉅款，充實公司資本，一轉手間，已變為私人所有，這種偷天換日的手段，已屢見不鮮。而以這樣大的空頭來買賣，還是政治舞臺的創舉。

主持接收的人員，認為這種禮物有名無實，這一次的捐獻僅是他想卸掉個人對於公司的責任，又以無法代人受過，而手續也糾纏不清，接收問題乃不能不作展期之計，但為了捐獻大員的面子，內幕也就從未向外間公佈過。而在捐獻者方面，都樂得拖些時光，在這通貨惡性膨脹時期，任何正規事業都要玉石俱焚，也樂得在這些事業中，多拿幾文膨脹錢再為個人利益來營運一下。

豪門資本的成長就像滾雪球，越滾越大，越滾越圓，政治資本的冷熱又在適時地作觸媒，為能不壓榨與吞蝕了一切。勝利前後，宋子文一度組閣，戡亂期中，又到華南稱王，他究竟為了抗戰與戡亂，還是為了個人的既得利益的保障？却是一個謎。

宋子文的妹妹到美國去後，美國輿論公開說，廣東重演抗戰的基地已不可能，因為人民已消失了那種的感情，這無異是說，宋T.V.也失了寵，自然有些美國商人喜歡他，希望華南是一個免稅區，希望黃浦港是一個自由港，希望通到西南的內江可以有外國軍艦伴着商船橫行，用這些代價換來「美援姍姍來遲」。宋子文的努力的所得太小了。

中國人民在水深火熱中，拿香港比一比廣州，就知道，目前人民不如在殖民地上有公道，宋子文的三個女兒可以長住國外就學，連中國話都懶得說，宋子文夫婦身在中國，而都是全盤的美國享受，這時候，他是否想到中國的良善人民和廣東的民食？

宋子文以一個侵略的東印度開發公司總經理的姿態到了華南基地，但這裏是一片童荒，却等待工礦技師，却不要只會淘金的人。對於華南支持大局，這裏的人是要畫得副號的。

（十二月一日）

煙月茫茫話南朝

（南京通訊）

歐陽山

歷史果眞能重演嗎？

公元三八三年秋秦苻堅帶領着百萬雄師大舉南侵，貔貅森森在長江下游的淮淝之間，威逼晉室，謝玄謝石奉命禦敵，秦兵在此一戰落荒而逃，八公山上草木皆兵，這是中國史上有名的「淝水之戰」。不圖千二百年後的今天，國共兩軍陳兵江淮，自徐州會戰以後，劉伯誠裹脅南流進犯宿蚌，國軍外圍戰略要點，不能重重配置重兵，遂有宿縣之失守與津浦之中斷，這恰是在戰略上造成了極大的漏洞，雖說不能影響曠持日久的僵局戰事，但最近也給黏着戰術中顯示出一種能影響大局的險勢！

於是小諸葛麾下的華中野戰部隊不得不節節向前推進了，駐防蚌埠的劉汝明兵團開始北上，夏威、胡璉和李文田的兵團，也逐漸的調動，蕪湖戒嚴列陣淝水之濱，而一方却在大吹大擂的徐州大捷之後不過半月，便主動的棄守，邱清泉、李彌、孫元良的三大兵團，顧不得蹂躪和陳賡的拖腿，急於南下繞攻劉伯誠的背後，這是在說明了用主動攻擊來針對這一回漏了罅隙的塡補運動。

這時江南的佈置，也愈見緊張的氣息，湯恩伯將軍奉命警衛京滬全盤的軍事，匆促之間為了完成湯恩伯一手的佈置，衢州綏署的將軍們，也都北遷京滬，成為目今中國兩大政治經濟神經中樞的屏障，十二月初京滬的警成總司令和警備司令易主，使着接任就職不到半個月的首都衞戍總司令張鎭，由張耀明將軍接充了，而半年來風風雨雨的宣鐵吾到底失了這個寶座，代替他的却是湯恩伯的左右手前衢州綏署副主任陳大慶將軍。

還不止衢州綏署原班人馬的倥傯北上，且更有成羣鐵翼，和揚子江中旌旗啣接的艨艟戰艦，這些都是防衞江南最好的本錢，而共軍又是對此望洋興歎，自已覺着也有些先天不足，於是參謀本部正在等待着令人滿意的勝利消息到來，而鄧文儀於此乃又高呼：「這是第二個淝水之戰！」期待之殷響往之切早已呼之欲出了！

不過，共軍向南滲透鑽隙的戰法，在本來早已是他們舊遊之地的蘇北兩淮之間，國軍究竟能得到多大的效力呢？只限於共軍不過江，但那種震撼京滬咄咄逼人之勢，也足够使人們動搖的抬不起頭來——這是共軍脫離的戰鬥，從兩翼延展向南滲透的新收穫！

能和歷史上的「淝水之戰」巧合嗎？「第二個淝水之戰」我們會覩眼看得見嗎？這還需要事實來證明的。

戰慄・騷動・混亂

淝水之戰那段歷史告訴我們：玄石大勝之後，差人將此佳音告於其叔謝安，時安方與友奕棋，友問安有甚麼好消息，謝安笑着說：「沒甚麼，小孩子們已把秦兵打退了！」這套鎭靜的功夫在現在却沒人希望他實踐了，儘管宣稱為「第二淝水之戰，」但現在的人却沒有以前那麼鎭靜了！實在，在現代的人們看來，謝安未免太傻了，以六朝五侯之家，世代簪纓之貴，怎麼不收拾細軟逡空而去呢？

前方將士在喋血苦戰，後方却沒有一個效法謝安的了！從徐州戰事爆發，南京車站和下關碼頭的行李包裹便似山積一般，旅客萬頭攢動，陸、海、空呈空前的混亂姿態，訂票處滿是持有名片，便函，托條的長行列，江輪不敢駛近碼頭，火車更無法維持秩序，江裏的划子滿載着黑鴉鴉的渡江客，火車站上列車像長了刺的刺蝟，命不是他們自己的，淹死，擠死，摔死，踩死，每天的社會新聞是用這些個消息來塡滿的。行駛在市內的江南鐵路小火車，載着一車車的傢俱行李駛往下關，飛機更是無遍數的起落，招租出賣的紅帖已遍觸目，所謂「要人已乘飛機去，此地空餘要人樓！」啊！秦人眞要渡江而來嗎？不然這個都城怎麼這樣的戰慄呢？

半月前，便有一張「請勿公開」的油印通知，一一飛到了每個委員或代表或高官們的深宅裏，這是最先所謂祕密的疏散，由於他們的慌亂，跟着空前的囂擾便起來了，人心皇皇不可終日，戒嚴令下的首都，便在混亂，騷動的滋生裏，送走了人們顫動而戰慄的日子。終於喊出來遷都的動人口號，以下就是大批裁員，大批疏散連一接二的駭人聽聞之消息，「走嗎！」「幾時走？」在普遍的寒暄着，我們幾乎疑似這是落城前夜的姿態！難道這一條來自合衆社華盛頓的消息「中國首長現正考慮遷都廣州之議，以防防衞南京的國軍不幸而失利。」是眞的嗎？

沉悶了一週——甚至駐京領袖法大使梅里柯都要問一下這一個遷都的問題——董顯光博士才開始鄭重闢謠了。他說：「此項謠言毫無根據，政府始終未曾討論遷都問題，中央旣無遷都之考慮，中央各機關亦未作遷移之準備，政府正與一般公務人員各在其崗位，發揮其最大工作效率，以達成戡亂建國之任務…」但在闢謠之同時，他却公開的指示出如公務人員遣眷回鄉，政府考慮協助…」這是那張「請勿公開」的放大版，根據着這個公開的聲明，便規定了疏散的辦法，衞戍部和交通、教育兩部從五日便開始具體的活動，京中的中小學校都提前放假了，不必要的人員將作進一步的疏散，湯恩伯將軍說這是配合軍事的要求的，下關車站碼頭，眞可謂人山人海，這擁擠的場面，恰如敗潰紛亂混擾的羊羣，碼頭車站的大包小裹，堆積得丘陵一般，害得首都衞戍總司令部出了一張限制攜帶行李的人們出城通告，從這張通告裏，便可以想到碼頭和車站的情形是擁擠到如何的程度了。

淝水彼岸的秦軍，正準備着一把利匕，預備要刺這個混亂的都城之際，似乎此間並沒有一個像謝安似的那樣鎭靜的人了，是的，歷史從未有重演的奇蹟。

人們爭向黃金伸手

從經濟立場來看都門的激動：

金圓券第一天兌存的紀錄是：兌取金銀的有二百六十個人，兌出黃金是一六八•九八一兩，銀洋是五千枚，那天的暗行是黃金一九〇•五(出)一七〇•五(進)，銀洋二三圓(出)二一圓(進)美鈔是三二圓(出)三一圓(進)但是我們再看看半月後金圓券兌存的紀錄是：兌取的人冒晨星披寒月，拚命來搶奪一席今天可以能够兌換得到的位置，長有三里的兌換行列再加上瞎此行列而不敢參加的，每天何止萬人，兌出的黃金是七九三•〇〇〇兩，銀圓是九五〇六枚，（但這並不是無盡量的拋售，因爲時間場所手續都是不允許的，）暗行黃金是二七〇(出)二五〇(進)，銀洋是四〇圓(出)三八圓(進)美鈔是四八圓(出)四七圓(進)。

我們可以看出，半月間金銀的價格在猛漲，但同期的米在開始兌存硬幣的時候，上機熟是三四〇圓，中機熟是三二〇圓，可是半個月後的今天，却跌到上機熟二五〇圓，中級熟二三〇圓的地步，是的，大家都忙着要走了，爭向黃金白銀伸手，誰還需要那沉重的白米呢？喫的旣是一蹶不振，其他在市場上的百物，那更無庸提及，該是怎樣一個平疲軟瀉的局面，這比起議價後的商況，眞有如天壤之別，物價這匹馬兒，竟似一支測驗人世上的寒暖計，有誰會想到南京的房子會有人肯貼給米送傢俱的找人看着呢？又有誰會想到惜買又惜賣的商品，而今却打着買一送一，九折八扣的低聲下氣的去求顧主照應呢？

這是新的變態，在這個變態裏您會意味着甚麼呢？是不是「陳隋煙月恨茫茫」的「目斷魂消」呢？（十二、五）

書評

走向動態經濟學

Harrod, R. F., *Towards a Dynamic Economics*, London, Macmillan & Co., 1948. pp. x+170, 7/6

徐毓枬

據說有許多戲劇——尤其是獨幕劇，作者并不是爲上演而寫的，而是爲讀者仔細誦讀欣賞而寫的。評者在讀完哈羅得這本小書以後，不禁引起這種聯想，因爲雖然作者自己說，這是在一九四六秋季着手寫作，一九四七二月間在倫敦大學演講過的五篇演講詞，但是，假定每講估據一至二小時，除非是極專門的學者，或程度極好的研究生，大部份人是在聽的過程中，不會卽刻就欣賞這本小書之優美之處的。

這本書之所以難讀，是因爲它假定讀者所知甚多。在書藉方面，它假定讀者對於馬憂爾之經濟學原理，凱恩斯之就業通論，席克斯之價值與資本，工資論等有深刻了解（不僅是涉獵）。在概念方面，它又假定讀者對於奥國學派所謂利率高低與生產時期之長短之關係，有明白認識，又假定讀者對於所謂中立貨幣，中立發明(neutral invention)等概念，所知甚深。這些求之於一個普通的英美大學學生，已經很難，求之於中國的學生，當然更難。

評者說這些話，目的當然不是說這本書不好——這不成問題在一本好書，而在針對目下大學生之間很流行的一種毛病；選擇一本書之標準，是看這本書之書名是否動聽，出版日期是否近。在這兩方面，這本書是非常有吸引力的。書名是「走向動態經濟學」，誰不喜歡有眞正的動態經濟學」，出版期是一九四八，書藉不是汽車，一九四八年還不能出一九四九型。不過此種形式的「迎頭趕上」，是永遠趕不上的，至多是背些書名作家名，一知半解而已。

說到「動態」一詞，就可引入正文。哈羅得對於流行的「動態」「靜態」二詞之用法，深致不滿。一般學人傾向於把「靜態經濟學」之範圍，縮得愈來愈狹，條件則愈加愈嚴，弄得所謂靜態經濟學毫無實用；而流俗對於動態一詞，尤其濫用：凡事實之敘述，或經驗中體會得來的一些知識，或短時期現象，一概稱爲「動態的」。評者對於這種指摘，深表同意。評者還可以告訴作者，在中國，動態一詞，還有搪塞躲避之妙用。在辯論之中，一方如果已經詞盡理窮，而又不肯公開認輸，可以用「你的看法太靜態，動態現象不這末簡單」，輕描淡寫，全師而歸，還隱隱有自尊之感。至於到底動態複雜在什麼地方，複雜到什麼程度，當然不屑解釋了。

哈氏認爲目前需要正名。哈氏之分法如下：「在經濟靜態學之中，我們假定人口之才智多寡，土地之數量，嗜尙等爲已知不變，然後用這幾個因素，決定下列未知數：各種物品與勞役之每年產量，各種生產原素、物品、勞役之價格。反之，在經濟動態學之中，基本條件本身在改變，我們所要解答的未知數，不是每年之產量，而是每年產量之增減速率」(頁四)。不僅如此，哈氏還把靜態經濟學之範圍更擴充一步，凡一勞永逸(once-over)之改變，亦在經濟靜態學之範圍。

依此解釋，自然產生幾點結論：

(a)經濟靜態學將永遠是經濟學中之重要一部份，不僅有許多現象，可以直接用這部分經濟學來解釋，而且也是經濟動態學之必要基礎。

(b)普通所謂動態經濟學，實際上都是靜態的。馬夏爾雖然引入時間觀念，分價值爲四種範疇，但是他所討論的，祇是一勞永逸式改變之後果；同樣，席克斯價值與資本中所謂動態部分，亦祇討論一勞永逸式之改變。凱恩斯之就業通論稍爲有些動態，因爲在凱恩斯體系中，儲蓄往往是正數，不等於零。反之，經典學派之經濟學倒是靜動態參半，例如李嘉圖，當他討論當資本累積時，利潤、地租與工資在國民所得中之分配比例，有何規則可循時，他所討論的，完全是動態問題。

(c)一言以蔽之，現在還沒有動態經濟學。

對於這幾點意見，評者大致同意。不過這種劃分法，是否太嚴格了些？即使是一勞永逸式之改變，如果所研究的，并不是兩端均衡位置，而是如何從一個均衡位置，逐漸轉換到另一均衡位置，這種研究，是否應歸入動態範圍？換句話說，如果把動態經濟學解釋爲研究過程之經濟學(Process economics)，是否比較好些？哈氏如此說法，自然也有好處，第一，使得經濟學人不要沾沾自喜自滿，現在還沒有眞正的動態經濟學；第二，指出動態學應該走的一個方向，至少使後繼者有些依據。作者有幾句話，道出了經濟學之眞危機，當爲每個治經濟學者(尤其是鑽過牛角尖者)所欣賞：「我們必須從大處着眼，不論如何不完美。如果我們總在細枝末節中繞圈兒，或始終在牛角尖裏鑽，我們永遠不會進步。如果沒有什麼基本新概念之存在，祇是把舊的改來改去，精益求精，可謂毫無用處」(頁八〇——八一)。

× × × × × ×

哈氏認爲，在動態經濟體系中，我們須研究三個基本因素之相互關係，即(a)人力，或人口之數量，(b)每人之所得或產量，及(c)可用資本之數量。在這三者之中，(a)(b)兩項可作爲自變數，(c)項可作爲依變數。據此認識，哈氏提出下列問題；如果利率不變，而(a)(b)兩項改變，則(c)項宜作何種改變，纔與(a)(b)之改變相符？在此大問題之下，他分列兩個小問題，(一)如果人口以穩定的幾何級數增加，而技術知識不變，則資本宜作何種增加？換言之，人民宜儲蓄其所得之幾分之幾？答案是，人民儲蓄在所得中所佔之百分比，應爲

$$\frac{\Delta p}{p}\cdot\frac{K}{Y}$$

其中P代表人口，Δp代表人口增量，K代表資本數量，Y代表所得，$\frac{K}{Y}$哈氏稱之謂資本係數，如果人口增加速率爲百分之四，資本係數爲四，則新資本之增加量，應爲所得百分之一，餘類推。(二)如果人口靜止不變，而生產技術則以穩定速率，繼續前進，而且此種進步又屬於所謂中立型(所謂中立型者，即如果利率不變，則資本係數不變)，則新資本(即儲蓄)須增加若干？如果把新資本之數量，表示爲所得之百分比，則答案是

$$\frac{\Delta Y}{Y}\cdot\frac{K}{Y}$$

其中ΔY代表所得增量，其餘符號與以前之意義同，而$\frac{\Delta Y}{Y}$乃生產技術之進步速率。

如果人口既增加，生產技術亦進步(中立型)，則所需新資本在所得中所佔之比例，當然爲(一)(二)兩項之和。今

$$i=\frac{\Delta P}{P}\cdot\frac{K}{Y},$$

$$j=\frac{\Delta Y}{Y}\cdot\frac{K}{Y},$$

則新資本在所得中所佔之比例，乃等於

$$i+j+ij,$$

最後一項大概微小不足道，故可忽略。

× × × × × ×

以上論儲蓄之需求。論及儲蓄之供給時，哈氏首先發問，爲什麼儲蓄人可以要求，而且得到，利息作爲報酬？哈氏認爲：歷來所謂時間優先感 (time pre-ference)，沒有把時間優先感之兩個構成份子，分別清楚，其一是遠見不足或顧慮不足，這是沒有合理根據的，可稱爲純粹的時間優先感；其二是所得之效用，亦受遞減律之支配，根據這個理由而要求利息，是無可非議的。例如一人在今年之收入爲五百鎊，明年之收入亦爲五百鎊，又設彼在今明二年之需要相同。彼如果在今年儲蓄一百鎊，以之生息，明年得一百另三鎊，則彼今年之消費，將自五百鎊減爲四百鎊，明年之消費量，可以從五百增爲六百另三鎊，增加之效用，恐不敵以前喪失之效用。

這點小補充，評者覺得甚爲可取。難道利息現象之所以存在，除了人性之遠見不足這個缺點以外，沒有更合理的根據了嗎？哈氏之所得效用遞減說，爲利息現象提供了一個更合理的基礎。但當哈氏進而列出其儲蓄之供給函數(頁四二)時，我們覺得遺憾。作者沒有把這個函數之來源，說得更清楚一些。然而這點對於了解本書以下論證，似乎關係不大。

作者把儲蓄之來源，分爲三種：(甲)個人爲應付其一已生前之需要而儲蓄者，(乙)個人爲遺留於其後裔而儲蓄者，以及(丙)公司之儲蓄(corporate saving)然後再設想種種情形，觀察這(甲)(乙)(丙)三項之增減。

第一，如果人口數量不變，生產技術不變，則(甲)(丙)二項大概等於零，(乙)項大概是正數。因之利率必須降低，以吸納此儲蓄，但利率降低又轉而影響此三項儲蓄之源泉。據作者推算，(甲)項大致會減少，(乙)項作何反應，無從確知；(丙)項則大致增加。

第二，如果人口增加，而生產技術不變，則(甲)項大致增加，(丙)項爲正數，(乙)項亦爲正數，但是增是減，則在不可知之列。

第三，如果生產技術進步，每人之所得或產量增加，則（丙）項是正數，而且增加；（甲）項是正數，而且增加速率大於所得之增加速率；（乙）項之反應如何則不可知。

由上分析，有一點大致可以確言，即利率在動態情形之中，不能不變。如果人口數量靜止不變，或正在減退，則利率應該下降之理由更加強。

× × × × × ×

以上是動態經濟之構成分子。自此以後，作者從大處着眼，列出幾個等式，稱之爲動態經濟學之基本定理。等式共有三個，其一是就事後（ex post）數量列出的，其二是從私人企業中僱主立場列出的，其三是從動態社會中基本因素之改變方面列出的。等式先適用於一閉關體系，然後引入國際貿易，把此三個等式復雜化。又從這三個等式之相互關係中，指出商業循環之源起。這一部分對於理論經濟學家一定最有興趣，對於一般讀者則太嫌專門，故此處從略。

× × × × × ×

在實際政策方面，作者認爲有兩個問題須解決，第一，如何避免循環性的變動？第二，如何避免長期的失業趨勢(chronic unemployment)。關於前者，作者主張由國家（最好是國際合作）設立機構，辦理所謂緩衝存貨。(buffer stock）辦法之要旨如下：由國家選定幾種重要商品，然後對此商品，像金本位之下對黃金一樣，無限制賣買，但價格則可以調整，務期供需在長時期內自趨平衡。作者主張價格之變動幅度不宜太大，應限於每年漲落百分之三，但買價與賣價則出入相當大，以便抵補儲藏損失等。用凱恩斯的術語說：哈氏這個辦法，無非是在衰頹期增加投資，在繁榮期減少投資而已。

至於長期間的失業趨勢，作者之醫治之道，一方面是減低長期利率。利率之降，一面也許增加生產過程之迂迴程度，因而增加資本（即新儲蓄）之需求；一面也許減少儲蓄動機。但是作者認爲這兩種反應都不太可靠，而且減低利率也有時而盡，如果利率已降至零，而人民尙想儲蓄，那怎麼辦呢？

哈氏認爲我們沒有理由可以強迫人民不儲蓄。如果利率已降至零！而人民尙想儲蓄，則作者主張由政府無限制發行無息保值儲蓄券(savings certificates)，無息是不計利息，祇還本；保值是保障貨幣之商品價值，即利用緩衝存貨以保障幣值。這樣一來，長期政策和短期政策（即抵銷循環政策）便連在一處了。政策既有儲蓄券售款收入，便可減低租稅，使納稅人消費增加。再用凱恩斯術語來說，利率既降至零，則增加就業之道，祇有增加消費傾向了。

以下這一段，祇有在思想自由之國如英國者，纔有人敢大胆公開說出，如果國內有人作此主張，大概會被加上腐化，落伍，反動等一連串形容詞。哈羅得氏認爲：如果利息現象不再存在，而社會上尙允許私人企業，私有財產，則這種社會，將爲最合理想的社會。作者要我們不要忘了私有財產之好處：私有財產可以養成眞正的獨立精神，孟子所謂無恆產者無恆心，大概亦是這種意思；私有財產可以養廉，英國搞政治者最廉潔，因爲英國人不想靠政治機構來發財；私有財產可以鼓勵科學與藝術，尤其是藝術，教育基金獎學金等不能充分解決如何識拔天才這個問題，因爲如果天才之發展方向，與常情不符，往往不易爲常人賞識而得資助；私有財產又可養成眞正的優秀小國民，因爲一般說來，除了極小數例外，一個粗工之子不能即刻躍居社會負責地位，必須經過一二代，然後纔能產生心地正大、判斷正確的健全公民，可以負起社會上重要事務；而且，能够累積財富，亦不失爲能力之一種測驗。總之，據哈氏意思，我們應該以每個人都有可觀的私有財產爲作社會理想，爲達到經濟平等，我們最好把生活水準低者往上抬，而不要把生活水準高者往下拉。作者更主張，如果財產不能生息，則遺產稅應該大大減低。

× × × × × ×

這本書當得起「精神食糧」四字，它可以發人——有訓練的經濟學家以及一般人——深思。但在實用方面，這本書對於中國沒有多大用處，因爲本書大部分針對承平時期有效需求之不足而發；而中國如進入承平時期，則新建設與工業化對於新資本之需求，足够吸收充分就業情形下之所有儲蓄，而且還要超過。

文藝

美國文藝的後顧與前瞻（上）

陳石湘

這是照美國現時文藝界的情勢，提出幾個值得注意的問題來觀測一下。我們這裏的目的不只是作「鳥瞰」或「客觀事實報告」，而是希望從美國現時文壇的氣氛中，略微指出美國現階段的文化，在世界極端緊張的今日，呈露着什麼現象。

這些問題不是我憑空提出的，而可以說是現在美國頗囂於塵上的問題，幾乎可以順手拈來的。換言之，即在現今這樣杌隉以至可說混沌的世界情勢中，美國文壇上有着這樣一種敏感的自覺。看到以下這些問題後，我們會知道他們這種感覺是極不舒服的，至少。

在此我們先可以指出這次大戰後同前次歐戰後美國人心理的不同處。上次戰後，美國人有兩種極端的心理現象：即一般市民頓感勝利後的趾高氣揚，及另一方面一部有理想熱情的青年失掉幻象後的極度悲哀。但這次戰後兩者都不顯著。卽使有吧，份量與深度都差得那麼多，以至在實際作用上造成根本上「質」的差異。因而我們發見美國現時思想界可以說和第一次戰後完全不同的心理基調。

這個現時的心理基調表現在文學上，可以說是把近代經驗中「動搖，幻滅，追求」，這向例分段進展的三部曲，一翻身變成同時複沓合奏的交響樂。我們早已知道，現代的科學發明，近年來，把人在物質生活中對時間與空間的關係都變了質。因此這裏所指的，在精神和心理上，這「望遠鏡式的」縮時縮空經驗，特別在美國，也是可以想像的。

這樣，傳統的「三部曲」，變成現代的交響樂，因而傳統文學中的英雄典型，不再是三種崢嶸特立的明朗人物，而是三者的本質化合成，複雜波動的，不易定形的，微妙震盪神經的經驗。他們這樣化身後，勉強在我們心目中具像時，成了顏色曖昧的「任何人」。

「動搖，幻滅，追求」——哈孟雷，維特，浮士德——向來多麼異樣對立色彩的經驗與人物！現在千倍速的現代生活旋律中，一齊放在巨輪上，（多謝現代科學使這種情勢成爲可能想像的！）打一個轉，交響起來，看時在激動中顏色混成灰色的。

根據以上的譬喻，我們容易推想到，爲什麼在現時小說和戲劇中，我們已深感到漸漸失掉了傳統上驚心眩目的英雄式的主人公。不但此也，甚至連我們傳統上慣言的「偉大」兩個字，也不易以同樣的時義加到現代作品上去。順着這條思路想，沿波討源，我們終該了悟這絕不是現代作家的低能——相反的，我相信現代作家的技巧與匠心比起前代來，和現代的飛機工程師比前代的舟車製造者不差。（西洋如此，中國更是如此。）——我們該了悟在責備或原諒現代作品與作家以前。先須知道現代生活的不同。而這現代生活的不同，不但顯然的影響作家的取材與取材後的處置，却更普遍深刻的改變了讀者對整個文學的意識與態度。每個讀者都是或種程度上的批評家。自職業的批評家，到「讀者欄」的通訊人，和只用口頭議論交互影響文學趣味的同學與朋友，以至那更廣大的，一直作着下意識但極關重要的批評工作的，只探手掏腰包或開支票買書的大衆。因此差不多可以說人人的行爲在影響着這一時代的文學價值標準。所以在說現代的文學缺乏感人的實際或「偉大」性時，讀書或批評者就該反省自己在現代文化生活中作着什麼行爲。這不是爲爭辯誰的責任，而是爲了解現代文藝是現代文化生活中一切的總表象。而更進一步可以問，若說現代文藝在某一特殊的國家地域與其文化階段上，失掉了「明朗」，「燦爛」的色彩，則是否那地域的一般人的「視覺」與神經感受性，在此一階段上改變着。顏色非惟鑑別物品而已，拿來試用發現某些人在某時某地某情形下的視覺過敏或色盲，因而解釋他們的一般行爲，那才有意思。

因此我們的略觀測美國戰後文藝現象意，同時想暗示出幾點美國現階段文化中一般人的心理狀態。又因爲，不論我們喜歡或不喜歡，美國的文化生活，就物質與精神關係論，總是有許多方面代表着現代世界一大部傾向的極端，所以我們這裏討論的情形，也許有普遍作參考的功用。再者，我們既說這是現在的情形，就不擔保它將來永是如此，尤其是我們只在說它現在是如此，暫不想說它應該不應該如此。

就時間與空間，先作一個倒錐形的觀察：卽先指出這次戰後美國文藝的成就或欠成就，再上推一點看美國文藝近十幾年來一般的趨向所給予當今文藝的直接傳統，然後回頭看現時美國文藝作家與作品的處境，及作家在現今神經緊張的國際情勢中有什麼自覺。

說到文學上的成就，先要有個標準來衡量。近五十年來美國文學，漸漸脫離歐洲傳統的附庸或衞星地位，而足以表現其特色的是長短篇小說。戲劇次之，詩則殊爲後進。因此，若就小說來論，而衡量這次戰後三年美國文藝方面的成就，很方便的，我們可以拿第一次大戰後的情形作比較。第一次戰後兩年以內出了劉易士(Sinclair Lewis)的「大街」(Main Streot)（一九二〇年）同年有費次傑(Scott Fitzgerald)的「樂園的背面」(This Side of Paradise) 和德萊塞 (Theodore Dreiser)的「嘿！啦…」(Hey Rub-a-Dub-Dub)。這三位不論現在還時髦與否，在美國小說史上泰斗的地位已不成問題了。這裏我們可注意的是，雖然他們三人創作生涯開始的早晚不同——劉和德都是早年開始的，而費的「樂園背面」則差不多是處女作——但三人都是在戰後一同在一兩年內騰達起來；而其所以成功是因爲三人中每人都像是在那次大戰一過，忽然各自把握住一條線索，帶着靈感而躍進：劉易士抓住了半生不熟的新文明內暴發戶的浮淺，虛僞與愚蠢可笑，而予以無情的，誇張的暴露；費次傑則充分代表着失掉幻象的熱性青年，用波動明朗的線條，自由的狂寫着他的主觀社會諷刺。而德萊塞，像原始的巨人，用沉重如椽的大筆，以嚴酷可怕的極端自然主義，刻劃着資本主義下生活的圖象。三人同年發表了重要的著作，而且都堅強的踏上各人創作的路子，像有着直前的軌線可循，就這樣繼續着發展出更偉大的作品。接着每人差不多每一兩年就寫成一部大著，到一九二五年，三人最成功不朽的傑作，又恰巧同年印出：劉易士的「亞羅斯密」(Arrow-Smith) 費次傑的「大人物蓋次比」(Great Gatsby) 和德萊塞的「美國悲劇」(American Tragedy)。這樣，上次大戰後，可以說眼看着文壇上三個巨星同時昇起來。

但若說這次戰後，不但未有這樣的現象，而且也未見如此的佳兆，是不是因爲我們自己處在這個時間以內，「身在廬山」而不能判別現勢的眞面目呢？況且有人可以這樣辯，說無論如何現在大戰結束實在只有三年哪，誰能說再過一兩年不會有偉大作品出現呢？現在美國有很多人持這種論調。對於這樣的辯解，我們只能漫應以唯唯否否。自然我們知道，「偉大」兩個字是要經過相當長的時間以後才能給作品加上的封號，而時人對於其同時代的作品之譽揚與貶抑，未必能爲後代的定評，甚至給與之相反。但有一點我們可以現在說定的，卽拿戰後這三年來美國文藝界的生產情形，和上次：戰後的三年來比較，有一個絕大的不同。以劉易士，費次傑和德萊塞在那三年內所出的作品，來和這三年內任何的作品相較，我們且避免用偉大不偉大那個無甚意義的字眼來形容，但總明白的覺得這三年的作品完全是另外一種氣象下的產物。我們現在卽使不能像後人那麼有資格來作高低優劣的評價，至少我們辨認熱帶或溫帶花草的能力是不會太差的。

上次大戰後，好像立刻給了劉易士，費次傑和德萊塞那樣的作家一種光熱。他們像因此發現了自己的聲音，而社會上也清晰的聽到他們。在光熱裏他們看見自己的路子，覺得自己身內急流的血脈。縱然他們所看見的也許一半是自造的幻景，而所感覺的也許有點是熱症性的，但終是由此踏上動力的輪子，擒着軌線前進，針對着目前的現實創造，寫出了光彩明朗的佈景，和色澤鮮明的人物，做爲他們那一個時代的代表者。那戰後的動搖，幻滅，或追求是毫不晦澁的分別表現出來。他們的作品的基調，是對當前社會的嚴酷批評與反抗，而他們的語勢是毫不猶豫的，有自信的爽朗的。

這一切都正是這次戰後所缺乏的。但這絕不是說美國文藝界這次戰後比起上次來是麻木了。相反的，寧該說是更敏感。如果我們的手指可以擱在這兩個不同的時間上按着驗一下，可以覺得前次戰後美國文藝界，是以寬大的脈搏，在那裏明顯的動盪着，而這次戰後三年內，我們覺得是細碎的脈搏，千倍迅速的在那裏疾跳。神經在壓迫下更加緊張。動搖，幻滅與追求的三個節奏同時交錯飛快的擊打着，在敏感的代表一時代徵象的作品中現形。但這種奇怪的現象與具像，很不易在這裏特爲提出哪一兩部作品做例證。因爲這是這一時內普遍的表現，而非一二特殊作家或作品的特徵，而這一度神經質的作用，是那麼細微的跳躍，以極速度的旋律轉動，外表像罩着一層閃閃的灰色。這裏篇幅所限，既不能把這樣的作品一一作試驗室式的解剖（雖然我們希望將來有機會這樣作），暫就只好歸納說：這是代表着美國戰後現時文藝創作界的氣氛，而此氣氛之造成，乃由於美國文化生活之現階段，在國際現局中的遭遇所致。

要明瞭這種現象，讓我們略一追溯美國近一二十年來的文藝創作界，推求其前因，何以造成這樣的後果。爲得是把這樣複雜萬狀的前因，安排成一個有秩序的解說，讓我們把這不久以前的時期時期內作家的觀點與立場之發展變化，及與此相伴而行的題材及其處置技巧之演變，作爲兩道緯線；我們把這同一時期世界與美國國內，橫隔着兩個十年間的年代，卽一九二九和一九三九兩年的重大事故作爲兩道經線。再略爲指出美國在這時期內一般社會經濟的發展所造成的特殊文化情形，作爲背景。

緊隨着上次大戰的結束，就說從一九一九年起吧，我們已經提過像劉易士，費次傑，和德萊塞那樣身份的作家。縱然是各人性格與態度絕對不同，但是觀點和立場，就其反對現狀幷給予爽直的譏刺與抨擊而論，則十分一致暗合。他們的文格與作風雖可區分，以劉易士爲寫實的，德萊塞爲澈底自然主義的，而費次傑則頗屬印象派，並且三人作品中所表現的心理與趣又各有深淺的不同，但是總其結果，則都是照着當前現實，刻畫素描或信筆寫意，創造出鮮明的景色和人物，作爲現實的直接寫照。三人的代表作，多以人物姓名，或直說美國悲劇作爲書名，那不是偶然的事。一九一九年後十年內，文藝生潮大致要以這三人的作品之精神爲代表。

緊接着第二期，一九二九年以後，文藝的季節氣候顯然是突變了。此間十年卽二九至三九，是海明威(Ernest Hemingway)，多•巴索 (John Dos Passos)，弗克諾(William Faulkner)和，稍後，吳爾夫(Thomas Wolfe)與司丹柏克(John Steinbeck)的時代。前年蘇聯作家具有批評權威的愛倫伯格 (Ehrenburg) 氏，曾盛讚海明威，弗克諾，司丹伯克和考德威爾(Erskine Caldwell)，爲「四棵巨大的樹」。他作着手勢說「那麼巨大，那麼巨大！」像是表示着，巨不可攀，高不可限的讚美。但同時不大客氣的表示着，美國竟有這樣的大小說家，有點讓現代的蘇聯人士驚奇。

大概是因爲愛倫伯格先生前年由官方約請到美時，吳爾夫早已死去故不再提；而多巴索則以由早年習奉馬克斯哲學而近來則翻然畔變，故在這位蘇聯批評家的口中，以更新進的考德威爾代之。但這裏我們必須補明，愛倫伯格氏所盛讚的這四位，也都難說是馬克斯主義者的。所以這位蘇聯批評家的評品推崇，是從藝術的立場，是很公正的。

借用愛倫伯格的譬喩說，把這一九二九年後興旺起來的五位大作家，比爲巨大的樹，是非常的洽當。而這位蘇聯批評家把他們會在美國成長這件事認爲驚異，也是鄭重的態度而不是奚落。他心裏所想的原因確是什麼雖然我們不敢說定，但我們在這裏可以用自己的觀察，把這五個大生物所以長得這麼「異樣」巍赫解釋一下，很可得到些關於美國文化與文藝情形演變的暗示。借用他的譬喩，我們說，這五株巨樹都是一九零零年左右下生，從一八九六（多巴索生）到一九零二（司丹柏克生）不過六年間，他們的生命都萌芽了。所以他們的青年期都是在第一次歐戰中滋長出來的。生在另一半球上，但在成長期間都直接受了異地怪樣風雨陰晴的澆灌。至少五人中有四個是一度從本土的美國連根拔出，移植到歐洲戰時土壤上又搬回來的。最年青的司丹柏克沒趕上直接參戰，但也難免間接的經驗着這些。在歐戰後幾年，他們多已醞釀着驚人作家的活力。而且三個較長多•巴索寫成的「三兵士」（一九二一出版），海明威的「太陽也出來了」（一九二六）和弗克諾的「兵餉」（一九二六），代表十足幻滅的遺散後青年小兵的歐洲經驗，幷已都頗成功。但是這一時期儘管他們都已醞釀着精力，可是他們眞的長成蔭天蓋地的巨樹，還是後來一年轟然一聲春雷暴響震起來的——這一年就是一九二九！

一九二九年，美國股票市場的暴裂崩潰，像大地震，吞滅了光怪陸離的惡性繁榮，但是同時也像春雷驚蟄，使幾個文壇巨匠，聳然挺立起來。就在這個一九二九年，沒有那麼巧的，同年和海明威撼動歐美批評界的一部小說「向武器告別」，同時出版的是弗克諾三大代表傑作的第一部「聲響與暴怒」。而多‧巴索的「美國三部曲」的第一部也於是年趕寫，次年出版。也是在這同一個一九二九年，吳爾夫的「天使，還鄉吧」和司丹柏克的「金杯」，兩部一鳴驚人的處女作，出現在市場上。

一九二九年，是美國經濟大悲劇的頂點，是不景氣的陰霾密合的長夜。但就近代文藝史說，這是美國文壇上最光榮的一年，幾棵「巨樹」，在變性的土壤與氣溫中陡然森森翁鬱的矗立起來。於這樣一個年頭人是不易健忘的。所以現今從經濟的觀點上，美國人回顧到這一年，還是不寒而慄，暗問可怖的歷史會不會重演；而在文藝方面也同樣的抱着希望，面對着現今的相當貧瘠，企冀幾年後，或是伴隨着某一個大變化，又來一個創造界的豐盛。自然，人們所企冀的這個大變化，不必是那麼一個大悲劇，因為那樣的代價太大了。至於這個變化究竟是什麼，其性質與形象猶是在不同的揣測與希望之中。

但在這裏我們只能重申方才說過的意思。我們現在已能覺得這戰後三年的文藝產品，和前次戰後三年的相比，是兩種不同氣溫中文化意識的產物。因而我們也可以推論將來的變化與成就是和已往的一幕絕不會相同的。即使歷史重演，那也只能就極抽象的統計曲線的迴旋來看，但具體的形質上終須有大差異。這差異讓我們從三方面看：即一九二九年後美國文藝本身技巧的發展變化；一般階層文化的進度情況，以及經歷各次國際變化所造成的美國現今所處的世界地位，給與美國作家的警覺。（這裏我們順便交代一句，所謂科學的文學批評，要講歷史與社會背景，前世紀以來風尚已久，所以此處所提文化生活與國際背景兩點，在方法論上說，當已為人所熟知。但我們相信，文藝本身技巧，即那直接賦予作品生命表現的體態，是值得單提特書，與後二者並論的。不然所著的議論，照常用的譬喻說，是讀哈孟雷劇本只懸空講歷史道德教訓，而把哈孟雷這個人物自身撇到戲劇之外。自然，為了這篇文章的篇幅與性質，怕三者都不能詳論，但我們願意向重視文藝的朋友們這麼提一下。）

單就美國的文藝技巧方面看，從一九二九年到現在，是一個不斷繼續的順序發展。但就其社會文化生活以及國際關係所給與文壇的影響論，已有現代文藝史家把一九二九與一九三九，相隔十年劃兩道經線。一九二九年戲劇性的經濟總崩潰給與文藝的成果，我們已略提過。接着不景氣的繼續，造成文化氣圍中普羅階層的一時抬頭，這對此期的文藝取材與意識，當然貢獻極大。但其所屬價值可說消極性多於積極性，或說解放性多於建設性。海明威等五人在這一時期的興起，就在於他們充分利用了這一解放所給予作家的創作自由與新自覺，和自主的文化估價；而不在於供奉主義與理論建設。他們的成功不是由批評家或政論者的鞭管，而是由於自己在社會劇變中得到自己對現實的直接體驗。更值得注意的是向來自從一九零六年寫「森林」，一九一七寫「石炭王」，直到一九二七都不斷專寫普羅生活的巨匠辛克萊（Upton Sinclair），到一九二九這驚人的年頭到來後幾年，在理論上應是普羅抬頭的時期，他却絕少創作，相形之下，而相形之下幾乎是寂然無聞了。這位普羅小說巨擘到此時鬥爭的工作轉了方向，他老先生去活動作官，在一九三四年參加了民主黨加州州長競選，留下了雖敗猶榮的紀錄。但就文藝上的貢獻說，這位向來認為是站在時代前頭的作家，及「時代」到來時，在創作上卻奇怪的落了伍。或竟該說預言的時代到來時，常不是像所想像的那麼一回事吧。辛氏在這時期創作的停頓和政治的失意是不能用理論公式解釋的。但這不拘公式的事實現象，在哪裏出現也不足為奇。要懂得一個國家或一個人，是不能講公式的。更足為這一時期歷史的象徵的，是羅斯福總統不拘任何公式的「新政」，居然挽救了美國經濟的絕頂危機，而且使美國接着康強起來，底於反納粹戰爭的勝利，可說幫助救了世界。再看自從一九三四年以後，辛克萊差不多皈依了羅斯福大總統，而他最後一九四四年的政治寫實小說叫「總統特別員」序文中提明是羅總統。這一切對了解美國十幾年來文化，文藝，經濟，政治的交互關係，都有深長的意味的。但是一九四六年，蘇聯批評家愛倫伯格氏旅美盛讚的文林中四棵「巨樹」却不見辛克萊的名字。這光榮落在不以明顯的主義信條稱著，而以個人的創作忠實與技巧超越，在三零年間大時代中同臻絕頂的海明威等數人身上。

（未完）

新路週刊

發行者：中國社會經濟研究會

編輯部 電報掛號：三九六〇 北平東直門大街九八號

經理部 電話四局〇六九三號

上海通訊處：

電報掛號：五九〇六六〇

電話四二二五五一五一號

上海黃浦路十七號五一一室

南京分銷處：

西華門三條巷九號之二

訂銷辦法：

一、本刊歡迎直接定閱，請一次預付刊費金圓三十元，按每期售價七五折及實貼郵費扣算，款盡時，另開結單函請續定。

二、外埠批銷每期至少在五份以上；照價七折，郵包費外加，一律存款發貨，特約總經售辦法另議。

三、寄遞方法，請來函說明，舊戶續定或有查詢事項務請註明戶號。

四、本刊每逢星期六在北平出版，凡華北區定戶，請向北平本刊經理部洽定。其他各區定戶信件或匯款，請寄本刊上海通訊處收轉。分銷處與經售處係批銷性質，不接受個別定戶。

社會科學類　PF0048

新路周刊合訂本

策　　劃 / 蔡登山
編　　者 / 陳正茂
執行編輯 / 林泰宏
圖文排版 / 張慧雯
封面設計 / 陳佩蓉
數位轉譯 / 徐真玉　沈裕閔
圖書銷售 / 林怡君
法律顧問 / 毛國樑　律師
出版印製 / 秀威資訊科技股份有限公司
台北市內湖區瑞光路 583 巷 25 號 1 樓
電話：02-2657-9211　傳真：02-2657-9106
E-mail：service@showwe.com.tw
經 銷 商 / 紅螞蟻圖書有限公司
台北市內湖區舊宗路二段 121 巷 28、32 號 4 樓
電話：02-2795-3656　傳真：02-2795-4100
http://www.e-redant.com

ISBN：978-986-221-504-3
2010 年 7 月
定價：1000 元

讀　者　回　函　卡

感謝您購買本書，為提升服務品質，煩請填寫以下問卷，收到您的寶貴意見後，我們會仔細收藏記錄並回贈紀念品，謝謝！

1.您購買的書名：＿＿＿＿＿＿＿＿＿＿＿＿＿＿＿

2.您從何得知本書的消息？

☐網路書店　☐部落格　☐資料庫搜尋　☐書訊　☐電子報　☐書店

☐平面媒體　☐ 朋友推薦　☐網站推薦　☐其他＿＿＿＿＿

3.您對本書的評價：(請填代號　1.非常滿意 2.滿意 3.尚可 4.再改進)

封面設計＿＿　版面編排＿＿　內容＿＿　文/譯筆＿＿　價格＿＿

4.讀完書後您覺得：

☐很有收獲　☐有收獲　☐收獲不多　☐沒收獲

5.您會推薦本書給朋友嗎？

☐會　☐不會，為什麼？＿＿＿＿＿＿＿＿＿＿＿＿＿＿＿＿

6.其他寶貴的意見：＿＿＿＿＿＿＿＿＿＿＿＿＿＿＿＿＿＿

＿＿＿＿＿＿＿＿＿＿＿＿＿＿＿＿＿＿＿＿＿＿＿＿＿＿

＿＿＿＿＿＿＿＿＿＿＿＿＿＿＿＿＿＿＿＿＿＿＿＿＿＿

＿＿＿＿＿＿＿＿＿＿＿＿＿＿＿＿＿＿＿＿＿＿＿＿＿＿

讀者基本資料

姓名：＿＿＿＿＿＿＿＿＿＿　年齡：＿＿＿　性別：☐女　☐男

聯絡電話：＿＿＿＿＿＿＿＿　E-mail：＿＿＿＿＿＿＿＿＿＿

地址：＿＿＿＿＿＿＿＿＿＿＿＿＿＿＿＿＿＿＿＿＿＿＿＿

學歷：☐高中(含)以下　☐高中　☐專科學校　☐大學

☐研究所(含)以上　☐其他＿＿＿＿＿＿＿

職業：☐製造業　☐金融業　☐資訊業　☐軍警　☐傳播業　☐自由業

☐服務業　☐公務員　☐教職　☐學生　☐其他＿＿＿＿＿

請貼
郵票

To：114

台北市內湖區瑞光路 583 巷 25 號 1 樓

秀威資訊科技股份有限公司　　　收

寄件人姓名：

寄件人地址：□□□

(請沿線對摺寄回,謝謝!)

秀威與 BOD

BOD（Books On Demand）是數位出版的大趨勢，秀威資訊率先運用 POD 數位印刷設備來生產書籍，並提供作者全程數位出版服務，致使書籍產銷零庫存，知識傳承不絕版，目前已開闢以下書系：

一、BOD 學術著作—專業論述的閱讀延伸
二、BOD 個人著作—分享生命的心路歷程
三、BOD 旅遊著作—個人深度旅遊文學創作
四、BOD 大陸學者—大陸專業學者學術出版
五、POD 獨家經銷—數位產製的代發行書籍

BOD 秀威網路書店：www.showwe.com.tw
政府出版品網路書店：www.*gov*books.com.tw

永不絕版的故事・自己寫・永不休止的音符・自己唱